技术创新与协同管理

民营生物科技企业的创业管理

晨光生物科技集团股份有限公司

晨光生物科技集团股份有限公司（简称晨光生物）是一家以天然植物提取为主的出口创汇型企业，是农业产业化国家级重点龙头企业、国家火炬计划重点高新技术企业，总部位于河北省曲周县。2000年4月由集体企业改制为股份制有限公司，2010年在创业板上市。主要研制和生产天然色素、天然香辛料提取物和精油、天然营养及药用提取物、油脂和蛋白四大系列80多个品种，天然色素70%以上出口，出口额连年居全国植物提取物行业第一名，是世界最大的辣椒红色素生产供应商。辣椒精、水溶色素等产品，产销量位居全国之首，建有全国最大的棉籽综合加工基地。为国家认定企业技术中心和河北省天然色素工程技术研究中心，通过了国家实验室认可。2011年销售收入10.7亿元，出口创汇7644万美元，实现利润8780万元。

成果主创人：公司董事长兼总经理卢庆国

一、民营生物科技企业的创业管理背景

（一）天然色素行业发展前景广阔，有大好的创业机会

晨光生物的前身是河北省曲周县的县办五金厂，1997年接收破产企业河南町镇色素厂，进入到天然色素行业，1999年建设年产5吨天然色素生产车间，当年投产。当时企业非常困难，工艺落后、产品质量缺乏保证，但是随着人们"绿色、健康"意识的增强，天然色素及植物提取物市场需求越来越大。

我国植物原料资源丰富，辣椒、菊花、番茄、紫甘蓝、黑香米等富含天然色素的品种产量均居国际前列。其中，辣椒产量大、品质好、价格低，但大部分天然色素品种国内还属于空白，天然色素产品依靠大量进口，在国际市场上仅有1%~2%的占有率。这正是创业的大好机会。

（二）色素提取具有一定科技含量，尚处于比较落后的阶段

天然色素提取属于一个具有一定科技含量的小行业，当时辣椒素全球市场容量不过几亿美元，不太受大企业的关注。而曲周县五金厂改制为股份制企业——曲周县晨光天然色素有限公司的2000年前后，我国天然色素的提取正处于非常落后的阶段，相关企业大多为作坊式、罐组式生产，效率低、消耗高，产品质量难以达到客户要求。没有可依据的先进生产技术和成熟经验，缺乏提取成套设备和研发检测设备。例如，当时检测溶剂残留是用火点燃方式即闪爆试验方式来检测，沉淀物检测靠放在玻璃板上目测，无数据

支撑,难以控制产品质量的稳定性。晨光生物所在曲周县,是一个典型的平原农业县,农产品加工原料丰富,只要工艺技术有所突破,就有可能脱颖而出。

(三)企业面临种种困难,需要积极探索出路

晨光生物成立时,接收的是作坊式设备,没有可依靠的成熟技术,对天然色素市场缺乏了解。当时只有几万元固定资产,由于企业规模小,缺乏有效担保物,融资困难。

同时,曲周县内无铁路、高速公路,货运能力较差,通讯网络、电力、供排水等基础设施建设落后;工商业不够发达,企业数量少、规模小,且员工多以中专生为主力,大学生相当匮乏,缺乏高技术人才。学生大学毕业后大部分不愿回到家乡工作,个别回到曲周的大学生多选择在政府部门或者国有单位工作。当时企业员工只有13人,除总经理及招聘的其他企业下岗中专生外,还有部分初中毕业的机械类工种熟练工,缺乏植物提取物(天然色素)生产相关经验。

在面临缺乏人才、技术、资金、市场和管理经验的形势下,唯有发扬艰苦奋斗的创业精神,才能实现企业和个人的发展。

二、民营生物科技企业的创业管理内涵和主要做法

晨光生物以建设世界天然提取物产业基地为目标,及时把握天然色素行业发展机遇,努力攻克不同创业阶段的难题,实行错位发展策略,大力开拓国内外市场,优化资源配置,规范企业管理,强化质量控制,建立良好信誉,打造知名品牌,树立"人与企业共发展"理念,形成一支富有凝聚力的创业团队,使企业成功渡过创业期,走上了良性发展的轨道。主要做法包括:

(一)深入分析天然色素行业发展趋势,明确创业目标

随着社会的发展,人们越来越渴望回归自然,健康、天然、安全、有效、有生物功能的天然产品越发受到青睐。天然色素主要是从植物中提取并经过精制得到的产品,安全性高,无毒、副作用,具有着色和增强人体机能、保健防病的功能,广泛用于食品添加剂、饲料添加剂、功能食品与饮料、保健品、天然药物、化妆品等领域。天然色素属农产品精深加工领域,在加快农业产业化进程、增加农民收入、提高农产品附加值方面具有重要意义,在消费品工业领域有着巨大的发展潜力和成长空间。

晨光生物最初决定以辣椒红色素为主导产品,一方面是因为早期接手曲周县天然色素厂,对天然色素产品有了一定的认识,更主要是因为与在国际上处于领先地位的印度相比,我国辣椒产量大、品质好、价格低,具有天然原料优势。随着2001年中国加入世界贸易组织,市场开放带来新的竞争形势,廉价原料和劳动力逐步让位于技术的优势,产品和服务的质量、生产成本、工艺技术进步最终决定企业的生存。

通过对天然色素行业发展趋势、外部发展环境以及企业内部优劣势分析,晨光

中试车间

生物明确提出先集中全部力量发展辣椒红色素、再发展其它色素产品的思路。同时,制定分阶段的发展目标:第一阶段,3年内实现辣椒红色素规模化生产;第二阶段,5年内辣椒红色素产销量达到国内第一;第三阶段,8年实现辣椒红色素产销量世界第一;第四阶段,20年内由单一色素产品,发展成为植物提取物多元化品种,建成世界天然植物提取产业基地。

(二)采用全员入股滚动发展方式,积极筹措创业资金

1. 实施全员入股,解决创业起步资金

2000年初,晨光生物由于缺乏信用等级致使向银行贷款难,又因产品科技含量不高得不到政府资助资金,资金短缺成为创业难的根本问题。经过反复讨论,总经理向员工及熟人介绍天然色素发展前景和目前的困境,决定成立股份制公司,员工自愿把拖欠的工资(3000元、2000元、1000元)入股支持企业继续生产,部分熟人也给予了大力支持(1万元、2万元,最多入股4万元),共筹集到38万元现金,有效缓解起步资金困难。

2. 做好资金使用预算,实现企业滚动发展

原料收购季节需要占用大量资金,销售回款具有时间差,而向银行贷款又比较难。晨光生物从最初的几十万元资金做几百万元销售,到后来的几百万元资金做几千万元甚至上亿元的销售,需要有超常的资金周转速度,要求从采购、生产、发货、押汇、还采购收购款各个方面做好严密的资金使用计划,企业账上几乎不留资金,销售回款全部用于再投资。

2002年,积极争取办理出口押汇业务,在国外收汇到达之前从银行得到垫款,加速资金周转。当时,邯郸市银行都未办理过该业务,晨光生物主动找到邯郸市农业银行一起到省农行咨询,经过多方努力,办成了邯郸市第一笔出口押汇业务。为了能及时押汇,货物从港口发货后,立即将单据交给开往邯郸的公共汽车司机,派财务人员提前在车站等候,拿到单据后当天办理出口押汇,从发货到资金进账只需要两天时间,有效缓解资金周转压力,实现企业滚动发展。

3. 信守承诺,为企业发展赢得机会

良好的信誉可以为企业发展赢得机会。2003年,在得知西班牙埃特亚公司需要中国辣椒后,晨光生物争取到与其合作的机会,在与对方谈好辣椒的数量和价位后,抓紧组织到山西收购。当按照承诺把50吨辣椒准备好后,对方却并未如期而至。由于天气变热,部分辣椒褪色变成花皮辣椒,姗姗来迟的埃特亚公司采购人员看后表现出不满意的神情。总经理没有过多解释,他说:"你代表公司利益来采购,如果认为辣椒不好,可以不要。"为此,付出了10万元的代价。但晨光生物的态度赢得了对方的好感和认同,订购了几十吨辣椒红色素,这几乎相当于当时全年的产量。

2008年,晨光生物为保护农户种植积极性,提价大量收购原料,导致资金紧张。供应商允许其延期付款,以缓解资金困难。晨光生物主动提出支付利息,供应商开始并未当真,在按期支付本息后,供应商深受感动地说:只听说还欠款时想法设法少给钱,从未见过多给的,晨光生物和别的企业不一样。

与银行系统保持良好信贷关系。晨光生物从未出现不良延期还款记录,多年来银行信用等级一直为AAA级。在创业过程中,积极争取各家银行支持,从开始得不到银行贷

款到 2004 年农业银行一家授信 500 万元,如今多家银行授信达 5 亿多元。

4. 创业板上市,解决新上项目资金需求

过去,晨光生物长期或新上项目资金贷款银行往往不予受理。随着新产品开发、市场拓展,亟需扩大生产规模,建设新产品生产线,而所需资金又难以解决,严重制约企业发展。2009 年深圳证券交易所设立创业板后,晨光生物抓住机遇,积极筹备和争取,2010 年 11 月实现正式上市,从而有效解决创业发展过程中资金瓶颈问题。

(三)组织力量攻关,解决不同创业阶段的技术难题

1. 优化设备与工艺配套,实现连续化、规模化生产

创业之初,国外辣椒红生产企业原料预处理主要用简单的农业机械,有小规模的提取设备;国内的原料预处理还是作坊式,用罐组式提取,与国外相比产品成本高、品质差。晨光生物技术人员来自不同制造业的下岗职工,将辣椒加工各工序进行分段细化,利用设备与工艺配套优化结合的原则进行组合集成创新,把面粉加工、饲料造粒、环保除尘、粮食烘干等设备进行有机组合改进,用小麦脱粒设备和大米加工中常用的色选设备,提高辣椒皮和辣椒籽的分离精度。2004 年建成国内第一条连续辣椒加工生产线,摆脱作坊式磨辣椒粉的加工方式,实现连续化、规模化生产,带动辣椒加工的发展,并为食品、医药等行业原料加工提供宝贵经验。

传统辣椒提取工艺以辣椒粉为原料,辣椒粉具有粘性大的特点,造成萃取环节过滤慢、萃取效率低、下料易堵等问题,无法进行连续化、规模化生产。2003 年在一个养殖场从饲料造粒方法得到启示,晨光生物通过无数次的把辣椒粉造成颗粒再进行萃取试验,成功解决大批量生产过程中过滤和萃取不透的问题。同时,把饲料造粒机械成功应用于原料预处理,通过用棉花加工厂的风送设备进行改进,实现装料过程自动化,把大豆油萃取设备应用于辣椒红色素的萃取,建成国内第一条可连续投料、连续生产、全密闭式的色素生产线,生产能力由 500 公斤/天提高到 50 吨/天,溶剂消耗由吨料 300 公斤降低到吨料 3 公斤。

2. 采用实验室试验—中试放大—规模生产模式开发新产品,提高成功率

为提高新产品开发成功率,晨光生物采用实验室试验—中试放大—规模生产模式开发新产品(见下图)。其中,中试放大过程是回避新产品开发风险的主要手段之一,在中试车间里,分别有 50 升、300 升、1500 升的中试设备,保留从实验到大规模生产的升级过程。新产品开发经过几个阶段:

市场调研:参加国内外展会、考察市场,了解需求,确定新产品种类。

项目立项:成立研究小组,通过数据库查专利、论文、同行业资料,搜集数据,查询原料信息,核算成本,形成可行性报告。

试验室研发:反复进行试验,确定新产品工艺参数。

中试试验:新产品进入中试生产线,测算试验效果,改进工艺参数,确定生产工艺流程;通过从中试过程中解决放大生产过程中工艺问题。

成本核算:依照生产数据比对可行性报告数据,核算实际生产成本。

市场反馈:使用中试线,生产出小批量产品,分发给目标客户,根据客户反馈意见改进工艺,提高产品质量,利用大中试线,小批量生产产品。

规模生产：待工艺技术成熟，原料市场、销售市场均达到规模化生产的条件后，根据情况新建生产线；市场条件足够成熟时，设立独立的子、分公司。

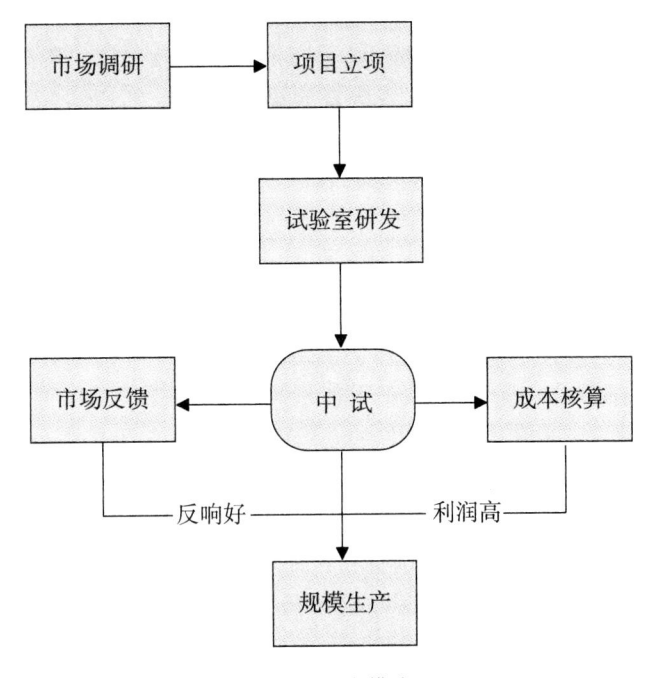

新产品开发模式

3. 改善产品品质，降低生产成本

辣椒红色素得率有三个主要因素：光、热、氧。产品与氧气接触时间越长、光照越强、温度越高，损失就会越大。采取隔氧密闭萃取、降温浓缩措施，减少氧与产品的接触和降低温度；通过设备能力配套，减少半成品在各阶段存留的时间，使得产品得率从85%提到95%以上。

辣椒柄中含有纤维素、胶质、蛋白质、木质素等成分，会在溶剂提取工序中部分溶出，影响产品品质。2000年以前，国内一直存在"辣椒不去柄，不能生产辣椒红"的行业共识，但是由于缺乏专业的去柄设备，干辣椒去柄为纯人工操作，费时费力，当时一吨辣椒去柄需要1200元，严重制约辣椒提取产业的规模化发展。晨光生物率先提出辣椒带柄加工的思路，经过反复试验，有效去除提取液中的其他物质，使辣椒带柄加工成为现实，攻克产业规模化的瓶颈。按年加工8万吨干辣椒计算，每年可节省成本9600万元，从而提高企业竞争力。

传统辣椒红色素和辣度分离环节需要重复8～10次，分离效果差、耗时长、产能小、产品品质差。晨光生物将间歇沉淀分离改为连续离心分离，实现多级逆流连续脱辣，创建国际首条连续离心分离线，使红辣素日分离能力由100公斤提高至20吨；同时产品品质大幅度提高，辣椒红中辣椒素含量降至5毫克/公斤以下，胶质含量降至0.3%以下，仅为传统工艺的1/10，油溶性、流动性显著改善，所得产品品质远优于国际最高标准JECFA的要求，打破印度在国际市场对该类产品的长期垄断。

4. 转变思路，充分提取辣椒中的有效成份

国内辣椒提取一般只注重色素提取，辣度不能有效兼得，食品企业使用进口辣椒精，辣椒红色素提取后剩余的辣椒渣辣度含量高，又无法当饲料应用。晨光生物认真分析辣度所带来的潜在经济效益，致力于辣椒红色素与辣椒素高效兼得的研究。2004年萃取由单一溶剂改为复合溶剂提取，辣椒红、辣椒素的提取收率分别达到98%和95%以上，比传统工艺分别高8%和55%，比原世界第一的Synthite公司高5%和10%，下脚料还可作为饲料销售，辣椒精由全部依赖进口到替代进口再到批量出口，辣椒精占国内市场80%以上。

（四）积极开拓国内外市场，从危机中抓住机遇

1. 主动"走出去"，积极开拓国际市场

晨光生物成立初期，国内食品企业大都使用合成色素，天然色素产品市场需求量有限。国内有十几家辣椒红色素生产厂在正常生产销售，规模较小，年总产量不超过100吨。要实现快速发展、后来居上，市场开发成为主要问题。最开始以国内市场为主，但由于市场不规范，货发出去后往往不能及时收到货款。为了避免这种情况，经常让利于客户，即使这样货款也经常被拖欠，给企业的再生产带来很大困难。

2000年国家外经贸部发布《关于调整私营生产企业和科研院所申请自营进出口经营权资格条件的通知》，为企业提供了良好政策机遇和错位开发市场的启示。晨光生物2001年取得自营进出口权，2002年参加欧洲食品配料展，第一次踏进国际市场。为节省成本，花费5000元租赁一个9平方米展位的1/8。在展会上，一位斯洛伐克客商与总经理反复商谈，最终以产品性价比打动了客户。那时，辣椒红色素市场的价格37至40美元/公斤，斯洛伐克客商当场签订一份100公斤、3500美元的订单。通过这次展会，晨光生物开阔了视野，下定开拓国际市场与国内同行错位发展的决心。之后，在欧洲健康配料展、欧洲食品配料展、美国食品科技展览会等国际知名的交易会、展览会上，晨光产品逐渐引起客户的重点关注。

2. 提升客户服务水平，不断扩大市场占有率

晨光生物成立之初就有较强的客户服务意识，能根据客户意见和需求，及时调整产品含量、提高产品品质、开发新产品，千方百计让客户满意。售前，为客户演示产品的使用方法；售中，使用直达专线物流，缩短发货时间，如往长沙发货从10多天缩短到3天；售后，进行跟踪回访，对客户提出的意见及时反馈，树立良好的企业形象，保证市场份额不断扩大。2002年，有家青岛代理商打算出口辣椒红色素到日本，对产品的色价、溶残、胶质等多个方面要求极高，国内几家企业感到特别麻烦不愿接单，晨光生物主动与其沟通，试验改进工艺技术，最终生产出客户满意的产品，并建立起长期稳定的合作关系。

3. 从危机中抓住机遇，实行小步快跑策略

由于供求关系原因，2002年辣椒价格暴跌，其他企业都按买涨不买跌的思维，越跌越不敢收购。晨光生物经过考察分析，敞开收购，共收购3000吨辣椒。第二年，辣椒价格大幅反弹，由于低价原料储备充足，晨光生物获得迅速发展。

通过对全国各地辣椒产量、种植情况有系统跟踪，预测到2008年辣椒大丰收，于是提前扩大辣椒加工生产能力，并联系周边各县的冷库，为贮藏辣椒做准备。随后国际金

融危机爆发,很多同行业的企业停产,农产品大量积压,挫伤农民种植积极性,对农户利益造成严重伤害,产品出口也受到冲击。晨光生物迎难而上,实行保护价大量收购辣椒,将原料加工成易保存的半成品,以备来年使用,有效保护农户利益及种植积极性,建立企业良好信誉,为企业长足发展打下基础。

(五)在原料产区建厂,降低原料成本

植物提取物企业成本主要是原料成本,除原料本身价格外,运费是一笔不小的开支。晨光生物最初的主要原料为辣椒、万寿菊,而优质的辣椒、万寿菊主要产自新疆地区。2005年从新疆购入5000吨干辣椒,运费高达500万元,往返运费差不多能在新疆建半个工厂。为此,转变思路,2006年在新疆库尔勒市创办新疆晨光天然色素有限公司,建成年生产能力1000吨的色素萃取生产线。之后,相继在新疆建立新疆晨曦椒业有限公司、晨光集团喀什天然色素有限公司、晨光生物科技莎车有限公司。新疆投资建厂,将原料加工成半成品运回总部精深加工,降低生产成本,为精深加工提供优质产品。同时,带动植物提取行业其他企业纷纷进军新疆投资建厂,在新疆形成番茄、辣椒、棉花"两红一白"的加工产业,推动植物提取物行业良性循环。

印度辣椒辣度高,做辣椒素最有优势。经过多次考察,2009年晨光生物决定在印度安德拉邦投资建厂。该地区为印度最大的辣椒产地,占印度全国辣椒产量的2/3。2010年获得当地政府颁发的营业证书,2011年顺利竣工投产。

(六)强化质量管理,打造知名品牌

1. 注重检测,保证产品质量安全

建厂之初,检测技术落后,资金紧张,无法配备相应的检测手段,部分检测靠经验和土方法进行,质量难以保证,过程无法控制,曾一度出现因质量问题被客户退货的情况。为了保证产品质量,晨光生物一方面把关键指标外协检测,委托中船重工718所进行出厂检测,确保出厂产品合格,对用户负责;另一方面筹集资金购进关键仪器,建立自己的实验室,保证原料、半成品、成品质量均达标。多年来,不断加强检测实验室建设,从20平方米扩建到1800平方米,从国外引进液质联用仪、气质联用仪、液相色谱仪、全自动凝胶净化系统等高端的检测设备,成为行业内唯一一家引进高端检测设备的企业,满足重金属、农药残留、苏丹红、三聚氰胺、罗丹明B等危害物检测和超痕量分析检测,达到国际知名的第三方检测机构欧陆坊的检测水平。2010年,检测中心通过"国家实验室"认可。

为了提高检测准确率,实行检测对比方式。检验员自身检测的纵向对比,每批次产品检验员需检测3次以上进行纵向对比;检验员之间的横向对比,每批次产品检验需两名以上检验员,双方检测结果进行对比;与第三方检测机构进行检测对比,每年与第三方检测机构进行合作,将自己的产品送检,国内合作单位如国家果类及农副加工产品质量监督检验中心、河北省产品质量监督检验院,国外合作单位如谱尼测试、欧陆坊。通过检测结果的多方对比试验,提高检测的准确率,保证产品质量。2011年与欧陆坊合作开展"天然色素中有害物质监测与控制技术联合研发"项目,攻克天然色素中有害物质检测技术瓶颈,建立健全天然色素的食品安全风险评估和技术保障体系,提升我国天然色素产业的国际竞争力。

2. 加强质量管理,与国际市场接轨

制定《检验管理办法》、《标准品标准样品管理制度》、《检验报告管理制度》等十余项质量管理制度和质量管理程序。同时,建立质量管理日常巡查监督体系,实行三级巡查制度,由班组长、部分负责人、质检部分别进行巡查,加强日常质量安全管理。

引进质量管理体系,认真贯彻认证标准,严格按照标准要求去做好、做实。2001年参加ISO9001质量管理认证,当时晨光只有20多名员工,是全国制造业中规模最小的参加认证企业;2002年通过ISO9001质量管理标准体系认证。把认证过程作为一次变革过程,实现从人为管理到系统管理、制度管理的兑变。2003年以来,先后通过HACCP食品安全管理体系认证、美国FDA产品注册、STAR-K KOSHER认证、FAMI-QS认证、HLHAL认证、ISO14001环境管理体系认证、OHSAS18001职业健康和安全管理体系认证。

参与国家标准制定,建立检测平台。2003年开始,晨光生物积极推动植物提取物产品国家标准制定,参与多项国家标准的起草和制定。主导及参与国家、行业标准修订起草19项,其中6项为晨光生物执笔,《食品添加剂-辣椒红》《食品添加剂-红米红》《食品添加剂-辣椒油树脂》等6项已颁布实施。

加强与院校合作,建设天然植物提取物质量与安全检测平台,与国际标准对标。2002年与天津科技大学建立合作关系,2008年共建"河北省天然色素工程技术研究中心";2010年12月与北京工商大学、江南大学、华南理工大学等9家高校和科研院所、中国食品添加剂和配料协会以及其他20家食品添加剂行业骨干企业成立"食品添加剂产业技术创新战略联盟";2011年设立院士工作站、博士后创新基地。

3. 坚持诚信经营,打造知名品牌

晨光生物提出"以天然为本色,以诚信立天下"的品牌意识,率先将电子称和笔记本电脑配套使用收购原料,不压质压价,带动原料采购市场的规范化,实现公平交易。2001年,国内天然色素市场比较混乱,大多客户没有检测天然色素色价的条件,通常以眼观为主,很多供应商靠此钻空子、谋利,如E150色价的辣椒红色素市场上多数仅到E120色价,1%的辣椒精市场也多为0.6%的含量。晨光生物坚持原则,不仅足量供应给客户,还为避免误差将产品含量调高供应给客户,很快在市场上建立起好口碑,客户纷纷表示赞赏,形成良好的品牌形象。2000年注册"晨光"商标,2007年在马德里协议国注册"晨光"商标,2010年该商标被认定为"中国驰名商标"。

(七)树立"人与企业共发展"理念,打造富有凝聚力的创业团队

县域环境差,企业规模小,导致企业招聘人才困难,优秀员工容易流失。晨光生物提出"人与企业共发展"的文化理念,努力增强员工凝聚力。

1. 发挥领军人作用,带领大家共同创业

卢庆国自2000年始担任晨光生物董事长兼总经理。他最早是一名机械工人,对于天然色素来说是位门外汉。1997年,已是曲周县五金厂厂长的卢庆国被迫接收县破产企业河南瞳色素厂。当时,国内外辣椒红色素企业已有不少,如印度辛赛德公司、西班牙易维莎公司、青岛红星色素厂等,想要再挤入这个市场不是件容易的事,有专家告诉他没有500万元就别做色素行业。尽管是第一次接触色素企业,但比起生产螺丝扳手,他认为植物萃取行业的前景更为光明。他说服员工入股、寻找合伙人筹集38万元,在接收色素厂

30天后恢复开工生产辣椒红色素。

卢庆国有着敏锐的洞察力,更有不达目的誓不罢休的毅力。在他的带领下,技术人员克服重重困难,经过60个多个日日夜夜的不断组合调试,终于探索建成国内第一条连续化、规模化辣椒加工生产线。2003年,他提出投资兴建年产500吨叶黄素生产线,董事会7人中的5人投了反对票,他写下"给各位董事的一封信",以他对未来发展的预判说服各位董事,为以后的发展打下基础。历时11年,在他带领下,晨光生物发展成为行业领军企业。

2. 稳定创业团队,避免优秀人才流失

晨光生物招聘的第一批人才多为在其他企业下岗的中专生,这批人才基本素质高,具有爱岗敬业精神。卢庆国非常注重人才培养,通过轮岗制度,让每个员工找到适合自己的工作岗位,发挥自己的一技之长。与公司共同成长起来的部分普通员工,如今有10余人成为高级管理人才;有50余人成长为重要部门领导和科技创新带头人。

为了稳定创业团队,为员工缴纳"五险一金",启动轿车进家庭计划、股权激励政策,实行就餐、住宿、通讯补助,发明创造及合理化建议奖励,员工出国旅游等措施。这一系列措施使得晨光生物形成富有凝聚力的创业团队,无关键人员流失。

3. 提供发展平台,用事业留住人才

由于曲周县交通闭塞、远离城市,招聘来的新员工常常因为地域问题离职。为解决这一问题,提出以"建立最好的做事业平台,培养国内外行业知名专家"为口号,积极开展平台建设,建立国家认定企业技术中心、河北省天然色素工程技术研究中心,试验检测平台已经实现同美国、德国等发达国家知名实验室进行科研合作和数据共享。刚过30岁的高伟,是质检部副经理,复旦大学博士后,曾在上海一家知名企业做过两年科研,由于不习惯国有企业按部就班的环境和论资排辈的氛围,毅然辞职来到了晨光生物做研究工作。他在晨光工作不到两年就攻克植物生物提取中影响品质的两个致命技术性难题,其学术论文被美国食品杂志刊载。

保证人人有课题,鼓励技术人员参加专利申报、国家标准制定、发表论文,帮助研究人组织科技成果鉴定、申报科技奖项、申报职称、推荐行业专家。目前,已有40余人获得过省部级以上科技奖励,100多名研究人员科技成果通过鉴定,行业专家20余名。

鼓励员工学习深造,出台在职读研或读博制度、国外深造制度等,资助员工攻读硕士、博士学位,委派员工赴国外留学深造;邀请高校专家到企业做培训;组织员工参加各类国际交易会、博览会、展销会,开阔眼界,接受新理念、新知识。

4. 建立人才选拔机制,创造公平竞争环境

实行全员成才计划,建立起公平的人才选拔任用、考核、培训机制,为每名员工开辟适合自身发展的职业成长通道,全力打造敬业精干、富有激情的职工队伍。建立内部竞岗机制,有了空缺职位在全公司范围内进行竞岗选聘。公平对待每一个员工,制定合理的管理制度、薪酬制度,赏罚分明。比如,李凤飞从最初的车间操作工做起,凭借努力逐渐升为班长、车间主任,通过内部竞岗升任经营部经理、主管经营的副总经理,现为集团副总经理。全公司10余名高层、30余名中层及90余名主管,都是通过培养、选拔出来的。

5. 坚持以人为本，不断改善工作和生活环境

晨光生物先后投资2000万元建立高标准的员工住宿公寓，配备家具和日常家电，实行公寓化管理；建设员工福利食堂和文体活动中心，定期举办单身联谊会等活动，帮助员工组建小家庭；鼓励员工办理驾驶证和购买个人轿车，购置员工上下班班车，周日及节假日安排赴市班车，方便员工出行；在各车间和科室安装空调或调温设施。与员工建立良好沟通渠道，在员工及其家庭遇到困难时给予全力帮助；每年安排慰问外地工作员工家属，解除员工的后顾之忧。通过努力，让每一名员工时时处处感受到大家庭的温暖，增强归宿感。

（八）建立和完善相关制度，加强规范化管理

1. 规范公司治理

2000年成立有限公司后，依照《公司法》规定，制定公司章程，设立股东大会、董事会、监事会。严格执行公司章程，注重股东的作用，积极发挥集体的智慧，让股东参与企业建设。每月召开董事会，讨论企业日常管理事宜，而涉及企业经营计划、投资方案、年度财务预算方案等问题，则召开股东会讨论共同决策。创业期董事会、股东会对把握企业方向和决策的正确性起到关键作用，股东会、董事会的决策和支持也给管理人员莫大的鼓励和支撑。

建立每周经理办公会制度，总经理、副总经理参加会议，主要研究分析企业发展中遇到的问题，涉及采购、生产、销售、财务、人事、行政管理等环节，充分沟通意见，共同协商决策，并制定下一阶段重点工作方向和任务，并分解为部门考核目标，通过考核反馈执行情况。通过沟通交流，形成稳固的管理层，核心管理和技术人员没有一人流失，保证企业文化、管理制度的有效贯彻实施，增强企业凝聚力。

2. 强化制度建设

晨光生物领导高度重视制度建设，从自身做起，带头执行各项规章制度。在企业内部建立良好的工作秩序，营造高效规范的经营氛围。共形成各项规章制度59项，涵盖日常管理、生产、销售、安全、采购、人力资源、财务、质检、研发等多个方面。每年制定制度建设方案，分月进行总结考核，加强制度修改、更新和完善。深入调研，广泛征求意见，确保制度条款切合工作实际，增强制度的可操作性，促进企业管理水平不断提升。

3. 加强财务管理

制定《财务管理办法》、《财务监督办法》等。2001年引进财务核算软件——财务通，实行财务电算化。2003年引进U8一体化管理软件，实现企业管理信息化，节约人员成本，提升管理水平。2010年引进NC集团化管理系统，将办公自动化系统、业务流、人力资源、资金流、项目管理工作整合在同一平台上，实现全面信息化管理，做到科学内控、增收节支、高效决策。

2004年开始聘请外部专业会计公司进行财务审计。2006年开始实行子公司异地现场监督审计，各子公司财务部发财务原始凭证影像资料给总公司进行审计，有效节约审计时间和成本，便于对子公司的监督管理。

三、民营生物科技企业的创业管理效果

（一）企业成功渡过了创业期，走上了良性发展轨道

晨光生物创立十多年来，一直保持良好的发展势头，主要经济指标始终处于同行业前列，出口创汇连年居行业第一。2007年辣椒红色素实现了世界产销量第一，占到世界辣椒红产销量的50%以上，打破了国内天然色素从印度进口局面，并开始批量向印度等天然色素生产国出口。由单一品种，发展成为天然色素、香辛料和精油、天然营养及药用提取物、油脂和蛋白四大类产品，从天然色素行业过渡到天然植物提取物行业。2010年、2011年连续两年上榜《福布斯》中国最具发展潜力的企业。2000年销售收入仅187万元，2011年达到107125万元，出口额7644万美元，实现了飞速发展。同时，"人与企业共发展"理念深入每一位晨光人心中，"敬业、奉献、和谐、创新"的创业精神激励着每一名员工奋发向上、开拓创新。

（二）促进了天然色素行业快速发展，成为国际领先产业

晨光生物通过持续不断的技术创新，降低消耗提高得率，提高产品质量，积极开拓国际市场，由小批量出口日本、韩国到打开欧洲市场，实现了辣椒红色素产销量世界第一的目标，带动了国内同行业的发展，使我国辣椒提取产业成为国际领先的产业。

同时，利用在天然色素提取分离的技术优势，向整个天然植物提取领域扩展，使天然植物提取物在全球受到推崇，在我国形成新的朝阳产业。2001年全国植物提取物出口额仅为1.91亿美元，2011年已超过10亿美元；1999年我国植物提取物出口额超过100万美元以上的企业有31家，2011年已达104家。据不完全统计，我国现有从事植物提取物生产和销售的企业约2000多家。

（三）提高了农产品附加价值，带动了区域经济发展

随着生产经营规模不断扩大，带动了我国种植业的发展和产业化进程。晨光生物在新疆、山东、河北、河南、内蒙古、甘肃、辽宁等地建立了大型种植基地，带动10万农户种植辣椒上百万亩，农户每年增收5亿元以上，推动了农业产业化进程，成为农业产业化国家重点龙头企业。

促进了曲周县区域经济发展。目前，晨光生物有员工842人，其中招收下岗职工150人、农民工242人，招聘大专以上学历员工450人。直接为晨光生物服务的企业有16家，就业人数达到500人。同时，上缴税金占曲周县财政收入的1/5。

近年来投入公益支持费用500万元，支持社区建设和教育、交通、消防、绿化、扶贫、赈灾等公益事业，不仅为企业创造了有利的发展环境，也树立了良好形象，促进了社会和谐发展。

（成果创造人：卢庆国、刘英山、李凤飞、连运河、陈运霞、暴海军、韩文杰、刘东明、周　静、袁　志、张俊强、童玉海）

以打造国际一流核电 AE 公司为目标的协同管理

中广核工程有限公司

成果主创人：公司总经理束国刚

中广核工程有限公司（简称工程公司）成立于 2004 年，是中国广东核电集团有限公司（简称中广核）全资子公司，也是我国第一家核电专业化工程管理公司。其前身是广东核电合营有限公司工程部（1987 至 1995 年，负责大亚湾核电站工程建设）、岭澳核电有限公司工程部（1996 至 2003 年，负责岭澳一期核电站工程建设）。2011 年底，员工总数 6345 人，总资产超过 200 亿元，年营业收入 198 亿元。20 多年来，经过高起点引进、消化、吸收、再创新，掌握了从系统设计到机组启动等覆盖核电建造全过程的核心技术和建设管理经验，成为我国领先的核电专业化工程管理公司。目前，共承担了 20 台百万千瓦级核电机组的工程建设任务，在建核电规模 1754 万千瓦，占国内市场的 60%，占国际核电在建市场的 27%，在建规模位居世界第一。承建的广东台山核电站单机容量达 175 万千瓦，是全球单机容量最大的核电机组。

一、以打造国际一流核电 AE 公司为目标的协同管理背景

（一）适应我国核电高效、自主发展的需要

核电是安全可靠、技术成熟的清洁能源。在确保安全的基础上高效发展核电，是解决我国未来能源供应的重要战略选择，对于满足经济和社会不断增长的能源需求，保护环境、优化能源结构，提升我国综合经济实力具有重要意义。2005 年 12 月以来，我国共核准 10 个核电项目、34 台机组，核准规模 3702 万千瓦。到 2011 年底，我国大陆在运核电机组数达到 15 台，总装机容量 1254 万千瓦；在建 26 台，在建规模 2924 万千瓦。到 2020 年，全国核电装机容量规划目标为 8000 万千瓦。

长期以来，商业核电领域的高端技术一直被美国、法国、俄罗斯、日本等国家垄断。上世纪 80 年代，我国通过整体技术引进、整岛（核岛）采购、部分自主建造等方式，取得了商业核电站的零突破。但在一些重要高端技术领域受制于人，国家规模化核电发展面临引进成本高、核心设备国产化制造难度大等问题。例如，2000 年在岭澳一期核电站建设时期，尽管国内已有东方锅炉、中国二重等 13 家企业通过了法国核级设备合格供应商评审，但也只能供应技术、工艺和材料要求相对简单的部件。为了实施能源发展战略，国家提出了百万千瓦级核电站"四个自主化"发展要求，即加快我国自主化的核电工业体系建设，全面实现"自主设计、自主制造、自主建设和自主运营"。

为适应我国核电规模化、自主化发展,着力提升自主设计、自主制造能力,必须探索形成一种有中国特色的核电发展模式,关键是要充分利用国内市场优势,在政府有关部门的支持下,以国内龙头企业为主导,通过产业链上下游企业的协同,建立自主化的核电工业体系,全面推动先进核电技术、装备制造、工程建设和运行服务等相关产业环节的协同发展。工程公司作为我国第一家核电专业化工程管理公司,有责任、有义务、有能力发挥重要作用。

(二)优质、安全地完成核电站项目群建设的需要

核安全是世界各国政府和社会关注的焦点,核电站工程质量则是保证核电站安全运行、降低核事故风险的基础。核电站建设属于典型的复杂系统工程,具有技术复杂、专业接口多、建设周期长、工程造价高等特点。按CPR1000(百万千瓦级中国改进型压水堆)核电项目统计,每两台机组的工程造价约250亿元,项目建设周期约64个月,共涉及380余个系统、2万多台设备、500余家设备供应商、3万余条二级进度、3600余个外部接口,现场土建安装人数合计约2万人。因此,核电站的工程建设对工程总牵头单位的总体架构技术能力和项目接口管理能力具有较高的要求。

我国商业核电站发展初期,主要通过"整体引进"和"工程总体技术责任外委、核电站分岛采购"等方式,转移总体架构技术不足带来的风险问题。例如,在大亚湾核电站建设期间,两台机组的建设工程完全委托法国电力公司(EDF),负责项目的总体架构设计、接口切分与对接以及后续管理等。在岭澳一期核电站建设时期,中方基于已经掌握的合同范围进行简单的按岛采购,但分岛过程的总体架构设计、接口切分等工程总体技术责任仍然由EDF通过工程咨询合同的方式承担。工程公司成立后,如何落实国家核电建造的"四个自主化"要求,在确保核安全的基础上,通过总体架构技术的运用,建立标准化的工程技术责任和分工体系,完善工程参与单位的协作平台和机制,为项目业主提供完整的核电站工程建设解决方案,并对核电站工程总体技术和工程质量、进度、造价以及核安全负责,是必须面对的挑战。

作为我国核电工程建设的主力军,工程公司先后承担了岭澳二期、辽宁红沿河、福建宁德、广东阳江、广东台山、广西防城港等多个核电项目的建设任务。面对核电站批量化、自主化建设的要求,资源和能力出现了阶段性的不适应,特别是专业人员数量与能力不足、国内设备资源短缺、建安承包商队伍能力滞后等问题十分突出。2008年,在岗人员约4000人,具有完整核电站建设与管理经验的人员仅500人。如何通过组织平台的完善、上下游协作机制的建设,促进优质资源在项目群中的流动和高效利用,确保核电站项目群在核安全、质量、环境、进度、成本和技术等方面满足各业主的产品功能要求,完成核电站批量化、自主化建设,保障核电站项目群的质量和核安全,也是工程公司需要面对的

岭澳二期穹顶吊装

挑战。

(三)完成打造国际一流核电 AE 公司战略目标的需要

2004 年,国家核电政策从"适度发展"转向"积极推进",核电站建设由"审批制"改为"核准制",政府从核电主要投资方转化为监管方。同时,国家主导引进新的核电技术和竞争主体,形成了三方共同参与竞争的核电工程市场。为了在竞争日益激烈的市场中做强做大,工程公司 2008 年对业务定位和发展战略进行了系统研究,确立了"打造国际一流核电 AE 公司"的发展愿景。与传统的工程管理公司相比,核电 AE 公司全面掌握核电建造技术,通过设计主导、系统集成、资源掌控与组织协同,安全优质高效建造核电站,并为客户提供专项技术服务。工程公司应在国内率先建成专业化的核电 AE 公司,培育领先的竞争优势,并牵引上下游企业走向世界,成为国际一流的核电 AE 公司。

通过与全球一流核电企业对标,工程公司明确打造国际一流核电 AE 公司应当具备的核心要素:一是拥有自主知识产权的核心技术(包括核电站总体架构技术和关键元件技术),且处于国际领先地位;二是具有良好的产业和社会影响力,掌控核电产业链关键资源;三是创造突出的市场业绩,处于国际先进水平;四是具有合理的经济规模和较强的盈利能力,满足股东的期望。

二、以打造国际一流核电 AE 公司为目标的协同管理内涵和主要做法

工程公司以打造国际一流核电 AE 公司为目标,以保障核安全为根本,以批量化、自主化核电站项目群建设为依托,逐步具备核电站总体架构技术能力,大力推进专业化、标准化和信息化建设,并以市场需求为牵引,带动产业链上下游企业开展元件技术创新。同时,基于我国核电产业资源紧缺、能力不足的现状,对内实施组织机制改革,促进企业内部协同;对外推动"大工程"、"大项目"管理,促进项目群建设协同;构建全产业链伙伴型质量管理体系,促进产业链质量理念的协同。有效促进企业核心技术能力和产业地位的提升,保障批量化、自主化核电站项目群建设的推进,为创造优异的市场和经营业绩提供保障。主要做法如下:

(一)明确协同管理的理念、思路和工作目标

工程公司审慎分析核电技术和产业特点,系统研究国内核电工程市场状况,确立协同管理的基本理念。一是确保核安全。核安全是核电的生命线,也是推进协同管理的首要理念。二是市场驱动。要充分运用"客户需求、市场订单"的牵引作用,以满足用户需求为目标,推动建立产业链上下游协作机制,优质高效地完成核电项目群的建设,共同创造市场价值,形成协同利益,持续增强各方参与协同的积极性。三是开放协作。要以全球化的视野和开放包容的心态,博采众家之长,广泛吸引国内外同行、研究机构等加入到协同体系中,从技术、管理、文化等各方面密切协作和互动,提升核电 AE 公司的核心技术能力,同时促进相关企业元件技术和产品配套能力的增强,进而提升协同平台的持续发展能力。四是共同发展。要以核电核心技术为引领,协同平台内企业,以共同走向国际核电市场为目标,推进技术创新、产品创新。

确立开展协同管理的工作思路,即发挥两大驱动力、夯实三大基础、开展三大协同、形成四大能力、完成一个目标。其中,"发挥两大驱动力"是指发挥打造国际一流核电 AE 公司战略目标的驱动力,国内核电快速发展形成规模巨大的市场订单的牵引力;"夯

实三大基础"是指大力推进专业化、标准化和信息化建设,建立统一的协同管理规范和支撑平台,夯实协同管理的基础;"开展三大协同"是指充分发挥工程公司的主导作用,大力推进企业内部和产业链上下游之间的组织协同、技术协同和管理协同,建立覆盖全产业链的"政产学研用"有效结合的协同创新体系;"形成四大能力"是指掌握核电站总体架构技术、关键元件技术,掌控核电产业链关键资源,并有能力推动多项目协同管理;"树立一个目标",即打造国际一流核电 AE 公司,并以此为平台促进我国核电产业发展。

构建一个覆盖全产业链的多层次、全方位的协同管理体系,具体包括四个层次的协同。第一层次是企业内部价值链的协作和项目群的协同。打通设计、设备成套、施工、调试等业务环节,构建新的组织框架,形成纵向业务协作关系和专业化能力提升平台。同时,推行矩阵式运作机制,建立不同核电项目之间的横向协作体系,提高企业资源的集约化程度,实现资源共享和有效协作,增强组织灵活性和业务反应速度。第二层次是实现与上下游企业之间的产业链协同创新。以项目群为纽带,充分利用专业化、标准化、信息化平台,在设计、设备成套、施工、调试等多个业务层面与上下游供应商和承包商开展技术、工艺、项目管理、质量、安全文化等方面的协同,共同提升核电产业整体能力。第三个层次是围绕产品创新,建立与产业链内企业、业主、政府、高等院校、研究机构等相关方共同参与的外围协同网络,搭建政产学研用有效结合的沟通协调和创新推动平台,共同促进我国核电产业发展。第四个层次是推动先进核电产品走向国际市场,建立标准、技术和资源等多方面的沟通和交流机制,及时掌握国际核电发展趋势,为我所用、集成创新、再向外推广,使中国核电元素融入全球核电产业供应体系,实现国际协同。

(二)掌握核电总体架构技术,形成产业协同基础

总体架构技术是工程公司构建协同平台框架、牵引产业链上下游企业创新元件技术、实现共同发展的基础。1987~2003 年,通过大亚湾核电站初步掌握核电机组的运行技术,了解核电站产品功能(产品的作用是什么)。通过岭澳一期核电站的分岛采购和建设,了解核电站产品的实体结构(产品是由什么实体组成的)。期间,组织 300 人的设计采购部开展设计审查,全面了解设计和采购的局部技术,加深对核电技术要求和规范的理解,为形成总体架构技术、完成总体功能的拆分奠定基础。

岭澳二期建设时期,秉承国家"四个自主化"要求,提出依托自主化示范项目、形成核电站总体架构设计能力和部分核心元件技术能力的建设目标。成立设计采购部,基于已经掌握的架构结果知识,结合中国设计专业分工体系,对核电站产品功能进行分解(产品作用是如何通过各实体实现的),并建立各子功能与设计专业之间的关系,基本形成核电站架构技术建设基础。同时,设计采购部基于国内核电装备国产化能力的状况,开展艰巨的设备采购分包、国内装备制造业市场调研和培训等,为建立总体架构技术与核电元件技术的接口奠定基础。2005 年,组建深圳中广核工程设计有限公司,对内实施一体化运作,形成完整的核电 AE 公司总体架构。在岭澳二期核电站建设中,通过"干中学"、"反求工程"、"出国培训"、"带资合作研发"、"专项合同委托"等方式,牵头开展国内设计院技术支持、设计审查、系统接口边界梳理等,完成核电标准体系转化、管理技术转化和与国内体系对接研究、进度接口管理、技术支持和服务、引进技术转让消化等,具备同类型核电站的总体设计再现能力,并最终形成以 CPR1000 技术为代表的自主品牌。

基于岭澳二期的实践,根据国家关于核电技术持续改进和创新的要求,充分发挥总体架构技术的牵引作用,在众多领域推动开展核电站元件技术的创新。以岭澳二期改进项的策划和实施为例,在充分考虑先进、成熟、安全、经济等功能需求基础上,工程公司结合运行经验反馈和法国同类机组批量改造计划,策划15项重大元件技术改进,包括堆芯燃料设计改进、全数字化仪控系统、半速汽轮发电机组等,促进核电站整体功能的提升。2005年以来,充分利用辽宁红沿河、福建宁德、广东阳江、广东台山、广西防城港等核电项目建设机会,大力推进引进、消化、吸收和再创新,陆续形成28个关键元件技术改进项,使得CPR1000产品功能得到持续改进,并在阳江项目初步达到二代核电技术的国际最高水平。

2010年以来,加快推进技术创新平台建设,开展具有自主知识产权的ACPR1000(即Advanced CPR1000)的新堆型研发。在设计院组建专门的研发团队,围绕方案设计、专项课题研究、验证试验、关键设备研发等关键环节,以"主导研发、产业协作"为基本思路,强化与产业链上下游单位的合作。2012年4月,ACPR1000研发通过核能行业协会的评审,确认达到最新核电技术标准要求,个别技术指标达到国际先进水平,产品的建设周期小于50个月,机组热效率提高至37%,大大提升核电站的经济性。同时,携手法国EDF、AREVA等企业,共同开展新堆型研发,及时沟通、了解和分享国际最先进的核电技术,预研核电技术发展趋势,持续提升总体架构技术能力。

(三)大力推进专业化、标准化和信息化,建立协同基础和平台

1. 专业化建设

专业化能力是提升核心技术能力和市场竞争力的关键。工程公司建立由设计(E)、设备成套(P)、施工(C)、调试(S)、项目管理(M)等构成的专业化生产作业体系,并依托专业化的组织,分解、巩固核电站工程建设专业技术能力,并持续提升。以设计为例,全面梳理核电项目全周期的设计工作流程、方法和内容,设置专业化组织机构,建立健全技术决策体系、经验反馈体系以及覆盖设计全过程的质量控制体系;编制设计指导手册,明确设计要求、理顺设计流程。

在项目团队运作方面,对各类生产管理专业性要求高的活动进行系统梳理,建立各业务中心专业化的小分队和项目重大里程碑专项工作组等专项组织,并在项目间有序流动,提升各类技术和管理专业化水平,提升项目质量和建设效率,降低成本。

2. 标准化建设

针对资源稀缺、人员经验和能力不足、项目建设任务繁重的状况,以产品标准化为基础,以技术标准化为手段,以管理标准化为依托,建立并完善标准化体系,迅速提升自身和产业链上下游企业能力,实现技术和管理经验的复制。

推进项目建设管理标准化。以从法国引进的百万千瓦级核电机组(M310)为基础,开展项目结构分解。提出并建立电站实体分解结构(PBS)、功能分解结构(FBS)和成本分解结构(CBS),将传统的双维度分解(WBS、OBS)结构变为五维度分解结构,将整个核电项目分解为众多小项目,从而将设计、采购、制造、施工、调试等不同单位的进度、物资、文件等编码统一,为特大型复杂核电项目中多个参与单位沟通协作提供共同语言,为开展单项目精细化管理、多项目协同管理和风险管控奠定基础。提出"模块化"进度管理方

法,将核电工程建设项目划分成100多个进度模块,找出模块的关键路径以及模块最可能的优化工期。通过岭澳二期核电项目实践,工程公司完全掌握CPR1000核电进度关键路径,并成功编制基于58、56、54、52、50个月的CPR1000标准进度计划,建立核电建设进度关键路径分析与计算平台,实现对关键路径的动态管理。

推进产品标准化。基于M310的产品基础,推出CPR1000。在形成CPR1000建造方案过程中,工程公司确定设计和法规标准化、技术和生产工艺标准化、设计和管理标准化的改进过程。通过对法国RCC、美国ASME工业标准与我国工业技术体系衔接进行研究和验证,承担核电行业工程建设过程大部分标准的编写和修订,在安全性要求、核电设备质量控制、国产化设备材料选择、工程经济等方面填补国家标准空白。到2011年底,共编制10项国家标准、220项行业标准,其中46项标准已向行业推广。同时,按照"专业、规范、高效"原则,固化生产流程、细化工作标准,制定一系列项目管理程序和制度。目前,共发布1169份程序、296份工作细则、134份技术标准。在项目建设过程中,现场人员运用统一的方法、工具和平台,严格执行标准的程序、制度和流程,有效规范各项业务。

3. 信息化建设

针对项目分散于不同地区、项目建设参与方分布于全国各地的状况,从2005年起,有计划、有步骤地开展企业信息化建设。建立协同设计、验证、仿真、研发为一体的智能3D平台,集成基于电站实体对象的多维度数据库。设计平台可以克服地域限制,延伸至任何具有一定核电站系统设计能力的合作单位,为AE公司优化整合全球设计资源创造条件。同时,固化以设计为基础的核电站全寿期业务流程,为持续累积、巩固和提升技术能力、实现技术创新提供载体,也为与上游企业在作业层建立协同提供重要平台。以2009年投入使用的设计平台为例,搭建核电三维协同设计生产与控制平台,覆盖工程公司设计院、深圳、成都、上海、北京、法国、德国等530多个核电站设计参与单位,实现标准化、同步化设计。

以ERP、IMS系统为基础,建立以项目为中心,涵盖设计、采购、建安、调试等作业环节的多项目管理平台。以"综合项目计划"为牵引,加载项目进度、人力、物资、资金、安全、质量、环境、经验反馈等信息,及时、准确、全面了解项目进展情况,并高效决策、提高资源利用效率。

(四)发挥技术引领作用,推进产业链上下游企业协同创新

基于核电产业的安全质量高要求、企业之间紧密依存度及中国核电产业基础的现状,工程公司在初步形成核电总体架构技术能力基础上,充分利用大亚湾、岭澳一期核电站建设时期的转让技术与经验积累,通过技术使用权转让、联合研发、市场承诺等措施,协同设备制造、建安等相关企业,建立开放式的产业链协同创新体系。

1. 建设开放式产业链协同创新体系

确保核安全、保障核电工程建设质量、促进核电产业协同发展,是相关企业共同的目标与责任。工程公司以合作伙伴之间的相互信任为前提,以核心技术为驱动,积极参与国外技术标准转化和我国核电工程建设标准体系建设。同时,运用标准规范的引领作用,采取委托研究、联合研发、共建实验室、开放式课题等形式,吸引产业链内部各创新主

体,开展系统设计、设备设计、设备制造、设备鉴定、材料评定等各环节的技术自主创新和产业化。

2. 协同推进核电主设备技术创新

核电主设备的设计和制造代表着机电制造行业的最高水平,难度大、在国际市场供应紧缺。工程公司通过技术使用权共享、联合研发、市场承诺等措施,与装备制造企业协同促进我国核电主设备技术创新。

采取分步走策略,用国内市场置换国外技术,逐步分解技术和责任,完成消化吸收、自主掌控设备设计技术,通过市场承诺带动装备制造企业掌握制造技术,逐步实现关键装备的国产化(见图1)。一方面,内部成立主设备设计所,专门负责此类装备和工器具的研发和设计,提升自身的技术能力。另一方面,与东方电气、一重等建立紧密的战略合作关系,推动关键设备的国产化制造。

掌握关键技术	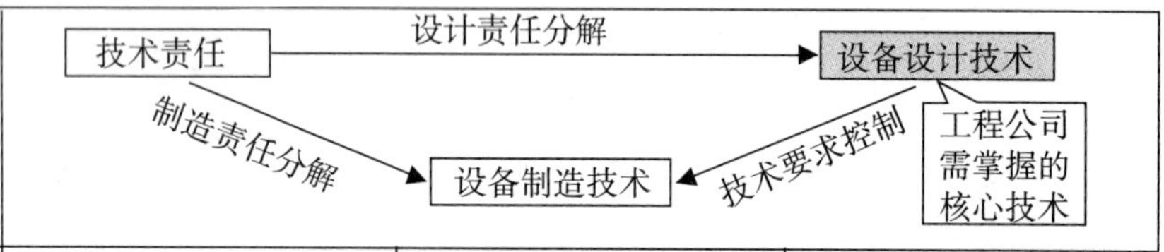 技术责任 → 设计责任分解 → 设备设计技术（工程公司需掌握的核心技术） 制造责任分解 → 设备制造技术 ← 技术要求控制
国产化阶段	第一阶段	第二阶段	第三阶段
技术责任主体	国外供应商	国外供应商	国内单位
设备设计主体	国外供应商	国内设计单位	国内设计单位
设备制造主体	国外供应商	国内制造单位	国内制造单位

图 1 核电主设备国产化路径

核电站核岛主设备锻件和原材料的专业技术、生产能力要求较高,工程公司联合国内科研院校共同开展技术研发,并通过提升生产能力等方式实现国产化。围绕主设备大锻件、20控Cr钢管、Wb36CN1高压管道、部分核级碳钢和不锈钢板材等,与国内众多企业开展联合攻关,相继实现国产化,并在红沿河与宁德等核电项目上供货。

3. 协同推进核电配套设备技术创新

对于核电站的电气、仪控、消防、通讯等配套设备,以系统功能需求为引导,通过市场承诺等方式,鼓励国内企业开展引、消、吸工作,促进配套产品的技术创新(见图2)。

以数字化仪控系统(DCS)为例,为保证岭澳二期的技术先进性、安全性和操作友好性,工程公司提出将DCS作为M310的重大改进技术引入核电站设计,DCS也是CPR1000技术在岭澳二期核电站的15个重大技术改进之一。为此,成立DCS专项小组,负责与上游供应商建立技术接口、与下游运行单位沟通操作需求,研发建立DCS验证平台。同时,主动制订并推动执行核电辅助配套设备国产化实施推进计划。以DCS为例,在岭澳二期核电站建设时期,国内企业的分包设计及供应仅占总设计量的30%;到红

掌握关键技术	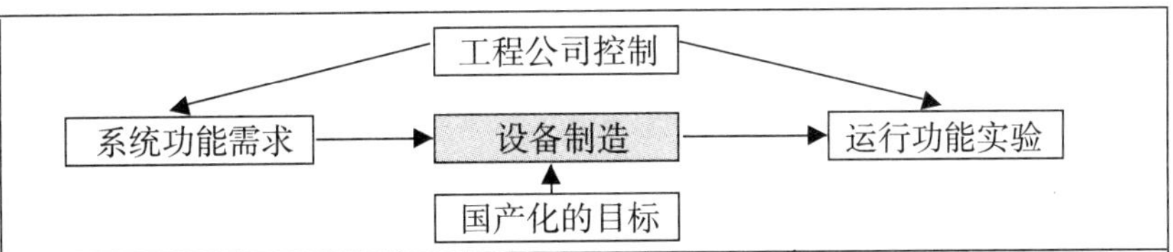 工程公司控制 系统功能需求 ↔ 设备制造 ↔ 运行功能实验 国产化的目标		
国产化阶段	第一阶段	第二阶段	第三阶段
工程公司	形成需求 整体委托	切分需求 国内调研、分块委托	整体委托
国外厂家	独立研发 整体供应	分体供应	完全退出
国内厂家	无	分体供应	整体供应

图 2 核电站配套设备国产化路径

沿河 1、2 号机组，达到 50%；宁德及阳江 3、4 号机组实现全部自主化、国产化。

依靠核电项目有序推进策略，我国核电制造企业元件技术得到大幅提升，并促使 CPR1000 核电站的技术先进性、安全性、可靠性较 M310 得到大幅提升，有效提升核电 AE 公司的关键资源掌控能力。

4. 协同推进核电建安工艺技术创新

以市场承诺、技术使用权无偿共享、联合研发、长期协议、战略合作伙伴关系等方式，与主要建安企业携手合作，逐步提高核电站建安领域工艺技术创新能力。以华兴、二三公司为例，工程公司依托红沿河、宁德、阳江、台山等项目与之建立长期合作关系，通过稳定的市场供应，提高其在建安工艺方面开展技术创新的动力。在紧密的协作和系统的安排下，发挥技术主导作用，与华兴公司在红沿河项目共同推进并成功实施筏基大体积混凝土施工，与二三公司在宁德项目首次实现主管道窄间隙自动焊。

5. 积极构建产业技术协同创新联盟

2009 年，工程公司联合 58 家国内重要设备制造企业组建"中广核核电设备国产化联合研发中心"，成为以核电国产化研发为己任、以提升国内核电设备成套供应能力为方向、以推动核电产业发展为目标的企业创新联盟。2010 年，经国家能源局批准，依托工程公司成立"国家能源核电工程建设技术研发（实验）中心"，涵盖核电站核级设备研发中心、数字化仪控系统研发中心、工程建设技术研发中心、先进核燃料元件研发中心、人因工程实验室、数字化仪控综合验证实验室、数字化核电工程虚拟仿真实验室与协作平台、自动焊实验室、金属实验室、调试技术研究综合实验室等 10 个国家级重点研发中心及实验室。以该中心名义发起的研究课题有 20 多项，涉及国内外企业 200 多家。

（五）构建伙伴型质量管理体系，推进全产业链质量协同

核安全是核电的生命线，今天的工程质量就是明天的核安全。工程公司以全面质量管理理念和体系为基础，以保障核电建设质量为核心目标，与产业链相关企业共同构建伙伴型质量管理体系，持续改进核电设备供应商和承包商的质量水平，确保核电站整体

质量受控。

1. 构建三标一体的质量管理体系

成立体系认证工作领导小组和推进工作小组，在原有核安全法规质量保证体系(《核电厂质量保证安全规定》HAF003)的基础上，总结大亚湾和岭澳一期核电站建设时期的质量管理经验，针对 HAF003 系列标准质量管理体系单纯注重结果管理的特点，研究并引入 ISO9001 系列标准质量管理体系，加强对核电站产品设计和建造过程的质量监控。根据核电 AE 业务的特点，引入 ISO14000 环境管理体系和 OHSAS18000 职业健康安全管理体系，突出工程项目管理对上下游供应商和服务商的质量控制责任。效融合三套标准体系的优势，与业主和承包商共同建立符合核电 AE 业务特色、覆盖核电站产品设计、建造全过程的程序体系总体框架，并完成《质量手册》和工作程序的修订，形成完整、全面、符合核电站工程建设业务特色和精细化管控要求的质量管理体系，为开展全产业链、全过程、全范围核电站建设质量监控奠定坚实基础。通过在项目上的质保体系监查、管理沟通以及实践运作，承包商逐步认同体系的要求。例如，东方电气参照工程公司质保体系逐步调整自己的质保体系，建立独立的质量管理组织，并将核电质量管理要求全面延伸到内部非核业务的质量管理活动中。

2. 以项目为依托，协同构建两级 QA 和三级 QC

把核电工程产业链视为一个整体，探索并建立两级 QA(质量保证)、三级 QC(质量控制)的核电工程质量保证体系，并扩展延伸到产业链相关企业，将总承包商、各领域分包单位的 QA、QC 职能有机组合，形成保证产品质量的多层屏障。以设计为牵引，结合系统、工艺、设备、材料等的核安全功能特点，建立分层分类的质量保证管理体系，有针对性地开展两级质保评价、三级质量监查。在设计领域，成立设计院技术质量室，对设计分包单位采取设计文件过程审查和结果认证等方式，强化设计质量管控。在设备制造、建安领域，将"两级 QA，三级 QC"质量管理体系向制造厂、作业现场延伸，协助设备供货商、建安承包商建立有效的核电产品质量管理体系。

3. 推行驻厂设备监造和重点帮扶，提升上游设备制造质量

为提升核电设备的制造技术水平、保证产品质量，将质量监督管理延伸到上游厂商的制造全过程。为此，成立质量监督分部，组建 200 人的监造团队，按照制造厂商的地域分布划分为 7 个片区，负责承接项目的设备监造业务，并通过监造人员在不同厂家的流动实现不同片区内制造厂家的经验和技术交流及推广。为加快核电产业装备产品的技术创新，提出预防性监造管理理念，引入国外核电装备的先进制造工艺，并在装备上线前通过经验反馈平台将其反馈到各装备制造企业，要求严格执行。

4. 传承和推广核安全文化，加强核电产业链质量协同

坚持"核安全是核电生命线"的思想，积极贯彻"永无止境地追求核安全、持续改进确保核安全"的理念。组织核安全文化专题培训，开展覆盖全产业、跨企业的安全质量管理研讨，统一质量管理标准，建立完整统一的质量事件报告体制，逐步使核安全文化理念在各产业链参与方得到认同，使"凡事有章可循，凡事有人负责，凡事有人监督，凡事有据可查"的管理要求得到积极响应，提高核电站工程各参建单位间的质量问题透明度。

(六)实施企业机制改革，推进 AE 公司内部组织协同

为适应多项目、多基地核电建设要求,工程公司逐渐将原来的业主工程部组织结构和直线式管理模式调整为公司化组织结构和矩阵式管理模式。2008年启动内部改革,建立"以理顺工程建设流程为目标的生产性组织体系"、"以明晰公司经营管理层级为目的的分层运作机制",并通过"分权经营和分灶吃饭落实不同组织和经营层级的管理权责",构建企业内部纵向业务链协作和横向项目群协同的机制。

1. 理顺业务结构,构建纵向协作机制

根据核电站工程建设业务特点,将生产性任务划分为E、P、C、S、M等重要环节,成立E、P、C、S四大业务中心。根据内部各组织定位、职责和主要任务,划分成职能部门、业务中心和项目团队三类组织。其中,项目团队专注于建设核电站,职能部门和业务中心则分别作为经营管理的抓手和核心生产能力建设的载体,为项目团队提供人员、资源等各类支持,通过项目建设实现价值创造。

2. 实行分层运作,明晰横向协同目标

构建前后台矩阵组织结构,优化管理层级,实现总部业务中心后台与项目前台的协同。项目层面的"一级矩阵"以项目总经理为核心,依托专业经理和项目管理办公室负责项目的安全、质量、进度、成本、技术、环境的协调与控制。根据项目总体进度要求,结合工程现场实际需求,通过专业经理对各业务中心及时进行日常协调、问题跟踪、信息汇总、资源调配管理。各业务板块的"二级矩阵"则围绕相关专业经理、依托各业务中心资源完成生产任务。通过"层级矩阵"建设,有效加强项目问题的快速处理和相关业务人员的横向联系,并促进专业组织和人员的经验积累和技术提升。根据"层级矩阵"继续细化分解,直至与业务专业、具体人员完全匹配。

通过层级矩阵运作,打破部门间的壁垒,打通业务流程,使项目团队、业务中心、职能部门共同围绕项目目标形成合力,促使企业各种优质资源能够在项目建设的不同阶段和不同项目间得到合理有序流动,实现资源高效率、集约化利用,提升同期开展多项目协调管理能力。

3. 实行分权经营和分灶吃饭,落实权责利

通过授权体系改革和分配机制创新,搭建有效的行政推动和利益驱动机制,将项目经营压力和能力建设责任直接传递到项目层面并分解到各业务中心,提升各部门为项目提供服务、为公司创造价值的协同意识,保障项目建设和企业发展目标的实现。

一是改革授权体系,保障资源调动。之前,总经理在企业层面和项目层面都拥有绝对权力,项目经理只有执行权。为了适应多项目多基地建设的新情况,工程公司大胆进行分权改革,由总经理向职能部门、业务中心和项目经理授权,建立公司管理和项目管理两级授权体系,分别制定《公司管理授权规定》和《公司项目管理授权》。根据业务流程梳理岗位职责,深化完善授权制度,分别制订《项目团队授权管理规定》、《业务中心授权程序》等,激发基层建设者的积极性,为各层管理者履职创造条件。

二是改革分配机制,落实组织责任。为落实各业务中心和项目团队的责任,提出"绩效合约"的概念,通过"行政推动＋利益驱动"落实项目建设任务。"绩效合约"是度量个体对项目贡献价值的单位,也是利益分配的基础。项目经理作为项目的第一责任人,与公司总经理签订项目绩效合约,承接项目建设的各项任务,明确项目年度产值,将项目年

度产值从公司层面下达至项目层面。项目经理分别与 E、P、C、S 四大业务中心签订"项目绩效合约",落实各业务中心的年度项目任务,明确在单一项目的产值,将项目产值由项目层面分解至 E、P、C、S 四大业务中心。年末,根据各项目的进展情况核定年度实际产值,并根据实际成本确定产值节余并实施激励。此外,对于根据核心能力建设要求确定的培养项目,如 ACPR1000 新技术路线研发、关键核电元件技术创新等,也是按照类似的方法进行产值分解和责任落实。

(七)实施"大工程"、"大项目"管理,推进项目群管理协同

在单一项目标准化、精细化管理基础上,工程公司发挥对上游设备制造和建安产业资源、下游业主单位的技术及市场需求影响作用,围绕单一项目建设、项目"六大控制"指标,与上游企业建立"大工程"团队,与业主单位建立"大项目"团队,从多项目整体角度协同开展对项目群范围、安全、质量、进度等的综合管控,打造国际一流核电 AE 公司的市场业绩。

1. 制定"六大控制"指标系统,推进"大工程"团队协作

核电项目的控制指标包括安全、质量、进度、成本、技术和环境六个方面,工程公司统筹制订各项技术和管理指标的内容,业主公司、上游供应商和分包团队则分别根据指标要求保障资源,并完成专业领域建设任务。例如,为精确测量和量化评价项目进度,2006 年率先开展"项目进度精确测量系统"研究,将核电项目中不同专业、不同工种的工程量换算到一个统一的单位。同时,先后组织"大工程"团队,针对 EPCS 每个专业,研究开发作业级的进度精确测量与量化技术,并形成企业标准,包括工程总量分布标准方法、工程总量的计划分布曲线标准计算方法、进度测量点采样标准等,与产业链上下游企业有效沟通,实现进度统一管理。

2. 建立"大项目"平台,推进项目群建设各方管理协同

从 2005 年开始,与各项目的业主方共同建立"大项目"团队,并承诺在团队内部开展跨项目的管理、工程及技术沟通交流、经验反馈和资源调配等。为保障各项目的资源配置最优,与各业主共同建立项目间物资调配机制,签订物资调配协议、出版《项目间物资调配规定》,搭建由总承包商与所有项目业主共同参与的资源保障平台。资源调配平台的运作,使总承包商可根据各项目的进度灵活调整关键设备在项目间的使用,化单项目资源稀缺的刚性为多项目资源调配的柔性,促进关键资源的有效配置和共享,保证工程建设顺利推进,实现项目群建设整体利益最大化。

3. 建立企业级核电项目经验反馈平台

遵循追求卓越、持续改进的理念,充分利用国内外工程建设经验和教训,搭建经验反馈平台,成为公司内各业务中心之间、各项目与上下游产业之间、核电企业与非核电企业之间的经验交流平台和技术创新协同平台。为实现经验反馈闭环控制,建立技术与流程的配套管理体系,从异常事件探测、事件调查、纠正行动落实、有效性的验证,到经验反馈的推广应用,形成完整的循环过程并制订配套的程序、文件、考核体系。历史经验数据在新项目上应用后,其应用情况录入数据库,形成经验反馈的闭环控制和进一步累积,为后续项目提供优秀经验反馈,促进某一技术或经验在项目间的持续滚动应用,并依托新的项目功能需求等修改外部采购或招标信息,促进上下游企业的应用。目前,已经建立并

启用企业级核电项目经验反馈平台,全体员工参与经验反馈,实现作业级的深度经验反馈。

三、以打造国际一流核电 AE 公司为目标的协同管理效果

(一)优质高效推进了核电项目群建设,适应了我国核电快速发展

通过协同管理,工程公司搭建了贯穿产业链上下游的协同创新平台、多项目协同管理平台,优质高效地实现了多基地、多技术路线的项目群同步建设,在建核电项目质量、效率和投资等得到有效控制。

一是核电工程建设质量可靠。以岭澳二期核电站为例,两台机组的首个燃料循环都保持了安全稳定运行,非计划停机停堆次数为 0,各项性能指标优于设计值。岭澳二期工程建设阶段各类变更数量由岭澳一期的 20731 份降低到 9000 份,变更成本由 6% 降低到 3%;承包商施工过程中质量不符合项较岭澳一期下降 75%;设备安装一次合格率提高 56%;最终向运行移交过程中发现的各类质量问题与岭澳一期同期下降 70%。

二是核电工程建设效率稳步提升。通过技术创新、进度优化、资源统筹等多种手段,岭澳二期、辽宁红沿河、广东阳江核电站首台机组的计划建设工期分别从大亚湾核电站的 64 个月优化为 58 个月、56 个月和 52 个月。岭澳二期核电站一号机组以 57 个月的建设工期,打破了历史纪录。

三是核电项目建设人力成本大幅降低。岭澳一期(两台机组)项目平均人年数为 602 人年,通过人力资源的高效流动和集约管理调配,CPR1000 项目(两台机组)参考岗位设置平均仅为 282 人年,下降达 50%。2008~2010 年,工程公司在建机组数由 7 台增加到 16 台,员工数由 3892 人增长到 6150 人,员工增幅远小于在建机组增长幅度。

四是核电工程造价得到有效控制。通过实施自主化、国产化的核电建设和集约化的项目群统筹管理,促进了核电工程造价的降低。岭澳二期核电站建设期间,人工价格上涨了近 2 倍、大宗材料价格上涨了近 60%,通过多项目捆绑采购、利用市场低谷期锁定资源等方式,较好地控制了建设成本,两台百万千瓦核电机组工程总造价较大亚湾核电站下降了 33.7%,国产化率提高了 59%。在辽宁红沿河、福建宁德、广东阳江、广西防城港等核电项目上,核准工程造价均有显著降低。

(二)核电装备国产化取得了重大突破,促进了我国核电工业发展

在工程公司的主导推动下,CPR1000 技术已经实现了反应堆压力容器、蒸汽发生器、控制棒驱动机构、水压试验泵电源系统、反应堆厂房环吊、主管道等重大核心部件的国产化,标志着我国百万千瓦级核电站核岛主设备的全面自主化。其中,部分设备和部件的制造水平和工艺达到国际先进水平。例如,蒸发器 U 形管制造技术于 2010 年取得实质性突破并正式投入生产,打破了该产品一直仅由国外少数几个厂家垄断供应的局面,使 U 型管采购成本由 120 万元/吨降低到 80 万元/吨。在辽宁红沿河等后续项目中,国产化设备的制造水平持续提升。

依托 16 台 CPR1000 在建机组逾 2000 亿元总投资(其中近 1000 亿元设备供应和 300 亿元施工安装)的巨大市场,带动了整个产业链 5400 多家制造、施工企业共同发展。通过消化吸收引进技术、自主创新和大规模技术改造,建成了具有国际先进水平的核电装备制造基地,掌握了核岛和常规岛关键设备设计、制造核心技术,产品质量稳定性逐步

提高。目前,已形成了以一重、二重和上重为产业龙头的大型铸锻件和反应堆压力容器制造基地;以东方电气、上海电气和哈尔滨电气为产业龙头的核电设备制造基地;以沈阳鼓风机集团、中核苏阀和大连大高阀门为代表的核级泵阀制造基地。这些企业与工程公司一道组成了完整的中国核电设备制造产业链,有力促进了我国核电工业发展。

(三)国际一流核电 AE 公司建设取得明显成效,促进了企业快速发展

通过开展覆盖全产业链的协同管理,工程公司的核心能力初步形成,经营业绩稳步提升。在核心技术掌握方面,累计申请专利 255 件,其中与外部工程建设、制造单位、科研院所等联合申报的相关专利数为 26 件;承担国家级重点课题 19 项、省部级重点课题 7 项,建立了国内唯一的国家能源核电工程建设技术研发(实验)中心和 10 个国家级重点研发中心及实验室;获得国家科技进步奖 2 项、国家能源科学技术进步奖 4 项、省部级奖项 30 项、行业级奖项 28 项。2011 年 8 月,负责总设计和总承包的百万千瓦级核电站示范项目—岭澳二期核电站全面投入商运,成为我国核电工业自主建设的重要里程碑。自主设计的具有自主知识产权的三代核电技术——ACPR1000 已经完成总体技术方案的评审,2012 年完成初步设计,2013 年获得示范工程建造许可证,标志着工程公司已全面掌握核电站总体架构技术和关键元件技术,具备了自主创新的能力。在产业链资源掌控方面,通过多年的市场培育、技术与管理输出、产业协同创新,国内核电供应链企业数量大大增加。目前,建立了 5400 余家企业构成的供应商数据库,资源集成和调配能力大大增强。市场业绩表现方面,2012 年承建机组数量为 15 台,总容量约 1754 万千瓦,占国内市场份额的 61%,占国际市场份额 27%。2007 年到 2011 年,工程公司总资产由 30 亿元增加到 200 亿元,净资产由 6.6 亿元增加到 18 亿元,营业收入由 12.3 亿元增加到 198 亿元。

(成果创造人:束国刚、夏林泉、郑东山、张启波、田 青、上官斌、李 靖、沈鸿钧、赵建光、廖蓉国)

实行军民融合的大型安保技术系统开发管理

中国航天科工防御技术研究院

成果主创人：副院长全春来

中国航天科工防御技术研究院又称中国航天科工集团公司第二研究院（简称航天二院），创建于1957年11月，是我国从事防空导弹武器系统总体研究院，在防空武器研制生产领域处于世界先进水平。50多年来，航天二院自力更生、艰苦奋斗，走出了一条从仿制到自行设计、自主创新的成功之路，先后承担并圆满完成了我国早期地地导弹控制系统，我国多代地（舰）空导弹武器系统，我国第一个固体潜地战略导弹、固体陆基机动战略导弹的研制生产任务，为我军装备现代化建设和我国综合国力的提高做出了重大贡献。

航天二院科研力量和专业技术基础雄厚，拥有9个专业技术研究所、3个集成制造厂、1家上市公司和6个服务保障单位。总体与系统设计能力、制导与控制技术、推进与发动机技术、电源技术、电子与信息技术、试验与测控能力、装备制造水平等处于国内领先地位。全院18000余名职工中，专业技术人员8000余人，技能人员7300余人，研究员和高工2600余人，拥有6名院士和一批获国家政府特殊津贴的知名专家组成的领军人才队伍。1979年以来，共获得国家和部级科技进步奖2500余项，其中国家科技进步特等奖4项。

一、实行军民融合的大型安保技术系统开发管理背景

（一）应对非传统安全领域的新问题、提升国家安保能力的迫切需要

进入新世纪以来，如何应对突发事件，确保社会安定、民众安全，特别是国际性大型会议和活动的安全，是世界各国共同面对的难题。随着我国社会经济的发展和国际地位的提升，在我国举办的大型国际活动也越来越多，如2008年北京奥运会、2010年上海世博会和广州亚运会、2011年深圳大运会。这些活动一般政要云集、规模空前、影响巨大，而敌对势力的破坏、恐怖袭击和骚乱、群体性事件、交通事故等一旦发生，将对国际性体育赛事和大型活动造成负面甚至恶劣的国际影响。因此，对我国安保管理提出了很高要求。

快速有效提升国家安保能力，确保国际性大型活动的安全举办，需要有大型安保技术系统作为可靠保障。我国筹办北京奥运会期间，胡锦涛同志曾指出："没有安全保障，就没有奥运会的成功；没有安全保障，就没有国家形象"。有效解决非传统安全领域的新问题，不仅是保障大型活动安全的需要，同时也是确保社会安全稳定、构建和谐社会的重

要基础。借鉴军队指挥自动化的理念,运用武器装备高新技术,建设集探测报警、情报分析、信息通讯、指挥控制、网络安全、应急处置等于一身的大型安保技术系统,是实现"平安奥运"、"平安世博"以及"平安城市"、"平安社会"目标的有效手段。有效解决非传统安全领域的新问题,提升国家安保能力,需要按时限、高质量地开发出我国具有自主知识产权的安保技术系统。

(二)大型安保技术系统的开发需要突破诸多技术和管理难题

大型安保技术系统的研发、建设和运行是一个非常复杂的系统工程。一是系统关键技术攻关和建设并行。具有"边研究、边设计、边建设"特点,从总体设计开始到项目建设,运用很多新技术。它既不同于科研项目,有着预先研究、技术攻关、初样集成、正样研制等完整过程;也不同于其它类建设项目,一切都是成熟的可靠性很高的技术和产品。二是组织协调工作量大,参与研制和建设的单位众多。这些单位专业相对独立、行政隶属关系相对独立、人员队伍相对独立,相互之间在工程经验、职业传统、企业文化等方面差异较大,特别是协作配套单位缺少研制军工产品的理念和经验,达成全系统的统一性、子系统的协同性难度很大,管理协调的工作量非常大。三是系统综合管理运作与技术开发跟进存在时间差,不同子系统之间也存在时间差,对于两序列人员的需求也存在时间差。因此,必须实行"两总"管理,便于子系统之间的综合协调。四是系统开发的时效性与系统的规模性、地域性、复杂性之间的矛盾,给系统开发带来了巨大的困难。以北京奥运会为例,要在两年半的时间内完成安保技术系统的开发、建设、试运行、验收、培训和交付使用,需要开发50多万行的软件代码,部署108套指挥系统、集成2万多台套设备、施工110多公里长的58个周界技防系统,涉及到北京、上海、天津、青岛、沈阳、秦皇岛和香港7个城市,北京赛区就有分布在各个区县的94个奥运场馆和相关设施,开发的工作量非常大。五是安保需求变化快、实施难度高。安保的需求来源于众多部门,而且各个场馆的情况又各不相同,经常出现刚完成设计,要求又变了;刚建好的周界,又需要重新施工。六是硬性约束条件多。整个项目的技术性能、研制进度、质量保证、经费控制、可靠性安全性等,都是整个项目管理的硬性要求。由此可见,大型安保技术系统的开发面临诸多技术和管理难题,创新和建立大型安保技术系统的开发管理,势在必行。

(三)发挥军工企业的自身优势、引领安保技术发展的现实需要

大型安保技术系统作为复杂的系统,对承担单位的经验和能力有着很高要求。航天二院长期从事导弹武器系统的研制生产,先后参与了我国"两弹一星"、载人航天等重大工程项目,具有雄厚的科研实力、强大的系统集成能力,同时积极推进航天高技术参与国民经济建设,为安保技术发展奠定了坚实基础。

航天二院开发安保技术系统具有以下优势。一是安保技术系统开发和装备研制生产与航天技术相通,以系统工程模

安保工作人员在"世界之窗"工作

式实施,资源、产品集成度高。二是军民互动性强,是实现军品技术成果整体转化,实现军民融合式发展的最为有效、便捷的途径之一。三是拥有健全的系统工程管理、质量管理和产品保证体系。四是拥有发展安保技术良好的基础设施。拥有9个研究所和3个设备精良的生产制造企业,建有5个国防科技重点实验室和1个国家工程中心,具有完备的科研设施、良好的科研条件、先进的试验测试条件。五是构建了安保技术创新体系。掌握了安保技术系统开发所需的探测、目标识别、控制、信息处理、系统集成、复杂产品总体设计等方面的关键技术,形成了一批以安保指挥系统、多传感器视频监控系统、低慢小目标探测和截获系统、毫米波人体成像安检设备、高清摄像机等为代表的一系列具有自主知识产权的产品。六是拥有保密资格、涉密信息系统开发、计算机信息系统集成、智能建筑设计、安防工程设计与施工等一批专业资质。

作为我国航天防务领域的骨干单位和中坚力量,航天二院承担着发展安保核心技术,提升国家安保能力,拓展市场空间,带动安保技术发展的使命。

二、实行军民融合的大型安保技术系统开发管理内涵和主要做法

航天二院践行中国航天科工集团公司"大防务、大安全"的发展理念,以带动安保技术产业发展为使命,以航天系统工程技术和管理经验为基础,首次在大型活动采用安保整体防控的设计理念和基于C4I3SRT的安保技术系统整体解决方案。在管理上,借鉴军品型号研制生产"两总"管理体系的做法,充分考虑大型安保技术系统的特点,提出"两总"管理系统的理念、思路和方法。通过"两总"管理系统,构建系统开发的核心流程,有效实现了规划、设计、建设、验收、运行和保障六个方面的协调一致,建立起有序的管理体制和确立统一的管理标准,把原本分散的各分系统置于一个管理体制框架下,把分散的力量置于统一调度下,把技术状态、质量要求、研制进度、可靠安全性要求置于统一的标准下,形成了一种新型的强柔性的组织管理体系,充分发挥总承包方的作用。通过导入用户核心价值主张,形成以系统开发服务为主导,向系统前期(策划阶段)、后期(运行保障阶段)延伸服务链,增强市场开拓能力,提升用户满意度,促进企业快速发展。主要做法如下:

(一)明确大型安保技术系统开发的总体思路

航天二院秉承航天系统工程的理念,"系统抓、抓系统",发挥综合优势,坚持技术创新和管理创新;开展全生命周期的管理,实施并行工程,逐步形成适宜于大型活动安保技术系统开发特点的管理体系和相关规范;加速形成安保技术系统集成级、分系统级和设备级产品的体系;不断建立完善推动安保技术产业发展动力和保障机制;坚持开发与应用一体化,逐步培育安保技术产业集群,进一步提升安保市场的占有率,提高安保技术产业的发展速度、发展质量和核心竞争力。

根据航天二院"十二五"发展规划,到2015年安保技术产业年增长率要达到25%以上,销售收入累计突破190亿元,其中国外市场营业收入将占到30%以上;形成大型活动安保技术系统相关的标准规范;获得一批发明和实用专利,积淀一批先进实用的安保技术系统的技术和产品;与用户、政府、企业、科研机构和高校建立良好的"政产学研用"合作关系,保持国内安保技术领域第一品牌的优势,并积极开拓国际市场,树立国际品牌形象。

(二)构建大型安保技术系统开发的"两总"管理体系

航天二院充分考虑大型安保技术系统的复杂性、参与单位众多且需多专业协同配合的特点,借鉴军品型号研制生产"两总"管理体系的做法,建立"两总"垂直管理与矩阵制相结合的管理体制。

在大型活动安保技术系统开发的组织管理架构中,以"业绩导向、充分授权、过程控制、分级负责"为基本原则,形成四个层面(见图1),即院领导和"两总"处于决策层面,安保技术系统开发项目办公室处于管理层面,研发中心等处于技术层面,各项目承建单位处于实施层面。

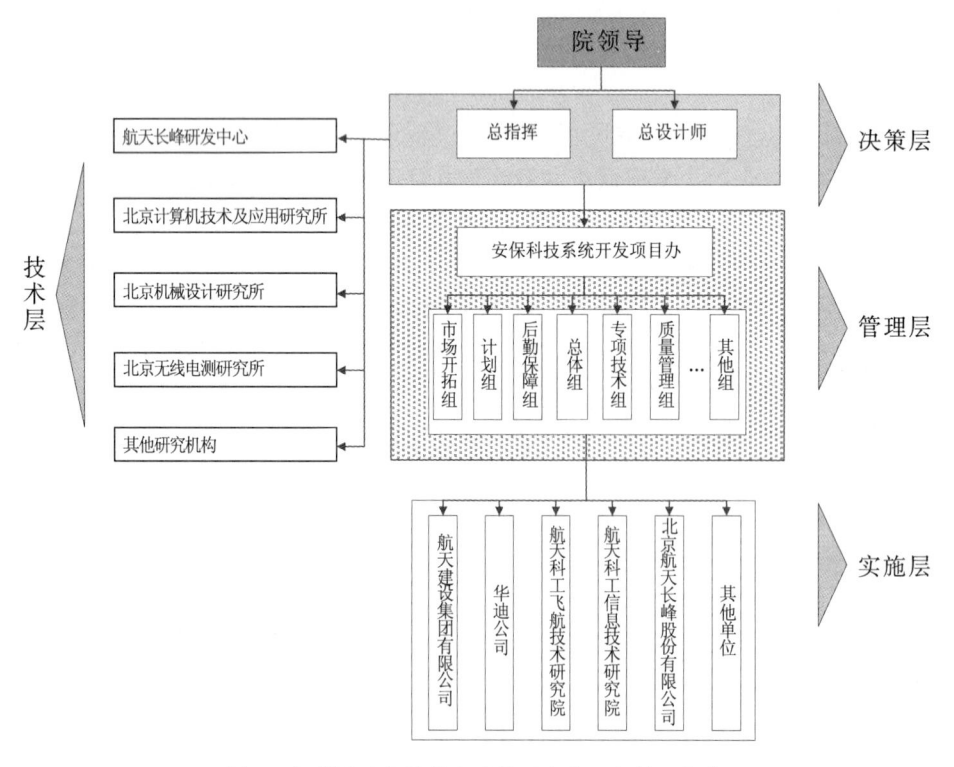

图1 大型活动安保技术系统开发的组织管理架构

1. 实行"两总"系统管理

大型安保技术系统实行行政、技术双线管理,以总指挥负责行政指挥线,总工程师负责技术指挥线。行政指挥线设总指挥、副总指挥、分系统指挥和项目调度等;技术指挥线设总工程师、副总工程师、副总工艺师、质量总负责人、主任设计师、主任工艺师和工程师等。两线各司其职,各负其责,各行其权,既有分工又有合作。"两总"系统使管理、技术、三个层面整体联动,确保整个系统运作在横向上协调一致,在纵向上目标与措施统一。

由总指挥、市场营销副总指挥、项目管理副总指挥等组成的行政指挥管理团队,对项目进行统一领导,组织设立项目办和专业组并明确职责,制定规章制度。对项目的进度、经费、市场开拓工作、质量等进行规范管理,采取有效措施保障技术决策的实现。负责严格执行安全生产和保密相关规定,任务及责任落实到人,分层管理,强化管控措施的落实。

由总工程师、副总工程师、副总工艺师、质量总负责人等组成的技术管理团队,从技术上对项目的完成提供支持和保证。负责整个项目的设计、建设、实施开发、测试、运行等技术和质量工作,实时掌控项目办下设的各专业组的技术工作。适时与指挥线人员进行信息交流及沟通,确保整体项目的顺利进行。负责组织各分系统研制中重大技术攻关。组织各分系统的主任设计师、主任工艺师及质量负责人,对项目的实施过程、时间节点和完成情况进行管理和协调。

"两总"之间采用定期集中、日常分散的沟通机制。按照项目推进的节点,两线之间定期沟通交流项目分工的进展情况,充分发挥各自专业性的优势,推进项目的有序开展。横向之间,定期集中,以会议、邮件、电话的形式通报项目进展情况及相互需要协作、配合的环节,采用专家会议等沟通决策方法,保证项目有序、高效运行。纵向之间,两个序列内部,按照项目办管理的要求,严格沟通程序,按照层级、岗位等划分,向下逐级分解项目工作任务,向上逐级汇报工作进展,严控时间节点,保障项目的顺利开展。子系统内部则按照各自业务、人员特点,选择行之有效的互动机制,达到信息共享与传递,共同完成工作任务。

2. 成立项目办公室

参与大型安保技术系统开发的单位跨行业、跨部门、跨地区、跨集团公司,整个项目需要近千人参与设计和开发建设。为了解决大型工程项目实施中管理重叠、多头分包、组织交叉、进度拖延等问题,航天二院实施统一指挥和管理,在"两总"系统垂直管理下,成立项目办公室作为执行机构。办公室设计划组、总体组、专项技术组、质量安全组、市场开拓组、后勤保障组等专业组,协助"两总"系统调配相关资源,使各个分系统在不同阶段都能高效有序运作。

计划组负责项目计划的下达、与分系统计划的协调,以及对计划执行的监督和考核,并通过信息化的计划调度系统对短线计划给予提示,保证信息公开和责任落实;总体组负责项目的技术工作,协调解决项目方案的论证、设计研发、建设交付、运行和保障各阶段中重要的技术问题,对技术目标的实现负责;专项技术组对安保技术系统的共性技术问题和需要解决的前沿技术难题,组织进行研发和技术攻关;市场开拓组负责项目的市场调研、营销计划的制定、品牌的建设,以及合同签约和重点客户管理工作;质量安全组对项目全过程进行质量安全控制和监督,定期分析总结,发布质量和安全监控报告;后勤保障组为项目做好后勤保障工作。

3. 建立"两总"系统互动机制

"两总"垂直管理是重大项目牵引,建立指挥和技术两条管理线,两线并行运行。为加强沟通协调,形成良性互动,"两总"系统在顶层设计上互动、在组织实施上互动、在解决重大问题上互动。

顶层设计上互动。主要是厘清"两总"垂直管理中组织层次之间功能、责任,明确工作职责、工作界面、工作接口,冲突及问题的处理程序和模式,降低工作设计中的对抗性和冲突性。

组织实施上互动。系统研发建设的进程,实际上是"两总"之间,"两总"与开发、建设单位之间,管理者与被管理者之间的互动过程。最重要的是畅通信息渠道,掌握整个系统的状况,分析现状与计划差异的原因,明确"两总"及有关部门的责任。从管理实践看,计划的科学合理、标准的准确传递、单位及员工的执行力,是"两总"管理中始终需要高度重视的问题。

解决重大问题上互动。由于大型安保技术系统技术创新程度高、不确定因素多,在技术状态、进度、质量、经费方面,都会遇到一些问题。而技术不见底、研制出现困难,是造成问题的主要因素。为此,"两总"系统秉承"有问题共同商量,有困难共同克服,有余量共同掌握,有风险共同承担"的管理原则,弘扬航天军工大力协同的传统,共同协商解决出现的问题。

(三)科学确定开发管理流程和管理标准

1. 梳理管理流程

"两总"系统把大型安保技术系统的集成管理放在综合性和全局性的位置上,运用系统论、控制论等思想、理念和方法,着眼技术、质量、进度、经费之间的平衡协调,加强对资源、计划、范围、组织、人员等管理要素进行全方位的集成式管理,保证项目研制建设和顺利推进。具体分为要素间的集成管理、组织间的集成管理和阶段间的集成管理。

2. 制定统一的管理规范和标准

"两总"系统制定统一计划调度、统一设计标准、统一组织设计、统一施工工艺、统一物资采购、统一对外协调、统一成本管理、统一安全管理和质量监督等工作规范和标准。

统一计划调度。由项目办公室根据"两总"的顶层策划制定整体计划,并制定各分系统的分计划。由计划员根据计划安排向分系统指挥下达《项目计划表》和《施工任务书》,组织分系统进行《施工组织设计》的编制和评审。统一计划调度实现了统筹各分系统的工作进度,合理分配各种资源,保证各分系统进度与保障总体进度协调一致。

统一设计标准。由项目办公室根据国家有关标准规范和有关安保要求,编制《设计大纲》、《设计工作流程》和《设计更改工作流程》,并统一下发。

统一组织设计。解决各分项目之间的系统接口和连贯性问题,使各分项目保持标准的统一,为集成和系统联调工作打下坚实的基础。

统一施工工艺。由项目办公室组织编制下发《安保技术项目施工项目特殊施工做法及要求》和《安保技术项目施工管理工作流程》,保证各分系统按照统一的工艺文件进行施工,便于工程控制和验收工作的开展。

统一物资采购。由项目办公室编制印发《安保技术项目设备材料供应流程》,对材料申请单的提出、审核和批准,设备材料的入库和配送,设备材料的退回及领用等流程进行了明确的规定,保证各分系统所采用的设备和材料是一致和通用的,有利于采购成本的控制和维护工作的快速运行。

统一对外协调。保证项目对外一个声音,提高效率,减轻各分系统在协调方面的工作量,集中精力搞施工。

统一成本管理。对项目全过程进行成本的控制,有效提高项目利润率。

统一安全管理质量监督。在项目办公室设立质量安全组,负责此项工作的日常管理。制定统一的安全管理制度和和质量保证大纲。

(四)建立保障大型活动安全的技术应用体系

航天二院在已有的安全技防系统基础上,通过新建、改建、扩建、集成等多种方式,构建安全技术应用体系,包括安保指挥系统、场馆技防系统、信息通信系统和专用技术系统(见图2)。

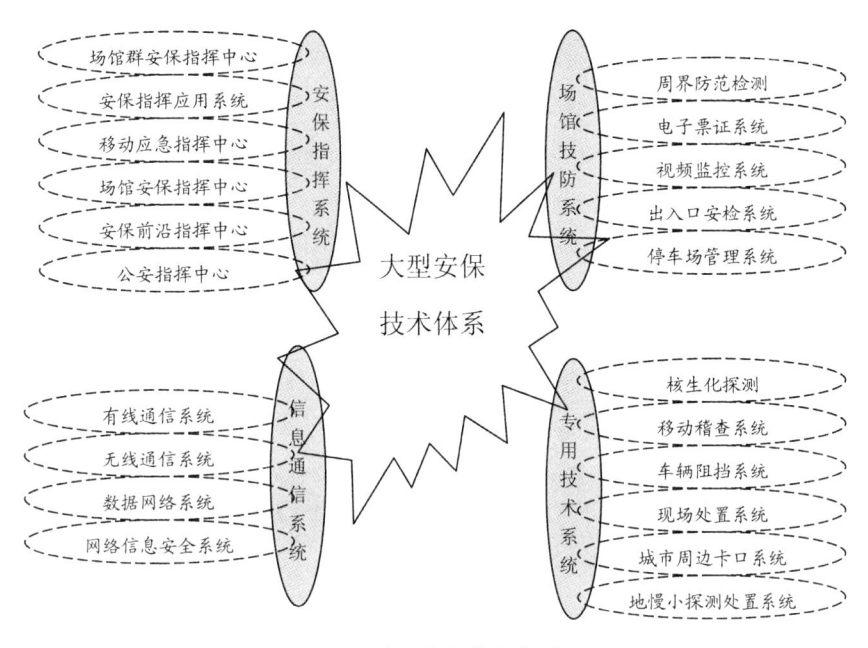

图2 大型安保技术体系

北京奥运会之前,国内没有大型活动安保技术系统开发的成功经验可以借鉴。航天二院充分发挥航天技术创新和技术集成的优势,提出大型活动安保技术系统开发的新理念和新方法,开发出我国第一个具有自主知识产权的大型活动安保技术系统,并研发出一批发明创新的技术、产品和装备。

1. 创造性提出C4I3SRT设计理念

作为一项复杂的、综合的系统,安保技术系统需要将各种不同架构、不同公司研发的系统进行互联,既要保证系统的先进性,又要保证可靠性,确保不会因为技术障碍,影响系统的稳定。系统的体系架构既要考虑使用最新技术,又能够满足应急指挥严密、规范的特点要求。

针对系统特点,航天二院创造性提出C4I3SRT设计理念和概念模型,即集指挥、控制、协同、通信、情报、信息、集成、监视、探测、处置为一体,以人为本,有效整合多方资源,实现多部门协同联动的全方位、全天候、立体化的整体防控。目前,这种设计理念已得到业内高度认可,并成为安保技术系统设计的主流思想。

2. 自主开发系列安保技术与装备

国外一直对安保关键技术采取封锁和垄断。为了尽快突破核心技术和关键技术,满足用户"技术代表先进前沿"核心价值主张和保持国内安保技术领军地位的需求,航天二院依靠自主创新,加强技术开发过程管理(见图3)。根据航天产品"关注细节、预防为主、

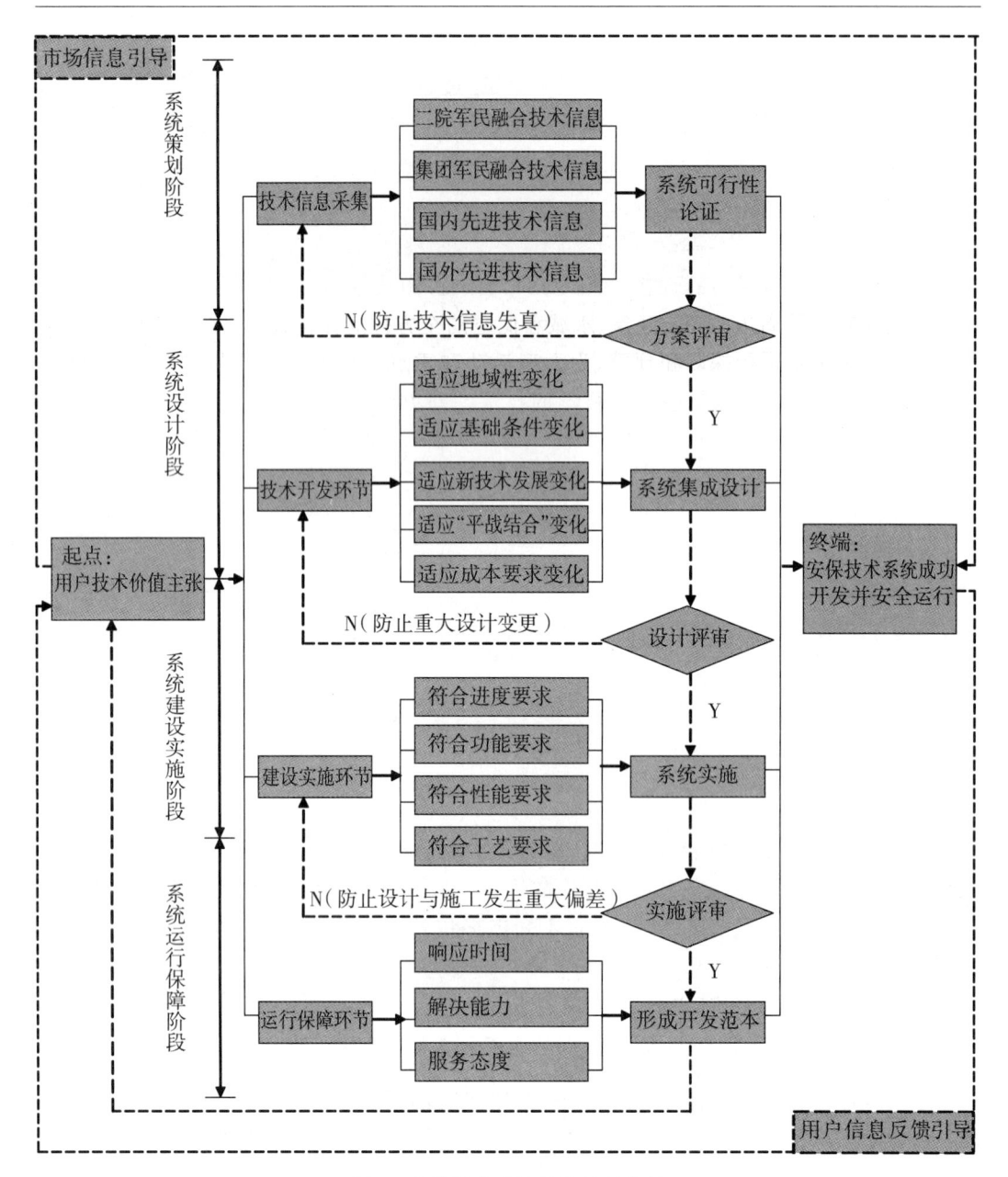

图 3 安保技术系统开发过程管理

全程控制、系统管理"的原则,将系统按策划、设计、建设实施、运行保障等不同阶段进行过程分解,设立关键控制点,并开展评审、验收等质量把关活动,强化过程管控,确保不将问题带入下一个环节,以过程质量保证系统的最终质量。

在安保技术系统策划阶段,开展售前技术咨询,帮助用户分析安全威胁因素,提出技术应对措施,并编制可行性研究报告。例如,向用户提出"资源整合、整体防控、精确指导、精确处置"的指导思想;"看住周界、把住入口、重点监控"的设计原则;宣传"全方位、全天时、全天候的立体防控"体系和设计理念。对二院内军民融合技术、集团内军民融合技术进行梳理,加强国内外先进前沿技术信息的识别、发现,导入方案进行优化设计,加强可行性、必要性的论证,从系统源头提高高新技术含量,有效开展售前技术服务。

在安保技术开发阶段,立足实现用户需求,解决技术难题、提高设计效率,加强与地域性、基础条件、新技术发展、"平战结合"、成本要求相适应的关键技术、拥有自主知识产权的专利专有技术的开发。"两总"系统和项目办,通过计划、执行和控制,将有价值的创新技术输入到系统设计中,解决开发中的实际问题。例如,多传感器立体监控系统,利用高速光学运动补偿技术、视频图像增强技术、全景拼图技术、目标识别跟踪技术等,实现了对重点控制区域周边的高层建筑、水域和低空的全方位立体监控,对来自于楼面、水面和低空的多种威胁进行探测和预警,为大型活动和重点区域的安全控制起到预警、报警和追查取证的作用。航天二院借助科学的技术创新方法,突破了一大批关键技术,形成了一系列安保领域的相关产品和解决方案,自主开发出具有国内外先进水平的指挥联动类、探测监控类、情报综合类、应急处置类、智能视频类、应急通信类、仿真评估类、信息安全类、综合支撑类9大类60余项安保技术与装备。

在安保技术系统建设实施阶段,有20多家单位的上千人参与场馆建设。通过项目办公室组织编制下发《安保技术系统施工项目特殊施工做法及要求》和《安保技术系统施工管理工作流程》,要求各业主建设单位按照统一的工艺文件进行施工,防止设计与施工发生重大偏差,便于工程控制和验收工作的开展。

在安保技术系统运行保障阶段,通过深入回访,听取吸收用户、建设单位、运行团队意见建议,对降低成本、创优技术、缩短系统开发周期的成功做法和成熟经验,进行总结提炼,形成系统开发范本,为今后系统开发提供借鉴,通过提高技术附加值提供更多售后服务,确保安保技术系统成功开发并安全运行。

3. 加强开发进度管理

根据用户总体开发计划和总承包合同约定,从设计、建设、运行、保障全局把握进度(见图4),运用系统论、控制论等思想、理念和技术方法,着眼进度、技术、质量、经费之间的平衡协调。"两总"系统根据安保技术系统总承包合同的要求,编制顶层策划,形成统一的设计规范,各分系统逐级分解、传递各项技术和管理要求,对从事系统的重要技术和管理工作的员工进行统一培训,由项目办公室根据"两总"的顶层策划制定整体计划,纳入信息化的计划看板统一管理。由于安保技术系统的用户大都是政府或社会组织,系统是为社会安全稳定服务的,公益性、政治性很强,因此在确保用户效益的前提下,实现系统开发进度与质量、成本的最佳平衡,全面满足用户需求。

实行分阶段分系统进度控制,建立内部开发周期里程碑控制,细分系统开发的各分系统设计和集成、系统总集成、系统建设节点,对全部任务节点进行排序,并按照逻辑关系形成网络图,从时间、人员、设备等资源投入方面,对各阶段接口环节进行明确界定,对参与开发单位完成任务的情况,进行及时、连续、系统的记录分析和评审,掌握工作质量状况、进度偏差、成本偏差等问题,提出解决的方案。将系统比选、调整、变化等重大设计变更控制在开发前期,把准可控的开发周期。

加强内部与外部的结合与沟通,实行有效的分工协作。面对公安、交警、边防等上游用户,以综合管理序列为主进行前期沟通,建立初步意向后由专业技术序列跟进,提供相

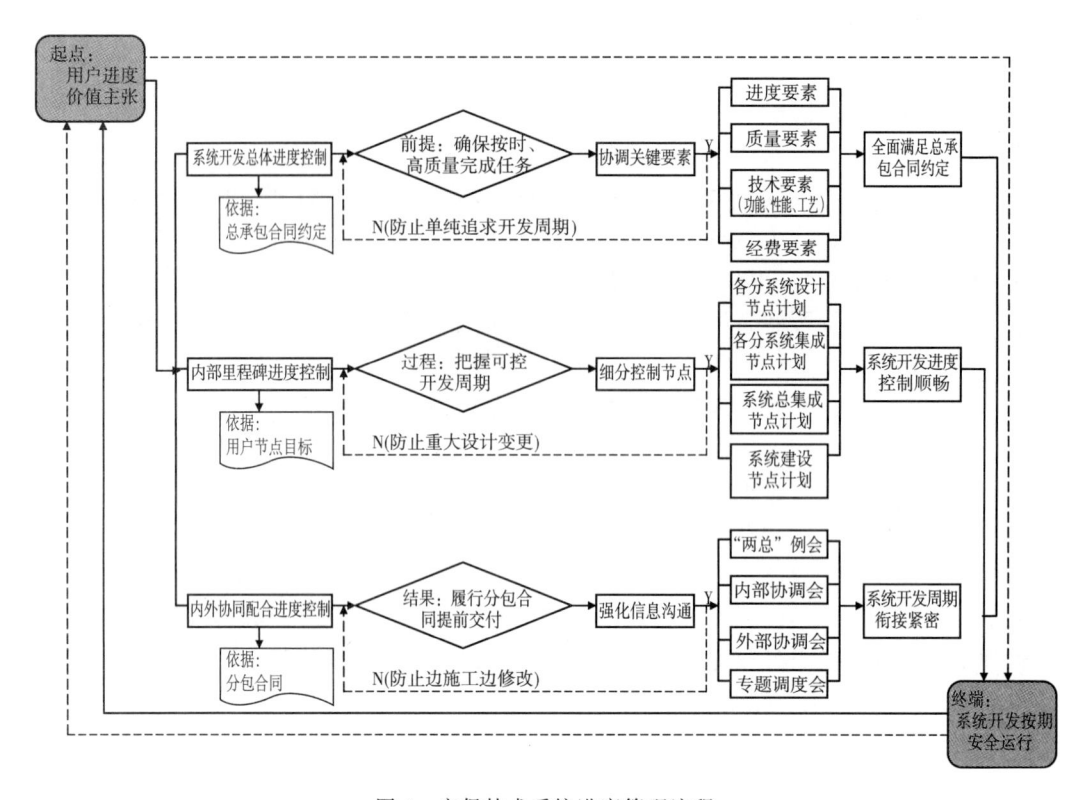

图 4　安保技术系统进度管理流程

应解决方案,建立合作;面对硬件设备供应商、软件开发厂商等下游合作用户,则以专业序列为主进行前期沟通,寻找符合系统要求的供应商,在综合管理序列的配合下完成项目合作。主要手段是及时总结和有效沟通。在实践中,建立"两总"例会、项目协调例会和专题会制度,及时总结、协调、布置工作,定期进行工作总结和讲评,理顺设计专业之间、设计与施工之间、企业与用户之间的关系,明确责任归属,确保设计、施工、运行保障工作有效向前推进,按照合同约定的计划节点提前交付。

4. 强化质量管理

一是建立质量标准规范。开展质量标准规范建设,按照统一管理、统一流程、统一调度的思路,制定计划协调、服务保障、技术状态、安全可靠等管理规章制度和相应技术标准。过程中形成了 1000 余份管理、技术要求和规范。经过多个大型活动的实践、总结和创新,建立有效的质量标准规范。

二是加强质量监督。在项目办公室设立质量安全组,负责此项工作的日常管理。制定统一的安全管理制度和和质量保证大纲。各分系统设有质量负责人和专门安全员,负责施工现场的质量管理和安全检查。安全检查制度以自检、互检和交接检验为主,以巡回检查和专业性安全检查为辅,以特种工种安全检查为重点。质量安全组定期深入现场进行检查和监督,严把质量关和安全关,截至目前安保技术系统正式运行中没有出现大的质量和安全问题,创造了质量"零投诉"记录。

三是加强质量考核。针对用户关心的核心事项,形成质量评审分析制、质量奖惩制、施工代表监控制、设计责任问责制,找准"短板"整改提高,避免低层次、同类质量问题重复发生,保证设计的可追溯性。

四是建立质量信息反馈。针对回访、第三方满意度测评等信息,建立安保技术系统质量信息化平台,有效控制设计变更、设计修改,持续加强质量监督、预防、检查、纠正和改进。

(五)注重安保技术系统开发全过程的风险管控

同任何一个大型工程项目一样,大型安保技术项目也存在着内部或外部的不确定因素,进而影响到工程进程、质量乃至成败。航天二院从项目实施开始,充分考虑到项目每个分系统、每个阶段和每个环节的风险点,尤其注重方案论证阶段、设计研发阶段、建设和交付阶段、运行和保障阶段等四个阶段的风险控制管理。

1. 对全过程主要风险点进行辨识和评估

"两总"系统运用风险评估分析系统,建立分析模型,确定评价方法、标准,从风险发生概率、影响程度、改进迫切性三个维度进行统计、分析、评价,输出初步风险图谱。在此基础上,召开"两总"专题会,最终确定需要重点管控的重大风险点。对发生的概率大且危害程度高的风险点予以特别注意(见图5)。

方案论证阶段	设计研发阶段	建设交付阶段	运行和保障阶段
□ 技术风险 □ 技术成熟性 □ 技术复杂性 □ 可靠性设计水平低 □ 集成难度大	□ 技术状态变化风险 □ 产品技术升级 □ 产品技术更改 □ 工艺设计状态 □ 外协件技术状态 □ 软件技术状态 □ 技术状态管理	□ 费用风险 □ 设备选用更改 □ 人力资源成本 □ 组织协调成本 □ 技术状态 □ 进度风险	□ 质量风险 □ 体系管理 □ 职责不清

图5 四个阶段重大风险点

2. 构建重大风险点的防范、控制系统

了解掌握重大风险点的管理现状,对与其相关的管理制度和工作流程进行梳理和分析,找出管理上的薄弱环节和不足之处,有针对性地提出防范、控制的总体策略和指导性意见。

建立预警制度,定期发布风险管理报告,对重大风险点进行实时监控。各分系统负责人定期向项目办报告本系统的风险状况,项目办每月在局域网平台上发布风险管理报告,若发现相关风险指标超过警戒,项目办及时向"两总"汇报,必要时召开"两总"专题会,采取应对措施,控制风险。

3. 把数据积累作为风险管控的基础

从北京奥运会安保技术项目开始，就建立起风险信息库，为风险分析积累数据。项目办指定专人负责维护数据库。尔后，对上海世博会和广州亚运会项目中发现的薄弱环节和新的风险点，及时录入相关信息，并更新风险信息库，为今后组织实施新项目辨别和评估风险点积累资料。在深圳大运会安保技术项目建设和运营中，风险管控体系得到进一步改进和完善，安保技术项目的风险管控能力得到了全面提升。

（六）加强安保技术系统开发与应用人才队伍建设

为满足安保技术系统集成和技术创新能力对人才的需求，航天二院于2007年全面启动大型安保技术系统人才队伍建设，按照军民融合、一支队伍、统一建设和适度差异化管理的模式组建队伍，以创新驱动、统筹发展、瞄准前沿的思想理念，突出市场牵引，加速项目跟进，狠抓高端管理、核心技术研发、大宗市场营销三支队伍，强化基础专业队伍和技能操作工人队伍配套、人才引进和培育，建立与市场相匹配、推进目标实现为导向的激励机制，保证安保技术系统开发的顺利运行。

在人才引进方面：拓宽人才选拔的视野和渠道，充分利用航天形成的品牌优势，通过市场招募、高校毕业生分配双渠道，引进高端人才。对安保技术产业所需的重点专业人才，在用人计划指标、进京户口审批、解决两地分居等方面给予大力支持。特别在海外高层次人才引进方面，充分利用国家"千人计划"等海外高端人才引进特惠政策，不断加大工作力度，每年引进1~2名不同专业的海外高端人才，满足安保项目在市场开拓、重大项目的组织策划和国际化经营等方面对高端紧缺人才的急需。

在人才培养方面：以培养安保技术产业所需核心人才为主，每年制定人才培养计划，拿出一定资金用于安保项目急需人才、核心骨干的培训，采用多元化培养手段，通过MBA教育、职业经理人认证培训、核心人员派出国外中短期进修等多种形式，增强安保技术系统人才队伍自我发展和自主创新能力，营造鼓励人才干事业、支持人才干成事业、帮助人才干好事业的用人环境，实现于个人职业发展、于发展提供动力的共赢局面。

在人才激励方面，建立和完善绩效管理体系和多元化的薪酬分配模式。为了更好地完成大型安保技术系统的开发建设任务，以质量、进度和现场管理为绩效考核内容，加强考核与激励。制定相应的考核管理办法，详细规范考核要求、考核程序和奖惩措施。围绕大型安保技术系统的开发与应用，陆续出台一系列考核奖励制度，包括《军民融合及民用产业专项奖惩管理办法》、《军民融合及民用产业市场开拓专项奖励管理办法》和《大型任务推动奖管理办法》等。每年评选创新工作的先进单位、先进个人、技术和管理创新成果，对做出突出贡献的人员给予重奖。2009年以来，先后对在管理创新、市场开拓、技术创新等方面做出突出贡献的人员给予600多万元的奖励，有效调动各方面的积极性。

在文化建设方面，航天二院继承航天发展壮大的成功经验，注意培养和孕育有自身特色的项目文化。特别重视培养国家利益至上的核心价值观，培养恪尽职守、尽心尽责的责任意识，培养攻坚克难、勇于吃苦的坚韧意志，培养注重团结、善于协调的大局意识。几年来，参与项目实施的各个单位、全体人员，大力弘扬"两弹一星"精神和载人航天精神，圆满完成了一个又一个任务。

三、实行军民融合的安保技术系统开发管理效果

航天二院通过构建适应安保技术系统开发的组织体系，科学确定管理流程和管理标准，构建系统开发的核心流程，开发出具有自主知识产权的安保技术与装备，并加快科技成果的转化力度，将安保技术系统延伸到平安城市、智慧城市项目的建设中，实现产业发展转型。

（一）为各项重大活动的成功举办提供了安全保障

航天二院先后圆满完成了2008年北京奥运会、2009年国庆60周年庆典活动、2010年上海世博会和广州亚运会、2011年深圳大运会安保技术系统的总体设计、建设和保障任务。通过一系列大型安保技术项目的成功实施，获得了各方的高度赞誉，扩大了航天二院在安保技术领域的知名度，提升了航天品牌形象。荣获党中央、国务院颁发的"北京奥运会先进集体"和"上海世博会先进集体"的荣誉称号。亚运安保临时党支部被中央组织部、中央创先争优活动领导小组授予"广州亚运会创先争优先进基层党组织"称号。荣获由国家人力资源和社会保障部、教育部、体育总局、解放军总政治部、中共广东省委员会、广东省人民政府联合颁发的"深圳世界大学生运动会先进集体"荣誉称号。

在奥运会历史上第一次、也是国际大型活动的第一次成功应用电子票证系统（RFID），在开幕式前逐一发现并收回国际奥委会丢失的18张开幕式贵宾门票，北京奥运会期间没有发现一张假票。采用先进的光机电技术，首次建成国际上最大范围封闭区域的技防、监控与指挥联动系统。这些已成为北京奥运会最重要的科技亮点之一。

国家奥运安保协调小组组长、公安部副部长刘京指出，奥运会期间，构建了科技与业务不断融合的警务工作机制和运行模式，打造了全时空、全方位的立体防控安保警务模式，建立了高水平的安保技术指挥系统，开创了国内大型活动安全保卫技术保障新模式，实现了各级指挥的"纵横贯通"和信息共享，全面提升了奥运安保警务反应能力。

（二）走出了一条独具特色的军民融合发展道路

航天二院成功进军非传统安全领域，走出了一条独具特色的军民融合发展道路。经过多年的培育和发展，航天二院已经确立了在国内安保技术系统集成领域的领军地位，为"十二五"期间进一步拓展大型活动安保市场奠定了坚实的基础。航天二院紧密围绕国家和行业需求，坚持自主创新，形成了一批核心平台及系统解决方案，研制出一批国际领先、国内首创的产品，极大提升了在民用产业领域的创新能力和成果转化能力。2008年以来，申报专利455项，多项专利属国内首创，部分填补世界空白。北京奥运会科技系统和上海世博会安全控制系统分别获得省部级科技进步一等奖和二等奖。

（三）培养了一支高水平的安保技术与经营管理人才队伍

通过大型活动安保技术系统开发与应用的成功实施，为专业带头人提供了广阔的事业平台，形成了经营管理、科研技术人才队伍协调发展的良好局面，形成了"出一流人才、建一流队伍、创一流成果"的长效工作机制。培养锻炼了一支事业心强、专业齐全、水平过硬的指挥和技术团队，不仅有效保障了大型安保活动的成功举办，还积累了项目管理经验和科技成果，锻炼了经营、科技人才队伍，人才的优势确保了航天二院在国内安保技术产业的领军地位，从而使航天二院安保技术产业、乃至整体民用产业的协调可持续发展成为现实。

（四）用户满意度不断提升，企业经济效益大幅提高

航天二院加强与国家部委、地方政府的沟通和协调，建立起良好的合作关系。与北

京市公安局、上海市公安局、广州市公安局、深圳市公安局等签订了战略合作协议,为任务落实发挥了重要作用;深化与边海防局的用户关系,已成为边海防产品的主要供应商;与国家海洋局、国家安全生产监督管理总局、国家气象局等上级单位保持密切合作,为争取海洋安全、安全生产、气象安全等相关产品广泛应用奠定良好的基础。用户满意度由2010年的83.8%提高至96.6%,客户忠实度评价得分98.28。

2011年安保技术产业营业收入突破28亿元,比2010年增长了33.3%,安保技术产业对航天二院民用产业的贡献率达44%,占重点产业板块收入的64%,已成为军民融合及民用产业发展的主要支柱产业,为航天二院"十二五"期间实现经济持续快速增长奠定了良好基础。

(成果创造人:全春来、时旸、敖刚、钟山、周翔、袁茵、张世溪、王坚、田培森、贺中、徐晓蔚、黄亿兵)

提升管控能力的协同管理平台建设

中国化工集团公司

成果主创人：公司总经理任建新

中国化工集团公司（简称中国化工）是在蓝星公司、昊华公司等中央企业基础上重组新设的国有大型企业，于 2004 年正式运营。成立之初，中国化工提出了"老化工、新材料"的企业发展定位，即传承几代化工人开创的基业，在重组改造国有化工企业的过程中发展我国化工新材料、基础化工原料以及关系国家粮食安全的农用化学品，并适当向上下游延伸，发挥中央企业在国民经济中的活力、控制力和影响力。到 2011 年底，资产总额由 230 亿元增至 2485 亿元，主营业务收入由 152 亿元增至 1791 亿元，利润总额由 2.3 亿元增至 24.2 亿元。目前，在我国化学原料及化学品制造业中位居第一位，在全球化工 100 强中排名第 9 位，2012 年位列世界 500 强 402 位。

一、提升管控能力的协同管理平台建设背景

（一）推进企业整合、实现一体化运作的需要

作为在多家大型公司重组基础上新设的集团公司，中国化工主要依靠国内外并购重组的方式实现规模的扩张和行业内整合。先后并购重组了 40 家企业，其中产权转让项目 27 个（含 5 家海外企业），无偿划转项目 13 个。2005~2006 年，连续成功收购了法国安迪苏公司、澳大利亚凯诺斯公司、法国罗地亚有机硅公司 100% 股权。2010—2011 年，又成功收购了挪威埃肯公司、以色列马克西姆公司。现有 6 家二级事业部公司、3 家在京直管单位，所属生产经营企业 106 家，科研、设计院所 24 个，分布在全国 30 个省份；还控股 9 家 A 股上市公司；在 140 个国家和地区建立了营销网络体系。持续不断的并购活动，迅速地扩大了业务范围和经营规模，但同时也使得管理半径与纵深扩大，集团总部在管控方面出现了很多无法避免的现实问题，其中突出表现为"集而不团、管而不控"、"收放两难、集分失衡"、"流程过长、信息不畅"、"文化迥异，联而不合"等。

中国化工下属一些在计划经济体制下建立的企业，缺乏市场竞争力，成了"吃大锅饭"的"无底洞"；而一些竞争力强的下属企业，又片面强调自己的"独立法人"地位而抵制集团的各种集中管控要求。这种主体经济地位的先天差异，为中国化工进一步整合和一体化运作带来了很大的挑战。另外，下属企业地域分布广，化学工业的业务形态又比较复杂，集团缺乏统一的运作平台，无法有效地开展一体化运作，并面临"收放两难，集分失衡"的困惑。一放松管理就会减弱对企业的管控水平，从而使风险管理体系松散；一旦加

强管控,则由于缺乏有效地工具和手段,降低企业的市场反应速度,影响生产经营效率。为推动一体化运作,中国化工先后启动了组织变革和业务集中管理,自上而下推动组织结构调整,按照业务类型和区域分布的特点,推行"事业部"管理模式,由于缺乏管理支撑工具和统一平台,一些企业存在变革阻力,坚持其固有的管理方式和工作习惯,而集团总部又缺乏相应的管理手段。

如何使不同历史、不同规模和不同区域的企业在文化层面实现一体化运作,是中国化工面临的又一个难题。文化本身就是一种理念性知识,反映的是隐藏在企业行为背后的深层次价值观和行为准则。很多下属企业是在计划经济体制下长期运行的,传统管理的惯性大,本身就存在着历史形成的各种文化理念和行为方式,形成与中国化工的文化不一致的亚文化。打通集团总部和各下属企业之间的文化边界,及时将集团的战略和理念传递到各下属企业及员工,从而在文化层面实现有效地融合,也是中国化工深层次管控水平的体现。

(二)促进内部协同、发挥整体优势的需要

中国化工所属企业覆盖了化工产业链的各个环节,组建之初共有13个业务板块,由于同属大化工的产业,各板块之间、各企业之间存在内部需求,有些业务存在一定的协同效应。但是,由于不同企业之间的业务和资源仍未实现有效整合,管理组织没有横向沟通机制,协同效应很难发挥。例如,在原材料采购方面,部分大宗原材料没有实行集中采购、集合竞价,规模效应未能显现。仅煤炭采购,所属企业2011年的采购总量达900多万吨,总额超过74亿元。但是,各企业自行采购,供应商离散程度大,有的企业甚至单一煤种的供应商多达十几家,供货量从几千吨到十几万吨不等,业务量差异高达几十倍,采购的价格差别很大。由于小批量分散采购,煤炭采购价格普遍高于同期大型煤炭企业的大客户市场价。有的企业在销售渠道方面未能整合,存在同业竞争、相互压价。如同属轮胎行业的风神股份、双喜轮胎和黄海轮胎均存在不同程度的同业竞争,河北盛华、德州实华、四平昊华和昊华宇航等氯碱企业也面临同样的问题。

为了整合内部资源,优化集团业务,发挥协同效应,中国化工先后启动了采购、销售等管理变革,但变革成果无法通过信息系统固化,管理变革项目的成果无法有效落地实施。例如,有些企业推动采购变革,对大宗原材料实行集中采购,自上而下设定相同的采购组织、类别经理岗位和采购模式,但在总部审批层面缺乏采购平台,无法支持自上而下的日常采购运营需求,包括采购申请、价格审批等,集中采购所带来的协同效应发挥不出来。

(三)控制经营风险、促进企业规范运作的需要

由于成立时间短,扩张步伐较快,全面风险防范的需求也日益迫切。中国化工加强了风险防控体系的顶层制度建设,包括完善规章制度、执行"三重一大"集体

南京新材料BDO装置

决策制度和开展全面风险管理等,但由于企业数量多、地域分布广,缺乏统一的信息平台和管理手段,使得经营风险防范和控制仍不够完善。从集团监管层面来说,由于缺少流程规范和信息化工具,企业内部存在信息不透明、不对称和不集成的情况。出于各自的利益,各部门间不愿意及时提供相关信息,形成"信息孤岛"。更为严重的,企业各层面都截留数据,即使虚假数据也无法纠错,使汇总起来的信息失真,会计核算不准,报表不真实,有时合并的会计报表还掩盖了子公司的实际经营情况,使集团总部无法及时、准确了解企业生产经营过程中的重要信息,包括重大项目投资、资金管理、财务会计信息等,为集团管控和风险防范带来隐患。

从下属企业自身运作来看,在日常生产经营过程中,大部分企业缺乏统一的、标准化和规范化的业务流程,责权利不清晰,工作随意性大,带来诸多潜在的经营风险。例如,在采购环节,由于信息来源多头,采购部门难以获取准确的采购信息,难以及时安排采购计划,而且日常采购业务也很难与供应商管理关联。

二、提升管控能力的协同管理平台建设内涵和主要做法

中国化工借鉴国际最佳实践,以集团总部价值创造和发挥协同效应为导向,进一步明确集团管控模式,重组业务板块,优化资源配置;完善组织结构,强化总部职能;再造管理流程,发挥业务协同效应;通过信息技术手段,构建统一的协同管理平台,固化管理变革成果,使各职能部门和各级企业在公司治理的基础上,围绕集团整体利益最大化的目标,上下联动、相互协作、良性互动,从而提升资源配置能力,控制生产经营风险,促进组织和文化融合,最终实现一体化运作,达到集团整体利益最大化。主要做法如下:

(一)确立协同管理平台建设目标和原则

中国化工的规模扩大源于收购重组,"先有儿子后有老子",有的下属企业是由政府机构转型而成,带有浓厚的行政机关色彩。如何通过治理手段,明确集团总部定位,梳理各级组织之间的责、权、利,统筹协调集团战略、组织、财务和人力等管理职能问题,科学、有效地进行集团管控,避免出现缺位、越位和错位,以促进集团整体有序发展,是强化集团管控首先需要考虑的问题。经过反复研究和论证,决定建立全集团统一的协同管理平台,在总体战略管控的基础上,对集团的项目投资、人力资源、供应链、资金、信息、文化等要素进行集中管控,并通过信息化手段支撑协同管理平台的集中管控需求。信息技术能够有效地解决委托代理中的信息不对称,成为众多大型企业集团实现高效率、低成本管控的主要手段,中国化工借鉴IBM、沃尔玛、GE等国外知名企业经验,将管控体系建立在管理信息系统基础之上,通过信息技术实现集团管控。

协同管理平台建设目标:以集团总部价值创造和集团内部协同效应为导向,协同管理平台为支撑,管理信息系统为手段,最终实现中国化工的一体化运作和整体利益最大化。作为管控体系的中枢,集团总部通过宏观调控、资源整合和管理变革等方式为集团创造价值,而不是"消耗型"集团总部;内部协同是通过管控体系的设计,实现内部的战略协同、管理协同、业务协同和文化协同。

确定"要整体最优、不要局部最大"、"标准化兼顾个性化"、"强势推动与变革稳定"的实施原则。"要整体最优、不要局部最大"就是不仅要关注中国化工内部个体的利益,更要关注公司整体利益,因为集团化运作的本质就是既要发挥规模效应,又要发挥整合效应和协同效应。有时为了整体利益最大化，可能需要削弱某些个体的局部利益。既要解决发展问题，又要有效地进行风险防范；既要积极地促进个体的发展，又要最大限度的促进整体利益的最大化；既要关注近期利益的最大化，又要为长远利益发展核心能力。

"标准化兼顾个性化"是既要基于集团整体利益最大化来设计协同管理平台中的流程、组织结构和管理关系，又要兼顾各下属单位治理主体的法定权利；既要集中相应的职能，又要放开其自主决定的权利。中国化工各下属单位都是独立的法人主体，还有9家上市公司，均有其相应的公司治理体系。因此，在协同管理平台的建设过程中，既要推行集团公司的标准要求又要兼顾各下属单位的个性化要求。

"强势推动与变革稳定"是既要强势推动集团总体部署，又要保证各经营主体的稳定和持续运转。由于协同管理平台的建设涉及中国化工各个层级的组织，推行的管理标准又会改变员工的传统习惯、工作模式乃至既定的权限和利益格局，往往会产生一些抵触情绪。为此，成立以集团公司总经理为组长、分管副总经理和首席信息官为副组长的项目指导委员会，并要求各单位一把手为项目责任人，推动项目建设，"不换思想就换人"。同时，为了保证各变革主体生产经营正常运作，在协同管理平台建设过程中，又有所侧重，变革主体会优先选择执行力强、易于接受变革的单位作为先头兵，试点成熟后，再稳步推进。

坚持管理变革与信息系统建设协同推进，通过管理变革梳理管控体系，用信息系统将管理变革成果和先进的管理流程进行固化和优化，避免出现削足适履。

(二)建立集团管控体系

1. 确定集团管控基本方式

中国化工确定实行战略管控，主要通过宏观调控、资源整合和管理变革等实现各企业的协同发展。宏观调控就是通过战略规划、项目审批和信贷担保等"看得见的手"对下属企业的发展进行调控，以保证其按照集团既定的战略方向发展。资源整合是通过协同管理平台搭建集团统一的财务集中平台、人力资源管理平台、统一的研发平台、统一的IT服务平台和统一的供应链管理平台为各下属企业提供服务，一方面通过资源整合发挥协同效应，另一方面也充分体现集团总部的价值创造作用。管理变革指为了实现管控目标，中国化工为各业务板块设计相应的制度和管理模式，通过某一专业公司或下属企业进行试点运行，不断改进，积累经验，成熟后再逐步推广至集团其他板块和企业，以减少重复投资，发挥协同效应。

2. 合理界定集团总部的职能定位

为了实现管控目标，加强职能管控和制度建设，强化集团总部的战略规划、投资管理、兼并收购、研发和运营优化等五大核心职能。其中，职能管控主要包括战略、财务、人力资源、研发、供应链和IT等具体管控职能；制度建设则通过集团统一的、标准化的行为规范来设计完善的管理流程、规章制度和任务标准体系，规范各级单位的行为与集团的战略方向保持一致，以实现一体化运作和整体利益最大化。

集团总部负责战略的制定和方向把控，明确集团的发展目标和发展路径。各二级单位负责战略执行，一方面要按所在行业的发展规律和竞争格局，做好本业务板块的战略细化和战略执行，另一方面与其他业务单元协调配合，为集团的总体战略服务。

组建财务公司,实现集团资金集中管理和有效监控、合理调剂,提高资金的使用效率,降低财务成本,保障资金安全。并及时掌握资金使用和运营状况,保证货币资金信息的准确真实,有利于提高决策水平和风险防范能力。

实施人力资源变革和职业生涯规划,完善人力资源部门管控职能,从行政管理者逐步转变成为业务单元的合作伙伴,用更多的精力指导业务单元提高员工的效率和绩效。

充分发挥内部科研力量雄厚、资源丰富优势,将原化工部所属32家科研院所中的26家组建中国化工科学院。集团总部提供研发资金,进行需要投入较大、见效周期长的研发项目以及不同于各专业公司现有业务的新技术研发。同时,以市场为导向,协助跨专业公司在研发方面的数据、知识与最佳业务实践分享。各专业公司根据市场需求与客户需求开发相关新技术。

强化供应链战略、采购、供应商和库存的集中管理,发挥不同层级的规模化优势。分层推行集中采购,针对煤炭等大宗原材料实行集中管控。专业公司所需的大宗原材料则在专业公司层面实行集中采购。

加强IT集中管控。集团总部负责总体的IT战略规划和治理体系的建立,确立各级组织之间的治理关系,确保IT与业务需求的一致性,各专业公司负责执行集团IT战略。通过组建数据中心作为全集团统一的IT共享服务中心,实现服务成本和绩效的最优化。

3. 调整集团总部机构

进一步优化和完善集团总部组织结构,将14个职能部门调整为9个,设立1个服务部门,人员由156人减至93人。按照整体利益最大化的目标,从集团管控的治理、管理和组织三个层面构建集团管控体系(见图1)。

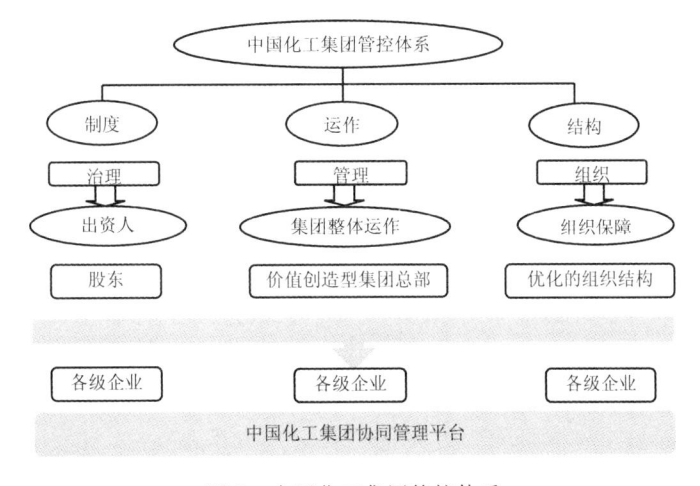

图 1 中国化工集团管控体系

(三)完善组织结构

针对历史原因形成的业务交叉、布局不合理等问题,中国化工按照"要整体最优、不要局部最大"的原则,自2008年开始重组各业务板块,优化组织结构,形成化工新材料及特种化学品、基础化学品、石油加工及炼化产品、农用化学品、轮胎及橡胶制品、化工装备六大业务板块。例如,将分属昊华公司的风神轮胎、北京橡胶院等企业和院所统一组建中国化工橡胶总公司；分属在蓝星公司的蓝星机械、新材料公司的益阳橡机、桂林橡机等企业组建中国化工装备总公司。

通过内部整合，进一步完善业务布局，各业务板块特色明显，发挥规模化优势。化工新材料及特种化学品业务占蓝星总公司业务量的86%，基础化学品占昊华总公司业务量的83%，农药及中间体占农化总公司业务量的85%，石油加工及炼化产品占油气总公司业务量的91%，装备总公司的业务均是化工装备，橡胶总公司的业务均是轮胎及橡胶制品。

在业务板块调整的基础上，进一步优化组织结构。针对企业数量多、组织层级多、管理链条长的状况，通过业务集中管理，进一步缩小企业横向规模，减少企业管理幅度；通过清理三级以下企业，缩短企业纵向层级，减少企业管理深度。根据业务关联度高或地域相近的原则，先后完成钛白铬盐、氯碱化工、轮胎橡胶、炼化等业务板块的业务集中管理，并组建工程材料事业部、氯碱事业部和橡机事业部。通过优势资源整合，在采购、生产、营销、研发等方面进行统一管理，发挥协同效应，实现整体最优。目前，已经有59家企业通过业务集中成为19家法人集中体，业务集中销售规模超过集团销售总额的50%。同时，针对三级以下的企业、空壳公司、未纳入合并报表的企业及对外长期投资的企业，实施全面清理。对符合主业发展方向和总体发展战略要求，并具有较强竞争力的三级以下企业，通过无偿划转、产权转让等方式提升管理层次，增强主导业务的竞争优势。通过清算注销、产权转让、政策性破产和提升管理层次等方式，先后清理三级以下企业500多家；完成辅业改制企业155个，10149人进入改制企业实现再就业；12个企业办社会机构移交地方管理；9户企业实施政策性破产。

（四）优化管理流程

为了发挥协同效应，实现集团整体利益最大化，中国化工针对核心的流程进行优化，消除传统科层制下的部门界线，实现组织之间的横向连接。根据集团五大核心业务职能，重新设计总体流程框架体系，重点优化运营、投资、战略和研发等核心管理流程。

例如，针对运营管理中的原材料采购，首先对占比最大的煤炭重新设计集中采购流程框架，包括采购组织、采购策略和采购流程，将原来分散的、各自为政的煤炭采购行为进行集中管控。

按照协同管理平台的实施原则，在煤炭集中采购过程中明确各级采购权力，保障集权和分权有序。例如，集团总部负责制定集中采购原则、制度和方案，选择战略合作伙伴并签订战略合作协议，审批长期合同；中蓝国际负责市场预测，优化采购方案、物流配置和库存周转，保障稳定供应，最大限度降低综合采购成本；企业签订合同，负责验收货物等具体采购行为。中国化工由总经理任组长，推动集中采购，并采取分步实施策略，以保障企业的稳定和生产经营的有序开展，通过协同管理平台建立统一的煤炭集中采购流程。

在投资项目审批方面，过去对所有建设投资类项目实行统一审批，由于审批链条长，平均每个项目的审批时间大约在50天，导致项目决策周期长、市场响应速度慢，影响投资收益。为此，对投资类项目的审批流程进行统一优化，根据项目规模和项目性质分级授权，超过一定限额的项目需上报审批（新建类项目超过500万元均需集团统一审批，续建类项目审批限额为 1000 万元);限额以下项目由专业公司和三级企业自主审批,但通过预算来控制投资总额。

(五)构建协同管理信息系统

为了支撑集团管控需求,固化管理变革成果,中国化工构建符合自身需求的"门户导向、流程驱动"协同管理信息系统(见图 2)。门户导向就是通过软件,搭建协同管理平台系统的统一入口,实现各业务系统的统一应用入口、人员账户的统一管理和单点登录。根据组织层级和业务系统的不同,建立面向集团、专业公司、三级企业和个人的水平门户及财务、生产、销售、人事等职能部门的垂直门户,在内部形成纵向和横向的信息获取网络,消除传统的组织水平边界,压缩纵向管理层级。流程驱动就是采用统一的流程引擎,固化优化后的流程,为集中管控提供技术保障。

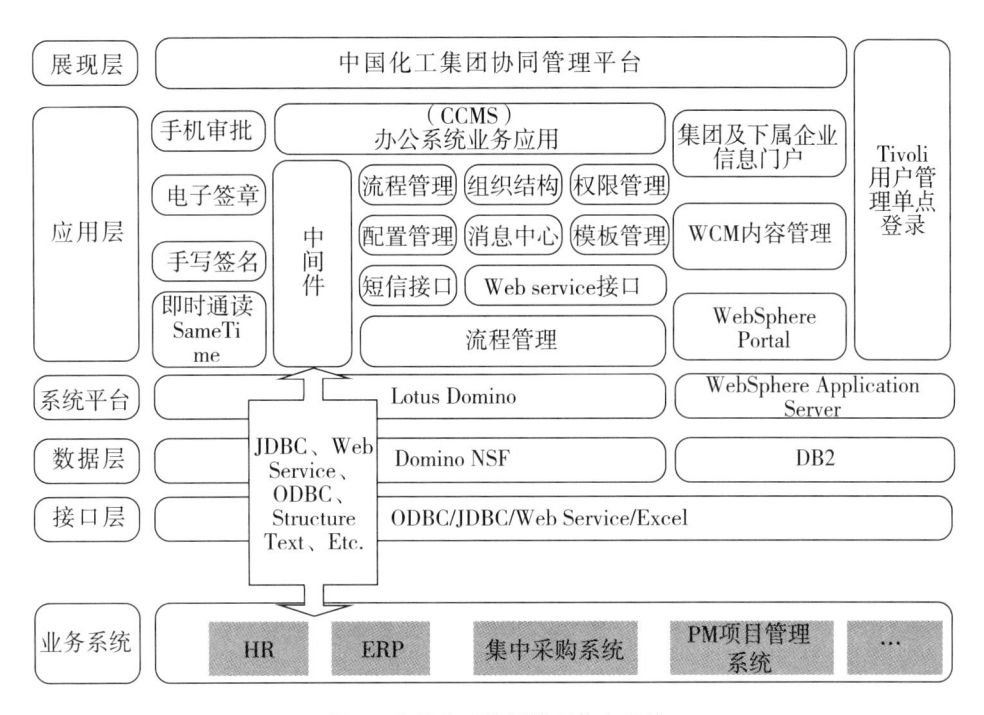

图 2 中国化工协同管理信息系统

按照"统一、集中、集成、共享"的方式建设协同管理信息系统。"统一"就是由集团统一标准、统一投资、统一建设、统一管理和运维。根据管控需求和公司现状,制定集团统一的软硬件技术标准、流程标准和数据标准,并由集团统一投资、统一建设和统一管理,强力推动系统建设。"集中"就是软硬件集中部署在中国化工数据中心,系统功能集中在一套系统实现,通过权限管理实现各单位物理集中、逻辑分散。"集成"就是为全集团统一的信息系统集成平台,整合集团所有信息系统。"共享"就是组建中国化工数据中心,作为共享服务中心来承担所有信息系统的运维,以发挥协同效应。

在协同管理平台信息系统的建设过程中,坚持业务驱动、技术支撑原则,成立由各级单位办公室等综合管理部门、信息技术部门和中国化工数据中心组成的联合项目组,共同推动系统建设。其中,综合管理部门确立应用标准,包括流程标准、表单样式和数据格式等；信息技术部门确定技术标准，包括技术架构、系统集成方案等；数据中心确定运维标准，包括服务协议、呼叫中心和运维流程等。

在多层链状组织架构上，集中部署一套覆盖100余家企业的协同管理信息系统，按照"以点带面"的实施模式逐步推进建设。在系统实施过程中，先试点集团总部1家对10家二级单位"一对多"的系统结构，然后再实施跨越三级组织的"一对多对一"的链状架构，快速推广到所有三级企业。整个协同管理平台信息系统建设历时3年，实施涉及118家单位、26大类、1.3万多个流程。

目前，协同管理信息系统已实现集中的办公系统、人力资源管理、财务管控、项目投资管理、煤炭集中采购、绩效指标考核等核心职能。其中，办公系统实现集团、专业公司和三级企业的日常办公电子化，包括统一的公文管理、会议管理、合同管理、信息管理和报表管理等功能。人力资源系统设计并实施覆盖全集团的组织管理、人事管理、考勤管理和薪酬管理四个基础模块及人员数据库。财务信息系统实现对各级单位信贷资金的逐级审批、各种费用的报销，并实时监控资金的变动。项目管理系统实现各级单位对各类项目的全生命周期管理。此外，还具备统一的科技专利管理功能、集中采购功能和产权管理功能等。

（六）促进协同管理平台应用

中国化工协同管理平台的建设涉及各个层级的大部分管理流程，需要通过管理变革以实现"整体最优"和集中管控。这些变革会改变传统习惯乃至利益格局，从而产生一些抵触情绪。所以，系统上线后的持续应用尤为重要，不然会出现线上线下两套系统同时运行。为了推进系统应用，针对不同层次的使用人员开展多层次、全方位的宣贯和培训。

在系统上线后，集团公司总经理率先使用系统处理日常审批事务，发送商务邮件，不再接受线下报告、线外邮件，有效推动在领导层的使用。集团公司办公室组织上线企业"回头看"的考核评比活动，定期发布系统使用数据。橡胶公司针对所属企业系统使用差异较大的情况，开展"提高协同管理信息系统使用"的黑带项目，结合线上监督和线下抽查等方式，保证系统的使用效果。昊华公司将系统的使用效果纳入到领导班子的年度考核指标中。农化公司按周发布系统使用的各项数据指标。中国化工还在总部机关、企业高管中配备移动审批和邮件推送的终端，方便在线办公，提高系统"粘性"。目前，整个系统的注册用户数近4万人，流程单据量达170余万条。

三、提升管控能力的协同管理平台建设效果

（一）建立了企业一体化协同运作平台

通过协同管理平台建设，中国化工调整了业务结构，形成了六大业务板块。各业务板块得到加强，产业布局趋于合理，结构调整趋于优化，优势更加集中，主业更加突出，充分体现了集团的规模化优势和产业协同效应，促进了一体化运作，保证了总体利益最优。目前，中国化工100多种主要产品中约有40个产品在国际和国内处于领先地位，主导产品的市场竞争力得到提高。

通过加强战略规划、投资管理、兼并收购、业务寻发和运营优化等五大核心职能，完善组织结构，搭建了集团总部在战略、财务、人力、研发、IT和供应链方面的运作平台。例如，在煤炭采购方面，通过与中国神华等央企签订战略合作协议，实现了全集团的煤炭集中采购,年节省煤炭采购费用 5600 多万元;天然胶成本占到橡胶轮胎企业总成本的 80%,橡胶总公司实施天然胶集中采购,发挥了协同效益,年节省资金 7000 多万元;通过组建财务公司,实行资金集中管理,提高了资金使用效率,防范了经营风险,年节省财务费用 1 亿多元;通过组建数据中心,提高了 IT 运维能力,减少了重复投资,完善了 IT 组织建设。

对地域相近或业务相同的企业实行业务集中管理,充分发挥了管理协同效应。例如,通过业务集中管理,北化机的研发管理规范与方法先扩散到北京清洗,再扩散到沈阳轻机所;北京清洗的办公自动化技术与管理,先扩散到北化机,又扩散至沈阳轻机所;哈石化的销售服务扩散到天津 3 家企业;天津企业的 SHE 安全管理体系扩散到哈石化;沈阳化工的定价管理体系与方法扩散到哈石化和天津企业;济南裕兴的安全管理等方法,扩散到广西大华。

组建事业部,发挥了业务协同效应。各事业部以同类产品为基础,完善了研发、生产和销售等各项职能,加快了市场响应速度,减少了在采购和销售领域的无序竞争和研发方面的重复投资,发挥了规模效应,提高了盈利能力。

通过业务调整、组织优化和信息系统建设,从业务、组织和技术等层面搭建了中国化工一体化的运作平台,保障了集团有效管控,发挥了业务协同效应,实现了整体利益最大化。

(二)提升了集团管控能力和管理水平

一是固化了组织结构优化的结果。例如,根据三级以下企业的清理要求,协同管理平台中的组织结构仅设置到三级,杜绝了边清边建现象的发生。各事业部和业务集中的企业地域分布广,过去管理人员往往疲于在各企业之间奔波,日常管理工作无法及时开展。通过协同管理平台,有效支撑了对多家企业日常生产经营管理的需求,提高了管控能力。油气总公司以实施协同管理平台为契机,梳理出 128 个标准管理流程,其中 78 个标准流程贯穿油气总公司与各三级企业,有效保障了运营管控。

二是建立了统一的流程标准体系。例如,中国化工根据管理重点,对日常行政办公的流程(包括收文、发文、签报、信息、财务、规划和项目管理等)进行了标准化,提高了沟通效率,加强了风险管理。原来三级企业提出融资需求或担保申请,需要专人到北京逐级申请,时间周期长、差旅费用高,现在仅需要 2 天时间就能通过协同管理平台全部办完。

三是提升了企业精细化管理。例如,通过标准的流程效益分析,能够统计分析中国化工 1.3 万个业务流程每月的发起量和结束量,并能进一步分析各业务在每年中的变化和波动情况,提高了各业务部门工作的计划性和工作效率。通过各流程环节所耗时间的统计分析,能够为人力资源部门进行人岗匹配分析提供决策支持。

四是提高了信息化管理水平。通过协同管理平台规范的业务流程、标准的数据格式、集中的部署方式,消除了企业之间的信息孤岛,提升了中国化工的信息化管理水平。

(三)有效防范了企业经营风险

通过协同管理平台构建了以流程控制为主的投资决策体系,规范了投资行为,控制了投资风险。项目管理模块已成为各单位项目管理的主要平台,包括项目规划、立项、建设、验收和后评价等环节均通过系统进行了固化,形成了项目全生命周期管理,有效地杜绝了"先建后批"等各种违规行为的出现。

通过规范的流程支持和标准化的数据格式及表单样式,规范了财务管理,控制了经营风险。同时,各单位综合利用分散在销售、财务等部门的信息,减少了信息不透明、不对称造成的困难,信息获取更为及时,为科学决策提供了依据。

通过发挥集中招标功能,保障所有重点项目均通过协同管理平台进行招标,提高了招标的透明性,降低了采购风险。通过建设项目考核评价模块,对重点建设项目实施过程进行评价,加强了过程监管。同时,加强了项目建设的进度、投资、质量和安全控制,使投资管理更为规范,提高了项目管理水平,控制了项目投资风险。

(成果创造人:任建新、杨兴强、罗斯·麦克勒斯特、周　方、任国琦、郭　琼)

民营汽车企业提升研发能力的知识管理体系建设

浙江吉利汽车研究院有限公司

浙江吉利汽车研究院有限公司（简称研究院）位于杭州萧山临江工业园区内，是吉利控股集团的研发大本营。拥有汽车研发人才1900余人，其中"海归"人员20余人，博士、硕士400余人。目前，研究院现已具备较强的软硬件研发能力，形成了完备清晰的组织架构，全面涵盖了综合管理、整车开发、总成开发、开发支持和产品工程等各个环节，并参照国际化的先进管理体系，制定了适合中国国情、具有吉利特色的整车、发动机和变速器的产品开发流程，建立了较为完善的知识管理体系。坚持"自主研发，广泛合作，掌控核心技术"的研发理念，积极参与国际竞争与合作，以先进的技术打造具有强竞争力的汽车产品，在汽车行业获得了高度认可，赢得了多项荣誉称号。

成果主创人：吉利集团副总裁、汽车研究院院长赵福全

一、民营汽车企业提升研发能力的知识管理体系建设背景

（一）适应汽车行业激烈竞争的需要

上世纪80年代，我国的汽车工业可谓是从零起步，一无技术、二无管理、三无资金。1985年我国生产轿车5000辆，进口轿车5万辆，完全无法满足与日俱增的生产生活需求。后来，便出现了"我出市场，共同出资金，你出技术"的初期轿车合资生产模式。但几十年合资下来，中国已经成为不可撼动的世界第一汽车消费大国，但国内汽车技术的积累却令人堪忧。中国的汽车技术从制造本身的造型设计、工业设计、关键技术应用或者品牌价值等，与欧美日韩的厂商仍然存在非常大的差距。尽管近年来取得了非常大的进步，但与国外上百年的造车历史和技术沉淀相比，国内短短二十多年的发展仍然显得单薄。

汽车研发是整个汽车产业链条中技术最为核心的环节，对于技术的积累和创新都有着非常高的要求，尤其是在当今竞争激烈的世界汽车工业格局下，对汽车技术创新要求不断提高，中国的汽车工业特别是国内自主品牌，面临着巨大挑战。未来汽车企业的竞争就是技术的竞争，技术竞争核心是知识竞争，知识管理是汽车企业最为重要的软实力，也是中国汽车企业能否与国外先进汽车企业缩小差距的关键。在这样的历史时刻，吉利能否把握住机遇，关键在于知识积累、技术创新的程度。

在汽车工业转型、全球汽车市场重新洗牌的当下，吉利必须要具备有竞争力的技术创新和知识积累,才具有实现跨越式发展的可能性。因此,知识管理体系的建设任重而道远,而且刻不容缓。

(二)贯彻落实吉利集团战略转型发展目标的需要

2007年,吉利集团从自身的实践中预感到,汽车行业靠价格便宜、打价格战,已经很难维持下去,要从战略上进行彻底改变。吉利集团决定将战略目标从"造老百姓买得起的好车",转向"造最安全、最环保、最节能的好车",把技术领先、品质领先和服务领先作为新时期的发展战略和战略转型的核心。

战略转型让吉利集团进入一个全新的产品研究、生产和销售阶段,逐渐摆脱打价格战的策略,推出了像熊猫等以技术制胜的产品,取得了飞速发展。然而,随着近年来自主品牌汽车市场占有率的变化和与沃尔沃的合作,逐渐认识到自己短板所在,即产品品质。吉利集团再一次主动进行战略升级,提出了"对标管理,品质经营"的战略目标,树立标杆,把提升产品品质作为最为重要的目标。

两次战略转型都重点强调产品技术和品质的提升,体现了对研究院产品研发和技术创新能力的重视,而产品技术创新必须建立在有效的知识管理基础上。

(三)提升研究院核心研发能力和竞争力的需要

近年来,研究院虽然发展迅猛,人员规模快速增长,人才结构持续优化,但研发项目的数量在不断增多,对研发输出物的质量要求也在不断提高。与国内外同类研发中心动辄五六千甚至上万人相比,目前研究院的人数仍然相对较少。另外,快速发展带来的人员结构偏年轻化、能力不足的问题也日益凸显。

面对人员少、项目多、人员经验不足的情况,研究院如何快速提升员工的知识水平和业务能力,如何对年轻的研发队伍进行"持续充电"和"快速充电",让有限的研发人才和资源发挥最大的作用,就需要搭建完善的知识管理体系平台,通过知识管理体系让研发人员汲取行业内先进技术知识,让来之不易的知识和技术能够得以积累和沉淀,让现有人员快速成长,为产品设计和创新发挥作用。

二、民营汽车企业提升研发能力的知识管理体系建设内涵和主要做法

为了快速提升核心研发能力,更好的贯彻落实吉利集团的战略转型,参与到日趋激烈的汽车行业竞争,研究院以"自主研发,广泛合作,掌控核心技术"为目标,开展知识管理体系建设。以组织和制度保障为根本,对外以产学研一体化、国际化合作等方式,促进各类行业前沿知识的引进;对内以打造百年老店的态度和决心,持续推进知识的积累和沉淀;借助信息化手段和管理变革,不断加速知识应用,带动产品开发效率提升;建立健全激励和保护机制,激励员工知识创新积极性,保护研发成果。通过加强知识管理体系建设,有效提升知识创新能力,提高产品开发效率和产品品质,提升吉利汽车的品牌竞争力。主

"知识分享"现场

要做法包括：

（一）制定知识管理体系建设的基本思路和组织保障体系

基于吉利集团和自身战略，研究院提出知识管理体系建设目标："持续学习与积累，提高自主创新能力，保护知识成果"。只有通过不断学习和经验积累，用形成的知识促进产品开发质量和效率的提升，并形成产品的创新能力、竞争力和自主知识产权，方能达成自主研发、掌控核心技术的目标，进而提升产品品质，与国内国际同行进行竞争。

明确知识管理体系建设基本思路，确定知识管理体系由四方面构成：知识获取与分享，知识积累与沉淀，知识应用与创新，知识成果激励与保护。

知识获取与分享：通过定期举办知识分享、浙江汽车工程学院授课，建立数字化图书馆和举办科技交流，不断引入行业内先进汽车研发知识，并在内部形成知识共享平台。

知识积累与沉淀：通过建立企业技术标准，编撰形成吉利汽车技术手册，建立设计参考数据库和案例库，总结已有经验并创造形成企业自己的知识库。

知识应用与创新：将企业总结形成的流水线研发流程通过设计导航系统进行应用，将企业总结形成的设计方法和设计经验通过 CAD 知识工程进行应用，最终提高产品开发效率，促进产品设计创新。

知识成果激励与保护：建立知识激励机制，鼓励员工进行知识创新，并对已有的知识创新成果进行保护，不受他人侵犯。

知识管理体系不仅形成制度化、流程化的管理过程，而且通过 KMS、GPLM 和 CAD 三大信息平台实现系统化的落地和支持。其中，自主开发 KMS 知识管理系统，进行知识分享库、数字图书馆、科技交流、技术标准、设计参考数据库、案例库、论文和专利等知识管理相关数据库的建设。该系统 2008 年获得国家知识产权局颁发的软件著作权证书。运用 GPLM 产品生命周期管理系统，通过开发设计导航模块，实现流水线式开发流程的应用。运用 CAD 计算机辅助设计软件，将设计经验和设计方法模板化和参数化，实现知识工程模板的应用。

为确保知识管理过程有效执行，研究院成立技术开发能力及体系建设指导委员会，知识产权管理委员会，由常务副院长担任负责人，负责知识管理体系的统筹规划，并授予内部几个主要管理部门和汽车工程学院相应的知识管理职责，明确研发知识管理的主要管理单位，负责知识管理体系的建设（见表1）。同时，发布《培训控制程序》、《专利管理办法》、《科技论文管理办法》等一系列管理制度，确保知识管理体系的有效执行。

表1 知识管理职能单位及职责

部门	知识管理体系建设相关职责
人力资源管理部	培训和技术交流组织与管理
知识产权管理部	论文、专利等知识产权保护管理
技术项目综合管理部	知识参考库搭建、知识应用流程管理与优化
数据信息管理部	知识存储、分析与管理
浙江汽车工程学院	高级人才培养

(二) 多渠道、系统化获取和分享汽车行业前沿知识

1. 搭建企业内部数字图书馆

研究院整合汽车研发所需的权威知识资源，利用数字化、信息化、网络化技术和方法，建设企业数字图书馆，使员工能够方便快捷的获取大量信息，随时掌握行业的发展动向。

建立和丰富图书馆。馆藏3000多册图书，包括机械设计、电子电器、计算机等中英文专业图书。订阅99种汽车专业杂志和20种报纸，提供给员工查阅学习。开发网上自助图书借阅系统，实现无人值守的自助借阅和归还。为员工提供方便快捷的图书借阅。

引入中国知网CNKI数字图书馆。采用内部网镜像检索服务模式，方便研究院及整个集团的用户在线使用，包括期刊学术论文全文数据库、硕士论文全文数据库等。CNKI数字化图书馆是集行业知识与技术为一体的综合性数字化、电子化图书馆，是研究院在研发过程中学术与知识的补充平台。

2. 建立"人人是老师，人人是学生"的知识分享平台

汽车研发是一项复杂的系统工程，涉及到诸多方面的专业知识和技能，没有人能够精通所有相关专业，即使是想对汽车方方面面的知识都有所了解也非常困难。然而，汽车研发又是一个环环相联、不容分割的整体过程，汽车设计者仅仅掌握本专业知识是远远不够的，还必须对相关专业知识有一定程度的认知和理解。因此，研究院推出"知识分享系列讲座"，以构筑吉利自己的技术人才高地，搭建交流学习的互动平台。

与一般的专家讲座不同，研究院的"知识分享讲座"秉承"人人是老师，人人是学生"的先进理念。在这个讲台上，任何人只要在某个专业领域内有所心得，都可以与他人一起分享自己的成功经验和失败教训。"知识分享名人堂"的讲师们可以来自研究院内部或整个吉利集团内部，也可以来自于其它外部组织（企业、高校和研究院所等），不仅有闻名国内外的学者、专家，也有吉利自己的普通工程师。

2007年开办以来，坚持定期举办知识分享系列讲座，迄今为止已有包括郭孔辉院士、清华大学李克强教授、伯明翰大学徐宏明教授、德国莱茵大学王晓风教授等在内的182位行业专家走上讲台，与研究院员工面对面分享、交流行业知识，累计参与分享人数超过3.6万人次。

为了能够进行有效的知识传承，借助KMS知识管理系统，将知识分享系列讲座的视频和各类培训课件在系统上进行共享，员工可通过该系统学习所有知识分享系列讲座的相关课程。

编辑完成《专业基础培训教程》共计22卷、29册，约150余万字；《知识分享讲义集锦》51册、《知识分享论文集锦》19册、《知识分享视频》光盘141套。通过实施知识分享，丰富员工知识、扩宽员工视野，在最短时间内提高自身业务水平，进而促进研究院研发能力的飞跃。

3. 创建浙江汽车工程学院

吉利集团于2007年投资创建浙江汽车工程学院，下设工学院、管理学院、营销学院及博士后工作站，以培养车辆工程、企业管理、汽车营销专业的硕士、博士为目标，是为加强企业核心竞争力、培养汽车应用人才而构筑的学术平台，被誉为吉利集团的"黄埔军

校"。学院院长由吉利集团副总裁担任,中国工程院院士郭孔辉、中国汽车工程学会常务副理事长兼秘书长付于武、美国国家工程院院士 Dennis N. Assanis 出任名誉院长。

学院没有全职教师,但师资非常广泛,主要整合国际国内汽车行业产学研的知名院士、业界经验丰富的管理专家及国际著名学府的知名教授、国际重点科研院所的研究员。现有特聘教授166人,其中院士14人,专家职称89人,教授职称103人。学院最显著的特点是研究生带课题入学深造,学术论文直接与吉利的管理、营销和技术研发项目挂钩。学生的特殊之处则在于他们是以解决实际问题为目的,而非仅以获得学历为目的。

创办至今,以吉利集团急需的高层次、实用型、复合型汽车技术及管理人才诉求为主线,建立高效、系统和别具特色的人才培养体系。在院研读人员以吉利集团总裁、副总裁、总经理、部长等中高层领导及一线骨干为主。在学习与生产、设计、管理、研发、营销紧密结合的培养方针引领下,已帮助企业完成科研课题24项,研究生撰写学术论文近150万字,涵盖企业战略、生产物流、营销战略、人力资源、车身设计、汽车电子、混合动力、底盘技术等15个重点学科群。

4. 与供应商开展科技交流

定期开展"技术交流日"活动,为广大员工深入了解、熟悉行业知名供应商的产品和技术提供平台。2007年至2011年,共邀请40余家世界顶级汽车供应商(如博世、德尔福等)来院进行产品展示和技术交流。例如,2011年9月组织的舍弗勒技术交流,涉及离合器、双质量飞轮及发动机减振器相关知识,研究院技术人员和舍弗勒技术人员进行深入交流,通过实物展览和讲解,使得吉利技术人员获益良多。通过交流,研究院和供应商互相学习、互相了解,建立更加亲密的协作关系。建立常态化的科技交流平台,学习世界各个顶级汽车供应商的先进技术和开发知识,为产品开发提供借鉴。

(三)大力推进汽车研发知识积累和固化

1. 建立健全技术标准体系

技术标准是指导设计开发及判定产品质量是否合格的依据,技术标准管理直接影响到知识管理体系能否稳健、高效运行。汽车在整个设计、采购、制造以及销售、维修等过程中,需要成千上万的技术标准作支撑,必须使技术标准成为科学、合理的准则。

研究院2003年编制技术标准体系,2011年在GB/T 15497-2003《企业标准体系 技术标准体系》的基础上,对原体系进行优化,形成新版技术标准体系表,既符合汽车行业特点,又符合国家对企业技术标准体系的要求。目前,编辑完成1589条标准,先后编制《吉利汽车设计及技术标准》汇编及其补充版,全套共计33卷、48册,约720万字。通过这些技术标准,使得吉利研发走上"技术吉利、品质吉利"道路。

在KMS系统建立标准查询模块,对已有标准进行上传和管理。KMS标准管理模块已囊括10000余标准,涵盖汽车在整个设计、采购、制造及销售、维修等过程中所有的法规、技术标准。

设立专人跟踪国际、国内法规、标准信息,即时发布、即时搜集、即时更新,为技术人员提供前沿性信息和文本,保障产品研发需求。采取数字内容版权保护技术,只能在线查询flash格式的标准,不能下载,保证技术标准无法外传。针对不同的技术人员,规定不同的查看权限范围,加强保密。

通过技术标准和标准查询平台，对企业内部的标准化进行从上到下梳理，缺失的标准通过积累的技术及经验转化、评审、发布；已有的标准通过3年复审及不定期的标准整改，提升技术标准的含金量，为知识管理体系健康运行提供技术保障。

2.建设设计参考数据库

在产品开发过程中，随着专业设计经验的日积月累和研发项目的不断开展，很多产品分析数据、参数数据、试验数据分散在工程师手上，必须将分散的经验收集起来形成组织的知识。普通的数据管理方式已经不能满足日益增加的研发需求，需要建立自己的设计参考数据库才能将这些数据最大化利用，让这些经验进行分享和传承，并成为汽车研发的宝贵财富。

研究院2007年建立竞品数据库、材料数据库等，并历时5年建立包含汽车18个专业领域的数据库系统，包括10万多份技术资料（见表2）。例如，材料数据库通过材料信息（包含材料名称、牌号、材料供应商、依据标准、测试报告等）与技术标准数据库的关联，使设计人员更加了解自己所负责的零部件材料标准要求、实际检测结果等信息，便于更好的设计出符合强度、耐久等要求的产品。

表2 设计参考数据库

产品设计标准数据库	汽车召回信息库
竞品数据库	NVH数据库
汽车安全技术	NCAP数据库
材料数据库	CAE分析数据库
试验数据库	工程更改数据库
DFMEA数据库	工艺数据库
零部件开发管理库	海外法规库
吉利标准件库	产品零部件标准名称库
工作指引库	外委公司数据库

通过数据库的建设，充分提升产品设计质量，并将前人积累的数据、信息、知识资产充分整合和有效利用，给新的设计人员带来极大的帮助，加快项目开发进度。

3.建立案例共享库

随着研发项目的不断增多，研发人员发现即使采用既定的方法、流程，产品设计中仍然难免出现一些新问题，而这些问题的解决需要作为案例进行内部分析、分享和总结，并提供给其他项目遇到此类技术问题时参考。

工程师或专题组将在设计实践中总结出的典型经验、有益收获或者典型错误、挫折、教训编写成标准格式的案例报告，经过相关专家审核后，上传到案例共享库，供设计人员参考、借鉴，用失误和弯路来警示新人避免犯同样的错误。例如，"两缸盖后端出水管安装孔尺寸不统一"案例，反映后续设计的发动机缸盖后端出水管安装孔与现生产的发动机孔尺寸不一致，但相差很小，造成不能共线生产。为了改善工艺性，提高生产效率，又不影响产品质量，设计改为一致，这样既保证生产效率，又使工艺达到统一，为其他设计人员提供借鉴。

案例报告在 KMS 案例共享库进行全院分享,方便各部门查找各自业务相关的内容。截止 2012 年 4 月,已积累案例 1748 项。通过这些知识积累,研究院各部门结合具体设计课题,讲解、分析、消化相关案例,避免出现同类的错误,少走弯路,保证设计的正确性,从而提高工作效率。

4. 编撰《吉利汽车技术手册》

汽车研发是一项延续性极强的工作,知识的书面积累作用显得至关重要。只有对既有经验适时进行充分总结,才能最大程度减少因人员更替、设备更新、流程更改而对研发质量的影响。为此,2007 年研究院组织编撰《吉利汽车技术手册》,内容包括综合管理、产品研发与项目管理、总布置设计、造型设计、动力总成综合设计、底盘设计、通用件、车身设计、内外饰设计、工程分析、NVH、安全系统、汽车材料、发动机设计与试验、变速器设计、电子电器设计、数据信息管理、试制试装、汽车试验、汽车工艺和产品工程等,涵盖汽车开发领域的各种专业知识和相关法规、标准。通过编撰《技术手册》,深入、全面总结产品开发经验,规范工作方法和流程。

经各部门众多专家、工程师不懈努力,总结十余年汽车研发设计经验,编撰完成的《技术手册》共计 21 册、24 本,约 4460 页、174 万字,成为吉利构建"百年老店"的重要基石。《技术手册》印刷后下发到各部门,成为各部门设计师参考和学习的重要资料。

(四)建立基于知识运用的新型研发模式

1. 创建"流水线式"产品开发流程

"流水线式"(见图 1)研发流程针对汽车开发的车身、底盘等专业模块划分,对项目开发阶段及里程碑节点、各专业岗位所关注的工作、不同时间段内应提交的交付物等进行明确定义,对每个交付物的工作步骤、工时、工期、过程配合、质量要求等进行详细定义。它将汽车研发内容按交付物分解为由若干小活动组成的任务流,把研发部门看成不同的工位,任务流从一个工位完成后转到下一个工位,形成一整条汽车研发的流水线,从而实现高效和高质量的研发产品设计过程管控和输出。如果说项目阶段和关键点定义是从横向角度(项目进度)度量整个研发过程,那么各专业部门(车身、底盘等)是从纵向角度拓展研发过程。研发系统和输出物的定义体现研发团队中各部门的具体工作任务,是研发工作的根本所在。

在多年持续自主研发和知识积累的基础上,集研发团队的全体力量,编制《吉利汽车产品研发流程》,包含整车、发动机、变速器和新能源四大类,全面涵盖汽车研发的全部环节和过程,共计 6 卷、近 200 册、4 万多页。在编制过程中进行许多开创性的尝试,使研发流程达到与国际接轨、适合中国国情、具有吉利特色。

通过"流水线式"大研发实现有限资源的效能最大化,充分体现矩阵式项目管理模式优势,并有效控制项目质量和进度。目前,研究院不足 2000 人,却同时承担 200 多个研发项目任务。

2. 搭建设计导航系统

设计导航就是在 GPLM 系统的基础上,将"流水线式"研发流程固化在系统中,同时将吉利多年总结的知识工程结果、技术经验、技术标准、法规要求等,通过流程驱动的方

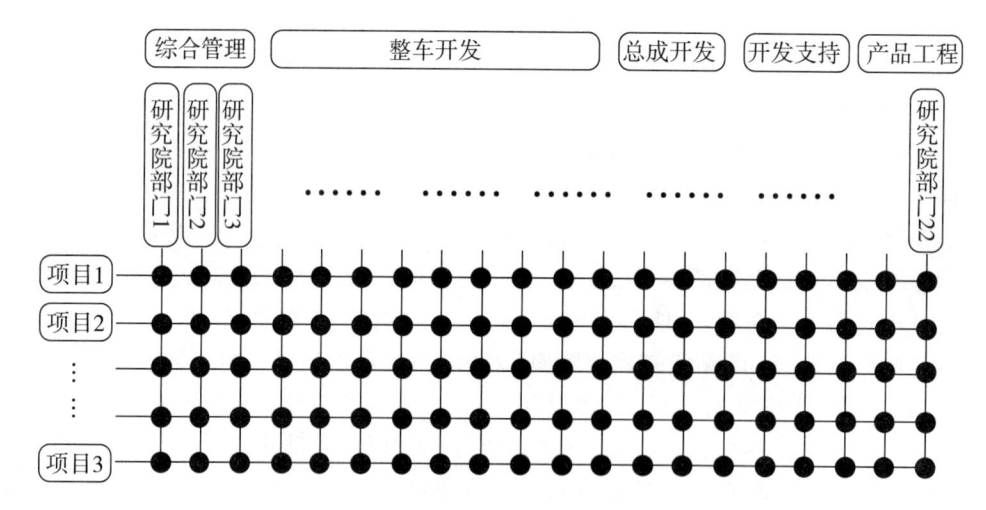

图 1 "流水线式"研发流程

式融合到工程师的实际设计中。

定义各类研发项目模板,包含关键任务和交付,以任务流形式分解到各专业部门。各部门设计工程师根据上序部门的输入,进行相关交付物流程的提交,流程审核通过后自动输出到下序部门。在流程执行过程中,设计导航系统将产品设计所需了解的相关法规、标准和专家总结的设计经验,以"信息包"和"知识库"的形式在流程的各个步骤进行差异化自动展示,让设计工程师和审核人员得到明确的工作目标和参考信息,指引他们借鉴以往设计经验,按照"流水线式"研发流程严格定义的步骤完成设计任务。

设计导航系统的投入运行,确保流水线式研发流程和知识积累的固化和应用,实现以项目管理驱动、以自动化设计流程为工作导向,设计经验贯穿始终,形成全阶段、立体式的产品开发管理模式。

3. 建设基于 CAD 知识工程的模板化设计平台

研究院同步承担 200 多个研发设计项目,而从事设计的工程师相对不足。大量、繁冗的建模工作和多次的反复修改工作,使产品设计人员陷入各类具体工作任务的交付上,没有集中精力去思考设计本身。产品设计需考虑的因素众多,设计人员资历、资质的差别,造成设计质量输出有高有低。由于设计知识与经验等非物化知识存在于"大脑"之中,缺乏有效的管理方法,随人而动,造成企业知识的流失。为此,引入 CAD 知识工程技术。

以整车总布置设计为试点,探索出基于知识工程的模板化设计方法。通过对现有设计规范、标准、法规及设计经验等"知识"的整理,运用公式、规则、检查等 CAD 软件知识工程技术,把这些"知识"嵌入三维数据模型,形成参数化、智能化的设计模板,进而形成模板库。在产品设计过程中,工程师在相应的节点上通过对模板的规范调用,实现基于模板的快速设计,极大提高设计和修改效率,降低失误的发生率,也避免重复设计的高成本。目前,开发制作各类 CAD 设计模板共 600 余个,包括总布置模板、车身钣金件模板、内外饰模板、底盘模板、工装夹具模板等。

在整车总布置设计过程中,首先确定总布置设计输入。设计工程师通过总布置参数化设计平台,遵守规范的设计流程、调用相关的知识工程模板开展总布置设计。设计过程中如果有疑问,可以方便的获取相关知识进行学习。最后,得到总布置设计输出内容。总布置知识库包括各种模板库及相关参考知识。

通过在总布置、车身、内外饰、底盘等专业推广基于知识工程的模板化设计平台,有效规范设计流程与方法,提高设计质量,避免企业知识流失,并使工程师从操作性事物中解脱出来,促进设计创新。各专业提高设计效率10%～50%。

(五)着力推进知识产权、知识成果的保护和激励

1. 制定和实施知识产权保护战略

伴随着专利数量的不断增加及研发的不断深入,研究院结合研发战略,确立知识产权战略:广泛申请,重点布局;完善体系,全程监控;转化利用,专注营运。在不断实践中,制定一系列规章制度,如《专利管理办法》,将专利工作和员工的绩效考评、职务晋级联系起来,鼓励员工多申请专利,尤其是发明类专利。在知识产权保护上,要求接触到相关技术细节的研发设计人员、工艺人员等签订保密协议和同业禁止协议。定期进行市场调查,及时发现专利侵权行为,并采取积极的保护措施。通过媒体宣传搭载专利技术的零部件及整车产品,扩大专利技术的公众认知度和公众影响力。在知识产权营运上,完善专利挖掘与专利培训机制,建立专利质量提升机制,加强专利地图的布局策略,加强专利信息的利用,推进专利技术逐步产业化。

有效防止技术涉密,及时发现未经许可的单位或个人的侵权行为、曝光侵权产品,并且在全球范围内避免本专利权的相关产品及延伸产品侵犯他人专利权,从而使吉利搭载自主专利技术的零部件及整车产品在国内外市场竞争中均能不受他人专利权限制。同时,通过在各大期刊论文发表,提高科研实力,提升研究院在汽车研发及学术领域的影响力。2011年发表的论文数已达到1115篇,发表数量不断提高,质量和水准逐步提升。到2011年,EI检索论文共发表25篇,中文核心论文共发表6篇。

2. 健全信息安全管理体系

为了确保研发知识成果得到有效保护,提高知识管理的安全级别,建立信息安全管理体系。在信息安全方针、信息安全组织、资产管理、人力资源安全、物理和环境安全、通讯与操作管理、访问控制、信息系统获取、开发和维护、业务连续性管理、信息安全事件管理、合规性等11个安全领域,进行全面的风险评估和风险控制。加强研发数据的完整性、保密性和可用性,为积累的研发成果提供全方位保障。2011年通过国家信息安全认证中心ISO27001信息安全认证。

3. 调动员工知识创新积极性

为了调动员工参与知识创新和开展专利发明、发表科技论文、创造科技成果的积极性,研究院深入贯彻吉利集团相关激励政策,建立相关机制,推进技术创新。

一是落实集团专利申报制度和流程。对申请专利的发明人进行奖励,奖励额度从1000元到30万元不等。其中发明专利奖励0.5万～30万元/项;实用新型奖励0.3万～10万元/项;外观设计奖励0.1万～8万元/项。

二是落实集团科技论文申报制度和流程。对入选年度论文集和获得年度优秀论文奖的第一作者进行奖励,其中获得年度优秀论文金奖的论文奖励1500～3000元/篇;入

选年度论文集的论文(获得年度优秀论文奖的除外)奖励100~300元/篇。同时,对获奖人员进行集团内公示和颁发相关荣誉证书。

三是落实集团科技成果申报制度和流程。对获得年度"重大科技成果"的项目组进行奖励,金奖成果奖励3万~5万元。同时,对获奖项目组进行集团内公示和颁发相关荣誉证书。

四是建立优秀案例评审机制。员工通过KMS提交的案例,经过案例评审专家组评选后,将会获得一定奖励,并进行全院公示。

五是鼓励员工设计CAD知识工程模板。举办年度CAD设计大赛,对优秀的CAD知识工程模板进行奖励,其中一等奖奖励5000元,并对获奖人员进行全院公示和颁发相关荣誉证书。

六是让优秀员工走上知识分享讲座。采用优秀培训讲座激励等措施,营造组织积极分享研究成果和技术经验的氛围,让员工在获得奖励的同时,也得到组织和团队的认可。

三、民营汽车企业提升研发能力的知识管理体系建设效果

(一)大幅提升了开发效率和产品质量

研发设计决定了产品的质量,只有严密的产品开发流程和完善的技术标准体系,才能最大程度的减少设计过程中的质量问题。研究院通过"矩阵式管理",实现资源利用最大化。

200多款产品的研发项目任务,国内外汽车企业一般需要上万人的研发队伍来完成,而研究院只用了1900人来承担。按照每个项目平均50人保守估计,2007年到2011年,减少人力22150人。如果按每人5000元/月的平均工资计算,2007年到2011年至少节省人力成本13.29亿元以上。《商务周刊》将研究院的研发模式命名为"流水线式大研发",并与福特的"流水线生产"相提并论。汽车常规开发周期约为3年左右。利用GPLM设计导航系统、CAD知识工程模板、设计参考数据库、《技术手册》和案例共享库,将设计师已有经验和行业知识在软件中进行固化,使得初级工程师就能够承担和开发出中高级工程师水平的产品,确保了产品开发质量,平均缩短开发周期20%以上,有效降低了研发成本。2007年到2011年,研究院共计投入12.21亿研发成本,按照节省20%成本计算,共计节省2.442亿元研发投入。

(二)有效支撑了吉利集团战略转型

从2007年到2011年,研究院邀请外部专家知识分享约两百次,投入费用约60万元,但累计参与分享人数超过3.6万人次。如果赴外培训,每人次培训费1000元计算,累计节省3600万培训费。

汽车工程学院自编研究教材118册、1104万字。5年内,为吉利集团培养人才600多名。其中,为内部培养研究生324人,为社会培养高级人才300多人。

通过"知识分享工程"、"学院授课"等方式,快速提高了员工的专业水平和和个人竞争力,并吸引了大量汽车行业优秀人才加盟。研发团队已从2006年的300余人,壮大到1900多人(包括海归人员、博士、硕士300多人),对吉利集团实施"对标管理,品质经营"战略转型提供了人才保证,并更好的参与到国际竞争。

同时,研究院通过先进的产品开发管理流程,为集团"最环保、最节能"战略提供了有

效的技术支持,在持续优化传统动力总成技术的同时,对不同混合度的混合动力技术、纯电动车技术等新能源技术展开研究,降低汽车碳排放量和能源消耗,为集团"对标管理,品质经营"战略转型提供技术保障。目前研发的熊猫、吉利智慧等电动车已在北京、上海国际车展陆续亮相。

通过先进的产品开发管理流程和完善的技术标准要求,研究院在"最安全"战略上取得了骄人的成绩。近年来,自主开发的吉利熊猫轿车以C-NCAP安全碰撞45.3分的成绩,被誉为国内最安全的五星级小型车;自主开发的帝豪EC7轿车获得Euro-NCAP四星安全认定,成为中国首款获得欧洲权威安全评定机构高星级评定的车型;自主开发的帝豪EC8轿车以C-NCAP安全碰撞49.6的高分,超越了众多同级别的外资品牌车型。

从第三方权威研究机构J.D Power新车质量调查(IQS)可以看出,2008年到2011年,吉利汽车新车问题数量从298减少到251个,质量明显得到改善,产品品质得到较快提升。

(三)提升了自主品牌汽车全球影响力

通过借鉴行业内先进知识,实施自主知识产权战略,吉利集团拥有各种专利5300多项,其中发明专利400多项、国际专利30多项。自主研发的BMCS技术,成功破解了困扰汽车安全技术百年的巨大难题,标志着中国汽车在主动安全技术上的巨大突破。

目前,研究院现已被认定为"国家级企业技术中心";经国家有关部门批准,设立了"博士后工作站"、"院士工作站"、"高新技术企业";获"省级企业研究院"、"省级重点实验室"(吉利汽车安全控制技术实验室)以及"首批省重点企业技术创新团队"等荣誉称号。2010年,"吉利战略转型的技术体系创新工程建设"获得国家科技进步二等奖。

(成果创造人:赵福全、吴成明、刘宗巍、赵　熙、
张伟辉、王明锦、尹腾辉、梁　帆)

低压电器制造企业提升核心竞争能力的技术创新管理

常熟开关制造有限公司（原常熟开关厂）

成果主创人、公司终身荣誉董事长
唐春潮（左二）与科技人员在一起

常熟开关制造有限公司（原常熟开关厂，简称常开）始建于1974年，是国有资本参股的有限责任公司，为国家高新技术企业，位于江苏省常熟市高新技术产业园，专业研发制造高低压电器元件、电子产品和成套开关设备，产品广泛应用于电力、机械、冶金、石化、纺织、建筑、船舶等领域。2011年，拥有职工1680多人，总资产17亿元，占地面积达20多万平方米，生产用房15万平方米，实现销售收入16.33亿元，利税5.88亿元。

1991年以来，常开通过持续推进自主创新，发展成为国内低压电器行业最具有影响力的研发与生产制造公司，是施耐德、ABB、西门子等国际著名电气企业的主要竞争对手。主导产品CM系列塑壳断路器、CW系列智能型万能式断路器市场占有率在国内同类产品中超过20%，位居全国同行业第一。常开产品以优异的技术性能和稳定可靠的质量，多次被选用于秦山核电、上海东方明珠、宝钢、扬子石化、首都国际机场、埃及SOT/D项目、巴基斯坦核电站、缅甸班塞水电站等国内外重点工程，成为国内电器行业质量一流、用户信赖、服务过硬的名牌产品。

一、低压电器制造企业提升核心竞争能力的技术创新管理背景

（一）应对低压电器行业技术飞速发展的需要

现代社会各个领域都离不开电能。电产生后其输送、分配和使用过程中分配电能（配电）是一个极其重要的环节。配电是一个系统，包含了各种高低压电气设备，但其中80%是通过低压配电系统来完成电能的分配使用，低压电器元件是使用最广泛的电气设备，低压断路器则是低压电器中最重要的元件，应用最广泛。低压断路器主要用于配电系统中，在电路中接通、分断和承载额定的工作电流，并当电路和设备发生过载、短路、欠压等故障时能自动切断故障保护电路或设备。

20世纪90年代以来，计算机、微电子、传感、信息处理、控制、数据通信、现场总线等新技术快速发展，给配电系统带来了革命性的变革和进步。为了满足市场需求，国际同行采用了计算机仿真与虚拟样机技术、工业现场总线及以太网技术、电器智能化技术等来设计制造新一代低压电器元件，从而使以断路器为代表的新一代低压电器元件在产品性能、结构、可靠性、功能等方面都有重大突破，彻底改变了传统断路器的依靠物理量变化（电流、磁场）来实现单一保护的技术，拥有了电参数测量、完全选择性保护、内部鼓障自诊断、通信以及网络化等技术，实现了配电自动化要求，使电能的分配和使用更高效、更安全、更合理。而国内90年代初期，在低压电器领域才刚刚开始引入CAD/CAM计算机辅助设计及制造技术进行产品研发（俗称甩图板工程），整个行业的设计制造水平明显落后于国际先进水平。

由于新一代低压断路器广泛应用了机械、电气、电子、自动控制、计算机、测量、通信、EMC等多个领域的新技术，所以涉及的技术、工艺非常广泛，从技术上讲需要满足操作安全可靠要求，因而需要进行机构动态动力学分析和电弧的磁流体动力学、电流传感器技术、数字化控制软件处理技术、电磁兼容（EMC）关键技术、通信技术、集成技术研究等；工艺上需要进行模具设计、焊接技术、表面处理技术、铆接技术、SMT贴片技术应用、CT绕制技术、材料应用研究等，来满足技术设计要求。而低压断路器普遍受到体积的限制，要在有限的空间内实现多种技术的集成，其设计制造的水平要求非常高，成为衡量一个国家制造业技术水平的重要指标之一。

面对国外同行业技术发展趋势，常开要跟上国外同行业技术发展，设计制造出满足国内电力市场需求的产品，在技术方面还存在明显的差距，包括技术开发手段落后，在技术、工艺基础研究、应用研究方面的能力不强，核心技术掌握较少，科研成果的转化能力较差，与国外公司相比核心竞争力不强。

（二）应对低压电器市场激烈竞争的需要

随着我国经济的持续快速发展，机械、冶金、电力、交通、石化、建筑等领域的配电系统不断追赶国际先进水平，提出了配电自动化、无人值守、远程管控和智能电网的新需求，推动低压配电电网全面向集成化、网络化、可通信方向发展。国内电力市场对低压电器元件提出了新要求：拥有各类电参数测量与显示；对内外部故障、寿命进行检测记录、报警和显示；根据配电系统的运行状态进行内部自诊断，对运行参数进行调整；全范围、全电流选择性保护，实现区联连锁；具有能量管理功能，实现断路器自身运行、寿命管理；多种通信总线协议和连接技术；很强的电磁兼容（EMC）性能；"遥测、遥调、遥控、遥信、遥视"功能。

20世纪末以来，以施耐德、西门子、三菱、ABB等为代表的跨国公司依靠强大的科研能力，不断把现场总线、以太网、微处理器等新技术成果应用到传统的低压电器制造业中，使得低压电器产品技术性能得到了突飞猛进的发展和提升。它们推出的新一代低压电器产品都以新技术、新工艺为支撑，具有环保、小型化、集成化、高性能、智能化和网络化特点。同时，许多外国公司已经在国内建立了独资或合资企业，并设立了研发中心，导入国外先进设计制造、管理方式，加快低压电器产品的升级换代。外国公司利用其技术、产品、质量、品牌、知识产权等方面的综合优势，以超过国内电器行业近10个百分点的速度迅猛

模具中心

发展,其高端低压电器产品在国内市场所占分额已达80%,并向中档产品市场渗透。这些高新产品正在改变我国低压电器行业的市场格局,给国内低压电器制造企业带来很大压力。

面对以高技术为核心的市场竞争,常开只有通过强化技术创新,提高产品的技术和质量水平,并不断开发具有自主知识产权、适应市场发展需要的新一产品,才能在激烈的市场中站住脚跟,求得发展。

(三)提升企业核心能力的需要

上世纪90年代初,常开由于管理水平低、产品单一、研发能力低、创新动力不足,严重影响了企业的发展,导致濒临倒闭。1991年,新一届领导班子转变观念,树立"以人为本 科技兴企"的新理念,开启了第二次创业,经过10年的努力奋斗使常开摆脱了困境,并在技术、生产、产品、营销等方面取得了长足进步。但是,要跟上国外同行业的发展水平,还存在一些明显差距,特别是缺少对技术发展的综合规划,没有建立一套较为完善的技术创新体系;在人才开发与利用方面投入不够,人才基础比较薄弱。为此,常开提出"创世界知名企业 做基业常青企业"的愿景目标,制定新的发展战略,把核心能力的建设放在技术创新上。

二、低压电器制造企业提升核心竞争能力的技术创新管理内涵和主要做法

常开以战略为目标、市场为导向、平台为基础、人才为根本、产品为抓手、创新为动力、管理为保障,建立技术研发平台、知识产权保护体系、标准化体系、人才培养体系和相应的管理机制,并与高等院校、科研院所建立产学研战略合作关系,改变传统的技术开发模式,从被动跟随走向自主创新,加快转型升级,打造核心竞争力,不断缩小与跨国公司在科研水平上的差距,并且带动我国电器行业的技术进步,提高我国电器行业技术创新能力和科技水平。主要做法包括:

(一)明确技术创新目标,规划技术创新路径

2004年,常开研究制定10年发展战略,提出以人为本、精品立企,做强低压、发展中压,高端制胜、超值服务,国内称雄、赶超国外,不断创新、永不言满。强调继续走"科技兴企"道路,以"建立基于现代设计方法的低压电器技术创新体系,并开发一系列达到国内领先、国际先进水平的新产品和新技术"为目标。同时,规划技术创新路径。

一是搭建"4+1"科研平台,以博士后工作站、技术中心为技术研究的支撑点,努力突破重点技术和共性技术。二是加强基础研究,推进研究成果转化为生产力,促进产品的升级换代,推进企业科技进步。三是逐步建立和完善产品门类和体系,以配电系统为主体,发展高压、低压等输配电和电机保护类产品;以高端制胜为原则,研发智能化、网络化电器产品,不断优化产品结构。四是逐步采用自动化、半自动化生产加工、装配技术,努力提升生产工艺和制造技术水平,实现管理信息集成,提高集成制造化水平。

(二)加大科研投入,搭建高端科研平台

常开以搭建国家级、行业领先的高端科研平台为目标,结合企业技术创新的需要,每年科技投入超过销售收入4%,先后打造四大科研平台与一个试验平台。

1. 建立国家级企业技术中心

根据企业发展战略和科技发展规划,围绕国家建设"坚强智能电网"对低压电器的技

术要求,采取独立自主开发、产学研相结合等多种运作模式,立足精品立企、高端制胜的产品战略,以配电产业链为依托,不断延伸领域,做强做大低压、发展中高压和新能源控制类产品,开展高性能高可靠性智能化电器技术研究。

一是加大科技创新和产学研力度,不断完善研发机构和自主知识产权的创新体系建设;深入开展产学研活动,扩展与科研院所、高等院校的合作广度和深度。二是开展一流的实验平台建设,增添各类先进的、高水平的试验检测设备,完善各类研发、检测试验室的建设,提高技术中心研究装备水平,将技术中心建设成为集技术开发和管理于一体的具有国际先进水平的产品研发中心。三是加强技术团队的理论能力和研发能力建设。以技术中心为平台,引进或培养高层次、高水平、高素质的专业技术人才,形成一支在国内具有影响力的科研团队。四是研发一批国内领先的智能电器、新能源领域产业前沿关键技术和产品。

2. 建立博士后科研工作站

常开把企业博士后科研工作站作为增强技术创新能力、提高产品研发水平、推进科技成果产业化、提升核心竞争力以及培养和造就高层次科技人才队伍的有效载体。结合科技发展规划,引进高科技人才,培养高水平学术带头人,从而提高技术创新能力和科技成果转化能力。为每个博士后都配备有一定工作经验、基础理论扎实、勤奋好学和创新能力、协调能力强的技术人员作为助手,让企业技术人员参与课题研究,协同进行科研攻关,并由博士后不定期进行技术讲座、技术难题会诊以及学科报告会,开拓企业技术人员的视野。

3. 建立江苏省电器控制工程技术研究中心

该中心将技术研究与应用开发有机结合,在工业生产过程控制、电力自动化、新能源、先进模具研究设计及制造、一流试验站建设及成果产业化等方面努力突破,研究和开发低压到高压电器产品以及电力自动化、新能源领域的产品,并通过成果推广,实现产业化。

4. 建立电力电子应用技术研究所

国家对环保和节能的政策导向促进电能多样化,对电能质量、传动控制等提出更新、更高的要求。常开与清华大学联合成立电力电子应用技术研究所,凭借清华大学在新能源发电、电力拖动和电能质量控制等方面的技术和人才优势,结合常开技术应用能力强、生产制造工艺成熟以及拥有的品牌、资金和市场基础,进行新型电力电子产品的研究开发。

5. 建立检测中心

该中心突破以往企业只能进行单一的特性试验和理化试验,按照 CNAS-CL01(ISO/IEC 17025:2005)检测和校准实验室能力认可准则的要求,拓展为电器产品检测、电磁兼容检测、理化分析,建立电容充放电回路、分断、电寿命低压试验站。从根本上解决以往企业在新产品研发过程中不能进行一些关键数据模底试验,只能委托外部检测机构进行的状况,缩短研发时间,增强进行中间试验的能力。

可独立开展各项检测业务,包括在新产品的研发前期对一些数据进行模底,验证新品开发过程中设计参数和实际检测数据的相符性,配合质量检验部门进行主要原材料化学物理性能检测、产品的电气性能验证、智能控制器的电磁兼容抗扰度的验证、产品质量稳定性的验证、产品质量技术指标的跟踪(寿命、温升等指标)等。

加强科研平台运行管理,建立三级管理体制:平台决策层—平台负责人—平台执行层。其中,决策层指管理委员会,由董事会领导组成,负责制定科研平台的发展方向和规划,批准资金投入,研究论证企业科技发展规划、新产品和新工艺开发以及组织科技成果评审,还制定相关科研平台管理文件、奖励政策。各部门围绕企业方针目标从事新产品开发、试验检测及产业化工作。平台负责人由总经理担任(主任),根据决策层的战略规划,统筹管理平台的组织、运作,监督平台执行层的实施;平台执行层主要是由相关科室和辅助部门组成,在主任的领导下实施各个子项的运作。另外,设立专家技术委员会,由企业专家与外聘专家组成,主要职能为:协助管理委员会制定、规划平台的发展方向,对重大项目任务向管理委员会提出建议和咨询服务;在主任的领导下,每年定期召开会议,研究讨论国内外学术动态;承担或对正在进行的项目进行评估和检查;定期对中心的技术特点、人员素质、软硬件基础进行评价。

(三)多种研发手段并举,开展科技攻关

1. 基础理论研究及应用

利用振荡回路作为基本实验电源,采用CCD高速摄影系统和光纤阵列测试系统的现代测试技术,获取开断等离子体过程信息,替代以往依靠短路分断试验来获取经验数据再分析的传统模式,实现从现象分析到机理分析的转变,突破低压灭弧系统设计的瓶颈,解决低压电器产品在灭弧技术方面依靠反复制作样机和试验而导致开发周期长的落后方式,降低研发成本,提高断路器的灭弧能力。该项技术成果被广泛应用于CM系列、CW系列断路器中,使得技术性能得到很大提高。

双断点分断技术是由法国施耐德电气公司首创的低压空气介质分断技术,国内外众多企业都尝试采用这一技术进行产品开发。由于一方面缺乏对双断点技术原理的认识,另一方面难以突破跨国公司的知识产权壁垒,许多国内厂家的开发未获得理想效果。常开通过"空气介质中的双断点串联开断技术及其开断电弧的磁流体动力学研究"项目的实施,运用磁流体动力学的技术和方法,对双断点技术进行系统的机理研究和应用研究,系统阐明双断点技术的关键问题,并突破国外公司的知识产权壁垒,成功解决双断点技术难题。同时,在国内率先完成新一代产品CM5系列断路器的研发,系列产品综合性能指标达到国际先进水平,并拥有完全自主知识产权。

国内电器产品开发长期以仿制为主,主要原因是电器产品涉及机械、电磁、热、等离子等物理现象,其相互作用的物理过程非常复杂,而国内企业普遍缺乏对这些物理过程进行量化分析和快速精确测试的手段。常开从计算机仿真技术和先进测试技术两个方面开展应用研究,一方面建立电器相关各种基本物理场的数值分析工程运用能力,并对多场耦合复杂过程的分析开展大量应用研究,形成以计算机辅助工程(CAE)为基础的数字化设计模式,使产品设计早期就能通过数值仿真掌握大部分工作特性,从而提高设计效率和设计可靠性;另一方面以快速制造技术、模拟电源技术、现代测试技术、组态模型技术等为核心,建立对电器性能快速精确检测的现代测试体系,使得在制造产品实物样机前就能通过实验来验证电器的基本性能,对仿真设计结果进行验证和补充。

2. 工艺突破及应用

一是采用连续模冲压新技术，突破冷冲压工艺瓶颈，提高复杂零件的制造精度和产能。低压电器产品中其主体结构由金属材料制成，结构复杂、材料品种较多、零部件要求复杂、尺寸精度高，加工方法主要是采用切削和冲压等金属加工工艺。连续模冷冲压工艺是当今国际流行的金属加工工艺，但是模具结构和制造工艺复杂。常开运用成组集成技术、TRIZ矛盾矩阵方法、表面PVD涂覆处理及PACVD复合涂层处理技术，在国内同行业中首创多工位连续模通用模块，极大的节约模具制造成本、节省换模时间，解决连续冷冲压复杂成型工艺及结构设计难题和因零部件生产批量大小参次不齐带来的模具生产难题，满足不同场合的生产需求，有效提高零件的质量、精度与产能。

二是自主研发断路器触头全自动焊接工艺装备，提高零部件的焊接质量和产能。断路器触头焊接是生产断路器的关键工艺，触头的焊接质量直接影响断路器的各项性能指标，国内外基本都采用纯手工焊接或手工半自动焊接，产量低、焊接质量不稳定。常开通过实施"断路器触头全自动焊接工艺装备"项目，成功解决零件全自动送料的设计等技术难题，使得工作效率提高60%，产能提高3倍，质量达到99%以上。

三是采用激光测量技术，提升塑壳断路器的生产效率和检测工艺水平。开距、超程作为塑壳断路器的重要参数对断路器的电气性能指标影响很大，因而检测该参数是否符合产品技术要求是每一台产品必须进行的工序。传统检测方法效率低、精度差、耗时长，不适合大批量的逐台检测。常开通过实施"塑壳断路器开距超程全自动在线测量装置"项目，应用激光测量、电机传动、气动、PLC控制和人机界面等高技术，设计出光、机、电一体化测试系统，测量精度和效率大大提高。

3. 产学研合作

本着"真诚合作、讲求实效、优势互补、互惠互利、共同发展"的原则，有组织、多层次的开展产学研合作。与高校、科研院所签定合作协议，开展前沿技术研究、科研项目合作、人才委培、学术交流、基础设施利用等，促进双方科研工作的发展，提升企业技术创新能力。例如，与北京自动化研究所合作"机器人焊接工艺"项目，解决长期以来国内万能式断路器关键部件主轴依靠人工焊接所带来的精度低、质量不稳定、废品率较高的问题，使得精度与质量达标率达到100%、成品率达到99.9%；与上海电器科学研究所合作"现场总线低压电器关键技术开发及产业化"项目，首次把现场总线技术、电子技术、微处理器技术等应用于低压电器产品中，使得传统产品成功实现升级换代；与西安交通大学合作"开关电器大容量开断关键技术及应用"项目，首次在国内电器领域建立低压开关电器开断全过程通用数学模型，解决数字化设计中多物理场耦合求解的关键技术，实现低压电器行业产品研发模式的变革。

（四）强化知识产权管理，注重技术风险控制

技术创新成果只有通过知识产权保护才能真正转化为企业的核心竞争要素。常开建立知识产权管理体系，形成以"保护"和"发展"为主题的知识产权战略：将知识产权的创造、运用、保护和管理纳入到技术研发、产品制造、市场销售的全过程，形成企业自主创新优势。

1. 提高知识产权意识，加速研发成果专利化

制定《专利工作管理办法》,规定知识产权管理人员在企业知识产权培训与宣传中的职责,专利员与职教部门协同进行专利法教育,为兼职专利员、科技人员、营销人员、管理人员及广大职工开展专利咨询及宣传教育;兼职专利员协助开展专利法宣传教育。同时,要求相关人员参加企业提供的各类专利知识业务学习、培训和实践活动,参加由国家、省、市和行业协会组织的有关专利方面的活动。通过宣传、培训等形式,培养、提高员工知识产权意识,造就一批高素质的创新型员工。

树立全员专利、全程专利、全面专利理念,推动研发成果专利化。一是鼓励全体员工对所做的创新申请专利,形成人人都能申请专利的氛围,尤其是技术人员,专利发明人覆盖面接近100%;二是在产品研发过程中,专利工作全程介入,专利员与技术人员及时沟通讨论,制定出合理的专利申请策略,及时申请专利,实现成果专利化;三是在"新产品必是精品,新产品必有专利"的要求下,每年推出十几项国际先进国内领先水平的新产品,每个产品上都有多项专利保护,并以核心专利为主、次要专利为辅形成全面的专利网,为新产品的上市保驾护航。

2.设置专门机构,加强规范管理

设置专利情报研究室,配备专职人员。在各个部门设置兼职专利员,形成专利工作网络。依据江苏省《企业知识产权管理规范》的要求及企业实际编制《知识产权管理手册》,涉及专利、著作权、商标、商业秘密等方面内容,作为知识产权管理人员必须遵循的行为准则。另外,建立专利文献专题数据库,实现相关信息共享,为知识产权的申请、开展技术创新提供有力支撑。

3.建立技术风险控制机制

为有效规避技术创新过程中专利侵权风险,及时应对和保护自己,在产品研发三个阶段都进行专利检索、分析,并实施专利审查制度,建立专利技术的预警、应急处理机制。

调研决策阶段——需要研发的产品进行专利(软件著作权)检索、分析、整理,提交专利状况报告,让研发人员提前充分了解专利情况,为以后研发中实施专利保护和利用奠定基础。

技术设计阶段——需要再次进行主题检索,列出与项目技术相关的专利关联度,防止"潜水艇"式的专利,碰到关联度密切的专利技术就要在设计中规避。

中间试制阶段——需要进行全方位检索、审查,防止"潜水艇"式的专利,如碰到相关联的专利技术就要中止试制,进行技术改进直至规避风险,同时对创新技术进行专利申请或著作权保护,保护科研成果。

(五)加强技术创新队伍建设,建立"容错"研发机制

1.人才引进

建立企业博士后科研工作站、国家级技术中心、江苏省电器控制工程技术研究中心、电力电子应用技术研究所和检测中心等科研平台,以项目和课题吸引人才,依靠事业、感情、机制留住人才。

每年根据技术发展需求、新产品研发计划,通过调研、分析筛选出需要技术研究的课题,作为各个科研平台研究与开发的项目,据此进行人力资源规划,对于急需的高层次人才采取引进方式,对于储备型人才进行市场招聘和到高校招聘相结合。

在人才的引进、招聘过程中,注重三大原则。一是以情动人,以诚引才。例如,引进的博士后高层次人才,除给予较高的薪酬待遇、提供良好的科研设施和工作环境外,还配备有设施齐全的博士(博士后)公寓,并优先安排家属就业和子女上学,使得他们能长期留驻企业、全力进行科研攻关。二是不求全才,但求实用。在人才的评价标准上,不唯学历、不唯职称,而是注重对业务水平和特殊才能的考察,不苛刻或求全责备,只要对企业有用。三是避免重外轻内。在引进外部人才的同时,不忽视企业原有人才,坚持在相同条件下享受同等待遇,对有能力、有潜力的人才加强培养,优先选拔,增强技术骨干队伍的稳定性、团结性。

2. 人才培养

企业持续的技术创新离不开拥有创新思维和创新能力的技术人员,而科技知识是保证创新思维的基础。常开把人才的知识更新作为人才队伍建设中的重点之一,积极开展继续教育、学历教育、专业进修、出国考察、学术交流、技术讲座等多种形式的培训。

通过与高校采取联合办学、委托培训及联合培养研究生等方式,将技术人员有计划地送出去培养,形成中专升大专、大专升本科、本科升硕士、硕士升博士四级人才建设梯队;选派优秀技术人员走出国门,赴欧美、日本、韩国等地参加学术交流和参观学习。同时,每年邀请行业专家及大专院校的教师或国外著名专家来企业举办讲座,使技术人员全面了解行业发展动向先进技术,保持研发起点的先进性。

在全体员工中开展"两争一树"活动,坚持每周五定期学习1小时,加大学习型班组创建力度,进一步提高技术人员的整体素质,激励技术人员奋发上进。

3. 人才激励

制定科学合理的考评机制,着力选拔优秀人才。彻底打破论资历、论学历、论职称等条条框框的束缚,通过广泛听取职工意见、年度民主评议、党政工联合评审相结合的方法,推行人才评聘分离,实行竞争上岗,让真正有实力、有能力、有魄力的人才,充分打造自己的人生事业,进入企业领导班子、管理层、技术骨干队伍,做到"能者上、平者让、庸者下"。实行项目负责人制度,选拔各级有能力的技术骨干分别承担项目开发过程中的某一课题,给他们下指标、压担子、提要求,明确各自所负的职责,积极为企业作贡献,实践自身的事业抱负。逐步提高企业工程师队伍的层次和影响力,着力进行各个岗位、各个细分产品的专家培养,使广大技术人才享受到国家、社会的各种荣誉。

对技术人才实行工资倾斜。在岗位工资制中,技术岗位工资比其他工种岗位定得高。在常规绩效奖励之外,建立专项奖励制度。制定"新产品开发奖管理办法"、"工艺技术进步奖管理办法"、"专利专项奖励制度"、"合理化建议奖"等。凡新产品开发完成鉴定,并实现销售赢利的,按规定进行科技奖励。近年来,每年对科技人员仅新产品的奖励都超过100万元。对于引进的高层次人才,积极做好上级有关高层次人才配套措施的落实。实行股权激励政策,对工作出色的人才到年底配给一定的股份,享受企业成长带来的收益。

4. "容错"机制

创造才能高、创造动机强的人,成就动机都比较强烈,而这种追求成功的心理时常会使他们成为"冒险者"甚至遭遇失败。因此,要允许他们有失误失败,珍惜和鼓励他们的探索精神。在产品开发中,唯有在"容错"的环境中工作,人才才能放下包袱,轻装上阵。对人才来说,理解和信任比什么都重要。

例如,在设计开发CM2系列塑料开壳式断路器、CW3-6300智能型万能式断路器时,由于其性能指标定位在国际领先水平,涉及的关键环节技术含量高、设计难度大。CM2系列塑料开壳式断路器接连试验11次均告失败,CW3-6300智能型万能式断路器先后经历9次的方案设计,5次的摸底试验均以失败告终。对大家来说,每多一次的失败就会增加一份压力。在这过程中,常开领导非但没有对技术人员严厉批评,反而给予一番安慰,"失败不等于永远失败,失败后面积累的经验是宝贵的"。鼓舞大家,卸除压力,不断总结经验教训,开拓创新,终于在一次试验时一举成功,相关性能达到预期指标。这种"容错"研发机制无疑给新产品开发带来蓬勃生机,技术人员不再有后顾之忧,不再有负罪感,全身心投入到工作中,不仅缩短研发周期,而且开发的产品更具创意。

(六)建立研发管理体系,保证技术创新有序开展

为保证技术创新的顺利开展,常开建立完善的研发管理体系、技术标准体系以及信息管理平台,保证技术创新活动的规范、有序。

1. 规范研发管理程序

通过多年的技术创新积累,建立完善的研究开发管理体系。制定《新产品开发管理程序》、《新产品设计开发控制程序》、《文件控制程序》、《产品数据管理规定》、《产品试验验证管理程序》、《计算机软件开发控制管理程序》等技术管理标准,建立一套以PDM为基础的信息化开发流程管理系统,项目从市场分析、立项调研、前期基础研究及设计、样机型试、设计确认到产业化、财务核算管理都有章可循,保证技术开发高效运行。

2. 建立技术标准体系

技术标准作为技术的制高点,是衡量一个企业技术水平的标志。常开把"精品立企、高端制胜"作为产品定位,加强技术标准化体系建设,使产品标准覆盖率达100%。积极采用先进的国际标准,制定"跟踪—分析—掌握—提高—超越"战略,从源头上把新技术、新工艺通过标准化与科研项目、高新产品的研发有机融合,使研发的新产品技术性能、可靠性始终走在国内同行的前面,并形成与国外同类先进产品的竞争优势。

高度重视技术标准工作。一是成立标准化技术委员会,全面负责企业技术标准化工作的归口管理和企业技术标准、管理标准的起草、审议、实施及总结改进。在相关部门设有专职标准化人员,各职能科室或车间均设有标准化兼职人员,形成全面的标准化运行网络,确保各项标准能有效实施。二是制定技术标准体系,明确技术标准的组成形式,使得企业技术标准规范、有序,便于开展技术创新。三是实行PDCA循环。每年制定计划,对各项制定技术标准的实施情况进行符合性检查和改进;对国际新标准、新技术动态进行跟踪与分析,确保"跟踪—分析—掌握—提高—超越"采标战略的实现。同时,积极参加国家、行业标准化组织,参与国家和行业技术标准的制修,从而掌握技术制高点。

3. 以信息化提高技术管理效率

建立PDM产品数据管理系统,以Teamcenter作为系统平台,进行产品数据的电子审批、设计变更管理、版本控制、信息合理共享和数据安全等技术研发管理。PDM系统对产品信息提供多用户并行访问,使技术人员可以创建并行工作流程,随时查看项目进

展状况,实现产品版本、产品数据的动态管理;通过规范的无纸化流程管理体系,使技术文件的评审过程自动有序流转;动态产品数据管理机制和网上监控保证信息准确及时的传递和发送,准确的记录产品更改的历史、版本;资源共享的产品数据信息库,使设计人员有能力对产品与零件之间的相互联系进行精确管理,使管理人员能通过多种途径快速获取所需产品信息,加强对产品整体结构和设计过程的把握和控制。通过 PDM 系统,产品的技术 BOM 转化为生产 BOM,相关技术信息转入到业务信息系统中。

三、低压电器制造企业提升核心竞争能力的技术创新管理效果

(一)突破了一大批关键技术,成为了行业发展领先企业

通过实施提升核心竞争能力的技术创新管理,常开实现了关键技术的自主创新,积累了一批行业领先的核心技术,涵盖低压电器的各个方面,包括开关电弧灭弧技术、开关电器操作机构技术、智能控制器技术、通信技术、脱扣器技术、故障检测技术等。先后完成了 60 多项具有国际先进水平的自主创新产品的开发(CW3 万能式断路器、CM5 系列塑壳断路器、CB1 控制与保护开关电器)。目前已形成了以 CW、CM 系列产品为基础的低压配电元件到中压配电、终端配电、工业控制和保护、电能质量管理及电气火灾探测监控等一系列中低压配用电产品,可为国内电力系统的大量用户提供确保上位机管理系统、成套开关设备、电器元件一体化完美配合的三位一体智能配电解决方案。主导产品 CM 系列塑壳断路器和 CW 系列智能型万能式断路器,已成为行业内的标杆产品,引领了国内行业的产品创新发展。

通过关键技术的突破,常开掌握了把技术成果转化为产品核心技术的科研方法,成果转化能力得到了显著提高。承担了 10 项国家火炬计划、1 项国家重点火炬计划、5 项国家重点新产品计划、6 项江苏省级火炬计划、1 项江苏省科技成果转化专项资金项目、1 项江苏省科技攻关计划、1 项江苏省科技支撑计划、1 项江苏省基础研究计划(自然科学基金)和 3 项江苏省重点技术创新项目等科技项目,先后获得国家、省级高新技术产品 24 项。参与了《低压开关设备和控制设备》、《低压开关设备和控制设备机电式接触器和电动机起动器》、《热双金属温曲率试验方法》等 43 项国家和行业技术标准的起草与制定。多年来,常开在各类省级以上专业期刊、杂志、学术年会上累计发表论文 90 多篇。

申请专利 628 项,其中 PCT 专利 1 项,发明专利 95 项,实用新型 351 项,外观设计 181 项;授权专利 469 项,包括发明 49 项,实用新型 245 项,外观设计 175 项,并拥有 3 项计算机软件著作权。目前,常开生产的产品 96% 以上都是专利产品。2010 年,专利产品的销售收入占总收入的比例为 92.6%、利税占 94.8%。

(二)企业核心能力显著提升,经济效益持续增长

通过近 10 年来的技术创新,常开建立和完善了研发体系和自主知识产权管理体系,完善了高层次技术人才队伍的建设,提高了科研水平和成果转化能力,从而全面提高了企业核心竞争能力,具备了与国外知名跨国公司相抗衡的能力。从 2003 年开始,连续多年进入"中国机械 500 强";从 2006 年开始,连续多年进入"中国电气工业竞争力 10 强";被国家工商总局认定为"中国驰名商标"和"中国电器工业最具影响力品牌"。先后被评为国家高新技术企业、国家创新型试点企业、国家火炬计划重点高新技术企业、国家火炬计划常熟电气机械产业基地骨干企业、全国企事业知识产权示范单位、中国优秀民营科

技企业。先后获得国家科学技术进步二等奖,江苏省科技进步二、三等奖,江苏省科学技术奖(企业技术创新奖)。2011年销售收入达到16.33亿元,比10年前增长4.64倍。10年来,上缴国家税金20.14亿元,缴纳的地方税收连续排名常熟第一。

(三)树立了民族品牌形象,提高了社会影响力

通过在输配电及控制设备、先进模具研究设计及制造、试验站建设等方面持续开展技术创新,常开突破了产业前沿关键技术,抢占了行业技术制高点,科研水平、成果转化能力总体已达到国内领先、国际先进水平。以智能化产品开发推动智能电网发展、以研究手段创新带动行业技术进步、以创新标杆产品引领行业发展潮流,推动了我国电工电器行业的技术进步,树立了民族品牌形象。

同时,常开始终保持强烈的社会责任感,积极投身社会公益事业,用实际行动回报社会。从1998年起,先后在抗震救灾、兴教助学、扶贫济困、奉献爱心等慈善活动中累计捐款2660万元,成为地方热心慈善事业的典范,受到社会各界好评。

(成果创造人:唐春潮、王春华、管瑞良、潘振克、王卫成、王炯华、俞晓峰、刘洪武、王云峰、殷建强、王永强)

提高飞机自主研发能力的研制流程管理

中国航空工业集团公司成都飞机设计研究所

中国航空工业集团公司成都飞机设计研究所（简称成都所）成立于1970年，隶属于中国航空工业集团公司，主要从事飞行器总体设计和航空航天多学科综合研究。学科范围覆盖飞行器设计主要领域，设有总体气动、结构强度、机电系统、飞行控制、可靠性研究、信息处理等12个研究部及博士后科研工作站。研制的主要产品有歼十飞机和枭龙飞机等战斗机系列，曾获国家科学技术进步特等奖。

一、提高飞机自主研发能力的研制流程管理背景

（一）研制流程在复杂系统研发体系中具有主导作用

飞机研发活动的重要特征是"复杂"。用户需求复杂、产品组成复杂、产品技术复杂、制造过程复杂、项目管理复杂。从研制周期而言，一般要经历数年乃至数十年；从研制阶段而言，跨越若干个阶段；从研制过程而言，每个阶段包含了上千个子过程，每个子过程的内部流程、子过程之间的输入输出关系也十分复杂；从涉及的学科和专业而言，包括飞机总体、结构、强度、机电、航电、飞控等上百个专业。

20世纪80年代，在与国外著名飞机公司交往的过程中，成都所注意到，对于中方提出的合作需求，外方公司很快就能提出对于该项工作及其相关工作的工作量和报价，效率之高令人惊叹。之后了解到，国外知名飞机公司如波音、空客等均拥有飞机研制流程，总结了若干飞机研制的工程经验，定义了研制过程中工作内容、文件和工作项目之间的的输入/输出关系、信息流规律，提升并固化为涵盖飞机研制全过程、全专业的流程和程序，属于技术诀窍，是公司研发体系建设的关键环节和核心的智力资产，予以严格保护。

飞机研制涉及到上百个参与研发的单位，并行、串行、或者互相渗透和交叉的研制流程，以及异常复杂的协调和逻辑关系。研制流程是总结以往型号复杂产品研制实际和未来发展的、以系统工程为核心的指导方法，梳理和定义出来的，为飞机研制过程提供"全景式"的管理控制框架。依靠研制流程规范的研发，在飞机研发管理体系中具有不可或缺的主导作用。

（二）研制流程是飞机自主研发的重要管理基础

飞机研制流程建设是成都所开发国内外军机市场的现实需求。近几年成都所为拓展中东和南亚军机市场，加快了外贸机研制步伐，如为巴基斯坦研制的枭龙飞机及为阿联酋研制的察打一体翼龙无人机，外方都要求要基于研制工作内容和资源需求给出商业

成果主创人：原所长、科技委主任李文正

报价。同时,根据总装备部和各军兵种部的要求,型号立项论证必须给出飞机全生命周期的研制工作项、各项工作对应的资源用量及费用需求。对内而言,在分析项目效费比基础上决策是否承担或争取某项任务,也需要以研制流程提供的基本数据为基础。

随着承担的国家航空武器装备自主研制任务逐年增多及国外军机市场不断开拓,成都所迫切需要建设一套适于型号研制过程中技术开发和项目管理的、标准化的程序。

(三)飞机研制流程建设是集成工程经验的迫切要求

飞机研制中的经验教训和历史信息、研制流程和工作程序属于珍贵的智力资产,将其显性化进而使之成为单位内部的共享知识库,可以极大提升知识的应用和创新价值。在飞机研制的长期工程实践中,成都所承担了数十项产品特征、研制要求各不相同的任务,主要有第三代先进歼击机歼-10系列、枭龙飞机、新一代战斗机以及多型号不同用途无人机、临近空间和空间飞行器等,积累了大量研制经验,但是许多经验往往分散在部分优秀的设计人员手中。即使研制经验再丰富,如果不进行知识化、固化和传播,也将永远只是掌握在少数人手中,大多数研发人员必须靠自身的摸索、总结才能提高。如果一个专业的设计人员对其它专业的设计工作没有足够的了解,将直接影响整个技术开发流程和管理效率。

研发人员通过研制流程能够了解自己所在专业在某个阶段应完成哪些工作项目、每个项目如何去做、具体的设计方法或计算公式、该专业的"上家下家"和"左邻右舍"关系、需要输入的工作项目、完成后应该输出的文件项目等;当本专业的输出结果变化后,可能影响哪些工作项目,便于提前主动进行技术协调,控制设计更改引发的不协调错误。有效的研制流程可以缩短研制周期、控制研制成本、提高研制质量。

二、提高飞机自主研发能力的研制流程管理内涵和主要做法

成都所遵循我国武器装备发展的顶层指导性文件,按照相应的流程和阶段定义,确定每一个阶段的核心活动及每个里程碑的基本要求,在飞机研制流程建设顶层设计时,主要结合我国武器装备研制实践,体现军方关注的可靠性、维修性和保障性等内容,并借鉴国外武器系统发展阶段的合理做法,按飞机全生命周期研制开发。主要做法如下:

(一)统筹规划做好顶层设计

1.明确总体思路和原则

成都所以"基于流程做研发、基于流程优管理、基于流程带队伍"为总要求,以现代项目管理知识体系的理论为指导,以飞机研发关键业务流程为核心,从多型号飞机研制积累的最佳工程化经验中提炼出研制规律并使之显性化、流程化,以研制流程信息化为手段,实现管理、技术、人才、质量、成本、效率等全面提升,推动飞机研发体系建设。

在研制流程建设之初,成都所管理层结合研究所专业发展和能力提升的现实

成都所科研新区

要求,确定"满足需求,适于使用;及时更新,注重实效"的基本原则。研制流程的使用对象是科研生产一线的技术与管理人员,研制流程的定位不是普通的教科书,而是要求和实际操作手册。飞机研制流程的内容是从工程实践中提炼出来的知识,以清晰、易懂的表达方式规定研制或者要交付的飞机需要完成的工作,确保使用人员清楚理解。同时,研制流程并非一成不变,而是根据产品范围变化、研制方法的进步进行更新。飞机研制程序编制不能局限于三代机的研制经验,而要赋予其生命力,使之成为一个"活"的手册,不断总结提升新型飞机、无人机的研制经验,及时充实研制流程,增强研制流程的时效性。

2. 制定工作程序和编制规范

一个完整的飞机研制流程贯穿飞机研制的全生命周期过程,并覆盖全所各专业,这是一项复杂的工作。因此成都所制定详细的工作程序和编码规范、专业术语规范、内容编制模板、内容编制要求、审批发布流程等并以所标准的形式进行贯彻、执行。

3. 精心组织

飞机研制流程建设要求高、工作量大、协调关系复杂。为高质量完成建设工作,成都所专门成立建设飞机研制流程的审委会、编委会,明确工作职责。考虑到型号工作任务紧张,在充分调用在职专业技术骨干力量的基础上,还聘请47位退休老专家参与编制工作,保证研制流程的完整性、正确性和时效性。

通过吸取型号飞机设计发图的管理经验,将研制程序编制工作逐一落实,形成编写、审核、审定分工明确的计划表,由所计划部门与科研型号工作计划统一下达、统一管理。建立畅通的协调沟通机制,执行严格的校对、审核、审定流程,采用PDCA循环的质量改进工具,不断改进研制程序及其编制工作,确保整个研制流程高标准、高质量完成。

(二)自上而下搭建研制流程框架

1. 明确研制流程编制的范围

编制飞机研制流程首当其冲的问题是如何保证其能够覆盖飞机全生命周期研制的所有工作内容。在多次研讨后,成都所决定在现代项目管理知识体系的理论基础上,参照美军标MIL-STD-881A工作分解结构和国军标GJB2116《武器装备研制项目工作分解结构》,确定编制的范围。

确定飞机产品的交付物范围,即解决"做什么"的问题。定义面向产品结构的全机工作分解结构(WBS),对项目在研制和生产过程中所完成的交付物按一定的逻辑自上而下逐级分解形成一个层次体系。该层次体系以要研制和生产的产品为中心,由产品(硬件和软件)项目、服务项目和资料项目组成。在明确交付物范围的基础上,定义研制流程编制的范围,即仅和完成交付物范围相关的支撑性活动或辅助性活动。

2. 定义研制活动的内容和粒度

飞机研制活动的骨架是研制流程,而最关键的就是如何把握好研制活动的粒度,定义出研制活动的内容。活动定义太粗,会缺乏具体管理和技术工作的指导性和可操作性;活动定义太细,内容和关系复杂度会成数量级上升,从而增加工作的复杂度和难度。因此,成都所参照项目管理中工作包定义的思路和原则,从资源可控、周期可控、责任明确、交付物可考核等几个方面定义研制活动的粒度划分原则,并在具体研制活动定义过程中进行修订、迭代。

根据总装备部下发的《航空武器装备研制生产工作程序》,成都所把飞机研制过程分为可行性论证(也称立项论证,标识号为 L)、方案设计(标识号为 F)、技术设计(也称详细初步设计,标识号为 C)、详细设计和试制(也称工程设计和试制,标识号为 S)、试飞和设计定型(标识号为 D)、批量生产及生产定型(标识号为 P)等 6 个阶段,并加上通用(标识号为 T)工作内容。制定综合主计划/主进度框架,按照产品研发过程进行逐级分解和细化,通过多轮协调和完善,最终定义形成 1800 余项工作活动。

3. 协调研制活动间的关系

飞机研制是一个反复迭代、不断协调的过程。成都所定义了两类流程关系:研发数据流程关系,根据工作单元输入、输出、约束信息形成的工作包关联,表明研发活动的逻辑顺序;研发任务流程关系,在研发数据流程基础上制定、以研发活动任务分派和计划下达为目的的管理流程,表明研发活动计划下达安排。

飞机研制流程编制过程中,在清理各个专业产生共性信息流的工作活动基础上,进行横向对比协调,并限定飞机研制的各项工作活动,从而表示出各项工作之间以及它们与最终产品之间的关系。同时又对工作活动进行修订和完善,实现对型号研制经验的"总结和提升"。

(三)自下而上丰富研制流程内容

1. 关注管理活动中的各要素

管理中为什么做、做什么、怎么做、如何做好、做的周期、需要的资源六个问题对应了项目管理知识体系指南的六个要素,即需求管理、范围管理、进度管理、成本管理、人力资源管理、质量管理。将这六个要素作为基本项,要求研制流程的内容必须包括目标、产品、流程、控制、周期和资源。

"为什么做"对应范围管理中的需求定义;"做什么"对应范围管理中的定义范围;"怎么做"中的方法和流程对应进度管理中的排列活动顺序;"如何做好"对应质量管理中的进度控制和实施质量控制;"做的周期"对应进度管理中的估算活动时间;"需要的资源"对应进度管理中估算活动资源及人力资源管理中的制订人力资源计划。

为满足六个要素的要求,通过规范化的飞机研制流程编制格式,统一规定了表达形式,如表 1 所示。

表 1　研制活动内容目录结构

序号	目录结构
1	目的
2	工作内容
3	设计输入的工作项目名称和编号
4	设计输入的文件名称和关联编号
5	技术关键或应注意的问题
6	设计方法、设计原则

续表

序号	目录结构
7	协调关系
8	参考工作量
9	设计输出的文件名称和关联编号或主要工作结果
10	其他工作项目对本工作项目设计输出文件的需求

2. 集成工程经验，提高自主研发能力

在飞机研制过程中，许多专业的经验知识都是零零散散掌握在每个工程人员的手中，由于工作年限、个人能力或其他因素的不同，个人所掌握的经验和方法在内容数量和水平上是层次不齐的，也缺乏经验方法统一共享的平台，这成为全所设计水平提高的一个严重瓶颈。将融入在设计人员头脑中的隐性知识准确、完善和高效提炼出来是知识管理工作中的难点，缺少有效的实施方法和组织措施。通过"工作内容"、"主要要求"、"设计方法、设计原则"、"设计输入的工作项目"、"设计输入的文件"及"协调关系"等属性的结构化方法提取，有效完成隐性知识的显性化。

成都所还着力于从生产问题、外场故障、质量问题等方面入手总结历史型号的研制经验教训。如飞机称重工作会在一定程度上影响生产制造厂的进度，但为了使设计能够及时跟踪把握飞机的制造重量状况，就必须将这项及其类似的工作明确在飞机研制流程中，从而保证飞机的生产质量，飞机研制流程对于类似典型问题的解决方案均进行了详细阐述。经验教训主要通过飞机研制流程中的"技术关键或应注意的问题"来进行展现，也有的是通过直接定义工作项目来进行强调和描述，特殊情况下是通过工作项目的输入文件来表述，主要针对的是以前型号设计中出现过由于某项工作的设计输入不完整而造成严重的设计缺陷。

(四) 融会贯通，与质量体系文件相协调

飞机研制阶段划分是建立在保证完成技术周期和财务目标预算基础上，同时也是以产品研制活动的顺序继承性和新技术开发及保障条件为基础的。飞机研制各阶段的结束期又被称为里程碑重大决策点。每个里程碑都要进行审查，经评审或审查达到规定的要求，方可转入下一阶段，以决定该工程项目是否可继续进行下去，同时也满足质量、进度控制要求。

根据《航空武器装备研制生产工作程序》要求，结合我国设计所/制造厂分离的国情，在飞机研制程序编制过程中，成都所重点定义设计所在飞机研制各阶段需重点关注的管理控制点。并纳入所质量体系文件，作为设计和开发控制的指令性要求，在各型号研制过程中严格执行。

(五) 建立共享的企业级流程与知识管理平台

飞机研制流程涵盖丰富的流程逻辑信息和数据知识信息，飞机研制过程中的阶段关系、项目关系、专业关系以及数据关系等非常复杂，要保证这些信息的正确性、唯一性及关联性，用普通的表格、文字、流程和数据库来表达非常困难。由此，成都所建立企业级流程及知识管理平台,实现研制流程的数字化表达,该平台也为全所流程梳理与管控、知识共享与应用的可持续发展打下了基础。

在研制流程编制的基础上,平台采用基础数据模型和关系模型相分离的方式,在基础数据模型之上定义出关系模型,保证数据的唯一性,实现复杂流程的可视化表示。成都所还构建基于知识的表示和推理逻辑,实现知识数据合法性判断、项目并行关系提取、层次化关联关系表示、全局项目视图生成、相关信息统计分析等功能,在已有知识信息表示基础上进一步挖掘研制流程中隐含的各类知识信息。除此之外,实现权限管理及与门户系统、项目管理系统集成等功能,使研制流程不仅在工程人员的设计过程中发挥作用,也提升了项目管理流程对实际业务执行的规范、指导能力,最大程度地满足成都所各种管理主体的需要。

(六)及时更新,增强研制流程实用性

研制流程若停留在单个机型或一定的研发水平上,那流程的实效性会大大降低。2009年,第一版飞机研制流程完成编制。而就在同时,成都所的研制工作进入高峰期,任务形态多样化非常突出,承担了跨代飞机、多型无人机的研制任务。为及时总结新型飞机的研制规律,成都所决定在第一版研制流程基础上,根据新研飞机的特点及时更新,补充新的研发模式和技术手段下的研制经验与流程。

成都所在某新机研制中,全面采用全三维数字化设计与研发,组织专业人员,根据全三维数字化设计研发的特点完善研制流程。旧版飞机研制流程提供了基本框架,新一版研制流程吸收其经验、细化流程、设计方法,更强调文档模板要求、质量检查要求、会议记录模板等,使研制流程更有应用价值。

成都所逐步建立起完善的新员工上岗培训机制,把《飞机研制流程》作为一门重要的必修课,让每位新员工能够在上岗前对飞机研制流程有一个全面而细致的了解,提高其专业设计规范化水平,进而把总结、共享、传承的文化根植于每位员工心中。

三、提高飞机自主研发能力的研制流程管理效果

(一)形成了完整研制流程体系

2009年底,成都所将飞机研制流程第一版纸质版印发各专业使用。该流程共7869页,364万字,按专业划分11册(36分册),包含1812个工作活动内容,工作活动间输入/输出关系22600条。

2011年初,结合新研各型飞机的研制经验,完成了研制流程第二版修订,扩展到1860个工作活动内容,包含了三代机、跨代飞机、无人机等上百个子产品。同时完成了信息化平台的建设和应用。

(二)自主研发能力显著提升

飞机研制流程的建设与应用,显著提高了成都所的自主研发能力。从技术层面而言,不仅在专业内部清楚需要完成的工作、达到的目标及有效的输出,专业与专业之间也提高了协调效率,流程"理清楚",沟通效率更高,从以往专业只关注各自孤立的活动、只关注局部效率转变为关注更高产品级的效益,更关注整体目标的实现。从管理层的应用而言,管理效率明显提高,基本达到"管起来"的目标。将传统的面向职能的管理转为面向流程的管理,避免了管理的空白点,并建立起持续优化的方法和管理机制。

成都所技术与管理人员已经从研制流程中感受到其对项目技术与管理的增值价值,现在及时总结飞机研制规律已经成为成都所的文化。充分总结和应用核心研发知识,避免了重复劳动、重复研究和重复创造,从而实现高起点创新,高质量策划、设计,提升了核心竞争力。

(三)经济社会效益整体增长

飞机研制流程建设为成都所的技术进步、规范化的项目管理提供了有力的支撑,成为成都所研发体系建设的核心环节,为成都所技术进步和管理提升创造了不菲的价值。

成都所近几年捷报频传,新型飞机首飞,跨域项目实现新突破,外贸枭龙势头强劲,翼龙外贸无人机增加新用户,无人机研发形成系列,预研项目不断拓展,成都所经济、社会效益大幅增长的同时,也极大提升了航空工业的形象,为国防建设做出了突出贡献。

(成果创造人:李文正、季晓光、蒲小勃、吕松堂、李　沛、闫世强、张杰伟、陈裕兰、王武钦、申伯阁、刘　益、周四磊)

大型军工集团知识产权管理体系建设

中国航空工业集团公司

成果主创人：公司副总经理张新国

中国航空工业集团公司（简称中航工业）是由中央管理的国有特大型企业，2008年11月重组整合成立。中航工业设有航空装备、运输机、发动机、直升机、机载设备与系统、通用飞机、航空研究、飞行试验、贸易物流、资产管理、工程规划建设、汽车等产业板块；拥有中国航空研究院和33个科研院所；拥有一大批院士和国家级专家；拥有一批国家重点实验室和重大科研试验设施；拥有中航网联通国内所属成员单位，具备异地协同设计制造能力和现代化信息传输能力。中航工业下辖200余家成员单位，有20多家上市公司，员工40多万人，是首家进入世界500强的中国航空制造企业和中国军工企业。

中航工业系列发展歼击机、歼击轰炸机、轰炸机、运输机、教练机、侦察机、直升机、强击机、通用飞机、无人机等飞行器，全面研发涡桨、涡轴、涡喷、涡扇等系列发动机和空空、空面、地空导弹，强力塑造歼十、飞豹、枭龙、猎鹰、山鹰等飞机品牌和太行、秦岭、昆仑等发动机品牌，为中国军队提供先进航空武器装备。

中航工业将"寓军于民、军民融合"作为发展原则，大力发展军民用运输机产业，研制生产新舟60、新舟600、新舟700系列涡桨支线飞机，运－8飞机、运－12飞机，直－9直升机等多种机型，是ARJ21新支线客机的主要研制者和供应商，是大飞机重大专项的主力军。

一、大型军工集团知识产权管理体系建设背景

（一）落实国家知识产权战略纲要的重要举措

2008年6月，国务院发布了《国家知识产权战略纲要》，将知识产权战略上升为国家战略，其中明确提出"将知识产权管理纳入国防科研、生产、经营及装备采购、保障和项目管理各环节，增强对重大国防知识产权的掌控能力。发布关键技术指南，在武器装备关键技术和军民结合高新技术领域形成一批自主知识产权。并促进国防知识产权的有效运用。"等。为贯彻落实国家知识产权战略纲要精神，大型军工集团应从战略和全局角度构建和实施自身的知识产权管理体系。

（二）形成技术创新机制、提升自主创新能力的需要

良性、系统化的知识产权管理体系，可以迅速提升企业知识产权管理水平、经营能力和研发能力，从而在各个环节促进企业技术创新机制的形成。大型军工集团对专利、专

有技术、著作权等权利的管理和保护将有利于调动各成员单位的技术创新能力,激励各成员单位和员工进行技术创新。知识产权制度运行机制特别是专利的制度机理对技术创新有很强的促进作用。

(三)应对国际竞争的需要

在长期的市场竞争环境中,国际跨国军工企业已积累了深厚的知识产权文化底蕴和丰富的知识产权储备,在跨国市场拓展中,其采取的策略往往是"资金未到、专利先行",积极开展全球范围的专利部署。近年来,国外跨国军工企业在华专利申请量激增,意图染指我国军事工业。国外跨国军工企业大多拥有较高的知识产权管理水平,国际竞争力得到显著提高。构建与实施大型军工集团知识产权管理体系是应对上述国际竞争的必然举措。

(四)改变国内军工集团知识产权工作现状的需要

经过20余年的长期持续发展,特别是2005年实施国防科技工业知识产权推进工程以来,我国军工集团知识产权整体状况持续向好,全行业的知识产权意识明显提高,基础能力建设加强,知识产权工作服务于军工核心能力建设的作用进一步显现,国防科技自主创新能力大大增强。

在取得显著成绩的同时,军工集团的知识产权工作仍然存在着不足之处,主要表现在:与建设高科技、国际化企业的战略目标相比较,各大军工集团自主知识产权的拥有数量和质量仍偏低,尚未建立起完整的核心军工技术和主导产品的知识产权体系布局;知识产权管理还处在粗放式的管理阶段,知识产权工作尚未全面纳入科研生产及经营各环节,知识产权对科技研发与市场竞争的技术支撑与法律保障作用没有充分彰显;知识产权实施转让工作仍有待加强,通过知识产权商业化运作带来的直接经济收益较少。

二、大型军工集团知识产权管理体系建设内涵和主要做法

中航工业根据大型军工集团的特点,结合自身知识产权工作的实际,按照知识产权制度的机制和原理,以"专利工程"为抓手,全面构建包含知识产权规章制度、知识产权机构建设、人才队伍建设、知识产权战略研究、专利体系布局、知识产权商业运作、知识产权工作评价和考核体系等内容的大型军工集团知识产权管理体系(包括一级、二级,见表1),引领成员单位知识产权工作有序开展,促进知识产权工作向纵深发展,大幅提升中航工业的知识产权整体竞争优势。主要做法如下:

(一)加强机构制度建设,保障知识产权工作顺利开展

中航工业建立涵盖管理、中介服务、研究、培训、交流等的知识产权工作网络,确保知识产权工作分工明确、责任明晰、信息畅通、服务规范、运转高效。集团总部明确知识产权管理机构(如图1),专门设立知识产权管理办公室,具体承担知识产权组织、管理与协调工作;设立中国航

"千"级知识产权人才培训班现场

空专利中心、贵州国防工业专利中心和成飞(集团)专利中心作为集团知识产权中介服务机构;确立中国航空专利中心作为中航工业知识产权研究机构;按地区分别设立华北－东北、西北、四川、南方和贵州 5 个区域知识产权协作网,开展知识产权交流工作。

表 1 大型军工集团知识产权管理体系表

序号	一级构成	二级构成	中航工业特色
1	知识产权管理理念		激励企业技术自主创新,增强企业核心竞争力。
2	知识产权管理模式	集中式知识产权管理、分散式知识产权管理、行列式知识产权管理	集中式、"运动"式、推动式,知识产权管理属于战略核心部分;防御为主、攻防兼备。
3	知识产权制度	《知识产权管理规定》、《专利管理规定》、《商标管理规定》、《商业秘密管理规定》、《著作权管理规定》、知识产权与其他规章制度的融合	定期修订《中国航空工业集团公司知识产权管理规定》及相关规章制度。
4	知识产权机构	知识产权管理机构、研究机构、服务机构	设立集团公司知识产权管理办公室,作为知识产权专门管理机构;设立区域知识产权协作网,作为知识产权交流机构。
5	知识产权管理人员	集团总部知识产权管理人员、直属单位知识产权管理人员、成员单位知识产权工作者和联络员	集团要求成员单位科研人数达 2000 人以上的,设立知识产权专职机构;科研人数 2000 人以下的,配备知识产权专职主管。知识产权主管人员必须具有理工科专业背景、本科以上学历,并应当通过集团公司培训考核,获取集团公司颁发的知识产权工作者证。
6	知识产权经费	知识产权申请维护经费、知识产权奖励经费、知识产权培训经费、知识产权软硬件建设经费、知识产权日常管理经费	设立了集团知识产权专项资金,要求科研院所年度知识产权经费投入不低于本单位年产值的 0.5‰,企业年度知识产权经费投入不低于本单位年产值的 0.3‰。
7	知识产权总体规划	知识产权战略、知识产权规划	制定了《中航工业知识产权 2030 年发展战略及"十二五"规划》。
8	知识产权战略研究	专利战略研究、商标专利战略研究	编制应掌握自主知识产权的航空关键技术和主导产品目录,建立重点项目专利战略研究制度。

续表

序号	一级构成	二级构成	中航工业特色
9	知识产权布局	知识产权布局目标、布局规划、布局层次、布局执行与落实	在飞机总体、直升机、航空动力、机载武器、航空电子、航空机电、飞机控制、空气动力、结构强度、航空材料、航空制造、航空测试、飞行试验、关键元器件等关键技术领域进行知识产权布局,产生了一批高质量的知识产权,初步形成了关键技术领域的知识产权商业制衡能力。
10	知识产权预警	知识产权预警信息收集、判断及处理	提炼出了适合航空工业的专利预警指标体系,开发了专利预警信息平台等软件。
11	知识产权商业运作	知识产权评估、实施、许可、转让、投资	通过知识产权商业运作带来直接经济效益数亿元人民币。
12	知识产权人才培养	知识产权战略人才培养、知识产权管理人才培养、知识产权应用人才培养	系统培养了"十百千"知识产权人才队伍。
13	知识产权管理评价	知识产权管理评价指标体系制定、评价执行、改进与提升	制定科学完善的评价指标体系,采取现场验收、会议验收和材料验收相结合的方式进行验收,评价结果纳入成员单位的年度综合业绩考核和主要领导的年薪考核中,实施知识产权全面对标、分层管理。

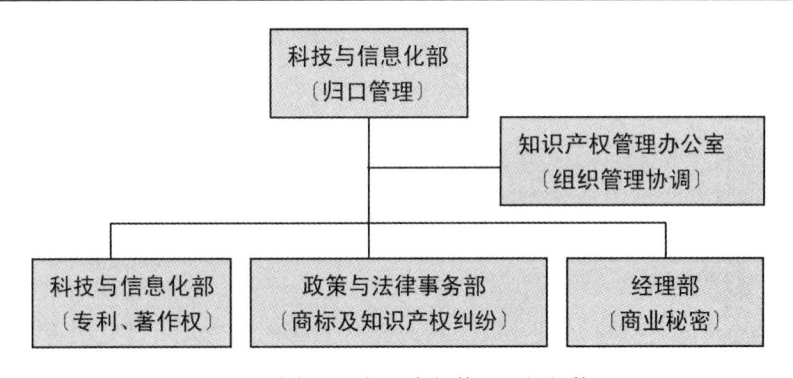

图 1 中航工业知识产权管理组织机构

中航工业各成员单位分别成立由法人代表挂帅的知识产权领导小组(委员会),设立知识产权管理办公室作为知识产权具体管理机构,在各科室和车间设立知识产权联络员,构成"三级"知识产权管理工作体系(如图2)。

中航工业通过建立、完善知识产权制度,引导成员单位按照"创造为核心、保护有机

```
一级机构 → 知识产权领导小组（委员会）
二级机构 → 知识产权管理办公室
三级机构 → 知识产权联络员
```

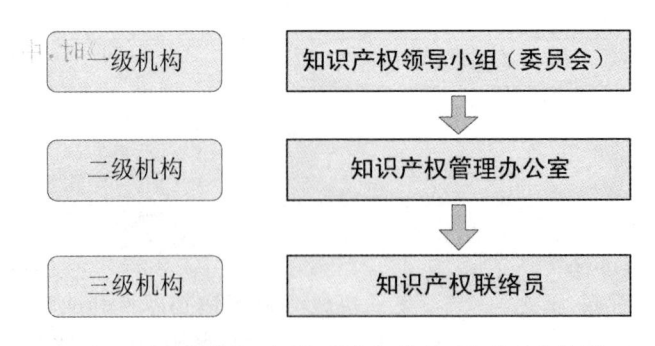

图2　成员单位"三级"知识产权管理工作体系结构图

制、运用有突破、管理有流程"的整体思路开展知识产权工作。2011年，修订知识产权管理规定，理清知识产权管理的关键环节、细化知识产权管理流程、夯实知识产权基础；中航工业设立知识产权保护专项资金，重点资助各成员单位的发明专利申请以及专利战略研究，4年来共资助750多件国防专利和8项重点专利战略研究，累计拨款330多万元；对各成员单位配备知识产权专项经费提出了明确规定，要求科研院所年度知识产权经费投入不低于年产值的0.5‰、企业年度知识产权经费投入不低于年产值的0.3‰，为知识产权工作的顺利开展提供经济保障。

（二）培养"十百千"人才队伍，搭建多层次人才梯队

知识产权工作是一项专业性很强的系统工程，大型军工企业集团由于层级多、法人多，知识产权人才队伍成体系、上规模，才能有效支撑企业知识产权工作。2008年以前，中航工业着重于对"百"级人才队伍培养，事实证明，由于高层领导对知识产权了解太少、科研一线人员对知识产权工作参与甚少，产生了知识产权和科研生产严重脱节的"两张皮"现象。为了扭转这种状况，推动知识产权工作既"对上"进入高层领导视野，又"对下"深入到科研一线、服务研发，提出"十百千"知识产权人才培养计划，采用多层次、全方位、内部培养与外部引进相结合的方式，建立包括知识产权高级战略人才（总工程师）、知识产权管理人才（知识产权主管）和知识产权应用工程师（一线工程技术人员）三个层次，呈金字塔形状、人员合理搭配的知识产权人才梯队。中航工业组织编写了知识产权培训教材《企业知识产权工作实务》。4年来，共对23名总工程师进行知识产权高级战略人才的培训，造就了一批精通国内外知识产权事务的高级专业人才和具有知识产权战略思维的科技领军人才，提高了领导的知识产权意识和知识产权决策能力；对200名知识产权主管进行"知识产权工作者"专题培训，提高知识产权主管人员的专业技能，提升了企业的知识产权管理水平；对1500余名一线工程技术人员进行"知识产权应用工程师"专题培训，认证了一批专业水准较高的知识产权应用工程师，协同企业专利战略部署，提高了知识产权创造水平和运用能力，使"三级"知识产权管理工作体系切实发挥了应有的作用。

（三）开展知识产权战略研究，引领核心技术创新发展

为了切实发挥知识产权引领创新、保障竞争的作用，组织开展航空工业知识产权总体战略研究，全面部署安排集团知识产权中长期工作目标和任务；针对重点航空产品和关键技术，组织项目研制单位开展横向专利战略研究，对部分重大科研项目实施知识产

权全过程管理。

2008年,在制定《2030年航空科技发展战略及"十二五"规划》时,中航工业首次把知识产权工作单列专题,纳入了集团整体科技规划中,明确了航空工业知识产权工作的中长期目标和主要任务,建立了中航工业知识产权长效运行机制。

在集团公司的指导下,中航工业各成员单位纷纷启动知识产权战略制定工作,确定知识产权战略目标,结合本单位的关键技术和核心产品,提出战略任务和具体实施步骤。同时,各成员单位编制应掌握自主知识产权的关键技术和重要产品目录,围绕该目录开展了多项专利战略研究,涌现出《航空发动机核心机关键技术专利战略研究》、《航空复合材料关键技术专利战略研究》、《活塞发动机知识产权风险排查》、《飞机边条翼专利战略研究》等高质量的战略研究课题,形成了一批具有自主知识产权的航空产品。如中航工业直升机所围绕Z11型直升机建立专利预警应急信息系统,对专利风险进行实时监控;中航工业吉航通过开展石油勘探随钻测试仪器全套钻铤专利战略研究,形成了1项新专利,该专利产品当年实现销售收入4000万元;中航工业泛华、空空导弹研究院还探索开展了把专利技术上升为标准的工作。

通过知识产权战略研究的深入开展,中航工业建立了高度和谐统一的长效运行机制,清晰地规划了知识产权工作目标和发展路径,核心技术领域的专利申请与研发工作的贴合度大大增强,重点专利数量的比例迅速提升,企业知识产权预警机制和风险应对机制基本建立,为中航工业航空产品参与市场竞争奠定了坚实的基础。

(四)构建专利体系布局,储备竞争性战略资产

2008年以来,中航工业加强专利申请工作的统筹布局,每年组织召开型号知识产权保护工作会议,对主要飞机型号的知识产权保护进行全面梳理并提出保护策略。引导成员单位围绕自主创新项目、市场竞争激烈的民用航空技术和优势非航空产品进行专利布局,逐渐改变专利申请随意性强,专利布局盲目、散乱的状况,在航空材料等基础技术领域、飞机总体设计领域、航空制造领域、空空导弹领域以及部分非航空产品领域构建严密的专利布局网络,形成知识产权局部竞争优势。

中航工业各成员单位编制本单位应掌握自主知识产权的关键技术和重要产品目录,按照核心专利、重要专利和普通专利进行分类统计,结合技术优势和产品实际,提出专利布局目标和计划,重点产品和领域产生的专利数量占整体专利数量的比例不断提升,目前已经超过了60%,部分专利技术进入行业标准。

(五)开展知识产权商业运作,实现无形资产价值

2008年,中航工业针对知识产权商业运作事宜出台明确的政策,在《中共中航工业集团公司党组关于深入开展学习实践科学发展观活动 抓改革 调结构 保增长 促发展若干问题的决定》中,明确指出"子公司以技术、专利等知识产权入股其他成员单位或项目,集团公司内部考核时按投资比例归稽销售收入和利润。"在集团公司的指导下,各成员单位在知识产权商业运作上进行初步尝试。有的单位针对拥有的有效专利和专利申请,按照产品或技术类别进行市场调查、分析、预测,探索开展知识产权投资生产、许可、转让等商业运作活动,收到了成效。有的单位还建立对外技术采购、技术交易等重大经济活动知识产权特别审查制度。例如,中航工业航材院的"一种增韧的复合材料层合板及其制备

方法"专利，与欧洲 Henkel 公司签订该项专利许可实施的技术协议，Henkel 公司支付了 10 万欧元的技术使用许可费，并将按销售利润的 2% 向航材院支付专利使用费。此合作实现了中国航空工业材料技术的首次出口。

知识产权商业运作实现了知识创造财富的转变，凸显了无形资产的经济价值，同时为中航工业进一步加强创新驱动、促进转型发展提供了有力支持。

（六）建立知识产权工作评价和考核体系

由于大型军工集团多层级、多法人、跨区域、发展不平衡等特点，虽然开展了知识产权相关工作，但是由于缺乏统一的评价标准及考核办法，使知识产权工作缺乏反馈机制，无法准确评估自身工作开展的成效，造成知识产权管理带有一定的盲目性，缺乏系统的、顶层的、科学的知识产权工作指导。为了更好的指导、检查和评价各成员单位知识产权工作情况，中航工业制定知识产权工作评价和考核体系，系统引导成员单位科学有序开展工作。

1. 建立完整的评价体系，指导管理工作规范开展

中航工业建立知识产权评价体系，制定企业知识产权管理工作的评价标准，全面系统地指导成员单位规范化开展知识产权工作。企业知识产权管理工作评价标准按照一级指标、二级指标和考核内容进行三级构建，分别从知识产权战略制定、知识产权战略内容、知识产权战略实施、知识产权管理机构与人员、机构与职责、人员与素质、规章制度、知识产权研究保护、专利体系布局、预警及纠纷应对、知识产权数量质量、知识产权流程管理、知识产权商业运作、基础条件保障、人才培养、交流与合作、检查验收改进等方面，对企业知识产权管理工作予以全面分解，细化为 75 项工作内容，各项工作任务清晰，便于理解和执行，为各单位知识产权管理的持续改进和提升明确了目标，推动了各单位知识产权管理工作实现由粗放式向精细化的转变。

2. 合理设置分值权重，确保量化考核科学准确

为全面、科学、深入考核各单位知识产权工作情况，中航工业以知识产权管理工作的评价标准为基础，进一步细化形成评分细则。评分细则总分为 100+30 分（大部分单位能够完成的一般性工作为基本分共 100 分，难度较高的工作为加分项共 30 分），各项得分总和达到 90 分以上为优秀，75～90 分为良好，60～75 分为合格。评分细则提出一系列客观、科学、全面、实用的多级绩效性指标，对重点工作进行分值和权重倾斜，对每一项工作任务的验收标准分为好、中、差三个等级，最小的基本分值细化到 0.25 分，最大的基本分值也只有 5 分，确保专家组在验收考核的时候能够在短时间内作出客观公正的评价，得出准确的结果。验收标准评分细则的制定和出台，采取制定评价草案——典型单位试行—修订完善—正式下发执行的流程，以确保评价体系的科学性、合理性和可行性。

3. 全面总结实施对标，引导管理工作持续优化

中航工业按照评价标准，依托"专利工程"验收对所属 115 家成员单位进行评价，共有 23 家单位获得优秀，39 家单位良好，33 家单位合格，20 家单位不合格。2012 年 4 月，中航工业召开"专利工程"总结表彰大会，对知识产权先进单位和先进个人进行表彰。

针对验收结果显示的各成员单位知识产权现状差异较大、层次较多的实际问题，中航工业开展"整体对标、分层提升"的知识产权交流活动，组织知识产权优秀单位到华为

公司、中兴通讯公司参观学习,组织成绩良好单位和合格单位到知识产权示范单位现场学习,组织不合格单位到知识产权最佳进步单位现场学习。通过深入学习和对标分析、找差距、找不足,明确努力的方向和整改内容。

三、大型军工集团知识产权管理体系建设效果

(一)专利数量、质量大幅提高

2008年以来,中航工业的专利申请量每年保持30%以上的高速增长,截至2011年底,中航工业拥有专利总量突破15000项,其中发明专利占50%,累计拥有有效专利4979项。自2008年起,中航工业专利申请量、发明专利申请量、拥有有效专利量、拥有有效发明专利量、发明专利授权量先后进入中央企事业单位排行榜前十名。

(二)知识产权管理运行流畅,管理水平明显提升

中航工业已经建立了知识产权工作全网络覆盖的多维管理机构,形成了较为完备的"三级管理"知识产权工作体系,知识产权管理流程科学、精细、流畅,专利信息利用和创新成果保护深入贯彻到产品的一线研发过程,专利和商业秘密实现了全寿命周期管理,知识产权工作已经融入到综合绩效考评体系中,中航工业的知识产权管理水平得到了大幅提升。

(三)专利布局覆盖核心技术

专利战略研究的深入开展,使中航工业基本建立了覆盖飞机、发动机、航空材料、机载设备、航空制造、试验技术等关键技术领域以及集团支柱民品的专利体系布局,重点航空产品和领域产生的专利数量比例大幅提升,达到了整体专利数量的60%;建立了知识产权预警机制和风险应对机制,大大降低了知识产权侵权风险。中航工业牵头组织7家承研单位共同开展的《某型机关键技术专利战略研究》,探索了专利战略研究工作服务于航空重大型号研制的可行模式,开创了国防系统大型工程项目专利战略研究的新局面,成功经验已作为典型标杆在国防科工局系统内推广和应用;中航工业一飞院承担的《某型机知识产权全过程管理》项目荣获了国防科工局国家重大专项知识产权全过程管理试点项目一等奖。

(四)人才队伍建设形成梯队

2008年以来,中航工业培养了一支由23名知识产权战略人才、200余名知识产权管理人才和1500余名知识产权应用工程师组成的"十百千"知识产权人才队伍,实现了以高层次人才为引领、以实务型人才为主体的人才队伍建设布局,整体性开发知识产权人才资源,为中航工业知识产权发展提供了强有力的人才保证和智力支持。

(五)商业运作实现显著成效

通过知识产权管理体系的实施运行,中航工业各单位在知识产权商业运作上进行了初步尝试。部分成员单位探索开展知识产权投资生产、许可、转让等商业运作活动,实现经济收益数亿元。例如,中航复合材料有限责任公司《增强材料用植物纤维增容阻燃处理技术》以无形资产方式入资成立"湖南中航联诚新材料股份公司",注册资本1000万元,此项技术评估市场价值为213.46万元,占新公司13%资产,实现知识产权成果转化;中航工业西飞在对外贸易和对外技术谈判中加强知识产权管理,对C919研制合同的知识产权问题以及对FACC、波音、空客等转包合同中的知识产权归属问题进行了专门审

核,确保西飞知识产权不受侵害;中航工业华燕的3项专利已累计为公司获得经济效益约2200余万元。

(六)经济效益和社会效益显著

2008~2011年,中航工业专利申请及授权年增长率高达30%,共申请专利10552项,共授权专利4450项,已形成与国际航空企业相当的专利数量规模,初具国际竞争力。按照平均每项授权专利价值80万元人民币(国际惯例)估算,4年间由授权专利所形成的无形资产达35.6亿元人民币。

4年间,中航工业已授权专利实施率达90%以上,这些专利多应用在国家及中航工业重点型号、重大项目中,通过对这些专利的实施,新增经济效益数百亿元;在专利运用方面,对数十项专利进行了许可和转让,带来直接经济效益4000万元。

4年间,开展各类关键技术专利战略研究项目共计450余项,通过对相关专利文献的分析,有效发挥了专利文献对科研项目的借鉴、催生、规避和保护作用,为每个科研项目缩短研究周期1至14个月,节约研究经费30至1100万元,同时规避了诸多潜在的专利侵权风险,对自身的专利布局和自主知识产权保护起到了积极的促进作用。

4年间,在知识产权创新管理体系的指导下,推动中航工业新诞生了近十个驰名商标、近千个品牌,新增商业秘密及计算机软件过万件,有力提升了中航工业的无形资产价值,据Interbrand发布的全球企业品牌价值排行榜,"AVIC及"商标价值高达600亿元人民币。

中航工业探索和验证了一条中国大型军工集团有效运用知识产权、大幅提升研制能力、助力突破技术瓶颈的技术创新发展之路,已被多家军工集团及中央企业学习借鉴。

(成果创造人:张新国、魏金钟、陈　刚、张魁清、郝建伟、
杜永保、朱　娜、吴　艳、李淑敏、张艳萍、胡少婧)

新型飞机研制项目的数字化协同管理

成都飞机工业(集团)有限责任公司

成果主创人:公司董事长、总经理王广亚

成都飞机工业(集团)有限责任公司(简称中航工业成飞)创建于1958年,1998年组建为集团公司,拥有综合性机场、铁路货运线,是我国航空武器装备研制生产主要基地、航空武器装备出口主要基地,民机零部件重要制造商。中航工业成飞研制生产了歼5、歼7、枭龙、歼十等系列飞机,荣获国家科学技术进步特等奖等许多奖项。与美国波音、法国空客等公司建立了良好的合作关系,转包生产了波音787方向舵、波音757尾段、空客A320后登机门、达索公务机油箱等民机大部件,成为国际民机大部件优秀转包商。中航工业成飞资产总额上百亿元,在册职工16000多名,已连续30多年保持盈利,累计向国家上缴利税数亿元。

一、新型飞机研制项目的数字化协同管理背景

(一)落实中航工业发展战略及实现公司发展愿景的需要

中航工业集团公司"两融、三新、五化、万亿"的发展战略,中航工业成飞的"成为技术领先、管理卓越的世界一流航空制造企业"发展愿景,要求企业不断研发新产品,寻找新的经济增长点。中航工业成飞过去在航空产品的研制过程中,几乎未考虑与世界航空产业链及区域经济发展的关系,仅仅从产品技术层面的高低、现有资产是否能够满足产品研制的需要等方面关注产品生产及经营过程中的管理问题,对于如何通过新产品带来更高的品牌价值,形成新的商业模式,将产品生产过程中形成的价值链如何构建成一个强大的集成网络,没有深入的思考。数字化协同管理技术已在世界航空先进制造企业广泛采用并趋向成熟,形势要求中航工业成飞通过新型飞机研制项目的研发实践,努力创新引领中国技术发展的数字化协同管理模式,在项目研制成功的同时,实现技术、管理水平的创新、跨越和提升,追赶世界先进航空制造企业步伐,奠定"融入世界航空产业链"、"品牌价值塑造、商业模式创新、集成网络构建"的良好基础。

(二)制约新型飞机研制能力的瓶颈问题亟需突破

新型飞机的试制具有"三新"(新材料、新工艺、新结构)、"三高"(高精度、高质量、高标准)、"三难"(难加工、难装配、难协调)的显著特点,面临起点低、时间紧、资源不足等问题。研制新型飞机的整体基础相对落后,技术积累有限,相关预研工作开展较晚,新技术缺乏验证。与国外先进航空企业相比,中航工业成飞现有技术水平仅相当于其20世纪

80年代中后期水平,试制周期为国外同类飞机的1/3;多项关键技术国内尚属空白;新型飞机研制涉及的学科多、系统新、流程复杂、数据量大,而国内还是点对点的厂所合作模式,缺乏技术管理的协同,研制工作很难按时完成。为保证能在短时间内研制出新型飞机,就需要参考国外先进经验,创新研制管理模式,有效整合集团内及行业、国内外资源,充分发挥各自的技术优势。

(三)改变传统研制模式的必然选择

协同管理就是将企业内部及外部可利用的各种资源(包括人、财、物、信息、流程、客户)关联起来,使人能够为完成共同的任务或目标而进行的协调或运作,通过对有限资源的最大化开发利用,实现其利益最大化,消除协作过程中产生的各种壁垒和障碍。项目协同管理有利于克服传统模式在新机研制过程中的诸多不适应问题。一是传统研制模式以二维图纸作为制造依据,数模的加工信息量少,装配关系表达复杂,模拟量传递状态下的零部件装配质量控制难,达不到新机研制要求;协同管理模式将制造数据三维化、信息化,设计与制造技术文件电子化、信息化,技术沟通平台化、网络化,从而高效率、高质量地保证了零部件制造和装配的需求、技术文件快速查阅需求、实时技术交流需求。二是传统研制模式流程较长,采用串行流程,工艺设计在设计发图前的参与度不够,导致设计发图的工艺可实现性不高,设计更改频繁,影响研制进度;协同管理模式实现了设计与工艺、工艺与生产基于基线的协同作业,设计与生产高度交叉进行,明显加快了新机研制进度。三是传统管理模式的信息由于在传递途径、统计工具和汇总平台方面的缺陷,在全面性、准确性和及时性方面很难保证,影响决策效率和执行效果;协同管理模式通过建立协同机制,应用协同平台和数据分析,管理层可及时准确了解项目研制情况,实现科学高效的管理。

二、新型飞机研制项目的数字化协同管理内涵和主要做法

中航工业成飞以新型飞机研制为契机,在保证项目成功的原则下,建立以数字化平台为基础,以创新管理、流程优化为手段,以无边界协同、无缝隙链接为核心的协同管理模式,最终达到设计、制造、试验、管理的行业领先水平,打造新型飞机,创新研发体系,引领技术发展,建设卓越团队。主要做法如下:

(一)建立数字化协同管理模式,促进集团及公司战略的实现

中航工业成飞承接中航工业集团公司"两融、三新、五化、万亿"的战略目标,重点围绕"融入世界航空产业链"、"品牌价值塑造、商业模式创新、集成网络构建"的战略,结合新型飞机的试制特点,为适应多方异地联合研制的新模式,一方面进行管理创新、流程优化,另一方面推进数字化平台建设,为提升公司协同制造能力及公司品牌价值奠定了基础,为集团战略的实现迈进了一步。

(二)变"协调"为"协同",突破研制能力瓶颈

一方面在初步设计阶段就积极主动

可视化装配现场

与设计进行技术交流沟通,及早发现设计问题及风险,逐渐消除设计阶段考虑不周全造成来回协调拖延进度的缺陷,同时由串行模式变为并行模式,提前启动进行协同工艺设计,缩短项目的试制周期;另一方面,按照"统一原材料、标准件管理"、"统一标准、规范"、"统一质量"、"统一流程"的原则,中航工业成飞与其他联合研制单位进行协同制造,有效解决资源紧张、制造能力有限、研制周期短等难题,保证了项目的按时完成。

(三)构建数字化协同平台,为管理新模式创建打好基础

1. 明确数字化协同管理的目标和原则

构建数字化协同管理模式的总体目标是:通过搭建简便、高效、安全、可视的协同信息平台,使设计、工艺、工装、生产和管理等人员同一平台工作,解决研制过程中的"信息孤岛"、"业务孤岛"、"资源孤岛",实现跨企业、跨地域的研制大协同,确保单一信息源,满足协同管理和高效决策的需求,保证新机研制快速、高效、高质量。

构建数字化协同管理模式的原则:一是坚持统一标准原则。各参研单位的技术、管理及数字化平台必须统一标准,确保技术体系建设、数字化体系建设及管理体系建设的规范一致性,保证方案实施的标准兼容,为进一步的升级、拓展和协同管理打好基础。二是坚持"两结合"原则,研制流程和管理流程相结合,数字化流程与管理流程相结合。在满足设计、工艺等技术标准要求的基础上,优化研制过程中的管理流程,并将流程固化通过协同平台实现数字化,实现由纸质化工作向无纸化的转变,提高设计、工艺等文件、技术资料的编制、审签、发放效率。三是坚持试点先行、全面推广原则。统一协同管理的标准、流程,协同管理方共同参与开发研究协同管理模式,按试点项目建设、推广应用和完善三个阶段分布实施,积极稳健推进。四是坚持"一转变"原则,转变观念和思维方式。从公司高层领导到每一位职工,突破传统管理模式的惯性思维,敢于创新、勇于探索,正确理解协同管理的必要性,有效整合资源,充分发挥各自的优势,以协同工作的团队精神和全面落实来保证项目推进。

2. 建立分布式项目管理组织体系

按照项目管理需求,组建以用户和中航工业集团公司项目办公室为顶层,设计所和项目办公室为中层,联合研制单位及成品研制单位项目管理部门为底层的项目管理协同团队,主要负责项目计划、分工、协调、检查、调整等工作。

中航工业成飞分别与设计所、联合研制单位成立技术协调组,专门协调解决各类专业技术问题。中航工业成飞与设计所共同组建材料组、装配组、协调管理组、试验管理组和成品管理组;与联合研制单位组建复合材料组、装配组、机加组、钣金组、焊接组、有色金属组、结构钢组、透明件组、非金属材料组和检测组。

中航工业成飞在项目主管副总工程师的统一领导下,自设计初期,就按专业组建多个厂所协同设计工作组,成立数字化工作组和项目管理工作组,主动与设计所对口协调工艺技术、数字化平台建设、项目管理模式建立过程中出现的问题,保证厂所高效协同工作。按专业组建多个课题攻关团队,进行关键技术的攻关。在试制过程中,在公司内部从各业务部门与分厂抽调精兵强将组建工装、机械加工、标准件、成品供应等13个专业技术协同工作组。在试制现场,组建由设计所、联合研制单位、成品承制单位人员与公司工艺、管理人员等共同参与的现场工作组,集中办公,联合攻关,高效率地完成试制问题

的处理和重大技术问题的协调,有效缩短试制周期。

3. 落实协同分工工作界面

从飞机研制过程各阶段的基线、工作内容、参与人员和输出结果形式等方面入手,明确在飞机设计阶段中航工业成飞需要开展的主要工作(见图1)。

4. 构建数字化协同平台

数字化平台、信息化集成、网络化通信是新机研制全数字化设计、制造以及协同管理的基础。中航工业成飞致力于打造"数字化成飞",从20世纪80年代开始,历经数控技术单项应用、局部集成,计算机集成制造系统(CIMS)工程,数字化设计/制造管理一体化推进、综合集成应用,在数字化建设方面已初步建成面向数字化制造、数字化管理的PDM/CAPP/ERP/DELMIA/APMDIS/IQS/MES等数字化平台,并进行了数字化平台的综合集成应用。

中航工业成飞在新机研制过程中,充分利用多年形成的数字化成果,考虑新机在研制阶段设计制造协同工作的特点,经过厂所多次对技术、管理及数字化流程的梳理和讨论,明确协同平台的构建原则,对研制阶段的联合方式、协同模式、协同平台与协同工具进行分析和设计,对项目管理平台(新机研制项目管理平台、APMDIS)、产品数据管理协同平台(PDM、CAPP、DELMIA)、质量管理平台(IQS)、生产管理平台(ERP、MES)进行不断优化、完善、整合和全面应用,建立多厂所异地协同研制平台,初步打通全数字量传递的数字化制造、管理流程,实现产品数据的统一管理、厂所协同设计/制造、多厂协同制造,提升项目管理水平,保证项目研制目标的实现。

该协同平台主要由内外两部分组成。中航工业成飞内部基本形成适应飞机产品研制需要的数字化设计/制造/管理技术体系的协同平台,以加快设计迭代周期,提高管理决策效率。为实现对外协同,建立支持异地数字化并行协同的设计/制造/管理协同工作和产品数据管理平台、业务应用平台、商务应用平台和支撑平台,以支持信息高速传递、流程高速运转和数据的有效管理,实现新型飞机研制模式的改变。外部协同平台是一个基于金航网的软件平台,具备支持异地多方信息共享、集成和传递、流程的组织和管理的功能,将中航工业成飞、设计所、承制厂、供应商、用户及合作伙伴紧密联系在一起,实施设计制造的并行工程,从整体上提高产品研制和市场竞争能力。

(四)创建数字化协同管理,实现项目的流程化管理

为达到新机研制短周期、低成本、高质量的研制目标,新机研制采用全数字化定义的产品设计思想,中航工业成飞构建面向全数字化定义、以三维数模为制造依据、全数字量传递的设计/制造体系,并创新管理模式,重构及优化管理流程。

1. 设计制造数字化协同管理

为加快新机研制进度,保障研制质量,依托信息化手段和数字化平台,建立异地多方协同研制工作流程。

第一,产品设计阶段的设计制造协同。在设计过程中,成立IPT工作组,基于设计工作基线及协同工作平台,中航工业成飞工艺人员提前参与,掌握飞机设计阶段的相关信息,实现面向制造的设计/面向装配的设计(DFM/DFA),提高产品的可制造性、工艺可达性、产品可维护性;通过三维装配仿真模拟飞机的装配顺序、容差分配、人机工效及工装

新型飞机研制项目的数字化协同管理

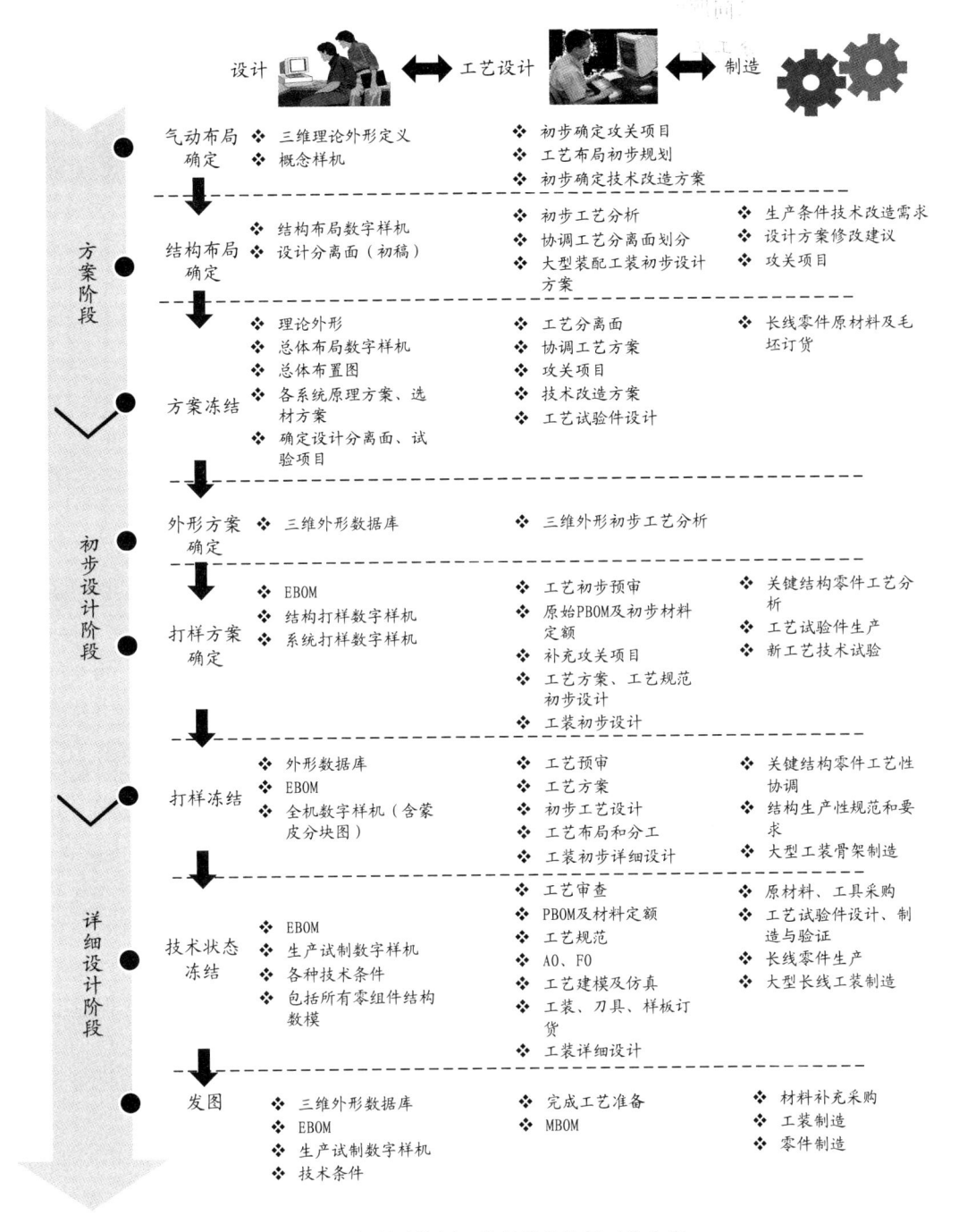

设计 ↔ 工艺设计 ↔ 制造

方案阶段

- 气动布局确定
  - ❖ 三维理论外形定义
  - ❖ 概念样机
  - ❖ 初步确定攻关项目
  - ❖ 工艺布局初步规划
  - ❖ 初步确定技术改造方案

- 结构布局确定
  - ❖ 结构布局数字样机
  - ❖ 设计分离面（初稿）
  - ❖ 初步工艺分析
  - ❖ 协调工艺分离面划分
  - ❖ 大型装配工装初步设计方案
  - ❖ 生产条件技术改造需求
  - ❖ 设计方案修改建议
  - ❖ 攻关项目

- 方案冻结
  - ❖ 理论外形
  - ❖ 总体布局数字样机
  - ❖ 总体布置图
  - ❖ 各系统原理方案、选材方案
  - ❖ 确定设计分离面、试验项目
  - ❖ 工艺分离面
  - ❖ 协调工艺方案
  - ❖ 攻关项目
  - ❖ 技术改造方案
  - ❖ 工艺试验件设计
  - ❖ 长线零件原材料及毛坯订货

初步设计阶段

- 外形方案确定
  - ❖ 三维外形数据库
  - ❖ 三维外形初步工艺分析

- 打样方案确定
  - ❖ EBOM
  - ❖ 结构打样数字样机
  - ❖ 系统打样数字样机
  - ❖ 工艺初步预审
  - ❖ 原始PBOM及初步材料定额
  - ❖ 补充攻关项目
  - ❖ 工艺方案、工艺规范初步设计
  - ❖ 工装初步设计
  - ❖ 关键结构零件工艺分析
  - ❖ 工艺试验件生产
  - ❖ 新工艺技术试验

- 打样冻结
  - ❖ 外形数据库
  - ❖ EBOM
  - ❖ 全机数字样机（含蒙皮分块图）
  - ❖ 工艺预审
  - ❖ 工艺方案
  - ❖ 初步工艺设计
  - ❖ 工艺布局和分工
  - ❖ 工装初步详细设计
  - ❖ 关键结构零件工艺性协调
  - ❖ 结构生产性规范和要求
  - ❖ 大型工装骨架制造

详细设计阶段

- 技术状态冻结
  - ❖ EBOM
  - ❖ 生产试制数字样机
  - ❖ 各种技术条件
  - ❖ 包括所有零组件结构数模
  - ❖ 工艺审查
  - ❖ PBOM及材料定额
  - ❖ 工艺规范
  - ❖ AO、FO
  - ❖ 工艺建模及仿真
  - ❖ 工装、刀具、样板订货
  - ❖ 工装详细设计
  - ❖ 原材料、工具采购
  - ❖ 工艺试验件设计、制造与验证
  - ❖ 长线零件生产
  - ❖ 大型长线工装制造

- 发图
  - ❖ 三维外形数据库
  - ❖ EBOM
  - ❖ 生产试制数字样机
  - ❖ 技术条件
  - ❖ 完成工艺准备
  - ❖ MBOM
  - ❖ 材料补充采购
  - ❖ 工装制造
  - ❖ 零件制造

图1 设计/制造协同工作基线及协同工作内容

有效性,大量减少设计更改;对新型结构形式、新工艺、新材料的采用提前开展可行性研究,减少由于制造工艺问题带来的设计与制造协调时间,缩短飞机研制周期,提高质量,降低成本。

第二,产品数据工艺审查及产品数据发放与接收。在进行前期设计阶段的设计/制造协同后，再对产品设计数据进行工艺预审查，使产品设计数据趋于完善，设计数据的工艺可实现性大大提高。工艺人员通过登录设计所的协同工作平台界面即可进行工艺审查，并通过设计协同工作平台与制造协同工作平台达成设计数据的无纸化发放与接收。

第三，产品试制阶段的设计/制造协同。在新机试制过程中，针对生产过程中出现的问题类型，按照协同原则，在共享数据库的基础上，分别建立工程更改请求（ECR）流程、工程更改建议（ECP）流程、工程更改指令（ECO）流程、不一致处理单（RFV）流程、技术协调/通知单（HON）流程、问题释疑单（QAE）流程、信息传递/报告单（ITR）流程、技术问题决策单（DTP）流程，并在 PDM、IQS 得以实现。

2. 制造数字化协同管理

第一，全面打通公司内数字化制造流程。新型飞机产品和工装采用 100% 全数字化设计，制定数字量传递和协调的总体方案和实施方法，以数字样机作为飞机工艺制造的唯一依据，取消模线样板、标准样件、正反模型及检验模具，增加工程数据集、工装数据集、制造数据集、检验数据集等，建立数字化协调体系，用数字量协调工作法取代模拟量协调工作法，实现飞机制造工艺协调路线的转变，建立三维数字化工艺设计流程。

利用协同平台，按照异地数据发放和接受流程，通过 PDM 将设计所提供的产品设计结构数据 EBOM 及三维图纸文件传递到三维工艺设计及仿真系统；应用三维工艺设计及仿真系统（如基于 DELMIA 平台），根据 EBOM 信息和工装资源数据，采用可视化方式指定零部件的安装位置、装配顺序、定位方式和基准，进行三维装配工艺及工装设计、工艺验证、仿真和分析，生成能用于飞机生产制造的 MBOM（主要是 AO），实现飞机装配工装与结构部件、装配工艺的三维仿真验证，优化工装安装和检测过程，提高装配工装制造质量，降低装配工装制造和维护成本；将经过三维工艺设计及仿真系统验证后的 MBOM 返回 PDM 进行符合性检查，对 EBOM 视图和 MBOM 视图进行比较，提出不符合项目清单，完成 EBOM 和 MBOM 的符合性检查，并与由 CAPP 软件生成的零件 FO 关联，最终生成完整的 MBOM；将 MBOM 与 ERP 关联，制定生产作业计划；各零件加工厂依据 ERP 系统生成的生产计划，应用 MES 系统对分厂生产作业的计划制定、调度、生产过程监控、实时数据采集与反馈、统计、资源配置和生产过程进行优化，提升各分厂的快速响应能力；部装和总装厂通过 ERP 系统对各零件加工厂的零件配套情况进行监控和管理，各零件加工厂向部装和总装厂反馈制造进度、交付情况及质量等有关信息。

第二，异地协同制造。中航工业成飞对联合试制单位和外协厂家发放 PBOM，进行 MBOM 管理，开展 EBOM 和 MBOM 的一致性和完整性维护，制定制造、装配计划，进行进度、质量监控和管理。分包商和外协厂通过金航网上的新机研制项目管理平台向中航工业成飞反馈制造进度、交付情况及质量等信息。

3. 数字化协同管理

第一，项目计划管理。各参研单位通过新机研制项目管理平台共同进行项目计划的编制，实现多级网络计划制定、审核和下达，支持人力资源和非人力资源的资源管理、项目进度/工时管理。中航工业成飞内项目管理部门利用 APMDIS 编制项目专项计划，并下达相关业务部门,要求各业务部门分解落实到人,明确责任到人;任务安排计划到天,确保工作有序开展,并及时反馈项目进展情况,保证中航工业成飞领导、项目管理人员及项目实施人员能够及时了解项目最新进展,第一时间做出相关决策,保证项目的顺利开展。

第二,项目信息与沟通管理。在新机研制过程中,对项目计划实施动态跟踪与监控,严格遵守上对下可以越级检查、不宜越级指挥,下对上可以越级投诉、不能越级汇报的原则,实行由专业厂、工艺部门主管、工艺部门高级师、项目部、项目主管副总工程师到项目主管副总经理逐级升级汇报的机制,确保各类信息在传递过程中不丢失,管理界面清晰。对研制过程中出现的需要跨部门、跨单位协调解决的问题,按照逐级汇报和最短时间解决原则,开展协调工作,要求内部协调周期控制在 1 天以内,外部协调周期控制在 3 天以内。

第三,项目质量管理。根据新机研制特点,制定新机研制质量计划,明确质量职责、工作范围与内容。改变过去由工艺人员设置检验点、质检人员依据 AO/FO 实施检查的方式,由质检人员根据数模设置检验点,编制检验计划,开展新机研制质量检验工作,保证新机研制质量。

(五)形成以数字化为基础的协同文化,引领过程管理的创新与规范

1. 统一思想,形成文化

思想协同是协同管理模式建设的根本,将协同转变为企业文化,把文化作为协同管理模式建设的重要组成部分和有力推手,全面开展协同管理理念的培训,促进公司高层领导到每一位职工突破传统管理模式,敢于创新、勇于探索,正确理解协同管理的必要性,有效整合资源,充分发挥各自的优势,以协同工作的团队精神和全面落实保证项目推进。

2. 优化流程,完善标准和规范

中航工业成飞一方面对过去型号的技术管理经验、知识和流程进行挖掘、分析、整理,对不合理流程进行完善和优化;另一方面全面深入分析新机研制的特点,根据国军标及航标要求,参照国际标准及国际航空先进制造企业先进技术和管理经验,全面梳理、分析公司现行的技术、管理及数字化流程,明确协同管理模式下三者之间的关系,以此为基础,针对数字化协同管理模式的特点,按照"三个坚持"的原则完善公司项目管理体系、技术管理体系、质量管理体系、生产管理体系和数字化管理体系,并进一步完善标准和规范。同时,构建大量的数据库,以便提高设计和生产的效率。

3. 以考核反馈为手段

新机研制周期短,技术要求高,资源紧张,协调复杂,为保证项目在多方异地协同研制的状况下顺利开展,中航工业成飞将检查考核制度化,建立定期检查制度,各技术、管理小组每周检查工作一次,项目副总工程师每月全面检查工作一次。在检查过程中发现问题,解决问题,进一步提升协同能力。

三、新型飞机研制项目的数字化协同管理效果

成果的实施提升了新机项目管理水平,确保了新型飞机的生产、试验、试飞按计划开展,缩短了研制周期,产品质量也有了极大改善。与过去型号飞机研制情况相比,新型飞

机的工艺预审周期缩短71%,工艺性正式审查周期缩短70%,PBOM编制发放周期缩短93%,指令性工艺文件编制周期缩短80%,工装/工具/样板订货、交接单、品种表、材料定额工艺资料编制缩短58%,AO/FO/工艺规程编制周期缩短50%,设计更改单审签发放周期缩短70%,整个飞机试制周期缩短66%。

协同管理模式和数字化协同平台的实施,极大地缩短了研制周期,节约了研制成本,中航工业成飞的经济效益大幅提高。

(成果创造人:王广亚、徐　斌、曾　强、帅朝林、郑林斌、梁俊俊、康　建、刘湘府、余志强、陈　嵩、黄　刚、徐　红)

以"创新树"为核心的技术创新体系建设

中国兵器工业集团第二〇二研究所

成果主创人：所长郑广平

中国兵器工业集团第二〇二研究所（简称202所）是隶属于中国兵器工业集团公司的火炮总体技术研究所，是我国唯一的火炮技术研究开发中心，现有在职员工1376人，拥有硕士学位授予权和博士后科研工作站。全所占地455亩，总资产近11亿元。

为充分做好新时期军事斗争准备，我国自20世纪末实施了武器装备研制"高新工程"建设，加快了武器装备研发的步伐。202所承担了繁重的型号研制任务，最多时有8个型号项目由该所抓总研制，数百科技人员奔波于全国各地试验现场和装调现场。十年来，先后有8种新型火炮定型装备部队，广大科技人员为提高我国火炮技术水平做出了重大贡献。

一、以"创新树"为核心的技术创新体系建设背景

（一）与世界火炮同行相比，自主创新能力不强，缺少领先技术

总结反思近二十年来在火炮技术所做的贡献，202所感到尽管研制了诸多型号产品，但几乎没有在行业内产生重大影响的技术，缺少自主创新的成果，型号项目研制仍处于研仿和引进消化吸收再创新阶段，缺乏独特新颖的设计，总是在国外和前人走过的道路上跟行，鲜有创新，自然亦无法超越。

（二）技术优势不明显，引领行业发展不够

202所作为国家"一五"期间建设的唯一一所火炮专业技术研究所，被赋予了发展我国火炮技术的神圣使命，肩负引领行业发展的责任。不能否认202所在火炮行业型号项目研制抓总地位似乎不可动摇，亦深受军方的信赖，但在某些技术领域及专业技术上与国内同行业企业和院校相比并无太大优势。技术优势不明显导致了行业内的激烈竞争。面对火炮行业九厂、三所、二校、二院等16个单位的竞争，202所在多项技术上都面临挑战，在有些方面并不占优势，尤其是在世界火炮前沿技术、核心关键技术、难度极大的技术方面。作为火炮技术研发中心，引领行业发展必须具备强大的技术力量和技术优势，而目前的202所尚显不足。

（三）基础研究、理论研究弱化，技术储备不足

202所在解决生存问题的过程中形成了重型号轻预研的思维方式，忽视了火炮基础理论研究，导致的结果一是型号项目研制过程中出现问题后，技术人员知其然不知其所

以然,原因说不清、道不明,无法摆脱"画加打"的研究方式;二是技术人员理论素养不够,表现为项目论证不充分缺乏深度,项目方案缺乏理论支撑,项目完成后技术总结提炼能力弱,论文集在项目完成几年后还完不成,技术人员撰写论文越来越少;三是进入"十二五"以后,面对四代火炮研制,对其所要求的一些先进技术缺乏技术储备,一些技术人员基础理论功底不足,面临极大困难。

(四)技术人员创新意识不强,创新动力不足

由于尚未建立起有效的技术创新机制,导致技术人员在项目研制中思想保守,对新技术、新材料、新领域、新原理不敏感;技术设计上,怕担风险,照抄照搬已有成熟技术,不想创新;少数技术人员甚至把关键技术、难度大的技术外包出去,自己只做些简单技术集成工作。上述种种严重影响着火炮技术的自主创新。

二、以"创新树"为核心的技术创新体系建设内涵和主要做法

202所梳理火炮各项技术,提炼核心技术,创建"创新树",并以此为基础,确定《技术创新发展路线图》,明晰技术发展方向,突出核心关键技术;以突破核心关键技术为目标,组建创新团队,进行技术分配,统筹落实各项资源;建立评价激励和技术目标考核激励机制;培育技术创新文化等,构建技术创新体系。

"创新树"是按"树形"结构的主干、枝干、枝、叶、根,将火炮技术群对应划分为主干技术、枝干技术、枝技术、叶技术、根技术,经模式化为主技术、支技术、点技术、基技术。主技术即火炮系统总体技术,包括总体结构优化设计、信息化设计、六性设计、总体测试、试验验证等六大类20项技术。支技术即火炮核心关键技术、前沿技术和火炮分系统技术,包括无人炮塔、大口径弹药自动装填、电热电磁发射、综合信息管理、自动机、探测跟踪、信息感知、火力控制等共53项技术,支技术还可以细分为第三层、第四层等等分支技术。点技术即最末一层技术,为分支技术所涉及的各项单项技术。各分支技术与点技术总计220多项。基技术即火炮技术基础,包括可靠性、标准化、档案、资料信息、数字化设计等共33项技术。主要做法如下:

(一)概念导入,内涵释解

建设火炮技术创新体系,增强自主创新能力,是时代赋予202所的历史使命,只有不断推出新的科技成果,占领科学技术的制高点,才能满足国防和经济发展的需要。从2005年起,202所就开始实施研发体系、创新体系、生产体系、管理体系和党建思想政治工作新体系建设,在创新体系建设上年年都提出新目标、新要求,但总感觉缺乏针对性,比较笼统,技术体系不清晰,故技术创新的重点并不明确,创新体系建设效果不明显。2010年,202所开始实施科技创新工程,把"创新树"概念引入到技术创新体系建设,以"创新树"为核心的技术创新体系建设为基础,重新构建火

2009年10月1日,由202所抓总研制的自行高炮驶过天安门

炮技术创新总目标体系,加快火炮技术的创新和核心关键技术的突破,实现我国火炮技术跨越式发展。

(二)梳理技术,全面参与

面对火炮这一综合复杂的机电产品,其所涉及机械、电子、液压、火药等多个技术领域,所涵盖的零部件和技术点成千上万。火炮"创新树"就是"树形"层次梳理出来的技术群。因此,分层梳理火炮技术是创建"创新树"的基础。

2009年,202所发动全体科研人员,对火炮总体技术、专业技术、基础技术、相关技术进行梳理,共梳理出数百项技术,并下发指南。2011年,依据行业发展和技术进步等因素,进一步修订了"创新树"和《技术创新路线图》。这数百项技术由技术人员分工分别提出,汇集而成,具有广泛性、认同性,充分体现了科技人员的广泛参与。广大科技人员在参与梳理的过程中,既对自身所涉及的火炮技术领域在本行业的地位和发展方向有了更深的认识,同时又对所承担的技术创新责任和火炮技术总体发展有了明确的发展定位和发展目标。

(三)分析论证,技术确定

全火炮技术汇集完成后,经专家多次研讨、分析论证,完成两项任务:一是分层分系,技术归类,剔除非相关技术;二是梳理确定火炮核心技术、关键技术,为确立火炮技术创新目标奠定了基础。202所成立由所领导、集团首席科带、各专业技术骨干组成的小组,从技术重要度、技术市场需求、202所现有及未来能力、技术创新效率与成本等因素逐项分析论证,从中筛选出250多项技术。一是从梳理火炮技术类别、技术组成等入手,以技术推动和需求牵引为依托,从防空武器、压制武器、新概念武器以及军兵种武器应用领域,梳理火炮总体技术、专项技术、新概念火炮技术、技术基础技术等领域技术群,形成较完整的火炮技术群,并确定各专业技术定位和发展目标。二是按照火炮行业分工,将产业链高端的前沿技术和核心关键技术纳入火炮技术群,作为202所创新主攻方向。三是面向火炮技术未来发展目标,前瞻性论证火炮不同发展阶段的核心关键技术、基础技术。四是针对火炮不同技术群,梳理主干技术、支干技术、点技术,确定核心关键技术和支撑技术。五是评估每一项技术的成熟度和创新度,确定其创新发展实现途径。

(四)绘制火炮技术"创新树",制定技术创新发展路线图

在梳理、论证的基础上,按主干技术、枝干技术、次枝干技术、叶技术、根技术绘制"创新树",并注明核心关键技术。依据火炮技术"创新树",逐项制定火炮技术创新发展路线图,明确研究目标、研究内容、时间进度等。该《技术创新发展路线图》技术分类是按照"创新树"的概念与模式,对应其上的不同层级技术,研究制定基于每项点技术的火炮技术创新发展路线。明确每一项点技术"十二五"期间乃至2020年的研究目标与内容、技术实现途径、近中远期实施计划和每一阶段达到的不同目标、研究时限内要求达到的技术成熟度、现阶段主要参与技术人员及任务分工。基本做到了"创新树"每项技术全覆盖,短期与长期计划相衔接,点技术与支技术、支技术与干技术相互影响。

(五)组建技术创新团队,进行技术分配,落实研制经费

在完成"创新树"绘制和《技术创新发展路线图》制定后,对全所技术力量进行分析,分三个不同层级和技术重要度组建创新团队。一是以四代装备和新概念火炮等主干技

术统筹全所的科研力量,组建以集团、所两级首席专家、科技带头人和所科研骨干为核心的跨专业的创新团队,如 155 项目、大口径弹药自动装填和电磁发射技术创新团队等;二是围绕防空反导武器技术、压制武器技术、新概念技术与前沿技术 3 大领域关键技术的枝干技术,组建第二个层级创新团队(组),如脉冲电源、膨胀波创新团队;三是对于支技术和点技术,作为技术人员专业研究方向分配到个人,技术人员在承担纵向型号和预研科研任务的同时,在自己的专业技术研究上进入深入理论研究,提升理论水平。

为确保火炮技术创新发展路线图顺利实施,202 所统筹所内技术、人力、资金和物资等资源,通过多种渠道为技术创新搭建平台。一是依托火炮行业和集团公司技术发展战略,加强影响行业发展的技术研究,争取重点技术开发项目进入集团层面重大发展专项。二是依托在研型号、预先研究、基础研究项目和条件保障建设项目开展技术攻关。三是针对现阶段未能列入上级计划项目、但又影响 202 所技术地位的技术,自立项目列入科研计划,加大资金支持力度。四是设立"202 所科技创新基金",每年把年度总收入的 3% 作为技术开发费,年平均投入科研开发费用达 1.1 亿元以上,为技术创新提供资金支持和条件保障。五是加快数字化设计能力建设,建立先进的火炮技术基础创新平台,搭建各类数据库、知识管理平台,再造火炮研发设计流程,形成精细化、数字化的研发能力,在数字化设计、系统仿真、集成测试和试验验证等方面实现跨越式发展。

(六)制定创新目标,完善考核评价机制

以"创新树"和《技术创新发展路线图》为基础,建立技术研究目标体系及各技术点"十二五"和 2020 年创新发展目标,并将其纳入年度工作大纲和季度工作计划,由科研管理部门进行逐一落实责任单位和责任人。根据年初确定的研究计划,对每项技术研究的进度、经费使用进行考核,年终对照研究目标对研究结果进行目标考核和评价。由科研管理部门组织专家对每项技术研究取得的进展和突破给出评价意见,并提出奖励建议及下一年度研究建议。

围绕"创新树"和《技术创新发展路线图》确定的技术发展方向、项目等级、难度系数、成果成熟度等,建立与之配套的新的科研目标管理与绩效考核机制,改革科研项目及参研人员绩效考评体系,激发科技人员进行技术创新的主动性。一是以引导技术创新、引导精益管理、引导提高效益为原则,将各项目季度工作任务完成情况、技术创新、项目研制质量、成本控制、团队建设、项目研制过程中落实各项责任制等作为项目绩效考评指标,突出科研人员、项目负责人和科研管理部门创新主体的权、责、利。二是依据《科技创新管理办法》、《科技创新成果评价与激励办法》、《科技创新成果评价细则》,按照新产品、新技术、新思路、新点子的分类,建立创新成果分类评价指标体系。三是以集团公司首席专家、科技带头人为主体组建所级创新成果评价专家委员会,完善技术创新成果评价程序。

(七)实施创新激励,激发创新潜能

建立物质奖励、精神奖励、事业发展奖励相结合的科技创新成果激励分配机制,以激发广大科技人员的创新潜能,使创新成为科技人员的追求。一是通过效益评估与业绩评价,充分加大活性收入比重,以提高岗位考核在工资组成中的核心作用。二是细化科研项目分类,确定项目类型系数、项目阶段系数、项目创新系数,按照参研人员在每个科研项目任职情况核定劳动力标准和劳动力总量,确定研发岗位工资标准,确保核心骨干人才的薪酬水平与个人价值和贡献相关联,实现收入水平与个人付出相匹配。三是以岗定薪,部分技术骨干岗位的薪酬待遇高于中层管理岗位,为科研人员开辟基于良性发展的薪酬提升通道,解决科研技术人员的官本位思想,鼓励科研技术人员走专业技术晋升道路,促进人才队伍成长。四是建立"202所科技创新奖励基金",设立吴运铎(中国的保尔、首任所长)奖、创新先锋奖等所级科技创新奖,加大对科研人员的精神激励力度。五是实施科研特殊奖励制度,制定《年度特殊贡献绩效奖励考核及发放办法》,对在科技攻关、解决科研难题、获得各类科研成果和技术创新与管理创新等方面取得成绩者给予特殊奖励,增强广大科研人员科技创新意识和创新的内在动力。六是建立科技成果转化奖励机制,用于对科技成果完成人员进行物质奖励。七是建立《知识产权管理办法》,完善创新成果和核心技术的知识产权保护机制,加大对专利发明人的奖励力度,充分调动科研人员参与知识产权保护的积极性。

(八)营造技术创新氛围,建设技术创新文化

一是推动"创新树"理念融入技术发展战略、项目论证、技术设计、科研试验、科研试制、科研人员管理等活动。二是以"开放的视野、开放的心态、开放的胸怀"建立创新团队,树立面向全行业、全国乃至世界的市场竞争观,创建优势互补、和谐、共赢团队创新的团队文化。三是建立及完善全新的技术创新目标管理和考评机制,培育科研人员勇于创新、敢想敢为的思维方式和行为规范,使求新、求真、求变、求进的意识和精神蔚然成风。四是培养科研人员严谨、全面、精细、详实、求真、务实、开放的工作作风,培育科技人员严守科学道德,创造科技奇迹,展现勇于创新、敢为人先的精神风貌。五是将科技创新学术交流活动、优秀论文和专著奖励纳入绩效考评体系,浓厚学术研究氛围。六是重奖有突出贡献的火炮技术创新团队和个人,大力宣传典型事迹,彰显创新典型示范作用,用榜样的力量引导广大科技人员探求新知,勇于创新。

三、以"创新树"为核心的技术创新体系建设效果

(一)火炮研制水平跨越式提升

2009年以来,202所承担了型号研制任务9项,国防"973"项目立项研究。在武器系统总体技术集成创新、电热电磁等新概念火炮以及多项核心关键技术实现重大突破,在火炮系统总体技术、火炮信息化技术、大功率伺服驱动等方面确立了核心关键技术,缩小了与国际先进水平的差距,形成了火炮武器系统总体论证与研发能力。202所火炮武器系统总体方案论证能力、技术集成能力、项目研制过程中的组织协调能力和专业基础的创新发展能力得到全面提升。取得省部级以上科研成果63项,其中获国家科技进步奖1项、国防科学技术奖24项、集团公司科学技术奖38项,35毫米自行高炮获国家科技进步一等奖。申请发明专利121项,获得中国专利授权49项。2010年,在"国防科技工业创新典范"推评活动中,202所荣获国防科技工业技术创新范例单位,某技术研究团队荣获国防科技工业创新团队,1人荣获国防科技工业创新领军人物荣誉称号。

(二)行业引领作用显著增强,经济效益和社会影响力明显提高

近几年,由202所抓总研制的产品已先后完成科技成果产业化近20项,为火炮行业创造了上百亿的产值。202所作为这一产业链上的龙头,基础研发能力、自主创新能力和

火炮武器装备技术整体水平的大幅提升,有利于发挥技术引领作用,引导火炮行业院、厂、研究所进行专业化技术提升,占领产业链高端领域。

1999年以来,202所先后有5个抓总武器装备参加了国庆五十周年、六十周年阅兵。2011年实现总收入8.59亿元,利润首次突破亿元大关,达到1.04亿元。2010以来,202所先后被授予"全国文明单位"、"全国精神文明建设工作先进单位"、全国"'安康杯'竞赛活动优胜企业"、"全国老干部工作先进集体"、陕西省先进集体等荣誉称号。

(三)创新意识不断增强,技术创新环境不断改善

以"创新树"为核心的技术创新体系建设已经融入火炮技术创新全过程,极大地激发了202所广大科技人员的潜能和积极性,技术创新环境不断改善,科技人员的创新意识不断增强。一是重型号、轻预研的思想概念得到根本扭转;二是每个技术人员都有自己的专业研究目标和方向,创新动力显著增强,主动承担创新课题;三是科研队伍稳定,优秀科技人才开始涌现。

(成果创造人:郑广平、曹　晖、董文祥、雷　龙、黄创国、崔万善、许耀峰、高泉盛、樵军谋、原　珏、童家琦、何　通)

科技型企业知识产权预警与应急机制建设

南车戚墅堰机车车辆工艺研究所有限公司

成果主创人：公司总经理刘杰

南车戚墅堰机车车辆工艺研究所有限公司(简称南车戚墅堰所)隶属于中国南车股份有限公司(简称中国南车)，位于江苏省常州市，始建于1959年。2000年，走出国家事业单位序列，实现企业化转制，成为铁路科技型企业；2008年，注册成立有限公司，随中国南车整体上市。现有员工4011余人，博士6人，本科以上学历995人，享受国务院政府特殊津贴等各类专家16人，荣获"茅以升铁道工程师"、"詹天佑铁道科学技术奖"20余人。

南车戚墅堰所是我国轨道交通材料及制造工艺的专业研究机构，是轨道交通关键零部件——齿轮传动系统、基础制动系统、车钩缓冲装置、减振装置、内燃机动力组件以及铁路工程机械的研发和产业化基地；是国家高新技术企业和江苏省创新型企业；拥有江苏省轨道交通关键零部件等三个省级工程中心，两个企业院士工作站，一个博士后科研工作站。南车戚墅堰所不仅承担着自身主营业务板块的技术研发和市场拓展，同时也为中国南车提供材料与工艺研究、无损检测技术、可靠性仿真试验平台建设等方面的技术支撑和服务，是中国南车机车车辆材料与工艺研发中心。

一、科技型企业知识产权预警与应急机制建设背景

(一)规避知识产权风险，参与国内外市场竞争的需要

知识产权制度作为一种保护研发成果的国际公认的游戏规则，在科技、经济、贸易中的地位得到历史性提升，知识产权已成为发达国家和国际跨国公司夺取和保持国际竞争优势、制约竞争对手的重要工具和手段。一方面，西门子、庞巴迪、阿尔斯通、株式会社日立制作所、川崎重工等国际知名轨道交通装备企业凭借其在技术上的垄断地位和知识产权方面的在先优势，已提前在中国进行了专利布局，构筑了大量制约中国轨道交通企业发展的专利壁垒。另一方面，这些跨国巨头还在中国轨道交通产品可能出口的海外市场也设置了同样的专利和标准堡垒。例如在美国，与高速动车有关的公开专利高达3000余项，即使在澳大利亚，与高速动车有关的公开专利申请也有300余项。因此，如何规避潜在的知识产权风险，应对突发性专利纠纷，已成为南车戚墅堰所参与国内外市场竞争必须面对的首要问题。

(二)突破知识产权壁垒，落实中国南车国际化战略的需要

自2008年8月1日以来，中国京津、京沪、武广等多条高速铁路相继开通并正式投入

运营,标志着中国已成为除德、法、日以外掌握时速250公里和时速350公里及以上高铁成套技术的国家。得益于中国高铁建设成功,中国轨道交通装备企业也迎来前所未有的走出国门、进军海外的良机。然而,当中国南车准备进军美国等海外市场时,却立即引起了国际知名轨道交通装备企业的高度警惕和阻挠。其根本原因在于中国高铁一旦走向国外,就意味着彻底打破了日本、欧洲等发达国家长期以来在高铁领域的垄断地位,影响到这些轨道交通装备企业在全球市场的商业利益。这些企业拥有大量的海外专利作为其坚强的后盾,一旦其根本利益受到威胁,便会频繁发起知识产权侵权诉讼来打压竞争对手。由于高铁投资巨大,如果发生知识产权侵权纠纷,而未能及时应对或应对不当,就会给企业带来重大的经济损失,严重影响中国南车在国际上树立的品牌形象。

二、科技型企业知识产权预警与应急机制建设内涵和主要做法

知识产权预警与应急机制是指企业针对可能存在的重大知识产权侵权风险或突发性侵权纠纷,有效运用知识产权信息进行分析和评估并提前发布风险预警信息、及时进行有效应对的一系列制度和工作流程的集合。

为合理规避知识产权风险,确保突发性侵权纠纷的快速、有效应对,维护企业的合法权益和运营安全,南车戚墅堰所充分利用专利制度的功能和特性,以专利预警分析为主线,有效运用专利信息;通过建立一系列涵盖企业科研、生产和海外出口等重要活动环节的专利风险预警与应急制度及工作流程,提前对外部的专利风险进行准确的分析和评估,并采取有效的应对措施,帮助企业摆脱重大知识产权风险的威胁,为企业国际化快速发展提供有利的外部法律环境,有效提升企业参与国内外竞争的优势。主要做法如下:

(一)健全预警与应急工作组织机构,合理划分管理职责

南车戚墅堰所知识产权工作由技术副总经理兼总工程师主管,下设知识产权战略推进委员会,成员由技术中心主任、营销中心经理、海外事业部经理、综合管理部部长、总经理办公室主任、材料工艺研发中心主任、知识产权管理工作人员组成。

知识产权战略推进委员会为南车戚墅堰所知识产权风险预警与应急工作的最高领导机构,其主要职责是负责领导南车戚墅堰所的知识产权风险预警与应急工作,并对重大风险事件的应对或应急方案进行决策。

标准化专利部为知识产权风险预警与应急工作的归口管理部门,其主要职责是组织、指导风险预警与应急工作的开展、审核知识产权风险分析报告、判定风险类型及组织应对方案的制订等。

营销中心和海外事业部分别负责南车戚墅堰所产品在境内外销售和参展活动中的知识产权风险防范;技术中心、材料工艺研发中心主要负责组织、协调公司承担的国家及省部级重大科研、成果转化项目、新产业或新产品调研、新项目立项、技术合作项目的知识产权风险预警分析;各子公司、事业部主要负责本部门主营产

优秀专利发布会

品及其竞争对手、重点项目和新产品销售前的风险预警及监控;综合管理部主要负责专利诉讼事务的处理。

标准化专利部设有专利专职人员5名,在各子公司或事业部共设有兼职专利人员20余名。已有1人具有"专利代理人资格"证书,5人获得了"江苏省知识产权工程师"结业证书,专利管理人员的学历均为本科或研究生。专业的人才队伍配置为知识产权预警与应急机制的有效运行提供了必要的保障。

(二)建立知识产权风险预警机制,有效规避侵权风险

为规避和防范重点领域和重要经营活动中的知识产权侵权风险,确保突发性知识产权纠纷得到及时、有效应对,南车戚墅堰所建立知识产权风险预警管理制度,发布《南车戚墅堰机车车辆工艺研究所有限公司知识产权风险预警管理办法》、《重大科研项目全过程专利预警分析实施细则》,构建模块化、标准化的知识产权风险预警工作流程。

第一步,结合企业生产、科研及经营的需要,确定风险预警目标。知识产权风险预警的目标包括:主营产品、有出口意向产品,承担的国家及省部级重大科研项目、成果转化项目,新项目立项、技术合作等。

第二步,收集相关的专利及非专利信息。主要内容包括:预警目标的国内外专利申请及授权情况、相关的期刊论文、重要竞争对手的技术和市场战略、相关国家及行业政策等。

第三步,分析、识别收集到的信息。采用定性分析和定量分析相结合的方法,对筛选后的相关信息进行综合分析,完成《知识产权风险分析报告》。

第四步,判断风险类型。根据《知识产权风险预警评估表》(见下表),综合评估风险项点,得出风险评估结论。并根据评估结论,将预警目标的风险类型对应划分为"安全状态"、"警戒状态"或"危机状态"。

第五步,根据预警目标的风险类型、风险的可控性、紧急性等因素,采取不同的应对措施:对处于"安全状态"的预警目标,暂时终止专利预警;对处于"警戒状态"的预警目标,进行动态监控,必要时,及时组织相关人员研究制订知识产权风险应对方案,上报技术副总经理审批后执行;对处于"危机状态"的预警目标,则启动知识产权风险应急程序。

(三)建立知识产权风险应急机制,及时应对侵权纠纷

根据《法律事务管理办法》和《南车戚墅堰机车车辆工艺研究所有限公司知识产权工作管理办法》制定知识产权风险应急处理程序,具体步骤是:南车戚墅堰所或下属公司如涉及知识产权侵权纠纷与诉讼的,有关部门或知情者应于第一时间将有关信息上报南车戚墅堰所技术副总经理和总法律顾问,并将有关材料和证据及时提交综合管理部。涉及知识产权侵权纠纷与诉讼的责任部门应填写《法律纠纷处理申请表》,提请综合管理部进行处理,并继续收集相关证据。同时,技术中心开展纠纷或诉讼专利的调研、分析工作。综合管理部在接收到上诉请求后,按照《公司法律事务管理办法》中的有关规定,及时组织技术中心和有关部门研究应对方案。确定后的应对方案上报技术副总经理、总法律顾问审批后执行。

通过构建知识产权风险应急处理程序及工作流程,重大专利纠纷等危机信息得到及时的上报和传递,确保重大知识产权纠纷的及时响应和有效应对,帮助企业避免重大的

经济损失,充分维护企业的合法权益。例如,2009年初,南车戚墅堰所仅用了不到4个月的时间就成功化解了乌克兰专利权人指控南车戚墅堰所侵犯其在中国拥有的《闪光对接焊钢轨焊机》(ZL98106266.0)和《固定式接触焊焊轨机》(ZL98105796.9)两项发明专利权的专利纠纷事件。南车戚墅堰所针对该事件所采取的有效应对措施主要有:

表 知识产权风险预警评估表

预警目标＿＿＿＿＿＿＿＿＿＿＿＿　　　　　　　　　　　填表日期＿＿＿＿＿＿＿＿

序号	评估项点	评估级别	
1	外部专利的应用领域与公司各产业技术领域的关联度如何	□高　□中	□低
2	外部专利的保护范围是否和公司产品结构或研发方案相冲突;是否能规避;	□冲突 □不能规避	□不冲突 □能规避
3	外部专利的授权前景如何;权利是否稳定;是否在其他国家也申请了专利;	□可能授权 □权利稳定 □有国际专利申请	□不可能授权 □权利不稳定 □没有国际专利申请
4	外部专利的申请人目前是否是公司合作伙伴或者将来有可能成为合作伙伴;	□不是合作伙伴	□是合作伙伴
5	专利纠纷发生的可能性或概率大小;	□可能	□不可能
6	专利权人的国内外市场份额、商业利益近期是否受到较大影响;	□影响较大	□影响较小
7	专利纠纷可能给公司带来的经济损失和消极影响	□影响较大	□影响较小
结论	□1. 外部专利的威胁很小,不存在专利侵权风险,对公司的正常运营没有影响。 □2. 外部存在一定的专利威胁和专利侵权风险,对公司的正常运营有一定影响,但不会对公司构成重大威胁。 □3. 外部存在重大的专利威胁和专利侵权风险,发生专利纠纷事件的可能性很大,并且可能给公司带来严重的利益损失。		

一是高度重视、积极应对。及时组织法律和专利部门的有关人员与技术人员共同对上述专利和公司的相关产品进行仔细、准确的技术和法律方面的比对分析,并委托权威机构出具法律分析意见书。二是周密调研、充分检索。充分利用专利信息公开的特性,迅速掌握对方专利申请及审批过程的大量信息,为制订正确的应对方案及策略提供重要的参考依据。三是紧密联合、团队作战。构建一支由法律顾问和专利律师紧密联合、专利工程师和法律专员及技术人员共同参与应对的精干团队。四是多手准备、从容应对。合理利用司法和行政程序,在积极准备应诉、谈判的同时,做好提出无效宣告请求和要求行政管理部门或法院判断不侵权的反诉准备。

(四)构建专利信息平台,有效监控专利风险

南车戚墅堰所依托江苏省佰腾科技有限公司的专利检索平台,构建以轨道交通关键零部件、齿轮传动、工程机械和汽车零部件四大产业板块为重点预警领域、以主产品和重

要竞争对手为重点预警目标的企业专利预警信息数据库,即"南车戚墅堰机车车辆工艺研究所专利数据库"。

利用该专利数据库不仅能检索到主产业板块领域和主产品及重要竞争对手的国内外专利信息,还能对检索到的专利信息从整体技术概况、时间趋势、区域分布、申请人、发明人、技术分类、专利族、引证专利等方面进行定量统计分析。

(五)加强重大项目风险识别,实施全过程专利预警分析

全过程专利预警分析结合科研项目的管理节点,主要划分为立项查新预警、中期跟踪预警、结题保护预警和成果产业化预警四个阶段。

立项查新预警阶段,掌握现有技术概况和发展趋势,判断项目的研发内容和技术创新点是否存在专利侵权风险。在项目立项前,由项目组牵头组织开展立项查新及知识产权风险研究,对本项目所在技术领域的国内外知识产权状况进行分析,完成《立项查新报告》和《知识产权风险分析报告》,并报标准化专利部审核。

中期跟踪预警阶段。在项目设计方案完成后,项目组组织开展本项目所在技术领域专利信息的中期跟踪预警分析,以判断项目研发预期目标和设计方案是否因新的专利申请公开或专利授权而存在新的专利侵权风险和零专利风险。如果存在新的专利侵权风险或零专利风险,项目组应及时将有关风险信息向标准化专利部负责人及相关主管领导汇报;同时应尽快组织项目组成员和专利工程师共同研究、制订规避风险的方案设计和应对措施。确定后的规避设计方案应上报公司技术副总经理审批后执行。

结题保护预警阶段。项目管理部在组织项目结题或验收时,重点审核重大科研项目中的知识产权任务和目标的完成情况,分析项目研发成果的可专利性和潜在的商业价值及市场前景。根据结题评审结论和研发成果的特点,对项目研发成果灵活运用以下几种保护策略:单独申请专利或单独作为技术秘密保护;以专利申请加技术秘密的综合保护;发明一实用新型一外观设计专利申请的立体保护;国际专利申请保护。

成果产业化预警阶段。在重大科研项目成果产业化实施前(包括新品上市前),应进行成果产业化预警分析,其主要目的在于判断成果产业化是否存在不能自由制造、生产及销售的商业化风险。项目组在开展成果产业化预警分析时,结合项目成果的技术来源,作不同侧重点的风险预警:如果是独立研发的科研成果,重点预警分析是否存在影响成果产业化实施的在先专利;如果是引进或合作开发的科研成果,重点考虑公司和相关方的技术转让或合作开发协议中是否存在限制项目成果产业化实施的有关条款;如果是仿制竞争对手的成果,重点预警分析竞争对手在中国及国外市场的专利申请及授权状况。

自2010年起,南车戚墅堰所对申报中国南车的科技项目均组织开展立项前的查新和知识产权风险分析,《立项查新报告》和《知识产权风险分析报告》已成为申报重大科研项目立项的必要条件。

通过上述全过程预警分析工作的开展,有效降低了科研项目的潜在专利风险,提升了重大科研项目规避专利风险的能力。例如,南车戚墅堰所于2009年,以"十一五"国家科技支撑计划——中国高速列车关键技术研究及装备研制中的"高速列车齿轮传动系统"子项目为试点,开展重大科研项目全过程专利预警分析。在立项之初,针对高速列车

齿轮传动系统中齿轮、齿轮箱、联轴节这三个关键部件进行查新预警分析；完成《知识产权预警分析报告》，并编制《高速列车齿轮传动系统知识产权战略保护实施方案》，使项目组对高速列车齿轮传动系统领域的研发趋势和技术走向，以及研发过程中可能遇到的专利风险和应采取的规避措施等都有了全面的了解和掌握。2011年底，南车戚墅堰所对该项目又开展专利跟踪预警分析，发现西门子公司的"轨道机车的驱动装置（CN200910134631.1）"、中国北车集团的"铁路车辆高速驱动齿轮箱装置（CN200910222556.4）"等新公开的高速齿轮传动领域的专利或专利申请，进行专利风险分析和评估，采取动态观察、跟踪的应对措施。

（六）开展出口产品知识产权预警，护航企业国际市场开拓

针对出口产品，组织开展国外知识产权风险预警分析。通过检索、收集海外市场与该出口产品相关的专利申请及授权信息，判断该海外市场是否存在影响该产品在海外市场销售的有效专利。

与国家知识产权局、江苏省知识产权局、中国（常州）知识产权维权援助中心等政府机构建立业务联系，及时掌握产品出口国的知识产权制度、环境、政策和执法程序，以便在遇到相关问题时能在最短的时间内找到最佳的解决方案。与国内的一些知名专利事务所和律师事务所开展紧密合作，如遇到复杂或紧急事件时，随时获得专业律师的咨询和帮助。

除了进行上述国内外的知识产权风险预警外，还在海外市场提前布局一定数量并具有较高质量的国际专利作为知识产权储备，以便将来发生专利侵权诉讼时有相应的谈判筹码。自2010年起，南车戚墅堰所每年都会筛选一些有全球商业价值的专利申请提交国际专利申请，以支撑企业未来海外市场的拓展。

2011年初，南车戚墅堰所根据营销中心提供的出口产品信息，组织开展美国、印度等海外市场知识产权保护的初步调研工作，建立包括国家知识产权局专利检索咨询中心、北京集佳知识产权代理有限公司、江苏省佰腾科技有限公司及海外目标市场所在地的事务所等在内的多个知识产权风险预警与应急途径。

三、科技型企业知识产权预警与应急机制建设效果

（一）有效规避了国内外知识产权风险

通过知识产权预警与应急机制建设，南车戚墅堰所及时发现并有效规避了多起涉及铁路大型养路机械领域、齿轮传动领域、轨道交通关键零部件领域的国内外专利侵权风险，实现了对外部重大知识产权风险的及时监控和有效应对。

通过实施重大科研项目全过程专利预警分析，由知识产权工程师与项目申报人通力合作，共同完成了"CRH6城际动车组齿轮传动系统"、"地铁车辆用密接式车钩缓冲装置"、"陶瓷基复合材料制动盘"等四十多个项目的立项查新及知识产权风险分析工作，提前规避了重大科研项目的潜在知识产权风险，保障了重大科研项目的顺利实施，大大降低了研发资金的投入风险。

（二）成功应对了国际知识产权纠纷

通过实施知识产权风险应急机制，成功化解了与乌克兰巴顿研究所的钢轨焊轨机国际专利侵权纠纷，使南车戚墅堰所避免了重大经济损失和名誉损失，充分维护了公司的

产业安全和正常运营,提升了南车戚墅堰所的行业知名度,有力维护了中国南车在国际上的品牌形象。

经过此次纠纷事件,南车戚墅堰所更加重视自主研发,开发了新的产品系列,及时申请了"钢轨闪光焊机"、"清除钢轨焊瘤的推瘤刀"、"增压油缸"等22项专利,其中发明专利申请7项,并且根据国际市场的开拓,提交了国际专利申请,彻底打破了普拉塞和乌克兰巴顿研究所等国外公司多年来对钢轨闪光焊机的技术垄断。

(三)产生了显著的经济效益和社会效益

近两年,南车戚墅堰所销售收入年平均增幅在40%以上,拥有自主知识产权产品效益占企业年度销售经济效益的比重接近80%。特别是齿轮传动系统板块的专利技术及专有技术的产业化应用带来了显著的经济效益,近两年的平均增长率达到62%。打破国外垄断的钢轨闪光焊机及相应的焊轨产品已累计销售达5亿元产值,国内市场占有率超过了70%。

南车戚墅堰所研发并产业化的齿轮传动系统、车钩缓冲系统、减振降噪系统已经在京沪、沪宁、武广等高速列车上广泛应用,并且在线运行效果平稳、可靠,摆脱了国外公司的技术制约,实现了高速列车关键零部件的国产化,达到了中国高速铁路技术引进的预期目标,产生了显著的社会效益。

(四)带动知识产权工作深入开展,硕果累累

通过知识产权预警与应急机制建设,南车戚墅堰所科技研发人员的知识产权保护意识和风险管控能力得到了较大提升,培养了一支具有专业水准的人才队伍,促进了南车戚墅堰所知识产权工作蓬勃发展。近3年来,专利申请量以年均150%的幅度保持快速增长,并已提交2项国际专利申请;"高速列车动力车驱动齿轮箱的密封装置"、"移动式钢轨接触焊作业车"2项专利分别获第十一届、第十二届中国专利优秀奖;"高速列车用密接式车钩及缓冲装置"等2项专利产品获江苏省专利新产品金奖,"组合润滑齿轮箱"、"一种低合金铸钢"等4项专利获江苏省专利优秀奖;南车戚墅堰先后被评为"江苏省企业知识产权管理标准化先进单位"、"常州市知识产权创新企业"、"中国南车知识产权工作先进单位"。

(成果创造人:刘　杰、于慧娟、张　萍、原治会、王文虎、
周　平、黄智勇、刘晓峰、朱益旦、郑剑云、赵文启)

面向高端市场的石化施工企业技术创新能力建设

中国化学工程第三建设有限公司

成果主创人：公司董事长、党委书记赵春才

中国化学工程第三建设有限公司（简称中化三建）成立于1962年，隶属于中国化学工程股份有限公司，主要从事石油和化学工程建设，现有职工7836人，其中各类管理和专业技术人员近4000人。具有化工石油工程等多项施工总承包一级资质和直接对外经营权，同时拥有设计、监理、工程咨询资质，是首批"中国工程建设社会信用AAA级企业"。成立以来，先后在国内外建成投产化肥、石油化工、煤化工、精细化工、冶金、能源、环保及民用建筑工程等大中型项目1000多项，荣获国家质量管理奖、国家优质工程奖以及省部级奖100多项。其中"中国建筑工程鲁班奖"6项、"国家优质工程奖"5项。承建的"中国海洋石油天然气化肥项目"等3项工程被评为"新中国成立60周年百项经典暨精品工程"。

一、面向高端市场的石化施工企业技术创新能力建设背景

（一）适应行业发展，提升市场竞争力的需要

随着工业化进程的加快和科学技术的进步，石化项目向着规模化、集成化方向发展的趋势愈加明显，尤其是以国内大企业集团投资建设的项目、国内外工程公司总包的项目为代表的"石化高端市场"，其项目特点表现在"投资规模大、科技含量高，项目管理规范、工程质量高标准，产品低能耗高产值高附加值"等高精尖特征。由于每一项石油化工装置都是唯一设计，每一项石油化工装置的建造都具有唯一性特征。对施工企业的综合技术水平和适应能力有很高的要求。行业急需能够符合工程建设新特征的施工企业，能够有效地衔接、协调相关方，安全、高效、优质地建成项目。

（二）实施发展战略，实现可持续发展的需要

中化三建2008年改制后，根据企业内外部环境的变化，重新确立"立足主业、做精做强、规范管理、创立品牌"的企业发展战略定位，实施"从多元化发展到专做主业，从全方位经营到专注高端市场"的战略转型，其核心是专心、专注、专一地做主业，做精做强，突出高端市场，打造企业品牌。构建以国内大企业集团、工程公司和国际市场为核心的三大经营支撑，形成战略、人才、技术、装备、成本、品牌六大发展优势，成为"国内领先、国际工程建设领域具有较高知名度"的施工企业。中化三建要实现这一目标，就必须顺应高端市场规模化、集成化等建设新特点。从当时中化三建的实际情况看，满足石化高端市场项目建设还有一定的难度，主要表现在技术投入严重不足，机械化装备水平低，缺乏必要的技术创新平台，技术创新难以获得政策、资金和信息等方面支持等等。

（三）企业具备较好的技术创新基础和条件

一是具有较好的综合技术积累。中化三建成立50年来，一直从事化工、石油化工等工业项目建设，有完整成熟的专业化施工技术。承建了1000多套国内外重点建设的化工、石油化工装置，对工业装置的工艺技术非常熟悉，具有丰富工程项目施工技术和技术管理经验。

二是具有较强的专业技术人才优势。中化三建是目前国内人数最多的化工施工企业，管理人员近4000人，其中工程技术人员1289人，另有各类技师1112人。高级人才较多，充足的人才储备为技术创新能力建设提供了可靠的保障。

三是具有技术创新能力建设的条件。中化三建拥有各类施工机械5000余台/套，是国内化工施工企业机械装备最齐全、实力最强的企业，先进技术和先进的施工机械在现场得到较好的应用，技术的工程化应用和创效能力较强。

鉴于内外部环境变化和企业自身发展的实际需要，从2009年开始，中化三建加大技术创新能力建设，努力打造核心竞争能力，满足高端市场需要，实现企业更好地发展。

二、面向高端市场的石化施工企业技术创新能力建设内涵和主要做法

中化三建制定技术创新能力建设的战略，面向以大企业集团、工程公司和海外为代表的高端市场，明确技术创新的方向与路径；强化组织领导，加大研发投入，加强制度建设，完善技术创新平台等，为企业技术创新能力建设提供组织和制度保障、资金和平台支持；以高端市场为导向，依托石油化工工程开展原始创新、集成创新、引进消化吸收再创新，实施产学研合作，加大技术成果的推广应用等多种途径，培育、打造"一特三大"的核心技术，满足石化高端市场项目建设需要；建立科学高效的技术创新运行机制，通过打造良好的创新环境、严格的制度化管理、有效的人员激励约束机制，保证面向高端市场的技术创新能力建设正常有序进行。主要做法如下：

（一）制定技术创新战略，明确技术创新的方向与路径

基于石化建设行业发展特征和企业的发展战略，中化三建面向以大企业集团、工程公司和海外为代表的高端市场，确立企业的技术发展战略：以提升创新能力为核心，通过原始创新、集成创新和引进消化吸收再创新，形成一批具有一定自主知识产权的企业核心技术和关键技术；以产学研联盟为纽带，加强企业技术创新体系建设，加大科技创新基础设施建设和科技投入力度，整合科技资源，造就一支自主创新能力强的技术人才队伍；以市场需求为导向，重点研发主营业务领域具有自主知识产权的核心施工技术和项目管理技术，为新型、大型石化工程建设提供高科技含量的工程技术服务，全面提升施工管理水平，推动技术成果转化应用、工程施工技术服务等方面的能力达到国内领先、国际一流的水平。

根据技术创新战略，把技术创新的主攻方向确定为"一特三大"："一特"即特种材料焊接技术，满足石化工程装置各种工程用材、工程结构和特殊环境下的焊接要求；"三大"，即大型设备吊装技术，大型设备、管道建造、安装、调试技术，大型工业装置成套建造与管理技术。

公司承建的世界产能最大的多晶硅项目

为培育"一特三大"的核心技术,中化三建对技术能力进行分析并实施分类管理:一是充分利用企业自身拥有的技术人才、技术装备和开发试验的基础能力,不断研发施工新技术(包括工装设备、施工工艺方法等),并对自身已具有的优势技术进行优化升级和再创新,进一步提升企业技术优势;二是对于自身基础较差的专业领域或开辟新领域时,通过产学研合作的方式,借用外力,对高难度的重大施工装备和施工技术进行联合攻关,对引进的先进技术和装备在消化吸收的基础上进行再创新,形成重大关键技术的超前研究开发能力,增强企业技术发展的后劲;三是对新技术成果及时提炼总结,形成专利、工法和专有技术成果,构筑行业壁垒。同时,紧贴市场,在资源、管理上向主业集中,保障核心技术目标的实现。

(二)加大研发投入,构建技术创新的平台

1. 强化组织领导

健全完善以企业自主创新为主体、产学研相结合的技术创新组织体系。企业技术创新组织分决策层、管理层、执行层、支撑层四个层次(图1)。成立以企业主要领导为主任的技术委员会和以总工程师或各专业副总工程师为主任的专家委员会,负责技术创新能力建设的组织领导。同时,进一步完善机构设置,组建企业技术管理中心,下设设计施工研究院、工程技术开发部、信息化管理部,由总工程师具体负责技术创新和技术管理工作。设计施工研究院的职责是开展工程项目施工所需施工手段的自主研发与设计,开展相关工程设计、建筑和安装施工辅助设计等业务;工程技术开发部的职责是负责日常技术管理,包括新技术的推广应用、技术标准化建设以及工程项目的技术服务、指导和监督。各专业研究室、下属的28个专业工程公司具体实施技术研发和工程应用。检测试验中心、职工培训中心、焊接培训中心为技术创新及工程应用提供检测试验和技术培训。

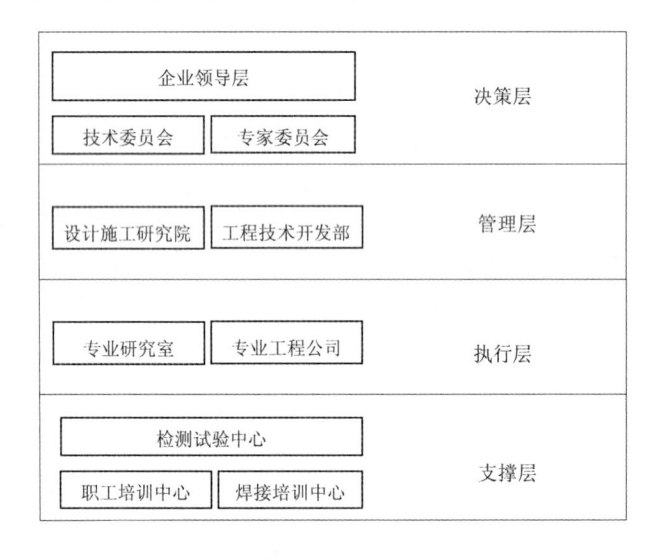

图1 中化三建技术创新组织机构图

2. 加大技术研发投入

完善技术创新投入增长机制,实施多元化的研发投入模式,建立技术创新资金投入核算体系,以企业自筹资金为主,同时积极争取上级主管单位支持,获取政府专项科研经费支持为补充。逐年加大研发投入比例,并建立技术投入与研发费用辅助台帐,保证每年用于技术创新基础设施建设和技术基础性研究的经费不低于主营业务收入的5‰,企业年科技研发投入总量不低于主营业务收入的3%,同时将享受高新技术企业的所得税减免全部用于补充企业的技术创新投入,技术创新的贡献率超过60%。

3. 加强制度建设

制定《研发项目管理办法》、《设计开发控制程序》、《研发投入与产出核算管理办法》、《知识产权管理办法》、《技术奖励管理办法》等17项技术创新管理制度、10项技术创新基础标准,确定技术研发项目从调研、立项开始,到实施、鉴定验收、成果转化等全过程的程序化管理。

4. 完善技术创新平台

重视技术创新平台建设,主要平台有企业技术中心和工程技术研究中心。中化三建企业技术中心组建于1996年,2008年被认定为"安徽省认定企业技术中心",并连续三年被评为"安徽省优秀企业技术中心",2012年申报成功"国家级企业技术中心"。企业技术中心在以董事长为主任,总经理为副主任的领导下开展技术创新工作,对企业技术创新活动进行统一的决策、管理、组织和协调。进一步强化企业技术委员会和专家委员会的技术决策、咨询管理职能,强化各研发机构的研发能力和各专业工程公司的科技研发和成果转化应用能力。工程技术研究中心建设是2009年中化三建与国内高等院校和研究院所进行合作,组建的"大型石化设备安装工程技术研究中心",2011年被认定为"安徽省大型石化设备安装工程技术研究中心"。从投入机制上保证工程技术研究中心的基础投入,使工程技术研究中心无"断炊"之忧;从激励机制上稳定研发队伍,避免把工程技术研究中心办成一个短期盈利机构。

5. 加强企业信息化建设

2010年以来,连续两年累计投入800多万元用于信息化建设,形成支持企业技术创新管理的高效、安全、可靠运行的信息化基础设施,实现异地互联,企业内部数据和信息得到及时传递,加大对现场工程项目管理和技术创新的全面掌控,较好地解决了施工企业流动性大及点多面广给技术管理带来的挑战。另外,通过引进集中式财务管理系统,进一步规范财务核算业务,实现技术研发费用归集与台帐的集中管理。

(三) 以高端市场为导向,培育"一特三大"核心技术

1. 开展自主创新和引进消化吸收再创新,不断提升技术优势

一是在原有技术的基础上进行深度自主创新。中化三建绝大多数技术都是源于企业自主创新,在原有技术的基础上,进行深度开发,取得了良好的成效,为工程项目建设提供安全、可靠的技术保障。

在大型设备吊装方面,中化三建吊车数量和吊装能力居于行业首位;同时拥有国内石化行业最大吊装能力的吊装设备与技术,自主研发具有国内领先水平的2000吨/110米液压提升系统和4000吨/100米液压提升系统,其中4000吨/100米液压提升系统是国内目前吊装重量最大、吊装高度最高的大型液压提升系统。并在此基础上不断改进完善,取得了一系列国内最先进的吊装工艺和方法。

在特种材料焊接方面,先后开展各种合金钢和有色金属等特种材料焊接和各种先进焊接工艺技术的研究开发,已形成各种合金钢、不锈钢、双相钢、铝、铜、镍、钛、锆等有色

金属和非金属材料的有效焊接工艺评定成果500多项,基本覆盖国内外石油化工行业所有工程用材。

中化三建在大型球罐和大型储罐现场建造,大型传动设备和管道安装、调试及其配套技术的研发也取得了重大突破。另外,中化三建研发与大型球罐/储罐建造、各类设备和管道安装相配套的专业化施工技术,包括自动化仪表、工程检测、防腐/绝热、设备/管道清洗等,均达到国内行业领先水平。

二是购置先进的施工机械装备,在此基础上开展新技术和工艺方法的研究,通过对不同功能的装备进行重新组合,形成新的生产线和先进生产工艺,提高工作效率和质量。2009年以来,中化三建有针对性购置施工机械,改进施工手段,提高工作效率,三年多来累计投入资金4亿多元,新购置各类机具2000余台/套,使施工机械装备系列化,整体装备水平达到国内领先水平,促进了技术创新能力建设。

三是对传统技术进行升级换代再创新。如针对大型传动设备采用传统的百分表找正技术存在安装精度低、工效低等缺点,开发大型传动设备激光找正系列技术,并将此技术进一步拓展应用到大型回转窑等其他传动设备也取得了成功。

2. 实施集成创新,全面提升大型工业装置的建造与管理能力

通过集成各专业化的施工技术,解决影响大型装置作业环境、劳动效率、施工成本、质量、安全等方面的专业技术组合与管理难题,形成"组合施工与管理技术"。依托自有技术研究有关工程设计优化问题,形成诸如优化结构设计和改进设计工艺流程等方面的"设计优化技术",为工业装置在建造过程中提出大量结构和工艺设计修改意见奠定了基础。在此基础上进行总结提炼,形成独特的"成套建造技术"与"标准化技术模块",对大型工业装置的建造进度优化、安全质量保证、经济效益的提高起到关键性作用。

实施技术创新与施工应用一体化,根据承揽项目装置特性,制定出相应的施工组织设计和施工方案,把技术创新工作与工程项目建设全方位地结合,有效推进科技成果的迅速转化,保证了项目平稳运行,实现现场安全、质量、进度控制。

3. 多方合作,进一步提升技术创新能力

借助产学研平台,与高等院校、科研院所合作,通过建立多边技术协作、企业战略联盟、临时性技术联盟、联合组建技术攻关小组等多种技术协作方式,形成优势互补、分工明确、风险共担的开放式合作机制,培育企业的技术能力,快速实现科技成果的产业化,降低创新风险。中化三建与上海同济大学、合肥通用机械研究院、合肥工业大学、安徽理工大学、哈尔滨工程大学等国内知名高等院校、科研院所签订产学研合作与工程技术合作协议书,在原来竞争能力较差或新型的专业领域合作,形成一大批富有竞争力的技术,一些专业技术领域在以前缺乏竞争力目前已步入行业领先行列。

为了更好地满足石化项目建设需要,中化三建发挥施工技术、管理和服务优势,与业主、生产厂商共同开展以工程项目和产品为依托的技术创新,联合开发并建成具有国内领先水平的多套石化工业实验和示范装置。此外,在实施"走出去"战略中,利用参与国外工程和国内外资工程项目的建设,加强同国外工程公司和外商的经济技术合作。例如,与韩国大林工程公司在沙特阿拉伯国的9个工程项目上开展工程技术合作业务,展示了中国施工企业良好的技术创新能力。

4. 加大技术成果总结，构筑壁垒

中化三建在培育、打造技术创新能力的同时，十分注重对技术成果的总结，使成果固化。一是对在行业具有优势的技术，及时与地方科技局、专利局等主管部门联系，组织申报专利技术、工法成果、科技成果，通过形成大批的专利技术、专有技术、工法成果，形成企业的技术核心竞争能力，构筑相应的技术壁垒。二是实施技术的标准化管理。通过对国内外石油化工主要产品进行归纳，对其工艺技术进行分析、研究、总结，如气化炉主要是德士古、壳牌等技术，空分主要采用林德、杭氧等技术。根据其工艺技术，编制相应的施工技术标准，指导施工现场组织开展技术创新和施工，使产品的工艺技术、施工技术管理与技术创新紧密结合起来。三是编制国家和行业标准，中化三建是多项国家标准和行业标准制定的参与者，依靠在化工建设和特种设备工程领域编制国家和行业标准的优势，加强企业相关技术标准的研究与制定，推动科技创新活动与标准工作的对接，努力促进具有自主知识产权的技术成果上升为技术标准，以加快技术成果的产业化。近三年，制定企业工艺技术标准56项，在承建的工程项目上广泛采用。

5. 延伸服务，与用户共同创造价值

在做好施工的同时，中化三建注重项目建设前期和后期的延伸，为业主提供技术咨询和服务，包括工程设计与优化、装置试车与保运、装置技术改造、检修、维护服务和相关技术咨询等，帮助业主、工程总包方优化工程设计、缩短建设周期、降低工程造价、提高产能和产品质量。在大型装置建造过程中，除采用高效、节能、环保的先进技术和工艺方法，在保证装置顺利建成和安全开车的基础上，对装置中的结构和工艺系统提出大量的工程设计修改意见，解决许多工程设计和设计工艺流程问题，这些设计修改意见对降低装置建造成本、改进产品生产工艺、提高产能和产品质量以及节能降耗、环保等方面都起到重要的作用。同时，还承担装置的试车和开车保运，解决大量试车、开车中的技术问题，为装置顺利运行奠定基础。在装置的使用过程中，为业主提供检修维护服务和相关技术咨询，为装置的长期安全运行提供检修、维护方面的技术支持。

（四）加强机制建设，促进技术创新能力持续提升

1. 加强人才队伍的引进、培育和使用

近年来，先后从国内十余所大学引进土木工程建筑、安装、电气仪表等专业的高校毕业生近800人，输送到国内外工程技术管理岗位，进行培养锻炼。不仅满足当前现场技术管理工作需要，也为企业技术创新提供后备力量。另外，还通过社会招聘、专家推荐等形式，吸纳行业内技术专家加盟企业工程技术研究中心或参与具体的工程项目建设。中化三建为技术人员制定职业发展规划，有针对性培养。实施"导师制"培训和特色队伍建设，重视发挥老工程技术人员和高级技师的作用，搞好承前启后的传、帮、带，形成合理的科技创新人才梯次结构。按照企业技术创新组织体系的四个层次，对工程技术人才实行分层次使用和动态管理；通过依托重大技术和建设项目以及国内外技术交流与合作项目，培养和选拔一批专业技术带头人和技术专家，特别是中青年专家；采取职业技能鉴定、举办技术比武，不拘一格发现和选拔高技能人才；选送优秀科技人才到高校、研究院或著名企业进行深造；吸收创新意识强、善于思考、勇于探索的工程技术人员充实到基层领导班子或担任技术创新课题负责人，积极培养过硬的创新型技术与管理团队；选派事

业心强、进步快的科技人员到国外工程、国内重大工程项目和重要专业岗位上进行锻炼。培养专业技术工人,主要是利用自有技工学校培养涉外工程相关专业的技术工人,特别是钳工、焊工、起重工等技术含量高、社会劳务市场稀缺关键工种,使他们熟练掌握各类先进工机具的使用,满足高精尖项目施工需要。中化三建注重加强人才的交流培育,通过举办、选派选手参加全国和省市级以上的专业技术比赛活动,学习交流经验。

2. 完善技术创新评价指标

按照公开、公正、科学规范、精简高效的原则,对研发项目的立项评审、经费预算、成果验收、绩效评价等进行客观的评价。实行科技创新目标责任制考核,企业与下级单位签订承包合同、下达任期目标时,明确科技创新的考核指标,按年度检查考核,并与其绩效年薪挂钩。

3. 完善技术创新激励机制

加大对科技成果的奖励力度,设立科技奖励基金,额度不低于企业年利润总额的5%,用于奖励在技术创新中做出突出贡献的科技人员;每年均进行技术成果的申报评审和表彰;推行技术创新的"差异化"奖励政策,对科技人员按对企业的贡献大小参与分配,对研发成果按其技术含量和转化能力进行奖励;对实施科技创新效果显著、为企业创造良好经济效益的单位和个人实行效益提成奖。

三、面向高端市场的石化施工企业技术创新能力建设效果

(一)技术创新能力明显提升

中化三建在行业中的地位迅速提升,在石化施工企业中首家取得"高新技术企业"、"省认定企业技术中心"、"国家认定企业技术中心"。培育的"一特三大"核心技术及其配套的自动化仪表、工程检测、防腐/绝热、设备/管道清洗等专业化技术均达到了国内领先、国际先进水平。近三年来取得的技术开发和推广应用成果共68项。其中,发明专利授权3项、实用新型专利授权20项;发明专利受理3项,实用新型专利受理7项;开发企业工法38项,其中国家级工法4项,省部级工法54项;省部级以上科技成果12项;主编和参编了13项国家标准、12项行业标准。国家专利、国家级和省部级工法、编写国家标准和行业标准的数量均居国内化工施工企业之首,提升了企业的核心竞争力。

(二)支持了企业的战略转型

中化三建技术创新能力的提升,为企业立足主业,面向高端市场,实施企业战略转型提供了有力的支持。一是主业高度集中,任务主要来源于三大经营支撑,2011年新签合同额95%以上来源大企业集团、国内外工程公司。二是企业效益大幅提升,资产质量不断提高。2011年实现营业收入47.16亿元,比2009年31.1亿元增长了52%;实现利润总额2.86亿元,比2009年增长了886%;企业利润大幅度增长,主营业务利润率高于行业平均水平,连续2年利润总额、净利润处于化工施工企业首位。企业的资产总额也从2009年的19.6亿元增加到2011年底25.95亿元,资产负债率从2009年84.68%下降到2011年75.89%,资产质量明显提高。

(三)促进了企业竞争力的提升

中化三建与中煤集团、神华集团、云天化、兖矿、华谊、中石化、中石油、中海油等国内大企业集团、国内工程公司以及海外的壳牌、美孚、巴斯夫、BP、阿美、力拓、萨比克、三菱、

拜耳等跨国公司,福陆、德西尼布、大林、现代等国际工程公司建立了长期的战略合作关系。市场覆盖国内 27 个省份和海外的沙特、蒙古、新加坡、越南四个国家。近年来,承建了一大批代表性工程,承建的化工和石油化工装置创造了国内外最大装置建设的多个第一,为我国石油和化工建设发挥了重要作用,品牌优势较好体现。

(成果创造人:赵春才、施志勇、黄庆平、夏节文、程 志、庞利阳、李文蔚、史湘林、陈云生、潘云东、台德树)

飞航总体部核心技术能力建设

中国航天科工集团第三总体设计部

中国航天科工集团第三总体设计部（简称三部）成立于1960年，是我国军工领域重要的总体设计单位与产品研发基地，主要承担飞航高科技产品的总体设计、系统集成、试验验证及售后服务等任务。三部现有在职职工1100余人，其中研究员77人，高级工程师306人，下设飞行器总体、导航制导与控制等28个特色专业，拥有精确制导技术实验室、先进综合突防技术试验室、200万亿次高性能计算中心、虚拟样机中心等一批国内一流的研试平台，初步形成了以北京云岗地区为核心、河北涞水地区为外延的配套完备的研发格局，为自身核心技术能力建设奠定了坚实基础。建部52年来，三部先后研制出多型国家急需的飞航高科技产品，成功填补了我国武器装备系统的6大空白。

成果主创人：三院院长魏毅寅（左中）与三部主任高文坤（右一）

一、飞航总体部核心技术能力建设的背景

（一）履行新时期使命任务的迫切要求

"十一五"期间，我军大力推进了以"建设信息化军队、打赢信息化战争"为指导思想的战略转型，国防武器装备的发展重点已从"解决有无问题"逐步向"从体系角度追求更高的作战效能"转变。未来多样化作战任务呈现出的战场环境复杂化、作战应用体系化、作战过程信息化、武器装备智能化等显著特征，对飞航总体部核心技术能力建设提出了更新更高的要求：一方面，要以战斗力生成为导向，紧贴实战需求，着力突破制约飞航产品在复杂战场环境下有效使用及作战效能提升的关键技术，不断丰富传统领域的发展内涵；另一方面，要积极适应多品种、小批量、多功能和高效费比等需求特点，深入推进工程信息化建设和数字化协同研发模式的应用，持续提升创新研发能力。只有深入开展核心技术能力建设，才能切实满足未来作战对飞航产品研发的需要，才能有效履行"科技强军，航天报国"的神圣使命，才能更好地为国家利益拓展和军队战略转型提供支撑。

（二）适应飞航技术发展趋势的客观要求

随着世界范围内新军事变革的加速逼近和国防科技工业领域高新技术的迅猛发展，高超声速飞行器、空天往返飞行器、无人作战平台等新概念产品不断涌现，在这些新概念产品的带动下，国内外飞航技术领域呈现出"群雄并起"的发展态势。为持续扩大传统飞航领域的优势地位，积极抢占新兴技术领域的战略制高点，三部必须建立起一系列创新性的设计方法与试验手段,推动核心专业技术的快速发展,为新概念产品研发提供强有力的支撑。只有深入开展核心技术能力建设,优化调整资源配置,不断提升设计水平与研试能力,才能切实满足专业技术领域拓展的需要,才能持续研发出"管用好用"的护国利器,才能确保实现"领跑飞航"的战略目标。

(三)推动自身跨越发展的现实要求

"十一五"中后期以来,适应国家加快转变经济发展方式的客观需要,国防科技工业迈出了转型升级的坚实步伐,集团公司适时推出了"二次创业 跨越发展"的战略部署,对三部的发展建设提出了更高的要求。三部传统的以军品科研生产为主体的经营模式已无法满足新时期经济持续增长的需要,亟待寻求与拓展新的业务领域。与此同时,随着信息技术、网络技术、传感器技术等高新技术在武器装备上的广泛应用,飞航高科技产品的服务领域越来越广、时空覆盖越来越长、智能化水平越来越高,全寿命周期的服务与保障需求越来越强烈。只有及时转变发展观念,深入开展相关领域的核心技术能力建设,才能加快推进三部经济增长方式转变,保持三部经营绩效的持续增长。

二、飞航总体部核心技术能力建设的内涵和主要做法

三部牢牢把握新时期国防战略转型的客观需求,聚焦于传统领域核心技术能力强化及新兴领域核心技术能力拓展,坚持以战略规划为引领,以人才开发为支撑,以资源配置为保障,以科学管控为推动,力促核心技术能力快速升级,为自身把握战略机遇、实现转型升级、谋求可持续发展奠定坚实基础,为达成"建设国际一流飞航技术总体设计部"的发展愿景提供有力支撑。主要做法如下:

(一)强化战略规划,引领核心技术能力建设

1.深刻分析内外部环境,科学制定发展战略

面对国防战略转型的客观需求,三部认真分析内外部环境的深刻变化,重新评估自身在传统领域的领先优势及新兴领域的发展前景,发现核心技术与美、俄等军事强国的最新技术相比仍存在一定差距,集中体现在:飞航技术领域产品品种与系列还不完备,在射程覆盖、速度覆盖、高度覆盖等方面尚存在一些空白;无人飞行技术领域正在开展关键技术攻关与研制能力建设,部分关键技术尚处于基础研究阶段,项目立项与市场拓展方面亟待突破;空天飞行技术领域仍处于研究探索阶段,技术基础还不雄厚,领域拓展难度较大。

针对核心技术能力的短板,三部按照"以国防战略转型和飞航产品研发需求为牵引,以技术能力提升为根本,着力突破传统领域关键技术,积极拓展新兴领域前沿技术,重点掌握一批国内领先、国际先进的核心技术"的发展思路,研究制定"一主两翼"的核心技术能力发展战略。其中,"一主"是指确保飞航领域的技术绝对领先优势;"两翼"是指积极拓展空天飞行和无人飞行两大领域。围绕"一主两翼"

院区全景

战略,三部深入开展专业技术对标分析,系统梳理出飞行器总体、导航与控制等10个重点发展的核心技术方向,引领核心技术能力建设向纵深发展。

2010年,在核心技术能力建设取得明显成效的基础上,根据内外部形势的深刻变化,三部对"一主两翼"战略进行调整和完善,确定信息化体系作战与武器装备信息化,亚/超声速飞行器总体优化设计、系统集成与试验验证,高精度导航,精确控制与制导,复杂电磁环境下综合突防作为传统的飞航领域的核心技术方向;高超声速飞行器总体多学科优化设计、系统集成与试验验证,新型动力,新型弹/机体结构与防护,多武器平台网络化协同作战作为新兴的空天飞行与无人飞行领域的核心技术方向,予以重点建设,大力发展。

2.切实做好战略管理,确保战略内容落地

为规范战略管理工作,制定《发展战略与规划工作管理办法》,明确规定战略制定、部署、评估、滚动修订各环节的工作要求,建立由领导小组、专家咨询组、办公室组成的三级战略管理机构,成立专门的核心技术能力战略研究机构——发展战略与体系总体研究室,形成战略研究常态化机制,有力地推动核心技术能力战略研究的深入开展。

为确保核心技术能力发展战略落地,全面实施专业技术推进工程,各核心技术方向就相关专业未来的发展设想进行详细策划,制定明确的发展路线图与行动计划,并纳入科技委专业组年度工作计划予以推进落实。针对核心技术能力短板,三部选取亟待发展的重点技术积极申报各级各类科技创新项目与基础科研课题,大力开展探索研究,努力弥补短线不足,促进核心技术能力整体协调发展。同时选取未来重点发展的战略方向,积极推进国防重点实验室建设,以实验室为平台推动学术交流、推动核心技术发展、推动系统级项目孵化培育。

(二)紧扣转型需求,强化核心技术能力建设

1.把握体系作战需求,着力提升飞航产品信息化体系作战总体技术支撑能力

未来信息化战争中,飞航高科技产品的发展越来越呈现出信息化、体系化的使用特点。以往对飞航产品体系的整体建设滞后于产品发展,产品的系统性和协调性存在差距,制约了产品综合作战效能的充分发挥,信息化体系作战能力亟需强化。为此,三部成立发展战略与体系总体研究室,从战略高度与体系层面持续开展飞航产品的顶层规划论证,立足体系总体的视点审视飞航产品的设计起点与使用样式,研究协同作战方式及对应产品系统特点,实现协同应用环境下的产品设计,使产品能力在体系背景下得到最大程度发挥。同时,系统梳理出在传统飞航领域支持战斗力快速生成与作战效能有效提升的一系列关键因素,重点围绕基于信息系统的体系总体、任务规划、作战效能、数据链、产品信息化等关键能力开展攻关,不断强化三部在飞航领域的专业优势与技术特色。

2.适应装备智能化发展特点,着力提升飞航产品信息化核心专业支撑能力

针对军方对飞航产品体系化作战的使用需求,三部在国内率先成立任务规划新专业,开创飞航产品性能、军事运筹、复杂战场环境、空间地理信息与作战平台之间的交叉研究学科领域,解决飞航产品战术协同与时空协同的问题。针对有效提升飞航产品体系作战效能的需求,组建作战效能与突防对抗实验室,各种新型装备通过在实验室开展接近实战条件的推演、演练,在方案阶段及早发现应用方面的不足,为研制信息化、智能化、高效能、高毁伤的飞航产品发挥了重要作用。基于软件质量已成为装备信息化、智能化

的重要标志和影响飞航产品作战效能的关键因素,于2004年开始导入和实施"军用软件研制能力成熟度模型"(GJB5000),2007年1月获得总装备部颁发的军用软件成熟度二级资质,2010年3月正式启动"军用软件研制能力成熟度模型"(GJB5000A)三级认证工作,2011年12月顺利通过了总装新时代认证中心进行的软件军用软件研制能力成熟度三级评价,成为中国航天科工集团公司唯一一家通过三级评价的单位,同时也是全国军工单位中第一家通过三级评价的总体设计单位。

3. 瞄准"三快"需求,着力提升飞航产品数字化总体研发能力

为有效应对国防战略转型需要,军方对飞航产品提出"快研究、快定型、快生产"的"三快"需求。为此,三部充分利用信息化技术手段来促进总体研发能力的快速提升,基于优化的飞航产品研发流程,应用数字样机、多学科协同设计等虚拟产品研发技术,实现产品、过程、资源有机集成;构建统一的飞航产品数字化集成研发平台,采用先进、兼容的信息技术构造高效可靠的基础网络资源,建立统一共享的产品数据中心,支撑开展高效协同的产品研发;构建基于飞航产品总体设计的多领域知识管理系统,型号人员可充分利用专业词典、领域本体库、知识索引库、物理模型库、经验规则库、知识模板库等数据库,将多领域知识嵌入到飞航产品总体设计过程之中,实现知识与研发过程的融合。

(三)瞄准新兴领域,拓展核心技术能力建设

1. 打造"三横九纵"模式,支撑新兴领域核心技术能力拓展

随着新军事理论的不断出现和国防战略转型的加速逼近,传统的国防装备亟需换代升级。为了适应这一发展需求,三部及时调整和加强预研创新体系的建设工作。面向飞航产品预研管理体系,根据研究任务提出方和技术成熟度不同,将预研创新项目分为9大类,并依托不同的实施主体和运行模式,分3个不同层次进行有效管理。

第一,以研究室能力基因建设为主导,实现新兴领域核心技术能力的专业培育与早期孵化。技术创新是三部研究室能力基因中贯穿所有方面的基本要素。作为推动三部技术创新的核心承载单位,研究室以技术创新和专业建设为着力点,纵横交织、互相带动,积极推进核心技术能力的早期孵化。以研究室为培育主体的预研创新项目主要涉及三院、三部级创新项目和航天基金项目等。各研究室通过成立以专业主任设计师为核心的研究团队,着重从三部范围内发现新思想,提高创新的原动力,目标是在各级创新基金的支持下开展具有探索性质的研究工作,进行项目的早期孵化。该层次的研究工作构成三部整个预研创新体系的专业基础层。

第二,以科技委创新团队建设为主导,实现新兴领域核心技术能力的系统深化与统筹发展。以科技委为项目推进和统筹主导力量的预研创新项目主要涉及探索创新项目、军兵种专用技术、总装共性技术、航天支撑技术和基础研究项目等。三部建立以科技委常委为责任专家、以相关专业组为技术依托的创新研究团队,统筹部内相关资源开展专题研究与协作攻关,系统开展相关领域的原理性、原创性研究,从而为培育新的型号和专业技术发展方向奠定基础,创造条件。该层次的研究工作构成三部整个预研创新体系的系统综合层。

第三,以构建规范化的两总队伍为主导,实现新兴领域核心技术能力的成果转化与工程应用。这类预研创新项目主要涉及军兵种背景项目、演示验证项目、现役装备改造

项目和集团重大自主创新项目等。三部通过建立类似于型号研制的行政和技术两总系统,全面突破支持未来型号研制的核心关键技术,演示验证相关技术的工程可实现性,促进项目的成果转化与工程立项。该层次的研究工作构成三部整个预研创新体系的转化提升层。

"三横九纵"的管理模式有效地支撑了三部整个预研创新工作的深入开展,极大地促进了三部核心技术能力的有效提升。

2. 紧跟技术发展趋势,推动新兴领域核心技术能力拓展

面对国防战略转型带来的深远影响,三部主动作为,积极抢占空天飞行与无人飞行等新兴技术领域的战略制高点。针对空天飞行领域和无人飞行领域起步晚、研究基础较为薄弱、综合试验验证能力不足的情况,三部成立空天飞行技术研究发展中心,从顶层系统论证重要拓展领域的技术发展路线,扎实推进相关基础研究与关键技术探索;多方筹措资源,在短时间内完成了一批空天飞行和无人飞行领域基础研究和产品研发急需的试验条件和试验手段建设。

(四)加快人才开发,推动核心技术能力建设

1. 以提升技术能力为目标,推动人才引进和培养

根据核心技术建设需要,制定人力资源发展规划,主管机关和用人单位齐抓共管,提前谋划,从高校和社会引进核心专业人才。针对高超声速飞行器总体多学科优化设计、系统集成与试验验证等核心技术能力建设最关键、最紧缺人才,制定优厚的待遇条件,多方位、多渠道吸引技术与管理领军人才来部工作。制定"飞航英才接力计划",选拔青年人才、骨干人才、核心人才、领军人才四类人才进入培养计划,分别实施"助跑"、"助推"、"助飞"、"推介"四大人才培养工程,有针对、有重点地对相关人员进行阶梯式培养,形成不同层面的人才储备。着力加强科技创新团队建设,以团队为主体积极推动核心技术能力发展,推动前沿技术探索,先后培养出1个国家级、2个集团级、3个院级科技创新团队。

2. 以多种手段为激励,推动技术人员学习和发展

建立员工"培训套餐"选择制,对具有不同培训需求的员工提供多样性培训选择。以保障学习培训效果性为重点,以培养学习氛围为目标,以加速领军人才培养为根本,建立和实践一套加速人才培育、促进专业技术人员成才的管理办法,使学习组织化、制度化。制定多重激励手段,鼓励员工学习和发展,推动专业和技术发展。针对空天飞行技术的快速发展,选拔技术人员和高校联合培养博士,并给与优秀学员突出奖励。开展院士讲堂活动,聘请国内专业的知名院士进行讲座,拓展核心技术员工知识和视野,同时针对军工企业特点,聘请军方人员论证部门与研究机构专家作为客座教授,讲授国防战略转型背景下国防装备与国防科技的发展重点。此外,建立完善的技术人员绩效考评体系,对于考核优秀的核心骨干人员,在教育培训(包括出国培训机会、教育基金等)、技术职务晋升、职称等方面给予重点倾斜,在三部内部形成了以技术发展和创新为导向的群体氛围。

(五)优化资源配置,支撑核心技术能力建设

1. 梳理专业发展规划,突破条件建设瓶颈

为满足国防战略转型形势下武器装备发展对核心技术能力的需求,三部的条件建设

坚决贯彻国防科技工业机械化和信息化复合发展的思路,大力加强能力体系建设论证,由原来的型号任务牵引向体系规划和核心技术发展牵引转变。三部于2007年开展飞航产品装备体系、核心技术能力和条件建设三个方面的规划论证工作,以飞航产品体系发展需求牵引出重点发展的核心技术能力及里程碑节点,再以核心技术能力发展需求牵引出条件建设的规划。通过深入开展条件统筹建设规划、信息化建设规划论证,确定重点提高多学科数字化协同设计分析能力、"天地一致"综合试验验证能力、高性能计算能力等方向的建设思路,找出制约专业技术发展的条件建设短线和瓶颈,在几年的建设过程中,对数字化设计、体系协同仿真、隐身和环境试验等核心专业采取有力措施予以重点支持,促进了三部整体研试能力的提升。

2. 加强纵横统筹,夯实传统领域基础建设

针对传统领域的核心能力建设需求,以核心技术发展的条件建设规划为纲领,纵向上以产品研保解决研制任务的急需条件,横向上以平台化建设解决专业技术发展所需的基础设计和试验条件,采取统筹资源、分步实施的策略,分批次逐步夯实专业技术发展所需基础条件,稳步提升研试能力。

3. 紧跟技术发展趋势,加快新兴领域条件建设步伐

针对新兴领域的核心能力建设需求,大力开展高速数据总线、任务规划、数据链、干扰和抗干扰等技术所需的研试条件建设,通过协同突防试验室、数据链验证环境、目标适应性验证环境、全频段多目标射频试验室等一系列项目建设,有力支撑核心技术发展。同时,紧跟前沿技术发展趋势,在一体化设计、综合力热环境、高性能计算、复杂气候环境验证等拓展领域和专业方面,梳理条件建设需求,深入推进综合设计平台、大型综合热环境试验室、200万亿次高性能计算系统、复杂气候环境模拟实验室等项目建设,为新兴领域核心能力建设与关键技术攻关奠定了坚实的基础。

(六)细化科学管控,保障核心技术能力建设

1. 强化制度管理,促进核心技术能力建设顺利开展

基于国防战略转型对核心技术发展提出的客观要求,着力加强核心技术能力建设的制度化管理工作,先后出台《关于加强专业技术发展工作的若干意见》、《关于进一步加强专业技术发展工作的决定》等文件,针对核心技术能力建设的薄弱环节提出明确要求,有效指导核心技术能力建设的全面开展。同时,积极制定并实施《创新奖励管理办法》,加大对专业技术研究项目的奖励力度。

2. 健全工作机制,保障核心技术能力建设有效开展

为确保核心技术能力建设取得实效,着力加强奖惩机制建设,以责任令、重要节点任务等形式将核心技术研究项目纳入科研生产调度计划加以管理,并根据计划执行情况严格落实考核奖惩。针对以往专业技术发展工作中沟通不力的问题,建立预研创新双月例会制度,系统评价核心技术能力建设的阶段性成果,就计划的组织实施、人员调配、条件建设等重要事项进行沟通协调,在企业内部形成核心技术能力建设的良性发展机制。此外,积极探索建立专业技术领域首席专家制度,成立专业技术研究师队伍,为核心技术能力建设的深入开展提供了有力保障。

3. 加强交流合作,推动核心技术能力建设深入开展

面对军工行业日益激烈的竞争环境,三部着力加强对外交流与合作,充分利用外脑促进核心技术能力的不断提升。与军科院作战理论和条令研究部、总装论证中心、上海交大船舶学院等优势科研单位建立战略合作伙伴关系,联合开展关键技术开发与应用。广泛搭建学术交流平台,积极举办"高新精确打击武器装备发展"高层论坛、"无人作战体系及装备发展"研讨会、"飞航杯"未来飞行器设计大赛等学术交流活动,有力地推动前沿领域的技术探索。设立"三部创新技术基础研究基金",面向科研院校订制并定向发布基础研究基金研究指南,加强技术合作和成果引进。

三、飞航总体部核心技术能力建设的效果

(一)保障了研制任务的圆满完成

成果实施以来,三部的研发水平得到了大幅提升,其间,成功培育出1个国家级重大工程,圆满完成了我军战略转型急需的多型武器装备研制、生产任务,并在武器装备发展战略研究、信息化装备体系作战论证方面取得了丰硕的成果。5年来,三部共获得国家科技进步特等奖2项,一等奖2项,二等奖2项,国防科学技术特等奖2项、一等奖3项、二等奖18项、三等奖17项。在国庆60周年阅兵的42个地面、空中装备方阵中,三部研制的5个型号以先进的水平、强大的阵容、磅礴的气势接受了党和人民的检阅。

(二)促进了核心技术的快速发展

目前,三部已经建立起涵盖飞航、无人飞行、空天飞行三大领域28个专业技术发展方向,梳理形成了52项核心技术、126项关键技术、39项独有技术和114项一般技术,其中,飞行器总体、导航与控制、精确制导、任务规划、发射等7个专业的技术能力已达到国内领先、国际先进水平,飞行器隐身、结构、试验与验证等专业技术能力接近国际先进水平,成功培育出近10个预研背景型号及90项各级别科技创新项目,取得32项各类专利授权,引领我国飞航技术发展实现了历史性跨越。

(三)带动提升了企业经营管理水平

核心技术能力的培育带动了三部在条件建设、人才培养以及基础管理等方面的进步。五年来,成果实施累计创造效益额8100.8万元,平均投入产出率27.9%。产品全寿命周期服务与保障业务拓展初见成效,集团公司环境与可靠性试验中心落户三部,以产品延寿为代表的业务范围逐步扩大,为三部经济的持续增长提供了新的贡献点。研试条件快速升级,军工系统排名第一的200万亿次高性能计算系统上线运行,国内首创的全系统地面功能试验室通过试验考核,处于国际先进水平的静区微波暗室建设完成,形成了系统的亚声速飞航高科技产品设计分析能力。人才培养成果丰硕,5年来共培养出"新世纪百千万人才"1名,享受政府特殊津贴人员4名,省部级专家、学术带头人17名,全国五一劳动奖章获得者4名,为圆满完成使命任务提供了强有力的人力资源保证。

(成果创造人:魏毅寅、高文坤、张　山、邓　辉、高雪林、王长青、姜　坤、崔　巍、张　泓、孟祥鑫、王启鹏、刘　瑶)

航天研究所研发、批产并重的产业化管理变革

中国空间技术研究院西安分院

成果主创人：院长史平彦（左）
与党委书记李军

中国空间技术研究院西安分院（原中国航天科技集团公司五院五〇四所，以下简称西安分院）隶属于中国空间技术研究院，是我国最具实力的空间飞行器有效载荷研发和产业化基地。截止2011年底，西安分院共有员工2000余人，2011年度总收入29亿元，利润2.9亿元，固定资产9.76亿元，人均产值约150万/人·年。

西安分院1965年6月29日正式建所。2008年4月8日，中国航天科技集团公司为加速我国空间有效载荷领域发展，在原五〇四所基础上组建西安分院。西安分院技术力量雄厚，专业配套齐全，拥有中国工程院院士1名，国家"千人计划"引进专家1名，国家级学术技术带头人1名，省部级专家14名，卫星副总师、产品首席专家及研究生导师53名，形成了领军人才为代表的高层次科技人才队伍。

西安分院获得了国家、省、部等各种科技成果重大奖励400余项，多次荣立一等功，被授予航天重大贡献单位。2007年，西安分院获得了由中央组织部、人事部、国防科工委、总政治部和总装备部联合颁发的"高技术武器装备发展建设工程突出贡献奖"；获得了由人事部、国防科工委、国资委、总装备部和中科院联合颁发的"首次月球探测工程突出贡献单位"的荣誉称号；2008年，获得了由国家颁发的探月工程"国防科学进步特等奖"；2009年荣获国务院颁发的"国家科技进步特等奖"。

一、航天研究所研发、批产并重的产业化管理变革背景

（一）维护国家主权和经济安全的需要

航天是当今世界最具挑战性和广泛带动性的高科技领域之一，在高科技领域处于牵引和龙头地位，已成为世界各国在新时期综合国力竞争的重点。发展航天事业已成为增强我国经济实力、科技实力、国防实力和民族凝聚力的重要举措，成为引领和推进科学与工程技术全面发展的强大动力。

1999年，中共中央国务院发布了《关于加强技术创新发展高科技实现产业化的决定》，从国家战略层面提出"加强技术创新，发展高科技，实现产业化"的要求。2010年10月，国务院正式发布《关于加快培育和发展战略性新兴产业的决定》，提出要"积极推进空间基础设施建设，促进卫星及其应用产业发展"，明确将航天作为国家战略高技术产业发展的方向。作为卫星的重要组成部分，卫星有效载荷是指装在卫星上为完成卫星特定任

务的专用设备,有效载荷的性能直接决定了卫星的功能和应用水平,对整个卫星系统起着举足轻重的作用,已经成为推进航天技术发展和应用的主导因素。

为响应国家号召,西安分院的上级主管部门——中国航天科技集团公司提出实现从航天大国向航天强国迈进的宏伟目标,西安分院作为我国最具实力的有效载荷研制单位,实现有效载荷研发与批产并重的产业化转型,不但可以为维护国家主权和经济安全提供强有力的支撑,而且可以通过打入国际市场并占据一席之地。

(二)满足"十二五"期间宇航市场需求的必然选择

在"十一五"之前,我国应用卫星体系尚未完全建立,每年发射卫星数量很少,而从"十一五"开始至今,是我国航天事业发展最迅猛的时期,以西安分院为例,承担的卫星(飞船)发射任务从"十五"期间的13颗卫星到"十一五"发射45颗卫星,任务增长2.5倍。

"十一五"之前,西安分院研制的卫星有效载荷产品尚未实现产业化、规模化生产,研制交付能力大约为每年5颗卫星左右,各类单机产品数量仅为数百台。而"十一五"、"十二五"期间,西安分院已经承担的卫星(飞船)研制数量达到300颗(艘)左右,同时市场对卫星的需求向着功能多样化、性能更强、质量要求更高、成本更低、研制生产周期更短等方向发展,为西安分院提供了巨大的发展空间的同时也带来了研制交付能力的巨大考验,如果仍然沿用以往的单件、小批量的研制模式已经远远不能满足国家和用户的需求。

(三)原有管理机制不能满足产业化发展需要

长期以来,西安分院和许多典型的军工科研院所一样,研究成果主要服务于国家指令性科研任务,从人员队伍与组织管理、产品定型、生产体系等多个方面均不能满足产业化发展的需求:

一是专业研究室出产品的模式限制了队伍专业化发展:产品设计人员与调试人员不分离,造成研发人员既负责产品开发,又从事原本应该在生产环节解决的调试工作,队伍专业化程度不高。

二是通用产品与定型产品少造成研制周期较长:产品研制中,以型号项目为导向的观念造成了产品概念的缺失,通用及定型产品在全部产品中应用比例仅为30%左右,导致每个型号项目开始时,需重新进行研发,影响了研制效率,导致研制周期长,某些卫星项目研制周期甚至在10年以上。

三是生产体系"小而全",不利于提升产能:西安分院产品研制过程中,所有产品设计、电路板加工、普通机加、精密机加、单板电装、整机电装、表面处理、测试、试验、系统总装总测全部环节都由内部完成,这导致了部分产能不均衡,整体产能不高,同时产品研制的非核心环节也在一定程度上造成资源利用效率偏低,投入产出比不高。

西安分院通过对制约产业化发展的原因分析,充分认识到推进产业化管理变

院景

革已经成为产业化发展的先决条件,只有在组织模式、产品化建设、生产体系等方面进行针对性变革,才能真正实现卫星有效载荷高技术领域的产业化发展。

二、航天研究所研发、批产并重的产业化管理变革内涵和主要做法

西安分院提升对产业化变革的认识,改革研发体制和组织架构,调整人员队伍配置,构建产业化内部支撑平台和外部协作体系,实现从单件、小批量生产向具有一定规模的产业化生产模式转变。主要做法包括:

(一)统一思想,提升认识,把产业化管理变革纳入中长期发展规划

"十一五"前,由于长期以来形成的固有观念,西安分院广大员工均在不同程度上存在"重研发、轻批产"的思想认识,在这样的思想理念指导下,不但未能形成产业化规模,更谈不上满足国家与用户对于该领域高技术产业化的要求。面临这种形势,西安分院领导班子认识到:必须统一思想,提升广大干部员工对于产业化变革紧迫性的认识,把产业化管理变革作为战略性、方向性的大事来抓。因此西安分院在制定"十一五"规划中提出"立足航天,作强主业;拓宽产品类别及其应用领域;走规模化、产业化发展道路。"的指导思想,明确建成"建成国内最强并具有较强国际竞争力的空间飞行器有效载荷研制和产业化基地"的宏伟目标。以战略指导思想和中长期发展目标为牵引,西安分院通过全体员工动员大会,形势任务教育,网络平台和内部刊物等渠道组织宣贯,统一全体员工的思想认识,为进行管理变革创造条件。在发展理念上,由计划经济下被动等待上级指令性计划任务转为主动地参与国际国内市场竞争,由重视型号项目轻视产品转为型号和产品并重。

(二)改革研发体制和组织架构以适应研发、批产并重产业化的需要

2005年以前,五〇四所实施的是与型号任务相适应的专业化研究室的发展模式,根据不同的卫星型号任务的牵引设立不同专业的研究室。这种单纯依靠型号牵引的管理模式在卫星数量较少的情况下,能够较好的推动研制计划。但是随着承担任务的逐年增加,这种模式暴露出没有定型产品,研发和生产不分,人力资源配置效率不高,无法形成批生产能力的问题,在多型号并举的形势下,不能有效满足用户的需求。因此从研发体制上,必须打破依靠专业研究室出产品的作坊式研发模式。从2005年起,西安分院先后多次进行研发体制改革和相应的组织架构变革,适应产业化发展的需要。

西安分院调整后的组织架构由本级负责综合管理、系统集成、技术基础,下属单位负责产品实现。这样可以在突出核心的基础上充分发挥各单位的积极性,而且能够充分利用公共设施,提高资产使用效率,也使下属各部门集中精力做好本职工作。

产品级研发部门:把原有的若干产品研究室根据专业发展方向整合为5个专业研究所、集中力量用于产品开发和技术创新。

系统级研发部门:成立有效载荷总体部和装备电子事业部,负责系统设计、集成及验证。

基础研究部门:空间微波技术重点实验室、院士实验室、博士后工作站,开展973、自然科学基金、探索一代研究;新设北京、上海研发中心,开辟新技术领域。

生产部门:新设空间电子产品制造中心,把原有的机械加工车间、电子车间、整机集成车间、测试试验中心等与生产有关的部门整合在一起,专注于工艺设计和批量生产。

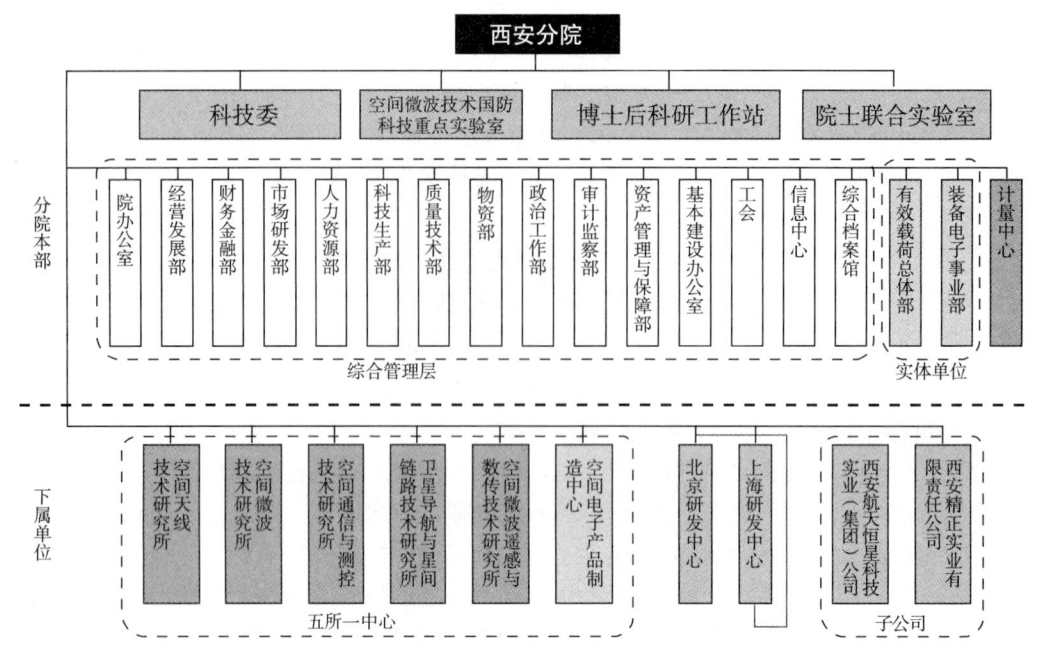

图 1 调整后的西安分院组织架构图

同时西安分院筹资建成具有国际先进水平的空间电子产品制造中心厂房和与之相关的生产线硬件设施,把物资配套、单板生产、整机集成、系统联试由原来分散的布局,集中在一起,与生产有关的主要环节在一个厂房内完成。

市场开发部门:针对宇航市场的特点,强化市场开拓能力,在综合管理层新设两个具有市场开发职能的综合部门,分别是面向相对成熟市场的经营发展部和跟踪用户潜在市场的市场研发部。

（三）以设计、生产分离为重点调整人员配置,建设研发批产并重的产业化人才队伍

将产品设计队伍与生产队伍的分离作为产品队伍体系建设的核心工作,以队伍分离为牵引推动队伍体系建设,完成适应产业化需求的新型产品队伍组织模式构建以及与之配套的队伍管理机制建设,保证产品队伍结构的优化和能力的持续提升。在具体实施过程中,对设计师职责进一步细化分解,把原有全部由单机设计师负责的工作,按照工作职责分解调整为新的不同的五个岗位来负责。

产品设计师:将产品设计、更新换代的职能分离,突出其产品研发设计和创新职责,仍然保留在各研究所。

产品工程师:负责产品工程化,在生产系统中处理与产品有关的技术问题,如测试数据判读、调试问题处理等,指导调试、测试等。通过设立产品工程师岗位,将设计人员以往承担的部分职责由到产品工程师承担,纳入空间电子产品制造中心。

调试、测试、试验人员:将调试、测试、试验等职责转移到空间电子产品制造中心,分设 3 个岗位。

西安分院通过积极推进产品设计、生产分离,形成以型号项目研制队伍、技术创新队

伍、产品生产队伍、产品保证队伍为代表的专业化队伍,实现研制环节的"五个分离":分系统与单机的研制队伍实现完全分离;分系统设计与分系统 AIT 实现完全分离;单机设计与单机调试实现完全分离;单机设计与单机测试、试验实现完全分离;新研产品与成熟产品研制过程实现分离。在队伍分离的基础上,西安分院近年来通过硕士、博士定向培养,国家千人计划等高端人才引进,使得研究所专职设计人员得到补充与加强;通过组建经营发展部、市场研发部,补充并培养市场队伍。

(四)通过产品模块化,建立面向产品的物资配套模式

西安分院作为典型的出产品的航天研究所,承担的航天产品主要是空间有效载荷产品。空间有效载荷就是装载在空间飞行器上,直接实现特定任务的仪器、设备和分系统,是空间飞行器的核心,是决定着空间飞行器性能水平的主要因素,决定着空间飞行器的性质、功能和用途。空间有效载荷产品具有高度定制、产品种类丰富、产品单件生产或很小批量生产、可靠性要求高等特点。针对以上特点,西安分院有针对性地采取以下措施。

1. 通过产品模块化,大幅缩短研制周期,保证质量,完善产品体系

在产品体系建设方面,西安分院结合传统业务领域的发展和新业务的拓展,在原有 11 个产品大类,51 个产品小类产品树的基础上,进行重新梳理形成 14 个产品大类,61 个产品小类产品树,明确典型产品责任人和计划经理,开始探索从以型号为核心到以产品为核心的管理。

有效载荷产品品种多、产品需求多变,对于同一种产品来说,不同的卫星用户需求的不同往往导致单机产品技术状态的不同。因此,针对需求多变、单机定型困难的载荷类产品,西安分院提出模块、单元技术状态固化的思路,在整机产品不易定型的情况下通过将整机分解为通用模块和专用模块,提升产品成熟度。由于单机是由模块组成的,模块的通用性比单机的通用性更强,通过对通用模块的定型,保证模块技术状态固化,以各类模块"搭积木"组合完成整机设计,这样不但可以大大缩短产品研制周期,而且便于质量控制,使得产品具有更高可靠性。

产品模块化研制的核心思路是:识别通用模块,建立模块型谱,并完成鉴定和定型,形成模块库;在新产品开发中,将全新技术衍化与成熟的功能模块组合产生新产品,从而快速构建成熟度高的整机产品。西安分院从 2005 年开始进行模块化的工作,到目前编制 11 类模块型谱,固化了 40 多种模块,并都进行了在轨验证。核心单机模块选用率在不断提高,产品化成果在型号任务的应用率从 30% 提高到 60%,产品交付能力不断增强。

2. 建立面向产品的物资配套模式,改善物资供应

物资供应是产业化大规模生产的必要条件,由于西安分院要实现有效载荷产品的系列化、模块化,物资配套模式势必需要面向产品,并按照计划有序进行。针对产品研制中关键元器件由于受到供货渠道影响不能满足要求的特点,西安分院在物资配套环节自筹资金实施物资战略储备,建立起面向产品的物资配套模式。西安分院通过编制《西安分院空间材料优选目录》和《选用数据手册》,对目录内的材料建立安全库存制度。实现"要就有"的目标,完成"去型号化"的管理模式转型。积极实施元器件三维度超前储备,即在元器件维度,主要对长周期、供应渠道不稳定的元器件加大储备力度;在产品维度,主要

围绕核心产品的国产化单机和成熟单机的使用需求,对核心单机用元器件滚动储备;在型号维度,根据首发星的元器件装机登记卡,提前启动研制周期要求较高的项目中的继承性单机的物资采购工作。

3. 建立柔性生产线,推行组批生产

为改变过去"作坊式"的生产模式,西安分院在生产环节采取针对性的措施:首先是对新研发产品和成熟定型产品在计划管理上进行区分对待,除去已有的正样产品生产线之外,还单独建立新研发产品生产线,优化研制流程,加快新产品研制进度;其次是按不同产品类型建设微波有源产品、微波无源产品、天线产品等柔性生产线,优化流程、规范生产、提高效率;同时通过对通用产品和模块产品实行组批生产和滚动生产,避免因为资源冲突造成效率低下,实现均衡排产。

4. 实施信息化,使得产品研制、生产有序进行

为发挥现有生产资源的最大效益,自筹资金1000万元,于2006年初开始策划建立一套面向有效载荷单机生产及分系统AIT全流程的生产管理平台。该系统定位于生产准备、零部件加工、整机总装集成及测试试验、分系统AIT生产全过程、生产质量流程的全过程信息化管理,还可实现元器件配套自动化及产品数据包完整履历的输出,通过信息化工程的支持,整个生产流程的运管效率和质量保障能力得到明显提高,初步建成集产品组装、单机调测、环模试验、分系统集成测试,直至质检、交付运行流程的一条龙生产体系。

(五) 构建以"小核心,大协作"为特点的产业化外部协作体系

西安分院以"小核心、大协作"为发展思路,聚焦有效载荷系统设计仿真、大型试验验证设施、关键部部件国产化研制等核心能力,完善与产业化外部协作体系,全国各地包括科研院所、高校、企业在内的上百家单位建立稳定的合作关系。

西安分院通过现状分析,将核心部组件研制、精密机加、细间距电装、微波电装、有源调试等核心制造过程以分院为主进行,以确保国家任务的进度和质量。对于新技术前沿研发,与国内多个知名高校建立战略合作关系,成立联合实验室。对于通用成熟产品研制、生产中的普通机械加工环节、电装环节、部分环境试验等,则充分利用兄弟单位和社会资源。

三、航天研究所研发、批产并重的产业化管理变革效果

通过"十一五"以来的不断探索和实践,西安分院在上级主管部门的大力支持和全体员工的努力下,顺利实施了产业化管理变革,在有效载荷高技术领域实现了产业化规模,规模生产能力增长两倍,在国内保持了市场的绝对领先地位,而且通过整星出口在国际上占有一席之地,取得了良好的经济效益和社会效益。

(一) 具备了国内该领域最强的规模化生产能力

"十一五"期间,西安分院先后为43颗卫星和飞船提供了数百个分系统,累计交付单机产品近万台套。近年来分院单机和系统交付能力显著提升,2010年交付产品单机数量为三千余台,较2006年相比增长217%,产品交付数量、规模在我国同类卫星专业研制研究所中居于首位。

(二) 保持国内市场绝对领先地位,新市场不断得到突破

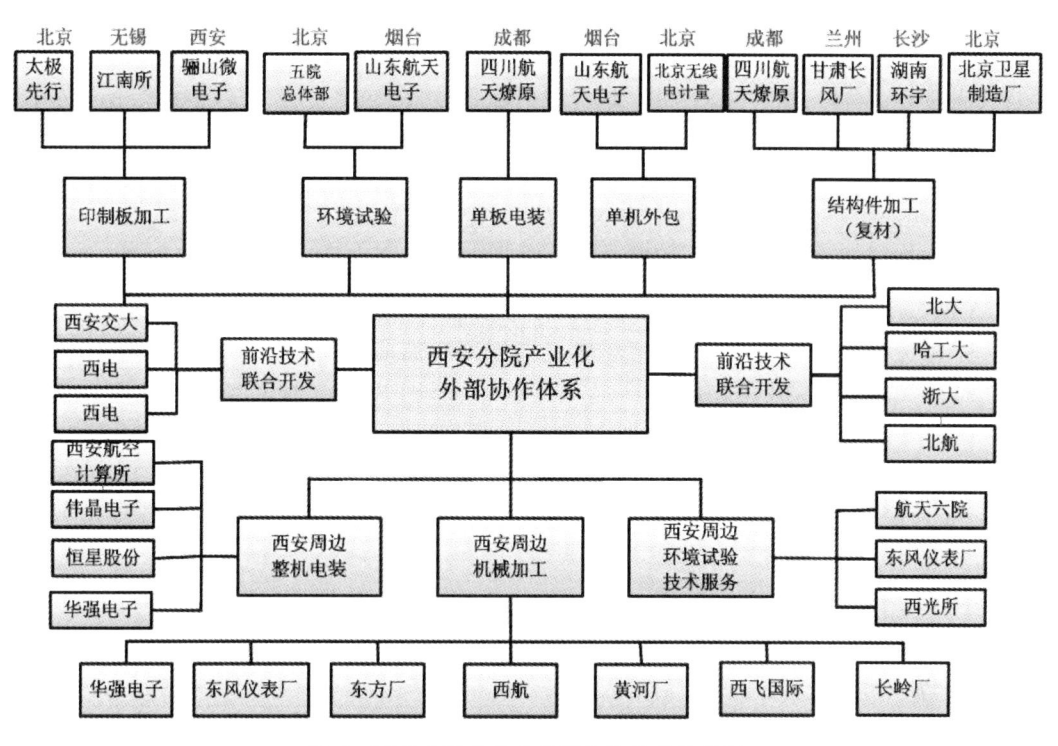

图 2 西安分院产业化外部协作体系示意图

通过实施研发、批产并重的航天研究所产业化管理变革,使得西安分院的核心竞争力不断增强,原有的卫星通信、卫星导航、数据处理与传输、空间天线、卫星测控、星间链路等传统优势领域地位仍然保持领先。在通信卫星领域,为我国所有通信卫星提供了有效载荷系统;;在导航卫星领域,承担研制了我国第一代北斗导航定位系统的 4 颗卫星和二代导航一期的全部有效载荷系统;在遥感卫星领域,为我国各类卫星提供高速数据传输系统和微波辐射、微波散射测量系统;在载人航天领域,为神舟系列飞船和天宫系列目标飞行器提供了中继终端系统、仪表照明系统控制器、返回舱天线网络等设备;在深空探测领域,为嫦娥系列卫星提供 X 频段测控子系统、数传子系统、测控天线等核心设备。

在保持原有优势领域地位的基础上,近年来成功开拓了微波遥感星载 SAR(合成孔径雷达)、卫星激光通信系统等新兴领域,客户群体数量也拓展了一倍以上。

(三)参与国际竞争,在国际市场占据一席之地

在国际市场开拓方面,西安分院从无到有,从整星出口到分系统和部件出口,与欧洲、美洲、亚洲多个国家和地区建立了合作关系,先后承担了尼日利亚一号通信卫星、巴基斯塔 1 号通信卫星,委内瑞拉一号通信卫星、亚太多边合作小卫星、玻利维亚一号通信卫星等整星出口项目。承担了出口欧空局的伽利略搜救转发系统、出口 Thales Alenia Space 宇航公司的鑫诺五号天线分系统、出口香港亚星公司地面站多工器等多个分系统和部件产品,全部产品顺利交付,管理体系进一步与国际接轨。为我国商业航天整星出口零突破和国际影响力的提升做出了卓越贡献。

(四)突破大批核心技术,摆脱了受制于人的不利局面

西安分院近几年来承担了国家973项目、国家自然科学基金、探索一代项目,持续引领我国卫星有效载荷技术发展。通过技术创新体系的建设,取得了空间大型天线、星间链路、高速数据传输、微波无源部件、辐射散射测量技术、特种及智能天线技术、时频系统技术、激光通信技术等一系列重大技术突破,形成了以静止轨道移动通信卫星载荷、空间大口径天线为代表的一批标志性技术成果,实现了技术创新的重大跨越。"十一五"期间西安分院已申请专利116项,其中发明专利83项(含国际专利申请1项),实用新型23项。34项专利申请已授权,其中发明专利15项,实用新型19项。

在核心产品国产化方面,不断加大投入,逐步摆脱了核心产品受制于人的不利局面。国产SAR天线的研制成功,为我国环境卫星组网应用奠定了坚实的基础;小型化接收机、行波管放大器、小型化铷钟等产品相继研制成功,进一步推动了中国航天的自主可控。

(五)取得良好经济效益,经济规模实现高速增长

通过成果的实施,西安分院的经济效益实现了跨越式增长,2011年实现总收入29亿元,利润2.9亿元,与2001年相比,用十年时间实现了高速增长。在人员仅增长1.3倍、固定资产仅增加2.9倍的情况下,总收入实现了19.6倍增长。

(成果创造人:史平彦、李　军、沈大海、董广红、吴跃龙、段崇棣、
　　　　　　　杨　帆、禚国维、雷维宁、李　宁、才　华、马　永)

提升工程化能力的技术创新管理

赛鼎工程有限公司

成果主创人：公司董事长、总经理张庆庚

赛鼎工程有限公司（简称赛鼎公司）的前身是成立于1958年的化学工业部第二设计院，现隶属中国化学工程集团公司，是一家以工程设计与工程总承包为主营业务的国有大型化工工程公司。现有职工1168人，其中国家级设计大师1名，中国石油和化学行业勘察设计大师2名，教授级高级工程师100余名，高级工程师380余名。具有国家"工程设计综合资质甲级"证书和工程勘察、工程监理、压力容器、技术咨询、环境评价、劳动安全评价、国外承包工程劳动合作经营许可证等资质，是"中国化工行业技术创新示范企业"、"山西省优秀高新技术企业"，进入全国工程勘察设计百强前50名。2011年全员劳动生产率51.75万元，营业收入220519.77万元，利润总额27621.71万元。

一、提升工程化能力的技术创新管理背景

（一）解决企业发展问题的需要

2001年前后，赛鼎公司在同行业中相比处于落后状况。那时不仅基本没有进入石油化工领域，在煤化工领域的专长也很少，能承揽到的设计项目不多，大型的工程项目和工程总承包项目更少。企业经济效益和员工收入排在中国化学工程兄弟设计院的后面，前后有一百多位专业技术骨干跳槽离去，企业生存和发展成为头等重要的问题。

2001年新一届领导班子成立后为改变落后状况，多次研究问题寻找差距，一致认为尽管有各式各样的问题和差距，但归根结底是没有把技术创新作为企业发展的根本，主要矛盾是在转型发展的新时期缺乏开拓市场的新技术。赛鼎公司认识到：要发展必须走技术创新道路，不断增加专利专有技术和提高工程化能力，形成"赛鼎要发展必须靠技术创新"的理念。

（二）从设计院转型为工程公司的需要

赛鼎公司是由单纯从事化工设计的设计院，转型发展成为能够从事各种工业建设项目的规划、可行性研究、基础设计、详细设计、设备材料采购、施工管理、项目管理服务和项目建设总承包的综合性、多领域的工程公司。在转型发展中实现"以设计为主体，实行工程总承包"，随着经营范围的不断扩大和业务链的不断延展，不仅需要对自己传统产品的工艺技术不断进行创新，而且迫切需要不断开发新的工艺技术，扩大技术创新领域，使技术创新成为新的效益增长点。

2001年我国加入世界贸易组织后,越来越多的国外工程公司进入中国的工程建设市场,国内工程公司也加快建设国际型工程公司的步伐,国内工程公司面临着难得的发展机遇,但同时也面临着国际化竞争的巨大压力。赛鼎公司在引进项目、与国外工程公司进行合作设计和与国外专利商建立持续的合作关系中,深刻认识到必须不断增强技术开发的能力和实力,才能缩小差距,提高国际化竞争能力,适应经济全球化的要求。

(三)建设一流工程公司,提高工程化能力的需要

国内外一流的工程公司都有独特的核心技术,较强的技术创新能力,集中反映在整体性的工程化能力。赛鼎公司在创建一流工程公司中,深刻认识到提高工程化能力必须有新技术、新工艺的支持,必须持续的开展技术创新,尤其是新兴产业的工程化和工业化,更是离不开技术创新。

随着国际竞争日趋加剧,发达国家对先进技术和关键技术的垄断越来越高。只有不断开展技术创新,增加自有技术和提高工程化能力,才能扭转在一些关键技术上依赖国外的状况,避免陷入"引进—落后—再引进—再落后"受制于人的被动局面。

二、提升工程化能力的技术创新管理内涵和主要做法

在科学发展、建设创新型企业的思想指导下,根据市场需求、企业技术能力、国家产业政策,赛鼎公司确定技术创新目标、制定技术创新战略和主攻主向,不断完善技术创新制度和机制,重视技术创新人才队伍建设和产学研用技术创新平台建设,强化技术创新运行过程管理、动态管理,保证人力、物力、财力投入,加快技术创新成果转化,强化知识产权管理,实现技术创新模块式发展,提高工程化能力。通过健全技术创新管理机制,建立技术创新考核、激励、管理制度,以机制和制度建设促进技术创新,对内建立一个责任明晰的组织,对外建立战略联盟。坚持引进、消化、吸收、再创新,集成创新,原始创新并重,寻求差异化解决方案,实现技术创新重点突破,由抢先一步到领先一步。主要做法如下:

(一)科学制定技术创新战略,明确技术创新工作方向

1. 分析技术基础和内外条件

赛鼎公司经过几十年的发展,已经具有结构合理、专业配套、素质较高的人才队伍和一定的技术研发创新能力,在煤化工领域业绩较多,积累起一些优势技术,但是在市场竞争中还存在以下不足:核心技术以传统煤化工技术为主,缺乏新型煤化工技术;有10余项专利、专有技术陆续面临保护到期的问题,对这些技术的二次开发将面临更大的困难;公司科研基础设施较差,尚未建立独自的实验室,研发能力相对薄弱;地处山西与中心城市和沿海地区相比地理环境较差,引进高层次人才难,留人难,人才易流失;对技术开发工作的奖励力度不够,致使员工一味从事工程设

与中科院山西煤化所签定
MTA技术合作开发协议

计,而忽略技术开发工作;内部科技管理工作还有待于进一步加强,使技术创新工作制度化、程序化、科学化。

我国传统煤化工行业存在低技术、高污染、高能耗等问题,煤化工行业的发展存在产业结构调整任务繁重、技术引进成本高、煤化工关键装备亟待国产化等问题,一些煤化工产品的滞销问题更为突出。但是受国际原油、天然气价格上涨的影响,煤化工行业的发展也面临良好的发展机遇。随着国际市场全球化、一体化发展,越来越多的国外公司进入我国抢占市场份额,加快了国内竞争国际化。

2. 确定技术创新战略和总体思路

技术创新战略:大力进行新型煤化工关键、共性技术的研究,重点进行煤化工后加工产品的技术研发。在煤的气化技术上不断改进,在煤的最终产品加工上不断创新。争取在煤化工技术开发应用领域占有较大份额。掌握一批专利及专有技术。寻求差异化解决方案,让煤化工与石油化工有机的结合起来,与可再生能源结合起来。

总体的构建思路:以技术为支撑,以创新为主导,以设计为基础,以工程总承包为主体,加大在煤炭深加工及化工新材料等领域的研发力度,加大技术投入,力争在煤化工技术、化工新材料技术领域占有较大份额。继续推进以设计为基础的工程总承包,深化体制改革,增强企业活力,实施有效的人才战略、市场战略、技术发展战略,推进国际化进程。加强技术创新,以核心技术的研发为重点,将核心主业做强;以拓展具有自主知识产权的工艺技术、产品及工程总承包业务为关键,将核心主业做大;集中力量在有明显或相对优势的关键技术领域取得突破,实现技术发展的跨越,为构建国际一流、用户首选的科技型工程公司提供强有力的技术支撑。

(二)建立健全技术创新管理体系和运行机制,提升技术创新能力

规范高效的技术创新组织管理体系和运行机制,是提升企业技术创新能力的关键。赛鼎公司注重健全技术创新组织管理体系,完善技术创新工作流程。技术创新工作以技术中心为主,以市场分析、信息化建设、政策研究、质量管理、营销管理、财务管理等部门为支撑。形成各相关科室、各专业有机配合、共同参与和开放合作的格局,实现整个技术创新活动和协调机制高效运转(图1)。

(三)健全技术创新制度和机制,以制度创新促进技术创新

1. 建立技术创新考核制度

赛鼎公司技术创新考核以"技术开发项目立项任务书"内容为主,包括:研发项目计划完成率、项目开发完成准时率、项目阶段成果达成率、技术评审合格率、项目开发费用控制率、项目开发成果转化率和取得专利技术等。

技术创新考核周期分为项目结束和年度考核,考核由公司技术中心牵头,有关职能部门参加,考核结果做为有关人员年度工作绩效考核的内容之一和公司奖励依据。

2. 完善技术创新激励机制

赛鼎公司每年对员工进行绩效考核,在绩效考核中对参与技术创新取得成果的员工,按照公司相关文件规定增加岗位效益津贴,优先评审和聘用专业技术职务,享受企业年金激励的待遇。考核被确定为优秀档次的,在增加岗位效益津贴分配时应当予以倾斜,在参加竞聘上岗时同等条件下予以优先考虑。赛鼎公司重视员工职业生涯发展,实

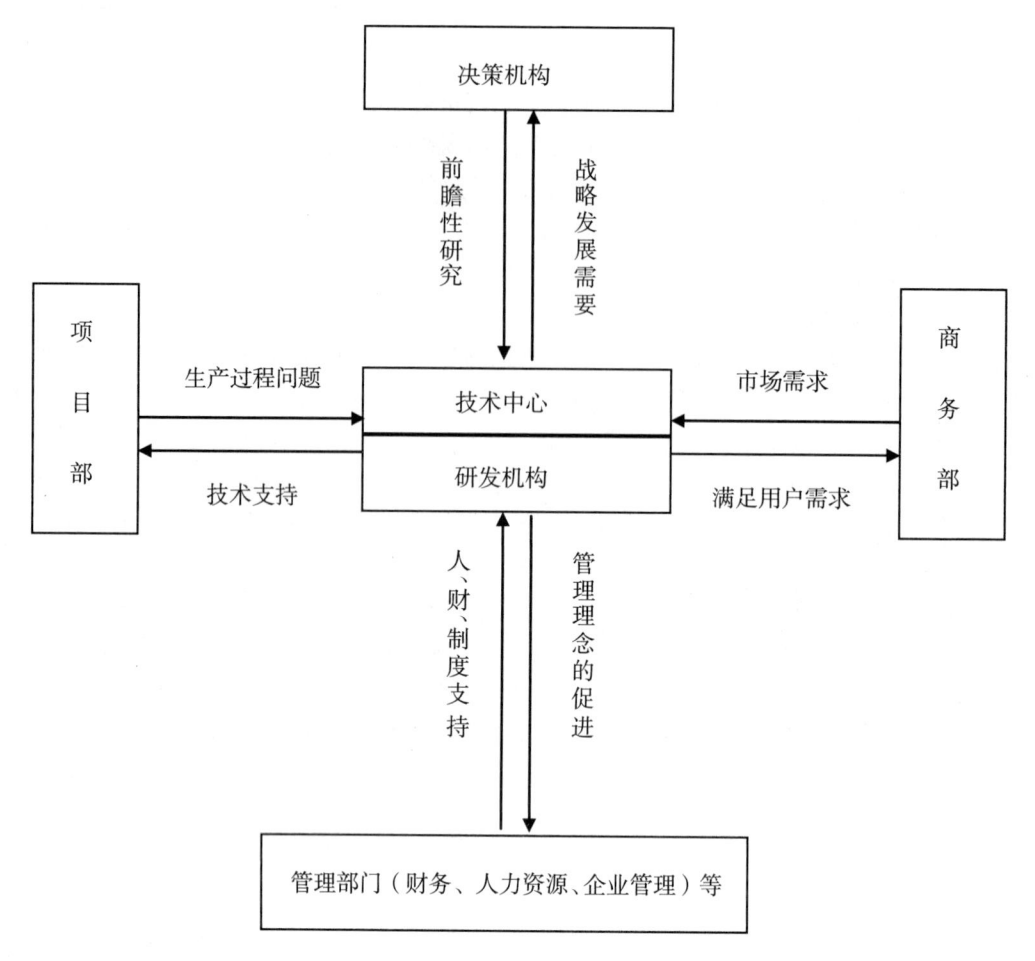

图 1 赛鼎公司技术创新管理体系图

现从外在物质薪酬到内在个体成长相结合的激励模式。考虑员工的个体差异,实行差别化激励;企业的激励机制不但包括正面的奖励体系,同时也有一套完善的约束与监督机制。

赛鼎公司每年对技术创新成果进行申报评审和奖励。不断加大技术创新的奖励力度。如发明专利授权奖励 3 万元;国家级一等科技进步奖奖励 70 万元;优秀设计奖也给予不同程度的奖励。技术创新激励机制调动广大工程技术技术人员的积极性和创造性,同时也吸引一批高科技人才,大大推动公司的技术创新工作。

3. 建立研发专项资金制度

将研发投入纳入预算管理,规范研发投入口径、范围、投入和产出的分类考核,研发经费专款专用,研发投入随营业收入的增长而不断加大。

通过开展技术开发、技术咨询、技术转让、技术服务等活动,拓宽资金渠道,增加科技投入,充分利用国家科技政策,争取国家研发资金用于企业的技术创新投入,如 TDI 氢化反应催化剂研究与开发获得"中央国有资本经营预算支出项目重大技术创新项目"专项资金支持。充分利用国家对研发经费实行的各种优惠政策,如研发经费的加计扣除、企业技术创新所得税优惠、科技开发用品免征进口税等为企业技术创新提供可靠的资金保障。赛鼎公司将享受高新技术企业的所得税减免全部用于补充企业的技术创新投入。"十二五"每年科技创新投入占主营业务收入的比重要达到2.5%，其中研发投入的比重达到1.8%。

4. 健全知识产权管理制度

2008年以来，赛鼎公司全面展开知识产权战略推进工作，逐步建立适应市场运行要求、符合市场规律和国际规则、科学有效的知识产权工作机制，不断完善知识产权管理和知识产权保护体系。

在实施技术创新战略过程中，明确知识产权管理部门，设置知识产权专管人员，专门负责对外联络与申报；提高专利质量，以专利树立自己的品牌；注意专利申请前的技术保密，以免技术被公开而丧失新颖性；对到期专利技术进行二次开发和申请；技术开发项目，要以取得自主知识产权为目标；加强知识产权宣传和培训，提高全公司知识产权意识。通过建立健全知识产权管理制度，保护和利用好自己的技术创新成果，形成自身的无形资产，推动技术创新工作的运行，增强企业核心竞争力。

(四)搭建技术创新平台，强化产学研协同创新

2009年3月11日成立企业技术中心，2010年被评为"山西省企业技术中心"。技术中心在以总工程师为主任的领导下开始技术创新工作，专门负责技术创新管理与项目研发。通过技术中心的有效管理，形成公司上下共同参与技术创新的格局。

2012年，与陕西煤业化工集团有限责任公司等13家单位联合共建国家能源煤炭分质清洁转化重点实验室。重点实验室在煤炭分质清洁转化与应用领域，以重大关键技术的研究、开发、推广与应用为核心，不仅可以加快技术创新产业化应用，还能汇聚和培养一流的科技人才。

为创造良好的技术创新工作条件，赛鼎公司先后配备16台国际先进的服务器，配置和升级ANSYS、Pvelite、API620计算软件、给排水工程设计软件、标准信息化管理软件、管道工程数据库管理系统等，选用清华大学学术期刊库和中国科技文献标准库。

通过与高等院校和科研单位合作，在学校和科研院所小试或实验室实验的基础上，利用赛鼎公司工程技术的优势共同进行中试，共同拥有新工艺或者工艺技术的优先使用权；最后与生产厂合作，把已成熟的新工艺技术转变为可以转让的工艺技术，进行产业化推广。

赛鼎公司及时掌握科研院所研究动态，以市场需求为导向，捕捉有良好市场前景的项目。通过技术开发、共建研发机构或实验室、联合培养人才、科技资源的共享(包括利用文献、仪器设备等科技资源)、技术咨询或服务、技术创新联盟等多种合作方式，与相关高校、科研院所和生产企业签订一批联合攻关合作项目，进行产学研合作，培育企业技术创新能力，以市场需求为导向进行技术推广，加速科技成果的产业化。如依托产学研合作项目，赛鼎公司确定与内蒙庆华建立四套中试示范工程：DMC中试示范工程、SAP中试示范工程、PBS中试示范工程、MTP中试示范工程。

在科技部、财政部、国资委等六部门联合推动下，中国化学工程集团公司、清华大学等，于2007年6月共同组建"新一代煤(能源)化工产业技术创新战略联盟"。赛鼎公司

作为中国化学工程集团公司成员,积极参与战略联盟确定的"煤的清洁高效开发利用、液化及多联产"技术创新。通过战略联盟,赛鼎公司与天津大学、太原理工大学签订《TDI自有技术的研发与工程示范》,与大连理工大学签订《固体热载体法热解工业化成套技术开发》。

(五)综合运用原始创新、集成创新和引进消化吸收再创新

1. 加强原始创新,实现从抢先一步到领先一步

赛鼎公司逐渐加大对新型煤化工技术和煤化工后加工产品的原始创新力度。2005年赛鼎公司开始与中科院煤化所从催化剂选择、实验室小试开始合作。2007年建成3500吨/年一步法甲醇转化制汽油工业示范装置,产出合格的93#汽油。通过山西省科技厅鉴定,认为该成果具有自主知识产权,达到国际先进水平。合作过程中共产生2项发明专利、7项实用新型专利。2012年2月16日,赛鼎公司开发的国内第一套10万吨/年甲醇转化制汽油装置,在内蒙庆华集团一次开车试车成功,产出合格产品。

2. 集成创新,实现跨越

赛鼎公司围绕一些具有较强技术关联性和产业带动性的重大项目,将各种相关技术有机融合起来,实现从单项技术创新向系统化、集成化创新的突破。对符合国家的产业政策,预测该技术开发成功后有良好市场应用前景的技术,不惜投入人力物力,超前谋划进行集成创新。赛鼎公司进行集成创新的项目,主要有捣固焦炉、焦炉煤气制甲醇、45万吨/年硝酸、煤制天然气等。

3. 对引进技术消化、吸收、再创新,形成自己的优势技术

在承担引进技术项目中,注重加强学习和消化吸收,根据国情和生产企业的实际需求,针对引进技术的不足,对引进技术消化、吸收、再创新,形成具有自主知识产权的技术。主要有固定床碎煤加压气化炉、低温甲醇洗、甲苯二异氰酸酯(TDI)、苯酚丙酮等。

以TDI技术开发为例。上世纪90年代末,国内引进的三套TDI装置,由于技术缺陷,建成后始终未能开车成功。赛鼎公司在承担沧州大化2万吨TDI项目中,在消化吸收的基础上对国外技术进行大胆改造,共进行11个大项和450余小项的技术修改。2001年沧州大化TDI装置顺利投产并达标。

(六)加强优势技术再创新,不断开拓新领域

赛鼎公司对具有技术优势项目的技术开发和改进进行重点扶持,集中人力物力,加快发展,占领市场。

固定床干排灰碎煤加压气化炉是目前气化技术中冷煤气效率最高的气化技术,是赛鼎公司优势技术之一。赛鼎公司碎煤加压气化炉已形成系列化产品,可提供$\Phi 2.8m$、$\Phi 3.8m$、系列气化炉,单炉气量分别为15000、50000Nm3/h。在国内已设计建成80多套,用于生产城市燃气、化工合成气。已成为国内主流气化技术之一,还成功应用于煤制天然气工程。为适应新型煤化工产业对大规模气化技术的需求,赛鼎公司又开始进行$\Phi 5m$碎煤加压气化炉的技术开发,综合技术预期达到世界先进水平。

硝酸技术也是赛鼎公司优势技术。硝酸氧化炉是硝酸持产的关键设备,赛鼎公司自2000年进行600吨/日、750吨/日硝酸氧化炉技术开发工作,600吨/日硝酸氧化炉已完成开发。赛鼎公司为保持硝酸技术领先地位,在600吨和750吨硝酸氧化炉基本完成

时,就开始组织1500吨/日硝酸工艺的技术开发工作,2012年已制定出技术方案,正在提设备条件。

赛鼎公司设计的国内第一套煤制天然气装置一次试车成功投产后,又开始进行煤制天然气工艺优化和国产催化剂开发及工业化推广应用。在建的新疆庆华、广汇、新汶矿业、辽宁阜新四个煤制天然气工程,和今后设计建设的煤制天然气工程,技术经济水平会不断提高。

三、提升工程化能力的技术创新管理效果

(一)提高了企业技术创新能力

2008年赛鼎公司被评为"高新技术企业"。截至2011年,赛鼎公司拥有专利技术60项(发明专利22项),专有技术14项;主编、参编国家和行业技术标准、规范13项。2011年,赛鼎公司专利专有技术项目占总项目91%,专利专有技术收入占总收入97%。

赛鼎公司先后完成上海高桥、北京雁山石化、吉化、哈石化等6套引进苯酚丙酮装置的扩能技改,吨成本降低最高1050元、最低85元,节约引进技术费和国外设计费2572万美元,为企业增加利润4亿多元。中石化北京燕化公司东区苯酚丙酮的改造工程、中石化高桥分公司异丙苯装置改造工程,被评为中国石化的样板工程。

(二)带来了巨大社会效益

赛鼎公司通过技术创新为社会带来了良好的社会效益,尤其在节能减排和节约费用开支方面贡献尤为重大。提高了资源利用率,延伸了产业链,加速了赛鼎公司新型煤化工自主品牌的推广。

全国由赛鼎工程公司设计和总承包建成的焦炉煤气制甲醇生产装置已达58套,总产能达773万吨/年;2011年的产量超过天然气制甲醇,接近国产甲醇总量的三分之一。每年可使158亿立方米焦炉煤气"变废为宝",相当替代标煤1130多万吨或替代天然气90多亿立方米,减少排放烟尘、硫化氢、二氧化硫、碳氢化合物、氰化物等污染物38万吨。每年少排甲烷30多亿立方米,从温室效应当量计算相当于少排二氧化碳630亿立方米。

(三)树立了新型煤化工技术品牌

近年来,由赛鼎公司承接的新型煤化工工程创造了国内多个第一,为我国煤化工的发展发挥了重要作用。如设计完成世界上第一套最大的GSP气化装置——神华宁夏52万吨煤基烯烃煤气化装置;世界最大国内第一个煤制天然气项目——大唐国际克什克腾40亿立方米/年煤制天然气一期工程;国内第一套5.5米捣固焦炉装置——云南云维200万吨干全焦;国内第一套煤制合成油(间接法)示范装置——山西晋城无烟煤矿业集团10万吨合成油;国内首套焦炉煤气制甲醇装置——云南曲靖8万吨甲醇装置;国内第一套煤制汽油装置——内蒙庆华10万吨MTG装置等。赛鼎公司创造的多个国内第一,受到业主和社会的广泛认可,品牌价值得到进一步提升。

(成果主创人:张庆庚、王景超、闫少伟、崔晓曦、张永红、
潘国平、陆宏玮、杨 挺、李改英、孙 林、杨 伟)

提升飞机研制能力的知识工程体系建设

中航工业第一飞机设计研究院

成果主创人：院长李守泽

中航工业第一飞机设计研究院（原603所，简称一飞院）始建于1961年，是我国轰炸机、歼击轰炸机、运输机、民用飞机和特种飞机等大中型军、民用飞机的设计研究基地。现有员工2700余人，其中院士2人、专业研发人员2070人，拥有支撑大中型军、民用飞机试验的结构、强度、材料、飞行仿真、液压、燃油、环境控制、电源电网络、军械和综合航电等试验室，先后进行过30多种飞机型号的研制，走过了从测仿设计、改进改型到完全自行设计的三个阶段，是我国航空工业的骨干科研力量。

经过半个世纪的发展，一飞院先后成功研制了我国第一代支线飞机、第一架空中预警机、第一架全自主知识产权歼击轰炸机、第一架轻型公务机等十多种军民机型号，树立了中国航空工业史上多座里程碑，为国防国民经济建设做出了重大贡献，被国家授予"航空报国重大贡献单位"、"国家科学技术进步特等奖"、"国防科技工业武器装备型号研制金奖"等多项殊荣。

一、提升飞机研制能力的知识工程体系建设背景

（一）提升飞机研制能力的需要

飞机研制是一项复杂的系统工程，需要大量工程技术人员通过高度复杂的研制流程，结合专业技术知识和工程研制经验，并通过大量的技术攻关、试验分析、设计计算、工艺安装等过程，完成飞机的设计与制造。按照系统工程的观点，飞机的研制能力体现在主观世界（研发组织、研制队伍的能力）、客观世界（技术和产品能力）、主观世界改造客观世界的研制流程和认知过程（过程能力）三个方面。

半个世纪来，一飞院飞机型号研制走过了从测仿设计、改进改型到完全自行设计的三个阶段，在自主创新方面取得巨大成就，但还存在一些明显的差距和不足，主要体现在：技术预研历史欠账太多，技术储备不足，缺乏原始创新；科技创新的机制不完善，还不能完全适应飞机研制自主创新的要求；技术创新方法和工具缺失，研发人员自主创新能力较低，技术预研和科技攻关处于朴素的试错阶段，影响研制周期和成本；国际航空制造业巨头在中国和世界各地的专利布局对飞机研制造成现实紧迫的知识产权威胁，研发人员必须尽快掌握专利相关基础知识和技术创新理论方法，以解决潜在的专利侵权问题。

为提升飞机研制能力，一飞院迫切需要实施知识工程体系建设，全面提升工程技术

人员个体的知识学习能力、研制队伍的组织学习能力、技术创新能力和产品创新能力、技术预研和型号研制过程中的知识管理能力等。

（二）突破传统知识管理瓶颈的需要

一飞院是承担我国重点飞机型号设计研发的高科技知识密集型企业，在经过不同型号研制过程的积累，形成了大量飞机设计知识和宝贵的设计经验。但是在传统知识管理模式下，知识资源分散、无法共享，已积累的智力资源没能及时转化为知识发挥作用，特别是随着大批具有丰富工程设计经验的科技人员的退休、调动等，许多宝贵的经验和知识相继流失。与此同时，不断有新的员工加入到飞机设计队伍中来，新员工对知识的渴望，这极大的增强了对已有知识需求的迫切性。

此外，一飞院未真正将知识融入到研发活动中，未能与工作流程相关联，不能主动支撑飞机设计工作，知识的复用困难。"巧妇难为无米之炊"，与研发流程关联的知识是高端研发的信息化平台和工具能够运行和发挥作用的源头。

二、提升飞机研制能力的知识工程体系建设内涵和主要做法

一飞院以大型飞机研制为契机，以提高研制效率、缩短研制周期、提升全员研制能力和技术水平、增强核心竞争力为目标，以知识挖掘、知识管理、知识应用、知识创新为核心，充分运用现代信息技术，遵循"循序渐进、滚动发展、边建边用"的原则，通过人才体系建设、知识工程流程规范体系建设、绩效评价体系建设、激励机制建设、知识创新体系建设、知识工程系统平台建设以及知识工程文化建设，努力实现一飞院科研团队整体实力的快速提升，为一飞院持续稳定发展奠定坚实基础。主要做法如下：

（一）确立知识工程体系框架和总体建设思路

知识工程体系框架包括组织保障建设、人员能力建设、信息化平台建设、知识体系和知识库建设、管理制度规范建设等五个方面，并按照一飞院现代研发体系建设可持续发展的目标，借鉴能力成熟度的思想，结合一飞院信息化建设和研发体系建设的现状和发展，确定以点带面、分阶段实施的建设思路（见图1）。

研发人员专业技术能力的提升和各专业研发团队自主创新能力的提升是知识工程体系建设的根本目的、着眼点和落脚点。

基于飞机研发知识的聚集、管理、应用和创新的全生命期管理，破解研发主流业务和IT分离的困局，突破传统知识管理的瓶颈，构建知识工程系统平台，实现一飞院知识资源与飞机研制流程和研发活动的紧密融合，是知识工程体系建设的切入点。

围绕信息化平台建设和人员能力建设的组织保障体系、流程规范体系、绩效评价体系和激励机制、知识工程文化建设等保障制度建设是知识工程体系建设顺利实施和取得成效的重要保证。

（二）构建知识工程组织保障体系和流程规范体系

一飞院外景

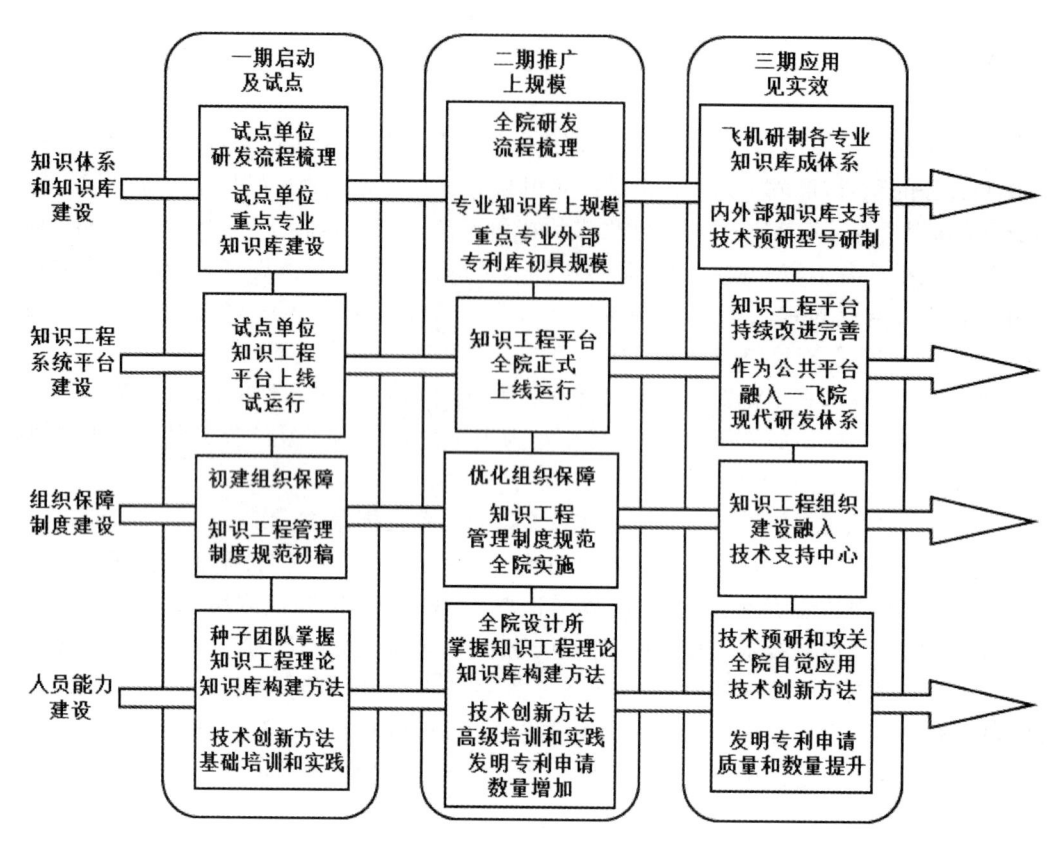

图 1 知识工程体系建设内容和步骤

建立知识工程组织保障体系，明确知识工程管理思路和各部门的职责，实现权责落地，加强组织基础对知识工程发展的调节作用，从组织机构上确保知识工程项目从院到设计所到专业室再到基层研发人员的层层推进。

设立研发知识工程管理委员会。该委员会是一飞院研发知识工程体系建设和研发知识工程项目实施的最高决策机构，由一飞院院长任主任，主管科研的副院长任常务副主任，其他院领导任副主任，各专业副总师任委员。

设立研发知识工程体系建设和研发知识工程项目实施的决策支持和执行机构，由各专业资深技术专家组成，设立弱矩阵模式下的研发知识工程专家委员会，人员规模超过80人，三分之一以上为专职人员，下设总体规划组、体系建设组、技术管理组、标准化组、信息技术和平台组等部门。组成人员保证在研发知识工程体系建设上有足够的（35%以上）工作时间。

设立研发知识工程项目管理办公室，作为研发知识工程项目实施的具体管理机构，与研发知识工程专家委员会或研发知识工程专家咨询部协同工作，对研发知识工程管理委员会负责，由科技发展部主管部长任主任，相关主管副总师任副主任兼技术负责人，成员包括项目助理和各专业所研发知识工程专员，人员规模超过20人。

为使设计人员均按照统一的流程规范开展知识工程工作及后续的持续发展与深化，

一飞院采用综合标准化的思想，制定一系列知识工程工作流程规范，保障知识工程持续建设。具体包括：知识工程管理推进办法与考核激励制度、知识工程平台系统运行维护规范、飞机领域本体构建规范、知识定义、范围、颗粒度与分类标准等。

(三) 梳理飞机研发流程与知识体系

为全面落实我国装备研制体系"四个一代"要求，面向以客户战略为导向的企业价值模式升级，一飞院构建飞机研制的现代研发体系（见图2），由对接前沿技术的若干研究与发展中心（COR）、对接型号研制的若干产品开发中心（COP）、对接能力提升功能的技术支持中心（COS）、促成人才优化配置的人力资源中心（COH）、强化成本意识的成本核算中心（COA）构成，体现并促进了知识及人才的价值增值过程和流动效率。

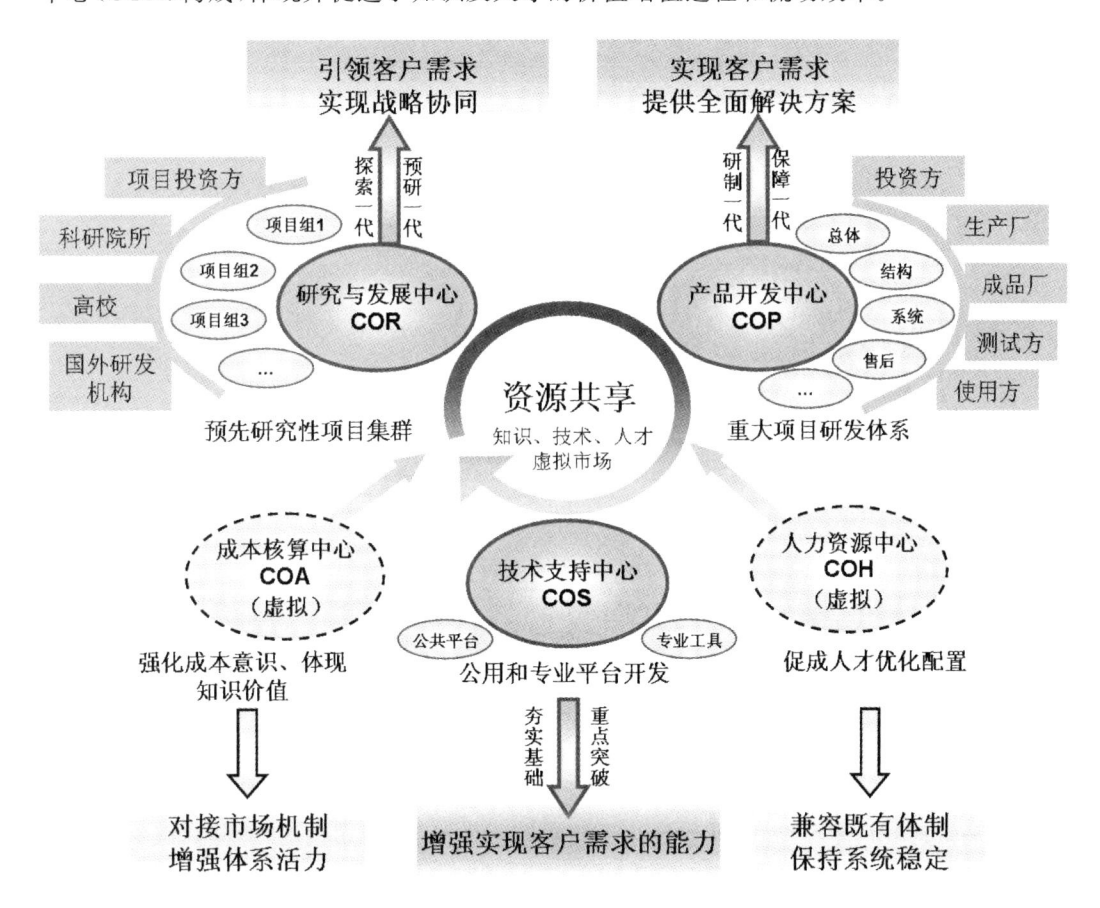

图2 一飞院现代研发体系示意图

在现代飞机研发体系框架下，一飞院建立飞机型号研制的三维系统工程模型（见图3），系统梳理知识体系。宏观上，逻辑维上的系统工程（创新、质量、仿真等设计和验证活动）的过程和结果都产生知识，都需要管理；基于系统工程过程的知识工程活动蕴含在一飞院的型号研制流程中。微观上，一飞院各种类型研制活动的每一步骤都在为知识工程提供输入；而系统工程过程中知识工程的每一活动都需要相应的方法和工具（如设计、仿真、创新、质量）的支持。

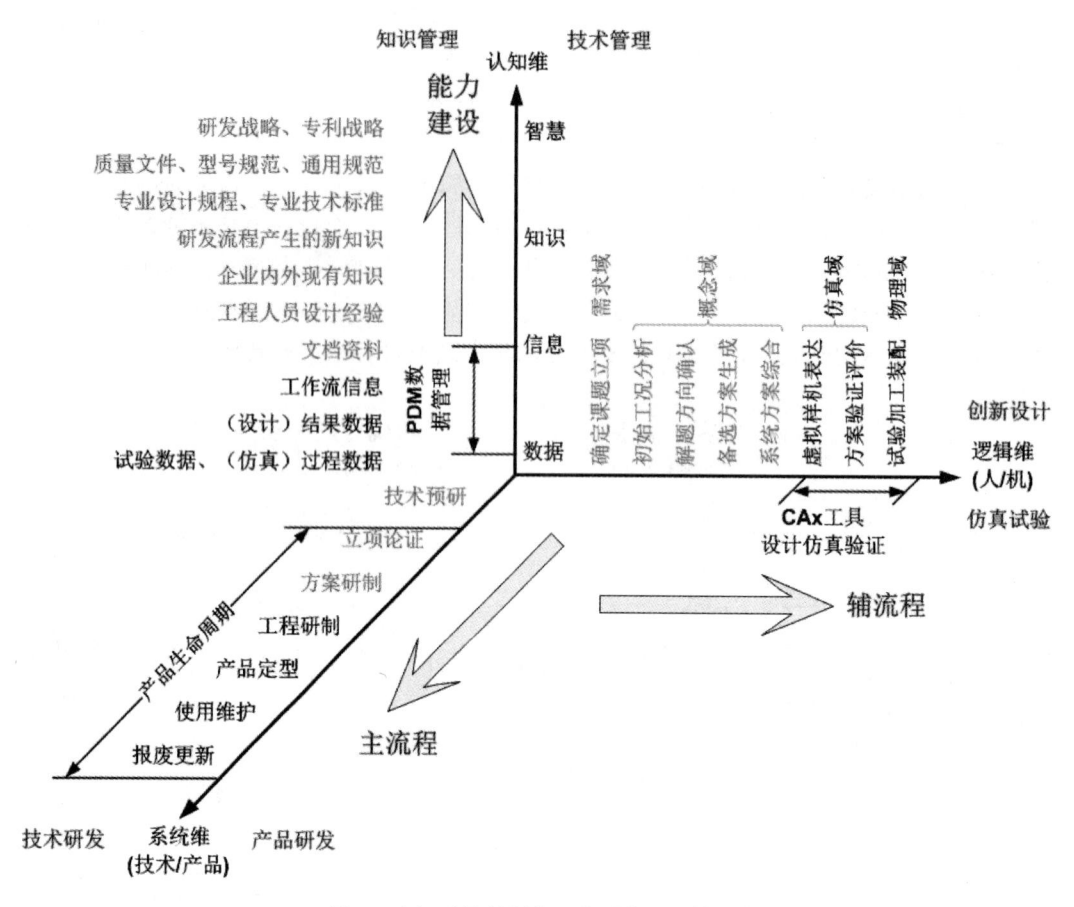

图 3 飞机型号研制的三维系统工程模型

(四)构建知识工程系统平台

知识工程系统平台建设以飞机研发知识的全生命期活动为主线,分为知识聚集、知识管理、知识应用和知识创新四个部分。

1. 知识聚集

知识聚集首先要分析所有信息资源,筛选出其中的研发知识,根据知识存在形态的不同而制定对应的聚集流程,其次要综合研发知识的产生、应用情况,适应知识工程建设需要,将研发知识进行分类,建立各类知识的知识库,最终实现知识的统一存储和分类管理。

2. 知识管理

知识管理的核心是将知识与研发流程进行关联。知识工程要对研发流程进行组织化管理,以信息化方式展示、更新、关联和应用,根据知识和研发流程的属性建立工作包与知识的联系,让研发流程中的每一项工作都能获得知识的支撑。知识与研发流程关联可以通过自动或手动两种方式实现。

3. 知识应用

一飞院知识工程体系的最大亮点为知识应用模块。该模块分为基础应用和高级应用。基础应用即是知识搜索,可通过知识工程门户、客户端、漂浮工具条等提供的搜索栏进行手动搜索,亦可通过选词进行自动搜索;高级应用即是基于 Agent 智能代理的智能知识推送,可结合业务流程或基于搜索频率进行推送,亦可通过自定义的订阅实现知识的自动推送。

4. 知识创新

知识创新模块包括两方面:基于知识的飞机设计技术创新以及面向研发业务的知识创新。基于知识的飞机设计技术创新以本体论、TRIZ 理论(见图 4)等关键技术为核心,以软件平台为手段,帮助设计人员创新性的解决关键技术问题。研发人员通过对 TRIZ 理论的系统化学习和实践,逐步提升解决关键技术问题的技术创新能力。面向研发业务的知识创新以新知识的产生和再加工为基础,实现创新所产生的新知识被再次聚集,以保障知识工程体系建设的持续发展。

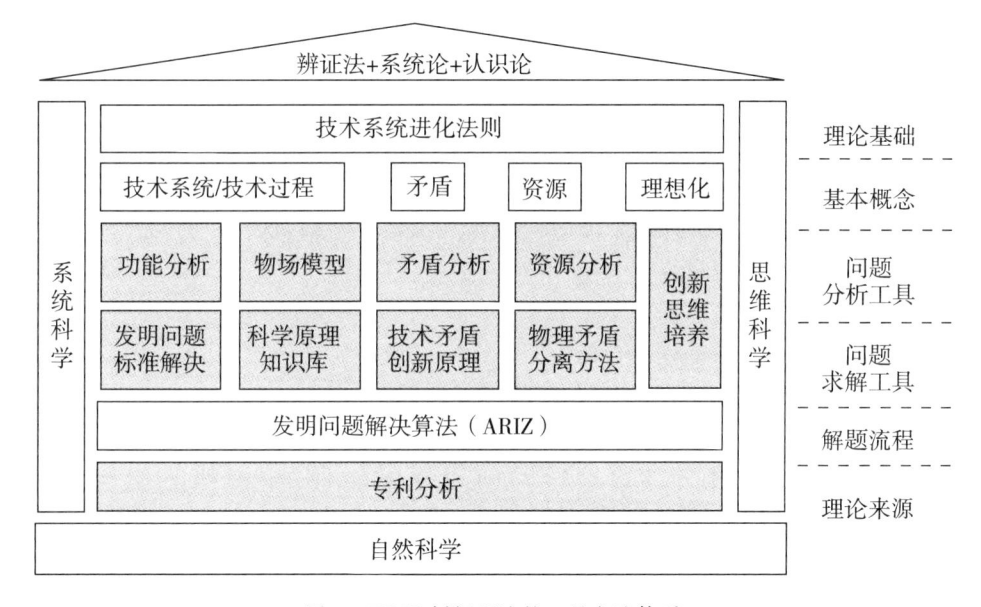

图 4 TRIZ 创新理论的工具方法体系

(五)构建知识工程绩效评价体系

一飞院根据实际院情,考虑到院内知识工程活动的重要方面和关键环节,遵循科学性、系统性、可比性和可操作性原则,构建知识工程管理绩效评价指标体系与人才激励机制。其中包括:

一是能力考评指标。主要考察研发人员的知识运用能力(包括飞机研发知识学习能力、知识工程激励水平和知识转化能力等)、知识管理者的领导能力(包括知识管理者领导员工的能力与决策能力等)、专业设计人员能力(包括设计人员的抽象和形象思维能力、解决问题的能力等)以及支持知识工程的环境等。

二是绩效考评指标。绩效考评是对解决关键技术问题的技术创新活动和新知识产生应用的知识创新活动的经济效益的评价,是一飞院知识工程实施效果的最直接反映,它的变化情况在一定程度上体现了一飞院知识工程实施方案是否合理、有效。

三是管理效率提升效果考评指标,主要体现在决策效率以及响应速度两个方面。

四是知识存量提升程度考评指标。知识存量的提升程度主要体现在专利数量以及知识丰度两个方面。

五是多通道成才机制。借鉴波音公司等欧美航空研发制造企业的最佳实践,通过知识工程体系建设,逐步转变过去研制系统内"一个型号一支队伍"的工作模式,将研发力量分成两种工作团队,一种技术创新团队专职搞通用技术平台建设,包括能力建设平台、知识创新平台和技术管理平台等,给所有型号提供坚实而肥沃的成长土壤;另一种工作团队则专注于型号项目研发。通过知识工程项目逐步明确技术创新团队的标准和要求,提升技术创新人员待遇和奖励,形成一飞院知识创新和贡献的氛围。这两种团队有效协同,既能集中力量办大事,又避免大量的、分散的重复性劳动,以节省研制经费、加快研制进度、提升研制水平。

三、提升飞机研制能力的知识工程体系建设效果

通过知识工程体系建设,实现了个体知识共享化、隐性知识显性化、显性知识结构化的系统环境,丰富了一飞院知识库,规范了知识管理过程,提高了知识应用效率,形成了知识聚集、知识应用和知识创新的良性循环体系,为聚集一飞院核心技术资产、提升一飞院技术创新能力、打通技术人员上升通道等提供了保障,为规范型号研制过程、缩短型号研制周期、提升型号研制质量、降低型号研制成本奠定了基础,从"体"和"系"两方面实现了提升飞机研制能力的建设目标。

(一)为一飞院持续发展奠定了基础

面向型号研制的知识工程平台能够服务于飞机型号研制与改型、预研等科技活动和管理活动,覆盖型号研制的全周期及相应的管理过程。

相应建立了一整套知识工程规章制度,包括组织保证体系、管理流程规范、质量体系文件与考核激励机制等,使一飞院的个体知识共享化、隐性知识显性化、显性知识结构化,全面系统地改进了型号研制过程中的科研管理和技术管理水平。

一飞院知识工程体系实现了知识的产生、表达、组织、共享、检索、应用和更新,是一飞院工程技术人员工作、学习和交流的唯一平台。该体系支持在系统工程、产品设计学、技术创新方法等先进理论方法指导下的创新设计全过程,持续产生新知识,创新设计功能;支持日常型号研制任务和活动的知识参数化应用过程;支持内部知识的管理和重用;支持工程设计人员头脑中隐性知识的挖掘;支持外部知识的收集和利用。

项目建设过程中,系统梳理了一飞院已有知识存量,包括知识库、数据库 10 余种;基于内部知识收集流程规范,实现型号研制过程的实时知识积累和沉淀 5000 余条;完成 17 个重点专业的设计和仿真工具谱系和知识库体系的梳理和规划。

(二)专业能力和技术创新能力显著提高

知识工程体系建设大幅度提高了型号自主研发和专业技术领先两大战略核心能力,全面构建了一个学习型、能力型、创新型的设计研发团队,为全面完成飞机研制任务、开拓航空产业奠定了坚实基础。

知识工程系统平台已部分承担了一飞院新员工培训和专业能力训练的工作,为构建一飞院竞争性技术地图打下了基础。国防专利申请数量增速保持 30% 以上,居行业

前列。

在知识工程系统平台的专业知识库和技术创新工具方法的支撑和帮助下,型号研制关键技术攻关取得快速进展,研制进度明显加快,从侧面降低了研制费用,缩短了研制周期。在系统知识库的支撑下,科技论文发表数量和质量明显提高,研究院学术研究氛围逐步升温,新员工成长速度加快。通过课题或成果专利申报过程,发技术带头人的专业水平得到有效提高。通过知识工程体系的长期运行,隐性的智力资产得到有效的积累,全面提升一飞院核心竞争力,为后续型号研制提供有利的技术支撑。

型号研制的项目策划和设计工作的分解、分派的决策效率提升了 25%,科研任务完成率逐年提高,目前保持在 98% 以上的高位,机关办事效率明显改善,重大问题反应时间平均缩短 40%,型号综合研制能力比知识工程体系建设实施前增长 1 倍以上,保密、质量、安全、6S 等重大管理指标达标率保持在 100%,并保持验收一次通过的高水平。

(成果创造人:李守泽、唐长红、陈骊醒、王 琰、秦兴华、刘香旺、
郭圣洪、杨 毅、王文萍、雷熙薇、王宝新、陈 睿)

服装企业"双模化"管理创新体系建设

际华三五零二职业装有限公司

成果主创人：新兴际华集团总经理沙鸣

际华三五零二职业装有限公司（简称三五零二公司）是目前中国最强最大的职业装、军需品研发、生产、服务基地，是国家规定着装单位服装供应支柱企业。隶属于"世界500强"的新兴际华集团，2010年作为际华集团股份有限公司所属核心企业在上海证券交易所成功上市，现为国家"高新技术企业"和国家"企业技术中心"，拥有知识产权231项、发明专利41项，拥有美国、德国、意大利、瑞典等智能吊挂生产线以及设计、裁剪、缝纫、包装专用设备1000多台（套），年产各类服装1500万套（件）、棉被100万床，中高档衬布5000万米，产品涵盖军警服装、行业制服、高档职业装、央企工装、外贸军服、棉被、衬布等。2011年完成营业收入20亿元、利润7200万元。

一、服装企业"双模化"管理创新体系建设的背景

（一）满足服装市场多样化、个性化消费需求的需要

随着人们生活质量水平、消费层次不断提高，对产品和服务的多样化要求增加，服装个性化消费需求已发展成为市场主流态势。服装生产制作已由传统的"少品种、大批量"向"多品种、小批量、个性化"转变，如何快速反应市场、快速研发设计、快速生产组织、快速提高劳效，为客户快速提供多样化、个性化产品和服务，快速抢占行业制高点，正成为服装生产企业努力追求的目标。三五零二公司同样面临服装市场"多品种、小批量、个性化"的现实挑战，给企业带来巨大的生产组织压力。据初步统计，2011年公司生产任务单共计11438个，其中任务数量100套以下的共计8619个，占订单总数的75.4%；任务数量50套以下的共计8064个，占订单总数的70.5%。

（二）适应服装企业大规模定制生产的需要

为适应多样化、个性化的服装消费需求市场，传统服装加工企业探索组织大规模定制生产，以降低生产成本，提高劳动效率，提升市场适应力和竞争力。大规模定制生产通过产品和过程优化重组、整合，运用现代信息技术、管理技术和制造技术等一系列管理和技术创新手段，尽量减少定制产品零部件数和定制生产环节，将产品的定制生产全部或部分转化为批量生产，降低大批量生产成本，提高速度和效率。大规模定制生产的优势在于：一方面，产品设计过程融入模块化思想，采用标准化的模块、零部件，减少定制模块和定制零部件的数量；另一方面，在生产制造过程充分挖掘产品的共性成分，尽量采用标准的生产环节，减少定制生产环节。三五零二公司探索建设职业装企业"双模化"管理创

新体系,正是基于大规模定制生产的实践需要,不断发挥服装企业的规模经济效应,通过产品族的合理划分、分类,探索内部专业化生产、标准化操作、规范化管理,努力实现产品快速设计研发、生产制作,更好地服务于国防军需后勤保障和职业装行业制服的生产供应。

(三)破解劳动密集型服装企业"用工荒"难题的需要

近年来,"用工荒"、"招工难"、"熟练工流失"等问题一直困扰着我国的传统制造业,特别对技术含量相对较低的劳动密集型服装加工企业的影响尤为突出。服装企业培养一个关键工序的熟练工一般需要一年以上甚至更长时间,一旦熟练工流失,对生产流水线作业将产生很大影响和经济损失。"用工荒"现实"倒逼"着传统服装加工生产企业必须优化工艺流程,创新生产组织方式,实施技术创新和管理创新,减少劳动用工、提高劳动生产效率。

二、服装企业"双模化"管理创新体系建设的内涵和主要做法

为适应多样化、个性化的服装消费需求市场,降低生产成本,提高劳动效率,三五零二公司主动变革传统服装企业的研发设计、生产组织方式、工艺技术应用等环节,将生产组织和加工工艺进行模块化,构建"生产组织模块化"和"加工工艺模板化"的管理创新体系,实现服装"模块化"生产组织与研发设计的有效对接、有机融合。"双模化"管理创新体系建设包含三方面的内容:研发设计模块、生产组织模块和生产工艺模板。其中:研发设计模块快速反应系统的建立是前提,生产组织模块是核心,加工工艺模板是关键,生产组织方式变革是支撑,信息化平台建设是基础。主要做法是:

(一)建设研发设计模块

研发设计模块主要针对职业装市场特点,围绕客户的个性需求实现产品的快速研发设计和充分的产前技术准备,为后续规模化批量生产提供坚实的技术保障,尽可能赢得时间,确保订单交期,满足客户服务需求,在外部市场和内部生产之间实现快速联动反应,增强企业的市场竞争力。主要包括三个子模块。

一是款式设计子模块。根据职业装的功能及款式对职业装进行分类,依据不同类别职业装组成部件的变化特点分别建立"职业装部件信息库"。以衬衫为例,其款式变化主要在领子、袖口、口袋、前身、后背等重要部位,分别建立衬衫部件款式数据信息库和材料数据信息库。

服装研发设计技术人员在款式设计过程中,可依据客户要求的外观款式、颜色、面料等,通过调用"部件款式数据信息库"中的各类款式素材和"材料数据信息库"中的各种材料进行科学组合,最终设计出客户满意的产品款式。

二是服装样版子模块。服装版型师依据款式设计师设计的产品款式,通过服装样版设计排版系统(CAD)进行样版打制,或从"版型库"调取相近样版进行部

瑞典依藤高档西服智能吊挂生产线

件、细节的修改,打制此款样版的母版,并按"号型表"展放各种型号样版。

三是工艺技术标准子模块。基于合作开发研制的"服装制作辅助工艺设计系统"(CAPP),建立各类品种的标准不可分工序及工艺技术信息库,包括产品定额数据库和生产设备配备数据库,产品定额数据库又细分为材料定额数据库和工时定额数据库。实际工艺设计操作过程,大多属于服装的变形款式,工艺技术人员仅需在原有服装款式工艺的基础上,进行工艺差异化组合,极大的提高了产品工艺设计效率、降低产品的技术准备成本,并为"生产组织模块化"做好充分准备。

(二)建设生产组织模块

2011年初以来,根据职业装企业大规模定制生产的特点,首先对近几年产品订单进行科学分析,并立足生产效率的提高和产品质量的提升,对各类职业装产品生产工艺进行深入研究,在内部统筹整合生产环节物流、技术流、信息流的基础上,改变传统服装加工"大流水"、"直线式"生产作业模式,逐步探索出"订单策划精益化、生产相对专业化、工艺路线最优化、生产组织模块化"为特点的服装企业生产组织的新模式。

1. 订单策划精益化

订单策划精益化是生产组织模块化的前提,针对产品订单实施"两级策划"、"两次优化",实现市场承揽、材料采购、生产组织、运输物流、服务客户等各环节的快速联动、快速反应。

市场策划:全面掌握、精心策划服装品种、数量、款式、交期、男女比例及号型、发运地点等市场信息。

生产策划:以市场策划为基础,结合"模块化"生产理念,对服装产品进行上下衣、胆面、组合衬等拆分,科学策划,形成"分轮生产、分批发运"方案。

路径优化:按照"相同相似、配套生产、最大加合、动态平衡"的原则,科学策划排产,科学确定换活班组,尽量形成相对专业化生产。

时间优化:在确保产品订单交期不受影响的前提下,按照"合拍响应"的原则和"两级策划"的目标管理、日清日结、分轮生产等要求,实现快速出厂,实现市场快速反应。

2. 生产相对专业化

生产相对专业化包括生产分厂、班组生产的相对专业化和生产班组内部部件(子模块)生产的相对专业化。依据产品特点,汇总不同产品生产工艺的共性特点,将相同或相似的产品划为同一产品族,并分类归纳为六大产品族:毛料服、作训服、雨衣、棉服、帽子、衬衣。在生产计划安排上,尽可能保证各生产分厂、生产班组安排生产同产品族类产品,最大程度减少产品更换,实现相对专业化生产,提高劳动效率。生产班组内部部件(子模块)生产相对专业化确保部件生产相对固定、作业人员相对稳定,一方面使作业人员对部件生产的工艺和设备熟悉,减少技术交待时间和技能培训成本;另一方面便于部件作业人员之间的相互协作,保证生产的顺行有序和产品质量的提高。

3. 工艺路线最优化

在产品订单生产之前,组织工艺技术人员参照行业同类产品,对产品生产制作工艺进行深入细致分析研究,结合生产班组特点,依据生产各子模块动态平衡原则,制定出过程流畅、柔性生产的模块化生产工艺路线方案。一是对产品的每一个部件(模块)进行拆分,确定生产过程的各组成工艺部件子模块;二是对部件子模块进行工艺分析,划分生产工艺不可分工序,通过"服装制作辅助工艺设计系统"(CAPP),依据生产班组操作人员的实际状况,持续优化不可分工序组合方案。

4. 生产组织模块化

将服装生产划分为若干个单元模块,各单元模块相对专业、独立,单元模块之间通过模块接口(模块与模块相连接的工序)实现相互连接,通过单元模块的高效集成形成全新的方便、快捷的柔性生产组织系统。

生产组织模块的划分。首先以产品外观款式为基准,按照产品的组成部件进行模块的拆分和组装。其次,可按照产品族类的生产工艺特点划分为固定模块(标准模块)、变动模块、集成模块等。

生产组织模块的布局。打破传统"大流水""直线式"作业方式,变"大流水"为"小流水",班组生产实行"线(流水线)+块(模块化)+点(重点复杂工序模板化)"混合生产模式,各模块内部生产流程结合"拿、缝、放"最佳传递方式,依照人体力学原理,工位、工序、设备排列组合优化设计,集成组装区采取非线型排列,不但减少倒流、交叉等现象,而且减少各模块之间和模块内部产品的搬动及人员走动,降低生产流程的生产浮余率等辅助工序时间,缩短产品加工总工时,有效提高劳动效率。

按照"双模化"管理创新体系建设的要求,根据各生产分厂、生产班组实际,探索出五种模块化生产组织布局方式:智能吊挂流水线工位布局,手动吊挂生产线工位布局,小批量多品种与规模定制生产相互转换工位布局,单件产品单件流工位布局,固定传送带流水工位布局。

生产组织方式的变革。一是持续优化生产流程,传统的流水线生产组织方式在换制产品(即换活)时需要重新排列设备、人员,每一道工序需要重新推线技术交待,而在模块化组织模式下只需改变变动模块或变动工序即可,大大提升了换活的效率。二是不断探索投活方式,由传统的每天一早按整批发放当天全部裁片,改变为将当天的裁片多批次发放,实行小拨传递,提高传递速度;成衣组合由原来的单点投放变为多点投放,使生产更加流畅。三是创新质量控制方式,由传统的产成品检验向前延伸到各子模块的半成品检验。四是探索班组民主化管理方式,将原来流水式的班组划分为若干既相互独立又相互关联的模块。模块生产管理员为兼职人员,负责本模块的产量统计、生产模板管控、质量控制、人员调剂等,由模块内部职工民主推选产生,班组长负责本班组模块之间的平衡与整体班组管理工作。五是变革工资分配方法,新的计件考核分配变为透明化"模块计价+工序计价"相结合方式。六是推进生产协作外包,对整批订单、不同产品、产品组合部件(模块)实施分拆外包。

(三)建设生产工艺模板

通过对服装生产工艺技术要求、工序动作进行研究,利用工模卡具对工序进行合并、删除、优化,以消除等待浪费、搬运浪费、不良品修正浪费,提高产品流转速度,提高劳动生产效率。

一是模板的设计与研制。服装模板研制过程分为:服装工艺技术部门提供样版—生产设备技术部门依据样版初步研制模板—反复测试、修改和完善模板—确定最终模板并投入生产使用。服装模板具体制作过程分为：电脑设计、裁床切割—粘合模板—粘贴砂纸—粘贴挡边—模板测试。为加快生产工艺模板化的研制和推行，三五零二公司专门成立"模板制作中心"，由服装工艺技术人员、生产设备技术人员和机电数控专业人员等30余人组成，共研制20余个品种、90余种模板，为生产工艺模板化在全公司的广泛应用提供了物质保障。

二是模板的分类与应用。工艺模板主要分四类：优化工艺类模板是对原有工艺进行优化，减少加工过程中操作人员的操作技能，降低技术素质技能对产品质量的影响，重点在于提升劳动效率；简化操作类模板是将多个操作工序合并，通过使用模板减少工序和不必要的操作动作，旨在降低培训成本；标准操作类模板是对不同的操作人员统一工艺操作方法，使产品或部件（模块）缝制保持一致性，稳步提升产品质量；复合集成类模板是将以上三类模板功能进行有机组合、整合。

（四）建设信息化平台

信息化平台建设是职业装企业"双模化"管理创新体系建设的基础。自2006年开始，投入巨资进行服装生产信息化平台建设（PDM），初步实现3D款式设计系统、计算机辅助版型设计系统（CAD）、计算机辅助制造系统（CAM）、计算机辅助工艺设计系统（CAPP）、生产信息化管理系统（ERP）、智能吊挂柔性服装生产系统（FMS）的有效集成，可提供服装款式、版型、工艺、设备等各类数据信息库，可实现CAD设计数据自动导入、工艺单自动生成、工序工时自动计算、智能吊挂系统数据自动导入导出等功能。服装生产信息化平台建设及各类信息系统的建立为"双模化"管理创新体系建设提供了有力支撑。比如三五零二公司根据职业装研发设计的特点与服装软件企业加强沟通、对接和合作，共同研制、开发"职业装研发设计技术信息平台"，对职业装各项技术资料信息加以分类归并，建立款式设计、工艺信息、材料应用、服装样版、生产设备配置等多个数据信息库，为"研发设计模块化"数据库内部各子模块建设提供保障。

三、服装企业"双模化"管理创新体系建设的效果

（一）基本实现服装"模块化"生产组织与研发设计的有机融合

生产组织模块化实现了传统服装加工生产由大流水、直线式传统模式向"线（流水线）+块（模块化）+点（重点复杂工序模板化）"混合生产模式转型、变革；服装研发设计模块化实现研发与生产信息资源的共享，加快了研发向生产的转化，压缩了市场承揽与生产加工的准备时间。批量研制具有自主知识产权的生产工艺模板，进一步推进了标准化生产。

（二）基本实现服装生产经营管理多重目标优化

1. 促进公司快速反应市场需求，提升快速换产能力

一是优化研发设计过程，合并有关工作环节，减少了标准审定修改、样衣重复审核、样板母版核审、材料定额验证等环节，避免了重复劳动，大大缩减了工艺单或标准编制的时间，使研发到投产时间由原来的10天减少到4～5天。二是"模块化"工艺设计系统可以继承和共享工艺技术专家的经验和知识，加快了工艺师的培养。产品模块研究相对独立，使专项技术研究更深入、更科学；模块之间相互联系，技术准备模块下的各子模块各自按照客户要求进行分工合作、快速反应，努力实现"三贴近"，即贴近市场、贴近生产、贴

近成本。

2. "敏捷柔性制造"的速度优势和质量优势初步形成

一是加工工艺模板化在实现产品标准化、一致性的同时，使复杂工艺简单化，降低了对操作技能的要求，使新员工能够快速顶岗，解决了"用工荒"难题，产品一次下机率提高，产品质量大幅提升。

二是通过加工工位设计、设备摆放、产品传递路径的优化和工艺流程等优化、整合，各工序之间物品传递更加合理，工序产能趋于平衡，减少了部分工序加工浪费，节省工时，劳效提高，产量提升；缝纫班组生产在制品减少，在制资金占用降低，符合精益化生产消除库存浪费的理念；各生产模块相对独立，民主管理、相互协作、质量自检意识增强，工序质量和产品品质提升，有效地降低了不良品返修，降低了成本。如：一分厂A7组产品"07士兵冬常服"生产组织方式实施"双模化"后，产品工时降低了4.7%，班组人数缩减了3.3%，在制天数降低了37.5%，快速换产提高了25%，快速达档提高了25%，日产量提高了31.2%，人日定额提高了30.9%，月计件工资提高了8.9%，新员工培训时间缩短了50%。

(三) 显著提升职业装企业的综合实力

通过服装标准化系统研究，统一了行业服装号型，将"国标"行业服号型由原来的男145个缩减为50个，女148个缩减为45个。"双模化"管理创新体系建设使职业装适体率由88%提高到98%，有利于国家重点行业职业装的大规模、高质量、快速制作。此外，通过号型转化和量体套穿工作流程的优化，职业装生产特体量大幅度减少，小批量的裁剪次数降低，材料消耗降低3%左右，在节约企业成本的同时降低了资源、原材料消耗。

(成果创造人：沙 鸣、杨朝祥、周长胜、杨宗兵、张凤林、张素英、李瑞林)

电缆制造企业研发与营销互动的创新管理体系建设

宁波东方集团有限公司

宁波东方集团有限公司(简称宁波东方)成立于1993年,经过几十年的不断发展,已逐步形成了以高端海底电缆、海工装备用电缆和各类特种电缆制造为主,金融、证券、地产投资为辅的专业化经营格局。旗下拥有宁波东方电缆股份有限公司、宁波东方投资股份有限公司、宁波东方南苑置业有限公司等5家控股子公司和3个生产基地。先后荣获国家级重点高新技术企业、创新型示范企业,通过了 ISO9001、ISO14001、GB/T28001 认证。同时,建有省级企业技术中心、省级院士工作站、博士后工作站等。先后承担过2个国家"863"项目和建国以来本行业第一个国家科技支撑计划项目,并牵头起草了110kV海底电缆国家标准,是国内第一个掌握海洋脐带缆的设计分析和自主生产的企业。

成果主创人:公司董事长夏崇耀

一、电缆制造企业研发与营销互动的创新管理体系建设背景

(一)抓住国民经济发展机遇、实现企业高端发展的需要

电线电缆行业作为我国工业的基础性产业。随着我国经济社会的稳步发展,投资增长的趋缓与方向的调整,国内线缆市场的容量及需求结构产生了新的变化。近年来,我国电线电缆行业年均增长率超过了15%。2011年,整个国内电线电缆行业工业总产值超过8000亿元,成为世界上最大的电线电缆制造国。我国"十二五"发展规划把战略性新兴产业与推动产业结构升级作为提升国家竞争力的一种措施与手段,特别是海洋经济建设与国家电网建设投资力度逐步加大,智能型电网建设等都为电线电缆行业的发展提供了新的机遇和发展空间。

但是,我国虽是电线电缆生产制造大国,但非制造强国,70%左右的企业还是以生产科技含量不高、附加值较低的普通电线电缆产品为主。而电线电缆利润较高的高端市场产品一直被国外几家大型企业的产品所垄断和控制,并且对我国实施技术封锁和材料禁运来达到市场垄断。从而造成我国国内电线电缆领域低端产品竞争激烈,利润空间越来越小,企业生存环境不太乐观。宁波东方2005年起积极实施产品结构调整,但由于是从传统制造型企业成长起来的,所以一直未能形成自己的核心竞争力和品牌影响力,传统的管理方法和经验管理已经制约了企业的快速发展。

(二)改变企业内部研发与市场营销脱节、提升企业整体创新能力的需要

企业科技研发与市场营销存在界面障碍,单纯的科技创新并没有给企业带来预期的

效果。科技创新缺乏市场支撑,脱离市场需求,创新产品投放市场也得不到客户的应用,巨大的研发投资难以收回,损失较大。同时过多的研发失败也制约宁波东方的持续发展。如2007年,投入300万研发经费,组织工程师研发低烟无卤低毒阻燃舰船用电力电缆,至今未有销售业绩。

二、电缆制造企业研发与营销互动的创新管理体系建设内涵和主要做法

宁波东方通过科技创新决策团队、营销创新决策团队之间相互协调、相互促进,形成良性互动机制,把竞争情报体系、应用研发体系、动态管理体系组成相互紧密联系又分工合作的有序结构,以动态管理控制中心为总控枢纽,形成运转畅通的互动管理体系"OIMS创新管理体系"(O-Orient;I-Innovation;M-Managers;S-System),实现研发与市场营销连结互动,提升企业创新能力和核心竞争力。主要做法如下:

(一)突破传统职能部门界限,建立互动管理体系

宁波东方创新管理体系遵循企业"高端引领未来"的战略思路,突破原有的管理架构,采用"扁平式"的管理模式,打破原来的职能界限,建立起灵活的组织结构,在原有的研发、营销部门的基础上组建科技创新决策团队和营销创新决策团队,推进应用研发体系、营销管理体系和竞争情报体系建设。宁波东方建立应用研发体系和营销管理体系,其目的就是及时把产品的市场需求现状和走向,以及所需求产品的技术发展趋势信息提供给科技研发部门,同时它把企业最新的技术和产品推介给用户,架起企业科技研发与市场的沟通桥梁建立竞争信息情报体系,把来自国际、国内、企业与市场的海量信息通过程序软件进行分析,及时在创新管理体系、营销管理体系以及各部门中流转,为管理者决策提供信息支撑。

1.应用研发体系建设

宁波东方将研发管理定位于企业经营策略的核心层次,建立"宁波海缆研究院",以形成自主知识产权的技术创新体系及开放式的合作创新平台为目标,以应用研发为龙头,以核心技术计划的实施为核心,从体系架构到研发机构进行系统设计与整合。布局并建设浙江省院士工作站、博士后工作站、省级企业技术创新团队、国家水下电缆质量监督检验检验中心(筹)为主的多层研发体系。积极承担国家级、省部级以及市重点、重大课题项目,到目前为止已经承担了10余项,共获得政府资助经费5000多万元。2005年以来已累计投入了2亿多元,其中2008年科技投入3551万元,2009年投入4619万元,2010年投入5919万元,2011年增加到7094万元,占销售收入的5%以上。

研发应用体系的主要功能就是对新产品的应用研发,一旦公司确立研究的项目课题后,应用研发部门在公司科技创新决策团队的指导下,结合企业拥有的技术着手课题的设置,其主要依据是来自市场、用户和竞争情报给予分析的结果。课题确立后,组织以课题组

工程敷设

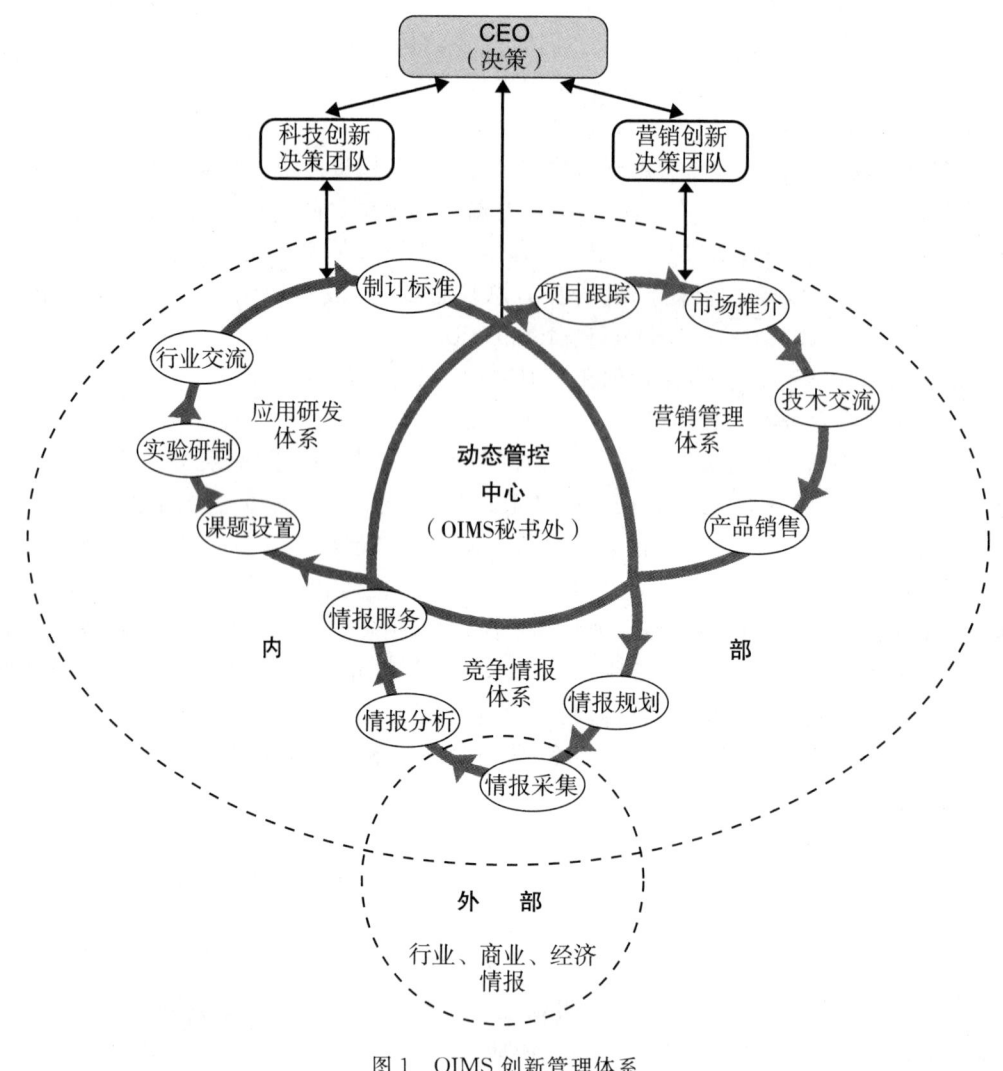

图 1 OIMS 创新管理体系

组长负责制的课题研究,从理论研究逐步到实验、试验,最后产出小样,形成理论性的资料,把研究结果进行待业交流和用户座谈,从中吸收行业分析和用户需求,并加以改进、提升,直至通过产品鉴定,形成批量生产,最后把企业标准向国家标准委员会推荐,尽可能形成国家标准。

2. 营销管理体系建设

在企业营销管理中心的基础上,划分几大事业部,根据区域、项目和用户建立管理机构,采用时时跟踪的动态项目管理模式,通过情况竞争体系分析项目运行动态。在营销管理体系中的项目详细列明经过讨论分析确定的项目所属单位与联系人、项目完成时间进度、项目责任人与跟踪人、项目使用费用计划等。经营销团队成员共同分析、研究,找出工作不足与差距,明确下一步推进方案实施。此外,制订一套专门针对项目管理的考核政策进行考核和奖励。

为提升和保持团队的管理水平、凝聚力和更新能力,营销团队也按规定进行活动:一是规范所有营销商务活动,注重团队策划和宣传,所有活动的过程与细节规范化、制度化。二是每个事业部副总经理及以上人员均配备一名商务助理,即协助完成营销商务活动,又能积极培养营销人才,为今后营销团队的更新、发展储备人才力量。三是在团队中建立起营销各区域交叉交流、考察、学习的机制,在相互学习、监督、促进的基础上,更好地促进、评价各营销区域的工作。四是建立起一套激励与淘汰机制,在促进/提高营销人员的工作积极性和创造力的同时,确立淘汰机制,以为营销组成人员体系的更新打下基础。五是经常性地组织营销团队活动,如培训、参观考察、旅游、体育和拓展活动等,以提高团队间的了解和凝聚力。

3. 竞争情报体系建设

竞争情报体系(简称 CIS),CIS 秘书处通过将情报内容划分为政府、商业、科技等几大类,开展情报分析工作,包括前期的情报课题规划、中期的情报采集、专人情报分析、后期的情报服务等,从而完成情报"进入—输出"的全过程。目前,竞争情报体系主要涉及四个方面。一是竞争环境监测,即对企业竞争中的宏观环境、行业环境信息进行广泛扫描、过滤、挖掘、分类和整理。二是市场变化预警,通过参加电线电缆行业会议、举办和参与行业技术交流等形式,获取竞争环境、竞争对手和企业内部条件变化信息预警评价指标和系统,及时发现并预知市场可能发生的变化。三是技术动向跟踪,有效利用宁波科技文献检索服务中心、宁波数字图书馆等政府部门提供的免费的公共技术服务平台广泛搜集技术信息,对可能影响公司技术竞争优势的信息进行检索和分析,然后确定重点技术竞争对手,并对其技术竞争战略、研发和应用动向等信息进行长期跟踪分析,预测技术发展趋势和专利战略对企业竞争力的影响。四是竞争对手分析,针对线缆领域的竞争对手和标杆企业,如上海滕仓、法国耐克森等制定课题类的专项研究。通过学习行业内优秀企业先进管理模式,结合自身情况,针对各个部门的情报需求,开展情报课题的前期规划工作。

(二)有效推动互动创新管理体系运转,实现研发与市场营销的有效互动

1. 设置动态控制中心

创新管理体系(OIMS)设置动态控制中心,负责把"三个体系"运行后的结果,加以分析、判断,同时提出下一步重点工作,推进体系的有效运行,并为企业决策层提供参考依据。

动态控制中心主要承担工作职责的是 OIMS 秘书处,秘书处每月根据"三大体系"不同的工作需求制订每月的工作计划与目标,把相互间需要交流的信息传递到各个部门,及时落实到各个体系中加以实施。如:承担的"863"科技项目"水下生产系统的研究开发与应用技术",首先应用研发部门在公司科技创新决策团队的指导下,提出水下生产系统国际、国内技术的发展趋,以及应用的环境和潜在的发展方向,通过动态管理控制中心把这一需求传达到营销管理体系和竞争情报体系,再由营销管理体系对市场、用户需求进行了解,把结果反馈到动态管理控制中心;竞争情报体系通过信息情报的收集后也及时反馈到动态管理控制中心,动态管理控制中心通过整合来自二个部门的信息情报,同时召开分析例会,把收集分析的结果及时流转到应用研发部门,在这个过程中,动态管理控

制中心始终处于分析、整合、流转的运行中。

反之,营销创新决策团队在市场开拓活动中收集到的市场需求现状、走向以及需求产品的技术发展趋势通过动态管理控制中心反馈给科技创新决策团队,为企业的研发提供市场导向,使企业的创新产出符合市场需求。如营销部门提出了用户在岛与岛之间输电过程中需要考虑安全、信号、智能电网控制的要求,营销部门及时把这需求传达到动态管理控制中心,由动态管理控制中心通过竞争情报体系分析用户需求和市场发展趋势后,就把这一需求传达到应用研发体系,让其按用户需要进行研究开发,通过研发把研究开发成果反馈动态管理控制中心,再由动态管理控制中心把结果和技术传递给营销部门,让营销部门及时给用户进行推介。

2. 建立信息互动共享机制

技术与营销两部门之间的信息沟通决定了新产品、新技术的应用,为此,二个管理体系中都建立定期审视沟通状况机制,通过软件与表单进行有效运行,整合创造或提供信息沟通的机会和平台,比如组织座谈会、定期参与例会,提倡和组织一些跨职能部门活动。增加研发与营销部门人员接触和沟通的机会,减少沟通术语上的差异和认知上的误解。另外,设立高管轮换制度,如技术总监轮岗市场营销的高层管理团队中,并成立商务技术部,第一时间满足营销过程中各方面的技术需要,市场总监轮岗到研发管理团队中,确保营销与研发团队的紧密合作和运行的有效性。

同时,情报竞争体系也发挥了作用。通过建立起来的信息情报网络和渠道,对国家政策、市场动态、行业发展以及竞争对手进行数据情报收集并加以分析,得到企业所需要的信息与情报。在 OIMS 秘书处设置专职人员,利用与产业研究院、电缆研究所、宁波信息院的渠道,每天收集海量信息;同时通过已经建立的 ISO9001、ISO14001、GB/T28001 体系网络的管理人员及时收集企业内部的信息,通过专职人员的分析比对,形成自己的信息情报资料。

秘书处通过竞争环境监测、市场变化预警、技术动向跟踪、竞争对手分析获取各类情报,并通过专业的分析方法完成情报分析,并形成课题报告,通过 OA、EM、电子邮件等各种方式,将报告输送给各部门,并将最新的行业动态在《东方电缆报》、公司宣传栏等通告。

(三)强化绩效考核和激励机制建设,推动互动管理体系的有效运行

确立"以内部培养为主、外部引进为辅"的人才集聚机制,建立适合企业自身发展的且与体系相配套的科学的合理的绩效管理机制,把新产品的销售情况与营销人员、研发人员的奖金挂钩,建立联合奖惩制度。创新产品成功时,研发和营销人员获得同等的奖励,失败时研发和营销人员则受到同样的批评,将双方捆绑在一起,使他们成为利益共同体,促进双方的友好合作和共赢。

同时,通过专题会议回顾绩效指标达成情况,重点找出平时工作的差异,并提出改进的措施。

(四)加强创新文化建设,营造全员创新的氛围

宁波东方遵循"创新、务实、诚信、和谐"的企业价值观和"高端引领未来"的战略思路,旨在发展前沿科技和高端营销,重点推进企业文化的融合和认同,加强企业理念与员

工行为的有效统一。

1. 建立团队合作的企业文化

高效团队的凝聚力使成员多样的价值观转变为团队的整体价值观。体系的建立让研发部门和市场营销部门之间的协作从新产品的计划阶段开始持续到新产品的市场化阶段,团队的构建打破原有的职能界限,增进了交流和合作。

2. 建立鼓励创新的企业文化

提倡"宽容失败",鼓励研发人员树立信心、勇于攀登科技高峰,通过技术创新实现超越;每月举办"创新团队技术交流"、定期举办"知识产权知识竞赛",每年按一定比例提取设立"OIMS创新基金"表彰在科技创新、管理创新、市场开拓创新等领域中有突出贡献的团队和个人。2011年,"OIMS创新基金"共颁发17个团体奖和21个个人奖,奖金金额达到100余万元。开展面向全体员工的知识竞赛、技术培训、项目研究等各种创新活动,营造良好的创新氛围和环境。

三、电缆制造企业研发与营销互动的创新管理体系建设效果

(一)突破了高端电缆核心技术,有效提升了企业核心竞争力

通过研发与市场营销有效互动的创新管理体系建设,宁波东方的核心技术能力大幅增强,在±320kV直流海底电缆、220 kV及以下光电复合海缆、水下生产脐带缆等方面掌握了一大批具有自主知识产权的核心技术,打破了发达国家的技术垄断和封锁,在海底电缆领域取得一系列重大科研成果。近三年来,仅海底电缆就取得发明专利7项,占专利总数的30%。牵头起草了110 kV海底电缆国家标准,引领了中国海底电缆产业技术进步,代表着我国已成为世界上少数掌握高等级海缆关键技术的国家。目前该类产品已经广泛的应用到了中海油石油平台、舟山电力公司、台州电力公司、福建电力公司、及海岛之间的电力和信息传输,产品性能达到国际先进水平。宁波东方先后被国家科学技术部、国务院国资委、中华全国总工会联合授予第三批"国家创新型试点企业"的称号,并于2008年首批通过"国家高新技术企业"认定,同时获得"全国质量效益型先进企业"的荣誉。

(二)赢得了发展主动权,推动了企业逆势快速增长

通过创新管理体系建设,使得企业创新能力大大提升,为公司赢得了发展的主动权,已由生产民用电线的企业成功转型为国内最大的海底电缆研发生产基地,成为国内最大的海底电缆研发和生产基地。2008年,在受到宏观经济整体下行影响、全行业普通开工不足的情况下,宁波东方启动了投资近亿元的海底电缆产业化项目,实现了40%的逆势增长,市场占有率达到95%经上。2011年,已实现的销售收入4亿多元,利税8000多万元。国内市场占有率达到90%以上。

(三)为国防安全做出了贡献,取得了较好的社会效益

以前我国使用的大部分水下电缆都是通过进口引进设备,在技术上和应用上都受到外方情报机构的关注,以及在技术上的制约,对我国国防建设带来无法预计的风险。同时海底电缆通常用于远距离岛屿之间、跨海军事设施等重要的场合,也是涉密的主要载体。宁波东方高端海底电缆技术的突破,打破了国外对海底电缆技术的封锁,对我国国防能力的提升具有重要的作用和深远的意义。同时,海底电缆技术的突破有效实现了长

距离、大规模的送电,节约了海洋资源、海域资源和电力资源,改善了海岛人民的物质文化生活及健康水平,对建设资源节约型和环境友好型电网,加快能源优化配置具有重要意义。为我国电线电缆行业结构调整和国家海岛经济建设和海洋资源的开采及国防安全做出了重要贡献。

(成果创造人:夏崇耀、谢盛宇、项冠军、华国大、陈　虹)

电子企业发展战略性新兴产业的技术创新管理

北京牡丹电子集团有限责任公司

成果主创人：公司总裁王家彬

北京牡丹电子集团有限责任公司（简称牡丹集团）的前身是北京电视机厂，是我国著名的传统电视生产厂商，创造了家喻户晓的"中国之花"牡丹品牌。随着彩电市场竞争日趋激烈，牡丹集团的整机业务急剧萎缩。2000年5月牡丹集团实施债转股。2001年以后，牡丹电视机的批量生产工作基本停止，陷入发展低谷期。

2008年以来，牡丹集团以恢复牡丹品牌和振兴老工业基地为目标，重建起开放协同的技术创新体系。伴随技术创新模式的建立，牡丹集团逐步恢复了科研能力，在数字电视相关领域推出一系列创新成果，初步探索出一条以文化创意带动数字信息技术发展的创新之路。

一、电子企业发展战略性新兴产业的技术创新管理背景

（一）实现集团复苏与振兴、探索新型发展道路的需要

牡丹陷入长达十年的产业低谷期、风险高发期和改革攻坚期后，逐步丧失了传统电视领域的制造能力，技术创新体系陷于瘫痪，企业核心竞争力逐步弱化，"牡丹"品牌也逐渐淡出市场；队伍建设上人才流失严重，结构出现断档，员工在知识结构、能力结构、观念意识等方面与市场严重脱节；经营上入不敷出，表面较为丰富的存量资源，实际上处于分散经营、粗放经营的状态；管理上几近荒芜，责任机制严重缺失；投资上疏于管控，历史风险频发，资产持续减值；文化氛围上消极颓废，不思进取的消耗性文化逐渐占据企业氛围的主流。为摆脱生存困境和重振牡丹品牌，牡丹集团迫切需要探索出一条以技术创新为引领的、轻资产结构的产业复兴之路。

（二）国有企业在落实国家战略过程中抢抓机遇、勇担责任的需要

近年来，随着新一代信息技术的飞速发展，数字电视产业迎来了国家发展战略性新兴产业的历史性机遇。北京市把数字电视产业作为未来着力发展的支柱产业之一，并提出实施科技创新、文化创新"双轮驱动"战略。牡丹集团着眼于数字电视产业链高端环节和战略性领域，立足于数字电视应用技术领域积极开展科研开发、成果转化和产业化，逐步融入国家和北京电子工业发展的战略全局。

（三）具备在战略性新兴产业关键环节发挥引领与主导作用的条件

彩电整机业务虽然萎缩殆尽，但牡丹集团在数字电视测试技术和显示技术领域依然保持着较强的研发能力和标准制定能力。检测技术和技术标准是科技创新、产业竞争和

国际贸易的基础支撑,是提高产业竞争力的重要技术手段。牡丹集团始终保留着一支科研团队,一直坚守在电视检测技术领域开展原始创新,进行前沿和高端技术研发,主持和参与国家行业标准几十项,研发推出全套技术设备和检测系统,并实现了超越和领先。可以说,牡丹集团在数字电视检测和显示等关键领域和环节仍然发挥着一定的作用,具备推动战略新兴产业技术创新的基本条件。

二、电子企业发展战略性新兴产业的技术创新管理内涵和主要做法

牡丹集团立足于数字电视应用技术领域,通过平台建设、产业联盟整合内外部战略性科技资源,广泛开展产学研合作、产业链合作和国际化合作等开放式的科技合作,进行符合市场化导向的自主创新、集成创新和引进、消化、吸收再创新,重建开放协同的技术创新体系,探索既符合自身资源禀赋,又适应社会科技资源配置规律和技术创新规律的技术创新组织与管理模式。主要做法如下:

(一)全面分析企业环境与自身条件,确定技术发展战略

2008年,新一届领导班子对企业进行全面、深入的调查研究后认为,就牡丹集团自身而言,虽然基本丧失从事"传统电视制造业"的能力,但仍然具有一定的资源条件,在以数字电视产业链为核心的现代生产性服务业方面尚有新的发展机会。

为进一步打破传统科技体制和自有资源条件的束缚,2010年牡丹集团大力提倡以开放包容的思维,进一步明确和完善技术发展战略:立足于数字电视应用技术领域,积极在新型数字显示技术、新一代信息技术和数字创意技术等领域开展开放式科研开发与成果转化;坚持以知识产权为核心,以牡丹品牌为纽带,整合共享社会创新资源,强化产学研结合,注重产业链合作与国际化合作;积极开展符合市场化导向的自主创新、集成创新和引进、消化、吸收再创新;力争在三到五年内在数字电视应用技术领域取得关键性进展,推出一批具有国际一流和国内领先的创新成果,并实现成果转化与产业化布局,奠定恢复牡丹品牌的科研基础。

(二)推动科技平台建设,促进科技资源开放共享

牡丹集团始终把科技平台建设作为重建集团技术创新体系、整合创新资源、恢复科研能力的重要手段,探索新型的开放式技术创新组织与管理模式。

从投资创建国家工程实验室入手,抢占发展战略新兴产业的制高点。2009年6月,国家发改委决定在上海、北京和深圳分别建立"一个数字电视工程中心,两个实验室"。在清华大学和中关村管委会的支持下,牡丹集团与清华大学一起,联合海尔、普天等12家单位,共同提出以清华大学为依托,以牡丹集团为实体建设单位,在牡丹园建设数字电视工程国家实验室的方案。同年12月,经国家发展委批准,由清华大学、牡丹集团、京东方、北广科技、普天、海尔等国内一流的研发和生产单位共同发起成立数字电视国家工程实验室

成果主创人:公司党委副书记李德友

（北京），重点建设四个工程化验证平台，主要任务是在我国第一代标准领先于欧洲同类标准的基础上，继续进行第二代标准（又称演进技术）的研究，以确保我国标准的技术领先地位，同时将国家标准申报为国际标准，加大海外的推广力度。牡丹集团主要承担测试与显示平台的建设任务。2010年，数字电视国家工程实验室落户于中关村数字电视产业园（牡丹园）。2011年被中关村认定为中关村开放实验室。投资引进国家实验室的成功，对牡丹集团的长远发展具有重要的战略性意义，打开了进入数字电视产业链高端环节和领域开展产学研合作与产业链合作的新局面。

启动牡丹集团博士后科研工作站，打造产学研合作和人才引进的高端平台。近十年来，牡丹集团的高端科研人才几乎流失殆尽。同时，受国有企业体制机制的制约，处于发展低谷期的牡丹也很难以市场化方式引进高端研发人才。2003年，牡丹集团设立博士后科研工作站，但长达六年之久未进入实质运营，处在有名无实状态。2009年，牡丹集团实质性启动博士后工作站的工作，突破自身科技体制束缚，打通产学研和人才引进的高端渠道，陆续引进一批新一代科研带头人。同时，探索利用博士后科研工作站这一高端平台，以总站＋分站的模式与产业园、产业联盟和产业链上的优秀企业展开科研合作和人才培养合作。

恢复组建数字电视技术中心，重建科技研发统筹平台。牡丹集团的技术中心曾经是国家级技术中心，但随着传统整机业务的萎缩，"十一五"期间接连降级，2008年一度丧失市级技术中心的资质。2009年，牡丹集团恢复设立科技创新部。2011年，按照经营性分公司的模式恢复组建数字电视技术中心，并与科技创新部合署办公，强化集团科技资源的集中管理和规划力度，进一步优化重组科研开发和科技管理平台，重建以知识产权为核心的研发管理体系。经过几年努力，2012年，牡丹集团数字电视技术中心再次恢复市级技术中心的资质。

共建联合实验室，打造社会科技资源开放共享平台。为进一步打通社会化利用存量科研设备、人才和技术成果的渠道，牡丹集团与北京工业大学、哈尔滨工程大学等高校科研院所和产业链相关企业共建多家联合实验室及多个产学研合作基地，形成联合开发、优势互补、利益共享、风险共担的技术创新合作体系，并在此基础上建设开放性的虚拟研发中心。

建设特色产业园，打造创新要素资源聚集平台。2011年，中关村科学城功能区发展规划明确提出全面推进数字电视领域发展，打造中关村数字电视产业园。以牡丹集团等行业龙头企业为重点，全面推动地面数字广播、卫星广播等DTMB标准技术成果转化。重点支持牡丹集团建设中关村数字电视测试标准和测试仪器制造基地，吸引数字电视及相关产业领域的中小型高新技术企业入驻，促进北京数字电视产业迅速发展。2012年，园区科技型入驻企业达到75%以上，初步聚集力合数字、博雅华录等数字电视产业链高端企业，构建起"信源－信道－信宿"数字电视全产业链基础架构。

创办科技孵化器，构建公共服务平台。牡丹集团把创办科技孵化器作为导入政策资源、聚集创新要素、对接社会创新资源的重要平台。分别在海淀区与朝阳区创建牡丹科技孵化器公司和牡丹创新孵化器公司，逐步构建起由公共技术服务平台、孵化孵育服务平台、知识产权服务平台、智力支持服务平台和投融资服务平台以及基础服务平台组成的公共服务体系,向入驻入孵企业与机构提供人才服务、技术服务、技术转移服务、投融资服务及相关基础服务解决方案。2011年,牡丹科技孵化器(牡丹园)被认定为北京市级孵化孵育基地。

(三)依托产业技术联盟与协会,打造科技合作体系

高度重视通过产业联盟和行业协会开展技术创新合作,积极联合具有相同或类似产业背景的产业链相关企业,围绕数字电视应用技术和产品领域的技术研发、技术产业化、市场拓展等共同目标,以产业技术联盟为载体进行产业链协同创新。

发起创办中关村数字电视产业联盟。2011年,为进一步强化中关村数字电视产业联盟标准推广、协同创新、产业链协作方面的合作,牡丹集团与清华大学再次联合发起,改组中关村数字电视产业联盟,注册为法人实体,清华大学为理事长单位,牡丹集团为唯一副理事长单位,数字电视国家工程实验室为秘书长单位,成员单位精简为几十家。在此基础上,牡丹集团联合中关村数字电视产业联盟骨干单位,共同组建DTMB工程技术服务中心,在DTMB国家自主标准的海内外推广进程中推动数字电视传输、检测和显示等环节产业链协同创新及其成果应用。

合作引进中关村音视频编解码技术创新联盟。为构建信源-信道-信宿数字电视产业链基础架构,2011年牡丹集团以中关村数字电视产业园为载体,聚集以北京大学深圳研究院数字力合公司为代表的一批从事信源领域研发与成果转化的科技型企业。在此基础上与北京大学合作,引进并加入中关村数字音视频编解码技术创新联盟,并联合其骨干单位,共同组建AVS工程检测中心,搭建AVS全仿真系统、检测平台和应用技术开发平台,用于演示、验证、检测各项AVS技术、产品和系统,推动AVS关键技术的研发。

积极与中关村数字内容协会、中关村虚拟现实协会和中国电视视像协会开展合作。依托中关村数字电视产业园和数字电视国家工程实验室,建设"牡丹数字文化体验中心"。集数字技术展示、创意体验、产品推介和商贸洽谈交易于一体,并结合"元大都遗址"特殊地缘优势,建设历史文明与现代文明、工业文明与社会文明、企业文明与城市文明相结合的科技文化旅游基地。"牡丹数字文化体验中心"一期工程已经在园区落成,并正式向园区及行业开放。首批展示内容以牡丹集团和数字电视国家工程实验室的相关技术、产品和系统为主。

(四)拓宽技术创新路径,注重多种创新方式有机结合

对自身具备绝对科技优势或者遭到技术封锁的产业链关键环节的核心技术,主要以自主研发(或产学研合作研发)为主。在检测技术领域依托以徐康兴同志为首的科研团队,自主研发出HDTV流发生器、HDTV综合测试仪、平板电视能效测试系统、3D信号测试技术等,并参与和主持数字电视检测技术国家和行业标准的制定工作;在新兴显示整机领域,依托以许少峰总工程师为首的显示技术研发团队,自主研发超高清显示驱动芯片技术和智能电视技术;在受到国外技术封锁的大功率半导体激光器芯片域,积极与北京工业大学共建光电子联合实验室,开展产学研合作研发,以期实现在该领域填补国内市场空白和进口替代的战略目标。

在自身具有部分优势的应用技术领域,主要以产业链协同合作的方式开展集成创

新,联合研发系统解决方案。为积极推动我国数字电视领域两大国家自主标准——DTMB 和 AVS 标准的应用和海内外推广,牡丹集团联合中关村数字电视产业联盟和中关村音视频编解码技术创新联盟,进行产业链协同基础上的集成创新,研发推出基于 DTMB/AVS 双国标数字电视内容传输系统解决方案。牡丹集团终端负责测试技术和显示终端技术与设备的研发与提供,并投入牡丹品牌来推动该系统解决方案的市场推广。

在国外已有较成熟的应用技术成果且不受技术封锁的情况下,就要积极通过国际化合作开展引进、消化、吸收、再创新,及时转化国外先进技术成果。2011 年以来,牡丹集团利用自己投资创办的乐金飞利浦公司这一国际化合作平台,与韩国 VG 股份有限公司、LSD TECH. 有限公司等结成国际化战略合作联盟,共建数字文化创意联合实验室。在引进和集成 2D/3D 数字信号采集技术、数字内容制作技术、数字内容传输技术和数字内容显示与测试技术的基础上,联合研发推出基于创意设计的数字文化商用显示系列创新技术、产品及其系统解决方案。

(五)完善激励机制,加强创新团队与文化建设

牡丹集团始终把人才队伍建设作为打造企业核心竞争力的关键,充分挖掘内部优秀人才,以开放的视野广纳五湖四海之贤才。如在检测技术领域,重新组建以徐康兴为首的科研团队,并重用以李刚、武晓光等为代表的一批 70 后青年研发骨干,引进以戴闽鲁博士为代表的 CMMB 检测技术领域的技术领军人。另外,还通过共建联合实验室的方式,组建一支开放式的社会化协作科研人才队伍,实现内部人才队伍与社会人才资源的优势互补和充分利用。

近年来,牡丹集团高度重视科技人员激励机制建设与团队文化建设。为加大对科研工作者的激励力度,2008 年,设立"牡丹集团科技发展基金"和"牡丹集团徐康兴科技创新奖",每年从营业收入中提取 1% 作为科研开发激励和配套基金,并举行首届"牡丹集团徐康兴科技创新奖"颁奖仪式,唯一的获奖者徐康兴同志获得终身技术成就奖。2009 年,牡丹集团颁布《科技发展基金使用管理条例》,举办第二届"徐康兴科技创新奖"表彰会,其中颁发荣誉功勋奖 1 名,科技工作 30 年特别荣誉奖 10 名,高新技术成果奖 6 名,技术进步奖 13 名。

为加大对企业知识产权创造活动的激励力度,牡丹集团按照以知识产权为核心和主线的科技管理基本思路,制订和完善《牡丹集团技术类知识产权管理制度》、《牡丹集团技术类知识产权奖励处罚办法》。持续对以自主创新方式获得专利申请权的职务发明人(或团队)、设计人(或团队),获得登记证书的计算机软件著作权、集成电路布图设计专有权的设计者(或团队)给予奖励;对以自主创新方式获得国家知识产权局授权的发明专利的职务发明人(或团队),实用新型专利、外观设计专利的职务设计人(或团队)给予奖励;对于被国家标准或国际标准采用的自主创新核心技术专利的职务发明人(或团队)、设计人(或团队)给予奖励;对于已经获得授权的专利,在专利实施后,并且在专利有效期内,从实施该项发明专利或实用新型专利所得利润中税后提取 2%,或者从实施该项外观设计专利所得利润中税后提取 0.2%,作为报酬支付给该项专利的职务发明人(或团队)、设计人(或团队)。

为进一步调动各经营单位骨干团队的积极性,牡丹集团对下属公司推行公司骨干团队经营贡献激励机制。按照资源依托型、科技孵化型和技术市场型三种类型对下属公司

骨干团队成员参照年度经营利润的20%、30%和40%的激励分配,并把各下属科技型公司知识产权的创造水平、实施运用水平以及获得转让、许可收益等内容列入考核范围。同时,当企业将知识产权以转让、质押、作价投资或入股等方式进行运营,获得收益后,给予职务发明人(或团队)、设计人(或团队)、设计者相应的报酬。

此外,牡丹集团还高度重视创新文化建设。2009年以来,积极编撰并宣贯《牡丹宪章》,大力提倡"资源有限,智慧无限"的理念,提倡以开放包容的思维,整合共享社会创新资源,进行符合市场化导向的创新,反对盲目创新、为创新而创新。还把企业员工获得的各种形式的知识产权奖励和报酬情况均计入员工技术和业务档案,作为技术职务聘任、晋升、晋级、获得"牡丹集团徐康兴技术创新奖"等荣誉称号的重要依据之一。

(六)强化品牌复兴战略,推动技术成果的市场化、产业化

追求产业报国、重振牡丹品牌是牡丹人永远不能放弃的情结和梦想。2011年,《牡丹集团十二五发展规划纲要》中明确提出"适应集团面向市场参与市场竞争的需要,稳妥实施品牌复兴战略,建立品牌、商标管理规范和品牌终端推广模式,依托自有品牌和自有技术展开开放式科技合作,逐步恢复和维持牡丹品牌在消费类市场影响力"。

为进一步推动创新成果的市场化、产业化,2010年牡丹集团适时强化品牌复兴战略,通过投入"自有品牌+自有技术"参与联合研发的方式,将创新产品与解决方案以"牡丹"品牌进行市场推广。近年来,牡丹集团自主研发的四倍高清显示终端、液晶平板电视、智能电视等新型显示终端和能效测试仪、码流发生仪、立体电视3D信号检测仪及检测系统,全部都以"牡丹"品牌进行市场推广。2012年5月,牡丹集团委托京东方制造的"牡丹"品牌LED背光液晶平板电视正式在京东商城上线销售,揭开牡丹品牌回归市场的序幕。

2012年11月,牡丹集团作为代表北京展团的唯一品牌工业企业,参加在上海举办的第14届中国国际工业博览会的信息与通信技术应用展。以"牡丹"品牌展示近年来的创新成果,包括2D/3D数字文化内容(艺术品的数字化创意和3D视频)、3D摄像装置、DTMB信号传输系统、AVS音视频编解码系统、智能电视、媒体艺术显示系统、数码屏风显示系统、裸眼3D显示系统、眼镜式投影显示系统、四倍(超高清)高清显示系统、高端艺术显示系统等数字电视应用技术及解决方案。这是牡丹集团近十年来第一次以崭新形象亮相上海工博会,标志着淡出市场多年的牡丹品牌将以全新的姿态再次回归,重塑牡丹"中国工业之花"的市场形象。

(七)健全集团研发管理体系,不断提高服务、协调和监管水平

为确保技术发展战略的有效推行,牡丹集团始终把健全研发管理的组织体系作为恢复企业技术创新力的基本保障。自2008年开始,牡丹集团就明确提出要构建和完善"1139"科研开发管理体系。恢复集团公司技术委员会,强化技术决策委员会的研发决策职能。

为强化研发项目的风险管理,牡丹集团逐步健全风险管理机制。在研发项目决策环节,专门设置由外部专家和内部专家组成的半开放式的专家委员会,对公司重大技术决策提供专家意见,在企业科研、投资、引进、合资、合作、营销等项目立项时进行知识产权论证,避免发生无意中侵犯他人知识产权;在涉及知识产权的合同中,也注意包含避免授权方知识产权和专有技术不合法或侵犯他人知识产权的法律风险的条款,避免由此给企业带来的难以预知后果的风险。在科技合作环节,特别是国际合作项目,牡丹集团配备

专职的内部法律顾问和外部合作律师,从科技合作谈判、协议起草到协议履行等环节进行全过程的风险评估与控制。在研发实施环节,建立严格的项目跟踪、评估、验收机制,并与项目团队的考核奖励挂钩,最大限度控制项目实施风险;在研发人员管理方面,推行核心骨干人员经营贡献激励机制和合作研发人员项目激励机制,并与研发人员和协作单位工作人员签订包括保守企业技术秘密、竞业限制、竞业禁止、保护企业知识产权、保密奖罚等相关内容的保密协议。

三、电子企业发展战略性新兴产业的技术创新管理效果

（一）以牡丹集团为主导的开放式技术创新体系初步建立

牡丹集团已经拥有一个国家级工程实验室、八个产学研联合实验室、一个国家级博士后工作站、一个市级技术中心、一个市级孵化孵育基地、一个特色产业园和一个中关村标准示范企业,是北京市知识产权示范单位。

伴随着开放协同式技术创新体系的重建,牡丹集团的科研能力逐步增强。目前拥有自有核心骨干研发团队80多人,合作研发团队近千人,自有科研设备200多台,合作科研设备近千台,承担国家和北京市重大课题几十项,基本恢复了支撑牡丹二次起飞的科研基础。

（二）推出了一系列高水平的数字电视应用技术创新成果

牡丹集团通过自主研发和产学研合作,陆续研发推出了我国第一台全数字HDTV电视墙分割控制器、国内首台60.1寸具有自主知识产权的超高清晰度显示终端、国内首台具有自主知识产权立体电视检测仪,其中3D串扰率测试方法和3D串扰率测试信号为世界首创。

通过产业链联合合作,联合研发推出了具有国际一流水平的基于DTMB/AVS双国标数字电视内容传输系统解决方案。通过国际化合作,引进了具有国际领先水平的3D自动摄像装置技术,联合研发推出了具有行业领先水平的数码桌、触摸查询机、裸眼3D显示器、液晶橱窗等数字技术应用产品,联合研制了以富春山居图、牡丹国画图为代表的具有行业领先水平的数字创意内容产品。

在此基础上,牡丹集团进一步进行集成创新,研发推出了数字内容适配(DCAS)系统,集成了计算机技术、通信技术和信息处理技术的最新应用,可为用户提供个性化的、多样化的视觉表现形式和内容,给客户以最佳的视觉冲击力。

（三）为国家与社会经济发展做出了新的贡献

牡丹集团研发和生产的平板电视能效测试系统,是我内唯一的界定平板电视节能等级的应用产品,适应并推动了我国平板电视节能化、低碳化的发展趋势。此外,依托数字电视国家工程实验室(北京),与中关村数字电视产业联盟骨干企业联合,共同推动我国自主研发的第一代DTMB标准的海内外推广和第二代DTMB标准的研发。2010年10月,我国自主研发的第一代DTMB国家标准已正式成为国际电联的推荐标准,并在香港、澳门、老挝、古巴、柬埔寨等地区和国家落地。为我国发展战略性新兴产业、争取国际产业技术话语权、提高产业国际竞争力做出了应有的贡献。

（成果创造人：王家彬、李德友、邹大新、李 刚、许少峰、杨建成、傅东翔、郑国庆）

邮政分业经营下的企业协同发展管理

吉林省邮政公司

成果主创人:吉林邮政总经理姜怀德(右)与中国邮储银行吉林分行行长韩春生

吉林省邮政公司(简称吉林邮政)隶属于中国邮政集团公司,承担吉林省18.74万平方公里,2700多万人口的邮政普遍服务职责,依法经营邮政业务,并对广告、报刊发行、电子商务、金融、速递物流等各类竞争性业务实行商业化运营。下辖9个市州邮政局、40个县(市)邮政局;网点1238处,其中城市网点516处,农村网点722处;员工1.36万人,资产总计22.27亿元。2011年实现业务收入16.86亿元,同比增长17.9%。

一、邮政分业经营下的企业协同发展管理背景

2007年以来,随着邮政体制改革的不断深化,中国邮政储蓄银行、中国邮政速递物流股份有限公司相继成立,吉林邮政金融业务、速递物流业务根据集团改革要求逐步开始分业经营。邮政三大板块业务发展面临新的挑战。一是分业经营格局下,邮政公司与邮储分行和速递物流公司形成了实际意义上的代理关系,但在业务上存在有分有合的现象,一些业务面对的是相同的市场和客户,存在业务上的竞争和可能产生的营销内耗。二是分业经营格局下,邮政公司、邮储银行、邮政速递物流公司之间没有成型、完善的沟通协调机制,极易在发展中出现重复建设、资源浪费等问题。三是分业经营格局下,邮政公司、邮储银行、邮政速递物流公司都成为独立经营的实体,都要追求利益的最大化,特别是在关联业务资金结算上没有固定标准的情况下,极易出现分歧。四是邮务、金融、速递物流三大板块业务由于行业性质不同,利润不同,可支配资金不同,极易造成员工同工不同酬,收入分配差距拉大的趋势。这些问题严重影响和制约了吉林邮政的全面发展。

二、邮政分业经营下的企业协同发展管理内涵和主要做法

吉林邮政顺应分业经营的改革趋势,严格按照中国邮政集团公司提出的"共举一面大旗、共享全网资源、共创美好未来"工作要求,全面树立"大邮政"的发展共识,与中国邮政储蓄银行吉林省分行、吉林省邮政速递物流有限公司团结协作,在"自营+代理"的经营管理模式下,坚持做到"三分三合",即在职责上分,在思想上合,在体制上分,在关系上合,在工作上分,在目标上合。通过包容性发展实现了吉林邮政邮务、金融、速递物流三大板块业务的和谐共赢,有效提升了邮政业务的市场竞争力与邮政企业的社会影响力,邮政核心能力建设得到全面增强。主要做法如下:

(一)树立"大邮政"观念,构建包容性发展的协调工作机制

1. 领导层率先垂范，促进"大邮政"和谐共赢

三大板块分业经营后，体制和机制都发生了变化，不仅形成了新的经营格局，更形成了新的工作关系。吉林邮政三大板块的一把手清醒的认识到，分业经营并不意味各自为政，而是要通过分工合作，共同面对竞争，共同加快发展。吉林邮政三大板块的一把手经常在各种场合及会议上，向本单位员工灌输"分业不分家、分营不分心"的思想，强调邮储银行与速递物流公司的发展要根植于邮政，邮政企业的发展要借力于邮储银行与速递物流公司。必须正确处理好各级邮政企业、邮储银行与速递物流公司领导之间，以及业务之间的关系，并在全国率先研究制定三大板块经营分析会、联席工作会，以及董事会制度，在省一级层面建立起和谐、团结、协作的新型工作关系。在发展上遇事共商、情况互通、求同存异，在感情上互相关心、帮助、支持，在利益上明算账、实互补、顾大局、识整体，为全省各级基层单位起到了模范带头的作用。

2. 共举一面大旗，打造邮政特色品牌

百年品牌是邮政的核心优势和资源，吉林邮政三大板块为实现和谐共赢，高举一面邮政大旗，通过构建综合、立体式宣传体系，共同打造"大邮政"品牌。

吉林邮政领导在向地方党委、政府汇报工作时，坚持邮政三大板块情况一同汇报，需要取得政府支持的事项一同提出。并经常通过综合性材料向省委、省政府汇报邮政三大板块的业务发展，以及支持地方经济建设的情况，重点围绕邮政三大板块共同打造便民、利民、惠民的综合服务平台，如邮政企业开展的普遍服务与特殊服务；邮储银行针对小微企业、个体工商户、农户提供的小额贷款；邮政速递物流为省内多家品牌企业提供的一体化物流配送等各类邮政服务。

在对外宣传上，吉林邮政三大板块合力重点宣传邮政全力承担国家和社会赋予的普遍服务职责，宣传"情系万家、信达天下"的服务宗旨；宣传邮政遍布城乡、无所不在的服务网络以及方便快捷、综合性立体式的服务能力，营造良好的社会舆论氛围，塑造新时期邮政的新形象与新面貌。在金融业务发展上，邮银双方共创邮政金融一个品牌。全省所有新建和改造的代理金融网点统一使用"中国邮政储蓄银行"店招，统一对外服务形象。

3. 明确专业定位，建立协调发展工作机制

吉林邮政贯彻集团改革部署，明确邮务、金融、速递物流三大板块专业的定位。邮政公司要认真履行普遍服务与特殊服务职责，并在邮件寄递、商函广告、报刊发行、集邮文化产业、电子商务、分销配送等领域参与市场竞争，打造现代化商业化服务企业。邮储银行要秉承"普之城乡，惠之于民"的普惠金融服务理念，立足于服务社区、服务"三农"、服务中小企业，不断完善综合金融服务功能，加快产品创新，努力为客户创造价值，成为网络强大、竞争力强的大型零售商业银行。邮政公司的代理金融业务按照"三个不变"原则，实行

宽敞明亮的吉林邮政金融网点

"自营+代理"的经营模式,在银行的指导下开展业务,充分发挥网络和资源优势,有力增强邮政金融在城乡市场的竞争能力和服务水平。速递物流公司要加快网络建设与能力拓展,提升运营质量和服务水平,稳固并扩大新兴市场份额,成为行业领先的快递运营商。

在专业定位清晰的情况下,吉林邮政三大板块各司其职,建立健全一系列协调工作机制。省邮政公司与省邮储分行成立金融工作协调小组。省邮政公司总经理任组长,省邮储分行行长、省邮政公司主管副总经理任副组长。协调小组负责组织全省金融业务发展,特别是对需要邮银双方共同协调、明确的问题提出具体处理意见,并组织双方工作人员严格落实。协调小组下设经营、内控、建设三个工作组,具体负责业务发展、风险防范、投资建设等工作的协调和落实。制定日常工作联系制度,每月召开邮银双方相关人员共同参加的金融业务经营分析例会。每季度召开金融工作协调小组例会,解决全省各市州金融业务发展中需邮银双方协调的问题。省邮政公司与省邮政速递物流有限公司成立速递物流业务推进领导小组。省邮政公司副总经理、省速递物流有限公司总经理任组长,双方市场经营部、财务部、人力资源部等相关部门负责人为成员。建立常态的联席会议制度,定期召开碰头协调会议。此外,省邮政公司明确要求基层企业要在经营上全力发展代理金融、代理速递物流业务。

(二)实施错位经营机制,明确协同发展的和谐共赢战略

1. 坚持错位经营,依托地方经济做大做强

面对共同经营的金融市场,吉林邮政邮银双方着力维护邮政金融网络的统一性,坚持邮政金融"自营+代理"的经营模式,利用邮政网络资源,做好"普惠金融"服务。立足于提升邮储银行发展的战略地位和维护邮政企业的长远发展利益,在最大限度发挥全网协同效应和邮政整体优势的基础上,突出邮银各自优势与发展重点,实施"错位经营"。即邮政企业拥有网络资源,邮储银行拥有经营资质,逐步形成客户管理和业务发展的差异化。邮政企业侧重发展储蓄、理财和支付结算等负债类业务;邮储银行侧重发展对公、信贷和中间等资产类业务,双方共同维护并开发金融市场。

在错位经营战略指导下,省邮储分行全力做大公司和小额信贷业务并实现超常规发展。全省公司业务形成以财政、社保等政府部门和通信、烟草等资金归集类企业为重点的客户群体,网银结算、现金管理等业务功能日趋完善。对公存款开办当年即达到37.9亿元,2011年底达到124亿元,存款规模一度处于全国领先位置。零售信贷产品体系日趋完善。累计发放小额贷款85.18亿元、个人商贷和二手房贷款38.73亿元。公司和资产类业务的快速发展,改变了长期以来以储蓄利差收入为主的经营格局。省邮政公司积极营造金融业务发展氛围,并紧紧围绕吉林省农业大省的地方特色,在服务"三农"上做足文章。主要参与涉及粮食资金的归集、发放,及对农民的粮食直补、农业保险理赔金的发放等业务。同时,针对粮食储备、粮食加工企业开展项目营销活动,深入到涉及粮食的相关环节。

在速递物流领域,省速递物流有限公司专注于巩固和提升速递物流市场揽收份额,重点针对特定市场与特殊用户开展上门营销,大力开发协议客户,全面为协议客户提供个性化一条龙速递服务、仓储与配送服务,以及基于供应链管理模式下的一体化物流解

决方案。邮政企业则着力提高窗口营销能力,促进窗口代理速递业务转化,积极引导客户使用速递新业务。同时,大力开发非协议客户,利用网点资源优势,推行"同心圆"营销模式,构建窗口为主、揽收为辅的经营格局,并积极在便民服务平台上叠加代理速递业务功能,形成以自有网点为核心、便民服务站为补充的代理速递网络,实现不同层次的客户群体全覆盖。

在错位经营战略指导下,省速递物流有限公司坚持加快经营发展步伐,积极融入地方市场。突出"量质并重,效益优先"的基本思路,积极进行业务结构优化,突出发展高效业务,加大对重点区域、重点市场、重点业务,以及重点客户的发展力度。积极构建省、市、县三级营销体系,按照速递、物流两大专业,建立完善以专业队伍为主体、以综合交叉营销为补充的营销体系。

2. 共享客户资源,实行综合营销项目联动

由省邮政公司牵头,三大板块实行大客户联动开发,省邮储分行、省速递物流有限公司分别负责金融业务和速递物流业务的宣传、推介和开发,初步建立三大板块大客户联动营销机制。在这种联动营销机制的基础上,吉林邮政三大板块积极开展跨专业主题营销活动,在项目发展上整合方案、注重联动,用一系列大项目拉动业务的快速发展。例如,代付吉粮集团收粮款项目是省邮政公司、省邮储分行携手打造的涉农代收付大项目,既响应了国家积极服务"三农"的号召,又树立了邮政金融在政府、社会的良好形象。此项目由省邮储分行与省吉粮集团谈判成功后,邮银双方携手在全省城乡60余个邮政金融网点启动。各网点与省吉粮集团各收粮点合作布放商易通,以实现非现金资金归集,为下一步与其他粮食收储集团的合作积累了宝贵经验。

(三)科学规划统一布局,夯实协同发展的核心竞争优势

1. 统一网点布局,加强金融渠道建设力度

吉林邮政邮银双方在金融业务渠道能力建设上统一步调步伐,充分考虑地区经济发展前景、城乡整体规划,统一制定营业网点的区域性结构布局,并采取改建、撤并、迁移、新建等途径,使邮政金融网点布局与区域经济的发展、城市化建设相协调。所有新建及重点改造的代理金融网点均在银行指导下,按照"功能分区、服务分层"理念打造标准化的营业网点,变传统的封闭式柜台营业的单一格局向封闭式营业与开放式营业、自助式营业相结合的多元化格局转变。

在大力推进物理渠道建设的同时,吉林邮政邮银双方共同把加强营销体系建设作为转变发展方式、提高经营水平的重要依托。通过盘活人力资源,加强专职营销人员配备,建立覆盖邮政金融各专业的专职营销队伍。全省公司业务人员已达270人,信贷从业人员达到535人。在省邮政公司在省邮储分行的大力支持下,提升代理金融从业人员的专业水平。加强业务培训,邮银双方联合举办业务培训活动。对邮政企业内部举办的储蓄、汇兑、网银、内审等业务培训班,省邮储分行主管行长、业务部总经理、业务人员均亲自参与、给予指导。

2. 加大投入力度,全力支持速递物流专业发展

为了大力支持速递物流专业发展,省邮政公司牵头与速递物流公司共同建设长春邮政速递物流邮件处理中心。并成立项目领导小组及枢纽工程处,共同协调进行速递物流

新建生产场地的调研、选址论证、土地招标拍卖、项目环境评价及相关手续办理等工作。

3. 整合共享资源，提升邮政金融信息化水平

只有整合资源才能资源共享，只有资源共享才能合作共赢。省邮储分行成立后，邮银双方始终不断的整合、共享信息资源，不仅充分发挥了邮政企业传统的遍布城乡的网络优势，更在高科技、信息化建设领域提升了水平。邮政储蓄统一版本、对公业务系统、中间业务平台全国大集中、邮政储蓄IC卡/POS业务系统、个人网上银行系统等工程的上线运行，使吉林邮政金融业务具备了与其他大型商业银行比肩的市场竞争能力。

4. 强化网络支撑，增强速递物流业务处理能力

省邮政公司网运部、省邮政速递物流有限公司网运和质量监控部及长春邮区中心局调度室成立网运工作协调小组，各市州邮政速递物流分公司也分别与各市州邮政局主管网运、生产等部门建立日常协调沟通机制，实现邮速双方协调的常态化。2011年，速递物流31.5%的特快、物流邮件利用邮政普网邮路带运。分业后，随着速递物流业务的快速发展，原有速递物流生产场地难以适应发展需要，省邮政公司在自身生产场地也非常紧张的情况下在中心局划拨了300多平方米的生产场地，用于扩大速递物流邮件内部处理场地。2009年10月邮航开通后，省邮政公司实施"全夜航"快速网运行方案，全力保证速递邮件赶发邮航。每逢春节、中秋等生产旺季，速递物流都会出现运能紧张的问题，省邮政公司要求所属各单位必须积极配合解决。特别是2011年春节前后，由于民营快递纷纷歇业，全省邮政速递物流邮件出现爆仓，各地邮政速递物流分公司、营业部均出现邮件无法及时处理，投递延缓的问题，省邮政公司要求相关邮政企业网运部门及投递部门给予主动支持，调动全部生产车辆及投递人员参与处理投递。

(四)提升风险防控水平，落实协同发展的安全稳定要求

1. 整合安保资源，携手共建平安"大邮政"

省邮政公司、邮储分行、邮政速递物流有限公司整合资源，制定邮政系统安全保卫工作联席会议制度。联席会议在省邮政公司领导下，统筹研究全省邮政系统安全保卫工作，制订全省邮政系统保卫工作管理制度和中长期保卫工作规划；提出有关建议和意见；统筹部署全省邮政系统保卫工作；指导、监督和检查全省各市州局对相关保卫制度的落实情况和对上级部署各项保卫工作的执行完成情况；协调解决涉及相关部门和有关涉及通信安全、生产安全、内部保卫安全的重大问题。三大板块共同加强安保队伍建设。2009年、2010年省邮储分行和省邮政速递物流有限公司相继成立保卫机构，设置专门的保卫人员。为提升保卫人员业务素质，三大板块共同举办业务培训班，培训保卫干部和骨干800余人次，达到全部持证上岗。

2. 加强风险管理，整体防控能力明显提升

省邮政公司联合省邮储分行建立各级资金安全领导小组，坚持开好安全例会，建立风险报告和内审联系制度，形成联防联控的风险管理格局。邮银同步开展风险评价、资金安全隐患整改检查活动，共同落实监管部门的相关监管意见，整体抗风险能力显著提升。

在内部审计方面，邮银联合围绕重点部位和薄弱环节，切实加大稽核检查和隐患整改力度。在全省大力推进集中式稽查和审计专业队伍建设，优化事后监督作业组织，强

化电子稽查实时监控,提高事中监督的快速反应能力。经过两年的努力,全面完成一、二、三类网点的风险等级评价工作,并把评价结果与对网点的业务准入、检查频次、分等和绩效考核结合起来,提高内审的针对性和实效性。相继开展小额贷款及公司、中间业务,反洗钱工作专项审计,集中开展案件风险排查和专项治理活动,通过推行违规积分管理,建立"问题整改库"。

(五)建立健全分配机制,共享协同发展的经营改革成果

1. 建立健全科学合理、责任明晰的利益分配机制

三大板块改革后,省邮政公司牵头对全省土地房屋资产进行清查,积极协调好省邮储分行和省邮政速递物流有限公司房屋土地确权办证等后续改革工作,全面完善省邮储分行和省邮政速递物流有限公司占用土地房屋的权属。三大板块还积极沟通、相互配合,组织进行三大板块各环节的关联交易结算,组织全省全面清理分营以来三方之间的往来账目。全省统谈资金归集四大项目(代收体、福彩款;代收电信款;代收烟草款;代收粮食直补款)的对公账户利润分配方面,邮银双方商定利润五五分成。同时在代收付手续费方面按照"谁发展、谁受益"的原则,按照代收笔数及金额所占比例或各地区邮银自行商定的分配比例,双方按月结算手续费收入。在高考录取通知书等速递物流业务项目营销中,吉林邮政速递物流业务推进领导小组统一制定活动方案,明确专业公司与邮政企业的账务处理及结算方式。

2. 协调收益水平,使企业发展成果惠及广大员工

吉林邮政三大板块统一步调坚持以人为本,促进企业与员工的全面协调发展。在具体业务发展上,制定统一的激励政策,努力做到同工同酬。共同保障员工合法权益,沟通协调稳步提高员工收益水平,改善员工福利,解决关系员工切身利益的现实问题,开辟职业发展通道,努力提高工作状态满意度。近四年投入 937 万元,建成农村支局小家 297 处;投入 315 万元,建成投递员之家 23 处,有效改善了一线职工的生产环境。三大板块员工平均收入年均增长 20% 以上。在"两节"期间,三大板块联合开展送温暖活动,先后为 13058 名困难职工、劳模送去慰问金 753.2 万元。实行职工重病医疗互助保险,全省有 86% 的职工参保,有 285 名职工得到互助,金额达 783 万余元。

三、邮政分业经营下的企业协同发展管理效果

(一)经营工作稳步推进,三大板块业务均实现较快发展

2011 年,吉林邮政三大板块实现总体业务收入 30.65 亿元,较 2007 年增长 103%,年均增幅 25.75%。吉林邮政实现收入业务收入 16.86 亿元,同比增长 17.9%,增幅在全国排名 15 位。省邮储银行实现业务收入 10.24 亿,同比增长 31%,省速递物流公司实现收入 3.55 亿,同比增长 15.29%。吉林邮政三大板块业务均实现平稳较快发展。

(二)服务能力稳步提高,社会地位和形象进一步提升

吉林邮政所有城市网点和 67% 的农村网点已经接入电子化支局平台,95% 以上乡镇的邮政投递服务采用摩托车作业,实现了邮件投递全省"村村通"。通过积极调整优化生产作业组织流程,全省党报党刊当日见报率达到 90%。在 2009 年总行评比中,吉林省服务综合得分位列全国第一,获优秀组织奖。2010 年有 3 个网点被中银协评为全国千佳示范网点。95580 客服中心开通两年来,吉林省投诉率始终保持在 0.12% 以下。全省邮政

金融客户服务满意度连续三年保持在 85 分以上。2006 年以来,在省消协组织的对全省大型公用服务类行业消费者满意度评比中,吉林邮政连续多年位居各参评服务行业之首,多次被授予"服务行业用户满意示范单位",2011 年被评为"吉林省具有社会责任感消费维权十佳单位"。

(三)企业文化成绩斐然,精神文明建设硕果累累

吉林邮政先后荣获"全国五一劳动奖状"、"全省文明行业"、"吉林省五一劳动奖状"等光荣称号,2011 年在中国消费者协会开展的"普遍服务满意度调查"中荣获全国第一名。全省 51 个邮政企业全部被地方政府评为文明单位,其中有 49 个进入全国或省级文明单位行列。有 13 个服务窗口被命名为国家级青年文明号。三个银行网点被评为全国银行业先进示范网点。

(成果创造人:姜怀德、韩春生、许　葵、王成志、
张雪松、李　杏、赵　勇、赵延峡、贺　佳)

以绿色理念为导向的住宅建设技术集成创新管理

天津住宅建设发展集团有限公司

成果主创人：公司党委书记、董事长马骏

天津住宅建设发展集团有限公司（简称天津住宅集团）是以住宅产业化为发展方向，集房地产开发经营、新型建材与住宅部品制造、建筑施工、科技与服务业"四大产业板块"为一体的天津市建设系统国有大型骨干企业；是国家住建部确立的首个具有完整住宅产业链的"国家住宅产业化基地"，名列中国房地产企业100强，荣获百余项国家级和市级优秀开发项目奖、建筑工程鲁班奖、科技进步奖，以及全国五一劳动奖状等称号。

一、以绿色理念为导向的住宅建设技术集成创新管理背景

（一）发展绿色住宅是住宅建设的发展方向，集成创新管理是发展绿色住宅的必然要求

"十一五"以来，党和国家把建设资源节约型、环境友好型社会作为加快转变经济增长方式的重要着力点，大力发展"四节一环保"即节能、节地、节水、节材、保护环境的绿色住宅。体现人文关怀，追求节能、环保、绿色、低碳，正在成为住宅建设的新趋势。依靠先进技术集成创新与应用，大力兴建绿色住宅，已成为当今住宅建设的发展方向。目前我国住宅技术的发展仍以单项技术推广应用为主，缺乏有效的集成和整合，形不成完整的绿色住宅体系；而一些住宅科研单位和住宅建造企业，往往把绿色住宅技术研发与应用割裂开来，要么只有研发没有应用，要么有应用需求却没有研发，形不成研发与应用的整体合力。只有紧紧依靠科技研发和先进成套技术集成创新，并把集成创新与应用紧密地结合起来，实行先进技术集成创新管理，才能有效加速绿色住宅建设与发展。

（二）创新绿色住宅建设先进技术是推动绿色住宅发展的关键途径

进入21世纪，绿色住宅在我国刚刚兴起，支撑绿色住宅建设的各种技术体系尚不成熟。在墙体结构体系上，为减少能源和土地资源消耗，国家大力推进建筑节能和墙体改革，限制和禁止使用粘土砖，急需既能改进建筑围护结构又能有效节约能源的新型墙体材料加以替代。在建筑外围护节能保温技术体系上，为达到三步节能标准，通常采用外墙附加有机保温材料的做法，保温效果虽好，但易燃、不环保、易老化脱落、使用寿命短，成为住宅产品使用的一大隐患。除此之外，住宅建造、设备节能、清洁能源应用、水资源利用、环境保护、绿色施工等技术也急需提高。由此看来，落后的产品技术制约了绿色住宅的发展，新型节能建材产品技术研发刻不容缓。因此，集成创新绿色住宅建设先进技术，已成为推动绿色住宅建设发展的关键。

（三）绿色住宅技术集成创新管理是集团发展战略的必然选择

2007年以来，天津住宅集团确立并实施住宅产业化发展战略，创新打造了一条集"四大产业板块"为一体的完整产业链。创新和运用绿色住宅先进技术集成创新管理模式，带头开发建设绿色住宅，是全面加快实施住宅产业化发展战略，把天津住宅集团打造成为"科技先导型，具有较强国际竞争力和产业集群、技术集成优势的全国住宅产业化发展领军企业"的必然选择，也是天津市生态宜居城市建设乃至全国绿色住宅产业发展的必然要求。同时，集成创新管理既能促进绿色住宅技术的开发与应用，培育集团住宅产业化的先进技术集成新优势，又能促进资源、组织、技术等要素的合理整合、优势互补、有效集成，从而提升企业整体竞争力。

二、以绿色理念为导向的住宅建设技术集成创新管理内涵和主要做法

天津住宅集团以绿色理念为住宅产业发展导向，以成为"科技先导型，具有较强国际竞争力和产业集群、技术集成优势的全国住宅产业化发展领军企业"为发展定位；全面加快实施住宅产业化发展战略，在国家住宅产业化基地的平台上，坚持以科技创新为先导，以"四大产业板块"为一体的完整住宅产业链为依托，把先进技术集成创新与应用融为一体，促进绿色住宅单一技术创新向多项技术集成创新转变，加快绿色住宅新材料、新技术、新工艺创新成果向生产力转化，形成产业链各环节科技创新成果的有效集成。主要做法如下：

（一）明确集团绿色住宅发展战略，确定技术集成创新方向

天津住宅集团坚持以科技创新为先导，把创新驱动战略作为住宅产业化总体发展战略的重要组成部分，明确提出"构筑四个高地，培育节能环保绿色低碳住宅新优势"的发展思路，即构筑自主创新高地、绿色住宅生态宜居高地、新型建材研发生产高地、高新技术住宅产业园高地。围绕集成创新，确定三项任务，一是整合科技资源，壮大科研团队，构筑科技创新高地，增强自主创新能力；二是加大科技投入，着力关键技术攻关，形成一批具有自主知识产权的科研成果；三是完善集成创新机制，建立技术集成创新管理模式，加快成果转化应用，培育和扩大符合住宅产业化和节能环保绿色低碳住宅要求的新材料、新技术、新工艺、新体系集成优势。

（二）突出组织管理功能，搭建保障体系

1. 建立绿色住宅建设技术集成创新组织体系

从企业实际出发成立集成创新的领导机构——科学技术委员会。该委员会由集团公司总经理、总工程师、技术质量管理部负责人和集团各成员单位主管技术工作的领导组成。科学技术委员会在集团公司董事会的领导下，负责制定科技创新战略和规划并组织实施，建立和完善绿色住宅技术集成创新管理体系结构，决策集成创新发展方向、审定重大科研课

公司开发建设的天津市梅江绿色生态居住区

题、重要成果转化等关键问题,监督检查推动集成创新管理,评估集成创新结果与成效。

```
                        集团公司董事会
                              │
                        科学技术委员会
                              │
                       科学技术委员会办公室
                              │
                  "四大产业板块"科学技术委员会、技质部
                              │
        ┌─────────────┬─────────────┬─────────────┐
    房地产开发板块─OA─建设施工板块─OA─新型建材板块─OA─科技与服务板块
        │             │             │             │
     项目、班组      项目、班组      车间、班组      项目、班组
```

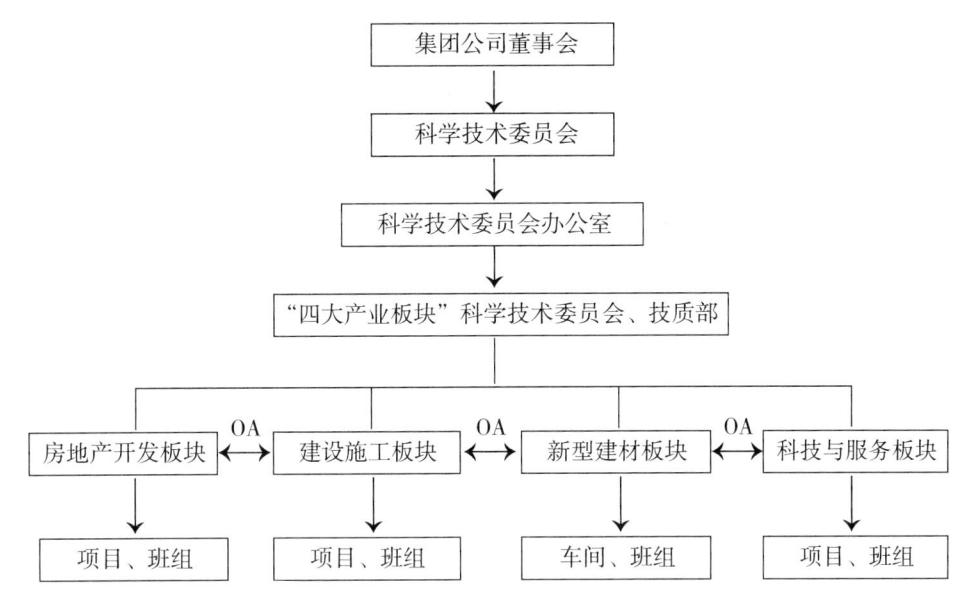

图1　天津住宅集团住宅建设技术集成创新组织体系

2．构建覆盖产业链各环节的集成创新管理网络

"四大产业板块"各企业全部建立与集团公司相对应的科学技术委员会以及技术质量管理部门,制订管理制度,明确管理职责,并把管理职责延伸落实到工程项目、车间、班组,建立技术创新小组,主要负责关键技术攻关、先进技术优选和推广应用,从而形成能够覆盖产业链各环节的集成创新管理网络。

3．构建绿色住宅建设技术自主创新平台

2007年开始,天津住宅集团通过资源整合,在原有科研机构的基础上,把住宅科学研究所壮大为住宅科学研究院,做强房屋建鉴定设计院,扩大建筑节能与环境检测中心检测功能和业务范围,组建中新生态城绿色建筑研发和认证测评中心,新建科技馆,从而形成由"两院、四中心、三个实验基地"组成的科技创新新格局,搭建绿色住宅技术研发平台。"两院"即住宅科学研究院、房屋鉴定设计院;"四中心"即新型建材研发中心、建筑节能与环境检测中心、中新生态城绿色建筑研发和认证测评中心、房屋质量安全检测中心;"三个实验基地"即津南区实验基地、滨海新区实验基地、中新生态城实验基地,为开发建设绿色住宅提供强有力的科技支持。

（三）依靠"四大产业板块",形成自有体系的纵向产业链

1．联合知名院校,建立产学研相结合的科技创新与研发机制

2007年以来,天津住宅集团与南开大学、天津大学、中国建科院等知名院校合作,建立产学研相结合的科技创新与研发机制。引进并培养400多名房地产、建筑、建材等各相关专业的博士、硕士和中高级专业技术人才,加强技能型人才培养力度。依靠自主创新平台,先后取得几十项科研成果,完成并发布《节能建筑蒸压砂加气外围护体系关键技术研究》、《建筑节能快速测评方法研究》、《砂加气配方优化及产业化关键技术研究》等一

系列科研课题成果;申报并取得《自保温体系结构》、《蒸压加气复合保温板》、《无机非金属轻质防火保温板》等实用新型和发明型技术专利;编制《自保温体系结构施工方法》和《钢结构门窗洞口处蒸压砂加气外墙板安装施工工法》,为绿色住宅开发建设提供了技术支持。

2. 以房地产开发设计为龙头,确定项目绿色住宅技术集成创新应用方案

在优选适合建设绿色住宅的优质地块基础上,从项目设计阶段入手,依据绿色住宅评价标准,坚持"四节一环保"的绿色住宅理念,运用被动式和模数化设计方法,协同考虑与建筑相关的自然环境、能源条件、建筑结构等各个元素,集成应用绿色住宅技术创新成果,确定设计方案,使建筑布局、房屋结构、户型设计、采光朝向等均符合绿色建筑设计理念和标准。

3. 以新型建材和住宅部品研发制造为核心,带动绿色住宅建设技术集成创新

天津住宅集团坚持以绿色理念为导向,适应绿色住宅的发展要求,投资8亿元人民币,在天津武清和滨海新区建成两大新型建材研发生产基地,并以新型建材和住宅部品研发制造为核心,大力研发节能环保绿色低碳新型墙体材料和住宅部品。

第一,加气砼墙体外围护结构体系成套技术创新。天津住宅集团把新型墙体材料作为创新重要着力点,引进世界一流的先进技术工艺和德国设备,形成三条砂加气砼制品生产线,总产能达到160万立方米,能够满足天津市2000万平方米建筑的节能需求。天津住宅集团通过引进吸收再创新,组织所属新型建材研发中心和住宅科研院围绕加气砼关键技术和产品研发,开展技术攻关,充分考虑我国自然环境、气候特点、原料资源和建筑结构要求,按照不同配比和容重、强度、导热系数,先后成功研究出适用于我国国情的砂加气砼 B04、B05、B06、B07 和 B03、B02 级产品配方,使住宅集团生产的加气砼制品全部满足国家优质标准,达到国际领先水平。在此基础上,适应市场需求,革新技术工艺和设备设施,不断开发新产品,把加气制品从砌块扩展到板材,形成了规格多样化系列产品。

第二,加气制品专用配套材料创新。天津住宅集团新型建材研发中心组织建材、化工、建筑施工等方面的科技人员,集中力量研发加气砼制品专用配套材料,相继开发专用建筑石膏、粘接剂、抗裂砂浆等特种干粉砂浆,并以电厂烟气脱硫所产生的废弃物脱硫石膏,通过深加工,制成加气砼专用配套产品——脱硫石膏制品,在新型建材基地建成年产60万吨脱硫石膏制品与粉体材料生产线。利用这条生产线,使加气制品专用配套材料做到系列化开发、规模化生产、配套化应用。同时,通过对加气制品及其专用配套材料应用技术工艺的综合研究,编制施工工法,形成了加气砼墙体技术体系成套技术。

第三,住宅部品开发创新。通过对型材断面技术和安装工艺的攻关和优化,形成高档断桥铝合金门窗、铝木复合门窗、风雨感应门窗等建筑节能门窗和单元体幕墙、呼吸式节能幕墙的制造与安装成套技术,增强了水密性、气密性和节能环保性能。采用节能环保新技术、新材料和计算机二次优化定型设计,实现整体厨房、卫浴及窗套、地板以及墙体家具等住宅装修装饰部品标准化、工厂化生产和现场组装的成套技术。

第四,节能建筑砂加气外墙保温技术体系创新。通过提高原材料性能、改善技术工艺、添加外加剂等技术手段,研发生产出性能稳定的低密度 B02、B03、B04 级蒸压砂加气

制品。在此基础上,研究出在13层以下建筑砂加气外墙保温技术体系,即填充墙采用300mm厚B05级蒸压砂加气砌块自保温墙体,梁柱、剪力墙等热桥部位外贴100mm厚B03级砂加气保温板。继而研究出13层以上建筑主要以贴挂B03级(或B02级)加气保温板组成的砂加气外墙保温技术体系。用蒸压砂加气保温板材替代模塑聚苯板(EPS)、挤塑聚苯板(XPS)等有机保温材料,实现与砂加气填充自保温墙体一体化。集成砂加气外墙保温技术体系和高效节能门窗、屋面保温成套技术,形成节能建筑外围护结构保温技术体系。

第五,预制装配式住宅技术创新。在引进、消化、吸收、再创新的基础上,创新填充混凝土石膏墙板结构体系和新型砂加气板钢结构住宅体系,并以此对预制装配式住宅的应用实践进行了大胆尝试。例如,应用自主创新的填充混凝土石膏墙板结构体系(RBS建筑体系),采用预制装配式施工建成的华城领秀康华里7号住宅楼,经建设部专家组鉴定,达到国际领先水平。

4. 以建筑施工板块为支撑,加快绿色住宅技术集成创新成果转化应用

在施工前,根据规划用地及设计图纸,合理利用施工场地,对施工区、材料堆放区、材料加工区、生活区进行合理布局,并依据区域管辖范围,明确管理责任。根据施工需要合理布设变电箱、变电柜,施工区实行分区域计量核算,生活区实行集体供电制度,杜绝私接乱搭现象,必要区域照明采用声光控延时自熄型开关,办公区采用中央空调集体制冷、热水散热器集体供暖,淋浴室采用太阳能热水器,以节电节能。施工现场设置雨水收集设施及二次水循环利用系统,用于混凝土养护、浇洒路面、冲洗车辆等。在建材使用上,全部采用商品混凝土及预拌砂浆,合理采用高强度等级混凝土,并采取必要技术措施,减少混凝土中的添加剂的使用;积极采用高强钢筋(HRB400),提高高强钢筋的使用比例;加强钢筋混凝土中的钢筋、骨料、模板、支撑件的循环利用,实行建筑垃圾的可再生利用,以节约用材、降低成本。材料来源本地化力求达到100%,以减少运输能耗和污染,并加强噪声、扬尘控制,避免扰民和环境影响。具有国家一级企业资质的建设工程总承包公司和华惠安信装饰公司组成以集成应用绿色住宅新材料、新技术、新工艺、新体系为特色,集建筑施工、装饰装修为一体的住宅集团建筑施工板块。在承建的住宅集团自行开发住宅项目和天津市重点工程建设中,大力推广应用集团集成创新成果,建造了一大批生态宜居住宅小区和标志性建筑。

5. 以科技与服务业板块为补充,把绿色理念延伸到绿色住宅评价、管理与服务

为建筑节能环保性能评价提供检测服务,包括建筑节能工程检测、建筑保温系统检测、采暖空调及配电照明系统节能检测、门窗幕墙检测及节能标识、可再生能源利用检测、绿色建筑检测、建筑物能效测评和民用建筑工程室内环境质量检测。

所属具有国家一级资质的华厦物业公司把绿色理念延伸到住宅小区管理服务之中,建立完善的节能、节水、节材与绿化管理服务制度。环境卫生采用垃圾分类处理系统,分类袋装,及时清运,消毒处理,防止二次污染。安全防范采用智能化设备监控系统,全时监控,自动报警。建立24小时服务热线,全天候为天津市首创,被业主形象地称为"物业110"。

在保障房销售上,华厦博城销售公司创新摇号选房"一站式"服务销售模式和保障房

超市,将集团自行开发建设的保障房项目集中展示、联动销售。

(四)与供应商结成战略联盟,形成集成创新合作平台

天津住宅集团坚持优选符合住宅产业化和绿色住宅发展要求、技术先进、产品成熟的相关供应商,以专业化协作的方式结成战略联盟,形成集成创新合作平台。几年来,先后与太阳能、地源热泵、新风空调等设备设施生产供应企业结成战略联盟合作伙伴,以市场化运作方式组织这些合作企业,按照绿色住宅项目定位标准,创新和改进产品技术,以满足项目需要。

(五)形成绿色住宅建设技术标准化、系统化管理,实现集成创新技术可推广、可复制

1. 建立绿色住宅标准化体系,为集成创新、应用、评价提供依据

与相关行政主管部门紧密结合,参与编制《玻璃幕墙光学性能》、《建筑外窗采光性能分级及检测方法》、《建筑门窗承受机械力的检测方法》等一系列国家及行业标准以及《天津市第四阶段(75%)居住建筑节能设计标准》、《天津市居住建筑节能设计标准》、《天津市公共建筑节能设计标准》等一系列地方标准。并将此作为依据,形成标准化管理体系。

2. 搭建统一的OA网系统平台,实现集成创新技术信息共享

通过对集团局域网(OA)系统二次开发改造,围绕绿色住宅开发建设,实现"四大产业板块"各企业、各项目、各环节联网,形成集成创新技术信息共享平台。

(六)加强体制机制建设,为集成创新提供组织与制度保障

1. 加强内部体制建设,确保集团集成创新管理有效运行

把集成创新纳入各成员单位经济工作年度责任目标,完善"目标责任－监管审计－考核奖励"三位一体的考核评价体系,依据《天津住宅集团所属单位绩效评价考核办法》和《天津住宅集团年薪制与经营业绩考核办法》,按照责任与报酬相一致,激励与约束相统一的原则,实行集成创新责任目标考核评价并兑现奖罚。同时,把集成创新纳入内部审计监督范围,通过投资立项、招投标、合同管理、创新资金使用、设备材料采购、成本核算、经济效益,加强对集成创新全过程的真实性、合法性、效益性进行监督评价。

天津住宅集团紧密结合企业实际加强集成创新文化体制建设,形成集成创新整体合力。一是利用集团《住宅视界》报、局域网、宣传栏,广泛宣传绿色住宅和集成创新理念;二是以讲座、举办培训班等形式,开展绿色住宅理念、集成创新理念以及专项技术培训;三是组织全体员工参与集成创新大讨论和技术创新、革新以及合理化建议活动。

2. 加大创新投入,为集成创新提供全方位资金支持

一是逐年增加绿色住宅专项科技创新经费投入,从2007年的870万元增加到2011年的1.68亿元,科技创新投入已占到主营业务收入的1.4%。二是在政府支持下发起设立住宅产业基金,广泛吸收社会资金,搭建支持和促进绿色住宅发展的融资平台。每年发行2~3只,每只2亿~3亿元人民币,总规模在20亿~40亿元人民币,主要用于绿色住宅科技创新,建筑体系、部品体系、技术体系的研发与集成,节能、环保、绿色、低碳住宅示范工程建设。三是纳入政府建筑节能和科技创新项目获得的资金支持。

3. 强化外部市场机制建设,确保与集团外部企业合作顺畅

制定《天津住宅集团外联企业合作方案》,坚持绿色住宅节能环保绿色低碳的标准、不达要求绝不订货的要求、货比三家好中选优的原则,确定产品优质延期合同、产品能够

根据社会需求不断创新可被确立为住宅集团"金牌供应商"的合作机制。

三、以绿色理念为导向的住宅建设技术集成创新管理效果

（一）形成了一批拥有自主知识产权的核心技术

近三年，天津住宅集团运用集成创新管理，加大科技研发应用力度，先后创新了35项拥有自主知识产权的核心技术，如《槽型加气混凝土板材》(ZL201130303427.6)、《BO2级轻质砂加气混凝土防火保温板》(201210219483.5)、《钢结构箱型柱梁中灌注砂加气保温材料施工方法》(ZL201210059978.6)等发明型专利核心技术，创新了集节能保温防火等性能为一体的砂加气外墙围护自保温技术体系，达到国际领先水平。

（二）促进了住宅产业化基地建设

天津住宅集团把集成创新管理作为住宅产业化发展战略的重要组成部分，推动了住宅产业化基地建设。主产品新型节能墙体材料砂加气混凝土制品已形成多样化、系列化生产规模，能够满足天津市每年2000万平方米住宅建设的建筑节能需求。各类住宅部品全部实现工厂化生产、现场组装，提高了工业化水平。集成住宅建设新材料、新技术、新工艺、新体系，投资建设了全国首个住宅产业园，形成了绿色住宅科技研发、信息技术展示、住宅部品制造和新型建材物流配送四大功能平台，为推进"四节一环保"住宅现代化技术集成和住宅部品标准化设计、系列化开发、集约化生产、配套化供应，提供全方位服务。

（三）开发建设了一批生态宜居住宅示范项目

几年来，天津住宅集开发建设了2000多万平方米生态宜居住宅小区。其中，天津市梅江芳水园、华厦津典、富裕广场等住宅项目率先采用节能设计、外墙保温、中水循环等智能化最新产品技术，分别被住建部命名为"双节双优小区"、"住宅智能化示范小区"和"建筑节能示范样板工程"。总建筑面积20万平方米的华城领秀万华里（二期）依靠节能减排技术集成，实现绿色低碳建筑可复制、可推广、可实施，被住建部确立为国家三星级绿色建筑示范工程。住宅集团施工建设的天津大型标志性建筑津湾广场C标段、滨海一号等项目，应用新材料、新技术、新工艺集成创新成果，被住建部评定为新技术应用示范工程。

（四）促进了经营规模和经济效益显著增长

天津住宅集团2007~2011年，主营业务收入、利润总额持续快速增长，经营规模扩大了10.35倍，经济效益提高了16.35倍。自2008年起，新产品投入市场，至2011年，新产品销售收入提高了5.67倍，占主营业务收入比例由2008年的21.5%增长到37.4%。市场地位和社会影响力显著提升，在中国服务业企业500强中排序从2009年的第267名跃升到2011年的第198名，并荣获全国建筑业技术创新先进企业等称号。

（成果创造人：马　骏、刘庆年、康　庄、商　鹏、翟锦祥、刘永柱、张书航、孙胜楠）

火车站与港口互利共赢的运输合作管理

北京铁路局塘沽站

北京铁路局塘沽站（简称塘沽站）始建于1888年，地处天津滨海新区核心区域，是北京铁路局重要的港口站。主要服务于"一港四区"，即天津港、塘沽区、天津经济技术开发区、天津港保税区、天津市东丽区，是办理客货运业务的综合性一等站，包括六个对外营业站。车站站场具有"线长、点多、站场分散"的特点，配备调车机10台，服务于60家企业的180条专用线。

成果主创人：站长杨捷（右）与主任计划员王勇

一、火车站与港口互利共赢的运输合作管理背景

（一）服务滨海新区经济发展的需要

天津滨海新区是我国参与经济全球化和区域经济一体化的重要窗口，国家推进天津滨海新区经济发展的一个重要举措就是发展港口经济。天津港作为中国北方最大的国际贸易港口，近年来规模不断扩大，港口等级不断提高，对促进滨海新区经济发展起到了辐射和带动作用。作为连接亚欧大陆桥最近的东部起点，与世界180多个国家和地区的400多个港口有贸易往来。2006年底，天津港做出将北疆港煤炭作业全部转移至南疆港的"北煤南移"运输调整战略，并提出南疆港以散货作业为主，北疆港以集装箱作业为主的"南散北集"战略决策。2009年，天津港携手12家国内外船公司、班列运营单位以及内陆地区物流企业，共同签署《落实加快北方国际航运中心建设若干意见，促进集装箱发展合作协议》，这是天津港实施"南散北集"运输战略调整的又一重大举措。在滨海新区开发开放和天津港实施"北煤南移"和"南散北集"运输战略调整的背景下，作为服务天津港北疆港区集疏运的车站，迫切需要及时调整经营思路，改进运输经营方式，加强与港口企业的运输合作经营，在合作的基础上不断提高运输能力，为促进地方经济发展提供可靠的运输保障。

（二）转变铁路发展方式的需要

对照铁道部和北京铁路局提出的总体要求，塘沽站的运输能力相对滞后。2010年，天津港金属矿石运输需求为1500万吨，塘沽站仅装车发运892万吨，铁路运能仅能满足企业运输需求的59.5%，货物积压、运不出去的问题时有发生，车站在计划、运能、空车等方面难以满足企业运输需求。同时，作为服务天津港北疆港区集疏运的车站，2006年以前塘沽站主要以接卸煤炭作业为主，曾创下日卸车2000多车的纪录，长期整列来整列走、装车不愁空车的传统运输模式，造成职工中普遍存在"港口站不愁没活干"的惰性依赖思想，工作主动性差，市场主体意识差，坐等企业货主上门，缺乏合作经营意识。天津

港实施"北煤南移"运输战略调整后,塘沽站2007年和2008年日均卸车仅为950车和721车,与2006年日均卸车1346车相比分别下降29.4%和46.4%,运输经营面临严峻挑战。落实铁道部提出的加快转变发展方式的总体要求,迫切需要塘沽站解决思想观念陈旧,运输能力不适应和空车不足等现实问题,转变运输经营方式,积极开展合作经营,在服务天津滨海新区和天津港经济发展的同时,增加铁路自身经济效益,实现塘沽站社会效益和经济效益的双赢。

(三)提升运输能力,促进塘沽站自身发展的需要

塘沽站是建站120多年的老站,多年来,由于没有新线建设、设备投入,加之车站人员老化、运力紧张,运输能力与地方经济发展速度和天津港实施的"北煤南移"、"南散北集"运输战略调整不相适应。2010年以前,天津港闲置的15.6万平米堆场和铁路5.2万平米货场没有得到充分开发和有效利用,天津港集装箱装车地点分布在10多家企业,没有形成集约化运输规模,铁路集装箱装载安全检测手段滞后,制约集装箱运输发展。塘沽站原有铁路信息管理系统是1999年投入使用的TMIS1.0低版本,功能不完善,部分数据停留在手工统计的传统模式,不能保证数据传输的及时性和准确性,制约铁路运输效率、运输增量和运输能力的提高。在天津滨海新区加快开发开放和天津港货物吞吐量逐年递增的背景下,迫切需要塘沽站立足自身实际,发挥服务"一港四区"60家企业180条专用线的运输优势,在现有运输能力的基础上,调整经营思路,改进运输经营方式,路企共同开发闲置货场,打造集约化运输基地,克服车站人员老化、设备落后、运能紧张等实际困难,依靠合作经营拓展市场份额,增加经济效益,实现塘沽站的持续健康发展。

二、火车站与港口互利共赢的运输合作管理内涵和主要做法

塘沽站坚持合作经营、共同开发、打造精品、路企双赢的原则;统筹规划、优势互补,与天津港建立战略合作关系,达成合作共识,建立合作框架前提;发挥路企各自优势,共同开发闲置资源,建立集约化运输基地,加快货物周转,方便企业货主,实现规模运输;加强优势项目合作,路港联手营销货源,扩大市场份额,打造海铁联运精品;转变服务方式,前移运输组织,提供服务支持,提高运输服务水平;路企共同开发研制集装箱超偏载检测仪,实现安全优质运输;借助港口资源优势,改造铁路信息系统,挖掘运输潜力,实现路企双赢、多赢。主要做法如下:

(一)统筹规划,优势互补,与天津港建立战略合作关系

1.明确指导思想

塘沽站结合自身实际,确定运输合作管理的"三强化"指导思想,即强化服务大局理念、强化合作经营理念、强化市场主体理念。

一是强化"服务大局"理念。塘沽站作为滨海新区重要的交通运输方式和服务窗口,必须树立高度的政治责任和社会责任,以服务和服从于滨海新区经济发展

港口装卸作业现场

为根本,以确保天津港集疏运畅通为核心,以提高经济效益、实现路企双赢为目标,立足自身实际,提高运输能力,为促进滨海新区和天津港经济发展提供运输保障。

二是强化"合作经营"理念。天津港实施的运输战略调整打破了塘沽站原有运输组织模式,在车站各项运输生产任务指标逐年增长,现有站场设备老化、机力未增、职工总数减少的情况下,实现车站的持续发展,必须解决干部职工中存在的"港口站不愁没活干"的惰性依赖思想,树立合作经营、生存发展的理念,根据外部运输环境的变化,转变思想观念,调整经营思路,依靠合作经营拓展市场,承担起确保全局运输增量的桥头堡作用。

三是强化"市场主体"理念。需要充分发挥铁路运输企业的市场主体责任,根据天津港运输战略调整后给车站运输经营带来的变化,变被动为主动,放下铁老大的架子,建立与港口企业的战略合作伙伴关系,密切路港协作配合,发挥各自优势,积极开展运输合作经营,增加市场份额,打造运输精品,实现路企双赢的目标。

2.形成合作共识

为实现与港口企业的运输合作经营,塘沽站成立由站长任组长,主管运输、经营副站长任副组长,运统科和调度、货运车间、多元经营总公司负责人为成员的运输合作经营组织架构,主动与天津港对接,双方达成"合作经营、共同开发、打造精品、路企双赢"的发展共识。为统一职工思想,解决"港口站不愁没活干"的惰性依赖思想,车站组织开展"服务滨海展作为,立足港口谋发展"全员教育活动,干部职工撰写学习体会382篇,形成调研成果40篇,开展学习交流10余次,教育职工树立"合作经营、生存发展"的理念,放下铁老大的架子,变被动为主动,为开展运输合作经营创造良好的舆论氛围。

3.建立合作框架

为实现路企双赢,塘沽站与天津港协商,根据双方各自优势建立合作框架,围绕"集约化、精品化、科技化、信息化"开展运输合作经营。集约化,即利用路港双方的运输优势和资源优势,改造天津港物捷三堆场和铁路利港机务折返段等闲置货场,整合集装箱班列装车地点,建设散货物流基地,提高货物集散能力,实现集约化运输、规模化经营。精品化,即路港加强优势项目合作,建立路港联合营销机制,实施"走出去"营销策略,扩大货源吸引半径,最大限度增加市场份额,共同打造集装箱海铁联运精品。科技化,即路港合作开发研制集装箱静态超偏载检测仪,依靠科技手段从源头上解决集装箱超偏载问题,为确保港口集疏运畅通和铁路运输安全提供保障。信息化,即借助港口网络信息资源优势,改造铁路信息系统,提高铁路信息化水平,促进塘沽站运输效率提升,为企业发展提供运力保障。

(二)共同开发闲置资源,建立集约化运输基地

充分发挥铁路运输企业的市场主体责任,与天津港密切合作,利用各自运输优势和资源优势,路港携手共同开发闲置运输资源,打造集约化运输基地。2010年,塘沽站与天津港达成共识,由天津港物流发展有限公司出资,将原来闲置的15.6万平米物捷三堆场改造成具有海关监管资质、拥有2条铁路线路、可以整列装卸作业、日均装卸能力7列的满洲里过境集装箱班列海铁联运基地,路港共同开辟天津港连接内陆地区以及亚欧大陆桥、服务经济腹地的"绿色通道"。开行天津港至满洲里过境集装箱班列,标志着又一条亚欧大陆桥运输线在天津港成功开通,这条新航线从天津港到俄罗斯境内只需要25天

就可到达,缩短货物运输时间10天,报关费用和以前相比节约5%。同时,车站通过与天津港协商,将二连、阿拉山口过境集装箱班列整合到天津港集装箱码头有限公司货场堆场和中储发展股份有限公司新港分公司专用线集中办理,加快货物周转效率,既方便企业货主,降低企业运输成本,又提高铁路运输能力,为实现集约化运输奠定基础。

为提升铁路信誉度,扩大市场份额,塘沽站投入资金1000多万元,将原来闲置的利港机务折返段改造成占地5.2万平米、拥有2条铁路线路、12台大型装卸机械、日均装卸能力5列的呼和、包头东、张家口南、临河等国内集装箱班列物流基地。与天津港合作,对天津港原四分车场线路进行改造整修,开通全部装车线路,将四公司、五公司的装车线路按到站进行货位调整,建成面积约30万平米的金属矿石散货物流基地,最大限度实现每条线路装车去向的统一,做到整列进、整列装、整列发。破解天津港二公司高架粮仓受容量限制的"瓶颈"制约,主动与企业协调,进行扩建、改建,增加储存容积量,打造粮食物流基地,减少取送作业等待时间,使有限的铁路运力资源得到充分利用。建立路企、路港货源动态追踪、到港船期动态掌握、装卸进度动态反馈等信息互动机制,便于作业组织,减少作业环节,提高作业效率,实现规模运输、集约运输。通过路企合作建设集约化运输基地,塘沽站集装箱运量由2009年的82万吨跃升至2011年的194万吨,增长112%,为实现路企双赢提供保障。

(三)加强优势项目合作,打造海铁联运精品

天津港是中国北方连接亚欧大陆桥最近的东端起点,从天津港至阿拉山口、二连、满洲里三个口岸的运距最短,时间最少,费用最省,天津港过境集装箱货源具有非常大的竞争优势。为发展海铁联运市场,天津港出台过境集装箱班列运输奖励办法,对阿拉山口过境集装箱每车奖励1400元,增强海铁联运的综合竞争力。塘沽站紧紧抓住天津港集装箱吞吐量逐年递增的有利条件,提出"服务北疆、合作经营、打造精品"的经营思路,以铁道部和交通运输部共同签署的《关于共同推进铁水联运发展合作协议》为契机,按照北京铁路局提出的"大力发展货运班列产品,开行港口至口岸海铁联运集装箱班列"总体要求,密切与天津港的运输合作,加大二连、满洲里、阿拉山口海铁联运集装箱班列的运输组织力度。积极争取铁道部、北京铁路局政策支持,将二连、满洲里、阿拉山口过境集装箱班列确定为定点、定线、定时、定价、定车次的"五定"国际海铁联运集装箱班列产品。塘沽站在计划提报、车辆配送、作业组织、机力安排、装车组织上为海铁联运集装箱班列提供全力支持、给予政策倾斜,做到计划单批、日历安排、整列配空、整列装车,最大限度满足运力需求,做到及时、优先、快捷,减少作业环节,压缩车辆停留时间,畅通枢纽运输能力。2011年,塘沽站形成每月开行30列二连班列、15列满洲里班列、8列阿拉山口班列的运输规模,分别较2009年增加48%、260%和37%。目前,天津港成为我国港口中唯一具备二连、满洲里、阿拉山口三条亚欧大陆桥通道的陆桥港口,为促进天津滨海新区与亚欧地区的经济发展起到重要的促进作用。

为拓展货源网络半径,增加海铁联运市场份额,塘沽站利用与天津港建立起来的战略合作伙伴关系,建立路港联合营销机制,联手实施"走出去"营销策略,由站长亲自带队,与天津港等企业一同走访呼和、兰州、太原等铁路局,以区域合作的方式吸引货源,实现点对点往返运输。在深入西北地区调研过程中,塘沽站了解到每年9月份新疆、内蒙、

兰州地区的番茄酱需要通过天津港出口运输,为此,车站与天津港、西北地区物流企业密切合作,积极促成临河站至塘沽站间番茄酱集装箱班列的开行。针对内蒙、张家口地区矿产资源、化工产品丰富,海铁联运货源充足,且多为出口产品的特点,塘沽站与天津港一同开展跨区域运输合作,拓展市场份额。2011年,已经形成塘沽站与呼和浩特、包头东间每月开行15列,与张家口南间每月开行20列,与惠农间每月开行10列的运输规模,每月分别同比增加8列、20列和6列。2011年累计接卸由临河站发往塘沽站的番茄酱班列148列,较2010年和2009年分别增加95列和113列,增幅分别为179.2%和322.9%,为服务西北地区经济发展发挥了重要作用。

(四)转变服务方式,提高运输服务水平

1. 转变服务方式,前移运输服务组织

塘沽站积极转变服务理念和运输方式,由"坐商"变"行商",变被动为主动,主动提前、深度介入,与天津港建立路企联合办公模式,将运输组织、调度指挥、货运服务、多元经营等服务岗位覆盖天津港所有作业区域,实施"大客户"运输服务战略。建立路企"日沟通、旬碰头、月例会"制度,定期与企业对接,主动介入企业生产、销售全过程,在计划安排、车辆配送、运力调配等方面对"大客户"企业优先组织,提供优质服务,解决企业货物积压、运不出去的实际困难。通过转变服务方式,前移运输服务组织,2010年,车站承运企业准备通过公路运输的豆粕、钢材、铝矾土等货源47万吨,节省企业运输成本80多万元,塘沽站创收4453万元,既服务天津港经济发展,也实现铁路运输增量。

2. 提供服务支持,保证重点物资运输

针对天津港进口物资品类繁多,特别是进口设备、大型机械等阔大货物体积大、形状多样、规格不一,运输难度大、技术含量高的特点,为服务企业发展,保证重点物资运输,塘沽站主动上门服务,路企共同研究装载运输方案,经过反复实践总结出"受理数据要清,制定方案要细,方案上报要准,装载质量从严,加固材料达标,捆绑加固要牢,集体把关验放,逐车拍照对标,重点货物跟踪,逐批建帐入档"的阔大货物运输"十步工作法",先后为天津港承运过单件最重330吨、最长43米、最宽4.1米的阔大货物,包括从国外进口行驶在青藏铁路线上的机车大都是由塘沽站管内的新港站启运,运抵格尔木后才办理正式交接,创造了北京铁路局乃至全国铁路在货物装载上最重、最长、最宽的历史纪录,保证了企业重点物资运输,实现了路企双赢。

3. 挖掘运输潜力,提高运输服务水平

塘沽站为解决10台调车机作业动态不易掌握的问题,在调车机上安装GPS调度指挥和定位检查系统,运输指挥人员在室内就能动态掌握机车作业全过程,对压缩非生产时间、提高运输效率发挥重要作用。为加速货物周转,促进装卸效率提高,车站与主要装卸车企业签订《装卸效率互保协议》,对张贵庄、军粮城站铁路专用线按照大宗货物和杂货品类进行整合,将天津港内零散集装箱装车地点由11家整合为6家,完善钢材、电煤、番茄酱等重点物资调卸预案,建立路企通讯联络机制,组织辖区企业机力、人力相互调配、能力互补,发挥运输资源集约优势,实现货物装卸作业时间平均压缩1小时的目标。建立日常分析考核制度,定期组织机务、工务、电务、车辆等铁路站区单位召开运输提效会和站区联劳会,打通结合部制约,畅通枢纽运输能力,确保全站运输组织高效。

(五)共同开发研制集装箱超偏载检测仪,保证运输安全

为解决集装箱超偏载问题,实现安全优质运输,塘沽站与天津港共同组织人员深入现场调研,形成使用静态检测手段对集装箱进行超偏载源头检测的共识。依据《铁路货物装载加固规则》规定的偏载、偏重数值,在装车前静态情况下对集装箱进行重心测定,运用货车超偏载的原理,从源头上确定集装箱是否满足运输安全要求。2010年,车站通过与天津港、托运单位等企业共同论证、协作配合,全路第一台适用于铁路集装箱运输的静态超偏载检测仪(COU)在塘沽站研制成功并首次投入使用。

塘沽站依据《铁路货物装载加固规则》规定的数值,在计算机内设定偏载偏重数值,即偏离集装箱纵向中心线50毫米、20英尺集装箱偏重5吨、40英尺集装箱偏重8吨、总重超过30吨时为不合格集装箱。检测合格的集装箱在纸面上打印"○",对存在偏载、偏重、超重的集装箱在纸面上打印"×",从源头上有效解决集装箱超偏载问题。

2010年,塘沽站先后在天津港保税区津铁新港站集装箱运输中心、中储发展股份有限公司天津新港分公司、天津港集装箱码头有限公司、天津港物流发展有限公司等4个集装箱装车量较大的企业安装5台该设备,实现国际、国内集装箱全部通过静态超偏载仪(COU)检测的目标,掌握确保集装箱运输安全的主动权,对提高运输效率,确保运输安全起到积极的作用。

(六)借助港口资源优势改造铁路信息系统,提高运输效率

为提高运输效率,塘沽站借助天津港网络信息资源优势,积极实施信息系统升级改造。2010年10月,北京铁路局将塘沽站作为全局第一批铁路编组站SMIS2.4管理信息系统升级改造单位。

1. 完善系统功能

SMIS2.4系统新增列车确报收发管理、现在车管理、调车计划管理、货运装卸管理、站调技术作业图表管理、分场运输统计等六大功能,结束手工统计装卸七甲七乙、各种十八点报表等38种报表的历史,全部微机化自动生成,为提高铁路运输服务质量和生产效率提供保障。

列车确报收发管理:使用WIN版确报收发软件,改变原确报软件对数据库系统的依赖,释放系统资源,使其更具通用性和推广性,为运输调度、车辆追踪提供技术支持。

现在车管理:在系统内只要输入车号就能准确掌握车辆位置和作业动态,实现货物列车在车站到、解、集、编、发、通过作业的全过程实时追踪管理。

调车计划管理:引入计划场(即虚场)理念,为车站计划的编制提供更加详细的参考信息,实现调车作业计划的分段执行,为车站组织空车配送作业提供全新的先进手段。

货运装卸管理:在借鉴兄弟站段信息系统功能的基础上,增加分场货运装卸管理和分场货运统计功能,能够掌握各个作业点货物装卸情况,对运输指挥提供决策支持,实现车站装卸作业精细化管理的目标。

站调技术作业图表管理:通过对列车到发、调车作业信息的获取,实现自动铺画站调技术作业图表功能,结束手工铺画技术作业图表的历史,释放劳动生产力。

分场运输统计:是全路第一个实现车站分场运输统计管理的车站信息系统,统计功能齐全,共投产3大类382张报表,各种运输数据更加全面准确。

2.更新硬件设备

利用天津港信息通道改造铁路原有 19.4 公里实回线低速通道,新铺设 13.67 公里光缆,实现全站局域网光缆化。将 35 处信息源点的终端机升级更新为微机,将 8 处重要信息源点的双路供电闸箱进行改造施工,借助骨干网扩容新增通道,优化调整广域网结构。

3.共享信息资源

调车区长报点操作后自动生成全站技术作业表中的调车机动态,货运值班员通过车号员到达确报信息获取作业车车号等基础信息,货运值班员与车号员岗位共享货运核算员货运制票信息,各车号岗位向统计部门上报 18 点指标后,微机自动生成报表并实时上报,实现工种间的密切联动,信息共享。

4.优化资源配置

SMIS2.4 系统开通使用后,塘沽站调度、统计、车号以及各货运值班员等生产岗位的劳动强度明显降低,工作效率显著提高,直接减少 50% 至 75% 工作量。车站先后将富余下来的车号、统计等岗位的 30 名职工充实到其他生产岗位,实现劳动力资源的优化配置。

三、火车站与港口互利共赢的运输合作管理效果

（一）运输能力得到提升,为滨海新区经济发展提供了运力保障

2010 年,天津滨海新区完成生产总值 5030.11 亿元,增长 25.1%,首次超过上海浦东新区的 4707 亿元,2011 年完成 6206.87 亿元,较 2009 年增长 62.9%。2011 年,塘沽站累计发送货物 16577058 吨,较 2010 年增加 1192061 吨,增长 7.7%,实现了社会效益和经济效益双赢。

（二）方便了企业用户,提升了塘沽站的信誉度,增加了市场份额

实现了与天津港的无缝对接,既方便了企业用户,也提升了塘沽站的运输能力和信誉度,增加了市场份额。目前,塘沽站管内的新港站至华北、西北地区的集装箱运输市场已被列入全路首批选定的 6 个集装箱铁水联运通道示范项目之一。2011 年,塘沽站实现运输收入 217722 万元,较 2010 年 187981 万元增加 29741 万元,增幅 15.8%,其中集装箱运输收入较 2010 年增长 75.5%,占全站运输收入的比例由 2010 年的 8.9% 上升至 2011 年的 13.6%,经济效益显著提升。

（三）运输生产资源得到充分利用

塘沽站通过开展合作经营,投入资金将闲置的利港机务折返段改造成 5.2 万平米的铁路物流基地,由企业出资建成 15.6 万平米的物捷三堆场,使生产资源得到充分利用,为实现路企双赢奠定了基础。在职工总数由 2010 年 1536 人减少至 2011 年 1467 人的条件下,通过实施铁路信息系统升级改造,结束了手工制表、手工统计的历史,释放了劳动生产力,使生产资源配置更加优化,解决了生产人员紧张的实际问题,实现了内部挖潜提效。2011 年塘沽站完成劳动生产率 148.4 万元/人年,较 2009 年增加 46.4%。

（成果创造人:杨　捷、王　勇、杨德宝、袁琳华、李　霞、李奎斌、冯竞权、刘立中、田　亮）

基于核心价值的知识管理体系建设

上海核工程研究设计院

上海核工程研究设计院(简称上海核工院)隶属于国家核电技术公司,现有员工近1400人。其中,专业技术人员1100余人、院士1名、国家设计大师3名。上海核工院是中国核电研究设计行业中的知名骨干企业,完成了我国第一座自主设计建造的核电站(秦山30万千瓦核电站)、我国第一个出口核电工程(巴基斯坦30万千瓦核电站工程)的设计,以及秦山三期核电工程的技术支持和工程建造管理任务。其核电工程研究设计水平处于国内领先,有440余项设计科研项目获得国家、国防科工委和部、省(市)级科技进步奖或优秀设计奖。其中,国家科技进步奖特等奖1项、国家最佳工程奖1项。

成果主创人:院长郑明光

一、基于核心价值的知识管理体系建设背景

2007年以来,上海核工院成为引进第三代先进核电AP1000的主要操作与使用的主体与载体,其使用的技术与合作的对象都是世界先进水平。同时,核能工业开始全面复苏,中国大规模发展核电。在这样的大环境下,上海核工院迎来了在真正的国际高水平平台上起步的第二次创业,面临推进核电技术自主化发展、打造核心竞争力、增强创新能力、加速人才培养等方面的挑战,需要知识管理的支持,建立起一套知识管理系统,实现反馈、积累、共享、利用和创新。

二、基于核心价值的知识管理体系建设内涵和主要做法

上海核工院以战略目标为导向,根据最新生产需求,依托主要业务流程,从管理措施、信息系统、企业文化等三个维度出发,建设知识共享平台,构建知识管理体系,为三大体系(先进核电工程设计与管理体系、先进核电技术研发与管理体系、先进核电技术服务与管理体系)建设提供支持,从根本上提升员工的能力,进而提升上海核工院核心竞争力。主要做法如下:

(一)确定知识管理的基本思路,构建知识管理平台框架

上海核工院知识管理存在的主要问题是知识的有效利用率不高,解决的基本思路主要是实现知识的共享和创新,推动企业发展和核技术的推广,最急迫的是建立一个界面友好的、开放的、持续完善的知识共享平台,构建一种全面融入组织核心业务流程和管理流程的管理体系,形成一种崇尚共享、善于创新的文化氛围。

为此,上海核工院构建知识管理平台,以员工为出发点,通过IT技术,抓住企业知识

链中的每一个环节,与上海核工院其他平台相关联,贯穿核心业务全过程,同时坚持项目和技术两条知识主线,做到两个关注点:一是提升核电工程设计能力,二是提升核电技术学习能力。将知识管理与项目、技术相结合,促进离散知识的体系化。

1. 基于核心业务流程的知识管理平台

AP1000非能动后续项目的集中管理需求,要求上海核工院彻底改变过去以一个在建核电项目为中心的管理方式,转为多个项目并行运行的矩阵式管理模式。工程技术人员需要同时应对多个项目的任务和现有技术的升级换代、前端要求多样化、信息反馈节点快速增加等要求,基于核心业务流程的知识管理为转变管理模式、提高工作效率、充分共享经验教训提供了有效的途径和平台。

一是工程设计与设计质量管理平台。上海核工院从知识管理的战略高度出发,利用现代IT信息技术,密切结合院管理体系实际情况,建设能够对工程设计知识生产流程,进行全面进度控制、质量控制、文档控制和经验管理等的透明化、数字化管理系统——设计质量管理平台。该平台以设计流程管理为核心,密切结合上海核工院的质量保证体系,围绕设计主流程,实现工程设计任务的计划管理、设计管理、流程管理、信息查询、管理文件审批、质量监督设计抽查、统计分析、经验反馈、开口项管理、入库管理、分发管理、变更管理、复用评审、经验反馈管理等模块管理,覆盖设计过程和质量管理的所有要素,完成从设计输入到设计输出的各个环节产生的知识文件和管理信息的数据收集。设计质量管理平台覆盖全院各个专业,可实时监控和查询统计,使管理人员及时获取项目进展信息及决策依据。各个专业之间能在平台上保存、共享、管理设计过程中的各种图、表、文字信息,实现项目实施过程中各种知识的收集、应用、共享。需特别指出的是,设计管理质量平台设置设计经验反馈管理模块,通过充分收集、评估所收到的设计相关经验反馈知识,把经评估应用于设计改进的知识与相关的信息进行捆绑关联,并推送给相关项目和相关人员及时分享,有效避免后续设计工作中同一错误重复发生,加强了对青年员工案例培训,强化了质量意识。

二是科技研发与试验数据集成处理及分析评价系统。上海核工院在工程设计研发过程中历年来花费巨资自行或委外实施的各类部件级、系统级试验、现场(试)运行产生了大量的试验数据。这些数据蕴含着大量的知识产权、诀窍,为此,上海核工院搭建试验数据集成处理及分析评价系统,将试验数据等知识有效的进行存储和存档管理,再进行分析、挖掘和创新。

三是技术服务与分析评估、状态监测系统。上海核工院技术服务业务板块开发和构建分析评估类和状态监测类软件平台,建立贴近用户的信息沟通界面,运行信息收集机制,获取建造、制造、安全审评、运行等方面的多样性反馈信息;建立常态化的信息甄别分类、分析处理、信息分离、设计反馈工作流程和管理机制;收

李克强同志视察上海核工院

集跟踪并整合离散反馈信息,形成有效并可动态维护的设计改进、优化需求文件的机制,完善信息反馈应用制度。

2. 办公协同与信息管理

一是协同办公管理系统。协同办公管理系统作为知识管理的协同门户,整合办公事务、业务管理、网络教育、文档管理等系统,实现各项待办事宜的及时信息推送,以及各项政策法规、学习培训机会的公告,员工和管理者能够进入相应功能模块完成各自的生产和管理工作。

二是项目文件控制系统。项目文件控制系统主要对项目商务类、管理类、函件、工程技术类等有关知识文档的文件生命周期(产生、批准、发布、升版、归档、作废)进行过程管理,可实现知识文件的异地存储、实时共享、及时查询、全文检索、版本控制、分发管理、权限管理、文件状态跟踪(IED)、发布控制、Email通知、交付、在线归档、在线统计和项目现场、合作方的远程利用等控制管理;实现函件、会议纪要、文件审查、设计变更、对外分发等工作流的管理。

三是文档管理系统。文档管理系统包括科技档案/文书档案的管理,整合数字图书馆等重要标准数据资源,包括ASTM数据库、万方中文标准数据库、建筑标准规范图集数据库、自建中外文标准数据平台、各类网上标准资源导航等,实现了文档信息发布、个人阅览室、专题发布的管理,同时作为B/S端具备文件归档、档案检索、借阅申请等功能。

3. 网络教育与知识共享

第一,塑造全院参与的知识共享环境。为构建现代化的知识共享和教育培训框架,形成集中开放式的知识资源库,塑造全员参与知识共享的网络环境,上海核工院建设网络教育平台,设置知识库、核电百科、互动问答等栏目版块。

知识库:网络教育平台主要的知识共享数据仓库,员工可把项目资料、经验体会、技术成果等上传与其他员工分享;互动问答:员工就遇到的问题或知识,在互动问答板块进行提问并从答复中挑选满意答案,还可发起投票,最后根据投票数来确定最佳答案;核电百科:核电百科的目标是最终形成上海核工院全面、专业、标准的核电辞典,每个员工都可以为知识的完善进行词条编辑、修改、扩展和探讨。

第二,开展网络化的教育培训。网络教育平台的一大主要功能就是作为E-Learning网络教育培训系统。平台通过构建管理类、技术类、技能类课程体系,建立学分制学习考核制度,实现员工的在线学习、技术交流和培训管理。网络教育平台系统自动记录员工的学习进度,提供学习进度报表,与教师的声像同步播放课件,让员工如同亲临培训现场。员工还可在线填写培训效果征询意见表和进行在线考试,客观评价教学和学习效果。

第三,制定知识共享激励机制。为了鼓励员工参与知识共享,网络教育平台设置积点激励制度,员工发布信息可在获得相应的成果积分、互动积分、百科积分,积分通过相应的比例转换为激励积点,积点可在平台上兑换相应奖品。

(二) 实施AP1000技术新知识的引进、消化吸收、再创新

1. 规范技术知识分类,有序推进AP1000技术转让

上海核工院接收的技术主要包括AP1000总体设计、系统设计、安全分析、燃料和堆

芯、建筑结构、数字化仪控和关键设备设计等18个核岛设计任务包。为保证技转的完整性和有效性,上海核工院成立技转项目组织机构,指定技转任务包负责人,从项目管理和具体操作两个层面进行协调管理。技术转让按照载体可分为文件、软件和培训三部分,上海核工院的知识管理主要是针对这三方面开展的。

一是对交付文件进行重要性等级分类。一般分为A、B、C三类,A类文件是非常重要的文件,对于该类文件需专人消化吸收整理形成评价报告;B类文件是重要但非紧迫的,可在A类基础上进行消化吸收;C类文件是一般性文件,只要进行简单核对,需要时查阅即可。在接到文件后,即进入文件评价阶段以便做相应分类,按照登记、挂网、清点、分类上架、分发至相关技转包负责人的流程将所接受到的文件进行处理。

二是对交付软件组织评价和测试验证。西屋产权软件共261个,已到180个,60个第三方软件已采购到33个。软件到货后,即建立软件信息清单,组织初步评价,随后进行安装测试,测试验证后即可办理入库,各专业部所对入库的软件进行识别,对跟本专业有关的软件做好使用管理。

三是技转培训管理有序高效进行。技转培训分为CRT培训(课堂培训)和OJT培训(在岗培训),截至8月底,CRT培训已完成99%,OJT培训86%,初步计划2012年底完成所有培训。培训计划经双方协商制定,培训人员经过严格选拔,培训前做充分准备,训后及时将培训资料归档,受训人员及时递交培训总结及对课程内容进行评估。技转培训使受训员工获得了直接和西屋专家面对面交流的机会,极大地促进了对关键技术的理解和掌握。

2. 推动AP1000技术引进消化吸收与国产化

上海核工院对AP1000核电技术的消化吸收举措是对外部知识的加工过程,所构筑的技转消化吸收再发展的线路图是一个由"文件评价/软件安装测试/培训评估—依托项目设计参与—技术复现/重大专项科研—应用领会(标准设计)—设计手册体系建设—实践完善(后续项目、设计优化)—自主化标准体系构建—应用实践创新提高(CAP1400、CAP1700)"等环节逐渐深入提高的循环往复的过程。在这个过程里不仅包括知识的加工、积累、传播分享,还包括更重要的知识的运用和创新。

在此基础上,开展国产化AP1000标准设计研究。目前,上海核工院已在非能动安全系统、堆芯设计、事故安全分析、钢安全壳、核岛抗震、设备及力学分析等几个方面取得了大量成果。

(三)挖掘个人知识,基于SECI模型①实现知识的创造和共享

1. 开展多样群体活动促进知识创造

上海核工院通过团队创建、培训、各种交流研讨等丰富多样的活动促进员工经验和知识的共享。在创新团队建设方面,通过"创新团队评选"活动推动团队的发展,有助于

---

① SECI模型的最初原型是野中郁次郎(Ikujiro Nonaka)和竹内弘高(Hirotaka Takeuchi)于1995年创造的,该模型把知识分为隐性知识和显性知识两类,个体知识、团队知识和组织知识三个层次,群化、外化、融合和内化四个阶段,对企业的知识创造和知识管理活动提出了新颖的认识,也为企业的知识管理给出了指导性的意义。

关键技术、难点、重点问题的突破和创新,以及前沿技术的研究和开发,推动技术、管理核心竞争力的形成。在岗位培训方面,完善培训体系,丰富培训课程,设计传帮带师徒制、课堂培训、专题讲座、院外培训等员工岗位培训方式。在促进技术交流、研讨方面,鼓励员工参加各种通过学会、协会等社会团体组织的研讨会、技术交流会,实现知识的吐故纳新,并及时汇报传播。此外,为了就比较宏观的、热点的问题进行探讨,打造自有的高端培训品牌"科技大讲堂",邀请社会各界知名人士开讲。

2. 多种形式推动知识显性化

开展知识分类,对不同类型的文档进行编码,并采用数据库技术建立不同的数据库进行文档的存储和管理。其中网络教育平台分门别类收集大量工作总结、心得体会、经验案例、培训课件、专业论文等,通过整合和制度化实现隐性知识的显性化。

3. 体系化、系统化沉淀知识

将知识进行提炼、编码,形成系统性、体系化、标准化的文档,促进知识在全院范围的传播、学习。具体包括如下形式:

课程体系——总结多年来的教育培训经验,以及领域学科专业发展成果,开发具有核技术特色的课程体系,不仅为院内的年轻员工培训,还为核行业内的兄弟等提供知识培训服务。

教材体系——和培训课程体系相结合,致力于核技术相关培训教材体系的开发,形成系统的理论知识,使个人知识转化为组织的隐性知识。

设计手册——编制设计手册,保证设计技术和经验积淀、传承、发展。

编辑成书——注重汇集专项的、有历史价值的知识,编辑成书,例如,院史院志系列、新员工见习体会系列、项目管理系列、赴美国技转培训体会系列等。

精品课件——制作精品课件,参照国际课件标准,以专业技术设计为内容,用三维动画的形式来展示关键设计技术的规范和相关要求,保证技术的完整性和先进性。

科技成果——每年组织科技成果的评审,在院内成果评审的基础上,选送各级别的科技成果奖,不断提升技术水平和创新能力。

4. 加强知识学习,提高个人创新能力

通过网络教育平台、Elearning系统的开发,数字化实现各种文档、多媒体为载体的知识,促进知识更有效的储存、传播,使年轻员工和资历尚浅的员工能够随时随地学习相关知识,以及吸取他人的经验。

(四)完善配套管理措施,保证知识管理效果

1. 健全绩效管理和考核约束制度

从两个层面设计绩效管理制度,建立知识共享的考核约束机制。一是在部门绩效管理层面,对知识管理平台的维护作为部门的绩效考核指标,每个部门还要创造充分的政策环境,支持员工的各项培训工作,以使知识有效传承和共享。另一个层面是员工绩效管理层面,知识管理相关的内容,如带学生、开讲座、编教材、发表论文、科技成果、培训学分等作为各岗位员工的绩效考核指标,约束、激励员工开放自己,努力把自己的知识奉献给组织。

2. 完善知识和科技成果的创新机制

根据企业科技创新活动的特点，建立涵盖科研项目的立项、科研项目的实施、知识产权保护、科技成果鉴定、科研经费控制、成果申报及奖励、科技交流等活动的多项管理制度，有效规范科技创新活动的各个环节，推进科技创新激励机制的建设，创建先进核电技术研究中心，激发创新。

3. 营造知识共享和创新的文化氛围

鼓励员工大胆地"说出来"，将个人抽屉里、口袋里、脑袋里私藏的宝贝无私地贡献出来，以讲课、在线等方式传授给他人，培训"自我教育、自我培训"的良好习惯，在互相学习中实现员工和企业同发展、共成长。利用企业内部媒介适时宣传知识管理的相关概念和知识，提高员工对知识管理的科学认识和参与度，共同营造知识共享和创新的文化氛围。

三、基于核心价值的知识管理体系建设效果

成果实施后，上海核工院设计质量一直保持稳定并逐步提高。目前，是国内唯一一家获得过国家科技成果特等奖和建国六十周年十佳大奖的核电研究设计院。同时，上海核工院以 AP1000 三代非能动核电技术的引进为新的起点，已经在三代非能动核电技术研发方面取得了阶段性的成果，自主创新能力得到了新的提高。

（成果创造人：郑明光、董宪康、顾国兴、叶元伟、任永忠、景　益、孙学伟、周　敏、何炳海、余克勤、潘嘉杰、郭　静）

化工企业基于资源整合的供应链协同管理

浙江传化股份有限公司

浙江传化股份有限公司（简称传化股份）创建于1986年，位于杭州市萧山经济技术开发区，是传化集团有限公司控股子公司。传化股份是中国应用领域最广、系列最全、规模最大、实力最强的专用化学品生产商。产品涵盖纺织化学品、造纸化学品、塑料化学品、皮革化学品、建材化学品、新能源化学品、水处理化学品、涂料树脂、日用化学品等，市场和生产区域覆盖中国全境，同时在西亚及东南亚等地区建有生产装置并拥有健全的海外市场网络。其纺织化学品产销量世界第二、亚洲第一，DTY油剂产销量全球第一，活性染料产销量全国前三，塑料化学品产销量全国第一、亚洲领先，建材化学品全国市场占有率第三。

成果主创人：公司总裁吴建华

一、化工企业基于资源整合的供应链协同管理背景

（一）落实公司发展战略的需要

专用化学品行业进入门槛低，市场集中度低，呈现小、散、乱的格局，高端及国际市场由国际巨头占据，国内企业产品同质化高，用户转换成本低，竞争激烈，行业退出障碍低，因功能调整而改进的产品是最大的替代威胁，产品生命周期短，替代压力大。传化股份的战略目标是在未来5年中成为全球有影响力的"专用化学品系统集成商"，实现从"生产型制造"向"服务型制造"转变，占据产业价值链的高端，打造全球协作、精细管控和绿色低碳制造模式，向世界级制造企业迈进，而竞争力的提高与供应链管理水平有着直接的关系。运用现代信息技术管理整合供应链以提升企业核心竞争力，是传化股份必须考虑的问题。

（二）提升企业供应链管理水平的需要

就专用化学品行业整个供应链来看，行业受上下游挤压严重。从上游来看，主要原料来自石油化工及其衍生品，成本传导性很强，原料成本占产品成本比例高。对主要原料的供应商而言，专用化学品企业单批次的采购量相对较小，难以影响其生产计划，相对不那么重要，另外，有些原料本身可选择的供应商少，所以供货及时性很难得到保障。从下游来看，客户非常关注成本，对产品稳定性要求高，产品类别多，标准化程度低，在客户的产品中使用量少，占客户生产成本比例低，基本都是小批量多频次购买。

行业上下游的特点加大了传化股份供应链管理的难度。从营销方面看，以中小客户为主，大部分客户一般都是当天下单当天要货，或者提前一天要货，而且要货量不大。为了保证不缺货且库存尽量少，必须在物流成本和客户满意度之间找到最佳平衡点。从采

购方面看,传化股份对供应商的把控能力较弱,在采购价格上也没有话语权,导致公司的采购成本下降空间很小。另外,很多原料的供应商单一,采购提前期较长,直接影响生产计划的制定。从生产方面看,与大化工相比,专业化学品的生产工艺并不复杂,对设备的要求也不高,主要核心竞争力是产品配方,但其生产特征属于管理难度最大的"M型"(多品种、多原料、多场地、多批次、多客户),对生产管理水平要求非常高,要满足市场需求必须具备很强的生产计划能力。传化股份要想解决以上问题,就必须在整个供应链上与供应商、物流公司、客户等紧密联系在一起,完成新产品的研发、制造和销售。

(三)提升企业核心竞争力的需要

专用化学品行业受上下游的挤压严重,集中度低,竞争非常激烈。另外,随着国家安全环保监管加强和地方政府谈"化"色变的现状,对传化化工产业发展提出了巨大挑战。传化股份作为专用化学品生产龙头企业,其主要产品在细分市场有较大的规模和较高的市场占有率,劣势主要表现在综合运营成本较高,另外技术水平、产品系列方面与国外企业相比还存在一定差距。专用化学品行业的国际巨头都具有卓越的供应链管理能力,对于传化股份而言,要想具备全球化竞争力,必须加强企业内部精细化管控和产业链上下游的紧密协作,提高整个供应链效率,降低供应链总成本,提升企业的综合竞争力。

二、化工企业基于资源整合的供应链协同管理内涵和主要做法

传化股份基于供应链的整体思维,注重供应链总成本和总体效益,一方面梳理和优化企业内部业务流程,整合内部供应链资源,实现研发、生产、采购、销售的内部协同;另一方面,通过与供应商、客户、物流服务商建立战略联盟,实现企业与外部供应商和客户的供应链有效衔接和协同;同时,通过建立集成、高效的信息系统平台,实现企业内部信息整合并与外部企业信息共享,从而提升供应链的整体协同能力,获取供应链主动权,将供应链打造成为公司的核心竞争力。主要做法如下:

(一)改变职能型供应链组织架构,建立矩阵式和流程型组织

首先通过梳理、优化与固化供应链流程,设立流程负责人,以建立标准作业流程(SOP)为基础,建立持续优化机制,其次对不适应的组织作适当整合与调整,以加强供应链组织管理,最终成为流程型的组织模式。

传化股份确定8大流程,分别设立流程负责人,并专门设立供应链总监,负责采购、生产、营销各部门的协调管理。

供应链总监对供应链整体绩效负责(包括供应链总成本、优质订单比例、客户服务水平),下设供应链计划与绩效管理团队,负责跨部门的供应链计划(其中包括销售预测与合理库存规划)。从水平流程层面,供应链组织(供应链总监及计划与绩效团队)对各流程负责人建立起管理关系(包括绩效考核)及指导关系(包括销售预测与库存规划等具有难度的需要总体规划的关键供应链计划)。流程负责人

下属公司厂区

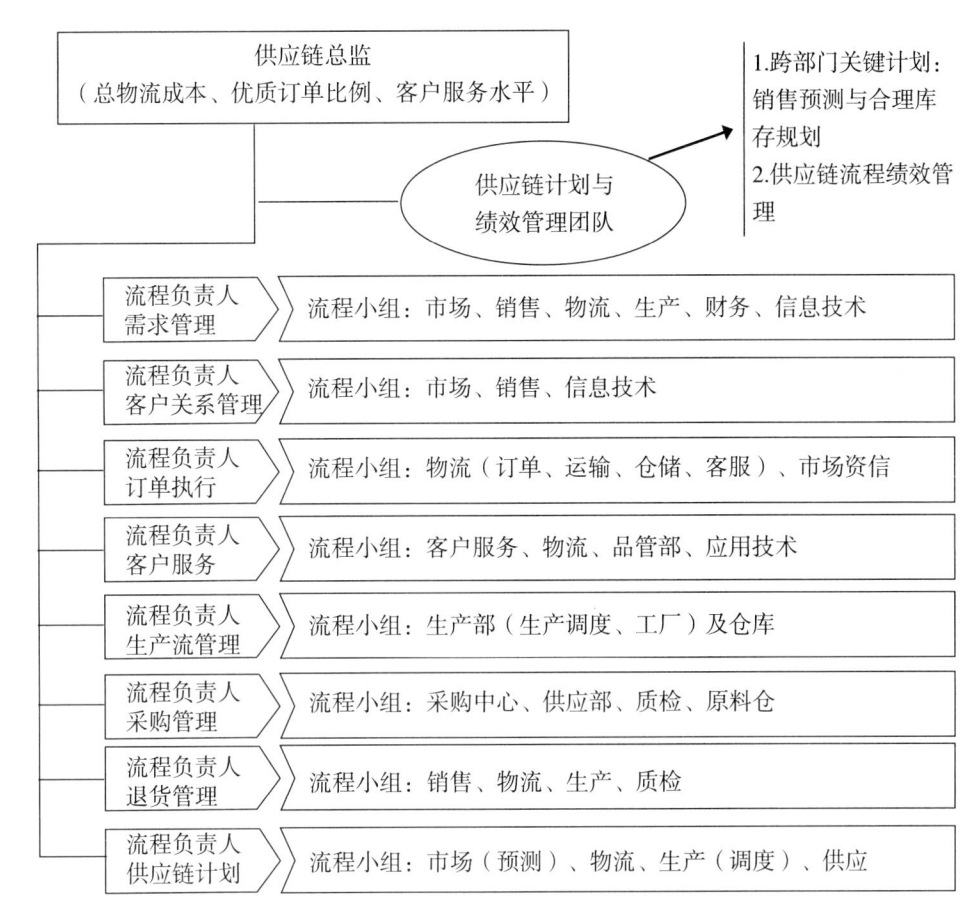

```
┌─────────────────────────────┐
│        供应链总监              │         1.跨部门关键计划：
│ （总物流成本、优质订单比例、     │         销售预测与合理库
│    客户服务水平）              │         存规划
└─────────────────────────────┘         2.供应链流程绩效管
         │      ┌──────────┐             理
         │      │供应链计划与│←─────
         ├──────│绩效管理团队│
         │      └──────────┘
```

流程负责人 需求管理	流程小组：市场、销售、物流、生产、财务、信息技术
流程负责人 客户关系管理	流程小组：市场、销售、信息技术
流程负责人 订单执行	流程小组：物流（订单、运输、仓储、客服）、市场资信
流程负责人 客户服务	流程小组：客户服务、物流、品管部、应用技术
流程负责人 生产流管理	流程小组：生产部（生产调度、工厂）及仓库
流程负责人 采购管理	流程小组：采购中心、供应部、质检、原料仓
流程负责人 退货管理	流程小组：销售、物流、生产、质检
流程负责人 供应链计划	流程小组：市场（预测）、物流、生产（调度）、供应

图1 供应链组织管理架构

作为全程负责流程的高级管理人员，在流程设计、绩效评估以及一线操作人员的培训方面拥有真正的职责和权力。

（二）整合企业内外部资源，提升资源利用效率

1. 技术资源整合

从全球层面实现外部产品资源和技术资源瓶颈突破，加强与科研单位、下游及终端客户的战略合作，构建全方位、立体式的技术创新平台，完善技术创新体系及运行机制，引进和培育大产品品类或核心技术，实现竞争对手难以模仿的新突破。

以七大机制建设为核心内容，不断深化技术创新机制建设，即资源配置机制、人才激励机制、组织保障机制、产业孵化机制、知识管理机制、文化激活机制、产学研合作机制。其中，资源配置机制也叫"三统一"机制，即统一重大资金使用、统一重大科技攻关计划、统一重大项目的验收考核激励。

2. 采购资源整合

成立化工产业采购中心，实现原材料集中采购。对于供应商比较少的原料，一方面在全球范围内寻找供应商，减少对供应商的依赖，另外积极开展全球范围内的战略收购，保证原料的供应，降低缺货率。传化股份计划每年投资10亿元以上进行行业并购，在产

业链上进行战略布局。

加强对供应商的评价和管理,从价格、质量、服务全方位进行评价。对于评级较高的供应商给予调高采购比例、签订长期合同、优先支付保证的待遇,与实力强、信誉好的供应商展开战略合作,实现与供应商的业务协同,包括战略采购、网上采购计划、网上合同、网上对账、定时送货(减少一次性采购导致的高库存)。

3. 营销资源整合

成立化工产业营销中心,所有下属公司生产的产品均由营销中心统一对外销售,实现销售资源集中。在营销中心推进精细化营销管理,加强业务员过程管理,细分和精耕国内各区域市场。根据价值贡献细分客户群,提高优质客户黏性,加强客户资源的优化配置,提高客户资源的利用率;推进规模以上大客户和战略客户数量的快速增长,优化客户结构,锁定主要大客户,集中公司资源全力突破。另外,营销中心设置专门的岗位关注价格策略的研究,加强竞争对手信息收集分析,充分应用成本价格传导机制,快速响应成本和市场变化,稳定控制产品毛利率水平。

为解决用户下单提前期过短造成缺货的问题,营销中心与主要客户建立战略合作关系,鼓励客户提前下单。对于采用不同方式下单、不同提前期下单的客户,传化股份会给予不同的优惠政策。通过呼叫中心、外部门户以及后台的 CRM 系统,实现与客户的 B2B 网上订单、网上投诉、网上服务、网上对账。

4. 物流服务整合

成立化工产业配送中心,实现仓储管理集中,配送物流统一外包。传化股份在全国拥有 39 个仓库,其中在萧山经济技术开发区(主生产区)的仓库为传化股份自主建立,分为原材料仓库和成品仓库,外地分支机构仓库由传化股份租用。全国各地仓库被看作是一个虚拟的大资源池,每月根据销售计划、库存情况为全国各地仓库补货,所有成品的配送统一外包给专业的第三方物流公司。传化股份配送中心实时跟踪送货情况,统计送货及时率,实现网上派工、网上运输跟踪、网上对账。

5. 生产资源整合

成立化工产业生产管理中心,对于下属各生产工厂的生产实现统一调度,充分利用整个传化股份的生产资源,实现整个化工产业的协同生产,有力地支持统一采购、统一销售。利用 ERP 强大的生产计划和排程能力,处理各种复杂的因素,自动生成主生产计划、生产作业计划,保证生产有条不紊地开展。

6. 信息资源整合

成立化工产业信息中心,实现信息化的统一规划与管理。传化股份下属十多个子公司,每个子公司 IT 规划、建设与管理由化工产业信息中心统一负责,保证各公司的 IT 基础架构、信息架构、应用架构、技术架构的统一,IT 资源的共享,信息、业务流程的集成,同时简化 IT 组织架构,节省 IT 运营管理成本,提高 IT 管理效率。

(三)梳理和优化供应链流程,提高供应链整体效率

1. 需求管理流程

需求管理流程从预测专员开始收集全面详细的市场信息,到做出预测报告为止。包括年度需求预测流程、月滚动预测流程、周滚动预测流程,每种预测流程都包括预测

制定、预测修订和预测确定与传递三个环节。包括设立预测岗,建立专人负责、各部门有效配合的、整合性预测体系;设计持续不断的动态预测过程(滚动预测);设计预测结果评价体系;预测结果作为生产计划的基础,使得产销合为一体,增加生产平稳性。

2. 客户关系管理流程

客户关系管理流程包括系统地收集、分析整理、维护利用客户信息。主要目标是维持和发展现有客户,提高客户服务水平,提高客户的满意度和忠诚度,吸引和保持更多的客户,扩大现有客户的需求量,实现企业利润的提升;提供对客户的静态、动态信息整合管理,及时掌握客户动态、客户关系变化以及客户产品的销量和库存信息的变化等;帮助业务员更好的拓展业务。

3. 销售订单执行流程

销售订单执行流程从客户向业务员提出订货要求,到客户收到货物并返回签收单据为止,包括报货、订单受理、制单、配载装车、发货、在途跟踪、回单管理等环节。主要目标是快速响应客户需求,实现对送货时间的承诺,并尽量缩短到货时间;在规定的时间内将正确名称、正确数量的货物送达正确的客户;在实现送货时间承诺的基础上成本得到持续优化。订单处理全部交由配送中心负责,配送中心同时掌管货物及车辆,统一安排配送。减少多点提货造成的时间和成本的浪费。增加送货查询岗,并对司机进行在途跟踪,对运输过程中出现的意外情况做出快速响应并及时反馈给客户。回单管理增加签收时间录入并随即回访确认,保证回单信息的真实有效性。

4. 客户服务管理流程

客户服务管理流程从客户提出意见、投诉(质量投诉、物流投诉)请求开始,到客户得到满意的答复为止,包括投诉信息接收、投诉问题原因追溯、处理意见反馈、客户满意跟踪等环节。主要目标是:快速响应客户投诉意见,及时协调各部门追溯问题原因,并尽量缩短答复客户直至满意的时间;处理顾客的意见及投诉,为顾客提供超值服务,使顾客满意;在客户满意的前提下控制公司的处理成本;通过将质量投诉和物流投诉集中统一管理,向客户提供一站式服务。

5. 生产流管理流程

生产流管理流程从物料供给(生产车间开领料单、原材料从仓库运送至生产车间)开始,经过生产过程(生产前的设备检查、原材料复验、投料、放料)、质量检验(中控、成品半成品质量检验、外包装检验),到成品、半成品入库终止的过程。主要目标是缩短从物料供给到产品入库为止的整个生产流程所需时间;实现生产流程中物料供应准确、质检准确、入库准确;降低生产流程中的原材料成本、生产成本、库存成本。主要控制点包括控制物料从原材料仓库运送至生产车间的时间和频次,控制质检的车间取样时间和质检信息的传递时间,控制产成品入库的时间,制定产成品入库操作相应车间操作工的考核标准及叉车工考核标准,利用条形码、RFID 等自动识别技术,加快信息在生产流流程中的流转,特别是车间、质量检验、仓库、物流之间的实时共享。

6. 采购管理流程

采购管理流程从制定企业采购付款预算开始,经过审批,生成外部采购订单,根据外部采购订单实施采购(下订单、催货、接货、检验、入库),到跟踪、执行付款预算为止的过程。主要目标是缩短采购计划周期；控制从下订单到产品入库的时间，缩短前置期；提高采购计划的准确性，确保采购物料质量、数量、时间的准确性，保证采购的稳定性；降低采购成本，保障供应。主要控制点包括控制原材料的取得成本（单价）、所有权成本（物流成本、采购管理成本）、所有权后成本（库存成本），控制采购原材料的质量，保障生产，通过对采购各环节的控制，保证交货期的及时性和一致性。通过减少供应商数量，与重要供应商建立战略合作伙伴关系，降低采购成本，提高采购质量，保证采购的稳定性。利用信息系统和滚动预测法，实施采购计划的编制，提高采购计划的准确率，降低库存水平，减少缺货。通过对供应商设置前置期考核标准，缩短供应商的交货期。

7. 退货管理流程

退货管理流程从客户提出退货要求开始，到公司将退回货物处理，和对方客户账务核算为止，包括退货申请、货物接收、公司内部账务处理、和客户结算等四大环节。主要目标是接收退货后，对于入库产品，在4个工作日内完成系统入库；对于掺用与报废产品，在6个工作日内完成系统入库。系统审核入库后，开发票时间平均为10个工作日。在整个退货过程中，信息流畅通，保证各部门之间合作。及时处理退货物料，加速企业资金周转率，降低仓储成本和损耗风险。为从源头上控制不合理退货的发生，严格退货审核，加大流程责任人的审核权力，在绩效考核中增加退货比率和退货规定，对于不能退的货，加大处罚比例，并且制定切实可性的退货标准和执行制度，详细规定业务员的损失承担比例，把损失承担费用公开化、制度化。另外，增加专门的外退仓库，所有外退产品集中退到外退仓库，由外退产品管理员统一接收，在ERP系统中增设外退仓库，外退管理员在接收到货物后，及时输入系统，系统自动短信通知业务员。

8. 供应链计划流程

供应链计划是根据预测计划安排原材料采购、原材料库存、产品生产、产品库存，使销售、生产、采购、库存一体化，实现系统合理的计划统筹安排与操作落实，使企业整体运营实现高效率、低成本、高效益的目标。通过信息系统将市场信息和销售计划及时有效传递给生产中心和采购中心，使三个计划合为一体。结合预测，在历史数据的基础上调整原材料库存量，使得平均库存降低，同时改善库存水平。同时，滚动预测为合理安排生产计划提供依据。增加周采购计划，以预防突然增加的需求。直接核算日原材料需求，每天从系统中导出原材料用量表，为采购中心原材料备货提供准确的提前数据。

（四）完善供应链绩效考评体系，提升供应链整体执行力

个人及所处的内部组织的目标与企业目标一致，即以最低的供应链总成本满足客户的需求，通过物流与供应链增值，实现股东价值最大化。

供应链绩效评价体系主要从功能与流程两个角度建立：一是功能，基于活动衡量一些主要工作的效率和效用（部门内部）；二是流程，基于过程衡量整个供应链所实现的客户满意度（可以跨部门）。传化股份供应链流程的主要指标见下表：

表1 供应链流程的主要指标

主要流程	质量	时间	成本
需求管理流程	预测准确率	及时递交规定表格	流程成本控制
客户关系管理流程	准确把握及时更新		
订单执行流程	按订单的数量与质量交货的比例	从下达订单到接收货物的时间（交货时间）	销售物流成本占总成本的比率
客户服务管理流程	客户对服务满意的比率	客户投诉处理时间	流程成本控制
生产流管理流程	生产过程中的产品缺陷率	从生产订单下达到产品入库的时间	生产成本占总成本的比率
采购管理流程	供应商按订单数量和质量供货比例	供应商送货的准时率（采购提前期）	采购成本占总成本的比率
退货流程	账务处理比例	从同意退货开始到给客户开发票	流程成本控制
供应链计划流程	订单履行率	库存每年周转的次数	库存成本占总成本的比率
	完美订单率	总周转时间	总物流（供应链）成本

对于客户、供应商、物流服务商，传化股份也制定相应的考核体系。对客户而言，主要考核客户价值贡献、客户付款及时率、客户成长性、客户网上订单率、客户订单平均提前期、退货率、包装回收完好率，针对不同的客户，传化股份会给予不同的优惠政策，培育优质客户资源。对供应商而言，主要考核送货及时率、产品不合格率、价格竞争指数等，鼓励供应商在质量、价格上形成良性竞争，塑造战略合作伙伴，共同成长。对于物流服务商，主要考核送货及时率、运输事故发生率、客户满意度等，根据考核结果直接在运费中体现，使物流服务商不断提高服务水平，和传化股份利益与共。

（五）建设数据集成、流程集成的信息系统平台

制定基于化工行业特点的 IT 战略规划，确定打造供应链协同平台、建设智慧化工的信息化目标，即实现生产自动化、业务数字化、管理流程化、营销精细化、决策智能化。传化股份对所有基础数据包括产品、原材料、客户、供应商、仓库、会计科目等进行统一的梳理，制定整个化工产业的编码标准和命名规范，使数据集成成为可能。以 ERP 为核心的包括网上 B2B 采购系统、SRM 系统、网上 B2B 订单系统、PDM 系统、CRM 系统、仓储管理系统（WMS）、运输管理系统（TMS）、商业智能（BI）、内部门户、外部门户（供应商协同

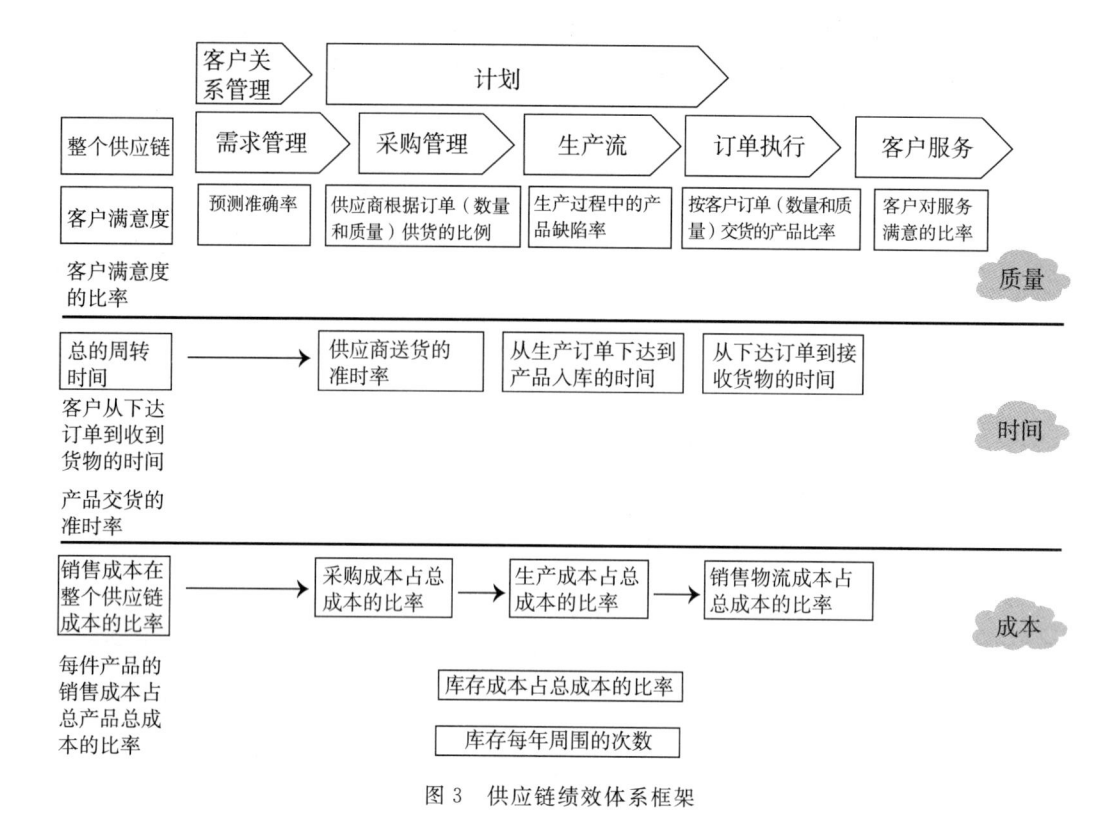

```
                                  ┌──────────┐
                        ┌─客户关─┐ │   计划   │
                        │ 系管理 │ └──────────┘
                        └────────┘
┌────────┐   ┌────────┐   ┌────────┐   ┌────────┐   ┌────────┐   ┌────────┐
│整个供应链│   │需求管理│   │采购管理│   │生产流 │   │订单执行│   │客户服务│
└────────┘   └────────┘   └────────┘   └────────┘   └────────┘   └────────┘
┌────────┐   ┌────────┐   ┌──────────┐ ┌──────────┐ ┌──────────┐ ┌──────────┐
│客户满意度│  │预测准确率│ │供应商根据订│ │生产过程中的│ │按客户订单 │ │客户对服务│
└────────┘   └────────┘   │单(数量和质│ │产品缺陷率│ │(数量和质量)│ │满意的比率│
                          │量)供货的比例│ └──────────┘ │交货的产品比率│└──────────┘
客户满意度                └──────────┘                └──────────┘              质量
的比率
─────────────────────────────────────────────────────────────────────
┌────────┐      ┌──────────┐ ┌──────────┐ ┌──────────┐
│总的周转 │ ───→│供应商送货的│ │从生产订单下达到│ │从下达订单到接│
│时间     │     │准时率     │ │产品入库的时间│ │收货物的时间│
└────────┘      └──────────┘ └──────────┘ └──────────┘
客户从下达                                                              时间
订单到收到
货物的时间
产品交货的
准时率
─────────────────────────────────────────────────────────────────────
┌────────┐   ┌──────────┐  ┌──────────┐ ┌──────────┐
│销售成本在│→ │采购成本占总│→ │生产成本占总│→│销售物流成本占│
│整个供应链│   │成本的比率 │  │成本的比率 │ │总成本的比率 │
│成本的比率│   └──────────┘  └──────────┘ └──────────┘
└────────┘                                                             成本
每件产品的                    ┌──────────────┐
销售成本占                    │库存成本占总成本的比率│
总产品总成                    └──────────────┘
本的比率                      ┌──────────────┐
                              │库存每年周围的次数│
                              └──────────────┘
```

图 3　供应链绩效体系框架

门户、客户协同门户)在内的整体应用平台,通过数据集成、业务流程集成、界面集成,成为传化股份的供应链协同管理平台。一方面实现与供应商、客户的信息共享与业务联动,另一方面实现内部信息流与实物流的匹配。

三、化工企业基于资源整合的供应链协同管理效果

（一）供应链整体效率显著提高

通过对内部供应链流程的梳理和优化,建立了适应供应链流程的组织和绩效体系,与供应商和客户、物流服务商建立战略合作伙伴关系,借助于集成高效的信息系统平台,实现内外部信息共享以及业务联动,整个供应链时间大幅缩短。主要表现在采购提前期由平均 4 天缩短为 2 天、生产周期由 2～3 天缩短为 1～1.5 天、配送时间平均缩短 1 小时,交货期缩短 0.5～1.2 天。设备故障率、产品不合格比例大大下降,生产管理水平得到很大提升。打破了原先职能部门之间的界面,企业内部执行力明显加强。通过应用信息系统处理日常业务,基于业务数据进行决策分析,企业的生产管理水平、绩效管理、风险管控水平、技术水平、产品质量得到很大提高,都使客户对传化股份的品牌的认同感得到很大提升,客户真正地成为公司的资源。同时,通过推行供应链流程标准化管理,培养了具有行业供应链视野和管理水平的专业人才。通过业务信息系统和决策分析系统的建设,培养了既懂 IT 又懂业务的复合型人才。

（二）综合竞争力增强,效益提升

在经济形势较为严峻的 2011 年,传化股份的效益不降反升。与 2010 年相比,销售

收入增加26%,利润增长31%,产品平均毛利率上升3%,产品缺货率降低3.2%,产成品合格率提高0.9%,订单履行率提高7.8%,退货减少13.4%,采购成本降低3300多万元,储运费占销售额的比例降低0.5%,库存成本下降1100多万元。

(成果创造人:吴建华、来跃民、傅幼林、王胜鹏、吴严明、蔡宁东、余国平、黎春芳、徐建梅、傅 力、马晓东)

施工企业以工程化为导向的知识产权管理

中国一冶集团有限公司

中国一冶集团有限公司（简称中国一冶）是世界500强企业中国冶金科工集团的控股子公司，现有12个全资和控股子公司，15个二级单位和分公司。具有冶炼、房屋建筑、市政公路、机电安装施工总承包一级资质；钢结构、冶炼机电设备安装，炉窑、高耸构筑物、地基基础专业承包一级资质；压力管道、压力容器制造及安装，锅炉安装，起重设备安装等多项工程及安装企业资质，以及房地产开发资质和工程设计资质等，是集工程施工总承包、房地产开发、装备制造于一身的现代化大型综合企业。

成果主创人：公司董事长宋占江

一、施工企业以工程化为导向的知识产权管理背景

中国一冶作为传统钢铁冶金行业的施工企业面临着钢铁行业产能过剩、污染严重等问题，如何在这种大的背景下谋求发展，只能寻求新的行业，如国家大力发展的城镇化建设等，而进入新的行业却又面临已在此行业经营多年的其它大型企业设置的技术壁垒和知识产权陷阱，因此进入新的行业必须布局本企业的知识产权，支撑企业转型。

二、施工企业以工程化为导向的知识产权管理内涵和主要作法

中国一冶以树立企业转型过程的"四个理念"为根本，以确立"三高于"产学研研发项目为抓手，以建立母子公司"二级创新体系"为平台，以编制一整套知识产权及其工程化管理软件为基础，形成"四共"产学研多赢模式和"五步"强势推动法，利用"六层次复合型激励机制"，凭借知识产权和科技成果工程化获得市场份额，用高新技术改造传统的建筑施工行业。主要做法如下：

（一）确立知识产权管理理念，明确指导思想

提出并形成知识产权管理和工程化中应树立的"四个理念"，支撑中国一冶转型发展。一是"创业理念"。转型即转入新的行业和专业，存在的风险有技术风险、管理风险、其它企业布设的知识产权侵权风险等，中国一冶提出转型过程中的创业理念，是以"风险控制"为抓手，以实现高水平的企业转型，提升转型的质量和效率。二是树立"非技术难题"和"技术难题"同步解决的理念，"非技术难题"是严重制约解决"技术难题"的根本原因。一般的企业认为知识产权和产学研工程化仅仅是技术方面的难题，总认为这是技术战线的事，而在企业转型过程中首先遇到很多认识和观念的问题，即所谓非技术难题，非技术难题是比技术难题更加阻碍知识产权和产学研工程化的障碍。三是树立"技术创新

和管理创新二合一"的理念,没有管理创新,技术创新就不可能长足稳定发展;没有管理创新,知识产权、科技成果及其工程化就不可能成功。四是依托重大工程为对象和载体,实现"知识产权和科技成果工程化理念"。

(二)制定知识产权战略,坚持强化研发项目的"三高于"

中国一冶提出具有指导性的产学研研发项目的"三高于"管理思路,即研发项目要"高于企业、高于设计和高于行业",而不能只着眼于现在。作为创新来说,图纸中有的技术一般是规范中有的,而规范中已有的技术则已是成熟的技术,如果仅仅照图施工,是难以有创新而言,因此提出"高于设计"的思路,这对于习惯于"照图施工"的施工企业是具有挑战性的;"高于行业"就是要站在行业的前沿,解决行业内存在的技术难题和瓶颈,使企业处于转型过程中的高端和制高点。

(三)以研发项目为龙头,建立母子公司二级研发体系

及时调整研发项目的管理办法,对每个研发项目下达专利、论文、工法、科技成果和工程化的指标,并与研发资金的拨付多少相挂钩进行考核。这一措施创新极大地激励了研发项目的进行,并在每年研发费总额投入不变的情况下形成了一个新的激励和约束机制,即用没有完成技术创新指标所扣减的费用来奖励超额完成技术创新指标的研发项目和团队。

中国一冶于2007年获得省级企业技术中心(由湖北省发改委、科技厅、财政厅、地方税务局和武汉海关联合授予),但是却和其它的企业一样,获得省级企业技术中心以后,技术中心和技术处(部)合署办公,所谓二块牌子一套人马,仅仅只做管理,而不做研发和产学研项目。母公司的所有知识产权的产生和产学研项目均依靠子公司或二级单位完成。2010年中国一冶果断地将技术中心单独设立,并且明确将其定位为研发、管理和工程化三者并重的机构。目前中国一冶1/2的产学研项目由技术中心主持;1/4的省部级科技成果由技术中心完成;1/2的国家级工法由技术中心完成。形成知识产权和产学研的领军部门,真正使总部具有技术研发中心的职能,形成的母子公司两级创新体系,互为补充,互为竞争。

(四)提升知识产权信息化管理水平,编制一整套知识产权和工程化管理创新软件

同湖北省科技厅、中国地质大学合作编制专门的知识产权及其工程化管理软件,并形成了两项软件著作权。该管理软件着眼于构建以工程化为导向的科技创新和知识产权管理体系,以整合共享为核心,以对公司的785件专利,32项产学研合作项目,12项国家级工法,101项省部级工法,45项省部级科技成果,16项省部级以上规范、标准、手册等1000多项科技创新成果和知识产权以及激励奖励制度进行信息化管理。

(五)创新知识产权管理和保护模式,形成五大核心技术集群

中国一冶提出并形成具有自身特色的"四共产学

双机抬吊55吨重钢筋笼

研及工程化多赢模式",即"资源共享"、"知识产权共有"、"科技成果共享"、"市场共有",在合同上明确合作单位中任何一家单位申请相关的专利、发表论文、申报科技成果等,完成单位和完成人的排序,解决产学研合作中的"AA"制难题。

1. 以产学研团队为产业联盟

选择知名大学和科研院所作为产、学、研的战略合作伙伴,加强与行业协会和学会的合作,在推进知识产权及其工程化过程中建立与设计院的战略合作伙伴,形成产业化或工程化的体系,承担高水平的重点研发项目,提高合作创新的能力,提高创新技术的品牌影响力,创造了一批国内领先、国际先进水平的专有技术和科技成果,形成一冶新的技术优势与核心技术。

2. 形成五大核心技术集群

近两年半来共开展17项产学研项目及其工程化,目前已形成五大核心技术集群,即"坑、罐、炉、桥、机电设备安装"。

在地下空间支护及止水核心技术集群方面。在地下空间支护领域,共获得9项省部级科技进步奖。代表工程为琴台大剧院、全球第三高楼606米的绿地中心,获得国家级工法3项、省部级工法14项、申请专利78项(其中发明36项),参编《深基坑支护设计施工规范》、《湖北省地基基础技术规程》,主编《钻孔后注浆连续墙技术规程》等六部国家及行业规范和手册。

在大型球罐船罐的建造核心技术集群方面,主编《船用全压式液化气储罐》技术标准填补了本行业标准的空白;完成的"大型全压式LPG运输船储罐建造的方法"、"高参数球罐制造安装关键技术研究与应用"等共获得4项省部级科技进步奖。成功获得既可从事国际BV级的LPG船储罐建造业务,同时也可进行各种压力容器、钢结构和船体分段建造业务的日本NK证书和法国船级社"BV"级工厂认可证书,还获得了美国ASME证和NBBI国际锅炉压力容器资格证书。完成的国家财政部项目"大型全压式LPG运输储罐建造技术"研究成果获2008年度中央级建筑施工科技研发项目奖励评审成果二等奖。

在大型工业炉建造核心技术集群方面。"新型节能环保焦化系统工程施工建造技术"被财政部列为2008年国家重点施工新技术研发项目;共获得省部级科技进步奖7项,编制《工业炉砌筑工程施工及验收规范》等两项国家规范和《筑炉工程手册》,申请专利135项(其中发明57项),获得"7.63m焦炉砌筑工法"、"6.25m焦炉砌筑工法"等3项国家级工法,以及省部级工法17项。完成了中国第一座7.63m大型焦炉、第一座6.25m捣固式焦炉工程。

在市政桥梁建造核心技术集群方面。"预制拼装连续箱形桥梁工程施工技术研究与应用"获中冶集团科学技术奖一等奖;"3000t级荷载连续移动对桥梁支撑架的加载试验研究和应用"获"天虹杯"第二届武汉发明创新大赛金奖和中冶集团专利金奖,第三届北京发明创新大赛银奖。"大型桥梁维修加固技术应用研究"获中冶集团科学技术奖二等奖;共获得5项省部级科技进步奖;代表工程为武汉长江二桥维修工程、武汉二环线和金桥大道工程、孟加拉达卡立交桥工程和深圳景观桥工程等。获国家级工法1项,省部级工法8项,申请专利69项(其中发明31项)。

在冶金机电设备安装核心技术集群方面。"系列电气试验装置研制与新试验方法的研究"项目获中冶集团科技进步二等奖;"特殊环境下高炉改造施工工艺的研究"获武汉市科技进步二等奖,共获得8项省部级科技进步奖。主编《炼钢机械设备安装规范》、《冶金机械液压、润滑和气动设备工程施工规范》等两项国家标准和两项行业标准,获省部级工法27项,申请专利238项(其中发明64项)。

(六)建立六层次激励

建立六层次的复合型的符合市场价值规律的激励机制,形成知识产权及其工程化的计件制。把知识产权及其工程化作为是公司"创新激励"的基础之一。

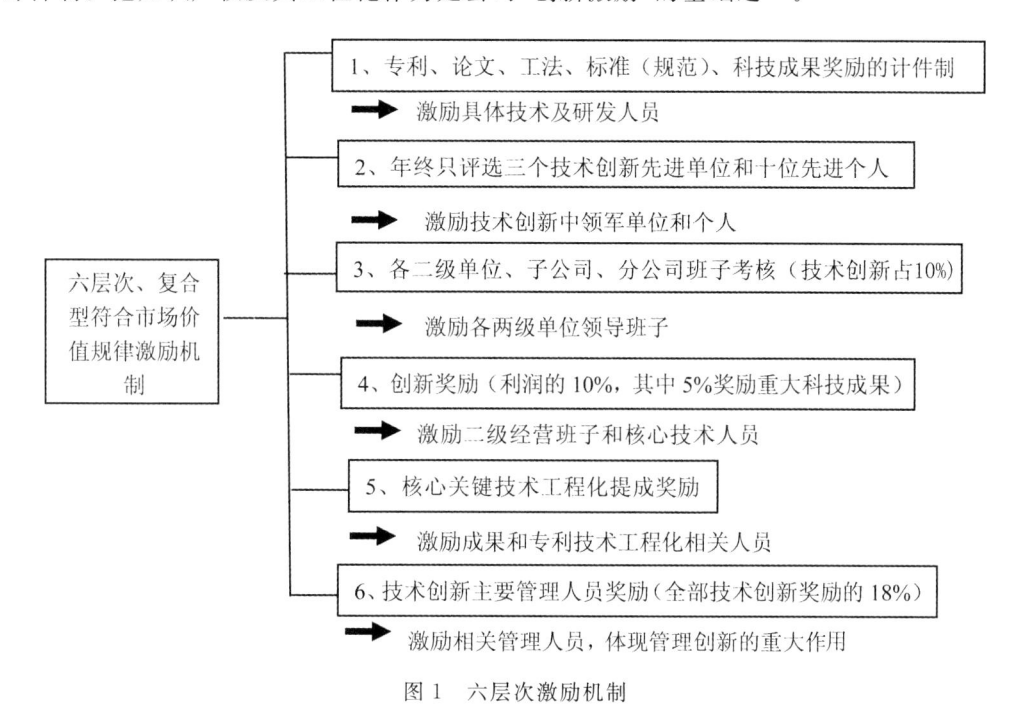

六层次、复合型符合市场价值规律激励机制
1、专利、论文、工法、标准（规范）、科技成果奖励的计件制
→ 激励具体技术及研发人员
2、年终只评选三个技术创新先进单位和十位先进个人
→ 激励技术创新中领军单位和个人
3、各二级单位、子公司、分公司班子考核（技术创新占10%)
→ 激励各两级单位领导班子
4、创新奖励（利润的10%,其中5%奖励重大科技成果)
→ 激励二级经营班子和核心技术人员
5、核心关键技术工程化提成奖励
→ 激励成果和专利技术工程化相关人员
6、技术创新主要管理人员奖励（全部技术创新奖励的18%)
→ 激励相关管理人员,体现管理创新的重大作用

图1 六层次激励机制

此外,中国一冶采用"五步强势推动法"推进知识产权工程化,每周创新平台周例会,每月召开总工例会,公布技术创新排行榜,并向营销部、工程部、经营部传送技术创新成果,每年召开技术创新大会。

三、施工企业以工程化为导向的知识产权管理的效果

(一)取得了一批高水平的科研成果

2010年专利申请量276项,其中发明87项,湖北省施工企业排第一名。2011年专利申请量257项,其中发明专利76项。截止到2011年底,有效授权专利449件,其中发明81件,湖北省施工企业排第一名;专利申请总量达到785项,其中发明258项,发明专利占30%以上。2010年中国一冶被批准为全国企事业单位知识产权试点单位、武汉市知识产权优势企业、十一五期间全国建筑业科技创新先进单位。

中国一冶获得了一系列的国家级奖项:鲁班奖、詹天佑大奖、中国十大节能建筑、国家级新技术应用示范工程。国家科研项目新立项4项,承担国家十二五科技支撑计划——"软土地下空间开发工程安全和环境控制关键技术"。拥有三个省部级工程技术中心(中冶筑炉工程技术中心、湖北省企业技术中心、武汉市石油液化气船罐研发中心),

排名湖北省施工企业第三名。2010年率先获得全国企事业知识产权试点单位,获武汉市知识产权管理先进单位;及"十一五"全国建筑业科技进步与技术创新先进企业。

(二)推动了知识产权工程化发展

知识产权和科技成果工程化的能力大幅提升,管理水平大幅提升。通过成果的实施,提高了企业自身的管理水平、规范了管理业务流程、提高了管理效率和生产效率,实现了提升企业核心竞争力的目标。中国一冶完成的1000多项专利,省部级和国家级工法,省部级成果、规范、标准等科技创新成果大量地应用于工程建设之中,支撑和推动企业转型发展。2009年获省部级工法16项,湖北省第二名。2010年获得32项省部级工法,湖北省第二名。到目前为止,共获得国家级工法12项,湖北省第一名。形成"坑、罐、炉、桥、机电设备安装"五大核心技术集群。

(三)取得了很好的经济效益

中国一冶在2010年实现施工产值112亿,利润2.7亿元;2011年实现施工产值134亿,利润3.5亿元。知识产权和产学研工程化产生巨大经济效益:2009年共获得4874万元,2010年共获得7375万元,2011年共获得8386万元。2010年母子公司共享受研究开发费用加计扣除的减免税额共计1031.4万元;2011年母子公司共享受研究开发费用加计扣除的减免税额共计1150万元。获得高新技术企业后企业所得税减免1亿元。

获得了两项重量级的美国ASME证和NBBI国际锅炉压力容器资格证书。

(成果创造人:宋占江、王　平、武钢平、胡　磊、杨多娇、徐　兰)

品牌营销与服务创新

城市公交企业新能源汽车推广与运营管理

深圳巴士集团股份有限公司

深圳巴士集团股份有限公司(简称深圳巴士集团)创建于1975年,是深圳市最大的公交营运企业,以公共交通为主业,还经营广告、出租汽车、旅游运输、涉外运输、物业租赁等业务。2004年,通过引进香港九巴等境外资本和民营资本,建立了科学完善、高效运作的公司治理结构。现拥有全资控股、合资合作企业15家,注册资本9.5亿元。到2011年底,总资产34.7亿元,净资产10.9亿元,拥有营运线路267条,营运车辆5946台,年客运量达到9.3亿人次。

深圳巴士集团于1992年在全国率先推行公交无人售票系统,并获得建设部科技进步奖;1996年在公交车辆大面积使用非接触式IC卡收费系统;率先在公交行业引入ISO9001及ISO14001。近年来,先后推行标杆管理和卓越绩效管理,成为业界的标杆企业。

成果主创人:公司董事长李永生

一、城市公交企业新能源汽车推广与运营管理背景

(一)贯彻落实国家新能源汽车发展战略的需要

2009年,国务院和工信部发布《汽车产业调整和振兴规划》,提出"优先在城市公交、出租、公务、环卫、邮政、机场等领域推广使用新能源汽车;建立电动汽车快速充电网络,加快停车场等公共场所公用充电设施建设"。2010年,国务院公布《关于加快培育和发展战略性新兴产业的决定》,明确将新能源汽车列入国家战略性新兴产业范围。2012年,国务院通过《节能与新能源汽车产业发展规划(2012—2020年)》,进一步明确新能源汽车未来几年发展的技术路线和目标。发展新能源汽车已成为国家战略。

作为新能源汽车"十城千辆"工程示范城市之一,深圳市于2009年制定了新能源汽车发展规划,明确了新能源汽车的发展目标,以城市公交为起点,先后出台了购置补贴、技术标准、场站规划等配套政策,成为全国新能源汽车示范推广的领头羊。深圳市制定了《低碳发展中长期规划(2011—2020年)》,把低碳绿色理念融入各项工作中,使低碳绿色成为衡量经济社会发展的硬性指标和约束条件。深圳市公交车辆约1.5万台,占全市机动车总数的0.7%,年燃油消耗约48万吨。经测算,若公交全部使用纯电动大巴,深圳年燃油消耗节约17%,对城市大气污染减排贡献率约12%。

(二)破解新能源汽车规模化推广与运营难题的需要

1. 新能源车辆运营成本高,公交企业难承重负

新能源公交车辆推广应用初期,承受着巨大的压力。一是新能源车辆购置价格高,

动力电池等关键零部件尚未形成产业化和规模化,使得整车价格高企。混合动力大巴与纯电动大巴的出厂价格分别是传统燃油车的 2.5 倍和 4 倍。二是新能源车辆使用成本普遍高于传统燃油车,传统燃油公交车车辆技术成熟,维保成本较为稳定,且政府有明确的燃油补贴,但新能源公交车辆政策性补贴不明确、维保成本不确定。

2. 必须寻求新能源公交可持续发展的模式

新能源车辆的推广只有充分利用社会资源,发挥产业链各个环节的优势,建立成熟的市场运作模式,才能实现可持续发展。因此,探索新的车辆运营管理及商业运作模式,是公交企业推广新能源汽车亟待解决的课题。

3. 必须解决新能源车辆安全技术保障问题

新能源车辆在技术可靠性方面与传统燃油车相比还存在一定距离,表现为故障率偏高、续航能力有限、充电时间较长、营运效率较低。由于处于起步阶段,整车技术、动力电池技术、电控电机技术等是新能源车辆技术性能表现的关键。目前,以动力电池为主的关键零部件技术还难以达到新能源车辆安全运行要求。因此,缩短新能源车辆技术成熟周期,提高新能源车辆技术,保障新能源车辆运营安全,迫在眉睫。

4. 运营模式有别于传统公交,营运管理方法需要创新

新能源车辆需要及时进行充电或补电,应用推广必然受制于配套设施的建设以及合适线网资源的支持。其运营模式有别于传统公交,需综合考虑新能源车辆技术特点、充电站布局,优化线网资源,合理配置车辆。同时,还要便于新能源车辆运行监督与管控。因此,需要从根本上突破传统公交运营组织模式和调度手段。在运营效率上,要考虑车辆投放到便于能源补给的线路,减少空驶里程,提高车辆使用效率;在运营效益上,要选择有一定客源、里程适中的线路,确保其续航能力可以满足一天基本的营运服务要求,并能产生一定的经济效益;在运营控制上,传统公交营运调度管理模式缺乏营运信息对营运生产作业的支持,调度员无法实时掌握新能源车辆中途运营状况、客流数量变化等信息,依靠经验"摸黑"调度,新能源公交必须在这方面加以突破,提高新能源车辆周转率,满足公交日益增长的需求。

(三)发挥公交行业优势、积极承担社会责任的需要

在新能源汽车推广过程中,公交企业应充分利用自身优势。一是辐射影响广,环保效果好。城市公交管理相对集中,规模大、总体运距长,推广新能源车辆节能减排效果明显,还能起到示范作用。同时,公交的规模化经营,有利于降低单车使用成本。二是专业化管理,有利于新能源车辆技术的发展。公交企业具有健全和规范的运营管理体系、技术保障体系,能够同新能源整车和关键零部件厂商、充电服务商结成产业联盟,集中解决新能源车辆使用过程中遇到的难题。同时,城市公交大多进行集中管理和运营,具有成熟的营

纯电动大巴正在充电

运管理经验和管理体系,可以通过日常运行数据记录,为技术改进提供可靠依据,利于缩短新能源车辆的技术成熟周期。三是场站布点较多,能充分利用现有场站解决紧张的城市用地。新能源车辆能量补给、维修保养有别于传统燃油车辆,需要较为富裕的充换电设施。在充换电站建设方面,可以有效利用现有公交场站,进行具备充电功能的综合场站网络化布局,既有效解决充电站建设用地问题,又有利于提高新能源公交服务水平。

二、城市公交企业新能源汽车推广与运营管理内涵和主要做法

深圳巴士集团以国家新能源汽车发展战略为指导,充分发挥公交行业优势和终端用户对产业链的拉动作用,在积极争取国家、省、市相关政策支持基础上,整合包括上游汽车制造商、动力电池等关键零部件制造商、充电运营服务商、金融机构等在内的社会资源,探索出以"融资租赁、车电分离、充维外包"为核心的新能源汽车推广机制,并以信息化、智能化为手段,探索新能源公交车精益管理模式,实现了新能源公交车辆规模化应用和高效运营,为我国新能源汽车规模化推广应用探索出了一条可持续发展的新路。主要做法包括:

(一)以政府政策为依托,制定新能源公交车发展规划

1. 确定以商业运作模式为基础的新能源公交可持续发展思路

深圳巴士集团在推广新能源过程中,探索出"融资租赁、车电分离、充维结合"的市场化模式,其逻辑在于:市场需求带动产业竞争,产业竞争促进技术发展,技术发展有利于成本降低,成本降低便于推广应用。从应用中来,到应用中去,符合产业良性发展的基本规律。在市场化运作模式的构建中,充分利用政策环境,发挥终端用户拉动作用,站在产业链良性发展的高度,带动地区新能源汽车产业链发展。

采用市场化模式有利于专业化分工、社会化合作、集约化经营,可以实现产业链风险最小、总成本最低、多方共赢。但是,必须明确相关各方的功能定位、职能职责、专业化分工以及相互之间的契约关系,使政府部门、公交企业、充维服务商、金融机构、车辆制造企业各方均能发挥各自优势,不断深化相互合作(见表1)。

表1 深圳巴士集团新能源公交车辆推广利益相关方业务分工

主要模块	相关方	简要内容	主要作用
融资租赁	公交企业 充维服务商 金融机构 车辆制造商	四方签订融资租赁相关协议,明确新能源车辆购置付款方式、裸车融资租赁、运营管理与维护、资产归属等。	①分散公交企业一次性购置成本,缓解现金流压力。 ②车辆制造企业可以及时回收车辆销售款项。
车电分离、充维服务	公交企业 充维服务商 政府主管部门	公交企业与充维服务商形成应用联盟,将新能源公交推广应用进行专业化分工,实现生产运营与服务保障的完美结合,并确保在传统公交补贴范围内实现新能源车辆的规模化应用。	①"车电分离"降低了公交企业车辆购置成本,以及政府规制补贴。 ②"充维服务"交由专业服务商,保证了新能源能源补给的安全性和可靠性,并实现了在传统燃油车辆能源规制成本范围应用新能源公交,也保证了充维服务商在充电站建设、动力电池投入等方面的效益回收。 ③创造了新能源公交可持续发展的商业模式。

续表

主要模块	相关方	简要内容	主要作用
促进产业政策完善	公交企业 充维服务商 车辆制造商	配合政府部门参与新能源充电站建设规划,争取对应用联盟的支持和鼓励,提供关于可持续发展的商业模式推广思路和方法,争取在示范推广期间的合理补贴。	①利用社会资本推动充电站网络化建设,减少政府财政支出。 ②应用联盟的专业化分工与合作,避免政府财政在新能源公交推广中的高额财政补贴。

2.制定明确的新能源公交发展规划

深圳巴士集团围绕调结构、转方式、促发展,建设资源节约型、环境友好型公交企业,制定新能源公交发展规划。在发展规模上,2010 年混合动力大巴 147 辆、纯电动出租车 100 辆;2015 年以纯电动车辆为主要方向,混合动力大巴 900 辆、纯电动大巴 1600 辆,新能源公交巴士累计达到 2500 辆,纯电动出租车达到 1500 辆;2020 年新能源公交总数达到 4000 辆,占公交车辆总数的 70% 左右,其中混合动力大巴 1000 辆、纯电动大巴 2500 辆、纯电动中巴 500 辆,纯电动出租车达到 2500 辆;在技术路线方面,首先导入混合动力大巴,作为新能源公交的试验田,积累新能源车辆运营管理经验,然后逐步过渡到纯电动大巴的应用推广,强化新能源车辆管理体系,最终以新能源车辆代替传统燃油车辆,减少车辆对城市的污染和对化石能源的依赖,致力于为乘客提供低碳公交服务。

3.积极与相关部门沟通,争取政策支持

新能源汽车作为战略性新兴产业,国家在产业规划、产业培育、示范运营阶段将投入 1000 亿元,其中推广应用专项补贴约 300 亿元,以加快新能源汽车核心技术成熟周期,探索规模化推广应用模式,实现汽车应用的结构转型。深圳巴士集团积极争取相关政策支持,用足用好专项资金。

一是争取落实车辆购置补贴。在深圳,混合动力大巴出厂价 110 万元/辆、纯电动大巴约 210 万元/辆,远高于传统燃油车辆价格。在新能源车辆示范推广期间,国家出台专项补贴政策,但也很难大幅度降低车辆购置成本。深圳巴士集团积极向地方政府争取补贴。2011 年购置的混合动力大巴补贴后价格为 53 万元/辆,与常规燃油大巴基本相当;纯电动大巴补贴后 110 万元/辆,远低于出厂价格。

二是争取新能源车辆运营补贴。从目前国内外情况看,新能源车辆使用成本较传统燃油车辆高,主要是动力电池、电机、电控等关键零部件及高成本维保所致。深圳对传统燃油公交采取成本规制的方式进行补贴,基本可以保证传统公交的正常经营。但是,新能源公交是有别于传统公交的特殊系统,为保证其正常经营,在营运补贴方面需有新的思路和方法。经过积极沟通和争取,深圳市政府明确新能源公交运营补贴标准和形式,并在新能源公交的《融资租赁方案》中作了相关规定。深圳市政府给予公交企业每辆新能源车 26 万元/年的综合补贴,以预拨款的形式下发,专项用于支付融资租赁费和新能源车辆日常运营费用。

三是争取新能源公交配套政策。发展新能源公交是一项系统工程,除了车辆购置补

贴和运营补贴之外,还需要相应的配套政策和措施,包括新能源汽车相关技术标准、基础设施建设、财税政策等。深圳巴士集团从用户角度向政府主管部门建议和争取配套政策,参与制定相关标准,配合基础设施规划与建设。技术标准是影响行业发展的重要因素,相关技术标准的欠缺必然会阻碍电动汽车规模化推广。为此,参与深圳市发改委牵头组织的联合课题组,开展电动汽车充电系统技术规范的研究和编制,并于2010年发布国内第一个《电动汽车充电系统技术规范》。该技术规范包括通用要求、充电站及充电桩设计规范、非车载充电机、车载充电机、交流充电桩、充电站监控管理系统、非车载充电机电气接口、非车载充电机监控单元与电池管理系统通信协议、城市电动公共汽车充电站9个部分。充电站是新能源公交推广的基础和根本,通过与普天新能源展开充电站建设合作,率先建立全国第一个非电网企业建设的综合充电站,并引导形成政府、企业、市场三方共同扶持新能源汽车应用的机制。

(二)构建新能源汽车"融资租赁、车电分离、充维外包"推广模式

1. 实行车电分离,降低购置成本

就纯电动大巴而言,补贴后购价仍高达110万元/辆。深圳巴士集团借助政策支持,整合社会资源,加强产业链合作,实施"车电分离",有效降低车辆一次性购置成本。在新能源车辆购置过程中,按一定价值比例(裸车占65%,电池占35%)进行裸车和动力电池的价值分离,车辆制造企业按整车卖出,公交企业就裸车进行购置,充维服务运营商就配套电池进行购置。采用这种方式,公交企业可以按略高于常规燃油车辆的价格购置新能源车辆,有效降低购置成本。

2. 实施融资租赁,解决一次性大额支付难题

深圳巴士集团、车辆制造企业、融资租赁机构、充维服务商共同签订《融资租赁合同》等相关协议,以融资租赁形式购置新能源车辆。由充维服务商向车辆制造企业购买整车(包括裸车和电池),融资租赁机构向充维服务商购买裸车,公交企业向融资机构就裸车进行融资租赁(见下图)。

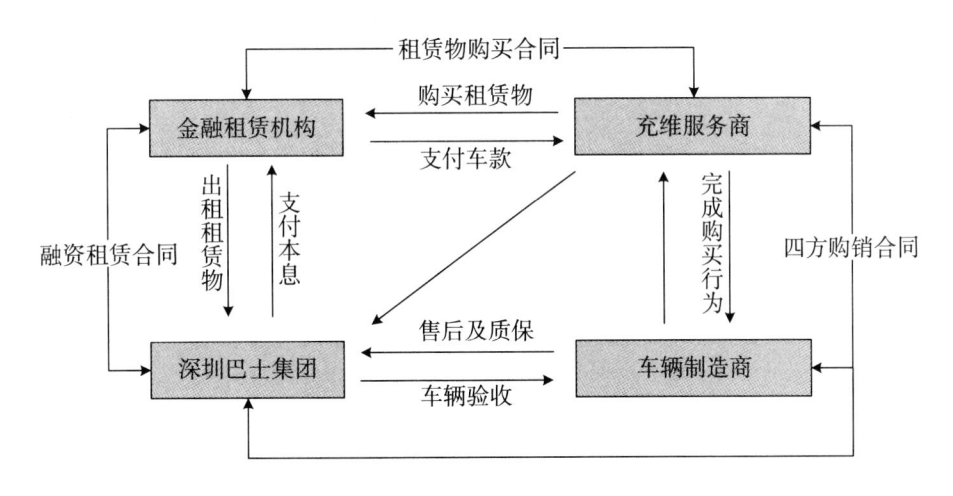

新能源公交车辆融资租赁关系图

融资租赁作为一种全额信贷,形式上是分期支付本息,但本质上与分期付款有明显不同,且成本低于分期付款。没有即期付款,融资租赁期限与新能源车辆经济寿命一致。因此,融资租赁大大缓解高额购置成本引起的公司现金流冲击,保证新能源车辆的顺利投放和公交企业的平稳经营,促进新能源车辆大规模购置。

3. 实施充维外包,提升新能源公交车专业化服务水平

新能源车辆推广过程中一个重要风险就是使用成本的不确定性。新能源公交车的规模应用时间较短,关于动力电池的衰减性、充放电次数、电池寿命、充电作业安全等缺乏明确评估,使用成本难以把握。一是动力电池占纯电动车辆总成本60％以上,且使用寿命不确定,保守估计在车辆生命周期内至少更换一次动力电池;二是充电站配套设施投入较大;三是动力电池在维护和充电作业方面需要专业性保障安全性。

深圳巴士集团与专业的新能源车辆充维服务商结成应用联盟,利用充维服务商在动力电池充电、维护、废旧回收等方面的专业性,以充电和维护外包的形式,发挥专业优势,实现应用成本和风险的共同分担。对公交企业而言,由于能源成本是车辆使用过程中的主要成本,充维外包的总成本原则上不高于同类燃油车辆的燃油成本,即新能源车辆能源补给总成本与传统燃油车辆燃油成本基本持平。同时,在动力电池充电和维护方面可以得到更加专业的服务和安全保证。对充维服务商而言,由于看好未来市场,承担动力电池购置投入、充电站建设、对新能源车辆进行充电服务、对动力电池进行维护等,其成本构成要素包括电价、动力电池成本分摊、充电站建设成本分摊、人工成本及管理费用等,而充维服务价格等同于同类燃油车辆的燃油成本转换价格,充维服务费支付基准充分保证充维服务商的经营回报,新能源车辆规模化后,盈利效果十分明显。

实施充维外包,一方面可以避免公交企业建设充电设施和维护服务,减少运营成本;另一方面可以得到专业化服务,保障动力电池在运营、维护、充电方面的安全性。同时,充维服务是新能源汽车推广的一个关键环节,在未来大规模推广中具有非常大的盈利潜质,市场潜力很大。

(三) 以信息化、智能化为手段,提升新能源汽车运行效率

1. 推广智能化运调系统,提高车辆使用效率

深圳巴士集团从自身实际出发,利用GPS卫星定位、无线通信、电子控制、计算机处理、移动视频等技术,推广应用集群化的智能运调系统为新能源车辆服务。在借鉴其他城市经验基础上,建立以智能调度为平台的公交车辆远程集中调度模式。

运用智能化运调系统管理,调度员能够及时了解新能源车辆的运行位置、行车间隔等信息,适时掌握每台车辆的运行状况。基层车队可以根据现有条件灵活运调,从而避免营运资源浪费,减少车辆调配盲目性,车辆周转效率明显提高,既让新能源车辆物尽其用,续航里程得到合理使用,又较好地满足公众乘用公交工具出行的需求。

2. 导入动力电池监控系统,进行新能源公交实时监控

深圳巴士集团在新能源车辆中导入动力电池监控系统,借助充电服务运营商的网络监控中心接入智能化运调系统,更好地为新能源车辆公交运营提供支持与服务。一是监测所有注册入网车辆,实时掌握车辆位置及动力系统状态;二是监测整车充电与行驶中动力电池实时性能;三是全程监控联网充电机运行状况与充电站消防系统;四是具有视

频安防监测功能,能在监控中心远程监测各站点作业面。这些功能有效提高动力电池使用的安全性,实现全天候高度集中式运行监控,提升充电服务效率。

动力电池监控系统通过城市级监控中心系统将新能源公交车辆、动力电池、充电设备与运行管理系统联接起来,实施高灵敏度监控,建立故障检测与预警机制,极大地提高车辆运行的安全系数。一旦出现设备故障或电池性能超出设定阀值,系统将在第一时间作出反应,及时启动相应保护措施,有效遏制电池等故障链引起的安全事故,大大消除市民对新能源车辆安全风险的顾虑。

动力电池监控系统与智能运调系统相结合,实时采集新能源公交车辆运行数据(包括动力电池衰减趋势、充电时间、百公里电耗、故障频率和种类、续航里程等)。整理分析这些数据,不仅可以指导现有车辆和动力电池更有效的使用,并可为相关设备等产品未来更新改进提供富有价值的参考依据。积累的运营数据与分析资料,可以为政府制定行业标准、扶持政策、产品和服务定价政策等提供全面、连续、真实的数据支撑。

3. 优化公交线网结构,提高车辆运行效率

由于现有充电站建设不足、分布不均,新能源车辆投放受限。深圳巴士集团从新能源车辆运行特点出发,以使用效率最大化为目标,综合考虑充电站地域分布,结合场站面积、运调管理、车辆维护以及投放线路走向、路况、客流量等因素,对公交线路重组优化,构建"快线—干线—支线"三层次公交网络,科学投放车辆于邻近充电场站,具有一定客流基础并且里程适中的公交线网中。同时,优化线路内部常规动力与新能源车型配置组合结构,形成与公交线网资源合理匹配,在满足公众出行需求前提下,尽量消除新能源技术局限带来的影响,确保客流高峰期运能效率不降低。

4. 优化运营方案,提高新能源公交车日营运里程

根据新能源车辆性能特性,定期对其充电时间、单位时间充电量、充电后续航里程等数据进行跟踪记录、对比分析,逐步摸清和掌握新能源车辆的充/放电规律,研讨充电与补电的最佳时段。并根据电池统计数据,采取夜间满充电与白天平峰补电相结合的策略,分别制定始发站配置充电桩的运调方案和始发站不配置充电桩的运调方案等,以此提高车辆使用效率。

以纯电动大巴为例,在保证电池不过放电情况下,结合厂家提出营运时保留25%的电量建议,单车一次满电99%电量情况下,续航至剩余电量25%时续航里程约在160公里。采取策略1,在始发站夜间停场充满电量的纯电动大巴,续航至剩余电量60%时(电池最佳补电区间内)补电至90%后继续投入运营,车日营运里程可达200公里。采取策略2,在另一端无配置充电桩总站,剩余电量80%的纯电动大巴续航至剩余电量30%时(电池最佳补电区间内)再进行一次补电至75%,运营至25%保底电量时利用在平低峰期进行二次补电至90%电量,返回另一端总站夜间停场,车日营运里程亦可达200公里。采取上述策略后,纯电动大巴车日营运里程提升近27%。

5. 推行标杆管理,提升新能源车辆运营管理水平

随着新能源车辆使用规模的不断扩大,基层生产单位成为新能源车辆在公交领域应用成功与否的关键。深圳巴士集团提出决胜终端的管理理念,建立"车队运作能力"指标体系,自主开发"车队运作能力辅助管理系统",并以推行标杆管理为手段,提高整体管理

水平。分析整个生产体系,从营运调度、人员配置、车辆维保、充电补给等方面提高运调灵活性和行车安全性,做好人员与台班配置、车辆充电补电等,全方位提高新能源车辆出车率,从而提升整个生产体系的运营管理水平。

(四)预防式技术管理与应急管理联动,保障新能源车辆运行安全

1. 建立新能源车辆技术管理体系,有效解决运营中的技术问题

针对新能源技术的不够成熟与诸多局限,为了弥补技术短板、满足公交服务需求,深圳巴士集团充分发挥自身30多年的公交经验,依靠规范管理与自主创新破解各种难题,与车厂共同推动新能源公交车辆技术性能与品质提升。

一是制定技术保养规范与作业标准,指导新能源技术的应用。新能源汽车投放初期,维保作业不规范,无行业标准。深圳巴士集团结合国家技术标准、参考厂方资料、结合自身经验和生产实际,编写制定新能源汽车技术保养规范与作业指导书,并以企业制度形式要求各基层推广应用,边实践、边修订,使之不断切合维保生产实际,从而缩短企业掌握技术规范与标准的过程,亦累积为行业标准。

二是完善质量监督机制,确保新购车辆质量可靠。深圳巴士集团成立技术选型小组,确保在车辆生产前每批新能源汽车选用质量最可靠、技术最成熟,最大限度提升车辆技术品质与安全等级(如降低自燃风险);在车辆制造中进行驻厂监造管理,结合实际运营经验,在生产源头上把控制造工艺与技术质量,对骨架焊装、车身涂装、底盘组装、车辆总装与检测调试等环节提出改善意见,从而弥补车厂经验的欠缺;车辆投放后加强突出质量问题的跟踪与整改,尤其是持续化解诸如动力电池爆炸起火等重大安全问题,努力将新能源技术不成熟带来的风险隐患降到最低。

三是推行车辆全生命周期管理,打造技术保障示范点。配合不断增长的新能源汽车规模,逐步优化技术保障体系。推行预防式维修,做到"车辆零部件不坏的时候不去更换它,但必须知道什么时候坏"。基于预防式维保思想,自行开发与使用以新能源车辆全生命周期管理为核心的EAM系统,实现对维保作业的全过程监控。通过车辆技术档案和维修单跟踪与历史数据积累,掌握零配件使用寿命规律,全面把控新能源汽车维保成本与质量。同时,集中人力、物力等优势技术资源,建立维保示范点,优化作业流程与检验流程,实行标准化作业。

2. 防范于未然,建立新能源公交应急管理体系

针对新能源车辆技术特点有别于常规动力车辆,尤其在技术安全性方面要求更为严格,深圳巴士集团对现有相关管理制度体系进行更新与健全。依据国家相关行业标准与要求制定《新能源车辆使用工作指引》,作为下属单位在车辆使用与维护中控制安全风险的指导。

根据国家相关标准,结合厂方技术资料、自身经验以及维保生产实际等,编写新能源车辆技术保养规范与作业指导书,制定车辆使用、维保、充电、应急处理等管理规定与流程,建立新能源车辆管理制度体系,解决下属单位在维保作业上存在的执行差异,缩短掌握新能源技术要求的过程,提升各级管理人员应对新能源车辆重大安全问题的现场指挥与善后处理能力。

随着新能源公交车陆续投放市场营运,需应对营运过程出现的因技术故障待检(待

修)、充电设施瘫痪、台风暴雨恶劣天气等导致车辆停运引发客流大面积聚集,制定针对新能源车辆的营运应急预案,明确各种异常情况下的应急措施,确保发生营运应急事件时应急运力、应急援救能够迅速、及时,防止事故影响扩大。

三、城市公交企业新能源汽车推广与运营管理效果

(一)为我国新能源汽车推广与运营管理探索出了一条新路

深圳巴士集团借助政策支持,整合社会资源,加强产业链合作,摸索出一套适合新能源汽车产业发展的商业运作模式,概括为"融资租赁、车电分离、充维外包"。通过"融资租赁"分散采购成本,大大缓解了一次性高额投资对公交企业现金流的冲击,确保了新能源车辆的顺利投放;"车电分离"使得公交企业在获得政府补贴后,新能源车辆采购价格仅略高于常规公交车辆;"充维结合"有效控制了能耗成本,又使动力电池得到专业性维护与处置,公交企业与充维服务商各得其所。

充分利用社会资本,带动了充电基础设施网络化建设与布局,有力支持了新能源车辆的规模化发展。2010年6月,深圳建成第一座非电网企业的综合充电站,并于当年在全国建成第一个微型示范网络,涵盖8座综合充电站。随后短短一年时间,深圳巴士集团拥有39座充电站、563个充电位,为新能源充电提供了坚强的后勤保障,有效提高了新能源车辆的服务半径和服务效率。充电站建设充分依托现有场站进行,解决了城市用地紧张问题,既考虑了新能源公交推广的实际需求,又兼顾了城市用地与规划的实际困难。

以使用促改进,推动新能源车辆品质提升和成本下降。在新能源公交车辆推广应用过程中,与车辆生产厂家、动力电池生产等关键零部件厂商、充维服务商等成立项目工作组,对车辆营运、充维服务等进行跟踪,对运行数据进行掌握、分析,及时发现新能源公交车辆在技术方面的缺陷和不足,并与车厂共同解决技术问题,先后解决了混合动力大巴中央控制盒渗水短路、动力电池箱规格差异性、电机匹配性、CAN总线系统通信质量、通信协议一致性等。深圳巴士集团先后就混合动力大巴提出172项改进建议,就纯电动大巴提出140余项改进建议,形成了当前国内新能源公交车辆的配置标准,有利于缩短整车技术的成熟周期,为新能源车辆的量产化和成熟推广做出了贡献。

深圳巴士集团在新能源汽车推广方面的探索,既是企业新能源公交发展战略的实施,也为国家新能源汽车推广积累了经验。通过采用"融资租赁、车电分离、充维外包"模式,不仅实现了多方共赢,又让新能源汽车产业具备了良好的发展前景,值得国内其他城市借鉴。

(二)新能源汽车使用效率和乘客满意度不断提高

1.新能源车辆投放规模达到了规模化推广目标

深圳巴士集团新能源汽车投放数量稳步增长(见表2),2012年底达到2200台以上,成为广东省乃至国内新能源汽车示范推广数量最多的公交企业之一。按规划,2015年使用比例将占全部车辆50%以上,新能源公交车辆将成为公交系统的主要车型。

表2　深圳巴士集团新能源公交发展及目标(单位:台)

年份	混合动力巴士	纯电动巴士	纯电动出租车	合计
2009	147	—	—	147
2010	325	—	100	425
2011	689	127	300	1116
2012	689	727	800	2216
2015	900	1600	1500	4000

2.新能源车辆使用效率逐步提升

通过采用智能和高效的营运保障系统,使新能源车辆各项效率指标明显提升。日均营运趟次从原来的6.13趟次提升至7.78趟次,比常规燃油车辆营运效率由70%提升至89%,突破了新能源车辆续航能力有限制约公交运营的瓶颈,机械可靠性与技术安全性也得到有力保障。

3.乘客满意度逐年提升

由于新能源汽车具有油耗低、噪音小、排放清洁、运行平稳等特点,为广大市民带来环保、舒适的乘车环境,并使绿色公交理念不断深入人心。从乘客满意度调查来看,在新能源汽车投放期间(2009－2011年)总体评价得分从80.1分提升至85.7分,安全满意度、舒适满意度、便捷满意度、环保满意度等指标均呈现逐年上升的趋势。

(三)新能源汽车的推广为改善城市环境发挥了作用

1.大大节约了燃油消耗

新能源公交的应用,减少了对燃油的依赖。深圳巴士集团2010年减少燃油消耗366万升;2012年新能源车辆达到2216台,对比相同规格柴油动力车辆可节约燃油消耗0.13亿升,如按燃油单价8元/升计算,约合费用1.04亿元。

推广新能源公交在实现能源转换的同时也实现了能源节约。按能源转换标准测算,1度电相当于0.36千克标准煤,1升柴油(汽油)相当于1.1657千克标准煤,则有3.24度电≈1升柴油(汽油)。2010年深圳巴士集团节约燃油当量188.25万升,2012年相当于节约燃油1097.79万升。

2.减少了温室气体和污染物的排放

按照国际上关于CO_2排放通行测算标准,深圳巴士集团新能源车辆在2010年减少CO_2排放9283吨,2012年减少CO_2排放96998吨。

对比传统柴油大巴与传统出租车CO、NO_x、HC及颗粒物每公里排放标准测算,混合动力大巴、纯电动大巴、纯电动出租车年均减排量分别达到72千克、500千克和662千克。新能源公交车辆投放以来,深圳巴士集团污染物减排成效果显著。2010年减排量约89.4吨,2012年减排量达939.7吨

(成果创造人:李永生、何　斌、周志成、桂天骄、漆维伟、
雷玉斌、黄　艺、高　波、张龙文、马　丽)

民营制鞋企业全方位品牌建设

浙江奥康鞋业股份有限公司

浙江奥康鞋业股份有限公司(简称奥康鞋业)成立于2001年,由奥康集团(前身是创建于1988年的永嘉奥林鞋厂)作为主要发起人,2012年4月在上海证券交易所挂牌上市。奥康鞋业主要从事皮鞋研发、生产、分销及零售业务,建立了三大鞋业生产基地、两大研发中心、5000多个营销网点,拥有奥康、康龙、美丽佳人、红火鸟4个自有品牌,并成功收购了意大利知名品牌VALLEVERDE的大中华区品牌所有权,形成了多品牌的经营模式。奥康鞋业从2003年开始明确实施品牌战略,从品牌定位、品牌设计、品牌创建、品牌推广、品牌延伸等方面培育品牌、发展品牌,创出了中国驰名商标,成为全国重点保护品牌。2011年"奥康"品牌价值达100.19亿元。

成果主创人:公司董事长王振滔

一、民营制鞋企业全方位品牌建设的背景

(一)摆脱国内制鞋业"同质化、同款化"竞争的需要

2004年以来,中国鞋业发展呈现产能过剩,从国内市场到国外市场,价格战杀得昏天地暗,制鞋企业陷入"扩大规模就是找死"、"缩小规模等死"的两难泥淖之中。在国内市场上,制鞋企业基本集中在二三线市场,以各地域的代理商、分公司批发给各城乡个体经营户、专卖店为主要销售渠道。由于产品结构单一、市场细分不够,直接导致企业在同一层面上进行贴身肉搏战。而销售到国内的大型商场、卖场甚少。同时,鞋产品的"同质化、同款化"现象相当严重。因制鞋企业对产品研发不够重视,多年来基本还停留在产品的模仿抄袭阶段,甚至缺乏研发能力。一双同质、同款的皮鞋在数家品牌专卖店以不同的价格同时销售,消费者基本上无法确定某品牌的产品风格与性能特征。"同质化"最终上升到"同款化"竞争。因此,奥康鞋业要打造百年基业,实现可持续发展,必须打造自己的知名品牌,提高产品附加值,真正摆脱"同质化"、"同款化"的恶性竞争。

(二)促使产品立足国内、走向世界的需要

据统计,2003年我国皮鞋产量为18.2亿双,2008年达到33.2亿双。皮鞋出口价格在10—15美元左右,价格仅为发达国家的1/3,基本上以减价占领市场,产品地摊货、超市低端货为主。出口鞋极少有自己的品牌,以加工贸易为主,基本采用一般品质、加工工艺、款式和来样复制获得效益,依靠的是廉价的劳动力、生产数量和生产规模取胜。同时,出口业务多数是以加工国外杂牌为主,其中以来样模仿、复制仿冒为主,极少有企业通过专业设计主动将产品推向国际市场。另外,许多制鞋企业为争抢出口市场不惜互相

杀价,从而导致产业集群内部存在过度价格竞争的现象。在我国北京、上海、广州等城市大商场里,90%以上被国外高端鞋业品牌占领,我国鞋业品牌基本是在中低端市场。这说明,我国虽然是制鞋大国,但不是制鞋强国,主要是在世界制鞋行业没有叫得响的知名品牌。要占据世界鞋业价值链高端,必须打造自主的、高附加值的品牌。

(三)提升企业经营水平、开创百年基业的需要

20世纪90年代末,随着市场竞争加剧,消费者对产品的款式、服务及品牌知名度都提出了越来越高要求。这样,原来实施的"厂商联营"和"多级分销"的营销战略,由于中间环节过多,利润多重瓜分,容易引起严重的渠道冲突,不利于市场信息的反馈和厂家的控制,也难以统一品牌形象。由此所带来的成本过高和品牌效应难以保障等已明显不适应市场要求,必须要有一种全新的营销模式,建立起适应市场要求的营销网络和营销方式,以在新一轮的竞争中占据上风。奥康鞋业审时度势,引进"麦当劳式"的特许经营销售模式,大胆导入连锁专卖。1998年第一家连锁专卖店正式亮相浙江省永嘉县上塘镇,这也是中国制鞋业第一家连锁专卖店。从此,奥康鞋业走上新的连锁专卖之路,实现了快速发展。但是,由于其它制鞋企业和服饰行业争相模仿奥康的连锁专卖模式,行业竞争不断加剧,专卖店的租金随之上涨,销售终端的很大一部分利润被租金吃掉,利润空间下降。因此,奥康鞋业必须进一步加强管理创新,探索提升市场竞争力的新路。

二、民营制鞋企业全方位品牌建设的内涵和主要做法

奥康鞋业为了实现"百年奥康,全球品牌"的愿景,摆脱国内鞋业"同质化"和"同款化"竞争严重的状况,解决企业的产品品牌知名度不高、品牌国际化程度低等问题,从品牌战略、产品品质、营销模式、渠道建设、宣传推广、终端服务等多个维度全方位推进品牌建设,不断提高品牌知名度和美誉度,使奥康品牌价值成功位居中国鞋业第一位。主要做法包括:

(一)遵循企业发展战略,制定品牌建设策略

1.实施差异化产品品牌定位,推动多品牌发展

奥康鞋业根据从事的男女皮鞋及皮具产品研发、生产、分销及零售业务需要,采取纵向一体化的经营模式,以自有品牌运营为核心,研发设计与渠道经营为两翼,为消费者提供科技、时尚、舒适的皮鞋及皮具品。为了成为中国领先皮鞋品牌运营商,实行差异化品牌定位,采用多品牌战略。在对消费市场充分调研和分析的基础上,从社交、个人、内向放松和外在表现四个维度对各品牌实行差异化定位,对市场进行细分,确立目标市场和顾客群,了解不同顾客群的需求和期望,以确保产品和服务持续满足顾客的需求。

根据差异化品牌定位,确定奥康鞋业五大品牌各自特色(见表1)。

标杆工厂

表 1 奥康旗下品牌差异化定位简析

品牌	品牌特征	品牌定位
奥康	商务时尚	品牌广告语:一路我享 产品特征:时尚＋经典,选材优,工艺精 人群定位:70年代、80后,公务员＋白领人士 品牌主张:倡导"进取人生"的主流普世价值观
康龙	都市休闲	品牌广告语:放松一下 产品特征:时尚＋舒适,科技工艺,舒适材质 人群定位:80后,白领＋上班族 品牌主张:倡导"轻松人生"价值观
红火鸟	韩版潮流	品牌广告语:越万变,越风潮 产品特征:时尚快速,材质新颖,工艺到位。 人群定位:90后白领新锐＋时尚大学生 品牌主张:倡导"自由人生"价值观
美丽佳人	优雅时尚	品牌广告语:独享 众赏 产品特征:时尚品位,材质新而精。工艺好 人群定位:70后＋80后,成功白领女士 品牌主张:倡导"品味人生"价值观。
万利威德	意大利新贵时尚	品牌广告语:耐人品味 产品特征:款式经典时尚,材质稀有,手工工艺 人群定位:80前精英人士＋80后新贵 品牌主张:倡导"品质人生"价值观。

2.收购国际知名品牌,实施高端品牌战略

2010年奥康鞋业收购VALLEVERDE(万利威德)在大中华区域的品牌所有权,探索全新国际合作模式。创办于1969年的VALLEVERDE主要生产"呼吸式"功能鞋,是"世界鞋都"意大利鞋业第一品牌,在全球拥有超过2300家专卖店。2012年,奥康鞋业利用高端品牌VALLEVERDE启动"名人堂"计划,致力于为更多的高端人士带去定制服务。VALLEVERD的高级定制将先进的意大利设计和精湛的意大利制作工艺与中国深厚的文化底蕴相结合,不仅将目光聚集于鞋子本身,更注重品牌内涵以及与消费者的情感交流,尊重穿着者的个性,彰显消费者与众不同的卓越气质。通过着力推进MeiRie'S(美丽佳人)和VALLEVERDE成为高端品牌,促进奥康鞋业品牌升级,而品牌的产业升级就是改变"卖产品"的短线盈利模式,在保证产品质量的基础上全方位提升服务质量以及品牌价值,更好地体现差异化竞争,创造利润并锁定顾客。

(二)加强产品研发和生产能力建设,提升产品品质

1.大力引进国际先进技术和装备,提高企业研发能力

奥康鞋业充分发挥信息中心、研发中心的作用,建立先进研发实验室,跟踪国际先进技术,积极开展技术研发,不断提高技术水平。例如,运用足底压力步态分析系统,测量脚底压力及步态,改善鞋子结构设计,增强舒适性。承担浙江省重大科技攻关项目——脚型测量仪,研制成功并通过省科技厅的验收。在制鞋行业率先引进国际先进的IPD集成产品研发管理模式,实现传统研发流程的颠覆性变革。

积极引进先进技术和技术标准,广泛开展产学研等技术交流与合作。收集国际技术标准100多个,通过消化吸收转化为企业内部标准,在产品开发过程逐步推广运用。制定技术评估管理办法,成立由分管研发副总裁为主任,研发中心总监为执行主任,研发中心副总监为副主任,并由研发中心、采购中心、信息中心以及生产中心等相关人员参加的技术评估委员会。技术委员会下设各类专业评价小组,对所拥有的产品、工艺、设备、信息技术以及检测技术等定期进行技术评估,形成技术评估报告,为制定技术发展战略提供依据。近3年来,拥有专利60多项,企业技术标准100多项,技术改进和创新能力明显提高,连续多年在全国皮鞋设计大赛中获奖。

2. 积极开展联合开发和同步开发,提升研发效率

根据IPD集成产品研发管理模式,研发中心运用同步工程技术,建立核心供应商战略联盟,开展研、产、销一体化工程,形成协同开发、资源共享、优势互补,提升自主研发能力。在产品的设计开发过程中,同步将概念设计、结构设计、工艺设计、最终需求等结合起来,保证以高效率、高标准实施完成,提升研发效率,缩短开发周期。例如,在功能鞋的研发中,与陕西科技大学建立科研项目战略联盟;在定位鞋研发过程中,与深圳索易通公司建立战略联盟。2009年联合陕西科技大学共同研发鞋类设计咨询系统,将研发过程中所涉及到的市场需求、流行趋势、材料信息、产品信息等有价值的信息统一管理,建立知识管理共享平台。在每季产品开发中,更加快速准确掌握各类信息,节省大量成本和时间,提高研发效率。

3. 引进数字化研发,增强创新能力

研发中心根据企业发展战略,制定产品研发、科技开发、工艺技术、实验设备等技术改造和技术开发规划。与国家制鞋研究院、陕西科技大学、温州大学等科研院所及大学进行战略合作,把握行业技术发展趋势,对技术改造和技术研发项目进行可行性、先进性、经济效益性及低碳环保等论证,确保相关项目处于国际先进水平。与国际上运用数字化研发处于领先水平的意大利万利威德品牌建立技术战略联盟,引进其先进技术,并消化创新,成功开发并生产氧循环呼吸鞋、气垫式透气鞋等系列化功能鞋,引领国内健康机能鞋发展。加大投入,3年内达成数字化项目完全取代传统研发,全面推行2D/3D设计软件及相关进口硬件配置设备,引进机器手臂自动化生产线,优化生产流程、稳定产品工艺质量、避免人为失误及克服人力短缺。

4. 开展主题产品系列研发,完善产品线定位

根据流行趋势、品牌价值导向、产品的不同定位、产品类型及目标消费群体的潜在需求,在不同时期研发并推出不同的主题产品,细化消费市场,拓宽消费层次,拉动产品线定位升级,提升产品在一、二级市场消费群体的影响力和认可度。2008年,奥康鞋业成为奥运会皮具供应商,推出一系列以奥运为主题的"奥运礼仪鞋"。2010年,与江苏卫视合作推出"非诚勿扰"系列、情侣鞋系列。2011年,根据时尚流行趋势,在夏季产品招商会中推出"首尔新贵"韩风潮流系列;在中国国际时装周上召开"舒尚·享"2011年奥康新品赏鉴会,推出采用施华洛世奇元素的全新"水晶鞋"系列、"花瓣"系列。

为了满足鞋业生产过程中对工艺、技术、质量、产能提升和环保、成本等要求,并考虑竞争对手的信息,奥康鞋业不断加大生产设施建设。到2011年,总资产达到22.37亿

元,拥有浙江永嘉千石、浙江永嘉瓯北、重庆三大生产基地,25条意大利成型生产流水线、45条针车流水线和25台先进检测设备等。从意大利引进的全自动电脑前帮机、电脑打钉式后帮机等先进设备处于行业领先水平。

(三)不断开展销售模式创新,提升品牌知名度和美誉度

1. 采用连锁专卖模式,抢占市场先机

奥康鞋业率先在全国推出引厂进店、厂商联营、连锁专卖、名品空间等经营模式,不断开创鞋业新市场,更好地满足顾客的新需求,大大提升销售业绩。20世纪80年代末,在"前厂后店"风靡全国时,奥康鞋业率先承租国营商场柜台,实施厂商联营、"引厂进店",逐步改变温州鞋"地摊货"的形象。1998年,大胆导入连锁专卖模式,成为温州鞋业品牌突围的榜样,目前温州鞋品牌专卖店遍地开花。连锁专卖使奥康鞋业实现跳越式大发展,1998年被评为中国十大真皮鞋王之一。2003年,推出"名品空间"店,它既有商场所具备的环境宽大舒适、品牌资源组合丰富等特点,还有专卖店统一和专业的特征,奥康、康龙等代表不同风格消费体验的产品尽展英姿。

2. 大力拓展商场渠道,提升产品档次

2009年,奥康鞋业与上海百联、法国欧尚、大连大商等5家国内主流商场结成"奥康商场战略联盟",进一步探索与落实"温州名购"战略,加大民族品牌拓展国内市场的力度。万利威德、美丽佳人已进驻部分高档商场,取得一定成绩。同时,组建新的国际化运营团队,以新品牌结合奥康旗下品牌,进一步拓展与商场的合作。结合"黄金十年"战略,进行一系列研产销的整合提升,以真正达到信息快、研发快、生产快、物流快、上柜快。

3. 借助电子商务平台,积极开展网络销售

奥康鞋业将电子商务正式纳入企业发展战略,以网络营销为切入口最终步入电子商务行列。2008年组建电子商务部门,创建官方网购平台,开辟网络销售新渠道。2010年与淘宝网合作,加快发展网络销售。通过在电子商务领域的专业性和消费者口碑等优势,推动奥康品牌覆盖全国以及实体店辐射不到的地区,并在竞争异常激烈的零售鞋业领域突围而出。

奥康鞋业从产品、团队、组织文化、渠道和物流等方面加强网络建设。根据产品"二八"原则,成立针对线上销售的产品研发、采购部门,提供既具品牌关联又能满足网络消费群体需求的线上产品。在团队建设方面,采取内训与外训双管齐下的培训模式,打造出一支和企业环境相融合的电子商务专业团队。在组织文化建设方面,提倡创新和分享,努力适应快速反应、数据化等电子商务发展要求。在渠道建设方面上,依托成熟的网络平台服务商培育一批忠诚客户,并将客户逐步转移到自己的官方平台上来,再依托日益壮大的官方平台向电子商务进军,建立起像百丽那样的以官网平台为核心的全网渠道体系。

2012年,奥康鞋业用超募资金9000万元向全资子公司奥康鞋业销售有限公司增资,建设电子商务运营项目。购置的土地及房屋建筑物坐落于永嘉县黄田街道千石工业区,占地面积8302.7平方米。同时,加快改造,升级为集电子商务运营中心、语音呼叫中心、现代化仓储配送中心、品牌直销厅等为一体的多功能电子商务综合园区。通过改造信息化系统和购置自动化设备,加快物流中转,缩短产品运输周期,提高产品和资金周转速

度,完善电子商务运营体系,树立奥康电子商务形象。

(四)强化经销商培育和终端服务,实现多方共赢

1. 启动第一品牌工程,有效激励经销商

2006年,奥康鞋业启动营销K计划—"第一品牌工程",出资5000万元成立专项奖励基金,表彰优秀的经销商,建立健全全国营销网络,提高区域市场竞争能力,争创第一品牌。在"第一品牌工程"推进过程中,主要是激发代理商活力,根据市场占有率、市场覆盖率、市场满意率、市场盈利率、市场发展率等"五率"在某一区域内做到鞋业行业第一即可获得奖励,奖励形式包括广告费、货架、培训、旅游、宣传、供货优惠等。

2. 开办经销商EMBA班,提升经销商经营水平

为了提升经销商的整体素质和营销管理水平,2010年奥康鞋业在奥康大学举办首届经销商EMBA班,作为给经销商发出一份特殊的年终奖,80名奥康全国优秀经销商成为该班学员,免费接受专业培训。经销商EMBA班采取"招进来、培养好、走出去、发展好"的模式,并共享来自清华、北大等高校50余位知名管理专家的授课。考虑经销商实际需求,授课方式为一年集中授课5-6次,授课地点随课程而定,一般保证2次走出去学习。学员在2年的学习中涉及管理经济学、综合管理技能、企业变革与创新、市场营销管理等课程。2年后经考核合格,获得奥康大学颁发的EMBA结业证书。

3. 完善终端管理体系,促进品牌形象统一化

2009年在考察中发现,市场上有跟奥康终端形象"酷似"的店面。如果这种问题不解决,奥康鞋业终端形象做得越好,可能越为人家做"嫁衣裳"。为此,必须用法律武器维护品牌形象,但由于市场太大,一旦出现跟风模仿,有时也防不胜防。在进行"奥康OFFIECE时尚达人"活动时,为全面配合商务时尚概念的推广,斥资200万元面向全球招标终端形象设计方案,设计内容包括品牌形象提升、终端形象展示系统、商场店中店系统等。为激发设计团队投标的积极性、主动性和创造性,从若干投标的方案中甄选前三名,并设立奖金(第一名奖金150万元,第二、三名分获奖金30万元和20万元)。2010年,全面启动第五代终端品牌形象。新形象给人整体感觉线条很流畅,柜体以白色为主,墙面为以品牌纹样及红色标准色为基础开发的墙纸,在视觉上形成良好的对比关系,既能很好的衬托出销售产品的款式和质感,也令店内整体感觉充满强烈的品牌感及时尚感。同时,根据对各品牌的精准定位,完善终端管理体系,按照各品牌各类直营店和加盟店的面积以及店铺所处的市场、商圈等情况,对店铺的门面、室内装潢、主题橱窗、宣传海报及店铺视频等进行精心设计,使所有店铺都能清晰而一致地表达奥康鞋业旗下各品牌和各品牌产品的形象,及时而准确地配合所陈列的新款系列风格和故事主题。

4. 规范终端服务标准,为顾客提供"顾问式"服务

树立"顾客至上"的服务理念,营造良好的购物环境,要求终端导购员对每一位顾客必须实行售前、售中、售后"顾问式"服务,如店堂提供皮鞋质量鉴定办法、皮鞋保养知识等咨询,最大程度满足顾客的合理需求。制订《顾客服务手册》、《终端管理手册》、《专卖店管理条例》等,提高导购员的销售技能和服务水平,提升顾客的进店率和成交率(见表2)。

表2 终端优质服务内容

优质服务项目	内容	目的和效果
销售七步"曲"	迎宾、导购、咨询、试穿、收银、促销、跟踪	加大顾客成交量,提升品牌美誉度
销售八样"化"	气氛生动化、语言标准化、形象统一化、陈列多样化、服务亲切化、产品丰富化、管理有序化、售后灵活化	品牌服务感强,提高顾客满意度
定制服务	根据顾客个性化要求进行定制	满足顾客个性化需求
PSE服务	P代表"快速"(prompt)、S代表"微笑"(smile)、E代表"高效"(effect)	创新服务模式,提高服务质量,建立稳固的顾客关系

5. 邀请顾客参加大型活动,让顾客进行品牌体验

不定期邀请顾客参加奥康鞋业组织或赞助的各类公益活动、体育赛事(奥运会)等,感受奥康企业文化,体验奥康品牌文化。在雅典奥运会期间,组织一批顾客与葛菲、顾俊等8名奥运冠军一起出征雅典,为奥运喝彩,为中国健儿加油,弘扬奥运人文。

(五)整合多方媒介资源,全方位推广产品品牌

1. 加强宣传推广策略指导,实现广告传播效益最大化

奥康鞋业通过对自身和竞争对手广告投放情况的搜集与分析,制定最佳的广告内容策略和广告渠道策略,通过电视、网络、户外、平面及新媒体等方式进行品牌及产品宣传,整合资源促进传播效益最大化。例如,在湖南卫视《快乐大本营》栏目广告投放中,康龙品牌聘请"快乐家族"为时尚顾问,启用《快乐大本营》主题曲《快乐你懂的》为康龙广告主题曲,并在其栏目中植入康龙品牌广告。

2. 明确阶段传播策略,实行明星代言推广

在品牌不同发展阶段,推广不同系列的产品,有针对性的启用明星代言(见表3)。

表3 奥康鞋业明星代言一览表

品牌	代言明星	启用明星代言目的
奥康	刘翔	提高品牌知名度,有效辅助奥运营销
	孟非	借力"非诚勿扰"栏目资源推广情侣系列产品,增强消费者喜好度。
康龙	黄日华	提升知名度,传播阶段品牌主张"从容行天下"
	快乐家族(何炅、谢娜、李维嘉、杜海涛、吴昕)	依托湖南卫视强势媒体平台和快乐家族的强大号召力,传播康龙"放松一下"的品牌主张,促进区域招商。
红火鸟	李承铉、李妍智	签约韩国人气偶像,打造挚爱韩风品牌
美丽佳人	李嘉欣	传播优雅、自信的品牌形象,提升品牌知名度
	闫微	

3. 开展全方位、多层次营销推广,提升品牌形象和影响力

紧密围绕品牌的定位、价值观以及品牌调性的呈现,借助目标消费群体所关注的国

内外各类公众、时尚事件,进行高频率、多层次的整合营销推广活动,不断创新营销策划,推行事件营销。通过奥运营销推广、体育营销推广、娱乐营销推广等系列品牌活动,不断提升品牌和产品形象(见表4)。

北京2008年奥运会皮具产品供应商的身份曾让奥康品牌一时风头无两。在这之后,奥康鞋业适时抓住发展机遇,先后与湖南卫视、江苏卫视、浙江卫视展开不同形式的战略合作。广告植入电视剧、冠名电视节目、签约节目主持人等频繁动作,让奥康品牌价值一路攀升。同时,不断进行品牌营销创新,继与施华洛世奇水晶成功塑造跨界合作后,又于拍摄奥康"非凡体"广告系列,以6条连播方式登陆江苏卫视《非诚勿扰》、浙江卫视《我爱记歌词》和辽宁卫视黄金时段。这种采用微电影形式制成的广告片,迅速在网络视频媒体、微博、论坛等掀起"非凡体"热潮,有效提升奥康品牌价值。

表4 奥康品牌营销策划大事记

时间	营销策划	主要创意
1999年	火烧假冒奥康鞋	●1987年8月8日,从全国各地围剿而来的5,000多双温州产假冒伪劣鞋在杭州被当众一把火烧掉,一时间"温州鞋"成了假冒伪劣的代名词; ●1999年12月15日,王振滔和温州市领导在那块让温州人蒙羞的土地上一起点燃了第二把火,把从全国收缴的假冒奥康鞋付之一炬。这把火为温州皮鞋正了名,也为温州产品正名。
2003年	品牌口号"梦想,是走出来的"正式推出	●2003年10月,奥康品牌推出"梦想,是走出来的"新口号,同时导入新的VI系统:A字变为Λ,峰的姿态;K字母上方所加的图形符号,强调"突破的一点",体现奥康品牌的突破精神,同时给人以路的延伸感,是"路"、"人"、"鞋"的空间想象传达,以此作为品牌视觉形象发散和延伸推广的集散点。
2006年	首举反倾销大旗	●2006年10月,聘请"反倾销第一律师"蒲凌尘向欧盟一审法院提起诉讼,状告欧盟理事会发布的征收16.5%的反倾销税的法规不符合相关法律; ●2007年1月,代表中国鞋企发表了"中国鞋企应对贸易壁垒北京联合宣言"; ●2008年欧盟法院初审裁决中方败诉后,坚持上诉的企业只剩下奥康一家; ●2011年1月,欧盟鞋业联合会(CEC)发布了关于皮鞋复审案的通报,决定放弃复审,"反倾销"有望最终以奥康的胜利而告终。
2007年	奥运营销推广	●奥康品牌成为2008年北京奥运会皮具产品供应商; ●2007年11月,"亚洲飞人"刘翔牵手奥康,出任奥康形象大使,同时将担任奥康奥运圆梦行动的特别形象大使; ●杨凌、田亮、高敏、王军霞、钱红等奥运冠军均以奥运圆梦行动大使的身份参加了帮助病患儿童、设立体育奖学金等活动; ●奥康还拿出资金以刘翔的名义设置了"十佳奥运冠军启蒙教练"奖,以回报为奥运冠军成名前默默贡献的基层教练。

续表

2007年	体育营销推广	●2007年11月,中视体育推广有限公司与奥康正式合作,由中国大学生体育协会、中央电视台体育节目中心主办、中视体育推广有限公司承办和制作的《武林大会》将以康龙"武林大会"的形象面向广大电视观众和武术爱好者。
2009年	娱乐营销推广之《丑女无敌第二季》	●与湖南卫视合作《丑女无敌第二季》,成功植入奥康已成为业界典范。
2009年	娱乐、时尚营销之《奥康office时尚达人》	●与东南卫视合作《奥康office时尚达人》,高居东南卫视收视率第一名。
2009年	娱乐营销推广之《爱上女主播》	●与浙江卫视电视剧《爱上女主播》开展深度营销合作,"爱上女主播、爱上奥康"、"商务度假风"等品牌理念得到了成功诠释。
2010年	娱乐营销推广之《非诚勿扰》	●与江苏卫视正在热播的娱乐节目《非诚勿扰》开展深度合作,奥康品牌知名度进一步提升,并业绩成为营销典范。
2010年	娱乐营销推广之"快乐家族"代言推广	●湖南卫视"快乐家族"五名成员——何炅、谢娜、李维嘉、杜海涛、吴昕牵手康龙,"快乐家族"全体成员不仅会以康龙时尚顾问的身份参加康龙相关的品牌推广活动,同时他们首张音乐专辑的主打歌《快乐你懂的》,将作为康龙品牌最新电视广告的主题曲,在全国同时推广。
2010年	商务营销推广	●将商务人群作为主要目标群体,2010年公司与中央电视经济频道《第一时间》开展合作。

(六)积极履行社会责任,树立良好社会形象

1. 推行清洁生产,积极履行公共责任

为了降低产品和运营带来的社会风险,奥康鞋业确立环境保护、安全生产、能源、资源利用、产品安全和公共卫生六个方面的公共责任,确定控制项目、影响对象,根据国家、行业标准,确立测量指标、测量方法、控制方法,采取相应的治理措施。一是建立ISO14001环境管理体系,贯彻《环境保护法》、《大气污染防治法》、《水污染防治法》等法律法规。通过对环境因素的识别、环境评估报告,制定《方针目标管理程序》、《环境监测管理程序》,建立生态草坪土壤污水处理系统,实现"三废"达标排放等环保目标。二是全面开展清洁生产,推行6S管理。近年来,投入500多万元对生产流水线烘箱、照明灯、针车电机等进行优化改造,每小时节电达50%。三是制订《鞋材绿色采购标准》,实现从源头上控制污染和过程中削减污染。2010年荣获浙江省绿色企业和浙江省首届绿色低碳经济标兵企业。

2. 大力开展慈善活动,积极履行社会义务

致富思源,回报社会。多年来,在经营好企业的同时,积极回报社会,参与公益事业,开展捐资助学、扶贫、赈灾等各项公益活动。2007年,经国务院和民政部批准,国内第一个以民营企业家名字命名的个人非公募慈善基金会——"王振滔慈善基金会"在北京人民大会堂正式启动。该基金会在资助贫困大学生的运作上采用全新的理念:慈善不是施舍,而是爱心传递。

根据企业发展方向和战略需求,制订公益事业发展规划。确定教育事业、地方经济、行业发展、体育事业以及扶贫脱困等为公益事业重点支持方向,每年制定公益支持计划

并纳入财务预算。在教育事业方面,注册资金为2000万元的王振滔慈善基金会成立后,在全国范围内开展"爱心接力计划"慈善活动,开创中国公益事业新模式。2007年以来,"王振滔慈善基金会爱心接力计划"在重庆、浙江、湖北、四川、贵州、安徽等地成功传递了19站,受助学生达4600多人。在行业发展方面,2006年10月欧盟决定对中国皮鞋征收为期两年的16.5%的高额反倾销税。奥康鞋业率5家中国鞋企就此上诉至欧盟初级法院。2010年,在其他鞋企宣布放弃上诉的情况下,奥康鞋业继续上诉至欧盟高院。2011年3月16日,欧盟委员会正式发出公告,宣布从2011年3月31日起正式停止对中国皮鞋征收反倾销税。在体育事业方面,作为"2008北京奥运会皮具产品供应商",奥康鞋业不断加大公益支持在体育事业方面的关注力度。2008年出资近千万元支持冠军"圆梦行动",建立"杨凌·奥康儿童复明病房"、"田亮爱心病房——先天性心脏病儿童康复"、高敏·奥康·北京体育大学"贫困地区体育支教奖学金"等。

三、民营制鞋企业全方位品牌建设的效果

(一)奥康品牌价值持续增长,成为中国男鞋第一品牌

奥康鞋业通过全方位品牌建设,不断提高产品质量和附加值,品牌价值不断增长,从2004年的16.98亿元上升到2011年的100.19亿元,位居中国鞋业品牌第一位。先后荣获"中国真皮领先鞋王"、"中国名牌产品"、"中国驰名商标"、首批"全国重点保护品牌"、"全国质量奖"、"浙江省政府质量奖"、"温州市市长质量奖"、"浙江省高新技术企业"、"浙江省专利示范企业"等称号。

(二)企业保持持续稳定发展,成为浙江第一家鞋业上市公司

2003年以来,奥康鞋业从3个品牌发展到5个品牌,促进了企业快速发展。2011年,主营业务收入29.66亿元,比2009年增长77.94%;利润总额5.96亿元,增长197.51%。2011年9月23日,经中国证监会审核,顺利通过首发申请。2012年4月26日,在上海证券交易所挂牌上市,成为浙江省第一家鞋业上市公司。

(成果创造人:王振滔、赵树清、周 威、章献忠、金苗苗)

通信企业提升信息服务能力的新业务开拓与管理

中国联合网络通信有限公司北京市分公司

成果主创人：公司总经理汪世昌

中国联合网络通信有限公司北京市分公司（简称北京联通）是一家拥有129年历史的的全业务电信运营商，现有资产原值达755.5亿元、通信局所7453处、员工2.3万余名，利润贡献多年保持中国联通首位。北京联通一直致力于为首都用户提供值得信赖的重要通信保障服务，为社会各界提供稳定可靠的固定电话、移动电话、互联网、多媒体信息化和增值业务等现代信息服务。

随着互联网的快速普及，特别是近年来移动互联网业务的蓬勃发展，社会信息化、网络化的需求飞速增长，通信企业如何在互联网时代主动求变觅取先机，使"百年老店"焕发新颜，成为摆在每个联通人面前的重大课题。近年来，北京联通积极响应北京市政府提出的"智慧北京"规划，积极实施信息化基础设施提升工作，有效整合产业链各类资源，努力开拓相关新产品、新业务，有效满足首都各行各业信息化、网络化需求。

一、通信企业提升信息服务能力的新业务开拓与管理背景

（一）贯彻落实国家信息化战略，满足首都信息化建设的需求

国务院在《2006-2020年国家信息化发展战略》中，明确提出"改造和提升传统产业，发展信息服务业，推动经济结构战略性调整"的信息化战略构想。北京市在信息化规划和"智慧城市"的部署中，也明确提出了首都地区信息化的要求和目标，鼓励和扶持企业积极开展信息化创新和管理转型，加快首都信息化进程。中国通信行业在"十一五"期间已实现了3G网络的正式商用，互联网服务和电子商务快速发展，信息获取、商务交易、交流沟通、网络娱乐等互联网应用迅速扩展。进入"十二五"期间，新一代移动通信、下一代互联网、三网融合、物联网、云计算成为战略性新兴产业。北京联通作为国有大型企业和首都主导运营商，主动顺应中央和北京市的规划要求和通信行业发展趋势，对推进首都社会信息化进程负有义不容辞的职责和义务。在互联网时代，北京联通将开拓新业务视为重要战略机遇，依此促进企业转型发展。

（二）主动适应行业发展趋势，应对激烈市场竞争的需要

近年来，互联网的发展日新月异，相关产业规模不断扩大，呈现出智能化、宽带化、移动化、IP化和融合化的发展趋势。在新技术的推动下，新的融合产品与新型服务不断涌现，对互联网产业格局产生重大影响，也对传统通信产业造成巨大冲击，逐渐打破运营商

对通信业务的垄断。以移动互联网公司为例,其对传统电信运营商的冲击体现在以下方面:新颖的手机游戏、娱乐资讯等内容吸引了大量用户,压缩了电信运营商的增值空间;QQ、微信、Facetime 等移动互联网业务部分替代传统通信业务;视频分享网站等互联网业务的高流量给承载基础网形成巨大压力;QQ 和支付宝等业务实行开放平台战略,打造自成体系的增值电信业务价值链,进一步旁路了运营商传统的计费及服务管道。面对从未有过的巨大冲击,曾经依靠传统业务稳坐市场的运营商感到巨大压力。

在新型互联网公司对传统通信业务逐步蚕食的同时,三大运营商之间的竞争也日趋激烈。以首都市场为例,北京联通固定电话、宽带网络的覆盖率已超过 90%,提供基础接入服务的市场增长空间十分狭小。新进入固定市场的北京电信、北京移动采取"撇脂"策略,强力争夺高价值的政企客户、公众用户。为了主动适应产业大环境及互联网发展新趋势,应对市场竞争,中国移动提出"移动互联网、全业务、四网协同发展战略"(2G、3G、4G、WLAN),中国电信提出"新三者战略"(智能管道的主导者、综合平台的提供者、内容和应用的参与者),中国联通提出"信息生活的创新服务领导者"战略愿景,制定 3G 领先与一体化战略。三大运营商均以拓展移动互联网新应用为重点,在网络提速、创新服务、规模发展等方面寻求突破,全面引发了围绕新业务的竞争。

(三)发挥企业自身优势,实现领先发展的需要

北京联通是首都地区全业务通信运营商,负责维护中国电话网、数据网核心节点及国际互联网枢纽节点,长期致力于为 98% 的在京党政军客户及北京市委、市政府机构提供服务,为 93% 的国资委管理的央企提供通信服务,为首都市场 90% 以上的宽带及固定电话用户提供服务,为首都 1/3 的移动用户提供服务。北京联通在用户规模、网络规模、人员规模、收入规模上都居首都运营商的主导地位。在网络规模上,拥有国内最大的本地固定电话网、宽带接入网、本地传送网、卫星地面站和 WCDMA 3G 本地网。近年来,北京联通根据集团发展战略和与北京市政府签订的"北京信息化基础设施提升计划",加大首都宽带光网和移动网络覆盖的投资力度,3 年来总体投资达 182 亿元,形成了网络覆盖广泛、管道线路资源丰富、网络能力强大、网络技术先进、网络质量可靠等优势。同时,拥有遍布全市城乡的 5800 多个营销服务网点,设置客户服务呼叫座席 1929 个,基本实现了全业务网上受理,形成了北京市覆盖最广、密度较高、便利快捷的服务网络,是首都唯一一家能对社区、乡村(自然村)提供入户专业维护和综合通信服务的运营商。北京联通必须充分利用这些优势,积极贯彻国家及北京市信息化、网络化建设的要求,率先探索出一条互联网时代通信企业如何开拓新业务、提升服务能力的新路。

二、通信企业提升信息服务能力的新业务开拓与管理内涵和主要做法

中国联通与网通 2008 年联合重组以来,提出"信息生活的创新服务领导者"的发展愿景,推进实施"3G 领先与一体化创新战略"。北京联通积极践行集团公司战略部署,充分结合地域资源优势、网络承载优势及优质客户资源,根据"T 形"理论,在营销/服务领域横向延展,以多层次多元化的客户需求为导向,设计全业务一站式解决方案,构建多方共赢的商业模式,开拓新业务、新领域;在内部管理和支撑领域纵向压缩,聚合平台资源,集中产品创新体系,推进 IT 和网络支撑的一体化,完善和优化激励保障机制,构建高效、协同、一体化的运营管理体系,有效支撑新业务的拓展。主要做法包括:

（一）根据"T形"理论，确定新业务开拓与管理方向

基于通信运营商实现信息服务的三层架构，北京联通借鉴"T形"理论，指导新业务开拓。"T"的横向是指在营销/服务领域要延伸发展，发挥全业务品牌优势，通过细分用户市场加速服务前移和渠道外延，开拓新业务，实现业务的持续增长；"T"的纵向是指在产品创新和网络支撑领域要聚合业务平台，整合网络及支撑资源，压缩业务流程和管理层级，提高创新能效，建立优化高效的运营机制（见图1）。

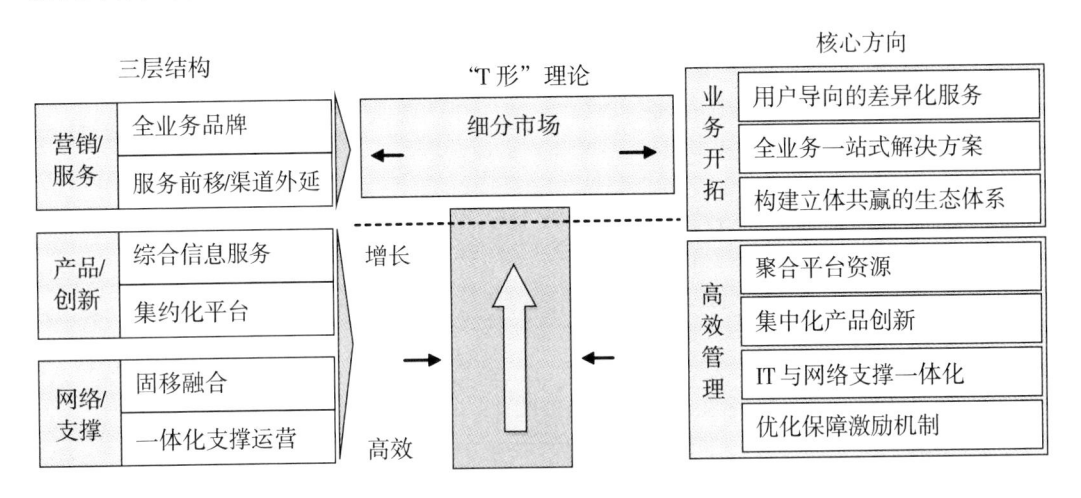

图1 基于"T形"理论的新业务开拓与管理架构

（二）整合内部资源，构建高效一体化运营管理架构

1. 构建集约化的信息服务平台

北京联通决定由分散的独立业务平台架构向国际通用的SDP（服务交付平台）架构演进，逐步建立统一业务门户、统一鉴权中心、统一SP管理、统一内容管理和统一容灾备份。同时，采取分层架构，实现应用与能力分离，能力层模块在不同业务之间充分共享，支撑3G、宽带、语音和融合业务快速有效开展（见图2）。

2. 构建集中化的产品创新体系

在融合初期，多个部门按传统专业分工（固定电话、固定宽带、移动业务）分别开展新产品开发。为有效发挥整体优势，北京联通确定产品创新"四个一"目标，即"一个体系"：建立新产品的"开发—运营—推广"体系，理顺新产品开发流程；"一批业务"：形成一批亮点业务，带动增值业务增长；"一个储备"：通过研发与预热，为未来储备具有潜力的新型产品；"一支队伍"：打造一支具有核心竞争力的新产品开发人员队伍。2010年成立产品管理委员会，作为跨部门机构负责组织制定全业务产品的发展规划，改变各部门各自为战的局面。市场部统一牵头梳理全业务产品体系，负责所有产品的全生命周期管理，建立新产品研发、试商用和推广三个环节一体化配合机制。整合分散的产品创新研发资源，产品创新部实施集中化管理和专业化运营，建立新产品需求征集、未成熟产品跟踪、新产品预研、竞争情报收集研究、新产品运营推广机制。

主动引入"新产品孵化"机制，鼓励创新，打破传统的依托厂商的投资型新产品开发模式，建立自主的新产品孵化基础平台，设立技术支撑基金，以较低成本对新技术、新业

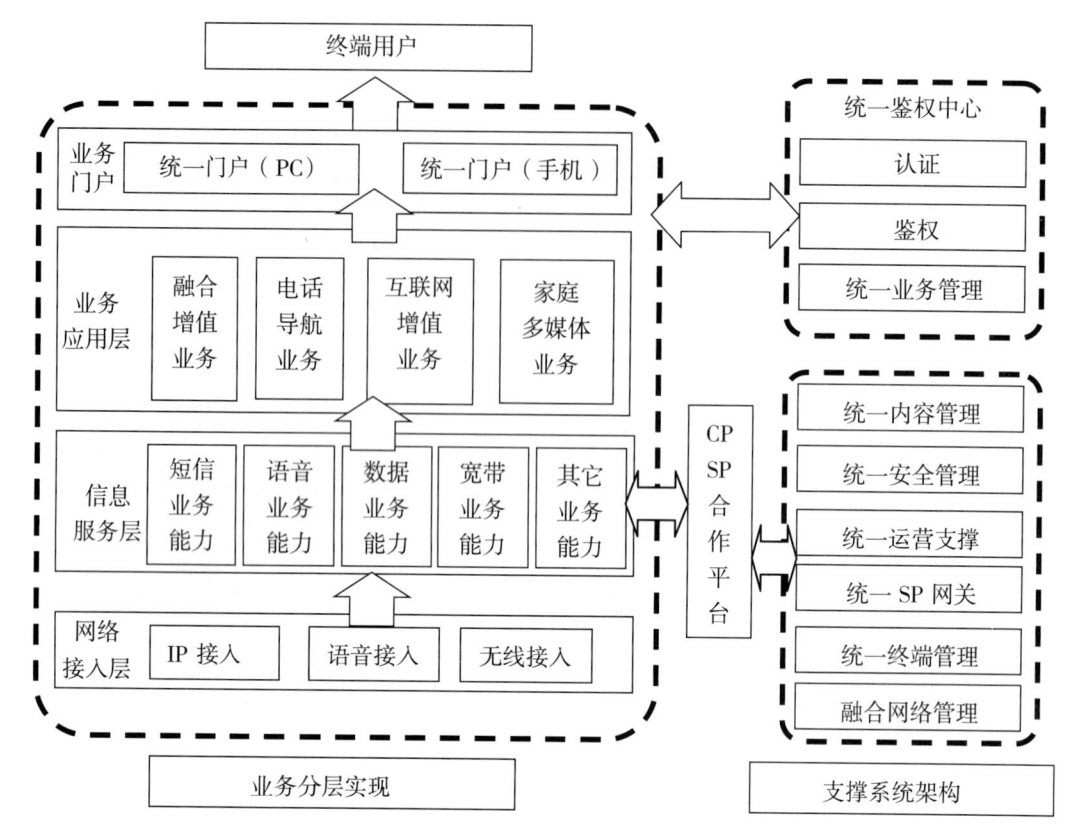

图 2 北京联通集约化信息平台

务的可行性进行研究和检验,对通过验证、确有市场需求的产品迅速组织规模投资。孵化机制建立后,负责固网、宽带和移动等融合业务产品开发部门加快新产品研发步伐,有效衔接前台客户需求,迅速开拓数字家庭、云计算、物联网等新型互联网应用,推动产品成熟化,更好地为客户提供全方位信息服务。

3. 构建一体化的网络/IT 支撑体系

按照通信网络的垂直化管理与专业化运营思路,以为客户提供优质高效服务为目标,将网络建设维护职能与营销职能整体分离,调整直接涉及管理和维护人员近 5000人。成立网络公司,实现对网络的专业化垂直管理,以进一步优化网络运行质量,提高资源利用效率,提升对市场前端的支撑效率。

增强面向全业务的网络规划、调度、运维、管控能力和效率,对 IT 系统运行机制和管理模式进行改造,形成具有联通特色的一体化、集中化 IT 体系。一是以 IT 系统的整合实现 IT 集中管理和共享。结合融合系统的上线,对现有 IT 支撑系统进行整合,系统数量从 21 个整合为 14 个,减少 1/3;推进 IT 系统的一体化运营,实现"系统上收,服务下沉",支撑资源合理有效配置到市场一线,提升服务支撑能力。二是改革现有分散的、条块化的管理模式。整合 IT 资源,将信息化部和计费账务中心职能合并,采取事业部制形成新型的一体化 IT 管理体制。三是统一数据管理。在信息化部成立数据中心,作为公司唯一的数据提供者,为营销和管理提供多层级、多维度、全方位的数据服务。同时,数据中心对数据实行集中化、专业化和标准化管理,实现对所有数据生产全过程的质量管控,实现IT支撑重心由功能提供为主转向数据服务为主。

4. 优化运营架构和责权体系

构建面向新业务开拓的管理架构和新业务开发模式,并应用各种新型的互联网服务手段改善客户体验,形成高效的一体化运营架构(见图3),助力新业务的开拓。根据行业划分客户营销服务单元,结合潜在收入规模大小设置不同层级的行业总监/客户经理,专注于重点行业客户和中小企业客户的服务。面向不同行业客户收集分析用户的个性化需求,由行业应用开发拓展部门组建新产品孵化基地,进行新产品的研发。新产品正式商用后,交由网络公司按照电信级运维标准提供专业化支撑。将客户个性化的产品纳入标准化研发,利用各类客户营销渠道向其他行业客户移植新应用。开辟客服专席、客服微博和客服门户等,为各类用户提供专业化服务。

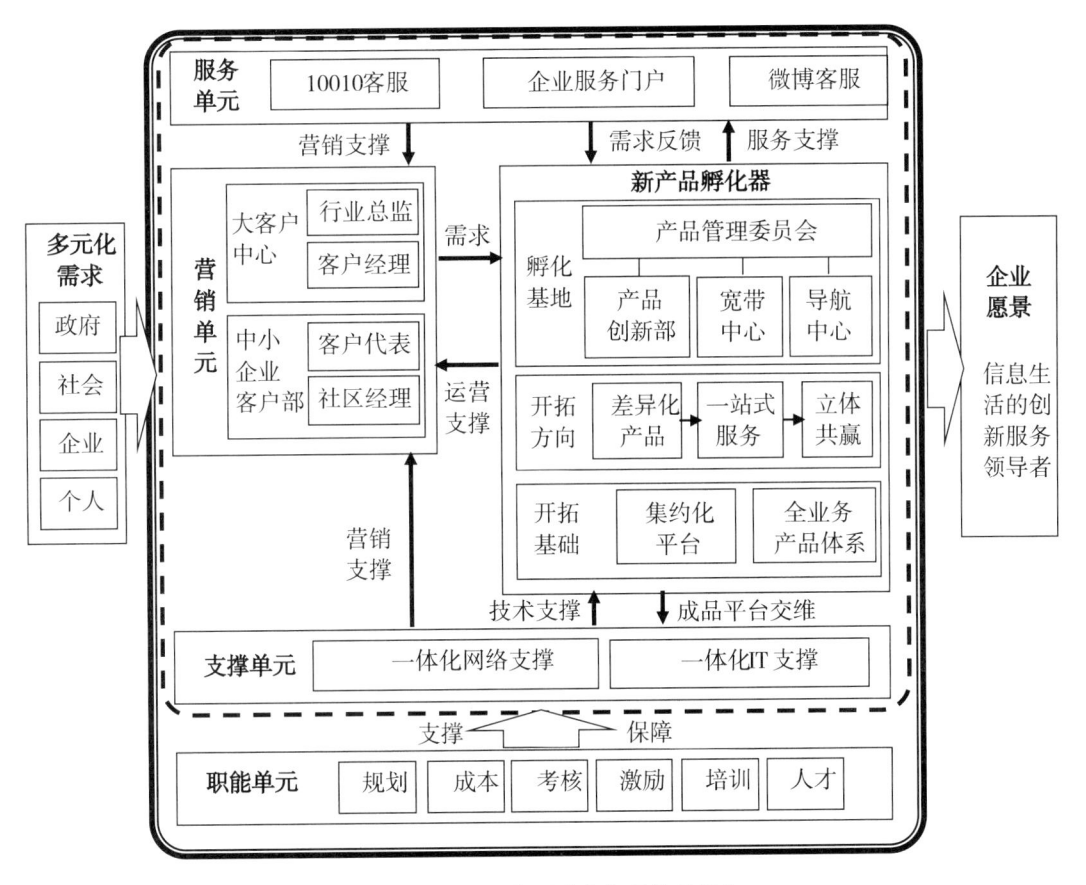

图3 北京联通新型业务拓展体系架构

优化责权体系,完善前后端的联动机制,提升内部协同效率。在规划、成本、人才储备等方面,将资源向营销倾斜。保证营销一线和新产品研发部门,并加强责权匹配的考核。在前端营销部门强化效益导向,重点关注收入和利润的增长以及市场份额提升;新产品研发部门关联前台产品收入指标,并关注新型增值产品的份额提升,鼓励大胆创新;

在业务支撑部门强化对前端部门的协同支撑意识,增设支撑部门之间的互评机制;在管理部门引导强化专业线管理,细化部门履职评价维度,注重管理部门的服务意识,增设下级对上级的支撑评价指标。同时,引入员工岗位工资薪档动态调整方式,通过采取综合积分法,遵循业绩导向、一线倾斜、激励量化等原则,动态调整员工薪档,鼓励骨干员工大胆创新,激发员工队伍的活力。

(三)推进基础网络建设和新技术研发,构建多维度技术支撑体系

1. 标准先行,加快光纤入户

2007年以来,北京联通发布29项关于光接入网络建设和运营相关的总体技术、设备、线路、业务等技术标准,发布多项技术规范和实施规范,为宽带接入网络的设计和建设、光进铜退改造、宽带升速等提供技术指导。累计完成400万户的光纤覆盖工程,并支撑400多万用户开展宽带提速、20兆体验活动。同时,随着光进铜退不断推进,分散在6184个局点的传统MDF逐步被收敛至端局由OMDF替代,接入光缆数量急剧增长,电测量室向光测量室快速演进。

2. 三网融合,强化研发实验

以三网融合试点为契机,建设以FTTX为基础、满足高清视频传输需求的光纤宽带网络,在已完成光纤化改造的社区开展IPTV的试点业务,部署组播、QoS和网络安全隔离技术,大力进行CDN建设。根据IPTV业务需求建设IPoE认证系统,在业务密集地区设置SR,保持中继链路轻载,保障三网融合业务的顺利开展。同时,积极对三网融合的下一代网络发展分析研究,开展IMS组网实验和测试。尝试开放API,如位置信息、计费能力等,为互联网业务开发者创造便利的开发环境,为互联网聚合类业务、widget、UGC业务提供支撑,为新业务开拓产业链提供广泛的支撑与服务。

3. 固移融合,提升多网协同支撑能力

加大3G与WLAN两网协同发展,推进4000多个WLAN热点建设,实行免费使用。发挥多网协同优势,推出统一通信、统一炫铃以及虚拟拨号专网等业务,承担中办一局、北京市公安局、消防局、总参、金融用户等重要客户业务,支撑手机终端通过高速无线网络接入其企业固定专用网络的业务应用,保障重大活动的通信安全。采用PTN组网,进行3G基站业务回传组网测试和应用。根据业务及组网需求,针对移动基站数据业务汇聚与传送、大客户专线组网端到端业务汇聚与传送、PON语音业务上联和时间同步网承载等PTN网络应用场景的业务需求,强化支撑和部署,推进25000多个基站纳入固网传输网络,并将大部分重要基站并入动力和环境监控网络,确保超过600万手机用户通信稳定和安全。

4. 抢占先机,构建云计算平台

投资700多万元建立增值业务云平台,具备12×3.0Ghz CPU,40颗4核1.86GHz CUP的计算能力、90T的存储能力,可以支持40余台虚机,在计算能力、存储能力、网络能力、基于开源的虚拟化技术等方面快速支撑统一通信、垃圾短信智能分析、114网站、短信专家系统、信息导航运营支撑系统和WAP信息服务、精细化产品营销系统等多套增值业务。同时,进行医疗健康云服务和行业应用云平台建设,为合作伙伴提供接入服务,实现行业应用产品一点接入、快速上线、产品孵化等。

5. 推广拓展,搭建虚拟专网承载物联网应用

以互联网新兴的虚拟专网为接入支撑,利用 IP 网络的承载功能结合认证与授权机制,为客户构建高速而安全的专用网络,形成三大类技术支撑体系。一是以物联网行业应用管理平台为基础载体,以"智能管道"为核心技术,实现物联网终端及 SIM 卡的智能控制及管理;二是以物联网行业应用管理平台为依托,以移动办公、汽车信息化、移动物流等行业应用业务平台为发散点,将业务辐射到各个行业领域;三是将网上推广与线下消费进行信息化整合,打造线上线下相融合的推广模式,实现组合营销。

(四)搭建统一预约挂号平台,开拓服务民生类社会信息化领域

2009 年,卫生部要求所有医院都要开展电话和网络预约诊疗服务,加快医疗信息化。北京联通运用通信资源优势及信息化整合能力,搭建全市统一预约挂号服务体系,使得全市的医院号源在一个平台上共享,有效满足政府、医院和患者的需求。

1. 构建医疗机构统一规范接口

预约挂号平台为医院提供专业的接口和制定接入规范,并提供相应的技术支撑,大幅提升资源有效利用率。根据不同预约方式,设计相应预约流程,充分运用不同媒介和终端特征,为患者提供便捷服务;系统各核心设备采用双网双平面的组网方式,能及时有效地进行风险评估、访问控制和业务连续性管理,预约挂号系统内部采用全光纤的互连网络带宽,保障各个网元之间稳定、高速的数据互连,支持在线升级和扩容,系统可靠性可达 99.999%;在严密的流程设计基础上制定统一预约挂号规则,在注册、预约、就诊、取消到爽约各个环节给予明确的时间和数量限制,保证挂号服务的公平及医疗资源使用的准确高效,实现医院易接入、患者易使用、平台易管理。

2. 搭建全业务立体服务平台

将传统的当日、当地、受时间限制的人工挂号改为提前预约、远程多维、居家候诊的 24 小时挂号服务,采用呼叫中心技术和互联网技术,为患者提供语音与网络双网支持、多维感知、多终端可操作的立体化远程预约挂号服务。挂号系统依靠东单、硅谷两个宽带接入中心,形成呼叫接入云。以东单、东四、皂君庙、数字北京大厦、硅谷的计算机电话集成技术(CTI)为中心形成 CTI 云。统一预约挂号服务除支撑传统呼叫、网站接入外,还支持视频、短信、Mail、传真、WAP 等多种接入方式,支持多种终端实现预约挂号,实现用户与预约挂号服务体系的良性互动。

建设预约挂号平台建设,政府部门可以有效整合医疗资源,缓解老百姓看病难问题;医院通过严密的流程规则和先进技术手段,确保号源的公平分配,使有限的医疗资源得到合理统筹和科学配置;患者能够及时查询和预约相关医院门诊,在获得 114 预约挂号服务的同时,还能享受电话订机票、订酒店、订演出票以及影视、美食等信息查询等服务;北京联通不仅获得持续的话费收益,而且抢先占据 114 综合信息咨询服务平台的先机,为开拓后续的信息服务业务开拓奠定基础。截至 2012 年 7 月 31 日,统一预约挂号平台累计注册用户数近 286 万个,预约挂号呼叫量近 1000 万次,最大日呼叫量近 5.3 万次;投放号源 1943 万个,成功预约挂号超过 437 万个,其中网络成功挂号 155 万个,电话成功挂号 282 万个,部分医院紧俏科室号源预约率达到 100%,有效缓解一号难求的矛盾。

(五)打造"联通新农村",开拓农村信息化服务领域

北京农村地区基本实现高带宽覆盖和 2G/3G 全面覆盖,通过实施"村村通"工程、12316 农科热线等不断加强农村基础设施建设和农业生产指导,但缺少直接通过信息通信应用促进农民增收致富。北京联通发挥优势,创新运作模式,积极开拓农村综合信息服务业务。

1. 确立多方共赢的农村综合信息服务模式

北京联通与市农委、农业局、区县农委合作开展实地调研,认识到在农村信息化建设过程中,政府相关部门、广大农民、城市居民和通信服务企业是利益相关方,必须结合各自需求和利益诉求,探索多方共赢的服务模式。为此,以建设"联通新农村"综合信息服务平台为着力点,加强农村特色产业信息的聚合与宣传,让城市居民更加了解农村特色产业,引导城市居民对农村特色产品消费需求。同时,制定相应的营销政策,促进基础电信业务在农村地区的发展,保持较高的固话、移动、宽带渗透率,构建"政府＋企业＋农户＋城市居民＝信息生活服务"的农村综合信息服务模式。

2. 推进农村综合信息服务平台建设

构建"联通新农村"综合信息服务模式是一项系统工程,需要集中多个部门的力量。北京联通建立"四级"推进体系,分为领导决策层、政策指导层、技术支撑层和工作推进层,充分调动业务平台的技术优势和资源优势、郊区分公司在农村地区的渠道优势和主观能动性,推进"联通新农村"综合信息服务体系建设。

3. 设计建设"联通新农村"综合信息服务平台

加强"联通新农村"综合信息服务平台的信息化产品设计开发(见图 4),重点将信息技术运用到农村经济生产活动中去,实现在农村地区信息技术向科技生产力的转化。"联通新农村"平台涉及北京联通视频监控平台、网站平台、流媒体平台等多个增值业务平台和产品,通过需求调研、产品设计和技术开发,有效展现北京农村的特色产品、采摘旅游、村镇风采等信息。

实时视频直播:通过对宽视界视频监控平台产品的重新设计,在"联通新农村"网站上实时展现北京无公害农业特色生产、京郊旅游、风光、农业采摘等多种农村特色产业的功能,如门头沟的京白梨、平谷北寨人工湖等,并实现同一界面多个维度展现多个景象。

多维立体景观图像:将 720 度全景图片技术、全景步进技术运用到农村信息化建设中,让观看者无需亲临现场即可获得立体的、身临其境的感受。

新农村宣传推广:专门开通"联通新农村"微博,并将信息化村、大学生村官等微博信息实时转发到"联通新农村"网站。为签约的信息化村、签约合作社产品、签约农家院等合作单位面向北京联通用户先后开展大规模短信、彩信宣传活动,一次可覆盖北京地区 200 万 3G 用户、150 万 2G 用户,促成大量用户访问信息化村和合作单位网站。根据北京京郊的季节特点、农产品特点、旅游特点等,与各郊区县政府合作,按月组织"一县一节"郊区节日促销、特色农产品团购及特色京郊游宣传推广活动。

农业科普视频:运用"联通新农村"网站的流媒体技术,为广大农村用户提供农村科普视频、农业信息技术等服务,涵盖蔬菜种植、水果种植、畜牧养殖、科技致富等各个方面。

农业专家实时咨询:组织农业局 12316 农业服务热线 80 多名种植养殖专家与农户

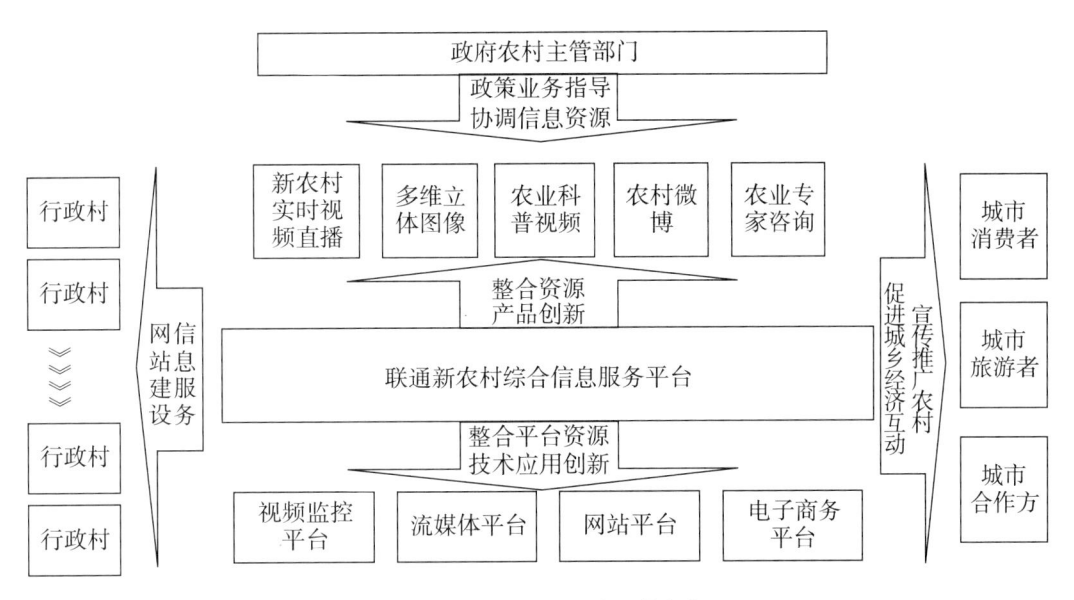

图 4 "联通新农村"平台整体框架

之间音频互动,使农业专家更快捷、更直观解答农民在农业生产过程中所遇到的各种困难和问题,对疫情等突发事件可以不用赶到现场,提前诊断,采取预防措施。

特色农产品网上销售平台:运用互联网展现京郊农产品的图片、价格、规格、生产日期、营养价值等信息,让城市居民运用电子支付手段等实现在线订购、在线支付,并联合社会力量,组织在北京一定区域内(如五环以内)免费送货,建设可控可管理的物流体系。推进蔬菜农宅对接,使绿色有机蔬菜从地头直接到家,减少中间流通环节,价格不仅优惠,城市居民还可享受绿色健康的新鲜农产品。

农村特色旅游信息服务平台:通过互联网,展现北京乡村旅游接待单位(如农家院、采摘园等)的特色饮食、住宿房型、特色采摘和其他旅游项目,让城市居民了解北京郊区当前的旅游娱乐热点,实现北京京郊旅游信息化服务。

目前,"联通新农村"网站已成功覆盖北京 1350 个信息化村,占北京行政村总数的 1/3 以上。2010 年,北京市信息化基础设施提升计划中,由北京市政府奖励授牌的信息化村总共 300 个,其中的 261 个是由联通新农村服务支撑实现的,占全市奖励总数的 87%。欢乐京郊游专区已上线 200 多家北京农村民俗旅游接待户,结合短信、彩信的宣传推广,间接为京郊农民带来了近百万元收入。产品网上销售专区现有 4 大类 11 小类共 95 种产品,运营 6 个月即完成销售 3066 份,为京郊农村带来新增收入 33 万元。同时,也促进北京联通的电话、宽带及手机等基础业务在农村地区的发展。

(六)推进电子政务建设,开拓高效安全的政务信息化领域

1. 承建北京市政府有线电子政务网络

2001 年以来,北京市电子政务逐步从政府上网向业务应用转换,一批重大应用系统及公共事业信息平台陆续建成,北京联通为此提供稳定、安全、可扩展的基础网络,如平安城市网络、社会保障信息系统、医保时时结算系统、智能交通指挥、城市应急指挥信息

系统等。在市政府所属的66个委办局、区政府等中,50家建设纵向电子政务网络,北京联通全部参与;有142家各级区政府、委办局下属单位也在接受北京联通的服务。

在有线政务网中,市、区、街(乡)、社区(村)4级电子政务网占有重要地位,北京联通为各级机关接入2230个点;在各专业委办局电子政务系统(公安、交管、法院、检察院等)及各类专业办公系统(国税、地税、工商、医保、内保等),接入8002个点。

2. 搭建北京市移动电子政务平台

2009年,北京市经信委启动全市移动电子政务平台建设。2010年,北京联通完成平台对接,成为首家具备为北京市移动电子政务提供服务能力的通信运营商。2011年,移动OA正式开通,实现组织管理和办公流程全新整合,公务人员通过3G网络、WLAN和固定宽带网络等方式进入移动电子政务平台。随后,北京市相关部门大力推进移动政务建设,北京联通积极发挥主力军作用。为朝阳区政府完成移动办公项目。为法院系统建设移动法务平台,提高法官查询、办公效率。在现场执法及安全方面,为500辆巡逻执法车提供3G视频回传业务,实现巡警的移动办公。为内保局提供3000多台ATM设备及3G监控视频回传业务,有力地保障金融安全。为交管局1440个非现场执法摄像头提供3G无线数据传输服务,建设京通快速、公交优先道路监控项目。为城管执法车辆提供3G移动执法应用,使现场取证、实时指挥等成为可能。此外,还为文化执法总队、市种子站提供移动执法终端。运用3G技术为烟花爆竹销售现场监控提供无线数据传输。

(七)定制WO商务解决方案,开拓便捷精准的商务信息化领域

1. 提供差异化服务

WO商务平台结合通信网络、数据通道和物联网技术,面向集团大客户、中小企业用户等,为政策监管部门、制造业、贸易、金融、医药、交通运输、房地产等多行业提供信息化运营、管理及移动信息化办公、监管等服务。

一是基于物联技术,实现终端互连和统一管理。按照物联网理念对信息生成和采集进行创新,将银行、传媒、交通、物流等各行各业中的信息生成和采集点通过物联网的方式进行融合管理,实现将企业日常运营中的"物"通过3G网络和后台系统进行整合与管控,利用物联网、无线数据专网等技术,构建企业各类终端智能管控的新模式,实现对企业资源的实时掌控和管理。

二是通过移动办公,达成集群定位。整合通信能力,将语音、短彩信、上网等进行融合创新,推出"统一通信"、"即时通"、"企业通信录"等服务,保障企业内部员工的畅通交流和组织机构间的群组管理,实现"找到最近的员工,用最适合的方式去办公现场,并最低成本地进行处理"。

三是应用精准营销,创新推广模式。帮助用户进行营销手段的组合创新,通过二维码推送和识别、移动支付、空中支付、联通亿拍等技术,打造线上线下相融合的推广模式。同时,配合智能营销服务,为行业客户提供基于终端行为的数据分析和数据挖掘,实现用户的精准分析和智能营销。

2. 提供全业务一站式解决方案

一是金融行业信息化管理体系。随着移动互联网的发展,某银行考虑转变以固定网点操作为特点的业务流和信息流管理方式。北京联通以WO沃商务为基础,为客户提供

内外部全面提升的信息管理体系。运用无线VPDN(无线数据专网)技术,建立ATM自助交易实时管理、营业网点数据智能存储管理、交流过程无线视频监控的内部业务流管理体系,为该银行部署2000个内外部信息流控制点,通过无线+有线的方式,采集、传输、分析、管控数据信息,实现银行内外部信息流的实时掌控和智能化管理,重塑和优化银行内外部信息流,顺应"物联网、云计算、移动化、本地化、线上线下相结合"的新型互联网趋势,促进内外部物流、信息流、人流的沟通,有效节约成本,提升效率。

二是"智能交通"车辆信息管控体系。八方达公司承担北京市区通往各远郊区县的公交客运任务,是首都客运市场最大的公交客运公司。北京联通以WO商务平台结合物联网技术,为八方达搭建车辆控制和终端管理体系。2008年开始使用2G业务实现车辆位置监控及调度;2009年进行3G业务改造以满足车辆实时视频监控需求。目前,终端管理系统已在近5000部车辆进行部署,实现实时监控、智能调度、远程管理、群组管理等,还提供叫车信息处理、实时采集和反馈等服务。八方达据此不断提高营销水平,乘客投诉下降90%,车辆运行效率和及时率提高20%以上。

三是中铁快运物流调度管理。中铁快运的铁路运输业务涉及全国300多对列车,相关工作人员1400多人。由于缺乏技术手段的支持,铁路运输过程中一直存在着"装卸盲目、装卸不准"问题。北京联通采用"定制移动终端+联通3G网络"的解决方案,为中铁快运改善物流调度提供技术保障,入网用户1435户,业务处理速度和效率明显提高。

3.融合产品渠道与服务

WO商务提供的不仅是基于通信网络的传统产品,而是利用通信及互联网技术搭建信息化平台,将信息化产品与用户所需的运营支撑等服务相结合,无缝嵌入产品使用全过程,让信息化平台融入到用户的生产生活当中,形成与用户紧密联接的产品拓展新渠道,构建立体多赢的生态系统,全面提升用户的信息化体验、降低用户获取信息服务的成本,同时为运营商带来全业务营销收入的提升。例如,通过"行业应用超市"为客户提供应用产品展示、体验、购买、管理和服务的一体化体验,使用户快速准确定位所需应用,享受一站式便利,并具备智能营销渠道的效力。

2011年,北京联通WO商务累计实施2000多个项目,年收入近30亿元,其中项目直接收入8.5亿元,带动增值业务收入21亿元,年平均增长率达250%,成为北京联通增值业务增收的重要驱动力。

三、通信企业提升信息服务能力的新业务开拓与管理效果

(一)为各类客户提供了优质高效信息服务,满足了首都社会经济信息化需求

北京联通大力推进信息通信技术与社会公共服务的结合,为首都地区的社会信息化做出了突出贡献。其中,预约挂号服务得到国务院领导的高度评价,卫生部、北京市政府及市卫生局、医改办等也给予一致好评。中央电视台、北京电视台、人民日报等媒体多次对统一预约挂号平台给予报道。联通新农村网站在"2010信息化与现代农业博览会"上得到全国政协领导的好评,也得到北京市农委、农业局的认可。移动政务成为政府部门电子政务公共服务手段,为政府公务人员提高办事效率、节省行政成本发挥了作用,并满足了高效安全地实现移动办公、移动执法、移动监测等多种需求。通过改善传统行业通信服务能力和信息化应用水平,实现了信息通信普遍服务。其中,以WO商务为特色的

行业应用子用户达到 58 万户,推进了信息化和工业化融合。

(二)促进了北京联通快速发展,创造了显著经济效益

通过加强新业务开拓与管理,发展新型信息服务融合业务,有效增加用户使用传统通信业务的黏性,使全业务经营优势得以充分发挥,提升了品牌认知度和美誉度,促进了北京联通从传统接入商向"信息生活的创新服务领导者"的转型。2009 年至 2011 年,北京联通主营业务收入年均增长 12% 以上,其中 2011 年实现主营业务收入 190 亿元,利润贡献居集团公司首位。在总收入中,增值业务收入由 24.7 亿元增长到 43.4 亿元,占比由 15% 上升到 23%,并对企业赢利的推动作用不断增强。移动互联网应用呈现井喷式增长,3G 用户的户均月流量已超过 160MB,并持续上升。行业短信、彩信等集团信息化产品需求旺盛,114 信息导航等服务需求不断增加,增值业务总体增势显著。

北京联通在新业务领域的开拓得到了社会各界的高度肯定。WO 商务的子项目荣获 2010 年中国通信与信息化应用优秀成果金奖,2010 年度中国通信学会科学技术二等奖;114 预约挂号成为北京市卫生局预约挂号服务唯一合作方;联通新农村项目荣获北京市信息基础设施提升计划"信息化村"奖牌。

(成果创造人:汪世昌、王学毅、刘守江、姜培华、郭建利、王素洁、
　　　　　　杨　勇、王宝元、李　纯、赵　旭、武志聪、董舒翼)

快速消费品立体化营销网络的构建

杭州娃哈哈集团有限公司

成果主创人：公司总经理宗庆后

杭州娃哈哈集团有限公司（简称娃哈哈公司）创建于1987年，前身是杭州市上城区的一个校办企业经销部，从3个人、14万元借款白手起家，在创始人宗庆后的领导下，现已发展成为一家集产品研发、生产、销售为一体的大型食品饮料企业集团，为中国最大的饮料生产企业，同时亦是名列世界前五位的饮料集团。在全国29个省市自治区建有60个基地、160余家子公司，拥有员工3万名、总资产320亿元。产品涉及含乳饮料、瓶装水、碳酸饮料、茶饮料、果汁饮料、罐头食品、医药保健品、休闲食品、婴幼儿奶粉等9大类等100多个品种。

一、快速消费品立体化营销网络的构建背景

娃哈哈公司创业之初，主要是借助国营糖烟酒、副食、医药三大系统及其下属的二级站、三级站在渠道上的统治地位，靠计划分配形式铺货，覆盖了产品大部分消费群体市场。同时通过采取铺天盖地的广告宣传，采取拉动消费者的策略，促成了娃哈哈公司早期的成功。到了20世纪90年代，娃哈哈顺应市场形势变化，抓准了当时经营方式灵活多变，市场辐射覆盖力强的批发市场，与各地市场中的大批发商携手，很快营造起了一个新的、无比灵活的市场网络，并利用这一网络实现了对全国网络的渗透覆盖。到了20世纪90年代中期及以后，随着我国饮料市场的繁荣，饮料行业的营销网络模式也迎来了高速发展时期，产生了巨大的格局变化，主要体现在：

第一，国外零售业大肆进入中国市场，占据一线城市零售市场较大的市场份额，并正在以更快的速度向二三级市场扩张，对娃哈哈公司的销售带来了一定的影响。

第二，外资企业销售重心下降，在一线城市激烈拼杀后，开始转战娃哈哈公司优势较大的二三级市场，致使二三级市场竞争迅速升温，渠道格局亦开始发生变化。

第三，随着我国城市建设的发展，城市的零售夫妻终端店逐步被连锁超市取代，尤其在一线城市，连锁超市的发展极其迅速。

第四，随着第三产业的发展，餐饮、网吧、健身房、加油站等产业的兴起，特通渠道饮料的消费量激增。

第五，随着市场竞争的日益激烈，卖方市场逐渐转为买方市场，消费者对产品的概念及口味要求越来越高，选择自主性越来越强，消费范围越来越广，渠道正在发生变革。

快速变化的饮料市场营销格局带来的必然是日益激烈的市场竞争，大企业逐步开始

瓜分市场,消费群细分愈加明显、服务需求日益提高、差异化日益明显。传统渠道之外的现代渠道与特通渠道在销量与品牌支持方面日益发挥着重要作用。随着物流的发展与渠道营运成本的提高,营销网络模式亦要求与时俱进,甚至需要一定的前瞻性,或者说需要比竞品快半拍,方可赢得未来的竞争优势。

随着竞争的多样化、城市化进程的加快及消费者消费能力不断提高等因素影响,娃哈哈公司也必将面临营销网络模式与方向的改革及探讨。自此,娃哈哈公司在1994年建立起"联销体"制度,开始摒弃原有的粗放式的营销网络,逐步推行立体化网络营销管理。

二、快速消费品立体化营销网络的构建内涵和主要做法

娃哈哈公司借助本身的传统渠道基础,统合现代商超渠道、特通渠道,同时以区域市场人口基数、地域面积、市场容量等为参数,结合区域市场已销未销产品种类以及客户实力大小,确定产品品项合理划分依据,制定相应销售任务,通过产品销售授权,在原有经销商销售区域内划分出一套产品系列,另行组建第2套销售网络,在同一区域组建两套甚至多套独立并行的营销网络。并分别由专人专项管理、规划,全面提升对传统零售终端、KA及连锁超市和餐饮等特殊渠道的覆盖面,从而进一步扩大市场销售份额占有率,提高产品销量。主要做法如下:

(一)建立传统渠道、现代渠道、特通渠道并行的立体渠道网络

根据各类渠道特点及销售模式,对区域市场经销商进行营销性质划分,设立传统渠道客户(包括二套网络及专营客户)、商超特通客户及奶粉客户,由此确定传统渠道、现代渠道和特通渠道这3个立体营销渠道层次的骨架主体。针对不同的主体,制定不同的管理策略:

1. 传统渠道

中国的经济是典型的二元经济,郊县及农村的消费人群之多及分布面积之广,是中国的一大经济特色,也是中国目前较为主要及最具潜力的消费力量;同时,国家"十二五"规划中重点提到了扩大内需及二三线城市的开发,这对开发农村市场的购买力将具有深远的影响,因此传统渠道仍然是娃哈哈公司的营销根基。

娃哈哈公司根据各市场、各区域市场的人口基数、地域面积、市场容量、产品表现、消费习惯等客观因素,三级渠道与二级渠道相结合,构建兼具分区域、分品项特点的传统渠道营销网络,实现对传统渠道的全面覆盖。在渠道建设中,坚持夯实以三级渠道为主的一套营销网络,逐步实现二套营销网络并存的格局,即三级渠道与二级渠道并存且不交叉,三级渠道再根据市场实际情况进行分区域、分品项操作,且分品项三级渠道下辖的二批网络亦分品项独立不交叉,确保掌控终端。具体方法如下:

公司厂区

首先,巩固及完善强势的三级渠道营销网络,优化经销商队伍,强化二批商网络,加强对终端的全面掌控、强势掌控,实现无缝隙营销;同时专注新产品的开发,加强产品推广的专注性及坚持性,并开发区域市场的适销产品,扩大强势产品数量及品类,扩面扩种扩品牌。

其次,由于娃哈哈产品线长,主销产品品类就有40多种,因此在保证优质一套客户不断壮大的前提下,先行在强势品项较多的地区组建二套分品项经营的销售网络,按照强势产品带弱势产品进行品类划分,分成两套网络,精耕细作、集中精力,将弱势产品做大做强,继续扩大强势产品的品类,加强对终端的掌控,提升品牌综合力量。

最后,强势、完善三级渠道后,根据市场的竞争状况将部分产品通过二级渠道销售,缩短渠道层级,合理划分销售区域,精耕细作,同时提高渠道及终端的利差,加强对消费者的促销活动力度,刺激消费,提升销量,实现对终端的强势掌控。

2. 现代商超渠道

在这一独立与传统渠道网络的现代商超渠道网络中,其工作重心在于组建专业、独立的现代渠道管理团队,实现现代渠道的独立管理,并将商超客户完全独立,与传统渠道客户分开,独立制定现代渠道的价差体系,组建一支专业、强势的现代渠道经销商队伍。

第一,建立独立的现代商超渠道客户,先将大卖场、标超、便利店独立,后逐步将私超独立,将现代商超渠道完全从传统渠道中独立出来,实现单独管理;第二,建立两套专业的现代渠道营销网络,根据大卖场、标超、便利店、私超等业态的不同特点,分别建立以大卖场、标超为主的标超网络,以及以便利店、私超为主的非标超网络,并实现超市系统的价格独立、统一;第三,组建专业的现代渠道管理团队,使管理团队更完善、分工更细致、人员更专业,实现全国统一行动,区域间可以相互协作,超市门店有专职人员负责;第四,对商超的促销、陈列及合作谈判进行全年规划,连锁超市统一行动、商超费用独立核算,同时明确各项规章制度,制定严格的管理标准,规划管理;第五,加强现代渠道的费用管理,制定各项费用管理与核销制度,开发独立的现代渠道管理系统,实现商超门店数据和费用投放信息系统化分析管理,实现费用的合理投入与使用;第六,加强现代渠道的广告投入、促销活动力度及生动化建设,提升销量的同时,提升品牌形象。

3. 特通渠道

据全国工商局的数据分析,地级市以上市场的餐饮、学校、网吧、娱乐、车站码头、旅游点、加油站、厂矿企业、单位团购等服务产业的终端数量近几年急剧上升,且目前特通渠道的销量增长迅速,并呈一种非常稳定的态势增长。面对如此一块拥有巨大的销售潜力的市场,娃哈哈公司组建专业的特通渠道销售队伍,根据特通渠道的类型,分别挑选专业的经销商进行运作,并配备专业的特通销售人员,同时开发适销于特通渠道的专属产品,并强化其在特通渠道的品牌地位,实现特通渠道的专业化管理体系、费用支持体系及人员架构体系。

第一,根据餐饮、网吧、洗浴中心、运动场所、酒吧、KTV、学校等特通渠道的不同类型,挑选专业、优质的经销商进行合作,快速切入特通渠道;第二,组建专业的特通渠道销售队伍,加强对特通渠道的管理水平,维护特通渠道的客情关系,提升特通渠道的规划布局,加快特通渠道的发展;第三,针对特通渠道的特殊性,研发适销的专供产品,并制定独立的价差体系,专供特通渠道,以加强特通渠道的饮料销售,例如餐饮渠道的利乐包果汁及酸奶,加油站的裹膜水等;第四,加强特通渠道的费用管理,制定各项费用管理与核销制度,开发独立的特通管理系统,使特通终端数据和费用投放信息系统化分析管理,实现费用的合理投入与使用;第五,加强特通渠道产品的广告投入,加强店招制作及POP宣传,提高消费者认知度的同时,提升品牌形象。

(二)推行二套甚至多套网络营销管理制度

同一地区多套网络的基本建设思路是以区域市场人口基数、地域面积、市场容量等为参数,结合区域市场已销未销产品种类,确定产品品项合理划分依据,制定相应销售任务,通过产品销售授权,在原有经销商销售区域内划分出一套产品系列,另行组建第二套销售网络,两套独立营销网络并行、相辅相成,营造出一个良性的竞争环境,在增加市场可销产品种类的同时,亦扩大销售面积,提高了渠道网络的覆盖率与掌控率。

1. 选择合适的区域与时机推行二套网络

推行二套网络需选择产品表现较好、市场较为成熟的区域,在人口少、销售额小的地方开发二套网络,市场难以承受,不容易存活。而推行二套网络的最好时机是市场中企业强势产品较多,主销品项较为丰富的情况下进行。这个时期,一般经销商手中有两三个量比较大的产品时,无论是完成企业所下达的销售任务还是维持一个较为可观的利润,均已经不是问题;同时其精力也已经顾不上更多的产品,此时拓展新品的动力就会不足。最后,选择经销商销售额较大的时候进行推行。如经销商规模小,自身都难存活,开发新客户更是雪上加霜;而经销商规模过大,其送货距离、经营品项、运转资金、仓储运输能力等各环节多少都会超出其负荷。只有通过推行二套网络营销管理制度,才能有效解决这一问题,突破企业的发展瓶颈。

2. 选择并开发优质的二套网络客户

在进行二套网络客户筛选过程中,充分利用完善扎实的二批渠道网络优势,从现有的一套网络的二批商中进行分离,选拔出一批早已熟知企业营销理念、操作模式、销售节奏的二批商作为二套网络客户。同时由于客户培养需要一个过程,从观念转变、客情关系、资金积累等各方面来说都需要两三年的时间,原有较小的几个市场划分一个客户经营部分产品、原有经销商或划小经营范围或划出经营产品是娃哈哈公司推行二套营销网络的最主要的模式。在业务员掌控能力较强的区域,从乡镇选拔客户全片区经营新品项等情况也有存在。这些二套网络客户往往均有一些共同特点:客户较为年轻、执行力强、敢于投入、善于学习。总之,二套网络客户必须符合娃哈哈公司新时期经销商做深做细的理念要求,必须要跟上企业的销售节奏。

3. 合理分配产品品项,使可销品项扩种扩面

二套网络建设的核心在于怎么分配产品。对于新、老网络客户来说,都希望手中的产品既要有一定的市场基础,终端店铺愿意接受,消费者乐意购买,能够为经销商产生一定的销量;同时又要有一定的盈利能力,能够促进经销商实力进一步发展壮大。而在市场的实际销售表现中,大部分产品都不能同时满足这两方面要求。

面对这一问题,娃哈哈公司充分考虑各区域所销产品类别、渠道价差、市场环境、消费习惯等多项因素,合理均匀地搭配产品交予两套网络进行销售。部分区域由于强势产

品较多,储备二线产品也较多,就能同时分成几个经销商在同一片区域上分别经营,从而组建分品项的第三套营销网络。同时,每年均会推出一些系列市场新品,亦会根据不同渠道特点推出不同规格、不同包装的系列产品,或者实施老品新作的产品开发策略,用严苛的市场竞争环境挑选出一支或多支表现较好、潜力较大的产品,利用这类开拓期短、迅速上量的产品单独组建第二套网络,快速组建二套网络经销商、批发商和销售队伍。

而在上述的大框架下,具体的品项分配就可因地制宜了。根据市场需求与客户特点,按产品类别、口味,甚至按产品规格进行分配。

4. 强化二套网络管理,推动网络健康持续发展

针对不同二套客户的大小和类型,设立专职或者兼职客户经理,对于在乡镇的客户经理,则派出分销员进行管理与维护。管理的内容包括销售规划、价格掌控、订单收集、报站发货、责任划分、终端客情建立、仓库管理、销售线路规划、送货能力提升等方方面面。其中最核心的是进行价格掌控,制定并严格执行各级渠道合理价差,确保各环节销售秩序不至于紊乱。同时,定期召开经销商会议、组织到优秀经销商处参观学习,帮助二套新开经销商在短时间内稳步走上正轨。

(三)不断优化两支队伍,组建专业的经销商队伍与销售队伍

1. 打造战斗力高、执行力强的销售队伍

首先,完善内外部员工岗位责任制与沟通机制。进一步明确集团公司、各省销售分公司、各级销售人员职能与职责,实现专门机构专人专事负责,确保任务清晰、责任明确;建立绿色通道,促进市场与公司之间的有效沟通协调,确保信息通畅流通。

其次,完善竞争机制。开展竞争上岗和轮岗工作,优胜劣汰,选拔优秀人才,建设一支视野清晰、思维清晰、行动清晰的高素质、高能力的销售队伍;同时阶段性要求区域经理、客户经理轮岗,以保持市场基层管理人员市场洞察力、高效执行力和工作灵活度。

再次,完善考核监管机制,加强廉政建设。建立多项考核指标,从利润、品项、任务、网络建设、执行力等对销售人员进行全方位考核;同时加强商业廉政建设,定期联合督查科进行经销商背对背调查,不断规范销售人员管理和考核;进一步优化基层销售人员的收入比例,在保证较有竞争力的基本工资基础上丰富奖金考核项目,刺激其工作积极性,确保工资奖金体系的公平、公正、合理。

最后,完善并规范各项管理制度。下发各项管理制度及参阅,并定期组织考核,实现各级销售人员在销售节奏上、费用管理上的高度统一和规范。

2. 优化经销商队伍,推行经销商资质考评标准

面对庞大的经销商群体,建立经销商资质考评标准并通过系统化手段每季度对经销商资质进行考评,加强对经销商的培训,明确经销商的职责,提高其市场开发能力及销售配合程度。经销商资质评定标准主要从5个方面进行评定:经营理念及管理、网络掌控、硬件设备、业绩情况、销售经营情况。通过对不同经销商进行资质认定,将经销商分为"重点扶持(即不合格)、合格、良好、优秀"4个等级,从而实现对经销商队伍的针对性、个性化管理。

(四)全面直控各类批发商,实现对立体渠道网络的承载

1. 坚持批发商例会制度与利差考核制度

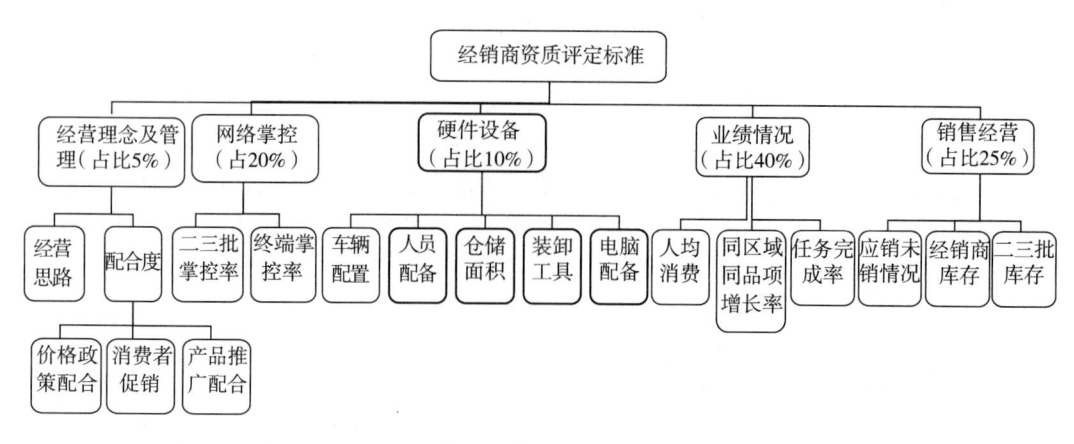

```
                        ┌─────────────────────┐
                        │  经销商资质评定标准  │
                        └─────────────────────┘
     ┌──────────┬──────────────┬──────────────┬──────────────┐
 经营理念及管   网络掌控      硬件设备        业绩情况       销售经营
 理（占比5%）  （占比20%）   （占比10%）     （占比40%）   （占比25%）
  ┌────┬───┐   ┌────┬────┐  ┌──┬──┬──┬──┐  ┌──┬────┬────┐  ┌────┬────┬────┐
 经营  配合度  二三批 终端  车辆 人员 仓储 装卸 电脑 人均 同区域  任务 应销未 经销商 二三批
 思路         掌控率 掌控率 配置 配备 面积 工具 配备 消费 同品项 完成 销情况 库存   库存
                                                     增长率 率
        ┌────┬────┬────┐
      价格政 消费者 产品推
      策配合 促销   广配合
```

经销商资质考评标准图

推行每月的批发商例会制度，以娃哈哈公司"家"文化为精神内涵，以产品利差为外在动力，以区域市场内所有批发商为召集对象，逐步实现对区域内批发商的全面覆盖，确保各类产品出现在各级饮料销售渠道中，从源头上抢占渠道资源；同时通过例会及时掌握竞品动态和市场变动信息，及时调整市场思路及销售策略，掌握主动的销售局面。

在每月例会中，引入利差考核机制。各级销售人员提前根据各批发商各类产品的销售量、考核利差、任务完成情况、价差体系维护等情况，公平、公正地计算出每个批发商上月的奖励额（奖励额可通过陈列、铺货、销售竞赛等方式予以兑现，并且考核利差不明确到具体产品，以免批发商折价销售），并在每月例会时对各批发商进行奖励，以激发批发商的积极性。

2.制定并维护产品合理价差

诚信和双赢是娃哈哈公司经营中一直坚持的最基本原则，这也是确保娃哈哈立体化营销网络顺畅持续运转的关键因素，集中体现在对渠道内各级价差的合理制定与稳固维护，从而调动销售网络内各级渠道的销售积极性。

三、快速消费品立体化营销网络的构建效果

（一）建立了一个立体化多渠道的强大营销网络

截止2011年，娃哈哈公司共计开发完善各类经销商5784家。全年共计开发并完善传统渠道（含二级通路、三级通路）客户4584家，其中根据分品项、分区域经营的立体化营销策略，开发二套网络经销商1153家；同时实际掌控二三批数量144980家。为进一步完善多渠道营销网络模式的发展，截止2011年，在全国共开发完善优质商超特通客户共计498家，特通客户97家。依托此网络，娃哈哈公司为全国38家大型连锁商超系统的4698个门店及2000多家中小型商超系统的7万多家门店供货。近百家特通渠道客户，专门为全国15万家餐饮、学校、娱乐场所等供货；基于此，在全国各地开设利乐包分厂，新开发利乐包专营客户36家；同时进一步完善全国的奶粉销售渠道网络，在全国已开发并完善奶粉客户719家，逐步稳定了奶粉销售网络。渐已成型的立体化多渠道的销售网络，构建了一个巨大的产品流通消化系统，更提供一个覆盖面广、辐射力强的网络营销平台。

（二）继续稳坐中国饮料行业的龙头地位

自成果实施以来,娃哈哈公司一直保持健康快速发展势头,年均增长超60%。2011年,全年实现营业收入678.55亿元,同比增长23.65%,实现利税123.34亿,同比增长10.54%,上缴税金54.43亿元,同比增长19.10%,各项经济指标连续第14年登上中国饮料行业榜首,位列2011年中国企业500强第148位,中国企业效益200佳第60位,成为目前中国最大、效益最好的饮料生产企业。娃哈哈的品牌先后被评为中国驰名商标、中国名牌产品、最具市场竞争力品牌、新中国60周年60个杰出品牌、2005CCTV我最喜爱的中国品牌、十大顾客最信赖品牌等,在中国品牌研究院公布的2008中国最具价值商标500强中,娃哈哈以50.63亿元的品牌价值位列第34位,成为目前国内唯一可以与国际品牌相抗衡的民族饮料品牌。

（三）促进了企业社会效益显著提高

娃哈哈公司在全国29省市建有60个基地、160余家子公司,不仅保证了销地产政策的实施,而且使各地投资企业迅速取得效益,成为当地的利税大户,带动当地经济发展的"火车头",带动了当地包装、运输、服务、畜牧等相关产业的发展,并提供了就业机会,有力拉动了当地经济和社会的发展。

（成果创造人：宗庆后、刘智民）

润滑油企业自主品牌的创建

中国石油天然气股份有限公司润滑油分公司

中国石油天然气股份有限公司润滑油分公司（简称润滑油公司）是中国石油天然气集团公司（简称中国石油）下属，集生产、研发、销售、服务于一体的专业化公司。润滑油公司于2000年成立，现有2个研究开发中心、12个润滑油（脂）生产厂、6个销售分公司，总资产60亿元人民币，员工5725人，可生产28个大类700多个牌号的润滑油（脂、剂）产品。润滑油公司科研开发能力处于国内领先，产品先后获得戴姆勒—克莱斯勒、宝马、大众、沃尔沃、康明斯、西门子、通用电器等国际知名企业认可，分别被一汽、上汽、东风、重汽、三一重工、宝钢、大亚湾核电等企业选定为装车与服务用油。

成果主创人：公司总经理、党委副书记廖国勤

一、润滑油企业自主品牌的创建背景

国际石油公司如美孚、壳牌、BP等为了树立其在社会上的良好形象，多利用其与普通消费者有紧密关系的润滑油业务作为品牌载体。在一定程度上，通过与消费者息息相关的产品和服务，能够强化受众认同，并冲淡从洛克菲勒时代开始就伴随着石油行业的垄断等负面认知。

自1992年起，中国完全开放润滑油市场，国际强势品牌如"美孚"、"壳牌"等长驱直入，纷纷进入内地设立代表处、销售网络、生产厂。这些国际品牌凭借雄厚的资金实力、现代的营销理念、知名的品牌优势、传统的OEM联盟关系，很快在高端润滑油市场占据了优势地位。中国石化、中国石油各下属企业分别推出了长城、海牌、飞天、七星、大庆、翼龙、天山、科萌、祁连等等众多润滑油品牌，但还都仅仅停留在产品商标的阶段，不论是从内涵理念、外观形象、营销理念、推广手段，还是从技术基础、OEM关系等各个方面，都与上述国际品牌存在巨大的差距。

与此同时，由于消费者对合理润滑的重要性缺乏正确认识，国内润滑油消费档次低，润滑油生产缺乏监管，民营私企如雨后春笋般爆发，到2000年左右达到高峰，市场上最多曾同时存在4000多个大大小小的润滑油生产企业和品牌。整个润滑油市场呈现出国际品牌一枝独秀，本土品牌各自为战、低层次无序竞争的局面。

1998年石油石化两大集团重组之后，留在中国石化的长城、海牌等润滑油品牌，借助其所在区域市场容量较大的优势，率先开始发力，到2000年底长城、海牌的包装油年销售量已经超过30万吨。而划归中国石油的飞天、七星、大庆等品牌发展速度明显低于中国石化,与国际品牌差距更大。2000年包装产品仅12万吨规模,分散在飞天、七星、大庆、天山、翼龙、祁连、科萌、庆路、双菱、欢喜岭10个品牌中,影响最大的飞天和七星也分别只有5万吨和2万吨,分别仅占中国市场的2%和1%。

2000年12月,中国石油对润滑油业务进行了重组,将下属所有骨干润滑油生产单元、研发机构、销售业务等统一划转,成立了产研销一体化的润滑油公司。中国石油希望通过资源统一配置、产品统一标准、网络统一布局、价格统一管理、科研统一组织,集中力量推出名牌的"五统一,一集中"战略,实现润滑油业务的高速发展,同时更希望通过润滑油品牌的打造,提升中国石油整体品牌形象。

如何完成集团公司确定的目标,改变品牌分散、市场影响力小这一被动局面,打造一个强势的润滑油品牌,对于刚刚成立的润滑油公司而言,无疑是一个巨大挑战。

二、润滑油企业自主品牌的创建内涵和主要做法

润滑油公司经过慎重、细致的论证和设计,按照"传承、创新、发展"总体思路,在品牌战略方向的选择、新品牌的创立、过渡市场策略等各个方面进行周密策划、精心实施,实现了昆仑品牌从无到有、由弱到强的跨越式发展,将昆仑品牌塑造成为行业领先者。主要做法如下:

(一)充分论证,确定品牌战略

2000年润滑油公司组建后,在品牌战略方向上面临两个选择:一是在划转过来的10个品牌中,选择一个或几个,作为未来的主打品牌投入精力进行培育;二是创立一个全新品牌,用三到五年集中力量进行打造,条件具备后再逐步整合老品牌。

通过慎重分析,认为原有的10个润滑油品牌在整体实力和形象定位上都有其局限性,即使其中相对比较知名的飞天、七星、大庆三个传统品牌,从既有市场定位、产品结构和品牌影响力看,对于全国润滑油消费市场,特别是高成长性的车用油市场而言,也都难以作为一个具有竞争力的品牌统领市场。从未来代表中国石油润滑油整体形象的要求看,这三个品牌也都因其各自的区域特色和历史局限而难负重任。创立一个全新的润滑油品牌,努力将其打造成为未来能够代表中国石油形象的知名强势品牌的总体策略,成为共识。

润滑油公司通过充分的讨论酝酿,对新品牌创建确定三项基本原则:一是要紧密依靠中国石油的整体实力,未来要能够成为中国石油的品牌代表;二是要遵循中国石油关于"集中力量推出名牌"的品牌发展战略,品牌名称及标识图案要符合中国石油行业地位,体现能源企业的特性,承载力强、延展性好;三是新品牌的创立要避免与原有品牌冲突,原有品牌资产要平稳过渡,尽量不损失老品牌的渠道与市场份额。

2001年6月,历时4个月的"中国石油润滑油新品牌名称征集活动"落幕。

包装油灌装线

"昆仑"在全国2000多个品牌推荐名称中脱颖而出,被选定为新品牌名称。2001年9月,"昆仑"品牌标识在国际知名设计公司多轮设计方案的反复比较、推敲论证下确定,并于2001年11月在商标局登记注册。第一版"昆仑"品牌视觉识别系统同时建立。2001年11月28日,"昆仑润滑油"品牌在第二届中国国际润滑油展览会上高调亮相,标志着"昆仑"品牌创立完成并正式进入市场。品牌标识以大气磅礴的"日出昆仑"为核心立意,体现出昆仑产品与事业的多元辽阔及面向国际化市场的经营方向,传达出企业为顾客提供十分圆满服务的宗旨。红色代表中国石油的国家石油公司背景,代表热情、开放、创新与突破。橘黄色渐变代表高品质的能源与动力,表现出昆仑润滑油以雄厚的资源优势为基础,积极进取,蒸蒸日上的光明前景。

(二)明确多品牌过渡策略

昆仑品牌创立之初的几年,润滑油公司肩负着打造新品牌与快速提升市场份额的双重任务,必然存在一个新老品牌共存的过渡期(2002~2004年)。这个期间润滑油公司的品牌组合策略是,以昆仑作为旗舰品牌,采取中高端为主的产品组合,采取一级经销商直做终端的渠道模式;老品牌飞天、七星、大庆沿用原有的普通产品为主的组合,采取以多级批发为主的渠道模式。在这个时期,借助"神五飞天"、"央视黄金第一标"、"雅典奥运金牌榜"等热点事件,推动品牌知名度的飞速提升,短短两年时间,"昆仑润滑油源自中国石油"家喻户晓、深入人心。到2004年底,润滑油公司包装油销售量达到24万吨,其中从零开始的昆仑品牌达到了5万吨。与此同时,润滑油公司整体实现扭亏,润滑油产品品牌的统一已经具备条件。

(三)研究制定品牌整合统一方案

从2004年9月起,润滑油公司开始深入研究品牌整合统一方案,确定利用一年时间,完成全新昆仑品牌构架的设计、推广和老品牌的退市。2004年12月26日,集团公司企业形象与品牌的全面整合统一,对昆仑润滑油品牌建设是一个重大转折与契机。润滑油公司在认真思考、全面回顾了前3年的经验体会的基础上,结合自身品牌整合工作的安排,立足昆仑品牌未来的长远发展,形成比较清晰、科学的品牌建设整体思路。其整体框架为以品牌使命愿景为核心指引,从品牌策略与设计、品牌传播、品牌营销、科研支撑、生产物流保障、市场管理与维权等6个方面展开。同时,确立"提高国家润滑水平"的使命和"国际有位,国内领先"的品牌愿景。品牌核心价值是"关爱",产品与服务定位是"性价比最优",质量方针是"优良资源+优势技术+优质服务=高品质昆仑产品,即三优保一高",品牌目标是"国内领先、国际有位"。

成立品牌研究小组,认真研究中国润滑油市场的特点,系统地对跨国石油公司及相关行业品牌策略进行深入细致的研究,制订昆仑品牌策略及整合方案。

本着最大限度覆盖中国市场,最大限度满足消费者的需求,最大限度继承老品牌的品牌资产,最大限度利用已有的基础油资源的原则,经过多角度审视、慎重决策,润滑油公司确定具有自身特色的"主副品牌策略",即"昆仑"为主品牌,通过市场细分,从不同的消费群体特点出发,兼顾老品牌资源的顺利传承,设立副品牌。副品牌名称的确定尽量做到与中国石油地位相匹配,突出产品的个性形象,力求富有魅力,吉祥好听,好记忆,易促销,能够抓住消费者心理。按照主副品牌管理策略,昆仑润滑油600多种车用油产品,归纳为12个副品牌,名称全部以"天"字开头,寓意中国石油在业界的地位,也与昆仑的气魄相呼应。

(四)精细策划品牌营销

首先,科学区域规划布局。创立昆仑品牌的同时,润滑油公司成立东北、西北、西南、华北、华东、中南六大销售分公司,并以省区为单位设置分销处,整合划转93家大小驻外机构的销售业务,完成了销售体制的重建,为实施品牌营销奠定基础。

其次,建立专业化营销体制。为适应品牌建设的要求,润滑油公司以各个分公司为单位,建立并逐步完善按产品线进行划分的专业化营销体制,在分公司内部,设立散油、特种油、工业油、车用油、船用油专业销售管理模块,依据各个产品线的不同消费特点,有针对性的设置、培养专业化的销售代表,并对销售代表的业务能力持续开展培训,提升其业务素质,增强市场开发能力。

再次,渠道组合。渠道建设是品牌营销工作的核心内容,润滑油销售渠道有其自身特点,与其他石油制品有着较大的不同。随着昆仑品牌建设的发展,逐步形成包括社会经销、VIC(非常重要合作伙伴)/OEM(设备原厂商)、加油站零售、自建快速换油中心、海外销售等的有机组合。其中社会经销体系包含2000家经销商、1800家企业客户,约12万家零售终端,是包装油销售的主渠道。重点VIC/OEM客户46家,每年包装油销售20万吨以上,同时起到良好的行业示范与零售带动作用。加油站零售与自建快速换油中心以品牌展示、服务示范为主,每年销售1.5万吨左右。

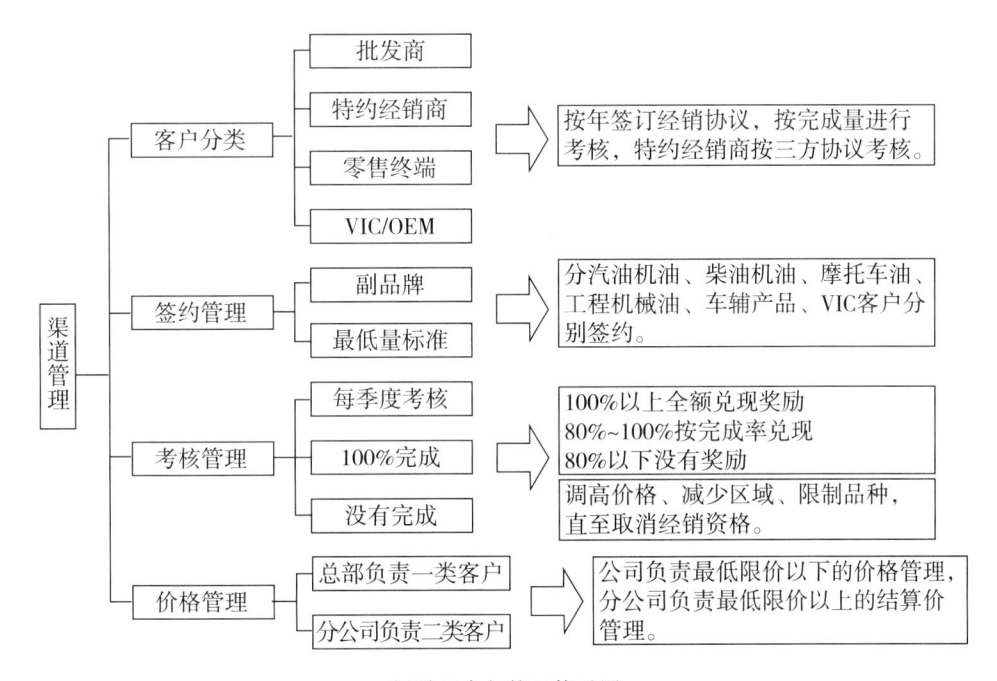

渠道组合与管理体系图

最后,队伍建设。从2004年开始全面实施销售代表制,分产品线、分区域设置销售代表岗位,根据年度业绩完成及提升情况设定10个岗位级别,实施定期竞聘的动态管理。通过职业生涯设计、岗位级别提升、培训、考核等激励手段,促使销售代表营销能力的不断提高；通过工作日志、周报、月报、季度述职等手段，规范并约束销售代表的日常工作行为。

从2007年开始，每年通过第三方研究机构对包括长城、统一、美孚、壳牌、BP等竞争对手在内的销售代表队伍进行量化评价。根据2011年对253家润滑油经销商（每个品牌不少于40家）的定量访问，昆仑销售代表的总体素质在本土品牌中排名第一，客户开发能力仅次于美孚在所有品牌中排名第二。

（五）高度重视研发，引领和支撑业务发展

第一，持续重组。重组过去"两院三所"的研发机构，加强"一个整体、两个实体、分事与分工相结合"的兰州、大连两个综合而又各具特色的研究开发中心；并将部分研发人员充实和强化到生产、营销和管理领域。

第二，坚持投入。无论在任何情况下，始终坚持不断增加研发投入，不断引入新生力量；研发始终围绕"产品开发、产业化和技术服务"三大任务开展，形成研发与管理层与其他业务相互支持的良性局面。

第三，科学规划。按照主营业务驱动、顶层设计的要求，根据润滑油业务实际，将润滑油研发明确为发动机油及辅助产品、传动系油、船用油、环烷基油、工业油、润滑脂、金属加工、添加剂、工艺及燃料、台架评定、分析及监测、信息支持等12个专业方向，形成并不断完善各个技术平台，以加快成果涌现、提高成果水平。

经过努力，齿轮油技术和环烷基油技术先后获得国家发明奖和进步奖；水杨酸盐为核心的发动机油技术支撑了全新天鸿、天润等系列产品的推出；BOB船用油技术在马士基等著名船公司得到应用，居于国际先进水平；以油液监测为核心的技术服务体系极大促进了润滑油脂营销和战略合作关系建立；行业论坛和信息研究水平不断提高、影响力不断扩大；润滑脂和金属加工等薄弱领域逐步得到加强。

同时，注意发掘客户对技术服务的需求。目前多数企业都有严格的技术准入程序，越来越多的企业开始要求油液监测服务，还有部分企业开始要求全面润滑管理服务。润滑油公司在2011年对企业客户提供技术服务680项次，其中公司层面组织的技术服务127项次，分公司/研发单独开展的技术服务553项次；完成大型企业技术准入11个，提供油液监测服务565项次；与8个企业开始探讨、尝试开展现场全面润滑管理服务。

（六）采用多种手段，大力推进品牌传播

第一，通过广告平台托举品牌知名度。根据副品牌系列推广需要对广告渠道进行配套整合，通过平面媒体、广播、电视媒体搭配协作，合力提升品牌知名度：根据品牌的核心诉求，精心设计《昆仑全系列》产品平面广告，突出昆仑产品满足不同使用环境及差异化消费需求的多元化实力；针对全国驾乘群体，与中央人民广播电台栏目合作，结合日常润滑科普，细致介绍昆仑系列产品性能优势；借助高热度的NBA火箭队主场焦点效应，带动品牌形象提升；策划拍摄突出各副品牌产品特点的《春》、《夏》、《秋》、《冬》四支广告片，通过央视、凤凰卫视的新闻、财经频道投放，积累品牌知名度。

第二，通过公关传播彰显核心价值。昆仑品牌整合以来，在关联报纸、杂志及网络媒介累计发布昆仑相关稿件6000余篇，共200余万字。在传播中以"关爱"品牌核心价值及"性价比最优"产品与服务定位为宣传主导方向,以公关稿件的形式,聚合昆仑润滑油企业动态、品牌新闻、产品信息、科技进步、公益支持等内容,传播昆仑品牌。

第三,通过事件营销提升品牌影响力,先后支持中国第21次南极科学考察活动,中国越野锦标赛、中国—东盟国际汽车拉力赛,全国卡车大赛、女排精英赛、大学生羽毛球赛等多项国家赛事。

第四,通过公益活动铸就品牌美誉度。秉承昆仑品牌"关爱"核心理念,积极参与社会公益事件。连续7年支持全国见义勇为好司机评选,倡导国民安防意识及互助精神;向新疆布尔津县冲乎尔乡小学捐资助学;协办"中国心"十佳发动机评选,支持民族汽车工业技术进步;全程支持中国大学生方程式汽车大赛,推动未来中国汽车产业人才培养。

(七)建立生产物流保障系统

润滑油公司成立之初,划转的生产厂全部位于东北、西北,在市场最大的华东、中南、华北地区没有生产、物流基地。面对生产基地距离主要消费市场远、包装油生产能力调整余地小、各厂配方体系繁杂不统一等等不利因素,润滑油公司利用有限的投资,集中精力解决主要矛盾,从2003年开始新建、扩建的华东厂、北京厂、成都厂,到2006年基本建立起了能够适应市场要求的生产物流保障系统。

按照"三优保一高"的质量方针,在配方统一性、资源灵活性、最终产品质量稳定性方面,采取多项措施,保证产品的美誉度。物流保障体系也随之逐步配套完善,通过中心仓建设、第三方物流合作、订单集中评审等手段,有效提升物流保障能力,产品到达客户时间大大缩短,运输破损大大降低,客户对物流的满意度逐步提升。

(八)开展市场管理与品牌维权

第一,建设防伪物流体系。2005年开始,采用先进的纹理图文防伪技术,在产品外包装的特定部位加上纹理防伪标贴,并在产品标识上采用了多重防伪技术。与此同时,润滑油公司利用防伪纹理标签的编码唯一性,开发包装油入库与出库扫描系统,可严密监控产品销售流向。从2007年扫描系统运行至今,出、入库扫描率100%,流向可查询率98%以上,加上明确的工作流程与奖惩措施,有效遏制了跨区销售行为。

第二,开发与应用包装防伪技术。如2007年开发应用的中包装磨砂标识防伪、2012年开发应用的200L钢桶防伪专利技术,不但提高了侵权者的造假成本,方便了消费者直观辨识,还增加了外包装的美观度。

第三,运用法律武器打假维权。制定品牌维权的工作流程及相关管理制度,明确相关部门、单位在维权工作中的职责与分工;不断加强对打假维权案例的宣传,在消费者中树立负责任的品牌形象,对造假侵权者产生震慑;寻求与有资质、有经验的专业第三方机构开展合作进行市场维权;在维权过程中,根据实际情况,与国家工商行政管理部门、公安经侦系统、法院系统开展多方合作,在2009年的维权诉讼中,昆仑被最高人民法院认定为中国驰名商标。

三、润滑油企业自主品牌的创建效果

(一)品牌形象与价值持续提升

2011年,零点市场研究公司对全国6个省,11430名消费者的定量调研数据,昆仑润滑油的品牌知名度91.1%,位居各润滑油品牌首位;品牌推荐度29.9%,仅次于美孚,列各润滑油品牌第二位;品牌忠诚度48.7%、美誉度19.1%,分别仅次于美孚、壳牌,列各润滑油品牌第三位。根据全球最大市场研究公司尼尔森的独立研究,昆仑润滑油的品牌资产指数位居国产润滑油品牌之首,高出排名第二的品牌42.8%。根据世界品牌实验室(World Brand Lab)发布的2011年(第八届)《中国五百最具价值品牌》排行榜,昆仑润滑油以77.71亿元品牌价值排名中国润滑油行业第二位。

鉴于昆仑润滑油品牌良好的市场形象与口碑,2004年12月26日,中国石油决定从2005年1月1日起,将昆仑品牌标识作为中国石油统一的企业标识,昆仑作为中国石油统一的产品与服务品牌。

(二)润滑油业务量、效益持续增长

润滑油销售总量从品牌创建之初的121万吨上升到接近200万吨,其中包装油从12万吨上升到90万吨;润滑油业务利润从公司创建之初的亏损12亿元,到目前的整体业务链盈利能力持续提升、稳定盈利,品牌建设成效显著。

昆仑润滑油品牌的创立,拉开了中国润滑油行业品牌竞争的大幕,驱动了中国润滑油行业的格局调整。昆仑品牌的持续整合提升,改变了中国润滑油行业品牌竞争的格局,引领了民族润滑油行业的品牌建设发展。

(成果创造人:廖国勤、宫伟军、罗贵儒、杨俊杰、赵坚东、王子坚、
李晓东、孙树好、王喜安、代　军、赵正昌、高　路)

航空制造企业基于转型升级的市场营销管理

江西洪都航空工业集团有限责任公司

成果主创人：公司董事长、总经理宋承志

江西洪都航空工业集团有限责任公司（简称中航工业洪都）创建于1951年，是国家"一五"期间156项重点建设工程和中国航空工业奠基企业之一。自创建以来，创造了新中国第一架飞机等全国"十个第一"的辉煌业绩，累计研制生产5大系列20多种型号5300余架飞机，数十亿产值的民品，为我国的国防建设和国民经济发展做出了重要贡献。

中航工业洪都面对竞争激烈的国内外航空市场，密切关注航空技术、管理、经济等领域的市场走势和发展方向，结合企业实际制定市场战略规划，市场占有率不断攀升。重点在教练机、航空武器、无人机、高端公务机、大飞机领域寻求产业化纵深发展；并积极与波音、空客、沃特、古德里奇、GE、米其林、西屋制动等国际知名企业开展战略合作和国际转包，海外市场开拓取得明显成效。

一、航空制造企业基于转型升级的市场营销管理背景

（一）适应行业发展趋势的迫切需要

伴随航空制造企业的外部环境日趋开放，航空制造业市场加速国际化，世界航空产业链一体化融合趋势日益加剧。航空工业企业甚至会将转包企业引入研发、设计、产品开发以及运营等环节中，通过转包提高自主创新能力和市场竞争力。而中国航空制造企业在核心技术、专业服务、市场营销、高端品牌等方面与世界航空制造业巨头相比，还存在着很大的差距，还处在生产型的加工企业、装配企业之列。为此，中国航空制造企业必须要从价值链的低中端提升到价值链和创新链的高端，开发航空系列产品并逐步形成规模，形成总装制造、客户服务、经营租赁、维修改装、转包生产等较为完整的业务链。同时还必须积极开拓国际民机转包市场，不断扩大市场份额、提升合作层次，努力实现由单纯的供应商向风险合作伙伴的跃升；加快自主知识产权的航空产品进入国际市场的步伐，针对国际市场需求开发后续产品，不断实现商业成功。

（二）适应军民融合发展道路的迫切需要

随着中航工业的重组整合，迎来了中国航空工业新的发展机遇。中航工业明确提出"市场化改革、专业化整合、资本化运作、国际化开拓、产业化发展"的改革思路，集中优势资源，完善企业制度，贴近市场，快速反应，全面实施"两融、三新、五化、万亿"的发展战略。不断增长的民用航空需求，不断发展民用航空发展产业链，不断创新的民用航空技

术以及在世界范围内,民用航空资本技术人才体制机制和管理模式的深入交融,正在成为推动中国航空制造业转变经济发展方式,提高自主创新能力,实现企业的转型升级,并快速建立起与之相适应的市场管理体系的重要力量。中航工业洪都根据形势的变化,审时度势、未雨绸缪、积极应对,主动调整并实施"三棱镞"即军用航空(包括国内军品、国外军贸等)、民用航空及非航空民品三个板块的市场战略,加快市场化改革和开放式发展进程,加速转型升级。因此,必须转变营销管理的方式,确保新市场战略的实现。

(三)实现企业转型升级的迫切需要

从国内外市场的态势来看,洪都研制的猎鹰高教机面临国内外的严峻挑战;航空武器的研制和国际国内的航空转包业务几乎都面临着全方位、多角度的竞争;特别是在中航工业的大集团布局中,中航工业洪都没有得到主战机种,相应也就得不到国家投入,军品订货逐步萎缩、军品产值比例逐步减少。再加上长期的计划经济体制和军工企业传统思维惯性,导致市场意识比较淡薄,在运营中还是重生产、轻营销,会"做"不会"卖";偏重于技术突破,轻视商业运营;偏重于功能需求,对客户需求、技术的商业应用和价值创造关心不够;以客户为导向的营销意识和"客户为中心"的理念没有真正形成。

面对国际国内市场新的发展形势,中航工业洪都必须以新的世界眼光和战略思维,逐步摆脱航空产品技术发展跟踪仿制的传统思维模式,实施自主创新研制;逐步突破航空产品研制只面向国内军方用户的传统,放眼全球市场开展航空产品研制,参与国际竞争;逐步从单纯追求"型号成功",转向开始关注和寻找企业的商业成功,从任务导向型转向利润导向型。为了实现这些目标,中航工业洪都必须转变为投资主体、研发主体,自主开展大型航空产品研制,实施确实有效的市场营销管理,以获得更大的经济效益。

二、航空制造企业基于转型升级的市场营销管理内涵和主要做法

中航工业洪都通过树立"营销创造价值"的理念、确定由企业发展战略引导的市场营销战略、构建基于"两融为中心"的开放客户关系网络、实施基于"为客户创造价值"的三维市场管理模式和导入市场风险防范与控制机制,实现从传统航空教练机产品供应商到飞行训教集成系统服务供应商的转型升级。主要做法是:

(一)树立"营销创造价值"的理念

1.提高市场营销意识,引导市场需求

加快推进市场战略调整,逐步树立"客户成功我成功"的市场理念。坚决破除市场营销就是产品销售、仅仅是销售部门职责的观念,把营销纳入整个运营体系,系统谋划,整体推进;破除"技术导向"、"产品本位"的传统思维,树立"市场导向"、"客户满意"新观念,以市场化的观念推动现代市场营销。作为中国的教练机基地,主动研究探索军队飞行训练体制改革发展方向,预先研究新一代高级教练机,为军方实施训练体制变革提供强大支

公司主导产品——猎鹰高级教练机

持。与此同时,还积极承办军事飞行训练国际交流会议,创办《教练机》期刊,通过学术交流的形式传递着教练机发展理念,主动引导市场需求,成功地推出初—中—高系列产品,满足飞行员训练体系全过程的需求。

2. 加强品牌建设,提升企业形象

中航工业洪都在中航工业大品牌下推行子品牌战略。在品牌的建设上,按照"以军促民,以民拥军"的指导思想,利用"洪都"的 K8、猎鹰飞机在国际上均获得很好声誉,积极引入民品产业,下属投资企业大部分都冠以"洪都"名称,从而借助"洪都"的品牌优势,以较高的起点,进入民品产业。投资企业通过"军工品质、洪都制造"的军工精品文化,向各方展示着企业的科研制造能力,有力的推动着自身实力的提高,同时也大大的促进了母体企业形象和"洪都"品牌的提升。

3. 提高为客户创造价值的意识,提升企业营销能力

从客户价值识别、企业内部价值梳理细分、集成网络构建等方面入手创新商业模式,加速从制造型企业向制造服务型企业的转变。出口模式从单纯产品出口向产品出口和提供解决方案并重转变。从最初出口 K8 飞机整机到出口整套生产线,并提供完善的售后服务保障,延伸产品价值链。军贸出口依赖少数国家向市场多元化转变。长期以来,中航工业洪都的军贸市场主要集中非洲地区,通过市场战略的调整,根据不同客户的特殊需求不断拓展市场,逐步实现南美、亚洲等多个市场的突破,市场逐步实现多元化。市场培育从单一注重军品到军民并举的转变。通过利用现有航空技术积极开拓非航空民品市场,研发智能机器人等新兴支柱项目,从顶层布局上实现集成化发展,打造军民互动的良性循环发展模式。

(二)确定由企业发展战略引导的市场营销战略

1. 分析内外部环境,明确市场战略定位

中航工业洪都采用典型的环境分析方法——SWOT 分析法,明确"三棱镞"的市场战略。军用航空市场:公司的核心业务,定位于为国内外航空国防装备市场,目标是成为世界一流的飞行训练集成系统服务供应商。民用航空市场:公司的重点发展业务,定位于为国外航空转包和国内机体零部件制造业务,目标是融入国际航空产业链,成为国内外知名的机身一级供应商。非航空民用市场:公司的发展业务,定位于国际非航空机电产品、国内高端智能和节能环保市场,目标是成为国际优秀机电产品供应商、国内知名的高端智能和节能环保产品制造商。

2. 细分市场,确立中长期产品市场组合

针对军用航空市场,按照国内外两个市场细分,确立国内军用飞机业务和国际军贸业务市场组合,产品主要特征是包括"初—中—高"教练飞机和培训、空地勤服务在内的飞行训练系统,从而满足国内外国防装备体系需求。

针对民用航空市场,按照市场定位,进行市场细分,洪都民用航空市场业务组合包括国外波音 747、787 零部件和中国商飞 C919 飞机机身。

针对非航空民用市场,市场细分后,主要的非航空国际转包项目包括 Dexter 和 Haskel 项目、GE 项目、Michelin 项目,国内业务包括自主研发的智能机器人、兼并收购的高压变频器等新兴支柱产业。

（三）构建基于"两融为中心"的开放客户关系网络

1. 构建"两融"客户关系网

第一，融入国际军贸航空产业链的客户关系网络。国际军贸航空市场主要依托中航技、保利等经销代理商与其他国家国防装备部门进行商务谈判和了解国际竞争对手信息。代理商的客户关系维护主要手段包括建立重要代理商人员信息，制定重要代理商开发、维护和提升计划与方案，定期举办代理产品情况协调会，走访国际客户反馈代理服务信息，及时解决代理商提出的客户需求，提供教练机产品生产、维修、培训服务等。

第二，融入国际民用转包产业链的客户关系网络。国际民用航空转包产品采取直接交付形式，市场客户主要对象是波音787供应商——美国古德里奇，波音747供应商——美国胜利集团，中国商飞C919项目管理团队，中国通飞蛟龙项目管理团队，GE国际转包商，Michelin国际转包商。客户关系维护主要手段包括建立重要经理人、代理商负责人信息，制定重要客户经理人开发、维护和提升计划与方案，定期走访项目管理团队，沟通和解决客户对产品的问题，按客户需求构建供应商资质所需体系，按时交付客户订单产品等。

第三，融入国内军用航空教练体系的客户关系网络。国内军用航空市场业务是"初一中一高"教练飞机和"飞行训练、教学系统"以及空、地勤服务，主要客户是中国人民解放军各军种装备部。客户关系建立和维护主要手段包括建立重要客户信息，制定重要人员开发、维护和提升计划与方案，定期走访部队，沟通和解决客户需求，按部队体系建设要求构建服务体系，定期组织召开军品合同检查会，按时交付客户订单产品等。

第四，融入地方区域发展经济圈的客户关系网络。在地方区域发展上主要依托鄱阳湖生态经济发展项目、大飞机航空城项目、当地政策鼓励项目。主要客户对象包括江西省政府、江西省国防科工办、市政府，区政府，南昌海关，通过建立业务对口管理部门信息，不定期承办政府倡导的具有社会影响力活动，邀请参加航空表演活动等形式，维护与当地政府管理部门的关系。

2. 系统维护市场客户关系

一是客户需求（价值）传导中心，由4个单位组成：经营发展部主要负责军品市场策划与产品策划、客户管理等；国际业务部主要负责航空产品国际市场策划与产品策划、客户管理等；民机部主要负责民用航空产品的市场策划与产品策划、客户管理等；非航空民品部主要负责非航空产品的市场策划与产品策划、客户管理等。这4个单位直接面对市场与客户，以不断深化与客户的联系为目标，及时准确地传导客户需求（价值）。

二是产品、服务价值形成中心。根据企业价值链分析和流程梳理结果，分别设置产品研发、技术开发、物料采供、加工制造、质量控制、客户服务等机构，以提高响应市场的速度为目标，快速高效地为客户提供产品和服务。

三是业务支撑平台，主要包括人力资源、财务管理、经营管理、风险控制等职能机构，以提高适应市场的能力为目标，为价值传导中心和价值形成中心提供专业支撑。

四是培养市场客户管理团队，建立市场客户内部协同机制。主要职能包括市场开发与推广，设计、工艺、制造技术保障，客服沟通与售后服务，通过流程化、信息化方式建立市场客户内部协同机制，快速满足客户需求，提升客户维护协同能力。

客户关系管理培训和市场营销取证。一方面，公司每年定期举办市场管理知识培训，聘请市场管理资深专家对各部门人员对如何维护客户关系在基本技能、销售技巧、专业知识等方面进行授课，并结合案例进行分析讲解。另一方面，加大外派培训力度，培养一批具有国际营销资质的市场营销人员，逐步要求市场人员必须持证上岗。

建立多序列市场管理岗位和评价机制。建立营销人才队伍发展通道（分为营销主办、营销主管、营销高级主管、营销业务经理、营销高级经理、营销特级经理、营销资深经理），对骨干营销人才加大激励力度，大胆尝试和创新，采取更灵活的营销团队奖励措施，激发开拓市场的积极性、主动性。摒弃针对市场营销部门考核市场业绩观念，针对公司全部门建立KPI/T量化指标测量，如市场产品技术服务指标（产品一次交付合格率、项目开发计划完成率、技术问题处理完成率、客户投诉次数、客户服务满意度）和评价市场开拓业绩（如老客户新增订单额、重要客户关系合同签约额、重点客户沟通频率、新市场开发提高率）。

（四）实施基于"为客户创造价值"的三维市场管理模式

1. 建立基于"为客户创造价值"的三维市场管理模式

包括全生命周期的产品管理、市场业务分类的项目管理、市场营销职能中的流程管理。

全生命周期的产品管理。针对产品在导入期、成长期、成熟期、衰退期四个阶段曲线特性，对各个产品进行全生命周期的管理，包括产品调研到可行论证、研发设计到生产制造、客户服务，从而为资源配置提供依据。

市场业务分类的项目管理。按照中航工业洪都中长期发展战略，确立各类市场业务定位后，公司决策层对各类市场资源进行大体划分，并分别成立军用航空、民用航空、非航空民品项目团队管理各类市场。各类项目团队通过对所管市场进行二次资源调配。

市场营销职能中的流程管理。围绕企业发展战略目标，采用三层业务管控。业务决策层是最高层，主要围绕公司中长期发展规划确定公司业务发展战略并调配各类资源；业务管控层为市场项目团队高级管理层，负责落实公司发展战略，制订业务制度和流程；业务执行层为项目一般管理层，主要负责市场调研、营销计划、信息搜集、市场控制等日常管理。通过对市场管理制度和流程不断完善，市场业务管控信息化系统完成升级，建立市场营销流程管理系统。

2. 做好各市场业务的三维市场管理模式运用

第一，在军用航空，实施不同客户的系列化产品组合营销策略。军用航空市场作为公司核心发展业务，主要产品是包括"初—中—高"教练飞机和培训、空、地勤服务在内的飞行训练系统。通过项目管理上的研究与开发，针对不同客户制定对应的系列化产品组合营销方案实施，实现从教练机产品供应商向飞行训练集成系统供应转变。

项目管理上的研究与开发。洪都项目团队联合国内外先进航空研究机构、国内高校、中科院、其他军工科研院所等，开展关键技术攻关，将电子教室、计算机辅助教学、计算机辅助训练、个人桌面训练器、飞行训练装置、部分任务模拟器和全任务模拟器等组成飞行训练系统，完成飞行训练系统试运行产品开发。

针对不同客户制定对应的系列化产品组合营销方案。对销售、计划、制造、售后等部门掌握的零散客户信息进行集成处理,使得企业对客户全面了解,各部门在统一的信息平台上面对客户。分析与客户有关的外交环境和地缘政治、装备体系与购买能力等,针对不同客户制定对应的系列化系统产品组合营销方案。

第二,在民用航空、非航空民用市场,采取产品差异化组合为导向的定价策略。定价从单一的定价模式到多种定价模式;从事后定价到事前分析。科学分析各产品导入期、成长期、成熟期、衰退期四个不同生命周期制订产品价格,形成分类、分层、分阶段适应市场的组合定价策略。

民用航空定价策略是为跻身国际主流航空转包行列和打造国内专业化的机身COE为目的的定价,采取竞争导向定价法,不直接以成本或需求因素为基础,而是以竞争者价格为基础,并考虑有利于企业的发展和获得满意的利润为目的而进行产品定价,如波音747-8飞机48段部件转包生产、C919前机身、中后机身。

非航空民品采取多种定价策略并举的定价。针对不同市场、不同产品制订不同的定价策略。

(五)导入市场风险的防范与控制机制

1. 推进全面风险管理工作,强化市场风险的管控要求

按照"识风险、建体系、抑风险"的工作步骤,有条不紊地逐项推进全面风险管理工作,建立全面风险管理工作的组织体系、制度体系和工作流程,并积极开展信息化建设提升风险管理的效率和效果。

在专业风险控制方面突出业务主管部门的作用,在风险管理委员会和各责任单位之间增加一个风险分类管理层级——专业风险管理工作组,作为"二级牵头部门",按照业务流进行分工,由业务主管领导分管,各牵头主管部门抓总。

2. 开展风险评估与内控诊断,分析市场主要风险和产生原因

采取部门访谈、填写风险管理调查问卷、高层访谈、专家分析相结合的方式开展风险评估和内控诊断,风险评估结果显示市场战略实施风险排在公司风险的首位,关键风险集中于产品(服务)定位、产品制造进度及质量保障、成本控制、对客户反馈意见的响应效率。关键风险找到后,对产生风险的原因进行进一步分析,市场风险在整个风险链中处于终端位置,战略规划、科研、采购、生产、质量控制等主业务以及各项支持业务的风险将最终传递到市场风险上。

3. 优化市场营销业务流程,提升风险管理能力

在市场营销业务流程上进行优化,构建基于战略发展导向的市场准入机制、对标行业标杆的项目评价机制、全价值链覆盖的预警机制和基于股东利益最大化的退出机制。

围绕着影响市场风险的业务流程,开展一系列的基础能力提升工作,如绩效考核体系变革、薪酬体系改革、科研生产管理模式转型、财务集中管控、加强运营管控、信息化体系建设等,实施制造能力振兴工程和质量提升计划。通过系统规划、分步实施,逐步提升市场战略实施风险的管控能力。

三、航空制造企业基于转型升级的市场营销管理效果

(一)市场占有率不断提高

通过实施市场战略管理,中航工业洪都牢固树立起以"市场为导向,客户为中心"的

市场理念,实现客户价值主张与公司价值实现的高度融合,员工的思想认识进一步统一,改变了过去封闭保守的思维,树立开放合作的观念,融入世界航空产业链,融入区域发展经济圈。国内外市场的成长性和发展空间呈现良好态势,全系列教练机产品发展模式得到客户广泛认同,教练机装备平台研发能力快速增强,教练机品牌形象大幅度提升,进一步推进了军民融合发展,市场占有率不断提高。

（二）企业综合竞争力不断增强

通过对市场需求的主动跟踪和超前研究,加快推进自主创新能力的提升,构建起创新导向的研发制造体系,在数字化设计与制造、新材料、新工艺、新技术等关键领域取得了重大突破,尤其在焊接技术、机电集成技术等方面取得了长足的进步。数字化制造、检验、无余量装配等工艺制造水平开始与国际先进水准对接,整体工艺和技术水平大幅度提升。通过兼并重组、合作开发、增资扩股等方式重点打造建设了一批技术含量高、管理水平先进的民品发展平台。建立起上下贯通的战略信息传递渠道,通过深化落实和更新调整战略布局图,定期对战略实施效果进行评估,及时发现纠正问题。在2009年至2011年间,累计获得国家级科技成果奖1项,省部级科技成果39项;累计申请专利218项,获得授权专利93项,企业技术中心排名上升到全国企业技术中心第20位,获得国家级管理创新成果3项,省部级管理创新成果8项。

（三）企业效益不断提高

军用航空、民用航空、非航空民品三大产业协同发展的格局初步形成;在军品市场萎缩的情况下,经济结构实现优化调整,军贸市场、国际转包市场及非航空产品产业占工业产值的比例大幅提升,确保了中航工业洪都在转型时期经济效益的平稳增长。2008年至2010年间,航空军贸收入13.79亿元,年均增长46.82%;航空转包收入3.07亿元,年均增长33.34%;非航空转包仅2011年就实现出口额2300万美元,同比增长57%;新增订单和已签订的合同总金额达3175万美元,同比增长213%;共实现收入10亿元,同比增长124%。

(成果创造人:宋承志、陈逢春、乐　阳、丁晓斌、王银华、章武强、
魏红涛、薛国兴、朱伟国、陆怀华、刘　赟、王中强)

创建国际一流品牌的优化管理

安徽叉车集团有限责任公司

安徽叉车集团有限责任公司(简称合力)成立于1958年,是我国规模最大、产业链条最完整、综合实力最强、经济效益最好的工业车辆(国内通常称为叉车,国际标准化组织ISO/TC110称为工业车辆)研发、制造和出口基地。现有员工7646人,2011年主营业务销售收入63.77亿元,利税7.99亿元。自1991年以来,主要经济指标连续21年保持全国行业第一,2011年在世界工业车辆排名第八。合力是国家创新型企业和高新技术企业,拥有行业内唯一国家级企业技术中心。

成果主创人:公司董事长张德进

一、创建国际一流品牌的优化管理背景

(一)应对激烈竞争的需要

中国加入WTO后,世界工业车辆巨头纷纷抢摊中国市场,世界工业车辆前十强品牌有八家在中国建立制造基地,其它品牌也建立了自己的销售网络。他们用多年的积淀、用世界级品牌高调进军中国市场,个别公司甚至公开宣称要在中国市场"打败合力",大有"八国联军进军中国工业车辆"之势。与此同时,来自台湾的品牌也在中国投资投产;国内工程机械、汽车等行业企业、一些民营企业分别通过实施多元化战略和产品线延伸,进入工业车辆领域。改革开放至今,新进入中国工业车辆行业外资、内资品牌不少于100家,是国内原计划经济时代建立的17家工业车辆定点生产企业的5倍多。在国内市场,合力既无外资的强势品牌,也无民营的灵活机制;在海外市场,工业车辆领域世界列强早已全球布局完毕,都已经建立了自己的品牌影响力、根据地和销售服务体系。面对从未有过的巨大压力和挑战,合力认为:要想在这场竞争中胜出,唯一途径就是把自己打造成国际一流品牌,才能参与国际市场竞争。

(二)实现发展战略的需要

本世纪初,合力提出"创十强伟业"的发展目标,具体地说,合力要在本世纪的第一个十年内,进入世界工业车辆前十位。2002年,考虑中国市场在内,合力占全球工业车辆市场份额是1.4%,而世界第一的"丰田"叉车市场份额是26%;剔除中国市场,合力占海外市场份额0.16%。包括合力在内的中国工业车辆制造企业无资格参加世界工业车辆联盟会议。合力的主导产品α系列属经济型产品,缺少高端系列。研发水平也还处在引进、消化、吸收阶段,10吨以上重装叉车尚未涉及,电动叉车尚未成熟。由此可见,合力在

中国市场也只能说是品牌建立的初期,在海外市场还是个"小不点",根本谈不上有国际品牌。因此,合力必须创建国际一流品牌,并以此为统领,全面提升企业的竞争能力,助力国际市场的开拓。

(三)具备一定的条件

从1991年起,合力就已经成为中国工业车辆行业第一,到2002年,已经稳居行业"冠军"12年,并且当年销售量超过1万台,其中出口超过1000台。几十年的积累,合力在中国工业车辆领域建立了较为扎实的基础,并早在1983年就注册了"合力"商标,在经营中重视产品及企业信誉,具备了飞跃性发展的前提。合力有本土优势,随着中国市场的扩大,中国本土"冠军"的世界影响力也会扩大,而后来的事实也证实了合力当初的判断。从2009年开始,中国已经取代美国,成为世界最大的工业车辆区域市场。

基于以上分析,2002年的合力既可能、更必须要走品牌经营之路,争创国际一流品牌。

二、创建国际一流品牌的优化管理内涵和主要做法

合力通过制定并实施品牌战略与规划,坚持自主创新,拓展产品系列、延伸产品线、提升产品档次;坚持自主制造,打造品质与规模相统一的制造供应链;坚持国内自主营销,建立国内行业规模最大、功能齐全的营销服务网络;坚持自主品牌自营出口,建立覆盖全球的独家代理网络;推广并保护合力品牌,采取品牌经营的组合措施,品牌影响力不断扩大,创建起国际一流品牌。主要做法如下:

(一)制定品牌战略与规划

合力2002年专门成立组织,系统研究合力的品牌战略与规划。按品牌价值和市场规模两个维度,对世界工业车辆行业做战略集团分析,其结论是:世界工业车辆行业的战略集团划分四个集团,第一集团的品牌是"丰田"、"林德",其特征是:集团企业、跨国经营、多品牌、定位高端市场;第二集团包括德国的"永恒力"、美国的"纳科"、"科朗"等品牌,其特征是:专业化、跨国经营、1-2个品牌、定位中高端市场;第三集团是世界前十的其他企业,主要由日系品牌组成,其特征是:部分跨国经营、以单品牌为主、定位中端及中低端市场;第四集团为其他所有企业,其特征是:企业众多、区域经营、定位低端市场。2002年的合力属第四集团,处在低价竞争的"红海",而创一流品牌无疑是走出"红海"之舟。

基于上述分析,合力制定品牌战略与规划,经调研、分析、制定并论证后,公司批准实施。总方针:进世界十强,创一流品牌。品牌观:以精品塑造品牌,以创新发展品牌。目标:稳居国内行业第一,2010年前进入世界工业车辆前十位,进入全球第三集团;2020年前进入世界工业车辆前五位,迈入全球第二集团;2030年前后进入世界工业车辆前三位,挺进第一集团。

生产线

战略举措主要包括：坚持自主品牌，十年内以单一品牌（国内：合力、国外：HELI）为主，加强合力品牌与工业车辆的关联度；坚持自主创新，开发高端产品，提升品牌科技含量，拓展产品系列及产品线，注重产学研合作及技术交流；坚持自主制造，专注工业车辆领域，向上、下游产业链延伸，以精品（高端、高质量）树立品牌；坚持自主营销，以品牌追求持续的市场占有率，立足高端出口，不参与低价竞争，在国际市场正面与一流品牌竞争，通过竞争提升产品质量，逐步树立合力品牌。建立统一的合力品牌识别系统，规范全产业链的名称、名词、符号、设计等。注重商标保护，在国际主流市场广泛注册"HELI"商标，积极争取中国驰名商标。在国内、外实施性价比较高的专业品牌推广方式，积极履行社会责任，树立品牌形象。

（二）坚持自主创新，提升品牌科技含量

在国家级企业技术中心基础上，建设安徽省工业车辆实验室和中国机械工业叉车工程技术中心，形成前端公共技术及基础技术支持平台、中间产品及产业研发平台、后向服务平台的矩阵产品研发体系。每年投入研发经费不少于销售收入的3%，承担多项国家重大科技创新和产业化攻关任务，其研发能力代表国内同行业最高水平。

1. 加强技术创新管理

合力根据总体战略部署，制定年度技术开发计划。采取项目负责制，明确每个项目责任单位、责任人和进度要求。每季度对各项目的完成情况进行检查和考核，市场化产品的研发项目和基础性研发项目分别按照市场化原则和目标完成情况进行考核和激励。在研发过程中注重运用模块设计、协同研发，加大研发资源投入，新产品研发周期不断加快。

2. 推进产品技术创新

合力立足中国，面向世界，既要稳居国内行业第一，又要创国际一流品牌。产品发展路线是："高端进入，低端巩固，市场全覆盖"。以高端产品参与国际、国内高端市场竞争，以低端产品巩固国内市场占有率。

基于以上技术路线，合力在已有的α系列内燃叉车基础上，拓展产品系列，先后完成定位中端的K系列，定位中高端的H2000系列，以出口为主、定位高端的G系列，中高端系列产品完全满足欧盟、美国的安全、技术、环保要求，主要技术指标国内领先、国际一流，部分指标全球领先。通过自主创新，延伸产品线，开发12-46吨重装内燃叉车，和意大利研究机构合作开发集装箱正面吊和堆高机，46吨叉车也是目前世界上最大吨位的叉车，这些业内顶级产品正是合力成为国际一流品牌的象征。2011年，代表国际工业车辆当今先进水平的混合动力叉车研制成功，在北京国际工程机械展览会上成功展出。合力现已成为国际工业车辆领域产品线最宽的企业之一，主导产品18个吨位级、512类、1700多种型号全部具有完全自主知识产权。

合力在坚持自主创新的同时，十年来，产、学、研交流合作100多项。其中，与合肥工业大学共建工业车辆实验室；与清华大学合作，攻克黑色金属消失模铸造技术，该技术及工艺为全球首创。

3. 注重专业知识的专利化与标准化

在研发队伍中努力营造"创新光荣、宽容失败"的氛围，成立知识产权推进机构和"科技创新协会",系统筹划并组织创新,邀请专利事务机构来公司讲解专利申请技巧。一方面对创新成果给予物质奖励和精神表彰,另一方面每年给研发部门下达专利指标数量并跟踪检查、考核,研发部门把知识产权贡献量与员工岗位评聘挂钩。积极参与国家标准的制定,并很早就开始积累自己特有的专业知识。每当研发一个产品、一个部件甚至是一个项目完成后,都要进行专业知识总结,对于有价值的理论模型、计算方法、设计及工艺经验、试验技巧等,经过理论化、系统化后,成为合力的知识点。10年来新增国内外授权专利179项,其中发明专利8项,国外发明专利1项;合力主持或参与制定国家级行业标准23个,其中主持制定18个。目前,合力工业车辆专业知识库已有知识点278项。

(三)坚持自主制造,实现质量提升与规模扩张

1. 强化质量管理

合力通过GB/T19001认证,建立质量管理体系;通过广泛开展QC、改善提案和质量攻关等活动,改善产品质量;制定并实施比国家标准要求更高的企业标准。借鉴"丰田"现场品质管理方法,以QC工程图和品质检查为基础,通过作业及检查标准书的实施,实现生产过程品质管控,达到实物质量一致性;同时加强质量考核,确保各项质量管理举措落到实处、形成闭环。

2. 开展核心零部件加工

加大核心及关键零部件布点,加强零部件产业规划与管理,已经构筑由合肥铸锻厂、安庆车桥厂、蚌埠液力机械有限公司、安庆联动属具公司、和安机械制造有限公司、宝鸡合力叉车厂等组成的工业车辆零部件制造体系。合力选择向上游零部件延伸主要是为确保产品质量。零部件自制保证了整机质量,加快了整机新产品开发速度,通过给工业车辆世界列强及国内同行配套,合力工业车辆零部件自身也已发展成为重要产业,增强了合力的盈利能力。

3. 布局整机产业

建立区域整机制造基地是一流品牌的必然选择。合力在业内第一个通过跨区域投资、兼并、收购等方式组建区域制造基地。到2011年,已初步形成区域布局合理、配套体系完整、能满足多层次市场需求的年产10万台工业车辆的制造能力。在合力的"十二五"规划中,已经列入国际制造基地项目。

合力在规模扩张时,严格产品质量控制:核心及关键零部件凡能自制的,不允许集团外采购;战略物资由集团统一采购,分区域供货;各分厂合格供应商由集团质量部门审核并共享;售后反馈信息集团内共享;质量部门严格把控分厂质量管理体系及质量指标,定期指导并考核。

4. 完善供应商管理

秉承"诚实守信、合作共赢"的理念,制定、完善并实施《供应商动态管理办法》,按日常评价、综合评价和管理评审三种方式,从供应商的产品质量、供货能力、研发能力、服务水平、管理水平、资金状况等方面进行评价,以评价结果为依据,对供应商进行ABC三级划分,并按分类确定供货比例、付款时间等。对产品质量稳定、价格有优势、交货及时的供应商和合作伙伴,根据发展战略有选择的以技术合作、管理支持、控股参股以及邀请周边建厂等方式发展成为战略联盟。对供应商质量管理体系审核已经延伸到供应商的核

心供应商。

（四）坚持自主营销，建立营销服务网络

1.组建国内自主营销网络

国内销售选择自主营销模式，并进行富有独创性的营销体制及管理创新，最大程度地争取直销和代理的双重优势。从2002年开始，对覆盖全国的原销售办事处进行改革。一方面按照"合力控股、经理持大股、骨干持股"的原则，首批对上海、广东、天津等9个重要营销网点进行股权结构多元化改制，实行"独立核算、独家代理、自负盈亏"。另一方面，对13个规模较小的省级办事处进行民营化改制，由办事处改为总经理相对控股的民营公司。

2003年以来，合力动态管理并考核营销子公司及民营网点，并多次对网点增资扩股、动态改善，优化网点股本结构，建立营销子公司及民营合力网点的总经理退出机制。规范网点门面设计，使用合力统一的标识、符号。在国内市场统一品牌、统一产品系列型号、统一市场指导价、统一服务标准，通过营销总部技术服务部统一管理"三包"及售后服务；通过合力400服务中心统一受理用户投诉并回访；通过连续19年开展"质量万里行"活动，合力研发、质量及营销管理人员深入市场，了解用户诉求及质量与服务状况；合力营销系统不允许经营非合力品牌产品，不允许跨区域经营。根据市场状况，每年召开不少于2次由各省级网点总经理和各主机厂厂长以及总部营销、研发、质量部门负责人参加的销售工作会议，听取反馈并研究行情，制定策略并落实任务。分区域制定促销策略，在确保市场占有率的基础上，改善市场产品结构，适时投放新产品，增加中高端及电动工业车辆国内市场比例。在总部投放品牌广告的基础上，制定优惠政策，鼓励各营销网点增加当地品牌推广投入。建立营销子公司内控体系，确保诚信、守法、规范经营，每年制定营销网点应收账款限额，控制经营风险。营销总部建立大客户部及招投标管理办法，确保集团客户集中采购的产品分区域服务。要求所有营销网点必须建立展厅及配件库，使用合力正品配件，要求各省级网点发展地、市级营销网络，本地销售，贴近服务。

2009年，再次通过体制创新，增资发展势头良好的杭州合力（原为已改制的民营网点），使其成为合力相对控股的子公司。现行合力营销子公司法人代表由合力派出，民营网点总经理及骨干为合力员工。为壮大营销网点，提高售后服务能力，合力多次组织各种培训班，培训营销及售后服务人员，多批次派出合力员工充实营销队伍。合力国内现设有23个省级营销公司，377家二、三级销售网络，1500余辆售后服务车，营销及售后服务4000余人。

2.组建海外独家代理网络

合力选择自主品牌出口，并坚持以自营出口为主，通过体制改革完成对合力出口部门——安徽合力机械进出口公司的改制（合力控股，骨干参股）。改制后专业从事合力工业车辆系列产品出口，为合力进口零部件，而不从事其它业务。选择海外区域独家代理渠道策略，明确要求不能经营其他同类品牌，门面设计、标识必须符合规范。从树立品牌形象出发，选择中高端产品出口，并保持国际市场中等价格，不打价格战。合力选择欧美等高端市场为首攻市场。2002年，合力首次独立组团参加世界工业车辆专业展览会——德国汉诺威展，在国际同行面前首次以"HELI"品牌亮相，世界同行除感到诧异外根本瞧不起合力,代理商、用户也用怀疑的目光看待来自中国的"HELI"产品,合力展厅虽然热闹但无实绩。合力采取的措施:一是主动出击,寻找代理商并索要名片,邀请来合力展厅深谈;二是向用户打听欧洲知名代理商;三是拿到展会代理商名册;四是借助当地华人寻找可能的合作伙伴。展览会结束后,合力代表团没有马上回国,而是按已经搜集到的名片,选择重要代理商登门拜访,一方面推介合力、寻求"知音",另一方面了解行情、考察客户。回国后,外销人员继续保持与客户联系并持续参加专业展览会。经过合力的不懈努力,终于从英国打开了进入高端市场的入口并不断扩大。2008年,合力以自主品牌全年出口超过1万台,其中出口欧美市场占70%;因为金融危机的影响,近年来欧美市场需求不旺,合力及时调整出口战略,重点开发东欧、拉美、东南亚等新兴国家市场,2011年出口数量再次达到近万台,出口额超过1.5亿美元,市场价格及利润率均高于同类产品的国内销售。到2011年底,合力在海外80个国家建立独家代理网络,产品全部以合力自主品牌销往160多个国家和地区。作为巩固品牌、提高忠诚度的重要措施,合力每年安排多批次国外客户及用户来公司培训,学习产品及维修服务知识,合力为此培养专门的培训师,并开发专用教材。合力还通过技术出口、出口散件等,促进品牌提升和产品出口。

(五)推广与保护品牌

成立以董事长为主任的品牌委员会,统一管理、推进并决策合力品牌培育与发展。规划部门负责品牌战略,CI工作室负责品牌识别系统维护,质量部门牵头实物质量提升与控制,法务部门负责品牌保护,市场部门负责品牌传播与推广,管理部门测量、控制品牌战略执行并进行绩效考核。

1. 设计合力品牌载体

由CI工作室设计的品牌形象识别系统,经批准后正式成为合力标准并对外发布。2007年发布第一套品牌宣传片"合力与您同行";2010年发布广告词"中国合力,提升未来""HELI,LIFTING THE FUTURE";2012年完成第二套品牌宣传片"中国合力,提升未来"。

2. 推广合力品牌

在国内市场选择高速公路广告牌作为品牌推广的主渠道。累计投放广告牌500多个,覆盖全国各主要高速公路的城市出入口。这一举措收效良好,已纷纷为业内所效仿。国内市场品牌推广还有:参见展览会,在专业网站(如中叉网)、专业杂志及报纸上投放广告等。国际品牌推广以高密度的专业展览会为主渠道。十年来,合力多次独立组团参加各种专业展览会,在全球召开上百次品牌及产品推介会,并通过80家海外独家代理,因地制宜地宣传合力品牌。合力在国际市场品牌推广还包括:专业网站(如ALIBABA、FORKLIFTAKTION)、专业杂志投放广告等。

3. 保护合力品牌

合力早在1983年就注册"合力"商标,2002年通过异议复审在国内注册"HELI"商标,从此开启运用法律武器保护合力品牌的序幕。随着合力品牌知名度的不断扩大,国内外傍名牌及恶意抢注时有发生。合力一是成功申报"中国驰名商标",获得优先保护权;二是通过保护性注册商标,扩大保护范围,如注册"合力叉车"等;三是通过商标异议先后抗辩成功"合叉"、"安叉"、"HELIX"等商标注册申请;四是已申请合力的第二注册商标。截止到2011年底,合力已完成国内商标注册47件,国际注册商标82件,共涉及103个国家和地区,"合力提升未来"、"HELI, LIFTING THE FUTURE"也已申请注册。十年来,合力先后配合南京、天津、镇江等地公安机关,打击假冒合力产品20余批次,有效保护消费者的合法权益。

4. 履行社会责任

合力始终坚持诚信、守法、规范经营,注重相关方利益保护,是国家首批"安全质量标准化一级企业",通过GB/T14001、GB/T28001认证,在制造过程中推进清洁生产、精益生产,严格遵守节能减排法律、法规,通过提供高质量的环保、节能产品为社会做贡献。积极参加汶川、玉树救灾、赈灾活动,不仅免费提供产品服务,为灾区捐钱、物等近千万元。支持体育事业,举办"合力杯黄山国际山地自行车赛",荣获"第四届全国体育大会特约服务商",为F1赛车场的13支参赛车队及广告支持商提供合力叉车服务等。合力支持职业教育,先后数十次冠名并为叉车技能大赛提供比赛用车。

三、创建国际一流品牌的优化管理效果

(一)取得了良好的经济效益

合力以创国际一流品牌为引领,通过"四自一体"的品牌经营组合措施,全面提升企业市场竞争能力。从1991年起,合力主要经济指标已连续21年位居国内行业第一,取得了良好的经济效益(见下表)。2006年合力进入世界工业车辆制造业前十,2011年排名世界同行业第八位,实现了"创十强伟业"的战略目标。

表　合力2002～2011年主要经济指标完成情况

指标 年份	净资产:亿元	销售收入:亿元	利润总额:亿元	资产负债率	销售量:台	其中出口量:台
2002	10.01	9.84	0.99	25.28%	10156	1053
2003	10.81	13.9	1.35	33.39%	15008	1515
2004	11.12	14.59	2.13	28.96%	19071	2515
2005	13.46	18.56	2.16	30.44%	22458	3816
2006	21.12	25.33	3.31	37.64%	28935	6300
2007	23.88	34.51	4.49	27.31%	36991	8636
2008	24.76	36.71	1.85	28.09%	36466	10487
2009	25.45	31.44	1.3	29.36%	34643	3662
2010	29.09	51.43	4.68	33.13%	56501	6639
2011	33.34	63.77	5.11	32.44%	70840	9903

(二)提升了品牌形象

2011年新产品产值率达到55.89%,产品综合顾客满意度为84.26%,远高于行业平均80%的水平(行业数据来源:中国工程机械商贸网),大客户重复购买率91.2%。合力品牌产品在中国市场占有率26.54%,全球市场占有率从2002年的1.4%增加到2011年的7.52%,增长437%。与国产品牌相比,品牌溢价率为5%—10%,合力海外市场价格与韩国"现代"、"斗山"等处于同一层次。

德国弗戈(VOGEL)工业媒体中国工业车辆调查表明:"HELI"牌叉车为"最受欢迎

的国产品牌叉车"(来源:弗戈媒体集团 2005 年 12 月上海发布)。

（三）引领了行业进步

10 年来,合力始终引领行业技术进步,拓展产品系列,提升产品档次,延伸产品线,为业内优秀品牌所效仿；合力主持或参与制定国家行业标准 23 项；合力重装叉车及集装箱设备研制成功并批量投放市场,使得国家对此类产品进口不再免税。目前国产品牌 100 多家,几乎都遵循合力技术路线。合力工业车辆零部件提高了全行业质量技术水平。目前合力零部件已成为行业主流、高端配件,不仅为国产品牌配套,还大量为世界一流品牌配套。

在国内建立行业规模最大、功能齐全、服务规范的自主营销服务网络并成功运作,为合力顾客提供及时周到的服务,自主营销已经引起国内、国际同行业高度关注,部分优秀国产品牌正在学习合力并建立自己的直销网络,国际行业一流品牌甚至希望借助合力渠道进入中国市场。合力坚持自主品牌出口并取得成功,在行业起到了示范作用。以合力为代表的国产工业车辆品牌,和世界一流品牌同台竞技,国产工业车辆始终占住中国市场主导地位。

合力作为行业副理事长（行业理事长为北京起重机械研究院）,带头自律,抵制低价竞争,促进行业进步。从 2009 年开始,合力作为中国工业车辆行业的代表,每年参加世界工业车辆联盟会议,和世界一流品牌共同研究行业规律,维护行业权益,促进行业发展。

（成果创造人:张德进、杨安国、薛　白、都云飞、马庆丰、
　　　　　　邓　力、陈　捷、李　浩、陈惠穆、赵晓东、余在洋）

以提升客户价值为导向的军品营销管理

中国空空导弹研究院

中国空空导弹研究院(简称中航工业导弹院)创建于1961年,是国家专业从事空空导弹和发射装置、地面检测设备和机载光电设备及其派生型产品研制开发及批量生产的研究发展基地。建院50余年来,完成了从测绘仿制到自行设计、从单纯科研院所到科研生产一体化中心、从单一品种到多品种多系列的转变,打造了空空导弹技术国内领先地位。中航工业导弹院在职职工5600余名,其中国家级专家3名、部级专家16名。拥有国内一流的厂房、实验设施、各类高精尖仪器设备,涉及红外成像制导、激光制导等100多个专业领域,设有四个硕士点、一个博士点及博士后科研工作站;拥有先进的精密制造、成型工艺、光学加工、电子装配、探测器制造等批量生产能力和现代化的计量、理化、环境试验等手段。

成果主创人:院长、党委副书记葛森

一、以提升客户价值为导向的军品营销管理背景

（一）应对军品市场环境变化的必然选择

我国军品市场自形成以来,一直沿袭着传统的计划经济模式,带有典型的指令性特征。改革开放以来,随着国际形势的缓和与新时期军事战略的转变,我国的国防装备建设已发生了深刻变革。2002年10月,中央军委颁布《中国人民解放军装备采购条例》,并随后下发了配套规章,国防科研生产逐步实行了国家指令性计划下的合同制,通过合同方式落实军品科研生产计划;同时,军方欲打破垄断局面,引入竞争机制,国防技术预研、科研课题和国防装备采购都逐步实现了招投标竞争。

2010年,国务院、中央军委下发国发〔2010〕37号文《关于建立和完善军民结合寓军于民武器装备科研生产体系的若干意见》,支持非军工国有企业和高技术民营企业进入军品市场,军品市场装备采购竞争将日益激烈,退出和淘汰机制将进一步健全完善。军品市场经营环境的巨大变化,对军工企业现有的体制机制、发展模式、经营理念和思想观念都产生了极大的冲击,为军工企业提出了艰巨的改革任务和严峻的挑战。

（二）实现军工企业战略转型目标的必然要求

面对军品市场经营环境的巨大变化,军工企业必须实现从计划经济模式向市场经济模式的战略转型,才能在日益激烈的市场竞争中生存下来,继而进一步实现跨越式的发展目标。中航工业成立后,明确提出了"两融、三新、五化、万亿"发展战略,确定了中航工业军工企业战略转型的目标和要求。以此为出发点,中航工业导弹院确立"三步走"的发展战略,通过树立以客户为中心的市场观念、建立以市场为导向的经营机制、构筑全价值链竞争优势,实现"五年巩固地位、十年并驾齐驱、二十年领先发展"的发展目标,通过五年的发展,巩固空空导弹国家队地位;通过十年奋斗,实现与国际先进水平的并驾齐驱;通过二十年拼搏,转型为国际一流的高科技产业集团。这些目标的实现一方面要求不断提升技术水平、突破关键技术,增强自身实力、提升市场竞争力,确保在主业领域的市场主导地位;另一方面也要积极开发新兴市场,开发新产品,开拓新领域,发展新客户。

(三)适应军品市场特征和运行规律的客观需要

军品市场是一个特殊市场,除具有一般商品市场的特征外,还有其自身的内在特征与运行规律。军工企业普遍面临着单一的军方客户、少数大型武器装备竞争对手的市场局面,客户需求的变化对军工企业的影响深远;竞争对手实力强大,与客户的关系均很紧密,竞争日益常态化和激烈化;市场需求多为多品种、小批量。这就要求军工企业要持续关注客户需求,不断提高满足客户需求的能力;加强对竞争对手的关注,提升市场竞争能力。同时,军品市场采取成本加成定价、军方审价的定价方式,市场定价的灵活营销手段受到限制,渠道与促销方案的实施余地也极为有限。军品市场上,计划经济时代的销售模式和一般商品市场的营销模式不能完全适应,客观要求军工企业探索并建立适应军品市场特征和运行规律的营销管理模式。

基于以上认识和背景,中航工业导弹院从2009年开始探索实施以提升客户价值为导向的军品营销管理。

二、以提升客户价值为导向的军品营销管理内涵和主要做法

中航工业导弹院以不断提升对市场(客户)需求的快速反应能力和对战略的支撑能力为主旨,确立围绕主价值链"市场开发—产品开发—产品销售—产品交付—售后服务"的军品营销管理总体设计框架,提出"实力、价值、信誉和关系"4C营销组合策略,构建"快速响应客户需求"的组织架构、流程框架、运营机制和营销团队,强化分析预测能力、建立立项营销系统和完善客户关系管理,最终实现客户价值的提升。主要做法如下:

(一)综合分析,明确市场战略

中航工业导弹院通过定期组织召开年中市场分析会、计划评审会、专项产品市场分析会等市场会议,采用多种分析工具,对外部环境、行业竞争、企业内部能力、各战略业务单元进行分析,并从市场潜力、增长率、竞争激烈程度、能力匹配等维度对细分市场进行综合评估。

通过综合分析,中航工业导弹院选择空空导弹与发射装置市场作为主要目标市场,确定以"确保战斗力、提升战斗力"作为向市场和客户提供的核心价值,制定"以作战需求为牵引,以技术进步为动力,以提升客户价值为导向,开拓国内、外两个市场"的市场战略;通过实施多品牌运作策略,努力打造国内一流机载制导武器

院景

系统供应商、世界一流航空防务体系供应商的企业形象。在此前提下,进一步将市场战略分解到各个主要业务板块,明确各业务板块的发展思路及主要目标,确保市场战略有效实施。

(二)制定军品市场"4C"营销组合策略

由于军品市场的特殊性,一般商品市场上的"4P"营销组合并不适用,中航工业导弹院在对多年军品销售经验总结的基础上,提出"4C"营销组合策略,即通过实力(Capability)、价值(Creation of value)、信誉(Credit)和关系(Connection)四个维度开展军品营销管理。

实力是指更好、更快地为用户提供更先进产品的能力,它包含三个维度的含义,即科研实力、生产实力和售后保障的实力。一方面不断提高自身的科研实力,针对军方的特殊需求,研发出技术先进、适应现代化战争的武器装备,以应对未来的高技术条件下的战场;另一方面不断提高生产实力,努力提高短时期内生产交付大量军品订货的能力,以确保在战时能够应急供应战争需求;同时还不断提高质量和售后保障的实力,确保生产交付的产品具备高质量、性能稳定可靠,并及时有效地提供售后服务保障。

价值是指为客户创造的价值,它包含直接价值和衍生价值。通过提高武器的技术先进性、可靠性、易用性、战场生存能力、计划交货期、售后服务等,甚至包括严格保密工作,来提升为客户提供的价值;同时通过武器的先进性激发士兵对胜利的信心,根据武器的战场表现而形成对军方立项、定型、采购的正确性评价来为客户提供衍生价值。

信誉是指知名度和美誉度,分别从量和质两个方面进行评价。一方面通过有选择性地参加行业性、专业性展会,向目标客户进行专项汇报、展览、宣传,来提高被目标客户知晓、了解的程度;另一方面努力满足客户需求,按合同节点交付产品、提升产品质量、服务等,提高获得目标客户信任、赞许的程度,促进军品科研立项和销售。

关系是指中航工业导弹院与客户基于共同利益建立的长期稳定的关系。主要通过维护处理好与军方预研、科研管理部门、军品采购部门、军品使用单位以及驻院军代表、行业主管部门之间的关系来确保经营的长期稳定。对军方预研、科研管理部门和军品采购部门,积极主动向其汇报最新的科研成果,邀请其来院进行检查指导,帮助其确立对导弹院军工产品的信心;对军品使用单位,及时派出技术人员进行培训和使用指导,定期收集反馈信息,及时解决其提出的产品问题和售后服务问题;对驻院军代表,充分理解和尊重其工作,就产品质量和研究进度与之进行及时沟通与磋商,工作上支持,生活上关心;对行业主管部门,重点是争取优惠政策、技改资金支持、各种荣誉和成果的评定等,争取一个有利于导弹院发展的外部环境。

(三)以快速响应市场需求为核心,理顺营销管理机制

1. 重塑营销管理组织架构

为了适应不断变化的军品市场形势,中航工业导弹院逐渐建立完善军品市场营销管理组织机构并调整相应职责。院长作为全院营销工作总负责人,统筹管理国内、国外两个市场以及售前、售中、售后三个过程;将市场部从计划部分离出来,逐渐转变计划经济下的军工企业传统模式,明晰军工企业主价值链上"市场开发"和"产品销售"环节;明确市场部"新品立项职责",凸显并不断强化客户需求的前端导向;成立国际合作部,系统提

升军工企业对外营销能力;将客户服务部纳入职能部门管理,并赋予其相应外场服务的计划、经费和考核权限,提升其管理能级,便于调动及协调院内资源,真正落实客户观;采用跨职能团队的形式,组建由主管院领导、总师担任团队领导,研发、计划、财务、服务、市场等部门参加的营销团队,快速响应客户需求,实施矩阵式管理,全面策划、组织、实施立项营销工作,构建市场营销管理的组织基础。

2. 绘制以客户需求为导向的流程地图

中航工业导弹院全面梳理流程,确定流程地图,建立三级业务流程体系,对立项营销管理、军品销售管理、合同管理、发运管理、售后服务管理等进行详细规定,促进市场营销管理体系化、程序化、显性化。以流程地图为依托,开展机制变革,通过纵向控制和横向协调,实现对效率的控制和权力的制衡,实现面对客户的快速响应。

3. 完善以"客户与评价"为核心的运营机制

引入综合平衡计分卡,在原有运营管控机制基础上,将"客户与评价"作为提升内部管理水平和实现企业价值的桥梁。

形成目标管理和计划管理体系,根据集团公司发展战略,确定第四次创业"三步走"目标和发展规划,进而制定五年规划;每年度初,编制年度院战略地图和平衡计分卡,形成1号文,确定市场营销、科研、生产、技改等年度计划,明确各个维度的KPI指标;市场营销部门分解、制定部门级战略地图、平衡计分卡和KPI指标,分别对市场营销计划进行分解落实,制定军品营销计划、军贸营销计划、客户服务计划,将营销目标进一步分解,落实责任人,制定具体实施方案;通过建立个人岗位级平衡计分卡和KPI,确定年度个人目标及关键里程碑,明确每一个营销岗位承担的年度具体营销任务。

每季度,院依据部门战略地图和平衡计分卡对各部门营销任务进行考核,确定部门季度奖金;半年度,对军品市场及营销任务进行分析,召开半年度战略回顾会(即年中市场分析会),根据市场需求不定期召开专项产品市场分析会,确定关键问题和改进措施、建议,适时调整年度营销战略地图和平衡计分卡;每年11月,召开下一年度的计划评审会,通过综合分析国内外形势及各种市场信息,对市场和客户需求进行分析,奠定年度1号文基础。

针对不同的市场营销职位和岗位设置相应的绩效考核评价指标:新签军品合同和回款额、新品立项工作进展、市场信息收集与分析、与院内外单位的工作协调、客户走访与接待、管理制度执行等,每季度根据绩效考核结果兑现岗效工资和奖金。

4. 打造全方位多层次的军品营销团队

结合军品市场特点和军品营销实际情况,设立多级营销经理职务和岗位,为营销人员提供广阔的晋升渠道和职业生涯发展通道,专职市场营销人员岗位体系划分为部长、高级营销经理、三级营销经理、二级营销经理和一级营销经理五个等级;营销岗位包括综合管理、军品销售、新品立项、营销策划、军贸营销、客户保障等;制定"营销能手"评选、奖励办法,每年度评选出"营销能手",按院"标兵"标准进行奖励(如出国考察学习等),多渠道、多方位对各级各类市场营销人员进行激励。

将营销团队建设纳入整体人力资本开发规划中,确立建设一支"熟悉导弹院各类产品、能够高水平服务于四大军品种、各主机厂所和国际客户的营销队伍",规划至"十三五",市场营销团队人员过百。每年由人力资源部门制定专项培训计划,系统策划营销管理人员和团队的发展,针对不同人员采取分类别分层次的培训形式和方式,专职营销人员重点强化产品技术知识和营销知识培训,采取院外全脱产培训方式,获取营销经理认证等专项资格认证,提升专职营销管理的专业水平;兼职营销人员主要以院内开展专项培训为主,聘请院内专职讲师和院外高校教授、专家进行授课,重在培养营销意识和市场观念;同时,将营销管理课程作为年度部门培训规定科目,广泛开展部门普及培训,在全院范围内开展营销管理知识培训,培养院各级人员的客户观和市场观,营造良好的营销文化氛围。

(四)强化市场需求的分析预测能力

1. 加强市场分析与研究

军品市场是一个特殊的市场,有很多自身的特点与规律。中航工业导弹院重视对军品市场的分析与研究,建立健全快速响应的市场信息情报搜集网络。利用科技情报所、互联网、报刊杂志等媒介搜集各类国内、外行业市场信息以及国家国防改革、国家安全形势走向、国际目标国的政局稳定度、军方对外作战模式的研究动态等信息;通过参加展会、客户走访以及参加各种研讨、评审会议等途径,搜集和研究内部销售数据、客户需求、市场形势变化、竞争者市场信息等。定期分析收集的市场信息,实时对新签军品合同、实现销售收入和回款信息进行收集、汇总,定期进行双周分析、季度分析和年度分析;针对国际军贸领域,每两周召开一次例会,更新相关资料,采用多种分析工具进行市场分析与研究,提高对客户需求的把握能力。

2. 探索市场需求预测模型

通过综合分析收集到的市场信息,并结合历史销售数据,中航工业导弹院挖掘、分析影响市场和客户需求的关键因素,认为国际周边环境,国家统一及稳定,国家发展战略,经济发展水平及国家军费预算,国防战略及其发展需求规划,国内军工单位的研发能力、生产能力、质量保障能力的现状等因素会对市场需求产生重大影响,并据此形成市场需求预测模型。在每五年制定的中远期规划中,对客户近、远期的市场需求进行分析和预测,提高对市场需求预测能力,同时针对客户未来需求提前着手,提高满足客户需求的能力。在开展市场预测的基础上,进一步分析市场走势,开展产品的生命周期分析,确定各型产品的走势图,明确下一步的技术发展方向及应对措施。

(五)开展自有特色的立项营销

军品市场上,军工企业首先要争取到科研立项,通过开展科研活动完成产品定型,才能有军方的订货。立项是进行军品销售的前提和基础,具有"供货资格证"的作用。中航工业导弹院在产品立项阶段就开始策划实施营销工作,深入研究和分析军品立项流程中的关键环节,确定立项营销活动(见下图)。及时了解客户需求,针对军方作战使命、作战模式对装备体系的要求,提出有针对性的解决方案,并形成相关产品设想和产品方案,基于核心技术向客户开展立项营销,争取得到军方的认可,成为军方长期规划的一部分。通过立项营销,能够将竞争与营销活动"前移",争取型号研制立项,形成有利的立项环境和竞争优势,满足客户需求,提升客户价值。

(六)以提升保障服务水平和提高客户满意度为宗旨,开展客户关系管理

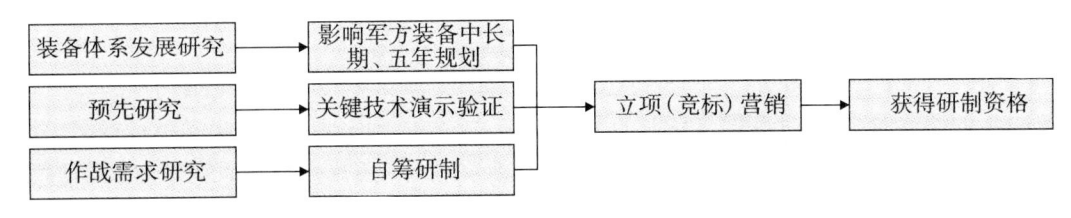

```
┌──────────────┐    ┌──────────────┐
│ 装备体系发展研究 │───▶│ 影响军方装备中长 │
└──────────────┘    │ 期、五年规划    │
                    └──────────────┘
┌──────────────┐    ┌──────────────┐    ┌──────────────┐    ┌──────────────┐
│   预先研究    │───▶│ 关键技术演示验证 │───▶│ 立项(竞标)营销 │───▶│  获得研制资格  │
└──────────────┘    └──────────────┘    └──────────────┘    └──────────────┘
┌──────────────┐    ┌──────────────┐
│  作战需求研究  │───▶│   自筹研制    │
└──────────────┘    └──────────────┘
```

立项营销活动图

1. 深化客户关系管理

按照国内和国外、单位和个人分别制定客户管理标准。国内军品领域,客户单位按照年度采购合同额和客户增值潜力等因素分为优质型客户、发展型客户、维持型客户、放弃型客户;客户个人根据其担任的角色分为决策型、重点型、普通型。国际军贸领域,按照合同额和重要程度对客户进行评估分类,将客户分为绩优客户、蓝筹客户、希望客户、惰性客户,通过静态的数据分析和动态的矩阵分析,来定期测量和评估军贸客户的成长性。

在对客户分类的基础上,重点强化对重要客户的管理。通过对影响客户满意度的因素进行分析,发现产品和服务是影响军品客户满意度的关键环节,据此依托科研、生产实力和技术优势,有针对性地制定客户开发方案,向客户推荐新项目、新技术,引导和满足客户新的需求;开展重要客户价值分析,建立重要客户信息数据库,时时收集、保存和积淀重要客户的基础信息、产品倾向、合同走向等相关信息;制定"贴近客户,深度开发,发掘、引导和满足客户新的需求,巩固已有市场,拓展新兴市场"的重要客户开发策略;确定重要客户开发重点,明确重要客户开发、维护的方法和流程;组织研发、计划、财务、服务、销售等多部门参加的营销团队,有针对性的开发重点客户,全方位满足客户的需求,提高营销业绩。

2. 完善保障服务管理

军品市场上,军方客户的意见和要求既是商业行为,又包含政治意义。对于客户意见,中航工业导弹院始终怀着高度的政治责任感,原挂靠在质量部的客户支持与服务中心提升为客户支持与服务部后,归口管理客户服务与外场保障工作,明确"一切为了用户,一切服务用户;保证装备完好率,保证部队战斗力"、"哪里有需要,哪里有我们;产品在哪里,服务到哪里;装备不退役,服务不停止"的服务宗旨,快速响应客户需求。采用电话、传真、邮递、网络等多种途径受理客户意见,通过在外场服务发放《客户服务指南》和建立用户通讯录,保证客户沟通渠道畅通;建立处理和反馈客户意见的标准化程序,明确客户意见接收、传递、处理和反馈的流程,实现对客户意见的迅速反馈,确保"用户需求24小时响应、重点型号产品外场排故48小时到达、保证期内产品返院排故20天内完成";建立客户意见数据库和售后服务信息化平台,制定《用户满意度测量与分析程序》,每年按型号对现役主要产品的体系运行情况、合同执行情况、产品质量和服务质量等情况开展用户满意度调查,进行纵向、横向分析,形成《外场故障综合统计分析报告》、《年度用户满意度测量与分析报告》等,确定影响满意度的关键因素,据此制定产品质量和工作质量的改进措施,持续提高用户满意度和忠诚度。

三、以提升客户价值为导向的军品营销管理效果

（一）提高了企业的军品营销能力

通过成果的实施，中航工业导弹院培养了一批专兼职结合、年龄学历结构合理、专业能力强的营销团队，通过与客户良好的沟通交流，能够快速识别客户的现实和潜在需求，从而指导产品、技术研发的方向；根据军方作战模式，研制满足作战需求的产品，通过技术牵引，一定程度上能够引导客户需求；长期承担众多预研课题及重点型号研制任务，攻克相关技术，先后获得各级科技成果2000余项，多项研究成果达到了国内领先、国际先进水平，建立了覆盖型号研制、生产全过程的质量保证体系，拥有先进的精密制造、成型工艺、光学加工、电子装配、探测器制造等批量生产能力，能够为客户提供满足需求的产品和服务；建立了贴近客户的营销网络，与客户形成了稳固的关系，形成了对市场、对客户需求的快速反应能力，为客户提供全方位综合服务。

（二）获得集团高度认可

中航工业导弹院的营销工作得到集团公司的高度认可和支持。2010年10月，高分通过了中航工业市场管理体系现场测评，成为中航工业航空装备公司首家通过市场管理体系达标的单位，也成为集团首家以军品为主通过达标的单位，并连续两年获得"中航工业市场开拓奖"先进集体类奖项。

（三）提升了客户价值，获得了良好的经济效益

近年来，中航工业导弹院通过多个国家重点项目的成功设计定型，并顺利交付部队产品，形成了军方战斗力；稳定的产品质量和完善的售后服务保障，确保了军方战斗力；多项定型产品和在研产品技术性能超过军方论证指标，提升了军方战斗力。

中航工业导弹院连续多年取得良好的营销业绩，在主业市场持续保持较高的市场占有率，在新市场开发上取得较大成果。销售收入和利润稳步上升，实现2011年度军品销售收入同比增长20％；新签光电设备合同创历史新高；军贸营销取得重大突破，实现SD－10A、TY90空空导弹出口零的突破。

（成果创造人：葛　森、刘润田、尹述炎、马学斌、张　璐、王予峰、黄　斑、孙颖蔚、倪永平、杨　杰、韩　威、耿　萍）

以经销商为核心的扁平化复合型销售渠道建设

杭州鸿雁电器有限公司

杭州鸿雁电器有限公司(简称鸿雁公司)创立于1981年,其前身是中国邮电工业总公司杭州经理部,1984年7月成立杭州鸿雁电器厂,2003年12月改制成为杭州鸿雁电器有限公司,是中国普天信息产业集团下属的控股子公司。鸿雁公司经过30年的发展,围绕建筑电气领域从事研发生产与销售,现已形成"电工电气"、"照明电器"、"智能电气"、"水电管道"四大产品族群,截至2011年底,鸿雁公司的年销售额连年稳步攀升,并在外部环境较为恶劣的情况下,连续多年保持20%以上的快速增长,成为专业的建筑电器连接和建筑电气控制系统的大型集成供应商。

一、以经销商为核心的扁平化复合型销售渠道建设背景

(一)适应市场竞争和行业发展的需要

在新的市场经济环境下,建筑电气行业的销售渠道开发和建设呈现出以下趋势。

成果主创人、总裁王米成参加2011年全球CEO论坛对话

一是单一渠道转向多元化渠道。随着市场的进一步细分和各类新型渠道、隐形渠道的出现,越来越多的企业采用多元化销售渠道系统。多元化渠道系统是指企业利用两个或两个以上的渠道达到一个或多个细分市场。通过增加渠道及发展多元化渠道组合,可以弥补单一渠道形式的不足,从而实现三方面的利益:市场覆盖率的提高;渠道成本降低;更好地满足顾客需求,提高产品声誉。

二是"金字塔"型渠道系统转向扁平化。渠道的最终目的在于与最终用户沟通,过多的中间环节降低了效率,增加了冲突。"短宽型"渠道结构的设置,能够有效缩短了最终客户与厂商的距离,使客户能够直接享受到优质、快捷的服务。

三是渠道模式与结构将不断趋于科学与严谨:渠道作为一种重要的营销资源,其重要程度被日益提高,企业需要从战略上统一规划公司的渠道模式与渠道结构。

四是随着行业竞争的加剧,中间商之间的竞争也越来越剧烈,使得经销商队伍不断优胜劣汰,越来越专业。

五是网络销售渠道迅速崛起。在建筑电气行业网络销售占据的零售市场份额越来越高,对业内企业带来了挑战和机会,网络渠道建设成果及与实体渠道间的磨合,将很大程度上决定业内企业未来的成长和发展。

(二)企业原有销售渠道存在一定的问题和不足

鸿雁公司自1981年成立至今,一直非常重视销售网络的开发与建设,在不同的发展阶段,根据所处的经济环境和竞争格局,鸿雁公司的渠道模式并不相同,从最初的省级总代模式发展到分公司和区域总代模式,再转变为区域代理商模式。但随着社会经济的不断发展前进,市场细分越来越明确,消费者的各类个性化需求凸显,各种新的渠道不断涌现,包括建材超市、综合连锁超市、网络销售等各种新型销售渠道以及行业客户、设计院、家装公司、水电工等各种隐形渠道开始崭露头角,并起到越来越重要的作用。而经销商渠道受到能力和经营思路、经营条件等方面因素的影响,基本上无法承担起这些新型渠道和隐形渠道的开发、维护、服务等方面的工作。

二、以经销商为核心的扁平化复合型销售渠道建设内涵和主要做法

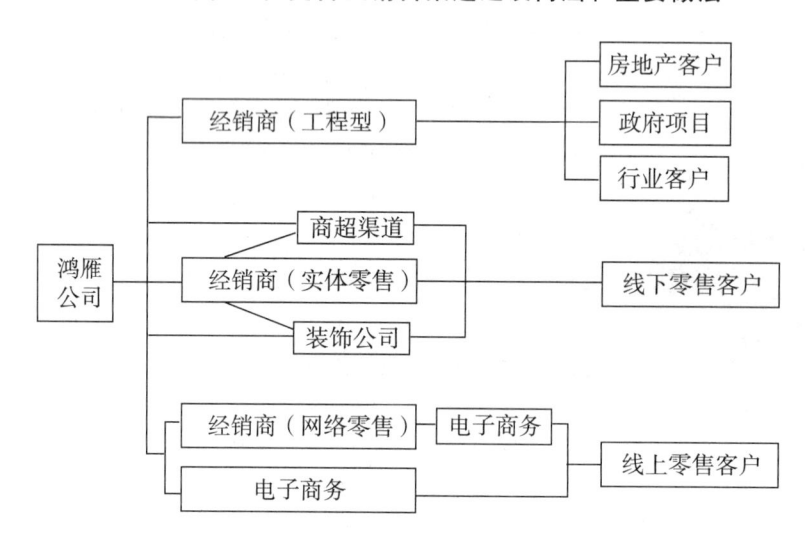

以经销商为核心的扁平化复合型销售渠道图

鸿雁公司深刻分析行业发展形势,以传统经销商渠道优势为依托,不断下沉营销管理和市场推广,将直接合作的各类销售渠道发展到县、乡、镇一级,促进传统营销渠道的扁平化,同时大力开发电子商务等新型营销渠道,形成复合、多元的渠道组合,提高对终端市场的覆盖与服务能力。主要做法如下:

(一)明确复合型销售渠道建设的原则和主要思路

经过审慎分析研究,鸿雁公司确定复合型渠道建设的基本原则:第一,与企业目标及能力协调一致。第二,牢牢抓住消费者这个核心因素,优化销售渠道结构,更贴近最终用户,尽量与用户的购买行为相匹配,让消费者乐意从企业提供的销售渠道中选购自己需要的产品。第三,提高销售渠道运作效率,获取竞争优势。第

王米成总裁(右)陪同杭州市
邵占维市长(中)参观普天大厦

四,整合渠道,获得渠道协同效应,实现分销链上各个环节的优势互补和资源共享,以有效地获得协同效应。第五,竞争导向,加强企业渠道掌控力。一方面,凭借自身的实力和市场管理能力,加强对主流销售渠道的争夺;另一方面,适当增加企业销售渠道内的合理竞争,使渠道成员相互牵制、相互竞争。

以经销商渠道为核心。对于鸿雁公司而言,工程市场举足轻重,其中经销商渠道占据了绝对的主导地位,因此必须坚持以经销商渠道为主,其他销售渠道为辅。

销售渠道的扁平化。摆脱传统的层次分明的销售模式,不断下沉营销管理和市场推广,将直接合作的各类销售渠道发展到县、乡、镇一级,从而缩短与各级市场终端消费者的距离。

构建复合型的渠道结构。由单一渠道转向符合型销售渠道,直接销售与间接销售结合,经销商渠道、大型超市、连锁专卖店、行业客户、网络销售、隐形渠道等渠道类型综合运用,从而覆盖更多细分市场,获得更多销售机会的最佳选择。

(二)积极推进经销商渠道的开发和管理

1. 规范经销商渠道的拓展开发

通过经济性分析,明确是否需要开发经销商渠道,结合需要执行的分销功能和厂家对经销渠道的掌控意愿的分析,选择和开发合适的经销商。在开发新经销商时,重点评估经营理念与思路、自身规模与实力、市场开发能力、合作意愿等内容,并对新经销商进行评估和分级,从中筛选出具有发展潜力的经销商,进行重点支持和培育。

2. 完善培训,开展顾问式营销

开展多类型的渠道培训,包括安排公司业务人员开展上门培训,设立职业培训师给客户提供专业培训,建立企业网络课堂,定期召集经销商或经销商业务人员、管理人员到公司集中培训等等。在渠道培训工作开展过程中,企业充当老师的角色,经销商充当学生的角色,学生通常是按老师的思路去运作的,企业在思想上面控制经销商。

同时,开展顾问式营销,即企业的销售代表不仅仅是把产品销售给经销商,而是给经销商一个解决方案,这个方案能解决经销商目前的赢利问题,也能解决其长远的发展问题。与此同时,更好地传达公司的企业文化、销售理念、产品知识和销售政策等方面的内容,提高经销商的管理能力和市场开发能力,促使经销商的整体运作水平提升。

3. 落实渠道评价激励

一是直接激励。直接激励通常都采用物质激励的方式,通过直接经济利益的诱导,促使经销商更努力地推广和销售产品,主要包括返利、资金支持、促销活动。其中,资金支持是建立在严格的信用评估基础上实施的,并对违反信用政策的客户采取严厉的惩罚措施,例如取消信用额度、取消返利、停止发货、取消经销权等等。

二是间接激励,包括广告支持、退换货支持、终端形象展示支持、市场推广会议支持等等。

激励政策和措施并不是一成不变的,鸿雁公司根据市场的变化和客户需求的变化,每年都进行调整和完善,同时不断推出符合市场需要的新激励措施。

4. 推进渠道评估优化

为了更系统、科学的做好渠道评估工作,指导经销商提高经营能力,指导业务人员明确经销商支持工作改进的方向,建立经销商渠道评估模型。评估模型分综合模块和专项模块两个模块,综合模块由通用指标构成,专项模块由分销和工程两方面的专项指标构成。综合模块的核心指标有从业经验、店面面积及位置、仓储、配送工具、人员配置、团队管理。专项模块中,体现分销能力的核心指标是分销商数量及分销网络覆盖,体现工程能力的核心指标是工程项目数量。

通过渠道评估模型,鸿雁公司每年都对经销商的产品经营状况、自身实力、经营能力包括工程能力和分销能力、合作性、忠诚度等方面的情况进行全面、客观的评估。在各项评估项目评估完成后,得出该经销商的综合评估报告。对于合格的经销商指出存在的问题、不足和改进方向,及时反馈给经销商,并制定行动计划帮助经销商改进和提高;对于不合格的经销商及时进行淘汰和更新。

5.有效实施渠道冲突管理

一是明确各渠道成员的销售区域和目标客户。针对同类型的渠道成员,在同一市场区域内合理设置成员数量,并科学地进行空间分布和销售区域划分,以此为依据进行窜货管理;针对不同类型的渠道成员,通过明确划分目标客户的方式来减少冲突,针对不同的细分市场,扶持不同的渠道客户开发和维护,确保各类销售渠道在自己服务的细分市场上的利益。

二是不同渠道客户实施产品差异化。针对不同的渠道客户、不同经销商的特点,在经营的产品上实行区隔,做到部分差异化,来保障各渠道成员的利益,减少渠道冲突。

三是奖惩分明,实施严格的渠道管理。对渠道成员进行严格的管理,一旦发现某一渠道商有恶性降价、跨区销售及产品返流现象,就坚决按经销协议书中的规定予以惩罚,直至取消代理资格,而对于严格执行销售政策的渠道商,则在年终给予一定的额外奖励。虽然渠道成员之间的价格竞争难以从根本上消除,但是严格的管理有助于缓解冲突和延长合作时间。

(三)开辟多元渠道,实现渠道的复合化

鸿雁公司依托先进的信息技术和多功能的移动展示设备,以"目录营销"和"体验营销"为基本手段,从而主动、快速发现和响应客户需求,具体包括移动分销模式、移动小区团购模式和网络直营-分销模式。

移动分销模式,即把销售地点迁移到新开辟用户的小区内,或者用户的家装现场,并由经销商承担货品的运输。

移动小区团购模式是在用户装修的小区内,根据用户整体的装修进度适时推出团购活动,并借助互联网及三维产品展示终端设备让用户体验,并由业务员根据用户需求协助下单。团购订单通过鸿雁公司移动分销系统传递给区域网络经销商,网络经销商在2个小时内配送商品送到终端客户手上形成交易,最终实现终端拦截、快速催付。

网络直营-分销模式主要是通过移动分销系统,整合淘宝、拍拍、京东商城、苏宁易购、阿里巴巴等网络平台销售订单,合理分配给网络经销商,由其为当地客户提供商品配送服务、安装服务和售后服务,并通过为客户提供增值服务获得额外利润。同时为解决线上线下价格冲突,规划虚拟渠道产品线和实体渠道产品线,通过产品区隔避免竞争。

(四)完善物流配送服务,提升渠道控制力

逐步下沉销售渠道到县、镇级市场,大大缩短鸿雁公司与消费者之间的距离,尤其在品牌较为强势的华东地区,鸿雁公司开发的新经销商已经有60%以上的比例为县、镇、乡级的经销商。

第一,加强对物流公司的KPI考核,确保统计数据的真实准确,针对出现的问题,通过《供应商质量改进通知》要求物流商整改。第二,建立完善的信息系统平台,完善客户关系管理。通过公司官网与物流公司信息的对接,提高物流商的反应速度,优化发运流程;设计短信发货提醒,让客户在第一时间能够知道自己所需要的产品是在什么时间发货、有无缺货、什么时间到货。第三,针对高效配送要求的客户,制定特殊货运审核流程满足经销商的不同物流需求,加强高效配送计划的执行。第四,选用优质的物流商,并要求物流公司配合,在销售强势的县、镇设立物流点,满足需要。第五,加强与第三方物流的合作,在全国构建若干区域分销中心,降低企业库存风险,提高资金周转,实现产品送达的准时高效,提高客户服务水平。第六,加强运输管理,提高产品到达的及时与准确率,缩短产品在途时间,增强快速补货能力。第七,逐步、分阶段地完成集团公司的物流整合,将各大产品族群的储运工作通过信息平台进行统一部署,实现快速、准确、实时的物流信息传递,缩短订单完成周期,提高补货预测系统的准确性。

与此同时,注意提升营销渠道控制力。一是调动消费者的需求,通过过硬的产品质量、高知名度的品牌形象,获得消费者的高度认同,从而得到渠道商忠诚的支持。二是建立紧密型的合作伙伴关系,提高渠道忠诚度。三是打断强化销售团队的培养和激励工作,通过销售工程师考核、业务员职业发展通道设计、专业技能培训等方式,有效提升销售团队的能力和水平

三、以经销商为核心的扁平化复合型销售渠道建设效果

线下方面,鸿雁公司大力经营经销商这一核心渠道,拥有签约经销商2285家,比2005年多出近1500家;尤其是其中30%比例的经销商为县级甚至乡镇级经销商,渠道扁平化效果明显。同时,多元渠道开发显著,开发商超渠道1200多家、网络经销商100多家、分销商上万家。线上方面,2011年电子商务销售渠道经营产值完成547万元。

销售渠道的快速发展使鸿雁公司的销售规模从2005年的3.3亿元,增长到2011年的11亿元,销售增长幅度远远超过业内同行。尤其是在经受国际经济危机冲击的2011年,继续保持快速增长,依然实现了21%的销售增长率,在业内品牌企业中遥遥领先。同时,销售规模和市场占有率重新回到行业第二的位置。

(成果创造人:王米成、吴　明、赵　谦、章　媛、高岩松、夏晓衍)

以乘客为本的守时公交服务管理

济南市公共交通总公司

济南市公共交通总公司（简称济南公交）是济南市属国有大型一类公益性企业，已有60多年的历史。济南公交下设一公司、二公司、三公司、恒生公司、电车公司、快速公交（BRT）公司、恒通公司共7个营运分公司，以及维修公司、物资公司、场站公司等11个直属单位。主要经营济南市辖区公共交通客运、客车出租等业务。截至2011年底，公司资产总值达17.15亿元，在职员工11200人，营运车辆4072辆，客运出租车辆601辆，公交线路194条，营运线路长度3383.6公里，年客运量8.41亿人次，实现票款收入7.09亿元。

成果主创人：公司党委书记、总经理薛兴海

一、以乘客为本的守时公交服务管理背景

（一）落实国家城市公交优先发展战略的需要

随着经济发展和科技的不断进步，对保证社会经济体系正常运转的城市公交而言，越来越需要信息化、智能化、科学化，以满足城市公共交通现代化的迫切需求。为此，国办发〔2005〕46号文件明确指出，城市公共交通企业要充分利用现代信息技术，改造传统的城市公共交通系统，加强对运营车辆的指挥调度，提高运营质量和效率，为群众提供安全可靠、方便周到、经济舒适的公共交通服务。利用现代化智能调度手段，满足市民的公交出行需求，实现公交线路营运的准时、可靠、方便、周到，是济南公交贯彻落实国家"公交优先"发展战略，解决困扰城市交通拥堵和广大人民群众"出行难"的重要举措。

（二）推动"公交都市"建设的需要

"公交都市"是为应对小汽车高速增长和交通拥堵所采取的一项发展战略。近年来，济南市区机动车保有量高速增长，交通供需矛盾日益加剧，交通拥堵现象日益严重，目前机动车总保有量超过130万辆，并以每天超过300辆的速度增加，市区重要路段及关键路口高峰期处于交通拥堵的常态。济南是世界著名的泉城，由于保护地下泉脉问题，限制了轨道交通的发展。因此，必须紧紧依靠地面公交来解决交通问题，如何提供准时、可靠的地面公交服务成为推动公共交通建设的迫切需要。

郊区公交线路居民出行量小，出行距离较远，呈现出早晚客流集中、平峰时段客流较小、工作日客流明显小于节假日客流等现象。郊区公交线路一般都具有车站间距离远、运营里程长、发车间隔大等特点。在居民不掌握运行时间的情况下，往往造成乘客候车时间较长、抱怨较多、公交线路乘客满意度低等问题。因此，必须将对郊区居民的服务融

入到"公交都市"建设发展需要中,统筹城乡发展,缩小城乡公共交通服务差距。

(三)构建城市公交企业新型运营管理模式的需要

目前,我国大多数公交企业对城市公交调度仍沿用数十年的传统人工调度管理,采用行车路单和人工考核制模式,"定点发车,两头卡点"的手工作业调度方式,存在"两头调度,中间失控"的问题,无法保障公交车辆准时到达中间站点,导致公交车辆的行车速度下降、行车间隔不均衡,时常出现"串车"、"大间隔"现象,严重影响了公交客运的服务质量。而且传统的公交运营调度管理模式存在着调度方式单一、缺乏现代化通信手段、信息传输慢等诸多问题,其中最大的难点是不能对各条公交线路的运行状态进行实时跟踪监控。同时,从路单、行车记录、行车时刻表编制到数据汇总全部为手工操作,耗费了大量人力和物力。而现代智能公交调度系统集成了GPS定位技术、GIS地理信息技术、GPRS无线网络技术、数据库技术和车载电子技术等多种科技手段,是一个集公交指挥调度、公交运营管理、综合业务通讯等于一体的全方位调度管理服务系统。充分利用现代化的智能交通技术改造传统的公交产业,建立电脑运营管理系统和连接各停车场站的智能终端信息网络,实现对车辆的实时监控、优化调度。

二、以乘客为本的守时公交服务管理内涵和主要做法

济南公交以信息化为基础,以促进乘客、车辆、场站设施以及交通环境等要素之间的良性互动为目标,将人本管理思想引入城市公交服务管理中,综合应用现代管理方法和现代信息技术,按照精确、细致、深入的要求,实施信息化指挥、网格化管理、精量化定责、精准化操作;并采取合理调配资源、优化工作流程、细化管理标准、完善考核体系等措施,建立与之相配套的一系列规章制度,实现公交服务数字化、标准化、常态化管理。主要做法如下:

(一)树立"以乘客为本"的基本理念,明确守时公交服务的工作思路

济南公交把"以乘客为本"理念引入企业管理中,提出"心系乘客、服务一流"的服务理念,而实施守时公交服务就是要保障和满足广大人民群众的基本出行需求,为城乡居民提供准时、可靠、方便、快捷、周到的出行服务。

为确保以乘客为本的守时公交服务的高效性和准确性,济南公交确定基于智能调度平台、"先试点,后推广"的工作思路,并搭建起管理体系(见下图),通过智能调度系统实时监控获取线路的运营情况、车辆的行驶位置、营运状态等数据信息,在郊区运行线路,将线路计划班次、首末班车发车时间、每班到达各站点时间等全部印制在站牌上,向社会公开承诺提供"定点发车,准时到站"的守时公交服务。

(二)加强组织制度建设,保障守时公交服务工作顺利开展

1.成立守时公交服务总公司领导小组,建立健全机构组织

济南公交高度重视守时公交服务工

向市民发放公交便民手册

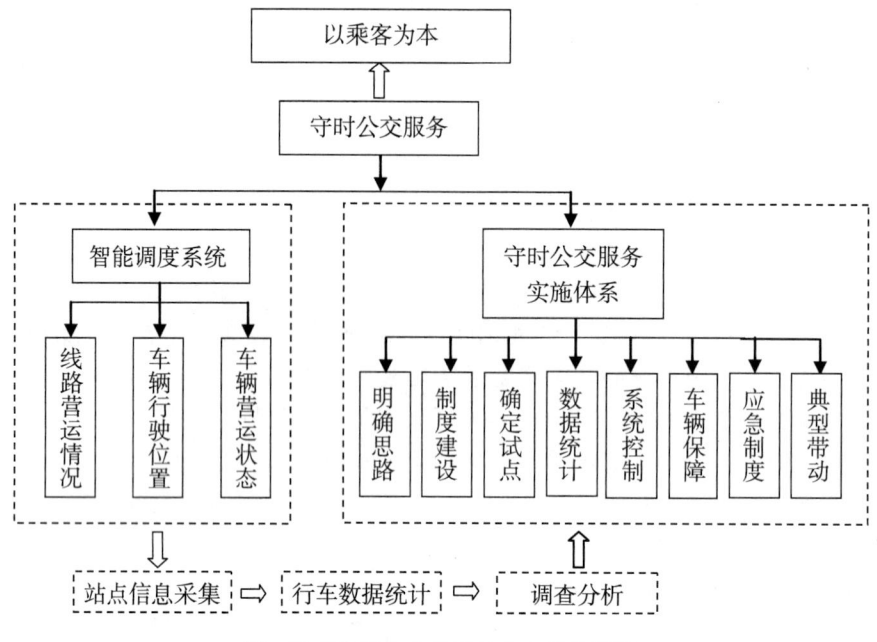

图 以交乘客为本的守时公交服务框架

作,成立由总公司党委书记、总经理任组长,三公司经理、维修公司经理任副组长,以及信息中心、营运市场部、安全保卫部、人力资源部、物资公司等相关部门为主要成员的守时公交服务领导小组,下设办公室。领导小组定期组织召开会议,加强对守时公交服务工作的组织、领导、指导、协调和监督,研究解决涉及维修、技术、物资供应等重大问题。

2. 夯实组织管理,强化各营运车队的执行力

各营运车队相继成立守时公交服务小组,由车队队长任组长,车队书记、副队长任副组长,成员来自车队安全、服务、调度、机务等方面职能人员。工作初期,各营运车队召开分别针对管理人员和针对驾驶人员的动员大会,并设立专题宣传栏。从车队管理人员入手,以车队驾驶员和现场调度员为重点,加强全员技术培训,熟练智能调度系统操作。每天召开电话调度会,每周定期召开办公会,每月定期组织召开工作例会,对各营运车队守时公交服务推进工作进行调度,要求各营运车队不断修订和完善行车作业计划,全面梳理人员管理、加油加气、车辆卫生等现场管理工作,针对实施守时公交服务线路的营运车辆维修、保养等事宜进行专题研究,要求各营运车队制定相应的保障措施。

3. 健全相关规章制度,保证守时公交顺利推行

从制定和完善人员培训制度、营运保障制度、岗位工作规范、设备使用管理、运行考核等各项制度建设入手,根据工作需要,相继制定《线路营运保障制度》、《现场调度员工作规范》、《驾驶员工作规范》、《车载信息设备使用与管理规定》、《公交车辆正点考核规定》等,为推行守时公交服务提供全面的制度保障。

其中,《线路营运保障制度》主要针对驾驶员的岗位技能要求而制定。根据制度要求,实施守时公交服务线路的驾驶员,必须经过驾驶员业务资格考试合格后方能上岗,并优先录用三星级以上驾驶员。如线路出现驾驶员临时缺员时,必须及时从其他从事线路

运营的三星级以上驾驶员中抽调,优先保证该线路驾驶员充足。

同时,还建立分别针对各级调度员和营运驾驶员的考核管理规定。一是针对各级调度员,济南公交制定《公交车辆正点考核规定》,明确了高峰、平峰、低峰等各时段车辆营运中的正点考核办法和要求,规定行车准、发车准、中途准、终点准的行车准点范围及标准,制定行车准点的考核办法及标准,要求各车队每月对行车正点考核检查不少于8次,每月对各车队正点考核情况、发车准点率情况进行抽查,并将检查出的情况,纳入绩效考核中。二是针对营运驾驶员,济南公交制定《线路营运纪律及处罚标准》,并结合《营运驾驶员星级标准》、《星级驾驶员管理实施细则》,将考核结果作为当月星级评定的依据,纳入星级驾驶员考核标准中,在效益分配上,把服务质量与职工效益相结合,使驾驶员的工资收入直接与工作质量、工作业绩挂钩。

(三)确定试点线路,以点带面推进

由于郊区线路受堵车等因素影响较小,相对容易实现守时公交服务。济南公交三公司所辖线路52条,郊区线路居多(33条),具备实施守时公交服务的优势条件。同时,济南公交三公司大力推进智能调度系统的建设,2010年1月智能调度分控中心正式启用,实现了营运调度的动态管理和实时监控。

针对人、车、路等公交车辆运行要素,综合考虑线路的运行特点、车辆技术状况、驾驶员整体素质等因素,2010年1—2月,济南公交选取三公司303路、305路两条郊区线路试运行守时公交服务。结合线路运营特点及测试应用,制定具体的实施方案和推广计划,明确"通过远程调度系统,逐步实现区域调度的目标,实现运力和人力资源的最佳配置"的工作目标。通过两个月的试运行,2010年3月,在试运行成功经验的基础上,济南公交向社会公开承诺303路、305路实现"定点发车,准时到站"的守时公交服务。

(四)采集路线信息与预测,核算线路运行数据

1.路线信息采集与预测

一是客流信息采集。客流信息主要是包括本线路客流规律及特点、客流主要构成、乘客的上下车时间等。

二是线路信息采集。主要包括车站间距离、道路情况、道路交通信号灯等,这些因素都是影响车速的主要原因。车站间距离信息可以有效计算车辆在相邻两个车站运行所需要的时间。道路的上、下坡路段可以计算车辆的加速度,根据路边集市、商铺、学校等信息可以方便计算出车辆到达此路段时的运营车速。道路交通信号灯高峰、平峰、低峰的等待时间会有所偏差,据此可以测算延误时间。例如,市区每延误一个交通信号灯会延误3分钟左右,郊区每延误一个交通信号灯会延误2分钟左右。

三是车辆、人员信息采集。各种车型、车况不同,车辆加速度值不同,因此要求在实施守时公交服务的同一条线路上使用同种车型的车辆。每个驾驶员的驾驶习惯不一样、驾驶技能参差不齐,因此要求在实施守时公交服务的同一条线路必须保证驾驶员的驾驶技能。

四是线路信息预测。根据以上采集的数据信息,进行线路信息的预测,主要包括各季节时段的客流变化、道路信息预测和车辆信息预测。根据道路修路和道路交通信号灯的变化,可以及时预测道路信息对客流和车速的影响,根据车辆信息可以提前预测车辆技术状况对车速的影响。

2.线路运行数据核算

为准确确定线路运行数据,综合考虑多种影响要素,计算出各种必要数据。

一是制定计划。对客流信息进行汇总和分析,得到各线路全天的客流量和各时间段的客流量。根据客流量数据,重新制定线路营运计划和行车作业计划,以适应和满足客流需求的变化。

二是随车测算。随车记录车辆运行时间,调取一周时间数据进行对比分析,对比采用横向比较和纵向比较两种方式。横向比较是指比较不同车辆在相同车站间的运行时间,记录最大值和平均值;纵向比较是指比较相同车辆在不同时点的运行时间,记录最大值和平均值。

三是按车站进行数据分类整理与分析。分析时原则上采用运行时间的平均值,但考虑到特殊路段会出现道路拥堵情况,同时考虑信号灯因素,在采用平均值的基础上适当留出富余时间,那么初步测算的运行时间为平均值与富余时间之和。

四是模拟运行时间、运行速度。为确保数据准确,各营运车队对驾驶员进行正常运行模拟演练,同时组织特殊路段及信号灯等特殊情况下的模拟演练,在确保两站间运行时间没有误差情况下,按照测算的运行时间执行,如有误差将及时调整运行时间和速度。

(五)应用智能调度系统,提高运营秩序

1.准点发车监测

通过智能调度系统的实时发车监控功能,准确监测车辆主、副站发出时间点和到达主、副站的时间,以此可以看出车辆是否准点发车,同时车队安排一名现场调度员专门监督驾驶员按照规定时间发车。

2.运行速度监测

通过智能调度系统的车辆状态实时监控功能,调度员可以实时监督、检查每一辆车的运行速度,如发现车辆速度过快或者过慢的情况,可以向车载主机发送短信,提醒驾驶员及时调整运行速度,确保车辆准时到站。

3.车辆行驶状况监测

通过车辆运行模拟图,对线路车辆运行间隔和到站情况进行实时监控,发现车辆可能无法准时到站时,可以向车载主机发送短信,提醒驾驶员及时调整运行速度,确保车辆准时到站。

4.到离站点时间监测

通过以上功能获取的车辆运行的单程时间、周转时间以及车辆每个断面的运行速度,准确计算出车辆自发车时间点开始到达每个站点的信息。

(六)强化车辆保障,保持运营车辆良好技术状况

1.驾驶员日常维护

车辆的日常维护是车辆正常使用中最基础的工作,按照"谁使用、谁管理、谁负责"的原则,驾驶员作为车辆的直接使用者和第一责任人,首先应当做好车辆的日常维护作业。根据驾驶员工作流程,制定车辆"一日三检"的作业流程,对车辆出车前、行驶中、收车后的检查内容做了具体规定。各营运车队负责对驾驶员的日常维护工作进行监督,并把日常维护纳入驾驶员的日常工作职责。

2. 建立健全维修人员作业流程

一是成立维修圈次检查小组,引入"航空地勤式"理念,对车辆进行例行检查。"航空地勤式"检查,即在日常工作中,车辆每运行一圈回场站后对车辆进行的检查。二是成立维修零修小组及保养小组,把维修工作进一步细化。建立健全车辆零修、一级维护、二级维护、晚收车维护、圈次检查、安全检查等,在此基础上进一步完善人员考勤、单车档案、单车材润料消耗、车辆基础信息等管理台账。三是通过将检查和维修有效分离,建立健全维修工作机制。圈次检查小组专项负责车辆的一趟一检,检查出的车辆故障由零修小组负责修理,例检员和班长负责检验,形成自检、互检和专职检验的工作机制。

(七)建立应急制度,防患于未然

郊区线路沿途多农贸集市,此时车辆通行受到一定的影响,运行时间会大大延长。针对这种情况,分别对不同线路的实际情况进行考察、测算、分析,制定包括《线路营运应急预案》、《恶劣天气应急预案》、《车辆故障应急预案》等完善的应急预案体系,确保遇到各种突发情况时,反应迅速、处置得当,最大程度地保证线路的正常运行。主要分为以下四种情况:一是实施线路因恶劣天气,无法正常运行时,车队必须及时安排专人沿线路张贴启事,确保将调整方案告知候车乘客。二是当因路堵影响正常运行时,由调度中心分析堵点周围路况,向车队提出绕行方案,车队结合实地勘察情况,及时调整运行路线,使线路尽快恢复正常运行。三是实施线路发生车辆出车前抛锚时,车队必须及时调整其他线路车辆进行支援,优先保证项目线路发车秩序正常。四是实施线路发生车辆中途抛锚时,分控中心负责及时将情况反馈到相关车队,并指导车队采取主站发车补救或从临近线路抽车补救的办法,优先保证线路正常运行。

(八)注重典型带动,加强舆论宣传

1. 总结典型线路经验,逐步推广应用

继 303 路、305 路向社会公开承诺实现守时公交服务的基础上,2010 年 6 月,97 路、310 路、319 路、322 路也陆续推行守时公交服务,并取得了良好效果。2011 年 5 月,济南公交完成了 158 路、307 路、309 路、323 路、325 路等五条线路的数据统计、试验工作,并于 2011 年 6 月确定在 307 路、309 路、323 路、325 路推行实施守时公交服务。在对试点线路不断完善守时公交服务的同时,逐步推进智能调度系统的实施,为进一步推广守时公交服务做好准备。截至 2012 年 9 月,公司已在 20 条郊区线路 62 辆车实现了"定点发车、准时到站"的守时公交服务。同时不断提高各线路的到站准点率,目前除因遇突发情况(路堵、集市等)发生小范围偏差外,线路到站时间误差基本控制在正负 1 分钟左右。

为进一步推广守时公交服务,济南公交通过综合城市的站点布局、营运线路、自身的车辆状况及人员配备等因素,进行实地考察后,逐步在市内有条件的公交线路上推行守时公交服务。2011 年 8 月,35 路末班发车(低峰时段),后五班运营车辆选择制革街、大观园、八一立交桥南、六里山南路、重汽技术中心五个下行站点,推行守时公交服务。2011 年 9 月,济南公交又对 89 路、89 路支线大桥镇政府、鹊山水库、零点立交南、全福立交桥北站点的后五班运营车辆推行守时公交服务,最大限度地满足市民的出行需求。2011 年 12 月,济南公交又在 130 路大桥镇政府、鹊山水库、零点立交南、新城小区、动物园站点的后五班车辆推行守时公交服务。

2.树立先进模范,营造舆论氛围

结合济南公交开展的"争当星级驾驶员、争创星级线路"活动,积极培养表现优秀的高星级驾驶员,充分发挥高星级驾驶员的模范带头作用,达到树立典型、广泛推动的作用,并涌现出以杨峰、张士磊、林杰、谢传栋、毕研民等10余名驾驶员为代表的先进典型。同时,济南公交加强宣传和报道,充分利用各种新闻和媒体渠道,在《生活日报》《济南日报》《齐鲁晚报》等媒体,并面向社会发放《济南公交便民服务手册》,公开发布出行时刻表,实现车辆发车时间的对外公开和准时到站承诺,为进一步开展守时公交服务工作营造了良好的氛围,努力形成了典型示范、舆论引导、全面发展的格局。

三、以乘客为本的守时公交服务管理效果

(一)企业服务和运营管理水平明显提高,实现了企业的科学发展

通过推行乘客为本的守时公交服务,提高了企业的运营服务能力和安全管理水平。2011年,济南公交完成票款收入7.09亿元,较同期增收1288.95万元,增长1.85%;完成客运量84446万人次,完成营运里程18587.41万公里。同时,通过强化准点运行,对于营运车辆的运行速度有了严格的考核标准,提高了驾驶员的安全意识,杜绝了超速行驶等违规现象的发生。济南公交自推行乘客为本的守时公交服务以来,各项安全指标同期比较均有所增加。2011年,安全操作合格率达98%,车辆安全设施合格率达98%,安全间隔里程达225.93万公里,较2010年增长7.1%。济南公交被评为"济南市安全生产先进单位"、"全国'安康杯'竞赛优胜企业"称号。

(二)乘客满意度不断提高,体现了以人为本的理念

2011年,济南公交乘客满意度为93.77%,并荣获"山东省服务名牌"荣誉称号。济南公交三公司五星级驾驶员由原来的1人发展到目前的187人,公交线路乘客平均满意度由92.69%提高到94.06%,同期上升1.37%,获得星级线路300余条次,获得四、五高星级的驾驶员达500余人次。在推行守时公交服务的20条线路中,有18条线路实现了"无投诉、无违章、无事故"。

(三)实现了节能减排,取得了良好的社会效益

通过推行乘客为本的守时公交服务,提高了车辆里程投入利用率,并取得良好的节能减排效果。2011年,济南公交全年同比节约燃油118万升,节约天然气144.7万立方米,节约电能27.27万千瓦时,综合节约能耗折合标准煤3440.22吨,被评为"中国低碳公交优秀企业"。根据2010年5月~2011年12月的统计数据,济南公交三公司共节约燃油13.4万升、燃气17.2万立方米,节油车率达78.82%,节气车率达88.49%。

济南公交推出的守时公交服务,引起了中央、省市各大媒体的关注,《中国交通报》、新华网、《大众日报》、《济南日报》等十余家新闻媒体先后进行了宣传和报道。近年来,济南公交先后荣获"中国用户满意鼎"、"全国城市公共交通文明企业"、"全国文明单位"、"全国五一劳动奖状"等50多项省以上荣誉称号。

(成果创造人:薛兴海、曲修业、王培海、裴东林、李元毅、张东业、刘 彤、罗 磊、巩丽媛、王逢宝)

施工企业"西部铁军"品牌建设

中国十九冶集团有限公司

成果主创人：公司董事长、党委书记田野

中国十九冶集团有限公司（简称中国十九冶）成立于1966年，是中国唯一独立连续从矿山开采到型、板材冶金全流程施工的大型综合施工企业，系中国冶金科工股份有限公司全资子公司。公司注册地在四川省攀枝花市，经营指挥中心在四川省成都市。现有八个区域分公司、九个专业分公司、八个全资子公司、一个控股公司。2011年总资产达到100.88亿元，员工近6000人。具有冶炼、房建、市政总承包一级、钢结构专业制造承包特级、机电安装工程总承包二级及公路路基、炉窑、管道专业承包一级，桥梁专业承包二级资质，拥有对外经济合作经营资质和进出口企业资格证书，已通过质量管理、职业健康安全和环境管理"三标一体"国际认证，企业信用等级为AAA级。

一、施工企业"西部铁军"品牌建设的背景

（一）树立企业品牌形象，适应国内外建筑施工市场激烈竞争的需要

随着建筑施工行业放开，市场竞争日趋激烈，建筑企业之间的竞争由谋求资源优势、成本优势转变为谋求技术优势、人才优势和品牌优势。竞争手段也逐步由以价格手段为主的竞争转向以非价格手段为主的竞争，业主或客户越来越趋向于重视品牌、质量、服务等非价格因素。竞争结构已由国内企业之间的有限竞争转向国内外企业之间的多项竞争。同时，随着我国钢产量大幅增长，冶金行业从量的扩展转向质的提高，实行结构调整，导致钢铁行业基建投资减少，市场萎缩。因此，中国十九冶必须致力于企业品牌建设，树立优秀品牌形象。

（二）凝聚员工合力，增强企业发展动力的需要

20世纪90年代，由于中国十九冶总部在攀枝花，长期从事攀钢建设，关在山沟里，职工的思想观念、企业的管理体制和运行机制还没有跳出计划经济的框架，不适应钢铁工业发展方针的改变和调整。到2000年前后，工程任务缺口达60%，职工大量待岗、下岗，工资较长时间不能按时足额发放，"三金"欠账高达2850万元，账面亏损4500万元。企业内部很不稳定，部分在岗职工对企业前途失去信心，一些技术骨干、管理骨干要求调离或自动离职寻找出路。企业处在破产清算的边缘。为此，中国十九冶必须通过品牌塑造和核心价值体系建设，重聚人心，提升企业发展合力与动力。

(三)传承企业优良传统,实现企业可持续发展的需要

有着光荣历史的中国十九冶,1966年为攀枝花钢铁基地建设而组建。在地理位置相对偏僻、管理信息和技术装备比较落后的情况下,中国十九冶依靠"敢争第一,勇于取胜"的企业竞争理念,不仅在仅有几户人家的荒山峡谷建成了"象牙微雕"钢城,还出山入海,北上东进,很快形成"一江八点"的市场格局。更重要的是,中国十九冶几代人用青春、热血甚至生命炼铸了以自我牺牲、自力更生、艰苦奋斗、开拓创新为内涵的独特企业精神。正是这种精神,为中国十九冶提炼"西部铁军"核心价值体系,打造"西部铁军"品牌奠定了坚实的思想基础和文化基础。2003年以来,中国十九冶新班子组织专门力量进行调查研究,在认真分析国际、国内形势、准确把握施工企业发展趋势和行业特色,在中冶集团品牌引领下,于2004年8月正式推出并组织实施"西部铁军"品牌建设工作。

二、施工企业"西部铁军"品牌建设的内涵和主要做法

中国十九冶在中冶集团品牌战略的指引下,基于企业优良传统和内外部利益相关者价值需求,凝炼出独特的"西部铁军"核心价值体系,并融入到企业战略、企业文化建设、员工行为规范、项目施工、市场竞争和社会责任等具体工作中,内塑"西部铁军"的价值观、核心精神、品牌诉求和行为规范,外塑"西部铁军"的良好品牌形象和社会形象,使中国十九冶逐渐成为一个内外部利益相关者互动发展和良性循环的整体,从而实现企业可持续发展。主要做法有:

(一)挖掘提炼"西部铁军"品牌内涵,调整企业发展战略

1.凝炼与构建"西部铁军"核心价值体系

中国十九冶人肩负三线建设的国家使命,不畏艰辛,逢山开路,遇水架桥。在毛主席"大办民兵师"的号召下,中国十九冶以与部队相同的建制,组建了十九冶民兵师,树立起"不穿军装的解放军"的崇高形象。2003年中国十九冶新班子上任后,对企业自身历史文化进行深度挖掘与系统整理,并通过创新赋予自己的品格和精神以时代的内涵,逐步构建起自己独特的"西部铁军"核心价值体系:以"努力成为国内国际最优秀的建筑承包商"为愿景、以"勇担脊梁责任,彰显央企风范"为使命、以"传承铁军魂,永开英雄花"为宗旨、以"诚实守信,同进共赢"为核心、以"追求卓越、注重创新、担当社会责任"为主导的西部铁军核心价值体系。

2.制定与调整公司战略发展目标体系

在"西部铁军"核心价值体系的指引下,中国十九冶制定了公司战略发展目标体系,并随着企业内外部环境的变化,进行相应调整。

2004年,在"西部铁军"核心价值体系引领下,中国十九冶制定第一个五年规划——"中国十九冶2004-2008年发展战略规划",随后又制定了追赶式发展计划。在2009-2010年追赶式发展计划完成后,中国十九冶又制定2011-2015年

"西部铁军"品牌建设研讨会

发展规划，并动态调整企业发展目标。七年间，中国十九冶成功实施了"北上东进"战略，成功实施了改制，成功打造了"西部铁军"品牌。

(二)推进企业文化建设，增强员工凝聚力和向心力

1.开展"观念转变"活动，宣贯"西部铁军"核心理念

通过召开各种形式的会议与开展各种活动，让员工了解与熟悉"西部铁军"品牌战略与定位，打破因循守旧的思想藩篱，改变固步自封的思维方式，激活生产要素的各种潜能，调动广大员工的积极性和创造性。2009年上半年，公司围绕"西部铁军"核心理念开展宣贯实践活动，抓住建设"双力十九冶"这个主题，在抓好自身学习的同时，公司领导班子主要成员根据责任分工，抓指导、促推进，大力宣贯"西部铁军"核心价值理念。

2.制定企业文化发展规划，推进CIS系统建设

通过制定《企业文化建设发展规划》，中国十九冶把企业文化建设工作作为常规工作、例行工作来抓。在编印《解码西部铁军》、《西部铁军文化与品牌》等书籍与制定"西部铁军"军规的基础上，进一步推进CIS系统建设，对公司LOGO、旗帜、文明工地标准配置等统一标识，塑造企业新的形象；通过《中国十九冶报》、《铁军魂》杂志和中国十九冶网站等内部媒体和各种专题片、形象宣传片等，全7方位推进CIS系统建设。

3.健全制度，规范员工行为

通过健全制度、创新机制的方式，中国十九冶将"西部铁军"文化所倡导的公司核心价值体系在不同平台上进行制度化与行为化。通过各项管理制度、企业文化手册、"西部铁军"军规等，使员工对"西部铁军"文化的要求直观掌握，并通过深入班组的企业文化操作，实现"西部铁军"文化的落地。

(三)着力提升员工整体素质，构建"西部铁军"人才队伍

1.优化"西部铁军"人才结构

2004年以来，根据"西部铁军"发展需求，中国十九冶大力实施人才强企战略，优化"西部铁军"人才结构。大力推进管理人才特别是高级管理人才队伍的专业化建设，加强专业技术人才队伍建设，加快高级技能人才队伍建设，着力加强后备人才队伍建设。目前公司专业技术人员占在册职工人数的45.5%，与2004年相比，增加了近一倍。"享受政府特殊津贴专家"、"攀枝花市学术技术带头人"、"攀枝花市突出贡献专家"等行业专家由6人增加到70人，增长了10倍以上；一级建造师、二级建造师、注册会计师、注册安全工程师、造价工程师等执(职)业资格人员由最初的不足50人达到目前的370余人，增加了7倍多。

2.提升"西部铁军"员工素质

为夯实各类人才的成长基础，中国十九冶将培训与员工自身发展需求紧密结合，将员工个人发展目标与"西部铁军"人才开发战略密切联系，并在充分调动员工培训积极性方面找办法，努力变"要我学"为"我要学"，使员工培训成为一种长效激励机制。在此基础上，全面实施员工培训，逐年落实培训经费，制定培训计划，分期分批组织实施，提高员工队伍整体素质。

(四)实施"西部市场核心"战略，塑造"西部铁军"品牌形象

中国十九冶制定了"一手抓市场，一手抓现场"的工作方针，全面实施"西部市场核

心"战略。形成"以成都为中心,西部市场为核心,八个区域分公司为据点,向全国辐射,向海外拓展"的跨地域、跨行业的国内外一体化经营的战略格局。

1. 构建统一的"西部铁军"视觉识别系统

中国十九冶以中冶集团英文 MCC 标识为此基础,积极构建"西部铁军"品牌形象。以施工一线为例,中国十九冶施工的所有项目部统一执行项目视觉识别系统,工程现场都赫然悬挂着"西部铁军"的标语和公告牌,每一个项目部"五牌一表",室内外布置也都有统一标准。

2. 以营销为平台,构筑良好客户关系

中国十九冶确定"大营销、大项目、大突破"思路,实施总部统一领导、区域间密切配合、集社会资源开拓市场的大营销格局,彻底改变过去分公司"本土市场"观念,全公司形成以市场为先、一手抓国内、一手抓国外;一手抓主业、一手抓多元;一手抓当前、一手抓长远的市场营销局面。在此格局下,又根据市场风云变化,将原"一江八点的战略结构"调整为"以西部市场为核心,一江八点相联动的市场结构",以"北上东进"为基础,抓住西部大开发、泛北部湾大开发机遇,全面实施"西部市场核心"战略,扩大国内市场占有率。同时,加快"走出去"步伐,扩大海外市场。在营销过程中,坚持"以现场保市场"的指导思想,把客户的要求和利益放在第一位,充分相信和依靠员工,为业主提供满意产品和优质服务,并不断满足业主新要求,寻求新的市场机会。坚持"西部铁军"诚信文化,积极参与市场开拓,主动与业主、承包方沟通和交流。

3. 以项目为依托,全面塑造"西部铁军"品牌形象

一是以项目为平台,注重队伍核心竞争力的打造。从生活、工作安全、职业发展等多方面关心员工,努力创造和谐环境,增强队伍凝聚力;引导员工从安全生产、质量控制、施工进度等方面认真做到对岗位负责、对班组负责、对公司负责,提升"西部铁军"的知名度和美誉度;要求员工用铁军将士的品质来要求自己,用行动展示"西部铁军"形象,诠释"西部铁军"内涵;在施工一线,统一执行项目视觉识别系统。二是以项目为依托,展现"西部铁军"铁的纪律、铁的作风、铁的品质及召之即来、来之能战、战之能胜的丰富内涵与精神实质。三是以项目为手段,强调实现与超越客户满意,始终致力于与客户建立长期稳定的合作关系。

(五)高效高质量完成急难险重项目施工,展现"西部铁军"品质形象

1. 展现"西部铁军""艰苦奋斗,追求卓越"的企业优良传统

"西部铁军"将士不论遇到资金紧张、工期超短、图纸晚到,还是天气恶劣等困难,总是全力以赴,追求卓越,优质高效完成工程项目。攀钢万能轧机生产线主线工艺及设备系引进德国西马克公司的技术,技术要求高,施工难度大,克服了"高精度安装控制"、"高清洁度液压控制"、"高难度施工组织协调控制"等难题,通过努力在短短的474天中轧出第一根高强度、高平直度、高表面质量、能满足350公里时速以上的100米长尺重轨。

2. 体现"西部铁军"核心技术优势

"西部铁军"核心技术优势来源于企业技术创新体系的构建。首先,中国十九冶在传统主业领域整合优势技术,通过成果申报、标准编制、工法发布等手段,建立、占据、巩固优势地位。其次,将优势技术服务于产业延伸链,利用转型时更高更新的平台,强化科技

创新,学习、引进先进技术与软件,提高转型主业技术含量和经济附加值,研究更新的产品延伸方向。更重要的是,坚持立足于以自主创新、联合创新、引进创新三结合的原则,将施工新技术、新工艺的运用与开发作为技术创新工作的重点。以建设"国家级高新技术企业"和培育多层次、多专业的"专业技术中心"工作为抓手,以"四川省级技术中心"、"中冶集团创新型企业"、"施工企业特级资质"基础指标为目标,加强"产、学、研"联合,强化科技创新队伍、机制建设,切实提高科技管理水平,努力提升自主创新能力,为企业可持续发展打下坚实基础。40多年来,中国十九冶技术开发、新技术推广和新产品项目已超过1000项,QC成果近300项,创新成果超过70项。

3. 展现"西部铁军"项目经营管理综合能力

一是通过加强项目基础管理工作,持续打造与完善项目管理体系,推进项目法管理的实施和运行,保障项目管理各项工作的有效开展。组织修订项目管理实施手册,出台相关制度及管理办法,进一步规范项目管理工作行为;加强日常工作指导、监管和执行。二是加强分包管理。在建立合格分包队伍资源库基础上,定期实现综合评价、分级动态管理,优胜劣汰,锻炼、培育、储备和使用一批资质硬、实力强、信誉佳的分包队伍。三是强化全过程、全方位的监管水平,提高创效能力。四是完善成本管理体系,执行成本管理制度。五是加强信息化建设。六是完善对现有项目经理及各业务管理人员的考评制度,加强项目管理人员能力培养和数量的满足。

(六)积极履行社会责任,树立"西部铁军"良好社会形象

1. 以员工为本,努力构建和谐劳动关系

一是维护员工权益。中国十九冶严格遵守有关劳动法律法规,积极维护员工合法权益,奉行平等、非歧视的劳动用工政策,促进劳动关系和谐稳定。二是促进员工发展。中国十九冶一方面高度重视员工培训,从2004年至2011年共有针对性地举办各类培训班579个,培训员工15625人次,投入经费1900余万元;同时,选派360余名优秀人才参加国家、省、市及中冶集团组织的各类干部培训班和高级技师培训班学习。另一方面,又建立多序列的员工发展通道,打造一支专业素质高的员工队伍。在管理人才方面,建立"能力定人、岗位选人、量才用人"的管理模式,切实把德才兼备、年富力强、有创新意识的干部选拔到各级领导岗位上来。八年来,共提拔两级公司副总以上领导干部356人次,其中大专以上文化程度占81.2%,40岁以下占62%;在技术人才方面,形成完善的职业发展通道,通过加大专业人员的技能培训和职业认证培养力度,为员工职业发展拓展空间。三是关爱员工。中国十九冶高度关心并积极帮助困难员工,通过工会和员工志愿捐助等方式为困难员工排忧解难,公司领导亲自深入基层走访和慰问。

2. 优质高效满足客户需求,提升"西部铁军"诚信形象

一是坚持打造高品质的产品和优质服务。四十多年来,中国十九冶执着追求品质,关注客户满意度,尽可能为业主提供优质服务,承建的大小工程上万个,获得国家、省部级奖项的工程就有近200项。

二是增强全生命周期服务能力。中国十九冶坚持将客户作为公司的核心利益相关者,始终致力于为客户提供全生命周期服务。秉持以客户需求为中心的理念,通过提供勘察、设计、咨询等全方位服务,与众多钢铁企业及其它客户均建立长期稳定的合作关

系。一方面,指定专门机构对客户进行统一管理,各子公司根据自身业务特点,分别建立完善的客户服务管理体系。在项目实施过程中,注重拓展客户服务模式,收集潜在客户信息,与重要客户结为战略发展伙伴关系并长期保持。另一方面,注重建立并不断拓宽与客户沟通交流的渠道,保持与客户的顺畅沟通,通过多种途径收集客户意见和建议,作为改进产品和服务的重要依据。

3. 积极履行企业公民责任,提升"西部铁军"社会形象

中国十九冶积极履行企业公民责任,促进经营所在地经济发展,热心社会公益,努力回馈社会。早期有三线建设,中期有国家重大工程建设项目,近几年有抗震救灾和灾后重建,今后还有环保、节能、生态、社区等。中国十九冶一直以"责任重于泰山"为指引,尽到其应有的责任,使"西部铁军"品牌内涵更加丰富,魅力更加恒久。2008年汶川大地震发生后,"西部铁军"第一时间担负起社会责任,第一时间冲锋在抗震救灾一线,让社会各界更加真切感受到"西部铁军"的独特品质。

三、施工企业"西部铁军"品牌建设的效果

(一)传承和发展了企业优良传统,增强了企业核心竞争力

中国十九冶形成"以成都为中心,西部市场为核心,八个区域分公司为据点,向全国辐射,向海外拓展"的跨地域、跨行业的国内外一体化经营战略格局,稳步扩大了市场规模与市场范围。目前,中国十九冶不仅在冶金工程方面持续保持优势,在非冶建行业也已取得迅猛发展。企业资源获取能力取得长足进展。至2010年底,银行授信额度达到24亿元。企业成本控制能力得到增强。"西部铁军"专业核心竞争力显著提升,其中,高炉、炼钢、烧结等冶金工程技术,在行业内具有明显优势;民用钢结构和非标设备领域也已取得西部地区绝对优势;市政、路桥等方面也在集团的产业板块上具有明显优势;高层、高标号与特种砼也取得了一定优势等。"一江八点"战略布局产生扩大效应,"北上东进"全面完成,产业结构调整初见成效;在冶金项目建设方面具有丰富的经验,在市场上树立了"诚实守信"的企业形象。

(二)员工对"西部铁军"认同感和忠诚度大幅提升,企业凝聚力明显增强

通过"西部铁军"品牌建设,中国十九冶已经在企业内部建立起员工共享的品牌价值观,在企业形成了一种以"西部铁军"品牌为核心的文化氛围,对员工产生了内在的规范性约束,内部员工品牌认同度与支持度显著提升,企业凝聚力明显增强。同时,中国十九冶人才结构基本实现优化,整体素质提升显著。至2010年公司专业技术人员占在册职工人数增加到45.9%,增加了近一倍,在技能人才方面,将班组建设与岗位劳动竞赛相结合,一大批蓝领专家、技术能手、行业状元在劳动竞赛中脱颖而出。截至2011年底,集团公司高技能人才达到1571人,占技术工人总数由2004年前10%增长到目前的70%。2004年以来的中国十九冶7个团队获得国家级优秀班组、11个省部级优势班组,优秀员工国家级1人、省部级13人。

(三)品牌形象得到社会认可,有力促进企业快速发展

企业各项业务得到快速发展,市场覆盖从2004年的20余个省市自治区发展到现在的30个省市自治区,海外业务在中断几年后从2005年起陆续进入巴基斯坦、阿富汗、巴布亚新几内亚等新的市场。在保持冶建市场竞争优势的同时,业务范围进一步拓展,在

有色冶金、市政项目、交通工程等方面均有较大发展。中国十九冶承接的重大项目不断增多,五亿元甚至十亿元以上的项目屡见不鲜。各项经济指标亦大幅度增长,2004年新签合同额20亿元,至2011年,新签合同额达100.3亿元,年均增长25.9%;2004年营业收入18.61亿元,至2011年营业收入达83.63亿元,年均增长24%;2004年资产总额15.75亿元,至2011年资产总额达100.88亿元,年均增长率30.3%;2004年亏损18万元,2005年便扭亏为盈,2011年实现利润16620万元;2004年上缴税金5820万元,至2011年达30446万元,年均增长率26.6%。企业获得的奖项也大幅增加。2004年至今,获得中国建筑业领先企业"、"中国建设工程鲁班奖"、"全国工程质量信得过企业"等省部级以上获奖项目和企业荣誉超过200项。

(成果创造人:田 野、蔡仲斌、刘 伟、谢维贵)

基于用户评价的铁路企业服务品牌创建

乌鲁木齐铁路局

乌鲁木齐铁路局是国有大型铁路运输企业，地处新疆维吾尔自治区境内，承担着进出新疆的客货运输重任。截止2010年底乌鲁木齐铁路局总营业里程4393公里。全局共有42个客运营业站，开行旅客列车32对，71个货运站，其中重点货运站14个。全局职工总数约65000人，固定资产总额420亿元，固定资产净值298亿元，配属机车726台，配属客车1762辆。

列车长照顾重点旅客

一、基于用户评价的铁路企业服务品牌创建的背景

（一）保障地区经济发展的客观要求

新疆维吾尔自治区位于亚欧大陆中部，具有我国向西开放的地源优势，是我国连接中亚、欧洲国家的重要陆地通道，与周边国家边贸经济往来十分频繁。由于远离内地中心，南北疆距离遥远，铁路交通运输有得天独厚的优势，特别是中央召开新疆工作座谈会以来，援助新疆各地州建设的人员设备大批进疆，新疆矿产、资源、棉花、石油运往内地，增加了铁路运输的繁忙。特殊的地理位置决定乌鲁木齐铁路局必须提高服务管理水平，为新疆经济发展、政治稳定、民族团结发挥好交通运输大动脉的作用。

（二）原有服务能力不能满足新形势要求

乌鲁木齐铁路局处于路网尽头，通道单一，运输距离长；车体设备陈旧，短时间难以更新，绿皮车硬件严重不足；进出疆物资运输不平衡，进少出多，空车车源严重不足，造成货主请车难度加大。同时，随着社会经济发展和人民生活水平提高，人们出行的频次增大，对出行舒适度要求越来越高。新的形势要求铁路必须增加运输能力，提高服务水平，这既是铁路服务边疆经济发展，造福新疆人民的政治责任和社会责任，也是铁路企业自身发展的内在要求。

（三）开展用户评价是提升服务品牌的关键

铁路服务好不好，用户最有发言权。用户对铁路企业服务不满意或满意度低，说明铁路企业服务不能适应新疆经济发展的要求，不仅有损铁路形象，还会影响社会和谐。满足用户需求，用户满意程度高，说明铁路企业服务得到社会认可，铁路服务人民奉献社会的作用发挥得力。

二、基于用户评价的铁路企业服务品牌创建的内涵和主要做法

乌鲁木齐铁路局通过科学设计和调研，利用客运、货运铁路主体用户满意度指数

测评模型,充分采集用户评价和需求信息,了解掌握用户对铁路客货运输、服务质量的满意程度,并细分铁路客货运输在管理中存在的主要问题,通过创建服务品牌、树立服务精品、优化服务环境、增强服务意识、细化服务标准、提高服务水平,不断提高用户满意度,满足新疆经济发展和广大用户的需要。主要做法如下:

(一)树立服务新理念,加强组织领导

以用户满意为切入点,把用户第一、旅客货主至上与提高服务质量统一起来,转变铁路内部员工的"铁老大"和"唯我独尊"的旧观念,引导职工树立"旅客、货主至上"的服务新理念。一是坚持职业道德教育。通过组织开展"向劳模学习"座谈会,组织观看京三组、沪八组的先进事迹VCD,请老劳模、老先进讲传统,忆当年,激励职工珍惜岗位热爱本职;请服务明星、岗位成才职工谈体会,激励职工牢记只要努力"人皆可以为尧舜",引导职工从加强职业道德和职业操守的角度,树立正确的价值观和服务观,以健康的心理状态、良好的精神面貌、高尚的职业操守面对旅客。二是注重文化引领。客、货运单位开展征集岗位格言、服务理念和企业精神活动,每位职工、每个岗位都把自己的岗位格言贴在工作间墙上,抬头能看见,举手能摸到,激励自己用新的视角品味服务,用新的思维理解服务,用企业文化引领服务,从内心产生做好服务工作的动力。三是通过细化服务标准、完善服务内容、关注服务细节、研究用户心理,落实服务理念,把管理旅客、货主,变为待旅客、货主如亲人,想旅客、货主之想,急旅客、货主之急,帮旅客、货主之需。四是通过开展用户满意调查和评价,把尊重用户人格、研究用户需求、赢得用户满意作为衡量铁路客货服务工作的标准。五是在树精品创品牌过程中不断推出服务新举措,通过精细化、人性化服务不断放大品牌效应。

为保证品牌建设落地,成立用户评价与服务管理领导小组,由乌鲁木齐铁路局领导担任组长,相关业务处部室负责人为组员,下设活动管理办公室,负责日常协调组织管理工作。

(二)建立评价模型,有效开展用户满意度评价工作

借鉴清华大学研制的中国用户满意度指数测评基本模型、服务行业用户满意度指数测评模型,根据铁路运输具体实际情况,对测评内容和结构进行相应调整和修改。

为准确掌握客货用户的不同需求,客、货用户满意度测评分开进行。除日常的旅客信息反馈系统外,集中在出疆旅客列车、疆内旅客列车、较大客运站,重点对旅游探亲、商务往返、公差外出、民工进出疆、学生放假返校五个层面的旅客进行问卷调查。对客运旅客需求的调查,每年进行两次。在全局14个重点客运站,旅客高峰期组织测评;每个客车队抽查6个班组,对78个车班进行用户满意度测评。平均每年发放调查问卷23000份,回收22700份,回收率平均为98.7%。

货运调查主要采取召开货主座谈会

列车长热情为旅客服务

的形式。座谈会有石油、煤炭、兵团等大客户,也有参与铁路货物运输及到车站办理上货、取货、理赔、咨询、托运等业务的货主。每个货运站每年至少召开两次货主座谈会,乌鲁木齐铁路局调查测评组工作人员参加座谈会并发放问卷调查表。平均每年发放问卷6000份,回收5920份,回收率98.6%。

调查结束后,进行汇总分析,将用户需求归纳为两大类:一是硬件设施改善,如建立购票网络系统、解决购票难的问题,优化服务环境,保证车站和列车用水需求等;二是强化软件服务,如候车、旅途中的安全服务、双语服务、餐饮服务和提高旅行舒适度等。根据客户需求,进而制定针对性的解决措施。

(三)加大投入,改善硬件设施

1.完善客票销售网络

在供求矛盾仍然紧张的情况下,乌鲁木齐铁路局采取以下一系列措施:全局共开设计算机联网售票车站40个、市内客票代售点45个、售票窗口221个,所有售票窗口均办理互联网售票、电话订票换取票业务,并在有条件的车站和客票代售点还开设换取票专口,构建了覆盖全疆主要城市的客票销售网络。

2.优化服务环境

一是集中整治设备设施陈旧的绿皮车。投入1000多万元对局管内绿皮车进行集中整治,客车车辆段开展"零故障出库"活动,使绿皮车的运用状态有了很大改观。二是规范站车引导标识。按照国际、国家、行业标准,统一规范站车各种服务、引导标识、符号,并按新疆维吾尔自治区要求所有客货运站引导标识使用汉维两种语言文字;本着依据规章、方便旅客、易于更换、统一规范的原则,设计制作统一样式、颜色、位置、内容的揭挂;乌鲁木齐站更新完善站内外服务揭示、标志,亮化室内外引导灯箱,更换重点旅客服务专区沙发,安设站前广场栏杆,增设出站口到达列车电子显示屏。三是加强列车设备备品的整修和投入。对直接为旅客服务的空调、发电车、取暖、供水、照明、厕所等各项设施全部按照标准进行定修和辅修,确保所有列车(含备用车)达标;空调车夏季温度保证在摄式22度至28度之间,绿皮车电扇运用状态保持完好,对绿皮车贴身卧具全部更换,所有列车做到卧具一客一换。四是增加伤残病旅客进出站绿色通道。各站母婴候车室添置婴儿床、婴儿车,备有婴儿需要的奶瓶、奶粉、开水和尿不湿、小玩具等,重点旅客候车区备有沙发、轮椅,供旅客使用。绿色通道从进站处直通站台,很受重点旅客及其亲属的欢迎。五是根据旅客需求安排环境设施。例如,伊宁车站是近几年才建成的新站,旅客反映,站台和天桥瓷砖太滑,冬天旅客容易摔倒。为此,投资300多万元,入冬前把瓷砖全部更换成防滑型。

3.保证旅客免费饮用水供应

对全局所有上水站的上水设备进行全面普查和维修,所有车站全部设置旅客免费饮用水处所,加大日常检查考核力度,保证旅客正常使用。列车上饮用水设施完善,沿途各上水站保证上满水。例如,2012年7月因山洪断道,四列车分别滞留在天水、宝鸡、鱼儿沟和德文托盖7~10个小时,为保证旅客正常用水,列车工作人员克服困难下车取水。列车上开水不断,餐车正常开饭,旅客们得到了比平时更多的关爱,列车滞留期间没有发生任何意外。

（四）提升优质服务，展现品牌形象

1. 时刻牢记"安全第一"

用户乘车旅行或运输第一位的要求是安全。局管内各客运站加强查危设施投入，完善站车防火、防爆、防突发事件的预案措施。组织站车开展非正常情况下的应急处置演练。例如，乌鲁木齐铁路局值乘的出疆11对旅客列车运行时间长，长途旅客多，旅行阵发性精神病患者几乎每趟车上都能遇到，为了防止阵发性精神病患者自伤或伤害他人，列车制定多项预案措施，保证旅客人身和财产安全；上海车队、北京车队、汉口车队每天清晨组织旅客做自创的旅行保健操，开展红旗车厢评比，组织旅客进行文艺演出，车厢内载歌载舞，充满了欢乐气氛，转移旅客注意力，有效缓解旅途疲劳。

2. 为少数民族旅客提供双语服务

疆内旅客列车中少数民族旅客集中，由于语言障碍，不能很好沟通，产生的矛盾和问题较多。在旅客满意度测评中，少数民族旅客不懂汉话，不认汉字，不能参加测评。针对这个情况，局内各客货运站和各次旅客列车普遍开展双语学习培训。聘请专家编纂《客运服务维语教材》，并由专业人员对教材进行双语录音、现场讲解、授课，完成500多人的强化培训。实行汉维语"双语服务"，同少数民族旅客沟通方便，随时化解矛盾，杜绝了坐过站，下错车，买错车票事件的发生。

3. 为各族旅客提供满意的饮食服务

为了满足各族旅客用餐需要，疆内列车全部为清真餐车，供应的饭菜品种以新疆炒烤肉、大盘鸡、抓饭、拉条子、汤饭为主，深受各族旅客欢迎。疆外旅客列车在餐车设有清真灶和清真餐桌。根据列车的不同方向，分别开发川菜、湘菜、粤菜、浙菜60多个适合列车上烹饪的菜品，供不同口味旅客选用。

4. 满足旅客对铁路运输舒适度的需求

一是突出服务细节，提供特色服务，如便民服务：免费为婴儿提供小枕头、小奶瓶；为老弱病残旅客提供小板凳；为残疾旅客提供便椅；亲情接力服务：对携带行李较多的旅客在列车上办理车票后，由每节车厢列车员接力传递，帮助旅客拿放行李找到座位；健康服务：每天早晨乘务员带领旅客做旅行健康操，设免费医疗点，备有常用药箱和急救药箱，供旅客紧急情况下使用。二是研究旅客需求，提供针对性服务。北京车队、上海车队成立旅客心理研究攻关、语言艺术攻关、特色服务攻关小组，研究旅客需求，对不同旅客提供针对性服务：对出差旅客提供安全服务；对旅游旅客提供向导服务；对探亲旅客提供细微服务；对经商旅客提供信息服务；对病残旅客提供解困服务，重点照顾；对涉外旅客提供参谋服务，主动热情。

5. 深入实施大客户服务战略，促进重点企业发展

一是与自治区政府、新疆生产建设兵团共同确定8家战略大客户、27家重点物资大客户、14家重点扶持和招商引资大客户以及30家重点支持困难企业大客户。对大客户运输服务实行统一管理，实施"优先计划、优先配车、优先装车、优先挂运、优先卸车"的五优先措施，为大客户提供运力倾斜和优质服务，形成规模效应，不断提升铁路运输效率和运输能力。

二是健全大客户服务管理的保障措施。建立完善《大客户运输服务管理办法》、大客

户货运窗口、货场服务流程、大客户运输保障制度及流程、大客户档案动态管理制度、组织大客户运输协调会议等一系列制度办法。根据大客户生产运输需求,结合铁路主型车情况,同大客户协商年度运输合同,按月重点安排组织落实;每周定期召开石油、煤炭、棉花、化工等大客户重点物资运输协调会议,通报铁路运输信息,根据车辆来源,共同协商周装车计划;每旬制定大客户直达列车装车方案,每日通过铁路运输调度生产信息平台、货调台、装车站、货主单位了解分析大客户请车、承认车、装车情况,保证大客户运输计划落实。

三是建立进疆重车激励机制,鼓励大客户进疆原料与出疆装车挂钩,对进出疆运输相匹配的企业,优先计划安排、优先配车以示奖励。

局管内的14个主要货运站实行首问负责制,货运营业厅配备饮水机和一次性纸杯。专人引导的一站式服务接待,门对门服务让托运货物变得快捷方便。

(五)打造服务精品,提升品牌价值

乌鲁木齐客运段北京车队是铁道部和自治区的老先进,在此基础上北京车队创建"爱心接力红丝带"服务,为困难旅客提供"三知两送一交接",即"知座席、知到站、知病情;送餐送水到面前,与车站交接送下车",体现"列车有尽头,服务无止境",全心全意为旅客服务的思想境界。上海车队以关爱旅客"最长的心灵抚慰"享誉全国,推介"志强导航台"服务,从服务精细化、个性化、针对性上下功夫,把"细节决定成败"的理念落实在日常工作中。品牌示范效应带动车队整体服务上档次、上水平。广州车队、和田车队建队时间不长,在创建品牌列车打造服务精品上进行有益的尝试。和田车队是疆内绿皮车,车体陈旧,沿途环境艰苦,少数民族旅客多,语言沟通困难。车队干部职工提出:车体陈旧,工作创新;环境艰苦,标准不差;攻克语言关,人人学双语。建队一年多时间,打造"和田玉龙号"服务品牌,被自治区命名为民族团结专列。

乌鲁木齐站以"巧燕网络化服务"品牌为标杆,打造首府名片。确保旅客安全乘降,服务重点旅客,拓展预约服务。建立服务质量考评机制,每季度向旅客下发征求意见表,邀请30名社会监督员在春运中集中进行评议,广泛征求社会各界意见建议。2011年服务重点旅客14273人,收到群众表扬信218封、锦旗39面。奎屯车务段实施"塞外彩虹"服务品牌创建工程,受到百万伊犁人民的爱戴和拥护。

(六)加强职工队伍建设,打造优秀服务群体

首先,开展多样化培训,提高职工队伍整体素质。一是每年进行一次全局客货运输系统技术比武,优秀选手选送参加铁道部技术比武。对比武中取得名次的选手按不同层次授予首席职工、工人技师和技术能手称号。在工资分配上倾斜,优先分配安居住房,激励职工学业务,练技术。二是细化客车晚点29种应急预案,组织职工模拟演练,提高应急应变能力。三是开通多媒体教学课堂,进行冬春运、电气化等内容的重点培训,以及岗位应知应会百题问答,作为职工学分积累的重要内容。四是开展班前预想和岗位对抗赛,促进职工岗位达标习惯养成。五是军姿礼仪训练,到航空公司和五星级酒店参观学习,体验高标准的服务,高水平的环境,高档次的礼仪。六是规范服务用语、文明用语,加强自身文化修养,打造外在形象美、内在气质好、整体素质高的服务团队。

其次,实施多层次激励,搭建职工成长平台。一是开展班组"每月一星"评选活动,营

造创优争先的良好氛围；二是设立服务创优奖，以小额快奖的形式，对防止事故、防止意外情况发生、受到旅客来信和媒体表扬、受到委屈能正确对待的乘务员当趟进行奖励；三是引入竞争机制，对列车长选拔、干部任用采取公开招聘、公开答辩、公示结果的三公开机制；四是建立利益驱动的分配机制，适当拉开分配档次。

最后，多方面关爱，增强团队凝聚力。一是实施"三不让"承诺工程，"不让一名职工家庭生活在贫困线以下，不让一名职工子女上不起学，不让一名职工看不起病"；二是连续三年建设集资住房，解决3000多职工住房问题；三是每年坚持夏送清凉，冬送温暖到一线；四是成立"110救助队"，职工出乘在外或在沿线值班，家中有急事，只需一个电话，110救助队全力帮助解决；五是建立职工信息库和思想政治工作预警机制，通过"四必谈，五必访"帮助解决职工困难，保证职工放下包袱轻装上阵。

三、基于用户评价的铁路企业服务品牌创建的效果

（一）用户满意度持续提升，保证了客货运任务的圆满完成

近三年全年消灭一般以上路风事件和服务质量事故。2011年获得旅客表扬信4256封、锦旗189面，在铁道部组织的用户满意度测评活动中，乌鲁木齐铁路局获得列车组第一名，车站组第二名的好成绩。

同时，2009年至2011年，客运量、货运量、运输收入年平均增长速度分别为18.1%、6.1%、11.7%。其中，2011年完成客运量2782.4万人，完成货运量9164.8万吨，运输收入完成2077692.1万元，同比增长7.8%，均创历史最好水平。

（二）获得了社会广泛认可

客运方面：北京车队连续30年保持"红旗列车"称号，上海车队被命名为"全国道德模范"，获得"五一劳动奖状"，成都、重庆、汉口、杭州等四个车队通过自治区验收为"文明车队"；乌鲁木齐站、哈密站、库尔勒站、伊宁站、喀什站、和田站、乌鲁木齐客运段分别被中央文明委、共青团中央、铁道部、自治区人民政府授予荣誉称号，受到表彰、奖励；伊宁车站自2010年7月1日开通客运以来，累计发送旅客115.4余万人，没有发生过一次安全问题，没有产生过一次旅客投诉，收到旅客表扬信件130封，赞美留言上万条。

货运方面：2011年命名柳园、鄯善、吐鲁番、阿克苏为路局优质货场，乌北站为铁道部四星级优质货场，喀什站为铁道部二星级优质货场，哈密、库尔勒站为铁道部一星级优质货场。

（成果创造人：李　荧、刘希平、张发德、黄　新、刘书成、
李　阳、张秀丽、赵新民、田丽华、郗共和）

提升旅客满意度的铁路客运服务质量管理

北京铁路局

成果主创人：北京铁路局副局长李冰久

北京铁路局地处首都，是以铁路运输为主的大型国有企业，是全国 500 强企业之一，铁路营业里程 5275 公里，经营北京、天津、河北"两市一省"及河南、山东、山西省部分地区的铁路正线 163 条，包括京哈、京广、京沪、京九、京包、京通、京承等 15 条主要干线。全局有客运站段 24 个，客运管理干部 2851 人，客运职工 25106 人，客运业务办理站 147 个，开行旅客列车 494 对，自担当列车 233.5 对。2011 年，全局客运量完成 2 亿人，占全路旅客发送量的 11.36%；全局客运收入完成 235.37 亿元，占全路客票收入 14.7%。

一、提升旅客满意度的铁路客运服务质量管理背景

（一）适应区域经济社会发展的需要

北京是全国政治、文化中心，2008 年北京奥运会后，北京备受世界瞩目；天津市和河北省地处首都周边和环渤海经济圈，社会经济发展迅速。北京铁路局处于全国铁路网重要枢纽，是铁路面向全国和世界的重要窗口，代表着中国铁路的发展和国际形象。特殊的地理位置，快速发展的区域经济以及已经到来的高铁时代，要求北京铁路局必须以提升旅客满意度为目标，构建和实施客运服务质量管理体系，不断提高客运服务质量，满足人们不断增长的出行需求，北京铁路局必须创新客运服务质量管理。

（二）适应旅客不断增长的出行需要

北京铁路局的服务质量与广大人民群众的期盼相比，还有较大差距。旅客出行可选择的列车不多，购票渠道单一，现场服务质量不尽如人意，这些问题促使北京铁路局按照"旅客至上"的客运服务理念，不断优化客运产品结构，拓宽售票渠道，提升客运服务质量，实现"人便其行"，提高管理水平和经济效益。北京铁路局必须创新客运管理体系，才能与旅客服务需求相适应。

（三）提高企业核心竞争力的需要

当今铁路发展已经进入高速时代，京津城际铁路和京沪高速铁路等北京铁路局管辖或涉及的高速铁路线路运营里程迅速延长，高速动车组列车开行数量逐年增加；同时民航、公路交通的迅猛发展，与铁路运输竞争态势日益明显。北京铁路局必须创新客运服务质量管理，不断提高核心竞争能力，才能在市场竞争中保持优势地位，实现企业可持续发展。

二、提升旅客满意度的铁路客运服务质量管理内涵和主要做法

北京铁路局以提升旅客满意度为目标,以"旅客至上"为经营理念,以优化客运核心产品为载体,以提高服务设备设施质量为保障,以完善旅途服务内容体系为支撑,以创新售票组织方式为突破,以服务全旅客、全空间、全过程为特色,着力构建并实施包括坚持"旅客至上",明确服务要求;优化客运核心产品,满足旅客基本需求;改善设备设施质量,打好优质服务基础;重视人员素质,提升服务水平;着力解决难题,开展特色服务;运用信息管理系统,加强质量监管考评;建立外部监督机制,改进服务质量管理等七项内容的客运服务质量管理体系。主要做法如下:

(一)坚持"旅客至上",明确服务要求

在全面分析旅客旅行中各种服务需求的基础上,提出把"旅客至上"作为客运系统的经营、服务理念,明确相关要求,并作为构建新型铁路客运服务质量管理体系的基本方针和目标,不断统一思想认识,使之成为广大员工服务旅客的行为准则。

"旅客至上"是适用各种客运产品的普遍指导原则。不同旅客的具体需求千差万别,但就其出行目的来说共同的愿望是:走得了(有票)、走得顺(方便)、走得快(省时)、走得好(舒适),由此决定铁路客运必须以"安全、快捷、方便、舒适"作为满足旅客基本需求和提升旅客满意度的主要目标,同时也是客运服务的基本要求,并体现在全旅客、全空间、全过程的服务过程中。比如在高铁动车组服务中提出让旅客"享受服务,快乐旅行"的目标,用全新的服务设计改变过去"把习惯当标准"的服务方式,实行五种人性化服务:对车站交接的重点旅客实施"全程护送式服务"、对VIP、一等车及商务旅客实施"无干扰式服务"、对问询的外埠旅客实施"提醒式服务"、对有需求的老年旅客实施"引领式服务"、对问询的观光旅客实施"导游式服务",突出工作标准高、整体素质高、服务技能精。以一种时代、人文、全新的服务思想,展现高铁服务的崭新风貌,充分体现中国高铁品牌的内在价值。

(二)优化客运核心产品,满足旅客基本需求

1. 优化列车开行结构,提高旅客运输能力

新铁路线的投入使用及客运设备的不断升级,为优化列车开行结构奠定了坚实的基础。列车开行对数由2008年末的389对增加到现在的494对,增幅达27%;高等级列车的开行比例不断提高,动车组列车比例由2008年的25%增加到现在的47%,满足越来越多旅客对出行时间和舒适度的需求;同时,也保留既有线部分低等级列车,方便偏远山区旅客出行,满足部分旅客出行经济性的需求。

2. 依托京沪高铁开通,丰富产品种类

京沪高铁开通后,京沪间客运产品得到极大丰富,一个比较完备的铁路客运产品体系初步建立。京沪高铁客运专线开行时速300公里和200公里两种速度的动

成果创造团队研讨工作

车组列车,满足中高端旅客快捷、舒适的出行需求;京沪也有夕发朝至特快列车、普通旅客列车,满足普通旅客经济、方便的出行需求。由于产品结构设计合理,京沪方向各种列车都受到客运市场欢迎,京沪高铁开通后日均上座率在80%以上。

3.挖掘运输潜力,满足旺季客运需求

为满足节假日期间大量旅客出行需求,北京铁路局实行分号运行图策略,并根据京津城际客流日常公交化、假日变动大的特点,广泛加以运用,平时实行70对分号运行图,逢周末、节假日实行80对运行图,应对突发大客流实行90、100对运行图。为应对短时间的突发大客流,京津城际建立客流预警机制,做到从预警到开车整个过程不超过2小时,防止出现客流积压,满足高峰时段旅客出行需求。

4.组织开行市郊列车,满足市郊旅客出行需求

针对京藏高速公路拥堵,北京铁路局和北京市城投公司合作投资购买内燃动车组,自北京北至延庆间开行公交化列车,积极向北京市争取财政补贴,全程票价由23元降到6元,旅客凭公交一卡通刷卡乘车,实现日均客发量较开行前增长5倍以上。

5.组织开行专列,解决社会特需

在抗击2012年7月21日北京地区61年不遇的暴雨灾害中,客运系统干部职工不讲条件,不畏困难,千方百计组织开行6趟临客列车,及时将滞留在野三坡、百里峡车站的1.2万余名游客疏散到安全地点,保证了人民群众生命安全。在每年春运中,为保证农民工和学生顺利返乡过年,我局积极组织开行学生专列和农民工专列。

(三)改善设备设施质量,打好优质服务基础

1.建立设备设施保证机制

坚持"基本需求必保、重点需求必上"的原则,合理确定站车设备设施改造计划,在资金上给予保障,实现硬件管理的精细化和资金投入的规范化。制定了站车客运服务设备设施质量达标考核办法,对考核合格的单位,每月给予人均200元的奖励,激励各单位加强客运设备设施日常管理,对不达标的设备实施及时进行维修和补强,保障客运服务质量有效提升。

2.加强服务保障设施建设

针对卧具备品洗涤能力不足、洗涤质量不高、影响服务质量的问题,路局投资2000多万元,建成北京地区现代化洗涤中心;针对动车组迅速增加的态势,建设现代化的配餐基地;针对铁路高速发展对站车客运服务高端人才的需要,依托石家庄铁路运输学校建立客运培训基地,实现客运干部和重点工种的专业化、集中化培训。适应旅客需求,积极争取铁道部政策支持,加大绿皮车更换为空调车底的力度,2011年将5对绿皮列车更换为空调车。对同型号同规格列车备品采购实行统一标准,为卧具备品在不同等级列车之间的更换和替代创造了条件。

3.加强客车设备设施日常维修

完善列车上三乘联检制度,及时发现服务设备设施故障,并详细登记确认;建立故障处置办法和责任制度,加强列车门、窗、锁、灯、茶炉、上下水、厕所、电扇、取暖、餐车等设备设施的日常管理,发现问题及时维修。

(四)重视人员素质,提升服务水平

1. 建立人员素质保障机制

建立客运作业人员资格准入制度,严把人员入口关,不符合岗位资格要求的不得进入。在客运服务人员中推行竞争上岗,强化日常培训,定期组织考核,对达不到岗位任职条件的,采取降低等级、调整岗位、离岗培训等措施,确保客运人员素质动态达标。针对列车长这一关键岗位,实行列车长负责制一体化管理考核机制,强化列车长对列车服务质量管理的权力和责任;引入优胜劣汰的竞争机制,提高列车长队伍素质;针对动车组大量开行,制定动车组列车"三长一师"(列车长、乘警长、餐服长、随车机械师)准入退出机制,确保动车组关键岗位人员素质得到保障。实施"十百千万"工程,每年在全局评选10名服务明星、10名安全功臣、100名标准化先进标兵、1000名标准化班组长、10000名标准化先进职工,对获奖人员给予重奖,并组织携带家属进行休假疗养,鼓励职工努力提升自身素质,提高服务水平。

2. 开展服务环境集中整治

2009年,北京铁路局对741辆绿皮车进行了彻底整修,保证上线客车辆辆达标;在地方政府及企业支持下,北京铁路局多方筹措资金,对京广、京九、京沪、京哈线四大干线舍陈旧失修的54个中间站,进行包括规范站舍广告、粉刷内墙外饰、整理环境卫生、整修旅客服务设备设施、整修基本站台等五项内容的重点整治。

3. 实行卧具"一客一换"制度

卧具是旅客感受最直接、反映最突出的一个问题。制定列车上卧具"一客一换"制度和定期对卧具进行淘汰更新制度。

4. 提高列车保洁质量

客车外观和车内环境卫生,是铁路客运形象的直接体现。对地面保洁,实行库乘分离制度,对实行委外保洁的费用,纳入预算管理。对途中保洁,严格落实卫生责任制,列车长加强检查和考核,及时清理、收集垃圾,按点集中投放,确保车厢环境卫生动态达标。

5. 提高餐饮供应质量

在餐料采购上,推行集中招标采购制度,降低采购价格,提高进货质量;严格执行进场索证登记制度,保证进货渠道规范。在地面加工上,推行成品、半成品、净菜上车的方式。在餐车加工上,严格按食品卫生规定进行操作,加强对餐车厨师的选拔、培训和考核。在销售上,严格执行餐车食品加成的规定,降低食品价格,保证份量和质量。

6. 解决列车给水问题

实行站车给水确认制度,加强给水质量考核。在编制运行图时,充分考虑上水时间需要,在具备给水条件的车站留有上水作业时间。

(五)着力解决难题,开展特色服务

1. 做好客流高峰期服务

采取多项措施,做好客流高峰期旅客服务。一是增加售票窗口。2012年春运全局开设售票窗口2815个,较2011年春运增加169个。二是增加电话订票中继线。电话订票中继线由8000线增加至16000线。三是合理调整客票预售期。电话订票和互联网售票提前12天发售,代售处和车站售票窗口提前8天发售。四是实行取售票分开。在北京市内设置56个临时取票处共138个窗口,车站开设取票窗口;在地级市及远郊区县政府办公区附近设置互联网自助取票点。五是安排流动售票车10台,流动取票车2台。六是优化票面信息。为方便旅客出行,在票面标注"验证候车地点",避免耽误旅客乘车。七是免费赠阅《旅客购票乘车服务指南》。印制《旅客购票乘车服务指南》100万册,组织志愿者向广大旅客免费赠送。八是设置爱心医疗点。北京站、北京西站、天津站和石家庄站在候车区内设置爱心医疗点,合作医疗机构派医务人员24小时值班,及时为旅客提供医疗服务。九是招募志愿者。北京、北京西站共招募志愿者810人、学生796人、武警1300人、公安470人,组织实名制查验票、安检查危及老弱病残孕旅客帮扶工作。十是在北京、北京西站站前广场设立LED显示屏,及时向旅客公布候车、实名制验票和列车正晚点信息。

2. 满足重点旅客特殊需求

为切实做好老弱病残孕等重点旅客服务工作,在地级市以上车站开设残疾人专用购票窗口。给残疾人在临近车厢厕所端预留硬卧下铺4个、硬座10个、动车组二等座5个席位,席位保留至开车前24小时,在车厢内加装残疾人席位标识,满足特殊旅客需求。完善特殊重点旅客服务作业程序,特殊重点旅客是指靠辅助器具才能行动的重点旅客;旅客列车对车站交接和列车上发现的特殊重点旅客做到"三知三有",即知坐席、知到站、知困难,有服务、有登记、有交接。车站设置"爱心通道",重点旅客可通过"爱心通道"直接验证、进站、候车和乘车。车站配备轮椅、担架、行李车为老幼病残孕等重点旅客提供接送站服务。在候车室设立老幼病残孕专用候车区,提供重点服务。

3. 实现售票渠道多元化

在传统的车站窗口售票基础上,不断借助新的技术手段,拓展售票渠道,方便旅客购票。一是开通互联网购票。2011年6月12日开通互联网售票业务,旅客可登陆WWW.12306.CN网站购票,互联网售票预售期提前窗口预售期48小时,旅客在互联网上购票时可在线支付,在车站或代售点取票。二是开通电话订票。2011年6月25日开通电话订票业务。旅客可拨打95105105电话预订北京铁路局管内各站发车的各次列车车票,预售期提前窗口预售期48小时(不办理当日、次日车票),在车站或代售点支付票款后取票。三是使用自动售票机。逐步引进自动售票机系统,由旅客自助进行购票。目前,北京铁路局管内北京南站、天津站、京沪高铁5站、北戴河站,共设置自动售票机208台,每台每日平均售票112张。四是开行流动售票车。春运期间,投入流动售票车12台(16个窗口),深入远离车站、代售网点的居民社区、学校及建筑工地流动售票,受到广大旅客的欢迎和好评,新闻媒体给予了积极报道。

4. 实现购票方式多元化

一是实施快通卡刷卡乘车。建立自动售检票系统,制作京津城际快通卡。2009年3月8日起,京津城际启用快通卡,每趟列车预留快通卡席位,旅客可持快通卡刷卡进站。二是实施银行卡刷卡购票。在车站开展了银行卡刷卡购票业务,旅客可使用工、农、中、招四个银行的银行卡刷卡购票。

5. 净化售票环境

所有列车实行实名制购票,旅客凭身份证件购票,并将证件信息打印在票面上,进站时,车站进行实名制验票。实名制的实施,有效遏制了票贩子的倒票行为,维护了良好的售票秩序。

6. 推进客票代售处建设

为方便旅客就近购票,自 2009 年以来,制定相关政策,支持铁路开办客票代售处。截止 2011 年底,全局有铁路客票代售处 1241 家。2011 年代售处累计发售客票 7018.5 万张,占全局客票发售张数的 35.5%。

7. 做好重点群体售票组织

实行学生用票优先原则,采取集中办理与窗口售票相结合的方式,优先办理学生往返票业务。北京、天津地区采用通过互联网集中办票,2012 年春节前发售学生票 114 万张,其中集中办理 43 万张。在北京地区各站增设"农民工往返票售票专口",2012 年春运集中办理农民工团体票 39.8 万张,比 2011 年增加 1 万人,增长 2.5%。组织车站人员深入大专院校、厂矿企业及外来人口集中地,上门办理学生、农民工团体票。

(六)运用信息管理系统,加强质量监管考评

1. 研发使用客运服务质量管理系统

2009 年 8 月,研发北京铁路局客运服务质量管理系统,实现运用信息管理技术实施服务质量控制。该系统由 13 个子系统构成,实现通知书发放、现场检查写实、单位总体评价考核、干部分组考核、职工考核评价、问题库添加、查询统计、客车上部服务设施记名检修信息导入、问题统计分析、月度干部职工考核结果以及系统维护和使用说明功能。自 2010 年 1 月《北京铁路局客运服务质量管理系统》在全局客运系统 24 个单位正式使用以来,全局 2851 名干部以系统为管理平台,对全局 25106 名客运系统职工落实作业标准情况进行现场卡控,发现问题录入管理系统,根据问题性质分别对干部职工进行绩效考核。

2. 建立激励约束考核机制

制定客运服务质量达标考核办法,将所有运输一线直接面向旅客服务的客运人员全部纳入考核范围,对考核合格的单位,每月给予人均 200 元的奖励。同时,按照正面激励的原则,设置职工考核返奖政策,职工当月考核不达标免发奖金者,自发生之日至下月考核期内,考核达标的返还上月考核奖 50%,第二个月考核达标者再返还 50%;对当月重复发生问题的职工,取消返奖资格,激励职工认真整改问题。

3. 加强内部检查监督

一是制定职工代表暗访检查制度。从非客运单位抽调职工代表成立暗访检查大队,每月不定期以普通旅客身份深入客运站车,暗访购票、进站、乘车、出站等客运服务工作,对发现的问题及时进行通报,并督促责任单位进行整改。二是统筹使用全局服务监察力量。将全局 14 名客运监察、43 名路风监察和 27 名收入稽查进行整合,明确职责,规范制度,强化交叉职能培训,提高内部检查监督效能。

(七)建立外部监督机制,改进服务质量管理

各客运窗口向旅客公开服务标准和工作流程,所有客运工作人员上岗都必须佩戴标有工种和姓名的工作牌,所有党员上岗都佩戴党徽,所有重点服务岗位都在明显位置摆放有重点服务内容的服务卡和有承诺服务内容的承诺卡,接受旅客监督。

2011 年 1 月 19 日,开通北京铁路客户服务中心,服务质量监督电话统一为 12306,受

理旅客咨询和投诉，通过公众监督及时发现问题，妥善解决旅客投诉，改进服务质量。

在新闻媒体等单位聘请社会监督员，定期邀请人大代表、政协委员视察工作，向广大旅客开展问卷调查，不断完善以"市场评价、社会监督、公众反映"为一体的多元评价监督机制，把旅客满意作为衡量客运服务质量的标准，促进服务质量提升。

旅客满意度测评由四个质量因素组成，即形象、实物质量、服务质量和用户满意度。形象是指旅客对铁路整体形象的直观感受；实物质量是指旅客对服务设施条件的心理感受和认可程度；服务质量是指旅客对服务过程、服务内容、备品的感受和认可程度；旅客满意度是指旅客对整个服务过程的认可程度。

定期开展旅客问卷调查活动，针对旅客问卷调查反映出的问题，我们在全局范围内开展以"服务旅客创先争优"活动，努力优化服务环境，改进服务态度，提高服务质量，提升旅客满意度。

三、提升旅客满意度的客运服务质量管理效果

（一）旅客满意度不断提升，客运量持续增长

在2011年12月和2012年5月先后组织的两次旅客问卷调查中，第二次调查数据显示，旅客对购票、候车及乘车的总体满意度比第一次调查结果均有所提高。在购票环节，58%的旅客对铁路售票工作总体评价满意，比第一次上升了3个百分点；4%的购票旅客不满意，比第一次下降了1%。在车站候车服务环节，55%的候车旅客对所在车站的整体评价满意，比第一次调查时上升了3个百分点；3%的候车旅客选择了不满意，比第一次调查时下降了1%。在列车服务环节，73%的乘车旅客对所乘坐列车整体评价满意，26%的乘车旅客评价基本满意，仅有1%的乘车旅客选择了不满意。2009年至2011年，全局旅客发送量共完成57481万人，累计增加3689万人，增长22.14%。

（二）社会效益和经济效益显著提高

2010年铁道部举办的第三届全路客运系统职业技能竞赛中，北京铁路局客运代表队获得团体总分第一名，获得11枚火车头奖章。2011年铁道部公布的进京进沪进穗直通旅客列车和较大车站客运工作竞赛评比结果中，北京铁路局参加评比的4个大站全部获得了"文明车站"称号，21对直通旅客列车获得了"红旗列车"称号。2009年至2011年，全局客运收入共完成613.37亿元，累计增加80.07亿元，增长51.5%。

（成果创造人：李冰久、刘建军、范英书、汪文斌、任　斌、郑志强、刘　昕、张树旺、李　珂、王艳红、李　燕、王　京）

轨道交通企业基于责任文化的服务品牌建设

重庆市轨道交通(集团)有限公司

成果主创人:公司副总经理乐梅

重庆市轨道交通(集团)有限公司(简称重庆轨道集团),是重庆市国资委的重点骨干子企业,隶属于重庆城市交通开发投资(集团)有限公司,创建于1992年,是重庆市唯一承担城市轨道交通建设、运营和沿线资源开发的国有大型企业。截止2011年12月,重庆轨道集团共有员工近8000人,资产总额300多亿元,已开通运营轨道交通一、二、三号线,覆盖主城九区中的七个行政区,日最高客运量达82万人次,成为重庆公共交通的骨干。

一、轨道交通企业基于责任文化的服务品牌建设背景

（一）充分发挥轨道交通功能,更好履行企业社会责任的需要

重庆是著名的"山城"、"江城",弯多、坡陡、地形条件较差,核心城区人口密度大,公共交通出行需求压力大。然而,不断增长的机动车保有量,使主城地面交通日趋拥堵、汽车尾气排放逐年攀升,市民生活质量受到不同程度的影响。交通已成为制约城市发展的因素之一。为此,急需轨道交通发挥其大运量、高准点、良好环保性能的优势,在解决主城交通拥堵的同时,加强重庆"多中心组团式"城市结构中组团间的快速联系,引导城市组团式扩张,带动沿线经济科学发展,履行好社会责任。

然而,重庆轨道交通在投运之初,客流量较小,2006年出行分担率仅占全方式出行的0.34%,且设备、设施处于磨合期,轨道交通运输效率未得到较好的发挥。要充分发挥轨道交通的功能,就要在服务品牌上下功夫,切实发挥其城市交通的骨干作用。

（二）践行责任文化,提高员工素质的需要

重庆轨道集团责任文化的核心价值观是:"牢记岗位责任,维护团队荣誉,践行为民宗旨"。该理念要求员工时时、处处、事事为乘客着想,提供人性化服务,为此需要提高员工的综合素质,增强服务本领,提升服务质量。但由于重庆轨道集团新员工多、老员工少,一度存在为民宗旨不牢、服务技能不齐、服务标准不高等问题。这些都需要在责任文化的引领下,通过提高员工素质,建设服务品牌来解决。

（三）增加经济效益,确保企业可持续发展的需要

城市轨道交通企业具有公益性和商业性的双重属性,在为社会提供公共交通服务的同时,要尽量提高企业的经济效益才能确保企业可持续发展。然而,重庆轨道交通在起

步之时,因社会声誉不高,营销经验缺乏,发展思路存在局限,加之运输效率有待提升,经济效益有待增加,需要重庆轨道集团创新管理,走出一条可持续发展之路。

鉴于上述认识,重庆轨道集团自2007年起开始实施基于责任文化的服务品牌建设。

二、轨道交通企业基于责任文化的服务品牌建设内涵和主要做法

重庆轨道集团以创建"安全第一、高效运营、人文关怀"的重庆轨道交通为目标,科学制定服务品牌建设规划,以责任文化为引领,提高员工素质,优化服务组织,完善服务制度,科学配置服务硬件,发挥重庆轨道交通骨干作用,乘客满意度逐年上升,服务品牌得到广泛认同。主要做法是:

(一)牢固树立责任文化理念,明确服务品牌定位

1. 学习、宣贯责任文化理念,深刻理解责任文化内涵

重庆轨道集团责任文化的内涵是:人人、事事、处处都讲责任。为了使责任文化融入员工的一言一行,制定"4R+1R"(4R:社会责任、集体责任、家庭责任、自我责任,1R:岗位责任)的教育"套餐"。

社会责任:是"为了山城有坦途"企业使命的体现;集体责任:培养员工敬业、协同、精业、奉献的团队精神;家庭责任:强化员工家庭责任感,引导员工自觉努力工作,创建幸福家庭;自我责任:牢记"甘当轨道螺丝钉"的企业精神,珍爱生命,勇于担当,积极向上,不断创新,努力实现人生价值。

岗位责任:在4R基础上,号召员工从岗位实际出发,履行好岗位职责,以高度的热忱对待工作,以真诚的友谊对待同事,以优质的服务奉献乘客,以感恩的心态回报社会。

运用宣传栏、标语、集团网站等载体,结合"责任文化和员工精神专题讲座"及"责任文化之我见"征文比赛等活动,全方位解读责任文化内涵,宣传责任文化。同时,通过事迹报道等形式,树立典范,巩固责任文化理念,激励员工积极主动地践行责任文化。

2. 开展践行责任文化活动,亲身体验责任文化魅力

要求全体员工以高度的责任感,良好的自觉性,结合岗位工作实际,组织开展"想乘客之所想,急乘客之所急,帮乘客之所需"系列践行责任文化的活动,为乘客提供优质服务。例如,杨家坪车站通过长期坚持开展"岗位推标"、"志愿者进社区"、"璧山县结对帮扶"、"关爱留守儿童、集中结对联谊"、"进校园送好书"、"消防宣传日"等活动,全面践行责任文化,被评为国家级"青年文明号"、重庆市"巾帼文明岗"和"十佳文明示范窗口"等称号。

3. 明确服务品牌定位,制定服务品牌规划

编制《重庆市轨道交通发展纲要》,明确"安全第一、高效运营、人文关怀"的品牌目标。建立由主要领导挂帅,分管领导主抓,职能部门协同,全体员工参与的服务品牌建设组织体系;同时以可操作性为导向,结合自身实际,制定品牌建

"安全文明亲子行"活动

设实施规划。

一是针对重庆轨道交通不同的运营阶段,制定不同阶段的品牌建设工作目标。在单线运营阶段,通过良好的乘候车环境、优越的硬件设备、设施以及优惠票价等措施,使轨道交通具有一定的知名度;在多线运营阶段,主要通过服务质量的持续改进、拓展增值服务等手段,形成"重庆轨道交通"服务品牌;在网络运营阶段,通过创新服务、多元化经营以及服务品牌的不断传播,维护好服务品牌。

二是将服务品牌建设纳入"五年发展规划"和"十年发展纲要",并在每年工作要点中,将服务作为年度工作重点,制定科学、细致的计划。客运服务各部门根据集团的规划和年度计划,进一步分解工作目标,制定实施方案,保障服务品牌建设规划的有效落实。

(二)优化教育培训,提高员工素质

1. 组建专业培训机构,实现员工培训有序化

聘请专业咨询公司协助建立培训管理体系,在其指导下有序开展员工培训。首先,依托重庆轨道集团全资子公司——捷尚企业管理咨询有限公司,组建成立"重庆市捷尚轨道交通职业培训学校",系统制定员工培训计划,聘请专、兼职培训师,组建完备的员工技能培训队伍和鉴定体系,负责轨道交通业内岗位培训、技术培训、职业技能鉴定等工作。其次,与重庆铁路运输高级技工学校签署战略合作协议,共建轨道人才培养基地,合力推进轨道交通高技能人才的储备培养,实现教育、教学与工作岗位的零距离对接。

2. 实行多级培训,做到员工培训常态化

建立"公司、部门、班组"三级培训架构。公司级主要负责制定培训规划,编制培训教材,协调培训组织,检查培训效果;部门级重点结合本部门实际,开展各种专业培训,注重提高培训的实际效果;班组级主要是结合班组和岗位实际,针对具体问题进行理论讲解和现场演练,以及"传绝技、练绝活"等活动,实现员工培训的常态化。

(三)调整服务组织,完善服务制度

1. 调整服务组织

随着轨道交通运营线路的增加,轨道交通进入网络化运营阶段,原有单线运营背景下的组织架构已不能适应网络化运营的管理要求,本着"集约资源,提高效率"的管理思路,遵循"集约化资源配置、专业化精细管理"的原则,对原有的运营服务组织架构进行调整。由以前的部门模式调整为"1+4"模式,即由1个中心承担网络化运营生产综合指挥协调责任,实行职能化管理,4个公司分别承担网络客运服务、网络维保及专业化维保责任,实行事业部制公司化管理;二级部门逐级细化工作职责,明确工作接口。

通过调整运营服务组织,重庆轨道集团面对一、三号线投运带来的一系列重大变化,实现了"工作量增加3倍,管理人员数量却增加不到2倍"的高效管理。

2. 完善服务制度

由总师室牵头,定期修订完善服务制度。2007年至2011年,共新增服务制度123项,修订服务制度97项。按照"精细化服务"、"标准化作业"的要求,明确服务标准,规范服务行为,组织编制《重庆轨道交通精细化客运服务手册》。该手册分五篇、二十五章,共计12万余字,图文并茂,并配有视频示范、解说,在员工培训、优质服务考核等方面发挥

了重要作用。

(四)科学配置服务硬件,夯实服务品牌建设基础

1. 优化线路设计,严格工程管理

重庆轨道集团牢记为民宗旨,在主城区加密线网,方便市民出行,优化站点布局,力保轨道交通线路间5分钟内换乘的基本要求。开展"重庆市快速轨道交通规划线网资源共享"、"重庆市轨道交通换乘枢纽"等专题研究,统筹指导轨道交通线路设计工作;成立设计部,全面负责线路设计的内部、外部审查工作,确保线路设计优化。

在工程管理方面,一是设立分线路、分专业的项目部,派驻现场代表,对建设质量进行动态监控;二是在新线投运前,由运营服务人员提前介入,严把建设质量关,同时对设备、设施的配备情况进行跟踪,经反复调试合格后方可进入验收阶段;三是成立质量环境保障部,把控施工过程,严格工程验收,确保工程质量。

2. 采用先进技术,提高设备、设施可靠性

重庆轨道集团基于二号线多年的运营经验,将运营实践中发现的问题,在新线建设中不断改善,以提高设备、设施的稳定性和可靠性。在轨道交通一、三号线的建设中:一是采用行业内最先进的基于无线通信的移动闭塞(CBTC)技术,最大限度地缩短行车间隔,提高列车运行控制精度;二是采用以机电设备监控、电力设备监控为核心的综合监控系统(ISCS),实现各专业系统之间的信息互通、资源共享,提高轨道交通整体自动化水平;三是三号线高架车站轨行区底板封闭,既增加安全性,又可以作为第二通道解决消防疏散问题,还减少了汽车尾气、马路噪音和灰尘对车站的影响;四是高架区间设置钢结构检修通道,提高区间检修效率和安全性,并可作为列车区间事故的紧急疏散备用通道;五是高架线采用U型梁技术,大幅降低轨面、线路标高和车站高度,提高断面利用率和行车安全、环保性能;六是采用接触网中间单立柱技术,极大改善高架线的景观效果。此外,重庆轨道集团每年对设备、设施的可靠性制定明确的指标,如列车运行图兑现率不低于99.7%,列车综合正点率不低于99.7%等,据此进行考核管理,对不达标的追究相关管理者的责任。

3. 开发电子报修系统,提高设备维护效率

在运营实践过程中,重庆轨道集团发现以往设备报修和维护流程,因采用纸质表格流转审批的方式,存在审批周期长、程序繁琐、维护不及时等情况,对服务质量有一定影响。为此,开发"车站电子报修跟踪"系统,当车站服务设施出现故障,不仅能第一时间向设备维护部门报修,进行动态跟踪,根据维护进度安排相关工作,还可实时监控设备维护部门工作进程,提高设备维护效率。

4. 坚持人文关怀,力求服务设施人性化

一是打造人性化的导向标识系统。重庆轨道集团认真研究《城市轨道交通客运服务标志》及相关国家标准,吸收其他城市的经验教训,委托国际著名的日本GK公司编制完成《重庆市轨道交通线网导向标识系统设置标准》,该标识系统在国内首次采用通过颜色来引导乘客的设计理念。线路开通后,该系统以其清晰、简洁、大方的特点赢得了广大乘客及各界的一致好评,成为重庆市轨道交通新线车站服务标识设置的标准。

二是建设轨道交通特色线路景观。结合重庆的历史文化底蕴,制定"一线一景"、"一线一主题"的景观建设原则,一号线的"人文重庆"、二号线的"巴渝历史"和三号线的"寻常百姓",以其独特而又浓烈的文化底蕴,得到社会各界的肯定和好评。

三是服务设施人性化。在高架车站设置空调候车室,解决夏季候车炎热的问题;列车座椅配备加热功能,有效降低列车冬季运行时座椅的"冰冷感";车站步梯设置高低两种扶手,方便不同人群拉扶;设置盲道、无障碍电梯、宽通道闸机、低位票亭、盲文标识、无障碍卫生间或厕位等无障碍设施;新建线路每座车站均设置有卫生间。在国内地铁行业首次采用在站台安全门/屏蔽门处设置"动感光带",提醒乘客列车即将进站与上下车;首次在扶梯扶手上采用 LED 连续照明灯珠,既起到正常运营时的照明及美化作用,也起到在非正常情况下应急照明和逃生指向作用。

四是积极协调构建各类换乘系统。为提高市民换乘出行的便捷程度,在轨道交通一、三号线投运前,由市交委牵头,协调各公共交通运营、管理单位,联合现场调研,逐一梳理轨道交通车站周边的公交停车港(轨道站点 41 座、出入口 110 个)情况,对接驳较差(轨道交通车站出入口 100 米范围内无公交停车港)的 18 座车站新增 29 座公交停车港,并通过市政府组织的工作协调会,明确公交停车港的建设主体由路权单位负责,建设时确保与轨道交通车站同步投入使用。经费来源由市、区共同承担。截止轨道交通开通之时,具备实施条件的公交港湾全部落实,不具备实施条件的均采取临时措施。在此基础上,针对近期建设计划中的其他轨道交通线路,开展轨道站点周边公交停车港的调查、设计、申报工作,并取得市政府批示同意。同时,为有效缓解核心城区交通拥堵压力,充分发挥轨道交通骨干作用,开展"P+R"(即 Park and Ride,停车加换乘)专题研究,对近期建设规划线路车站周边的用地条件进行调查,在全线网落实 29 处"P+R"换乘停车场建设用地。

(五)拓展增值服务,满足乘客需求

重庆轨道集团与重庆机场集团签署"空轨联运"战略合作协议,合作开展信息互换、机票分销、自助值机及礼仪培训交流等事项。乘客可在轨道交通三号线信息显示系统中了解航班动态信息,也可在机场航站楼内查看轨道交通站点信息、运营网络信息,还可在轨道交通客服中心购买机票、兑换登机牌。

与重庆日报报业集团联合主办、重庆晚报编辑出版西部首份地铁报——《都市热报》,在轨道交通车站向乘客免费发放。报纸独辟"轨道线"专版,向市民宣传重庆轨道集团的企业文化、线路景观、轨道人物及安全文明乘车、客服、票务等信息。

在车站引进自助银行、自助照相机、自动售货机、自动售报机、优惠券自助打印机等形式多样的增值服务,满足乘客多样化的出行需求。

(六)多渠道监督服务质量,实现持续改进

1. 加强服务监督

一是完善监督机制。细化各岗位的工作职责,实行岗位责任制,优化工作流程,严格考核奖惩。推行各级管理人员"一岗双责"制度(即不仅要承担所在岗位的业务工作责任,还要承担安全督察责任),强化安全管理。每年初与员工签订"年度工作目标责任书",确保责任目标落地。逐级建立监督考核机制,形成三级责任管理体系,督促员工提升履职能力,在服务品牌建设中全面落实责任。

二是公开客服人员信息,即客运服务人员上岗期间,除按规定穿着识别服外,还必须佩戴含姓名、员工号等信息的工号牌,随时接受乘客的监督。

三是建立神秘顾客制度。在社会上聘请一定数量、各个层次的市民,经专业培训,不定期随机暗访抽查车站工作人员服务规范执行情况,客观记录并反馈检查结果。

四是建立客服质量社会监督员制度。聘请一定数量的社会各界人士作为客服质量社会监督员,出台《重庆轨道交通客运服务质量社会监督员暂行管理办法》。社会监督员定期和不定期乘坐轨道交通实地体验,采取明查暗访、内部调查与外部征询等方式,积极收集、定期反馈社会各界对重庆轨道交通客运服务质量的评价、要求和建议,并定期召开监督员座谈会,据此制定整改措施,保证服务质量持续改进。

五是开展乘客满意度测评。采取不定期自我测评、行业测评和定期第三方测评三种方式,全方位开展乘客满意度测评工作。自我测评是根据实际需要,自行策划、自主完成乘客调查,并撰写分析报告。行业测评是由重庆市运管局牵头开展不同主题的问卷调查,形成分析报告,并从行业监管角度提出涉及服务设施、商业广告、信息网站等方面的改进措施。第三方测评是每年底聘请专业咨询公司,开展本年度乘客满意度调查工作。对测评中的较好评价,要求相关业务部门总结经验,形成长效机制,继续提高;对满意度下降的项目,则必须深入分析原因,持续改进。

六是多渠道收集乘客意见。创建服务热线综合管理系统,通过服务热线及官方网站接受市民的投诉、意见、建议、表扬,进行登记、分转落实及回访;在车站设置乘客意见薄,并通过官方微博,加强与市民的沟通;积极主动地收集市长信箱、市政府信箱、市交委信箱中有关轨道交通的信访函件,由专职信访工作小组,全权负责乘客意见的处理,责成相关业务部门对乘客所留意见认真研究,及时整改和回复。

2. 严格考核奖惩,实施客运服务持续改进计划

制定《运营服务热线投诉处理办法》,将服务工作作为考核重点,规范投诉处理流程、投诉分类、考核标准等,形成投诉管理工作制度。将该项考核纳入年度考核,对相关业务部门、子公司进行相应考核。对好人好事进行奖励,以典范带动全员积极性。

完成企业内部和企业外部持续改进任务42项,修订完善相关制度36项,新增制度8项,新增票务终端设备9台,完成大渡口、新山村站无障碍设施改造7项,开展各类培训近3500人次。

三、轨道交通企业基于责任文化的服务品牌建设效果

(一)全面践行责任文化,员工素质显著提高

成果的有效实施,使员工的责任意识显著提高,企业责任文化理念得以全面践行。如李子坝车站某站务员不顾自身安危,阻止社会男子翻越安全门自杀事件,体现了员工的岗位责任意识。诸如此类的客运服务人员践行责任文化的事例不胜枚举。同时,员工服务技能、综合素质也得到显著提升,归纳出"一收、二唱、三取、四验、五找"的标准化售票流程,以及"一看、二问、三帮"为乘客提供帮助的技巧等,与乘客的沟通、协调能力不断提升,应对突发事件的处置能力相应提高。

(二)服务质量不断提升,"安全、高效、人文"的服务品牌成功落地

重庆轨道交通自2005年投运至今,从未发生一起安全事故,截止2011年12月31日,已安全运营2387天,创造"日客运量世界单轨第一、国内轻轨第一;客运强度国内轻轨第一;单车效率国内轻轨第一;列车准点率99.96%,运行图兑现率99.97%,全国第一"的佳绩。客运量由2006年的2201.22万人次,上升到2011年的4575.50万人次,占轨道走廊沿线客流总量的25%左右,有效缓解主城区的地面交通拥堵状况,市民出行时间节省50%以上,出行质量得以改善。"重庆轨道交通"服务品牌得到了广泛认同,"安全、高效、人文"的服务品牌逐渐深入人心。乘客投诉率逐年下降,表扬率大幅上升,满意度逐年上升。近年来,重庆轨道集团在服务领域先后获得"全国城市公共交通文明企业"、"全国城市公共交通文明线路"、全国"青年文明号"、2010年度全国交通运输企业文化建设"优秀单位"、"全国文明单位"等多项荣誉。

服务品牌建设有力促进了重庆轨道集团的发展,形成了以"运营收入为基础,开发收入为支撑,代理、销售、设计、广告及咨询培训收入为补充"的"一基础、六核心"的多元收益结构。企业经济效益持续增长,营业收入由2006年的8587.10万元,增长到2011年的20173.52万元。

(三)社会、生态效益显著

一是推动了建筑业、建材业、机电设备等产业的发展,形成了轨道交通装备产业化;二是带动了杨家坪、观音桥、沙坪坝、南坪等商圈;三是对GDP的直接贡献率达1:2.63(加上带动车站周边物业发展和商贸流通业的繁荣等间接贡献则更高);四是为社会提供了相当数量的就业岗位(2006~2011年间,重庆轨道集团直接提供了超过7000个工作岗位,间接提供的就业机会更是上达百万),对维护社会稳定起到了积极的作用。

此外,轨道交通服务的提升,吸引了部分小汽车和常规公交的客流,有效降低了碳排放,改善了生态环境:仅2011年通过轨道交通出行,便减少二氧化碳当量排放约19300吨。

(成果创造人:沈晓阳、乐 梅、张 军、王宁宁、
李 霄、刘昌萍、师 维、韩庭忠、杨 齐)

合成革企业提升顾客满意度的优化管理

安徽安利合成革股份有限公司

成果主创人：公司董事长、总经理姚和平

安徽安利合成革股份有限公司（简称安利股份）成立于1994年，是安徽省重点外商投资企业，地处安徽省合肥市国家级经济技术开发区，主要生产经营中高档聚氨酯合成革，现具有年产中高档人造革、合成革5000万米、聚氨酯树脂55000吨的生产经营能力。2011年5月，成功登陆创业板市场，股票代码300218。安利股份是全国聚氨酯合成革单体规模最大的专业生产企业，先后获得"中国名牌"、"中国驰名商标"、"国家重点高新技术企业"，是"中国科技名牌500强"。

一、合成革企业提升顾客满意度的优化管理背景

（一）改变行业顾客满意度现状的需要

国内外合成革客户对企业产品品质及整体服务水平的要求越来越高。国内合成革行业整体服务水平已不能满足客户日益增长的需求，顾客抱怨与投诉的频率逐年升高，多集中在产品品质、环保性能、交期等方面。安利股份意识到，国内合成革企业经营模式需要转变为紧盯顾客和市场动态，及时满足顾客的差异化、层次化和时刻变化的需求，变被动解决矛盾为主动服务的模式。因此，自2007年开始，安利股份积极探索提升合成革行业整体服务水平的方法和途径，以期提高顾客满意度和忠诚度，竭力为合成革行业的长久稳定发展贡献力量。

（二）提高自身整体服务水平的需要

安利股份是合肥市第一家中外合资企业，但在技术水平、发展观念、服务水平等方面均与发达国家存在较大差距。虽然安利股份的产量与销量不断增加，市场占有率不断提高，然而顾客投诉量却有增无减，顾客满意度很难提升，这对安利股份的可持续发展造成了严重威胁。安利股份认识到：现有的服务水平已不再适应企业日益扩大的规模和日新月异的发展速度。寻求以提升顾客满意度为目标的管理作为提高经济效益的方法，全面提升顾客满意度和品牌的知名度。

（三）带动下游行业进步的需要

人造革合成革产品广泛应用于男女鞋、运动休闲鞋、沙发家具、汽车内装饰、球及体育用品、文具证件等下游消费品的加工制作。安利股份依托自身创新研发水平，积极探索如何主动向顾客推广新产品、新技术，介绍价廉质优的生态功能性聚氨酯合成革产品，

引导顾客需求,提供超出顾客预期的服务;同时,思考如何帮助顾客降低成本,增加产品科技含量和附加值,创造更多利润,增值增效,实现顾客与安利共同成长。

二、合成革企业提升顾客满意度的优化管理内涵和主要做法

安利股份根据合成革企业生产、销售、服务的特点,树立"以客户为中心、客户第一"的经营理念,搭建以市场为导向、结构扁平、高效运转的管理平台,加强对目标顾客市场和需求的分析和管理,最大限度满足顾客需求,并不断提高创新研发能力,增加产品科技含量和附加值,以新产品、新技术引导客户需求,帮助客户实现产品增值增效高。主要做法如下:

(一)树立"以客户为中心,客户第一"的经营理念

安利股份由管理部牵头,组织召开"如何全面提升顾客满意度研讨会",成立"顾客满意度提升领导小组";专题讨论顾客满意度的概念、内涵及重要作用;制定了提高顾客满意度的经营理念和初步措施。安利股份还邀请行业标杆企业和国内外知名企业高管来公司,对公司中高层管理者,包括技术、生产、营销、管理等各相关部门骨干人员进行培训,交流成功经验。全员树立"以客户为中心、客户第一"的经营理念,把顾客满意作为公司的出发点和归宿点,提高整体素质和服务水平;同时,通过提高产品科技含量和附加值,帮助客户实现增值增效,共同发展。

(二)实施组织创新,调整优化组织结构

1. 组织机构改革

2007年,安利股份通过组织机构改革、管理流程优化、信息化平台建设等举措,搭建起一个以市场为导向、结构扁平、高效运转的管理平台,打破部门职能界限,提高了企业市场反应速度和市场响应能力,同时通过进一步完善规章制度,规范运作流程,坚持"客户至上,满意第一"为宗旨,积极倡导"信息传递快、领导决策快、研制开发快、投入运行快、销售供货快"的"五快"高效经营机制,及时有效地满足客户需求。

2. 调整人员结构

安利股份通过调整研发、采购和销售人员结构,组建相应的产品实验室,对原有的资源进行优化配置,从而避免了一些低水平的重复作业,消除了职责不清、目标不明等问题。

3. 建设"数字安利"

结合合成革企业实际,制定了安利股份信息化总体规划,在全公司推广以ERP综合资源信息管理系统为平台的业务信息一体化管理体系,建设产供销核心业务平台;在合成革企业中率先采用原材料、半成品的条形码管理系统;引入HR人力资源管理系统,完善绩效考核机制,力争奖优罚懒、赏罚分明;开发并不断完善OA办公自动化系统,建设协同办公平台,实现以信息化为手段提高反应速度和管理

生产车间

效率的目标。

（三）提高创新研发能力，大力开发新产品

安利股份技术中心是行业内仅有的两家国家认定企业技术中心之一，自主研发创新能力行业内领先。通过集中各方研发力量，优化产品研发职能，统一产品的研发、维护和技术标准的制定和管理。

1. 优化研发体制

成立以总经理挂帅的技术委员会，加强对技术研发工作的宏观指导，采取"年薪制＋创新成果奖励"的分配方式，充分调动科研人员的积极性、主动性和创造性。

2. 与高等院校和科研院所建立产学研合作关系

与中国科学技术大学、中国科学院合肥物质科学研究院、安徽大学、合肥工业大学等多家科研院所建立产学研合作关系，先后在多家高校建立起实习基地。

3. 实行营销研发一体化

实行营销研发一体化的办法，把研发人员从实验室里拉出来，让他们参与到市场中去，紧跟市场动向，领先开发低成本、高质量、高附加值的新产品，坚持以客户为中心，推行 48 小时打样、复样制度，并考核到人，推行 24 小时投诉反馈制度，强化沟通，简化解决问题的手续，提高工作效率。

4. 新产品、新技术开发取得突破

安利股份凭借自身技术研发能力从事生态功能性聚氨酯合成革研发与生产，有效增加了产品的科技含量和附加值，而且环保性能优异，各项物性与环保指标均能够达到甚至超过相关国际标准，能够成功突破欧美严苛的"绿色壁垒"，出口到世界各国，实现产品增值增效，带动下游行业发展与进步。最终，不仅为顾客满意度的稳定提供了有力的支持保障，也帮助客户突破产品价值增值的难题，促进安利股份与客户的共同成长。

近几年公司每年新开发的具有国内领先或国际先进水平的新产品、新技术多达十项以上。现拥有"高耐久性环保型沙发家具及汽车内饰聚氨酯合成革"等 2 项国家重点新产品，"防水透气聚氨酯合成革"、"高剥离耐水解无纺布聚氨酯合成革"等 17 项安徽省高新技术产品，另有 8 项安徽省新产品，5 项安徽省重点新产品，1 项安徽省自主创新技术产品。

5. 制定全面的营销服务策略，推广新产品

安利股份充分发挥自有新产品、新技术优势，制定全面的营销服务推广策略，每位营销人员负责 1－2 种新产品宣传与推广，主动出击，联系相关产品客户，为其提供详细的新产品功能、物性等的解说演示，帮助客户了解新产品的优势和适合的加工制作领域，同时确保服务的细致周到。

（四）加强对目标顾客市场和需求的分析和管理

1. 细分目标顾客市场和需求

安利股份通过对市场的广泛、深入调研，根据不同层面顾客的需求特点，结合企业的战略规划和自身优势，选择和确定目标顾客群。其中，按产品功能不同细分为男女鞋革、运动休闲鞋革、沙发家具革、手袋箱包革、文具证件革、体育用品革客户等；按照地域需求不同细分为国内客户和国外客户；按照销售模式不同细分为直接客户和间接客户；按照

顾客重要程度细分为战略客户、重点客户、普通客户、潜在顾客等。

2.采取问卷调查等多种方法确定顾客与市场的需求

安利股份通过采用市场问卷调查、座谈会、跟踪回访、顾客满意度调查等多种方法，识别、了解和确定顾客与市场的需求、期望和偏好，按照市场地域特性、产品交付方式和客户消费层次的不同进行市场细分，并紧密关注潜在顾客的需求，在保证重点目标市场和顾客群的基础上，提供满足客户需求和期望的产品和服务。

3.着重抓好售前、售中、售后服务三个环节

安利股份十分重视为顾客全过程、全方位地提供优质服务。着重抓好售前、售中、售后服务三个环节，包括对顾客现实需求的满足，以及对顾客潜在需求的挖掘和引导，让顾客认同企业、产品和服务，从而使顾客获得超值感受和充分满意，最终成为企业忠实的"回头客"。

（五）构建满意度测评体系，改进测量方法

1.建立顾客满意度测量体系

由营销部门（内贸部和外贸部）牵头，针对国内外不同类型的顾客（战略客户、重点客户和一般客户）分别制定顾客满意度测量计划和顾客满意度调查表，营销业务人员根据搜集到的顾客反馈意见（包括顾客建议、顾客投诉、顾客满意度调查表等信息），经过统计得出具体的顾客满意度指数（CSD）。营销部负责将上述相关信息和数据及时进行分析和总结，找出顾客不满意的原因，并提出持续改进的意见和建议反馈给公司高层以及品管、技术等部门进行总结和评审。品管部和技术开发部负责组织相关责任部门对顾客不满意的事项进行分析并确定改进的责任单位，由责任单位制定出具体的纠正和预防措施。各个部门分工协作，构成完善的顾客满意度测量的保障体系。

经过不断完善，根据《用户满意度测评规范》，确定顾客满意度指标如下：顾客对安利品牌形象的评价、顾客对安利产品的期望、顾客对安利产品质量的感知、顾客对安利产品价值的感知、顾客对安利产品的满意度、顾客对安利产品的抱怨、顾客对安利产品的忠诚度。根据上述指标，设置二级指标：品牌形象、顾客期望、质量感知、价值感知、顾客满意度、用户抱怨、用户忠诚度等7项，根据客户类型（战略客户、重点客户、普通客户）设置不同权重；三级指标：使用封闭式和开放式问题，形成具体评价项内容共25项。安利股份每半年进行一次问卷调查，问卷回收率达到80%以上。营销部门安排专人按项目统计、加权得分，平均算出综合分数，并根据分析结果编写调查报告，报送给企业领导和相关部门。

2.改进顾客满意度调查方法

安利股份从2009年开始聘请第三方机构进行顾客满意度调查并出具相关调查报告，调查范围包括国内外经销商和直销商，调查对象为顾客单位的主要负责人、技术人员、采购人员等，了解他们对安利股份产品的质量认知、期望、满意程度等，全面了解顾客的需求和评价。在国际顾客的满意度调查中，由原来的以邮件形式发放问卷转变为电话访谈、邮件、面谈、传真等多种形式并重的了解调查方式。对顾客满意度调查的结果，安利股份组织相关部门进行仔细分析研究，有针对性的制定改进措施并限期实施整改。

（六）建立有效的投诉及处理机制，缩短异议处理周期

为使顾客能够全面、及时、准确、畅通、快捷地查询信息、进行交易和投诉，并将这些需求快速传递到组织的各过程及相关员工，安利股份建立与顾客接触的多种渠道和方式，并确立传达顾客要求的方法。建立独具特色的顾客投诉处理流程，对投诉处理过程采用问责制，要求相关部门在规定的时间内处理完毕并及时给顾客回复，要求业务人员每周必须汇总投诉事件及处理情况，以减少顾客抱怨和投诉，提高顾客的满意度和忠诚度。

制定完善《产品异议管理办法》、《产品异议管理实施细则》等制度，对投诉处理实施区域管理、处理过程节点控制，对不同顾客区分对待处理。对重点顾客、重点产品的异议，在12小时内给予回复，一周内给予结案；结案后一周内给予回访或跟踪服务，了解投诉处理的有效性和满意程度，对投诉处理过程起到监督和闭环的双重作用。

（七）完善激励约束机制，确保满意度稳定提升

安利股份建立一系列相适应的激励约束机制，并不断完善，确保顾客满意度稳定提升。根据顾客满意度的测评结果，每季度对相应人员按照"考核——改进——再考核"的流程严格监督管理，并将考评分数与奖金挂钩，给予相应的奖励或处罚。

一是营销人员实行"月底薪＋提成＋新产品推广奖金"的激励制度。在固定工资底薪的基础上，按照所销售产品的贡献情况，给予销售额1%－3%的提成；同时，为了促进销售人员对新产品、新技术的主动推广介绍，引导顾客需求，为顾客创造超预期的服务，制定相应的新产品推广奖金。

二是技术开发人员实行"年薪制＋创新成果奖励"激励制度。一方面，在适应岗位职务、学历及能力的基础设定年薪额度；另一方面，根据其研发出的新产品、新技术的效益转化率和贡献率，每月给予相应比例的成果奖励。

三是生产人员实行"工资＋月满勤奖励＋加班补贴"的激励制度。保障基本工资的基础上，对于工作勤恳、全部出勤的生产员工给予月满勤奖励；同时，在合成革行业生产旺季，客户急等交货的特殊情况下，对于生产员工加班给予较高的加班补贴，提高员工积极性和主动性。

此外，对于有突出贡献的骨干员工给予一定比例的股权奖励。对表现突出，事迹鲜明的个人或部门在公司网站、OA主页、厂区宣传栏等处进行公示表彰；对年度考评得分前五名的个人颁发荣誉证书等。

对于在一年内收到两次以上投诉与抱怨的员工进行专门培训，考核合格后方可再上岗；对于年度考评分数倒数后三的人员给予通报批评，责令限期改进。

三、合成革生产企业以提升顾客满意度为目标的管理效果

（一）提高了产品的竞争力

对国内男女鞋、箱包手袋、沙发家具等下游行业高端合成革原材料约60%依赖进口的严峻形势产生了一定的扭转作用，尤其是在生态功能性产品领域实现了突破，在与进口产品的竞争中赢得市场份额，改变了高端合成革产品依赖进口的不利局面，产品畅销全国各地，并出口到50多个国家和地区。同时，产品本身成本不同程度降低，售价相应降低，有效减少了客户的采购成本。

（二）顾客满意度和忠诚度稳定提高

安利股份顾客满意度和忠诚度明显提高,顾客满意度由2007年的96.5%提高到2011年的97.3%,顾客忠诚度由2007年的93.5%提高到2011年的94.1%。与此同时,顾客流失率和顾客异议响应时间持续下降,投诉处理满意度呈现稳定上升的发展态势。

2012年2～5月,安徽质量管理协会再次对安利股份2011年度的顾客满意度进行第三方调查,统计得出顾客满意度综合分数为94.93。

(三)保证了企业的稳步发展

根据中国塑料加工工业协会人造革合成革专业委员会统计数据,安利股份聚氨酯合成革产销量2007～2011年连续五年排名国内同行业第二,聚氨酯合成革出口量、出口创汇额、出口发达国家数量均居国内同行业首位。安利股份主营产品生态功能性聚氨酯合成革市场占有率稳居国内第一。近几年主要经营业绩指标一直保持每年20%左右的增长率,产品产销两旺,供不应求,营业收入年复合增长率13.48%,新产品销售收入占营业收入比重始终保持在60%以上;年复合增长率达到16.37%。

(成果创造人:姚和平、王义峰、杨滁光、陈茂祥、黄万里、吴双喜、胡东卫、张 珏、刘 兵、李道鹏、刘松霞)

基于网络服务平台的铁路货运营销管理变革

呼和浩特铁路局

成果主创人：原局长杨宇栋

呼和浩特铁路局（简称呼铁局）成立于1958年，承担着服务边疆草原、稳固祖国北疆的重要任务。管内大部分线路是连接我国西北、华北、东北物资运输和我国通往蒙古国、俄罗斯以及东欧的重要陆路通道。总营业里程近5000公里，年货物发送量达2亿多吨。为了让铁路货运更加公开公平、便捷高效地为经济社会发展和人民群众服务，呼铁局在其与内蒙古经信委共同开发的"内蒙古资源网"平台上自主研发"铁路物流服务平台"，在全国铁路运输系统中率先开办网上货运业务，着力改变传统铁路货运营销管理方式。

一、基于网络服务平台的铁路货运营销管理变革背景

（一）向现代物流企业转型，更好地服务于区域经济、社会发展的内在要求

近几年，内蒙古自治区经济社会持续快速发展，从2002年到2011年，经济总量增长7倍多，地方财政收入增长17倍，经济持续快速发展带动了运输需求的快速增长。同时，内蒙古作为我国主要能源基地，煤炭、化工、农副产品等物资外运需求十分旺盛。随着内蒙古自治区工业化、市场化进程加快和产业结构转型升级，现代物流业发展迅猛，企业用户对铁路货运服务质量提出了全新要求，不仅希望把产品运出去，而且希望提供全程物流服务。铁路运输由于其运输量大、运输成本低等优势，在矿石、煤炭等大宗物资运输方面相对具有优势，而要想在运力要求机动灵活、需求多变、附加值比较高的市场争夺中得到市场份额，企业经营效益持续发展，必须进行货运服务方式的改革。

（二）实现"公开公平、便捷高效"货运服务，树立铁路企业良好形象的迫切需要

呼铁局管内的主要干线连接冀、晋、蒙、陕、宁五省，且身处我国能源基地，随着国民经济的快速发展以及城镇化的推进，铁路企业严重滞后的运输能力已不能满足社会货物运输的需求，成为交通的"瓶颈"。长期以来，铁路货物运输一直延续着计划经济时代的组织方式。各级管理者思想观念陈旧，职工市场营销和主动服务意识不强，坐等客户上门，服务方式落后，服务质量不高，企业适应市场能力不断下降。此外，在运力不足而运输需求又十分旺盛的情况下，传统货运营销管理失去了对从业人员行为的监督和管理，为人工干预审批货运计划提供机会，容易滋生以车谋私等腐败问题，严重损害铁路企业的社会形象。

（三）互联网时代和铁路内部信息系统建设为变革奠定了基础

当前铁路运输能力和信息化水平都有大幅度提升。铁路经过多年技术创新,在逐步完成货运计划系统(FMOS)、运货五、铁路调度系统(TDMS)等信息系统的基础上,实现了路局、车站(车务段)货运各相关岗位信息互联互通,强化了从计划到装车全过程信息流的规范与管理,实现了运输组织的统一指挥,有效提升了新体制下的全路货运计划专业管理水平。铁路建设了网络安全平台,构建了铁路内部的信息系统与外部的互联网之间的具有安全保障的信息交互通道。这些都为呼铁局通过构造网络服务平台推进铁路货运营销改革提供了很好的物质基础和技术支撑。

基于以上思考,呼铁局从2011年开始通过建设铁路货运网络服务平台改变传统铁路货运营销管理方式,实现铁路货运营销由内部生产型向外部营销型转变。

二、基于网络服务平台的铁路货运营销管理变革内涵与主要做法

呼铁局运用现代企业管理理念和现代信息技术,在互联网上搭建铁路物流服务网站,并将企业网内部的生产信息系统向外延伸,与之融合形成铁路货运网络服务平台。依托网络服务平台,实行铁路货运业务网上办理;通过再造货运业务办理流程,彻底取消空车配置人工审批环节;调整货运组织机构职能,确立起"以客户满意为中心"的服务理念;打破原有计划经济体制下的内部生产型货运营销管理,创建适应市场经济体制要求的"公开公平、便捷高效"的外部营销型货运营销管理,实现货运信息公开化、货运服务便捷化、货运流程规范化、货运营销透明化。主要做法如下:

(一)明确铁路货运营销管理变革的指导思想、原则和目标

1.明确变革的指导思想

传统的铁路货运业务办理过程全部封闭在铁路系统内部,货运信息系统仅运行在铁路专用网络上。用户发送货物时,必须多次到车站办理计划申报、上货、报请求车等多道手续,费时费力,十分不便。而在办理过程中存在计划审批、空车配置审批等人工干预环节,主观性、随意性较强,对用户不透明。铁路货运部门以"内部生产为中心",坐等客户上门,主动营销和服务意识淡薄。铁路物流企业通过铁路运力垄断优势来提供附加服务,缺少市场竞争意识,发展受限。

铁路货运营销管理变革的指导思想就是要革除以上弊端,以构建基于互联网的网络服务平台为基础,在受理方式、运力配置、营销组织等方面进行改革创新,形成"公开公平、便捷高效"的外部营销型货运营销管理。货运和物流服务由被动服务向主动服务转变、由实体服务向网络服务转变、由封闭服务向透明服务转变。

2.明确变革的主要原则

第一,"公开"、"公平"原则。"公开"即除公开常规的各类信息外,主要公开非计算机系统自动处理的环节,如政府要求的重点企业运力、煤炭国家重点订货合同等情况,信息完全向社会公开,在社会监督下运行。"公平"即在运力配置上制订

服务窗口优化整合后的货运营业厅

合理的规则，取消所有人为干预的环节，全部实现计算机自动配置。

第二，"先到先得"、"随到随得"原则。当运力大于运输需求时，采取"随到随得"的运力配置规则；当运力小于运输需求时，采取按照订单时间"先到先得"的规则。

第三，"注册准入"、"全面放开"原则。对重点物资运输实行准入制，审核用户资质。除煤炭、危险品、限运违禁品等重点物资外，对其他物资发运用户（包括自然人）全面放开，使潜在用户无障碍进入。

3. 明确变革的基本目标

首先，在货运营销上实现让人民群众满意。按照先订先得的原则，为企业用户提供网上提报订单、网上自动配置空车、网上业务咨询、网上自主选择物流服务等"一站式"综合服务，使铁路货运公平、公开、透明、便捷，最大限度满足用户需求。

其次，最大限度吸引社会货源。通过网上公开受理货运业务，实现铁路货运营销由内部生产型向外部营销型转变，进一步提升铁路货运的市场竞争力。同时，为铁路物流服务企业在网上广揽业务创造条件，进一步强化"门到门"服务功能，提高铁路综合效益，进一步扩大铁路市场份额。

最后，从源头上解决铁路运输以车谋私问题，加强铁路系统党风廉政建设。取消车皮计划审批，通过网上受理，公平办理，全程服务，公开监督，达到"两个100％"，即装车100％纳入系统自动配置、配置结果100％对社会公开，有效消除人为干预因素，从源头上消除廉政风险。

（二）打造网络服务平台，构建网上受理、自动配车的货运业务办理流程

网络服务平台把传统的货运办理方式从车站搬到互联网上，由"面对面"到"键对键"，使货主足不出户就可以提报货运订单、查询装车情况；让货运办理过程公开接受用户监督，杜绝人为干预和操作；打破传统的运输计划办理方式、打破用户被动请求装车的格局、打破铁路信息透明度不强的现状。

1. 构建面向客户的货运业务服务平台

面向客户在互联网上构建货运业务服务平台，为客户提供直接提报订单、装车申请、查询货运信息等功能。一是信息服务中心提供货运信息查询与运力公示。包括货运办理站信息、运力信息、业务办理信息、停限装信息、货运规章及办理流程、综合物流服务信息、市场供需资讯。二是用户服务中心提供用户网上订单提报与查询，包括用户资料管理操作，用户业务咨询，服务订单管理功能和实际发送申请，客户在服务订单被受理后，在线提交实际运输发送确认。

2. 构建面向铁路内部的业务受理平台

一是车站服务中心提供服务订单的审核、服务订单的代填、客户办理手续登记、请求车信息上报等功能。二是路局服务中心主要提供服务订单的自动受理、运输月计划确认、日请车的自动配置、业务信息与流程的查询与统计分析等功能。

3. 构建安全高效的内外网信息交互机制

业务受理平台（车站服务中心、路局服务中心）与铁路生产信息系统进行数据共享，部署在铁路局内部网上。客户货运业务服务平台（信息服务中心、用户中心）提供服务客户的操作界面，部署在铁路局外部的互联网上。内、外网数据通过铁路局网络安全平台

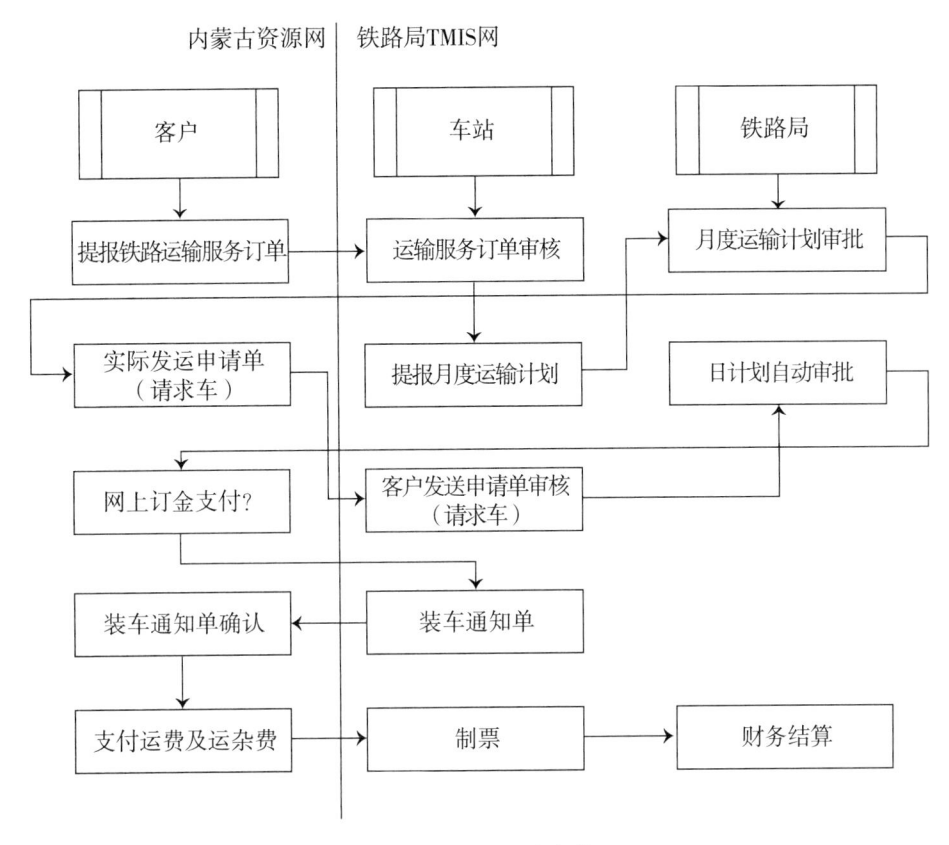

图　网络服务平台架构

进行交互。外网接收客户订单,通过网络安全平台送入内网,经处理后,将订单的空车配置结果再次穿越网络安全平台送回外网,反馈给客户。

4. 构造面向网络服务的货运业务办理流程

在网络服务平台上,铁路货运服务转变为网络自动受理。订单提报的服务方式更加灵活多样,由过去单一的人工计划编制转变为"远程互联网办理、车站营业厅办理、营业厅自助办理"三种方式。装车申请改变月申请、日申请、反复申请的繁琐手续,转变为一次申请。取消空车配置的人工审批环节,按照先订先得的原则,依据运力情况,由计算机自动配置,充分体现公平。

根据货物类别不同,业务处理各有差异的特点,在总体流程的基础上分别设计白货和煤炭办理流程,满足不同货物特性的运输需求。

(三)调整组织结构和职能,实现货运业务由"内部生产"到"外部营销"的转变

1. 调整运输处管理职能,突出市场开发和货运营销

运输处在安全生产、运输组织等原有职能基础上,增加指导监督网上货运业务办理、市场调查分析、货源组织与市场开发、运输产品设计等职能。将运输处"货运计划科"调整为"货运营销组织科",在工作重心上,由过去的运力分配逐步转变为在市场分析基础上的产品设计,使运输组织工作与市场对接更加紧密,更具科学性。在工作方式上,改变

过去计划管理人员配置运力的做法，调整为通过制订网上公开公平分配规则，实现由计算机自动配置运力，从根本上消除人为干预。在产品设计上，由过去被动地等待企业提报需求，编制运输计划，转变为通过市场调查细分，根据供需变化主动优化设计产品，满足用户需求。在与企业关系上，由过去的管理企业转变为服务企业，根据铁路运力情况，通过网上受理业务，进一步挖掘市场货源，提高服务水平。

2.调整货运处管理职能，提高货运服务质量

货运处在原有安全生产、货运规章等管理基础上，增加面向市场的网上业务指导监督、业务咨询、用户满意度评价等服务职能，重点是提高货运服务质量。在货运处设立"货运服务质量科"。调整后，在工作重心上，由过去注重专业管理和检查考核，转变为管理与服务并重，增加网上货运业务的运行指导和跟踪分析，对站段的服务指导及与用户的互动服务等职能，使工作更加符合让人民群众满意的目标要求。在工作内容上，由过去单纯的装卸、理赔等业务，增加业务咨询、信息发布、驻厂服务等方面，使工作内容更加丰富，更好地体现多元化发展战略和服务宗旨。在工作方式上，由过去被动等待转变为主动服务、开放式的工作平台，工作载体由货场营业厅、办公室延伸到网络平台和企业用户厂区，拓宽货运部门和用户的沟通渠道。

3.调整客户服务中心服务职能，实现客货服务一体化

客户服务中心原为铁路局客运处的一个科室，是在铁路局推行电话订票等业务时设立的，服务主体是旅客。在货运营销新模式中，将客服中心设为路局独立的附属机构，在现有客运服务功能的基础上，增加货运服务功能。选拔货运工作经验丰富的专业人员担当货运客服人员，利用在线留言、客服电话，人工解答办理货运业务流程、物流服务等方面的问题，并受理建议和投诉。

4.调整站段岗位职能，强化货运服务和市场开发

重点调整车务站段货运车间岗位职能。除原有安全管理、生产组织等职能外，强化货运服务和市场开发职能。一是将货运值班员中的"内勤货运值班员"岗位调整为"客服值班员"岗位，增强为用户提供货运服务的职能。二是将"货运计划员"岗位调整为"货运组织员"岗位，增加货源组织、市场开发等职能。三是将货运安全员中的"保价理赔员"岗位调整为"咨询服务员"岗位，职能由单纯理赔服务转变为综合咨询服务。四是将现有制票、到达交付等内勤岗位，统一兼职并岗为"货运核算员"。五是将部分内勤人员派驻到货运业务量较大的企业，岗位为"驻厂服务员"。

（四）对客户提供一体化服务，提高服务效率

1.物流企业驻站合署办公，提供全程接续、无缝链接服务

借助铁路物流服务平台的应用，积极拓展货运服务功能，在车站货运营业大厅实行运输业与非运输业合署办公，实现一体化服务。铁路物流企业派人驻站，为客户提供综合物流服务。中铁集装箱、中铁快运公司派人驻站，负责货物快运班列信息咨询和业务办理。一体化服务建立起运输业与非运输业物流企业全程接续、无缝链接全程接续、无缝链接的服务模式。

2.货运服务进驻客户企业，提供全方位、零距离服务

主动出击把办公地点转移到企业身边，将货场和货运营业大厅服务职能整体前置到

企业生产厂区，运输站段"驻厂服务员"承担网上货运业务办理、制票、营销等服务职能，实现"一站式"便捷服务，实现对企业客户的全方位、零距离服务。多经运输企业"驻厂服务员"负责信息沟通，协助公司制定最优化的运输计划，并配合做好票据传递工作，实现对大企业货运服务的零距离无缝对接。

3. 建设"无水港"，加强路港合作，为企业客户提供"一站式"运输服务

利用内蒙古和天津之间既有的铁路运输通道，在乌海、巴彦淖尔、包头、鄂尔多斯、呼和浩特、乌兰察布、二连浩特7个城市和地区全面启动"无水港"建设，将港口的服务延伸到内陆地区，缓解运力不足的现状，有效扩大内蒙古出区达海物资和天津港到内蒙古物资总量。发挥铁水联运通道路途短、成本低以及港口吞吐作业量大等优势，为津蒙地区企业提供更加便捷的运输服务。"无水港"可将港口办理手续和部分港、船收费项目"一站式"核收完毕，铁路手续、航运手续一次办齐，实现一票达海运输。

（五）转变服务作风，积极挖掘货源、开拓市场

1. 优化货运营业厅窗口设置、作业流程，突出服务职能

营业大厅服务窗口进行兼职并岗、优化整合。大厅窗口由原来的8个整合为6个，分别为：客服值班员、订单受理、快运班列、费用结算、到货办理、物流服务。其中的客服值班员、快运班列、物流服务3个窗口是新增服务窗口，围绕为客户提供业务咨询、代填网上订单、设计最佳运输及物流服务方案等服务内容设置，突显对客户的服务功能。订单受理、费用结算、到货办理3个窗口由原来的8个窗口（专用线到达交付、场内到达交付、整车计划、集装箱计划、制票、运费结算、到货催领、业务咨询）优化整合而来，减化了客户办理货运业务手续，提高了办理效率。

2. 主动了解客户物流需求，制订个性化物流服务方案，多方开拓市场

下属各物流企业组建物流服务团队，设立"一对一"客户经理，为客户量身定做物流方案，实施物流服务托管模式，掌握客户动态，有针对性地制定营销策略，主动参与企业物流策划和决策，努力实现生产销售与物流服务的无缝对接。

（六）完善保障机制，确保全新货运营销管理不断完善与发展

1. 完善配套管理办法，严格日常运用管理

相继下发《关于做好各站段货运班组岗位调整的通知》、《货运处"铁路物流服务平台"管理办法》等管理办法，制定"呼和浩特铁路局车务站段货运车间设置结构图"、"物流平台客户办理货物运输流程图"和"车站货运作业流程图"，指导各车务（站）段结合各自货运组织工作实际，认真做好货运班组岗位调整、窗口设置、作业流程、作业标准及岗位工作职能、岗位责任制的制定等工作，及时建立相应的管理制度、办法。

为防止个别用户利用物流服务平台从事违法违规行为，明确列出"利用铁路物流服务平台倒卖铁路运力"等违规行为，客户一旦发生类似行为，铁路将停止对其提供服务，如果是自治区重点企业的客户，将取消重点企业资格。被停止提供服务的用户，做出承诺并整改到位经认定后，才可恢复订单办理。

2. 制定考核、评价制度

运用运输效率过程问责考核系统，按照分层管理和逐级负责的原则，对干部职工物流服务质量问题进行考核，共确定47项考核事项，按层次分通用3项、运输处5项、货运

处3项、调度所14项、信息技术所6项、站段16项。按考核类别分甲类问题10项、乙类问题18项、丙类问题19项。

在营业厅服务窗口安装客户满意度评价器,通过网上留言、受理投诉、系统运行动态监控等方式,由过去单一依靠检查现场作业和表簿账册,增加网上监督、企业用户对铁路服务满意度的第三方社会评价等方式和手段,促进服务质量全面提升。

3. 加强培训,做好宣传

组织站段货运人员积极参加培训班,提高货运人员网上受理服务订单的工作能力。为确保"铁路物流服务平台"的正常运用,统一印刷"公告",在全局货运营业站进行公示;分地区召开客户座谈会,向客户讲解平台的操作规程、网上办理流程及注意事项,认真听取客户对平台使用的意见、建议,及时做好解释和对平台的完善工作;印制铁路物流服务平台客户使用操作手册,为客户办理网上业务提供服务指南。

4. 加强市场分析,不断完善与发展营销管理

在网络服务平台上开辟客户沟通渠道,收集用户反馈信息,掌握用户需求,不定期提出服务改进建议。丰富网络服务平台的数据统计和分析功能,多维度分析发运信息,及时掌握货运市场变化,优化货运产品设计,提高货运营销的针对性。与其他铁路局及港口建立长效的信息交流机制,加强信息沟通,及时掌握"站到门"服务需求变化,不断改进物流服务。围绕品类、地区、去向等做好市场调查细分,定期分析企业用户阶段性需求和货源等市场供需变化,定期召开各类企业协调会议,了解掌握货源分布、货流规律和货物运输需求特点,大力开展货运营销组织和市场开发工作,不断扩大铁路市场份额。

三、基于网络服务平台的铁路货运营销管理变革效果

(一)铁路货运市场服务能力大幅提升

货运工作由货运营业厅、办公室延伸到网络平台和企业用户厂区,便捷了货运部门和客户的沟通,铁路工作效能得到大幅度提高。目前,每天平均申请白货运输服务订单48单、1032车,当天就能形成请求车的平均352车,占34%,从申请到装车的时间比过去提前5~7天。在提高铁路和企业工作效率的同时,也很大程度压缩了物流成本,可为企业节约各类人工物力成本21%。为用户提供公开、公平、透明、便捷、高效的货运服务,提升了社会对铁路的满意度。2012年8月,针对"基于网络服务平台的货运服务便捷高效方面"进行的客户满意度网络调查表明:满意93.7%、较满意6.3%、不满意0%。

(二)货运业务办理秩序良好,运力资源得到公开公平配置

货运业务办理秩序良好,实现了铁路货物运输在网上办理,把铁路运力资源公开、公平地赋予社会,搭建了简化办理货物运输程序、优化作业流程的网络服务平台,解决了长期以来用户办理铁路货物运输难的问题,为办理铁路运输全过程物流服务开辟全新通道,迈出了推进铁路货运改革的坚实一步。运力配置由人为分配变为计算机自动配置,有效减少各生产环节的人为干预,实现了阳光服务,促进货运生产组织和管理的规范化运作,有效避免了货运腐败问题的发生。

(三)市场竞争力增强,经济效益和社会效益显著

网上服务订单迅速攀升,不仅巩固了既有企业用户,同时也很大程度吸引以往选择

汽运等其他运输方式的货源改为选择铁路。运行一年来,仅白货运输一项,与2010年同期相比,全局日均请求车增加112车、货物发送量增加4748吨、运输收入增加449万元。同时,铁路物流服务新增客户43家,物流服务量日均增加44车、2438吨,平均吨收益提高20%,物流服务份额进一步扩大,达到93.5%。进一步促进了铁路物流业的转型升级和市场竞争力的增强。

内蒙古自治区和铁道部领导以及社会各界对呼铁局基于网络服务平台的铁路货运营销管理变革也给予充分肯定。对于基于网络服务平台的铁路货运营销管理变革,广大客户更是深有感触:铁路货运服务理念的改变,业务受理方式的革新,运力资源的配置、营销管理等方面的积极探索和创新给企业客户带来了实惠与便捷。

(成果创造人:杨宇栋、张建国、曹云明、王利铭、李晓雁、张晓民、郭建新、王秀山、申　光、赵敬彬、周　起、范守信)

家电企业"零距离"农村市场营销管理

澳柯玛股份有限公司

澳柯玛股份有限公司（简称澳柯玛）创立于1987年，是一家以制冷家电为主业的制造企业。1998年12月28日在原青岛澳柯玛电器公司基础上完成股份制改造，2000年12月在上海证券交易所上市，成为通过中科院和科技部认定的山东省首家高科技上市公司。目前公司实际控制人为青岛市国资委，国有控股比例48.6%，注册资金3.4亿元，员工8281人，具备年产冷柜300万台、冰箱200万台、洗衣机200万台、电动车200万台、小家电600万台、电热水器100万台的生产能力。

成果主创人：公司董事长李蔚

一、家电企业"零距离"农村市场营销管理的背景

家电工业在轻工业中居于支柱地位，对促进经济发展发挥着积极作用。作为中国最早一批进入市场经济的行业，中国家电工业历经多年的发展和市场残酷的优胜劣汰，逐渐具备较强的实力和丰富的经验，被认为是市场竞争最充分的行业，拥有"世界第一制造"的美誉。

但是全球第一的总产量水平并不代表着绝对的成功，我国家电企业虽然数目众多，但是规模普遍较小，品牌知名度也不够，国际竞争力并不容乐观，面临着两个方面的压力。一方面，与欧美日韩相比，我国家电工业普遍缺乏核心技术、专有技术；另一方面，与东南亚新兴工业国家相比，由于我国劳动力、资源及原材料成本的不断上升，人海战术、低价策略、代工模式等面临着巨大的挑战。与此同时，本土竞争日益激烈。一方面，现在我国已经成为全球家电产品的最大生产基地，并已形成渤海湾、珠三角、长三角三大家电产业群。这三大家电产业群的销售额与产值均占到中国整个家电产业的80%以上。而合肥、武汉等内地家电生产制造基地也正在快速兴起，成为家电板块的第四极。另一方面，多家国际大企业已经在中国进行了大手笔的投资，产生了"国内市场国际化"的竞争格局。

综合分析国际、国内家电市场态势，我国家电企业面临着严峻的挑战。从未来的全球经济发展趋势看，我国家电工业还将面临国际需求放缓、必须寻找新的需求增长点的挑战。相对于日趋饱和的城市市场，农村市场拥有巨大的发展空间。做好农村市场家电营销，是家电企业必须面对的重大战略课题。

与此同时，伴随社会主义新农村建设的不断深入，制约我国农村家电市场发展的几大因素也发生了根本的变化：农民收入实现快速增长，为家电市场提供了强劲的购买力；

农村家电消费环境不断趋好,供水、用电、道路等问题已经逐渐解决;农民传统消费观念改变,对一些新特产品已基本接受,从而扩大了农民的消费面等。这些消费环境的改善为家电企业开拓农村市场提供了可能。

二、家电企业"零距离"农村市场营销管理的内涵和主要做法

澳柯玛紧密结合社会主义新农村建设、家电下乡惠民工程、扩内需保增长等,把握农村消费者的需求特点,生产合乎农村市场需求的产品;构建有效的信息沟通平台,提升消费者对企业的品牌认知和产品认可;建立便于农村消费者购买的销售网络、物流配送网络;打造完善的售后服务保障网络,与农村消费者建立起稳固的"销售零距离、物流零距离、服务零距离、产品零距离、沟通零距离",在改善农村居民生活水平的同时实现企业的快速发展。主要做法如下:

(一)分析农村市场特点,明确农村市场营销思路

从市场营销的角度,按照"大农村市场"理论,农村市场已不再是真正地域意义上的农村市场,农村市场代表了一定的消费能力和层次。在划分上除了真正意义上的农村外,还包括县、县级市和中小城镇,即三四级市场。农村市场是一个消费群体高度分散、区域差异明显的低端消费市场,在经济交通、生活水平及消费意识等方面都存在着较大的差距,只有针对农村消费市场的实际特点去积极适应,营销策略才可能行之有效。在审慎分析的基础上,确定农村市场营销三个步骤:

第一步,打好渠道基础。农村市场的销售主体是分散的经营个体,采取二级渠道模式即"1+N"模式,能够充分嫁接和整合渠道客户资源,发挥产业分工的效能,从而实现农村市场开发的"低成本、高效率"。

第二步,加大物流网络和服务网络配套建设,建立农村市场的三网流通体系,进一步提升家电企业的农村市场营销力。

第三步,在完善的农村市场流通体系基础上,全面提升农村市场营销服务能力。

(二)构建销售到村的营销网络,实现与广大农村消费者的"销售零距离"

如何建立分布广泛的营销网络,方便顾客购买是澳柯玛市场营销的工作核心,也是澳柯玛"零距离"农村市场营销的出发点和落脚点。只有建立分布广泛的销售到村的营销网络,才能实现与广大农村消费者的零距离。而在这样的地方建立家电销售点意味着企业巨大的人力、物力投入,没有对农村市场的全面了解,没有对农民需求的细致研究,没有一定的胆识与魄力,很难完成。渠道顾客的关系建立是澳柯玛顾客关系建立的起点、重点、核心。

"1+N"渠道模式是澳柯玛以渠道为核心的新营销模式,即按照厂商价值一体化的标准和要求,在一个区域市场内,以厂商为主导,以"1"个主经销商加"N"个分销商构建的一种管理型渠道。其本质是通过充分嫁接和整合渠道资源,发挥产业分工的效能,建立厂商价值一体化的厂家管理型渠道,从而有组织地把握、接近、影

公司外景

响、渗透和巩固市场,在渠道流通环节建立支配力与影响力,与分销商、终端一起按市场的要求进行整体协同,提升分销效率,超越竞争对手。

逐步建立起一个完全掌控的、封闭式的分销网络,企业核心能力逐渐从上游的研发与生产逐渐转移到分销环节,在流通环节建立新的支配力和影响力。增强澳柯玛对渠道的掌控力,确保基础市场的稳定性,从而保证了澳柯玛市场发展策略的顺利实施。

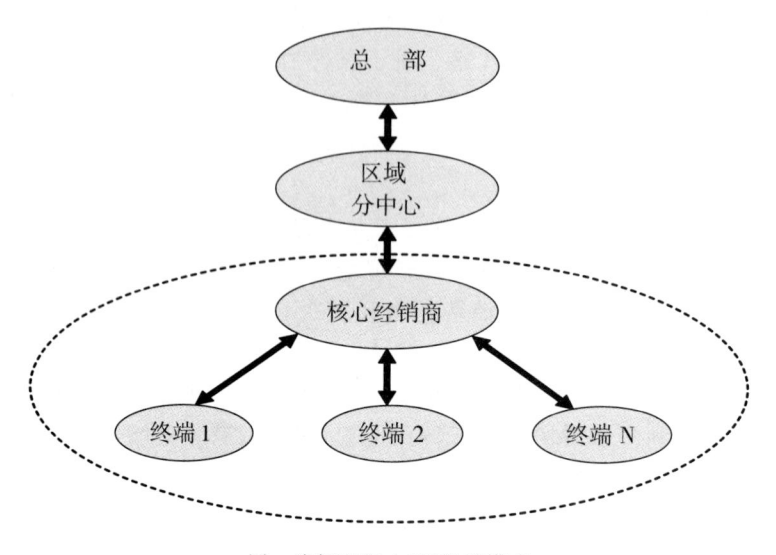

图　澳柯玛"1＋N"渠道模式

构建送货到家的物流配送网络,实现与广大农村消费者的"送货零距离"。通过硬性要求、积极引导、销售奖励等方式,积极实施"送货到门"的物流网络建设,以实现"即买即送"。澳柯玛分布在全国各农村市场的1.2万家零售终端,全部配备送货车辆,即使是在交通不便的偏远地区也能做到让用户满意。

(三)构建服务到心的售后保障网络,实现与广大农村消费者的"服务零距离"

积极构建"服务到心"的售后保障网络,真正把服务做到农村老百姓的心坎里。2008年5月,澳柯玛公司投资800万元兴建的售后呼叫信息化系统正式投入运行,并启用全国统一免费服务热线,实现全国3000多家专业服务站的联网运行,显著增强了售后服务的"软实力"。2008年7月,对售后服务进行再次升级,新购置的星级服务车正式发往全国投入使用,进一步增强了澳柯玛售后服务的"硬实力"。强大的售后服务网络解决了农民购买家电的后顾之忧,为澳柯玛在家电下乡中赢得了信任与赞誉。2009年,澳柯玛深入开展"09阳光网络工程",树立"标杆售后服务"。2010年,澳柯玛积极构建农村市场的"两小时服务保障圈"。在完善售后服务"一县一点"的基础上,实现县级服务网络进一步下沉到乡镇,采取"以县管乡、县乡联动"的服务体系。以县城保障网点为圆心,以2个小时路程为半径,布局快速到达的服务网点。

(四)坚持产品创新、技术创新,实现与广大农村消费者的"产品零距离"

凭借强大的营销网络平台、物流配送体系和售后服务体系,澳柯玛广泛收集农村消费者的需求信息,开发适合农村消费的家电产品。

1. 开发节能环保产品

澳柯玛通过调研了解到,很多农村消费者对家电产品都十分向往,但是农村偏高的电价,往往使他们在购买家电时犹豫不决,节能一直是他们选购家电的重要标准。为此,澳柯玛大力研制多款满足农村市场的节能环保产品。例如,2009年澳柯玛家电下乡冰箱共18款,全部是国家一级节能产品。其中大受农民欢迎的澳柯玛节能超人冰箱,达到欧洲A++级节能标准,最低日耗电量仅0.33度。在全部18款冰箱中,澳柯玛超级节能冰箱10款,占澳柯玛中标家电下乡冰箱的56%。

2. 开发大容量产品

在家电下乡开展过程中,澳柯玛发现很多农民对产品的容量十分关心。为此,澳柯玛设计推出大冷冻能力冷柜。以BCD389为例,其冷冻能力达到25公斤,是所有家电下乡冷柜中最大的,商用、家用均可,方便实用;针对农村市场家庭成员多,洗衣量大的情况,推出超大洗涤容量的双筒洗衣机产品,洗涤容量全部在7.6公斤以上,最大的达到9公斤,在洗涤方式上,采取九喷瀑强劲喷淋洗涤、强劲三维立体水流洗涤等先进的洗涤技术,洗衣更干净便利,生活更健康;此外,针对农村居民可以随时在地里采摘蔬菜,但肉类、海鲜、冷食等却不是很方便购买的实际情况,2009年推出大冷冻冰箱,在18个家电下乡冰箱产品中,冷冻室容积超过78立升的大冷冻冰箱有12个,占澳柯玛家电下乡冰箱的67%,特别是有7款冰箱是大冷冻超级节能冰箱,最大冷冻容积达92立升。

3. 增加产品的稳压、防鼠咬功能

考虑到农村市场的特殊环境,在产品细节设计上做到精益求精、安全可靠。针对农村市场电压不稳定的情况,全部采用宽电压设计产品,即使电压大幅波动,也不影响家电的正常使用;针对鼠患问题,澳柯玛均采取防鼠设计产品,箱体严密,防止老鼠咬坏电线而造成的家电损坏和火灾隐患,保障农村消费者生活安全、心情舒畅。

在开发针对性产品的同时,高度重视产品质量。2009年3月15日,澳柯玛召开新闻发布会,率先向全国农村消费者郑重承诺:"坚持'质量第一'、'以质取胜'的理念,严把产品质量关,决不让有瑕疵的产品出厂销售;加强行业自律,维护市场经济秩序,杜绝销售环节中以假充真、以次充好的违法行为;强化售后服务,澳柯玛家电下乡冰箱产品压缩机保修期延长到12年,冷柜产品压缩机保修期延长至6年,最大限度地满足消费者的要求;认真履行产品质量安全第一责任人的义务,依法承担相应的产品质量责任,主动接受政府职能部门、消费者及社会的监督。"

(五)开展大篷车贴身宣传,实现与广大农村消费者的"沟通零距离"

积极开展以"支农、惠农、便农"为目的的"送产品下乡、送服务下乡、送知识下乡"系列活动。广大农村由于信息相对闭塞,农民兄弟很难了解"家电下乡"的详细情况,再加上对一些行业和产品了解甚少,造成家电下乡中"李鬼"横行、价格不透明、农民不能及时拿到补贴等诸多问题。因此,澳柯玛特意配备专门的人员和车辆,深入农村市场,开展"大篷车贴身宣传"活动。活动选择在一些人口比较集中的集市或者乡村,采用农民喜闻乐见的形式,向他们详细介绍家电下乡政策、补贴领取流程,以及如何识别家电下乡产品标识等。在活动过程中,还向农村消费者讲解产品开发设计思路、生产原理、产品使用方法、使用注意事项等众多方面的知识,以及企业在产品质量、销售网络、配套服务等方面的一些承诺。另外,为了带给农村消费者更大的实惠,澳柯玛还向农村消费者发放大量

"家电下乡产品优惠卡",在规定期限内,不论是领到优惠卡的消费者本人还是其亲朋,只要到澳柯玛"家电下乡"指定经营店购买澳柯玛家电下乡产品,都可获得相应金额的优惠。

三、家电企业"零距离"农村市场营销管理的效果

(一)建立健全了农村营销网络,大力推动了农村市场的开拓

通过成果的实施,立基市场的县级以上市场已经全部覆盖,四级市场网络拓展迅速,已经完成80%乡镇的覆盖;重点市场已基本消灭空白县点,四级市场的开发已经取得显著成效,乡镇网络覆盖率已超过40%;发展市场的网络布局也实现了快速发展,县级覆盖率达到70%,并成功开发了中心乡镇重点客户。

(二)提高了产品技术水平,市场占有率不断提升

4年来,澳柯玛累计申请专利技术363项。获得省市级以上科技成果项奖励78项。在全国575家企业技术中心综合评价中,澳柯玛企业技术中心列第159位。澳柯玛冰箱产品的MEP磁能保鲜技术、智能控温度技术、超保温节能技术,冷柜产品的防暑热技术、多色彩外观设计、迷宫式扣胆技术等,达到了国际领先水平。

在冷柜产品市场,澳柯玛牢牢占据冷柜行业领先品牌地位,连续16年销量全国第一。冰箱产品市场也取得了较快发展,据2009年家电下乡数据统计显示,澳柯玛冰箱成功挺进国内家电下乡冰箱十强行列,位列第九名。2010年,澳柯玛冰箱家电下乡市场进入前七名,2011年,实现全国市场冰箱销量进入行业前五名。

(三)促进了企业发展,创造了显著社会效益

"零距离"农村市场营销的施行,带动了企业的快速发展。近4年,澳柯玛主营业务收入保持年均29.25%的高速增长,并极大地拉动了上下游产业的发展。此外,新招收工人3000多人,解决了部分人的就业问题,并且保证了员工收入的稳定增长。2011年员工平均收入、一线员工收入较2006年实现了翻番。

企业快速发展的同时,积极参与社会公益事业,主动承担社会责任。澳柯玛多次参与公益事业,2008年向汶川灾区捐款128万元和60多万元的物品,2009年赞助全运会物品价值25万元,2010年向青海玉树灾区捐款20多万元,并获得"青岛慈善奖最具爱心企业"荣誉。历年来相继捐款捐物1亿多元参与公益事业,取得了良好的社会效益,受到社会各界的广泛赞誉。

(成果创造人:李 蔚、薛 强、张兴起、唐兴运、王旭峰、冯 波、孔凡波、王晓刚、宗维敬、韩 冬、李佳阳、王济伦)

小型商业银行零售业务差异化营销管理

泰安市商业银行股份有限公司

泰安市商业银行股份有限公司(简称泰安商行)成立于2007年8月16日,前身是泰安市城市信用社,是经国家银监会批准成立的一家地方性股份制城市商业银行,注册股本8亿元。截至2012年8月,在职职工808人、支行26家、营业部1个、机关部室15个。成立以来,泰安商行发挥自身规模小、机制灵活、创新的小型商业银行特色,始终坚持服务地方、服务市民、服务中小的市场定位,截至2012年6月末,资产总额为229.14亿元,负债总额为215.76亿元。各项存款余额145.33亿元,信贷规模97.09亿元,其中一般性贷款81.22亿元,票据贴现15.87亿元。零售业务客户38.25万余。

成果主创人:监事长张海涛

一、小型商业银行零售业务差异化营销管理背景

(一)发挥小银行比较优势,打造核心竞争力的需要

近两年,"稳增长"成为政府决策部门的首要任务,特别是2012年以来,央行先后两次降息和下调存款准备金率,并扩大存贷款利率浮动区间,迈出了利率市场化的第一步,使得整个银行业内的竞争越来越激烈。泰安商行经营区域所在的泰安市,各国有商业银行占据了为数不多的大型企业客户,农信社、邮储银行、农商行具备农业地区经营的地理优势,加之近几年各股份制商业银行的纷纷进驻,泰安商行的稳健经营环境及客户资源占有率面临着严峻的挑战,如何维系存量客户资源并有效拓展潜在优质客户资源成为客户营销的重要课题。泰安市作为典型的旅游城市,旅游服务业发达,流动人口多,对个人金融产品服务种类及水平的需求较高,具备了优质的消费市场和金融受理环境,泰安商行结合自身规模小的特点,充分发挥城市商业银行能够贴近市场、贴近客户、反应迅速、机制灵活等小型商业银行的比较优势,将零售银行业务创新及客户的差异化营销作为突破点,努力提升自身的核心竞争力。

(二)满足客户多样化需求,提高营销效率的需要

随着网络信息化及金融产品电子化的快速发展,银行与个人客户业务联系日渐密切,从长期的家庭投资理财到日常生活中的柴米油盐,无处不存在个人金融产品的痕迹。同时,客户需求也从传统单一的储蓄和结算扩大为全能理财服务,对服务效率和市场细分的要求亦越来越高。目前,泰安商行已经初步建立了银行卡、理财、个人微小贷款等全面的零售业务产品和服务规模基础,面对客户金融消费越来越理性、越来越成熟。而且,

由于人们收入水平、社会文化、价值观念、心理因素等诸多方面的不同,用户和消费者的金融需求呈现明显的差异性。银行应不断创新,在推出特色化产品以满足客户的同时进行差异化营销,提高客户营销效率,改变以往大而全、千篇一律的营销推广模式。

(三)提高企业盈利能力,实现可持续发展的需要

存贷利差一直是我国银行机构的主要盈利点,随着人民币存贷款利率市场化的逐步推广,银行的存贷款利差收入势必逐渐减少,意味着银行传统业务盈利空间将缩小。小型商业银行首当其冲受影响,甚至于这一压力要比国有和股份制银行还要大,如果要提高企业盈利能力,实现企业可持续发展,必须提高零售业务产品主导的中间业务收入。

二、小型商业银行零售业务差异化营销管理内涵及主要做法

泰安商行通过创新特色零售业务产品和服务,针对不同的细分市场和客户需求,提供独特的金融产品和服务以及差异化的营销组合策略,在最大限度地满足顾客需求的同时,获得独特的市场地位和竞争优势。其核心在于在零售业务丰富化的产品种类、多样化的使用渠道和个性化的客户服务基础上进行特色化、差异化的营销管理。主要做法如下:

(一)明确银行的定位,构筑差异化营销战略

泰安商行按照自身"服务中小、服务市民"的市场定位和"建设差异化的社区银行"战略目标要求,加强对零售业务客户的营销管理。定位拓展、服务高端客户、维持中低端客户的分层次营销策略,对两类特征客户提供针对性的银行产品和服务。以发售定向理财、个人信用贷款、手机银行、网上银行等特色产品和一对一的 VIP 服务等重点营销和服务于高端客户,逐步引导打造高端客户的私人银行;以银行卡支付、小额贷款、鼓励签约代收费、大众理财和电子银行产品维护、扩大中低端客户群体,通过营业网点、以点带面辐射周边社区和商户,建设差异化的社区银行。

2008 年以来,泰安商行相继推出岱宗卡、易贷通、电话银行、岱宗食尚卡、"金紫薇"理财、"泰山方付通"手机银行、"e 网泰山"网上银行、银行卡积分等业务产品。2010 年推出以"泰山乐"积分为核心的系列业务产品,涵盖银行卡、个人储蓄存款、个人贷款、理财、电子银行、代收费等所有零售业务产品,旨在通过该业务产品有效吸引客户资源,实现客户营销差异化管理策略:以中小企业、居民个人为目标客户群,服务于本辖区及周边经济发展相对薄弱的县市区,针对不同层次的客户群提供个性化的创新零售业务产品服务。

(二)开展充分的市场研究分析和针对性的产品创新设计

在泰山乐积分业务论证规划阶段,项目建设人牵头组建以专业广告公司和行内一线营销人员为主的业务调研小组,兵分两队,开展为期 2 个月的调研。一方面对辖内的金融机构零售产品状况、高端及

成果创造人员探讨积分活动细节
并现场演示积分抽奖过程

中低端客户的业务需求、部分领域代表性商户的产品和合作模式摸底调研;另一方面充分收集大堂经理、客户经理、部室产品经理的产品创新建议,使目标产品最大程度实现与已有行内产品及客户需求相契合。对发现的问题及时反馈、讨论、分析,适时调整调研方向和策略,形成各类有效调研问卷共计5100份,充分掌握该类产品在本地的市场规模及发展趋势,结合目标市场、目标客户、产品功能及投放市场情况,在自身绝对优势或相对优势较强的领域做出合理选择。如确定零售类客户群的特征为:具备良好的银行业务概念;一定量的银行资产;良好的银行产品使用、投资理念;能够快速接受银行创新产品,积极响应银行产品推广;多渠道、频繁的银行业务办理需求。

首先,明确目标客户属性。根据调研情况和辖内零售类客户群特征确立将个体工商户、公务员、事业单位工作人员、公司白领等易于接受新鲜事物的青年客户群体,以及代缴费客户、代发工资户作为主要目标客户群。上述人群一方面有较好经济实力,另一方面与银行有经常性的业务往来,具有相应的产品服务需求。

其次,完善目标产品属性。各银行机构的积分产品及品牌众多,但主要集中于银行卡消费积分、积分换礼业务,特别是信用卡业务的特殊竞争力,客户对普通银行卡积分产品和品牌没有绝对的偏好,基于借记卡的积分产品应具有独特的产品特色来吸引客户参与,进而提高客户资源市场占有份额。最终选择突出产品"积分来源广、使用渠道多"的产品及品牌优势。

在产品设计方面,泰安商行在银行个人业务的基础上,将各类产品优化组合为丰富的产品线,依次对"泰山乐"积分获得和使用的渠道进行双向扩展,如不仅可以刷卡消费积分,转账汇款、购买理财等个人业务均可以积分;积分也不再局限于网上兑换礼品,还可以通过合作商家进行现场消费,给客户创造便利的积分使用渠道。同时将客户在银行的综合贡献以积分的方式体现,可以细分客户群,针对不同客户类别策划各式推广活动鼓励客户积极参与到积分、用分的环节中,实现积分的获得与使用的良性循环,提高客户业务忠诚度。银行亦增加存款、发卡量、合作商户等各项业务,实现零售业务的综合拓展。

(三)实施基于丰富化产品、多样化渠道、个性化服务的特色化营销

1. 产品丰富化

泰安商行目前具备小微贷款、个人消费贷款、个人生产经营贷款等十余种零售信贷产品,有岱宗卡、金紫薇理财、商户收单、合作信托、居民日常生活代缴费、支付宝快捷支付、银联无卡支付、以及电话银行、手机银行、e网泰山网上银行、自助银行等数十种电子银行产品。在产品功能及服务项目设计之初就充分考虑客户的实际需求。比如岱宗卡的功能设计,在普通借记卡的基础功能上,增加附属卡以满足家庭银行账户共享、未成年学生外出上学的资金规划需求;增加银行卡活期自动理财功能,为城市年轻"月光族"提供简单的强制理财途径;增加借记卡刷卡积分服务,为频繁刷卡消费的持卡客户提供积分增值服务,改变客户认为只有信用卡刷卡积分的固有观念;随着网络购物潮的兴起,适时增加岱宗卡支付宝快捷支付、银联无卡支付功能,满足网购一族在淘宝、铁路客服、当当、苏宁易购等众多知名网站的购物支付需求。

2. 渠道多样化

2009年以来，泰安商行在客户、网点和商户自助服务渠道的丰富上下大力气。客户操作方面，相继上线96588电话银行、方付通手机银行、e网泰山网上银行等个人金融服务渠道。针对老年人提供网点现金、存折交费的方式，年轻人则推荐银行卡代扣、网上银行、手机银行等方式，其中办公室上班一族推荐网上银行、自助银行交费，频繁出差一族推荐手机银行、电话银行等交费方式。网点服务方面，在所有网点提供24小时自助银行服务，在市区内布设近200台离行式自助银行设备，提供24小时全天候、多渠道的金融服务。泰山乐积分业务开展后，按区域规划布设百余台社区设备，在积分合作商户布设自助终端设备和POS设备。在合作的商户"银座商城"内布放POS设备和自助终端，实现了商户现场的积分查询和礼品兑换，客户在购物娱乐的同时亦可了解、参与到泰安商行的活动中。通过完善客户操作体验、网点服务渠道和商户使用渠道，泰安商行在经营区域内成功构建客户全方位的服务渠道，有效提高业务办理效率，提升产品体验度。

3. 服务个性化

服务个性化不仅包括"微笑服务"、"延时服务"、VIP服务等，还包括对客户更深层次的贴心服务，如生日短信祝福、定向活动短信通知等。一方面与客户保持良好的信息交流和沟通，将各类个人业务产品活动综合体现为赠送积分活动，通过活动短信通知和客服电话外呼等形式及时通知客户，使客户充分了解银行产品和服务。随着泰山乐积分的逐步推广，逐渐了解到客户对银行卡内的积分形象化、具体化的需求，开发出"积分卡"。为满足部分客户对卡片收集、积分赠送的需求，又推出了积分卡春、夏、秋、冬四季纪念套卡。另一方面提高银行服务效率。在保证资金安全的前提下，加快信息传递速度，对客户在资金和服务上的需求尽快作出反应，向客户提供全方位、立体化的业务，包括信贷支持、资金结算和清算系统、电子汇划、财务咨询等，提高顾客满意度和忠诚度。

4. 营销特色化

将客户与泰安商行的业务往来密切程度及贡献度以泰山乐积分的形式表现，实现对来源于不同产品爱好、不同使用渠道、不同服务要求等客户综合贡献评价并进而实现群体细分。在此基础上，一方面根据各类别的客户群体，制定针对性的宣传推广方式、受理使用渠道、品牌印象植入、不同等级的客户关系管理策略。使用银行卡支付宝快捷支付及银联无卡支付功能的客户群，具有年轻人居多、网络在线时间长、消费观念超前、易接受新鲜事物等鲜明特点。针对这些特点，在产品的宣传、营销方面，泰安商行选择行内门户网站、网银门户提示、定向短信告知以及当地城市网络门户网站、部分支付网站等公众媒体进行产品的集中宣传，以赠送礼品、集中抽奖、多倍积分等引导性宣传，鼓励持卡人使用该产品，同时在线下营业网点对年轻人群进行重点推荐。组织营销团队进入具有代发工资的政府机关、企事业单位等消费集中群体进行有目标的现场宣传和活动推荐。

另一方面设计满足客户需求的新产品或服务，制定适合的推广方案，选择有效的宣传方式和营销经理进行差异化的业务营销，引导客户持续使用原有产品和服务，或是参与新的产品、服务体验。为做好个人理财产品的客户营销，根据客户存量积分值不同，区别出沉淀储蓄存款较多和存款周转频率高的个人客户，对两类客户群发行并推荐期限相对较长的保本低收益理财产品和期限较短且相对高收益理财产品。对于长期购买行内理财产品额度较高的客户，在宣传新一期理财产品同时，通过短信提示、电话邀请和登门拜访的方式引导客户了解、参与收益相对高的合作信托产品。

(四)建设强大的信息科技系统

建设支持零售业务差异化营销的综合网络平台,包括支付、管理、展示营销、客户体验、数据统计五个大类,十余个单项信息系统。其中,积分网络终端支持系统、商户自助结算平台、积分管理平台、积分卡应用、商品展示管理、积分商城、积分增值应用、客户经理管理系统等子系统均为泰安商行自主创新研发,在支持积分系列产品功能实现的基础上,支持客户群的细分、客户信息动态体现等全面的信息数据来源,有利的保障差异化营销管理的服务效率。

(五)加强营销队伍建设工作

在强调基层员工提高服务意识和服务技能水平的同时,泰安商行十分注重加强营销队伍建设,建立大堂经理、客户经理、总行业务部室三位一体的营销团队。大堂经理作为零售业务产品差异化营销宣传的最前端,担负着营业网点环境内对产品、活动进行宣传推广及客户反馈信息采集的角色。客户经理担负着潜在客户资源营销及存量客户细分后的优化、定向客户维护的角色。总行业务部室则作为信息汇总、产品设计、业务指导的角色,承担系统建设、数据统计、客户细分和个性产品的研发等工作。三者分别扮演着产品销售、交付、研发的角色。通过定期或不定期的召集人员就相关业务进行交流或系统化培训,使得营销队伍更加专业化,能够全面、系统的了解并掌握银行零售业务知识,改变了过去各类零售业务产品各自为战的营销宣传局面,达到事半功倍的效果。

(六)注重发挥有效的激励机制,调动员工营销积极性

泰山乐积分业务代表的差异化营销管理,提供了企业内部激励考核的有效途径。企业通过对营销客户的积分总数值或各类产生、使用积分占比的考核,将目标营销客户的价值贡献度表现为泰山乐积分,间接的表现为客户经理个人业务营销业绩晴雨表,综合衡量客户经理的营销能力和贡献度。根据不同的积分值段、客户占比、客户贡献率等进行公平、有效的考核激励,鼓励客户经理发挥自身特长,杜绝客户经理因对单一产品具有较大优势,但由于其他业务种类考核指标过低而存在的营销能力木桶原理效应,放大客户经理对特殊产品、行业的优异表现,提高营销积极性,也改变以往单一产品单独考核,摆脱特殊资源、行业营销能力出众和部分产品、渠道考核指标难以明确的困境。

三、小型商业银行零售业务差异化营销管理效果

(一)零售业务客户业务粘合度和市场占有率显著提高

提高了客户个人金融业务粘合度。通过对泰山乐积分来源和使用渠道的丰富、细化,辅之以行之有效的广告宣传活动,抓住客户主动累计自身积分额度以进行积分消费的偏好,让客户乐于并千方百计积分以获得礼品、商家优惠及银行专有服务,增加客户对业务的粘合度。各类零售业务产品业务指标显著提高:仅泰山乐积分业务上线后7个月的时间内,新增客户总数14.2万,占全行个人客户总数的42%,积分余额达到6.4亿分,月均增长近1亿分。电子银行类业务产品客户增长11.8万人、使用率提高46%;银行卡发卡量增长40%、刷卡交易额及笔数分别提高20%。

市场占有率显著提高。截至2012年6月末,全行资产总额为229.14亿元,较上年末增加23.24亿元,增幅11.29%,负债总额为215.76亿元,较上年末增加21.68亿元,增

幅11.17%。各项存款余额145.33亿元,信贷规模97.09亿元。其中银行卡刷卡笔数全市占比28%,新增个人贷款额度全市占比8%。

(二)服务水平明显提高,企业竞争力有效提升

实现了零售客户群的细分,为个人存贷款利率市场化操作提供有力的数据支持。泰山乐积分作为客户在泰安商行业务贡献度的晴雨表,为客户群的细分提供了最为有利的辨别工具,也为目标化的客户营销奠定了基础,如根据不同层次的客户引导分层为私人银行和社区银行客户。2012年6月份,全国存贷款利率的市场化改革已经试水,对于中小银行机构带来了机遇与挑战,泰山乐积分作为客户综合贡献度的一种表现形式,为泰安商行的利率市场化操作提供了有力帮助。

在积分消费端,泰安商行在营业网点外的合作单位、公共场合布放的自助查询机、积分业务自助终端,可以实现24小时的礼品兑换、积分消费,起到了充分延伸银行金融服务窗口的作用,也为未来打造社区银行奠定了环境基础。

通过泰山乐积分业务,以适当增加对电子银行类受理渠道的积分奖励,逐步引导客户将业务查询、转账、汇款、代缴费等柜面业务转移到便捷的自助银行或电子银行渠道,不再受到时间和空间的限制。同时,自助银行、电子银行办理各项业务的成本仅占柜面业务办理成本的10%,在缓解柜面服务压力、节约经营成本、提高客户满意度、带动客户量和存款上升方面凸显其贡献度。

稳固并增加了商业银行的特约商户资源,业务上线后已与当地具有代表性的大型百货超市、娱乐消费、生活便利店的几十余家商家合作。在合作积分业务的同时,以积分业务为突破口实现特约商户营销新增。密切了客户日常生活与银行、银行与积分商户间的业务关系,实现了银行、积分商户、个人客户三方共赢。

(三)满足了市场需求,树立良好的企业形象

有效挖掘了目标市场客户,满足了客户个性化的金融市场产品需求,树立了泰安商行良好的产品品牌及企业形象,获得了社会各界的高度关注。2010年以来,凭借良好的经营业绩,泰安商行先后被评为"中国服务中小企业特色品牌银行"、"全国支持中小企业发展十佳金融机构"、"泰安市文明单位"等荣誉称号;2011年,先后获得《金融时报》"年度最具创新力中小银行"称号和《银行家》"2011中国金融产品十佳营销奖",在全省金融企业绩效评价中被评为AAA级优秀金融企业。

(成果创造人:张海涛、冯德东、房志强、孙 超、耿 囡)

中小纺织装饰用品企业创建世界品牌的优化管理

马鞍山金姿纺织装饰用品有限公司

成果主创人：公司董事长兼总经理、法人代表陈治才

马鞍山金姿纺织装饰用品有限公司（简称金姿公司）创建于1987年，前身为"安徽省当涂上海联办装饰布厂"，1994年开始自营出口，现是私营企业，拥有员工156人，固定资产1869万元，年销售收入4000多万元，自营出口创汇300多万美元。其产品主要是"金姿牌"提花台布。1998年金姿公司荣获安徽省名牌产品，金姿商标同年也获得安徽省著名商标称号，2005年4月，金姿公司成功申请在日本和德国的境外商标注册。多年来，金姿公司先后荣获安徽省明星企业、全国1000家出口创汇先进企业、全省旅游产品定点企业、全国乡镇企业管理先进单位、全国乡镇企业质量管理先进单位、全国文明乡镇企业等荣誉称号。1999年金姿公司在省内同行业中率先顺利通过ISO9000国际质量体系认证，2010年获安徽省质量奖。金姿公司是国内唯一生产总统宴会专用特幅提花台布的厂家。

一、中小纺织装饰用品企业创建世界品牌的优化管理背景

（一）创造中高档产品品牌是企业生存与发展的需要

金姿公司生产的全棉提花台布属于台布织造行业，其主要消费群体为宾馆酒店等餐饮行业。台布织造行业是典型的都市型产业，它是随着国民经济的发展和生活水平的提高而发展的。由于金姿公司生产的产品在质量、性价比、交货期等方面比印度、巴基斯坦等国家企业生产的产品有较大的优势，从而促使金姿公司瞄准国际市场，努力开发中高端产品占领国际市场。金姿公司生产的89700、89870、89800、89420等独花、散花、缎纹、缎框系列"金姿"牌全棉、涤棉提花台布、餐巾等装饰用品，采用上等优质棉线为原料，均为高经纬密度的高品质提花台布，80%以上产品远销全球几十个国家和地区，其126"特幅大提花台布为总统宴会桌专用，属国内独家生产。但是面对全球纺织产品技术革新、东南亚地区低端纺织企业异军突起，金姿公司亟需进一步提高产品品质，走高端市场开发发展战略，积极打造国际知名品牌，稳固国内和国外两个市场，让金姿公司在行业竞争加剧、国际需求疲软的压力下，继续保持健康持续发展。

（二）缩小与世界品牌的差距是适应中高端市场竞争的需要

金姿公司要想使其生产的全棉提花台布，成为在中高端市场具有竞争力的产品，打造成为国家品牌乃至世界品牌，还存在一定的差距。金姿公司的生产规模还相对很小，

要想在国际市场上占有一席之地,就必须在具备高品质的同时实现量化生产,增加产品的市场覆盖率。没有口碑就招揽不来顾客,没有一定的市场覆盖率,就谈不上世界认知的品牌。

(三)企业具备创造世界品的管理经验

为了加强企业管理,同国际化先进管理接轨,金姿公司自1999年开始就开始了ISO9000质量体系认证。经过多年的经验积累,金姿公司在质量控制和管理、员工素质提升和培育、产品设计与开发、市场策划和营销、品牌建设与发展等方面已经具备了打造世界品牌的管理基础。

二、中小纺织装饰用品企业创建世界品牌的优化管理内涵和主要做法

金姿公司把品牌理念渗透和贯穿到产品研发、生产营销、市场开拓、售后服务等各个环节,以产品和服务的高质量为品牌的创立夯实基础,充分利用知识产权管理、市场营销管理、现代企业管理等手段,加强品牌的运营和维护,显著提升了产品的国际知名度与竞争力。主要做法如下:

(一)明确品牌发展战略与目标

实施"科技、品牌、国际化"战略,转变发展观念,创新发展模式,坚持自主创新,开展以核心品牌、主导品种、设计研发为主的科技支撑和国际化并存的发展战略,不断增强企业的核心竞争力,促进企业长期稳定、可持续发展,为顺利实现企业发展战略和发展目标提供坚实的科技支撑。

金姿公司的产品目标:目前主要产品品种有89700、89870、89800、89420等独花、散花、缎纹、缎框等系列产品20种,其中最宽门幅达3200MM台布为国内独家生产。力争在3年内将产品品种扩大到40种,并为客户定制店徽产品、红条提字产品等特殊产品。金姿公司的质量目标是:按ISO 9001:2008标准建立的质量管理体系有效运行;成品入库一等品率≥95%;合同执行率为100%;用户满意度≥96%。

(二)加强名牌管理

一是先从干部抓起。干部首先认清自己的责任与差距,不回避矛盾和逃避责任,时刻把品牌意识贯穿到整个管理过程中,更积极带动并提高本部门员工的品牌意识。出了问题,首先管理人员应该负责。管理人员抓住了,就把管理系统抓起来了。管理系统抓好了,整个企业才能有效的运转,企业才有勃发生机的希望。

二是全面提高广大员工的素质和全员品牌意识。金姿公司着重加强职工培训,做好思想教育工作。金姿公司所有员工都是当地人,大多数只是初中文化程度,高中文化程度的仅有十几个。金姿公司加强对特殊工种人员和对质量有影响的工作人员的再教育和培训,实行挂牌上岗。同时加强思想宣传,在各车间和基层都设立宣传员,及时报导和指正职工思想

挡车工正在操作无梭检杆机织机生产台布产品

动态,起到下情上报、上情下达的干部职工思想纽带作用,使广大员工转变思想观念,逐步认识到金姿牌提花台布永葆安徽省名牌产品的不易,增强了广大员工的荣誉感,更加提高了品牌意识,明确了产品质量的重要性,坚定了金姿人争创国家名牌产品的信心。同时,金姿公司还经常组织广大员工集体聚会,讨论生产课题,加强技术交流,评议干部好坏,提议管理办法,积极开展"比、学、赶、帮"和"我为名牌做努力"活动,分车间、班组进行定期评比,表彰先进车间、班组和一批先进个人及质量优胜者等,在职工队伍中树立先进模范形象,并开设"职工之家"图书阅览室、生产排困小组等,鼓励促进广大职工互助互学,学技术,学文化,争先锋,赶先进,比成绩,比贡献,使公司员工干劲倍增,希望十足,公司文明建设得到了持续发展。

(三)加大设计研发投入

1. 成立设计研发部

金姿公司在对自身研发资源进行优化、重组、充实的基础上,成立设计研发部。作为集科研管理、技术创新于一体的综合性科研管理与开发机构,成为公司开展技术创新和产学研联合的平台,为企业科研和技术创新工作的开展提供了组织保障。不仅承担着公司技术改造和技术创新等项目的组织与实施,新产品研究开发、引进技术的消化吸收再创新,同时还担负着产品标准制定、专利申请、质量管理等工作。

2. 注重品牌建设和产品开发

为了使金姿牌提花台布成为全国行业的佼佼者,实现国家及世界名牌产品的愿望,金姿公司在新的市场需求下,以市场为导向,注重品牌建设和产品开发,生产各种适销产品。金姿公司根据客户需要,保持原有产品开发的同时向纵深发展,使已有的89700型、89800型、89100型、89870型等系列全棉提花台布向多规格多花型多色彩方面发展,满足了各档次消费者的需要。

3. 成立科技研发前沿信息研究小组

金姿公司专门成立科技研发前沿信息研究小组,组长由总经理担任。小组及时了解市场动态,掌握国内外前沿信息,包括市场、技术、行业竞争者情报等。通过多次研究分析,金姿公司投入资金增设国内先进的电一体化阔幅无梭检杆织机,以扩大生产规模,提高生产能力,逐步开发生产国际市场畅销产品89110型、89103型红条提字、方格台布等一系列新的产品。同时开发生产出国内唯一的3.2米特宽幅总统宴会桌用大提花台布,使原有的3米特幅台布又提升了一个挡次,满足了高端市场的需要。

(四)加强质量管理

1. 认真贯彻质量保证体系

为认真贯彻好ISO9001质量体系标准,保持金姿公司在国内外市场上已有的良好声誉,公司明确"创造优质名牌,追求顾客满意;坚持信誉至上,实现持续改进"的质量方针和"坯布一等品率98%以上,成品一等品率92%以上,保持省优质名牌产品称号等"的质量目标,并组织全体员工加强学习。金姿公司还专门成立领导组,按照质量体系标准要求对各级管理人员重新明确分工,制定规范化的质量手册和程序文件,并投资完善了基础工作,统一建档,使金姿产品质量管理和质量保证体系符合新的质量体系规定要求。在新的质量体系程序文件要求下,金姿公司重新改组有关部门,使各道工序都能够按照新的质量体系标准要求进行操作把关,出现不合格项后及时追溯,开具不合格报告,并制定和实施纠正和预防措施,确保了产品质量的稳定。

2. 实现国家名牌产品的愿望

为了使安徽省名牌产品金姿牌提花台布成为安徽省的强者,实现国家名牌产品的愿望,金姿公司不断创造新的起点,一方面保持原有产品的开发,使已有的89700型、89800型、89100型、89870型等系列全棉提花台布向多规格多花型多色彩方面发展,满足各档次消费者的需要。另一方面专门成立科研小组,及时了解市场动态,逐步开发红条提字、方格台布等一系列新的产品。同时还引进国内先进的3.6米特幅阔无梭机电一体化剑杆织机,使原有的3米特幅台布又提升了一个档次,继续在提花台布行业领域中保持首位。

3. 质量稳定市场,品牌占有市场

2012年上半年,金姿公司共接待来自美国、日本和德国的五家大客户的业务洽谈和考察。欧洲的一位新客商在了解金姿公司之后,一次就要货达百万元。目前,香港、澳门、马来西亚、新加坡、挪威、捷克、韩国、日本、美国、英国、法国、加拿大、荷兰等几十个国家的数十家外商和金姿公司建立了长期合作关系。"金姿产品质量第一"、"金姿台布用的放心"的美誉倍受国内外客商的广为传颂,不仅为金姿公司打响了"金姿"招牌,拓宽了更为广阔的国际市场,更增强了金姿人争创国家名牌产品的信心。

(五)稳定和开发市场渠道

1. 加强品牌宣传

每年派员参加国内外与产品关联的各届大中型交易展会,利用展会平台向客户面对面宣传。专门印制公司画册,将公司简介、产品简介和品牌宣传融为一体,分发给来往的潜在顾客,让客户充分了解金姿公司、金姿产品、金姿品牌。

2. 着力培育市场

开专题培训、技能竞赛等,围绕金姿的品牌文化内涵、金姿品牌设计思路、金姿品牌发展历程、金姿品牌在市场推广和销售过程中遇到的系列问题进行探讨。通过有计划、有针对性的学习,使一线营销人员加深对金姿品牌的认识和了解,为金姿品牌文化的传播和金姿品牌培育能力的整体提升提供有力的保障。金姿牌全棉提花台布,花型活泼,颜色繁多,规格齐全,具有丝绸般风格,蕴含着丰富的餐饮文化。作为销售人员,首先要对自己的产品充分了解,并能帮助客户选择适宜的花色品种,帮助客户创造温馨典雅的餐饮氛围。同时根据自己了解的市场信息及时汇总,了解市场动态和顾客需求,确定市场发展方向和提出产品改进方案。

公司经理在拜访客户的时候,都会利用现有的宣传手册、产品样品等资源派送给客户和消费者,积极地做好金姿品牌的宣传推荐工作。公司网站利用便捷的通讯手段,快速的发布、传递金姿品牌的相关特征,在醒目的位置及时告知客户,为金姿品牌的宣传推广营造良好的舆论氛围。

营销人员注意收集客户和消费者的建议和意见,对相应的问题做出有效地回复和响应,定期进行分析和总结,实施采纳合理性建议,更好的促进金姿品牌培育工作取得长足的进展。

3. 立足高端市场，坚持专一化经营

金姿公司立足高端市场，研发生产3200MM特宽幅高支高密度全棉线提花台布属国内独家生产。该产品主要用于高档宾馆酒店的大型宴会桌，解决了之前大型宴会桌用全棉提花台布因宽幅不够而拼接的缺陷。

金姿公司始终坚持专一化生产，坚持"人无我有，人有我精"的原则和"专精特新"的发展路线，将全棉线提花台布越做越成熟。其生产的金姿牌高档全棉提花台布，采用优质的全棉双股线为原料，大整理采用全套引进设备漂白丝光，具有丝绸般风格，克服了全涤台布吸湿性差、静电感强、不易熨烫的缺陷，属绿色环保产品，投放市场以来备受国内外高星级宾馆饭店喜爱，顾客络绎不绝。金姿公司积极和客户进行深入沟通，及时向客户传达企业信息、产品思路、流行趋势，并跟踪客户的意见和需求，专业服务于客户，与客户保持经常联系。通过细致周到的服务，拉近了企业与品牌商的距离。

三、中小纺织装饰用品企业创建世界品牌的优化管理效果

（一）企业经济效益明显提高

金姿牌提花台布20%的产品为北京人民大会堂宴会厅等高星级宾馆饭店指定，80%产品远销东南亚及欧美市场，深受用户喜爱。金姿公司各项经济指标年年有增。目前，公司已拥有固定资产1800万元，年创产值4000多万元，自营出口创汇380万美元以上，已成为全国台布行业的重点企业。

（二）企业产品质量不断提升

金姿公司自1989年出口创汇以来，就一直以市场为导向，注重品牌建设和产品开发，生产各种适销产品。公司根据客户需要，继续保持了原有产品的开发，向纵深发展，使已有的89700型、89800型、89100型、89870型、89420型等系列全棉提花台布向多规格多花型多色彩方面发展，满足了各档次消费者的需要。开发生产国际市场畅销产品89110型、89103型等一系列新的产品和国内唯一的3.2米特幅大提花台布，以更为高档的金姿产品冲刺世界。

（成果创造人：陈治才、陶孔宾、吴祖坡、陶家木、邰圣凤）

提升公众通信体验满意度的全生命周期服务管理

中国联合网络通信有限公司广东省分公司

成果主创人：公司总经理乔建葆

中国联合网络通信有限公司广东省分公司（简称广东联通）是中国联合网络通信有限公司设在广东的分支机构。在集团公司的统一领导下，广东联通以"信息生活的创新服务领导者"为公司愿景，实施"3G领先与一体化创新战略"，进一步加快建设完善现有移动通信网络及3G网络的步伐，加大固网宽带建设力度，积极推进固定和移动网络的宽带化，收入份额持续增长，企业的综合竞争力和可持续发展能力稳步提升。

一、提升公众通信体验满意度的全生命周期服务管理背景

移动互联网服务时代，在体验经济大环境下，通信行业面临三个转变，即服务对象由公众普遍服务到细分用户的个性化需求转变，服务内容从单一语音通话向便捷、高速、安全的多样化数据业务转变，服务层次从沟通、联系等基本需求向商务、娱乐等高级需求转变。在这种背景下，各大电信运营商都在努力提升现有的服务能力，不断探求和推出新的服务模式，服务能力的竞争愈演愈烈。为更好地在激烈的竞争环境中取胜，近年来，广东联通在3G用户规模扩张的同时，从通信用户的使用便捷性和高效性出发，着力塑造感官体验和思维认同，促进了客户的体验感知。但随着体验式服务的深入推进，越来越多的服务管理问题浮出水面：

一是移动互联网服务时代要求企业结合客户的使用习惯、应用场景、个性要求等因素设计一套个性化强、应用便捷的服务模式，而传统服务已难以满足客户需求，无论是服务内容或服务监测手段都需改进。

二是全业务、全流程的大服务客户体验管理模式要求企业从不同途径获取用户全生命周期的海量感知数据，但传统的人工调查模式调查成本高、样本量少、样本覆盖面窄、数据偏离度大、公信力低，难以满足服务管理需求。

三是网络质量评价指标、客户投诉指标等跨部门客户感知指标繁多，散布于BSS、电子运维、客服系统等不同系统，归口不同部门管理，指标之间关联弱，难以挖掘影响客户感知的深层次原因，服务问责和整改不能很好的落实到末梢责任单位、责任人，源头整治效果不明显。

四是依靠事后分析来进行原因挖掘、通报和问责，导致当月发生的问题下月才开展整改，时间滞后，整改效率低、成效差。

五是服务数据的收集与统计分析主要依靠人工,人为差错发生率高,且没有统一的服务数据展示平台,数据不透明,无法支撑责任单元的横纵对标与实时整改,更不能有效支撑服务前移。

这些问题严重困扰着广东联通服务管理工作的有效开展,为更好地服务公众用户,三类转型已迫在眉睫:一是服务模式转型,由传统的需求型服务向体验式服务转型,满足移动互联网时代公众用户即时、互动、分享的服务需求;二是监控手段转型,由人工采集向 IT 支撑转型,支持自动调查、自动统计分析、自动风险预警,减少人为因素影响、降低人为差错、提高工作效率、提升服务效能;三是监控方式转型,由事后投诉监督延伸到过程满意度监控,支持客户投诉的热点难点问题难的及时解决与源头整治,服务考核由专业管理指标向客户体验感知指标转型,尊重客户感受。

为此,2010 年 10 月,广东联通在原有传统服务管理体系的基础上,积极探索全生命周期服务管理,以满足客户在移动互联网时代的需求。

二、提升公众通信体验满意度的全生命周期服务管理内涵和主要做法

广东联通以客户全生命周期管理与电信服务质量用户满意度指数(TCSI)模型为基础,以三全一化(全业务、全流程、全员参与、IT 化支撑)的大服务运营机制为支撑,从客户体验出发,分解售前、售中、售后全过程企业与客户接触关键环节的客户感知需求,明确匹配客户感知的服务规范和要求,提供新型服务手段,前移服务责任到每一个服务执行环节和支撑流程,并借助 IT 技术实现监督手段自动化和服务数据集约化,开展全流程服务执行、服务支撑、服务效果的管理和监测,全方位保障通信用户体验卓越。主要做法如下:

(一)建立客户体验服务管理体系

1. 建立全业务大服务运营监测体系

以客户生命周期为基础,突出监控重点,通过短信调查、人工调查、录音抽听、系统数据采集等多种方式,监控关键环节客户体验感知,全方位提升服务质量。

2. 建立开放的互联网服务运营体系

以客户全生命周期管理理论为基础,建立包括客户洞察层、服务运营层、服务管理层、支撑保障层的移动互联网服务运营体系,并分为两个阶段实施运营。

第一阶段:内部服务能力提升阶段。建立省、市、个人三级微服务运营架构,实现互联网服务能力突破。2010 年 5 月开通广东联通客服微博,标志着省-市-个人三级微服务运营架构正式成立,21 个地市分公司、近千个服务经理全部开通微博,三级微博各有侧重、相互协同、规范运作。建立微服务企业形象管理、微博内容管理、信息发布管理、分类受理、互动协同处理等五大类微博运营制度和流程,实现规范化、标准化运营;常态化六大话题发布:"沃温暖"、"沃分享"、"沃自助"、

成果主创人:公司副总经理孙达

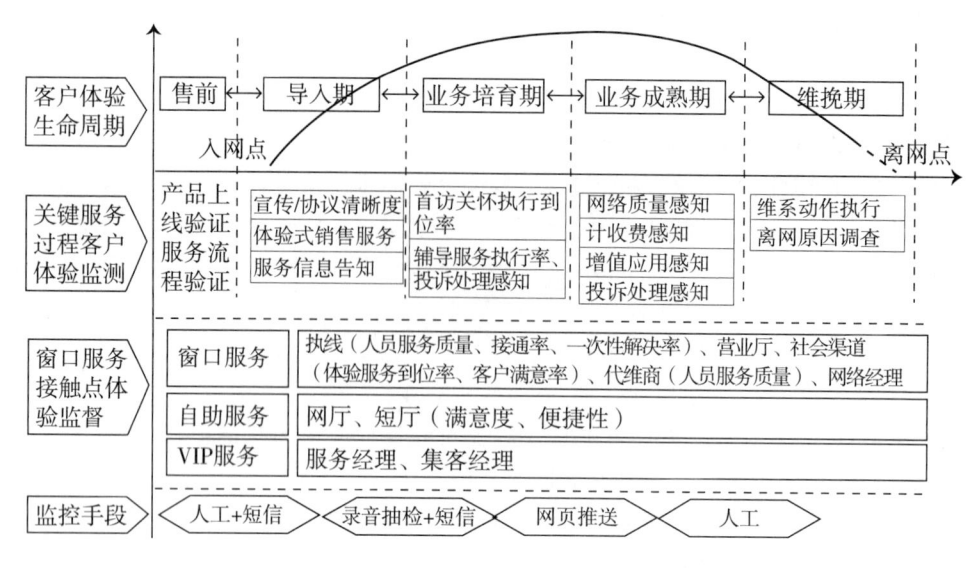

图 1 全生命周期客户感知管理体系

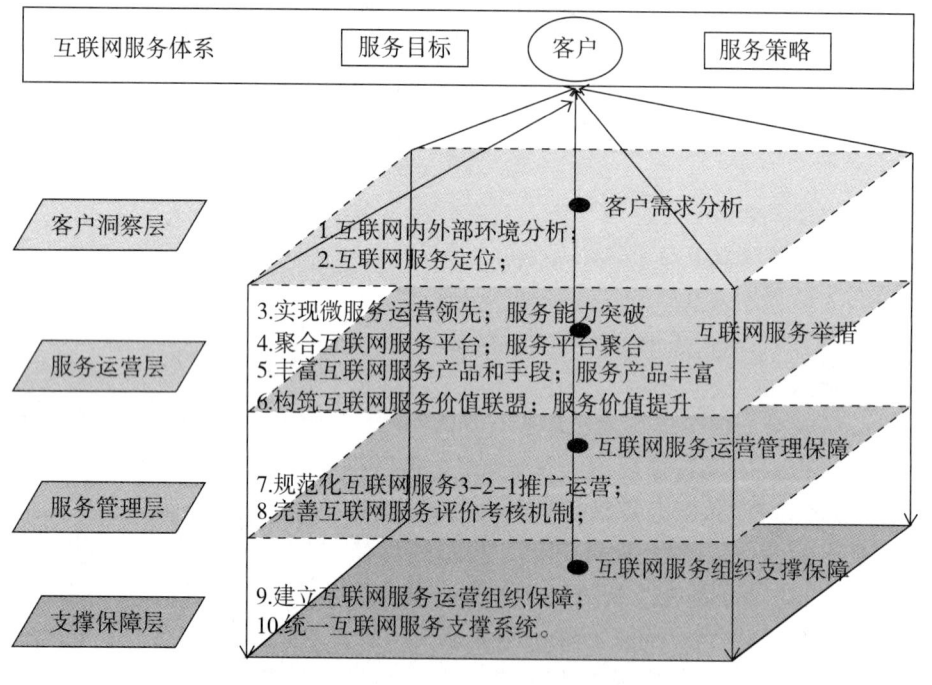

图 2 互联网服务运营体系

"沃玩家"、"沃优惠"、"沃课堂";创新微直播、微团购、微原创、微视频四类特色微活动,凸显微服务价值。

第二阶段:外部竞争能力提升阶段。以微博为门户,丰富互联网服务手段和产品,实现微博与自有互联网电子服务平台互通,根据入网期、成长期、成熟期、维挽期等四个阶段不同特点,匹配不同的关键举措。具体而言:

入网期：通过 SD 卡及 10010APP 系统平台，提供起点软件一键安装服务，为用户提供"微博、手机营业厅"等必选包及"时尚/生活/商务"可选包，快速引导客户体验 3G 移动互联网应用，吸引客户使用数据业务。

成长期：提供 TOP50 软件、一键下载功能、精彩数据应用。采用微视频辅导客户使用软件，解决客户首次使用数据业务遇到的难题。同时，组织沃客户俱乐部，形成会员交流机制，提高客户的归属感和满意度。

成熟期：建设 17WO 用户软件互动分享平台，实现客户间自服务、互服务交互圈。通过一拍即享、积分激励、一点推荐、圈子分享等活动，借助社交关系提高客户满意度。

维挽期：采用个人频道，定向发布维系优惠信息。此外，开通服务经理微博，开展一对一维系活动和个性化服务，持续降低客户的离网率。

（二）落实组织与机制体制保障，确保各项举措有效执行

1.成立公司级专项组织机构

在省公司成立总经理挂帅、15 个部门为成员的服务质量监督委员会，下设服务质量监督管理办公室、监督数据处理中心、客户体验管理系统建设办公室，21 地市参照落实。其中，服务监督管理委员会承担公司服务战略、仲裁、服务绩效考核、重大服务事件处理等职责；监督数据处理中心具体负责服务质量测评、服务感知数据的收集整理、服务考核评价的执行；体验服务管理系统建设办公室主要负责客户感知数据展示平台的建设，短信调查、网页推送等客户调查 IT 手段的研究与功能开发，以及其他 IT 化手段的支撑。

在成立专项组织机构的同时，广东联通强势开展"双百日"、"双创优"、"双突破"等系列专题服务活动，针对窗口单位、服务短板、关键流程、重点感知项目开展专题攻坚行动，营造前线服务创优争先和中后线服务支撑保障的氛围，成功实现横跨 15 部门，统领 21 地市的大服务协同。

2.实行多维度协同的"四化"服务管控模式

全流程大服务管控迫切需要各专业线协同，快速响应和解决影响客户感知的各类问题。以"服务监督前移化、服务定责网格化、监督手段 IT 化、考评应用多元化"等四项措施为抓手，带动客户服务和支撑能力的跨越提升。

首先，服务监督前移化。通过现场检查、电话回访、录音抽检、短信调查、明察暗访等手段，将服务管控从单纯的通过投诉分析进行事后的监督延伸到主动的客户感知体验全程满意度监测，聚焦 3G 业务的关键窗口、关键过程、关键感知，结合百日创优、百日攻坚等大型专项服务提升行动，重点推进客户体验监督的前移管理。

其次，服务定责网格化。将投诉率、满意率、差错率、故障率等客户体验结果指标逐层分解，按地市、区县、营业厅、代理商、网优网格等 6 个责任主体进行归责，定责到末梢责任单元，责任落实到人，从源头上落实整治，加大问题整改力度。

再次，监督手段 IT 化。实现三化——调查自动化、统计分析自动化、预警监控自动化。一是建立短信调查系统，以短信调查方式取代大量的人工调查，样本量覆盖面增大，避免人为影响，调查误差缩小；二是建立服务监督数据展示平台，通过系统自动换算，将海量服务数据多维度、多层次自动归类、分析、展示，实现统计分析自动化，避免人为差错，时效增强，准确性提高；三是建设移网客服支撑平台，嵌入电子地图，快速定位，支撑

投诉指点区域的重点解决,有效提升客户网络感知。

最后,考评应用多元化。2010年10月开始,广东联通服务考核由专业管理指标逐步转向客户体验指标。通过1考核(纳入本地网和横向部门KPI考核)、1考评(纳入客服及其它专业线考评体系)、2通报(服务质量分析会通报、"零容忍"等专项问题通报)、3级督办(集团督办、省级总经理督办、地市级督办)推动客户服务感知的持续改进。

(三)完善监控管理手段,提供技术平台

1. 建设服务监督数据展示平台

广东联通服务监督数据展示平台整合散布在8个支撑系统、3个关键窗口服务的海量客户体验数据,体系化地展示3G和宽带业务全流程的客户感知和支撑指标体系,公开、及时、多维展示服务现状,实现预警监控、末梢定责、对标管理等多项监督功能,有效地将客户感知数据转化为管理数据。平台主要实现了以下四方面的客户满意度管理:

第一,整合来自BSS系统的客户套餐资费与在网期限等信息、来自客服系统中的客户投诉数据及处理满意度、来自人工调查/短调信查的网络与计费等质量感知满意度、通信价值感知等不同来源客户感知数据,实现不同流程环节,不同调查方式海量客户体验感知数据统一归集。

第二,建立3G全流程客户感知指标体系,实现客户感知指标的层层深入透析。梳理指标体系,体系化监控客户感知状况,逐层分析存在问题,为全流程客户感知管控和定责提供支撑保障。指标体系包括一级指标15个,二级指标30个,三级指标上百余个。其中,3G业务指标包含了销售前端服务评价、在网服务评价、支撑服务评价和综合服务效果评价四个方面,共10个一级指标,20个二级指标,若干个三级指标。

第三,各类感知指标按市、区县、营销服务中心、营业厅、代理商、网优网格等6个维度,实时、公开、透明展示,支持客户体验感知考核逐层落地到末梢责任单元、问责到人。同时,支持指标的对标管理,极大提升了服务质量管理的时效与成效。

第四,各类指标按高、中、低细分,根据风险等级,制定预警红线值,当指标进入红线区立即发出短信、邮件预警通知。落实责任到部门和责任人,督促限期整改。此外,该系统还支持分权分域管理功能,面向省公司8个专业部门、21个地市(含客服、销售、运维、网建、网优、增值业务等部门)的500余个服务管理岗位及相关领导开放,支持不同角色应用功能灵活配置。

2. 建设短信调查系统

制定3G用户短信调查模型,科学设计调查对象和样本,开发自动触发全量调查和导入式专项调查两大功能,实现3G用户的关键过程体验感知监测。

首先,结合实际情况,制定短信调查"5部曲"工作流程,实现了客户满意度调查、分析、改善、跟踪与再调查闭环管理。

其次,围绕3G客户的全生命周期体验服务管理体系,基于自动触发全量调查和导入式专项调查两种功能,根据监测对象、监测频率、服务环节的重要程度的不同,合理设计3G客户体验管理短信监测模型。该模型包括6个重要监控环节,13个关键环节的监控要素,短信为主、人工为辅的调查方式,既能满足关键环节服务感知监控问责的需要,又能满足存在问题深层次挖掘的要求。

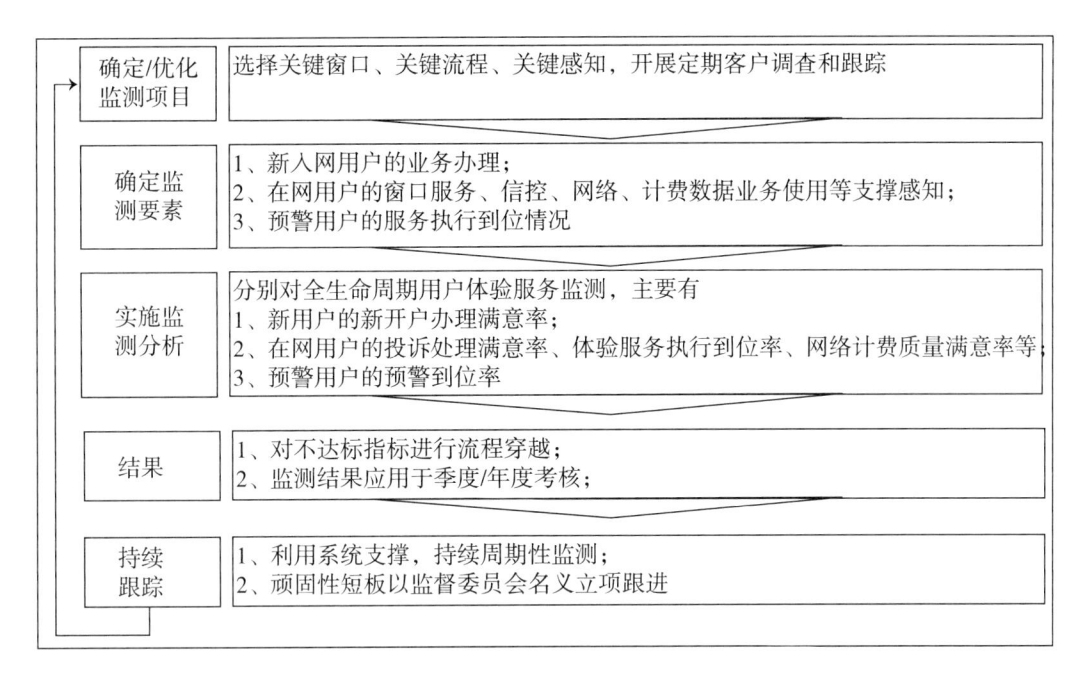

确定/优化监测项目	选择关键窗口、关键流程、关键感知,开展定期客户调查和跟踪
确定监测要素	1、新入网用户的业务办理; 2、在网用户的窗口服务、信控、网络、计费数据业务使用等支撑感知; 3、预警用户的服务执行到位情况
实施监测分析	分别对全生命周期用户体验服务监测,主要有 1、新用户的新开户办理满意率; 2、在网用户的投诉处理满意率、体验服务执行到位率、网络计费质量满意率等; 3、预警用户的预警到位率
结果	1、对不达标指标进行流程穿越; 2、监测结果应用于季度/年度考核;
持续跟踪	1、利用系统支撑,持续周期性监测; 2、顽固性短板以监督委员会名义立项跟进

图 3　客户体验感知短信调查"5 部曲"工作流程

最后,充分考虑项目监测目的和结果应用的颗粒度和时效性,结合考核和评价的客观精确度需求,进行样本测算和比例抽样。目前 3G 在网用户的平均调查次数≤1.5 次/年,短信调查用户参与率也相对稳定,其中新用户的参与率可达 16%,老用户维持在 5%左右。

短信调查系统上线运行以来,调查效果良好。在保持 95% 的置信度不变情况下,系统上线前,单个项目每地市样本量不足 150,调查误差高达 9%;上线后,单个项目每地市样本量可达 2900,调查误差在 1%内。较上线前样本覆盖面增广,准确性大幅攀升,调查数据公信力大幅提升。

3. 建设移动客服支撑平台

移动客服支撑平台是集团总部在广东的试点建设项目,以地图方式直观呈现网络资源状况与客户网络感知匹配关系,突破性解决投诉热点区域客户感知的改善。该平台主要有如下功能:

第一,实现"三快",快速提升热线一次性问题解决率,提升客户满意度。"一快"是网络投诉定点快。移网客服支撑平台嵌入电子地图,当用户投诉时,客服代表可直接点击电子地图位置,根据所处经纬度快速准确定位投诉具体投诉地点。"二快"是问题定位快,投诉地点的实际情况一目了然。"三快"是问题回复快,对不同类型网络问题及突发性故障,平台自动生成标准应答口径,热线人员可据此直接回复用户。"三快"功能的实现,很好地避免了网络投诉工单在不同环节的多次流转,快捷、准确的回复用户,热线一次性解决率大幅提升的同时,较好地提升了用户满意度。

第二,匹配网格单元,支撑数据多维分析,将客户感知与网络建设和网络优化相结合。具体包括:直观定位投诉密集区,较好地指引网络建设、网络优化的快速响应,支撑投诉密集区的重点解决;清晰定位故障高发区,将移动客服支撑平台与 BSS 系统对接,引入经营网络,将网络投诉、网络故障、网络性能等指标按分公司、区县、网优网格、基站等多维度归集,建立自动统计分析体系,清晰展示故障高发区排名、故障原因;按网络质量投诉的责任原因和责任部门进行定位归集、自动统计分析,按既定模板自动展示,建立网络投诉与故障事件的关联分析机制,为网络质量末梢问责提供数据支撑;根据客户行为提供不同区域不同时间段、不同区域同一时间段的客户投诉对比分析,指导网络规划,使网络建设、网络优化、网络维护与用户感知深度结合,大幅提升网络投资的针对性与有效性。

三、提升公众通信体验满意度的全生命周期服务管理效果

（一）显著提升了客户满意度

经过一年多的努力,广东联通客户满意度明显改善,2011 年获得全国实施用户满意工程先进单位,3G 客户满意度首次实现行业领先,服务考核从去年同期的 13 名跃居集团第二,创历史新高。

3G 用户户均流量持续提升,从 2011 年初的 125M 提升到 258M。流量的增长不仅仅带动了教育、娱乐等应用的普及,更重要的是,广东联通借助高速、稳定、安全的 WCDMA 网络优势,提出"信息强政"、"信息兴业"、"信息惠民",与信息服务提供商合作,在政府、新闻、保险等 50 个行业,提供了移动警务、数字工商、移动城管、平安校园、移动采编、移动 OA、移动定损、远程抄表、手机银行、手机阅读等 92 项行业应用产品和方案,惠及 1500 万民众,为提高公共服务水平提供有力支撑,为推进智慧广东建设打下了坚实的基础。

（二）创造显著经济效益

通过成果的实施,3G 客户满意度提升 2.5 分,减少用户流失 7.13 万户,为企业创造收入 7535 万元。同时,据估算,节省短信调查成本 2790 万元、服务监督人工成本 567 万元、热线人员人工成本 573 万元。

（成果创造人:乔建葆、孙　达、朱凌云、林岸芬、蒋忠钢、
郑晓斌、翁振铭、张为清、刘卉芳、陈艳颜、黄玉宇）

"井冈山号"列车服务品牌的创建与实施

南昌铁路局

南昌铁路局（简称南昌局）现有从业人员97033人，总资产1500亿元，管辖线路里程5166公里，其中时速200公里以上线路955公里；管辖旅客列车159对，开行方向覆盖全国21个省市，年输送旅客1.1亿人次。其中，往返于革命摇篮井冈山和首都北京之间的Z134/3次旅客列车被命名为"井冈山号"。

一、"井冈山号"列车服务品牌的创建与实施背景

（一）适应经济社会和铁路行业快速发展的需要

成果主创人、局长郭竹学（右二）与党委书记王秋荣（左二）到驻局军代处慰问

改革开放30年来，国家经济社会快速发展，带动各行各业服务水平大幅提高，人民群众对铁路服务质量也提出了更高要求。"井冈山号"作为革命老区铁路服务窗口，必须主动顺应人民期盼、满足旅客需求。与此同时，铁路行业快速发展，相继实施了多次全路大提速，随之出现了高铁、动车组和直达列车等高等级列车。这些新车型比之前的所有车型设备设施更加先进。如何创新列车服务和管理，使之与人性化设计、自动化程度更高的新车型相匹配，成为全国铁路系统亟待研究解决的课题。

（二）传承井冈山精神、服务井冈山地区经济社会发展的需要

"井冈山号"作为连接革命摇篮井冈山和首都北京的桥梁和纽带，是广大游客进入井冈山旅游的主要交通工具，在宣传井冈山精神方面拥有众多优势。同时，作为唯一一趟从井冈山开出的进京列车，"井冈山号"承载着全国人民的期盼，承担着促进井冈山经济社会发展的重任。打造"井冈山号"服务品牌，对于促进井冈山红色旅游，促进井冈山与沿线地区尤其是首都北京的政治、经济、文化交流，都具有十分重要的意义。

（三）提升服务质量、塑造品牌形象的选择

提高列车服务质量既是落实"人民铁路为人民"这一宗旨的必然要求，也是提升铁路行业竞争力和扩大市场占有份额的根本举措。但铁路客运服务水平目前还不能完全满足广大乘客的需要。具体到南昌局，主要存在四大问题：一是服务理念滞后。长期以来，受主客观因素的制约，大部分列车的乘务人员服务理念陈旧，服务意识不强，仍停留在生产观念阶段，以自我为中心，不注重满足旅客的各种需要，反映在服务质量上存在脸难看、话难听、服务差、投诉多等问题。二是人才储备不足。第六次全路大提速后，加快培

养一支高素质的列车长队伍,以适应大量直达和动车组列车开行管理的需要,并为将来杭南长、合福等客运专线开行高铁列车提前作好准备,成为一项十分紧迫的重要任务。三是标准体系不适应。原有服务标准体系主要着眼于解决旅客的安全、卫生等基本需求,但随着消费性旅游客流的明显增加,需要加强旅游景点介绍、提供细节差异服务、强化列车自身特色,以满足旅客的多样化需求。四是管理机制不完善。由于激励淘汰机制不完善,造成乘务人员动力不足、压力不大,同时在人员管理上也存在要求多帮助少、重考核轻激励等问题。

面对上述情况,南昌局深入研究,决定选择具有区域文化特色、先进硬件基础的Z134/3次"井冈山号"列车作为新型列车管理和服务创新的实践载体,实施扶持政策,加以重点打造,努力培育亲情化的服务理念、精细化的服务标准、常态化的高水平服务,使之成为众多品牌中出标准、出经验、出人才的"领头雁",以点带面,推动全局服务质量整体提升。

二、"井冈山号"列车服务品牌的创建与实施内涵和主要做法

南昌局围绕"提供一流服务,创建一流品牌"的总体目标,培育以旅客为中心、"旅客至上"的服务新理念,强化员工党史知识和服务技能培训,健全服务标准,构建融硬件标准和软件标准、红色文化和特色服务为一体的管理标准体系,将"井冈山号"列车打造成流动党史展览馆、井冈精神宣传队,提对井冈山精神的宣传能力,将"井冈山号"打造成全局旅客列车优质服务排头兵、作业标准发源地、骨干人才新摇篮,带动全局各趟列车服务质量上水平。主要做法如下:

(一)创新服务理念,形成全员共识

胸怀理想、坚定信念是井冈山精神的灵魂。用井冈山精神建车育人,就是要引导全体乘务人员始终牢记"提供一流服务、创建一流品牌"目标。

一是变"以自我为中心"为"以旅客为中心",变"管理旅客"为"服务旅客",树立"以人为本、旅客至上"的服务理念,始终把旅客利益放在首位,一切从确保旅客安全和满足旅客需求出发,针对服务对象的不同,提供多样化服务。特别是在与旅客发生争执时,多站在旅客的角度思考问题,理解他们的想法和心情,采取旅客容易接受的方式与之进行沟通交流。同时,改变服务质量评价模式,变自我检查、内部评价为旅客检验、外部评价。克服服务质量难以准确评价和有效控制的弊端,树立以旅客满意为根本标准的管理理念,把旅客满意作为评价工作的标尺,主动邀请新闻媒体或第三方评价机构进行旅客满意度调查。

二是树立高标准、讲细节的服务理念。坚持以服务为宗旨、待旅客如亲人,始终牢记"我们的服务永远有差距,旅客满意是我们不懈的追求",不与旅客争输赢,常向旅客征求意见,想尽一切办法、付出最大努力,满足旅客需要,通过长期努

向旅客讲解"红色文化"知识,传播井冈山精神

力将高标准、讲细节落实到工作中,使之成为一种潜意识并变为乘务人员的自觉行动。组织开展旅客有问怎么答、旅客有诉怎么应、旅客有求怎么助"三个怎么办"的大讨论,增进乘务人员对自身岗位的认知、对旅客心理的把握,促进先进服务理念的执行落实。

三是树立红色品牌意识。2009年"井冈山号"列车换型后提出"提供一流服务,创建一流品牌,始终站在全国铁路优质服务品牌的第一方阵"的品牌创建规划,并注重推进井冈精神文化和列车服务文化的整合,促进列车形成独特的红色文化气质,使乘坐"井冈山号"的旅客感受到"红色之旅"的韵味。注意强化乘务人员和管理团队的创优意识和荣誉意识,让大家认识到每个人都是列车品牌的形象大使,言行举止关乎列车品牌形象。组织开展"服务旅客创先争优"活动,引导大家牢记品牌使命,立足本职岗位,争做先锋模范,形成你追我赶、争先恐后比技能、比贡献的良好氛围。

四是树立服务职工意识。始终把"人"的因素放在管理工作首位,把调动乘务人员的积极性和创造性作为提升服务质量的出发点和落脚点,纠正管理者思维偏差,管理上以职工为中心,变单纯严格管理为宽严相济、严爱结合,千方百计帮助解决乘务人员在学习、工作、生活方面存在的实际困难,解除后顾之忧,让他们既感受到单位严格的管理,又感受到组织真诚的关心,为乘务人员优质服务创造条件。

(二)加强教育培训,提升队伍素质

规范"井冈山号"乘务人员准入,所有入选"井冈山号"的乘务人员,都必须经过统一的综合素质、业务技能、井冈山革命斗争历史知识的培训,并参加统一考试,达标方能上岗见习。见习期间还要对其吃苦精神、责任意识、工作质量、服务能力进行全面考察,达到要求的方能定岗留任。同时,大力强化两个常态培训:

一是党史知识培训。将革命传统教育纳入乘务人员必学内容,作为"井冈山号"列车乘务人员岗前教育必学"第一课"。每年在井冈山举办一期骨干乘务员培训班,经常组织乘务人员参观井冈山历史博物馆、革命烈士陵园;结合铁路系统开展的"服务旅客创先争优"活动,开展"吃一顿红军餐,唱一首红军歌,走一趟红军路,读一本红军书,听一堂传统课,扫一次烈士墓"的"六个一"主题教育活动,增进对井冈山精神的理解,教育大家在列车服务工作中发挥不怕吃苦、敢于胜利的精神,想方设法克服学习工作生活中遇到的困难;发扬艰苦奋斗的精神,节约每一滴水、每一张纸、每一个垃圾袋。聘请井冈山干部学院特聘讲师、红军烈士后代江满凤为"井冈山号"政治辅导员,定期邀请她给大家进行革命传统教育。

二是服务技能培训。提出培养和锤炼一支最美乘务队伍的目标,邀请礼仪培训专家进行培训,统一仪容着装、文明用语、行走蹲坐姿式等礼仪规范;邀请铁道部火车头奖章获得者朱慧娟给大家讲授客运业务知识,针对乘务工作中的难点问题进行深入讲解;定期组织乘务人员与航空公司先进服务班组进行交流,着力培育端庄大方的静态美、轻声曼妙的语言美、热情优雅的礼仪美、我爱我家的心灵美。同时,班组还巧妙引入情景培训法,鼓励大家将服务中的事例"表演"出来,通过情景再现的形式,寻找最佳解决方案,共梳理汇总形成75个服务情景案例,包括遇到儿童旅客在车厢内哭闹不止、旅客在车内吸烟不听劝阻等情况的解决方案,使乘务人员在处理一些突发情况时能够心中有数、游刃有余。同时,每年分两批次开展一次业务技能大赛,以赛促学、以赛验学。

(三)完善管理机制,形成良性循环

一是激励机制。建立培训、考核一体化机制和差异化激励约束机制,实行星级定位管理,将列车长、班组、乘务员的奖励与月度考核结果挂钩,拉开工资待遇差别,增加优秀员工晋升机会。坚持开展"平凡之星"评选活动,定期进行"最佳微笑之星"、"最佳服务之星"等评选,由班组推荐提名,全员共同评定,并让获奖乘务员的家长为自己的孩子颁奖。同时,单位还在自办的《映山红》旅行画刊专门开辟"平凡之星"栏目,专门撰写推介职工身边平凡人物的先进事迹,使这些"平凡之星"感觉到自己的光荣和责任,也引导大家向先进学习。

二是帮扶机制。对业务能力和工作质量落后的,开展师带徒活动进行帮助;对生活上有困难的,安排党员和志愿者进行"一对一"帮扶;对情绪不稳定、心理压力大的,列车长亲自进行心理疏导。例如,"井冈山号"224名乘务员有153人来自陕西、甘肃等地,她们年纪小而且离家远,车队及班组各级管理者主动担负起家长的职责,不仅要知道她们的联系电话,还要知道她们的具体住址,及与她们合租住房人员的姓名和联系方式,并随时提醒他们注意人身安全和饮食安全。

三是淘汰机制。严格执行尾数离岗培训制度,对综合素质不高、服务意识不强、工作质量较差的乘务人员予以转岗培训,培训考试合格后重新上岗,仍不合格者按照退出机制予以转岗,保持乘务员的竞争压力,形成创先争优、良性竞争、全面成长的氛围。

四是监督检查机制。实行动态与静态检查相结合,每季度组织一次质量对标检查,每月规定管理人员上车添乘检查趟数;实行分类管理与问题考核相结合,对检查发现的问题按性质程度进行分类管理,安全问题分为A、B、C三类,服务质量问题分为K1、K2、K3三类,建立安全和服务质量问题库,定期分析,整改销号;实行内部检查与外部监督相结合,注重引入外部监督力量,公布投诉电话,经常与高校联系安排大学生上车组织开展旅客满意度测评。同时,邀请一些经常乘坐"井冈山号"的旅客和媒体记者担任路风监督员,并定期召开旅客座谈会听取意见。

五是应急管理机制。经常组织乘务人员观看事故灾难图片和事故救援视频,增强乘务人员的危机意识。完善突发公共卫生事件、突发客流及旅客列车晚点、旅客在列车上突发急病等情况下的应急预案,明确突发事件的处置原则、责任分工、流程标准。按照所有预案每季至少演练一遍、每个乘务员必须参加全部预案演练的标准,制定和兑现年度演练计划,提高应急处置的熟练性和协同性。

六是政治保障机制。按照"支部建在车班、党员岗位领先、政治保障有力、作用发挥明显"的思路,"井冈山号"所有班组都建立独立党支部,列车长兼任党支部书记,通过"把党员培养成骨干、把骨干发展为党员"的双培措施和党内创岗建区活动,全面加强党支部书记和党员模范能力建设,着力提升党员岗位在确保安全、优质服务等方面的示范带头作用。

(四)打造特色鲜明的硬件环境,提升服务品质

为突出红色文化主题,南昌局对"井冈山号"所有车厢进行全新设计,量身定做"星星之火、可以燎原"的特色窗纱,将井冈山五指峰、井冈翠竹等元素融入其中;每节车厢的内壁设计制作主题壁画,突出红色精神、红色人物、红色景点、红色事件、红色诗歌、红色餐

饮"六大主题",做到一个车厢一个主题,每个主题讲述一段革命故事,形成一条"红色历史长廊",将"井冈山号"打造成一个流动的井冈山革命历史展览馆。尤其是以一朵盛开的映山红作为"井冈山号"区别于其他列车的形象标识,将此标识广泛印制在列车乘务人员的制服、手册和列车窗帘、卧具、菜谱、桌布上。以映山红作为标识,不仅寓含着对井冈山革命老区的浓浓情怀,也寓含着乘务人员对祖国和铁路事业的忠诚,对广大旅客的满腔热情,以及面对困难不气馁、不退缩、不放弃的精神。

注意突出井冈山绿色生态主题,在餐车精心布置井冈山风景画,隔板上设计井冈山杜鹃图,列柜摆放井冈山土特产,通道弧形墙点缀井冈翠竹图案,为旅客营造温馨雅致而又富有井冈山特色的用餐环境。让南来北往的旅客既能够了解井冈山的风土人情,还能在轻松愉快的氛围中重温井冈山革命历史、接受革命传统教育。

(五)规范服务标准、细化服务措施,提升服务质量

为提升列车服务质量,规范列车的质量标准、作业流程、广播内容等服务标准。一是质量标准。"井冈山号"开行以来,经过作业中的反复揣摩、服务中的不断提炼,逐步形成个性化的质量标准,既与直达列车硬件水平相匹配,又兼具井冈文化特色,包括给旅客送水如何递送茶杯、餐车台上鲜花朝向、硬座车厢托盘摆放应该离桌沿几毫米等都有明确的规定。为了便于大家学习这些标准,还特意将作业标准全部拍成图片,并制作成多媒体课件,让大家经常对照学习、寻找差距。二是作业流程。鉴于"井冈山号"运行时间较长,推行夜间分段交叉巡视制度,既保证每15分钟有乘务员巡视检查,确保各项安全和服务标准的落实,同时科学安排乘务员的间休时间,有利于乘务人员保持良好的精神状态。三是广播内容。列车广播除明确播放乘车安全须知、列车途经车站到开时间等基本内容外,还增加井冈山精神和红色旅游宣传内容,对井冈山地区旅游景点、风土人情、饮食特色等进行重点宣传,播放《映山红》等红色革命歌曲,使广大旅客在列车上就能感觉到浓浓的氛围,找到已经开始旅游的感觉。

为强化列车服务特色,推出红色文化下车厢、体验式红色套餐等服务措施。一是互动式红色文化宣传服务。结合"井冈山号"的红色文化背景,乘务员充当井冈山精神和文化的宣传员,经常性地开展红色文化下车厢、列车红歌会等活动,在乘务人员与旅客互动的过程中,宣传井冈文化,弘扬井冈精神。特别是多年来坚持举办的《中国红,井冈情》、《红歌相伴迎新春》、《井冈情 祖国颂》主题列车春晚深受广大旅客喜爱,在央视《新闻联播》、《朝闻天下》等栏目播出后,在路内外引起较大反响。二是体验式红色套餐服务。将井冈绿色生态元素及红色文化元素融入其中,推出富有井冈特色的系列菜肴,如"苦尽甘来"、"胜利会师"等,同时推出了由红米饭、秋茄子、红军野菜、南瓜汤组成的"红军套餐"和四季养生汤品系列,让旅客在用餐过程中既缅怀了革命历史,又享受到符合现代养生理念的美食。三是差异化亲情服务。适应旅客多样化需要,关注旅客不同需求,及时提供不同服务。比如陪单独旅行的老人聊聊天,搀扶行走不便的旅客上厕所,主动为带小孩的旅客调换到下铺,提醒行李较多的旅客到站前早准备,对在连接处玩耍的儿童及时劝阻并向其监护人做好安全宣传等。四是预想式细节服务。注意捕捉旅客服务需求信息,及时满足旅客潜在需求,并尽可能地行动在旅客有需求却未提出要求之前。比如,气温变化较大的季节,及时通报前方站室外温度,提醒即将下车的旅客注意增减衣物;了解

到有在前方站转车的旅客,主动告知前方站可转车次和列车到发时刻。

三、"井冈山号"列车服务品牌的创建与实施效果

一是列车服务质量水平走在全国铁路系统前列。经过多年的培育,如今高标准、讲细节已经成为全体乘务人员的自觉习惯,"井冈山号"乘务人员的整体素质和列车服务质量明显提升。据第三方调查统计,2010年和2011年,广大旅客对"井冈山号"的满意度均达到99%,收到表扬信、锦旗等共109件。同时,"井冈山号"也成为人才成长的摇篮和沃土,2名车队干部成长为领导干部,2名列车长相继被评为"全国青年岗位技术能手"、"全国红色旅游先进个人",2名乘务员分别获得全国铁路客运技能大赛第一名和第七名,近几年共为各趟直达列车和动车组列车输送了19名列车长。2011年,"井冈山号"被授予全国铁路客货运输窗口用户满意单位和红旗列车。

二是得到了社会广泛认可。"井冈山号"多年来坚持以宣传井冈山精神为己任,作出的努力和贡献得到社会各界的充分肯定,创造的红色文化品牌形象得到社会各界的普遍认可。中央电视台、人民日报等中央主流媒体每年都对"井冈山号"红色文化品牌创建成效进行关注和报道。"井冈山号"还先后荣获全国五一劳动奖杯、"五一"巾帼标兵岗,以及全国铁路党内优质品牌、红旗党支部、铁道部红旗列车、江西省文明列车、南昌局品牌列车等荣誉称号。

三是带动了全局服务质量的提升。在"井冈山号"品牌的带动下,全局列车服务质量不断进步。2011年,共有15趟列车被评为铁道部"红旗列车",特别是T168/7次"映山红号"、K1454/3次"雷锋号"列车均在全路客运行业有较大影响。依据"井冈山号"创建经验,南昌局还成功指导了全局其他单位的多个优质品牌建设,如南昌站"红土情"服务台品牌、厦门站"小白鹭"服务台品牌、福州客运段K572/1次"红古田号"品牌列车、K307/8次"海西号"品牌列车等。

四是经济效益逐年攀升。2009年车底换型以来,"井冈山号"的客流量呈稳步增长态势,经济效益大幅增长。2009年、2010年、2011年分别实现运输收入4018.8万元、5570.4万元、8134.3万元,年均增长率达到42.3%。"井冈山号"不仅实现了自身的客流增长、效益提升,也带动了井冈山地区及沿线城市的旅游业、商贸业、服务业的发展,并且为加强井冈山革命老区和首都北京之间的政治、经济、文化交流作出了贡献。

(成果创造人:郭竹学、王秋荣、况文发、周光辉、廖　钢、徐　洪、甘国东、宫飞跃、金旭红、王春柳、陈连春、肖华清)

以打造城市综合服务平台为目标的新型报刊亭建设

浙江省邮政公司

浙江省邮政公司(简称浙江邮政)是中国邮政集团的全资子公司,属国有公用性企业,主要负责区内邮政通信网的建设、运行与管理,依法经营邮政专营业务。浙江省邮政公司下辖11个市邮政局、62个县(市)邮政局、4个二级邮区中心局和11个直属单位。截至2011年底,全省邮政共有服务网点5177处,其中电子化支局1498个,电子汇兑网点2000余个,全国联网邮政储蓄网点1500余个;从业人员3.6万人,服务人口达5000余万人。2011年来,浙江邮政在城市大力推进新型报刊亭建设,在农村大力推进村邮站建设,着力打造以信息化、便民化、标准化为特色,覆盖城乡、贴近百姓、功能齐全的邮政综合公共服务平台,在全省建成新型报刊亭2200余个、村邮站20590个。浙江省邮政公司先后荣获全国"五一劳动奖状"、"浙江省文明行业"、"全国邮电行业模范劳动关系和谐企业"等荣誉称号。

成果主创人:公司总经理、党组书记鞠勇

一、以打造城市综合服务平台为目标的新型报刊亭建设背景

(一)传统报刊亭的外部形象和功能定位难以满足城市现代化建设的快速推进

随着城市化建设的推进,全国各地报刊亭形象落后、经营困难、日趋衰落的现象非常普遍。传统报刊亭经营管理模式与现代城市建设的脱节,近年来,城市报刊亭被政府部门强行拆除的信息频频传来。此外,报刊亭主的综合素质与社会高品质服务需求之间的矛盾越来越大。报刊亭设立时,作为一项民生工程,主要是帮助政府安置40~50岁的下岗工人和残疾人员,这部分人员属于社会弱势群体,只能从事"买进卖出"的简单劳动,服务品质大受限制。

(二)传统报刊亭的经营业务难以适应城市居民文化需求和消费模式的快速变化

随着互联网的普及,传统报刊亭经营管理模式与现代文化需求和消费模式的脱节,导致报刊亭在经营上每况愈下,违规经营现象普遍。据杭州市统计,自2007年至2011年,报刊亭业务销售量平均每年下降10.4%。由于仅靠报刊零售业务已经难以为继,为了维持生计,很多业主只能违规经营,纷纷自行拓增经营范围,售卖起饮料、纸巾、玩具等物品,成为城市文明管理的一个难点。如果报刊亭的经营管理模式不能根据居民文化消费模式的改变及时转型,其衰落将是必然的结果。

(三)传统报刊亭的管控模式难以适应浙江邮政的发展战略和业务转型

报刊亭社会效益和经济效益的削弱,导致邮政企业对报刊亭的管控难度和经营风险越来越大。传统报刊亭单一的服务功能和人工作业方式,以及完全委托个体户经营的管理模式,无形中增加了邮政企业对报刊亭的管控难度。体现在:一是由于传统报刊亭经营体制缺乏科学性、可控性,邮政企业对报刊亭人员的管控难度较大。二是报刊亭主私自进货现象普遍,书报刊进货渠道混乱,邮政掌控力不强。部分地方的社会渠道甚至可以不受控制的自由进入报刊亭直接供货,报刊亭为邮政企业创造的经营效益不高。三是不能及时有效的反映各类书报刊的销售及需求情况,无法很好体现邮政零售渠道的信息反馈功能。四是邮政企业对报刊亭违规经营缺乏有效的监管手段。五是审批落亭难度逐年加大。报刊亭的社会效益和经济效益逐步削弱,负面影响和风险正在增强。

二、以打造城市综合服务平台为目标的新型报刊亭建设内涵与主要做法

浙江邮政以打造信息化、便民化、标准化的城市综合公共服务平台为主要目标,兼顾"政府、市民、业主、企业"各方需求和利益,在加快报刊亭更新换代、统一标准、增强文化服务功能的同时,致力于通过信息化建设完善报刊亭的便民服务功能,为人民群众提供更加优质、便捷、周到的服务,使报刊亭不仅成为购买报刊、传播文化的渠道,更成为服务百姓、方便群众的综合性服务平台,真正把新型报刊亭建设成为"传播先进文化的文化亭、方便市民生活的便民亭、展示城市文明的景观亭、提升邮政品牌的形象亭",达到"政府满意、百姓欢迎、业主增收、企业得益"的目的。主要做法如下:

(一)统一规划明确目标,在试点基础上迅速推广

浙江邮政提出"以信息化引领,实现向创新驱动转变,向深化企业内控转变,向提供现代邮政服务转变"的总体工作思路,对传统报刊亭全面进行更新换代,致力于通过信息化建设完善报刊亭的便民服务功能,为人民群众提供更加优质、便捷、周到的服务,使报刊亭不仅成为购买报刊、传播文化的渠道,更成为服务百姓、方便群众的综合性服务平台,并将此作为贯彻"一个引领、三个转变"工作思路的典型案例和有效抓手快速推进。

一是突出信息化,使信息化成为传统报刊亭转型升级的核心。在报刊亭外部加载LED广告屏,通过全省联网、后台管控,建立以新型报刊亭网络为载体的全省信息发布平台,用信息化巩固报刊亭"文化亭"的地位;在报刊亭内部引入便民服务系统,以报刊亭为依托建立"便民服务站",打造综合公共服务平台。

二是突出便民化,使便民服务成为新型报刊亭转型发展的新通道。一方面,通过寻求外部合作,不断叠加现金缴费类、票务类、实物销售类等便民服务项目,把报刊亭建设成为服务城市居民的综合性服务平台。另一方面,通过建立共赢机制,与亭主共享开展便民服务业务的利益,增加亭主的收益,从而稳定报刊亭从业队伍。

三是突出标准化,使新型报刊亭成为城市文明的一个有机组成部分。在建设之前,省公司先出台标准,首先在硬件建设上做到统一标准、统一形象、统一管理,确保新型报刊亭以整齐、统一、美观的形

杭州邮件处理中心

象成为城市文明的一道靓丽的风景线。同时在服务规范上,建章立制,明确文明礼仪、经营户上岗资格、服务范围等要求,并通过对亭主加强培训、强化检查考核等管理措施,促进规范服务。

2011年初,浙江邮政经过充分调研,首先在金华、杭州进行新型报刊亭建设的试点。通过对传统报刊亭的更新换代,在报刊亭内部引进"便民服务一站通系统",外部加装全程联网的LED信息发布系统,为传统报刊亭向"文化亭"、"便民亭"、"城市景观亭"、"邮政形象亭"的方向转型升级建立了新模型。2011年4月,在金华率先建成20个新型报刊亭,改造效果显著。同时,杭州市邮政局抓住市委市政府创建全国文明城市的契机,斥资近2000万元对全部386个报刊亭进行了更新改造。同时接入了便民服务系统和LED信息发布系统,成为名副其实的"便民服务站"。在金华、杭州试点成功的基础上,浙江邮政在全省范围内对新型报刊亭建设进行统一规划和部署,迅速进行推广。截止2012年上半年,全省共建成新型报刊亭2200个,其中开通信息化便民服务系统的报刊亭有1515个,杭州、宁波、嘉兴等地市新型报刊亭改造完成率均已达到70%以上。

(二)以现代信息手段改造旧式报刊亭

在新型报刊亭建设中,浙江邮政始终坚持将信息化引领贯穿始终,在推行便民服务站建设的过程中,结合本省实际情况,不断创新,通过信息技术人员的攻关,自主研发便民服务系统,即以"PC机+互联网"方式访问电子商务信息平台,实现代收费及查询、资金归集、对账等综合服务功能,简单易学。

一是解决"二通",即通电、通网问题。通电问题,一方面积极寻求供电部门支持,另一方面和周边单位联系采用转接电等多种方式加以解决。目前,绝大部分报刊亭都通上了电源。通网方面,通过加强与电信公司的沟通合作,以有线为主,无线为辅的方式进行解决。在设备选择上,选择专用一体机,既满足了服务需求,减少了设备空间占用,又提升了设备的安全性。

二是搭建便民服务系统。在新型报刊亭的改造中,通过配备信息化一体机、接入互联网、搭建便民服务系统,使传统手工作业方式升级成了提供现代服务的电子化操作方式,原本相互独立的报刊亭点连成了互联互通的便民服务网络。

三是加载各种便民服务功能。在系统接入模式上,采用互联网+PC机的接入模式,选择利用集团公司所开发的电子商务平台,加载各种便民服务功能。在省公司的组织下,省电子商务平台上,先后实现联通和电信手机充值、电费和电信话费缴费功能。杭州市邮政局还相继开发杭州长运客票销售(包括所属县市)、浙江移动话费充值、杭州自来水缴费、杭州华数有线电视缴费等信息化系统。长运电子客票系统是浙江省首个汽车票电子客票系统,解决了报刊亭的凭证处理问题并在全省推广。经过信息技术部门攻关,还成功将长运实物票销售从原中间业务平台转换到电子商务平台,已经在部门报刊亭成功上线运行。

四是建设全省联网的报刊亭信息发布平台,拓展报刊亭公共信息服务功能。新型报刊亭利用遍布大街小巷的亭点优势,通过加载全程联网的LED信息发布系统,实现后台分层管控,实现市、县分级控制、统一发布的功能,打造一个快捷高效、受众面广泛的公共信息发布平台。2011年11月,浙江邮政与新华社合作在全省的新型报刊亭网络统一播报新华社快讯,增强了报刊亭的文化功能。各地级市邮政局成立报刊亭 LED 联网信息发布中心(设在信息技术部门),负责该市所有报刊亭 LED 信息的统一发布,实现信息联网、实时、高频次、滚动式的播放;负责新型报刊亭 LED 终端联网信息发布系统建设和技术支持,包括联网需要的技术衔接、设备调试以及日常网络维护等工作,对全地区新型报刊亭 LED 联网实施情况进行督导、通报、考核,定期上报省公司。对报刊亭 LED 设备运行情况进行实时监控并填写运行日志记录。同时,各市局综合办公室负责本局拟发布的 LED 信息编辑和节目单编排;县(市)局拟发布的信息由该局综合办公室负责编写,上报市局综合办公室审核同意后才能发布;新华社快讯由省公司办公室负责审核发布。

(三)不断拓展便民服务内容,建设亲民、惠民的"便民亭"

浙江邮政采取以项目建设推进便民服务,通过加强与各公共事业单位的合作洽谈,不断叠加各类便民业务,建设"便民服务一站通"系统,实现"缴费通→票务通→政务通"的功能,依托新型报刊亭网络,打造"书报刊+媒体+便民服务"的综合性服务平台,成功塑造了"方便市民生活的便民亭"的形象。

一是不断拓展报刊亭的服务内涵。通过对报刊亭的信息化改造,打造报刊亭综合公共服务平台,实现充值、缴费、售票等便民服务功能。根据新型报刊亭"亲民、便民、惠民"的服务宗旨,浙江邮政在报刊零售、游戏点卡、实物充值卡、福利彩票、地图、充电、充气、公话等服务的基础上,通过与电信、电力、煤气、自来水公司、公交公司、有线电视等社会公用企业合作,实现了电信缴费、移动充值、电信充值、联通充值、电力缴费、代缴水费、华数电视缴费、公交卡充值等现金代缴类服务;通过与交通运输和民航部门合作,成功增加长运汽车受票、航空机票预订等票务服务。各地邮政部门还因地制宜,自主开发相关的特色服务,如金华局成功开发了即开型福彩、体彩、横店影视城电影票代售、旅游门票代售等地域性的特色业务;2012 年,浙江邮政还与省电力公司合作,在全省报刊亭开展了电力缴费卡的销售。

二是加强宣传,创新机制,提升服务,扩大影响。通过集中投放 DM、直邮、公交电视、电台广告,加大报刊亭便民服务的宣传,百姓知晓率迅速提升;开展"轻松 8 日"、"活力六月"、"激情七月"等报刊亭便民服务竞赛活动,经营户积极参与,提升了报刊亭便民服务的知名度。

(四)不断强化文化宣传服务功能,建设传播先进文化的"文化亭"

一是充分发挥报刊亭零售终端优势,增强先进文化的宣传和服务功能。做好党报党刊进报亭工作,成为传播党的方针政策的重要窗口。自 2010 年 12 月下旬开始,浙江邮政组织全省各市县部分邮政报刊亭开展《人民日报》、《浙江日报》和《求是》等党报党刊零售工作,浙江邮政将党报党刊摆放在报刊亭显眼位置,并第一时间发运、配送、上市销售。浙江邮政明文规定:每天早上 7 点半前,报刊亭必须腾出黄金摊位,摆放党报党刊。2012 年 1 月至 7 月,人民日报、浙江日报等党报党刊的报刊亭销售量达到 3.9 万份,同比增长 60%。目前,浙江省有 414 个报刊亭销售党报党刊,遍及全省 71 市县。浙江全省报刊亭已成为宣传党委、政府政策一个不可或缺的重要渠道和阵地。二是加强重点报刊和畅销报刊的零售工作,不断满足人民群众日益增长的文化需求。浙江邮政充分利用新型报刊亭这一平台,大力推介《半月选读》、《环球人物》、《参考消息》、《环球时报》、《看天下》等深受读者喜欢的、健康的、有品味的畅销报刊,弘扬先进文化,丰富百姓文化生活。三是充分发挥邮政贺卡、集邮品等邮政产品销售和服务终端的作用。2011年,好易购电视购物公司与浙江省邮政公司合作,尝试通过报刊亭进行物品的发放,取得了不错的效果。

(五)大力推进标准化和信息化管理系统建设,提升报刊亭管控效率

1. 成功开发新型报刊亭信息化管理系统

浙江邮政组织开发"报刊亭信息管理系统"和"报刊亭巡更系统",极大地提高了报刊亭的管理效率和效益。报刊亭信息管理系统依托网络信息技术,通过与电子商务平台的技术对接和数据共享,实现对用户信息、履职情况、业务发展情况等项目的信息化管控,可以实现对报刊亭经营户的实时动态管理,管理层级分明、权限清晰,提高了综合管理效率,同时能为新型报刊亭的成本核算提供详细的数据,也使得报刊亭经营户对自己的业务经营情况和业务酬金一目了然。"报刊亭巡更系统"通过信息化手段来加强对全市报刊亭报刊投送及管理的巡查和监督,准确掌握和督促片区管理员及辖区配送员的每日管理及配送工作情况,提高对报刊亭的管理能力。通过在新型报刊亭上安装信息采集卡,实现在谷歌卫星地图上对每个报刊亭的经度和纬度进行物理位置标识。"报刊亭巡更系统"提出"工作轨迹管理"和"报刊投送证据管理"的概念,创新报刊亭管理理念,系统可以实时采集报刊亭管理员和投递员每日的工作线路、工作时间的数据,提供给管理部门进行考勤、监管和分析,有效地解决了报刊亭管理和业务配送过程中"时限责任不明确"问题。

2. 推进标准化建设,确保服务品质

一是统一建设标准。在金华、杭州试点的基础上,浙江省邮政公司制定新型报刊亭的建设标准,下发《关于加快推进报刊亭信息化建设的通知》、《关于加快报刊零售终端开发建设工作的通知》、《浙江省邮政报刊亭补助管理办法》等多个文件,定期召开专题会议,对新型报刊亭的定位、功能、发展提出了明确要求,在硬软件建设上制定统一标准、统一形象标识,亭主统一着装佩戴工号牌,以连锁形式经营和管理。杭州市邮政局还专门委托中国美术学院对新型报刊亭进行形象设计。

二是统一进货渠道,强化规范经营。新型报刊亭所有的业务必须经浙江省邮政公司审批同意,授权经营报刊产品及邮政代理业务、增值业务、广告业务、数字发行业务等各类便民业务,并通过重点报刊印发运投时效监控系统,加强配送时效的检查管理,加快书报刊配送,优化了邮政服务。同时,通过便民服务系统,实现了企业对报刊亭书报刊进销存量的及时管控。

三是开展经营户轮训,提升经营人员综合素质。新型报刊亭建成后,由于部分经营户整合素质不高,文化层次偏低,直接影响了报刊亭的服务品质和便民业务的开展。对此,全省各级邮政企业以轮训的方式,对报刊亭经营人员进行便民系统培训,并采取管理人员下基层开展一对一宣导、讲解、帮扶的办法,逐个落实,分批推进,从而确保便民服务质量,并把培训考试的结果与上岗资格相挂钩。同时,主动搭建"政府部门、邮政部门和经营户"三者之间的沟通桥梁,定期召开经营户大会,邀请文明办和城市管理部门一起参加,通过表彰优秀经营户、分享先进典型的服务经验等办法,提升经营人员综合素质,营造发展氛围。

四是加强检查考核,建立退出机制,确保规范服务。新型报刊亭建设以"政府满意、百姓欢迎、业主增收、企业得益"为主要衡量标准,兼顾各方需求和利益,浙江邮政在加强对经营户培训帮扶的同时,还制定出台《新型报刊亭经营管理暂行办法》、《报刊亭管理考核实施细则》、《关于进一步加强报刊亭管理和专项整治工作的通知》等检查考核标准。根据报刊亭分布区域、业务量、经营户的素质等进行综合考评,实行积分制管理,开展"标杆亭"、"精品亭"评选,对积分不达标的经营户出台退出机制。经过考核,淘汰已不适应新型报刊亭的经营人员18名,更换不适应报刊亭经营的从业人员33名。

三、以打造城市综合服务平台为目标的新型报刊亭建设效果

(一)传统报刊亭升级改造有效推进,实现了政府、邮政企业与经营户的多方共赢

浙江邮政通过新型报刊亭建设,集聚了人气,打响了品牌,传统报刊亭经过更新改造新型报刊亭突破了报刊亭原有的功能模式,具备了文化传播和便民服务的双层功能。截止2012年上半年,全省共建成新型报刊亭2200个,实现了11个地级市的全覆盖,服务全省近2000万城市人口;其中建成信息化的全功能报刊亭1515个,在带来巨大社会效益的同时,也产生了良好的经济效益。2012年,经政府部门审批同意,杭州局在郊区乡镇、下沙经济开发区、大型住宅区又新增了17个新型报刊亭;嘉善县政府给予邮政企业30万元建设补助,用于建设新型报刊亭;衢州市政府把原来16个属于民政局主办的福彩亭转给邮政经营,进行信息化改造,建设新型报刊亭;金华地方政协已通过提案,建立起政府对新型报刊亭建设的补助机制。这都是新型报刊亭良好的品牌形象和社会影响力带来的直接效应。改造后的新型报刊亭,信息化便民项目带来了持续的收入来源。如杭州市区568号新型报刊亭经营人员前期通过发放便民卡,空余时间到周边社区进行宣传等方式积累了客户群,随着便民业务的不断叠加,业务量也在不断提高,交易额从2011年10月份的3.49万元提高到2012年3月份的15.83万元,经营户仅便民服务酬金收益从397.87元/月提高到1416.53元/月,成为其报亭利润的主要来源。位于商业中心和大学城里的报刊亭,仅手机充值一项每月就可以给经营者带来200—300元的额外收入。据杭州市邮政局统计,2012年1~7月,市本级新型报刊亭累计完成便民服务业务交易54.93万笔,交易金额达3763万元。

(二)新型报刊亭成为主流文化阵地的新亮点和主流媒体贴近百姓的主渠道

新型报刊亭突出文化内涵和便民功能,受到主流媒体高度关注和老百姓的欢迎,提升了传统报刊亭的品质,也进一步积聚了人气和社会影响力,直接带动了报刊亭传统业务的经济效益。作为宣传社会主义文化的重要阵地,新型报刊亭可提供党报党刊等各类报刊销售达500余种,实现党报党刊全覆盖。改造后的新型报刊亭,通过信息化便民服务系统,叠加便民服务,激发了报刊亭的经营发展活力,聚集了报刊亭的人气,拉动了传统报刊业务的增长。以金华局为例,2012年1至4月,58个新型报刊亭中,37个报刊亭流转额与去年同期相比增长了120.7%,绝对值达20.6万。就单品种来说,2012年1至4月,金华地区《上海一周》报刊亭流转额达10256元,与去年同期相比增长率达33%;《知音漫客》流转额269740元,与去年同期相比增长56%;《花火》杂志与去年同期相比流转额增长率达到127%。

遍布大街小巷加载了LED显示屏的新型报刊亭,为地方党委、政府的信息传播提供

了合适的渠道,不仅成为资讯的发布平台和城市文化宣传的窗口,同时还显现出可观的广告效益。金华局旧亭每年的广告收入在 4000~5000 元/个,更新后,报刊亭的整体视觉效果得到了提升,广告收入也随之得到较大的提高。从 2012 年开始,新型报刊亭一年的广告收入已提高至 9000~15000 元/个。

(三)得到了社会各界肯定,提升了浙江邮政的品牌形象和社会影响力

由于新型报刊亭建设立足社会、贴近生活、贴近民众,起到"传递文化产品、服务民生、通达社情民意"的重要作用,特别是在解决老百姓"缴费难、买票难、排队长"问题上发挥了重要作用,得到了社会各界的高度肯定和一致好评。中央电视台在 4 月 23 日的《新闻 1+1》栏目中称赞道:杭州市把报刊亭变成了一个综合服务点,除了能买报纸、杂志,市民还可以在这里缴水电费,还能买飞机票和省内长途汽车电子客票,甚至连自行车打气、办电话卡等等都能在报刊亭办,一系列增加的便民服务使报刊亭俨然成为了市民的"百事通",不仅避免了被拆除的命运,而且真正实现了"便民惠民"。2012 年 9 月 16 日《人民日报》以"浙江新型报刊亭,主流文化阵地上的新亮点"为题,对浙江邮政的新型报刊亭建设进行了详细报道并给予盛赞。中国新闻周刊、新华网、中国交通网、浙江在线、浙江电视台等新闻媒体纷纷进行报道浙江邮政的新型报刊亭建设。

(成果创造人:鞠　勇、李金良、陈祖明、戴洪基、

金　聚、宓君伟、宋　凌、王　伟、江竹均)

铁路客运站基于"快乐工作法"的服务管理

郑州铁路局郑州车站

成果主创人、站长任保国(中左)
与党委书记牛剑峰(中右)视察工作

郑州铁路局郑州车站(简称郑州车站)地处京广、陇海两大干线交汇处,位处路网中心,是一个有着百年历史的特等铁路客运站和全国最大的铁路客运中转站之一,主要办理旅客列车的到达、始发及机车换挂等技术作业,共有员工3608人。

一、铁路客运站基于"快乐工作法"的服务管理背景

(一)服务是铁路大型客运站的中心工作

铁路作为联系民生最紧密、服务群众最直接的行业之一,不断提高服务质量,更好地服务于经济社会发展、服务于广大人民群众,是铁路部门的最高宗旨。郑州车站作为特等铁路客运站和全国最大的铁路客运中转站之一,是河南省重要窗口单位,服务质量事关广大旅客的切身利益,也事关企业的经济效益。因此,必须全方位地满足不同层次的旅客需求,不断提高社会满意度,塑造良好的企业形象。

(二)员工只有快乐的工作才能不断提高服务水平

郑州车站每日需要为20万过往旅客服务,员工劳动强度大、工作压力重。例如,每个进站口每天要服务旅客近万人,服务咨询台每天要接待旅客问询5000余人次,每个售票窗口日均售票1200余张,给水员每人每班次要徒步行走30多公里,上水160余吨。每天300多趟列车、20万名旅客的运输组织,稍有闪失就会给旅客或员工人身安全带来极为惨痛的后果。因此,要想为旅客提供一流的服务,就必须引导全体员工热爱本职,积极投入。

二、铁路客运站基于"快乐工作法"的服务管理内涵和主要做法

郑州车站针对大型客运站运输任务重、服务要求高、劳动强度大、工作单调重复的特点,通过实施以"管理快乐、学习快乐、环境快乐、生活快乐、奉献快乐"为主要内容的"快乐工作法",在完善服务标准、优化服务流程、改善服务环境的同时,在员工中树立"我服务、我快乐"的理念,营造和谐、团结、互助、分享的工作氛围,培育"个人与团队高度融合、能力与职责高度匹配、努力与快乐高度一致"的和谐团队,使员工以平和的心态接受管理,以积极的心态投入工作,以愉悦的心态服务旅客,从而全面提高服务质量和服务管理水平。主要做法如下:

(一)明确服务工作定位,树立员工的"快乐服务"新理念

郑州车站经过反复推敲、论证和提炼,确立"以客为尊、追求卓越"的服务定位,为车站整体工作找准了新的方向。"以客为尊"就是要求全体员工真正认识到顾客是企业生存发展的基础,时时处处重视顾客的利益、尊重顾客的需求;"追求卓越"就是要时刻要感悟到市场的压力,在服务过程中精益求精、不断超越,将企业自身的优势、能力、资源发挥到极致。

在此基础上,广泛开展服务理念征集、"服务文化建设"大讨论等活动,强化员工的服务意识、精品意识,努力将郑州车站建设成为"科学管理的第一平台、中原运输的第一窗口、广大旅客的第一选择、争先创优的第一团队、和谐企业的第一品牌"。

1. 引导员工树立"服务维持生计"的理念

郑州车站围绕"以人为本"的服务宗旨,以提高"旅客满意率、列车上座率"为目标,逐步在全站上下形成"依靠服务维持生计,依靠服务维系发展,依靠服务提高竞争力"的服务理念。要求各个车间根据各自不同的工作特点不断提升服务管理标准、拓展服务内涵。例如,客运车间在员工中推行"微笑服务",要求"言语文明十分情";售票车间实行"导购咨询"服务、"零距离"服务;供水车间提出"清泉一泓,真情永随"、"以水立信、情系万客"的服务理念和"列列辆辆、水足箱满"的服务目标。

2. 引导员工树立"服务于旅客开口前,微笑在旅客举止间"的理念

铁路旅客运输不是提供简单的位移,而是要通过真诚、周到的服务让旅客满意,切实做到"以服务为宗旨,待旅客如亲人",这样才能赢得旅客的认可和信赖。员工始终保持平和、愉悦的心态是主动服务、微笑服务的前提。车站组织"快乐医生"开心宣讲活动,聘请健康专家举办心理与健康讲座,使员工了解微笑对人能够使自己和他人的心情保持愉快。挑选骨干深入一线班组,开展"畅谈快乐"开心演讲,使广大员工明白身体健康与快乐工作的关系、快乐工作与优质服务的关系、优质服务与经济效益的关系。组织直接为旅客服务的员工,进行"快乐日记"开心一刻活动,将每一天工作中帮助旅客、帮助同事的开心事和感受记录下来,在车间、班组内部进行宣读交流,通过回忆"快乐",把辛苦工作变成收获的愉悦。

(二)推行"快乐管理",改善员工的服务状态

1. 关心关爱员工

在管理工作中坚持立足员工需求,了解员工思想诉求、重视员工劳动价值。从加强文化建设、强化事务公开、创新思想政治工作等方面入手,积极引导员工在日常工作生活中相互关心、关键处及时警示、困难时一帮到底,让员工随时随地感受到自己被认知、被重视、被关怀。例如,供水车间建立"供水政务公开信息平台"、"供水网页","供水博客","供水QQ"、"手机飞信"等栏目,将员工关心的工资奖金、分房情况和困难救助等事项适时公

郑州车站东站房(局部)

布,使员工及时了解车间各项工作现状,并及时收集员工好的建议和意见;运转车间在休息室、更衣柜内张贴安全警句、亲人寄语,坚持进行"班前一句安全誓词"和"同班提示";售票车间实施"快乐三人行",在"党员团员带群众,先进典型带徒弟"的基础上,让互相学习、互相帮助、共同提高成为每位员工的思想共识,鼓励员工将日常工作及生活中的快乐瞬间做好剪辑,制作图板、宣传页在车间进行展示。

2. 完善管理制度

结合实际,制订《郑州车站文明服务规范40条》,细化礼貌用语240条,针对每一个岗位、每一个工作环节都做出相应的规定。同时,按照ISO9000国际标准和铁道部的有关要求,编写《质量手册》、《程序文件》、《作业指导书》,制定具体、明确、可操作性强的规定和标准,把服务标准落实到各个岗位、各个环节、各个流程。制作印有姓名、职务、工号、服务承诺和服务格言的服务卡,并在售票厅、候车厅等主要服务岗位和客流密集场所进行公示,向旅客亮明身份、亮出岗位职责,接受旅客监督。推出"首帮、首诉负责制",只要旅客有困难需要帮助解决,不准说"不知道"、"我不管",必须"有难必帮、一帮到底"。同时,在售票厅开设24小时"旅客投诉受理窗口",在高架进口设置"站长值班室",在各经营场所公布"投诉电话"。不断加强"三卡控一追踪"路风长效机制建设,通过开门评站、设置投诉站和公布投诉电话等形式,畅通监督渠道,紧盯不同时期的服务焦点,不断加大监督考核力度。聘请人大代表、政协委员作为"路风监督员",并通过车站设立的"铁行网"站长信箱、19个服务质量监督点和34个意见箱、两部热线电话等监督平台,自觉接受社会各界的监督。

(三)倡导"快乐学习",提升员工的服务技能

1. 开展全员培训,全面提高

一是持续开展群众性的贯标、学标、达标活动,开展全员性"练功比武",在全体员工中开展"三比"、"三看"、"三保"等活动,即比服务技巧、比业务技能、比作业秩序;看工作状态、看作业过程、看工作效果;保安全、保路风、保效益。强化员工技能教育,在2011年积极开展各类适应性、特色性、阶段性培训18790人次。针对供水、客运、售票车间青年员工居多的实际,以班组为单位,组织班组之间进行业务对抗赛,对抗赛成绩优异的班组进行奖励。

二是大力实施员工队伍年龄结构与知识结构的"双优化"工程,将主要工种的拔尖人员,聘任为车站"首席技师",启动高职名预备制,加强班组长后备队伍建设,实施动态考核管理。将大中专毕业生纳入车站人才储备库,建立培养档案,细化岗位锻炼流程,量化现场岗位锻炼时间,促进尽快成才,为员工进步开辟绿色通道。

三是先后投资十万元,购置图书近2万册,杂志83种,教育光盘45种,充实车站图书馆,并开发"郑州车站网上图书馆借阅"系统,站工会每月对10名读书积极分子进行表彰,奖励购书卡,仅半年时间,员工办理借阅图书卡的人数就由原先的100多人增至532人,使读书学习成为广大员工的新风尚。

2. 典型引路,以点带面

积极发掘、打造和培养"精品"车间、"特色"班组和"明星"员工,发挥"典型效应",打造数量充足、比例协调、结构合理、梯次发展的高素质员工队伍。大力开展"快乐比武"开

心PK活动,根据各工种实际情况制定出比武项目、比武内容、比武标准、比武要求等活动方案,以班组为单位,开展业务理论一口清、技术表演一手精、岗位技能难不倒等业务竞赛活动,据此评选出"技术能手",引导、鼓励、组织员工学业务、练技能、提素质。及时挖掘、培育、宣传不同层面的先进典型群体,每年评选出"十佳"服务明星、安全标兵、技术能手,隆重召开表彰会,积极营造学先进、比先进、当先进的浓厚氛围。

3. 构建平台,人尽其才

以开展"成才杯"职业技能竞赛为平台,选拔出一大批技术精英和业务骨干,并在铁道部、铁路局各类职业技能竞赛中取得了优异成绩。坚持德才兼备、人尽其用原则,向路局积极争取政策,选拔优秀员工充实干部队伍,为员工的成长营造公平、公正的平台。同时,深化"培训—使用—待遇"一体化考核机制,坚持政策倾斜、人才优先等措施,将员工综合素质与员工提职、个人待遇挂钩,使优秀员工在分房、聘干、评先等福利待遇方面得到实惠,真正做到让优秀员工"有名、有利、有发展",努力实现员工个人价值与企业发展的完美结合。

(四) 加大投入,打造"快乐环境",改善员工的服务环境

1. 加大科技保安水平

郑州车站在不断加强安全基础管理的同时,引入当前铁路最先进的科技成果,不断加大科技保安水平。将已经使用几十年的6502控制台更换为微机联锁控制台,实现行车指挥由人工化向智能化的转变,使新信号楼成为目前全路面积最大、功能最全、设备最先进的信号楼,大大提升行车安全系数和运输组织效率。在路局大力支持下,先后投资1000余万元,建成占地面积1000平方米、全路一流水平的"安全监控、应急指挥中心"。整合远程监控、音频监听、客票管理、服务监督、对外广播等12个系统,建立优质服务、安全管理、应急处理、客运营销、综合管理五大平台,监控范围覆盖160个关键处所和98%的关键岗位。为加强对售票员服务态度的监督,管理人员利用监控视频系统对每个窗口人员作业标准执行情况进行远程监控,利用音频系统监听服务用语情况。在客流高峰期间,通过远程监控系统实时盯控售票厅客流,依据客流变化,分方向、车次、到站、时段动态调整窗口,并通过广播宣传、人工引导的方式均衡旅客购票,减少排队时间。

2. 打造温馨客运服务环境

为满足人民群众日益增长的物质文化需求,郑州车站在铁路局的支持下,对客运服务环境进行全面改善。增设郑州站西出口,投入5.7亿元建设2万平方米的西站房,使广大旅客出行、购票更加方便。投入1.7亿元改建横跨7个站台、13条股道的无柱风雨棚,车站外部形象全面改善。投入4000万元扩建宽敞明亮、设施一流的第七、第八候车厅,并对其他候车厅进行整修,投资1000万元对高架候车厅空调进行全面改造,使候车环境更加舒适、温馨。加大对引导系统的硬件投入和功能拓展,投入1100万元建设客运综合信息服务系统,增加导向标志牌和票额信息显示屏,提供多元化的广播、视频信息服务,尽量满足旅客对服务信息的需求,减少旅客提问次数,既减轻服务人员的工作压力,又有效地提高工作效率。

3. 开发商业经营

采取招商引资等形式,大力建设"24小时购物圈",着力打造贯穿东、西站房并具有一

流水平的餐饮、购物"不夜城"。引入肯德基、麦当劳、德克士、永和大王、真功夫等一大批国际国内知名餐饮企业入驻经营,消除旅客消费疑虑,提升经营品味,并规范原有的连锁超市、中式小吃、小商品等经营,做到高、中、低档品类齐全,较好地满足不同层次旅客需求。

(五)排忧解难,引导"快乐奉献",系统开展服务改进

1. 立足旅客需求,满足基本服务

基本服务,从旅客的角度,就是要求出行要便捷、环境要舒适;从车站的角度,就是服务水平要达标、服务流程要科学。因此,郑州车站组织管理干部定期开展"做一次普通旅客、做一天客运职工"活动,换位体验售票、候车、乘降等各项服务的全过程,多考虑旅客的感受和需求,从旅客的角度审视车站的日常服务,进而有针对性的改进服务工作。例如,针对车站地区交通拥堵、旅客到车站售票厅购票不便的情况,郑州车站全力打造"15分钟购票圈",即让广大旅客不论身在市区任何地点、选择何种交通工具,在15分钟之内,就能看到客票代售点,目前,车站客票代售点136个,已经逐步形成遍布大街小巷的购票网络。为了加强对老弱病残等重点旅客服务,建立健全特殊重点旅客的服务制度,推出对老弱病残旅客的《温馨服务一卡通》,指定东、西售票厅1号售票窗口为残疾人专用购票窗口,实现购票、登记、交接、信息通报等环节"一条龙"服务。针对每年一度的棉农运输,实行购票有专口、进站有专送、候车有专区、团体有专车、远程有专列的"五专"服务。

2. 立足岗位特点,开展特色服务

客运车间在全体客运人员中评选出"微笑服务大使",倡导"四主动"(主动换位,主动察觉,主动沟通,主动关爱),在问讯服务台、值班站长等各个服务项目中构建"亲情服务网络",及时解决困难。售票车间总结出"精心准备,用心观察,细心询问,耐心解答,热心帮助"的"五心"工作法,在售票员工中开展"一承诺"服务宣誓、"一口清"导购咨询服务、"一片情"上门服务、"一家亲"专口服务。运转车间大力倡导"N次当成初次办,小事当成大事干"安全工作理念,坚持"正常情况按标办、非常情况慎重办、风险未控不能办"的原则,推行"四高四严"管理,全力以赴确保郑州客运枢纽安全正点和畅通。供水车间针对郑州车站路过旅客列车多、列站停时间短、旅客用水量较大的实际情况,建立24小时的"站车供水手机短信平台",如果过郑的列车在正常作业外有上水需求,只需编辑车次、需求或意见发送到短信平台,就保证在第一时间安排人员满足列车需求。

3. 立足创先争优,持续改进服务

围绕打造"三台"服务,认真解决旅客不满意的问题。在进站口服务台,通过温馨接力卡为重点旅客提供乘车方便,配备针线包、轮椅、担架解决旅客实际困难,利用站台直梯为行动不便旅客提供无障碍服务;在候车厅服务台,负责解答旅客问询、征求旅客意见,加强厅内巡视,及时解决旅客困难,保证厅内候车秩序;在站台旅客乘降组织上,加强与候车厅、进站口联系,做好重点旅客乘降服务,加强巡视,及时发现、解决旅客困难。同时,以信息服务为切入点,充分依托郑州车站"铁行网",不断完善信息服务、换乘服务等措施。针对学生、务工、商务等不同群体的不同需求,有针对性地改善服务细节,相继打造信息媒体联通、售票咨询导购等"便捷化"服务品牌,无声引导、分向候车、接续组织、动

车乘降等"快捷化"服务品牌,贴心售票、微笑服务、温馨接力等"亲情化"服务品牌,促使车站服务水平上升到新的高度。

(六)人文关怀,促进"快乐生活",完善员工保障

1. 增加收入,让员工工作安心

在任务高位增加、经营形势严峻、工资成本缺口增大的情况下,采取增收节支、挖潜提效等有效措施,想方设法地增加员工收入。完善市场营销调查体系,突破常规的营销服务理念,创新营销方式,拓展营销渠道,延伸营销触角,扩大宣传覆盖面;坚持"盘活运能、贴近化营销、快速化售票"的营销思路,不断拓展营销渠道、延伸营销触角、扩大宣传覆盖面,提高票额利用率、客票发售率和列车上座率。同时,不断完善收入分配制度,使生产一线、重点岗位和艰苦岗位的员工得到实惠,进一步夯实和谐稳定的发展基础。

2. 关注民生,让员工生活暖心

认真践行铁路局"严格管理＋人文关怀"理念,切实解决员工群众最直接、最现实、最关心的问题,凝聚企业发展合力。充分发挥员工的主人翁作用,每年广泛征集"十件实事",并纳入年度集体合同落实,在车站局域网上开辟"阳光行政"专栏,定期公布车站重大事件、决策,全面落实员工的知情权、监督权、参与权、决策权。在第一时间为员工群众排忧解难,做到"只要员工的合理诉求,就一定想方设法去解决",让员工切实感受到车站是一个暖心的、互助友爱、温馨和谐的大家庭。例如,开展"一对一"助学帮困、"连心帮扶"、"金秋助学"、"女员工体检"、"单亲家庭送温暖"等活动,不断扩大救助的惠及面。

3. 改善条件,让员工上岗舒心

郑州车站采取多种措施对站区的环境设施进行全面的改造和美化,对信号楼、员工休息室、单身宿舍、食堂以及浴室、活动室等生产生活场所进行整修改建,为一线岗位配备冰箱、空调、消毒柜、洗衣机、电磁炉等生活必需品,使广大员工办公环境、工作环境得到了全面改善。特别是在路局的投资建设中,郑州车站坚持把改善员工生产环境作为首要任务,仅2011年车站建设投资就达到4700万元,极大地改善了一线车间工作环境,使广大员工能够工作在一种优美、整洁、舒适的环境中,增添了自豪感和舒心感。

三、铁路客运站基于"快乐工作法"的服务管理效果

(一)服务质量大幅提升

在办理的旅客列车数量不断增加,年发送人逐年增长、工作量不断加大、工作标准不断提高的情况下,郑州车站不断改进服务工作、提高服务水平,使旅客的各种诉求和困难得到及时解决。2011年共为旅客排忧解难3800多件,受理的旅客投诉率呈逐年下降态势。郑州车站连续三年被评为铁道部质量满意度先进单位,在年度河南省行风评议中郑州车站旅客满意度达到98%。

(二)企业形象全面改善

通过对候车环境的全面整修和西站房、无柱风雨棚以及电子导向、无障碍电梯、盲道等一大批客运设备设施的投入使用,郑州车站服务环境有了质的飞跃;大量高铁、动车组列车开行,运输产品得到了极大优化。同时,构建了贯穿售票、候车、乘降全过程、人性化的服务体系,较好地实现了员工"快乐服务"、旅客"快乐出行",服务质量得到显著提升,社会满意度大幅增强,郑州车站获得了全国铁路文明单位和河南省文明单位称号。人民

日报、中央电视台、新华社、新华网、人民网、河南日报、河南电视台等国家、省市主流媒体，对郑州车站便民利民措施、特色服务亮点、员工辛勤奉献等进行了千余篇（幅）正面报道，在社会上引起巨大反响。

（三）经济效益显著

通过成果的实施，郑州车站在新增运能十分有限、供需矛盾十分突出的情况下，2010年运输收入实现34.3亿元，同比增长24.2%；旅客发送完成3174.7万人，同比增长10%，10月1日发送旅客18.67万人，创建站以来单日旅客发送人最高记录。2011年，完成运输收入37.2亿元，同比增长8.2%；旅客发送3436.8万人，同比增长7.7%。

（成果创造人：任保国、牛剑峰、于佩离、黄　强、冯　卫、
冯思润、于　佳、张馥丽、李　强、阮景虹）

以客户满意为导向的供电企业精益服务管理

山东电力集团公司淄博供电公司

成果主创人：公司副总经理胡朝贞

山东电力集团公司淄博供电公司(简称淄博供电)属大型一类供电企业,担负着淄博市六区三县的输配电管理、电力供应和服务工作。2011年末,公司共辖有35千伏及以上变电站94座,变电总容量突破1000万千伏安,输电线路1987公里,售电量286亿千瓦时,在册员工1623人,资产总额44亿元,服务客户145万户440余万人,居全省第三位。近年来,先后荣获"全国文明单位"、"全国五一劳动奖状"、"全国思想政治工作优秀企业"、"全国一流供电企业"、"全国职业道德建设先进单位"等荣誉称号。

一、以客户满意为导向的供电企业精益服务管理背景

(一)国有企业坚持社会主义发展方向的根本要求

电力是保证现代经济和社会正常运行的基本要素。供电企业作为国有企业,经营着国有资产,承担着党和政府的重托,必须坚持社会主义发展方向,满足人民群众日益增长的用电需求。过去,供电企业提供的服务形式比较单一、服务的覆盖面较窄,特别是社会弱势群体、高危客户等特殊客户群体的服务需求不能得到完全满足。随着改善服务民生越来越受到党和国家的高度重视,如何更快更好的服务客户、改善民生、促进消费,已经成为电力供应类的国有企业必须面对和解决好的问题。

供电企业主动提升服务水平是社会进步的必然选择,供电企业既是生产企业,更是服务企业,具有鲜明的公共服务属性。因此,必须转变观念,提升服务能力,推行新的精益营销服务管理模式,更好的服务社会,服务民生,服务客户。

(二)具有垄断行业特点的企业体现自身存在价值的需要

具有垄断行业特点的企业服务水平日益成为社会的焦点和热点,为人民服务,让客户满意,是垄断行业应当做到、必须做好的。随着电力体制改革深入和社会经济发展的需要,客户对供电服务的要求增高,期望值增大。传统的营销服务短板逐渐凸显:电能质量、供电模式不能适应部分客户对可靠性、电压合格率、基于新能源开发的多电源输入输出等要求;供电企业提供的电费缴纳方式、业务办理时限和流程与客户多变的现实需求存在差距;客户服务指挥层级多、响应速度慢等与越来越高的客户需求不适应。供电企业必须通过提供更加精细到位的服务,体现自身存在的社会价值。

(三)贯彻国家电网公司大营销战略要求和自身发展的需要

国家电网公司于2009年提出建设"世界一流电网,国际一流企业"的宏伟战略目标,并根据现代电网企业特点,创新性提出人、财、物集约化管理,建设大规划、大建设、大运行、大检修、大营销五大体系(简称"三集五大"),实现集约化、扁平化、专业化管理,为实施以客户满意为导向的精益营销服务管理奠定了良好基础。

"大营销"战略就是拓展营销服务理念,与过去营销模式相比更加突出客户地位,拓展服务范围、创新服务方式,实现供电企业服务超值化、营销全员化、服务社会化。全面突出以客户需求为导向的工作理念,建立24小时面向客户营销服务的运维系统,统一协调组织实施客户各项服务诉求。随着公司"大营销"体系建设的迅速推进,组织架构日趋完善,业务管控不断提升,为实施以客户满意为导向的精益营销服务管理提供了组织保障和技术保障。

基于以上认识,决策层确定从2009年开始,探索实施以客户满意为导向的精益营销服务管理。依托"三集五大"建设体系,把客户的需求放在第一位,彻底改变长期以来粗放的服务模式,为客户提供标准化、规范化、人性化服务,确保企业持续科学发展。

二、以客户满意为导向的精益服务管理内涵和主要做法

淄博供电以满足客户需求为中心,全面梳理服务流程,寻找服务短板,制订改进措施,提高应对市场变化、响应客户诉求的能力,实现业务模式、服务流程和工作规范不断改进,建立循环提升的以客户满意为导向的全过程精益营销服务管控体系。主要做法如下:

(一)强化服务理念,明确精益营销服务管理的总体思路

树立服务意识。定期开展"假如我是客户"的换位思考活动,通过对比客户期望和感知之间的差距,明确当前服务改进方向。

注重服务过程。"服务过程"直接影响客户满意程度,实施以人性化为主导的规范服务流程优化,梳理流程169项,极大满足客户的用电需求。

关注服务结果。以客户是否满意为标准,以诉求和问题是否解决作为评判原则,强化主动服务意识,持续提升服务能力。

1.明确精益营销服务管理的总体思路

建立需求调研、对策制订、流程优化、服务评价、服务保障"五位一体"的精益营销服务管理体系。

第一,建立客户满意为导向的精益营销服务管理工作机制。根据客户需求,强化客户需求调研、细分等工作,主动寻找客户服务管理短板,优化工作流程,修订管理标准和服务工作标准。实现营业窗口、服务报修等方面的个性化服务,提供基于客户需求的超值服务,实现供用电双方和利益相关方共赢格局。

第二,建立以客户满意为导向的精益

成果主创人、副总经理胡朝贞(左二)
与主任李东(左一)到基层调研

```
目标：实现以客户满意为导向的精益营销服务管理
    ↓              ↓              ↓              ↓              ↓
┌──────────┐  ┌──────────┐  ┌──────────┐  ┌──────────┐  ┌──────────┐
│ 需求调研  │  │ 对策制订  │  │ 流程优化  │  │ 服务评价  │  │ 服务保障  │
│   调研    │  │   分类    │  │   设计    │  │   评价    │  │   保障    │
└──────────┘  └──────────┘  └──────────┘  └──────────┘  └──────────┘
```

1、落实客户需求专门机构；	1、电能质量方面；	1、满足个性化咨询投诉服务；	1、建立服务品质评价模型；	1、加强电网运维管理；
2、服务需求信息收集；	2、报装服务方面；	2、满足差异化用电业务办理；	2、加强内、外部考核；	2、建立服务协调、监控平台；
3、服务需求调研分析	3、缴费服务方面；	3、满足差异化的缴费需求	3、实施动态监控	3、第三方合作；
	4、报修服务方面；			4、定期对标寻找服务短板；
	5、营业窗口服务			5、修改完善管理制度

五 位 一 体 精 益 营 销 服 务 平 台

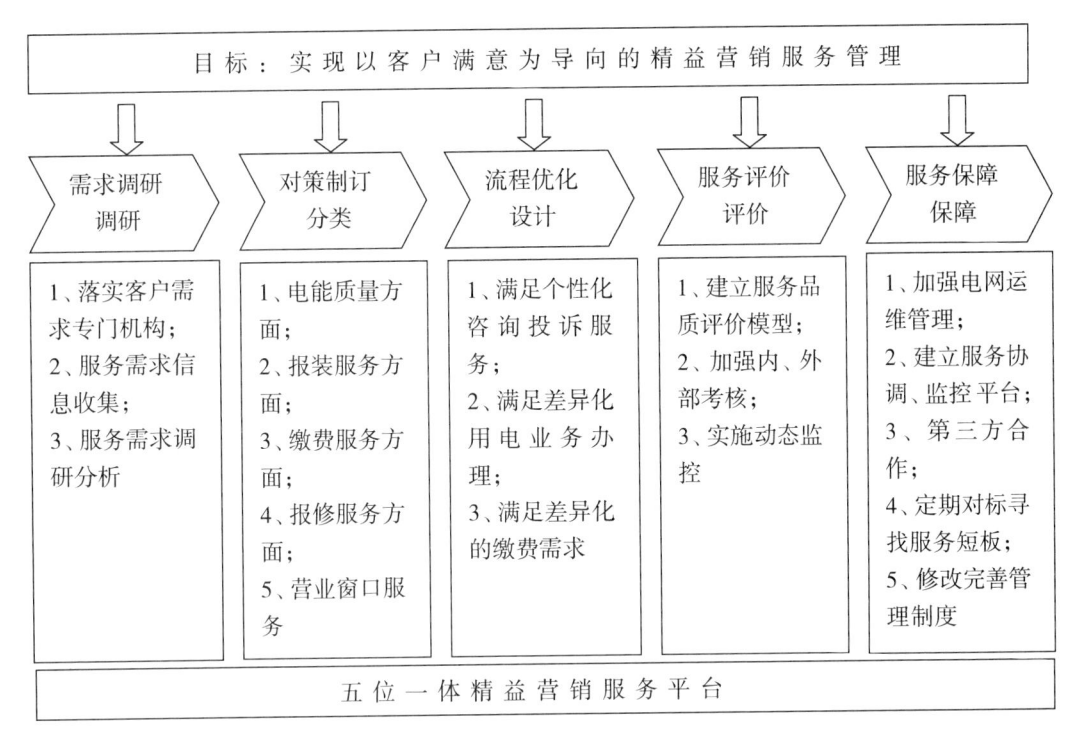

图1 五位一体精益营销服务管理体系图

营销服务评价机制。以实现客户满意为目的，以客户关系管理、客户体验管理、客户价值管理、服务质量GAP5模型等国际先进的服务管理理论为基础，建立内部服务指标考评奖惩制度。通过客户评价、自我评价、第三方评价，实现客户服务评价客观、公正。

第三，建立以客户满意为导向的精益营销服务管理保障机制。以客户需求为导向，不断提升业务管控能力，建设坚强智能电网。实施社会化服务，建立内部服务协调、监控平台，保障服务体系有序快速运转。

2. 确定精益营销服务管理的两级目标

一级目标：实现以客户满意为导向的精益服务管理目标。以追求客户满意为目的，建立客户服务分级管理机制，引入精细化服务管理理念，提高服务效率；实施客户服务需求细分和个性化服务，提高快速服务反应能力，在标准化基础上不断提升服务水平和质量。树立起系列"彩虹"服务品牌。

二级目标：实现以按需服务为导向的大营销服务管理目标。按照客户需求提供用电服务，让客户参与服务业务流程设计，满足差异化用电需求，向客户提供超值服务，体现人民电业为人民的根本宗旨。

(二)细分市场，了解客户需求，确定各项服务指标和重点服务项目

1. 收集客户需求信息，明确客户服务评价指标

成立客户服务需求调研机构，汇总、分析需求，提出改进措施和修改流程意见。客户需求信息收集工作由基层供电所和相关业务部门承担。

通过掌握客户需求信息，掌握地方经济发展规划，了解各类客户的实际情况和服务

需求现状，按照客户分类和需求分类制作调研情况表根据客户需求分类，对相关业务服务指标进行提炼梳理，明确主要指标。

2. 制定和实施五大服务项目的改进措施

一是电能质量。对于党政军机关、大型商场、煤矿、非煤矿山、高危化工企业等客户，进行可靠性、电压质量、频率质量需求调查。结合政府重点项目建设计划，滚动编制客户电能质量需求方案。对于临时抗旱、排灌、救灾、大型演出等，摸清客户对电能质量、时限、负荷的需求，主动提供服务。

二是报装服务。报装服务根据客户差异性需求，提供"一对一"上门服务。主动发现客户的潜在用电需求，将电网建设、报装服务工作前移，提前为客户提供用电方便。

三是缴费服务。丰富缴费方式，提供坐收、走收、代收、代扣等10种缴费方式。对普通客户、潜在客户，提供完善的缴费选择，对于弱势群体、特殊客户缴费方式通过协商解决。

四是报修服务。加大智能电网建设力度，减少事故发生；对需要进行报修服务的各类客户编制预案并滚动修订，建立联系通道；建立服务协调平台，统一调控服务队伍，统一服务标准，确保抢修及时。

五是营业窗口服务。高度重视营业窗口服务，积极开展示范窗口建设。实行集中管理，统一协调，认真开展服务同业对标和异业对标管理。

开展同业对标。选择弱项指标，与同行业优秀指标进行对比，通常有以下步骤：选择需改进提升指标—选择对标对象—确定对标标杆—找出差距实施改进—评估改进效果。开展异业对标。异业对标是与不同行业类似的服务管理进行对标，主要选择自己的较好指标，与其他行业的优秀指标进行对比。

（三）加强员工培训，实施内外协同，实现服务能力提升

组织工作人员了解和掌握服务的基本知识、工作流程、管理制度、服务时限等，掌握系统应用及工作要求。广泛开展服务知识、服务技能培训和优质服务劳动竞赛，引导员工深化亲情服务，注重贴心服务、细节服务和个性化服务。

1. 利用社会化资源，建立内外协同服务平台

充分利用社会化资源介入供电企业非核心业务和与客户用电设施服务管理相关领域。通过供电方与第三方缔约的方式，加强第三方管控，实现利用社会资源的管理流程化、规范化，建设与电相关问题协调处理平台，帮助客户解决用电难题。通过第三方解决供电方因人力不足而影响客户报修速度，或者因不属于自己服务范围而放弃服务；缩短客户寻求他人帮助所耽误的时间；第三方因提供专业服务获得收入，增加社会人员就业机会，实现多方共赢。

2. 实施协议运维和代维管理，保障客户可靠供电

将淄博电网规划纳入全市经济社会整体发展规划，电网项目一并列入全市重点项目统筹实施，提高供电可靠性和供电服务水平。实行电网设备协议运维管理和客户设备协议代维管理，解除客户的后顾之忧。

3. 关注社会弱势群体，实施供电关爱服务

实施95598光明服务工程，利用"善小"志愿者服务队专业优势，对孤、寡、残疾等特

殊客户及社会弱势群体提供关爱服务。建立特殊客户服务档案,记录服务情况。每月走访了解需求,提供业务上门办理、上门收费、结对帮扶等特殊服务。

4. 加强应急管理,提高服务快速响应能力

淄博公司对于服务范围内的所有重要客户,与客户协商根据重要程度进行电源配置,制订相应的应急预案。同时强化应急体系建设和管理,推行"大应急值班",开展应急培训和反事故演练,制订区域应急处理流程,做好突发事件应对处置。

(四)改进组织结构,完善服务流程,明确服务标准

1. 满足客户需求,再造组织机构

原组织机构主要以业务为导向,根据电力生产的特点,强化生产环节,弱化用电环节,没有形成生产、营销相适应的供电一体化服务模式。

改进后的组织机构注重强化客户导向,即由专门人员负责,多渠道调查、分析、落实客户的用电需求,同时对服务行为进行动态监控,对综合用电业务实施全面协调,减少了客户抱怨,实现了以客户需求指导生产、营销全面协同的服务管理新模式(见图2)。

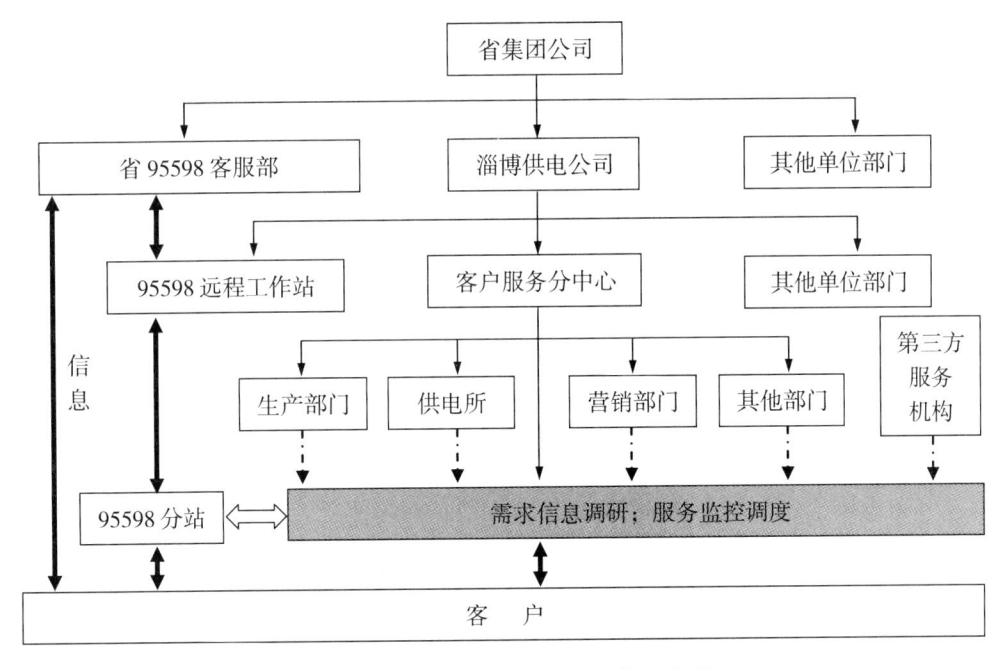

图2 改进的组织机构设置和功能划分图

2. 完善服务流程,建立调度监控平台

根据客户服务需求,淄博公司实现服务调度快速反应,生产、营销服务资源整合和服务信息共享,落实需求信息收集分析和服务监控职能,实现相关部门热线联动,服务全覆盖、全过程,实现服务需求信息无障碍传递。实现动态完善客户服务相关业务流程。

3. 明确服务标准,提高服务质量

第一,运用多种服务手段,加强内部管控。

服务手段信息化。发挥营销业务应用系统、PMS、GIS生产应用系统、SG-ERP系统的支持平台作用,实现全面、及时、准确的数据应用,全面提升实用化水平,为实施"十

分钟缴费圈、三十分钟抢修圈"服务提供基础保证。

服务手段标准化、流程化。在集团公司标准化文件的基础上，制定《供电服务运行调度规程》、《供电服务"一口对外"管理办法》、《供电服务首问负责制》、《业扩服务管理办法》、《领导定期走访客户制度》等制度，修订服务手册、管理标准以及技术规范，增强服务功能，提升服务效率。

第二，完善客户回访，提高服务质量。

制定《客户回访管理办法》，明确相关内容，做到及时了解、掌握客户对供电服务的意见和建议。回访客户采取点、面结合的原则。各实施回访单位建立客户回访档案库，实行分级管理，统一客户回访流程、统一分类管理模式、统一统计上报程序、统一考核标准。通过回访建立和谐的沟通渠道。

（五）与客户互动，提供多种服务方案的选择

淄博公司营销服务努力实现"业务窗口零投诉，工单处理零差错、专业服务零死角"的工作目标，为客户提供满意的服务。

1. 满足个性化咨询投诉服务

客户服务人员经常遇到客户的用电咨询，有些可以当场答复，但很多情况下需要转交其他部门处理，答复不及时，极易引发不满情绪。对常见的用电咨询业务类型根据需求进行分类，并实现基层供电单位责任到人。

同时，按照一口对外、责任到人的原则，以快速解决问题为标准，坚持首问负责制，淄博公司对用电咨询业务处理流程按照受理、答复、反馈、回访进行优化，并建立舆情监控平台和相应的考核机制，确保回复及时到位、保证客户满意。

2. 满足差异化用电业务办理需求

严格执行服务时限，突出高效、质量原则，满足客户用电需求。一是实施业务办理协商制，提供用电申请办理进程查询服务。二是多种业务办理方式供选择。淄博公司提供柜台受理、网上受理、95598热线、预约办理等方式，供客户自主选择。三是大客户享受VIP服务。四是对重点项目、救灾用电等情况随时开通特殊需求绿色通道。

3. 满足客户缴费需求

第一，方便客户电费缴纳，丰富缴费方式。对特殊群体实施走收、特约委托收费。其余客户实行方便高效的代收、代扣、网上银行缴费等8种缴费方式。

第二，缴费方式，客户做主。按照客户需求，结合现有的缴费方式，实现客户缴费自主选择、供电企业根据客户需求不断创新收费方式的良好互动局面。在确保客户满意的基础上，双方签订协议，如果涉及第三方，同时与第三方签订相关协议。

（六）完善评价体系，实施动态监控，形成良性循环

1. 建立评价模型

结合工作实际，确立面向服务能力、服务感知和服务成效的全面供电服务品质管理理念，从服务资源、服务基础、服务行为、服务绩效、服务结果、服务形象六大维度建立基于客观量化指标的营销服务品质评价模型。

2. 加强内、外部考核

淄博公司强化整合内部绩效考核，提升供电服务感知指数。制订服务《绩效考评办

法》，实行日点评、月考核。通过在各级营业厅启动窗口服务实时评价系统，对现场服务反馈信息进行统计、评估，完善第三方供电服务评价，营销服务评价指标全部从客户侧供电品质评价系统、营销业务应用系统、95598系统、第三方评价统计中自动提取。

3. 实施动态监控

建立服务协调、服务监控平台，实施动态监控，确保服务行为事前、事中、事后全过程受控，建立服务行为信息收集、评估、反应、反馈、改进的高速运转机制，营销服务实现循环渐进、螺旋上升的闭环管理，服务水平和质量不断提升。

以抢修服务为例，对抢修人员实施全程GPS定位管理，从而保证在规定时间内到达故障现场；实施典型抢修作业清单管理，从而缩短抢修准备时间。

三、以客户满意为导向的供电企业精益服务管理效果

(一) 各项经济服务指标得到了显著提升

售电量完成286亿千瓦时，年销售收入增长18.55%，电费回收率继续保持100%。窗口业务办理速度平均时长6.5分钟，减少了3.1分钟。增设报修服务网点23个，增设缴费服务网点1600余个，极大的提高了故障抢修速度，平均比向社会承诺时间减少11分钟。故障处理到达现场时间城区实现30分钟以内、农村45分钟以内，比原有时间缩短15分钟。完成15万户"一户一表"改造，业扩流程时限工单合格率97.4%。客户满意率实现98.96%，并实行第三方认证，比原有提升了8个百分点，公司及各区县供电单位均获行风测评第一名。通过近四年的实施运行，经济效益成绩显著。

(二) 形成了以客户满意为导向的营销服务品牌

以客户满意为导向的营销服务品牌是供电企业品牌建设的重要组成部分。逐步形成了以公司本部为中心，以五个客户服务分中心和三个县供电公司为支撑的服务载体，打造了具有广泛影响力的"善小"志愿者服务品牌、劳模彩虹工作室、共产党员彩虹服务队等系列个性化服务品牌，为客户提供了更加满意的服务。

(三) 建设和谐供用电关系，创造了显著的社会效益

截止到2011年，售电量完成286亿千瓦时，列全省第3位；同等规模的大型供电企业连续安全生产记录4706天，列全国第4位；连续6年获得全国"安康杯"优胜企业。

客户满意率在国家电网系统名列前三，2011年公司获得山东省客户满意服务单位、95598远程工作站获得全国电力用户满意服务明星班组、客户营业厅"全国工人先锋号"、计量中心荣获"全国五一巾帼奖状"。年度外部评价满意度高，在地方行风测评中连续12年名列第一。建立起完善的、符合"三集五大"体系的客服纠错机制、舆情监控机制、危机处置机制，利用地方政府"阳光政务热线"、大走访等公开在社会征集意见，取信于民，取信于客户。

(成果创造人：胡朝贞、李　东、高　山、翟　建、薛中洲、李鸿佐、
王晓军、张远镇、王金胜、卜令伟、王　晴、李伟光)

通信企业面向集团客户的综合运营平台建设

中国移动通信集团天津有限公司

中国移动通信集团天津有限公司（简称天津公司）是中国移动（香港）有限公司下属全资子公司。天津公司于1999年8月18日成立，共设有15个区域分公司，主要经营天津地区的移动电话、数据业务、互联网接入及信息服务等业务。年运营收入超过64亿元，网络容量超过1000万门，在网客户规模达到981万户，移动客户份额达到70%，连续4年占据天津通信行业收入份额之首，是天津市最大的移动通信运营商。面向未来，天津公司提出"提升业务融合能力，推动和谐健康发展"的战略目标，全面打造企业的核心竞争力，为客户提供多样化、个性化和信息化的信息服务体验，为天津市区域经济和社会的发展做出应用的贡献。

成果主创人：公司副总经理闫五四

一、通信企业面向集团客户的综合运营平台建设背景

（一）集团业务高速发展，激烈市场竞争需要更高效运营支撑体系

自2006年以来，天津移动的集团客户市场和集团业务应用快速增长，集团客户、纳入集团管理的成员数、信息化收入的年复合增长率分别达到了26%、35%和76%，集团信息化、行业应用、物联网（M_M）解决方案覆盖政府、金融、教育、农业、电力、交通物流、环保等各个领域。

由于中国电信等同行业运营商在集团客户关系、业务运营和服务支撑平台建设上具有先天优势，在集团业务支撑建设上走在市场的前列，已经建设了基于电子工单的调度系统，对集团业务资源管理、渠道管理、客户视图、客户预警、集团账务等方面实现全方位支撑。中国移动作为集团市场的后进入者，要想获取全业务市场竞争优势，必须在占据市场份额的同时，拥有灵活完善、高效运作的业务支撑和服务体系。随着集团业务快速发展，迫切需要建设一套高效易用的运营支撑平台来整合集团业务应用，引导客户进行业务受理。

（二）基于个人业务的运营平台不能满足集团业务发展的需要

集团业务具有长流程、跨部门的复杂特点，涉及商机获取、网络资源勘查、集成方案制定、管道施工、设备安装、计费结算、故障处理、客户侧平台设备监控等诸多业务环节，需要前端市场和后端支撑等多个部门的协同配合。目前根植于个人业务建立的运营平台无法满足集团业务发展的需要，在业务流程支撑、功能支撑上存在诸多不足，平台架构设计不合理,运维管理散乱等多方面的问题,都制约了集团业务快速发展。

(三)面向集团客户的综合运营支撑平台建设切实可行

2007年底根据总部部署,天津移动试点建设了端到端电子工单项目,成功上线运营了5项集团产品,并初步确立了跨部门、跨系统的基于电子工单的部门协作机制。通过对试点成果的深入分析总结,公司认为端到端电子工单的试点成果可以复制推广到所有产品,并且以此为切入点搭建起一套面向集团客户、服务于集团业务运营人员的工作平台,实现端到端的集团客户业务办理和服务支撑。天津公司领导高度重视集团业务市场的发展,自2008年以来,集团业务的支撑费用一直都纳入年度预算,充足的资金保障为平台建设奠定了物质基础。

二、通信企业面向集团客户的综合运营平台建设内涵和主要做法

在"立足移动信息专家,提升中国移动在信息化领域的战略地位,实现集团客户工作新跨越"的工作方向指导下,天津公司以提高集团业务的运营效率和服务质量为目标,以IT技术为手段,建设一套承载集团业务售前、售中、售后业务流程,贯穿各层级、各部门的统一业务调度和业务管理平台,实现集团业务运营的规范化、可视化、精细化,打造国内行业领先的集团客户综合运营支撑平台,为在激烈市场竞争中赢得先机提供有效IT保障。主要做法如下:

(一)制定综合运营平台建设目标和规划

1. 确定集团客户综合运营支撑平台的总体建设目标

运营平台建设目标:立足于全业务市场竞争环境,以集团客户生命周期管理为核心,以端到端电子工单流为牵引,打通售前、售中、售后环节的业务流、服务流和管理流。平台支持多渠道接入、跨部门协作、跨地域的市场拓展和业务协同的同时,提供多层次的经营分析和全过程的运营监控,实现集团业务从商机获取、分析决策到业务执行、服务回馈的闭环管理;通过平台提高集团业务的规范化和标准化程度,全方位满足集团客户市场拓展和运营管理需要。通过综合运营平台的建设整体提升客户服务、生产、管理、分析四大核心能力:一体化的集团客户管理能力、端到端的全业务生产能力、精细化的运营管理能力、多维度的经营分析监控能力。以工作台形式提供面向各级管理者、业务支撑人员、客户经理的经营分析能力和面向全过程的运营管控能力,实现从分析监控到决策执行的循环管理。

2. 制定综合运营平台建设目标和规划

第一,成立项目推进领导小组。为了加快平台建设,通过总经理办公会决策,成立由公司主管领导挂帅,集团客户部、IT和运营支撑中心、网络部、战略部及14个分公司共计18个部门领导参与的推进领导小组。

第二,组成项目团队。根据集团客户综合运营支撑平台的总体规划,领导小组

集团客户综合运营平台建设项目组主要成员

审批通过项目立项报告，由集团客户营销服务部、IT和运营支撑中心、网络部、网管中心、战略部等相关部门推荐各领域的业务骨干、技术骨干组成项目团队。聘请具有业界领先理念以及专业丰富平台规划与设计能力的咨询公司参与项目实施，保证项目质量。项目设总监及项目经理各3人，并明确分工。

项目团队组建后，着手开展需求驱动力分析，圈定平台建设内容。针对集团业务运营现状调研项目组共进行11次面对面访谈，涉及综合部等部门共7个，被访谈人员包括产品经理、操作员及平台开发商等共20多人。项目组针对需求调研和访谈结果归纳的基础上，从需求驱动力在业务重要性、技术实施难度两个维度进行评分，根据评分结果确定需求实现优先级排序，制定初步的驱动力实现路标图，圈定平台建设范围。

经过需求分析，将平台建设范围归纳整理为"端到端电子工单流（包括商机确认、业务办理、投诉处理、流失预警、欠费催缴等）、各项运营管理模块（客户管理、营销管理、资源管理、账务管理、合作管理、运营分析等）、集团客户统一视图以及融合以上功能的工作台"等四个部分。针对每个需求专题流程重新设计相关信息模型，定义平台框架和外部接口，最终形成平台需求，实现从业务需求预期到IT平台需求的落地。

依据建设内容，项目组将ESOP平台划分为四个阶段分批建设：第一阶段（实施准备）：制定项目整体规划；第二阶段（建设实施）：通过驱动力调研，确定项目建设范围；第三阶段（拓展深化）：重点建设客户经理、支撑人员、领导者三个工作台；第四阶段（优化提升）：着重持续提升业务运营质量和水平；在一体化的集团客户管理能力、端到端的全业务生产能力、精细化的运营管理能力、多维度的经营分析监控能力四个方面实现深度运营，建立完善的全业务运营体系，并不断完善、改进。

（二）明确综合运营平台建设思路和原则

1. 综合运营平台建设思路

第一，流程优化与架构设计双驱动。从流程入手进行需求梳理，并同时基于IT技术进行人工流程优化，明确业务需求及需求的优先级，进而形成平台开发需求。在流程梳理的同时做好架构规划，再进行平台实施。最后，要区分业务需求和平台需求分析，业务需求由流程驱动进行分析，平台需求以用例方法进行分析。

第二，应用全面质量控制。项目各个阶段都要采取文档先行的原则，从需求分析到系统设计各阶段的所有需求文档都要经过项目组内评审、外部专家评审，通过后方可进入开发阶段。在平台正式上线前进行严格的验收测试，采用业务场景实例测试的策略，确保上线的平台符合实际业务需求。

第三，重视业务人员参与及变革推广。从需求文档的定稿，到平台的验收测试，全部要求业务人员的全程参与。特别是建立软件研发人员、管理人员、业务支撑人员三者之间的有效沟通机制，不断提升项目执行的准确性与高效率。

2. 项目建设的原则

第一，不重复建设。集团客户综合运营平台建设初期重在"整合"，功能平台已有的功能且能满足集团客户业务综合运营的要求，应进行集成重用；不完全满足和没有的功能在相应平台完善提升和新增创建后后，在集团客户综合运营平台集成重用。通过"功能集成、界面集成、数据集成"，整合分散在CRM平台、BOSS系统、经分系统、网管支撑系统和各业务平台中的涉及集团业务的生产和管理能力,打造面向集团业务运营人员的一站式工作台。

第二,建设工期不拖延。制定项目实施整体计划及进度控制制度,明确工作任务、责任人和时间要求,做好监督检查工作。实行可执行的项目风险管控机制。

第三,注重平台的前瞻性、可扩展性与稳定性的统一。一方面,需要设计通用、稳定的流程以便进行相对稳定可靠的支撑;另一方面,在设计过程中考虑业务流程和功能模型具有足够的可扩展性,能有效支持将来3~5年内的业务发展变化。

(三) 梳理并优化管理制度,出台相应规范

为了更好的支撑平台建设,项目组对现有管理制度和业务规范进行了梳理,从客户、产品、服务和系统等四个层面都做了相应规范标准。

1. 客户层面

明确集团客户定义,如法人单位、个体经营户、聚类客户等单位组织等;明确集团客户分类标准,如集团客户机构类型、行业属性、价值级别、经营区域类型等,使集团客户信息能够真实准确自然地反映集团特征。明确集团客户信息管理的范围和核心内容字段,将集团客户信息按照集团档案资料、集团联系人信息、集团关系信息、合同信息、服务营销渠道信息、集团组织架构、集团产品基础信息、集团产品营销方案信息、集团产品消费信息、集团成员信息等10个维度进行了划分录入,保证共享信息的完整性和一致性。同时,对核心字段填写信息的分类标准和序列编码进行了统一规范,据此整理形成《集团客户信息管理规范》并在公司行文下发。

2. 产品层面

项目组对现有的所有集团产品协议进行梳理,整理形成"1+4"的协议模式。"1"是与集团客户签订框架协议(客户服务协议),内容主要是明确提供给集团客户的相关服务以及双方的责任等,不涉及到任何产品或业务内容;"4"是在进行产品的开通、变更、取消等业务办理过程时与客户签订业务使用协议,并将集团产品分为语音类、邮箱类、短信类以及接入类四大类型,根据产品类型提供四种不同的业务办理表单及业务使用协议。如集团专线产品共梳理了52个关键要素,M2M产品梳理了24个关键要素,集团短信产品梳理了33个关键要素。

3. 服务层面

项目组制订业务开通、故障处理的时限要求,并细分至流程的每一个环节。同时根据客户价值区分"金牌、银牌、铜牌、标准"四种维护等级,明确专线业务网络可用率、误码率等质量管理标准以及日常维护标准,使客户经理面对客户可以做出明确的服务承诺。

4. 系统层面

项目组对现有接口协议进行梳理。将各类支撑平台按照业务需求进行标准化归类调整,形成固定、统一的接入方式与规范。明确集团业务运营支撑平台和电子运行维护平台互联接口的接口流程、工单字段、接口技术要求、接口服务定义等内容。梳理形成的《第三版技术规范_CRM与EOMS接口规范V1.2.doc》已应用于平台接口建设。

(四) 梳理精简冗余、再造核心业务办理流程

1. 坚持前后台职责分离,操作与管理职责分离

根据客户接触程度对服务运营效率的重要影响,将服务运营平台分为与客户的高接触部分和低接触部分,即"前台"和"后台"。在梳理过程中坚持前后台职责分离,操作与管理职责分离的原则。在客户高接触的"前台",以客户为中心进行服务,搜集客户多样化需求。在客户低接触的"后台",专注于生产和对生产进行管理,以达到生产过程的低成本高效率,实现规模效益。

2. 业务办理流程划分为三大子流程

按照"前台、后台分离"的思想,将集团业务办理流程划分为:前端的商机流程、订单受理流程和后端服务开通流程三大子流程,确保前后端工作流程的解耦。

3. 完善流程节点,提高流程合规性和风险可控能力

分析流程中各个环节,明确职责和内容,减少对流程无贡献的冗余节点。如在梳理时,项目组发现,客户经理起草信息卡的依据是与客户签订的产品订购合同,合同是加盖了双方的公章,具有法律效力的,已签订的合同,再提交领导审批,是没有实际意义的,领导只要求阅知即可,而不是阅处。因此,从开通流程中去除行业经理、部门副总审批等环节,这样原有的 5 个环节缩短至 2 个环节,大大缩短了产品开通时间。

(五)逐步实现综合运营平台端到端全流程电子化支撑

集团客户综合运营支撑平台将散落在各个平台的与集团业务相关的功能,通过界面整合、流程衔接和功能重用等方式进行集成,面向领导者、支撑人员、客户经理提供定制化的工作台,为集团业务提供全流程端到端的 IT 化支撑。平台通过一系列如工作台、端到端电子工单流、统一视图和经营分析以及基础管理等重点功能的实现为集团客户提供一站式业务办理工作平台。

1. 工作台

平台根据用户角色不同展现与其相关的个性化服务,为领导者、支撑人员、客户经理三个层面用户提供不同功能。以用户为中心,对各类不同信息实现个性化引导,通过易操作、人性化、易理解、有序等设计特性,使工作台具有"所想即所见,所见即所得"的交互服务能力,为业务与管理人员提供统一操作门户。

领导者工作台以经营分析和决策支持为核心,为公司管理层决策以及业务管理人员提供所需的运营分析信息数据。支撑人员工作台以业务调度、方案制定、业务管理为核心。客户经理工作台以业务办理、投诉处理、客户维护为核心,整合呈现其所管理的集团客户视图和相关运营数据。

2. 集团客户统一视图

平台在规范、完备的集团客户信息管理基础上,对与集团客户相关的各类信息进行统一的全方位展现,形成客户统一视图,提升集团数据的准确性、一致性、完整性。同时,基于不同的管理角色,提供不同内容的集团信息视图展现,有效保障集团客户的数据质量和安全性。

3. 端到端电子工单

集团业务按照商务过程的售前、售中和售后三个阶段到生产过程的映射,可分为商机与项目管理、业务办理、服务投诉、欠费处理四类工单。商机与项目管理工单用于记录销售过程中商机与项目推进的工作轨迹,包括商机执行类工单和资源申请确认类工单。

业务办理工单是基于订单的工单类型,也可称为"订单工单"。用于记录业务开通、变更、取消过程的工作轨迹,包括订单受理、订单处理、资源占用、资源建设、局数据制作、网元开通、业务平台开通、SI 开通处理、业务验收、订单归档等。服务投诉工单是客户在使用某项业务服务过程中发起投诉时,记录、转派、协同和推进业务服务恢复的工单。欠费处理工单:是实现集团客户欠费催缴、业务欠停、业务欠销等处理的工单。

4. 基础管理

一是知识库共享。通过将集团业务的 6 大类知识纳入平台进行管理,实现在集团客户部、分公司等各层面的集团产品知识、集团相关业务政策的信息共享。同时建设在线问答平台,可以通过 PC、手机等终端进行访问,客户经理在查询共享知识时候可针对疑问随时提问,相关产品经理、业务政策专家可在线进行解答。在线问答平台的建设,可将产品经理、业务政策专家、营销专家等相关资源整合为"虚拟专家团队",从而不增加人力成本的基础上,提高对客户经理在实时销售能力的支撑。

二是精确营销。通过对自动化分析以及营销后评估的支撑,辅助提升集团客户营销的精确性;通过对短信、邮件、网站、营业厅等营销渠道的支撑,扩大营销执行率,并减轻客户经理营销工作压力。

三是资源管理。在网络资源方面,通过网络地图实现传输资源的实景展示,加强传输资源的查询和调度能力。营销资源管理方面,实现对资源使用的跟踪、留档,使每一笔营销资源的去向和用途清晰可见,关注客户发展与维系成本。

四是账务管理。实现多种出帐模式和缴费方式,方便客户进行账户充值;统一规范集团业务账单项目,为客户提供统一的集团账单。

(六) 做好综合运营平台的运营维护和动态优化

制定平台的运营维护制度,明确平台故障的申告部门,故障处理流程、处理时限,并针对月末月初业务量高发时段启动相关平台监控协同工作机制,以及故障应急处理流程。设立 7×24 小时热线,坚持节假日值班制度,保证在第一时间解决发生的问题。为确保数据安全,建立稳定可靠存储备份平台,制定平台容灾预案,防止意外事件带来的巨大损失。

维护过程中,平台运行中所发现问题或故障分为三个等级,一级较为严重且带普遍性的问题,纳入项目整体解决;二级为一般个性但又必须及时解决的问题,由研发人员及时解决;三级为使用方面的问题,进行个别指导或现场培训,并制定每周例会和定期回访的制度。

同时,针对平台运营特殊要求,公司对综合运营平台涉及的人员分工也做相应调整。公司设立集团客户运营支撑平台故障处理小组,负责各类业务咨询和平台操作咨询、跨部门业务调度、平台报障集中处理、渠道协同等日常生产工作,以及平台日常运作的数据分析与业务运行监控。由于系统高度自动化,精简了集团业务操作流程及相应的岗位设置。操作岗位节省的人员可以全部投入到质量监控和质量管理中。

三、通信企业面向集团客户的综合运营平台建设效果

(一) 集团业务 IT 支撑力和运营效能大幅提升

集团客户综合运营支撑平台自 2010 年 6 月正式上线运营。目前,全部集团产品纳入电子工单管理,实现了统一受理;订单量逐月递增,月受理订单上万笔;拓展多种工单应用,实现了商机工单、投诉工单、欠费催缴工单、流失预警工单、任务协调工单等,将集团业务的日常生产纳入了工单管理。业务流程简化卓有成效,业务办理时间平均缩短60%,业务办理的正确率达到100%,提升了业务开通质量,为集团客户提供了更高效快捷的业务受理方式。集团客户综合运营支撑平台真正实现了"全产品支撑、全范围覆盖和最大程度的操作自动化",已经成为天津公司集团业务生产与管理的综合支撑平台。集团客户综合运营平台的成功运行也得到了中国移动集团公司各级领导的一致赞扬,荣获了《2010年度集团客户工作创新奖》,同时内蒙、山西、云南、安徽、陕西等兄弟公司先后到天津交流、学习建设经验。

(二)集团客户市场开拓与发展效果显著

客户拓展方面,服务的集团客户规模不断发展壮大,客户数由2011年的3.5万家增至4万家,覆盖了党政军、百强企业和各行业龙头企业。

集团客户综合运营平台的上线运行为公司创造了良好收益。集团客户年度各项指标如期超额完成。集团信息化收入超年度指标2.78个百分点;重要客户覆盖率100%。重点业务收入超年度指标7.55个百分点;业务收入保有超年度指标11.62个百分点。

服务满意度方面。集团客户综合运营平台建成后,客户的满意度明显提升。根据中国移动集团公司2012年第一期调研结果显示,天津公司标准满意度表现78.17%,全网排名第9名,较2011年末的第15名有较大提升,得到了天津市纠风办等相关单位的认可和表彰。集团客户综合运营平台精简了业务办理流程,提升了业务开通质量,缩短了业务开通时间,为集团客户提供了更高效快捷的业务受理方式。此外,集团客户综合运营平台开设的集团客户门户网站,实现集团客户自助办理业务,进一步拉近了企业与客户的距离,满足了客户的多入口需求,让更多的集团客户从中受益,营造了更加和谐的消费环境。

(三)取得企业经济效益和社会效益双丰收

在经济效益方面,天津公司全年实现运营收入同比增长5.87%,实现利润15.7亿元,客户市场份额50.39%,在网客户规模达981万户,移动客户市场份额(不含小灵通)为69.19%,继续保持了规模及行业的领先优势。

在社会效益方面,天津公司将企业责任管理与生产运营融合。2011年10月27日,天津市人民政府与天津公司正式签署"无线城市"战略合作协议;与泰达国际心血管医院"强强联合"建设的医患通平台,实现医疗行业信息化的创新与突破,在国内标杆效应明显;与天津大学合作的"无线城市—TD智能高校"战略合作项目,将天津大学打造成中国第一个TD智能高校,等等。天津移动已然成为推动城市信息化建设的主力军。

(成果创造人:闫五四、赵承林、于 建、刘颖楠、潘桂荣、
刘燕丽、张 奕、朱鸣生、吴 彤、李 鹏)

供电企业服务形象塑造与管理

辽宁省电力有限公司锦州供电公司

辽宁省电力有限公司锦州供电公司（简称锦州供电）隶属于辽宁省电力有限公司，是国家大一型供电企业，供电区域面积1.03万平方公里，担负着锦州市六个市辖区、两个县、两个县级市，104万用电客户的供电任务，在职全民员工2888人，农村电工1323人。截至2011年年末，拥有66千伏及以上变电站70座，变电总容量472.95万千伏安；66千伏及以上输电线路169条，回长2508公里。

成果主创人：公司总经理曲福义

一、供电企业服务形象塑造与管理的背景

（一）维护"国家电网"品牌的需要

国家电网公司以投资建设运营电网为核心业务，是关系国家能源安全和国民经济命脉的国有重要骨干企业，辽宁省电力有限公司是其全资子公司。作为公益型国有企业，国家电网公司具有自然垄断的属性。国家电网公司的社会责任十分重大，既要担当为经济社会发展提供坚强电力保障的责任，还要为广大用电客户提供"优质、方便、真诚、规范"的服务。近年来，国家电网公司通过加快"一强三优"（电网坚强、资产优良、服务优质、业绩优秀）现代公司建设，全系统的优质服务水平大幅度提升。但是，作为市级供电企业如何在新的形势下维护好、经营好"国家电网"这个优良品牌，深化其内涵、拓展其外延，不断优化企业的服务形象，使供电服务在经济社会发展中发挥更加积极、更为重要的作用。

（二）解决服务问题，提升形象美誉度的需要

多年来，锦州供电增强大局意识、责任意识，供电服务有了较大、较快的提升，得到了锦州市政府和广大用电客户的高度认可，行业作风建设连续多年位列锦州市前列。面对取得的成绩，锦州供电依然保持清醒的头脑，在2008年年底，以召开机关、基层座谈会、开展服务工作大讨论等形式，对服务工作做了认真全面的反思。对服务问题做了检索：一是企业受自然垄断特性的影响，企业没有针对形势发展顺势而为，表现为某些服务机制僵化，没有最大限度地方便客户。尤其是服务标准、服务的规章制度虽经不断完善和规范，在服务中也发挥了积极作用，但是却导致了服务被条框所限制，没有建立一种以客户为导向的服务理念和机制。二是个别员工服务意识不强，用电客户合理投诉现象时有发生。虽经多年的观念教育和机制制约，但个别员工的服务态度略显生硬，服务质量较

低。究其本质,在于其服务观念转变较慢,没有摆正对客户的服务关系。三是没有将"服务"与"形象"这对因果关系有机地融合起来,缺乏形象塑造意识和机制。锦州供电还缺乏对供电服务工作的目标管理,尚未建立形象塑造的概念。基于上述情况,需要对服务形象进行科学的规划和定制,以解决供电服务中存在的问题,提升企业美誉度。

(三)提升服务效能,践行服务宗旨的需要

2009年以前,锦州供电的服务管理工作战略性较差、协调性不强,企业形象和服务品牌塑造缺乏强有力的管理机制。供电服务管理较为零散,没有形成整体的、系统的管理框架。有些服务举措随机性强、效能不高。另外,服务的内涵单一,基本建设、安全生产等多专业参与的"大服务"理念不深刻,机制尚未建立。

二、供电企业服务形象塑造与管理的内涵和主要做法

锦州供电围绕国家电网公司形象建设要求,实施市级供电公司服务形象的设计与定位,转化服务理念、细化服务群体、优化服务流程、强化服务机制,开展以感动客户为目标的服务形象塑造实践。通过优良的服务形象展示,打造区域性、行业性服务标杆。主要做法如下:

(一)明确服务形象塑造与管理的指导思想和目标

开展服务形象塑造与管理实践,必须从解决服务的实际问题和切实提升服务水平出发。2009年2月,锦州供电对各类客户投诉、意见及建议进行全面整理,并开展全面的社会调研,针对供电服务的宏观及微观性问题,针对客户群体的服务需求性,给客户群分成四类并分别设计了服务形象,确立服务形象塑造与管理的指导思想:以国家电网公司"认真负责的国企形象、真诚规范的服务形象、严格高效的管理形象、公平诚信的市场形象、团结进取的团队形象"的形象建设要求为指导,转变服务观念,创新服务机制,优化服务流程,建立"一感三化"的服务形象管理体系,突出责任感,服务于政府和经济社会发展大局,显现出"担当、奉献"的服务形象;突出专业化,服务于企业客户,显现出"专业、便捷"的服务形象;突出标准化,服务于一般客户,显现出"热情、规范"的服务形象;突出亲情化,服务于特殊客户,显现出"亲和、给予"的服务形象。以感动客户为立足点,为地方经济社会发展和人民生活提供坚强、优质、高效、热情的电力支持。

服务形象塑造与管理的目标是:构建操作性强、针对性强、执行力强的服务体系;大力降低客户投诉现象,不发生有形象的服务事故,提升服务满意率,提升服务品质;使客户在情感上满足,感动客户,服务超出客户期望值;消除存在于用电客户头脑中对电网企业的"垄断经营"印象,在锦州市树立标杆式的、典范式的企业形象。

(二)以员工"体验式"为主、教育为辅的方式让员工牢固树立服务理念

1. 开展服务形象意识教育

锦州供电对"大服务"理念和"一感三化"服务形象管理对全体员工进行引导和

公司电网调度中心

教育。一是向员工灌输"大服务"理念,通过动员会、举行启动仪式等形式,教育员工服务不只是营销专业独有,生产、基建等间接与客户关联的专业都要增强服务意识,都要参与到服务形象的塑造与管理中来。"大服务"理念突出的是全员性、服务的全面性,强调从思想意识上消除"盲区"。二是开展"一感三化"服务形象管理的教育和培训。建立服务形象"一性三化"体系,公司领导、专家利用各种会议进行宣讲,在网络上开辟讲堂普及服务形象管理知识。聘请政府、企业客户、一般客户和特殊客户四个群体代表,与专业对口部门建立常态联系制度,定期召开"客户－供电"碰头会。

2. 开展客户需求"大挖掘"活动

2009年年初,锦州供电在全公司范围内开展客户需求挖掘活动。这项活动的参与者不仅包括与客户直接接触的营销系统员工,而且还有与客户有间接服务关系的生产系统员工。在一个月的时间里,每名员工针对自己的服务对象收集服务需求、服务意见和建议。组成专家组,对客户的合理意见、需求进行筛选、统计,并开展优质服务需求、服务意见评选工作。在奖励员工的同时,也对提出优质需求和意见的客户进行奖励。收集客户服务需求的过程中,员工要进行鉴别,哪些具有合理性、建设性。

3. 开展服务投诉、服务事故案例分析活动

对辽宁"民心网"、锦州市政府的客户投诉进行梳理,选择兄弟单位的服务事故作为案例,以座谈会的方式开展深入分析。员工代表结合自身工作实际,对客户投诉和服务事故案例做深入探讨,并出台解决措施,形成书面意见在公司网站公布。这种自我揭短的做法,使员工认识到工作重存在的问题。

(三)面对政府客户,塑造"担当、奉献"的服务形象

1. 科学开展电网规划和建设

面对锦州市经济发展较快的形势,锦州供电制定科学的电网建设规划,电网建设坚持"哪里经济发展快就建设哪里,哪里电网薄弱就发展哪里"。三年来,锦州供电投资30余亿元用于建设和改造锦州电网,锦州电网容量充足,有力地保证了经济快速发展的用电需求。电力项目的建设需要一个周期,同时,有些项目因为诸多因素影响可能造成较长时间的拖延,有些项目还分期上马。如果按部就班地进行电网规划和建设,肯定会因为项目的不可预见性导致盲目的电网建设,造成巨大浪费。经过精心调研,在电网建设和投资上打破常规:对经济技术开发区的电源进行宏观规划和建设,使电源充足,输电线路与经济区邻近,保证项目上马时的就近、方便供电;在项目建设前,改变以往变电站、输电线路正式立项、规划和建设的做法,先行配置必要的临时施工电源,有效避免了电网超前建设所带来的投资浪费;根据项目正式投产前以及项目全部完结的实际用电容量,严格按规模进行电网规划和建设,保证电力的适度供应。既规避了项目未确定时的电力建设盲目投资,又保证了服务到位。

2. 积极解决电网建设中的社会矛盾,为政府排忧解难

锦州供电针对电力建设拆迁难、征地难等问题,与锦州市政府签订电力建设征占地框架协议,对政府、供电和拆迁对象三方的责任做了明确规定:征占地由地方各级政府负责,规范操作,标准统一,依法执行;电力建设路径的合理规划、选择由锦州供电负责。电力建设征占地框架协议的签订和落实,不仅大大提升了电力建设速度,提升了执行力,而

且由于政府规范的操作,征占地补偿标准的统一,消除了被征占地百姓的怨气,有效解决了电力建设征占地这一社会矛盾。

3.对政府重大活动保电不计代价

制定《重大活动保供电方案》,以提供安全可靠的电源为宗旨,对保电设施、保电责任、保电人员、事故追究进行明确。在每年一度的"笔架山海会"以及各类全国性、省区性重大活动保电工作中,公司不计供电成本,无偿建设临时线路、设置临时电源,在活动现场供电人员"旁站保电",做到重大活动供电的万无一失,赢得了锦州市政府、人民的极高赞誉。

(四)面对企业客户,塑造"专业、便捷"的服务形象

1.建立定期沟通机制,确保企业安全用电

企业客户是指受电变压器总容量在315千伏安及以上的大工业用户,锦州供电定期召开锦州电网"三公"调度联络员座谈会,请来大客户(主要是企业)代表给电力调度提意见,供用电双方共同商讨改进服务的措施。在定期商谈的基础上,电力调度还建立大客户走访机制,调度专业人员按期上门走访大客户,了解客户电力设备运行情况,主动帮助大客户评估电网安全风险,完善客户内部供电系统。2009—2010年,电力调度为大客户找出各类供电安全隐患200余处,有力保证了大客户的正常生产经营用电,电力调度的"份外事"赢得了用电大户的普遍赞誉,锦州供电的客户满意度提升,电力服务远远超出客户期望。

2.加快供电速度,确保企业早受益

锦州经济技术开发区作为国家级开发区,经济发展较快,项目纷纷上马,用电容量剧增。面对这一形势,锦州供电公司加快了报装接电速度,开辟重点项目办电绿色通道,简化了办理程序,大大缩短了办电周期,使许多企业受益。其中,光伏"多晶硅"企业落户经济技术开发区,工期非常紧急,亟待快速生产产品。对于这个用电需求较高的用电大户,锦州供电公司特事特办,使客户申请办电到变电站建设直至用电,仅用一个月的时间,创造了空前的速度,多晶硅企业早投产,使企业多创造近两亿元的产值。

3.让供电充满柔情,让企业用户感动

电力负控装置是供电企业实施电费计量、电力监控、电费收缴的主要装置,主要安装对象是用电大客户,该装置还具有电费不足断电的功能,这也是维护正常的供用电关系,保证电力事业和经济社会同步发展的有力手段。当然,该装置同时也充当"铁面包公"的角色,客观上成为电力优质服务的不利因素。对此,锦州供电公司努力转变服务的不利因素,通过软服务,化解电力负控装置的"铁面孔",在全公司范围内实施"柔情"管理,专人负责对负控装置进行实时监测,当电费达到预警指标时,人为温馨提示客户缴费,并走访客户了解用电难题,实施客户用电问题反馈机制,帮助用户解决问题。

(五)面对一般客户,塑造"热情、规范"的服务形象

"阳光电力进社区"活动贯穿全年,营销员工利用双休日,走进社区上门服务,帮助百姓解决用电难题,向百姓宣传智能电表的原理,让百姓用上"明白电";开辟多元化的服务方式,开通"电力客服QQ",加强与客户的沟通,解决用电难题;在全市各家银行开通了电费缴纳业务,消除了一家银行缴费给客户带来的不便;结合日常服务工作在全公司开展

"不停电催费竞赛"活动,有效消除了个别欠费客户对电费催缴的误解。

(六)面对特殊客户,塑造"亲和、给予"的服务形象

1."流动服务车"走乡村上门为农民客户服务

锦州供电领导在走访农民客户过程中了解到某些边远地区农民缴纳电费非常困难,每个月发生二三十元的电费就要赶10几里的路到供电营业厅缴费,而且车费就将近十元钱。对此,锦州供电做出决定:配置电力流动服务车,每月定期到边远地区农民家里上门收费,上门服务,将维护农村供电线路安全与电费收缴有机结合起来。

2.对高危、重要客户用电安全进行全方面整治

高危、重要客户的用电安全关系到客户的安全生产和企业经营,公司在客户用电问题上延伸服务"触角",对客户的安全供电、用电隐患进行全面排查,建立高危、重要客户服务档案,并定期督促客户对安全隐患及时整治。对特别严重的安全用电隐患,客户无力进行整改的,公司本着为人民生命、财产负责的原则,及时上报政府有关部门进行协调解决。高危、重要客户安全用电整治工作为避免客户重大生产事故、重大人身伤亡事故的发生发挥巨大作用。

此外,专门为60岁及以上的老人提供交费服务,为贫困户、军烈属、残疾人、鳏寡孤独人员建立特殊服务档案,各基层单位"分片包干",承包所在区域敬老院、孤儿院的用电和送温暖工作,坚持每个季度走访。

(七)打造冲击力强的视觉形象

1."国家电网"标识建设展现服务

国家电网标识建设工作是"国家电网"品牌的外在展示平台,公司严格按标准开展"国家电网"标识建设,在锦州市三条高速公路出口立起多面大型服务广告,"你用电,我用心","以电相连,用心沟通"等亲情化语言和温馨的画面与客户建立起良好的沟通桥梁。对70余座66千伏及以上变电站外观统一标识,统一所有电力抢修车的外观,统一各级营业厅标准,统一供电工作人员工装,在所有办公场所设置"国家电网"标识、张贴服务宣言……走进锦州市的大街小巷,"国家电网"已经成为一个方便、规范、真诚、优质的文化符号。

2."三色旗"创建规范热烈的作业环境

在市内配电作业现场,严格按标准化作业程序进行现场环境布置,遇有大型作业,在现场打出三面旗(党旗、国家电网公司旗、安全生产旗),这三面旗分别为红色、绿色和黄色。"党旗红、国网绿、安全黄"在锦州市的街区造成极大的视觉冲击。

3."服务、安全、廉政系列漫画集"荣登视觉冲击新高度

推出服务新"三个十条"、安全警示、廉政建设等系列漫画集,公司员工用自己的笔触形象而直观地展现了电网企业的服务承诺、安全生产等内容。在艺术上,该漫画集得到锦州市美术家、画家的一致赞许;在内容上,得到辽宁省电力公司主要领导高度评价。

(八)建立健全服务形象管理制度和机制

1.让优异的服务做法形成习惯,成为制度

多年来,锦州供电在供电服务管理工作中沉淀了诸多好的做法,灌输将这些经实践检验后的做法形成制度固化下来。一是"听诊会"制度。客户服务中心"95598"呼叫中心

是供电服务的窗口单位,服务质量直接对客户造成影响。为提高窗口的服务质量,实施"95598"电话录音听诊会制度,坚持每周召开会议,抽取电话服务录音,由"95598"服务人员共同查找态度、业务等服务问题。二是信息反馈制度。为不断提高服务水平,锦州供电听取主动政府和客户对供电服务的建议,多线并行,实施自下而上的"信息反馈"机制。主要领导把走访政府、客户当作一项例行工作,定期走访市、区、县各级政府,主动向政府报告履行社会责任的主要做法,向政府征求供电服务意见,并针对政府提出的意见和建议制定整改计划;各个供电分公司开展客户走访活动,每月选取几个用电客户进行上门走访,向客户宣传供电服务的理念和供电服务各项承诺,主动争取客户对供电服务质量的监督。三是"零距离"沟通制度,主要领导每个季度走进锦州广播电台直播间与客户"零距离"沟通,通过电波与客户互动交流,向社会公布服务承诺内容,现场解答客户用电疑问。

2. 用严格的机制约束服务问题的发生

一是实施暗访机制。开展经常性的服务窗口暗访工作,组成服务暗访小组,人为制造服务案例,考验各分公司的服务质量,对处理不力的当事人上网通报并进行重罚。二是"问责机制"。为保证不发生有影响的服务事件,出台《领导干部责任追究制度》、《供电服务考核实施细则》等责任追究制度,对领导干部的管理行为进行约束,对管理责任进行评价。还对服务事件的处理比照安全生产事故对待,实施"四不放过"原则(事故原因未查清不放过、事故责任和员工未受教育不放过、防范措施未制定和落实不放过、责任人未按照追究制度追究不放过)。三是纪律约束机制。为落实国家电网新"三个十条",给员工划出一条行为"警戒线":不能因为内部协调不得力,造成客户对同一问题的办理重复往返;不许工作期间饮酒或酒后上岗;不准接受客户吃请和收受客户礼品、礼金、有价证券;不准利用岗位与工作之便谋取不正当利益;对客户投诉实施"无责任处罚",不论有无责任,只要客户对被投诉人的服务不满意,就对当事人进行处罚。

3. 创建服务团队,实施"满天星"服务计划

出台"满天星"计划,在全公司范围内精心培育服务团队,期于打造坚实的基层服务平台。由公司团员、青年组成的"青春光明行服务队"利用节假日在锦州市的大街小巷义务宣传用电知识、电力法律法规;送电工区的"佟守力志愿者服务队"长期奋战在保输电线路安全供电的第一线,为锦州电网的安全稳定运行作出重要贡献;黑山供电分公司的"贴心服务队"专门为客户查找、解决用电安全隐患,常年奔走在各个村屯,成为百姓的供电贴心人;义县供电分公司结合当地驻军较多的特点,组建"军营义务服务队"与驻军建立紧密型服务关系,成为锦州市爱国拥军的楷模;太和供电分公司"电力军乐队"成为锦州市的知名品牌;北镇供电分公司的"春耕零距离服务队"专门为农民兄弟解决春耕灌溉用电问题。另外,客户服务中心的"尹丽薇亲情帮扶小组"常年对困难的用电客户进行帮扶,为他们送去温暖、亲情。

三、供电企业服务形象塑造与管理的效果

(一)社会形象大幅度提升

经过3年来系统的供电服务形象塑造和管理,公司的企业形象和服务形象全面提升。2011年,公司客户满意率达99.3%,客户受电工程、故障报修及投诉举报的回访率、

优质服务承诺兑现率等指标均达到100%。锦州市市委将公司讲大局、讲奉献,努力服务经济社会的做法归纳为"锦电风格",并号召全市学习,锦州供电公司成为全市各行各业学习的典范。由此获得了较高荣誉,2011年获得"全国五一劳动奖状"、"全国文明单位"、"国家电网公司文明单位标兵"荣誉。

(二)综合服务能力大大提高

形象管理、服务管理更加规范系统,有效消除了服务短板,服务机制健全、服务管理更加规范,公司"担当、奉献;专业、便捷;热情、规范;亲和、给予"的服务形象得到全面彰显。员工的服务意识大大增强,两年来未发生有影响的服务事故;服务能力有质的飞跃,在2012年国家电网公司第四届供电"服务之星"劳动竞赛中,辽宁省电力有限公司共派3名选手参加,其中锦州供电公司占两名,员工张红取得全国第四名成绩,获得全国"十佳服务之星"荣誉。

(三)促进了经济效益增长

2011年完成售电量65.91亿千瓦时,同比2008年提高41.80%。综合线损率完成3.92%,同比2008年下降0.18个百分点。供电可靠性达99.96%,同比2008年提高0.064个百分点。

(成果创造人:曲福义、薛　岩、徐庆丰、赵海波、张忠林、咸　宁、姚敬军、崔山林、胡国栋、李　岩、蔡　妍、景春辉)

成品油销售企业提升顾客满意度的服务管理

中国石油化工股份有限公司北京石油分公司

中国石油化工股份有限公司北京石油分公司(简称北京石油)是首都最主要的成品油供应商,主营汽油、柴油、煤油、润滑油、燃料油等,承担着首都成品油市场的稳定供应任务。北京石油的前身是北京石油集团有限公司,成立于1950年4月,是北京市市属企业。1998年9月,根据国务院组建中国石化、中国石油两大集团公司的决定,北京石油整建制划转中国石化集团公司。2000年2月,按照中国石化集团公司整体重组、主辅分离、改制上市的要求,主营业务部分组成北京石油分公司。北京石油现设有16个综合管理部门、7个经营管理中心和2个专属机构,下辖11座在营油库、583座自营加油站、6座特许经营加油站。现有员工7000余人,总资产逾115亿元。

成果主创人:公司总经理刘雄华

一、成品油销售企业提升顾客满意度的服务管理背景

(一)应对成品油市场竞争的需要

加入WTO后,成品油市场不断对外开放,成品油销售企业所面对的市场环境发生了前所未有的变化,呈现出了新的特征:竞争主体多元化,市场竞争日趋激烈和复杂,国外石油巨头已进驻北京市场并不断渗透,而顾客对加油站加油环境和服务水平的要求越来越高,成品油销售企业之间的竞争逐步由市场、资源的竞争转变为服务、管理的竞争。面对市场竞争日益激烈的严峻形势,北京石油要在市场竞争中谋求生存和发展,就要想办法增强核心竞争力。在成品油市场逐步转变为"买方市场"的形势下,市场竞争的关键在于顾客资源的竞争。核心竞争力的体现就是拥有稳定庞大的忠诚顾客群体,因此,如何培养忠诚顾客群体成为北京石油经营管理工作中亟待解决的重点课题,而提高企业对顾客的服务管理水平是培养顾客忠诚度的必由之路。

(二)树立首都成品油销售企业品牌形象的需要

北京石油作为服务型企业,以加油站为汽车提供汽、柴油加注服务为核心业务,因此,树立首都成品油销售企业良好品牌形象的关键就在于抓好加油站对顾客的服务管理工作。除提供质优量足的油品外,还要完善服务功能,创新服务手段,不断培养顾客在中石化享受服务超值的消费意识,打造不易被竞争对手复制的竞争优势,从而体现中国石化品牌特色,彰显首都成品油销售企业品牌形象。

(三)提升公司服务水平和顾客满意度的需要

北京石油以前所取得的市场和效益,更多的是得益于投入巨资发展加油站零售网络的拉动,即外延式的发展。随着成品油市场开放程度不断加大,北京石油所拥有的资源优势和网络优势将逐步弱化,单纯依赖外延式的发展已经不再是有效途径,必须从外延扩张式发展向内涵集约式管理转变,这需要公司能够快速且大幅度地提高精细化和规范化的管理和服务水平。

随着北京石油加油站数量和销售量的大幅增长,2008年之前企业对顾客的服务管理工作还不够扎实,基层员工对顾客的服务意识较为薄弱,服务方式和手段较为单一,消费环境较差,对加油站服务的监督考核体系缺乏,这些问题成为制约北京石油提升对顾客服务水平的"瓶颈"。加强服务管理无疑是北京石油提升服务水平和顾客满意度的有力措施,更是公司实现从"向投资要效益"转变为"向服务要效益"的致胜法宝。

二、成品油销售企业提升顾客满意度的服务管理内涵与主要做法

北京石油全体员工树立"服务至上"理念,严格执行加油站服务规范,建立服务监督和考核体系,为顾客提供质优量足的优质油品,完善服务功能,创新服务手段和方式,营造优美的消费环境,将加油站打造成"汽车生活驿站",从而提升顾客满意度,树立北京石油良好的品牌形象。主要做法如下:

(一)树立"服务至上"理念

"服务至上"理念的核心就是努力实现顾客价值最大化。北京石油首先树立"服务至上"的服务理念,让顾客获得最佳服务体验,努力实现顾客价值最大化,这是抓好服务管理工作的重要前提。为将"服务至上"理念在全体员工中内化于心、外化于行,北京石油将服务顾客作为公司的核心工作,让全体员工将"服务至上"服务理念转化为对顾客服务的具体行动。北京石油持续强化"服务至上"服务理念在全体员工中的培训宣贯力度,通过印制企业文化手册、宣传海报,开展各类服务竞赛、评选"服务标兵"等系列活动,使"服务至上"这一服务理念成为全体员工共同的价值观,使员工达成了为顾客做好服务的共识,从而成为公司持续发展和创造价值的精神动力。

通过持续性的培训宣贯和各类服务竞赛等活动的开展,北京石油全体员工都树立起"服务至上"的理念,特别是加油站一线员工将"服务至上"理念落实到日常对顾客的服务工作之中,实现了从"要我为顾客服务"到"我要为顾客服务"的转变。

(二)严格执行加油站服务规范,完善加油站服务功能

1. 严格执行"加油八步法"服务流程

按照中国石化集团公司的统一要求和部署,北京石油加油站严格执行"加油八步法"服务流程,逐步规范和统一加油服务操作流程。加油八步法是加油站规范化服务的核心内容,八步法可概括为:迎、问、开、加、擦、盖、唱、送八个字。

国内首家加油站与汽车快餐厅联建站
——沙河东加油站

2. 开展多元化非油业务

北京石油利用网点优势、品牌优势,大力发展加油站非油品业务,满足顾客的多样化需求。北京石油根据每座加油站所处的位置不同、消费群体不同,认真分析顾客的需求差异,根据不同的情况选择不同的经营项目,以更好地满足顾客需求。北京石油发挥中国石化"易捷"品牌优势,在非油品经营方面实行统一管理、统一形象、统一价格、统一服务。在硬件统一的基础上,北京石油不断强化便利店等非油品业务的内部管理,规范服务操作流程,实现了顾客服务标准化。截至 2011 年底,北京石油已拥有加油站便利店 514 家,洗车网点 48 座,此外,还在加油站开展缴费、移动电话充值、市政一卡通、ATM 机取款等便民服务项目,为顾客提供了"一站购齐式"服务。

3. 实施会员制管理

北京石油于 2010 年 1 月 1 日正式实施顾客会员制服务。凡持有公司发行的中国石化个人单用户记名加油卡顾客均可以申办成为北京石油会员。北京石油会员可持会员卡在所属自营加油站、易捷便利店及特约服务商户使用,享受周全的服务:

(1)会员积分兑换礼品。会员积分可以兑换多种礼品,使会员得到了真正的实惠。北京石油为会员定制了汽车用品、时尚数码、小型电器、厨房用具、箱包皮具、特许商品等 6 大类 70 余种礼品供会员兑换。此外,积分还可兑换加油充值卡和易捷便利店购物卡等。

(2)会员购物优惠。北京石油会员持卡在易捷便利店购买正价商品时可根据会员级别享受相应的折扣,金卡会员享有 9 折优惠,银卡会员享有 9.5 折优惠,普卡会员享有 9.8 折优惠。

(3)提供增值服务。会员持卡可专享为会员提供的汽车养护维修、车险购买等多项增值服务。

(4)开展会员生日、节日关怀活动。为了提高会员满意度,提升会员制的影响力,北京石油开展会员生日和四个传统节日的会员关怀活动。让会员在感受到温馨、体贴的同时得到了实惠,获得了广大会员的认可。

(5)组织中奖金卡会员旅游。为进一步回报金卡顾客,提高金卡会员忠诚度,提高会员制的吸引力,北京石油还开展了金卡会员抽奖活动。中奖者可获旅游大奖。

(6)与合作伙伴共同开展营销优惠活动。与招行合作开展充值返油金活动;与国航合作购机票返加油金活动;与新影联合作会员享低价电影票活动;与携程网合作,顾客加油返加油金活动;与中青旅合作,为顾客提供便捷的旅游服务;与餐饮业合作,使会员享受超值餐饮服务及返加油金优惠活动等。

4. 完善客户服务体系

为进一步做好对顾客的服务工作,北京石油 2008 年对客服呼叫中心进行调整优化。客服呼叫中心主要为客户提供业务咨询、处理疑难问题及受理投诉等服务,包括加油卡热线、会员卡热线以及电子商务三条服务热线。2011 年客服电话总量 67 万个,日均接通电话量约为 1825 个。对外热线除了基本的业务咨询外,主要来电业务有疑难问题的处理与投诉的受理。这一项业务不仅需要座席人员记录,还需要相应的专职人员或者管理人员对事件本身进行调查,然后再与其他岗位进行沟通、协调处理,以及后续的跟进、回访、数据上报和对事情情况的总结报告工作等,以优质的服务满足顾客需求。

（三）实施质量和测量管理体系，为顾客提供质优量足的油品服务

北京石油深刻领会中国石化集团公司对产品质量的严格要求，始终秉承"质量永远领先一步"的质量方针，始终贯彻"质优量足，顾客满意"的质量目标，始终坚守"每一滴油都是承诺"的社会承诺，高度关注顾客需求，把好产品质量关、计量关，致力于为顾客提供优质的油品服务。

1. 实施ISO9000质量体系

为持续满足并超越顾客对油品质量的要求，北京石油积极推行ISO9000质量管理体系。ISO9000质量管理体系的认证范围包括汽油、柴油的采购、储运、质检、销售全环节等与北京石油核心产品质量有关的所有过程。北京石油通过了ISO9000质量管理体系评审。通过推行ISO9000质量体系，对所建体系不断地进行符合性、适应性及有效性的判断与证实，进行纠正预防措施的实施和验证，及时发现体系运行中存在的问题，保证所有的不符合项和质量问题能得以快速有效地纠正。

2. 实施"测量管理体系"

为了改变过去计量管理工作以监督检查为重点的管理模式，向注重顾客需求、服务于公司生产经营过程、服务于公司产品质量的服务管理模式转变，树立任何测量过程都是向其顾客提供产品或服务的增值活动链的思想，北京石油2009年开始建立"测量管理体系"，制定《测量管理体系建设工作方案》，建立不同层面的沟通协调机制，完成《测量管理手册》和《程序文件》的编写、颁布、试运行、内审、管理评审等工作。2010年12月21日，北京石油通过外部审核，率先获得北京地区成品油销售企业测量管理体系AAA级认证。

（四）创新服务方式，实施差异化服务策略

1. 发展橇装式加油站

为解决重点大客户加油难的问题，为重点大客户提供"上门式服务"，在公交场站、政府部门、大型企业院内建设橇装式加油站，为客户提供代收代发油品业务，将油品配送由"服务到家"进一步延伸为橇装站形式的"到家服务"。这种橇装站经营模式有效拓宽了终端开发渠道，巩固了与重点客户的合作基础，实现了客户与企业的双赢。北京石油从2009年开始成功开发橇装站市场，建设橇装站87座，优良、便捷的"到家服务"获得了大客户的高度赞誉。

2. 开展自助加油

随着人们工作和生活节奏的日益加快，驾车人士希望节省时间、提高加油效率，北京石油从2008年开始积极试点推行自助加油业务，顾客自己动手自助加油的价格每升优惠5分钱，这既缓解了加油站员工的劳动强度，也获得了顾客的欢迎。随着近几年不断扩大和增加自助加油站数量，2011年底北京石油有自助销量加油站达到406座，自助加油销量比重达到25.2%。北京石油实施自助加油的加油站比例在销售系统居于前列。

3. 发展充电站和加气站

北京石油积极响应政府号召，2010年2月，与首科集团共同投资5000万元，成立北京中石化首科新能源科技有限公司，利用公司现有的加油站终端网络，将部分加油站改造成为具备充电功能的综合服务站。目前建成充电站2座，其中津塘兴顺充电示范站于

2011年11月16日正式开业试运营。集中直流供电橇装式电动汽车充电屋取得实用新型专利。2012年4月28日,北京石油与北京市燃气集团有限责任公司签订《关于北京市天然气汽车项目合作框架协议》,组建合资公司,加快发展LNG和CNG汽车加气服务相关业务。目前,已拥有28座加气站服务网点。

4. 创建电子商务

北京石油顺应时代发展潮流,在中国石化集团公司的统一部署下,不断创新商业模式,利用加油站网络优势,快速发展电子商务。2012年1月1日"易捷网"电子商务正式对外运行,北京石油成为中石化销售系统首家开展电子商务的企业。北京石油率先开通加油卡网上充值业务,率先实现加油站便利店商品的网络销售。而且,北京石油电子商务业务模式不同于一般电子商务企业的业务模式,是网上销售与实体店销售相结合,上门送货与门店自取相结合,形成了立体式销售模式,从而将原有的加油站网络优势进行了充分发掘利用。

(五)合理布局加油站网络,实施形象改造工程

1. 合理布局加油站

为给顾客提供更加及时便利的服务,北京石油不断优化调整加油站布局,提高网点覆盖率。积极开拓新兴市场,在市场空白区域建立加油站,使加油站网点分布更加密集和广泛,使顾客加油更为方便。北京石油是首都成品油的主要供应和服务商,拥有近600座自营加油站,加油站网点数量占北京地区加油站总数的近60%,网络遍布北京城市市区、区县城镇、农村、省国道、高速公路等城乡各地,这极大地方便了北京地区的加油顾客。

2. 实施加油站形象改造

北京石油持续实施加油站形象改造工程,截至2011年底累计完成320余座加油站形象改造、500余座加油站图像信息系统建设。改造后的加油站面貌焕然一新,显现出消费者满意、政府满意、员工满意和销量增加的良好效果,社会反响良好,中国石化品牌得到进一步彰显。

3. 实施加油站油气回收和油品升级换代

为提高企业环保水平,北京石油积极推广实施加油站油气回收系统改造。据北京市环保局测算,北京市全市油库、加油站完成油气回收改造后,每年将减少至少2万吨油气挥发,而北京石油的减排贡献率达到70%以上。北京石油积极推进油品升级换代,于2008年1月1日起在北京全市范围内正式推出了京标Ⅳ油品(相当于欧Ⅳ排放标准),兑现了"奉献清洁油品,服务绿色奥运"的庄严承诺。2012年6月1日,北京石油推出京Ⅴ高清洁油品,进一步降低了汽车尾气对首都地区大气环境的污染。

(六)建立监督考核体系,为优质服务提供机制保障

1. 推行"五位一体"督导管理体系

北京石油推行"五位一体"督导管理体系,综合督导队、神秘顾客、视频监控、兼职督导员和特约社会监督员五种方式共同监督和促进加油站服务水平的提升。

综合督导队由公司专职工作人员组成,根据经营管理需要,结合各阶段重点工作,将定期督导、随机督导、联合督导、专项督导、跟踪督查、举报督查、暗查、夜查等多种督导形式相

结合，发现加油站服务存在的问题立即制止、指导其规范操作，并开具《整改通知单》。

神秘顾客由北京石油聘请的专业市场调查公司委派，神秘顾客是接受过专业培训或指导的个人以真实消费者的身份对加油站服务过程进行体验与评价，然后详细客观地反馈其消费感受。神秘顾客对北京石油所有在营加油站每月进行一次检查。神秘顾客人员队伍进行定期淘汰更新以防止丧失检查的神秘性。

视频监控中心实行24小时不间断工作制，视频监控中心可实现对北京石油500多座在营加油站、11座油库，通过总计3912个监控点（摄像头）进行24小时监控检查，通过检查，及时发现加油站、油库等基层单位在服务方面存在的问题，并督促整改，提高基层单位的管理和服务水平。

兼职督导员由北京石油机关管理人员组成，兼职督导员在工作空闲时间对加油站服务进行明察暗访，积极发挥示范和帮助作用，帮助基层分析并解决问题。

特约社会监督员由行业协会、新闻媒体单位和部分重点顾客组成。北京石油为特约社会监督员制作了统一的检查证件，并定期了解他们的工作开展情况。

2. 抓好服务"闭环"考核管理

北京石油推行"评价—整改—考核—培训"的闭环考核管理体系，强化对加油站服务管理的日常考核。以月度为周期对所有在营加油站服务情况进行评价，按照满分为100分进行打分，分数由综合督导队、神秘顾客、视频监控、特约社会监督和兼职督导五部分检查评价结果综合构成。加油站根据检查评价情况反馈对存在问题进行逐条整改，并将上月问题整改情况进行上报，对未整改的问题要说明原因并列明整改时间计划。检查评价和问题整改情况作为对加油站管理人员和工作人员的考核依据，直接与相关人员的绩效工资挂钩。同时，根据督导检查结果年末进行综合排名，以此作为片区经理、站长等管理人员任职和晋级的重要依据。有奖有罚的工作机制极大程度激发了加油站员工做好服务的工作积极性，进一步提高了基层单位的管理和服务水平。每月对综合督导队、视频监控中心、神秘顾客、兼职督导队员、社会特约监督员等考评情况进行分析，编写讲评资料，并将讲评资料以运营月报的形式下发到各加油站；同时，将检查的图片、录像、录音等资料在片区经理大会上进行播放，通报存在问题，对加油站改进服务提出具有可操作性的指导意见，推广优秀的管理模式和方法。此外，积极开展针对性的服务管理培训，加强对相关人员的日常培训，切实提高基层人员服务和操作水平。

（七）激发员工工作热情，为优质服务提供人力资源保障

1. 信守对员工的"六项公开承诺"

北京石油对员工提出"六项公开承诺"：进一步提高员工主人翁地位、完善员工基本薪酬正常增长机制、逐步改善员工工作环境、认真落实困难员工帮扶制度、不断提高员工综合素质、促进员工实现自我价值。通过认真兑现和履行对员工的承诺，北京石油努力打造"机关服务一线、一线服务顾客、顾客认同企业"的工作格局，树立窗口领域的一面旗帜，实现顾客与员工"双满意"。

2. 落实员工权利和惠民政策

在具体工作上，一是积极建立并完善职代会、企务公开等员工民主管理体系，保障员工民主权利。二是开展"改善经营管理建议"工作，激发员工创造力，参与企业经营管理。

三是开展"比学赶帮超"工作,通过"比",认真查找管理短板;通过"学",提高管理水平;通过"赶",缩短与先进的差距;通过"帮",实现共同进步;通过"超",切实争创一流。四是强化队伍建设,提供员工成长渠道。五是持续建设改造,改善员工工作、学习和生活环境,开展了以加油站"五小建设"为主要内容的员工关怀活动,在加油站建设完善了小食堂、小浴室、小药箱、小阅览室和员工宿舍等基础设施,为员工创建了温馨、舒适的工作、学习和生活环境。推行劳务工加入工会,提高劳务工对企业的归属感。逐步提高一线员工伙食补贴,与专业餐饮公司合作,利用专业餐饮公司网点就近送餐,基本解决了没有食堂的加油站员工的吃饭问题。推进油库、加油站菜篮子工程,自给自足,绿色环保。

三、成品油销售企业提升顾客满意度的服务管理效果

（一）顾客满意度持续攀升

通过加强对顾客的服务管理工作,加油站管理和服务水平得到持续提升,"神秘顾客"对加油站服务评价得分一直呈总体上升趋势,由2008年年中的81.3分稳步上升到2011年底的92.1分。此外,根据专业市场调查公司对顾客满意度问卷调研的结果,北京石油加油站顾客满意度从2008年年中的76.5分逐步攀升到2011年底的86.6分,呈现出逐步上升的良好态势。

（二）树立了良好的品牌形象

通过加强对顾客的服务管理,中国石化北京石油的品牌形象得到了有效提升。2008奥运期间,北京石油有4个集体、57名个人受到北京市国资委、环保局、统战部、工会、团委和妇联等部门的表彰奖励,公司被环保部授予"先进集体"称号。国庆60周年期间,有3个集体、5名职工受到国务院国资委和北京市国资委的表彰,北京石油被北京市政府授予"新中国成立60周年庆祝活动安全生产保障工作先进单位"称号,被首都国庆60周年群众游行指挥部授予"优秀组织单位"称号。"十一五"期间,员工自动自发募集各类善款91.7万元,向汶川和玉树地震灾区、南方雪灾民众及公司重病员工献上自己的一片爱心。

（三）实现了显著经济效益

通过加强对顾客的服务管理,促进了北京石油经营管理水平的全面提升,企业经济效益逐步提升,市场竞争力显著提高,为构建一流企业奠定了坚实基础。2011年,北京石油公司完成油品经营总量620万吨,完成非油品营业额3亿元,实现报表利润9.74亿元,油品营业收入达到462亿元,上缴利税14.2亿元。

（成果创造人：刘雄华、赵振生、孙伟菁、李　宏、贾文利、
朱汪友、李秀娟、华　磊、蒋文定、张学博）

绿色发展与和谐管理

构建和谐矿区的"两区改造"项目管理

大同煤矿集团有限责任公司

大同煤矿集团有限责任公司(简称同煤集团)现有矿井73座,分布在山西和内蒙古,东西跨度300多公里、南北跨度600多公里的区域内,煤田面积6157多平方公里,总储量892亿吨。企业成立63年以来,累计生产煤炭21亿多吨。2011年同煤集团煤炭总产量完成11536万吨,煤炭总销量9876万吨,实现净利润216589万元,主营业务收入完成1071亿元,已经成为一个跨地区、跨行业、跨所有制、跨国经营,以煤为主,电力、煤化工、冶金、机械制造、建筑建材、物流贸易、文化旅游等多业并举的特大型综合能源集团。

成果主创人、公司董事长张有喜(右一)在井下工作

一、构建和谐矿区的"两区改造"项目管理背景

(一)落实国家构建和谐社会重要战略部署的需要

由于历史原因,我国的煤矿区存在着大量的采煤沉陷区和棚户区。所谓采煤沉陷区,是指由于地下采煤扰动导致的地上及其附近土地的沉降和变形形成的区域;棚户区,是指企业部分职工在煤矿周边自建的临时性建筑或简易住房。因此治理采煤沉陷区和棚户区,从根本上改善矿工居住条件和矿区面貌,对于建设和谐社会,推动社会文明进步,都有着十分迫切的现实意义。

同煤集团以采煤沉陷区综合治理和棚户区改造(简称"两区改造")工程大项目管理作为重要的工作抓手,使企业与员工共享发展成果,增强员工的幸福感和归属感,履行大型煤矿企业肩负社会责任,是落实党和国家构建和谐社会重要战略具体行动。

(二)煤矿企业可持续发展的迫切需要

"资源节约型、环境友好型"两型矿区是资源型企业的建设目标,其核心内涵是节约资源,使人类的生产和消费活动与自然生态系统协调可持续发展。煤矿企业作为资源型企业,长期以来矿区的经济发展以追求数量增长为发展目标,带来了矿区生态环境和居民生活环境的污染和破坏。所以,"两区改造"是煤矿企业治理矿区生态环境、改善矿工居住条件、提高生产积极性、实现建设"两型"矿区目标的内在需要。

(三)提高员工生活质量水平,共享企业发展成果的需要

"两区改造"问题一直是我国煤矿企业面临的社会管理难点。多年来,同煤集团把不断提高员工的生活质量作为"做强同煤"的出发点和落脚点,全面启动"造福员工"系列工

程,解决"两区改造"问题成为几十年来同煤集团历任领导和员工的梦想。"两区改造"大项目,将社区管理和服务功能向棚户区居民延伸,真正将"共同富裕"、"共同发展"落到实处,这是提高员工生活质量水平,共享企业发展成果的需要,也是涉及煤矿职工切身利益的一项民心工程。

二、构建和谐矿区的"两区改造"项目管理内涵和主要做法

同煤集团在建设和谐矿区目标的指导下,以社会责任、劳资关系和民心工程为和谐矿区建设的三大特色,对"两区改造"项目进行科学的规划设计,设置严密的组织结构,制定合理的管理与监控制度,创建有效的资金筹措方式,实施严格的施工管理和质量监控,保证了项目的顺利实施和完成,实现经济效益、社会效益和生态效益的和谐统一,促进了"两型矿区"建设目标的实现。主要做法如下:

(一)科学制定"两区改造"项目规划

树立国家、企业、员工共同发展的和谐矿区整体发展理念。同煤集团始终坚持"以人为本"核心价值观,树立和谐矿区发展的整体发展理念,以"共同富裕"为目标,使国家、企业、员工得到共同发展,共享企业发展的成果,构建和谐矿区。

提出"建设新同煤,打造新生活"的发展目标。同煤集团明确发展思路、突出发展重点,营造公平正义、风清气正的工作环境,建设团结务实、勇于担当的干部队伍,形成管理创新、决策民主的运行机制,创建廉洁奉公、和谐稳定的良好局面,坚持关爱员工、惠及民生的根本宗旨。

同煤集团对"两区改造"大项目进行科学规划设计。项目选址:距集团所在地和电厂较近的新平旺南郊奶牛场,便于供电、供水;交通便利,利于建立交通网络,实现 20 万职工的通勤。

工程计划投资达 97.37 亿元,建设规模达 815.38 万平方米;规划用 3～5 年的时间,彻底解决 10.99 万户 30 万员工及其家属的居住条件;工程分三期建设,其中一期工程从 2006 年 4 月 17 日动工,到同年 11 月 20 日,373 栋新楼房主体交工;二期工程建成住宅 1275 栋,解决 6 万余户的住房问题 2008 年完成;三期工程建造 49165 户,2012 年完成。

(二)建立科学完善的组织机构

2006 年,国家发改委正式批复了大同矿区采煤沉陷综合治理项目,同年 2 月同煤集团党政决定调整"两区"治理改造工程领导机构,由副董事长、总经理任"两区"治理改造工程领导组组长,由副总经理任"两区"治理改造工程指挥部总指挥。两区治理改造领导小组制定"两区"改造的专门例会制度,由两区改造领导小组和"两区"指挥部成员参加,每月召开一次例会,研究解决"两区"改造的具体问题。

成立"两区"建设指挥部。指挥部负

文嬴湖新区

责两区工程的前期准备、新区住宅楼建设施工、住宅分配等问题,设置包括总指挥1名,副总指挥2名,总工1名,副总工1名,职能部门包括工程部、技术部、财务部、售房(负责门面房销售)、市场部,行使其工程项目管理、施工技术和融资、面房销售等管理职能。

"两区改造"拆迁安置工作与职工利益密切相关,为此成立"两区改造"拆迁安置工作领导组,由集团领导担任组长,成员包括各部门负责人,下设方案制定、宣传、纪检监督、职工代表监督、信访治安、资金六个小组及办公室,办公室设在房地产管理中心。

成立专门的部门作为该项工程的具体责任者,即"两区改造"住房搬迁工程建设总公司,直接负责工程融资、投资、设计方案的确定、招投标、"两区"拆迁、房屋安置工作。

(三)开拓多元化融资渠道,拓展新型融资模式

"两区改造"工程规模前所未有,投资巨大,资金缺口大,对资金筹措和资金运作的要求很高。同煤集团"两区改造"工程中拆迁安置的居民达10万户、30余万人,棚户区和采煤沉陷区各占一半,统一拆迁、统一安置。棚户区改造工程的资金筹措方案是根据《大同市国有煤矿棚户区改造实施方案》规定,按照省市的安排从四个方面具体筹措资金,即所谓的"四三二一工程",其中,"一"是指住户承担40%,每平方米约480元,主要是建设成本;"二"是指同煤集团承担30%,每平方米360元(包括征地补偿费或者拆迁成本,约占总投资的12.5%;小区内社会设施的配套费,约占总投资的12.5%;上缴税金、小区外的配套费中除政府承担以外的部分,约占2.5%;其余2.5%为减免的营业税等其他税费,不足部分由新建小区内的商业用房销售收益弥补);"三"是指省政府承担20%,主要是其他未能减免的各种税费和每户按60平方米、每平方米200元补助的建设成本;"四"是指大同市政府承担10%,即每平方米120元左右,主要是小区内外的配套建设费。

(四)制定并告知"两区改造"拆迁安置政策

1. 确定实事求是的原则,前期调查摸底

对"两区改造"现状和住户情况的摸底调查、开工手续办理、工程招投标工作、住宅建设与住房分配和物业管理是"两区"工程建设的主要内容。通过设立完善的组织机构和制定科学的管理制度以确保"两区改造"工程建设的顺利推进和完成。

2. 出台"两区改造"工程实施的系列管理文件

围绕"两区改造"工程建设先后出台相关的制度以规范工程建设和实施,包括《同煤集团棚户区改造、采煤沉陷区住房搬迁工作组织机构意见和棚户区改造实施方案》、《大同煤矿集团有限责任公司采煤沉陷区综合治理、棚户区改造拆迁安置实施办法》以及关于工程招标工作的《同煤集团恒安小区建设工程招标管理办法》、《同煤集团恒安小区建设工程监理管理办法》、《同煤集团恒安小区建设工程竣工验收标准与管理办法》等文件,对工程涉及的搬迁安置工程、建设工程招标、竣工验收环节进行科学管理。

3. 制定拆迁安置和住房分配政策

第一,明确"两区改造"范围。采煤沉陷区综合治理拆迁范围是以2004年国家发改委核准的搬迁区域为准,包括采煤沉陷区内房屋受损程度为C、D级住房、一氧化碳溢出的区内住房。棚户区改造拆迁安置范围以2006年4月底前摸底调查限定的同煤集团已征土地区域为准,包括棚户区内的公有平房和自建房,以及采煤沉陷区内房屋受损程度

为 A、B 级的员工住房。

第二，制定"两区改造"拆迁安置价格。"两区改造"拆迁安置价格分为采煤沉陷区拆迁安置价格和棚户区改造拆迁安置价格两类，其中，采煤沉陷区安置价格是由实际成本与国家发改委核定的新建住宅楼的成本价差和个人出资额两种因素确定；棚户区改造拆迁安置价格由个人按照实际成本价出资比例确定。

第三，制定公平合理的房屋分配政策。由"两区"建设工程指挥部向房地产管理处提交已建成房屋信息的电子版，交接完成后，正式进入房屋分配阶段。房地产管理处以"公平、公正、公开"原则，根据矿工家庭经济条件、工伤、健康等状况，尤其注意对企业员工中弱势群体家庭的保护，制定科学合理的房屋分配方案。

第四，制定拆迁安置住户资格核实流程。核实工作是拆迁安置公平有效开展、维护广大矿工权益的保障，为此制定一套计算机软件和人工相结合的审核流程。在调查摸底的基础上，开发一套审核软件，建立完整的数据库。在计算机审核的基础上，再进行人工核实验证，然后进行公示，公示期之后，对无异议的的住户收取预收款。

第五，进行拆迁安置政策宣传与告知。利用电视、广播、报纸、专栏、搬迁会等各种宣传工具和策略，对党政联席会通过的《集团公司"两区改造"拆迁安置实施办法》、《"两区改造"拆迁安置实施办法补充规定》和《"两区改造"拆迁安置实施办法补充条款》进行规范深入地宣传，发放 2 万多册政策宣传册，平均每户 1 份，在短短的一个月内便做到了家喻户晓、人人皆知。

（五）严格规范工程实施，有效控制工程质量

1. 制定规范严格的工程招投标管理程序

工程从勘查、设计任务招标投标开始，就严格按有关规定执行和运作。为加强招标工作管理，进一步规范招标程序，提高招标质量。为保证工程建设质量，向社会公开招标确定合格的施工单位。制定包括招标准备、资格审查、编制和发售招标文件、现场踏勘、投标预备会、编制和递交投标文件、组建评标委员会、开标、评标的完整的招标管理程序。整个工程的勘察、设计、施工、监理、主要材料和设备的采购都公开招标完成，通过规范操作，引入一大批技术过硬、业绩优良的承建单位。

2. 实行准军事化管理，严格管控工程质量

同煤集团实行准军事化管理。工程开工前后，先后多次召开会议，倒排工期，盯住进度，发现问题，及时解决。2006 年 4 月 17 日工程一奠基，指挥部立即进入准军事化管理状态，要求全体人员两部手机，保持 24 小时昼夜开通，随时联系解决工程中遇到的各种问题。此外，指挥部还积极与当地村、乡、区联系、沟通、协商有关事宜，得到充分理解和支持，保证工程进度，为快速、高效地完成项目打下良好的社会基础。

在施工过程中，工程指挥部把工作的重心放在质量的监管和控制上，采取一系列措施和手段，严把主要材料的选用和质量关，狠抓现场管理和工序控制，工程开工以来，总指挥每天早六点都要带领有关人员赴各工地检查，及时发现问题、解决问题，并且将每旬召开的施工单位和监理单位的例会改在了施工现场，通过现场观摩、座谈交流、检查评比等多种形式，解决大量的施工通病和技术难题。

3. 以制度、责任和感情融合工程三方，实行精神与物质激励

实行奖惩分明的物质激励。"两区改造"工程指挥部对来自15个省、市的23家施工单位及5个省、市的12家监理单位实施现场跟踪服务,将出现的各类矛盾和问题及时解决在现场。设立工期奖"抓质量、保安全、选样板、树典型",对施工质量样板工程和优秀监理公司分别给予1万元和5000元的奖励,对未完工期要求的29栋楼共罚款58万元。评选出来的优秀队伍可直接进入"两区改造工程"二期工程。

开展人性化的情感激励。通过会议介绍和实地参观,让工程建设的参与者认识到"两区改造"矿工的恶劣的生活环境和居住现状,使一期工程的施工工程在不到3个月的时间就进入封顶状态。

(六)以"五化"为目标,进行"两区改造"环境改造

同煤集团按照"建设碧绿秀美矿山,造福煤海员工家属"的生态环境治理总目标,提出"矿在园中、居在景中、路在林中、人在绿中"的总体构想。制定"两区"造林绿化的新标准:井下标准化、地面园林化、道路林荫化、园区景观化、社区宜居化(即"五化"),2006~2011年累计投入专项资金8.4亿元,"两区改造"拆迁生态恢复工作全面展开,志愿者广泛开展"百点千林美家园"主题活动,大范围开展义务植树活动,建设了一批示范绿色景点和绿色工程。实现了对搬迁后腾出来的土地"拆一片,绿一片,退居还绿",目前已使9座废弃的矸石山重披绿装。

(七)广泛动员,全员参与小区建设和社会管理

1. 建立党政工团大行动长效机制,完善小区生活居住功能

同煤集团在恒安新区开展"党政工团大行动,环境治理献爱心"活动,由17个生产矿对恒安新区15个住宅小区实行包区负责,对存在的问题进行集中治理,全力完善小区功能、提升生活品味,努力构建环境优美、管理有序、服务完善、文明和谐的新型小区。出台加强环境治理长效机制管理办法,各生产矿与恒安新区的15个居民小区建立长期结对帮扶机制,全力为居民打造幸福家园。

2. 实施精细化物业管理,促进小区和谐发展

针对建成后的居住小区的物业管理,组建堪称"中国最大的物业管理公司"——鹏程物业管理公司,为非营利性物业管理公司。小区物业管理费向居民收费标准是每平方米0.3元,而物业公司要正常运营,开支最低需要每平方米0.7元。同煤集团每年补贴物业管理费用的差价4000万元,承担了这个社会责任。鹏程物业管理公司以建设和谐居住小区为目标,以精细化物业管理为手段,提出"六大家园"和"六大中心"物业服务管理理念,并开展多方面的文化娱乐活动以丰富小区居民的精神文化生活。

三、构建和谐矿区的"两区改造"项目管理效果

(一)按时、保质、保量地完成,实现了"两区改造"建设目标

通过"两区改造"大项目的科学管理与辛勤建设,按时、保质、保量地完成与实现了"两区改造"建设目标。建成的"恒安新区"是同煤集团历史上,也是我国煤矿企业中投资规模最大、建设规模最大、受益人数最多的矿工居民新区,累计投资达143亿元,建设面积达815万平方米,楼房1700多栋,超过同煤集团成立57年以来建设的职工住房面积总和;这一项目的实施解决了10.9万户30万矿工及其家属的住房问题,使他们彻底告别低矮简陋危险的棚户区和沉陷区,住进宽敞明亮的新楼房。这项全省、全国最大的集中

联片改造项目,经过六年的建设,在大同矿区已形成一个全新的智能化、现代化、人性化的"卫星城"——恒安新区。

(二)综合治理成绩显著,促进实现"两型矿区"的建设目标

"两区改造"项目通过对搬迁后的采煤沉陷区和棚户区进行综合治理改造,对改造区内进行荒山造林,新增绿地面积423万平方米,绿化总面积达858万平方米,绿化覆盖率由2006年的22%提高到目前29.5%,累计建成95个市级园林化达标景区。通过资源综合利用电厂热电联产,解决矿区550万平方米集中供热,替代燃煤锅炉240多台,每年减少二氧化碳排放量4320吨、减少烟尘排放6900吨、节约标准煤70万吨,日节水1.2万吨。经过初步估算,目前通过"两区改造"治理可以解放压煤数量约为13亿吨,增加了储量储备,有力地支持了同煤集团的可持续发展。

(三)提高员工生活质量,使矿工共享建设成果

恒安新区绿化覆盖率达到了32%;居民的生活供水、排水系统健全;区内的道路照明,楼内的公共照明全部采用太阳能系统,统一安装了太阳能热水器,为职工的生活提供了便利;配套的学校、医院、商业、休闲等场所按现代城市设计理念进行科学布局、一应俱全,新区配套建成了2栋行政办公楼、幼儿园10所、小学6所,中学2所,其中恒安一中是国家基础教育质量监测点,也是大同市教育设施与师资条件较好的中学,使矿工子弟可以接受良好的教育,保证了下一代的健康成长;区内设有医院3所、商场5家、市场4处、大型文化休闲场所2处,各楼群分区中均建有中小型文化活动场所;区内的交通条件得到极大改善,配合大同市南三环西延全线通车,整修养护了6条路段。新区内健全的基础设施和配套设施极大地提高了员工生活质量。

(四)促进和谐矿区建设,社会效益显著

同煤集团"两区改造"大项目的建设与实施,践行了和谐矿区的发展理念和"建设新同煤,打造新生活"的发展目标,创建了大型煤矿企业"两区改造"大项目管理的新模式,大大提高了员工的生产积极性和企业凝聚力,促进企业生产的发展,提高了生产效率,同煤的生产经营取得了良好的业绩,2011年公司煤炭总产量完成11536万吨。这使同煤集团"两区改造"成为我国大型国有煤矿企业履行社会责任、参与和谐社会建设的示范样板。2006年同煤集团被评为"全国和谐劳动关系优秀企业",2009年被评为全国精神文明建设工作先进单位,连续3年在《煤炭行业企业社会责任报告发布会》做了典型发布报告。国内外多家媒体对此工程项目进行了报道,将"两区改造"大工程项目建设的工人新村——恒安矿工新村评价为我国最大的矿工新村,成为一座崭新的卫星城。党和国家领导人温家宝、贾庆林、李克强等到访施工现场和恒安新村,对"两区改造"大项目进行社会管理的模式给予了充分的肯定。

(成果创造人:张有喜、郭金刚、刘　敬、王　宏、张忠义、于　斌、张存建、李永平、郭秀锦、李景中、郭小元)

实现可持续发展的火电企业节能改造管理

上海外高桥第三发电有限责任公司

成果主创人：公司总经理冯伟忠

上海外高桥第三发电有限责任公司（简称外三）于2005年成立，由申能股份、国电电力和上海电力三家上市公司按4：3：3的比例出资，注册资本18.3亿，装机两台1000MW超超临界机组，是上海电网乃至华东电网的主力机组，承担着上海的能源安全、保障民生的重要责任。

外三在科技创新、节能减排、技术经济指标方面创造了诸多世界记录，在国际火电技术领域具有领先地位。2011年外三发电125亿千瓦时，资产总额达81.3亿元，是目前国内单机容量最大、运行参数最高的燃煤发电公司。2011年实际运行供电煤耗达到276.02克/千瓦时，仅相当于我国火电厂平均煤耗的82%，连续第4年大幅刷新自己保持的世界能耗最低纪录，也是国际上率先冲破280克/千瓦时最低煤耗整数关口的电厂，为中国在世界火电领域上树起了标杆。

一、实现可持续发展的火电企业节能改造管理背景

（一）实现国家战略规划的需要

国家"十二五"规划指出"坚持把建设资源节约型、环境友好型社会作为加快转变经济发展方式的重要着力点"。"节约资源"和"保护环境"将作为国家可持续发展的基本国策，实现能源、经济、环境三者之间兼顾现实和长远利益的协调发展。"十二五"时期是中国深化改革开放、加快转变经济发展方式的攻坚时期，也是外三逐步进入稳健发展、管理模式逐步成熟的关键时期，深刻认识并准确把握国内外形势新变化、新特点，科学制定"十二五"规划，对于继续抓住和用好公司发展的重要战略机遇、促进公司平稳较快发展，具有十分重要的意义。

（二）火电行业节能减排的需要

"十二五"时期电力供应格局变化较大，国家将加快推进西部和西南部的大水电、西部和西北部的大煤电、东中部的大核电三大电力基地建设。煤电仍是主力电源，但比重下降到65%，水电、核电和新能源份额将得到提升。外三作为煤炭资源完全依赖外部调入的火力发电企业，煤炭费用占据成本的70%以上，可持续发展的节能改造系统管理工作尤为重要。

（三）增强企业市场竞争力的需要

"十二五"期间受全球通货膨胀影响，市场经济形势严峻，外三是一个新企业，背负着

巨大的工程贷款,给公司财务成本带来沉重负担。通过节能改造,降低公司运行能耗和成本,将实现公司利润的增加,减轻企业财务负担。

在低碳经济背景下,煤炭开采、加工、消费将会受到越来越严格的税收政策限制,作为高耗能、高排放产业,未来火电企业将面临较重的经营压力。外三积极节能改造管理是企业增强市场竞争力的自身需要。

二、实现可持续发展的火电企业节能改造管理内涵和主要做法

外三以树国际火电领域能耗标杆为目标,以节能改造技术标准为核心,以能源服务管理标准为支持,以研发工作标准为保障,开展节能改造系统管理;通过观念创新,形成以"和谐、敬业、进取、创新"为核心价值观的创新文化;充分挖掘现有设备及系统设计等的节能潜力,采用制度加科技的方法进行节能改造工作;通过实施技术创新,研制、开发出"超超临界机组系统综合优化和节能降耗关键技术"、"零能耗脱硫"等一批具有国际先进、国内领先水平的发电技术,为中国在世界火电领域树立新的标杆。主要做法如下:

(一)以节能减排为历史使命,实施"中国创造"战略

火电行业是传统能源行业,外三作为火电行业的领军者,始终认为节能减排是火电企业最大的使命,创新是火电企业节能减排最好的途径,并且积极响应国家的"十二五"规划,坚持走中国特色新型工业化道路,确定以"依靠科学管理、技术创新,实现节能减排,在世界电力领域不断推出'中国创造',把企业做强"作为发展总战略,充分发挥拥有多项专利技术、技术指标国际领先的优势,通过已逐渐形成的科学规范的管理体系,引领世界火电绿色环保技术,从而为我国的节能减排事业作出新的贡献。

外三根据国家战略规划与上级单位申能股份战略规划的指导思想,形成了"5年战略、3年规划、1年计划"的战略决策系统,围绕"节能减排、科技创新"的总体要求,创建世界火电企业标杆。

(二)以技术攻关为手段,推进节能改造系统管理

外三有针对性地开展20多项重大创新项目,涵盖系统设计优化、设备改进、节能设备发明、机组启动和运行方式及控制策略的优化和创新等,充分挖掘主要生产运营过程中的节能潜力。

1. 围绕"节能减排、科技创新"目标,提出技术攻关的方案

第一,以技术攻关承包的方式实施技术改进。对于有一定难度的技术改进主要由研发部门牵头立项实施。在确定项目方案时反复斟酌,通过详细精确的理论论证与模拟仿真实验,确保项目的可行性与节能环保效益,寻求经济、安全、可靠的科技创新项目。

第二,自主创新课题研究。煤电企业有许多技术瓶颈问题,长期制约着发电效率。外三针对这些问题,开展一大批自主创新课题研究。比如:通过科学论证大胆

国内首台安装脱硝系统的百万机组

提出广义回热技术，这是对传统热能动力回热理论的一次突破，进一步拓宽回热抽汽的应用领域，在提高空预器运行安全性的同时，亦提高了机组的运行效率。该技术的研发成功，降低机组运行煤耗2克/度以上，折合年节标煤2.2万吨。

第三，开展集成创新。如管道的蒸汽侧氧化及汽轮机叶片固体颗粒侵蚀是超（超）临界机组面临的特有问题，并已经困扰国际发电技术领域几十年，外三针对其产生的机理进行全面和深入的研究，研发一整套蒸汽氧化和固体颗粒侵蚀综合治理的系列技术，涵盖系统设计、设备选型、施工及调试以及控制和运行方式等方面的一系列改进和集成创新，彻底根治了这一困扰了世界超临界技术领域几十年的"癌"症。

第四，开展产学研合作。在研发过程中，与上海电力学院、华东电力设计院等11家高校和研究设计院建立起长期的产学研合作关系，运用"支部共建、信息共享、风险共担、利益共赢"的方法，与各方建立合作共赢的伙伴关系，形成良性循环的供应链、生产链、科研链，为公司的技术水平提升提供了平台。如回转式空预器密封不良导致的漏风会增加大量的风机电耗，同时由于换热效率的下降导致锅炉效率的降低，是个世界性难题。经过深入研究和同科研所合作，为其专门设计并加装独创的全向柔性密封装置，有效地解决了漏风率，厂用电大幅下降，创世界最好水平。同时，空预器换热效率的改善，提高了锅炉效率，全年节能效益相当于4万吨原煤。

第五，系统设计优化，降低设备运行成本，提高设备安全可靠性。外三发电机组等主设备是由上海电气和德国SIEMENS和Alstom公司联合设计制造，系统设计由国内设计院负责，因此在系统的优化创新上有潜力可挖，如在分析总结国外先进电厂设计和运行经验的基础上，在国内首次采用100%容量汽动给水泵，不设电动给水泵，简化系统，降低投资约1亿元，提高运行效率，每年节煤约1万吨。同时自配凝汽器，可单独启动，大大降低了机组启动费用。由于操作简单，运行可靠性高，自第一台机组并网以来，从未发生一起因给水泵故障造成的机组停运。

第六，优化和创新机组启动和运行方式。以锅炉的节能启动系列技术为例，包括不启动给水泵、静压状态下的锅炉上水及不点火的热态水冲洗技术；直流锅炉蒸汽加热启动和稳燃技术；取消炉水循环泵的低给水流量疏水启动技术；汽动给水泵组低速启动及全程调速运行技术等。这些技术大幅度减少了点火和助燃用油，用煤、用汽及用电等各项能耗，显著缩短了启动时间，也大大提高了机组的启动安全性。机组冷态启动，从点火至并网，仅需108分钟，缩短了2/3以上。耗油＜20吨，耗电＜8万度，包括加热蒸汽在内的综合能耗＜200吨标准煤，综合启动费用仅相当于传统方式的1/6。

第七，研发节能设备，使企业能耗水平数量级下降。如研发"零能耗"脱硫的系列技术，生产出烟水换热器节能设备等，实现"零能耗"脱硫的目标。

2. 立足"标准化、制度化"，组织确保方案的实施

外三的节能改造严格按照"制订改进计划、落实改进措施、评价改进成果，实现知识共享"四个步骤递进展开，确保战略管理层、系统管理层、操作执行层三个层次的节能改造过程改进。按照"PDCA"的运行方式和人、机、料、法、环资源配置确认方法，对节能改进计划中的改进项目落实资源，实施措施，并进行检查测量。

首先，建立节能减排标准体系。外三在落实年度计划，制定具体可操作可量化的指

标时,明确对节能改造等主要价值创造过程的要求,建立以技术标准、管理标准和工作标准为主要内容的节能减排标准体系;以标准化手段促进节能改造工作的基础,组织制定主要设备节能、节电、节水、废弃物回收与再利用等标准,完善清洁生产审核标准和污染物排放标准等技术规范,推行绿色电力企业标准体系,逐步建立覆盖各领域的节能环保标准体系;编辑《设备节能改造管理标准汇编》,包括《设备节能改造管理标准》、《设备节能改造过程质量控制标准》、《安全和质量旁站监验制度》、《项目责任制管理办法》等17项制度。

其次,构筑技术创新和绿色发电基础。外三把发电技术改进同环保降耗相结合,构筑技术创新和绿色发电基础。以节能创新为主线,5年内先后成功研发"零能耗脱硫"技术、"节能型高效除尘"技术、"节能型全天候脱硝"技术等18项节能关键技术,其中12项为世界首创,其他6项国内首创,获得专利授权10项。

3. 建立总结机制,实现知识管理及经验共享

外三始终坚持通过内部知识和外部知识的积累、整合和应用,加快节能技术改进创新和科学管理的进程。

第一,促进知识的有效管理。为加强对知识的有效管理,专门制定《档案管理标准》、《生产技术档案管理标准》、《报刊杂志订阅管理制度》、《知识产权管理标准》、《QC小组管理标准》等管理制度。对知识的管理专门设有档案室,负责组织建立知识管理体系并建立计算机管理知识库,对知识的识别、整理、分享、应用、总结和创新进行管理。

第二,开展知识的收集、整合。各职能部门按照知识分类分别收集、整合来自公司内部的知识,实施规范化管理,目前拥有管理标准、工作标准和技术标准312项,获得专利授权12项,先后获得"国家科技进步二等奖"、"上海市科技进步一等奖"、"上海市发明创造专利"等,被评为"高新技术企业"。

第三,推动知识的全面共享。通过收集、传递、整理内外部的知识,经相关专家评审,成果发布评审,确认集成,形成文件载体的固化知识,有的供内部员工培训共享,有的通过授权供相关方分享。确认后的知识一般通过信息网络、会议传达、发文等形式传递给公司领导至各级员工以及外部供方、顾客、合作伙伴,实现知识的全面共享。

(三)对节能改造项目实行"三零五化"精细化管理

外三全面推行节能改造项目"三零五化"精细化管理,以"零缺陷、零事故、零浪费"为目标,以"科学化决策、流程化运作、精细化经营、集约化生产、信息化控制"为抓手,促进企业节能管理创新。"三零五化"精细化节能改造管理通过目标细化、制度完善、量化考核、组织实施四个步骤开展,并在实施过程中不断改进。

(四)以人为本,培养技术创新的人才队伍

围绕战略目标制定人力资源发展规划,致力于构建以人为本的人力资源开发和管理系统、激励机制、员工培训与教育体系,致力于构建1+1+1>3的管理体系,即发挥培训、人事、薪酬的合力,打造了解外三、运行好外三、维护好外三、管理好外三的科技创新的人才队伍。

关注员工创新意识的培养,引导职工认识到在具体工作中自己肩负的历史使命和社会责任,努力将他们的思想和认识统一到"引领技术升级、创造绿色电力、点亮优质生活"

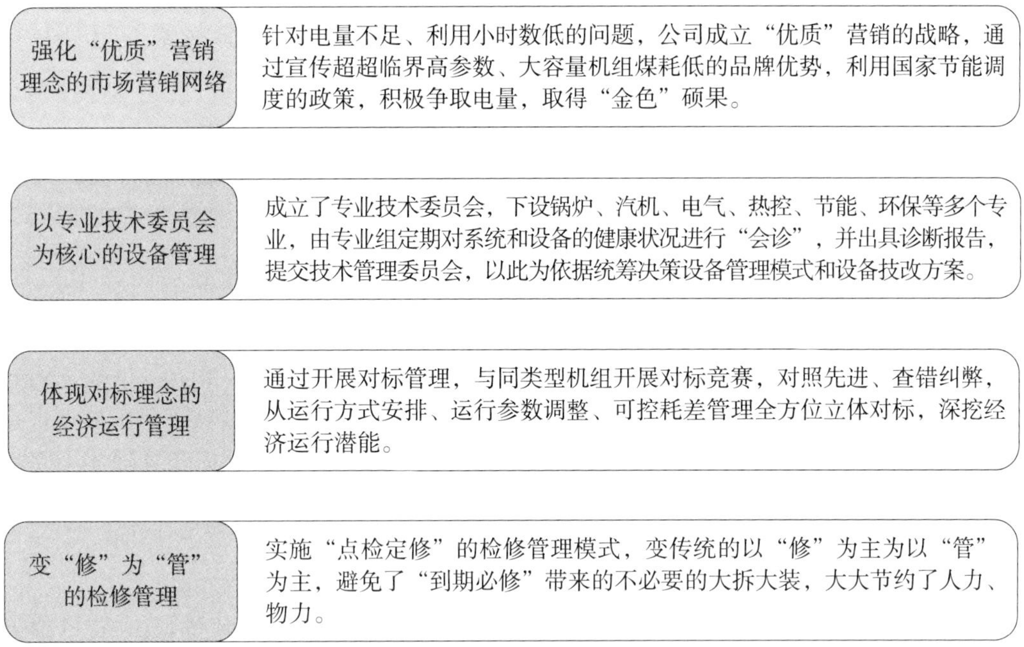

强化"优质"营销理念的市场营销网络	针对电量不足、利用小时数低的问题，公司成立"优质"营销的战略，通过宣传超超临界高参数、大容量机组煤耗低的品牌优势，利用国家节能调度的政策，积极争取电量，取得"金色"硕果。
以专业技术委员会为核心的设备管理	成立了专业技术委员会，下设锅炉、汽机、电气、热控、节能、环保等多个专业，由专业组定期对系统和设备的健康状况进行"会诊"，并出具诊断报告，提交技术管理委员会，以此为依据统筹决策设备管理模式和设备技改方案。
体现对标理念的经济运行管理	通过开展对标管理，与同类型机组开展对标竞赛，对照先进、查错纠弊，从运行方式安排、运行参数调整、可控耗差管理全方位立体对标，深挖经济运行潜能。
变"修"为"管"的检修管理	实施"点检定修"的检修管理模式，变传统的以"修"为主为以"管"为主，避免了"到期必修"带来的不必要的大拆大装，大大节约了人力、物力。

图 1 "三零五化"精细化节能改造管理的具体做法

这一企业使命上。

公司领导带头学习，主动跟踪其他企业的成功经验和国内外最新的火电技术，积极为员工搭建学习和发展平台，通过后续学历奖励制度、签订师徒合同一对一带教、发电部人才梯队建设、设备管理部一岗多能、燃料部全能值班员培训等机制，鼓励员工学以致用，并根据学习考核情况，为员工提供适合的发展空间，每年的培训人次均在 1000 人次以上，平均每人每季度至少参加 1 次学习培训。

成立技术研发中心，为技术人员的创新实践提供平台。落实科技创新奖励预算，以《工程考核奖励办法》为基础，建立企业创新激励机制，重点鼓励技术人员的节能减排工作，对取得成果的技术人员进行嘉奖。在优秀职工的评比中，将节能减排、科技创新工作的表现纳入评选条件，尽可能向参与一线节能和创新工作的职工倾斜。注重通过第一时间的宣传报道，充分肯定和鼓励为节能工作做出贡献的职工。同时，以 18 项创新项目作为平台，向技术人员压任务，让他们在实际的创新工作中刻苦钻研、反复思考、获得提高。

(五)运用多种方式评价改进活动成果

1. 技术改进评价

技术改进(技术攻关)项目的评价，由外三组织内、外部专家组成评审委员会进行评审。有创新意义的技术改进科技成果，申报上海市或国家科技成果评审委员会进行评审。完成情况纳入对各部门的绩效考核体系，每年实施对改进成果的表彰和奖励。

技术改进的评价方法有：一是根据技术标准，公司内部进行监测、试验、定型、投放、应用评价；二是委托国家认可检测机构的第三方抽样测量评价(如中试所、中电联)；三是委托顾客测量、评价；四是上级公司、兄弟单位检查评价；五是公司组织专家进行评审；六是申报上海市或国家进行评审,如《超超临界机组蒸汽氧化及固体颗粒侵蚀预防系列技术等综合优化关键技术研究及应用》项目,在上海市科委主持召开的评审会上,由中国工程院院士秦裕琨领衔的7人专家组进行3天的全面评估,后一致认为:为今后我国百万千瓦机组的建设起到了极好的示范作用,该课题成果达到国际领先水平。

2. 管理改进评价

每年通过"三零五化"管理改进专题评审以及"QHSE"管理体系的内审、外审和管理评审活动,检查评价管理体系改进活动的有效性。

管理改进的评价方法有:内部审核评价,管理评审,外部认证机构审核评价,"三零五化"管理评价。例如,外三建立质量、环境、职业健康安全的整合型管理体系,每年通过ISO9001、ISO14001、GB/T28001认证复审;建立社会责任管理机制,由上海市委托的第三方机构进行现场评价;环保方面由上海环保局组织的外部专家通过长三角国控重点企业环境行为评价为最高等级——绿色,并通过清洁生产认证;技术指标和管理体系每年由中国电力企业联合会认证中心组织权威认证发布,"三零五化"管理经专家评审荣获全国电力行业管理创新成果一等奖。

3. 群众性改进评价

对QC、合理化建议等改进活动通过成果发布,对改进效果进行评价,并对优秀成果进行奖励。

三、实现可持续发展的火电企业节能改造管理效果

(一)树立标杆,供电煤耗屡创世界记录

外三共取得了12项世界首创和6项国内首创重大技术创新,并拥有了11项发明专利和实用新型专利,使机组供电煤耗和厂用电率等主要技术经济指标屡创世界纪录,两台机组目前的煤耗,仅相当于我国火电厂平均煤耗的82%,现有两台蒸汽温度600℃等级机组的效率水平,已与国际上正在研发中、并计划在10年后投入商业运行的下一代蒸汽温度700℃等级高效超临界机组的期望效率相当。外三单位发电煤耗从2008年的287.44(克/千瓦时)到2011年的276.02(克/千瓦时)下降11.42克/千瓦时,与国内最优机组相比,每年可进一步节约动力煤23万吨,减排二氧化碳48万吨、二氧化硫约0.36万吨、烟尘2.85万吨。

通过坚持不懈的努力,外三保持了在发电运行技术和绿色火电领域的国际领先地位,为全国火电厂唯一的高新技术企业,西门子公司在全球火电广告中以外三为标杆。美国《华尔街日报》2010年3月在报道外三时称,"世界最高效的燃煤发电厂在上海"。

(二)经济和社会效益显著,行业地位领先

在2011年煤价高涨,全国火电厂普遍亏损的形势下,外三作为新建电厂,在承担贷款利息达3亿元情况下,税后利润仍达2.9亿元,单位售电成本为0.324元/千瓦小时,上海行业平均水平为0.361元/千瓦小时,创上海地区最好业绩。

随着电力市场所占份额的增加公司发电量逐年上升,营业收入上涨了13.45%;机组脱硫脱硝减排获得的政府节能奖励从2009年的733万元上升为2011年的1710万元,获得政府补贴的幅度上升了233%。利润总额、销售毛利率受燃煤价格高企的影响逐年成下降趋势,2009年的标煤单价较2011年934元/吨价格上涨了30%。受行业燃煤成本高

企的影响,变动成本逐年上升,销售毛利率、净利润均逐年下降。

2011年6月30日国家财政部财政动态以《外三燃煤机组节能技术改造潜力巨大》给予报道;2012年,上海市政府以21号文件下发上海市节能和应对气候变化"十二五"规划的通知,其中对外三供电煤耗达到世界领先水平给予充分肯定。

(三)行业示范意义重大

外三所研发的18项节能标准化技术,原则上都可应用于新建机组。而其中相当部分属于通用技术,性价比很高,综合节能率在3%以上,为进一步提升电力企业的节能减排水平,具有典型的示范带动效应。

外三先后荣获上海市科技技术一等奖、国家科技进步奖二等奖、高新技术企业、全国低碳经济示范单位、全国"十一五"节能减排先进集体、全国五一劳动奖章、国家优质工程金质奖、国优30周年经典工程、全国电力行业设备管理工作先进单位、上海市市长质量奖、上海市质量管理奖、全国质量奖等荣誉称号。

(成果创造人:冯伟忠、王利民、施 敏、王立群、刘礼祯、潘 峰、冯 琛、赵 恺、孙敦钢、朱耀庭、刘兴发、华 洪)

大型建材企业社会责任管理体系建设

中国建筑材料集团有限公司

中国建筑材料集团有限公司（简称中国建材集团）是国务院国资委监管的中央企业和我国建材行业领军企业，是拥有制造、科研、物流贸易和成套装备四大业务板块的中国最大的综合性建材产业集团，连续多年位居建材行业百强企业之首，2012年位居中国企业500强第51位。截至2011年底，资产总额2075.1亿元，员工总数12.6万人。骨干成员企业280余家，控股上市公司6家，包括2家海外上市公司。2011年实现营业收入1940.9亿元，利润总额158.5亿元，上交税金150.7亿元。

公司总部正门

一、大型建材企业社会责任管理体系建设的背景

随着经济全球化的深入推进和全球气候、环境、人权、贫困等问题关注度的提高，企业社会责任已经成为国际国内广泛关注的重要议题，成为企业竞争力的重要组成部分。利益相关方对企业履行社会责任要求越来越高，并且呈现标准化、刚性约束的新趋势，给企业履行社会责任提出更高的挑战。为了适应上述来自国际组织和非政府机构、政府和社会公众的压力，越来越多的公司，声明遵守UNGC、GRI、AA1000、SA8000等规范和标准，同时也着手制定本企业的行为规范，用来规范自身和供应商行为。

（一）满足利益相关方诉求的需要

我国《公司法》第五条明确要求公司从事经营活动时，必须履行社会责任；2008年1月，国资委发布《关于中央企业履行社会责任的指导意见》；2011年6月，国务院国资委再次强调，2012年，所有中央企业都要对外公布社会责任报告，并准备搭建一个央企社会责任的评价体系，促进央企履行社会责任。而且诸如《财富》和《福布斯》等权威商业媒体，在企业评比排名上，还加上了"社会责任"标准。

（二）提升企业核心竞争力和可持续发展能力的需要

企业不仅应该创造利润，对股东利益负责，还要承担对员工、消费者、商业伙伴、社区、自然环境等利益相关者的社会责任，包括生产安全、职业健康、保护劳动者的合法权益、提供安全的产品和服务、遵守商业道德、支持慈善事业、捐助社会公益、保护自然环境等。

企业社会责任的本质是在经济全球化背景下的一种新的企业治理结构。它是企业对其自身各种行为的约束，既是企业应该追求的宗旨和经营理念，又是企业用来约束企

业内部,包括其商业伙伴行为的一套管理体系。从长远来看,承担更多的社会责任,是企业提高自身竞争力的需要。企业良好的声望有助于吸引顾客、投资者、潜在员工和商业伙伴,从而增强企业的可持续竞争力。

（三）实施走出去战略、建立世界一流企业的需要

目前,企业社会责任问题已经与国际贸易问题、与海外直接投资紧密联系在一起。我国企业的海外贸易和产业转移,主要集中在中东、独联体、南亚、东南亚、非洲和拉丁美洲六大区域,中国建材集团要寻求海外发展,就必须树立全球视野,自觉履行社会责任,加强与当地政府、原住民、非政府组织等利益相关方的互动沟通,弘扬全球普遍认可的共同价值观,应对全球气候变化、能源供应、贫困、生态环境挑战等共同关注的问题,创造就业机会,带动当地经济和社会发展。积极履行社会责任,有助于有效利用全球资源提升可持续发展能力,有助于理解国际商业运行规律,获得国际社会的认可,参与全球竞争,树立起负责任的国际形象。

二、大型建材企业社会责任管理体系建设的内涵和主要做法

中国建材集团将社会责任理念渗透到企业的战略、经营决策、日常管理和企业文化中,坚持"创新、绩效、和谐、责任"的价值观,以"善用资源、服务建设"为核心理念,坚持科技创新和管理创新,追求经济、社会、环境综合价值的最大化,努力实现"与自然和谐、与社会和谐、与竞争者和谐、与员工和谐",通过"市场绩效、科技创新、节能环保、员工关爱、企业公民"五大责任框架,努力践行科学发展观,建设创新绩效型、资源节约型、环境友好型、社会责任型的"四型"企业。主要做法如下:

（一）建立社会责任管理体系架构

中国建材集团社会责任管理体系的建设以分析利益相关方诉求为切入点,确定集团的主要利益相关方,即投资者、政府、客户、合作伙伴、环境、员工、相关团体、社区与媒体等;逐个分析各利益相关方对企业的基本诉求,梳理出经济收益、税收、良好的供应链关系、稳定的合作、员工权利和福利、带动行业进步、社区共同发展等诉求方向;参照"三重底线"(经济责任、环境责任、社会责任)理论,分解和归纳各利益相关方诉求;结合集团经营特点和日常管理体系特征,明确"市场绩效、科技创新、节能环保、员工关爱、企业公民"五大责任框架。

中国建材集团按照五大责任框架,规范社会责任报告数据和资料的收集、报送、审核和发布流程要求,明确工作目标,并制定社会责任工作推进规划。

（二）建立健全组织体系,提升全员社会责任意识

1. 明确社会责任管理机构和职责

成立以董事长为组长的"中国建材集团社会责任工作推进领导小组",作为推动社会责任工作的最高领导机构,负责指导、组织、促进社会责任工作开展。设立

绍兴南方污泥处理生产线

社会责任与节能环保办公室,作为集团社会责任工作的日常推进协调管理部门,具体负责:建立并维护企业社会责任组织管理体系;建立并维护覆盖企业运营全过程的社会责任日常管理体系;建立并完善社会责任指标体系和数据收集体系;建立并维护利益相关方沟通机制和信息披露体系;探索建立社会责任业绩考核体系;建立并完善企业社会责任能力发展体系。通过常设专职机构,系统推进社会责任管理体系建设。

表1 中国建材集团社会责任五大责任框架

市场绩效	以优异的经营业绩回报股东和投资者,以高质量产品服务客户,与供应商和行业伙伴共同成长,成为利益相关者共同创造价值的平台。坚持行业利益高于企业利益的理念,努力推动行业的结构调整和转型升级,与行业及产业链企业共同成长、和谐共赢。
科技创新	以雄厚的科研实力肩负起行业创新重任,以前瞻视野和先进技术推进行业转型升级,传播和分享技术信息,致力于创造更加绿色、舒适、智能的人居环境,构筑可持续发展的未来。
节能环保	综合利用工业和城市废弃资源,用尽可能低的消耗和排放制造低碳产品;致力于为社会提供质量可靠、绿色环保的建材产品,为新能源产业提供产品和服务支持;分享有效的节能环保技术和管理经验,探索工业与自然和谐共处的发展方式,倡导全行业和全社会的可持续发展。
员工关爱	全力维护员工权利,尊重员工的差异性,让企业成为员工可以依靠的伙伴和快乐舒适的家,与全体员工一起创造可持续的美好未来,并将内心的幸福在社会传递。
企业公民	在生产经营活动过程中,实现与所在区域的共同发展和成长;通过特色的社会公益项目回馈和回报社会;员工乐于奉献,积极投身志愿者活动,用实际行动履行企业公民责任。

2.建立覆盖全集团的责任推进组织

中国建材集团总部各职能部门、各重点成员企业和广大员工也都根据各自的业务范围和职责,执行集团社会责任工作规划、方案,落实工作要求;中国建材集团各二级单位和重点成员企业基本设立社会责任管理机构,明确负责人员,初步形成覆盖全集团各级机构和成员企业的社会责任管理网络,共同推进集团的社会责任工作。

3.打造企业内部管理专家智囊团

中国建材集团选取成员企业负责人和管理专家,作为社会责任推进的智囊团,就社会责任核心议题、社会责任管理体系建设和改进、社会责任实践重点等社会责任管理体系建设方面提供专家意见,促进社会责任管理体系的持续完善和提升。

4.提升全员社会责任意识

中国建材集团积极推进成员企业社会责任工作进展,宣贯理念、加深认识,扩大培训范围和力度,聘请专家向重点成员企业介绍国内国际社会责任发展现状和发展趋势、讲解社会责任基础知识。中国建材集团在内部召开"社会责任宣贯会",宣贯集团社会责任管理机制并提出管理要求,向成员企业传播社会责任理念;充分利用各种媒介资源开展宣传,在网站首页开辟"责任与文化"栏目,并设立"社会责任"专栏,交流优秀的社会责任实践,在集团刊物《中国建材通讯》中发表文章,推广社会责任管理理念,努力营造社会责任文化氛围,促进全员社会责任意识的提升。

(三)细化社会责任管理指标,编制社会责任管理数据体系根据世界可持续发展报告倡议组织 G3 体系、社科院《中国企业社会责任报告编写指南 2.0》等国际国内标准,结合行业特点和综合性建材产业集团特征,中国建材集团着手编制《中国建材集团社会责任管理数据体系》。

1. 坚持编制原则,保证指标体系的科学性和先进性

指标体系编制坚持全面性、实质性、可比性、可操作性和引导性原则。全面性,即社会责任指标要全面覆盖国际国内标准的核心指标,要能全面切实反应集团履责实际;实质性,即选取的指标要能充分反应集团在该责任领域的履责实践和绩效;可比性,即指标要可以进行历史数据对比、行业水平对比和通用技术指标对比等,以便反映和评价企业在该责任领域履责的深度;可操作性,即选取的指标要可计量、可统计、可分析、可评价,便于发挥指标的管理和评价作用;引导性,即设置一定比重的引导类指标,该类指标可能超过一般意义上的履责标准和要求,是企业改进和提升履责水平的方向和指引。

2. 履行论证程序,保证指标体系的客观性和可行性

指标的编制首先以国际和国内管理标准指标体系为基础,通过将国内标准和国际标准进行完全融合,形成覆盖全部社会责任管理指标体系的指标库。其次,根据中国企业实际和建材行业特点以及集团实际,剔除其中不适用的非核心指标,同时,对于不适用的核心指标,在同领域内进行替换和修正,形成指标体系初稿。再次,对比集团现行的日常管理指标体系,进行指标融合和同质化处理,尽量采取通用的、日常管理使用的指标进行替换;将指标体系进行分类、系统编制指标解释,形成指标体系征求意见稿。最后,将指标体系征求意见稿送企业利益相关方、社会责任评价和咨询专业机构进行论证,确保指标体系覆盖的全面性、实质性和科学性。征求总部职能部室、各级成员企业和企业内部专家的意见,论证指标的可操作性。经修改后形成指标体系送审稿,报集团社会责任领导小组审批后执行。

3. 建立信息系统,保证数据收集的时效性和可靠性

《中国建材集团社会责任管理指标体系》涉及企业概况、市场绩效、科技创新、节能减排、员工关爱和企业公民六大部分,共计 304 项具体的管理指标。其中约 50% 的指标数据从集团公司总部各职能部室现有数据管理体系中提取,其余指标数据向成员企业收取和采集。为提高数据的可追溯性和数据质量,中国建材集团开发并应用"中国建材集团社会责任管理信息化系统",保证数据收集范围的全面覆盖、数据填报的规范统一、数据上报通过上级单位层层审核和汇总。

(四)编制和发布社会责任报告,持续提升管理水平

中国建材集团自 2009 年发布首份社会责任报告以来,建立社会责任报告定期编制发布长效机制,以报告编制和发布为抓手,不断提高管理水平。

1. 国际和国内标准相结合,夯实报告质量基础

报告的编制按照全球报告倡议组织《可持续发展报告指南(2006)》、国际标准化组织社会责任指南标准(ISO_26000)、国务院国有资产监督管理委员会《关于中央企业履行社会责任的指导意见》、中国社会科学院《中国企业社会责任报告编写指南(CASS-CSR2.0)》等国际国内标准,基本覆盖各标准的全部核心议题和绝大多数的关注类指标,披露了历史数据,为报告质量奠定了坚实基础。

2. 开展优秀报告对标，持续提高报告水平

通过可持续发展倡议组织 GRI 官方网站和国内外跨国公司和各大中央企业网站，择优下载近年来发布的近千份国内外企业社会责任报告和可持续发展报告，形成社会责任报告案例库，开展社会责任报告对标分析。通过对案例库中报告的框架、披露指标体系、版式设计、语言表述、案例选择等方面进行分类研究，开展对标，不断提高报告质量。

3. 逐步打造标准化报告体式，个性与创新相结合

中国建材集团通过不断修正和改进，逐步形成标准化的报告体式。在内容上，通过政策阐述，表述企业在该领域的履责方针、政策；通过典型案例，补充表达社会责任实践情况；通过利益相关方评价，反应社会责任履责绩效；设立特色小知识区域，便于读者理解行业术语；突出显示核心绩效指标数据，提高报告的可读性。在设计上，创新的布局和表现形式，突出企业文化的版面设计，形成了企业的个性和特色。

4. 引入第三方审验和评价

自发布首份社会责任报告起，中国建材集团就聘请国际审验机构对年度社会责任报告进行审验。在评审报告信息收集、分析和管理过程的基础上，针对报告披露信息的客观性和可靠性提供独立的验证声明，保证报告编制过程和数据的可靠性。自发布的第二份社会责任报告起，就聘请国内唯一一家社会责任报告专业评级机构对年度社会责任报告质量进行评级和评价，并将评价结果在年度报告中公布。根据第三方审验结果和报告评级结果，及时改进社会责任工作存在的不足，持续提高管理水平。

（五）完善利益相关方沟通机制，及时反馈履责信息

中国建材集团重视与利益相关方的沟通，并通过沟通和反馈，及时改进和持续提升社会责任管理水平。

1. 建立日常沟通机制，持续改进和提高

中国建材集团坚持实行与利益相关方持续沟通交流机制，将与利益相关方无缝交流与日常管理工作相结合，将定期会谈和专题讨论相结合，将面对面沟通与文件交流相结合，通过多种形式及时沟通诉求和远景，持续改进、及时反馈，形成标准化的利益相关方沟通流程，建立畅通的沟通渠道，实现与利益相关方和谐共赢的愿景。责任沟通工作得到了各利益相关方的热情回应和高度评价。

2. 邀请利益相关方参与社会责任报告编制和发布

中国建材集团每年度选取一定比例的利益相关方代表，就本年度报告质量、下一年度报告的建议以及集团社会责任工作的管理体系等方面征求意见和建议。这一沟通方式得到了成员企业的热烈欢迎和大力支持，也得到了各利益相关方的肯定和反馈。就反馈意见进行分类汇总，逐一在报告中予以回馈或在今后的工作中逐步改进。中国建材集团还邀请利益相关方代表参加企业年度社会责任发布会，在发布会现场反馈对企业社会责任工作的诉求、评价和工作建议。

3. 建立畅通渠道，及时沟通履责信息

企业官方网站是公众了解企业社会责任理念和实践的主要渠道。企业在官方网站建立社会责任专栏（以下简称 CSR 专栏）是重视企业社会责任、注重利益相关方沟通的重要体现。中国建材集团通过公司网站社会责任专栏及时发布履责信息，以调查问卷的形

式征询意见和建议。公布社会责任机构联系方式,不断丰富栏目层次和内容、增强界面的友好性和可读性,分类、及时、全面的反映企业社会责任工作推进情况。

三、大型建材企业社会责任管理体系建设的效果

(一)经济责任绩效优异,核心竞争能力显著提升

截至2011年底,中国建材集团全资及控股企业资产总额达到2075.1亿元,同比增长35%;2011年实现营业收入1940.9亿元,同比增长43%;利润总额158.5亿元,同比增长110%;上交税金150.7亿元;进出口总额56.5亿美元,同比增长12.8%;中国建材集团以优异业绩回报出资人,连续四年在国资委经营业绩考核中位列A级,2011年净资产收益率31%,实现国有资产保值增值率137%。在2012年美国《财富》发布的世界500强企业排行榜中,中国建材集团位列第365位,成为全球第二大建材企业。

2011年,《中国建材:推进中国水泥产业发展》案例入选美国哈佛大学商学院案例库。科技创新方面也取得了丰硕成果。2011年,申请专利630项,其中发明专利170项;获得授权专利487项,其中发明专利80项。截至2011年底,持有专利达到1606项,其中发明专利288项,拥有著作权42项,已经形成一大批具有自主知识产权的科技创新成果。2011年,中国建材集团共获得省部级及以上科技奖励132项,其中国家科技进步奖2项;获得省部级技术革新奖46项,获得优秀工程咨询成果奖37项。

(二)环境责任绩效显著,实现与自然和谐相处

中国建材集团认真履行环境责任,努力降低制造过程中的资源和能源消耗,减少各类污染物向自然界的排放;不断拓展途径,实现工业废弃资源在建材工业的安全有效利用,为城市废物的高效无害化处置提供服务支持;努力保持清洁的生产环境,保护生态,实现与自然的和谐共处。通过可靠的技术手段和生产工艺,生产制造绿色环保的建材产品,推广新型房屋体系,倡导建材产品的绿色消费,为建筑节能提供材料保障;提供风机叶片、太阳能光伏组件等新能源产品和服务,助力清洁能源的广泛、高效应用。

保证节能环保资金投入,积极实施有效的节能环保技术改造,努力实现每一单位产品的消耗和排放水平不断降低。2011年节能减排投入约7.2亿元,以节能减排为目标的产业结构调整、生产工艺升级改造、既有生产设备节能减排技术改造投入占集团固定资产投入总额的比重均保持在80%左右。

及时淘汰落后的生产设备,不断提高燃烧效率和用电效率。"十一五"期间,累计淘汰水泥(熟料)落后产能51台套。努力减少生产过程中化石能源的使用量,充分利用低品位能源和资源,生产质量可靠的建材产品;实现生产线综合利用煤矸石、污泥、城市垃圾等可燃废物替代煤炭等化石能源;在符合条件的水泥和玻璃生产线上全部配套建设余热发电系统,回收利用生产过程中的废热转化为电能,回供到生产线上使用,减少外购电力的使用量。截至2011年底,已建和在建水泥余热发电系统装机容量超过1200MW,水泥和轻质板材制造板块消纳脱硫石膏、矿渣、粉煤灰等工业副产品和固体废弃物约为6500万吨。

(三)公民责任绩效突出,得到各界广泛赞誉

中国建材集团积极拓展国际业务,在国际化战略的实施过程中,与当地共同发展。为埃塞俄比亚、苏丹、越南、哈萨克斯坦、利比亚、赞比亚等几十个国家和地区建设先进的

水泥和玻璃生产线,传播新技术和管理运营经验,推进新型建材在当地的应用;中国建材集团扎根巴布亚新几内亚 19 年,与当地经济共同发展,被其总理索马雷称赞为"中国与巴布亚新几内亚两国的'公司大使'"。

中国建材集团以先进的技术、优质的服务和合理的价格为发展中国家和地区建设水泥和玻璃生产线,全力支持当地建设,创造就业机会,培训当地员工,推广新产品、新技术和管理理念,实现企业与当地社会和环境的共同成长与健康发展,多次获得当地政府表彰。

中国建材集团热心所在区域的公益事业,尽可能地为当地的社会公益贡献力量。创新扶贫救助机制,将定点扶贫单位的脱贫与企业战略布局有机结合,将当地资源优势与企业的优势资源相结合,大力实施科技扶贫和产业扶贫。2009 年,中国建材集团被国务院扶贫开发领导小组授予"中央国家机关等单位定点扶贫先进单位",2011 年,集团成员企业蚌埠玻璃工业设计研究院和合肥水泥研究设计院被评为"全国扶贫开发先进集体"。

(四)责任管理水平显著提高,得到业内充分肯定

中国建材集团社会责任工作得到了各利益相关方的鼓励和肯定,在中国社科院经济学部企业社会责任研究中心发布的《中国 100 强系列企业社会责任发展指数(2011)》中,中国建材集团位列第 15 位,成为我国企业社会责任"领先者"。中国建材集团推荐的"南方水泥联合重组和管理整合实践"入选中央企业 2011 年优秀社会责任实践案例。在第六届企业社会责任国际论坛上获得论坛最高荣誉"2010 金蜜蜂企业社会责任中国榜领袖型企业"称号,集团成员企业枣庄中联水泥有限公司"打造生态园区,致力社区、生态和谐发展"案例入选《2010 金蜜蜂责任竞争力案例集》。中国建材集团在 2011(第三届)中国企业社会责任年会上荣获大会最高荣誉"社会责任特别大奖"。《中国建筑材料集团有限公司 2011 社会责任报告》获得中国社会科学院企业社会责任研究中心四星半评价,这是截至目前我国建材行业企业获得的最高评级。

(成果创造人:张　健、金　玲、牛振华、梁　霄、卢　平、崔云龙、
孙米扬、谭东杰、张　静、熊　然、林振森、吴　潇)

造纸企业节能减排与绿色制造管理

岳阳林纸股份有限公司

岳阳林纸股份有限公司(简称岳阳林纸)的前身为湖南省岳阳造纸厂,始建于1958年,经过50多年的发展已成为湖南省造纸工业排头兵和"林纸一体化"龙头企业。资产总额167.7亿元,拥有自营林地200万亩,2011年实现销售收入69.6亿元,实现利税5.1亿元。岳阳林纸位于长江与洞庭湖交汇的三江口,北枕长江黄金水道,西临烟波浩渺的八百里洞庭,东依京广铁路大动脉,紧邻2个5000吨级外贸码头,并与京珠高速公路和107国道相连,水陆交通十分便利,区位优势非常明显,芦苇及速生丰产林等纤维资源丰富,淡水充足,这里被国内外造纸专家喻为发展大型制浆造纸项目的黄金宝地。岳阳林纸主导产品为高档轻涂纸、高档静电复印纸、环保型复印纸、高档双胶纸、轻型纸、书写纸、精品牛皮纸、纸袋纸以及商品木浆等。产品畅销全国31个省、市、自治区以及东南亚和美洲地区,在国内外享有较高声誉。

一、造纸企业节能减排与绿色制造管理的背景

(一)造纸行业发展、赶超世界先进水平的需要

造纸工业产品是人民日常文化生活必须的消费资料,也是工业、农业、国防、科技以及信息传递必不可少的生产资料。造纸业上游涉及林业、化工、机械、电力、运输等行业,下游涉及到包装、印刷等产业。现代造纸工业属于技术、资金、资源、能源密集型产业,规模效益显著。

我国造纸工业正在经历着从传统工业向现代化工业转型,面临原料资源短缺、能源消耗较大和对环境污染严重等问题,国家将制浆造纸列为"十一五"期间节能减排的重点行业。面对能源、资源、环境瓶颈和消费需求结构的重大变化,中国造纸工业要赶超世界纸业强企,必须在节能减排、林纸一体化、清洁生产、绿色纸张产品开发以及低碳产业建设等方面有所作为。

(二)执行造纸行业环保排放新标准的迫切需要

造纸企业"三废"的达标排放关系到企业的生死存亡。近几年,国家对造纸行业污染的整治工作高度重视,加大了对环保违法企业的查处力度;2010年、2011年国家工信部连续两年公布了工业行业淘汰落后产能的企业名单,涉及造纸企业878家共淘汰落后产能1251.6万吨;国家于2008年、2009年和2011年连续三次颁发了更为严格的造纸企业"三废"排放新标准,特别是2011年实施的《造纸工业水污染物排放标准》,已超过欧盟采用BAT技术标准和世行推荐标准。造纸企业必须运用各种新工艺、新技术、新设备,有针对性地做好节能减排与绿色制造管理创新,才能确保"三废"达标排放,让企业与环境协调发展。

二、造纸企业节能减排与绿色制造管理的内涵和主要做法

岳阳林纸以科学发展为指导,大力推行清洁生产,采用新工艺、新设备、新材料,从工

艺流程、技术革新、设备管理、节能降耗、资源利用等全方位入手,对生产过程中的消耗、排污进行全程控制,把清洁生产、资源综合利用、生态设计与可持续发展等融为一体,既保护了日益稀缺的环境资源,又提高了木材资源、废纸资源、固体废弃物资源的综合利用效率,且降低了生产成本,开拓了新的赢利空间,使企业走上了一条节能减排与绿色制造管理的可持续发展之路。主要做法有:

(一)加强组织领导,制定"林纸一体化"战略

2008年专门成立总工程师办公室,负责节能、环保和技术管理工作。总工办设专职节能环保主管,各浆纸公司成立节能环保专门部门,设有专业的节能环保管理人员。成立节能减排和环保专业委员会,不定期召开会议研究解决节能减排和环保方面的问题,推广节能减排和环保新技术、新工艺、新设备,总工办和技术中心指导各浆纸公司制订节能减排方案和措施,督促和考核节能减排项目实施进度和效果。

岳阳林纸在全国率先提出并实施"林纸一体化"战略,主要通过"公司＋基地＋农户"的方式,在湖南、湖北两省的60个县、市开展大规模的工业造林。已累计投资近7亿元用于植树造林,实现企业造林面积、苗圃面积、杨树基因库建设、企业组建林业科研中心等四个全国第一。

(二)采用先进技术和装备,提升节能减排与绿色制造水平

早在上世纪90年代初,岳阳林纸率先从奥地利Andritz公司引进国内首条APMP高得率化学机械浆生产线,并在实践中自主创新,发明8项具有自主知识产权的专利技术,解决国内首条APMP制浆生产线许多技术难题。2003年建成世界第一条工业化的PRC－APMP制浆生产线,这是Andritz公司在成功吸收岳阳林纸成功生产经验的基础上发展起来的最新工艺技术。APMP制浆获得了巨大成功,为我国高得率制浆的发展和赶超世界先进水平做出了重大贡献,并被国家发改委确定为国内化机浆生产线的"样板工程"。

岳阳林纸依靠技术优势,自主创新,对切苇机、水力洗苇机、横管连蒸装置等装备进行技术改进,取得"草浆黑液高浓提取工艺"等4项发明专利。采用黑液预处理技术,提高黑液浓度和温度,降低黑液蒸发的蒸汽消耗。

为减少固体废弃物的排放,对化学草浆黑液碱回收苛化白泥精制碳酸钙作造纸填料进行近八年的科技创新与技术攻关,发明了多项专利技术,成功解决了碱回收白泥污染的世界性难题。

在新项目建设过程中,岳阳林纸始终遵循"循环经济、环境友好、资源节约"的科学发展观,坚持高起点、高标准、向国际先进水平看齐的原则,将污染预防、污染治理和生态保护有机结合,大力推行"清洁生产,注重节能减排",在发展生产的同时,将工业污染给环境带来的负面影响降到最低。新建的一批项目均采用世界一流先进技术,属于典型清洁生产工艺,以实现增产不增污、以新带老的目标,如怀化40万吨商品浆项目、岳阳40万吨含机械浆胶印书刊纸项目等。

在废水处理上,制浆造纸公司均建有黑液碱回收生产线,从木浆黑液和蒸煮废气中提取加工塔尔油、木质素、松节油等林化产品;配套建设完善的环保处理设施,如造纸白水回收、好氧污水处理、厌氧污水处理、污水三级气浮深度处理等一系列环保工程,对污

水总排口的 CODcr、BOD5、SS、PH 值等数据进行在线监测,实现达标排放。在废气治理上,建有锅炉烟气静电除尘、脱硫处理装置,对烟气 SO_2 排放量实行在线监测,严格达标排放。在固体废弃物处理上,分别建有白泥回收、粉煤灰综合利用工程,并将制浆造纸生产过程中的各类可燃生物质废弃物送热电循环流化床锅炉燃烧发电,使固体废弃物得到有效处理和利用,消除了二次污染。

(三)实施技术改造,调整生产工艺

为切实有效落实国家节能减排、废弃物利用政策,适时提出实施能量系统优化技改工程项目,采用能量系统优化技术改造传统造纸产业,提高过程系统用能效率。

对废水处理站沼气进行回收用于锅炉燃烧发电供热。通过对沼气收集,加压储存,经管道输送入热电 4#炉的燃烧器燃烧发电,年节能量 6 千吨标煤以上。对化学车间热水余热回收利用用于化苇化木洗浆。通过新增一套温热水输送系统,以回用化学(碱回收)车间流失的温水,送至制浆车间洗涤浆料,主要替代制浆车间专用洗涤热水,达到节水、回收热能的目的,年节标煤量 2 万吨以上。对热电系统实施节能技术改造,将 1#、2#及 4#锅炉现有光管式省煤器改为膜式省煤器,解决 1#、4#炉省煤器面积偏少使排烟温度过高的问题,减少 2#炉省煤器根数而减轻磨损、提高热风温度,达到提高锅炉效率的目的,年节标煤量 5000 吨左右。

在生产工艺调整方面,岳阳林纸提高成纸灰份,单位产品能耗降低 8% 左右。先后投入资金全部回收造纸车间产生的冷凝水并送往发电厂,对化学车间所排出大量污热水和制浆车间二次蒸汽进行综合利用,污冷凝热水送制浆车间用于洗涤浆料,提高能源综合利用效率。

(四)大力发展废纸造纸,研究开发绿色纸张系列产品

用废纸造纸是造纸工业实施节能减排与绿色制造管理不可或缺的一个重要环节,用废纸制浆,能耗低、环保处理费低、单位原料成本低(比原生木浆成本低 500～750 元/吨),可以大大减少林木、水、电消耗和污染物排放。目前许多发达国家在进口纸张时要求出口国的纸产品必须使用一定比例的再生纤维,并将含有再生纤维的纸称作环保绿色纸张。

在发展废纸造纸方面,一方面建设三条废纸浆生产线:从芬兰引进世界一流水平日产 300 吨废纸脱墨浆(DIP)生产线;利用国产设备建成日产 100 吨 AOCC 废纸浆生产线,年废纸消耗量超过 3 万吨;引进日产 550 吨废纸脱墨浆(DIP)生产线。另一方面对废纸原料配比、浮选与漂白工艺参数、脱墨剂优化、脱墨浆配抄纸机湿部化学及胶粘物控制等关键技术进行深入研究,解决废纸脱墨浆配抄高档文化印刷纸存在的白度、胶粘物、尘埃等难题,使废纸脱墨浆的质量满足配抄胶版印刷纸、复印纸、LWC、铜版纸等中高档文化印刷用纸的要求。在国内率先开发以废纸脱墨浆(DIP)配抄生产轻量涂布纸(LWC)、高级彩印新闻纸、颜料整饰胶版纸等高档专利技术产品。

打造绿色纸张研发平台,开发的环保复印纸具有挺度、松厚度和不透明度高等突出特点,生产成本低,性价比优良,用户反映良好。该产品原生纤维资源消耗少,生产能耗低,污染物排放量少,属资源节约和环境友好型产品。环保复印纸 2010 年 3 月获得行业内为数不多的"国家环境标志认证产品",成功打入上海世博会,成为世博会专用纸。环

保轻型纸由于其良好的高速彩色商业轮转印刷适应性,已成为教材用纸的主要选择。在国内率先开发的以废纸脱墨浆(DIP)配抄生产的环保书刊纸、环保胶版纸获得国家发明专利。

（五）完善制度,建立考核机制

开展清洁生产审核和能源审计,查找问题,制订对策措施。按照国家发展改革委等部门《关于印发千家企业节能行动实施方案的通知》和《中华人民共和国清洁生产促进法》的要求,全面了解清洁生产和能源管理水平方面存在的问题和薄弱环节,编制《能源审计报告》和《清洁生产审核报告》。按照《清洁生产审核报告》提出的低费、中费和高费整改项目,编制具体的实施方案,列出实施进度表,按计划推进。

建立节能减排目标责任制和考核问责制。节能减排和环保专业委员会根据省委、省政府下达的节能减排指标,对任务进行了分解落实,并制订节能减排考核指标,随后配合人力资源部、经济考核协调办将目标完成情况列入各子公司领导实绩考核内容,并将各项指标按月分解,节能减排占各单位考核总分比重的20%,考核结果直接与各子公司管理团队的薪酬挂钩,实行节能减排工作问责制。自2009年元月起,各子公司《经营目标责任书》明确增加四项节能减排指标,即废水COD浓度、单位产品基准排水量、单位产品能耗和碱回收率。

三、造纸企业节能减排与绿色制造管理的效果

（一）大大促进了节能减排与消耗降低,取得了良好的生态效益

单位产品综合能耗由2005年0.92(T标煤/T产品),降到2011年下0.70(T标煤/T产品),共计节约标煤12万多吨。

2005年统计COD年排放总量为30964吨,SO_2为11869吨。2010年统计COD年排放总量为6571吨,SO_2为2915吨。"十一五"期间COD、SO_2年均削减幅度分别为15.7%、15%。2011年累计申报排放COD5927吨,SO_2排放2321吨,全面完成了总量减排任务并顺利通过了环保部的核查核算。

通过提高成纸灰份来降低浆耗,降低纤维原料消耗,各机台文化纸产品的成纸灰分提高了3个百分点以上,个别品种的灰份达到国际国内最高水平,吨纸成本降低在90元以上,按年产量85万吨计算,年创效7650万元。

对风机、水泵等电机采用变频节电器,节电达25%以上;对热电厂锅炉省煤器进行节能改造,由光管式改为膜片式,提高锅炉热效率3%,年节标煤达1万多吨;投资100多万元建设高浓废水厌氧处理沼气系统,每天产沼气量在16000 m^3以上,作为补充燃料送热电厂锅炉燃烧发电;组织对生物质锅炉掺烧系统的改造,将破碎后的树皮、木屑、苇渣、生物质污泥等掺入原煤送循环流化床锅炉燃烧,每月可消化造纸生产过程所产生的"废渣"达5000多吨,折合节约标煤近2000吨/月;生产、生活区的照明,采用新的电磁感应灯具替换原有的白炽灯等高耗能灯具,总的照明功率下降了61.4%。

（二）有力促进了产品结构调整与升级

加快了产品转型升级步伐,提高了产品的技术含量和附加值,实现与竞争对手的差异化竞争。每年至少组织开发3~5个新产品,并形成相应的产值和盈利;每年至少申请5~10项专利技术,作为公司的核心技术储备。其中国内外首家开发废纸脱墨浆配抄轻

量涂布纸新产品,填补国内外空白;以意大利杨 APMP 为主要浆料配抄轻型印刷纸新产品填补国内空白;高得率浆配抄轻量涂布印刷纸、高档彩印新闻纸、精制高白彩印新闻纸、颜料整饰胶版纸、彩印超级压光纸专利技术与产品处国内领先;以废纸脱墨浆(DIP)配抄高档轻量涂布纸、环保复印纸、环保轻型纸、环保书刊纸、环保胶版纸等处国内领先,特别是环保复印纸通过国家环保部环境认证中心的认证,列为 2010 年政府招标采购清单名目,荣获"国家环境标志"产品,引领了国内纸张朝环保、绿色消费方向发展。

岳阳林纸果断淘汰了新闻纸、胶印书刊纸等低档次、低盈利水平的产品,经济增长不仅从量的增加来实现,而且通过质的提升来创造,高档纸产品的比例不断提高。

(三)大大提高了企业的技术创新能力

节能减排与绿色制造管理为岳阳林纸发展提供了强大的支撑,提升了企业应对市场风险的能力,也为产业化扩张打下了基础。轻量涂布纸、轻型印刷纸专利产品已被客户公认为国内第一品牌,市场份额达到 20% 以上;精制牛皮纸系列薄型包装纸已成为国内最大生产厂家,市场份额达 25% 以上。2010 年,精制轻量涂布纸、颜料胶版纸等专利产品出口创汇达 7800 万美元,环保复印纸获得行业内为数不多的"国家环境标志认定产品"。

(成果创造人:蒋利亚、陈金山、唐作钧、周鲲鹏、周海东、李　明、李　丹、李望南、周祖文、李爱萍)

军工企业基于资源流的清洁生产管理

中国南方航空工业(集团)有限公司

成果主创人：公司董事长、总经理彭建武

中国南方航空工业(集团)有限公司(简称南方航空工业)建于1951年,为国家首批六大航空企业之一。于1954年成功研制中国第一台航空发动机,此后相继成功研制中国第一枚空空导弹、第一台涡桨发动机、第一台涡轮风扇发动机、第一台燃气轮机、第一台摩托车发动机等,创造了10多个国内第一的辉煌业绩。先后研制过30多个型号的航空发动机,现已累计交付活塞、涡喷、涡轮螺旋桨、涡轮轴、涡轮风扇和辅助动力装置共6大类别27个型号的航空发动机1万余台。产品覆盖直升机动力、教练机动力、运输机动力、无人机动力、辅助动力装置等领域,是行业内发动机种类最全、型号最多的航空发动机企业,已发展成为我国主要的中小型航空发动机研制生产基地。

一、军工企业基于资源流的清洁生产管理背景

（一）适应社会发展形势的需要

随着工业社会的发展,全球性的环境污染和生态破坏越来越严重,资源(含能源)的短缺日益严重,如何使经济持续可协调发展是我国需要面对的重大挑战。目前,中国将建设"两型社会"作为应对挑战的策略,并将"长、株、潭"确定为"两型社会"试验区,具有十分重要的现实意义。南方航空工业作为区域内研制生产航空发动机的大型国有企业,如何适应社会要求,转变发展方式,是当前面临的紧迫问题。

（二）克服传统资源管理弊端的需要

管生产的只关心产品而不关心废弃物的产生,管环境保护的只关心废弃物的末端治理,而不关心源头削减,致使环保与经济问题是"两张皮",没有直接关系,由此导致企业的环保治理投资越来越大,废弃物的处理量越来越多,治理的运行费越来越高,而被处理掉的废弃物在很多情况下是可以避免或减少产生的,这就造成了资源越来越多的浪费。清洁生产关注于生产过程的物质、能量流(统称资源流),将预防废弃物产生的策略贯彻于生产全过程、产品的生命周期,因此需对企业的资源流实施清洁生产管理,并融入传统管理的各个方面。

南方航空工业作为国内中小型航空发动机生产的军工企业,有过度消耗自然资源的"先天理由"。一是为了"保军",存在不计投入只求产出的现象,造成资源的过度消耗和浪费;二是航空发动机研制周期长、技术难度大、制造技术相对不稳定、制造中损耗多等

造成了资源、能源的消耗。如不锈钢材料利用率只有51%,有色金属(铜、铝)的利用率只有40%左右。由于原辅材料利用率低,质量损失较大,导致原材料和能源的浪费,致使成本偏高。三是生产过程使用的原辅材料种类多,很多是有毒有害物质,处置不当将对环境造成较大的危害。

基于适应社会发展形势的要求和企业自身的需要,从2010年开始,南方航空工业主要选取与航机生产紧密相关的生产单位,针对企业资源流实施清洁生产管理,以求提高综合效益,实现科学发展。

二、军工企业基于资源流的清洁生产管理内涵和主要做法

南方航空工业产以废物资源论、系统论、最优化论为理论基础,将清洁生产贯穿两个"全过程":一是产品的生命周期全过程控制,即从原材料加工、提炼到产出产品、产品使用直到报废处置的各个环节采取必要的措施,实施资源废弃化预防;二是工业生产的全过程控制,即从产品的开发、规划、设计、建设生产到营运管理的全过程,采取必要措施,防止污染的发生。主要做法有:

(一)建立清洁生产管理体系,孕育清洁生产文化氛围

成立以总经理为组长、总工程师及分管副总经理为副组长的清洁生产领导小组,相关职能部门成立清洁生产专业组(3~4人)及清洁生产办公室,生产单位分别建立各自的工作组。各组由单位领导牵头,并指定专干及各层级推行人员,报清洁生产办公室备案。

广泛开展宣传教育活动,通过发放宣传培训资料、各种例会、内部网络、知识讲座以及下发文件等形式开展广泛的清洁生产宣传,使企业员工对清洁生产有一定的了解,并进行全员教育,以提高全员对清洁生产的认识。

在培训教育过程中,重点加强转观念、改习惯的培训。转观念就是要树立废物资源论的观念,任何生产过程伴随着产品产出的同时都有非产品(废弃物)产出,通过预防废弃物的产生或回收利用,既可创造财富,又可减少污染,因此,在清洁生产者眼里没有废弃物,只有放错了位置的资源。改习惯就是要改变面对废弃物所形成的传统思维习惯。传统的思维习惯对废弃物的处理是能排放的就排放,受国家环保法律法规控制的就进行末端治理,末端治理后如果有价值就进行回收,很少考虑源头削减,实施清洁生产管理就要树立主动预防式思维习惯,首先考虑源头削减,不能削减的考虑回收利用,然后是末端治理,对末端治理后产生的废物进行贮存,有相关技术后进行综合利用。

为了提高清洁生产工作水平,南方航空工业组织人员参加国家清洁生产培训,有5人取得了清洁生产审核师证。同时聘请南昌航空大学、湖南省环境科学研究院等单位的专家教授为企业开展清洁生产工作提供咨询,开展多期清洁生产培训班,并纳入正常的培训体系,使员工的清洁生产管理水平得到进一步提升。

2年来共培训各类干部、管理、技术人

办公大楼

员约1000多人次,培训新入厂大学生300多人次,为保证教育和培训的效果,每次培训都进行闭卷考试,并将考试成绩纳入对个人的绩效考核,考试平均成绩为93分,取得良好的培训效果。

为了推动全员参与,按照统一格式要求每人填写一份清洁生产合理化建议表,共计回收有效的合理化建议表1890份,通过合理化建议活动,使大部分干部职工深入地参与到清洁生产行动中。

(二)综合运用平衡计分卡管理工具,落实清洁生产战略

首先,明确各层面目标。客户与评价层面:整体价值。流程与标准层面:提升创新能力、提高营运管理水平、提高资金效率、适应外部政策法律等流程均提出推行清洁生产要求。学习与成长层面:在人力资源支持、组织支持、信息化建设方面均提出提高清洁生产水平要求。通过计分卡来明确具体的清洁生产方案,支撑上述层面清洁生产目标的实现。提出70个无、低费方案。为达到实现节能、降耗、减排、增效的清洁生产目的,在2010年首先完成清洁生产无、低费方案。其中,KPI指标:方案完成率:目标值≥60%,挑战值≥70%,警戒值=60%。资源需求:资金投入需要63万元,实施过程需技改部、财务部、运行保障部及生产单位配合及执行。

其次,分三个阶段监控,完成情况由质量安全部对负责单位进行绩效考核,保证项目实施的有效推进。筹划阶段:要求在一季度内完成,包括细化实施的工艺技术要求,明确实施方案,确定项目实施节点、负责单位和负责人等;实施阶段:要求在2个季度内完成,负责单位组织实施,对发现的问题及时反馈和解决;验收阶段:在第四季度进行,对各个项目组织验收,检查实施效果、存在问题,提出持续改进意见,并进行最终考评。方案完成率达63%,符合预期KPI值,若没有完成预期的KPI值,将由管理创新部对质量安全部的绩效进行考核。

将清洁生产指标如清洁生产方案实施率、单位产品能耗、单位产品物耗、废弃物排放量等纳入平衡计分卡关键绩效考核指标,保证清洁生产指标的全面完成。针对上述指标设立一个基准指标,同时设立清洁生产水平一、二、三级(国际先进、国内先进、国内一般)。

(三)开展清洁生产审核,全面梳理企业资源流

1. 理清思路,明确目标

清洁生产审核是对企业生产过程实行预防污染的分析和评估,是企业实行清洁生产的重要前提,也是推行企业清洁生产的关键和核心。通过清洁生产审核:明确单位产品的能耗、物耗及废弃物排放情况,确定清洁生产水平及与先进水平的差距;确定削减废弃物的目标,制定清洁生产方案;确定清洁生产方案的实施计划,并将改善管理减少消耗的措施纳入到企业的日常管理中。清洁生产审核的总体思路:判明废弃物的产生部位,分析废弃物的产生原因,提出方案减少或消除废弃物。

废弃物的产生原因分析针对八个方面进行。一是原辅材料和能源:原辅材料本身所具有的特性在一定程度上决定产品及其生产过程对环境的危害,原辅材料的储存、发放、运输、投入方式和投入量等也可能导致废弃物的产生。二是工艺技术:工艺技术水平基本上决定废弃物产生的数量和种类。三是设备:设备的搭配、自身的功能、设备的维护保

养等均会影响到废弃物的产生。四是过程控制:反应参数是否处于受控状态并达到优化水平(或工艺要求),对产品的得率和废弃物产生数量具有直接的影响。五是管理:任何管理上的松懈和遗漏都会影响到废弃物的产生,如岗位操作规程的完善、缺乏有效的奖惩制度等。六是员工:缺乏专业技术人员、熟练的操作工人和优良的管理人员以及员工缺乏积极性和进取精神等都与废弃物的增加有关。七是产品:产品本身决定了生产过程,同时产品性能、种类的变化往往要求生产过程做出相应的调整。八是废弃物:只有它离开生产过程才成其为废弃物,否则仍为生产过程中的有用物质,对其应尽可能回收,以减少废弃物排放的数量。

针对每一个废弃物产生原因,设计相应的清洁生产方案,包括无/低费方案和中/高费方案,方案可以是一个、几个甚至十几个,通过实施这些清洁生产方案达到减少废弃物产生的目的。

2. 应用工具,严格程序,全面审核

清洁生产审核是一套科学的、系统的和操作性很强的程序。在审核过程中,通过应用5个工具,按照3个层次、8条途径、7个阶段和35个步骤由面到点、由浅入深、由定性到定量逐步、全面、深入开展,保证查找目标不遗漏、分析原因不缺项、实施措施有针对性。

通过审核,弄清产品技术指标、物耗能耗、废弃物产生排放、原辅材料消耗、生产过程、员工管理等方面的情况,完成企业生产过程八个方面的"诊断"。一是工艺技术:达到国际20世纪90年代水平,部分零部件关键技术接近世界先进水平,很少考虑绿色设计,零件产品存在有改进空间。二是设备:无国家落后设备淘汰名录中的生产设备运行维护良好,部分设备有老化现象,有改进空间,设备有高能低用现象。三是产品:性能达到第三代机水平,部分型号产品使用过程中能耗高、燃烧不充分。四是原辅材料:使用较多的有毒有害材料,特种合金利用率不高,没有进行绿色供应链管理,原辅材料存储、发放、使用有改进空间。五是管理:推行清洁生产存在思想障碍,现有管理制度很少考虑清洁生产要求,没有建立清洁生产基准指标和考核办法。六是生产过程:航机生产按工艺特征进行专业化分工,对产品的结构发生变化的适应能力较强,但零件流动缓慢、转工路线复杂、经常赶工。七是员工:清洁生产理念不强、素质不高,员工的积极性未得到有效激励。八是废弃物:对废弃物很少考虑"减量化、资源化、再利用、无害化"处置,危险固废品种多,部分废气不能稳定达标排放,车间地面清洗废水没有收集处理并回用。

针对上述"诊断",从生产过程的8个方面挖掘清洁生产机会,产生不同的清洁生产方案并安排实施计划。

(四)强化定量考核,形成综合效益提升机制

1. 能量流的监控和考核

在推行清洁生产过程中,发现简单易行的节能措施立即进行改进。同时,对重点耗能设备开展能耗检测。对高耗能设备提出节能方案,如涡轮转子钎焊合格率从40%提高到91%,电镀蒸汽加温更换为电加温,将热处理箱式炉改变为低能耗井式炉,铸造采用树脂砂减少泥芯烘烤时间等,年节电240万度。建立生产单位的用能、用水档案,每个月固定进行水电回收率、动能供应回款率数据的统计及分析,及时了解企业能源工作出现的

各类问题,并结合绩效进行考核。

2. 物资流的监控和考核

各生产单位根据现场情况和历史资料,从废物量、环境代价、废物毒性、清洁生产潜力等几方面进行权重总和计分法确定本单位3~4个主要物料消耗工序,进行物料平衡实测。通过物料平衡,发现物料流失环节,找出废弃物产生的原因,查找物料储运、生产运行、管理以及废弃物排放等方面存在的问题,寻找与国内外先进水平的差距,为单位产品(或零件)的物料消耗提供基础数据资料。由此建立清洁生产物料消耗的基准指标,并进行考核和激励,同时让操作工人明确本工序的单位产品的物料成本。

3. 废弃物流的监控与考核

各生产单位通过绘制污染源分布图,明确主要工艺的产、排污环节,统计有毒有害材料的使用量和排放量等来明确本单位产排污现状,并针对现状制定本单位的环保措施。一是采取周检查、月考核、年评比的方式,对各生产单位废物分类收集规范处置、环保设备的运行、建设项目环保"三同时"审查、杜绝现场的跑冒滴漏等方面进行日常管理。二是加强对重点污染源和治理设施的管理。所有的环保治理设施均纳入生产设施管理,进行日常维护和修理,确保治理设施与生产同步运行。三是环境监测站每月不定期对重点排污设施及厂界排放口进行监测,对燃煤锅炉的脱硫除尘设施和综合废水处理站安装连续在线监测系统,实时监测排污情况,通过监测发现问题,及时整改,确保污染物达标排放。

(五)开展清洁生产技术攻关,提高资源利用效率

一是将清洁生产技术攻关纳入科技攻关和管理创新申报体系。规定各专业和生产单位针对本部门影响生产、管理的瓶颈部位开展清洁生产技术攻关,使提高清洁生产技术水平工作纳入工程技术管理人员的职责范畴,从工作程序上保证提高清洁生产水平工作进入常态化。二是积极推广使用《国家清洁生产技术导向目录》提出的清洁生产技术,初步推广绿色设计理念。如2010年将锻造石墨机油脱模剂改为水剂脱模剂,极大地改善了车间内的环境空气质量,将铸造型砂改为树脂砂,降低了生产成本,减少了排放。三是推广数字化应用,提高制造效率。设立数字化办公、数字化设计和制造系统,降低消耗,提高工作效率。

(六)不断优化清洁生产管理体系,持续推进清洁生产

一是把清洁生产审核提出的加强管理的措施方案文件化、制度化。把清洁生产审核提出的岗位操作改进措施写入岗位操作规程,并要求严格遵照执行;把清洁生产审核提出的清洁生产技术写入技术规范,从而巩固清洁生产成果。二是优化结构。将相关部门的清洁生产任务、职责、权利进行规范并制定工作流程,使员工在日常管理工作中遵循清洁生产预防理念,减少企业对环境的不良影响。三是标准作业。在宣传活动和职工培训内容中,将清洁生产的要求纳入永久的内容要求中,并训练员工使他们更有效的履行环境职责。四是考核激励。把环保责任、清洁生产指标分配给相关部门,把清洁生产实施情况纳入管理考评中,建立清洁生产的激励机制,从而调动全体职工参与清洁生产的积极性。

三、军工企业基于资源流的清洁生产管理效果

通过推行资源流的清洁生产管理,找出了企业在生产过程中导致资源、能源浪费的内在原因,有的放矢地提出了强化管理、降低成本的措施,同时根据清洁生产思想,完善了有关管理制度、明确了职责、有效提升了企业的管理水平。在推行资源流的清洁生产过程中,共提出 90 个清洁生产方案,总投资费用为 1649.8 万元,产生经济效益 1246.12 万元/年,减排 SO_2 5.68 吨/年、烟尘 32 吨/年、COD 3.08 吨/年,石油类 23 吨/年,极大地改善环境质量和生产现场劳动条件,取得了良好的经济效益、环境效益、社会效益。

具体而言,单位产品原材料消耗得到有效降低,污染物排放总量在航机产量增加的同时大幅减少。推行后,单位产品耗水量减少 35.84%,单位产品综合能耗减少 3.2%,单位产品排水量减少 5.34%,单位产品的原材料消耗有所减少:不锈钢减少 9.30%、高温钢减少 5.11%、有色金属减少 25.23%。污染物排放方面,Cr^{6+} 减少 56.26%、总 Cr 减少 53.72%、COD 减少 24.07%、HF 减少 91.11%、铬酸雾减少 90.38%、HCl 减少 75.38%、固体废物减少 114 t/a。

南方航空工业通过全面、扎实、有效的工作,取得良好的效果,受到株洲市政府的表彰和奖励,被授予"环保型工业企业"称号,清洁生产审核报告通过湖南省经济和信息化委员会组织的评审,得到一致好评并获得清洁生产项目补助资金。

(成果创造人:彭建武、朱黎明、邓　斌、邹利红、
伍彩文、吴振辉、何晴彦、吴　珊)

煤炭企业水资源循环利用系统建设

开滦(集团)有限责任公司

成果主创人:公司董事长、党委书记张文学

开滦(集团)有限责任公司(简称开滦集团)前身为开滦矿务局,享有"中国煤炭工业源头"和"北方民族工业的摇篮"等盛誉。目前,开滦集团形成五大区域、七大战略基地的生产布局,分布在河北唐山、河北张家口蔚州、内蒙古鄂尔多斯、新疆伊犁和准东、山西介休地区和加拿大盖森地区,已发展成为一个集煤炭生产、洗选加工、煤化工、现代物流、装备制造、建筑施工、文化旅游和房地产开发等多产业并举的大型企业集团。2011年实现销售收入1456亿元,是世界500强企业。

一、煤炭企业水资源循环利用系统建设背景

(一)缓解经济快速发展与水资源承载能力薄弱矛盾的需要

当前我国水资源面临的形势十分严峻,水资源短缺、水污染严重、水生态环境恶化等问题日益突出,已成为制约经济社会可持续发展的主要瓶颈。创新实施水资源绿色循环利用的势在必行。

开滦集团所属公司分布在河北、山西、内蒙、新疆等地域,均属我国严重缺水省份。2008年,开滦集团生产生活用水数6000多万吨,仅唐山区域年均用水量就约占唐山市水总储量的5%,如继续不经处理直接排放不仅对环境造成污染,还浪费了大量的水资源,造成水量性或水质性缺水,地方政府不允许,群众居民不答应,企业将会失去发展空间。

开滦集团生产生活用水主要是自备井水、自来水、矿井水三种。以往企业用水相对比较简单,为保煤炭安全生产需抽排矿井污水,对自来水和自备井水的管理的也相对薄弱,企业运行产生采煤、洗选、焦化、装备制造、建筑施工、钢铁及生活等污水量大、面广、点多、难降解,环境压力非常严峻。

(二)降低企业运行成本的需要

自备井水要缴纳水资源费、污水处理费;自来水缴纳自来水费、污水处理费;处理的矿井水要缴纳污水处理费,每年水资源费用的支出高达1.2亿多元,如不对内部水资源利用进行合理配置,费用会更高,压力巨大。另外,开滦集团原有冬季矿区生产生活供暖特别是井口供暖、职工洗浴等以前主要依靠燃煤锅炉,夏季制冷主要依靠风扇或空调,所用能源基本上是高品位的不可再生能源,能耗高,污染大。

水资源绿色循环利用系统的构建,能够从根源上减少水费支出,大幅降低企业运营

成本，能够通过回收矿区内矿井水等余热，经水源热泵制备冷热源应用于矿区夏季制冷、冬季供热和提供生活热水，投资少，效益高，运行费用仅为锅炉系统的二分之一。

（三）原有水资源管理系统落后

开滦集团各煤炭生产单位用水管网不具备生活饮用水和中水分供功能，在一定程度上制约了水资源的全面利用。同时，由于矿井水硬度较高，受生产系统和设备对水质要求和矿井水多级软化成本的限制，相当一部分煤业、制造业和供暖等环节不能使用净化后的矿井水作为补充水源，只能采用水源井或自来水的水源并经相应处理后满足生产需求。净化后达到生活饮用水标准的矿井净化水绝大多数退出了对居民生活用水的供应，其后，一直未能寻求到可靠地供水和水质监测保障平台，致使净化后的矿井水未能返回生活饮用水领域。另外，水资源分布与地方工业布局契合度较差，处理后矿井水无适合的工业用户。政府相关部门对矿井水利用无有效的激励、考核和制约机制，使得临近的社会企业未选择矿井净化水作为生产水源。

二、煤炭企业水资源循环利用系统建设内涵和主要做法

按照"水资源全面回收、水能量深度利用、水污染综合治理、水系统绿色循环"的原则，引用"减量化、水再使用、水再生利用、水再循环、水资源管理"的水循环经济模式，发挥自身优势，确保人、财、物投入，大力实施矿井水、自备井水、自来水设施（设备）建设，形成采煤－排放矿井水－净化－工、民用水（热源利用－工业、民用热源）－循环回用，并通过组织管理、短板会商、正负激励及实时监控等机制推进实施，从"水源、供水、用水、回用、排水"5个环节使水资源消耗最小化、水能量利用最大化、废水产生最小化、废水回收利用最大化，实现了大型煤炭企业水资源绿色循环利用。主要做法如下：

（一）转变观念，确立水资源绿色循环系统建设的总体目标

由节约用量向资源挖潜理念的转变。传统的观念认为水资源是没有价值的，虽然后来这种观念有所改变，但对水资源价值的认识还是不够重视。要在传统用水观念的基础上，变废为宝，将矿井水、自来水和自备井水视为一种有限的宝贵资源，加以精心管理和保护，充分挖掘其经济价值和社会效益。

由供水管理向需水管理理念的转变。传统水资源管理的主要对象是水循环过程中的径流量，对水循环过程中的消耗量并没有进一步依据消耗效用进行区分，对实际中的水资源消耗效率的认识相对薄弱。应以"水资源效率"为核心，区分"水源、供水、用水、回用、排水"5个环节，重新界定水资源利用控制标准、用水效率控制标准和矿厂排污标准，逐步实现对水资源配置、节约、保护全方位管理。

由数量利用向能量利用理念的转变。原有矿井水用水观念是围绕矿井污水处理净化后的水量开展的，主要包括井下工业用水、井上工业用水、生活杂用水及其它用水四个方面。要结合煤炭企业实际，

范各庄矿业公司矿井水处理厂

引入"水源热泵"等先进技术,提取出水资源中的能量,用于全矿(厂、居民)供热,取缔燃煤锅炉供暖、空调(风扇)制冷及生活热水。

由单向治理向系统循环理念的转变。以往对矿井污水、焦化污水、洗选加工污水及生活污水的治理,基本是通过各类污水处理技术、工艺后达标外排。要将处理后的达标水以中水的形式回用到工业水源,强调对水资源的重复循环利用,形成相对闭合的循环水资源链条。

基于上述理念的转变,确立水资源绿色循环利用系统构建与实施的总体目标:

水资源全面回收。最大限度的引用矿井水取代现有自备井水、自来水。量化、细化现有矿井水回收利用方式,对未利用的矿井水资源纳入企业闲置资产进行盘活,年矿井水利用率从2007年的55%上升到73%。年均为地方政府支援矿井净化清水1000万吨。

水能量深度利用。对主要矿区供暖、制冷进行更新改造,引入国际先进的矿井污水能量深度利用技术,采取先试用、后推广的方式在主要矿区兴建矿井污水能量利用系统,取缔矿区原有燃煤锅炉供暖、空调风扇制冷,绿色矿山建设的档次得到提升。

水污染深度治理。制定实施水资源利用控制标准、用水效率控制标准和水功能区限制纳污标准,重点污水治理系统出水水质达到国家《城镇污水处理厂污染物排放标准》的一级A标准,回用率达到50%以上。

水系统绿色循环。矿井水的利用实现采煤－排放矿井水－净化－工、民用水(热源利用－工、民用热源)－全面回收利用—达标外排的绿色循环体系。煤化工等工业园区内污水利用实现闭路循环,废水"零排放"。

(二)摸清现状,建立水资源绿色循环利用系统的制度保障体系

一是摸清集团公司水资源总量及构成情况。开滦集团水资源可分为:矿井水资源、生活污水资源和购入水资源三大部分。其中矿井水涌出量为:唐山区域8283万 m^3/年,蔚州区域657万 m^3/年;生活污水处理量为:唐山区域379万 m^3/年,蔚州区域30万 m^3/年;购入水资源量为:自备井取水1082万 m^3/年,自来水2086万 m^3/年。

矿井水的利用主要有:原洗煤生产(井下喷尘灌浆、灭尘、选煤厂补充水)1432万 m^3/年、煤场喷淋和工业广场卫生绿化1030万 m^3/年、净化后员工洗浴和生活用水730万 m^3/年、形成产品外销780万 m^3/年等,尚有4970万 m^3/年矿井水资源未经内部利用或转化为产品,排入周边环境,作为河流、湖泊补充或农业灌溉水。

二是制定矿井水优先使用制度。按照先井下后井上,先矿内后矿外,先生产后生活的原则,充分发挥矿区内现有水利设施的潜能,鼓励将矿井水应用于井下消防洒水、洗煤补充用水、热电厂循环冷却用水、井下灌浆用水、绿化道路及贮煤防尘洒水、施工用水、矸石山灭火用水、农田灌溉用水及生活用水等。另外,经过适当处理,也可用于渔业用水。

三是制定用水总量控制制度。第一,建立矿井水、自备井水、自来水用水总量控制指标体系,制定煤炭开采、洗选加工、煤化工、装备制造等各领域水量控制方案,加强年度计划用水管理。第二,制定节约用水管理办法、水资源论证管理办法,扎实推进新、改、扩建工程项目的水资源论证、内部用水等机制实施,以规划和前置管理实现用水总量控制。第三,确保用水计量器具的综合配备率和综合监测率要达到95%以上,一、二级用水计量仪表须达到100%,三级表达到95%以上,为用水总量控制提供数据支持。第四,定期开

展水平衡测试,协调内部用水总量。

四是制定用水效率控制制度。建立涵盖集团各个产业、生产环节、主要设备、重点部位及关键岗位的用水效率指标体系,推进用水定额与计划管理制度,逐步制定生产经营各领域用水定额标准,督导节水强制性标准的制定和推行。建立所属重点矿(厂)、区(科)、班(组)用水监控台帐,强化用水监控管理。建立健全用水系统的网络图、设备系统图及档案,加强用水设施及设备的维护、检修,保证设施、设备,正常运转。制定主要耗水设备、重点耗能设备的更新改造实施方案,按要求淘汰落后产能,不断提高现有装备工艺用水效率。

五是制定污水防控达标制度。主要是加快治理水污染,严核地政管网纳污总量、强化入河(水系)排污口监督管理、严格饮用水水源保护、确保供水安全等。包括开展水功能区划从严核定水域的纳污容量,根据水功能区阶段性保护目标,确定不同阶段入河排污限制总量;严格入河排污口管理制度,达到水功能区限制排污总量的地区,要限制审批新增取水和入河排污口,同时建立矿区水质评价体系,完善水质监督管理制度;强化以饮用水水源地为重点的水源地保护,包括划定饮用水水源保护区、强化饮用水水源的应急管理,并建立水生态补偿机制。

六是制定水资源管理责任与考察制度。确定可量化的水资源管理考核指标,如用水总量指标、万元工业增加值用水量、矿井水有效利用系数、用水矿区达标率等。通过对几个指标的考核,建立"能操作、可检查、易考核、有奖惩"的水资源管理责任与考核制度,同时,健全水资源监控体系、水资源监测用水计量与统计的标准制度,加强重点矿厂的水质水量检测能力建设。

(三)针对难点,构建水资源绿色循环的技术支撑体系

1.采用水资源前端处理技术

在井下煤炭开采环节,直接在井下建立矿井污水处理厂,采用超磁分离水体净化技术对井下煤炭开采产生的污水进行净化。该项技术电耗较常规工艺节省1/3,工程占地空间是常规工艺的1/20,对污水的净化时间平均为30秒,泥水分离后煤泥含水率约为90%,解决了能耗高、井下空间小、对瞬时清水量要求高以及井下水仓煤泥淤积等难点。

2.采用水资源中端利用技术

在水资源的使用过程中,使用矿井污水余热利用技术(水源热泵技术)对水资源的能量进行深度利用,以通过输入少量高品位能源(如电能),实现低温位热能向高温位转移。该项技术的应用,不仅深入挖掘了水资源的潜在价值,而且解决了传统的燃煤锅炉供暖、空调风扇制冷能耗高、污染严重等弊端。

3.采用水资源末端治理技术

本着少占地、少投资、运行费用低、管理方便、自动化程度高的原则,采用国际领先的MBR浸没式污水处理技术,出水水质达到国家《城镇污水处理厂污染物排放标准》的一级A标准,解决了传统的活性污泥法存在的污泥膨胀、污泥浓度低等因素造成出水水质达不到中水回用要求的问题。

4.采用水资源回用循环技术

该系统是对企业生产生活用水进行深度的净化处理,集成有饮用水端口和杂水回用

端口,最大限度的实现了水资源的循环利用,满足矿区内生产、生活所需。

5.采用煤化工园区水循环技术

在污水常规处理的基础上,增加膜处理,深度净化污水,并去除色度,从而弥补生化处理的不足。同时,将纳滤出水、循环水排污水、反渗透浓水、锅炉排污水等中水一起处理,提高了污水回收率,降低了处理成本。

6.建立水量高效全面利用分系统

处理后的矿井污水有的直接回用或与自备井水、自来水一起用于生产生活各用水点,用水过程中实施严格计量,确保用水计量器具的综合配备率和综合监测率要达到95%以上,一、二级用水计量仪表须达到100%,三级表达到95%以上。建立健全供水系统的网络图、设备系统图及档案,加强对外供水设施及设备的维护、检修,保证设施、设备正常运转,并将节水准则与各岗位员工的工资挂钩,最大限度的实现节水用水。

(四)加强管控,确保水资源绿色循环系统的顺利实施

为加强水资源管控组织管理,设立以董事长、总经理为组长的水资源管控领导小组,负责水资源管控所有子(分)系统的确立和最终决策,平衡处理水资源管控实施过程中重大问题,审议水资源管控实施情况的评价及奖惩意见等。水资源管控领导小组下设办公室,即集团公司节能环保管理办公室,直接为水资源管控领导小组服务,为水资源管控具体管理牵头部门,负责水资源管控计划下达、组织督办、"短板"会商信息反馈及考核评价等具体业务。

为加强水资源系统技术业务管理,在集团公司设立一个涵盖水资源管理、项目前期管理、工程设计、建筑施工管理、施工质量管理、监理、项目资金管理、物资供应及法律审核等管理业务的专业组,负责水资源系统专业管理,调剂各水资源余缺等。

各专业公司及三级生产经营公司都相应配备项目管理机构,明确管理责任:集团公司对水资源系统管理负全面责任;各专业公司及三级生产经营公司对本公司水资源系统管理负全面责任;各职能部门对本部门职责范围内水资源系统管理业务负全面责任。在此基础上,开滦集团还在集团公司、二级公司、三级生产经营公司三个层面明确矩阵式水资源系统管控机构,全面负责水资源系统构建的推进落实。

将水资源绿色循环利用系统的构建与实施纳入各级领导人员的责任体系,作为生产经营单位主要领导的"一把手工程",与安全、生产、经营等工作统筹部署和落实。从"水源、供水、用水、回用、排水"5个环节建立水资源系统构建与实施推进机制:一是组织、纪律及经济奖惩机制,将水资源绿色循环利用构建工作作为考核评价和奖惩各级领导人员的重要依据。二是定期调度督导机制,在企业年度工作会议上对水资源绿色循环利用系统的构建工作进行专题部署,通过季度经营调度会、月份总经理办公会、每周调度会及专项节能调度会等进行专门调度。三是联合监察机制,由集团层面的节能环保办、人力资源部、纪委监察部、总经理办公室等部门组成水资源绿色循环利用联合督察组,定期现场督导水资源构建工作,对因工作不到位影响水资源绿色循环利用系统构建进度、任务进展的单位实施责任追究。四是快速响应绿色通道机制,对水资源绿色循环利用系统中的有关项目加盖"节能减排项目"专用章,各级职能部门优先安排立项审批、资金筹集、设备采购等工作。五是信息反馈机制,建立生产经营单位(基层)、各专业化公司(中层)、集团

公司决策管理层(高层)三级信息反馈和决策传导机制。

(五)不断完善,建立水资源绿色循环利用系统评价机制

一是短板会商评价机制。在水资源绿色循环系统运行中,定期开展水平衡测试,排查水资源系统管网分布情况,各类用水设备、设施、仪器、仪表分布及运转状态,用水总量和各用水单元之间的定量关系,获取水资源系统运行过程中准确的实测数据。依据掌握的资料和获取的数据进行计算、分析、评价有关用水技术经济指标,找出薄弱环节和节水潜力,制订出切实可行完善水资源系统的技术、管理措施和规划。

二是污水治理评价机制。在水资源绿色循环系统运行中,对污水治理防控能力进行监控。构建全集团污水在线监测系统,在污水排放口安装污染源在线监测装置,各排污单位设立排污监测站对污水治理情况进行时时监测并与集团公司联网,设立污水在线监测总站并与省市环保部门联网,设立专人监控各单位污水治理情况,有效杜绝各类污水治理不合规、排放不达标以及其它突发性污染事故的发生,保障水资源绿色循环利用系统正常实施。

三是综合效益评价机制。根据水资源绿色循环系统运行效果,建立总量供需平衡指标(企业合理需水量占总水量的比重)、循环成效指标(循环用水量占总需水量的比重)、经济效益指标(水费占总生产成本的比重)、新、改、扩建工程项目耗水指标等指标体系,综合评价水资源绿色循环利用系统的经济和社会效益。

四是节水效果评价机制。在水资源绿色循环系统运行中,对节约水资源的效用进行评价。评价过程中,不仅重视循环末端的节水量,而且将水循环过程中每一环节中用水量的消耗效用依据其是否参与生产分为生产性消耗和非生产性消耗,其中生产性消耗也称为有效消耗,又进一步细分为高效消耗和低效消耗,非生产性消耗常通常又称为无效消耗。

三、煤炭企业水资源循环利用系统建设效果

(一)缓解了水资源承载能力与企业快速发展的矛盾

2011年,开滦集团实现营业收入1456亿元,与2007年相比增长了828%,资产总额增长了141%,成功进入世界500强。水资源绿色循环利用模式的构建与实施,使企业快速发展的同时不但减轻了对水资源的破坏,而且使企业采用外引水量占企业用水总量的比例从2008年的56%降到27%,更重要的是开滦集团每年还向所在地方政府(唐山市环城水系、大南湖景区)支援近千万吨达标清水,实现水资源消耗最小化、水能量利用最大化、废水产生最小化、废水回收利用最大化。

(二)取得了可观的经济和社会效益

水资源前端和末端治理循环子系统,每年为企业节约自来水和自备井水量7300多万吨,直接减少企业运行成本4000多万元。热电厂发电用水采用净化后的矿井水取代自来水和自备井水并循环用水,每年节约水资源费用支出2400多万元。水资源能量利用子系统全面取缔了燃煤锅炉供暖及风扇、空调制冷,已列入国家第三批可再生能源利用示范项目,年创经济效益1100万元。同时年可减少向大气排放二氧化碳23039吨、二氧化硫526吨、固体废弃物2293吨。焦化双水子系统使煤化工园区内污水利用实现闭路循环,水循环系统实现"零排放",年节约新鲜水350万吨。

开滦集团近年来荣获全国煤炭行业2011年度节能减排先进企业、"节能中国"十大贡献单位、"中华环境友好洗煤厂"等多项荣誉。特别获得2011年度河北省"双三十"考核第一名,被省委、省政府评为2011年度节能减排目标考核优秀单位。

(成果创造人:张文学、冬伯文、刘瑞芹、韩宗礼、宋超杰、
程丽霞、倪剑锋、王军林、李广钊、高志强)

钢铁企业搬迁调整中的职工分流安置

首钢总公司

成果主创人:公司党委书记、董事长王青海

首钢总公司(简称首钢)始建于1919年,是一个以钢铁业为主,兼营采矿、机械、电子、建筑、房地产、服务、海外贸易等跨行业、跨地区、跨所有制、跨国经营的大型企业集团。首钢拥有首钢股份、迁钢公司、首秦公司等数十家子公司,在香港有上市公司,在南美洲有秘鲁铁矿等海外企业。2011年,首钢钢产量3004万吨,销售收入2460亿元,实现利润18.9亿元,职工12.56万人,在中国企业500强中名列第36位。进入新世纪以来,首钢稳步实施北京地区钢铁业搬迁调整,妥善分流安置6万多名职工,全力促进企业和谐劳动关系建设。

一、钢铁企业搬迁调整中的职工分流安置背景

2005年2月,国家发改委批准了《首钢实施搬迁、结构调整和环境治理方案》,同年9月24日,北京市审议通过了《首钢搬迁富余人员分流安置方案》,明确2007年底首钢北京厂区钢铁生产能力压缩50%,到2010年底钢铁冶炼、热轧全部停产,相关岗位共有6万多名职工需要进行妥善分流安置。首钢停产搬迁年产800多万吨钢的大型钢铁厂,就其规模而言在全球钢铁业内是前所未有的大工程,6万多名职工的重新安置问题更是史无前例。中央和北京市十分关心、重视首钢搬迁过程中的职工安置工作,中央政治局多位常委和北京市领导多次亲临首钢现场指导。2006年7月29日,胡锦涛总书记视察首钢京唐公司,总书记强调指出:"安置职工是有决定意义的,把职工安置好了我们大家心里就踏实了。"

钢铁业搬迁调整,对首钢是一个全新的挑战。将一个大型钢铁企业搬迁出大都市,涉及国家、地方、企业和职工利益。首钢既要应对市场激烈竞争,搞好经营生产,又要压缩钢产量,在较短的时期内妥善安置因搬迁调整产生的6万多名富余职工,还要在外地建设全新的钢厂,多条战线同时推进,工作难度相当艰巨。首钢停产搬迁也凸显了很多诸如提前退休、工伤处理等方面的历史遗留问题,新老矛盾相互叠加,相互影响,情况极其复杂。只有积极构建和谐劳动关系,以高度的责任感,严密的组织,妥善解决好广大职工最关心、最直接、最现实的利益问题,协调好劳动关系双方的利益冲突,实现和维护好职工的各项权益,才能妥善处理好、解决掉在企业搬迁过程中产生的以及历史上遗留下来的各类疑难问题和矛盾。

此外,按照首钢"主业做强、多业协同、打造综合服务商"的总体发展战略,首钢要做

优做强钢铁主业,协同发展相关产业,实现北京地区产业转型,打造"首钢服务、首钢品牌、首钢创造"的综合竞争力,积极稳妥发展海外产业,形成集团各产业间相互支撑、有世界影响力的综合性大型企业集团。为实现这一战略目标,在当前国际国内环境复杂、市场形势多变和转型发展阻力重重的压力下,迫切需要一个稳定的平台、和谐的环境做支撑。只有积极积极处理好搬迁职工分流安置问题,营造企业与职工齐心协力、共同发展的良好局面,才能实现首钢的战略目标。

二、钢铁企业搬迁调整中的职工分流安置内涵和主要做法

首钢牢固树立以人为本的根本理念,积极协调解决涉及劳动关系各个方面和层次的问题,以发展促安置,尽最大努力安排好每名职工,营造搬迁调整的良好环境,创新管理方法和相关政策,坚持从"组织体系、政策引导、共同发展、关爱善待、保障权益、协商调解"六个方面,大力促进和谐劳动关系建设。其主要做法如下:

(一)建立健全组织领导体系

面对企业搬迁过程中劳动关系的重大调整,总公司领导高度重视,从领导机构、政策咨询、协商调解三个层面,建立、健全和不断完善企业组织领导体系。

一是成立停产职工安置工作领导小组。从总公司到各基层单位分别成立停产职工安置工作领导小组,各级党政一把手亲自主抓相关工作,与北京市成立的首钢搬迁协调领导小组形成政府与企业互动、强有力的组织领导机构,为保证在停产搬迁过程中企业与职工和谐劳动关系把握方向。

二是成立政策咨询宣讲小组。从总公司到各基层厂矿都成立政策咨询宣讲小组,深入基层单位各作业区和班组,各级单位党委书记和劳动工资专业主管领导亲自宣讲安置政策,面对面逐一解答职工提出的各种问题,做到职工安置政策和安置方案100%传达到每一名职工,每一名职工100%知晓安置政策和安置方案的内容。

三是不断充实、完善劳动争议调解组织体系。首钢北京地区共建立劳动争议调解组织113个,其中,首钢劳动争议调解指导委员会1个,首钢劳动争议调解中心1个,基层调解委员会111个,共有劳动争议调解员718人。形成以调解指导委员会为龙头,调解中心为枢纽,基层调解委员会为调解主体的企业劳动争议调解工作新格局,为化解劳动争议发挥了积极作用。

(二)科学制定职工分流安置方案和政策

1. 创立"六对六清"工作法,为科学决策提供可靠依据

"六对六清"是从时间、空间、进度、数量、质量全方位、多维度地对职工及其岗位进行全面分析的工具。六对指核对数字、核对岗位、核对时间、核对人员、核对素质、核对住址;六清指思想状况清、岗位工种清、支援意向清、人员素质清、培训方向清和家庭底数清。通过"六对六清"工作,摸清各项关键数据,掌握职工真实动态,为制订各项政策、措施、方案,进行科学决策提供可靠的依据。

"六对六清"工作方法从2005年创立,通过不断完善、优化和升级,最后形成基于计算机信息技术的"职工分流安置人员信息管理"系统。该系统全面采集职工基本信息和安置意向信息,定期跟踪和更新,实现全面掌握情况、随时进行动态分析的功能。

2. 立足职工利益,制定并实施特殊时期特殊政策

针对北京厂区停产安置的特定人群,在实施停产后三个月内的特定时间内,为安置停产职工制定一系列特定政策,并将这些方案、政策以及现行的国家、地方、企业颁发的相关制度汇编成册,发放到各基层单位。

一是以发展促职工安置工作,通过在外埠建立新基地作为安置停产职工的主要载体,对于自愿转移到钢铁新基地的一般职工,只要身体状况良好,服从单位安排、能正常顶岗工作,新基地就要无条件按照对口接收的原则进行安置;对于生产技术骨干,即使暂时没有合适岗位,也要采取"人才储备"或"一岗双配"方式进行安排。

二是对于自愿选择解除劳动合同离开企业的职工,在按照《劳动合同法》规定给予经济补偿的同时,结合首钢停产搬迁的特定背景,全面分析考虑职工再就业能力、心理价位、物价指数、地方收入水平、企业支付能力以及对历史和周边社会的影响等因素,先后拟定经济补偿方案39个,测算数据超过千万个;计算工作年限时,只要是职工的实际工作年限(军龄、插队、外单位工龄等)都可以参与经济补偿计算;符合一定年龄条件的职工,对其经济补偿进行"保底"处理,而对较高收入者进行"封顶"处理。

三是对于部分具有"首钢"情结、不愿意离开企业的大龄职工,为其设计"内退"和"离岗待退"的政策。只要其年龄距法定退休年龄不足5年或工龄满30年,均可以自愿申请办理。职工内退后,可以享受基本退养费和补充退养费的待遇,基本退养费还可以参照北京市退休人员基本养老金调整的时间、办法和增长幅度同步进行调整。

3. 尊重职工意愿,按职工个人志愿进行安置

通过广泛深入宣讲相关政策,在职工全面了解和掌握各项政策的精神实质基础上,充分发挥政策的引导作用,让职工在政策范围内,自觉自愿地做出自己的理性选择,充分尊重职工个人意愿,不搞强迫命令、不搞一刀切。采取填报《职工安置志愿》表的方式,由职工自主决定安置意愿,在空间上允许职工对安置渠道进行调整,在时间上给予职工三个月的犹豫和考虑期,直到按照职工个人最终确定的志愿进行安置。

(三)搭建企业与职工共同发展平台

1. 搭建创业创新创优平台,为职工提供稳定的工作岗位

首钢通过建设京唐、迁钢、首秦、顺义冷轧等钢铁新基地,为原在首钢北京地区工作的职工提供1万多个就业岗位,基本上满足愿意到首钢外埠新基地工作职工的需要。从劳动合同期限入手,制定相关激励措施:转移到新基地的有固定期限劳动合同的职工,凡劳动合同到期的,可以续订为无固定期限劳动合同;劳动合同未到期的可以变更为无固定期限劳动合同。各新基地按照转移职工的工作经历、工种(岗位)、职称、职业资格、特种作业等情况,尽可能安排到相应对口岗位;对需要较长时间培养的管理技术岗位骨干职工,可以不受定员编制的限制,以人才储备的方式加以安排。经统计,目前转移到四个新基地的职工,担任班组长及以上职务共计1800余人,占四个新基地的70%以上;技师、高级技师占四个基地技师、高级技师的90%以上。

2. 系统开展转岗培训,适应企业和职工发展要求

结合搬迁调整,首钢实现产品结构升级,从普碳热轧长材为主升级为冷轧高端板材为主;产业结构也进行调整,在北京园区大力开发高端和都市产业。因此,绝大部分职工均面临转岗的问题。为提高职工发展能力,适应新岗位工作需要,坚持"职工发展,培训

先行"的理念,系统地开展针对性培训。

一是根据新基地的特点开展岗前培训。为使转移到新基地的职工尽快适应新的工作岗位,建立由总公司专业部门、新基地、培训机构、职工原所在单位四家共同协商、共同组织的联动机制。由各基地根据不同岗位的特点提出培训需求,培训机构承办教学,职工原所在单位参与管理,专业部门统一协调。采取集中授课、现场实习、赴外代培以及军训等灵活多样的培训方式,坚持以"先培训后上岗、不合格不上岗"的原则,严格考试考评,以确保转移到新基地的职工接受系统、完整的技术理论和岗位操作技能培训,达到上岗要求。

二是根据企业发展需要快速高效地培养高技能人才。一方面建立以职业能力为导向,以工作业绩为重点,打破资历、年限、身份限制,鉴定考核内容更加贴近生产需要、贴近岗位要求的高技能人才评价体系;另一方面大力推进职工创新工作室建设,从2009年建立首个卫建平创新工作室以来,目前已经陆续在新基地建立52个职工创新工作室,广大技能人员刻苦学习、钻研技术、努力攻关,实际操作技能不断提高;同时组织开展职业技能竞赛并鼓励职工参加国际技能大赛。2008年以来,每年组织参赛工种达到100多个,参赛人数过万人,通过以赛促学、以学提素,一批优秀技能人才脱颖而出。迁钢炼铁作业部路飞和炼钢作业部于晨就是其中的典型代表,2012年2月,这两名同志在世界网络炼钢大赛中,以精炼吨钢成本＄12.70的成绩夺得世界冠军,充分展示了首钢新基地职工精湛技能和职业风采。

三是为提升职工转型发展和再就业能力开展针对性培训。首钢北京厂区搬迁后,将大力发展高端金属材料业、高端装备制造及汽车零部件业、现代服务业、文化创意等产业,原厂区将建设成为"新首钢高端产业综合服务区"。为适应首钢北京地区的转型发展需要,从2010年以来,首钢大力培养转型发展急需人才,先后举办"高端金属材料培训班"、"高端服务园区高级研修班"、"高端产品销售客户代表研修班"以及"数控加工、汽车、电工、钳工、焊工技师研修班",为首钢高端产业发展储备大量人才。另外,为解决因个人或家庭困难不能去外地工作的留守职工的实际困难,提高其今后的再就业能力,分期、分批开展旨在提高留守职工再就业能力的培训班。

(四)营造关爱善待职工的企业文化

1. 倾注关爱,做好转移新基地职工送迎各环节工作

每当转移到新基地的职工离京前,职工原所在单位都要组织隆重的欢送仪式,赠送纪念品,单位领导还亲自把职工送到新单位。新基地各单位周密制定接收计划和具体安排,始终坚持"把小事做细,把细事做透"的工作理念,围绕"吃、住、行"逐项进行细致安排,组织召开欢迎会,分发《致新员工的一封信》、《温馨提示》、《日程安排》、《培训安排》等资料。

2. 充分理解,建立转移基地职工补贴机制

针对转移新基地职工远离北京、远离家庭以及工作环境艰苦的情况,建立"异地工作补贴"和"艰苦环境补贴"等补偿机制,转移到基地的职工可以享受每月1000元的"异地工作补贴";在新项目建设期,还可以享受每月300元的艰苦环境补贴。各基地还建立职工公寓、职工食堂,每天开通基地到北京的通勤班车,保证转移职工吃得可口、住得舒心,

回家便利,使得职工在各基地安心工作。

3. 友情操作,关爱解除劳动合同离开企业的职工

对于自愿选择与企业解除劳动合同的职工,并不是简单地向社会一推了之,而是本着极其负责任的态度,满腔热忱地为其实现再就业提供帮助。专业部门落实专人,积极与市、区有关部门进行岗位对接,广开职工就业安置渠道。对收集到的岗位信息进行筛选核实,即使只招收几个人的岗位,也积极联系用人单位,核实就业岗位的待遇、班次、地点等情况,尽最大可能为职工再就业创造条件。北京市人力社保局、经信委、国资委和各区县陆续为首钢提供工作岗位信息,累计收到就业岗位需求18000人。首钢与招聘单位密切联系,了解需求岗位具体情况;同时把这些需求信息向解除劳动合同职工进行发布,并根据实际报名情况组织双向选择。解除劳动合同职工走上新的就业岗位以及通过自谋职业、灵活就业等方式实现再就业的达到了77%。

4. 一视同仁,做好劳务协力工分流安置

首钢北京钢铁主流程共使用4000余名劳务协力工。多年来,首钢认真贯彻落实劳动合同法关于劳务用工的规定,大力加强协力工的安全生产教育和岗位操作技能培训,通过完善考核、激励办法,调动协力工的积极性和创造性,坚持从政治上、生活上关心劳务人员的成长,帮助解决其实际困难,对协力工实行"六个一样":政治上一样平等、工作上一样要求、技能上一样培训、管理上一样对待、生活上一样关心、待遇上一样合理。2010年底首钢北京钢铁主流程停产前夕,按照用工协议这些劳务协力工需要退出首钢。各单位充分肯定他们为首钢发展做出的贡献,主动为其开据在首钢工作经历证明,组织职业健康体检,通过召开欢送会、赠送纪念品等形式,情系协力、温暖协力。首钢还多渠道为协力人员联系新的就业岗位,帮助尽快实现再就业。如通过石家庄冶金技校等推荐到民营钢铁企业重新就业;与北京市经信委工业人才服务中心合作,向协力工推荐20余家用人单位1000多个岗位就业信息;牵头新疆伊犁钢铁公司组织协力工专场招聘会,首批就录用了84人。

(五) 有效保障职工合法权益

1. 为符合提前退休条件的职工解除后顾之忧

为保障从事过高温重体、有毒有害等岗位工作的职工以后的提前退休权益,尤其是那些解除劳动合同职工的权益,专业部门与石景山区和北京市人力社保局沟通研究,获得了两级社保部门的认可和支持。专业部门迅速行动,整理出240个不规范的岗位名称,向北京市人力社保局申报备案,为符合提前退休岗位的职工解除了后顾之忧。

2. 为建设征地农转工人员争取政策

按北京市现行规定,建设征地农转工人员与企业解除劳动关系进入社会后,便失去其农转工身份,成为一般就业群体的失业人员,从而影响到退休等相关待遇。为此,专业部门向市、区人力社保部门,说明首钢搬迁的特殊情况,得到了市、区人力社保局的支持,明确同意首钢这部分人员进入社会后,可以继续保留农转工身份,享受相关政策。

3. 为工伤人员争取伤残就业补助金免税政策

北京钢铁主流程停产后,部分工伤人员选择与企业协商一致解除劳动合同。按照国家政策规定,工伤人员除享受经济补偿金外,还可以享受一次性伤残就业补助金。但对

于是否一并缴纳个人所得税,政策中并没有明确规定。首钢有关专业部门在分析摸底的基础上,找税务部门协调,积极争取政策支持,并最终得到认可。市税务部门同意首钢工伤人员在"四特"期间内解除劳动合同的,一次性伤残就业补助金免征个人所得税。

4. 为解除劳动合同职工顺利办理人事档案转接

按照法律规定,人事档案必须在解除劳动合同后 15 天之内完成转移工作,否则解除劳动合同职工的失业金就不能及时领取,养老保险也有可能中断,这些职工的社会保险权益将受到影响。专业部门积极与市、区两级人保局进行沟通和协调,建立"首钢解除劳动合同职工档案现场接审平台",为职工档案转移构建一条快捷的绿色通道。

(六)积极调解化解劳动争议

1. 加强风险分析,预防化解劳动争议

针对新出台的奖励政策有可能对之前解除劳动合同职工产生的影响,对新出台政策的执行范围和时效严加限制,以避免因新政策的实施引发矛盾。比如,首钢将停产时的相关政策界定为"四特":在实施调整搬迁的特定条件下,针对北京厂区停产分流安置的特定人群,在实施停产后 3 个月内的特定时间内,为分流安置停产职工制定的特定政策。

针对停产涉及的首钢部分改制企业职工要求享受停产相关政策的问题,首钢从尊重历史和改革发展稳定的大局出发,既不一味迁就,又不放弃原则,超前提出一揽子解决方案,并制定具体实施措施,避免了因改制企业与主流程单位政策不一致而导致群访事件的发生,还减轻了改制企业的负担。

针对建设征地农转工人员、工伤人员和残疾人等特殊群体,明确规定:对他们首先要最大限度地予以安置,不允许企业解除其劳动合同,但同时尊重职工个人意愿。为此,各单位对每一个希望与企业协商解除劳动合同的特殊群体职工都认真履行告知义务,敦促其慎重考虑,从而较好地避免特殊群体职工因考虑不周产生反悔,引发劳动争议。

针对停产而引出的部分历史遗留问题,如工伤遗属、精神病人员等问题,明确规定:可以由各单位根据每一个历史遗留问题的特殊性,采取一事一议的方法,在国家政策框架内按照职工权益最大化原则,提出切实可行的方案加以解决。如炼铁厂一起十几年前发生的烧伤事故遗留问题,经与当事人反复协商,最终得到了圆满解决。

2. 发挥调解组织作用,将劳动争议化解在企业内部

首钢注重充分发挥劳动争议调解组织作用,努力将劳动争议化解在萌芽状态,化解在企业内部。一方面,利用基层调解委员会直接面向广大职工的优势,充分发挥基层调解组织主渠道的作用,及时了解掌握情况,发现争议苗头,主动介入,力求在矛盾未激化时,使一大批劳动争议在基层得到及时化解。另一方面,对于一些疑难复杂争议,直接由首钢劳动争议调解中心进行调解。调解中心每天安排两名调解员值班接待,通过"一消气、二倾听、三疏导、四调查、五协调"的工作方法,又将一大批劳动争议化解在企业内部。近几年来,首钢各级劳动争议调解组织每年调解的劳动争议都在 200 多件,调解成功率在 80% 左右。

三、钢铁企业搬迁调整中的职工分流安置效果

(一)平稳有序妥善分流安置 6 万余名职工

通过 6 年多的努力,大部分停产职工转移到新基地工作,部分与企业解除劳动合同

的职工,通过单位招用、自谋职业、灵活就业等形式实现了再就业,再就业率为77.7%。解决了多年来政府和企业最担心的难题,达到了企业安定、社会稳定、局面和谐,实现了职工、企业和政府"三满意"。

(二)企业内部劳动关系更加和谐

首钢通过和谐劳动关系建设,企业骨干职工得到保留,新基地技术业务骨干得到充实,职工队伍群体结构得到优化;在重新安置过程中,首钢始终坚持以人为本,时时处处体现人性化、人本化理念,无论是离开还是留在企业的职工都切实感受到企业的关心和爱护,企业文化彰显,凝聚力进一步增强,企业内部劳动关系更加和谐。

(三)创造了良好的社会效益

在社会连续多年劳动争议案件高发的态势下,首钢劳动争议仲裁案件比例逐年降低,在搬迁调整职工分流安置过程中未发生一起大的群体争议,年度劳动争议仲裁发案率仅为7‰,得到了社会各界的高度认可;首钢顺利将年产800万吨的钢厂迁出北京,为首都的节能减排,为绿色奥运、绿色北京做出了突出贡献,创造了良好的社会效益。

(成果创造人:王青海、闫永志、朱继民、郑章石、强 伟、刘全寿、张建军、姚树樘、王 伟、张凤光、魏云胜、张德明)

采油企业精细化节能减排管理

中国石油天然气股份有限公司辽河油田分公司

中国石油天然气股份有限公司辽河油田分公司（简称辽河油田）是中国石油天然气集团公司的骨干企业，是全国最大的稠油、高凝油生产基地。坐落在辽宁省盘锦市，地跨辽宁省、内蒙古自治区的13个市（地）、35个县（旗）。目前年原油生产能力1000万吨，天然气生产能力8亿立方米，经济规模500亿元，形成了油气核心业务突出，工程技术、工程建设、燃气利用、多种经营、矿区服务等各项业务协调发展的格局。

成果主创人：公司勘探开发经济评价中心主任刘斌

截至2011年底，累计生产原油4亿多吨、天然气800多亿立方米，连续26年保持千万吨以上高产稳产，上缴利税费2500多亿元，一直位于辽宁省纳税企业前列，为国家经济建设和石油工业发展作出了突出贡献。

一、采油企业精细化节能减排管理的背景

（一）完成上级部门节能减排硬指标的需求

中国石油明确提出"十二五"的战略目标是建设绿色、国际、可持续的综合性国际能源公司，节能减排是提升核心竞争力的重要手段。辽河油田作为中国石油最大的稠油和高凝油生产基地，特殊的采油工艺使之成为中国石油的耗能大户，能耗水平远远高于中国石油的平均水平，是中国石油节能减排的重点领域。为保障中国石油的战略目标的实现，辽河油田把节能减排当作不可推卸的责任，把节能减排管理创新当作义不容辞的义务。为完成上级部门节能减排硬指标，辽河油田必须强化节能减排管理，以实现企业的节约发展、清洁发展和安全发展。

（二）应对高耗能产量比例逐年增大的需求

在辽河油田1000万吨年产量中，稠油、超稠油和高凝油占三分之二，这几种油品均需热力开采。热力开采能耗高，是开采普通原油能耗的2～3倍。特殊的地质条件、特殊的开采工艺、超大的含油污水粘度、严重的乳化特点，决定辽河油田高能耗的生产特性。稀油吨液耗电16.4 kW·h/t，稠油吨液耗电35.2 kW·h/t，高凝油吨液耗电44.6 kW·h/t，远高于中国石油平均水平。辽河油田每年因热采自耗的原油达到百万吨，意味着开采量的近1/10被自身消耗掉了。随着辽河油田稠油、高凝油及外围高能耗产量比例的增加，开展精细化的节能减排工作势在必行。

（三）进一步促进企业可持续发展的需要

辽河油田是一个投入开发了多年的老油田，已进入开采中后期，近70%的稠油、超稠油和高凝油决定了开采难度要远远超过常规原油，由于受设备老化等影响，能源综合利用效率较低；近年来，辽河油田的节能减排工作实施立项攻关，取得了一定的效果。但管理上还不够精细，与国际国内行业标准存在很大差距，属于粗放型节能减排管理。日常运行各类主要耗能设备1.9万台，能耗总量折合标煤为284.3万吨，能耗支出的上升严重增加了企业的成本负担，降低了企业的经济效益。为了实现企业的可持续发展，推动辽河油田"降低油田开采成本、提高石油企业经济效益"目标的实现，主要手段就是科学选择和应用节能降耗技术，并针对目前管理中存在的问题开展精细化节能减排管理，实现企业的可持续发展，提高企业经济效益和社会效益。

二、采油企业精细化节能减排管理的内涵和主要做法

辽河油田围绕创建"精细化节能型企业"发展思路，以精细化节能减排为目标，建立健全管理体系，开展技术创新，攻关"机采系统效率优化及装置节能改造、热注锅炉节能技术综合应用、声波自动清灰、稠油污水热能利用工程、井站加热系统更新改造及节能技术应用"等八项节能关键技术；以节能减排指标的分解落实为中心，深化"热注锅炉微机自控系统、计量系统优化与油田数字化"等四项信息化技术应用；加强信息化与管理流程、生产流程的融合，不断完善数字化管理系统，提高节能减排工作效率；树立节能示范区站，确定排放和能耗指标标准，在全油田范围内实行节能减排对标管理，实现节能减排工作与"精细管理、生产经营管理、技术创新、数字化油田建设、示范区站建设"的五个融合，提高能源利用效率，降低油田开采成本，实现石油企业的可持续发展。主要做法如下：

（一）树立精细化节能减排理念，提高全员节能减排意识

辽河油田坚持将节能减排与精细管理相融合，通过树立"三个理念"，将节能减排工作抓实做细，稳步发展。

1. 牢固树立"管理就是效益"的理念，向管理要效益

要做好节能减排工作，必须牢固树立"管理就是效益"的理念，提升全员节能管理意识；培育"节能型"企业文化，使职工认识到，实现节能增效是理念提升、管理创新以及先进技术的应用，充分调动全员节能创效积极性，倡导"节约能源，从我做起，从岗位做起"的行为，营造全员、全方位、全过程参与创建"节能型企业"的良好氛围。从主要耗能设备着手，在能耗管理上下工夫，在精打细算上做文章，精细查找节能减排的潜力，向管理要效益。

2. 牢固树立"细节决定成败"的理念，向细节要效益

辽河油田的节能减排工作涉及的人员广、设备多、工艺复杂，要取得良好的节能减排效果，必须在全油田范围内开展耗能现状大调查活动，详细剖析各类耗能设

新型节能设备——风光互补照明系统

备现状,进行节能减排潜力分析,从一点一滴做起,将节能减排指标落实到每个员工、每个岗位、每个细节、每个操作流程,通过精细规范和要求,向每一个细节要效益。

3. 牢固树立"维护优于投入"的理念,向维护要效益

节能增效措施的一次性投入是有限,绝大部分的设备主要还是依靠动态维护管理。辽河油田根据采油企业的生产实际,结合油井运行状态适时调整节电装置,进行动态跟踪和定期保养,保证已投入节电装置的利用率和节电效果;对损坏的电容器及时补充安装,保证线路电容器发挥正常功效,减少网损,使之发挥功效尤为关键。

(二)建立健全节能减排管理体系,为节能减排提供保障

1. 完善组织体系

辽河油田始终坚持把节能减排工作作为一把手的重点工程来抓来管,总经理亲自挂帅,各级领导分工负责,建立健全管理和监测机构,设立节能管理、能源监察和能源监测"三位一体"的四级管理体系,实现"管理组织一张网、分工负责一条线"。在技术层面,设立措施论证、工艺攻关、运行管理、协调监督、效果评价 5 个专业小组,从源头控制、综合监管、逐步调整、稳步推进等方面开展工作,构建节能"领导亲自抓、部门重点抓、单位协同抓、全员共同抓"的工作格局。

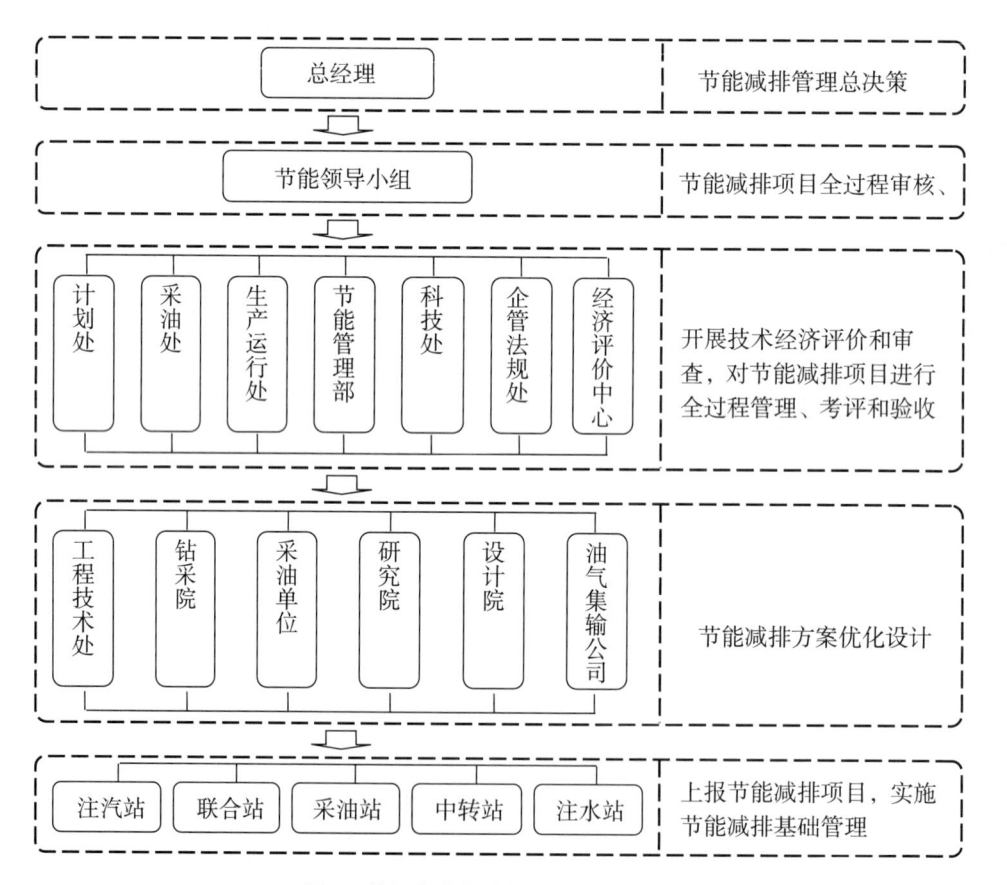

图 1　精细化节能减排管理组织架构图

2. 健全制度体系

辽河油田制定"节能管理办法"、"节能奖惩条例"、"工程项目节能管理办法"等六大制度,且每年制定《创建节能型企业工作计划》和《耗能设备监测计划》,从节油、节电、节气、节水四个方面周密规划、全面部署。同时,把合理制定节能承包目标,列入各单位各作业区年度业绩承包合同,绩效与奖金挂钩。辽河油田还投专款用于奖励节能减排工作,在每年选先评优和科技立项评审等方面对节能减排工作有所侧重,为节能减排工作的深入开展,提供了强有力的制度保障。

3. 建立指标体系

辽河油田稠油产量占60%以上,以稠油注汽、采油和原油处理为主线的各环节是用能和耗能的主要支出点,因此,以稠油为主要切入点,建立能效指标体系。

能耗系统主要包括注汽、采油、原油处理3个主要生产阶段和7个主要生产和能耗系统:汽锅炉系统、注汽管线系统、油井举升系统、集油系统、采油加热系统、原油处理输油系统、原油处理加热系统。开展能效对标工作就从这3个生产阶段和7个主要系统的能效指标入手制定相应的能效对标体系。辽河油田的节能减排指标,共分为4大类34项,其中生产区块能效指标1项,生产阶段能效指标10项,生产系统能效综合指标7项,生产系统能效辅助指标16项。

(三)突破节能减排关键技术,实施四大节能减排工程

1. 实施以降低燃油消耗为主的"节油工程"

"十一五"期间,辽河油田每年因加热开采烧掉的原油上百万吨,针对这种状况,开展以节约和替换原油为主体的燃料结构调整项目攻关。目前,通过利用内外技术资源,围绕热注锅炉节能技术综合应用项目,全面改造注汽锅炉、集输加热炉,更新燃烧器,涂刷绝热保温材料,安装声波自动清灰装置、热注锅炉微机自控系统,烟气余热利用带除尘装置,应用热注锅炉燃油节能器,取得了较好的节能效果,2011年实现节油13万吨,折合标准煤18.2万吨。

2. 实施以提高天然气综合利用率为主的"节气工程"

天然气公司、开发处、生产运行处、研究院等相关部门,积极组织采油生产单位实施五项挖潜措施:一是加快天然气新井的开采实施;二是加大挖潜措施工作力度,保证各项措施有序进行;三是落实天然气井各项管理制度,科学管理促进挖潜增效;四是严格天然气劳动竞赛指标考核,搞好竞赛落实;五是会同相关部门规范零散气、大罐回收气、车装压缩气管理流程,确保油田辽河油田天然气节约指标的完成。同时加快耗气设备的节能改造。几年来,共更新改造了井站高效加热炉143台、真空相变加热炉154台、液流发生器31台、井下节流器35个、套管气回收装置130套、水套炉控温装置124套,实现年节气2300万立方米。

3. 实施以机采系统节能改造为主的"节电工程"

投入资金1亿元,实施螺杆泵采油工艺改造152井,节电率在30%以上;淘汰高耗能电力设备430台套,并调整部分变压器容量,及时停运空载变压器,降低变压器的自损耗;安装各种抽油机节能控制装置1326台套,主要以变频控制、间抽控制和抽油机电机改造为主;利用开发的"机采效率预测和优化设计软件",规模实施系统效率优化1000口井,平均系统效率提高5%~15%,措施后的抽油机机采系统效率平均25%以上。通过

配套技术改造,实现从稀油井优化逐步向稠油井优化过渡,为全面提高机采等系统效率拓展空间;安装输油泵、注水泵变频器46套,平均节能率达到20%以上;实施"绿色照明"工程,在采油应用风光互补照明技术,改造路灯、庭院灯、景观灯、草坪灯等灯具,有效减少照明用电负荷。以上5项技术措施的实施,取得了较好的效果,实现年节电1670万 kWh。

4. 实施以污水余热利用为主的"资源综合利用工程"

为充分利用高温污水中的余热,辽河油田进行大量与热泵技术相关的研究和试验。共设计和实施热泵项目10项,包括空调型热泵4项4个机组,油田生产型热泵6项8个机组。从2011年投产的欢三联、曙五联原油加热热泵项目的节能监测结果来看,监测节能率分别达到了68.99%和91.79%,热泵技术的成功应用为油田高温污水余热利用摸索出一条切实可行的途径。两个项目年可降低耗能成本458万元,实现节能2772吨标煤。同时减少0.69万吨二氧化碳排放,社会效益亦十分显著。

曙五联、沈四联、欢二联、海一联采用污水源热泵技术,原有采暖炉和加热炉停运,日节气2200立方米以上;先后建成欢三联、欢四联、曙四联、洼一联、海一联、冷一联、曙一区污水深度处理站污水回用热采锅炉共134台,回用热采锅炉污水量共39223方/天左右。在污水量连年大幅增加的情况下,继续保持污水零排放。由于污水温度在40℃以上,而以往的清水温度在20℃左右,这样就缩短了介质的加热时间,不仅节约了燃料用量,单耗也下降了0.5Kg/m³。

2006~2010年,辽河油田得到上级节能主管部门的大力支持,共投入专项投资3.619亿元,"十一五"期间,通过组织技术攻关,开展技术创新,解决了机采系统效率优化及装置节能改造、热注锅炉节能技术综合应用、稠油污水热能利用工程、井站加热系统更新改造及节能技术应用等8个节能项目的关键技术,项目实施后节能12.4万吨标准煤。

(四)以节能减排指标的分解落实为中心,实现节能减排精细化

实行单井、单炉、单岗、单车"四单"定额管理。"单井"定额管理,即采油作业区根据井别、井深、井下状况和采出程度等不同条件确定单井年度、季度和月度产液量、耗电量、注汽量、注水量,从而测算单井采液单耗、注汽单耗、注水单耗等指标定额,实施月单井核算,严格按该指标定额进行绩效考核。"单炉"定额管理,即热注作业区根据注汽锅炉设备状况、所处区块和油井注汽周期等不同情况,确定单炉年度、季度和月度注汽量、综合燃料消耗量,从而测算单炉的炉效、注汽生产耗电、注汽生产耗油等指标定额,实施单炉核算。在此基础上,实行单井注汽核算,将各项指标承包到每名员工。"单岗"定额管理,即油气集输、后勤服务等间接发生能源消耗的岗位,根据各岗位的性质和特点,将生产指标和综合能源消耗指标分解到各岗,实施单岗核算,严格按指标进行绩效考核。"单车"定额管理,即运输大队根据车型、车况,核定台班费、吨公里油耗等单车消耗定额指标,承包到每名司机,实施单车核算,严格按指标进行绩效考核。

通过推行单井、单炉、单岗、单车"四单"定额管理,把年度整体综合能耗细化分解到采油、热注、集输、运输等基层单位直接和间接消耗能源的基本单元上,辽河油田在用的1万台抽油机、938台输油泵、161台注水泵、345台注汽锅炉、6161台加热炉以及2万多生产岗位,全部做到配有年度、季度和月度能源消耗指标定额。建立定期考核制度,实施月

度、季度和年度考核,直接把节能减排的指标完成情况与绩效工资挂钩,做到奖惩分明,极大调动了职工的积极性和主动性,做到"人人有指标,设备有定额",使节能减排工作实现从粗放式管理向精细化管理的转变,最大限度的提高能源利用率和降低生产能耗。与2005年同期对比,吨液单耗从10.28kwh/t下降到7.06kwh/t;抽油机系统效率提高5.6%;加热炉热效率提高0.3%;注水系统效率提高2.9%。

(五)促进信息化与生产、管理流程相融合,提高节能减排工作效率

辽河油田加强节能减排信息化和油田数字化建设,不断深化"热注锅炉微机自控系统、计量系统优化与油田数字化"等4项信息化技术应用,按照"标准化设计、模块化建设、市场化运作、信息化管理"的运行模式,不断完善数字化管理系统,利用网络技术、软件技术及视频、音频等将生产信息准确、快速、高效的以多媒体形式生动、具体地展现出来,实现生产数据自动采集、生产过程自动控制,大力提升节能减排工作的时效性。

建立"节能减排分析系统"和"节能监测系统管理"软件平台,作为节能减排工作中耗能管理及日常综合性管理的办公系统,充分利用原有的网络系统和平台,完善井站数字化联网、健全完善基础数据库、研发业务办公软件、建立生产信息采集和控制系统,与现有网络有效挂接,集节能减排日常管理、耗能信息采集、数据汇总分析、即时通讯、文件传送等功能,实现节能减排日常工作管理与数据采集、监测分析一体化,形成油田节能管理与耗能设备的监控、分析、评价等综合性管理系统,极大提高节能减排工作办公效率。

辽河油田冬梅女子注汽站是集团公司级标杆站,2011年以数字化管理与节能减排降耗工作相结合,投用完善的数字化管理系统,确保锅炉安全、经济、平稳运行。该系统主要由大屏幕显示系统、生产数据实时监控系统、智能分析报警系统、数字化办公管理系统、智能安防监控系统五部分组成。数字化管理极大地增强了班站安全保障,有效的减轻员工劳动强度,提高数据录取及时性、准确性、可靠性,同时有力的保障了各项参数控制在最经济最合理范围内。

(六)树立节能减排示范区站,实现节能减排对标管理

辽河油田成立能效对标领导小组、建立能耗指标体系、每季度召开对标管理分析会,制定措施、发布公报、树立公司能效标杆、宣传推广先进典型,从而实现"对比标杆看差距,针对差距定措施,实施措施求改进,通过改进达指标"的良性循环,能效水平有较大幅度提高,取得明显的经济效益与社会效益。

如曙光采油厂将采油作业五区81号站作为标杆,将该站的排放和能耗指标作为全区各站的考核标准,广泛开展"找差距、上措施、创达标、争先进"活动。通过开展创建"节能示范"区块活动,以科技进步为先,科学管理节能为基础,由粗放管理向精细管理转变,结合油井生产到原油外输的各个生产环节,从举升系统、传动系统、动力系统、集输系统、辅助设施管理五大节点着手,开展油井生产参数优化设计、能耗设备运行参数界定、自产气挖潜外供助燃、能耗设备分色细节管理等管理节能工作,将"管理就是效益、维护大于投入、细节决定成败"的理念贯穿于生产管理之中,转化为日常管理的基础工作和岗位员工的自觉行动,通过三年的实施,涌现出1-87、1-30、1-16、1-32、4-7五个采油站节能管理挖潜典型,排放和能耗指标均实现了达标率100%的目标。

三、采油企业精细化节能减排管理的效果

2011年,辽河油田综合节能为13.9万吨标准煤,实现节能增效2.65亿元。污水零排放的持续实现,更为"地球之肾"——辽河湿地的环境保护做出突出贡献。

(一)全面完成了各项节能减排指标

辽河油田在"十一五"千家企业节能行动中,签约节能指标36.6万吨标准煤,集团公司下达节水指标1102.9万立方米。经过全员共同努力,实际节能45.8万吨标准煤,完成节能目标量的125%。先后获得"全国石油石化行业节能先进企业"、2006~2010年连续五年获集团公司节能型先进企业称号,并以完善的监督监测体系、高效的专项资金投入、科学的能源审计布局、创新的能效对标活动、丰富的节能文化为亮点,形成以精细化为核心的"辽河节能模式",实现节能减排工作的新突破。

(二)形成了一批拥有自主知识产权的节能减排技术

辽河油田经过10年的不懈努力,突破了五大技术难题,形成五大核心技术,集成创新具有我国自主知识产权的稠油污水循环利用技术,填补了国内外稠油污水循环利用研究和应用的空白,促进了油田污水处理行业的科技进步,为国内稠油开采和占领世界稠油开发市场提供了技术支撑。这项技术还在国内各大油田得到广泛应用,取得显著的经济、环境和社会效益。《稠油污水循环利用》项目获得国家科学技术进步二等奖,共取得11项原创技术,获国家发明专利3项、实用新型专利5项、技术秘密3项;发表论文28篇,制订2项设计规范和企业标准。

(三)取得了突出的经济效益和社会效益

2011年,辽河油田实现综合节能13.9万吨标准煤,超额115%完成集团公司下达的各项节能减排指标。全年实施节能项目146项,实现节能增效2.65亿元。2012年上半年实现了节能量7.7万吨标准煤,其中节电8124.67万千瓦时、天然气4188.9万方、原油1274.4吨、原煤7439.9吨、其他1525.9吨标煤,实现节能增效1.75亿元。

同时,辽河油田的节能减排工作受到了国家及集团公司各方面的嘉奖,先后荣获"全国五一劳动奖状"、"中国企业管理杰出贡献奖"、"全国精神文明建设先进单位"、"中央企业先进集体"等多项荣誉称号。辽河油田的精细化节能减排管理已经成为中国石油的"样板工程",集团公司先后组织大庆油田公司、新疆油田公司、西南油气田公司、青海油田公司、大港油田公司等七个油气田企业到辽河油田学习和考察,推广以精细化为核心的"辽河节能模式",为促进中国石油整体节能减排工作上水平,提供了科学的管理经验。

(成果创造人:刘　斌、石忠仁、许　艳、徐礼海、胡　伟、张　宁、李　彬、雒长江、吴　翔、官海军、郭占文、陈　旭)

资源节约与环境友好型煤炭企业建设

新汶矿业集团有限责任公司

成果主创人：公司董事长、党委书记李希勇

新汶矿业集团有限责任公司（简称新矿集团）建于1956年，是一家以国有资产为主体、多种所有制并存，以煤为主、多种产业共同发展的大型企业集团。2011年完成原煤产量4391万吨，实现销售收入572亿元，利润73亿元。位列2011中国煤炭工业100强第15位。

一、资源节约与环境友好型煤炭企业建设的背景

（一）煤炭企业转型发展的客观要求

煤炭企业长期以来走的是高投入、高消耗、低效率、低产出的路子，经济增长方式粗放，致使企业发展与资源、环境的矛盾日益突出。新矿集团为满足国民经济快速发展的需要，长期超强度开采，煤炭资源趋于枯竭。自1995年以来，先后有8个矿关闭破产，矿区可采储量大幅衰减；其中孙村、华丰等5个矿采深达1000～1300米，与之伴随的是瓦斯、煤尘、冲击地压、高温热害等自然灾害突出，安全管理难度加大；生产矿井每年产生大量的废水、废气和煤矸石等，矿区生态环境治理任务异常艰巨。要破除发展与资源环境的矛盾，必须大力建设资源节约型环境友好型企业，提高资源的利用效率，大力实施节能减排，发展循环经济和低碳经济，走节约发展、清洁发展、安全发展的路子。

（二）培育企业新经济增长点的现实需要

对于资源型企业，节能减排是挑战，也是机遇，是提效的契机，更是新的增长点。通过实施节能减排，发展循环经济，可以实现资源在循环经济链条上的流动，提高资源利用效率，达到产业结构优化、增长方式集约、资源消耗降低，进而延伸产业链条、培育产业集群，实现企业经济增长方式由粗放型向集约型的转变，在提高经济效益的同时壮大企业经济实力。

（三）履行国有企业社会责任的需要

2010年，工信部、财政部和科技部联合下发了《关于组织开展资源节约型和环境友好型企业创建工作的通知》（工信部联节[2010]165号）。新矿集团作为国有企业，贯彻中央精神，实现企业与社会、环境的和谐发展，是自身的使命和责任所在。对煤炭企业而言，就要在一定环境承载能力的基础之上，为实现人与自然和谐相处，积极主动的遵循自然规律，采用节约资源和保护环境的煤炭开采方式。更加强调采取各种措施保护或者维护生态环境，追求经济与环境协调发展，以实现资源能源得到合理有效利用。

二、资源节约与环境友好型煤炭企业建设的内涵和主要做法

新矿集团创新发展理念,构建环保节能型产业体系,大力推进节能减排,建设生态文明,探索科学发展模式。主要做法如下:

(一)以创新发展理念为先导,积极探索科学发展模式

有限的资源、脆弱的环境,使新矿集团到,要破除发展与资源环境的矛盾,只有转变发展理念,改变发展模式,创新发展方式,彻底消除发展中的不和谐因素,按照建设生态文明的要求,坚持走科技含量高、经济效益好、资源消耗低、环境污染少的新型工业化道路。新矿集团坚持把发展循环经济、延伸产业链、提高附加值作为谋求生存发展的现实选择、做强做大企业的战略依托;把节能减排作为企业降低成本、增加利润,实施可持续发展的重要手段;把节能减排、循环经济、低碳经济、可持续发展等理念,落实到企业发展战略规划中,从而实现"开发资源而不破坏资源、利用资源而不浪费资源"。

(二)以发展循环经济为载体,构建环保节能型产业体系

近年来,新矿集团坚持从可持续发展出发,依靠科技进步,大力发展循环经济和低碳经济,并形成以"煤、煤化工、矿山装备制造、现代服务"四大产业为支撑,基于减量化、再利用和再循环(3R)一体化的循环经济发展体系,实现"资源—产品—废弃物—再生资源"闭合式循环。2009年6月份,国家发改委和中国工程院将新矿循环经济发展模式列为全国煤炭行业四种模式之一。该模式对于衰退期矿区来说,通过发展循环经济,拓展关联产业,促进产业转型,实现矿区可持续发展具有重要的借鉴意义。

1.横向拓展产业链,实现资源高效循环利用

第一,利用煤矸石、煤泥资源发展电力产业。先后建成 10 座综合利用热电厂,装机容量 455MW。在解决电力供应紧张局面的同时,通过实施集中供暖和余热利用,替代矿区燃煤锅炉 434 蒸吨,取消锅炉 69 台,拔掉矿区近二十根烟囱,改善了矿区环境质量,实现了就地转化,避免了异地污染,缓解了铁路运输压力。

第二,利用粉煤灰、煤矸石发展新型建材业。成功研制全硬塑矸石制砖机成套设备,被列为国家重大装备国产化项目和国家级新型产品,在全国已推广 60 多条制砖生产线。建成 9 座矸石砖厂,年产标砖 8.1 亿块,年消耗煤矸石 175 万吨,减少占地 67 亩。利用煤矸石、粉煤灰替代粘土生产配制水泥熟料,开辟了利用废弃资源、节约土地、降低生产成本的综合利用新途径。

第三,发展矿山设备再制造"静脉产业"。新矿集团目前拥有六台国内最先进的高功率横流 CO_2 激光设备。再制造工艺技术主要包括,研发了处于国际先进水平的矿用液压支架立柱表面激光熔覆技术和处于国内领先水平的宽带激光熔覆技术。通过特定涂敷工艺对表面进行高性能强化和改性,使修复设备性能大幅度提高。项目建设规模为年再制造 10 万台套隔爆电机及配件和 5 万台套矿用减速

蒙宁基地煤化工项目

器及配件,综合节约成本50%、节能率60%、节材70%。

第四,加大矿井水循环利用。新矿集团建成15座矿井水处理站,年综合利用矿井水2627万吨,综合利用率达到72%,极大地提高了矿井水综合利用水平,有效改善了矿区生态水环境。

2. 纵向延伸产业链,实现产品结构调整优化

第一,大力推进原煤精加工和深加工。研制成功具有自主知识产权的电磁高频振动筛,精煤回收率提高1.7%以上。目前新矿集团已建成选煤厂13座,原煤入洗能力1965万吨/年,在建选煤厂3座,设计能力450万吨/年;2009年煤炭入洗量1114万吨,精煤产量618万吨。建成两座水煤浆厂,形成了年产40万吨产能,造纸黑液制水煤浆技术入选省政府三个"节能100项"技术。

第二,实施结构调整,淘汰落后产能。通过整合水泥产业,淘汰总产量40万吨的3条高耗能立窑水泥生产线,建设高档不锈钢薄板加工、无缝钢管等高新技术产业,高档不锈钢超薄工艺技术达到国际领先水平。新矿集团初步形成低耗、高效、节能环保产业集群,有力推动了节能减排的纵深发展。

第三,利用残留煤柱开发地下气化产业链。建成煤炭地下气化站3座,年产煤气1.2亿立方米,鄂庄煤矿"地下气化炉联合气化工艺"等技术获三项国家专利,被列入国家"863计划"项目。

(三)以生态文明建设为重点,不断强化环境综合治理

1. 创新实施"绿色开采"生产模式

新矿集团现有可采储量中有82%是"三下"压煤和受灾害影响煤量。针对煤炭矸石含量大,造成生产紧张、成本升高和环境污染的现实,新矿集团立足资源赋存特点,创新生产观念,从源头抓煤炭洁净生产,大力实施"矸石充填置换煤炭技术"研究,专门制定以矸换煤激励政策,从矿井开拓延深、采区设计、工作面巷道优化等方面全方位地落实"以矸换煤"措施。通过矸石"不转移、不升井、不上山"三个阶段的工作,形成以"三下"(建筑物下、水体下、公路铁路下)安全开采和提高煤炭回收率为目的的两种类型、多种工艺形式的矸石换煤成套技术。"孙村煤矿井上似膏体自流充填技术"、"盛泉矿业井下原生矸石充填技术"两项技术达到国际先进水平。"翟镇煤矿综采工作面高效机械化矸石充填技术"达到世界领先水平,并获得国家专利。

2010年以来,新矿集团以矸换煤产量400万吨,老区10个矿共停运矸石山11座。通过以矸换煤工作,实现了"三个减少、三个提高、一个降低"。

"三个减少":一是减少矸石排放,全公司减少矸石排放量750万吨,改善了环境,矸石充填绿色开采技术对全国同类煤矿极具借鉴作用;二是减少了地表沉陷,孙村矿地表最大下沉值仅20毫米,地表几乎不下沉,盛泉公司下沉90毫米,比全部冒落开采减沉92%,翟镇矿下沉180毫米,比全部冒落开采减沉64%,地面建筑物完好无损;三是减少土地占压310亩。

"三个提高"。一是通过采取多级煤矸分离措施,提高了煤质。协庄矿应用井下机械煤矸分离技术后,煤炭分选率达到96%以上;滚轮筛筛上物矸石含量由32.35%降低到4.63%;十五层煤经动筛分选后原煤灰分降至37.14%,比选前降低14.66%。2009年全

国原煤产量30亿吨,采用此工艺可减少6亿吨矸石提升运输量,价值巨大。二是把原呆滞煤量变为经济可采储量,提高了资源回收率。新矿集团生产矿井中暂不能开采的储量7.2亿吨,占可采储量的17.2%,矸石转换煤技术的成功应用,为这些储量的开采提供了有力的技术支撑,延长了矿井的服务年限。华东地区资源馈乏,延长矿井服务年限,使储量衰竭矿区既争取了产业转型的时间和空间,又保持了矿区的和谐稳定,解决了两万人的生产问题。三是提高了矿井的经济效益。翟镇矿通过以矸换煤,在产量同比持平的情况下增加商品煤销量10万吨。

"一个降低":即通过以矸换煤沿空留巷,降低了掘进率,同时控制了矿井灾害,杜绝了煤层自然发火,防止了矿井突水和瓦斯积聚。

以矸换煤、煤炭地下气化、薄煤层开采等绿色开采工艺的开发应用,实现了煤炭资源开发利用的高效化、清洁化,提高了煤炭资源回收率,延长了矿井服务年限,让一个原规划维持千万吨产量10年的煤炭矿区,至今已实现千万吨产量达22年之久,在此基础上还可以再保持千万吨产量10年。

2. 扎实推进生态示范矿区建设

新矿集团以建设资源节约型、环境友好型企业为目标,编制"矿区资源开发与生态恢复示范工程建设规划"。

第一,以土地复垦为重点,实施生态恢复与环境重建。按照矿山地质环境治理的整体规划,以建设绿色矿区为指导,组织编制"资源开发与生态重建工程实施方案",积极做好防治结合和动态复垦工作。分别对华丰、协庄、翟镇、华恒、盛泉、万祥等煤矿的塌陷地、采砂坑进行矸石回填综合治理。先将塌陷区表层土壤取出,用煤矸石将塌陷区垫平后,再把表层土壤覆盖在上面,最后进行土壤种植化改良。近几年来,华丰、协庄、翟镇三矿累计投入4073万元治理资金,回填矸石443万吨,开发改良土地323公顷,三矿的矿山地质环境治理经验和做法得到了省市国土资源部门的肯定。同时,新矿集团与中国地质大学等大专院校开展土地改良研究课题,采用粉煤灰和生活污泥改良沙化、盐碱化等退化土地,"土地改良研究课题"获山东省科技成果二等奖。在煤矿塌陷地治理方面,变被动治理为主动预防,改变过去单纯的"开采—塌陷—治理"的旧观念,首创性研究提出"矸石充填"关键技术的思路,并成功实践。

第二,积极推进环境管理体系认证和清洁生产审核工作。翟镇煤矿在全省煤炭系统第一个通过清洁生产审核。目前,集团总部和9个生产矿井、4个地面单位通过了ISO14000环境管理体认证,12个单位完成清洁生产审核工作,华丰、潘西、翟镇三个矿井获得山东省环境友好企业,矿区环境管理基础得到了进一步的加强。

第三,投资4.1亿元对柴汶河进行全面整治,使长期危及沿河煤矿安全生产的地表水隐患得到治理,实现了河水污水分离、入河污水综合处理、防洪与园林建设相结合,将过去的垃圾河、臭水沟变成了"河宽、水清、岸洁、四季常青"的沿河景观带,改善了矿区生态环境。

(四)以自主创新为支撑,大力推进节能减排

1. 创新实践五项节能管理

第一,制定节能"三项标准"。从源头、目标、过程、考核、改进、创新等方面着手,率先

在全国煤炭行业编制完成企业节能管理标准、技术标准、工作标准,对节能减排实施全过程、全方位控制。在2007年全国煤炭行业节能减排新矿现场会上得到好评和推广。

第二,培育节能示范企业试点。2009年6月,国家能源局批准新矿集团协庄、翟镇为全国煤炭行业创建节能示范企业试点单位。试点期间,组织开展能源审计和现场能源监测,研究探索《煤炭行业节能示范企业标准》、《煤炭行业能源管理体系》、《煤炭行业能效对标工作指南》、《煤炭资源合理开发利用指南》、《新矿节能模式》等5项煤炭行业节能示范企业标准。通过试点,原煤生产能耗、综合电耗、洗选电耗得到有效控制。截止目前,两个试点矿实施节能技改项目41项,完成5331吨标煤节能量。

第三,创新实行"周五工作制"。新矿集团孙村煤矿以"数字化矿井"建设为依托,打破原有煤炭生产模式,在全国第一家创新实行"周五工作制"。通过实行"周五工作制",在相同产量情况下,机电事故率同比降低40%,2009年用电量、平均维修费同比分别降低10%、17.7%,增加经济效益4500万元。在保证职工休息、提高生产积极性的同时,实现了职工安全生产和节能意识双提高。

第四,实施能源管理体系试点。新矿集团协庄煤矿作为全国煤炭行业第一家和全省煤炭系统唯一一家开展此项工作的企业,具体实施能源管理体系建设试点工作。目前组织编制完成能源管理手册、程序文件,建立了程序化、规范化、标准化、全员参与的能源管理体系。完成18项节能技改项目,实现节电1078万kWh,多回收煤炭资源28万吨,年节约蒸汽折标煤3720吨。

第五,推行"手指口述"操作法。引进日本先进的"手指口述"操作法,根据眼看、手指、口述三项基本要领对操作程序和安全规程做到边口述、边指认、边操作,降低了设备故障率,提高了设备运行效率,实现了管理节能的又一进步。

2. 创新应用七项节能技术

第一,超低浓度瓦斯发电技术。建成赵官煤矿全国第一座超低浓度瓦斯发电站。项目规划两期建设4台500KW低浓度瓦斯发电机组,目前一期两台发电机组于今年2月5日开始运行。4台机组年可发电1320万kWh,消耗纯瓦斯量约480万m^3,年可减少相当于1亿m^3二氧化碳温室气体排放。同时,集团公司水帘洞煤矿地面临时瓦斯抽放系统也于2010年2月投入运行,低浓度瓦斯发电一期4台500KW机组工程已开工建设,预计今年9月开始发电。

第二,矿井水余热供暖和制冷技术。作为全煤系统首家成功应用水源热泵技术的企业,协庄煤矿从2006年起,便从矿井水中提取热量资源为副立井井口提供冬季供暖和夏季制冷,撤除了两台4吨燃煤锅炉。目前,该技术已在新矿集团内部孙村、新巨龙、新阳、赵官等多个矿井推广应用,年节能1.88万吨标煤,减少CO_2排放4.7万吨、SO_2排放338.4吨。

第三,矿井乏风余热回收利用技术。该技术以矿井回风作为热源,利用喷淋换热技术,间接地用矿井水将乏风气体中热能吸收,将升温后的水再利用,为水源热泵提取了热量。新矿集团孙村煤矿作为全国第一家矿井乏风余热利用企业,每年可节约标煤2357吨,减少CO_2排放5892.5吨、SO_2排放42.4吨。目前,该项乏风热能利用装置已获得国家专利。

第四,矿井水井下处理技术。协庄煤矿将矿井水处理站建在井下,开辟煤炭行业矿井水处理利用的新方法,与在地面建设矿井水设施相比,节约了占地,降低了工程建设投资,减少了运行成本,延长了设备和排水管路使用寿命。吨水百米电耗由 0.506kWh/t 降到 0.47kWh/t,年节约排水电耗近 60 万 kWh。该成果荣获山东省煤炭科技进步二等奖。

第五,生产系统整体节电技术。针对供电、用电系统线路长、变压器损耗大、设备负载率低、电网污染等问题,运用系统学原理,成功研发一套"工业动力系统整体节电改造技术",对矿井供电、用电系统进行整体优化、系统改造,全面解决现有系统中存在的问题,从而实现整体优化节能。经测算,仅协庄煤矿便可实现节电率 8.6% 以上,节电量 1290 万 KWh,是煤炭企业节能途径的创新。

第六,高效煤粉炉技术。高效煤粉锅炉系统是与国家煤炭科学研究总院共同开发的新型节能环保型锅炉。锅炉系统具有效率高、污染物排放控制水平高、投资适中、操控简单、运行成本低廉等优点,是替代原煤散烧、油气等锅炉的理想选择,工业示范运行结果表明高效煤粉锅炉热效率可达到 86% 以上,实现节煤 30% 以上。目前完成 4 个锅炉房项目,完成了 8 台煤粉锅炉的生产制造安装。

第七,LED 节能灯技术。建成 LED 灯生产线,目前正在新矿集团全面推广,2009 年照明用电 8058 万 kWh,全部更换为 LED 灯,每年可节电 2417 万 kWh,折合电费 1339 万元。

(五)以指标量化评价为依托,构建"两型"煤炭企业评价指标体系

建立科学的评价体系,在指标选择方面,为确保数据在不同年份之间的可比性和企业在资源节约与环境友好方面的效率性,选取的指标均为比率指标。力求做到两个"凡是",即凡是国家或行业在有关政策、规划等文件中对该项指标已有明确要求值的就选用国家要求的数值;凡是国家或行业对该项指标尚无明确要求值的,则参考国际标准,并结合企业发展目标规划,选用国内外同行业先进水平值作为评价指标标准值,最终确定了一套煤炭企业资源节约型环境友好型评价指标。

两型煤炭企业评价指标主要分为三层:第一层为目标层,即资源节约型环境友好型煤炭企业综合评价;第二层为准则层,共分七大类,分别是资源消耗指标、资源利用指标、资源再循环利用指标、环境污染排放指标、环境污染控制指标、生态环境质量指标和环境保护潜在指标;第三层为指标层,由 27 项指标构成。

三、资源节约与环境友好型煤炭企业建设的效果

(一)节能环保效益显著

首先,推动了能源高效转化。在大量新建项目投产的情况下,2011 年完成节能量 7.95 万吨标准煤,完成年度任务的 115.6%。万元产值综合能耗 0.6478 吨标煤/万元,同比下降 2.88%;原煤生产综合能耗 9.81 千克标煤/吨,同比下降 2.68%;煤矸石综合利用率达到 117%;矿井水综合利用率达到 77%。完成省政府下达的节能减排任务。

其次,实现了资源高效利用。综放工作面回收率平均达到 95% 以上,薄煤层回收率达到 90%。实施一批矿井水、生活污水深度处理和复用工程,新矿集团污水处理率达到 100%,矿井水复用率达到 91%。实施煤矸石综合利用工程,2009 年以来累计消耗煤矸石 2000 余万吨。被原国家环保总局批准列入第四批全国生态示范区建设试点地区,也

是第四批国家级生态示范区中唯一一个以企业为主承建的生态示范区。新矿集团资源节约和综合利用工作始终保持全国同行业领先水平。

（二）取得了良好的经济效益

经济规模和经济实力快速增长。2010年销售收入478亿元,同比增加109.3亿元;利润总额56.5亿元,同比增加到23.3亿元;2011年销售收入572亿元,同比增加94.8亿元;利润73亿元,同比增加16.8亿元。

（三）创造了较好的社会效益

在"黑金三角"区域内形成了以"煤—电—建—化"为骨干产业链的产业集群,包括各类企业70多家,创造了近30000个就业岗位。此外,立足建设和谐矿区,与地方政府和其他企业开展在效合作,振兴地方经济,实现互利共赢。

（四）提升了企业综合形象

新矿集团被国土资源部、财政部命名首批矿产资源综合利用示范基地,也是山东省煤炭系统唯一一家,被环境保护部命名为国家级生态示范区。被国家能源局确定为煤炭工业节能工作示范试点单位(全国仅两家),翟镇煤矿、协庄煤矿和华丰煤矿被国土资源部命名为首批国家级绿色矿山试点单位,集团公司荣获山东省节能先进企业等荣誉称号。孙村煤矿、协庄煤矿、华丰煤矿被评为泰安市节能先进企业。董事长李希勇等十人被评为省、市节能工作先进个人。申请到上级补助奖励资金8770万元,"十二五"期间,补助资金将超过4亿元。

（成果创造人：李希勇、张　文、鲁玉栋、刘元明、彭学海、
张升壹、朱福海、刘　波、李丑小、牛　超）

推进能源资源高效利用的钢铁企业节能减排管理

天津钢铁集团有限公司

成果主创人：公司董事长、
党委书记韩贵义

天津钢铁集团有限公司（简称天钢）始建于1935年，坐落于天津滨海新区。天钢拥有从烧结、球团、炼铁、炼钢、连铸到轧钢和金属制品的现代生产工艺系统，具备年产钢1100万吨、铁1000万吨、钢材和金属制品1000万吨的生产能力。建有国家级企业技术中心、博士后科研工作站，主要为用户研制提供中厚板、棒材、高速线材、角钢、带钢、圆管坯、金属制品等七大系列产品。拥有授权专利103项，发明专利44项，专利产品占全部产品比例30%以上，高附加值产品销售比例达69.8%。天钢牌产品应用领域广泛，配套到国内外100多个重点工程，出口41个国家和地区。近五年，工业总产值年均增长29.99%，销售收入年均增长47.52%，累计实现利税68.02亿元。2011年列中国企业500强第101位，中国制造业企业500强第39位。"十一五"节能累计56.37万吨标准煤，超额完成目标。

一、推进能源资源高效利用的钢铁企业节能减排管理背景

（一）践行国家可持续发展战略的需要

节能减排是我国一项基本国策和长期战略任务，贯穿于全社会经济生活，影响到各行各业。国家"十一五"规划提出了单位国内生产总值能耗降低20%左右，主要污染物排放总量减少10%的约束性指标，并把加强节能减排，作为推进经济结构调整，转变增长方式的必由之路。钢铁业作为国民经济的基础产业，同时也是高消耗、高排放的"大户"。2006年上半年钢铁行业的GDP权重仅为3.14%，可在全国能耗总量中的份额却高达15%。我国钢铁工业能耗水平与国际先进水平相比，还存在20%左右的差距。随着钢铁行业的快速发展，越来越受到资源和环境的制约。天津滨海新区2005年被纳入国家整体发展战略后，将建设成为经济繁荣、社会和谐、环境优美的宜居生态型新城区。天钢地处滨海新区，必须适应新的更高要求，推进企业创新发展的同时，切实把加强节能减排作为一项长期战略任务。

（二）转变增长方式，实现绿色发展的需要

天钢通过实施东移搬迁改造工程，彻底淘汰了延续多年的化铁炼钢、多火成材等落后技术，建设了"国内领先、世界一流"水平的装备和工艺，生产流程紧密联接、热装热送、连铸连轧，提高生产效率的同时，从根本上解决了对市区多年污染的老大难问题，企业实

现了脱胎换骨的变化。结合落实"十一五"节能减排目标,天钢进一步认识到,虽然在企业搬迁改造过程中,考虑并实施了一系列节能减排措施,取得了显著成效,但是与领先企业和先进节能减排指标相比,仍存在差距和潜力。例如,高炉煤气回收利用率只有83%,余热、余压等生产余能的回收利用还存在潜力,生产废水、生活污水处理能力还不足,水渣、钢渣等固体废弃物,还有较大的提升利用价值空间。

国际金融危机以来,随着铁矿石价格高企、钢铁供需失衡、钢材价格走低,全行业效益空间受到上下游的严重挤压。面对来自市场、资源、环境等方面的压力,天钢越来越认识到,加强节能减排已成为企业降耗增效,增强竞争力和可持续发展能力的重要举措之一。但是天钢节能减排管理水平还有待进一步提高,在2006年投产初期,高炉TRT发电、转炉余能利用等能源转化技术尚未采用,能源管理体系还不完善,管理模式还比较粗放,激励约束机制还不健全。

二、推进能源资源高效利用的钢铁企业节能减排管理内涵和主要做法

深入贯彻落实科学发展观,坚持绿色钢铁理念引领,以减量化(Reduce)、再使用(Reuse)、再循环(Recycle)的"3R"为原则,以低消耗、高效率、低排放为目标,实施循环经济项目,完善可循环钢铁流程,大力推进技术提升改造,建设企业能源管理中心,推行合同能源管理,完善内部保障机制,持续提升节能减排管理水平,促进能源资源的高效利用和循环利用,达到经济、社会与环境的和谐统一。主要做法有:

(一)坚持绿色钢铁理念引领,确立节能减排战略

天钢坚持把节能减排作为一项重要战略,贯穿于企业规划和发展的全过程,树立起"加强节能减排是企业立足之本"的绿色发展理念,并通过多种形式,加大宣贯力度,进一步提高全员对节能减排重要性的认识,努力打造符合科学发展观要求的绿色钢铁企业,实现节约发展、清洁发展、安全发展。

以此为指导,天钢依托实施东移搬迁改造工程第一步发展战略,初步构建起新一代可循环钢铁流程平台,制定第二步发展战略,建设十大循环经济项目,重点解决能源资源高效利用、循环利用等方面存在的薄弱环节,实现煤气、蒸汽、工业废水、固体废弃物的"四闭路、四循环"。在第二步发展战略实施过程中,积极响应国家节能减排要求,抓住天津市调整优化产业结构的契机,加大对本地区落后产能的淘汰力度,实施兼并重组和技术提升改造项目,在此基础上确定第三步发展战略,建设企业能源管理中心,使各种能源介质得到集中管控和平衡调度,从而确保完成国家和天津市下达节能目标,工业用水重复利用率、污染物综合排放合格率、万元产值能耗等指标显著改善。

(二)实施循环经济项目建设,完善可循环钢铁流程

天钢东移搬迁改造后,投资42亿元,实施以十大循环经济项目为主要内容的第二步发展战略,以减量化、再使

办公区

用、再循环的"3R"为原则,进一步完善可循环的钢铁流程,构建"四闭路、四循环",实现低消耗、高效率、低排放的目标。

1. 实施煤气循环利用项目,完善煤气闭路循环系统

为了使回收的高炉、转炉煤气得到充分利用,针对炼钢系统石灰窑使用燃煤作燃料的状况,实施煤改气项目,用富余煤气替代燃煤,年减少燃煤用量2.7万吨。结合中厚板优化品种结构,增建热处理工序,同步实施热处理炉采用转炉煤气项目,年回收利用转炉煤气1.08亿立方米。在新厂区新建一条高速线材生产线,采用蓄热式加热炉燃烧高炉煤气;对原采用煤制气的一条高速线材生产线由老厂区搬迁到新厂区,用富余高炉煤气替代煤制气,年利用高炉煤气3.8亿立方米,减少燃煤制气排放二氧化碳6.5万吨。对动力锅炉安全保火实施由天然气改用焦炉煤气替代项目,年节约天然气430万立方米,节省外购天然气费用1250万元。为了加大煤气回收量并保持压力稳定,对高炉煤气管网实施升压改造项目,将煤气管网的控制压力由8 KPa提升到10 KPa,确保高炉煤气100％回收和安全使用。

2. 实施能源转化项目,完善生产余能闭路循环系统

瞄准扩大生产工艺中余压、余热等余能的利用范围,在高炉系统实施高炉煤气余压TRT发电项目,总装机容量为2.5万千瓦,年发电量1.4亿度,减排二氧化碳4.64万吨。在转炉系统实施低压余热蒸汽发电项目,年发电量0.5亿度,减排二氧化碳1.62万吨。在烧结系统实施低压余热蒸汽溴化锂机组联合制冷制热项目,每小时可利用烧结余热蒸汽5吨。在此基础上,启动实施烧结余热蒸汽发电、燃气－蒸汽发电等项目,推进能源闭路循环系统不断完善,促进生产余能高效转化和充分利用。

3. 实施水资源节约项目,完善工业废水闭路循环系统

天钢按照生产用水"清浊分流、就地处理、闭路循环、分级使用"的原则,建设高炉煤气清洗水生化处理站等3套废水处理系统,经处理后,形成中水再利用,工业用水重复利用率保持在98％以上。2011年投资1.9亿元,实施工业废水深度处理、利用城市中水替代生产用新水项目,显著完善了工业废水闭路循环系统。随着项目相继投入运行,工业废水已实现"零排放"。

4. 实施固废再生项目,完善固体废弃物闭路循环系统

天钢视高炉矿渣、转炉钢渣、含金属污泥、含铁氧化物、各种除尘灰等固体废弃物为宝贵资源,进行再生处理,循环利用,变废为宝。实施高炉矿渣微细粉项目,采用先进粉磨技术,将高炉矿渣制作成矿渣超细粉,供新型混凝土等建筑材料使用,年产量120万吨,实现高炉矿渣"零排放"的同时,延伸了产业链。实施转炉钢渣加工处理项目,采用先进热焖工艺和磁选技术,将转炉钢渣制作成渣钢、磁选铁、磁粉、尾渣等产品,作为烧结、转炉炼钢、钢渣砖和钢渣微粉的优质原料。实施炼钢污泥再利用项目,增加存储装置,采用沉淀浓缩技术,通过泵组管网,将含金属污泥输送至烧结混配,降低了烧结料成本。对轧钢产生的氧化铁渣、各工序产生的除尘灰,全部进行回收和集中处理,用于再生产。

(三)依靠技术提升改造,大力促进节能减排

1. 改进操作工艺,实现技术节能

一是从铁前抓起,合理提高原料堆料高度,增加直进料接卸量,尽可能降低矿耗。采取低温厚料层烧结工艺,合理添加高炉返矿、炼钢污泥等,努力实现配矿结构经济、综合冶炼性能最好。高炉操作采取提高风温、富氧喷煤、低硅冶炼、高压操作等工艺技术,保持高炉稳定和经济运行,努力降低燃料比。二是炼钢采用铁水预脱硫、溅渣护炉等技术,降低物耗。改进高拉碳操作工艺,提升金属收得率。提高钢水直上率和转炉倒炉双命中率,实现工序间的紧密衔接。开发运用精炼渣返回利用技术,用含铁矿渣替代废钢冶炼,减少废钢加入量。优化转炉煤气回收利用操作工艺,实现炼钢全工序"负能炼钢"并不断提高水平。三是轧钢全部实行热装热送工艺、减少能耗损失的同时,板材生产从降低钢的原始资源投入入手,采取TMCP控轧控冷和减量化轧制工艺,获得低成本、高性能的产品;棒材生产采取四切分轧制、LTR低温控制轧制、QTB穿水冷却技术,提高成材率;高速线材生产采取斯太尔摩大风量控制冷却等工艺技术,提高高碳钢产品综合性能。

2. 开发减量化技术,减少物料消耗

天钢依托国家级企业技术中心和博士后科研工作站,围绕减量化技术和节能减排技术,加强重点开发与研究。按照高强和减量化用钢技术标准和发展趋势,自主开发高强英标460B螺纹钢筋、400Mpa抗震钢筋。自主开发的不锈钢复合钢板,不仅减少贵金属消耗,而且降低材料成本30%以上。自主开发的1×19多丝结构的特大规格低松弛预应力钢绞线,最大直径达到28.6mm,最高破断载荷达到960KN,代替普通钢筋制作地下基础的管桩,将节约50%的用钢量,填补了国内该产品领域空白。产学研合作开发的"炼钢连铸冷却水陶瓷过滤装置与技术",显著改善了冷却循环水状况,减少了电耗、水耗和排污,节能环保效果显著,填补了该项技术在国内的空白。

3. 加大环保投入,实现技术减排

投入资金18亿元,配备281台(套)环保设施,对所有污染源点进行有效治理和监控。采用新型抑尘挡风技术,对原料场进行治理。采用电除尘净化技术,对烧结机机头和机尾、高炉出铁场和矿槽的烟尘进行有效治理。采取汽化冷却技术,解决转炉高温烟气外溢。采用消声器、隔声材料等控制措施,对所有噪声较高的设备及噪声源进行了有效治理。

4. 推进兼并重组,加快淘汰落后

按照市场化运作方式,对原天津众冶钢铁有限公司进行兼并重组和技术提升改造。通过兼并重组并控股建成天钢联合特钢公司,彻底淘汰179m³小高炉两座、30吨转炉及连铸系统两套,36平米和90平米烧结机各一套。对提升改造的新项目,均采用高炉和转炉煤气回收、高炉煤气余压发电、工业废水再利用等节能减排新技术。同时投入7.4亿元,配置172台(套)专用环保设施,各项指标均达到环保排放标准,有效保护了周边环境。

(四)建设能源管理中心,形成管控一体化运行系统

天钢投资8400万元,于2010年开始在集团本部创建能源管理中心,被列为全国首批示范建设企业。

1. 明确能管中心定位和具体建设内容

天钢能源管理中心定位为集过程监控、能源管理、平衡调度管控一体化的计算机系统。监控管理的能源介质主要有：电力、焦炉煤气、高炉煤气、转炉煤气、混合煤气、天然气、压缩空气、氧气、氮气、氩气、蒸汽、鼓风、生产水、生活水等。主要监控数据类型包括：压力、流量、温度、阀门开闭、调节阀开度、开关信号、动力设备运行状态、主生产线设备运行状态，以及供配电系统功率、电量、设备运行状态等。利用现有采集设备并根据能源管理中心要求，对部分设备进行改造，架设专用工业网络，建设集中调控中心，使用专业能源监控处理软件，实现统一管控功能、优化煤气平衡、减少煤气放散、提高环保质量、降低吨钢能耗、提高劳动生产率和能源管理水平。

具体建设内容包括应用软件、计算机系统、中央网络及现场工业网络系统、现场控制新建或改造系统、数据采集子站系统、现场仪表改造（动力/水）、电力控制系统改造、能源中心大楼及中控室设计、辅助视频系统。同时，对企业内部管理机构进行调整，整合能源管理生产运行部门，加强能源管理中心与生产调度系统、设备系统和物流管理系统的协调，全面提升企业能源管理水平。

2. 认真搞好规划设计，精心组织项目施工

天钢根据能源管理中心定位，在深入调研基础上，结合公司实际，与设计单位共同完成规划设计方案，并按照项目要求和有关程序分两期进行组织实施。一期主要是确立建设方案，构建系统架构，搭建系统平台，具备条件的子站数据上传并调试运行；二期主要是补充完善系统及计量数据，完善管理功能和系统架构，实现系统整体上线。同时对企业内部管理模式进行调整、试运行，从信息化和企业管理两方面全面实行能源管理中心的集中监管控功能。

工程整体建设期为两年，2010年二季度开工，到2012年竣工完成。实现公司燃气、制氧、供电、热力、供水系统接入，并对已完成的项目进行投入运行后的考核。

3. 充分运用能源管理中心功能，促进能源高效利用

天钢能源管理中心全部建成并投入运行后，其功能主要包括：一是通过对能源系统集中监控，大幅度提高企业能源系统劳动生产率；二是运用 EMS 强大的功能和手段对各能源介质实现有效在线调控，充分利用企业的二次能源，确保系统经济合理运行，节能和环保效益贡献突出；三是在能源系统异常和事故时，EMS 通过集中监控作出及时、快速和准确的处理，把能源系统故障所造成的影响控制在最低限度，确保能源系统稳定运行；四是对基础能源的质量、工序能耗和运行管理前端进行控制和评估，从而为能源管理的持续改进提供方向；五是能源工艺参数、计量数据实时数据采集和处理功能；六是能源基础历史数据存储、查询、统计、分析功能；七是能源生产、供应动态系统平衡调度；八是能源消耗计划、核算管理。

（五）推行合同能源管理，提升节能减排功效

天钢动力供应系统的用电量占全公司用电量近60%，年电费近5亿元之多。为减轻实施节电项目的资金压力，积极与合同能源管理服务企业进行业务合作，共同对全公司运行的251台风机、水泵测试分析，针对部分"大马拉小车"、手动阀门控制、挡板截流等问题，决定采用成熟的变频调速节电技术，对具有较大节能潜力的水泵、风机和高低压电机等设备，进行变频节电改造。例如：通过加装智能化节电设备，将原系统水泵从原有的

阀门挡板控制方式,改为智能化节电设备自动控制方式,而且不改变现有操作方式。同时采用智能化节电设备与水泵"一对一"的控制方式,既方便实现对单台设备的调节,又提高整个系统的安全可靠性。

按照双方约定:天钢在"零"投入的情况下,节电率达到预期的12%以后,进入效益分成期,每月对节省电费效益按比例进行分成,直至服务厂家分成收回总投资,分成自动结束,设备即行转入天钢固定资产管理。在分成期间如出现设备故障,由服务厂家负责免费维修,天钢负责协调维修所需的设备停、倒、投运。

为推进节电项目的实施,天钢成立由能源环保、设备管理部门和生产运行单位组成的联合项目组。在保证生产正常运行的基础上,分期、分批、适时对确定的项目进行变频节电技术改造。项目完成后由能源环保管理部门牵头负责组织相关部门、合作厂家、使用单位对节能效果进行项目验收和节能效果的认定。

(六)完善内部保障机制,强化节能减排管理

1. 完善组织架构,明确各自职责

天钢建立"四位一体"和群众参与的节能减排责任管理体系。成立节能减排管理委员会,负责组织制定企业节能减排工作规划,并统一协调、指导全公司节能减排管理工作。设立能源环保部作为日常管理机构和专业职能部门,负责节能减排工作的具体管理,并对公司工作部署做好落实、检查和推动。各生产单位、作业区、班组相应设置节能减排工作机构,明确第一责任人,具体组织实施好节能减排工作。各单位设立能环专业管理岗和节能减排群众监督员,对能源利用和环境保护工作进行统计分析、监督检查。全公司形成"责任层层落实,压力逐级传递"的工作架构。

2. 完善制度流程,规范管理运行

认真落实国家和本市对工业企业加强节能减排的工作要求,建立完善《能耗定额管理制度》、《节能工作管理制度》、《能源统计工作管理制度》等10余项管理制度,使节能减排工作有章可循、有据可依。同时,按照目标提出、规划编制、审查审批、计划实施、工作反馈、效果验收等程序,优化管理工作流程,提高节能减排工作效率和效能。

3. 完善能源计量,加强监督检查

采用先进计量方法和方式,对各种能源介质加强计量,使一级能源计量配备率达到100%,二、三级能源计量配备率均符合国家要求,为节能减排监测、分析、考核提供准确的第一手数据。对各种计量器具进行定期检定,检定率100%。建立电耗、水耗、工序能耗等统计台帐,定期开展用能情况分析,挖掘节能潜力。对全公司水、电、煤气、蒸汽等动力介质管网进行界面划分,明确分工责任,保证各种动力介质管网的维护、检修及时,管理到位。天钢能源监测站以公司39台套主要耗能炉窑、设备用能效率为重点,加强定期监测,提升节能减排动态管控水平。

4. 完善评价考核机制,促进全员节能减排

细化分解天津市政府下达的节能减排目标,落实到各层级、各单位和各岗位,实行目标责任包保。建立和优化各单位合理有效用能的指标评价考核体系,纳入公司月度经济责任制一并进行考核,促进各项能耗指标逐月改善和降低。同时,对照先进水平,制定和修订能源定额,并确立20余项指标,进行动态能源管理对标,定期召开专业例会,分析能

耗指标完成情况，制定和落实改善指标的节能措施。组织开展节能降耗合理化建议活动，只要有利于节能减排的建议，都积极采纳，并给予奖励。

5.完善现场管理制度，保持清洁生产

天钢围绕加强节能减排、提升现场管理和清洁生产水平，以推进安全生产标准化建设工作为抓手，以加强班组安全生产管理为基础，制定完善生产作业现场定置管理标准，做到物料码放规范、安全通过畅通、安全设施齐全有效、安全警示标志醒目、场地干净整洁。同时，按照"厂区道路整洁干净，无卫生死角；绿化设计新颖美观，确保无枯木、无死苗"的目标要求，绿化美化厂区环境，建立长效管理机制。

三、推进能源资源高效利用的钢铁企业节能减排管理效果

（一）节能水平大幅提升，主要指标跃居全国同行业前列

天钢作为具有70多年历史的大型国有钢铁企业，近年来，按照国家钢铁工业发展规划和加强节能减排的要求，全部淘汰了落后工艺装备，积极采用了23项国家推荐的先进节能技术，开展了高炉降低燃料比等16项重点节能技术攻关，共获得国家和天津市节能减排奖励资金3400万元。通过不断优化完善节能技术和措施，"十一五"期间，实现节能总量56.37万吨标准煤，超额完成了市政府下达的13.67万吨标准煤的节能目标。万元产值能耗由2007年的1286.23千克标煤降到2011年的502.71千克标煤。炼钢全工序自2008年实现了"负能炼钢"，炼出钢的同时，不仅没有额外消耗能量，反而提供了富余能量，取得历史性突破。2011年，转炉炼钢工序能耗以吨钢－22.88公斤标煤的水平，跃升至全国同行业第一位，比排第二名企业的－13.5公斤标煤/吨钢，每吨钢少消耗标煤9.38公斤。煤气回收利用率达到100%，跻身全国同行业第一梯队。

（二）资源得到综合利用，促进了企业降耗增效

"十一五"期间，回收高炉煤气274.94亿立方米、转炉煤气11.97亿立方米、蒸汽155.86万吨。余压余热发电从无到有，自发电总装机容量3.7万千瓦，累计自发电5.58亿度。回收并综合利用高炉矿渣、转炉钢渣、轧钢氧化铁渣及各种除尘灰等固体废弃物1200万吨。以上累计为企业带来经济效益约17.93亿元。节约水资源效果凸显，工业废水实现了"零排放"；使用部分城市中水和生产废水替代自来水，加快了生产用新水"零取用"，年节约生产用自来水1500多万吨，既降低了水处理运行成本，又为企业节约资金5000多万元，并在全国同行业达到领先水平。

（三）污染排放显著减少，赢得了良好社会效益

各项环保设施日臻完善，所有污染源点得到有效监控，污染物排放总量大幅降低，烟（粉）尘排放、吨钢二氧化硫排放量、吨钢COD排放量等各项环保指标全面达标。"十一五"期间，减排二氧化碳140.9万吨、二氧化硫9019吨。实现了转炉煤气、蒸汽"零放散"，工业废水、固体废弃物"零排放"。污染物综合排放合格率100%，连续多年位居全国同行业先进行列。2011年获"榜样天津"生态文明贡献奖。

（成果创造人：韩贵义、姜辉明、卞津舟、方运泰、潘贻芳、
韩富生、于伟光、尹全胜、杨卫东、崔红英、路林兴）

基于人文环境改善的关键和谐指标体系构建与实施

中国移动通信集团广东有限公司

中国移动通信集团广东有限公司(简称广东移动)是中国移动(香港)有限公司在广东设立的全资子公司,由中国移动通信集团公司(简称中国移动集团公司)直接领导和管理。作为全国最早开通移动电话(1987年)、最先上市(1997年)、最先独立运营(1999年)的省级电信运营商,广东移动一直保持着锐意进取、开拓创新的优良作风。首开国内通信行业品牌经营先河,率先培育并为中国移动集团公司输送了全球通、神州行、动感地带三大著名品牌;在国内电信业率先构建了 TL9000、ISO14001、OHSAS18001 质量、环境和职业安全健康"三合一"的综合管理体系,并于 2006 年获得全国质量奖,网络管理标准和质量超过国际水准和欧美同类运营商。目前,广东移动资产已超过 800 亿元,员工近 4 万人,客户规模超过 1 亿户,收入超过 700 亿元,是广东省最大的电信运营商,也是我国通信行业中规模最大的省级公司,收入、客户数、净利润在中国移动通信集团已连续十年居第一位,占中国移动集团的比例分别约为 1/6、1/6、1/5。

一、基于人文环境改善的关键和谐指标体系构建与实施背景

(一)适应行业和市场竞争,提升企业软实力的需要

近年来,中国的移动通信行业收入增长缓慢,市场争夺日趋激烈,广东移动靠增量拉动发展的传统模式遭遇"天花板",持续发展受到较大挑战。

2006 年起,中国移动集团公司组织了企业文化评估,包括结果性和过程性评估。广东移动在全集团整体排名中,无论个人层面还是组织层面均位于中下。在组织层面的客户导向、管理控制、协调配合落后集团平均水平,在个人层面的计划执行维度与集团相差较大。为此,广东移动在大力推进 KPI 管理的同时,提出了关键和谐指标(Key Harmony Indicator,KHI)体系建设,以推动企业人文环境改善,更加重视员工深层次的关怀与激励,激发员工持久的创造性、归属感和幸福感,提升企业软实力,实现企业可持续发展。公司各级管理者既要有 KPI 意识,也要有 KHI 意识,KHI 是 KPI 的润滑剂,通过"软手段"产生"硬效力",形成 KPI 与 KHI 的双轮驱动。

(二)满足员工不同层次需求,实现企业和谐发展的需要

2006 和 2008 年,广东移动两度开展全省员工满意度调查,衡量员工对组织的忠诚度、在组织战略执行过程中员工个人目标与组织目标的战略连接紧密程度、员工为达成组织目标所进行的工作中获得来自组织的支持程度。2008 年结果显示,员工"忠诚度"、"战略连接度"、"工作能力授予度"均比集团整体水平低 2~6 个百分点,比 2006 年调查情况有所下降。两次调查发现,薪酬与福利、发展与培训一直以来是所有员工认可度偏低的领域,在薪酬待遇外,员工还关注来自职业成就感、责任感以及发展。

2009 年,广东移动开展了面向基层员工压力状况的专题调研。86.46% 的受访者表示压力较大,近两年来压力呈现递增的趋势;员工同时面临工作和思想压力,但思想压力

大于工作压力;70.83%的受访者表示职业发展压力较大,员工接受减薪现实但非常期望成长进步;员工接受竞争的压力和繁重的任务,但期望公司各级管理者的人文关怀。这些调查都表明,企业需要改变传统的硬性管理方式,更加重视软管理,改善企业人文环境,增强员工的归属感和幸福感。

二、基于人文环境改善的关键和谐指标体系构建与实施内涵和主要做法

广东移动在实践中逐步形成了涵盖员工幸福感、员工敬业度和企业社会责任心三个方面的一套定量化关键和谐指标(KHI)体系,以常态化的测评为基础,针对发现的问题和短板,有针对性的推进企业人文环境改善工作。主要做法有:

(一)基于工作实际设计关键和谐指标(KHI),稳步推进指标测评工作

2007年初,深圳分公司启动构建《企业和谐人文环境指标体系》(下称《指标体系》)项目,项目小组开展涵盖70.3%员工的关爱需求调查,深入访谈管理人员和员工近80人次,形成《指标体系》的初稿。

2007年7月,深圳分公司开始试点《关键和谐指标(KHI)指标测评管理办法》,2年间和谐程度逐年提高,公司整体得分从77.54分提高到83.06分。

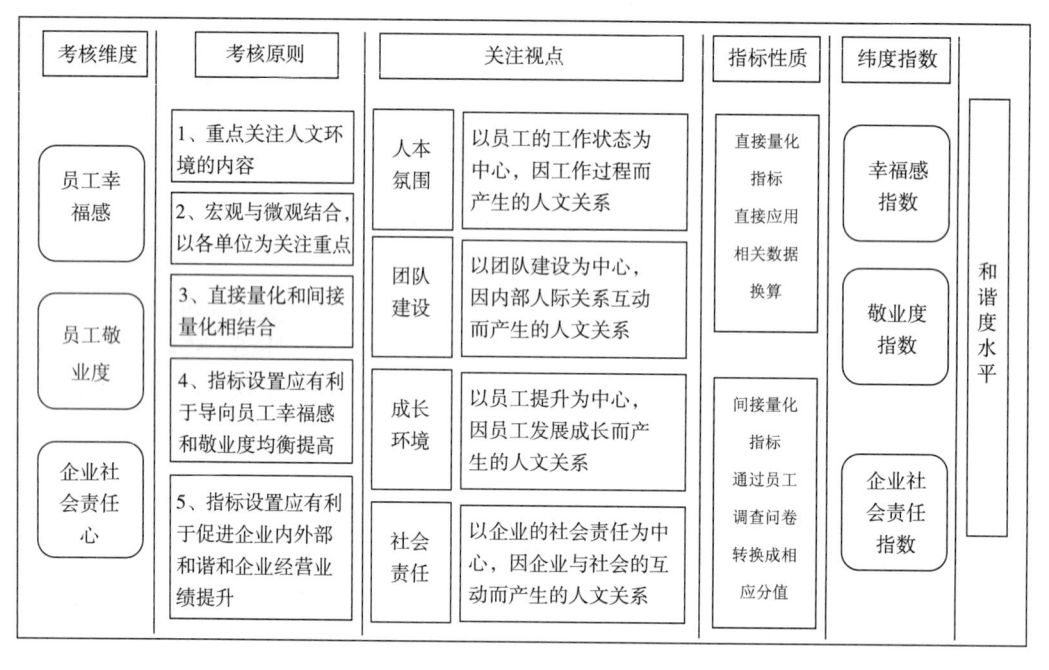

考核维度	考核原则	关注视点		指标性质	纬度指数	
员工幸福感	1、重点关注人文环境的内容	人本氛围	以员工的工作状态为中心,因工作过程而产生的人文关系	直接量化指标 直接应用相关数据换算	幸福感指数	和谐度水平
	2、宏观与微观结合,以各单位为关注重点	团队建设	以团队建设为中心,因内部人际关系互动而产生的人文关系		敬业度指数	
员工敬业度	3、直接量化和间接量化相结合					
	4、指标设置应有利于导向员工幸福感和敬业度均衡提高	成长环境	以员工提升为中心,因员工发展成长而产生的人文关系	间接量化指标 通过员工调查问卷转换成相应分值	企业社会责任指数	
企业社会责任心	5、指标设置应有利于促进企业内外部和谐和企业经营业绩提升	社会责任	以企业的社会责任为中心,因企业与社会的互动而产生的人文关系			

图1 KHI设计框架

2010年,广东移动以深圳分公司3年试点为基础,启动全公司层面的关键和谐指标(KHI)体系建设工作,根据员工普遍关注的问题进一步改善KHI指标体系的设计框架(见图1)。确立KHI指标体系首先从员工幸福感、员工敬业度、企业社会责任心三个方面考察,坚持重点关注人文环境内容、宏观与微观相结合并以各单位为关注重点、直接量化和间接量化相结合的原则,确定KHI具体要抓的4个管理维度分别是"人文氛围、团队建设、成长环境和社会责任"。

为了确保KHI的可测量、可评估,在四大具体管理维度之下,2010年引入集团公司满意度问卷调查中广东移动的短板指标,吸收盖洛普Q12员工敬业度管理工具,通过广泛收集意见和建议,对《指标体系》进行系统优化,形成18个指标(见表1),其中直接量化指标2个,间接量化指标16个,通过问卷调查折算量化。所有的指标都赋予一定的权重。直接量化指标得分来自于客观可以直接统计的内容,包括员工"休假完成率"、"团队荣誉积分"、"受认可表扬频率"、"职业道德"、"兴趣小组"等;间接量化指标得分通过网上实名制问卷调查,问卷设计采取"五度量表",按权重计算得分。并以实名制问卷调查形式在全公司开展评测。

表1 KHI指标体系

指标类别	指标名称	具体说明	权重
人本氛围(25分)	1.员工休假完成率	员工休假完成率=期间员工实际年休假总时数/期间员工应休年假总时数	3
	2.工作压力关注度	各级管理者对员工工作压力和心理压力的关注程度	7
	3.工作匹配适应度	员工个人兴趣、个人专长与所从事工作的匹配程度及员工对匹配情况的适应程度	5
	4.工作支持协作度	各级管理者对员工工作的支持力度和员工(含不同团队员工)相互之间的工作协作程度	6
	5.工作价值认知度	员工对目前所从事工作价值的认知程度	4
团队建设(30分)	6.团队荣誉积分	团队荣誉积分=团队通过努力所获得的相关奖励和荣誉转化的积分	5
	7.团队活动满意度	员工对部门开展团队活动情况的满意程度	5
	8.员工沟通满意度	员工对公司和部门领导与员工沟通情况的满意程度	8
	9.关爱员工满意度	员工对公司及部门关爱员工情况的满意程度	7
	10.团队成员信任度	所在团队成员之间的相互信任程度	5
成长环境(30分)	11.个人成长关注度	公司和部门对员工个人成长的关注程度	5
	12.经验知识共享度	员工基于工作过程形成的经验知识的共享程度	5
	13.绩效评价公正度	公司和部门对员工进行绩效评价的公正程度	5
	14.晋升机会公平度	员工在公司现有晋升通道上晋升机会的公平程度	5
	15.知情权实现度	员工对企业相关政策等方面知情权的实现程度	5
	16.个人价值实现度	员工对个人价值实现程度的自我感受	5
社会责任(15分)	17.社会责任履行度	公司在社会公益活动和志愿服务活动方面的参与程度,在节能减排绿色环保责任方面的履行程度	7
	18.社会形象美誉度	在员工本人、家人及亲友心目中公司社会形象的美誉程度	8

2011年,广东移动进一步优化问卷,最终统一发布《关键和谐指标(KHI)测评管理办法(试行)》,要求以KHI为行动指南,制定切实可行、行之有效的行动实施方案,并将KHI管理实施纳入企业年度计划。同时,建设"关键和谐指标(KHI)项目测评分析系统",构建专业的人文环境管理数据系统。实施季度/年度常态化测评。每季度各测评单位自行制定全年KHI管理实施方案,进行自测自评。每年度一次全省KHI测评,各单位根据测评结果进行持续改进。向全省发布测评报告,各单位根据测评结果,发现管理中

的优势和不足,有针对性进行分析和持续改进。

(二)深入开展员工关爱行动,提升员工的归宿感和幸福感

1. 建立卓越员工服务体系

广东移动开展"员工生命线工程",将员工视为企业发展保障的生命线,像服务客户一样服务员工,推出卓越员工服务体系,包括"员工服务品牌、工作保障改善中长期规划、基础管理、策划执行、质量管理"五项核心内容,以及打造全省行政管理及员工服务一体化的"服·音"计划和提供支撑平台的"员工服务之窗"。

广东移动制定《中国移动广东公司员工办公、配套及文化环境指标 V1.0 版》,增加员工活动面积 9226 m^2,购置员工健身器材 205 套,新增公司电子宣传屏 160 个,补充文化书籍 2000 册。

成立服务策划组和服务界面组,组织策划员工服务工作方案,开展特色服务,分析服务数据,做好员工反馈工作;利用信息化优势,搭建网络员工服务之窗,员工通过行政办公界面可以进入服务之窗,与员工健康系统、车辆管理系统、物业管理系统、员工消费平台、康体(配套)预订系统、团购(网购)平台等多个信息系统进行数据交互。

2012 年,广东移动制定"员工工作保障三年滚动计划",下发专项投资资金,以员工最为关切的六个方面执行卓越员工服务,建立健康管理体系,开展"家政无忧服务计划"、"菜篮子工程"、洗车服务、代驾服务等系列活动,建立"员工代表联系委员会沟通机制"、"满分计划"、《微关怀》电子杂志及员工服务客户端,开展餐饮服务、车辆服务、宿舍管理服务、办公用品服务、物业服务提升等工作,开展离退休人员、新员工、困难员工、孕·妈咪、节假日等特殊时期特殊员工的系列关怀活动,建立全省团购网、内部交易平台等。

2. 开展员工心理资本增值项目

早在 2005 年,广东移动借鉴国外 EAP(员工帮助计划)管理模式,帮助员工心理减压。经过 3 年的 EAP 模式探索发现,与其帮助员工解决负面情绪,不如着眼于帮助员工养成正面的情绪,开发员工心理资本,培养员工阳光心态,争当公司"心灵英雄"。2008 年,广东移动开始在深圳分公司试点 PCA(员工心理资本增值)项目,采用四大核心资本,关注员工韧性、乐观、希望、自我效能(自信)的心理资本。通过 2 年的试点发现,深圳分公司在团队沟通、个人技能与业务水平、成员管理等方面都呈现良好的上升趋势。2010 年,广东移动 PCA 项目在全省公司正式全面启动。

广东移动的 PCA 管理模式研讨心理方法十大实践元素,形成一个完整的体系(见图 2)。

PCA 项目实施期间,广东移动开办幸福大使培训营,邀请相关行业的专家培养一批 PCA 项目的先行者,通过培养"幸福大使"进一步带动全体员工积极参与 PCA;建设心理剧大舞台,通过一场由员工自编、自导、自演的大型心理剧,再现员工生活和工作中的心理困惑,心理专家们与数百名观众和演员面对面共同探讨缓解压力的妙招,一起寻求心理资本增值的良方;举办健康之旅活动,邀约员工携带家属参加活动,邀请著名健康养生专家讲授健康知识,举办单身男女交友活动,为单身青年提供交流平台,减少感情烦恼;举行大师沙龙交流活动,邀请专家团与员工分享幸福认知与方法,结合微博进行互动,提升员工的幸福感悟能力,激发员工对幸福生活的追求与思考;搭建 PCA 交流网站,PCA

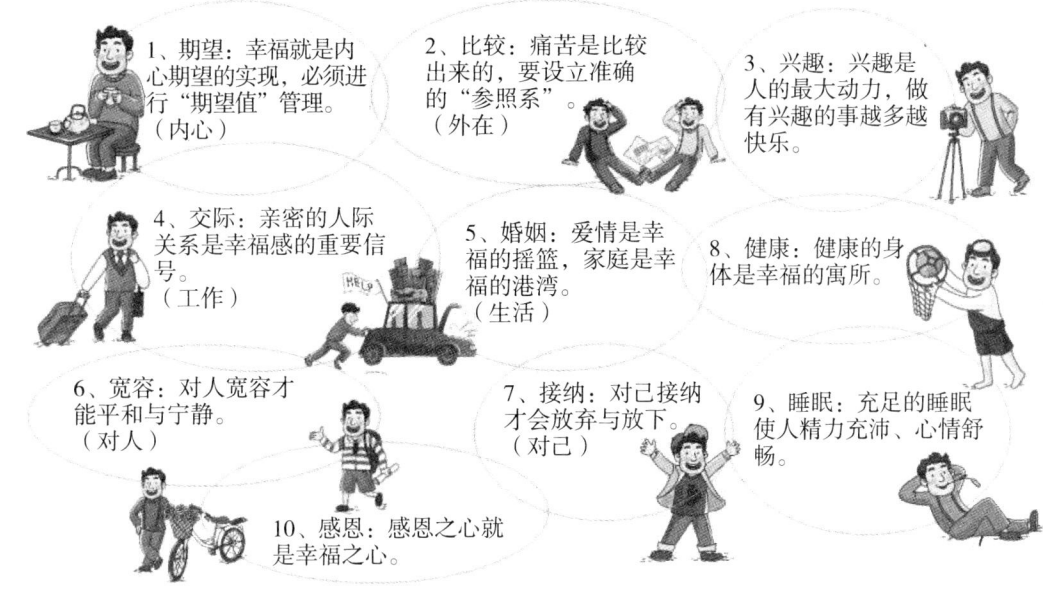

图 2 幸福心理方法十大实践元素

心语、心理 e 刊、心理知识、员工"减压阀"、好书共享多种栏目,全面增值员工心理资本,培养员工自信,舒缓员工压力,促进员工沟通和交流更加和谐。

3. 推进基层减压、员工减负、流程减繁"三减"工作

广东移动开展大规模"客户穿越、岗位穿越、公司穿越"的三大流程穿越活动。通过流程穿越计划与跨越服务行动推动观念转变与服务行为转变,并在流程规范中加以固化。流程穿越通过早会、观察体验、角色扮演、调查访谈、案例分析和头脑风暴等项目,使公司管理者切身感受流程实际运行情况,查找流程存在的问题,加以改进。在流程穿越活动中提出"三减"制度,既基层减压、员工减负、流程减繁。"三减"制度注重于表单模式标准化、工作流程简单化、系统应用常态化。"三减"制度的实施,使服营厅每日报表数由 18 份减至 9 分,有效将 80% 的工作进行系统化管理,后台发送前台邮件减少 90%,手动排班时长由 1 天以上缩短至 3 分钟以内,为员工减负的同时有效地提高了工作效率。

(三)实施人才强化工程,更加注重员工发展与价值实现

一是搭建"大 H"职业发展通道,实现横向和纵向的职业晋升发展。考虑到正式员工和社会化员工并存的情况,广东移动进一步维护社会化员工权益,每年都有大量的优秀社会化员工转聘为正式员工,对大批优秀基层员工起到了很大的鼓舞作用。同时,实现正式员工和社会化员工两个用工体系的一体化,同工同酬。

二是强化核心员工队伍建设。通过战略解读、管理层访谈、先进地市经验探讨等形式,形成核心员工的甄选标准,制定《中国移动通信集团广东有限公司核心员工管理办法》。首先,开展核心员工选拔,壮大人才梯次队伍。在全省范围内,从 7~9 级符合条件的合同制员工中选拔出核心员工队伍。其次,开展专项培训,提升人才队伍软实力。最后,实施省市双向交流创新人才培养模式。

三是开展多层次的员工培训。从员工入职开始,入职培训、在岗培训、企业大学、学历教育等一系列培训贯穿员工职业生涯周期,为员工成长提供坚实的发展基础。以广东移动客户服务部为例,在新员工入职阶段,结合新人的能力特征和心理特征,制定"三级跳"的新员工催熟策略,实现新员工服务能力快速提升。对于选拔上岗的班组长,开展"班组长任职资格培养体系"项目暨班组长骏马训练营,提升班组长的基础管理能力;引入 NLP 心智模式修炼与教练式管理课程,使班长们通过学习、练习、互动,领会做一名教练式管理者的基本功,为文化管理落实到班组打下了良好的基础。对于骨干员工,开展运营管理专家认证,培养专业水平优秀、业务能力突出、善于创新和分享专业型人才队伍。同时,积极推动客户服务部专家讲师团培养,推动客服部管理专家、岗位专家经验沉淀成宝典、工具。

四是优化薪酬体系,向一线员工倾斜。结合 2010 年全省模拟测评结果,在全省范围内开展服务指导工作。如在 KHI 成长环境指标类别上,阳江分公司的"和谐动力"计划将"优化弹性薪酬体系,激励一线员工成长"作为重点。所谓优化薪酬体系是指:向一线员工倾斜薪酬资源,增加一线员工收入;以业绩论英雄,破除职级薪酬限制;拉大弹性薪酬空间,弹性幅度由原来的 1.6 倍扩大到 5.6 倍,激励业绩突出者;对于业绩优秀的团队给予额外的班组激励;整个薪酬体系做到公平合理、量化可比。2011 年 8 月份开始实施,整个薪酬结构由"金字塔"型变为"橄榄果"型,80% 的多数员工薪酬稳中有升,大大激发了员工工作的积极性,尤其是为一线员工注入了强劲动力。

(四)搭建网络化的信息沟通交流平台,营造民主、平等的企业人文氛围

一是搭建以总经理微博、移动微群为标志的网络沟通平台。总经理通过微博每月致辞,与全体员工分享当月企业经营管理的要点工作以及管理智慧。员工通过公司的移动微群发起讨论,提出意见和建议,公司相关职能部门收集员工意见,针对员工反映的热点问题,结合省市公司人力资源政策与员工开展充分沟通。

二是建立班组博客沟通平台。以基础管理小组开设班组博客,围绕企业文化、党风廉政、文体娱乐等主题开设专题博客,以各个博客组合起来开设博客社区,而后又逐步完善领导人博客、班组博客、短信博客、彩信博客、图客、播客、邮件博客、手机博客等功能与平台。班组可以通过博客,将本班组制定的十项制度及其执行情况、班组管理案例、学习心得与工作情况即时展示在自己的博客上,推动基层员工参与管理,及时分享自己的工作心得;公司中高层管理者通过阅读博客了解一线员工的工作、学习、生活情况及他们的意见和建议;也可以随时加入某个班组,进行"电子蹲点",与所选班组共同组成一个小组,与该班组共同发表博文,开展班组建设。班组博客还有"电子点评",员工可以对任一篇博文提出意见和进行意见反馈,从而将班组博客变为中高层与基层互动的虚拟现场。

三是建立"沟通下午茶"制度。在广州、深圳、东莞等地市分公司,"沟通下午茶"成了公司领导与一线员工促膝谈心的交流会,沿袭了广东"下午茶"的传统特色。通过"沟通下午茶",一线员工跟总经理面对面谈心;总经理们也能够直接倾听一线员工的心声。地市分公司总经理与一线员工的"沟通下午茶"基本按照每月一次的频率举行。

(五)深入开展志愿者服务活动,增强员工社会责任感

出台《中国移动广东公司志愿服务管理办法》,组建交流平台,整体标识设计,全面完

善志愿者管理规范。通过员工能力划分,建立一批应急通信、信息化服务、网络维护、心理咨询、扶贫助学、节能环保等专业知识的志愿者队伍,各专业的志愿者人才灵活搭配,建立各种专业化的志愿服务小分队,形成志愿服务应急救援体系。员工可以通过自荐、组织推荐的方式,经过竞聘演讲、志愿竞技等PK环节竞选志愿者分队长。

以社会需求、员工需求的"双需求"为导向,以社会热点、焦点、重点、难点为切入点,充分结合员工的志愿服务需求,制定志愿服务计划。志愿者服务活动覆盖社会公益、弱势群体的各个层面,从帮扶农村灾区到共树城市形象、从帮扶贫困老人孩子到关爱外来工;组织员工志愿者到广外、华农、中大等高校进行JA教学,教导在校学生"事业起航"、"企业经营决策实战模拟"课程,帮助学生做好职业规划。2012年,广东移动志愿者服务队伍总人数已经高达1.1万多人,自志愿服务队伍成立以来累计服务时长超过15.5万小时。

三、基于人文环境改善的关键和谐指标体系构建与实施效果

(一)员工满意度明显提高,企业实现和谐发展

2011年KHI年度测评结果显示,广东移动全省和谐度总体得分率为86.97分,较2010年提升了4.82%,根据企业和谐度判断标准,公司在整体上处于"和谐"状态,"人本氛围、团队建设、成长环境、社会责任"等方面均得到不同程度的提升。

2012年2~3月,广东移动开展心理资本项目抽样调查,人数为657人(中国移动心理资本调查总体人数为6047人),员工心理资本测评平均得分为4.79分(1.0~4.0分:心理资本水平较低;4.0~5.0分:心理资本水平中等;5.0~6.0分:心理资本水平较高),比中国移动总体平均值高出0.51分。

中国移动集团公司每两年在全国范围内举行员工满意度测评工作。2011年,中国移动集团公司采用第三方无记名方式在全国测评"员工满意度",结果显示,广东排名较上一次测评大幅度上升14个位次。此外,广东移动内部员工服务满意度显示,员工服务满意度高达98.4%

(二)人文环境明显改善,企业形象和影响力进一步提升

通过几年的实践,广东移动初步建立了一套科学有效的关键和谐指标体系,形成了完善的操作制度和流程,成为广东移动改善人文环境和提升企业软实力的重要推手,充分调动了各级管理者营造团队和谐氛围的积极性、主动性和创造精神,有效增强了企业凝聚力和向心力,提升了企业软实力,实现了KHI和KPI的双轮驱动,带动了公司各项管理水平稳步提升,促进了企业和谐、稳步发展。2011年,广东移动用户数超过1亿户,成为了全国率先客户数突破一亿的省份,收入超过700亿元、净利润近200亿元。同时,广东移动的KHI体系建设和实施也得到合理社会各界的高度肯定。《求是》、《南方日报》、《羊城晚报》、《中国企业报》、《中国移动通信周刊》以及"中国信息产业"等多家媒体与网站进行宣传和报道。

(成果创造人:徐　龙、李名国、郑　川、凌　浩、欧阳朝晖、
袁倩兰、朱洁琳、孙　宏、郭正元、廖东东)

采油厂融合社会化服务队伍的和谐班站建设

中国石油天然气股份有限公司长庆油田分公司第五采油厂

成果主创人：厂长周学富

中国石油天然气股份有限公司长庆油田分公司第五采油厂（简称采油五厂）地处鄂尔多斯盆地西北端，是典型的低渗透、多类型、隐蔽性、非均质性强的复杂油田，主要担负长庆姬塬油田的勘探开发，管理着10个基层队、46个应急班、5618口油水井、142座油水井班站。自2005年1月建厂以来，年产原油由不足50万吨，连续跨越100、200、300万吨三个台阶，成为长庆油田公司第二大采油厂，为长庆油田公司实现5000万吨发展目标、建设西部大庆提供了强有力支撑。

一、采油厂融合社会化服务队伍的和谐班站建设背景

（一）适应油田快速发展的必然选择

长庆姬塬油田最大的特点是低渗透和多井低产，开发成本高。同时，受制于地质条件复杂、自然条件差和社会依托度低等不利条件，如何按期完成建设任务、如何提高油田勘探开发建设水平和整体效益，是摆在采油五厂面前最重要、最紧迫的课题。要实现油田规模效益开发，依靠传统的管理节奏和运行模式已无法满足快速、经济、高效的开发节奏和要求，需要引入市场机制、向市场借力。目前，采油五厂95％的辅业工作量由社会化服务队伍承担完成，高峰期有316家社会化服务队伍近万人参与建设，其中中石油、中石化、社会化队伍分别为66支、5支、245支。如何管理好这些队伍，是采油五厂面临的一个新问题。

（二）应对班站建设新挑战，提升生产效率的迫切需要

在采油五厂直接参与日常班站和油水井管理的社会化服务人员所占比例较大，直接参与一线班站管理且相对固定的社会化服务岗位操作员工为1627人，占正式员工3995人的40.7％，占一线操作正式员工2623人的62.0％。社会化服务人员与正式员工共同对班站生产运行、技术指标、安全运行、设备设施、基础资料、日常维护实施全面管理。

社会化服务虽然能降低采油厂成本开支，但是由于用工关系复杂、用工形式多元化、人员来源渠道的复杂化，在实际工作中正式员工、社会化员工并存，不仅存在"同工不同酬"的稳定风险、劳动主体模糊的法律风险、双轨制用工的管理风险，而且大多数社会化人员普遍文化水平较低，安全生产技能低，思想波动大，工作流动性大，自身管理松散，缺乏岗位专业知识，遵章守纪的主动意识淡薄，容易受到其他人不良言行的干扰。

在2005年,采油五厂建厂初期,社会化人员比重较少,对快速上产、对班站管理的影响不太明显,但随着采油五厂2007年、2008年生产规模的快速扩大,大量社会化人员参与班站管理,这些人员在技术、工作能力与积极性、责任心等方面不能适应和支撑企业的快速发展。特别是数字化技术的应用,对班站人员的综合素质提出了更高要求,对班站管理方式与方法提出新的挑战。如何统一社会化服务队伍及人员的思想认识,规范管理,提高其工作积极性、责任性、增强其归属感,使社会化服务人员更好地参与、融入班站管理活动,有效提高企业运行效率,保证企业快速发展,是采油五厂班站建设的重点。

(三)石油行业传统文化优势为和谐班站建设提供思想源泉

"大庆精神"、"铁人精神"、"延安精神"、"解放军传统"是长庆油田公司企业文化和管理思想的精髓,也是中国工业的宝贵财富,更是采油五厂快速发展的思想保障。社会化服务队伍中的中石油队伍与长庆油田组织同源、文化同根、事业相成,中石化队伍更是保障国家能源安全的责任共同体。而其他社会化队伍以盈利为目的,追求经济利益的最大化,缺乏传统石油精神,缺少献身石油事业的使命感和责任感,缺少融入石油文化的内在驱动力,因此更需要以有效的管理方式、方法,规范管理,使社会化服务队伍及人员思维言行融入油田生产建设,服务油田发展。

从2009年起,采油五厂结合社会化服务队伍人员年轻化、结构多样化、个性多样化、岗位技能不高、职业发展空间狭窄的特点,全面开展融合社会化服务队伍的和谐班站建设。

二、采油厂融合社会化服务队伍的和谐班站建设内涵和主要做法

采油五厂以长庆油田公司"创和谐典范,建西部大庆"战略目标为引导,明确和谐班站建设目标和思路,优化工艺流程、数字化建设,变革班站运行方式,同管理、同部署、同标准,完善班站运行机制,建立以业绩为导向的考核体系,努力提升班站管理的质量和水平,推动全员技能与企业发展要求的动态匹配,开展"六心"人本管理,实现班站和谐管理,提升企业整体运行效率。主要做法如下:

(一)明确和谐班站建设目标和总体工作思路

采油五厂在健全管理制度、优化管理流程、明晰管理职责、强化管理的同时,明确"生产有序、安全运行、团结协作、富有活力、业绩优良"的和谐班站建设目标,按照"变革运行方式,构建运行机制,健全考核体系,加强技能培训,建设和谐文化,创新管理手段"的和谐班站建设思路,注重引导和规范社会化服务队伍和人员,全面加强和谐班站建设,如图1所示。

(二)变革班站运行方式,创造市场化运作的基础和条件

1.优化工艺流程,构建共用的班站管理方式

对多油层叠合区产建,实施群式井组开发建设。一般井组井数大多在10口井

厂领导班子合影

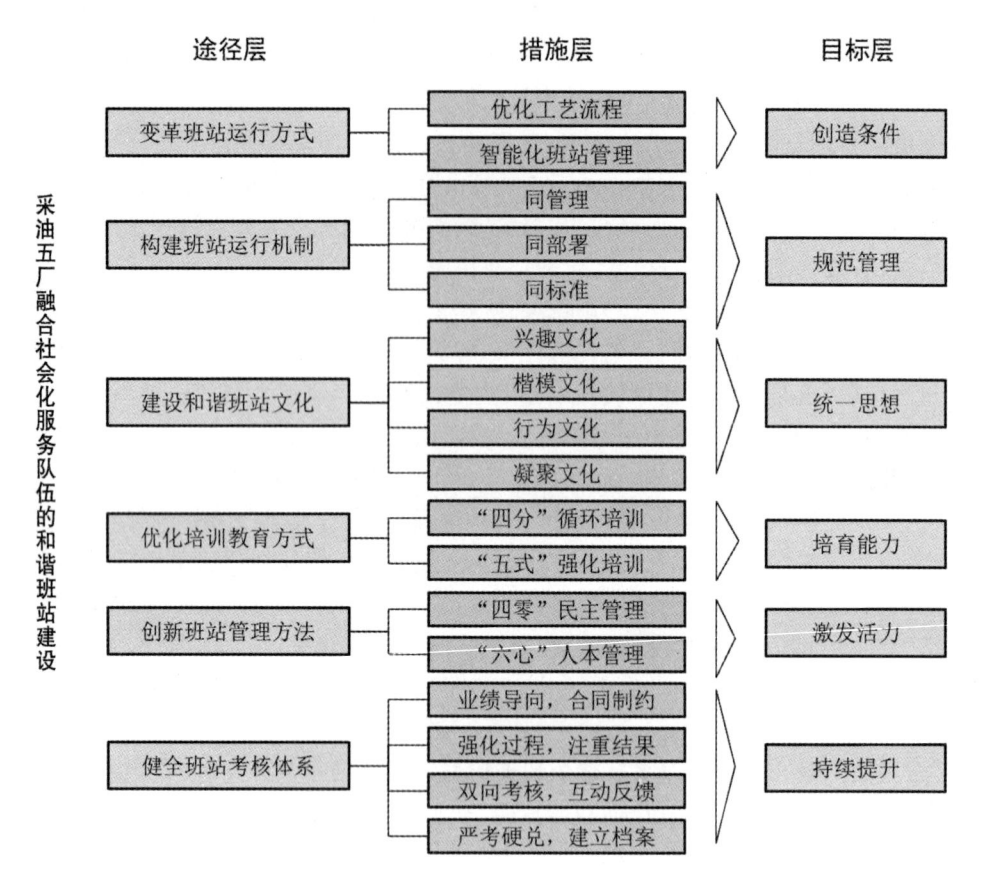

图 1　和谐班站建设的总体思路

以上,个别井组井数超过20口。截止2012年8月底,共建"群式井组"346个,有油水井4216口。

对两套层系开发区块,按照"场站合建、管线同沟、设施共用"的建设方式,实行两套流程同时建站。作业区与联合站共建,对于已开发建设区块的新增部分依托配套完成的系统,共用原系统部分公用设施,如事故罐、加热炉、气液分离器、加药及配电系统等,减少场站建设数量,降低建设投资。目前长1、2和长4+5两套系统同时运行的站库共有35座。

在联合站采取分层集中处理和合层集输技术,将接转站、单井来油分别进相应系统的收球装置、换热器、三相分离器,将经过脱水后的净化油统一进净化灌外输。同时,将处理后的污水分别注入相应的油层层位,有效避免注入水不配伍造成的地层结垢、堵塞等现象。

2.依托数字化建设,构建智能化班站运行管理系统

在新建站采用增压撬、注水撬、投产排液撬、混输撬、转油撬、三相分离撬等智能化集成橇装装置;对具备条件的站点进行数字化改造,以智能化集成橇装装置代替增压点、计量站、转油站、注水站,将20世纪的单井—计量站—转油站—联合站布站和单井—增压

点—计量接转站—联合站三级布站方式、2008年的丛式井组—增压点—联合站二级半布站方式,优化为2009年及以后的多丛式井组—联合站,建立起井组(岗位)—作业区(联合站)一级半布站方式,压缩管理层级、扩大管理范围,构建起以油水井日常生产管理系统、电子路卡系统、管网监测系统、报表生成系统、专家信息系统和决策与分析会议视频为基础的六大智能化班站运行管理系统。

(三)构建班站运行机制,形成科学规范的班站管理格局

1. 纳入体系,全面受控,实行"同管理"

建立与实施社会化队伍"全面受控管理体系"。一是成立以主要领导为组长的市场管理委员会,全面负责队伍准入管理、合同签订、验收及结算等工作。各科室按职责、分类别履行资质审查、准入管理、监督监理和工程质量网上平台查阅职能,确保各项工作规范、有序、高效运行。二是依据《劳动法》、《劳动合同法》和长庆油田公司相关规定,制定并严格执行《第五采油厂所属业务承包公司输入员工管理办法》、《社会化服务队伍准入退出管理制度》、《社会化服务队伍业务管理实施办法》、《社会化服务队伍结算管理办法》、《社会化服务队伍安全管理办法》等制度,规范社会化服务队伍的管理。三是加强与社会合作队伍之间的信息沟通与充分交流,切实提高社会化服务队伍管理水平。在采油五厂油田数字化系统中设置社会化服务队伍管理信息数据库,实现社会化服务队伍网上注册、查询、准入审查、考核、年审和注销等功能,将油田社会化服务队伍管理延伸到对供应链的管理,提高社会化服务队伍的服务质量和效率。

2. 相互协同,统筹安排,实行"同部署"

不定期地组织社会化服务单位负责人参加厂级各类生产会议,使社会化单位及时掌握采油五厂生产、安全形势和工作重点,同时将社会化服务队伍的工作任务与厂部其他工作同步安排、同步部署、统一要求,促进社会化服务队伍主动融入厂部生产建设。尤其对存在生产进度、质量、安全环保等问题的社会化服务队伍,市场管理委员会以互利共赢为原则,积极开展与施工队伍负责人之间的"一对一"谈话,消除隔阂,解决问题,制定措施,促进工作质量和服务水平的提高。

3. 统一要求,规范运行,实行"同标准"

一是参照长庆油田公司相关现场建设标准、管理标准、技术标准,制定涵盖现场基础建设、基础管理,共4大类、128项工作标准、446项检查考核标准,成为基层班站标准化管理最全面、最基础的对标管理标准。

二是修订完善调控中心管理、联合站管理、增压橇管理等5项管理制度。新增生产保障队管理、应急班管理、数字化平台系统运行管理、数字化技能培训、数字化维护等6项管理制度;完善调控中心岗、数字化增压撬管理岗、数字化监控岗等7项岗位职责。

三是制定《现场标准化管理督查考核办法》,成立现场标准化管理与考核工作督察组。持续推行现场日清管理、定位管理、对标管理,促使全员标准化、精细化管理理念牢固树立,通过严格验收,有129座站库、427个井场达到标准化管理标准。

四是推行全员岗位《管理手册》。在长庆油田公司"一人一岗一手册"的启发下,形成不但涵盖个人信息、岗位风险、风险削减等安全管理内容,还包含岗位职责、生涯设计、工作流程、操作规程、才艺展示等内容的员工《管理手册》,注重引导岗位自主开展工作。

(四)健全班站考核体系,持续提升班站管理能力

首先,以合同制约为纽带,在社会化服务合同中明确规定工作质量、工作进度、服务价格、安全管理、承诺条件、违约责任等要件,明确双方的权力、责任、义务。制定《第五采油厂业务承包考核细则》,确保管理标准统一、科学有序。各作业区按照生产实际,按月度、季度和单项工作对服务单位及人员进行检查考核。

其次,开展过程控制,注重结果,确保考核工作扎实有力。为有效加强过程管理,建立"三级三查"的检查考核制度。"三级",即厂部检查考核基层作业区(大队)、作业区(大队)检查考核应急班、应急班检查考核下属班站;"三查",即应急班(井区)对下属班站每月开展一次全面系统检查考核、作业区(大队)对应急班(班站)每季度开展一次全面系统检查考核、厂部对基层单位每半年开展一次全面系统的检查考核。通过检查机制的有效建立与实施,培养全员对照标准找差距、对照标准抓整改、对照标准促提高的严细工作作风,形成一级抓一级、层层抓落实的良好工作格局。

在合同期末,还成立专门综合考核组,按照合同条款、考核标准、被服务单位测评打分情况,客观、公平、公正地对社会化服务单位及人员进行综合考核。

再次,双向考核,互动反馈,实现考核工作科学有效。畅通沟通交流渠道,采取设置征求意见箱、发放调查问卷、进行电话沟通、召开经常性座谈会等方式,随时了解与收集社会化服务队伍对采油五厂工作的意见和建议。

同时,建立考核结果申诉机制。规定被考核单位在每月月初召开的绩效考核会上,有权对考核结果向考核组提请申诉,考核组现场解答考核情况,面对面沟通,坦诚相见,充分体现考核的公开性、公平性、公正性。

最后,建立社会化服务队伍服务及人员能力档案,全面掌握社会化服务队伍的整体运行情况,为每年招投标、市场准入提供基础资料。末尾淘汰施工进度迟缓、生产组织不力、外协能力不足、工作责任性不强的施工队伍及人员。对严重影响企业形象、履约能力差的队伍或人员,按合同及时予以清退,注销帐号和收回"准入证",取消其准入资格,不再签订服务合同,并通过信息系统进行上网公示。

(五)实施精细化管理,快速提升班站运行质量和水平

1. 实施"精准操作",提升岗位员工标准化操作能力

在认真推行"岗位标准作业程序"、"ACT"卡和"一人一岗一手册"的同时,坚持实行自主创立的"风险防范'五先'识别法"、"标准作业程序'五式'培训法"、"标准化'七步'操作法",注重强化员工安全环保意识的视觉文化建设,引导全员参与安全环保管理,努力实现班站生产安全环保零事故、零伤害、零污染。具体工作包括:

一是树立"终身学习"理念,发挥"职工书屋、书架、练兵台"作用,持续强化员工基本操作过关、设备"四懂三会"过关、应急预案演练过关的"三过关"技能考核。同时,开展"四小"活动(小师傅、小课堂、小专题、小练兵)。通过岗位技能切磋、互动演练、技术比武等活动,让岗位员工熟悉生产流程,熟练操作规程,精通岗位操作,确保员工在岗位操作上做到"四个准确",即准确掌握每处工艺流程,准确开关每个阀门,准确规范启停每台设备,准确判断果断处理每项故障。

二是推行风险防范"五先"识别法,即员工进入现场前先观察识别周边环境是否安

全,启动设备前先检查识别要害部位是否完好,动手操作前先思考识别操作程序是否掌握,施工作业前先预判识别是否存在安全风险,作业过程中先关注识别是否做到"三不伤害",确保风险识别控制到位。

三是推行标准化"七步"操作法。编制完善输油泵操作、工作票执行、设备运行检修等涵盖运行管理工作的18项标准化作业程序,以图表和流程化的形式上墙明示。坚持按照"一停、二看、三对号、四唱票、五复诵、六操作、七核对"的"七步法"顺序进行操作,并以"三交"、"三明"、"三控"、"四定"工作制度确保落实:布置任务要"三交"(交任务、交安全措施、交注意事项),接受任务要"三明"(明确命令目的、明确操作目的、明确操作方法和操作顺序),生产过程要"三控"(生产组织协调受控、设备设施运行受控、人员操作行为受控),设备管理要"四定"(定人管理、定责考核、定标保养、定时检查)。通过这些切实有效的措施,做到操作过程有调度命令、有作业票证、有专人监控、有核对确认,实现目视化管理和流程化操作,杜绝违章事故的发生。

2. 实施"精细管理",提高班站基础工作水平

首先,精抓细管日常运行,提升岗位员工执行力。围绕班站生产管理的重点,突出抓岗位职责履行、巡检、交接班等关键环节管理,实现班站以原油生产为核心的各项工作平稳有序运行。

开展"一日工作法"推进岗位标准化管理。通过对站内所设岗位的岗位职责、管理流程进行重新梳理、细化界定和逐岗明确,将每天的工作内容和要求进行量化分类,细化起停操作的每一个步骤、巡回检查的每一条路线到设备检查的每一个要点,分为7大类72项,以工作运行大表的形式明确到人,按节点和人头抓好落实,并做到"三齐全四到位五必须",即劳保护具齐全,作业票证齐全,安全措施齐全;班前会议到位,风险识别到位,现场监护到位,干部跟班到位;每日分工必须有记录,风险源点必须有交代,重大操作必须有干部,站内施工必须有监管,工作结束必须有回复。

实行"一表一卡"推进岗位标准化巡检。按照物态变化管理的思路,运用安全风险定量等级评价法和调度管理方法,设计"HSE日监督检查表"和"异常故障处理卡",将每台设备的巡检要点、检查标准、消减方法和控制措施做成表卡,采取"看、闻、听、摸、测"五种巡检方法和"定时间、定路线、定要点、定方法、定措施"的"五定"巡检要求,按表检查巡检,达到"检查全面、消减及时、保养到位",建立起一套完善可行的闭环巡检管理流程。

实施"互不信任"交接班。按照班站实际形成"七交接"模式,针对交接班大表中所涉及的运行方式、设备缺陷、资料记录、环境卫生、工用具、所做工作、上级指令等七个方面的内容要求,由岗位员工、班长、承包干部共同进行面对面、点对点的交接核查,达到看清、讲清、问清、查清、点清,做到交的清楚、接的明白。并在每班交接完成后由三方签字确认,对交接班过程中存在的问题,由承包干部进行"ABC"分类,逐项落实措施,跟踪检查整改,实现班站工作的"日事日毕、日清日高"。

其次,精抓严管班站现场,提升岗位员工保障力。以"服务班站运行"和"提高班站管理"为着眼点,推行"6S"标准化现场管理、"目视化看板"管理、标准化资料管理等,推进班站现场管理的规范化、标准化、精细化。

"6S"标准化现场管理。对班站各区域内的消防设施、生产设备、库房材料,统一采用

反光色带进行警戒标识；对站库各门房钥匙标注使用位置，在值班室统一进行集中定置管理；清理完善班站工具箱内划定分类标线，粘贴名称标签；把各种设备和工具的规格和要求用简单明了、直观易懂、形象逼真的图片、图表等展示出来，使之直观化、图片化、可视化。

目视化看板管理。开发"生产信息目视系统"，每天值班干部晨会后，将班站岗位动态、当日生产信息数据、工作任务和重点工作等内容，录入班站"生产信息目视系统"并进行滚动播放，实现班站生产动态管理的显性化；借助总控室数字化管理信息平台，安装"长输管线泄漏监测报警系统"，对站库来油、外输压力、温度、含水等生产参数实时监测，保证管线泄漏的定位准确和及时处理；利用工房等闲置墙面空间，张贴班站管理岗位职责、岗位标准化作业程序、岗位巡检点检图、关键工序控制图、安全风险提示卡等，时刻提醒和指导岗位按标准操作。

遵循"五有标准"推进资料管理标准化。按照"统一、规范、简洁"的要求，对班站文件资料分柜分盒集中归档，统一颜色、统一标签。建立完整的岗位资料目录，制定统一的填写规范、管理办法和考核标准，使基础资料达到"五有"标准（岗位资料有目录、每项资料有明细、资料收发有登记、放置地点有标识、资料填写有规范），确保各项记录资料的完整、准确、真实和一目了然，实现文件资料记录简易化、档案化管理。

实施"三一五到"设备标准化管理。落实设备"十字作业"，开展抽油机"五率"达标考核活动，全面实施设备"一包、一卡、一查、五到位"管理模式（"一包"是实施设备分片承包制，将设备管理责任细划、落实到人；"一卡"是推行设备点检卡制度，实行全员和全面质量管理，实现"预防维修"到"计划维修"转变；"一查"是设备自查自改活动，对出现问题及时解决，对不能解决问题记录在案并及时上报整改；"五个到位"是培训到位、巡检到位、保养到位、应急处理到位、考核到位），实现设备全面、全员、全过程管理。

实施"两齐三化三清三对口"物资仓储管理标准化。通过执行定置制度，规范放置区域，使物资器材管理达到两齐（库区整洁、工位整洁）、三化（仓库规范化、存放系列化、养护经常化）、三清（材料清、规格清、数量清）、三对口（账、卡、物对口）管理。

最后，精打细算成本管理，增强班站员工效益挖潜意识，让班站每一位员工积极参与到挖潜增效活动中来，促进班站生产效益最大化。

成本控制保效益。开展成本费用层层分解，严格控制费用定额，建立班站生产用料出入库登记台帐，坚持开展旬、月度成本分析，开展修旧利废和节能降耗"巧匠"评比选树奖励，有效控制班站运行费用。

小技小革创效益。创新节约手段，经常组织员工学习掌握节能新技术、新方法，应用新技术、新工艺、新设备和新材料，最大限度利用和节约好资源。充分利用小发明、小创造、小革新等，狠抓质量控制，工艺流程改造，进一步降低生产能耗。

精准分析增效益。组织开展"夺油上产、班组增效"活动。以"我所管的油井每天多产0.1吨油"、"我所在的岗位每天节约1角钱"为目标，通过精准分析提高单井日产，及时盘活库存存量，实现班组挖潜增效。

点滴节约积效益。开展劳动竞赛、"金点子"建议、修旧利废等活动，培养全员节约一张纸、一度电、一个螺丝、一块棉纱的良好习惯，努力把班站建成"低耗单元"。

定额考核促效益。把各项成本层层落实到班组,持之以恒地开展班组的节能降耗及挖潜增效情况的核算与总结,坚持不懈地与历史同期进行比较,分析成本节超原因,总结经验,剔除不合理、不正确的习惯或做法,及时奖励成本节约有功人员。

与此同时,实行岗位日写实考核。结合班站岗位标准作业程序巡检流程和控制要点,细化岗位日写实考核标准,实施日对标、日考核,月汇总、月兑现。

3. 实施"精品管理",提高班站管理质量和水平

第一,支部建设铸精品,提高班站凝聚力。支部(党支部、团支部)扮好三角色,为员工解疑释惑、排忧解难、鼓劲加油。扮好"传声筒"角色,为员工思想"解惑"。开展形势、目标、任务、责任教育和主人翁责任感教育,大庆精神、铁人精神和优良传统教育,世界观、人生观、价值观等十个方面的教育。扮好"出气筒"角色,为员工心理"解压"。开展"一人一事"的思想工作,加强员工身心健康发展,召开恳谈会,广纳群言,倾听员工呼声,关注民生民意,耐心让员工宣泄不满情绪,甘当"出气筒"。建立沟通机制,利用局域网、手机短信等手段,培育积极向上、理性平和、开放包容的社会心态,排出心理积怨和心理压力,使其轻装上阵,愉悦地工作和生活。扮好"打气筒"角色,为员工鼓劲加油,宣传企业的大好形势,用发展战略、目标、任务凝聚员工,用改革发展成果和重大业绩鼓舞员工,用生动先进典型教育员工,引导员工珍惜来之不易的发展成就,不同角度为员工鼓舞士气、鼓足干劲。

拓宽"有困难找书记"的沟通渠道。设置"情绪看板",对看板上的每一个问题,支部书记、站长都当成自己的事,认真对待,积极帮助解决,使员工的工作热情得到有效激发。设置"书记班站长信箱",对于员工的个人隐私,不想让众人知道或不便公布于众的,通过"书记站长信箱"反映,使其成为员工解惑释疑的又一个知心朋友。

开展骨干"两保三无四带头"活动。明确班站骨干责任区,赋予职责、义务,确保责任区生产经营任务完成,确保责任区员工队伍稳定,确保骨干身边无违章、无事故,并要求骨干带头完成工作任务、带头做好群众工作、带头安全文明工作、带头增收创效,充分发挥骨干示范引导作用。

第二,宣传塑精品,增强品牌文化力。举办以"精品在我心中"为主题的"三个一"活动,即提高一种认识,站长、支部书记、副站长要围绕"用人品铸就精品"的质量理念,提高对开展"精品质量"活动的认识;明确一个承诺,班组长要针对本班组实际工作,明确在活动中的承诺;提炼一句格言,每个岗位员工要围绕"精品质量"活动,写出自己最真切感受的人生格言。

宣传典型,形成塑精品导向。以远学"大庆中十六联合站"、近学长庆油田"刘玲玲站"为重点,开展对标学习。

以文化人,传播塑精品理念。积极倡导和推进场站文化建设,利用"三介绍"提升班站品牌文化力。依照由进站到出站的闭环路线,从站立姿势、仪容仪表、引导路线等细节入手,规范讲解标准、讲解内容和流程,对每位进站人员进行班站安全须知、基本情况、文化建设三个方面讲解。

展示形象,打造塑精品亮点。注重做好品牌理念的提炼工作,形成"忠诚为本,人品铸就精品;不断超越,事事争创一流"的班站创新文化理念,使其成为全站员工的共识和

行为操守。

(六)优化培训教育方式,实现个人能力与企业发展的动态匹配

1."四分"循环培训,全面提升全员技能

培训内容上"分岗"。根据计量、维护、注水等岗位要求和员工的不同需求,编制相应的培训内容,分岗位、逐点位培训员工。

培训时间上"分期"。根据人员在岗、轮休时间,落实"四个一"(一日一题、一周一讲、一月一考、一季一复)培训措施。

培训形式上"分类"。开展"集中类"和"分散类"相结合的方式进行培训,以集中授课、小型对抗赛、师徒帮带、你问我答、互相结对子等形式开展培训。

培训考核"分层"。按照用工形式将班站人员分为A、B层,其中,A层为正式职工,B层为社会化人员。针对不同层次,制定不同的奖惩措施。

2."五式"强化培训,快速提升技能水平

采取培训内容分类,实行"分类式"记忆。例如:在记忆"上岗条件确认"的十项内容时,提出"两个必须、三个禁止、五个会"的分类记忆法。

多侧面分解内容,实行"立体式"培训。从不同侧重点分解岗位标准作业程序的内容,并通过笔试、口试及现场实践的"立体式"考核,巩固所学内容。

采取结对方式,实行"模拟式"操作。采用一人读取岗位操作卡内容,一人按读取顺序逐步模拟操作,促进双方互动互学。

采取视觉标识,实行"直观式"催化。通过设置岗位标准作业程序"主要危险源辨识"、"上岗条件确认"牌,制作巡回检查巡检卡、标准巡回检查路线标识,直观反映岗位标准作业程序实施步骤。

采取自考自查,"自主式"提升。采用小范围座谈、班站人员轮流当教师、一对一自考自查培训。

(七)建设和谐班站文化,以石油行业传统文化构筑共同思想基础

1.文化感召,学习教育,提高员工思想意识

以"建西部大庆,文化同行"为引领,积极向社会化服务队伍宣传长庆油田建设"西部大庆"内涵。大力推进"同一平台、你我一家"为主旋律的核心价值体系的学习教育,大力弘扬大庆精神、铁人精神,使社会化服务队伍把握艰苦奋斗这一"精髓",积极践行"三老四严"、"四个一样"工作作风,不断提高全员诚信意识和道德修养,进一步打牢石油工业优良传统文化的思想基础。

2.形式多样,不断丰富文化外延

首先,建设体现个人生活才艺的兴趣文化,如在班站成立体育、书法、绘画、音乐、摄影、写作、手工制作等兴趣协会或小组,吸收、培养与展示个人业余爱好,陶冶员工情操。

其次,建设体现个人风采的楷模文化。例如,通过评选与宣传采油五厂"十大优秀党员、十大优秀青年、十大技术标兵",促使社会化人员自觉履行职责,增强爱岗敬业的责任和意识。

再次,建设体现个人文明的行为文化。通过国家政策、法律的宣导与学习,企业制度、规定的贯彻和落实,强化文明规范的遵守与引导,提升个人文明行为、文化素养。

最后,建设体现团队精神的凝聚文化。例如,通过"情系五厂、感恩长庆"等主题实践教育,倡导全员从不同的角度,以亲身经历、真挚的情感和大量鲜活的事例,抒发忠于企业、热爱企业、热爱岗位的高尚情怀。

(八)实施"六心"人本管理,增强班站和谐奋进动力

一是"三看"知人心。通过看心情、看劲头、看胃口,观察员工精神状态等方面,及时分析原因,合理安排工作和情绪疏导。

二是"四餐"聚人心。通过病号餐、生日餐、探亲餐、节日餐,把亲情融入到班站文化建设中。

三是"五访"暖人心。通过思想波动访、生病住院访、家庭情况访、隔阂矛盾访、重大节日访,对思想有波动的员工做到勤观察,早发现,巧疏导,化解不良情绪。

四是"六角"稳人心。通过读书看报角、体育健身角、生活服务角、温情药箱角、文化兴趣角、绿化菜地角,潜移默化中陶冶员工爱岗敬业、扎根班组的情怀。

五是"三制"系人心。通过思想动态调研制、民主管理维权制、作风教育监督制,及时掌握员工思想动态,接受全员监督,确保员工队伍的纯洁。

六是"三等"留人心。通过政治上平等对待、生活上平等享受、人格上平等尊重,教育引导正式员工尊重、理解社会化员工,鼓励他们共同成长,使其感到被重视,被关怀。

三、采油厂融合社会化服务队伍的和谐班站建设效果

经过成果的实施,实现了班站管理由制度建设向全面应用的转变,生产、安全等各项工作由粗放管理向标准化、规范化、精细化管理转变,现场管理水平、班站管控能力大幅提升。尤其是,社会化员工工作积极主动,稳定率达90%以上,平均在采油五厂工作四年以上,对企业的归属感显著增强。目前,采油五厂有104座班站、386个油水井井场达到标准化管理标准,2151人达到标准化操作,560人胜任岗位操作要求;班站由过去平均管辖10多个井场,扩大为94个井场左右;由过去平均管辖40多口油水井,扩大为330口油水井左右。油气操作成本控制在450(目前431.8)元/吨之内,连续三年处于长庆油田公司十二个油气生产单位最低水平,全员年人均劳动生产率达69万元。

(成果创造人:周学富、刘永林、张兴良、胡友清、丁维贵、雷允清、李新明、宋连银、师桂霞、王方一、刘小康、贾 莅)

有色金属企业的节能减排管理

中国有色集团(广西)平桂飞碟股份有限公司

中国有色集团(广西)平桂飞碟股份有限公司(简称平桂飞碟)是以有色金属(钨锡)的采掘、深加工和钛白化工为主营业务的国有控股企业,2003年10月由原平桂矿务局改制重组后正式注册成立,注册地在广西贺州市平桂管理区。2011年10月与中国有色矿业集团有限公司进行资产重组,成为中国有色矿业集团有限公司的控股子公司。注册资本15178.25万元,资产总额9.5亿元,员工总数2200多人。下辖冶炼厂等4个分支机构和广西桂华成有限责任公司等7个全资或控股子公司。主营业务和产品的年生产能力为钨精矿(WO_3 65%)1600吨、锡精矿金属量350吨、锡锭8000吨、钨制品3700吨、钛白粉25000吨。平桂飞碟拥有的珊瑚矿控制钨(WO_3)锡金属资源储量达到21万吨,其中黑钨储量在全国单个矿山中名列前茅;钛白粉主要消耗指标处于国内同行领先水平。2011年,平桂飞碟总资产、销售收入、利润总额、上缴税金分别为9.5亿元、8.77亿元、8800万元、7400万元。

成果主创人:公司董事长、总经理李志明

一、有色金属企业的节能减排管理背景

(一)建设资源节约型、环境友好型社会的要求

随着我国经济快速增长,各项建设取得巨大成就,但也付出了巨大的资源和环境代价,经济发展与资源环境的矛盾日趋尖锐。这种状况与经济结构不合理、增长方式粗放直接相关。进一步加强节能减排工作,是每个企业应该承担的责任。平桂飞碟既是当地的骨干企业,又是能源资源消耗和减排的大户,每年为社会创造财富的同时,也消耗了大量的能源资源,并产生一定数量的污染物和工业废物。比如,2004年,平桂飞碟实现工业总产值4.3亿元,但同时也消耗了5.9万吨标煤,产生了各类工业固体废物10万吨。因此,平桂飞碟有责任有义务做好节能减排工作,切实推动清洁生产,促进资源节约型、环境友好型社会的建设。

(二)实现企业可持续发展的要求

首先,平桂飞碟的主要业务是有色金属的采、选、冶、化工、建材,属产业链的前端,客观上是资源的消耗和污染物排放的大户。其次,平桂飞碟是在整体购买原平桂矿务局政策性关闭破产资产基础上重组的企业,生产工艺、设备多为上世纪70年代至90年代兴建,经过几十年的运行,工艺落后,设备老化。第三,企业内各生产单位自成体系,按"资源－产品－污染物"模式独立运行,能耗高,资源浪费大,污染物处理和排放(堆放)量大,综合成本高。

上述挑战和问题表明,随着平桂飞碟的快速发展,规模做大,节能减排的压力就会越来越大。如果按照传统工艺技术和管理方式,到2011年,能耗总量将由2004年的5.9万吨标煤增长到11.9万吨标煤,污染物排放总量也将不断增大,难以达到企业节能减排目标,对企业可持续发展将产生极大的阻力和较大的消极影响。因此,平桂飞碟必须探索节能减排管理的新思路、新方法、新技术,构建符合自身特点的节能减排管理模式。

二、有色金属企业的节能减排管理内涵和主要做法

平桂飞碟从2004年开始,在科学分析平桂飞碟不同产业生产工艺流程及其特点的基础上,以循环经济理论为指导,科学制定"以发展循环经济实现节能减排增效"的战略目标,紧紧抓住技术创新和管理创新两条主线,以发展循环经济为导向、以改革和创新为动力,探索有效发展路径。采取制定战略规划作引领、调整产业结构促优化、开展技术创新破难题、强化精细管理提管控等主要措施,分阶段、全方位推进节能减排工作,构建科学的节能减排体系,用清洁生产要求从事生产,从循环意义上发展经济。主要做法是:

(一)坚持战略引领,科学制定节能减排规划

平桂飞碟对节能减排工作进行统筹规划,对产业结构进行优化调整,重点解决装备老化、技术支持力度小、管理不完善等突出问题。为使规划具有指导性、针对性、科学性和可操作性,节能减排规划坚持"三个结合"。一是当前与长远相结合。中长期规划与年度滚动计划相结合。中长期规划,紧紧把握未来五年内控制能耗、强化三废治理技术手段、完善节能减排管理三大要素,宏观安排产业的逐步改造升级和调整优化。年度滚动计划则针对主要耗能点和污染物处置难点情况,分析节能减排的潜力,制定具体措施,确保规划与实际紧密结合。二是不同产业之间相结合。首先以企业内部的各产业为对象,进行产业废物相互利用的可行性和经济性研究,确定科学的产业废物利用方案,大力推行清洁生产,为减少工业污染物排放总量设计高效的企业内部循环经济运行模式;其次以周边外部企业为对象,进行横向联合的可能性研究,确定合作方式和合作范围,对生产过程中产生的废物不具备综合利用条件的,提供给具备条件的生产经营者进行综合利用,对周边企业生产过程中产生的废物,可以加以利用的,进行资源化再利用。三是管理与技术相结合。一方面加强重点耗能设备和系统的管理,对属于落后工艺和装备的,研究淘汰和改造的可行性,制定具体的实施方案。制定并实施节能计划,加强节能管理,对生产用能进行全过程控制。加强用能计量管理,配备和使用合格的能源计量器具,建立能耗统计和用能状况分析制度。新建、改建、扩建建设项目,应当配套建设环保设施,环保设施应当与主体工程同时设计、同时施工、同时投产使用。另一方面通过自主研发和引进先进技术、

消化各种工业废料的水泥生产线

工艺和设备,对生产过程中产生的粉煤灰、尾矿、废石、废料等工业废物和余热进行综合利用。不断挖掘技术潜力,对降低能耗、减少污染物排放的重点技术和主要环节逐项落实。

按照上述原则,平桂飞碟规划确定"十一五"期间节能减排总目标是:万元生产总值能耗降低15%,实现累计节约能源2万吨标准煤;正常生产过程废水、废气达标排放,固体废物资源化、无害化处理率100%,基本实现零排放,无较大以上环境污染事故。并对实现这一目标的主要措施、技术及投资评价等内容予以明确,使节能减排工作纳入战略管理,统筹规划。

平桂飞碟制定规划时就关注执行,强调"理解执行、分解执行、监督执行"。一是科学分解节能减排指标。综合考虑自身产业结构、工艺装备水平、节能潜力等实际因素,将节能减排目标合理分解到各生产单位。二是建立健全节能减排统计、计量和考核体系。加强能源供应、计量、统计,建立和完善能耗统计制度,完善节能减排统计核算、计量方法及考核办法。三是加强目标责任评价考核。平桂飞碟每年组织开展节能减排目标责任评价考核。把总体目标考核与各生产单位目标评价相结合,把落实五年目标与完成年度目标相结合,把年度目标考核与进度跟踪相结合,以解决节能减排工作前松后紧等问题。

（二）全面调整优化产业结构,形成节能减排良好格局

平桂飞碟是一家跨多个行业的多业态企业。产业结构调整前,钨、锡、钛等是企业的主业,其他辅助产业产品对企业的产值利税贡献,远低于其在能源消耗和环境污染方面产生的负面影响,需要进行大刀阔斧的调整和改造。

1. 加大主业环保投入,完善节能减排设施

珊瑚矿加大研发低品位、难利用矿石的开采手段,优化生产工艺,努力提高资源综合利用率。有效控制矿山污染废弃物的排放,积极开展节能减排,发展循环经济,提高废弃资源重复利用率;对尾矿库等矿区重大危险源实行实时监控,加大地质灾害防治力度和灾害应急处理能力。按步骤、分阶段的做好矿区绿化和土地复垦工作,做到"开发中保护,保护中开发",保证矿区绿化率,维护良好的周边生态环境。构建资源效益、环境效益和社会效益相协调的矿山发展模式,按照绿色矿山的建设要求,结合企业自身的发展特性,科学、合理、有序的开展绿色矿山建设。

锡冶炼厂针对全流程能耗高、金属收率低等问题,对生产线进行技术改造,优化工艺布局,实现由反射炉生产工艺向电炉生产工艺的转变,配套湿法冶炼生产精锡,形成火法、湿法相结合,相辅相成的生产工艺;引进先进装备,由沉降室除尘改为新型高效的铁箱布袋收尘,同时安装烟气净化塔,大大提高了收尘和脱硫能力,使烟尘和SO_2稳定达标排放,每年可回收近40吨锡金属量,节能3500吨标煤,减少96吨SO_2外排。

钛白粉厂先后投入大量资金实施技术改造,使关键岗位装备达到国内一流水平,水解、水洗、煅烧设备实现大型化和自动化控制,转窑成为国内技术最先进的回转窑之一,钛矿消耗、能耗、酸耗等主要经济技术指标处于国内同行业领先水平。通过与企业内部其他产业单位和外部企业的内外联合,创建"钛白粉—石膏—水泥"、"钛白粉—硫酸亚铁—氧化铁红"、"钛白粉—硫酸亚铁——水亚铁"的循环经济产业链,"以废治废,变废为宝"的环保治理模式成为核心竞争力。

2. 淘汰落后产能，改造辅助产业，优化产业结构

一是淘汰落后产能和工艺装备。"十一五"期间，平桂飞碟结合优化产业结构的需要，先后关闭电力公司 1.5 万 KW 火力发电机组、水泥公司 2 条 10 万吨/年水泥机立窑生产线、机械厂矿山机械制造生产线等落后产能。先后淘汰小铸造、工业制氧、冶炼铅烧结、冶炼反射炉、小编织袋等能耗高、效益低的生产工艺。

二是对水泥、氧化铁红等辅助产业实施产业升级改造。投资建设一条采用新型干法窑外预分解工艺的水泥生产线，形成年生产水泥 70 万吨的能力，生产成本和各种消耗大幅下降。引进先进技术和装备，建成利用余热烘干物料系统，有效地节约能源。氧化铁红生产线按照"为主业持续发展分忧解难"的理念，全面提升工艺和装备水平，扩大对钛白粉厂固体废物硫酸亚铁的消化能力，有力地支撑主业钛白粉的发展。

（三）发挥技术创新作用，重点突破循环利用技术瓶颈

1. 建立和完善技术创新体系，为开展技术创新活动提供平台

平桂飞碟对技术创新体系建设工作常抓不懈，致力于技术创新体系的建设和不断完善，使企业的技术创新能力得到不断提升。在组织机构方面，成立企业技术中心，设立各产业试验中心，配备精干人员，配套设备设施和试验场所；在制度方面，制定科技计划项目管理办法、经费管理办法、科技奖励办法等一系列科技管理制度；在经费投入方面，根据课题实施的需要，重点保证所需资金，确保重点课题顺利实施和完成。经过多年的建设，平桂飞碟形成了较为完善的技术创新体系。

2. 大力开展科技攻关，突破循环利用技术难题

平桂飞碟根据节能减排规划和实际需要，确定课题，对重点技术进行攻关。企业成立以来，共开展重点攻关 15 项，使一系列节能减排的瓶颈问题得以解决。如以大理石废料处理钛白粉生产的酸性废水制成钛石膏用于水泥生产技术、全亚铁滴加法生产氧化铁红产品工艺。在此基础上开展全公司范围内的综合利用、节能减排技术攻关，取得一批卓有成效的科技成果，如珊瑚矿钨细泥及硫化矿综合回收工艺、钙矿物盐为中和剂进行二步氧化生产氧化铁红颜料技术、锡冶炼废渣及各类工业窑炉渣在水泥生产中的应用技术等。

3. 加大技术改造力度，促进新技术产业化应用

"十一五"期间，平桂飞碟累计投入资金 2 亿多元，围绕"三废"治理、节能减排和综合利用，运用研发的科技成果，以实现企业内部各产业废物循环利用为目的，重点实施钛白粉厂节能减排技术改造、氧化铁红生产线工艺改造、硫酸法钛白酸性废水治理及钛石膏综合利用、锡冶炼节能降耗工艺改造、新型干法旋窑生产线改造等技术改造项目 20 多项。成功地将科技攻关取得的成果产业化应用，将不同产业有机地链接起来，形成循环经济产业链。为有效促进新技术产业化应用，平桂飞碟主要采取了两个措施。

一是抓住关键环节。集中人力、物力和财力，重点实施技术改造，推进新技术产业化应用，并根据应用情况，及时总结和改进，不断完善技术成果，实现预期目标，为其他技术成果产业化应用提供示范，以点带面，促进技术创新成果全面实现产业化。

二是措施跟进，提供保障。根据所研发新技术成果的推广和产业化应用的需要，对原有组织方式、技术标准、规章制度等方面进行及时改进和完善，为技术推广创造适宜的

环境。

（四）精细管理，规范节能减排工作

1. 创新管理理念

平桂飞碟牢固树立"资源不可再生，价值无限创造"的发展观和理念，动员全体员工，围绕发展循环经济，结合企业实际，开展多层次、多方位的创新活动，最终形成由点到面的创新体系和模式，有效推动循环经济的良性发展。通过认真贯彻实施国际管理标准，全面推行质量、环境、职业健康安全综合管理体系认证工作，并以此为标准组织生产经营管理。通过开展企业管理年、岗位大练兵、精细化管理等活动，不断增强各职能部门和生产单位节约资源、降低物耗、清洁生产的自觉性和积极性，使节能减排工作落到实处。

2. 健全组织与责任体系

平桂飞碟对节能减排实行三级管理，公司级设立节能减排领导小组，负责研究布署、统一协调和指导公司的节能减排管理工作；日常管理机构设在生产安全部和环境保护部。环境保护部下设环境监测站，负责对各生产单位的日常环保监测工作，各生产单位均设立生产安环科，配备专职人员负责节能减排工作，建立一支有21名专（兼）职节能减排管理人员的队伍。

节能减排指标分解实行"两条线"管理，指标逐级分解，责任层层落实，直到各个岗位。一条线是负责协调监管的各级机关职能部门，另一条线是负责组织实施的各级直线生产单位。同级机关职能部门对直线生产单位进行监督考核。

3. 完善制度与流程

针对统计、计量、监测、考核等环节建立健全《能源管理办法》、《计量管理办法》等管理制度及环境污染突发应急预案、节能减排实施方案等，使节能减排所涉及的各项工作都能够有章可循、有据可依。同时，制定"节能减排工作管理流程"，严格按流程要求开展工作，避免责任不清、互相推诿现象的发生。在此基础上，把节能减排任务纳入各生产单位年度经济考核责任方案和员工岗位责任制，落实到岗位人头，促进了制度和流程的有效运行。

4. 强化计量与监控

首先是加强计量管理。平桂飞碟积极跟踪国内外先进的能源计量方法，逐步改进计量方式，对计量器具实行按精度、使用环境、使用频率、监测内容的分类管理和分级管理相结合，定期检定，实行分厂、分矿、分车间计量。其次是建立监测监控体系。按照国家和地方主管部门关于主要耗能设备监测比例的要求，平桂飞碟逐年加大对重点能耗设备的动态监测，建立统计分析制度，及时进行工况调整。平桂飞碟主要生产单位的"三废"排放均向社会公布，接受全社会的监督。

5. 深化对标管理，提升节能减排绩效

一是建立考核体系。建立健全对标管理工作的实施方案和组织措施，成立对标管理工作领导小组，按照分管职责范围明确责任。以战略为统领，以增强竞争力为主线，以加强管理为重点，建立"对照先进、查找差距、持续改善、不断超越"的长效工作机制。建立对标指标、责任、管理、信息、考核、激励等完整对标考核体系，抓住影响生产经营业绩的各项指标，完善过程控制、经验交流、对标评估等制度，与先进企业对比，分析存在差距的原因,制定缩小差距的措施,逐步达到和超越标杆指标。

二是立足实际,科学对标。平桂飞碟结合自身实际,以节约能源、降低成本和提高经济效益作为对标工作的出发点和落脚点,通过开展对标活动全面降低能耗。各生产单位以所在行业领先企业为标杆,从技术经济指标、管理经营、节能降耗、技术创新和安全管理等方面开展全方位对标活动。通过指标对比,找出差距,进行年度、月度分解,分别制定对标方案,将对标内容层层分解落实。同时,将对标管理工作纳入月度、年度工作计划和经济责任制奖金挂钩考评,对工作完成情况、达到进度及存在问题及时进行分析,定期地通报工作动态和检查情况,推动和促进对标工作的顺利开展。

(五)加大宣传力度,营造良好氛围

平桂飞碟经营管理层对节能减排宣传工作进行专门的组织安排,制定相关规章制度和奖罚措施,及时总结推广先进经验,大力宣传表彰先进典型。

平桂飞碟开展"可持续发展"的大讨论,在全体员工中不断强化"可持续就是企业的生命力"、"资源不可再生,价值无限创造"等理念;不断提高广大员工对节能减排重要性的认识,逐步树立节能减排、绿色发展的理念,形成"节约资源,保护环境,实现可持续发展才是真正的发展"的新型"发展观",使企业上下充分认清"重规模效益,轻节能减排"思想的客观局限性和危害性,促进企业战略思想由"快速发展"向"可持续发展"转变。

采取多种形式的宣传活动。在各级会议上宣传节能减排的重要性,利用报纸、企业网站、板报、宣讲等方式,对循环经济的理念和节能减排的意义进行广泛宣传,做到了人人皆知,渐入人心;在各生产单位、车间、科室醒目的墙壁、设备等位置粘贴标语、口号、宣传画等,形成节能减排的群众性运动;在办公及生产区设置建议工作箱,广泛听取和收集员工对节能减排的意见和建议,教育广大员工养成勤俭节约,珍惜能源的良好习惯。通过这些系列的宣传学习,提高了广大员工对节能减排工作的认识,使"节能低碳,绿色发展"的主题深入人心,促使每一位员工积极参与节能减排活动,增强了员工的积极性、责任感和使命感。

三、有色金属企业的节能减排管理效果

(一)建立和完善了企业内部循环经济产业链

平桂飞碟围绕节能减排,建立健全了科学、规范的节能减排组织管理、统计监测和考核奖惩体系,夯实了节能减排的管理基础,构建了科学的管理模式,提升了节能减排的管控能力,探索出了多产业综合性企业发展循环经济促进节能减排的成功经验。形成了以废治废、循环利用、具有企业特色的循环经济产业链,使平桂飞碟内部企业间、不同产业间形成上下游能源资源和废物梯级、循环利用的产业链和循环经济发展模式。实现了由"资源—产品—污染物"到"资源—产品—再生资源"的转变,为可持续发展奠定了基础。对同类企业推行清洁生产,发展循环经济,起到示范作用。

重点突破了用石材废料治理硫酸法钛白酸性废水,将产生的石膏用于水泥、以硫酸亚铁为原料生产氧化铁红和一水亚铁、矿山尾矿在水泥生产中的应用等为代表的一批资源再生、循环利用技术的产业化,为构建循环经济产业链,推行清洁生产,促进节能减排增效提供了强有力的技术支撑。

(二)节能减排效果显著,综合效益良好

资源利用率高,在国内同行业中处于领先水平。如:公司主产业钛白粉的硫酸消耗3.2t/t,优于我国硫酸法钛白粉生产企业清洁生产技术一级指标3.5t/t;珊瑚钨锡矿采矿回采率、选矿综合回收率达到国内同类矿山先进水平。

工业废弃物得到充分利用。2011年,平桂飞碟废气、废水排放达标率100%,各产业固体废物资源化、无害化处理率100%。其中,工业窑炉渣、冶金渣及硫酸亚铁利用率100%,钛石膏利用率80%,采选尾矿利用率50%,并消耗当地石材加工业20%的废料,为当地石材产业的发展和环境保护作出了重要贡献,得到国家环保部华南督查组和自治区环保部门的充分肯定和高度评价;水泥公司、冶炼厂清洁生产审核验收工作经广西壮族自治区环保厅验收通过。环境效益和社会效益十分显著。

节能节水效果明显。万元工业生产总值能耗由2004年的1.37吨标煤下降到2011年的0.86吨标煤,下降37%,节能4.4万吨标准煤,折合节约能源资源煤和电力费用7800万元;2010年和2011年,平桂飞碟连续2年超额完成贺州市下达的节能任务,成为贺州市第一家自治区首批应用信息技术实现节能降耗示范企业,荣获贺州市完成节能目标优秀奖。钛白粉单位产品新鲜水消耗$30m^3/t$,废水排放量$50\ m^3/t$,综合能耗0.95tce/t,均优于我国硫酸法钛白粉生产企业清洁生产技术一级指标;矿山采选水重复利用率100%,实现正常生产期零排放;锡冶炼用水重复利用率98%。

(三)有力促进了资源节约型和环境友好型社会建设

平桂飞碟通过建设和运行循环经济体系,2011年与开始实施成果的2004年比,减少燃煤消耗5.4万吨,直接减少CO_2排放量8.9万吨、SO_2排放量0.1944万吨。资源化利用了各类工业固体废物28.5万吨,减少堆放占地10万平方米,节约了土地资源,减少了固体废物露天堆放对环境产生的负面影响。该成果的创造和应用,在节约能源资源、土地资源、保护大气环境方面发挥了积极的作用,有力促进了资源节约型和环境友好型社会建设。

(成果创造人:李志明、涂承飞、王喜绍、何坤和、黄桂永、危流永、邹雄根、覃荆文、黄　牧、李学雷、黄家贤)

国有企业权力制衡和效率提升相统一的廉能管理

江西中烟工业有限责任公司

成果主创人：公司党组书记、总经理郑伟

江西中烟工业有限责任公司（简称江西中烟）成立于2004年，是由江西烟草顺应行业工商管理体制改革分设而成立，主要承担烟草制品的生产经营任务，下辖南昌卷烟厂、赣南卷烟厂、广丰卷烟厂、井冈山卷烟厂、兴国卷烟厂等五家卷烟生产企业，拥有"金圣"、"庐山"等主导骨干品牌。

一、国有企业权力制衡和效率提升相统一的廉能管理背景

（一）解决权力制衡与效率提升矛盾的需要

进入新世纪以来，国有企业高度重视解决权力制衡与效率提升的矛盾，但始终处于一种管理者与被管理者的博弈过程，严格规范就会影响效率，提高效率往往会缺乏监控，是国有企业一直困扰的课题。为此，江西中烟决定以推进管理创新为抓手，通过廉能管理来探索权力制衡与效率提升的有机统一，不断促进企业得到持续健康和谐发展。

（二）贯彻落实烟草行业解决注重自律与提高效率两大课题的需要

近几年来，烟草行业确定"国家利益至上、消费者利益至上"的行业共同价值观，建立诚信烟草体系，通过开展烟叶流通秩序整顿、财经秩序整顿、卷烟体外循环治理整顿等专项整顿，构建以规范"两烟"生产经营为基础、以财务审计监察为关键、以加强对领导干部监督为重点、以纪检监察再监督为保障的内部监管基本格局。江西中烟作为烟草行业的一份子，按照国家烟草专卖局的统一部署，要着力解决注重自律和提高效率两方面的问题，真正将江西中烟打造成既严格规范又富有效率的国有企业。

（三）企业加强监管与加快发展协调并进的需要

江西中烟坚持一手抓廉政一手抓发展的理念，通过构建廉能管理体系促进企业的持续发展。在构建廉能管理过程中着力从理念设计、组织架构、管理流程到信息化运用等方面下功夫，不断提高工作效率、办事效率和审批效率，努力在推动科技创新、加强企业管理、注重品牌培育、开拓全国市场等方面取得更大作为，以此促进企业在激烈的市场竞争中实现科学发展。

二、国有企业权力制衡和效率提升相统一的廉能管理内涵和主要做法

江西中烟实施风险岗位廉能管理、加强企业内部管理监督、建立企业内部权力制衡机制，着力解决企业严格规范、注重自律的难题，同时优化管理流程、创新管理方法、运用

信息化手段,在规范的基础上实现企业运行效率的最大化,努力实现权力制衡与效率提升相统一,真正建立严格规范、富有效率、充满活力的国有企业。主要做法如下:

(一)明确指导思想,健全管理体系

1. 明确指导思想

坚持以权力制衡和效率提升相统一为目标,通过紧紧抓住规范和制约权力这个主线,扎实推进"制权、管物、用人"制度建设这个核心,以强化权力阳光运行为突破口,以实现运行效率提升为着力点,努力建立健全决策权、执行权、监督权既相互制约又相互协调的权力运行机制,建立完善权力制衡与效率提升高度统一的廉能管理体系,切实把企业廉政建设和高效运作有机结合起来。

2. 制定工作目标

坚持以创新岗位风险管理为切入点,以健全优化制度流程为抓手,突出抓好工程项目、物资采购、宣传促销、人事劳资、财务管理等重点领域岗位廉能管理工作,到2010年底初步建成相关工作配套制度体系,形成比较完善的廉能管理机制和比较顺畅的流程运行机制,到2012年初形成国有企业廉能管理工作体系。

3. 建立组织体系

江西中烟在公司层面成立以总经理为组长的廉能管理工作领导小组,负责组织、协调、指导廉政风险防范工作的开展;领导小组下设办公室,具体负责廉能管理工作的实施、检查和考核,并在各部门设立廉能管理联络员。在各直属单位层面,均结合实际成立组织机构,指定具体部门、具体人员负责该项工作,形成廉能风险管理的组织网络。江西中烟始终坚持把开展廉能管理工作作为"一把手"工程,带头公示廉能风险,而且对班子成员、单位廉能风险进行严格审核把关,同时对提升效率负责协调解决。

4. 加强制度建设

建立健全民主决策制度。江西中烟高度重视内管制度建设,将国家烟草专卖局下发的重要管理制度和公司成立以来制定下发的17个类别101项内部管理监督制度在收集、梳理、汇总的基础上进行汇编刊印,形成江西中烟内部管理监督制度体系。在保障规范的前提下,对影响效率的流程全部在制度中得以优化。

(二)确定重点领域,完善运行机制

1. 确定廉能管理的重点领域

江西中烟的廉能管理突出重点部门、重点人员、重点岗位、重点领域等"四个重点",即把与生产经营密切相关的部门确定为重点部门,把公司党组成员、各单位班子成员作为风险防范的重点人员,把管人、管财、管物、管事等权力集中的职位作为重点岗位,把领导干部、工程建设、物资采购、宣传促销等容易滋生腐败行为的领域作为重点领域。通过工程项目、物资采购、宣传促销等重点领域廉能管理的具体

金圣工业科技园

实践,使廉能管理工作体系得到了进一步深化和完善。

2.构建风险岗位廉能管理运行模式

江西中烟通过构建风险廉能管理运行模式,紧紧抓住"查、防、控、诺、处"五大步骤扎实推进,取得较好效果。

第一,创新廉能风险查找方法。江西中烟在重点岗位风险查找方法上实行"五步法":以岗位职责为入口,以工作流程为主线,以关键环节为重点,通过自己找、群众提、相互查、领导点、组织评等"五步法",形成各单位的"权力清单"、各岗位的廉能风险。江西中烟58个部门、362个工作岗位、67道工作程序、514名工作人员对应的岗位职责、权力事项、廉政风险点均被一一列出,全系统共梳理权力事项1182项,查找廉政风险点2740个,制定防控措施3120条,全部向职工群众公示。

第二,创新廉能风险监控方式。江西中烟514个风险岗位员工将权力事项的运行程序、承办岗位、职责要求、投诉举报等采取图表形式表达,制定廉能管理风险防控图49个。2010年以来,江西中烟还将185项重大的工程投资、物资采购、宣传促销项目,按照权力运行轨迹,在OA系统上全方位公开立项审批到办理结果等情况,初步形成"风险定到岗、制度建到岗、责任落到岗"的廉能管理机制。

第三,创新廉能风险防控管理。江西中烟创新风险防控管理,主要是对风险岗位"定级定量定机制"。一是构建风险等级:分为ABC三级。公司主要领导、纪检组长负责对A级风险的防控;公司分管领导、各单位、各部室主要领导负责对B级风险的防控;基层部门领导负责对C级风险的防控。二是完善风险信息。形成《廉政风险评估报告》,并纳入《廉能风险信息档案库》集中管理,及时掌握风险信息动态变化,发出预警信号,化解履职风险。三是建立防控机制。采用1个《实施方案》、N个配套制度的"1+N"模式,建立完善科学民主决策、日常管理监督、岗位问责、党风廉政建设责任制、办事公开民主管理等监督制度37项,初步形成"分权防控、程序防控、公开防控、责任防控"的"四防"体系。

第四,创新风险预警承诺制度。要求相关人员就风险点进行相应的承诺。全系统514名中高级管理人员、重点岗位员工都根据岗位实际签订《风险岗位廉能承诺书》。

第五,创新廉能管理责任追究处理。江西中烟形成公司党组、各单位党委(党总支)、科室车间、重要岗位员工四级联动廉能监督考核机制,建成纵向到底、横向到边的廉能管理责任体系。

3.在规范前提下提升效率

第一,注重优化工作流程。江西中烟按照推进企业标准化、流程化的要求,着力加强企业管理体系建设,共编制发布1635个企业标准,其中管理标准有390个,技术标准有342个,工作标准有903个,为构建规范与效率相统一的廉能管理建立良好的工作基础。

第二,注重完善制度审批。江西中烟坚持定期召开"三项工作"管委会月度例会提高审批效率。注重加强程序性制度文件的建设,完善制度审批,通过程序性、制度性文件的下发、执行来规范流程,提升效率。

第三,注重借助信息化手段。江西中烟依托OA自动化办公系统,实施采购管理网上审批流程,较好地解决了审批时间长、过程不公开的问题,实现了"上一环节没有完成不得进入下一环节"的审批要求,实行"一事一批"的网上采购审批痕迹化管理,对于解决规范前提下的效率提升问题发挥了重要支撑作用。

第四，注重开辟绿色通道。目前江西中烟廉能管理体系运行比较顺畅，能够满足绝大部分项目、流程的效率要求。对个别临时性的、生产经营急需的项目流程审批，预留了绿色通道，较好地处理了规范和效率的问题。

（三）基建工程领域廉能管理

1. 分权制衡到位

在公司层面，江西中烟在2009年构建企业法人治理结构，董事会是最高决策机构，总经理具体负责公司的生产经营管理，在董事会下面设立三个委员会：薪酬委员会主要负责制定考核标准并进行考核；投资委员会主要负责审定投资项目的审批、投资预算；工程投资、物资采购、宣传促销管理委员会（简称三项工作管委会）主要负责确定三项工作的采购方式、中标中选等事项。在工程项目管理上建立"三驾马车"分权制衡的项目管理机制，江西中烟决策权、执行权、监督权三权分设；"三驾马车"实行技改领导小组重大事项联席会议制和指挥部周例会制，明确议事规则、决策范围和工作程序，重大事项必须经技改领导小组联席会讨论，公开招标项目的拦标价必须经过指挥部周例会审议，集体决策，严格监管，阳光操作，项目的决策和管理更加规范。

2. 机制建设到位

建立"三层制度体系"。从规范职权、事权、财权入手，建立涵盖质量控制、进度控制、投资控制等内容的管理体系；建立以招标管理、工程监理、合同管理、设计变更管理、安全管理、竣工验收结算等流程为主体的控制体系；建立以同步预防、廉政监督、"五个关口"监管、保证金及共管账户等为手段的监督体系。通过组织多部门集中联审，审定制度36项，使项目实施有章可循、有法可依，形成较为完整的制度体系，实现对工程项目全过程、全方位的科学管理和全面控制。

3. 责任落实到位

建立"三级责任考核机制"。在项目监管中，公司总经理与技改指挥部主要负责同志签订了《党风廉政建设责任状》，将廉政教育、工程管理、落实行业"五个关口"等8个方面34项工作量化分解到"八组一室"共9个责任部门75个工作岗位，建立起党组、党总支、业务组三级责任体系，层层签订《履职承诺书》，实行"问责追溯"，将廉政责任纳入绩效管理考核，与工资挂钩，确保每个项目每个环节都有人监督，构建纵向到底，横向到边的"一岗双责"责任体系，强化项目管理的主体责任和廉政意识。

4. 廉政监督到位

在工程项目中，"瞄准点、抓住线、覆盖面"，"点、线、面"三结合，构筑预防的工作网络。"瞄准点"，即严密跟踪方案设计节点、开标评标节点、隐蔽工程核算节点、材料进场节点、资金支付节点"五个关键节点"，切实加强招标代理选择、招标文件编制、开标评标、合同执行等关键环节的监督管理。"抓住线"，即严把思想道德防线、权力寻租、规范履职、廉洁自律和预防腐败"五道防线"，严格落实项目责任人终身负责制、合同管理制和工程监理制，建立廉政风险预警机制。"覆盖面"，即严格审查招标投标、设计变更、施工质量、工程分包、投诉质疑的"五类风险领域"，切实加强对设计变更、工程变更、合同变更的控制和监督，加强隐蔽工程的专项效能监察，加强进场材料、采购凭证、检测报告的管理，实行工程造价多方"背靠背"互审,保证工程质量可靠、价格公开。

5. 效率提升到位

江西中烟为提高基建工程工作效率,积极探索"制度+科技"预防腐败新模式,重点建设招标采购网上审批系统、在建工程监管系统、资金监管系统等信息化应用系统,将项目立项、招标、施工、验收、付款等业务程序纳入系统模块中,固化程序,将纪检监察、审计、法规等监督职责融入其中,运用和依托信息化监管平台,基本实现多环节、多部门在线审批与监督,在权力运行得到进一步制约和规范的同时,审批与监管效率得到明显提升。

(四)物资采购领域廉能管理

1. 规范采购行为

首先,规范采购价格。江西中烟财务部、审计部、监察部等相关部门专业人员组成询价、谈判小组,对新产品烟用材料价格进行谈判,对各类材料供方报价进行逐一审核和评议,初步确定115个新产品烟用材料的采购价格,从而进一步完善和规范烟用材料采购定价机制,实现"阳光采购"。

其次,探索烟机零配件公开招标采购模式。对零配件中采购相对较频繁、单品种价值较高、通用性较强的59种配件实施公开招标采购。通过借助NC供应链系统,完善细化零配件采购订单的审核流程,实现采购人员互相监督、联合作业的过程,切实突显"权力分解、协调制约、公开透明、利于监督"的特点。

最后,完善供应商资质认证和再评价体系。进一步完善细化供应商的综合运营、财务状况、技术服务、过程控制、供应绩效和供应保障能力等六大类评价指标,实现对供应商的系统性评定,并将评价结果充分运用到招标采购工作中,逐步形成科学合理的供应商准入退出机制。建立完善供应商质量信用信息库,从而有力保证供应链系统的协调性、集成性、同步性。

2. 提升采购效率

建立会议协调机制:每月召开生产、销售、技术、物资供应部门参加的协调会议,着力提高物资采购计划的有效性和科学性。

完善采购供应保障体系:坚持"保供优先"原则,建立完善主供供应商和后备供应商并行的烟用材料供应格局,加强公司所属企业联合库存管理,实行专管共用、合理流动,切实提高跨地区多点生产格局下的物资保障与服务能力。

创新招标采购模式:通过调研将物资分为几大类,通过招标的方式确定3～6家贸易商或者生产厂家。当需要采购时,向上述的贸易商或者生产厂家进行询价,价优者中标,既体现了公开招标的精神,又有效的节约了采购周期,提升了响应生产经营的能力。

(五)宣传促销领域廉能管理

统一计划,集中立项。分析制定并分解年度宣传促销计划,计划内容包括项目名称、内容、适用市场、项目金额、项目周期等。年度计划与项目统一提交公司董事会,集中审批立项。

统一管理,集中审批。搭建符合江西中烟特色的管理组织,整合优化管理职能,明确管理边界和职责权限:三项工作管委会负责在董事会领导下的响应决策、管理和咨询职能;制定三项管委会月度例会制度;管理委员会下设宣传促销工作小组(实施部门),具体负责本业务线提交三项管委会审议项目的编制、修订、初审等相关工作。

信息支撑,民主办事。通过搭建管理操作平台,实现宣传促销项目审批操作程序化、管理痕迹化、文档电子化。一是搭建管理平台,加快信息整合。江西中烟搭建采购管理流程接口,开发采购方式审批模块、招标采购模块、中标中选模块,从而实现决策管理程序与具体采购流程、业务对接的信息化管理工作。二是搭建民主办事平台。建立三项工作项目采购公开专栏,通过平台定期公布每一笔宣传促销项目的决策情况、招标采购情况,有效提高和维护干部职工的知情权、议事权和参与民主决策的积极性。

(六)完善考核体系,构建长效机制

1. 设计廉能指数

廉能指数总分为100分,主要包括个人廉洁与工作业绩两个方面,各占50分。廉洁方面主要包括"岗位风险认知"、"民主评价"和"客观评价"三个指标。业绩考核主要与绩效考核挂钩,各单位、部门负责人的考核还要与年初确定的生产经营目标挂钩,按照绩效考核的分数乘以50%折算而来。

2. 实行等级预警

对"廉能指数"没有达标的干部职工,分别实施一级(蓝色)、二级(黄色)、三级(红色)预警管理,通过教育谈话、发廉政"提醒书"、"黄牌"警告、组织调整、立案调查等手段进行三级预警防控。

3. 结果运用

江西中烟将廉洁指数评价结果记入《员工廉能指数档案》,作为干部选拔任用、评先评优的重要依据。领导班子成员有50%以上人员"廉洁指数"在85分以下的单位、部门,由江西中烟党组书记跟其主要领导谈话,责令召开领导班子专题民主生活会,深刻剖析根源,严肃认真地开展批评与自我批评,并有针对性地抓好整改。对拟提任人选,廉能指数在85分以下的人员,原则上不予提拔任用。对干部员工评先评优,廉能指数在85分以下的,取消其当年度评先评优资格。通过建立廉能指数评价体系,有力促进了廉能管理的长效开展。

三、国有企业权力制衡和效率提升相统一的廉能管理效果

(一)构建了一套完善的廉能管理体系

江西中烟在廉能管理上已建立完善了一整套运行机制和工作体系。主要表现在:一是完善了廉洁从业的教育监督机制。特别是通过公示廉政风险点及防控措施,进一步扩大了监督范围,在广大党员干部中形成了自律与他律相结合、组织监督与群众监督相结合的良好局面。二是建立了廉能管理的工作机制。建立健全了廉能管理的组织体系、制度体系和重点监督领域的流程控制体系,形成了一套较完善的廉能管理工作体系。三是形成了廉政建设的长效机制。成为积极推动惩防体系长效机制建设的一大抓手、一个载体。通过建立廉能指数评价体系、完善廉能管理考核机制,较好地构建了企业廉能管理考核、党风廉政"一岗双责"考核、KPI绩效考核"三位一体"的廉能考核机制,推动了企业廉政建设的长效开展。

(二)实现了企业权力制衡与效率提升的有机统一

江西中烟多年来未发生大的腐败违法案件,企业效率提升得到了较好体现。2011年与2009年相比,生产卷烟从105.8万箱增长到116.8万箱,净增11万箱,增长10%;销售收入从84亿元增长到107亿元,增长27%;实现税利从54亿元增长到74亿元,增长37%,其中利润增长44%,经济运行质量得到了持续提升。

(三)树立了良好的企业社会形象

江西中烟的廉能管理工作在全省廉能工作《简报》、座谈会、调研督导会上多次得到省纪委、省监察厅的表扬。在2011年召开的江西省第十二届纪律检查委员会第八次全体会上,江西中烟以《创新廉能管理体系,促进企业科学发展》为题,向大会作书面发言,全面介绍了江西中烟开展风险岗位廉能管理、促进企业健康发展的工作。江西中烟在2011年全国烟草行业纪检监察座谈会上就廉能管理作典型发言,得到了社会上的广泛认可。2011年1月28日江西电视台在"江西新闻联播"中把江西中烟作为全省廉能工作典型作了专题报道,进行宣传推广。江西中烟先后荣获全国"五一劳动奖状"、江西省十三届文明单位、江西省企业文化建设示范单位、优秀企业、江西工业优强企业、优强企业专项奖等殊荣。

(成果创造人:郑　伟、任用错、蒋　捷、张金泉、揭李文、周平庭、龚　婷)

偏远煤矿企业社区自治体系建设

重庆松藻煤电有限责任公司石壕煤矿

重庆松藻煤电有限责任公司石壕煤矿（简称石壕煤矿），隶属于重庆能源集团松藻煤电公司，位于重庆市綦江区石壕镇境内，始建于1966年，于1982年12月28日建成投产，原设计生产能力为年产原煤90万吨，经过技术改造，现核定年产原煤130万吨，技改扩能完成后将达到180万吨。矿井资产总额达61.418亿元，员工收入与2008年相比提高了51%。矿区面积55万平方米，有住房61栋，常驻人口1万余人，其中在职员工2640人，离退休人员1573人，家属4668人，其他人员有3000多人。石壕煤矿是一座在改革开放中建成投产的现代化矿井，也是重庆市最大的动力煤生产基地之一，先后荣获"全国绿色社区创建活动（第一批）先进社区"、"全国煤炭工业现场管理先进单位"、"重庆市文明单位"等近百个奖项。

成果主创人：矿长许刚（左）与党委书记涂善敏

一、偏远煤矿企业社区自治体系建设的背景

（一）适应偏远地区特殊环境的需要

石壕煤矿由于地处偏远山区，距煤电公司总部6公里，距石壕镇政府7公里，距綦江区政府74公里，距重庆市区176公里，居民生活所需的水、电、气及农贸市场等均由企业提供并负责日常管理，各种关系的协调、冲突的解决也是由企业自己承担。在石壕煤矿常驻人口中除员工、家属外，还有其他人员占了总人数的11%，主要是学校、医院、银行、商场等工作人员以及在矿区内从事商业活动的人员。在这样的情况下，社区管理自然而然就成为企业管理的一部分。在企业改制和社会职能移交的背景下，地方职能管理人员相继撤离，参与社区管理的力量被大大削弱，在没有地方专业管理部门管理的情况下，没有相应的平台和队伍独立处理相关事务，公共服务供给严重不足，群众的意愿得不到完全的表达，许多矛盾不能及时化解，弱化了社区职能作用的发挥。

在石壕煤矿矿区周边，采空区涉及到石壕镇红椿村、高山村、青坪村等6个村45个社，与周边村社的利益冲突导致经常发生村民阻工、堵路的现象，面对这些，石壕煤矿只能通过说服教育或经济补偿的方式来处理，经常是"赢了理由输了钱"，矿地矛盾复杂，严重阻碍了矿区的正常生产组织。

（二）确保煤矿安全生产的需要

2008年之前的四年内，石壕煤矿的安全管理效果不好，员工及家属对矿上的安全现状不满,常常担心亲人在工作中会发生事故,在发生了安全事故之后,家属组织其亲人到矿上进行扭闹,是矿区的一个极不和谐的因素。社区一直在寻求一种协助安全管理的有效模式,以提升矿井的安全管理效果。但社区作为党、政、工、团、技、家"六位一体"抓安全的一部份("家"即家属委员会,是社区参与安全协管的一个组织),其职能正在一步一步弱化,参与安全管理的形式比较老化,安全帮教、亲情关怀、安全宣教、营造氛围等方面创新不够,员工家属参与范围不够广,没有真正起到筑牢第二道安全防线的作用。

(三)满足员工、家属物质文化生活的需要

受交通等制约,石壕煤矿社区居民的工作生活相对比较闭塞、比较简单,业余文化生活显得较为贫乏;在文化生活方面的硬件投入不够,一些必需的休闲、娱乐场地缺失,能供员工家属使用的必要设施严重不足;社区管理欠账,对员工家属的文化生活需求没引起足够重视,没有主动组织适合社区居民口味的各种活动;企业经济效益整体不佳,员工收入较低,不能参与需自费的文化生活项目,加之地处偏远山区,宣传文化演出不足;物质文化生活的单调,导致员工家属之间沟通不够,甚至因一些利益的纷争导致冲突,大大降低了整个矿区居民的生活质量。

二、偏远煤矿企业社区自治体系建设的内涵和主要做法

石壕煤矿从所处偏远地区的环境特殊性出发,以企业党委领导为核心,以法律、法规、制度为保障,以社区居民代表大会为平台,以"四网五会"为抓手(四网:管理骨干网、社区文化建设网、社区信息沟通网、社区服务协调网;五会:治安协调专委会、环境卫生专委会、计生妇女专委会、宣传教育专委会、救助保障专委会),做到自己的制度自己定,自己的"领导"自己选,自己的事情自己办,实现社区自治体系建设。主要做法如下:

(一)加强党的领导,协调好矿、地关系

自2009以来,石壕煤矿开始实施"社区自治"体系建设,在企业党委领导下,积极配合政府,加强社区组织领导,成立社区居民代表大会,构建起四张管理网、成立五个工作专委会,构建起完整的"社区自治"体系。

1. 健全社区基层党建组织

在石壕煤矿党委领导下,社区成立党总支部,是社区工作的领导核心,在社区管理方面主要担当管理职能。各党支部团结和带领党员、群众,共同协调与解决社区管理与建设中的重大问题,创造良好的社区环境,促进矿区的健康发展。发展社区文化,建设文明社区。搞好社区服务,尽最大限度满足社区居民的物质、文化需要。密切党和群众的联系,发挥社区党员的先锋模范作用,增加党组织的影响力。石壕煤矿社区有党总支书记一名,下设五个党支部,各设支部委员三名,其中党支部书记一名。

2. 协调好矿、地关系

偏远地区工矿企业的社区工作要上

居民代表大会成立大会

台阶必须有地方政府的支持,许多社会职能的工作也只有在地方政府的管理范围内才有权限处理。因此,石壕煤矿与地方政府协商成立治安警务室,由当地政府派驻两名警务人员在矿区值守,处理矿区内的治安及其他事务。与当地政府成立矿地协调委员会,聘请当地村社人员担当矿地协调信息员和管理员,明确职责,打造维稳共同体,定期召开矿地协调会、矿地联谊会等。在地方政府的大力支持下,石壕煤矿逐步发展起社区的公益组织、丰富社区服务项目、提高社区的福利代遇,让社会管理的职能更好地融入到石壕煤矿社区,形成党委领导、政府负责、企业管理、社会协同、居民参与的企业社区"自治"的管理氛围。

(二)宣贯法律、法规、制度

石壕煤矿社区自治是建立在《中华人民共和国城市居民委员会组织法》、《民政部关于在全国推进城市社区建设的意见》等法律、法规基础之上的,出台的《石壕煤矿社区居民代表大会制度深化"社区自治"实施意见》也是根据国家相关法律规定制定的。为了能让员工、家属及其他居民了解,社区成立宣讲团,深入到机关科室、基层连队以及楼栋院坝,以歌舞、曲艺等形式进行宣讲,同时还利用企业的广播、电视及宣传看板进行广泛宣传,在职员工举办"社区自治"知识答题,各楼栋还举行坝坝宣讲会,全矿上下形成了全方位、立体化的宣贯。

(三)成立社区居民代表大会

社区居民代表大会是群众性"自治"组织,是社区常设的议事决策和监督机构,对社区党组织负责,同时接受社区居民的监督。

1. 社区居民代表大会的主要职责

对社区居民代表大会委员进行民主选举和罢免;审议社区的年度工作计划;决定和修改《社区居民代表制度》、《社区居民公约》;对涉及全体居民和驻社区单位、个体户公共利益的重大问题和共同决定的事务进行民主决策;对动员社区力量参与社区建设的有关事宜进行民主议事;听取和审议社区居民代表大会工作报告,对相关人员的工作进行民主评议和民主监督,并提出质询意见和建议。

2. 社区居民代表大会议事规则

社区居民代表大会由社区党组织召集并主持,每半年召开一次。社区党组织和社区居民代表大会认为有必要或有三分之二以上代表提议可以临时召开。

会议议事程序:由会议召集人将会议时间、地点、议题提前一个星期书面通知全体会议代表,并张贴会议通知;代表就有关议题深入调查研究,征求驻社区各单位意见和居民意见;主持人主持召开会议,先由提出议案者说明议案,经全体与会代表充分酝酿、讨论,对议案进行表决,形成决议后当场宣读,会后张榜公布,最后由社区居民代表大会督促社区实施。

社区居民代表大会形成的各项决议,由主任、副主任及委员负责收集社区居民意见并形成报告,及时召开社区居民代表大会讨论,对不能在社区内部解决的问题,提交矿党政研究处理,并将处理结果在社区进行公示。

3. 社区居民代表大会代表的条件

代表必须热爱社区工作,热心为驻社区单位和广大居民服务,思想作风正派,依法公道办事,能积极参加社区公益活动,在社区居民中有一定的威望并能起到模范带头作用,具有一定代表性,身体素质好,政治素质好,思想品德好等。

4. 社区居民代表大会代表的权利

代表社区居民行使表决权;代表居民行使对社区经费收支、计划生育、民事调解、社会治安等社区居民事务管理的监督权;代表居民对社区工作人员履职情况进行考评。

5. 社区居民代表大会代表的义务

向社区居民宣传有关党和国家的方针政策、法律法规以及矿上的各项规章制度、重大决策;配合社区管理中心、各服务站站长和居民楼栋长做好与社区有关的各项工作;密切联系社区居民,倾听群众意见、建议和要求,反映社区居民的共同意愿。

(四)构建覆盖社区管理的"四张网"

1. 社区管理骨干网

负责处理社区的各种事务和工作,及时解决矿区遇到的诸如和谐稳定、计划生育、困难户帮扶、活动组织等问题。该网成员190人,由社区服务中心党总支书记、主任、副主任、专职管理人员、社区各站支部书记、站长和社区居民代表大会委员、各楼栋栋长、单元组长组成。

2. 社区信息沟通网

主要任务是收集各种信息、调解邻里矛盾等。由社区服务中心党总支书记、主任、副主任负责,各楼栋栋长担任信息员。

3. 社区服务协调网

主要任务是定期组织各楼栋离退休人员、家属等学习矿井安全生产方面的知识,吹好安全"枕头风",深入开展"五必谈、五必访"活动,及时开展送温暖活动。由社区各服务站站长和各楼栋栋长组成。

4. 社区文化建设网

负责社区的文化建设。参照松藻煤电公司《关于加强社区建设的指导意见》和《石壕煤矿企业文化建设五年规划》,成立社区文化建设工作组,制定《石壕煤矿企业文化进社区的指导意见》《社区居民公约》等相关制度及办法,积极开展各种文体活动,激发社区居民以主人翁的姿态积极参与到"社区自治"体系建设中来。

(五)成立各具职能的五个专委会

根据职能需要和工作需要,在矿党委的指导下,设置相应的工作机构。

治安协调专委会:主要职责是协调和发动驻社区单位和居民共同做好法制宣传、调处矛盾、治安管理、安全帮教等工作。

环境卫生专委会:主要职责是协调和发动驻社区单位和居民做好社区的环境卫生、绿化、美化、卫生防疫等工作。

计生妇女专委会:主要职责是协调和发动驻社区单位和居民做好社区居民和外来暂住人口中的计划生育管理工作,组织动员妇女积极参加社区建设,保护妇女、儿童的合法权益。

宣传教育专委会:主要职责是协调和发动驻社区单位和居民做好社区的文化教育、文体活动等工作。

救助保障专委会：主要职责是协调和发动驻社区单位和居民做好本社区的救灾救济、扶贫救残、低保金申报管理等工作。

（六）建立社区自治机制

1. 自己的制度自己定

石壕煤矿社区在矿党委的领导下，首先制定和出台《石壕煤矿社区居民代表大会制度深化"社区自治"实施意见》，按照"社区自治"的要求，成立了自己的管理网络并制定了相应的管理制度。

首先，明确社区管理制度制定的原则。坚持在矿党委的领导框架内，主动协调地方政府，遵循国家法律法规和企业规章制度，充分体现绝大多数员工家属的合法利益，保证总体意志积极向上的原则。社区提出管理制度的初稿交社区居民代表大会讨论，对于有争议的制度，采用票决制进行确定，最后报矿党委审批，获批后方行文执行。制度在执行过程中发现有不适合的条款，社区负责收集相关信息，在召开社区居民代表大会时提交大会讨论，任何人不得随意进行修改。

其次，制定社区管理制度及激励制度。社区在充分相信群众，依靠群众的基础上，逐步放权给居民，充分体现居民"立法"的自主权，现已由居民自己"立法"出台《社区居民公约》、《社区管理服务网络管理制度》、《社区楼栋长选举制度》等管理制度。以《关于加强社区建设的指导意见》为核心，出台加强"社区自治"的一系列激励政策，从制度上加以引导。设立楼栋长津贴对参与社区管理的人员进行补贴；设立骨干劳务费给稳定信息员、安全协管员以及治安保卫积极分子进行补助；设立社区居民员工安全抽奖及文明楼栋评比等，对安全、稳定以及社区管理工作做得好的员工及楼栋进行奖励。

2. 自己的"领导"自己选

一是选举产生居民代表大会代表。社区居民代表大会的代表由各楼栋推荐，社区各服务站居民民主选举，社区党组织审查确定。社区居民代表大会的代表任期为三年，可连选连任。

二是选举产生社区居民代表大会委员会。委员会由社区居民代表大会民主选举产生主任1人、副主任2人、委员8人。主任、副主任由矿党委在社区居民代表大会委员会中推荐，由全体居民代表投票选举产生。

三是民主选举社区各站长、楼栋栋长、单元组长。站长、楼栋长、单元组长只能在本居住区域的居民中选举产生。石壕煤矿社区在全矿民主选举产生了4名站长、52名栋长、122名单元组长，整个选举过程的唱票、验票、监票均由各楼栋居民推荐代表负责操作。

3. 自己的事情自己办

社区管理工作立足于自身，发挥社区居民的力量，相互帮助、相互学习，自发组织开展"三帮"、"三进"和"三送"活动，深化社区"自治"。

首先，"三帮"活动促稳定。一是结对帮扶困难家庭。在救助保障专委会的统一工作下，社区和各支部骨干带头与困难家庭结成帮扶对子，签订帮扶协议，形成常态登门看望氛围，关键时刻送去帮扶金，积极协调解决家庭难题。二是重点帮教特殊人群。建立帮教档案，加强对老上访户、"三无"人员、特困人员等的教育转化工作，减轻稳定工作的压力,促进社区和谐建设。努力做到帮扶政策宣传到户、资源信息服务到户、先进文化传播到户、送温暖办实事到户。社区采取全矿员工捐助及行政拨款的方式开办"爱心超市",每月为社区125户困难家庭以平价或低于批发价供应生活必需品。三是党员帮助普通群众。在社区党总支部的协调安排下,各站党支部的党员与本站的普通群众实行帮助,与群众交朋友,为他们讲授党的政策、规定。

其次,"三进"活动促民生。一进地段查民情。充分发挥五个专委会及党员、站长、栋长、单元组长作用,进到各站、各楼栋了解情况,与居民交流,体察民情民意,帮助解决地段开展社区工作中遇到的实际困难,引导居民积极参与社区建设,主动督促社区问题的整改落实。二进现场听民声。社区创新实施"'五有'暖心工程",即生日有人祝福、困难有人帮助、矛盾有人调解、烦恼有人消除。坚持开展"零距离为民服务"活动,坚持每天到小区巡视,把社区办公室移至生活区,把办公桌搬到居民院坝,面对面听取居民意见,当场安排人员到现场服务,变被动"坐等"服务为主动"上门"服务。同时采取深入楼栋随机走访,征求居民意见建议,实现"走百个楼栋、进千户家庭、访万名居民"目标。三进家中解民忧。认真开展离退休职工的探访工作,实行分片包干,进楼院、进家庭,为高龄老人、病残老人等特殊人群提供人性化服务。

最后,"三送"活动提精神。一送精神食粮到小区。把来自群众的先进典型,及时通过各站的党支部书记、楼栋长、单元组长向居民广泛宣传和学习。举办"我为社区添光彩"、坝坝会等活动,宣讲个人和集体的感人事迹,弘扬创新精神、奉献精神、爱岗敬业精神、团结友爱精神。二送技术到小区。主要是发挥各个兴趣小组和文体协会的作用,组织唱歌、跳舞、器乐等方面有特长的骨干到小区免费办班授课,交流经验与心得,必要时进入到家庭进行定向指导。三送欢乐到小区。矿和社区党总支部投入资金扶持各个文体协会,免费提供活动场地、免费提供音响设备,定期举办文艺演出,主办文体比赛,广场文化活动。同时还注重巩固晨练、晚练活动阵地建设,在健身项目上不断推陈出新,扩大影响面,增强吸引力,营造社区欢乐氛围。

4. 自己的风气自己带

第一,培育看板文化。矿区共设立上百块看板、橱窗及专栏等,用以宣传和展示社区风貌。所有楼栋均有自己的宣传阵地。社区办公室外墙有信息沟通栏,公路两旁有宣传灯箱,每个路灯灯杆上有宣传短语、楼栋旁边有宣传栏、单元楼有张贴栏。利用这些宣传阵地展示社区管理风采、宣传政策规定、共享信息资讯等。

第二,培育院坝文化。首先把各楼栋间的空地进行统一规划并实施硬化,社区居民则自发的组织起来,集资修建桌凳、灶台,购买了锅、碗、瓢、盆等。在文明楼栋评选中胜出后,楼栋居民都会自发组织坝坝宴、坝坝舞、坝坝会等活动,进一步拉近邻里关系,融洽员工与家属关系,让社区活动真正成为群众之间的"连心桥"。

第三,培育协会文化。不管是文体活动,还是操作技艺,只要有人参与、有人爱好,社区都会把他们组织起来,成立相应的协会,搭建起相互沟通与交流的平台,提升活动的效果。目前,社区已经成立起舞蹈、腰鼓、钓鱼、门球、书法、棋牌、乒乓球等11个群众协会组织,经常开展丰富多彩的文体活动,大大丰富了社区居民的生活,使矿区呈现出一派欣欣向荣、积极向上的良好氛围。

第四,培育安全文化。社区建起安全"三违"帮教室,成立"三违"帮教队,对在工作中有违章行为或发生安全事故的责任人进行安全知识宣讲,对其违章行为进行详细分析,使其牢固树立安全意识。成立"妈妈喊话队",坚持每周一、三、五夜间安全喊话不间断,对近期井下、地面的安全重点进行提醒,"妈妈喊话队"也因此受到全国媒体的关注,先后有《中国煤炭报》、中央电视台进行过专题报道。为了加大安全管理的参与面及参与深度,社区还组织"给亲人的一封信"、开展吹"安全枕头风"、"安全夫妻"评选等安全活动。为了达到齐抓共管安全的格局,社区每季度还进行一次"安全人人乐"抽奖活动,以每幢楼为一个活动小组,只要本小组无一人违章或受伤就有资格参与抽奖,旨在形成一个相互提醒相互制约的安全协管机制。同时社区还把每月的井口送温暖活动向井下工作头面延伸,将爱心汤圆、醪糟、鸡蛋、苹果等送到井下工作头面的员工手中,牢固构筑起安全协管第二道防线。

5. 自己的家园自己建

第一,实施"四会"制度让居民说了算。石壕煤矿规定凡涉及民生工程项目的立项、实施、执行等重大事项,均实行"四会"制度,即事前召开民情恳谈会、事务协调会、决策听证会,事后召开民主评议会进行商定,使社区居民充分行使民主权利。

2010年,社区居民代表与矿方共同商定石壕煤矿环境改造五年规划,由于有不同意见,社区便组织起社区居民代表深入现场察看,听专业人士讲解,并多次收集社区居民意见。在农贸市场的拆迁改造中,社区专门成立协调管理居民代表委员会,组织召开征求意见会,让居民参与农贸市场改造初步设计方案的审议。会上,共收集到意见和建议13条,设计公司当即对设计做出了优化修改。

在石壕煤矿休闲文化广场的施工过程,社区居民也参与到其中,对铺装石材、绿化树木、美化花草、广场雕塑的选择与实施均进行全程监督,特别是社区组织退休员工撰写《石壕赋》,雕刻成碑文安装在文化墙上。

第二,矿区的环境自己爱护。石壕煤矿社区制定树木移栽听证会制度,凡是有树木要移栽或修枝的,必须要社区组织社区代表进行听证,经同意后才能实施,在实施过程中必须接受社区居民的全程监督。为爱护好社区环境,社区还专门成立环境执法小分队,每周坚持对矿区环境进行执法检查,对发现的问题及时反馈到相关部门进行整改。另外成立由家属大妈组成的义务清洁队,不管严寒酷暑,他们都头戴草帽、手提自制的清洁工具,仔细地搜索着公路、庭园的一片片落叶、一点点纸屑、一个个烟头,为维护矿区环境清洁卫生默默地工作。

三、偏远煤矿企业社区自治体系建设的效果

(一)建立了完善的社区组织,实现了"社区自治"

制定了《社区管理服务网络建设实施意见》、《社区居民代表大会制度》、《社区楼栋长选举制度》等规章制度,实施社区居民代表大会制度,构建起四张管理网络,成立了五个专委会,选举产生了社区管理的"领导",完善了整个"社区自治"的管理体系,理顺了社区的管理机制,增强了社区组织的管理能力,实现了"社区自治",得到了石壕镇政府的认可,为其它社区的管理的提供了经验。

(二)充分发挥了社区组织的服务功能

石壕煤矿社区实施社区自治以来,主动承担了地方政府应涉及的石壕煤矿社区管理各类事务,在社会保障、治安稳定、计划生育等各方面积极配合地方政府开展工作,深受石壕镇党委、政府好评。社区内部着力理顺社区居民委员会与群众的关系,激发群众共同参与社区管理的热情,放开手脚让社区居民主动解决自身遇到的问题,形成了"党的领导、居民'自治'、专业服务"的工作格局,变社区管理为社区服务,有效地推动了社区工作的上档升位。

(三)促进了和谐稳定,保障了企业的安全发展

石壕煤矿社区结合煤矿实际,以安全为主题常态开展活动,筑牢了安全"第二道防线",为矿井的生产安全奠定了坚实的基础,在进行社区自治体系建设后,当年就实现了安全"零"目标。在自治体系建设中,坚持"属地管理、分级负责,谁主管、谁负责"的原则,及时排查不稳定苗头,调解矛盾,促进邻里和睦,维护了矿区的和谐稳定。

据统计,2008年收到上访信件24件,2009年18件,2010年6件,2011年5件;2008年正式调解纠纷22起,2009年18起,2010年11起,2011年9起;2008年发生扭闹领导事件57人次,2009年41人次,2010年4人次,2011年0起;2008年发生矿地关系矛盾事件48件,2009年8件,2010年3件,2011年1件。通过这组数据对比可以看出,实施社区自治以来,石壕煤矿的稳定状况得到了很大改观,矿地矛盾有所缓和。2011年矿井实现原煤产量128.2万吨,掘进进尺23967米,瓦斯抽采量5585万立方米,保护层面积30.2万平方米,均创下历史最好成绩。

(成果创造人:许 刚、涂善敏、李 波、唐 冲、陈 建)

高科技企业以人为本的和谐劳动关系建设

四川九洲电器集团有限责任公司

成果主创人：公司董事长张正贵

四川九洲电器集团有限责任公司（简称九洲集团）是军民融合发展的大型高科技企业集团，前身为国营涪江机器厂，始建于1958年，是国家"一五"期间156项重点工程之一，1995年改制为有限责任公司，1999年规范为国有独资公司；是国家从事二次雷达系统及设备、空管系统及设备科研、生产的大型骨干企业；是从事数字电视设备、有线电视宽带综合业务信息网络系统、电线电缆光缆、LED（半导体照明）、物联网（RFID射频识别、安全溯源、安防监控等产品）、电子政务和电子商务软件、手机等个人消费终端、车载指挥通信系统、卫星导航系统产品的开发、制造、经营和服务的高科技企业。九洲集团总部位于中国科技城绵阳市，占地面积约135万平方米，拥有总资产126.55亿元，净资产36.48亿元，职工14400余人。2011年实现营业收入125.29亿元，利润总额5.84亿元，上交税金3.27亿元。

一、高科技企业以人为本的和谐劳动关系建设背景

（一）建设和谐社会的重要内容

党的十六大第一次将"社会更加和谐"作为重要目标提出。十七大再次强调了构建社会主义和谐社会的重要性，并对改善民生为重点的社会建设作了全面部署。作为国有企业，更应该主动和率先构建和谐劳动关系，引导广大企业和职工正确认识和处理当前利益与长远利益、职工利益与企业利益、企业利益与社会利益的关系，才能保持企业和职工群众的创造活力，促进企业健康发展、和谐稳定，从而为社会的发展、稳定、和谐奠定坚实基础。

（二）遵守劳动法律法规的必然选择

随着我国《劳动合同法》、《就业促进法》、《劳动争议调解仲裁法》、《社会保险法》、《劳动合同法实施条例》、《职工带薪年休假条例》等一批劳动法律法规相继出台，我国的劳动法律体系日趋完善，对企业劳动用工和人力资源管理提出了严格而具体的法律法规要求，企业劳动关系管理工作也因此发生了深刻变革。因此，要构建和谐劳动关系，首要的是企业要主动适应和模范遵守这些法律法规的要求。

（三）增强企业活力和创新力的重要基础

近年来，九洲集团迎来了发展的黄金时期，所从事的空管系统、卫星导航系统、

RFID、LED等产业都是国家战略性新兴产业,拥有巨大的发展潜力,但同时也面临巨大的创新压力。人才队伍不稳定、建设滞后与公司快速发展的现状之间存在尖锐的矛盾,亟待解决。为此,九洲集团以创建和谐劳动关系为抓手,贯彻落实以职工为本的理念,全方位、多层次满足职工需要,为职工提供良好、稳定的工作环境,让职工快乐而有尊严地工作,从而培育和凝聚一支充满活力和创新力的高素质人才队伍,为高科技产业的创新发展奠定坚实的人才基础与和谐氛围。

二、高科技企业以人为本的和谐劳动关系建设内涵和主要做法

九洲集团以人本思想为指导,以劳动法律法规为准绳,以保护广大职工的根本利益为出发点和落脚点,全面贯彻落实科学发展观,通过构建和谐劳动关系建设和保障体系,培塑和谐企业文化,开展民主管理,完善劳动关系协调机制,搭建职工价值实现平台,与职工共享企业发展成果,实行人文关怀等,在企业和职工之间建立一种互惠互利、平等融洽、和谐统一的劳动关系,实现双方的利益和谐、认知和谐、情感和谐以及管理和谐。主要做法如下:

(一)确立"以职工为本"的基本理念,完善和谐劳动关系构建体系

1. 建设"以职工为本"的和谐企业文化

九洲集团以"发展依靠职工、发展为了职工、发展成果与职工共享"的理念为基础,建立自己的企业文化体系:

第一,建设和谐精神文化。和谐精神文化以崇尚和谐、追求和谐为价值取向,融思想观念、思维方式、行为规范、企业风尚为一体,反映职工对和谐企业的总体认识、基本理念和理想追求,是和谐企业文化的重要组成部分。和谐精神文化建设就是要营造和谐的环境,形成和谐的人际关系,不断增强企业的凝聚力、向心力。

第二,强化以职工为本的管理理念。做到因才用人,以德服人,以情感人,真诚听取职工意见,让职工感觉到自己在企业中的地位和作用,最大限度地开发职工的创造力。

第三,建设激励创新的制度文化。全员"创业创新、激情进取",保持团结拼搏、积极学习、无私奉献的激情,永不满足于现状,在不断创新中获得企业与个人的持续进步。

2. 完善和谐劳动关系建设体系

九洲集团各层级、各单位明确分工,有组织、有计划地开展和谐劳动关系创建工作,形成由公司主管领导负责,经济管理部、人力资源部、企业文化管理部、党委宣传部、公司工会等主抓,各基层单位协同、配合开展的三级建设体系,确保各项工作落到实处并取得良好的成效。

一是管理和谐。经济管理部等职能部门切实将"以人为本"和"管理是为职工服务"的理念融入管理工作,使得企业管理从管理理念、管理制度、管理技术、管理态度直到管理效益有一个全面的转变,实现了管理上的和谐。

集体合同、工资集体协商协议等续签会议

二是认知和谐。企业文化管理部提出"创业不守业、自信不自我、大爱献九洲"的行为准则,通过讲述一代代九洲人艰苦创业、拼搏奉献的奋斗历程和公司半个世纪以来不平凡的历史,让职工认可企业文化,实现职工与企业在认知上的和谐。

三是情感和谐。党委宣传部、党委组织部等部门举办名为"我的九洲我的家"的活动,通过征集、宣传发生在公司大大小小的感人事件,让职工感受到家的温馨,以实现情感上的和谐。

四是利益和谐。人力资源部不断完善薪酬福利体系,确保收入分配的"制度化、科学化、公平化",努力实现利益上的和谐。

3. 充分发挥党群工会组织作用

九洲集团成立由工会主席担任主任的劳动争议调解委员会,各基层单位建立相应的劳动争议调解小组。当发生劳动争议时,调解组织及时逐级进行调解。多年来绝大多数的劳动争议在公司内部得到了妥善解决,没有发生一起因劳动纠纷而引起的群体性事件。工会下设 40 余个分工会。工会一方面组织职工参与民主管理、民主协商、企业生产经营管理,积极发挥工会作为职工利益代表者和维护者的作用;另一方面牵头组织劳动竞赛、合理化建议、技术比武、文娱体育等活动,提高了职工技能、强健了职工体魄、丰富了职工业余生活。

(二)推进民主管理,完善劳动关系协调机制

1. 建立健全职工代表大会制度

九洲集团成立之初就建立自己的职工代表大会制度,多年来随着国家政策、经济环境的变化不断健全完善,日趋成熟。职工代表是职工代表大会的主体,九洲集团规定职工代表每五年选举一次,全部由各基层部门在内部民主选举产生,被选举的职工代表需向所代表的职工做出履职承诺。如职工代表在当选期间不称职,职工有权撤销其代表资格。九洲集团每年定期召开两次职工代表大会,不定期召开职工代表组长联席会。每个季度总经理向职工代表作经济发展形势报告,职工可以及时了解公司的运作状况和重大决策。公司在制定、修改或者决定凡是有关直接涉及职工切身利益的规章制度或者重大事项时,坚持做到了在职工代表组长联席会或职工代表大会上充分讨论并审议,获得通过后方才实施。职工代表大会制度有效保障了企业经营决策的民主性、合法性、科学性以及职工的切身利益。九洲集团还建立职工民主评议领导干部、干部任前公示等制度,确保职工民主参与企业管理。

2. 建立劳动法律监督组织

九洲集团形成以工会、审计法务部、人力资源部共同构建的内部劳动法律法规制度监督体系。工会和人力资源部定期到公司各单位了解和调查职工工资的发放情况。尤其在奖金的发放上,检查各单位是否按照公司分配制度和原则,对存在问题的单位要求立即整改。公司审计法务部对经营单位进行效益审计,对公司中层以上管理人员进行离任审计,使公司利益和职工利益得到有效的保障。

3. 畅通职工与企业沟通交流渠道

第一,坚持开展总经理接待日活动。职工以基层单位组织代表或个人的名义,直接同总经理进行对话交流,活动做到有记载、有通报、有回馈。

第二，职工可以通过单位领导、工会组织、意见信箱等多种渠道、多种方式表达自己的意见和建议。对职工反映的情况和意见，相关领导和部门及时给予答复或处理。

第三，坚持举行"对话交心会"活动。按规定，基层单位每季度进行一次干部、职工对话交心活动，适时进行"迎新"、"送老"交流活动，可以是主题座谈会，也可以是茶话会或联谊会，畅所欲言，注重情感交流，心灵沟通。

4.完善集体合同制度

近年来，九洲集团不断完善和丰富集体合同的内容，分别就工资集体协商、女职工特殊权益保护等事项订立专项集体合同。集体合同签订之后重在落实，为此制订"一年一检查、一年一整改、一年一完善"的监督检查制度，确保集体合同和专项合同的履行、落实和提高。

(三)畅通职业生涯发展通道，实现企业与职工的共同发展

1.创立"三师制"管理模式

九洲集团根据各类职工的专业方向和自身特点，科学、合理规划职工职业生涯发展，创立具有九洲特色的技术"三师制"、管理"三师制"、操作人员"技师制"，为各类人才铺设了多渠道、多层次、宽口径成长的职业生涯通道，提供了良好的创新创业舞台和价值实现平台。

"三师制"的创立，建立了"两兼顾"的人才成长和协调发展的通道：对于专业技术人才，主要走专业技术序列，在公司内部建立起纵向的技术职位体系；对有管理能力的职工可走行政序列，每年提拔一批年轻有为的骨干职工充实到中层管理岗位，双向发展的职业生涯发展通道为职工提供了广阔的发展平台和空间。到2012年，九洲集团聘任的副主任层级以上的"技术三师"、"管理三师"和"工人技师"600余人，他们已成为了促进公司发展的核心力量，是提升科研、管理和生产水平，推动九洲不断前行的生力军。

2.实施"人才工程"和"专家工程"

按照"人才工程"管理办法，组织人事部门每年开展一次申报评审工作，通过个人自荐、单位推荐、现场答辩、公司评审、公示、党政领导会审批等程序，将涌现出来的优秀人才纳入"人才工程"管理；同时对人才库进行动态管理，每年对已纳入"人才工程"管理序列的职工进行一次复审，通过公司评审、公示、党政领导会审议等程序，重新评定职工的人才等级以及是否继续纳入"人才工程"管理，实现了人才工程"有升有降、能进能出"的动态管理。

3.开展卓有成效的培训工作

九洲集团以"培养创新性人才，创建学习型企业"为培训方针，搭建完善的培训管理体系和培训资源库，充分挖掘公司各专业领域的行家能手担任内训师，依托专业培训机构和国内的知名高校，开展丰富多样的职工培训和行动学习，切实提高职工的综合素质能力。每年按照上年度职工工资总额的2.5%提取职工教育经费，用于人力资源的培训与开发。采取委托培养和联合办班等形式，先后与电子科技大学、四川大学等高校联合举办电子信息工程、软件工程、管理科学与工程、项目管理等专业学科的十余期硕士研究生班，进一步加强对知识型职工的开发培养。

(四)稳步提高职工待遇，共享企业发展成果

1. 执行工资集体协商

九洲集团集体合同协商委员会、工资集体协商代表以及公司行政职能部门就工资协议的期限、工资分配制度、工资标准和工资分配形式、职工年度平均工资水平及其调整幅度、奖金、津贴、补贴等分配办法、工资支付办法等九个方面的劳资问题进行协商,达成一致意见,工资集体协商协议经工会和行政双方首席代表签字盖章后成立生效。九洲集团工资集体协商每年进行一次,由工会组织集体合同协商委员会和工资集体协商代表,于每年3月份向行政方发出要约,进行当年的工资集体协商。通过双方的协商并达成一致意见以后,签订当年的工资集体协商协议。2009年开始签订工资集体协商协议以来,已连续三年在实现经济指标后,按约定兑现了承诺,职工工资收入实现了持续、稳定的增长。

2. 稳步提高职工工资水平

九洲集团根据企业经济效益情况及工资支付能力、资产保值增值率、企业资产负债表、四川省企业工资增长指导线、CPI等十一项因素综合进行考虑,最终由企业和工会双方协商确定,形成工资分配共决机制;职工年度工资水平调整根据企业自身的各项经营指标完成情况,结合外部各种影响因素,形成工资年度正常增长机制和工资支付保障机制。同时九洲集团还引入风险机制和竞争机制,建立科研项目重奖制度、预研项目奖励制度,设立技术带头人专项科技奖金,对有突出贡献的人员实施重奖。

3. 不断完善职工保险福利保障体系

随着企业发展,九洲集团逐步建立起符合公司实际情况的,多层次、多维度的"五险三金"保险福利保障体系,该体系不仅包含国家规定的五项法定社会保险以及住房公积金,还建立了企业年金制度和企业补充医疗保险基金,进一步提高职工的养老和医疗保障水平。此外,为职工购买人身意外伤害商业保险,真正做到了让职工"老有所养、病有所医、居有其所"。

4. 持续改善工作生活环境

九洲集团一方面积极推进环境与职业健康安全管理体系,现已通过ISO14001环境管理体系和OHSAS18001职业健康安全管理两个体系认证;另一方面花大力气进行绿化建设,全园区树木繁茂、鸟语花香、环境优美,被绵阳市评为园林式工厂。九洲集团为职工兴建四个功能设施完善、环境优美、生活便利的生活区和单身公寓,妥善地解决职工住房问题。

5. 让离退休人员分享企业发展成果

九洲集团每年为离退休人员发放各种津补贴、过节费、慰问费、生活补助,并支出各种疗养、体检、活动、公共服务费用;确保离退休人员能够继续享受企业发展的经济成果和精神成果,在更高层次上满足了被尊重,有归属感的需要。

(五)建立全方位多层次的职工关怀体系,增强职工归属感和凝聚力

1. 建立独具特色的休假制度

九洲集团独具特色的休假制度规定事假、病假、婚假(晚婚假)、丧假、计划生育假、三期假(产前体检假、产假、哺乳假)、护理假、探亲假、带薪年休假、女工假、学习考试假等十余种假别,充分满足了职工休息、发展和健康的需求。

首先,制定高标准的探亲假制度,扩大探亲假休假范围。每年都从高校招聘300余名来自全国各地的应届毕业生。外地职工比例目前上升到了的63.9%。除绵阳市本地职工外都享有探亲假,最大范围满足了外地职工探望亲人的需求。

其次,制定人性化的带薪年休假制度。九洲集团规定工龄时间满1年不满10年的职工享有5天带薪年休假;工龄时间满10年不满20年的职工享有10天带薪年休假;工龄时间满20年的职工享有15天带薪年休假。一方面将工龄不满1年的职工也纳入享受范围;另一方面为年轻的高层次人才提供15天的带薪年休假。

再次,设立"学习考试假"。九洲集团拥有各类专业技术人员超过5000人。这些知识型职工普遍都有继续深造和更新知识技术的需求,为此建立新的假别类型,规定职工参加学历教育、专业技术职称、职业资格、技能等级鉴定等考试,可享有学习考试假。不但促进了职工的个人发展,也有利于企业的发展。

最后,设立"女工假"。针对特殊工种的21个岗位上工作的女职工在每次月经期享有女工假。

2. 开展高压职工群体心理健康辅导

九洲集团坚持以科学发展观为指导,加强企业职工心理健康管理,注重职工的心理疏导,增强职工的心理承受能力,维护企业的和谐稳定,主要从以下三方面入手。一是加大宣教力度,普及心理知识。通过开展心理健康教育、举办心理健康知识讲座、聘请专业心理咨询师为职工进行心理健康辅导,普及心理健康知识,帮助职工增强心理调适能力。二是注重心理疏导。通过对高压群体进行情绪疏导,有针对性地实施积极的心理干预,启发疏导对象自己认识问题,缓解心理压力,解除消极情绪,促进职工心理健康。三是积极开展"四必谈"(情绪低落必谈、产生矛盾必谈、工作失误必谈、评比考核必谈)活动。四是开展"五必访"活动,要求中层以上管理人员在职工结婚、生子、生病住院、退休、遇丧事时必须进行家访,充分了解职工情绪、意愿,解决职工提出的问题,表达组织的关爱,以此营造一个和谐的工作环境。

3. 建立弱势群体帮扶机制

九洲集团一方面成立由公司出资、工会代管的"帮扶基金",运用"帮扶基金"来帮扶特困职工和大病职工。同时在"帮扶基金"下单独成立"教育扶助基金",家庭收入较低的职工子女考入高等教育院校时,"教育扶助基金"将为其发放一笔丰厚的助学款。另一方面建立特困职工和大病职工档案,掌握本类职工基本信息。

4. 开展献爱心送温暖慰问活动

长期坚持开展"尊老敬老"、"献爱心、送温暖"等慰问活动,定期慰问离退休老职工、住院职工和劳动模范,并已形成惯例。

5. 组织职工参加疗养和体检

九洲集团每年都组织技术标兵能手、有毒有害工种职工到国内旅游胜地疗养;每年集中安排有毒有害工种职工进行一次职业病体检;每年安排女职工进行一次身体专项检查,每两年安排全体职工进行一次身体专项检查等。

三、高科技企业以人为本的和谐劳动关系建设效果

(一)吸引和培养了大批人才,增强了企业凝聚力和创造力

通过创建和谐劳动关系,九洲集团职工队伍得以保持稳定,年平均人员流动率一直保持在5%左右的合理水平。九洲集团每年从重点高校、人才市场和社会上招聘各类人才700余人,为企业的发展不断注入新鲜血液。目前九洲拥有各类专业技术人员5000余人,享受国务院政府特殊津贴的专家、首批新世纪百千万人才工程国家级人选、四川省有突出贡献的优秀专家、四川省学术和技术带头人等国家、省部级及行业专家52人。稳定的专业技术团队为九洲集团坚持自主创新提供了强有力的保障,极大地增强了企业的创新能力和活力。

(二)促进了企业快速发展

2011年是"十二五"的开局之年,也是九洲集团成功跨越百亿向新目标迈进的起步之年,全年实现工业总产值120.86亿元,同比增长20.03%;营业收入125.29亿元,同比增长21.90%;利润总额5.84亿元,同比增长21.05%;上缴税金3.27亿元,同比增长33.34%。2012年跻身中国电子信息百强企业第26位、中国制造业企业500强的348位、中国最大1000家企业集团、中国企业集团竞争力500强之列。

(三)得到了社会高度赞誉

九洲集团2005年荣获首批"全国创建和谐劳动关系模范企业";2009年荣获"全国五一劳动奖状";2011年蝉联"全国文明单位";2012年荣获"全国军民共建社会主义精神文明先进单位"等。

(成果创造人:张正贵、何林虎、杜力平、孙　仲、
欧燕恩、王国春、张　立、罗国秀、李兴梅)

以节能减排为目标的能效对标管理

中国石油新疆油田分公司采气一厂

成果创造人：厂长柳海

中国石油新疆油田分公司采气一厂（简称采气一厂）成立于2007年12月，其前身是新疆油田分公司采油三厂。采气一厂专门从事准噶尔盆地天然气开发与管理，管辖"克拉美丽、莫索湾、玛河、呼图壁和五八区"五大气田。重组以来，采气一厂紧紧围绕创建"国内一流采气厂"奋斗目标，实现了年产天然气跃上20亿立方米、油气当量上200万吨的突破，跨入专业化采气厂的行列。截止2011年底，全厂累计探明气藏17个，投入开发12个，管辖气井89口，天然气处理装置9套，固定资产原值33.1亿元，净值20.7亿元，探明天然气地质储量1841.35亿立方米，累计产气171.95亿立方米，现有员工1002人。多次荣获"集团公司先进集体"、"集团公司先进基层党组织"等称号。

一、以节能减排为目标的能效对标管理背景

（一）贯彻国家节能减排发展战略的需要

国家"十一五"规划《纲要》提出：2010年单位GDP能耗要比2005年降低20%左右。石油天然气企业作为能源生产主要部门，同时也是耗能大户，必须将"贯彻执行国家有关节能节水的法律法规和方针政策，通过理念节能、机制节能、技术节能和管理节能，提升能源利用效率和经济效益"纳入企业发展规划。相比油田开发，天然气生产开发具有生产周期短、气藏类型复杂、地面工艺类型多样等特点，气田能耗状况各异。尤其到开发中后期，生产装置低负荷运行导致部分能耗设备负荷率随之下降，能源利用效率降低，能耗水平大幅上升，气田能耗管理难度逐渐加大。

采气一厂作为年能耗3万吨标煤以上的耗能企业，必须紧紧围绕国家节能减排发展战略，全面贯彻落实节约资源和保护环境基本国策，努力提高能源利用效率，降低生产单耗。

（二）健全采气厂能源管理体系的需要

伴随主营业务的转型，采气一厂节能工作的重点从抓好油气田老区节能改造转向气田节能管理。作为专业化的天然气生产单位，在气田能耗管理方面，与国内同行业先进水平、相关标准规范相比，存在问题突出表现在三方面：一是部分设备运行效率与行业标准有一定差距；二是天然气放空损耗较大，年放空量约2000万立方米，能源利用效率较低；三是现有的节能管理体系主要以节能量、节水量为目标，忽略了生产中能源单耗指

标,难以全面客观的反映全厂能耗综合状况。四是由于气田地处沙漠腹地,自然条件十分恶劣,气田能源消耗状况、处理工艺、耗能设备等方面与内地天然气生产单位存在较大差异,气田能源管理难度非常艰巨。因此必须探索建立一套科学、系统、规范的气田能耗管理体系,提高各类能源利用率,实现采气一厂节能管理水平持续提升。

二、以节能减排为目标的能效对标管理内涵和主要做法

为提高能效水平,采气一厂坚持"操作性、可比性"原则,围绕"建标、定标、达标、创标"管理模式,与国内外同行业先进企业(纵向)或企业内部先进站队(横向)能效指标进行对比分析,结合沙漠气田的能源消耗特点,参照国家和行业标准,综合考虑气田规模、开发阶段及工艺特点等因素,选定代表本企业当前能耗水平的先进标杆,通过查找差距,利用管理措施和技术改造手段达到先进标杆或更高能效水平,提高气田能源利用效率,降低企业的主要产品单位、重点工序能耗。主要做法是:

(一)加强组织领导,健全管理制度

构建三级管理机构,保证活动实施过程中"有组织、有协调、有执行",使能效对标工作科学有效、协调有序、互动闭环地运转。

领导机构:由厂长任组长,总工程师任副组长,机关相关部门主管领导为成员,负责全面监督、管理、指导各项活动,为对标活动提供强有力的组织保障。协调机构:由主管部门领导任组长,生产部门领导为成员,负责制定总体方案和管理办法,以及活动的组织、协调、推动和考核,并提供技术指导。执行机构:由基层单位组成,负责本单位对标推进、改进措施的实施及效果反馈。

为切实有效推进对标活动,采气一厂建立一套有效的保障体系,形成长效循环机制。一是建立半年例会制度。每半年召开一次能效对标推进会,组织各单位介绍本单位能效对标开展情况,总结能效对标阶段成果、不足之处及下步工作重点,循环推进,形成持续提升气田能效水平的良好局面。二是强化资源投入。加大节能管理人员的培训力度,提高综合素质和业务能力;充分投入各种资源,全力保障技改措施、节能项目改造的实施。

(二)调研能耗现状,提供数据支撑

采气一厂主要消耗的能源种类为天然气和电力,生产及处理过程中天然气消耗主要为井口加热、处理站凝析油加热稳定和加热炉用气,电力消耗主要为处理站压缩机、消防泵及工艺管网电保温等用电。天然气消耗占采气一厂能源消费总量的95.0%,其中自用损耗占60%以上。通过对2008~2010年的能源消耗数据进行归类,整理出17项主要耗能数据项,全面反映了各类能源消耗现状、单位能效水平,为后期指标项选定提供充足有力的数据支撑(表1)。

(三)构建指标体系,选定对标标杆

在现状调研基础上,通过对潜在标杆进行分析和筛选,完成确定标杆项和对标范围,建立科学合理的能效对标指标体

采气一厂克拉美丽天然气处理站

系,为真实客观反映企业能源管理绩效提供量化标准。对标指标数目确定的总体原则:控制数量、提高质量,既不缺失也不重复,全面准确反映对标内容和意图。依据对标指标选定的总体原则,结合采气一厂天然气生产工艺特点、耗能状况,能效对标指标体系主要由结果性指标和过程性指标构成,分为三类。

表1 采气一厂2008～2010年能源消耗情况表

序号	项目参数	单位	2008年	2009年	2010年
1	天然气产量	万立方米	180398	214791	233408
2	用电量	万千瓦时	666	992	471
3	能耗总量	吨标煤	52677	65854	37418
4	天然气放空损耗量	万立方米	1989	2985	828
5	采气系统耗电量	万千瓦时	/	67	87
6	采气系统耗气量	万立方米	437	340	317
7	处理系统耗电量	万千瓦时	469	705	830
8	处理系统耗气量	万立方米	1374	1504	1347
9	电力网损耗电量	万千瓦时	8.3	18.5	8.8
10	电力网输送电量	万千瓦时	292	507	214
11	采气系统电单耗	千瓦时/立方米	/	0.00031	0.00037
12	采气系统气单耗	立方米/立方米	0.0024	0.0015	0.0014
13	处理系统电单耗	千瓦时/立方米	0.0026	0.0033	0.0036
14	处理系统气单耗	立方米/立方米	0.0076	0.0070	0.0060
15	加热炉效率	%	84.9	86.8	84.9
16	压缩机效率	%	/	20.5	/
17	天然气生产综合能耗	千克标煤/万立方米	224.0	269.77	160.31

1. 重点能耗设备效率指标

根据设备类型,参照国家行业标准,在主要气田范围内对同类设备进行横向对标,对标范围主要包括气田加热炉、锅炉、空气压缩机、泵机组,对标的核心内容是设备运行效率、单耗,对标项目的标杆值以标准中的评价值为准。

2. 天然气采集、处理系统单耗指标

按照"操作性、可比性"原则,采气一厂采取管辖气田间横向对标方式,即综合考虑开发阶段、工艺技术、生产规模等差异因素,选取差异较小的主要气田进行对标。

采气一厂有天然气处理站9个,其中处理能力在100万立方米/天以上的气田装置共6套,为了真实客观反映天然气生产能源消耗状况,对2008～2010年各气田能源消耗数据的可靠性、客观性、完整性分析研究,综合考虑选用2010年处理能力为100万立方米/天以上气田的能耗数据作为参考载体。

针对各气田存在处理规模、介质(凝析油含量、含水率等)、采气工艺(机抽、泡排、增压等)、处理工艺(节流注醇工艺、外冷工艺、膨胀机等)、开发阶段(初期、中期、末期)等因素差异,气田天然气采集、处理系统单耗指标采取分级评价方式(表2)。

表2 天然气采集、处理系统单耗指标评价标准

序号	指标	单位	分类评价标准		
			高(Ⅰ)	中(Ⅱ)	低(Ⅲ)
1	气田生产用电单耗	千瓦时/万立方米	<40	40~85	≥85
2	气田生产单耗	千克标煤/万立方米	<50	50~120	≥120

注:气田生产用电单耗指生产万方天然气所消耗电量,由气田生产总用电量与总产气量比值计算得出。

气田生产单耗指生产万方天然能源气消耗量,由气田年生产总能耗与年总产气量比值计算得出。

3.管理类指标

一是能源器具配备率。配备指标依据GB17167-2006《用能单位能源计量器具配备和管理通则》,配备原则:应满足能源分类计量的要求;应满足用能单位能源分级分项考核的要求;重点用能单位应配备必要的便携式能源检测仪表,满足自检自查要求。

二是富气回收率。井口天然气经加热节流、降压分离等工艺处理后,产品除合格的干气和轻烃外,还有部分不能直接回收利用的气体,即富气。由于无法直接利用,通常采取放火炬燃烧方式,每年新疆油田公司放空富气量近2500万立方米。自2007年以来,采气一厂根据不同气田实际,通过采取"分子筛脱水、富气增压"等技术陆续完成富气回收工艺改造,合理有效回收利用富气。

三是天然气、凝析油商品率。天然气、凝析油外交量作为重要指标,反映了采气一厂的生产实力和经济效益,同时在一定程度上体现了气田能耗基本状况。根据现场工艺和生产过程损耗情况,确定综合评价标准及计算方法(表3)。

表3 天然气、凝析油商品率指标评价标准

序号	指标	单位	分类评价标准		
			高(Ⅰ)	中(Ⅱ)	低(Ⅲ)
1	天然气商品率	%	>98	95~98	<95
2	凝析油商品率	%	>99	96~99	<96

注:天然气商品率是指天然气销售量占生产量的比例,由销售天然气量与天然气总产量比值计算得出。

凝析油商品率是指凝析油销售量占生产量的比例。由销售凝析油量与凝析油总产量比值计算得出。

(四)制定改进措施,实现达标创优

1.企业内部提升管理、优化生产

强化基础管理,降低气田单耗。一是加强天然气综合利用,提高富气回收率。加强现场压缩机运行管理。严格规范操作,强化岗位员工技术培训,提高现场操作技能和管理水平;定期组织维护检查,更换易损部件,排除潜在风险,减少故障停机频次,确保压缩

机正常运转,2011年压缩机故障停机率为0.05％。优化压缩机运行参数,提高富气进口压力、增加压缩机变频器等。二是优化装置运行参数,降低加热温度减少能耗。在天然气处理过程中,经过J-T阀节流制冷、低温分离脱水、脱烃、脱水后的凝析油,经闪蒸分离、稳定塔稳定后进储罐储存。针对玛河气田自用气量较高问题,在保证外输气、凝析油质量的前提下,通过软件模拟进行塔底温度参数优化研究,确定凝析油加热温度最合理的范围,年减少自用气量257.4万立方米。

加强精细化管理,提高产品商品率。以工艺技术研究为技术保障,设备能耗对标管理为基础,节能减排考核为机制保障,开展提高交气率精细化研究,消灭放空气、减少自用气,增加天然气外输量、提高交气率,保障产品商品率达到标杆水平。

优化设备控制参数,提高运行效率。通过综合分析,导致炉效偏低主要有四方面因素:排烟温度、空气系数、热效率和热负荷。根据每台加热炉的达标情况,采取以下措施:检修期间清洗炉管和应用节能涂料,提高炉管的换热系数,减少传导热阻,使介质高效吸收炉膛热量,降低排烟温度。对排烟温度过高的加热炉改善高温空气的燃烧条件,减少燃料不完全燃烧而造成的热量损失。对过剩空气系数较高的加热炉,根据负荷及燃料变化及时调节配风量,检查炉体堵住漏风,降低各项损失,提高炉效。对负荷率较低、排烟温度过低的加热炉,按季节变化合理配置运行台数,提高加热炉负荷率和吸热效率。

2.节能技术改造

一是优化现场工艺。根据下游用气量、环境温度、装置负荷等因素变化,每季度利用软件模拟装置运行状况,优化调整气田水套炉加热负荷、凝析油稳定温度、压力参数,保持装置最佳状态运行,年节约燃料气59.6万立方米。呼图壁、盆5气田部分单井温度较高(40℃～44℃),经二级加热节流降压后,井场外输温度仍高于20℃。为降低加热炉燃气损耗,对集输处理工艺进行优化,拆除9口单井加热炉,将两级加热节流工艺改为直接节流工艺,年节约成本134.24万元。

二是应用新工艺新技术。盆5气田P5009气井由于压力较低无法正常进站生产。通过应用天然气引射技术,充分利用高压气井的压力带动低压气井生产,年增产天然气726万立方米。

三是优化设备运行。玛河气田压缩机处理过程中由于富气产生的不均匀性,导致压缩机运行不适应富气产生量的变化,富气回收率偏低。针对问题实施电驱压缩机适应性节能项目研究,通过电机变频改造最大限度回收富气,富气回收率从76％提高到94％,年增天然气回收量210万立方米。

3.设备优化升级

在调研摸底基础上,根据设备的运行状况,完成呼图壁气田公寓原有的2台生活锅炉更新升级。原锅炉使用年限已达10年,运行过程中经常出现故障停炉,难以达到供暖温度,热效力下降。为满足正常供暖需求,提高锅炉运行效率,引进新式锅炉,新锅炉采用螺旋立式烟管结构,燃烧器自动负荷控制,炉效由70％提高到90％,同时减少了燃料气消耗,年节约天然气1万立方米。

(五)完善考评机制,强化对标管理

按照指标与管理兼备的原则,采气一厂建立以指标评价、管理评价的能效对标考核评估体系,并将其纳入各单位年度绩效考核。指标评价指十大单项指标的达标考评,管理评价包括对企业能效对标管理中的标准制度、管理手段和管理方法的综合评价。节能办公室负责基层单位考评,评估方式采取总体评估与单项评估相结合、定期评估与不定期评估相结合、定性评估与定量评估相结合的方式。考评结果由指标评价与管理评价得分之和,两者各占50%权重。根据能效对标效果总体评价得分结果,确定4个评价等级:效果突出(95分及以上)、效果满意(80~94分)、效果基本满意(65~79分)、效果不满意(64分以下),具体考核办法见表17。

三、以节能减排为目标的能效对标管理效果

(一)能效管理水平显著提升

建立了能耗数据库和节能实践库,建成了适合气田生产的能效对标指标体系和考评体系,在企业内部形成了较完善的能效对标工作良性循环机制。节能管理工作由过去"被动节能"向"主动节能"转变,由"单一节能量"考核向"综合指标"考核转变。以战略目标为导向,从科学、长期的发展角度促进企业管理提升,在动态发展的过程中,思考如何处在行业前列,如何提升企业的竞争力,推动企业持续不断地改进和赶超行业先进,在竞争中实现超越发展。通过与先进标杆对比,使各基层单位明确自身"现状是怎样"、"差距在哪儿"、"努力目标是什么",营造出一种持续不断地改进和赶超先进标杆的浓厚氛围,无形中增强了基层单位节能减排工作的自觉性和积极性。通过改进基层单位能效标杆、改善气田能耗状况,最终实现采气一厂天然气业务整体能效水平提升,节能管理工作的升级。

(二)取得了显著的社会效益和经济效益

在实施对标管理过程中产生了显著的经济、生态效益,2011年节约天然气量2078.1万立方米,按880元/千立方米计算,创造效益1828.73万元,实现节能量27638.73吨标准煤,减少二氧化碳排放共计6.89万吨。

近几年天然气需求市场日趋活跃,民用天然气需求大幅增加,冬季供气压力日渐紧张。作为整个北疆地区唯一一家专业化运营的采气单位,采气一厂肩负着北疆地区调峰保供的政治任务和社会责任。通过开展能效对标活动,研究建立富气回收率的对标标杆,使富气回收率由60%上升至85%,实现了年回收富气量1800万立方米,切实履行企业责任,落实国家节能减排工作目标,同时有力保障了北疆地区天然气工业生产及居民日常生活用气需求,促进区域经济健康有序发展,维护社会和谐稳定局面。

(成果创造人:吕小明、高志谦、柳　海、陈如鹤、张东平、刘　策、
蔡　华、陈良飞、王　伟、李玉君、吕惠芳、韩玉亭)

多元用工企业和谐劳动关系的建设

眉山市邮政局

成果主创人：局党委书记、局长柴华

眉山市邮政局（简称眉山邮政）于2000年正式挂牌成立，属四川中等偏小市（州）邮政局。现下辖6个县（区）局，有员工715人，综合联网网点94个，代理金融网点80个，服务面积7186平方公里，服务人口349万人。2011年，眉山邮政实现业务总收入1.488亿元，同比增长43.08%，劳动生产率19.35万元/人，人均有效收入16.65万元。业务总收入增幅、业务有效收入增幅、全员劳动生产率、人均有效收入增幅等四项主要经济发展指标均居全省第一。2011年，眉山邮政被授予"四川省模范劳动关系和谐企业"称号。

一、多元用工企业和谐劳动关系的建设背景

眉山邮政跨越式发展进程的不断加快，进一步引发了劳动关系的复杂化，使劳动关系呈现新的矛盾和冲突。具体呈现为"四个矛盾"：

第一，邮政企业整体性、结构性缺员与劳动关系法制化要求之间的矛盾。随着邮政企业的高速发展，人力资源由富余变得匮乏，新的用工形式不断产生；企业专业化改革不断推进，专业化经营的要求与现有人员的素质不相匹配，员工采用加班、兼职等作业方式来满足企业发展需要不符合劳动关系管理的法律制度要求。

第二，邮政企业用工形式多样化与劳动关系管理方式之间的矛盾。邮政企业采取A、B类员工，劳务派遣员工、非全日制用工等较多。随着社会法制不断完善，劳动者维权意识不断增强，调整和管理多种劳动关系是邮政企业面临的新课题。

第三，邮政企业分配差异化与劳动关系公平性要求之间的矛盾。邮政企业公司化运营后，因用工形式多样化、激励方式的侧重点不同以及不同类别经营单位所形成的分配机制的差异使员工收入分配差距扩大，导致员工不公平感增强，削弱了部分员工的工作积极主动性。

第四，成长环境的单一性与员工职业生涯多样化之间的矛盾。企业晋升、考评的机会不平等导致员工发展通道单一，邮政企业员工职业生涯的多样化发展通道与晋升、考评、薪酬的通道单一性矛盾显现。

二、多元用工企业和谐劳动关系的建设内涵和主要做法

眉山邮政遵循人、组织与环境的运行规律，运用和谐管理理论，以"理性设计"和"自主演化"及其耦合为手段，通过制度轨道、调节机制和公平环境的构建实现和谐劳动关系

的理性设计,理顺劳动合同关系;建立企业利益调节机制,实现 A、B、C 类员工除了岗位工资存在的类别差异外,其余所有奖励、福利待遇同工同奖;建立利益协调机制,营造企业的公平环境;在劳动关系管理中推行感情、文化、民主等柔性管理方式,建立畅通的利益诉求疏导渠道,实现政策意图和员工诉求"上情下达,下情上传"的有序沟通。主要做法如下:

(一)建立管理体制和运转机制,夯实和谐劳动关系的基石

1. 优化组织架构,为构建和谐劳动关系提供组织保障

眉山邮政建立"三线同步"机制(见图1),使劳动关系管理的制度制定、执行和反馈形成闭环,在劳动关系管理过程中确定相关部门履行理性设计、自主演化和互动耦合职能,同步推进和谐劳动关系构建。

"三线"即职能部门制度线、直线部门管理线和工会组织反馈线。职能部门制度线,主要指以人力资源部门牵头,履行理性设计的职能,制定与员工劳动关系管理密切相关的管理制度;直线部门管理线,主要指以员工所在直线部门或单位为主,履行互动耦合职能,按照管理制度对员工进行日常管理和柔性沟通、制定并执行生产经营业务制度;工会组织反馈线,主要是以工会组织为主,综合办公室为辅,推进员工自主演化的职能,鼓励员工参与管理、民主监督,对劳动争议进行调解、对员工诉求情况进行反馈。

2. 规范管理制度和流程,为构建和谐劳动关系提供规范依据

一是规范规章制度。眉山邮政成立项目小组,坚持每年对规章制度按照专业属性从日常办公、财务管理、营销管理、人力资源管理、运营管理等方面进行分类汇编。每年一次将最新制度汇编、印发,作为企业和员工共同遵守的行为准则,确保企业劳动关系管理的法制化、制度化、规范化。

二是优化重组流程。2009 年,眉山邮政出台《眉山市邮政局营业网点规范化管理细则》对生产现场、服务保障、窗口服务、服务礼仪、服务流程、基础表簿、履职检查项目、安全管理、生产流程、服务质量考核内容及标准等 10 个方面的内容进行规范和流程优化,涵盖网点员工从开门上班到下班离开营业场所的全过程。

3. 理顺劳动关系,为构建和谐劳动关系提供制度保障

第一,规范用工制度。在《劳动合同法》出台后,眉山市邮政局配套制定《眉山市邮政局试用期员工管理办法》、《眉山市邮政局离职管理办法》等制度进行全面规范。针对企业目前存在的三种不同的用工形式(合同工、聘用工、劳务工)制定出台《眉山市邮政企业劳动用工管理办法》、《眉山市邮政局聘用工管理暂行办法》、《眉山市邮政企业劳务工管理办法》等制度对不同用工形式的录用条件、薪酬标准、动态考核、合同解聘等关键环节进行明确和规范。

第二,规范企业行为。对在职不在岗人员进行清理;对纯邮政网点自办改委代

书报刊批销中心

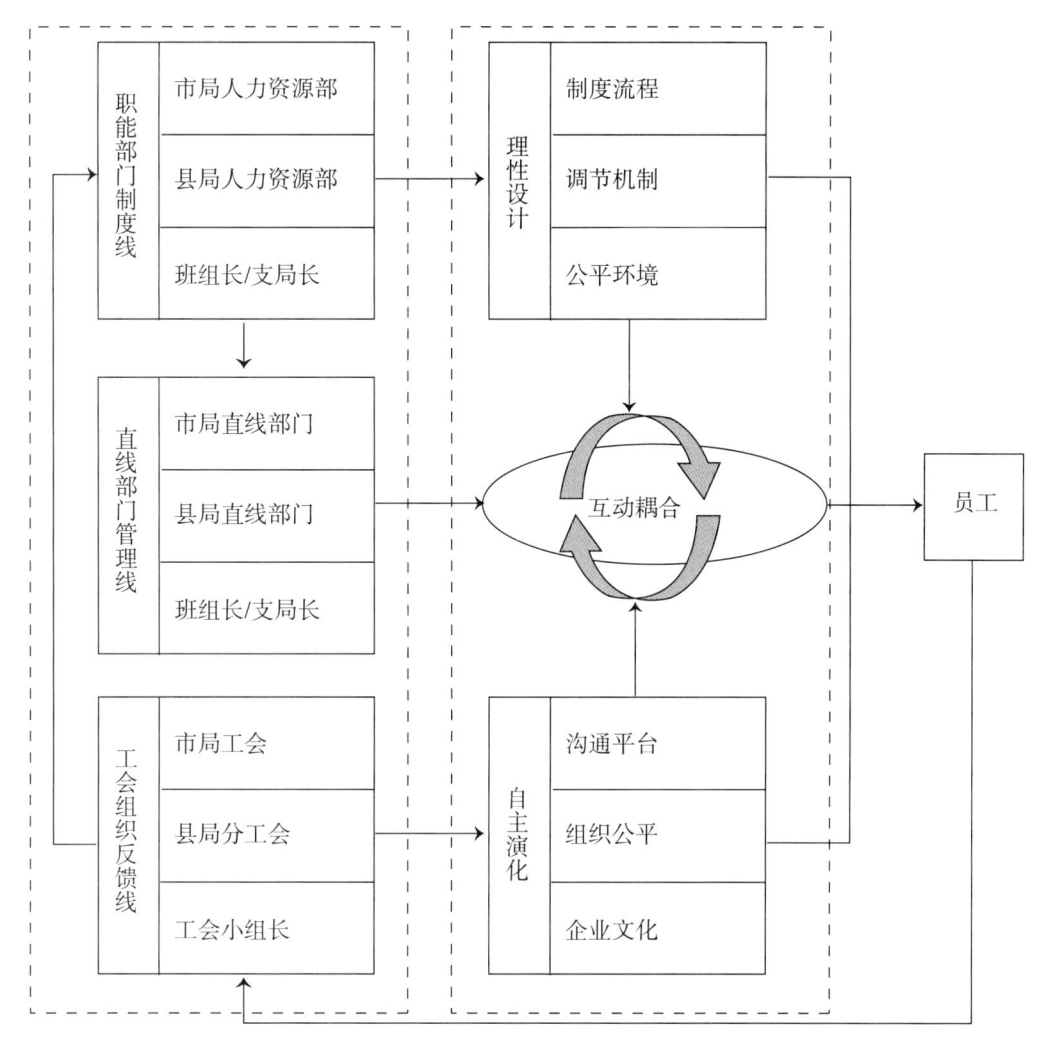

图1 "三线同步"体制运作机制图

办;对非主营业务进行外包。通过定员定编、流程优化和经营管理单元整合等方式盘活人力资源60余人、减少富余岗位40余个,解决了整体性缺员的问题。

针对结构性缺员的问题。眉山邮政采取员工分层级培训,提高员工技能和综合素质,逐个通关,使其具备岗位履职能力,并逐步达到一岗多能和高效工作的要求。

针对多种用工问题。眉山邮政牢牢把握住劳务工的劳动合同规范和社会保险规范两个关键点,将符合条件的委代办人员全部转为劳务用工;企业劳务用工全部通过劳务派遣公司签订了劳动合同,办理了"五险一金"。

第三,规范员工行为。眉山邮政对涉及劳动关系的《职工考勤制度》、《职工请假制度》、《薪酬管理制度》、《员工绩效考核办法》、《员工奖励与违规违纪处理办法》等制度制定实施细则,在规范企业行为的同时,规范员工的行为。

4. 强化工会组织职能,健全劳动关系处理的协调反馈机制

眉山邮政高度重视工会在劳动关系处理中的协调作用,建立和完善各级工会组织,

培训企业工会干部,使其成为劳动政策法律方面的"专家"和协调员工和企业劳动关系的"专家"。眉山邮政将工会副主席纳入局长办公会成员,参与局长办公会,通过进入决策层,工会直接参与企业的生产、经营和管理等重大决策活动,成立劳动争议调解委员会,切实维护职工的合法权益。

(二)建立利益调节机制,把握构建和谐劳动关系的核心

1.调节不同用工的利益

在利益分配方面,制定《眉山市邮政企业劳动用工管理办法》,明确A、B、C类员工,除了岗位工资存在的类别差异外,奖励、福利待遇等实现同工同奖。第一步实现业务发展奖励标准相同,第二步固定绩效标准相同,第三步实现年终奖励工资标准相同,第四步实现福利费项目和标准相同。目前已经完成前两个步骤的同工同奖。

在职业晋升方面,对于达到一定条件的企业员工(不分用工性质),均有机会被企业选聘到各级岗位任职(C类员工除机要通信岗位外),均有参加各级企业组织的管理职位竞聘资格。劳务用工统一在邮政企业参加工会,享有工会会员的一切权利和义务。

2.调节不同工种的利益

眉山邮政在重点业务激励发展方面,注重调动全流程员工的积极性,根据工作性质不同确定不同的奖励标准。例如发展数据库商函业务,按收入的28%奖励,其中:20%奖励营销人员,1.5%奖励营业处理人员,5%奖励投递人员,1.5%奖励内部处理人员。

在绩效考评方面,眉山邮政对于前后台员工"活工资"方面的差异,通过员工绩效标准进行适度均衡,对后台员工侧重于固定绩效,其绩效标准是前台员工的2倍,从而确保前后台员工收益差距在可控范围内。

3.调节不同类别经营单位的利益

对区县局,侧重效益类和运行质量类指标,加大对人工成本产出率、应收账款周转率、存货周转率、用户欠费率等指标的考核;对专业,突出对毛利率、市场占有率、晋级升位等重点指标和长期发展能力、创新能力等潜在价值指标的考核;对网点,引入劳动生产率、单点产能、有效收入和营业利润等指标。

(三)建立利益协调机制,营造企业的公平环境

1.动态调整岗位薪酬,重点解决薪酬公平性问题

动态调整市局专业局分类。根据专业局在全省年度排位情况,对考评、规模、进度或增幅在全省排位前5位的二类专业局,次年可从二类调整到一类,其领导和管理人员比照一类专业局的薪级作相应绩效补差;对规模、进度或增幅在全省列后5位的一类专业局,次年从一类调整到二类,其领导和管理人员比照二类专业局的薪级作相应绩效考核。

动态调整县(区)专业管理人员薪级。眉山邮政按月从业务发展、项目推广、基础管理等三个板块进行KPI绩效评价,并将评价结果应用于薪级调整和绩效考核等。按月将专业管理人员绩效工资与评价结果结合,对于评价达到100分(满分120分)的人员,按照固定单价乘以分值得出其绩效工资,对于评价低于100分的人员,仅发放保底绩效工资。

制定专职综合客户经理管理办法,动态调整营销人员薪酬。将客户经理等级设置为见习、初级、中级、高级和资深五级,其岗位薪级对应设置为43级到50级,同时形成等级

差异化的通信补贴、交通补贴、月度绩效工资、年终奖励工资等级。按年根据业绩完成状况、专业竞赛目标完成数、营销产品丰富度等,对客户经理进行考评,对达到条件的予以升级,达不到的予以降级。营销人员的年终奖励工资按等级确定,初级和中级客户经理按一般员工标准发放,高级客户经理按管理人员标准发放,资深客户经理按中层副职标准发放。

制定网点分类管理办法,动态调整网点人员。将金融网点根据业务规模大小分为明星网点、骨干网点和基础网点三类,对三类网点的人员配置条件和其他软硬件环境设置条件予以明确,人员按年调整。把最优秀的人员配置到最优质的明星网点,明星网点所获得的重点业务发展奖励最高,优秀员工的薪酬得到了有益的补充。

2. 持续调整绩效薪酬,重点解决薪酬外部竞争性问题

眉山邮政引入公平理论的理念和方法。一方面纵向比较,建立员工收入持续增长机制,根据企业发展速度和收益水平,按年调增员工绩效工资水平。另一方面横向比较,员工的薪酬水平与同行业同岗位薪酬比较处于匹配水平,员工能产生公平感。

(四)推行柔性管理方式,提供和谐劳动关系的精神力量

1. 突出"感情"投资

首先,为员工创造良好的生产生活环境。创造条件修建员工食堂、职工活动室、图书馆、健身房。全面推进网点标准化改造,全面推进办公楼的装修升级改造,全力推进农村支局小家建设和投递员之家建设。

工会制定下发《模范职工小家创建标准》对职工小家的硬件配置标准和日常管理规范提出明确的要求。根据人数对职工小家按 200～300 元/月标准进行伙食补助,工会还组织围绕企业的中心工作开展建设"知识型小家"、"模范型小家"、"温馨型小家"等建家活动,不断深化职工小家的内涵,使职工小家更具有生命力和凝聚力。

其次,为员工创造和谐融洽的生产生活氛围。建立《员工日常关爱慰问办法》,将员工日常关爱慰问规范明确为"关爱八到家"和"日常五慰问"。"关爱八到家"是指员工工作评为先进,通知到家;新婚大喜,祝福到家;外地单身员工,关怀到家;有了缺点错误,谈心到家;家庭出现困难,帮扶到家;家庭发生矛盾,调解到家;遇到天灾人祸,温暖到家;支局建小家,补贴到家。对员工业务发展突出,除本人受嘉奖外,对其直系亲属给予奖励等。"日常五慰问":生日慰问、节假日慰问、员工生病住院慰问、员工生小孩慰问、员工因公负伤慰问。

2. 推行"民主"决策

管理决策以基层为参考。眉山邮政在制定实施各项业务规章时,征求意见成为必走的一个重要环节。通过"二下一上"的管理决策,执行部门能够充分了解制度办法制定的背景和意图,确保制度办法的顺利实施和不走样的执行。

目标决策以满意为原则。眉山邮政在确定业务发展目标中通过事前确定规则和激励方式,经营单位根据实际、规则和激励力度测算目标,自主向市局预报经营目标,市局通过文件形式下达目标并予以督导。

3. 构建"三同"文化

眉山邮政在经营管理过程中提炼出"同心、同创、同享"的"三同"文化;同心发展、同

创事业、同享成果的"三同文化"是眉山邮政企业文化的精髓，将企业的利益和员工的利益牢牢结合在一起，使企业和员工形成一个协调、同步、合力的整体。

（五）采取员工参与式管理模式，激发构建和谐劳动关系的动力

1. 创新民主管理制度，提高职工代表大会实效性

职工代表大会是眉山邮政员工参与企业民主管理的重要形式。职代会定期召开、重大决策临时召开已经成为眉山邮政最重要的管理制度。职代会每年对局长年度工作报告、企业费用开支情况进行审议，对涉及员工利益的奖励和考核方案予以建议和表决。

2. 制定合理化建议制度，有效激发员工个人智慧

眉山邮政将合理化建设活动纳入企业常态管理，每年由工会组织全体员工对企业经营管理、技术创新、降本增效、企业和谐等方方面面的工作提出建议。成立专门的合理化建议评议小组，对建设性和前瞻性的建议进行评奖。三年来，员工提出了合理化建议97条，采用21条，其中3条建议还被推荐评为有推广价值的合理化建议上报省公司。

3. 引入项目管理模式，充分发挥团队的力量

眉山邮政根据企业经营管理需要实时成立项目团队，并制定激励政策和保障措施，鼓励员工参与。在业务发展方面，建立营销团队对三大营销项目、重点营销项目进行支撑，鼓励有条件员工参加营销团队，充分发挥主观能动性和人脉关系；在质量管理方面，成立全员服务质量改善小组，让员工对工作有关的问题自主发现并和管理者一同解决，通过员工的参与，服务质量问题得到根本性的改观。

4. 实行协商分配方式，体现权利对等和地位平等

在奖励分配上，实行员工协商分配制度，由支局长提议，全体员工共同协商，签字表决后由区县局审核支付。基层员工参与制定奖励分配方案，将团队合作、个人贡献、个人利益结合起来，员工主动性更高，凝聚力更强。

5. 引入职业生涯规划设计，充分调动积极性和主动性

眉山邮政担当职业生涯规划设策划者和监督者，从组织和制度上给予保证。成立员工职业生涯开发顾问委员会（由职能部门和专业部门的中层管理人员组成），给予人力资源部门在员工职业生涯设计方面的权利和职责，建立完善的制度体系以保证员工职业生涯规划工作的效率和效果。

运用人力资源信息管理系统。通过信息系统人力资源部门及时提供企业内部空缺职位的信息及企业内部各职位的任职资格要求，向员工提供个人职业生涯参考指南，并提供咨询性表格。

建立员工考评系统和完善的考评档案。眉山邮政通过构建完善的员工考评系统对员工实行360度的考评，并针对每个员工的测评结果建立个人档案，记录每个员工的成长过程和职业发展阶段。

建立规范科学的职业发展培训体系制度。眉山邮政建立对管理人员、员工以及内部培训人员的多方位培训体系，对各专业部门的负责人开展培训，辅导他们掌握员工职业生涯开发系统及其各项工具，对本部门的员工进行培训。

建立多通道职业发展路线以及岗位轮换制度。根据企业实际为员工提供四种职业生涯路线（图2），即管理系列生涯线、技术系列生涯线、营销系列生涯线、操作系列

生涯路线,让员工自行决定其职业发展的方向。

确保职业生涯设计程序制度执行。眉山邮政确定职业生涯规划的具体执行程序为:员工的自我评估、目标设置、确定职业生涯路线、制订行动计划、评估与反馈等步骤。职业生涯规划的执行程序与人力资源部的绩效管理工作程序结合在一起,实现职业生涯开发与绩效改进之间的互动。

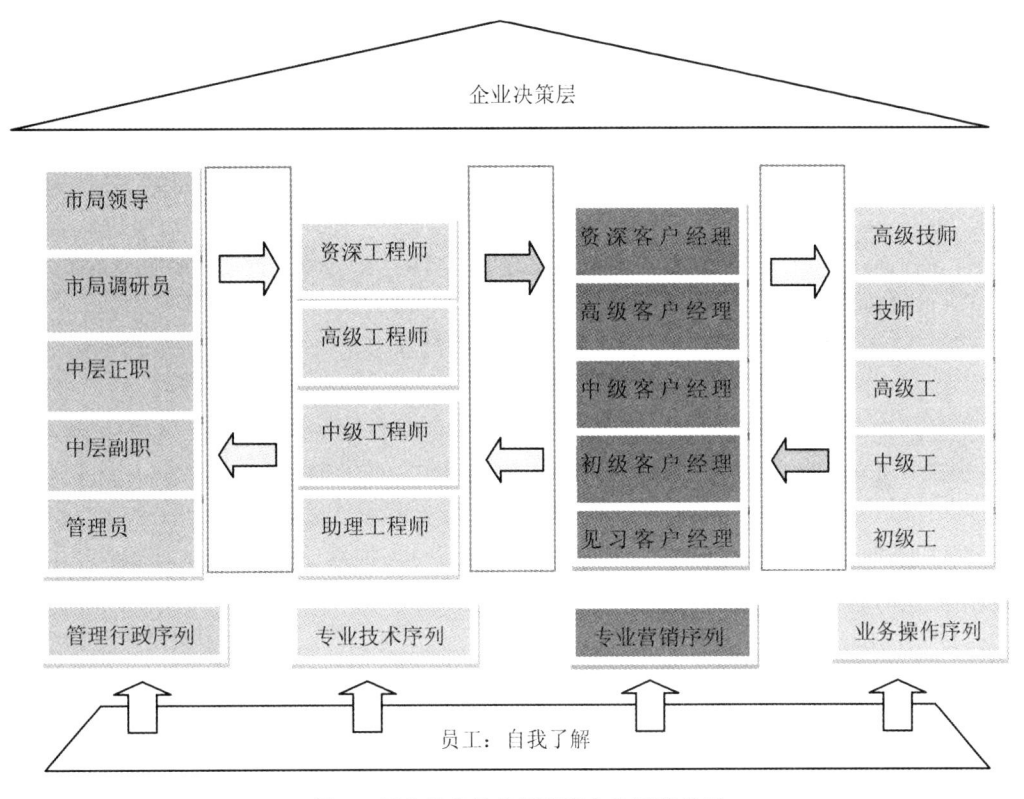

图2 眉山邮政的多通道职业生涯路线图

(六)建立畅通的利益诉求疏导渠道,优化构建和谐劳动关系的途径

眉山邮政建立正式和非正式的沟通渠道。正式渠道包括设立诉求室、诉求热线、局长信箱、预约接见、定期座谈会等;非正式渠道包括内部网络论坛、QQ群等。

眉山邮政坚持定点联系基层单位制度,职能部门每月到所联系的基层单位开展基层调查研究活动,工会经常深入基层开展员工思想动态调查。努力把劳动关系中的矛盾和冲突解决在基层,化解在萌芽状态。

(七)和谐互动耦合,推进和谐劳动关系螺旋上升

互动耦合是指劳动关系管理中的制度因素和非制度因素之间互相作用、相互转化的过程。眉山邮政注重在动态中把握和谐,企业文化中的部分非制度内容通过固化,转化为制度性内容。同时一些制度性内容,随着环境的改变和意识的提升淡出制度体系,如全员营销等逐渐淡出。制度与非制度的相互作用和相互转化不间断的推动眉山邮政和谐劳动关系螺旋式发展,在更高的层次上实现新的和谐。

三、多元用工企业和谐劳动关系的建设效果

（一）有效解决了邮政企业整体性、结构性缺员与劳动关系法制化要求之间的矛盾

三年来，盘活人力资源60余人，减少富余工作岗位40余个，充实了市县专业局（中心）、中心支局和专职营销队伍；通过非全日制用工，新组建8支理财营销团队，配置网点理财客户经理68人、团队经理8人。截止2011年12月31日，通信生产人员持证率达96%，具备专业技术职务人员35人，大专以上学历人员302人，占从业人员的42.46%，员工综合素质和业务技能明显增强，有效解决了企业整体性缺员和结构性缺员与劳动关系法制化要求之间的矛盾。

三年来，眉山邮政在企业内部淡化3类员工的概念，实行无差异化的管理方式，通过规范用工制度、规范合同管理、规范企业和员工行为，使企业劳动关系管理建立在规范的合同之上。A、B、C三类员工在劳动合同签订、"五险一金"办理、福利待遇、岗位竞聘、晋升机会等方面逐渐趋同。眉山邮政与员工合同签订率达到100%，优秀的C类员工转B类员工（劳转聘）达到40余人。

三年来，原有的不同用工分配机制的差异化得以逐步消除，A、B类员工和C类员工在同一岗位的年收益比例控制在1:0.8左右；不同工种、不同类别经营单位之间的分配差异化在调整中得以平衡，收益差距在30%左右，有效地解决了邮政企业分配机制差异化与劳动关系公平性要求之间的矛盾。

（二）解决了成长环境的单一性与员工职业生涯多样化之间的矛盾

三年来，眉山邮政有23名优秀劳务工通过竞聘走上管理岗位（其中有1名劳务工提拔为四级正），28名中层干部通过"双向选择"走上工作岗位，操作序列有31名员工岗位薪级达到47级，营销序列有1名员工岗位薪级达到52级，技术序列有1名员工岗位薪级达到48级。

（三）促进了企业的健康发展

眉山邮政业务总收入规模由2008年的6606万元，增长到2011年的1.488个亿，年均增幅31.09%；全员劳动生产率从2008年的10.77万元/人增长到2011年的20.81万元/人，增幅达到93.2%，绝对值位列全省第一；人均有效收入达到16.71万元，增幅位列全省第一。在企业效益不断提高的同时，全体员工共享企业改革发展成果，员工人均收益较2008年提高61.56%。2011年，四川省人民政府授予眉山邮政"四川省模范劳动关系和谐企业"。

（成果创造人：柴　华、李庚云、王丽秀、何建伟、
高　翔、费敏文、郑　敏、周元领）

精益生产与持续改进

建设世界一流通信企业的国际对标管理

中国移动通信集团公司

成果主创人：公司总裁李跃

中国移动通信集团公司（简称中国移动）主营移动话音、数据、IP电话和多媒体业务，并具有计算机互联网国际联网单位经营权和国际出入口局业务经营权。2011年，中国移动网络已经覆盖全国99%的人口，漫游通达国家和地区达到237个，拥有客户总数接近6.5亿个，资产总额超过1万亿元，净资产8355亿元，员工总数超过50万人，上市公司市值、网络规模、客户规模均在全球电信运营商中居于首位，2012年在《财富》世界500强企业中排名第81位。中国移动连续7年在国务院国资委考核中获得最高级别——A级，并获"业绩优秀企业"称号；连续4年进入《金融时报》全球最强势品牌排名；连续4年入选道琼斯可持续发展指数，是中国内地唯一入选的企业；连续3年荣获"中华慈善奖"。

一、建设世界一流通信企业的国际对标管理背景

（一）提升核心能力、创世界一流的需要

根据国务院批复的《中国电信重组方案》，1999年移动通信资产整体从中国电信剥离，各省（区、市）移动通信公司相继成立，2000年中国移动正式成立。

成立之初，面对自身能力不强、核心能力不足、与国际领先电信运营企业相比明显落后的现状，制定了"争创世界一流通信企业"的服务与业务"双领先"战略。但是，什么是世界一流？怎样衡量世界一流？以什么样的方法快速追赶并超越世界一流通信企业？诸多难题摆在面前，迫切需要一套有行之有效的工具和方法。对此，中国移动通过借鉴国际先进的"对标"管理工具，向国际先进经验学习，全面启动了国际对标工作。在这一阶段（2001—2005年），为了加快向世界一流企业看齐，中国移动采取了"对企业"的对标方法，制定了"全面学习"对标策略，即选取国际一流的几家领先电信运营商作为自己学习的标杆企业，全面向这些企业学习和赶超。通过全面学习、努力追赶，以对标杆、补短板为立足点，推动自身能力不断提高，实现争创世界一流通信企业的战略目标。

（二）追求卓越、做世界一流的需要

经过几年的不懈努力追赶，2005年中国移动已经开始步入世界一流电信企业行列。与此同时，面对国内移动通信市场高速发展的历史机遇，提出了"做世界一流企业，实现从优秀到卓越"的"新跨越"战略，力图通过打造卓越的运营体系、建设卓越的组织和培育卓越的人才，努力成为卓越品质创造者。为了确保"新跨越"战略的有效实施，实现"从优秀向卓越"的跨越，中国移动对原有"争创世界一流的国际对标体系"进行调整。在全面

剖析卓越绩效产生原因的基础上，提出了中国移动卓越对标体系。在这一阶段（2006～2010年），由于在大多数指标上已经与对标企业持平甚至超越，全面学习某个通信企业已经失去了意义。为此，采用了"对指标"的对标方法，制定了"重点比对"的对标策略，通过分不同指标维度进行对标，发现在某些方面与国际一流电信企业的差距，不断改进和提升自己，以推动实现"做世界一流企业"的战略目标。

（三）推动企业可持续发展、铸就国际领先的需要

2010年，随着内外市场环境发生的深刻变化，中国移动制定了"可持续发展"战略，提出了"移动改变生活"的战略愿景、"铸就国际领先，实现可持续发展"的战略目标以及"坚持创新拓展"和"再造核心能力"两大战略重点。如何确保对内"做强做优、提升核心能力"，对外"创新拓展、实现新增长"，实现扩大"个人生活服务"和"社会信息服务"两个份额的要求，迫切需要采取新的国际对标方法，以支撑新战略目标的落实。为此，再次调整国际对标体系，提出"可持续发展"对标体系，开始探索"对领域"的方法以及"跨界对标"的策略，即在传统领域优化指标体系的基础上，增加互联网、IT服务等泛ICT领域的对标，以期指引公司在新领域的发展和管理提升，确保提升两个份额、实现可持续发展。

二、建设世界一流通信企业的国际对标管理内涵和主要做法

中国移动以国际对标管理理论和实践经验为基础，以"世界一流"为着眼点，通过定目标、对标杆、重提升、强保障，形成集战略、对标、保障、优化多位一体的企业管理体系。国际对标管理与企业战略相对应，分为"创世界一流对标"、"新跨越卓越对标"和"可持续发展对标"（2011年至今）三个阶段。在实践中，制定对标的总体指导思想和原则，搭建对标管理的工作体系，并根据各个阶段对标重点和策略不同构建对应的对标体系，通过对标杆选择、指标体系建立、数据采集分析、短板分析、改进措施制定、保障落实等工作模块的创新与优化，将对标管理融入到企业生产经营中，每年滚动，形成一个闭环管理体系。经过10多年持续开展国际对标管理，中国移动圆满完成"十五"和"十一五"时期战略目标，并正在推进"十二五"时期可持续发展、铸就国际领先战略目标的实现。主要做法包括：

（一）明确国际对标管理指导思想和工作体系

1. 指导思想和原则

中国移动坚持以服务于公司战略、服务于世界一流通信企业建设为指导思想，并按照战略导向、改进提升、滚动调整三大原则积极开展国际对标。

战略导向是指国际对标始终以公司战略为出发点，根据战略需要选择国际对标标杆，依据战略要素构建对标的指标体系，各项国际对标要完全服务于公司战略，推动战略目标的实现。

改进提升是指通过国际对标发现存在的各种短板和不足，分析造成短板和不足的主要原因是什么，以此制定并实施相应的改进措施，不断缩小与国际一流标杆的差距，逐步实现从追赶国际一流到超越国际一流。

公司大楼

滚动调整是指标国际对标要逐年滚动调整,每5年根据公司战略变动进行包括定位、标杆企业、指标体系甚至对标方法等全面调整。同时,每年要在既有对标体系下适时滚动优化标杆企业和部分指标,确保对标工作的有效开展。

2. 工作体系

国际对标管理是一项由公司领导亲自推动、各部门共同参与落实的战略性工作。2001年以来,中国移动历任领导班子都把"对标"作为重要管理思想和实现世界一流的重要战略工具,确保国际对标不断创新并发挥出最大效用。同时,为确保对标工作的深入开展,建立高效的对标工作体系。一是依托企业现有工作条块,建立由总部发展战略部牵头、其他各个部门配合的对标工作团队,实行对标工作与现有工作体系紧密结合、相互协同;二是建立以"指定联系人"为核心的工作机制,使得各个部门能够以"指定联系人"为纽带,在对标工作开展过程中充分沟通、达成一致,从而有力保证对标工作的整体推进;三是在省公司、专业公司建立对标工作接口人,保障对标工作在全集团统一推进。

(二)基于企业战略目标选择对标标杆

中国移动本着"公信、领先、可行、全面"的原则和方法选择国际标杆企业。首先,选择的对标企业基本位列在具有较高国际公信力的《财富》500强和《商业周刊》100强之内,这些企业基本都具备世界一流水平。其次,选择的对标企业都是数据披露详尽、管理运作比较透明的上市公司,便于采集数据进行比较。最后,选取的对标企业在业界要具有较广泛的代表性,既有欧美、亚洲等不同区域的优秀代表,也有移动通信和全业务等不同业务类型的优秀代表(见表1)。

表1 对标标杆的筛选标准

考虑要素	选取标准	主要原因
国际排名	《财富》、《商业周刊》、《福布斯》连续多年的上榜电信运营商	上述排名发布机构具有较强权威性,公信度较高,上榜企业能够代表本行业世界一流水平
区域代表	欧洲、美洲、亚太等地区的主导运营商	确保对标企业在地域上具有较为全面的代表性
企业类型	综合运营、专业运营、新兴企业	比较不同类型企业的差异,吸取借鉴各类运营商的经验
一流特色	具有与众不同的核心能力、竞争优势以及自身特色	保证对标企业的卓越特质

1. "创世界一流对标"阶段的国际标杆

从行业公认、代表性和可参考性三个方面来确定"创世界一流"国际标杆。首先,从全球排名和行业排名入手,列出2000年《财富》杂志全球前20家电信企业;其次,对管理层进行访谈,从20家电信企业中筛选出获得普遍认同的9家世界一流电信企业;最后,根据业务范围和地域范围,进行代表性和可参考性,分析筛选,在9家企业中选出具有代表性的4家世界一流通信企业。最后,确定日本的NTT DoCoMo(研发创新能力领先型)、英国的Vodafone(资本运营能力领先型)、美国的Verizon(股东价值最大领先型)和德国的德国电信(管理转型能力领先型)作为中国移动"创世界一流通信企业"的标杆企业。

2."新跨越卓越对标"阶段的国际标杆

选择15家优秀的国际电信运营商作为卓越对标标杆企业。首先,根据对标的指标维度,从2006年《财富》500强和《商业周刊》100强中选取在相关指标领域处于领先的20余家国际著名电信企业。其次,分别选取欧洲、美洲、亚洲、大洋洲、非洲等各大洲的优秀代表。最后,综合考虑指标领先性、企业稳定性及区域性等因素,确定美国(AT&T、Sprint&Nextel、Verizon)、法国(FT)、英国(Vodafone、BT)、日本(NTT DoCoMo、KDDI、软银)、西班牙(Telefonica)、德国(DT)、意大利(Telecom Italia)、韩国(SKT)、印度(Bharti)、墨西哥(America Movil)、阿联酋(Etisalat)、澳大利亚(Telstra)、南非(MTN)、俄罗斯(MTS)的主要电信企业作为对标对象。

3."可持续发展对标"阶段的国际标杆

由于提升个人生活信息和社会服务信息两个份额而扩大业务领域,预计对标标杆将从电信运营商扩展到泛ICT企业,除原有19家电信运营商之外,按照原有筛选方法选出谷歌、苹果、Facebook、腾讯等互联网及IT企业作为中国移动拓展新领域的对标标杆。

(三)建立科学合理的国际对标指标体系

中国移动以战略为导向制定出国际对标的指标体系,并以改进提为目的逐年滚动调整和完善指标体系。对于对标指标的选取,既考虑当期又兼顾长远,既要考虑定量指标也要兼顾定性指标,力争指标能够全面、系统地反映公司各方面的情况。

1."创世界一流对标"阶段的指标体系

由于当时国内外电信领域尚未建立公认的对世界一流通信企业指标体系,中国移动在确立世界一流通信企业标杆之后,基于对世界标杆管理的研究总结,运用国际通用评价企业绩效的方法——"平衡计分卡",按照先进性、可行性和系统性原则,筛选出涵盖客户、创新、管理和财务等四个方面的12项指标,构成"创世界一流通信企业指标体系"(见表2)。其中,在四个方面各设一项关键指标,以便于企业管理者迅速地对经营绩效做出判断。

表2 创世界一流通信企业指标体系

	财务	客户	创新	管理
关键指标	EBITDA	客户满意度	新业务收入比例	每员工服务分钟数
普通指标	营业收入	用户总数	研发投入比例	
	净利润	ARPU		
	总资产报酬率	MOU		
	所有者权益报酬率			

客户类指标是对为客户提供专业服务能力的评价,体现满足市场需求的能力和提升

客户价值的能力,以及企业的市场地位。该类指标针对客户服务界面,重点考察服务效率和服务效果。关键指标是"客户满意度",用来衡量客户对中国移动提供服务的满意程度,综合反映满足客户需要的效率和效果。

创新类指标是反映主动适应环境变化的能力和创造市场需求的能力,表现企业的成长性。该类指标主要针对创新过程的三个主要阶段(研发投入、企业内部相关流程和创新成果的应用)进行考察,关键指标是"新业务收入比例"。

管理类指标反映企业资源配置的效率和组织效率。该类指标主要从管理效率进行考察,关键指标是"每员工服务分钟数",客观反映员工的劳动生产效率,并较好地剔除国别 GDP 差异和电信资费水平的影响。

财务类指标用来衡量为股东持续创造价值的能力和企业的增长能力。该类指标主要从财务数据和股市表现等方面来考察,关键指标是"EBITDA(税息折旧及摊销前利润)"。EBITDA 是国际上衡量通信企业财务结果的重要指标,与利润相比排除了非经营因素—折旧和摊销的影响,能够客观地反映出企业运营效果及获得现金流入的能力。

2."新跨越卓越对标"阶段的指标体系

按照"体系→模块→内涵→关键要素→指标→卓越指标"思路,创新对标指标体系的构建方法。首先,将中国移动"新跨越"战略体系的内容解析为"战略定位"、"战略目标"、"战略途径"、"战略举措"四个模块;其次,分别通过细化各个模块的内涵,识别出其中涉及的关键要素;第三,将这些关键要素转化为具体指标。

综合所有模块的指标,按照先进性、可行性和系统性原则筛选,最终形成以财务为目标、客户为核心、管理为基础、创新为关键、综合为结果的新跨越卓越对标指标体系。

综合指标:《财富》500 强电信行业排名、《商业周刊》电信行业排名、品牌价值排名、企业声望指数、社会责任指数。

财务指标:ROA、CAPEX 比例、市场领先度、ARPU、新业务收入比例、海外市场收入比例、利润率、EBITDA 率。

客户指标:净增用户数量、品牌忠诚度、离网率、新增话务量、客户满意度、移动媒体份额、移动生活份额。

管理指标:网络覆盖率、网络质量、计费准确率、员工生产效率、国际拓展实施进程、关键流程标准化程度、风险管理体系完善程度、移动信息扩展进展。

学习创新:学习型组织、研发投入比例、新增专利数、每员工培训时间。

中国移动根据发展环境的变化以及指标的客观性需求,对以上指标做出适当调整。例如,取消企业声望指数,增加道琼斯可持续发展指数指标和节能减排率等指标,调整品牌忠诚度为品牌价值等(见图 1)。

3."可持续发展对标"阶段的指标体系

以"移动改变生活"的战略愿景为出发点,从提升"个人生活信息"和"社会服务信息"两个份额着手,探索建立包括综合指标、电信领域指标、互联网领域指标、IT 服务指标在内的新指标体系。

(四)加强国际对标数据采集和分析

1.数据采集

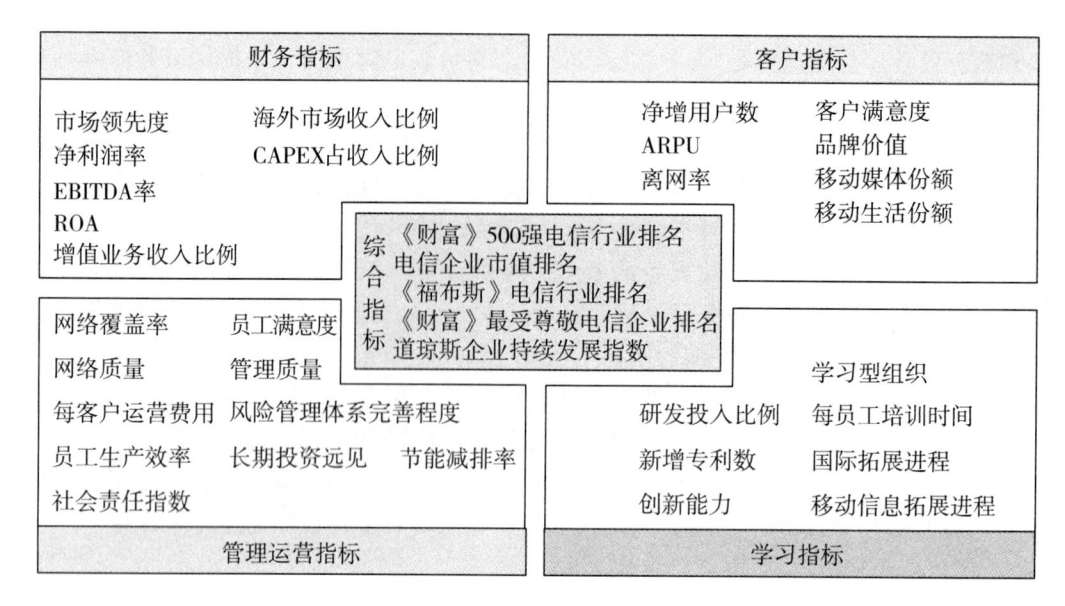

图 1 2010年卓越对标指标体系

财务指标
- 市场领先度
- 净利润率
- EBITDA率
- ROA
- 增值业务收入比例
- 海外市场收入比例
- CAPEX占收入比例

客户指标
- 净增用户数
- ARPU
- 离网率
- 客户满意度
- 品牌价值
- 移动媒体份额
- 移动生活份额

综合指标
- 《财富》500强电信行业排名
- 电信企业市值排名
- 《福布斯》电信行业排名
- 《财富》最受尊敬电信企业排名
- 道琼斯企业持续发展指数

管理运营指标
- 网络覆盖率
- 网络质量
- 每客户运营费用
- 员工生产效率
- 社会责任指数
- 员工满意度
- 管理质量
- 风险管理体系完善程度
- 长期投资远见
- 节能减排率

学习指标
- 研发投入比例
- 新增专利数
- 创新能力
- 学习型组织
- 每员工培训时间
- 国际拓展进程
- 移动信息拓展进程

首先，尽量从对标企业的年报和官方网站上采集一手数据；其次，购买权威机构的公开报告和数据；最后，利用权威杂志和论坛的排名数据。各种数据来源相互补充和印证，从而保证数据的客观准确。在数据采集时，注重数据口径的一致性，尽量采用同一机构对同一指标的数据，并且每年根据最新发布数据对以往数据进行修正。同时，按照上市公司要求，严格执行内部数据管理，确保相关数据真实有效。

在"创世界一流对标"阶段，由于所选择的指标基本全是结果性定量指标，通过企业公开发布的年报数据基本都可以获得。对部分缺失指标，因为所选择的对标企业数量较少，中国移动通过相关研究咨询机构定向获得。

在"新跨越卓越对标"阶段，由于定性指标和过程性指标增多，单靠企业年报获取的数据已经不能满足对标的要求。为此，中国移动重点采用相关权威机构和杂志的排名指标及第三方调查评估。例如，在创新专利数上，采用国际知识产权组织数据库相关数据，确保对标数据的真实性和同口径可比性；在学习型组织指标上，采用国际咨询公司YANKEE等公司进行评估打分。

在"可持续发展对标"阶段，由于涉及多专业的对标数据，原有的数据采集途径不能满足对标的需求。对于确难获取又十分重要的相关指标，中国移动探索采用国际著名咨询和研究机构等多种途径获取相关数据。

2. 数据分析

数据分析既包括进行数据比对形成对标结果，也包括对数据背后的有效信息进行挖掘和分析。在数据比对的过程中，积极采用科学工具，对数据进行全面、准确的分析。

在"创世界一流对标"阶段，由于所选用的指标均为定量指标，对相关数据采用直接对比的方法，并将标杆企业的相关领先指标数据作为中国移动提升的目标。同时，对同一指标还逐年跟踪研究，对指标数据进行时间序列分析，分析指标变化趋势，并以此分析在关键指标上取得的成绩和不足。

在"新跨越卓越对标"阶段引入了过程性指标和定性指标,为了使对标评价分析体系一致,采用 SPSS 统计聚类分析工具,将指标指设定 5 个等级区间,将各对标企业的指标绝对值转化为 1~5 级的相对值,分别归类到不同级别之中,然后根据运营商在各个指标上的所处级别构建出该运营商的指标雷达图,进而直观地展现企业在各个维度的水平,从而对薄弱获取采取相应提升措施。

在"可持续发展对标"阶段,传统业务领域沿用卓越对标阶段的分析方法,新业务领域由于业态与传统领域有很大不同,行业内很多领域只有第一没有第二,所以采用按直接排名对标的方法。

(五)深入分析短板并制定改进措施

1. 对标结果应用

为了充分发挥国际对标在落实公司战略和企业运营中的价值,中国移动采用"发现差距、分析原因、制定措施、持续改进"的四步闭环工作法。

第一步,根据对标结果发现关键差距。根据各项指标与标杆企业的对比结果,将指标分为领先、持平、落后三大类。对于处于领先位置的指标,通过总结经验进一步保持优势;对于处于持平位置的指标,根据市场发展和公司战略诉求选取部分需要进一步改善的指标;对于处于落后位置的指标,列为重点关注指标,进行更详细分析。

第二步,分析差距成因,找出关键要素。指标差距仅仅是现象,不同指标上的差距背后可能会有相同的因素在起作用,要抽丝剥茧找到最为关键的驱动要素。通常对落后指标的成因展开内部讨论,探讨落后指标的差距因果树,分析各种影响指标不良表现的因素,最终确定导致指标整体差距的关键驱动因素。

第三步,确定提升突破点,制定改进措施。针对关键驱动因素,制定改进计划。改进计划通常与公司 3 年战略规划相结合,将对标后需要改进的计划分解为具有行动导向的、有明确责任部门的、可检核的具体措施或行动,由相关部门负责细化并推动改进措施或行动的落实。

第四步,评估实施效果,持续改进不足。评估包括指标差距改进评估和措施评估,差距评估主要在下一年度对指标的对标结果进行差距变化情况分析,是差距缩小还是差距拉大。在此基础上,进行措施评估,检查提出的改进措施是否对缩小差距真正有效,如果没有需要对原有改进措施进行调整,确保措施能够消除与标杆企业的差距和不足。

在长期的对标实践中,中国移动不断践行和完善上述四步闭环法,将对标实施与战略规划、业绩提升、管理提升等结合起来。

2. "客户满意度"指标对标提升

对标结果显示,2001 年底中国移动客户满意度仅为 57%,与当年选取标杆企业的平均值 75% 之间存在明显差距。深入研究发现,确立客户服务理念、建立客户导向的管理体系、实施有效的业绩考核、提供高效的信息系统支撑等方面,在标杆企业提升客户满意度中发挥着积极作用。中国移动客户服务尚处于起步阶段,服务体系、服务标准不规范,渠道服务意识和服务能力较弱,没有建立面向客户服务的信息系统和内部流程。

在"创世界一流对标"阶段,借鉴标杆,结合实际,中国移动提出"构建面向个人客户的服务体系,并将客户满意度提升纳入主要考核指标"。2004年,实现对地市级公司的客户满意度考核,采取措施提升客户满意度:

一是推进服务工程、创新服务模式。建立普通客户标准化服务体系和大客户(包括集团用户)差异化服务体系。同时,不断创新服务模式,发展精品话音增值业务(包括人工和自动语音形式的信息、娱乐和商务服务,企业移动通信解决方案和个性化移动通信解决方案等)。对一线员工进行业务知识、业务流程、职业技巧、信息系统应用能力等培训。

二是建设服务型渠道。根据已制订的营销渠道发展策略,规划服务型渠道的运行体系。制定样板店规范,进行渠道流程开发及信息系统规划;按总部、省公司、地市公司分层级规划渠道管理体系和渠道内部管理制度。进行服务型(核心紧密层)渠道试点建设和推广,逐步形成全国统一的连锁服务营销网络。

三是建立以客户为导向的业务流程。搭建 BOSS 系统、经营分析系统、CRM 系统的业务需求框架,启动 CRM 设计。按照 CRM 的要求,优化业务流程。对客户交费流程、客户账单/清单流程、签约流程的优化;建立和完善客户信息指标体系,收集、管理和分析客户信息;建立和优化电子化营销服务流程。建立大客户的绿色服务流程和针对特定客户群体、特定产品的直销流程。

到2005年底,中国移动客户满意度提升到76.8%,同期标杆值为58%~95%,与标杆最高水平还有较明显差距。经过深入诊断,认识到集团客户的服务体系是拉低整体满意度的关键因素,因为中国移动的客户服务体系主要是围绕个人客户建立的,与集团客户大发展显得极不适应。集团客户既是个人客户的集合,也具有自身独特的特征,对业务和服务都有特殊的需求。标杆企业已经建立面向跨国企业、本地大型企业和中小型企业的个性化客户服务体系。为此,在"新跨越卓越对标"阶段,围绕提升集团客户服务水平着力采取措施:

一是推进集团客户价值评估体系的落地,完善市场拓展策略和服务规范。实现集团客户价值评估体系在各省市的实施落地,形成细分标准并组织省公司实现集团客户市场细分,完善细分市场策略、指导规范,建立集团客户分层服务体系;优化价值评估体系,实现集团客户的动态价值管理;进行跨省跨国集团客户业务满意度考察和管理,完善监督功能。

二是组建跨省跨国集团客户服务中心,搭建跨国跨省业务支撑、服务体系。建立跨省跨国集团客户服务中心(北京、上海、广东)及5个重点行业的虚拟团队,维系客户,营销集团客户产品及解决方案;理顺工作流程,制定《集团客户服务中心工作流程》;进行跨省跨国集团客户业务满意度考察和管理;积极探索全国多个省份建立中心的运作模式,强化对跨国业务的支撑。

三是建立和完善集团客户营销服务渠道体系,加强集团客户经理队伍建设。按照每行业经理负责10名客户的比例充实行业经理队伍,完善相关管理办法;完成对全国80%的集团客户经理的业务与素质培训,组织优秀客户经理评选和成功经验分享等活动;建立并印发分层分级服务标准;建立认证体系,保证参培人员100%参加认证考试;实现客户经理认证成绩参与客户经理分级与晋升评判;执行和完善分层分级服务标准,建立评测、反馈、优化的闭环管理体系。

到2011年,中国移动客户满意度达79.49%,步入国际领先电信运营商行业。

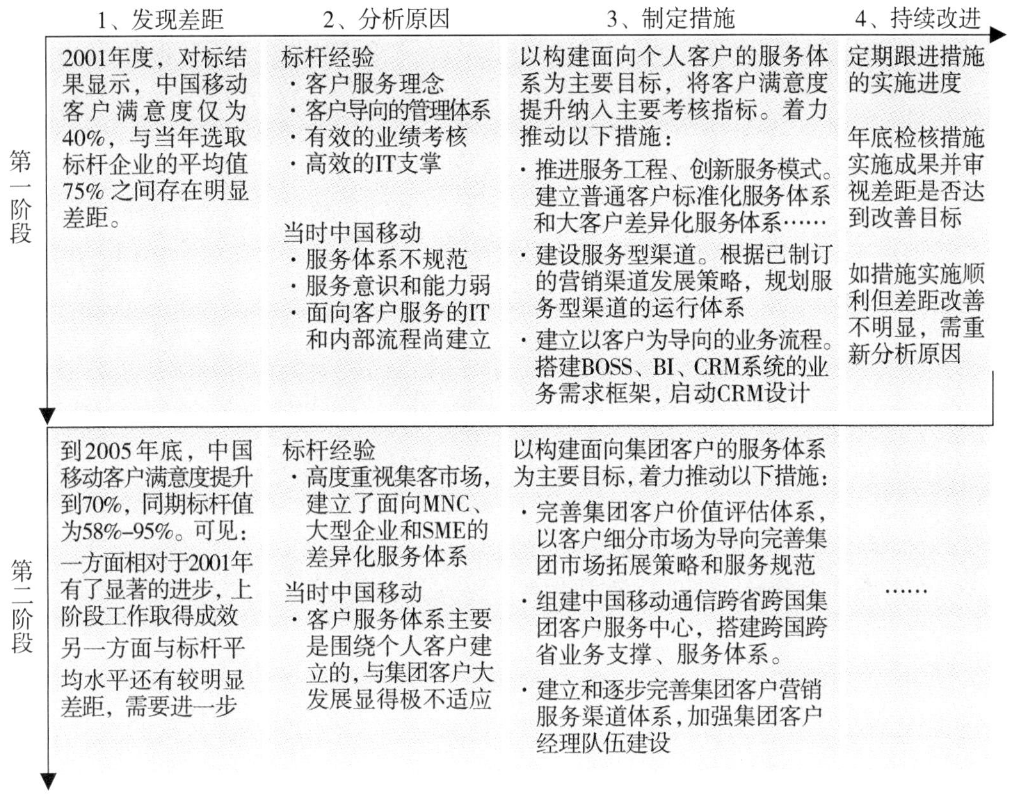

	1、发现差距	2、分析原因	3、制定措施	4、持续改进
第一阶段	2001年度,对标结果显示,中国移动客户满意度仅为40%,与当年选取标杆企业的平均值75%之间存在明显差距。	标杆经验 ·客户服务理念 ·客户导向的管理体系 ·有效的业绩考核 ·高效的IT支撑 当时中国移动 ·服务体系不规范 ·服务意识和能力弱 ·面向客户服务的IT和内部流程尚建立	以构建面向个人客户的服务体系为主要目标,将客户满意度提升纳入主要考核指标。着力推动以下措施: ·推进服务工程、创新服务模式。建立普通客户标准化服务体系和大客户差异化服务体系…… ·建设服务型渠道。根据已制订的营销渠道发展策略,规划服务型渠道的运行体系 ·建立以客户为导向的业务流程。搭建BOSS、BI、CRM系统的业务需求框架,启动CRM设计	定期跟进措施的实施进度 年底检核措施实施成果并审视差距是否达到改善目标 如措施实施顺利但差距改善不明显,需重新分析原因
第二阶段	到2005年底,中国移动客户满意度提升到70%,同期标杆值为58%~95%。可见:一方面相对于2001年有了显著的进步,上阶段工作取得成效另一方面与标杆平均水平还有较明显差距,需要进一步	标杆经验 ·高度重视集客市场,建立了面向MNC、大型企业和SME的差异化服务体系 当时中国移动 ·客户服务体系主要是围绕个人客户建立的,与集团客户大发展显得极不适应	以构建面向集团客户的服务体系为主要目标,着力推动以下措施: ·完善集团客户价值评估体系,以客户细分市场为导向完善集团市场拓展策略和服务规范 ·组建中国移动通信跨省跨国集团客户服务中心,搭建跨国跨省业务支撑、服务体系。 ·建立和逐步完善集团客户营销服务渠道体系,加强集团客户经理队伍建设	……

图2 客户满意度提升示例

(六)建立保障体系以推进对标落实

国际对标的落地,离不开切实有效的保障体系。中国移动逐步建立起一整套以对标指标体系和对标结果作为重要输入、与战略高度匹配、量化程度较高、操作性较强、导向作用显著指标分解体系、预算管理体系和经营业绩考核体系,从而将企业内部所有组织行为在对标工作指引下统一到整体发展战略之中。

1.建立指标分解机制

为了使相关指标能够在经营中起到指导作用,中国移动将对标指标的提升目标进行逐层分解,将具体指标落实到各个部门以至于员工,形成横向联动、纵向落地的指标分解体系。

根据指标类别的不同采取不同分解方式。对财务类和客户类指标,通过垂直模式进行分解,将对标指标融入经营业绩考核指标体系中,从总部分解到省公司、再从省公司分解到地市以及县公司,实现层层分解,落实到人。经营业绩考核指标体系包括利润、运营收入、资产回报率、客户满意度、客户数、增值业务占收比、网络运行质量等,涵盖对标体系中所有的关键性指标,从而有效的衔接对标体系。对管理类和创新类指标,按照总部各个部门分工的不同,以战略绩效管理(部门绩效管理)为纽带,通过KPI以及具体工作的形式落实到各个部门。例如,"新跨越卓越对标"指标体系中的网络质量指标在总部主要分解到网络部和计划部,新增专利数量指标主要分解到技术部,节能减排指标分解到计划部,每员工培训时间分解到人力资源部。市场经营部作为市场经营的管理部门,对客户满意度指标承担一定责任,财务部则对 ROA 等财务指标也要承担一定的责任。

2. 建立指标纳入预算机制

以对标结果作为预算编制的重要指导。根据对标分析结果,找出存在的短板,制定提升战略举措,通过预算管理对相关举措需要的资源进行重点保障和适度的倾斜。对各省市公司,在将收入、利润、客户满意度等指标分解的同时,根据各公司承担的指标和工作,进行运营成本(OPEX)和资本性支出(CAPEX)配置,使对标工作通过 KPI 指标指导预算的分配工作,保障资源按照中国移动的战略去配置。

3. 建立指标纳入考核机制

制定《中国移动各省(区、市)公司经营业绩考核办法》和《中国移动通信集团公司总部部门绩效管理办法》,以对标结果作为考核指标制定、考核实施等相关工作的重要输入,使得不同阶段的战略目标和提升重点能够有机融入绩效考核,并将考核结果与被考核公司领导人员薪酬及整体薪酬直接挂钩,形成落实战略、配置资源、引导发展的有效激励机制。根据人工成本管理规定和各部门绩效考核成绩、各省(区、市)公司业绩考核成绩,与各单位整体薪酬以及各单位负责人薪酬的 20% 直接挂钩,计算确定各单位在考核年度可列支的人工成本。

4. 引入 DJSI 推动对标落实

中国移动将国际对标管理与 DJSI(道琼斯可持续发展指数)工作体系相结合,利用 DJSI 工作体系推动对标工作在公司内部有效落实。通过国际对标与 DJSI 相关指标的结合,相关部门不但能在日常运营中对这些关键指标进行常态化管理和提升,在申报期间数据收集和信息填写的过程中,也能够及时发现在管理和实践中存在的问题和不足,从而有针对性地予以改进。根据评选结果,归口管理部门可以基于 DJSI 得分情况和牵头部门的分析反馈,参考国际优秀实践,进行全面提升。例如,针对一些风险议题与弱势议题,进行短板查找和工作改进;针对优势议题,则进一步完善长期的系统性管理,从而保持优势。

三、建设世界一流通信企业的国际对标管理效果

(一)经营业绩骄人,企业国际地位快速提升

2001~2005 年,越来越多的指标进入到世界一流企业标杆的行列之中,显示中国移动开始步入世界一流企业行列之中(见图 3)。

2006~2010 年,中国移动已经有多项对标指标跨入国际领先行列,在经营业绩、管理水平和社会效益等方面都取得了显著成效。在 2010 年对标结果中,处于领先位置指标达到 22 个,比 2006 年的 15 个增加 7 个;领先位置指标占比达到 67%,提了 23 个百分点。

中国移动运营收入从 2000 年 1000 多亿元增长到 2011 年 5660 亿元,上市公司年利润从 280 亿元增长到 1259 亿元,CAPEX 占收入比例持续优化,取得了骄人的经营业绩。

中国移动已经连续 10 年跻身世界 500 强企业行列,同时保持金融资讯公司 FTSE

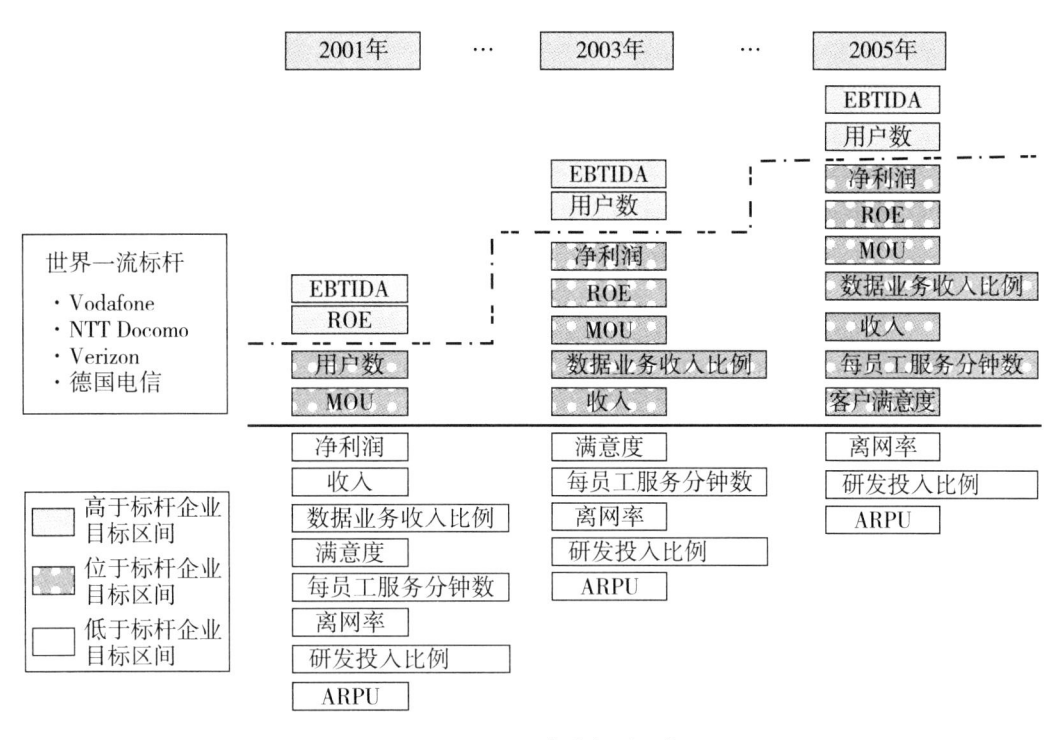

图 3 2001~2005 年指标对比情况

全球电信行业市值排名第一(2012 年 6 月 30 日,2187 亿美元),并以 470 亿美元的品牌价值继续保持在全球电信行业的前列。

(二)管理水平提升,企业整体竞争力不断增强

实施国际对标管理以来,中国移动不断提升管理水平,净利润率、ROA、每客户运营费用等指标都在国际上处于领先位置,体现了较高的价值创造和运营管理水平。2011 年净利润率 23.8%,ROA 为 13.2%,两项指标均排名第一,高于其他标杆企业;每客户运营费用仅为 90 美元,排名第三。

(三)社会效益显著,客户满意度不断提高

中国移动与利益相关者共同成长,创造了良好的社会效益。建立了企业社会责任管理的长效机制,坚持每年发布企业社会责任报告,连续 4 年入选 DJSI 道琼斯可持续发展指数,可持续发展绩效达到世界一流水平。

在客户责任方面,根据工信部每年组织的全国电信用户满意度指数(TCSI)测评结果,2004 年以来在移动电话用户满意度方面始终保持了领先优势,并呈逐步提升趋势(见图 4)。

依托中国移动慈善基金会,在支持中西部教育发展、关怀艾滋病致孤儿童和救助贫困先心病儿童等方面做出了积极贡献,连续 4 年获得中华慈善奖。截至 2012 年,已经累计为中西部 23 个省(区、市)以及新疆生产建设兵团建设了 1510 间"中国移动爱心图书馆(室)"、500 间"中国移动多媒体教室",并为 37952 名农村中小学校长提供了培训。建成了全国最大最详实的艾滋病致孤儿童数据库,累计资助艾滋病致孤儿童和特困儿童 15749 名。为 12547 名儿童进行了先心病免费筛查,并为 593 名贫困先心病儿童完成了手术。

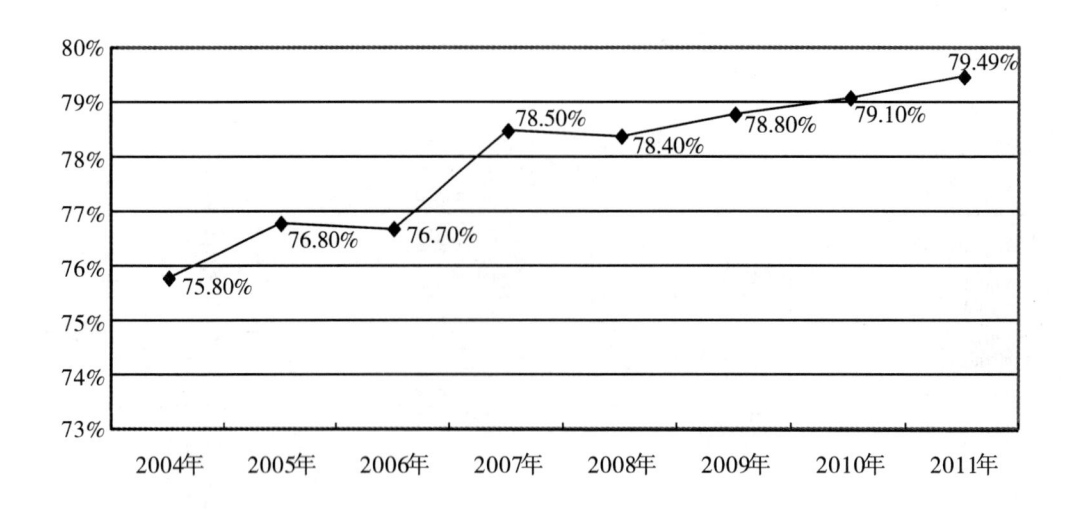

图 4　客户满意度数据（TCSI）

在环境保护方面,自 2007 年开展了绿色行动计划。2010 年的节能减排率达到 11.12%,排在对标企业的第一位。

（成果创造人：李　跃、王红梅、赵　亮、王　浩、李　炯、宋镇亮、文雪莲、潘文彬、胡　梅、于振华、付新春、陈立杰）

以战略为导向的大型电网企业内部对标管理

国家电网公司

成果主创人：公司党组书记、总经理刘振亚

国家电网公司成立于2002年12月29日，以电网建设和运营为核心业务，承担着保障更安全、更经济、更清洁、可持续电力供应的基本使命，是关系国民经济命脉和国家能源安全的国有重点骨干企业，也是全球最大的公用事业企业。经营区域覆盖全国26个省（自治区、直辖市），覆盖国土面积的88%，供电人口超过10亿人；拥有省级电力公司27个、地市级供电公司267个、县级供电企业1486个。2011年，实现售电量3万亿千瓦时，营业收入1.7万亿元；资产总额2.2万亿元，占到中央企业总资产的近1/10。2005年以来，国家电网公司连续7年被国务院国资委评为业绩考核A级企业。在2012年《财富》世界500强企业中，排名第7位。

一、以战略为导向的大型电网企业内部对标管理背景

（一）科学把握企业和电网发展战略机遇的需要

随着我国经济社会快速发展，带动电力需求持续快速增长，发电装机增长和用电增长均居世界前列。特别是进入新世纪以来，电力发展速度进一步加快。2000～2004年，我国发电装机年均新增2839万千瓦，330千伏及以上输电线路年均新增6775公里，用电量年均新增1929亿千瓦时。这种世界电力工业史上绝无仅有的发展速度，使国家电网公司面临严峻挑战，也为国家电网公司发展提供了广阔空间。作为一个资产过万亿元的特大型企业，要紧紧抓住企业和电网发展的重大战略机遇，实现一流管理，建设一流电网，造就一流队伍，创造一流业绩，要求国家电网公司必须创新管理理念和方法，全面提升企业管理水平，有效整合和科学运作各类资源，创造更高的生产效率和经济效益，实现国有资产保值增值；加快建设以特高压为核心的坚强智能电网，突破电网发展瓶颈，满足国民经济和人民生活用电需求。

（二）全面落实战略目标、强化集团化运作的需要

国家电网公司是从原国家电力部逐步改制而来，属于新公司、老家底。过去长期行政化的管理体制，造成国家电网公司在成立初期一定程度存在"大而不强"、"集而不团"的问题，企业管理模式相对松散；受历史遗留问题影响，管理层级多、管理链条长的问题较为突出，个别企业管理层级甚至达到8级；所属企业"自转"较多，资源的集约利用和业务的集团化运作不足，集团管控力度有限的局面制约了集团规模效应的充分发挥，传统

管理方式与企业和电网发展不相适应的矛盾日益凸显。2004年10月底,国家电网公司确立了建设"一强三优"(电网坚强、资产优良、服务优质、业绩优秀)现代公司的战略目标。借鉴和引入科学有效的管理方法,提升集团各级企业战略执行力,引导各级企业紧紧围绕"一强三优"战略目标全面加强管理、加快发展,按照集团化运作规律建立科学高效的现代企业管理体系,成为国家电网公司面对的重大战略课题。

(三)激发各级企业活力、提升集团整体水平的需要

作为一家覆盖地域范围广、管理企业数量多的大型企业集团,国家电网公司所属各级企业在经营业绩和管理水平上存在较大差距,存在内部发展不平衡的问题。以全员劳动生产率为例,最好的省级公司比最差的省级公司高出近15倍。如何有效发挥集团优势,在集团各级企业面前树起一面镜子,使其看到相互之间的差距,营造"比、学、赶、帮、超"的内部氛围,激励各级企业在管理上不断有新突破,追求更高的目标;如何搭建内部管理经验交流和创新的平台,促进各级企业持续提升业绩和管理水平,不断缩小与先进单位之间的差距,不断超越自我、超越他人,实现从平庸到优秀进而到卓越,实现集团整体业绩和管理水平的有效提升,是国家电网公司一直在探索的重大管理问题。

为加快"一强三优"现代公司建设,国家电网公司于2005年初主动引入标杆管理方法,开展以战略为导向的内部对标管理。

二、以战略为导向的大型电网企业内部对标管理内涵和主要做法

国家电网公司以建设"一强三优"现代公司战略目标为导向,基于标杆管理理论,借鉴战略管理、关键绩效指标等方法和工具,构建对标指标体系,作为客观、综合衡量各级企业业绩成果和管理水平的重要手段,解决"对什么"的问题;根据企业类型和规模,搭建多层级、多类别对标平台,定期发布指标数据和标杆单位,解决"如何对"的问题;建立指标定期分析和专项分析制度,完善对标诊断分析方法,深入挖掘指标背后的管理短板和薄弱环节,解决"改什么"的问题;建立健全典型经验申报、评审和发布机制,揭示标杆企业之所以成功的关键要素,借鉴其先进管理理念和方法,实施管理改进,解决"如何改"的问题;加强管理体系建设,确保各项管理措施和要求的有效落实,支撑内部对标管理常态化运行,解决"如何持续深入有效开展"的问题。通过开展内部对标,有效提升了国家电网公司战略执行力,促进了企业持续健康发展。主要做法是:

(一)明确内部对标管理思路

国家电网公司开展内部对标管理,主要是为了提高企业管理水平和经营绩效,全面实现建设"一强三优"现代公司的战略目标。结合电网企业管理体制和监管环境,在标杆管理一般做法和基本流程的基础上,根据企业实际,确定开展内部对标管理的目标和原则。

1.战略导向

国家电网公司把内部对标作为加快建设"一强三优"现代公司的一项长期战

1000千伏特高压晋东南变电站

略举措,将战略目标转化为具体的对标指标,明晰企业战略要求,引导各级企业围绕"一强三优"现代公司建设,全面加强管理,明确重点努力方向。通过不断判定公司系统最优指标,确立新的标杆,分析评价各级企业在指标先进性、管理科学性上存在的差距,激励各级企业持续提升经营业绩和管理水平。

2. 功能定位

一是管理工具,即提升国家电网公司整体经营绩效和管理水平的重要工具;二是评价手段,即综合评价集团各级企业业绩成果和管理水平的重要手段;三是交流平台,即学习借鉴和交流先进管理理念、管理方法的重要平台。

3. 基本作用

根据功能定位,明确内部对标管理的基本作用。一是导向作用,通过对标指标设置,引导集团各级企业围绕国家电网公司战略目标,抓管理、促发展,争创一流管理和业绩;二是激励作用,通过开展对标评价,发布标杆单位,增强外部动力,营造内部争先氛围;三是抓手作用,通过深化对标诊断分析,查找问题,提出改进措施,促进管理提升;四是载体作用,通过总结推广典型经验,学习借鉴先进管理理念、方法和流程,提高对标工作实效。

4. 管理特点

全覆盖。内部对标管理全面覆盖省、市、县、工区(供电所)、班组等不同管理层级;全面覆盖人、财、物等核心要素管理,以及电网规划、建设、运行、检修、营销等核心业务流程;全面覆盖"一强三优"现代公司战略目标等关键绩效领域。

可比性。在对标平台构建上,根据企业类型为省、市、县、工区(供电所)、班组等不同管理层级分别搭建对标平台,并在此基础上,进一步根据其所处地域、资产规模、售电量、所从事业务类型等因素,构建不同规模、不同业务类型的差异化对标平台,提高可比性。在指标体系设计上,充分考虑电网企业经营业绩指标受地区经济发展不平衡、历史差异等影响较大的因素,构建"业绩对标+管理对标"的内部对标指标体系。指标体系既包括反映经营发展实际成果的业绩指标,又增加了反映各单位战略执行力、管理水平和努力程度的管理指标,增强指标体系对管理水平分析评价的敏感度,提高对标分析评价结果的客观性、可比性。

常态化。每年按照"完善指标体系→发布对标指标和标杆单位→开展对标评价与诊断分析→总结推广典型经验,实施管理改进"的闭环管理过程,优化完善内部对标指标体系,推动对标工作的持续深入有效开展,避免运动式、表象化。

5. 关系处理

在内部对标管理上,正确处理过程与结果的关系,既关注对标结果、更关注改进过程;正确处理主观与客观的关系,纠正过分强调客观而忽视主观努力的倾向;正确处理评价结果优与差的关系,关注重点放在自身改进上,既不能满足现状,更不能自甘落后;正确处理对标与业务的关系,将对标与业务管理紧密融合,相互促进,不为对标而对标,防止对标与业务管理工作脱节。

(二)建立健全内部对标管理体系

1. 制度体系

制定对标工作指导意见、对标工作管理办法、典型经验管理细则等规章制度,明确工作目标和总体要求,细化职责分工,统一管理流程和工作标准,持续完善对标规章制度体系。

2.管理模式

统一领导,分级管理。国家电网公司总部统一制定对标工作的指导思想和总体要求,统一明确对标方式方法、指标体系,统一发布对标结果和指标数据;各省级公司、地市供电公司、县供电企业是本单位对标工作的实施和管理主体,负责贯彻落实总部对标工作的决策和部署,组织指导和监督本单位所属各企业开展对标工作。

统一归口、专业协同。对标职能部门负责对标工作的总体组织、策划和协调,组织提出对标规章办法、指标体系,开展对标指标数据评价和诊断分析工作,并统一发布分析评价结果;各相关专业部门是本专业对标工作的实施和管理主体,负责贯彻有关对标工作的决策和部署,具体开展本专业对标工作。

3.组织体系

对标组织体系遵循分级运作、协同管理的原则。国家电网公司建立主要领导决策部署、主管领导统筹协调、对标职能部门具体负责、各专业部门协同配合、科研单位技术支持的组织架构;所辖各级企业建立以对标工作领导小组为核心、对标职能部门具体负责、各专业部门协同配合的组织架构(见图1)。

4.队伍建设

国家电网公司在对标队伍建设上,一是建立专门队伍。总部、省公司、地市公司、县供电企业各层级,在对标职能部门都设有对标管理专责,相关专业部门均指定了相对固定的对标工作分管领导和工作人员。二是建立研究支撑团队。以内部研究支撑机构为主、外部研究咨询机构为辅,建立稳定的对标工作核心研究团队和专家顾问团队。三是加大培训和宣贯力度。通过组织对标宣贯讲座、定期举行培训班、布置宣传展板、印发小册子等多种形式,切实提高各级领导和专业人员对对标目的的认识,掌握对标工作方法,将对标理念和方法自觉应用到企业经营管理各项活动中。

(三)构建以战略为导向的对标指标体系

1.指标体系构建基本原则

国家电网公司在内部对标指标体系构建上,一是遵循战略导向原则。指标选取,围绕建设"一强三优"现代公司战略目标,体现"三集五大"体系建设要求("三集五大"包括人、财、物三大核心资源的集约化管理,以及大规划、大建设、大运行、大检修、大营销五大核心业务的流程再造,是国家电网公司深入推进公司发展方式转变,加快建设"一强三优"现代公司的战略举措),突出重点指标,力求客观准确评价各级企业业绩成果和管理水平。二是遵循分类管理原则。根据企业类型和规模,建立省级电力公司、大型供电企业、地市供电公司、县供电企业、工区(供电所)、班组等各个层级的对标指标体系。三是遵循可比可控原则。纳入对标指标体系的指标,必须具备可比性,有利于对标分析和评价;尽量选取直接从信息系统采集数据的指标,确保指标计算规则统一,数据来源明确,结果准确可控。四是遵循持续完善原则。在保持指标体系结构相对稳定的基础上,根据发展状况及不同阶段工作重点,对指标体系进行动态调整和完善。

2.指标体系基本结构

总部
　公司主要领导
　◆决策部署公司对标工作。
　公司主管领导
　◆负责统筹协调公司对标工作。
　对标职能部门
　◆负责组织制订公司对标管理制度、对标指标体系和评价方案；组织开展指标数据评价和诊断分析工作；组织开展公司内部对标典型经验的总结和推广工作。
　各专业部门
　◆按照公司统一安排，负责制订本专业对标工作计划建议；负责本专业对标指标的研究制订、数据审核、诊断分析。

各省、地市、县公司
公司各单位是本单位对标工作的实施和管理主体，负责组织贯彻公司有关对标工作的决策和部署，监督和指导本单位所属各企业对标工作的开展。

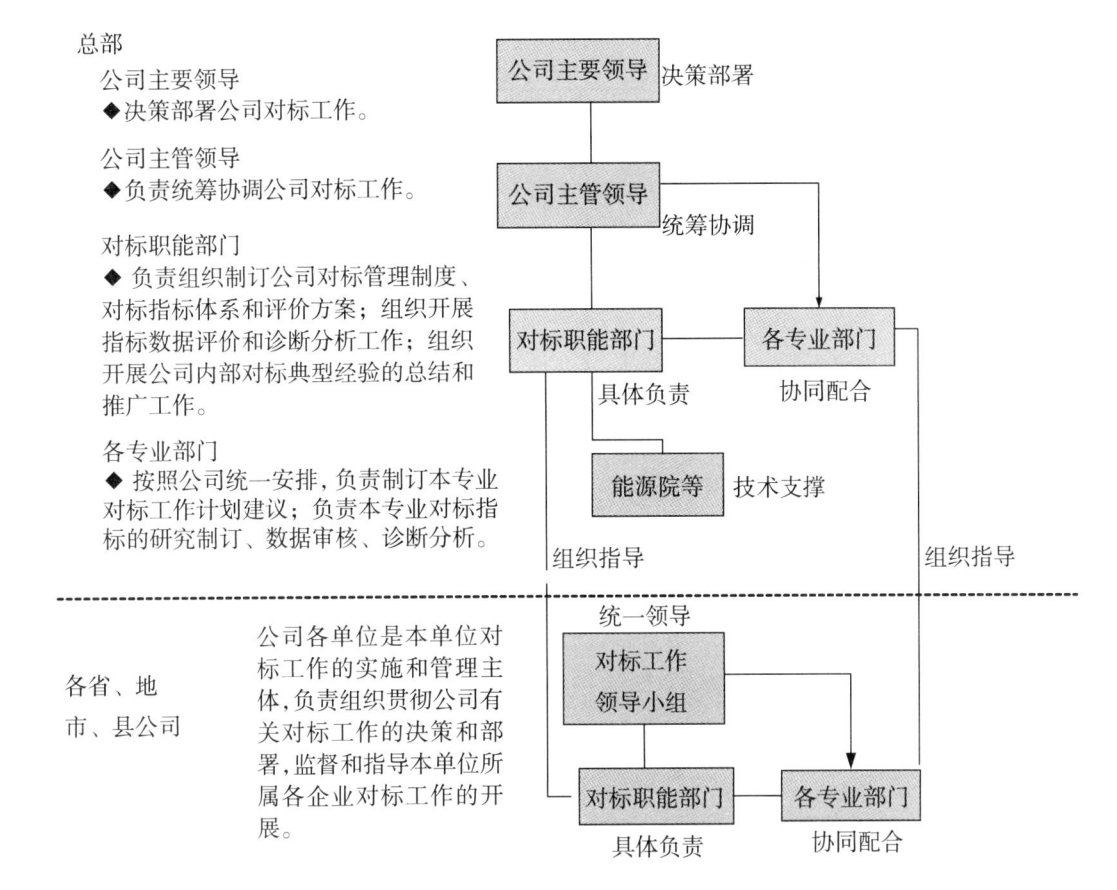

图 1　国家电网内部对标组织体系

强化战略目标的导向性，将"一强三优"战略目标转化为具体的业绩对标指标，将作为战略举措的"三集五大"体系建设要求转化为具体的管理对标指标（见图 2、图 3），为横向比较和诊断分析战略目标的实现程度、战略举措的执行情况提供有效手段。指标体系将业绩与管理、结果与过程指标分类，实现对标指标的有机统一、结构清晰，突出国家电网公司工作主线和核心。

（1）业绩对标指标。围绕"一强三优"战略目标，以平衡记分卡为主要指导思想，根据关键成功因素分析法（KSF）、关键绩效指标（KPI）分析法，将电网坚强、资产优良、服务优质和业绩优秀四个方面的具体战略目标内涵，逐级分解为具体的对标指标，体现各级企业经营发展的实际成果，客观反映"一强三优"目标的实现程度。

其中，"电网坚强"包括电网结构、装备水平、协调发展、安全可靠四个方面的指标；"资产优良"包括资产效率、资产质量、偿债能力、发展能力四个方面的指标；"服务优质"包括供电质量和服务客户两个方面的指标；"业绩优秀"包括安全水平、经营效益、成本水平、人员效率及素质、市场及电费回收、节能降耗六个方面的指标。

在末级对标指标的设置上，以"业绩优秀"的经营效益和成本水平指标构成为例。成本水平指标主要评价企业的成本控制能力和使用效率，包括"单位电量输配电成本"、"每

```
                    ┌─────────────────────┐
                    │   国家电网公司      │
                    │ 内部对标指标体系    │
                    └──────────┬──────────┘
                  ┌────────────┴────────────┐
        ┌─────────┴─────────┐     ┌─────────┴─────────┐
        │   业绩对标指标    │     │   管理对标指标    │
        │(反映"一强三优"    │     │(反映"三集五大"    │
        │ 目标实现程度)     │     │ 体系管理水平)     │
        └───────────────────┘     └───────────────────┘
```

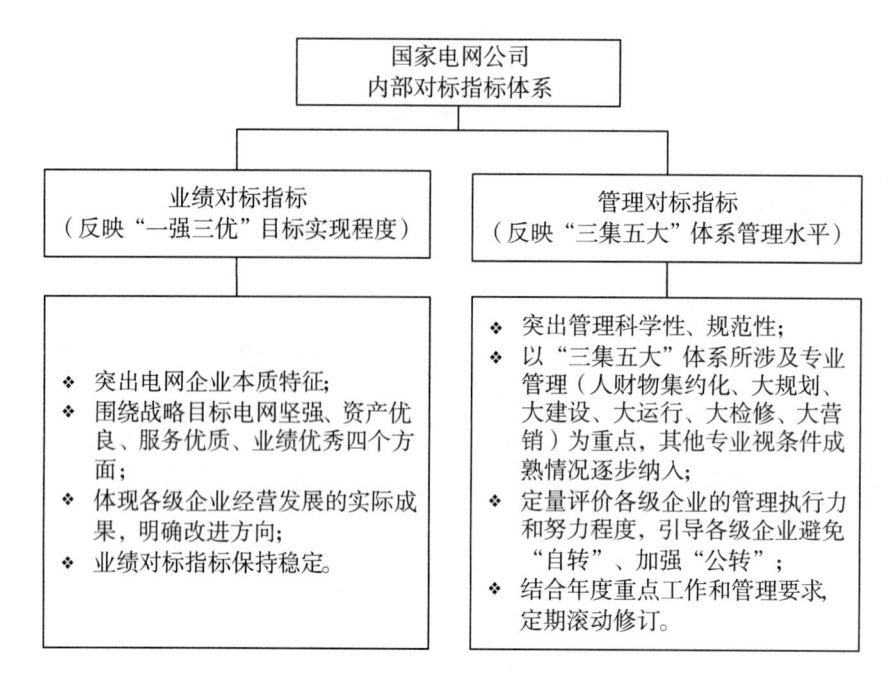

图 2 国家电网内部对标指标体系构建思路

业绩对标指标：
- 突出电网企业本质特征；
- 围绕战略目标电网坚强、资产优良、服务优质、业绩优秀四个方面；
- 体现各级企业经营发展的实际成果，明确改进方向；
- 业绩对标指标保持稳定。

管理对标指标：
- 突出管理科学性、规范性；
- 以"三集五大"体系所涉及专业管理（人财物集约化、大规划、大建设、大运行、大检修、大营销）为重点，其他专业视条件成熟情况逐步纳入；
- 定量评价各级企业的管理执行力和努力程度，引导各级企业避免"自转"、加强"公转"；
- 结合年度重点工作和管理要求，定期滚动修订。

万元电网资产运行维护成本"、"成本费用收入比重"3 个对标指标；经营效益指标主要评价企业的盈利能力、经营效率和效益，包括"在用资产经济增加值率"、"净资产收益率"、"EBITDA 利润率"和"经营贡献度"4 个对标指标。

（2）管理对标指标。管理对标指标以"三集五大"为核心，从管理规范性、管理成效和管理手段三个方面，体现各级企业的管理执行力和努力程度，客观反映"三集五大"体系管理水平。其中，"管理规范性"主要评价按照"三集五大"体系的管理要求，执行国家电网公司统一管理标准和制度的规范程度；"管理成效"主要评价管理工作的质量和效率；"管理手段"主要评价专业管理技术支撑手段，特别是信息化手段的实用性和先进性、指标数据的自动采集水平。在体系结构上，维持指标体系的开放性，"三集五大"体系以外的其他专业，视条件成熟情况逐步纳入管理对标指标。各专业指标的基本结构相互一致、保持稳定，具体指标结合公司年度重点工作和管理要求，定期滚动修订。

在管理对标指标选取上，以管理目标、价值链分析、战略执行力分析为指导思想，确定关键流程、关键管理业务，根据关键成功因素分析法（KSF）、关键绩效指标（KPI）分析法，选取合适的末级对标指标。指标既要基本覆盖"三集五大"的主要管理要求和工作重点，又要最大限度以客观量化指标进行评价。以物资管理对标指标构成为例，物资管理规范性主要反映各单位执行国家电网公司物资管理标准和制度的规范化程度，包括"招标采购规范指标"、"物资标准化应用指标"、"产品质量监督完成指标"、"供应商关系管理指标"4 个指标；物资管理成效主要反映各单位物资管理的成果，包括"物资集中采购指数"、"质保期内主设备质量评价指标"、"物资采购计划准确指标"、"仓储资源优化指数"、"监督评价满意率"5 个指标；物资管理手段主要反映各单位物资集约化信息系统建设应用情况，包括"电子商务平台采购应用指标"、"ERP 系统仓储管理规范指标"2 个指标。

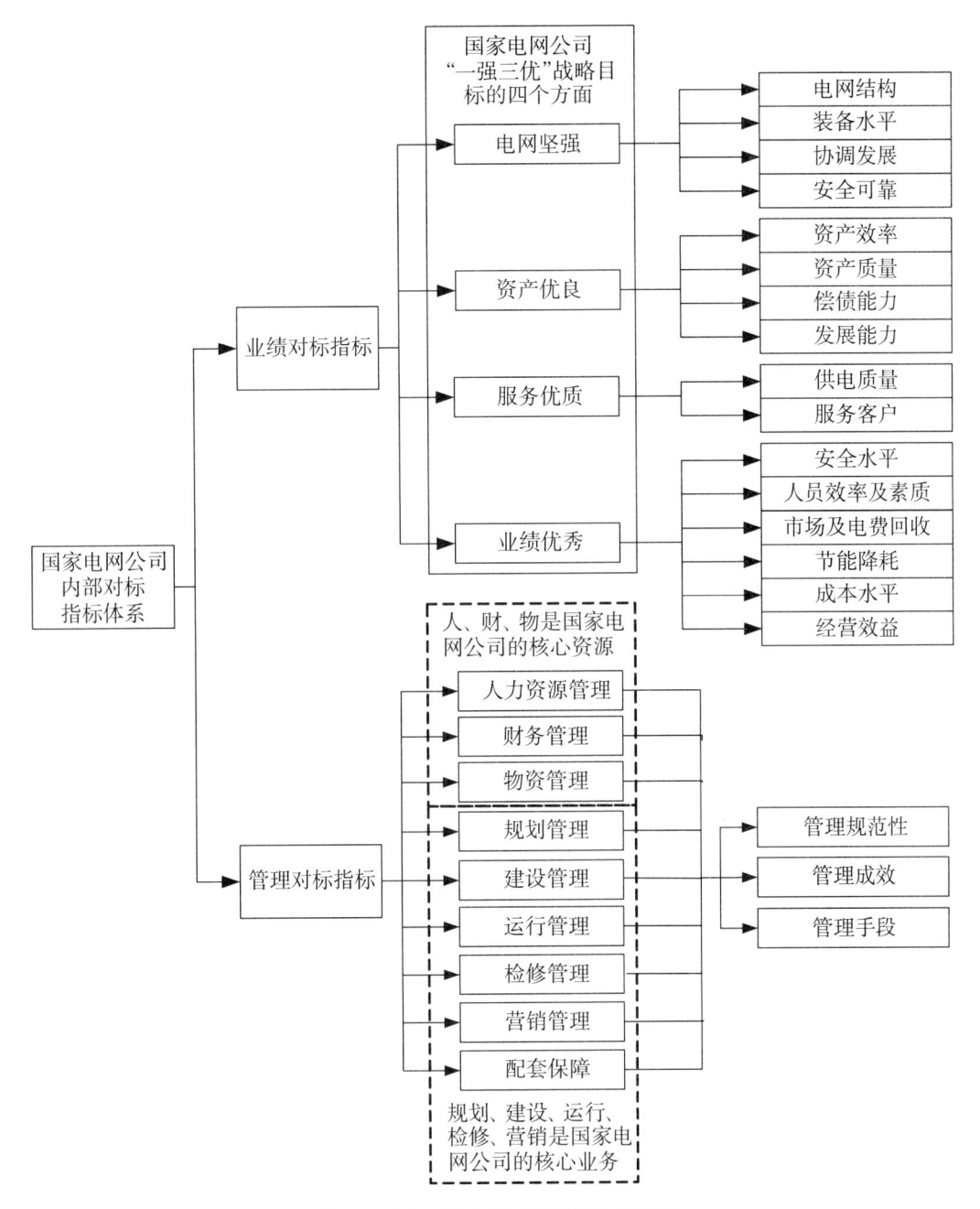

图 3　国家电网内部对标指标体系框架

在业绩对标和管理对标指标的权重确定上,采取定量与定性相结合的方式,先应用专家打分和层次分析法提出建议方案,再由专业部门和主管领导在建议方案基础上研究确定,有效提高指标体系构建的科学性。

3.指标体系的修订

国家电网公司按照PDCA闭环管理原则,结合年度重点工作任务和管理要求的落实,开展对标指标体系的优化完善工作,充分发挥对标指标的战略导向作用。

国家电网公司内部对标指标体系修订与发布工作流程如下:每年12月,根据管理需要和对标工作情况,总部对标职能部门牵头研究指标修订的必要性,明确指标修订基本原则,启动下一年度对标指标修订工作;次年1月中旬前,总部各相关专业部门结合年度工作计划的制订,研究提出指标修订意见,明确指标定义、统计口径和计算方法;次年1月底前,总部对标职能部门综合协调各专业意见,形成当年对标指标体系征求意见稿;次年2月底前,根据各单位意见完成指标体系修改完善工作,履行审批流程后印发执行;次年3月底前,各省级公司根据总部发布的对标指标体系,结合本企业特点和工作重点,完成省级公司管理的对标指标体系的修订和发布工作。

(四)搭建多层级、多类别对标平台

搭建多层级、多类别对标平台(见图4),对集团各级各类企业的业绩成果和管理水平开展横向比较、评价和诊断分析。在总部层面,持续完善省级公司、大型供电企业(主要是省会城市和计划单列市供电公司)对标平台,并在此基础上进一步构建不同区域省级公司、不同规模地市公司、不同类型业务支撑机构的差异化对标平台;在省公司层面,搭建地市公司、县级公司乃至工区(供电所)、班组的对标平台,明确各级平台的对标重点。通过合理设计不同层次的指标体系和工作体系,全范围、全方位开展对标工作,指导和激励各级企业通过对标确立标杆,查找差距,实施管理改进。

总部管理的对标平台		省级公司管理的对标平台
省级公司对标平台 大型供电企业对标平台 地市公司差异化对标平台 根据年度评价结果在国家电网公司年度工作会议上发布以下标杆单位:公司标杆、专业标杆、进步先进单位。	对省级公司对标指标体系进行细化和分解	地市公司对标平台 县公司对标平台 工区(供电所)对标平台 班组对标平台 年度标杆单位和分析评价报告,由各省级公司在省公司年度工作会议上发布。

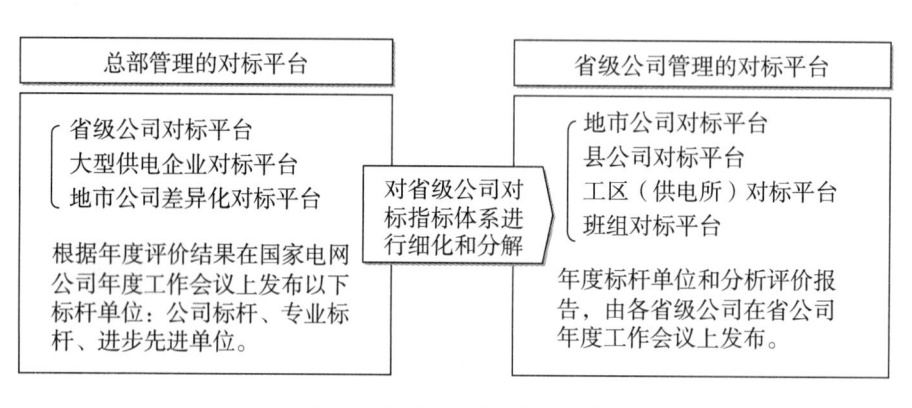

图4 多层级、多类别对标平台

1. 总部管理的对标平台

总部管理的省级公司对标和大型供电企业对标,按照"季度发布,年度评价"的方式组织开展。每个季度,以对标简报的形式,在省级公司和大型供电企业党政主要负责人参加的国家电网公司季度工作会议上发布对标指标数据;每年年初,开展业绩对标和管理对标年度指标评价,根据年度评价结果在国家电网公司年度工作会议上发布公司标杆、专业标杆和进步先进单位。

公司标杆:业绩对标和管理对标评价结果前五名,分别确定为国家电网公司"业绩标杆单位"和"管理标杆单位";在业绩对标和管理对标评价结果的基础上,按照权重汇总形成综合评价得分,前五名确定为"综合标杆单位"。

专业标杆:管理对标各专业评价结果前三名,确定为国家电网公司专业标杆单位。

进步先进单位:根据各单位对标指标纵向提升情况,评价确定"进步先进单位"。

为进一步调动地市公司对标工作积极性,在省级公司组织所辖地市公司开展对标的基础上,国家电网公司总部组织开展全系统范围地市公司的差异化对标。地市公司差异化对标由总部直接管理,将国家电网公司范围的地市公司按照年售电规模分成40亿千瓦时以下、40亿～100亿千瓦时、100亿千瓦时以上3个组,分别组织开展指标评价、标杆发布和诊断分析工作。

2. 省级公司管理的对标平台

省级公司管理的地市公司、县公司、工区(供电所)、班组对标,主要由省级公司组织,在各省级公司所辖地市公司、县公司、工区(供电所)、班组之间开展。

其中,地市公司对标和县公司对标,由各省级公司在总部统一的对标方式方法基础上,保持"业绩对标＋管理对标"的基本指标体系框架不变,对省级公司对标指标体系进行细化和分解,形成地市公司对标指标体系和县公司对标指标体系,确保公司战略目标和要求层层落实。

工区(供电所)对标和班组对标,由各省级公司按照其业务类型分为不同的对标群组,如变电工区对标、线路工区对标、营销稽查班组对标、变电检修班组对标、客户服务班组对标等。各类工区(供电所)对标指标体系和班组对标指标体系在具体指标设置上,一是考虑对上级单位对标指标的细化和分解,二是依据其业务流程的关键控制点和关键绩效设置指标。

地市公司、县公司、工区(供电所)、班组对标的年度标杆单位和分析评价报告,由各省级公司在省公司年度工作会议上发布。

(五)完善对标诊断工作机制和分析方法

1. 建立指标定期分析制度

每月,各专业部门结合指标统计分析和经济活动分析,开展月度指标分析,监控指标趋势。

每季度,由对标职能部门组织专业部门召开对标指标分析会,分析指标情况,查找指标背后管理问题,提出相关改进措施及建议,检查上一季度改进措施的完成情况和实施效果,明确下一步工作任务和目标。

每年一季度,由对标职能部门组织总部专业部门、各分部、各省级公司对照年度对标指标数据及评价结果,编制年度对标分析报告,召开年度对标分析会。对标分析报告重点分析上一年度对标指标诊断分析工作中发现的主要问题、已采取的主要管理改进措施及其落实情况、取得的主要成效;各单位主要对标指标的数据变化趋势;与公司先进水平和其他省级公司相比,各单位在指标水平上存在的主要差距;影响指标变化趋势和先进性的主要因素,尤其是指标所反映出的管理薄弱环节和突出问题;针对指标诊断分析中发现的主要问题,拟组织开展的主要管理改进工作及其保障措施。

2. 建立指标专项分析制度

每年1月,总部对标职能部门牵头,根据年度对标指标评价结果和月(季、年)度指标分析情况,梳理需进一步深入研究分析的问题、公司管理中存在的普遍性或突出性问题,形成诊断分析专项课题计划,并明确责任部门和单位。专项课题计划报公司审定后,以指标诊断分析专项课题的形式下达给有关专业部门、科研院所、以及问题突出的省市公司,开展专项课题研究,并按时间进度要求形成诊断分析报告供公司决策参考。

3．完善指标诊断分析方法

一是利用鱼骨图、流程图等质量管理工具,梳理各对标指标的关键影响因素,建立不同层级的对标指标分析树,指导指标诊断分析工作的有效开展。

二是借鉴双维度分析方法,梳理不同对标指标间、指标组间的相关关系,实现既反映客观原因,又发现主观问题,进一步发挥对标的激励和改进作用。例如,从单位电网成本和可靠性两个维度,综合分析各单位提高供电可靠性的基础条件和管理努力程度(见图5),提高对标可比性和诊断分析工作有效性。

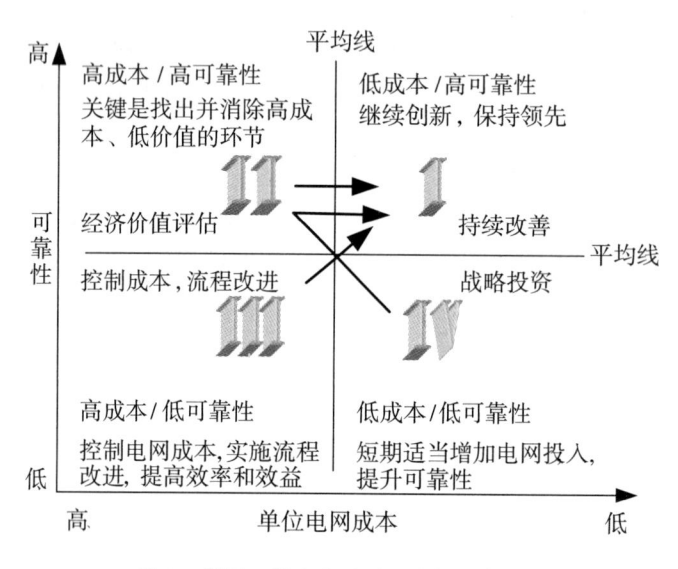

图 5　利用双维度方法开展指标诊断分析

（六）加强典型经验的总结推广和管理改进

典型经验是在生产经营管理活动中已得到实际应用并产生出色成果、具有推广价值的工作方法和流程。国家电网公司每年开展典型经验的总结和推广工作,不断发掘内部最佳管理实践,建立各层面的对标典型经验库,积极推进成熟适用的典型经验向业务管理标准和规范转化,为各级企业学习借鉴标杆单位先进管理理念和方法搭建交流平台,带动公司整体管理水平的持续提升。

1．典型经验的总结与提炼

按照"优秀、可推广、易于形成业务管理标准和规范"的原则,主要通过三种途径产生典型经验:一是标杆单位提炼。已纳入管理对标的专业,其年度对标评价得分第一名的省级公司按要求全面总结提炼专业管理的工作方法和流程,形成专业管理典型经验。二是指定科目,自愿申报。由总部专业部门根据年度专业管理重点、面临的突出问题等,拟定典型经验重点科目以及相应的评价标准。各单位按照确定的重点科目自愿申报。三是各单位自荐。自荐典型经验须获得省(部)级及以上的管理创新成果(二等奖及以上),

或经总部相关专业部门推荐。各单位典型经验申报材料必须按照总部统一制订的模板，遵循 PDCA 原则，涵盖专业目标设定、组织执行、考核评价、持续改进四个环节。

2．典型经验的评审和发布

按照初审、专业评审、综合审定、统一发布四个阶段，开展典型经验的评审和发布，确保最终发布的典型经验符合国家电网公司整体发展方向和管理导向。在典型经验评审过程中，注重发挥专业部门积极性，将典型经验评审作为专业管理好经验、好做法的重要交流平台。几年来，共有 190 项典型经验入选总部层面典型经验库。

3．典型经验的推广和转化

各有关部门对照公司典型经验库，制定年度推广应用计划，开展典型经验宣讲活动。典型经验推广应用情况，纳入各单位管理对标指标评价，在总部对标简报中予以发布。结合专业管理实际及典型经验推广应用情况，在充分借鉴和参考国际同行专业管理最佳实践的基础上，组织将成熟适用的典型经验逐步转化为相应的业务标准和管理规范，带动公司整体管理水平的提高。

4．管理改进的组织实施

各级企业在借鉴先进单位典型经验的基础上，对照对标指标评价和诊断分析结果，针对管理短板和薄弱环节，制订管理改进措施，落实责任部门，形成管理改进工作计划。各主管部门定期对改进工作推进情况进行监督评价和反馈，总结工作成效，形成"分析－改进－再分析－再改进"的闭环管理机制。

（七）注重内部对标管理的不断完善

国家电网公司自开展内部对标管理以来，坚持工作常态化，及时总结面临的新形势和新问题，持续完善，推动对标工作不断深化。2005 年，印发对标工作指导意见、管理办法和第一版对标指标体系，发布对标指标数据和标杆单位，将对标工作在全公司成功发动起来。2006 年，建立指标诊断分析工作机制，颁布典型经验管理办法，明确典型经验总结申报、评审发布和推广应用的基本流程，基本实现从指标对标到提炼典型经验、实施管理改进的闭环管理。2007～2008 年，引入输变电运维作业成本体系和二维对标方法，深化对标诊断分析，引导供电企业注重投入产出效益；拓展专业覆盖面，持续优化对标指标体系；加大典型经验推广应用力度，开展典型经验转化工作，将"继电保护全过程管理"等多项典型经验成功转化为公司标准。2009～2010 年，在继续完善省级公司对标平台基础上，搭建大型供电企业对标平台和地市供电公司差异化对标平台，开展金融和产业单位对标，丰富公司对标群组。2011 年，创新对标指标体系，构建"业绩对标＋管理对标"，强化对标指标诊断分析，落实管理改进措施，努力实现对标工作既有结果排名，更要指出管理薄弱环节、指明工作改进的方向。

三、以战略为导向的大型电网企业内部对标管理效果

（一）增强了企业战略执行力

通过系统开展内部对标，"用指标数据说话"、"以对标促管理改进"的理念深入人心，围绕"一强三优"战略目标自我加压找差距、对照标杆抓管理、你追我赶争上游成为各级企业的自觉行动。借助对标分析评价，各单位清晰地看到自己与国家电网公司战略目标相比、与标杆单位相比，在指标水平、管理理念、管理方法、管理手段上存在的差距，为改

进和提升自身管理找到了学习追赶的目标。借助学习和借鉴先进同行典型经验,系统查找问题,创新体制机制,实施管理改进,各单位技术水平、经营水平和管理水平不断提升。8年来,对标已成为客观、综合评判各单位业绩成果与管理水平的重要手段,成为学习借鉴国内外先进同行最佳实践、提升管理水平的重要途径,成为调动整个系统围绕战略目标全面加强管理、加快发展的重要载体和抓手。

(二)促进了企业经营业绩的全面提升

2005~2011年,国家电网公司在安全生产方面,电网事故次数从63起减少到5起,设备事故次数从208起减少到9起,下降幅度均超过了90%。在经营效益方面,利润总额从143.9亿元提高到533亿元,提高2.7倍;净资产收益率从2.11%提高到4.63%,提高1.2倍。在人员效率方面,全员劳动生产率从21.98万元/人年提高到49.32万元/人年,提高1.2倍。在供电服务方面,城市用户年平均停电时间从21.02小时/户下降到3.42小时/户,下降幅度达到84%。国家电网公司实现了跨越式发展,总体规模翻了一番,在电网规模、技术装备水平、安全水平等方面已经接近或达到国际先进水平;集团化运作格局基本形成,集约化发展成效显著,精益化管理和标准化建设持续推进,初步实现了由传统企业向现代企业的战略转型,为加快创建世界一流电网、国际一流企业奠定了坚实基础。连续7年被国务院国资委评为业绩考核A级企业。

(三)提高了企业精益化管理水平

对标指标数据和评价结果不仅用来反映工作成绩,更成为发现问题、改进管理的有效工具。通过对标,各单位、各专业都高度关注指标变化,加强跟踪分析,认真研究变化趋势,积极运用量化指标监控专业工作,努力挖掘数据背后的技术和管理问题,制定有针对性的改进措施。通过对标,专业管理逐步由定性向定量转变,量化管理深入人心,各专业精益化管理水平显著提升。通过深化人力资源管理,2005~2011年国家电网公司累计减少用工18万人,人工成本累计减少177.5亿元;通过深化财务管理,集团资金归集率由2004年的83%提高到目前的99%,统一发行债券,降低融资成本,累计节约利息支出560亿元;通过深化物资管理,集中采购率达到99.2%,集中招标金额自2005年以来达到1.34万亿元,节约资金1000亿元。

国家电网公司以战略为导向的内部对标管理,在中央企业特别是电力行业得到广泛好评和借鉴。中国电力企业联合会参考国家电网公司内部对标管理,建立电力行业对标工作体系,开展各电力集团公司之间的对标工作。一些电力企业多次到国家电网公司交流对标工作经验,建立内部对标体系,开展集团内各业务板块、各电厂的对标工作。

(成果创造人:刘振亚、赵庆波、王益民、王宏军、
张蒲转、王子建、王　健、崔　炜)

以新型作业平台为核心的精益生产管理

中国南车集团公司

中国南车集团公司(简称中国南车)是经国务院批准,从原中国铁路机车车辆工业总公司分立重组,于2000年9月组建成立的国有独资大型集团公司。主要从事铁路机车、客车、货车、动车组、城轨地铁车辆及重要零部件的研发、制造、销售、修理、租赁,和轨道交通装备专有技术延伸产业。中国南车拥有中国最大的电力机车研发制造基地,高速动车组研发制造基地,行业领先的大功率内燃机车及柴油机研发制造基地,和铁路货车研发制造基地;是国内高档客车研制和三家城轨车辆国产化定点企业。中国南车拥有变流技术国家工程中心、高速列车系统集成国家工程实验室、动车组和机车牵引与控制国家重点实验室、高速动车组总成国家工程技术研究中心等4个国家级研发与实验机构、6个国家认定企业技术中心、7个经国家实验室认可委员会认可的检测实验中心、6个博士后工作站,并在美国成立了我国轨道交通装备制造行业第一个海外工业电力电子研发中心,在英国成立了大功率半导体研发中心。中国南车是国家科技部、国务院国资委、中华全国总工会授予的"创新型企业"。

成果主创人:南车股份公司董事长郑昌泓

一、以新型作业平台为核心的精益生产管理背景

(一)兼顾品质、效率、效益平衡发展的需要

中国南车所辖企业大多沿用"人动车不动"的集中作业方式,多工种同区集群作业,工序间批量生产、批量转序,直接影响到产品品质过程控制和企业效益。而要实现企业兼顾品质、效率、效益的平衡发展,一定要回归制造现场,从变革传统制造方式入手,通过实施以新型作业平台为核心的精益生产,破解轨道交通装备企业面临的难题,以低消耗、低成本、低排放的绿色制造方式,提供高品质、高可靠性的产品。

(二)抢抓市场机遇,实现可持续发展的需要

"十二五"期间,全国铁路运营里程将达到12万公里以上,其中高速铁路1.6万公里以上。时速200公里及以上动车组成为快速客运的主要装备,全路投入运营的动车组将达到1500列以上,基本实现技术装备现代化。城轨地铁市场方面,到2015年全国将有22个城市新建79条轨道交通线路。在中国铁路全面实施"走出去"战略中,一些国家明确提出在高速铁路技术与装备领域与中国开展合作;轨道交通装备市场持续向好。中国南车必须进一步练好内功,方能在广阔市场占得先机。

（三）打造世界一流轨道交通装备企业核心竞争力的需要

中国南车继成功实施整合重组、A＋H股上市以来，营业收入保持了快速持续增长，企业规模已跻身全球最大轨道交通装备制造集团阵营。但是，国外同行企业得益于工业化、市场化、公司化运作的深厚积淀，在发展质量方面，中国南车对标庞巴迪、阿尔斯通、西门子等世界一流跨国集团，仍有一定差距。

致力打造世界一流企业的中国南车，需要以持续改善理念基础，精益求精的管理支撑，对设计、工艺、制造、现场管理与控制的全过程进行高水平的品质控制。

二、以新型作业平台为核心的精益生产管理内涵和主要做法

中国男车按照精益生产的思想变革轨道交通装备的作业模式，探索并构建轨道交通装备产品新型作业平台，促进企业兼顾品质、效率与效益的平衡发展，同时持续夯实基础管理，坚持全员改善，塑造精益文化，提升中国南车核心竞争力，促进世界一流目标的实现。主要做法如下：

（一）明确以新型作业平台为核心的精益生产实施思路，制定实施规划

1. 统一思想，达成共识

中国南车在总裁办公会上讨论通过实施精益生产的基本意见，把推进精益生产、塑造精益文化作为中国南车强化管理提高效益的重要措施，确立宣贯精益生产思想，推进精益生产，提高中国南车生产管理水平、产品竞争力和盈利能力的总体工作目标。

2. 提出新型作业平台的思路

轨道交通装备产品多年来一直沿用"人动车不动"的定点集体作业模式，加之生产管理相对比较粗放，现场制造流程不稳定，生产不连续，影响到产品的质量、制造周期和订单的交付。通过半年精益生产的学习和试点，中国南车结合轨道交通装备产品体积大、配件多、周期长的实际情况，实现产品连续流动需巨大投入。决定采取基于工位制方式，工位到节拍时间点实现流动。既体现JIT的理念，又符合单件流的思想。基于精益思想基础上产生了工位制节拍化生产方式，使生产流程趋于稳定、制造周期变短、生产连续，并能够暴露问题，不断改善，持续满足用户的需求。

3. 制定精益生产实施规划

2009年上半年，由集团公司和部分子公司人员为主、咨询公司辅助的工作组成立，在全面调研的基础上，组织编制实施规划。其中，集团公司确定总体实施思路和实施目标，子公司结合实际确定本企业的具体实施计划和目标，共同搭建上下衔接的目标及策略体系。实施规划明确"五项原则"：总体规划、分步实施的原则；对标世界一流企业的原则；追求可衡量财务收益的原则；持续改善重在基础的原则；以人为本、全员参与的原则。明确分三个阶段渐进推进精益生产：2008年至2010年为第一阶段，完成精益示范区运行，建设精

高速动车组生产现场

益现场;2011年至2012年为精益管理阶段;2013年至2015年为精益企业创建阶段。

(二)构建以工位制节拍化生产为特点的新型作业平台

中国南车一直努力"解决实际问题"、"建立自有标准"。逐步导入5S、TPM、改善提案、班组建设、精益品质、标准作业、平准化生产等精益工具和方法,在解决问题的过程中积累了大量的最佳实践和改善提案,优化和固化了大量管理和作业标准。

中国南车从策划、设计、准备、运行到评价和持续改善形成一套完整的、具有较强可操作性的流程、方法和表单体系,同时,在精益保障平台的建设、工作要点的把握、利用拉动效应拓展精益工具的应用等方面,构筑具有中国南车特色的工位制节拍化生产方式。

工位制节拍化生产是以工位为作业组织单元,按照节拍化均衡生产的方式,以流水式作业组织生产。工位制节拍化生产有以下特点:工位化管理、标准化作业、平准化生产、准时化物流、拉动式运行。中国南车编制《工位制节拍化生产工作指南》,提出了构建工位制节拍化生产的"八大步骤、七大支撑、四大要点"的基本框架。

1. 构建工位制节拍化生产的"八大步骤"

第一,节拍设计。节拍指在一个工作日时间内,以连续的频率一次生产一个产品,连续生产两个产品之间的时间。工作日时间指企业规定员工在岗生产的纯生产时间。

第二,工位设计。包括确定工位数量、工位作业内容、作业人员和装备,根据工位工作内容编制作业指导书、工位所需物料清单等。

第三,生产线布局设计。要求做到布置合理、紧凑,有利于生产操作,并能保证对生产过程进行有效的管理。

第四,物流系统设计。物流配送方案以现场需求为中心,物流系统的价值流动要靠下工序需求来拉动;条形码管理保证物料交接的准确性和准时性,提高节拍生产的稳定性;搬运规则确定物料需求信息传递规则(看板使用规则),测算、确定配货备料时间,制作搬运标准作业票;模拟工位设置,建立模拟打包配送区,配送指挥管理板等;配送工具优化,提升整体生产管理水平,保证工位制节拍化生产的顺利进行。

第五,生产组织策划。包括制定生产计划表编制规则,下达排产顺序,编制月度生产计划及日别物料推移表,编制交付三日计划,指导供应链、物流、前工序生产准备。确定移动方式和工位在制品,确定每一个工位在制品的标准数量。建立异常处理系统,实时反映各个工位的生产状态,当某个工位出现异常时,能够得到及时响应。

第六,生产现场准备。主要内容有管理看板建立及使用,安全日历现场摆放及使用,制定危险预知训练计划并实施,各工位生产异常统计表,设备故障记录表填写与管理,生产实绩表编制、使用及管理,目前生产状况、人员加班情况统计,现场5S、三定活动开展,瓶颈设备的调查、TPM工作等。

第七,拉动式生产。指完成前期准备工作点检及完善,生产线达到拉动式生产要求,同时对一线操作者进行生产培训,为拉动生产做好充足的准备。拉动生产过程其实就是工位制节拍化生产各项准备工作在现场基础管理系统的搭建及运行的过程,同时发现前期准备工作的不足,持续改进。

第八,评价和持续改善。建立精益生产运行评价系统,针对生产过程进行评价,对生产异常处理、生产均衡率、节拍完成率、质量合格率、生产效率、物流配送、现场管理(5S现场)等方面进行评价,保障工位制节拍化生产的有效运行。

2. 工位制节拍化生产方式运行的"七大支撑"和"四大要点"

"四大要点":思想转变是前提、全员参与是基础、异常拉动是关键、持续改善是方向。"七大支撑"的具体内容如下:

第一,安全管理。安全管理的对象主要是现场存在的安全风险,主要从四个方面进行:一是通过应用安全日历,提高安全操作和管理的意识;二是绘制工位安全定置图并进行管控点检;三是定期进行危险预知训练;四是开展危险隐患提案活动,保证现场操作员工有一个安全的工作环境。

第二,品质管理。项目开工前做好工位质量六要素(人、机、料、法、环、测)评价,使现场的质量六要素保持在受控状态。依据作业指导书编制动作要领书,实行标准化作业。对工位质量问题(工位内发生和下工序反映的)进行统计分析,制作质量推移图识别关键和高频次质量问题,采用PDCA原理进行持续改进。采用随车质量跟踪卡进行异常管理。

第三,生产管理。主要包括下达日生产计划;通过生产实绩表管理,进行主生产线上节拍兑现完工情况和异常问题处理情况,并针对异常记录中高频次、典型性的同类异常记录组织分析处理小组解决此类问题,避免此类问题再重复发生;快速处理异常问题,并做好生产改善。

第四,保全管理。发现设备的潜在缺陷,并及时处理复原;工具定置及目视化;建立点检,评价机制,形成规范化的文件系统;培养能够主动思考,积极发现和解决问题的一流员工。

第五,环境管理。做好现场的作业过程和废弃物不污染环境,减少能源消耗逐步实现绿色制造;通过贯彻ISO14001、废弃物管理、彻底的5S活动和改善来实现。

第六,人事管理。对员工的每日士气状态、工作内容的确认纳入到日常管理;对工位长的职责进行标准化管理,对工位的员工实施有针对性的多样培训。

第七,成本管理。认识现场生产中的七大浪费,开展好以缩减成本为目标的提案活动,做好日常消耗的动态管理目视化等。

(三)扎实做好四项基础管理

1. 实施5S和目视化管理,优化现场管理

生产现场全面覆盖"三定"管理(定位置、定容器和定数量),通过反复实施整理、整顿巩固和提高基准,并持之以恒跟进,在消除管理死角和释放空间资源的同时,员工"遵守基本规则"的意识逐步夯实。同时,将生产计划、实施动态、台位状态、人员作业安排等内容在生产现场目视化,明确管理点责任和基准,并定期点检、评价、考核和奖励。

2. 强化TPM工作机制,提升设备可动率

建立TPM自主保全培训道场,引入TPM看板管理、红牌作战、OPL(点滴教育)、问题与对策、日常点检等方法,逐步提升设备无故障运转率,成立关键设备TPM活动小组,以试点示范的形式,推进TPM活动的持续深入开展。建立和优化机制、规则,编制设备点检、清扫、润滑标准,实施定期的检查、评比、宣传和奖励工作。

3. 实施改善提案活动,夯实全员参与基础

中国南车通过提案活动的提案格式标准化、提案等级评定办法标准化、提案奖励办法和奖励金额标准化、提案处理流程标准化,规范提案改善活动的运行基准。对于实施提案的员工按照标准及时兑现奖励,定期开展表彰大会,优秀提案由公司领导亲自颁奖,并经常性交流优秀提案及创造者事迹。

4.加强班组建设,提升员工自主管理水平

以班组(工位)管理板为载体落实精益生产"班组长七大任务"的管理,将质量、安全、生产、保全、成本、人事、环境等七大要素融入班组日常管理。建设标准化工位,推进精益生产工具方法在工位的应用,如将标准作业、自主保全、生产实绩、异常问题、质量管理、改善提案等精益工具在基层班组贯彻实施,形成工位标准,全面推广,将生产、质量、工艺、物流、现场等管理模式在基层班组实现。搭建班组长标准培训体系,以班组员工自主管理为切入点开展多层级、多维度培训,同步培育一大批基层内训师。

(四)建设精益生产示范区(线),普及工位制节拍化生产

中国南车对建设精益生产示范区(线)进行详细策划,构建《精益生产示范区(线)"7化22条"评价标准》,集团每年组织开展申报、评价、授星及奖励工作。

1.明确精益生产示范区(线)的定义、特征和评价标准

中国南车精益生产示范区(线)是指以提高品质、效率、效益和消除浪费为目标,应用精益生产思想、方法和工具,建设具有示范引领作用的机车、客车、货车、动车组、城轨地铁车辆及专有技术延伸产品的制造、修理精益化生产区域(线)。其评价标准是"7化"22条。"7化"是指精益生产示范区(线)具备"制度规范化、布局合理化、生产平准化、作业标准化、管理目视化、运行高效化、改善持续化"等七个方面的特征。"22条"是指精益生产示范区(线)评价的22条标准。

中国南车提出建设精益生产示范区(线)的"7步工作法":选择示范区(线);成立推进组织,明确管理职责与分工;论证推进方案;制定建区(线)计划;完善标准制度;实施建区(线)方案;评价推广,持续改善。

2.扎实开展精益生产示范区(线)建设

系统策划和组织。中国南车召开年度精益生产工作会议,对精益生产示范区(线)建设进行具体部署,明确精益示范区(线)建设工作要求;组织各子公司申报精益示范区(线)重点推进;组织工作调研,组织制定评审标准;组织召开了车间主任精益生产示范区(线)建设的专题培训和交流会,推进和落实示范区(线)建设工作。

统一评价和总结。采用体系评审的思路和方法,通过子公司自评、中国南车评价工作组现场评价、中国南车精益生产推进管理委员会综合评定三个阶段的工作,力求全面、公正、客观有系统性地对各单位申报示范区(线)建设进行评估。截至2011年,已通过验收的示范区(线)达到129个,2012年共有108个精益示范区(线)在建,工位制节拍化生产模式已全面覆盖中国南车主产品的各个领域。

集中授星和表彰。对有优秀工作实效和突破性改善成果的示范区(线),中国南车组织高层会议集中授星和表彰,截至2011年,共有四星级1条、三星级12条、二星级27条获得表彰和奖励,其制造模式转型的工作经验得到广泛宣传和深入推广。

(五)做好制度建设,保障精益生产的持续推进

1. 组织机制保障,上下协同推进

从集团总部到各子公司,自推进开始就建立精益生产管理委员会(或领导小组)、精益生产推进办公室(以下简称精益办)、精益生产实施小组等三级工作组织。集团总部成立的精益生产推进管理委员会和推进办公室,委员会主任由公司总裁亲自担任。公司主要业务部门都是推进管理委员会成员部门。精益生产管理委员会(或领导小组)主要负责方案策划、目标设定、资源调配、重要项目评估验收的组织等工作。精益办作为一个跨功能改善团队,主要负责计划管理、督导协调、改善效果总结发布等工作。精益生产实施小组负责营建团队改善机制,实施精益改善。充分发挥自身优势,组织各子公司有"一技之长"的改善标杆和管理专家组成团队,不定期开展经验交流、内部培训、工作指导和评价验收等工作,帮助子公司答疑解惑,提升推进实效。

2. 开展精益生产绩效评价

每年组织一次精益生产考核评价,对各子公司工作进行综合评价,并将结果纳入子公司资产经营责任制考核,与子公司领导班子薪酬挂钩,强化了领导重视,加速了观念转变,促进了工作的制度化、规范化。各子公司也围绕总资产、存货周转指标主要运营指标建立专项目标管理体系,逐级分解直至工位,发挥了很好的引导和激励作用。

3. 培育精益人才

推动企业领导、中层管理人员成为精益专家,理解精益,掌握精益,执行精益,组织中层管理后备干部到精益办去挂职锻炼;培养一批懂精益,现场执行精益的班组长、精益先锋、精益专职人员;培育具有现场贯彻精益能力和执行力的基层管理人员。在培训方式上,一是通过赴日本研修培训,拓宽精益推动者的视野,集团层面组织3批100余人参加赴日本研修培训,各子公司也组织多批人员到日本研修;二是开展特训营集中培训,以丰田道场为借鉴,建立"精益模拟工厂"、员工技能训练基地、模拟沙盘等;三是在推进的过程中,积极培养一定数量的内训师,让他们在企业内部开展转训工作。

4. 塑造精益文化

中国南车通过网络办公平台和集团报刊,刊发精益生产小知识和工作动态,子公司如眉山公司、石家庄公司、浦镇公司、戚墅堰公司等都结合本单位的实际,编制、印发精益生产宣传册,在一定范围内发放,便于大家学习理解。党政工团共同参与营造了很好的氛围。比如,以党政联合发文形式安排精益生产,团委举办以精益生产为主题的团干部培训,季评"精益明星"。宣传部把精益管理同企业思想宣传和文化建设结合,工会把精益生产作为劳动竞赛的重要内容,开展了精益生产知识现场抢答活动。

三、以新型作业平台为核心的精益生产管理效果

(一)促进了企业兼顾品质、效率、效益的平衡发展

中国南车产品质量稳步提升,主产品生产效率大幅提升,较好地满足了中国轨道交通快速发展的需要。高速动车组方面,四方股份公司新造高速动车组生产总装生产线由2009年2辆/天提高到4辆/天,浦镇公司客车总装生产线由2008年3辆/天提高到2011年的12辆/天,南方汇通公司货车生产能力从原来的日产35辆提升到了45辆以上,2011年完成货车检修比2009年翻一番。

(二)进一步打造了中国南车轨道交通装备产品优势

中国南车实现了产品技术从"国内一流"向"国际领先"的跨越,从"技术跟随"向"技术引领"的转型。目前,动车组、大功率机车、城轨地铁、客车、货车等产品形成了完整的谱系化产品,其性能指标达到世界一流水平。CRH380A 型高速动车组创造了时速 486.1 公里的世界铁路运营最高试验速度,并在京沪高铁稳定可靠运行至今。高速动车组满足了中国高铁的快速发展,自主创新的高端城际动车组出口马来西亚;HXN5 型大功率内燃机车共交付 535 台;自主知识产权的 A 型地铁车辆、轻轨铰接式车辆等高端产品出口欧洲、东南亚等地区。中国南车海外市场也开始进入高端市场,出口澳大利亚的交流传动内燃机车、出口土耳其的轻轨列车,都是拥有自主产权的高端产品。2011 年,中国南车的出口收入同比增长 162%。

(三)进一步提升了企业效益和品牌价值

企业效益持续提升。2011 年实现营业收入 826 亿元,同比增长 23.7%;实现利润总额 53.97 亿元,同比增长 51.9%;其他各项经营指标均创历史最好水平,超额完成国资委的经营业绩考核指标。同时,有 3 家子公司营业收入超百亿。在国资委公布的 2010 年度、2011 年度中央企业经营业绩考核中,中国南车连续获评业绩考核 A 级企业。与世界轨道交通装备主要企业比较,中国南车已成功跻身世界业内三强。德国著名咨询机构 SCI Verkehr 最近发布研究报告,公布了 2010 年世界轨道交通装备制造商新造领域十强,中国南车跃居全球第一位。中国南车 2009 年被 Brand finace 评为世界最具价值 500 品牌,品牌价值 19.87 亿美元,列第 477 位;继 2011 年跻身中国 500 最具价值品牌排行榜(品牌价值 171.26 亿元,机械行业品牌第二)后,在世界品牌实验室发布的《2012 年中国最具价值品牌》排行榜中,南车以 210.89 亿元品牌价值位列排行榜第 54 位,机械行业第一位,品牌影响力被评定为世界性。

(成果创造人:赵小刚、郑昌泓、刘化龙、唐克林、张　军、傅建国、
詹艳景、陈大洋、楼齐良、苗永纯、阴明月光、闫卫华)

提升核心竞争力的施工项目精细化管理

中冶建工集团有限公司

成果主创人：公司董事长姚晋川

中冶建工集团有限公司（简称中冶建工），是中国中冶（MCC）全资的大型国有建筑企业，是原中国第十八冶金建设公司（1965年成立）以其主业资产为基础，改制设立的有限责任公司。现有资产总额93.78亿元，员工4408人。中冶建工主要从事工程施工总承包、钢结构加工制作、商品混凝土生产及销售、房地产开发等，覆盖了工程的勘察设计、材料供应、建筑施工到机电设备安装调试，向用户提供"交钥匙"全过程服务。

一、提升核心竞争力的施工项目精细化管理背景

（一）改变项目管理粗放，确保企业彻底走出困境的需要

上个世纪90年代中后期，中冶建工工程项目大面积亏损，长期在低谷、困境中徘徊，1999年跌至谷底，累计亏损达1.7亿元，面临生与死的严峻考验。为此，自2000年起，中冶建工逐步对项目管理进行系列改革，不断加强与规范项目管理，取得了一定的成效。至2005年，中冶建工初步形成了以项目经理责任制为核心的项目管理基本制度，管理得以逐步规范，但在总体上，项目管理的绩效更多地依赖于项目经理个人的素质与经验，管理仍较薄弱粗放：一是项目管理有效约束与激励不足，项目管理人员在计划经济时期形成的"等、靠、要"思想仍未彻底清除；二是项目成本管理较为粗放，成本控制能力较弱；三是项目管理重结果轻过程，对项目的过程管控力度不够，分包工程"以包代管"现象仍然存在；四是项目分包采购不够规范，漏洞较多；五是项目投标较为盲目，风险控制能力不足。因此，急需精细项目管理，以确保企业彻底摆脱困境、步入可持续发展轨道。

（二）提升项目管理水平，增强企业核心竞争力的需要

随着建筑施工市场的快速发展，尤其是中国加入WTO后国内市场与国际市场接轨，市场竞争不断加剧，同时人力成本增长过快、原材料价格不断攀升等导致建筑成本压力与日俱增，工程项目的利润空间越来越小。因此，进一步挖掘项目管理潜力，提升项目管理水平，强化项目"进度、安全、质量、成本"4大核心要素的管控能力，降低项目成本，提高综合盈利水平，已成为施工企业提升管理水平、实现创利增效的必由之路。

基于上述原因，中冶建工在2003年扭亏后，经过2年的探索，于2006年正式实施施工项目精细化管理。

二、提升核心竞争力的施工项目精细化管理内涵和主要做法

中冶建工以"优质服务业主,精细项目管控,树立良好口碑"为管理理念,以转变项目管理体制、机制为根本,以提升企业核心竞争力为导向,以精、细为基本原则,以重细节、重过程、重基础、重落实、重质量、重效果为重点,以将复杂的事情简单化、简单的事情流程化、流程化的事情定量化、定量的事情信息化为基本方法,构建实施"一体五制"项目管理体制,优化要素管理、投标管理、安全质量管理,运用信息化手段,实现工程项目管理的规范化、标准化、精细化,确保施工企业核心竞争力的提升和持续发展。主要做法如下:

(一)理清管理思路,构建精细项目管理组织

1. 理清管理思路

中冶建工在"优质服务业主,精细项目管控,树立良好口碑"核心管理理念指导下,确立"把握重点,科学计划,责任引导"的管理思路。

为落实上述核心管理理念和管理思路,一是在企业内部报刊、杂志上设置"项目精细管理"专栏,宣传精细项目管理的重要意义、主要内容及其基本方法,使全体员工掌握项目精细管理的要求,形成共识;刊载企业内部出现的项目精细管理典型事例,营造项目精细管理你追我赶的良好氛围。二是定期以专题例会形式,就项目管理实施过程中的精细性和所遇到的困难与问题进行讨论解决,开展经验交流,同时通告精细项目管理的最新技术动向,部署下一阶段精细项目管理工作重点,明确任务,积极推进。三是每年都对上一年度企业项目精细管理的实施情况进行总结分析,并以此为基础,确定下一年度项目精细管理的工作重点、计划安排等,为企业项目精细管理提供纲领性指引。

2. 构建精细项目管理组织

成立以公司法定代表人为组长,办公室、审计处、计划财务处、工程管理处、安全生产监督管理处、科技质量处、保卫处、人力资源处、法律事务处等职能部门负责人为成员的"精细项目管理领导小组",负责企业精细项目管理工作的领导、监督、检查、指导。下设"精细项目管理办公室",负责精细项目管理的常务工作。各职能部门按照办公室的安排,开展相应业务系统的精细项目管理工作,指导、监督各二级公司、直属项目部落实。同时,各二级公司还须对本单位委托一级管理项目部、自管项目部的精细项目管理工作进行组织落实。

(二)建立"一体五制",夯实精细管理基础

1. 建立以"一体五制"为核心的新型项目管理体系

中冶建工在传统的项目管理中实行的是由"工程项目指挥部"和属下的"二级项目部"组成的"两级管理体制",管理关系混乱,无法有效落实管理责任。鉴于此,中冶建工推行以"一体五制"为核心内容的新型项目管理体系。其中,"一体"是指"一级管理专业分包的管理体制",这是项目管理的根本,主要削减管理层次、落实管理责任、硬化管理成本、增强核算意识、提高管

设计研发大厦

理效率;"五制"是指"项目经理责任制、项目成本核算制、项目招标制、项目审计制、项目公开通报奖惩制",这是项目管理的基本措施,以此对项目管理的关键人物和关键环节实行有效的激励、约束和控制,保障项目管理有效运行。

2. 明确项目管理主体

项目组建模式是项目管理体制的核心和基础性内容。在新型项目管理体系中,每一项工程仅设立一个责任主体(项目经理部),即"一级管理",项目经理部直接对企业负责,负责整个项目的组织、统筹、协调及实施;对存在多专业的工程项目经理部,下设专业分部,即"专业分包",负责专业分包工程的具体实施,专业分部直接对项目经理部负责。

3. 落实项目经理责任制

一是建立项目目标责任制。采用项目经理与企业法人代表签订《项目管理目标责任书》的形式,明确项目经理部的责、权、利。

二是建立风险抵押机制。"风险抵押金"(具体额度视工程项目的专业性质和体量确定)是包含项目经理在内的所有项目管理人员,对实施项目的经济责任的一种具体体现。中冶建工将按时缴纳项目风险抵押金作为项目经理任职的必要条件;同时,对其余项目管理人员,将风险抵押金的实际缴纳额度作为其最终获得奖励高低的重要依据之一。

4. 强化成本测算、核算与分析

科学确立项目责任目标成本测算标准。一是确立"项目责任目标成本略优于企业实际成本控制水平,逐步向同行业标杆靠拢"的基本测算原则。二是明确项目责任目标成本测算依据,包括:工程施工合同、协议、招投标文件;工程所在地《工程预算定额》、人工、材料、机械台班等市场价格水平;企业内部施工定额、劳动定额、材料消耗定额、机械台班定额和各种费用支出标准;企业内部成本管理和成本控制水平,同行业成本管控的平均先进水平;其他与工程相关的情况和信息资料,如工程项目二次经营空间、项目资金支付款条件、工期、安全和质量要求等。

集中项目成本核算,强化项目成本监督。一是构建项目成本集中核算机制,实行项目财务人员派出制(项目财务人员由企业两级财务部门统一派出,按管理权限受财务部门直接领导),将工程项目成本核算收归两级财务部门,充分发挥会计核算监督职能,强化项目成本监管,促进项目成本核算制的有效落实。二是为实时掌握项目成本监控情况,实行精细化的3周期成本分析制度,即开展月度成本分析、季度成本分析、年度终结成本分析。每个周期的成本分析都以成本管控目标为准进行,以避免成本失控。

5. 优化招标采购

第一,执行项目招标制,明确项目招标范围。项目实施过程中的工程分包、劳务分包、材料采购、设备采购、设备租赁、周转材料租赁等能够用市场手段解决的经济活动,均须集中采购、集中招标,降低成本。

第二,实行招标管理八项原则,进一步规范招标活动。一是从严资格审查原则。必须根据招标的内容和资格审查条件从严审查投标报名者的资质、实力和社会信誉等是否满足投标要求,否则不能进入招标流程的下一个步骤。二是坚持低价中标的基本原则。凡通过资格审查的,必须一视同仁,低价中标。同时,倡导投标者对招标过程进行监督,受理相关投诉,体现公开、公平、公正的竞争原则。三是坚持充分竞争原则。参与并具备投标资格的人数不能少于预选中标人的5倍以上,否则视为流标,须扩大招标范围或调整招标条件,重新组织招标。四是坚持招标组织与中标结果审核批准相分离原则。企业及下属二级公司分别设立职能健全的"招标中心",按招标程序组织招标,将招标推荐意见报企业两级办公会进行审查和审批,两级主要领导不参与和不干预招标过程中的具体事项,以利于招标工作人员严格按规定流程和要求组织招标。五是坚持履约保证原则。将分包方、供应方、合作方等的履约保证金足额及时到位作为合同生效和实施的前提条件。六是坚持优秀分包方同等优先和优先选择原则。在坚持资格审查和低价中标基本原则的基础上,通过二次报价的同等优先和优先选择标段等方法,引导和鼓励分包方积极争当企业的优秀分承包商,储备更多的优秀分承包商,形成分包管理的良性竞争局面。七是对违约者坚决及时清退原则。对保证不了工程质量、安全、进度或给企业造成严重的负面影响,且不能及时落实有效的整改措施的分包方,须及时清退。八是维护企业招标管理权威性原则。

第三,严格项目招标操作。为强化对项目招标活动的监管,按照招标事项及所涉金额对项目招标实行定级分类(分为重大招标、重要招标及一般性招标)。重大招标须有企业主要领导参加,重要招标须有企业分管领导参加,一般性招标则须有相关部门负责人参加,同时招标结果经由董事长办公会审批确定。

第四,遵循"全面系统、简明科学、稳定可比、灵活可操作"四项原则,结合自身管理实际,分别构建分包商、供应商考评指标体系,并对各考评指标评价标准进行量化细分,按季对分包商、按年对供应商进行考评,按考评结果施以相应奖惩,促进分包商、供应商同步提升,确保项目有效实施。

6.全数审计追踪

第一,调整审计机构。撤销二级单位的审计机构,实行一级审计。

第二,明确审计范围。实行全数审计,所有的工程项目都属于审计范畴,落实项目审计制。同时改变单一的事后审计为事中和事后审计相结合,所有项目均须进行终结审计,且须待工程分包与劳务分包的结算经审计确认后方能支付分包尾款,重大项目和有异常情况的项目还须进行过程审计。

第三,进一步完善项目审计内容。从项目管理的关键环节入手,确立项目目标责任书的签订及执行、工程(劳务)分包管理、项目财务管理、项目结算与竣工决算及其他等五大项目审计事项,并细化五大项目审计事项的具体审计内容。

第四,严格界定审计时限。一是项目竣工验收并办理工程决算和内、外财务决算后10日内,启动项目终结审计。二是对工期在一年以上的项目,每年至少进行一次过程审计。三是对实施过程中成本严重超支已出现亏损,或出现重大异常情况的项目及时进行过程审计。四是可根据项目的运作实际和企业领导的要求等进行项目专项审计。

第五,实行项目成本风险预警监控。在实行项目过程审计、成本异常情况审计和项目终结审计相结合的项目成本审计制度过程中,当项目实际成本达到风险监控警界线时立即发出预警警报,进行过程详查,查明原因,并提出整改措施,避免成本失控。

第六,针对完工已决算但未做终结审计的项目建立动态月报制度。两级财务部门按月向审计部门滚动报送完工已决算但未做终结审计的项目动态情况(包括工程项目名称、决算时间、决算值、计划终结审计时间等情况），以便于审计部门监督管理完工已决算但未做终结审计的项目。

7. 严格考评奖惩

首先，增设项目过程考核，强化项目过程管控。按月进行项目过程考评，并与项目班子成员10%的职务工资挂钩，以加强对项目实施过程的引导、帮扶和激励。项目过程考评内容侧重于安全环境管理、质量管理及经营管理等三大方面。

其次，优化项目终结考评体系，精确项目效果评价。改变原来以利润定成绩的考评思路，构建项目综合考评体系，即以经内部审计确认后的项目实际利润为计奖基数，项目综合管理考核得分为计提系数。

最后，公开通报项目考评奖惩，落实项目公开通报奖惩制。所有项目考评结果均行文通报。在年初工作会和上半年经济活动分析会上，集中公开通报兑现项目终结奖惩，并在企业内部刊物上对项目终结考评结果予以再次宣传，扩大通报信息的受众范围。

（三）引入市场机制，建立内部模拟市场

1. 建立内部人才市场

按照合理配置、有偿使用的原则，建立企业内部员工借调机制，进一步提高项目人力资源配置效率。各项目部按生产经营需要，需向企业内部单位调节用人时，可提出员工借调书面报告，经相关部门协调后，便可办理员工借调手续。在借调过程中，项目部须向借出单位按季度支付相应管理费。而此项管理费的具体标准，按借调人员的有关职级确定。借调期间，借调人员的社会保险费、住房公积金等费用也由项目部承担。同时搭建企业内部人员岗位状态信息共享平台——人员岗位状态信息台账，将企业内部所有在职员工当前岗位状态及所属岗位信息分别予以准确记录。

2. 建立内部资金市场

引进商业银行的信贷职能和方式，以自有资金和商业银行的信贷资金为基础，构建内部银行，按照"诚实守信、计划管理、严格审批、有偿使用、按月付息、到期还本"原则，调剂项目资金余缺，活化与加速项目资金周转，提高项目资金使用效率。

项目部因需要，拟向内部银行借款时，可提出书面申请，经相关部门、单位领导审核批准后获得使用。项目部对内部银行资金使用，须按规定支付一定利息，按期还本付息。若发生逾期，处以罚息，且对流入项目部的资金无条件扣划，用于归还到期内部借款。同时，降低该项目部在企业内部的信用评级，并视情况，停止对该项目部新增内部借款。此外，项目部须按照借款审批用途，专款专用，一旦违规，将要求其提前归还借款，并严肃追究责任，对其进行处罚，以确保资金的正确使用。

（四）畅通信息渠道，准确投标测算

1. 畅通信息渠道

一是在国家、省、市发改委、规划、国土、建设、市政、交通等部门及勘察设计院、已经合作过的业主单位设立经营信息工作站，并配备相应的专职信息员，负责经营信息的采集工作；二是在企业内部经营管理机构中设置信息收集员岗位，负责定期从广播、电视、网络、报刊等媒体、企业职工和社会各界人士中搜索任务信息；三是搭建经营信息电子商务平台，进一步拓展项目经营信息获取渠道，提高项目经营信息获取的时效性；四是建立包括信息收集、筛选、分类、整理、上报在内的规范化经营信息流转程序，严格控制经营信息传播，提高经营信息处理的效率和安全性。

同时，分级奖励信息提供者。根据信息可能带来的预计收益、有效性等因素，将奖励分为四个等级。对经企业确认的有效经营信息，按其所属等级给予相应奖励。

2. 准确投标测算和严格合同管理

坚实项目投标成本测算基础，提升项目投标成本测算准确度。一是建立项目终结自查制度。各项目部在项目完工后，须针对项目的整个实施过程进行全方位的总结分析，并形成报告上报相关管理部门，为投标成本测算提供充分依据。二是建立材料价格趋势定期分析工作制。每月根据相关历史数据与当前经济环境情况，对材料价格进行滚动预测，为项目投标成本测算提供有效支撑。

强化合同风险控制，严把项目入口关。一是建立合同评审制，所有工程项目合同须经评审通过后方能签订。为提高合同评审效率，结合项目的性质、预计风险、所在区域、合同额度等因素，设置会议评审和会签评审两种合同评审形式。其中，对于项目性质较为特殊（如 BT、BOT 项目）、合同额及其风险较大项目，采取会议评审，其余则进行会签评审。二是构建合同管理两级督导制，从严合同风险管控。一方面，各二级公司对所属项目合同（包括项目分包合同、采购合同（买卖合同）、租赁合同、服务合同及其他经济合同和协议等）实施实时监管，严格审查；另一方面，定期对各二级公司合同管理工作进行专项检查，并与其年度经营管理绩效直接挂钩。

（五）采取多元措施，强化安全管理

1. 科技兴安

推广应用先进科学技术，加强企业技术创新力度、淘汰落后的生产工艺，为安全生产隐患的排查、整治以及安全监控提供技术支撑。同时建立专业齐全、业务精湛的安全生产专家库，进一步优化完善专家组工作机制和决策流程，充分发挥专家组在技术咨询、隐患评估、风险防范、事故分析和处理等方面的作用。

2. 投入保安

加强项目安全文明施工措施费的投入和使用控制，专款专用，独立核算，确保安全投入的充足性和有效性。各项目按其所属类别计提相应比例的安全文明施工措施费，项目完结时，剩余未使用的安全文明施工措施费全部收归企业，不作为项目效益，有效消除"用安全换效益"的侥幸心理。

3. 固基强安

第一，强化对分包单位的安全生产管理。一是将分包方的安全负责人的确定作为招标资格预审的条件之一，并把安全负责人纳入到项目部安全管理机构进行统一调配管理。二是实行分包工程建安费用与安全经费单独报价，监督使用。从招标环节着手，按分包工程的类型，确定其安全经费计提比例，由分包方在报价中单列。中冶建工按分包方安全经费实际投入量在工程款中予以支付，未投入的安全经费不再支付，以规避分包单位为降低成本牺牲安全的风险。三是建立分包方安全生产保证金制度，每家参建分包单位，在签订分包合同后即须向企业缴纳一定数额的安全生产保证金，作为其履行安全生产责任的保证。四是建立分包商黑名单制度。凡安全教育不力，安全投入不到位的分包单位,一律列入不合格分包商行列。

第二,加大安全宣传教育力度。一是大力开展安全生产月、"安康杯"竞赛、"零事故"等多形式安全生产专题活动,强化项目管理人员的安全生产意识。二是建立两级(企业级、项目级)安全生产例会制,强化安全生产法律法规的学习。三是通过黑板报、内部报刊等多种形式在全企业范围内普及安全生产法律法规及典型案例,提高全员安全生产意识。四是开展安全生产法律法规、事故案例分析演讲,提高项目管理人员的安全意识、事故隐患的洞察力和作业人员的安全技能及安全防护意识,强化履行安全生产职责能力。五是举办农民工夜校,推进广大农民工安全生产知识普及,减少违章作业行为。

第三,建立健全安全生产责任制,确保安全生产责任落实。一是将项目安全生产责任进一步细化分解到各生产岗位,建立一条自上而下、环环紧扣的"安全责任链",形成纵向到底、横向到边、"三全"(全过程、全方位、全员)的项目安全生产责任网络。二是按照"不漏掉一个环节、不疏忽一个隐患、不轻视一个苗头、不放过一个工地"的"四不"原则,实行定期检查与不定期抽查相结合的安全监督管理,不断加大检查监管力度,同时对发现的隐患,以书面形式向项目部下达《工程安全隐患整改通知书》,项目部在规定的时间内完成整改,接受复查。对于违规违纪的责任单位和责任者给予大力度的行政与经济双重处罚,对受到各类处罚者,均以通报形式在全企业范围内进行通报,以促进责任制有效落实。

第四,构建"质量·环境·职业健康安全"的一体化管理体系,进一步规范细化质量、环境及职业健康安全管理,提高企业质量、环境及职业健康安全管理绩效。

第五,不断推进安全质量标准化向纵深发展。按照"管理台账化、装备现代化、指令书面化、操作程序化、行为规范化"要求,深入开展以岗位达标、专业达标为主要内容的安全生产标准化建设,规范细化项目安全生产工作流程、作业流程,促进项目安全生产工作法制化、规范化、精细化。

4. 文化促安

在"以人为本,安全第一"安全方针的指引下,建立以"标化管理,文明施工,努力营造友好型环境"为核心内容的安全文化。通过企业内部的各种宣传媒体,持续宣传"安全第一,预防为主,消除隐患"的安全生产指导思想,以"为进入施工现场的所有人创造安全的施工环境和工作环境"为神圣职责,强化企业安全管理,不断提高全员安全意识。

(六)优化责任体系,推动技术创新,强化质量监控

第一,建立"用我们的诚信、智慧和追求,雕塑时代的建筑精品"质量方针为核心内容的质量文化,营造"精细管理,严格规程,注重细节,尊重用户"的质量文化氛围。

第二,构建"三全"(全过程、全方位、全员)的项目质量保证体系,建立健全细化至施工岗位的质量责任制和责任追究制。将质量管理责任细化落实到工程项目的各实施岗位,对质量事故相关责任者给予行政处分和经济处罚(同于前述安全责任追究机制)。

第三,开展"创优"活动,鼓励科技攻关。一是全面开展QC小组活动,搭建质量改进平台。二是规范项目创奖管理,鼓励打造项目精品。三是完善技术创新激励机制,提高广大工程技术人员运用新技术、熟悉新材料、掌握新工艺、了解新设备、总结新成果以改善工程质量的主动性。

第四，建立定期分析工作制，强化质量控制。一是项目部每周召开一次工程例会，总结和部署质量管理工作。每月组织一次施工质量专项检查，召开质量分析会，着重查问题、指通病，抓住重点和难点问题的整改。同时，项目竣工时须进行工程质量的全面总结，为后续工程质量管理提供宝贵经验。二是企业和下属分公司的职能部门，每季度对项目施工质量进行一次全面检查，总结出特点、规律和经验后在面上推广。

第五，开展精细化质量考评。实行定量化考评，形成项目质量管理考评指标体系。

（七）运用信息化手段，提升精细管理水平

按照"复杂的事情简单化、简单的事情流程化、流程化的事情定量化、定量的事情信息化"的方法，构建起"综合项目管理信息系统"。该系统由"项目管理、人力资源管理、档案管理"三大业务子系统构成，实现了对项目投标管理、施工过程管理（包括合同、成本、物资、资金、人员、设备、进度、质量、安全、风险管理等）、竣工验收、保修期管理、项目后评价管理等项目全生命周期、全要素的信息化管理。

其中，项目管理子系统的主体功能是对工程项目的计划、组织、监督、控制、协调等全方位信息进行搜集、辨析、分析、判断、处理和分配传输，变事后管理为过程控制和事前管理，且以成本管理为核心，计划进度管理为主线，进行生产成本的全过程信息化管控，实现项目管理的PDCA循环。同时，将管理经验纳入系统的应用标准、系统关键业务流程，使项目管理各项工作有机联系起来，实现项目管理各项业务的统筹控制。

三、提升核心竞争力的施工项目精细化管理效果

（一）项目管理水平全面提高，精品工程不断涌现

通过成果的有效实施，中冶建工的工程项目管控能力和水平全面提升，实现了从确定项目施工方案到项目竣工验收的"三全"（全过程、全方位、全员）精细化管理，精品工程不断涌现，业主满意度显著提高。奥体中心工程继大都会广场工程后，再获中国詹天佑土木工程大奖，重庆奥克国际贸易中心工程与西永微电子工业园标准厂房工程双获国家建筑工程鲁班奖，国际会展中心钢结构工程获中国钢结构金奖和中国焊接工程一等奖等，企业社会形象大幅度提升。

（二）项目盈利水平大幅提升，经济、社会效益显著

通过成果的有效实施，中冶建工的工程项目综合盈利水平不断上档升级，创利增效显著。近年来，共化解历史遗留问题共计近5亿元；2011年，步入百亿级企业行列，新签合同额较2005年增长9倍，利润总额达到2.41亿元，较2005年增长近9倍，营业收入达到132.77亿元，较2005年增长近7倍，企业全员劳动生产率显著提高，2011年全员劳动生产率304.38万元/年·人，较2005年增长近9倍。

与此同时，中冶建工社会声誉不断提升，先后荣获全国推行工程总承包先进企业、创鲁班奖工程特别荣誉企业、冶金建设行业优秀企业、全国工程建设质量管理优秀企业、最佳诚信企业等荣誉称号，连续多次被评为全国建筑业先进企业、全国优秀施工企业。

（成果创造人：姚晋川、潘必义、周　勇、李国润、姜　燕）

大型石油企业聚焦系统节点的精细化管理

中国石油化工股份有限公司胜利油田分公司

成果主创人：胜利石油管理局副局长宋振国

中国石油化工股份有限公司胜利油田分公司（简称胜利油田）是中国石油化工集团公司胜利石油管理局、中国石油化工股份有限公司胜利油田分公司的统称，是一家国有大型石油企业。核心业务为石油天然气勘探开发和石油工程技术服务，工作区域主要分布在山东省的东营、滨州等8市的28县（区）和新疆、甘肃等省区，探矿权勘探面积20.2万平方千米，油、气资源总量分别为145亿吨、24738.6亿立方米。胜利油田是上世纪60年代在华北地区早期找油的基础上发现并发展起来的。截至2011年底，胜利油田累计探明储量52亿吨，累计生产原油10亿吨，占我国陆上油田探明储量和原油产量的五分之一；累计实现产值1万亿元，实现税费3085亿元。

一、大型石油企业聚焦系统节点的精细化管理背景

（一）实现集团公司战略目标的要求

中国石化集团公司明确今后一个时期的战略目标是建设成为世界一流能源化工公司。为完成集团公司战略目标任务，胜利油田提出了"打造世界一流，实现率先发展"的阶段性目标，分板块、分系统、分层次、分岗位开展对标、追标、创标工作。在与埃克森美孚、壳牌、BP等国际大型石油公司的对比中，油田充分认识严谨的生产管理、追求完善的成本管理等许多做法值得学习。由于受传统管理、会战模式的影响，管理制度、现场管理等方面还存在着"盲点"和"短板"，粗放管理的现象依然存在，当前油田系统内的关键流程、关键节点管理难以跟上生产经营快速发展的变化需要。

（二）适应内外部环境变化的现实需要

近年来，受原材料价格上涨、生产规模扩大等主要因素影响，胜利油田油气单位完全成本快速上涨的速度甚至超过了规模扩大带来的利润增长速度，现实要求企业必须通过全面的精细管理来降本增效，实现科学有效发展。胜利油田单位多、规模大、涉及业务多，已形成油气勘探开发、石油工程技术服务、水电气暖公用工程和矿区服务四大业务板块。勘探开发区域涉及海上、陆上和西部；石油工程技术服务队伍已进入国内20多个省市自治区及19个国家和地区的外部市场；油田仍承担着物业管理、医疗卫生等，给油田管理工作带来了很大的难度。加之油田历经50多年的勘探开发建设，主力油田含水已高达90%以上，控制递减难度越来越大。为应对上述复杂的内外部环境，胜利油田必须

从管理上下功夫、找潜力,准确梳理各业务系统,运用整体或系统的理念来处理复杂的问题,持续提升老油田发展能力。

(三)现代化的信息系统为系统节点精细化管理提供了有利条件

多年来,胜利油田全面推进"数字油田"建设,信息技术已成为提升油田整体发展水平的重要支撑,企业核心竞争力大大增强。目前,从企业信息化覆盖的广度、深度和取得的成效看,胜利油田信息化建设已走在全国前列。基本做到业务开展到哪里,网络信息就延伸到哪里的能力。胜利油田成熟的企业信息化覆盖广度、深度,为系统节点的精细化管理实现提供了良好的平台。

二、大型石油企业聚焦系统节点的精细化管理内涵和主要做法

胜利油田以精细化管理理念为指引,运用系统论、控制论的基本原理和方法,将油田勘探开发、石油工程、公用工程、矿区服务四大业务,科学划分为勘探、采油、钻井、成本管理、投资计划等多个子系统;结合每个系统内的工作重点、管理难点和风险点设置相应的一、二、三级等多层级管理节点;聚焦系统、节点,层层制定管理目标,逐级落实责任,把油田稳产、风险管控等主要目标分解成为全员的目标和责任。同时建立以目标为导向、以绩效为主线的分级运行、考核体系,使每个系统、节点始终处于受控状态,从而构建起"目标、责任、运行和考核"四大体系、形成"油田-二级单位-三级单位-四级单位-基层班组"五个层级业务协同、配套联动的工作格局,确保油田总目标的完成。主要做法如下:

(一)逐级优化,分层级确定节点

1.逐层级优化系统

系统划分遵循的原则主要有:一是专业突出原则,按专业职能划分,边界清晰,反映专业特点,坚持与油田生产经营实际相结合,重在实现某种功能;包含专业涉及的所有运作要素。二是整体最优原则,系统内要素之间相互关系,以系统整体为主进行协调,局部服从整体,使整体效果为最优。三是逐级细化原则,不同管理层级划分系统不仅要考虑业务的相关性,而且还要实现系统的层级对接,即系统纵向自成一体、逐级细化。

胜利油田制定一套标准化的"系统节点"管理模板。一是按全油田产业流程链划分为勘探开发、石油工程、公用工程和矿区服务四大业务系统。二是根据系统业务进一步优化细分。三是再根据各业务系统运行需要的相关专业职能进一步划分。如采油系统下设作业管理系统、安全环保系统、成本管理系统、计划投资系统、设备管理系统、物资供应系统、电力管理系统、地面工程系统等12个系统,各专业各职能系统之间相互控制,多维度融合,一体化运行。通过系统管理将企业中的各个子系统和有关部门的网络系统看的更清楚,计划、组织、财务和信息等基本职能不是相互孤立的,而是围绕着整体系统及其目标发挥作用。

全国钻井口数最多、面积最大的
陆地平台河50丛式井组

2. 分层级确立节点

"节点"指的是系统管理链条中的控制点，是系统工作中的管理重点、难点和关键点，是企业绩效的保证环节。节点确立遵循的主要原则：一是具体化原则，节点设置一定是具体的、可操作的，是系统的工作重点、难点和成本点、责任点，是"目标、责任、考核"的三维受控点。二是一体化原则，处于同一系统的同级节点，无论是时间的先后关系，还是空间的并列关系，一定是一体的，相互支持、互为辅助。三是体现下级保上级原则，同一系统下级节点是上级节点所反映工作重点、难点的具体细化，是落实上级事件的进一步保证。

勘探开发系统划分为18个系统，精细设置出65个一级管理节点、232个二级管理节点、637个三级管理节点；石油工程技术服务业务划分为15个系统，54个一级节点、192个二级节点、569个三级节点；公用工程业务划分为13个系统，87个一级节点、278个二级节点、737个三级节点；矿区服务业务划分为12个系统，40个一级节点、107个二级节点和279个三级节点。以油田勘探开发采油系统为例，下设油井基础管理、油井生产管理和油井技术管理3个一级节点，其中油井基础管理下又设资料管理、设备设施管理、三标管理3个二级节点，而资料管理下又设有资料录取、资料分析、资料应用3个三级节点，设备设施管理下设设备巡检、设备维护等3个三级节点。供应系统节点分设计划管理、仓储管理、发放管理、质量监督、废旧物资管理一级节点5个；二级预算管理、需求计划管理、物资验收、仓储保管保养、库存管理、物资配送、物资跟踪核销管理、物资检验管理、质量控制管理、现场管理、回收管理处置管理等12个二级节点；在二级节点的基础上又进一步细化三级节点28个。三个级别的节点管理包含了物资供应部门的物资供应的主要工作。

采油厂层面根据油田统一经营管理需要，将全厂整体工作按照业务性质，划分为勘探、开发、成本、投资等18个系统；而采油矿层面，与采油厂相对应，将全矿工作划分为14个系统；采油队与采油矿对应，将整体工作划分为13个系统。分系统按节点逐级分解细化。采油矿在保留采油厂节点设置的同时，又对部分三级节点进行细化，另设32个四级节点；采油队层面采油系统细化设一级节点2个、二级节点6个、三级节点15个、四级节点37个、五级节点5个。

（二）构建统筹兼顾的目标体系

目标体系构建主要遵循：一是横向关联原则。目标分解要保证各系统目标以及同级节点目标左右关联，方向一致，相互支持和配合。二是纵向贯通原则，纵向上，将上级下达的年度生产经营指标和工作任务，结合系统特点、工作性质、资源条件等情况，上下结合进行合理的分解和细化，层层落实到各系统、各节点，上一层级的目标要在下一层级找到对接点，建立起总目标—系统目标—节点目标的完整目标体系，确保总体目标的完成。

胜利油田按生产指标、管理指标和投资成本指标"一体化"的原则，上下结合制定各系统量化工作目标。各系统围绕其总体目标任务，相应制定本系统内各级节点的量化工作目标；采油厂、采油矿和基层队分别按照上级单位下达的承包指标和工作任务，划分管理系统，制定系统节点目标。

1. 建立目标风险预警机制

建立业务量目标和价值量目标风险预警机制。一是业务量目标风险防范。建立产量运行、施工工作量、水电气暖供应量等不同项业务量目标风险预警,针对不同的业务量指标和成本指标,分别采取不同的时间段或时间周期进行目标预警,确保及时发现和解决运行中存在的风险、问题。二是价值量目标风险防范。建立电费、材料费、作业费等成本要素风险预警,按照年度预算,确定不同时期、不同生产阶段的日、旬、月成本消耗计划,制定不同比例的差异预警线,确保成本有效控制。

2.建立成本管理系统

根据管理体系和成本管理的需求设置"预算管理、成本运行、成本监控、成本核算、成本分析、绩效考核"六个一级管理节点。一级管理节点下设22个二级管理节点,主要是预算优化、成本运行监控等节点。二级管理节点下设三级管理节点64个,并相应制定资金收支预算、项目费用管理等节点目标。在此目标基础上,成本管理系统进一步按照开发、工艺、财务、计划、经营各管理环节联动的原则,成立项目组,开展各单位与各系统目标任务的双向对接优化工作,以生产任务确定工作量,以工作量确定价值量,以确定的价值量优化工作量,以优化后的工作量确保生产任务完成。将油田费用要素按照提升、注水、注聚、井下作业、稠油热采等生产过程归集划分为38大项108小项,并将其涉及的工作量及价值量任务细化分解到各级成本节点,实现作业费、电费、材料费按要素到节点的全过程管理。社区物业系统明确各单位、各层级经营管理的基本指标、约束指标和核心指标。明确指标控制责任,按经营指标类型和组织层级,纵向上实行社区中心、职能部门、三级单位、四级单位、基层班组分层负责制,横向上实行小指标量化控制、综合性指标连带控制、关键性指标项目组控制,管理目标更加明确。

油田每年都对管理系统和节点进行重新优化,并重新对各系统和节点科学制定量化考核目标。

(三)构建全面覆盖的责任体系

1.明确责任体系构建的原则

首先,以目标定责任。各系统管理组、单位、部门和岗位,依据相对应的系统目标和节点目标确定责任内容、明晰责任主体,实现目标与职责的有机结合。

其次,具体可实施。责任内容要明晰规范,必须具体到工作目的、内容、要求、标准等,使责任人知道该干什么、怎么干,明确达到的标准等,并随时根据实施中遇到的问题进行完善。

最后,横向到边、纵向到底。横向上,明确各管理系统、各管理层级、各级节点的责任,责任分解横向到边;纵向上,依据节点层级和组织层级将责任层层分解到底,责任落实到节点、岗位和个人,实现全员参与、尽职尽责。

2.成立系统节点精细管理的组织领导机构

油田层面成立由油田主要领导、各职能处室主管领导为主要成员的领导小组,加强对系统节点精细管理的统一领导;领导小组下设运行办公室,设在经营管理部对"系统节点精细管理"工作进行组织、指导,协调各业务部门、单位建立系统节点分类、关键节点目标、责任的落实和考核机制;在各二级单位层面也成立相应的系统管理组、考核委员会和运行办公室,具体负责系统节点精细化管理的运行落实。从上到下,做到人人有责任、人人有指标,建成了协调联动的组织管理网络,实现层层推进,全员参与。

(四)构建奖罚并重的运行考核体系

按照责权利相统一原则,建立以目标为导向、以管理系统考核为主线、层层细化的分级考核体系。横向上,对各系统管理组进行考核;纵向上,由系统管理组考核落实到每一个节点,以系统考核驱动组织考核,根据各组织层级的职责逐级考核兑现到相应的责任单位、个人。各层次的系统管理组定期对本系统节点运行情况进行检查,分系统、分层次逐级考核兑现到各管理节点。每月定期依据检查考评结果和系统节点考核办法,下发《系统检查考核公报》,逐级考核到基层岗位和管理节点。坚持经济与组织手段相结合,做到考核规范、透明,先审计后兑现,维护系统节点管理的严肃性和权威性。加强奖励的及时性、激励性和公正性,按照不同权重,实行台阶奖励办法。

坚持日常督导与定期检查相结合的检查考核制度,抓落实到位。依托油田成熟的ERP、内控管理等信息化平台,完善监控、资料收集机制,建立"日检查、旬分析、月考核"动态监控、考核体系,大大促进了油田系统节点精细化工作的运行、考核监控工作,实现了各层级、各系统、各节点信息的及时获取,加大了系统节点控制力度。同时,每月定期组织相关专业人员深入基层单位进行实地管理大检查,真正做到检查到节点、考核到岗位,实现系统节点精细管理运行、控制、评价、考核的常态化、自动化。

采油系统按照责权利相统一的原则,完善二级单位、三级单位、四级单位、基层班组等各级次考核体系,加大一体化联责联控考核力度,定期严格考核兑现,进一步调动全员工作积极性。一是探索创新了科研技术部门源头成本考核模式。二是突出以原油产量和成本为核心的经营考核。三是强化生产保障单位以服务为导向的联产联责考核。四是加强机关职能部门与全厂生产经营大局的联责绩效考核。

(五)配套制度、加大培训,形成管理长效机制

制订《胜利油田系统节点精细管理办法》,制作系统节点管理模式图,并汇编成《系统节点管理手册》。指导三、四级单位将制度、标准和流程层层细化完善,进一步形成各级《系统节点管理手册》、《系统节点管理班组工作手册》和《职工岗位规范》,让岗位职工明明白白知道自己负责哪些节点、每个节点如何操作和运行,建立起涵盖分系统、到节点的规范化运行体系,促使日常管理工作完全遵循系统节点管理的标准化、规范化、精细化要求运行。

先后聘请清华大学、首都经贸大学、中国人民大学的多位教授专家进行理论指导,进一步从理论上对系统节点精细化管理进行提炼和提升。2010年,胜利油田领导先后四次组织召开油田系统节点管理精细化模式推进会,提升、完善勘探开发、石油工程、公用工程、矿区服务四大板块百余个系统的精细管理模板和管理措施。油田经营管理部多轮次组织四大业务板块人员参加系统节点管理学习培训班,分别对油田70余家单位,共计2000余人次进行了系统培训。

按照先试点后推广的原则,树立纯梁采油厂、黄河钻井公司等一批系统节点管理模范典型,推广学习滨南采油厂作业系统节点精细管理、东辛采油厂精细用电节点管理方法和现河采油厂"五化七要素"精细节点管理经验,以纯梁梁南管理区、现河采油13队、孤东采油16队等标杆队为现场学习示范点,建立"先进帮后进"的帮扶机制,共同进步,

构建多赢的良好局面。加大对各系统各单位推行系统节点精细管理的开展落实工作进行监督考核,运用报纸电视网络等各种媒体,通过座谈、交流、讨论等多种形式,强化宣传,营造舆论氛围,使系统节点精细管理理念覆盖全员、深入人心。

三、大型石油企业聚焦系统节点的精细化管理效果

(一)系统节点指标任务目标完成向好

按照领先程度、进步程度和贡献程度,对各单位指标进行综合排名、差异分析和考核评价,对油田层面36个系统共计790余项指标进行了综合分析,指标完成率达96.5%以上,取得了不错的效果。电力系统用电量由2006年的46.98亿千瓦时下降到2010年的46.55亿千瓦时,2011年稳定在46.56亿千瓦时;采油系统躺井率由年初的5.7%下降到3.5%,方案符合率、措施有效率得到明显提高;作业系统强化作业监督过程管理,多轮次作业井次从2009年的1983口降低到2011年的1374口,共降低了609口,减少无功低效投入5398万元。

(二)经营管控能力明显提升

分系统到节点的管理网络,突出了工作重点,理顺了工作思路,工作方向正确、目标明确,工作运行更加顺畅有序;突出了管理指标的量化考核和现场管理薄弱环节的追溯检查,形成了内容全面过程监督体系,促进了精细管理水平的进一步提高。分系统到节点的责任体系,使各项岗位规范和工作流程更加完善,工作效率明显提高。全员岗位责任管理,充分调动了职工学业务、强素质的积极性,激发了职工创新创效的热情。集团公司对系统节点精细管理给予高度评价,要求认真总结研究,形成精细化管理的长效机制,在集团公司全面推广。

(三)生产经营取得新成效

胜利油田2011年勘探开发保持了稳产增储态势,连续第29年探明石油地质储量过1亿吨,连续第9年三级储量均超1亿吨,超额完成集团公司年初下达的储量计划指标。油气生产平稳运行,油田全年生产原油2734万吨,在含水90%的特高含水期,连续16年产量保持在2700万吨以上,老油田产量箭头保持向上态势。石油工程板块优化市场生产运行,大力开展提速提效活动,增收增效2.39亿元。公用工程板加大市场开拓力度,降低供水产销差率1个百分点,降低供电线损0.2个百分点,增收增效567万元。社区板块增收增效315万元,居民满意服务率达98.5%以上。2011年全油田有效消化了生产规模扩大、产量结构变化和稳产难度增加等带来的成本硬增长因素,成本增长趋势得到控制,各项成本费用控制在集团公司考核指标以内。实现营业收入1710.3亿元,同比增长25%;实现企业增加值1250.53亿元,同比增长36.64%;实现利润404.36亿元,同比增长42%;实现税费583.55亿元,同比增长56.6%;经济增加值(EVA)250.86亿元,同比增长44.58%。

(成果创造人:宋振国、张政见、吴方健、刘路军、张佃友、张健青、来庆良、冯启海、刘冠国、项继云、谭国庆、鞠 伟)

航空企业科研新品与批产产品混线生产管理

庆安集团有限公司

庆安集团有限公司(简称庆安公司)建于1955年,隶属中国航空工业集团公司。在岗员工5000余人,资产总额30亿元,业务涉及航空及防务和非航空领域,拥有机载作动、制冷压缩机两大核心技术,主要产品涉及高升力系统/辅助飞控系统/主飞控作动装置、随动系统、货运系统及制冷压缩机系统四大领域。在航空及防务业务领域,产品谱系覆盖国产各类飞行器;在非航空业务领域,具有国内全谱系制冷压缩机研制能力和年产500余万台空调压缩机的生产能力。为国产某型飞机研制的具有自主知识产权的某系统,达到国际先进水平,荣获国家科学技术进步奖特等奖。

成果主创人:公司董事长、总经理丁凯

一、航空企业科研新品与批产产品混线生产管理背景

(一)适应国家高新装备研制的需要

"十一五"以来,国际形势和周边形势日益复杂,国防装备升级换代需求日益紧迫,大飞机项目成为国家意志。一代技术一代管理,企业迫切需要快速提升航空产品研制能力和批产能力,以适应下一代装备的科研生产管理要求。随着科研新品业务高速增长和批产品稳定增长,企业生产管控面临前所未有的复杂形势,表现为生产规模大、研制周期短、迭代次数多等因素错综交叉,迫使企业必须改变以批产为主的生产管控方式。

生产规模急剧增长,管控总量越来越大。科研新品和批产品零件种类每年增速达22%,从2009年的1.8万项增至2011年的近3万项,增幅达66%。其中科研新品项数从2009年的2000余项增至2011年的8000余项,新品零件年产出数量从2009年的11万件增至2011年的近63万件。

研制周期逐年缩短,客户对质量与进度的要求越来越高。新品从方案设计到产出定型的平均周期从2007年的八十几个月缩短到目前的十几个月左右,产品交付方式从年度交付变为按月齐套交付。

迭代次数多,新品研制状态不稳定,需要反复迭代,加剧生产计划的不确定性和生产组织的难度。

(二)实现企业"两个转变"促进战略落地的需要

庆安公司制定了"航空为本,航空与制冷并举"的发展战略,为促进战略落地,制定了"两个转变"(从生产科研型向科研生产型转变,从传统制造方式向数字化制造方式转变)

的发展路径。而实现两个转变,要求企业必须改变原有以批产为主的生产管控模式。

(三)有限的资源条件下满足不同客户需求的需要

随着企业转型升级步伐的加快,企业在技术、管理、资源等方面深层次的矛盾和问题逐渐浮出水面。一方面,企业需要抓住航空业务科研项目快速增长、批产订单稳定增长的大好时机快速发展;另一方面,有限的资源条件制约着快速发展。在有限的资源条件下,庆安公司只能采取科研新品与批产品混线生产的方式,多型号并举、科研批生产并行成为企业在战略转型期的重要特征。

生产设施设备方面,新厂房新设备尚未形成生产力;生产管理方面,以人工为主的调度型管控模式面对每天1.7万多件不同类型零组件的交付量只能靠人硬拼、"频繁救火",建设中的管理信息系统正遭遇因管理基础薄弱导致的难以全面发挥功能的尴尬局面;在资源配置方面,新品与批产品争夺资源现象愈演愈烈,其中科研产品套量从2007年到2011年剧增7倍,科研新品资源占比从2007年的16%扩展到2011年的45%,对以生产为主科研为辅的经营模式形成巨大冲击;在产品与客户方面,产品具有按需生产通用性不强、产品结构复杂加工难度大、生产工艺离散、产品种类多、生产批量小等多品种小批量特点,客户除来自国内所有主机厂所外,还有部队客户,不同产品与不同客户构成国内机载企业最复杂的产品生产交付矩阵。

二、航空企业科研新品与批产产品混线生产管理内涵与主要做法

庆安公司面对科研新品与批产产品混线生产组织的复杂现状,为提高生产系统的快速应变能力,满足国家高新工程装备的研制要求,以中航工业和机电公司战略为牵引,以国际先进航空企业为标杆,确立新品优先的生产管控原则;以客户需求为导向,以流程梳理为切入点,结合流程再造、精益思想、约束管理等理论和方法,利用成组技术、并行工程、信息化技术,对生产管控系统进行全方位梳理和调整:通过重构生产布局,优化研发流程、固化工艺,降低计划前置条件的复杂性和多变性;通过改变计划编制原则,增加计划编制层次,细化计划精度,引入信息化手段,解决计划对需求的快速反应和计划对生产作业的指导性问题;通过分层控制、引入色带管理和松弛率,控制流量、提高流速、紧急调度指令等,解决生产控制的有效性;通过推行生产准备包管理、实施设备一级管理和全面设备维护管理(TPM),建立协同生产环境,解决生产保障问题。

核心是将复杂多变系统分解成若干相对简单、稳定的小系统,以实现流程稳定、计划可控、调整及时、准时交付的目标,提升系统整体应变能力,最终解决航空制造企业转型期多品种小批量生产与科研混线的生产难题。主要做法如下:

(一)管理诊断,系统规划,确立科研新品优先的原则

1.识别科研新品与批产产品混线生产的主要制约因素

(1)生产流程不适应科研与批产混线

生产线

生产。科研与批产品在制造工艺成熟度方面的巨大差异造成生产流程的不稳定,导致生产运作系统难以实现科研和批产的快速转换。主要原因是:研新品工艺不稳定源于新品自身技术状态的不稳定以及快速产出的客户需求,频繁的设计变更和紧急插单频繁打乱了产安排。批产方面,庆安公司处于制造方式转型阶段,传统工艺向数字工艺转变过程中存在工艺稳定、工艺优化和固化等问题,难以发挥数控设备效率高、一致性好的优势,影响生产准备的及时到位和产品质量的稳定。工艺布局方面,采用机群式设备布局,零件在不同设备间反复流转,物料路径和管理链条长,零组件传递耗时严重,形成大量无效劳动。

(2)生产管控方式不适应科研生产与混线生产。管控能力差导致处于生产流程中的在制品过多即流量超负荷,流速难以提高,既影响批产稳定产出又影响科研新品快速产出。

(3)管理信息化方式不适应现场变化。庆安公司 ERP 一期建设工程,重点实施系统的物料管理、生产计划与控制子系统,对车间级的管理流程不提供直接和详细的支持,缺乏进度、在制品库存量、设备利用率等底层的信息。

2009 年,庆安公司建立了企业级面向车间层的管理信息系统(MES)平台,实现制造数据管理、物流管理、机械加工等子系统的上线运行。但计划与调度管理尚未实现,信息处理缺乏过程管理,尚不具备辅助决策能力,需要重点解决生产排程与生产调度的问题。

2. 系统规划,明确科研与批产混线生产的管控原则

以机载作动技术和压缩机技术核心技术为支撑,确定四大产品领域、三大航空产品发展目标和四级产品谱系。三大航空产品发展目标是成为国内高升力系统首选系统供应商、成为主飞控作动系统及作动器重要供应商、成为国内货运系统主要供应商;四级产品谱系为零组件级产品、分系统级产品、系统级产品和全面解决方案。

在产品发展领域和产品目标明晰的基础上,庆安公司制定生产运营规划。根据核心技术和产品领域以及产品谱系的特点和要求,以提高质量、降低成本、准时交付、延伸服务为生产系统总目标,以研发、制造和管理三个信息平台为加速器,通过优化生产布局、优化工艺、优化研发流程、优化组织结构等组织措施和夯实基础管理、细化能力计划、强化计划管控等管理措施,建立科研与批产混线生产的管理模式。

为满足客户需求,同时考虑航空产品研制具有技术难度大、技术状态不确定性等特点,庆安公司以新品和批产所占用的设备时间为标准,确定科研新品和批产品方面的生产策略,当科研新品资源占比在 5% 以下时,采取科研外包方式;新品资源占比在 5%~20% 之间时,设置新品试制单元,实行科研与批产分线生产;当新品资源占比达到 20% 以上时,集中企业生产资源,将科研新品纳入生产计划体系进行统一排产,实行科研与批产混线生产。2009 年,庆安公司科研新品资源占比已达 22%,按照既定的生产策略,集中资源采取科研与批产混线生产的生产方式,同时确定新品优先的生产管控原则。

(二)梳流程调结构,夯实计划编制基础,降低计划前置条件的复杂性和多变性

1. 梳理生产流程和机加资源,建立兼顾科研与批产需求的混合式生产布局

在分析产品/零件结构、工艺特征、生产组织特征的基础上,对加工类型相同、加工资源相近的两大机加分厂进行资源整合,组建综合机械加工分厂。根据机械产品中 70% 左

右的零件属于相似件的零件复杂度分布规律,采用成组技术(GT)中的视检法按结构、尺寸、功能要素、精度、材料、制造工艺过程等特征进行零件分类,形成筒体大件类、回转体类、壳体类、齿轮类和结构件类五个具有相似特征的零件族。以零件族为基础,在综合机械加工分厂建立基于产品对象专业化的筒体大件、回转体、壳体、齿类和结构件五个生产车间。

在专业化车间对各类设备按产品工艺路线进行布置,组建流水形式的模拟生产单元。以关键零组件和工艺相似性零组件为对象,以零件生产流程为依据,通过对零件生产流程的分析,按工艺相似性原则配置生产资源。对各类设备按零件工艺路线进行串行布置;对加工工艺、设备、人员进行固化,组建生产工段,形成零件加工过程基本封闭、工艺设备人员相对固定的"准流水线"。

2. 梳理科研生产流程,提高实物制造流程的稳定性,降低混线生产的复杂度

通过采取工序集中、优化工艺路线、快速换装等措施,实施零件加工工艺的优化和固化,夯实计划精准的基础,实现生产效率的大幅度提高和产品质量的高度稳定。2009年至2011年,采取重点突破、全面实施工艺优化和固化分步实施的做法,取得零件加工时间平均缩短30%以上的效果。

强化数据采集。实施基于条码技术的物流管理,解决基础数据采集难题。设置在制品周转库,运用条码技术进行在制品库房管理,设置在制品每道工序加工前(加工后)必须出库(入库)的流程,让数据录入成为每道工序开始前和结束后的必经环节。通过条码扫描,快速实现在制品信息采集并实时在MES系统进行动态共享,为计划员建立"最佳合理批次"提供参考。

数据积累和回归夯实计划编制的基础。动态显示设备信息,提供详细的资源利用信息以及瓶颈资源与非瓶颈资源近期设备利用率,并对利用率异常的情况进行报警。建立关键绩效指标(KPI)体系。将排产方案得到的虚拟设备利用率、工序开始时间与实际运作的数据进行统计回归分析,寻找可量化和精确的点,根据回归分析结果修正系统排产模型。

为缩短研发周期,减少迭代和产品状态波动,改变"开发—设计—样品试制—修改设计—工艺准备—试生产—生产"的串行方式,在产品开发的初始阶段,由科研处牵头,成立由设计部门、制造工艺部门、环境试验检测计量部门、生产处及协作厂家、客户代表等参与的项目团队,借助PLM系统平台集成产品数据管理(PDM)、计算机辅助工艺设计(CAPP)、计算机辅助设计(CAD)系统,实现项目中各项工作以及多项目的并行开展。

针对科研新品工艺不稳定、试制周期长、产品的可制造性难以评估的现状,将工艺优化与数字化制造技术相结合,在设计初期提前介入,进行三维数控工艺设计和仿真,颠覆以往用"试错"方式摸索稳定工艺方案的方法,缩短工艺的积累和稳定周期,提高可制造性、产品质量及生产效率。

针对产品工艺更改过程复杂,不能满足与现场同步一致的现状,实施基于MES系统平台的工艺变更与生产现场一致,减少现场等待以加快流速提高效率。临时变更和正式变更并行,对变更过程和进度进行有效控制和管理。对在制品批次进行针对性的临时变更,对存在设计错误、设计缺陷、工艺改进的产品进行永久性变更。量化工艺变更模式,

由传统单一的增加、删除、修改工序操作新增合并、超越、流水功能。工艺员有权根据现场情况随机调整工序目录,以便与现场加工进度保持一致。三次同样变更单的产品必须纳入永久变更。

3.组织优化,实施"三师一长"制的科研项目矩阵管理

2007年后,随着航空业务快速增长,为集中资源,强化管控,依据流程再造理论对业务流程进行梳理和优化,以 ECRS(取消、合并、重排、简化)方法进行组织重组和设立。通过压缩/合并非增值部门、重点建设增值部门、增设价值链上缺失的部门、构建面向客户和专业的矩阵组织等措施,实施从流程再造到组织再造的管理变革,建立以客户为中心兼顾专业技术发展的科研组织机构及运行机制,在科研项目中实施"三师一长"制的科研项目矩阵管理,使流程与组织结构进一步匹配。

所谓"三师一长"制,是结合行政总指挥、总设计师/总工程师、总质量师、生产长对科研项目进行管理,形成纵向到底横向到边的矩阵管理,并借助 PLM 系统平台实现对客户需求的快速响应。纵向面向专业,按专业由专业工程师解决产品技术和工程技术问题,引领专业发展方向;横向面向客户,以项目总监为型号负责人直接面对客户,对整个项目进行跨职能的协调,对项目研发的全流程负责,形成以顾客需求为驱动力迅速解决现场技术、质量问题的快速响应机制。

(三)改变计划、调度方式及考核方式提高生产管控精度

1.改变计划编制模式,实行基于能力约束的作业计划

生产管理部门根据 ERP 产品齐套算法,考虑装配现场的装配进度和中央零件库存,得到滚动的缺件结果,下发到分厂车间。分厂车间工段计划员将承接本工段的缺件计划纳入 MES 系统,结合现场在制品进度模拟运算排产,在最大满足产出的情况下给出产出结果,反馈给生产管理部门,实现"一上"。生产部门根据结果对现场进行走访,并对产能和负荷进行季度、月份、周次预估分析,在分析的基础上进行能力平衡,生成可执行的月度齐套缺件计划并下发各车间,完成"两下"。

2.以信息化手段为抓手,实现作业级计划自动排产

针对原 MES 系统尚不具备辅助决策能力的现状,庆安公司以系统效率取决于瓶颈效率的约束理论,将其与企业车间作业计划应用相结合,提出关键资源的排产解决方法。

将瓶颈和非瓶颈的生产计划区别对待、综合推式和拉式生产方式优点,集生产计划与控制一体等优势,对 MES 系统进行二次开发;将生产系统视为环环相扣的链,系统强度取决于最弱一环;将目标实现过程中的制约因素视为"瓶颈",通过识别和消除"瓶颈",控制系统流量、提高流速;依据实际情况将瓶颈设备任务约束在一周内或几天内,从而拉动前后任务的排产计划;瓶颈设备前后的任务通过松弛率的大小确定整个零件当前的紧急程度。为提高实际操作水平引入 TOC 约束理论的实用生产管理技术——DBR(鼓、缓冲器、绳),其中"鼓"即瓶颈资源排产,投产日期到瓶颈设备之间的时间为缓冲时间,通过控制节点"绳",不断拉动非瓶颈资源任务向前进行,满足瓶颈与交货期的节点要求,保证瓶颈设备的高利用率和车间的高效产出,实现多约束条件下日历排产的计划与控制。

(1)制定基于任务关键性及复杂度等级和松弛度约束的日历排产规则。对零件进行 ABCD 分类,确定零件的优先级。增加计划层级并细化计划内容,实施作业计划的精细

化管理。为应对日益复杂的生产任务,提高作业计划的可执行性和快速应变的能力,空间上,公司可管控的计划从公司级、分厂级、车间级向工段、班组级延伸;时间上,公司可管控的计划由年度、季度、月份向周、日、时延伸。主要做法为作业计划逐层下达逐级反馈,每一层级的计划都采用"两下一上"的方式确定。

构建基于零件关键性等级和计划交期约束的色带排产矩阵。对所有批次任务进行色带排产管理,色带分为红、黄、绿、灰。红色为紧急任务,优先排产;黄色为次紧急任务,次优排产;绿色为普通任务,有剩余能力可排产;灰色为禁止排产任务,解禁后可排产。

设置工序任务松弛率[松弛率=(交货期-当前时间)/剩余加工时间]。依据车间情况设置瓶颈设备及瓶颈工序,根据公式计算出零件任务在瓶颈设备前后的加工松弛率。松弛率越大,工序的可控性越强。

松弛率的引入打破以往全工序参与排产的局面,将零件的工序划分为:瓶颈工序、瓶颈前工序和瓶颈后工序。将瓶颈工序锁定在固定的时间范围内,瓶颈前、后工序不具体要求,在一定时间内完成即可。

(2)基于 MES 系统对科研与批产任务进行车间日历排产。构建基于工艺变更管理、设备类、零件色带管理、计算零件任务松弛率的排产模型,执行排产所涉及的要素。以任务剩余交货时间、松弛率、零件重要性为约束条件,MES 自动生成色带管理标识,用简单直观的方式指导管理人员进行排产。

设计排产流程,实现排产过程。以一周为排产周期,每周进行一次排产;每次排产范围设为两周,第一周(即下周)的任务排好后进行锁定,第二周的任务为预排。实现过程是:开始排产时,系统进行数据更新;将未来两周产品批次以零件编号与色带相结合方式列出;计划员筛选红色带紧急零件进行粗排;以自动排产结果为主进行细调,锁定紧急任务;逐渐回归数据,确定任务详细的起止时间;列出排产相关报表、甘特图等。

3. 实行分级分类管理,改变调度控制方式

(1)事前预防。在公司级层面,实施需求与能力平衡的两大举措。挖掘内部潜力,制定科研新品与批产品调度管控分级原则和管控细则。分级原则是:公司级管控数量最小、难度最大的零件;分厂(车间)级管控数量与难度适中的零件;工段级管控数量大、基本无难度或难度小的零件。管控原则是:缺件优先,系统效率次优,交货期第三。根据分级管控原则,借助外部力量进行产能与需求平衡,实施非核心工件和工序外包。

在分厂级层面,实施关键零件生产流程的风险管控。每周对瓶颈零件和瓶颈工序进行风险分析,通过确定风险点、制定风险应对策略、确定风险控制责任人、风险总结汇报等进行风险预控。在车间级层面,主动实施风险控制策略,将影响计划实施的风险控制在可接受的范围。从班组级层面,做好人员和设备缓冲,开展 TPM,加强设备日常保养和预防性保养,保证设备随时处于良好的健康状态。

(2)事中控制。在公司级层面,采取两大措施突破瓶颈,扩大瓶颈流量。一是基于"控制流量、提高流速"思想实施常态调度控制。根据零件的复杂度不同,对零件进行 ABCD 分类,并按照分类结果制定不同的批次数量控制原则以及作业控制方法。二是建立特急件的快速通道。针对突发或紧急事件,采取组织措施,用发布特急调度指令、红色紧急标示等非常规手段进行专项控制,通过色带管理标识红色以 MES 系统和纸质文件两种形式同步进行实时调度,实现所有协同部门的快速响应。

在分厂级层面,采取计划的正常干预和计划的非常规控制进行调度控制。计划的正常干预是指在需求计划变化的情况下,对计划执行的正常调度控制。一是在MES系统通过人工干预和调整计划,迅速协调分厂内各车间制造任务,保证在制品的连续性;二是对非瓶颈工序采取限额投料和限额入库等措施,减少非瓶颈工序的流量;三是动态拆分过程卡,减少批次批量,提高批次流量,快速终结现批次,及时地释放设备资源,为车间执行计划和插入紧急件计划提供空间。计划的非常规控制措施是在突发或紧急事件的情况下,经主管副总经理和总经理审核批准采取的顾全系统大局牺牲局部利益的非常规调度控制措施,一是迅速终止下道工序,为特急件让路;二是为固定设备、固定人员建立关键产品试制和生产专用通道;三是实施单件流作业方式;四是采取赶工措施,追回逝去的进度。

(3)事后调整。对主要设备生产数据进行日写实、周回归,通过三年来持续进行数据写实、分析和回归,不断调整松弛率并持续寻找新的瓶颈点,逐点控制,逐渐作准。经测试,目前MES自动排产与人工排产的吻合度已经达到80%。

4. 改变考核方式,建立任务导向的多层次考核体系

实施任务导向多层次的绩效考核,突出过程驱动性指标的考核力度及导向作用。

第一层次为考核过程,考核对象为各生产单位和工艺、信息化部门。设置周生产专项绩效奖,对在生产计划控制(车间/工段日历排产与实施)、工艺改进过程中做出突出贡献的单位进行奖励。

第二层次为考核结果,考核对象为各生产单位。根据季度能力平衡后的月份分解作业计划,以完成作业计划任务为导向设置多维度考核指标,包括品种齐套率、产量完成率、关键长周期零件里程碑节点计划完成率、工时目标实现率等生产绩效多项指标,并设置目标值与挑战值。

第三层次为考核管理协同,考核对象为各生产单位和职能部门。按照周生产作业会决议和对计划完成的影响程度确定权重系数,划分星级。对积极协助其它生产单位的各职能部门和单位,按项目每项嘉奖综合计划完成率1%～5%;对不服从公司生产调度的单位,按项目每项扣减综合计划完成率1%～5%。奖罚结果以《生产奖(罚)通知单》形式执行。

(四)建立协同生产环境,提升生产保障能力

1. 推行生产准备包管理模式,减少生产停滞,加快流速

集中管理刀具,将分散在每台设备上的刀柄、刀具进行集中管理并建立电子台账;固化准备包,将零件生产用的工、夹、量具及技术资料整理固化成准备包,系统分类、电子存档管理;成立生产准备组,提前做好零件加工前的准备工作;将生产准备包提前配送至设备现场,保证设备按时开工。

2. 实施设备一级管理和现场TPM,保障设备健康运行

为挖掘瓶颈资源潜力,减少瓶颈资源故障停机与修理时间,保证数控设备特别是关键瓶颈设备时刻处于健康状态,实施设备一级管理和现场TPM,以保证企业设备产能的稳定产出和设备利用率的提高,是实施基础管理、设备状态鉴定及检具、TPM培训、设备故障排除维修改造的一级管理。

三、航空企业科研新品与批产产品混线生产管理效果

（一）经济效益显著，新品与批产双增长

2007年至2011年，企业总销售收入平均增长率达到50.97%，航空批产品销售收入平均增长率达到13.11%，高于行业平均增长水平。

在科研新品任务大幅增加，新品资源占比持续上升的情况下，通过实施科研与批产混线生产管控，实现了新品和批产品交付品种和产量的双增长，满足了客户需求。

（二）准时交付率大幅提高

实施科研新品与批产产品混线生产管理，实现了制造数据管理、车间现场物流管理的信息化，减少了人员等待、设备冲突和加班等浪费，整体提升了加工的有效时间，生产效率得到进一步提高，2006~2011年零组件准时交付率年均增长率达11.17%。

（三）企业综合实力提高，重塑了专业品牌形象

有效的生产管控使客户需求得到快速的响应和保障，形成了企业的核心制造能力，促进了企业综合实力的提高。生产计划精度到小时，控制精度到工序，在某型工程研制过程中，客户需求的变化导致多次设计变更、工艺更改，为保研制节点，庆安公司做到以1小时为单位倒排计划，得到重要客户的充分肯定。2007以来，交付各型号不同品种产品4万余套/台，外场质量事故为零，过硬的质量为企业树立了良好的口碑。客户满意度逐年上升，居行业中上水平。

科研新品的快速产出使庆安公司在高升力系统项目竞标中脱颖而出，体现机载作动技术特征的大型飞机高升力系统，取得业务领域的重大突破，成为国内大型飞机高升力系统研发中心，并成为C919等大型飞机高升力系统的国内首选供应商。

（成果创造人：丁　凯、卫福元、李　蕾、李奇锋、裴建平、南博儒、邓清伟、王惠武、石　艳、李　婵、田　超）

以制造方式升级为目标的齿轮箱企业精益生产管理

杭州前进齿轮箱集团股份有限公司

成果主创人：公司总经理冯光

杭州前进齿轮箱集团股份有限公司（简称杭齿集团）是国家机械工业专业设计、制造各类齿轮箱传动装置的大型国有控股骨干企业和自营出口企业，始建于1960年，是我国第一家生产船用齿轮箱的企业，曾隶属于国家农业部、国家机械工业部。2001年经国家经济贸易委员会批准实行"债转股"改制后，成为多法人的国有多元投资有限责任公司，2008年改制为股份有限公司，2010年10月在上海证券交易所上市。现有员工2565人，建有国家级技术中心、国家级博士后科研工作站、浙江省齿轮传动与摩擦材料研究重点实验室及浙江省高新技术企业研发中心，为国家重点高新技术企业、浙江省专利示范企业。集团公司拥有船用齿轮箱及可调螺旋桨、工程机械变速箱、工业齿轮箱等十大类千余种产品。公司发展愿景：打造具有较强国际竞争力的齿轮传动装置高端制造基地，成为国内第一，世界知名的齿轮传动装置供应商。

一、以制造方式升级为目标的齿轮箱企业精益生产管理背景

（一）适应宏观形势变化和制造业发展趋势的要求

2007年爆发的美国次贷危机酿成了全球金融危机，而在2011年初开始逐步显现的欧债危机导致欧洲各国普遍采取财政紧缩政策。国际大宗商品价格波动、人民币升值压力、贸易保护主义等全球性问题错综复杂，这些不确定因素给我国经济环境带来了深刻的影响。但在"十二五"期间世界经济有望实现恢复性增长，世界经济格局大变革、大调整将孕育新的发展机遇。杭齿集团的发展既得益于国民经济的持续较快增长，也面临近期中国经济调整的较大压力。杭齿集团在2011年1-6月变速箱销售达到一个历史性的高峰后，也出现局部市场萎缩，制造产能过剩，制造成本逐步增加的不利情况。对比世界先进制造企业的发展经历和成功经验，杭齿集团制造方式的主要差距在于：价值链（供应链、制造链、客户端）上诸多环节存在不完善之处，制造过程中精益生产理念的宣贯和工具的应用未引起足够重视，在作业标准化管理、信息技术与先进制造技术的深度融合等方面存在较大差距，这是企业制造成本高居不下的主要原因，也是杭齿集团走向"制造技术升级"道路的突破难点。

（二）制造技术升级和资源节约是企业可持续健康发展的重要保障

中国齿轮制造行业缺乏自主创新能力，只能靠扩大产能、耗费资源、低质、低价销售，

被迫参与无序竞争。杭齿集团实施制造技术升级前的发展主要依赖以扩大产能和产品覆盖面为主的资本投入,未能建立先进的生产管理模式,技术改造项目效益不明显,全员劳动生产率维持在行业平均水平附近,资本投入效益低下,资本效益的低下又影响了企业在研发技术方面的有效投入。要改变这一现状,要实现企业健康可持续发展,杭齿集团必须走制造技术升级和资源节约的新型工业化的道路。

(三)精益生产是提升制造企业核心竞争力的必由之路

2011年3月通过的《中华人民共和国国民经济和社会发展第十二个五年规划纲要》,提出发展先进装备制造业,促进转型升级、提高核心竞争力的总体要求。说明国家鼓励制造业从"量"的增长转向"质"的增长,这个"质"的增长,就装备制造业来说就是指建立通过提升制造效率以增强企业核心竞争力的生产模式,而公认提升制造效率、减少资源消耗最好的方式是全面引入精益生产。杭齿集团提升企业核心竞争力的施力点在于,综合运用精益生产多种工具推动敏捷制造并形成新型的制造方式,大幅度提高研发和测试手段的投入,促进设计技术信息化、装备智能化、流程自动化、管理标准化"四化"建设,杭齿集团从规模速度发展型转变为创新效益型,转入科学发展的新阶段。

二、以制造方式升级为目标的齿轮箱企业精益生产管理内涵和主要做法

杭齿集团明确利用精益生产模式实现制造技术升级的指导思想;打造具有杭齿特色的精益文化并成为企业文化的重要载体;围绕齿轮箱装配、齿轮类零件加工和物流实施精益生产,在精益生产中促进产业化与信息化的融合;构建创新型多学科人才梯队,促进制造技术升级。主要做法如下:

(一)明确指导思想,打造精益文化为制造方式升级助力

运用精益生产助推制造方式升级的指导思想是,扭转杭齿集团原来依赖投资增长的粗放型增长模式,通过制造过程的整体优化,减少重复投入;改进生产技术条件,理顺物流环节,严格控制资源投入,大幅度减少流动资金的占用;消除生产过程中的无效劳动与浪费,最大限度增加产品边际收益,实现向制造方式要效益的先进管理模式。杭齿集团分三个阶段规划精益制造(见下图),在企业各管理系统和整个价值链环节,确立精益生产作为制造升级的指导思想和核心内涵。

杭齿集团构筑的精益文化实际包含一个个相互支持、相互融合的管理工具的理解和有效运用。企业构筑的精益文化体系能够通过持之以恒的"QC小组活动"以及"合理化提案制度"的持续改进为企业带来源源不断的进步动力,并成为企业维持全体员工、供应商甚至是客户共同利益和价值取向的最好模式。

杭齿集团领导在对10家分厂进行调研、总结基础上,提炼出建设精益文化的三项要诀。一是通过听取、沟通、理解、接受员工的普遍诉求特别是创新想法,让员工知道公司高层一直在关注员工的意见;信任员工,利用各种方法激励员工的创造性。二是杭齿集团管理

成果主创人:公司总经理助理章旸

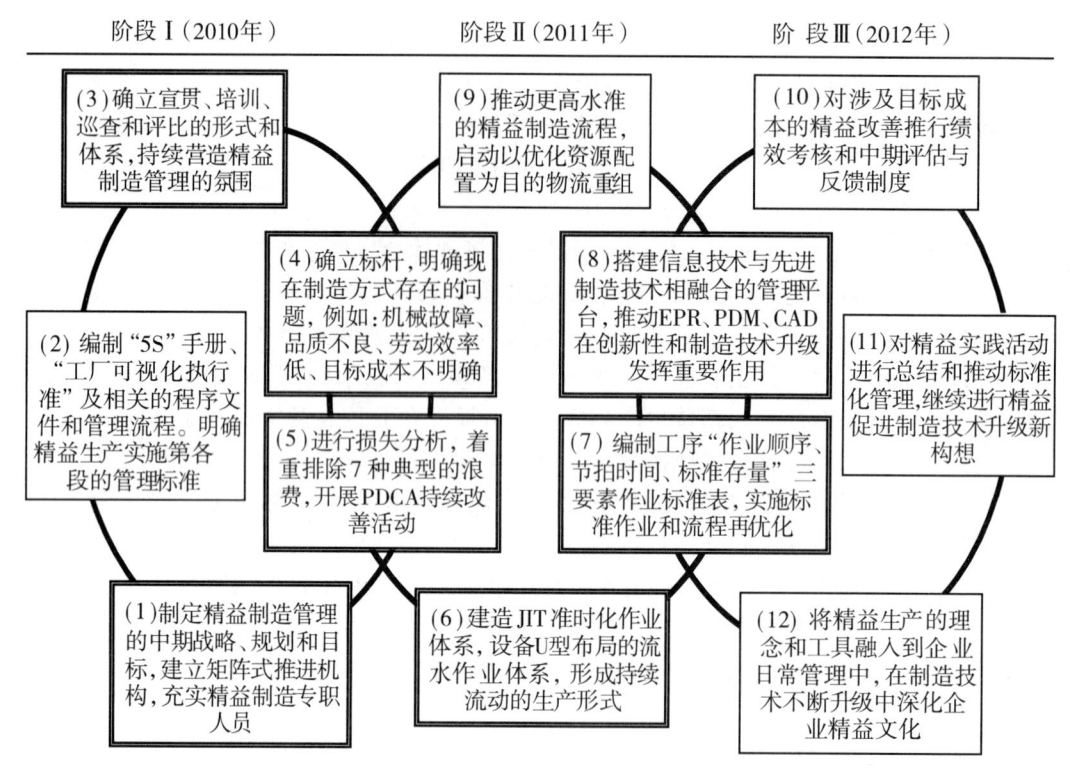

阶段Ⅰ（2010年）　　　　　阶段Ⅱ（2011年）　　　　阶段Ⅲ（2012年）

（3）确立宣贯、培训、巡查和评比的形式和体系，持续营造精益制造管理的氛围

（9）推动更高水准的精益制造流程，启动以优化资源配置为目的物流重组

（10）对涉及目标成本的精益改善推行绩效考核和中期评估与反馈制度

（4）确立标杆，明确现在制造方式存在的问题，例如：机械故障、品质不良、劳动效率低、目标成本不明确

（8）搭建信息技术与先进制造技术相融合的管理平台，推动EPR、PDM、CAD在创新性和制造技术升级发挥重要作用

（2）编制"5S"手册、"工厂可视化执行准"及相关的程序文件和管理流程。明确精益生产实施第各段的管理标准

（11）对精益实践活动进行总结和推动标准化管理，继续进行精益促进制造技术升级新构想

（5）进行损失分析，着重排除7种典型的浪费，开展PDCA持续改善活动

（7）编制工序"作业顺序、节拍时间、标准存量"三要素作业标准表，实施标准作业和流程再优化

（1）制定精益制造管理的中期战略、规划和目标，建立矩阵式推进机构，充实精益制造专职人员

（6）建造JIT准时化作业体系，设备U型布局的流水作业体系，形成持续流动的生产形式

（12）将精益生产的理念和工具融入到企业日常管理中，在制造技术不断升级中深化企业精益文化

阶段性推动精益生产助推制造方式升级图

层视培训员工获取精益生产相关专业知识和树立正确价值观为己任。三是在车间建立包括质量控制、制造看板、人力资源、制造成本、工厂安全与环境保护在内的可视化看板。"忠诚、奉献、团结、第一"的杭齿精神得到全新的诠释，精益制造赋予企业文化精神新的内涵和时代气息。《企业文化手册》、《员工手册》、《今日杭齿报》等，以及新入厂员工培训、宣传电子屏、宣传橱窗等载体和媒介对传播、宣传和推广企业文化起到了积极的推动作用。

（二）形成变速箱总装生产线JIT准时化生产模式

1. 实现生产线工序作业时间平衡

对流水线的全部工位时间进行均衡化，调整各工位作业负荷，以使各工位作业时间尽可能相近，最后通过标准化工具对作业成果进行固化。首先利用统计方法优先选择要求对市场需求反应敏捷的装配生产线作为试点，然后对装配线利用装配动作录像进行节拍时间采集与分析，将每个工位的作业动作细分为单个的作业要素，并记录下每个作业要素需要的操作时间，形成作业要素分析表。其次对时间要素进行分析并找出瓶颈工序，对瓶颈工序进一步进行动作和时间分析，找出增值/半增值/非增值活动时间，即能够找到形成制造效率低下的多余无效的行为动作。最后运用ECRS法经过取消、合并、重排之后，使现行装配作业方法尽量地简化和优化并符合人体工程学。

2. 推动制造系统的生产信息流变革

采用JIT生产和拉动式管理相结合的信息管理流程，明确拉动信号是移动生产物料的唯一指令,没有拉动信号就不允许移动任何物料。依据拉动式生产管理方式,客户需要何种产品,以及各种产品之间的配比,工厂即能够按照客户需求供给,同时立即按照最小批量的原则组织生产这些不同的产品。在装配生产线运用拉动生产时采取生产均衡化的模式:生产均衡化是通过混流生产(同时生产多个品种)来实现。

3. 全面实施物流系统标准化作业

同步进行物流管理标准化,例如设立一个完善的装配工厂地址系统,根据地址编码的存取配送作业能更快更有效的存放及提取货物;对运送流程的以提升物流要素(搬运作业工时、距离、时间、占用面积、一次配送能效)效率为目的优化;最终确定一个标准的配发料路线。采用标准化作业的方式进行定时定量的配送,并建立物料的定置管理和定额配送机制。精益物料系统为每一个零件建立 PFEP(Plan for every part),建立维护计划。根据建立好的 PFEP,将每个工位需要装配的零件汇总后建立工位配餐表,这样就为顺利实施 JIT 准时化生产奠定了基础。

利用精益工时平衡工具不断地发现和消除制约装配生产效率的管理瓶颈,识别流水线中存在的浪费,使员工的非增值活动大幅度减少,其中工程机械变速箱流水线的节拍时间由原来 8.86 分钟降低为 6.3 分钟,改进后整体生产效率提升了 28%。设备使用效率由原来的 65% 提升至 86%。产品的质量得到了提升,装配整机一次试车合格率提高了 4%,装配现场显得整洁、有序。

(三)推动实施齿轮相关产品加工过程精益生产

在增加需求产能的情况下,开展精益制造管理,减少对设备投资的过度依赖。2011~2012 年,杭齿集团原计划用于扩大制造能力的设备投资规模由原来的 4500 万元,压缩为 1538 万元。对投入的资源进行损失分析,确定流程的各项损失。

精益项目的展开体制主要包括:精益生产导入培训;OEE 设备综合利用率分析,利用层次饼分图确认 OEE 损失的要素;开展人工工时利用率分析;制定改善目标;实施改善计划并取得预定成效;持续改进。齿轮精益生产项目——"创新型岗位作业技能区分"在 2011 年获得清华大学全国工业工程大赛二等奖。在设备保养计划中独创性地引入"设备可视化自主保全管理"和"时段触发设备预防性维护",使得 2011 年设备维修费用比 2010 年下降 42%,某生产线从改善前的月故障停台 1356 分钟(2010 年 9 月),下降至 580 分钟(2011 年 9 月)。

(四)积极推进精益物流重组,实现资源配置最优化

推行专业化及一体化物流重组。将分别隶属于各个职能部门、各个区间的物流点(主要包括原材料仓库、完成品仓库、在制品统计、货店、配送部、大型运输设备等),依据现实状况,分别转化及合并为公司级的以提供专业物流服务为职能中心的仓储物流部,以提高物流运作的效率,监控物资的使用情况,及时清查呆停滞物资,最终建立管理资源统一、功能完善、层次清晰、配送环节紧密相连的一体化物流系统。

实现社会化物流重组。对应于已经实现社会化第二、三方物流的标准件购销环节,引进并且合并到公司级物流数据库中管理,以便节约库房用地、盘活资金、最大限度简化工作流程。

推动物流硬件重组。采用机械化、自动化的储运和运载工具,建立自动化高层货架

及立体仓库,自动分拣输送系统、使用标准化的托盘、运用高效的物流运输工具、先进的配送方式等。

实施信息化重组。引入 ERP 以计算机数据库为核心的进销存系统不但能够准确收集和管理物资进出存信息,而且能够快速准确地获取配送货物的跟踪信息,从而提高物流服务的准确性。杭齿信息化重组要素包括:配合自动化高层货架及立体仓库、高效的物流配送方式,引入与之配套的条形码扫描仪(POS)、条形码识别与管理系统(BARCODE)、电子数据交换系统(EDI)、准时化配送(JIT)、全面质量管制(TQC)、客户关系管理(CRM)、自动连续补货(ACEP)等现代物流管理技术。

执行个性化物流重组。在物流配送中心和制造环节之间的物流对接上,充分考虑配送区域的现实条件和发展规划,即依据各个车间/工段的管理和生产特点,重新进行物流规划,包括大物流布局、生产线布局、仓储中心(货店)布局、配送规划、缓冲品区仓储规划、信息化和可视化(安东)实施目标等。

推动物流标准化重组。杭齿集团物流标准化重组包括:软件系统(输入、输出)的标准化、物流工位器具(物流车、物资托盘、货店)的标准化、标识(条码、产品管理数据的目视化标识)、现场配送点的标准化、人员作业的标准化、管理流程的标准化等。

建立成本拉动物流重组。利用价值链分析工具,严密分析物流的各个环节,找出承担额外成本和耗费企业资源的区域,并予以优化。建立零库存、零运输、零动作的物流改善观念,运用精益工具有效削减企业物流成本。

实现资源最优化配置。进行人力资源的重组,引入物流管理专业人才,培养物流成本监控和改善人员;关注社会及经济环境变化适时地调整物流布局,使物流资源始终处于最优化配置的状态;供应链和制造链资源优化重组,关注客户的物流模式,及时适配和优化工厂生产计划和物流体系。

(五) 构建创新型多学科人才梯队,促进制造技术升级

先后出台《职工绩效管理办法》、《关于加强科技成果和双革四新成果奖励的暂行办法》、《给有突出成绩的职工晋级奖励暂行规定》等,给生产线工程技术人员和产品研发人员设立新技术新产品开发项目奖、"双革四新"科技成果奖等。杭齿集团鼓励各级别各层面人员开展精益课题研究,做到人员收入与精益成果及产业化程度挂钩,建立、健全科技创新和管理创新激励机制。同时对在经营实践活动过程中发挥特殊能力,有特殊成就的人才实行谈判工资制等。

建立国家级博士后科研工作站,引进国外技术专家,吸纳浙江大学、重庆大学、西安交通大学等国内著名大学的高端科技人才参与公司的科研项目和课题研究,吸收多名博士后进站从事研究工作,在近 5 年间培养了 14 名工程硕士研究生和 20 余名杭州市"131"优秀中青年人才和 35 名企业专业技术带头人。高度重视研发工具、中间试制及制造过程试验装备的投入,在设计软件方面,引进先进的三维设计软件、有限元分析软件、齿轮传动设计分析软件等。已组建起产品中间试制基地,与公司批量商品化生产相分离,从而显著提高新产品试制进度及开发效率,也满足了常规产品制造技术提升后的测试需求。近两年,对试验台位和检测装备的投入达 4000 万元左右,增加了 2000～4000KW 的试验台位,以及振动检测分析、扭矩检测、电控液压部件试验检测等专用台位。

杭齿集团发挥人才优势,以承担国家重点科研项目为载体,为科技人才成长搭建广阔的平台。以项目为单位组建团队,实行项目负责制,发现和培养领军人才,在十二五规划中更加明确了人才培养体制,包括:发展培养40名船用齿轮箱、工程机械变速箱、汽车变速器等专业领域的创新型人才和科技领军人才;培养80名为技艺精湛的技师和高级技师;培养70名具有高级职称的专业人才;培养8名进入浙江省151工程人才、杭州市131工程人才和萧山区"十佳"优秀科技人才。

(六)构建支撑保证平台,确保精益生产的全面推进和有效实施

1. 建设ERP集成信息平台,满足制造方式升级的需求

杭齿集团同步建设以EPR为核心,包括PDM、CAD与有限元分析、产品数据管理的制造信息系统,实现信息集成、系统集成和网络集成。通过ERP集成信息技术实现10多个产业的近百种产品能够在同一个生产体系下进行组织生产;满足典型的多品种(截止2012-5-28物料总数有71500个)、小批量、离散型制造特点;为满足杭齿集团内部较为复杂的物流体制的信息采集和汇总要求,建立一套全程物流管理控制系统,能够协调集团公司内部三级库存、供应商和第三方物流仓库库存。杭齿集团运用信息技术建立生产计划管理平台,支持滚动计划、配套计划、配件计划等审批及跟踪;建立采购计划管理平台,能非常清晰地对采购计划进行跟踪和控制等计划的编制;建立供应商采购核算业务平台;建立价格管理平台,从源头上对采购价格和销售价格进行管理。

2. 加大科研设施投入,搭建数字化设计平台,为制造技术升级保驾护航

2010年来,投入1102万元,新建2000KW试车台位、2MW点封闭加载性能试验台等试验台位共8台,成立浙江省渔业船舶船用齿轮箱检测中心、浙江省齿轮传动与摩擦材料研究重点实验室。在计量检测方面,新建金相理化室,成立计量检测中心,投入1515万元引进53台大型检测设备,引进世界一流的德国ZELSS精密三坐标测量仪、德国温泽的WGT1000齿轮检测中心、蔡司三坐标检测中心,形成华东地区最先进的高精齿轮检测基地。在硬件投入的同时,注重研发软件的投入,购买国际先进的MASTA、SMT、SolidWorks等软件,搭建三维数字化创新平台。

3. 搭建围绕精益目标成本的"制造流程损失分析"管理平台

在反映企业运营业绩的各项财务指标上,在具体的成本管理项目中,利用"流程损失分析"驱动公司组织体系自下而上地收集、归类、汇总各种类别的损失如设备意外故障、内外部质量损失、不良存货损失等,通过中高层管理者的分析,确立年度经营改善目标,其后由上而下地推动各管理单元进行管理改善。

一旦建立收集损失数据的渠道,将对所有的数据按照特性进行分类汇总,划分为人力成本损失、设备故障、直接材料、间接材料类,其次划分为质量损失、效率损失、安全类、能源类等,再向上划分为生产线,科室,部门,工厂,直至汇总到杭齿集团精益领导小组。在这个阶段中,管理人员除了收集各种损失数据外,还要对如何改善这种损失提出改善提案,这些改善提案很快地反馈到公司精益改善提案管理委员会,由委员会对改善项目进行损失确认和可行性、经济性分析并记录在案。因此,在向上一级汇总损失数据的同时,能够得到的改善效益也一并统计,二者同时传递给公司各相关决策部门。结合公司年度销售、降本目标等财务预算指标,提出更具挑战性的目标成本和优先改善项目,通过

同一个渠道,层层分解到部门、车间、小组。最后由基层组织(如 QC 小组,提案改善小组)完成基于损失分析的改善活动。

4. 建立精益项目规划及绩效评估体系

杭齿集团在每年年底对第二年的精益生产活动进行详尽的规划,提交到公司分管领导审核和制定分解目标,再推动各职能部门实施。

运用绩效工具细化目标,明确责任,强化考核。各职能部门、分厂及子公司在各自的职责范围内,建立严格的目标成本考核机制。各部门需要编制部门精益制造分解目标,提出具体、明确的年度或分期实施计划,高起点配合杭齿集团总体精益规划抓好项目建设。认真贯彻落实年度精益规划提出的改善目标和关键绩效指标(KPI)。集团公司精益工作小组加强对年度精益规划实施情况和跟踪分析,各有关部门跟踪分析相关专项规划的实施情况,向集团公司领导报告。在精益规划项目实施的中期,对实施情况进行评估,中期评估报告提交集团公司精益工作小组审议;经中期评估需要对精益项目要修订时,报集团公司精益领导小组批准。

三、以制造方式升级为目标的齿轮箱企业精益生产管理效果

(一)促进了企业发展和经济效益的提升

2009 年至 2011 年 3 年间累计产生经济效益达 7317 万元(其中 2009 年 3361 万元;2010 年 1025 万元;2011 年 2932 万元),2010 年效益贡献率达到 16.3%,全员劳动生产率从 2009 年的人均 11.5 万元增加至 14.9 万元,利润总额从 2009 年的 1.11 亿元增加至 2010 年的 1.79 亿元。

(二)增强了企业产品升级的灵活性和能动性

近两年,杭齿集团投资于研发新一代产品的经费,包括设立研发机构和聘请专业人才、开发和试验台位、高精尖的测试设备,产品样机的制造和测试,总投入超过 4500 万元,其中 3000 万元是从原来投资制造型设备节约下来的。目前,集团公司在 2011 年获得了"国家级技术中心",被授予"国家高新技术企业"。集团公司销售的产品覆盖面和产品海内外市场适应面更加宽广,包括船舶、工程机械、汽车等行业变速箱开发都得到受惠,产品的多领域性带来了产品开发技术的相互交流和嫁接,有利于提升技术创新能力,形成宽广的产品设计平台;制造和采购资源共享有利于降低产品的制造成本;这些因素的叠加体现出公司独特的综合竞争优势和较强的抗风险能力。

(三)提升了企业市场综合竞争力,品牌信誉度逐步提高

生产销售的船用齿轮箱市场占有率为 65%,比原来提升了 5 个百分点;工程机械变速箱市场占有率为 20% 左右,比原来提升了 2 个百分点,成为国内工程机械行业变速箱占有率最高的企业,也是最大的独立供货商,生产销售的船用齿轮箱、工程机械变速箱、摩擦材料及摩擦片在各细分行业中具有明显的竞争优势。

(成果创造人:冯　光、章　旸、徐薛黎、孙小影、李健英、沈　巩、冯　声)

基于先进技术的发电企业设备状态管理

华能国际电力股份有限公司大连电厂

成果主创人：厂长高德顺

华能国际电力股份有限公司大连电厂（简称大连电厂）是由华能国际电力股份有限公司全资建设的第一个大型火力发电厂，总装机容量为1400MW，共有4台单机容量为350MW的亚临界火力发电燃煤机组。一期工程引进两台由日本三菱公司制造的350MW机组；二期工程引进两台由美国西屋电力公司、英国三井巴布科克公司联合制造的350MW机组。两期机组分别于1988年和1998年正式投产。1994年，大连电厂被原国家电力部命名为全国第一个"一流火力发电厂"；1998年，大连电厂荣获了全国"五一劳动奖状"。目前在册职工580人，2011年完成年发电量68亿千瓦时；效益额8335万元。

一、基于先进技术的发电企业设备状态管理背景

（一）适应发电企业生产技术特点和所肩负社会责任的需要

发电企业的安全、连续、稳定、可靠运行是保障电网、保障发电企业所在地区电力供应、政治经济稳定、社会和谐的重要因素。发电企业基于先进技术支持的设备状态管理与有效实施有其自身的特殊性，要以设备安全、稳定、可靠为前提，以保障电力供应为基础，具有重要的社会责任。大连电厂一直积极履行做中国特色的"红色公司"，服务国家的神圣职责，积极履行社会责任，积极实施和谐发展战略，致力建设诚信华能、人文华能、责任华能和品牌华能。

（二）解决设备老化、技术陈旧和提高设备安全可靠性的需要

大连电厂一期两台机组是中国华能集团公司第一批投产的进口机组，是上世纪七八十年代的技术，八九十年代的设备。随着机组设备运行时间的增长，设备老化问题逐渐显现出来，机组的安全性、可靠性问题，已成为目前大连电厂设备管理的首要问题。据统计数据显示：大连电厂投产后的第一个十年（1988～1998）中，尤其辅机及辅助系统原因造成的事故占全部统计事故的77.3%，而辅机和辅助系统设备缺陷的比重更高达83.5%。可见，辅机及辅助系统的可靠性已经成为影响全厂安全、可靠运行的主要因素。主设备材料老化的问题也逐步凸显出来，目前4台机组主设备锅炉燃烧器及四管磨损和材料老化形势也异常严峻。只有对设备的状态检修、适时维修代替以往的计划检修、定期检修，才可有效防止设备的过修与欠维。

（三）顺应行业先进技术在发电企业设备状态管理中的需要

发电设备的状态管理是以设备自身所外的技术状态来评定其综合状况的,只有通过先进的设备状态监测技术与手段、可靠性评价手段以及寿命预测评估手段,判断设备的技术状态,识别故障的早期征兆,对故障部位及其严重程度、故障发展趋势做出判断,并根据分析诊断结果在设备性能下降到一定程度或故障将要发生之前进行维修。由于科学地提高了设备的可用率和明确了检修目标,这种检修体制耗费最低,为设备安全、稳定、长周期、全性能、优质运行提供了可取的技术和管理保障。随着发电设备状态监测与故障诊断技术、状态评估技术的成熟和发展,新技术的不断涌现,在深化设备状态管理上给大连电厂带来了强大的技术支持与广阔的开发与应用空间。

二、基于先进技术的发电企业设备状态管理内涵和主要做法

自2008年始,大连电厂在设备管理工作中,不断强化设备管理在发电企业管理中的基础作用,以可靠性为中心,以设备的状态监测和故障诊断为技术手段,提高缺陷处理的主动性和定期检修的预知性,最终实现延长设备的使用寿命、降低检修成本、提高发电企业的综合效益。根据本厂设备特点和人员情况,在充分调研国内外技术发展、应用情况的基础上,以采取振动分析、电机电气分析、红外热分析等先进技术手段,从提高主设备、重要辅机及辅助系统可靠性为目标,实施基于先进技术支持的发电设备状态管理,分系统、分阶段逐步建立起一系列完善的设备优化检修管理体系。主要做法如下:

(一)明确指导思想、工作思路和预期目标

2008年以来,大连电厂适时调整设备治理的方向,在未来设备状态监测工作思路方面进一步提出《未来设备状态检修工作总体规划》,明确提出企业未来实行基于设备状态的检修发展目标,即采用目前世界先进科学技术与管理手段,以可靠性为中心,致力开展基于先进技术支持的设备状态管理,开展"以可靠性为中心的设备状态管理"为基本理念,适时、逐步引入开发一系列先进的设备状态监测管理与技术,充分掌握设备状态信息,科学合理评估设备状态,并根据设备特点当前所处技术状态采取不同的检修策略。

1. 全面改革设备管理体制,完善与修订管理制度和标准

大连电厂适时对原有的设备管理体制再次进行全面改革。首先,在管理工作中,完善以生产厂长为第一负责人的设备状态检修组织机构,重新修订《设备动态监测管理标准》,进一步明确工作范围、目的、各级成员职责及分工标准,修订发布《锅炉防磨防爆管理制度》、《锅炉防磨防爆管理技术标准》、《状态监测仪器规范说明》等厂级设备管理制度标准。

2. 推行"八定"与"五层防护体系"

在设备状态管理工作中进行:定点;定标准;定人;定周期;定方法;定量;定业务流程;定要求的全方位全过程的技术管理。例如定量是衡量设备自身当前状态的核心方法,同时必须采用技术诊断和劣化倾向科学管理方法,进行设备劣化的量化管理。通过离、在线的振动及温度、电

大连电厂

气特性、噪声、油品分析等技术手段,定期及连续监测转动设备的振动速度、加速度、PEAKVUE(振动峰值分析方法)等具体准确的量值,继而进行技术分析与诊断,为尽早发现设备早期故障及故障的处理提供量化的性能指标。

设备状态管理的"五层防护体系"为:全员参与以可靠性为中心设备状态管理工作,将设备状态的综合管理、设备状态的技术诊断和劣化倾向管理、设备寿命预测评估、故障分析、精度性能指标控制等管理方法统一,保障设备的状态数据与信息的完整、真实、畅通。注重设备状态管理的同时,还加强注重设备劣化倾向的管理与控制,通过对设备状态的监测和其他手段得到的数据、谱图、信息进行统计、分析,找出设备劣化趋势和规律,既而向预知检修的管理方向努力。

3. 加强技术培训与交流

大连电厂除在厂内定期开展交流与培训外,积极派员工参加国内知名院所、中国电力企业联合会等举办的主题为设备点检定修、优化检修、状态监测与故障诊断等高水平的技术交流与培训,企业里储备一批高水平的设备状态监测及诊断工程师,并长期积极主动与兄弟及同类型机组电厂进行技术交流与信息沟通,及时了解和掌握以可靠性为中心设备状态管理方面的最新动态。

(二)高度重视主设备为代表的锅炉炉管状态技术管理

一是注重主设备为代表的锅炉炉管技术状态管理的计划与责任落实,坚持"预防为主、质量第一、闭环综合治理"的方针,即"逢停必查、遇瑕必修、修后再查"的闭环管理原则,关注细节,大小修全面查,临检或抢修重点查,充分利用每次停炉检修机会,尽可能消除"四管"漏泄隐患。坚持检修承包方、防爆工作组成员、工作组长的三级检查验收制度,三级把关,确保不漏项、不漏检。二是利用一切机会积极学习国际上先进的锅炉防磨防爆技术,与国内外著名科研院所保持密切交流与合作,广泛引进和采用新技术、新方法解决现场遇到的新问题、疑难问题。三是强化综合治理专注四项工作:一抓运行控制 保汽水品质;二抓检修管理 保设备健康;三抓燃煤采购、配煤掺烧,保燃烧稳定;四抓超温超压管理,预防炉管失效。四是强化监督管理把好五关:工作标准关;材料质量关;焊接质量关;金属检测关;炉管状态监测与技术诊断关。五是专业及班组建立和健全设备状态管理技术档案,详细记录每台设备、部件的自然情况、检查、改造及异常等信息,为设备状态数据的积累、设备信息的共享、设备分析技术的传承提供了坚实的基础。

(三)引进和开发先进的离线状态监测技术

1. 在转动设备的振动故障分析诊断中应用PeakVue技术

转动设备的振动故障诊断中,引进与拓展目前世界上对滚动轴承、轴瓦早期故障检测最有效的峰值分析PeakVue技术,峰值分析PeakVue可在轴承的正常工作过程中测定轴承的状况而不受机械的原始设计、大小、振动或噪声的影响,测试时能排除机器和轴承本身的振动影响,直接判断轴承的状态和寿命。大连电厂应用拓展了此项技术,如早期发现和识别滚动轴承、轴瓦因制造不良、装配不良等与轴承轴瓦寿命有关的异常原因、劣化程度和发展趋势。可以充分发挥利用轴承的使用年限,避免不必要的更换,通过不断测量,获得一个逼近的轴承失效早期报警,减少设备故障率。

2. 在转动设备的故障分析诊断中应用噪声与频谱分析技术

在对转动设备的轴承应用振动、红外成像、油液分析方法进行状态监测与故障诊断的同时,利用噪声采集与频谱分析方法综合对转动设备轴承进行分析诊断。

3. 采用科学的设备技术诊断和劣化倾向综合管理方法,对设备进行状态管理

在转动设备特别是轴承轴瓦润滑管理上,根据设备不同工况、转速、载荷、环境、温度范围选用不同性能的润滑脂剂,着重在其定量(给油量)定周期上下功夫,结合轴承的形式、尺寸、运行工况并参照厂家的有关规定,对重要设备的不同轴承轴瓦计算出不同的加油量与方法,根据设备运行状况动态调整给油周期及给油量,抛弃了以往国内外一直坚持的定期或按预先规定的滚动计划加油周期与加油量的给油管理方式。设备给油时,同时使用专业振动分析仪、热像仪、噪声仪边给油边测量转动设备特别轴承(瓦的)振动、温升、噪声,发现异常立即调整给油量,经过一段时间的试验与摸索总结,最终得出每个转动设备轴承的最佳加油量与加油周期,并根据季节、设备综合运行工况及设备当前状态动态调整,避免了以前因轴承、轴瓦加油量过多或过少、加油周期不合理带来温度突升,进而出现润滑不良乃至失效现象的发生。

4. 用现代科学、成熟的振动分析诊断技术解决处理电气设备故障

现代的设备故障诊断技术中,经常通过电机 2 * FL(line frequence)即 2 倍的线频率来判断电机的电气故障。根据故障诊断技术理论中,如果电机轴承振动频谱中出现存在明显的 2 倍线频及谐波,那么电动机就有可能存在下述故障:定子松动故障;定子与转子偏心(可变的气隙);转子故障(断裂的转子条或短路环,短路的转子铁芯片,松动的转子条等);由于松动的或断开的接头造成的电气相位问题利用上述分析技术,先后解决电机电气方面的故障 10 起。

5. 开拓发电设备红外热成像技术应用领域,解决大多数发电设备的故障

近几年,随着现代红外技术的不断成熟和发展,利用红外检测的远距离、不接触、准确、实时、快速等特点,在设备不停电、不取样、不解体的情况下,能快速实时地监测和诊断电力设备的大多数故障。从 2008 年起,大连电厂探索在更多、更大范围设备上采用红外热像分析诊断技术,经过相当一段时间对主设备本体、锅炉烟风道、金属与非金属膨胀节及受热面保温等红外成像监测工作尝试证明,红外热成像检测技术在发电设备状态监测与故障诊断的工作中,是最简单、最有效的技术。

(四)综合开发和应用成熟的在线设备监测技术

通过与国内知名院所合作开发多项基于技术支持的主辅设备状态管理的实时监控系统,为构建一体化的集成状态监测技术平台打下了良好的基础。如锅炉炉管泄漏监视系统,厂级信息监控 SIS 系统,机组能耗在线监测和量化分析系统,汽轮发电机组、泵组状态监视与故障诊断(TDM)系统;以多年来积累的金属监督和锅炉监察数据和记录为基础,在厂管理信息网中建立了全厂高温、高压管道运行状态监测寿命管理系统。

(五)构建一体化基于先进技术支持的设备状态检修技术平台

随着发电设备状态检修的深入开展和华能集团公司 SAP ECC 系统的实施,各类设备状态监测系统要求设备状态信息统一有效管理和综合对比分析,并且其分析结果与 SAP ECC 系统集成日益迫切,也同时为发电设备优化检修的发展带来更加广阔的空间。大连电厂与知名院所合作开发了"华能大连电厂设备状态检修技术平台",该平台立足目

前大连电厂设备状态检修的实际情况,旨在加强全厂设备状态信息网络数据共享系统建设。设备状态检修技术平台将设备基础信息管理、设备状态管理、设备缺陷管理等有机地结合在一起,为设备进行状态评价、维修决策与实施提供全过程的闭环管理;为设备全生命周期的综合管理和优化检修提供强大的技术保障,从而为发电企业实行基于设备状态管理提供了一套完整的解决方案。该设备状态检修平台共分三个大的模块:设备状态监测模块;设备状态管理与维修决策支持模块;维修实施模块。

1. 维修决策支持模块—设备劣化分析

注重现场设备状态监测及技术分析与诊断管理的同时,还要注重设备劣化倾向分析与管理,通过对设备监测和其他手段测得的数据进行统计、分析,找出设备劣化趋势和规律。设备劣化倾向管理重点在设备分类的基础上,针对那些会对机组的安全稳定运行造成严重隐患的关键和次关键设备,利用各种数据信息平台和检修技术记录、经验数据的积累,重点关注能真实反映设备运行健康状况的参数。各专业每月出具2次以上的设备劣化分析报告,报告中主要内容有:设备状态劣化清单;设备状态劣化预警分析、各专业重点监测等内容。

2. 维修决策支持模块—劣化倾向监控管理

采用设备技术诊断和劣化倾向管理方法,同时还需进行设备劣化的量化监控管理。如对汽动给水泵组振动变化的监视,可以利用辅机在线振动监测系统对其轴承振动、温度等重要参数进行在线监视和分析,结合各种谱图关注其通频值、工频值和相位等的变化,也可以利用实时数据平台查询长期历史曲线,综合评估此给水泵现状和发展趋势,同时利用离线的振动及温度(红外成像技术)、油品分析技术进行定期离线监测,监测每个轴(承)瓦及减速机的振动速度、加速度、PEAKVUE(振动应力波)、微小的温升值及红外图谱、油质的变化情况,这样能更早地发现给水泵轴(承)瓦及变速箱等的早期故障,为汽泵组振动、温升等故障的处理实施提供量化的性能劣化监控指标。

3. 维修决策模块—检修风险评估

按专业、设备、人员明确设备日常消缺及检修职责,确定设备状态监测作业的程序,按各种相关制度、标准严格实施,对目前重点跟踪监测设备,根据综合数据、设备劣化分析、劣化倾向监控结果等做全面综合风险评估,对设备存在检修风险问题重点研究规避风险预案,并提出全面可行的改进建议及方案,各专业每月根据设备状态信息、当月主要缺陷和当前存在的重要问题,组织进行个人、专业、跨专业检修风险评估分析,对设备上存在的检修风险组织专题分析与讨论。同时根据设备状态监测前后的数据对比和趋势分析、设备劣化分析、劣化倾向监控结果等及时调整设备检修风险评估策略,并且根据设备健康状况的变化采取相应的技术手段来控制检修作业中可能带来的任何意外风险。进行设备检修定期风险评估分析和总结同时,在检修作业标准或方案中制订针对性的措施,以便在下次检修中完善处理。

4. 维修决策支持模块—经济效益分析

SAP系统中,嵌入了ABC管理成本分析系统,结合以往日常维护、检修过程综合进行物资管理、质量管理、价值分析等多方面经济分析。特点是既能集中精力抓住重点问题进行管理,又能兼顾一般问题,从而做到用最少的人力、物力、财力实现最好的经济效益。

5. 维修决策支持模块——维修计划申报

设备状态管理、维修决策支持模块的建立为设备精密点检管理的精细化和科学化增添了保障。为检修的正确决策,促使检修计划的合理编制创造有力条件。通过以往检修基础信息、检维修履历、设备异常障碍分析报告、评估报告、技术资料、运行状态,集成的网络信息化综合信息平台检修决策模块作为维修计划申报主要依据,特别兼顾下述综合计算与设备运行状态信息管理系统:厂级性能计算;主机与辅机性能计算;指标分析与诊断的"能耗在线监测和量化分析"等。

6. 维修实施模块——设备维修的适时性

设备维修实施模块,其中既整合设备的综合状态的结果,又结合设备故障诊断、设备劣化倾向分析、设备劣化倾向监控、维修风险评估、经济效益分析报告、技术监督中的重点项目等,最终为设备维修的适时性、定期检修的预知性提供技术支持。

维修实施模块除了建立在前面提到的设备技术综合信息基础外,还将设备的分析报告、技术报告、故障诊断案例、检修总结、相关技术标准等内容与相应设备进行关联,以达到设备资料共享、经验传承、设备管理人员技术水平共同提高的效果;设备档案的整理是状态检修决策流程中的反馈系统,内容包括设备检修过程的记录、项目的更新和改造、设备的异动、运行参数的变化以及试验数据的修订等等。

三、基于先进技术的发电企业设备状态管理效果

(一)提升了企业经济设备管理水平

全面提升了大连电厂的科学化、现代化设备管理与维修理念;多年的实践也锻炼了一支技术全面的高素质的设备管理维修队伍;总结出一套全新行之有效的设备管理机制,为企业设备可靠性的持续提高提供了强大技术与管理支撑,并经受住了严峻的考验。

到目前为止,大连电厂80%以上的辅机和辅助系统已经实现适时性维修,85%的主线检修项目可以做到预知性维修。主系统与辅机和辅助系统的突发故障率在大幅缩减。特别是2006—2011年,辅机和辅助系统突发故障的次数年平均只有1次,到目前已连续4年未发生一类障碍。

(二)降低了企业的维护成本

大连电厂的设备经济技术管理已然成势,设备劣化的量化管理、设备维修的风险管控已经制度化,以前需要解体排查的设备故障及设备内部潜在的故障都实现了适时、预知维修。自有计划、有步骤地实施以可靠性为中心优化设备检修发展战略以来,大连电厂的设备检修与日常维护费用总成本整体呈下降趋势。从设备检修与备件材料消耗费用统计看出,进入2007年以后,虽然近几年的市场物价与人工费出现了几倍增长状况下,大连电厂的设备维修与日常维护费用总成本未升反降,充分地说明实施设备优化检修及其状态管理后,为企业带来了巨大的经济效益。

(三)取得了良好的社会效益

锅炉炉管漏泄得到有效扼制,大连电厂#1机组从1992年至今连续20年;#2机组从2000年至今连续12年;全厂4台机组至今已连续9年未发生锅炉四管漏泄事故。主系统的设备可用率得到极大的提高。自2004到2009年大连电厂四台机组分别创造了

470 天、510 天、633 天和 760 天的长周期连续安全运行新记录。其中的♯3 机组的 633 天和♯2 机组的 760 天分别被中国企业联合会收录为中国企业新记录。

自 2001 年来,大连电厂屡获中国能源化学工会、中电联大机组竞赛最高奖(每年均有一台次)。2012 年 6 月份,在成都召开全国火电 300MW 级机组能效对标及竞赛第四十一届年会中,♯4 号、♯1 号机组分别荣膺 350MW 进口机组一等奖、三等奖称号。全国共有 419 台机组参加了此次评比;自 2007 年以来,大连电厂 4 台机组已连续 5 年 6 次获全国可靠性金牌机组称号。同时,大连电厂最近还被评为"全国电力可靠性监督管理 2008~2011 年度先进单位"。

(成果创造人:静铁岩、高德顺、高歆光、徐德勤、张 越、齐 冰、肖永国、徐国军、林 森、冯军文、金春凯、沈国权)

纺机制造企业基于自主改善的精益班组建设

经纬纺织机械股份有限公司榆次分公司

成果主创人：公司总经理吴旭东

经纬纺织机械股份有限公司榆次分公司（简称经纬纺机）隶属于中国恒天集团有限公司，是中国最大的纺织机械研发及生产制造基地。经纬纺机前身经纬纺织机械厂1951年动工兴建，1954年8月建成投产。现有员工7000余名，各类先进加工设备4000余台（套），拥有我国棉纺织机械行业唯一的国家级技术中心，建有一流的产品制造工艺试验基地，主要经营纺机主机及配套、纺机专件、非纺机械等几大业务单元，产品销往全国及世界40多个国家和地区。

一、纺机制造企业基于自主改善的精益班组建设背景

（一）适应全球纺机市场激烈竞争的需要

自2008年全球性的金融危机爆发以来，受经济下行压力增大、市场需求增速放缓的影响，多数纺机企业不同程度地出现了成本上升、资金紧张、风险增大的现象。虽然经纬纺机仍居于国内单体纺机企业销售第一的地位，但来自原材料、劳动力、物流、资本市场利息等成本要素的压力，导致纺机产品盈利空间急剧缩小，微利时代来临，企业经营保本点不断升高。此外，随着国际经济形势持续萎靡，特别是人民币大幅升值，进一步压缩了纺机产品出口空间。为此，强基固本，以创建精益班组为突破口，全面开展管理提升与创新，进一步降低成本、提升效益，增强抵御风险能力显得尤为重要。

（二）全面加强企业基础管理的需要

经纬纺机成立发展近60年来，在加强企业基础管理方面做了大量的工作，积累了一些好的做法和经验，但现场管理制度落实还很不到位。例如，大多数设备无法保证合理的维护保养，部分设备跑冒滴漏现象严重；现场摆放的物料标识不清晰；在制品和存货资金量大等等。从班组建设实际情况来看，传统班组管理明显暴露出很多不足，班组自身基础管理薄弱，劳动者素质偏低，班组长的年龄结构、知识结构都呈现老化趋势，已不能完全适应快速变化的市场环境和企业进一步发展的需要。

（三）实现企业发展战略的需要

与国外先进纺机企业、国内民营纺机企业相比，经纬纺机建有完善的市场服务网络，服务半径比国外先进纺机企业短；近60年发展，细纱机总量占国内一半，与客户心理距离比国内民营纺机企业近。为此，经纬纺机2008年在纺机行业第一个鲜明地提出"搭建

纺织厂取消保全工服务平台盈利模式",着力打造以安装与保全服务为重点的核心竞争优势,并制定了"三步走"发展战略:第一步,通过改进和提升产品技术水平和运转的可靠性、稳定性,让用户减少保全维护时间和用工投入;第二步,通过提高细纱机等产品的自装率,为用户提供大平车、小平车等保全保养服务,将售后服务延伸到用户厂家,大幅度提高备件收益;第三步,将细纱机等产品制造成满足客户个性化需求的免维护的"傻瓜机"。实现这一战略发展目标,必然要求把价值创造、品质提升的思想引入班组建设,在企业内部增强用户意识、质量意识,强化全体员工自主改善、精益生产的意识与能力。

基于上述原因,经纬纺机从2008年底着手开展基于自主改善的精益班组建设,将消除浪费、简化流程、持续改进的精益思想落实到企业最小的组织单元——班组,努力实现向管理要效益、要质量、要水平、要发展的目标。

二、纺机制造企业基于自主改善的精益班组建设内涵和主要做法

经纬纺机积极导入精益班组的理念、工具和方法,以"减少浪费、提升品质、生产均衡、现场文明、持续改进、快乐工作"为目标,确定"合人意、易实施、忌形式、求实效、互帮助、强素养、勤改进、贵坚持"的建设方针,强化6S现场管理,促进班组自主改善,促进员工素养、企业绩效的提升。主要做法如下:

(一)导入先进理念,明确精益班组建设目标、标准和思路

经纬纺机结合企业实际,明确精益班组创建目标为:减少浪费,尤其是减少库存的浪费;提升品质,即增强员工的质量意识,强化制度的执行,提高员工执行标准化作业的自觉性;生产均衡,即坚持以用户为导向,以订单拉动为准则,提高计划管理的能力,加强生产运作过程控制,实现产量和品种达到均衡化;现场文明,即提高现场目视化和定置率,设备处于良好的运转状态;持续改进,即建立持续改进的氛围和激励机制,班组绩效不断提高;快乐工作,即提高员工的职业素养和团队精神,使员工立足于岗位、爱岗敬业,在为企业做贡献的同时,实现个人价值,实现快乐工作。

同时,突破传统班组的概念,强调只要是从事生产经营活动或管理、研发、服务工作最基层的组织单元,在管理方面具备班组管理的一般规律,就应当纳入企业班组进行管理。在班组类型上,划分为生产型班组、营销型班组、科研型班组、管理型班组、服务型班组和项目型班组等。

在此基础上,经纬纺机强调精益班组建设要高度关注"市场和现场",将精益班组建设思路确定为:通过精益班组创建倡导自主管理和持续改善,使班组更具有生机和活力,进而提升企业活力;通过精益班组创建改善现场管理,进而提升企业的市场竞争力;通过班组的创建培养高素养的员工队伍,为企业的可持续发展奠定坚实的人才基础。

(二)加强组织领导,明确精益班组建设职责

成果主创人:公司纪委书记、工会主席胡广飞

经纬纺机明确创建精益班组为"一把手"工程,成立由总经理任组长的创建精益班组领导小组,明确公司、各单位正职领导均为创建精益班组的第一责任人,建立各级领导全面分工包片负责制。

发挥工会贴近企业员工、覆盖面广的优势,将创建精益班组推进办公室设在公司工会,由工会牵头,统筹整体创建工作。推进办公室下设培训工作组、现场改善工作组、生产与计划改善工作组、质量改善工作组,分别由人力资源部、安能部、生产计划部、质量部主要负责人担任组长,保证创建精益班组工作内容与职能管理工作融为一体。各单位成立相应领导组和推进组,指定创建精益班组工作督导员,形成有力组织保障体系。

制订下发《创建精益班组班组长培训管理考核办法》、《创建精益班组生产与计划改善实施方案》、《创建精益班组质量改善工作实施方案》等42份制度文件,指导各单位建立健全以岗位责任制为主要内容的生产管理、安全环保与职业健康管理、劳动管理、质量管理、设备管理、成本管理、6S管理、操作规程、学习培训与思想教育管理等班组标准化作业和管理制度。落实推进办公室每周定期例会制度,充分发挥整体组织、沟通、群策群力、决策等作用,就推进过程中出现的问题,及时相互沟通交流,在最短的时间内研究出对策,并付诸实施。各单位结合实际情况,制定本单位的管理办法,并建立相应的例会、检查制度,及时传达工作要求,通报和落实工作情况。

(三)组织主题培训,贯彻精益理念

经纬纺机采取先培训后实施的方法,对单位领导、职能管理人员和班组长进行精益班组有关内容的培训,先后组织进行三轮专题培训。第一轮培训内容是精益班组创建实施方案解读、"6S"管理讲座和设备自主维护;第二轮培训内容是学习型组织与自主改善以及现代企业班组建设与班组长能力提升;第三轮培训内容是工业工程与现场改善、质量零缺陷管理与标准作业和精益生产理念,参加培训1956人次。在授课的方法上,坚持课堂授课与到现场指导相结合。特别是工业工程理论,不仅在课堂辅导,还要到生产现场结合生产流程和班组管理进行模拟教学指导。

在开展大规模培训基础上,树立样板,以点带面,形成榜样,带动其他班组整体推进。根据工作重要性、分类示范性、可复制性的原则,从557个班组中确定60个样板班组进行培育,一段时间后,及时从样板班组选择11个班组作为全面提升点,取得经验后,再推广到60个样板班组。推进办公室组织各单位的领导人员、督导员到样板班组观摩学习。各单位注重发挥单位内部样板作用,展开横向和纵向对比,通过样板班组的改善实例,教育引导其它班组的改善,激发比、学、赶、超氛围。

(四)依据用户需求,强化6S管理过程控制

把6S现场管理作为创建精益班组突破口,分三步对生产现场进行彻底的改善。第一步,实施整理、整顿,改善现场环境。对工作和生产现场的各种物品进行分类和彻底清理,将与工作无关的、长期不用的、可要可不要的物品清除出工作场所,只留下必要的物品。第二步,坚持清扫、安全,落实工作责任。对整理以后留下的物品进行科学合理的布置、摆放、标识,对设备、工具、物品和现场进行打扫,实现工作岗位整洁,设备保养完好。第三步,保持清洁、素养,提升员工素质。努力把改善后的生产现场状态予以保持,成为良好的制度和习惯,持之以恒。在现场改善工作取得成效后,实施生产与计划管理、班组

质量改善工作,重点是强化班组劳动生产率管理,确保生产计划严肃性,合理控制投入、产出,降低在制品资金,对现场工位器具、在制品实施有效管理,实现零部件及产成品等清洁、有序流转,降低消耗,减少浪费。班组质量改善重点是围绕生产过程质量控制基础工作,强化"产品是生产出来的,而不是检验出来的"理念,遵循"验收上道工序、控制本工序、保证下道工序"的原则,完善质量控制制度,运用质量管理工具,通过各项质量控制和改进措施,努力追求产品"零缺陷"。整体创建工作中,要求每个班组都要确定用户即下道工序的需求,最大限度地消除浪费,为下道工序创造价值。

推进办公室、职能部门和各单位整体联动,实行6S管理过程控制。把6S管理过程纳入《精益班组评价标准》、《创建星级"精益班组"考评激励办法》。开展三次大规模评价验收,验收的内容逐步由单纯的现场管理,向班组生产、质量、工艺技术、成本控制等绩效指标的落实转变,向班组自主改善成果所创造的价值转变,向上下道工序之间的工作满意度评价转变,验收标准逐步提高。组织职能部门坚持实施"红牌作战"、"回头看"等专项活动,对各单位现场日日督察,确保创建工作不断线、不搞突击、不走过场,使广大职工特别是各级领导干部高度重视,树立打"持久战"思想。集中开展创建活动不到两个月,"红牌作战"现场督察组下基层单位60余次,发红牌340张。对在检查验收中打分排名靠后的单位通报批评,对整体推进工作开展积极、效果明显的单位进行奖励,激励各单位持续和深化6S管理。精益班组建设整体步入"有检查、有措施、有落实"的良性循环。

(五)鼓励自主改善创新,实现持续改进

经纬纺机把开展员工自主改善创新活动作为创建精益班组的重要抓手,在内容、形式、方法、步骤上都提出明确的要求:建立晨会制度和学习机制;班组成立攻关课题小组;搭建岗位练兵、技能比武、多技能职业资格培训平台;形成学习看板"每日一思考"、"每日一提问"、"每日一创新"等三种有代表性的班组员工改善创新方法。引导员工围绕质量、成本、交货期三项中心任务,掌握和应用改善工具,对未达标关键因素实施改善,对其中有效的方法,通过修订班组作业标准进行固化,班组工作水平不断提高。

为确保自主改善工作落到实处,采用项目管理机制。在项目实施过程中,首先明确项目负责人、实施人、督导人,以及实施时间、实施内容和实施目标,强调项目实施效果与经济责任制和员工个人绩效挂钩考核。其中自主改善成效显著的项目,鼓励以个人名字为成果命名,极大地调动了全员参与创建的积极性。

例如,专件公司由于长期以来没有专业、有效的内、外螺纹测量手段,致使罗拉内、外螺纹加工工序的质量一直无法得到稳定的保证,罗拉生产现场也无法对此项质量指标进行测量、控制,严重制约了罗拉整体质量水平的提高。在精益班组创建工作中,老技术人员曹毅带领相关技术人员,经过大量调查、研究,自己动手制作仪器进行反复实验,实现罗拉内、外螺纹中径跳动的有效测量,且测量准确、结构简单、操作方便、成本低,可直接用于现场大批量生产,实现罗拉内、外螺纹现场加工的在线检测和质量控制。自制一套测量仪比采购一套节约32.2万元。这一加强质量控制的自主改善项目,被命名为曹毅测量法。

三、纺机制造企业基于自主改善的精益班组建设效果

(一)生产现场环境和厂容厂貌发生了根本性变化

通过精益班组创建活动,对作业场地进行合理规划,清理、整顿、拆除不用辅房、旧房5030平米;拆除废旧管道近40吨;腾空库房面积9994平方米,共整理出"不要物"六大类,共计3000多万元,处置变现2000多万元。减少辅助人员105名,减员比例为9.92%。现场工位器具等摆放科学、合理、有序,各类标识和标识线美观醒目,实现了"有物必有位,有位必分类,分类有标识"管理,整个厂区面貌一新。2012年5月顺利通过6S管理达标验收,并被中国恒天集团有限公司推荐为6S示范工厂。

(二)提升了员工素质,质量控制、均衡生产已见成效

精益班组创建活动的深入开展,促进了员工爱岗敬业和良好行为习惯的养成,逐步形成"人人参与,人人争创"的氛围,广大员工的聪明才智得以充分展示。活动开展以来,征集并采纳合理化建议612条,各单位、班组实施自主改善590项,"细纱机三日均衡、专件半日均衡"目标已经基本实现。

(三)提高了企业的运营质量

通过成果的实施,经纬纺机细纱机供货期平均缩短1/3,细纱机短车单台减少过剩成本1.16万元,细纱机长车单台减少过剩成本近6万元。2011年,实现销售收入41.55亿元,比2008年增长了3倍,存货资金占用则从2008年的4.1亿元降低到2亿元。盈亏平衡点已由2008年的1.4亿元,下降为9000万元。经纬纺机运营质量、产品盈利能力与各项管理水平得到稳步提升。细纱机市场占有率从2008年的34%提高到细纱机长车76%、短车40%,细纱机自装率从11%提高70%,主营业务毛利率从1.04%提高到11.88%,实现了产品售价、毛利率、市场占有率逐年提高。与2008年相比,2012年公司万元销售收入"三包"费用降低了84.16%,万元销售废品损失费用降低了91.01%,万元销售收入用户反馈项数降低了81.17%。

(成果创造人:吴旭东、胡广飞、管幼平、尹忠和、眭智慧、张　炜、侯丽琴、李红兵、李琪文、胡风山)

城市污水资源化的生产运营管理

北京城市排水集团有限责任公司高碑店污水处理厂

成果主创人：厂长高琼

北京城市排水集团有限责任公司高碑店污水处理厂（简称高碑店污水厂）是北京市规模最大的二级污水处理厂，也是全国第一座日处理规模达到100万立方米的超大规模污水处理厂。承担着北京市中心城区及东部地区总计9661公顷流域范围内的污水收集与治理任务，服务人口240万，总处理水量约占北京市目前污水总量的30%。高碑店污水厂一期工程1990年开工，日处理污水50万立方米，总投资5.24亿元，1993年建成通水；二期工程1995年开工，日处理污水50万立方米，总投资11.2亿元，1999年月竣工通水。

一、城市污水资源化的生产运营管理背景

（一）应对北京市严重缺水状况的需要

北京目前人均水资源为全国的1/8，全世界的1/30，而产业和人口大量集中，水资源严重短缺已成为制约首都经济社会发展的第一瓶颈，首都污水资源化的要求日益突出。根据《北京市"十二五"水务发展规划》要求，全市再生水利用量不低于10亿立方米，再生水利用率达到75%以上。对此，北京市政府决定采用再生水替代天然地表水和地下水作为北京市全部热电厂的冷却水，并在多方面大力推广利用再生水。北京城市排水集团有限责任公司（简称北京排水集团）根据市政府的要求，在完成中心城区污水处理率达到90%、再生水回用率达到50%的奥运目标基础上，进一步提出基本实现雨污水"全收集、全处理、全回用"（简称"三全"）的发展目标。高碑店污水厂承担着北京市中心城区1/3以上污水处理量，每年可生产再生水超过3亿立方米。高碑店污水厂水资源化利用一期输水工程已具备向西北方向的高井和石景山热电厂供水的能力；"十二五"期间将建成二期输水工程，向南护城河等南城水系补充景观用水。高碑店污水厂在承担北京市水污染物削减主力军的基础上，必须提高污水处理出水水质标准，积极开展污水资源化利用。

（二）实现污泥变废为宝的需要

污泥是污水处理过程中的副产品，有着宝贵的再利用价值。根据《北京市"十二五"水务发展规划》要求，至"十二五"末全市污泥全部无害化处理，污泥资源化利用率中心城达到85%以上，北京排水集团确定相应的发展目标。高碑店污水厂是目前国内少数几个具备厌氧消化污泥无害化处理、沼气利用和条垛式堆肥污泥资源化利用的污水厂之一，每年污泥泥饼产量近30万吨，可以通过污泥厌氧消化生产约1000万立方米沼气用于发电，通过污泥堆肥实现土地利用约10万吨有机肥。1999年，高碑店污水厂厌氧消化系统

投入运行,污泥厌氧消化生产沼气,利用沼气发电机进行发电,从而补给污水厂抽升水泵、鼓风机等设备的用电消耗。2002年,处理规模为10万吨/年湿泥的条垛式好氧堆肥场建成投入使用,污泥堆肥后进行土地利用可实现污泥中氮磷等各种养分的充分利用。污泥堆肥工艺在国内属新工艺,高碑店污水厂在实际运行中,受天气影响,一年中约有5个月时间堆肥效率要比正常天气下降50%,需要提高产能和堆肥质量。因此,高碑店污水厂必须加强污泥资源化利用,变废为宝,在节能的前提下加大氮磷污染物减排和利用的力度。

(三)确保企业成功转型的需要

多年来,高碑店污水厂以减排为主,每年承担着北京市1/4的COD减排任务,为改善水环境、保护水资源做出贡献,并积累了丰富的运行管理经验,被誉为排水行业的"排头兵"。同时,污水处理企业均采用财政拨款的运行模式,不重视经费的使用效率。要实现以减排向资源化转变,高碑店污水厂既面临着污染物减排、再生水利用、污泥营养物利用、沼气发电利用等多元化生产目标,也面临着污水资源化推进、水务市场竞争机制引入、政府和市民监管力度加大等挑战。在有限的人力、物力和财力投入下,迫切需要解决再生水水质达标、水量稳定供给;基础设施老化严重、厌氧消化系统恢复运行困难;预算管理下经费的有效使用能力;高水平的经营管理和技术人才匮乏所带来的"标准提升、设施老化、成本制约、人才断档"等问题。

二、城市污水资源化的生产运营管理内涵和主要做法

高碑店污水厂以实现"三全"为导向,按照建设中国特色世界城市的要求,以应对北京市严重缺水状况、加大污水处理企业的节能减排、降低污水处理生产运营成本、实现企业自身持续发展为目标,采取以用户为导向加强再生水生产和推广利用、挖掘设施潜力推进污泥能源转化和土地利用、应用信息平台改革生产调度、主动规范设备维修保养、培育人才队伍、推行全面预算管理等措施,统筹规划,实现由单一污染物减排向城市污水资源化利用转型,提升生产运营管理水平。主要做法包括:

(一)明确污水资源化开发与利用目标

污水处理过程像是一套完整的产品生产流水线,由上游管网收集到的污水好似原料,经过一系列工艺"加工、处理"后,排放的达标出水就是最终的产品,污泥是污水处理过程中的副产品。在污水污泥处理过程中可以实现水资源、污泥中营养物资源、电能和热能等多种资源和能源的回收利用。

高碑店污水厂根据北京市污水污泥规划的要求,从践行北京排水集团"三全"战略出发,确立污水污泥资源的回收利用目标:在"十一五"期间利用已建成的一期资源化利用工程,再生水回用量每年达到1亿立方米,回用率达到50%以上,发挥污水厂内集中处理的规模效应和专业优

连续15年国内处理水量第一

势。到"十二五"末,出水水质满足冷却水、河湖补水等再生利用的水质要求,再生水回用量每年达到3亿立方米,回用率达到100%。污泥资源中电能和营养物回收利用目标:在"十一五"期间污泥资源化利用量达到10万吨/年,资源化利用率达到50%。"十二五"期间每年发电量超过500万度,资源化利用量达到20万吨/年,资源化利用率达到100%。

围绕上述目标,加强再生水生产和推广利用,推进污泥能源转化和土地利用,使污水厂成为水资源中心、能源中心和营养物中心,致力于成为世界污水处理行业中的龙头企业。

(二)加快设备设施维修和保养

高碑店污水厂运行近20年,大量基础设施出现老化,故障率逐年增高,应用在设施设备出现问题后进行维护的被动管理模式已不能满足污水资源化利用要求的高保障、精细化运行的需要。因此,高碑店厂加大设备设施的保障力度,为污水资源化创造基本条件。

1. 实行集中管控、统筹安排

抽调相关专业技术管理人员成立专门设施管理部门,将原有分散在各分厂的设施维修统一集中管理。设施管理部门编制全厂《设施维修管理办法》和《招标采购管理办法》,对于厂内较大基础设施维修及大宗采购项目进行集中招标,统一管理,使每个大型项目在前期合同、施工过程安全质量和最终成本控制等各方面管理都得到提高,保障生产稳定运行。统一集中管理模式消除了多年来设施管理中存在的项目零散各自为政,资金使用效率低成本浪费,质量控制环节薄弱等诸多问题。设施管理部门提出"关键环节验收"管理思路,对施工各环节加强质量监管,即合同签订确定维修关键环节,施工中由厂方对关键环节进行验收才能进行下一步施工的管理模式。如污泥消化恢复工程进行了集中维修管理,保证项目保质按期完工。

2. 推行设备自主维修,提高设备设施保障力度

污水资源化需要加快设备设施的维修周期,同时节约成本,厂内职工必须懂设备、用设备、检修设备。为此,高碑店污水厂首先确立"设备自主维修"的管理模式,由过去的机修分厂总负责,调整为各运行分厂承担设备维护保养和一般设备维修管理工作,机修分厂集中精力进行重点设备计划检修、突发设备故障维修和相应的设备大修等工作。第二,建立激励机制,调动员工积极性。厂内年初制定经济考核指标与自主维修率直接挂钩,对于在设备自主维修方面表现积极的、有贡献的集体或个人给予嘉奖,体现多劳多得分配原则。2011年中小修项目全厂共计1251项,其中自主维修1005项,外修246项,自主维修率达到80%。第三,建成设备维修培训平台——"建强职工创新工作室"。通过组织厂内技术员工在此工作室的实操演练及相关专业知识的培训,提高维修人员的整体水平。第四、生产运行资金投入上逐年增大力度,从2008年的500多万元上涨到2011年的1500万元,设备设施达到98%以上的完好率。

(三)加强再生水生产和推广利用

1. 降低出水氮磷指标,加强再生水生产

高碑店污水厂从2001年开始为热电厂提供冷却水水源,由于热电厂同时采用天然水源和污水厂出水作为冷却水,污水厂出水只需要达到相应的国家排放标准。但再生利

用对出水中的氮磷等多种指标提出了严格的要求,特别是用户要求冷却水中氨氮浓度小于1mg/L以减少对电厂冷却系统中铜材的腐蚀。但高碑店污水厂原设计没有氨氮要求,且国家排放标准为8mg/L。

因此,高碑店污水厂强化再生水生产工作。首先,落实设备设施大修、备件准备和工艺调整等工作,做到定项、定时、定责任人。其次,组织全厂技术力量,按污水处理的单元逐个编写运行方案,形成《高碑店厂再生水供水运行调整方案》和《再生水供水应急预案》等技术管理方案,将水量的调节和分配、生物系统的运行参数控制范围等作出详细说明。最后,加强对再生水供水水质的监测力度,厂内实验室每日两次对各个部位的出水水质进行取样检测,根据检测数据及时调整供水系列。通过上述精细调控,2008～2011年再生水供应完全实现相应用户的水质水量要求,特别是保证北京市华能、高井、石景山、国华等占北京市供热总量70%以上的四大热电厂,以及南护城河及其沿线的景观和市政杂用的再生水供应。2008年至2011年累计对外供水7.3亿立方米,并实现较好的市场收入。

2. 规范再生水用户的合作,加强再生水的推广利用

再生水使用过程中,必须时时考虑水质、水压、水量的保障,满足用户无障碍连续用水的要求。因此,高碑店污水厂加强再生水的推广利用。首先,全面提升全厂所有员工的认识水平,先后走访华能热电厂、朝阳区绿化队等再生水重点用户,调研再生水用户的要求。其次,依法规范再生水的使用和管理:参与《北京市排水与再生水利用管理办法》的修订与升级工作,确保供需双方的合法权益。最后,与用户一对一的合同制管理,从内容、形式、法律规范等方面要求相关部门严格把关,提升供水保障能力和合同履行能力。2008年至2011年比2007年年均新增供水0.33亿立方米,增幅为32%,签约新用户10家,再生水签约用户达30家以上。

(四)推进污泥能源转化和土地利用

沼气发电和土地利用都可以回收能源和氮磷资源,但需要复杂庞大的污泥厌氧消化系统和污泥生物堆肥系统。因此必须充分发挥和提升现有处理设施的能力,提高产品质量并规范使用。

1. 攻坚破难恢复厌氧消化系统运行,实现沼气发电能源回收

污泥厌氧消化系统2008年停运,原有设施老旧腐蚀严重,整个系统规模庞大,运行安全标准较高,许多有经验的职工已离开原来岗位,恢复运行十分困难。因此,高碑店厂首先创新管理模式,采取分厂牵头、科室配合的模式,充分发挥三分厂在污泥厌氧消化系统恢复运行工作中的主观能动性。其次,抽调全厂各专业的骨干,组成管理队伍,并发动一切力量动员部分老职工重回污泥厌氧消化岗位,为消化恢复运行奠定良好的人员基础。最后是精心安排部署,做到"战略上藐视,战术上重视",认真研究恢复方案,制定详细的实施计划,明确职责和分工,有序地开展各项工作,共制定方案11个,各项操作规程12项,确保恢复运行工作稳步推进。在全厂职工的共同努力下,历时10月时间将停止运行3年多的污泥厌氧消化系统恢复运行并成功发电并网,半年来发电量达到300万kWH。

2. 以规范化污泥土地利用为重点,拓展污泥资源化利用途径

通过污泥堆肥进行沙化土地治理和园林绿化营养土等多种形式的土地利用是适合北京特色的污泥资源化利用途径,而2002年建成的传统污泥堆肥场占地面积大、堆肥周期长、肥料品质低。为此,高碑店污水厂首先明确污泥资源化利用的方向和定位,即污泥处理处置应该以"稳定化、减量化、无害化、资源化"为目的,尽可能利用污泥处理处置过程中的能量和物质,以实现其资源价值。其次,与中国农科院等单位开展污泥土地利用的环境效应研究,对相关土壤、地下水及作物多年跟踪监测,为规范污泥土地利用和有机肥原料生产工艺提供科学性依据。第三,通过推进营养土筛分以及采取旺淡季差别化定价和打折、返送等主动营销策略,拓宽有机营养土的销售渠道。第四,加强监控污泥运输管理:通过自动监控系统对运输和计量等相关人员进行调配,保证各个管理环节均有人员及时跟进。通过上述工作,2008～2011年污泥土地利用量共计52万吨,有机肥原料销售共计10万吨。

(五)建立质量管理和运行调度管理体系

污水处理厂来水水质和水量受到市民生活习惯、季节、经济活动和城市发展水平等诸多因素的影响,水质和水量的波动很大,直接影响污水处理厂的出水品质。原有的经验化、静态的生产运行管理模式已经影响生产调控的时效性和准确性。因此,高碑店污水厂建设动态生产运营管理体系,以满足污水处理厂再生水和污泥土地利用客户的需求。

1. 实行污水处理数字化动态运行

开发"污水厂运行数据信息系统",完成由计算机系统对繁杂的运行数据进行采集、统计、分析的工作,并实现多源数据采集、历史同期数据比对、不同污水厂间数据比对、数据直接成图等多种评价功能;利用污泥运输实时监控及网络运行数据系统,污水厂污泥的运输、卸载及处置信息可实时上传至全厂服务器,实现共享;信息平台为运行调控决策提供数字基础,大大提高运行工作效率。投入大量精力完成数学模拟运行管理软件的建立模型、修改模型、应用模型、校正模型等一系列工作,利用模型准确预测高碑店污水厂在日常进水水质水量波动情况下的运行调控效果,为污水厂的稳定运行、升级改造运行方案制定等工作提供数据支持和决策支持。在信息系统和模拟软件的基础上,高碑店污水厂对近10年全厂生产运行情况进行总结和分析,以曝气生物系统中DO、SRT、HRT、F/M等关键参数,以一级处理和二级处理为实施重点,制定《高碑店污水厂保障再生水供水运行方案》。方案中将水量的调节、分配,生物系统的运行参数控制范围等作出详细说明,控制硝化工艺正常运行,保障出水氨氮稳定达标。

2. 推进质量管理体系建设

搭建厂内"质量管理体系",即用ISO标准来规范管理厂内的生产运行,实现与国际接轨,精细化地运营污水处理厂。"质量管理体系"的核心理念即为"PDCA",也就是用"计划—实施—检查—改进"的模式开展具体工作,使整个生产运行实现良性循环。高碑店污水厂每年年初根据集团下达的绩效考核指标、五项安全考核、年初的行政报告,制定厂级《年度目标、指标及其管理方案》,内容包括质量、职业健康安全、环境、成本、员工五类,共17项指标。在充分沟通和讨论的基础上,目标层层分解至各岗位,并制定相应的管理方案。对各部门指标完成情况,进行月度通报;对管理方案实施情况,进行季度评审。对于检查或评审中发现的问题,及时进行整改,确保各项指标的顺利完成。高碑店污水厂自实施"质量管理体系"以来,投入大量人力、物力,编制体系文件、作业规程,通过多种形式宣贯体系内涵,使全员了解体系实旨,目形成全员参与、共同执行的良好局面,从管理方面促进生产运营稳定高效。

(六)推行全面预算管理

以量入为出,综合平衡;效益优先,确保重点;权责明确,分级实施;规范运作,防范风险为原则,开始推行全面预算管理。首先,制订《高碑店污水厂预算管理办法》,实现高碑店污水厂预算管理制度的从无到有,并初步形成高碑店污水厂全面预算管理的模式。其次,预算指标体系运用两种语言——业务部门通用语言和财务专业术语。部门预算指标使用业务通用语言,厂级预算总台账采用财务专业语言,二者间建立连接,使业务部门能快速、准确地理解和执行预算指标。第三,高碑店污水厂以占成本比例较高且可通过主动采取措施达到降低的电费、药剂费等重点项目重点考核,给实施部门加压,每月进行考核完成情况,从而加强对考核指标的过程控制。2008~2011年,高碑店污水厂通过完善本企业特色的预算管理模式,连续4年完成年度预算目标,并在物价涨幅较大条件下,固定性费用连续4年无增长。

(七)建设高素质人才队伍

实现污水资源化利用最关键的是要有一支爱岗敬业、技术精湛、作风过硬的高素质高层次现代化的职工队伍。因此,高碑店厂利用"尚水文化"的企业文化理念,引导、培养、打造一支高层次经营管理和技术创新人才队伍。

1. 树立污水资源化理念,提升员工胜任能力

紧紧围绕城市污水资源化利用对人才建设的新要求,面对服务标准提高和人才结构出现断档的双重压力大力实施人才培养战略,加强管理人才、技术人才和技能人才三支队伍的建设,为企业创新发展提供强有力的人才支撑。首先,围绕"三全"目标,形成以责任至上、厚德为基、以人为本、开放融合、拼搏进取、勇于超越的企业核心价值观,明确承担的社会责任。其次,不断加大内部公开选拔竞聘力度,开辟三支人才队伍三条"纵向畅通、横向互通"的晋升通道,实施公开竞聘。高碑店污水厂从法国威立雅水务公司引进高端经营管理人才1名,在集团范围内以竞聘方式引进专业技术主任等9名专业技术人才,推动管理技术创新。第三,采用岗位轮换制度、科研项目和技术攻关、高技能人才传帮带、搭建实践和竞赛平台等多种方式培养和锻炼人才,职工个人素质明显提高。各级管理人员的经营管理、创新能力明显增强,厂内劳产率已从2008年的77.66万立方米/人提高到2011年的110.62万立方米/人,增长率为42.4%。

2. 积极开展生产革新

每年设立20余项管理技术创新项目,采用项目负责人制和全过程管理模式,从而利用管理和工程技术手段解决生产运营中出现的问题。同时,联合集团研发中心、清华大学和北京工业大学等单位,使产、学、研在污水厂得到有效结合,促使科研成果的有效转化。制定进水泵、鼓风机、离心脱水机等主要耗能设备的运行成本分析和考核办法,解决重点设备的能耗管理问题;针对硫化氢浓度高达1万ppm的沼气设计开发的湿式催化氧化高效脱硫系统,解决原设计的干式和湿式脱硫系统运行不稳定、脱硫效果差的问题;开

发出氨氮优化控制系统，解决在来水水质水量波动引起的排泥浓度变化情况下的动态泥龄控制难题，保证氨氮去除的稳定性。这些技术创新项目取得了丰硕的研究成果和实际效果，并在国内处于领先水平。

三、城市污水资源化的生产运营管理效果

（一）基本实现了城市污水资源化利用

企业实现从单一污染物减排到再生水供应、能源供应、营养物供应和污染物减排等污水资源多元综合利用和服务的转变，基本实现污水资源化利用。污水资源化利用率达到65%，污泥资源化利用率达到70%。2008年至今，COD减排39万吨，占北京市COD减排量23%以上；为热电厂、市政杂用和河湖补水提供再生水，共节约水资源7.3亿立方米，相当于全部北京市民（约1960万人）一年的生活用水量；厌氧消化系统恢复运行半年来发电量达到300万kWH，相当于185万人一天的用电量；发电机余热回收每年节约蒸汽1.1万吨，占高碑店污水厂每年使用蒸汽的35%；污泥资源化利用量达到19.6万吨/年，污泥堆肥产品达到2.5万吨/年。

（二）有效降低生产运营成本

实现政府拨款模式下经费的有效利用，在处理水量和资源化利用水平逐年上升的情况下，运行能耗逐年下降。处理水量从2007年的24845万立方米提高到2011年34190万立方米，共增加38%，COD减排量从2007年的7.9万吨增加到2011年的10.2万吨，共增加29%。吨水运行电耗从2007年的0.23kWH/m³降低到2011年0.21kWH/m³，共降低9%，并远低于全国的平均电耗0.26kWH/m³。高碑店污水厂综合效益从2007年的负4823万元，转变为平均年度效益额达到7857万元，累计效益额达到31429万元，每年的效益贡献率为85%，每年投入产出率为82%，具有很好的"经济效益"。高碑店污水厂成为中国水务行业中集管理、科研、服务、保障与一身的具有社会责任感和市场竞争力的新型企业。

（三）在污水治理行业发挥示范作用

解决了污水资源化利用的诸多问题，氨氮削减、沼气脱硫、污泥堆肥等新工艺新技术在全国乃至全世界的污水处理市场形成了示范效应。再生水品质逐年提高，其中出水氨氮污染物浓度从2007年的5.4 mg/L降低到2011年0.3mg/L，降低94%，并低于热电厂1mg/L的要求，远远严于国家一级B排放要求（8mg/L）。通惠河逐步还清，良好的景观水体给人们带来精神上的享受，由此带动了高碑店乡新农村、古家具一条街的建设。另一方面，氨氮和硫化氢的高效去除，以及厌氧消化系统的稳定运行，对国家节能减排工作提供了有效的技术和经验支撑。获得2012年国际水协会"生产管理"类全球项目创新奖，打破了国内在此奖项中的空白，表明高碑店污水厂的生产运营管理技术达到了国际领先水平。国际水协会（IWA）是世界上最权威的水和污水处理的行业协会，在世界水务行业具有很大的影响力。

（成果创造人：高　琼、刘旭东、王佳伟、葛勇涛、曹洪岩、闫　鹏、
李　伟、杨　婕、赵梦升、尹新正、张　平、孟　辉）

海外老油田长停井复产增效管理

中国石油拉美(秘鲁)公司

成果主创人:公司总经理宫本才

1992年,中国石油在美国注册成立了中美石油开发公司,于1993年10月与秘鲁国家石油公司——秘鲁石油签订了秘鲁塔拉拉油田七区的作业协议,并于1994年1月8日接管了塔拉拉油田七区,所谓接管就是中方拥有100%的作业权。随后,于1995年10月11日又接管了秘鲁塔拉拉油田六区。2000年5月1日,中美石油开发公司与秘鲁石油签订了塔拉拉油田六区和七区合并的合同,并将之前的服务合同改为许可证合同。2003年6月16日,与秘鲁石油签订修正合同,由于双方在基础产量上的分歧,最后协商决定产量分成基础产量、过渡带产量和新增产量三个部分计算缴纳矿费。为了管理上的方便,中国石油南美公司成立了国家项目管理机构——中国石油南美(秘鲁)公司,负责管理中国石油在秘鲁的项目,2012年6月,中国石油南美公司更名为中国石油拉美公司,相应的中国石油南美(秘鲁)公司也更名为中国石油拉美(秘鲁)公司(简称项目公司),其职能没有改变。六七区项目目前有中外员工162人,总资产1.2亿美元。

一、海外老油田长停井复产增效管理背景

(一)中国石油实施国际化经营,实现拉美地区海外项目突破的需要

中国石油拉美(秘鲁)公司六七区项目是中国石油集团公司在海外油气项目实施国际化经营的"第一站",也是响应国家"走出去"战略。秘鲁六七区项目在中石油海外业务发展中具有重要的战略意义。作为中国石油海外创业的第一个项目,在项目运作之初遇到了诸多困难:一是开发百年老油田还处于初级阶段,同时没有在海外运作项目的经验可供借鉴;二是首期合同只有20年,开发节奏慢,风险就会累积,时间就是效益;三是该区块本身存在"两高两低"的困局:开发程度高,增值预期低,采出率已达到97%;油井密度高,单井产量低。面对困难和挑战,管理团队和技术人员没有退缩,进行反复调查、反复论证,开展了以"应对挑战、履职尽责"为主题的大讨论,从使命、技术、管理、效益四个维度进行深刻分析,提出了"精细运作、高效开发"八字方针。

(二)老油田挖潜和长停井恢复产能,提高效益的需要

中方接管六七区时,两个区块共有5000余口井,只有509口井在生产,生产井数只占总井数的十分之一,其余井大多已淹没在荒草和沙石之中,长期处于停产状态。两个区块的日产油总共才1700桶,平均单井产量只有3桶左右,油田已接近废弃的边缘。项

目人员经过讨论,认为对那些长期停产的油井进行恢复,使其重新活起来。刚接手项目时,曾经钻过几口新井,但是效果不理想,1994年6月中国石油天然气集团公司总经理在视察塔拉拉油田时果断决定,停止钻井,大搞长停井恢复。把重点工作转移到长停井恢复工作上来,成效显著,通过实施长停井恢复,七区的日产量快速提高,1994年初接管时日产量670桶,到年底时已达到1008桶,恢复井产量达到300多桶。而恢复井的成本很低,有的井几乎没有成本,捞出的油是净赚的,效益非常好。十几年来,长停井恢复一直是六七区挖潜增效的一个重要手段。

(三)具有国内老油田开采技术、工艺及管理经验

秘鲁塔拉拉油田六七区属于复杂断块型油田,历史上曾经有5家国际石油公司操作过该油田,但是效果都不理想。中方接管油田后,胜利油田和华北油田的大批专家来到这里,对六七区展开了深入细致的研究工作,国内老油田开采技术、工艺及管理经验优势在这里得到了很好的发挥,为挖掘六七区的潜力及快速上产增效提供了强有力的技术保障。

二、海外老油田长停井复产增效管理内涵和主要做法

中国石油拉美(秘鲁)公司从六七区油田的实际出发,专门成立由勘探开发部和生产作业部相关人员组成的长停井复产小组,认真分析研究油田的资源状况及开采特点,对长停井做复产难度分析、措施有效率分析、工艺可行性分析、投入产出分析、效果评价分析等可行性分析,找出能够使百年老油田快速上产增效的切入点;以"四精经验"和"半桶油精神"为指导,做好复产方案设计,针对长停井复产后所处的不同的生产阶段,采取不同的工艺开采方式,采取合理的生产参数,对复产井实施压裂等进攻性改造措施,同时通过单井、单项成本效益核算分析,找出成本易增点,最大限度地进行控制,使得塔拉拉油田六七区的长停井复产率和产油量大幅上升。主要做法如下:

(一)加强领导,建立"精干高效"的项目运营组织

项目公司成立由勘探开发部和生产作业部技术人员组成的长停井复产工作小组,勘探开发部技术人员负责对有复产潜力的长停井的优选工作,生产作业部技术人员负责长停井现场勘查、提出复产方案及复产实施工作。对于复产难度特别大的井,由生产作业部把信息及时反馈给勘探开发部,由勘探开发部对这些井再进行深入细致的分析,以确定是否有复产价值。所有的复产作业方案都要提交项目公司预算控制小组审核,复产作业合同提交项目公司法律部审核,严格办事程序。同时,项目公司建立了分级授权制度,目的是提高办事效率。

(二)"精雕细刻",强化地质研究

1.现场勘查,初步确定是否复产

根据坐标GPS定位,百里荒漠找井。通过地质认识,确定复产井之后,就是到现场找计划复产的长停井。六七区绝大部分长停井已于20世纪四五十年代停产

SWAB捞油车在作业

或报废，地面无任何设施。现场看不到井场和井口，大部分井已经被沙土掩埋或隐藏在荆棘丛中。地质人员采取步行找井、挖土找井、罗盘测量等方式进行普查，然后再通过油井坐标进行 GPS 定位，或根据目前在生产的油井作为参照物寻找附近的长停井。

初步探测井筒状况和液面沉没度。由于长停井均是生产历史悠久的"弃井"，井下状况复杂，套管破、漏、断、卡堵现象严重，现场调查摸清井底状况，是复产成功与否的关键因素之一。目前主要方法是通过捞油机下钢丝绳到井筒实施软探，如果钢丝绳能下到井筒底部，则初步判断井筒内没有落物。同时通过井口散发的味道初步判断是油还是水。由于六七区多数油层物性差，因此长停井的部分油层堵塞严重或枯竭，地层无法向井筒供液，复产后可能出现干抽不出现象。鉴于这种情况，选择对液面沉没度不够深的井实施监测液面，然后查询油井目的层的生产井段，对没有沉没度的井则放弃复产。

2. 根据调查结果，提出复产方案

对现场调查后确定需要复产的长停井，首先是要对这些井进行复产难度分析、工艺可行性分析及经济效益分析，目的是降低成本，提高复产效益。复产难度分析主要是根据现场勘查的结果，按照井况、井中液面情况以及井场道路情况等因素将待复产的长停井进行复产难度分类，根据复产难度的大小，分批实施。

工艺可行性分析就是按照目前的工艺技术水平，对这些长停井采取何种复产方式。由于长停井大部分都是供液不足的井，普遍采用的复产方式是下油管用 SWAB 移动捞油机捞油，且这种开采技术在塔拉拉油田六七区早已成熟运用，因此工艺上可行。

最后进行复产井的经济效益分析，接管项目后开始实施长停井复产时，所需成本很低，有些井甚至没有成本。近几年随着经济增长及油价上涨，以及长停井复产难度的不断加大，复产成本相对比较高。但根据计算，复产井的效益非常好，经济上可行。

采用"先易后难、先大后小、先单一、后多样"的复产思路，进行长停井复产。"先易后难"就是先恢复容易复产的长停井，后恢复作业难度较大的长停井。一是先恢复能够自喷或间喷的井，后恢复不能自喷的井。二是先恢复地面条件好的井，即井场、道路完好，不需修复就可以上作业的井；后恢复地面条件差的井，即井场、道路需要修复才可能上作业的井。"先大后小"是指先恢复潜力较大的井。在调查研究的基础上，按该井是否处于剩余油富集区、停产前日产高低、井筒内液体性质、油柱高度等分为两类。根据潜力大小，优先恢复潜力大的一类井，然后选择性恢复第二类井。"先单一、后多样"是指先恢复只需单一的作业就可以复产的油井，后恢复在作业过程中需要实施地质及工艺等多样措施的井。

3. 选择适合油井的生产方式，以达到产能最优化

长停井通常是地层能量大幅度衰减，地层不能充分供液，单井产量偏低，如果采用有杆泵 24 小时机械开采，可能破坏地层的供液平衡，甚至不出。SWAB 活动式抽油机，以车载的形式，适用于低产井以及供液不足需要间开的油井，具有工艺简单、设备移动性好等特点。因此，复产初期一般都采用 Swab 捞油方式开采，然后根据油井生产能力适当调整，找到适合该井的最佳生产方式。

4. 掌握 SWAB 捞油井脉搏，制定单井合理的捞油周期

由于复产的长停井多数是 SWAB 捞油生产方式，如何制定合理的捞油周期将决定产

油的多少。SWAB井捞油周期的制定要充分考虑油井的液面恢复速度、捞油深度及生产数据的变化等因素,以充分发挥捞油井产能和实现最佳效益为基本原则。项目技术人员对 SWAB 井的供液规律进行研究,根据油井的液面变化情况和产液量变化情况,及时对恢复井的捞油周期进行优化和调整。先后共调整 84 井次的捞油频率,不但保证了油井的正常生产,还同期增油 4000 余桶,实现了产出、效益双丰收。

5. 根据不同的捞油阶段,确定不同的捞油抽子深度

由于恢复井在复产后处于不同阶段,地层的供液能力不同,因此捞油时捞油抽子的下放深度应作适当调整。拟合恢复井生产曲线发现,复产井在复产后通常经历三个阶段:高产期、稳定期和降产期。在复产初期,地层压力得到逐步恢复,井筒附近的原油向井筒周围聚集,导致液面上升速度快,整个阶段大约 1 个月左右。如果捞油抽子下放到井底,不但降低捞油效率,还容易导致地层出砂。因此,复产初期捞油抽子只需下放到液面下 30m 左右即可。随后便进入稳定期,每天液面回升速度和产液量基本不变,通常能维持 3 个月时间。最后进入递减期,随着复产时间的延长,地层逐渐泄压,地层压力逐渐下降,地层也逐渐供液不足。因此,如果保持原来的捞油深度就会因沉没度不够导致产量逐渐下降。鉴于这种情况,首先监测液面位置,根据油井目的层井段,适当加深捞油深度,以保证抽吸时的沉没度。

6. 改变捞油方式,节能降耗

对于 SWAB 捞油井,之前通常是根据不同捞油阶段、不同的液面沉没度,把捞油抽子下放到油管预定深度后一次提到井口。这样一来,对于深度较大的井就耗时长,降低了捞油效率。对此,选择井深 800m 以上的井下单流阀,捞油抽子在油管底部上下反复上提下放(上下移动深度范围 60m~80m)10~15 次,然后一次性上提至井口。这种捞油方式的原理是,捞油抽子上提时放大井底生产压差,使地层内液体流入井筒,捞油抽子下放时,位于井筒底部的井下单流阀不允许液体倒流回地层,逐步提高井筒内液面高度。对于井深较大的井这种捞油方法明显降低能耗,而且提高单井产量。先后共实施了 15 井次,均见到一定效果,同期对比,平均单井月度增油 148 桶。

7. 分析地层供液能力,及时改变油井的开采方式

对于高液量井,由于 SWAB 捞油时间有限,不能 24 小时开采,在有限的时间内就不能获得最高产量。于是,部分井复产一段时间后,根据其生产能力,优选产量高(日产在 20 桶左右)、稳产时间长(日产保持在 1~2 个月)、液面保持不降,且地面条件允许的井实施 SWAB 捞油转有杆泵机械开采。先后实验 8 口井,同期对比增产 9138 桶,效果显著。

8. 大强度抽吸出水井,"水井"见油

部分长停井初期复产时,只出水不出油,但是从动态的生产历史数据和静态的产层看,可以排除是生产层位出水的可能。对这些井分析其出水原因,主要有两种:一种是浅层固井差或管漏导致管外窜槽,致使浅层水下灌;另一种是厄尔尼诺时洪水或雨水流进了井筒。因此,筛选地处河道、日产水逐渐降低的井(如果液面恢复得很快,出水量很大,分析可能是管外窜槽导致的地层水,所以可以放弃),试验继续捞水,直至出油。先后共实验 7 口井均见到显著效果。

(三)"精益求精",优化工艺和技术,提高作业效率

精益求精就是发扬"半桶油"精神，办法想尽、方法用尽、吃干榨尽，用足工艺技术和办法，实现采收率和单井产量的最大化，把"不可能"变为"一定能"。项目技术人员按照"一井一策一工艺、一层一策一方法"的原则，对六七区的复产井进行深入分析，优化工艺和技术，提高作业效率。

1. 实施配套地质、工艺措施，挖掘平面、纵向剩余油潜力

地质技术人员利用测井和岩屑录井资料，研究目的层砂岩纵、横向变化和展布特征；研究各含油层系的油气分布规律，尤其是措施目的层的油气分布特征和控制因素；利用试油和生产数据，研究不同目的层的开采特征、采出程度以及可能的剩余油气分布范围。最终落实了平面及纵向上剩余油的分布规律。平面上：一是受构造影响，断块边角部位和微构造高点部位形成剩余油富集区；二是受平面非均质性影响，在生产过程中油层平面不同微相部位的开采速度不同，低渗条带区剩余油相对富集；三是受部署井网影响，部分区域井网密度小，井间距离大，井间分布有一定的剩余油。纵向上：在层内顶部剩余油高于底部，而在层间，顶部小层含油饱和度高于底部小层含油饱和度，同时薄差层动用程度较低。因此，选择在平面和横向都有利的区域实施换层开采。鉴于六七区属于中孔低渗的油藏，油层物性差，在射孔新层位时采用低渗透层压裂技术与方法，以达到改善渗流能力的目的，效果显著。

2. 优化设计抽油机和有杆泵参数，以达到最佳工作状态

在地层能量枯竭、地层供液不足，且原油里伴随天然气的情况下，如何设计抽油机和泵的参数是提高抽油机工作效率和提高泵效的关键因素。技术人员根据生产井和恢复井的各种资料回归了各种经验公式，初步形成了一套抽吸参数的设计程序和方法。其主要内容包括预测产量（用压力幂数法计算）、确定泵挂深度（用流压和沉没度计算）、选择抽油机（由停产前日产量和泵挂深度决定）、制定抽油参数（确定泵径、冲程、冲数）。用模拟示功图计算有关参数值（如抽油机最大负荷、曲柄轴最大扭矩、电机功率等），选择适合油井的抽油机和泵，以达到最佳工作状态。

（四）"精打细算"，实施精细化运营

精打细算主要是以"增收节支、创造价值"为核心，项目公司牢固树立"成本源于设计"的理念，将成本控制由生产阶段前移至设计阶段，制定完善的预算制度和投资评价制度，剔除无价值活动，实现投资、产量、成本、效益和安全的"五统一"。

1. 建立投资审查领导小组

成立以总经理为组长的投资审查领导小组，对投资预算实行一票否决制，严格控制成本支出。同时完善项目设计、项目预算、效果评估和跟踪修订的运行机制，严控投资风险。

2. 采用市场化机制降低生产成本

在招标SWAB公司的时候，按捞油井产量分为高产井和低产井，实行"高产低价"、"低产高价"原则进行合同招标，目的是降低捞油成本。同时，加强对SWAB公司的监督，对设备陈旧的要求其进行更换，提高捞油的时效性。此外，根据油井的深浅情况，采用不同的SWAB类型，一般说来，较深的低产井采用油管SWAB生产；较浅的低产井采用套管SWAB生产，这样就节省了一部分购买油管的开支。

3.加强作业施工的监督工作

作业施工前,项目公司的作业监督都要与施工方召开协调会,确保作业施工的有序进行,避免由于工作协调原因导致费用增加的情况发生。同时,在作业过程中加强对施工方的监督工作,提高施工方工作的时效性。

4.大力实施人才本土化战略,严控用工总量

严格控制员工总量,大力实施本土化战略,中方员工数量比最高峰时下降了90%,有效降低了人工成本。

5.大力开展修旧利废活动

发动员工对废弃的设备、材料进行再加工、再利用,变废为"宝",节约资金100多万美元。

(五)建立公平有效的有利于属地化管理的员工激励机制

1.实施跨文化管理,增强和谐度

本着"承认差别、尊重差异"的原则,实施跨文化管理的实践,在坚持集团公司核心理念的基础上,融合当地法律法规和风俗习惯,形成了"诚信、尊重、共赢、和谐"的共生文化,增强了公司与员工、与分包商、与政府的和谐关系。

2.中方人员率先垂范,增强秘鲁员工的认同感

以身作则是最好的管理艺术。加强中方人员爱国主义和大庆精神、铁人精神教育,认真践行公司文化和制度规范,以对公司的高度忠诚和艰苦奋斗的优良作风感染带动外籍员工。

3.培育"以人为本"的企业文化,增强秘鲁员工的归属感

建立秘方员工职业发展通道和能力评价机制,目前有多名秘方员工进入中层管理团队,基层班组长全部由秘方员工担任。实施"三必去"亲情化管理,即秘方员工过生日必祝贺、家人生病必探望、秘方和中方重大节日必慰问,大大增强了团队凝聚力。

4.加强HSE管理,增强员工和政府的安全感

坚持向国际标准看齐,按照国际油公司的HSE作业标准,制定安全生产操作、环境保护、员工健康手册等制度标准,高起点、高标准的建立HSE管理体系,保证投入,强化培训和监督,创造了18年"零事故、零伤害、零污染"的HSE业绩。

5.热心当地公益事业,增强公司的亲和力

为当地社区修路、建学校、建医院、建会议室等等,与社区建立了和谐互信的关系,为项目的发展提供了有利的作业环境。

三、海外老油田长停井复产增效管理效果

(一)形成了一套独特的长停井复产技术,长停井复产效果显著

在实施长停井复产过程中,从选井到复产再到捞油,整个过程已经形成了一整套成熟的技术,特别是SWAB捞油技术,在整个中石油海外项目中具有其独特性。自中方接管项目以来,截止到2011年年底,累计实施长停井复产736口,长停井复产率17.42%,长停井累计增油347万桶,占接管六七区以来累计产油量的15.1%,对于年产油只有100万桶的六七区项目来说,意义非常重大。

通过实施长停井复产,有效地弥补了老井的产量递减,在保持油田稳产与增产上起

到了很大的作用,特别是近两年,在不能钻新井的情况下,通过实施长停井复产,不但有效地弥补了产量递减,而且实现了原油生产超额完成任务。

由于长停井复产投资少,见效快,在目前高油价下,经济效益非常可观。以2011年为例,全年共复产123口有潜力的长停井,累计增产原油10.5万桶,根据2011年实现的平均油价计算,累计实现原油销售收入1029.2万美元,实现利润582万美元。

(二)提升了海外油田的管理水平,为海外油田持续发展提供了保障

自中方接管六七区以来,始终把"精细"思想贯穿于全过程,向"精细"要效益,实现了节能降耗、降本增效。同时,在实践中形成的长停井复产及老油田挖潜增效这套成熟的技术方法,丰富了老油田挖潜增效技术体系内涵,对类似油田挖潜具有很好的借鉴及指导作用。

秘鲁六七区项目的成功运作,为中石油实施"走出去"战略"树立了形象,锻炼了队伍,积累了经验,培养了人才",增强了中石油"走出去"的信心。正是由于秘鲁六七区项目的成功运作,才使得中石油在海外的项目由秘鲁扩展到委内瑞拉、厄瓜多尔,由南美扩展到非洲、中亚等。到目前遍布全球29个国家的81个油气合作项目,为海外油田的持续发展提供了强有力的保障。

(三)产生了很好的国际影响,树立了中国石油工业的良好形象

通过努力,项目取得了一系列的成绩:仅用3年时间,使濒临废弃的百年油田起死回生,油气产量从年产8万吨提高到30万吨,被秘鲁媒体称之为"秘鲁石油界的最大新闻";在老区打出多口千桶井,老井措施获得日产3300桶的历史最高产量,新井和措施井的成功,在秘鲁石油界引起极大的轰动。中国石油人真抓实干的工作作风、勇于创新的工作精神以及突出的生产经营成果,在秘鲁石油界引起了很大的反响,在国际舞台上展示了"中国石油"的品牌形象。

秘鲁六七区项目运行18年来,累计回收1.98亿美元,投资回报率高达529.7%,是中石油海外最早实现投资回收的项目,也是中石油所有海外项目中单桶收益最高的项目。中国石油报、石油商报等各大报纸媒体也相继从不同的视角对它进行了报道。秘鲁六七区项目的成功运作,决定了它在中石油海外战略发展中的重要地位。

(成果创造人:宫本才、杨金华、李　刚、冷继川、丁　宇、田　骏、朱恩永、沈金生、于　添、张　瑄、黄士忠、喻　彬)

以激发员工工作原动力为核心的持续改进管理

南京南化无损检测有限公司

南京南化无损检测有限公司(简称南化无损公司)是中国石化集团南京化学工业有限公司(简称南化公司)化工机械厂(简称化机厂)下属的基层单位,位于南京市沿江工业开发区。

南化无损公司现有员工106人,资产1007.1万元,从事无损检测工作已有50多年的历史,具备射线、超声、磁粉、渗透、TOFD等检测能力,是我国最早开展无损检测运用的单位之一。南化无损公司为我国的化肥、化工、石油化工事业以及装备的国产化作出过重要贡献,也培养了一大批无损检测人才。

成果主创人:化机厂厂长、公司董事长李建平(左)与公司总经理徐宁家

2003年11月经南化公司批准,成立了国有全资公司,对社会开展服务。目前,服务范围已涉及石油化工、机械加工、车辆制造、军工、科研等领域。2011年营业收入1400万元。

一、以激发员工工作原动力为核心的持续改进管理背景

(一)解决员工目标与企业目标不一致问题

长期以来,企业目标多是数字化,大而抽象,让员工看不懂,有些管理目标比较模糊,因此员工感到企业目标离自己很远。近年来,由于社会的多元化,员工目标取向更趋多元化,企业与员工的目标不一致,在工作中就无法形成合力,在管理上就易产生矛盾。因此,必须改变现有的企业目标管理体系,形成员工和企业一致的目标,这样才能使每位员工关注企业目标,最终实现企业目标。

(二)解决员工能力与企业要求不一致问题

无损检测是通过非损伤性试验(不损伤被检样品),对产品中存在的缺陷进行检查的方法,它是特种设备质量和安全控制的重要手段。无损检测是一个高风险、高技能、高责任性的行业,无损检测人员的素质往往决定检测质量的优劣、放射源使用的安全、项目的总体进度。因此,企业需要无损检测人员具备很强的目标意识、安全意识、业务技能和自主管理能力。南化无损公司检测区域分散,人员流动,单兵作业,工作时间又多在晚间,加之检测过程的主观性很强,造成检测人员工作随意性强,能力参差不齐,责任感不足。员工工作能力与企业生产需求矛盾突出,造成企业生产、质量、安全事件时有发生。建立有效的管理机制,激发员工工作的原动力,实现自主管理可解决员工能力与企业要求不

一致问题。

(三) 解决管理模式与企业需求不一致问题

在企业管理中,管理制度和要求在自上而下的管理模式中执行都有一个显著的特点:"推一推,动一动,不推不动。"关键是上面的推力一停,下面的执行也就停止了。这些现象反映出旧管理模式的管理缺失和不足。随着国家对检验检测机构要求的不断提升和企业发展的迫切需求,企业亟待建立新型的激励机制,以激发员工的原动力,产生推动员工素质不断提高,企业管理自动运行的新动力。

二、以激发员工工作原动力为核心的持续改进管理内涵和主要做法

南化无损公司通过建立《南化无损公司考核细则》,形成企业与员工一致、明确细化、全方位覆盖、持续改进的目标管理机制,将企业目标转化分解为员工目标,产生工作合力;通过引入市场机制,实施"有偿使用企业资源"管理,激发员工在生产中自觉节约成本的积极性,成本管理实现企业与员工双赢;通过引入风险机制,实施"责任追究制",推行"管理基金",促进了员工管理责任的形成;通过构建并实施的日绩效考核体系(激励"365"绩效考核体系),建立激励机制,充分激发员工工作原动力,实现了基层目标持续改进,基层管理自动运行。主要做法如下:

(一) 分析动力机制,设计激励管理措施

1. 分析员工工作原动力

员工工作原动力是员工的一种内在的心理状态,主要因素包括:工作过程中被尊重并发挥自己的民主;符合安全标准的工作环境,和谐温馨的工作文化氛围;希望通过自己的工作与努力得到公平合理的薪资;借助企业这个平台来实现自身价值的同时可以不断提高综合能力,有培训和升职的机会。

员工期望通过工作获取物质和精神上的回报。企业必须让员工明确:工作能提供给他们真正需要的东西;他们需求的东西是和绩效联系在一起的;提高自己的绩效就提高了自己的回报。充分激发员工的工作主动性,达到企业的工作目标,达到员工与企业荣辱与共的境界。

2. 设计管理措施

确保企业目标和员工个人目标的一致性。从根本上说,企业利益与个人利益是一致的。企业要从整合员工目标与企业目标入手,建立新的目标机制,实现员企目标合一,使企业目标能够包含员工的需求,从而把企业目标的完成看成是与自己休戚相关的事。

提升员工的工作自主性,提倡采取参与式管理。通过引入市场机制,建立风险机制,重塑员工地位,增强员工主人翁意识,实现员工参与管理,自觉管理,自主管理。在管理的设计中,以打造一流团队为目的,培养员工的团队意识和协作精神。

采用高能直线加速器进行射线检测

高效的激励考核体系可以有效激发员工的工作原动力。企业必须运用员企合一的目标机制作为激励考核体系的依托,通过激励考核促进目标的完成,使员工的价值得到体现。激励应以正激励为主,同时企业应使用既定的、合理的评价方法与衡量技术,公开、科学地评价员工的工作绩效。

（二）创新目标机制,构建员企合一目标

1. 建立一体化管理体系,明确企业管理需求

2006年提出"管理体系一体化"的概念。通过4年时间的建设,南化无损公司取得了TSG Z7003《特种设备检验检测机构质量管理体系要求》、GB/T19001《质量管理体系要求》、GB/T24001《环境管理体系要求及使用指南》、GB/T28001《职业健康安全管理体系规范》、《实验室评审准则》标准认证,并以此形成五位一体的"一体化"管理体系。编制的一体化管理文件,以一套制度覆盖和支撑了多个体系,确立了企业质量、安全、环境、设备、计量等符合市场需求,体现一流要求的管理目标。在一体化管理制度的基础上,南化无损公司持续改进《行政管理规章》,它与一体化手册、程序、作业文件一起构建了南化无损公司完整的管理目标体系。

2. 创新目标管理方法,实现员企目标合一

南化无损公司依据一体化管理制度、《行政管理规章》,结合上级管理要求,以引领员工价值实现为先导,以简洁、明确、均衡、唯一为原则,对管理目标、管理制度和一体化要求进行精炼,形成以目标为考核内容,加分、扣分为考核手段,全体员工为考核对象,目标完成为考核标准的全岗位覆盖的《南化无损公司考核细则》。

考核细则分为:生产、HSE、质量、成本、设备、材料、劳动纪律、基础管理8大类64项601条(最初为7大类48项433条),力求穷尽职工的行为。

考核细则一事一条,目标明确,注重简练强调企业需求和员工需求一致性和全覆盖。例如南化无损公司检测报告差错率控制目标≤1%,转化为考核细则成为两条:检测报告出现笔误,被内部审核发现,当事人扣0.4分/处;如果被外部投诉或检查发现扣2分/处。

一荣俱荣,一损俱损,考核细则在统一企业与个人目标的同时,建立起一种新型的团队与个人关系。只要是与团队相关的个人行为都将同时作为团队考核内容,按十分之一的比例奖罚整个团队成员。例如:获得南化公司级先进个人,本人加2分,其所在的检测室全体员工加0.2分。考核细则树立起荣辱与共的价值观。

（三）引入市场机制,推行资源有偿使用

1. 创新成本控制理念

南化无损公司从激发员工工作原动力入手,提出"有偿使用企业资源"的理念:引入市场机制,企业员工通过有偿使用企业资源(资源包括:生产原料、设备、工具、能源等)的方式进行劳动,创造价值。

有偿使用企业资源,采取由员工自己花钱向企业购买生产资源的方式改变企业资源的主体地位,使员工在企业内部成为资源的拥有者,当资源的主人,对所使用的企业资源负管理责任,承担风险,分享利益。

2. 建立实施"有偿使用企业资源"管理机制

在理念创新的基础上，南化无损公司探索对检测过程中的主要原材料 X 光胶片实施有偿使用管理。并以此建立起包括：胶片管理、资源价格、运行控制以及计算机辅助的"有偿使用企业资源"管理机制。

南化无损公司编制了计算机管理软件，设置多部门联动的机制，利用计算机网络平台实现从生产任务的下达到产品的验收评价全过程的计算机控制，并在此过程中完成了消耗资源与每位员工的结算。员工当天上交产品，次日即可在网络上查询到劳动报酬和节约成本的回报。

南化无损公司选择用材料的利用率作为内部资源价格的定价依据。将 85% 胶片利用率作为考核的平衡点，并以此为依据按照胶片的进货价制定了价格表。同时规定，市场价格变动，内部结算价格不变；考核价格 3 年不变。

为了降低了员工实际预支成本，采用月头领料，月底与回收的产品对冲结算的办法减少资金占用，同时，南化无损公司借给每个射线组长 800 元，作为领用胶片占用资金，消除了员工的后顾之忧。

(四)落实风险机制，强化员工管理责任

1. 建立责任追究机制，明确责任风险

根据岗位和职责的不同，将管理责任分为六级，对所有员工进行管理授权：员工担负互监互保的职责；作业组长对作业小组负各类管理责任；部门负责人负本部门的各类管理责任；挂靠职能人员对挂靠的检测室各类管理负责；职能人负责全公司范围内本职能的管理责任；经理、副经理对全公司的各类管理负总责。各级人员每月按不同的岗位责任系数进行经济考核。

责任追究制本着防微杜渐的原则，从小事开始，只要是管理问题都要有追究，员工和最高管理者都列入追究范围。责任追究制分为 4 类追究问题，9 个检查层级。

9 个检查层级检查出的问题与南化无损公司六级管理责任相对应，根据检查层级的不同，追究不同级别的管理责任。南化无损公司的责任追究设计了累计达线次数。追究时，根据追究问题的类别和检查层级与被追究人紧密程度不同，以月和年累（经理层按年累计）计次数，达到规定数量后开始追究责任人。

2. 创建管理基金，共享管理成果

管理基金是员工自愿选择、购买，年终根据员工绩效考核得分获取回报的一种风险管理机制。南化无损公司管理基金分为 4 级 12 档，每档 100 元，各类人员必须按照自己岗位和对未来一年的表现，选择购买一档管理基金。管理基金年初购买，年末兑现。管理基金与考核机制联动，工作业绩好，存在问题少，得分就高，基金回报也就高。员工购买的基金是一个希望，一种责任，一份信心。管理基金以 80 分为员工年终绩效考核基准分，以上奖励，以下扣本金，奖二罚一。高于基准分，每高 1 分，奖本金的 10%，上不封顶；低 1 分，扣本金 5%，扣完为止。

(五)完善激励机制，优化绩效考核体系

1. 建立日考核，优化绩效体系

南化无损公司以《无损公司责任追究制》和《无损公司考核细则》为依托，有机地将目标机制、市场机制、风险机制融为一体，建立起日绩效考核体系，将企业现有的多线条考核归结在一个考核体系下,通过对员工全年每个工作日的考核,量化员工的工作业绩,显化存在的问题,奖罚并举,突出激励约束,使员工通过考核明确工作目标和努力方向,提升员工素质,实现对人力资源更加科学准确的考核目的。

为了突出激励效果,日绩效考核设计为加分机制,以日为基础,通过基础考核、岗位能力考核、日常检查、工作嘉奖四大板块,每天有工作,每天有得分,每天有指导,每天有激励。考核得分以日保周,以周保月,以月保年,日积月累,上不封顶。同时,日考核同时设计对团队的考核内容,形成个人得分与其所在团队(检测室)得分相互作用的考核架构,使共荣共损的团队观念进一步确立。日绩效考核具体内容:

"基础考核"是将生产、质量、效率、安全、出勤等日常工作全部进行分解成考核分。例如员工每天上班打卡,有出勤记录就可以得2.75分;请1小时假就会少得0.34分。

"岗位能力分"是对员工技能、岗位职责的一种评价。例如,超声、表面检测岗位,需要超声、磁粉、渗透检测三项资质证书,少1个证,每月就会少得0.25分。

"日常检查"采用内外检查相结合方式进行,是日考核中唯一采用的扣分考核的板块。32种内部考核方式,12种外部考核方式形成考核网络。尤其是外部(上级部门的检查、客户监督、资质认证等)多方监督机制参与。检查结果依据《南化无损考核细则》进行扣分。

"工作嘉奖"反映出员工主动关心企业做出的成绩动态。员工投稿、合理化建议、排除安全隐患、获得各类奖励都将得到加分。

团队的得分主要来自获得的各类荣誉。检测室获得荣誉,检测室全员加分,南化无损公司获得荣誉,全公司员工受益。

2. 运用考核数据,突出激励效果

"日考核"通过日积累形成个人和团队(检测室)月考核结果。月度经济考核依据日考核结果分两部分进行奖金分配。一是团队得分对员工奖金系数的影响:团队得1分,员工奖金系数提高1%;团队扣1分,员工月奖金系数降低1%。二是个人得分对员工奖金系数的影响:以100分为基准,1分20元。管理基金也是随着日考核得分的变化每天变化。季度与年度的经济考核同样按日考核得分进行考核。

南化无损公司的月度、季度、年度的各类先进评比以日考核得分,择优推荐。员工能力评价也是依据绩效考核个人得分进行。

南化无损公司的计算机信息平台为日考核提供了保障,在承担处理考核数据,对每一位员工的考核数据进行动态管理的同时,也为员工提供全方位的考核信息查询,确保每位员工随时可以查阅考核信息,实现了考核公开。公开也保证了公平、公正。

南化无损公司的民主管理委员会(简称民管会)负责对每月考核结果进行最终确认,保证了考核的权威性。

三、以激发员工工作原动力为核心的持续改进管理效果

(一)提高了企业的运营质量与效率

成果实施后,实现了员企目标一致,形成管理合力,企业的经营目标得到持续改进,2009年至2011年三年间南化无损公司检测在人员基本不变的情况下,营业收入大幅提升53.4%,利润更是增长了73.8%。同时,南化无损公司胶片的成本控制取得突破性进展,消除了胶片利用率长期在低位徘徊的局面,2011年胶片利用率较2007年大幅提升近32%,成本管理得到持续改进。设备的制造周期也大幅缩短,有效提升了制造效率,同时减少了能源、设备、相关配合人员等资源的消耗;减少了检测人员无效加班时间,进一步降低安全风险。客户满意率持续改进。南化无损公司自2008年5月开始由客户(化机厂生产车间)对每位员工进行月度满意度测评,测评四年来满意率持续上升,达到并超过了企业的目标值。

(二)提升了员工素质

南化无损公司管理的持续改进,形成了完善的制度措施、健全的管理体系。实现了制度由零散性向系统性转变、行为由被动型向主动型转变、考核由结果向过程转变。员工自我主理的原动力得到激发,员工的绩效考核平均得分2011年比2010年提高7.32分,差错率明显减少。与此同时,员工购买基金的热情在逐年上升,2011年与2010年相比,人均提升近30%。员工对考核的认同感,对企业管理制度的认同感都得到有效地提升。

在南化无损公司,只有一专多能才能多得分,一专多能已成为员工自身的迫切需要,以2012年重组进入南化无损公司的检测八室(计量室)为例,进入前检测八室9名员工各自分管自己的专业,其他岗位从不涉及,进入后,仅半年时间,计量室人员实现岗位的交叉覆盖,有些工作的覆盖率已达到100%。

检测人员的技能提升,使得拍片质量上升,2011年拍片合格率高达97.56%,超出同行业约三个百分点。

(成果创造人:李建平、徐宁家、林俊仁、胡喜宁、张　林、战桂英、潘宗田、于　剑、刘盛杰、李　娟)

提升客户价值创造能力的流程与信息化融合管理

中国移动通信集团北京有限公司

中国移动通信集团北京有限公司（简称北京移动）隶属于中国移动通信集团公司，于1999年8月28日注册成立，2000年12月18日在香港和纽约上市成为中国移动通信集团公司全资控股子公司。主要经营移动话音、数据、多媒体业务，IP电话以及互联网接入服务；具有移动通信、IP电话和互联网网络设计、投资、建设资格，以及设计、制作广告，利用自有媒体发布广告资格。北京移动网络规模和客户规模稳居全市首位，客户总数超过1000万户。

成果项目团队合影

面向未来，北京移动将秉承"正德厚生、臻于至善"的企业核心价值观，紧密围绕"做世界一流企业，成为移动信息专家"的战略定位，以卓越品质锻造一流信息服务，用创新精神努力实现从优秀向卓越的新跨越，为全面建设"人文北京、科技北京、绿色北京"，构建社会主义和谐社会首善之区做出新的更大贡献。

一、提升客户价值创造能力的流程与信息化融合管理背景

（一）应对激烈市场竞争的需要

随着3G商用带来较强的市场格局冲击，各运营商从差异化优势出发应对全业务竞争。中国电信重点通过捆绑优势进攻中高端客户，并大力发展信息化。中国联通则重点发展3G高端市场，并逐步形成以3G为特色的融合业务体系。中国移动在3G领域则较为被动，正试图通过品牌优势和产品组合，实现终端和渠道的持续保有，并积极推进4G的建设和商用。

通常企业的竞争往往都是流程制胜，存在于企业内部的业务流程类似贯穿于人体的神经系统，它可对产品生产流程、运营流程、支撑流程和管理流程等企业核心流程产生直接的效果。对业务流程进行有效的管理、维护和优化，可显著提高企业的竞争力和市场生存能力，从而帮助企业在竞争中更快速地为客户提供产品和服务，灵活地应对市场变化。通信企业要不断自我创新以保持其竞争力，将业务流程和信息技术作为基础的竞争策略之一。而流程化和信息化的融合，需要根据客户需要和企业自身发展阶段及当前需求，对企业的业务流程和信息技术进行细致的分析、提出综合的解决思路，高度资源和组织进行系统实施。同时，考虑到长期而全局的需要，建立全企业或全流程的统一管理信息化平台，树立流程化运作的企业文化，使人人了解流程并执行流程。

（二）客户价值创造能力有待进一步提升

一是面向客户的部分流程存在长期尚待解决的管理问题。转型业务流程、网络建设流程、采购流程等逻辑复杂、步骤数量多的流程设计和效率问题频出，难以优化和管理，需要进行持续、专业的流程管理和信息平台支持。二是企业运营效率有待提高。部分流程责任界定较模糊，尤其流程/活动之间的界面、接口与衔接处，推诿避责现象时有发生，导致不能有效明确流程问题责任归属、落实领导决策，提高企业运营效率。三是绩效考核的量化有待全面实施。传统绩效考核无法与业务流程执行效率和执行质量对接，绩效考核难以量化和落实到流程，导致绩效考核达不到应有的效果。四是如何进一步提高客户满意度。北京移动一直面临如何提高客户满意度的重要问题，比如服务质量问题、客户需求满足度的问题、客户投诉管理执行力的问题，都需要具体到流程中去查找原因，落实责任，改进优化管理。

（三）流程化与信息化融合是提升企业客户价值创造能力的关键

通信企业传统的流程化管理与信息化建设并未有效的融合，流程化管理通常局限于职能部门，而信息化建设往往基于职能部门单项业务需求，较少考虑与业务流程的结合。通信企业面对不断变化和更新的业务环境，将提升客户价值创造能力的业务流程与信息系统相结合具有至关重要的意义。提升客户价值创造能力从短期来说可以有效开发利用企业价值创造能力，充分配置资源，获得短期竞争优势，从长期来说能够持续获得竞争优势实现价值最大化。许多企业采用业务流程优化、完善企业信息系统、优化供应链、改进企业组织结构等方法提升客户价值创造能力。北京移动为了提升客户价值创造能力，从 2008 年开始探索实践流程化与信息化的融合管理。

二、提升客户价值创造能力的流程与信息化融合管理内涵和主要做法

北京移动为提升客户价值创造能力，以企业发展战略为导向，坚持循序渐进、持续改进的原则，通过建立面向客户的流程管理体系和流程管理信息化平台，并建立流程绩效的 PDCA 持续改进机制，实现流程化与信息化彻底融合，大大提升客户价值创造能力，超预期的满足客户需求，为客户创造出更高价值。主要做法是：

（一）转变观念，确立流程化与信息化融合管理的总体思路

北京移动为提升客户价值创造能力，积极实践探索流程化与信息化的融合管理，树立以客户为中心的流程化与信息化观念。从 2008 年开始组织公司各专业流程的高级管理人员对流程化与信息化融合管理进行多次讨论和研究，对华为、海尔等优秀的流程管理企业进行学习和标杆研究，并在 2009 年专门建立流程管理组织，成立流程管理委员会和流程管理部门，并陆续配备流程管理专业人员，专门负责工作的推进。

流程化与信息化融合管理是企业流程管理部门和信息化管理部门共同的任

流程管理平台首页截图

务,北京移动为加强领导,专门成立流程化与信息化融合管理相关的工作组,其中包括相关的业务流程管理部门和信息化管理部门,共同协作、发挥各自优势,并互相补充完善。

第一,以流程为主导促进业务IT融合发展,信息化本质实际上就是要实现以IT加速业务流程整合,以流程为主导,促进业务融合。

第二,业务流程设计应考虑并充分利用信息系统和信息技术的能力。信息系统的设计要满足业务流程的需求,并保证未来业务的发展。流程化和信息化都是从组织的发展战略出发,支持组织的核心业务。当制定信息化规划或是进行信息系统的设计时,就做到信息系统与流程相匹配,避免流程和系统"两张皮"现象。信息化与流程化紧密结合,聚焦公司关键目标指标的完成,切实解决企业经营管理中的难点问题,形成对生产经营全方位、多角度的全面覆盖。

第三,当信息系统建设进行到一定阶段,通过设计分析或在实际运行中发现不顺畅、不协调或不适应企业发展需要的业务流程点,信息化部门应该及时向流程部门反馈,从而共同对这些流程点进行重新分析和梳理,最终达成共识。信息系统的建设从各个方面形成对企业流程管理工作的支撑:一是信息系统通过功能设计对业务流程进行固化,以数据流带动信息流,以信息流带动业务流程的运行,形成"有流程走,按流程办,绕开流程行不通"的规范化管理模式;二是信息系统通过数据集成打通信息孤岛,促进跨部门、跨系统的数据顺畅传递,加强各部门之间的知识共享和业务协同;三是信息系统通过系统角色和权限的分配,明确岗位职责,确定操作规范,增加员工做事的规范性、主动性;四是信息系统通过分析挖掘、知识积累和提炼,辅助业务决策,提供对企业经营各方面的数据分析和报表展现,从而为各级领导决策提供强有力地支撑。

(二)坚持客户导向,梳理企业流程管理体系

北京移动持续进行以客户为导向的企业流程管理体系的梳理,建立完善、健全的流程管理体系,进行流程管理体系的集中化、专业化和六统一改造,初步实现以客户为导向的流程管理的专业化、集中化。

根据流程化的需求,设计一套以客户为导向的统一流程管理规范,包括流程规划、建设、运行、终止等。实现流程体系和规范统一、集中、管理(建立流程管理集中化管理组织)。为了有效落实管理规范,还建立各阶段、各任务的责任矩阵图,对体系各阶段的管理任务进行分配并落实到具体的部门和岗位。改造后的流程管理体系贯穿于流程管理全生命周期,并在不同阶段有不同的特点和目标,是一个系统、科学的管理体系,能够有效实现流程管理各阶段目标。覆盖了组织的所有流程,符合组织宗旨和战略规划要求,具有很好的战略执行能力,并能够有效地将组织战略目标分解到各个相关流程。

为了提高流程的效率和质量,降低流程的成本和风险,北京移动从平衡计分卡财务、客户、内部业务、学习与成长四个维度分析了流程的关键成功因素,并确定具体的核心指标。为了保证评价工作的实施效果,北京移动同步建立相关的工作方法和流程。

(三)依托信息技术,建立客户导向的流程管理平台

1.建设流程管理门户,实现流程一站式管理

流程管理门户是流程管理系统全部业务功能的集中化访问入口,为公司全体员工提供流程管理工作的接入服务。主要包括待办工作、多角色信息展现、动态信息发布、各项

功能入口、门户在线即时交流等功能。

2. 打造在线流程地图，实现多维查询和导航

流程地图包括公司所有流程的流程图，以及与流程图相配套的动作说明、输入输出物定义、相关模板定义、关键监控指标定义、流程责任人定义等。员工可以通过搜索、定制信息等手段实现到流程的快速导航，流程地图需提供基于组织架构、关键字、关键领域等不少于三个维度的展现视图，实现对公司1000多条业务和管理流程的统一展现。

3. 开发流程建模工具，实现流程在线绘制和共享

业务流程建模提供流程在线绘制、流程定义展现和流程版本管理等功能，利用信息化的手段，固化公司对流程文档内容和格式的要求，解决之前流程文档格式不统一、内容不完整、定义不清晰等问题，实现流程设计的标准化、专业化和可视化。

4. 完善流程生命周期管理，实现流程管理全程电子化

提供流程的制定、审批、试运行、颁布、变更、废止等业务的电子化支撑，包括流程生命周期管理、流程状态自动标识、流程电子化决策等功能。公司的流程一经发布，就会动态更新至平台上的流程地图中。

5. 打造流程跨平台监控，实现公司运营精细化管理

流程监控模块通过建立流程信息化平台与公司其他业务系统之间的标准化数据接口，提取当前公司重点流程的实时运转数据，实现对重点流程的集中监控功能，对这些关键流程运营数据进行实时的统计、分析、展现和告警。流程监控功能实现"一屏式监控"，各级管理者可以根据自己的业务领域和管理范围，设置自己实时关注的流程关键指标，这些指标可以来源于不同的业务系统和平台，一经设置，只需登录流程信息化管理平台的一个页面，就可以全方位了解公司各个领域和业务平台上关键流程的运营情况。

（四）采取有力措施，推动流程化与信息化深度融合

1. 修订流程管理办法，促进流程发布平台化

为推动流程信息化平台的应用，切实推动流程化与信息化的深度融合，北京移动在完成流程信息化平台建设的基础上，对《北京移动流程管理办法》进行全面的修订。在此之前，各级流程都是以公文的形式在OA系统发布，流程图的质量参差不齐，发布的审批环节难以控制，增加了流程管理的难度。经过修订，北京移动的各级流程只能通过流程信息化管理平台发布，并且必须在线完成流程的绘制、审批和发布。公司各部门发布的任一流程，都需要在流程地图上选择流程的位置，并产生唯一的流程编号，以保证流程框架体系实时更新。各部门在发布流程时，需要定义出流程的关键指标、计算口径和指标来自哪个业务系统，以便公司后续在流程平台上对关键流程进行监控。《流程管理办法》的修订，为北京移动流程化与信息化的融合提供了制度基础，是配合流程信息化管理平台推广和应用的关键。

2. 完善流程管控架构，保证融合推进职能化

基于流程信息化管理平台，北京移动的流程管理可以分级、分类在各级、各类管理者之间实现定责到人。为实现这一目标，北京移动重新梳理流程管理的组织架构和责任矩阵，建立由流程管理委员会、流程总监、流程管理岗、业务流程经理、流程支撑岗和流程设计岗组成的四级管理架构。每个管理角色承担不同的管理职能，在流程信息化平台上承

担不同的审批和监控权限,并共同推动北京移动的流程管理工作高效达成。

3. 开展年度推广活动,实现管理提升全员化

逐年开展"极地跨越"流程管理提升活动,主要分为排兵布阵流程梳理、极地掘宝流程优化、沙场点兵流程监控三项活动,其中:排兵布阵流程梳理活动主要是激励推动实现所有流程的电子化管理,即根据现有公司流程地图与目录,将所有流程转换为标准的流程文档,录入流程管理信息化平台;极地掘宝流程优化活动主要是激励通过流程优化解决当前流程较为复杂,流程运行不畅或效率不高等问题;沙场点兵流程监控活动主要是激励重点流程责任部门设置流程关键点监控指标和阀值,建立月度跟踪监控汇报制度。以上激励机制通过以主题活动为载体,以积分计划、优秀标杆评选等为激励手段,在有效促进各级员工参与流程化和信息化融合管理工作的同时,进一步推广宣传了流程化和信息化的重要意义和价值。

4. 建立人才培养机制,推动融合工作专业化

基于结构化思维、质量改善、效率提升、方法论这四个核心理念,建立科学规范的流程带级人才培养和认证制度,形成流程管理人员知识学习、技能提升和能力认证的良性机制,为公司流程的持续优化和管理能力的持续提升提供人才保证。带级培训分为六种课程:倡导者培训、普及培训、黄带培训、绿带培训、黑带培训和黑带大师培训。倡导者培训主要面向领导开展,介绍基于信息化的流程管理基本框架、思路和典型成功案例。普及培训针对所有员工开展,目的是提升公司内部对流程化与信息化融合管理的基本认知和基础能力。黄带培训、绿带培训、黑带培训和黑带大师培训主要针对员工的流程优化、分析、设计等方法进行渐进式培训,为公司储备不同层级的、具备基于信息化工具操作和设计能力的流程管理人才。

5. 建立人才储备机制,打造融合管理精英化

明确提出流程管理专业人员的素质能力要求,配备在流程管理和信息系统管理领域均有丰富经验的人员,逐步充实流程化和信息化的人员储备,完善流程管理团队,规划流程专业管理人员职业发展路径,为有效激励、储备流程管理人才打下良好的基础。

(五)建立 PDCA 机制,持续改进流程化与信息化融合管理

北京移动围绕 PDCA 管理循环的总体思路,在流程化与信息化融合管理之初,就建立流程化与信息化融合管理 PDCA 机制,明确 PDCA 管理循环的工作步骤、责任矩阵及工作流程,以保证流程化与信息化融合管理的有效推进。

1. 计划管理(P)

第一阶段:以总结经验方法为主要原则,从部分关键、核心的流程入手,建立初步的流程规范体系,以快速实现流程评价信息化为原则,根据 IT 建设情况,选取合适的技术方案进行实践,总结经验。

第二阶段:以大幅度提高流程效率为主要原则,在试点经验的基础上,巩固和完善流程体系规范,探索进行端到端流程体系,明显改善流程的 IT 和数据环境,建立统一、标准的流程系统平台。

第三阶段:以提高端到端流程效率为主要原则,随着端到端流程的逐步完善,实现端到端流程体系的完整规范,并通过运营经验的积累建立完整体系化智能化的流程平台。

2. 执行管理(D)

采用流程管理委员会总体指导、流程管理部门规范落实、各业务部门具体执行的三级组织方式,搭建工作组织机构,明确各业务部门和岗位的具体职责,提供必要的资源保证,人员、能力、投资、系统、成本等资源支持。由流程管理部门编写相关执行规范和工作指导手册,各业务部门具体执行、汇总审核执行情况,并进行定期的信息交流和沟通。

3. 检查管理(C)

利用流程管理信息化平台工单管理模块为主要工作手段,对工作任务进行跟踪检查和分析评价,负责分析检查的流程管理专员可以定期从系统或者相关管理文档中提取任务完成情况的,以进行对任务目标完成情况的分析。通过不同的方法对任务完成情况进行分析,对任务执行部门月度任务进行分析总结,通过任务执行部门管理指标排名、趋势分析等手段进行展现,自动生成丰富的分析评价报告,并针对进度较差、效果较差的任务进行针对性分析诊断,以定位问题寻找改进方案。检查分析报告主要内容包括:各工作任务评价指标列示及分析、各工作任务问题汇总分析及改进建议、各执行部门工作任务指标列示及分析、各执行部门任务指标完成情况排名、各试点部门任务管理问题汇总分析及改进建议。

4. 持续改进(A)

业务流程部门和流程管理部门分别针对部门内工作任务和跨部门工作任务的异常情况进行根本性分析,提出相关持续改进建议。采用分级、分类的分析决策方法对分析报告和持续改进建议进行最终分析和决策,以促进工作的改善,从而进一步优化流程化与信息化融合管理。

三、提升客户价值创造能力的流程与信息化融合管理效果

(一)流程化与信息化的深度融合全面实现

1. 流程管理能力显著提升

流程管理信息化使公司6大模块、7个层级、1300多条流程组成的流程地图实现在线展示及多维查询,解决了之前流程散落在各个部门、没有分类、不成体系、不便查询的问题,极大提高了公司流程的显性化程度,有效降低了由于流程不透明、不公开带来的业务风险,使得各级员工快速、及时了解公司各项流程和业务规则变化成为可能。流程管理信息化使流程新建、优化、发布、废止的全生命周期管理流程得到规范和固化,从管理制度化、制度流程化、流程电子化的角度,有效解决了之前流程文档编写不规范、流程新建、发布和废止流程管理混乱、流程优化成果难以落地和推广等问题,形成了流程文件规范发布、流程地图实时动态更新的良性机制。

流程管理信息化使公司大量核心流程的实时监控成为可能。经过梳理,北京移动共有7大核心流程群组、200多条相关末梢流程,涉及公司20余个部门、40多个IT系统。在没有进行基于信息化手段的流程管理之前,对于这些核心流程的监控和管理受到跨专业口、跨部门、跨IT系统等因素带来的极大挑战。在实施了流程电子化管理之后,北京移动对核心流程进行指标梳理,跨领域、跨平台进行流程关键数据的提取和分析,对端到端流程的运营情况进行实时监控和问题预警,并及时优化。截止2012年9月份,已实现对涉及公司21个部门和中心的31条核心流程群、共136个监控指标进行实时在线监控。

2. 平台信息孤岛问题逐步解决

流程平台打通了和各个业务系统的接口,规范了数据口径,从流程提效、成本和风险控制等角度梳理出关键指标,直接从各个业务系统抽取和调用关键数据,进行统一的分析和挖掘,指导公司关键流程的不断优化,从而提升公司的运营效率、规避运营中存在的风险,最大程度的发挥了各个业务平台管理协同作用,有效改善了传统的信息孤岛问题。

(二)客户价值创造能力有效提升

2009~2012 年,对超过 200 条关键流程进行了端到端的优化,大大提升了客户需求响应速度,提升了客户整体满意度。

从 2010 年起,对基站开通流程相关的 18 个流程关键指标进行了跨平台的电子化监控,并根据监控结果对发现的问题进行及时的优化。经过加强联合排障、增加电子化监控、优化统计报表、减少流转环节等一系列措施,平均开通时长缩短了 35%,故障基站开通时长缩短了 40%,无效工单量由原来的约 20% 降低至约 3%。

从 2009 年起,对集团客户转型业务办理流程进行持续的监控和优化,打通了 CRM、EOMS、USD、综合资源、SI、BOMC 等多个系统接口,实现多项集团客户转型业务全流程平均耗时缩短 50% 以上,客户满意度明显提升,连续两年集团客户信息化收入增长率超过 40%。

(三)企业基础管理水平明显提高

管理更加透明化。北京移动任何员工可以在权限范围内,从任意层级查看公司各项业务和管理流程的整体设计和运营状况,为公司规划、绩效、创新、审计、法务、人力等各项基础管理的开展提供了基础依据。

管理更加精细化。北京移动每年年初都会从战略规划中分解和定位出 10 条左右年度关键流程,并根据年度战略规划选取关键指标,对这些流程运营情况进行实时监控,并及时告警。各流程负责经理或部门收到告警信息之后,即可通过流程管理信息化平台对指标分析、层层分解、追踪到人,最终查出问题的产生原因,并进行有针对性的优化和改善,效果明显。

在北京移动的流程管理信息化平台上,实现了包括上述合同管理流程在内的 30 多个关键流程的监控,而且被监控流程的数量每年还在不断增加。这些监控的数据取自于不同的业务系统,对于管理层而言,以前需要登录多个不同系统才能了解的公司整体运营情况,现在只要通过一个流程管理信息化平台就能全面了解,而且任何问题和告警都可以追踪到人,真正实现了一点登陆、跨平台监控的精细化管理。

管理更加自动化。对关键运营流程指标的监控、分析都是实时由系统自动完成的,具备报表定制、个性化统计、实时分析、自动告警等系列功能,根据数据同比、环比等实时分析趋势,在产生实质影响之前发现问题并及时告警,极大的提高了管理效率,有效地节省了人力资源和时间成本。

(成果创造人:郭兰静、杨晓范、朱 岩、丁 健、
杨翌昀、赵永刚、赵 奕、罗雪娟、马 丹)

基于信息化的航空精益生产管理体系建设

昌河飞机工业(集团)有限责任公司

成果主创人：公司副总经理周新民

昌河飞机工业(集团)有限责任公司(简称昌飞公司)始建于1969年，是我国直升机科研生产基地和航空工业骨干企业。昌飞公司占地270万平方米，建筑面积37万平方米，资产总额近63亿元，职工总数5500余人，各类生产设备4100余台。目前，昌飞公司已建立了军机、民机产品体系，形成了从1吨机到13吨机共9个平台26种机型的产品格局，主要产品有直8系列型机、直11系列型机以及国家高新工程型号，国际合作型号有CA109型机、S300型机、S76型机、S92尾斜梁和水平面，波音767-300BCF零件转包。

一、基于信息化的航空精益生产管理体系建设背景

当前，直升机需求呈"井喷式"发展态势，为我国直升机产业发展提供了良好机遇。除了世界级航空制造企业看准了我国市场，许多地方政府也纷纷抢滩直升机制造产业，通过引进、投资和兴建直升机组装生产线、零配件加工、维修保障等项目，带动地方经济增长。2011年国发37号文以后，直升机产业竞争异常激烈，国家对发展国产直升机提出了更高的要求。必须对标国际一流航空企业，融入世界航空产业链，才能在新形势下不辱"国家使命"，担起"蓝天责任"。然而，传统的管理模式已经难以适应直升机产业发展的需要，建立具有航空产业特点、信息化条件下的精益生产管理体系势在必行。

(一)原有生产管理模式难以适应科研与批产快速发展的需要

昌飞在2008年前主要以科研为主，批生产为辅，2000～2008年9年中，每年平均产量不到7架，而且主要靠员工加班加点来保节点、保进度，每年都需要"大战四季度"或者"大干100天"才能完成任务。近几年，平均每年承担6～9个型号的科研及改进改型任务，并每年担负近70架军民机的批产任务，且呈快速增长趋势。如果原有的组织管理方式不改变，即使靠员工加班加点也根本无法满足科研、生产任务的需要，更谈不上打造成为"世界一流航空制造企业"。与此同时，航空制造业市场需求的多样化、个性化、生产的小批量化成为主要特征，传统的作业模式已不能满足快速切换的生产组织需要，必须改变粗放的管理模式，建立敏捷的生产方式。如何加速研制、快速提高产能，做到多构型批生产线的及时切换，保证生产均衡、稳定、高效是昌飞公司亟需破解的难题。

(二)传统的生产管理方式存在较多短板

昌飞公司原有的生产管理方式在计划、组织、落实、考核、管控5个环节脱节,没有系统有效使用先进管理工具和方法,未实现闭环管理,无法实现真正的过程管控;无限生产能力计划缺乏科学性;现场的指挥调度完全依赖于调度的嘴和腿;考核只能凭感觉,凭关系,绩效基本脱离了车间的人均生产效率,无法用数据说话。导致出现调度满厂跑,会议多,被迫加班应付,车间借口人力资源不足,设备能力、技术配合等不够,进度经常是一拖再拖,车间主任办公室变成"接待办"等现象。因此,必须调整思路,借鉴汽车行业普遍采用的精益制造思想,建立一套符合公司直升机产业发展的,信息化条件下的精益生产管理体系,加速改变现状,提高管理水平。

(三)企业具备建设精益生产管理体系的基础和条件

一是信息化已渗透到公司科研生产的各个方面并与之有机结合。二是自2007年以来,引入并大力推进精益管理,培育了坚实的群众基础。三是诚实守信、客户价值、无界团队、自强不息、数据说话、勇于担当、尽善尽美的公司文化形成了良好的管理创新氛围。

二、基于信息化的航空精益生产管理体系建设内涵和主要做法

昌河公司以顾客价值为核心,通过直升机铆装、总装、试飞节拍生产拉动供应链和不同专业的生产单元实现准时化生产,并将精益生产与信息化深度融合,建立数字化集成精益生产线,同时开展精益评估,培育精益文化,形成完整的精益生产管理体系。主要做法如下:

(一)建立节拍生产线

昌飞公司以实现铆装、总装脉动式生产为核心,根据市场需求,建立铆装、总装节拍生产线,解决订单准时交付的问题。首先,根据市场需求,设计生产节拍;其次,根据生产节拍确定工艺分离面;最后,根据工艺分离面,进行生产线站位划分。例如,直—XX型机要实现年产36架机,即月产3架机,生产节拍为10天,根据节拍和单机周期,单线铆装、总装设置6个站位。一般情况,产量越大,节拍越短,站位越多,工艺分离面越细。这样就在直升机铆装、总装生产现场建立了类似汽车生产线的流水线作业方式。为保证生产节拍的稳定,根据铆装、装配生产线上的需求,明确对零组件生产单位及成品供应单位的断线生产需求,形成对零组件单位及成品供应单位的拉式生产关,并及时处理零组件、成附件的准时配套问题和现场技术质量问题。

(二)以计划为牵引,均衡生产

首先,根据订货需求、市场评估,确定主计划和网络计划,根据EBOM,创建PBOM、MBOM,奠定科研生产的计划基础。

其次,根据直升机制造过程和阶段性生产关注重点,创造性科学地把生产计划分为刚性考核计划、断线计划、应急生产计划。各生产单位根据生产调度部门的生产计划制定包括周计划、预投入计划、生产准备计划在内的作业计划。

直升机数字化装配生产线——总装厂房

再次，从产品的角度把刚性考核计划分为批生产计划、预研生产计划、备件生产计划及其它生产计划，其中批生产计划包括预投生产计划和专用件生产计划。

最后，进行能力评估，保证任务计划的可实施性，奠定均衡生产基础。一是把无限能力转化为有限能力，即根据全年计划和分解后的周计划、日计划分析全年可以完成的工作量，转变为有限能力计划。二是评估有限能力，进行生产能力平衡。结合统计数据分析法和经验分析法，科学评估生产能力，通过多项目的平衡，合理外协等，对生产单元进行均衡。主要依据"生产率指数"均衡车间生产能力，指导车间按能力排产，生产率指数可以提醒能力是否超负荷。对各生产单元进行生产能力平衡后，使各生产单元有能力完成全年任务。

（三）不断完善信息系统平台

在2008年自主开发并全面应用信息化制造系统（简称CPS）的基础上，2009年补充构建科研生产运营管控系统，2010年补充完善基于订单的采购管理。CPS作为信息化管控平台由五部分构成，各部分构成及主要功能：公司产品数据管理系统（CHPM）是以产品为中心，主要实现产品的技术状态有效控制和流程管理；基于条码的生产/质量管理系统（CHBMS）是以生产计划为中心，主要实现生产计划的管控、制造过程的监控、实物质量状态的管理、量化考核、均衡生产、准时生产和节拍生产；计算机辅助工艺计划系统（CHCAPP）实现生产前与生产中产品状态管理的对接，以及工艺文件的快速编制；项目集成管理门户（CHPIM）以软性任务为中心，实现信息沟通、交流和传递，软性任务的WBS、分发、提醒、考核和奖惩；电子看板系统（CHKPS）是现场与计算机信息的桥梁，主要实现对科研生产的过程跟踪和全局管控。

从2009开始，结合航空复杂产品的工程实践，提出基于实物流、业务流、信息流的产品装配试飞过程控制与管理技术，同时设计并自主开发面向生产现场的离散型装配试飞生产线集成管理应用系统（简称GO系统）。

（四）建立基于信息化的直升机精益生产线

集成CPS与GO系统等，把从直升机船体铆接、下部构件铆接、内部喷漆、地面工序、系统小部件安装、总检、总装架内、全机交付、军检、总检到交付出厂等在内的离散的过程，设定为27个站位，以信息流和实物流为主线，建立数字化集成精益生产线。

一是建立生产网络指挥中心，进行全局管控。把CPS、GO系统、机床及现场采集监控系统、电子看板系统和风水电气总调系统等进行高度集成，建立公司生产网络指挥中心。该中心通过电子看板系统实现目视化管理和科学精确的协调指挥，是生产调度指挥中心和科研生产技术与管理协调中心，成为生产管控的核心枢纽和平台。

通过生产网络指挥中心进行全局管控。第一，对各型号研制和批生产进行三维虚拟制造仿真，实时掌控零件制造、铆装、总装和试飞的进度和质量情况。第二，实时了解关键设备的运转和利用率情况、风水电气的运转情况、现场安全和保密情况等。第三，产生数据报表，通过统计分析暴露问题、发现问题，推动持续改善。

二是管控制造过程。主要围绕准时化配套和技术质量问题，对虚拟生产线上的每一个站位的每一个制造过程进行管控，内容涉及计划的执行、问题故障的解决、生产线运行保障等。

三是评估和管控各单位产能。对各生产车间的生产效率指数的曲线分析,实时了解公司整体及各单位局部的生产情况,并查找原因,持续改善。

四是管控关键设备的运行。通过CPS,采集各单位重要设备的使用情况,分析利用率曲线,及时查找设备利用率下降的原因。

五是综合管控部门和车间。通过CPS,动态计算出各单位KPI分值,并与单位目标值进行对比,及时掌握各单位整体运行情况,并对存在的潜在风险进行预警。

此外,建立运行评价系统,以综合指数反映公司运营质量。该系统共设置五大指数、19项指标。经营指数包含5项指标,即销售增长率、订单储备额增长率、EVA增长率、成本费用利润率、销售利润增长率;效率指数包含4项指标,即人均工业总产值增长率、全员劳动生产率增长率、应急能力准时化交付;财务指数包含4项指标,即资产负债率、已获利息倍数、速动比率、现金流动负债比率;质量指数包含2项指标,即顾客满意指数、制造质量指数;持续发展指数包含4项指标,即技改投资增长率、技术创新能力(人均成果率)、管理创新能力、人力资源能力。

(五)调整生产组织,把计划落实放在首位

调整生产组织结构。一是零组件生产计划与调度分线管理,设立计划长、调度长;二是铆装、总装、试飞、交付设立现场工作组;三是针对科研型号设立型号制造、工程经理;四是由技术主任负责车间计划与生产准备计划,生产主任负责抓落实。同时按业务实行计划、执行、外协、工装工具分线管控,组建无界团队,由相关部门联合成立生产计划与技术状态协调团队,加强对生产计划有关状态问题的协调处理,在零件车间组建工艺计划室,作好作业计划。

按周计划、日计划组织生产。各生产单元成立周计划工作小组,将各个班组长(工段长)、计划员、调度员设为组员,定期将周计划安排的任务节点逐一认真检查落实,加快生产节奏,实现周计划、日计划管理。运用精益理念,针对不同专业特点,推行配送管理、专业化生产、订单式管理等。

为保障计划的落实,重点开展如下工作:一是强调责任主体意识。对包括软性工作任务和硬性生产任务在内的任何一项任务都明确责任单位、责任人。做到责任主体明确,使每一个员工没有借口,眼睛向内,解决问题。二是开展标准作业,制定管理标准作业表和标准作业书,实施即时完成即时点检,保证常态化工作的及时开展。三是实施工序级管理。对所有的零组部件实施工序流管理,及时发现问题,及时解决问题,并开展持续改善。四是在生产现场全面推行目视化管理:设立生产运行电子主看板,反映周生产作业计划和设备排产情况,展示生产物流配送执行的情况,通过DNC联网时时采集设备运行状态,对现场问题进行列表预警与评价,同时反映厂劳动生产率指数评价及KPI得分评价情况;设置设备管理看板,公示设备目前的应用等级,并显示设备故障修理和设备利用率情况;实施流程及管理制度目视化等。

(六)适应批生产条件,转变考核方式

1.考核及评价

一是利用刚性计划考核引导车间均衡排产、合并批次投产和保证准时化交付。在原生产计划考核基础上,建立刚性计划考核方法。生产调度部门按各批产型号的MBOM

在条码系统中编制生产计划作为考核依据,定期检查计划的执行情况,每月进行评价,评价低于既定指标的车间要拿出措施进行整改归零。每季度末按完工入库的生产任务结算工时奖金,最终提交公司经济责任制委员会进行奖金结算。

二是考核断线计划。根据总装铆装需求制定的断线计划作为考核依据,由生产调度部每天检查断线计划的执行情况,通过断线计划发布平台对各车间断线计划完成情况进行跟踪,每月对断线计划执行情况进行评价。评价低于既定指标的车间要拿出措施进行整改归零。每季度末计算各单位断线扣款总额,最终提交公司经济责任制委员会进行断线计划扣款结算。

三是考核人均生产效率指数。以条码系统中考核周期内车间计划对应的人均工时作为考核依据,定期检查车间生产效率指数达到的水平,每月进行评价。评价低于既定指标的车间要拿出措施进行整改归零。每月初公布上个月各生产单位的指数排名,对前六名进行嘉奖。

此外,把生产准备工作也作为考核的指标之一,建立包括材料关键、外协备料在内的生产准备工作考核方法。每月召开材料关键协调会,对批产急需且不能满足节点的材料制订应急采购计划,并进行考核,如果仍超期扣款处罚;建立外协备料计划发布平台,每月对各单位外协备料超期情况进行分析,统计扣款金额,最终提交公司经济责任制委员会进行扣款结算。

2. 明确奖惩措施

对生产单位的奖励主要有加班进度奖、计件工时制计奖、生产效率指数排名嘉奖。加班进度奖是在原来加班费的基础上,改变计算发放方式,将刚性计划完成率、断线计划完成率和生产效率指数进行综合平衡计奖,使加班费与生产单位的计划综合执行情况挂钩。计件工时制计奖引入按计划类型分不同系数的计奖方式,奖金结算更为公平合理,并转入条码系统中自动计算,结算效率大大提高。

对生产单位的处罚主要有断线计划超期扣款(包括单位经济责任制结算奖金和领导个人奖金扣款)、外协备料超期扣款和材料关键超期扣款。断线计划超期处罚非常严厉,按每项(超期天数－2天)×1000元扣除单位奖金,同时按当月扣款总额×10%(或7%)对行政主任(或副主任)进行个人奖金扣款。外协备料超期扣款按每项超期天数×100元扣除单位奖金。同时,生产调度部制订《生产(原材料缺料)考核管理规定》,由总调度室牵头,对每月车间上报的材料关键解决情况进行考核、罚款。

(七)关键指标纳入KPI考核,保证执行力

将科研生产经营活动中的关键指标纳入KPI考核,与条码计件制考核相结合,考核结果与单位的奖金、干部、员工的绩效相关联。指标设定包含以下类别:

安全类指标:针对车间考核的指标有安全违章发生率,针对主管职能部门考核的指标有安全违章操作检查落实完成率;质量类指标:针对车间考核的指标是综合废品率、零组件故障返修率,针对质量主管部门考核指标有产品报废率、质量损失成本率、合格率、对内顾客满意指数(单机故障下降率)等;成本类指标:针对车间考核的指标是季度材料利用率,针对主管部门考核的指标有质量成本率下降率、单位工时发生的审理产品数量下降率、单机客户检验故障平均下降率等;交付类指标:针对车间考核的指标有刚性计划

完成率、断线计划完成率等,针对主管部门考核指标有刚性计划完成率、军机总装/试飞及接机刚性计划准时交付进度等;效率类指标:针对车间考核的指标有生产效率指数、TO准时完成率、中间工序准时完成率、铆装节拍生产准时交付率、关键重点设备点检率、关键(数控)设备利用率等,针对主管部门考核指标有中间工序平均准时率、外协产品订单准时完成率、生产效率指数增长率等指标;团队类指标:针对各单位都有二级培训计划完成率、人均改善项目完成率、流程改善率等指标考核。

大部分KPI考核通过KPI绩效考核系统自动生成,部分采用人工现场确认并及时录入KPI绩效考核系统,考核结果自动生成。KPI考核实行考核单位负责考核,并由监督单位监督,考核流程分为自评→考核→监督考核→申诉与举报→汇总考核分→季度绩效回顾分析会等六个部分。

(八)开展精益评价,培育精益企业文化

以准时化生产为核心,建立涵盖EVA管理、6S管理、TPM、六西格玛管理、准时化生产、信息化管理、基础管理(含班组建设、制度/流程建设)等7个方面内容的精益评价体系,采用"单项考核,综合评价"的方法衡量各单位精益管理水平。

"单项考核"成绩按百分制计算,并按相应标准评定对应的星级。星级共分为五个等级,即一星、二星(合格)级、三星级、四星级、五星级,具体星级与单项考核分值对应标准,单位在取得某星级并至少保持一年,方有资格晋级。"综合评价"按各单项星级水平进行评定,并依次授予达标、铜牌、银牌和金牌。

同时,培育精益企业文化,形成适合精益生产管理体系运行的土壤,让精益生产的理念深入人心,员工既重视结果,也关注过程;生产忙而不乱,急而不躁。

三、基于信息化的航空精益生产管理体系建设效果

生产效率指数稳步提升,批生产质量稳定性、可靠性和安全性明显提高,外场出勤率、故障及时归零率、整机外观质量、月平均审理单等质量指标明显改善。2011年,人均生产效率同比增长24.5%。2011年,实现营业收入71.01亿元,较上年同期增加34.5亿元,同比增长94%,超额完成经营指标;利润总额较上年同比增长5%;经济增加值由2009年的负值提升到2011年1.04亿元,同比2010年增长4.8%,超额完成考核指标。

(成果创造人:周新民、吴小文、周忠发、林　东、黄　琦、陈　刚、
崔延风、雏孟刚、徐军虎、项洪涛、方　彬、孙峻峰)

多种股权结构下的企业安全生产管理

内蒙古第一机械集团有限公司

成果主创人：公司董事长兼党委书记白晓光

内蒙古第一机械集团有限公司（简称一机集团）是中国兵器工业集团保军骨干企业，也是内蒙古自治区最大的装备制造企业。公司总部地处包头市，占地面积20多平方公里，资产总额210亿元，现有职工18378人，拥有各类机械动力设备11000多台（套）。经过50多年的发展，一机集团已由单一履带车辆为主的军工企业发展成为以轮履两大系列车炮一体化产品和重型汽车、铁路车辆、石油机械、工程机械及零部件五大业务板块为核心，覆盖包头、北京、天津等全国重点区域的股权多元、以军为本、以车为主、军民协调发展的现代化军民结合车辆制造集团。现有经营单位38家，其中分公司9家，全资及控股子公司20家（含1个上市公司），拥有实际控制力的参股公司9家，2011年公司经营总量达到194亿元，在中国机械500强企业排名第46位。

一、多种股权结构下的企业安全生产管理背景

（一）贯彻"以人为本"理念，落实党和国家有关安全生产要求

党的十六大以来，党和国家提出了"以人为本"的科学发展观，对企业来讲，就是在实现"职工与企业同发展"的过程中，兼顾职工的健康安全、人文关怀、精神文明等方面，这就对改善民生、劳动和谐和安全生产等方面的工作提出了更高的要求。特别是为有效防范和坚决遏制重特大事故，促进安全生产与经济社会同步协调发展，国家相继出台了《国务院关于进一步加强安全生产工作的通知》（国发23号令）、《国务院关于坚持科学发展安全发展促进安全生产形势持续稳定好转的意见》（国发〔2011〕40号）等一系列文件，还开展了"安全生产年"、"打非治违"、"隐患整治"专项行动等一系列安全管理活动。中国兵器工业集团公司对安全管理更是从严要求，明确提出了重伤以上事故为零的目标，这些都对公司加强安全生产管理，避免安全生产责任事故提出了更高的要求。

（二）适应成员单位为多种股权结构的情况，将集团安全生产责任制落到实处

随着中国兵器工业集团公司改革改制的进一步深入，2000年一机集团完成公司化改制，2006年完成债转股改制，2008年完成公司法人治理结构的规范完善，真正建立起董事会、监事会、经理层各负其责，协调运转，有效制衡的治理机制。与此同时公司围绕激发基层单位活力，着力推进二级单位体制改革，完成29家单位的公司化改制或二次改革。其中包括主辅分离企业6家，除主要军品单位外，全部完成公司化体制改革。由此

在公司和各所属单位改革改制和发展过程中,有越来越多的子公司由全资子公司转变为股权多元化公司,这些子公司作为独立经营的法人企业,具有经营和管理的自主权,一机集团作为一方股东,客观上需要按照"同股、同权、同利"的原则,认真研究和解决在安全管理过程中出现的责、权、利不对等的问题。

(三)适应企业规模不断扩张和用工手段多样等变化,推进安全生产管理变革

随着一机集团经营规模和经济总量不断扩张,生产布局由一地到多地,产品品种、生产工艺、生产节奏也发生了很大变化,使安全生产管理的跨度和领域快速增加,这就对原有工厂制安全生产管理模式提出极大挑战。新的《劳动合同法》出台,使用工形式不断多样化,原先是工厂式的单一招工,转变到涉及劳务派遣工、临时工、钟点工以及退休返聘人员等等多种形式的施工承包方、生产协作方人员,一线操作工人的发展途径也由原来的进厂学徒——出徒独立操作——领带学徒的模式,转变为职业技能学校毕业——进厂短期实习——上机台独立操作的模式;同时,根据实际的生产能力和市场订单需求之间的矛盾,操作工人进出企业的速度加快,控制操作者的安全稳定性,特别是对于操作者自我安全需求方面,变得更加困难。随着商业模式创新,安全生产管理的基本要素相应地在不断发生改变,迫切需要以更加科学、高效的安全管理模式与之相适应。

二、多种股权结构下的企业安全生产管理内涵和主要做法

2008年起,一机集团对所属分子公司依据股权结构和责任落实的主体,进行科学分类,对应不同的管理强度,按照"一个核心"、"两条主线"、"三个基础"工作方针,分别明确不同类别单位的安全管理责任,从管理变革整体提升企业安全管理工作水平。"一个核心"是以层层落实各级各类安全生产责任制为核心。"两条主线"是以分子公司自主管理体系建设和业务部门专业监管体系建设为主线。"三个基础"是夯实过程的监管、隐患整治和车间班组的基础管理,使监督检查到位,隐患查排到位,车间班组自我管理到位,形成平稳运行的安全生产秩序。主要做法如下:

(一)建立集团型安全生产管理新模式

对不同类型的分子公司,根据其自身业务成熟度和对公司战略的支撑地位,从集合权大小的角度,划分为操作管控型、战略管控型和财务管控型三个类型。对于操作管控单位,母公司直接指挥其生产经营,这一类主要是以军品业务为主的分公司和直属单位;对于战略管控单位,母公司主要抓战略、投资、预算和考核、审计这"两头",中间过程尽可能下放,更侧重于用治理的手段进行管控,这一类主要是车辆主业及其零部件单位;对于财务管控单位,充分放权让其自主经营,母公司更侧重强调股东回报,这一类主要是与主业关联度不大的单位。按照这一新的管理指导理念,一机集团以股权关系和产权制度为根本,结合企业战略发展对集团化管理的要求,综合分析母子公司股权结构、管理权限、组织特性、地域属性、相关方及与实际管理需求,将成员单位的安全管理类别划分为"直管型、监管型和指导型"三类,对不同股权结构的成员单位确定不同的管理方式。

1. 根据股权结构确定成员单位的管理类别

一是直管类,即对以军品业务为主的分公司、直属单位实行直接管理,一抓到底。具体包括总部职能部门、科研部门、分公司、直属单位和独资子公司,如第一分公司、第四分公司、第五分公司等29个部门和经营单位。

二是监管类,即对全资及控股子公司实行业务监督管理和专业化指导服务。如包头北奔重型汽车有限公司、包头北方创业股份有限公司、山西北方机械制造有限责任公司等10个单位。

三是指导类,即对与一机集团有紧密业务联系的参股子公司实行以自我管理为主,总部侧重于提供专业化的指导服务。如包头北方创业大成装备制造公司、瑞特精密工模具有限公司、北方实业有限公司等10个单位。

2. 分类别明确安全生产管理的内容

直管单位在接受集团公司总部的直接管理的基础上,模拟子公司实施自主安全管理,以总部直管和自主管理相结合的方式,确保管理到位。即按照集团公司的安全管理规定,完善安全生产规章制度,健全安全生产管理体系,建立"部、所、中心、分公司,车间(科室),班组"三级安全管理网络,严格执行集团公司年度安全生产工作要点和周、月工作计划,对生产经营过程中的安全管理及其效果和引发的事故承担直接责任。

监管单位具有独立法人资格,是安全管理的责任主体,在接受集团公司总部监管、评价、考核和责任追究的同时,接受地方主管部门的管理和考核。即按照集团公司和地方安全主管部门的安全管理思路及安全工作目标,建立健全安全生产管理体系,实施自主安全管理,对生产经营过程中的安全管理及其效果和引发的事故承担主要责任。

指导单位具有独立法人资格,是安全管理的责任主体,日常安全管理工作接受地方安全主管部门或控股股东的监督、考核和评价,同时接受集团公司总部的检查、指导和服务。即按照地方安全主管部门和控股股东的安全管理思路及安全工作目标,建立健全安全生产管理体系,实现自我运行、自我管理、自我改进和自我完善,对生产经营过程中的安全管理及其效果和引发的事故独立承担责任。考虑其业务与一机集团高度关联,同时要接受一机集团的检查考核和指导服务。

3. 健全完善组织构架,形成分类别、分层次的安全生产管理网络体系

在明确管理类别和管理内容的基础上,一机集团总部成立以董事长、党委书记为主任委员的安全生产委员会,统筹领导全公司的集团化安全管工作。执行层由总经理负责,由一名副总经理协助总经理主管安全工作,其他副职领导按照"业务谁主管、安全谁负责"的原则,在各自分管业务领域范围承担安全管理职责,负责日常综合安全管理的部门设在运营与安全管理部,对分子公司和业务部门实施综合管控。相关业务部门在各自主管的业务范围内,对安全工作实施专业监管。分子公司按照"自主管理"的原则,层层建立安全管理组织机构和工作体系,直至班组、机台和个人,从而建立起横向涉及综合管理、人力资源与教育培训、设备设施、能源运行、消防、交通、工具吊具、危险化学品、建(构)筑物与施工、职业卫生等十大安全业务领域,八个单位组成的安全业务部门,纵向建立"集团公司——分子公司——车间——班组"四级安全管理层级,形成"十横四纵"相互交叉的、系统化的安全管理网络体系。

(二) 分层次落实安全生产目标和责任

1. 落实上级主管部门下达的安全生产责任目标指标

在落实上级部门的考核指标上,依据国家《公司法》、《劳动合同法》和《安全生产法》等法律法规的规定,以及根据三个层次管控方式的划分,对于直管和监管单位,统一纳入

上级主管部门考核管理,公司总部即承担安全主体责任,又承担管理责任。对于指导单位,因一机集团不控股,由其自身承担安全主体责任,一机集团承担部分管理责任。在此基础上,监管单位和指导单位纳入当地政府属地化管理,接受当地政府安全主管部门的管理和考核。因此这种管理模式的设计,进一步理清了安全管理关系和责任对等关系,这对一机集团改变过去大包大揽管安全、承担无限责任是一个重要突破,即依法合理地分散了安全管理风险,又强化了相关方安全管理责任和子公司自主管理责任。

2. 落实企业内部的安全生产管理责任

在内部管理上,将三类单位全部纳入安全管理考核体系中,对三类单位分别下达安全指标,层层分解落实安全责任,严格进行管理和考核,形成向上到顶、横向到边、纵向到底的安全管理体系。依据《中央企业安全生产监督管理暂行办法》、《兵器工业集团公司成员单位对异地全资子公司、控股子公司和安全生产相关方的安全管理指导意见》等相关规定,按照不同层级分别履行职责的原则,分别与直管、监管和指导类单位签订安全管理协议书,明确安全生产管理模式和各层级安全管理责权、目标和义务,并收取安全风险抵押金。运营与安全管理部代表集团公司,按照安全管理协议规定的权利与义务,在职责范围内对不同层级单位安全管理体系的建立和自主安全管理运行状况进行综合监督、检查、服务、指导、评价、考核和责任追究。

3. 落实员工的自主安全管理责任

一机集团在"安全是生产力,健康是大福利"的安全理念指导下,按照"全员参与、责任明确、风险受控、持续改进"的方针,对一机集团董事长、党委书记应对社会、对企业、对员工应履行的安全责任和承担的义务;分(子)公司级领导、车间级领导、班组长对上级和对员工应履行的安全责任和承担的义务,岗位员工应履行的安全职责等进行了明确,并自上而下、自下而上层层签订《安全生产承诺书》。

(三)推行分(子)公司安全生产标准化管理体系

1. 构建安全生产标准化七大体系

围绕深化集团化安全管理模式,依据《中央企业安全生产监督管理暂行办法》、《兵器工业集团公司成员单位对异地全资子公司、控股子公司和安全生产相关方的安全管理指导意见》等相关规定,结合所属分子公司股权结构等实际情况,以落实分(子)公司自主安全管理的责任为核心,以推行安全生产标准化为抓手,以强化考核为手段,以教育培训效果为重点,在总部和分(子)公司构建了"安全生产组织体系、制度体系、责任体系、教育培训体系、技术保障体系、应急救援体系、考核评价体系"等七大项内容的安全管理标准化工作体系。

2. 建立安全生产标准化工作体系审查机制

直管、监管和指导类单位都要按照集团公司的要求,建立并不断完善安全生产标准化七大工作体系,同时建立一套完整的体系认证审查机制。对于新成立的公司,首先要进行初次审核,在公司总部的帮助、指导和培训下,新单位要认真宣贯学习体系文件、准备并建立安全工作体系、对标运行并自检无问题后提出初审申请,一机集团受理后,择机进行评估、验收和发证。对于不符合项较多、初审不通过的情况,责令其进行整改,半年后再进行复审,以此推动分(子)公司安全管理标准化体系运行的有效性。在此基础上,为确保分(子)公司都要建立起自主运行的、完善的安全工作体系,一机集团每三年都要对已经通过验收评估的分(子)公司进行再一次的续审验收,其验收流程和标准与初审一样,出现不符合项都要责令严肃整改。

3.加强日常的安全生产管理

第一,建立安全生产日常评价考核机制。从安全专家的聘请、安全评价机构的建立、考核评价制度的完善和有效实施等方面,建立专业考评队伍。通过开展不定期的抽查、定期的专业考评和业务部门的评价,强化管理状态和现场问题通报制度,即时进行责任追究,对分子公司自主安全管理状况进行综合考评,促进分子公司过程管理水平的提升;建立分子公司对业务部门的逆向考评制度。将"三违"现象作为考核重点,形成严厉打击"三违"的高压态势,严肃安全责任追究。

在此基础上,从车间、班组的基本状况、安全检查、安全教育、安全工作"五同时"、班组基础管理、安全生产标准化、安全合理化建议、岗位工种安全操作规程、危险有害因素辨识和KYT(危险预知训练)等方面,加强对车间班组的管理和考核力度;从"基础管理、安全教育、安全活动、遵章守纪、隐患整改和文明生产"六个方面,严格对班组安全达标活动进行验收。

第二,强化隐患整治。积极推进安全生产标准化与国家的安全生产标准化对标、靠标,以精益生产、精细管理、合理化建议活动为抓手,持续推进技术标准化、工艺标准化、作业标准化、管理标准化建设,将各项安全管理举措始终贯穿于生产经营和科研的各个方面及其全部过程,通过各种安全检查,强化现场监管力度,狠抓隐患和违章的整治力度,减少人的不安全行为、设备设施不安全状态和作业环境的不安全条件。依据检查、评价结果以及事故情况,对成员单位的安全管理状况和管理趋势给予评估,对存在的事故隐患整改不及时、安全管理状态下滑、体系运行不畅或存在危及职工生命和公司财产安全的重大事故隐患的单位亮白牌(警示处于临界状态)、黄牌(局部停产)、红牌(全面停产),给予警示、警告和停产整顿的处理,并且对季度考核打分排名后两位且分数低于95分的各层级单位亮白牌警示。

第三,建立风险抵押制度,强化安全责任意识。按照风险评估分析法(LEC),依据分子公司危险性大小(事故发生的概率、作业人员暴露频率、事故严重程度)、作业特性、设备设施本质安全、经营业务规模以及员工总量等因素,收取安全风险抵押金,专门用于支付安全罚款,并全部用于奖励在安全方面表现突出的分子公司、业务部门(专业公司)和个人,做到奖罚并举。

(四)狠抓安全生产重点,实施个性化管理

1.对重点单位、重点部位和重点设备,加强监控与标准化

对国家某重点工程涉及单位、涉及危险化学品、建筑施工、冶炼锻造、大型装配等重点单位,对易燃易爆、危险作业场所、站(库)区等重点部位,对起重设备及吊索具、锅炉压力容器等重点设备,结合产品结构调整、重组以及工艺的改变等因素,及时调整完善管理内容,开展高频次、深层次的对标检查,对检查出的问题和安全管理中存在的不足,做到"五落实",即落实整改措施、责任、资金、实现和预案,并将检查结果纳入过程管理和考核,使工作效果有了质的提升。

2. 对重点群体，加强垂直监控管理

针对临时用工人员素质参差不齐，安全意识不高的特点，专门制订《关于进一步规范外包项目及劳务派遣、临时用工、非企业人员及相关方人员安全管理规定的通知》，从外包单位资质审查、劳务派遣公司的选择、安全协议等方面，规范临时用工的安全管理，同时对各单位临时用工情况进行重点摸底调查和监督检查，对不符合规定的现象及时进行整顿和清理。

3. 对重点时段，加大督查力度

针对夜间、周六日、节假日生产作业员工休息时间不规律，情绪波动变化大，注意力不集中，容易发生事故的特点，做到只要有加班，必须有措施，领导必须跟班，同时对这一时段的生产检修、重点设备、重点人群、分子公司领导带班以及运行岗位值班等情况，进行专门的巡回检查，保证了重点时段的生产处在受控状态。

（五）培育安全文化，加强安全投入

1. 实施科技兴安战略，建立安全投入长效机制

按照"科技兴安"战略，制定下发《内蒙古第一机械集团有限公司安全生产费用提取使用管理办法》，建立安全投入长效机制，将安措技改项目纳入到年度预算和中长期规划中，对影响和制约本单位安全生产的技术难题开展科研攻关，进行技术革新，按照年产值的 0.5‰提取安全生产费用，并在财务报表体系中专项列支、专款专用，不断加大安全投入力度，及时淘汰安全性能低下或危及安全生产的落后技术、工艺和装备，推广应用安全性能可靠的新技术、新工艺、新材料、新设备，把安全生产建立在依靠科技进步的可靠基础上，逐步改进和提高设备设施和作业环境的本质安全，完善和改进企业安全生产条件。

2. 构建具有一机集团特色的安全文化

积极倡导"安全是生产力，健康是大福利"的企业安全文化理念，"安全是生产力"就是说安全是体现生产力水平的重要指标。它既体现在职工安全生产素质上，因为安全素质是提高劳动生产率的关键；又体现在生产资料中，包含着生产工艺、设备以及设备的装置、使用的安全上；还体现在我们的管理中，因为管理是生产力的要素，而安全要渗透在企业的管理体系之内。"健康是大福利"体现了"以人为本"的思想，关心和提高员工的身心健康是公司发展的重要标志，也是企业文化的要求。通过舆论宣传、各种教育培训和安全活动，不断提高全员的安全文化素质，强化群体安全意识。

在此基础上，牢固树立"零事故、零隐患、零容忍"的安全管理理念，坚持"违章行为视同事故后果处罚"的原则，旗帜鲜明的反"三违"，以安全合理化建议为平台，促进全体员工参与到安全管理中，充分调动和发挥广大员工的安全工作积极性；以"三不伤害"为目的，自上而下层层承诺，实施操作员工之间的自保、互保和联保制度，最大限度地降低安全事故的发生率；以作业行为规范和安全操作规程为标准，规范操作行为，把有效的工作方法贯穿到生产经营的全过程；以全方位安全管理为手段，形成党、政、工、团等各部门齐抓共管的格局。

三、多种股权结构下的企业安全生产管理效果

（一）有效落实了成员单位安全生产责任制，集团安全管理水平稳步提升

通过集团化安全管理的实施，有效落实了分（子）公司，特别是子公司的安全管理责

任，在强化子公司自主安全管理责任的前提下，使总部的安全管理风险得到分散。在实行集团化管控前，公司纳入兵器工业集团考核的员工总数约为2.3万人，实施集团化管控后，缩减为1.5万人，其余由各指导单位自主承担安全责任，真正实现了责、权、利对等，有效缓解了公司规模扩张和开放发展中所带来的安全风险增大的矛盾。在企业逐年进行技术改造的同时，逐年加大安全生产投入费用，从2008年的500余万元，到2012年的1500万元，设备设施和作业环境的本质安全度得到了进一步的提升，事故发生呈逐年下降趋势，千人负伤率由2008年的1.81下降到2011年的0.91，各项安全指标均控制在地方和行业下达的指标之内。

(二)有力保障了企业持续协调稳健发展和职工健康安全

通过集团化安全管理的实施和安全管理水平的提高，发挥了推动企业发展的保驾护航作用，同时职工的安全意识、安全操作技能和防范事故的能力有了明显的提高。近年来，公司从未发生过由于安全责任事故而导致的停产整顿事件，也从未发生造成员工生命和企业财产重大损失的的情况。公司用于工伤经济补偿和医疗的费用呈现良好的逐年下降的趋势。2007年支出150余万元，2011年下降到70余万元。在这种良好的安全生产秩序下，集团化安全生产管理有力助推了企业经营发展。公司经营规模由2007年的80亿元快速增长到2011年的194亿元，在中国机械500强的排名由78位上升到46位。在兵器集团经营着业绩考核中连续被评为A级。

(三)得到上级部门充分肯定和行业认可

集团化安全管理的实施，得到了来厂安全检查的国务院安委办、国防科工办、兵器工业集团公司以及内蒙古自治区等上级部门检查组的肯定和好评，一机集团的安全信誉度得到提升，从履行社会责任方面得到了地方政府的认可。2010年一机集团被中华全国总工会和国家安全生产监督管理总局评为"全国安康杯示范企业"和"安康十年成就奖"两项殊荣(是兵器集团唯一一家获此殊荣的单位，全国仅有两家企业同时获得这两个奖项)。2011年度，一机集团被内蒙古自治区安全生产监督管理局推荐为国家"安全文化示范企业"。

(成果创造人：白晓光、吴　杰、张　雄、张忠毅、张四清、秦海军、赵旭东、周曙东、王　燕、张　玲、赵国梁、张玉坤)

航天火化工企业集体作业方式下的质量管理

湖北三江航天江河化工科技有限公司

成果主创人：公司总经理何宜丰（右）
与党委书记韩志远

湖北三江航天江河化工科技有限公司（简称江河公司），原名"国营江河化工厂"，始建于1970年9月，隶属于中国航天科工集团第九研究院，于2010年12月改制成为公司，2012年2月企业重组后隶属于中国航天科工集团第六研究院，主要承担复合固体推进剂配方研制、推进剂装药生产、型号产品发动机总装测试等任务，国家一级保密资格单位。现有员工1100余人，各类专业技术人员450余人，拥有中高级专业技术人才160多名，拥有国内一流大型混合设备及装药生产线，先进的无损检测系统、高空模拟试车台、九分力试车台及较大生产规模的航天型号火工区，先后参与完成了国家50多种型号武器装备的研制与生产任务。

一、航天火化工企业集体作业方式下的质量管理背景

（一）产品易燃易爆威力巨大特性，决定了企业必须强化质量管理

回顾航天火化工企业科研生产之路，质量伴随安全事故频发，如某企业在高能材料生产过程中，因操作技能、工艺和质量管理问题而发生爆炸，2人死亡，厂房设备报废；某企业在清理壳体内残留推进剂时，因工艺和操作工具问题而发生爆燃，一人重伤。此类事故充分显示了火化工品的特性，往往又与工作质量、操作质量、安全和质量意识等因素相伴而生。大型航天火化工企业在生产过程中，无论是生产原料还是最终产品，大多极具易燃易爆危险性，尤其是少数配方组分对压力、温度、感度的敏感性极高，高能高燃速材料应用，危险性更甚。因此，生产过程始终伴着危险，产品质量问题有可能引发或转化为重大安全问题，引发群体性伤亡，不仅经济损失、科研生产停滞，而且是政治和社会问题，影响和谐与稳定。

（二）产品质量水平决定了航天装备的安全性、可靠性和成功运行

加强航天火化工产品的质量管理是国防科技工业健康发展的重要保证。随着国防科技快速发展，尤其是新技术新材料应用，质量管控难度增大。江河公司作为航天军工核心企业，在航天装备中具有举足轻重的作用，承担多型号航天装备生产任务，投入高风险大、技术密集系统复杂，研制生产精度要求高，产品合格率须达到100%，否则一件报废，一批受阻。多年来江河公司已为国家提供了大量优质航天产品，但也充分认识到在生产过程中存在的巨大风险和一些低层次、重复性的质量问题，也曾发生少数返工、个别

报废的质量事故。所以,必须在质量工作中持续改进和管理创新,才能更好地保障航天装备的安全性、可靠性和成功运行。

(三)集体作业下质量责任不易划分,决定了企业必须创新质量管理

集体作业是现阶段航天火化工企业主要生产工艺特点,在群体力量作用下共同完成任务并承担质量责任。集体作业中任何一个人或工序出现问题将导致质量问题,甚至引发重大安全质量事故。江河公司产品生产大多数在集体作业方式下完成,生产工艺技术涉及到高能材料制作、绝热包覆、称量、混合等,需要集体作业完成任务的班组达3/4以上,关键工种20余类,多为特殊工种、关键工序,65.5%为集体手工作业。而这种作业方式下的产品质量,往往与职工思想情绪、操作技能和安全质量意识紧密关联,个体技能差异和操作质量都会影响产品质量。由于在集体作业下质量责任不易划分,往往出现质量问题难以准确分清责任,难以追究个体责任,教育惩戒及管理约束不能到直接责任人,只能集体"连坐"。统计分析企业多年来集体作业中存在的质量问题,人的操作方面影响因素占54%,制度执行力方面占35%,超过了其它所有影响因素之和。要从根本上解决集体作业方式下质量问题,单靠规章制度来管理是不行的,必须从人的观念、态度、思维和行动上动脑筋,在创新管理上下功夫,创建适应新形势和集体作业方式下的质量管理方法。

二、航天火化工企业集体作业方式下的质量管理的内涵和主要做法

根据航天火化工产品生产过程高危险性及不可逆性和集体作业的特点,江河公司秉承"工作无差错,产品零缺陷"的质量核心理念和"老实做人,照章办事,一次做对"的质量行为准则,实施质量管理"三不原则"、"三个确认"和"三不放过",运用先进的质量检测技术和审核手段及跟踪检验方法,建立推动质量管理的风险预警、激励约束和人文关怀机制,全面提高职工素养和质量安全意识,实现全过程产品质量受控和提高,提供优质航天装备的管理目标。主要做法如下:

(一)确定质量工作指导思想、原则、目标、职责,强化质量责任危机意识

确定"以法治质,以德兴质,顾客为本,预防为主,持续改进,争创一流"的质量方针,以培养人格化的质量,促进质量意识、素质行为逐步规范,把质量工作与其他工作有机结合起来,不断探索质量管理的新方法和新途径,努力提高质量管理水平和产品实物质量为指导思想,实施现场质量管理"三不原则",以"百分之百努力,百分之百成功",全员质量意识和技能逐步提高,正确履行岗位质量职责,接受认同企业"工作无差错,产品零缺陷"的质量文化理念,树立"一人出错,整体受损,一件报废,一批受阻,一个隐患,酿成灾难"的质量风险观,奉行"老实做人,照章办事,一次做对"的质量行为准则,实现质量成本普遍降低,质量管理水平和产品实物质量持续改进,企业持续发展,经济效益逐年增长为质量

生产工房

工作目标。

及时修订出台《质量手册》，对法人代表、分管领导、其他领导、职能部门、各类人员规定质量管理责任，企业法人代表对质量工作负总责，分管领导对质量工作负主要责任，质量管理部门负管理、监督、检查、考核责任，生产车间领导负直接领导责任，操作人员负直接管理责任，逐级签订《质量工作目标责任书》，层层下达责任指标，班组成员签订《质量承诺书》，逐级做出一致的承诺。

充分运用专题培训、讲座、宣传网页、《质量手册》等舆论工具和手段，对职工进行产品质量形势和型号任务以及生存危机教育，以增强员工质量危机意识。在员工入岗、转岗之前，对其进行三级质量意识教育，通过考核合格后上岗。在每年初，主管质量的领导要对全员进行质量形势与任务教育，召开"树立主人翁责任意识，杜绝低层次质量问题"专题会，经常组织一线员工参加形势任务教育和质量案例分析教育讲座，使全体员工充分认识到产品质量问题不仅关系航天事业，同样关系到企业和个人的前途、发展与利益，质量问题伴着生存危机。

（二）实施集体作业方式下"三不原则"、"三个确认"、"三不放过"的质量管理

"三不原则"，即"不接收不合格产品、不加工不合格产品、不传递不合格产品"。由于企业产品的特殊性，每道工序、每个生产过程、每道生产工艺大都具有不可逆性。一旦产品经过了该工序就不能逆转，没有弥补和"返修"的余地，只有"一次把工作做对"，才能保证产品质量，而且多数最终的航天产品形体巨大，由无数个小部件构成，必须确保每一个部件质量可靠，必须确保生产过程中每个员工都能正确操作。为此，企业积极引导职工在本岗位"不接受、不加工、不传递"不合格产品，在设计图纸状态未弄明白、工艺过程未弄清楚、技术标准未吃透的情况下不操作，追求"第一次就把工作做对，工作无差错，产品零缺陷"。

"三个确认"，即"确认本工序工艺技术要求和生产质量、确认上道工序的产品质量、确认交付下道工序的产品质量"。一是操作者在生产前确认本工序的生产内容、相关技术要求、设备、工装及有关的工艺条件和参数，操作时严格按照岗位标准操作规程操作，严格遵守岗位标准操作规程和工艺纪律，确认自己的操作过程是否符合工艺技术要求，发现问题要及时提出，经确认后再进行操作，对自己的操作过程要进行生产质量确认，否则造成的质量问题由自己负责并承担。二是本工序的操作者应用相同质量标准，对上道工序流转下来的产品进行质量确认，如果上道工序质量不合格，应做好记录，并及时汇报反馈和解决处理，只有完全合格后，才进行本道工序的操作，否则，因前者的问题造成质量事故，完全由本工序操作者负责并承担。三是操作者在本工序完成后要进行质量确认，合格后才能转到下工序，不得将不合格品转入下工序。同时规定了每道工序都要按照质量问题处理程序对不合格品进行分析，找出原因，拟定对策，预防同类问题再次发生。

"三不放过"，即"原因责任未查清不放过、整改落实措施不到位不放过、责任人未受到教育处理不放过"。在生产过程中，开展"双五自"质量管理活动，管理层面做到自觉执行文件、自觉暴露问题、自觉分析原因、自觉制定措施、自觉奖优罚劣；操作层面做到自检、自分、自填、自查、自纠，对任何质量问题都做到"三不放过"，严肃处理，举一反三，落

实整改，避免问题重复发生。

（三）优化集体生产作业工艺流程，执行操作签名和责任追溯，建立质量风险预警机制

1.优化集体生产作业工艺流程

在集体作业中，人数越多责任越分散，质量难以控制。企业借鉴"物勒工名"的做法，对生产调度和产品工艺流程、工序进行细化、分解和优化，分化相对应的人员，在操作中将每个计划、工步、任务的责任落实到人，量化考核环节；对不能进一步细化的工序或工种的集体作业，进行人员分组，强化责任；推行流程化管理，把班组员工的操作过程记录下来，加以研究分析、改进完善，该分解的进行分解，该集中的予以集中，做成流程固定下来，把繁杂的工作变成简单的流程，让班组员工按照流程操作，使每个员工便于操作，做得了，做得对，做得好。

2.执行操作签名和责任追溯

航天产品质量管理需满足可追溯性的要求，每一个操作者在每一次操作后都要在操作记录上签名并对操作行为和质量责任负责。企业以往也采用了操作签名制，但不够细化，不够严谨，追溯性不强。江河公司结合实际对于称量、混合、浇注、装配等40余个生产转运环节进行了工艺优化、流程优化、操作细化，也对其他需要操作签名的工序、流程、过程等进行了具体化，将每一个计划、工步、任务的质量责任落到实每一个操作者，既尊重客观规律，又有工艺技术和管理创新，既克服了交叉重复操作，又化繁为简，便于操作，保障了产品质量，具有追溯性。

3.建立质量风险预警机制

将质量管理的重心前移，在生产班组确定零缺陷管理目标，让班组成员清楚质量评价标准和目标值，对关键工序组织有关人员进行操作前的预想及过程回顾，如对发动机喷管连接处的绝热层粘贴、浇注流速控制、脱模整形等可能出现质量问题和工序稳定性的薄弱环节，设置质量隐患与风险预警点，开展质量策划，提出注意事项或预防措施，提前预防质量问题，追求"工作无差错，产品零缺陷"的质量目标，从主观上和客观上降低或减小了因最终检验产品不合格而造成无法挽回巨大损失的风险。

（四）运用先进质量检测技术和有效审核手段，推进质量管理和提升产品安全质量性能

江河公司在执行《标准》(GJB9001A－2001)和理顺质量管理体系之后，又根据新《标准》(GJB9001B－2009)的规范与要求，结合实际，重新修订了企业第一层次质量文件—《质量管理手册》，第二层次文件—《质量程序文件》(Q/NzCW)和第三层次文件—《质量管理文件》(Q/NzZW)，并保障了质量管理体系运行有效和持续改进。

1.运用先进检测技术以推进质量管理

江河公司投入巨资建成具有国内先进水平的"无损检测系统"（工业CT），对产品进行深层及断层检测药柱质量合格率，运用"质量质心测试仪"检测战斗部的质量质心合格率，使用"内窥镜技术"检查产品内部的表面表观合格率，使用"超声波技术"检查发动机绝热层粘贴合格率，辅以国内最先进的计量理化分析设备。先进的检测设备与检测技术，一方面对提高产品质量有较大作用，另一方面对操作者提出了更加严苛的要求，对于创新质量管理方法，提高产品质量性能具有重大意义。

2.开展质量管理体系审核

按照《标准》(GJB)的规范和要求,每年开展一次质量管理内部监督审核,全面检查审核现行质量管理制度执行情况和质量管理体系的运行情况,同时开展二方审核和三方审核,接受权威机构的质量管理认证、用户审核与质量检查,利用外部环境提出问题对质量管理的推动,内外结合及时发现问题和不合格项,主动采取措施消除问题和隐患,使企业在各个质量管理环节得到不断改进和完善。

3. 实行跟踪检验

加强质检队伍建设,在每个生产环节和工种或关键岗位、关键流程中,设置足量的质检员,全程跟踪检验,用户代表质量监督,在检验员对本道工序或操作步骤进行质检合格并签字盖章确认后才能进行下一道工序或步骤。全过程产品质量跟踪检验,保证了每个工序或步骤或操作合格,也从生产过程中把住了每一个质量关口,从而防止了不合格产品混入下道工序和交付使用,实现了产品质量全程管控,保证了最终产品实物的质量可靠性。

(五)助推群众性质量管理活动,攻克质量技术"瓶颈"

1. 引导QC小组攻克质量技术"瓶颈"

企业充分发动和利用职工经济技术创新活动、合理化建议、QC小组等形式,实施质量改进和管理创新攻关,不断提高QC小组活动普及率和成果率。通过积极引导和政策鼓励,企业群众性质量管理活动有声有色,每年申报注册的QC成果在20个左右,获得各级质量协会成果的在15个以上,尤其是攻克了一系列质量技术"瓶颈",如"提高小口径发动机装药合格率"、"提高发动机表观质量"、"提高某推进剂实测密度比冲"等16项获全国优秀成果,2个QC小组晋级国优,企业获"全国质量管理小组活动优秀企业"称号。

2. 开展质量主题活动,营造质量文化氛围

重视质量文化宣传活动,使全员正确认识质量形势,用良好的工作质量确保产品质量。一是及时更新"质量管理专栏",提高质量宣传教育的及时性和全面性;二是充分利用"全国质量月"、"航天质量日"等时机,开展质量案例展览、知识竞赛、征文、辩论等专题活动;三是利用工作简报、会议、板报等进行宣传教育,发动全员讨论;四是开展下道工序为上道工序"挑刺"活动,实施环节监督约束机制;五是设立质量问题曝光台,对典型不良质量行为进行曝光;六是开展评选"免检工序"、"免检操作者"、"免军检检验员"活动。

3. 推进班组质量建设和操作技能培养

积极推进班组质量建设,在利益分配和评先评优中倾斜质量较好的班组,开展"质量能手"、"质量标兵"、"质量过硬班组"、"榜样工人"等创先争优活动。开展活动以来,企业有12个班组质量管理活动小组获得市级、集团级和省部级以上奖励,2个班组被中华全国总工会和湖北省总工会分别授予"工人先锋号"荣誉称号。

企业重视和不断加强员工的质量管理和操作技能教育培训工作,发挥生产班组中高技能人才的优势,采取"传、帮、带"、师带徒、培训、轮训、技术练兵及技术交流,采取"请进来,送出去"方式,选送班组人员参加国际交流和考察,有针对性地对技能较差人员进行培训。同时实施末位淘汰制,增强危机感,激发自我学习充电的积极性,营造力争上游的氛围。通过技能培养,基层班组中1人被评为"国防511高级技能人才"、2人获"全国技术能手"、3人获"航天技术能手"、5人为"国家中青年技术接班人"、高级技师9人、技师

26人、助技42人。

4. 塑造质量协作与团队合作精神

江河公司抓住"三个要素"来塑造团队协作与质量合作精神，一是拟定清晰的质量管理目标，通过教育、培训、座谈、沟通、交流，使班组成员对质量目标有清楚的理解，使其认识到作为"航天精品"的创造者，将国防事业的高度责任感和荣誉感升华到愿意为团队目标做出承诺，清楚怎样共同工作并实现目标；二是建立交流沟通机制，积极疏通交流渠道，领导班子成员与员工面对面交流，了解员工诉求，帮助解决实际困难，车间领导与员工谈心交心，班组长组织班组人员换位思考、交流想法，以促坦诚相待，团结协作；三是倡导一致的承诺，通过弘扬质量道德观和质量行为准则，使组员对集体表现出高度的忠诚和承诺，自愿签订质量承诺书，愿为实现共同质量目标而发挥自己最大潜能，形成质量管理合力。

（六）建立推动质量管理的激励约束和人文关怀机制

1. 实行工时考核奖惩

江河公司结合各班组、各岗位、各工序、各流程的实际，进行科学定额，夯实考核基础，一是在理论上保证每人通过努力工作尽可能的拿回自己的一部分，即平均工时；二是将工作日折算成工时，上班可以拿到这一份，休假或者因故未上班扣除；三是对经常性工作进行细分，折算成工时，干者有不干者无，由三项或者多项形成个人的总工时，将工时考核与质量管理挂钩，与员工收入挂钩，如同样一件工作，若高标准高质量完成，可得5个工时，一般标准完成，可得4个工时，低标准完成，只能得3个或2个工时，按照"优质优价"做法，对较好保持产品质量的操作者，在工时结算时适当增加工时，使其得到更大实惠。

2. 设立专项奖励基金

对可能出现质量问题的重要部位、关键点等实行专项激励，设置质量预防奖，制定重要部位、关键点的质量考核标准和奖惩细则，对达到质量要求的班组和个人给予重奖，否则重罚，进而达到调动班组成员积极性和能动性，整体提高质量管理水平。每年度设立"质量基础管理奖励基金"20万元，对于工作质量好的员工，大张旗鼓地奖励，对于工作质量差的员工，给予处罚，充分体现干好干坏差别大，既凸显了质量管理的重要性，也增强了员工对质量管理的敬畏度。

3. 推进风险抵押金和系数考核

为强化各级人员岗位质量责任制，完成既定质量工作目标，实行质量风险抵押金和系数考核，对工作质量和操作质量进行记录，年底考核返还或扣除本金，或按一定比例奖励，同时把质量工作纳入各单位经济责任制奖励考核系数，一票否决。发生重大质量问题或事故，不仅直接责任人要受罚，其他负有监督职责和管理责任的单位和人员也要受罚，甚至从上到下都要受罚，既影响单位声誉，又直接影响个人收入。

4. 导入人文关怀以消除质量管理不利因素

航天火化工企业特性决定企业一般地处山区，员工会在工作和生活中感觉到诸多不便，容易对员工思想情绪和心理上的产生影响，同时研制与生产任务繁重，生产环节衔接紧密，安全质量风险大，这些因素也会导致操作者情绪波动和心理压力，对产品质量和质量管理带来不良因素或隐患。为消除上述影响质量的不利因素,企业以人为本,投入大量资金改善职工工作场所和住房条件,新建单身职工公寓,增加职工休闲锻炼场所和设施,安排周末通勤车接送家在外地的职工,解决职工子女就近上学和设置接送学生专车,为职工提供免费工作餐,安排职工疗养和外出旅游,力所能及地安排职工子女就业,切实解决员工实际困难,使职工能够深切感受到人文关怀,扎根山区,献身国防,不断打造出"航天优质产品"。

三、航天火化工企业集体作业方式下的质量管理效果

（一）产品质量全面受控,未发生质量安全事故

企业型号研制、批产及各项地面试验和飞行试验成功率100%,型号产品厂内一次交检合格率100%,批产型号靶场和交装开箱合格率100%,研制型号靶场开箱合格率100%,顾客满意度100%,重复性故障和重大质量事故为零,综合废品率0.5%以下,某型号产品荣获中国航天科工集团"航天优质产品"证书。

（二）建立了较为完善的质量管理体系和制度

江河公司质量管理体系运行有效,质量管理制度进一步完善,全员质量管理意识普遍增强,"一次把工作做对"已成为企业员工的工作态度,"产品零缺陷"成为质量追求目标。2008~2010年三次通过新时代质量认证中心监督审核,2010年获得用户单位和集团公司联合质量专项检查好评,2007年以来有16项QC成果和2个质量管理小组获国优,企业获"全国质量管理小组活动优秀企业"、"航天科工集团质量工作先进企业"称号。

（三）促进了企业经济效益的提高和安全健康发展

由于质量受控,未因质量问题引发安全事故,顺利获得"集团公司生产单位安全级证书"。由于企业产品质量优良,竞争优势明显,近几年来承揽型号科研生产任务逐年增加,协外任务由2008年3个发展到现在15个,合同金额攀升至5000万元以上,企业经济效益逐年增长,年度营业收入过2.5亿元,产值3.5亿元以上。企业自2008年以来连续四次被湖北省委和省政府评为"最佳文明单位",获湖北省五一劳动奖、国家科学技术进步奖特等奖、湖北省高新技术企业证书。

（成果创造人：何宜丰、韩志远、何前明、潘云武、潘俊军、崔瑞禧、
喻成山、唐其超、马良科、林朝春、余承忠、魏兴武）

水务公司降低供水产销差率的系统管理

河北建投水务投资有限公司

成果主创人:公司总经理
助理张自力

河北建投水务投资有限公司(简称水务公司)是河北建设投资集团的全资子公司,主要从事城市供水、污水处理以及其它水务产业的投资和运营管理,拥有控股企业4家,参股企业2家;拥有引水、蓄水、供水、污水处理和原水、中水、城乡供水最完整的水务一体化管理模式,管辖水库2座,水厂16座,污水处理厂2座;水库总库容1.66亿立方米,原水总供水能力72万立方米/日,自来水供水118万立方米/日,污水处理16万立方米/日,中水供水3万立方米/日,供水管网总长度2250千米,固定资产总额38.5亿元,2011年实现利润1.3亿元,是河北省水务行业的龙头企业。

一、水务公司降低供水产销差率的系统管理背景

(一)建设资源节约型社会的需要

供水产销差率:指产销差水量与供水总量的比率,其中产销差水量:指供水总量与售水量之间的差额水量,相当于漏损水量和免费供水量之和。河北建投水务公司所辖的供水区域:河北省的两个经济增长极——曹妃甸新区和渤海新区,因地处沿海,本地水资源匮乏,被迫远距离调水;沧州和廊坊,地下水资源超量开采,已形成世界闻名的地下降水漏斗,造成严重的地质和环境灾害。降低供水产销差率的实质主要是降低自来水的漏损,这也是节约资源、降低损耗、建设资源节约型社会和建设节水型社会的需要。

(二)降低供水企业成本、提高经济效益的需要

供水产销差率是水务企业一项非常重要的生产指标,与企业效益关系重大,一是供水管网漏损水量的下降,降低了供水成本;二是无价用水水量的降低直接增加了企业的利润。产销差率每降低一个百分点,即标志着企业营业收入增加一个百分点,以建投水务每年产值4.5亿元估算,每降低一个百分点,换算为营业收入的增加,即为每年450万元,除去很小的成本增加因素,大致相当于利润增加接近于450万元,效益非常显著,相比于电耗、药耗等生产指标,所占比重更大,效果更明显。

(三)促进企业全面提高经营管理水平的需要

按《城市供水统计年鉴》,河北省内33个建制市的供水产销差率综合为23.85%。2008年水务公司产销差率为22.18%,居于中等偏上的水平,距离省内最好的水平有一定的差距;供水产销差率的高低,不仅是节能降耗,更是一个水务企业供水管网设施材料

和工程质量、管网实时监测能力、管网漏水检测能力、管网应急抢修能力、管网巡检能力、供用水计量管理、用水稽查管理、用户管理、收费管理等管网和营业基础管理水平和技术实力的综合体现。综合以上各项因素，进行系统的管理，是使降低供水产销差率这一工作取得实效的根本保障。

二、水务公司降低供水产销差率的系统管理内涵和主要做法

水务公司以增强企业盈利能力和核心竞争力为目标，针对供水产销差率这一事关水务企业经济效益的重要考核指标，通过集思广益，系统分析影响供水产销差的所有因素，对其中管网、计量、收费和管理等各项可控因素，探讨和明确各项解决措施，签订责任状，层层分解任务，落实责任部门，严格督办、激励、考核和总结，圆满解决各项技术、管理和难点问题，实现了供水产销差率跨入国内先进行列，提高了企业效益和经营管理水平。主要做法如下：

（一）借鉴"剪刀思维法"，开拓降低供水产销差率的新途径

鉴于供水产销差率涉及到供水企业营业管理的各个方面和多个因素，借鉴剪刀思维法，建立持续发散又持续逻辑交叉的理论体系，把拟解决的事情确定主线和要实现的各个目标节点，各节点之间进行创造性发散思维，找到所有可能的解决路径，然后有逻辑性、目的性地汇合到目标节点，之后再进入下一个节点，进而使复杂的事务形成自身的逻辑结构，不断地提出行之有效的解决方案。通过发散思维、逻辑思维、交叉思维汇合的思维方式，形成像剪刀一样一张一合的工作路径。"剪刀思维法"还借用像剪刀一样把问题分阶段裁剪，使问题迎刃而解之意。

在降低供水产销差率的工作目标确定后，经过水务公司专题调研，与各子公司领导进行沟通，与主要业务骨干进行交流，确定进行降低供水产销差率系统管理的基本思路，在水务管理工作会议上作为重点进行布置，组织有关负责同志进行集中学习和演练，然后在各子公司进行全面的实施。

（二）落实责任，确保实现降低供水产销差率的预期目标

1. 签订目标管理责任状

分别拟定各子公司的年度产销差率目标，列入年度计划和考核目标，综合其它各项因素，产销差率指标的完成情况与子公司领导班子和职工的奖金挂钩。在方案提交董事会通过后，由水务公司与各子公司签订目标管理责任状。子公司则与相关的下属部门进一步签署目标管理责任书进行任务的分解。

2. 目标任务责任分解

按照水务公司的年度计划与部署，各子公司接受降低产销差率的任务后，分别成立以主要领导挂帅的领导小组，以营业部门为主体，在水务公司专家具体的指导和调研督导下，按照各项主要措施计划，子公司每季度进行考核和监督，营业部门

课题组成员研究问题

进行协调和保障,并分别交由相关的责任部门或班组进行具体的实施和落实。

3. 进行督导与激励

水务公司每年每季度一次会同有关专家,对各子公司进行运营管理工作的调研,深入基层各部门,与一线骨干人员进行交流,听取他们的意见,并向他们介绍其他公司的经验,最后再与子公司负责同志交流,解决存在的问题,并督导下一步工作的开展。

对于工作难度大、效益明显的如管网检漏、大型管网的抢修等,设立奖励基金,根据工作取得的实际成效和付出的额外劳动,进行单独的考核和奖励。

4. 进行考核与总结

子公司按照精细化管理的实施方案,将各项相关的分目标按季度进行考核,考核结果与个人的工资效益挂钩;年终水务公司对子公司产销差率进行考核,兑现目标管理责任状,按条款进行班子和职工的奖惩。

水务公司每季度出具调研调研报告,对各子公司降低产销差率的活动开展情况进行总结和评价,并在季度的水务管理工作会议上进行通报;年末总结全年工作,总结好的经验和欠缺的工作,做出来年的实施目标和计划,以利于产销差率指标的进一步提高。

(三)集思广益,系统分析供水产销差率的各种影响因素

水务公司相关人员深入基层与子公司负责人和一线操作人员进行交流,听取他们的意见和建议,分析、归纳存在的问题,指导具体的实施工作方案。采集行业内信息,并在各子公司之间互相交流,一些做法值得借鉴或可以受到启发,经过切磋,由水务公司进行综合汇总,最终找出了影响供水产销差率的各项主要因素。

1. 分析影响供水产销差率的不可控因素

供水管网的影响因素。新兴工业区如曹妃甸等,管网设施基础好,漏损低,而一些老城区管网又难以改造,造成管网漏损居高不下。

用水户数量的影响因素。近年来,随着一户一表改造后,原来由用户承担的内部供水管网的漏失转嫁到水务企业,加之水表计量误差的累加,提高了供水产销差率,影响水务企业的效益。

水价提高对产销差率的影响。水价的提高影响着人们对用水的意识。用水户由一块总表收费改为分表收费;各企事业单位也逐步打破"大锅水",实行分质、分户供水,供水管线长度加长,用水量降低,加大了管网产销差率。

地域的影响因素。按照统计资料,高水价、缺水的北方地区产销差率一般高于低水价、水资源丰富的南方地区,除经济因素的影响外,主要是北方地区冬季低温对管线易造成冻害,管线埋深大,漏水不易被发现等。

2. 确定供水产销差率提高的可控因素

管网方面存在的问题。管线的质量问题,管线维修和管线施工冲洗的水量损失;城市拆迁、市政道路施工损坏供水管线引发的跑水等。

计量方面存在的问题。水表计量不准确,水表达不到设计最低流量,造成水表读数低于实际用水量。

收费方面存在的问题,用户交费难。一是一些商业银行怕小额缴费影响其它正常业务,纷纷拒绝代收水费,供水营业网点又少,造成用户不能正常交费,影响了水费的回收。

二是违章用水行为的存在。私接、偷接管线用水，隐瞒用水性质，自备井与供水管线相连，私自从消火栓取水等。三是历史遗留的问题。水务公司自身的办公和家属区等的白用水问题，以及其它水费欠账问题等。

内部管理方面存在的问题。一是用户管理问题。主要是历史上存在的用户接水管理上制度、流程不健全，造成一些漏户或白用水。二是抄表员管理问题。对他们的抄表行为监督、检查力度不足。三是现有管理体制问题。水务企业与用水户的界限是水表，水表校验需用水户出钱，阻力重重，管线漏水只能维修，缺乏改造资金。

（四）多措并举，全面实施降低供水产销差率的各类措施

1. 采取相关的技术措施

第一，强化管网的检漏。一是在初期自身人员和设备水平尚达不到的情况下，与专业公司进行合作，委托专业的测漏公司对管网进行测漏普查，按其测漏的成果进行付费，实施的效益事实证明非常明显。二是通过管网巡查人员或管网抢修人员所提供的信息，进行有目的的检漏。三是通过设置校核水表或利用便携式流量计，对生活小区或重要支管线校核水表与用水户水表总水量的差额情况进行分析，对个别小区水量差额较大、漏失率过高的，进行有针对性的检漏。四是根据管网压力情况，重点对新出现的低压区进行重点检漏。五是每年至少进行一次拉网性的普查。

如沧州供排水每年一次结合地理信息系统对全市范围的供水管网进行拉网式的普查，平均发现暗漏30余处，减少漏失水量130余万立方米；2011年又增加了一次全市范围内的管网全面检漏工作，管网漏损率进一步降低1%左右。

第二，建设地理信息系统，完善管网技术资料的管理。供水管网是城市供水系统的重要组成部分，建立供水管网地理信息系统，用智能化管理替代人为管理是建立运行良好的管网系统的基础。如沧州供排水2009年基本完成地理信息系统的建设，新的管网资料每年随时补充，为供水管网的科学管理打下了坚实的基础。实现根据测压点的压力突变进行爆管预警；对于出现事故的管段，自动搜索出需关停阀门与停水用水户。地理信息系统的建设，为水务公司建立了一个供水管网全面管理的现代化平台。

第三，解决水表达不到设计最小流量的问题。一是用水和消防两种管线合建的，将消防用水与生活用水分开计量或设置复式水表，平时小表计量，消防启动时切换大水表。二是跟踪大型工业用水户，对于暂时达不到设计能力的，企业减产、限产、转产的，及时联系、沟通，对水表进行更换。三是每年定期采取人工或收费软件系统，对于达不到最小额定流量的用水户，及时更换水表。如曹妃甸供水公司对其中的17块集中大用水户的水表进行了改造，大部分的水量误差都达到10%～−20%左右，改造后效益非常明显。

第四，设置管网校核水表。对于新建居民小区接水时，在合理的位置设置校核水表，同时作为小区总表。采取直接对小区物业趸售价格收费的模式，对于一户一表直接收费的情况，则校核水表的作用更明显。有针对性的对管网支线进行校核水表的安装，充分发挥支线校核水表的作用。

第五，计量、核定管线的冲洗水量。一是居民小区内新装管线的冲洗水量以小区校核表读数为依据进行计算。二是管网新装主干线的冲洗水量参考现行市政施工定额中的冲洗水量标准，通过水力计算进行核算，由现场监理及有关人员予以确认。

第六，实行水表与流量计的周期校验。水表安装使用一段时间后，存在永久性和暂时性的失准问题。实行水表定期强制检定工作以来，保证了水表计量的准确和运行状况的良好，保证水表的计量准确和结算数据的公正、可靠。

2. 采取相应的管理措施

第一，严把供水管网的交接、验收关。在工程建设管理程序上，营业部门作为工程的管理和接收单位，首先是参与工程前期的方案论证和计划的确定，依据管网现状提出管网建设的意见，工程实施中负责该区域的巡线人员跟踪工程的施工，营业部门技术、管理人员参加中间过程的验槽、试压和最后总验收过程，重点对隐蔽工程中的管道试压、管道防腐严格把关，工程资料特别是质量资料齐全，签字确认后方可进行移交。营业部门的管网和用户资料得以健全，移交工程质量的提高，为以后的管网管理打下了坚实的基础。

第二，加强管网巡线。对巡线人员实行包片责任制等加大管网巡线力度的措施。要求巡线人员学习掌握一定的专业知识，对正在施工的工程随工，对施工过程作出准确、详实的记录，并为日后的巡线打下基础；同时要求巡线人员对施工中存在的监理未能发现的问题，及时有效地反映和解决。

巡线人员每天对管网进行巡视，及时发现和预防诸如接管、挖沟等可能发生偷水及损坏供水管网的情况；同时，将拆迁区域纳入巡视范围，发现管道跑水等情况及时通知相关单位进行维修。

第三，及时、快速抢修管网的漏水。管网发生爆管事故后，第一时间做出反应，立即关闭相应阀门，是减少漏水的关键因素。通过建立突发事件应急预案，及时的启动应急响应机制，在岗抢修人员在最短的时间内到达现场，迅速关闭相应的管网阀门，减少漏水和可能带来的其它损失。

沧州供排水、曹妃甸供水分别拨专款购买国内先进的一体化应急抢险车，提高了设备的现代化水平，同时结合不停水快速维修管件、速连接头、抢修用速凝材料等新技术、新工艺、新设备的应用，缩短了维修的时间，减少了管网的漏失水量。

第四，加强和规范用户接水程序的管理。受理用户接水过程中，将用户资料收集齐全，并注意工程图纸和工程验收资料的存档，严格审批和流程。同时进一步完善用户接水登记台账，新用户必须签订《供用水合同》，老用户要补签。

第五，加强抄表员管理。一名抄表员在同一区域抄表不得超过半年，半年一轮换，抄表员互相接替过程中水表出现的问题，由原抄表员负责，交接后，水表中出现的问题由现任抄表员负责。

第六，严格稽查违章用水。一是加强抄表数字的复核，发现问题及时检查。通过微机和人工两个渠道对水表出现的异常情况及时进行分析，有效发现用水户的偷水行为或抄表员的营私舞弊问题。二是充分发挥巡线、抄表人员的作用。通过完善各单位的协调联动机制，将抄表、巡线人员发现的情况及时地向稽查部门反映，从而使有关违章用水行为得到处理。三是通过管网普查发现偷接水的问题。将市区划分为若干小区域，逐户对用水情况进行地毯式的普查，从中发现偷水问题。四是通过水质化验对使用自备水源情况进行稽查。一些饭店、浴池、冲车场等为降低水费成本，偷偷使用自备水源。通过水质化验检测余氯值以有效稽查自备水源。五是通过用水定额核查，发现偷水的问题。如沧州供排水通过加强违章用水行为的稽查,两年中共发现违章用水行为160起,补交水费76万元,改变用户用水性质640户,取得了明显的效果。

3. 攻克社会难点问题

第一,解决用户交费难。沧州供排水积极与沧州银行协调联系,解决了银行缴费的实际问题;增加收费点,方便了用户水费的交纳。结合信息化系统的建设,超市自动缴费POS机通卡收费于2008年开始运行;营业厅自动缴费机于2011年正式启动;与移动公司签约,建立短信平台,开展用户缴费提醒和已付费金额告知等业务。

第二,解决白用水问题。一是城中村白用水问题。两个城中村不交水费已是多年来存在的历史问题,公司投入100余万元资金进行一户一表的改造,其间村民多次提出不合理的要求而停工,面对巨大的压力,营业公司、工程公司多次与村民交涉、协调,促使这一历史遗留问题最终解决。二是政府部门不交水费的问题。在市政府领导的大力支持下,经和机关事务管理局的负责同志多次协商,将用水进行分表处理,同楼的有关单位按工作人员分配水量,单独交费。三是公司办公及家属用水问题。对公司办公与家属水表进行分设,并对家属区各住户进行一户一表改造,最终解决了水费问题。

第三,追缴水量损失。一是对发现的各种违章用水行为,严格依照供水有关法规的规定进行查处,要求用户予以赔偿。市政道路施工损坏供水管线,根据管径、水压、流量测算水量损失折合成水费,与责任方达成赔偿协议,补偿损失。对于稽查发现的偷水行为,按照相关规定核定水量进行水费的补交,两年来累计补交水费水量22.3万吨。

三、水务公司降低供水产销差率的系统管理效果

(一)管网水量损失减少,供水产销差率下降

年度产销差率由2008年的22.18%下降为2011年的18.78%,管网漏损率由2008年的19.07%下降为2011年的17.77%,由处于行业内的中游偏下水平到居于国内和省内较好水平。其中沧州供排水集团公司2011年度产销差率为20.59%,廊坊供水公司为17.76%;曹妃甸供水公司产销差率仅为11.55%(一般月份8%左右,因5月份有一个大漏水点,影响了全年平均数字),居于国内先进水平,省内最好水平。

水务公司2011年度自来水供水量为6440.48万立方米,利润13429万元,单位成本3.74元/立方米,平均水价为4.09元/立方米。以2008年的数据为基准,按照年度实际供水量,3年来共减少水量损失307.55万立方米。

(二)产生了良好的经济效益和社会效益

通过降低"供水产销差率"降低成本和提高效益,其中包括两个因素:一是供水管网漏损水量的降低,降低了供水成本;二是无价用水水量的降低直接增加了企业的利润。经计算累计效益额1057.66万元,平均年度效益额352.55万元,效益贡献率6.08%,投入产出率1632%。水务公司由2008年的亏损3700万元,到实现扭亏为盈,利润逐年增加,至2011年实现总利润1.34亿元,跨入了国内水务行业经济、利润指标的先进行列。

3年来共计减少水量损失307.55万立方米,按照实际自来水制水电耗0.196千瓦时/立方米,制水药耗9毫克/升,共计节约制水耗电量60.28万千瓦时,节约净水药剂2.77吨。

(三)促进了水务公司经营管理水平的全面提升

降低供水产销差率是一项系统性的工程,是一个水务企业管网和营业基础管理水平和技术实力的综合体现。降低供水产销差率的活动开展后,管网漏水的主动检测水平得到提高,管网应急抢修能力增强,新建管网质量优良,管网巡检人员责任心加强,收费手段提升、用户满意,用水稽查效果明显,用户管理进一步规范,水务公司管网和营业的管理水平得到了全面的提升。

(成果创造人:张自力、秦 健、刘 铮、米献炜、郭伟杰、孟祥刚、张彦东、赵凤兰、郭伶元、张新艳、刘梦璋、周 伟)

水电厂"状态控制字"检修管理

贵州乌江水电开发有限责任公司东风发电厂

贵州乌江水电开发有限责任公司(简称乌江公司)东风发电厂(简称东风发电厂)是贵州乌江流域梯级开发的第二级电站,1995年12月全部建成投产发电。电站原装机510MW(3×170MW),2005年6月完成水轮发电机改造增容,2005年12月扩建完成一台125MW机组,目前总装机容量为695MW(3×190MW＋1×125MW),水轮发电机为立轴混流式机组,电站以发电为主,兼顾防洪和灌溉,在贵州电网中担任调频和调峰任务。

成果主创人:厂长杨焱

东风发电厂拥有员工211人,检修及管理人员70人,经过多年的实践,东风发电厂在行业内第一次将计算机数据存储技术和自动控制理论应用于水电厂检修全过程管理实践中,结合自身实际切实将检修管理全过程、工序管理全过程、要素管理全方位进行细分,以"状态控制字"为管理手段,构建现代化国有水电企业检修管理全新的体系。

一、水电厂"状态控制字"检修管理背景

(一)适应集团公司战略转型发展的需要

自建厂开始,乌江公司对东风发电厂实行的是"专业化高度集中,辅助业务系统内外委"的定员办法,企业基本不承担检修作业任务,特殊情况下,仅承担厂内小修工作。但从2008年乌江公司同中国华电贵州公司进行资产和管理整合以来,根据乌江公司的战略发展和安排部署,已有十多年设备运行管理经验的东风发电厂不仅要承担厂内的大小修任务,还要承担流域内集团公司的其它新建发电厂发电机组的大修任务。为此,构建新型检修管理体系以适应新形势、新任务的需求,势在必行。

(二)提升自身检修管理水平的需要

随着行业管理越来越严格,标准越来越高,中国华电集团公司、乌江公司相继出台水电厂检修管理办法,随着乌江公司水电开发的蓬勃发展,东风发电厂承担的检修任务更加艰巨,必须从组织体系建设、安全管理、质量管理等方面,探索一套科学、规范的检修管理体系,解决好各种类型水轮发电机全过程管理,确保水轮发电机检修安全、优质、高效,实现水电厂检修管理的标准化,从而提升流域水轮发电机检修管理水平。

(三)实现水轮发电机组检修全过程管理的需要

多年的检修实践,东风发电厂总结水轮发电机组检修管理主要有以下特点,一是无论从检修准备、启动、检修、试验到检修结束的检修管理全过程,还是从拆机、检修到装复

工序管理全过程来看,环环相扣,任何一个环节都不能随意提前或滞后。二是检修作业返工的工作量很大。三是检修作业环境危险点较多,特别是地下式厂房内水轮发电机组的检修,存在诸如水淹厂房、潮湿环境的人员触电、交叉作业等问题。要保证检修管理有序、不发生人身和设备事故,就必须构建一套全过程、全方位的检修管理体系,确保过程掌控到位、安全和质量监督到位,实现水轮发电机组修后长周期安全稳定运行。

二、水电厂"状态控制字"检修管理内涵与主要做法

根据乌江公司的战略发展和安排,结合企业自身实际,针对检修作业中管理落后、流程不畅、质量安全隐患突出、工序节点作业控制能力薄弱等问题,借鉴运用计算机数组"状态控制字"基本原理,精心设计构建出一套全新的水电企业检修管理新体系。将检修作业细分为检修过程管理、工序过程管理和要素管理三大"状态控制字"管理活动。通过加强领导,明确思路,加深对"状态控制字"检修管理的认识,为"状态控制字"检修管理提供组织、制度和思想保障,同时,以状态转换为抓手,强化检修全过程管理,以节点为关键,实施工序管理和单节点检修安全"状态控制字"管理,构建企业实用管用的"状态控制字"检修管理体系,把检修作业管理提高到一个新的水平。主要做法有:

(一)明确思路,加深对"状态控制字"检修管理的认识

通过认真学习和深入的分析研究,结合企业实际,东风发电厂认为企业的检修管理可以借鉴状态控制字这一基本原理:一是将设备的检修管理过程分为准备、启动、检修、试验、结束 5 个状态。二是将工序过程分为拆机、检修、装复三个状态,而且每一个状态间环环相扣,每一种状态都是由一系列可控的条件(物理量)组成,这些物理量条件包括安全措施、人员状况、工器具准备情况、检修工艺等。三是只有当每一个物理量、状态都可控时,整个检修的管理过程和工序管理过程才能实现可控,才能由过去的依靠经验管理转变为科学地判断每一步过程中所有条件是否满足来进行检修的全过程状态管理。

东风发电厂根据"状态控制字"基本原理,结合多年检修实践经验教训,把企业设备检修管理全部活动分解为三大"状态控制字"管理活动,通过三者在检修活动中互为条件、相互支撑、相互促进,推进企业检修管理水平的提升。一是抓好检修全过程状态控制字管理,提高系统管控水平。检修指挥人员必须按照检修网络计划全过程组织、控制检修的每一个状态。二是抓好工序全过程状态控制字管理,提高系统管控保障能力。工序管理全过程包含拆机、检修、装复三个状态管理。水轮发电机组大修从拆机、检修到装复调试要求测量的数据近 1 万项,装复的工艺精度要求在 0.1mm 以下,只有每一个工序状态都把控到位,才不致影响检修质量,才能有力保障检修项目的质量和工期。三是抓好要素全方位状态控制字管理,夯实系统管控基础。要素全方位状态控制字管理是指在每一个

成果主创人:党委书记黄定奎

状态下必须分析的基本物理量条件,这些条件它包括设备检修中人员、机具、材料、备品备件、作业环境、有效文件(规程、制度)、作业指导书、安全、技术、工期要求等基本要素。只有一个个合格的要素累加起来才能满足每一个过程状态的要求,它是工序过程状态管理和检修过程状态管理的基础。

(二)加强领导,为"状态控制字"检修管理提供组织和制度保障

1. 建立健全组织机构

制定"设备检修指挥部组织设立通用模板",满足并行项目、不同类型项目构建指挥组织架构的需要。每个新成立项目指挥部总指挥和成员由厂部指派,主要负责检修的指挥协调、安全监督、技术监督、计划控制。检修执行部门有设备维修部、运行发电部、水工维护部、物资运输部、后勤物业部。改变过去由厂级编制计划,设备维修部独立检修的组织管理模式,形成以生产技术部为中心,全厂各部门协同作战的组织体系,保障检修工作的顺利实施。

2. 建章立制

从检修计划的申报、检修准备、检修结束到检修总结评价,东风发电厂建立以《检修管理办法》为统领的一系列检修管理制度,规范检修管理目标体系、组织体系、责任体系、文件体系,进一步明晰检修全过程管理的管理界面。

一是在检修工艺流程控制上建立《检修作业文件包编制规则》、《检修文件包管理标准》,完善《检修管理规程》,将整个检修过程中每一个检修项目的工艺要求、检修流程、安全措施、验收标准写入检修文件包中。

二是在检修过程控制上建立《设备检修及验收管理制度》、《机组检修全过程安全管理制度》,将检修质量控制和安全风险控制纳入制度管理,明确检修质量实行全过程验收,杜绝设备装复后对隐蔽设备的漏检造成安全隐患;安全管理实行检修前预控措施分析到位,检修中安全措施布置到位,检修后安全措施总结到位,实现检修全过程的安全管理。

三是在检修激励机制上建立《检修奖惩管理办法》,对检修中违章现象实行曝光、教育、处罚三种形式,对检修过程中认真负责发现重大缺陷并及时处理的给予一次性奖励。为使检修状态更加可控,将状态评估会议列入《检修管理办法》中,使之形成习惯,形成规范,保障新型检修管理体系长期有效运转。

(三)以状态转换为抓手,强化全过程检修管理

东风发电厂将整个检修管理过程分为以下五个状态(见下图),每一个节点属于一个状态控制字,前一个状态控制字不能满足条件,后一个状态就不能进入或启动。

1. 周密界定检修准备状态的物理量,抓好"八个落实"

检修工作七分准备、三分工作,针对检修准备工作量大、繁琐,状态不易把控,通过总结、整理,将繁琐的准备工作归纳为"八个落实"。一是检修计划的落实。编制全厂检修计划和每台机组的检修计划,经过审批后严格执行,运行发电部根据检修计划,按时向电网公司提交检修申请。二是检修措施的落实。检修过程应具备哪些组织措施、技术措施、安全措施、环保措施,有的是要提前明确的,以便检修作业相关人员组织学习。三是检修物资的落实。在确定检修规模后,检修部门与物资部门立即组织检修物资的采购。

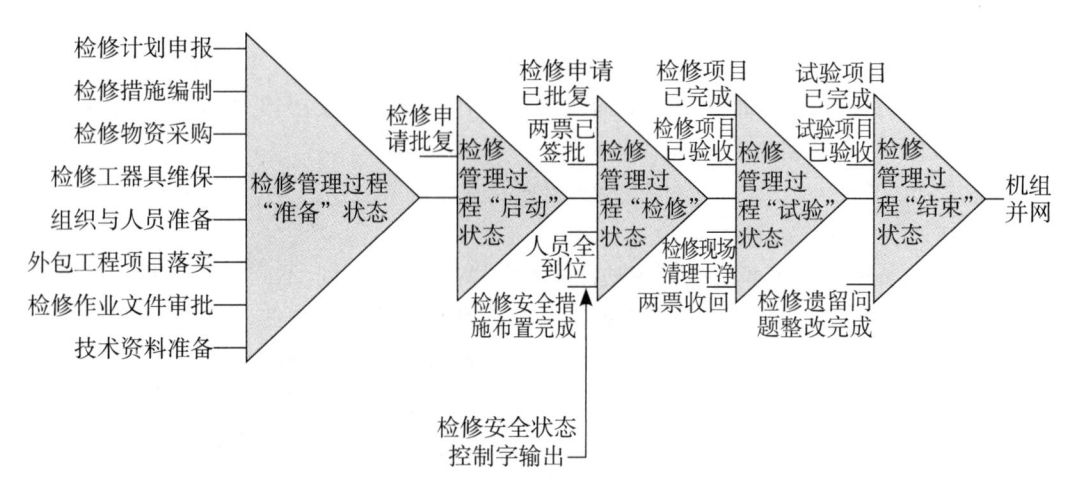

水电厂检修管理全过程状态转换示意图

四是检修工器具的落实。检修部门对检修过程中所需的一般、特殊工器具进行检查、试验,确保检修时能够用得上。五是组织与人员的落实。六是外包工程项目的落实。检修过程中需要借助外部力量完成的项目,必须在检修前落实项目单位,并通知其检修进场时间。七是检修作业文件的落实。检修过程中每一个项目所需的检修工艺要求、安全措施要求都要在检修前编制检修作业文件,形成检修标准作业文件包。八是检修技术资料的落实。

每一个落实就是一个状态,当每一个落实到位后,各部门将落实情况汇报生产技术部,此落实状态即为"1"(满足),当所有状态满足后,由检修指挥部召开状态转换会,通报准备工作完成情况,布置检修启动状态的工作。

2.周密界定检修启动状态的物理量

水电厂主设备、涉网设备的检修必须经过电网公司"八个落实"准备到位后,检修过程进入启动状态,由运行发电部向电网公司调度部门提出检修申请,生产技术部一同监控,必要时与调度部门协调,一旦电网公司批复申请后,检修指挥部立即组织召开检修"启动状态"转换会,检修总指挥宣布检修进入"启动"状态,立即安排运行发电部布置检修范围内的安全措施。

3.周密界定检修状态的物理量,强化安全措施布置

运行发电部布置完成检修范围内安全措施后,检修检修指挥部立即组织安全措施管理组及指挥部成员再次复核检修安全措施,检修范围内的所有安全措施布置到位,方可进入"检修"状态,检修人员这时才能进入检修现场进行检修作业。

4.周密界定试验状态的物理量,狠抓检修质量验收

所有检修工作按照检修措施的要求进行二级或三级验收且验收合格,所有工作面清理干净,当所有检修验收单(经检修技术管理组确认或需试验阶段调试的工作外)收集齐全,工作面结束,检修负责人向检修总指挥汇报,由检修总指挥下令检修技术管理组组长全面清理工作面,然后由检修总指挥组织召开试验状态启动会,进一步梳理检修工作的完成情况,布置启动试验的相关安全措施,各专业负责人简要汇报检修的总体情况,对检

修进入试验状态的安全、技术保障提出建议。

当所有整改工作全部完成后,由检修总指挥宣布进入试验状态,试验状态下是实际加电流加电压、机组转动等特殊工况,对检修流程、安全管理都有严格要求。

5. 全面界定检修"结束"状态的物理量,确保一次性并网成功

试验项目全部完成并满足国标要求,检修指挥部组织技术人员对检修试验项目进行总体评价,落实是否存在遗留问题,提出整改建议,检修部门组织人员再次进行整改,无法整改的项目提出控制措施,由检修部门和运行部门进行控制,生产技术部监督执行。检修工作结束,机组交给电网公司调度。

(四) 以节点为关键,实施工序管理和单节点安全"状态控制字"管理

水电工程管理特别是水电检修项目管理实行"节点"控制,将整个项目分解成一连串状态清晰节点(子项目),当单个节点中的全部物理量条件(子项目)都完成后,该节点的状态为"1",即可转入下一个节点,这种节点状态控制字管理界面清晰,便于控制检修质量、安全。

1. 应用关键节点界定法辨识检修工序节点

东风发电厂应用"关键节点界定法"界定出水轮发电机检修工序管理的关键节点:上机架吊出、转子吊出、下机架吊出、顶盖吊出、转轮吊出、整体检修、转轮装复、顶盖装复、下机架装复、转子装复、上机架装复,并将状态控制字这一管控手段运用到设备检修工序管理各关键节点中,提高检修效率和质量。

东风发电厂必须掌控这11关键节点的状态,积极协调配置好现场资源,全天候监控,抓好状态控制字每个物理量的完成时间、质量、数量,无缝进入下一个状态。

水轮机顶盖吊出是区别水轮发电机大修和扩大性大修的条件之一,顶盖吊装后对机组整体调整影响很大,所以在没有特殊要求的情况下,不改变原顶盖安装尺寸和位置,在拆除过程中要及时准确记录原始数据。检修总指挥在拆机阶段第三工序完成后结合全方位要素管理要求,立即组织召开协调会,总结第三工序完成情况,布置"顶盖吊出"的主要条件、工期要求、安全注意事项、人员调配等,对于不满足状态控制字的条件由检修总指挥安排相关人员进行处理,直到条件满足。

当以上所有物理量条件均满足后,顶盖吊出状态控制字等于1,检修总指挥组织相关人员召开"顶盖吊出"工序状态启动会,进一步掌握所测量的数据和工序状态转换的条件,在组织体系中统一状态转换信息,然后下令吊出顶盖。

2. 创新单节点检修安全状态控制字刚性管理

检修安全的全过程管理不是顺序式、流程式的过程管理,它只有一个状态。东风发电厂创新性地建立单节点检修安全状态控制字刚性管理,其主要内容有三条,一是检修全过程只实行一个安全措施状态。二是安全措施的管理由过去的安全监察部管理改为由运行发电部管理、安全监察部监督,运行发电部对检修安全措施实行日巡查管理。三是当检修范围内某一条安全措施需要变更时,首先汇报检修指挥部,经检修指挥部会商同意后,通知运行发电部可以变更;变更的安全措施若在原检修措施未标注的,即使检修指挥部同意,但检修人员必须开具工作票方可变更。

检修安全管理的刚性主要表现在一是即任何人不得擅自改变安全措施,为保证检修

人员及设备的安全,检修过程中检修安全措施始终保持不变。若要发生变更必须履行变更手续,而且要让所有检修人员知晓变更后的安全措施。二是当某一个安全措施变更时,检修安全状态控制字输出为"0",直接影响检修管理过程中"检修"状态的输入条件不满足,此安全措施影响范围内的工作必须停止,直到变更手续办理完成,相应的措施布置到位,检修安全状态控制字输出为"1"后,方可继续工作。

(五)以要素管理为基础,推行检修管理和工序管理状态全方位精细化管理

1. 以人为本,实现检修全过程人本安全

人身安全是首要的。一方面在检修前检修部门必须对检修人员进行检修工艺的培训,并进行考试,对达不到要求的继续进行教育,直到检修人员掌握为止;另一方面检修管理人员必须掌握检修人员的精神状态,根据工作量的需求不安排精神状态差的人员进入检修现场,避免人身伤害或检修质量不合格等不安全事件,不能发生因为管理原因造成的不必要的加班,使检修人员疲劳检修。

2. 以"法"为据,实现检修全过程有章可循

检修过程依据的检修标准、检修工艺标准、检修方案等检修作业文件是"法",检修管理者必须要明白只有检修作业标准化才能实现有章可循,才能使作业者清楚检修的要求,确保检修质量。通过实施状态字控制的新型检修管理体系后,东风发电厂形成独具特色的检修文件体系,一是计划网络图,用于控制检修工期的指导性文件;二是总体检修方案及分项重点项目检修方案,用于指导检修安全、质量的规范性文件;三是检修文件包,用于指导班组具体检修人员每一项检修的标准化文件;四是检修总结,用于记录检修过程、试验结果、验收情况的总结性文件。

3. 以工器具为根,实现检修全过程效率提升

检修前要对检修工器具进行检查性维修,检修的全过程必须保持工器具的完好,才能提升检修效率。

4. 以作业环境为基,实现检修全过程秩序井然

检修作业环境包括外部环境和内部环境,外部环境就是电网对检修工作的干预和外委单位对检修工作的配合度,内部环境是指检修作业的安全措施、现场文明环境、厂内各部门的配合度等,检修管理者只有协调和处理好各方关系,营造良好的检修环境,使检修工作井然有序开展。

三、水电厂"状态控制字"检修管理效果

(一)全面提高了检修效率

推行以"状态控制字"为核心的检修管理新体系后,全厂上下形成检修工作共同协作的局面,参与检修的部门由过去的几个生产部门扩大到几乎全厂各部门都要参与,提升检修效率。过去,检修管理过程前松后紧、检修后期加班量大,在实施状态控制字检修管理体系后,整个检修节奏有条不紊,加班作业只有在节点工期内局部作业面未完成检修的,检修人员主动要求的加班,2011年加班工时占整个检修工时平均为16.7%,较2008年的41.6%降低24.9%,检修人员休息充分,从而保证检修安全和质量。

(二)实现了企业检修工作的规范化、标准化

建设了一套符合水电厂检修管理的标准体系,从组织、检修文件、检修制度、内部控

制等方面固化于制,使东风发电厂的检修管理逐步走向标准化,改变过去靠经验管理、靠检修总指挥水平管理的局面,在实施状态控制字检修管理体系后,不论是由谁来管理检修工作,都可以做到有章可循、有法可依。

(三)提升了东风发电厂检修管理水平

在实施状态控制字检修管理体系后,改变过去检修管理手段单一、控制力度薄弱的局面,检修项目质量验收合格率从 2008 年起连续四年达 100%。经过三年多共 16 台次机组检修实践证明,以"状态控制字"为核心的水电厂检修管理体系的构建,全方位地锻炼和提升检修人员的管理和业务技术水平。实现检修全过程不安全事件为零、检修质量返工事件零次、一次性并网成功运行。

2010 年 10 月至 12 月东风发电厂承担的索风营发电厂一号机扩大性大修工作,成功地应用"检修管理全过程状态控制字管理"体系,得到索风营发电厂、乌江公司、中国华电集团公司和行业内专家的肯定。

(成果创造人:杨　焱、黄定奎、李家常、罗　勇、
王永国、韦　波、陈绍勇、邓红卫、杨昌荣)

重载铁路施工"天窗"综合利用管理

太原铁路局

成果主创人：副局长王金虎

太原铁路局成立于2005年3月18日，路网纵贯三晋南北，横跨晋冀京津两省两市，线路总延长8682.05公里，营业里程3328.2公里；配属机车1162台、CRH5型动车组6组48辆、客车2005辆；是货运量最大、重载技术最先进的铁路局。主要担负着国家新型能源工业基地——山西省的客货运输和冀、京、津、蒙、陕等省市区的部分货运任务，用户群辐射全国26个省市自治区、15个国家和地区，在山西省综合交通运输体系中居于骨干地位，为国民经济和区域经济发展做出了积极贡献。

一、重载铁路施工"天窗"综合利用管理的背景

（一）解决重载铁路运输与施工矛盾的客观要求

大秦线是我国西煤东运的主要通道，也是世界上运输能力最大的现代化专业煤碳运输线路，采用双线电气化重载技术。自2003年运量突破亿吨大关以来，运输增量快速增加，目前，大秦线每天平均开行92对货物列车，根据湖东站出发到达间隔时间、区间下坡周期制动追踪间隔时间等因素设计的列车追踪间隔时间为12分钟，工务维修作业除了上下道、小型机械辅助等时间外，纯作业时间平均在8分钟左右。在这么短的时间内开展线路养修作业，工务维修作业的零小作业方式已难以完成大量的设备维修任务，使工务设备质量无法满足运输安全生产的要求。

（二）确保重载铁路持续安全的关键

大秦重载铁路是指大秦线、北同蒲线韩家岭－大新段全长756km，是我国重载铁路的主要通道。线路经过大运量、大轴重（目前为全路最大轴重25t）、高速度的冲击碾压，线路设备的损耗速度明显加快，大维修周期大大缩短，传统的日常养修模式已经不适应线路设备强度恢复和设备安全储备期延长的现实需要，唯有实行施工"天窗"综合利用才能提高设备修理质量和效率。

（三）重载铁路工务设备质量提高的必然要求

传统的工务设备大维修普遍采取分散、随机、单项的方式进行，受到区段慢行处所限制、"天窗"内区间不能停车、机械施工能力有限等影响因素，各铁路局基本上很难在同一线路上同时开展大修换轨、换枕、清筛、换道岔等施工，更谈不上兼顾运用大型养路机械开展维修捣固、钢轨打磨等其它维修作业。另外，如在同一条线路上，涉及多个铁路局管辖，多个工务段或施工单位有大维修任务，又没有形成有效的协调机制，各施工单位之间

相互协调不足,很难形成对施工"天窗"的综合利用。

二、重载铁路施工"天窗"综合利用管理的内涵和主要做法

太原铁路局在集中调配大型养路机械、人员、路料的基础上,综合利用施工"天窗",在每年相对固定的季节,短时间内集中完成一条线路的换轨大修、成段更换混凝土轨枕、大机清筛、成组更换道岔及混凝土岔枕、大机捣固线路、大机打磨钢轨等工务线路大维修,铁路其它专业大维修和基本建设技术改造,快速提高铁路固定设备质量、延长设备安全储备期。主要做法如下:

(一)制定重载铁路施工"天窗"综合利用流程

1. 根据设备状态,确定所有施工项目施工工作量和具体地段

根据上年度各段上报的年度大修计划,在年度预算总量的控制下,参照当年线路秋检汇总资料、大修周期图及现场调研后,安排大秦工务大维修预算,确定各项施工的具体工作量和施工地段。

2. 统筹兼顾、合理预卸大维修用路料

依据确定的施工工作量,协同物资部门做好物质供应方案;做到提前预卸铁路用的钢轨、道岔、混凝土轨枕等大宗路料,确保施工"天窗"内的路料供应。

3. 根据施工日进度确定每项施工需要的"天窗"点

确定工作量后,依据机械台班定额、机械编组情况和线路自然条件确定施工进度,确定施工进度后,计算需要的施工"天窗"数(采用四舍五入的原则进行取整)。

4. 根据给定的"天窗"点确定施工队伍数量

铁道部根据运输条件及铁路局线路需大修的工作量确定施工"天窗"数量,铁路局根据铁道部统一下达的施工"天窗"安排各施工项目。根据各施工项目理论计算的施工"天窗"除以铁道部下达的"天窗"个数所得的商,来确定各施工项目的施工队伍数量。施工队伍数量确定后报铁道部,由铁道部在全路范围内协调各铁路局施工队伍参加施工。

5. 确定施工主线

依据线路病害程度、施工项目的特点确定施工主线,一般以成段更换新钢轨、成段更换混凝土轨枕或大机清筛道床施工项目中的某一项作为施工主线。

6. 制定施工组织方案

根据所有项目的任务量和具体地段,按照"天窗"点数和施工主线,运用"工程项目管理理论",依据优化后的施工顺序,制定铁路局施工组织方案。

7. 根据有关规定科学优化施工项目顺序

优化施工进度的主要规定有:慢行处所的限制,不同施工项目的先后顺序影响等。如果同一区间或同一行别的慢行处所超过了《铁路营业线施工安全管理办法》(铁办〔2008〕190号),要适当减少有慢行限制的施工项目或铁路局编制特殊行

成果主创人:局工务处处长王旭荣(右)

车办法报铁道部批准方可实施。如果同一地段要进行成段更换新钢轨,同时也要进行大机清筛施工,就必须先进行成段更换新钢轨后再进行大机清筛施工。

8. 明确施工主体

由于其它铁路局专业施工队伍进入太原铁路局管内后,各工务段配合不力,对太原铁路局有关规章制度和要求不清楚,施工队伍进场后常常迟迟不能开工,严重制约了正常的施工进度和运输秩序。所以无论是其它铁路局的施工队伍,还是太原铁路局自己承担的施工项目,施工主体单位一律是太原铁路局各工务段,制定施工组织方案和安全措施,并负责与机、车、供、电、辆等单位和部门进行协调安全配合协议,参加施工的全过程,施工单位和工务段签订总协议明确责任,明晰职责。

9. 组织实施

开工前召开施工动员协调会议,解决施工前、中需要协调的问题并形成会议纪要。开工前一周内,组织协调参加施工的各铁路局施工队伍转场进驻预定停留车站。从给"天窗"点之日起施工就全面展开。每天各施工项目由涉及的车站牵头组织工务、电务、供电等施工单位,召开施工预备会和总结会,对每项施工进行技术交底,明确各施工项目关键卡控点,及时解决当日施工中存在的问题。太原铁路局每天召开施工协调会,点评施工出现的问题和施工过程中需协调的问题。

(二)采用比例斜率图展示施工进度,科学优化施工组织

大修施工的组织管理极其复杂,需要进行周密的施工组织设计和管理。由于铁路是个线状平面,地形条件特殊,其作业面受行车条件限制,也受车站分布的约束,决定了铁路既有线的不同作业项目在"天窗"内的施工主要形式采用平行作业。在线状平面上进行平行作业时,为能充分地安排和指导施工,也能更好对进度图进行优化,经比选传统的网络和横道图的优缺点,决定采用CAD绘制进度斜率图。

其中,横坐标轴代表线路区间,纵坐标轴代表施工"天窗",图中上半区域为上行线,下半区域为下行线,斜线的不同颜色代表不同的施工项目。横坐标轴采用比例线条,每隔5km设置一个里程标;纵坐标轴采整数等比例代表施工"天窗",两纵线间代表一个"天窗"点。斜线的方向代表作业前进的方向,斜线上采用同一色彩的文字标注施工项目、施工队别、起始点里程、施工总长度等。每一个施工项目的线条采用不同的颜色;颜色采用的原则,需慢行的施工项目采用醒目的色彩,不慢行的采用不醒目的色彩。例如,大机清筛施工采用红色,成段更换混凝土轨枕采用粉红色,大机捣固采用绿色等。斜率图能够反映出各工序的逻辑关系以及施工进度,工务段据此可以方便合理地安排人力、物力、机械车辆的停驻站等,较准确地上报施工日计划,指导施工。

通过在斜率图上平行移动各施工段的纵向位置,就可达到优化施工地段先后顺序的目的。在调整施工队的施工任务和各施工队施工段的先后施工顺序的基础上,使优化后施工斜率图在实际中具有可操作性。

(三)确立施工组织机构,明确分工与工作目标

1. 成立重载铁路施工"天窗"综合利用管理施工领导组

成立以局长、党委书记为组长,党政副职为副组长的重载铁路施工"天窗"综合利用管理施工领导组,全局各处室为组员,确立重载铁路施工"天窗"综合利用管理的组织机

构,加强施工组织保障力度。领导组下设综合协调、安全检查、后勤保障、治安保卫、宣传报道、干部督察6个专项小组和一个防溜大队,细化明确各组的职责和任务,确保施工安全有序。

2. 制定重载铁路施工"天窗"综合利用管理目标

安全目标:"三确保、四杜绝",即确保施工安全、消灭行车事故,确保施工质量、消灭设备责任故障,确保施工进度、消灭责任延点;杜绝"黑施工"(是指未按施工计划或有关规定盲目在铁路既有线上进行的容易发生人身、行车事故的施工和作业)、杜绝盲目开通、杜绝人身伤害事故、杜绝治安隐患。

运输目标:大秦线每日运量必保90万吨。

(四)科学优化运输组织,创新施工期间运输组织新模式

由总工室牵头对施工期间运输组织制定特殊行车组织办法,报铁道部批准后实施,确保施工的顺利和运输的畅通。

1. 施工期间车站管理模式的转换管理

施工期间 CTC 自律模式(centralized traffic control,调度集中设备的简称,是列车调度员在调度所远程控制和监视管辖范围内铁路沿线的信号设备,指挥列车运行,又称列车集中控制)转换非常站控模式时间为施工点前三小时至点后两小时。施工作业车及路用列车调整编组的调车作业,原则上在此时间内进行,特殊情况由列车调度员安排。

2. 施工期间施工计划及调度命令上报与发布管理

第一,施工期间的维修计划在施工预备会通过后,由施工单位于施工前一天报调度所施工室,施工室审批后下达到调度台,维修作业根据调度所下达的维修计划在车站登记后,在施工"天窗"内一并进行。

第二,施工结束后,当日慢行限速、地点与次日施工慢行限速、地点一致时,慢行命令可贯通至次日施工结束。不一致时,由调度员重新发布限速命令。

第三,列车调度员可在施工当日 0:00 以后下达施工命令(预留施工起止时间),由后方站交付施工调度命令,施工作业车及路用列车按规定到达施工指定地点后,列车调度员确认具备施工条件时,可通过录音电话向车站下达施工起止时间,车站值班员复诵无误后将起止时间填写到施工命令上,通知施工驻站员,施工驻站员通知施工负责人,施工负责人接到准许施工的命令后,按规定组织施工。

第四,列车调度员根据施工当日列车实际运行情况,对具备提前给点条件的施工,经调度所副主任同意后可提前发布施工调度命令并通知相关部门和单位。

第五,如施工提前完成并具备开通条件时,施工单位确认机具、人员撤离到安全区域后在车站办理销记,车站值班员确认有关施工单位销记后汇报调度员,调度员方可下达提前开通命令;如具备放行条件,可指示车站提前发车或提前组织区间开车,车站值班员根据调度员指示,确认销记后使用车机联控通知司机开车;乘务员遇提前开通区间时,将提前开通的调度命令号输入到监控装置解锁,并根据原揭示命令限速要求严格控制列车运行速度。

第六,施工区间开通后第一列限速慢行时,列车调度员可根据施工计划提前下达轧道命令,车站可提前向司机交付。待区间开通且与施工单位登记核对无误后,车站根据

调度命令通知司机开车。

第七，施工期间，自律模式下，调度员应将与车站有关的调度命令下达给无人站，车站做好审核、签收、交接等工作。

第八，列车在区间停电等"天窗"，由车站通知司机停、送电时间。

3. 施工期间区间停车及防溜措施

第一，在施工期间，由于停驻车站的大量施工机械需要占用车站到发线，极大影响了车站停放列车的能力，为了确保施工期间运输目标的实现，需要在区间停放列车。

第二，由于施工期间突破了《铁路技术管理规程》中区间不能停留列车的规定，在垂直"天窗"（双线都为"天窗"）停电的情况下机车失去了动力，所以需要在坡度较大的停车地段防止列车无动力下发生遗溜，所以组建防溜大队负责区间停留列车的防溜。

第三，重车线单元万吨、1.5 万吨及 2 万吨列车允许在区间坡度≤4‰的上坡道或≤6‰的下坡道标定地段停车；普通列车、重车线组合万吨列车及空车线所有列车允许在≤6‰的标定地段停车。重车列在坡度≤3‰、空车列在坡度≤4‰的区间线路上停留时，不采取防溜措施。

第四，列车在站内停车制动保压后不再采取防溜措施。

第五，施工期间由迁曹线至太原北间直通运输的矿粉列车禁止在区间停车等"天窗"。

第六，风动石砟车及有 N、P、C62、C61、C63 等杂型车编组的列车，因施工组织需要，列车在施工期间可以安排在坡度≤6‰的区间停车。

4. 施工作业车及路用列车组织管理

第一，大秦线站间距离一般在 30km 以上，为确保施工的纯作业时间，制定"施工列车追踪进入施工区段"的办法。

第二，施工作业车及路用列车、货物列车可相互跟踪进入区间施工地点和停车标处，跟踪间隔时间均不得小于 12 分钟，且后续货物列车停车位置距施工封锁地段不得少于 3 个闭塞分区。

第三，跟踪进入区间的施工作业车及路用列车、货物列车到达施工地点和停车标处停妥后，即可封锁区间。

第四，区间施工结束后，施工作业车在区间施工完毕正方向运行至前方站时，施工负责人通知驻站人员在该区间施工单位全部销记后，即可安排开通区间，施工作业车及路用列车可按信号机显示的进行信号正方向运行至前方站。

5. 施工结束后放行条件

第一，大秦线开行的全部是万吨或两万吨列车，低速运行条件下将大幅增加机车乘务员的操作难度，施工完毕后严重制约列车的通过能力，增运目标难以实现。为此，制定专门的阶梯提速办法，确保万吨和两万吨列车的正常开行。

第二，配合大机清筛作业的风动石砟列车，可比照普通列车在区间等待，担任施工完毕后的补砟及第一列轧道任务。

第三，大机捣固配合大机清筛、更换轨枕、桥梁及道岔全断面换砟施工，作业程序为两捣一稳，施工完毕后第一列限速 35km/h 时，可放行单元或组合万吨列车。

第四，换轨、更换道岔轨件，施工完毕后第一列限速 45km/h，第二列限速 60km/h，以后恢复正常。

第五，无缝线路应力放散（不焊联），点前不设慢行，施工完毕后第一列限速 45km/h，第二列起限速 60km/h，以后恢复正常。

第六，更换桥梁支座，施工单位需强化相应的施工补强措施，施工完毕后第一列限速 35km/h，第二列限速 60km/h 不少于 24h，以后恢复正常。

6. 其他事项

第一，路用列车在施工期间可不挂列尾。第二，准许大机捣固作业车、大机清筛作业车、风动石砟列车、收轨列车担任施工结束后第一列轧道任务。除长大下坡道外，单元万吨列车、组合万吨列车可以担当施工结束后限速 35km/h 及其以上第一列轧道任务。第三，涉及三站两区间封锁施工时，施工单位应制定作业车进出封锁相关站的安全措施。

（五）开展劳动竞赛，建立有效的考核机制

为了提高劳动效率，压缩设备故障，减少施工过程中的违章、违纪和机械设备故障等不安全因素，在施工期间开展劳动竞赛活动，制定合理的考核指标，建立高效的考核机制。对各施工单位和施工配合单位以实际参加施工人数为准，核定竞赛奖励基数和日奖励基数。施工期间未发生任何本办法规定扣罚事项的，按竞赛奖励基数全额兑现；发生本办法扣罚事项的，按扣罚标准予以核减。

1. 明确竞赛指标

杜绝发生责任铁路交通事故；杜绝发生责任设备故障；杜绝发生"黑施工"；杜绝严重危及行车及人身安全惯性违规、违章施工。

2. 考核施工安全

施工期间，发生责任铁路交通事故、责任设备故障（含施工机械设备故障，机械设备故障在半小时之内，未影响施工进度时不予考核）、"黑施工"或严重危及行车及人身安全惯性违规、违章施工时按相关规定考核；发生设备故障时全部按责任设备故障，考核设备管理单位。对因设备预先拆卸、预埋、看护不到位造成挖断电缆、光缆或撞坏设备的，由设备管理单位负全责。

3. 考核施工延时

施工期间，因施工组织或施工质量返工发生影响施工进度或造成施工延时的，根据有关规定，按照每分钟 500 元核减责任单位工效挂钩工资。

4. 考核运输任务

大秦线每日完成 90 万吨运量指标时，分别对大同站、大同车务段、朔州车务段、大秦车务段、太原机务段、湖东电力机务段、大同西供电段、湖东车辆段、大同电务段、太原通信段按日奖励基数 80% 兑现奖励；每日完成 96 万吨运量指标时，分别按日奖励基数 100% 兑现奖励；每日完成 103 万吨运量指标时，分别按日奖励基数 110% 兑现奖励；每日未完成 90 万吨运量指标时，分别按日奖励基数予以扣罚。

大秦线每日完成 90 万吨日运量指标时，分别对局运输、机务、供电、车辆、工务、电务、货运、建设处和调度所按日奖励基数 80% 兑现奖励；每日完成 96 万吨日运量指标时，分别按日奖励基数 100% 兑现奖励；每日完成 103 万吨日运量指标时，分别按日奖励基数

110%兑现奖励;每日未完成90万吨运量指标时,分别按日奖励基数予以扣罚。

因调度指挥、运输组织原因未完成运输任务时,对调度所或有关站段按上述规定实施考核;因施工组织影响运输任务未完成时,对调度所和有关站段免于扣罚。

(六)加强重点工种的考核力度,确保运输畅通

为使列车能及时达速、机车乘务员能操作平稳、减少机车故障,确保运输畅通,通过跟班作业和现场写实,加强机务乘务员的考核力度,科学制定考核标准。

1. 明确考核指标及标准

第一,湖东站发车。列车组合完毕,主控司机及时联系车站计划开车时间,提前做好开车准备工作。湖东二场出站信号机开放、车机联控至动车时间:单元和组合万吨、1.5万吨和2万吨列车不超过2分钟;从动车到列车尾部越过总出发信号时间分别不超过11分钟、14分钟,合计分别不超过13分钟、16分钟。道岔限速30Km/h,列车头部进入第一组道岔,速度必须控制在22 Km/h~25 Km/h之间。道岔限速45 Km/h,列车头部进入第一组道岔,速度必须控制在35 Km/h~40 Km/h之间。

第二,中间站开车。中间站开车时间标准(信号开放至动车、动车至尾部越过出站信号机、列车头部进入第一组道岔速度)比照湖东站发车标准执行。

第三,区间运行。区间有临时限速的,严格按照"列车慢行限速附加时间表"规定的附加时间运行。列车运行在超过6‰及其以上的下坡道时,每停车一次附加8分钟;HX型机车单机牵引万吨及2万吨列车在4‰及其以上的上坡道停车再动车时,不列入考核。

2. 制定奖惩措施

第一,单元和组合万吨、2万吨和1.5万吨列车出站分别不超过13分钟、16分钟时,每压缩1分钟奖励10元,压缩2分钟奖励30元,压缩3分钟奖励50元,在此基础上再每压缩1分钟另增加奖励50元;压缩时间不足1分钟时按1分钟计算。

第二,单元和组合万吨、2万吨和1.5万吨列车出站分别超过13分钟、16分钟时,每超出1分钟核减10元,超出2分钟核减30元,超出3分钟核减50元,在此基础上再每超出1分钟另增加核减50元;不足1分钟按1分钟计算。

第三,区间无慢行的,应严格按照操纵示意图规定的运行时分行车,杜绝晚点运行,达到运行速度时分别按照不同区段、列车种类予以奖励。

三、重载铁路施工"天窗"综合利用管理的效果

重载铁路施工"天窗"综合利用管理2005年在大秦、北同蒲线初步实施,2006年、2007年两年趋于成成熟,2007年通过铁道部鉴定。2008年至2010年逐年优化并完全成熟,2011年已在全路主要铁路干线广泛推广。其"天窗"内的施工已延伸到供电、电务、车辆、既有线基本改造等专业施工,覆盖了铁路所有的地面固定设备大维修作业,真正形成了"综合利用施工天窗",确保施工任务和运输生产最大化"的管理模式。该模式具有很高可操作性和科学性,是目前繁忙铁路采用的主要施工模式。

(一)开创工务大维修施工的新模式

成果的实施突破了施工单位为责任主体的传统思维,建立了大面积、多工种、多项目施工的安全保证体系。专业施工队伍进入工务段管内后,施工主体单位一律是工务段,强化了工务段的安全责任意识;打破了工务段之间的界限,确立了工务为主线的既有线

"天窗"综合利用的基本模式,由铁路局统筹安排,铁路局工务处统一制定多项目施工方案,在一个施工"天窗"点内,换轨、换枕、清筛、换道岔、大机维修捣固、大机打磨几十个施工队伍同时作业,提高了施工"天窗"利用率。同时,通过减少"天窗"次数、提高工作效率,仅2011年,创造经济效益5.9654亿元。

（二）实现了施工与运输的双赢

突破了区间不能停留列车的规定,根据线路技术条件提供区间停留列车的地段;在封锁区间,实施了工程列车跟踪进入区间,节约了区间的行车时间;同一区间,突破了多个作业工种、多工种工程列车同时作业,实施了区间多处慢行;突破既有线慢行条件,根据实际情况适当调整了慢行条件,以满足大秦线运输需要,确保了施工效率和运输效率最佳,实现了施工与运输的双赢。

（三）提高了铁路固定设备质量

成果的实施充分改善了固定设备质量,延长了设备安全储备期,确保了运输生产安全。完成主要工作量:换轨大修,完成338.552 km;大机清筛,完成181.325km;大修更换Ⅲ型轨枕,完成14.8万根/88.78km;成组更换混凝土新道岔及岔枕,完成103组;道岔换砟,271组;大机捣固线路,完成2744km;大机打磨钢轨,完成1226km;大机捣固道岔,300组。为确保运输畅通、保障运输秩序、实现增运增收奠定的坚实的基础。

（成果创造人:王金虎、王旭荣、郭林泉、杨江春、王　虎、高新平、
吴腾宇、王光建、贺海霞、齐　峰、李元军、李烨峰）

国有老企业基于 5S 的精益管理

大冶有色金属集团控股有限公司

成果主创人：公司董事长、党委书记张麟

大冶有色金属集团控股有限公司（简称大冶有色公司）系湖北省重点骨干企业，中国 500 强企业，位于中国青铜文化发祥地——湖北省黄石市。大冶有色公司始创于 1953 年，是国家"一五"时期建设的 156 重点项目之一。经过近 60 年的发展，现已成为集采矿、选矿、冶炼、化工、压延加工、余热发电、综合回收、科研设计、地勘井巷、建筑安装、机械修造、动力运输等于一体的国有特大型铜业联合企业。大冶有色公司下辖 20 余家控股子公司、全资子公司和多家参股公司，所属企业遍及国内鄂东南、长三角、珠三角、湖南、新疆、香港等广大地区和吉尔吉斯、蒙古等国。

一、国有老企业基于 5S 的精益管理背景

（一）实现企业发展战略的需要

2006 年，大冶有色公司面临市场风险加大和行业竞争加剧的双重压力，企业的生存空间被严重压缩。通过对国际、国内两个市场的分析研判，及对同行业发展的比较，大冶有色公司确定了"国际品牌，一流铜业"的企业战略定位，力争到 2015 年末，使大冶有色公司的资产总额、营业收入、利税总额在 2009 年基础上翻两番，分别达到 500 亿元、1000 亿元、50 亿元以上，在资源状况、生产规模、产业结构、生产工艺和技术装备等方面达到一流铜企业的水准。发展战略确定后，大冶有色公司积极实施"五大战略举措"：选定合作伙伴，全力推进改制上市工作；不断巩固自有资源，努力控制周边资源，积极参与开发海外资源；大力引进先进技术，建成澳斯麦特炉和新 30 万吨电解系统，提升冶炼规模；实施"三个一百"人才规划，解决人才短缺问题。这些管理措施的实施，必须有坚实的管理基础，因此，大冶有色公司决定以精益管理思想为指导，全面提升内部管理，增强企业竞争力。

（二）生产经营管理由粗放型向集约型转变的需要

大冶有色公司作为一家大型的国有老企业，经过近 60 年的发展，虽然在全国有色金属企业中曾一度遥遥领先，但由于传统体制的长期影响，一些老国有企业的弊端十分明显。据不完全统计，生产流程中的设备和人工浪费每年都在 4000 万元以上，显然不能满足企业的发展需要，迫切需要打造现代化的基础管理平台。

（三）提升企业竞争能力，抵御市场经营风险的需要

大冶有色公司作为一家大型老国有企业,在目前激烈竞争的市场经济环境下,面临很多经营风险,比如:铜价走势难以判断,机遇不易把握;自有资源不足,矿山铜产量不稳定;进口加工费持续走低,比价系数长期倒挂;国内矿和其他原料竞争加剧,利润空间越来越小等等。特别是2008年国际金融危机爆发后,上交所铜的期货价格出现了历史上罕见的连续13个跌停板,市场期货铜价格由每吨6万元跌至2.4万元,下跌60%,仅当年4季度大冶有色公司营业收入就减少20亿元,全年利润减少2亿多元。针对这种情况,大冶有色公司决定把提高企业内部管理水平作为提升企业竞争能力、有效抵御市场经营风险的有效手段,全面启动精益管理。

二、国有老企业基于5S的精益管理内涵和主要做法

大冶有色公司针对国有老企业存在的问题,以实施5S管理为切入点,通过推行5S基础现场管理、构建精益管理系统、形成长效机制、建设精益管理文化等措施,由表及里、由浅入深地对原有的管理体系和文化进行改造,构建由理念原则、管理体系、行为文化、工具方法所组成的具有公司特色的精益管理模式,使大型国有老企业的管理实现全面提升。主要做法如下:

(一)加强组织领导,编制工作规划

1.设立组织机构

大冶有色公司成立由董事长亲自挂帅,领导班子成员共同参与,各子公司第一负责人为成员的推进委员会。由集团总部各职能部门与二级机构相关人员的职能小组,分别落实本部门、本单位的精益管理推进工作。确定生产管理部为牵头部门,设立专门的5S精益管理推进办公室,全面负责推进精益管理的组织协调工作。形成纵向到底、横向到边的精益管理推进网络组织,确保全员、全方位、全过程推行精益管理。

2.明确工作目标,编制工作计划

明确提出通过持续有效推行精益管理,逐步提高各项管理水平,实现管理的精细化、精益化。根据大冶有色公司确定的总体目标,为了更加稳妥有效推进精益管理,将精益管理的推行分为三个阶段:第一阶段,推行5S现场管理,导入精益管理思想;第二阶段,推行流程及标准优化,构建精益管理体系;第三阶段,形成长效机制,建设精益管理文化。

(二)推行5S现场管理

针对国有老企业员工固有的思维模式和国有老企业管理基础薄弱的现实,从推行5S现场管理入手,导入精益管理思想与方法。制定下发"整理、整顿、清扫、清洁"各阶段的执行标准、验收标准、督导制度等相关制度文件;通过举办培训班、发放5S简明教材等方式分层级对各级领导干部及员工进行5S知识的普及,促进职工改变认识,提高职工执行能力;分阶段对各单位进行转段验收,并实行绩效考核。在整理整顿清扫取得成绩时,适时扎

冶炼工人正在现场操作

实开展 5S 管理常态化达标考核等工作,巩固深化各阶段工作成果。

结合 5S 现场管理,引导员工在消除浪费、降低生产成本、提高工作效率、增强安全保障等方面,结合实际做改善,并举行集团公司级的成果展示会。每年全公司的改善成果有 1000 余项。同时,开展大规模全员培训,仅 2011 年,针对公司中层管理干部的精益思想培训举行了 10 余次,为持续推行精益管理奠定坚实基础。

(三)优化流程管控

经过 4 年 5S 管理的实施,员工对于精益思想的认识逐渐深入,在此基础上及时深化,着力构建以标准化、书面化的"制度、程序、标准、表单"为核心的精益管理系统,并导入 SOP(标准作业程序)、问题票制度、常态化达标管理、TPM(全员设备维护)、OPL(单点教育训练)等工具,找出管理中的短板,不断完善,实现制度、流程、标准的不断优化。

明确精益管理系统"人要规范化,事要流程化,物要组织化"的"三化"工作目标。"人要规范化"方面,要求各级领导干部严格执行各项制度标准流程,同时教育引导督促下属严格执行,并建立检查评价机制。"事要流程化"方面,围绕制度、流程的梳理修订以及工作标准的建立,大力开展管理提升活动,将 2011 年下半年的每周六定为"管理提升工作日",总部全体管理人员和各二级单位管理层,利用"问题票"工具进一步梳理完善各项制度和流程。"物要组织化"方面,按消耗动因设定各种材料和消耗定额指标;设备备件按设备机台逐一确定各种备件的更换周期,建立每台设备的备件更换标准周期表;将能耗指标分解落实到岗位机台,并以此要求完善计量器具的配备;建立各类物资及成品、半成品储备定额。

在对制度、流程的进行标准化的阶段,重点运用"问题票"工具。通过这一载体,引导和鼓励员工发现问题、分析问题、解决问题。"问题票"从问题的提出,寻找根本原因,制定切实可行解决措施以及对制度、流程的完善优化等几个方面,明确解决问题的 7 个步骤。各级组织建立自主运行的问题管理机制,从制度上保障持续改善的长效性。

例如,丰山铜矿分公司维修人员主要分布在采掘车间、选矿车间、机修车间等生产单位及辅助单位,各工区(段)均配有维修工,存在组织机构设置重叠,维修工职责分工细化,人员结构不合理,队伍整体技术素质参差不齐,无法有效组织维修人员参与完成重大设备的检修、安装及井下配套设施的施工的问题。通过优化工作流程,该公司实行大区域工种改革,将原属于各车间的维修工,集合并入机修车间,以利于共同协调。

(四)自主推进,培育精益管理团队

大冶有色公司各全资子公司、参股公司和控股公司工作性质、管理状况各异,特别是设计勘察、建筑安装、医疗教育等性质的子公司精益管理并无可借鉴的推行方法,为此大冶有色公司要求各子公司结合本单位实际,自主推进精益管理,培育精益管理团队。集团总部通过"三个一"工作法(一个子公司进行一个精益项目培育一个精益团队)对各子公司的精益管理工作进行辅导和监管。通过自主推进,涌现出一大批卓有成效的精益管理项目,培育了一大批精益管理团队。例如,设计研究院分公司通过对项目管理业务流程的完善与优化,建立以项目为对象,以项目生产过程为核算主线的工作流程,在项目核算过程中考察每个单位、个人参与项目生产的贡献,并以此作为部门、员工收入分配的基础,有效理顺各个专业、分院、项目组、设计人员之间的关系,保证整个收入分配的公平、合理,企业综合实力得到迅速提升,由一个冶金行业设计乙级资质单位升级为湖北省首家冶金行业设计甲级资质单位。

(五)培育精益管理文化,完善考核激励

通过5S现场管理,约束员工现场的作业行为,形成标准化的作业习惯;通过流程标准的执行,提高各级管理者的执行力;通过"问题票"制度进行持续改善,形成"责任、忠诚、学习、进取"的核心价值观、"以市场为导向、以效益为中心"的经营理念。

与此同时,加大考核评估力度,将精益管理的考核纳入到《绩效考核细则》里,并确定阶段考核形式和目标。在推行5S现场管理阶段,执行的是由点带面的考核方法,对标杆单位和一般单位分别进行考核。对一般单位进行阶段性验收的考核。进入构建精益管理系统阶段后实施点面结合考核,各单位自行制定考核目标,由集团总部对各单位进行检查考核,激励各分公司积极运用精益管理思想自主推进精益管理。

三、国有老企业基于5S的精益管理效果

提升了企业整体管理水平,现场工作环境焕然一新,全员改善意识逐步树立,精益理念在各项管理中得到运用,取得显著的经济效益。例如,2011年在阴极铜产量较2010年增加2万吨的情况下,全年月均冷铜(阳极板)库存量较上年下降3500吨,减少资金成本1824.5万元。

内部管理的提升,同时保障了企业发展战略的顺利实施,有力支撑了企业的稳定发展。"十一五"末与"十五"相比,大冶有色公司总资产增长182.14%,净资产增长141.18%,工业总产值(不变价)增长298%;销售收入由50亿元增加到325亿元;累计实现工业总产值(不变价)增长442%;销售收入增长651%;利税增长174.16%。大冶有色公司连续多年入选中国企业500强。

(成果创造人:张　麟、翟保金、李苏明、刘旺林、方中良、杨　伟、占彩霞)

项目建设与运营管理

天然气长输管道复杂工程建设与运营管理

中国石油天然气股份有限公司西气东输管道分公司

成果主创人：中石油股份公司副总裁黄维和

西气东输工程（西气东输一线）是我国西部大开发的标志性工程，与青藏铁路、西电东送、南水北调并称为我国新世纪四大基础设施建设项目。该管道工程包括干线、支线、地下储气库及输气站场，是一项集天然气运输、销售于一体的超大型复杂工程。管道自西向东横贯我国13个省区市，穿越戈壁、沙漠、黄土塬、山地、水网等复杂地形地貌，并三穿黄河、一穿淮河和长江。管线全长5700公里，年输气能力170亿立方米，管径1016毫米，输送压力10兆帕。工程于2002年7月全线开工，2004年12月全线投入商业运营，2010年2月顺利通过国家竣工验收。

中国石油天然气股份有限公司西气东输管道分公司（简称西气东输管道公司）是中国石油天然气股份有限公司直属地区公司，负责西气东输管道工程建设、生产运营管理和天然气市场开发与销售等业务。2011年，实现管输商品量300亿立方米，营业收入474亿元。

一、天然气长输管道复杂工程建设与运营管理背景

上世纪末，我国石油天然气勘探开发进入了一个新的发展时期，陕甘宁和塔里木盆地两大地质构造中累计探明天然气地质储量2万多亿立方米。特别是1998年，在塔里木盆地发现克拉2特大型整装气田，探明地质储量2840亿立方米，为西气东输工程奠定了雄厚的资源基础。我国天然气消费市场在东部地区，当时以煤炭为主的能源生产和消费结构，给环境造成巨大压力，开发利用清洁优质能源显得尤为迫切。西气东输工程对长江三角洲地区能源结构调整十分有利，其每年输送170亿立方米天然气，相当于约3200万吨煤炭，可使长江三角洲地区天然气在一次能源消费中的比例由不到0.5%提高到5%。实施西气东输工程，建设一条连接资源和市场的清洁能源通道，实现经济可持续发展，是我国21世纪能源发展的重大战略抉择。

（一）面临超大型复杂工程协同管理的挑战

西气东输工程是当时世界上规模最大的单项管道工程，其参与主体、项目属性以及所处自然环境与社会环境等各方面都存在复杂特征，协同管理难度极大。

一是项目参与方多元化形成主体复杂性。西气东输工程参建队伍众多，设计、采办、施工、制造、运输、技术支持、后勤保障等队伍近400家，运营阶段劳务承包商30余家，设

备供应商近200家,销售与分输用户达194家,这些项目参与方目标呈现多元化,统筹管理难度大;管道向沿线110多个大中城市,3000余家企业供气,惠及3亿人口,对工程质量和管道安全运行提出更高要求,是社会各界关注度最高的工程。二是项目属性和多目标管理带来客体复杂性。需要借鉴现代项目管理经验,建立一整套适合工程建设与运营实际的项目组织管理体系。

西气东输作为我国距离最长、管径最大、输送压力最高、投资最多、输气量最大的天然气管道,整体目标高,且子目标具有异质性,存在多目标冲突问题。质量和进度往往会产生矛盾,需要处理好建设优质工程和兑现工期承诺两难命题;进度是关键控制目标,若保证进度,投资必须跟上,只有确保进度,才能实现投资回报;管道高风险、超复杂特点,对工程质量和安全保障提出极高要求,由此必须保证投入,如何控制投资规模,实现工程安全、优质和高效,面临严峻挑战。同时,质量、进度和投资控制三者自身也存在诸多难题,质量控制过程中,存在忽视自我质量体系完善的问题;进度控制过程中,存在技术条件不成熟,施工资源有限,关键控制点密集,不可控因素多的特点;投资控制过程中,分部分项工程多、合同数量多、变更索赔多,对投资管理提出新课题。

三是工程建设运营与生态环境、公共关系和谐管理体现环境复杂性。西气东输HSE工作目标是建设管道工程与沿线生态环境、社会环境和谐的绿色管道,在全方位推进HSE管理过程中面临如下挑战:健康管理难度大,西气东输工程施工高峰时参建人员多达2.6万人,营地分散,所处环境复杂,面对疫情也各不相同;生态环境极其脆弱,西气东输三分之二的管线穿越西部地区,经过众多自然保护区、环境敏感区以及文物古迹,环境保护标准高;公共关系复杂,西气东输管道横穿13个省区市,沿线涉及20多个民族。用地规模大,临时用地1.9万公顷,永久用地1170公顷,运营期管道保护涉及沿线地方政府、安监、公安等多个部门以及众多居民,对公共关系管理提出更高要求。

(二)面临一系列世界级技术难题的挑战

西气东输管道设计输量大,基于安全、经济及技术考虑,瞄准世界先进水平,决定采用高钢级、高压力、大口径管道,这给制管、设计及施工带来了全新的挑战。当时我国最先进的陕京输气管道,设计输量为33亿立方米,输送压力为6.4兆帕,管线钢等级为X60,与国外大型输气管道相比技术标准较低。国内制管工艺、装备能力和焊接工艺与X70、X80高钢级要求还有很大差距。完全依赖国外管材进口和引进国外装备无法满足工程的需要。

西气东输沿途地形地貌复杂,管道途经"三山一塬、五越一网",不仅穿越沟壑纵横的黄土塬区,而且要翻越吕梁山、太岳山和太行山;还要三穿黄河、一穿淮河和长江,最后穿越江南水网,施工难度世界罕见。特别是郑州黄河、南京三江口长江穿越,地质条件复杂、水下埋深压力高、盾构隧道直径大、连续顶管距离长。盐穴

西气东输管道工程施工现场

储气库地质条件极其复杂,盐层薄、夹层多,在国外盐层厚度一般为500～600米,而我国储气库盐层厚度仅有200多米,造腔空间小,腔体形状难以控制,属世界级难题。

长输管道三大关键设备(20MW级电驱压缩机组、30MW级燃驱压缩机组和高压大口径全焊接球阀)在全世界只有个别发达国家的极少数公司能够生产和提供。西气东输管道在役的压缩机组全部依靠进口,设备及其零配件供货受到限制,给管道长期安全平稳运行带来极大挑战。因此,必须自力更生,自主创新,有效解决工程技术难题,打破国外垄断,实现关键设备国产化,保障管道安全运行。

(三)面临市场不确定及长输管道运行维护复杂的挑战

由于我国天然气市场仍不发育,下游用户对天然气开发利用认识不足,尚未形成成熟的天然气市场营销与定价机制。在市场销售过程中,受资源与市场需求不匹配等因素影响,均衡执行销售计划难度较大。市场用气量快速增长和城市燃气用户迅速发展,进一步放大了用气峰谷差,冬夏两季保供形势非常严峻。市场用户种类繁多,用气需求受政策、天气变化影响而千差万别,用气量具有较大不确定性,平衡产运销储压力较大。

西气东输管道分输点近百个,设备4万多台套,计量、调压、卫星通信等各分系统专业设备种类繁多,给管道日常运行管理带来较大难度;压缩机组技术复杂,集机、电、仪、控于一体,其变频调速电机相当于波音747客机所用航空发动机,可以形象地说"西气东输24小时不间断开行着20多架波音747客机",安全风险极大;沿线煤矿采空区、山体滑坡等地质灾害频发,违章占压、第三方伤害等因素时刻威胁管道安全,给管道保护带来巨大困难。需要建立安全保障体系,创新天然气营销模式,保证管道稳定供气。

二、天然气长输管道复杂工程建设与运营管理内涵和主要做法

西气东输管道公司在中国石油领导下,提出"安全、优质、高效、按期地建设世界一流管道"的目标,树立"开放包容、协同创新、安全和谐"的核心理念。在决策阶段,创建扁平化、开放式组织管理模式,保证项目高效实施。在建设阶段,建立以西气东输为主体的"1+N"协同式技术创新体系,加快世界级技术难题的解决与集成应用,形成技术进步与管理创新的良性互动。利用多目标优化方法,解决项目管理难题,科学推进工程建设进程。在运营阶段,建立以风险管理为核心的安全保障体系,确保管道安全平稳运营。创建以客户为中心的销售模式,切实履行保供责任;建立建设与运营全生命周期HSE管理体系,打造绿色和谐管道,保证工程整体目标全面实现。主要做法包括:

(一)以系统工程理论为指导,实施全生命周期集成管理

1. 明确指导思想

坚持以工程需求为导向,统筹全生命周期目标管理,总结继承我国管道工程建设经验,发挥社会主义集中力量办大事的优越性,充分吸收国内相关行业的技术优势,以信息化带动工业化,探索全方位协同式自主创新之路,实现中国油气管道工业跨越式发展。

2. 确立建设与运营管理核心理念

一是开放包容,建立开放式包容性组织体系,实现扁平化管理,保证项目建设运营高效顺畅;吸收融合国外先进管理理念,对接国际标准,适应工程建设与运营实际,形成中西合璧、为我所用的项目管理体系。

二是协同创新,整合行业内外资源,发挥社会专业优势,实施强强联合、产学研用结

合,共同建设和运营世界一流管道。

三是安全和谐,以风险管理为核心,确保安全平稳供气,满足客户需求,构建良好公共关系,实现管道与社会的和谐;综合考虑工程建设与运营和环境保护,对项目的生态影响和社会影响进行严格控制,建设绿色管道,实现管道与自然的和谐。

3. 实施全生命周期统筹优化顶层设计

结合工程高难度、超复杂特点,围绕工程建设目标,基于系统工程理论,统筹考虑主体、客体、环境三者之间的交互关系,建立事前、事中、事后的全生命周期管理体系。进行顶层设计,运用合同作为管理工具,来约束项目参与方的目标和行为,有效调动各方力量,协同推进决策、建设、运营进程;搭建信息平台,对项目目标和管理进行集成,建立项目建设实施、运营维护集成化管理系统;运用统筹优化管理方法,系统规划项目前期、建设、运营三个阶段目标,并对安全、质量、进度和经济效益等子目标进行优化,进而实现整体目标优化,达到工程全生命周期整体功能最优、整体价值最高、社会效益最大(见图1)。

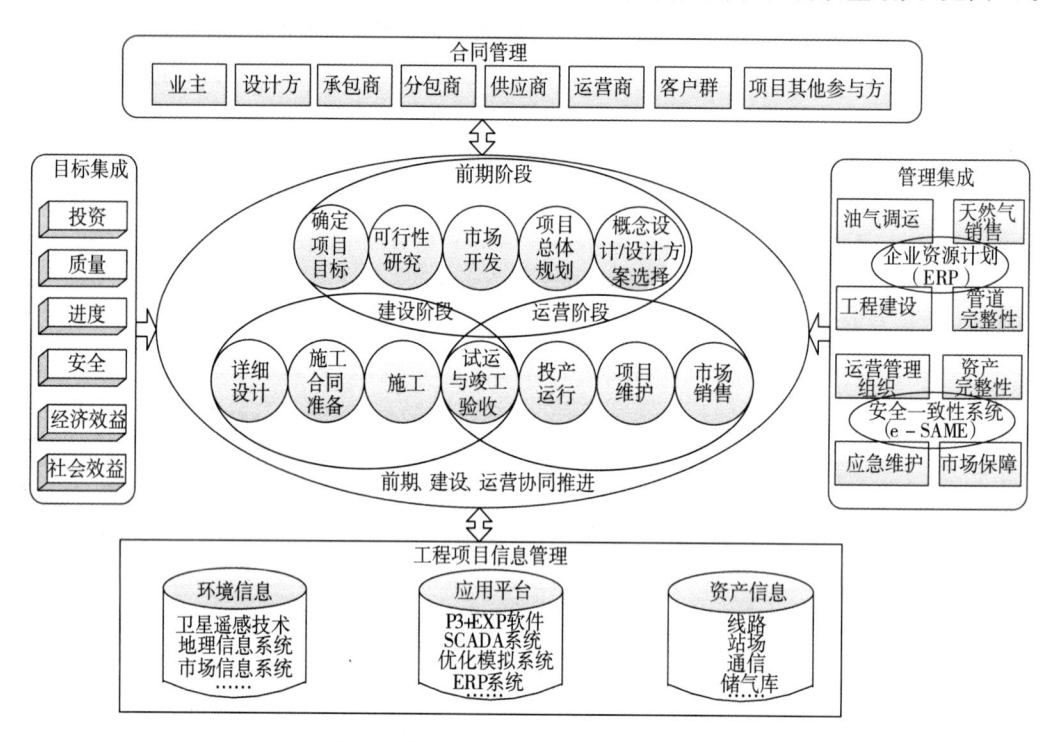

图 1 西气东输建设与运营项目管理体系

(二)搭建信息平台,建立高效开放的组织管理模式

西气东输属于典型超长距离线形工程,设计、施工、生产运行、市场开发并行实施,业主管理团队仅有 200 余人,需要建立一个高效紧凑、吸纳各方资源、相对开放的组织机构,对项目实施有效管理和控制。

1. 创建扁平化、开放式管理体制

实行一级管理体制和扁平化组织机构设置。公司总部作为"人、财、物"统一管理控制中心,设立投资预算、招标、QHSE、科技四个委员会,负责工程建设、生产运营和市场开

发的总体部署,总部各职能部门负责执行与监督;地区管理处作为公司的派出机构,由总部职能部门选调人员组成,实行矩阵式、柔性化管理。矩阵式主要是在日常业务上接受公司总部指导和安排,现场管理则由地区管理处处长组织实施。柔性化主要是组织职能根据工程建设和生产运营实际需要进行动态调整,做到人尽其用。扁平化组织机构减少管理层次,提高信息反馈速度,建设期120多个机组施工信息、运营期140多个站场生产信息,可迅速准确传输到总部,增强组织快速反应能力。

基于市场运作方式,创建开放式管理体系。一是在建设期,确立以业主管理为核心、以监理咨询为支持、以承包商为作业主体"三位一体"建设管理体系。业主实施项目主要决策权;监理实施项目监督与建议权;承包商实施项目执行权。二是在运营期,确立以业主管理为核心、以劳务运营商为主要作业者、以设备供应商售后服务和专业化公司技术服务作支持"四位一体"运营管理体系。业主实行一级统一管理,负责生产运行组织和调度指挥、维抢修管理、生产成本控制等核心业务;劳务承包商负责现场作业管理,由国内最大的管道运营企业——管道公司选供符合条件人员;供货商负责大型技术设备售后专业维修,全线燃气轮机、压缩机组系统由西安航空发动机公司负责维护并提供技术支持;专业化服务公司负责专业性较强的卫星通讯系统、SCADA系统维护及管道封堵等作业。

2. 建立与管理系统相融合的信息系统

采用最先进的信息技术,将生产信息系统和管理系统融为一体。以多尺度、多种类的空间基础地理信息为支撑,综合采用卫星遥感、地理信息系统、大型数据库技术等8项数字化技术,通过对硬件设施、沿线环境、地质条件以及经济、社会、文化等各方面信息在三维地理坐标上有机整合,实现西气东输工程信息化动态管理。

在项目建设过程中,利用互联网技术,建立信息控制体系。从总部到各派出机构、从监理总部到监理区段全部使用计算机联网办公,加快信息传输和处理速度,实现项目信息高效管理。使用先进的管理软件提高信息处理和反馈能力,首次在国内长输管道项目中运用P3(Primavera Project Planner)项目管理软件进行进度控制,使用EXP(Expedition)建设项目合同控制管理软件对合同进行高效管理。

在项目运营阶段,采用SCADA系统进行管道自动化控制,实现集中调度、远程监控。该系统集管理、数据采集和地理信息系统于一体,构建以调度中心为主,同时满足站控、就地三级控制生产运行管理体系;建立以光纤通信为主、卫星通信为辅通信系统,实现SCADA数据传输、调度电话、工业电视监控图像传输等业务数字化、网络化应用;以ERP系统为核心,在地理信息技术基础上建立管道完整性管理信息系统,在仿真模拟技术基础上建立管道生产管理信息系统,实现运行过程控制和信息管理的融合(见图2)。

3. 以合同为纽带,充分调动各方资源

建立标准化合同管理制度,以经济、法律手段约束甲乙双方行为。首先,以标准化合同方式将参与建设与运营管理各方的目标和责任关系分解,形成设计、监理、施工承包商、物资供应商、劳务承包商等对业主负责的局面。其次,在合同中明确参与各方工作目标、责任、各专业分工协作关系、承包商全面完成目标所采用的技术规范、要求。在工程建设中,业主和承包商以合同为纽带,形成紧密协作关系,业主主动协调,为承包商提供优质服务;承包商组织优秀队伍,调集精良设备,采用先进技术,确保工程建设顺利推进;

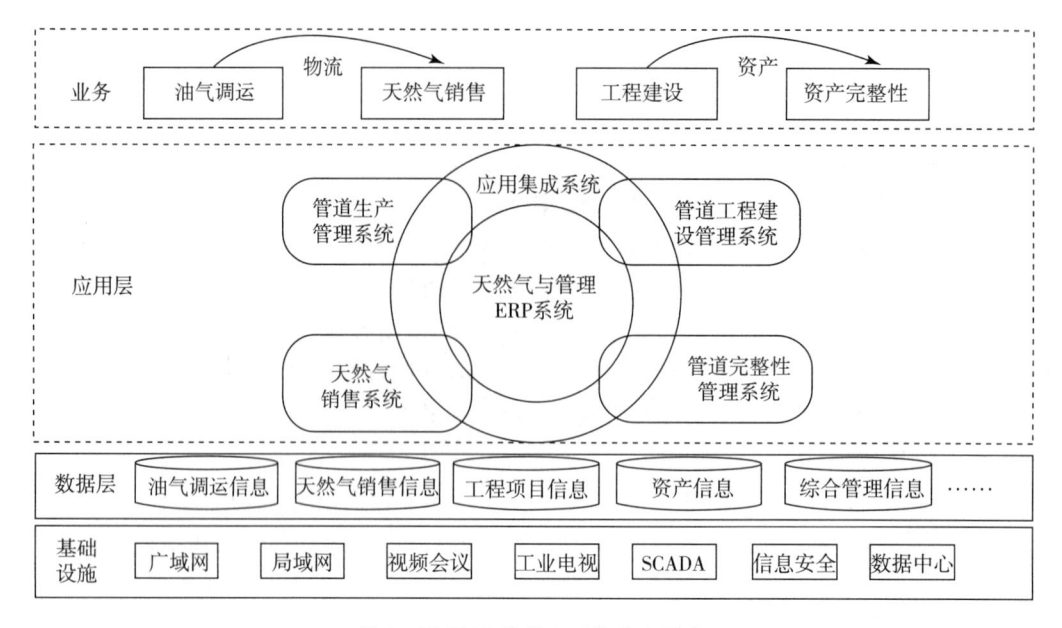

图 2 以 ERP 为核心五大信息平台

物资供应商为项目精心生产合格产品;监理及时向业主提建议,给承包商提要求、定措施,使管道施工质量、进度、投资始终处于受控状态。

在生产运营过程中,通过合同把业主和承包商融为一个有机整体。劳务承包商在思想上树立"服务意识",工作上发挥"主人翁"精神,专业公司提供技术支持,供用气双方建立长期合约下风险共担机制,形成项目相关方分工合作、专业互动、协调作业的格局,共同实现管道安全平稳高效运营目标。

4.建立建设与运营制度体系

工程建设期,优化业务流程,建立和完善管理标准,共制定完善 375 个业务流程和 145 个控制程序,编制发布 QHSE 管理体系文件 168 个,各类标准或规范 116 项,使项目管理基本做到制度化、规范化、标准化。生产运营期,深化内控体系建设,梳理业务流程 448 个,关键控制点 493 个,涉及财务管理、天然气管道核心业务等相关内容,逐步建立"职责明确、界面清晰、权责匹配、科学规范、简洁高效、富有活力"的管控体系。

(三)采用"1+N"协同式创新模式,解决世界级技术难题并集成应用

西气东输管道公司面对诸多世界级技术难题,充分发挥社会专业优势,创立"1+N"协同式创新模式(见图3)。以西气东输为主体,组织国内外相关行业优势资源,产学研用相结合,形成技术创新体系;以核心技术突破为重点,集成配套相关技术,形成关键装备国产化、先进技术常规化应用体系;以项目管理为中心,采取开放包容的柔性组织模式,利用合同管理手段,形成一体化组织保障体系。

运用"1+N"协同式创新模式,加快科技成果先导试验、技术集成和推广应用。

1.开展产学研联合攻关,强化原始创新

面对工程建设技术的高标准以及项目建设的复杂性,依赖国外技术无法满足工程需求,必须自力更生解决工程难题。为此,组织国家重点科研单位、大学、设计单位、施工单

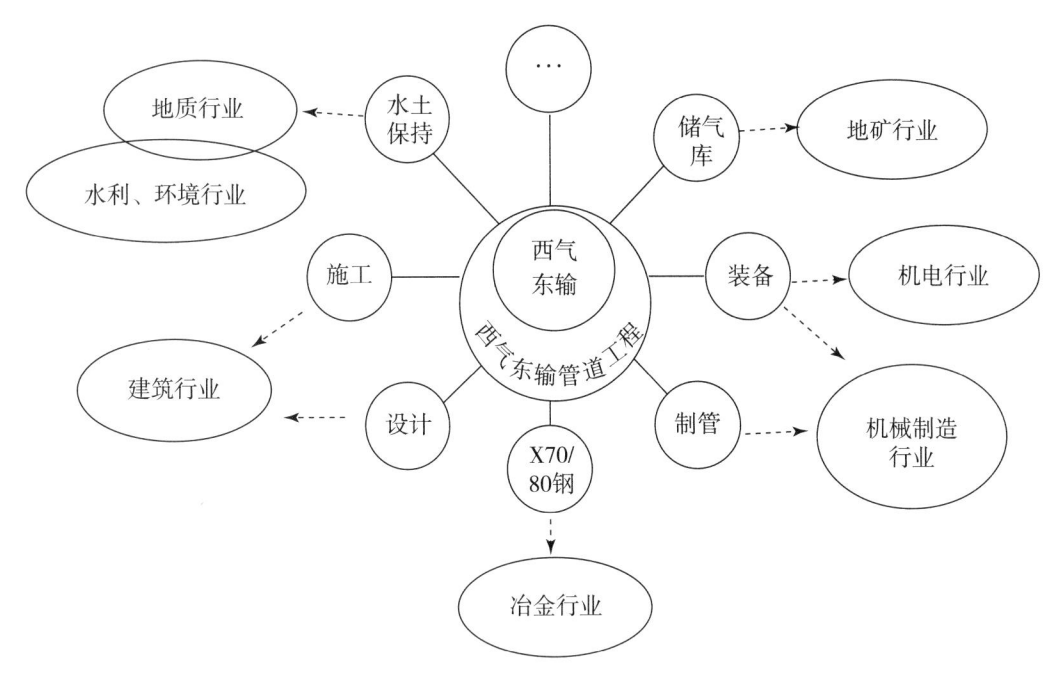

图 3 "西气东输＋N 个相关行业"技术创新体系

位、装备制造企业等单位,开展产学研联合攻关,深入开展基础研究,实现原始创新,提升行业技术水平。

面对 X70、X80 级管线钢研制技术难题,联合国内 4 家冶金企业以及有关科研院所,从高钢级管道钢技术条件、技术指标确定入手,通过大量研究与反复试验,充分考虑我国气候影响因素、地质灾害频发等实际情况,确定高钢级管线钢成分设计、组织特性、冶炼和控轧工艺,形成适合我国国情的 X70、X80 管线钢技术条件,将断裂韧性指标提高 2 倍。

面对 X70、X80 钢管制管难题,组织 10 余家制管企业联合攻关。鉴于当时国内制管能力不能完全满足直缝管生产需求,组织开展直缝管与螺旋缝管联合使用专题研究,总结我国以往天然气管道广泛使用螺旋缝管成功经验,应用可靠性理论分析方法,确定螺旋缝管与直缝管大规模联合使用的用管方案。研究形成新型成型工艺和焊接工艺,确定制管技术标准,支持管厂进行全方位的技术改造,形成大口径螺旋焊管和 JCOE 直缝焊管生产能力,满足工程建设对钢管需求。

面对超薄多夹层盐穴储气库建设难题,与中科院地质研究所等科研单位联合,开展包括地质、岩石力学、热力学、水动力学、气藏工程、采气工程、钻井工程等相关方面研究,经过原始创新,形成适合我国多夹层超薄盐岩特点的建库技术和溶腔改造技术,达到国际先进水平。

2. 实施强强联合,强化集成创新

西气东输工程涵盖工艺系统分析、管道线路、输气站场、储气库等内容,范围广、专业多、技术要求高。为此,组织国内最具优势的队伍与力量,通过集成创新,提升国内管道建设水平。

面对设计选线优化难题,组织中国石油内部管道设计院等8家实力最强的设计院组成联合体,同时联合国内铁路、公路等具有线性工程优势的设计单位,共同开展工程勘察设计先进技术研究和应用。首次采用卫星遥感技术支持管道选线优化设计;采用多时相遥感资料对大型河流和地质灾害地段开展精细解释,支持线路穿越;利用各种遥感信息、高程模型、数字摄影等构建三维地理信息系统,不仅实现线路工程计算机辅助设计,压缩整个工程设计时间1年以上,同时为管道运行维护搭建地理信息平台。

面对软硬交错复杂地质条件下大型河流穿越难题,联合中鼎、中铁等公司,组织科研和工程技术人员研究、开发和应用当今世界先进的装备技术、非开挖施工工法,取得大江大河穿跨越新技术、新工法的成功。郑州黄河穿越段总长7645米,创新形成多次定向钻接力穿越加分段顶管的组合穿越方案,实现一次顶管穿越长度1259米,创造单次顶管距离最长的世界纪录。南京三江口长江穿越,采用泥水加压平衡盾构穿越,创造水下62.5米穿越长江新纪录。

面对天然气长输管道关键设备国产化技术难题,联合10家国内装备制造业骨干厂家,制定天然气长输管道三大关键设备国产化实施方案,组织各方深度参与产品开发设计和制造。2011年12月,天然气长输管道三大关键设备全部通过工厂联机综合试验和国家级新产品鉴定。与进口产品相比,平均采购单价下降10%以上,供货周期缩短3个月以上,技术服务响应时间大大缩短。

3.创造推广应用条件,强化成果转化

为满足工程需要,在开展工程专题研究的同时,制定应用推广实施计划,将新技术研发与工程建设实际紧密结合。所有研发团队的组成,既有科技研发单位,又有成果使用单位。在新技术、新产品研发成功后,立即投入放大实验,实现工业化应用。

面对国内大口径厚壁X70钢管焊接工艺和施工技术还无法满足大规模施工需要的难题,创新研发X70管线钢焊接工艺及配套施工技术,形成操作规程;总结几十年来施工经验,结合管道沿线地形地质条件,研究形成管道经过特殊地区施工工法,组织焊接工艺及施工工法培训,使相关施工人员快速掌握技术要领,有效提高施工质量和效率。

经过基础研究、技术原型开发、现场试验,在成功研制PAW2000管道全位置自动焊机基础上,配套完成弯管机、对口机、坡口机等自动焊机械化施工成套装备。将自动焊机迅速装备到各现场施工队伍中,组织大规模集中培训,实现全自动焊机械化施工规模化应用,填补我国管道自动焊接机械化施工技术空白。

(四)统筹优化建设目标,科学推进项目实施进程

1.统筹质量和安全、投资、进度关系,创建质量监督与控制体系

坚持"今天的质量隐患就是明天的安全事故"理念,建立严格的质量管理制度,确保工程质量,为管道持续安全平稳运行奠定基础;针对地质灾害和人口稠密区,加大投资,增加管线壁厚,增大工程安全系数,确保管道长治久安;通过采用新工艺、新技术、新工法,加快新装备规模化应用,解决质量和进度矛盾。

一是创立以"中外合作监理制"为核心的质量管理体系。以"中外合作、外方为主、中方参与"为原则,首次在管道工程中采用以外方为总监的中外合作监理制,选定美国寰球工程技术服务公司和9家国内监理公司共同组建监理总部和监理分部,代表业主对工程

质量和安全进行全面监督和控制。建立"飞检"监督制度,聘请社会第三方(如焊接协会)专家组成"飞检队",对施工、监理、检测等126家单位进行质量"飞检",共审核要素3048项,开具不符合通知285项。

二是建立全过程质量控制体系。引入设计监理,重点监督新技术应用、新标准采用和重大方案确认。派驻驻厂监造,重点加强关键设备和所有钢管制造过程质量控制。强化施工过程监管,开工前严格市场准入审查,对承包商QHSE管理进行审计,未通过审计的严禁开工;开工后实施百道口考核,重点对管道碰死口等关键点进行旁站监理。坚持"施工现场只有监理一个声音",维护监理监督权威。

2. 统筹建设资源,采用先进管控手段确保进度

通过系统分析,识别不可控性建设资源制约工程进度和可控性建设资源制约工程进度作业活动,科学处理进度和投资关系。对不可控性建设资源制约工程进度的关键作业活动,增加投资,实施专项风险应急预案。对可控性建设资源制约工程进度关键作业活动,实施全面规划和动态管理。采用国际工程通用P3项目管理软件,按项目工程范围统筹划分工作分解结构(WBS),识别各节点下工作包,建立总体项目、分段工程、承包商、作业点四级计划管控体系,梳理计划关键路径,优化资源配置,保证建设进度。

3. 统筹投资管理,实现整体投资最优

坚持"今天的投资就是明天的成本"理念,从设计开始就对投资进行优化。通过强化风险分析,确定高维护成本区段,对其进行一次性投资,确保后期运行减少维护,从全生命周期角度上减小成本,提高投资回报。在统筹优化建设期和运营期投资控制同时,强化投资过程控制。

一是建立"塔形"投资控制模式。项目投资管理以项目总概算为控制总目标,以单项工程为分解单元,以合同清单报价为基本形式,形成"塔形"投资控制模式。遵循"安全效益"原则,合理确定概算;制定投资控制指标,层层分解,实施分部分项管理;严格执行"一报二查四核一批"进度款支付流程,即根据合同规定施工单位按月上报工程进度款,实行监理分部、地区管理处初步核查,总部相关部门审核,总经理最后审批的程序,使投资全过程受控。

二是创新投资控制手段和方法。采用工程量清单报价招标,形成管道工程施工、监理、管道伴行路、定向钻穿越、盾构、压缩机站等合同模板,为提高结算效率奠定基础。应用EXP系统对上千份合同集中管理和共享,提升合同台账、进度款支付、变更和索赔管理水平,实现投资控制动态管理。

4. 统筹设计、施工两阶段安全管理,为工程安全奠定基础

在设计阶段,利用高后果区识别方法(HCA),对线路工程制定防范措施;利用危害与可操作性分析(HAZOP)手段,对典型站场、阀室、储气库工艺系统进行分析,识别潜在安全风险,制定操作流程。通过基于风险管理设计方法,有效规避管道沿途地貌地质条件复杂等不利因素对工程建设影响。

在施工阶段,建立每日安全作业风险分析机制,严格落实每一个施工作业环节的操作标准和防护手段。根据安全、地质灾害、地震专项评估内容,制定相应的安全风险保护措施;通过对环境因素等风险源识别控制和动态管理,提高施工现场安全管理水平。

（五）加强管道运维管理，实现安全平稳高效运行

西气东输管道公司坚持"以风险管理为核心，重在预防，强化应急"安全理念，建立生产运行安全保障体系。该体系包括四个子体系：一是基于风险的资产完整性管理子体系，实现管道本质安全；二是以平稳供气为目标的应急保障子体系，确保管道"运行一刻不能停，供气一刻不能断"；三是以可靠性为中心的设备管理子体系，确保设备运行工况最佳；四是以行为受控为主要内容的站队标准化子体系，做到人人有专责、事事有人管、过程受控制、工作高标准。

1.加强管道保护和管理，提高线路本质安全水平

以开展管道完整性管理为主要方法，以地质灾害防治、管道本体腐蚀控制、第三方损坏管理为工作重点，全力抓好管道保护工作。

一是开展环境及地质灾害风险评估和治理。编制《输气管道环境及地质灾害风险辨识与评估技术指南》《采空区管道风险评价和防治标准》，填补国内输气管道采空区风险评估标准的空白。建立地质灾害监控预警系统，对管道沿线滑坡、采空区潜在的地质灾害点实时监测。实施治小治早维护治理模式，有效削减管道风险。

二是加强管道完整性管理。依据管道内外检测数据以及长期跟踪研究成果，分析管道本体缺陷成因及缺陷类型，找出管道内外腐蚀规律，预测管道本体缺陷发展趋势，形成管道本体缺陷风险因素辨识与评估技术指南。

三是强化第三方损坏风险管理。制定《输气管道第三方破坏风险评估半定量法》，从社会环境与公共关系、管道敷设状况、破坏与防控、管理与误操作、天然气泄漏影响等五个方面构建半定量评估指标体系。强化第三方施工管理，实施24小时点对点监护，全线2000多个第三方交叉施工点都处于可控状态；树立第三方风险快速服务管理理念，在保障管道安全的条件下，配合第三方快速通过；保持管道地面标识通视无盲区，突出警示作用；建立激励机制，推行"星级"巡线员制度，调动巡线员搜集信息、保护管道的积极性。

2.强化应急管理，提高维抢修能力

根据管道高后果区分布、地质灾害分布及高烈度地震区分布情况，确定西气东输管网的维抢修力量布局，组建5个维抢修中心，24个维抢修队。充分利用工程抢险、公安、消防、医疗等社会资源，为应急抢险提供专业、快捷的服务。编制11个专项应急预案、16个派出机构综合应急预案、约1500余个现场处置预案，涵盖自然灾害、事故灾难、公共卫生、社会安全四大类突发事件应急响应。组织实施山区、黄土塬、水网等特殊地形地貌条件下事故抢修演练，开展山地运管索道、专用山地抢险车、水网地区降排水等抢修技术研究，第一次在油气管道上采用直升机进行巡检和应急抢修作业。模拟沿线典型事故类型，总结出17种典型抢修方法。组织开展模拟应急演练、桌面推演及专项演练，开展维抢修比武练兵，提高队伍抢险实战能力。

3.加强设备维护维修管理，提高设备运行可靠性

加强生产运行设备计划性保养及日常维检修，对压缩机运行4000小时、8000小时实施强制保养，组织开展电气、仪表、通信、SCADA等专业系统设备的春秋检作业，确保设备运行可靠。完善设备故障库，收集故障案例450余个，建立故障库网上发布制度，为现场快速、准确处理故障提供借鉴支持，站场重要运行设备故障排除时间保持在6小时以

内。调整优化备品备件、单体整机储备定额和储存地点,保证所需设备和物资及时调用到位,提高生产运行保驾水平。加强技术交流和沟通,提高压气站技术人员诊断和排除压缩机组故障的能力,逐步摆脱对国外技术依赖。

4. 加强站场标准化建设,提高现场管理水平

一是抓标准。制定《站队标准化建设和管理手册》,从岗位人员管理、操作维护管理、基础资料管理、外部关系协调、HSE管理等内涵建设,到站场、阀室视觉形象等都进行全面细致规范,确保每个岗位员工生产作业过程受控。

二是抓执行。严格执行技术标准、工作程序和操作规程,强化站队执行力。加强对岗位员工执行标准化操作的培训、锻炼及考核,使岗位员工做到精心操作和认真巡检,准确识别站场运行风险和设备运行故障前兆,及时发现和处理设备运行一般故障,报告处理复杂故障。

三是抓示范。深入开展学习型、安全型、清洁型、节约型、和谐型的"五型"站队创建活动,树样板、立标杆,将示范内容总结提升为站队建设规范标准,带动站队整体管理水平提升。

(六)积极培育天然气市场,探索新的销售模式

面对用气峰谷差给管道平稳运行带来的巨大压力,以及市场管理体制不完善等问题,西气东输管道公司积极培育天然气市场,创新天然气销售商业模式,发挥储气库调峰作用,保证管道平稳供气。

1. 积极培育天然气市场

与工程建设同步启动市场开发工作,组织开展下游30多个城市、近百个用气项目市场调查,完成西气东输天然气市场调查报告。对用户进行优选和购销渠道整合,确认用气量和技术条件,提前编制安全供用气技术方案,有效落实合同谈判及签署等各项前期工作。在天然气市场发育过程中,按照"保民生、保公用、保重点"原则,加强需求侧管理,稳妥发展城市燃气用户,积极发展可中断工业、发电用户;加强天然气价格机制研究,对大用户、可中断用户给予价格优惠,促进市场健康发展;开展顾客满意度调查,建立一套完整的客户信息管理和评价系统,实现对市场区域、销售企业、用户结构等方面的统计、筛选和查寻。

2. 创新天然气销售模式

为了将上游天然气生产商、管道运营商和下游用户牢固、稳定、紧密地联系起来,针对国内缺乏保护天然气买卖双方利益标准购销合同和保证合同履行有效措施的现状,决定采用国际成熟的天然气购销"照付不议"合同模式。所谓"照付不议",对于供气方来说,是承担"照供不议"义务;对于购气方来说,是承担"照付不议"义务,双方在责、权、利上是相互对等的。按照"互惠互利,共同发展"指导原则,充分考虑中国天然气发展和下游用户用气不成熟的实际情况,结合西气东输工程特点,确定西气东输照付不议合同框架、技术方案和技术参数,制定年合同量可整调的规定。针对国外照付不议量一般在90%以上,且前3年在年合同调整上不具灵活性等问题,将西气东输前3年购销协议照付不议比例调低为80%,且前3年年合同量可根据市场发展情况,按照15%、10%、5%的比例做上下调整,减轻买方市场发展过程风险,也使卖方可以灵活合理地安排购销计划,

具有很强的操作性。

3.建立日常销售动态管理机制

在合同执行过程中,以市场需求为导向,根据下游用户用气量的临时变化情况,建立"月计划、周平衡、日指定"销售动态管控机制,即滚动编制月度总体需求计划,预测一周内每天的用气需求,安排次日实际用气量。充分发挥生产运行集中调控功能,积极调配资源,优化管网运行,强化信息沟通,制定冬、夏两季高峰运销预案,应对突发事件。

4.建立调峰供气衡平机制

由于季节用气不均衡,需要建立调峰供气衡平机制,来应对下游用气峰谷差,储气库在这方面能发挥重要作用。基于西气东输主要目标市场分布情况及地质条件状况,确定建设江苏金坛盐穴储气库和江苏刘庄枯竭油气藏储气库。金坛储气库作为我国第一座盐穴储气库,自投入运行以来,累计注气5.6亿立方米,采气3.4亿立方米,在迎峰度冬、迎峰度夏过程中充分发挥应急调峰作用。

(七)全面推广HSE管理体系,确保绿色管道建设与运营

1.建立"健康管理"与"健康监察"工作体系

一是编制"西气东输管道工程健康管理方案"。组织专业机构对管道沿线进行健康考察,编写健康考察报告。对健康危害因素进行全面识别与评价,提出涉及传染病等36个健康影响因素,制作健康风险点源分布图,形成一套包括健康风险识别、评价、健康风险消减措施、应急计划、培训和演练等在内的综合性管理措施。

二是引入全程健康监察管理。建立健康管理社会依托保障系统,搭建完善的健康管理网络和信息通道,掌握传染病、职业病、食源性疾患分布情况,对职业危害场所实施动态监测,制定医疗应急计划。整个建设期内未发生群体性传染病爆发和流行事故。

三是坚持健康监护管理。针对生产作业场所开展职业危害风险识别,全面细致地编制职业健康体检计划,确保每年员工上岗前、在岗期间、离岗体检率达到100%。通过对体检结果分析,为每位受检人员建立健康档案,有计划分层次组织医学专家开展健康体检讲座,实现员工全程健康监护。

2.建立绿色工程环境保护管理体系

一是开展专项评估,制定环境保护措施。通过开展环境影响、水土保持评价等专项评估,分析环境风险,并对生态安全保障、自然保护区保护等课题进行专门研究,提出环境恢复及生态保护措施。在新疆段管道建设过程中,为了避让野骆驼自然保护区,增加2亿元投资,将原本取直的管线向北平移200公里,有效保护野生动物的栖息环境。

二是建立环境保护管理组织。为妥善保护工程沿线生态环境,构建业主、监理和承包商三级环境保护管理组织。业主负责制定总体环境管理目标及考核体系,进行日常监督和指导;监理单位负责工程现场环境监理工作;承包商围绕绿色管道目标开展环境保护与管理工作,制订和落实环境风险消减措施和应急预案。建立环境保护专家支持体系,委托中国科学院生态环境研究中心等6家环境科研院所,对工程建设面临的环境保护难题开展课题研究和技术攻关。同时,对工程建设运营过程中固液废弃物处理、噪声控制、地貌恢复、水土保持等问题进行不定期、无通知的监督检查和技术咨询指导。

三是实施"为戈壁多留点绿地,给动植物一片蓝天"的绿色计划。保护作业带、伴行

公路和站场建设区的植被,恢复作业区地貌,对水土流失、环境污染进行动态监测和有效治理,创建系统环境保护生态恢复技术标准。开展环境专项审计,对影响环境的作业实施有效控制和管理。

3.实施和谐工程公共关系管理

为赢得社会对工程理解、信任与合作,多措并举,创新公共关系管理,维护利益相关方的权益,提升项目知名度和美誉度,营造和谐发展环境。

一是创立征地新模式。将传统"行政命令征用地—归还"的模式转变为"依法用地—规范管理"的模式,主动向沿线各级政府通报管道路由和施工图,对用地、拆迁、地面附着物进行合理补偿。成立土地利用评价课题组,进行建设土地利用专项评价,全面查验、衡量工程建设用地实际利用情况,开创我国超大型工程建设用地综合评价的先河。

二是构建和谐企地关系。建立以站场为核心,巡线员为依托,沿线民众广泛参与的管道保护体系,动员全社会力量确保管道安全;建立企地共建长效机制,与地方安监、公安等部门建立日常沟通渠道,合力营造建设平安管道氛围。河南、安徽等省公安厅将西气东输管道保护责任纳入到省内各级公安机关绩效考核,定期联合开展安全隐患治理,确保一方平安。

三是创建文化遗产保护模式。联合国家文物局在开工前对全线文物进行专项普查,确定重点保护区域,制定文物保护措施,打破以往在施工期间发现文物才进行补救保护惯例。严格实施"避让"或"停工"保护方案,12处古长城遗址、4处著名古代遗址和14处偶然发现文物,全部得到良好保护。

四是切实维护少数民族权益。以"民族平等、民族团结,各民族共同繁荣"为指导思想,充分尊重、切实维护沿线少数民族聚集区民风民俗、宗教信仰、人文古迹和现实利益。

五是确保社会公众对项目知情权。定期召开新闻发布会,公开发布工程动态信息;组织中央主流媒体记者深入现场跟踪报道,宣传工程重大意义、工程建设突破性进展;坚持开展"沿线地方媒体走近西气东输"主题采访活动,宣传西气东输工程产生巨大社会效益,讴歌一线员工挑战荒漠戈壁,扎根偏僻站场默默奉献精神,增进公众对西气东输的理解与认同。

三、天然气长输管道复杂工程建设与运营管理效果

(一)建设了世界一流管道工程,高效完成了西气东输工程建设目标

打造了优质工程。166个单位工程质量优良率达95.2%,超出优质工程规定优良率10.2个百分点。2008年,西气东输工程获全国优秀工程勘察设计金奖。

兑现了工期承诺。从工程全线开工到商业运营,仅用两年半时间,创造世界管道建设史上的奇迹。

创造了安全控制新纪录。工程建设百万工时事故死亡率为0.027(包括相关方),创出了世界同类管道建设先进水平。

实现了建设绿色管道目标。环境污染和生态破坏事故为零,未发生任何重大社会投诉事件。工程扰动土地治理率达到92%,水土流失治理度达到91.4%,拦渣率达88.6%,水土流失控制比为1.3,植被恢复系数为88.9%,真正建成了跨越中国东西部绿色"走廊"。

铸就了高科技工程。形成技术秘密60项、发明专利14项、实用新型专利34项和计算机软件著作权6项。2010年,"西气东输工程技术及应用"项目获得国家科技进步一等奖。

全线商业运营之际,胡锦涛致信称赞西气东输工程为"一流工程"。西气东输管道公司获得全国"五一"劳动奖状荣誉称号。2005年,西气东输管道公司荣获"全国民族团结进步模范集体"称号。2009年,西气东输被评为新中国成立60周年百项经典暨精品工程,荣列新中国成立60周年大事记。

(二)实现了管道安全平稳高效运行,取得了显著的经济和社会效益

带动了西部地区经济快速发展。西气东输管道投资67%集中在中西部地区,直接拉动了当地钢铁、水泥、建材等行业发展。国务院新闻办公室2009年发表的《中国的民族政策与各民族共同繁荣发展》白皮书指出,西气东输项目每年为新疆增加了10多亿元财政收入。

加快了国家能源结构调整,促进节能减排目标实现。截至2012年6月底,累计输送天然气1380亿立方米,占近5年我国新增天然气消费量50%以上,使天然气在我国一次能源消费结构中的比例提高了一个百分点。可折合替代标煤1.56亿吨,减少732万吨有害物质、5.28亿吨二氧化碳酸性气体的排放,促进了沿线城市大气质量改善,上海环境空气质量优良率由2004年84%提高到2011年92%。

拉动了相关产业发展。通过实施原始创新,直接带动国内钢铁、加工制造、建筑等行业技术升级。X70、X80钢生产、制管、焊接填补了国内空白,国产钢管占比达一半以上,其中螺旋管用卷板国产量55.4万吨,国产化比例达79%。

西气东输管道投产以来,未发生一般B级及以上生产安全事故、重大质量事故,管道始终保持零占压、零伤害、零泄漏。截至2012年6月底,已安全运行3200天。经国家有关部门审计,项目投资额度控制在国家批准的估算和概算范围内。自全线投产以来,实现年均营业收入203亿元,年均利润41亿元。

(三)造就了优秀项目团队,发挥了示范作用

西气东输建设和运营管理,培养锻炼了一支掌握现代科技知识、具备国际视野、能够胜任复杂工程项目运作的管理和技术人才队伍;提升了国内管道装备、材料、施工的国际竞争力,形成了"走出去"比较优势,为保障国家能源安全奠定了重要基础。

西气东输工程加深了我国工程界建设超大型复杂工程规律性认知,提出并运用了项目全生命周期管理新思想、新方法、新工具,形成了一整套项目管理体系成果文件,对西气东输二线、三线、陕京二线、中亚、中缅管道等后续大型管道建设发挥了示范效应,为我国复杂工程管理提供了成功经验和案例。

(成果创造人:黄维和、黄泽俊、吴　宏、杨庆朝、李世泉、
么惠全、高顺华、房维龙、吕　铁、茆长华、史玉海)

超深水半潜式钻井平台设计与建造管理

上海外高桥造船有限公司

成果主创人：公司总经理王琦

上海外高桥造船有限公司（简称外高桥造船）是中国船舶工业股份有限公司的全资子公司，于1999年5月成立，同年10月正式开工兴建。外高桥造船是中国目前现代化程度最高的大型船舶总装厂之一，规划占地总面积超过500万平方米，岸线总长度超过4公里，控股经营上海江南长兴造船有限责任公司，全资拥有上海外高桥造船海洋工程有限公司，年生产能力700万载重吨以上。

外高桥造船依靠先进的硬件设施、优异的生产流程和合理的工艺布局，采用领先的造船设计和管理软件，运用现代造船模式组织企业生产，已形成好望角型散货船、阿芙拉型原油轮、超大型油轮（VLCC）、大吨位海上浮式储油生产装置（FPSO）、深水半潜式钻井平台、自升式钻井平台等生产线。从2005年起连续七年造船完工总量位居中国各船厂之首，2007年手持订单和造船总量列世界第四，是中国唯一一家年造船总量和手持订单双双进入世界十强的船厂，被国际权威机构列为世界最有发展潜力的10大船厂之一。

外高桥造船公司已先后通过ISO9001质量管理体系、ISO14001环境管理体系、OHSAS18001职业健康安全管理体系的审核认证，被认定为"国家级企业技术中心""上海市企业技术中心"和"上海市高新技术企业"。

一、超深水半潜式钻井平台设计与建造管理背景

（一）海洋油气资源开采由浅海走向深海的战略要求

我国陆地和海洋浅水区域经历了40～50年的勘探，发现新的大型油气资源接替领域已相当困难。而南海油气资源储量丰富，占我国油气总资源的1/3，其中有70%蕴藏在153.7平方公里的深水海域，可以成为我国油气资源的重要接替领域。在"十一五"期间，我国开始谋划实施南海深水海洋石油开发战略，由于缺乏高端石油装备利器和地缘政治等因素，要实现"深水大庆"的宏伟目标面临严峻的挑战。为进军南海深水海域，2007年中国海洋石油斥巨资打造深水开采舰队，设计建造最新一代的深水半潜式钻井平台"海洋石油981"。"海洋石油981"总投资额约为60亿元人民币，由上海外高桥造船有限公司总承包设计、采购、建造和完工调试的任务。平台设计建造的关键技术攻关被列入"十一五"期间国家科技部"863"项目和国家发改委重大科技重大专项，以及上海市高新技术产业化重点项目。

（二）进军高端海洋工程装备制造业是企业发展的必由之路

工信部 2012 年 5 月发布了《高端装备制造业"十二五"发展规划》，规划中明确指出海洋工程装备是"十二五"期间发展的重点和方向。未来海洋工程装备将迎来黄金发展阶段，市场规模将近 3000 亿美元，伴随着海洋石油工业挺进深水，海洋工程产业面临发展机遇的同时也面临很大的挑战。2009 年国务院出台了《船舶工业调整和振兴规划》，各级政府部门要支持造船企业研究开发新型自升式钻井平台、深水半潜式钻井平台和生产平台、浮式生产储卸装置、海洋工程作业船及大型模块、综合性一体化组块等海洋工程装备，鼓励研究开发海洋工程动力及传动系统、单点系泊系统、动力定位系统、深潜水装备、甲板机械、油污水处理及海水淡化等海洋工程关键系统和配套设备。

（三）企业创新驱动转型发展的内在动力需求

全球主要的海洋工程总承包商（EPC 总承包商）大多集中在新加坡、韩国、美国及欧洲部分国家，我国在海洋工程装备发展方面起步较晚，目前还没有具备总承包能力的企业，如何实现从"中国制造"向"中国创造"转变，"海洋石油 981"项目将为国内海洋工程装备制造企业提供了市场起步和创新驱动转型发展的重要机会，是做大做强海洋工程装备制造产业，提升企业竞争力的有力保障。

二、超深水半潜式钻井平台设计与建造管理内涵和主要做法

"海洋石油 981"是当前国际上最先进的超深水钻井平台，拥有自主知识产权，具有多项自主创新设计。其作业水深 3000 米，钻井深度 12000 米，配置了世界上最先进的钻井系统、动力定位和过程控制系统，容纳 160 人在平台上作业，拥有世界上最大的可变载荷 9000 吨，支持 45 天的续航力。外高桥造船秉持"节能环保"的设计理念，运用 PMI-PMBOK（美国项目管理协会）思维，以务实、学习和创新为行动指南，以企业级项目管理为组织架构，以安全、质量控制为抓手，以总装建造技术和系统集成技术为关键路径，加强资源整合和界面协调的过程控制，克服了技术难点，突破了管理瓶颈，确保项目运行过程的平稳有序。主要做法如下：

（一）加强组织领导，明确职责

1. 构建企业级项目管理框架，与造船流程相融合

"海洋石油 981"是我国第一次自主设计建造的深水半潜式钻井平台，业主方、设计方和建造方都没有成熟的经验可以借鉴。外高桥造船的管理层意识到如果没有强势有效的管理体系作保障，该项目总体控制难度将非常大。外高桥造船成立"海洋工程部"，作为企业级项目管理的专职部门归口负责"海洋石油 981"项目生命周期内 5 大管理过程组（启动过程、规划过程、执行过程、监控过程、收尾过程）的管理，全权负责项目范围、时间、成本、质量、人力资源、沟通、风险、采购的管理，全权负责组织和协调公司各部门按计划开展建

龙门吊

造和调试活动。

2. 构建强矩阵型项目组,实现与业主无缝对接

外高桥造船成立"海洋石油 981"项目组,并指定公司副总经理担任项目经理,给予充分的授权。项目组分设若干个职能经理,职能经理来自公司各职能部门,采用强矩阵的管理和业绩考核模式,职能经理对项目组业务以及部门分管业务负责。日常运行中该项目组负责与中海油项目组的各职能部门的沟通对接,确保了与业主的沟通高效顺畅。

3. "三合一"体系控制,降低风险

海洋工程部创新 ISO9001、ISO14001 和 OHSAS 18001 三合一体系管理的思路和方法。在遵守外高桥造船的三合一体系管理的前提下,针对"海洋石油 981"项目成立专门的三合一体系管理机构,对该项目实施更为严格的体系控制。在合格供方管理、内外部体系运行情况审核、技术和价格审查、分包管理控制、中间产品状态控制与意见管理、施工许可证、风险管理等方面,提出的更高的标准和要求,在对项目总体控制上取得了良好的效果,目前已开始在船舶建造上推广应用。

(二)优化项目设计与生产,强化技术创新

1. 以我为主,积极推动项目设计工作

"海洋石油 981"入 ABS 和 CCS 双船级,设计和建造须满足 IMO、API、ANSI、AISC、IEC、IEEE 等 40 多项标准,35000 多根管线、2000 多米机械处所通风管和 3000 多米生活区通风管、960 公里电缆,在如此狭小的空间内精确定位和安装如此多的管线和设备是一个巨大挑战。项目组不断坚定设计人员以我为主、不畏修改的信心和决心,在收集韩国、新加坡半潜平台设计资料的基础上,提前策划设计标准的学习和应用工作,把三维模型设计应用在详细设计起步阶段,通过三维建模及时发现并解决前期基本设计、详细设计二维设计在总体布置上意识不到的技术问题,为后期的生产设计工作赢得了主动和无比宝贵的时间。

2. "产、学、研"与工程项目相结合,优化生产管理

海洋工程部将项目所涉及的重大设计、建造难点、课题分解成若干子课题并进行归类管理,成立子课题的攻关小组,在外高桥造船的组织牵头下,聚集了 708 所、上海交通大学、哈尔滨工程大学、武汉理工大学、江苏科技大学等多家科研设计力量为项目服务。及时的将科研成果转化为生产技术工艺文件并在实践中运用,形成了大量的企业标准。这种以科研课题为先导,以工程项目为载体,以科研工作与工程项目相结构的模式,对生产计划制定、施工方案策划的科学性、严密性提供了帮助,对生产管理系统进行了优化。

3. 强化技术创新

采用数值计算和试验验证相结合的研究方法,对半潜式钻井平台、浮箱、驳船组成的多浮体进行风、流载荷共同作用下的受力计算分析,系泊带缆采用高强度尼龙缆和钢丝绳混合带缆的方式,创新出多浮体混合带缆系泊技术,使平台系泊系统可承受 12 级台风和 3 节流的共同作用。

建造精度控制方面采用计算机辅助制造技术,对过程中各环节中间产品的精度数据进行收集和分析,实现了数字化总组和计算机模拟建造技术的创新,减少了结构分段在坞内搭载的工序和返工,并确保了结构主体完工精度完全达到规格书的要求,实现了精

度控制的预期目标,节约了成本。重量控制方面通过对平台所有构件、设备的细致定义、分类,将平台重量统计、分析、控制贯穿于设计和采购过程中,并在采购合同中将重量的控制要求向供应商延伸,在控制的同时结合一系列恰当的减重措施对系统设计进行优化,成功的达到了项目预设的目标。

通过吊装状态下各总段结构强度有限元分析,结合计算总段结构在重力作用下的响应,分析吊装状态下各总段结构构件的应力水平,对吊装方案进行评估及优化,并提出双层底搭载反顶工装、井架吊运方案、快速搭载工法和推进器海上吊运方案等一系列吊运措施和办法,提高了生产效率,降低了作业风险,节约了生产成本。

这些技术创新成果全部应用于"海洋石油981"的建造,形成了深水半潜式钻井平台的建造技术体系。截止目前围绕"海洋石油981"项目累积申请专利8项,在国内外的期刊和学术会议上发表论文60多篇。

(三)加强安全、质量管理

1. 建设安全质量文化,确保本质安全

海洋工程项目一贯秉持"安全和质量第一、工程进度第二"的理念。在"海洋石油981"的建造过程中,外高桥造船的管理者也充分践行了这一理念,并为此专门制订了"海洋石油981"项目安全管理手册和质量管理手册,分发给包括施工班组长在内的主要员工并开展相应的培训。

在安全管理工作中,以"发现并消除安全隐患达到消除安全事故"的理念为指导,针对每一项新的施工作业,在启动之前,召集施工管理人员开展"作业安全风险分析"会议,详细分析施工过程中可能出现的危险源并制定周密的预防措施。

针对半潜平台密闭舱室多、空间狭小的特点,要求坞内的舾装工作以通风、照明、消防、空调、舱底水等系统优先施工的原则,整个平台出坞前,已经用临时电源实现永久性的机舱通风和照明,保证了良好的施工环境,为有序的生产提供了本质安全条件。

"海洋石油981"项目建造期间投入的总工时达800万,而每20万工时的损失工时事故率(TRIR)仅为0.17,无人员伤亡事故,大大低于国际油公司关于TRIR值为0.4的国际认可标准。

2. 实施全过程的质量控制,打造精品海工

"海洋石油981"平台未来工作于环境恶劣的南中国海,对建造质量的要求几近苛刻。项目质量控制的重点在于过程控制,通过对建造过程中的质量控制可以将质量隐患消除在萌芽阶段。

对员工进行技术交底培训。参加海洋工程建造的人员主要来自于各大船厂,习惯了造船的劳动者在质量理念、技能水平、施工质量方面还不能满足项目的需求,因此必须对参加施工的所有人员进行技术交底培训,使他们了解施工工艺、技术要求、检验环节与质量验收标准等。

对外协供应商、承包商进行审查。由于国内海洋工程配套环境还不完善,在管理水平和产品质量上参差不齐。要选择好的外协供应商、承包商必须对其资质进行审查,主要审查施工人员资格和证书;焊接材料的储存、领用与现场管理;设备和工具准备情况;测量设备的校准情况;工艺文件的准备情况等。

实施全面自主质量管理。为了确保产品质量对外交验合格率,实施全面自主质量管理,根据预先批准的质量检验和试验计划,对其中规定的项目进行了100%的内检,在内检过程中坚持做到三个检验过程,即:自检、互检、专检,只有经过三检合格后才能向船东代表和船级社验船师交验。

(四)严格控制项目进度

1. 严格过程监控,确保项目有序运行

项目的计划工程师结合范围管理、界面管理、费用控制、质量控制等要素,根据项目的实施方案,结合项目不同的实施阶段,综合不同管理层次控制的需要来制定项目的进度计划。这样一个五级进度计划系统贯穿项目始末,并基于此进行进度测量和监控。在项目的执行过程中的主要抓手是"资源负荷平衡"以及"偏差管理",以确保项目的资源都在按时运行,实际进度与目标进度偏差在可控范围内。项目组负责向公司管理层和业主方提交项目周报、月报,这份报告作为项目管理团队信息沟通的基础。

2. 合理运用关键路径控制技术,确保按时交付项目

项目组通过分析项目网络计划、建造方案、资源配置的特点,最终过滤出关系到项目成败的"主关键路径"和"次关键路径",并把与之有关的活动提取出来,进一步加以分析和优化,形成了项目的"关键路径"和"关键活动"。这种智慧的结晶把复杂的工程管理变得简化,并以图形化的界面为项目决策层提供了重要帮助,以量化的信息为识别潜在的风险提供了重要依据,为按时保质的交付成果夯实了基础。

(五)整合人力资源,建设团队文化

1. 创新培训机制,建设团队文化,稳定核心人才队伍

作为国内最早步入海洋工程领域的船厂,具有海洋工程设计和建造经验的人才也只有60多人,而项目组需要230人。在海洋工程部成立之初马上在公司内组织内部招聘活动,一大批知识青年走进项目组。员工平均年龄不足28岁,骨干管理力量平均年龄不足35岁,60%以上的员工为2006~2009届的大中专毕业生,每个岗位的平均年龄较韩国现代和三星船厂的海工队伍都有10年左右的差距,年龄的差距意味着经验和能力的差距。海工部给年轻员工在工作和学习中大胆施压,让年轻员工在工作中勇挑重担,积极鼓励年轻员工对部门和项目的管理工作提出合理化建议,定期组织开展培训活动和头脑风暴活动,集思广益。

在丰富年轻员工业余生活方面,每月举办部门的集体生日活动,让年轻员工感受组织的温暖,有意识的开展多项体育活动,丰富年轻员工的业余文化生活。同时将业主方的年轻人也邀请到部门的各项集体活动中,在搞好团队建设的同时,也促进了船厂和业主方各个层面的沟通,为工程项目的开展创造了良好的外部环境。四年多来,海工部核心骨干无一流失,有效地保证了项目各项工作的开展。

2. 引进外国专家,打造国际化运作团队

鉴于外高桥造船是第一次涉足半潜式钻井平台的设计建造,高桥造船管理层大力开展了引资"智"融"智"工作,先后聘请包括新加坡、美国、苏格兰、澳大利亚、韩国等国的外籍专家参与了项目的设计、精度控制、调试管理等工作。

在韩国专家的指导下,制定"海洋石油981"的精度管理指导书和分工原则,采取设计

阶段的有限元分析预报技术与建造阶段反变形控制工艺相结合的上船体总段搭载阶段的精度控制技术,最终施工精度不仅完全满足建造合同的要求,而且超过了韩国船厂同期的精度控制水平。

项目组邀请外籍专家全程参与轮机、电气及自动化系统的 HAZOP(安全危险性分析)和 FMEA(模拟失效模式分析)评估工作,充分利用和吸收美国专家们的经验,成功实现 DP3 系统的安装与调试。

项目组还要求外籍专家以独立身份对项目的进展情况进行质量分析,每周向项目经理提交报告,以第三方的视野报告项目运行中存在的问题。组织外籍专家对各专业的设计、施工、管理人员进行作业标准培训。引进外籍专家参与海工项目的设计建造工作在外高桥造船的历史上尚属首次。通过合作,坚定了继续实施"走出去、请进来"战略的决心和信心,提升了外高桥造船海工项目管理水平和质量管理水平。

(六)建设信息化支持平台

1. 全面运用计算机辅助设计与制造技术,提供生产效率

直接从三维设计模型设计软件(TRIBON M3)中采集数据,用于后续的物资订货和生产配套,服务于生产建设。实现对每一块钢板、每一根管子、每一台设备、每一个零件的全程跟踪;实现施工图纸和图纸修改通知单电子审批、在线发布、实时查询、统计分析功能;施工报验项目在线申请,对报验结果在线反馈,提高了沟通效率;运用 SEM 软件进行多级计划编制、审核、发布,运用系统进行多项目之间的资源负荷平衡;运用 SEM 软件编制工作包、派工单,并在线下达生产任务,每天收集工作包、派工单状态,包括进度和人力投入情况。根据采集数据进行工程进度的测量和计算,统计人均物量并运用图形化的界面支撑项目决策;运用费用结算平台将整套的资金结算流程分为制单、核对、审批、付款、成本分析等 5 个主要部分。

2. 开发与应用完工管理系统,提升管理水平

在已拥有的 SEM(外高桥造船计算机信息集成管理系统)基础上开发适用于海洋工程项目完工管理的软件系统,即 CMS(Completing Management System 完工管理系统)软件,以此对"海洋石油 981"项目的完工进行管理。

完工管理系统根植于公司的集成信息化管理管理平台,该系统是在大量数据基础上构架起企业型的、包涵现代项目管理体系,以项目完工检验和调试试验以及系统移交为主线的专业管理软件。它以工程所划分的系统和子系统为单位进行管理,根据每一设备或系统生成的"机械完工"、"预调试"的所有检查报告 ITR(Inspection & Test Report)内容为基础,根据系统、子系统和专业分类汇总,对每个系统的完工状态和调试状态进行监控。CMS 提供了从设备采购到最终移交给船东期间,所有系统和子系统完工的进程和主要界面过渡阶段的所有产品信息和依据,形成产品建造周期内的完整履历。

CMS 的运用使总量确定的各种工作所需的工作量、实际完成时间、工作之间的前后层次递进关系、工作界面范围等,得到清晰直观并客观的体现。CMS 从根本上消除了主观性和一些模棱两可的不确定性,减少了检查过程中主观因素和繁琐的人力物力投入,提高了完工的可跟踪、可追溯性,加强了计划、质量和安全的受控度,增进了项目的沟通协调及数字化管理水平。

3. 开发与应用驱控型文件控制系统

项目组在充分借鉴国际主流管理方法和总结经验教训的基础上，以公司计算机集成信息管理系统为平台，自主开发以工作流程为驱动的"海工文控管理系统"。该系统的应用实现了对项目各种类型文件的全覆盖管理，与文件有关的操作全部在系统界面上完成，每一份文件、每一份图纸所处的状态和版本信息都可以被追踪，提高了沟通的成功率，通过系统的管理使得项目所有的信息流形成了闭环，同时通过内在的文件控制流程设置和审批权限设置功能，提高了责任可追溯性，促进了保密工作开展。

三、超深水半潜式钻井平台设计与建造管理效果

海洋工程装备新产品的研发，在深水半潜式钻井平台、自升式钻井平台、深水浮式储油生产装置三大船型上全面实现突破，力争在"十二五"期间打破韩国船厂深水钻井船、深水 FPSO 等产品的垄断。

通过"海洋石油 981"的成功建造，外高桥船厂和 708 所打造并稳定了一支近 500 人的设计、建造和项目管理团队，积累了国际化团队运作海洋工程项目管理的经验，累计超过 120 人员的外籍人员和专家参与了海洋石油 981 的设计建造工作，为中国船舶工业集团公司海洋工程装备建设走向国际市场打下良好的基础。

通过"海洋石油 981"项目的设计和建造，掌握了深水半潜式钻井平台的关键设计建造技术，建立了深水半潜式钻井平台的设计建造体系，并向市场推出了优化的平台设计建造方案，使我国海洋工程装备制造业从"中国制造"向"中国创造"转变；探索了一条海洋工程向专业化发展之路，由国内领先的船舶制造企业向国际一流的海洋工程 EPC（设计、采购、建造）总承包商转变。

（成果创造人：王　琦、陈　军、陈　刚、张　伟、宋金扬、张小凯、刘耀阳、靖卫星、崔荣军、易国伟、潘　玮、盛　兴）

石油企业专业化经营管理

中国石油化工股份有限公司西北油田分公司

中国石油化工股份有限公司西北油田分公司(简称西北油田)是隶属于中国石化的地区性石油公司,负责新疆塔里木盆地的油气勘探开发。2011年,西北油田生产原油725万吨,生产天然气16亿方,实现收入287亿元,实现利润121亿元,总资产报酬率、已占用资本回报率、营业利润率、成本费用利润率等效益指标处于本行业国内领先水平。

一、石油企业专业化经营管理背景

(一)符合国际石油行业趋势与集团公司要求

专业化经营是国际石油公司的通行做法。通过专业化经营,石油公司合理界定企业与市场的边界,专注于油气勘探开发主业的管理与技术,将工程施工、生活服务等业务外包,从而集中精力做好主营业务。

成果主创人:公司总经理刘中云

国内油田企业传统的"大而全、小而全"的管理体制难以适应市场经济的要求;西北油田在推行专业化之前,不但有自己的石油工程队伍,还开展了多种经营业务。中国石化要求下属企业重视"专业化 vs 多元化"战略抉择,放弃多元化诱惑,坚决走专业化发展道路,专注油气主业,不断提高专业技术水平和生产效率,最终实现经济效益最大化。

(二)培育企业核心竞争力的需要

石油行业具有技术密集、资本密集、风险高的显著特征,对石油企业的管理水平、技术能力提出了较高要求。西北油田所辖矿区的勘探开发具有显著特征与技术难点,所面对的缝洞型碳酸盐岩油藏极具挑战性,需要先进的油气勘探开发理论与技术配套,风险大,难度高。推行石油公司改革,为西北油田专注于经营管理、技术研发创造条件,有利于开展管理创新、技术创新,培育企业核心竞争力。

(三)具备进行专业化经营管理的基础条件

从行业环境角度,国内石油行业按照"生产专业化、运行市场化、服务社会化"的改革思路,逐步形成了完善配套的石油工程服务市场,可以提供各类工程技术服务,为石油企业走专业化道路提供了市场化运行条件。

从政策环境角度,西北油田整体并入中国石化后,面临新的改革要求,需要深化体制机制改革,进一步实现资产结构优良、员工队伍精干、组织结构精简、效益持续发展。

从企业自身角度,西北油田成立比较晚,历史包袱比较轻,工程队伍和多种经营的规模都不大,而且能够依托首府城市,改革成本较低,为破解"改革 vs 稳定"难题创造了有利条件。

从资源潜力角度,新疆塔里木盆地油气资源丰富,探明程度较低,而且在20世纪80年代就已经在油气勘探方面实现了重大突破,为实施专业化经营奠定了良好的基础。

二、石油企业专业化经营管理内涵和主要做法

西北油田根据现代企业制度要求,以效益最大和效率最优为目标,围绕勘探开发主业,剥离附属业务,建立主体明确、权责匹配、精简高效的组织体系,在此基础上,推行脑体分设、集中决策,理顺技术决策、经营预算、生产运行的关系,提升决策效率,降低决策风险;加强运行控制,协调运营系统和支持系统对经营决策的支撑力度,实现决策与执行的高效衔接,打造企业执行力。主要做法如下:

(一)明确专业化经营的指导思想和原则

1. 指导思想

西北油田将专业化经营的指导思想确定为:响应中国石化"建设世界一流能源化工公司"的发展要求,瞄准国际领先石油公司的管理模式,以效率最优和效益最大为目标,专注勘探开发主业,建立结构扁平、精简高效、主体明确、权责匹配的组织体制,实行集中化决策、项目化管理、市场化运行、社会化服务,推进管理体系化、体系流程化、流程信息化,担当中国石化专业化经营的排头兵,建成国内领先、国际一流的专业化石油企业。

2. 两个原则

一是核心竞争力原则。涉及经营决策、技术研发、运行管控的业务等核心业务,也是核心竞争力的培育点,关系到西北油田的长远发展与业务安全。二是成本效率原则。只要业务外包有利于节约投资和成本,有利于提高运行效率,就提倡市场化外包。

3. 构建组织体制

为了实现专业化经营管理,西北油田从下述四个角度设计组织体制,构建决策层、执行层、保障层。

第一,在纵向上缩短指令链条,实现扁平化管理。发挥成立晚、包袱轻的优势,压缩指令链条,压扁组织机构,建立分公司、厂、队三级组织架构,确保决策层指令快速高效地到达执行层、保障层。

第二,在横向上组建跨专业团队,推行项目化管理,将项目部和事业部作为组织优化的阶段目标和最终目标。项目部是勘探、开发项目的执行主体,承担施工管理、投资控制等责任,是项目的"有限责任主体",也是西北油田体制优化的阶段目标。事业部是指集技术决策、经营管理、操作执行于一体的项目责任主体,其外延包括两个维度:一是在纵向上,既负责决策,又负责执行;二是在横向上,具有必要的专业宽度,确保提交完整的经营成果,以便于管控。事业部是勘探开发项目的"完整责任主体",不但落实了执行责任,也落实

忙碌的现场作业

了决策责任,是西北油田体制优化的最终目标。通过项目化管理,西北油田针对油气勘探、开发、生产、运销等流程环节,构建顺序性的完整责任链条,形成执行层。

第三,构建专业化管理中心,提高配套保障能力。按照"整合共用资源,发挥规模优势"原则,成立专业化管理中心,将相同专业人才、技术集中在一起,发挥共性技术优势,实现共用资源的统一调配、集中管理,为工程施工、物资供应、安全保卫、生产与生活后勤提供专业配套,形成保障层。

第四,配置优势资源,提高科研机构的创新能力。推行专业化经营后,技术研发是核心竞争力的重要培育点。通过深化科研体制改革,促进产学研结合;培育和引进领军人才,打造科技创新团队;进行政策倾斜,创新项目优先立项;完善科技服务体系,促进科技成果产业化,努力提高科研机构的技术创新能力。

(二)分步有序剥离附属业务

西北油田本着"突出主业、社会依托、市场运作"的原则,附属业务剥离分为两个阶段:

第一阶段,剥离工程施工业务,初步建立油公司体制。在此阶段,西北油田按照"油公司高度集中、工程施工相对独立、基地服务逐步分离、多种经营自负盈亏"的原则,进行大规模改制工作,撤消钻井、物探、井下作业、运输、修理等单位,加强公司机关、研究院、采油气厂和工程监督的力量,初步建立油公司体制。

第二阶段,剥离社区服务业务,取消多种经营,完全建立油公司体制。在此阶段,西北油田将企业办社会职能进一步分离,撤消幼儿园、子弟学校等,取消各种多种经营业务,使主营业务更加突出。

通过两个阶段的业务剥离,紧紧围绕油气勘探、开发等主营业务,重点关注经营管理、技术创新,科学界定企业与市场的边界,坚持业务外包,西北油田实现了机构精简,集中资源和精力搞好油气主业,完成了向现代油公司的转变。

针对人员安排这个难题,西北油田采取"留人不留业务"策略,将工程施工、社区服务外包,相关人员保留下来,并充实到油气生产一线。

(三)围绕油气主业,优化组织结构

1. 压扁组织结构,实现机构精简

西北油田建立分公司、厂、队三级管理架构,管理和技术人员占80%。以采油厂为例,撤销矿级单位,采油厂直接管理采油队;积极推行井站一体化,调整倒休制度及巡检流程等方式,优化人员配置,节约大量用工。近三年来,西北油田人均油气当量保持在1420吨/人以上,人均利润持续上升,人工成本比例呈下降趋势。

2. 成立勘探项目部,推行项目化管理

2011年,西北油田成立勘探项目部。根据油田公司年度勘探部署,勘探项目部负责组织勘探生产,完成物探、钻井、录井、测井、测试等勘探生产任务;负责完成勘探工作量指标、成本指标、储量指标、效益指标,控制勘探成本和费用,确保油田公司核拨的勘探投资不超;负责组织勘探工程项目招标、议标、评标及合同的签订与实施,以及对项目工作量和成果的验收、考核和结算工作。

3. 设立专业化管理中心,打造共用资源保障平台针对油气生产行业面广、行业相对独立的特点,西北油田整合内部资源,成立工程监督、完井测试、供电、特种工程、物资、治安消防、基地服务等7个专业的管理中心,承担工程监督、完井测试、油田用电等专业管理工作,将相同专业人才集中在一起,便于发挥专业优势,共同提高技术水平,实现了同类资源的集中管理、统一调配,发挥规模效益。特别是在历年增储上产会战中,各专业化单位协同作战,有力发挥了配套保障作用。

西北油田通过三项组织优化措施,具备了结构扁平、主业突出、一企一制等三个突出特征。一是在组织架构中,西北油田实现了三级管理,达到结构扁平目标,确保决策与执行的高效运行。二是机构设置紧紧围绕油气勘探、开发主营业务,集中资源和精力搞好油气主业。三是西北油田率先完成"一企一制"改革,在战略部署、操作执行、队伍建设、薪酬激励等方面实现了一体化管理,免除了上市与存续"两维结构"带来的摩擦成本。

(四)在决策机制上,推行脑体分设、集中决策

1. 在地域分布上实行脑体分设

西北油田的分公司机关、研发、生活基地设在乌鲁木齐,并在生产一线建立指挥中心及倒班生活基地,实现决策机构后置、执行机构前置的脑体分设布局,优化组织资源配置。依托城市资源,剥离办社会职能,节约了办社会费用;利用城市优势,为吸引人才、留住人才创造良好的环境。

2. 在决策运行上实行集中决策

西北油田以后置的机关、研发机构为组织支撑,以"主体明确、层次清晰、程序严谨、方法先进、决策科学"为宗旨,形成适应于自身发展的集中化决策机制,对投资、销售、采购、核算、市场进行统一管理,基层厂、队只专注执行与操作,有效提升了决策效率,降低了决策风险。

在经济决策方面,西北油田按照"以预为先、先算后干、精细管理、持续改进"理念,推行全面预算管理,努力推进投资成本一体化;建立分公司、各二级单位预算管理委员会构成的两级预算管理组织,负责预算平衡和调整;形成职能部门横向管理与分公司、二级单位、基层分队纵向管理构成的预算管理网络;建立月度经济活动分析制度,解决预算执行的突出矛盾;开发应用预算管理系统,实现预算编制、预算分析、预算监控等管理的信息化,在线监控预算执行情况。通过全面预算管理,西北油田抓住了经营决策的"牛鼻子",落实了各项增储增效、上产增效、挖潜增效、优化增效、降本增效措施,从机制上保障了"储量、产量、投资、成本、效益"五统一,始终保持较强的盈利能力。

在技术决策方面,西北油田明确部门职责、规定节点时限、建立优选标准、及时反馈调整,建立了规范化的勘探开发部署业务流程。在方案编制环节,西北油田在面对特殊的碳酸盐岩缝洞型油气藏勘探开发世界级难题,充分调动内外部科研资源,遵循"实践—认识—再实践—再认识"认识规律,积极应用"两大理论、十大配套技术"等技术成果,设立"勘探突破奖"、"高产稳产奖"、"工艺创新奖"等专项奖励,确保勘探开发方案的高质量、高水平。在方案优选环节,西北油田针对所在矿区的地质油藏特征,总结正反两方面经验教训,逐步形成了"同一类型的风险井不打、地质与工程风险并存井不打、储量控制规模小投资大的井不打"等一系列优选标准,提高了技术决策水平。在方案实施环节,重点关注方案调整,细化技术变更制度,合理划分专业处室、生产单位的决策权限,既保证

重大技术决策的集中统一,又保证现场运行的顺畅高效。

(五)在执行机制上,推行十大管理体系

探索实施全面业务流程管理,将职能导向转化为流程导向。按照"管理体系化、体系流程化、流程信息化"的总体原则,推行十大管理体系;包括:经营决策体系、生产运行体系、科技创新与信息管理体系、投资管理体系、财务管理体系、市场管理体系、人力资源管理体系、安全环保体系、绩效考核体系、监督管理体系。每个管理体系都由业务流程、作业指导书构成。其中,业务流程属于承上启下的规范文件,共计193项,并根据工作需要不断完善;作业指导书则确定流程中活动如何完成,属于最底层的操作文件,相对保持稳定。

为了使管理体系得到有效执行,西北油田采取了三项措施。一是对频率发生较高,也是管理工作量最大的部分业务流程进行了信息化,固化了管理创新成果。二是将管理体系的执行情况纳入绩效考核体系,加大执行力度的考核。三是定期对管理体系进行评审,实现持续改进。

(六)坚持研发优先,培育核心竞争力

西北油田按照"科技先行、创新跨越"的工作理念,积极推行一系列鼓励科技创新的重大举措。

第一,深化科研体制改革,促进产学研结合。围绕油气生产目标,西北油田积极推动产学研的有机结合,建立产学研战略联盟,打造开放式的技术合作平台;谋划具有牵动作用的科技项目,充分发挥研究院、各类重点实验室和各级研发中心的作用,在重大关键共性技术上实现突破。2011年与西南石油大学、中国石油大学、西安石油大学、斯伦贝谢公司等院校公司建立了战略合作伙伴关系。

第二,培育和引进领军人才,打造科技创新团队。按照项目、人才、基地建设相结合的原则,西北油田以科技创新研发平台为依托,以科研机构、基层单位为主体,不断发展和壮大研发人才队伍,在职级晋升、薪酬增长、软硬件投入、研发费用上做到"四优先"。

第三,进行政策倾斜,创新项目优先立项。西北油田开展了科技创新活动,促进了科研和生产单位在基础研究、新技术应用、技术革新等方面的创新力度,对创新项目予以优先立项和支持。

第四,完善科技服务体系,促进科技成果产业化。西北油田建立科技项目管理平台,推动科技资源、科学数据、科技文献共享,将成果转化公共服务,为企业科技创新提供有效服务。

近年来,西北油田创新发展了两大理论(海相碳酸盐岩油藏成藏理论、碳酸盐岩缝洞型油藏开发理论),形成了十大配套技术(超深层缝洞型储层预测评价技术、缝洞型油藏描述技术、缝洞型油藏滚动开发技术、缝洞型油藏储量分类评价技术、缝洞型油藏注水提高采收率技术、缝洞型油藏控水治水技术、超深复杂地层钻完井技术井、超深井举升技术、超稠油开采技术、超深高温井酸压储层改造技术),有效解决了缝洞型油藏勘探开发世界级难题。

(七)创新市场运行机制,实现企业价值链效益最大化

1. 树立"去甲方"的市场管理理念

西北油田首先改变传统的以甲方利益为核心的管理方式,创造包含利益相关方在内的企业价值链最大化,将市场管理理念确定为:"市场开放、运作规范、合作双赢、管理科学"。

市场开放:只要生产需要,并取得市场准入资格,任何队伍都可以进入分公司市场,按油公司体制要求,实行市场化运作。

运作规范:各项工作按法律法规、规章制度、规定程序来运作,有严格的管理流程和监督机制。

合作双赢:根据分公司中长期和年度任务,合理引进承包商和供应商,并建立长期稳定的合作伙伴关系。

管理科学:要使准入管理、招标管理、监督检查、业绩考核、信息管理等全过程,实现规范高效。

以新型的市场管理念为指引,西北油田打破传统的降低标底、"鞭打快牛"的节约投资成本方式,以建设一个具有竞争力、吸引力和活力的市场为目的,共享市场创造的效益、技术与管理经验,实现利益相关方整体受益。

2. 完善市场管理组织

西北油田设立市场管理委员会,作为市场管理的决策机构,负责市场管理工作的决策、指导和检查,下设六个专业管理委员会和监督小组,涉及承包商管理、供应商管理、工程项目招投标管理、物资采购招投标管理、合同管理、法律纠纷管理。相关职能部门负责具体落实。

3. 理顺市场运行机制

处理好市场运行与计划运行的关系。遵循市场开放、合作共赢的原则,既实行市场化运作,又坚持计划性统一、全盘运行,由前线指挥部统一指挥运行工区的生产运营。

处理好业务大包与关键控制的关系。充分利用相关各方的技术和管理资源,实行责权利统一的乙方业务大包为主的市场模式。同时,西北油田重点对 HSE、质量、保护油层等关键节点实行管控,完善外部市场队伍绩效考核体系,确保对市场队伍的考核公平、公正,有效促进承包商的管理水平、装备水平和施工能力的提高,能够留住优秀施工队伍。

利益分享和风险共担的关系。实行"即时奖励"与年终奖励相结合,实行日常红黄旗挂牌制度,奖罚分明,风险共担。推行油气水井维修作业优质优价工程,鼓励作业者延长油气水井的免修期。

近年来,西北油田的平均钻井周期缩短为 85.6 天,单钻机年进尺增加到 12712 米,处于同矿区领先水平。

三、石油企业专业化经营管理效果

(一)专业化程度大幅提升

西北油田的专业化程度大幅提升,主业比重达 100%,实现了主业突出、一企一制等改革目标,为确保资产优良、效益显著,不断提高专业技术水平和生产效率,创造了基础条件。

(二)核心竞争力显著增强

在油气勘探方面,实现了从老区走向新区、大踏步走向外围的目标。2001 年,年度新增油气探明储量4537万吨，累计油气探明储量25112万吨。2011年，年度新增油气探明储量9640万吨，累计油气探明储量129131万吨。

在油气开发方面，有效拓展产建阵地，改善老区稳产基础，措施增油效果明显，油藏管理水平不断提高，油气产量快速攀升。2001年，原油产量250万吨，天然气产量4亿方。2011年，原油产量725万吨，天然气产量16亿方。

在科技创新方面，西北油田创新发展了海相碳酸盐岩缝洞型油气藏勘探开发理论，形成了十大配套技术系列，并于2010年获得了国家科技进步一等奖，标志着西北油田的碳酸盐岩勘探开发技术处于国际领先水平。

在管理创新方面，紧紧围绕"专注管理、业务外包"这一核心理念，专注顶层设计，提升组织效率；专注用工管理，提升用人水平；专注市场管理，提升相关方利益价值。推行了全面流程管理，促进了管理规范化、信息化，提升了管理效率，为西北油田主营业务的可持续发展提供了有效保障。

（三）经济效益快速增长

在油气生产规模快速增长的同时，经济指标屡创新高，经济效益持续提高。2001年底，西北油田实现收入13亿元，利润9亿元。2011年底，西北油田实现收入287亿元，利润121亿元，已占用资本回报率37.14%、总资产报酬率37.51%、营业利润率42.15%、成本费用利润率73.24%等指标继续在中国石化排名第一，并处于国内石油行业的领先水平。

（成果创造人：刘中云、刘宝增、胡广杰、孟繁莹、肖龙文、
侯玉泉、陈智勇、李明强、孙　敏、王海民、明全岭）

汽车物流企业3.5PL管理模式的构建与运行

安吉汽车物流有限公司

成果主创人：公司总经理余德

安吉汽车物流有限公司（简称安吉物流）成立于2000年8月，是上汽集团旗下的全资子公司。安吉物流是全球业务规模最大的汽车物流服务供应商，共有员工1.7万人，拥有船务、铁路、公路等11家专业化的轿车运输公司以及50家仓库配送中心，仓库总面积超过470万平方米，运营上海外高桥港区4期、6期滚装码头，码头岸线总长度达1000米。安吉物流作为一家为汽车及零部件制造企业提供服务的第三方物流公司，下属业务包括整车物流、零部件物流、口岸物流等三大业务板块，客户包括上海大众、上海通用、上汽通用五菱、一汽丰田、广汽丰田等几乎国内所有主机厂。

一、汽车物流企业3.5PL管理模式的构建与运行背景

（一）适应汽车工业发展的需要

近年来，在我国汽车制造企业从原来的一地生产迅速向多地生产扩散，多地化生产格局已经形成；汽车制造企业希望其在各地生产基地的物流标准都是统一的。因此，在新基地规划之时，就希望物流公司能介入到其新基地的物流线路设计活动中，实现其在零部件采购及汽车销售、售后环节提供统一的服务标准，并在物流环节上有更多的优化空间，以降低物流成本、提高物流效率。

在国内，汽车制造企业从20世纪90年代开始逐渐打破供产销一体化的自营物流模式，逐渐将整车及零部件业务委托给专业的第三方物流（3PL）服务企业，汽车物流第三方物流业务的外包在国内已经十分成熟。2007年丰田、一汽、广汽共同合资组建同方环球（天津）物流有限公司，国内汽车制造企业第一个第四方物流（4PL）企业诞生，标志着国际第四方物流企业进入中国汽车物流行业的开始。经过多年在物流资源上的投入，安吉物流成为了国内最大的汽车物流运输及仓储服务供应商。安吉物流以物流运作资源的优势取代APL公司成为上海通用的4PL。

（二）现阶段提升汽车物流水平的必然选择

由于过去几年中国汽车产销量的迅猛发展，同时带来的是第三方物流公司业务规模的扩大，安吉物流、一汽物流、重庆长安民生、长久物流等业务规模都跨过了100万辆的世界级物流企业达标线，如何向客户提供具有高度保障力的物流服务成为新的难题。

安吉物流为了加强供应链管理能力而提出3.5PL管理模式，既自身投入一定的运力

资源,又有社会资源在某些线路上的互补,并建立全方位的物流优化和管控体系,符合现阶段中国汽车物流发展特点。

(三)企业追求绿色低碳可持续发展的有力保障

安吉物流建立了国内第一个汽车滚装船公司、国内第一个与铁路局合资的商品车运输公司,20世纪90年代就形成了商品车铁路、水路运输布局。

公路点对点运输服务的特性,一直在各种运输方式中具有较高的效率,国内大多数汽车制造企业都几乎100%采用公路运输进行商品车配送。

从各种运输方式百吨公里油耗指标分析,2003年公路运输的柴油消耗为5.2kg;铁路运输的柴油消耗为0.5kg;水路运输的燃料油消耗为0.6kg。公路运输单位能耗比铁路、水路运输多10倍。提高铁路、水路运输的比例,无疑是降低能耗的有效手段。

目前,在商品车运输中公路运输、铁路运输、水路运输的比例,欧洲市场分别为60%、20%和20%,北美市场分别为40%、40%和20%。然而我国市场的主体依然是公路运输,占到85%,铁路运输和水路运输比例偏低,分别为7%和8%。3.5PL管理模式创造出安吉物流公、铁、水多元化的运输结构,能够最大限度的为客户提供可调配、可优化、低成本、安全、高效、低风险运输服务。

二、汽车物流企业3.5PL管理模式的构建与运行内涵和主要做法

安吉物流整合利用社会运力资源,构建独特的物流业务模式,既有4PL轻资产、资源集成管控的功能,又有核心物流资源自行投资运营的3PL特色,将系统管理和实际运作有机结合,从而保证安吉物流核心业务的持续、快速、良性发展。主要做法如下:

(一)设计3.5PL管理模式

传统的3PL企业缺乏对整个供应链进行运作的战略性专长和真正整合供应链流程的相关技术。把企业在全球供应链上有关物流、资金流、商流、信息流的管理和技术服务,统一外包给一个一站式集成服务提供者,这种多元整合服务不是单独一个3PL所能胜任,必须整合一个或多个3PL、以及其他相关的咨询、金融、信息技术等服务提供商,而整合这个服务联盟的主导者就是所谓的第四方物流(4PL)。4PL具有轻资产经营的特点,无须投入大量的物流资源,只需要对市场内3PL的资源信息掌控度强,即可从市场中配置到最佳的物流资源。通过多年的发展,安吉物流已经形成较大规模的物流网络资源,年业务规模达到100万辆的水平,具备了制定供应链管理策略、业务流程再造、物流技术集成和人力资源管理的能力。安吉物流也清楚知道4PL将成为未来物流行业的趋势,开始从3PL向4PL转型的战略研究。在与某国际知名咨询公司的合作中发现,当前我国仍然处于转型和发展时期,市场变化很大,制造企业不断地开拓新的业务基地,相对应的物流资源还很难马上能配置上位。而制造企业网络化经营后却能给物流企业带来很大

安吉物流拖车装运

的好处——回程运输空载的问题可望得到解决。面对这一新的形势,安吉物流果断地提出了适合现阶段中国汽车物流发展的物流企业管理模式——3.5PL管理模式(图1)。

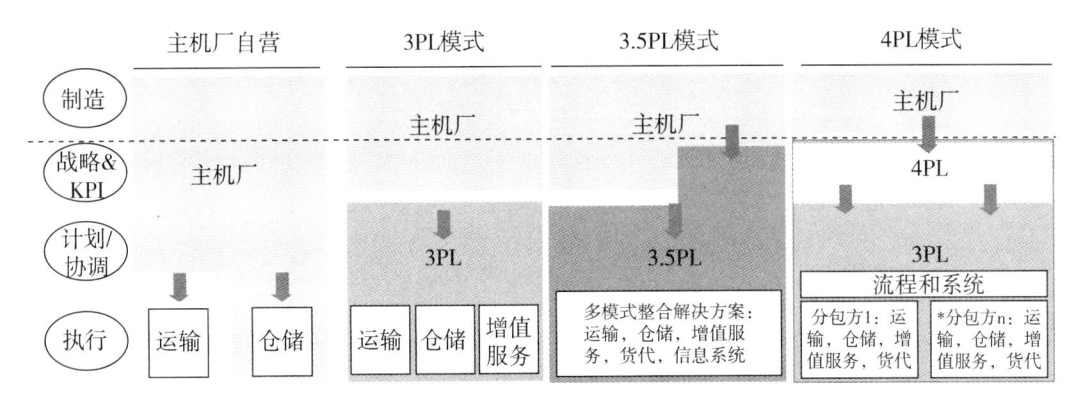

图 1 不同物流服务模式的特点

安吉物流的3.5PL管理模式既具备4PL(第四方物流)轻资产、资源集成管控的功能,又有核心物流资源自行投资运营的3PL(第三方物流)特色。集成了汽车从主机厂下线开始,到分拨中心、中转仓库、直至送到经销商处的整个物流实施过程。服务内容包括物流配送网络规划及方案设计与实施、订单管理、运输、仓储、客户服务、业务调度、商务管理、信息管理、质量管控、财务结算、OTD监控、过程控制、安全管理、增值服务等,集成了所有客户的需求,集成了分布全国的不同分包方服务,在同一平台下提供标准化的服务。

(二)自有资源与社会资源相结合,优化资源配置方式

1. 制定汽车物流行业标准

安吉物流摸索出一整套适合于多客户服务要求的服务标准体系,并在实际业务运作中得到了客户的认可。作为中国物流与采购联合会汽车物流分会轮席理事长单位,安吉物流有能力也有义务推动汽车物流行业标准的制定。自2004年起,安吉物流主笔编写《乘用车运输服务规范》《乘用车物流质损判定及处理规范》、《汽车物流术语》、《汽车整车物流过程质量监控要求》、《汽车物流信息系统功能及基本要求》等多个汽车物流行业标准,参与《汽车物流行业标准体系规划》、《汽车整车物流成本与价格动态模型》等课题的研究。这些工作的开展为安吉物流在全国各地实施标准化的运作体系起到了很大的帮助。

2. 建立十大资源布局基地

在3.5PL管理模式确定后,安吉物流对既有的物流运输、仓储资源进行梳理。由于安吉物流现有的客户不断建立新的生产基地,而这些生产基地原有的整车物流运输、仓储资源几乎空白,必须把有关的物流资源带入或新建。面对这一新的资源配置新形势,安吉物流提出在全国范围内建立十大基地的资源布局战略举措。按行政区域、客户临近、物流关键资源临近原则划分,将市场划分为东北、华北、山东、江苏、上海、华中、华南、柳州、西北、西南等十大区域并对应建立十大基地。充分利用在公路、铁路、水路等运输方式中的资源优势,在十大基地建立物流枢纽平台,发挥其集约、环保、节能的优势,整合主机厂、水路码头、铁路站台、公路停车场、仓库、中转库等物流关键资源,将区域内的市场开发、日常客户维护、整车发运、仓库管理、供方管理等功能集于一体。十大基地串联

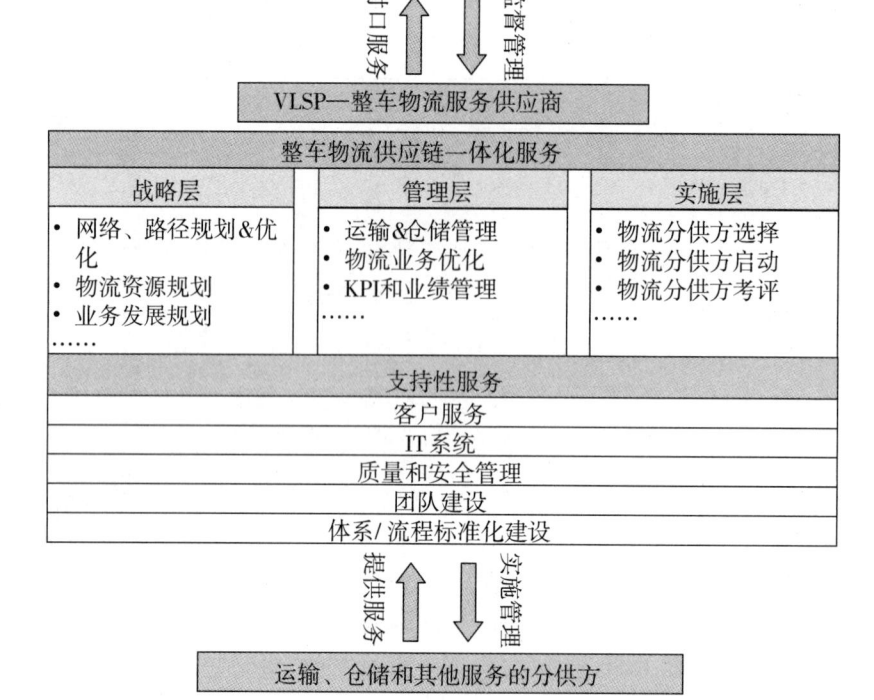

```
                    汽车制造商
              对          监
              口    ↑  ↓  督
              服          管
              务          理
         ┌─────────────────────────┐
         │ VLSP—整车物流服务供应商 │
         └─────────────────────────┘
    ┌──────────────────────────────────────────┐
    │         整车物流供应链一体化服务          │
    │  ┌─────────┬────────────┬─────────────┐  │
    │  │ 战略层  │  管理层    │  实施层     │  │
    │  │·网络、  │·运输&仓储  │·物流分供方  │  │
    │  │ 路径规划│ 管理       │ 选择        │  │
    │  │ &优化   │·物流业务   │·物流分供方  │  │
    │  │·物流资源│ 优化       │ 启动        │  │
    │  │ 规划    │·KPI和业绩  │·物流分供方  │  │
    │  │·业务发展│ 管理       │ 考评        │  │
    │  │ 规划    │……          │……           │  │
    │  │……       │            │             │  │
    │  └─────────┴────────────┴─────────────┘  │
    │              支持性服务                   │
    │              客户服务                     │
    │              IT系统                       │
    │              质量和安全管理               │
    │              团队建设                     │
    │              体系/流程标准化建设          │
    └──────────────────────────────────────────┘
            提          实
            供    ↑  ↓  施
            服          管
            务          理
       ┌───────────────────────────────┐
       │ 运输、仓储和其他服务的分供方  │
       └───────────────────────────────┘
```

图 2 　3.5PL 管理模式服务内容

起安吉物流公路、铁路和水路三种运输方式的干线运输线路和支线运输线路,为线路的优化与整合提供了管理和物流资源保障。

围绕不同业务基地运输供应商资源的特点,安吉物流采用同样的物流实施标准、不同的物流管控模式进行运力资源的配置。

多年来,安吉物流与中铁特货、上海港、大连港、广州港、中信信通、NYK、WWL 等国内外物流巨头建立战略合作伙伴关系,为安吉物流布局铁路、水路运输资源和装卸平台提供强有力保障。

目前,安吉物流所依托的十大基地已经拥有自有公路运力 3000 余辆,加盟公路运力 1 万余辆,自有铁路车皮 348 节,可用铁路车皮 2000 余节,自有滚装轮 13 艘(其中海轮 10 艘、江轮 3 艘),在全国管控总面积 470 万平方米的仓储资源,形成了全国性的整车物流网络,年运作规模超过 500 万辆,位居全球第一。

(三)基于客户的特点及网络优化需求开拓市场

1. 建立上海滚装码头,开拓中国沿海沿江航线

以安吉物流总部基地上海为"T"字形水路运输的枢纽,建立上海唯一的滚装码头,并开拓中国沿海北方航线、南方航线、南北航线以及长江航线。通过这些核心航线的建立,安吉物流获得了上海大众、上海通用、一汽丰田、广汽丰田、奇瑞汽车等水路运输的合同,并与长航、民生等在长江航线上进行舱位共享。

基于某些基地回程货源充足的特点,安吉物流利用来回程满载的成本优势向特定线路的一般客户进行市场开发,并形成多条运输黄金干线,运输工具的运作效率大幅度提高,装车等待时间大大减少,满载率等到很大的提升。

2. 提供一体化解决方案

围绕重点客户的多生产基地分布及企业战略,安吉物流则提供一体化解决方案。上海通用提出"绿动未来"全方位绿色战略,该战略不仅覆盖产品本身,还希望其服务供应商也相应提供有关的绿色服务。为此,安吉物流介入上海通用产前规划,在物流网络布局及运输线路设置上进行客户化的方案制定,并针对其生产基地的分布特点,加大铁路、水路运输的比例,为了完成上海通用整车物流项目,安吉物流在全国投入近1000辆轿运车、10艘滚装轮、500节火车皮进行运营,形成绿色低碳的立体物流网络。上海通用整车物流项目的实施,实现了安吉物流以上海为枢纽,南至广州、北至营口(沈阳)/大连/天津/烟台、西至武汉/重庆的T字型沿海、沿江水路运输路线布局。

安吉物流充分利用自身已建成的多式联运快速反应网络,稳步提高上海通用的水路、铁路比例,项目实施后水路运输比例上升6%,铁路运输比例上升19%,对环境污染最大的公路运输比例下降了25%。

安吉物流3.5PL服务地实施使得上海通用整车物流网络得到质的提升,在确保订单配送周期OTD(Order-to-Delivery)的同时降低运输费用和碳排放,物畅其流,保证了上海通用多年来保持国内汽车产销量第一的地位。

(四)"以诚行道 以信载物"打造绿色低碳物流网络

2008年底,安吉物流实施战略重组,将公司的核心价值观确定为"以诚行道,以信载物",致力于"以诚实守信行道载物,以卓越服务为客户创造价值、成就未来,成为国内领先并具有国际经营能力、核心竞争力和品牌影响力的汽车物流服务供应商"。

安吉物流引入《卓越绩效评价准则》作为企业从优秀向卓越发展的指南,将战略方针定位在"大幅调整公铁水的比例、转变经济增长方式、大力推行多式联运模式、践行绿色低碳物流"。近年来,加大在水路运输中的投资力度,大量投资滚装船及滚装码头,同时努力与具有战略眼光的客户一起提高水路运输的比例,增强物流配送的保障力度。

(五)以物流信息技术为核心提供系统化服务

安吉物流为了能更好地提供物流服务,在信息技术上的应用不断推陈出新。建立基于3PL服务的围绕订单生命周期的运输管理系统(TMS)、对车辆在库的管理建立仓库管理系统(WMS)、对下属10多个车队建立车队管理系统(FMS),并运用GPS、管车宝、呼叫中心、网上查询系统等手段,确保物流的全程信息有效。近年来,随着IT技术的发展,安吉物流强化在4PL服务领域的IT研发,投入大量的人力物力研发数据交换平台、智能化调度系统、可视化系统、电子交接系统等,力求在信息的准确性、时效性、可视化、优化等方面取得更多的突破。

1. 神经中枢——运输管理系统

运输管理系统是安吉物流管理信息系统的核心平台,负责基础数据维护、客户订单获取、调度指令调配和业务结算等工作。通过EDI传送或者手工录入方式,TMS从不同客户处及时收集需要发运的订单信息,并转化成统一格式,由调度人员根据运输资源和路线分配原则进行配载,生成信息化格式的调度指令,由TMS同时下发给WMS和

FMS，通知仓库和运输公司准时完成装货。根据结算周期，对安吉物流所承接业务按不同客户、不同运输方、不同路线进行金额和数量审核，与客户、运输方、仓库等进行核对确认后，提交 SAP 开票。

2. 业务精英——分供方管理系统

FMS 是 TMS 的延伸，是安吉物流对运输公司日常业务管理的平台。FMS 的主要职责是高效地完成调度指令，通知驾驶员及时出车，完成运输任务，并在系统中生成详尽的出车成本，在驾驶员回来后，根据实物单据和调度指令信息进行费用结算。

3. 管车鹰眼——全球卫星定位系统

GPS 主要负责对运力资源的驻点和途中管理。目前，安吉物流大多数的运力资源已安装 GPS 终端，而部分暂时无法接通的，则通过管车宝的方式将驾驶员的手机与 GPS 进行绑定。通过 GPS，安吉物流可随时随地获取全国运力分布情况和监控在途货物情况，掌握车辆在途是否存在延误情况，预测出未来几天的运能情况，有序实施调配。

4. 收发存线——仓储管理系统

WMS 覆盖了安吉物流的全部仓库，实施对商品车出入库及库位管理。根据既定的规则，WMS 在商品车入库扫描时自动地分配最合理的停泊库位，进行定置定位管理；根据 TMS 调度出库时间，自动安排发运道位，最大限度利用仓库空间；实时了解库存情况，实施库存管理。

5. 财务管家——SAP 系统

SAP 是安吉物流运输业务的财务管理系统，全部业务信息均通过 TMS 和 FMS 采集，确保财务数据与业务数据的完全统一，实现资金流的有效控制。SAP 同时对应收帐款、固定成本和变动成本等进行管控，通过各运输公司间横向比较数据，为管理层决策提供依据。

6. 管理中枢——可视化管理系统

可视化管理的核心之一是"让问题看得出来"。为了能把实物的运作转换成信息，安吉物流以调度指令流转为核心，构建运输管理系统 TMS、分供方管理系统 FMS、仓储管理系统 WMS、全球卫星定位系统 GPS、财务管理系统 SAP，把各个环节通过信息化进行有机串联。

在安吉物流的总部大楼内，由 84 个 46 吋液晶显示屏组成的组合大屏幕构成了监控中心。该监控中心的特点是一次性显示多个屏幕信息，让总部调度人员、OTD 管理人员、车辆管理人员能实时地监控订单信息、OTD 信息、车辆在途分布信息等，实现中央监控。而分布于运作现场、运输公司的分监控中心，也可通过大屏幕了解相关的信息。另外，安吉物流通过建立基于 B/S 结构的监控终端，实现了监控信息在公司高层管理人员、客户中进行监控的效果，在办公室的电视屏或电脑屏上看到实时的运作信息。

(六) 阶梯式人才培养机制打造物流专业化队伍

3.5PL 管理模式要求物流人才不仅需要具备物流的基础知识和丰富的实战经验，还要具备信息技术、人力资源管理、技术集成等全方位的知识和能力。大力引进和培育掌握现代物流知识的复合型人才，形成一支适应现代物流产业发展高素质人才队伍，以促进和保障 3.5PL 物流的发展。

安吉物流根据整体战略发展目标，结合人力资源规划，培养员工的知识、技能和能力，提高员工素质，满足安吉物流发展和员工发展需求，创建优秀的员工队伍，建立学习型组织。

安吉物流坚持"以人文本",提高员工潜能,发挥员工工作主动性和能动性,帮助员工实现人生价值和职业发展目标,注重将个人职业发展目标与企业战略发展目标相结合,遵循"广纳人才、重用人才、培养人才、留住人才"的人才理念,建立阶梯式和多渠道的人才培养机制,为员工提供顺畅的发展空间,为十大基地输送合格的人才。

三、汽车物流企业 3.5PL 管理模式的构建与运行效果

（一）创建了适合中国汽车物流发展的新模式

安吉物流创建的 3.5PL 管理模式,将 3PL 角色和 4PL 角色有机地整合在一起,通过近七年的打造,其框架基本成型。通过这一模式的建立和运营,安吉物流实现了一年一个台阶的规模化发展飞跃,业务规模从打造前的每年 100 万辆商品车跃升至 600 万辆的规模,并引领行业往绿色低碳的可持续发展之路前进。

安吉物流的业务模式得到业内的借鉴,一汽集团重组成立了一汽物流、东风集团筹组成立东风物流,北汽集团成立中都物流等等,都与安吉物流进行了多轮的战略交流。

（二）为客户提供了强有力的物流保障和竞争力

安吉物流的 3.5PL 管理模式所提供的物流优化网络有力地保障了客户的战略目标实现,依托于安吉物流的物流网络,客户的产销环节得以顺畅。安吉物流三大客户上海大众、上海通用、上汽通用五菱 2010 年汽车产销量规模均超过 100 万辆,这也是当年中国汽车行业仅有的三家,并从此确立了遥遥领先于大多数竞争对手的市场地位。

安吉物流的专业化物流服务水平也获得客户的认可,历年来多次获得上海大众、上海通用、上汽通用五菱、一汽丰田、广汽丰田、长城汽车等客户授予的最佳供应商等奖项。

（三）企业实现了从优秀到卓越的飞跃

安吉物流通过 3.5PL 管理模式的打造,为企业的转型发展找到了良好的载体。在与上海通用整车物流合作中,两个企业以"绿动未来"作为己任,大力提高水路、铁路运输的比例,为绿色低碳物流模式形成规模效应,由于运输方式的调整（公路运输比例下降 25%,水路运输上升 6%,铁路运输比例上升 19%）,安吉物流用于 3.5PL 管理模式建设中的运输工具能源消耗,在年运量增长超 40% 的情况下,总能源消耗反而下降超过 5%,单商品车运输的能耗下降更是达到了 30% 以上,节能减排的效果十分明显。新的物流管理模式巩固了双方的合作,合同期从原先的一年一签更改为五年合同,为安吉物流大规模投资物流资产增强了信心。

2011 年,安吉物流营业收入达 124 亿元,列国内物流行业第 12 位,汽车物流行业第 1 位。整车物流量达 582 万辆,国内整车物流市场占有率达 33.7%,整车物流业务规模位居全球第一。

安吉物流对于卓越的追求也获得了业界的认可。目前,安吉物流是中国物流与采购联合会汽车物流分会轮席理事长单位,5A 级物流企业,"安吉"品牌荣获上海市服务类现代物流名牌称号,并凭借在卓越绩效管理模式中的卓越表现荣获 2010 年度上海市质量金奖（服务业）。

（成果创造人：余　德、莫金康、阮树辉、吴隽宇）

铁路企业全程物流管理体系建设

包头华通物流(集团)有限公司

成果主创人：公司总经理赵奇志

包头华通物流(集团)有限公司(简称包头华通公司)的前身是成立于1986年初的呼和浩特铁路局包头铁路分局多经办，1992年变更为多种经营管理分处，1996年撤销包头铁路分局后变更为呼铁局多种经营总公司包头多种经营公司，2009年改制为包头华通公司。截止2012年6月底，企业职工1147人，是集物流服务、仓储、煤炭贸易、旅游、酒店业为一体的国家5A级综合服务型物流企业。

一、铁路企业全程物流管理体系建设的背景

2009年以前，包头华通公司作为铁路传统的全民所有制物流企业，虽然经历了铁路货物延伸服务到货物运输代理服务的经营发展历程，在人、财、物、技术等方面奠定了一定的发展基础，但是随着市场经济的不断发展，国内公路、航运等运输方式的不断创新，国际、国内物流企业快速发展，特别是对照国家5A级综合物流企业标准，在管理理念、经营机制、技术装备、服务品类和信息化水平等方面已经不能满足社会的要求，低价格、大运量等发展优势日趋不足，竞争压力逐渐增大。

（一）经营管理理念落后，严重影响铁路物流企业的发展

诚信、高效、优质是客户选择物流企业永恒的标准，也是物流企业参与市场竞争的砝码。包头华通公司传统的货物运输代理服务已不能满足市场的更高要求，经营管理理念较为滞后，开发供应链上公路、海运等物流服务项目，向"门到门"全程物流服务延伸的市场竞争意识不强，缺乏运用现代理论、方法和技术创新经营管理的意识和思路，经营管理粗放，制约企业的发展。

（二）产业布局和经营机制不科学，不适应市场的激烈竞争

一方面所属企业性质多为全民所有制企业，在机制上不适应现代企业制度的要求，特别是"三多"问题突出，制约企业的做大做强做精。首先，层级多，形成三级法人企业，导致层级间管理关系混杂，管理成本支出高；其次，法人企业多，二、三级法人企业多达18家，个别企业净资产不足百万元，从业人员不足20人，市场竞争力弱，经营管理粗放；最后，小、散、弱企业多，布局散、竞争力弱，可持续发展实力不强。另一方面由于缺乏统筹规划，使得资源配置分散、交叉置，产业集中度不高，制约产业的做专做大做优。

（三）物流产业链条不完善，不能满足不同客户的物流需求

面对现代物流业的迅速发展，公路、民航等各种运输方式相继进入物流市场的激烈竞争局面，包头华通公司的服务产品品种结构单一，以仓储、运输装卸为主的铁路物流，已不能满足市场的需求。突出表现为仓储设施、包装及配送设备等产业链条上的物流节点功能不健全，不具备全程物流的系统功能。同时，技术装备较落后，时效性差，不能满足社会需要。

（四）信息化水平低，严重影响了企业的核心竞争力

现代物流市场要求物流企业建立完善的物流信息系统，对物流过程进行指挥、跟踪和控制，并与客户及时沟通、反馈信息，提高市场营销、业务调度、货物运输服务水平。而包头华通公司没有及时跟进，缺乏覆盖物流服务全过程的信息管理系统，也没有建立面向社会的信息交换平台和电子商务平台，严重影响了企业的发展。

为了解决上述问题，包头华通公司从 2009 年 1 月开始探索全程物流管理体系的构建。

二、铁路企业全程物流管理体系建设的内涵和主要做法

包头华通公司应用现代物流管理技术和最新 IT 技术，以市场需求为导向，再造物流流程，规范服务标准，加强过程管理，建设国内领先并具有国际竞争力的铁路现代全程物流管理系统，集运力调度、仓储、装卸、配送、结算、信息处理等功能于一体并协同运作，实现物流、资金流、信息流"三流"合一，准确、高效运行。主要做法如下：

（一）明确目标，设计系统总体框架

1. 制定清晰的目标，明确总体思路

系统分析，确定体系建设目标如下：构建铁路企业现代全程物流管理系统，增强企业的综合竞争实力，在满足客户以最低物流成本享受优质服务需求的同时，追求企业和社会的效益最大化。该目标的实现，要求企业坚持一个标准，实施三年战略，构建三大体系，努力开创铁路现代物流企业新局面。

坚持一个标准：以打造 5A 级现代物流企业为标准，创先争优，实现企业又好又快发展。

实施三年战略：紧密结合实际，坚持发展现代物流核心产业不动摇，从 2009 年起步，实施三年战略，构建三大体系，集成管理系统，实现战略目标。

构建三大体系：构建经营管理体系、现代物流服务体系、现代信息网络技术体系，实现运行机制高效化，物流服务精益化，切实提升企业的核心竞争力。在此过程中加强过程管理，使三大体系相互融合、相互支持、协同运作。

2. 确立主要原则

第一，提升企业价值的原则。通过构建铁路企业现代全程物流管理系统，优化资源配置，充分解放和激活潜在的生产力，使企业价值快速提升。

积极拓展物流服务范围，开展短途运输业务

第二,应用先进技术和理论的原则。构建铁路企业现代全程物流管理系统是一项复杂的系统工程,必须依据先进的经营管理理论和技术,充分发挥铁路物流企业的比较优势,确保其实用性和先进性。

第三,规范稳妥操作的原则。铁路企业现代全程物流管理系统的构建与实施涉及国家政策、法律及铁路规章制度,关系职工利益的调整,事关改革和发展的成败,必须加强领导,精心组织,确保各项工作的合法性和职工队伍的稳定。

3. 设计系统总体结构

铁路企业现代全程物流管理系统包括三大体系,其中物流服务体系是系统的核心,也是系统的主体,主要包括两部分:一是服务管理,主要实现服务体系创新各项措施的实施管理;二是服务功能,主要实现服务体系的各项功能。经营管理体系是系统的基础,主要包括两部分:一是组织结构体制,二是部门管理机制,为系统提供组织保障基础。信息网络体系是系统的支撑平台,为整个系统提供信息网络的技术支持和保证。主要包括三部分:一是铁路专网,为公司访问路局办公网、多元中心网络、车站生产网提供手段;二是提供访问内蒙古资源网的相关技术支持,共享该网的各种信息服务;三是公司物流管理信息系统,为各种用户提供公司物流管理信息平台支持。

(二)重组重构,合理布局

包头华通公司通过对产业布局、资产状况、人力资源三个方面的调查摸底,结合我国发展物流业的有关政策、市场需求和竞争态势,大力推进企业性质由传统企业向现代企业转变,核心产业由分散经营向专业化、规模化经营转变,企业布局由松散型向网络化、集约化转变,经营管理由粗放型向规范化、精益化转变,为系统建设奠定坚实的基础。

1. 推进公司制改革

按照《公司法》及有关规定,改革公司机构。确立与呼铁局内蒙古呼铁投资发展中心之间的投资与被投资关系,成立董事会、监事会、经理层,构建企业法人治理结构,健全运行制度,完成工商等注册登记,遵循现代企业运行规则,与现代企业制度接轨。

2. 优化产业和企业结构

根据国家、区域及铁路产业发展政策,结合现状,发挥比较优势,将既有二、三级企业由18家重组为12家,重组重构物流产业以总分为主、煤炭运贸及旅游业以母子为主的现代企业集团,实现经营机制的特异化。在产业结构方面,具体定位如下:

第一,物流业定位为核心产业,重组重构物流"4+2"经营模式,即4家综合性物流经营分公司(包西分公司、西蒙利分公司、万博分公司、储运分公司)和2家专业化物流子(分)公司(永昌集装箱物流公司、装卸分公司)经营模式,形成企业布局覆盖包头地区,网点布局向全国覆盖的物流产业发展体系,实现企业规模适度化、经营市场区域化、物流服务专业化。

第二,运贸业定位为重点产业,发挥铁路物流优势和内蒙古自治区煤炭资源优势,重组重构煤炭运贸及物流"3+2"经营模式,即3家拥有装车基地子(分)公司(东宝钢流公司、华通恒泰公司、万水泉分公司)和2家煤炭经营公司(东宝煤流公司、铁缘公司),大力发展煤炭运贸产业。

第三,旅游业定位为辅助产业,打造鄂尔多斯恩格贝沙产业开发公司,将地处内蒙古自治区鄂尔多斯市库布其沙漠腹地达拉特旗段的恩格贝荒漠营造成为沙漠公园。

3.优化企业内部组织机构

根据产业发展和经营流程的要求,综合管理、经营和党群工作需要,增加物流、运贸、信息等部门,撤销不必要部门,积聚运输、仓储、信息处理等优势,降低经营成本。例如,组建煤炭运贸中心,整合分散的煤炭运贸及物流经营资源,统一运作,合理配置运力资源和客户。

成立物流中心,做到"四个统一"。即统一进行货物运输方案的设计、统一签订物流服务合同、统一业务流程及作业标准、统一优化物流设施设备调度使用,使物流服务向专业化、集约化、规模化方向发展。

4.创新运行机制

明确两级企业的经营管理任务,注重责任分工和过程管理,一是统一两级企业财务、综合、安全等管理部门的工作职责、作业流程、工作标准和考核办法,统一管理程序,规范管理行为;二是统一物流、煤炭运贸等经营部门的作业流程、工作标准和考核办法,统一经营行为,提升服务品质;三是从任职资格、职责内容、考核指引、考核说明、应用结果三方面进行岗位设置,逐一明确岗位和职责,由传统的管理型组织机构向紧贴市场的市场经营型组织机构转变。建立《物流经营价格管理办法》、《物流经营考核办法》等管理制度,完善预算、营销、合同、审计、信息等内控制度,实现管理科学、运行高效。

5.科学布局营销网点

营销网点布局以包头地区为中心,南至鄂尔多斯,北至白云鄂博,西至乌拉特前旗,东至察素齐,下游逐步辐射 28 个省市自治区,17 个铁路局及塔吉克斯坦、俄罗斯等国家,实现营销组织网络化。

(三)建立覆盖现代物流全程的业务链条,优化配置资源

1.完善业务链条

高标准建设覆盖物流全链条的业务链,包括仓储配送、装卸搬运、包装加工、多式联运、电子结算五大板块,将供应企业、需求企业、物流企业紧密联系起来。

第一,仓储配送方面,在包头、鄂尔多斯地区投资建设贵重货物、散堆货物、普通货物专业化仓储基地 11 处,仓储功能齐全,可满足客户的不同仓储需求;成立配送中心,购置拖板车、自卸车等汽车运输工具百余台,配置车辆 GPS 全球定位系统和集装箱全程跟踪系统,随时跟踪货物在途状况;与多家大型运输公司合作,为客户提供上下游安全、快捷的公路运输服务;满足上游客户直接入库装货、分拣、配送至铁路车站和下游客户到站装货、分拣、配送至终端客户仓库的物流需求。

第二,装卸搬运方面,设立装卸分公司,根据仓储基地功能,配备龙门吊、桥吊、汽车吊、装载机等各类装卸机具,满足汽运和铁路整车、集装箱装卸需求。

第三,包装加工方面,针对客户和运输的需要,开发货物液体喷淋、捆绑加固、篷布、衬垫材料等,满足物流服务需求。

第四,多式联运方面,积极整合资源,与包头等地区汽运公司、秦皇岛等港口海运公司建立物流合作关系,构建集铁路、公路、海运为一体的多式联运联合体,为客户和集团公司贸易提供全程物流。

第五，电子结算方面，积极构建电子商务平台，向银行申办电子结算业务，提高结算效率。

2. 优化资源配置

积极抢抓呼包鄂经济圈铁路规划建设、物流发展政策及铁路生产力布局调整带来的机遇，结合地区运力资源，统筹规划、合理布局，优化既有铁路专用线货场，建设现代物流园区，逐步建成覆盖面广、功能完善的铁路物流结点网络体系。例如，针对区域物流需求，依托乌拉山车站优势，建设农副产品物流基地，辐射周边100公里范围，吸引巴彦淖尔地区的番茄、葵花子等农副产品和乌拉山地区化工产品开展物流业务。

3. 发展战略合作联盟

一是与路内外物流企业联合，建立合作联盟，合理集成物流资源，优势互补，强强联合，共同拓展国内、国际物流市场，降低全程物流成本，实现物流节点功能的网络化延伸。例如，联合当地日盛蒙联汽车短运公司，实现集装箱"门到站"服务，并与到达站的上海沪东运输公司联手，实现"站到门"运输服务，最终为客户提供"门到门"全程物流服务。二是与跨国物流公司合作，利用国内外两种物流资源，开展国际物流业务。例如，与乌鲁木齐局阿拉山口站捷安国际运输代理公司联合协作，为包头佳龙金属制品有限公司组织彩涂钢卷出口莫斯科的国际物流业务。

（四）创新服务内容，完善服务制度

以市场需求为导向，突出铁路运输主特色，根据客户不同需求，开发"门到门"、"站到门"、"门到站"、物流园区综合物流服务4类服务产品。

1. "门到门"全程物流服务

按照客户需求，提供上门接取货物服务，将货物通过汽运等多种方式运至物流园区或发货车站，再通过铁、海发运至到达车站、港口，并由包头华通公司的目的地网点或合作公司负责，将货物安全无误地运至指定终端客户的全过程物流服务。服务内容：提供物流市场信息动态和铁路、海运、公路运费及相关物流业务的技术咨询服务；设计物流服务方案；从厂家到发站的汽车短途运输服务；联系每批订单所需的货位，并组织上货；货物的检斤过磅服务；卸汽车、装火车服务；提供物流运输中所需的货物加固、捆绑、衬垫材料及服务；负责货物到港后的订舱、集港等海运工作；负责到港、到站货物的接卸与到终端客户的汽车短途配送服务；负责物流全过程中的货物信息跟踪及反馈、回访服务。

2. "站到门"物流服务

按照客户需求，到车站代理收货人办理交付、卸车等相关手续，将货物安全无误地运至指定终端客户；或者按照客户需求，受托在车站代办相关手续，并由目的地网点或合作公司负责，将货物安全无误地运至指定终端客户的物流服务。

3. "门到站"物流服务

按照客户需求上门接取货物，将客户货物通过汽运等多种方式运至物流园区或发货车站，再通过铁路发运至客户指定车站，由收货人自行提取货物，或者物流公司按照客户需求上门接取货物，将货物通过汽运运至客户指定物流园区或车站的物流服务。

4. 物流园区综合物流服务

采取"走进去"战略，实施园区物流服务供应链管理模式。将生产厂家的货物，经过仓储、包装、加固等服务后,由物流园区通过运输工具运至收货人指定车站(或物流园区)的物流服务。

此外,还可以根据客户的特殊需求,一对一的设计物流服务内容和作业流程及标准,实现服务产品多样化。

为保证服务质量,设计市场营销—物流—二次市场营销的闭环流程,稳定客户,提升品质。同时,坚持标准化、精细化,借鉴行业标准,结合实际,制定10个主流程、39个子流程作业标准,并固化到具体的各个工作岗位。

(五)加强过程管控,保证服务质量

1.充分沟通,掌握客户的潜在需求

实施走出去、请进来策略,采取网络、电话、走访等营销形式,及时收集客户信息,搞好市场营销。重点让客户了解企业能为客户提供的物流服务产品、在规定的时间内能否将货物送达到终端客户、每项物流活动的收费标准价格、物流运输路径以及与其他物流模式的成本核算比选、铁路运输计划及车型选择等,使客户能够及时、全面,真实地了解服务产品,作出合理的选择。同时,从客户的潜在需求中,审视物流服务过程中的不足,持续改进。

2.主动提供物流方案咨询服务

主动出击,从需求预测、订单处理、运输配送、装卸搬运、包装加工、信息服务等方面为客户提供必要的物流方案咨询,展示自身的服务、价格、效率优势,赢得客户的信任。

3.创新客户关系管理

一是根据客户需求、物流量多少、贡献大小等,运用"ABC分类法"定义客户群,对客户进行分类排队,分清重点和一般,确定具体的管理和服务方式。二是根据客户的实际需求来制定相应的一对一服务。根据客户需求的差异性,为客户设计差异化物流服务方案,满足客户的个性化需求。

4.实行服务质量课题攻关制

针对每个物流活动不同节点的服务内容,成立课题攻关小组,找准存在的问题、确定改进的目标,制定具体解决办法加以改进,达到客户的满意。

5.推行信息资源共享

积极宣传推广,一是引导客户通过内蒙古资源网和包头华通公司物流信息系统平台,实时查询市场信息、企业信息、在途信息等,及时了解物流状态、质量。二是为客户提供网上业务下单,并与内部业务系统相联,反馈业务处理状态。三是通过服务记录,统计分析对客户的服务效率、服务质量以及客户的满意度等考核指标,促进持续改进。四是利用网上平台或EDI数据交换,实现与合作伙伴的信息互通,赢得客户信任。

(六)构建现代信息网络技术体系,提供支撑平台

1.建设企业网和电子商务网双网合一的网络硬件平台

规划设计符合5A级现代综合物流企业管理需求的企业网和提高客户业务服务水平的电子商务网,对内覆盖全包头华通公司总部及下属分(子)公司所有管理岗位及现场作业岗点,对外辐射至铁路局及多元管理中心、车站。企业网与电子商务网既相互独立,又可以通过安全平台提供的安全策略及数据接口,实现电子数据交换。

2. 开发全程现代物流管理信息系统

按照现代物流企业对信息化的要求，开发具有两级信息工作平台、四层逻辑结构、五大应用板块及 27 个子系统的全程现代物流管理信息系统。

第一，建立总部和下属子（分）公司两级信息工作平台，集成两级公司的全部业务和管理内容，拥有企业办公、OA 系统、督察督办、业务管理等定制模块。

第二，构建四层逻辑结构。一是管理决策层，主要是总部及各职能部室纵向业务管理流程和横向信息共享接口。二是业务应用层，主要是指子（分）公司的日常物流业务管理、办公管理、市场营销及其它管理。三是信息采集层，收集业务、生产、市场、营销、办公等各环节产生的各种有效电子数据。四是信息应用层，提供主要的信息资料供日常业务开展和管理使用，同时可以对有关用户提供信息的查询和浏览。在四层逻辑结构中，管理决策层拥有最大的权限，根据所开展的业务监督和管理流程，审核各个业务环节电子数据，做出决策分析。

第三，开发市场营销、生产作业管理、内部作业管理、行政办公、辅助决策五大应用板块 27 个功能子系统，规范纵向业务管理流程和横向信息共享接口，对核心的业务数据形成标准的统计及汇总口径，逐级进行信息数据处理。

此外，研制衔接内外网接口软件，各类客户既可通过公司信息网平台访问内蒙古资源网的有关信息，又能通过内蒙古资源网访问公司物流信息管理系统，获取包头华通公司具体的产品服务信息，实现内外网的互连互通，资源共享。

三、铁路企业全程物流管理体系建设的效果

通过成果的实施，提升了铁路物流企业的诚信度和服务水平，实现了以包头地区为中心，南至鄂尔多斯、北至白云鄂博、西至乌拉特前旗、东至察素齐，管理里程 400 余公里，下游辐射 28 个省市自治区、17 个铁路局及俄罗斯等国家的物流经营市场。2010 年先后通过了 ISO9001:2000 质量体系认证和中国物流与采购联合会现场评估，被授予国家 5A 级综合物流企业。

包头华通公司进入高速发展期，2009 年完成营业收入 20.6 亿元，实现利润 0.75 亿元，上缴税收 13175 万元；2010 年完成营业收入 26.1 亿元，实现利润 1.88 亿元，上缴税收 18795 万元；2011 年营业收入 39.25 亿元，实现利润 3.02 亿元，上缴税收 21531 万元。

通过 3 年的发展，营业收入、利润和税收位居呼铁局非运输企业第 1 位，内蒙古自治区 30 强企业中第 26 位。2009 年荣获铁道部"火车头"奖杯，2010 获得内蒙古自治区质量效益型先进企业，2011 年荣获西部物流百强企业，2012 年被评为内蒙古自治区物流行业 20 强企业。

（成果创造人：赵奇志、黄文彪、祁云凤、郭福成、赵建平、郭一凡、杨俊霞、张　荣、乔云霞、刘　璇、曹春梅、刘　操）

以农民工为主体的劳务公司运营与管理

上海浦东新区平沪劳务开发部

成果主创人：劳务开发部总经理、党委书记张庆刚

1996年1月，山东省平邑县原劳动局在上海注册成立上海浦东新区平沪劳务开发部（简称劳务开发部），注册资金100万元。成立之初，采取承包经营的运作模式，承包人在完成逐年递增的承包任务前提下，通过发展业务、积累资金，在原劳务开发部的基础上，先后注册成立有劳务开发部主要管理者参股的7家股份制公司，形成了"1+7"的经营构架。2011年底，在册从业人员发展到15000余人，其中各类技术岗位4000余人，全年营业额达6.3亿元。

一、以农民工为主体的劳务公司运营与管理背景

自改革开放以来，我国经济进入高速发展期，城市化进程不断加快，区域互动不断增强，城乡二元结构受到冲击，人口流动加速，大量的农村富裕劳动力向城市聚集。

（一）实现农民工有序转移，促进革命老区经济发展的需要

山东省平邑县位于革命老区沂蒙山腹地，隶属于山东省临沂市。在实施农田承包责任制后，大批的剩余劳动力滞留在农村。如何让他们走出大山、施展身手、创造财富、改善自身的经济条件，是政府当时必须解决的一个课题。基于平邑县剩余劳动力数量多、文化素质低、且大都无一技之长的状况，平邑县政府在20世纪90年代中期，先后成立了几家隶属于县劳动局的劳务公司，其主要职责是走出平邑、代政府牵线，有序转移平邑大量剩余劳动力并负责保障输出劳动力的合法权益，劳务开发部就是其中之一。

（二）城市劳动力结构不平衡、不合理，为以农民工为主体的劳务公司提供了发展机遇

得益于国家对革命老区的对口扶贫政策，1992年6月，原平邑县劳动局组织第一批农民工到上海港从事码头装卸劳务输出，为加强对来沪平邑籍农民工的管理与服务，上海浦东新区平沪劳务开发部就应运而生，它的成立在上海就起到了拾遗补缺，调节农村剩余劳动力的作用。

（三）提升新型劳动者综合素质，培养新生代农民工队伍的客观要求

近几年来，农民工队伍结构发生了变化，"80后"新生代农民工成为主体，他们与上一代农民工有着截然不同的生活观和就业观，多数都有个"城市梦"。所以劳务开发部就担当起了对来沪农民工管理、教育、培训、服务和求职的重任。

（四）提升自身管理水平，适应市场经营的需求

劳务开发部属国有企业,成立之初,主要是与当时的上海港务局(现上港集团)开展劳务输出业务。随着上海劳务市场的全面放开,各类劳务派遣机构、劳务输出公司似雨后春笋遍地涌现,以国有企业为经营体制的劳务公司优势已荡然无存。在这新的形势下,如何转型升级,转变经营模式,提升管理水平,扩大经营范围,培养、造就和拥有一支综合素养较高、岗位技能熟练的优秀员工队伍,在强手如林的上海滩求生存、求发展,是亟待解决的课题。

二、以农民工为主体的劳务公司运营与管理内涵和主要做法

劳务开发部主动争得家乡及驻地党委、政府的支持、帮助,建立健全党、团、工组织,充分发挥其政治优势,注重管理团队及农民工队伍综合素质的培训提高,以人为本构建和谐劳动关系,成立全国首家农民工调解委员会,并为农民工家庭提供优质、便捷的保健服务,诚信经营,赢得客户口碑,优质服务,打造企业品牌。主要做法如下:

(一)构建新型劳务公司的体制机制

1. 以劳务开发部为依托,对经营体制进行改革

自2007年开始到2010年底,根据不同的经营范围和专业化分工的原则,先后注册成立了7家股份制民营公司:上海圣泰企业管理有限公司、上海圣泰保安服务有限公司等,实行"1+7"的运营体制。劳务开发部把对公司发展做出较大贡献的主要管理人员吸收为股东参与公司经营,既做老板也当员工的身份,使企业的发展和自身利益融为一体,从而极大的激发了大家的工作积极性。

2. 对各级管理人员改委任制为聘任制

2008年初,劳务开发部成立管理干部招聘领导小组,对各级管理人员进行重新洗牌,实行公开竞聘,择优录用,不拘一格选聘干部。通过人事制度的改革和管理人员的调整,逐步组建了一支年富力强、业务精通、严于律己、勤恳敬业、团结高效的管理班子。中层以上管理人员主要是来自乡镇、企业的干部以及退伍军人、转业军官和生产一线的优秀员工。目前,中层以上管理人员平均年龄39岁,具有大专以上文凭的占67%。

(二)以市场需求为导向,全面提升员工素质

近几年来,劳务开发部对员工做好四个方面的培训:一是落实岗前培训以胜任本职工作;二是坚持文明素质教育以适应城市生活;三是加强职业技能培训以满足企业发展;四是鼓励学历进修,以提升就业层次。

另外还坚持实行"三个跟踪"管理模式,即跟踪教育、跟踪服务、跟踪承担责任。

1. 对中高层管理人员进行强化培养,努力提升本职工作能力

中层以上管理人员,是实现企业发展目标的责任者。自2007年以来,劳务开发部先后分9批对在职管理人员安排到大专院校、专业培训班参加学习,接受规范的教育。在接受培训的62名中层干部

机械维修现场

中,有7人取得本科文凭,占11%,有23人取得大专文凭,占37%,有59人取得中级职称,占95%。

2. 坚持文明礼仪及普法教育,让农民成为市民

劳务开发部的员工是一个特殊的群体,多数来自偏远山区和农村,农村户籍的占80%,让他们尽快从农民过渡到市民,劳务开发部主动与驻地高桥司法所、韩明志律师事务所结对共建,请专家授课,有的放矢,对有关的交通法规、刑法、民法等都进行重点培训和解读。制定《文明员工培训手册》,保证文明礼仪教育、法制教育不少于30课时,只有通过考试合格后方可上岗。自2008年以来,15000多名在册员工中无刑事案件发生,先后有7人被上海市、浦东新区评为"见义勇为先进个人",有一人被评为中共山东省委优秀共产党员。

3. 共建培训基地,提升农民工技术含量

操作层员工的素质主要涵盖两个方面:自身综合素养和实际的劳动技能。劳务开发部制定培训计划,编制经费预算,采取"订单式"培训办法,主动与家乡的职业劳动技校、阳光驾驶员培训学校及上海等地的单位共建培训基地,先后共培训集装箱运输驾驶员、大型机械操作手、电工、理货、机械维修等具备一定技能的工人4750人。劳务开发部还极力鼓励年轻人员业余进修,并制定奖励办法。凡自学取得本科学历的,劳务开发部承担80%的学费,取得大专学历的劳务开发部承担50%的学费。近几年,在员工队伍中有15人获本科文凭、39人获专科文凭,并先后涌现出"感动高桥的外来务工者"、上海港"十佳承包工"、"十佳青年"等先进个人。

4. 实行准军事化管理,培养员工的规范意识

劳务开发部参照军队的管理模式,对所有员工实行准军事化管理,培养大家循规蹈矩、精益求精的工作精神。对主管以上的所有管理者每年进行为期一周的军训,经上海警备区批准,成立"民兵海防连"。如对在上港集团务工的农民工集体宿舍实行"四不准"、"四必须"、"四严禁"的管理规定:不准私自留宿他人、不准在室内就餐、不准大声喧哗、不准乱丢烟蒂垃圾;房间必须保持洁净卫生、物品摆放必须定置定位、被子放置必须成方成块、因事外出必须按时归队;严禁私拉滥扯电线、严禁违规使用电器设备、严禁室内酗酒、严禁聚众赌博。因此成为上港集团劳务工集体宿舍的一道亮丽的风景线。

(三)着力建立劳动力输出基地,多渠道形式招收员工

为破解招工难的困局,劳务开发部未雨绸缪,一是每逢退伍军人、转业军人安置之际,将用工信息及相关的招用条件、待遇提供给安置部门予以选择,下属的圣泰保安公司三分之二的保安队长及相当部分的保安队员均来自于转业、退伍军人。二是在大专院校学生毕业前后,到人才市场招聘层次较高的员工,这一层次的人员会逐步成为劳务开发部的中坚力量。三是每逢春节后到各地的劳动力市场公开承诺、公开信息,广泛吸纳返乡过节的农民工群体,免费提供交通工具和必需的日常用品,在招工难的今天,能确保了因业务快速发展而所需的劳动力资源。四是善于捕捉其他企业的裁员信息,提前介入,尽可能的把有一技之长,敬业守法的成熟员工揽在麾下。先后收留安置了1500多名下岗人员,消化了裁员企业的矛盾,减轻了社会压力。

(四)坚持诚信经营、打造企业品牌,采取多种形式开拓市场

品牌是一种效应动力,是企业的无形资产,是市场竞争的软实力。劳务开发部用诚信赢得良好口碑,从未与客户发生过合同纠纷。如在2008年上海一家客户因为劳资纠纷与劳务公司发生矛盾,集装箱运输司机集体怠工,集装箱无法按时运到外轮,面临巨大亏损,这时劳务开发部能挺身而出,抽出驾驶员组成突击队加班加点,帮助客户共度难关,挽回了经济损失。

2010年上海世博局慕名专程来劳务开发部考察,将世博园区30%的保安服务和全部展品接卸任务,交劳务开发部负责完成。世博会后,获得了高桥镇世博安保服务特别贡献奖、静安区创先争优世博先锋行动先进党组织、世博先锋行动贡献奖等荣誉。

劳务开发部业务也从上海港、天津港、南京港、宁波港的集装箱装卸运输延伸和辐射到城市社区保安、市容绿化、城市保洁、物业管理以及建材批发、客车租赁、大型机械维修、粮油加工、仓储物流等项目,现有合作单位及客户430余家。

(五)健全组织,实行规范化管理

随着股份制公司的相继成立,劳务开发部先后多次组织"一班人"到成功的单位学习考察,借鉴经验,于2007初,以劳务开发部为母体组建四部一室,即业务发展部、安全生产监督部、运输车辆管理部、后勤财务部、总部办公室,并已经全面实现了办公自动化。同时在各公司建立了工会组织,劳务开发部于2011年6月将原来的党总支升格为党委。

(六)保障员工合法权益,构建和谐劳动关系

1. 实行阳光工资,让员工都有一本明白帐

劳务开发部实行阳光工资并能相互监督。制定《员工百分制月度量化考核办法》,将安全质量、优质服务划为60分,精神文明、综合治理划为40分,按照岗位、职务、绩效,对每个员工进行考评,考核结果与工资直接挂钩,做到奖惩分明。各公司在工资发放中,必须做到不拖延、不克扣,在福利发放时,不截留、不以次充好。

2. 注重企业党建文化,发挥政治优势

党团建设也属于企业文化的范畴,抓好党建工作,发挥引领作用,对企业发展是一个有力的支撑。为此劳务开发部采取"请进来"、"推出去"的做法,不断创新流动党员管理的体制。请驻地高桥镇党委派人到劳务开发部党委挂职副书记,劳务开发部党委副书记挂职驻地高桥镇综合党委委员,同时推出一名青年党员参加驻地高桥镇团委选举,并成功当选为团委副书记。通过双向交流挂职,把劳务开发部和驻地党委政府紧密的凝结在一起,形成了开拓业务、服务员工、稳定队伍的工作合力。劳务开发部将下属公司的团支部直接隶属于驻地镇团委管理,党组织主动接受驻地高桥镇党委的指导,与驻地党团组织开展共驻共建,成立党员志愿者队伍、青年团员突击队,积极参加驻地社会公益活动、义务鲜血、义务植树,担任驻地高桥镇抢险救灾的应急分队,让大家在社区公益活动中滋生成就感、荣誉感、归属感。

如在2011年上海市"4.20"外集卡罢工风波中,劳务开发部党组织立即与驻地高桥镇党委政府交流意见,制定措施,掌控队伍,要求党员司机带头作出"6不承诺":即不轻信、不谣传、不围观、不起哄、不参与、不影响正常工作。劳务开发部1200名外集卡司机无一人参加,被上海市有关部门誉为"平邑现象"。2011年劳务开发部党委应邀参加了上海市合作交流委在北戴河召开的党建工作论坛,并做了典型发言。

3. 切实发挥工会作用,坚持民主管理

劳务开发部要求下属公司必须建立健全工会组织,并注重发挥其应有的作用。工会代表(职工),必须经民主选举产生。凡涉及员工切身利益的所有规章制度,(如劳动合同的订立、工资构成及相关分配办法、奖惩考核规定等)必须经职工代表大会讨论通过,让全体员工享有充分的知情权、表达权、监督权、执行权。自2008年新的《劳动合同法》实行以来,没有发生一起员工因劳资纠纷投诉的案件。劳务开发部先后5次被上港集团评为"模范工会之家"。

在生产(工作)班组实行双向选择的办法,进行优化组合。劳务开发部对在上港集团务工的各班组岗位人员配置,尝试用"官兵互选"的办法,进行优化组合,即班组长选择员工,员工同样也可以选择班组长。这一措施极大的提高了工作效率,提升了服务质量,得到了用工单位多方充分肯定和好评。

4. 创建农民工居住地人民调解委员会,促进和谐稳定

劳务开发部驻地(上海浦东新区高桥镇)周边被戏称为"小中国",约有1.4万人借住在居民家里。如何让这些散兵游勇融入到驻地社区与大家和谐相处,经劳务开发部提议,经浦东新区人民调解协会批准成立了有驻地高桥镇司法所长任主任,开发部党委副书记及韩明志律师事务所主任为副主任的上海浦东新区高桥镇(平邑县)来沪务工人员居住地人民调解委员会(简称调委会)。调委会由高桥镇政府负责牵头协调,律师事务所提供法律援助、司法所则扮演监督者的角色,实际的调解职能下放到劳务开发部。调委会建立信息员—调解员—调解委办公会三级工作网络,用老乡管老乡方式,把各类矛盾消灭在萌芽状态。通过"合情、合理、合法"的调解达到消除矛盾、和谐相处的目的。

如2008年5月份,由于对新实施的《劳动合同法》产生曲解,在上海洋山港码头工作的务工人员与用工单位产生了激烈的矛盾,他们中的部分人采取停工以及集体上访等非正常的手段进行"维权"。调委会及时到洋山岛开展"送法上岛暨法律咨询座谈会"的活动,与54名务工人员代表面对面,交流咨询,发放大量法制宣传资料,并进行以《劳动合同法》为主的法制宣传教育,打消了职工疑虑,稳定了人心。当时洋山港共有8家劳务公司,唯有劳务开发部没发生怠工、停工事件。

调委会同时承担了为务工人员提供法律援助的义务。如单位女职工王光芬,在2010年因为交通事故受到伤害,当时她提出2万元的赔偿要求,对方觉得伤者是外地人,对其要求不屑一顾,断然拒绝。调委会为其提供法律援助,通过二审判决得到了23万元的经济赔偿,王光芬被感激的热泪盈眶。调委会自成立以来,先后为37人提供法律援助,最大限度的维护了当事人的合法权益。

5. 以人为本,为员工营造温馨的家

作为劳务工群体,劳务开发部认为劳务公司就是他们的"娘家人",真正让员工有了困难敢向劳务开发部求,有了委屈愿向劳务开发部诉。一是申请平邑至上海的客运专线,朝发夕至,每天都有4至6辆班车相向而行,从劳务开发部直达原籍的各个乡镇,为来沪务工人员及家属子女提供安全便捷的交通工具;二是设立员工互助基金,号召大家自愿捐款,为解决遇到天灾人祸及特困员工的燃眉之急。三是发放慰问金。每逢年终,劳务开发部都专程回到务工人员的原籍,看望优秀员工及特困户家人并发放慰问金。近

几年来,有1321人次受到资助。

劳务开发部还先后投资数百万元,按宾馆式标准对几处务工人员宿舍进行修缮,成为上海市外来务工人员集体宿舍管理中的一个亮点。

劳务开发部购置文体活动用品,租赁活动场地,开展每年一届"蒙山杯"文体比赛,每逢五一、国庆,都组织大家举办文体活动,成为驻地文化广场活动中主体队伍。

6.设立计划生育彩虹坊,为务工家庭提供便捷服务

根据家乡的计划生育有关规定,外出打工的已婚育龄妇女要每季度回原籍一次,进行孕情体检。这样就给农民工家庭出了很大的难题,因为请假难、往返费用高,再加误工费,导致很多人都无奈的辞职回家。劳务开发部与驻地计划生育部门联系,在征得家乡政府的同意下成立彩虹坊,有驻地派专职人员值班,随时为妇女查体并办理相关手续,家乡的计生部门也来上海登门服务,驻地免费为男性务工人员体检。

三、以农民工为主体的劳务公司运营与管理的效果

(一)有序转移大量劳动力,有效促进了家乡的经济发展

劳务开发部组织家乡剩余劳动力有序转移,同时也为农民工提供相对安稳固定的就业岗位。他们的工资报酬、劳保福利甚至是人身安全都得到了有效保障。上海及周边的用工单位也能通过与劳务开发部的合作,拥有了一支成本较低、遵守规矩、吃苦耐劳、勤恳能干、能胜任本职的农民工队伍。劳务开发部自身也在经营过程中得到了快速发展,务工人员从2007年初的2800余人发展到2011年底的15000余人。如山东省平邑县有100万人口,现有剩余劳动力10万人,其中就有1万人在劳务开发部打工,自2008年以来,平均每年为家乡带回2.5亿多元的纯收入,在平邑县农村增收致富的道路上起到了很好的引领作用。在2008年的金融危机时期,劳务开发部的业务仍有较大幅度的增加,仅接纳山东籍失业农民工就达1500人,减轻了政府和社会负担,创造了较大的社会价值。

劳务开发部先后捐资捐物折款500万元为家乡架桥、修路、助学;投资2000万元修复平邑蒙山万寿宫古建筑群;为临沂市河东区招商引资,促成了总额达100亿元的投资项目落地,还成立倾情沂蒙旅游公司为家乡和驻地的经济发展增砖添瓦,努力做出贡献。

(二)缓解了城市招工难的问题,为城市发展做出了贡献

劳务开发部成功的运作,源源不断的把大量的优质劳动力吸引到大城市,农民工进城谋生,已经成为城市发展的主力军,他们在较差的生存环境下,默默无闻的承担着"城里人"不愿意从事的最脏、最累、最苦、最险的工作岗位,已经成为确保城市生活正常运作的一支不可或缺的力量,城市的经济发展、基础建设和社会管理已经深深的留下了他们的工作烙印。劳务开发部的运作与管理为上海城市的发展做出了巨大贡献。

(三)探索了一条新型农民工成长、就业的路子

努力把员工从原始、粗放的劳动岗位上解放出来,以此提升他们的就业的层次和岗位的技术含量是劳务开发部贯穿始终的工作理念,劳务开发部在"走出去"、"返回来"的就业过程中发挥着重要的平台作用。外出务工者把在大城市及现代化企业学到的超前理念、商品意识、先进技术、管理经验、致富信息和创业资金带回家乡,创办企业;还有一部分成为村镇干部,在新农村建设中发挥了带头作用,成为农村经济发展的新生力量和

领头雁。目前,劳务开发部已有 200 多名返乡人员成功创业,辐射带动十几个行业发展,促进 5000 多人就业;达到了"输出人员,引回人才,输出劳动力,引回生产力"的双赢目标。据统计,到 2011 年底在返乡创业的群体中,有 31 人担任了村级"一把手",成为村级干部的佼佼者。

劳务开发部的工作得到了社会各界的认可和赞誉,2012 年"七一"建党节前夕,党委先后被山东省委评为"齐鲁先锋"先进党组织、被中共中央组织部评为"创先争优"先进党组织。劳务开发部连续 10 次被驻地高桥镇评为"年度治安合格单位",新华社内参、上海市委党报《解放日报》头版头条及电视新闻媒体等刊物都相继给予专题报道。

(成果创造人:张庆刚、付德远、张　艳、程凤海、
王昭东、陈　昌、张　进、林　栋、张现国)

钢铁企业产品差异化战略的实施

杭州钢铁集团公司

杭州钢铁集团公司(简称杭钢集团)创建于1957年,是一家以钢铁、贸易流通、房地产为核心业务,环境保护、酒店餐饮、科研设计、高等职业教育、矿山开采冶炼等产业协调发展的大型企业集团。钢铁业是杭钢集团发展的根基,目前已具备400万吨钢的年生产能力,是国内具有较强竞争力的精品钢材生产基地。近年来,杭钢集团坚持"以诚信赢得用户,以精品赢得市场,以服务赢得口碑"的经营理念,深入实施产品差异化发展战略,在全国同类型钢铁企业中走出了一条产品差异化推动企业创新发展的道路。

成果主创人:公司董事长、党委书记李世中

一、钢铁企业产品差异化战略的实施背景

（一）破解外部环境制约的需要

杭钢集团地处杭州市这座历史文化名城和国际风景旅游城市,环境要求非常高,钢铁产业发展空间严重受限,在国内钢厂都在走规模化发展道路的背景下,杭钢集团钢产能一直控制在400万吨。针对这一严峻现实,杭钢集团从实现企业可持续发展的高度出发,果断摒弃传统的规模扩张发展道路,一方面坚持走内涵挖潜式发展道路,做精做强钢铁产业,深入实施以市场为导向、以研发为核心、以效益为中心、以服务为根本的产品差异化发展战略,积极应对外部环境制约带来的严峻挑战,使有限的产量产生最大的经济效益;另一方面积极推动城市钢厂搬迁工作,着力推进浙江钢铁产业布局优化和结构调整,进一步拓展杭州市的城市功能和发展空间,同时也有利于推动杭钢集团转型升级、加快建设千亿企业。

（二）构建企业长期竞争优势的需要

近年来,我国钢铁产能严重过剩、产品同质化竞争越来激烈,要使企业长期立于不败之地,就必须走出一条具有自身特色的发展之路。杭钢集团是建厂55年的老国有企业,有一支强管理、善经营、肯钻研的干部员工队伍。另外,近年来,杭钢集团钢铁业不断加大技改投入,实施了一大批工艺技术改造,工艺装备水平不断提升,部分装备达到国际先进水平或国内领先水平,具备生产高档产品的能力。为充分发挥软件和硬件比较优势,杭钢集团提出并深入实施"人无我有、人有我优、人优我精、人精我特"的产品发展道路,做"小企业做不来、大企业不想做"的高精尖产品,大力开发"高技术含量、高附加值"的新产品,同时做优常规产品,做强重点产品,做精高端产品,切实化解高成本带来的压力,着

力构建企业长期竞争优势。

（三）抓住下游制造业转型升级机遇的需要

杭钢集团所处的长三角地区机械制造业十分发达，汽车、摩托车配件和齿轮、轴承、弹簧等部件生产规模庞大，每年都需要大量的优碳钢、合结钢及各种特殊要求的钢材。随着下游企业转型升级步伐的不断加快，产品质量要求越来越高，需求量也逐年增加。杭钢集团针对下游产业发展特点，结合自身工艺装备情况，确立并实施"小批量、多规格、快节奏"的生产模式，积极适应市场需求变化，集中力量研发高技术含量、高附加值的优特钢新产品，不断加快产品升级换代步伐，努力打造具有自身特色的拳头产品体系，尽最大努力满足下游制造业转型升级的需要。

二、钢铁企业产品差异化战略的实施内涵和主要做法

杭钢集团在"创新发展、和谐发展"的总战略框架下，以环境适应能力强、市场需求定位准、工艺模仿难度大为标准，通过优化产品结构、提高产品质量、强化技术服务、提升品牌形象等措施，培育具有杭钢特色的工艺"偏方"，向市场提供标新立异、有别于竞争者和具有鲜明的个性化特色产品，以赢得市场、占领市场，切实为客户创造价值，培育企业长期竞争优势。主要做法如下：

（一）制定产品差异化战略的思路、原则和目标

杭钢集团经过认真思索、深入调研，在全面分析长三角制造业发展趋势后，认为产品差异化战略符合杭钢集团的发展实际。在有限的发展空间里，积极创造条件，充分利用"小"的优势，承接"小批量、多批次"的订单，做大钢厂不愿意做、小钢厂生产不出来的个性化产品，产品差异化发展战略由此提出。

杭钢集团经过深入分析，确定产品差异化发展战略的指导原则：一是效益优先。牢固树立效益优先原则，通过市场调研、方案论证、性价比研究等措施，建立最优化、最经济的生产工艺。二是定位合理。不过分追求与众不同，只追求在行业内有显著区别于其他企业的一种或几种独特性；又不过分追求锦上添花，造成质量过剩。三是创新为本。坚持比别人快一步，不断自我否定和突破，为产品升级换代注入创新活力。四是注重实效。把解决实际问题放在重要位置，着重关注客户对钢材产品的某些特殊性能、功能和服务等方面的需求，充分体现实际成效。五是持续改善。坚持"回头看"思路，及时收集客户反馈信息，定期开展产品性能评价，积极运用持续改进法，确保产品质量稳步提升。

通过大力实施差异化发展战略，推动产品"特色化"发展，着力将工程机械用钢、机械加工用钢、汽车用钢、特种工具用带钢及特色型材等优特钢品种打造成具有比较优势和行业影响力的特色产品；努力把杭钢集团建成市场导向型、敏捷、高效、经济、有持续发展能力的优特钢精品基地，成为汽车零部件、工程机械、通

成果主创人：公司总经理汤民强

用机械、紧固件、五金工具等行业的优选钢材供应商。

(二)探索产品差异化战略发展路径

杭钢集团实施产品差异化发展战略是根据不同时期市场形势持续改进完善的。"十一五"初期,杭钢集团主要实施紧跟补缺产品研发策略,采取"小批量、多规格、快节奏、特要求"的产品开发和高度模仿的形式,紧紧抓住钢铁行业蓬勃发展的契机,拓展市场,积累资本。"十一五"中期,杭钢集团主要实施重点突破的产品研发策略,集中力量专攻某几个钢种的研发,并尽快推向市场,打造杭钢品牌,进一步提高知名度。期间,进行了两次品种结构大转移。

1. 产品结构第一次大转移

"九五"末期,杭钢转炉开始从生产普碳钢、螺纹钢向生产优碳钢转移,电炉从生产优碳钢向生产合结钢转移,这次转移首开了普钢企业生产优特钢的先河,打破了国内原有的钢铁生产格局,促使杭钢通过产品转型实现了企业转型,从普钢厂转型为普特结合的钢厂。大转移之后,杭钢形成了新的生产格局,用成本低、压延性能好的转炉钢满足五金、紧固件制造行业的产品需求,用纯净度高、表面质量好的电炉钢满足汽车、摩托车配件制造行业的产品需求,充分发挥了转炉钢和电炉钢的性能优势。

2. 产品结构第二次大转移

"十五"末期,在国内钢铁产能急剧膨胀,市场竞争不断加剧,钢材生产成本逐年增加,下游行业对钢材产品质量和价格越来越严苛的情况下,杭钢集团进行产品结构调整的第二次战略性大转移,转炉从生产优碳钢向生产合结钢转移,电炉从生产一般合结钢向生产技术含量和附加值更高的弹簧钢、易切削钢、工模具钢转移。通过实施转炉精炼工艺改进,一大批原在电炉生产、处于亏损状态的产品转移到转炉生产,大大降低了生产成本,并且转炉合结钢比例日趋上升。电炉不再生产亏损产品,腾出生产能力后,大力生产技术含量和附加值更高的弹簧钢、易切削钢、工模具钢等新产品,使其成为杭钢的支柱产品,市场占有率位居全国前列。

在上述探索实践的基础上,杭钢集团在"十一五"末期开始全面实施产品差异化发展战略。这一阶段,国际金融危机持续发酵,新一轮国家宏观调控政策相继出台,市场竞争日趋激烈,中低端产品同质化现象日益严重,产品生命周期不断缩短,用户需求变化不断加快,市场需求从大批量少品种,向小批量多品种和专业化、多层次、高要求转变,给原本微利的钢铁行业带来了严峻挑战。为积极适应变化多端的钢铁市场,杭钢集团从企业可持续发展的战略出发,在体制机制、技术服务、研发管理、生产管理、产品策略等方面进行了一系列改革创新,确立"与众不同、难以模仿"的长期竞争优势。

(三)创新产品差异化战略推进机制

1. 建立"研产销用"一体化运作机制

杭钢集团研产销用一体化运作机制包括三个层次:一是决策层,由集团公司总经理和分管副总经理担任领导小组正副组长,每月召开领导小组会议,专题研究产品结构调整和重大工艺变化,确定新产品研发方向,统一协调新产品研发过程中的重大事件。二是推进层,由新产品研发推进办公室和市场开发科组成,经常性召开办公室会议,负责指导、监督各单位对品种发展战略目标的分解与实施,布置新产品市场调研与市场开拓工作。三是落实层,由研发、生产、销售、用户服务等部门组成,负责协调、落实新产品排产和相关研发事宜。

2. 建立技术交流工作机制

为提升研发人员快速掌握技术的能力,进一步增强研发团队的合作意识,杭钢集团建立以"凝心集智、合力团队"为核心的专业技术交流工作机制,搭建起专技人员之间的学术交流平台。为充分发挥专业技术人员的带头作用,制订《研发人员专业发展方向管理办法》,按钢种确定每个研发人员的专业发展方向。每月安排两次专题讲座,要求主讲人紧紧围绕终端客户和行业的新应用、新需求,积极开展前瞻性研究,同时结合自身专业领域的研究成果,以及一些关键工艺技术问题的解决方案进行探讨和共享,减少重复性研究,缩短研发周期,降低研发成本和研发风险,为杭钢集团保持行业领先地位积淀丰厚的科技和技术储备,确保新产品准确、快速推向市场。

3. 建立专业技术晋升机制

为推进高层次专业技术人才队伍建设,2011年杭钢集团首次聘任技术专家13名,建立首席技术专家、主任技术专家、技术专家和技术主管序列的专业晋升机制,分别专攻核心技术、关键技术、通用技术和一般技术,并对核心技术和关键技术进行知识产权管理和资源聚焦投入,有效控制研发成本,提高研发的竞争力和投入产出比。同时,积极研究实践技术带头人项目负责制和双管制模式,有效避免行政与专业的交叉指挥和双重管理,充分发挥技术带头人的专业优势和分析判断决策能力。

4. 建立产品研发激励机制

为进一步激发广大科研人员、管理人员、操作人员的创业创新热情,增强产品研发的积极性和主动性,2010年杭钢集团建立完善《集团公司新产品开发考核激励办法》《主任技术专家聘任管理办法》《主任技师聘任管理管理办法》,积极开展优秀科技工作者评选活动和科协成立50周年表彰奖励。同时,以绩效为导向,建立以工作责任、创新能力和团队协作三个指标为核心的考核方式,以项目为单位,与产品利润直接挂钩,年度进行综合考评,按贡献大小、绩效好坏参与分配,有效避免吃"大锅饭"和"领导虚挂"现象。

(四)以产品研发策略差异化为重点,大力提升产品的市场适应性

杭钢集团结合行业、区域差异和自身特点,坚持有所为、有所不为的原则,对企业产品路线、品种结构和质量层次进行最优化设计,选定目标市场,确立"以点带面、循序渐进、全面提升"的研发思路,全面提升差异化发展能力。

1. 在适应国家产业政策上做文章

杭钢集团积极响应国家节能减排号召,顺应市场发展潮流,从节省客户加工成本、满足客户特定需求出发,集聚研发力量,重点开发节能型、环保型、轻量化和高强度新型产品。如节能型非调质钢的研发与生产,为客户省去调质热处理工艺,吨钢可降低电耗750度左右,相当于吨钢节约成本400元左右,该项目被列入省级科研项目;易切削钢从开始设计的含铅含硫污染元素,到现在的含铋含锡等环保元素,不仅提高了切削性能,而且节约了生产成本,减少了环境污染,是真正意义上的环保钢材,得到政府部门的大力支持,受到广大客户的青睐;紧紧抓住高铁行业蓬勃发展的有利时机,大力开发轻量化铁路用弹簧、高强度汽车防撞杆和高温渗碳汽车齿轮钢,一大批高铁及汽车用钢相继试产。

2. 在适应下游转型升级上做文章

随着下游产业升级步伐不断加快,杭钢集团意识到单一的产品规格满足不了客户多层次、全方位的需求,将导致客户流失。因此,在产品设计策划时,通过挖掘现有工艺装备潜力,突破关键工艺技术瓶颈,紧紧围绕市场需求,在国内首先开发了一批个性化专用钢品种,使产品在纵、横两条线上实现系列化,最大限度满足用户多样化、多层次需求。目前,棒、线、型、带已成为杭钢的四大主导产品,初步形成了以工程机械用钢、机械加工用钢、汽车用钢、标准件用钢、特色型材等优特钢产品序列,较好满足长三角先进制造业发展的需要。

3. 在适应客户多元需求上做文章

随着长三角地区加工制造业的进一步发展,产品划分更加细化、成分要求更加精确,而且呈现批量小、批次多、节奏快、规格多的发展趋势。为满足这一要求,杭钢集团牢固确立以市场为导向的新产品研发策略,快节奏、高效率地向市场推出适销对路的产品,不断满足市场新需求。如弹簧钢系列有 6 个钢种、规格接近 30 个;工程机械用圆钢系列有 7 个钢种;履带钢系列有 9 个钢种、10 多个规格;冷镦钢系列有 6 个钢种、4 个级别;刀模具钢有近 10 个钢种和多个规格等。正是因为没有放弃这些小订单客户,才使杭钢集团的产品逐渐进入高端领域,订单也逐渐变大。如 HGS55、HG20A、50CrNiMoVA 等高附加值产品,从起初试用时几吨发展到现在年需求近万吨;弹簧钢也由试产时的几百吨发展到 2011 年的 9.7 万吨。

(五)加强工艺技术改造和生产方式调整,提高差异化产品的制造能力

1. 提高装备水平

杭钢集团大力实施"以环保为主线,用高新技术和先进适用技术改造传统产业"的技改方针,先后淘汰 10 条能耗高、工艺落后、污染严重的生产线,新建小型连轧、80 吨超高功率直流电弧炉、高速线材、合金钢棒材等 4 条具有世界先进水平的生产线,有效推进了传统产业的优化升级。在工艺方面,大力实施工艺技术改造,积极应用新技术、新工艺,为产品差异化发展战略的实施打下坚实的硬件基础。

2. 优化生产组织

差异化战略最明显的特征就是批量小、品种多、规格杂,换炉、换辊较为频繁,对生产组织的要求高。针对这一特点,杭钢集团建立每天早会、每周和每月生产经营例会制度,研究产品发展方向和研发目标。同时,充分发挥调度中心作用,每周两天召开产品生产组织协调会,及时解决生产组织中存在的主要问题,将产品生产周期细化到每一天、每一班,确保既能满足市场需求,又能合理优化库存,实现经济效益最大化。

3. 调整产品结构

杭钢集团提出"转炉钢电炉化、电炉钢高端化"的研发思路,根据"生产一代、开发一代、储备一代、预研一代"的要求,不断优化现有资源,重点做好弹簧钢、合金结构钢、轴类用钢、齿轮钢、履带钢、易切削钢和碳工钢等品种的扩量工作,不断提高电炉产品的创效能力。一是花大力气开发市场前景好、用户需求大、盈利能力强的新品种,全方位深入市场寻找"蓝海",做到人无我有、人有我优、人优我精、人精我特。二是重点突破电炉轴承钢、环保型易切削钢、碳素工具钢等关键品种的冶炼和控轧控冷技术瓶颈,加快轻量化弹

簧钢、工模具钢开发进度,做好高端齿轮钢、工程机械轮轴钢的稳质扩量工作。三是做好转炉含硼钢系列、新型工程机械用钢等品种开发,进一步优化转炉钢品种结构,持续推动产品结构优化。

(六)开展全方位技术服务,实现与客户共赢发展

坚持"服务也是产品,而且是核心产品"的理念,将服务作为产业链中的增值环节,实施全天候、零距离、一站式的销售方式,建立起高效、快速、便捷的优质客户服务体系,从单一的生产制造商向综合供应商、服务商转变。尤其是近年来,随着客户个性化需求的不断升级,杭钢集团服务创效理念也在持续深化,并把"服务创造价值"的工作理念真正落到实处。

1. 零距离的技术指导

根据不同客户的产品特性、工艺水平和装备条件等情况,明确技术分工,规范服务程序,全力打造高效、专业的服务团队。制订《新产品技术服务的有关规定》,结合技术人员的专业发展方向,帮助用户解决工艺技术难题;加强"零距离"技术服务,加大"走出去"服务力度,全面了解终端产品功能、特性、生产工艺,积极帮助客户选产品、定工艺,实现供需协调联动、区域协调联动,既为客户节省了材料、完善了工艺、提升了质量,同时也为杭钢集团创造了经济效益,实现了供需双方互惠互利。

2. 全方位的市场研究

按照弹簧钢、工程机械用钢、齿轮钢、易切削钢和工模具钢带等主导产品的发展方向,加强对重点产品市场、专业市场和区域市场研究,着力掌握主要竞争对手的品种、质量、价格、市场份额、用户信任度等信息,不断查找自身差距,分析原因,制定整改措施,切实增强市场敏锐性和快速响应能力。通过常态化、制度化的用户走访、技术咨询,切实掌握客户对产品需求的第一手资料,建立核心层、紧密层、辐射层和游离层的用户结构层次,不断完善用户信息档案,以更好地为客户提供优质高效服务,进一步巩固上下游战略合作伙伴关系。

3. 个性化的技术服务

建立重点用户技术服务机制,从用户发展前景、合作紧密程度、需求量、忠诚度等方面进行评价,确定重点用户和一般用户,并提供个性化服务。充分发挥重点客户的示范带动作用,积极实施新型易切削钢、高档汽车齿轮钢研产销一体化运作体系,从订单、生产、销售、服务等方面提供一条龙服务,并在资源保障、营销政策上给重点用户一定的支持和帮助,切实稳定和巩固客户群,进一步拓展市场潜在需求。另外,利用浙江省先进钢铁材料工程技术研究中心、国家认可实验室等创新平台的先进装备和现代理化分析手段,积极为客户提供检测技术,确保各类数据的科学性、准确性、和可靠性,进一步培养客户忠诚度、提升满意度。

三、钢铁企业产品差异化战略的实施效果

(一)产品结构进一步优化,差异化竞争优势显著增强

2005~2011年,杭钢集团共开发新产品174项、新产品产量达到229万吨、实现产值140亿元、创造利润7.5亿元。目前,杭钢集团钢铁业产品包括热轧圆钢、热轧带钢、热轧盘条、热轧型钢等4大系列、2000多个品种规格,形成了汽车齿轮钢、轴类件用钢、弹簧

钢、易切削钢、轴承钢、冷镦钢、优特钢带、工程机械用钢、轨道用钢、硬线钢等十大主导产品,优钢比达到86%,"电炉产品高端化、转炉产品电炉化"的发展格局基本建立,已成为国内名副其实的优特钢精品生产基地。

目前,杭钢集团免退火8.8级紧固件用冷镦钢,填补了国内空白,技术水平达到国际领先水平;履带板、HG20金属带锯背基料已完全替代进口,多个产品通过国际著名跨国公司和知名企业认证;高强度冷镦钢、高强度焊接材料和镀金材料分别成功用于"神舟"五号至九号宇宙飞船;弹簧钢、易切削钢市场占有率位居全国前列;履带钢、38Kg/m重轨、HGS55、GCr15轴承钢带、HG20A、50CrNiMoVA等形成批量生产。2011年,弹簧钢、易切削钢、轨道钢、工程机械用履带板、工模具钢带全国市场占有率分别达到20%、45%、38%、25%、17%,具有较为明显的市场竞争优势。优碳合结中小型圆钢、HG5、焊管钢带、弹簧钢盘条、合金结构钢热轧圆钢等10余个品种获国家冶金产品实物质量金杯奖;轻轨、优质碳素结构钢圆钢、合金结构钢盘条荣获冶金行业品质卓越产品;轻轨、弹簧钢盘条获得浙江省名牌产品;A105阀门用钢、CrMo系列热轧圆钢获得杭州市名牌产品;履带用热轧型钢、弹簧钢热轧钢带、合金结构钢热轧钢带、合金结构钢热轧盘条四项行业标准由杭钢负责起草制订;杭钢集团"古剑"牌商标名扬省内外,产品知名度和品牌影响力进一步扩大。

(二)综合实力进一步提升,可持续发展能力明显增强

从2005年开始,杭钢集团销售收入逐年增长,尤其是2009年至2011年期间,销售收入每年都以200多亿元的速度递增,年平均增长率达到40%左右,2011年实现销售收入828.28亿元。在销售收入大幅增长的同时,经济效益也不断提高,2011年实现利润15.57亿元。2007年,杭钢集团被中国企业联合会和中国企业家协会评为全国最具影响力企业。

产品差异化战略的深入实施,也有力地推动了企业的节能减排工作。2011年,杭钢集团废水排放合格率、废气排放合格率、废水重复利用率和含铁尘泥综合利用率分别达到100%、99.73%、98.24%和100%;吨钢综合能耗、可比能耗分别为524.9kgce、517.9kgce/t,两项指标均位居全国同类型钢铁企业第6名。近年来,杭钢集团先后荣获中国工业生产能源节约先进单位、全国节能减排领军企业、全国绿化模范单位等荣誉称号,走出了一条城市钢厂可持续发展之路,可持续发展能力进一步增强。

(成果创造人:李世中、汤民强、张利明、任海杭、
叶健松、詹天浩、戚雄伟、张金华、吕森强)

打造新能源发电集团的风电开发集约化管理

龙源电力集团股份有限公司

龙源电力集团股份有限公司(简称龙源电力)是中国国电集团公司投资新能源产业的主体,2001年确立"大力发展以风电为主的新能源"的发展战略,2006年提出成为"国内领先、国际知名",具有可持续发展能力、盈利能力、竞争能力和带动能力的以风力发电为主的新能源发电企业集团的战略目标。2009年在香港主板上市后,战略目标提升为"建设国际一流新能源上市公司"。截至2011年底,龙源电力风电控股装机容量860万千瓦,占全国风电总装机容量的19%。资产总额901亿元,拥有控股子公司148家,分布在全国30个省市区。全年发送绿色电力超过135亿千瓦时,相当于减排二氧化碳1352万吨,节约标准煤406万吨。

成果主创人:公司总经理谢长军(左)与党组书记黄群

一、打造新能源发电集团的风电开发集约化管理背景

(一)传统分散管理无法满足风电规模化发展

我国风电开发转入规模化、产业化发展的时间不长,随着风电开发规模的迅速扩大,以场为单位管理模式的问题越来越明显:不规范、不专业,整体竞争实力弱。以场为单位实施管理,呈现风电开发主体多、小、散、弱的状态。资源不能最大限度地发挥作用、配置效率低,整体管控能力弱,风电场的效益无法充分实现,整体利益得不到保障。

(二)塑造竞争优势的选择

风电开发是一项系统工程,围绕前期工作、工程建设和生产运营三个基本环节,存在着风电场选址、工程造价和质量、风机设备可用率三大关键要素,对整体目标的实现起着决定作用。2003年,龙源电力整体接收原国家电力公司14.4万千瓦风电资产后,开始转变和创新风电开发管理模式,构建集约化管理体系。

二、打造新能源发电集团的风电开发集约化管理内涵和主要做法

龙源电力以效益最大化为根本,围绕风电开发产业链,抓住前期工作、工程建设和生产运营环节的关键要素,改变分散的风电开发模式,由企业本部集约管理所属公司的前期工作、工程建设、生产运营、技术研发、品牌建设等相同业务单元和服务进行,统筹谋划,系统运作,实现资源最大限度的整合和共享。主要做法如下:

(一)建立新型管理架构和组织形式

龙源电力首先对管理架构和组织形式进行了调整,根据产权关系、行业特点、区域特

征等因素,推行"三层架构,两级法人"的垂直管理体系。

本部是公司的决策层,定位"四中心、四管理",即战略规划中心、资本运营中心、管理调控中心和资源配置中心,行使战略管理、运营协调、风险控制和职能支持四大管理职能。在风电开发集约化管理中,负责战略、人事、财务、投资、资产、安全、考核和监督管理,在企业总体发展,优化配置资源,协调区域关系,争取国家政策支持等方面发挥作用。本部实行"综合管理＋专业管理"组织模式,把职能部门划分为综合管理、专业管理和监督保障三类,建立以条线为主的专业化管理体系,通过制定制度、标准、流程,发挥整体效应。

区域公司和技术服务支持单位构成公司的执行层。由于风电开发的特殊性,大部分风电项目都是一个项目设立一个公司,为了实现集约化管理,龙源电力依据行政区划,结合风资源分布和发展规划,采取"一套班子、多块牌子"模式,设立区域公司,作为区域风电开发和经营管理的主体。区域公司对区域风电开发全过程负责,承担区域战略实施、前期工作、工程建设、生产运营责任。区域公司的设置有利于区域资源整合,有利于提高运作效率,有利于与地方政府及利益相关方建立良好的互动合作关系。

在专业化管理方面,龙源电力整合资源,拓展风电开发产业链,建立起围绕主营业务流程的技术服务支持体系,包括风电前期开发技术服务、风电工程咨询设计、风电工程及设备采购、风电场运行监控、风电场检修、风电场备品配件管理、清洁能源机制开发、风电职业技术培训、可再生能源发展研究、风电行业公共服务等专业化服务平台。在本部专业管理部门的组织、协调、指导下,技术服务支持单位提供专业服务,实现企业效益最大化。

风电场是公司的生产层。电量是风电效益产生的核心,作为项目生产车间的风电场,主要对电量负责,同时承担成本管理、安全生产、员工队伍稳定、环境保护等责任。

同时,龙源电力强化考核和责任追究,加强财务总监及派出董事、监事管理,通过财务、审计、法律、纪检监察、民主监督等工作机制,形成以绩效管理为导向的激励与约束机制和监督管理体系,强化组织执行力建设,保证管理活动的有效开展。

(二)统一规划,确保前期工作质量

统一规划是指龙源电力本部作为规划管理主体,实施规划集中管理,按照统一规划、分级管理的要求,明确各级职责分工,建立覆盖公司各层级的规划体系。

本部决策中心根据发展研究技术服务单位提供的全国风资源分布研究结果,确定风电开发总体目标和发展战略,制定三年开发计划和中长期发展规划,指导项目前期工作。前期开发技术服务单位在发展规划指导下开展工作,依据公司年度前期工作计划及区域公司的前期技术需求完成具体工作任务,其工作成果经本部审议批准后,移交给区域公司及设计咨询

2012年龙源电力风电装机突破1000万千瓦

服务单位。利用其工作成果，区域公司负责与地方政府沟通将项目纳入当地风电规划并启动项目核准工作，设计单位负责承担后续风电场设计及咨询工作。

风电开发前期工作一般包括宏观选址与测风、可研报告编制、项目申报核准三个阶段，其中前两个阶段技术含量高，从源头上决定着前期工作质量。龙源电力抓住这两个关键要素，通过专业集中手段，统一开展业务。

宏观选址和测风由前期开发技术服务单位统一负责，具体包括风能资源调查、建设条件评估、风电场宏观选址、风资源测量、风资源数据分析处理、风资源评估及项目投资机会分析。

对于符合条件的风资源区域，由设计咨询服务单位在其专业的设计平台上，根据统一的投资回报标准，编制项目可行性研究报告。龙源电力本部统一负责组织可研报告审查，综合考虑风资源、建设条件、电价以及发展前景、电网接入等因素，安排确定开发区域、开发顺序和开发方式。

(三)统一建设，控制工程建设质量和造价

统一建设是指优化完善现有组织管理模式，建立公司本部为决策主体、区域公司为项目法人主体和执行主体的建设管理体系，实施统一的建设标准、管理流程和技术规范，强化安全、质量、进度和造价控制。工程建设集约化管理主要体现在施工图设计、招标采购两个关键方面，通过统筹调配资源，发挥规模优势，实行资源共享。

1. 集中设计管理

龙源电力对施工图设计实施集中管理，依托专业力量，确保设计质量。公司的设计咨询服务支持单位统一负责项目的施工图设计，严格按照国家有关标准和规范进行设计，推行设计优化，对于微观选址、基础设计、场内线路、变电站布置等重点工程及设备要进行多个方案的比选论证，在达到设计深度的同时选取最优方案，为提高工程质量、降低工程造价提供必要的支持。同时积极推广模块化设计和典型设计，缩短设计时间，规范设计标准，降低工程造价。

所有设计工作都要由本部组织进行审查，对于重大或有疑义的设计要组织专家召开专题会的形式进行评审。设计咨询服务单位代表在施工期间要长驻现场，结合现场情况及施工环节中的具体问题，及时做出协调指导或者设计变更，加强对现场的施工协调。

2. 集中招标采购

工程建设上实施集中招标采购和集中驻厂监造。龙源电力成立工程及设备采购管理中心作为技术服务支持单位，统一归口管理招标工作。管理中心制定完善一系列招标管理制度，统一招标工作标准和行为方式，对建设项目从监理、设备、施工进行全范围公开招标。针对风电项目规模小、地点分散的特点，探索出打捆招标、集中采购方式。同时，公司的检修技术服务单位提前介入，通过驻厂监造、飞行监造和抽检等方式，对集中规模招标主要设备的制造质量和交货进度进行监造，确保设备及时供应并符合设计参数。集中采购招标和驻厂监造，实现了节约投资、降低成本、提高设备技术水平的预期目标，也选择了一批业绩好、有实力、能力强的合作伙伴。

(四)统一运营，提高生产运营效率

统一运营是指通过工作制度、业务流程、标准体系和技术手段，在确保安全的基础上，对风电场运行集控功能实施集约融合、统一管理，促进一体化运作。

截至2011年底，龙源电力有7000多台风电机组在全国各地运行，探索建立了一套以运营监控、维修和备品配件三方面为核心，相互协调、互相补充的集中管理模式，极大提升了生产运营管理水平。

1. 运营集中监控

龙源电力成立安全生产运营监控中心，并首次提出本部、区域公司和风电场三级监控体系理念。经过探索和实践，自主成功研制国际一流的风电生产运营监控平台，通过生产运营网络专线，接入全国风电场和风电机组数据。本部、区域公司和风电场分别建设生产运营监控大厅，本部监控屏幕实时显示全国风电场的相关运行数据，监控全国整体情况；区域公司监控屏幕实时显示各省风场的相关运行数据，监控本区域整体情况；风场监控屏幕实时显示场内所有风机的相关运行数据，监控每个风电场的情况。

生产运营监控平台以生产监控为核心，融合设备管理、缺陷管理、报表管理、数据分析、限电分析、报表分析、生产日志、文档管理、公告管理、系统维护等功能。通过监控平台，安全生产运营监控中心对分布在全国不同地区的风电场进行24小时远程监控，记录风电机组运行数据，不间断跟踪风电机组运行指标，发现风电机组运行异常现象，及时通知具体设备负责部门和检修服务单位进行消缺和检修，提高了事故响应速度。监控平台对生产数据集中进行安全管理，统一数据备份，提高了数据的安全性。

龙源电力生产运营监控平台不仅密切了集中管理与分散经营的联系，有效地解决了风机故障率高、风场分散和人员缺少的瓶颈，大大提高了风电场运营效率，降低了运营成本，还打破了国外厂商在风电场远程监测关键技术上对我国的长期垄断局面，形成拥有自主知识产权的核心技术，填补了国内空白，为进一步建立风电生产运营监控体系国家标准奠定了基础。

2. 集中维修管理

为体现规模效益，龙源电力按照"维修管理集中化、技术队伍专业化"原则，整合技术资源，成立检修技术服务单位，对公司所有风电场运行风电机组的维修实施统一管理和技术支持。

检修技术服务单位在风电场建设期就参与到机组设备的安装和调试，运行期主要负责机组的日常维护、定期维护、故障处理、设备事故检修和大修等。风电场检修维护和生产运营监控平台联动，实施预防性检修策略。根据设备性能和参数的监测结果，及时识别故障类型、故障程度、确定故障部位，提前做出维修决策，提高设备可用率。

为更好的提供维修服务，检修服务单位建立故障专家数据库，通过电话、远程视频系统等技术手段与风场一线检修人员进行沟通，商讨故障原因并提出解决方案，进而指导现场检修维护，充分体现出集中管理的优势。

3. 统一备件管理

成立备件技术服务中心，自主研发备件管理系统，按照"统一管理、合理定额、联合储备、信息共享"的原则，从采购供应、调度储备到研发维修提供统一集中服务。

备件中心统一负责备件的采购供应，利用集约采购优势，降低采购价格，缩短供货周期，保证采购质量。备件中心已形成一整套备件供应商的认证管理和考核机制，与多家国内外知名供应商建立了良好的合作伙伴关系，形成稳定的采购渠道，积累了丰富的备件采购经验。2011年，备件中心为43个项目提供了备件采购服务，其中直接采购3000万元，节约资金300余万元。

通过备件管理系统，备件中心逐步建立备件供应商、风电场、备件中心三方联合储备模式。备件中心对区域公司和风电场所存储的备件进行统一定额，区域公司备件按定额进行储备，所有备件作为共享资源，备件中心有权调配。联合储备充分发挥了规模优势，提高了备件周转率，以最低的备件储备量满足安全生产的需要，在减少风机故障停机时间，提高了资金使用效率。

（五）统一服务，提高竞争优势

统一服务是指加强业务整合，以技术服务支持单位为主体，优化配置公司测风、设计、监理、检修、运行维护、CDM开发、技术研发、职业培训等资源，按照专业化方向，推进一体化管理，提高竞争优势。

1. 专业化经营CDM

CDM是"清洁发展机制"（Clean Development Mechanism）的英文简称。中国等发展中国家实施清洁能源项目可以带来温室气体减排，减排额转让给发达国家，并可从发达国家获得CDM资金的援助。2005年国际CDM市场开始对中国开放，龙源电力在国内率先组建龙源碳资产管理公司，专业化经营，将龙源电力的可再生能源项目集中管理，统一打包在国际市场上销售。龙源电力自行研发国内首套CDM项目管理系统软件，统一开发模板，确定关键节点，实时监控项目进度，实现部门间协作，全面分析流程合理性和履约情况，既降低了出错概率，又加快了开发进度。

专业化经营CDM开发的优势主要体现在交易效率的提高和交易风险的防范。龙源电力充分发挥项目数量多的集中优势，将多个项目打包运作，统一谈判和销售，争取交易的主导权，效率得到极大的提高。在防范交易风险方面，龙源电力充分利用规模优势带来的议价能力，只选择市场信誉好、履约实力强的优质买家作为合作对象，尤其是政府类和能源公司类的终端型买家。通过专业化经营CDM开发，龙源电力销售的CDM项目和履约情况均在业内领先。2011年下半年以来，碳市暴跌70%以上，龙源电力CDM项目基本上能够正常履约，保证了收益的顺利实现。

2. 集中技术研发

为支撑企业的可持续发展，龙源电力整合内部科研资源，组建可再生能源研究发展中心，主要功能是研究解决风电开发、建设、运行等过程中的实际技术问题，并就重大问题组织科技攻关，促进企业自主创新能力的提高。

实践中，研究发展中心按照本部主导与发挥所属企业的能动性相结合原则，建立本部、技术服务支持单位、区域公司三位一体的科技工作体系，本部侧重于科技规划与研发投入，技术服务支持单位、区域公司发挥自身特长，协同推进工作发展。体制机制方面，推进科技管理创新，引入科研项目选择、鉴定和验收全过程的竞争机制、研究成果和应用效益挂钩的激励机制以及项目管理的专家评议机制。人才建设方面，在已有员工培养发展体系基础上，依托"千人计划"，积极引进海外高层次专业技术人才。交流合作方面，与中科院、清华、北大、电科院、国家海洋局等10多家科研院所开展合作，与美国可再生能源实验室等国外科研机构,在可再生能源技术开发与利用、能源利用效率等方面进行了深入技术交流。

研究发展中心科技投入逐年提高,并获得中央预算内资金支持,科研队伍逐渐壮大,通过集成创新和原始创新,逐步形成一批科技成果。其中联合国开发计划署(UNDP)资助的《中国风电场资源调查与评估》项目,提升了我国风电场前期工作的水平。世界银行资助的《风电场后评估项目》,为我国风电场投资商和运营商提供了测风数据收集和处理方法、风电场后评估项目的方法及相关经验。

2010年,经国家能源局授牌,研究发展中心成为"国家能源风电运营技术研发中心",站在服务行业的高度组织开展相关研究,引领我国风电产业技术升级。

3. 统一职业技术培训

龙源电力认识到加强风电人才培养是发展风电的关键,借鉴德国风电职业培训理念,于2006年8月成立苏州龙源白鹭风电职业技术培训中心,主要职能是在企业内统一组织开展风电技术培训。

龙源电力的职业技能培训主要分新员工风电基础知识培训、岗位资格培训、岗位适应性培训、职业技能鉴定培训、继续教育培育以及各类专题培训等六大类。每年新进入的员工当年都要到培训中心接受1~3个月的上岗风电知识培训。在风电场从事生产设备运行、维护、检修相关工作的人员,必须参加公司统一组织的持证上岗培训。员工取得岗位资格证书后,要定期参加岗位所需知识更新和技能提高的培训。生产技能人员要取得相应的技能等级证书,也要经过相关培训。对于专业技术人员和管理人员,定期组织继续教育培训。龙源电力还每年组织在岗员工到培训中心接受各种专题培训。2011年,龙源电力组织的职业技术培训班超过30期次,参加年度重点培训人数超过1800人次,全年培训人次超过6000人次,年增速超过30%,为龙源电力和整个风电行业输送了风电人才,支撑了风电的规模化发展。2010年,经国家人力资源和保障部及中电联批准,成为我国首家风电行业国家职业技能鉴定站。

4. 构筑信息化平台,挖掘集约化管理潜力

龙源电力在公司系统内构筑由信息网络、数据交换、数据中心、应用集成、企业门户等部分组成的企业信息平台,在此平台上建有前期工作管理、采购和招标管理、工程建设管理、运行监控管理、财务(资金)管理、人力资源管理、投资者关系管理、办公自动化、档案网上检索、视频会议等应用系统。建立健全信息化安全防护、标准规范、管理调控、评价考核、技术研究和人才队伍保障体系。目前,龙源电力已与区域公司实现了二级级联,集团、区域公司、风电场的三级贯通已经全面展开。信息化平台的建成,畅通了公司信息渠道、促进了业务集成,在生产、经营、管理各环节实现数据的共享,在强化集团化运作、增强企业管控能力。

三、打造新能源发电集团的风电开发集约化管理效果

(一)风电开发有序规范、结构优化

通过集约化管理,龙源电力风电开发呈现出有序、规范、高效的局面,形成新疆、甘肃、内蒙古、河北、东北和东南沿海六大基地为主体,内陆和海上为补充,兼顾海外的风电开发布局。2011年底,风电资源储备累计达到6300万千瓦。

2011年公司凭借自身技术优势,积极推动国内高海拔、低风速地区风电的发展,云南2个高海拔项目实现开工并陆续投产,在安徽建成国内首座大型低风速风电场,对促进我国内陆地区的风能资源开发利用具有积极的示范引领作用。

2010年龙源电力建成世界上第一个潮间带试验风电场,2011年在江苏如东建成了131兆瓦海上(潮间带)风电场,成为全国最大的海上(潮间带)风电场。

2011年公司与加拿大梅兰克森电力公司成功签署了100兆瓦的风电项目股权收购协议,成为中国第一个在境外投资新能源项目的国有发电企业。

(二)工程建设质量优良、造价合理,设备发电水平国内领先

2011年龙源电力新增风电投产项目38个,装机容量204万千瓦。公司工程建设质量优良,先后建成3个大型国家特许权项目和1个国产化示范项目,有8个项目获得中国电力优质工程奖。2009年,江苏龙源如东特许权二期项目成功入选新中国成立60周年"百项经典建设工程"。工程造价得到有效控制,2011年集中招标采购金额达到191亿元,风电项目平均单位造价较2010年下降5%。

2011年龙源电力风电发电量达到134亿千瓦时。2006年至今,公司风电机组平均可利用率97.79%、年利用小时2239小时,均远高于全国平均水平。

(三)整体竞争优势得到巩固

2011年底,龙源电力风电装机规模860万千瓦,继续保持在国内及亚洲的领先地位,世界排名升至第二。公司利润总额从2003年0.74亿元增长到2011年36亿元,增长了48倍,自开展CDM项目申请以来,累计注册CDM项目107个,开发VER项目26个,共获得收益约15亿元,实现了效益与规模同步快速增长。

2009年龙源电力在香港联交所主板上市,首次募集资金177亿元人民币,创下中国电力企业境外首次公开发行融资额最大、市盈率最高等多项第一。2010年龙源电力蝉联"亚洲品牌500强"大奖,排名从2008年度的第300为跃升至第89位,是前100强中唯一的新能源企业。公司还先后获得中国(行业)十大创新品牌奖、"2011年能源峰会"新能源领域"最佳企业"奖等荣誉称号和中国国电集团公司特级、一级、二级奖状和科学技术进步奖。

(成果创造人:谢长军、黄　群、田世存、张　源、李红梅、费　智、贾楠松、张宝全、杨校生、王　丽、韩　彬、金春姬)

建筑装饰企业差异化竞争能力建设

中建三局东方装饰设计工程有限公司

成果主创人：公司执行董事、总经理杨鹏

中建三局东方装饰设计工程有限公司（简称东方装饰）是中国建筑工程总公司于1994年在上海浦东设立的国有全资子公司，总资产超过10亿元，隶属于中国建筑装饰集团有限公司；具有建筑装饰设计与幕墙设计双甲级资质，建筑装饰装修工程、建筑幕墙工程等6项专业承包壹级资质，是国有大型装饰骨干企业。

东方装饰有正式员工920人，下辖北京、武汉、南京、广州、成都、青岛6个区域分公司和幕墙、设计、海外3个独立事业部。承接施工的有上海环球金融中心、中央电视台新址、武汉火车站等。

一、建筑装饰企业差异化竞争能力建设背景

（一）适应建筑装饰行业发展的需要

当前建筑装饰行业规模化、规范化、专业化、工业化程度大幅提高。一是"产融结合"和"资本运营"趋势明显。以上市公司为代表的行业领军集团，利用优化的法人治理结构、雄厚的资本实力、规范化的企业运作和社会化的品牌形象，使企业得到超常规发展，对行业竞争格局产生较大影响。二是行业细分步伐加快。同行企业在全装修住宅、高星级酒店、展示陈列、文物保护、大堂装修、铁路客站、机场航站、连锁超市、医疗卫生、泛光照明、声光装饰等领域各具优势，在形成新的利润增长点方面已经走在前列，东方装饰市场份额和利润空间受到挤压。三是行业企业生产方式加速革新。生产、研发基地不断涌现，科技含量提高，生产效率提升，资源组织和利用方式悄然变革，信息化手段得到广泛运用，企业管理模式和项目运作模式逐步优化。同行企业的快速发展，对东方装饰实现争做行业发展标杆的目标形成巨大压力。

（二）实现集团发展战略的需要

"十二五"时期是中建装饰集团践行"五最"战略（国内成长性最佳、品牌最响、竞争力最强、国际化水平最高、员工幸福指数最好），追求卓越发展的关键时期，到2015年将实现营业收入320亿元。在这一目标引领下，集团各下属单位不断规范经营模式、加大开拓力度，强化内部管理，培育自身特色，形成争先恐后、你追我赶的局面。东方装饰对集团主要指标的贡献率均未占据榜首位置。集团指标平均增速达52%，东方装饰仅为30%。集团设计研究院、幕墙公司相继成立，海外装饰、园林装饰迅猛发展，专业化程度不断提升，对东方装饰传统强项形成挑战。在区域发展方面，兄弟单位区域签约额已达

到8亿元,东方装饰最好的区域刚超过7亿元。特别是在员工队伍的精神面貌、分支机构的争先状态方面,东方装饰距离集团发展要求还有相当大的差距。

(三)提升企业自身竞争力的需要

近年来,东方装饰发展面临诸多问题:一是出现规模发展瓶颈。公司近年营业收入平均增速仅为15%,与行业领先企业的规模差距急剧扩大。二是利润空间不断压缩。材料成本上升、劳动力资源结构性短缺等整体制约了企业创效能力的提升。公司在专业发展、成本控制和技术创新上没有形成突破,受买方市场的限制,企业市场话语权严重不足,低价中标的情况十分普遍。如何摆脱同质化竞争成为摆在公司面前的新课题。三是内部管理机制不够先进。公司在市场营销机制、生产要素使用机制、绩效与薪酬管理机制、人才培养机制、责任传递机制、技术创新机制等方面存在不足,运行的规范性、导向性和先进性距离规模发展和精细管理的要求有很大差距。四是生产管理模式和资源支撑体系急需创新与重建。项目管理手段单一,企业对项目监管力度不够。供应链管理水平不高,没有对项目生产形成有效支撑。五是人才培养力度需要进一步加强。符合发展要求的高素质人才,特别是具备执业资格、实际经验丰富、综合素质较高的项目经理和商务经理数量严重不足,两级部门负责人的创新意识、责任态度、工作能力急需提高。

面对全新发展形势,为从激烈市场竞争中突出重围,实现"中建装饰旗舰、装饰行业标杆"的发展愿景,东方装饰自2011年起,着手企业差异化竞争能力建设。

二、建筑装饰企业差异化竞争能力建设内涵和主要做法

东方装饰以"集团领先、行业标杆、国际品质"为目标,围绕企业差异化竞争能力建设,深刻分析企业面临的机遇和挑战,结合自身条件,通过明确差异化竞争能力建设思路,确定实施途径;加强组织保障,建立目标计划体系;实施"三大"(大市场、大项目、大客户)营销策略,建立差异化营销能力;完善业务结构,形成专业特色优势;创新项目管理模式,提升差异化产品服务能力;加强人力资源建设,打造差异化人才优势;加强软实力打造,形成企业文化优势,发展成为中建系统装饰业务的首选企业,行业高品质服务、高品位设计、高标准施工的特色企业和参与国际装饰产业链循环、整合全球资源的跨国企业。主要做法如下:

(一)明确差异化竞争能力建设思路,确定实施途径

1. 明确差异化竞争能力建设思路

东方装饰组织员工广泛参与讨论,集思广益,按照"科学民主、上下互动、先进适用"的原则,立足自身条件,确定"战略驱动、市场引导、机制创新、价值创造"的建设思路。

2. 明确差异化竞争能力的实现途径

一是从价值链的角度对企业差异化竞争能力进行全面分析,改变过去仅关注经营生产两大环节,忽视其它工作的状况,通过在价值链各个环节或环节之间形

公司装修装饰的央视新台址项目竣工会

成比竞争对手更出色的能力,构建起差异化竞争能力。二是落实组织保障,通过治理结构、组织机构、目标责任和计划分解,形成对差异化能力的基础支撑。三是实施"三大"营销策略,在区域布局、专业定位和经营渠道上抢占优质市场资源,树立外部经营在企业运营环节的龙头地位,通过经营带动公司在行业中整体站位的提升。四是结合自身优势,大力发展设计、海外两大特色专业,平衡经营风险、扩大品牌影响力,建立新的利润增长点,形成对主业发展的有力支撑。五是以内部管理为基石,紧紧抓住机制创新和资源建设两条主线,针对产品服务、供方建设、人才建设和软实力打造等,提升企业价值创造能力。

(二)加强组织保障,建立目标计划体系

2011年,东方装饰开展立足于差异化的组织机构调整工作,建立明确的权责分配关系。在治理结构上,落实"三权分立"制度,修订公司章程,制订议事规则,建立责任和控制体系。在分支机构设置上,强调区域和业务布局的完整性,增设青岛分公司、幕墙分公司,完成西南、西北区域整合,优化华东地区经营区域划分,成立设计研究院,使每个区域、每项主业都有独立的责任单位。在职能部门设置上,强调关键职能的强化和权责分配的明确,成立独立的两级人力资源部、财务资金部、市场商务部和项目管理部;设立科技部,集中管理科技研发、技术、信息化建设等业务。

东方装饰建立以五年发展规划为总纲、年度工作报告为核心,各系统、各分支机构周期计划为支撑的目标计划体系。在"十二五"发展规划中明确以打造差异化竞争能力为核心的目标、策略和措施,清晰地描绘出未来企业发展蓝图。然后,将五年规划按时间节点分解融入到企业工作报告中。各系统、分支机构按照工作报告要求,结合自身规划,制订年度工作计划,通过逐月逐级分解落实到各个岗位的日常工作中。

(三)实施"三大"营销策略,建立差异化营销能力

1. 定位"大市场"

东方装饰2011年开始实施"区域集中"策略,选择长三角、环渤海湾、珠三角、华中、西南和西北六大经营主战场,按照立足中心城市、辐射重点市场、关注新兴市场的经营思路,通过中心城市树立区域标杆,以点带面,带动区域整体发展。一是加大人员投入,由分公司经理主抓中心城市营销,投入营销人员达到总数的60%以上。二是建立区域协调管理机制,明确跨区经营指标转让原则与协调权限,限制跨区经营,提高主营区域开发深度。三是加大考核激励,将区域营销指标纳入各分公司考核体系,调增中心城市营销兑现系数,激发员工积极性。

2. 定位"大项目"

一是提升自营业务。坚持"自营为主,合作经营为辅,杜绝挂靠"的营销理念,大力发展自营业务,掌控决定企业发展的核心资源,把握企业发展的自主权。公司自营比例2012年达到90%,形成企业定位高端的先决条件。二是巩固传统业务。经过多年的市场布局和开发,东方装饰在星级酒店、大型公建等方面已经具备一定知名度。为继续巩固这一优势,在市场跟踪方面,实行项目分级跟踪,促进营销资源有效分配;在专业管理方面,建立酒店、大型场馆专项资料库,对资质、合同、奖项等营销资源进行分类整合,进一步提高投标效率;在营销激励方面,加大核心业务兑现力度,对承接高端项目的人员在

正常兑现基础上给予额外奖励。三是发展新兴业务。2012年,东方装饰成立幕墙分公司,引进幕墙专业人才30余人,组织幕墙专业培训10余次。同时,对各区域机构下达幕墙专项责任指标,共同支持幕墙专业板块发展。四是加强大项目承接。认真推进大项目营销策划制度,实行"一个客户一套策略",做好信息跟踪、资格预审、投标策略和商务谈判等全过程管理,力求在大项目上取得突破。

3. 定位"大客户"

一是建立大客户管理分类标准。对战略客户、大客户、常客户、普通客户进行详细规定,明确以国家及地方政府、大型国企、外资及上市公司为重点的高端客户培育对象。二是完善大客户渠道建设。建立两级大客户管理体系,将大客户纳入公司及分公司视野,各分公司每年必须制订对接大客户的目标计划和实施方案,每季度汇报落实情况,进一步扩大大客户总量。三是实现大客户管理常态化。按照"分级建立、资源共享、分级维护、分清权责"的总体思路,将大客户管理目标具体化、责任明确化,通过稳定的履约和良好的服务,逐步形成稳固的客户资源。

(四)完善业务结构,形成专业特色优势

1. 大力推动海外业务

第一,加强海外开拓,加快走出去步伐。在区域布局方面,依托巴基斯坦传统市场,不断探索新的国家和目标市场,在北非、中东、中南美洲等地取得突破,形成多点开花的海外经营局面。在经营结构方面,在保持室内装饰和幕墙领域的基础上,延伸室内装饰专业至FF&E,不断加强设计、采购能力,成为能够提供内外装饰、软装硬装服务的一体化装饰公司。在经营渠道方面,以中建驻外机构系统内项目为主,以系统外"中国资金"项目为辅,强化海外业务部营销职能,通过海外业务市场信息平台,形成与工程局、专业公司和驻外机构共享市场信息、联动开拓市场的有效机制。

第二,接轨国际思维,提升海外管理水平。在经营理念方面,秉承全球化经营思路,转变固有思维模式和习惯做法,在运营机制、操作惯例、沟通方式、商业行为、文化融合等方面与国际接轨。加强对竞争规则、政策风险、合同风险、法律风险的识别、评估和应对管理,总结出既切合海外实际、又发挥自身优势的管理模式和运营模式。在内部管控方面,不断加强基础管理工作,加大配套制度建设力度。出台《海外物资管理制度》、《海外劳务管理制度》、《海外薪酬管理制度》、《海外突发事件应急预案及流程》等。在人才培养方面,内部选拔培训、社会公开招聘、属地化聘用"三管齐下",建成涵盖市场开发、投标报价、项目管理、合同管理、国际商法等方面的国际人才团队和梯队。同时,建立人才流动机制、动态薪酬机制、人才晋升机制,解决好海外员工问题。

第三,建立海外平台,提升海外业务支撑能力。2011年,东方装饰借助中建走出去契机,积极参与系统内的协同作战,通过营销-设计-采购-建造(MEPC)平台建设,形成国内外一体化运营体系,使公司的品牌、优势资源和项目实施能力得到充分发挥。在具体项目实施上,建立一套行之有效的"联动"方式,风险共担利益共享,协同好土建单位、设计方、分包单位,有效组合系统内部优势资源,全面提升公司EPC能力,形成在海外业务领域集团作战的局面,提升公司海外整体竞争能力。

2. 不断提升设计能力

一是打造原创设计能力。培养原创设计团队。加大社会人才引进力度,加强原创"传帮带",切实推行原创设计"师徒带教",通过培育原创设计团队,为设计业务发展奠定人才基础。应用设计"四新"(新材料、新工艺、新技术和新方法)技术。积极参加行业高端设计展览、"四新"发布会、新材料艺术展等活动,及时了解掌握装饰行业"四新"技术,在原创方案和施工图纸中积极应用。加深设计战略联盟合作。与国际著名设计集团建立长期稳定的战略关系,以合作方式激发自有设计师的原创灵感,开阔原创思路,不断提升自身原创实力。

二是提升设计优化水平。随着经济和文化水平的提高,客户对建筑装饰设计施工的效果和服务提出了更高要求。传统装饰施工企业按既定图纸完成建筑装饰施工,主要是满足项目的使用功能。而装饰设计企业则要为客户考虑风格、造型、功能布置等多种因素,在满足使用功能的同时,实现项目感观好和适用功能强。

三是提升二次经营能力。注重强化设计对施工的服务功能,使设计与施工由原来的图纸关系,转变为现场服务关系。从方案设计开始,就对装饰项目成本进行策划和管理,深入分析合同各子项的盈利点和亏损点,通过优化施工方案、深化施工节点、变更选用材料等措施,达到既有利于设计与施工的衔接配套,又从源头上实现项目二次创效。

(五)创新项目管理模式,提升差异化产品服务能力

1. 创新项目管理机制

实现项目管理标准化和信息化,全面提升管理效能,对建筑装饰企业差异化竞争能力是一种本质提升。一是推进项目管理标准化。东方装饰2011年开展以《项目管理手册》为准则的项目管理标准化推进工作。成立推进督导小组,明确各级推进部门和人员职责,对项目组织体系、策划管理、施工管理等项目全过程管理提出标准化要求。全面开展宣传、培训和检查督导,严格推行标准落实。二是推进项目管理信息化。在项目管理、组织机构、薪酬体系标准化等配套机制落实之后,东方装饰在2012年,构建以项目管理为核心的项目综合信息管理系统,解决管控力度弱、信息集中度低、管理效率低下等难题,全面提升管理效能。

2. 加强供应链打造

为使工程项目施工获得资源配套供应的支持,东方装饰采用供应链管理模式,与有较高诚信度和一定竞争实力的供应商结成战略同盟,并确保自身有效的支付诚信,从而用最低的成本、最快的速度、最好的质量赢得市场,取得多方共赢。在物资资源方面,着重建立成本优势。强力推进区域集中采购,将大宗物资采购渠道向已建立战略合作关系的供应商集中,对零星材料选择2~3家优质供应商实行区域配送。在劳务资源方面,建立以核心劳务队伍为骨干、以自有劳务队伍为特色的劳务队伍梯次结构,力图在生产质量方面建立优势。一是建立区域劳务基地,通过劳务实名制、劳务用工规范化管理,吸附一批施工水平稳定并长期合作的劳务队伍储备。二是通过评级机制,在合格劳务队伍中选拔一批业务拔尖的劳务队伍,给予优惠待遇,建立企业核心劳务层。三是在木作、贴面、油漆、幕墙等专业筛选培养200名以上素质优秀、业务精湛的高级技工,组建自主掌控的能打硬仗的骨干劳务队伍,培育优势资源,提升产业链话语权。加强分供商资源建设是企业着力专业发展、定位细分市场的必然选择。从差异化角度来看,通过双赢合作

建立起的差异化能力有难以模仿、无法复制的天然优势。东方装饰立足产业优势地位，自2011年开始健全分供方体系。通过完善分供方管理制度，制定统一的分包招标文件，实行严格的招标流程，有重点地开展专业分包招标，有效缓解专业资源瓶颈。

3. 开展绿色装饰施工

在打造差异化竞争能力过程中，东方装饰紧紧抓住绿色装饰施工这个课题，在整个项目管理过程中，尽力做到节能、节水、节材和环境保护，向技术、管理和节约要效益，达到经济、社会和环境效益的统一。绿色施工施工管理是关键。建立以法定代表人为首，各部门、相关方参与的绿色施工管理体系，制定《能源管理办法》、《污染物管理规定》等管理制度，并针对节能、节水、节材和环保的各项目标编制具体的实施方案和措施。同时，对整个施工过程实行动态管理和全过程的监督管理，引入绿色施工效果评估机制，通过自评估和专家评估检验实施效果。绿色施工中节约材料是核心。东方装饰在节约材料方面制订定额损耗指标，通过一系列管理措施，切实做到材料的节约。

(六) 加强人力资源建设，打造差异化人才优势

1. 引入高端人才，优化队伍结构

一是把好人才入口关，确保生源质量。东方装饰针对新生招聘建立一整套考评机制。积极与建筑重点院校建立战略合作关系，试行人才定向合作培养。开展"三年人才引进计划"，加大校园宣讲力度，向重点本科院校进军，在生源质量上与同行企业拉开差距。二是重视高端人才引进。通过各种渠道加大对行业内高端人才的引进力度，对具有注册建造师证书的项目管理人员、商务经理，高端建筑设计师、幕墙专业人才进行重点关注。在各区域开展高端设计人才招聘活动，引入高端建筑设计师13人。加大海外人员储备，具备2年以上海外施工经验的人才达60人。

2. 培养核心人才，提升队伍素质

2011年，东方装饰着力开展员工教育培训，完善培训体系，企业培训投入达工资总额的3%，员工培训年均达6000人次。一是加强关键岗位培训。加强以注册建造师为核心的项目建造人才队伍培养，在创新意识、责任态度、工作能力等方面加强建设。通过多种渠道，扩大设计师队伍数量，提升设计专业水平，打造具有行业领先水平的设计人才队伍。开展国际化技术标准和管理知识培训，培养通晓国际商务、施工管理、法务管理等综合知识的海外技术管理人才队伍，有重点地培养适应海外市场竞争需要的专门人才。二是强化执业资格培训。着力抓好一级建造师、造价工程师培养工作，激励符合条件员工积极参与建造师考试取证。2011年至今，新增一级建造师25名，造价工程师8名，安全工程师5名。

3. 实行薪酬倾斜，激发人才活力

2011年，东方装饰开始通过激励机制激发人才活力，进而推动差异化人才优势的形成。一是完善考核机制。改进单一的绩效考核体系，丰富各类人员各种职能的绩效评价方式，建立能够体现各部门职能特色的考核标准体系。在考核形式上，引入全方位考核理念，从多个角度对员工进行考核。在考核频次上，尝试增加季度考核，以加强对过程的监督和控制。另外，进一步完善项目绩效考核方法，健全以成本管理为核心的项目目标责任管理体系，进一步细化项目目标责任的分解监控考核等管理要求，明确部门与项目

管理职责划分。二是推行薪酬改革。建立职工收入随企业效益增长的正常调整机制,保持员工平均每年15%左右的工资增长率。明确"向营销人员倾斜、向项目倾斜、向管理骨干倾斜"的激励分配原则,员工幸福指数和工作活力明显提升。

(七)打造软实力,建立企业文化优势

东方装饰对企业文化进行深刻总结和凝练,结合发展要求,开展以争先为内核的企业文化建设。一是围绕"何为争先、为何争先、如何争先",组织全体员工开展"争先"大讨论,增强员工危机意识、责任意识和主体意识,将争先要求切实转化为个人工作动力,自觉投身于企业发展。二是组织两级骨干加强与行业先进企业、集团优秀单位的交流学习,明确公司和分公司对标立杆的赶超对象,找准管理短板,制订改进措施。三是建立以争先为导向的绩效考核机制、工作通报机制、奖罚兑现机制和干部使用机制,充分发挥激励作用,使争先文化体现到实际工作中,切实发挥文化引领作用。

三、建筑装饰企业差异化竞争能力建设效果

(一)建立了基于专业化的差异化竞争能力

区域布局进一步集中。2011年,主营区域持续增长,签约占比由过去的56%提升至83%,中心城市签约占比由过去的35%提升至71%,营销质量、资源利用效率得到极大提升。新兴区域扩大加快,西南区域中标额、签约额同比增长175%和51%,山东、天津两地合同额同比分别增长226%和109%。

项目管理效能大幅提升。项目承包责任制全面推行,项目管理标准化、信息化得到落实,项目管控能力加强。生产资源得到配套供应支持。2011年,拥有劳务队伍达140支,劳务储备5500余人。转化核心劳务队伍36支,组建不同专业自有骨干劳务队伍11支。吸收战略物资供应商20余家,集中采购量达到总量的80%以上,采购成本降低20%。拥有合格分供商89家,涉及装饰、机电安装、智能化等多项资质,在专业方面形成有力补充。人才队伍更加充实,项目骨干人员占总人数15%以上,各类型管理专家和技术专家占总人数的30%以上,持有职业资格证书员工占到总数的62%。人才活力得到激发,员工队伍呈现出"有作为、敢担当、顾大局、讲团结"的新面貌和新气象。

(二)促进了企业经营能力的大幅提高

通过差异化竞争能力打造,东方装饰企业总体规模实现跨越式增长。2011年新签合同额、营业收入、利润总额分别达到40亿元、25亿元和8500万元,较2010年分别增长110%、54%和193%。盈利能力大幅增强,营业利润率较2010年增长1.6个百分点,项目毛利率增长近3个百分点。财务资金能力切实提升,百元产值管理费较上年下降0.3个百分点,资金集中度保持100%,累计清收工程款2.25亿元,现金存量大幅提升。

多元化业务结构大幅优化,进一步向优势业务、高端业务集中。2011年承接5000万元以上项目22项,个数占比为27%;合同额累计24.8亿元,占总额的62%。其中亿元以上项目6项,累计签约额11.6亿元,占总额的29%;高档酒店、大型场馆等业务签约18亿元,占总额的44%;幕墙工程达到11亿元,占总额的28%;设计业务签约4500万元,增幅达43%。东方装饰海外业务在中建系统内部乃至同行业企业中走在前列,巴基斯坦传统市场持续稳固,成功开拓了阿尔及利亚和巴哈马市场,2011年至今,实现海外签约近8亿元。

（三）树立了良好的品牌形象

精品工程不断呈现。2011年至今，东方装饰荣获"鲁班奖"7项、"全国建筑工程装饰奖"12项；省部级奖项30余项。在全国地标工程、重大社会影响力的公共建筑领域拥有良好品牌形象。

行业美誉度大幅提升。恪守诚信，服务业主，始终保持合同履约率100%。2011年至今，获"全国装饰行业百强企业"、"全国优秀施工企业"、"上海市信得过建筑装饰企业"、"上海市建筑装饰行业30强"、"信用评价AAA级企业"、"上海市优秀装饰设计企业"等荣誉称号9项，科技创新成果荣登上海市行业榜首。

社会影响力持续增强。国有资产保值增值成效显著，创造利税近亿元。开展文明创建，坚持与社区、部队开展联创共建。2011年以来，获上海市"五一"劳动奖章、"全国文明单位"、"上海市文明单位"、"全国工人先锋号"等荣誉20余项，社会影响力和企业形象大幅提升。

（成果创造人：杨 鹏、江 程、周志军、陈莹桃）

钢铁企业自有矿山的整体开发管理

马钢(集团)控股有限公司

成果主创人:公司董事长顾建国

马钢(集团)控股有限公司(简称马钢)是我国特大型钢铁联合企业,具有50多年的发展历史,现有总资产900多亿元,员工5.8万人。目前,已构建起钢铁主业、矿产资源业、非钢产业三大板块相互支撑的格局,钢铁主业具备1800万吨钢配套能力,矿产资源业具备600万吨铁矿石成品矿生产能力。马钢集团矿业有限公司(简称马钢矿业)是由马钢出资设立的全资子公司,下辖南山、姑山、桃冲3个分公司,并受马钢集团公司委托管理罗河矿、张庄矿、集团设计院,现有职工7000余人。

一、钢铁企业自有矿山的整体开发管理背景

(一)破解资源制约,适应马钢资源发展战略的需要

"十二五"末马钢生产能力将达到2000万吨,炼铁生产规模将达到2000万吨,按成品铁矿石平均全铁量(TFe)64%计算,年需要成品铁矿石3000多万吨。2008年马钢自产成品铁矿不足300万吨,如果不采取有效措施,随着老矿山闭坑,年成品铁矿量还将快速下降,到"十二五"末,马钢铁矿石自给率将不足5%。而我国铁矿资源有限,属于贫矿国家。而大量进口铁矿原料受制于国际社会政治、经济、海运、自然灾害的影响。

大量进口矿严重依赖于国际三大矿业集团,近年其通过联合重组形成了垄断格局,不断推动铁矿资源形成上涨态势,使钢铁行业的利润遭到大幅侵蚀。对于铁水成本来说,铁矿石成本占了70%以上。国际矿石价格的上涨,对于依赖大量进口矿的企业来说,使得炼铁成本大幅上升,将进一步减弱钢铁产品市场竞争力。

(二)实现马钢自有矿山有序高效开采、开发的需要

马钢自有矿产资源主要分布在三个成矿区,资源分布散。即以马鞍山为中心的宁~芜成矿区(南山矿、姑山矿)、长江以北的庐~枞成矿区(罗河铁矿)、及淮河附近的霍邱成矿区(张庄铁矿)。同时,地质条件极其复杂,开采难度极大。更为重要的是,马钢自有矿山资源经过50多年的开采开发,产能逐年下降,且原矿品位低,难采难选,实际利用率不高。另外,南山矿、姑山矿、桃冲矿都是有着50多年开采历史的国有老矿山企业,如何延长老矿山服务年限,实现新老矿山生产接替平稳过渡是亟待解决的难题。从新矿资源接替情况来看,后续铁矿山的开发进度和开采规模还不能适应马钢发展的需要。2008年,马钢在建矿山有南山矿高村铁矿、和尚桥铁矿、姑山矿白象山铁矿、罗河铁矿。其中高村

露天铁矿基建剥离量较大,成品矿产率较低;和尚桥铁矿由于矿山建设中的土地征迁等问题,延缓了建设进度;白象山铁矿尽管制订了有针对性的治水方案、应急预案,但在现有管理及技术条件下,仍然避免不了井下"突水"的威胁;罗河铁矿建设困难超出预期,四个基建铁矿山建设缓慢未形成规模生产能力,建成投产时间的不确定性非常大。张庄矿、和尚桥东矿段、丁山铁矿等尚未开发,这些都决定了马钢自有矿山的建设必须有一个整体开发管理思路。

(三)经过多年探索,马钢已经具备整体开发管理自有矿山资源的有利条件

针对国内国际形势,国家先后出台系列产业政策,将加强矿产资源保障明确为重要的战略任务,为马钢矿山扩大生产规模,大幅度提高铁矿石产量与供应保障能力,提供了良好的发展外部机遇。同时马钢具备加快发展铁矿产业、创新铁矿资源整体开发管理的基础。一方面,铁矿资源储量丰富,马钢矿山拥有铁矿资源储量12.64亿吨。另一方面马钢矿山始终以科技进步为支撑,积极探索资源开发的有效途径。尤其是通过加强人才培养和管理,多渠道引进专业和管理人才为实施创新提供了保证。另外,随着国家把环境保护工作纳入法制化和规范化轨道,矿山企业的环境保护压力增大。环境保护、节能减排等也是马钢自有矿山整体开发管理的重要内容之一。2008年马钢从大型钢铁企业自有矿山的整体开发管理着手,积极打造具有国家级示范基地的铁矿资源管理。

二、大型钢铁企业自有矿山整体开发管理内涵及主要做法

马钢以整体开发为核心理念,从矿山开发建设、采矿、分选、综合利用、尾矿排放,再到闭坑处理的全生命周期进行协同考虑;分析矿区之间、矿床之间、矿体之间、采矿与选矿、矿石与废石、采矿前与采矿后相互关系,进行合理匹配;以统筹规划为指导,以系统优化为重点,以科技创新为手段,改变现有矿山发展方式;大力发展循环经济,充分挖掘老矿山生产潜能、全力推进新矿山建设,最大限度地增加和盘活矿产资源储量,探索出一条自有矿山整体有序高效开采开发的新路子。主要做法如下:

(一)树立整体开发理念,调整各矿区资源布局

1.明确整体开发理念的基本内涵

一是用整体性思维指导管理矿山建设、生产、技术和经营发展。针对马钢多矿区矿产资源管理,在整体性思维的基础上重新审视矿山系统工程的优化,认清局部优化的相对性、局限性、暂时性,用思辨的方法认识系统。

二是整体推进铁矿资源综合利用示范基地建设,结合矿山建设发展规划,对示范基地内已配置资源和后备资源进行统筹规划。示范基地建设不是在某一个矿山单独划出一块区域搞示范基地,而是结合马钢所有矿山的生产现状及发展规划,首先考虑对矿山现有设施进行技术改造;其次考虑建设新设施,并根据各设施的功能,对示范区内的资源进行合理

南山矿凹山采场

配置。

三是多角度、全方位采取措施,推进矿山资源管理。既要加强科技创新,大力推进成熟先进技术的规模化、产业化;又要严格规范管理,改进生产经营模式,并做好节能减排和矿山环境治理等工作;同时,以产学研有机结合为契机,调动各方面积极性,在实践中加强科研成果的应用。

四是构建促进资源战略管理的长效机制。矿区内除残存矿石资源量比较少,服务年限较短外,其他项目均有较长的服务年限。项目建成投产后,应纳入矿山生产系统统一管理。注重技术创新、注重采矿后空间的重要资源作用。在运行过程中,不断总结提高,发现问题及时处理,构建促进资源战略管理的长效机制。

2. 制定自有矿山生产规模

根据集团公司发展规划目标,马钢矿山系统制定了国内铁矿资源规划目标,即通过"十一五"、"十二五"加大现有生产、基建矿山深部及外围勘探力度,积极参与风险勘探,依托政府支持和自身努力整合省内地方铁矿,将新增铁矿资源量15亿吨,使铁矿资源控制总量达到30亿吨,占全省铁矿资源54亿吨的55%以上。规划实施过程中铁矿石产量将逐年提高,到2015年铁矿原矿产量2810万吨,成品矿产量850.6万吨。矿业规划项目全部建成达产后,马钢矿业成品矿产能规模达到1300万吨。调整各矿区资源布局。马钢矿山资源布局包括现有6座生产铁矿山(凹山铁矿、东山铁矿、高村铁矿、姑山铁矿、和睦山铁矿、长龙山铁矿),基建4座铁矿山(白象山铁矿、和尚桥铁矿、罗河铁矿、张庄铁矿),勘探铁矿山4座(和尚桥铁矿东矿段、钟九铁矿、丁山铁矿、梅子山铁矿)。

3. 完善组织机构和责任体系

建立集团、矿业、各矿山三级管理体系,形成规划、管理、执行三个层级。一是集团公司层面,系统决策矿业公司总体资源战略管理的目标、方向和主要路径。二是马钢矿业公司层面,成立由总经理领导下的铁矿资源战略管理创新领导小组,专职规划与管理所辖矿区内建设和管理,制定资源战略管理的规划、实施与评价体系建设,制定和发布相关技术政策,规范管理,控制项目实施进度计划、建设周期、资金落实等。三是各矿山层面,南山矿、姑山矿、桃冲矿、罗河矿、张庄矿为项目的具体实施单位,根据规划建设要求,具体组织项目建设,保证项目实施质量效果。

(二)盘活现有采场资源量,延长矿山服务年限

1. 加强矿产资源试验研究

为解决现有矿山和在建矿山存在的很多技术管理难题,加强矿产资源实验研究。研究的侧重点:一是马钢矿区内的多数矿床属于品位较低的磁铁矿,如何开发利用低品位矿石(品位在15%～18%之间)、极贫矿(品位在15%以下),最终选出符合冶金厂要求的铁精矿,解决精矿品位与选矿回收率之间的矛盾问题;二是马钢即将闭坑的老矿山较多,存在残存矿石资源回收利用的问题,但残存矿石不能用常规的开采方法进行回收,而且存在边坡稳定、防治水、采空区处理等问题,为了安全地回收残存矿石资源,也需要大量的试验研究工作;三是针对复杂地质条件以及节能减排的要求,如何解决露天采场内排以减少征地、防治水等各种技术问题及设备问题中出现的各类安全问题。马钢加大和各大科研院所的合作,取得了很多科技创新成果。

2. 重新圈定矿石储量

首先加强地质勘查工作的管理，合理确定工业指标，给低品位矿石明确的定位，将过去难以利用的低品位矿石（品位15%~18%）、极贫矿石（品位10%~15%）进行利用；其次对各采场境外铁矿进行重新圈定。由于设计开采时的技术、经济、设备等条件的限制，凹山采场、东山采场、姑山采场等部分境外铁矿没有设计开采利用的高达3.9亿吨。同时新建的高村铁矿、和尚桥铁矿等因环境、技术经济条件等因素，部分资源没有在设计境界开发利用。进行重新圈定后，可盘活低品位磁铁矿石1.97亿吨、复杂的矿床矿石7.49亿吨、老矿山残存矿石1159万吨，增加露天采场极贫矿石1亿吨，盘活开采条件复杂的矿床矿石7.49亿吨。

3. 综合利用低品位矿石

为充分利用低品位矿石，一是矿床内的工业品位矿石（贫矿）与低品位矿石同时开采，可大大调高提高资源综合利用水平；二是采用采场内排土新工艺减少排土场占地，建设生态矿山；选矿厂采用超细碎高压辊磨工艺，湿式预选提前抛尾，减少磨矿量，利于节能降耗，减少入库尾矿量；开展尾矿综合利用研究工作及采场废水综合利用工作。"十二五"后期，马钢矿山仍继续积极开展极贫矿的研究利用工作，解决极贫矿利用的技术难题，在将来市场价格合适的情况下进行开发利用，预计可盘活极贫矿1亿吨。

4. 回收利用边、难、残矿体

南山矿凹山采场采用边坡残矿扩帮开采工艺。南山矿成立凹山坑治理项目部，进行凹山采场残存矿回收开采方案设计与施工工作。完成《凹山采场残矿回收开采方案》，设计范围为凹山采场东帮（10~8线）、南帮（8~7线）-15m以下境界外矿体及西北帮-150m以下境界外矿体，延长矿山服务年限4~5年。

南山矿东山采场采用残存矿扩帮开采。为了更好利用矿产资源，决定采用露天扩帮的方式，回采境界内小东山的表外难选矿石资源，完成《东山露天采场境界内小东山矿段表外难选矿石资源回收方案》，扩帮垂直范围为-47~+32m，扩帮范围在原设计东山露天采场境界内。通过对采场进行扩帮开采回收部分矿石，延长矿山服务年限2~3年。

姑山矿姑山采场采用挂帮矿地下回采工程。姑山矿正通过创新，采用地下开采方式回收露天采场挂帮矿。根据已经完成的可研设计，设计范围为露天采场东部4号勘探线~青山河堤保护界线之间的矿体。该地段的矿体向东延伸，走向近似南北，矿体赋存标高在-58m~-130m之间，预计可利用地质矿石量649万吨，按照30万吨/年规模，服务年限20年以上。采用平硐开拓系统方案，上向水平分层充填采矿方法。

和睦山铁矿地下矿采用残矿回采工艺。和睦山铁矿采用的是地下开采方式，由于矿体倾角变化及采切工程的布置，在矿体下盘残留部分矿量，考虑对该部分矿体进行回收，同时调整矿石出矿截止品位，充分回收低品位矿石，提高开采回采率和资源综合利用率。姑山矿与东北大学正在进行采矿方法研究，根据现有地质资料对各个分段残存矿进行了统计，其中-50m至-200m残存矿合计约120万吨。

桃冲矿长龙山铁矿采用地下矿残矿回采工艺方法，地下矿采空区处理技术处理技术。针对+93~-57m正常采区边缘部分品位相对较低的矿石未进行回采，通过增加部分必要的措施工程和采准工程，增置部分采矿设备，将这部分边缘残留矿予以充分回收，进一步延长矿山服务年限。同时矿体在－66m～－7m之间遗留了大量的空区,空区边缘仍残留有部分品位相对较高的矿石可供回收。

边、难、残矿石资源回收利用主要安排了上述五个子项目,五个项目的实施使规划中确定的"加强老矿山残存矿石资源回收利用"的任务得以实现。通过采用小型高效穿孔、铲装设备及特殊采矿方法回收露天采场残存矿。通过对采空区治理、优化采矿方法、调整矿石出矿截止品位等回收边、难、残矿体,并可充分回收低品位矿石,提高开采回采率和资源综合利用率。

（三）加快后备矿山建设,提高资源保障开发能力

1. 和尚桥铁矿建设工程

和尚桥铁矿为露天采场,采选500万t/a生产规模;境界内圈定矿量8720.49万t,岩量11798.31万t,平均采出品位为21.12%。(和尚桥铁矿实际总资源储量为16048.99万t,其中表内矿10310.89万t,表外矿5738.10万t)。该项目于2008年7月4日开工建设,计划于2012年底基本建成。矿山服务年限为21年,稳产16年。选厂生产品位64%铁精矿119.15万t/a;截止到2012年9月底,累计完成投资84165万元。

2. 白象山铁矿建设工程

白象山铁矿为井下矿山,建设规模为200万t/a采选生产能力。为适应今后生产的需要,工程中的生产关健工程(主要是主井提升系统、井下破碎系统以及选矿系统等)能力均留有矿山生产规模发展到250万t/a的余地,铁精矿年产量92万t(达产后年平均),铁精矿含Fe64.01%,矿床TFe平均品位为39.43%;设计采出矿量:－450以上8407万吨,采出品位36%,矿石损失率为18%,贫化率为4%。该项目于2008年3月26日正式开工,计划于2012年底基本建成。截止到2012年9月底累计完成投资60180万元。

3. 罗河铁矿建设工程

罗河铁矿为井下矿山,地处皖江城市带承接产业转移示范区上的庐江县。设计一期工程年采矿300万t,生产铁精矿96.87万t,品位65%,选厂处理能力500万t。工程项目计划总投资15.59亿元。罗河铁矿储量3.42亿吨,平均铁品位35.82%。该项目于2007年9月6日开工建设,目前地表工程的500万吨选厂工程已建成,2011年11月份进行了全系统的重负荷联动试车,付冲尾矿库及配套尾矿管线施工基本完成,正在进行采矿综合楼及部分附属工程施工。2012年9月底累计完成投资14.74亿元。

4. 张庄铁矿建设工程

张庄铁矿为井下矿山,地处安徽省六安市霍邱县,位于霍邱矿区的西北部,周集镇和冯井镇交界处。批准铁矿石总储量19889万吨。平均品位TFe33.27%。设计建设规模:采、选综合生产能力500万t/a。基建期为5年。全矿一、二期工程共服务33年。项目概算总投资26.98亿元。2010年12月份2#副井、北风井冻结开工,标志着张庄铁矿建设正式开工。截止到2012年9月底,累计完成投资6.8亿元。

（四）加大处理力度,提高尾矿和废石资源综合利用效率

1. 尾矿处理及综合利用

一是尾矿资源再选别再回收。南山尾矿砂在进入尾矿库前,经过选厂再次选别,选别后铁精矿品位达到58%左右,提高了资源回收率。姑山矿与科研院所合作进行粗尾和

细尾的选矿回收探索研究,并完成了对粗选尾矿细粒级回收的技术改造,每年可多回收精矿品位54.04%的精矿粉1.33万吨/年。通过降低尾矿品位,提高金属回收率,少排尾矿一万吨;通过细碎、跳汰流失粉矿的综合回收利用,回收利用流失粉矿量约3.6万吨。通过回收利用尾矿中金属矿物,实现了尾渣减量化排放。

二是尾矿加工生产建筑材料。桃冲矿针对矿山周边众多水泥厂每年都要购买高品位的铁粉作为水泥的铁质校正原料这一情况,同有关设计研究院所进行通力合作,对桃冲矿尾砂的物理和粒度特性进行研究,根据尾砂粒级较宽、粗砂和矿泥铁含量较高特点,将铁矿尾砂加工成水泥铁质校正原料良好的替代品。每年可以处理尾砂量约20万吨,全部销往周边水泥厂,基本实现了无尾生产。

姑山矿利用跳汰(干磁)尾矿产品粒级合理(6~12mm)、尾砂硬度高、含泥量和硫杂质含量低的特点,将其制作成混凝土原料;同时利用一段磨矿粒度粗、尾砂硬度高、含泥量和硫杂质含量低的特点,将一段选别的尾砂通过螺旋分级机处理,制作成建筑黄沙的替代品。姑山矿每年利用的尾矿量达10万吨以上,减少了进入尾矿库的尾矿量。

南山矿凹山选厂通过高压辊磨技术改造,每年可以从尾矿中提取约120万吨粗粒尾砂作为建筑材料,减轻了尾矿库输送、堆存压力。

2. 废石处理及综合利用

一是姑山矿姑山采场采用露天采场内排土管理。内排土管理是指利用露天采场的矿体分布特点,在露天采场内实施分期分区开采,后期利用前期形成的采空区实施排土。整个采场分成东西两个采坑,利用东部采坑作为内排土场,排放西部采矿生产剥离的岩土。二是废石加工成建筑用料。南山矿根据高村采场废石放射线性低、含硫量低、强度较高的特点,将废石破碎、筛分,制成不同规格的碎石、砂料;高村采场的含铁围岩干选后,剩余废石直接加工成建筑砂石料。并与地方政府及土石方工程公司合作,利用剥离废石作为基础设施建设及土地整治土石方填料。部分废石料外供社会,可用于道路基层材料、筑尾矿坝、填露天采场等;有条件的地方填埋造地等。桃冲矿还积极开发利用90米水平工业矸石,经过破碎筛分后,用作建筑用料。另外,井下掘进废石主要用于井下充填。

(五)推进节能减排,积极创建绿色矿山

1. 加强节能管理

矿山总平面布置,力求紧凑合理,运输线路和管线短捷。矿山厂(场)址选择应注意货物的合理流向,尽量缩短运距,充分利用地形。根据矿石性质及入磨前剔除围岩及夹石的试验结果,优选在磨矿前剔除围岩及夹石的方法,实现预选抛尾。新建采、选厂,锅炉尽量选择能效高的大中型锅炉,避免选择大量能效低的小锅炉。压缩空气系统,地下矿宜采用机体小、移动便利、节能的坑内移动式螺杆空压机;露天矿应采用随凿岩设备移动的移动空压机。供电系统和电压根据供电距离和负荷容量进行选择,以高电压(如110kV、35kV)深入负荷中心供电;矿山总降压变电所、牵引变电所、高压配电室及车间变电所位置,靠近负荷中心。另外,各矿区为加强节能管理,根据自身能耗特点,制订本单位能源管理考核办法,对柴油、电力等重点能源消耗,消耗指标要层层分解,落实到班组、机台和个人,实现考核制度,并执行节奖超罚的措施。

对露天采矿、井下采矿和选矿采取各项行之有效的节能措施,如合理的采矿、开拓运输和选矿方法和工艺流程,合理的总图布置,节能高效生产设备和用电设备,提高工业用水回收率和重复利用率等。确保露天采矿吨矿岩能耗0.824~2.142kgce、地下采矿吨矿岩能耗1.891~2.673kgce、选矿吨原矿能耗1.91~3.38kgce。

2.全面实施减排

露天采矿过程中产生地下涌水及采坑汇集雨水,经泵站加压至地表,供选矿使用,用于采场道路及爆堆洒水,在正常情况下不外排。地下生产用水全部使用矿坑涌水,生产废水与多余矿坑水经提升泵提升至选矿厂沉淀池处理后供选矿厂的生产、消防系统用水。选矿厂生产废水经厂内尾矿浓缩池沉淀浓缩后送尾矿库,尾矿库溢流水返回选厂回用,不外排。

露天采矿穿孔凿岩设备配有捕尘装置和湿式作业,减少并消除穿孔凿岩过程中的粉尘;采区中深孔爆破均采用多排孔微差挤压爆破,在工艺过程中降低粉尘产生量;爆堆在装车前进行洒水,最大限度的润湿矿岩,减少电铲装矿岩粉飞扬;汽车运输道路及废石场用洒水抑制粉尘飞扬。

采场穿孔、爆破,以及原矿、废石在装卸运输过程中均产生噪声,通过尽量采用低噪声设备减少对周边的影响。选矿厂主要噪声源有破碎车间的破碎机、筛分机等设备,选矿车间的球磨机等设备,以这些设备经过厂房隔音以及距离衰减对厂界造成噪声影响。

在生态矿山建设中,南山矿由中科院牵头和日本生态协会合作成立了"中日生态示范区",还不断地加大生态示范工作的力度,进行生态项目研究。目前,矿区已复垦面积为94.9公顷,加大了生态建设的力度,整治矿区环境、使复垦绿化面积将达到110公顷,矿区绿化苗木成活率达90%。

三、大型钢铁企业自有矿山整体开发管理效果

(一)自有矿山资源保障能力得到提升,开发管理水平明显提升

马钢矿业发展方式实现了由粗放型向资源节约型转变,将过去难以利用的低品位矿石、作为岩石排放的贫矿石进行利用;在不扩大工业品位矿石开采量的情况下,提高成品矿的产量;对进入开采末期的露天采场、地下矿山的残存矿石资源进行回采;使复杂水文地质条件的白象山铁矿,矿体埋藏较深且存在高温高热、岩爆等问题的罗河铁矿,地表被第四系覆盖层压覆的张庄铁矿得以开发利用等,无论是铁矿资源地址储量还是成品矿生产量都大幅增加(表1、表2)。

表1 成果实施前后马钢矿山地质储量变化对比情况

	2007年底资源储量	2011年底资源储量	2015年底资源储量
成果实施前	12.64亿吨	12.25亿吨	11.45亿吨
成果实施后	12.64亿吨	15.72亿吨	15.12亿吨
增加量			3.67亿吨

表2 成果实施前后铁矿成品矿生产量对比情况

	2007年底成品矿量	2011年底成品矿量	2008~2011年累计	2015年底成品矿预计	2012~2015年累计
成果实施前	325万吨	120万吨	600万吨	90万吨	360万吨
成果实施后	325万吨	290万吨	1188万吨	850万吨	2326万吨
增加量		估计170万吨	估计588万吨	估计770万吨	估计1926万吨

（二）取得了明显经济效益

2008~2011年资源综合利用累计产出矿石情况。按照成品矿1000元每吨计算,可以实现销售收入312500万元,实现利润50800万元。"十二五"期间,马钢铁矿石综合利用规模总量将达到2亿吨。此外,节约了大量土地。仅姑山铁矿、和尚桥铁矿两大露天采场共节约征地825亩,节约征地费用9900万元,节约运费3.48亿元。

（三）一批矿山建设技术和特殊采矿工艺达到了同行业先进水平

马钢第一个在国内露天铁矿中实现大规模内排土,引起业内人士对整体采矿学(矿床勘探、开采、排土、复垦等整个采矿过程)尤其是后采矿学的关注;第一个实现了"桃冲矿无尾排放";第一个采用高压对辊提前抛尾节能高效技术管理;第一个规划对近亿立方的露天坑实施尾矿充填,为大规模开发极低品位铁矿石开创了国内铁矿资源综合利用先河。另外,矿山一些重要的技术经济指标在行业中名列前茅。在全国大中型矿山对标指标中,马钢矿山在同行业前五名的有19项。

（四）马钢矿山成为全国首批国家级资源综合利用示范基地

依托整体开发理念,提高资源综合管理水平,有效推进了绿色矿业的发展。采取主动有序的利用低品位矿石、回收残存矿石、回收利用共伴生资源,不仅提高了矿山固体废弃物、尾矿资源和废水利用效率,而且减少了能源消耗和环境污染;对新建、在建的地下矿山采用充填采矿法,不仅可避免地表塌陷,还可减少废石、尾矿的外部排放,对减少土地征迁、保护矿区环境具有重要作用;对在老矿山周边新建的矿山,充分利用老矿山形成的空间资源,结合矿山地质环境保护与恢复治理,实施循环经济发展。2011年马钢矿山被列为全国首批国家级资源综合利用示范基地之一,2012年4月马钢南山矿荣获全国矿产资源节约与综合利用专项优秀矿山企业。

（成果创造人：顾建国、苏鉴钢、杨　阳、崔　宪、王文潇、朱青山、
王维勤、王文景、巩凡亮、黄世光、马　健、王　章）

基于信息化的高效纺织企业建设

无锡市第一棉纺织厂

无锡市第一棉纺织厂（简称无锡一棉）创建于1919年，曾经是中国民族工业的典范，现在无锡一棉是国有控股的大型纺织企业，共有50万纱锭、700台布机，1900名员工，固定资产原值16亿元、净值10亿元，年产高支精密纺纱线26000吨、高档织物3000万米，年销售额超20亿元。

成果主创人、厂长、书记周晔珺（左三）和管理技术人员进行研讨

一、基于信息化的高效纺织企业建设背景

（一）适应现代纺织发展趋势的需要

目前中国棉纺织工业产业高度成熟，产能高度饱和，竞争日趋激烈。发展呈现三个方面的主要趋势：一是信息化技术的应用推进纺织技术与管理的更新换代；二是开发高附加值品牌产品，成为中国纺织调整产品结构、突破市场困境的主导方向；绿色纺织品越来越为消费者重视，作为用电大户的棉纺织企业，降低用棉、用电能消耗，是社会环保的要求，也是企业降本增效的需要。

（二）保持企业低成本竞争力的需要

棉纺织业属于整个纺织产业链中最前端的初加工行业，相比后道的色织、服装等行业，盈利水平相对较低，平均利润率一般只有3%。在劳动力和原棉、能源价格的不断上涨挤压下，利润空间就更为微薄。因此，提高劳动生产效率和原棉、能源使用效率，成为棉纺织企业保持低成本竞争力的迫切需要。

（三）实现企业发展目标的需要

无锡一棉发展目标是创建世界一流的先进棉纺织企业。与国际先进棉纺织企业相比，无锡一棉的主要差距是劳动生产效率偏低、产品价值偏低、资源利用率偏低等薄弱环节，必须实施一系列变革措施，才能确保企业目标的实现。

二、基于信息化的高效纺织企业建设内涵和主要做法

无锡一棉基于先进的信息平台，重组作业流程与生产组织，积极提升产品附加值，建设用工管理"精干高效"、纺织生产"精细优质"、成本资源"消耗低"的"优质低耗"棉纺织企业。主要做法如下：

（一）确立基于信息化的高效棉纺织企业建设指导思想与目标

1. 明确指导思想

第一，以信息化技术为手段。信息化技术应用薄弱，是导致中国棉纺织企业整体管

理水平难以提升的重要因素。以应用信息化技术为手段,可以为建设高效棉纺织企业提供现代化高水平的支撑平台。

第二,以改革传统方式为重点。改革传统劳动方式,促进传统劳动密集型纺织向现代劳动高效型纺织转化;改革传统生产方式,促进传统粗放式纺织向现代精细化纺织转化。

第三,以注重协调发展为原则。在建设高效棉纺织企业的过程中,注重遵循劳动高效率与产品高质量共同提升的原则;注重遵循提升产品结构与提升原棉利用率共同优化的原则;注重遵循保障企业发展与保障环境友好相协调的原则;注重遵循企业增效与员工增收的利益共享原则;做到相互结合,互相促进,共同进步、协调发展。

2. 确定建设目标

无锡一棉建设高效纺织的目标是发展成为世界一流先进的棉纺织企业。衡量的指标:劳动生产率达到国际万锭用工 25 人的先进水平;成为中国名牌,并进入国际高端市场,与世界一流客户和著名品牌相链接,成为全球纺织产业链中具有较高影响力的棉纺织产品品牌;用棉、用电等资源利用率和主要经济指标在中国棉纺织行业保持前列。

(二)构建支撑高效棉纺织企业建设的信息化平台

无锡一棉在全行业率先开展信息化和工业化"两化融合"的实践探索,构建具有行业特色的信息化系统。为此,结合新厂园区建设,投入 8000 多万元,在全厂装备了 9 万多个传感器,通过信息化设备和通讯模块,把成品、生产、环境、安全、电能 5 个方面数千台(套)设备串联组成传感网络;并和企业局域网、互联网、移动网联接,进而与 ERP 融合,形成了由传感网、ERP 和电子商务组成的完整信息化系统,创建了"感知生产、感知管理、感知市场"的管控体系,构建了支撑高效棉纺织企业建设的信息化平台。

1. 建设全过程生产在线检测功能平台

棉纺织业的特点是多工序、多机台、24 小时连续运行。无锡一棉在线检测的传感网络,具备生产全过程的信息化在线检测功能,不仅大量减少了记录、统计、试验等人员;并且比人工检测更具数据的实时性、正确性、客观性、全面性。这为全面可靠掌握生产情况、进而分析情况,为高效棉纺织企业建设进行决策,提供了有利的基础性前提条件和依据。

2. 搭建全面的质量在线自动监控功能平台

运用瑞士最先进的传感技术,将络筒机连成 TEXNET 网,用于对纺纱最后一道工序络筒质量、产量、设备状态的全数监测监控,一昼夜可采集数百万条生产数据,通过网络进行数据集成处理,可提供产量、质量、机械状态等 9 类 168 个参数,外加纱疵分级,超标会自动报警,纱疵会自动切割,具备棉纱成品质量自动守关功能,彻底改变传统的人工抽样检测,无法

棉纺车间精梳工序

全数检验质量的问题。

无锡一棉成品在线质量监控已100％覆盖,实现了棉纱成品全数质量检测,有效对弱环进行了控制;加之前道清梳联、条精并、细纱等关键工序也形成了半制品质量的信息化监测监控系统,不仅对产品质量提供了强有力的保障,并且为高效生产、高效管理劳动创造了有利条件。特别是在劳动力流动和紧张的情形下,质量自动守关平台,为有效解缓人工操作失误对产品质量的影响,为实施新的劳动管理方式检验工作质量,为简化操作流程而缩短培训时间等都提供了有利手段。

3.构建集成一体化的"ERP"工厂管理功能平台

无锡一棉采取由IT公司搭建行业通用框架,形成一个二次开发的平台,再由企业自己完成适用性开发和今后的持续改进,适用性效果更好。现在无锡一棉拥有两套内部局域网,一套外部局域网,企业总部与下属公司通过ERP连成了一个紧密整体,ERP已覆盖企业所有业务环节,实现物流、资金流、信息流和人力资源的集成一体化管理。

利用ERP辅助科学决策,可以与企业绩效管理相结合,高层管理人员可动态监控绩效变化,以便及时发现问题,采取预防和纠正措施;利用ERP促进标准化管理,可以对工作流程和工作方式进行了梳理、规范、固化,把先进管理方式"克隆"到新公司;利用ERP促进配置资源优化,可以实现纺织原料、半制品、变换件和器材等在企业内部共享,实现跨子公司统一调度,提高物资的利用率,并降低库存;员工统一采用多功能电子卡,根据每天刷卡到岗的情况,可以对各子公司的用工实现统一调度,减少备工数量。也可利用ERP促进工作效率和工作质量,如可以将工艺参数与机台状态建立关系,用于引导维修人员有的放矢的工作,提高工作效率;纺纱厂管理的难点在于"千人纱,万人布"这样的质量大锅饭,通过这一平台,建立一套与之相适应的管理方式,使产质量对应到机台,可以对个人的工作质量进行评价,打破质量大锅饭,管理也就能事半功倍。总之,"ERP"平台功能强大,对高效棉纺织企业建设具有集约化的促进功能。

(三)重组作业流程,建立劳动"精干高效"的管理组织方式

1.实施以"集换"为核心的无疵操作方式

值车工是纺织厂第一大用工群体,无锡一棉针对值车工传统操作法存在的弊端,操作内容重组分类,推出了以"集换"为核心的无疵操作方式。"集换"就是在细纱生产中集体换粗纱,在并条、条卷等生产中集体换棉条筒;在"集换"停车时集中做清洁工作,做得彻底又不会造成纱疵,有利于保证质量。减少巡回中的无效劳动,为扩大看台创造了条件。同时,接头方法全面革新,有害疵点专门清除或均通过清纱器清除,值车工的操作强度大幅减轻,作业流程也变得简单,操作培训时间也大大缩短,看台面全面扩大。在产品趋于高支化,落纱周期延长后,"集换"、清洁工作改由落纱工承担,通过合理分工调度,使落纱工的工效也得到了提高,看台由4台扩大到30多台,工效提高了7~8倍多。

2.实施"保质、包机、动态"三特征的设备维修方式

设备维修工人是纺织厂第二大用工群体。无锡一棉针对现代纺织设备的运行特点,实施以"以产品质量为中心,包机责任落实到点,动态维修落实到点"三位一体为特征的新型设备维修管理方式。新方式以设备动态检查和维修为重点,重组维修队,划分责任区,包机到人,实行设备24小时动态维修。新方式改进的重点在二个方面:一是由周期

性的维修保养改为动态性的维修保养，解决了维修"目的"问题。新的动态维修方式依托信息化系统实时反映产质量信息，可以及时掌握设备状态，调整周期维修内容，突出设备状态的动态维护，在保障设备良好运行的同时，"节工节料"，提高了效率。二是由多人分工共同维修改革为包机到人。这改变了传统分工过细却又责任模糊的弊端，在提高工效的同时，责任更为明确。

新的设备维修方式实施后，设备状态良好，使用效率明显提高，纱线品质一流，维修用工只有原来的三分之一。

3. 创建人力资本管理高效体系

无锡一棉依靠信息化系统能够实时掌握在职人员、到岗人员等信息。由此在调整运转班制，由三班运转改为二班轮休，每月值班长提前排好人员工作表，有计划的安排员工年休、轮休和请假。当班上员工出勤出现紧张时，值班长只需在本班调度员工，避免了原来跨部门调度和倒班限制的难处，这样在提升效率的同时，也具有满足员工的个性需求的高度弹性，使班制设置体现出高效、灵活又具人性化的活力。同时，通过信息化的实时监控，对每班的实际用工进行有效监督和跟踪。

无锡一棉根据每个部门的人员组成和每个员工的专长，采用灵活的兼、并、带方式，一企多制，一岗多制，适才适用，发挥出最大的个体潜力和整体潜力。

(四) 提升产品附价值，实施产品"精细优质"的品牌战略

无锡一棉打造高附价值的品牌产品，注重从提升技术优势、提升产品档次、提升服务水平、提升市场层次全方位的加以推进。

1. 提升以"紧密纺"为标志的高新纺织技术优势

无锡一棉率先引进当代国际最先进的紧密纺纱技术，第一个在国产细纱机上嫁接成功，并通过消化移植再改进，以质优价低的优势进行推广，发展成为全球最大 50 万纱锭的紧密纺生产基地。这一成就获得了江苏省政府颁发的"技术进步重大贡献者"和中国纺织协会"科学技术贡献奖"。

由于紧密纺纱是优于传统环锭纺的一种新型纺纱技术，纱线中纤维排列更紧密、更整齐，棉结、条干、捻度等品质指标，明显高于环锭纺。这一技术进步可以在相同原棉条件下，比环锭纺出质量更优的产品，也可以纺出支数更高的产品，体现出"优质低耗"的技术优势。无锡一棉以紧密纺技术为基础，重点围绕特高支纱的研发开展技术攻关，对 300 支纱的细纱、络筒、并线等关键工艺，与钢领直接润滑、接头中探等专件进行改进，其中已取得一项国家级实用新型专利。同时，围绕市场需求大的高品质赛络纺色织、针织产品，采取"产、学、研"联合开发，确立采用气流学原理、新型集聚工艺、器材优化等 9 个课题开展技术攻关，促进了赛络纺产品的不断升级提升。

以"紧密纺"为标志的高新纺织技术优势，为产品升级、品牌建设和提升原料使用效率提供了领先的技术支撑。

2. 开发以"三特"为主体的特色高档产品

无锡一棉依托技术提升优势，推动产品升级，开发以"特高支纱、特种混纺纱、特种加工纱"为主体的特色新品。其中，在全行业第一个开发生产的特种混纺纱——羊绒棉纱，被江苏省科学技术厅认定为"高新技术产品"。2005 年在全行业最早开发生产的 300S 特

高支棉纱,代表了当时国内棉纱生产的最高水平。同时,紧密赛络纺、松式筒子、反向捻纱等特种加工棉纱,满足了高档客户需求的的特色产品。现在高品质的紧密纺纱、特高支纱和特种混纺纱的生产能力在同行中领先,并成为能够批量生产 300 支棉纱的顶级企业。

3. 建立产销全过程的客户服务体系

无锡一棉成立客户服务室,建立网上客服平台和手机信息发布平台,利用网上网下多种方式,增进与客户的联系和交流,向客户提供更多产品和服务信息,接受客户的意见和信息反馈;并从接单开始到售后服务,实施全过程的规范化服务。实时生产产品和价格发布、跟单质量跟踪、小单试织试纺等服务,深受客户好评。

4. 开拓国际纺织高端市场

无锡一棉依托高档优质的产品,开拓国际纺织高端市场,出口市场由原来港、澳、日、韩等为主,拓展到美国、欧盟为主;TALAK 品牌商标,在美、英、法、德、日等 55 个国家注册;纱布产品成功配套国际高档服装面料和家纺产品,与国内外著名品牌、一流企业对口链接;精梳纱线出口欧盟多年位居全国第一。

技术、产品、服务、市场的全面提升,使无锡一棉创树了一流棉纺织品牌,自主品牌TALAK 品牌获"中国名牌"称号,色织纱和针织纱获中国棉纺织协会、针织协会"精品奖"、"用户信得过优等产品"和"最佳针织纱供应商"等荣誉。

(五)推行"挖潜增效"的资源节约举措

1. 推行"信息化、技措、管理"三位一体的节电举措

无锡一棉在全行业率先建立"企业电能信息管理中心系统"。该系统能自动采集、存储、管理基本生产用电、辅助生产用电、峰平谷用电、单机台用电、主辅机联动、供电系统与智能空调系统 7 个方面的电耗信息,并能通过文字、声音的形式报警,还能通过 ERP 对用电量进行分析、处理和加工。利用这个系统,可全面实时掌握电能状态,确保运行在最佳状态,并可实现对电能的分散控制和集中管理,减少管理环节,减少能源系统运行成本,有效追踪节能措施效果。

在信息化节电的同时,利用"电能信息管理中心系统"实时监测功能,辅助节能技措项目的研究、试验和推广。从 2003 年来,无锡一棉投资 1500 万余元,实施了以耗电最大的细纱主机、空调滤尘耗设备为重点的节能技术改造。改造细纱机锭带 30 万锭,改造添置细纱机传动同步皮带轮 1464 只、同步皮带 732 条,细纱机狭槽负压管改造 3 万根,并调整细纱机吹吸风机的开停时间。通过这些节能技术改造,细纱主机年节电 641 万度。空调滤尘节能改造,对空调、滤尘系统及机台风压进行全面测试,采用电机变频,降速降压,选取最佳系统风压风量等方法进行技措改造,加装空调送、回风机马达变频器 52 台,调换除尘主风机马达皮带盘 12 台,调换电机 16 台,调整风叶角度 62 台,安装节能新风过滤袋 14 套和散热降噪环保器 44 套。同时结合生产工艺优化,并合除尘系统管路,共停开 6 套除尘机组、22 台接力风机、12 台回风机,节省 2 套蜂窝除尘设备。通过这些节能技术改造,空调滤尘年节电 513.8 万度。

在技措节电的同时,依托信息化深化节能日常管理,对能耗数据实行日统计、周分析、月总结,有完善的检测、评价和考核的体系。并组织开展降低前纺吨纱用电竞赛、空

调滤尘节电竞赛、冷冻节电竞赛等,竞赛情况每月公布,对优胜者奖励,以此来鼓励全厂员工参与节能。还通过监控峰平谷电挖掘节能潜力,用足平电和谷电,减少峰电。特别是前纺能力有余的情况下,开足夜班,日班补充为主,减少电费支出。通过管理和竞赛,节能效果良好,合计节电每年480万度。

无锡一棉通过实施节能技措项目和优化节能管理,年节电1744.8万度,节约电费1087万元,提升了能源使用效率。

2. 推行与产品优化相融合的节棉方式

首先,开展产品标准化。无锡一棉在同行业中率先实施品牌标准化战略。品牌标准,采用"TALAK"自主品牌第一个字母"T"命名,每个品种分T0-T5五个等级,每个等级制定了强力、棉结、条干等明确的主要品质标准,形成了标准产品和(客户)定制产品专业化生产格局。在交易过程中为客户提供了明了的产品等级和价格,便于有针对性的选择。"品质标准"对每个支数产品设定了5个等级,促进了品种配棉的进一步精细化;有计划的采购原料,使普通的原棉发挥最大价值,生产出高等级原棉同等品质水平的棉纱,达到节棉之效,有效降低成本。

其次,优化产品结构。无锡一棉把高支化的产品结构调整,作为具有产品升级和节工、节棉多种效能的重要发展战略。着力推动产品的高支化升级。平均支数由2003年的40支提升到70支;从2009年起,逐步扩大人造棉高支赛络纺的生产规模,现产能已达到10万锭、年产5000吨的能力。由此,无锡一棉50万锭的年用棉(花)量,按常规年需用7~8万吨减少现在的2万吨。

无锡一棉节棉与产品标准化相融合。与产品结构调整相融合,收到了明显效果,全厂用棉量只有同规模企业的二分之一。

(六)注重以人为本,培育高素质员工队伍

1. 推行人性化管理方式

无锡一棉大力倡导具有"尊重人格、公正公平、注重激励、注重沟通"内涵的人性化管理理念。汇编了《新员工管理文摘》,制订"带兵干部管理行为准则",要求管理干部待人友好、管理公正,对员工要多表扬、少批评,多沟通、少压制。并定期召开不同层次的员工座谈会,及时倾听员工的建议和意见。注重正面激励;注重以开展劳动竞赛来激励员工的劳动热情,以竞赛替代命令,以奖励替代扣罚,以激励先进替代批评员工。企业每年用于劳动竞赛的奖励金达100万元。

2. 开展业务技能培训

无锡一棉努力创建学习型企业,组织管理干部学习《精益生产管理》、《人力资本管理》、《信息网络技术》、《高效绩团队》、《有效沟通》等一系现代管理理论知识,掌握运用现代管理技能;组织干部和业务骨干学习现代纺织技术,邀请大学教授来厂讲课,提高专业知识水准,以适应企业大规模的技术改造和技术创新的需求;组织设备维修员工学习各类"设备操作说明书"、"设备维修手册"和电工知识,为实施新的设备维修方式提供能力保障;组织运转员工开展操作竞赛,鼓励一专多能操作技能的学习,为实施新的运转操作方式打造能力条件。

3. 关心和激励员工

无锡一棉倡导企业与员工"共同成长,共享利益"的理念。为激励员工和企业同舟共济,在本职工作中建功立业,企业不断提高员工收入,做到每年加资,工资收入每四到五年翻一翻;并改善福利,为外来员工免费提供住宿,为骨干员工、包括工人技师提供租房补贴,全厂员工享受免费工作用餐、免费洗浴和节日礼品、生日蛋糕等企业福利,与年休、社保、劳动保护等国家规定福利。分类规划员工职业化发展之路,通过业务培训、岗位升级、技师评级、公开招聘等激励方法,给每个员工发展提供公平公正公开的希望;企业还建造了有空调、有洗衣机等条件良好的员工住宿公寓,并在员工宿舍区,建有卡拉OK室、阅览室、乒乓球、溜冰场、羽毛球场、篮球场、电子阅览室、综合活动室等文体娱乐场所。

三、基于信息化的高效纺织企业建设效果

（一）基本实现了劳动密集型纺织向劳动高效型纺织的转变

2003年来,无锡一棉生产规模扩大了5倍,人员却有2600多人减少到1900人,万锭用工由80人减少到25人,不仅保持了全国棉纺织企业最好的用工水平,并且达到了国际先进水平,劳动生产率在全行业位居第一。

（二）基本实现了传统粗放式纺织向现代精细化纺织的转变

信息化技术应用在中国棉纺织行业中领先;节棉、节能水平也在中国棉纺织行业中领先;高端纺织技术、高端品牌产品,高端市场层次都体现了现代精细纺织的成果,其水平达到了国内一流、国际先进,成为了世界顶级的色织、针织面料用户的供应商,被欧洲客商誉为全球最优秀的棉纺织工厂之一。荣获"中国名牌",并连续多年荣获"色织产品精品奖"、"色织产品开发奖"、针织"用户信得过优等产品"等

（三）促进了经济效益和社会效益的显著提升

生产规模由11万锭扩展到50万锭;销售、创汇、利税等主要经济指标位居同行业前列,持续评为中国棉纺织行业竞争力前20强排头兵企业、"中国纺织工业500强企业";同时,荣获中国纺织工业协会颁发的"管理创新成果大奖",中国纺织工业协会、中国工业和信息化部联合评选的"全国纺织工业两化融合突出贡献企业"和"全国纺织工业两化融合示范企业"等荣誉称号,并成为中国工业和信息化部"信息化与工业化融合促进节能减排试点示范企业"。中国纺织工业"节能减排技术应用示范企业"。

（成果创造人:周晔珺、万芷华、章　彦、倪建兴）

施工企业打造核心竞争力的项目管理

中交第一航务工程局有限公司

成果主创人：局董事、总经理、
党委副书记毛元平

中交第一航务工程局有限公司（简称中交一航局）是中国交通建设股份有限公司的全资子公司，创建于1945年11月，是新中国第一支筑港队伍，素有"筑港摇篮"之美誉。中交一航局是以港口工程施工为主，多元经营、跨行业、跨地区的国有大型骨干施工企业；拥有1个工程总承包特级资质、14个工程总承包一级资质和15个专业承包一级资质。经营领域包括港口、航道、修造船厂水工建筑物工程和高速公路、桥梁、机场、铁路、地铁、轻轨、大型成套设备安装、工业民用建筑、市政工程以及其他大中型建设项目。

中交一航局秉承"创新务实、崇尚科学、拼搏奉献、永争一流"企业精神，先后承建了以青岛奥帆中心、东海大桥、杭州湾大桥、长江口深水航道整治、重庆嘉陵江船闸、京沪高速铁路等为代表的一大批国家级重点工程，并承接了赤道几内亚巴塔港、毛里塔尼亚友谊港等为代表的一大批海外工程，累计建成码头泊位1281个（其中万吨级及以上658个），占我国万吨级及以上泊位的40%以上；建成船坞船台44座，公路桥梁671公里，在建铁路总里程达350公里，高层建筑总面积达170万平方米。施工区域涉及国内30个省市自治区及20个国家和地区。2011年完成合同额、营业额分别达到479亿元和373亿元，在天津市建筑企业始终位居第1位。

一、施工企业打造核心竞争力的项目管理背景

（一）提高市场竞争能力的必由之路

2010年，中交、中铁、中建等大型建筑央企以及上海建工、北京城建地方建筑国企等五家企业营业额已占到建筑业总产值的20%，可以预见建筑业产业集中度将进一步提高，以承担大型、超大型项目为主的大型建筑企业将成为行业领军者。中交一航局只有推行新型项目管理模式，才能在市场竞争中抢得先机，以增强市场竞争能力。

（二）适应项目管理高端化的必然选择

近几年建筑企业开始向价值链高端延伸。大型建筑企业积极搭建资金、技术、人才等平台，逐步形成"强总部、精区域、细项目"的管理架构，在巩固核心业务的同时，积极推进EPC、BT、BOT等项目管理模式，逐步成为集投融资、规划、设计、采购、建造、运营一体化的全产业链综合建筑服务商。应对形势推进项目管理模式创新，是中交一航局适应项

目管理高端化的必然要求。

(三)提升发展质量和效益的迫切需要

"十二五"时期是深化改革、加快转变经济发展方式的攻坚时期,随着国家加大经济结构调整转型力度,总体投资规模增长趋于平缓,建筑业竞争日趋白热化。同时,在建筑材料价格大幅度上涨、人工成本增加、节能减排等多重压力下,整个行业平均利润率低于4%,个别细分行业甚至低于1%。在这种情况下,必须更加注重发展质量,更加强调结构优化;中交一航局通过推进项目管理模式创新,延伸产业链价值链,追求协同效应,已是企业发展的当务之急。

进入新世纪,中交一航局开始构建以施工项目管理为载体的经济运行机制,加快建立项目经理队伍,构建内部"五大要素"市场,初步形成了一整套管理制度。中交一航局在项目管理方面的良好积累和不断创新,为探索项目管理模式创新打下了坚实基础。

二、施工企业打造核心竞争力的项目管理内涵和主要做法

中交一航局根据企业发展战略定位,以提升企业运营能力为目标,明确项目管理模式创新的具体目标和工作思路,建立组织机构和领导小组,在实践中探索多种项目管理模式,通过加强公司层面管控、推进标准化建设、加强海外项目一体化管理措施加以落实,并通过信息化平台固化、加强交流学习、定期进行监督考核等方式,最终形成了具有自身特点的项目管理模式。主要做法如下:

(一)明确工作目标和原则

中交一航局在推进项目管理模式创新之初就确定"五个一体化"和"四个整体性"的目标,即实现策划一体化、专业一体化、协作一体化、形象一体化、管控一体化。达到服务整体性、资源整体性、责任整体性、效益整体性。

按照工程规模划分,所有10亿元以上大型工程推行总承包或单一工程项目管理模式,10亿元及以下工程推行区域型项目管理模式;按照管理制度划分,境内外所有工程项目均推进和落实《项目管理标准化手册》;按照区域属性划分,所有海外项目均纳入一体化管理范畴;按照产业链划分,根据项目特点,分别选用施工项目管理,BT、BOT、EPC工程总承包、代建制等不同的项目管理模式。

中交一航局在推行项目管理模式创新方面遵循以下三项原则。一是项目管理制度与流程同步建设,公司总部、所属各单位与基层项目部共同推进;二是坚持存量调整与增量优化相结合,对于新开工和新领域项目,尽可能采用新模式;三是与结构调整和提高质量效益相结合,促进产业结构优化与升级。

(二)建立适应项目管理模式创新的组织框架和管理架构

中交一航局在总部成立以总经理为组长,负责生产的副总经理为副组长,总部有关业务部门负责人参加的项目管理

中交一航局参建的杭州湾跨海大桥工程

创新协调机构,公司所属各单位均成立相应机构,明确分管领导、牵头部门、企管部门、经营、工程、财务、船机等有关部门共同参与。

中交一航局根据项目管理模式的特点研究组织架构、管理体系的适应性,及时进行优化调整,对业务流程进行创新设计,调整和细化部门职责,最终构建起"公司总部—专业公司(事业部、分公司)—项目部"的管理架构,形成两级总部统一的管理流程体系;本着"精简层级、有效整合"的思路,近几年打破产权关系限制,在管理关系上分出两个层次,即中交一航局直接管理的项目部和公司属各单位管理的项目部,成功解决了点多面广、管理幅度大等问题。

中交一航局的项目管理管理模式创新立足于现有管理制度和标准,充分考虑 GB/T 50326—2006《建设工程项目管理规范》、GB/T50430－2007《工程建设施工企业质量管理规范》有关要求,并融合 GB/T19001－2008 idtISO9001:2008《质量管理体系要求》、GB/T24001－2004idtISO14001:2004《环境管理体系要求及使用指南》、GB/T28001－2001《职业健康安全管理体系规范》、GB/T24353－2009《风险管理原则与实施指南》、GB/T19580－2004《卓越绩效评价准则》等多个标准要求,构建了公司综合管理体系,共完善各项规章制度 266 项,梳理形成 223 项管理和工作流程,为推进项目管理创新提供了机制和流程支撑,奠定了管理基础。

(三)选用不同的项目管理模式

中交一航局根据企业发展特点,先后尝试多种项目管理模式,目前主要推行的五种项目管理模式的项目部已经达到 92 个,占据公司施工总产值的 80% 以上。

1.盈亏共享共担型项目管理模式

对于大型和特大型传统水工项目,中交一航局组建总项目部,各参建单位组建分项目部,实行"统一对外,二级管理"。

总项目部全权负责合同履约、统一组织和管理,分项目部负责操作层面具体实施。以《项目目标责任书》方式明确各级单位责权利,《责任书》由中交一航局总经理、总项目部经理与参建单位经理、分项目部经理四方签字,作为项目管理遵循依据。充分调动参建单位积极性,对于施工项目取得利润,按照中交一航局拿 20%、参建单位拿 80% 的原则进行利润分成,如有亏损按同样比例分担,对于工程中购置的大批设备仪器则全部划归各参建单位所有,以调动各参建单位积极性。总项目部领导班子薪酬和考核由公司负责,其余人员薪酬和考核由总项目部统一管理。分项目部领导班子全部收入由总项目部领导考核确定,一般员工全部收入由该项目部领导考核确定。凡是到项目的员工,原单位不再发放任何收入。生产资源配置、调配和管理由总项目部统一负责。资金实行集中管理和支付,由总项目部总经理一支笔控制,主要物资实行集中采购,设备采购由总项目部审批,并有权对设备进行调配。

2.盈亏自负型项目管理模式

对于铁路项目,中交一航局组建总项目部,各参建单位组建分项目部,实行"两级管理,分级对外"。

两级项目部在统一思想、统一策划基础上,各负其责、分级对外,总项目部控制大局、协调指挥,分项目部负责具体实施。以《项目目标责任书》方式明确各级单位责、权、利。

《责任书》由中交一航局总经理、总项目部经理与参建单位经理、分项目部经理四方签字，作为项目管理遵循依据。在标后预算和扣除上缴费用的基础上，成本风险实质性的费用由分部负责，盈利或亏损全部由分部所有或承担。中交一航局及总项目部不享受利润、也不分担亏损费用，但总项目部领导班子的绩效考核与分部成本情况密切挂钩。总项目部领导班子薪酬和考核由中交一航局负责，分项目部领导班子薪酬和考核由总项目部和参建单位共同负责，考核结论双方各占50%权重。也可采用分项目部领导班子工资在原单位发放，奖金由总项目部考核确定。各项目部一般员工全部收入由该项目部领导考核确定。生产资源配置、调配和管理由总项目部统一控制，分部具体实施。资金实行集中管理和支付，总项目部总经理一支笔控制，主要物资实行集中采购，设备采购由总项目部审批，并有权对设备进行调配。

3. EPC工程总承包管理模式

发挥各工程公司、港研院、设计院、总承包分公司在资质、技术、设计、管理等方面的优势，以"协同作战"模式共同承揽大项目，达到策划一体化，获取最大经济效益。

明确"统一对外、两级管理"的组织模式，总项目部承担"总策划、总协调、总服务"的管理职能。中交一航局和参建单位、总项目部和各分部形成利益共同体，利益共享，风险共担，充分调动参建单位积极性，联合共建，达到形象一体化。总项目部发挥生产资源统一调配作用，对资金实行集中管控，主要物资实行集中采购；设备采购由总项目部审批，并有权对设备进行调配，达到管控一体化。

2011年中交一航局承建神华集团黄骅港三期工程，按照EPC项目管理模式要求成立总项目部，与总项目部签订《项目实施责任书》，明确由总项目部代表公司履行总承包合同，负责项目从开工到竣工验收、缺陷修复、尾款回收的全过程管理，代表公司实施对内和对外的全面协调；构筑了工程总承包、施工承包、分包三大梯度塔式结构形态，实现了组织形式从单一型向综合型、现代管理型转变。

4. BT项目管理模式

建立健全组织机构。除了设置现场的BT项目班子，还设有主管部门负责外部与各部门的协调沟通，及时了解各政府机构、职能部门的工作流程，紧密跟踪，及时反馈信息，研究布置工作。

制定详细周密的BT项目策划书，充分考虑各种外部不利因素，甚至要考虑应急处理方案，对于不以BT意志为决定的分部分项工程，提前介入，早作打算。

以人力、物力、财力等各个方面，围绕项目的实施，开展包括立项、施工前准备必要的招投标、施工、移交等工作，并立即实施现场的三通一平。

依据现有建筑法的规定，对专业分包、劳务分包等及时办理分包手续，需要公开招标的，要编制标书，与项目所在地的建设工程招标中心联系合作，依法公开进行招投标工作。

在资金管理方面，BT公司多方融资，巧妙利用好BT合同，尽可能的实现在建工程权益最大化。排出详细的资金使用路线图，合理调配使用资金，同时还要有防止建设方不能按BT合同及时足额支付的应急预案。选择下游分包商、供应商时应选择实力强、信誉好的企业，签订战略联盟协议，延长应付款的周期。同时确保资金链的安全运行。

天津海滨大道北段二期BT项目是中交一航局第一个BT投资建设项目。该项目建设期2年,回购期5年,回购款每年支付两次,分十次付清。按照投资建设协议约定,中交一航局独家出资成立海滨大道项目公司负责项目的融资建设,项目公司于2008年10月26日在天津经济技术开发区注册完成,注册资本金6.25亿元,占工程总承包价的35%,全部由中交一航局出资。与其他的施工项目相比,本项目合同增加了发起人支付回购款,接收本项目在建工程资产的责任,根据该项责任,相应的对结算、回购也做了详细规定,尽量减少中交一航局风险,增加中交一航局确定性收益。

5. 多项目管理模式

按照项目集群、项目组合的原则组织项目部,在一个区域内只成立一个项目部,授权其对区域内的所有同类型工程进行管理。立足区域内所有工程,加强人、机、料等资源筹划协调,把握关键环节,确保施工生产有序进行、最大限度地挖潜增效。对项目部进行合理授权,主要权利有:内部资源调配权、内部组织调整权、对外合同签订权、分包队伍选择权、奖金分配自主权、施工设备租赁权、物资采购权等,以保证多项目管理的活力和效率。为控制成本,控制分包和物资的单价,此外分别下达各单项工程的标后预算,以确保成本相对真实准确。

中交一航局一公司第六项目部扎根营口港20多年,承建了营口港的水工工程超过15个。项目部落实多项目管理模式,形成了以"总体策划、集中控制、分区管理、分项核算、资源共享、动态平衡"为主要特点的管理模式:

在管理架构上,形成"1+4",其中"1"是"总部",是管理中枢和经济核算中心,"4"是下设的四个施工区,包括鲅鱼圈四期、一港池、仙人岛和盘锦港;管理人员划分为七部二室,经营商务部、财务人事部、物资管理部、行政办公室等人员集中在"总部";安全管理部、质量管理部、船机管理部、工地实验室等建制在"总部",人员在各施工区;各区域分设工程管理部和生产调度,根据生产需要配置施工班组。

在分配机制上,每年经过班子集中讨论,调整年度劳动组织分工,按照劳动强度、责任大小划分岗位奖金档次;另外,以员工安全、质量、工程进度、文明施工、成本管理等为基础,以工作责任、劳动强度、工作时效、工作条件为考核依据,实施全员年终兑现的奖励分配制度,以此调动员工劳动积极性。

在总体策划上,重要资源的配置、工艺的研究讨论都坚持做到领导班子与管理骨干总体策划,并由总部进行集中控制。每年初通过民主方式对管理文件进行升级。

在资源平衡上,做到船机、人力、材料等资源动态平衡,每年根据前期策划配置船机资源,根据各区域、各岗位情况随时进行人员动态调整,建立了可周转材料台账,对可以重复利用的模板提高周转次数,都极大地降低了管理成本。

(四)通过分层次管理有效落实项目管理模式

1. 公司层面实施总体管控

在项目前期策划方面,以2011年3月承建黄骅港三期工程为契机,编制《黄骅港三期工程项目实施策划书》,重点从项目组织机构设置、管理模式选择、过程管理策划等方面进行明确,为编制类似策划提供了经验。各单位也普遍加强项目前期策划,如二公司出台《工程项目前期策划管理办法》,安装公司制订《项目策划实施细则》。

在项目督查方面,2011年5月成立项目督查组,对中交一航局直管的总承包项目及各单位管理的重点项目从前期策划、过程管控、结算收款、调价索赔和竣工交验等进行全过程监控,截止2012年6月底累计对31项工程进行现场督查,初步测算增加经济效益近3000万元。

在绩效考核方面,2010年制定《公司直管项目管理办法》、《公司直管项目部绩效考核暂行办法》,公司工程部2011年牵头制定了《公司直管项目日常监控办法》、《项目管理手册》,实施了月度考评,搭建了制度体系和责任体系。

2. 项目层面实施标准化管理

首先,建立标准化实施方案。2009年制订《项目管理标准化建设实施方案》,9个单位制定具体实施办法,111个项目部制订工作细则,先后修订357项项目管理制度,涉及项目管理的前期策划、过程管理、成本控制、分包结算等各个环节,标准化开始融入公司各项业务管理流程。

其次,编制《项目管理标准化手册》。主要内容包括总则、项目组织及中标交接、项目策划、施工现场配置标准、项目实施及过程控制、项目终结管理等六方面内容,共44条,836款,表格142个,为项目部落实标准化建设提供了基本依据。2010年先后选择6种类型14个有代表性的项目进行试点,在过程中积累经验和做法。

最后,规范管理流程。中交一航局规定所有项目部职能部门统一为工程、计合、财务、安全、质量、物设、外协、综合办公室等七部一室,以项目价值创造为中心,按照项目前期策划、过程管控、结算收款、调价索赔、竣工交验、管理经验总结等流程重新梳理划分总部部门职责,并通过项目前期管理、项目终结管理为重点的流程优化促进标准化体系的完善。

3. 海外项目推行一体化管理

中交一航局重点是发挥海外业务一体化管理平台的综合协调功能。出台《海外项目管理手册》,形成适应海外项目特点的管理体系;积极探索海外分包一体化管理,确保公司境外工程顺利实施。从2007年开始,中交一航局重点培养适应海外项目管理的复合型人才队伍,稳步提高外籍劳工占员工的比例,以管理力量属地化实现项目有效管控。截至目前中交一航局23个海外项目部均已纳入一体化管理范畴。

运用信息化手段对项目管理模式的创新成果进行巩固,分别从公司总部、分公司、项目部三个层面对项目进行管理流程梳理,将业务模型转化为数据模型、流程模型,其功能实现了招投标、合同、进度、成本、设备、材料、质量、安全、风险和竣工管理等模块,以及编码管理、定额管理等辅助管理模块。目前,中交一航局超过95%的大型项目已经应用。

(五)完善配套机制,保证有效运行

中交一航局在项目管理模式创新评估中主要突出以下两点:一是有关管理模式是否适应项目实际特点;二是各参与方利益是否得到保证。

中交一航局组织各单位赴中建三局、上海建工集团、中南建设集团等优秀单位进行学习对标,相互借鉴各种先进管理手段和方法,并有针对性地对《直管项目管理办法》等管理制度进行修订,提高了各种管理模式的适用性。

中交一航局与所有大型总承包项目部均签订《目标责任书》,所属各单位与项目部也明确管理责任,通过项目督查、专项检查、年度综合联查等多种方式对管理效益情况进行综合评价,对评价为"优"的项目授予奖励,对评价为"差"的项目进行通报批评乃至解聘项目经理,有效保证各项管理措施落地。

三、施工企业打造核心竞争力的项目管理效果

中交一航局的项目管理理念、方式、机制都出现了显著变化,减少了管理摩擦,有效调动了各方积极性,使得管理更加简约化,提高了管理效率。

2011年,拥有成建制项目部111个,共承建工程442项,平均每个项目部承接工程近4项,完成施工产值3.6亿元,单项工程平均管理人员能够控制在20人以内,劳动生产率超过300万元/人,比全国同类企业平均劳动生产率超出近一倍;公司先后承建了以规模超过30亿元的黄骅港三期工程为代表的一大批重点工程,项目管理模式得到业主的肯定,极大地提高了公司的品牌影响力。

2011年,中交一航局在国内建筑企业经济效益出现下滑的情况下,营业额达到373亿元,利润总额突破了10亿元,继续保持了平稳健康发展势头。

中交一航局先后荣获国家优质工程金奖和银奖28项、鲁班奖13项、詹天佑大奖18项、中国市政工程金杯奖5项、省部级优质工程奖147项,创造了连续十届均有项目获评詹天佑大奖的全国纪录。

(成果创造人:毛元平、吴利科、郭琪云、王云国、朱国春、
刘金秋、李 刚、武建宏、武艳春、周 英、强梁生)

石油企业以提升效益为目标的组织再造

中国石化集团中原石油勘探局

成果主创人：勘探局局长、分公司总经理孔凡群

中原油田隶属于中国石化集团公司，由中国石化集团中原石油勘探局和中国石油化工股份有限公司中原油田分公司组成，主要从事石油天然气勘探开发、工程技术服务、炼油化工、油气销售等业务；基地位于河南省濮阳市。经过30多年的发展，中原油田已成为我国东部重要的石油天然气勘探、开发生产基地。油田下设直属单位66个，用工总量9.27万人，资产总额681.7亿元。截止2011年底，油田所辖东濮凹陷、四川普光、内蒙新区三个探区共20个区块，累计探明石油资源量5.94亿吨、天然气资源量5370.37亿立方米，生产原油1.27亿吨、天然气405.16亿立方米，上交税费473亿元。

一、石油企业以提升效益为目标的组织再造背景

（一）适应战略调整和业务发展的需要

中原油田是我国石油工业最后一个以"石油会战"形式成立的油田，经过多年的发展，主要面临着三大突出矛盾：一是油田稳产与后备资源接替不足、老区稳产难度加大的矛盾。二是开拓外部市场与缺乏石油工程核心竞争力的矛盾。三是社区资金紧缺与保障企业生产、服务职工生活、维护社区稳定的矛盾。为摆脱产量下滑、成本增加的"困境"，中原油田提出了"建设三大油气生产基地、做强石油工程、做优社会化服务"的发展战略，以提升效益为目标，不断完善调整管理体制，完善运行机制，全面提高管理效率和经济效益。

（二）深化企业改革的需要

多年来，中原油田担负着诸多办社会职能，经营规模大、业务类型多，包袱沉重、机构庞大，存在"大而全"、"小而全"现象，管理协调难度非常大。以油气产量为主导的管理框架，难以实现经营效益和资源利用最大化，严重制约着油田的发展。企业亟需通过深化改革，解决旧体制旧机制存在的诸多弊端。

（三）提升企业管理水平的需要

中原油田已形成集油气勘探开发生产、石油工程技术服务、社区服务三大业务系统的管理格局；近几年，中原油田引进吸收了各种管理方式方法，但由于管理体制机制陈旧等问题，造成引进的管理方式方法难以有效发挥作用。因此，建立适应国内外先进管理方式的体制机制，成为中原油田必须思考的问题。

二、石油企业以提升效益为目标的组织再造内涵和主要做法

中原油田坚持以效益为中心,以降低运营成本、挖掘企业潜力、提高管理效率为主线,以组织变革为基础,机制重建为支撑,按照"专业化定位、差异化对待、集中化管理"的指导思想,通过梳理再造流程、完善规章制度、明确责权利,建立起高度专业化的板块管理体制和集中统一的运作管理体系,使生产单位真正成为油田生产经营的运转核心和责任主体,激发企业方方面面的活力,实现企业资源的优化配置,促进劳动效率和管理水平的提高,以适应老油田持续有效和谐发展需要。主要做法如下:

(一)调整企业发展战略,明确组织再造方向

中原油田提出了"建设三大油气生产基地、做强石油工程、做优社会化服务"的发展战略:建成东濮老区、普光新区、内蒙探区的三大资源接替互补的油气生产基地;做强石油工程即"立足中原、走出中原、发展中原",优化国内国际市场,提升核心竞争力;做优社会化服务,不断提升服务保障能力,为油气主业发展提供和谐稳定的大后方。

根据新的发展战略,中原油田明确组织再造的方向。以提升效益为目标,以深化改革为动力,以先进技术、一流人才为支撑,按照"压缩管理层级、简化管理环节"的思路,通过优化整合企业资源,全面实施组织机构的再造,对管理和技术业务流程进行整合和职能调整,做到减少管理层次,扩大管理幅度,精干高效,责权对应,不断改进和完善管控方式,形成在一定时期内相对稳定并可自我动态适应性调整的管理体制,促进企业经济效益的提高。

(二)明晰企业总部职能,优化机关管理机构

中原油田按照责权利相匹配,精简机关管理机构,明确部门职能,以服务基层单位为宗旨,以提高集中管控能力为目标,确定中原油田总部组织架构优化重点。一是加强综合管理部门整合,设置综合管理部门12个,主要负责行政管理、企业经营、规划计划、人力资源、安全监督、财务、法律、外事等业务;二是加强生产管理部门整合,设置生产管理部门12个,主要负责生产调度、勘探、开发、油气技术、天然气、装备、科技等业务;三是加强党群管理部门整合,设置党群管理部门8个,主要负责党务管理、组织、宣传、工会、综合治理、武装保卫等业务;四是加强监督管理部门整合,主要负责纪检监察、审计等业务。机关管理机构优化后,总部机关形成综合管理、生产管理、党群管理、监督管理四个系统34个职能部室,管理机关较之前减少处室12个,减幅27.9%,分流管理人员154人、减幅20.5%,为油田的高效运转提供了组织保证。

(三)重组优化整合业务,建立板块管理架构

1. 剥离辅营业务,进行专业化改造

一是把生产单位中的教育、公安、消防、物业、房地产、医疗卫生、社会保险、文化体育、水电气暖讯、离退休职工管理等业务分离出来,实现办社会职能、公共工程与生产经营业务的分离;二是把生产单位各层次兴办的多种经营和辅助生产单

普光气田天然气净化厂

位分离出来,实现多种经营与主业的分离、辅助队伍与主体队伍的分离;三是根据生产流程和业务类型,对生产单位进行了重组整合,实现高效管理。

2. 推进改制分流,优化产业结构

中原油田先后完成油田机械修造总厂、特种车辆修造厂、运输处、建设工程部等单位的改制分流,有2032名员工参与了改制,并与中原油田解除劳动合同;本着积极稳妥的原则,严格按照程序关闭了舒普凡化纤厂、油田交通总站等赢利能力差的生产单位。依据国家相关政策,先后与山东、河南两省正式签订中小学和公安移交协议,中原油田共有4204名中小学教职工、1208名离退休教职工和455人公安干警移交给当地政府。

3. 压缩重组管理机构

2010年开始,中原油田按照精干高效、管理机构扁平化的原则,油气主业、石油工程、社会化服务管理机构进行了压缩重组。

一是油气主业板块。按照"地面服从地下、地下兼顾地面"的原则,将中原油田193个油气藏开发单元归集划分成54个油气藏经营管理单元;撤销采油矿,合并采油队,按照"四组、三站"的标准模式组建47个油气藏经营管理区;将油气集输、测井测试、设备维修、生产运输等辅助业务实行专业化管理,对口成立11个生产辅助单位;对科研单位进行整合,形成地质研究所、工艺研究所两大技术支撑;按照"采油作业一体化管理"的思路,将两个井下作业处的维护性作业队伍相应划归采油厂统一管理,进一步优化油气生产单位产业结构;统一规范设置采油厂机关科室,虚拟整合成技术管理、经营管理、生产管理、党群工作和监督监察等五个部门,减少了管理层次,共压缩科级单位76个,撤销四级基层小队104个,减少各级管理人员1071人,形成了以油田为利润中心、以采油厂为责任主体、以油藏经营管理区为直接管理层(以科研单位为技术支撑层、以生产辅助单位为协作支持层),油田—采油厂—油藏经营管理区的三级油藏经营管理体制,提高了组织运行效率。

二是石油工程板块。中原油田在石油工程板块各专业化公司层面,实行扁平式管理模式,撤消了大队级中间层,广泛推行"项目部管理和项目经理负责制",完善规章制度,规范项目管理。整合规模市场,推行区域集约化管理新体制,在国内市场,将各钻井公司在西南和西北地区施工的56支钻井队伍进行整合,重组成立西南钻井公司和塔里木钻井公司两个区域公司;在国际市场,建立"对外经济贸易总公司—国外区域分公司—基层队"的三级垂直管理体系。对外经济贸易总公司代表油田,对国际项目实行品牌、决策、经营、采购、市场布局、生产指挥、技术管理、HSE管理、资金管理、关键岗位人员和关键设备调配等"十统一管理"。同时,撤销各专业化公司驻海外办事机构,集中设立苏丹、沙特、也门、印尼、哈萨克斯坦等9个境外区域公司,作为市场经营管理主体,统一负责所在区域的市场开发、生产组织,负责对施工队伍的日常管理和作业质量的监督考核,负责安全、经营、公共关系等工作,与其他辅助专业化公司形成内部市场运作关系。目前,中原油田已经建立起油田—区域公司—项目部垂直管理的三级管理体系。石油工程板块人数比改革前减少了40%,业务类型和单位数量比改革前减少了30%,实现了专业化生产、系统化管理。

三是社会化服务板块。中原油田对社区系统进行了管理体制改革。对社区监管的物业、房产、离退休人员管理、环境卫生、绿化、保安等业务进行重新整合,先后将20个物业管理处整合为10个社区管理中心,各个社区的内部机构控制在8个以内,中原油田建立起油田—社区管理中心—管理站三级管理体系,进一步提升了社会化服务板块保障生产、服务生活、维护稳定的能力和水平。

(四)针对板块业务特点,建立匹配的运营机制

1. 油气主业全面推行油(气)藏经营管理运营机制

中原油田以油气生产流程为主线,积极推行油藏经营管理五项运营机制。一是技术分析与技术决策机制,充分发挥地质、工程管理部门的技术集成作用;二是经营预算与决策优化机制,实现经营决策科学化及效益最大化;三是生产运行与综合治理机制,确保方案实施和生产管理高质量、高效率运行;四是监督约束与考核激励机制,实行全员全方位量化考核激励;五是党建与思想政治工作保障机制,调动干部职工的积极性和创造性。五项运营机制的推行,实现采油厂由重产量向重效益转变。

对于普光和内蒙新区等新的勘探开发区块,中原油田采取"油公司"管理模式和业务外包的形式进行管理,不断降低油田运营成本。普光气田采取"精干核心业务、强化管理监督、引入市场机制、推行项目管理、实行社会化服务"的经营管理思路,采用一级经营核算、二级运行管理、一体化监控的管理机制,实行核心层、保障层和服务层三层管理。生产操作和气田科研等核心业务纳入核心层,应急救援、工程抢险及检维修业务纳入保障层,生产服务中心管理的水电讯信运行维护、车辆驾驶、公寓餐饮等业务作为服务层。内蒙探区采取以项目部位责任主体的管理机制,项目部除负有安全责任外,主要从事监管职能,将具体业务按照"业务外包"的方式将委托给专业化队伍,不再管理具体生产过程,极大降低了油气开采成本。

2. 石油工程全面推进"三个一体化"运营机制

中原油田探索出石油工程"国内国外、技术服务、区域管理"三个一体化管理机制。一是国内国外一体化。以国外规范管理和先进的HSE经验提升国内管理水平,实现国际标准国内化;以国内先进技术和人才促进海外事业发展,实现国内技术国际化,做到国内国外优势互补,资源共享。二是技术服务一体化。地质研究、工程服务、开发管理一体化运作,加强各专业的配合协作和技术装备相匹配,发展石油工程技术总承包,最大限度地发现和保护油气层,提高单井产量和采收率,全过程降低成本。三是区域管理一体化。整合核心区域市场资源,优化管理程序,加强项目管理,提升管控能力。

3. 社会化服务全面推行"四个体系"运营机制

中原油田按照生产经营单位和社会化服务单位分开运作、分开核算、分开考核的"三分开"原则,在社会化服务系统建立服务标准、费用价格、成本核算、考核评价"四个体系"。一是服务标准体系。明确服务标准和服务范围,修订和建立社会化服务系统9个大类、59项服务标准。按服务项目,标准覆盖率100%。二是费用价格体系。通过实行有偿服务,体现服务价值,促进社区企业化经营。三是成本核算体系。划小核算单位,精细成本管理,做到事前有控制、过程有监督、事后有分析,全员挖潜增效。四是考核评价体系。深化社区居民参与社会化服务考核评价工作,严格进行考核兑现,推动管理水平和服务质量不断提高。

(五)建立管控支撑体系,提升企业管控能力

1. 资金集中统一管理

在国内资金管理上,成立财务结算中心,统一开设外行收支户,统一核算对外收支。各直属单位取消外部银行账户,在结算中心统一开设内部结算账户,在新疆、陕北、东北、冀东、普光设立5个驻外结算处,分别负责对所在地区单位资金收入的归集和统一安排、对外付款、资金上缴划转等业务。同时建立以中原油田基地银行账户为中心,连接国内28个省(区)56个市(县)151个银行账户的网上银行结算系统,形成中原油田本部与外部项目及5个驻外结算处之间的网上结算信息传输与资金调度网络。

在境外资金管理上,所有境外项目款必须汇到集团公司境外资金中心,再按批复的预算汇出。资金的调度必须经油田总部财务资产处和对外经济贸易总公司财务总监的书面指令。所有境外项目银行账户(费用账户)经财务资产处授权批准开立,以保证资金渠道畅通和安全。

2. 物资装备统一调配

设立以物资供应处为龙头的物资集中供应机构,在主要生产经营单位设置16个物资供应分库,在规模较大的东北、西北、西南等市场,集中设立物资供应项目部,实现物资的归口管理、区域平衡和统一配送,推行框架协议采购、集中招标采购和网上采购;对钻机等重大装备实现统一调剂管理,构建了横向到边、纵向到底的装备管理网络体系,有效提高了装备利用率。

3. 科研技术统一攻关

强化技术集成,坚持科研与生产、地质与工程、攻关与引进相结合,强化区域技术联合攻关,加大新工艺、新技术整合推广应用力度,建立完善适应油田发展的科技管理体制。科研项目统一立项,实行项目长竞聘制;科技人员实行首席专家制,操作员工实行首席技能大师制,促进技术人才快速成长。成立勘探开发、钻井工程等6个专业技术委员会,整合油田技术资源,构建技术攻关与集成机制;在外部市场成立技术专家组和区域联合攻关组,构建实用技术研究配套机制,成功解决了各区域市场的技术难题。近年来,中原油田开展科研项目337项,获国家科技进步二等奖2项、集团公司科技进步奖29项、国家专利90项,成功解决复杂断块油田勘探、高含硫气藏开发建设、不同区域市场的技术难题,形成具有中原油田特色的技术系列。

4. QHSE统一监管

强化全员QHSE意识,培育QHSE文化,完善全员质量、安全、健康、环保一体化管理。坚持"质量第一、用户至上"的发展理念,实施品牌发展和产品创新战略,建立全面质量管理体系和预警机制,将质量管理的重点从"结果"向"源头"转移,制定和实施控制措施,强化质量监督检查,为国内外用户提供优质产品和石油工程技术服务。按照"宏观指导、业务管理、区域负责"的原则,实行安全环保"1+4"管理新体制,即中原油田本部设安全环保处,代表油田行使监督管理职责,在油田本部以外区域设立4个派出机构:普光分公司HSE办公室、内蒙探区HSE办公室、西部工委HSE监督管理站和对外经济贸易总公司安全环保部,实现中原油田与国内外市场安全环保监督管理的整体性和相对的独立运作。建立责任、监管、监督、考核四项机制,安全环保管理的"全员、全过程、全方位、全

天候"覆盖。

（六）完善绩效考核体系，提升企业运营效益

1. 持续完善绩效考核管理体系

依据中原油田组织架构，构建油田总部、直属单位、三级单位"三个层级"考核组织体系。油田总部层面设立绩效考核委员会，统筹协调油田绩效考核管理工作，直属单位层面设立考核办公室，三级单位设立考核领导小组。油田总部对直属单位考核、直属单位对三级单位考核、三级单位对基层班组和个人考核，理顺了从上至下、上下贯通、一级抓一级、一级考一级、考核落实到基层班组、项目和个人的考核工作流程。

2. 完善绩效考核指标体系

调整完善绩效考核管理指标体系，考核指标分主要指标、辅助指标，指标完成情况直接同职工和经营者基本绩效工资挂钩。油气生产单位主要指标有内部利润、单位完全成本、油气统销量；辅助指标有经济增加值、节能降耗、油气藏经营管理基础指标、新增可采储量。石油工程单位主要指标有上缴内部利润、外部市场收入增长率、资金指标；辅助指标有经济增加值、节能降耗、成本（费用）指标。社会化服务单位主要指标有社会化服务质量指标、信访稳定指标、总成本指标，辅助指标有资金指标、节能降耗指标。

3. 创新绩效考核过程管控体系

中原油田建立"月度排名－季度分析－专项检查－评价改进"四项机制，全过程监控绩效运行。对油气统销量、成本、收入、利润、专项费用等主要指标完成情况，以文件形式，每月进行排名通报。定期召开经济运行分析会议，通过对各项指标完成情况进行纵横向对比分析，查找异常原因，发现问题，抓住重点，制定措施，及时整改。

4. 强化绩效考核激励约束体系

按照物质奖励与精神激励相结合、短期激励与长期激励相结合、激励与约束相结合的原则，建立考核结果应用"四结合"机制，即考核结果与单位经营者和员工的绩效工资分配相结合，与岗位调整相结合，与培训开发相结合，与评先选优相结合。合理拉开分配差距，突出业绩回报，贡献越多，收入越高。

（七）优化人力资源结构，确保组织再造成功

1. 加大内部用工挖潜调剂力度

落实"三定"方案，促使结构调整。近几年，通过深化"三定"管理，直属单位内部机构设置得到规范，精简科级机构540余个；辅助生产和后勤服务单位人员得到大幅度精简，压缩人员（2600余人）全部充实一线直接生产岗位。盘活现有存量，优化人员结构。对于重点项目所需人员，打破单位之间用工壁垒，在油田层面统一调剂。

2. 推行员工动态管理

中原油田建立员工竞争上岗长效机制。竞争上岗采取素质测评、民主推荐、双向选择等多种形式。对未竞争到岗位的富余人员，全部进入单位培训考核站待岗，并签订待岗管理协议，改发生活费。管理协议期限最长不超过3年，协议期满仍未上岗者，依法与其解除劳动合同，要求直属单位待岗员工常量保持在1%以上。

3. 畅通员工退出渠道

积极与河南省社会保障部门沟通、协调，对符合条件的特殊工种人员，及时办理有关

退休手续。2006～2011年为820人办理了特殊工种退休手续,为7022人办理了正常退休手续,为986人办理了内部退养手续。

4. 推行岗位式竞聘制度

中原油田以"挖掘潜力,激发活力"为目标,构建体现价值能力导向的岗位管理体系、薪酬管理体系和绩效管理体系。本着以岗位、业绩、能力定薪,突出核心能力提升的原则,科学设计薪酬结构;实现"岗变薪变",通过年度岗位绩效考核调整岗位档次变动工资。岗位式竞聘制度的建立,充分调动了各岗位员工的工作积极性,工作效率明显提高。

三、石油企业以提升效益为目标的组织再造效果

(一)生产效率明显提高

中原油田实现直属单位压缩27个、减幅24.5%;机关减少处室12个、减幅27.9%、分流管理人员154人、减幅20.5%;压缩科级机构443个、减幅21.4%,精简科级管理人员1673人、减幅25%;减少一般管理人员2379人、减幅16%;精简处级管理人员183人、减幅27.4%。研发人员占员工总数的4.2%,技术人员占员工总人数的9.3%,全员劳动生产率由2006年的26.38万元/人年上升至46.79万元/人年。

(二)经济效益显著提升

"十一五"期间,中原油田实现经营收入1521.4亿元,上缴税费268.2亿元。2011年,探明油气地质储量1257万吨,生产油气当量1111万吨,实现收入438.91亿元,实现利润31.11亿元,上缴税费66.26亿元。中原油田首次跻身千万吨级油气田行列。石油工程国内外部市场收入84.57亿元、同比增长43.59%。海外市场新签合同额达到8.8亿美元,收入6.5亿美元,继续保持全国50强、全球最大225家工程承包商地位。

(三)取得良好的社会效益

中原油田在履行经济责任和政治责任的同时,积极承担应有的社会责任。"十一五"期间,中原油田未发生一起井喷失控、重大伤亡、重大火灾和重大环境污染事故,累计实现节能量31.8万吨标煤,超额完成国家下达的21.1万吨标煤的节能考核任务。年用能总量由2005年108万吨标煤下降至2010年55.64万吨标煤,下降48.5%;万元产值综合能耗由2005年0.855吨标煤/万元下降至2010年0.517吨标煤/万元,下降39.5%。中原油田连续五年荣获河南省安全生产先进单位,连续三次被评为全国文明单位,荣获"全国模范劳动关系和谐企业"、"全国五五普法先进单位"和"全国模范职工之家"等荣誉称号。

(成果创造人:孔凡群、杜广义、王亚钧、王承来、石书灿、朱景川、孙尚敏、刘宗儒、徐向东、梁国杰、石 岩、郑 科)

城市轨道交通地下空间资源的集约化综合利用

北京市基础设施投资有限公司

成果主创人：公司总经理田振清

北京市基础设施投资有限公司（简称京投公司）的前身是北京市地铁集团有限责任公司，是由北京市国有资产监督管理委员会出资成立的国有独资公司，承担北京市轨道交通等基础设施项目的投融资、前期规划、资本运营及相关资源开发管理等职能。截至 2011 年底，公司注册资本 548 亿元，净资产 921 亿元，总资产 2276 亿元，累计实现净利润 25.1 亿元，成为首都具有一定影响力的综合性投资公司，员工 514 人（2012 年 6 月），平均年龄 34.3 岁。

一、城市轨道交通地下空间资源的集约化综合利用背景

（一）依托城市轨道交通加快城市化进程的需要

随着城市化进程的不断加快，我国已经进入城市轨道交通的建设高峰时期。在轨道交通建设时，车站普遍采用明挖和盖挖的施工工法，在车站主体结构完成后，需要回填基坑或恢复地面。传统的土方回填方法需要购买、运输、填充大量土方，工程造价较高。新型施工方法以构筑结构空间的形式代替土方回填。新型施工方法的应用，在为地铁节省建设资金的同时，在站点附近构筑了大量地下空间。轨道交通地下空间通常位于靠近地面的负一层，可与地铁无缝衔接，客流较集中，商业价值显著。同时，集约利用城市轨道交通地下空间资源，有利于缓解城市空间及拥堵等问题，引导城市空间形态调整、带动城市立体开发、发展城市公共交通、促进轨道交通沿线区域综合发展。因此，为缓解城市问题，加快推进城市化进程，亟待开展城市轨道交通地下空间资源的利用工作。

（二）依托城市轨道交通提升城市化品质的需要

城市轨道交通的目标乘客普遍年龄在 20—35 岁之间，学历水平普遍较高，收入普遍位于城市中等水平。乘客消费需求的层次和水平越来越高。除了基本的位移需求，乘客更注重出行的便利性和舒适度，单纯的低票价政策对于吸引其选择轨道交通出行的作用锐减。因此，城市轨道交通在为乘客提供传统的位移服务的同时，还需要为乘客提供能够提升体验的增值服务，以此提高轨道交通的吸引力。以轨道交通站点为核心，以轨道交通地下空间为平台，打造地铁便民综合体，可提高目标乘客进出地铁的便捷性，可为地铁乘客和周边居民提供方便、快捷的个性化服务，提高轨道交通的吸引力，减少无效出行。因此，亟待开展城市轨道交通地下空间资源的利用工作，满足乘客多元化服务需求，体现人文交通理念，提升城市化品质。

（三）实现城市轨道交通可持续发展的需要

城市轨道交通的造价昂贵，建设投资额大，企业还本付息压力大。而轨道交通属于准公共产品，票价较低，运营业务收入很难满足建设投资及后期运营的资金需求。世界上除少数国家和地区外，城市轨道交通的建设大多离不开政府的财政投入，运营也需要政府提供补贴，地方政府财政负担较重。城市轨道交通地下空间资源的开发是轨道交通企业实现自我发展的有效途径，开发收益可用于轨道交通的建设和运营，从而逐渐降低对财政的依赖度，实现轨道交通发展的良性循环。

从 2009 年开始，京投公司借鉴国内外轨道交通企业的成功经验，以地铁配套服务设施的公益性为政策突破口，克服地下空间开发面临的规划性质、法律法规依据不足及工程自身特殊性等方面的困难，开展轨道交通地下空间开发工作。以北京地铁 4 号线动物园站地下空间为切入点，逐步摸索出一条符合北京实际情况的轨道交通地下空间开发的实现路径。

二、城市轨道交通地下空间资源的集约化综合利用内涵和主要做法

京投公司秉承"服务社会树品牌，管好资产要效益"方针，坚持"地铁运营安全优先、便民利民为主导"原则，通过研究轨道交通地下空间特点，统筹地下空间的综合开发利用并明确利用的目标和方式，在保障经营安全的前提下明确商业设计及建设标准，与相关部门沟通使综合开发利用理念得到认同并获得行政许可，协调运营单位构建交通管理互动模式，采取竞争性谈判招商和委托运营等商业运作手段，实现地下空间资源的集约化开发利用，实现政府、企业、市民等多方共赢。主要做法是：

（一）研究轨道交通地下空间特点，明确综合利用目标和方式

京投公司从研究轨道交通地下空间的优势和劣势入手，本着将地下空间资源与地铁同步规划、设计和建设的原则，统筹考虑地下空间的综合开发利用。对北京市轨道交通全网络近 14 万多平方米的地下空间资源的情况进行梳理，根据线网建设进度，积极推进各线路地下空间的开发工作。结合公司计划，依据各站点地下空间自身特点及周边资源情况，确定各站点开发时序及开发利用方式。

1. 分析轨道交通地下空间特点

城市轨道交通地下空间具备以下特点：一是伴随轨道交通建设形成。二是通常位于地铁车站靠近地面的负一层或区间上方，与地铁车站连通，但在结构上与车站相互独立。三是与地铁互动性强。四是轨道交通地下空间与轨道交通车站运营区直接关联，客流量巨大，运营安全压力较大。

轨道交通地下空间的开发利用也存在一些制约因素：一是城市轨道交通地下空间不能单独立项，往往以地铁配套设施名义与规划性质为交通设施的地铁全线或某个地铁车站同步报批，因此在开发用途上存在诸多限制。二是国内轨道交通

北京地铁 4 号线动物园站元沃天地内部

地下空间的开发缺乏相关法律法规依据,报批报建流程尚不完善。三是轨道交通地下空间工程在实施难度、造价、安全等方面的要求比一般工程高。

2. 地下空间与地铁同步实施,统筹规划

地下空间资源的集约化利用应与地铁同步规划、设计和建设,统筹考虑地铁与地下商业之间的关系,从而实现地铁与商业的最佳互动。在轨道交通实施过程中统筹考虑地下空间的经营开发,有利于及早明确利用方式和降低工程造价等。

3. 统筹安排开发时序

针对不同线别的线路,京投公司在地铁初步设计方案阶段就对整条线路的地下空间资源进行评估,研究轨道交通地下空间不同站点的特点,选择具有开发价值的站点进行开发。以北京地铁四号线为例,沿线形成的地下空间共有四处,面积近2万㎡,全部位于北京四环以内,周边分别为学校、动物园批发市场、旅游景点和居民区,具有较高的开发价值。在开发过程中,结合地下空间的硬件及软件条件,优先开发具有战略意义的地下空间。四个站中,北京地铁动物园站地下空间位于市中心、换乘客流量巨大、周边商业氛围强、审批手续办理难度大,因此将其作为北京首个地下空间来实施。人民大学站地下空间由于体量较大、硬件设施条件较欠缺,需要在具备一定硬件条件和商业经营经验的基础上开发利用。因此,将人民大学站地下空间作为继公益西桥站、西四站地下空间之后的4号线第四个地下空间来开发。

4. 结合各站点特点,明确综合利用目标和方式

京投公司根据具体站点的地下空间面积大小、周边业态等明确各站点综合利用的目标和方式。对于面积小于1万㎡的轨道交通地下空间,应与周边充分配套,重点提供餐饮等便利性服务。对于面积1万㎡以上的轨道交通地下空间,以自身为主题进行业态规划。以北京地铁四号线动物园站地下空间为例,该地下空间建筑面积3874㎡,如作为地铁配套服务设施,不但可增加车站的疏散空间与疏散能力,方便乘客出行,还可提高地铁服务水平,实现多方共赢。因此,京投公司将地下空间综合利用的目标定位于为地铁乘客和周边市民提供便民服务。业态构成上,形成以满足出行需求的以即时消费品类(如报刊)为主,以应急性消费品类、季节性消费品类(如冷饮类)、服务类(如自助银行等)为辅的组合。

(二)科学做好商业设计和工程建设,保障地下空间的商业经营安全

将招商工作前置到初步设计方案阶段,委托设计院按照初步招商的结果预留出入口、机电设备接口、水、电等。对于介入较晚的站点,在设计和建设阶段尽可能预留防火报警系统(FAS)、环境与设备监控系统(BAS)、通风空调系统、给排水及消防系统等各专业系统的接口条件,从而减少后期投资、减小后期施工难度。

为实现轨道交通和商业建筑的合理、有效结合,京投公司在设计和施工过程中,提出"以轨道交通的高标准满足安全需要,以商业建筑的机电设备设施标准满足舒适、人性化服务需要"的地铁商业建设标准,在地下空间便民利民的原则下,最大程度保障地下空间的商业经营安全。在设计过程中,京投公司通过与地下空间合作单位、设计单位和施工单位多次研究讨论,制订出既满足规范要求又提升商场档次的地铁商业建设标准,实现地下空间安全和人性化服务设计。

轨道交通地下空间建设工程一般包括机电工程、消防工程、外电源工程及装修工程等几个专业系统。消防工程和外电源是地下空间项目的重点难点，京投公司与消防咨询公司合作，确定消防手续的办理程序及费用，并委托消防评估；与外电源咨询公司合作，确定外接电源的设计、路由和报装程序，并委托其施工。对于机电工程设计，京投公司继续与原地铁车站设计单位合作开展地下空间项目的设计。采用公开招投标形式选取有相应资质、地铁施工经验丰富的工程总承包施工单位和监理单位。

轨道交通地下空间是以构筑结构空间的形式代替传统的土方回填，节约了轨道交通工程投资。土建结构作为轨道交通主体的一部分同时设计、同时建设、同时验收，并取得建筑合法性和工程质量保证，从而减少后期地下空间开发的土建成本。在地下空间各个专业系统的工程实施中采取多方协调和资源整合等手段，严控工程投资。

(三)与相关部门沟通，使综合开发利用理念得到认同并获得行政许可

在实现地下空间资源集约利用的过程中，离不开政府的大力支持。但地下空间资源开发在政府行政报批方面尚无现成案例可供参考。京投公司以地下空间的便民服务特性为突破口，积极与政府相关委办局沟通，使相关部门认同地下空间资源开发利用的理念给予理解和支持。

因规划手续包含在地铁全线或某个地铁车站中，地下空间的规划性质为交通设施，但这些地下空间又不是作为交通设施功能设计的，只能视为轨道交通的配套设施，在开发利用用途上存在诸多限制。因此，在地下空间开发前期，京投公司向市规划主管部门请示报告地下空间资源开发利用的情况，并取得理解和支持。

轨道交通车站不但自身要承担轨道交通客流的组织和疏散功能，同时还要兼顾周边公交客流的分配。对地下空间的开发利用必须充分考虑开发利用后客流对周边交通情况尤其是对车站交通组织的影响。在地下空间开发前期，京投公司向轨道交通运营主管部门请示报告地下空间资源开发利用情况，按照要求开展了交通影响评估及交通组织方案制定等工作，最终获得批复。

轨道交通地下空间因其毗邻轨道交通车站且通常位于地下的特点，在开发利用过程中对消防设计、建审批复、消防施工及验收的要求非常严格，消防审批手续办理难度较大。京投公司委托北京市消防研究所进行专项研究，制定多个消防系统解决方案，经消防专家组论证后，地下空间满足消防要求，顺利取得了地下空间的消防审批。

(四)协调运营单位，构建交通管理互动模式

针对轨道交通地下空间与轨道交通运营区域直接关联、人流流线接驳交叉、车站客流量巨大、运营安全压力大等特点，京投公司积极协调轨道交通运营单位，在业态选择和内部动线设计、业态布局和制定客流组织方案时，坚持优先保障轨道交通的运营安全。

在业态选择方面，京投公司严格限制或禁止可能导致诱增客流的娱乐类、批发类业态，并控制促销活动，根据自动售检票系统(AFC, Automatic Fare Collection)数据显示，地下空间便民设施投入使用以来，没有给地铁带来新增或诱增客流。

在商业布局方面，按照轨道交通消防安全等规范的要求，进行合理的规划布局，使地下空间内部舒适、宽敞、安全，为乘客提供良好的购物、休息和休闲的环境，既保证了轨道交通运营安全，又保证了地下空间的相对独立性。

在制定客流组织方案方面,京投公司多次研讨地下空间与车站配合的客流组织方案。特别是针对如地铁四号线动物园站一样客流大、频繁限流的地下空间,不断细化和完善大客流组织方案,建立与车站的联动机制,保障轨道交通运营安全。

加强突发事件应急管理,落实安全防范措施,对可能出现的各类突发事件做出快速反应和应对;组织现场会议,根据车站客流和地下空间特点,制定地下空间与地铁车站配合的大客流组织方案和突发事件应急预案,并定期针对车站大客流组织方案和突发事件进行培训和演练。多次组织与轨道交通运营单位、地下空间委托经营单位之间的会议,签订地下空间与地铁车站的安全管理三方协议,与合作单位共同完善地下空间各项管理制度,规范地下空间安全生产管理及对安保、消防、后勤、保洁等管理,制定违规法则、租户守则,签订安全消防责任书等。

(五)通过竞争性谈判招商,实施委托运营

在合作单位的选择上,由于地下空间项目在手续上不同于一般商业项目,从法律程序上不具备公开招标的条件,且公开招标是一次性报价,业主方收益风险较大,邀请招标也存在一次性报价带来的收益风险问题。因此,京投公司采用竞争性谈判的办法选取合作单位。

城市轨道交通地下空间可采用模式有自主经营、委托运营及合资三种。从收益角度分析,采取自主经营模式收益最高,但前期投入高,缺乏行业经验和专业人才,在手续办理、前期策划、自主招商、后期管理上的风险因素较多。从投资角度分析,采取委托运营和合资的模式可降低轨道交通业主单位的投入。但合资模式下企业需承担一定经营风险。从风险角度分析,委托运营模式可最大限度的转嫁前期开发风险和投入。与有实力的委托方共同投资、合作开发,可更快推进地下空间前期手续办理,使地下空间开发项目具备招商经营的条件,同时可借助专业成熟的商业经营管理公司建立稳定的市场环境,培育经营团队,减少后期管理成本。从后期管理角度分析,采取委托运营模式可有效缓解轨道交通业主单位的管理压力。同时,委托单位作为专业公司,可对项目进行统一规划、管理和招商,可保障整体商业的管理质量和形象。

鉴于以上分析,京投公司采取委托运营的方式经营该类资产,与委托单位按照合同约定,分担前期策划、投资和后期管理等工作。借助委托单位力量完善各种手续,降低企业前期投资,转移后期经营中存在的各方面风险,缓解企业管理压力。在委托运营过程中,京投公司提出以下要求并签入合同:合作单位引入知名品牌,不得引入影响地铁形象的业态和品牌;装修要有一定的档次,装修风格与选材应与相应的地铁车站保持一致,且装修方案须报京投公司审核。租期届满后,装修归京投公司所有;在合作单位规划商业业态和布局时,京投公司根据定位要求,提出意见和建议;合作单位自行经营地下空间,如确需将地下空间整体转租给第三方,应保证该第三方只可自行整体经营,不得再次转租,整体转租地下空间的转租对象及其经营内容需得到京投公司批准,同时经营单位需承担全部管理责任;经营单位预收第三方租金时间最长不得超过3年。

三、城市轨道交通地下空间资源的集约化综合利用效果

实现了对轨道交通优势资源的有效控制、妥善维护和资源潜力的充分挖掘,节省了回填土方的土地资源和工程造价,取得更多的经济和社会效益。

（一）以公益推动了城市化进程和政策创新，社会效益显著

轨道交通地下空间的开发，体现了集约利用土地资源和人文交通的理念，推动了政府政策创新，达成了乘客、企业、政府之间的共赢。轨道交通地下空间的资源开发可以完善轨道交通基础设施功能，有效引导城市空间形态调整，有效开发城市立体空间，缓解城市交通拥堵，实现土地资源的集约化利用，带动沿线经济发展，并为社会提供直接就业机会。从提升轨道交通服务品质的角度，促进市民出行观念的转变，推动公共交通事业的发展。使政府对地下空间的利用有了新的认识，各级政府加大了对地下空间相关业务的扶持力度。在北京地铁四号线动物园站地下空间成功实施后，北京市规划委于2012年签发了《地铁6、8号线南锣鼓巷等站织补项目地下空间方案审查意见的函》，原则同意京投公司申报的地下建筑面积约18万m^2的地铁6、8号线鼓楼大街站、南锣鼓巷站、东四站织补项目地下空间方案。此外，中央高层领导高度重视城市轨道交通地下空间资源的集约化综合利用，并出台政策推动。2012年10月10日，国务院总理温家宝主持召开的国务院常务会议中将加强公共交通用地综合开发确定为优先发展公共交通的重点任务，并提出"对新建公共交通设施用地的地上、地下空间，按照市场化原则实施土地综合开发，收益用于公共交通基础设施建设和弥补运营亏损。"

（二）取得一定的经济效益，有效反哺了轨道交通建设和运营

地下空间资源开发项目的成功运作，创新了京投公司的盈利模式，盘活了国有资产，为企业开拓了新的利润增长点，收益可有效反哺轨道交通的建设和运营。京投公司本着企业"服务社会树品牌、管好资产要效益"的经营理念，积极探索地下空间开发运作模式。京投公司通过竞争性谈判招商，选择合理的经营模式和合适的合作伙伴，结合适当的谈判技巧，取得了良好的经济效益。从投资收益指标看，北京地铁四号线动物园站地下空间启用后4年内收回投资，年均创收1048万元，年均净利润850万元，年均投入产出率（每百元实施费用获取的净利润）为324元。

轨道交通地下空间的集约化利用，将部分由于轨道交通带来的沿线土地增值、城市发展加速、居民社会经济福利大幅提升等外部正效益有效转移给轨道交通企业。产生的利润部分缓解了轨道交通准公共性质所带来的持续亏损、经营难以维持、轨道交通发展难以为继等问题。维护了城市轨道交通的高质量运营服务，开辟了轨道交通建设资金来源，激励了企业主动依托资源创造更多价值，促进了轨道交通运营的可持续性发展。

（成果创造人：田振清、李永亮、梁衡义、高　屹、许立新、李　涛、李敬东、肖红萍、李　兵、曲秀梅）

发电企业项目前期优化管理

华能云南滇东能源有限责任公司

成果主创人：公司总经理、党委副书记于世友

华能云南滇东能源有限责任公司（简称滇东能源）是华能国际电力股份有限公司的下属公司，属国家在"十五"期间开发建设的大型发电企业，也是推进西部大开发的集发展多种电力能源于一体的重要项目。现有员工622人，2011年发电量约为185亿千瓦时；拥有华能滇东第一发电厂及配套煤矿、华能滇东第二发电厂及配套煤矿，同时在云贵地区积极拓展水电、风电、天然气发电等清洁能源事业，已成为我国西南地区发挥资源优势开展"西电东送"的重要发电生产基地，为区域经济社会发展和生态环境建设做出了重要贡献。

一、发电企业项目前期优化管理背景

（一）主动适应发电投资体制改革发展的需要

2004年7月，国家对投资体制进行了重大改革，包括发电项目在内的重大项目投资的全部投资风险与责任由相应投资企业（业主）来承担，而政府从管理经济社会公共职能的角度来审核企业的投资项目，不再直接承担项目投资失败风险。这就要求企业必要高度重视项目前期工作，通过科学的前期工作为企业重大项目投资提供可靠的决策依据，以降低企业投资风险。2005年1月，滇东能源正式启动华能滇东第二发电厂项目前期工作，明确提出项目前期不仅要为项目可行性论证和投资决策提供科学、可靠的依据，更应具有前瞻性规划和导向功能，对发电项目建设和投产经营提供长期的方向性引导。

（二）有效防范项目建设和投产经营风险的需要

滇东能源决定从"源头"着手，加大对传统项目前期工作流程优化和再造的力度，前瞻性导入风险预防与控制，确保项目前期各准备阶段，再到最终项目核准，每项工作，每个环节，都高质量完成，为建设优良的工程项目提供有力保障，为高效优质发电生产运行打下坚实基础。

（三）积极承担企业社会责任的需要

作为欠发达地区的中央企业，滇东能源担负着更大更多的社会责任，不仅应惠及本企业员工，更应造福于地方经济社会发展。这种社会责任涵盖区域经济发展责任、生态环保责任、技术质量责任、安全责任、企业效益责任、员工发展责任；企业社会责任感要求企业从项目前期工作开始，必须进行优化管理，充分发挥技术装备优势和区域资源优势，全面实现企业多重社会责任目标。

二、发电企业项目前期优化管理内涵和主要做法

滇东能源以现代项目决策管理、系统管理、目标管理、流程优化管理、项目工程前期管理等先进理论为指导,以前瞻性发挥项目前期导向作用、建设与营运现代一流发电企业为目标,紧扣项目前期工作的关键环节和关键要素,对项目前期各阶段导入全过程优化管理理念,在对项目前期工作流程进行优化和再造的基础上,系统开展项目可行性决策优化、生态环保论证与规划优化、技术装备选择优化、主体工程前期管理程序优化、与相关业务单位沟通合作管理优化等工作,并借助项目前期优化管理支撑系统提供动态的组织、人才和信息等多方面保障,有效发挥项目前期在项目建设和长期营运的前瞻性导向功能,实现项目前期与发电项目建设营运的有机对接,推动企业全面实现经济、社会、生态建设和长期持续发展等多方面目标。主要做法如下:

(一)认识项目前期的重要性,确定优化管理的总体思路

滇东能源将企业的发展目标定位为:以企业质量、安健环和经济社会效益为核心,立足于煤电一体化发展,积极拓展水电、风电、天然气发电等新能源领域,努力把企业建设成为西南地区最具竞争优势的现代大型清洁能源基地,打造一流滇东能源品牌。围绕这一目标,企业对项目前期的作用和功能进行了全新的定位,突显了项目前期对企业长远发展全局的重要战略地位。认为项目前期工作不只是到项目核准为止的阶段性工作,而是进一步贯穿于项目建设、试运行、发电生产经营全过程和全周期的"源头性"和"龙头性"的工作,它对项目建设、试运行、发电生产经营等阶段具有前瞻性、预判性、控制性和导向性等重要作用。

滇东能源确定项目前期优化管理主要集中在项目前期工作流程优化、项目可行性决策优化、生态环保论证与规划优化、技术装备选择优化、主体工程前期管理程序优化、与相关业务单位沟通合作管理优化等方面。

(二)科学制定流程优化的原则,开展统一的流程优化和再造

1. 科学制定流程优化的原则

滇东能源在借鉴传统企业业务工作流程优化原则"清除 E(Eliminate)、简化 S(Simplify)、整合 I(Integrate)、自动化 A(Automate)"(即"ESIA"原则)的基础上,结合发电项目前期工作特点,大胆创新,把项目前期工作流程优化的原则:

明晰主节点和主要业务流程,去除业务环节中不提高效率和不增长价值的环节,缩短业务链,减少冗赘工作。

把前期工作分解为技术类和管理类工作,分别设计两类主业务链和相关辅助业务链,根据业务关联度的高低对业务链进行分解/归并,将业务关联度高的业务链尽可能归并到同一个岗位或部门,提升部门或岗位的专业能力。

成果主创人:公司党委书记、副总经理李春生

简化业务流程,减少岗位工作的离散性、业务中间环节和业务重复性。

为提高决策执行效率,将决策部门与执行部门的空间和时间距离缩短,在业务流程中建立控制程序,在控制管理中充分发挥中层管理人员的积极性。

缩短业务处理时间,对能够平行开展的工作尽可能安排平行开展。

结合项目前期业务特点,弹性开展流程的标准化和规范化再造,其中管理类业务流程强调规范化,而技术类业务流程更强调标准化,同时结合前期工作进度确定两类业务流程所涉及的横向节点关系,进一步确定相应层面的职责划分。

2. 对发电项目前期工作进行流程优化和再造

按照上述原则,企业对发电项目前期工作进行了流程优化和再造,形成科学、简明、高效的项目前期总体工作流程体系(下图1)。

(三)建立项目风险识别和评价模型,促进投资可行性决策优化

1. 选取合理的风险识别因素

滇东能源项目前期风险识别以投资收益最大化为基本目标,选取风险识别因素的主要原则:一是整体性原则,全面考虑对发电项目可行性有影响的所有因素,从中选取或综合出具有代表性的因素,力求所选取的因素之间能够形成一个完整的风险识别和评价体系。二是真实可操作性原则。三是科学合理性原则,要求所选取的因素既能客观的描述项目风险的具体指标(或信息),又能通过合理的方式组合反映项目风险的总体情况,便于采取风险控制措施。

2. 构建科学的风险评价模型

滇东能源项目风险评价模型的建立着重抓好以下关键环节:一是对于定性指标,直接采用专家评分法,由来自投资人(业主)、咨询公司、设计单位、政府部门、外部专家等多方专家人士根据项目的实际情况打分,取其平均值作为指标值。为便于数据处理,统一将分数值设定在0~1之间。二是对定量指标,采取无量纲化处理,将其转化为0~1之间的数值。三是采用层次分析法确定指标的权重。

以风电项目风险评价为例,滇东能源在对19个风险识别因素无量纲化处理后,采用层次分析法确定指标的权重,并进行指标层次排序的一致性检验,形成综合评价模型:$P_i = WA \times A_i + WB \times B_i + WC \times C_i + WD \times D_i$(i代表第i个方案),该模型的一级指标包括规划建设风险A、市场财务风险B、营运管理风险C、环境资源风险D等。其中WA、WB、WC、WD分别为各一级指标权重,经模拟运算,一级指标权重WA、WB、WC、WD分别赋值为0.3328、0.2167、0.2532、0.1973。

3. 开展动态的风险评价

在单个发电项目,综合评价模型$P_i = WA \times A_i + WB \times B_i + WC \times C_i + WD \times D_i$(i代表第i个方案)可以用于对不同设计方案的风险对比,从而为方案选优提供依据。滇东能源还利用上述模型,对多个同类项目(如风电项目)进行项目前期风险评价。例如,从2010年开始,滇东能源先后取得云南贵州两省七县区22个风电区域开发权,其中六个风电场已取得路条,一个风电场已纳入到《国家"十二五"风电项目核准计划》。在开展这些风电项目前期工作时,企业均对相关风电场进行了严格的动态风险评价。综合风险评价表明,不同地区风电项目的风险存在差异,但总体上各项目风险可控(各项目综合风险小于0.15)。

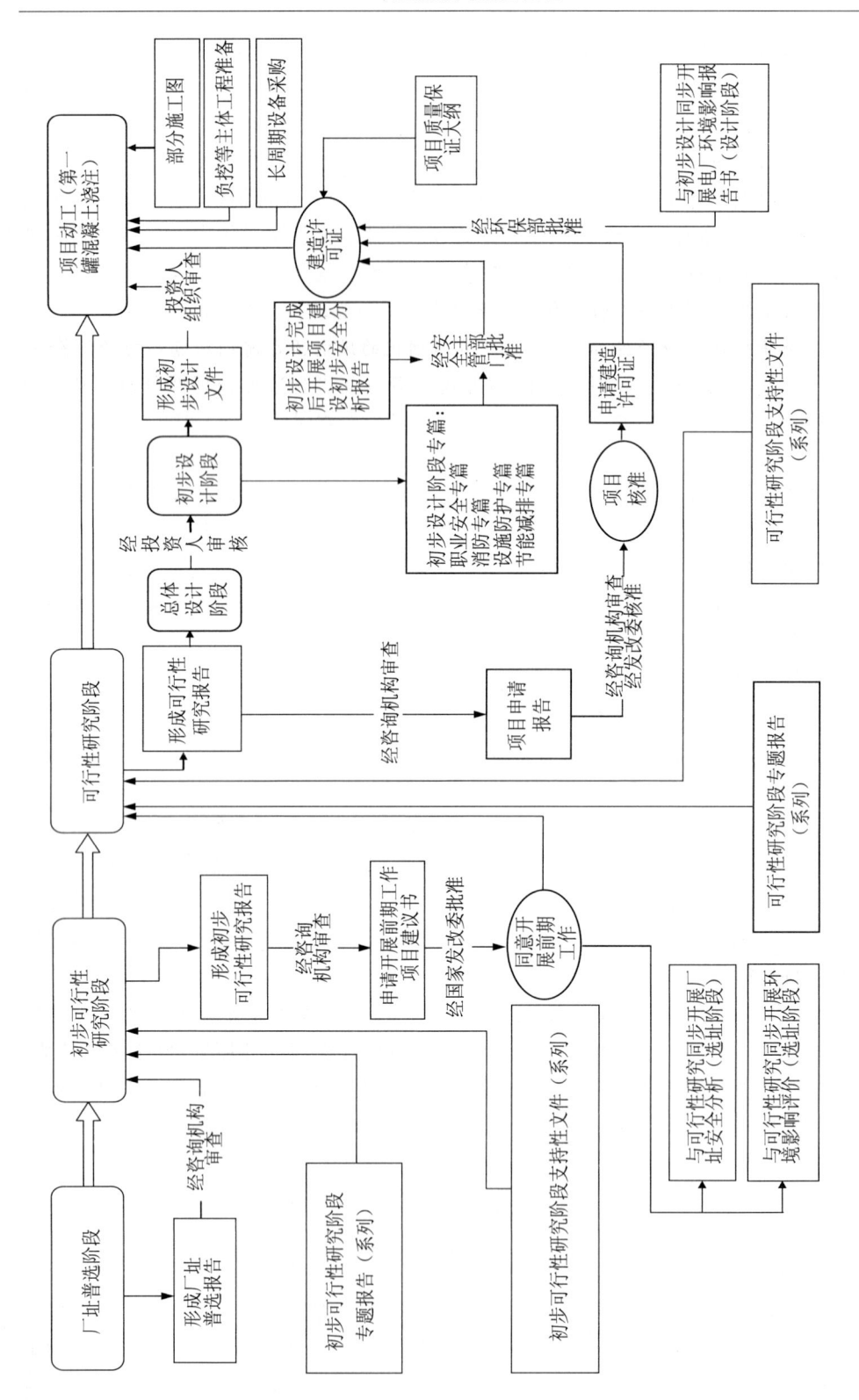

图 1　发电项目前期工作流程图（优化后）

(四)高度重视环境影响评价,促进生态环保论证与规划持续优化

1.选取行业环保标杆,对火电项目环境影响开展预评价

在火电项目前期阶段,滇东能源建立科学的项目前期环境影响预评价体系。该评价体系包括大气环境影响、水环境影响、噪声影响、固体废物影响、节能减排影响等5大一级指标,进一步分解为18类二级指标。同时,选取同类项目先进标杆,通过对评价指标进行权重模拟,形成优化的权重系数矩阵,对企业火电项目前期环境影响的预评价。评价结果用于火力发电项目厂址选择与布局优化、发电技术工艺选择与优化等方面。滇东第二发电厂火电项目环境影响预评价预评价为0.96,具备较高的节能环保水平。

2.结合云贵地区风场资源环境状况,开展精细化的风电项目前期环境影响预评价

滇东能源在风能资源、环境敏感性、地方规划等方面进行选址合理性分析和初步可行性评价的基础上,结合云贵地区资源环境实际状况,依据《HJ/T19-1997环境影响评价技术导则—非污染生态影响》、《HJ/T2.4-1995环境影响评价技术导则——声环境》等技术导则以及相应评价标准,科学开展风场资源调查与环境影响预评价,择优布点。

开展风电场规划的符合性分析,重点考虑风电场是否满足区域发展规划的要求,特别要考虑风电场是否在城市或城区规划范围内。

对风电场项目建设所在地进行环境现状评价,重点分析所在地的生态质量现状,包括地形、地貌、气候、气象、动植物、水土流失、居民分布、山地交通等情况。

科学评估项目的生态影响,主要包括评估项目对山体植被的影响、对鸟类等动物的影响和对水土流失的影响。

开展噪声对环境影响评价。一方面,加强施工期噪声对环境影响的预判,并提出施工噪声控制预案。另一方面,加强运营期噪声对环境影响的预判,提出运营期噪声控制预案。

开展景观影响分析。风电场对环境景观也将带来较大影响,需要对其开展预评估,逐渐减少风轮机对人们的视觉侵扰。

(五)开展项目选址和布点优化,促进主要技术装备选择优化

1.不断优化选择火力发电技术装备

在火力发电项目前期,滇东能源将主要技术装备优选的原则确定为:主要经济技术参数领先原则、安全性原则、可靠性原则、性价比原则、煤电匹配性原则、便于操作原则、便于维护检修原则等,依照这些原则企业对主要技术装备选择进行优化。滇东能源第二发电厂位于云南省曲靖市富源县雨汪乡,紧邻雨汪煤矿,是滇东地区的大型坑口煤矿。在该项目前期,滇东能源根据滇东地区的大型坑口煤矿实际情况,按照主要技术装备优选的原则,将机组主要技术性能指标(优选值)调整为:热耗7831千焦/千瓦时,汽轮机组绝对效率45.99%,锅炉机组效率91.08%,管道效率97%,发电厂热效率40.88%;热耗8806千焦/千瓦时,发电标准煤耗300.9克/千瓦时。供电标准煤耗率:包含脱硫时322.266克/千瓦时;不包含脱硫时318.025克/千瓦时。厂用电率:包含脱硫时6.58%。每百万千瓦容量耗水量(包含脱硫、煤矿用水)0.553立方米/(秒·百万千瓦)。二期项目发电机组实际运行状况表明,经过优选后的主要技术装备更加符合本地实际情况,运行安全可靠,主要经济技术指标优良。

2. 科学选择技术装备，对风电项目布点进行动态优化

对于同一厂址的风资源条件，在总装机容量相同的情况下，机组选择尽量与风力能量密度相匹配。

风力发电机组的发电量随扫风面积增加而增加，其理论利用小时数与其扫风面积呈线性关系，因此需要根据风速差异选择合适的机型。

对风电场的风力发电机组的安装高度、投资成本和发电效益进行动态分析，以获取最佳的投资回报。在当前技术成熟条件下，如发电上网条件许可，采用双馈感应型风力发电机组比失速调节型风力发电机组具有更大的发电效率。

对所选风机布点进行动态的能量估算，寻求风电场风机最佳布点方案，以便在安全运行的前提下，发挥机组的整体效能。

（六）紧扣重点环节，促进前期管理程序的动态优化

1. 建立《质量保证大纲》，加强工程前期质量程序化管理

滇东能源按照各发电项目的实际情况，分项目建立《质量保证大纲》，以加强工程前期质量程序化管理。

要求项目承包商明确其质量目标或标准，确保其人员的技能与素质培训、所使用设备和程序、开展工作的环境，均保证达到质量要求。

制定严格的设计监督与控制措施，使设计方的设计活动在受控状态下进行，以确保设计计划和意图都能正确地体现在图纸、技术规范书等设计输出文件中。

建立全过程物项采购及服务采购管理控制制度，确保采购活动中所用的方法、工作或活动的顺序、重要的日程、采购完成的时间均符合采购计划。

强化工艺过程控制，凡是影响质量的工艺过程都必须按照规定的要求进行控制。所有参与项目制造、建造任务的承包商（或分承包商），必须制定和执行工艺过程控制的程序和措施。

严格执行《质量保证大纲》规定的质量计划，根据各分项目对工程质量的影响程度，要求技术负责/子项负责、安全质保部门分别设立质量控制点，保证所选控制点覆盖工程的各个工序，且能以点带面保证控制工程质量。

加强质量记录与程序管理，建立质量反馈、协调和纠偏程序，发挥项目前期质量外审体系作用，形成项目前期质量监督、反馈和持续改进的程序与机制。

2. 建立安全管理程序体系，促进前期闭环安全管理

滇东能源为了加强对工程前期的安全管理，建立了相应的组织机构，由公司主要领导担负安全管理第一负责人，建立闭环的安全管理程序。安全管理程序横向覆盖职业健康、卫生防疫、工业安全、消防安全、交通安全、环境保护、治安保卫等7大领域；纵向贯穿安全组织与策划、合同采购的安全管理、施工过程的安全控制、危险源辨识与预控、应急准备和响应、事件与事故管理、安全培训、安全评价与考核各个过程。

3. 依据业务分类，优化主体工程前期进度管理程序

一是工程进度计划中的重要里程碑的时间点掌控，二是年度进度控制点，三是月度进度控制点，四是重大合同支付进度计划，五是关键工程或主体工程进度计划。

（七）加强沟通与合作，为项目建设打下良好的基础

1. 加强与行政主管部门纵向沟通

滇东能源不断加强与国家、省(市)行政主管部门的协调沟通,努力保持与国家、省(市)及地方政府相应部门畅通的沟通渠道,以取得政府行政主管部门对项目开发的支持,尽快获得审核批准。

2. 加强与地方政府部门横向沟通合作

滇东能源加强与地方政府部门的横向沟通与合作。特别在拆迁、补偿等方面,由于关系到百姓的利益,政策性强,需要发挥地方政府做好群众工作的优势。充分考虑地方的利益,构建和谐的外部环境,为项目建设和投产营运打下了良好的基础。

3. 加强与专业设计院及咨询单位沟通合作

滇东能源高度重视设计队伍选择、设计经验考察等工作,采取有力的优化设计措施,做好与专业设计院的协调和沟通工作,特充分发挥专业设计院及咨询单位的积极性,以便提升前期工作专业水平和加快前期工作进度。

(八)建立动态的管理优化配套支撑系统

1. 建立前期工作机构

滇东能源的前期工作主要由计划经营部负责,相应组织结构随公司的不断发展、工程建设的推进和所采用的工程项目管理模式而进行调整,具有高度的动态灵活性。目前直接从事前期工作的人员共12人,组织结构以项目为依托,按业务属性和专业要求动态配置人员,呈现显著的扁平精干高效特点。

2. 开展人才培训

项目前期工作专业面广,要求多,任务重,必须加大人才培训力度;滇东能源把内部培训和外出培训两种形式结合起来,既突出项目前期管理知识、管理技能的培训,又加强专业技术技能,还增加沟通合作能力和技巧的培训。在培训管理上,滇东能源要求围绕发电项目前期工作的实际需要,精细制定培训计划,合理选择和安排培训师,科学选择培训具体内容,及时开展培训效果评估与反馈,使项目前期人才队伍的培训真正落到实处。

3. 大力推进信息化建设

滇东能源充分利用现代信息技术,建立覆盖全公司的智能化和信息化管理系统,把公司的人、财、物、管理、技术等要素进行统一规范管理,为项目前期优化管理提供了强大的信息化支持。同时大力推进文档电子化、文档一体化管理,建立从项目前期、项目核准到项目建设、试运行和发电生产经营管理的全过程文档电子化管理体系,对建成后发电生产运行及维修,都提供强大的文档支持,大幅度提升了企业各项工作的规范化管理水平。

4. 构建完善的法律法规文件管理程序

开展发电项目前期工作的主要依据是国家相关法律法规、标准规范以及规定规程等,这些法律法规按层级关系可以分为5个层级,为企业前期工作文件整理归集提供了分类依据。同过对文件清单进行有序分层分类,减少了大量重复管理和劳动,提高了项目前期工作效率。

三、发电企业项目前期优化管理效果

(一)促进项目前期与项目建设和生产的高效无缝衔接,全面加快项目投产发电进程

随着项目前期优化管理的实施,其对项目投产发电的推动作用日益明显。滇东能源二期项目总装机容量1200MW(2×600MW),其1号机组2006年5月1日开工建设,2009年7月11日完成168小时试运后进入试生产;2号机组2007年6月30日开工建设,2010年2月9日完成168小时试运后,进入试生产。二期项目机组整套启动期间,先后实现了锅炉点火、汽轮机冲转、发电机并网一次性成功,自动投入率、保护投入率、仪表投入率、汽水品质合格率均达到100%,机组各系统运行正常,各项生产技术指标均达到优良水平,创造了业内最领先水平。

(二)项目风险得到显著控制,为发电生产运行打下了坚实基础

滇东能源真正从"源头上"控制了项目风险,成功实现项目建设质量、安全、进度和成本控制的最佳组合,为高效优质发电生产运行打下了坚实基础。滇东能源机组供电煤耗由投产初期的345克/千瓦时降至目前的323.8克/千瓦时,比云南省火电机组平均煤耗低30克/千瓦时。在2010年全国火电大机组600MWe级能效对标及竞赛第十四届年会上,华能滇东第一发电厂四台机组参加竞赛,在全国参赛的700多台机组中脱颖而出,一台机组荣获一等奖,两台机组荣获三等奖,标志着滇东能源已迈入国内高效优质发电生产的最先进行列。

(三)取得了良好的经济社会效益,成功打造了企业品牌

通过实施项目前期动态优化管理,企业迅速高起点迈入清洁发展轨道。目前,滇东能源已成为云南省乃至西南地区单机容量最大、节能减排效果最好的发电企业。企业发电生产除尘效率达到99.5%,脱硫效率达到95%以上,脱硝75%以上,实现工业和生活污水零排放,成为名符其实的清洁工厂。滇东能源先后荣获云南省优强工业企业、云南电力安全生产先进单位、云南省劳动关系和谐企业;成功打造了企业品牌。2011年公司发电量占云南省统调火电发电量的36%以上,为地方经济社会发展做出了突出贡献。

(成果创造人:于世友、李春生、王桂胜、赵九令、陈付元、王沛法、
　　　　　　李希兵、耿　杰、刘兴忠、侯　军、蒋玉利、李加华)

通信企业与政府、社区联合推进的城市光网建设管理

中国电信股份有限公司上海分公司

成果主创人：公司总经理张维华

中国电信股份有限公司上海分公司（简称中国电信上海公司）是境外上市的中国电信股份有限公司的分公司。主要经营固定电话、移动通信、卫星通信、互联网接入及应用等综合信息服务。拥有集团公司内固定电话、宽带和IPTV用户数量最多、内地国际通信出口流量最大的特大型本地网。截止2011年底，公司为1800多万用户提供全方位的综合信息服务，承担全国50%以上的国际电话汇接任务。

中国电信上海公司以科学发展观为指导，积极把握上海"十二五"发展和建设"智慧城市"的战略机遇，以聚焦客户的信息化创新战略为引领，建设城市光网，保持了上海地区的通信领先地位。

一、通信企业与政府、社区联合推进的城市光网建设管理背景

（一）提升城市信息化水平，建设"智慧城市"的需要

2009年4月，中国电信集团与上海市政府签订的信息化战略合作框架协议，首次提出"城市光网"概念。同年6月，中国电信上海公司正式启动"城市光网"宽带战略计划。2011年9月上海市政府出台《上海市推进智慧城市建设2011－2013年行动计划》，明确提出推进智慧城市建设，加快上海市新一轮信息化加速发展，提升上海的城市信息化与通信基础设施水平。同时提出到2013年，实现光纤到户、无线宽带覆盖城镇化地区，百兆接入能力全覆盖，家庭平均接入带宽达到20Mbps，使上海成为国内通信质量、网络带宽和综合服务最具竞争力的地区之一。城市光网是实现"智慧城市"的基石。

（二）加快企业技术进步，提升企业核心竞争力的需要

中国电信上海公司作为集团公司和区域市场的引领者，肩负着落实"智能管道的主导者，综合平台的提供者，内容和应用的参与者——新三者"发展定位的重要责任。根据集团公司的发展战略，企业既要"修渠"建设智能管道，又要"引水"引入丰富的内容，还要"服务"做好流量经营，而光网建设就是构建一个由业务通道、服务平台和内容及应用组成的能力体系，同时也是加快企业技术进步、增强企业核心竞争力的关键突破点。拥有高速带宽的城市光网络，将形成一个汇聚数据、多媒体业务与信息服务的多产业融合的生态系统，也将为企业发展方式从话务量经营向信息流量经营的转变、企业价值增长方式由投资拉动型向规模效益型转变提供强有力的支撑。

（三）破解城市光网建设中诸多难题的需要

一是快速规模覆盖难。在将城市光网引入街道社区的过程中，由于市民对城市光网没有统一的认识，往往会涉及来自居委会、小区或楼宇物业、业主在内的各方利益诉求，既增加了光网实施过程中协调的难度，也影响了光网建设速度，同时由于认识不统一，往往导致光网建设场点过于分散，无法进行成片改造，也无法快速形成规模效应，不能规模推进，成片实施。

二是入户施工接受难。城市光网对于市民而言是一个新生事物，不少市民对光纤入户带来的益处缺少足够的认同。同时，由于原有的市民家庭布线没有预留光网入户的管道，光纤入户往往会破坏用户原有的装修。特别是当入户暗管无法穿通需要穿墙打洞，并在室内布放明线时，用户往往无法接受这种入户施工方式。

三是投资效益体现难。城市光网建设耗费较大投资，从建设初期缓慢发展到实现规模覆盖能力，再到最终产生对应的收益，是一个比较慢长的过程，短期内经济效益难以得到体现。在一定区域范围内如果投资过多，导致网络能力远远超出该区域用户的有效需求，容易造成端口空置，投资浪费，最终导致光网效益变差。反之，如果投资过少，又导致网络能力不能及时满足用户需求，致使短时间内需进行二次工程进行能力扩容，同样会降低投资效率，最终导致光网效益变差。如何处理好投资与效益之间的关系，通过有限的资源投入获得最大的收益，是需要破解的一大难题。

二、通信企业与政府、社区联合推进的城市光网建设管理内涵和主要做法

中国电信上海公司构建"一个理念为引导，两个系统为支撑，四个环节联合保障"的城市光网建设管理体系，与政府、社区各负其责联合推进城市光网建设，提升城市信息化水平。主要做法如下：

（一）明确目标，制定规划，强化组织保障

1.结合智慧城市战略制定城市光网建设规划

2009年6月，中国电信上海公司宣布两年内投入60亿元用于上海"城市光网"建设，到2012年基本实现"百兆到户、千兆进楼、T级出口"的网络覆盖能力。2011年上海市政府出台《上海市推进智慧城市建设行动计划》，中国电信上海公司积极响应市政府的信息化战略，在深入学习政府决策的基础上合理制定企业的光网发展规划。基于历年城市住房数、家庭宽带用户数的情况，结合上海市政府"十二五"信息化规划目标和集团公司发展目标要求，确立公司"十二五"期间每年的建设和发展目标，形成公司"十二五"期间城市光网发展路标。

2.采用网格化规划精确配置光网建设资源

为实现城市光网建设资源的精确规划和配置，公司建立全息视图系统对城市光网建设进行网格化规划。全息视图系统将上海6340.5平方公里无缝分割成6

中国电信屹立东方

万多个网格。规划过程中,首先基于每个小区、商务楼和园区等场景,根据用户数量分析汇总FTTH覆盖所需的光纤、PON口需求;然后按照5公里的覆盖原则,形成上海市主干光缆的规划、OLT的规划、局房的规划,建立局房、OLT、主干光缆、网格的整体对应关系;最后在此基础上,形成电源和城域网规划。这种规划方法,不仅能够从整体上把握城市光网建设计划,而且能够指导光网建设循序渐进,避免顾此失彼、盲目建设。2010年初通过网格化方法完成了光网覆盖总体规划,为城市光网规模有序的发展奠定了基础。

3. 成立光网专项组,强化组织保障

2011年城市光网作为中国电信上海公司的"一号工程",公司领导提出"举全司之力、集全司之智,树立新宽带时代全面领先优势"的光网发展要求。为此,公司成立城市光网专项组,分为领导小组、工作组和二级单位工作推进组。其中领导小组由公司一把手挂帅、各分管条线负责人负责,工作组内分为市场组、建设组、网络组、综合组、服务保障组等五个小组,二级单位工作推进组则由二级单位一把手牵头。通过城市光网项目组的建立,加强公司与各二级单位间的纵向协调以及各职能部门间的横向联动。同时,强化制度考核。将城市光网建设和用户发展的任务目标进行逐层分解,分解任务目标下达至各部门,并纳入公司年度绿皮书考核内容中,在组织架构和制度上充分保证城市光网建设全面深入地推进。

(二)政府支持,企业主导,推进光网规模建设

公司立足于上海建设亚太信息通信枢纽的迫切需求,通过城市光网建设加快实施企业服务能力提升、落实上海市政府与中国电信签订的信息化战略合作框架协议,奋力赶超日韩等国际接入带宽领先水平。

2010年初,中国电信上海公司积极参与上海市经信委《上海市国民经济和社会信息化十二五规划》编制工作,在规划中明确提出"建设国际水平的信息基础设施,成为国内带宽和服务最具竞争力的地区之一;加快建设城市光纤宽带网络,基本实现百兆家庭宽带接入能力全覆盖"的目标。2010年11月率先与政府签订"数字城市"信息化战略合作协议,城市光网建设和发展被列入政府实事工程和一级目标考核体系,光纤宽带基础设施建设被纳入社区重点工程和民心工程范畴予以重点支持,形成市、区、街道各级政府从不同层面与企业共同推进的局面。

2011年初,上海市政府2011年度22项重点工作进一步把"加快建设城市光纤网,实现百兆宽带接入能力覆盖300万户家庭"被列为重点推进内容。2011年8月上海公司配合上海市通管局和上海市建交委联合发布上海住宅建筑通信配套工程技术规范(设计规范DGTJ08－606－2011、施工及验收规范DGTJ08－606－2011),对住宅的光通信配套设计、施工及验收规范进行了详细规定。

通过一系列政企联合推动城市光网建设的举措,从发展规划到建设规范,从顶层的政策制定到中层的建设标准设定,都为城市光网的规模化建设奠定了坚实的政策基础,也确立了公司在上海城市光网建设中的主导地位。

(三)社企联动,紧密合作,实现光网成片建设

1. 社企联合推进光网建设"六步法"

社区与企业共同成立联合推进领导小组,设立专门的推进办公室,形成企业与社区

的联系沟通制度。企业与街道社区共同确定改造小区名单,设立分季度的建设进度目标,并层层分解落实到街道与居委、物业,各级政府也积极参与到光网建设的社区协调工作中,并将城市光网建设纳入目标考核。

同时,中国电信上海公司归纳形成"签约合作、纳入考核、摸排分解、现场宣贯、例会协调、成片迁移"的社企共建六步法,该方法成为可复制的社区和企业共同推进社会信息化建设的典范。

2.优化社企联合推进工作流程

为保证改造的顺利推进,上海公司在"六步法"基础上又进一步建立起与社区街道、居委、物业等各环节的联合推进机制,细化和优化企业内部建设规划、资源配置和施工管理各环节的流程。

健全与街道、居委、物业等的各方沟通协调机制,并充分发挥社区街道的基层组织作用,通过全面的数据搜集核对,由公司提供未建设光网小区清单,再由街道居委牵头确认可否建设,同时由街道居委牵头上报需增加进行光网覆盖小区。公司加强对光纤宽带基础设施的资源保障,同时通过制定详细计划、明晰协同分工、专人对口接应、协同谈点勘察、严格施工规范、实施动态管控等一系列措施并举,实现有效协调、快速响应,为加快光网建设提供了有力的保障。

社企联合推进光网建设的六步法打通区、街道、居委会、小区物业等四个层级,减少了企业与小区、物业的协调难度,也缩短了工程建设周期,为城市光网快速实施打下基础。光网建设六步法取得成效后,公司以此为模板,以点带面,稳步推进,全市推广,迅速推进光网成片改造,取得了良好的社会效果。

3.加强宣传,提升用户感知度

中国电信上海公司在文汇报上开设专版详细介绍城市光网,其中就整个实事工程目标、居民关心的资费、入户问题以及对未来高速信息生活的展望做出详细的阐述。新闻媒体也大量报道长宁区率先启动"城市光网进社区"实事工程的内容,宣传工作全方位开展。

专门制作主题明确、浅显易懂、色彩明丽、易吸引眼球的宣传页发放至多个街道镇及小区居民点,并张贴公告,同时在小区电信咨询点处设置城市光网的易拉宝等,将光网宣传贴近居民生活现场,提高和强化居民对光网进入小区的接受度。

中国电信上海公司针对现有宽带用户进行两轮宽带大提速,制定光速升速路径,光网用户宽带全部免费升速到10M,铜缆用户宽带免费升到4~6M,惠及100多万光网用户和200多万的铜缆宽带用户。从2012年4月1日起,公司针对特定公众用户和企业实施新一轮宽带优惠活动。

(四)创新标准,技术领先,为光网建设保驾护航

在选择城市光网技术路线时,通过光网项目组中的专家团队对先进国家和地区的光网宽带技术路线的选择进行深入研究,与同行专家进行充分交流经验,并结合企业自身特点和"智慧城市"的需求进行分析,最终确定在城市光网建设中采用"以太网无源光网络(EPON)系统"这一技术路线。该技术路线既能满足当前业务能力提升的需求,又能符合未来网络的演进方向,确保城市光网技术方案具有可实施性、可扩展性、可维护性。

基于以太网无源光网络系统的技术路线,公司制定面向公众客户(FTTH)和商业客户(FTTO)等多种业务类型的网络建设原则,包括网络资源规划、语音承载、网管建设等共16项光网建设的技术规范和标准。这些技术规范和标准得到英国电信、法国电信和美国时代华纳等运营商的一致好评,其中"城市光网技术创新和规模应用"荣获中国电信集团科技进步一等奖,中国通信学会科技进步二等奖。

(五)优化模式,精耕细作,提升光网建设投资效益

覆盖范围、覆盖厚度以及业务发展成功率是影响城市光网投资效益的关键因素。在建设中选择不同的光网覆盖范围与覆盖厚度,在运营中实现不同的光网发展成功率,就对应具有不同投资效益的光网建设方式。

通过光网建设实践,可以看到三个效益因素控制点如果选择不同的范围,就分别对应三种具有代表性的光网建设发展方式,分别为精耕细作方式、稳健发展方式和快速成长方式。三种建设方式相比较,精耕细作方式在建设投资和运营收益两个方面都具有更高的效益,光网建设应尽可能选择。因此,上海城市光网建设采用精耕细作方式推进,主要从以下几个方面着手:

一是有序覆盖,优先覆盖优质小区。宽带渗透率较高的小区拥有较厚实的用户基础,用户对光网入户与宽带应用也有很好的认知。优先建设此类小区可以有效提高光网发展成功率。同时,对光网暂未实施覆盖的小区,用户带宽实施免费速率倍增。

二是选择合理的覆盖厚度。原则上小区的总体覆盖厚度高于小区宽带渗透率即可,设备端口根据后续业务发展要求按需扩容,用户终端保证及时供应。

三是建设与运营联动。小区光网改造的前后端联动,建设一个,营销一个,实现建设与运营环节的无缝连接,提高建设成本向投资收益转换的时间效率。

四是加强现场营销,提高宽带用户向光网迁移的成功率。强化小区现场的营销和业务宣传,加快FTTH用户发展,提高宽带用户向光网迁移的成功率,特别是加快可增收及ARPU值高的FTTH用户发展。

(六)定制方案,规范施工,提升公众认可度

在光网入户施工过程中,在施工流程优化与现场管理方面尽量减少光缆入户施工对用户带来的不便,实现用户侧一次性施工及施工全流程的一站式跟踪管理,并对不同入户场景提供规范化流程和个性化施工相结合的施工方案,大大降低用户对光网入户的顾虑和抵触,明显提高光网入户的施工效率。

1. 统筹资源,实现用户侧一次性施工

在光网工程实施过程中为尽量减少对用户的干扰,实施用户侧一次性工程。以楼宇中的客户数为依据,将宽带、移动等业务需求一并测算确定楼宇的光缆、光分覆盖总需求量,并一次性形成满足全业务需求的工程实施方案,缩短各专业施工周期。在对工程管理人员的配置上实行"片区分配制",将工程项目经理对应到中心城区内一些商住并存、相邻及光缆同时待覆盖的区域,将几个相邻网格合并成一个片区进行施工。该方法有效归并不同专业各自施工的情况,同时归并解决相邻区域统一施工的问题,减少对物业和业主的频繁打扰,提升物业和业主满意度。

2. 施工管理全流程一站式跟踪

每一个工程项目经理不单负责工程建设环节的实施,还要贯穿到工程实施前后的各个环节中。工程实施前,配合客户经理与楼宇物业等进行施工入场谈点;勘查设计中,配合设计人员现场确认施工方案;工程实施中,合理优化施工流程,在做好充分准备工作的前提下有效归并施工环节,避免反复多次进场施工;工程验收中,配合验收人员检验工程质量,准备完整的工程资料,最终实现一站式跟踪管理。光网工程的一站式跟踪管理方式,在确保项目可实施性和完整性的前提下,减少了工程对用户的影响。

3. 针对典型入户场景形成施工规范,提供个性化施工方案

针对街道和社区的成片迁移改造,公司及时汇总社区居民反馈,制订出街道和社区整体光网营销方案、迁移割接方案。同时重视光网导入宣传,加强街道、居委会以及社区居民对城市光网的认可度。针对新公寓和老公房场景,公司规范各种场景下暗管入户的施工方法,包括牵引、穿线的方法,开发穿线工具和润滑材料;规范明管暗线入户的施工工艺,规定孔洞尺寸大小和创伤修复要求。针对郊区与旧式里弄,公司开发室外架空线路和光缆入户后室内布线的相关配套器材,并制定相关施工工艺,从而解决入户施工难,提高用户对光网入户方式的认可度,形成良好的发展环境。针对用户个性化需求,公司为用户定制室内规范布线的个性化方案。同时针对线缆入户施工难、用户接受难的问题,公司还提供 POE 技术等入户的技术解决方案。

4. 网格化的建设管理系统实现前后端联动

通过该管理系统统计、分析建设情况,系统功能主要包括:城市光网区域能力的薄覆盖与厚覆盖的视图分析展现;城市光网设备的地理分布视图分析展现和统计;按地址和用户信息查询小区、商务楼宇、园区的光网覆盖情况;城市光网宽带割接平移的能力分析展现;各种资源不足情况下的预警机制等。光网建设管理系统是前后端统一的管理平台,将网络建设与业务发展同步起来,为公司光网发展中的前后端信息联动提供数据平台,有效指导城市光网按需和有序建设。

三、通信企业与政府、社区联合推进的城市光网建设管理效果

(一)探索了一种三方联合推进的光网建设模式

2011年10月,上海全部区政府与中国电信上海公司完成合作签约,召开了"城市光网"共建启动大会。城市光网建设不仅列入上海市府的实事工程,同时列入上海市府的"十二五"社会信息化规划。社区街道积极响应政府号召,配合企业做好城市光网建设支撑工作,协助解决推进过程中的诸多问题。上海城市光网建设探索了一条政府、社区和企业共同推进的道路,实现了区政府、街道、居委会、小区物业等四个层级的穿越,创造了政府、社区、企业联合推进的光网建设管理体系。

同时,市民对城市光网的接受度大幅度提升。市民能方便地使用基于高带宽的视频应用和基于云技术的各类应用,其网络生活极大受益,电信光网在市民心目中树立了良好的口碑。市民口口相传,从一开始抵触光纤入户到接受光纤入户甚至强烈要求尽快光纤入户。中国电信上海公司光网建设也得到集团和各省市电信公司认可。2011年5月集团光网现场经验交流会推介了上海光网经验,同年11月集团装维技能大赛决赛上海获得团体第一。同时,共计20多批次的各省市公司考察团纷纷来沪学习光网建设方面的经验,相关经验已在兄弟省市公司中进行实践。

(二)实现了光网跨越式发展,为打造"光网第一城"做出了贡献

2009年4月中国电信上海公司率先启动"城市光网"的公司战略。到2010年底,光网覆盖用户到达168万,光网用户到达22.3万。2011年2月集团公司正式启动"宽带中国 光网城市"的集团战略。到2011年底光网覆盖用户达到450万,用户发展130万,宽带上网平均速率达到8Mbps,网速排名上升到国际发达城市的平均水平。光网投资效益逐步向精耕细作方式转变。光网覆盖数和光网用户发展数指标集团内双领先,上海成为国内"光网第一城"。

2012年3月宽带战略进一步上升为国家战略,国家发改委、工信部等部门牵头制定"宽带中国"的国家战略方案。截至2012年3月底,中国电信上海公司城市光网覆盖用户数到达553万户,光网用户超过160万户。到2012年底,中国电信上海公司光网覆盖用户将达到650万,用户发展将达到230万,宽带上网平均速率将达到16Mbps,基本完成上海城镇化地区光网覆盖,提前一年完成上海市"十二五"信息化规划中的光网建设目标。预计到"十二五"末,上海将进入全球宽带速率最快、光网覆盖率最高的地区之一。

(三)促进了企业发展,提升了企业核心竞争力

联合推进的光网建设体系大大缩短了光网工程建设周期。2010年平均覆盖100万户至少需要7.5个月,到2011年平均只需要4.3个月,缩短了96天时间,投资提前近三个月产出效益。按2011年底28.9%的光网用户渗透率来测算,100万覆盖户数中可发展28.9万用户,这些用户提前三个月使用光网,由此产生的光网宽带收入比原预计增加约1.3亿元。以2011年新增280万覆盖光网用户计,带来光网宽带收入比原预计增加约3.6亿元。

采用精耕细作方式使得光网投资效益显著提升。由于光网建模式优化及集团公司设备集采力度加大,同样完成累计发展160万光网用户规模,精耕细作方式较原有发展方式减少207.5万户光网覆盖量,比原光网发展方式节约近9.5亿的投资。同时通过规范施工等一系列措施提升了市民对光网的认可度,从而带动其他业务增长。截至2012年1季度,由光网带入新增移动用户42.8万户,高清IPTV 5.6万户,FTTH价值提升用户比例达到31.7%,光网直接带来其他业务收入增加超过2000万元/月。

政府、社区和企业联合推进城市光网建设管理体系的建立,提升了城市信息化水平的同时,也提升了企业核心竞争力,为公司保持市场领先地位奠定了坚实的基础,为公司向"新三者"实质迈进做出贡献。

(成果主创人:张维华、潘元春、杜 军、王述文、孙鹏飞、
金建栋、周其刚、金 典、王 华、陈 延、张少杰)

发电企业水火电一体化运营管理

贵州乌江水电开发有限责任公司

成果主创人：公司副总经理何光宏

贵州乌江水电开发有限责任公司（简称乌江公司）是中国华电集团公司的省级区域发电公司，负责乌江干流贵州境内水电站群和华电集团在黔火电企业的运营管理，产权比为华电集团51%、贵州省49%。现有水电站8座、装机容量754.5万千瓦，火电厂4座、装机容量270万千瓦。

一、发电企业水火电一体化运营管理背景

（一）水火电资产整合对运营管理提出了全新要求

2011年以前，中国华电集团公司在贵州乌江流域的水电站由乌江公司管理，在贵州的火电厂由华电集团贵州公司管理。2007年，水电、火电两家公司进行了管理整合，2011年，成功进行了水火电资产整合，水火电资产均由乌江公司管理。

资产整合之初，原有运营管理模式突现弊端。水火电运营决策处于各自独立、缺乏统筹的状态，出现火电与水电在主汛期抢发电、枯水期抢检修的尴尬现象，出现水电处于非优化方式发电耗水率增大、火电燃料成本明显升高的不利局面，对水火电资产整合后的运营管理提出了新的要求。

（二）实现企业经济效益与生产规模同步增长的迫切要求

乌江公司水电装机规模从2004年的114万千瓦到2010年的754.5万千瓦，实现了560%的快速增长；火电装机从2003年不足90万千瓦到2011年的270万千瓦，实现了178%的增长。伴随装机规模飞速发展，在发电效益增长的同时，新投产电厂的还贷问题接踵而至，面临财务费用支出倍增、人力以及生产维护成本大幅增长的问题。

乌江公司原有水电、火电分离的运营管理模式因为统筹理念不足，人力资源、技术支撑系统、发电生产计划、电量营销等各方面管理零散，无法形成合力，不利于发挥资源优势和规模优势，限制了乌江公司运营管理整体优化，阻碍了发电效益与装机规模实现同步增长。

（三）水火电分离无法应对日趋激烈的市场竞争

市场竞争激烈程度取决于供需矛盾的变化，电力市场竞争始终非常激烈。火电生产受成本的影响严重，水电受极端气候和来水偏枯的制约明显。近几年以来，国际经融危机导致供电侧变化不断，使市场对发电侧的需求出现来回波动，当市场需求较小时，成发

电侧竞争激烈，发电效益大幅降低；当市场需求较大时，电煤价格连续攀升造成发电企业成本增加，火电企业长期出现政策性亏损。结构性缺电与季节性电力富余交替出现，电力供需矛盾突出，各发电集团之间的竞争日趋激烈。

在这种环境下，水火电独立运营的弊端越来越明显：水火电资源未统筹分配，丧失同时拥有水火电资源及规模化生产的优势；水火电人才未统一调配，无法集中人才优势形成合力，应对市场竞争的能力大打折扣；电量市场营销无统筹安排，水火电两者不能兼顾，最终赢亏相抵收效甚微。

（四）水火电分离影响企业履行社会责任

水火电分离会导致梯级水电站群优化调度增发水电电量减少，影响汛期洪水资源充分利用，无法保证减轻沿岸洪水灾害，枯水期沿岸百姓生产生活有水得不到保障；火电机组运行方式因此而得不到优化，技术经济指标好的机组可能反而少发电，发电效益减少、大气污染物排放增加。同时水火电分离影响乌江公司水火电整体优势发挥，市场竞争乏力，使国有企业资产保值增值的目标难以实现。

二、发电企业水火电一体化运营管理内涵和主要做法

乌江公司通过水火电的统筹安排、集中管控，改变水火电分离的局面，综合考虑电力市场、流域来水、电煤价格等因素，确定水火电各自的发电时机、发电量权重，避免同一公司水火电之间出现相互矛盾、相互制约的情况，提高水电的水能利用率，降低火电的燃料成本，实现水火电运营的最优化和整体效益的最大化。主要做法如下：

（一）理清思路，确定水火电一体化运营管理变革途径

乌江公司从2005年成立集控中心开始就进行梯级水电站群集中调控的尝试，取得了良好的效果。在此基础上，针对水电、火电两大板块相对独立缺少统筹的状态，展开研究，多次调研、磋商，多方征求意见和建议，认真分析发展形势，制定"水火一体化"的发展战略，明确水火电一体化运营管理的思路。

水火电一体化运营管理是将水火电企业纳入统一"盘子"，从水电来水预测、火电电煤供需形势分析开始，到发电计划制定、电量营销、实时调度生产、人力资源配置等各环节均进行全盘考量、统筹安排，以达到优化资源配置、优化水火电量权重、节省成本支出的目标，保持乌江公司在电力市场竞争的主动地位，提高应对市场变化的能力。

具体的变革途径：在原有乌江梯级水电站集控管理的基础上，开展区域火电生产运行集中监管、区域水火电电量营销集中管理，实现水火电统筹管理、应对市场变化；在梯级水电集中监控、流域水调自动化、水电站群优化调度和效益评价的基础上，新建火电集中监管系统，实现火电集中监管；通过数据中心进行数据交换和整合，集成水电集中监控、水调自动化、火电集中监管三大主系统为一体化技术支持平台；构建乌江梯级全能调度管理体

集控中心调度室

系,培养掌握水电、火电一体化的发电生产人才,实现水火电发电计划统一安排、实时跟踪调整、整体优化运行;进一步巩固水电营销协调工作机制,探索火电集中营销协调工作模式,开展电量营销一体化管理,实现发电资源优化配置,解决区域公司水火电无序竞争、电量沟通协调大量无效劳动的问题。

（二）推进水火电运营管理体系的一体化融合

2005年乌江公司集控中心成立以来,每年均参加梯级调度行业的学术交流,开展考察调研,及时掌握业内管理创新、技术发展的最新动态,在同行的经验中汲取营养。尽管国内还没有水火电统一集中运营管理的成功范例,但是10余家梯调中心(集控中心)的不同做法拓展了乌江公司的思路。此外,组织数次专门研讨会,为水火电统一管理模式提供更多的选择。经过多次研究、反复推敲,决定从以下几个方面着手进行运营管理体系的一体化融合。

第一,调整集控中心机构设置,确保与调度机构对应。2010年1月,集控中心对专业科室进行调整,成立方式部和运行调度部,与上级调度部门职能对应。调整后的机构设置完全满足市场和客户需求,调度意图沟通更加顺畅,收到了良好的效果。

第二,研究火电集中监管模式,明晰火电生产流程。自2010年7月,乌江公司开始实施火电集中监管模式,并于10月份明确在水电集控的基础上开展火电监管,负责火电厂发电运行分析和电量集中营销工作。工作流程明确为:集控中心牵头组织火电的电量营销工作,确保维持与调度部门的良好公共关系;集控中心负责跟踪火电发电量指标及完成情况,汇总各厂发电计划并统一报送协调,电厂负责跟踪本厂调度计划曲线和实时协调;集控中心配合火电机组检修协调工作。

第三,明确水火电统筹优化运行需求,推进水火电一体化运营。乌江公司火电、水电装机在贵州电网中均占有较大权重,约占贵州电网统调装机的39%,水火电装机比例约为2.6:1,其资源分布和结构特点存在较强的互补性。2010年以来,乌江公司充分利用火电和水电不同的季节特点和区位关系,采取的策略是:一是结合近阶段的水火电总体情况,在电量计划时事先进行水火电发电需求的统一会商安排,通过水电和火电发电计划统筹安排实现水火一体化;二是在实时调度过程中,水电出力受限时立即争取火电负荷,个别火电厂出力受限时,首先考虑协调乌江公司其它火电厂增加负荷,其次考虑协调乌江公司水电增加负荷。由于这一协调机制在内部实现统一安排,在调度部门体现出来的还是水电协调水电、火电协调火电,因此成功的概率相对较高。

（三）构建科学规范的岗位职责、规程制度和标准化作业体系

1. 建立部门及岗位标准

集控中心按照与上级调度机构对应的原则,调整机构设置后,重新梳理、明确每个部门的职责,对每一个管理岗位、技术岗位,都制定一一对应的岗位说明书,明确每一个岗位的工作内容、联系对象、工作标准。

2. 修编管理规程

在实行远程集中管理的过程中,远程集中管理的技术性、规范性的依据就是规程。乌江公司于2006年6月编制并颁布《乌江梯级水库调度规程》,编制并经过贵州省人民政府防汛抗旱指挥部批准了洪家渡、东风、索风营、乌江渡四座水电站的防汛抢险应急预

案和汛期调度运行用计划。

2006年9月,乌江公司编制并下发《梯级水电站远程控制试运行管理规程》;2007年4月,经公司组织审查、领导批准,《乌江梯级水电站集控管理规程》正式发布执,废除了原有的《梯级水电站远程控制试运行管理规程》;2008、2012年,又分别对《乌江梯级水电站集控管理规程》、《乌江梯级水库调度规程》进行两次修编,新制定《火电集中监管工作规定》扩展集控管理范围,加入集控相关技术支撑系统的专业管理、梯级运行方式编制、火电运行监管和电量营销等新的元素,管理规程日臻完善。

3. 建设制度体系

远程集控中心成立后,一直重视相关的远程集中管理制度和规程的编制,截至2010年底,共编制《安全生产管理制度》、《计划管理制度》、《文明生产管理制度》、《洪水作业预报成果发布制度》、《水库调度汛期值班管理制度》、《电调自动化系统维护管理办法(暂行)》、《电力运行值班工作制度》、《电力运行交接班制度》、《电力运行操作票制度》等共70多个制度。2012年,集控中心对原有制度重新进行整理,按行政管理、安全管理、调度生产、项目管理等门类分别进行修编完善,使管理制度体系化、实用化。

4. 实施水火电调度生产标准化作业

为进一步加强水火电发电生产标准化管理,集控中心于2012年推动标准化作业。分别在来水预测、方式编制、业务联系、洪水调度、系统维护、检修申报、项目实施、网络服务、集中巡检等方面推出26份标准化作业书,并在实际工作中予以应用。

(四)建设水火电一体化运营的技术支撑系统

1. 火电集中监管系统建设

2011年第一季度,集控中心对安全生产管理、集中运行监管、电量集中营销等管理需求进行分析,启动火电监管系统建设。该系统定位为公司级的火电集中监管,在开展常规火电监管的同时,引入电网调度信息,具备公司系统和区域电网对标管理等功能,从管理上加强对下属各电厂的生产管理、技术监督。

2. 流域优化调度及效益评价

水火电一体化的运营管理最重要的内容之一就是流域梯级水电站群的优化调度。从2008年12月开始,乌江公司用3年时间开展富有成效的乌江流域水电站群优化调度和效益评价核心技术的研究及应用。通过短期和中长期径流预报研究,改进数学模型,提高径流预报精度;通过发电优化调度研究,形成适用于同一梯级内存在两座多年调节水库的七级电站发电优化调度的理论体系、数学模型和调度规则;通过分期洪水调度、汛期水位动态控制、洪水传播特性等研究,形成防洪调度理论体系、数学模型和调度规则;开展效益评价规则、指标体系研究,改进水能利用提高率计算方法,研发自动考评专家系统,制定科学的效益评价管理办法,最终建立梯级优化调度效益评价体系。

3. 水火一体化平台改造与整合

2010年建设完成数据平台系统,理顺各大系统之间的数据流向,简化并规范网络结构,2011年完成水电监控系统和水调自动化系统改造工作,为进一步推进水火电调度一体化管理打下坚实基础;在调度业务管理方面,把水电调度管理、火电调度管理进行整合,各水电厂通过系统上报检修申请、技术方案等,各火电厂通过系统完成发电运行的电量填报、异常汇报等工作；在通信系统建设过程中，建设覆盖全公司水火电厂的调度数据网和综合数据网，保证水火电信息传输，并建成以卫星为通信介质的备用通道，建设过程中解决了火电信息和水电信息处于不同分区的安全问题，为一体化运营管理提供了可靠的通信技术保障。

（五）开展电量协调管理

1. 开展产品和客户分析

乌江公司全力做好两个方面的工作：一是拿出满足客户需求的高质量产品，即科学合理的水火电经济运行方式；二是以客户需求为导向，根据电网需求的不同进行产品调整，为实现公司综合效益最大化作出贡献。

2. 实施发电计划统筹安排

集中方式部和火电监管部专业人员共同确定年、月、周发电计划。其中，方式部负责了解电力供需形势，预测来水及发电能力，根据水电年度电量目标滚动情况，推荐经济的水电运行方式，做出水电的初步发电计划；火电监管部专业人员了解电煤供应、煤价形势，根据火电年度电量目标滚动情况、火电机组边际效益，结合水电的初步计划，确定火电发电计划；若火电计划出现较大调整，则对水电发电计划进行反校。以水火一体化原则制定的发电计划，综合考虑了市场供需、水电来水、电煤供应、火电边际效益等影响因素，具有很强的实用性，为保证乌江公司发电效益最大化奠定了基础。

3. 获得调度认可

方式部负责日、周、月、年水电调度方案的编制和协调，运行调度部负责计划执行的实时协调和跟踪调整；火电监管部负责火电的日前计划报送和协调，火电厂负责日计划执行的实时协调和跟踪调整。按照"反对到不反对、不反对到默认、默认到全力支持"循序渐进的基本思路，乌江公司采取三步走的方案获得上级调度认可：一是由集控中心组织各火电厂电量协调人员一起参加计划协调，使上级调度逐步适应统一协调的模式；二是由集控中心统一上报各火电厂的次日发电计划、出力限制等，使上级调度减少与电厂沟通的工作量而逐步得到认可；三是成立水火电电量工作组，不断强化电量集中协调模式，使上级调度逐渐适应乌江公司当前的运营管理模式，从而获得支持。经过近两年的不断努力，目前上级调度已经初步认可乌江公司水火电电量一体化营销的工作模式。

4. 完善与上级调度的水火电电量协调工作机制

集控中心在与上级调度建立良好公共关系的基础上，加强技术交流和沟通，在电量协调工作上严格按照调度机构要求，及时跟踪，按照"层面对接点对点"的工作思路，集控中心方式部、火电监管部、运行调度部分别与调度机构相关部门建立会商机制和工作流程，顺畅了与上级调度的协调沟通。

（六）培养专业人才

1. 培养精通水调、电调的调度指挥人才

调度指挥主要包括电力调度指挥和水库调度指挥两个方面，集控中心从2009年开始进行以水库调度和电力运行合岗值班为核心的"水电一体化"人才（全能调度员）培养工作。原水库调度专业人员陆续取得电力调度机构的受令资格证书，原电力运行人员陆续全部取得公司颁发的水库调度值班资格证书，并且通过两年多的交叉培训，经过洪水调度、事故处理、实时优化为核心内容的高频次演练,集控中心现有运行值班人员已经全部取得全能调度员资格证书,并通过了乌江公司组织的专项验收。

2. 培养掌握水火一体化的发电生产人才

一是培养火电整体优化分析能力,通过对标分析,在公司火电电量一定的情况下争取边际贡献大的机组负荷率更高,尽可能提高公司火电运行经济性;二是培养水火电统筹优化的能力,通过分析公司水火电装机比例、水库调节性能、机组边际贡献、电网约束等关键要素,掌握在水电丰枯年、汛枯期的水火一体化发电调度规律和方式,充分发挥水火电互补调度作用,以达到减少水电汛期弃水、降低火电供电煤耗的目的,争取资源整体效益最大化。

3. 培养掌握水火一体化的电量营销人才

主要是以现有全能调度员、方式专业人员为基础,培养水电人员熟悉火电生产流程,通过组织水电人员到火电厂现场实习,学习火电发电运行知识、节能环保管理知识等,掌握火电的运行监管、计划跟踪、电量申报与协调等,并且强化市场营销知识培训,培养出既懂水电又懂火电的电量营销人才。

三、发电企业水火电一体化运营管理效果

(一)构建了先进的水火电一体化运营管理模式

乌江公司水电站远程集控中心是目前国内集控电站数最多的水电集控中心,已正式纳入电力调度体系,和上级调度机构之间建立了完善的协调工作流程,并且"集控中心"已作为调度对象于2008年写入南方电网调度规程。在此基础上,乌江公司成功建立了"水电集中调度、火电集中监管"的水火电一体化运营管理模式,推动了乌江公司各专业板块的集约化管理。水火电一体化运营管理模式的形成,为国内水火电均达到一定规模的省级区域发电公司提供了一个成功范例。

(二)大幅提高了水火电一体化运营的经济效益

乌江公司水火电一体化运营管理的实施,经济效益显著。以2011年为例,节水增发电4.74亿千瓦时,直接经济效益1.27亿元;煤耗降低少消耗电煤折合电量2.34亿千瓦时,直接经济效益0.91亿元。水火电合计增发电量7.08亿千瓦时,直接经济效益2.18亿元。

(三)获得了可观的节能环保社会效益

通过成果的实施,节能增发电量十分可观,减排环保效益十分显著。以2011年为例,水火电一体化运营管理节省标煤23.53万吨,减排二氧化碳57.89万吨、二氧化硫3883吨、氮氧化物3671吨。

(成果创造人:何光宏、邹建国、戴建炜、朱　江、彭　鹏、
　　　　　　李泽宏、肖　燕、贺亚山、鲍　勇、邹兴建、宋尔进)

全国企业管理现代化创新成果申报审定和发布办法

(2012年4月修订)

为了总结和推广我国企业管理创新经验，鼓励和引导各类企业不断提高管理现代化水平，创新企业发展理念，使企业走上科学发展轨道，促进中国特色企业管理科学建设，指导做好全国企业管理现代化创新成果审定和发布工作，经中国企业联合会、国务院国资委企业改革局、工业和信息化部产业政策司和中小企业司研究，现制定本办法。

一、企业管理现代化创新成果是指企业运用现代管理思想及理论，借鉴国内外先进管理经验，从各企业实际出发，在管理理念、组织与制度、管理方式、管理方法和手段等方面所进行的成功探索。它必须同时符合创新性、科学性、实践性、效益性和示范性五项要求：一是具有创新性，即在实践中率先发现和总结出某些管理领域的规律，并得到国内外公认；或借鉴国外先进管理理论、方法、手段和经验，在实践中进行创造性应用；或借鉴国内其它企业管理创新经验，在实践中进一步加以改进和发展；或企业针对我国经济改革和发展面临的突出问题所进行的有益探索。二是具有科学性，即管理创新成果内容符合管理学基本原理，具有一定的理论价值，反映企业管理的一般规律。三是具有实践性，即反映企业在管理活动中已进行的成功实践，且必须经过一年以上的实际应用，符合国家法律、法规和政策要求。四是具有效益性，即经过科学评估、测定与计算，证明确实提高了企业管理水平，并取得了显著经济效益、社会效益和生态效益。五是具有示范性，即管理创新经验具有可操作性和推广应用价值，对其他企业改善内部管理有一定借鉴作用。

二、全国企业管理现代化创新成果申报的内容要结合党和政府对企业改革与管理的政策导向，适应经济全球化、低碳化的发展趋势和互联网时代要求，着重反映企业管理面临的重点、难点和突出问题，具有行业一流、国内领先水平。同时，注意比照已审定和发布的成果内容，有针对性地选择成果主题，突出创新点和示范作用。对于选题较好且材料需进一步提炼的成果，也可在正式申报前通过电话或电子邮件与成果承办单位进行沟通。

三、全国企业管理现代化创新成果坚持企业自愿申报、限额推荐、专家审定原则。成果申报单位包括在我国工商行政管理部门注册的各个行业、各种所有制、各种规模的企业。大型企业集团所属的分公司(或相同性质的生产企业)以及企业化管理的事业单位也可作为创造单位申报。

各省、自治区、直辖市、计划单列市国资委、工业和信息化主管部门、中小企业主管部门、企业联合会、全国性行业协会，中央企业和2011中国500强企业，负责向全国企业管理现代化创新成果审定委员会推荐成果。上述推荐单位未能覆盖的企业可以直接向全国企业管理现代化创新成果审定委员会自行申报。一项成果(同一单位申报的成果限1项)只需一个推荐单位，原则上避免重复推荐。中央企业和中国500强企业推荐成果原则上不超过 3 项,其他推荐单位推荐成果原则上不超过 5 项。

推荐单位要对所推荐的成果真实性和可靠性负责。坚决防止弄虚作假、虚报谎报等现象发生,共同维护全国企业管理现代化创新成果推荐申报和审定发布的严肃性。

四、成果内容以主报告形式反映,并按推荐报告书规定表式和要求进行推荐、报送。每项成果需报送书面材料(推荐报告书和主报告)一式一份,同时以光盘形式报送电子文本(将推荐报告书和主报告以 word 格式刻录到一张光盘上)。

申报企业需提供 3~4 张照片,并为每张照片配以简短的文字说明,每张照片所配文字不超过 20 字。申报企业所提供的照片分为两类,一类是成果主创人的工作近照,如果主创人是两位,可提供合影或只提供其中一人照片;另一类是企业生产现场或主要设施、重要活动场面等的照片。照片可以是扩印清晰的 5 寸照片(照片说明不要写或粘贴在照片上),也可以是刻录到光盘上的电子照片。

五、企业申报的成果必须实施满一年以上(截至 2012 年 6 月 30 日)。成果所创造的效益计算及阐述,需要根据全国统一制定的计算方法执行(见附件 5)。所取得的经济效益数据必须经过本企业财务部门和推荐单位审核认可,并盖公章;所提高的工作效率和产生的社会效益,经过科学测定后,可在成果报告实施效果部分概述,也可另附表述材料或证明。

六、申报的成果属于集体创造的,可填写主要创造人 1~2 人,参与创造人不超过 10 人。两个以上企业共同创造一项成果的,主创人和参创人也以 12 人为限。超过上述限额的人员由本企业自行表彰。成果参与创造人必须是实际参与本成果的创造实践并确有贡献的本企业人员,企业外人员均不可列为创造人。

七、全国企业管理现代化创新成果审定委员会负责组织有关方面的专家对企业申报的各项成果进行审定,必要时可以进行论证。在初审、预审和终审过程中,将根据实际需要,要求成果创造人(单位领导人或项目主要负责人)进行必要的说明和答辩。行业特点较突出的成果,还需征求有关行业主管部门或行业协会的意见。审定结果由主办单位负责发布。

八、全国企业管理现代化创新成果分为一等、二等两个级别。对成果的创造单位和创造人,将在全国企业管理创新大会上颁发单位证牌和个人证书,在有关新闻媒体上公布,并组织交流和推广。对成果创造人的表彰、奖励可比照《国家科学技术奖励条例》及实施细则和地区、行业有关规定执行,也可按企业内部规定执行。

编 辑 说 明

一、本书是根据第十九届国家级企业管理现代化创新成果创造单位报送的资料编辑而成的。有些成果资料因篇幅太长，我们作了删节，对一些不必要的图表也作了省略。

二、本书是供宣传推广这些成果使用的，有些成果内容丰富，但因本书篇幅限制而表述得不够充分，在推广运用时如确有必要，可商请成果创造单位提供某些详细材料，以补本书的不足。

三、在本书编入的全国企业管理现代化创新成果审定委员会《关于发布和推广第十九届国家级企业管理现代化创新成果的通知》中，已按成果等级列出名单，编辑本书时未再分等级排序。

四、本书目录分类标题及成果相应归类，是按各成果主要内容编排的。为了便于阅读、学习，本书编排时，分成10篇，包括：集团管控与国际化经营、人才开发与绩效管理、风险控制与财务管理、资源整合与转型升级、标准化建设与基础管理、技术创新与协同管理、品牌营销与服务创新、绿色发展与和谐管理、精益生产与持续改进、项目建设与运营管理。

五、本书由全国企业管理现代化创新成果审定委员会和中国企业联合会管理现代化工作委员会合编。参加编辑组织工作的有胡新欣、远松山、柏东海、刘刚、周蕊、张文涛、张文彬、张倩、常杉、张炬等同志。

六、由于时间仓促，加之编辑水平有限，难免有疏漏和不当之处，欢迎读者指正。

编辑部
二〇一三年三月

国家级企业管理创新成果

（第十九届）

全国企业管理现代化创新成果审定委员会
中国企业联合会管理现代化工作委员会　编

企业管理出版社

图书在版编目(CIP)数据

国家级企业管理创新成果. 第十九届 / 全国企业管理现代化创新成果审定委员会, 中国企业联合会管理现代化工作委员会编. —北京：企业管理出版社，2013.3

ISBN 978－7－5164－0275－7

Ⅰ. ①国… Ⅱ. ①全… Ⅲ. ①企业管理－经验－中国 Ⅳ. ①F279.23

中国版本图书馆 CIP 数据核字(2013)第 043031 号

书　　名	国家级企业管理创新成果(第十九届)
作　　者	全国企业管理现代化创新成果审定委员会 中国企业联合会管理现代化工作委员会　编
责任编辑	刘　刚　周　蕊
书　　号	ISBN 978－7－5164－0275－7
出版发行	企业管理出版社
地　　址	北京市海淀区紫竹院南路 17 号　邮编：100048
网　　址	http://www.emph.cn
电　　话	发行部(010)68701816　编辑部(010)68414643
电子信箱	80147@sina.com　zbs@emph.cn
印　　刷	北京联兴盛业印刷股份有限公司
经　　销	新华书店
规　　格	787 毫米×1092 毫米　16 开　100.5 印张　2048 千字
版　　次	2013 年 3 月第 1 版　2013 年 3 月第 1 次印刷
定　　价	200.00 元(上、下册)

(版权所有　翻印必究·印装有误　负责调换)

以创新性管理变革适应互联网时代

中国企业联合会
中国企业家协会　　会长　王忠禹

王忠禹

"互联网时代的管理变革"是我国企业界、管理界正在认真思考的具有趋势性的重大课题。当今以信息技术为代表的新一轮科技革命给企业发展带来了哪些重大影响？世界一流企业在互联网条件下采取了一些什么样的适应性变革值得我们借鉴？我国企业历经30年改革、提升、发展后，在今天面临怎样的历史性挑战？在当前我国经济发展加快转型的形势下，深刻思考信息化、网络化对传统工业经济发展模式和企业管理所带来的冲击和影响，认真研究各种应对措施，形成互联网时代的新的发展思路和管理模式，对于我国企业和企业家来说，具有十分重要的意义。

当今，互联网、物联网、云计算、三网融合等新技术的出现，不但催生了许多在20世纪未曾有过的新兴产业和虚拟化、网络化的企业形态，而且也在迅速改变着包括制造业在内的传统产业的发展路径、商业模式。对广大企业来说，我们必须关注信息化、网络化为传统产业带来了哪些发展空间，关注传统的企业理论、商业模式、管理理念、运营形式、管理方法等等在网络时代的创新需求。管理领域需要重新思考的问题很多，企业在实践中也遇到了很多新难题，迫切需要切合实际的解决方案。为此，提出以下几点供大家讨论：

第一，要高度关注互联网时代企业运营环境的变化。互联网时代的一个趋势是，消费者主导市场的力量越来越强，企业靠大规模生产的方式强推市场已经难以成功。在市场"倒逼"的形势下，企业如何将"战场"前移，以快速反应的组织方式和柔性化的生产方式应对多变、个性化的市场，成为制胜的关键。

第二，要高度关注企业管理范畴和边际的变化。传统生产条件下，企业管理活动局限于工厂区域这个空间范围，今天的信息化、网络化将这个厂域空间大大延伸，以价值增值过程和相关利益者关系形成"链条"，又以"上下游、国内外、点对点"为基础形成网络，在看似无形的超视距范围内实现有形管理，在全球可以方便地实施异地同步的零时差运作，企业由此获得了前所未有的发展空间。对具有后发优势的我国企业来说，借此机遇，重新谋划全球战略布局，适逢其时。

第三，要高度重视企业组织结构的变革。工业经济时代，企业内部主要实施金字塔式组织结构，强调的是自上而下的集中式管理。这种组织方式虽有它的合理性，但应对今天迅速变化的市场和追求个性化需求的客户显然难以适应。互联网时代的企业组织，必须变革内部严密的层级结构和部门分割，更加贴近市场，进入市场，正如有的企业家说的，"要让听得见炮声的人参与决策"，实际就是，让生产过程通过流程化、标准化、模块化更加敏捷、灵活，让内部各职能机构之间边界更加柔性，更加强调团队之间的自主协同。企业内部的组织再造或重组，涉及方方面面权责利的调整，往往成为改革的难点，需要下很大的决心才能成功。

第四，要高度重视企业运营方式的变革。在用户主导和技术引领的互联网时代，信息流成为企业的生命线。必须将企业的运营活动纳入信息化轨道，建立以流程为基础，整合标准和制度的管理体系，使整个生产经营系统既透明，又可控。企业内部的信息化过程，就是重塑企业运营方式和管控模式的过程，它给企业带来的最大便捷是把传统管理中"人对人"的管理变为在电脑上流动的"轨道化"管理。信息技术有足够的能力将大量一线的、前台的管理活动"后台化"，把规范的工作行为以预案方式定格为电脑程序，保证每个岗位、节点的操作都在合规的轨道上运行。这样做，不仅可以大大提高管理效率，而且可以避免个人不合规的行为对企业造成难以控制的损失。

第五，要高度重视员工管理方式的变革。网络时代的员工、特别是知识员工富有朝气，追求时尚，重视参与，崇尚个人价值的实现。现代企业必须建立起一套制度和机制，使员工个人的知识和才智能够转化为企业的知识资产，实现员工与企业的共同发展。为此，员工管理的核心应该从对人的行为的刚性管理转变为对员工创新能力的全方位激励，为他们提供发展机会和施展才能的平台，同时在精神、文化层面给予人文关怀。

第六，要高度重视企业家素质与能力的提升。互联网时代的企业家，显然应该比以往的企业领导者具备更多的新知识、新能力，比如，他们要有更加高瞻远瞩的全球化视野，了解并且掌握信息化、互联网环境下企业发展的总体趋势；能深刻洞察信息化、互联网给企业的发展和管理带来的潜在影响；要有更强的上下游、国内外资源的整合能力；要有不断否定自我、持续创新的勇气，带领企业始终不脱离时代的创新潮流，等等。以往的成功已经成为历史，时代向企业家提出了更高的要求。

以上几点概括起来，是想强调我们必须以创新性变革适应这种时代潮流。信息化、互联网是时代给予传统产业的两只翅膀。实体经济加信息化、互联网，可以让我们的企业飞得更高、飞得更快、飞得更远。中国的企业要进入世界一流，不可错失这个历史良机。

过去30年的历史证明，我国企业和企业家是善于学习的。在实践中学习，在学习中创新，在创新中追赶，是我国企业自改革开放以来成长的基本轨迹。30年前，我们的企业基本上不问市场，没有竞争。上世纪80年代开始，围绕国有企业的市场化转型，我们一边改革企业经营机制，一边学习现代管理中一些行之有效的管理方法，先后推出了邯钢集团的模拟市场、成本否决管理，许继集团的量化动态的人事管理，亚星集团的比价采购等等一批企业的典型经验。回过头看，这些经验在市场经济这本厚厚的教科书中，还只是最初的几页，还是启蒙性的，但它们符合当时中国的国情和市场化改革起步时企业的实际情况。90年代中期之后，国企改革全面展开，民营企业迅速成长，管理科学在中国得到全面普及。一批先进企业紧跟时代的步伐，开始学习、运用现代管理理论、方法系统地思考本企业的发展和管理问题。他们在快速扩大规模的同时,开始注重企业内部的科学与精益管理;在努力形成技术、设备、产品等硬实力的同时,开始注重品牌、商誉、文化等软实力的建设;在努力做好国内市场、用好国内资源的同时,积极开辟国际市场、用好全球资源。近年来涌现的一批成果创造单位,如海尔、宝钢、万向、联想、南车、苏宁、中兴、传化、青岛港、航天科工、大唐电信等企业,是这个时代的典型。他们的成功经验丰富精彩,各具特色,但是有一点是共同的,那就是持续学习、持续创新、紧跟时代、锐意进取。从我国及世界企业的发展历史看,没有适合所有企业的标准化的管理模式,只有适合本企业实际情况和特点的管理模式;没有恒定不变、完美无瑕的管理模式,只有动态的、适合企业发展阶段的管理模式;没有"到顶"的管理模式,只有时代的管理模式。海尔集团以自主经营体为基础的人单合一管理,归根结底就是秉承持续学习、持续创新的精神,紧跟时代,创建适应信息化、互联网时代的新的管理模式。蒋黔贵同志围绕海尔的经验专门论述了互联网时代管理变革的新趋势以及我们应该采取的应对措施,相信能给大家更多信息和启示。

近年来,国务院国资委和工信部一直把推进企业管理创新作为重要工作来抓。最近,国资委正在组织开展以"强基固本、控制风险,转型升级、保值增值,做强做优、科学发展"为主题的管理提升活动,按照"十二五"时期"做强做优、培育具有国际竞争力的世界一流企业"的核心目标,认真分析中央企业管理中存在的突出问题和薄弱环节,通过强化基础管理,推进管理创新,全面提高企业管理水平和经营绩效,为中央企业持续、稳定、健康发展奠定坚实基础。工信部近年来组织开展了《"十二五"企业管理现代化纲要研究》等一系列课题研究,正在组织制定《推进企业加强管理和管理创新的指导意见》,以期从面上指导全国企业进一步加强内部管理、广泛开展管理创新活动。在今年开展的"中小企业服务年"活动中,把管理提升作为重要内容。在工信部和国务院国资委的引导下,各级地方主管部门和行业组织也应考虑研究制定相关政策和办法,推动企业像重视技术创新一样重视管理创新,建立起支持企业管理创新的长效机制。

从2010年开始,全国企业管理现代化创新成果审定和推广活动由国资委企业改革局、工信部产业政策司和中小企业司、中国企业联合会共同主办,这是新时期我国推进企业管理创新工作的一种有效形式。每年由政府主管部门提出企业管理创新重点,企业结合自身管理实践进行总结和申报,各级主管部门和企业团体择优推荐,组织管理专家对企业管理创新成果进行审定,然后向社会发布、推广。这种官产学合作推进企业管理创新的操作平台和工作机制,本身也是一种创新,它有利于在政府指导下调动企业、专家、媒体、社团组织等各方面的积极性,有利于及时发现典型、总结经验,树立样板,也有利于企业管理科研与教学活动。今天,我国企业面临互联网时代管理变革的挑战,我们要更好地利用这个平台,官产学紧密合作,以海尔等180多家企业的创新成果为榜样,互相学习、互相借鉴,在全国范围内形成创新的氛围。我们希望,所有的企业都能在互联网时代有所作为,有所创新,有所进步;所有的企业都能赶上信息化、互联网这趟时代的高速列车。

(在2012年全国企业管理创新大会上的讲话)

学习海尔,努力探索互联网时代管理新模式

中国企业联合会、中国企业家协会顾问
全国企业管理现代化创新成果审定委员会主任　蒋黔贵

蒋黔贵

在第十八届国家级企业管理创新成果审定中,海尔集团申报的《以自主经营体为基础的人单合一管理》得到了评审专家的高度肯定,以总分第一的成绩被审定为一等成果。随后,我们又组织了几次专题研讨,并到海尔进行了实地调研和访谈。专家们认为,海尔这一具有时代性、原创性、前瞻性的成果,在企业管理的潮流中有重要引领导向作用。为此,这次大会我们以海尔为例,与大家共同来探讨互联网时代企业管理模式问题。

一、全球进入互联网时代

互联网自上世纪80年代中期诞生以来,便迅速成为新一轮科技革命中发展最快、应用最广的技术。尤其是进入21世纪以来,移动互联网、云计算、物联网等新一代技术迅猛发展,互联网加速向宽带、融合、泛在方向演进,推动人类社会从工业化时代迈入信息化时代,即互联网时代。正如蒸汽机对于第一次工业革命、电能对于第二次工业革命的作用一样,今天,互联网正在新一轮科技革命中扮演着同样的角色,全方位改变着工业革命以来所形成的经济形态、生活方式和社会特征,为企业经营提供了一系列新的机遇和挑战。

第一,社会和经济的高度信息化、网络化。在工业社会中,制造是经济增长的源泉。而信息网络技术的诞生,则改变了这种单一增长方式。信息和知识成为重要的资产,成为国民生产中"附加值"的源泉,网络成为社会和经济发展重要的平台和载体。这一方面表现为信息网络技术自身的市场化、产业化,即信息经济、网络经济、知识经济等新经济的快速崛起。已经并将继续为人们带来无可估量的巨大商业机会,在短时间内诞生了众多世界级的企业。另一方面表现为信息技术、互联网向传统产业部门的渗透和延伸,使传统产业更加自动化、智能化和网络化,颠覆了传统产业链的概念,使原有不相关的要素重新积聚。比如,"苹果"手机便是将通话、视频、音乐、游戏等多功能进行有效组合的移动网络终端,对传统的手机行业、数码音频视频行业、游戏机行业带来了巨大的替代性挑战。

第二,全球实现互联互通。虽然过去几十年,全球化已经得到很大发展。但互联网的诞生突破了时空限制,促进了全球一体化的真正形成。全球范围内国家之间、企业之间、个人之间,甚至是人与物之间、物与物之间都可能实现互联互通。全球化的触角将延

伸到世界的每一个角落,渗透到社会经济的方方面面,形成了一个庞大无比的互联式社会。全球性企业、全球性消费者、全球性市场、全球化产品、全球性竞争,以及金融、信息、资本、人才等要素的全球化都将实现。正如弗里德曼在其《世界是平的》一书中指出的那样,整个世界正在变成毫无国界的"地球村"。网络加快了学习模仿的进程,科技进步加速,创新要求更加迫切,企业发展的空间更加广阔,企业之间的竞争更加激烈。

第三,信息传播交流的即时化、互动化和平等化。网络环境的开放性、虚拟性、交互性等特征使得人们能够随时随地接触和利用互联网络,每个人都可以成为信息的创造者、传播者,并与他人开展即时互动交流,使得工业化时代形成的层级式单向交流方式彻底改变,管理层对信息的解释权、过滤权和控制权也随之弱化,取而代之的是即时、平等、互动的多向交流方式。消费者利用互联网这个信息无比丰富、高效便捷低成本的交流平台,有了决定性的话语权,彻底改变了工业时代厂商与消费者之间信息不对称和力量对比不均衡的状况,消费者正在成为市场的主人,他们将决定生产什么、何时生产、在哪里生产以及如何定价方面拥有了决定性的话语权。这将彻底改变传统的商业规则和竞争方式,形成一种全新的商业形态。

第四,就业形态的脑力化和就业方式的灵活化。在社会经济高度信息化和网络化的社会中,具体产品的生产制造将由高度机械化和自动化的"工具"来完成,人们将主要从事知识和信息的创造。德鲁克所称的"知识工人"将成为就业人口的主力,比如工程师、技师、专业技术人员、管理专家、艺术人才等,他们都是富有表达性和合作性的共同创造者,劳动的过程就是知识或信息创造的过程。他们已经超越了对生存需求的基本满足,而把幸福感、自我价值实现作为人生的第一目标。这些都与工业化时代蓝领工人的人生观、价值观和工作观截然不同。同时,借助于无时无地不在的网络,人们在什么地方工作,在什么时候工作,为几家企业工作都具有极大的灵活性,工作和家庭之间的场地界限和时间区隔变得模糊,难以区分。

总之,互联网的发展对社会环境的改变是革命性的,工业时代的管理模式已经无法适应竞争所需的灵活性、创造力和分享机制,对传统管理的局部调整已经难以应对变化,只有进行战略性的、贯穿整个价值链的深度变革才能使企业在新的时代获得制胜的先机。

一是在经营理念上。我们知道,亚当·斯密的分工理论是工业文明发展的基石,由此诞生的规模经济、科层制结构及其相适应的标准化、专业化和集中化,被美国未来学家托夫勒称之为工业时代的精神气质。然而在网络时代,由于摩尔定律、梅特卡夫法则、马太效应、吉尔德定律等网络规律的作用,使经济发展呈现出显著的快捷性、高渗透性、自我膨胀性、边际效益递增性、外部经济性,这与工业经济的特征完全不同。为此,管理者必须突破工业时代所形成的标准化、大规模、一体化、零和竞争等传统经营理念,树立起开放、协同、融合、共赢的新理念,把工业化时代分离的内外部系统通过网络整合为以消费者为中心的圈环式价值创造网,使企业与员工、产业链上下游、合作者、甚至是竞争者等相关方成为同呼吸共命运的利益有机体,实现商业生态系统的有效协同和共赢发展。

二是在经营方式上。一体化经营在工业时代被众多企业作为增强企业竞争优势的重要经营战略。互联网的出现导致市场交易费用和管理费用明显下降,突破了科斯定律等经济法则,越来越多企业放弃了传统的经营体制和机制,采用业务外包、特许经营、战略联盟等各种形式。有资料显示,目前发达国家正以每年30%以上的速度组建跨行业、跨地区甚至跨国界的虚拟企业,许多大公司中有50%以上的业务是通过上述这些经营方式获取利润的。著名的耐克公司,没有一家工厂,却靠着自己的品牌通过虚拟经营获得了巨大成功,被认为是虚拟经营的楷模。虚拟经营带给我们的重要启示是:在未来的经营中企业要不求大,但求强;不求广,但求专;不求全,但求精;不求所有,但求所用。

三是在产销模式上。工业化时代的产销模式是建立在规模经济上的,是大生产+大品牌+大物流+大零售,核心是通过大规模的生产和生产过程的标准化、高效率,持续的降低成本。而在网络时代,消费者权力上升,在社会阶层、价值观念、审美趣味、消费方式等方面的巨大差异得到彰显,大众消费正在向分众消费深入发展,市场需求正在裂变为难以计数的"碎片",这就要求企业要将自己的注意力高度集中到消费者身上,工业时代的大规模生产逐步被各种形式的大规模定制和柔性化生产所取代,按需生产将成为企业源源不断获得竞争优势的来源。而且,互联网的出现,极大提升了生产者与消费者的互动效率,生产者可以随时了解消费者的反馈,获得海量的个性化订单,甚至可以让消费者根据自己的需求参与产品的设计,在他们自己产生这些需求前就让他们心满意足。

四是在组织管理上。网络时代最大的特点便是速度快捷。这对企业组织的柔性和对外部环境的适应性提出了越来越高的要求,原本等级健全的科层制组织架构暴露出行动缓慢的天生缺陷,越来越多的企业开始借助于网络向松散的有机式网络型组织结构转化,呈现出小型化、扁平化与外部化的特征。组织管理的范围从内部拓展到了企业外部,包括供应商、分销商、分包方、战略联盟、客户等利益相关方的管理;管理的重点也从传统的内部关系管理转变为如何通过数字神经系统的建设,实现组织的扁平化、柔性化,保持类似有机体那样的低成本有机协调的能力,并加强企业内部和外部的各种联系、协作和合作;管理的目的也从"做大"、"做强"转变为"做活",把企业从"机械组织"转变为有机的生命体,能够自适应、自创新、自激励,实现企业的永续发展。正因为如此,在网络时代中,传统的大型企业由于体制机制僵化而面临许多危机和挑战,"大企业病"凸显;而一些中小型企业则由于灵活的经营机制和广泛的关系网络而更加具有活力。

五是在管理方式上。互联网的发展使得知识员工阶层崛起,并成为企业员工的主体。与其他类型的员工相比,知识型员工更加重视有挑战性的工作,喜欢在自我激励下自主工作,他们的满意度来自于工作本身,他们渴望得到更多的尊重与信任,更重视公平、公正的工作机会,他们不仅具有"社会人"和"自我实现人"的特性,更具有"创造人"的特性,创造是知识型员工的本质。为此,企业管理者必须改变传统的命令与控制型的管理方式,管理者自身要从传统的决策者、命令者转变为教练员、服务员,通过充分授权,使基层组织和员工具有充分的自主权,同时注重员工内心幸福感、归属感、自我实现的激励,以最大限度地发挥员工的创造潜能。

总之,互联网时代的来临为企业管理突破性的创新提供了思路、手段和条件,既有挑战更有机遇。谁能抓住这些机遇,谁就能在新的时代背景下赢得先机。

二、海尔在互联网时代的管理创新

海尔是目前我国为数不多将创新聚焦到互联网的企业。2005年以来,海尔为应对互联网的挑战进行了一系列颠覆性系统性的变革,从战略到机制到运营到考核,涉及到了所有业务、所有环节和所有员工。可以说,海尔正在进行一次具有原创性的伟大实验。

一是适应互联网时代的商业模式创新。海尔认为,互联网时代企业生存和发展的权力不取决于企业,而取决于用户。而用户需求日益呈现出碎片化、个性化、体验化的特点。正如张瑞敏所说的"固定靶"变成了"飞靶"。而要"打中飞靶",企业就必须突破原有的商业模式。为此,海尔在战略指导思想上的重要创新点是要实现由生产型向服务型转变。由原来以厂商为中心的、大规模生产、大规模促销和低成本竞争的B2C模式,转变为以消费者为中心的、个性化营销、柔性化生产和精准化服务的C2B模式。海尔的服务转型,不是简单的"去制造化",搞虚拟经济;也不是狭义的向产前、产后等服务环节拓展,而是企业整体服务化的全面变革。在经营模式上,推行"人单合一"管理。人即员工,单即订单。传统的经营机制是人单分离的,"内部管理与市场拓展两张皮",权力集中在领导。海尔彻底扭转了这种经营机制,把经营决策权、资源配置权和利益分配权下放到一线员工,由他们根据市场变化和用户需求来自主经营。并通过"倒逼机制"让研发、生产、供应、职能服务等后台系统与用户需求有效衔接,从而使企业全员面对用户,黏住用户。领导从原来的决策、分配、监督转变为主要向一线员工提供支持和服务。将原来企业员工听领导的,转变为员工听用户的,企业和领导听员工的。当我们在海尔看到每个员工都在为满足顾客需求(订单或潜在订单)而忙碌时,才真正懂得了服务型企业的涵义。在产销模式上,推行"零库存下的即需即供"。长期以来,海尔与中国大多数制造企业一样,实行的是生产－库存－销售的传统产销模式,存在很大刚性。库存一直是困扰海尔的一个十分头疼问题。向服务转型以来,张瑞敏借助互联网提出了"零库存下的即需即供",将海尔从大规模制造转变为大规模定制。2008年8月,海尔取消了全国26个中心仓库,要求"真单直发",销售人员必须获取零售终端的真实订单,然后再在内部下单,从"为产品找客户"转变为"为客户找产品"。"倒逼"产品设计、企划、质量、生产、供应等后台系统进行大规模调整,同时在研发、生产、供应、职能管理等领域大力推行模块化技术,以提高响应速度。在营销模式上,推行"零距离下的虚实网结合"。海尔提出要"虚网做实,实网做深"。所谓"虚网做实"就是在互联网上不仅仅是开展电子商务,更重要的是通过互联网搭建与用户零距离互动的平台,深度挖掘个性化需求信息,并转化为有价值的订单,实现"以服务卖产品"。比如,海尔在FACEBOOK上黏住了10万多名铁杆粉丝。在澳洲,通过FACEBOOK实现与用户的互动,2011年海尔法式对开门冰箱在澳洲市场超越LG、三星,连续两次获得澳洲用户最满意品牌第一名。目前,海尔已经建立了专门的网上设计体验馆,用户可以根据海尔提供的模块自行设计产品,并随时下单。所谓"实网做深",就是进一步完善营销网、物流网、服务网,形成一个覆盖全国、甚至是全球的网络,实现与"虚网"的有效结合。目前,海尔在全国建立了"销售到村"的营销网、"送货到门"的物流网和"服务到户"的服务网。完善的营销网络已经成为海尔重要竞争优势。在近年来的全国家电下乡中,海尔成为最大赢家,2009年的市场份额占到了32%。许多跨国知名品牌也纷纷把产品在中国市场的销售权委托给海尔。

二是适应新商业模式的组织模式创新。经营战略的调整必然带来组织的变革。用什么样的组织形式把职工创新积极性最大程度的调动起来,去了解和发掘个性化的需求,并使其相对规模化,实现灵活的有效率的生产呢?海尔在组织结构上的重要创新点是改变传统的事业部为主要载体的企业组织结构,将其解构和裂变为两千多个密切围绕市场的"自主经营体",实现企业由做大做强向做活转变。

自主经营体的组建完全是根据用户需求来决定的。首先根据市场机会确定经营体准入标准(即竞争力门槛),再由有意愿的员工"抢单"进入。经营体长的聘任,完全颠覆了传统由领导指派的方式,由员工拿出实施方案与可实施的凭证,包括三预(预算、预案、预酬)方案来公开竞聘,由横向部门、利益相关者、员工、客户共同组成评委综合评估确定。经营体长拥有用人权和分配权,还拥有企业的大资源平台。无固定任期,随时接受经营成果检验和"官兵互选",2/3 以上的成员就可以联名淘汰经营体长,重新竞聘。经营体的成员由人力部门与经营体长共同设定岗位标准和定编,通过公开竞聘"抢入"。竞聘过程既明确了最终要完成的目标,又明确了完成目标所需要的手段、方法、路径和资源等,还明确了完成该目标之后所对应的薪酬水平。经营预案都是员工根据自己能力确定的,是员工与自己能力的博弈,而不是员工与企业的博弈。对于未能竞聘成功的员工,海尔给予多次机会竞聘。如果三个月后还没有"抢入"新的经营体,则被淘汰。

海尔对经营体的要求是标准化、制度化、量化。如何量化为客户创造的价值以及在此过程中量化个人的贡献是重中之重。为此,海尔自主发明了三张表,即:战略损益表、日清表和人单酬表。其中,"战略损益表"具有非常重要的理论价值和现实意义,海尔已经申请了国家专利。"战略"就是与用户零距离,"收益"是自主经营体为用户创造价值获得的收入。核算指标从传统的销售收入、利润等,逐步发展到了市场份额、用户满意度等市场竞争力指标,目前是比用户忠诚度更全面更量化的用户黏度指标等。而且是预先算赢,在面对用户同一目标下,实现统一承诺的预赢方案。"日清表"是借助 IT 系统形成每天工作预算和行动计划,以保证目标的按时完成,目前已经实现了信息化日清,每天能将实施情况通过信息系统自动通知员工。"人单酬表"是"果",基本要求是缴足利润,挣够费用,超利分成,落实到人。体现了海尔提出的"我的用户我创造,我的增值我分享"的理念。他们认为,"传统的财务报表是以资本为中心,追求股东利益至上;海尔的新三表是以员工的能力为中心,是员工与自身能力的博弈,实现了用户、企业和员工的共赢。"

自主经营体的实质是将市场和竞争的概念引入到了内部管理。企业划小了,员工活跃了。为了活而不乱,海尔将经营体分为三类。活跃在市场前线的两千多个直接按"单"定制、生产、营销的一级经营体。中间是平台经营体,为一级经营体提供资源和专业服务。断后的是战略经营体,即原来的高层管理者,主要负责创造机会和创新机制。海尔要求各级各类经营体必须面对同一目标,实现纵横连线。其中,"倒逼机制"是三级经营体之间能够有效连线的关键。自主经营体已经不存在传统的向领导汇报的概念。对于一级经营体,通过一个公开的信息平台提出自己的需求,二、三级经营体均会根据平台机制给予解决,如果解决不了,则是平台和机制出了问题,需要二级、甚至是三级来关闭差距。"关差"的过程就是二级,甚至是三级经营体的"单"。通过这样的"倒逼"和纵横连线,将海尔传统的金字塔式组织结构转变为以自主经营体为基本单元的倒三角网络型组织,使企业的所有环节和员工都面向用户,为创造和满足用户需求而创造性的工作。

三是对外合作模式的开放式创新。海尔认为,互联网时代是大规模协作的时代,企业要成为一个开放的系统,在全球范围内进行资源和能力的整合与配置,建立一个全球协作的大平台。海尔在合作模式的重要创新点是坚持从"分工"转向"合工",从"零和"转向"共赢",在"地球村"里构筑起市场拉动的"价值创造网"。为此,提出了"资源换资源"的新理念,基于终端用户的需求与上下游、甚至是竞争对手开展广泛合作,共创共享,合作共赢。在市场资源方面,新西兰斐雪派克公司和美国通用电气公司利用海尔在中国的市场网络和资源拓展中国市场;海尔则利用斐雪派克公司和通用电气公司分别在澳大利亚、新西兰和美国的市场网络拓展当地市场,实现了优势市场资源的互换共赢。GE冰箱2009年9月"嫁入"海尔营销网络后的三个月就超过了其2008年全年在中国市场的销量,一跃成为外资冰箱品牌的第二名。在供应合作方面,海尔邀请有实力的供应商参与产品的前端设计与开发,使其由传统的零部件供应上升到以订单为中心的战略合作伙伴。在国内,海尔还与分销商在需求预测、挖掘用户需求信息、个性化定制、售后服务等方面进行了全面的深度合作。2010年7月,海尔与国美签署了三年实现500亿销售规模的战略合作协议。其中约定,在海尔每年为国美提供的600款系列商品中,个性化定制产品将占到50%以上。让分销商加入到消费者个性化需求的满足中,促进了分销商附加价值的提升,也使海尔更加接近了用户。

在智力资源和研发方面,海尔提出了"智慧利用"的新理念,提出"全球都是海尔的人力资源和中央研究院",要整合全球一流资源,为我所用。倡导自主经营体根据需要主动寻找外部专家,以弥补自身团队的不足,从而高质量完成工作目标。比如最近推出的3D冰箱,就是海尔研究团队整合全球研发资源快速突破的,它的用户研究来自德国和法国的团队,节能设计团队来自海尔,保温系统来自德国陶氏,光源照明来自韩国三星,制冷系统则来自巴西。2011年,海尔的这一开放式创新体系荣获当年国家科技进步二等奖。

到目前为止,海尔的创新探索还在继续,后面还有许多难关需要突破。但令人兴奋的是,经过这几年的努力,海尔创新的效果已经显现,竞争实力明显增强,不但使海尔成功应对了国际金融危机的冲击,而且实现了逆势增长,尤其是利润的增幅远大于销售收入的增幅。2008年到2011年,海尔全球销售收入分别增长8%、4.5%、9.1%和11%,但利润总额增幅分别是20.6%、55%、77.4%和21%。这几年利润复合增长率为38%,是行业平均增幅的2倍。目前,海尔的库存周转天数缩短为5天,是中国工业企业平均库存天数的1/10;营运资金周转天数达到了负的10天,这在中国制造业中是极少企业可以达到的,行业平均为27天。劳动生产率近三年平均每年提升30%左右;员工平均收入增幅在15%左右,而行业平均收入增幅仅为9%左右。在全球市场份额和品牌价值方面,根据权威市场调查机构欧睿国际发布的数据,海尔2009年起连续三年在世界白色家电品牌中排名第一,全球市场占有率分别为5.1%、6.1%和7.8%,逐年上升。并在2011年首次获得"全球大型家电第一品牌"称号。在2010年度"世界品牌500强"排行榜中,海尔不仅成功超越了日韩家电品牌,而且超越了拥有百年历史的西门子、伊莱克斯、惠而浦等欧美家电品牌,成为世界家电领域最年轻、同时也是发展最快的世界500强品牌之一。与此同时,海尔的管理创新也引起了世界著名大学和商学院的高度关注。美国的哈佛大学、南加州大学、沃顿商学院,瑞士的洛桑国际管理发展学院,法国的欧洲管理学院,日本的神户大学等著名院校对海尔这些年的创新实践进行了持续研究,哈默教授、迈克尔·

波特教授、马歇尔教授等世界知名管理专家给予了充分肯定。

三、海尔经验对我们的启示

第一,学习海尔持续管理创新的精神。海尔创业28年来,管理创新的脚步从未停止。从创业之初的"管理13条"整顿生产经营秩序,到当众砸毁76台"问题冰箱",在国内率先开展全面质量管理;从上世纪90年代初发明OEC管理法,形成严、细、实、恒的管理作风,到90年代末期独创"市场链"经营,全面开展业务流程再造;从本世纪初开始推行"人人都是SBU(战略业务单元)"经营,到2005年开始人单合一管理。正是这种"咬定青山不放松"的持续创新精神,使海尔从一个集体小厂快速发展成为全球化经营的企业,从最原始的经验管理一步步走到了世界管理前沿。其中,最关键的推动力来自于张瑞敏同志坚持不断创新的精神,来自于他作为一个优秀企业家所展现出来的高度使命感、责任感和危机感。创业之初,他就立志要将海尔打造成为世界级品牌,20多年来这一目标从未改变。虽然过去海尔取得了一个又一个成功,但他从不满足。对于成功,张瑞敏有自己的理解。他认为,世界上没有成功的企业,只有时代的企业。如果符合时代的要求,企业就会成功;如果跟不上时代的变化,企业就会淘汰。然而,时代在发展,市场时时刻刻都在变化,尤其在全球化、网络化时代更是如此。因此,张瑞敏同志始终"战战兢兢,如履薄冰"。他在办公桌上放了一张2002年美国《财富》杂志的封面照片,照片上一艘代表企业的巨轮正在沉入大海,下面是美国管理大师德鲁克说的一句话:当你的企业要破产的时候,你可能会找出很多理由,但是最根本的就是你自己的责任。什么责任呢?就是你的思维没有跟上外部世界的变化。他把这张照片放在案头,以此警示自己,要不断否定自己,不断开拓进取,只有这样,才能紧跟时代。我们学习海尔,首先就要学习海尔和张瑞敏同志这种始终没有满足,始终没有松懈,始终在不断总结中的不断反思,始终不断根据对未来的洞察,不断勇于挑战既有成功的持续创新精神。

第二,努力探索互联网时代管理新模式。海尔的管理是独特的,海尔的管理模式和许多做法是在20多年的艰苦探索中逐渐形成的。对于其他企业来说,更具有普遍意义的是海尔创新的一些理念,比如,如何借助互联网实现以用户为中心,从生产型向服务型转变,从"为产品找客户"转变为"为客户找产品"。如何利用互联网,将企业从做大做强转变为做活,做成一个能够自适应环境变化自创新自循环的有机组织。这对于许多企业来说,尤其是大企业来说,是非常有现实针对性的。如何遵从网络经济的基本规律,将经营视角从规模经济转变为范围经济,建立起协作、共创、共赢的快速反应的社会化价值创造网络,海尔在这方面应该说进行了有益的探索。还有,海尔在员工激励方面的做法也是非常有创新性的。传统的员工激励都是基于人性假设基础上的外在激励,而海尔转变了思路,通过创造公平的机会和平台将外在激励转变为员工的内在的自我激励,形成员工与自身能力的博弈。这种"能本管理"思想对于当前我国即将面临刘易斯拐点的大背景下,如何把人力资源管理的重点从降低劳动力成本转向提高劳动效率、发挥员工潜能方面具有重要意义。

当然,海尔的创新还是初步的,探索性质的,不论是在理论层面还是在实践层面都需要进一步完善。在理论层面,海尔通过互联网将市场治理模式引进了企业内部,实现了市场治理模式与层级治理模式的结合,这种结合在企业管理理论上有什么新突破。海尔建立了员工与用户的动态契约关系,用户是委托人,员工是代理人,并自我监督。这是一种全新的委托代理关系,在哪些方面超越了西方契约理论。海尔通过自主经营体颠覆了企业原有的科层制组织结构,建立了一种全新的倒三角型网络化组织。这种新型组织在资源配置、权力运行、信息传递、组织沟通等方面都呈现出许多新的特征,从组织理论上如何提炼。海尔通过三张表很好的界定和衡量了人力资本的价值,并将其价值创造体现在了员工日常薪酬中,为人力资本分享企业剩余价值开辟了一条新路,在人力资本理论上有何价值。这些都为新时代的管理创新留出了广阔空间。海尔这场伟大的实践还在继续,我们殷切希望有更多的企业加入到这个队伍中来,有更多的学者关注研究这场实验,为探索互联网时代的管理模式贡献力量。

(在 2012 年全国企业管理创新大会上的讲话)

以信息化建设为平台 全面提升企业现代化管理水平

国务院国有资产监督管理委员会副主任、党委副书记
全国企业管理现代化创新成果审定委员会主任　　　　邵　宁

邵　宁

当前,以互联网为代表的信息技术飞速发展,进一步加速了经济全球化的进程,这使得传统管理方式和手段无法或难以适应企业全球市场竞争和国际化经营的需要。这届会议以"互联网时代的管理变革"为主题,反映了企业管理的时代特征,反映了大家对信息化引发管理变革的共识与期待。

就中央企业而言,经过30余年的改革开放和国内外市场竞争的洗礼,特别是2007~2009年全球金融危机的磨练,在诸多方面都有了长足进步。但是,站在全球的视野审视中央企业,我们会发现,中央企业在规模、装备、技术等硬实力方面和国外先进企业的差距已不是很大,但是在软的方面,尤其在管理方面,我们的差距比在硬的方面所显示出的差距要大得多。特别是一些企业基础管理薄弱、管理方面长期存在的一些突出问题得不到有效解决,已经成为严重制约企业做强做优、科学健康发展的瓶颈。2012年是"十二五"时期承前启后的重要一年,也是进一步做强做优的关键时期。与去年相比,今年我们面对的世界经济形势更趋严峻复杂,外部市场萎缩,国内经济增长下行压力很大,经济运行仍将面临许多挑战。在全球化、信息化的背景下,中央企业与国内其他企业一样要抓住改革发展重要战略机遇期,进一步加强管理和管理创新,促进企业更好地实现可持续发展。

一、进一步加强对标管理,挖掘潜力,突破发展瓶颈

在全球化背景下,做强做优企业,首先应从对标开始。通过与国内外同行业一流企业对标,能够发现企业存在的突出问题和薄弱环节,找准管理短板和瓶颈问题,加上配套的考核、管理措施,可以有效促进企业管理的改善。前几年,不少中央企业通过开展对标取得显著成效。如中国移动通过十余年坚持与同行业世界一流对标,全面提升了企业管理水平;金融危机时期面临严重亏损的中铝公司,积极与民营企业进行全面对标,找到了差距和不足,进而制定措施,认真整改,2010年实现了整体盈利。加强对标学习是企业提升管理水平、逐步实现世界一流的重要途径。企业应当抱有这样的态度:凡是比我们强的,都应该成为学习的标杆。对标不仅要注重硬实力的对比,更要注重对比软实力;不仅要注意指标的量化比较,更要比较蕴藏在指标背后的理念、方法、组织流程等的差距。要把标杆作为管理实践中的参照系,通过对标传导市场竞争的压力,促进企业发现短板、消除瓶颈,持续提高经营绩效。

二、进一步强化基础管理,苦练内功,夯实发展基础

基础管理是企业各项经营管理活动的共性内容和重要支撑,是企业的基本功,也是衡量企业管理水平的重要标志。没有扎实有效的基础管理,企业的各项管理不仅难于规范,也很容易流于形式。我们大多数企业并不缺制度,缺的是严格高效的执行。从严治企强调企业内部要形成纪律严明、政令畅通、管理有序、协调高效的运转机制,体现了管理的科学性的特征,也是企业管理最基本的要求。与世界一流企业相比,中央企业在基础管理方面还有很大的提升空间,必须苦练内功,固本培元,不断增强企业内在素质,夯实发展基础。

三、进一步深化改革、调整结构,为提升管理提供动力保障和良好基础

一流的管理是建立在先进科学的机制之上的,没有先进的经营机制,就不可能有一流的管理。深化改革和加强管理是有机结合、相辅相成的,企业改革的主要对象,往往是那些不适应市场经济要求,有碍经济发展的传统观念和管理制度,改革的成果又最终体现在建立一系列新的管理制度上。因此,深化改革是企业活力的源泉,是加强管理的体制保障和环境基础。而强化管理,可以保证转换经营机制顺利进行,使改革的成果得以巩固和发展。在这次全国企业管理现代化成果中,中国中化集团拓展并整合事业领域,成功实现向产业服务型跨国企业集团转型;中粮集团有限公司主动向产业链上下游延伸、贯通,彻底改变产业链各环节小而散面貌,实现业务的一体化整合案例等,都是深化改革调整,整合资源推动企业转型升级的典型。

四、进一步健全风险体系,消除隐患,防范经营风险

风险管理的本质就是"安而不忘危,治而不忘乱"。近年来,在国资委的高度重视和推动下,中央企业风险管理水平有了明显的提升,但与世界一流企业相比,在风险管理思想观念、方式方法、体系建设、信息化和人才队伍等方面还存在一定差距。当前国际国内形势非常复杂,新情况、新问题、新矛盾不断出现,复杂的经济形势必然给企业带来巨大的经营风险,必须要有高度的风险意识,进一步加强对未来中长期所面临风险的全局性、趋势性研判,准确定位风险管理工作的方向和重点,认真梳理经营管理活动中的薄弱环节和潜在风险点,及时消除可能造成的重大隐患,抓住重点,突出创新,实现风险管理的整体提升。

五、进一步加快信息化建设,提升管理现代化水平

信息技术的应用已渗透到企业价值链的各个环节,不仅成为企业活动中必不可少的要素,而且成为提升企业管理、实现管理现代化的有效平台。以信息化提升工业化,以工业化推动信息化,走新型工业化道路,是企业做强做优的必由之路。中国石油天然气集团公司通过信息技术带动传统产业发展,实现了企业信息化从独立分散向集中统一的跨越式转变,使信息化成为企业经营、研发和管理工作的基础;中航工业西安飞行自动控制研究所协同推进信息化建设与流程再造、组织变革、管理方法变革、供应链管理,使信息化渗透到管理运营各个环节,这些经验都非常值得大家借鉴。企业尤其是中央企业要以深度融合和深化应用为重点,以确保信息安全为保障,全面提高信息化水平,要高度重视信息技术对提升企业技术能力和管理效率的重要作用,充分利用信息化手段实现企业管理和各项工作效率的飞跃式提升,改变企业各项工作的基础和面貌,使企业管理活动达到当今世界一流现代化发展水平。

女士们,先生们,2012年,是中国经济和企业实现转型发展的重要时期,昨天,国务院国资委召开了动员会,在中央企业全面启动了管理提升活动,力争用2年时间,通过全面开展管理提升活动,加快推进中央企业管理方式由粗放型向集约化、精细化转变,为做强做优、培育具有国际竞争力的世界一流企业奠定坚实的管理基础。这项工作也希望大家给予支持和关注。

(在2012年全国企业管理创新大会上的讲话)

在 2012 年全国企业管理创新大会上的讲话

工业和信息化部党组成员、总工程师
全国企业管理现代化创新成果审定委员会主任　朱宏任

朱宏任

一、促进工业转型升级是"十二五"时期工业和信息化发展的重要任务

经过多年快速发展，我国已成为世界工业大国，工业种类齐全，制造业规模全球第一，形成了世界规模最大的信息通信网络，信息技术创新取得突破，信息化水平全面提升。但我国工业大而不强，增长方式粗放，结构不合理，创新能力不强，管理水平有待提升，信息化应用领域尚需进一步加深和拓展。

前不久国务院印发了《工业转型升级规划（2012—2015年）》，对"十二五"工业转型升级进行了全面部署。总的思想是，坚持走中国特色新型工业化道路，按照构建现代产业体系的本质要求，以科学发展为主题，以加快转变经济发展方式为主线，以改革开放为动力，着力提升自主创新能力，推进信息化与工业化深度融合，改造提升传统产业，培育壮大战略性新兴产业，加快发展生产性服务业，全面优化基础结构、组织结构、布局结构和行业结构。把工业发展建立在创新驱动、集约高效、环境友好、惠及民生、内生增长的基础上，不断增强工业核心竞争能力和可持续发展能力，为建设工业强国和全面建成小康社会打下更加坚实的基础。

下面我就工信部今年主抓的几项工作向大家做一介绍。

（一）增强自主创新能力，提升核心竞争力

加快建立和完善以企业为主体的技术创新体系，加强产业技术开发平台、行业重点实验室和技术创新示范企业建设，组织开展行业关键和共性技术开发。实施知识产权战略，推动建立适应产业发展需要的工业技术标准体系，加大技术改造投入力度，围绕品种、质量、节能降耗、淘汰落后、两化融合、安全生产等重点领域，加快对传统产业的改造升级。

（二）加大节能减排、淘汰落后产能工作力度，促进工业绿色低碳发展

组织实施工业能效提升计划，开展重点行业能耗对标达标、能源审计和能源清洁度检测活动。积极推进企业清洁生产和资源循环利用，加强工业废物综合利用，支持汽车、工程机械、机床、家电再制造等行业发展，积极推广高能效、低碳减排技术。完善落后产能界定标准，强化安全、环保、能耗、质量、土地等指标约束作用，完善落后产能退出机制。

（三）积极推进企业兼并重组，促进企业做强做大

以汽车、钢铁、水泥、电解铝、稀土、医药等行业为重点,充分发挥市场机制作用,推动优势企业强强联合,跨地区兼并重组,境外并购和投资合作。形成一批主业突出,技术领先,管理卓越,社会责任意识强,具有国际竞争优势的大企业、大集团。清理限制跨地区兼并重组的规定,理顺地区间利益分配关系,加快建设企业兼并重组公共信息服务平台,推动完善促进企业兼并重组的政策体系。

(四)进一步改善环境,促进中小企业走"专精特新"发展道路

继续实施中小企业成长工程,组织开展"中小企业服务年"活动,以支持创新型、劳动密集型、创业型中小企业,特别是小型、微型企业为重点,进一步完善和落实扶持政策,引导和支持中小企业专业化发展,支持成长性中小企业做精做优,引导中小企业与大型企业密切合作,培育一批"配套专家",提高协作配套的水平。

(五)实施质量和品牌战略,加强企业家队伍建设,全面增强企业竞争力

大力实施质量和品牌振兴战略,推进质量对标、质量兴企、质量兴业活动,积极培育名牌产品,塑造我国工业产品质量新形象,促进产品国际品牌化,鼓励有实力的企业收购国外品牌。加强企业管理,推动实施企业经营管理人才素质提升工程和中小企业银河培训工程,培养造就一批具有全球战略眼光、管理创新能力和社会责任感的优秀企业家和高水平的企业经营管理者队伍。

(六)推动信息技术深度应用,促进信息化和工业化深度融合

以改造提升传统制造业为重点,推进信息通信技术深度应用,提高产业核心竞争力,促进节能减排和安全生产。紧密结合培育战略性新兴产业,利用信息技术推动装备制造、产品和服务向高端发展,形成工业转型升级的重要牵引。加快制造业拓展服务新业态的步伐,充分发挥新一代信息通信技术的作用,加快发展电子商务和现代物流,推动生产性服务业发展,以融合发展的需求为引导,加快发展信息通信产业,提升产业支撑和服务水平。

二、加强企业管理和管理创新是促进工业转型升级的迫切需要

加强企业管理和管理创新是提高企业自主创新能力和建设创新型国家的重要内容,是促进工业转型升级和转变发展方式的迫切需要,有利于提高我国经济发展的质量和效益,增强我国经济的国际竞争力和抗风险能力,在互联网等高新技术快速发展的今天,更需要进一步强调:

(一)高度重视企业管理和管理创新

目前有不少企业只注重技术,而不重视管理,很难想象,管理落后的企业会持续开发出先进的技术,没有管理保障的技术也是没有生命力的,技术创新能否给企业带来预期的效果,在很大程度上取决于能否有相应的管理体系与之相协同。必须把管理和技术放到同等重要的位置上,两轮驱动,缺一不可,像重视技术创新一样重视管理创新。加强管理和管理创新,为技术创新在体制、战略、组织、领导、环境、运作、资源配置等方面提供有效的保证。

(二)充分发挥企业家的引领带领作用

企业家是管理创新活动的引领者、组织者和关键推动者,任何一项管理创新如果没有企业家的参与也是难以得到成功应用的,而互联网时代的企业家,一是要富有创新精

神,二是要塑造创新机制和文化,三是要不断地实施创新。

(三)深入推动管理与信息化的融合

管理信息化是两化融合的重要内容,企业要高度重视管理信息化工作,大力推动信息技术在企业管理中的应用,转变企业生产方式、经营方式、业务流程和组织方式,提高企业效率和效益,推进企业质量、计划、财务、设备、生产、营销、供应链、人力资源、安全等环节为重点的企业管理信息化,加强系统整合与业务协同。

三、互联网正在引领管理创新进入新阶段

此次大会以互联网时代的管理创新为主题,不仅符合两化深度融合的需要,而且有助于企业家们从新视角审视推动管理水平的提升。

(一)互联网对经济发展方式转变的影响日益突出和显著

一是互联网日渐成为经济社会发展的战略性基础设施,据有关部门统计,中国互联网用户已经超过了5亿,这一数字甚至超过了欧洲的人口总数,伴随着与软件、通信、计算机等信息通信技术的协同创新,以及电信网、互联网等网络基础设施的融合发展,互联网已经渗透到经济社会的各个领域,日益成为信息传播、知识扩散、经济运行的新载体,成为生产建设、经济贸易、科技创新、公共服务、生产娱乐的新平台。二是互联网已成为推动生产方式变革的重要力量。互联网推动了全球范围的信息、资本、人才流动,加快了新的制造业分工体系的形成,促进了网络制造、柔性制造、服务型制造等新生产方式的不断涌现,催生了以电子商务为代表的新交易模式。三是新一代通信技术已经成为战略性新兴产业的重要组成。互联网产业化步伐不断加快,推动产业边界不断交融,催生新兴产业,衍生新的业态,电子商务、现代物流、网络金融、软件和服务外包等生产性服务业持续保持高速增长,数字音乐、网络出版、在线游戏、手机媒体等数字内容产业迅猛成长。

(二)我国企业管理信息化经历了起步探索、规模应用之后,正在步入深化应用的新阶段

一是部分行业已经涌现出一批在管理信息化领域全球领先的本土企业,实现了研发、生产与经营管理系统的有机融合,建立了高效协同的供应链体系,构建了新型的管理模式和组织架构。二是多数行业的骨干企业开始步入管理信息化与生产工艺流程融合的新阶段,正在由粗放管理向精细管理转变,完成了财务管理、生产调度、采购销售等方面的管理信息化,开始步入系统整合、业务集成、管理创新、流程优化等新阶段。三是中小企业管理信息化整体上处于起步阶段。信息化已经成为许多中小企业提升经营能力、开拓市场、降低成本、提高效益的重要手段。

(三)把握互联网快速发展的新机遇,认真学习,积极实践,不断创造新的管理理念、管理思想和管理理论

一是借助互联网的发展推动管理理念创新。管理信息化是实现管理创新的重要手段,随着互联网在企业研发、生产、营销、配送等各个环节的广泛应用,互联网与管理软件交互融合,企业应大胆应用即时生产管理、业务流程再造、协同供应链管理、全生命周期管理等基于互联网应用的全新管理手段,促进企业管理方式实现从生产过程自动化到集成信息系统、决策支持、再到企业运作模式和组织结构的飞跃。二是借助互联网的普及,推动管理效率的提升。各类型企业都应争取通过构建协同研发,建立产品全生命周期管

理体系,提高研发效率,增强研发能力;通过建立以个性化需求为导向,多产品混线生产为特征的柔性制造管理体系,提高市场响应速度和个性化服务水平,通过提升企业上下游精益供应链管理水平,提高生产效率,降低运营成本。三是借助互联网的应用,催生新的管理模式。随着互联网的发展,大企业可以考虑把财务管理、人力资源、客户关系、设备维护等业务委托给第三方管理,中小企业可以依托第三方专业化云计算平台,构建低成本、高效率、现代化的营销和生产体系,逐步实现企业内部组织结构的扁平化、部门管理的协同化、市场响应的高效化和决策过程的科学化。

同志们,中企联在深受尊敬并令人爱戴的忠禹会长、黔贵副会长等一批老领导的带领下,团结广大企业家开展了大量卓有成效的工作,特别是在企业管理与管理创新领域,矢志不渝,积极开拓,历经十八届而不辍,成效显著,更使我们认识到做好企业管理和管理创新工作使命光荣,责任重大,让我们携起手来共同推动我国企业管理创新工作取得新的突破,切实提高发展的质量和效益,为工业转型升级和国民经济持续、健康、快速发展做出新的更大贡献。

(在 2012 年全国企业管理创新大会上的讲话)

第十九届全国企业管理现代化创新成果主要特点

全国企业管理现代化创新成果审定委员会执行副主任　胡新欣

胡新欣

第十九届成果内容符合党和国家对经济发展的指导精神，紧扣当前企业发展中的重点、热点、难点问题，全面反映了我国企业各项管理工作的新进展，代表了我国企业管理的先进水平和发展趋势，体现了2012年初全国审委会提出的申报重点。本届成果涉及了当前企业管理的各主要领域，突出反映了企业经营管理的科学性、先进性和时代性特征，其主要特点可以概括为以下八个方面：

一、积极实施"走出去"战略

企业积极"走出去"既是深入贯彻党和国家"走出去"战略的重要组成部分，也是企业主动迎接经济全球化挑战，打造具有国际竞争能力世界级企业的必然选择。本届一些成果从投资与经营、合规管理和工程承包等角度诠释如何成功实施"走出去"战略。

海外投资与经营是"走出去"的主要形式，其难度大、风险高。企业必须站在全球视角循序渐进推进。中国石油天然气股份有限公司海外勘探开发分公司以保障国家能源安全、促进中国石油建设"综合性国际能源公司"为使命，坚持"全球化思维、专业化管理、差异化策略、项目化经营、一体化运作、本地化立足"方针，确立"走出去"、"走进去"到"走上去"的实施路径，用不到20年时间，走过了西方大石油公司用半个世纪乃至更长时间走完的路程。

合规管理和境外风险管控是成功实施走出战略的前提和基础。中国海洋石油有限公司整合原有合规管理制度，构建覆盖海外业务模块、直达海外业务各环节的合规管理体系，以满足国际、国家、作业所在国、资本市场等各方面法律法规监管需求。中国华能集团瑞丽江一级水电有限公司通过实物投资法等一系列措施最大限度降低和规避境外投资风险。

工程总承包具有协作单位多、劳务需求量大等特点，这类企业"走出去"对相关企业走出去和劳务输出的带动作用巨大。中国中材国际工程股份有限公司在实施走出去战略中采取基于全产业链能力的总承包业务模式，带动了国内通用设备、钢材、土建工程类企业同时走出去和大量劳务输出。

二、加强企业人才的培养、评价和考核

人才是企业发展的根本，是提升核心竞争力的关键因素。做好人才的培养、评价和考核是人才管理的核心工作。

人才培养要尊重人才成长规律，培养方法要科学。中国航天科技集团公司将航天科技人才分成骨干、专才、将才、帅才和大家五个层次，针对每个层次的人才实施针对性的培养方案，使得每位科技人才既有施展才能的舞台，又有清晰的成长目标，从而激发了每位科技人才的工作激情和巨大的创造力，推动了我国航天事业的飞速发展。中国直升机设计研究所构建适合一流技术专家发展的通道，并通过尖端技术项目研究、国际技术合作和接班人培养相结合方式全面培养技术专家。北方联合电力有限责任公司海勃湾发电厂通过实战练兵、岗位流动、技术技能竞赛等多种方式培养高技能人才。

人才评价是人才管理的基础性工作，只有客观的评价，才能找到努力的方向。上海大众汽车有限公司借鉴关键绩效指标法（KPI）、平衡计分卡（BSC）和360度全方位考评法的做法，结合德国大众的九宫格考评体系，建立了科学合理的量化评价体系，对知识型员工的工作表现、能力素质、工作态度等进行评价，在此基础上以部门所需求的核心能力为方向，以员工现在的能级为基础，建立和实施个性化的能级提升方案，实现员工个体能级和部门核心能力同步提升的目的。

考核是激励的基础，是激发员工创造性、促进员工成长的重要手段。山东华鲁恒升集团有限公司以"以岗职位说明书为标准的工作超值激励管理"和"以目标引导为主线的绩效预期管理"为手段，通过构建涵盖测量系统、要素及指标系统、结果应用系统、流程管理系统等在内的履职绩效量化考核管理体系和"5＋1"履职绩效量化考核模型，开展绩效测量和考核，并运用考核结果进行动态激励，推动员工与企业的共同发展。

三、实施优势互补、合作共赢的协同管理

在日益开放的今天，单兵作战很难取得成功。企业间、企业内部必须相互协作。如何实施优势互补、合作共赢的协同管理成为决定企业成败的关键因素。本届协同管理方面的经验可以概括为三类：全方位协同、企业内协同、企业间协作。

全方位协同管理通常是一种多层次的协同管理体系，既有企业与企业之间协作，也有企业内部协同。中广核工程有限公司为了实现"打造国际一流核电 AE 公司"的战略目标，构建了一个覆盖全产业链的四层次协同管理体系：第一层次是企业内部价值链的协作和项目群的协同，第二层次是建立工程公司与上下游企业之间的产业链协同创新体系，第三层次是围绕产品创新建立与产业链内企业、业主、政府、高等院校、研究机构等相关方共同参与的外围协同体系，第四层次是使中国核电元素融入全球核电产业供应体系的国际协同体系。

西气东输工程是当时世界上规模最大的单项管道工程，参建队伍近400家，运营阶段劳务承包商30余家，设备供应商近200家，销售与分输用户达194家，协同管理难度极大。为此，承担建设与运营的中国石油天然气股份有限公司西气东输管道分公司树立"开放包容、协同创新、安全和谐"的核心理念，创建扁平化、开放式组织管理模式，建立以西气东输为主体的"1＋N"协同式技术创新体系，加快世界级技术难题的解决与集成应用，形成技术进步与管理创新的良性互动。

企业内部协同往往是企业内各成员单位在统一平台下进行资源共享、协力合作，从而形成合力。中国化工集团公司所属生产经营企业100多家，营销网络体系覆盖140多个国家和地区，如何通过协同管理发挥整体优势尤为迫切。为此，该企业建立了全集团统一的协同管理平台,使企业各职能部门和各级企业围绕集团整体利益最大化的目标,上下联动、相互协作、良性互动,从而提升资源配置能力,发挥集团协同效应。上海电气电站集团按照集团发展战略的要求,突破原来集团所属各工厂的组织边界、资源配置边界、部门边界和专业边界,建设产业协同平台,实现企业所属各单位资源的共享和优化配置。

企业间协作建立在彼此业务优势互补基础上,目标是合作共赢。本届这方面的成果分为三种类型。一是集团将各业务板块分拆成独立的子公司,各子公司在集团统一协调下协作。如吉林省邮政公司与吉林省邮储分行、邮政速递物流公司共举"大邮政"一面大旗,业务上通力合作。二是从集团剥离出来的辅业组成独立市场主体后,依靠自身能力承担原集团的业务外包工作,如本溪钢铁(集团)建设有限责任公司包装分公司转型为服务主线厂的劳务型协力企业。三是相对独立的企业间完全基于业务互补性的协作,如北京铁路局塘沽站积极与港口开展互利共赢的运输合作。

四、强化产品开发与技术创新能力建设

开发出优秀的产品有时可以成就一家卓越的企业,如Iphone的成功奠定了苹果的历史地位。晨光生物科技集团股份有限公司原是一家比较困难的县办五金厂,在接收破产企业河南町镇色素厂后,集中力量先后开发了辣椒红色素和其他80多种生物产品,成为世界最大的辣椒红色素生产供应商。中国航天科工防御技术研究院充分发挥军工企业原有技术优势、组织优势和管理优势,整合多个行业、多个科研院所和集团公司的上千名科技人才,成功开发出技术含量高、可靠性高的大型安保技术系统,为2008年北京奥运会、2009年国庆60周年庆典活动、2010年上海世博会和广州亚运会、2011年深圳大运会提供了安全保障。

打造强大的技术创新能力是开发优秀产品的基础。常熟开关制造有限公司树立"精品立足、高端制胜"理念,把技术创新能力建设当成企业的生命线,坚持技术员工占总员工50%、直接从事研发的员工占技术员工50%的两个50%底线,建立包括各类技术研发平台、知识产权保护体系、标准化体系、人才培养体系、产学研战略合作关系在内的技术创新体系,从而使其成为国内同行业技术领军企业。浙江吉利汽车研究院有限公司将十几年的技术创新经验和核心知识全都沉淀到知识管理系统中,并通过新型研发模式最大限度的发挥这些知识的作用。该企业凭借强大的技术创新能力,只用了1900人就完成了国内外汽车企业一般需要上万人的研发队伍才能完成的200多款产品的研发任务。中国航天科工集团第三总体设计部运用专业技术对标分析和梳理出10个重点发展的核心技术方向,并通过实施核心技术战略研究、专业技术推进工程等提升核心技术创新能力。中国兵器工业集团第二〇二研究所将火炮技术群对应划分为主干技术、枝干技术、枝技术、叶技术、根技术,形成技术创新树。

五、通过对标、强化基础、标准化建设等提升整体管理水平

企业管理是项系统工程,每个环节、部分出现短板都会影响整体管理水平。通过对标能发现短板、采取对策;通过标准化建设,能将凌乱的活动统一化。

对标是将自己的指标与他人指标进行对比查找短板。按照对标对象的不同分为外部对标和内部对标两种。中国移动通信集团公司国际对标工作分为争创世界一流、做世界一流、铸就国际领先三个阶段，并将本企业运营管理各个方面的结果指标和过程指标，与世界一流通信企业持续进行对照分析，从而寻找差距、改进提高、推进企业战略高效实施。国家电网公司在内部各下属企业、各业务单元之间深入开展同业对标管理活动，即构建对标指标体系，搭建多层级、多类别对标平台，建立指标定期分析和专项分析制度，深入挖掘指标背后的管理短板和薄弱环节，建立健全典型经验申报、评审和发布机制，揭示标杆企业之所以成功的关键要素。通过这种短板查找、优势推广的对标管理方式，国家电网公司战略执行力、整体管理水平都得以大幅提升。同级审计是通过对自身活动进行系统诊断查找短板的方式。武汉钢铁（集团）公司率先开展以揭示并解决系统性、体制性、机制性问题为重点，以重点环节、关键流程为主要对象的同级审计，即针对集团公司各职能部门、各业务板块所负责的各条块工作开展系统性诊断工作，挖掘各块工作内部及各工作节点存在的问题，并会同企业内外专业人士提出改进性意见。

基础不牢，地动山摇。离开了扎实的基础管理，企业就缺少了生存和发展的根基，更谈不上现代化管理。班组是企业的最基础组织，班组管理是企业基础管理的重要组成部分。中国平煤神马能源化工集团有限责任公司将白国周同志在井下工作二十几年安全生产实践经验总结为白国周班组管理法，并概括为"三勤、三细、三到位、三不少、三必谈、三提高"。该方法由张德江同志亲自批示命名，并在全国煤矿系统学习推广。

企业引入标准体系是要提升整体管理水平，但标准体系引入较多后又出现标准混乱，降低了整体管理水平。重庆长安汽车股份有限公司针对企业多套管理体系并存、制度规范散乱、知识和能力得不到持续积累和提升等问题，通过明晰企业管理一体化标准、优化管理流程、串联和统一管理要素等一系列措施，建立起一套统一的、可积累的标准化管理体系，并通过"管理审计"和种子工程等持续提升管理水平。

六、开拓新业务和打造自主品牌

新业务开拓是企业在对市场环境和自身能力分析基础上，推出满足市场新需求的产品和服务。新业务开拓可以满足市场需求，甚至创造市场需求。

深圳巴士集团股份有限公司看到传统能源供需日益紧张的发展趋势和新能源良好的市场发展前景，在积极争取国家、省、市相关政策支持基础上，整合包括上游汽车制造商、动力电池等关键零部件制造商、充电运营服务商、金融机构等在内的社会资源，探索出以"融资租赁、车电分离、充维外包"为核心的新能源汽车推广机制，并以信息化、智能化为手段，探索新能源公交车精益管理模式，实现了新能源公交车辆规模化应用和高效运营。

中国联合网络通信有限公司北京市分公司看准医院挂号难、农村特色产业丰富但信息化水平不高等问题带来的市场机遇，同时利用国家关注医疗、农村事业的政策机遇，开发了北京医疗系统预约挂号平台、"联通新农村"综合信息服务平台等并成功开拓了新市场；利用自身信息化优势成功开发并开拓了高效安全的政务信息化平台、支持各类移动终端实现对政企内部信息应用系统进行访问的信息化平台。这些新业务的开拓不仅开辟了北京联通的新利润增长点，还进一步提升了联通的品牌价值。

品牌是企业和产品的核心价值体现，是企业最宝贵的无形资产。培育并维护自主品牌是企业在激烈的市场中脱颖而出的关键。浙江奥康鞋业股份有限公司基于对消费市场充分调研和认识的基础之上,从社交、个人、内向放松和外在表现四个维度对各品牌实行差异化定位,对各产品实行针对性营销策略,在激烈的市场竞争中脱颖而出,使奥康品牌价值成功位居中国鞋业品牌第一位。中国石油天然气股份有限公司润滑油分公司强化自主品牌建设,中国十九冶集团有限公司打造了"西部铁军"的品牌,乌鲁木齐铁路局以用户评价为基础持续提升品牌形象,南昌铁路局建立了"井冈山号"列车服务品牌等。

七、加强集中采购和集团管控

物资采购因与生产进度、产品质量、企业成本直接相关而备受企业重视,大型企业集团因采购数量大、品种繁多、风险高更加重视采购管理。推行集中统一的采购管理成为大型企业集团的一大趋势。中国石油化工集团公司每年生产建设物资采购量近3000亿元,采购物资品种177万个,各类生产建设物资网络供应商17000多家。为了做好采购管理,他们立足于整合资源、集合批量,以防控风险的供应商管理为重点,以公开透明的电子化采购为手段,实施高度集中统一的采购管理变革,每年节约采购资金100多亿元,采购成本占主营业务成本的比例从2001年的22.9%下降到2011年的12.8%,同时有效防范了采购风险。

集团管控分为财务管控、战略管控和运营管控三种类型,实践中更多是三种管控同时运用,我们称为复合管控。江苏悦达集团有限公司按照"以核心业务为主、兼顾产权和规模"的标准,对下属单位采取不同的管控模式。对煤矿、有色金属、地产、汽车及其零部件等规模较大的核心业务实施战略管控,并根据其所处发展周期的不同而有选择性地采取战略控制型管控和战略指导型管控;对公路、旅游、贸易等规模较小的非核心业务实施财务管控,强化监控,提高资产价值;对新能源、新材料等处于培育发展期的新兴产业则采取运营管控,提高盈利水平,实现规模扩张,增强抗风险能力。徐州工程机械集团有限公司通过全面预算管理体系实现集团战略管控,通过构建覆盖研、产、供、销、服全价值链的运营系统实现集团运营管控,通过建立九大经济循环流程实现集团大财务管控。本钢集团有限公司创造以集团战略为导向,构建战略管控和财务管控相结合的管控模式。云南铜业(集团)有限公司按照"科学约束、有效管控与充分调动自主性"并重的原则建立了战略管控体系。

八、通过资源整合与供应链优化推动企业转型升级

转型升级是当前我国企业面临的普遍性问题。如何转型也自然成为众多企业思考的重点。转型升级的内容很丰富,方式也很多。资源整合与供应链优化是转型升级的很好方式。

资源整合对象包括企业内外的业务资源、管理资源和物质资源等。吉林东光集团有限公司抓住我国汽车工业高速发展的战略机遇期,紧紧围绕核心业务对外有选择的开展并购重组,扩大核心业务领域和经营规模;对内开展全方位整合管理,提升整体管理水平。通过这种"对外并购、对内整合"两条腿走路,实现企业发展规模和经营效益的同步提高。山西焦煤集团有限责任公司通过实物资产投资、股权投资和国有划拨等方式积极稳妥地对划定区域的小煤矿进行重组,并从资源、资金、资产、技术、管理、人才等方面进行优化整合,为企业做大做强和可持续发展提供了强有力的支撑。

供应链优化是以原有业务为基础,整合优化上下游资源。中海石油气电集团有限责任公司在巩固壮大原有 LNG 贸易业务基础上，依托产业链龙头企业优势主动介入上下游业务，打造包括勘探、开发、液化、贸易、运输、供应、配送和销售各环节的全产业链管理模式。杭州制氧机集团有限公司作为国内最大的空分设备研发、设计、制造企业，充分发挥在空分设备领域的技术优势、市场优势，向上游拓展气体投资业务，向下游开拓空分工程成套服务，形成上下游完整的空分产业链，实现从单一的空分设备制造企业向空分领域服务型制造企业转型。中国吉林森林工业集团有限责任从以木材生产为主向以生态建设和综合开发利用林区多种资源为主转变，将育林与开采、开发相结合，统筹开发林木、林地、林景资源。中国联合水泥集团有限公司围绕水泥主业丰富产品组合，为客户提供方便、可靠的一站式服务。

　　以上 8 条是本届成果的主要特点，除此之外，本届成果内容还包括经营机制创新、应急管理、精益生产、信息化建设、企业文化、风险管理等，如新兴际华集团有限公司在原有 3 级企业法人基础上，进一步延伸到分厂、车间、工段、班组和岗位，组建多层级模拟法人，建立了纵向到底的内部市场经营机制；四川省电力公司、山东电力集团公司把保证电力安全运行和可靠供应作为电力安全生产的中心任务，精心设计包括管理体系、救援服务体系、培训体系、研究咨询体系的完整应急体系，建设专业化的应急队伍、物资、装备，创新应急救援协作机制。

关于发布和推广第十九届全国企业管理现代化创新成果的通知

国管审【2012】 3号

各省、自治区、直辖市、计划单列市国资委、工业和信息化主管部门、中小企业主管部门、企业联合会,全国性行业协会,中央企业和中国500强企业,各成果创造单位:

为推进企业提升发展质量和效益,强化创新驱动,提高管理现代化水平,自2012年4月以来,由中国企业联合会、国务院国资委企业改革局、工业和信息化部产业政策司和中小企业司共同主办,全国企业管理现代化创新成果审定委员会(简称全国审委会)负责组织,开展了第十九届全国企业管理现代化创新成果的申报、推荐与审定工作。到9月底,共收到并受理企业申报成果441项。经过组织政府部门、高等院校、科研机构、企业团体有关专家初审、预审,在媒体进行公示,并由全国审委会会议终审,有197项成果被审定为"国家级企业管理现代化创新成果",其中一等30项、二等167项,现予公布(名单详见附件)。

第十九届全国企业管理现代化创新成果涉及了企业管理的各个主要领域,反映了我国企业深化改革、创新管理所取得的最新成就,体现了当前企业管理现代化发展趋势。本届成果主要内容包括:践行"走出去"战略、强化人才队伍建设、开展协同管理、提升技术创新能力、实施对标管理、开拓新业务、打造自主品牌、加强集团管控、加快转型升级等。

本届成果不仅创造了显著的经济效益、社会效益和生态效益,也提高了企业整体管理水平和市场竞争能力,并为其他企业提供了成功经验,为开展企业管理科学研究与教学提供了现实案例。全国审委会近期内将把本届成果汇编出版,以提供给广大企业和社会各界学习借鉴。现就本届成果奖励和宣传推广工作,提出以下意见:

一、按照国务院国有资产监督管理委员会《关于进一步组织做好全国企业管理现代化创新成果有关工作的通知》(国资改革函[2003]62号)、国家发展和改革委员会《关于组织中小企业参加全国企业管理现代化创新成果推荐申报工作的通知》要求,参照《国家科学技术奖励条例》(国务院2003年第396号令)和《国家科学技术奖励条例实施细则》(科学技术部1999年第1号令),结合各地区、各部门及企业制订的奖励办法,对成果的创造者给予适当奖励。落实有关中小企业扶持政策和具体项目时,对获得国家级企业管理现代化创新成果的单位予以优先安排,以促进中小企业不断提升管理创新能力。

二、拟于2013年3月底召开"全国企业管理创新大会",组织成果交流与研讨,表彰成果创造单位和创造人,并颁发国家级企业管理现代化创新成果单位证牌和个人证书。时间、地点另行通知。

三、全国企业管理现代化创新成果审定和推广活动的主办单位拟与各推荐单位和成果创造企业合作,围绕当前企业改革与管理面临的重点问题,组织开展专题性或区域性的成果交流会,加大典型经验的宣传推广,发挥成果的示范作用。

四、各地区国资委、工业和信息化主管部门、中小企业主管部门、企业联合会和全国性行业协会要深入贯彻落实党的十八大和中央经济工作会议精神,组织开展企业管理创新成果宣传和推广活动,全面推进企业不断提高管理现代化水平。

五、广大企业特别是成果创造企业和中央企业、中国500强企业,要结合成果审定和推广活动,加强相互交流和学习借鉴,使企业发展更多依靠科技进步、劳动者素质提高、管理创新驱动,不断增强内生活力和市场竞争力。

附件:第十九届国家级企业管理现代化创新成果名单

全国企业管理现代化创新成果审定委员会
2012 年 12 月 22 日

附件

第十九届国家级企业管理现代化创新成果名单

等级	成果名称	申报单位	主要创造人	参与创造人
一等	践行"走出去"战略的大型石油企业海外投资与运营管理	中国石油天然气股份有限公司海外勘探开发分公司	薄启亮 王仲才	张品先、贾勇、郑炯、陆如泉、陈龙、武军利、赵林、肖岚、熊杰、朱颖超
一等	基于人才成长规律的科技队伍建设	中国航天科技集团公司	马兴瑞 雷凡培	陈学钏、白燕强、于宁、李君、冯胜平、赵晶、王艺妮、樊召锋
一等	民营生物科技企业的创业管理	晨光生物科技集团股份有限公司	卢庆国 刘英山	李凤飞、连运河、陈运霞、暴海军、韩文杰、刘东明、周静、袁志、张俊强、童玉海
一等	建设世界一流通信企业的国际对标管理	中国移动通信集团公司	李跃 王红梅	赵亮、王浩、李炯、宋镇亮、文雪莲、潘文彬、胡梅、于振华、付新春、陈立杰
一等	中外合资汽车企业知识型员工能级管理	上海大众汽车有限公司	张海亮	周屹、宋伟良、李小军、张宇、殷懿旻、胡怡敏、张宏成、黄兴彩
一等	大型石化企业集团物资采购管理变革	中国石油化工集团公司	蔡希有	蒋振盈、唐永合、李静、邵万钦、李志浩、檀大水、李晓、范晓骏、彭志明
一等	以打造国际一流核电AE公司为目标的协同管理	中广核工程有限公司	束国刚 夏林泉	郑东山、张启波、田青、上官斌、李靖、沈鸿钧、赵建光、廖蓉国
一等	以战略为导向的大型电网企业内部对标管理	国家电网公司	刘振亚	赵庆波、王益民、王宏军、张蒲转、王子建、王健、崔炜

等级	成果名称	申报单位	主要创造人	参与创造人
一等	非相关多元化企业集团复合管控体系建设	江苏悦达集团有限公司	陈云华 邵勇	潘万渠、马勇、祁广亚、杨玉晴、王咏柳、马秀华
一等	多层级模拟法人经营机制构建与运行	新兴际华集团有限公司	刘明忠 张同波	沙鸣、郭士进、姜国钧、孟福利、马利杰、李宝赞、左亚涛、曾耀赣、李成章、张秋敏
一等	城市公交企业新能源汽车推广与运营管理	深圳巴士集团股份有限公司	李永生 何斌	周志成、桂天骄、漆维伟、雷玉斌、黄艺、高波、张龙文、马丽
一等	基于纵向一体化战略的液化天然气产业链延伸与管理	中海石油气电集团有限责任公司	吴振芳 王家祥	罗伟中、邱健勇、唐令力、王建文、蔡宪和、陈红盛、付子航、裴容、张丹、秦锋
一等	实行军民融合的大型安保技术系统开发管理	中国航天科工防御技术研究院	全春来 时旸	敖刚、钟山、周翔、袁茵、张世溪、王坚、田培森、贺中、徐晓蔚、黄亿兵
一等	空分设备制造企业转型升级战略的实施	杭州制氧机集团有限公司	蒋明	毛绍融、徐建军、陈康远、邱秋荣、许迪、葛前进、臧建东、吴巧仙、郑德枢、王春
一等	以煤矿现场安全管控为核心的白国周班组管理法	中国平煤神马能源化工集团有限责任公司	白国周 梁铁山	陈建生、杨建国、倪政新、周民路、雷鸿聚、肖成胜、李保林、梁志山、乔明翰、刘少华
一等	大型制造企业战略性整合与管理	吉林东光集团有限公司	于中赤	张文涛、张国军、冯继平、姬剑锷、赵德良、李德生、张宪宝、张金娇、吴英琦
一等	提升管控能力的协同管理平台建设	中国化工集团公司	任建新	杨兴强、罗斯·麦克勒斯特、周方、任国琦、郭琼
一等	民营汽车企业提升研发能力的知识管理体系建设	浙江吉利汽车研究院有限公司	赵福全	吴成明、刘宗巍、赵熙、张伟辉、王明锦、尹腾辉、梁帆

等级	成果名称	申报单位	主要创造人	参与创造人
一等	天然气长输管道复杂工程建设与运营管理	中国石油天然气股份有限公司西气东输管道分公司	黄维和	黄泽俊、吴宏、杨庆朝、李世泉、么惠全、高顺华、房维龙、吕铁、茆长华、史玉海
一等	低压电器制造企业提升核心竞争能力的技术创新管理	常熟开关制造有限公司（原常熟开关厂）	唐春潮	王春华、管瑞良、潘振克、王卫成、王炯华、俞晓峰、刘洪武、王云峰、殷建强、王永强
一等	基础建材工业企业转型升级战略的实施	中国联合水泥集团有限公司	崔星太 张金栋	杨振军、任振河、冯耀银、刘彬、谢莉、庄春来、罗振华、袁亮国、张小虎、孙浩然
一等	实现员工与企业共同发展的履职绩效量化考核管理	山东华鲁恒升集团有限公司	董岩	刘俊胜、刘海军、刘立忠、梁俊鹏、戈洪刚
一等	大型钢铁企业同级审计管理	武汉钢铁（集团）公司	邓崎琳 吴声彪	刘立新、王雨莉、张俊杰、陈勇、蒋慧玲、江锋、张晓薇、黄兵、杨花萍、李建兵
一等	民营制鞋企业全方位品牌建设	浙江奥康鞋业股份有限公司	王振滔	赵树清、周威、章献忠、金苗苗
一等	提升整体效能的汽车企业标准化管理体系建设	重庆长安汽车股份有限公司	张宝林 马军	胡朝晖、张畅、汪仕刚、任喆、吴官洋、张金领、黄颖、向宇、彭相华、章浩
一等	基于经营魔方的管控体系建设	徐州工程机械集团有限公司	王民 吴江龙	赵成彦、魏兵、张启亮、许庆文、刘兴锋、罗旭东、程芳、金怡、金淑兰、袁鹏
一等	电网企业提升响应与保障能力的应急体系建设	四川省电力公司 山东电力集团公司	王抒祥 张方正	郑卫东、郭跃进、张建明、孙为民、徐厚东、王肃、邓创、许永刚、王圣伟、宋晓东
一等	大型森工企业可持续发展战略的实施	中国吉林森林工业集团有限责任公司	柏广新	夏丽娟、李建伟、宫喜福、石国新、张显成、张立群、姚世家、慕广学、李博

等级	成果名称	申报单位	主要创造人	参与创造人
一等	通信企业提升信息服务能力的新业务开拓与管理	中国联合网络通信有限公司北京市分公司	汪世昌 王学毅	刘守江、姜培华、郭建利、王素洁、杨 勇、王宝元、李 纯、赵 旭、武志聪、董舒翼
一等	大型煤炭企业区域资源的整合与重组	山西焦煤集团有限责任公司	金智新	高斌旗、李建胜、张树茂、李东刚、游 浩、王绍进、杨凤旺、王为民、杨文俊
二等	储运企业物流金融风险管理	中储发展股份有限公司	洪水坤 安保力	姜超峰、曹雪江、向 宏、谢景富、刘起正、高 岭、付旭东、牛海东、李勇昭、韩同林
二等	大型企业集团涉核保险统筹管理	中国核工业集团公司	孙又奇 崔建春	王世鑫、卢洪早、刘电文、赵 强、凌晓哲、程 磊、任中胜、王 蓓、赵 欣、王 巍
二等	快速消费品立体化营销网络的构建	杭州娃哈哈集团有限公司	宗庆后	刘智民
二等	构建和谐矿区的"两区改造"项目管理	大同煤矿集团有限责任公司	张有喜	郭金刚、刘 敬、王 宏、张忠义、于 斌、张存建、李永平、郭秀锦、李景中、郭小元
二等	润滑油企业自主品牌的创建	中国石油天然气股份有限公司润滑油分公司	廖国勤 宫伟军	罗贵儒、杨俊杰、赵坚东、王子坚、李晓东、孙树好、王喜安、代 军、赵正昌、高 路
二等	能源投资企业全面标准化管理体系建设	北京能源投资（集团）有限公司	陆海军 郭明星	孟玉明、唐鑫炳、王彦民、梅东升、张燕东、葛青峰、张 玫
二等	国有创业投资公司全面风险管理	中国高新投资集团公司	李宝林	汪亚杰、姜秉和、翟 军、沈 强
二等	基于战略管控的母子企业集团总部变革	中国兵器工业集团公司	徐东良 张建平	李新国、彭心国、黄立鹏、李云峰、赵 锋、吴 娜、于 洋、许 晋、韩东利、周一鹏

等级	成果名称	申报单位	主要创造人	参与创造人
二等	以新型作业平台为核心的精益生产管理	中国南车集团公司	赵小刚 郑昌泓	刘化龙、唐克林、张军、傅建国、詹艳景、陈大洋、楼齐良、苗永纯、阴明月光、闫卫华
二等	大型钢铁企业合并重组后的集团管控体系建设	本钢集团有限公司	张晓芳 张鹏	杨维、董事、周志刚、赵忠民、邵剑超、张永帅、赵伟、周辉、申强、范洪彬
二等	提高飞机自主研发能力的研制流程管理	中国航空工业集团公司成都飞机设计研究所	李文正 季晓光	蒲小勃、吕松堂、李沛、闫世强、张杰伟、陈裕兰、王武钦、申伯阁、刘益、周四磊
二等	施工企业完全责任成本管理	中铁十四局集团第三工程有限公司	田执祥 岳耀群	张海燕、栾昌和、刘美良、栾昌信、刘召清、黄瑞香、李敏、姜纲、杨西静、李勇
二等	大型油气田企业合同集成管理	大庆油田有限责任公司	王永春 王建新	梁哨辉、张晓燕、窦春辉、李海燕、徐庆红、石俭、宋宝成、马国良、张雍波、李世梅
二等	施工企业项目单元成本管理	中化二建集团有限公司	刘建亭	张永义、李满才、史佩、师海燕、邝维萍、刘晓亮、田勤、王坤
二等	基于电子商务平台的医药物流服务提供商建设	陕西医药控股集团派昂医药有限责任公司	翟日强 张冬民	冯杰、王辉、付强、蔡辉、单绘芳、白焱晖、王瑞卿、江雪婷
二等	大型军工集团知识产权管理体系建设	中国航空工业集团公司	张新国	魏金钟、陈刚、张魁清、郝建伟、杜永保、朱娜、吴艳、李淑敏、张艳萍、胡少婧
二等	实现可持续发展的火电企业节能改造管理	上海外高桥第三发电有限责任公司	冯伟忠 王利民	施敏、王立群、刘礼祯、潘峰、冯琛、赵恺、孙敦钢、朱耀庭、刘兴发、华洪
二等	以设计为中心的风电建设标准化管理	中国华能集团公司	宋志毅	王洪奎、晏新春、崔学明、何焱、丁坤、顾祥圻、李国胜

等级	成果名称	申报单位	主要创造人	参与创造人
二等	大型建材企业社会责任管理体系建设	中国建筑材料集团有限公司	张　健 金　玲	牛振华、梁　霄、卢　平、崔云龙、孙米扬、谭东杰、张　静、熊　然、林振森、吴　潇
二等	大型国有控股上市公司海外合规管理	中国海洋石油有限公司	杨　华 武广齐	张健伟、庞　建、王宇凡、张彦甫、王俊光、田　伟、翟晓晖、倪海磊、刘　璐、钟艳平
二等	新型飞机研制项目的数字化协同管理	成都飞机工业（集团）有限责任公司	王广亚 徐　斌	曾　强、帅朝林、郑林斌、梁俊俊、康　建、刘湘府、余志强、陈　嵩、黄　刚、徐　红
二等	以风险防控为中心的电网企业信息系统安全管理	江西省电力公司	殷　平 王国欢	马　勇、付萍萍、范金锋
二等	以打造综合性地区能源公司为目标的战略转型	中国石油天然气股份有限公司华北油田分公司	黄　刚 苏　俊	胡　楠、高联益、罗　宁、程玮东、安书行、刘文新、尚树林、陈兴德、张翠丽、王　威
二等	航空制造企业基于转型升级的市场营销管理	江西洪都航空工业集团有限责任公司	宋承志 陈逢春	乐　阳、丁晓斌、王银华、章武强、魏红涛、薛国兴、朱伟国、陆怀华、刘　赟、王中强
二等	施工企业业务流程与信息化相融合的全面风险管理	中建三局第一建设工程有限责任公司	陈幸福 丁　刚	陈卫国、张义平、梅乐峰、李少军、胡　敏、印　霓、张爱梅、张觅嫒
二等	以"创新树"为核心的技术创新体系建设	中国兵器工业集团第二〇二研究所	郑广平 曹　晖	董文祥、雷　龙、黄创国、崔万善、许耀峰、高泉盛、樵军谋、原　珏、童家琦、何　通
二等	促进电网企业变革的执行力管理	福建省电力有限公司	张　磊 程章磊	王　峰、林集养、蔡锦麟、肖吉良、董　琳、翁　捷
二等	创建国际一流品牌的优化管理	安徽叉车集团有限责任公司	张德进	杨安国、薛　白、都云飞、马庆丰、邓　力、陈　捷、李　浩、陈惠穆、赵晓东、余在洋

等级	成果名称	申报单位	主要创造人	参与创造人
二等	超深水半潜式钻井平台设计与建造管理	上海外高桥造船有限公司	王 琦 陈 军	陈 刚、张 伟、宋金扬、张小凯、刘耀阳、靖卫星、崔荣军、易国伟、潘 玮、盛 兴
二等	施工企业工程物资价差量差管理	中国葛洲坝集团公司	江小兵 和建生	马经红、余 英、桂桐生、鲁中年、陶苑华、安 磊、李 胜、杨火兵、詹祖桥、易 青
二等	大型装备制造集团的无边界管理	上海电气电站集团	郑建华	曹 敏、蔡康忠、郑晓虹、陈文倩、卫旭东、沈瑞章、汪 浩、陈 力、郝 琳、董 赟
二等	提升核心竞争力的施工项目精细化管理	中冶建工集团有限公司	姚晋川 潘必义	周 勇、李国润、姜 燕
二等	大型石油企业聚焦系统节点的精细化管理	中国石油化工股份有限公司胜利油田分公司	宋振国 张政见	吴方健、刘路军、张佃友、张健青、来庆良、冯启海、刘冠国、项继云、谭国庆、鞠 伟
二等	适应核电安全发展的运营人才培养体系建设	大亚湾核电运营管理有限责任公司	卢长申	高立刚、郭利民、朱闽宏、蒋兴华、庞松涛、陈 泰、陈军琦、张 明、苏林森
二等	航空企业科研新品与批产产品混线生产管理	庆安集团有限公司	丁 凯	卫福元、李 蕾、李奇锋、裴建平、南博儒、邓清伟、王惠武、石 艳、李 婵、田 超
二等	科技型企业知识产权预警与应急机制建设	南车戚墅堰机车车辆工艺研究所有限公司	刘 杰	于慧娟、张 萍、原治会、王文虎、周 平、黄智勇、刘晓峰、朱益旦、郑剑云、赵文启
二等	基于EVA的企业经济运行质量管控	西安航空发动机（集团）有限公司	穆雅石 蒲丽丽	王洪雷、于建军、张吉茜、闫聪敏、杨 清、王 越、侯莹娣、王翠蕾
二等	以制造方式升级为目标的齿轮箱企业精益生产管理	杭州前进齿轮箱集团股份有限公司	冯 光 章 旸	徐薛黎、孙小影、李健英、沈 巩、冯 声

等级	成果名称	申报单位	主要创造人	参与创造人
二等	造纸企业节能减排与绿色制造管理	岳阳林纸股份有限公司	蒋利亚	陈金山、唐作钧、周鲲鹏、周海东、李 明、李 丹、李望南、周祖文、李爱萍
二等	面向高端市场的石化施工企业技术创新能力建设	中国化学工程第三建设有限公司	赵春才	施志勇、黄庆平、夏节文、程 志、庞利阳、李文蔚、史湘林、陈云生、潘云东、台德树
二等	石油企业专业化经营管理	中国石油化工股份有限公司西北油田分公司	刘中云	刘宝增、胡广杰、孟繁莹、肖龙文、侯玉泉、陈智勇、李明强、孙 敏、王海民、明全岭
二等	汽车物流企业3.5PL管理模式的构建与运行	安吉汽车物流有限公司	余 德 莫金康	阮树辉、吴隽宇
二等	基于倒逼机制的水电站建设物资核销管理	贵州乌江水电开发有限责任公司构皮滩电站建设公司	曹险峰 刘仕明	杨新伟、蔡 扬、莫 勍、刘志权、王志忠、章 立、文 怡、邓 林
二等	化工企业推动战略实施的绩效管理	中化国际（控股）股份有限公司	张增根 覃衡德	倪以群、顾伟华、何 冉、陈亚敏、陈剑嵘、王 晶
二等	飞航总体部核心技术能力建设	中国航天科工集团第三总体设计部	魏毅寅 高文坤	张 山、邓 辉、高雪林、王长青、姜 坤、崔 巍、张 泓、孟祥鑫、王启鹏、刘 瑶
二等	以战略协同为导向的能源集团重组整合	山东能源集团有限公司	卜昌森	翟明华、彭业廷、东忠岭、李君清、靳玉彬
二等	以"三集五大"为目标的电网企业管控体系建设	重庆市电力公司	徐焜耀 匡红刚	王建国、杨 龙、何 蛟、魏 猛、李 娇、熊道兵、骆凯波、吴 疆、乔艳波、郑宗伟
二等	基于物联网技术的重型卡车供应链动态管控平台建设	包头北奔重型汽车有限公司	汪宝营 刘智良	谷 峰、武志军、马文胜、侯 葵、马海成、胡春梅、周庆义、王 丹、郝 勇、郭念伟

等级	成果名称	申报单位	主要创造人	参与创造人
二等	大型邮政企业远程教育培训管理体系建设	中国邮政集团公司	刘安东 柯岩	陈虹霞、田克美、许莉、魏东、谢册、刘俊英、李学栋、刘海云、张志超
二等	千万吨级井工开采煤矿全成本管理	淮南矿业(集团)有限责任公司张集煤矿	胡少银 朱德信	王成玺、何世清、袁公钱、王睿、陈苗虎、徐维彬、苏克宝、程世坤、刘玉福
二等	铁路企业全程物流管理体系建设	包头华通物流(集团)有限公司	赵奇志 黄文彪	祁云凤、郭福成、赵建平、郭一凡、杨俊霞、张荣、乔云霞、刘璇、曹春梅、刘操
二等	以提升客户价值为导向的军品营销管理	中国空空导弹研究院	葛森 刘润田	尹述炎、马学斌、张璐、王予峰、黄珽、孙颖蔚、倪永平、杨杰、韩威、耿萍
二等	实现可持续发展的煤炭企业转型升级	冀中能源峰峰集团有限公司	陈亚杰 赵兵文	张建峰、赵秀章、张凤国、李庆寿
二等	以农民工为主体的劳务公司运营与管理	上海浦东新区平沪劳务开发部	张庆刚	付德远、张艳、程凤海、王昭东、陈昌、张进、林栋、张现国
二等	基于先进技术的发电企业设备状态管理	华能国际电力股份有限公司大连电厂	静铁岩 高德顺	高歆光、徐德勤、张越、齐冰、肖永国、徐国军、林森、冯军文、金春凯、沈国权
二等	钢铁企业产品差异化战略的实施	杭州钢铁集团公司	李世中 汤民强	张利明、任海杭、叶健松、詹天浩、戚雄伟、张金华、吕森强
二等	以股权为基础的合资子公司管控	中国石化扬子石油化工有限公司	马秋林 张明龙	王玲、严明、俞冠琦、承忠、李永生、吴晨光、杜宇立、周伟、王郭章、陈海勇
二等	打造世界级桥梁缆索综合服务商的核心能力建设	江苏法尔胜缆索有限公司	赵军	刘翔、宁世伟、江焕宏、吉宏伟、薛花娟、朱建龙、俞强、张园、束卫洪

等级	成果名称	申报单位	主要创造人	参与创造人
二等	以经销商为核心的扁平化复合型销售渠道建设	杭州鸿雁电器有限公司	王米成	吴明、赵谦、章媛、高岩松、夏晓衍
二等	打造新能源发电集团的风电开发集约化管理	龙源电力集团股份有限公司	谢长军 黄群	田世存、张源、李红梅、费智、贾楠松、张宝全、杨校生、王丽、韩彬、金春姬
二等	军工企业基于资源流的清洁生产管理	中国南方航空工业（集团）有限公司	彭建武 朱黎明	邓斌、邹利红、伍彩文、吴振辉、何睛彦、吴珊
二等	天然气生产企业执行力管理	中国石油天然气股份有限公司长庆油田分公司第一采气厂	张振文 李泉	顾继宏、于东华、王心敏、苟建宏、王振嘉、牛天军、刘国栋、马汉平、黄义涛
二等	基于复合管控模式的经营绩效考核体系建设	河北钢铁集团有限公司	王义芳 刘如军	李怡平、李红宴、张文国、冯志杰、苑晓卿、张春雨、李毅
二等	以乘客为本的守时公交服务管理	济南市公共交通总公司	薛兴海	曲修业、王培海、裴东林、李元毅、张东业、刘彤、罗磊、巩丽媛、王逢宝
二等	施工企业"西部铁军"品牌建设	中国十九冶集团有限公司	田野	蔡仲斌、刘伟、谢维贵
二等	基于用户评价的铁路企业服务品牌创建	乌鲁木齐铁路局	李荧 刘希平	张发德、黄新、刘书成、李阳、张秀丽、赵新民、田丽华、郝共和
二等	航天研究所研发、批产并重的产业化管理变革	中国空间技术研究院西安分院	史平彦 李军	沈大海、董广红、吴跃龙、段崇棣、杨帆、禚国维、雷维宁、李宁、才华、马永
二等	提升工程化能力的技术创新管理	赛鼎工程有限公司	张庆庚	闫少伟、崔晓曦、张永红、潘国平、陆宏玮、杨挺、李改英、孙林、杨伟

等级	成果名称	申报单位	主要创造人	参与创造人
二等	煤炭企业水资源循环利用系统建设	开滦（集团）有限责任公司	张文学 冬伯文	刘瑞芹、韩宗礼、宋超杰、程丽霞、倪剑锋、王军林、李广钊、高志强
二等	提升飞机研制能力的知识工程体系建设	中航工业第一飞机设计研究院	李守泽 唐长红	陈骊醒、王琰、秦兴华、刘看旺、郭圣洪、杨毅、王文萍、雷熙薇、王宝新、陈睿
二等	钢铁企业搬迁调整中的职工分流安置	首钢总公司	王青海 闫永志	朱继民、郑章石、强伟、刘全寿、张建军、姚树樘、王伟、张风光、魏云胜、张德明
二等	以技术领先为导向的固定资产投资管理	中国航天科工集团第二研究院二十五所	李天池 董胜波	王涛、陈捷、曾喆、高山、侯颖辉、王开斌、熊健、张钧
二等	建筑装饰企业差异化竞争能力建设	中建三局东方装饰设计工程有限公司	杨鹏 江程	周志军、陈莹桃
二等	推进矿业企业转型的资源发展战略实施	鞍钢集团矿业公司	陈平 邵安林	林大庆、吴鸣、王凯、石伟、翟文相、邓鹏宏、刘炳宇、张永存、茹青辰、于淼
二等	铁路货车企业提高制度执行力的轨道式管理	包头北方创业股份有限公司	魏晋忠 王强	车佃忠、王占胜、郝志忠、姚民刚、刘文智、王有利、常青、宋杰、冯海平、宋长君
二等	采油企业精细化节能减排管理	中国石油天然气股份有限公司辽河油田分公司	刘斌 石忠仁	许艳、徐礼海、胡伟、张宁、李彬、雏长江、吴翔、宫海军、郭占文、陈旭
二等	纺机制造企业基于自主改善的精益班组建设	经纬纺织机械股份有限公司榆次分公司	吴旭东 胡广飞	管幼平、尹忠和、睢智慧、张炜、侯丽琴、李红兵、李琪文、胡风山
二等	城市污水资源化的生产运营管理	北京城市排水集团有限责任公司高碑店污水处理厂	高琼 刘旭东	王佳伟、葛勇涛、曹洪岩、闫鹏、李伟、杨婕、赵梦升、尹新正、张平、孟辉

等级	成果名称	申报单位	主要创造人	参与创造人
二等	城市道路隧道工程建设的安全风险管理	上海黄浦江越江设施投资建设发展有限公司	韩金华 刘艳滨	戴光铭、王 莉、毛安吉、江旭东、李长明、郑 斌、宋丽妹
二等	钢铁企业自有矿山的整体开发管理	马钢（集团）控股有限公司	顾建国 苏鉴钢	杨 阳、崔 宪、王文潇、朱青山、王维勤、王文景、巩凡亮、黄世光、马 健、王 章
二等	基于信息化的高效纺织企业建设	无锡市第一棉纺织厂	周晔珺	万芷华、章 彦、倪建兴
二等	海外老油田长停井复产增效管理	中国石油拉美（秘鲁）公司	宫本才 杨金华	李 刚、冷继川、丁 宇、田 骏、朱恩永、沈金生、于 添、张 瑄、黄士忠、喻 彬
二等	铁路货车制造企业基于自主创新的国际市场开拓	齐齐哈尔轨道交通装备有限责任公司	魏 岩 祝 震	张贤彬、于仁德、于凌河、丁孝杰、陈宏超、江 华、王俊龙
二等	资源节约与环境友好型煤炭企业建设	新汶矿业集团有限责任公司	李希勇 张 文	鲁玉栋、刘元明、彭学海、张升壹、朱福海、刘 波、李丑小、牛 超
二等	服装企业"双模化"管理创新体系建设	际华三五零二职业装有限公司	沙 鸣	杨朝祥、周长胜、杨宗兵、张凤林、张素英、李瑞林
二等	提升旅客满意度的铁路客运服务质量管理	北京铁路局	李冰久 刘建军	范英书、汪文斌、任 斌、郑志强、刘 昕、张树旺、李 珂、王艳红、李 燕、王 京
二等	城市公用事业单位的服务绩效管理	烟台市城市排水管理处	赵志杰	徐晓波、王文喜、孙运涛、赵维春、隋圣义、秦桂海、王 润、赵志宏、张雪林
二等	电缆制造企业研发与营销互动的创新管理体系建设	宁波东方集团有限公司	夏崇耀	谢盛宇、项冠军、华国大、陈 虹

等级	成果名称	申报单位	主要创造人	参与创造人
二等	以激发员工工作原动力为核心的持续改进管理	南京南化无损检测有限公司	李建平 徐宁家	林俊仁、胡喜宁、张林、战桂英、潘宗田、于剑、刘盛杰、李娟
二等	以效益和效率为核心的战略管控能力建设	云南铜业（集团）有限公司	杨超 施维勤	金永静、沈南山、牛皓、姚志华、张劲锋、黄云静、刘远照、李犁、张云军、何剑辉
二等	基于企业化、市场化转型的军民结合管理	上海航天技术研究院	朱芝松	陆本清、路明辉、李修远、孙伟、李昕、陈珩、杜宇、缪逸珺、韩剑峰、王晓鹏
二等	推进能源资源高效利用的钢铁企业节能减排管理	天津钢铁集团有限公司	韩贵义	姜辉明、卞津舟、方运泰、潘贻芳、韩富生、于伟光、尹全胜、杨卫东、崔红英、路林兴
二等	煤电企业高效经营管控平台建设	安徽恒源煤电股份有限公司	龚乃勤 汪永茂	王显民、张德宣、颛孙祖田、万家思、张凤节
二等	提升客户价值创造能力的流程与信息化融合管理	中国移动通信集团北京有限公司	郭兰静	杨晓范、朱岩、丁健、杨翌昀、赵永刚、赵奕、罗雪娟、马丹
二等	施工企业打造核心竞争力的项目管理	中交第一航务工程局有限公司	毛元平	吴利科、郭琪云、王云国、朱国春、刘金秋、李刚、武建宏、武艳春、周英、强梁生
二等	轨道交通企业基于责任文化的服务品牌建设	重庆市轨道交通（集团）有限公司	沈晓阳 乐梅	张军、王宁宁、李霄、刘昌萍、师维、韩庭忠、杨齐
二等	油品销售企业提高劳动生产率的人力资源优化配置管理	中国石油化工股份有限公司广东石油分公司	夏于飞 何敏君	田杭英、李继从、姜英会、刘俊峰、范卫荣、敖岸、徐涛、张振纲
二等	合成革企业提升顾客满意度的优化管理	安徽安利合成革股份有限公司	姚和平	王义峰、杨滁光、陈茂祥、黄万里、吴双喜、胡东卫、张珏、刘兵、李道鹏、刘松霞

等级	成果名称	申报单位	主要创造人	参与创造人
二等	电子企业发展战略性新兴产业的技术创新管理	北京牡丹电子集团有限责任公司	王家彬 李德友	邹大新、李刚、许少峰、杨建成、傅东翔、郑国庆
二等	水泥技术装备工程企业国际化发展战略的实施	中国中材国际工程股份有限公司	王伟	武守富、于兴敏、蒋中文、唐亚力
二等	基于人文环境改善的关键和谐指标体系构建与实施	中国移动通信集团广东有限公司	徐龙 李名国	郑川、凌浩、欧阳朝晖、袁倩兰、朱洁琳、孙宏、郭正元、廖东东
二等	基于网络服务平台的铁路货运营销管理变革	呼和浩特铁路局	杨宇栋 张建国	曹云明、王利铭、李晓雁、张晓民、郭建新、王秀山、申光、赵敬彬、周起、范守信
二等	邮政分业经营下的企业协同发展管理	吉林省邮政公司	姜怀德 韩春生	许葵、王成志、张雪松、李杏、赵勇、赵延峡、贺佳
二等	构建世界级直升机研发机构的科研人员职业发展管理	中国直升机设计研究所	邱光荣 赵伟华	罗嗣瑶、朱红波、冯伟、胡寒健、胡太针、樊乐、徐顺飞
二等	石油企业以提升效益为目标的组织再造	中国石化集团中原石油勘探局	孔凡群 杜广义	王亚钧、王承来、石书灿、朱景川、孙尚敏、刘宗儒、徐向东、梁国杰、石岩、郑科
二等	提升价值创造能力的经营业绩综合考核体系构建与实施	中国航天科工集团第三研究院	魏毅寅 黄兴东	张恩海、李雪梅、韦锦峰、高照利、周莹、孙金领、王雪、郭伟星、汪贤锋、刘畅
二等	提升管控能力的房地产企业全面预算管理	北京首都开发控股（集团）有限公司	刘希模 潘利群	潘文、秘勇、王枥新、赵强、王学禹、高香信、王飞、杜晓鹏、孟佳、刘虹
二等	基于信息化的航空精益生产管理体系建设	昌河飞机工业（集团）有限责任公司	周新民 吴小文	周忠发、林东、黄琦、陈刚、崔延凤、雒孟刚、徐军虎、项洪涛、方彬、孙峻峰

等级	成果名称	申报单位	主要创造人	参与创造人
二等	家电企业"零距离"农村市场营销管理	澳柯玛股份有限公司	李蔚 薛强	张兴起、唐兴运、王旭峰、冯波、孔凡波、王晓刚、宗维敬、韩冬、李佳阳、王济伦
二等	以绿色理念为导向的住宅建设技术集成创新管理	天津住宅建设发展集团有限公司	马骏	刘庆年、康庄、商鹏、翟锦祥、刘永柱、张书航、孙胜楠
二等	采油厂融合社会化服务队伍的和谐班站建设	中国石油天然气股份有限公司长庆油田分公司第五采油厂	周学富 刘永林	张兴良、胡友清、丁维贵、雷允清、李新明、宋连银、师桂霞、王方一、刘小康、贾莛
二等	火车站与港口互利共赢的运输合作管理	北京铁路局塘沽站	杨捷 王勇	杨德宝、袁琳华、李霞、李奎斌、冯竞权、刘立中、田亮
二等	境外水电BOT项目风险管理	中国华能集团瑞丽江一级水电有限公司	马立鹏	彭詠军、赵明、杨立成、陈燕和、陈碧辉
二等	基于核心价值的知识管理体系建设	上海核工程研究设计院	郑明光 董宪康	顾国兴、叶元伟、任永忠、景益、孙学伟、周敏、何炳海、余克勤、潘嘉杰、郭静
二等	化工企业基于资源整合的供应链协同管理	浙江传化股份有限公司	吴建华	来跃民、傅幼林、王胜鹏、吴严明、蔡宁东、余国平、黎春芳、徐建梅、傅力、马晓东
二等	多种股权结构下的企业安全生产管理	内蒙古第一机械集团有限公司	白晓光 吴杰	张雄、张忠毅、张四清、秦海军、赵旭东、周曙东、王燕、张玲、赵国梁、张玉坤
二等	航天火化工企业集体作业方式下的质量管理	湖北三江航天江河化工科技有限公司	何宜丰 韩志远	何前明、潘云武、潘俊军、崔瑞禧、喻成山、唐其超、马良科、林朝春、余承忠、魏兴武
二等	小型商业银行零售业务差异化营销管理	泰安市商业银行股份有限公司	张海涛	冯德东、房志强、孙超、耿囡

等级	成果名称	申报单位	主要创造人	参与创造人
二等	中小纺织装饰用品企业创建世界品牌的优化管理	马鞍山金姿纺织装饰用品有限公司	陈治才	陶孔宾、吴祖坡、陶家木、邰圣凤
二等	提升公众通信体验满意度的全生命周期服务管理	中国联合网络通信有限公司广东省分公司	乔建葆 孙 达	朱凌云、林岸芬、蒋忠钢、郑晓斌、翁振铭、张为清、刘卉芳、陈艳颜、黄玉宇
二等	施工企业以工程化为导向的知识产权管理	中国一冶集团有限公司	宋占江 王 平	武钢平、胡 磊、杨多娇、徐 兰
二等	"井冈山号"列车服务品牌的创建与实施	南昌铁路局	郭竹学 王秋荣	况文发、周光辉、廖 钢、徐 洪、甘国东、宫飞跃、金旭红、王春柳、陈连春、肖华清
二等	水务公司降低供水产销差率的系统管理	河北建投水务投资有限公司	张自力 秦 健	刘 铮、米献炜、郭伟杰、孟祥刚、张彦东、赵凤兰、郭伶元、张新艳、刘梦璋、周 伟
二等	中外合资煤炭企业以效益为中心的契约化管理	陕西南梁矿业有限公司	张光耀	高静波
二等	基于杜邦安全管理理念的油田企业安全文化建设	中国石油天然气股份有限公司塔里木油田分公司	周新源 安文华	孟国维、魏云峰、孟 波、丁国发、王西林、李旭光、李志铭、王小鹏、张景山、徐银燕
二等	有色金属企业的节能减排管理	中国有色集团（广西）平桂飞碟股份有限公司	李志明	涂承飞、王喜绍、何坤和、黄桂永、危流永、邹雄根、覃荆文、黄 牧、李学雷、黄家贤
二等	水电厂"状态控制字"检修管理	贵州乌江水电开发有限责任公司东风发电厂	杨 焱 黄定奎	李家常、罗 勇、王永国、韦 波、陈绍勇、邓红卫、杨昌荣
二等	制药企业基于新版GMP的质量管理体系建设	华北制药河北华民药业有限责任公司	魏青杰 刘树林	孙 燕、沈 梅、王 冕、邵 壮、单金海、左孟祥、张红蕾、钱夕霞、张红英、李 静

等级	成果名称	申报单位	主要创造人	参与创造人
二等	城市轨道交通地下空间资源的集约化综合利用	北京市基础设施投资有限公司	田振清	李永亮、梁衡义、高 屹、许立新、李 涛、李敬东、肖红萍、李 兵、曲秀梅
二等	以打造城市综合服务平台为目标的新型报刊亭建设	浙江省邮政公司	鞠 勇	李金良、陈祖明、戴洪基、金 聚、宓君伟、宋 凌、王 伟、江竹均
二等	石油天然气钻探企业责任安全管理	中国石油集团川庆钻探工程有限公司	胥永杰 蒲建中	万尚贤、李 毅、田建军、张和开、朱春荣、王虎全、何 强、熊 伟、任 英、陈 亮
二等	基于逆向追溯法的成本管理体系优化	南阳二机石油装备（集团）有限公司	杨汉立 曲 宁	张益民、高加索、方明武、刘高峰、孟宪红、盛 燕
二等	发电企业以预算为基础的经营风险内控平台建设	国投宣城发电有限责任公司	李玉峰 马 斌	徐 婧、周万山、李 伟
二等	服务主线厂的劳务型协力企业转型	本溪钢铁（集团）建设有限责任公司包装分公司	张庆良	黄逸正、曲 莲、杨志祺
二等	效率与公平相统一的薪酬分配体系建设	中国石油集团渤海钻探工程有限公司	秦永和 周宝华	刘德如、刘荣军、舒才生、李见义、马 强、张旭光、李振兴、刘建伟、于克祥、吴和平
二等	提升整体效能的"6+2S"现场管理	吉林烟草工业有限责任公司长春卷烟厂	吕子军 张玉良	刘广野、张海涛、于 霞、舒亚洲、白 宇、郭 颖、丛 晶、李振鹏、张 凯、高 辉
二等	铁路客运站基于"快乐工作法"的服务管理	郑州铁路局郑州车站	任保国 牛剑峰	于佩离、黄 强、冯 卫、冯思润、于 佳、张馥丽、李 强、阮景虹
二等	以防范风险为核心的"三维六线"管控体系建设	新汶矿业集团有限责任公司华丰煤矿	李希勇 唐 军	张 文、彭绪军、葛茂新、李 文、安伯义、许兴胜、时衍柏、陈 涛

等级	成果名称	申报单位	主要创造人	参与创造人
二等	以建立世界一流高铁地质队伍为目标的人才管理	中铁第四勘察设计院集团有限公司	蒋兴锟 罗先林	李添翼、陈世刚、江先冬、罗　涛、陈仕奇、赵新益、姜　鹰、黄三强
二等	发电企业项目前期优化管理	华能云南滇东能源有限责任公司	于世友 李春生	王桂胜、赵九令、陈付元、王沛法、李希兵、耿　杰、刘兴忠、侯　军、蒋玉利、李加华
二等	国有企业权力制衡和效率提升相统一的廉能管理	江西中烟工业有限责任公司	郑伟	任用镨、蒋　捷、张金泉、揭李文、周平庭、龚　婷
二等	基于岗位职责的法律风险防控体系建设	华北石油管理局	黄　刚 袁明生	姜立增、胡　楠、高联益、及德忠、袁利民、陈兴德、黄　金、翟金生、姚　刚、刘俊英
二等	偏远煤矿企业社区自治体系建设	重庆松藻煤电有限责任公司石壕煤矿	许　刚 涂善敏	李　波、唐　冲、陈　建
二等	以客户满意为导向的供电企业精益服务管理	山东电力集团公司淄博供电公司	胡朝贞 李　东	高　山、翟　建、薛中洲、李鸿佐、王晓军、张远镇、王金胜、卜令伟、王　晴、李伟光
二等	基于信息平台的采购集中管理	徐工集团工程机械股份有限公司	王民	王岩松、吴江龙、孙小军、魏　兵、赵成彦、蒋大为、滕　胜、陆　铭、张洪高、王大彦
二等	高科技企业以人为本的和谐劳动关系建设	四川九洲电器集团有限责任公司	张正贵	何林虎、杜力平、孙　仲、欧燕恩、王国春、张　立、罗国秀、李兴梅
二等	以节能减排为目标的能效对标管理	中国石油新疆油田分公司采气一厂	吕小明 高志谦	柳　海、陈如鹤、张东平、刘　策、蔡　华、陈良飞、王　伟、李玉君、吕惠芳、韩玉亭
二等	通信企业与政府、社区联合推进的城市光网建设管理	中国电信股份有限公司上海分公司	张维华	潘元春、杜　军、王述文、孙鹏飞、金建栋、周其刚、金　典、王　华、陈　延、张少杰

等级	成果名称	申报单位	主要创造人	参与创造人
二等	食盐专营企业基于市场化的商业模式创新	重庆市盐业（集团）有限公司	陈逸根	黄前明、许志明、李崑
二等	通信企业面向集团客户的综合运营平台建设	中国移动通信集团天津有限公司	闫五四 赵承林	于建、刘颖楠、潘桂荣、刘燕丽、张奕、朱鸣生、吴彤、李鹏
二等	石化企业"从心出发"的安全文化建设	中国石油化工股份有限公司镇海炼化分公司	江正洪	陈连财、瞿滨、黄仲文、李朝华
二等	多元用工企业和谐劳动关系的建设	眉山市邮政局	柴华	李庚云、王丽秀、何建伟、高翔、费敏文、郑敏、周元领
二等	重载铁路施工"天窗"综合利用管理	太原铁路局	王金虎 王旭荣	郭林泉、杨江春、王虎、高新平、吴腾宇、王光建、贺海霞、齐峰、李元军、李烨峰
二等	发电企业水火电一体化运营管理	贵州乌江水电开发有限责任公司	何光宏	邹建国、戴建炜、朱江、彭鹏、李泽宏、肖燕、贺亚山、鲍勇、邹兴建、宋尔进
二等	供电企业服务形象塑造与管理	辽宁省电力有限公司锦州供电公司	曲福义 薛岩	徐庆丰、赵海波、张忠林、戚宁、姚敬军、崔山林、胡国栋、李岩、蔡妍、景春辉
二等	基于物联网的供电企业生产辅助物资管理	西安供电局	罗建勇 赵宏斌	王高红、白开峰、张婷、李静、姚峰、于明
二等	成品油销售企业提升顾客满意度的服务管理	中国石油化工股份有限公司北京石油分公司	刘雄华 赵振生	孙伟菁、李宏、贾文利、朱汪友、李秀娟、华磊、蒋文定、张学博
二等	传统文化与现代职业素质相结合的高技能人才培养管理	辽宁铁法能源有限责任公司	尤德彬 王年春	王杰、闫久林、陈国庆、崔耀春、文凤丽、李阳春、梁光辉、胡雪梅、张铁鑫、刘海岩

等级	成果名称	申报单位	主要创造人	参与创造人
二等	基于多元化业务的多层级计划管理	吉林亚泰（集团）股份有限公司	宋尚龙	孙晓峰、王化民、刘树森、翟怀宇、韩冬阳、李　斌、李　扬、彭雪松、韩忠玲
二等	电网企业提升服务能力的档案管理	天津市电力公司	张　宁 刘宏新	杨永成、张立军、及　明、陈玉涛、施永利、杨秀艳、杨剑慧、宋　辉、姬广鹏
二等	矿山企业基于核心能力建设的班组管理	江西铜业股份有限公司德兴铜矿	刘方云 周　犇	赵　明、刘冰玉、陈国强
二等	发电企业提升综合素质的高技能人才管理	北方联合电力有限责任公司海勃湾发电厂	佟长敏 张景丽	金铁明、王德山、陈文俊、陈永胜、齐玉胜、王忠和、王海涛、高世根、王维平、雷树芳
二等	国有老企业基于5S的精益管理	大冶有色金属集团控股有限公司	张　麟	翟保金、李苏明、刘旺林、方中良、杨　伟、占彩霞
二等	桥梁钢结构企业战略引领的卓越绩效管理	武船重型工程股份有限公司	杨志钢 杨少稀	李国瑞、曾　颖、王细秋、曹春姣、罗连响、吴　涛、邱爱林、席小静
二等	以激发活力为目标的人力资源优化管理	山西省电力公司太原供电分公司	方剑秋	刘建平、成　亮、郭学英、阎广颖、韩小峰、张小凤
二等	采油厂提升管理层工作效率的量化管理	中国石油天然气股份有限公司长庆油田分公司第二采油厂	张应科	孙学锋、修利军、马世清、李广辉、王飞鹏、耿庆伟、刘继红、王迎新、卢延军
二等	航天制造企业年金制度的创建与实施	首都航天机械公司	张玉国 张亚楠	雷荆玉、佟　玮、蒋　悦、邸占云、付　晋、金春花、黄　勇

目　录

以创新性管理变革适应互联网时代 …………………………………… 王忠禹（1）
学习海尔，努力探索互联网时代管理新模式 …………………………… 蒋黔贵（4）
以信息化建设为平台　全面提升企业现代化管理水平…………………… 邵　宁（12）
在2012年全国企业管理创新大会上的讲话 …………………………… 朱宏任（15）
第十九届全国企业管理现代化创新成果主要特点 ……………………… 胡新欣（19）
关于发布和推广第十九届全国企业管理现代化创新成果的通知 ……………（25）

集团管控与国际化经营

践行"走出去"战略的大型石油企业海外投资与运营管理
　　……………………… 中国石油天然气股份有限公司海外勘探开发分公司（3）
大型石化企业集团物资采购管理变革 ………………… 中国石油化工集团公司（18）
非相关多元化企业集团复合管控体系建设 ……………… 江苏悦达集团有限公司（32）
多层级模拟法人经营机制构建与运行 …………………… 新兴际华集团有限公司（43）
基于经营魔方的管控体系建设 ……………………… 徐州工程机械集团有限公司（55）
基于战略管控的母子企业集团总部变革 ………………… 中国兵器工业集团公司（66）
大型钢铁企业合并重组后的集团管控体系建设 ………………本钢集团有限公司（72）
大型油气田企业合同集成管理 …………………………… 大庆油田有限责任公司（81）
大型国有控股上市公司海外合规管理 …………………… 中国海洋石油有限公司（88）
大型装备制造集团的无边界管理 …………………………… 上海电气电站集团（96）
以"三集五大"为目标的电网企业管控体系建设 ………… 重庆市电力公司（103）
基于物联网技术的重型卡车供应链动态管控平台建设
　　………………………………………… 包头北奔重型汽车有限公司（112）
以股权为基础的合资子公司管控 ……………… 中国石化扬子石油化工有限公司（120）
铁路货车制造企业基于自主创新的国际市场开拓
　　……………………………………… 齐齐哈尔轨道交通装备有限责任公司（129）
以效益和效率为核心的战略管控能力建设 ……… 云南铜业（集团）有限公司（136）
煤电企业高效经营管控平台建设 ……………… 安徽恒源煤电股份有限公司（141）
水泥技术装备工程企业国际化发展战略的实施
　　………………………………………… 中国中材国际工程股份有限公司（149）
境外水电BOT项目风险管理 ………… 中国华能集团瑞丽江一级水电有限公司（157）
以防范风险为核心的"三维六线"管控体系建设
　　……………………………………… 新汶矿业集团有限责任公司华丰煤矿（163）

基于信息平台的采购集中管理 …………… 徐工集团工程机械股份有限公司(171)

人才开发与绩效管理

基于人才成长规律的科技队伍建设 …………… 中国航天科技集团公司(183)
中外合资汽车企业知识型员工能级管理 …………… 上海大众汽车有限公司(196)
实现员工与企业共同发展的履职绩效量化考核管理
　　…………………………………………… 山东华鲁恒升集团有限公司(207)
适应核电安全发展的运营人才培养体系建设
　　………………………………………… 大亚湾核电运营管理有限责任公司(220)
基于EVA的企业经济运行质量管控 ………… 西安航空发动机(集团)有限公司(230)
化工企业推动战略实施的绩效管理 ………… 中化国际(控股)股份有限公司(238)
大型邮政企业远程教育培训管理体系建设 …………… 中国邮政集团公司(245)
基于复合管控模式的经营绩效考核体系建设 ………… 河北钢铁集团有限公司(254)
城市公用事业单位的服务绩效管理 ………………… 烟台市城市排水管理处(261)
油品销售企业提高劳动生产率的人力资源优化配置管理
　　……………………………… 中国石油化工股份有限公司广东石油分公司(269)
构建世界级直升机研发机构的科研人员职业发展管理 … 中国直升机设计研究所(275)
提升价值创造能力的经营业绩综合考核体系构建与实施
　　………………………………………………… 中国航天科工集团第三研究院(282)
效率与公平相统一的薪酬分配体系建设 … 中国石油集团渤海钻探工程有限公司(289)
以建立世界一流高铁地质队伍为目标的人才管理
　　………………………………………………… 中铁第四勘察设计院集团有限公司(297)
传统文化与现代职业素质相结合的高技能人才培养管理
　　……………………………………………………… 辽宁铁法能源有限责任公司(306)
发电企业提升综合素质的高技能人才管理
　　……………………………………… 北方联合电力有限责任公司海勃湾发电厂(312)
桥梁钢结构企业战略引领的卓越绩效管理 ………… 武船重型工程股份有限公司(319)
以激发活力为目标的人力资源优化管理 ……… 山西省电力公司太原供电分公司(324)
航天制造企业年金制度的创建与实施 ………………………… 首都航天机械公司(330)

风险控制与财务管理

储运企业物流金融风险管理 ……………………………… 中储发展股份有限公司(339)
大型企业集团涉核保险统筹管理 ………………………… 中国核工业集团公司(347)
国有创业投资公司全面风险管理 ………………………… 中国高新投资集团公司(354)
施工企业完全责任成本管理 ……………………… 中铁十四局集团第三工程有限公司(361)
施工企业项目单元成本管理 ……………………………… 中化二建集团有限公司(369)

以风险防控为中心的电网企业信息系统安全管理 ………… 江西省电力公司(375)
施工企业业务流程与信息化相融合的全面风险管理
　　　　………… 中建三局第一建设工程有限责任公司(383)
施工企业工程物资价差量差管理 ………… 中国葛洲坝集团公司(389)
基于倒逼机制的水电站建设物资核销管理
　　　　………… 贵州乌江水电开发有限责任公司构皮滩电站建设公司(396)
千万吨级井工开采煤矿全成本管理 …… 淮南矿业(集团)有限责任公司张集煤矿(404)
以技术领先为导向的固定资产投资管理
　　　　………… 中国航天科工集团第二研究院二十五所(411)
城市道路隧道工程建设的安全风险管理
　　　　………… 上海黄浦江越江设施投资建设发展有限公司(418)
提升管控能力的房地产企业全面预算管理
　　　　………… 北京首都开发控股(集团)有限公司(427)
基于逆向追溯法的成本管理体系优化 ……… 南阳二机石油装备(集团)有限公司(434)
发电企业以预算为基础的经营风险内控平台建设 … 国投宣城发电有限责任公司(439)
基于岗位职责的法律风险防控体系建设 ………… 华北石油管理局(444)

资源整合与转型升级

基于纵向一体化战略的液化天然气产业链延伸与管理
　　　　………… 中海石油气电集团有限责任公司(453)
空分设备制造企业转型升级战略的实施 ………… 杭州制氧机集团有限公司(464)
大型制造企业战略性整合与管理 ………… 吉林东光集团有限公司(474)
基础建材工业企业转型升级战略的实施 ………… 中国联合水泥集团有限公司(482)
大型森工企业可持续发展战略的实施 …… 中国吉林森林工业集团有限公司(492)
大型煤炭企业区域资源的整合与重组 ………… 山西焦煤集团有限责任公司(502)
基于电子商务平台的医药物流服务提供商建设
　　　　………… 陕西医药控股集团派昂医药有限责任公司(513)
以打造综合性地区能源公司为目标的战略转型
　　　　………… 中国石油天然气股份有限公司华北油田分公司(523)
以战略协同为导向的能源集团重组整合 ………… 山东能源集团有限公司(530)
实现可持续发展的煤炭企业转型升级 ………… 冀中能源峰峰集团有限公司(537)
打造世界级桥梁缆索综合服务商的核心能力建设 …… 江苏法尔胜缆索有限公司(543)
推进矿业企业转型的资源发展战略实施 ………… 鞍钢集团矿业公司(549)
基于企业化、市场化转型的军民结合管理 ………… 上海航天技术研究院(556)
中外合资煤炭企业以效益为中心的契约化管理 ………… 陕西南梁矿业有限公司(564)

服务主线厂的劳务型协力企业转型
………………………… 本溪钢铁(集团)建设有限责任公司包装分公司(571)
食盐专营企业基于市场化的商业模式创新 ………… 重庆市盐业(集团)有限公司(578)

标准化建设与基础管理

以煤矿现场安全管控为核心的白国周班组管理法
………………………………………… 中国平煤神马能源化工集团有限责任公司(587)
大型钢铁企业同级审计管理 ………………………………… 武汉钢铁(集团)公司(597)
提升整体效能的汽车企业标准化管理体系建设 …… 重庆长安汽车股份有限公司(610)
电网企业提升响应与保障能力的应急体系建设
………………………………………… 四川省电力公司、山东电力集团公司(622)
能源投资企业全面标准化管理体系建设 ………… 北京能源投资(集团)有限公司(634)
以设计为中心的风电建设标准化管理 ……………………… 中国华能集团公司(640)
促进电网企业变革的执行力管理 …………………………… 福建省电力有限公司(646)
天然气生产企业执行力管理
………………………… 中国石油天然气股份有限公司长庆油田分公司第一采气厂(655)
铁路货车企业提高制度执行力的轨道式管理 ……… 包头北方创业股份有限公司(666)
基于杜邦安全管理理念的油田企业安全文化建设
………………………………… 中国石油天然气股份有限公司塔里木油田分公司(673)
制药企业基于新版 GMP 的质量管理体系建设
………………………………………… 华北制药河北华民药业有限责任公司(680)
石油天然气钻探企业责任安全管理 ……… 中国石油集团川庆钻探工程有限公司(686)
提升整体效能的"6+2S"现场管理 ……… 吉林烟草工业有限责任公司长春卷烟厂(693)
石化企业"从心出发"的安全文化建设
………………………………… 中国石油化工股份有限公司镇海炼化分公司(699)
基于物联网的供电企业生产辅助物资管理 …………………………… 西安供电局(706)
基于多元化业务的多层级计划管理 ……………… 吉林亚泰(集团)股份有限公司(713)
电网企业提升服务能力的档案管理 ………………………………… 天津市电力公司(719)
矿山企业基于核心能力建设的班组管理 ………… 江西铜业股份有限公司德兴铜矿(726)
采油厂提升管理层工作效率的量化管理
………………………… 中国石油天然气股份有限公司长庆油田分公司第二采油厂(733)

技术创新与协同管理

民营生物科技企业的创业管理 ………………… 晨光生物科技集团股份有限公司(743)
以打造国际一流核电 AE 公司为目标的协同管理 ………… 中广核工程有限公司(754)
实行军民融合的大型安保技术系统开发管理 …… 中国航天科工防御技术研究院(767)

提升管控能力的协同管理平台建设 ………………………………… 中国化工集团公司(781)
民营汽车企业提升研发能力的知识管理体系建设
　　………………………………………………… 浙江吉利汽车研究院有限公司(791)
低压电器制造企业提升核心竞争能力的技术创新管理
　　………………………………………… 常熟开关制造有限公司(原常熟开关厂)(802)
提高飞机自主研发能力的研制流程管理
　　……………………………………… 中国航空工业集团公司成都飞机设计研究所(813)
大型军工集团知识产权管理体系建设 ………………… 中国航空工业集团公司(820)
新型飞机研制项目的数字化协同管理 ………… 成都飞机工业(集团)有限责任公司(829)
以"创新树"为核心的技术创新体系建设 ………… 中国兵器工业集团第二〇二研究所(837)
科技型企业知识产权预警与应急机制建设
　　……………………………………… 南车戚墅堰机车车辆工艺研究所有限公司(843)
面向高端市场的石化施工企业技术创新能力建设
　　………………………………………………… 中国化学工程第三建设有限公司(850)
飞航总体部核心技术能力建设 ………… 中国航天科工集团第三总体设计部(858)
航天研究所研发、批产并重的产业化管理变革 …… 中国空间技术研究院西安分院(865)
提升工程化能力的技术创新管理 …………………………… 赛鼎工程有限公司(873)
提升飞机研制能力的知识工程体系建设 ………… 中航工业第一飞机设计研究院(880)
服装企业"双模化"管理创新体系建设 ………… 际华三五零二职业装有限公司(888)
电缆制造企业研发与营销互动的创新管理体系建设 …… 宁波东方集团有限公司(894)
电子企业发展战略性新兴产业的技术创新管理
　　……………………………………………………… 北京牡丹电子集团有限责任公司(901)
邮政分业经营下的企业协同发展管理 ……………………… 吉林省邮政公司(908)
以绿色理念为导向的住宅建设技术集成创新管理
　　………………………………………………… 天津住宅建设发展集团有限公司(915)
火车站与港口互利共赢的运输合作管理 ………………… 北京铁路局塘沽站(922)
基于核心价值的知识管理体系建设 ………………… 上海核工程研究设计院(929)
化工企业基于资源整合的供应链协同管理 ………………… 浙江传化股份有限公司(935)
施工企业以工程化为导向的知识产权管理 ………………… 中国一冶集团有限公司(944)

品牌营销与服务创新

城市公交企业新能源汽车推广与运营管理 ………… 深圳巴士集团股份有限公司(951)
民营制鞋企业全方位品牌建设 ……………… 浙江奥康鞋业股份有限公司(961)
通信企业提升信息服务能力的新业务开拓与管理
　　………………………………………… 中国联合网络通信有限公司北京市分公司(971)
快速消费品立体化营销网络的构建 ………… 杭州娃哈哈集团有限公司(983)

润滑油企业自主品牌的创建 ………… 中国石油天然气股份有限公司润滑油分公司(990)
航空制造企业基于转型升级的市场营销管理
　　……………………………………… 江西洪都航空工业集团有限责任公司(997)
创建国际一流品牌的优化管理 …………………… 安徽叉车集团有限责任公司(1004)
以提升客户价值为导向的军品营销管理 …………… 中国空空导弹研究院(1012)
以经销商为核心的扁平化复合型销售渠道建设 …… 杭州鸿雁电器有限公司(1019)
以乘客为本的守时公交服务管理 …………………… 济南市公共交通总公司(1024)
施工企业"西部铁军"品牌建设 …………………… 中国十九冶集团有限公司(1031)
基于用户评价的铁路企业服务品牌创建 …………………… 乌鲁木齐铁路局(1038)
提升旅客满意度的铁路客运服务质量管理 ………………………… 北京铁路局(1044)
轨道交通企业基于责任文化的服务品牌建设 …………………………………
　　…………………………………………… 重庆市轨道交通(集团)有限公司(1051)
合成革企业提升顾客满意度的优化管理 ……… 安徽安利合成革股份有限公司(1058)
基于网络服务平台的铁路货运营销管理变革 ……………… 呼和浩特铁路局(1064)
家电企业"零距离"农村市场营销管理 ………………… 澳柯玛股份有限公司(1072)
小型商业银行零售业务差异化营销管理 ……… 泰安市商业银行股份有限公司(1077)
中小纺织装饰用品企业创建世界品牌的优化管理
　　………………………………………… 马鞍山金姿纺织装饰用品有限公司(1083)
提升公众通信体验满意度的全生命周期服务管理
　　………………………………… 中国联合网络通信有限公司广东省分公司(1088)
"井冈山号"列车服务品牌的创建与实施 ………………………… 南昌铁路局(1095)
以打造城市综合服务平台为目标的新型报刊亭建设 ……… 浙江省邮政公司(1101)
铁路客运站基于"快乐工作法"的服务管理 ………………… 郑州铁路局郑州车站(1108)
以客户满意为导向的供电企业精益服务管理 …………………………………
　　……………………………………………… 山东电力集团公司淄博供电公司(1115)
通信企业面向集团客户的综合运营平台建设
　　…………………………………………… 中国移动通信集团公司天津有限公司(1122)
供电企业服务形象塑造与管理 ……………… 辽宁省电力有限公司锦州供电公司(1129)
成品油销售企业提升顾客满意度的服务管理
　　………………………………………… 中国石油化工股份有限公司北京石油分公司(1136)

绿色发展与和谐管理

构建和谐矿区的"两区改造"项目管理 …………… 大同煤矿集团有限责任公司(1145)
实现可持续发展的火电企业节能改造管理 ……………………………………
　　…………………………………………… 上海外高桥第三发电有限责任公司(1151)
大型建材企业社会责任管理体系建设 ………… 中国建筑材料集团有限公司(1158)

造纸企业节能减排与绿色制造管理 …………… 岳阳林纸股份有限公司(1165)
军工企业基于资源流的清洁生产管理 ……… 中国南方航空工业(集团)有限公司(1170)
煤炭企业水资源循环利用系统建设 …………… 开滦(集团)有限责任公司(1176)
钢铁企业搬迁调整中的职工分流安置 ………………………… 首钢总公司(1183)
采油企业精细化节能减排管理 ……… 中国石油天然气股份公司辽河油田公司(1190)
资源节约与环境友好型煤炭企业建设 …………… 新汶矿业集团有限责任公司(1197)
推进能源资源高效利用的钢铁企业节能减排管理 ……… 天津钢铁集团有限公司(1204)
基于人文环境改善的关键和谐指标体系构建与实施
　　…………………………………………… 中国移动通信集团广东有限公司(1211)
采油厂融合社会化服务队伍的和谐班站建设
　　…………… 中国石油天然气股份有限公司长庆油田分公司第五采油厂(1218)
有色金属企业的节能减排管理 …… 中国有色集团(广西)平桂飞碟股份有限公司(1228)
国有企业权力制衡和效率提升相统一的廉能管理 …………………………………
　　…………………………………………………… 江西中烟工业有限责任公司(1235)
偏远煤矿企业社区自治体系建设 ………… 重庆松藻煤电有限责任公司石壕煤矿(1242)
高科技企业以人为本的和谐劳动关系建设 …… 四川九洲电器集团有限责任公司(1250)
以节能减排为目标的能效对标管理 ………… 中国石油新疆油田分公司采气一厂(1257)
多元用工企业和谐劳动关系的建设 ……………………………… 眉山市邮政局(1263)

精益生产与持续改进

建设世界一流通信企业的国际对标管理 ……………… 中国移动通信集团公司(1273)
以战略为导向的大型电网企业内部对标管理 ……………………… 国家电网公司(1285)
以新型作业平台为核心的精益生产管理 ……………………… 中国南车集团公司(1297)
提升核心竞争力的施工项目精细化管理 …………………… 中冶建工集团有限公司(1304)
大型石油企业聚焦系统节点的精细化管理
　　………………………………… 中国石油化工股份有限公司胜利油田分公司(1312)
航空企业科研新品与批产产品混线生产管理 ……………………… 庆安集团有限公司(1318)
以制造方式升级为目标的齿轮箱企业精益生产管理
　　……………………………………………… 杭州前进齿轮箱集团股份有限公司(1326)
基于先进技术的发电企业设备状态管理 ………………………………………………
　　…………………………………………… 华能国际电力股份有限公司大连电厂(1333)
纺机制造企业基于自主改善的精益班组建设
　　…………………………………………… 经纬纺织机械股份有限公司榆次分公司(1340)
城市污水资源化的生产运营管理
　　…………………………………… 北京城市排水集团有限责任公司高碑店污水处理厂(1345)
海外老油田长停井复产增效管理 ………………… 中国石油拉美(秘鲁)公司(1352)

以激发员工工作原动力为核心的持续改进管理 …… 南京南化无损检测有限公司(1359)
提升客户价值创造能力的流程与信息化融合管理
　　………………………………… 中国移动通信集团北京有限公司(1365)
基于信息化的航空精益生产管理体系建设 ………………………………
　　………………………………… 昌河飞机工业(集团)有限责任公司(1372)
多种股权结构下的企业安全生产管理 ………… 内蒙古第一机械集团有限公司(1378)
航天火化工企业集体作业方式下的质量管理
　　………………………………… 湖北三江航天江河化工科技有限公司(1385)
水务公司降低供水产销差率的系统管理 ……… 河北建投水务投资有限公司(1392)
水电厂"状态控制字"检修管理 …… 贵州乌江水电开发有限责任公司东风发电厂(1399)
重载铁路施工"天窗"综合利用管理 ……………………… 太原铁路局(1406)
国有老企业基于5S的精益管理 ………… 大冶有色金属集团控股有限公司(1414)

项目建设与运营管理

天然气长输管道复杂工程建设与运营管理
　　………………………… 中国石油天然气股份有限公司西气东输管道分公司(1421)
超深水半潜式钻井平台设计与建造管理 ………… 上海外高桥造船有限公司(1435)
石油企业专业化经营管理 ………… 中国石油化工股份有限公司西北油田分公司(1442)
汽车物流企业3.5PL管理模式的构建与运行 …… 安吉汽车物流有限公司(1449)
铁路企业全程物流管理体系建设 ……………… 包头华通物流(集团)有限公司(1456)
以农民工为主体的劳务公司运营与管理 ……… 上海浦东新区平沪劳务开发部(1463)
钢铁企业产品差异化战略的实施 ……………………… 杭州钢铁集团公司(1470)
打造新能源发电集团的风电开发集约化管理 …… 龙源电力集团股份有限公司(1477)
建筑装饰企业差异化竞争能力建设 ……… 中建三局东方装饰设计工程有限公司(1484)
钢铁企业自有矿山的整体开发管理 ……………… 马钢(集团)控股有限公司(1492)
基于信息化的高效纺织企业建设 …………………………… 无锡市第一棉纺织厂(1500)
施工企业打造核心竞争力的项目管理 ………… 中交第一航务工程局有限公司(1507)
石油企业以提升效益为目标的组织再造 ……… 中国石化集团中原石油勘探局(1514)
城市轨道交通地下空间资源的集约化综合利用 …………………………
　　………………………………………… 北京市基础设施投资有限公司(1521)
发电企业项目前期优化管理 …………………… 华能云南滇东能源有限责任公司(1527)
通信企业与政府、社区联合推进的城市光网建设管理
　　………………………………………… 中国电信股份有限公司上海分公司(1535)
发电企业水火电一体化运营管理 ……… 贵州乌江水电开发有限责任公司(1542)
全国企业管理现代化创新成果申报审定和发布办法 …………………… (1548)
编辑说明 …………………………………………………………………… (1550)

集团管控与国际化经营

践行"走出去"战略的大型石油企业海外投资与运营管理

中国石油天然气股份有限公司海外勘探开发分公司

中国石油天然气股份有限公司海外勘探开发分公司(简称海外勘探开发公司)是代表中国石油天然气集团公司(CNPC,简称中国石油)、中国石油天然气股份有限公司(PetroChina)负责海外投资业务的专业分公司,归口运营与管理中国石油海外勘探开发、炼油化工、长输管道等海外投资项目。

1993年以来,在国家"走出去"战略方针的指导下,在中国石油的领导下,海外勘探开发公司开始走出国门,实施国际化经营。截至2011年底,在全球29个国家管理运作着81个油气投资项目,海外项目总资产已增长到412亿美元,形成集勘探、开发、管道、炼化于一体的完整产业链,以及兼顾陆海、油气、常规非常规的平衡性资产组合。2011年海外油气作业总产量突破1亿吨,权益产量达到5175万吨,建成了中国石油工业的首个"海外大庆"。

成果主创人:公司总经理薄启亮

一、践行"走出去"战略的大型石油企业海外投资与运营管理背景

(一)有效开发利用国外油气资源、保障国家能源供应安全的需要

石油是国民经济的血液,是涉及国家政治经济安全的战略物资。新中国成立以来,经过几代石油人艰苦卓绝的努力,我国逐步建立起现代化的石油工业体系,甩掉了贫油国的帽子。但是,我国人口众多,石油资源相对匮乏,人均石油资源占有量只有16.3吨,仅为世界平均水平的23%,居世界第34位。改革开放以来,伴随着经济的持续快速发展和城镇化进程的加快推进,石油消费以年均12.3%的速度高速增长,而石油产量的年均增速仅为2.9%,油气供需矛盾日益凸显。1993年我国成为石油净进口国,2000年净进口石油6000万吨、对外依存度30%,2011年石油对外依存度达到56.3%、供需缺口达到2.58亿吨。到2020年,我国石油对外依存度将超过65%、供需缺口将达到4亿吨,国家政治、经济和国防安全的潜在风险越来越大。出于保障国家能源安全的使命要求和企业做大做强的内生动力,上世纪90年代初,在国家"充分利用国际国内两种资源、两个市场"的战略指导下,中国石油确立了"稳定东部、发展西部、实施国际化经营"的总体战略,积极参与全球分工、合作与竞争,通过积极开发和利用国外油气资源,扩大国际合作,保障国家油气安全稳定供给。

(二)应对复杂多变国际投资与运营环境、保障合理投资回报的需要

海外勘探开发公司走出国门,面临的经营环境与国内大不相同,投资环境日趋复杂,作业与技术难度空前加大,高技术、高风险、高成本的特点日益突出。一是跨国投资的政治、经济及安保风险不断加大。全球油气富集区地缘政治形势复杂多变,重点油气合作区恐怖活动猖獗、社会治安恶化,东道国(即拥有油气资源的主权国家,又称资源国)在新世纪以来高油价刺激下普遍加大对本国油气资源的控制力度,油气合作政策和财税条款逐步收紧,环保及劳工等要求也日益严苛。二是油气勘探开发的潜力地区正向戈壁、荒原、沙漠、山地、沼泽等自然条件恶劣的地域转移,深海、油砂、重油、页岩气等非常规资源在日益成为全球投资热点的同时,也对勘探开发技术提出了更高要求。三是海外项目公司通常是由多方股东组成的联合作业公司,合作模式多样,合作伙伴结构复杂,需要以国际惯例为参照,以项目合同为宪法,严格遵循东道国的法律法规,商务环境中处处体现着多元文化和多方利益相关者的碰撞与融合。面对复杂多变的投资环境,需要加强海外投资与运营管理,科学制定并实施海外发展战略,提升本地化立足能力,注重风险防控,在谋求较好投资回报的同时,实现与合作伙伴、东道国政府等利益相关者的互利共赢。

(三)提升中国石油核心竞争力、建设综合性国际能源公司的需要

中国石油国际化经营起步较晚,在管理、技术等方面的核心竞争力与国际大石油公司相比还有一定差距。埃克森美孚、壳牌、BP、雪佛龙、道达尔等石油巨头拥有几十年甚至上百年的跨国经营经验,技术领先、管理先进,并占有优质石油储量,掌握着国际油气市场游戏规则的制定权和话语权。中国石油海外投资业务于1993年从秘鲁项目起步,管理、技术、人才等"软件"与海外业务规模和速度等"硬件"发展尚未完全匹配,非常规和深海开发等新兴领域的关键技术亟待突破。本世纪初,中国石油确立了建设"综合性国际能源公司"的战略目标,做出加快实施国际化战略、扩大国际能源资源开发合作的战略部署。根据战略规划,到"十二五"末或稍长一段时期,海外油气作业当量规模达到2亿吨,成为中国石油的"半壁江山"。海外勘探开发公司作为中国石油实施国际化战略的主力军和排头兵,应当扩大对外投资,加强运营管理,不断拓展海外发展新空间,保障海外投资业务可持续发展。

二、践行"走出去"战略的大型石油企业海外投资与运营管理内涵和主要做法

海外勘探开发公司以保障国家能源安全、促进中国石油建设"综合性国际能源公司"为使命,积极实施"走出去"战略,努力探索海外油气项目投资与运营管理的"六化"模式,即:全球化思维,在全球范围内抢抓投资机遇,分阶段科学制订实施海外发展战略;专业化管理,强调业务驱动,构建高效的管控构架和管理机制,实现对海外投资项目的专业化、标准化管理;差异化策略,实施差异化的目标市场、差异化的技术支持模式以及差异化的客户(东道国)解决方案,通过发挥比较优势迅速培育核心竞争能力;项目化经营,遵循国际

苏丹喀土穆炼厂

规则与惯例,构建以项目为核心的获取、运营管理和动态优化机制;一体化运作,充分发挥中国石油作为母公司的上下游一体化、国内外一体化和甲乙方一体化的优势,快速高效建成大型油气项目;本地化立足,遵守东道国法律、尊重当地风俗文化,恪守互利共赢原则,持续提升本地化立足能力。同时,注重以人为本,分层次锻炼培养中方员工、本地员工和国际雇员,有效支撑海外业务发展;构建内控与HSSE管理体系,切实增强海外业务的抗风险能力。主要做法如下:

(一)以全球化思维抢抓机遇和谋划布局,科学制订海外发展战略

海外勘探开发公司以全球眼光审视和考量对外投资与运营管理,深刻把握世界政治经济变革形势,深入研判全球油气行业发展趋势,在全球范围内把握机遇、谋划布局、整合资源,在竞争中合作,在合作中超越。

1. 在全球范围内抢抓投资机遇

一是实行循序渐进的稳健投资策略。在项目选择上,按照发挥优势、循序渐进的原则,坚持由小项目到大项目、从风险较低项目到风险较高项目的发展路径,以中国石油比较擅长的老油田开发和提高采收率项目为进军国际市场的切入点,先将小项目做成精品工程,树立形象、扩大影响,再逐步涉足大中型开发项目,积累一定经验后择机进入风险勘探领域。在业务发展策略上,从中国石油拥有特色技术和比较优势的石油勘探开发起步,逐步介入炼油、化工、管道运输和成品油销售等领域,完善上下游一体化产业链;从陆上石油合作起步,逐步向陆上天然气、LPG、重油、油砂以及海上石油合作延伸,并带动工程技术服务队伍走出国门,实现共同发展。在合作模式上,实行稳健经营、分散风险、优势互补等策略,从比较简单的服务合同切入,积累经验,逐步向产品分成、合资经营、跨国并购等多种合作模式扩展,实现投资效益最大化。

二是把握全球地缘政治动向捕捉发展机遇。石油投资活动从来都不是单纯的经济行为,作为重要的战略性资源,石油天然气的国际合作开发具有浓烈的政治色彩。上世纪90年代初,我国周边(特别是中亚地区)的地缘政治态势在向好的方向转化,非洲地区的一些国家(如苏丹)希望中国企业参与当地的投资,拉美地区的油气合作市场不再是欧美等西方大石油公司独霸的天下。在国家的大力支持和"能源外交"的推动下,海外勘探开发公司抓住机遇,加快拓展海外市场空间。1997年,通过参与国际竞标,一举获得苏丹1/2/4区、哈萨克斯坦阿克纠宾、委内瑞拉陆湖三大项目,成功进入非洲、中亚和南美市场,被国际石油界形容为"从国家石油公司中杀出的一匹黑马"。

三是利用全球金融经济市场的波动获取优质油气资产。2008年国际金融危机爆发以后,海外勘探开发公司把握国际油价低位运行、部分东道国和石油公司资金短缺、经营困难的机会,在国家和中国石油的大力支持下,灵活运用贷款换石油、市场换资源、项目换项目、为东道国提供整体解决方案等多种策略,成功获取委内瑞拉胡宁-4超重油、澳大利亚箭牌煤层气、哈萨克斯坦曼格什套等一批资源禀赋好的优质项目。

四是在国际石油公司战略调整的缝隙中抓住机遇。上世纪末到本世纪初,国际石油市场掀起了一轮调整重组和兼并收购热潮,如英国石油(BP)与美国阿莫科、阿科公司的合并,埃克森(Exxon)公司与美孚(Mobil)石油公司的合并。同时,一些中小型的独立石油公司纷纷调整经营发展战略,通过收购、兼并或出售油气资产,在全球范围内优化资产

结构。海外勘探开发公司紧抓机遇，与美国戴文（Deven）等一些石油公司频繁接触，运用灵活的策略，2002年成功获取戴文公司在印度尼西亚的油气资产。2005年以41.8亿美元成功收购在加拿大上市的哈萨克斯坦PK公司，成为当年全球第二大能源并购案和中资企业"走出去"最大的单笔投资项目。

2. 根据国际投资机会和自身实力制订阶段性发展战略

在探索起步阶段（1993～1996年），海外勘探开发公司定位于"国际化经营初学者"，以"锻炼队伍、积累经验、培养人才"为重点目标，以老油田提高采收率小项目为切入点，依靠中国石油在国内积累的精细勘探和复杂老油田开发专长技术打开市场。1993年中标秘鲁塔拉拉6/7区项目后，将这两个百年老油田重新"焕发青春"。3年内日产量从1600桶提高到6400桶，其中4226井获得3302桶/日的高产油气流，成为秘鲁历史上措施产量最高的油井。在此基础上，将合作项目顺利延伸到秘鲁1－AB/8等6个区块，并拓展到委内瑞拉、厄瓜多尔、哥斯达黎加等国家，在拉美地区这一国际高端油气市场站稳脚跟。

在夯实基础阶段（1997～2002年），定位于"争当作业者"，以在海外油气项目中争当主导者、掌握决策权为主要目标，实施"争当作业者"、"大中小并举"和"一体化运作"的经营策略，力争承揽投资项目的大部分工作量，成为项目主导者，成功运作大中小项目，实现海外油气合作从投资阶段向生产回收阶段的跨越。通过"争当作业者"，将中国石油的工程技术服务队伍带进海外油气合作项目；通过滚动发展，逐步涉足成本低、增长潜力大、回报高的大中型项目。到2002年末，初步形成北非、中亚和南美三大战略合作区，原油作业产量接近2000万吨，权益产量超过900万吨，跨国经营管理逐渐走向成熟。

在快速发展阶段（2003～2008年），定位于"打造具有国际一流水平的油公司"，以"拓展领域、突出效益、加快回收"为主要目标，实施多元开发、技术领先和低成本发展三大经营策略和"讲究效益、注重保障、培育规模、协调统一"十六字方针，合作领域从以开发为主扩展到勘探与开发并重，从陆地扩展到浅海，从以油为主扩展到油气并举，从自主开发转向自主开发与兼并收购并举，成功进入风险勘探和海洋业务新领域。通过收购加拿大石油公司在厄瓜多尔、叙利亚的资产和获取利比亚、赤道几内亚等海上勘探区块，拓宽发展领域；形成以大型砂岩油田开发与调整配套技术、大型复杂碳酸盐岩油藏开发配套技术以及水平井钻井技术等独具特色的油气田开发生产配套技术系列，推动海外合作区块高效开发。

在规模化发展阶段（2009年以来），定位于"成为国际石油巨头的优选合作伙伴"，以建成"海外大庆"为目标，全面实施"完善战略布点、优化业务布局、提升质量效益"的经营策略，在重点地区和新领域获得一系列战略性突破，实现海外业务规模发展的新跨越。在欧美石油巨头把持的中东地区完善战略布点，为建设中东油气合作区奠定坚实基础。2009年，与BP合作同伊拉克石油部签署合资开发伊拉克鲁迈拉油田协议，主导组建中国石油、道达尔、马来西亚国家石油公司投标联合体，成功中标伊拉克哈发亚油田；与伊朗国家石油公司签署伊朗北阿扎德甘油田开发合同，接管法国道达尔公司在伊朗南帕斯气田的股权，与伊朗签订南阿扎德甘油田开发协议；跟踪北美页岩气、南美重油带、巴西及墨西哥湾海上等领域的合作机会，获得加拿大阿萨巴斯卡油砂等大型开发项目。通过规模化发展,成为国际大石油公司的优选合作伙伴。

3. 以全球视野谋划发展,优化业务布局

确立"突出中亚、做大中东、加强非洲、拓展美洲、推进亚太"的思路,做大做强五大海外油气合作区。中亚地区以哈萨克斯坦、土库曼斯坦、乌兹别克斯坦、阿塞拜疆等资源国为依托,初步建成中国石油的海外油气合作示范区,年产量接近3500万吨油当量;中东地区以伊拉克、伊朗等资源国为依托,逐步成为中国石油作业规模最大的油气合作区,原油作业产量超过2000万吨;非洲地区以苏丹、南苏丹为核心,辐射到乍得、尼日尔等资源国,油气生产能力接近3000万吨;美洲地区以委内瑞拉、厄瓜多尔、秘鲁项目为重点,原油作业产量已达1000万吨以上;亚太地区建成近1000万吨的油气生产能力。

为不断提高资产组合质量,增加海外油气资产的整体盈利能力,构建海外项目资产优化与处置机制。采用"波士顿矩阵"分析模型对海外油气资产进行分类,将全球资产划分为现金牛类资产项目、明星类资产项目、问号类资产项目、瘦狗类资产项目(表1)。对没有潜力的勘探项目、运营效益不理想的开发项目果断退出,先后退出缅甸IOR4区、利比亚17-4区块、阿塞拜疆古布斯坦等多个"瘦狗"类项目。

表1 基于波士顿矩阵分析的海外项目资产组合

第一象限(现金牛类资产项目)	第二象限(明星类资产项目)
PK项目、苏丹1/2/4区、阿克纠宾项目、印尼项目等13个项目	阿克纠宾希望油田、苏丹3/7区、阿姆河右岸项目、MPE3项目等6个项目
□利润份额超过70%	□利润份额小于12%,利润较可观,但资产数量较少
第三象限(问号类资产项目)	第四象限(瘦狗类资产项目)
委内瑞拉Zumano项目、Adar项目等22个项目	缅甸IOR4区、利比亚17-4区块、阿塞拜疆古布斯坦项目等7个项目
□利润份额12%左右,资产数量较多,有待于进一步研究调整	□利润份额小于4%,产生利润较少

(二)注重专业化和标准化管理,实现严格管控与高效运作的有机结合

1. 设置子公司注册、分公司管理的组织管控架构

海外勘探开发公司在海外注册成立200多个子公司法律实体,满足东道国法律和合同的要求,在上市和非上市资产及法律实体之间建立必要的"防火墙",构建起基于海外项目公司、便于跨国经营、利于规避风险和税收筹划的法律架构。通过多年摸索,在公司层面设置3个法人实体平台,即中国石油天然气勘探开发公司(CNODC/CNPCI)、中油勘探有限责任公司(CNPC E&D)和中石油国际投资公司(PetroChina International Investment),代表中国石油行使股东权利和义务,所有海外项目均以这三个法人实体名义在海外注册。在实际管控上,海外项目以分公司形式进行运作。

在管理体制上,中国石油对海外业务实行"两级行政、三级业务"管理,由海外勘探开

发公司对海外地区公司及所属项目公司进行业务管理,确保各业务系统的合规运营。同时,设立哈萨克斯坦、尼罗河、拉美、伊拉克、伊朗、中亚天然气管道、阿姆河和中俄合作项目部等8个地区公司,负责本地区中方人员的调配、生产运营支持协调、HSSE及公共关系管理等事务。另外,全面管理印度尼西亚、尼日尔、乍得等项目公司以及中亚公司、广西炼厂等国内单位(图1)。

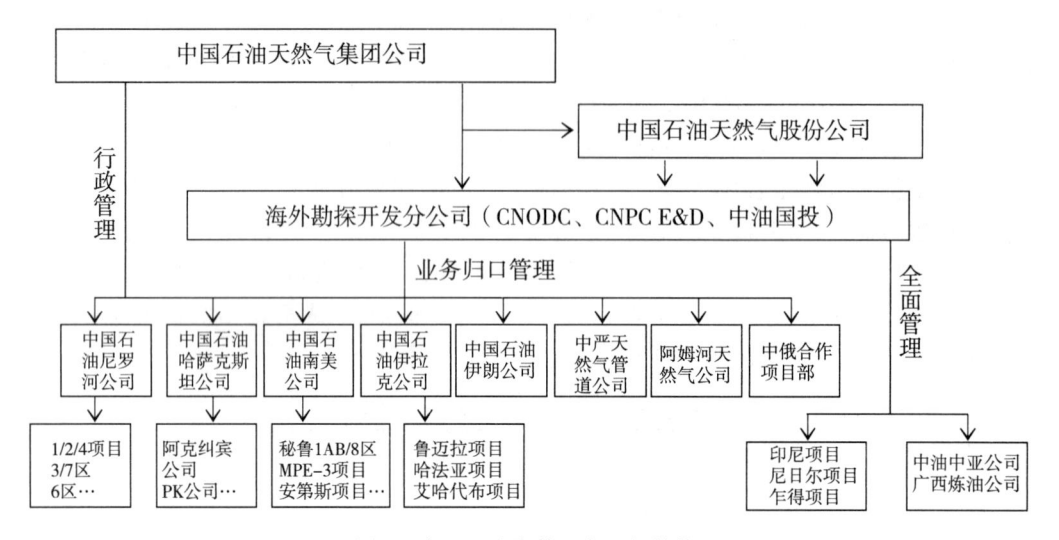

图1 中国石油海外业务组织结构

2. 构建便于有效管理、确保中方股东利益的管控模式

坚持以海外项目公司为核心,海外勘探开发公司、地区公司为项目公司提供指导、支持和服务,切实维护中方利益。在项目公司管控上,依据中方在合作项目中不同持股比例,以派遣股东代表等方式,在联合公司董事会、联管会及相关技术和商务委员会等决策机构中体现中方意图,维护中方股东权益;实行"收支两条线"管理办法,通过资金集中管理、统一调配使用,提高资金使用效率,降低财务成本,保障投资按计划回收;按照资产类型和战略要求,基于地理位置和资产布局,为不同地区、不同业务提供全面的职能和技术支持。

3. 建立灵活高效的国家和项目间协调机制

中亚天然气管道是中国石油主导建设的第一条跨国天然气长输管道,横跨土库曼斯坦、乌兹别克斯坦、哈萨克斯坦和中国4个国家。作为运营主体的中亚天然气管道公司,与中石油国际事业公司和北京调控中心密切配合,围绕"中方有效掌控"和"全线输气能力保障"核心利益,从组织结构、协调机制和风险防范三个方面入手,通过建立国际管道运营管理组织结构体系和"四国七方跨国协调机制"、建立健全应急管理体系等,确保管道安全平稳有效运营。

2008年,海外勘探开发公司和中国北方工业公司各出资50%组建绿洲石油有限责任公司,与伊拉克北方石油公司签署《艾哈代布油田项目开发服务合同》,约定6年内配套建成600万吨/年生产能力。面对伊拉克国内安保环境复杂、缺少基础设施支撑等巨大风险和困难,绿洲公司积极探索,推出"大安保、大后勤、大环境,统一管理"的"三大一统"产能建设管理模式。"大"指整体性和全覆盖,即甲方进行安保、后勤、环境建设设计时,必须统筹考虑所有中方参建单位,进行整体设计;对合同界定的甲乙方分工,如果合同责任内容不清晰和不明确,推定甲方负责,确保不留死角。"统"指绿洲公司在作业现场建立甲乙方统一管理机构,协调"三大"体系的联合运行。参建单位统一目标、协调配合,形成一个有机整体,防控安保风险和投资风险。

4. 以业务为导向强化海外项目运营管理

以技术、经济方案部署和审核为着力点,构建风险勘探、油气开发和工程建设的全球化、标准化的业务管理系统,提高对业务的控制力,确保各项目生产建设目标的实现;以标准化为目标,坚持在人力、IT、财务等职能管理上实行统一的标准和流程,给项目运营提供标准化的支持和服务;以市场为导向,控制合同承包价格,降低合同成本,巩固跨国经营的低成本优势;以国际监理为抓手,坚持第三方监督,保障项目质量和进度受控运行。

(三)充分发挥国家和中国石油的比较优势,通过差异化策略培育核心竞争力

1. 实施差异化市场策略

海外勘探开发公司在国家"能源外交"的大力推动下,充分发挥中国石油的比较优势,进入国际石油巨头尚未进入(或进入后又退出)的油气市场。以苏丹、乍得、尼日尔为代表的非洲资源国和以委内瑞拉、厄瓜多尔为代表的拉美资源国。苏丹北部为沙漠,南部为热带雨林,号称"世界火炉",夏季气温高达50摄氏度以上,马来热、登革热等疾病流行。通过与马来西亚国家石油公司、印度国家石油公司等合作,发扬艰苦奋斗、顾全大局、特别能吃苦、特别能战斗的优良传统和作风,与海外同行共同工作时不比条件比本事、不比待遇比奉献,在非洲、拉美地区创造出令国际石油公司惊讶的勘探开发业绩。

2. 采用差异化的技术支持与管理模式

发挥中国石油整体技术优势,学习借鉴国外石油公司和大型技术服务公司经验,构建"相对集中、层次分明、因地制宜"的技术与商务支持模式。同时,以中国石油国内技术为基础,借鉴吸收国际先进适用技术,以地质勘探、油气田开发和新项目评价三大核心技术为主体进行集成创新,围绕被动裂谷盆地油气地质理论及勘探技术、低勘探程度盆地快速评价与勘探技术、复杂碳酸盐岩油田开发技术等10大系列特色技术,攻克复杂地质条件下新区勘探、新油田开发和老油田改造等一系列技术难题。

发挥中国石油勘探开发研究院在海外油气业务科技攻关与技术支持体系中的主体作用,开展全球油气资源评价、海外勘探开发中长期规划研究、年度勘探开发方案部署、重大开发(调整)方案编制及实施跟踪、新项目技术经济评价、重点项目勘探开发动态跟踪和带有共性的海外油气生产技术支持以及承担海外业务新领域的科技攻关,解决技术瓶颈。

依托与各相关研究机构合作建立的专业技术分中心,侧重于海外各专业领域内的对口技术支持;依托集团公司各油田单位的特色技术,包括大庆油田提高采收率技术、辽河油田重油技术、四川天然气田开发技术、长庆低渗透油气田勘探开发技术等,根据海外油气田的不同类型和特点,实施因地制宜的"一对一"技术支持。

建立分层次的科技管理体系,海外勘探开发公司负责海外业务科研与技术支持项目

立项及预算的统一管理,考核科技计划执行情况,组织实施重大科技项目;地区公司对所属项目公司的科技项目执行进行必要的管理、协调与监督;项目公司是技术支持应用的主体,负责科技项目研究过程的管理和研究成果的实施。

美国雪佛龙公司在苏丹3/7区开展了多年勘探,只发现一个可采储量不足700万吨的小油田,断定缺乏经济价值而放弃了该区块。2000年,海外勘探开发公司中标苏丹3/7区风险勘探项目,创新被动裂谷盆地地质理论,采用自己的勘探技术,用不到3年时间在7万多平方公里的区块上发现亿吨级大油田,探明石油储量50亿桶。该发现被评为2003年全球十大油气发现之一。哈萨克斯坦肯基亚克盐下油田埋藏深、压力系数高、含硫高,且上部有厚达3800米的巨厚盐丘。前苏联曾试图开发,因技术不过关,钻井42口报废40口而放弃。海外勘探开发公司引入中国石油成熟的盐下构造成像与裂缝识别技术和巨厚盐岩层高速钻井、完井与采油工艺技术,快速开发肯基亚克盐下油田并建成200万吨/年原油生产能力,将难以动用的2864万吨可采储量转变为可高效开发的优质储量,使一个边际油田起死回生。

3. 提供差异化的商业模式

建立独立、完善的石油石化产业,是一些经济欠发达国家梦寐以求的目标。国际大石油公司以股东利益最大化为首要目标,往往以炼化项目不挣钱为理由,拒绝与东道国合资建设下游项目。海外勘探开发公司通过与苏丹、尼日尔、乍得等国的石油公司合作,在当地建立从勘探开发到炼油化工,上下游配套、完整的现代石油工业体系。从1996年与苏丹开展合作,在当地投资累计超过40亿美元,合作开发建设千万吨级大油田,并合资建设原油长输管道、年原油加工能力250万吨的喀土穆炼油厂和年产1.5万吨聚丙烯树脂的喀土穆石油化工厂,帮助苏丹建立起技术先进、规模配套的现代石油工业体系。应阿尔及利亚、尼日尔、乍得等国政府要求,以合资方式建成阿尔及利亚Adrar油田和SORALCHIN 60万吨/年炼油厂项目,乍得H区块、S区块油田和100万吨/年恩贾梅纳炼油厂项目,以及尼日尔Agadem区块油田和100万吨/年津德尔炼油厂项目。在部分地区建立油品销售网点,解决东道国对成品油的迫切需求。通过实施"全业务链整体解决方案"商业模式,不仅帮助一些东道国建立起石油工业体系,而且带动中国石油国内工程技术、工程建设和装备制造业务迅速打入国际市场,带动国内一些制造业企业走出国门。通过"全业务链投资+劳务和技术装备出口"的策略,使得中国石油的整体投资效益达到预期回报要求。

(四)实施从项目开发、建设到运营的全生命周期管理,构建以项目合同为核心的经营机制

1. 项目开发上,建立严格的项目筛选和决策体系

在全球范围内广泛捕捉项目信息。海外勘探开发公司建立涵盖我国驻外使领馆、新闻媒体、中介机构、石油系统驻外办事机构、现有海外项目、海外工作人员以及东道国驻华使馆、合作伙伴的新项目信息收集渠道,并指定专门机构随时收集和整理项目信息,确保项目信息收集的及时性、广泛性、真实性和有效性。

建立涵盖机会筛选、评价、报批、决策等环节的新项目开发流程。按照企业发展战略和项目筛选标准,对获得的项目信息进行分级、分类筛选,并按照分级授权原则,初步确

定项目取舍。对于符合企业战略、初步认定技术经济指标较好的项目,进一步详细评价;对于明显不符合企业战略和筛选标准的项目,坚决放弃。项目通过初选后,由内部专业评价队伍进行详细的技术研究和经济评价。同时,收集项目所在国投资环境、财税政策、项目油气资源基础、项目运作条件、投资效益和风险分析等相关资料,按照评价程序和标准进行全方位评价;充分考虑国际油价波动风险,保证项目运作后能够获得较高预期投资回报。专业评价队伍通过评价编制形成项目可行性研究报告,组织技术、法律、经济等内外部专家组成新项目评估专家组,对新项目的技术和商务评价结果进行评审,并向管理层提出项目评价意见和建议。管理层在专家评审基础上,召开专门会议充分讨论后决策。经过公司内部决策后的项目,按照分级授权的原则,上报中国石油及国家相关部门审批。

2. 项目建设上,采取国际通用的项目管理模式

海外油气建设项目往往投资巨大,动辄数亿或数十亿美元。投资、质量、进度之间的匹配和协调十分重要。

注重项目建设的经济与技术方案的设计、审核。项目公司作为项目建设的业主,通过国际招标确定建设的设计商、承包商、供应商和服务商。其中,方案设计是关键环节,往往是项目公司委托专家组对设计单位出具的方案进过数轮讨论审核后,方能确定。不同投资规模的方案,按照分级授权的原则,报股东和东道国政府审批。

注重项目建设的关键设备和长线设备的采购与运输、通关和清关。关键设备、长线设备的制造周期及其物流、运输及通清关是影响项目建设进度的关键因素。对于工期紧或东道国基础设施条件较差的的建设项目,业主(项目公司)往往派人进驻制造现场或海关,跟踪监督进度。

通过第三方监理严把建设质量关口。为项目建设聘请国际监理是海外投资项目建设无一例外的选择。对于一些战略性、投资大的建设,往往聘请两家及以上的监理,分别负责工程、作业、安全等方面的质量监督和控制。

3. 项目运营上,采取完全国际化的方式

建立项目公司管理委员会、采购委员会审议机制,对项目公司日常运营中的重大事项进行审议和决策。

实行年度工作计划与预算(Work Program & Budget,WPB)制度,年度 WPB 通过东道国政府和合作伙伴股东审批后,作为项目运营的主要依据。为加强过程管理,在工作计划与预算执行过程中,实行单项工程费用审定单(Authorization For Expenditure,AFE)、预算变更申请单(Budget Change Request,BCR)、筹款制(CASH CALL)等制度,严格控制预算外的投资,严把资金运作关口,确保将运营过程中的风险降至最低。

推行国际招投标制度,每个项目公司均设有独立的采办部门,在项目总部和项目现场两地办公。项目总部的采办人员主要负责物资、设备、服务的公开招标和合同谈判;项目作业现场人员主要监控物资的库存水平和物料的进出库。

4. 项目经营过程中,充分贯彻"合同为宪法"的原则

海外项目公司大多为联合作业公司,股东或投资伙伴通常有 3 家以上(政府、中国石油、伙伴公司等)。多个合作伙伴并存导致利益取向不同,项目公司必须按照项目合同条

款来运作项目,石油合同具有法律效应,是指导项目公司运作的"宪法"。

建立完善的分业务标准化合同范本。新项目开发上,海外勘探开发公司开发出一套新项目开发合同范本;针对项目运作过程中出现的法律问题,开发出一套包括招标文件、采购合同、销售合同、承包服务合同等在内的现有项目合同标准文本;为优化海外资产的布局和组合,提高资产置换和项目出售的处置效率,开发出一套资产优化业务的合同范本。同时,建立信息化的合同管理系统,结合油气合同类型,建立包含产品分成、矿税、服务、公司制等种类齐全的合同数据库。

项目合同是所有勘探开发活动的准绳,对项目的成功获取与有效运营至关重要。突出抓好项目合同谈判和签约等关键环节,力争所签合同条款符合CNPC利益,以确保为项目运作打下良好基础。在项目运作过程中,不断积累各类国际石油合作合同模式下的项目运作经验。

5.建立不同类型项目的运营管理模式

项目公司针对不同国家、不同项目的具体情况,探索不同的运营管理和商务运作方式,有效应对复杂多变的外部环境,降低项目运营风险,加快项目产能建设,提升项目经济效益。

"中方绝对控股"管理模式。哈萨克斯坦阿克纠宾公司是目前中国石油控股规模最大、海外效益最好的项目之一。多年来,坚持低成本发展策略,强化投资管理,严控成本费用,构建科学、完整的分红与降本增效机制。建立和完善总量控制与过程控制相结合的投资管理体系,推动投资主管部门及投资计划执行单位有效结合,从制度和机制上保证投资控制;对非主营业务实施合资化改制,有效增强非主营业务的市场竞争力;全面推行物资集中管理,合理控制优化物资库存,减少资金占用;对辅助生产单位实行内部模拟市场化管理,逐步树立"量入为出"的经营观念,有效控制成本费用。

"和谐社区"运营管理模式。厄瓜多尔安第斯公司坚持以中方管理为核心、本土化力量为依托、多国籍团队为支柱,成立安全、技术、计划预算、投标招标、费用授权等5个委员会和特别工作小组,分工管理不同事务,形成透明、公开、高效的运营与管理决策机制。外部关系上,构建与政府联管会、与社区联谊会、与员工联席会的"三联机制",规避经营风险,有效解决影响海外堪探开发公司生存与发展的"社区、劳工、工会"三大难题,建设"和谐油区"。内部管理上,通过ERP运营管理系统,建立信息化的计划与预算管理、财务会计管理、采办与库房管理、人力资源管理、信息管理和生产现场管理系统,有效推动企业科学发展。

"等权管理"模式。哈萨克斯坦曼格什套公司是中方和哈方50:50的等权管理项目。该公司注重项目管理模式的顶层设计,通过股东协议、管理制度及流程的设计,充分维护中方利益。在股东协议谈判过程中,通过整体框架和组织机构设计保证中方的决策权,将重大生产经营决策权交由董事会行使,管理委员会负责公司日常业务,实行总经理与第一副总经理双签,按照等权管理的原则设置公司中层以上管理人员,既有分工也有制约,每3年轮换一次。业务流程和制度执行上,在各关键控制环节均设置中方人员,保证中方的知情权和控制权。通过框架和制度设计,在中方只有50名管理人员的情况下,对一个拥有6000名当地雇员的大型油田实行高效管理。

（五）实施上下游、国内外、甲乙方一体化运作，快速高效建成大油田、大气田

海外勘探开发公司依托中国石油在人才、技术、资金等方面的综合优势，坚持统一协调、统一调度、相互促进、相互支持的原则，不断增强综合竞争力，提升整体国际化水平。

1. 发挥上下游一体化优势，完善海外投资业务链

坚持"下游促进上游、上游带动下游"的一体化发展策略，将油气勘探开发等高风险、高回报业务与炼化等回报稳定、风险较小的业务搭配组合，提升上下游业务发展的均衡性和平稳性，增强整体抗风险能力。同时，利用油气下游业务作为撬动重点东道国油气市场的杠杆，获取上游油气资源。通过承诺为苏丹建设喀土穆炼厂，在激烈的竞争中击败西方大石油公司，获得苏丹1/2/4项目的作业权。喀土穆炼厂作为海外勘探开发公司第一个炼化项目，不仅经济效益显著，并且成为非洲石油工业界的一朵奇葩，有效提升了中国石油在该地区的影响力。在委内瑞拉、阿尔及利亚、尼日尔、乍得等项目的获取和建设过程中，上下游一体化运作模式的优势继续得到充分发挥。

2. 发挥国内外一体化优势，充分利用两个市场、两种资源

发挥中国石油国内油气市场优势，撬动与东道国政府和国际油公司的上游油气合作。一方面，在与东道国进行油气合作的过程中，有效利用东道国对进入中国市场的需求，撬动与东道国的上游油气合作。委内瑞拉胡宁-4项目通过在中国合建炼厂等形式，将东道国的丰富油气资源引入中国，保障国家能源供给。另一方面，有效结合国际油公司在中国开展油气合作的需求和海外勘探开发公司获取海外油气资源的需要，构建在油气合作项目上的"互换"机制。与壳牌、BP等国际大石油公司建立战略联盟，参与在澳大利亚、北美等成熟油气合作地区的项目运作。

3. 发挥甲乙方一体化优势，推动大中型油气项目的建设与合作

在担任大型合作项目作业者时，通过招标竞争，优选中国石油的乙方队伍，承揽项目全过程技术服务。中国石油拥有对大型勘探开发项目建设的管理经验和协调能力，参建各方具有共同文化、共同目标和共同利益，通过甲乙方一体化运作能够充分发挥整体协同效应，发挥国际石油公司难以比拟的综合优势。土库曼斯坦阿姆河项目公司立足甲乙方和谐、乙方之间和谐、项目与政府和谐、中外员工和谐的"四和谐"，用同类项目一半的工期实现竣工投产；尼日尔、乍得上下游一体化项目建设，坚持"统一工程组织、统一HSSE和安保、统一公共关系、统一公益事业，全过程质量控制"的"四统一控"管理，短时间内在非洲建立起现代化的石油城。

（六）恪守互利共赢、共同发展的原则，不断提升本地化的响应能力

海外投资业务的发展离不开东道国政府、合作伙伴等利益相关者的配合与支持。海外勘探开发公司充分尊重东道国的政策、法律和文化，与利益相关者实现互利共赢。

1. 遵守东道国法律和风俗文化

严格执行东道国法律法规、依法开展生产经营活动。组织项目公司员工学习东道国以及与项目生产经营相关的各种法律法规，掌握最新法律动态，提高员工的法律意识和合同意识。注重企业内部不同民族、不同宗教间的文化融合，倡导尊重、开放、兼容的跨国企业文化，通过促进多元文化的融合，使具有不同文化背景的员工彼此理解和信任，相互欣赏和学习，不断提升员工队伍的凝聚力和创造力。创造各种条件使中方员工多了

解、多熟悉东道国的风俗习惯和宗教信仰,多结交东道国朋友;创建中方员工与东道国人员的多种交流平台,逐步消除员工间的语言障碍和文化隔阂。每逢东道国和中国重要节日与活动,让中外员工们在一起欢度,感受彼此的文化。

2. 努力成为东道国政府和企业可信赖的合作伙伴

本着可持续发展的原则,兼顾各方利益诉求,与东道国形成利益共同体,帮助东道国政府解决问题。面对国有化浪潮,不完全照搬西方大石油公司的做法,动辄诉诸法律或进行国际仲裁,而是努力兼顾和平衡各方利益,寻求用新的合作框架化解矛盾。2005年,委内瑞拉将原来的产品分成合同改为由委方控股的合资公司,一些国际石油公司纷纷提出退出合作或诉诸国际仲裁。海外勘探开发公司本着利益共享的原则,通过协商提出上中下游一体化合资模式,既降低委方政策变动给油气合作可能带来的风险,又兼顾委方稳定原油市场的需求。

3. 切实履行企业社会责任

秉承"做优秀的世界公民"的社会责任理念,支持当地社会公益事业,促进社会发展、环境保护、社区和谐。在哈萨克斯坦,与当地政府签订《社会经济合作备忘录》,支持当地经济、文化和社会发展;在苏丹,捐资1000万美元修建尼罗河麦罗维友谊大桥,为改善当地交通状况做出重要贡献;在委内瑞拉,积极支持教育、健康、社会保障和基础设施建设等公益事业,当地居民超过10万人次受益;在缅甸,2008年5月强热带风暴造成重大人员伤亡和财产损失,及时捐款30万美元,提供医药、食品、学习用品和建材等物资援助。海外勘探开发公司在东道国和油田社区累计公益投资超过1.5亿美元,提供就业机会超过10万个,有效提升中国石油的品牌形象。

(七)秉持以人为本的理念,锻炼培养国际化、职业化的员工队伍

1. 构建针对中方员工的"选、育、用、留、轮"人力资源管理体系

人才选拔上,构建富有特色的"五要素"国际化人才素质模型,以"思想素质好、业务能力强、外语水平高、环境适应快、身体状态佳"等五个方面标准选拔优秀人才。人才培育上,构建以"5/4/2/4"培训模块为基础的员工培训机制,即以团队合作、有效沟通为主的5项情商培训,以项目管理(PMP)证书为主的4个证书培训,以领导力和执行力为主的2种能力培训,以SOS应急急救能力和安保防恐能力为主的4项能力培训。人才使用上,构建管理与技术"双序列"的职业晋升体系,逐步形成"H"型的职业发展通道,为员工提供广阔的职业发展空间。人才留用上,坚持以蓬勃发展的海外油气事业和施展才华的舞台吸引人,以关心员工身心健康、解决海外员工的后顾之忧稳定人,以业绩导向的考核、评价、奖惩机制激励人,以富有海外特色的企业文化塑造人。人才交流轮换上,树立"铁打的营盘流水的兵"理念,坚持"老人上新项目、新人上老项目"的人员配置原则,构建员工在国内与国外以及国外各项目之间轮换工作、培训学习的良性循环机制,培养造就一大批适应不同文化背景、不同合同模式,具有丰富项目运营管理经验的骨干人才。

2. 以"培养人才、培育感情、促进发展"为宗旨推进员工本地化、国际化

2011年底,雇佣东道国当地员工38855人、国际雇员1223人。海外勘探开发公司始终把东道国当地员工和国际雇员作为宝贵财富。一方面,树立"让每个人成为有用之人"的理念,持续不断地为当地员工提供本土培训、第三国培训和来华培训的机会,累计培训

当地员工40000多人次,涉及近20个东道国,并培养留学生400余人。通过培训,有效提升当地员工的知识和技能水平,并增进他们对中国和中国石油文化的了解和认同。另一方面,坚持"不求所有,但求所用",营造"相互欣赏,快乐工作"的氛围,留住一批高素质的国际雇员,在关键岗位发挥重要作用。在印尼项目接管后和哈萨克PK公司收购后的整合过程中,绝大部分国际雇员选择留下来继续工作,在为公司发展做出贡献的同时,个人价值也得到充分体现。

3. 培育以身作则、善于驾驭复杂局面、关键时候讲大局、讲责任的团队

2011年底,从事海外投资业务的中方员工有4427人。在员工队伍建设上,弘扬"大庆精神"、"铁人精神"和"三老四严"优良传统,形成"团结、勤奋、脚踏实地、扎扎实实干事业"的文化氛围;将厚德包容的中国文化、艰苦创业的大庆精神、铁人精神同国际化运营管理理念相融合,形成独具特色的"忠诚国家利益、恪守国际规范、追求专业专注、崇尚和谐共赢"的行为准则。在后备队伍建设上,大胆使用年轻人才,采取"重点培养、轮岗交流、大胆使用、加强锻炼"等措施,把有发展潜力的优秀年轻干部放在重点海外项目担当重任;努力营造"只要你有能力,就有用武之地"的良好氛围,选拔政治素质好、业务过硬、语言能力强的人员到重要管理岗位进行锻炼,建立后备人才梯队。在班子建设上,突出加强学习,掌握国家能源发展战略和集团公司国际化战略,洞察国际油气投资环境和油气市场竞争变化的特点和规律,熟悉项目所在东道国的油气政策和法律法规;抓好能力建设,注重提升各级领导班子的外语沟通能力、环境适应能力、战略决策能力、经营管理能力、风险防范能力和驾驭复杂局面的能力;制订实施重大事项集体决策的制度和程序,分级授权,各负其责,同时密切配合、相互补台,充分发挥班子的整体合力。

(八)构建以内控与HSSE为主的风险管理体系,为海外投资活动保驾护航

1. 构建覆盖海外业务领域的内控与风险防控体系

以"全覆盖"为基础,构建规范化的风险管理体系框架,落实各级机构的风险管理职能,健全和规范风险管理的基本程序。海外地区公司和项目公司充分发挥靠前优势,掌握发生在东道国的第一手风险信息,并通过构建风险信息沟通报告机制,保证风险识别、评价和应对的及时性与准确性。以"有效性"为重点,对涉及法律事务、战略发展、HSSE、人力资源、财务、经营计划、内控与风险管理、业务发展、审计内控等重点业务领域的风险进行识别和分析,结合每个业务领域的具体特点,形成《重点业务风险防控指导纲要》,建立针对性强、分层级的风险源和防控措施体系。以"执行力"为核心,将风险防控与生产经营管理紧密结合,将具体应对措施分解到相关单位、部门、岗位并纳入工作计划,制定相应的资源配置方案,建立"风险管理责任链",保障风险防控落实到位。

2. 建立高效的常态化安保防控和应急响应机制

以应急信息管理系统为基础,构建防恐应急组织体系,保证应急信息的及时共享和领导指示的即时下达。建立应急预警机制,成立应急值班室,"24小时、365天"持续跟踪监控,密切关注海外项目所在国的党派活动、社会形势、安全局势等系列动态,随时向所在国项目公司领导和公司管理层发出温馨提示、提醒、预警。注重应急响应管理,持续完善现场应急处置预案,定期开展应急预案培训和演练,提高员工应对突发防恐安全事件的能力;组建应急救援队伍,保证现场救援装备和防护设施的配备,落实人、技、物防措

施。在苏丹、阿尔及利亚、乍得、尼日尔、秘鲁、伊朗和伊拉克等国发生政局变化和社区冲突等应急事件时,提前研究、及时响应、有效处理,保障油气作业和员工生命财产安全。

3. 建立与国际接轨的 HSSE 管理机制

针对海外业务存在的主要 HSSE 风险,建立覆盖海外勘探开发公司、项目公司、基层单位的三级 HSSE 管理文件体系。按照直线责任和属地管理原则,制定从总经理到一线员工的岗位安全生产责任条款。围绕工艺、井控、承包商、健康、环境等关键管理环节,通过有针对性地采取优化源头设计、完善管理制度、开展培训宣传、排查治理隐患等一系列措施,促进 HSSE 绩效不断提升。构建以项目海外勘探开发公司日常监督检查、内部审核、管理评审为主,公司、地区公司巡视、督导和安全生产大检查为辅的安全环保监督机制,积极与壳牌、马拉西亚国家石油公司等开展股东联合 HSSE 审核,确保海外 HSSE 管理体系有效运行。将 HSSE 指标与业绩考核挂钩,对重大安全事故实施一票否决制,使"安全环保是企业核心价值"以及"一切事故都可以避免"等理念在广大海外员工中潜移默化,入脑入心入行。

三、践行"走出去"战略的大型石油企业海外投资与运营管理效果

海外勘探开发公司积极实施"走出去"战略,用不到二十年时间,走过了西方大石油公司用半个世纪乃至更长时间走完的从"走出去"、"走进去"到"走上去"的路程,高水平高质量建成"海外大庆"。

(一)海外业务发展速度领先国际同行

近 10 年来,中国石油海外油气作业产量年均复合增长率达到 19.2%,远高于同期国际大石油公司和同等规模石油公司 2% 和 5% 的平均增长水平;储量年均复合增长率达到 14.1%,储采比达到 32,均高于国际同行业平均水平。海外勘探开发公司从国际油气资源市场一个名不见经传的初学者,迅速成长为具有较强影响力和规模实力的作业者和投资者。到 2011 年底,建成了中亚、中东、非洲、美洲和亚太五大油气合作区,并在苏丹、哈萨克斯坦、尼日尔、乍得等东道国实现上下游一体化发展;海外原油作业产量达到 8938 万吨,超过全球原油生产总量的四十五分之一;海外油气田外输管道和跨国管道运营总长度突破 1 万公里,中哈、中亚、中俄等跨国油气战略通道相继建成并投入运营,年输送能力达到 7000 万吨;运营和在建炼化项目 8 个,年原油加工能力 1360 万吨,拥有加油站 63 座、成品油库 8 座。

(二)海外业务发展质量比肩国际水平

"十一五"期间,海外勘探开发公司海外平均净资产收益率(ROE)和总资产回报率(ROA)分别为 19.6% 和 13.3%,接近国际大石油公司 22.5% 和 10.2% 的平均水平;平均桶油发现成本和操作成本分别为 2.25 美元和 6.28 美元,优于国际大石油公司 2.36 美元和 7.47 美元的平均水平;2011 年海外油气业务人均税前利润和油气权益日产量分别为 54 万美元和 67 桶,与国际大石油公司的平均水平基本相当。同时,连续 6 年保持无一般 A 级及以上工业生产安全事故和较大及以上交通事故记录。2006 至 2010 年期间的亿工时死亡率、损工伤害率、总可记录伤害率分别为 0.90、0.30 和 1.28,好于国际油气生产商(OGP)成员公司同期 2.25、0.56 和 1.64 的平均记录。

(三)显著提升了中国石油的跨国指数

2011年,中国石油海外投资业务资产总额达到2596亿元,海外员工总数44505人,实现销售收入和利润总额分别达到1166亿元和544亿元,以占中国石油8.9%的资产、2.8%的人员(中方员工仅占中石油员工总数的0.28%),实现了占中国石油近30%的利润,中国石油跨国指数达到22.6%,海外油气资产的价值实现能力不断提升。参照《石油情报周刊》的排名方式,按照石油储量、天然气储量、石油产量、天然气产量、炼制能力、油品销售量六项指标综合测算,在可比口径下,海外勘探开发公司海外油气投资业务的综合实力已跨入全球最大50家石油公司的行列,列第48位。

(四)有力保障了国家油气供给安全

积极践行"走出去"战略,为我国实现资源进口多元化、增强能源供应保障能力起到了重要作用。一是积极将权益油气运回国内。在矿税制合同和产品分成合同模式下,海外勘探开发公司对可以自行处置的权益油或分成油拥有支配权,通过积极联系国内的买家,将权益油气运回国内,同时积极争取优先购买政府份额油和伙伴份额油。1999年以来,累计从苏丹进口9700万吨原油。二是经过多年的努力,东北方向的中俄原油管道、西北方向的中哈原油和中亚天然气管道、西南方向的中缅油气管道、东部沿海数十个原油和液化天然气码头等四个方向的油气进口战略通道已经基本形成。到2011年底,中哈原油管道实现累计输油超过4000万吨,中俄原油管道将在未来20年每年向我国供应原油1500万吨,中亚天然气管道累计向国内输送天然气超过200亿立方米,达到我国同期天然气进口总量的一半,为国内提供了稳定的油气供应,显著改善了我国一次能源消费结构。

(成果创造人:薄启亮、王仲才、张品先、贾　勇、郑　炯、陆如泉、陈　龙、武军利、赵　林、肖　岚、熊　杰、朱颖超)

大型石化企业集团物资采购管理变革

中国石油化工集团公司

成果主创人:集团公司党组成员、股份公司高级副总裁蔡希有

中国石油化工集团公司(简称中国石化)成立于1983年,是油气勘探开发、石油炼制、石化产品生产销售上中下游一体化的国家特大型企业,是中国最大的成品油和石化产品供应商、第二大油气生产商,世界第二大炼油公司、第四大乙烯生产商,加油站总数位居世界第二,在2012年度《财富》全球500强企业排名中位列第5。2011年资产总额1.75万亿元,营业收入2.55万亿元,原油产量6480万吨、天然气产量156亿立方米,原油加工量2.19亿吨,成品油经营量1.62亿吨;生产建设物资采购总额2653亿元(原油除外),采购物资品种177万个,供应商17479家。

一、大型石化企业集团物资采购管理变革背景

(一)整合物资采购资源、提高企业竞争能力的需要

中国石化先后经历商业部石油局划入、全国石油石化工业战略性改组、组建石化集团公司以及重组上市等重大变化。由于所属企业来自石油、化工、纺织不同行业和地方,在管理理念、管理基础上存在较大差异,管理水平参差不齐。而且企业多级法人、自成体系,重复建设、投资无序、经营散乱等现象较为突出。

20世纪90年代初,中国石化成立若干家专业公司,将物资装备公司从总部机关分离出来,由原来的总部采购管理职能部门转变成专业化经营公司,采购管理职能大大削弱。各直属企业也将采购部门转变成为经营性公司,将采购权下放到分厂甚至车间,导致物资采购多头领导、管理薄弱,下属企业采购机构林立、各自为政、分散采购,各企业(总厂)、二级厂及车间层层设库、重复储备、库存膨胀,采购渠道混乱、物资质次价高、经济案件频发,资源获取能力不强。

面对散乱局面,中国石化明确提出开展物资采购等清理整顿,发挥资产、资金、工程建设、物资采购等8个联合优势,通过资源整合增强整体实力。其中,加强物资采购管理,全面整合优化采购资源,实现集中统一的采购管理变革,形成统一对外采购格局,充分发挥集团化联合采购优势,增强资源获取能力和议价能力,并强化统一管理功能,建立监督约束机制,控制风险、堵塞漏洞、防范效益流失,实现整体效益最佳。

(二)供应链管理理论发展、国际化大公司先进采购管理实践提供了有益的参考和借鉴

20世纪后期,网络经济和知识经济快速发展,企业商业模式及管理方法发生了深刻

变化。传统的采购管理已经演变为对供应链的管理,呈现协同化采购、集中化采购、专业化采购、全球化采购、电子化采购等发展趋势。中国石化密切跟踪采购管理发展新趋势,从1997年开始先后考察埃克森美孚(Exxon Mobil)、英荷壳牌(Shell)、巴斯夫(BASF)、台塑集团等数十家世界级大公司,赴美国供应管理协会、英国皇家采购与供应协会、德国物流研究院等多家世界著名采购研究机构学习交流,深刻意识自身存在的差距。埃克森美孚、雪佛龙、壳牌以及台塑等普遍采用集中的物资供应管理体制。世界著名采购研究机构CAPS公开的供应绩效标杆报告显示,2004年75%以上的企业均采用高度集中型和中央领导型采购管理体制,2011年达到100%。

传统的持币购物、经济采购已经向价值采购转变(表1),采购的职能、角色和方式发生了变化,更多地表现为对内外部资源的整合和管理,战略采购、框架协议采购等国际通行的采购理念和手段得到广泛应用。采购操作的功能正在渐渐弱化,需求分析、市场研究、采购策略研究、供应商关系管理、过程控制等专业化采购管理职能不断强化。其中,埃克森美孚、壳牌、巴斯夫、德希尼布等企业把采购业务流程细化分解为供应商搜寻、采购、过程控制等环节,并实施专业化分工与管理,实现了采购的工作重心由采购业务操作向管理控制的转移。电子化采购快速发展,越来越多的企业实现供应商搜寻、采购交易、货款支付等采购全过程网上运行。

表1 物资采购不同阶段特征

阶段 内容	持币购物	经济采购	价值采购
功能定位	按需采购	满足需求,降低采购成本	满足需求,合作共赢,提高企业核心竞争力
采购内容	物资	物资、服务	物资、技术、信息、服务、能力、知识产权等
关注焦点	价格	采购成本	综合成本、价值增值
主要方法	价格谈判	强调竞争、市场研究、成本分析、商务技术谈判、综合评估	强调供应商关系管理、规模化采购、战略合作、强化过程控制

2000年以前,中国石化物资采购主要沿袭订货会和面对面谈判的传统采购方式,存在信息封闭、资源割裂、手段原始、效率低下等问题。采购需求难以集中,采购业务"一单一办",陷于低水平重复操作,与供应商的关系长期停留于"一单一签",供需关系动荡,采购管理控制功能淡化,严重制约供应保障能力和市场议价能力的提升,不能适应现代企业专业化、精细化管理要求。因此,必须学习借鉴先进采购理论和实践,实施采购管理变革。

(三)适应生产建设快速发展、保证生产建设物资安全及时经济供应的要求

湛江东兴晨色

中国石化作为上中下游一体化的特大型企业,产业链条长、物资采购点多面广、服务范围遍及各直属企业和海内外项目,涵盖油气勘探开发、炼油化工、工程建设和科研技术等各个领域。20世纪90年代中期步入快速发展期后,大型工程项目相继开工建设,固定资产投资规模从"九五"期间的2006亿元跃升到"十一五"期间的9325亿元,增长了3.6倍。生产经营和工程建设物资需求大幅攀升,从1995年的295亿元增长到2011年的2653亿元,增长了9倍,采购工作量大幅增加。同时,石油化工企业生产经营具有连续化、全天候的特点,装置设备大型化、系列化,始终处于高温、高压、高腐蚀状态,介质易燃、易爆、有毒,采购的物资直接关系到企业的本质安全和社会的生态安全,必须将采购质量可靠的物资与保证生产安全、稳定、长周期、满负荷、优质运行紧密结合起来。

同时,世界石油石化行业生产工艺、加工技术日益成熟,生产、销售环节的利润空间越来越小。2000年前后,世界经济出现衰退,国际原油价格波动频繁,成品油与原油价格严重倒挂,全球化工产品价格处于低谷并持续下跌。中国石化2001年、2002年全年利润总额分别下降到171亿元、182亿元,面临极大的盈利压力,必须在采购环节进一步降低成本,提高市场议价能力,充分发挥供应链价值创造作用,实现性价比最优采购和经济供应。

二、大型石化企业集团物资采购管理变革内涵和主要做法

中国石化运用供应链管理思想和现代化信息手段,借鉴国外大公司先进经验,改变传统采购管理,以集中统一的采购管理体制为基础,以科学高效的采购运行机制为保障,以整合资源的集团化采购为主导,以防控风险的供应商管理为重点,以公开透明的电子化采购为手段,实现高度集中统一的采购管理变革,从而保障生产建设物资安全稳定供应、降低采购成本、控制采购风险、堵塞漏洞、规范管理,提升企业资源获取能力和整体竞争力。主要做法如下:

(一)转变物资采购管理理念,构建集中统一的采购管理体制

1. 转变物资采购管理理念

一是确立安全供应、及时供应、经济供应的供应理念。针对传统采购片面追求采购价格最低、低价劣质和延迟交货频发等问题,中国石化识别分析物资采购主要风险为影响安全的质量风险、供应中断和延迟交货的进度风险、价高质劣造成经济损失的价格风险,提出安全供应、及时供应、经济供应的供应理念,全面调整采购价值取向。

二是确立性能价格比最优、物资全生命周期总成本最低的采购理念。针对传统采购追求一次性采购价格最低、忽视物资质量和功能、忽视全生命周期总成本的问题,提出性能价格比最优、物资全生命周期总成本最低的采购理念。

三是确立制度化、流程化、标准化、电子化、公开化的管理理念。针对以往采购管理薄弱、操作不规范、信息不共享、业务不公开、反腐要求不落实等问题,提出制度化、流程化、标准化、电子化和公开化的管理理念。

四是确立科学的采购职能定位和价值取向。彻底改变长期以来认为采购就是简单的持币购物,采购的价值取向就是单纯降低采购价格,将采购部门定位为后勤辅助部门或经营部门并考核盈利指标的观念,重新认识采购部门的价值。明确采购部门是保供降本、控制风险和提升核心竞争力的重要部门,取消对采购部门的利润考核指标,全面考核

采购管理、降低采购成本、控制采购风险等综合绩效。

2. 明确采购方与使用方相分离

按照集中统一的管理思想，以采购方与使用方相分离为原则，建立"归口管理、集中采购、统一储备、统一结算"的采购管理体制。

归口管理，实现使用方与采购管理分离。将直属企业分散在管理部门和使用部门的采购管理职能，全部归口到采购部门。打破企业原有多位领导分管、多个部门管理的采购管理格局，从总部到各直属企业均由一位领导分管、一个部门归口负责物资采购工作，实施物资采购专业化管理。

集中采购，实现使用方与采购操作分离。将分别由生产部门负责的原辅料采购、工程部门负责的项目设备采购、机动部门负责的备品备件采购集中到采购部门。将分散在二级厂、车间的采购权上收到采购部门，实现直属企业生产经营、工程建设、科研开发等所需物资统一对外采购。大宗通用重要物资由总部物资装备部牵头统一对外实施集团化采购，其它物资由各直属企业采购部门集中采购。

统一储备，实现使用方与储备分离。全面清理整顿企业内部库房，先撤销车间小库（三级库），归并到分厂仓库（二级库）；再撤销分厂仓库（二级库），将库存物资归并集中到总厂仓库（一级库）储备。建立总部统一储备和各直属企业集中储备相结合的储备体制，实现储备资源共享。总部物资装备部对集团化采购物资牵头组织统一储备和统一配送，直属企业采购部门对本单位所需物资实施集中储备和统一配送，其他单位不得另行设库储备。

统一结算，实现使用方与采购资金支付分离。采购资金由采购部门统一制订付款计划和办理采购付款申请，财务部门依据采购付款申请办理结算，中国石化内部实行转账统一结算。既保证使用方与采购资金支付分离，又彻底消除采购资金分散使用现象，提高采购资金使用效率。

3. 改革采购管理体制

全面推进直属企业层面的归口管理、集中采购、统一储备，解决多头领导、分散采购、重复储备问题。上市和非上市并存的直属企业，物资采购全部归口到上市部分的一个采购部门。大力推进总部层面的归口管理、集中采购和统一储备。明确授权物资装备部对上市和非上市采购工作实施归口管理，对各直属企业生产建设所需大宗、通用、重要物资实施集团化采购。将物资装备公司整体并入物资装备部，强化总部端采购归口管理。推进国内国外采购一体化，对物资装备部和国际事业公司进行重组整合，实行"一套机构、两块牌子"，增强统筹平衡国内外两个市场、两种资源的能力。整合总部层面原分散在物资装备部、国际事业公司、物资装备公司 3 个机构的采购职能和管理职能，形成物资装备部统一归口管理和对外采购格局。中国石化总部和直属企业层面形成物归一家、对内统一管理、对外集中采购、上下分工协作的采购管理体制。总部物资装备部负责集团公司物资采购管理体制、机制和制度建设，对集团公司物资计划、供应商、价格、储备等实施归口管理，组织实施生产建设所需大宗、通用、重要物资集团化采购，管理、指导和监督各直属企业物资采购工作。各直属企业采购部门负责对本企业物资计划、供应商、价格、质量、储备等供应工作实行归口管理，对生产建设所需物资实施集中采购和集中储备，并接受物资装备部的管理和监督。总部和直属企业按照集团化采购目录进行分工,目录内的物资由总部物资装备部组织实施集团化采购,目录外的物资由各直属企业采购部门按照统一的管理制度、在统一的供应商网络内选择供应商、在统一的业务操作平台上对外实施自行采购。

(二)改造传统采购业务流程,打造科学高效的采购运行机制

中国石化深入分析传统采购业务存在的问题,全面改造传统采购业务流程,建立以流程化、数据化、集约化为主要特征的采购运行机制。

1. 打破"一竿子插到底"的采购分工方式,构建专业化分工、流程化操作运行机制

一是从流程上分置采购权力,强化监督制衡。根据市场经济下买方对卖方的采购权力,明确采购对供应商的三项核心权力,即供应商选择权、价格确定权和货款支付权。过去,这些权力集中于一个科室(或岗位),采购工作质量和水平依赖于个体觉悟和能力高低,采购管理注重审批,采取"人盯人"式的监督,难以解决权力失范问题。为此,进行全新流程设计。调整采购部门内部科室(或岗位)职能,将采购业务按照计划、采购、执行三段式(或者采购、执行二段式)流程分段,将供应商选择、价格确定和货款支付三项采购核心权力进行分置。将上一个环节的"权力使用"情况暴露在下一个环节面前,"私权"变为"公权";下一个环节的"权力"必须在上一个环节的基础上、范围内使用,形成权力之间的相互监督制衡。

二是调整工作重心,强化管理控制。传统采购全过程由一个科室或一个岗位负责到底,采购人员忙于询价、招标、谈判、签合同、付款等具体业务,低水平重复操作。为此,调整工作重心,主动研究需求规律,利用供应市场分析结果指导采购,全面强化采购质量控制、进度控制、物流控制,增强物资需求、供应市场和过程控制把控能力。

三是典型引路,强力推进。通过召开现场启动会、方案审查会、经验交流会和工作对接会,总结推广先进单位典型经验,组织专项大检查,加强督导,引导企业对采购部门内设机构、岗位、流程和制度进行调整,编制工作职责、岗位说明书、工作标准和考核标准,建立相互配合、相互制衡并具有系统自动纠偏功能的专业化分工、流程化操作运行机制。

2. 改变传统采购"一单一操办",实现集约化的框架协议采购

为有效整合需求批量,提高采购效率,在集团化采购和直属企业集中采购两个层面推进框架协议采购。通过对历年物资消耗数据进行分析,预测物资需求,集合各个直属企业不同时间、不同空间的需求批量,以集中招标或联合谈判方式,确定供应商和采购价格(或定价机制),签订一定时期的一揽子采购协议,并在协议项下执行订单操作,实行集约化的高效采购。

为避免框架协议演变成供应商"垄断协议",对框架协议供应商和价格确定实施集中招标、多部门集中会审。对实力较强、业绩优良、履约良好的框架协议供应商,框架协议采购期限从3—6个月适度延长至1年及以上。框架协议执行完毕后,对操作程序、渠道选择、价格确定及执行情况进行后评价,作为新一轮框架协议采购的依据。到2011年,集团化采购绝大部分物资和直属企业集中采购大部分物资,都实行框架协议采购。

3. 改变供应商选择办法,建立以成本构成、业绩考核等为主要依据的采购决策方式

一是开展供应商动态量化考核,建立业绩引导订货机制。在电子商务和ERP系统

中增加供应商考核评价功能,根据考核结果对供应商实行分级管理。在框架协议供应商选定、供货份额分配、货款支付等方面,向历史表现好、业绩优秀、排名靠前的供应商实施订货倾斜。

二是加强物资成本构成分析,建立量化定价机制。研究物资制造直接成本、间接成本、合理利润所构成的价格及其变动规律,建立定价机制、定价模型。同时,综合考虑物流成本、使用维护成本等,合理确定采购价格,防止采购价格畸高或虚低,实现全生命周期总成本最低。物资采购从主要靠经验定性决策转向主要靠数据定量决策。

4. 改变采购部门"包打天下"的传统做法,实行多部门协同工作、专家主导决策的开门采购

在集团化采购中,聘请专业技术水平高、在业界有较大影响的专家,按专业、分品种建立集团化采购专家组,参与重要设备材料选型、技术谈判、技术协议评审和质量异议处理。在直属企业中,引入计划、生产、技术、机动等部门和使用单位专家,共同研究物资需求规律、供应市场及供应商,制订采购策略,形成多部门协同、专家主导决策的采购格局。

(三) 推进集团化采购,整合和优化配置物资采购资源

为了整合资源、集合批量,中国石化实行以总部直接集中采购、总部组织集中采购、总部授权集中采购等多种形式并存,总部、直属企业两个积极性并举,以战略合作为主要特征的集团化采购。

1. 调整集团化采购思路

取消盈利性指标,将集团化采购目标定位在单个直属企业无法或无力做好的重要物资品种上。从单一的总部直接集中采购,发展到总部直接集中采购、总部组织集中采购、总部授权集中采购等多种形式,由总部与直属企业合理分工、集中决策、统一对外开展集团化采购。建立若干个集团化采购小组或联合谈判小组,让直属企业广泛参与集团化采购决策。压缩总部直接操作比例,由直属企业承担更多具体操作,担当集团化采购的主角。

2. 推进总部直接集中采购

优选物资品种和供应商,确定总部直接集中采购的切入点。从对安全稳定生产、工程建设质量和生产运营成本有重大影响的物资入手,选择石油地质专用管、煤炭等特别大宗通用物资和大型压缩机组、反应器等特别重要物资,由总部直接与少数实力雄厚、质量过硬、价格竞争力强、行业领先的供应商签订采购合同(或框架协议),再与各直属企业签订销售合同(或调拨单),充分发挥集团整体采购批量大、需求连续、品种范围广的优势。

全面推进战略采购。为增强战略资源获取能力,与国内外行业领先的矿业、钢铁、制造企业展开战略合作,提高资源获取能力、市场议价能力和采购风险控制能力。同时,对战略供应商实行"年度协议、季度合同、月度结算"的商务流程,与直属企业建立"年度供应协议、按订单采购、内部统一调拨"的操作流程,集团公司与直属企业不再对每一笔总部直接集中采购业务签订购销合同,提高采购效率。

3. 推进总部组织集中采购

发挥统一对外、集中决策、合理分工优势,对直属企业生产建设所需的大宗通用重要

物资,成立由总部和直属企业专业人员参加的总部组织集中采购管理小组和联合谈判专家组,形成专业化采购团队,全面参与供应商推荐、现场考察,共同组织集中招标或联合谈判,筛选确定供应商短名单,确定采购价格优惠幅度,发布参考价或执行价。2009年以来,总部组织集中采购已经成为集团化采购的主导实现形式。

由总部牵头组织各直属企业,以集中招标或联合谈判的方式共同优选供应商、确定采购价格(或定价机制),签订一揽子框架协议。各直属企业在框架协议项下实施具体采购操作,并负责过程控制、催交催运、接货验收、仓储配送和结算付款。将单纯分品种的总部组织集中采购改为分区域、分项目、分用途与分品种相结合的框架协议采购,解决针对性、时效性和区域性不强的问题,化解供应商短名单不断拉长的压力,降低总部组织集中采购的工作量和采购成本。

4. 推进总部授权集中采购

划分华北、华南、华中、西北8个区域,建立由各直属企业供应处长参加的区域季度联席会议制度,确定协同采购、联合储备策略,共享供应商、价格和库存等信息,处理区域联合过程中的日常问题。针对一般通用物资,成立分物资品种的区域协同采购小组,在总部组织指导下,集合区域内直属企业物资需求批量,采取集中招标或联合谈判的方式,确定区域协同采购供应商短名单、区域协同采购价格(或定价机制)。区域内各直属企业分别与供应商签订区域协同采购框架协议,实施具体采购操作,降低一般通用物资采购成本。

选择在专业技术能力、管理水平和人力资源具有优势的直属企业,成立总部授权集中采购中心,牵头组织相关直属企业形成专业采购团队,共同优选确定主力供应商名单,通过集中招标或联合谈判确定采购价格(或定价机制),签订一揽子采购框架协议。各直属企业在框架协议项下执行订单采购,并负责过程控制、催交催运、接货验收、仓储配送和结算付款,改变各自为战、分散对外的局面。

5. 推进重大装备、关键材料国产化

依托重点工程项目,与宝钢、鞍钢、中国一重、沈鼓等战略合作伙伴组成联合攻关团队,对中国石化生产建设中所需关键技术装备开展联合攻关,研制质量可靠的进口替代产品,改变重大装备和关键材料长期依赖进口的被动局面,并有效控制采购风险、降低采购成本。同时,通过国产化联合攻关,在一批重要技术装备上取得突破,从而掌握具有世界领先水平的核心技术,形成自主知识产权,提高我国高端装备制造能力。例如,在天津石化、镇海炼化100万吨乙烯工程项目中,与沈鼓集团组织联合攻关团队,解决大型压缩机叶轮可靠性等14项重大技术难题,攻克闭式叶轮整体铣制加工、高效基本级开发两大关键装备制造难题,成功实现百万吨级乙烯装置核心设备——乙烯"三机组"国产化,采购价格与进口价格相比降低34%,采购周期缩短6个月。

(四)加强供应商管理,从源头防范和控制采购风险

为了从采购源头控制物资质量风险、供应中断风险和价格成本风险,中国石化实行以网络共享、业绩管理为主要特征,以"统一管理、动态考核、扶优汰劣、关系管理"为主要内容的供应商管理。

1. 构建统一的供应商网络

全面清理直属企业二级供应商。修订完善供应商准入标准,严格界定供应商许可供应产品目录,淘汰实力弱、业绩差的供应商,将保留的供应商基本信息上传中国石化供应商电子档案系统,实现供应商基本信息共享和档案电子化管理。

集中清理境外供应商。核实境外供应商资质,委托中国石化驻当地机构逐一现场考察,优化境外供应商结构。

构建统一的供应商网络。整合总部一级供应商网络和直属企业二级供应商网络,取消各直属企业二级供应商网络,合并境内外供应商网络,所有单位在统一操作平台、统一供应商网络范围内优选供应商进行采购。统一供应商准入、现场考察、动态量化考核、业绩引导订货等供应商管理制度和管理流程,实行集中管理、资源共享。

2. 不断优化供应商网络

一是实行供应商资格预审制。对申请准入的供应商,全面审查其资质证书、经营状况、质量保证体系等基本情况。审查合格后,由采购部门牵头组织生产、设计、机动、技术、质量、财务等相关部门成立现场考察小组,按照供应商现场考察标准进行考察。根据考察结果,对准入供应商进行严格审批。所有中间商都必须由中国石化党组分管领导批准,集团化采购物资生产商必须由总部物资装备部主要负责人批准,企业自采物资生产商必须由直属企业分管领导批准。

二是实行供应商许可供应产品目录制。严格限定供应商准入时的许可供应产品,只将其优势产品列入许可供应产品目录,并与中国石化标准物料编码相对照,维护到供应商管理信息系统。供应商申请新增目录产品,必须经过现场考察,再履行审批手续。严禁超许可供应目录采购,杜绝"万能供应商"现象。同时,定期清理供应商许可供应产品目录。

三是实行动态量化考核制。对每笔采购合同从质量、价格、交货和服务4个方面进行评价,评分结果由采购部门负责人审核后提交,每天24:00点自动更新记入供应商档案。对每个供应商进行动态量化考核,实时统计汇总供应商业绩评价结果。供应商业绩得分主要由整体实力、质量、价格、交货、服务、供应金额和奖惩情况等组成。其中,整体实力得分由供应商年度评审得出,供应金额由信息系统自动汇总统计,质量、价格、交货、服务评分由每笔合同(订单)考核汇总得分,供应商奖惩评分是供应商对中国石化做出重大贡献的嘉奖加分和违约处罚扣分。供应商业绩得分=(整体实力评分×30%)+(质量评分×20%)+(价格评分×5%)+(交货评分×10%)+(服务评分×10%)+(供应金额评分×25%)±供应商奖惩评分。

四是实行业绩引导订货制。根据动态量化考核结果,按物资品种定期发布供应商业绩排名,实施分级管理。总部物资装备部负责培育大宗重要物资战略供应商和主力供应商群体。直属企业负责对自行采购物资供应商按照A、B、C分级管理,每年依据业绩排名调整一次级别。在编制年度采购策略、项目采购策略及具体采购业务中,广泛应用供应商业绩排名和分级结果,向业绩优秀的供应商实施订货倾斜。在比价采购、框架协议采购、招标采购中,优先选择A级供应商,次选B级供应商,慎选C级供应商。在框架协议采购、招标采购中,给予A级供应商适当加分或报价折价。分配采购批量时,给予高级别供应商更多份额,实现80%以上的采购份额集中在业绩排名前20%的供应商。

五是实行违约供应商"零"报告制和统一处罚制。各直属企业在质量、价格、交货、服务、恪守商业道德等方面,按月上报违约行为供应商,没有违约情况的进行"零"报告。总部按月召开供应商管理例会统一进行处理,依据供应商违约行为以及给中国石化造成不良影响程度,分别给予警告、通报批评、暂停交易资格、取消网络成员资格等4种处罚,结果通报各直属企业和所有供应商。对暂停交易资格、取消网络成员资格的供应商,在供应商管理系统中立即停用;对受到警告、通报批评的供应商,限期整改。

六是实行书面承诺制。所有供应商必须与中国石化签订《恪守商业道德协议书》,并作为双方交易合同的重要附件,与合同具有同等法律效力。

七是实行供应商年度评审制。采购部门每年组织相关管理部门和使用单位,对交易供应商资质、经营状况、生产装备、产品质量等方面情况进行综合评估,跟踪剖析潜在隐患,防范采购风险。

另外,根据供应商业绩,定期开展供应商排名和梳理,及时清理资质差、资信低、业绩排名靠后的供应商。每年清理连续2年无交易业绩的供应商和供应商许可供应产品目录。每月对14种重要资质的有效期进行实时监控,到期前1个月给予提示,超过有效期不更新则暂停交易资格。严格控制从中间商采购。

3. 全面深化战略合作

按照"优势互补、互利互惠、合作共赢、共同发展"的原则,中国石化于2004年、2007年、2010年与国内一批重点企业开展3轮战略合作,与国内外一批行业领先、实力雄厚的供应商建立战略合作关系。中国石化给予战略供应商稳定的供应份额和优先付款条件,战略供应商给予中国石化较大价格优惠和订货、排产、发运、现场服务等方面的优先待遇。

不断扩大战略合作领域。战略合作伙伴由国内供应商扩展到国外供应商,由资源类、制造类企业拓展到政府机关、金融机构、技术服务商和物流服务商等。合作内容从资源获取、技术互补、国产化攻关到联合储备、信息共享、共建采购培训基地等,从单方采购战略供应商产品转变为向战略供应商提供石化产品,实现优势产品互补、双向合作。优化采购模式,不再采取传统的招投标和询比价,而是进行联合谈判,提高合作双方商务运行效率,降低交易成本。战略合作周期由3年延至5年,进一步稳固战略合作关系。

(五)加强物资储备管理,控制库存规模、优化库存结构

1. 实行统一储备和集中储备

推进企业层面的统一储备,逐步撤销车间小库、分厂仓库,将库存物资归并集中到总厂仓库,实现各直属企业内部库存资源共享和统一调度使用。

推进总部层面的集中储备,建设与集团化采购相配套的大宗通用重要物资集中储备体系,降低各直属企业间的重复储备,提高储备资金利用效率。

2. 调整库存资金占用责任主体

将库存资金占用责任主体由采购部门调整到使用单位和生产、技术、设备等需求计划提报及审核管理部门,将现有库存物资分解落实到各责任主体,明确库存管理责任。

建立库存资金占用责任考核机制,各直属企业制定降低库存资金占用考核办法,并纳入经济责任考核,严格奖惩兑现,实现对需求计划的硬约束。

3. 建立新增积压物资责任追究制度

加强积压物资的认定,对因需求计划不准确产生的积压,由计划提报和审核部门承担责任;因无计划或超计划采购产生的积压,由物资供应部门承担责任。同时,对每一笔新产生的积压物资都要进行原因分析,按照"谁产生、谁负责"的原则,严格追究相关部门的责任。

(六)推进电子化采购,建设公开透明的物资采购"阳光工程"

1. 搭建电子化采购平台

中国石化组建专项工作小组,开展业务流程梳理和电子化采购平台功能设计,将采购业务全流程嵌入电子化采购平台。

统一采购业务流程。根据物资属性和采购业务运行特点,梳理形成钢材、设备、配件、煤炭4个采购业务流程,对流程的共性特征进行提炼,整合为统一的标准采购业务流程。确定采购计划、编制询价方案、编制和发送询价书、供应商网上报价、编制采购方案、签订合同、接货验收、货款支付等8个关键环节,以及编制询价方案、采购方案2个主要控制点。其中,询价方案主要是选择采购方式和供应商范围,采购方案主要是确定供应商和采购价格。通过分设2个主要控制点,由计划员和采购员两个不相容岗位实施操作。

采购管理要求嵌入系统。统一的采购业务流程固化到系统中,业务人员只能按系统设定的权限和规定的步骤实施采购操作;供应商及其许可供应产品目录导入系统,只能在网络内选择供应商,在供应商许可供应产品目录范围内进行采购;采购审批的管理要求固化到系统,询价方案、采购方案审批通过才能操作后续业务;采购报价揭示的管理要求固化到系统,杜绝暗箱操作,实现完全密封报价。

采购业务全过程搬上网。以物资采购电子商务系统和ERP系统(物资采购模块MRO)为主要平台,在网上提报物资采购计划、编制询价方案、编制和发送询价书,供应商网上接收询价书并报价,网上比价确定拟选供应商并编制采购方案、签订和核销合同、办理物资收发和财务结算。

2. 全力推进电子化采购

中国石化提出"采购人员不上网就下岗,供应商不上网就出场"的政策,由物资装备部联合信息系统管理部、监察局、审计局等多个部门,采取多种形式推进电子化采购。加强采购人员培训,确保掌握电子化采购操作要求;加强供应商培训,确保具备上网能力。实行电子化采购考核,与采购部门绩效挂钩,不断扩大电子化采购物资品种和采购规模,实现95%以上生产建设物资电子化采购。

3. 不断完善电子化采购功能

强化动态竞价采购,在网上实现反向拍卖式竞争性采购。招标采购全程上网,增加网上框架协议采购功能,规范采购行为。按照"以物资自然属性为主,兼顾管理和使用要求"的原则,在原有10大类12万条编码的基础上,对全部采购物资重新划分类别、编制模版和修订条目。历时6年,完成56大类、838个中类、4947个小类、4868个编码模板、共计324万条物料编码编制和转换,实现"一物一码"。开发供应商管理、物料编码、BW数据仓库、物资储备管理等系统,以及相关系统数据接口,与电子商务系统、ERP等系统建立互联,实现采购信息全流程贯通。推进与战略供应商信息集成,提升供应链的响应速度和运行效率。

(七)注重专业队伍建设,提升采购人员素质

1. 推进学习型采购队伍建设

中国石化先后组织23个出国(境)考察团组,成员包括直属企业采购经理和采购部门负责人,实地学习 Exxon Mobil、Shell、Basf 等73家著名企业采购管理经验,加强与美国战略供应研究中心(CAPS)、美国供应管理协会(ISM)等国际知名研究机构的交流合作。

组织多层次岗位轮训。与高等院校合作举办4期物流工程硕士班,培养176名物流工程硕士;举办3期150余人次参加的直属企业采购经理研讨班、2轮38期共2000余人次的供应处长岗位资格轮训班、6期500余人次采购科长培训班以及多轮新上岗员工培训。

加强供应链知识共享和传播。组织物资装备部和直属企业物资采购管理专家、业务骨干,总结提炼中国石化物资采购管理经验,编写《石油石化物资供应管理》、《中国石化物资采购技术指南》教材。组织各级各类采购管理、采购业务人员经验交流,开展全员岗位练兵和技术比武,不断提高采购管理、采购业务人员专业技能和综合素质。

2. 完善监督与制衡体制机制

针对物资采购权力、利益、责任高度交织的职业特点,在加强职业道德教育和制度建设基础上,从管理体制、运行机制、管理手段等方面强化监督,努力打造敬业廉洁、精干高效的采购专业队伍。

一是实行集中监督制衡体制。通过推进集中采购,实现使用方(用户)和采购方分离,采购部门始终处于使用方(用户)的监督之下。将分散采购改为集中采购,按照统一制度、统一流程、统一网络和统一平台进行专业化采购,实现对采购业务的集中、重点监控。

二是建立流程之中、环节之间监督制衡机制。通过专业化分工、流程化操作,将供应商选择权、价格确定权与货款支付权分置在不同部门和岗位,形成权力之间的相互制衡,实现采购决策权"公有化";建立供应商业绩引导订货机制,向业绩优秀的供应商订货倾斜,避免人情采购,杜绝采购决策的随意性;实行专家采购和开门采购,共同决策确定供应商和采购价格,杜绝"暗箱"操作;推行书面承诺制,要求每位员工递交廉洁从业承诺书,所有供应商签订《恪守商业道德协议书》,对供需双方商业行为进行约束。

三是确保采购业务公开透明。全面推进电子化采购,将采购管理制度和业务流程全部固化到信息系统中,确保制度刚性执行;将采购全过程信息和采购结果记录系统,实现"业务公开、过程受控、全程在案、永久追溯"。实行业务公开公示制度,将重大合同、独家采购等在一定范围公示,强化采购行为监管。建立违约供应商"零"报告制度和惩罚制度,净化交易环境。

三、大型石化企业集团物资采购管理变革效果

(一)采购管理水平全面提升,实现向价值采购转型

经过多年努力,中国石化采购管理发生了根本性变化,从简单的持币购物、经济采购

发展为价值采购,在采购管理理念、管理体制、运行机制、集团化采购、供应商管理、储备管理、电子化采购等方面取得明显效果,采购管理水平全面提升(表2)。

表2 中国石化物资采购管理变革效果对比

内容	变革前	变革后	演变历程
管理理念	考核采购部门盈利指标,追求一次性采购价格最低,采购流程、制度不统一,采购操作不规范,监管手段落后	追求价值采购,采购部门作为保供降本、控制风险、提升核心竞争力的重要部门,确立安全及时经济供应价值取向,物资全生命周期总成本最低采购理念及绿色低碳环保社会责任意识,采购管理制度化、流程化、标准化、电子化和公开化	1997年开始,先后走访Exxon Mobil、Shell、Basf等数十家世界级大公司、采购研究机构,不断学习、借鉴、创新物资采购管理理念
管理体制	多头领导、机构林立、分散采购、层层设库、重复储备,库存膨胀,经济案件频发,企业效益大量流失	实现总部和直属企业两个层面的归口管理、集中采购、统一储备、统一结算,形成物归一家、对内统一管理、对外集中采购、上下分工协作的管理体制格局	经历1995-1996年清理整顿、治散治乱,1997-2000年企业归口管理、集中采购、统一储备及2001-2010年总部归口管理、集中采购和统一储备阶段
运行机制	沿袭传统采购业务机制,采购业务由一个部门或岗位全程操作,过分注重供应商当期表现、忽视其历史业绩,采购操作一单一办,陷入大量低水平、重复操作,过程控制薄弱	建立专业化分工流程化操作运行机制、供应商动态量化考核业绩引导订货机制,全面推行框架协议采购,供应链内外协同不断增强,采购管理正在快速由业务操作型向管理控制型转变	2008年启动传统业务流程改造,相继推进专业化分工流程化操作运行、供应商动态量化考核业绩引导订货、框架协议采购等机制建设,2011年基本到位
集团化采购	单一的总部直接集中采购,以竞争性采购为主,集团化采购率不足3%	总部直接集中采购、总部组织集中采购、总部授权集中采购等多种实现形式,总部和直属企业两种优势、两个积极性并举,以相对稳定合作的战略采购和框架协议采购为主,集团化采购率达到63.8%	经历1995-2001年钢材、木材和水泥集团化采购艰难推进,2002-2005年集团化采购快速发展及2006年至今集团化采购规模和质量大幅提升阶段
供应商管理	供应商网络境内外、总部与企业、企业间相互割裂,与供应商关系激烈、动荡、对立竞争,供应商考核为静态、定性评价	供应商管理成为管控外部资源的重要手段,形成中国石化统一的供应商网络,对供应商实施动态量化考核,与供应商关系相对稳定、有序竞争,合作共赢	2004-2006年全面清理直属企业供应商及境外供应商,2006年统一供应商网络,2007年进入供应商网络质量优化提升阶段
储备管理	大库存保供应,库存责任主体错位,分散储备,库存资源不共享	从占有资源向控制资源转变,科学界定库存责任主体,实物、信息多种储备方式,储备资源共享	1997年起逐步撤销车间小库、分厂仓库,集中到总厂仓库,2004年起推进总部集中储备

续表

内容	变革前	变革后	演变历程
电子化采购	采购交易形式为传统的传真、电话、现场订货会,依靠手工定性、粗放型管理	进入电子化采购时代,电子化采购率达到96%,采购业务全过程网上运行,依靠信息化手段固化先进的采购理念、制度和要求并强制执行,实现定量、精细化管理,打造物资采购"阳光工程"	2000年前探索应用,2000年4月—8月电子化采购平台功能设计,2000年8月电子商务系统正式投入运行,电子化采购进入强力推进、全面应用阶段

(二)资源配置效果明显提升,供应保障能力显著增强

中国石化物资需求资源、供应商资源、物资储备资源、采购人力资源、采购信息资源等得到全面整合和优化配置(表3),增强了对供应商的影响力,促使供应商不断提高专业化配套能力,成为更加紧密的合作商,从而提升了供应链一体化效应,扩大了企业的组织边界,增强了中国石化资源获取能力和风险控制能力。

表3 中国石化物资采购资源整合效果

内容	整合效果	数据变化
物资需求资源有效整合	形成统一对外采购的大格局,规模效益显著,明显增强了中国石化供应市场话语权	2001—2011年,集团化采购物资品种从3个大类扩大到27个大类、132个中类、600个小类,集团化采购金额从14.6亿元扩大到1692亿元,增长了115倍,集团化采购比例由2.4%增长到63.8%,提高了61个百分点
供应商资源有效整合	形成中国石化统一的供应商网络,供应商网络整体质量显著提升	2007年供应商网络整合以来,供应商数量减少30%,压缩至2011年的17479家,交易供应商平均供应金额上升到1437万元,比2007年增加近1倍
物资储备资源有效整合	实现储备资源的集中管理和统一使用,提高了资源利用效率和保供能力,库存规模大、信息不共享、"货到地头死"状况明显改善	2001—2011年,中国石化在固定资产总规模、年度物资消耗分别增长267%、258%的情况下,万元固定资产占有储备额下降了67%,库存规模始终保持合理水平
采购人力资源有效整合	形成了解物资供应市场、熟悉物资需求规律、具有丰富采购经验的专业化采购管理团队和专家采购团队	中国石化"十一五"期间年度物资采购规模翻了一番,采购人员精简了20%,人均采购份额提高了近2.5倍
采购信息资源有效整合	实现物料信息、供应商信息、采购订单及合同信息自动汇集和共享,信息割裂、采购决策缺乏充足数据支撑、管理监督不力等状况彻底改变,大幅提升采购效率和工作质量	电子化采购规模从2001年的76亿元快速增长到2011年的2547亿元,电子化采购率从2001年的13%增长到2011的96%。中国石化电子商务系统已发展成为国内最大的B2B电子商务网站。2009年国务院国资委将中国石化物资采购电子商务系统列为中央企业信息化示范工程,国家工业和信息化部将中国石化电子化采购作为供应链信息化第001号案例在官方网站上向全国推广

通过与煤炭、钢铁、机械制造等行业龙头企业的长期战略合作,稳定了供需关系,并获得各大战略供应商给予的优先订货、优惠价格、优先排产、优先发运、优质现场服务等待遇,确保了中国石化战略资源的稳定供应。各直属企业通过集中采购,对生产建设安全稳定、运营成本有重大影响的战略性物资和大宗通用物资全部实行集团化采购,有力保障了"十一五"期间4个千万吨级炼油项目、4个百万吨级乙烯项目和31个大型炼油、化工和油气储运改扩建项目及6200公里管道项目、7个20万吨级以上原油码头的顺利建成投用。

(三)取得了显著的经济效益和社会效益

中国石化实施集团化采购集合了各直属企业物资需求,形成较大采购批量,增强了在供应市场上的议价能力,降低了生产运营和投资建设成本。2011年,采购化工原辅料、煤炭、材料、机电设备及配件等生产建设物资2653亿元,节约采购资金103.5亿元,其中集团化采购节约资金60亿元。2001年到2011年,累计采购(原油除外)生产建设物资14688亿元,采购成本占主营业务成本的比例从22.9%下降到12.8%,节约采购资金达615.2亿元。

储备资源集中管理和统一使用有效控制了库存规模,大幅降低储备资金占用成本。2001年到2011年,中国石化固定资产总规模增长了267%,但万元固定资产占有储备额从320元降低到105元;通过优化物资储备管理,累计节约库存资金占用成本52.1亿元。

"十一五"期间,中国石化实施了79项、推广12项国产化项目,不仅节约采购资金19.4亿元,还打破了国外供应商的垄断,改变了中国石油石化重大装备和关键材料长期依赖进口、严重受制于国外的局面,促进了我国装备制造业的发展。

(成果创造人:蔡希有、蒋振盈、唐永合、李　静、邵万钦、
李志浩、檀大水、李　晓、范晓骏、彭志明)

非相关多元化企业集团复合管控体系建设

江苏悦达集团有限公司

成果主创人：公司董事局主席、党委书记陈云华

江苏悦达集团有限公司（简称悦达集团）是集工业制造、公路投资、矿产开发、现代服务业四大产业于一体的综合性企业集团，拥有悦达投资、悦达矿业两家上市公司和30多家控股子公司、分公司，员工3万多名，资产总额逾400亿元。先后与韩国现代起亚、法国家乐福、日本富士重工、德国黛安芬、印度马恒达等国际知名企业合资合作，形成了汽车和纺织两大支柱产业，走出了一条以国际化带动新型工业化的成功之路。2011年，实现营业收入782亿元，利税151亿元。悦达集团是全国520户重点大型国有企业之一，居江苏省重点规模企业前10强。

一、非相关多元化企业集团复合管控体系建设背景

（一）战略协同与有效管控是企业多元化发展的客观需要

悦达集团从上世纪70年代末主要从事煤炭贸易业务起步，经过创业初期近10年的经营发展和资本积累，实现了从贸易流通到实业经营的跨越。通过与国际知名企业合作，实现了从自我发展到合资合作的跨越。1992年进行了股份制改造，1994年悦达投资成功上市，2001年悦达矿业在香港联交所上市，实现了从产品经营到资本运营的跨越。同时，积极介入公路投资和能源矿产业，并通过良好的投资收益回报，促进了工业制造板块做大做强，形成了四大产业板块齐头并进、竞相发展的多元化产业格局。

随着多元化程度的不断加深，悦达集团涉及的产业和下属企业不断增多。此时，如果没有一个统一的总体战略并实现母子公司之间的战略协同，就会出现"被动多元化"、"投资无序化"。当下属企业的发展战略各自为阵时，总部就无法实现对子公司的有效管控，特别是在总部的委托—代理链条过长的情况下，可能出现"一管就死、一放就乱"的管理失控现象。

（二）克服原有单一财务管控模式弊端的现实选择

随着企业不断壮大和发展，悦达集团原有的单一财务管控模式已经不能满足"产业多元化、子公司专业化"发展战略的需要，出现了投资无序化、总部权力空心化、下属单位经营短期化等诸多问题。

一是子公司各自为阵，投资失控。由于缺乏统一的总体发展规划和战略指导，加之单一财务管控模式下集团对下属企业规模、效益的单一性关注，使得子公司各自为阵，滋

长了为追求快速扩张的投资冲动,从而导致集团在一定程度上的投资失控,造成下属企业的无序多元化。

二是母公司权力空心化。以效益为主要关注点的财务管控模式,导致了悦达集团母子公司之间结果式管理思路的形成,集团总部没有核心资源,下属企业自成系统,拥有相对独立的战略规划、投资决策等重大权力,直接削弱了集团对子公司的管控能力,总部面临权力空心化风险。

三是战略协同效应缺失。单一财务管控模式容易导致子公司效益短期化和经营短视化,下属企业为了追求自我目标的实现,往往无法兼顾集团的战略全局,造成投资无序化、产品同质化、关联业务重叠,形成集团内部的"封闭"竞争态势,无法实现集团整体的战略协同效应。

(三)非相关多元化企业持续稳定发展的内生需求

非相关多元化企业集团管控的难点在于:不同产业背景的战略协同难度大、集团核心资源的共享与管控困难、管控模式的有效落地难与效率不高等。这些问题制约着多元化企业集团的持续稳定发展。

一是挑战管理难度的需要。现有四大产业板块之间直接关联度较小,对相关产业的管理往往会牵扯到大量的人力和精力。同时,随着下属企业数量的不断增多,总部与子公司之间的股权关系更为复杂,管理层级被动扩大,加之不同的企业所处的行业环境、发展阶段不同,导致总部对下属企业的管控难以真正的横向到边、纵向到底。另外,多元化发展需要大量不同行业不同专业的高层次、复合型人才,人才的开发、利用和管理难度增大。

二是提高管理效率的需要。产业多元化必然带来管理上的集团化,这使得悦达集团一度出现了投资和人才等方面的管控困难。这些问题的交织和相互渗透,也使集团管控效率下降。当下属企业各自为政,财务与投资的失控现象必然出现,导致企业的资金利用效率降低,融资偿还风险加大,资金平衡工作难度增大。特别是投资失控导致下属企业的投资冲动放大,产品同质化趋向明显,造成资源使用的低效和浪费,弱化了投资项目的后续管理。

三是规避周期性风险的需要。悦达集团的多元化源自于投资的多元化,而投资多元化又以公共关系资源为支撑。当企业发展到一定阶段,如果公共关系管理不能进一步强化和规范,集团的战略管理力度不足以引导下属企业理性发展,在复杂的市场环境中,有些子公司可能步履维艰,甚至会被淘汰出局。同样,如果集团总部缺乏强大的、有吸引力的核心能力,就会无法协调成员企业的经济活动,会导致集团总部"大而不强",也就无法形成整体竞争优势。

成果主创人:公司董事局
副主席、总裁邵勇

二、非相关多元化企业集团复合管控体系建设内涵和主要做法

悦达集团在多元化发展过程中,以科学、规范、高效管控为目标,以"四大中心"、"五大平台"建设为抓手,明晰总部定位,发挥专业优势,以战略管控为导向,辅以财务管控与运营管控,按照管理覆盖、职责明确、运行有序、信息畅通、决策科学、执行有力、效率提高和薪酬合理的"8项32字"工作要求,通过组织体制和机制优化、优质资源整合重组、企业综合绩效评价和信息化建设等,构建了一套非相关多元化企业集团复合管控体系,加快实施"产业多元化、子公司专业化"的发展战略。主要做法如下:

(一)坚持多元化发展战略,构建集团管控模式

悦达集团坚持"产业多元化、子公司专业化"发展战略,有效发挥多元化的风险防范和专业化的高效运作双重优势。集团不断调整提高现有产业,大举进军新兴产业,培育新的经济增长极;子公司实施专业化经营,将具体业务做精做强,提高行业竞争力,培育核心优势产业。根据总体发展战略,确定以转变经济发展方式为主线,抢抓"江苏沿海开发"和"长三角一体化"两大战略机遇,进一步夯实发展基础,优化产业布局,大力推进"二次创业",致力于"一个追求、两大突破、三大目标、四个转型"。其中,一个追求就是到2015年跻身世界500强行列,成为世界知名企业;两大突破就是要实现新能源产业和企业上市工作的突破;三大目标就是到"十二五"期末实现营业收入超1200亿元,实现利润超100亿元,上缴税收超100亿元;四个转型就是要实现由数量扩张型向质量提高型转变,由靠大靠强型向以我为主型转变,由资源占有型向科技创新型转变,由机制创新型向体制创新型转变。

为此,悦达集团按照全面建设现代企业制度的要求和高效推动多元化发展战略的需要,以国际先进水平和行业最佳实践为标杆,以提升集团的资源整合和管控效能为目标,以解决单一管控模式运行中存在的管理难、效率低、空心化和持久力不足为突破点,加强集团管控,规避经营风险、优化资源配置、提高凝聚力和核心竞争力,促进企业持续健康发展。

在多元化发展过程中,充分考虑战略的协同性和管控的有效性两个关键,通过统一的发展规划和强化战略指导,不断规范所属产业、企业和具体业务的有序协调发展,使相关板块和企业在集团总体发展战略框架下制定并实施子战略,从而实现集团母子公司之间的战略协同,提高管控效能。经过对财务控制型(最为分权的管控模式,其强调目标管理和结果控制)、运营控制型(最为集权的管控模式,对下属企业实施全面控制)、战略控制型(集权和分权相结合的管控模式,其强调对于重大事项的过程控制和结果控制)三种管控模式的研究比较,考虑战略架构、价值创造、专业胜任、管理幅度与层次有效性和权变思想等因素,按照所属企业业务单元的战略地位、资源相关性和业务发展阶段,决定构建适合自身多元化发展实际的复合管控体系。

建设复合管控体系是基于现有产业结构、业务特点、企业规模和管控能力,按照突出战略导向、集权与分权相结合、强调对重大事项的过程情况和结果控制兼顾的原则,并结合现有股权结构、企业所处发展阶段和运营周期等因素。在战略管控导向的基础上,辅以财务管控、运营管控,并有选择性地采取品牌管控、文化管控和符合悦达集团现阶段特点的经营业务平台管控,以实现对所属企业和非相关性多元产业全面有效管控的要求。

但是,要达到理想的管控状态需要一个过程,悦达集团按照突出重点、先易后难、有序调整、逐步完善的原则,确定实施路线图。

第一阶段,根据股权关系,对控股公司和参股公司进行区别管控。对现有的纺织、煤矿、有色金属、地产、现代服务业等重点控股企业实施战略管控,强化战略指导和对重大事项的运营监控与结果控制;对汽车、公路以及其他参股企业实施财务管控,结合技术资源、市场资源、人力资源和供应链资源等强化目标管理和结果控制,实现投资收益最大化。

第二阶段,在股权关系基础上结合规模进行区别管控,对规模大的控股公司采取战略管控,对规模小的控股公司采取财务管控;对参股公司采取的财务管控不变。随着多元化程度的加深和产业规模的扩大,对相关产业和业务单元进行战略整合。煤矿生产和贸易板块整合成立上海悦达新实业集团,房地产和商业地产板块整合成立悦达地产集团,商业零售板块整合到悦达南方控股公司,加之既有的悦达投资和立足有色金属投资业务的悦达矿业公司,悦达集团产业发展架构和格局进一步清晰。针对规模较大的控股企业实施战略管控,而对其他规模较小的控股企业则继续实施财务管控。

第三阶段,根据所属企业的核心业务,按照所处的战略地位区别对待。对处于战略核心地位的业务单元采取战略管控;对不处于战略核心地位的业务单元采取财务管控;对处于培育发展期的新兴业务单元采取运营管控。结合实际业务,对煤矿、有色金属、地产、汽车零部件等规模较大的核心业务实施战略管控,并根据其所处发展周期的不同而有选择地采取战略控制型管控和战略指导型管控。其中,对地产、汽车零部件等处于初创期、成长期的核心业务采取战略控制型管控,着力培养,形成未来支柱产业;对汽车、煤矿等处于成熟稳定期的核心业务采取战略指导型管控,参与决策,共建核心竞争能力。对公路、旅游、贸易等规模较小的非核心业务实施财务管控,强化监控,提高资产价值。对新能源、新材料等处于培育发展期的新兴产业则采取运营管控,提高盈利水平,实现规模扩张,增强抗风险能力。

(二)完善公司治理与组织结构,搭建集团管控载体

悦达集团不断完善法人治理结构,建立集团党委、董事局双重领导下的公司治理体系和组织架构(图1),通过公司章程、议事规则等一系列制度安排,明确治理结构中各个组成的权力和义务,以实现委托方和代理方的权力制衡,规避和解决经营层道德风险、逆向选择行为、信息不对称等问题。

完善"三会一层"议事制,对涉及预算目标、投资方案、对外担保、资产处置、债务和财务政策、重要人事任命和重大经营决策等事项进行决议,实现悦达集团对子公司重大经营事项的决策管理。在所属企业中,都建立股东会、董事会、监事会和经营层议事规则。"三会一层"人员均由集团总部委派,子公司董事会的议案均由集团会商研究,形成明确意见后由委派人员通过子公司董事会予以贯彻落实。建立信息反馈制度,议案的执行和落实情况能够及时反馈到总部,确保既定的方针和策略得以有效落实。按照集团管控模式和公司治理结构,悦达集团对总部组织结构进行调整。

一是建立董事局各委员会。成立战略与投资委员会,主要负责对悦达集团战略规划、投资方案进行审核;成立薪酬与考核委员会,主要负责对总部人员和委派人员的考核

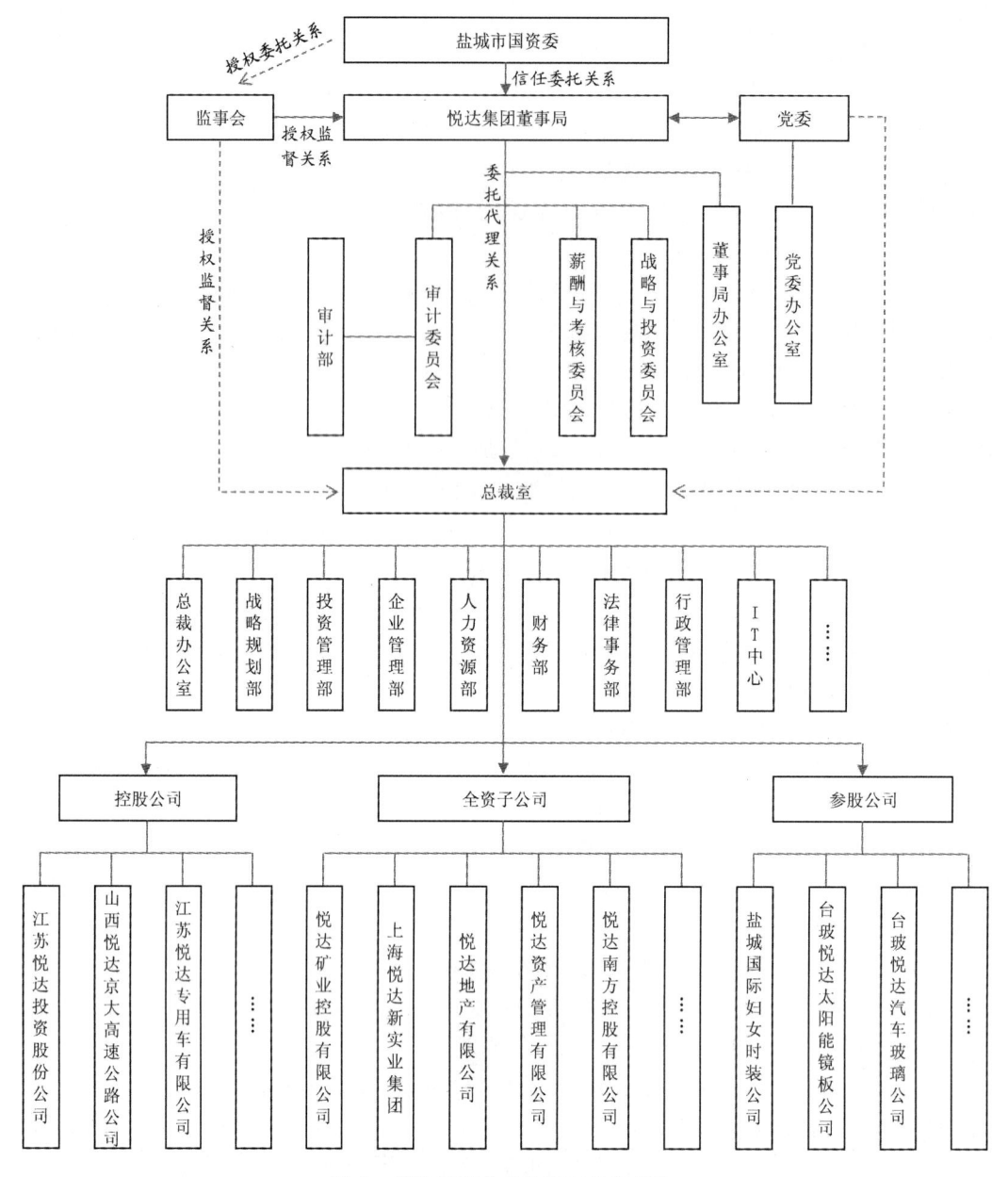

图1 悦达集团公司治理与组织结构

和薪酬方案、薪酬标准进行审核；成立审计委员会，主要负责内部审计的指导、审计意见的整改落实、会计师事务所的聘请和更换等。

二是调整总部部门设置。重新定位总部功能，强化管控协调，整合现有部门资源并划分权责体系，消除责任盲区，提高工作效率。设置董事局办公室、审计部、党委办公室、总裁办公室、战略规划部、投资管理部、企业管理部、人力资源部、财务部、法律事务部、IT中心及相关产业办和驻外办事处等机构。

三是实行专业子公司制。进一步明确母子公司定位，在原有组织架构上逐步将二级全资子公司调整为专业化经营的公司,实现板块化经营。通过调整下属子公司的股权结构,将提供同一产品或服务的企业纳入到同一个子公司中管理,实现子公司专业化经营。

(三)明确总部功能定位,确保战略管控落地

悦达集团总部突出战略与投资、财务与审计、人力资源、公共资源与共享服务四大功能,统筹多元化发展,为下属企业提供战略、投资、财务、人力资源等方面决策以及相关的运营指导和管理支持。

一是强化战略与投资功能。总部通过成立相关委员会来实现集团的战略与投资管控。包括规划集团战略,监控和评价战略实施,调整战略目标并依据战略配置资源;统领投资规划,负责重大投资项目决策,再将决策所投资项目放到相应子公司,并负责投资项目的后评估,评价和分析下属单位的投资效果。

二是强化财务与审计功能。制定统一的财务管理制度和会计核算办法,对会计政策和会计估计及其变更进行审定;统一派驻财务负责人,并由集团财务部统一管理,实现对下属企业的财务管理;搭建资金平台,融通集团公司内的资金,决定下属单位大额的资金支付,统一决策集团内的担保事项;确定下属单位主要财务目标,考核财务目标的实现。

三是强化人力资源功能。构建人力资源管理体系,向控股和参股公司委派或更换股东代表,推荐委派组成员,并通过委派组成员向参控股企业传达集团意志。悦达集团总部除了统一管理下属单位核心高管、财务总监外,还针对下属单位技术管理人员进行统一的规划和开发储备。对于煤矿、有色金属、公路等专业性较强的技术人员,由悦达集团总部通过外部引进、内部选拔和与高校合作培养等方式建立人才梯队,以解决子公司选才不广、通道不宽和成本负担过高等问题。

四是强化公共资源与共享服务功能。通过强化战略导向引领企业文化建设,发挥企业文化在战略实施中的凝聚作用和激励作用。一方面积极传播悦达集团的执行、创新和人本文化,另一方面兼容并蓄不同地域、不同性质、不同股东背景的文化特征,在共性与个性相结合的基础上增强文化管控力。在总部和下属企业中开展财务信息系统、运营信息系统和协同办公系统建设,实现办公自动化、协同化、网络化和信息共享。高层公关关系、各级政府关系、金融机构战略联盟等核心资源由集团总部掌握,并以此实现公共关系资源的共享和为下属单位提供服务。

为克服非相关多元化存在的盲目发展和无序投资,有效控制风险,确保战略管控落地,集团总部突出投资与决策功能,强化对下属企业投资活动的审核,在子公司成立独立的利润中心、成本中心。下属企业的投资方向必须符合集团总体发展战略,在集团战略规划下找寻投资机会;投资项目必须有稳定的利润回报,确保新上项目能够良性运行;投资计划必须符合集团总体融资安排,保证现金流平衡,防范资金风险。

(四)加强全面预算管理,发挥财务管控效能

悦达集团推行全面预算管理,优化预算编制,强化预算审核,实现对整体经营活动的量化安排,发挥财务管控功能。通过强化内部控制,发现管理中的漏洞和不足,降低日常经营风险。通过强化责任落实,明确各级责权,明确考核依据,实现集团战略目标的分解、实施、控制和有效达成。

一是完善全面预算管理。通过对未来的经营活动和相应财务结果进行充分、全面的

预测和筹划,对执行过程进行监控,将实际完成情况与预算目标进行对照和分析,及时指导经营活动的改善和调整,以帮助经营层更加有效管理企业和实现战略目标。全面预算管理不仅包括财务计划,还涵盖战略、经营、投资、风险控制等内容,并根据宏观环境的变化及时动态调整,成为年度经营活动的纲领,成为保证战略落地的有效载体。在预算编制上,下属企业以销售预算为起点,重点编制销售预算、损益预算、投资项目预算、长期资产处置预算。集团预算以各单位预算为基础,重点在于经营指标预算、投资项目预算、现金收支预算和长期资产预算。

二是系统防范集团管控风险。全面预算管理使管控的着力点从事后前移到事中和事前,对集团的投资决策和生产经营实现过程控制,有效防范盲目投资导致的投资风险和无序经营带来的经营风险;悦达集团上下多层次的反复审批及业内专家的指导,有效提高预算编制的全面性、客观性和准确性,防范下属企业人为控制预算所引发的道德风险;将集团战略目标逐层分解并落实到各管理层级,有效防范管理层级混乱、责任不明的管理风险;构建预警机制,通过定期的预算执行分析报告,从产品、渠道、区域等多个维度反映预算执行情况,及时揭示企业经营中存在的重要风险。

三是构建预算执行评价体系。探索设计预算执行评价工具,利用同比和进度比两个分析维度,揭示企业实际经营业绩与上一年度经营实绩以及本年度预算间的潜在关系,真实反映企业的主观能动性、经营水平以及对企业的掌控能力,客观评价企业经营绩效。通过同比及进度比的双向联动及具体的数据表现,准确判断企业当前的实际经营状况,并结合所属企业在矩阵图中的分布情况,从总体上把握集团整体经营情况,提出改进计划。

(五)搭建专业平台体系,提高运营管控能力

悦达集团以股权整合为手段、以板块经营为载体,对现有相关业务进行战略整合,实现子公司专业化经营,提高运营管控能力。同时,搭建五大运营平台,解决管理层级过多、委托—代理链条过长问题。原则上不予新设或投资三级以下(包括三级)公司,对既有的三级以下公司视情采用直接解散、上收股权、资产交换等形式逐步规范。

运营平台架构具有子集团和事业部制的双重特点,基于股权整合,以成立子集团的形式搭建运营实体,而且子集团的负责人均由各运营平台的分管副总裁兼任,中高层管理人员也均由集团委派,人事关系在集团总部,成为虚拟的事业部,"派驻"到运营实体中。这种双重法人制,既有利于子集团内业务的整合协调、资金的统筹和核心人才的规划,保证战略协同和有效管控,也保证下属企业具有较高的经营自由度,使经营风险得到有效规避。

能源运营平台:成立上海新实业集团,专营煤炭业务。目前在陕西、山西、内蒙古等地拥有煤矿5座,年产能达1500万吨,煤炭资源可采储量超10亿吨。同时,将传统煤炭贸易企业通过利润包干等方式整合其中,增强煤炭产、供、销的综合运营能力。

地产运营平台:成立悦达地产集团,整合集团在上海、陕西、盐城等地的地产业务。同时,借助与家乐福、新合作和悦达农商的合作关系,进军商业地产项目,实现规模化发展。

有色矿业平台:对在香港上市的悦达控股公司重新进行业务定位,主营有色金属业务。目前在境内外拥有铅锌矿、铁矿、金矿、铜矿等多种有色金属矿7座,可采储量达500万吨以上。充分利用境外上市优势,积极在缅甸、老挝等国投资有色金属矿,充实了上市

公司题材,提升了公司市值,扩大悦达集团的国际影响力。

商业零售平台:充分挖掘南方控股在商业零售业务方面的优势,并在政策与资源上给予大力扶持,做精主业,发挥规模效应。与家乐福在国内六省一市形成排他性合作,累计开店50余家;与全国供销总社合作新合作超市,拥有1200余家直营店和10万多个加盟网点;咖世家连锁咖啡店在国内主要大中城市形成高端品牌效应。同时,利用现有的零售渠道,将自产的鸡蛋、大米等绿色农产品、禽肉制品快速推向全国市场。

资产管理平台:成立资产管理公司,搭建统一的资金平台。子公司重大项目的融资任务交由集团统一协调解决,充分发挥总部的集聚优势、解决企业发展融资难问题;通过资金管理平台实施内部融资,统一调配集团内企业闲散资金,提升资金使用效率,避免闲散资金长期滞留造成的资源浪费。

通过股权整合及对相关产业板块集团化运作管理,缩减集团直接管理的企业数量,减少管理层级,提高管理效能,改变大包大揽的管理模式,并充分尊重二级子公司的经营自主权。

(六)强化制度建设和绩效考核,提高集团管控能力

悦达集团对原有的各项制度安排、机制流程和绩效考核评价体系进行全面深入的梳理和完善。

1. 制度体系

建立1个章程、7个议事规则、9个基本制度和46个具体管理办法的总体制度框架,以制度规范各项管控行为。

一是公司章程。对公司章程进行必要的补充和完善,以章程作为实施管控的纲领。修改后的公司章程分别对董事局、监事会职权和机构设置、决策程序进行明确,对集团总部与分子公司关系和分子公司设立原则、管控要求进行规定。

二是议事规则。分别建立董事局议事规则、监事会议事规则、战略与投资委员会议事规则、薪酬与考核委员会议事规则、审计委员会议事规则和总裁工作细则等,对各类机构和委员会的组织结构、办事机构、职权与授权、权力与义务进行明确,实现高效运作。

三是基本制度。建立和完善控股公司管理制度、参股公司管理制度、战略规划管理制度、投资管理制度、委派人员管理制度、绩效管理制度、财务管理制度、内部审计管理制度、法律事务管理制度,通过基本制度固化复合管控模式,实现管控行为有章可循。

四是具体管理办法。按照集团管控、战略与投资、财务与审计、人力资源和公共资源与共享服务五大分类,进一步制定具体管理办法。这些办法既是日常管控的标准,也是基本制度在操作层面上的细化。

2. 机制建设

不断强化机制建设,保证复合管控体系的有效落地,实现无缝对接。

一是坚持财务人员派驻制。对所有子公司的财务负责人均由集团派驻,财务负责人编制在集团总部,由总部直接管理。同时,对子公司的财务负责人实行轮岗制,并以子公司董事会换届为轮岗周期,有效规避权力寻租现象的出现。

二是建立财务审计联席制。针对集团所属企业多、所涉行业广的情况,建立财务审计联席制。定期召开财务审计联席会议,提高集团内部审计结果执行力,提高各单位财

务管理水平。同时,聘请业内专家定期进行专项培训,培养复合型财务人才,适应不同行业、不同性质企业的管理需要。

三是建立审计督查制。通过审计督查,规范企业经营行为,真实反映企业绩效,并以审计报告作为绩效考评的依据。通过强化审计督查和审计整改,有效避免国有资产损失,警示企业经营层严格按照制度规范运营。

四是创新党委工作机制。强化集团党委工作的计划性、主动性、预见性和有效性,实行治理层和管理层在人事权和用人权方面的有效统一,增强领导班子驾驭企业的能力。

3. 绩效评价体系

建立企业综合绩效评价体系和委派人员经营绩效考核办法,从财务指标、经营目标、综合绩效入手,兼顾定量结果和定性分析,区分不同产业、不同地域、不同企业及企业投入产出不同阶段等情况,实现客观评价,并为委派人员薪酬考核提供依据,提高集团总部的实际管控力。

一是建立企业综合绩效评价体系。根据内部管控的基本规范和要求,参照国资委《企业绩效评价标准》,结合各控股公司所在行业的实际情况,建立企业综合绩效评价体系(图2)。坚持以财务数据为基础,定量分析为主、定性评价为辅,综合评价企业经营绩效,客观反映企业经营情况,促进企业提高市场竞争能力。

企业综合绩效评价分数＝财务绩效定量评价分数×70％＋管理绩效定性评价分数×30％

财务绩效定量指标评价份数＝∑[指标权数×本档标准系数＋功效系数×(上档基础分－本档基础分)]

功效系数＝(实际值－本档标准值)/(上档标准值－本档标准值)

管理绩效定性评价分数＝∑(∑每位专家给定的单项指标分数/专家人数)

绩效改进度＝本期绩效评价分数/基期绩效评价分数

二是建立委派人员绩效考核制。借鉴国务院国资委对中央企业负责人的考核,制定委派人员绩效考核办法,并优化目标设置、指标框架和考核细则,体现资产保值增值要求。分别设立经济指标和工作目标两大类,其中经济指标主要包括净利润、经济增加值和营业收入,着重考核企业的经营业绩和成果;工作目标主要包括财务预算偏差率、行业竞争力、安全管理水平、工资总额控制和重点工作推进等,并实行差别化的权重加成,实现对不同行业和不同发展阶段企业的科学考核。

(七)推进信息系统建设,提高集团管控效率

为提高管控效率,悦达集团对信息系统进行整合和提升,构筑以三大系统为核心的信息平台。

一是财务信息系统。购置财务专属服务器,搭载用友财务软件,针对集团财务现状和特点,对相关模块进行二次开发,建立起总部与子公司之间高效的NC财务信息系统。通过该系统,子公司财务报表实现网上填报,总部可以适时了解所属企业的财务状况,及时发现问题,研究采取措施。

二是运营信息系统。通过对所属企业及集团整体生产经营活动的事前、事中、事后全过程跟踪和动态分析,强化运营过程的有效监控。以战略为导向、业务单元分析为基

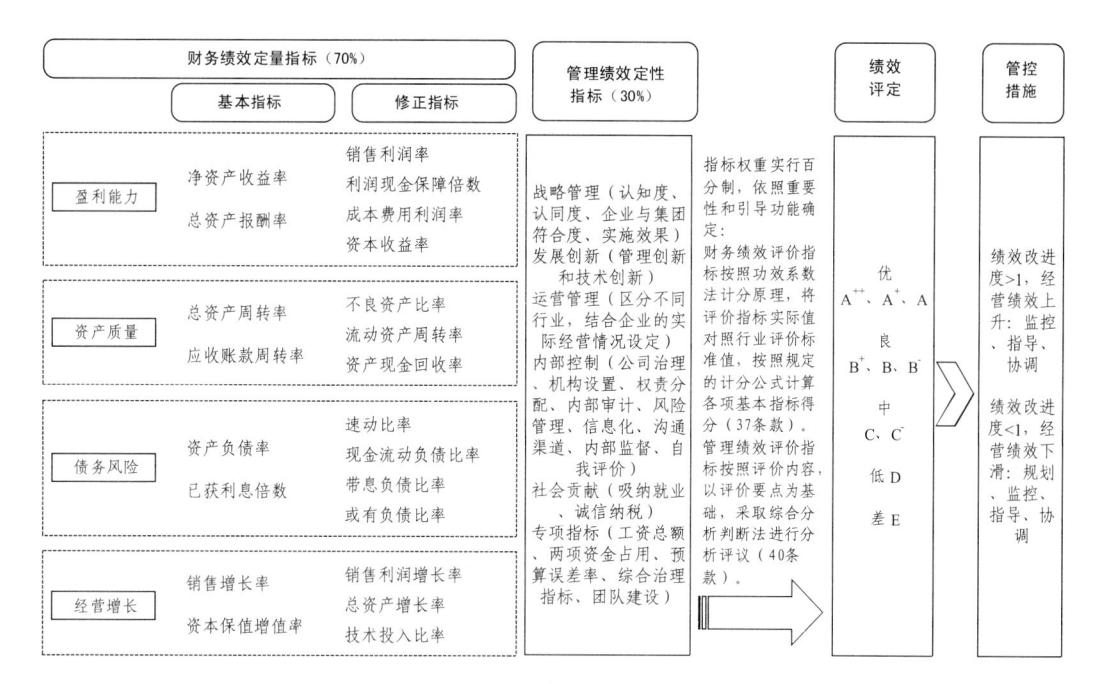

图 2 企业综合绩效评价体系

础,构建 OIMS 运营信息管理体系,涵盖业务单元管理和运营信息收集、分析、评价及信息共享、决策支持,并评估战略实施情况,检讨调整战略规划。加强业务编码体系建设,改革企业作业核算法,使会计核算结果更加贴近经营实际,绩效评价和考核更加合理。

三是办公信息系统。通过 OA 办公信息系统,建设智能总部大楼,实现总部无纸化和网络办公。同时,利用无线网络功能开展异地办公,提高办公效率。借助 OA 系统与 Internet 的互联功能,实现总部与下属企业的实时、高效沟通,逐步摒弃原有的传真、电话、邮寄等沟通模式。

三、非相关多元化企业集团复合管控体系建设效果

(一)建成了具有悦达集团特色、完整高效的复合管控体系

2007 年以来,悦达集团基于总体战略规划和发展目标,经过不断探索,成功构建了非相关多元化企业集团复合管控体系。在统一的战略架构下,区分所属企业的股权关系、规模大小和战略业务地位,坚持以战略管控导向为基础,辅以财务管控和运营管控,并有选择地采取品牌管控、文化管控和符合悦达集团现阶段特点的经营业务平台管控,既满足了产业多元化的现实需要,也有效提升集团对子公司专业化经营的管控效能,从而实现相关产业、企业和具体业务协调发展。

复合管控体系的建设,使集团整体协同效应进一步增强,实现了资源共享。一方面通过实体资产整合,提高了集团内有形资产的使用效率,实现了各下属企业之间的资源互补;另一方面,通过集中化提高了整体品牌效应,使所属企业共享商标、品牌、专利、客户和信息等隐形资源。近 3 年来,各产业板块均实现了 20% 以上的规模增长,其中工业制造、矿产开发板块增幅分别达到 88%、106% 以上,且板块之间的结构占比更趋协调。同时,集团的盈利构成由原来的单一转向多元,形成了矿产、公路、汽车和房地产四大利

润增长极。

（二）集团管控效能显著提升,有效防范了多元化风险

通过建设复合管控体系,实现了集团资源管理的透明化、清晰化,增强了决策的科学性和合理性。同时,显著增强了对资源的管控能力,充分发挥了集团资源整合优势。另外,有效解决了多元化发展面临的诸多管理问题,使集团管控效能和效率均得到了提升,交易成本不断降低。

集团总部的投资和决策水平得到提高,保证了总体战略的落地和顺利实施,有效规避了多元化发展中可能存在的风险。2008年国际金融危机爆发后,悦达集团充分发挥"五大平台"优势,对所属企业实施资金共管和科学调度,既保证了重点项目的资金投入,也为一些面临资金困难的企业"雪中送炭",有力保证了所属企业的正常运营。当年集团营业收入和利润总额不降反升,分别实现了36.63%、40.96%的增幅,优于全国百强企业同期平均水平。

（三）取得了显著经济效益,推动了企业持续稳定发展

通过强化集团管控,促进了悦达集团持续快速健康发展,资产总额、经济总量和规模效益不断提高,对外投融资和技术创新能力明显增强。2011年,实现营业收入782亿元,较2010年增长25.48%;实现工业增加值103.77亿元,增长82.91%;实现利税总额151.45亿元,增长48.6%。悦达集团在盐城市的企业上缴税收达55.92亿元,增长82.37%,占大市区税收的74.85%、一般预算收入的58.94%,为地方经济发展做出了突出贡献。同时,悦达集团的汽车、纺织产业已成为地方工业企业的龙头和典范,产业链的纵横延伸提供了3万多个工作岗位,为促进就业做出了积极贡献。

悦达集团先后捐资捐物6000多万元,用于创办"悦达中学"、"悦达希望小学";捐资4600多万元支持汶川、陕西、玉树等灾区重建家园,赢得了广泛的社会赞誉。近3年来,先后荣获全国先进基层党组织、江苏省国有企业"四好"领导班子、江苏省管理创新(首批)示范企业等荣誉。

（成果创造人:陈云华、邵　勇、潘万渠、马　勇、
祁广亚、杨玉晴、王咏柳、马秀华）

多层级模拟法人经营机制构建与运行

新兴际华集团有限公司

新兴际华集团有限公司(简称新兴际华)是集生产经营和资本运营于一体的大型国有独资企业集团,由解放军总后勤部原生产部及军需生产系统企事业单位整合而成,现有冶金铸造、轻工纺织、机械装备、商贸物流等主营业务板块,主要产品有球墨铸铁管、管件、钢格板、钢材、工程机械、特种和专用车辆、油料器材、纺织品、橡胶制品、装具、医药等,是全球最大的球墨铸管研发制造商和全国最大的后勤军需集成供应商。截至2012年6月,资产总额735亿元(净资产302亿元),员工7.4万人。目前,80%人员、资产已进入"新兴铸管"和"际华集团"两大上市公司。2011年营业收入1476亿元,2012年首次跻身世界500强企业(第484位),居中国企业500强第74位。

成果主创人:新兴际华董事长兼党委书记刘明忠

一、多层级模拟法人经营机制构建与运行背景

(一)推行经济增加值(EVA)考核的需要

经济增加值(EVA)真实有效地反映出企业经营业绩,体现着资产增值状况。在新兴际华内部一些企业,虽已完成利润指标和成本计划,但实际上整体EVA却为负,经营业绩"名盈实亏"、企业资产"名益实损"、社会财富"名增实减",暴露出评价激励机制的不适应。如何引导成员单位关注EVA,更加注重发展质量和效益,需要探索一种将EVA一贯到底的新机制。从2007年开始,国务院国资委开始在中央企业试点EVA考核,这给新兴际华提出了新要求、新契机、新路径。

(二)全面提升市场竞争能力的需要

新兴际华所涉足的冶金铸造、轻工纺织处于全球化背景下的完全竞争性领域,不仅要与跨国巨头,还要与国内企业,开展全方位竞争。在2008年金融危机中,企业普遍面临生产成本上升、产品价格下滑、市场空间萎缩、资金链条紧张等多重压力,一些"大企业病"逐步显露。由于核算机制与市场应对相对脱节,加上实行"集团—板块—企业3级法人管控+分厂(车间)—工段—班组—岗位(人头)等4层结构管理",导致部分企业对外部市场反应迟;由于分配机制与实际业绩不够匹配,部分新兴际华内部效率不高、活力不强、士气不振。因此,必须调整新兴际华内部原有管理模式和经营机制,进一步理顺"责权利"关系,激活管理链条,营造自我管理、自我约束的民主管理局面。同时,进一步统筹"供产销"环节,连锁价值链条,建立全体协同、全程联动、全速反应的新格局。

(三)多元化企业集团实现一体化经营的需要

新兴际华作为重组而成的多元化企业集团,涉足4大行业、10多门类,有100多种产品或服务,103户成员企业分布在10多个国家、地区和国内30省市区,行业领域多、产业环节多,而且4大板块既有重工业又有轻工业,还有服务业。从整体上看,板块之间关联度不大,但板块内部同业竞争突出,"集而不团"问题尚未从根本上解决,迫切需要构建新的经营新机制和管理模式。因此,必须实施业务单元"打碎"、"重组",通过横向价值一体化,实现企业之间乃至板块之间在资源、产品、资金等关键要素和研发、市场等关键环节的整合协同,发挥区域化分布、专业化管理、集约化经营的优势;通过纵向价值一体化,挖掘整合价值链条各个环节的潜力和合力,提升集团控制力、企业反应力,适应多元一体化运营的需要。

在"市场思维＋军工传统"文化、"在学习中成长,在创新中发展"核心理念的长期熏陶下,新兴际华各级领导班子具有强烈的创新进取精神和发展意识,广大员工具有拼搏创新精神和脚踏实地的工作作风。同时,经过多年来持续探索、不断创新,特别是通过全面预算管理、全程风险管理、全员业绩管理、企业信息化建设等管理提升,管理基础不断加强。因此,新兴际华提出"开源节流,全员全程挖掘生产、采购、销售、物流、财务等五个利润源泉",全面构建并实施多层级模拟法人经营机制。

二、多层级模拟法人经营机制构建与运行内涵和主要做法

新兴际华将股东增权益、单位(企业)增效益、员工增收益、伙伴(合作者)增利益、客户增价值等多方需求有机融合,协同推行以对内模拟法人"自主"经营和对外协同"法人"联动反应为内涵、以"外竞内合"为特征的多层级(模拟)法人经营机制。多层级"法人"不仅包括集团内各级实际法人,也指法人内部层层模拟的虚拟法人。

多层级(模拟)法人经营机制以满足市场需求、创造客户价值和贯彻企业战略、成就员工价值为目标,依托外部市场信息传导平台和"内部市场"信息共享平台,通过模拟法人塑造3级实际法人＋4层模拟法人的"自主"经营主体,形成基于计划预算的多级、多个微观市场体系,激活管理链条、激发个体活力;通过供(给)需(求)之间、区域之间和"法人"之间的资源、资金、产品、物流等要素立体协同联动,形成基于内外市场的多维、多层宏观调控体系,挖潜价值链条、汇聚整体合力,进而提高企业竞争力和市场应变力,建立起一套由内外市场拉动、由计划预算推动的"两轮驱动"型"全员'自主'经营＋全体联动经营"的经营管理机制。主要做法如下:

(一)理顺基本思路,实施分步推进

在新的市场环境下,新兴际华认识到,要提升企业核心竞争力和市场应变力,必须科学掌握"市场"和"企业"(或计划)的边界,把握市场交易成本和内部管理成本的平衡点。一方面充分发挥市场机制作用,使企业内部各个层级乃至全体员工由传统条件下听命上级,转向自动自发地快速满足市场需求;另一方面充分借

成果主创人:新兴铸管股份有限公司总经理张同波

助"计划机制"作用,着眼长远、着眼整体,使各个环节乃至所有资源"优化配置",使各个主体(包括实际法人)由自发竞争转向自觉联动,协同有序地快速应对市场变化。因此,新兴际华在三级实际法人中,强调立足自主经营并向突出管控协同倾斜,追求个体利益最优化基础上的整体利益最大化;在内部各层实体中,强调立足上下环节协同、前后工序联动,并向突出独立核算、模拟市场引导,追求整体利益最大化前提下的个体利益最优化,从而在各级实际法人和各层模拟法人中,都协同使用"计划机制"这只看得见的手和"市场机制"这只看不见的手。这样,既能够使压力层层传递、权责层层匹配、活力层层激发,又能够规避重个体轻整体、重眼前轻长远、重"分灶"轻"合署"等弊端,使潜力环环挖掘、合力个个汇聚、利益息息相关。但是,这种"计划机制"是基于外部市场导向的机制,不同于以命令为特征的计划机制,而"市场机制"是基于内部预算导向的机制。

新兴际华以战略为牵引、以市场为导向、以利润为中心、以成本为主线,统筹模拟市场和计划预算两种手段,兼顾内挖潜力与外应市场两大目标,协调发挥"多层个体和一个整体"多方能动性,协同实施激活管理链条和挖掘价值链条两项举措,通过构建以预算管理积"量变"、以模拟法人激"裂变"、以快速联动进"聚变"、以考核激励催"心变",构筑提升能力、推动升级的"质变"格局,形成"组织发动—'自主'源动—预算牵动—协同联动—考核推动——信息助动"闭路循环的多层级(模拟)法人"灵活'自主'经营+快速联动反应"竞合经营机制,将外部市场压力、内部市场动力、内部预算压力、内部管控压力和自我管理动力等五大作用力快速传递到基层,响应到企业高层和外部相关单位,推动人人面向客户、招招应对市场。

明确"试点探索—观摩培训—推广完善"的行动路线。第一阶段,从工艺流程边界比较清晰、便于核算工序利润成本、便于确定中间产品价值、基础管理较好特别是信息化建设程度较高的二级板块(专业公司)和三级企业中,分别选点探索,组织试点企业总结经验,提炼有效管理方法。第二阶段,召开现场会、举办培训班,观摩学习、挂职体验,培育"种子"。第三阶段,成立指导机构,编制操作指引,加强宣导解读,完善升华"模式",全方位、深层次推开。同时,导入以"主人意识、市场意识、价值意识、竞合意识"为主要内容的新型经营文化,培育"预判算账(事前算账)、过程算账(事中算账)、经营算账(既算大账、又算细账)、经常算账(以变应变常算账)"新型算账理念,全面推进学财务、懂报表、知行情、会预算、通管理等"五学"提升活动,使新的经营机制逐步长效化、常态化。

(二)细化模拟法人,拓展市场主体

新兴际华根据发展战略和预算目标要求,将市场机制由三级法人向下层层延伸至内部各层实体,塑造多层级"市场"主体,层层激活管理链条。模拟法人的基本特征是"小"而"活",细化模拟到人头。

1. 理清管理链条,明确经营定位

一是三级实际法人根据管控模式分别定位。在尊重法人市场主体地位的基础上,对集团、二级专业化公司、三级企业3个层级法人,由上至下分别定位于战略管理中心、产业经营中心和生产经营中心,分别实施战略管控和运营管控。

二是四层内部单位模拟内部市场重新定位。为将法人所具有的独立核算、自负盈亏和主动承担责任、主动面对市场的特征延伸至企业内部,各法人将内部实业部(分厂、车间)、工段(工部)、班组、岗位(个人)之间模拟为由大至小的内部市场关系,相互提供的产品和劳务,每月按市场价或模拟市场价结算,成为在大小不同的内部市场中主动算细账、想办法降本增效的"市场主体",从而将基本生产单位由成本中心变为"利润成本中心"和"内部 EVA 主体"。

三是重新梳理完善业务职能工作流程。根据模拟内部市场要求,对管理流程和工艺路线优化再造。例如,新兴铸管在大宗原燃料采购合同签订原审批程序的基础上,增加模拟法人单位签字确认程序,模拟法人单位作为业主全面参与委托招标或比价采购,突出法人主导功能。

2. 突出核算重点,分层模拟法人

在新兴际华内部的各级单位中,凡是符合"能够独立核算、能够独立完成业务、能够贯彻整体目标和方针"等 3 个标准的组织和单元,包括层层细分的利润单元,都作为内部模拟市场的主体来核算结算。各法人在内部由上至下分步层层模拟。

第一步,在实际法人企业的直属生产实体(包括生产实业部、生产分厂等),按照模拟法人进行虚拟市场化运作。根据年度预算计划将年度目标利润分解到各实业部,在实业部(分厂)之间每月按照市场价格或模拟市场价格结算,每月根据资源、产品、物流、资本四个市场的实际情况和预算目标利润,模拟分解出各道工序的成本目标,由此形成各单位、各产品当月的目标成本。工序成本目标是动态的,定期调整。实业部根据成本和利润目标制定出具体方案,层层分解落实。

第二步,向下扩展到新兴际华内部的三、四级生产(辅助)单位(包括工段、工部、车间等),按照模拟法人进行虚拟市场化运作。在实业部内部上道和下道工序之间(工段模拟法人之间)实行中间产品"买断"制度,上道工序与下道工序签订中间产品买断合同,按照合同约定进行实际的经营结算,即上道工序生产的中间产品以相应的价格卖给下道工序。中间产品的价格主要依据产品贡献率来模拟。"目标利润"的计算方法是将下达到实业部(分厂、车间)的预算利润指标,按工段(工部)的生产成本占所在实业部(分厂、车间)总成本的权重进行分解。坚持"一个锁定、两个市场",即锁定各工段(工部)利润指标和所用原材料按照当期的市场或模拟市场采购价、最终产品按照当期市场或模拟市场销售价。有市场参照的中间产品或成品完全按照市场价结算和模拟运行,没有市场参照的中间产品则综合考虑上道工序产品市场价、下道工序产品市场价,共同协商合理确定结算价。结算价=上道工序产品价格+本工序分摊不变和可变成本+合理利润。同时,通过内部市场信息的传递,把产品市场价格向内向上游延伸,推动按市场导向决定工序原燃料结构、炉料结构的优化和资源的配置,强化市场观念,密切关注市场,快速反应市场。

第三步,向班组岗位延伸。由于各工段(工部)基本上是由几个班组倒班运转组成,因此采用信息化手段,在班组进行模拟法人核算。例如,新兴铸管第二铸管部的法人模拟由实业部、工部延伸至班组岗位,每班实行班组日成本、日利润、日工资核算。每班班后会,班长根据当班生产情况和当班消耗,采用简化易懂的日成本、日利润核算方法,测算当班利润完成情况。计算方法:班组日利润=(结算价-模拟成本±节/超单耗×物料价格)×当班产量-质量扣款。通过班组层面落实模拟法人,让基层员工逐渐学会算账和经营,实现人人要算账、人人会算账,努力降本增效。

3.推行实时结算,落实权责对等

赋予模拟法人单位在采购、用人、调整原料结构、产品结构和工艺结构、控制成本费用等方面一定自主权,规范"模拟法人"的分配权,坚持经营成果与薪酬收入总额挂钩,并实时进行经营核算结算。模拟法人的自主权在不同层级、不同单位存在不同(以新兴铸管冶金生产系统为例)。

实业部的相对自主权:调整产品结构(多生产效益好的),调整市场需求(外销、内销比例);可以选择材料结构、原料结构、燃料结构;对绩效考评与薪酬分配权;内部人力资源配置权;对上道工序考核权等。

工段的自主权:一定的材料、原料、燃料结构选择权;绩效考评权;工段内部人力资源调配权;对上道工序考核权。

班组的权限:绩效考评与薪酬分配权;内部岗位调配权;成本费用控制权。而服装企业班组则只具备一定的成本控制权。

一般岗位的自主权:主要体现在耗材等控制上。

尽管自主权的赋予受产品或服务特征的限制,也跟管理基础有关,但凡是模拟法人都具备或多或少的自主权,以此实现责权利大致匹配。新兴际华各级公司、各实业部(车间、分厂)、工段(工部)、班组坚持日成本、日利润的统计分析,及时掌控经营状态,快速应对当期市场。一些模拟法人单元通过"日成本、日利润"核算结算,进一步将利润指标直接与职工的收入挂钩;将中间产品买断所得收入减去成本投入和上交利润指标后,将一定比例的利润结余作为本单位绩效工资,结合经济责任制分配给每个岗位每名职工,体现经济主体责任与收益统一。

(三)深化预算管理,落实经济责任

新兴际华的预算管理已由财务预算拓展到以财务预算为主线的可量化经营计划。各层级实际法人和模拟法人为责任主体,从承接战略规划入手,深化预算管理,层层落实经济责任,使每个主体都承接来自计划预算的刚性压力。

1.逐年、逐月编制

采取"内部汇总—三级汇报—二级平衡—总部点评—企业整改"多轮互动方式,编制3个层级法人年度预算,企业法人配套科技、市场、人力等子预算,内部模拟法人编制月度滚动预算。坚持"两个扎根",确定预算指标。一是面向市场"需求",扎根市场。深入调研摸底,用3倍的市场预测量来支撑预算。二是面向全员,扎根基层。层层发动至基层班组、基层职工,实行多级(模拟)法人互动编制或修订预算,激发自我管理动力。

2.逐级分解

剔除由本级法人整体承担的品牌建设等预算项目,可量化分解的指标项项量化分解,责任层层细化分解,使每个指标数与每个责任人相对应。

从"两型结构"实施预算分解。按照多层级法人架构,坚持纵向到底、横向到边,将各项预算指标按照职责分工进行逐层细化,形成树形支撑结构,确保各项指标下级大于上级、一级保证一级;将所有指标对应到每个"法人"主体,形成矩形结构,实现每个责任主体承担指标精准化、个性化。例如,各实业部根据下达的利润指标和内部模拟市场"行情",制定出实业部和工段(工部)两级目标,以细化指标作为控制目标,层层分解;工段

(工部)将实业部的细化指标分解到工序、班组和岗位。

从"三线并进"建立责任契约。第一条线是7层层级线,分别由上级"法人"与下级"法人"签订集体责任书;第二条线是职能线(系统线),由主管领导与职能部门或业务系统签订责任书,如生产责任书、销售责任书等;第三条线是个人线,由上级主管分别与下级人员签订责任状。建立横向到边、纵向到底和多层级、全贯通的内部责任体系。

3.逐项落实

对于每项预算指标,通过利益驱动和管控驱动,实现岗位保班组、班组保车间、车间保企业、三级保二级、二级保集团,确保预算的落实。

4.逐步提升

发扬"自强不息自我超越"精神,突出"三个对标提升"。一是与历史最好水平对标,不断实现自我超越;二是与同行先进水平对标,博采百家之长,创造行业最优;三是与"标准数学模型"对标,追求理论最佳。确保行业前三、力争"保三争一",有条件的赶超世界一流。

将预算编制、分解、落实、提升4个步骤进一步细化为指标体系、契约体系、跟踪督导(实施)体系、评价(对标提升)体系,实现战略目标层层分解、预算指标级级确保(图1)。

(四)优化联动机制,激发协同效应

新兴际华建立快速联动机制,使内部经济主体在外部市场指令、上部预算指导和内部市场契约的作用下,深挖内外部利润源泉,实现整体、长期、持续的效益最大化。快速联动在模拟"自主"经营的基础上,突出以外部市场为导向,以利润为中心,以资源、产品、物流、资本四个市场为纽带,及时将市场信息通过数据共享平台在全集团范围内共享。充分利用区域、时间、品种、价格四个维度的差异化策略,从深挖生产、采购、销售、运输、资金五个利润源泉入手,提高市场应变能力,实现在满足用户需求前提下的整个企业成本最优、效益最佳。

1.明确联动主体

在生产经营活动中,凡是能够相互之间产生协同效应的个体都纳入联动范围。一是管理链条中具有竞争合作关系的多级实际法人和多层模拟法人或具有合作关系的内部职能部门;二是价值链条中具有前后向关系的产供销运用各环节、各系统,也包含流程链条中具有上下游关系的各工序,以及供应链条中具有供需关系的外部供应商、分销商等市场合作者或竞争者;三是布局链条中具有横向联系的各区域等。

2.健全联动方式

建立多维度、立体式快速联动体系。不同主体之间联动的动力,既来自联动者共享协同创造价值的利益杠杆作用,也来自上级主体的统筹行政调控;联动方式既可以单维度少环节联动,也可以多维度全链条立体联动。

一是供需纵向协调联动。整个价值链中,生产、采购、销售、运输、用户等各个环节上下联动,紧密衔接。环节协调联动,包括产销联动(贸易部门与生产部门)、供产联动(采购部门与生产部门)、供运联动(采购部门与运输部门)等;工序协调联动,既有上道工序为下道工序努力创造有利条件、联手创造利润最大化,也有下道工序充分理解上道工序的实际困难、联手处理有关问题,确保整体综合效益最大化;内外联动,由企业内部各环

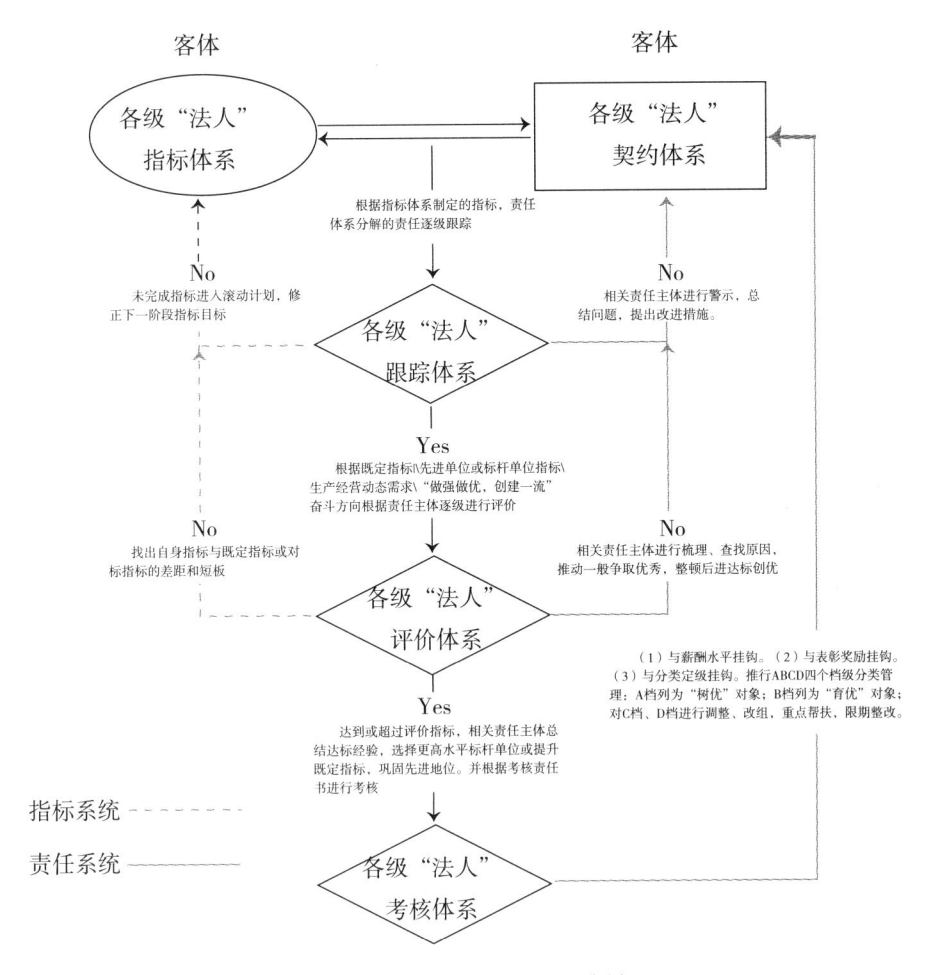

图 1 各级"法人"预算管理闭路循环

节直接面对外部市场。

二是区域横向协调联动。集团内部各区域之间,包括各工业区之间进行所属事业部、职能部门等单位的生产、采购、物流、财务、销售等系统联动沟通、协调协作,创造协同价值。

三是职能双向协调联动。管理层中董事会、党委、经理层、监事会、职代会之间,也包括各职能部门与生产经营中的各环节之间,内部有关单位、有关人员(如生产工段、辅助工段、机关部室等单位;设备管理、质量监督、成本测算等人员)之间,基于职能需要紧密配合、规范联动,形成合力。

四是"法人"多向协调联动。包括本级主体依据市场信息、借助市场手段与兄弟主体自觉联动,或者上级主体根据市场需要、借助管控手段做出安排、推动执行,实现各下级主体联动或上下级主体联动。

3. 完善联动制度

各级(模拟)法人层层制订《快速联动工作指南》和《快速联动实施细则》,明确快速联动内容、重点、组织、职责,配套具体制度。

一是明确分层联动原则。联动主体之间基于大局意识,协商利益分割并达成共识时,由各主体自觉联动;因利益冲突不能达成一致时,由其上级主体或同级市场系统从整体和长远角度,平衡市场与利润目标的差异性,做出联动裁决,并借助行政手段予以推进,保证整体效益最大化。

二是构建分级组织制度。在集团层面,成立模拟法人运营机制推动小组,集团高管、部室负责人及二级公司总经理作为成员,负责模拟法人运营机制的整体推动和督导。在二级公司和三级企业层面,坚持市场销售为龙头,分别成立以市场销售副总经理为组长,采购、生产等业务副总经理及各区域总经理为副组长的联动小组,销售系统(销售与客户)牵头组织,生产系统(产能产量情况)、采购系统(原料市场情况)、运输系统(运输成本、运输能力)负责人参加。在实业部层面,成立由厂(部长)为组长,各业务负责人为组员的联动小组。各级联动小组定期对模拟法人"自主"经营和快速联动反应进行综合研究,纠偏调整。联动小组组长负责平衡市场与利润目标的差异性,做出本次联动决策,明确下次联动重点,对下级上报的联动请示或联动冲突提出联动裁决,对前期联动工作做出整体评价、考核与警示。其他成员根据各自分管工作及其他系统信息,提出联动目标要求及措施;组织、领导本系统落实联动决策目标与要求。

三是建立分步联动制度。坚持由外及内连锁反应,先由供、销系统对外部重要客户沟通联系,综合各类信息进行预判,及时传导到新兴际华内部,再由各个系统做出决策。销售系统确定须锁定的主要原料数量,并依据市场价格及生产成本调整生产品种、规格、数量,调整发运计划;生产系统依据采购成本,确定原燃料侧重方案;采购系统依据市场情况和生产系统的原燃料消耗趋向,确定采购侧重方案;销售、运输系统提出运输方式、合理库存结构的物流方案;财务系统核算资金效益情况。在保证合同、满足用户需求前提下,及时对各区域的产能、品种、市场、售价等进行分配优化,确保效益最大化。根据市场和用户需求,动态调整各工序利润目标、成本目标,使各工序更加快速地反应市场并服从整体利益。

四是建立分工优化制度。销售系统对销售价格、销售品种和销售区域(用户)进行动态优化,以销定产、以销促产,保证各区域产能充分发挥,加强获利能力强的产品销售,并降低库存、加强货款回收、减少资金占用。生产系统对原燃料结构和产品品种规格进行动态优化,确保工序成本最佳;按订单进度组织生产,确保产品按时交付;控制半成品的库存量,降低资金占用。采购系统对采购价格和采购数量、库存数量进行动态优化,及时调整采购策略和库存量,发挥供应链协同优势。运输系统对运输结构、运输费用进行动态优化,配合销售、采购系统,确保产品及时发出、原料及时进厂,改善运输结构及方式,降低运输费用。财务系统对资金筹措、占用等进行优化。

4. 构建联动平台

一是会议协调平台。包括跨工业区联动会议和各工业区(企业)内部联动会议。前者为二级专业化公司联动领导小组对各工业区(企业)阶段性联动工作进行布置、总结和评价考核,每月召开一次;后者为各工业区(企业)内部的联动活动工作布置,每两周召开一次。具体分为:多元联动会议,由两个以上相关单位、相关部门定期组织召开,进行通报、沟通、协商和决策;区域联动会议,由二三级企业各地工业区建立的所属实业部、职能部门等单位有关负责人参加,进行沟通协调、联动反应,由各工业区的总经理组织召开,一般每两周召开一次;高层联动会议,二三级企业建立由主管采购、生产、质量、财务副总经理和贸易总公司主管领导及各工业区(企业)总经理等负责人参加的通报点评、沟通协商、联动反应的会议,由主管营销的副总经理组织召开,一般每季召开一次;联盟联动会议由企业内部采购、销售系统与外部合作者相关人员参加,根据市场变化对原料、产品等有关事项磋商协调。

二是网络协同平台。构建网络协同平台,就源输入动态信息、实时共享市场信息、即时做出联动反应、动态反馈联动结果。各工业区(企业)通过快速联动的数据平台信息,对各生产工序主要指标对标挖潜,放大快速联动的成效。生产系统根据订单及采购系统的最新市场价格信息,开展对标挖潜,保证成本最低。采购系统根据新签合同的数量、价格,结合对原燃料市场趋势的研判,及时对采购节奏进行调整,加大或减少库存储备,决定远期合同的套期保值量。销售系统根据共享信息和对后续市场的研判,在保证战略核心市场及已签合同的客户不受实质影响的前提下,及时调整销售策略。财务系统根据信息综合测算资金使用及成本利润情况,力求效益最佳。

三是管理会计平台。设立专门的管理会计岗位,负责评价考核"自主"经营和快速联动效果,直接归二三级公司主要负责人领导。管理会计负责各种信息的采集、统计、分析,每月对快速联动关键环节的指标和效率、效益等要素进行评价考核,及时发现联动中出现的问题,并迅速做出相应调整。

四是专业优化平台。根据生产工艺特点,成立专业小组,就某一专业领域内的市场变化做出快速反应。例如,新兴铸管根据生产工艺、产品和原料市场不同,成立原料结构优化小组、燃料结构优化小组和炉料结构优化小组。各优化小组每天沟通相关信息,研究市场变化,做出原燃料和炉料结构调整部署,由生产实业部具体落实,采购中心采购到厂。

五是预算滚动平台。建立月度预算滚动机制,根据模拟法人"自主"经营和联动反应情况,结合市场变化,优化调整和动态平衡内部预算。建立由集团包保板块、集团和板块两级包保三级企业、三级企业分层包保内部单位的向下跟踪体系,上下联动形成日跟踪、周分析、旬平衡、月分析、季讲评的预算督导和调控体系,及时警告、督促整改并做出联动反应和指标滚动,确保联动效果。

5. 实施联动调配

一是优化销售策略。在产品销售上,利用生产厂区分布广度打造区域差,利用提前、延期交货及期货贸易打造时间差,利用自主销售、贸易商销售、客户预付款、现金及承兑付款不同打造价格差,利用大小规格、品种等级不同打造品种规格差,利用客户自提和货物配送不同打造运输差。

二是均衡订单安排。结合各工业区特点,从订单签约前的准备到订单实施中的生产、发运、服务等,及时进行联动。例如,际华集团根据解放军战区设置优化生产布局,实现军需后勤工作社会化服务、基地化保障。

三是平衡运输计划。针对各工业区产能、规格品种不尽相同,通过科学合理的运输计划平衡,使各工业区连成一个有机整体,既发挥各自优势,又实现整体效益最大化。

四是优化产品组合。对于两种或多种产品,根据市价予以优化。例如,在钢材价格持续上涨、铸管毛利率较低时,压缩铸管产能,全力保钢材满负荷生产;在预判钢材价格急剧跳水时,又全力保铸管产能的发挥。

五是实施保值联动。针对产品价格锁定主导原料价格。例如,浙江铜业作为铜冶炼和加工企业,电解铜价格高、资金需求量大,且价格受期货市场影响波动很大,新兴发展协调所属作为有色金属贸易和采购企业与其产贸期联动,现货采购和套期保值相结合,2011年联动效益达1000万元以上。

(五)强化动态考核,完善激励机制

新兴际华坚持责权利对等原则,制定生产经营业绩考核办法,层层签订经济考核责任书,人人签订业绩考核责任状,建立和推进"业绩升薪酬升岗级升、业绩降薪酬降岗级降"的动态考核体系和激励机制,推动各个经济主体因"薪"变而"心"变,提升工作积极性和目标性。

1. 健全考核制度

一是配套实际法人考核办法。在三级法人企业,层层制订经营班子业绩考核办法、薪酬管理办法,健全三级领导人员考核评价体系,明确营业收入、利润、EVA 等11项考核指标。其中,集团对二级 EVA 考核权重达到47%,二级对三级企业考核权重不低于40%,使报酬与工作业绩挂钩。

二是制定模拟法人考核办法。由法人企业对各实业部、工段和班组岗位等各层模拟"法人",分层分类分重点制订考核标准和办法。在实业部和工段,收入分配向利润贡献大的工序倾斜,控制亏损工序工资额度,突出利润、成本和可控费用考核。主体单位模拟法人工序成本因素占工资收入的60%,工序成本升降对应系数为0.8~1.1;工序利润占工资收入40%,超10奖1、欠10扣5。可控费用(主要是机物料和修理费)节10奖1;超10罚10。辅助单位模拟法人评价考核重点是内部利润、与服务主体单位挂钩指标和可控费用。其中,内部利润占工资收入的70%,挂钩考核占30%。按照所服务主体单位工序成本、工序利润完成情况,将辅助单位兑现系数界定为0.8~1.0,若因工作服务不到位造成主体单位损失的,按损失额的50%~100%进行赔偿。各工序内部根据工序成本、工序利润和费用目标计划层层分解考核指标,并将辅助工序指标完成好坏与主要利润工序挂钩。各班组重点对产量、成本、质量、废品指标进行考核兑现。各岗位实行日考核、日评价、日核算的工资体系。实现活力层层激发、业绩层层考核。

三是完善联动责任考核办法。对产供销运用等环节的纵向联动考核,以单位产品的利润及联动会议决策落实情况为主;对各工业区(企业)横向联动考核,以围绕利润为目标的成本水平为核心。

2. 实施动态考核

一是动态调控考核项目。根据外部经营环境和新兴际华发展情况动态调整考核项目,抓发展瓶颈、经营短板,及时增减考核项目。

二是实施动态考核评价。推行月预警、季考核、年兑现,统筹生产经营全过程。际华集团大多数单位实行计件任务考核;新兴重工推行工时考核;新兴铸管以工序利润为硬性指标、工序成本为动态指标,每月、每日随着市场动态调整,制定日成本、日利润、日

工资。

三是实时考核联动状况。评价小组出具评价报告,作为考核依据。对各环节及各工业区(企业)执行较差的方面提出警示,并对主要责任人做出考核结论。

3. 落实奖惩兑现

一是业绩好坏决定薪酬高低。新兴际华各级经理层正副职薪酬之间差距最大达到30%~50%,副职之间差距最大达到23%~40%。在模拟法人中,基本工资比重普遍低于30%,超过70%的工资总额用于考核兑现,工段长级管理人员月收入差距达到50%以上,同单位普通员工薪酬差距达到30%~40%。

二是业绩升降联动岗位进退。2008年以来,三级企业负责人以上管理人员有52人因业绩突出得到提拔,有15人被降职,有7人被免职。在用工中打破身份界限,一名农民工只要工作业绩和基本素质持续提升,不仅可借助技能人才晋升阶梯由初级工经过中级工、高级工、技师成长为高级技师,自身也可由临时工渐次转换为合同工、固定工,直至成长为一个三级企业的中层管理人员甚至高管层,真正实现"岗位靠竞争、收入凭贡献"。

(六)构建信息系统,配套支撑平台

新兴际华把分散在各系统、各环节、各区域、各单位(企业)的信息孤岛整合串联,使其成为开放互动的信息链、信息网,支撑外部信息动态传导、内部信息动态共享,使大部分企业达到数据流全程采集、物资流实时管控、资金流集中管理、信息流授权使用,实现信息化与各项业务融合,建成涵盖生产经营各主要业务流程的信息化管理系统,并具有实时、可视、受控、提醒等功能,实现企业价值链与信息链无缝衔接。

1. 建立日成本、日利润测算系统

实业部(分厂)实行产品分品种、分规格的日成本和日利润核算,并在此基础上计算出新兴际华的日成本、日利润,建立班组、工部(工段)、实业部和公司四级核算管理体系。

2. 建立联动数据共享平台系统

基于日成本、日利润系统,结合外部信息系统,对原料与成本信息、销售市场信息、财务信息数据进行挖掘和二次开发,并快速进行成本、利润测算。

3. 建立信息参考系统

各职能部门针对生产经营情况建立评价分析系统。例如,政策研究室发布信息调研周报;资产财务部每月发布财务分析报告,每季度发布经济运行报告;审计风险部动态发布风险提示警示书、季度发布风险预警报告、年度发布风险评估报告。新兴铸管建立冶金信息参考系统,每天收集、整理冶金行业动态及原料、产品和物流行情,使员工及时了解当天的相关信息。

4. 建立生产管理控制系统

实业部(分厂)对主要生产工艺数据进行网络数据采集;新兴际华能源管控中心对工业区内水、电、风、气(汽)等气体、液体介质流向实时计量、动态调控,并通过远程计量中心对各生产单位物料消耗实时采集,对进出厂物资自动计量,通过数据库对数据筛选、分析,准确掌握生产状况,自动生成各种能源消耗及成本报表,及时对生产中出现的异常情况进行预警调控。

三、多层级模拟法人经营机制构建与运行效果

（一）转换了经营机制，提升了管理水平

多层级模拟法人经营机制的构建与运行，创新了企业核算机制、分配机制、考核评价机制和预算动态管理机制。同时，通过内部模拟法人单位"自主"经营，形成了自觉创新的良性循环，深化了"在学习中成长，在创新中发展"核心理念；通过多环节多法人联动反应，强化了集团适度管控，搭建了非相关多元化企业集团一体化经营的有效平台，提升了管理水平。2008～2011年，新兴际华产品可比成本每年降低超过2.3%。截至2012年9月，在钢铁冶金行业83项可比经济技术指标中，新兴际华居全国同行业第一名的有19项，有36项指标进入前三名。管理费用占营业收入比率由2008年的3.50%下降到2011年的1.28%。在国务院国资委对中央企业的业绩考核中，各项考核指标得分全部保持在131～132分（满分132分），先后荣获中央企业业绩考核效益进步特别奖、节能减排特别奖。在中央企业营业收入统计中，由2008年的前70位提升为2012年上半年的前35位，净利润居第40位。

（二）营造了竞合格局，激发了企业活力

随着新的绩效评价考核体系和业绩导向的收入分配体系不断完善，工资收入向对集团利润贡献大的企业、车间、工序、班组和岗位、个人倾斜，呈现出比、学、赶、超的良好竞争局面。营造了自我管理、自我约束、全员管理、全员提高的民主管理氛围，员工真正成了"经理人"。2008～2011年，全员劳动生产率年均增长17.76%，达到12.49万元/人；人均工资年增长15%以上，占新兴际华员工70%的际华集团人均工资年增22.5%。四大板块比学赶帮、齐头并进，产业结构更趋合理，初步构建起铸管、格板、双金属管、职业装、职业鞋靴和军需品等6个全球最强、最大、最优的发展格局。2008年以来，轻工纺织、机械装备和商贸物流等业务板块营业收入和利润占集团比重分别提升了14个百分点和24个百分点，改变了冶金铸造板块"一业独大"的局面。

（三）提高了发展质量，增强了企业实力

2008～2011年，新兴际华营业收入、利润总额分别年均增长58.09%、33.08%，EVA年均递增59.06%，国有资产保值能力和企业实力明显增强。2012年上半年，营业收入和净利润保持同比增长22.13%和19.50%，比中央企业整体增幅高出30个百分点。在中国企业500强排名中，由2008年的第204位上升为2012年的第74位。核心板块的新兴铸管作为中等规模的冶金企业，利润总额稳居全行业前三位，资本回报率高达15.94%；骨干板块际华集团在同行业上市公司中居前前三名。在359户中央企业所属上市公司综合实力排行榜中，新兴铸管名列第15位，际华集团名列第115位，显示了较好的业绩和实力。

（成果创造人：刘明忠、张同波、沙　鸣、郭士进、姜国钧、孟福利、马利杰、李宝赞、左亚涛、曾耀赣、李成章、张秋敏）

基于经营魔方的管控体系建设

徐州工程机械集团有限公司

徐州工程机械集团有限公司(简称徐工集团)成立于1989年,是中国工程机械行业规模最大、产品品种与系列最齐全、最具竞争力的大型企业集团。2011年营业收入达870亿元,并建立了覆盖全国的营销网络,在全球拥有100多个海外代理商,产品已出口到147个国家和地区。

徐工集团秉承"担大任、行大道、成大器"的核心价值观和"严格、踏实、上进、创新"的企业精神,注重技术创新,先后被授予"国家技术创新示范企业"、"中国工业大奖表彰奖"、"全国五一劳动奖状"等荣誉。目前,位居中国500强企业第123位、世界工程机械行业第5位。

一、基于经营魔方的管控体系建设背景

(一)推进企业战略落地与战略协同的需要

成果主创人:公司董事长、党委书记王民

近年来,徐工集团一直保持超常规、跨越式发展,在快速发展中面临各种挑战,突出表现为:如何有效执行集团战略?如何使分子公司实际运营与集团总体战略一致?如何应对快速变化的内外部经营环境?过去,主要是运用全面预算管理、风险控制、业绩评价等,但在实施过程中往往是各种管理工具单兵独进,难以将战略融入整体的管理流程中,始终缺乏一个紧扣徐工集团战略目标、以价值创造为导向的系统平台作为管理载体。特别是随着徐工集团制定"打造世界顶级企业"战略目标及国际化进程的快速推进,面对全球工程机械行业竞争的白热化,在徐工集团内部搭建一种确保战略目标有效实施的管理运作体系,就显得十分迫切。

(二)发挥财务管理在集团管控中作用的需要

徐工集团一直以来十分重视财务管理,并充分发挥其在集团管控中的作用,通过多年的探索和总结,积累了成功经验,"经营魔方"的雏形就是早期提出的财务工程体系。财务工程犹如一个功能齐全的"大厦",分别由根基、支柱、栋梁和屋脊构成(见图1)。财务工程体系注重战略目标、管理工具、经济业务循环和流程管控的有效组合,以财务为主线,从整体构建有效的管理体系。

随着工程机械行业经营环境的变化和互联网的发展,静态的财务工程体系需要进行进一步创新。徐工集团创造并运用经营魔方,努力解决战略协同和管控问题。经营魔方是采用熊彼特管理创新函数的理论关系,以及创新目标、系统和组织的关系,打造了企业

图1 徐工集团财务工程管理体系

财务和信息化的管控系统,提升集团战略管控水平和整体价值。

(三)运用信息化平台提升企业核心竞争力的需要

当前,信息技术已经成为影响企业管理和构建竞争优势的核心因素。信息技术的扩散与渗透效应,为企业目标的实现带来高速的增值服务,能够大幅度改变企业结构和经营行为,具有创造新机会和降低成本的潜在能力。对许多企业来说,信息化和支撑这些信息的技术代表着最有价值的资产。

徐工集团致力于打造信息化企业,但在推进信息化过程中,仍然存在一些问题,主要是局部集成应用,仅对企业价值网的部分内部环节提供支撑,存在着"信息孤岛"和"业务孤岛"。横向上各系统自成一体,缺乏统一规划;纵向上徐工集团对所属企业在管理流程方面缺少可控性,缺乏流程的可复制性。为此,必须整体规划并推进信息技术与管理方式、制造技术、研发模式的结合,建立一流的精益管理平台,实现研发数字化、制造生产柔性化、管理流程可视化、管理方式网络化、运营管理精益化,增强企业核心竞争力,为徐工集团战略目标服务。

2009年开始,徐工集团以信息化平台为基础,实施基于经营魔方的管控体系建设。

二、基于经营魔方的管控体系建设内涵和主要做法

徐工集团系统融合企业战略、职能战略和产品战略,创建战略落地的三维动态管控系统——经营魔方管控体系。该体系以强化集团战略协同和优化资源配置为目标,以系统化的"八个一"为抓手,赋予CFO系统优化(价值整合)权利,运用

大吨位履带起重机吊装现场

"系统优先法则",合理、高效转动信息系统支撑的魔方系统,推动徐工集团在快速变化的经营环境下,不断瞄准和优化经营过程中的各项"短板"和"漏点",提升对内外部环境的快速应变能力,使集团核心业务得到有效协同,徐工集团全价值链实现全面优化,不断提升整体价值,实现集团战略目标。主要做法如下:

(一)科学设计经营魔方

徐工集团运用经营魔方,将财务相关各种管理理论进行梳理,对所采用的各种管理工具和手段进行整合,使财务管理工具和手段形成合力,将财务工作渗透到生产经营的方方面面。集团总部可以借助经营魔方及时掌握全面经营活动情况及各种信息,将战略与执行结合起来,确保使战略的落地。

1.经营魔方模型

经营魔方由三个维度构成,分别为企业战略、职能战略和产品战略,每个战略根据二八法则选取五个关键子维度(图2)。经营魔方由多个小魔方组成,魔方中的每个方格又都分别是一个小系统,是三类战略的汇总和交集,并具有其内在的含义和作用。小立方"VF"代表集团战略中A产品在企业整体战略中的愿景目标、职能战略中的风险管控职能与产品战略的交集。假设A产品是核心产品,企业应根据其原因目标制定战略目标,并根据战略目标选择产品战略,如设定为差异化战略,同时应考虑该产品所在的生产管理和市场环境进行风险管控,以支持企业战略目标的实现。

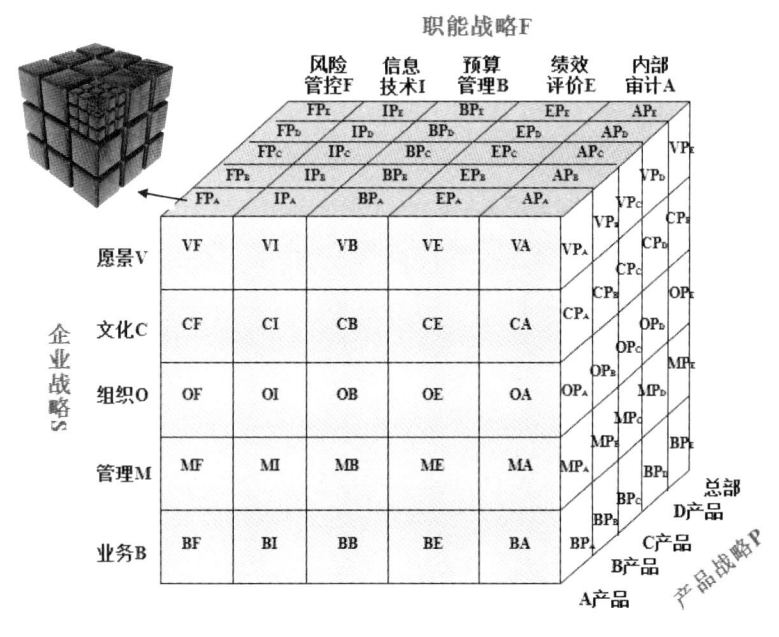

图2 经营魔方管控体系模型

2.多级魔方组织体系

经营魔方基于系统、多维、动态整合的管控思想,分为多个层级的子魔方,通过层层分解来实现魔方的核心功能。一级魔方是指经营魔方,由企业战略、职能战略和产品战略三个维度;二级魔方是对一级魔方中的企业战略维度进行分解,分解为愿景与文化层面二级魔方、组织层面二魔方、管理层面二魔方和业务层面二魔方。例如,对一级魔方的业务层进行旋转分解,得到业务层面的二级魔方——业务魔方(图3)。

业务魔方与企业日常生产经营管理密切相关,是经营魔方的重要组成部分,发挥着关键作用。业务魔方实现产品、价值网和价值链的有机整合。业务价值链包含采购、研发、生产、营销和服务等环节,通过对各分子公司的整合,提高徐工集团的管控能力,实现企业价值的有效提升。为了实现对生产业务的有效管控,需要对价值网进行整合,即在建立与企业管理实际相匹配的ERP信息系统的前提下,实现物流、资金流、信息流、会计流和控制流的整合,增强对业务活动的有效管控和企业价值的整体提升,构建企业的核心竞争力。

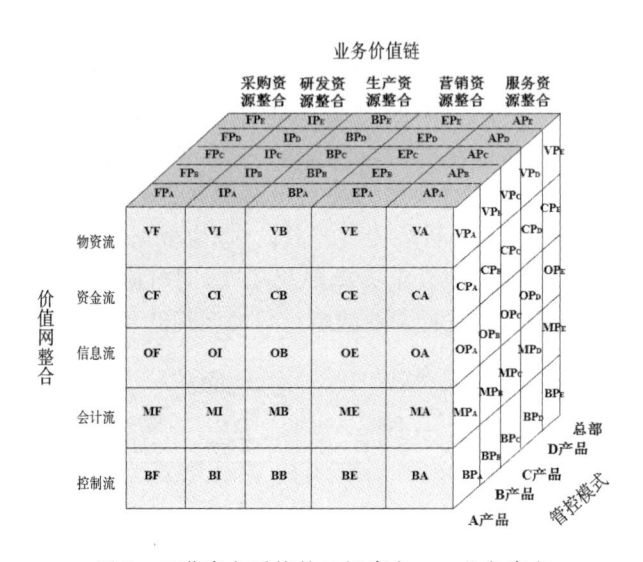

图3 经营魔方系统的二级魔方——业务魔方

二级魔方——业务魔方还可以进一步分解。例如,对业务魔方的服务模块进行细分的子系统——服务三级魔方(图4)。该层级魔方对服务进行细分,分为计划订单、自销经销、维修服务、备件支持、经营租赁。根据实际情况分产品选择恰当的服务方式,并对价值网实施整合。

通过对魔方体系的重重分解,最终实现"人人有魔方,魔方分大小;人人配资源,价值共创造"。在经营魔方的多级体系下,每个员工都有一个对应自己位置的魔方,但魔方的大小和作用有区别。CFO负责统筹运作经营魔方系统,不同分子公司、不同级别人员分别对应二级魔方、三级魔方甚至四级魔方体系,众多的大小魔方形成一个有机融合的"魔方云"。同时,每个员工都可以根据自己手中的魔方对应价值创造导向进行资源配置,每个人都能抓住价值创造的关键因素,提升企业的整体价值。

(二)构建"八个一"基本管控框架

徐工集团基于经营魔方的管控体系假设,可用"八个一"来概括,即一个目标、一个主题、一套机构、一套制度、一套预算、一个系统、一个流程、一套工具。通过"八个一"协同运作,大小魔方统一看着一个方向运营,实现企业战略协同和目标落地。

1. 明确基于经营魔方的管控体系构建原则

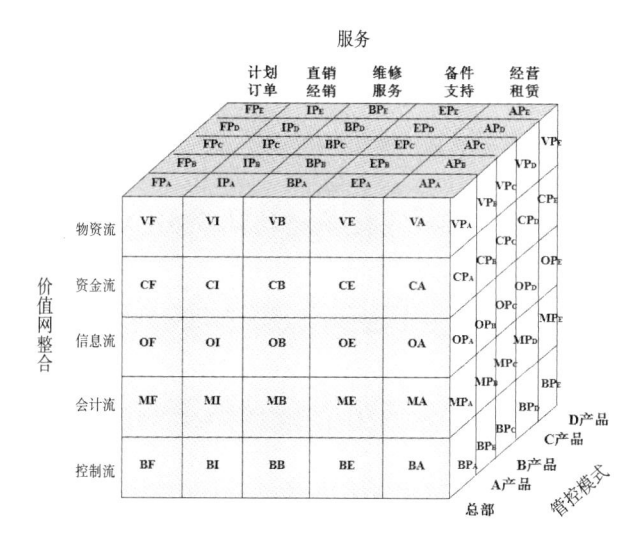

图 4 经营魔方系统的三级魔方——营销魔方

经营魔方强调系统概念,致力于解决如何把小系统通过价值网有效构建大系统,小系统和大系统协调运转,实现企业整体价值最大化。通过魔方的转动使企业战略、职能战略和产品战略的相互磨合,并实现企业价值链的不断优化。为此,徐工集团确定基于经营魔方的管控体系构建原则:

一是以战略目标为基准,以 CFO 为系统管控主轴。徐工集团以战略目标为导向,在财务战略目标的指引下整合各类资源,并以财务管理为核心,实现企业价值最大化。同时,必须以 CFO 为管控系统主体,赋予其相应的职权,确保体系的建立和有效运转。

二是以预算管理为主线,以风险管理、业绩考评、内部审计为协同。加强全面预算管理,将企业战略目标与日常生产经营活动链接起来,通过分散权责、集中监督来优化配置资源;将其它财务管理工具(如风险预警与控制、业绩考核与评价、内部审计等)整合到战略财务管理体系中,发挥体系的协同效应,实现战略财务目标。

三是以业务循环为基础,以经济循环为优先。在战略既定的前提下,有效地开展各项业务(如采购、制造、销售、投资、研发等),以这些业务循环为基础实施战略财务目标。这些经济活动是周而复始的,也应该是经济的(即以较小的耗费来取得较大的收益)。只有这样,徐工集团才能不断地创造价值、积累财富,实现可持续发展。

四是以信息技术为支撑,以严格考核为保障。徐工集团站在战略高度统筹规划信息技术的应用,建立便捷高效的企业信息网络,将复杂的管控体系通过计算机信息系统链接起来,消除信息孤岛,确保信息流转顺畅。同时,通过层次分明的目标考核体系,加大对各级人员的考核,激励与约束并重,确保管控体系的有效运转。

2. 界定基于经营魔方的管控体系运转主体

徐工集团从 CEO 到 CFO 再到 COO,分别以战略理财、系统理财和运营理财为重点,围绕经营魔方目标组织实施。CEO、CFO、COO 三位一体,共同管理企业经营的各领域。同时,三者各有侧重,CEO 引财、CFO 理财、COO 用财,分工明确。CEO 以金字塔顶端——企业战略、文化、组织为管理重点,并渗透到企业管理的其他领域;CFO 以金字塔的中底层为主,以财务管理为主,并参与企业战略和经营活动;COO以金字塔的中底层为主,重点管理企业运营的各方面,包括研发新产品、生产、采购、销售、服务等,并参与和影响企业战略和财务管理。其中,由于CFO对整个系统最为熟悉、最具备专业素质和能力,责任重大,确定CFO作为经营魔方的转动人。

3. 设计基于经营魔方的管控体系基本框架

徐工集团在财务工程体系基础上,构建全价值链系统整合的信息化管控体系(即"一套机构")。纵向上支持集团管控模式的转变,提高集团对下属企业的管理深度;横向上做到企业核心业务一体化,实行覆盖研、产、供、销、服的全生命周期管理,提高管理精细化水平。在流程固化和业务处理协同化的基础上,建立先进的管理平台,实施一体化的财务管理,落实全面预算,集成管控经济循环,开展分公司的业绩考核和评价,提高产品盈利水平。以业务流程为重点,对战略财务体系的根基——九大业务循环进行纵向管控和横向集成。

4. 制定管控模式动态调整规则

根据整体发展战略对不同分子公司采取不同管控模式,并结合分子公司发展情况、经营环境变动及竞争对手状况进行动态调整,但在一定时间内保持稳定,实现动态有力管控。在不同管控模式下,徐工集团内各层级、责任单元的工作内容、管理重点各有不同,需要不同的预算管理模式予以对应(图5)。

	财务管控型	战略管控型	运营管控型
业务特点	■多个非相关的独立业务	■多个相互关联的业务	■较为单一的业务系统
战略管理	■以收购、投资决策为主,注重资本的市场价值 ■下属单位的战略计划总部备案	■制定集团战略远景和方向以指导下属单位运作 ■审核下属单位公司战略并分配资源	■集团负责具体战略制定和实施 ■下属单位只是具体执行公司战略
业务介入	■基本不介入,强调财务绩效的实现	■管理战略方针和战略实施计划,以及中长期财务指标的实现 ■对于经营中的重大事项进行决策	■制订详尽的经营计划,负责具体经营决策和经营活动
人事管理	■仅限于管理高层管理人员	■管理最高行政管理人员,制定和协调重要的人事政策 ■审批下属单位人力资源计划	■管理具体的招聘、培训、评价和薪酬
业绩管理	■制定财务目标 ■监控关键的财务指标	■制定关键财务和经营目标 ■监控经营计划的关键举措实施及最终结果,监控关键业绩指标完成情况	■制定详尽的经营和财务目标 ■定期考核各目标完成情况
共享服务	■无	■注重协同效应	■集团提供几乎所有服务

图5 徐工集团总部不同模式下的管控重点

围绕企业价值最大化,用内部控制理念,重组企业管理体系。一是提出"人人控制、事事受控、价值导向、经济循环",即徐工集团中的每个人、每项业务都要受到控制,每个员工都在进行控制,控制与被控制都要围绕价值进行,控制应是全员、全过程、全方位、全时段闭环的管理体系,是多目标、多层次、多种方法构建的综合体。二是构建动态内控保障体系,实现自我优化。徐工集团的内部环境和外部环境不断发生变化,上市公司监管及股东要求、公众要求也在变化,徐工集团建立内控动态自我优化机制,由控制目标、控制要素、控制对象三个维度组成,以内控制度为纽带、以激励机制为动力(图6)。三是充分发挥内控体系对风险评估和价值创造的平衡作用。在集团战略指引下,围绕价值链增值的关键环节,开展多种形式的价值创造、价值保证。在可能承受的风险与收益中,以谋取企业价值最大化作为裁决依据。

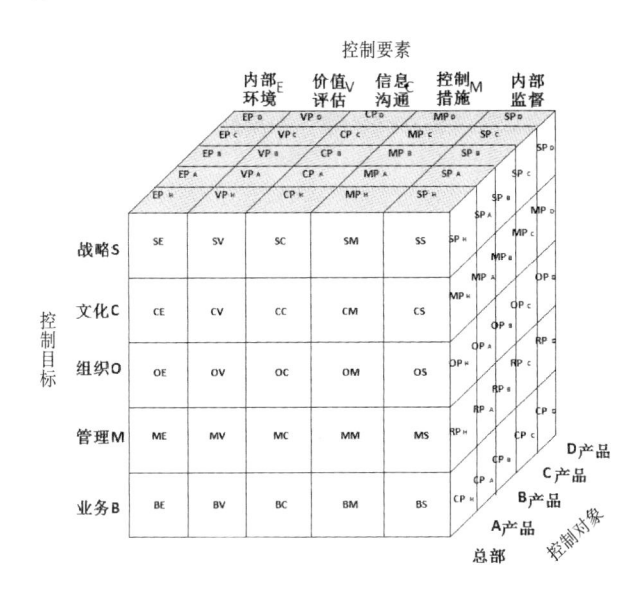

图 6　经营魔方下的内控保障体系

(三)以"一套预算"为主线实现战略管控

在徐工集团经营魔方体系中,"一套预算"——全面预算管理体系贯穿始终,并作为系统管控主线,与风险预警与控制、业绩考核与评价、内部审计等统筹整合,确保企业战略目标的实现。

1.明确全面预算管理系统建设目标

价值引领:依据价值管理思想,充分体现企业整体价值最大化。

集团化:在集团总部层面提升战略契合度,预算目标要以企业战略为导向,实现"战略"到"中长期规划"再到"计划预算"的落地,最大限度发挥总部作用。

专业化:在子公司层面,通过落实战略分解目标,实现业务管理与价值管理协同,提高设备、材料、人力等资源的配置和使用效率;同时发挥专业化归口管理的作用。

一体化:加强在预算组织、流程制度、指标体系、信息化等方面的一体化程度,实现"纵向贯通、横向协同"。

差异化:充分体现所属各行业差异化的管理重点和难点。

决策支持:通过多口径、多维度的预算分析体系,为领导层决策提供有力数据支持。

风险控制:通过对预算内外事项及重大事项的有效界定和执行监控,控制经营管理风险。

系统支撑:建立与主要业务系统、财务系统一体化运作的预算管理信息平台,提升企业整体信息化水平和效果。

2.搭建全面预算管理系统构架

为保证预算管理的可操作性,推进全面预算与信息化充分融合,并发挥集团一体化运营优势,实现投资方向的平衡和生产运营的平衡(见图7)。

3. 实施战略时钟下预算动态管控

经营魔方的转动并非围绕一个轴心转动,不同时间就会有一个轴心。只有合适的时间做合适转动,才能实现价值整合。但是,经营魔方必须以企业的战略时钟为指导。以年度预算为例,徐工集团一般每年6月制订战略和计划,9月对战略和计划进行修正、优化,10月把计划排好优先顺序(分清哪些是瓶颈,哪些可有可无),12月形成预算并签订责任状,次年3月要实行末位淘汰。

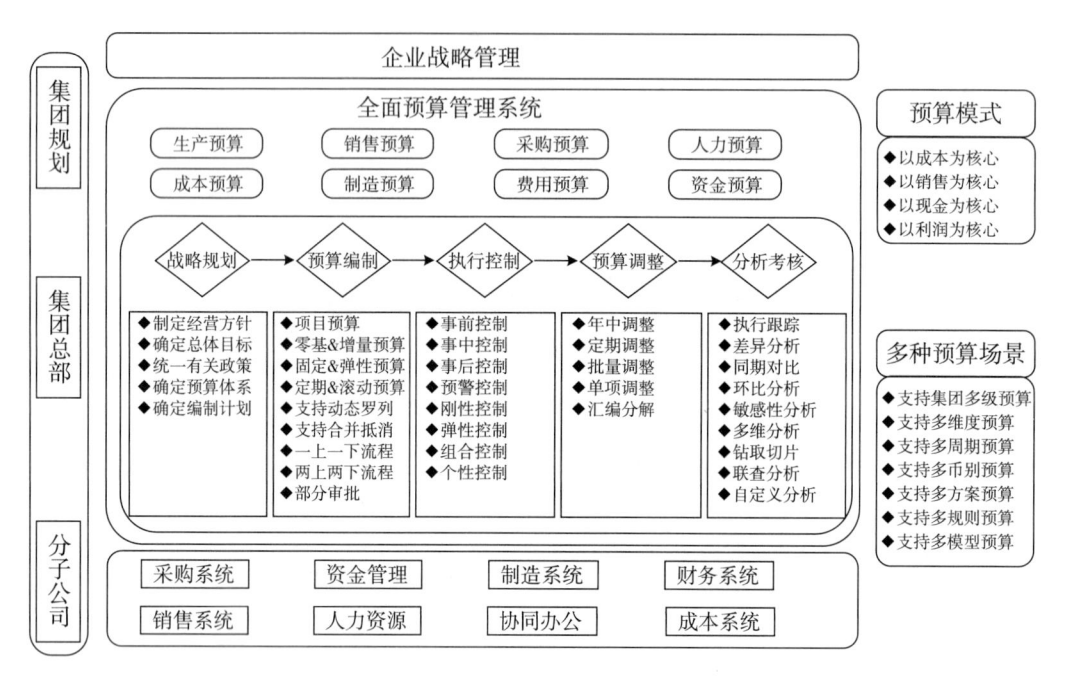

图7 徐工集团全面预算管理构架

4. 确立基于经营魔方的预算系统转动法则

愿景:盯目标,立观念;核心明,主业显。懂使命,创效益;员工诚,顾客谐。
组织:造系统,定职能;组队伍,选人才。论战略,看时钟;行动中,顾眼前。
管理:抓预算,全审计;严制度,有评判。通信息,稳决策;拉增长,化风险。
基础:优排队,畅流程;划责任,细核算。逆监督,正解惑;善整合,讲循环。

5. 强化价值管理分析与决策支持

结合价值链管理中的核心要点,设计一套价值管理与决策支持系统,明确提升企业价值的主要驱动因素,使每一位员工密切注意自身的行为和企业价值的紧密联系,并努力保持一致。建立以价值和战略为导向的决策分析指标体系,通过价值管理信息的展现与追踪,分析影响徐工集团价值创造能力的价值动因,监控下属企业运营绩效。以IT手段保障基层数据到集团决策信息转换的准确、一致、及时及高效应用。

(四)以"一个系统"为核心实现运营管控

徐工集团的业务魔方管控覆盖企业全价值链关键环节,并实现全价值链的无缝对接和协同管理,实现成本费用的最优化和价值创造的最大化。"一个系统"包括研、产、供、销、服 5 个关键环节。

1. 研发关键环节管控

徐工集团以产品开发、产品设计、技术服务和技术管理等业务为切入点,全面实施 PLM 系统,推进技术体系的计划管理、产品研发项目管理、产品结构和配置管理、图档管理、权限管理,并且提供在物料主数据创建、BOM 表创建、生产工艺创建、设计更改(包括前向集成和后向集成)、CAD 系统方面的集成,实现设计与业务的紧密结合。这样,研发与制造两大关键业务领域走向一体。

2. 采购关键环节管控

强化物料主数据管理、采购计划自动化处理和供应商协同。物料主数据与 PLM 系统同步实施,生产相关的物料信息来自 PLM,解决研发和制造基础数据多年来的信息孤岛问题;通过计划协议实现分公司采购业务的自动化处理,提高采购业务效率;通过 SRM 接口,与供应商之间共享采购和外协计划,实现供应商现场配送,提高整体产业链的效益;通过 MRP 模拟,自动计算长周期采购物资(包括关键进口件)的计划。

3. 制造关键环节管控

加强重点生产主数据管理、生产计划管理和生产执行管理,优化业务流程,打通设计和生产之间的瓶颈。PLM 把 EBOM 传递到生产管理,在生产管理中转化为可执行的 MBOM;PLM 把设计工艺路线传递到生产管理生成可执行的工艺路线,通过 MBOM 和工艺路线的维护,工程变更管理,实现研发数据和制造数据的一体化。实行流水线自动排产,提高生产主计划的科学性、可执行性。同时,依据生产主计划结果,通过 MRP 运算,制定出零部件的内制计划和外部采购计划,支持生产订单管理和物料消耗倒冲在内的多种生产发料方式,提高生产效率。

4. 销售和服务关键环节管控

加强产品销售合同管理、订单管理、发货管理和库存管理。引入车辆管理系统(VMS),依据车辆识别号码(VIN)对整车的全生命周期状态进行跟踪和管理,有效支持销售和服务相关业务的开展。

(五)以"一个流程"为关键实现财务管控

徐工集团构建以"财务管理为中心"的战略财务管理模式,逐步推进财务职能从核算型向管理—经营型转变,财务工作领域从事后的静态分析向全过程、全方位的动态控制转变,实现财务业务一体化。同时,防范企业风险,确保财务信息质量,为徐工集团发展提供稳健和高效的财务支持。

企业经济循环包括投资经济循环、研发与试制循环、筹资经济循环、成本与费用管理循环、资金循环、采购与付款循环、生产制造循环、存货循环、销售与收款循环。为保证所有经济循环的经济性和有效性,徐工集团和下属各企业在循环体系内部逐步建立内部会计控制制度,通过预算管理、项目管理、成本管理、应收账款管理等,实现对经济循环各环节的事前计划、事中控制、事后分析和考核支持,推动价值增值,保证企业可持续发展。

销售部门根据年度预算分解得到的销售计划录入系统,系统可以自动根据各个产品的市场销售价格、产品标准成本、标准成本分解后的材料标准成本、相关税率等自动测算徐工集团未来一段时间的销售效益。

各业务部门根据预算分解成本费用,作为各个部门实际可执行的工作计划。该计划可以进行成本管理,进行滚动计划录入,实现计划与实际的比较,以此作为分子公司、部门考核的基础。

根据集团、分公司立项的项目,事前进行费用预算确定,作为项目费用考核的基础,进行预算控制。

根据预算分解的制造费用计划、物资采购成本计划、BOM定额计划、产量计划等,系统可以自动进行标准成本估算,作为新年度、新季度的产品成本计划,作为考核采购、生产、销售各个部门的营运标杆。

根据各分子公司采购、销售等环节提供的资金预测作为参考,制定未来一段时间的资金计划,事后通过计划与实际的资金收支比较,快速调整资金计划和预算控制。

实际销售合同实现后,系统根据销售订单,记录各个产品、销售地区的销售收入、实际销售成本、税金等,结合实际部门发生的费用分摊,得到实际毛利、毛利率和净利润,按照产品、销售地区、销售人员所在纬度等来比较实际与计划的毛利、净利。

通过投资、成本、费用、收入、资金等计划的制定,出具未来计划的利润表和重要资产负债项目表。

(六)以"一套工具"为支撑提高魔方转动效率

作为连接各个子系统与总系统的信息系统,是经营魔方系统协调运作的关键环节之一,也是支撑魔方高速运转、必不可缺的"一套工具"。徐工集团根据实际制定信息化实施方案,按照"总体规划、分步实施、突出重点、先易后难"原则,打造一套SFS信息系统,确保业务(Operation)与财务(Finance)的有机结合,充分体现集团、业务板块和业务执行三个层次上的管控。

经营魔方管控体系信息系统的建设分三个层面:一是利用ERP将企业流程固化,提高从研发到售后再到核算的产品生命周期管理效率,实现业务流、物流、资金流和信息流的同步,提升协同能力和综合业务处理能力。二是在流程固化和业务处理协同化基础上,提升徐工集团整体管理水平。推进一体化财务管理,落实全面预算;建立下属企业的业绩考核和评价系统(KPI体系),提高产品盈利水平。三是在综合管理水平提升和企业数字化管理基础上,实现报表自动生成的决策支持管理,全面落实战略财务管控。

徐工集团建立以ERP系统为核心,将生产、人力资源、采购、财务、门户、办公自动化、知识管理等业务功能合理集成的应用软件系统。通过ERP系统建设,建立全价值链核心业务系统整合的管控平台,不断提高精细化和系统化管理水平。以财务管控为主线,对企业人、财、物等资源有效整合,使用通用后勤和财务报告获得企业生产经营过程中的各种信息,并通过财务集成和绩效评估,改善财务和后勤跟踪体系,使得在不断变化的环境中拥有更强的应变能力。按照集团管控模式,采用现金池、内部银行等实施操作,促进企业资金效率、效益同步提升。强化内部控制,对业务处理进行有效监控和报告,实现信息共享、资源优化配置,提升决策支持及信息交换的能力。通过经营魔方管控模式和信息化系统集成,建立信息化经营魔方管控门户。

三、基于经营魔方的管控体系建设效果

（一）集团战略协同大幅改善，有效推动企业战略转型

通过基于经营魔方的管控体系建设，徐工集团对市场环境的适应能力、抗风险能力及综合竞争能力明显增强，实现了对各企业的纵向管控和各个企业的横向集成，为从战略管控型向经营管控型转变、实现快速发展提供了有力支撑。各分子公司在集团战略管控的统筹运作下战略步伐协调一致。同时，确保了战略目标的完成，特别是国际化战略步伐持续加快。

（二）财务管控效果显著提升，有效推动全价值链增值

通过经营魔方管控平台建设，纵向上支持了徐工集团管控模式的转变，提高对下属企业的管理深度；横向上做到研、产、供、销、服等企业核心业务一体化，为经营决策和管理改进提供了强有力支持，有效降低了运营成本，全面提升了反应速度和反应效率，提高了精细化管理水平和企业核心竞争力，强化了在工程机械行业的竞争优势。

（三）有力支撑企业跨越增长，主业规模优势稳步提升

近年来，徐工集团经营规模与经济效益保持跨越式增长。2011年，在面临极其严峻的外部环境下，营业收入突破870亿元，比上年增长30%以上，连续23年保持行业排头兵位置，为实现"千亿元、国际化、世界顶级"的战略目标打下了坚实基础。

（成果创造人：王　民、吴江龙、赵成彦、魏　兵、张启亮、许庆文、刘兴锋、罗旭东、程　芳、金　怡、金淑兰、袁　鹏）

基于战略管控的母子企业集团总部变革

中国兵器工业集团公司

公司总经理、党组副书记张国清

中国兵器工业集团公司(简称兵器工业)是中央直接管理的特大型国有骨干企业,是我国国防现代化建设的战略性基础产业。兵器工业是1999年7月在原中国兵器工业总公司的基础上改组设立的,主营业务由军品、民品、战略资源和金融流通四大业务板块构成,是我国陆军武器装备的主要研制和生产基地,同时为海军、空军、二炮等诸兵种以及武警、公安提供各种武器弹药和装备。其民品领域方面现已形成以重型车辆与工程机械、石化与精细化工、光电材料与器件为主要支撑的三大军民结合产业格局。现有分布在全国18个省、市、自治区的44家直属子集团和直管单位、12家上市公司,并在全球建立了数十家海外分支机构。2011年主营业务收入突破3000亿元,跃居国防军工集团首位,跃居世界500强第205位,连续八年被评为国资委A级企业。

一、基于战略管控的母子企业集团总部变革背景

(一)总部"角色"错位,战略引领和科技引领功能发挥不足

一是企业化程度不够。兵器工业管理理念和方法还没有摆脱以上下级管理为核心的传统行政管理模式,使企事业单位领导把更多的精力放在了"跑三里河总部"而不是"跑市场"。二是市场化程度不够。没有认识到军品特殊性背后所固有的商品属性,没有建立起市场化的模式、机制。三是战略引领功能不足。兵器工业集团战略缺乏顶层设计和体系策划,缺乏产业发展研究,难以引领和指导企事业单位的经营发展。四是科技引领功能不足。军品不能成体系地统筹谋划发展,以技术推动创造和引领需求的作用没有发挥出来,基础和核心技术面临被边缘化的危险。民品的科技发展基本没有顶层,导致了民品发展"小"、"散"、"乱"的局面。科技管理体制上,偏重项目、型号研究,而预先和基础研究、工艺研究的投入和管控力度明显欠缺。五是投资者功能发挥不足。兵器工业内部不善于有效运用现代企业制度治理好企业,在管理上重"管"轻"理"。六是监管职能发挥不足。不能有效发挥监督体系的作用,基于后评价的闭环管理体系尚未建立起来;利用外部资源客观评价与监督不够。

(二)资源配置功能发挥不足,缺乏体系化的风险防控机制

由于总部在资源配置功能上的不到位,导致兵器工业存量资源的利用和增量资源的投入长期以来基本处于无序状态。民品产品附加值普遍不高,资源利用效率低下,内部

无序竞争。特别是兵器工业资产层级最多达到八级,共有各类子公司、孙公司等等1200多家,对四级以下的孙公司资产,总部基本失去控制力,实行间接管理。同时,有效预防和控制风险的机制和手段十分欠缺,风险释放渠道和防火墙作用有限,导致风险不断向总部集聚。

(三)管理架构和模式不尽合理

随着内外部经营环境变化,兵器工业原各事业部与综合部门职责交叉、授权不清、增加了总部管理层级,影响到总部机构的扁平化建设。兵器工业总部制度建设缺乏顶层设计和体系策划,造成各部门制度体系过多过乱,"多头管理"和"管理空白"同时存在,严重影响了制度体系的可行性与实效性。

(四)企事业单位结构调整,对总部职能转变形成"倒逼"机制

2009年兵器工业启动了企事业单位结构调整重组工作,截止2011年9月底,重组的第一阶段工作基本完成。子集团的组建运行以及战略规划统一、资源配置统一、制度体系统一,企业文化融合的"三统一"、"一融合"目标的确立,对总部的职能转变提出了更为紧迫的要求,总部的投资、财务、全面预算、人力资源管理机制等方面,必须做出相应转变。子集团重组调整对总部职能转变形成了"倒逼"机制。

企业文化建设与党建思想政治工作、精神文明建设之间缺乏统筹协调,形成"两张皮",影响了兵器工业"品牌商誉"和"软实力"建设。坚持改革创新、再造体制机制,全面构建企业化市场化母子集团总部,成为新时期兵器事业发展无可替代、刻不容缓的战略选择。

二、基于战略管控的母子企业集团总部变革内涵和主要做法

兵器工业基于企业治理一般规律和兵器行业自身发展特殊规律,坚持企业化、市场化的基本方向,以提升集团管控能力为核心,以建立母子集团管理体制和治理机制为主线,以强化科技与战略引领、强化出资人职责、强化监管职能为重点,以职能创新和处室调整为抓手,推动总部职能转变和管理创新,逐步构建起"定战略、配资源、拓市场、控风险、建机制、育文化"的集团母公司职能框架,着力打造战略管控型母子集团总部。主要做法如下:

(一)解放思想,为总部改革营造良好氛围

2008年初,党组决定在全系统开展"解放思想、改革创新"主题实践活动。对制约和影响兵器工业改革发展的深层次体制机制问题进行深入分析,认识到总部改革调整的重要性和紧迫性。与此同时,兵器工业专门聘请北大纵横开展项目咨询,从专业的角度对总部职能转变提出咨询建议。方案制定过程中,先后征求国家和军队有关部门、系统内外方方面面数百人次的意见和建议,为改革全面推进扫清

国庆60周年大阅兵,我国第三代主战坦克通过天安门城楼

思想和观念障碍。

最终明确变革的基本方针是：积极稳妥、整体设计、分步实施，把握好改革的时机、力度和节奏。在操作步骤上，分为两个阶段进行，第一阶段自2009年10月启动，第二阶段自2011年5月启动。

（二）建立集中统一、闭环运作的战略管理体系

将战略管理职能由原来的多部门分工负责全部统一到战略发展部，由战略发展部集中履行战略和规划制订、军民品投资管理、结构和布局调整、目标任务管理等战略管理职能，对战略实施集中统一管理；对战略发展部内设机构及其职责作大幅调整，设立产业发展一处、二处、三处、通用产业处四个产业发展处，按照军民融合发展模式分别统筹负责机械产业、毁伤产业、光电信息产业、流通与战略资源产业的军民品发展、能力建设与结构调整，从兵器工业顶层加强对产业发展和军民融合发展的战略引领；制定出台《中国兵器工业集团公司战略管理制度》，建立起PDCA闭环战略管理体系，全面提升和强化集团战略制定、执行、监控、调整的全过程管理。

（三）分设科学技术部与中国兵器科学研究院，强化总部科技引领功能

将兵器工业原来"一套人马两块牌子"的科学技术部（中国兵器科学研究院）按照清晰的分工、定位进行分设；调整后科技部重点负责军民品科技发展规划、技术基础、科技创新能力建设、科研成果与知识产权管理、科研预算管理；兵科院重点负责武器装备顶层设计、体系策划、技术市场开拓和项目管理，构建起"大技术部"与"兵种部"相结合的体制，既强化了科技发展的顶层设计和技术积累，同时加强了科研项目管理与创新团队建设。科学技术部与中国兵器科学研究院在各自独立运行的同时，彼此间配合互补，更加有利于兵器工业总部的科技引领功能从多层面、多角度释放和发挥。

（四）组建运营管理部，强化总部的企业化市场化职能

组建运营管理部，主体职能实现全面的调整优化，一是负责运用现代企业治理机制落实母公司经营计划与预算目标，实施经营统计与分析评价；二是负责重大市场开拓、大客户开发与协调，发挥集团整体优势开拓军民品国内国际市场；三是负责统筹物资保障与集中采购管理，品牌管理，技术服务与售后服务，发挥集团内部协同和集约化经营效应。通过组建运营管理部，总部能够指导带领各子集团直接面向各产业、各领域，连接一线市场更加紧密，从而构建起总部作为"总指挥部、总参谋部"、各子集团作为"各野战军团"的兵器工业集团一体化市场作战体系。

（五）减少管理层级，促进管理扁平化

通过两次调整，先后撤销四大事业部，兵器工业原有的"集团公司—事业部—企事业单位"三级组织机构，调整成为"集团公司—子集团和直管单位"的扁平化二级组织机构，兵器工业管理幅度大大减小，管理力量更加集中，这也标志着兵器工业新型企业化管理时期的开始。新成立高管一、二处、董事会工作处、监事会工作处，逐步将对子集团经营层的选聘权利交给子集团董事会，把总部的管理重点转向对子集团董事会、监事会的管理，推动现代企业制度在全系统的建立。

（六）组建权益与风险管理部，强化总部的权益管理、产权管理与风险管理职能

组建权益与风险管理部，配套调整完善财务金融部全面预算和高风险业务管理等相

关职能,强化总部资源调配和控制能力,提升兵器工业利用资本市场的能力和专业化资本运营能力。同时,提升风险管理在兵器工业决策和管理中的层级,加强资金集中管理和集团化金融运作,进一步规范出资人与经理人之间的权力,建立健全总部主张权力、行使权力、保障权益、控制风险相结合的权益与风险管理机制,初步构建起全面风险管理体系。

(七)将国际化经营管理职能分解落实到相关部门,强化总部拓展国际国内两个市场、两种资源的能力

调整中,兵器工业决定撤销国际合作部,把国际化经营的职责对口划归到相关业务部门,使每一项工作都能够把国际国内情况结合起来通盘考虑。实现国际投资与国内投资,国际市场与国内市场,国际经济科技合作与国内经济科技合作高度融合。调整后,由战略发展部对国际国内投资、并购事项实行集中统一管理,由运营管理部对国际国内市场开拓及物流采购实行集中统一管理,由科学技术部对国际国内科技合作实行集中统一管理,由办公厅对国际国内联络实行集中统一管理,从而使兵器工业所有部门都相应承担起的国际化经营职责,为国际化经营的全面拓展提供有力支撑。

(八)推行"一个子集团一套管理办法",强化总部对子集团个性化、针对性管理职能

兵器工业组建绩效与薪酬管理部,由绩效与薪酬管理部代表总部各个部门与子集团商定绩效目标,总部各部门对各子集团的绩效要求全部提交给绩效与薪酬管理部,由绩效与薪酬管理部集中体现总部对各子集团的综合要求。与此同时,依托职能调整,同步建立对子集团个性化的战略管理机制、投资管理机制、领导人员管理机制、公司治理机制、预算管理机制、权益管理机制,着力推进"一个子集团一套管理办法",以此提高总部的个性化管理水平和管理的针对性。

(九)加强监督体系和责任体系建设,强化总部监管职能和履行社会责任的能力

一是通过成立监察部(党组纪检组)和审计部,健全完善内部监督体系中监事会、纪检监察和内部审计三道防线,强化总部的监管职能等基础性工作,为下一步向子集团放权创造条件。二是通过增加审计部内设机构,强化兵器工业重大决策执行的后评价职能,使重大决策监督管理形成闭环。三是把企业文化建设职能全部统一到党群工作部(企业文化部)管理,为企业文化的体系化建设落实工作平台,推动企业文化与党建工作、思想政治工作、统战与群众工作、基层班组建设深度融合。四是成立质量安全与社会责任部,统筹质量监督管理,安全监督管理,节能降耗与环境保护,社会公益事务,社会责任报告发布,提高全员社会责任意识,强化社会责任履职监管的独立性,提升兵器工业全面履行社会责任的能力。

(十)以人为本破解难题,确保改革进程顺利进行

兵器工业总部两次改革调整,撤销的部门、岗位较多,干部安排难度很大。为破解这一难题,兵器工业采取多方面措施。一是开展"公开竞聘",对总部职能调整之后产生的新的工作岗位,按照"德才兼备、以德为先,坚持竞争择优,突出基层经历和群众基础"的原则,先后两次对总部14个部门副主任、36个处长岗位面向全系统进行公开竞聘。二是"双向选择,考核聘用",根据岗位需求和员工的个人意愿、实际能力和工作业绩,公开、公平、公正地做好每一个员工的考核聘用工作。三是鼓励总部同志,特别是没有基层工作

经历的同志到企事业单位交流任职。四是与领导职务序列岗位相对应,设置特级专务、高级专务、专务等非领导职务序列岗位。非领导职务序列与领导职务序列作为总部干部员工的两个职业发展通道,相互之间可以转任,但不交叉任职。目的是在领导职数有限的情况下,为一部分任职时间较长且工作能力和业绩比较突出的同志提供一个向上的职业晋升通道。

在实施总部改造建设过程中,兵器工业配套实施四项重点措施。一是及时完成部门及内设机构职责制(修)订;二是进一步制订和调整部门主要工作流程;三是按照母子集团治理模式特别是子集团个性化管理的要求,全面梳理和修订各类制度。四是加强支撑机构建设,把支撑机构建设作为总部科学履职的体制基础,设计包括中国兵器科学研究院、中国兵器工业规划研究院、中国兵器人才学院、兵器工业服务中心在内的四个支撑机构,通过支撑机构的设立,总部得以顺利撤销原行政管理部,实现辅助职能的剥离,进一步精干总部机构和人员。

三、基于战略管控的母子企业集团总部变革效果

通过改革调整,兵器工业初步构建起以"定战略、配资源、建机制、育文化、拓市场、控风险"为核心职能的母子集团总部架构,并得到中央组织部、国务院国资委、国家国防科工局的高度重视和认可。

(一)经营规模和发展质量同步快速提升

2011年,兵器工业实现营业收入3077亿元,成为首家经营规模突破3000亿元的军工集团,较总部改革前的2009年增长90%;实现利润86.5亿元,较2009年增长67%,两项主要经营指标在短短两三年里实现了高速增长。兵器工业自2004年起连续第八年获评为国务院国资委经营业绩考核A级企业,并先后获得国务院国资委颁发的"业绩优秀企业奖"、"科技创新特别奖"等荣誉称号。

今年1~9月,兵器工业累计实现主营业务收入2667.84亿元(合并抵扣57.74亿元),完成年预算目标3360亿元的79.40%,同比增长18.33%,增速高于中央企业平均水平11个百分点,高于军工集团平均水平7.4个百分点;累计实现利润71.24亿元,完成年度目标100亿元的71.24%,同比增长14.93%,在央企和军工集团实现利润同比下降的形势下,实现了逆势增长。

(二)战略引领和管控能力有效发挥

总部组织制定兵器工业"十二五"发展规划,进一步细化分解为科技创新、能力建设、人才发展等九个子战略。总部也实现了由管项目到管产业的转变。在军品发展上,通过积极主动的前期策划,被国防科工局批准为国防科技工业军工核心能力体系化建设试点,实现能力建设由局部完善向整体提升、由分散建设向统筹建设的转变。在军民融合发展上,争取到"境外石油、天然气及铜、钴、铂等有色金属资源开发"以及"石油炼制"两项新增内容,进一步拓展兵器工业的发展空间。在战略合作方面,重型汽车、工程机械、石油装备、铁路装备、矿用车辆等与战略合作伙伴的市场对接更加紧密,取得一批重要成果。西安兵器产业园、包头高端制造产业园、盘锦精细化工产业园建设也得到地方政府大力支持。

(三)科技引领功能全面释放

改造调整后的兵器科学研究院,积极开展军品科技发展体系策划和顶层设计,两年来先后有多个重大军品专项立项实施,研发范围扩展到陆、海、空、二炮、陆航、公安、武警等多兵种的各个领域,开创了兵器工业以技术推动引领和创造需求的新局面,有效拓展了兵器工业服务三军装备建设的空间。改造好的科学技术部门,积极统筹策划国防基础技术研究、新材料新工艺开发研究、新兴战略性军民融合产业研究,得到国家及相关部门大量的项目和资金支持,为"十二五"乃至更长时期内保持兵器工业在相关技术领域的领先地位奠定了基础。通过科技引领功能的有效发挥,两年来兵器工业成功研制生产出1.2米直径厚壁钢管,进一步提升了兵器工业在极端制造领域的技术地位;OLED突破了8000片小批量产业化试制,获得了新一代军民融合显示技术的发展先机;成功开发了20万吨TDI工程软件包,成为国内首家拥有20万吨级TDI规模生产技术和自主知识产权的企业。

(四)资源配置功能充分发挥

在权益管理、资本运作方面,成功实施了对武汉重型机床集团的并购,圆满实现了对德国凯毅德公司的投资并购,大幅度提升了兵器工业汽车零部件产品在国际国内市场的地位和影响力;在与美国佩卡集团在重车整车和发动机领域的合作,与徐工集团在大马力推土机领域的合作,以及重组并购广微积电、大立科技、美国ARC公司等方面也取得阶段性重点成果。

(五)国际国内两个市场全面拓展

2009年以来,兵器工业国际国内市场开拓取得明显成效。军贸方面,在带动民品批量出口的同时,战略资源、国际经济合作取得一批新成果。这些重大项目的稳步推进,不但可引进数十亿美元的发展资金,更为国家争取回了大量的石油天然气和贵金属战略资源储备。民品和流通贸易方面,连续三年实现大幅度增长,2011年民品和流通贸易收入已占到兵器工业主营业务收入的90%以上,兵器工业已初步发展成为国际防务集团中不依赖军品也能够实现持续稳定健康发展的企业之一。今年1~9月份,兵器工业累计实现民品和贸易收入2435.78亿元,同比增长30%以上,其中,国际贸易收入突破900亿元,国际化经营收入占到了兵器工业主营业务收入的30%以上,国际化经营能力和水平得到了全面的拓展和提升。

(六)组织架构和人员结构更趋合理高效

通过总部改革和子集团重组调整,为子集团规范公司治理搭建了良好的"上层建筑"。此外,通过规范子兵器工业治理结构,把经理层的选聘权、业绩考核权和薪酬管理权交给子集团董事会,兵器工业逐步实现由直接管理子集团领导班子成员向管理子集团董事会的转变。

通过总部改造和子集团重组调整,兵器工业党组直接管理的干部由1400多名下降到700多名,干部调整的力度之大、效果之好得到了中组部、国资委领导的高度认可。总部改造前后共减少了5个部门、23个处室、70个编制,管理流程更加集中、管理链条进一步缩短,组织结构和管理队伍更加精干高效。

(成果创造人:徐东良、张建平、李新国、彭心国、黄立鹏、李云峰、赵锋、吴娜、于洋、许晋、韩东利、周一鹏)

大型钢铁企业合并重组后的集团管控体系建设

本钢集团有限公司

成果主创人：公司董事长、总经理张晓芳

本钢集团有限公司（简称本钢集团）是由具有百年历史的本溪钢铁（集团）有限责任公司（简称本钢公司）和北台钢铁（集团）有限责任公司（简称北钢公司）两大国有企业合并重组而成，为辽宁省最大国有企业集团。现已形成以钢铁制造及矿产资源、贸易、工程技术、事业发展、房地产、金融投资六个产业集群为基础，采矿、选矿、炼铁、炼钢、轧钢、贸易物流、科研、工程建设、机械加工、冶金装备制造、房地产开发、金融等业务为一体的配套齐全的国有地方特大型钢铁联合企业，在职员工近10万人，总资产1258亿元，已形成年产2000万吨优质钢材的生产能力，年销售收入近1000亿元。

目前，本钢集团拥有亚洲最大的露天铁矿——南芬露天铁矿，并参股开发已探明的世界最大铁矿——本溪大台沟铁矿、大容积4747立方米高炉、宽幅2300热轧机组、同韩国POSCO公司合资兴建的冷轧生产线等先进工艺装备，拥有国家级技术中心、国家级实验室、博士后科研工作站以及汽车板研发所、高强钢研发所、特殊钢研发所、硅钢研发所、不锈钢研发所、棒线材研发所等专业研发机构。多年来，通过技术创新和产品开发，产品体系日臻完善，已形成热轧板、冷轧板、热镀锌板等系列产品，被广泛应用于航空、航海、汽车、家电、石化、机械、交通、建筑、军工等行业，并远销欧美、亚洲、非洲、大洋洲的40多个国家和地区，出口总量已连续两年位居全国钢铁行业首位。

一、大型钢铁企业合并重组后的集团管控体系建设背景

（一）推进两钢合并重组，实现出资人要求的需要

2010年6月8日，本钢公司和北钢公司正式合并重组，成立本钢集团。两钢合并重组是辽宁省委、省政府调整辽宁经济结构、加快转变经济发展方式、实现辽宁老工业基地全面振兴的重大举措。本钢集团成立以后，两钢原有的管理体制和运行机制存在诸多不同，且资源相互独立分散，不能得到有效利用。只有增强集团管控能力，统筹两钢资源，做强主业发展，实现本钢集团由做大到做强的转变。因此，建立适应企业未来发展的集团管控体系成为了本钢集团的必然选择。

（二）优化资源配置，实现一体化运作的需要

两钢合并重组绝不是简单的"1+1"问题。本钢公司和北钢公司同处于本溪市境内，分别为省属和市属国有大型钢铁联合企业，二者之间存在区域竞争。通过两钢合并重

组,有效解决区域竞争,初步形成企业的规模效益。然而,随着近年来国际、国内经济增速日渐放缓,钢铁行业已进入到"微利"时代;国家出台的一系列钢铁产业政策要求加快产业结构调整,提高产业集中度;加速技术创新步伐,提升产品质量;加强资源保障能力等。在这种大背景下,本钢集团只有真正实现人、财、物、供、产、销等管理链条的有效整合,才能发挥整体协同效应,提升企业综合竞争力,最终达到"1+1>2"的效果。因此,本钢集团需要构建一个适应未来发展的集团管控体系,以实现企业的一体化运作和资源的高效配置。

(三)打造大型钢铁企业,保障集团战略实施落地的需要

按照《国家"十二五"规划纲要》、《钢铁产业调整和振兴规划》和省委、省政府关于辽宁总体发展规划的要求,以及两钢"统一布局、统一规划、统一发展"原则,制定完成《本钢集团"十二五"发展规划》,总体战略目标:做强精品钢材基地,着力推进产业链延伸、规模扩张和相关多元产业的协同发展,把本钢集团打造成极具国际影响力的特大型钢铁联合企业,进军世界500强。为此,建设集团管控体系,增强集团管控能力已经成为本钢集团实现战略目标落地的必然选择。

二、大型钢铁企业合并重组后的集团管控体系建设内涵和主要做法

本钢集团组建以后,迅速开展合并重组相关工作,从两钢抽调优秀的专业管理人员组建本钢集团管理创新项目部,围绕本钢集团未来战略规划,通过认真梳理两钢现状和存在问题,明确母子公司职能定位,合理选择管控模式,科学设置组织架构,优化核心业务流程,建设支撑保障体系;最终形成本钢集团管控体系建设方案。2011年3月本钢集团管控体系正式投入运行,推进了两钢合并重组,促进集团规模效益和协同效应的充分发挥。主要做法如下:

(一)确定管控体系建设思路,明确管控体系建设原则

本钢集团以集团战略为导向,以战略管控和财务管控、集中管控与差异化管控相结合为主要模式,以优化组织结构为管控平台,以管控制度流程设计为基础,建立完备的管理条线、业务条线和辅助条线,通过母子公司管控界面的划分,形成集团母子公司之间权责清晰、职责明确、运作规范的管控框架(图1)。

在此基础上,明确四大原则:一是支撑战略原则,即支撑集团战略的实现,实现集团价值最大化,冲击世界500强;二是服务合并重组原则,即整合两钢的管理平台,构建强势总部,统筹调配两钢资源;三是提高企业竞争力原则,即通过管控体系设计,集中整合营销、采购等关键职能,发挥集团规模效应和协同效应,挖掘集团内部利润潜力,防范行业亏损风险;四是适应内部改革原则,即面对两钢合并后所带来的企业文化、管理体制等方面的差异,以及历史遗留的企业社会负担,需要通过管控体系设计来明确如何对待这些差异和

板材公司主厂区

负担。

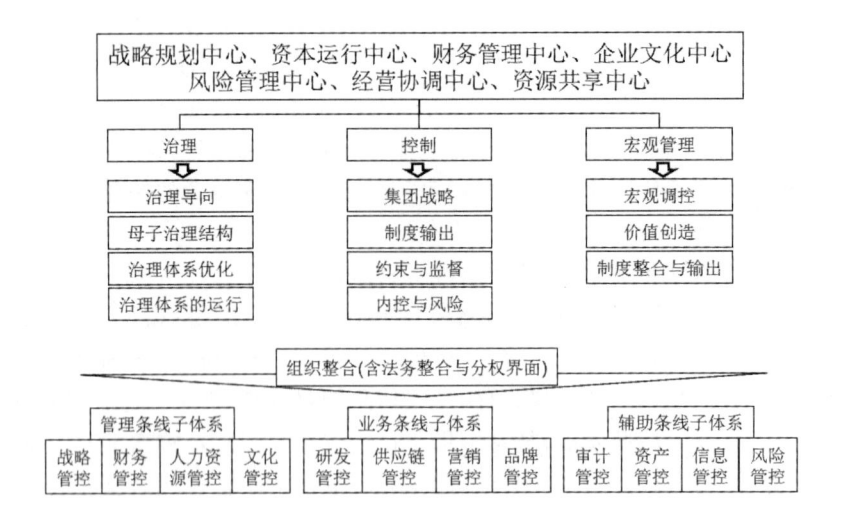

图 1　本钢集团管控体系架构模式图

(二)按照发展战略要求,选择有效支撑的管控模式

按照集团的主要管理目标、方式以及集分权程度的不同,可划分为战略管控、财务管控和运营管控三种模式;并将管控模式定位为以战略管控和财务管控为主,并与运营管控相结合的复合型管控模式。对不同产业的子公司实行差异化管控。

钢铁主业管控模式:钢铁及矿产资源业为本钢集团核心主业,长期以来,集团建设一直围绕钢铁主业进行,业务相关度高,管理相对成熟,总部控制能力较强。因此,本钢集团对钢铁主业采取以运营型管控为主的管控模式。

贸易产业管控模式:贸易产业是本钢为做强发展所打造的大贸易平台,涵盖产品贸易、采购贸易、加工贸易、期货贸易以及物流运输等业务领域,旨在对集团内部贸易资源进行整合,实行集团化贸易职能的集中管理。本钢集团对贸易产业采取运营型管控,一切事宜由集团总部负责决策。

工程技术产业管控模式:工程技术产业为钢铁配套产业,主要包括机械制造、工程建设、修建维检、信息自动化等公司。这些公司技术相对成熟,独立运营能力突出,同时对钢铁主业也有很强的依附性。本钢集团不直接干预生产经营,对该产业实施战略管控。

事业发展产业管控模式:事业发展产业主要是提供生产和生活服务的后勤服务业,该产业子公司独立运营能力较强,大多数承担企业办社会的职能,未来将逐步向政府移交。本钢集团对该产业分别采取战略型或财务型管控。

金融产业管控模式:金融产业是本钢集团的新兴产业,目前主要包括典当、担保、房地产投融资、期货等金融业务,该产业主要是充分利用闲置资金,通过多元化投资、资本市场和外汇市场操作、不良资产处置等手段最大化资金利用效率。本钢集团对金融产业分别采取运营型或财务型管控。

房地产产业管控模式:房地产产业包括房地产开发、房产经营及物业管理等业务。房地产开发的资金来源主要靠集团借资或担保贷款,集团存在一定的运营风险,因此,本钢集团对房地产开发采取运营型管控;对房产经营采取战略型管控;对物业管理采取财务型管控。

(三)增强母公司的核心管控能力,打造强势集团总部

1. 明确母子公司职能定位

集团总部职能定位为履行出资人授予的权利和义务,有效整合两钢资源,以战略管控、资本运营、风险控制为重点,通过统一制定发展战略规划、监管所属子公司的运营、发挥资源协同效应等方式,促进各产业间的协同发展,保障集团战略目标的实现。并以"七大中心"实现集团总部定位的具体化。子公司要承担集团总部对各子公司的战略、业务运营、成本管理及安全管理等职能的要求,将子公司定位为战略执行中心、生产经营中心、成本控制中心和安全管理中心。

2. 确定母子公司管控界面划分及核决权限

集团管控界面,是指在不同的管控导向下对总部和下属各子公司责权的界限进行划分。通过合理界面划分,理清母子公司在核心职能和关键业务中的定位,使总部通过适度的集放权来对分子公司进行有效控制和提高集团整体的运作效率及抗风险能力。管控界面的核心是重大权力及权力点的分配。母子公司之间的重大权力一般分为管理类、业务类和辅助类三种。管理类职能与业务形态无关,主要涉及战略、财务、人力资源、企业文化等;业务类职能涵盖整个价值链,主要涉及研发、制造、供应、营销、品牌、安全、工程等;辅助类职能是为保证子公司运营安全、高效而建立的监督制衡机制,主要涉及审计、信息、资产等。按照"遵循管控导向、实现权责匹配、控制风险因素、提高管理效率"的原则,最终形成《本钢集团母子公司管控界面》(表1)。

在明确母子公司管控界面的基础上,确定包括战略、投资、财务、人力资源、企业文化、采购、营销、科技、审计、信息化、资本运营、制造、设备、安全、质量、能源环保、运营、法律共计18条集团管控条线。同时,基于18条集团管控条线,确定本钢集团总部与子公司的部门和岗位在诸多业务活动和管理活动中的责权划分,形成《本钢集团母子公司核决权限表》(表2),体现总部管控在条线管控中的深度和广度。

表1 本钢集团母子公司管控界面划分示例

职能模块	集团公司	集团所属公司
经营计划管理	经营计划管理 1. 组织建立健全集团年度经营计划管理的工作制度与操作规程,并组织实施 2. 汇总、编制并批准集团年度经营计划 3. 组织各部门制定集团公司年度、半年度、季度工作计划 4. 监督检查集团年度经营计划的执行情况 5. 汇总集团所属公司经营计划完成情况总结报告	经营计划管理 1. 协助集团建立健全本产业的计划管理体系 2. 组织编制本公司年度经营计划 3. 组织各部门制定本公司年度、半年度、季度工作计划 4. 监督检查本公司年度经营计划的执行情况 5. 编写本公司年度经营计划完成情况总结报告

续表

职能模块	集团公司	集团所属公司
经营计划管理	经营统计分析 1. 汇总集团计划执行情况，进行经营数据统计分析 2. 根据经营数据进行偏差分析，编写经营活动分析报告，提出调整方案 3. 负责根据调整方案与经营决策事项的事务督办、跟踪、进度反馈 业绩监控与考核 1. 组织集团所属公司签订年度绩效目标责任书 2. 负责跟进集团及所属公司年度计划的实施情况 3. 审批集团所属公司年终绩效目标责任书的完成情况报告 4. 确定集团所属公司考核结果和奖惩兑现方案 同业对标管理 1. 组织开展同业对标管理	经营统计分析 1. 汇总本公司计划执行情况，进行经营数据统计分析 2. 根据经营数据进行偏差分析，编写经营活动分析报告，提出调整建议 业绩监控与考核 1. 与集团签订年度绩效目标责任书 2. 负责跟进本公司年度工作计划的实施情况 3. 编制本公司年终绩效目标责任书的完成情况报告 同业对标管理 1. 组织实施本公司同业对标管理

表2 本钢集团母子公司核决权限划分示例

序号	管控事项	集团公司					集团所属公司		
		董事会	战略委员会	总经理	分管副经理	战略规划部	其他部门	董事会	经理层	相关部门
1	集团战略规划制定及其调整	⑥批准	⑤审议	④审核	②初审子规划及职能规划	①组织编写集团战略规划，分解职能规划 ③汇总编制集团规划及其调整 ⑦组织执行 ⑧归档	①各部门、直属机构编制职能规划 ④各部门、直属机构配合编制 ⑦执行		①编制子规划及参与职能规划编制 ③配合编制 ⑦执行 ⑧归档

续表

序号	管控事项	集团公司					集团所属公司		
		董事会	战略委员会	总经理	分管副经理	战略规划部	其他部门	董事会	经理层	相关部门

序号	管控事项	董事会	战略委员会	总经理	分管副经理	战略规划部	其他部门	董事会	经理层	相关部门
2	子公司战略规划制定及其调整	⑥批准	⑤审议	④审核	③初审	①指导编制 ②审查汇总 ⑦备案 ⑧归档	①各部门、直属机构参与权责内指导 ②各部门、直属机构参与权责内审查	①-3批准 ⑦-1执行	①-2审核 ⑦-2执行	①-1编制 ①-4上报 ⑦-3实施 ⑧归档

3. 合理设计子公司法人治理模式

按照上市公司、非上市公司、控股公司、参股公司等不同情况，分别设计不同的法人治理模式。

上市公司：集团横向协调实质决策＋公司治理形式决策。本钢集团总部高层及职能部门可通过参与跨层次决策平台，如党政联席会、专题会形成共识。

非上市公司：母子公司制度流程接口＋专业系统垂直领导＋必要事项上总部与子公司签定《委托管理协议》等措施。本钢集团总部对各子公司在必要事项通过签订委托管理协议实现总部对各子公司的管控。

控股公司：董事会管理＋人员派驻＋业绩监控。本钢集团总部派出董事长或由公司高层担任董事，贯彻总部管控意图；委派中高级管理人员直接参与经营管理；每年总部确定经营指标，将战略分解对应的经营计划、预算、经营绩效与主要经营层的任免薪酬联动。

参股公司：派驻董事＋派驻监事。本钢集团总部对参股公司在管理上遵循法人治理的要求，通过委派董监事在子公司股东（大）会、董事会、监事会上表决通过，将总部的决议依法形成子公司的决策，进行贯彻实施，实现总部对子公司的合法监控和管理。

4. 科学设置组织架构

本钢集团依据集团管控模式和母子公司职能定位，按照"精简、高效、统一"的原则搭建集团组织架构。本钢集团的组织架构设为三级，分别为决策层、职能部门（含业务机构）、执行层（子公司），暂时保留本钢公司和北钢公司，待资产进行划转、债权债务进行清理后，予以撤销。

集团总部编制定员115人，设立由董事会、监事会、经理层组成的法人治理结构。集团董事会设6个专门委员会和董事会办公室，集团设16个职能部门和5个业务机构以及

9个代行集团职能部门(图2)。集团子公司层级逐步按2层设置,即子公司、二级子公司,提高集团总部决策执行力和管理效率。

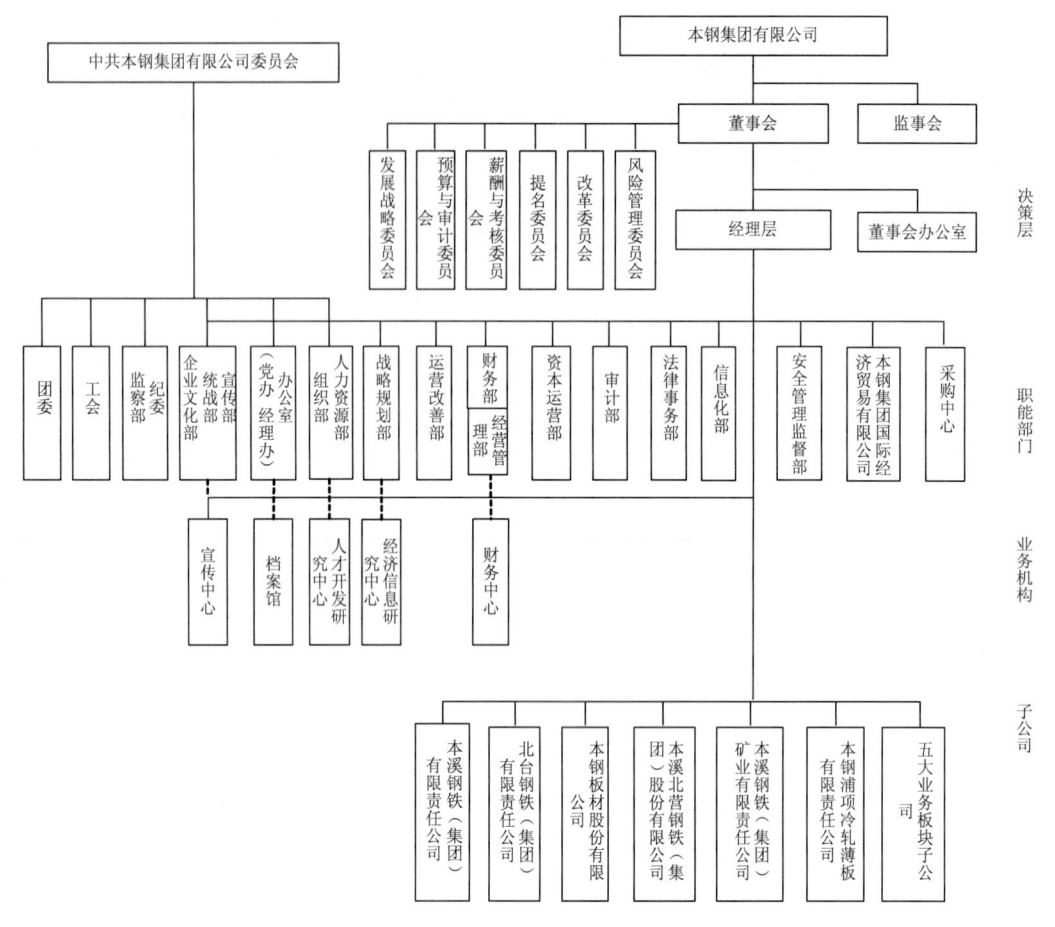

图 2 本钢集团有限公司组织机构图

(四)以两钢重组为契机,推动实施集团核心职能管控

1.整合两钢人力资源,促进组织文化融合

人力资源的有效整合是两钢合并重组成功的关键。加强职能层面人力资源交流,采取干部交流任职、挂职锻炼、技术对口支援等方式,加快两钢干部职工队伍的融合,通过两钢人员相互交流与合作,营造了良好的组织文化氛围。

2.整合两钢财务系统,提高资金使用效率

在对两钢原有的会计核算体系分析、调研的基础上,制定统一的会计核算政策,统一会计科目、核算内容、核算方法、报表格式以及财务报告的编报要求。整合资金管理平台,实现资金的统一调配和使用。

3.整合两钢采购业务,打造集团采购平台

按照本钢板材采购中心组织架构模式,迅速完成北营公司采购中心的组建工作,2010年9月6日两钢采购人员实现合署办公,实行统一管理,统一薪酬标准,为后续整合工作高效开展奠定良好基础；同时，快速完成两钢采购部门的料号对照工作，将北营13万NC系统编码按本钢ERP编码原则形成对照表，为本钢ERP与北钢NC系统的业务串接打下良好基础。

4. 整合两钢销售业务，实施集团统一销售

集中两钢销售业务，实现资源、政策、渠道和管理的统一；实行网络客户营销模式，由原来的零散营销模式变为稳定的月季协议销售模式；进一步规范价格、合同和产品发运管理，制定相关管理规定，完善定价机制，明确销售与生产厂的关系，实行以销定产。

（五）建设管控支撑体系，保障管控体系有效运转

1. 完善制度体系

对集团制度体系进行了创新设计，制定《本钢集团规章制度管理办法》，明确制度三大类别（管控制度、业务制度、技术文件）及相关审批流程。根据集团管控模式和业务流程要求，共下发214个制度，最终形成以《本钢集团管控制度汇编》为主体的制度体系，使集团跨层次管控活动每一步有章可循、责权清晰，全面提升了集团管控效率。

2. 实施主体业务流程再造

根据集团组织架构，确定本钢集团三级流程框架。从战略、生产、财务、贸易、采购、信息化等27个管理方面进行流程梳理和流程再造，新绘制集团层面流程337个，并以此为基础，优化各子流程，形成各业务环节流程图，确保各流程能高效、有效运行。

3. 搭建统一信息化平台

信息化建设是集团管控体系建设的重点工作之一，迅速开展信息化网络平台、系统平台和应用平台建设，完成两钢信息化系统的整合和对接工作。实现战略信息、市场信息、运营信息、风险控制信息、管理制度信息等的共享，提高集团总部的管理效率，保障集团管控的有效实施。

4. 建立与集团管控相适宜绩效考核体系

集团针对不同考核对象以及行业特点，设计不同的考核模式和指标体系，使考核目的明确，操作简便，作用明显，以保障集团战略目标的实现。实行事前、事中和事后相结合，过程和结果并重，集团总部和子公司纵向考核，年度、季度和月份横向考核的考核方式，将预算指标作为考核依据，通过预算将考核指标细化和量化，实现量化、数据化和效力化的考核。

5. 建设全面风险管理体系

本钢集团引入第三方咨询机构，深入开展全面风险管理体系建设。对集团规章制度进行全面梳理，按照五部委发布的《企业内部控制基本规范》和《企业内部控制配套指引》要求，对管控制度和业务制度进行梳理、完善和修订转化工作，进一步健全和规范本钢集团制度体系。通过风险识别、风险评估、风险量化以及风险处置等一系列工作，建立风险数据库，并针对相应风险制定防范策略及处置流程，初步建立起全面风险管理体系。

6. 培育统一的企业文化

本钢集团把企业文化作为集团管控体系建设的重要切入点，推进两钢企业文化融合与再造，挖掘企业精神文化内涵，弘扬"人本、人和、至精、至强"的核心价值观，形成全体员工共同遵守的企业核心理念。规范行为文化，建立并完善《员工行为规范》，明确职业

礼仪、公共关系,促进员工良好习惯的养成与综合素养的提高。实施视觉文化,统一企业标准系、企业旗帜、企业歌曲,做好办公用品、标牌路牌、文件格式等的设计,树立统一的视觉形象。

三、大型钢铁企业合并重组后的集团管控体系建设效果

（一）建立了有效的集团管控体系,实现一体化运作

在资源配置方面,集团总部作为资源调度中心和共享中心,对各项资源进行优化配置,资源最大限度地得到应用和共享;在战略管控方面,集团总部能够按照发展战略要求,对各业务单元实施宏观调控,确保各单位围绕总体战略目标开展业务,集团决策得以有效执行;在组织机构方面,精干集团总部机构和人员,规范子公司机构设置,实现了母子公司机构设置的科学、精简、清晰、高效;在科技创新方面,创新研发体制和机制,形成了以市场为导向,企业为主体,"产学研"、"产销研"紧密结合的技术创新体系;在产权管理方面,进一步梳理、优化、整合现有产权,实现了"产权明晰、层次简化、比例合理"的产权结构。

（二）发挥了科技等资源共享优势,大幅增强钢铁主业实力

本钢集团在汽车板、家电板、石油管线钢、集装箱用钢等高档产品的开发研制中处于国内领先水平,形成了汽车用钢、管线钢、结构钢等12大系列1500多个牌号,高附加值和高技术含量产品已占总产量的80%以上。同时,通过技术共享与移植,北营公司的技术水平迅速提高,集装箱用钢、车轮钢等高档次品种钢比例比重组前增加50%以上,拉丝硬线、焊丝、钢绞线等原有优势产品产量均大幅提高。今年前三季度,实现品种钢比普钢增利9.09亿元。

（三）取得了显著经济效益,全面提升企业综合竞争力

2011年在钢铁行业大部分亏损的情况下实现销售收入近千亿元、利润8.25亿元,出口产品总量连续两年位居全国同行业首位;2012年1~9月份,本钢集团累计生产生铁1162万吨、粗钢1130万吨、热轧板795万吨、冷轧板127万吨、镀锌产品96万吨、硅钢12万吨、特钢材58万吨、螺纹钢65万吨、线材228万吨;完成出口量298万吨(同比增长44%,继续位居行业榜首);实现销售收入730亿元;利润1.48亿元;上交税金16.7亿元,整体经济效益跻身全国各大钢铁企业前列。其中,仅通过工序成本控制一项措施就取得了同比下降12.8亿元的显著成效。本钢集团2012年全年预计实现销售收入1016亿元,利润2亿元。

本钢集团通过引进世界先进工艺技术装备,加速淘汰北钢原有落后装备,实现了设备的优化升级和节能减排,拥有了采选和炼铁、炼钢、轧钢等配套齐全、世界先进的主体装备和丰厚储备的后备矿山资源,具备了年产2000万吨优质钢材的生产能力,本钢集团整体装备水平迈上新台阶,集团钢铁产能达到辽宁省规模总量的三分之一,有效促进了辽宁省钢铁产业的结构调整、优化升级和战略布局。

(成果创造人:张晓芳、张　鹏、杨　维、董　事、周志刚、赵忠民、
邵剑超、张永帅、赵　伟、周　辉、申　强、范洪彬)

大型油气田企业合同集成管理

大庆油田有限责任公司

合同管理业务骨干人员培训班

大庆油田有限责任公司(简称大庆油田)是中国石油天然气集团公司所属的地区公司,是以石油、天然气勘探开发为主营业务的国家控股特大型企业。2008年为实现整体协调发展,上市与未上市业务进行重组整合,共有二级单位53个,用工总量30万人,资产总额3200多亿元,构建了集勘探开发、工程技术、工程建设、装备制造、油田化工、生产保障、矿区服务、多种经营八大板块于一体的完整业务体系。开发建设50年多来,累计探明石油地质储量66亿吨,生产原油21.1亿吨,主力油田采收率突破50%,创国内外同类油田开发的领先水平;累计上缴各种税费近两万亿元。2011年营业收入2724亿元、利税1959亿元,成为中国石油天然气集团公司实现整体发展的重要支撑。

一、大型油气田企业合同集成管理背景

(一)控制经营风险、提高运营效率的需要

2008年,大庆油田上市与未上市业务重组整合后,提出以"三个建设、四个保持、八个大庆"为主要内容的"永续辉煌"发展构想,这其中"原油4000万吨持续稳产"和"走向海外"是两大支撑战略。随着两大战略的实施,市场交易量大幅上升,年合同量近8万份,标的金额近2000亿元,其中80%是支出类合同,签约主体400多个,承办单位4000多个,合同相对人1万多个。合同管理工作任务十分艰巨。由于受现有管理理念、管理手段和相关配套管理工作的制约,合同管理还没有覆盖全部交易活动,致使一些风险较大的合同脱离管理,引发大量诉讼案件,合同管理的价值无法得到充分发挥。

(二)规范企业行为、维护商业秩序的需要

2008年前,大庆油田在合同管理上由于合同履行监督机制和合同履行异常反应机制不健全,合同签订、履行的随意性大;对2006、2007年合同抽样检查发现,有一定数量的变通合同、虚假合同和不按合同履行等问题,表明合同管理制度得不到落实,一定程度上助长了歪风邪气,损害了企业利益。

(三)创建世界一流、打造竞争优势的需要

大庆油田在合同管理上,要突破传统管理中存在的漏洞多、效率低、控制力差等"瓶颈",就要加快信息化进程,利用信息技术促进合同管理资源的整合集成,实现全部依靠信息系统进行审批签转,彻底消除手工审批、纸质签转、标准文本少、事后监督多等症结,

使合同管理实现质的飞跃,促进规范交易、稳健经营,提升企业的竞争能力。

基于上述考虑,大庆油田于2008年开始探索实施合同集成管理,经过不懈的努力,取得了显著效果。

二、大型油气田企业合同集成管理内涵和主要做法

大庆油田在一个开放流动的交易环境下,通过深化合同相关要素、合同系统资源、合同管理方法的关联性、协调性、互补性、匹配性,达成资源质量提高基础上的有机组合,发挥信息技术对合同管理资源积聚和功能倍增效应,实现保障规范管理、防范风险、优选合作商等管理目标。主要体现在三个方面:多要素的集成;多系统的集成,多方法的集成;从而以集成化促进合同管理的规范化、精细化、标准化、信息化水平,为企业健康平稳发展提供交易安全保障。主要做法如下:

(一)建立统一管理、分级负责、分专业审查、全程监管的管理体制

1. 实行"三个统一"的集中管理

统一管理制度。颁布《大庆油田有限责任公司合同管理办法》,对合同管理的重大事项做出明确规定:实行依合同付款制,与资金结算办法、结算流程相配套,使合同成为对外交易结算的唯一前提条件,成为堵住不签合同、不上线审查的治本性措施;实行二级单位领导一支笔审批和公司领导审批制,明确签约责任和责任追究主体。大庆油田各系统都结合实际进行细化要求,从而形成可操作性强的管理制度体系。一是统一管理分工。大庆油田明确规定:各级企管法规部门为合同综合管理部门,全面负责合同管理工作,负责合同管理办法的制修订和解释权,负责合同专用章的集中管理;勘探、开发、基建、生产运行、土地、资产、科技等部门为合同专业管理部门,负责各部门主管业务范围内的技术专业审查;计划、财务、价格、安全等部门为合同经济管理部门,负责签约依据、价格审核、安全监控等方面的经济专项审查。二是统一管理平台。以合同管理和财务结算系统为基础,并把市场准入、招标等系统接入,作为合同运行平台,实现合同全面上线运行管理,使合同立项、签订审查审批、履行管理等能够规范有序进行,杜绝合同管理的人为性和随意性。

2. 实行"三级负责"的合理授权

总体上实行大庆油田公司、二级单位(含集团)、成员单位(集团所属)分级负责。综合合同种类、标的额及风险大小等因素,把全部合同划分为重大合同、风险较大合同和日常经营类合同,按照谁审批谁负责、规范与效率并重的原则,实行分级授权管理。油田公司审批重大合同,包括合资合作、国有资产转让、股权买卖、借款、担保、融资租赁、知识产权转让及使用许可合同、500万元以上的买卖、工程合同、100万元以上的其它合同;二级单位(集团企业)审批风险较大合同,包括50万至500万元的买卖、工程合同、以及50万至

合同管理工作研讨会

100万元的其它合同;集团所属成员单位审批日常经营类合同,包括50万以下的买卖、加工、修理、服务等合同。从而实现不同业务类别、风险等级的合同都能得到与之相应的审查力度,既照顾到各个层级的积极性,又实现了规范与效率并重。

3. 实行"三项审查"的严格把关

通过在合同系统审批流程上设定审查节点,各相关部门分别按照流程顺序进入系统行使审查权,实现专业技术、经济、综合审查三位一体,使合同管理与业务管理有机融合。专业技术审查由相关业务主管部门负责,主要审查合同相对人资质是否具有订立及履行合同的能力、项目名称、工作量、工期、质量、验收、履行期限等专业性条款;经济审查由计划、财务、价格等部门负责,主要审查计划(预算)等签约依据、合同金额、价格、价款支付期限和方式等条款;综合审查由合同综合管理部门负责,主要审查各方当事人主体资格、合同条款是否存在违法违规内容,各审核部门审核意见是否齐备并符合规定内容。通过三项审查把关,使签订的合同公平、公正、合法、合规,保障了交易双方的权益。

4. 实行"全程监管"的规范运作

通过市场准入、招标,规范合同前期选商工作;通过计划、财务、资产、法律等部门进行过程审查审批,防控合同签订、履行风险;通过内控、审计、效能监察,对合同违法违规行为进行监督。各个部门各司其职,相互配合,全程监管。

(二)打造多专业参与、多系统融合、全面上线的轨道化运行平台

合同上线运行是合同管理的主体和难点。通过稳步推进三年实施规划,逐步实现合同管理系统的正轨运行、各类合同的全面上线运行,并保证功能发挥良好。

1. 开展合同大检查,理清上线思路

合同管理系统是中国石油天然气集团公司打造的合同管理信息化平台。要提高合同运行质量,就要让所有合同置于"阳光"下接受规范性审查;实现"阳光操作"的前提是把合同都"赶"到线上,使监管成为可能。

2. 采取针对性措施,破解上线难题

大庆油田领导层对合同上线运行高度重视,主要采取四项措施:一是修订《合同管理办法》,对可以不签合同和不上线合同的范围做出明确规定,除此以外合同必须上线签订;二是强力推进合同、财务系统的对接。在大庆油田公司《货币资金付款规定》中明确规定,"依照《合同管理办法》应上线签订书面合同的交易行为,必须有合同系统生成的《合同履行付款审批单》才能办理对外付款。"2008年5月,在中国石油天然气集团公司有关部门的支持下,大庆油田在合同系统与财务系统之间建立数据交换平台,从而实现在按照规定不直接接入财务系统的情况下,建立相对独立的数据平台,实现了两大系统的数据信息自动传输,保证财务部门依据网上合同进行付款,从而把住结算付款关,使上线签订合同成为结算付款的唯一渠道,堵住合同不上线审查的最大漏洞。三是加强与各专业部门的沟通协调,使各专业部门认识到,合同系统所具有的全覆盖、可查询、可监控等优点,传统管理方法所无法比拟的,态度发生较大转变,由抵触变成主动配合;四是为上线困难的单位创造必要条件,投资数百万元为地处偏远的单位铺设光缆,为经济困难的企业购买设备,使这些单位具备上线条件。到2009年底,使原来未上线的多种经营企业合同、土地类合同、物资集团"一本帐"物资采购合同、外埠企业重大合同全部实现上线

3. 加强宣贯和培训,提高上线质量

成立合同系统推进领导小组,专门下发文件并召开推进会议,详细讲解系统功能及意义,广泛进行宣传动员,统一思想,提高认识,使合同系统得到顺利推进。为规范系统使用和有效运转,制定下发《中石油合同管理系统应用操作指引(大庆油田)》,采取集中培训、分级培训、个别指导等方式,对油田8000多名合同系统用户,包括合同承办人员、合同系统管理员、合同审查审批人员进行培训;四年来,共培训合同系统用户达2万多人次,确保合同系统正常运行。

4. 合理设置系统功能,发挥上线优势

在设置合同系统功能时,把各专业管理的要求融入进来,通过科学设置各专业管理的流程节点,使合同系统庞大的信息数据资源为各专业管理服务,使合同系统成为支持多个专业管理的大系统,发挥综合管理平台的作用。例如,通过人事部批复、财务部、企管法规部审批劳务外包合同,使关于劳务外包管理的规定落到实处,劳务外包费用由2008年的5.9亿元降为2011年的3.8亿元,下降了35.6%;同时,对合同签约主体、合同相对人、市场准入、选商、合同签订、履行、合同运行效率等信息细化为40多个具体分析要素,定期或不定期通过系统信息统计出各个具体要素的相关数据,进行横、纵向的比对分析,从中发现管理问题,提出整改意见,为大庆油田重大经营决策提供依据,发挥合同信息在经营管理中的服务和支持作用。目前正在开发合同信息统计分析应用软件,系统的分析功能将更加强大,决策支持作用更加突出。

(三)优化专管一体、执行严密、顺畅高效的审查审批流程

1. 审批流程节点进行科学设置

针对不同类别合同,通过合同系统将相应的业务主管部门设置到专业技术审节点,把计划、财务、价格等管理部门设置到经济审节点,把合同综合管理部门设置到法律审节点,从而实现合同三项审查次序流转;在合同履行付款环节,通过合同系统将合同综合管理部门设置到付款审节点,依据合同承办部门、业务管理部门确认的验收资料进行审查,财务部门依据网上付款审批单对外付款。从而达到从市场准入、合同选商、审查签订、变更解除到履约结算的全过程信息化、标准化封闭管理,堵塞了管理漏洞,减少不必要的成本支出。

2. 加大流程优化简化力度,实现了规范与效率并重

按照必要审查原则,简化审查内容。主要简化三类内容:各类合同取消无实质审查内容的审查审批,相应职能部门由事前审查变为事中、事后监控;合同采用招标方式选商的,由相关部门对招投标文件进行三项审查,确定中标单位后,按审查权限由相应的企管法规部门进行综合审查,不再进行技术、经济审;油田内部法人单位之间的交易事项,由支出方上线签订合同,收入方不上线,要做好合同签订、履行台帐及用章记录管理。

按照一次、一人审查原则,减少审查环节。主要减少三类环节:同一合同审查审批部门对同一交易事项一次审查审批,不得采取线上线下重复审查审批;同一合同审查审批部门同一审查职能由部门内多人审查变为一人审查;二级单位主管领导之间不重复审查。

按照分级分类审查的原则,缩小审查幅度。主要缩小四类合同审查幅度:风险较小、基层单位就能管好的5万元以下即时结清的交易事项等,可不签订书面合同;商品房预售、销售合同、外埠企业日常经营性合同等需签订书面合同,但不上线运行管理;大庆油田机关不再对主体关联交易合同进行审查审批;对于成员单位多、合同量大的集团,日常经营类合同由成员单位自行审批,风险较大合同由集团审批,重大合同由大庆油田总部审批。

按照及时审查原则,明确审查时限。主要规定三个时限:合同审查审批部门应在2日内提出审查审批意见,对于超期审批人员在公司范围内予以通报直至取消其审查审批资格;二级单位合同审查审批人员控制在5~6人以内,自行审批的要在10日内完毕;大庆油田机关部门审批的合同要在15日内完毕。通过优化简化流程,使合同运行更加高效。

(四)实施签约及时、履行规范、奖罚分明的监管措施

1. 重点治理事后合同,从源头上堵塞漏洞

成立治理工作领导小组,加大整治力度,全面排查事后合同情况,采取针对性措施逐一破解。协调机关部门改进管理,解决签约依据滞后这一主要障碍。规划计划部在上年末提前下达下年度产能投资计划,对于临时实施项目在二级单位提出申请后7日内采用临时计划的方式进行批复,及时提供签约依据;财务部提前下达财务预算批复,确保二级单位保险合同等年度合同及时签订;人事部门对于二级单位劳务外包事项申请,提前进行审批,每年12月下旬下达下年度劳务外包批复意见;技术发展部对于大庆油田科技结转计划每年1月份下达、经费计划2月底前下达,对新开科技项目计划按实际时间提前下达、经费计划在项目计划下达1个月后下达;价格定额中心对下放物资价格变事前审批为事后监督,年初提前确定物资价格,若年初确定不了,采取谁采购谁定价原则,确定的价格在价格部门备案;物资管理部加强集中采购,改变管理流程,确保合同事前签订。

实行特殊事后合同申报,承认因客观因素影响而签订的事后合同。确因相关业务主管部门审批迟延、二级单位组织机构调整等客观原因不能事前签订的合同,二级单位可事前及时向大庆油田合同综合管理部门书面申报,说明原因、可能存在的风险及防范措施。合同综合管理部门会同相关部门研究后,可依实批准提前履行,事中或事后补签合同。

2. 履行环节,重点是落实跟踪管理责任

加强合同履行管理。一是明确合同履行管理职责。二级单位相关业务主管部门、合同综合管理部门负责相关履行管理监督工作。各单位具体承办合同业务的部门或单位指定具体人员负责合同履行具体工作,实时跟踪合同履行情况。按照规定的合同履行程序,做好验收、付款申请、异常情况报告、履行台账实时记录、履行档案管理等工作。二是制定合同履行资料标准文本。对合同履行过程中涉及到的各类文书,包括各类合同履行验收单、财务付款审批单、合同变更(解除、终止)协议、合同履行督办单、合同履行异常申报表、合同履行台帐等进行规范,形成统一标准文本下发使用。对合同履行过程中的各个环节进行规范,留存证据,明晰责任,防范风险。三是实行合同付款审查审批制度。合同履行付款由承办单位、部门通过合同系统提出申请,合同综合管理部门进行审查,通过

后方可由财务部门按相关规定办理付款。四是建立合同履行异常反应机制。在合同履行过程中发现相对人违约的事项,合同综合管理部门会同有关部门研究提出处理措施,与合同相对人协商解决。协商不成的,在法定期限内及时通过法律途径处理。2011年发生相对人违约事件52起,其中51起通过双方协商妥善解决,使合同得以继续履行;1起协商不成诉至法院,大庆油田胜诉,依法维护正当权益。

3. 评价环节,重点是严格考核兑现,从结果上督促重视

一是严格合同上线率考核。将"合同上线率"这一指标纳入年度经营责任制考核指标体系,使所有单位的合同上线率都达到标准。二是严格事后合同考核。确定了事后合同发生率达到98%,指标权重占年度经营责任制考核指标分值的2%~5%,最高可影响单位兑现额180万元。从而促使各单位积极想办法解决事后合同问题,三是严格合同管理人员考核。对合同管理人员实行持证上岗制度。每年对专职合同管理人员进行考核,对于不认真审查把关、合同经常被退回的,取消其合同管理员资格。

(五)构建功能互补、衔接紧密、整体最优的业务运转链条

1. 抬高市场准入门槛,提高签约主体资质

通过设置市场准入这道门槛,建立专业部室推荐、相关部室联审、大庆油田市场管理委员会审定、大庆油田统一颁发许可证书的准入审查和考核程序,对审查合格的企业及队伍颁发资格证书,大庆油田所属单位依据准入证书进行合同选商,未准入的企业将无法签订合同。四年来,每年都有10%以上的供应商被清除出油田市场,同时再补充信誉好、实力强的供应商,有效保护了油田内部市场。

2. 完善项目招标管理,优选战略合作伙伴

成立"招标管理委员会",制订《油田公司招标管理办法》,建立"统一管理、分类审查、分级负责"的管理体制,有效解决规避招标、违规招标、干扰评标、虚假招标等问题。为规范招标行为,对各类重点项目委托油田专业招标代理公司进行集中采购,纪检和相关部门参与把关,保证招标过程的规范运作。2011年,与油田签订各类合同的供应商虽然多达14125个,但各主要类别合同签约量前20位供应商的市场份额则占到总量的50%~90%,表明通过招标这种途径使一批规模实力型供应商成为主要合作伙伴。

3. 加大审计监察力度,规范合同履约行为

建立合同审计效能监察制度,每年合同与审计和效能监察部门联合开展此项工作。四年来,通过开展合同专项审计效能监察,共抽查合同8322份,合同金额42.16亿元,共发现合同选商、签订、履行等方面问题392个,涉及合同金额2.7亿元,分别占监察合同总数的4.7%,占监察金额的6.4%;提出审计监察建议95个,下达监察决定书8份,对34名责任人进行了责任追究。

4. 加强诉讼案件处置,降低合同纠纷损失

通过设置诉讼这个屏障,最大限度降低合同纠纷损失。针对合同纠纷特点加大集中管理力度,规定二级单位发生合同纠纷案件必须上报,实行大庆油田集体研究、统一应诉;建立律师事务所准入名录,确需外聘律师代理案件,由涉案单位从中选择,报大庆油田批准;对重大疑难案件,建立专人负责、其他法律事务人员和业务部门、涉案单位有关人员共同参与的应诉机制,从而有效提高应诉水平,胜诉率达81%,避免或挽回经济损失

2.8亿元。

三、大型油气田企业合同集成管理效果

实施四年来,合同管理实现了质的变化,取得了显著效果。与2007年相比,大庆油田交易额度增加600多亿元、上线签订合同份数增加3万多份,合同管理的质量和效率都有明显提高。

(一)合同战略价值充分体现,商业秩序得到维护

通过构建合同集成管理体系,有效杜绝规避管理、规避审查行为,解决了多年来困扰大庆油田合同管理的难题,起到了保障交易安全的屏障作用。四年来合同审查审批人员提出修改意见6万多项,发现并制止违规合同2967份,总金额达6亿元,基本杜绝了合同纠纷案件。2011年与2007年相比;合同纠纷数量下降了87.7%;合同纠纷标的金额下降了1.3亿元。

(二)合同管理过程趋于科学化,内部管理更加规范

实现了交易过程的规范管理,减少了合同签订、履行过程中的随意性,依合同办事的风气日益浓厚,规则意识、风险意识、诚信意识深入人心,促进了大庆油田各项生产经营活动的规范有序。2011年合同上线率达到100%;合同标准文本使用率上升到98%;合同三项审查率达到100%。事后合同发生率由下降4.2%。

(三)合同管理水平位居前列,推动向一流企业迈进

大庆油田合同集成管理的做法,为大型企业在规模扩张、区域经营过程中有效解决海量交易合同、海量交易数据的难题提供了可资借鉴的方法。受到中国石油天然气集团公司的高度认可,在所属各地区公司进行推广。合同管理为大庆油田战略发展提供了基础性保障,促进了发展能力和发展质量的提升。2011年,大庆油田作为全国石油石化系统的惟一代表,获得了由国家质检总局、国务院国资委的"全国质量工作先进单位标兵"这一中国质量管理的最高奖。

(成果创造人:王永春、王建新、梁哨辉、张晓燕、窦春辉、李海燕、徐庆红、石　俭、宋宝成、马国良、张雍波、李世梅)

大型国有控股上市公司海外合规管理

中国海洋石油有限公司

成果主创人：中国海油总经理杨华（左）与副总经理武广齐

中国海洋石油有限公司（简称中海油）于1999年在香港注册成立，2001年在美国纽约和中国香港成功上市。中海油是中国第三大国家石油公司——中国海洋石油总公司（简称中国海油）麾下的旗舰上市公司，是中国最大的海上原油及天然气生产商，亦是全球最大的独立油气勘探及生产集团之一。中海油以中国海域的渤海、南海西部、南海东部和东海为核心区域，在全球17个国家开展石油作业，是印度尼西亚最大的海上原油生产商之一。自公司上市以来，在国际知名机构及杂志的评选中屡获殊荣：2009~2011年连续三年获选《亚洲公司管治》杂志"亚洲最佳企业管治大奖"之"最佳中国公司"，2010~2012年连续三年荣膺《欧洲货币》杂志"油气行业亚洲最佳管理公司"，是市场上公认的高成长、高效率、成本具有竞争优势的公司。

一、大型国有控股上市公司海外合规管理背景

（一）顺应国际形势，遵循全球化商业规则

国际合规监管体系日益严格。近年来，联合国等国际组织以及美、欧发达国家政府相继出台反商业贿赂法律法规，国际间反腐败监管力度不断增强。以《美国海外反贿赂法案》（FCPA）和《萨班斯—奥克斯利法案》为代表的各国反腐败法案构成结构严密、系统化、规模化的国际合规经营监管制度体系，细化了企业海外发展的合规责任，增强了跨国公司海外经营面临的合规风险。

合规经营成为国际共识。近些年，多家国际知名跨国公司如西门子、力拓、戴姆勒等都曾深陷合规问题，安然、环球电讯、世通公司等资本市场丑闻连续发生。加强企业海外经营管理行为的调查和监管，有效控制企业海外合规风险，成为跨国企业海外可持续发展的自主需要。

（二）保持稳健运营，满足外部监管需求

一是满足政府对国有企业海外资产的监管要求。2011年国务院国资委正式颁布并实施《中央企业境外国有资产监督管理暂行办法》和《中央企业境外国有产权管理暂行办法》，对境外国有资产监管制度做出较为完整的规定，明确了国有资产保值增值责任、境外企业重大资产损失责任等，加强了对于海外资产的监督力度，为国有企业海外经营活动制定明确规则。

二是遵守资本市场对上市企业监管要求。中海油分别于纽约和香港同时上市，面临

着严厉的国际资本市场监督。如美国颁布的《萨班斯—奥克斯利法案》、《多德—弗兰克法案》等,对上市公司内部控制提出严格要求,加大了中海油合规责任。

三是执行资产所在国家(地区)法律法规监管要求。中海油在十多个国家作业,面临的法律法规数量多、覆盖面广,力度大。各国法律法规如尼日利亚颁布的《石油管道法案》、《石油(钻井和采油)条例》,澳大利亚颁布的《石油资源租金税法》,美国颁布的《联邦能源管理》、《能源供应和环境协调》等,对生产经营各个环节提出相应要求。执行资产所在国法律法规,成为在资产所在国经营的第一要求。

(三)规避运营风险,夯实持续发展基础

中海油发展进入新阶段,由国内转向海外。海外发展已成为中海油"十二五"五大战略之一。如何建立与国内合规管理体系相对接的价值文化导向,中海油各项管理制度,依托各项业务执行平台,兼容并包的海外合规管理体系,成为确保中海油顺利开展海外经营的必由之路。

海外资产管理日趋复杂,合规管理风险上升。在地理分布上,中海油海外作业大多处非洲、南美等社会局势动荡,法制不够健全的地区。从资源类型来看,海外项目中既有传统油气资源,又有页岩油气、油砂等非常规油气资源。海外资产结构复杂,油气资源类型繁多,海外员工规模扩大等实际问题,使海外经营合规管理风险急剧上升,急待建立健全适应海外业务发展、确保海外经营管理能力与业务发展相匹配的管理制度体系。

海外合规管理制度零散未成体系。中海油制定一些具有海油特色、适合海外发展的合规管理制度。但制度监管范围不够全面、内容零散,整体布局缺乏体系化、系统化。整合现有合规管理制度,构建覆盖海外业务模块、直达海外业务各环节的合规管理体系,成为海外业务发展亟待解决的任务。

二、大型国有控股上市公司海外合规管理内涵和主要做法

中海油立足全球经营管控,以实现合规管理为指引,以建设合规文化为基础、以倡导合规经营价值观为导向,通过培育海外合规管理文化,构建海外合规管理框架,编制海外合规管理规范,贯彻执行合规管理制度,强化海外合规管理监管,打造以文化、制度、监管、评价考核为闭环的海外合规管控系统,形成重视合规经营的企业氛围,确保企业员工海外健康履职,全面降低企业海外经营风险。以此妥善履行中海油对外部利害关系人所承担的责任;防范可能出现的法律制裁或监管处罚;避免重大财务或公司声誉损失,从整体上提升中海油内部控制水平,提高全球竞争力,夯实可持续发展的基础。主要做法如下:

(一)培育海外合规管理文化

中海油海外合规文化的核心是:在员工中确立"合规荣辱你我,合规提升价值"的合规理念和行为准则。强调思想、制度、纪律、监督四道防线,做到思想道德上不想,制度程序上不能,激励机制上不必,

锦州 25-1 南平台

监督惩处上不敢。

一是高管负责，专业到位。中海油高级管理层的决策习惯、评价任用人才的方式乃至公开讲话无处不透露其价值取向，成为各级领导竞相效仿的典范，通过层层传递，潜移默化成为中海油普遍遵循的行为准则，对企业文化起着风向标的作用。同时，借助高管的影响力，聘请其担任合规培训讲师，培养合规管理骨干，以点带面，将合规经营文化迅速推广到海外一线。

二是全员参与，人人有责。以全员培训为起点，在中海油内部开展系统性、针对性、专业性、实用性的合规培训，分层次有重点的培养合规标兵为主线，形成层层落实的工作格局。同时，海外分支机构的当地雇员也被纳入合规培训体系中。

三是方式多样，内容丰富。针对不同类型员工，开展内容丰富，形式多样的合规管理培训。新员工培训立足入职教育，通过学习员工行为守则、员工道德守则等规章制度，使每位新员工深入了解反贿赂、保守公司秘密、保护信息安全、避免内幕交易等重要合规管理概念，通过签署确认书巩固培训成果。针对海外员工开展一年一度的常规培训，既可及时填补由于海外员工频繁流动造成的合规培训真空，同时可以强化中海油合规管理制度，有利于海外员工时刻保持合规经营警觉性，矫正当地风俗的影响。还通过国家经理人培训、领导干部会、监督会议等方式，不定期向海外员工宣传合规经营理念，普及合规知识。

（二）构建海外合规管理框架

中海油将海外合规管理工作定位为：营造一个良好的合规氛围，组建一支专业化的合规团队，形成一套层次鲜明、内容完善的合规制度，建设一个有效的运作平台，探索一套科学的合规管理技术，构筑一个大合规的运作机制。

1. 建立完善的组织体系

中海油合规管理组织机构包括：董事会（及专门委员会）、管理层、合规管理部门、合规执行部门。董事会对中海油的经营与合规管理负最终责任；管理层全面负责合规战略的贯彻落实及合规事务管理，向董事会负责；合规管理部门负责中海油合规风险的监测、识别和评估，组织合规培训及宣传等具体管理工作；合规执行部门及各所属单位负责控制业务流程的合规执行。中海油各机构相互协调，相互促进、实现合规管理规范化运作。

2. 建立制度体系

内部制度体系分为三个层面：业务运营层面的制度与流程，合规监管制度，违规行为的预防与惩戒制度。

业务运营层面的制度：全面梳理各项规章制度，完善操作流程，确保其涵盖各项业务领域，对各岗位、各环节形成有效制约。

合规监管制度：通过开展内部审计、建立举报监督机制等手段，对各职能部门和海外机构日常运营中的合规性进行评价和监督，有效推动合规管理制度的贯彻与执行。

违规行为的预防与惩戒制度：针对合规组织体系中"人"这一关键要素，制定各种预防和惩戒违规行为的管理规定。

3. 考核评价体系

将合规管理融入相关部门岗位职责和业务环节中，使合规管理成为其日常工作，并定期评价合规管理有效性,将评价结果与年终绩效考核相结合。着力构建科学有效的合规管理评价制度,设置合理的合规管理考核事项:对管理层的合规管理考核突出合规管理制度的制定与落实、合规风险决策以及合规管理监督等;对合规执行部门的考核突出合规风险的识别与控制、执业行为规范、落实公司专项合规要求等;对合规监管部门的考核突出对公司经营管理及员工执业行为合规性的指导监督、检查评价、合规咨询以及合规风险判别和处置等。

通过客观的考核评价,将各部门、各业务条线和各分支机构管理人员的合规风险管理水平与应对内部风险能力与其奖惩机制挂钩,从而完善公司的海外合规考核评价体系。

4. 监管体系

持续完善合规监管方法,整合合规管理制度,以日常监督为基础,重点识别、评估、监测、控制合规风险,对运营中潜在的合规风险及时发现、有效控制,防止风险进一步扩散。同时,通过审计、监察和财控投诉等管理手段,重点监督高合规风险业务及合规管理薄弱环节,形成日常监督与重点监督相结合的灵活、高效监管体系。

(三)编制指导性合规行为规范

为促进依法合规运营,保障员工海外健康履职,在管理层指导下,根据中海油国际化发展的内在要求,制定《公司员工海外从业合规指引》(下称"指引"),力图通过引入前馈和柔性控制手段,合理控制合规风险,塑造良好的国际公民形象。

《指引》总体分为四个部分:总则、基本定义、指引细则和附则。在第三部分指引细则中,分别从商业贿赂行为、礼品与招待、利益冲突、公平竞争原则、HSE、公司资产、信息与保密、业务记录和档案等方面进行规范性指导,明确员工海外从业期间应当遵循的商业道德和商业行为,并对特殊情况的合理规避风险及员工救助措施做出提示和指引,为海外员工健康履职提供保护。

《指引》突出以下特点:预防为主,打破已有管理体系以惩戒为主的格局。《指引》着力于事前预防,并将其上升到意识领域和道德层面,营造良好的合规软环境。宽窄相济,体现"文化"的引领效应。鉴于海外资产分布区域广泛,特别是驻在国(地区)政治、经济、文化以及宗教等差异性,除财务、质量、健康、安全、环保等普适性条款外,《指引》重在对员工在文化与道德层面的引领,以培育和示范大型国有控股公司海外员工的"国际公民"意识。完善体系,添补现有管理制度空白。《指引》的适时出台成为中海油合规建设新的切入点,加强对海外经营监管的规范性、适应性,完善现行管理制度体系,成为推动中海油合规建设新的助力。提供救助,为员工海外健康履职细化路径。给员工海外履职明确规范的操作程序,并站在员工的视角,贴近工作实际,细化各级员工海外履职中遇到特殊问题的报告路径及程序,提供支持和救助。

(四)强化海外业务合规执行

形成以海外合规制度为基础,与中海油合规文化相融合,全面覆盖海外机构、员工、供应商等海外合规执行体系。

1. 渗透、融合到各业务层面的嵌入式海外合规执行

在海外经营管理实践中,将相关法律、规则、准则的要求嵌入业务流程具体环节,全

面引进嵌入式合规管理模式,使合规管理实现"横向到边、纵向到底"和"全方位、全流程、全覆盖"。不仅提高了合规过程控制能力和人员执行力,而且强化了合规风险管理体系的及时性和有效性,使海外各机构合规管理实现岗、责、人相匹配,形成内部合规管理机制与业务管理流程的联动,使海外机构的风险管理能力与经营发展相匹配。

定期组织海外项目 HSE 管理人员学习国际油气生产者协会(OGP)与国际石油产业环境保护协会(IPICEA)等有关组织出台的相关管理规定,并将其逐步落实于中海油海外各项目的管理过程中。如东南亚公司专门成立危机管理团队、应急管理团队以及设于海外油田的应急响应团队,建立高效的海上应急及施救系统、在线溢油数据库及溢油信息系统等。

2. 制度融合文化的全员海外合规执行

管理层应用前馈和柔性控制,促进海外机构的依法合规运营,保障和促进公司海外员工健康履职。将海外当地雇员纳入合规管理体系,灌输合规运营为核心的企业价值观,使其按照公司合规管理要求开展工作,确保所有海外机构与海外员工都能遵循国际规则,遵守当地法律法规、习俗惯例,融入当地文化,以"共赢和责任"为目标,实现业绩与当地经济共同发展。

3. 全面覆盖供应商、承包商的海外合规执行

采用合同约定、签订《廉洁承诺责任书》和引入违规禁入机制等方式,严密规定供应商在海外作业的资质和要求。如在肯尼亚,要求承包商投入资金,购买专门伐树机和割草机,避免破坏土壤植被,有效拓展合规管理范围。对违规承包商、供应商予以终止合作或取消其承揽公司项目的准入资格等惩罚措施,规范承包商和供应商的经营操作。在日常运营中,摆正合规管理与业务发展的关系,实现两者合理平衡和相互促进。

4. 正确引导,保障员工健康履职的海外合规执行

通过积极引入前馈和柔性控制手段,促进海外机构的依法合规运营,保障和促进海外员工健康履职,塑造良好的国际公民形象。中海油的海外合规道德文化,为员工海外履职和海外资产合规经营明确应遵守的商业道德和应履行的商业行为,并对特殊情况下合理规避风险及员工救助措施作出提示和指引,为海外员工健康履职提供保护。

(五)加强海外合规执行监督

1. 海外财控投诉

为促进内部控制和舞弊防范,确保董事及管理层及时了解财务控制中的不法行为,中海油根据财控投诉程序各海外机构设立财控投诉官和联系人,并提供投诉举报的渠道和途径。海外员工、供应商等与业务相关人员有权通过来信、来访、电话、邮箱等方式向海外当地机构管理层、合规监察人员、法律顾问、内审部门或其他适当部门进行检举、控告和申诉关于会计、内部控制或审计方面的不法行为。

海外机构的财控投诉官及联系人要确保投诉渠道的畅通,负责对财控投诉展开调查,上报及反馈调查结果。中海油财控投诉情况定期向审计委员会汇报,建立制度化、规范化的运作流程,确保每项报告得到足够关注,重大合规事项直达董事会。

2. 海外内控评价

每年对海外公司内控建设进行检查评价。按"一级对一级负责"原则,将合规内控责

任分解到各海外公司总经理,并定期对海外机构合规内控设计及执行进行评估,将其纳入业绩考核指标,以强化海外机构管理层的内控意识和责任感。每个业务流程都设定流程负责人和控制点负责人,确保每项控制措施都明确到岗位,责任落实到个人。

以实施内控优化为契机,对东南亚公司等主要海外公司的合规管理和控制能力进行全面的梳理和检验,不仅强化了海外公司的控制环境,确保公司的合规管理理念及文化已逐步注入海外公司,而且将公司的管理制度及控制要求传递给海外机构,强化总部的管控力度,确保海外合规运营。

3. 海外风险管理

负责构建海外风险管理架构和流程,组织相关业务部门和海外机构收集和评估海外合规风险信息,制定风险管理应对策略和解决方案。风险和审计部门负责对决策的执行情况进行测试,反馈问题,督促整改。汇总分析年度剩余风险值排名靠前的重大风险类别,确定海外存在法律与合规风险,各部门协调应对,制定风险应对计划,并在部门年度工作中予以落实。

4. 海外舞弊调查

要求所有从事海外业务的员工必须以《公司员工商业行为和道德守则》为标准严格要求自己,约束自己的从业行为,坚决反对任何形式的贪污和腐败,反对通过贿赂或任何其他不当方式获取商业机会。制定舞弊调查程序,明确任务来源、处理程序、结果报告各阶段的操作要求。同时,提出在舞弊调查过程应遵循以下原则:一是反应迅速,接到投诉举报或违法违纪线索后,第一时间展开调查,收集相关的证据材料,履行规范的初核程序;二是调查全面,在调查取证的过程中力求将各种相关情况了解分析透彻,尽可能把各种疑点、问题点搞清楚;三是回复及时,不管投诉处理结果如何,做到及时上报及反馈舞弊调查结果。

5. 海外内部审计

高度重视海外审计、联合作业审计,关注高风险领域,深入查找问题,督促整改完善,极力保障中海油海外合规运营和公司权益。高度重视海外管理审计,根据"全面覆盖、重点突出"的原则,结合管理层的意见和风险判断,筛选出15家有实质运作的海外机构作为重点,进行跟踪审计、全面监督,以此掌握海外机构管理现状,揭示海外合规管理薄弱环节,督促其合法合规运营。

(六)深化海外合规管理考核评价与持续改进

将海外合规工作与海外员工的提拔任用、考核评级、薪酬奖金等挂钩,强化海外合规体系的严肃性、权威性,保障良好的海外合规执行环境。同时,通过"整改联席会"等措施,有效整改海外合规问题,及时修订海外合规制度,推进海外合规管理持续改进。

1. 海外领导干部上岗审查

为确保海外机构领导干部有效贯彻海外合规管理体系,中海油在其上岗前,制定相应管理制度和细则,采用民主推荐、组织考察、人员公示与征求意见等干部选拔方式,审查其对海外合规管理的认识深度及执行能力。

2. 海外合规绩效考核

中海油将海外合规运营情况纳入绩效考核体系中,对海外机构的安全与环境责任、资产运营管理、法律与合规、公共关系等给出综合评价,将结果与工资总额和海外机构领导特别嘉奖挂钩,确保合规管理年初有目标、执行有跟踪、结果有保障,构建良性循环机制。

3. 海外领导重大合规事项考核

对发生重大健康安全环保责任事故、严重违规经营、重大经营风险、重大违纪违法案件等,实行一票否决。对一票否决单位的领导不发放总经理特别嘉奖,考评结果作为对海外领导干部年度、任期考核的重要内容,同时也将成为其职务调整的重要依据:评价基本称职的,进行谈话提醒;连续两年为基本称职或当年为不称职的,不再聘(任)为海外机构领导人员。

4. 海外合规管理体系改进完善

推行"整改联席会议"等有效措施,建立总部与作业单位交流的桥梁,强化海外机构对中海油海外合规战略的理解和执行,协助中海油管理层了解海外作业情况,反映海外机构面临的问题和困难,向海外机构推荐最佳实务的管理方法。同时,认真总结合规管理上的共性问题,与主管部门进行深入探讨,提出符合海外合规经营环境特点的管理建议,推动中海油修订海外合规管理制度,探索海外管理的新思路和最佳模式,使海外合规管理系统实时更新与完善。

三、大型国有控股上市公司海外合规管理效果

(一)构建了合规"防火墙",有效防范海外经营风险

海外合规管理体系通过整合各种管理制度,使得合规执行深入合同管理、税务管理、商务活动、环境保护等各个业务流程的前端业务执行环节,并将监管范围延伸至中海油海外分支机构、海外员工、供应商(承包商)。实现了合规监管的全面化,并将合规经营理念贯彻到海外一线,实现合规与员工实际利益和职业生涯相联系,为中海油构筑一道坚实的海外风险"防火墙"。

(二)培育了特色合规文化,确立合规经营核心价值观

依据"全员参与,培育文化"的方针,海外机构每个岗位都清晰划分了职责,明确了合规管理风险点以及突发事件应对措施,使员工养成"勇于创新、换位思考、合作双赢"的思维方式和行为习惯。在中海油大力推动下,"合规荣辱你我,合规提升价值"理念深入人心,培育出有中海油特色合规道德文化,为海油石油工业"二次跨越"提供制度保障,为实现海外战略目标奠定坚实的环境基础。

(三)提升了品牌价值,促进海外战略高效推进

在走向海外的进程中,中海油一直强化全球企业公民的责任,严格遵守国际和所在国法律制度,保障所有的业务在合法合规的前提下进行。得益于中海油的重视和海外合规管理体系的有力保障,近些年中海油海外机构未出现重大商业违规案件,中海油海外HSE管理成效显著,在海外作业区内,未发生员工及直接承包商生产安全死亡事故,中海油从未因HSE管理问题受到作业所在地相关监管机构的批评或罚款,保持了出色的海外合规记录。

(四)建立了海外合规管理体系,为相关企业提供实例借鉴

中海油以合规道德文化建设为基石,着力于预防,完善海外合规制度体系,采取事

前、事中、事后全方位监督,以考核评价为保障,创新性搭建了融文化道德、制度体系、合规执行、合规监督、评价考核为一体的海外合规管理系统。该体系为国家出台海外合规监管制度,其他央企海外合规体系的建设提供了参考依据和借鉴实例。

(成果创造人:杨　华、武广齐、张健伟、庞　建、王宇凡、张彦甫、王俊光、田　伟、翟晓晖、倪海磊、刘　璐、钟艳平)

大型装备制造集团的无边界管理

上海电气电站集团

上海电气电站集团(简称电站集团)是上海电气集团股份公司(简称上海电气)的核心板块,电站集团下属多个大型企业,主要从事发电设备的制造、电站工程的总承包以及后续服务项目,主要产品包括:1000MW及600MW等级超超临界、600MW及300MW等级超临界、300MW等级亚临界大型火力发电设备;二代半和三代百万等级核电常规岛设备;燃气轮机及联合循环机组;风力发电设备;大型化工炼油液化气化设备;海水淡化设备;脱硫脱硝等环保设备;交直流大中型电动机等。经过引进和消化、自主开发能力得到了突破性飞跃,相关的设备设计、制造技术已具有自主知识产权并达到世界先进水平。目前,电站集团的职工人数逾12000人,2011年销售规模超过400亿。近年来,电站集团的设备产量、订单量和整体效益均保持全国同行业领先水平。

成果主创人:公司总裁郑建华

一、大型装备制造集团的无边界管理背景

(一)实现资源共享和优化配置的需要

电站集团进行产业结构调整和发展新兴产业,需要大量的资源。电站集团在没有大规模投资和增加员工总量的情况下,采用无边界管理的理念,充分利用企业的外部资源,实现资源共享和优化配置,在成本较低的情况下,迅速发展了新兴产业。无边界管理是通用电气韦尔奇首创的一个概念,韦尔奇在经营困难的情况下,突破工程、生产、营销等产业边界,对企业间原有的产业和组织结构进行重组,将原来的50个事业部和49个战略经营单位整合成为10个事业部(又称业务集团)和一个子公司。电站集团是一个传统的国有企业集团,下属各企业及职能部门之间同样存在各种各样的沟通障碍,已成为电站集团发展的桎梏。打破这些沟通边界才能为电站集团的变革实践提供良好的条件。

(二)抓住市场机遇、创新发展新产业的需要

电站集团近年来在创新驱动,转型发展思想指导下,培育和发展一批新产业和新产品,如风电、燃气轮机、空冷等。由于新产业组织必须在原有的产业结构和组织框架中孵化,就形成了对原有产业结构、组织框架和管理关系的冲击。又因为新产业的培育和发展具有不确定性,产业规模和组织框架不能事先固化,产生新产业组织边界的模糊,管理关系的交织的等问题。2010年,上海电站集团制定"十二五"发展战略,提出通过创新驱动转型发展"培育七个百亿规模产业群"的概念,采用无边界管理的理论完成课题,为促

进集团的创新驱动、转型发展提供体制框架和管理框架。

（三）转变增长方式、实现科学发展的需要

"十二五"期间，电站集团要想成功转型并再次实现跨越式的发展，必须走内涵式发展道路，走提高经济增长质量的道路，走创新商业模式的道路，走产业层级提升的道路，走提升产品附加值的道路。这些道路要求集团对内外部管理和合作要有重大变革和突破，要求破解集团内部企业之间和部门之间的合作难题，破解企业与供应商之间的合作难题，破解企业与科研院所之间的合作难题，破解企业与客户之间的合作难题。无边界管理正是一种适应这些要求的管理理念，可以为集团的管理变革提供有效支撑。

二、大型装备制造集团的无边界管理内涵和主要做法

电站集团按照集团发展战略的要求，突破原来所属各工厂的组织边界、资源配置边界、部门边界和专业边界，进行产业结构，市场结构和产品结构调整，建设产业协同平台，实现所属各单位资源的共享和优化配置；创建跨边界的新产业组织，盘活所属各企业的人力、财力和物资资源，在少投资，不增加员工总量的情况下，新产业、新技术、新产品获得迅速发展；突破管理层级重叠，机构臃肿的"大企业病"，采用虚拟组织的办法，实现组织结构的精简、高效和扁平化，优化整个组织的资源配置。主要做法如下：

（一）明确无边界管理的总体思路和基本原则

1. 无边界管理的总体思路

以优化集团的资源配置并提升集团的整体运营速度和效率为目的，培育无边界管理的价值观和文化体系，打破有碍集团整体发展的垂直边界、纵向边界和外部边界，推动信息、知识、人员在集团内部高效流动，提升集团的创新能力和盈利能力。

2. 实施无边界管理要遵循的基本原则

面向转型发展的战略：构建扁平化无边界组织结构要基于追求战略转型及提升创新能力的考虑，通过构建扁平化组织结构，以实现快速响应、灵活反应的目标。

适应外部环境的变化：电站集团是从属于社会大环境系统中的一个子系统，它无法控制外部环境，而只能主动适应外部环境。

规模与效率兼备：随着集团规模扩大，组织结构就会趋于复杂和规范化，将出现组织规模与效率的矛盾，构建无边界的管理模式，就是要克服规模与效率的矛盾并使集团既具有大型企业的力量，同时又具有小型公司的效率和灵活性。

充分应用信息技术：信息化的用途之一在于它扩大了组织的管理幅度，减少了管理层次，是组织结构扁平化的支撑，是开展无边界管理的重要手段。无边界管理就是要能使信息和各种资源自由地在企业内外穿行并使之得到有效利用。

高层人员的参与：实施无边界管理的要素就是要有最高权力者的参与，并有锐意改革的进取者的存在，并且这些人能够

汽轮机生产现场

接受开放性的批评和建议,这是保证实施无边界管理运行机制最重要的因素。

(二)打破企业各自为政的发展模式,统一集团发展战略

1. 培育共同的愿景和价值观

电站集团的下属企业都是中国第一代电站设备制造业的领头羊,曾在中国电站装备制造业历史上创造了无数个"中国第一"的骄人业绩;但是随着时代变迁,光顶着国内第一的光环是不够的;为此,电站集团提出新的战略愿景:"振兴中国装备工业,让电站集团站在世界舞台上与国际一流公司同台竞争。"这是电站集团肩负的历史使命,也是对国家、对人民、对民族应尽的责任。

为实现这一愿景,电站集团实行的核心价值观是:高起点思考、高标准对标、高质量谋划,并在集团内部不断倡导和培育国际化定位、差异化战略、跨越式发展的管理理念。

而一体化管理则是这个核心价值观的载体。所谓一体化,就是把电站集团各个企业的硬资源和软资源进行全面整合,形成合力,并通过体制机制的创新和差异化战略的实施,创造核心竞争力,推动电站集团走向国际化。

2. 制定集团共同的发展战略

2010年,电站集团制定"十二五"战略规划,将发展战略表述为:通过产业结构调整、产品结构调整和市场结构调整,培育"七个百亿规模的产业群",实现四个转型:即传统的生产型企业向先进制造业和现代服务业相结合转型;引进型企业向创新型企业转型;从本土型企业向国际化企业转型;高碳产业向低碳产业的转型。

3. 培育新兴产业,重塑集团及企业的管理边界

电站集团原先的组织架构,电站本部下辖各个企业,各企业之间的边界清晰,相互独立。为发展新兴产业,电站集团调整产业和产品结构,重构发展模式,提出打造培育"七个百亿级产业群"的集团发展战略。将"七个百亿规模产业群"组织定义为战略业务单元(SBU)。SBU是无边界组织理论所定义的虚拟组织。它依托原有的企业组织,又不是原有的行政单位,而是分解落实"十二五"规划的战略组织(图1)。每个战略业务单元都肩负着培育发展新产业、新业务的重任,是新产业、新业务的孵化器,是保持稳定、可持续发展的平衡器。电站集团明确"七个百亿规模产业群"开拓新产业、新业务的方向。电站集团设立的七个虚拟SBU,分别为工程SBU、汽机SBU、辅机SBU、锅炉SBU、电机SBU、新能源SBU和服务SBU,部分SBU中包含了多个企业,这些企业之间的边界被模糊,合作关系更趋紧密。每个虚拟SBU均成立工作小组,负责协调跨企业边界的工作。

新产业初期的孵化和发展主要依靠企业。海水淡化产业,依托辅机厂发展;环保产业,依托锅炉厂发展;变频产业,依托电机厂发展。这样既可利用老企业的资源,又节约投入,使新产业易于在初创期获得资源和支撑。

电站集团为所有的SBU和新兴产业提供指导、协调和资源服务,确保这些业务单元在界面不是特别清晰的情况下得以顺利运行。

(三)打破传统组织的边界,构建无边界组织

无边界组织有各种不同的形态,电站集团根据实际需要,构建了虚拟组织、柔性组织、学习型组织等不同的跨越企业传统职能的组织。

1. 构建"虚拟"无边界组织

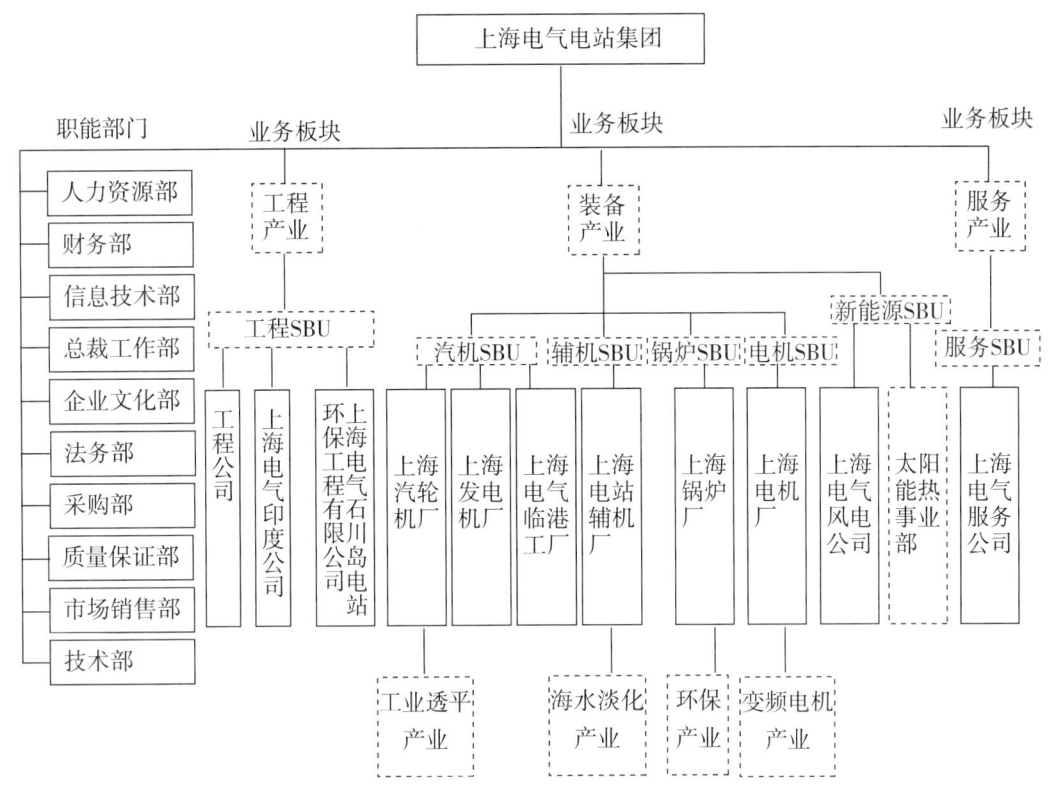

图 1 战略经营单位体制结构

注:实框为边界清晰的实体组织,虚框为无边界的虚拟组织

构建多种虚拟组织,其特点是依托原有组织实体,但和原有组织实体行使不同的职能,虚实结合。例如:七个"百亿规模产业群"是战略经营单位(SBU),是虚拟组织,它依托企业原有的实体资源作为工作平台,不增加管理层次,采用"一套班子,两块牌子""原班人马,扮演双重或多种角色"的方法。领导班子由电站集团授权,本产业群各企业负责人组成。工作机制是依托电站集团的职能部门和依托所属企业实体的职能部门行使行政和管控职能。

"战略经营单位"的职能是:一是负责对本产业群新兴产业培育、整合、发展的协调和指导;二是负责建立本产业群(包括新兴产业)之间在业务往来方面的内部合同转移、价格转移、业务转移、人员调配、资源优化配置等机制;三是负责对本产业群各新兴产业培育、合资合作、经营管理、整合重组等状况的监控;四是负责向电站集团管理层提交本产业群新兴产业发展中的重大事宜、重大决策和重要人事安排议案。五是负责完成经电站集团管理层授权的事宜。

2. 构建"柔性"无边界组织

"柔性"组织的主要特征就是,组织和管理边界的模糊性、开放性,即无边界性。电站集团"十二五"规划明确发展太阳能热发电、风电、变频器、海水淡化、工业汽轮机、环保等新兴产业。处于孵化、培育阶段的产业,由于其在发展过程中的不确定性,因此,必须有具有张力的"柔性"组织和"柔性"的管理与之相适应。按照产业形成和发展的过程,电站集团将新兴产业,分别定位为产业化导入阶段,产业化发展阶段,产业化稳定阶段。根据不同的阶段,采取不同的组织形式和管理模式。如:处于产业化导入阶段的太阳能热发电,电站集团采用项目团队的组织形式,成立太阳能热发电事业部(筹)组织;处于产业化发展阶段的海水淡化,采用模拟独立运行的组织形式,成立非法人的海水淡化公司;处于产业化稳定阶段的工业透平,采用建立制造基地的形式,成立工业透平部。

3. 创建学习型组织

学习型组织采用"多元化"的组织体制,即行政领导、技术权威、项目领军人物"分权制"的多元化组织机构,把管人和管事分开,把行政事务和技术、商务分开。学习型组织要促进人员的学习与交流,构建培训和学习体系。

推行"课题制导师带教"计划,创建学习型组织。即以导师带教的方式,围绕一个技术、管理创新课题,组织由各专业青年大学生参加的学习型团队,完成课题。

构建学习型组织的激励机制。突破按照层级阶梯考核和晋升的边界,建立技术与行政的双阶晋升与薪酬激励体系:包括双阶晋升制(即技术等级和管理职务等级)、多样化的绩效激励和宽带薪酬等。突破行政职能和职务层级关系,在技术创新项目和新兴产业培育项目采用领军人物带领下的团队负责制。

(四)打破资源配置的边界,打造资源共享和产业协同的平台

电站集团通过构建资源共享的平台,突破资源配置边界,实现资源共享和优化配置,具体包括"五个平台"。

1. 营销集中的平台

统一销售渠道,统一对外承接订单,打破原企业各自拓展市场、各自承接订单和各自销售的模式,为给顾客提供一站式的产品销售服务,取消原来各工厂独立的市场承接功能,由集团本部统一负责对外承接订单、统一负责与客户进行商务谈判及合同签订、统一协调交货、收款事项,各下属企业由原来的主体变为配角。

2. 信息集成的平台

统一信息管理平台,打破企业之间的信息孤岛,将各企业拥有的各自独立的信息管理平台统一为基于集团一体化管控的无边界信息网络和管理平台。电站集团引进国际一流的信息服务提供商,开展集团的信息化工作,并成功推行 ERP(SAP)管理系统,为一体化管理的顺利推进起到重要的支撑作用。电站集团推进重点放在数据的及时性、准确性和完整性上,通过对各工厂提管理要求和考核激励,各工厂的数据完整性指标有了大幅度的提升,近两年排产机组的 BOM、工艺路线等基础数据维护率从初期仅 60%~70% 提高至最近的 100%,进一步提高了数据的准确性。

3. 集中采购电子商务平台

大力推进集中采购管理,优化资源配置,对采购流程、战略物资采购流程进行再造。明确集团本部和下属企业的分工和关系,电站集团本部负责大型战略物资、钢材和有色金属的集中采购,发挥大规模采购优势来降低采购成本,为下属企业与客户签订统一的框架协议;电站集团负责在集团本部的框架下签订采购合同、物流、仓储和收发货等操作性事务。

4. 产业协同的平台

电站集团是典型的制造企业,正努力从制造业向工程总承包延伸和转型,这就要求打破原来制造业的产业边界,实行产业协同的一体化管理。例如,为发展工程产业,成立工程产业管理委员会,打破原来机、电、炉、辅等工厂各自为政的管理格局,实行一体化的管理体制,统筹工程产业发展。工程公司成立之初,所有人员全力开拓市场,集中搞好项目管理。财务管理、人力资源管理等管理机构完全由集团本部相应部门代理。工程公司的技术、采购等职能,由电站集团所属各工厂专业人员分别担任。工程管理委员会可以在全集团范围内调用发展工程产业所需要的各种资源。通过这些措施,在短短7年间,工程公司从十几个人开始,发展成为销售规模达百亿的企业。

5. 打造管理协同的平台

统一项目排产计划,打破原来各企业独立安排生产的模式,对项目计划的编制、二级、三级生产计划的编制、项目变更等业务流程进行再造。为实现电站集团的锅炉、汽轮机、发电机和辅机有序的成套出产,由电站集团本部统一负责项目的排产、统一对外进行项目执行的协调,监督各厂的生产计划落实情况;工厂负责按照集团本部下达的项目计划安排生产,及时向上反馈生产进度。对顾客而言,只需要单独面对电站集团,减少同时面对多家企业、多方协调的窘境,且实现成套交货,提高了效率。

(五)打破企业闭环运行边界,构建开放式的运行和绩效管理机制

企业闭环运行有六大系统,即产、供、销构成的业务营运系统,由人、财、物管理构成的管理系统。而无边界企业组织的六大系统是开放的,可以不在一个单位、部门里,不从属于同一个领导。

为了创新和转型的需要,电站集团组建一些创新、创业的"工作团队",这些团队处于培育孵化阶段,作为经济组织的基本功能不全(供、产、销、人、财、物管理职能不齐全),组织和管理边界也是不明确的开放式的。因此,不能作为完整的"行政单位"进行闭环管理。如何对这个开放系统进行运行管理和绩效管理?电站集团按照"创新"、"转型"和"经营"的需要,采用不同的核算、预算方法对各单位进行开放式管理。

1. 对已有产业基础,采取三种不同绩效管理机制,实行不同的管理和考核

按照是否拥有自有资本金和独立账号将不同的经济单元分为三种类型:

独立核算——从经济运行的角度看,拥有法人地位的企业(企业化运行,拥有自有资本金,独立账号,相对闭环运营)。

单独核算——模拟企业运行,没有自有资本金,有相对独立账号,半开放运营。

单列核算——相对独立运行,无自有资本和独立账号,全开放运营。

2. 对尚处于产品研发、项目跟踪、产业孵化阶段的新产业,按预算单位的不同实施不同的管理

一级预算单位——直接受到集团总部或经济单元职能领导的部门。

二级预算单位——为一级预算单位的直接派出或直属机构。

三级预算单位——为二级预算单位的直接派出或直属机构。

3. 按不同专业和业务,实施不同的管理和考核

制造类经济组织——即具有供、产、销业务的经济实体,实行水平一体化管理。

工程、服务类经济组织——在人、财、物层面上实行垂直一体化管理。

技术类研发组织——按项目的目标和项目的评估要求,实行项目管理和团队管理。

如新兴产业培育中的"海水淡化公司"为单独核算单位,"太阳能热发电"为一级预算单位,"电气传动"为三级预算单位(即下属企业的预算单位)。使这些开放运行新产业组织与闭环运行的行政组织相互配合。

(六)打破企业和科研机构的边界,创建产学研联盟组织

电站集团在产学研合作过程中逐步建立起合作创新利益与风险共担的责任制度,实现分层次、分阶段分解风险责任。电站集团与高校建立的产学研合作机制明确双方的职责,产学研合作创新的市场研究以电站集团为主,创新成果的市场适应性风险由电站集团承担。电站集团把高校和科研机构向生产领域和市场方向推进,鼓励他们与自己长期合作,在分配中减少先期技术转让费预付金额,采取提成、技术入股、技术持股的分配办法,将高校和科研机构应得的报酬与科研成果的经济效益挂钩,减少集团的风险压力。同样,电站集团也根据具体项目需要向研究开发的源头方向推进,尽早参与研究开发,分担研究开发费用和风险。这样构建产学研合作就具备了平等的利益与风险共担机制,模糊双方原本固有的角色边界,促进双方合作的积极性。

三、大型装备制造集团无边界管理效果

(一)调整了产品结构,促进了企业的转型升级

从低端产品向高端产品方向发展:发展了代表本行业最高水平的百万千瓦级核电、百万千瓦超临界、超超临界机组、F级燃气轮机等产品;从传统能源产品向新能源产品方向发展:发展风电、核电、气电等新能源发电设备;从高能耗产品向节能型产品方向发展:发展CFB、余热锅炉等新产品;发展环保型产品:电站脱硫、脱硝等环保产品;发展替代性能源产品:如煤代油改造工程中的关键设备——气化炉装置。电站集团2011年销售收入已达到406亿元,利润总额约为29亿元。

(二)优化了资源配置效果,成功发展了工程产业

通过无边界管理的实践,电站集团将装备制造和服务优势资源无缝链接到工程产业,实现电站集团的工程产业迅速发展,从无到有、从小到大。2011年,工程公司已实现销售收入130亿元,新接订单400亿元,海内外在建项目30多个,电站装机容量4377万千瓦,在全球225强国际承包商中排名第78位。从产业规模来说,已经可以与装备产业并驾齐驱。工程公司现有员工700多人,并在印度、越南、沙特等多个国家成立了子公司等机构,已成为上海电气实施国际化战略的"龙头"。

(三)充分挖掘了集体智慧,提升了企业科技创新能力

电站集团根据市场需求成立了多个产、学、研无边界研发课题组,打破了地域、单位、部门的限制,实现系统软硬件、加工设备、人才等资源的互利共享,为研发人员提供了最大限度发挥个人创造性和集体智慧的平台。电站集团的专利申请和授权数量逐年上升:2011年共申请专利157项,授权专利180项。

(成果创造人:郑建华、曹　敏、蔡康忠、郑晓虹、陈文倩、
卫旭东、沈瑞章、汪　浩、陈　力、郝　琳、董　赟)

以"三集五大"为目标的电网企业管控体系建设

重庆市电力公司

成果主创人：公司副总经理徐焜耀

重庆市电力公司（简称重庆电力）1997年6月6日随重庆直辖而成立，以投资、建设和运营电网为核心业务，是国家电网公司系统唯一直管县级农电的省级电网企业，经营区域覆盖全市38个区县、供电面积7.68万平方公里，服务人口约3000万人。截止2011年底，实现售电量537亿千瓦时，营业收入315.3亿元，资产总额达468亿元，位列国家电网公司综合考核第三名，连续4年名列重庆市工业企业50强前茅。

一、以"三集五大"为目标的电网企业管控体系建设背景

（一）实现国家电网公司战略愿景的客观需要

按照国务院国资委做强做优中央企业、培育具有国际竞争力的世界一流企业的要求，国家电网公司2008年开始探索"三集五大"体系建设（"三集"指人力资源、财务、物资集约化管理，"五大"指构建大规划、大建设、大运行、大检修、大营销管理体系），2011年重庆电力与江苏电力作为国家电网公司试点单位，深化人财物核心资源集约化管理，创建主营业务"大规划、大建设、大运行、大检修、大营销"的"五大"运营模式。重庆电力作为国家电网的重要分支机构，构建扁平化、集约化、专业化的核心资源和主营业务集团管控体系，以满足加快建实现国家电网公司提出的建设"世界一流电网、国际一流企业"战略愿景的需要。

（二）适应重庆城市发展和产业结构调整的需要

重庆是中国重要的现代工业、制造业基地。随着"314"总体部署和国务院3号文件的有效落实，重庆正成为内陆开放示范区和统筹城乡改革先行区，加快建设成为西部地区的重要增长极、长江上游地区的经济中心、城乡统筹发展的直辖市。重庆城市发展和产业结构调整带动能源需求的刚性增长，依靠就地平衡、属地运维的电网发展方式已难以为继，打破传统的电网运营管控模式，提升人财物核心资源集约化管理水平，做实做优主营业务，是重庆电力适应重庆经济社会发展所面临的一个重要而迫切的课题。

（三）适应自身发展方式转变的迫切需要

伴随经济社会的发展，重庆电力电网基础薄弱与电力保障的矛盾日益突出，单纯依靠规模增长、相对粗放的发展方式已难以为继。构建以"三集五大"为目标的管控体系将充分挖掘重庆电力内在潜力，解决原有管理模式层级多、链条条长、效率低、资源分散的

体制机制方面的问题,是深入贯彻落实科学发展观、服务经济发展方式转变的科学实践;是遵循电力工业发展规律,加快建设坚强智能电网的客观要求;是转变发展方式,提升管理效率、综合效益和发展效果,推动企业可持续发展的必经之路。

二、以"三集五大"为目标的电网企业管控体系建设内涵和主要做法

重庆电力遵照国家电网公司的总体部署,以"集约化、扁平化、专业化"为指导思想,抓住人力资源、财务、物资三大核心资源的集约化管理与大规划、大建设、大运行、大检修、大营销五大主营业务的内在联系,紧紧围绕核心资源向主营业务集约化配置,构建相应管控体系采取系列有效措施,达到"建成集中管控、纵向贯通、横向协同、权责清晰、资源共享、流程畅通、管理高效的'三集五大'体系"的管控目标,为实现国家电网公司提出的建设"世界一流电网、国际一流企业"战略愿景打下坚实基础。主要做法如下:

(一)明确目标和总体管理思路,制定建设规划

1. 明确管控目标和总体管理思路

2011年1月11日,重庆电力召开总经理办公会启动以"三集五大"为目标的管控体系建设"工作,成立由总经理和书记牵头的"三集五大"体系建设领导小组。从全局出发,用系统视角和科学方法,全面诊断重庆电网在人、财、物核心资源,电网规划、电网建设、电网运行、电网检修、电网营销等主营业务方面与建设坚强智能电网不相适应的矛盾,分析与世界一流能源企业之间在企业管理、运营效率等方面存在的差距,明确提出重庆电力管控目标为:建成集中管控、纵向贯通、横向协同、权责清晰、资源共享、流程畅通、管理高效的"三集五大"体系。

同时,确定"以提升核心竞争力、提高发展质量和效率为出发点和落脚点,以传统业务再造为核心,以信息平台搭建为重点,以机构、人员和业务分界为边际条件,以评价体系建立为关键,以安全生产、队伍稳定和优质服务为硬约束,不断提升对核心资源与主营业务的管控水平"的总体管理思路。

2. 制定管控体系建设规划

按照"总体设计、效率优先、安全稳定、有序推进"的基本要求,由重庆电力"三集五大"办公室编制"管控体系建设规划",经多方征求意见修改后报总经理办公会审定、批准,然后下发执行。各部门(单位)按照规划要求,编制各类各级实施方案,经论证、审查批准后执行。

(二)组织变革,建立管控基础

为适应"三集五大"体系建设的需要,本着"集约资源、机构扁平、职能专业、务实高效、有序推进"的基本要求,重庆电力对原有组织机构进行有针对性的调整。

首先,成立由总经理和书记任组长、成员包括副总级高管的"三集五大"体系建设领导小组,统领"三集五大"体系和管控体系建设。同时成立"三集五大"办公

徐焜耀副总经理在大足供电公司
检查验收"三集五大"体系建设

室,负责"三集五大"体系和管控体系建设的常务工作。组织机构调整在两个层面进行,在市公司层面:整合电科研院、经研院、客户服务中心、计量中心组建市电科院,负责为"五大"体系提供支撑;整合超高压局和电网检修分公司组建市检修分公司,负责220千伏及以上输变电设备运维;在经研院项目管理中心基础上组建市建设分公司,负责220～500千伏和部分35～110千伏电网项目的建设过程管理;整合渝电信通公司和客户服务中心组建市信通分公司,负责市内主干通信网、信息网的建设、运营和维护等业务。在供电局层面:整合城区供电局、沙坪坝供电局、杨家坪供电局组建市区供电局。

机构调整后,对于电网规划业务,实现涵盖特高压至0.4千伏全电压等级,包括电厂送出至用户接入各业务领域,覆盖重庆电力全经营区域,贯穿规划、前期、计划、统计分析、后评估等系统规划、计划的集中管理和统一编制;突出总体规划对各专项规划、基层单位规划的统领作用;建成涵盖本部、基层单位、电科院的一体化信息平台。

对于电网建设业务,构建三级建设管理体系,合理定位建设职能管理和项目管理。通过流程再造,对应完善市公司基建部组织构架,依托电科院成立设计评审中心,组建重庆市电力公司电网建设分公司和供电局电网建设分公司。实行工程项目设计评审、参建队伍选择、工程结算、依托工程新技术研究等关键环节由职能部门集中管控;整合工程建设管理业务,实行市、供电局建设公司分电压等级承担项目建设过程管理。

对于电网运行业务,实现500千伏及以下变电站集中监控,实现变电设备运行集中监控业务与电网调度业务的集约融合;开展调度系统标准化建设和同质化管理,实现调度业务模式转型;理顺配网关系,将地(市)公司配网调度纳入调度统一管理,并结合配网自动化系统建设,实现配网调控一体化。

对于电网检修业务,实现220千伏及以上输变电设备运维一体化,生产系统资产进行全寿命周期管理,开展基于"三维"的设备状态分析、评价工作,深化设备精益化管理;在现有的集约化检修成果基础上,拓展专业化检修范围,设备专业化检修覆盖35千伏及以上主设备,建成专业化检修基地,实现500千伏及以下主要设备工厂化检修功能。

对于电网营销业务,全面整合营销资源,建成以客户需求为导向、高效协同的一体化营销组织体系,建立统一、规范、高效的业务模式和服务标准;建立公司层面集约化抢修业务服务评价机制,提高故障抢修服务响应速度和质量;实现35千伏及以上的大客户业扩报装、差异化服务的一体化运作,实现95598呼叫服务、计量表计检定配送、电费账务处理等集约化管理。

(三)着眼核心资源,推行"三集中"

1.构建人力资源集约化管控体系

人力资源是三大核心资源中最重要的基础性资源。为突破电网企业劳动用工和薪酬全口径管控两大难点,重庆电力坚持集中、规范、高效的原则,以提高效率为导向,构建制度标准规范、专业分工协作、调控监督有力、机制运转高效的人力资源集约化管控体系。

人力资源集约化管控体系以定编、定员、定岗和考勤、考绩、考试为抓手,以高端人才培养和优化人力资源配置为重点,以深入推进"六统一"(人力资源规划和计划、机构设置和人员编制、劳动用工制度、薪酬福利制度、绩效考核制度、人才培养和开发)为主线,以激励约束为保障,形成与重庆电力发展和电网发展相适应的科学化、差异化、精益化用人分配机制,与深化全员绩效管理相适应的量化考核体系,与"三考"(考勤、考绩、考试)工作要求相适应的全员培训机制。

通过人力资源集约化管控体系,优化机构、岗位设置和人员配置,将农电、劳务派遣、集体企业等各类用工统一纳入计划管控,优化低端业务外包策略,继续压减市场化用工,推进职员职级序列管理,完善技能和管理职业成长"双通道",成功解决全口径用工总量和用工收入管控、农电及后勤服务混岗、低端业务外包等问题。

2. 构建财务集约化管控体系

重庆电力以依法规范经营为首要责任,以标准化、信息化为基础手段,以提高企业效率和发展素质为最终目的,构建调控资源配置、支持管理决策、防控经营风险的财务集约化管控体系。

财务集约化管控体系以全业务链过程管控为抓手,以资金集约管理为重点,以财务信息平台为基础,以标准体系应用为核心,统一会计政策、统一会计科目、统一信息标准、统一成本标准、统一业务流程、统一组织体系,深化全面预算管理,实施集中核算,加强资金、资本集中运作。

重庆电力运用财务集约化管控体系,加强业务预算过程管控,深化全面预算管理,细化电网运营标准成本,以财务信息平台为基础,以标准体系应用为核心,推进财务与业务系统集成,强化管理标准、工作标准应用,成功解决全业务链财务管控、深化财务与业务集成融合、完善财务政策标准体系等问题。在财务集约化管控体系构建过程中,重庆电力将营销电费账务核算全面集成融合,电费管理流程形成闭环,获评华中区域专业管理标杆。

3. 构建物资集约化管控体系

重庆电力以供应链全流程管理为导向,以严格的质量管控机制为保障,依托电子商务平台优化采购模式,建立涵盖仓储配送和物资运营监测的物资集约化管控体系。

物资集约化管控体系以建立集中采购机制、供应保障机制、质量管控机制为抓手,以建立健全仓储配送体系和物资运营监测系统为重点,着力提升物资资源统筹能力、集中采购能力、质量管控能力和供应保障能力,实现供应链全过程管控和物资质量闭环管控。

重庆电力运用物资集约化管控体系,扩大集中采购范围,统筹采购计划与项目实施计划,确保采购适时、供应及时,严格执行履约保障与责任追究制度,成功解决物资集中采购、物资供应配送效率、服务质量等问题。

在构建物资集约化管控体系过程中,重庆电力率先将物资采购全部纳入统一的电子商务平台,库存物资实现条码管理,出入库及到货验收应用PDA操作,全部实现电子化。

(四)梳理主营业务,实行"五大"运营

1. 梳理规划业务,构建电网大规划管控体系

重庆电力以公司发展战略为指导,重新梳理电网规划业务,突出规划引领、强化计划管控,建立统一规划、各专业相互协调、各类规划计划有机衔接的一体化电网规划管控体系。

电网规划管控体系以规范规划业务工作三流程(规划编制流程、前期工作流程、计划

编制流程)、构建项目数据三个库(规划项目库、投资项目储备库、规划数据库)、实施计划管理"四统一"(统一编制、统一上报、统一下达、统一调整)、强化过程管控三环节(发展规划审批、前期计划审批、综合计划审批)为重点,实现管理清晰、决策规范、流程顺畅、管控有力,突出规划(计划)的"龙头"和"综合"作用。

重庆电力运用电网规划管控体系,调整充实发展策划部履行规划计划管理职能,成立电科院规划评审中心提供全面的技术支撑,实现规划计划的统一和技术力量整合,实现重庆电网规划核心业务的回归;强化各级电网规划之间的有机衔接;实现0.4千伏～500千伏电网从规划到计划、前期、统计、后评估的全业务闭环管理和项目全寿命周期闭环管理。

通过构建电网规划管控体系,重庆电力在电力行业率先整合规划、计划业务,推进统一集中规划,统筹主网、配网、二次、智能电网等专项规划管理,实现全部规划(计划)的专业归口,各类规划(计划)的有机衔接,形成完整的规划功能和完备的规划能力。

2. 梳理建设业务,构建电网大建设管控体系

重新梳理电网建设业务,统一管理流程、统一技术规范、统一建设标准("三统一"),加强建设职能管理、工程项目管理、建设队伍管理("三加强"),构建适应坚强智能电网建设要求的电网建设管控体系。

电网建设管控体系由两级建设职能管理和两级工程项目管理构成,基建部与供电局发展建设部分级履行市公司电网建设职能管理,市建设分公司和供电局建设公司,分电压等级对35千伏及以上输变电工程建设过程专业化管理;电科院规划评审中心、工程质监中心和"三个专家库"为实施建设职能管理提供支撑。

重庆电力运用电网建设管控体系,调整充实基建部履行建设管理职能,市建设公司负责专业业务,电科院规划评审中心提供技术支撑,优化调整基建项目管理总体流程、项目招标配合流程、初步设计评审管理流程、主要设备材料订货管理流程、工程竣工结算管理流程等17个管理流程,解决了在电网建设方面存在缺乏专业化的技术支撑平台和市公司层面无独立的建设公司等问题。

重庆电力通过构建电网建设管控体系,在电力行业率先整合各类建设业务,推进大监理、小业主,深化标准化业主项目部建设,统筹生产工程、小型基建工程建设管理资源,提高了电网建设能力和质量。

3. 梳理运行业务,构建电网大运行管控体系

为提高电网运行调控能力和安全可靠水平,重新梳理电网运行业务,整合电网调度和变电运行资源,推进变电设备集中监控业务与电网调度运行业务的融合,构建集中统一、权责明晰、工作协同、规范高效的电网运行管控体系。

电网运行管控体系以提升电网运行绩效为目标,优化调度功能结构,转变调度业务模式,通过统筹公司电网调度和设备运行资源,开展变电设备运行集中监控、输变电设备状态在线监测与分析业务,实现调控一体化,提高驾驭大电网的调控能力。

重庆电力运用电网运行管控体系,实施500千伏及以下变电站调控一体化,实现变电设备运行集中监控业务与电网调度业务融合;实施调度业务模式转型,前移技术支持业务关口,提高电网实时运行控制能力,解决在电网运行方面存在变电二次设备技术融

合与现场作业分割的矛盾,调度业务模式与电网运行特性之间的不适应等问题,实现各级调控一体化,电压和无功调节由分散调压转变为集中调压,提高了电网运行控制和应急处置能力。

4. 梳理检修业务,构建电网大检修管控体系

为统筹人力、技术、装备资源,重新梳理电网检修业务,有效利用社会资源,实施检修专业化和运维一体化,强化设备全寿命周期管理,统筹配置生产资源,做强做精核心运检业务,积极拓展外包检修业务,构建集约化、扁平化、专业化的电网检修管控体系。

电网检修管控体系是以提高供电可靠性为主线,以生产精益化为重点,以技术管理创新为支撑,精简规范组织架构,创新生产管理方式,优化调整业务流程,按电压等级由各级检修公司(工区)承担电网设备运维检修任务的生产体系,实现资源集约化、组织扁平化、业务专业化、管理精益化。

重庆电力运用电网检修管控体系,调整充实生产技术部履行管理职能,整合超高压局和电网检修公司,组建成立市检修公司,下设渝西、渝东南、渝东北检修分公司;成立电科院状态评价中心实施技术支撑。通过强化设备全寿命周期管理、提高供电可靠性,实施检修专业化和运维一体化,全面深化状态检修,构建按电压等级承担电网设备运维检修任务的电网检修管控体系,实现重庆电力范围内35千伏及以上主要输变电设备专业化检修,解决了在电网检修方面存在传统业务分工过细和生产管理精益化之间的矛盾,电网规模迅速扩张和运检力量明显不足之间的矛盾等问题,实现设备运维与检修职能合一、功能合一、能力合一。

5. 梳理营销业务,构建电网大营销管控体系

为持续提高营销经营业绩和客户服务水平,重新梳理电网营销业务,以客户为中心,全面整合营销资源,构建"客户导向型、机构扁平化、业务集约化、管理专业化、管控实时化、服务协同化"的电网营销管控体系。

电网营销管控体系以提升资源配置效率和供电服务能力为目标,建立24小时面向客户的统一供电服务平台,实施集中计量器具检定配送、集中95598电话服务、集中电费账务处理、集中营销自动化系统建设及业务应用管理,形成业务在线监控、服务实时响应的高效运作机制,实现电网营销由"业务导向"向"客户导向"转变。

通过电网营销管控体系,重庆电力调整充实营销部履行营销管理职能,设立市供电服务中心、电能计量中心开展集约化业务。形成以客户和市场为导向,计量检定配送、35千伏及以上大客户业扩报装、电费帐务处理等业务向市公司集中的营销管理体系和24小时面向客户的95598营销服务系统;形成快速响应市场及服务需求的客户服务"大中心"运作模式;形成完善的营销稽查监控体系和城乡统一的营销管理模式,解决了在电网营销方面存在营销组织设计仍需完善、营销集约化管理水平不高等问题。

(五)完善配套保障,保证管控体系高效运转

1. 人员稳定与保障

落实"定员不下岗、减编不减资"政策,调整优化并合理配置人力资源,对整体业务划转的人随业务走,依据"人才当量+岗位层级"等因素排序,顺序抽取人员;对新组建、业务扩充的单位,调增大学生分配计划。推进职员职级序列管理,拓展员工多渠道发展空

间。加强新业务流程的学习培训,采取在岗轮训、转岗培训等多种途径,提升员工对新岗位的适应能力,切实维护员工合法权益。突出制度保证,强化"组织领导、落实责任、完善制度、内外联动、考评奖惩"五项机制建设,将维稳工作纳入领导者预警考评,创新人员调配方式,采取成建制划转、按人才当量排序抽取、公开招聘选聘等方式相结合跨单位调整人员,其中成建制划转调整11161人,公开招聘、组织选聘调整2113人,共计13274名员工岗位变动,其中跨区域流动478人,机构人员的顺利调整,有力确保"三集五大"体系建设的顺利推进。

2. 完善制度标准

以AAAA级标准化良好行为确认工作为抓手,积极构建协调统一、功能完备合理、流程顺畅、管理高效的标准体系;建立健全标准化工作常态机制,根据组织架构和业务流程调整实际情况,梳理"三集五大"体系需修订的技术标准、管理标准、工作标准以及配套的规章制度,顺利完成全部3256个标准、944个标准化作业指导书(卡)的编写、评审和发布,构建以13项核心电网业务为基础的技术标准体系,以22个管理模块为主要内容的管理标准体系。

3. 提供信息化技术支撑

按照管控体系建设工作进度,制订信息系统配套建设方案,研究适应"三集五大"体系要求的信息系统功能配置和流程设计,共计调整系统28个、各级组织机构19492个、角色4226个、用户权限44235人次、静态和动态业务数据3.19亿条、业务流程898个、报表243个、功能点1363个、系统接口175个。

遵循"一个平台、两级应用"和"发现问题、挽回损失、创造价值、提升管理"的建设思路,运用IAS(信息应用综合查询分析系统)、BAM(流程监控平台)等先进的信息技术集成系统,建成运营监测(控)中心,在线监测人、财、物核心资源、电网规划、建设、运行、检修、营销五大主营业务活动,跟踪主要指标情况,分析研判重庆电力经营管理状况,开展综合绩效、发展能力、竞争能力、风险管控等方面的运营分析;对经营管理中存在的异动和问题的督查督办,为重庆电力集团化运作和集约化管理提供科学决策支撑。

(六)加强过程监控,保证管控体系建设落地

1. 分步实施节点控制,防范管控体系运行风险

明确"三集五大"体系建设的总体目标和各阶段具体目标,细化各项工作时间进度要求。采用"工程项目网络计划技术"编制"三集五大"体系建设里程碑计划,并在"三集五大"体系建设专题网站上动态展示,加强进度管控,供广大员工实时督查。细化、分解任务2752项,设立各项任务具体关键节点,根据节点重要性,分为主要领导关注、分管领导关注、部门关注等级别,实行差异化管理。并按风险管理相关规定对实施过程中出现的各类(种)风险进行有效监控,采取预案措施予以化解。

2. 科学设计指标,全面评价管控体系运营效果

重庆电力将"一强三优"(电网坚强、资产优良、服务优质、业绩优秀)目标愿景进行分解,将其转化为关键绩效指标。在具体指标设计过程中,以国家电网公司资产经营同业对标指标为基础,以"效率、效益"指标为核心,设计机构及人员编制减少数、每万元资产运行维护成本等12项指标;为提升管理能力与服务质量,设计设备状态检修覆盖率、资

产全寿命周期管理标准覆盖率、现场检修平均停电时间、客户投诉一次解决率等14项指标;以方案执行情况等定性指标和员工满意度等辅助指标为深化补充,创建核心资源与主营业务管控评价指标体系,强化集约化、扁平化、专业化管理导向。

为验证核心资源与主营业务集团管控体系的科学性、可行性、建设成果和实际成效,2011年9月重庆电力成立由总经理和书记任组长的评价领导小组,下设由人资部、财务部、物资部、发展部、基建部、调度中心、生技部、营销部组成的8个专业评估工作组,分别负责相关专业评估,19家基层单位则是评价责任单位,明确三级评价组织架构的工作界面和权限,全员参与,各司其职开展评价工作。

专业评估工作组运用"三集五大"建设运营效果评价体系,从方案执行情况、试点取得的主要成绩与存在问题、关键绩效指标、员工满意度等方面,开展二个层面、三个步骤的评估。完成19家基层单位自评估报告、8个专业评估报告和综合评估报告,并在此基础上全面梳理新体系运转中存在问题及原因,研究制定体系运行问题解决与反馈闭环管理机制,不断完善核心资源与主营业务管控体系。

三、以"三集五大"为目标的电网企业管控体系建设效果

（一）提升了管控水平

组织机构更加扁平化,内部机构减少29.3%:其中重庆电力公司层面,整合电科研院、经研院、客户服务中心、计量中心组建市电科院;整合超高压局和电网检修分公司组建市检修分公司;在经研院项目管理中心基础上组建市建设分公司。

人力资源、财务、物资核心资源管理更加集约化:一是人力资源配置更加优化,定员减少21.1%。二是财务集约化效益显现,电费资金一级归集率从27%提高到100%。三是物资集约效益显现,整合物资库房资源,仓库占地面积由13.9万平米减少至12.7万平米,节约8.6%。

五大主营业务管理更加专业化:一是规划技术支撑力量加强,实现规划核心业务和主要数据的自行掌握;二是基建工程管理水平提升,实现2011年开工、投产规模全面完成,工程现场安全文明施工管理水平稳步提高;三是电网调度运行和事故处理能力得到提升,调控处置做到信息更准确、响应更迅速、处置更高效;四是设备专业化管理得到加强,220千伏输变电设备集约化管理,全面实现两级运检一体化管理;五是营销管控能力和业务执行力提升,营销业务分层集约,降低了营销差错,业扩报装更加规范高效,服务响应更加迅速。

（二）保障了地区经济发展

重庆电力借助核心资源与主营业务管控体系,升级提速电网建设、推进城乡电网一体化、统筹城乡电力服务,保障了地区经济发展。2011年,重庆电力完成固定资产投资101.9亿元,其中电网投资95.6亿元;开工110千伏及以上输电线路1631公里、变电容量849万千伏安,投产110千伏及以上线路1409公里、变电容量1073万千伏安。完成售电量537亿千瓦时,增长16.1%;综合线损率7.85%,同比降低0.36个百分点。

重庆电力先后获得"全国五一劳动奖状"、"全国文明单位"、"国企贡献奖"、"重庆市最佳诚信企业"、"全国电力系统争先创优工作先进单位"、"重庆市纳税企业50强",荣膺"重庆市政府集体一等功"等荣誉称号。2011年度重庆市企业集团纳税50强、2011年度

重庆市独立企业纳税50强,塑造了重庆电力品牌形象,创造了良好社会效益。

(三)提高了生产效率,创造了显著的经济效益

重庆电力作为关系能源安全、经济命脉的国有重要骨干企业,承担着确保国有资产保值增值,增强经济实力和产业竞争力的重要责任,"三集五大"管控体系建成后,不仅提高了企业的综合管理水平,而且提高了生产效率和经济效益。

重庆电力在"十二五"电网投资增加超过50%的情况下,管理人员减少近18%,监控人员减少58%。解决了市区局、检修分公司等单位跨区税收清算和分割难题,节约资金1748万元;开发内部融资平台,节约利息支出4052万元。电费平均在途时间由4.92天缩短至1.79天,每年节约财务费用约1709万元。通过集中招标节约采购资金2亿元以上,应用电子商务平台,实现竞卖收益1551万元。通过建立适用于重庆电网的数据库和计算模型,确保规划核心业务和主要数据的自行掌握,节约规划外委编制费用600万元。开展输变电项目集中评审,178个项目可研评审核减少工程静态投资4.16亿元。推行分阶段结算,输变电工程造价控制指标从10%~15%下降到5%~10%。实现了调度自动化系统与变电站集中监控系统一体化建设,节约系统建设、改造投资4300万元,每年降低系统运维成本130万元。实现电网调度与设备监控集约融合,调控一体化运作响应更迅速、处置更高效。实现35千伏及以上主变压器专业化检修率达到100%;现场停电时间由原来3天缩短至1天;高压客户业扩报装平均接电时间由52.2天下降至41.6天,业扩报装效率提高20.3%;电费核算集中率达100%,差错率由0.29%下降到万分之一以下。

(成果创造人:徐焜耀、匡红刚、王建国、杨　龙、何　蛟、魏　猛、李　娇、熊道兵、骆凯波、吴　疆、乔艳波、郑宗伟)

基于物联网技术的重型卡车供应链动态管控平台建设

包头北奔重型汽车有限公司

成果主创人：公司副总经理汪宝营

包头北奔重型汽车有限公司（简称北奔公司）隶属于中国兵器内蒙古第一机械集团有限公司（简称一机集团），是20世纪80年代后期按照"高起点、高标准、高品质"原则，由当时的617厂（原一机厂）以许可证形式全套引进德国奔驰公司8~20吨系列重车技术建设起来的最大的军转民项目之一，1995年12月建成，1996年12月成立有限责任公司。目前已是一个研发生产跨包头、北京、蓬莱、重庆、新疆五地，营销服务网络超过1000家、覆盖全国及海外重点区域，集重车及大部件研发、生产、销售、服务为一体的现代化商用车企业。目前拥有资产总额153亿元，职工4000多人，各类设备2000多台（套），管理体系通过ISO9001—2000和GJB9001A—2001质量体系认证、GB/T19002计量检测体系认证、国家汽车产品CCC认证、ISO14001环境管理体系认证，2011年产销整车超过4万台，主营业务收入超过123亿元，位列中国机械500强125位，汽车工业前30强。荣获国家"质量信得过产品"、"走向世界的100家中国名牌"、"全国用户满意产品"等荣誉称号。

一、基于物联网技术的重型卡车供应链动态管控平台建设背景

（一）提升供应链管理水平，实现做大做强的需要

随着北奔公司产销规模的不断扩大，原有的粗放经营模式已经不能适应形势发展的需要，主要集中表现在以下几个方面：一是供应链各方的生产、库存及销售状态信息的收集和整理仍然依赖人工采集，效率低下，且准确性不高。北奔公司全国各地拥有五大生产基地、40多家物流运输企业、300多家经销商、500多家协作配套厂、600多家服务商和60多家备件中心库，市场保有量达到4.5万台以上。依赖各单位和供应链各方自行填报、总部根据信息类型分部门整理与核对的信息采集模式，已经无法适应形势发展的需要。

二是粗放经营模式下，高额的运输成本，降低了重型卡车的市场竞争力。商品车物流运输企业出于人员成本增加，资源价格上涨的现状，纷纷要求提升送车费用，而北奔公司出于提升产品竞争力的长远战略考虑，又需要进一步降低运输成本。

三是监控经销商回款和融资平仓及时性缺乏工具支持，监管难度大。为提升市场占有率，北奔公司大力拓展和扶持经销商做市场，通过代销、预排以及融资担保等方式，助力经销商做大做强。但随着北奔公司规模的不断扩大，各种矛盾开始集中凸显。首先是

回款及时性问题。随着经销商自身业务的不断扩张,经销商资金压力加大,为缓解经营压力,对于已经实现终端销售的车辆,存在故意拖延给北奔公司的回款时间的现象。其次就是平仓及时性的问题。经销商的融资担保多数是由北奔公司担保的,最终的金融风险仍然是由北奔公司来承担,如果经销商在实现终端销售后,不及时平仓或者恶意不平仓,将会为给北奔公司带来巨大的经营风险。

四是售后索赔工作量大且效率低下。北奔公司的服务体系普遍采用加盟的方式形成,针对每个服务站提报的索赔信息,总部通过人工逐一核查的方式进行处理,造成结算速度过慢,且费用控制困难。另外,根据北奔公司现行政策,三包期内由于零部件质量问题造成的服务费用,北奔公司要同时向供应商进行索赔。但由于北奔公司和供应商都无法掌握终端服务的实际情况,极易产生索赔纠纷。

(二)提升终端用户服务水平的需要

北奔公司自成立之初就确定了以"用心服务"为基本内涵的客户服务理念。不仅要求各家经销商、服务商及其他协作单位要有专业化的服务,而且要用心服务。为了监督和帮助经销商和服务商真正做到用心服务,北奔公司专门成立客户服务呼叫中心,在用户新购车时有新购车回访和不定期的客户关怀,在用户接受三包服务时有服务过程监督回访等内容,目的是保证最终用户得到优质高效的服务。但由于收集到的用户购车和三包服务信息大量存在虚假信息,需要逐一辨识,导致客户呼叫中心无法及时监督经销商和服务商的服务行为,给"用心服务"的服务理念贯彻带来较大困难。

(三)物联网技术的发展为北奔公司提升供应链管理水平创造了条件

北奔公司一直以来高度重视信息化建设,从"十五"期间开始,先后建设并应用15个覆盖公司核心业务领域和下游经销商、服务商的信息系统平台,同时通过系统间的有效集成,基本实现了业务过程的集成管控,为北奔公司的快速发展提供信息系统支撑。但以往的信息系统,都是依赖于人工输入表单内容,并通过相应的审核流程来实现数据的输入。要保证信息系统数据的准确性和时效性,必须要确保数据录入人员和审核人员认真负责和对审核内容的正确判断,而且要有及时性。这对于北奔公司内部来说,可以通过管理上要求实现,但如果要涉及企业外部人员,特别是有利益关系的外部单位,输入内容的准确性和及时性就会遭受较大挑战。

二、基于物联网技术的重型卡车供应链动态管控平台建设内涵和主要做法

北奔公司基于提升供应链管理水平、实现做大做强的需要,创新工作思路,运用最新物联网技术手段,围绕生产经营过程中四个核心业务流程,自主开发重型卡车供应链动态管控平台软件系统,通过制度建设和其他配套措施为保障,构建起覆盖全国所有重型卡车的动态管控平台(简称管控平台),并与供应链管理各环节有机结合,解决由于信息收集滞后、真实性

总装生产线

无法保证而造成的各种问题,真正实现重型卡车供应链的动态管控。主要做法如下:

(一)明确工作思路,健全组织架构

北奔公司结合供应链体系存在的主要问题,以项目推进小组为基础,并组织相关专家和各业务部门负责人,对供应链体系的业务现状、核心业务流程、信息系统现状和IT基础设施等内容进行全面调研。同时,对国内多家重型卡车企业的供应链管理模式,特别是生产、物流、销售和售后服务业务环节进行对比分析,结合北奔公司的管理现状,经过反复研讨,最终确定管控平台覆盖全国三个生产基地生产及储运部门,所有重型卡车物流运输企业、改装厂、经销商和服务商供应链的范围和如下基本工作思路。

一是整体规划。为保证项目的顺利实施和具有可扩展性,在项目立项之前,北奔公司对已经实施的相关信息系统进行充分调研,并对实施范围、实施方式、推进方式,进行充分研究。二是分步实施。为保证系统的顺利实施,在总结以往经验的基础上,确定先内部后外部,北奔公司内部先生产后销售,北奔公司外部先服务商、物流商后经销商、改装厂的原则。三是注重经济效益。北奔公司在平台构建和实施中,始终把降低商品车物流和售后服务成本,提升终端销售回款和平仓及时率作为首要任务,并围绕这三个方面开展工作,得到公司的大力支持和高度评价。四是切实可用。在平台构建和实施中,从技术方案的选定、相关设备选型,到合作伙伴的选择,再到实施过程,始终坚持以实际需求为导向,强调切实可用为基本原则。

为保证项目的顺利推进,北奔公司在项目开始之初就确定项目推进小组,由项目推进小组全权负责项目推进过程中出现的各种问题,具体组织结构图如图1所示。

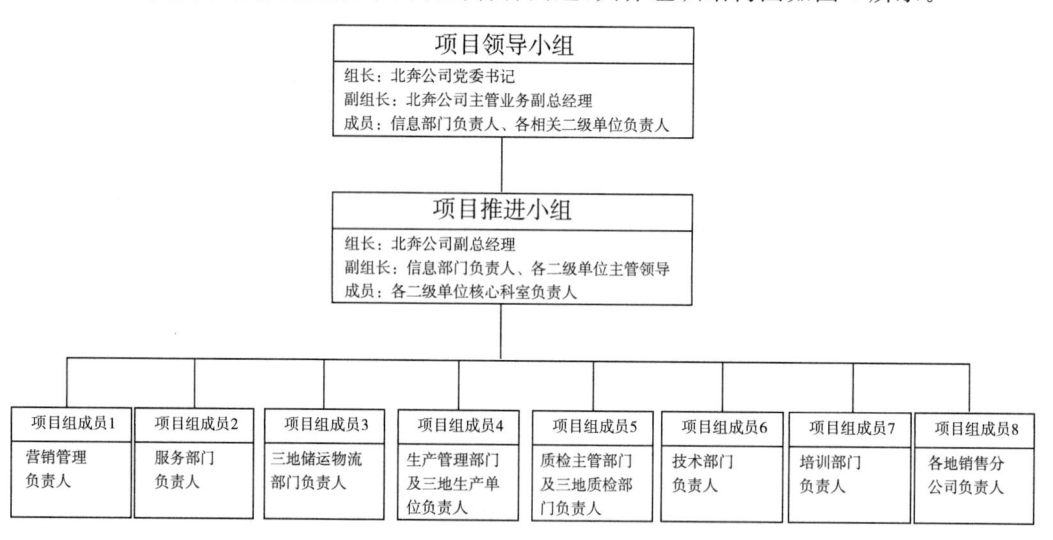

图1 北奔公司商品车动态管控平台项目组织架构

(二)围绕核心业务流程,建设基于物联网技术的管控平台信息系统

作为一家快速发展的企业,北奔公司几乎每年都会对自身的管理模式和业务流程进行优化调整。项目推进小组在争取公司高层支持后,提出"先固化、后优化"的流程管理基本思路。在项目方案确定后,在北奔公司范围内对涉及的流程进行固化,待项目完成第一阶段应用后,再根据应用情况和反馈结果,再进行优化调整。

基于核心业务流程现状和三地生产,物流公司、改装厂、经销商和服务商遍及全国管控难度大、操作人员文化素质较低、应用环境恶劣,公司外部合作单位存在抵触情况的特点,确定采用基于物联网技术、具有 GPS 定位、RFID 读写和智能计算功能的手持机设备,通过为每台商品车安装具有防拆卸功能的、能够存储车辆身份信息的 RFID 卡,使用移动 GPRS 网络实现全国范围内各生产基地、物流公司、改装厂、经销商和售后服务商的数据实时收集、加工和处理,并与现有信息系统有效集成,最终实现全国范围内商品车动态管控的技术方案。同时,根据上述技术方案,完成物联网产品的选择、业务操作流程制定和软件系统的开发工作。

1. 硬件"选择适用的成熟产品"

北奔公司在充分考虑自身业务实际后,首先选择具有防拆卸功能(粘贴至商品车上后,不能取下重复使用),并能够存储商品车身份信息的 RFID 卡,作为识别商品车身份的载体,在每台商品车下线时进行安装。同时又根据应用范围不同,与专业 IT 公司合作研发出并配备 48 套生产用物联网终端(下称手持机)、48 套质检用手持机、1138 套物流及销售用手持机和 1842 套服务用手持机。同时,基于选用的硬件产品特点和实际业务流程,确定手持机的基本操作流程。

2. 以自主开发方式进行软件系统开发工作

在技术方案和硬件产品确定之后,北奔公司针对业务流程和管理模式优化调整频率较大、软件交付后存在频繁改动的特点,确定依托自身信息化实力,软件采用自主开发的方式。

一是成立以信息科科长为组长,以对业务流程比较清楚且开发能力过硬的技术人员为成员的开发小组。开发小组 5 名成员全职从事管控平台项目软件开发工作。二是对项目进行立项,并按照软件开发类项目的管理模式进行规范化管理和相关奖励,在确保项目的进度和质量同时,提升员工的积极性。

针对软件功能和流程调整,除要严格履行项目管理办法的要求的手续外,还要在公司高层主持的项目例会上进行讨论并形成决议,然后再进行软件调整。

(三)采取有效措施,确保管控系统在北奔公司内部及外部协作单位全面应用

1. 确定 RFID 卡为产品标准配置基础

以 RFID 卡为产品标准配置为基础,并为 RFID 卡粘贴及扫描工作分配工时费用,保证在北奔公司内部的全面应用。一是在研发部门的资料体系中明确 RFID 标签为重型卡车的一项基本零件;二是工艺部门在工艺指导书和工时定额明确 RFID 标签的安装方法和工时定额,保证安装的正确性和工人工作的积极性;三是质检部门明确 RFID 标签检验为整车质检和放行的一项必须检查的内容,不合格的一律不予放行,严控不合格车辆流入仓库和销售环节;四是生产管理部门明确管控平台生成的统计数据为北奔公司范围内唯一合法信息,确保各单位操作的积极性。

2. 运用"培训＋引导＋利益驱动"模式

北奔公司提出"培训＋引导＋利益驱动"的推动模式,并根据不同类型的合作单位,灵活掌握。一是创新培训模式。北奔公司依托销售公司培训部这一对外培训平台,采用来包培训＋全国巡回培训的模式,定期或不定期的对经销商、服务商、物流公司和改装厂

进行业务培训。

二是利用甲方优势,确保物流公司和服务商的积极配合。针对商品车物流公司和售后服务商与北奔公司的合作,北奔公司是甲方的特点。北奔公司提出使用手持机扫描的服务项目优先结算,未使用手持机扫描确认的服务项目,增加审批环节,并延缓结算。

三是通过宣传动员和物流公司及最终用户两个环节,确保经销商的积极配合。针对与经销商,北奔公司利用服务年会、商务年会进行宣传,并提出"未经手持机扫描终端销售"的车辆,不给予售后服务。让经销商的最终用户来要求经销商进行手持机扫描。针对经销商的接车扫描,北奔公司要求物流公司车辆送达后,必须持经销商扫描后生成的车辆到达记录单到北奔公司进行运费结算,这样就从一定程度上控制住了经销商的入口和出口两个环节。对于经销商库存的日常盘库扫描,通过各种培训,周知经销商,如果不进行盘库操作,或者盘库时未扫描相关车辆,未扫描北奔公司自动转入应收账款进行管理。

四是利用制度保障和经销商环节,确保改装厂的积极配合。对于车辆改装厂,北奔公司首先通过各种培训和会议,告知改装厂,如果不购买北奔公司的手持机设备,不进行相关扫描,将取消北奔公司的车辆改装资格。对于经销商指定的第三方改装厂,如果没有配备手持机,只要物流公司将车辆送至改装厂就视为交付经销商,让经销商督促改装厂配备北奔公司的手持机系统。

(四)以推广管控平台信息系统为基础,全面提升供应链管理水平

1. 调整生产管理模式,提升生产管理水平

一是明确管控平台生成的数据信息为北奔公司范围内、生产组织所需数据的唯一来源,解决以往人工统计,统计口径和统计信息不一致的问题。每天上午8点,短信平台根据业务权限不同,将前一天由管控平台自动生成的生产数据信息,以短信息的形式自动发送给北奔公司及各二级单位相关领导。另外,在每周一和每月1号,系统还会自动汇总上一周和上一月的生产数据,并按权限实现自动信息发送。各生产相关单位根据以上信息,编制生产日报、周报和月报。

二是利用管控平台中自动生成的生产过程状态图,通过为相关部门和人员分配权限,便于大家及时掌握合同执行过程,采用拉动式生产模式,提高生产组织效率和合同交付的透明度。计划调度部门根据平台中显示质检通过放行未提车信息,组织厂内司机从生产厂提车并交至储运部门;销售公司储运物流部根据车辆入库信息,通知物流公司从仓库提车进行物流发运;上装管理科根据改装厂的改制完成信息,组织下一批次的改装任务,同时通知销售公司车辆具备提车条件,由销售公司储运物流部组织物流公司进行车辆交付经销商的工作;销售公司履约协调部根据经销商车辆退库信息,会同储运物流部门做好车辆退库工作;销售公司销售人员,根据合同的执行状态,及时做好经销商和终端用户的沟通工作。

2. 以规范物流公司的费用结算模式为基础,提升物流服务水平

一是明确物流费用结算依据为管控平台自动生成的"商品车车辆到达记录单"记录的送达地点,且由总部统一予以结算。管控平台自动生成的"商品车车辆到达记录单"中的送达地点,是由手持机设备生成的GPS位置信息经地理信息系统转换后生成的地名信

息,具有防伪识别功能,费用结算人员只需根据相应的结算标准即可直接进行结算。

二是明确物流公司送达完成的标准为改装厂和经销商完成了入库扫描。物流公司的服务对象为改装厂和经销商,服务水平的高低往往体现的就是及时送达率。为平衡物流公司与改装厂、经销商的关系,提升物流公司及时送达率,在设计"商品车车辆达到记录单"时,以改装厂和经销商的入库扫描为基准点,只有改装厂和经销商做了入库扫描的车辆,才能打印"商品车车辆到达记录单",才能结算费用。

3. 以管控平台系统自动生成的"公司及渠道动态库存"和"销售动态分布图"为基础,实现销售布局的优化调整

一是划定公司库存和渠道库存的认定标准,并实时公布。库存以北奔公司未办理正式出库手续和虽然办理正式出库手续,但出库时间小于6天为界限,均为北奔公司库存。渠道库存以在北奔公司办理正式出库手续6天后,且未交付终端用户为准。库存和渠道库存信息,在营销信息系统中实时展示。

二是确定公司库存和渠道库存的调剂方式。北奔公司的库存车辆,经销商如需申请调剂,由经销商申请并销售分公司核实后,由履约协调部门核实被调剂车辆是否符合调剂标准(在一个交付周期内,一般为45天,没有客户预订的车辆)后,直接按照申请的经销商办理出库和开票手续。渠道库存车辆的调剂,以申请调剂车辆的经销商出具调剂申请,经销销售分公司和被调剂经销商同意后,由北奔公司主管销售人员主导,先为被调剂经销商办理退库手续,再按照申请调剂的经销商办理出库手续,最终完成车辆的调剂工作。

4. 以强化经销商终端客户管理为基础,促进经销商货款的及时回收和平仓

一是加强终端客户管理,使终端客户信息由经销商自觉填写,向经销商认真填写的方向转变。首先,打通管控平台信息系统与售后服务信息系统,在信息系统角度实现如果没有做终端客户录入工作,车辆不允许进行售后服务。其次,如果在管控平台中车辆状态为交付,经销商未做终端用户录入的,由管控平台自动生成"终端销售未做终端用户报表",由营销管理部和各地销售分公司督促经销商及时填写。最后,针对实际已销售,但未利用手持机系统进行终端交付扫描的车辆,由营销管理部定期或不定期盘库,若盘库时找不到该车辆,按照相关制度严格考核措施,杜绝此类情况的出现。

二是以"终端销售报表"和收集到的终端客户信息为基础,开展货款回收和融资平仓督促工作。首先,由各地分公司依据各自分公司的"终端销售报表",结合终端客户信息中填写的付款信息,编制自己的货款回收和融资平仓计划表,并上报营销管理部。然后,由营销管理部根据各分公司上报的回款和平仓计划,结合财务部门的实际回款数据以及金融服务部门的实际平仓数据,监督计划的执行情况,并根据计划的实际执行情况对分公司实施考核。

5. 规范售后服务秩序,提升索赔效率

北奔公司自成立之初就确定"用心服务"的服务理念,2010年初开始,又提出"服务营销"的理念。一是明确车辆保修起始时间以商品车交付用户的手持机扫描时间为准,并通过管控平台和售后服务系统的集成自动完成录入工作,简化手工操作过程。二是简化售后服务委派服务申请单的审核流程,由系统根据管控平台获取的用户服务状态自动判

定并审核。三是明确售后服务处理单的服务里程和维修时间以管控平台中的信息为准，并通过管控平台系统和售后服务系统的继承自动完成填写工作。四是集成呼叫中心系统，实现服务过程的及时动态监控。

(五)建立操作细则和培训制度，确保管控平台常态化有效运行

1. 出台操作细则

自 2010 年开始，北奔公司先后颁布《手持机设备管理办法(试行)》、《手持机信息管理系统管理办法(试行)》两个公司层面的管理制度，在制度中明确各单位的管理职责和相关业务流程。为进一步细化操作，相关二级单位又先后下发了更加细化的管理制度，如《质量保证部手持机管理办法》、《改装厂手持机使用管理办法》、《北奔重汽车辆销售物流信息管理系统手持机管理办法》等。

2. 开展相关人员培训

为帮助经销商解决由于人员流动频繁，需要经常性培训才能胜任工作的现状，一方面从简化操作方法和操作流程，一方面又重点培训各地分公司人员，让分公司人员指导供应链人员，同时建立用户交流平台，让用户与用户帮助用户，最终形成大家共同进步提高的良好环境。针对在应用过程中出现的手持机设备异常、RFID 芯片异常、网络环境异常等情况，编制各类情况的应急响应预案，并通过培训渠道，让各相关单位的操作人员掌握。同时要求：一是各单位至少需要配备一台备用手持机终端，能够保障随时使用。二是建立 RFID 芯片异常处理流程，并指定专人负责处理。RFID 芯片异常处理流程第一负责人是各地的销售分公司人员，在总部销售公司服务中心设置专人负责纸质报告流程，在生产单位设置专人负责旧芯片的回收和新芯片的补写工作。三是建立网络环境无人值守系统，保证网络环境的正常运行。

三、基于物联网技术的重型卡车供应链动态管控平台建设效果

(一)提升了供应链管控能力和运行效率，防范了经营风险

通过项目的实施，北奔公司每天的生产量、商品车的生产进度、质检放行情况、入出库情况、物流情况、上装完成情况、经销商库存以及终端用户的销售情况，都能在商品车动态监管平台中实时展现，对于一些重要数据，直接发送到相关领导的手机上，方便领导查询，为北奔公司提高运行效率，提升供应链的管控能力。商品车的运费结算争议率下降30%左右，整体费用下降近20%，有效解决北奔公司降成本与商品车物流运输企业运输成本增加的矛盾。经销商回款及时率由 2010 年的 81.83% 提升到 2011 年的 90.70%，同比上升 8.87%。2011 年北奔公司单台车辆的售后服务索赔次数较 2010 年下降了 0.94 次，环比下降近 17.9%，2012 年上半年较 2011 年同期下降了 33.06%。2010 年、2011 年和 2012 年上半年整车保有量和索赔量。2011 年上报的外出服务里程准确率较 2010 年提高了 80%，2011 年单台商品车综合服务成本平均下降 1000 元左右。

(二)经销商和服务商管理更加规范，客户满意度得到提升

通过管控平台项目的应用，北奔公司不仅能够及时掌握经销商和服务商的业务行为和经营状况，而且能够做到及时指导和干预，使经销商和服务商的管理更加规范，促进了经销商和服务商队伍整体素质的提升。金牌经销商由原来的 5 家，上升到目前的 10 家；5A 级服务商比由原来的 8 家上升到目前的 15 家。同时，由于北奔公司及时掌握了经销

商和服务商和用户之间的服务行为,并通过呼叫中心对经销商和服务商进行有效监督,加强了最终用户与北奔公司的联系,保障了用户权益。客户的满意度由原来的90%,上升到目前的98%。

(三)取得了明显的经济效益

北奔公司商品车动态管控平台项目应用后,剔除前期总投资成本1500万元(目前,90%以上的成本已通过分摊的形式,转移给公司外部合作单位),2010年下半年至2012年上半年,共取得直接收益额2876万元,约合1438万元/年。另外,由于商品车服务成本下降每年产生隐性收益额约3000万元,回款及时率的提升减少的信贷费用,产生的隐性收益额合计约为5200万元/年。

(成果创造人:汪宝营、刘智良、谷　峰、武志军、马文胜、侯　葵、马海成、胡春梅、周庆义、王　丹、郝　勇、郭念伟)

以股权为基础的合资子公司管控

中国石化扬子石油化工有限公司

成果主创人：公司董事长兼总经理马秋林

扬子石化是中国石化扬子石油化工有限公司和中国石化集团资产公司扬子石化分公司的统称，成立于1983年9月。1998年实施资产重组，创立以从事石油炼制和乙烯、芳烃等烃类及衍生物生产加工为主的扬子石油化工股份有限公司（上市部分）和以公用工程为主业的扬子石油化工有限责任公司（存续部分）。2007年，应中国石化股份有限公司整体上市的需要，扬子石油化工股份有限公司被收购而退市，成为其全资子公司，更名为扬子石油化工有限公司；有限责任公司转制为中国石化集团资产公司扬子石化分公司。目前，扬子石化下设21个机关部（处）室、16个分支机构、9个子公司，其中全资子公司2家，合资子公司7家（1家控股和6家50:50参股）。扬子石化主要拥有800万吨/年炼油、70万吨/年乙烯、140万吨/年芳烃等45套大型石油化工装置，以及36万千瓦发电能力、65万吨/日供水及2800立方米/小时二级污水生化处理能力，可生产聚烯烃树脂、合成纤维原料、基本有机化工原料、成品油等4大类50多种产品。2011年，实现营业收入787.12亿元，实现利税108.07亿元。

一、以股权为基础的合资子公司管控背景

（一）履行出资人职责、确保出资人权利的需要

扬子石化积极探索和开展合资合作，引进国内外资金和国际先进技术与管理，先后与德国巴斯夫（BASF）、美国伊士曼（EASTMAN）、英国比欧西（BOC）和碧辟（英国石油，简称BP）等著名跨国公司及民营企业组建7家合资子公司。对合资子公司"不闻不问"和"过度管理"都会影响和制约合资子公司的正常运作，限制合资子公司自主经营的积极性。从确保出资人的权利出发，企业必须加强对合资子公司的管理；从履行出资人的职责出发，需要在尊重企业法人财产权，尊重其他出资人的合法权益的前提下，依法管理和监督合资子公司的生产经营发展。

（二）控制投资风险、推动母公司战略实现的需要

截至"十一五"末，扬子石化合资子公司的业务范围涵盖了石化、石油树脂、精细化工、空分气体等行业，7家合资子公司总资产规模已达360亿元。如此大的资产规模，其投资风险不容小觑。多年来，扬子石化始终坚持内涵改造与外延发展相结合的发展总体战略。合资合作的战略目标始终围绕突出主营核心业务，同时兼顾辅业改造发展的整体

思路而展开。合资合作事业经过不断发展,已经逐渐成长为扬子石化新的经济增长板块,逐渐形成与核心业务共同促进、和谐发展、不可或缺的重要组成部分。

(三)支持和确保合资子公司快速、健康发展的需要

合资子公司的健康快速发展除了依靠自身精英管理团队的专业贡献外,还必须依托合资母公司的管理平台进一步的拓展延伸。合资子公司的运营看似相对独立,实际来自合资母公司的支持无时无刻不在发挥着举足轻重的作用。伴随着全球市场的充分竞争,对当今中国许多行业的产业调整、进步、升级产生了深远影响。在这样的大环境大背景下,合资子公司必须做好资源平衡、区域协调、政府协调、多元文化融合等工作,而这些都离不开合资母公司对其强有力支撑。

二、以股权为基础的合资子公司管控内涵和主要做法

扬子石化以双方母公司与合资子公司多方共赢为目标,以股权为基础,以指导、帮助、监督为重点,在保证对合资子公司的管理不缺位和不越位的前提下,确立对合资子公司的管理理念,健全母公司对合资子公司的管理机制;以委派董事和高级管理人员、生产经营信息通报、投资收益评估、股东审计、关联交易合同执行情况检查回顾和 HSE 专业检查指导等为手段,正确、充分行使出资人的权利和义务;整合母公司优势资源,支持合资子公司发展,发挥互补优势和协同效应。主要做法如下:

(一)确立股权管理意识,明晰对合资子公司管理的指导思想和原则

扬子石化对合资子公司始终坚持以股权为纽带实施管理,依据国家法律法规对所属股权投资、运行等各项活动进行决策、组织、控制和协调,并以此为基础深化对合资子公司的监管,防范和化解股权风险,实现股权资产保值增值。

严格按照股权比例、依据法律规定的出资人权限和履行出资人职责的程序行使职责,对合资子公司的管理做到不缺位、不越位、不错位,充分行使出资人权利,充分实现所有者权益,控制好投资风险,维护好投资利益。正确处理眼前利益和长远利益的关系,把合资子公司的事业当作自己的事业来抓,全面支持合资子公司的工作,逐步培养和提高合资子公司对母公司的认同感和归属感,有效提升母公司影响力,促进双方共同发展。

扬子石化对合资子公司的管理原则如下:一是注重价值。强化股权投资项目全生命周期价值管理,实现扬子石化价值最大化;发挥产权流转对资源配置的积极作用,提升扬子石化整体价值。二是依法规范。对所投资控参股子公司的管理遵守适用的法律法规,严格履行法定程序,维护扬子石化和合资子公司的合法权益。三是统一管理。统筹规划股权管理体系,统一制定管理制度和行权标准规范,集体决策重大股权投资和股权处置项目。四是区分重点。对控股、参股子公司,根据不同情况区分重点,按照"责、权、利"对等的原则,采取不同的监管方式,履行出资人义务。

扬子石化-巴斯夫有限责任公司二期项目开工典礼

(二)健全组织和制度体系,界定对合

资子公司管理的职能和程序

1. 构建管理组织体系

通过整合包括股东、董事、委派高级管理人员以及母公司内部各职能部门等不同层面的优质管理资源,建立以扬子石化总经理办公会为最高决策机构,发展计划部为归口管理部门,技术、财务、经营、人事、法律等专业职能部门分工负责的对合资子公司的管理体系(表1),健全专业结构较完整的重点突出、交叉协同的管理组织结构(图1)。

表1 对合资子公司管理的职责分工

序号	职能部门	职责分工
1	发展计划部	负责对合资子公司的归口管理,监督、管理、服务合资企业,组织相关职能部门与合资子公司进行日常工作协调、沟通等
2	生产经营部	协调合资子公司进行区域资源优化,监督和检查合资子公司原料供应及产品销售等与母公司的关联交易合同执行
3	财务部/处	监督检查和协调落实与合资子公司的关联交易费用收支
4	技术运行部	负责合资子公司与母公司相关的生产调度和运行管理协调
5	资产经营处	监督检查和协调落实合资子公司公用工程及基础设施服务等关联交易合同执行
6	人力资源部	负责组织推荐合资子公司所需人员;负责合资子公司中方委派人员的推荐、日常管理、年度绩效考核和任期综合考评等
7	HSE部	开展对合资子公司HSE专项和全面检查,指导监督HSE管理改进,开展HSE经验分享等,确保其履行社会责任
8	审计处	对合资子公司开展股东自费审计,监督合资子公司日常经营活动,避免利润转移和效益流失等
9	董秘法律部	负责协调解决合同谈判及合同执行过程中发生的法律问题,负责相关合同的合法合规性审核等

2. 完善制度保障体系

构建管理有序、流程畅通,系统化、长效化的管理制度体系,涵盖从合资项目谈判至合资子公司生产运营监督的全过程管理工作,各项制度严格执行国家、中国石化对外投资和产权管理制度的指导要求。业务层面流程制度:一是对外投资管理的内控制度,清晰界定投资决策、风险评估、投资管理、后评估考核等不同层面的工作流程;二是对合资子公司的管理制度,全面覆盖项目商务谈判、内部审批、日常管理等关键管理工作流程;三是股东代表、董事、监事和委派高级人员管理制度,明确上述人员的选派方式程序、任职条件和职责,严格规范委派至合资子公司的高级管理人员的各项执行准则。此外,建立职能部门工作评价考核制度,将各职能部门对合资子公司的工作职责作为部门绩效考核的重点内容,月考核、季度评估、年度兑现。

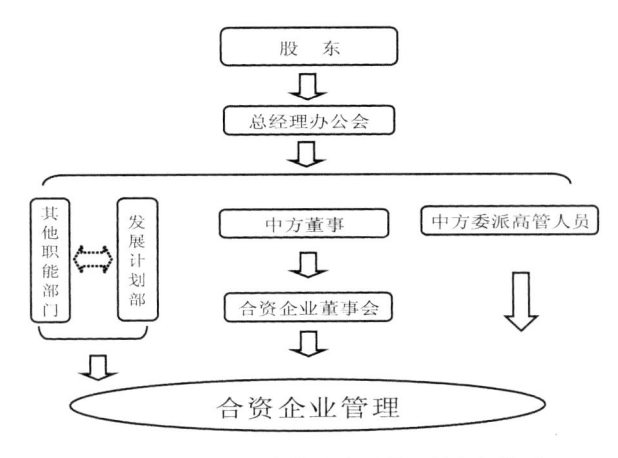

图 1 扬子石化对合资子公司管理的组织体系

(三)加强董事的选拔管理,发挥出资人代表的决策作用

1. 选拔和管理董事

明确选派董事人选的必备条件:一是具有良好道德品质和职业素养,坚持原则、勤勉诚信、廉洁自律,能依法维护扬子石化的利益;二是熟悉相关法律法规,熟悉公司运作和国际化经营管理知识,实践经验丰富;三是熟悉合资子公司生产经营情况,具有丰富的主营业务工作经验和较强的经营管理与财务管理能力等。要求董事在参加董事会前就审议事项征求母公司的意见,董事会结束后以书面形式向母公司报告会议情况。与董事签订委托责任书,明确任职期限、工作目标、职责权利以及违约或损害公司利益应承担的责任。董事每年向母公司述职至少一次,并须提交述职报告;根据需要也可临时召回述职。

2. 组织召开董事会预备会

建立合资子公司董事会前的预备会议制度。在扬子石化领导主持下,各职能部门发挥专业优势,对合资子公司董事会拟审议的议题进行讨论论证,为董事决策提供参谋,避免决策失误;预备会的集中决策方式也减少个人专断现象。同时,预备会还从共赢角度换位思考,分析研判对方母公司的立场观点,提出预案。

3. 检查董事会决议执行情况

根据已经建立的检查工作流程,要求合资子公司及时上报每次召开的董事会决议和会议纪要。发展计划部牵头相关职能部门据此制定对应的检查方案,通过对合资子公司的现场走访和调研、合资子公司的自检以及股东自费审计等方式跟踪进展,对照相应的会议纪要和决议进行逐条落实并整理形成书面汇总报告,在董事会预备会议上进行专题报告,以确保董事会决策的贯彻落实。

(四)坚持"派管并重"原则,正确行使出资人职责

扬子石化中高级委派人员现有 35 人,分布在 7 家合资子公司,其中扬子石化-巴斯夫有限责任公司 15 人。历年来,扬子石化坚持"派管并重"的原则,高度重视对委派人员的管理,持续不断地强化委派人员发挥桥梁纽带作用。

1. 精心选拔委派人员

扬子石化将履职能力作为衡量选拔委派人员的重要标准。在选派前,组织对相关人

选进行全面客观评价,甄选出最合适人员。委派人员实行任期制,任期按合资子公司章程的规定执行,期满后经扬子石化继续委派或推荐可以连任,连任一般不超过两个任期,在实际操作中基本按照一个任期轮换的办法执行。同时,根据需要对部分委派人员进行任期届满或离任审计。

2. 定期述职汇报

一是实行定期述职制度。委派人员定期向母公司汇报合资子公司的经营情况,参加母公司工作会议,年终向扬子石化作述职报告。要求委派人员在述职报告中,将年度参加母公司组织的合资合作例会和在合资子公司履职情况作为重要内容。二是实行重大事项报告制度。在合资子公司召开董事会、股东大会之前,委派人员须将有关情况及时向母公司相关部门报告,听取意见。在参与合资合作企业重大问题决策中,要准确、完整地贯彻母公司的意图,善于控制所负责业务的进程,依法制止有损母公司权益的行为。

3. 双考核强化责任

对委派人员实行双考核,一是由合资子公司根据其考核办法对委派人员年度工作进行全面考核,以评价其为合资子公司生产运行和经营发展所作的业绩大小。二是母公司对委派人员实行年度面对面绩效考核。担任合资子公司董事长或副董事长的母公司相关领导为主考核人,通过工作回顾、互动问答、综合评价等方式,全面考评委派人员年度履职情况,包括合资子公司重大事项,合资合同、章程及相关附属合同有效执行,以及下一年度的工作思路等方面的情况。综合考评结果与委派和培养使用挂钩。

4. 加强培训,提高履职能力

一是开展委派人员派遣前适应性培训,培训内容包括合资合同、合资子公司章程、母公司相关制度、委派岗位职责及工作目标等。二是推荐委派人员参加中国石化、省市举办的相关国际化高级人才培训班。三是组织委派人员参加母公司举办的有关业务和政策培训等。

(五)建立沟通协商机制,促进双方诚信合作

1. 建立股东双方战略对话机制

扬子石化高层深知互相尊重、平等合作、互相理解、取得信任和协调一致的重要性,通过交流沟通来求同存异,寻求一致利益。在扬子石化与巴斯夫的合作项目中,在中国石化相关部门指导下,股东双方高层成立战略对话小组,定期开展交流与磋商,制订合资子公司的发展规划,及时研究和解决双方合作中存在的重大分歧。

2. 建立母公司与合资子公司高层会晤机制

当出现重大利益调整时,高层的沟通将非常关键。扬子石化十分重视构建合资子公司与母公司双方高层会晤机制,双方本着互谅互信、协商共赢的原则,定期或不定期进行高层会晤,广泛深入地讨论项目建设、原料及公用工程、人事用工、产品销售、配套服务及资源优化等重大问题,有效地解决合作中出现的重大分歧。

3. 建立工作层面的沟通协调机制

扬子石化明确由发展计划部归口负责与合资子公司进行总体协调和沟通,在此基础上根据职能部门专业分工进行内部任务分解,并牵头组织有关方案的小型讨论会和方案会签工作。

4. 建立经验分享与交流机制

本着互利共赢的原则,扬子石化与合资子公司在先进管理与技术交流、人才培养等方面建立富有成效的协调机制,相互学习借鉴,相互取长补短。一是充分依托母公司合资子公司比较多的有利条件,建立互动交流机制,分层分级分板块开展业务交流活动,促进母公司领导人员思想观念、管理理念的转变。如在母公司推行绩效管理过程中,合资子公司委派专业人员为母公司举办多场专题讲座,提升母公司绩效管理水平。二是委派人员将中国石化在安全管理、生产组织和维修等方面的管理经验带入合资子公司,提升合资企业安全生产管理水平。三是把合资子公司作为培养国际化人才的实战基地,开展母公司与合资子公司之间的干部交流工作,通过合资子公司人才培养平台为母公司培养复合型国际化经营管理人才。

(六)加强合规性经营监督,维护股东权益

扬子石化坚持大小有别,分类管理的原则,对各类参股企业,以定期检查其当年效益及分红情况为重点;对控股企业,股权管理的重心落实到以检查、审计等为主要内容的日常管理上(图2)。

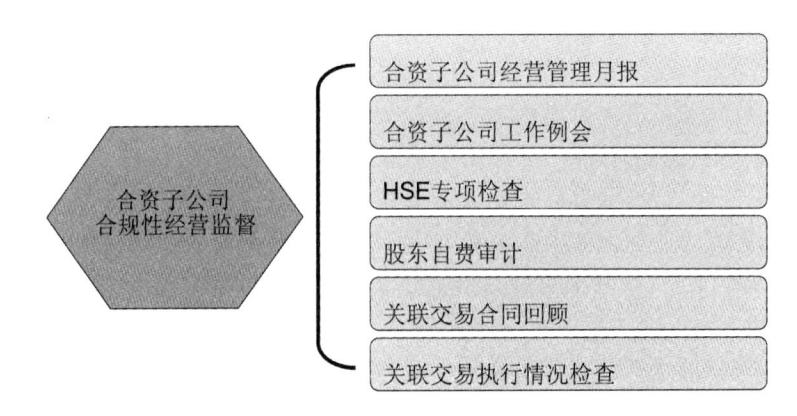

图2 合资子公司合规性经营监督工作框架

1. 编制合资子公司经营管理月报

为及时掌握合资子公司的生产经营情况和存在问题,扬子石化要求合资子公司按月上报生产经营月报和财务报表,并在母公司月度经济活动分析会上通报和分析,发挥母公司的专业齐全的优势,集体研究对策、落实措施。

2. 定期召开工作协调例会

针对合资子公司与母公司界面交叉衔接问题复杂等特点,扬子石化定期召开合资子公司协调例会,在母公司领导的直接参与下,通过委派人员和母公司各职能部门的汇报,及时掌握母公司合同执行情况、相关协调工作进展以及需要母公司协调解决的问题等,汇总问题清单,细化分解落实并定期跟踪。

3. 开展满足社会责任要求的HSE专项检查

采取HSE全面综合检查和专项检查相结合的方式,推动合资子公司建立有效的HSE管理体系、制度和标准,满足社会对企业日益增长的安全、环保和健康要求。HSE检查既是与合资子公司、合资对方关于HSE理念和管理的互动交流平台,也为扬子石化借鉴合资对方好经验提供学习机会。对于检查中发现的问题,要求合资子公司限期整改。

4. 定期开展股东自费审计

扬子石化对全部合资子公司每年开展一次股东自费审计。检查合资子公司收支活动以及经营结果的真实性、合规性和有效性,重点关注投入产出和生产经营的盈亏情况,评估面临或潜在的损失风险,检查资金运作与风险管控是否严格,相关管理措施是否符合法律法规和政策,合资子公司是否切实执行合资合作协议及公司章程,股东利益是否得到实现等。审计方法包括查阅资料文档、详查和抽样相结合以及对比分析等。对股东审计中发现的问题,扬子石化监督各合资子公司进行整改,并对落实情况实施跟踪。

5. 开展关联交易合同执行情况检查及回顾

母公司发展计划部协同财务部门,对合资子公司年度关联交易合同执行情况进行检查,检查涉及的合同包括:技术许可、工程服务、原料互供、公用工程供应、基础设施服务、生活后勤服务、经销或代理服务等。通过将各项数据与相应合同进行比对和分析,重点关注扬子石化与子公司的关联交易合同总体履行及各项费用按时结算情况。

(七)加大对合资子公司的支持和服务力度

1. 积极做好资源优化互补,提升资源效率和效益

合资子公司和母公司在原料资源方面最大程度地互为补充、优化平衡,使原料资源产生最大效益。例如,扬子石化-巴斯夫有限责任公司的C6-C8非芳烃环烷烃高达63%,由于其无芳烃装置,一直以来作为乙烯裂解料使用。2009年12月芳烃市场好转,双方通过互换资源的盈利模型动态测算,抓住市场机遇,在装置物料平衡许可的情况下,进行C6-C8非芳烃和石脑油互换优化,2009年12月到2010年4月,共计优化互换10083吨。

2. 充分挖掘公用工程和基础设施潜力,提供配套服务

扬子石化通过将原有空分资产评估出资,与全球空分巨头比欧西成立南京扬子石化比欧西气体有限责任公司,新增一套40000Nm3/hr的空分装置,不仅实现原有空分装置产能的翻番,而且实现由母公司内部的公用工程配套设施向专业气体供应服务商的成功转型,市场范围覆盖了公司和周边所有合资企业,并且在南京化学工业园区内也获得了较大比例的市场份额。合资子公司的运营得到更为可靠和专业的空分气体供应支持,同时母公司也从其空分市场的拓展中摊薄投资风险,获得较好的投资回报。目前合资子公司的水、电、气、汽等均由母公司提供。

3. 统一调度管理,提供生产应急支持

母公司树立与合资子公司生产优化"一盘棋"的理念,加强有关生产运行信息的沟通,同时优化物流设施配置,平衡紧急情况下"大扬子"区域资源。在2010年扬子石化-巴斯夫有限责任公司大修时,母公司及时提供乙烯卸船帮助以及8000立方米的丙烯库容,并在其乙烯装置推迟开车的情况下,提供2000吨乙烯保证其下游LDPE和EVA装置的运行。2010年8月30日扬子石化-巴斯夫有限责任公司乙烯装置意外停车,母公司紧急外借1500吨丙烯,保证其下游高盈利的丁辛醇和丙烯酸装置不停车。

4. 系统谋划,及时输送合格人才

发挥母公司人力资源优势,优化母公司员工队伍,开发利用母公司存量人力资源为合资子公司输送优质人才。同时在薪酬分配、劳动关系处理、地方劳动管理适应等方面积极给予指导。如南京扬子石化金浦橡胶有限公司成立后,各类人才需求多、要求高、时间紧。为此,扬子石化上下动员、群策群力、积极谋划,成立合资子公司人员推荐工作领导小组,建立公司、厂、车间(科室)人员推荐工作网络。母公司通过持续"三定"显化人力资源余量,扩大系统操作,强化人员培训,开展竞争上岗,优化组织管理和运作模式等,建立良好有序的人员储备、培训、推荐和接续的系统化格局。同时母公司人力资源存量得到盘活,职工队伍结构得以优化整合,实现合资子公司85%以上员工来自中国石化/扬子石化的战略目标。

5. 从开车服务到政府协调为合资子公司提供全方位支持

利用母公司专业配套齐全的优势,积极为合资子公司提供全方位支持和服务,包括及时认真地组建多支专家开车队为合资子公司提供装置试车、开车和技术服务,主导和参与合资项目可研、环评的审查和报批以及政府协调支持等等。如扬子石化积极参与、帮助和促成扬子石化－巴斯夫有限责任公司和扬子巴斯夫苯乙烯系列有限公司合并及扬子石化－巴斯夫有限责任公司二期扩能改造等。

6. 推动合资子公司建立党组织,为发展助力

扬子石化积极推动各合资子公司组建企业党组织。一开始,中外合资企业的外方股东由于不了解中国国情,对企业内设立党组织怀有戒备心理;而广大员工多年来习惯了国企的管理文化模式,感到原有的"主人"地位发生了"动摇"。扬子石化与合资子公司高层深入、坦诚地交换意见,使外方认识到,在合资企业中建立党的组织,有利于增强企业凝聚力和向心力。各合资子公司逐步建立健全党组织,这些党组织把解决生产经营中的重点、热点、难点作为活动的关键,把提高企业生产经营成效、维护企业和谐稳定作为检验党建工作的重要标准,引导党员在自身岗位上发挥模范作用,动员员工发挥主观能动性、为合资企业建言献策。

三、以股权为基础的合资子公司管控的效果

(一)正确行使了出资人职责,确保出资人权益

通过高效的管理监督、支持服务,建立了一个全方位全过程的立体交互管理平台,一是保证了出资人职责不缺位、不错位、不越位。多层面的沟通交流、定期会晤、例会月报等机制的建立。二是权利到位。对合资子公司的有效管理,确保扬子石化充分行使按投入资本享有股东的资产受益、重大决策和选择管理者等权利,所有者权益得到充分实现。截至2011年年底,扬子石化累计出资64亿元,获得合资子公司利润分红累计44.8亿元。

(二)促进了合资子公司取得良好经营业绩和快速健康发展

各合资子公司自投入运行以来,生产经营情况总体良好。特别在2008年,面对油价暴涨暴跌和金融危机所带来的严峻形势和巨大压力,在石化行业整体性严重亏损的情况下,合资子公司仍取得了良好的经营业绩。2011年,扬子石化7家合资子公司实现全部盈利。截至2011年12月,合资子公司板块的总资产合计为299.15亿元,累计实现销售收入1597.36亿元,利润总额176.48亿元,向国家和地方政府纳税总额近80亿元。同期,扬子石化巴斯夫有限责任公司追加投资105亿人民币的二期扩建项目相关生产装置

陆续完成建设施工,投料试车成功,转入正式运行阶段。扬子百江公司从扬子起步,坚持以"价值最高、运行最稳、绩效最佳"为导向,在母公司的支持下积极开拓工业用气市场,经过近几年的快速发展,市场占有率大幅提高,取得显著经济效益的同时摆脱了对母公司扶持的过度依赖。

(三)促进了母公司综合实力的提升

一是合资子公司产品的多样化和差异化,丰富了母公司的产业结构和产品结构二是引入了国际通行的企业组织形式和管理方式,加快了母公司管理理念和管理方法的创新;三是引进国际领先的技术、工艺、设备,推进技术进步。特别是通过引进聚苯乙烯、碳五加氢石油树脂、羰基法制醋酸、丙烯酸及丙烯酸脂等技术填补了当时国内市场的空白;四是锻炼培养了一大批熟悉国际规则的谈判、工程建设管理/监理、合资企业运作的复合型国际化经营管理人才。通过委派、参与项目建设、专家服务等方式培养的各类人才约300人;从合资企业提拔并交流至母公司的高级管理人员累计达30多人,多人已在中国石化总部及其所属单位的领导岗位和重要管理岗位任职;五是优化了母公司员工队伍结构,促进了人力资源开发,提高了劳动生产率;六是在满足合资子公司发展需求的过程中,辅业成了母公司又一利润源。

(成果创造人:马秋林、张明龙、王　玲、严　明、俞冠琦、承　忠、李永生、吴晨光、杜宇立、周　伟、王郭章、陈海勇)

铁路货车制造企业基于自主创新的国际市场开拓

齐齐哈尔轨道交通装备有限责任公司

成果主创人：公司董事长、党委书记魏岩

齐齐哈尔轨道交通装备有限责任公司（简称齐齐哈尔装备公司）始建于1935年，现隶属于国务院国资委监管的中国北车股份公司（简称中国北车），资产总额60.3亿元，占地面积916万平方米，具备铁路货车年生产能力15000辆、铁路货车年修理能力9000辆、铁路起重机年造修能力30台、车辆核心配件年供应能力15000辆，拥有齐齐哈尔、牡丹江、大连、哈尔滨四个制造基地，形成了铁路敞车、棚车、平车、罐车、长大货物车、漏斗车、特种车、车辆配件和铁路起重机9大系列280余个品种的系列化产品格局。

一、铁路货车制造企业基于自主创新的国际市场开拓背景

（一）开拓国际市场是铁路货车的必由之路

经过多年国内市场历练，使齐齐哈尔装备公司形成了一套完整的运行机制，在这个机制下，从产品研发到制造再到售后服务，都可以很好地满足客户的需求。但在这个单一的市场里，齐齐哈尔装备公司很难成为世界领先的企业，只有勇闯国际市场，与世界先进企业同台共舞，才能持续提升企业的竞争力。

（二）实现企业自身发展战略的需要

齐齐哈尔装备公司作为我国铁路货车设计主导和行业龙头企业，不断追求"行业领先、国内一流、国际知名"的发展目标。在2009年确定了今后一个时期的发展目标是：开拓三大市场，构筑五大单元，实施六大战略，用3~4年打造百亿企业，2020年前跨入世界铁路货车制造业前三强。确定这样的目标，需要在现有技术优势的基础上，在技术创新上取得更大的突破，带动整个货车制造业包括竞争对手的共同提高，从而促进中国铁路货车设计制造水平整体上升，实现世界铁路货车制造业前三强的目标。

（三）迈向世界铁路货车技术领先企业面临多重挑战

首先，铁路货车核心技术的差距。目前，国际铁路货车发展方向是重载和快捷，国外重载列车牵引重量是10000~30000吨，铁路货车重载技术方向是大轴重、低自重、低动力作用。国内铁路货车轴重为25吨、单车载重为80吨，急需掌握30~40吨轴重技术，拥有自主知识产权及核心技术的高端产品，才能进入世界铁路货车的领先行列。在速度方面，国内铁路货车最高时速120公里，尚不能满足国民经济发展和人民生活水平提高的要求。在车体材料、转向架、钩缓装置等货车关键技术上与国外还存在一定的差距，制

动、车钩和缓冲器等关键零部件与重载、快速的要求也有差距。

其次,制造能力与国际需求的差距。齐齐哈尔装备公司多年来以满足国内市场需求为主,设计、生产制造能力和质量控制能力都能够满足市场的需求。铁路货车出口产品因运用条件不同,多为全新设计、制造产品,需求以多品种小批量为主,加之国际市场竞争激烈和产品质量要求高、交货期短,使产品开发、生产制造、质量控制、成本控制和缩短交货期等方面都存在较大差距,更有用户点装的国际配件采购、跨国售后服务等因素的制约,如何以自主创新为主,研制高端产品、高性价比的产品,成为企业国际化道路上必须解决的问题。

最后,自主知识产权和品牌的差距。全球化产业调整和国际分工给铁路装备制造提供了发展的机遇,国家也赋予了大型国有企业"走出去"发展的使命。长期以来,国内铁路货车企业在知识产权和品牌建设方面都处在落后的状态,成为企业进军国际市场的短板。只有拥有自主知识产权的产品,才能成为真正的技术领先企业。

二、铁路货车制造企业基于自主创新的国际市场开拓内涵和主要做法

齐齐哈尔装备公司以进入世界铁路货车制造业前三强为目标,立足自主创新,从研发、制造、管理、人才和市场五个方面综合提升国际市场竞争力,开发以自主知识产权为主的铁路货车核心技术、高端产品,运用资产重组和资源优化布局的科学方法提高货车制造能力,大力开拓铁路货车国际市场,铁路货车出口取得了重大突破。主要做法如下:

(一)自主研发铁路货车核心技术和高端产品

1. 完善技术创新体系

齐齐哈尔装备公司技术创新体系建设的指导思想是以市场为导向,以提高自主创新能力和产品竞争力为主要目标,坚持自主和外部合作相结合,产品设计和产品制造相结合,技术创新和管理创新相结合,以不断完善技术创新投入、运行和激励机制为重点,推动企业技术进步,加快企业进入世界铁路货车制造业前三强的步伐。技术创新体系主要由三部分构成:集中设计、工艺和为技术创新服务的相关单位的创新组织;以技术开发、生产制造、试验平台、计算机网络、市场营销和资金投入为主的创新基础;以知识、知识产权、管理体制和合作环境为主的创新资源。

2. 建立国际领先技术的铁路货车研发平台

齐齐哈尔装备公司铁路货车研发平台主要由研发组织、标准体系、设计技术系统、试验环境构成。

在标准体系方面,齐齐哈尔装备公司技术中心主持起草了《铁道货车通用技术条件》等国家标准和铁道行业标准29项,牢固掌控着国内铁路货车的技术领先优势。为进入国际市场,先后引入AAR(美国铁道协会)标准和IRIS(国际铁路行业标准)标准。

在提高产品研发技术方面,以建设世

货车组装生产线

界一流的铁路货车技术研发中心为目标,在大连投资建立新的铁路货车技术研发中心和出口产品制造基地,以优良的工作环境吸引更多的优秀人才。建立铁路货车产品三维设计、有限元计算分析、PDM(产品数据管理)等具有世界先进水平的软件系统。在产品设计中实施并行工程,采用以PDM为支撑的CAD、CAE、CAPP、CAM等技术,广泛应用有限元分析、虚拟样机、车辆疲劳仿真系统、工艺数值模拟等多种现代设计和分析手段。

在产品试验检测方面,以突破关键技术为重点,建成国内规模最大、同行业领先的铁路货车产品中试基地。拥有包括国内第一台转向架抗菱刚度试验台、亚洲唯一能做罐箱冲击试验的车辆冲击试验线、车体静强度500吨纵向力试验台、曲线试验台等9种技术领先的试验台(线),疲劳试验机、冲角检测仪等先进试验、检测设备102台(套),可完成铁路货车整车及各种零部件强度、冲击、压吨、疲劳试验。为抢占铁路货车技术制高点,建立中国铁路货车的车体疲劳强度设计标准和车辆使用寿命评估方法,提高铁路货车的可靠性和安全性,2010年投资8498万元,建设中国第一台适用轨距为1000、1067、1435、1524、1676mm,最大轴重40吨的铁路货车疲劳与振动试验台,可满足各型铁路货车疲劳试验、振动试验及转向架性能参数测定等试验要求,为研制开发世界领先的重载、快捷货车提供基础试验条件和技术支撑。

3.加强技术合作

坚持走"产学研用"相结合之路,与科研院所、用户建立广泛的战略联盟,推进新技术在铁路车辆制造领域的应用。例如,与西南交通大学、大连交通大学、铁道科学院等单位合作建立长大列车纵向动力学仿真模型,完成大秦线两万吨重载列车纵向动力学仿真分析和三万吨列车纵向动力学分析,可仿真分析在不同编组重量、不同运行速度、不同线路条件、不同机车操纵方式情况下,列车中各编组位置车辆的车钩力、缓冲特性、制动特性等。

2011年,齐齐哈尔装备公司与西南交通大学等单位合作承担的"十一五"国家科技支撑计划"160~200km/h高速货车转向架及其配套系列货车研制"项目通过国家科技部的验收,标志着拥有完全自主知识产权的160km/h高速货车转向架及其配套系列货车设计制造技术达到了国际先进水平。

4.完善知识产权工作

将知识产权管理从专利申报和商标注册全面升级为知识产权战略,全方位构建知识产权保护体系,提前布局专利保护,形成核心技术的产权保护能力。专利工作以研发与申请同步、国内与国际同步、数量和质量双提升的"双同步"、"双提升"工作方针为指导,至2011年末已经拥有授权专利205项,其中发明专利38项,海外专利5项。在标准制定工作中,将拥有的专利技术植入行业或国家标准,提升核心技术的有效价值,巩固企业的核心竞争力。商标注册从无到有,共申请国内注册商标45件,国外注册商标8件。国内40件已核准注册,国外6件QRRS商标已核准注册,成为铁路货车行业知识产权管理先进单位。

5.优化团队机制

在产品研发的全过程集中设计、工艺、检验等多方技术人员,联合科研院所和行业内的优势资源,组成战略联盟式的产品研发团队。根据项目内容,建立产品研发考核机制。由团队长负责总体目标,分团队长负责专项目标的考核和层层包保机制,从组织上保证项目目标的实现。在产品设计过程中,综合考虑各阶段相关因素的影响,在设计初期,就将可能出现问题的车体材料及焊接工艺、制动系统及生产能力等关键环节识别出来并加以解决,使新型铁路货车在设计阶段便具有良好的可制造性、可装配性、可维护性等方面的特性,最大限度地减少重复设计工作,缩短新型铁路货车的设计、生产准备和制造时间。

(二)优化资源布局,提升快速提交用户产品的制造能力

开展跨地区的资源整合,形成齐齐哈尔、哈尔滨、大连三个总装基地和牡丹江配件铸造生产基地。

1. 科学设计,打造拥有铁路货车核心技术的生产基地

首先,按照中国北车提出的黑龙江地区铁路货车业务重组规划,齐齐哈尔装备公司通过资产重组原牡丹江机车车辆厂(以下简称牡厂),迈出跨地区扩大产能的第一步。通过技术和资金投入,建设一条先进的铁路货车关键大部件摇枕和侧架的生产线,成立齐兴铸业公司,当年就生产出1200多辆份的摇枕侧架。2006年又利用牡厂其它厂房、设备、人力等资源和车钩、缓冲器等配件生产资质重组成立牡丹江金缘钩缓制造有限责任公司(简称金缘公司),为货车配套生产车钩和缓冲器等部件。2010年金缘公司重组合并齐兴铸业公司,成为齐齐哈尔装备公司在牡丹江的子公司,拥有年产7000辆份摇枕、侧架和10000辆份车钩缓冲器的生产能力。2011年开始实施"出口铁路货车大型部件研发制造水平提升技术改造项目",把牡丹江金缘公司打造成中国北车铸造基地和国内一流铁路车辆配件制造和出口基地。

其次,通过业务重组,利用货车修理资源实现新造货车能力的提升。2010年末,齐齐哈尔装备公司完成中国北车以协议转让方式转让所持有的哈尔滨轨道交通装备有限责任公司(简称哈尔滨装备公司)100%股权工作。原哈尔滨装备公司仅开展厂矿企业自翻车和少量长大货车生产,以及货车修理。齐齐哈尔装备公司充分发挥其生产面积、厂房、设备等资源优势和毗邻齐齐哈尔的地域优势,将出口货车制造技术进行移植,派出工艺、质量、监造人员现场服务,使其逐步形成新造出口货车组装能力。目前哈尔滨装备公司可以生产国铁通用货车,承接齐齐哈尔装备公司出口货车生产任务,达到年产3000辆新造货车的生产能力。

最后,为满足国际市场对铁路货车高端产品的需求和降低出口货车产品的运输成本,2006年在大连旅顺开发区建成一个年产3000辆货车的出口基地,该基地拥有一条现代化的柔性货车组装生产线,专门生产国外大轴重的高端铁路货车产品,该基地的建成标志着齐齐哈尔装备公司"两省四地"大生产布局的完成。

2. 实施"走出去",稳步推进资本输出与技术输出

通过建立合资公司、配件仓库,为用户提供产品检修服务,逐步在澳洲、巴西和哈萨克斯坦开展资本和技术输出。在不能直接出口整机产品或缺少制造技术的国家,通过技术输出完成货车组装当地生产,带动货车关键部件的出口。

(三)强基固本,多种手段提高面对市场快速反应的管理能力

1. 引入 IRIS 标准体系

IRIS 是针对铁路行业的特殊要求由欧洲铁路联盟于2006年发布实施的,作为国际铁路行业的标准,体现了以产品全生命周期为核心的管理思想,增加铁路产品在安全性、

可靠性及质量上的特殊要求。

齐齐哈尔装备公司按照IRIS标准在客户导向、投标管理、项目管理、成本管理、知识管理、首件鉴定、RAMS/LCC(可靠性、可用性、可维修性和安全性/产品生命周期成本)管理等方面的程序化要求,形成手册和程序文件,共完成管理职责与战略分析、质量管理、人力资源、合同评审、售后服务和顾客满意度等40余个程序文件。

2.对高端出口产品实施项目管理

面对高端出口产品制造,采用职能制与项目制相结合的矩阵式项目组织结构,在原有的职能管理层增设项目经理,由项目经理组建跨部门职能的项目团队,按照项目管理方式组织生产。例如,齐齐哈尔装备公司与顾客授权的监造代理公司合作,在FMG矿石车出口项目全过程应用项目管理方式,并根据项目运作经验对项目计划管理、风险管理、成本管理、质量管理四个管理模块进行改进,进一步完善项目工作分解结构、相关业务流程及控制模板。经过完善后在BHP、WPG等高端产品上推广应用,项目管理的水平和成熟度逐步提高。

3.建设ERP系统,提高管理信息化水平

按照"一流企业,一流管理"的要求,齐齐哈尔装备公司引进世界一流的ERP系统,在计划、采购、销售、库存、成本核算等主要业务方面完成150多个业务流程设计,并固化到系统中,进一步规范管理业务操作。

(四)专能结合,打造优势的人才队伍

1.促进技能向知识的转化升华

一是建立《知识管理制度》,制定《绝技诀窍、先进操作法评审表彰奖励办法》,促进技能向知识的转化。将员工在生产实践中创造出的科学操作方法和经验进行总结提炼,编制出《马吉民电气故障快速排除法》、《三点一运七要素焊接操作法》等作为起重机维修钳工、操作技术员、电工和电焊工上岗前的培训教材,制成专题教学片等加以推广应用。二是采用项目管理方法组建跨职能管理团队,通过团队成员间的紧密协作和优势互补等,实现专业知识和经验技能在团队内部共享。三是针对不同岗位工作的特点,制定《一般管理人员和专业技术人员管理办法》、《生产操作人员调配管理办法》、《生产操作人员调入、调出管理办法》等程序,鼓励部室、车间、子公司之间以及内部岗位之间按一定程序进行人员调动和异地交流。

2.开展多层次员工培训

树立"能力管理"为核心的培训理念。按照ISO10015国际培训标准确定培训组织架构,按照能力差距分析、计划制定、计划实施和培训效果评估四个阶段科学规范职工培训工作流程。按照生产需求情况统筹调配生产一线技能人员,及时开展以本岗位技能为主、短缺工种技能为辅的"一专多能"岗位培训,按照公司级、系统级、车间级分成脱产培训和现场"师带徒"培训,培训结果记入岗位培训证书和培训档案。

3.鼓励员工提高知识水平

建立能力要素参与分配的薪酬机制,出台《技能大赛获奖选手奖励办法》、《先进操作法命名表彰办法》、《名师带徒管理办法》、《培训津贴及奖励支付标准》等制度,从提高优秀学员奖励、教师津贴、师徒津贴等多方面建立员工教育、培训激励机制。鼓励员工利用业余时间参加在职教育,对其取得的相应学历给予认可,并在专业技术资格评聘中使用。

4. 拓展员工职业发展空间

制定《员工能力评价管理办法》和《人才培养管理办法》,明确员工评价要素为工作能力、工作业绩和职业素养三个方面,其分配权重系数为 4:3:3,按照规定程序制定、实施员工培养计划,并进行持续改进。在对员工职业生涯发展规划时,首先对员工进行能力评价,依据个人兴趣爱好,结合公司发展战略和人力资源发展规划的情况,确定员工最佳职业奋斗目标。

建立人才培养双导向机制,推行专家和以"金蓝领"为代表的高技能人才评聘。注重拓宽人才发展通道,构筑与行政系列并行、并重的专家系列人才发展渠道。对综合素质好、管理能力强的人员适时地选拔到相应的领导岗位或安排到关键的管理岗位;对技术水平高、专业能力强的专家型人才放在关键技术岗位发展,并从待遇上给予适当倾斜,充分调动他们工作积极性,使他们的价值得到充分认可。在操作工人中技能水平特别突出人员聘为"金蓝领",享受特殊津贴。

(五)拓展产品链,制定针对性的营销方案

1. 打造品牌优势,拓展产品链

在市场分析的基础上,进行品牌策划和项目策划,采用产品先行出效,继而专利布局,随之宣传企业品牌的策略。具体而言,针对国际铁路货车市场不同的应用环境,以及客户需求的多样性,有选择地培育 VIP 客户,实现产品输出带动技术输出,进而带动资本输出的增长方式。

一是针对世界经济发展对钢材及铁矿石的巨大需求带来对铁路运输需求的增长,瞄准澳洲和南美的大型矿业公司及相关铁路运输企业,如力拓、淡水河谷等公司作为 VIP 客户的培育目标,在产品进入客户市场后,响应客户对配件供应及时性和产品检修的需求,投资合作建立配件仓库和检修基地。二是选择缺乏铁路货车制造技术的中亚独联体国家作为 VIP 客户培育目标,提供适应高寒地区运用的精良货车产品,并输出铁路货车关键部件生产技术,帮助用户制造产品。三是选择尚未进行铁路体制改革的蒙古国作为大客户培育目标,发挥毗邻优势。

2. 细分用户市场,开展针对性的国际营销

为加强国际营销业务,在原国际贸易部的基础上成立国际贸易公司,开展自营出口业务。针对不同客户市场,提供个性化的整体解决方案。

在澳洲市场,主打高端产品品牌。坚持技术、质量、服务为主线,实施"321 工程",即以三大矿业公司(BHP/力拓/FMG)、二大运营商(PN、QR 公司)、一个配件库/检修基地为目标的深度市场开发。通过与客户建立战略合作伙伴关系和顾客优先合作伙伴关系等联盟,提高产品售前、售中、售后服务,进一步提升顾客满意度和忠诚度,努力成为澳洲市场主流供应商。一是分析用户铁路货车运用路况、货物类别及牵引动力等不同情况,为不同用户量身设计、定点制造,满足客户进度与质量等方面的需求,相继开发推出 30 吨、32.5 吨、35.7 吨、40 吨轴重的高端铁路货车产品,达到国际领先技术水平。二是坚持与用户双方的高层互访,增加彼此的了解与信任。如力拓公司于 2006 年订购了 8 辆货车,之后齐齐哈尔装备公司一直保持着每年与力拓公司高层的互访,关注这 8 辆货车在澳大利亚的运行使用情况,争取实现进一步的合作,终于在2008年签订一笔240辆的合同,后续为力拓公司批量提供货车产品。三是开展国际市场公共关系活动,宣传企业品牌与经营理念。2011年,齐齐哈尔装备公司成功在澳大利亚召开合作伙伴招待会,增进用户、供应商及当地政府官员对企业的了解与信任。四是鉴于澳大利亚市场经济的成熟性,产品出口以自营为主,便于对用户需求的直接了解与沟通,更好的为用户提供产品与服务。

在独联体与蒙古等国家,采用维护18－100枕架证书有效性、加速CA－3车钩配件认证等措施打破市场的技术壁垒,实现产品与技术的输出。对哈萨克斯坦客户,针对其国内铁路迫切希望通过购买产品而引进技术,从而带动其工业发展和国内就业增加的状况,齐齐哈尔装备公司在装用转K1转向架向该国出口整车的同时,将相关技术标准包括修理技术的整体解决方案输出该国,并帮助建立样板修理工厂,争取合作建设组装与检修工厂。

而矿产资源丰富的南美市场,巴西等国家经济发展迅速,具有较大的货车市场潜力。采用积极培育策略,加强与用户的联系,通过与国内进出口公司的合作,为客户量身设计制造产品,并提供营运整体解决方案。

此外,密切跟踪伊朗、沙特等中东及非洲市场需求信息,适度参与市场竞争,争取扩大市场份额。

三、铁路货车制造企业基于自主创新的国际市场开拓效果

(一)铁路货车技术与制造能力跨入世界领先行列

2011年3月27日,260辆40吨轴重矿石车出口澳大利亚FMG公司,此次出口的40吨轴重矿石车是为FMG公司量身定做的世界最大轴重的铁路货车,在车体结构、框架材料、焊接工艺等方面均实现了多项技术突破。该车装用了齐齐哈尔装备公司自主研发的ZK1－G型中交叉转向架和当今世界上最先进的有线ECP电控制动系统,以及E+级钢车钩、牵引杆和锻造钩尾框,其强度比美国现行的E+级钢高15%,是目前世界上强度最高的铸钢材料,可满足FMG公司开行3.8万吨列车牵引纵向力的要求。该产品标志着齐齐哈尔装备公司铁路货车技术已经达到世界领先水平。2011年生产货车达到15283辆,使齐齐哈尔装备公司在货车技术和制造能力上跨入世界领先行列。

(二)出口产品给企业带来良好的经济效益

齐齐哈尔装备公司2011年销售收入总额突破了70亿元,创历史最高水平。其中,出口产品做出了突出贡献,由2008年占销售总收入的16.17%递增到2011年的30.67%,出口货车数量由2008年的1700余辆增长到2011年的5600多辆,实现出口产品销售收入和出口数量连年递增。

(三)促进了企业增长方式的转变

随着铁路货车产品大量进入澳大利亚、独联体、蒙古国和南美市场,客户需求从单一购买产品向建立配件仓库、检修基地、提供产品技术方面发展,由产品销售带动技术输出、资本输出,促进了企业向全供应链竞争的商业模式转型。

(成果创造人:魏　岩、祝　震、张贤彬、于仁德、
于凌河、丁孝杰、陈宏超、江　华、王俊龙)

以效益和效率为核心的战略管控能力建设

云南铜业(集团)有限公司

成果主创人:公司总经理杨超

云南铜业(集团)有限公司(简称云铜集团)成立于1996年4月,2007年10月云南省人民政府与中铝公司签订战略合作协议,中铝公司入主云铜集团,云铜集团成为中铝公司铜板块的核心企业。

云铜集团以铜为主,同时发展锌、钼、钛等有色金属,并综合回收利用原料中赋存的贵金属、稀有金属和非金属以及铁等黑色金属,是具有地质勘探、采矿、选矿、冶炼、加工等完整产业链的企业集团。产业涉及矿产、工程咨询设计及科技研发、期货经纪、化工等领域。截至2011年12月31日,云铜集团总资产428.3亿元,净资产180.57亿元,资产负债率63.63%,从业人员22504人。目前拥有19个系列、180余种产品,其中,主产品"铁峰"牌高纯阴极铜在伦敦金属交易所注册交易,国内市场占有率为12%,荣获"中国名牌"、"云南名牌"称号,因用于"神州六号"而被誉为"航空品质的云南中国名牌";白银产量全国第三,黄金产量居全国第九,"铁峰"牌黄金、白银在伦敦金银市场协会及上海黄金交易所注册交易。云铜集团是中国黄金交易所成员,国际铜业协会第一位中国区会员。

一、以效益和效率为核心的战略管控能力建设背景

(一)管控缺位带来管理难题

2008年以前云铜集团对所属企业实施的是以产权为纽带、以发展速度为核心的粗放式战略管控,对云铜集团快速发展起到了一定的促进作用,但下属企业各自为阵,"快字当先,速度当头",带来了三类管理难题。一是整体战略管理缺失。云铜集团整体战略管理乏力,部分所属企业片面追求局部利益,导致云铜集团内重复投资建设、低水平建设、盲目发展毫无优势的产业等问题突出,所属企业发展呈"一盘散沙"。二是管理层级冗长。部分所属企业以设立子公司的形式推动企业快速发展,出现管理层级多至四级五级、管理链条长的现象,造成管理效率低下、管控缺失,管理风险加大。三是专业化规范化管理薄弱,信息不通畅,管控不力。云铜集团所属企业基础管理水平参差不齐,部分企业的管理职能不健全,管理漏洞多,管理数据缺失、不及时、不完整、不真实等现象突出,严重影响战略管控能力。

(二)铜产业形势发生深刻变革

2008年金融危机以来,中国铜产业发展进入全面变革时期。一是产能竞争日趋剧

烈,产业结构倒三角现象严重。相关机构预计,到2015年国内铜产业将形成铜精矿含铜产量150万吨、粗炼能力600万吨、精炼能力750万吨、铜材加工能力1300万吨的格局,鉴于中国铜资源匮乏、原料高度依赖进口、中下游产能竞争剧烈等现状,这将导致铜行业整体进入完全成本竞争时代。二是铜价异常波动常态化。2008年金融危机以来,铜金属的金融属性更加突出,铜金属价格波动背离需求层面,与金融层面更加紧密,铜价异常震荡走势成为常态化,市场风险巨大。三是在铜主产业竞争异常激烈的情形下,以江铜为代表的企业,持续提高相关产业发展质量,不断增强整体竞争力。上述三点对云铜集团在整体战略管控、专业管理、整体协作、市场响应等方面提出了更新更高的要求。

（三）所属企业点多面广、经营多样的客观要求

云铜集团所属企业分布地域广,以云南为依托,辐射四川、广东、内蒙古,涉足西藏、青海等六个省区,国外涉及澳大利亚、老挝、赞比亚;在云南省及四川省,云铜集团有25座矿山、4座冶炼厂,内蒙赤峰、广东清远各有1座冶炼厂,云南省内及四川省的管理地理半径约700公里,省外均在1000公里以上;经营领域从主营铜产业,到相关多元的锌、钼、钛、铁等产业,还涉及矿产业、工程咨询设计及科技研发、期货经纪、化工等领域。只有建立科学高效的管控模式,从而实现云铜集团的持续发展。

二、以效益和效率为核心的战略管控能力建设内涵和主要做法

云铜集团以效益和效率为核心,以管理专业化和规范化为着力点,以优化管控运行机制为重要途径,以信息化建设为重要支撑平台,打造战略管控体系,为实现云铜集团"十二五"期间成为中铝铜板块核心企业、旗舰企业,构建中国一流、世界知名铜业公司的战略目标形成强有力的战略管理支撑。主要做法如下:

（一）提升专业管理能力

按照"横向到边、纵向到底、上级拉动、下级融入、共同提升"的工作思路,增强云铜集团、云铜股份机关的专业指导、引领和督导能力,夯实、提升所属企业管理水平,发挥集团专业管理的协同效益。战略管理方面,紧跟行业发展步伐,编制切合企业发展实际的战略规划,强化过程管控,凝心聚力,成就未来;投资管理方面,严格程序,保证决策和管理更加科学合理;风险管理方面,严格决策和过程控制体系,有效规避经营风险;财务管理方面,严控资金进出和实施全面预算化管理,减少资金沉淀,实现资金使用更加有效、运行更为稳健;人力资源管理方面,严控指标,绩效考核突出科学性;矿产资源管理方面,科学把关,有力推进资源战略实施;科技管理增方面,加强创新管理,依托科技项目实现创新增效;生产管理方面,强化生产计划性,增强统筹协调能力;法务管理方面,妥善处理历史遗留问题和法务体系建设两手抓,法务工作有效融入日常管理;营销管理方面,全流程控制。

1. 多方式强化资金管控

一是强化资金账户管理,提高资金使

矿山选厂浮选平台

用效率、降低风险。上收各企业银行账户开立、融资、对外借款和担保的权限,对已有帐户进行专项清理,对于冷户、无支持作用的关系户坚决取缔。二是清理规范企业间借款合同,增强内部借款管理力度和资金拆借的规范性。三是扩大融资来源、降低融资成本。最大限度地利用云铜集团和云铜股份两个融资平台,采用企业债、公司债、中期票据、短期融资券、中小企业集合票据、保险信托资金等形式有效募集资金,降低资金使用成本。四是强化财务管控,推行财务人员集中管理、财务总监委派制。

2. 完善资源增储管理

建立所属企业资源增储的年度考核制度,有效整合利用云铜集团内部资源勘查、勘探力量,与所属企业紧密联动,在老区深部及周边、资源靶区加大找探矿力度,确保资源增量等于或大于当期资源消耗量,新区确保资源量持续提质增储。

3. 加强建设项目管控

按照"事前论证充分、事中控制严格、事后验收严厉"的原则,整合云铜集团内部专业力量,遵循矿山建设项目、冶炼建设项目的特点,加大重大建设项目管控力度,推进项目实施。

4. 强化科技创新管理

以产业技术调整促产业结构调整为切入点,深入推进"地质勘探与岩土工程研究院"、"矿山研究院"、"冶金研究院"、"云铜设计院"和"材料研究所"、"锌铟研究所"专业研发机构建设,充实和完善云铜集团国家认定企业技术中心,以科技项目为平台,加大产学研联盟力度,着力解决制约矿山经济技术指标、冶炼经济技术指标提升的关键产业技术问题。

(二)推进管理规范化

1. 大力推进信息化建设

一是实施OA系统、视频会议系统、内网平台、即时通讯系统、邮件系统等基础信息系统建设,实现日常事务处理、经营数据分析管理、法律事务流程化,使云铜集团和下属企业实现高效便捷的沟通。二是完成ERP项目建设,开创有色金属行业ERP+MES项目同时上线实施的先河。三是推进4S1P项目建设,全面统一财务、人力资源、生产、安环、投资、矿产资源等的管理规范、业务规则,实现信息的大集成和业务协同运作,建立覆盖各个业务领域的数据仓库,为集团化管控奠定基础。四是持续完善信息化相关管理制度和规范,先后出台二十多个相关的管理制度和规范。五是在云铜集团层面实施软件正版化,保证系统的安全运行,减少费用支出。

2. 构建全面风险管理体系

优化完善全面风险管理体系,共识别风险事件276条,评价出风险数量72个,重大风险(高级)13个,中级风险22个,低级风险37个,找到控制缺陷54个,编制重大风险分析及管理策略报告11份,以及全面风险管理报告、内部控制自评估报告各1份,形成《云铜集团全面风险管理体系建设成果汇编》,并完成云铜集团及云铜股份两级公司的全面风险控制体系建设。

3. 强化制度规范建设

2010年出台《云铜集团规章制度汇编》,内容涉及13项专业,共117项规章制度,成为所属企业规范管理的准则。生产管理标准化方面,冶炼加工总厂成为国家标准化良好行为AAAA级企业,并参与多项国家产品标准编制;安全管理标准化方面,迪庆矿业、拉拉公司、鑫联公司通过国家三级安全标准化矿山外部评审;管理体系认证方面,冶炼加工总厂、云铜锌业、昆勘院通过三体系认证,玉溪矿业、楚雄矿冶、云铜科技、集团机关等单位正在积极推进。

(三)优化管控运行机制

1. 优化决策机制,压缩管理层级

一是遵循企业管理的决策权、执行权、监督权彼此分立、制约又相互联结、协调的原则,调整和充实云铜集团董事会、监事会成员,修订和完善董事会、监事会、经理层议事规则,明确党政联席会议、经理办公会制度,云铜集团治理结构得到进一步完善。二是遵循战略导向,以效益为核心,依规合法压缩管理层级。三是规范所属企业职工持股投资行为,确保法人治理结构科学。四是优化机关组织架构,提高管控效率,推行扁平化管理。云铜集团机关推行大部制管理,将原23个职能管理部门重组精简为13个部门,其中有6个部门是两级机关合署办公部门。同时以干部人事制度改革为契机,全力推进云铜集团和各基层企业的机关全员竞聘上岗。集团机关率先示范,对37个中层管理岗位、86个一般管理岗位进行公开竞聘,各二级企业积极推进。例如,云铜锌业优化调整组织架构和管控职能,设立机关部室14个、直属生产单位7个;玉溪矿业大红山机关管理部门由15个优化调整为9个,管理人员由480人精简至150人以内,生产工区由原来的9个调整为13个。

2. 搭建专业板块,推行板块集中管控

一是搭建冶炼板块。以王家桥冶炼加工总厂为主,集滇中冶炼厂、易门冶炼厂、赤峰云铜、昆鹏铜业、清远云铜构成云铜冶炼板块,统筹协调、调配原料供给、生产组织、技术支持、人员配置等生产要素,形成板块合力。二是搭建营销板块。撤销多个营销单位,集团股份两级营销统一,成立云铜股份营销总公司统领从原料采购到产品销售、进出口原料、套保等营销业务,强化内部产、供、销、储、运的集中管理,通过流程再造,彻底改善物流多中心、利润多中心的混乱局面;搭建大片区销售模式,撤消原来11个驻外子公司,合并成立北京公司、上海公司、深圳公司、成都公司四个片区公司,有效提高管理效率,降低运行成本。三是实行区域、同行业企业整合,缩短管理半径、增强竞争实力。昆勘院与云铜勘查,九顶山与红蜘蛛公司,楚雄矿冶与星焰公司,玉溪矿业与洪鑫公司、景谷矿业实现"一套班子、两块牌子"的运作,完善法人治理结构。

3. 克服重点管理问题

根据云铜集团内外部经营形势的特点,紧抓当前主要矛盾,从2008年开始,云铜集团确立五个年发展主题:"结构调整年"、"管理创新年"、"调整发展年"、"管理提升年"、"转型发展年"。在实施主题年活动中,将效能监察与重点工作推进有机结合,建立年度重点工作督查督办制度,有力推动工作的落地实施,使管理机制和体制更加趋于科学和健全。

三、以效益和效率为核心的战略管控能力建设效果

通过成果的实施,云铜集团形成了以效益核心、科学决策的战略管控体系,改变了以往"集而不团""政令不通"的追求发展速度的管控模式,使云铜集团发展更加稳健,管理架构更加清晰。形成矿山、冶炼、营销三个专业管理板块,板块间有机衔接,形成合力,板块中的管理层级得到有效压缩,完成四级公司清理,云铜集团两级机关专业管控力度得到进一步提升。同时,专业管理逐渐完善,管理制度健全,管理流程规范,管控效率不断提升。

管控力度的加强,不断提高了云铜集团整体经营的一致性和协调性,保证了云铜集团的稳步发展。在金融危机的严重冲击下,云铜集团当年亏损21.9亿元,但随着战略管控能力的逐年提升,2009年实现利润总额8.05亿元,2011年实现11.27亿元,同比增长40%。成果实施期间,累计实现效益21.98亿元。

(成果创造人:杨　超、施维勤、金永静、沈南山、牛　皓、姚志华、张劲锋、黄云静、刘远照、李　犁、张云军、何剑辉)

煤电企业高效经营管控平台建设

安徽恒源煤电股份有限公司

成果主创人：公司董事长、党委书记龚乃勤（右）与总经理汪永茂

安徽恒源煤电股份有限公司（简称恒源煤电）由安徽省皖北煤电集团有限责任公司（简称皖北煤电集团）作为主发起人，于2000年12月设立，经营范围为煤炭开采、洗选、销售，铁路运输、公路运输，进出口业务等。2004年8月，在上海证券交易所上市，股票简称"恒源煤电"，代码600971，为安徽省第一家上市的煤炭企业。目前，恒源煤电下辖7对矿井并托管集团4对矿井，年核定生产能力1705万吨；拥有6座配套选煤厂，年洗选能力1080万吨；6座综合利用电厂，装机容量75.6MW；3座煤矸石砖厂，年生产能力1.64亿块；在岗员工36600余人。

一、煤电企业高效经营管控平台建设的背景

（一）适应皖北煤电集团战略发展的需要

近年来皖北煤电集团坚持战略、管理、人本并重，走转型发展、创新发展之路，大力实施以煤为基、同心多元的发展战略，使恒源煤电步入良性发展的快车道，形成煤、煤化工、物流贸易三大板块，营业收入总资产以年均30%以上的速度增长，在中国500强位次逐年提升，2012年位列第339名。2009年8月，皖北煤电集团对集团及各业务板块的功能进行重新定位，明确集团公司为战略规划、投资决策、资源配置与服务共享四大中心，恒源煤电为集团在安徽省内煤业业务运营中心，下属各矿为成本中心。集团战略的快速发展，迫切需要恒源煤电这个业务运营中心加快转变经营理念、经营方式、管理手段，借助信息化的平台，以实现对主要板块业务运营的高效管控。

（二）构建灵活高效的内部运营机制的需要

恒源煤电始终致力于构建内部灵活高效的运营机制。2009年8月开始，恒源煤电运用价值链管理的方法，围绕煤矿"掘进—采煤—运输—洗选—销售"主价值流程构建煤业的流程框架体系，重点优化采购、销售、设备、财务、人力资源等关键流程，建立流程管理制度和持续优化机制。但信息流程和管理手段明显滞后，特别是成本管理仍停留在传统的事后核算管理水平上，成本信息表现为静态且滞后，缺乏与其他环节信息的集成和动态管理，成本管理的预警和控制、支持决策、快速响应外部市场的作用得不到发挥。物资供应仍停留在手工方式的经验管理层次，没有采用信息化工具和科学方法来优化物资供应，恒源煤电所属煤矿科学的生产作业控制、先进的物资消耗定额、合理的物资库存控制

等都没有得到信息管理的充分支持。

(三)提升恒源煤电信息化建设水平的需要

近年来,恒源煤电在信息化矿山建设上建立涵盖安全管理、生产调度、物资采供、煤炭销售、财务管理、人力资源、办公自动化等专业管理平台,并取得较好的应用效果。但是,这些管理平台没有实现互联互通、集成共享,处在"信息孤岛"状态;煤矿内部经营管理标准化和规范化缺乏统一的标准,恒源煤电信息化建设难以达到预期的效果。

二、煤电企业高效经营管控平台建设的内涵和主要做法

恒源煤电以高效经营管控为目标,以构建内部市场运行体系为主线,以可控成本全要素管理为重点,以网络信息技术手段为支撑,以经营计划、核算、结算、监督、考核、分析等环节的日常业务为服务对象,构建内部管理平台(图1),实现煤矿经营管理事前预算控制、事中过程监督、事后即时反映与过程规范透明。主要做法如下:

(一)明确管理平台的目标、原则及思路

1.强化目标引领

恒源煤电结合自身实际,在综合分析国内外大环境、煤炭行业的发展方向及市场竞争的态势的基础上,明确构建高效经营管控的管理平台的目标,短期目标(3年)是,规范企业运作、完善管理平台、夯实基础工作、提升运营效率,为安全管理、生产监控、经营高效、行为规范、成本控制、科技兴企发挥基础性支撑作用;中期目标(5年)是,推进企业转型升级、提升核心竞争力,促进恒源煤电"十二五"规划目标的实现。

明确实施原则。按照"统筹规划、合理布局、协调发展、分步实施、资源共享"的原则,通过信息化建设与管理,大力推广计算机网络信息技术,实现信息的准确采集和实时传递、目标的科学制定、任务的合理分解、质量的有效保证、职能的量化考核、数据的深层次挖掘和利用,为恒源煤电持续发展提供平台支持。

理清工作思路。按照"五统一、两协同"的思路进行。"五统一"如下即:一是统一设计。按照系统工程的办法实施信息化建设和管理,统一编制总体规划和实施方案。二是统一标准。对企业的编码(如:部门编码、人员编码、设备编码、物资编码等)的信息标识,以及各种信息流程等信息化基础工作建立统一的、规范的标准。三是统一选型。对信息系统硬件和软件设施统一选型,按照企业有关规定,由各单位在计划编制期内提出书面申请,经审查汇总列入计划,统一购置。四是统一开发。对应用软件统一规划和开发实施,完善每个项目的文档管理,注重软件开发及推广应用的标准化。五是统一管理。公司信息中心作为职能部门,负责总部的整体规划和调控,实行信息化项目立项、审批、实施、验收与资金拨付制度。"两协同"即:以信息化建设为手段和工具,以业务流程优化和信息流程优化的协同推进,实现资源的科学配置和有效集成,保障企业在市场竞争中始终处于优势地位。

所属矿井之一:祁东煤矿

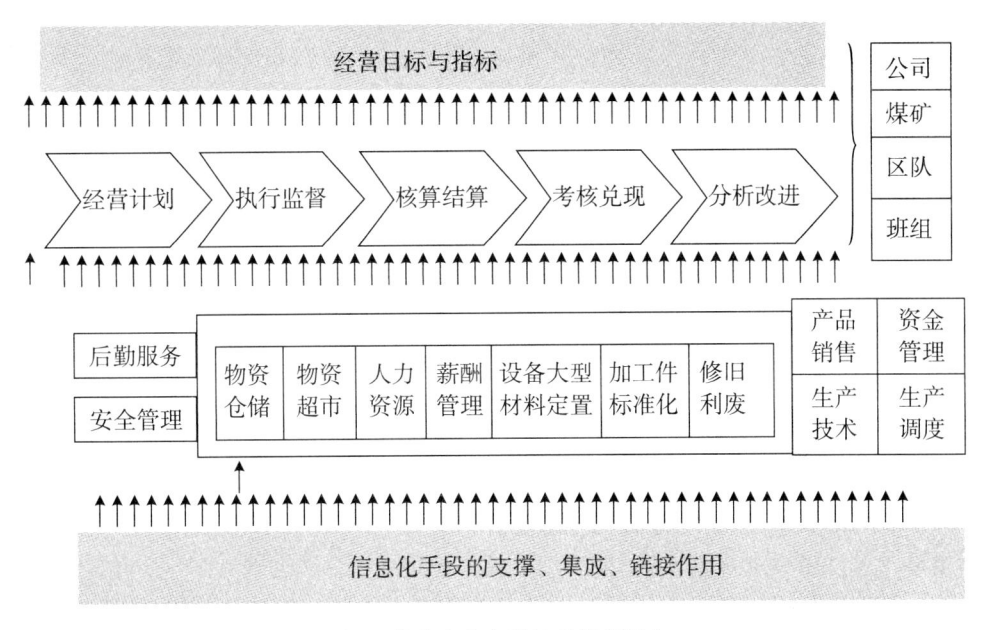

图1 煤炭企业高效经营管理平台

(二)健全完善组织体系,为管理平台建设提供保障。

1. 构建管理框架

搭建恒源煤电各矿统一构建内部三级市场管理框架(图2)。

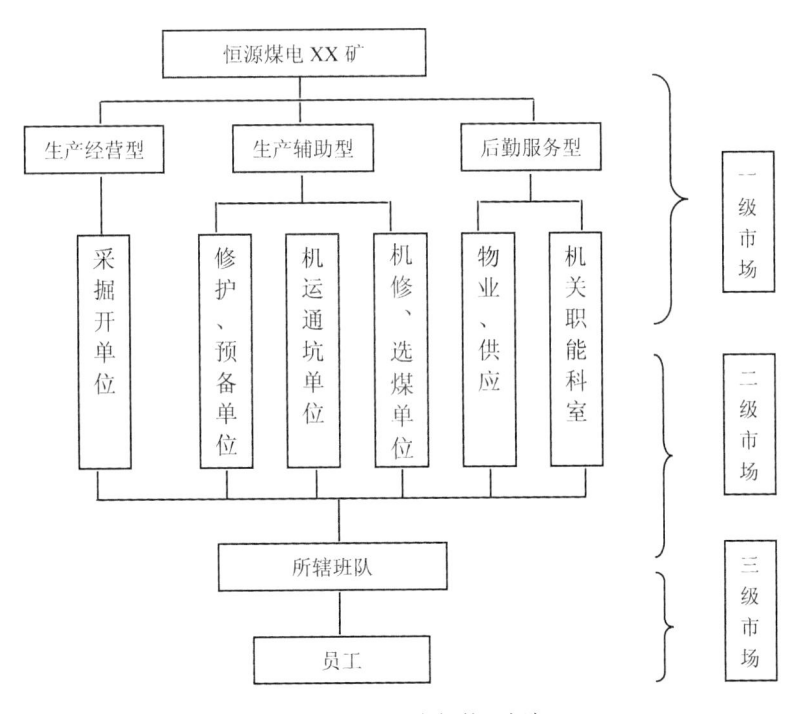

图2 内部三级市场管理框架

2. 制定内部市场运行规则

各矿根据一级市场主体生产或工作实际，划小核算单位，以班队（或班组）为二级市场核算主体。各二级市场主体根据本班队实际，以员工个人为三级市场核算主体。现以一级市场为例进行说明。

划定主体范围。一是生产经营型主体。以提供生产产品、工程施工、生产服务获得收入的单位。二是生产辅助型主体。直接为生产经营型主体提供服务或后续工作的单位。三是后勤服务型主体。以提供后勤服务获得收入的单位。

明确权利与责任。煤矿层面：负责提供生产、安全、技术、质量、设备、人员等各种有偿服务；协调生产、经营过程中出现的问题；协调各类内部市场关系，保证内部市场规范有序运行等。具有对所属单位实施监督管理；制定实施内部市场运行规则；加强内部市场监管，实施市场体系的"宏观调控"及内部市场终极仲裁等权利。一级市场主体层面：负责按作业规程组织安全文明生产；按相关规定和条款实施专业职能职责管理；保证内部分配合理。具有优化本单位组织结构，合理配置劳动力资源；要求相关单位提供服务；提出不可预见性增耗增资，并按有关规定结算奖酬等权利。

确定运行方法。以一级市场主体为内部独立核算实体，生产经营型主体确定为目标成本考核；生产辅助型主体确定为对生产一线的服务量化、定单价，考核各类消耗，计算工资性收入；后勤服务型主体实行有偿服务，采取计时工资、计件工资等形式。为此，相应建立内部商品生产市场、运输市场、劳动力市场、电力及物资市场等。

3. 健全完善价格、结算、考核三大体系

在价格体系上，按照不突破上级计划指标、行业定额标准、先进性、实际性及稳定性的原则，分别制定单一价格和综合价格。在结算体系上，各矿建立完善矿对科区的一级考核结算体系，各业务部门及经营体负责收集统计、考核、验收资料，填制各类账表，做好基础核算。按照"经营收入－经营支出＝经营效益（毛工资收入）"，及时结算确定内部损益，定期公开披露信息。其中，劳动报酬必须及时公开地核算到员工个人。在考核体系上，分别制定各级各层面考核制度、标准、细则等，对各单位、部门、个人的主要工作业绩和存在的不足，进行量化考核测评，并与薪酬、奖罚、晋升等直接挂钩。

4. 构建网络一体化组织机构

恒源煤电在充分调研分析的基础上，联合外部咨询公司，对煤矿传统管理体制进行科学设计，运用价值链管理理论，通过对煤矿"掘进——采煤——洗选——运销"价值创造的主流程的系统分析，着力解决传统煤矿管理模式中存在业务流程不畅、管理层次过多、职责权益不对称的问题，在试点成功的基础上，探索出煤矿管理新模式，变原来金字塔型的等级组织体制向网络型一体化组织体制过渡，以适应信息时代对组织的要求。从2008年开始，恒源煤电利用3年时间，在所属煤矿全面推行新模式，精减煤矿科级机构90个，精减管理人员600名，为构建高效管控的管理平台提供组织体制和制度机制保障。

（三）推行业务模式变革，促进经营管理创新

1. 规范统一煤矿内部市场业务流程运行模式

进行职能调整优化。根据内部市场化管理层次的要求，结合矿井近期稳定的生产规模下各单位、各专业、各工序、各岗位设定情况，本着机构扁平化、减少职能重叠、合理工

序等原则,梳理、调整各项业务流程,明确职责分工,界定职责边界,划定各道工序的内容、范围等。

进行科学定岗定员。根据各项工作业务流程、部门职责分类,科学设定部门内的岗位,使得不同的岗位有不同的职责和任务分工,岗位设计数目应坚持"满足安全生产、符合最低数量"原则,实现所有岗位、人员最有效的配合。

统一日常基础性业务。恒源煤电所属各矿采用"五统一"业务处理模式,即:统一验收单据、统一结算单据、统一统计分析单据、统一信息系统、统一分布式数据库。恒源煤电信息中心设立顶级管理员,各矿设立部门级管理员,并确保管理员能够自行维护,可以有效降低中心服务器的数据处理量及网络流量。

2. 创新实施材料全面超市化管理

材料管理是煤矿可控成本管理的重点。恒源煤电采取"三步走"策略,着力强化环节控制。第一步,在所属各矿推行"集中采购、集中供应、集中仓储"的物资采供模式,全面取消矿井基层单位的"二级库",由恒源煤电供应部门将物资直接供应到井口。第二步,在各矿建立井口材料供应超市。运用条形码信息管理技术,对煤矿所需各类材料进行条形编码、仓储、发放管理。第三步,推行材料网上全面预算管理流程。基层区队材料预算、网上批料、井口超市发放、条形编码管理、刷卡结算等所有日常业务,全部通过内部市场化管理平台进行报批、录入、生成、核算、控制。能够即时反映全矿和各区队材料使用情况,做到日清日结,从而有效控制各种材料支出。

3. 推行内部市场化工资结算流程再造

工分工资分配时煤矿内部市场化的核心环节之一,也是影响内部市场化实施效果的关键,更是广大员工非常关注的焦点。恒源煤电依托内部市场化管理平台,对工资结算流程进行再造,全面压缩工资结算的中间环节,基层单位与班队负责员工每班工分评定、绩效考核与奖优罚劣,矿经管部门通过系统直接将计件工资结算到员工个人,使得员工每班后就能知道班队整体绩效、个人劳动所得,并能在公开查询系统进行显示。

4. 实行设备及大型材料网络定置化管理

恒源煤电借助内部市场化管理平台,在煤矿全面推行设备及大型材料网络定置化管理,通过内部市场管理系统能即时显示设备及大型材料的使用、回收、库存等动态情况,利于井下设备及大型材料的调配,便于设备租赁费的准确结算,提高设备及大型材料的使用效率,减少不必要生产投入。

5. 推行加工件标准化管理、超市化仓储

恒源煤电在内部市场管理平台上专门开辟一个加工件模块,进行规范化管理。主要措施有:编写网络信息系统程序,定义条形码。包括入库单位设置、加工件定价、仓库建立、月度预算、入出库管理、出库物资查询及库存盘点、物资回收、修复、领用、发放明细、汇总情况及报表生成等。同时,专门编订加工件管理13位条形识别码,包含新旧料、存储地点、类别型号等分类定义,为加工件超市化管理打好运行基础。

制作加工件图纸,编制定额。运用CAD工业制图工具将原本杂乱无章的1900余种各型加工件定规格、定型号、定尺寸,汇总提炼为700余种标准化加工件,统一制作成标准化加工件图册,作为加工件制作、使用的指导性资料。将加工件定额分为工资、材料和电力费用三类成本项目。

调整优化加工件流程。恒源煤电所属矿井全面收缴各基层单位自储自备的加工件制作工具、设备及生产成品,加工工具、设备如焊枪等由物资保障部统一收回使用,已有加工物资交由加工件超市代储或代保管。

建设加工件超市库房。加工件超市化运行共分为四类仓库区域,分别为新料加工区、旧料加工区、外委加工区及旧件区,进行超市化管理。网络系统仓库设置同样分为以上四种类型,各库均有具有唯一性的单独编码设置,包含收入系数、指出系数以及是否为旧件仓库等内容,以此结算加工单位收入及使用单位支出。

加工件日常生产运营管理。在费用预算上,月初由矿经管部依据当月生产作业计划及现场实际生产需要,下达各单位加工件计划金额,各使用单位依次刷卡领料。在加工件生产管理上,由矿物资部门根据生产作业计划,依照规范图纸提前加工,并分为新件加工和旧件加工两种,验收合格后进行条形码扫描,进入各存储区域上架管理。在网络结算上,管理平台自动生成《加工考核月报》、《工资收入月报》、《材料分类考核月报》等统计表格,矿经管部门以此作为加工单位和使用单位的收入支出考核依据,进入内部市场结算系统统一结算。

6. 推行修旧利废信息化管理

修旧利废工作是煤矿企业深挖内潜、降本增效的有效途径。恒源煤电在内部市场化管理平台上增设修旧利废信息化管理模块,包括:定额、回收、发放明细表、修旧利废汇总表。

(四)明确主体功能定位,确保内部市场管理平台建设"有的放矢"

1. 开展现状调研,确定需求计划

恒源煤电通过问卷调查、现场访谈、座谈交流、外部咨询等方式,全面掌握内部市场运行状况、存在问题、业务需求、工作协调等具体情况,为内部市场化管理平台建设做好充分准备。

2. 明确管理平台的功能定位

一是预算管理功能。以全面预算管理为主线,以业务预算、成本费用预算、经营损益预算为重点,将预算目标和经营指标按照年、季、月、周、日等不同时间周期进行具体量化分解,纵向上根据管理层级具体到煤矿、科区、班队、岗位各级市场,横向上根据类别属性具体到各种费用要素,形成纵向到底、横向到边的内部经营管理网络,为预算的编制审批、监督考核、改进完善等环节有效落实,提供基础性、日常性管理支持。

二是成本控制功能。以可控成本构成全要素为控制重点,按照各个经营体的职能职责和岗位经济责任制的要求,通过定额控制和责任考核两大手段,将材料、工资、电力、维修加工、运输、设备租赁、综合费用等七项成本要素,全部纳入各级各层面经济核算与绩效考核范围,强化成本的过程控制和分析改进。

三是规范管理功能。着力加强内部市场化运行全流程管理,针对定价、验收、结算、监督、仲裁、考核、兑现、分析等各个环节,分别制定管理制度、考核办法、标准细则,让内部市场化的每项业务、每个环节、每个经营体,都能有"法"可依、有章可循、有据可查。

四是信息共享功能。通过内部市场信息管理平台,确保所有业务全部实现网上结算、日清日结、运行高效、公开透明、资源共享。

3. 科学设计开发内部市场化管理平台

在系统设计上,坚持从用户角度考虑,遵循界面美观、使用方便、录入高效、培训简单、易于掌握的标准。在系统模块上,包括五大模块:一是定额模块。制定(通过系统规范定额)、测算(基础调整后定额制动调整)、查询、获取。二是验收模块。一级(矿—部室区队)、二级(区队—班组)、三级(班组—个人)。包括产量验收、井巷工程验收、零星工程、材料考核、电力、运输费、设备租赁、维修加工、奖罚等相应验收报表。三是预算结算模块。满足各级市场的预算结算。四是统计分析模块。各级市场各种成本要素的分析。五是设备物资管理模块。满足各级市场设备物资定置化管理需要。

4. 强化管理平台的有效链接与资源集成

在推进信息化建设过程中,恒源煤电注重内部市场化管理平台与现有其他专业管理平台的有效对接、资源共享。一方面,能够提取外部数据源,如生产调度系统的工程作业计划;ERP系统内的物料信息(物资编码、收发存、材料计划)、ERP内设备管理信息中的设备资料(设备基础资料、收发存等)、井口超市条形码信息等、工资管理系统的员工信息等。另一方面,内部市场化管理平台数据可以供其它系统调用共享。

(五)建立健全管理机制,以管理平台应用提升企业经营绩效

运用煤矿内部市场化管理平台,是一项长期的、复杂的系统性工程,为此,恒源煤电建立健全相应的长效机制来推进实施。

1. 综合调控机制

一是指标调控。层层分解、逐月下达各类指标,既可保证各项指标的顺利完成,又可充分调动各线及直属单位的积极性。二是工资调控。增收节支,全额奖罚,直接计入结算工资,实行工资调节税政策及存贷款制度,按月结息,避免工资结算偏差较大的现象。三是监督检查。对内部市场运行全过程进行监督检查,监督检查内部市场运行的真实性、安全性、公平性等,查找存在的差距,分析原因,寻求改进措施。对违纪违规问题,要按有关规定,进行处理处罚。四是人力资源调控。建立内部人才市场,通过采取职工在岗、待岗、下岗的轮换对职工进行激励等积极措施,矿内部的人力资源进行有效的调控。

2. 循环调整机制

以持续改进的精神,分析内部市场运行现状,找出存在的主要问题、产生问题的原因及影响因素,按因素主次关系,制订并实施有针对性计划和措施,及时调整优化运行方式方法,确保内部市场的高效有序运转。

3. 考核奖惩机制

专门制定煤矿内部市场管理平台考核制度、考核办法、考核细则及奖罚标准,季度检查考核、半年评比兑现。综合考核得分90分及以上的矿井,一次奖励15万元,80分~90分的,一次奖励10万元。低于80分的,进行通报批评,并给予相应处罚。

三、煤电企业高效经营管控平台建设的效果

(一)初步构建了高效经营管控的管理平台

新的管理平台,集中体现了近年来恒源煤电业务流程优化和信息流程优化成果,使得煤矿的经营预算管理、物资管理全面超市化,成本控制、工资结算一体化,设备材料管

理定置化,修旧利废工作等各个环节全部实现了信息化管理各个专业管理平台的互联互通,促进了"管、控、营"的一体化运行。

(二)促进了企业管理水平的提升

通过推行物资全面超市化管理,取消基层"二级库",恒源煤电共清理所属各矿积压占用物资1800多万元。通过内部市场化管理云网络结算,极大提高了经营核算效率和质量,以工资结算为例,以往平均每个基层单位需要1人1周时间加班加点才能完成,并经常出现差错。现在4、5个基层单位工资分配只需1人几分钟就能通过网络自动生成、准确无误。成本过程控制得以实现,煤矿各类消耗做到了日清日结、日统计汇总、日分析改进。通过加工件标准化管理,提高了自制加工件的标准化程度和回收复用效率,通过加工件管理流程优化,取消了煤矿基层单位自行加工专职人员20~30人,全公司合计200多人,全部充实到一线岗位。有效的降低了人力资源的投入。

(三)保障了企业经济效益的增长

2011年,恒源煤电实现利润总额14.23亿元,比2010年增加11.9%;原煤可控成本比2010年下降3元/吨。加快了资金周转,实现了物资储备科学合理,2011年物资储备资金平均占用均维持在9000万元的低水平,比计划下降2000万元。2011年完成修旧利废产值8000万元,比2010年增加1500万元。2011年各矿加工维修费比2010年减少1260万元。健全完善内部市场化定价、验收、结算、考核、监督等制度,规范了煤矿内部各级市场交易规则及程序。2011年员工年均收入破6万元,较2010年增加5000多元。近年来,山东兖矿集团及新汶矿业集团、国投新集集团、四川省煤炭产业集团等企业,先后到恒源煤电学习考察内部市场化管理平台建设。

(成果创造人:龚乃勤、汪永茂、王显民、张德宣、颛孙祖田、万家思、张凤节)

水泥技术装备工程企业国际化发展战略的实施

中国中材国际工程股份有限公司

成果主创人：公司董事长王伟

中国中材国际工程股份有限公司（简称中材国际）是国资委所属中国中材集团有限公司旗下上市公司，主营业务是水泥技术装备工程业。中材国际由中国建筑材料工业建设总公司（现名"中国中材股份有限公司"，为集团香港上市子公司）作为发起人，以南京水泥工业设计研究院、成都建材工业设计研究院、苏州混凝土水泥制品研究院、唐山安装工程公司、苏州安装工程公司、邯郸安装工程公司6家企业的优质资产和主营业务为核心资源，于2001年12月28日正式成立。中材国际成立后开展公司制改造，于2005年4月正式在上海证券交易所挂牌上市。成立之初，中材国际即确立国际化的发展战略，打造水泥工程业完整产业链和适合国际市场需求的总承包业务模式。十年间，主要经营指标以年均40%以上的速度增长，2011年公司营业额251亿元，利润总额19亿元，在359家央企控股上市公司中综合实力排名第十，并在亚洲、欧洲、非洲和美洲取得良好的成绩，签约海外水泥生产线一百三十余条，累计合同金额1100亿元，市场覆盖70余个国家和地区，国际市场份额从2008年起超越欧洲公司，连续四年居全球第一，2011年国际市场份额达40%。

一、水泥技术装备工程企业国际化发展战略的实施背景

（一）全球水泥工业进入新一轮发展时期

水泥工业作为水泥技术装备和工程业的下游产业，其发展态势、周期性波动、投资规模、投资区域等都直接影响到水泥技术装备和工程业的发展和竞争。2002年，全球水泥消耗量约18亿吨，其中中国市场消耗量约7亿吨，不含中国的国际市场消耗量约11亿吨。与此同时，全球宏观经济表现出强劲的增长态势，新兴经济体也开始快速崛起，11亿吨的水泥产能已经无法满足世界经济发展的需要。从中材国际当时在海外市场调研的数据来看，中东、东南亚、非洲许多国家都将在较长期间存在水泥短缺的情况，而欧洲、美洲的发达国家对水泥生产线技术更新、改造的需求也较大，种种迹象表明，全球水泥工业将进入新一轮发展时期。从当时国际市场竞争情况看，参与竞争的主要是欧洲公司，包括丹麦的FLSMIDTH，德国的KHD和POLISUIS，其中FLSMIDTH多年来长期占据国际市场第一的份额，国际市场多年已没有具备实力的新进入者，市场价格保持在高位，许多业主期待水泥装备工程业服务格局发生变化。

（二）我国水泥工业技术装备和工程达到国际先进水平

新型干法水泥生产工艺技术（NSP）是国际上生产水泥的先进技术，它应用现代科学技术和工业生产最新成就，使水泥生产具有高效、优质、节约、清洁的特点。上世纪八十年代，我国开始引进新型干法水泥成套生产设备并以此为基础进行引进、消化、研发、自主创新。在这一时期，中材国际完成20多项试验，基本上解决日产2000吨NSP生产各工艺环节上的技术难点。二十世纪九十年代，是中国水泥工业技术和装备走向成熟的十年，尤其是"九五"时期，中国建材工业提出了"由大变强、靠新出强"的跨世纪成长战略，工艺技能与装备水平快速发展，掌握了拥有我国自主知识产权的技能。在此期间，中材国际前身在消化吸收"七五"、"八五"时期引进的技术和装备的基础上开展一系列实验研究和开发创新工作。1996年，自主研发、设计和建设的河北省冀东水泥厂扩建工程是第一条以国产设备为主的4000t/d熟料示范生产线，设备国产化率近70%，投产后很快达标。进入新世纪后，借势于中国经济的快速发展，中材国际加大研发投入，并成功研发TDF、NST、CDC、TSD、TWD、TFD、TSF等大型预热分解系统及挤压粉磨系统，从而拉开中国凭借自主技术大量建设5000t/d及以上级预分解窑生产线的序幕。2002年由中材国际设计并提供烧成系统主机设备及工程建设服务的铜陵海螺5000t/d新型干法水泥熟料生产线建成投产，建设周期仅用13个月，这是第一条国产5000t/d新型干法水泥生产线，设备国产化率已达到96%。并且各项能耗指标和性能指标都达到世界一流水平。经过几十年的积累，以中材国际为代表的中国水泥装备工程企业已具备参与国际市场竞争的基本条件。

（三）实施国际化战略是水泥装备工程企业做大做强的必然选择

中材国际所处的水泥技术装备工程业，是水泥工业的一个细分行业，单一的国内市场容量较小，对于已发展成为行业领头羊的企业来讲，发展空间受到限制。而国际水泥市场，像中东、非洲、东南亚等众多区域（国家）需求比较旺盛，为企业长远发展带来空间。从当时国际市场竞争情况看，与FLSMIDTH等国际竞争对手相比，中材国际在研发、装备制造、品牌、高端市场等方面虽仍有差距，但在产业链完整性、工程管理经验、工期控制、成本控制等方面占据优势，在技术水平方面也达到国际先进水平，参与国际市场竞争是具有可行性的。此外，中材国际认为，进入国际市场后，由于建设环境的复杂，业主需求的多样，更能锤炼和提升中材国际的综合履约能力和适应市场需求的能力。而随着国际市场格局的变化以及国际化战略的深入实施，在适当时机，进行海外的兼并重组，加大利用国际资源力度，也可以促进企业快速发展成为全球性企业。

总承包承建的叙利亚ABC2条日产5000吨水泥生产线项目（局部）

二、水泥技术装备工程企业国际化发展战略的实施内涵和主要做法

中材国际以打造"一流国际技术装备

工程公司"为目标,积极实施国际化战略,打造适合国际市场需求的总承包业务模式,坚持科研开发,保持技术水平领先,以塑造品牌为核心,综合利用国内外资源,积极开拓国际市场,并严格防控风险,国际化竞争力不断提升,快速成长为全球最大的水泥技术装备工程服务商。主要做法如下:

(一)明确国际化发展战略目标和实施路径

确立国际化发展战略的目标,即"用 10 年到 15 年的时间发展成为一流的国际技术装备工程企业",具体包括:在国际市场份额方面要进入三强,海外市场业务占到业务总量的 50% 以上,组织结构国际化(建成多个海外运营分中心、技术中心、制造中心),形成国际化的人才队伍,技术水平持续走在全球前列等。为实现战略目标,确定实施国际化战略的三个阶段。第一阶段完善中材国际公司治理,夯实发展基础;整合产业链,打造适合国际市场需求的总承包业务模式,贯彻成本领先的差异化战略,实现市场的国际化。第二阶段塑造国际知名品牌,构建风险控制体系,实现品牌的国际化和组织、人员的初步国际化。第三阶段基于海外本土化发展,进一步实现市场扩张,适时推进国际并购,实现资产、组织、人员的全面国际化。

(二)整合内部产业链资源,构建总承包业务模式

在国际化战略确定初期,中材国际对国际市场进行大量调研,发现国际市场许多区域由于工业体系不完善,缺乏本土水泥工程资源,需要的是一个能提供 EPC/EP 总承包服务的系统供应商;而有些区域虽然有较为完善的工业体系,但认为由专业的供应商提供 EPC 系统集成服务有利于业主控制风险、缩减成本。而从国际市场竞争者的情况看,市场竞争者业务模式大致可以分为两类:第一类是以水泥生产线研发设计、装备制造为核心能力,承揽工程总承包项目,并以此为主要业务的公司,主要包括丹麦 FLSMIDTH 公司、德国 POLYSUIS 公司、德国 KHD 公司以及国内的合肥水泥工业设计研究院;第二类是以工程设计或项目管理或装备制造为核心能力,承揽少数工程总承包项目的公司,主要包括国内的中信重机、中国凯盛、中国国际工程及一些贸易窗口公司。经过分析,中材国际认为如果仅向业主提供完整工程的部分服务,或者总承包后由于不具备相应资源、能力,转而进行大量分包,对分包的管理和控制能力非常弱,业主对总承包服务的需求并没有得到很好的满足。结合自身资源特点,中材国际决定选择基于全产业链能力的总承包业务模式,一方面与主要竞争对手形成产品、服务差异,另一方面可以更好地满足业主的需求。

1.整合内部产业链资源,构建总承包业务模式

中材国际整体拥有完整的水泥工程产业链,但这些产业链资源在中材国际内部却又是分散的、割裂的,大量的业务、资产分步在分子公司。这种情况下,中材国际旗下参与国际市场竞争的主体较多,且每一个主体业务模式与国际竞争对手没有形成差异,同时单体规模又较小,竞争优势无法形成。为此,中材国际着手进行内部产业链资源整合,将水泥总承包工程所需资源配置到统一的管控体系下。首先,形成中材国际统一的员工激励平台,实现各子公司利益与中材国际整体利益的一致性,为内部资源整合奠定基础。其次,进行大范围的内部组织结构调整(根据实际情况,有些是进行股权调整,有些是整合形成统一的领导班子),形成统一的管控平台。伴随着内部产业链整合,按照实施大型

海外总承包项目的需要,在新的管控体系内沿总承包业务链重新配置资源。

2.不断强化产业链薄弱环节,提升总承包业务模式的竞争力

在中材国际最初的总承包产业链条中,工程设计和工程建设的资源比较丰富、能力比较强,装备制造能力较为薄弱,在一定程度上影响到了总承包业务的发展。为在较快时间内提升企业装备制造的水平和规模,中材国际进行多次兼并、收购以及投资新建。其中于2006年先后收购天津水泥工业设计研究院有限公司、成都集信、中唐环保、中国建材装备公司股权,并对唐山中材重机增资,2007年底与民营企业合作在江苏扬州、溧阳建立装备制造基地。此外,陆续发展备品、备件业务和水泥生产线运营服务业务,延长业务链条,更好地满足业主的需求。

(三)加大科技创新投入,保持技术领先地位

1.搭建科研创新平台,为研发活动提供组织保障

中材国际成立时下属南京、成都、苏州3个设计研究院,专门从事水泥工程相关技术研发、工程设计工作。为进一步提升研发水平,中材国际2006年收购天津水泥工业设计研究院,并申请获批两个博士后流动站、两个国家级工程实验中心。为保证平台运转,在水泥热工、粉磨、破碎等技术领域为科研平台配备结构合理、工程化和产业化研发素质较高的技术队伍。

2.强化研发投入,明确科技创新考核

为保证研发投入到位,中材国际明确规定,每年投入到研发方面的费用要达到营业收入的3%,如2011年投入研发费用近8亿元。同时,在对下属公司考核方面设置创新导向指标,包括研发投入强度、成果与专利、新产品销售收入、研发组织与管理创新等。

3.开展大量前瞻性课题研究,保证技术水平始终领先

中材国际研发平台每年滚动开展各类重大科研项目60多项,按照ISO2000质量管理体系进行管理,采用课题组负责制和科研中心集中管理相结合的管理办法,每年都有大量成果产出,达到世界先进水平,为保持公司国际竞争力提供保障。

(四)多渠道开拓国际市场,塑造国际著名品牌

1.做好国际市场开拓规划

为实现市场国际化,对国际市场开拓进行总体规划,明确发展路径,即以单个国家和项目的实施,获得业主和市场的肯定,从而向某个地区扩展,继而打开全球市场。在客户群方面,主要是服务于大型跨国水泥集团以及区域性大型水泥生产商,定位于中等价格、中高端品质,让投资商获得超额价值。

2.在沙特市场深耕细作,集中展示企业实力

经过对全球市场分析,中材国际认为国际化第一步应从中东迈出,因为中东地区由于石油经济的发展,带动基础设施对水泥的强劲需求,是一个潜力巨大的市场,而同时,中东地区没有自身的水泥工程业,EPC工程服务有着实际需求。中材国际选取沙特市场为落脚点,并对沙特市场进行深入调研,包括市场容量、现有产能分布、现有技术装备状态、原材料价格、采购与分包市场、技术标准、风俗习惯等等,并借助SPCC项目实施与沙特水泥生产商进行全面交流。一方面积极参加沙特市场的投标,一方面邀请业主到中国参观由中材国际EPC建设的国内大型水泥生产线。经过努力,2004年,中材国际通过激

烈的竞标获得沙特 SPCC 日产 5000 吨水泥总承包项目,项目的实施水平受到了业主的肯定。借助第一条线的效应,中材国际对沙特市场进行更为深入的开拓,截止目前在沙特共签订 12 条水泥生产线工程总承包项目,这些生产线分布在利雅得、吉达、达曼、阿布哈、海尔、ALTURAYF 等地区,包括世界顶级规模的 3 条日产万吨的超大型水泥生产线和 9 条日产 5000 吨大型水泥生产线,合同总金额合人民币约 180 亿元。沙特项目的巨大成功开启中材国际在中东市场的发展之路,相继在也门、阿联酋、叙利亚、伊拉克、埃及、摩洛哥、阿曼、阿尔及利亚、伊朗等其它 9 个中东国家签订 15 条水泥生产线。之后,中材国际再以中东市场为跳板,快速进入到全球各个市场区域,在亚洲、欧洲、非洲和美洲都获得了较好的成绩。

3. 做精品工程,塑造品牌形象

本着做精品工程、塑高端品牌的原则,中材国际在海外建设完成的项目中,精品工程占到 60% 以上,其它工程也几乎全部达到合同约定。例如,中材国际在做沙特项目时,进行大量的内部资源整合,开展组织重构、流程重构,大量应用现代信息系统和现代企业管理手段,加大中材国际范围内资源调配力度,提高资源共享水平,强化工程设计、设备采购、现场施工一体化管理水平和项目的计划管理,切实保证每一个项目的进度和质量。其中,合同总金额 5.8 亿美元的 SCC 两条日产万吨水泥生产线项目,是全球最大规模的水泥生产线项目,也是和欧洲公司激烈竞标获取的。中材国际提前 2 个月完成该项目,各项性能指标都超过合同要求,业主为此专门给予 2000 万美元的奖励。除此外,伊拉克 MASS 项目、叙利亚 ABC 项目、阿联酋 UCC 项目、阿尔巴尼亚 TITAN 项目、摩洛哥 SETTA 项目、越南福山 LUCK 项目、土耳其 TRACIM 项目等等全部获得业内广泛赞誉,并带动了项目周边业主与中材国际的合作。

4. 强化与国际大集团的战略合作,获取稳定的项目源

在国际市场上,法国拉法基(lafarge)公司、德国海德堡(Heidelberg)公司、瑞士豪西姆(Holcim)公司、意大利水泥(Itlicim)公司等全球最大的水泥生产商是在全球各地进行投资生产水泥的,中材国际进入国际市场后,积极与这些大型水泥集团接洽,并获得他们在海外的项目,随着合作深入,这些水泥巨头对中材国际的项目实施能力和生产线运行性能非常认可,形成战略合作关系。以拉法基集团为例,其在印度、厄瓜多尔、赞比亚、俄罗斯等多个国家的水泥生产线项目都由中材国际建设完成。

5. 积极协助业主融资,丰富市场开拓方式

2008 年,国际金融危机爆发引发全球的资金紧张,许多业主苦于无法获得融资,许多项目不得不暂时搁置。中材国际利用中国外汇储备优势和政府扶持政策,积极与中国信用保险公司、进出口银行等金融、保险公司展开合作,筹划为业主融资,对项目签约起到良好的促进作用。此外,在个别项目上,根据市场状况及业主要求,和当地企业组成联合体的形式进行投标。

6. 积极推广公司品牌模式,战略性培育国际市场

中材国际在国际市场的项目,主要是根据业主要求,按照国际标准实施的。随着公司品牌的树立,在国际市场影响力扩大,中材国际开始有计划推广公司品牌(SINOMA)模式,即完全采用中材国际的技术标准、工程设计、装备和项目管理方式在国际市场建设

水泥生产线,目前在安哥拉项目上已采取此模式,在保证工程质量和水泥生产线性能的同时,大幅缩短工期,项目投资也有所降低。

7. 积极履行社会责任,促进市场开拓

中材国际经过几十个国家的经验积累,对环境保护、社区建设、文化融入、雇员福利、社团利益、慈善事业等方面,通过制度固化一些好的做法,在全球项目现场推广,获得客户、工程所在国政府和居民的一致好评,树立良好的国际形象。

(五) 强化国际资源利用能力,推进组织、人员国际化

1. 设立海外分支机构,推进组织国际化建设

从2005年开始,中材国际陆续在海外建立分支机构,包括沙特分公司、也门分公司、尼日利亚子公司等。这些分支机构多在海外项目比较集中的区域建立,实行大区域管理,对区域内资源进行统一调配。像沙特分公司,主要管理沙特及周边地区的工程项目,为项目提供法律、财务、税务、劳工等方面的服务,协调项目建设所需的人、财、物等资源,统一进行部分材料的采购,同时与所在国政府、业主、使领馆以及其他中资机构保持良好的沟通,建立顺畅的信息渠道,并利用已有项目的影响,协助市场部门开拓当地市场。

2. 加大海外分包力度,推动人力资源的本土化

为提高外部资源利用效率,推进国际化深入进程,并适应海外市场情况(有些国家对劳工进入限制较为严格),大力推进本土化,将一些技术要求较低,非关键路径上的土建施工、设备安装的子项工程分包给当地的企业,同时加大当地员工的聘用力度,提高当地的工程材料、设备采购比例。例如,非标准件、结构件,越来越多地安排在现场由当地工人进行制作,而不再由中国制作后船运到现场。目前,中材国际正着手在印度、尼日利亚等地建设装备制造基地、钢结构制造基地以及零配件仓储网络、营销网络,辐射在周边国家的工程项目。

(六) 健全风险管理体系,保证国际化战略平稳实施

1. 应对汇率风险

中国2005年7月21日汇改以来,人民币兑美元汇率已由8.27升值到了2012年9月30日的6.34,升值率达23%。人民币升值持续吞噬了中材国际的利润,并且影响到了竞争能力。针对汇率风险,中材国际一方面在签订海外合同时,所报价格充分考虑到汇率升值风险,同时凭借集团的竞争能力,签订许多固定汇率合同。此外,通过及时结售汇以及基于项目收支的远期外汇交易,尽量规避汇率风险。

2. 应对市场环境风险

2008年10月以前,国际水泥工程市场承继2005年以来的增长态势,中材国际海外项目签约达500亿元的历史最好水平,然而10月份以后,国际金融危机爆发,市场出现猛烈下跌,许多海外客户基于资金紧张或对未来经济预期悲观,开始撤销所签合同,中材国际超过一半的当年所签合同被延期或终止,并遇到一些合同纠纷。在此过程中,一方面按照合同规定积极向业主提出损失补偿,另一方面,从客户角度出发,对未发生费用的部分及未实施的合同同意业主的终止请求,积极维护与客户的关系。2011年国际市场有所好转时,一些撤单的业主又将项目交付给中材国际。

3. 应对政治与安全环境风险

自2010年底茉莉花革命爆发以来,中东北非的埃及、利比亚、叙利亚、也门等国相继爆发战争或动乱,许多央企遭受较大的财产损失和人员伤亡。中材国际在中东、北非的项目也受到影响,但影响较小。一方面集团高度重视员工安全,及时采取预防措施,动力爆发初期,集团就与当地政府以及业主进行大量沟通,寻求获得安全保护。同时,在项目所在地发生战争后,及时组织人员撤离回国。因此,在整个西亚、北非局势动乱期间,中材国际没有一个员工受到伤害。此外,由于中材国际是轻资产的业务模式,在海外的资产较少,而业主一般在支付20%预付款后,按月支付进度款,因此中材国际的财产损失也很小。

4. 应对自然环境及劳务纠纷风险

中材国际项目在海外分布广泛,有些项目所在国家的自然环境比较恶劣,比如沙特的持续高温天气,比如尼日利亚的疟疾等等。这些恶劣的自然环境一方面会降低员工的工作效率,另一方面容易导致劳务人员的心态恶化,引起一些罢工等事件。针对这些情况,中材国际积极改善劳务人员的食宿环境,强化医药保障,并根据天气情况合理安排作息时间,同时保证不拖欠劳务人员的工资,并根据人民币升值情况,增加劳务人员薪酬,加强与劳务人员的沟通交流。

5. 应对项目纠纷及业主索赔风险

在海外实施大型工程项目,影响项目进展的因素很多,对明显有延期的项目及时查找原因,提解决措施,同时集中配置资源抢工期。

6. 系统构建全面风险控制体系

中材国际于2009年与国际知名咨询机构签订为期数年的合同,引入全面风险管理和内部控制体系,遵循"由点到面、循序渐进、逐步深化"的建设思路,先试点、后推广,逐步建立以"组织结构科学、管理流程顺畅、制度设置规范、控制程序精细"为特征的风险内控体系。作为此体系的重点内容,海外项目风险控制得到全面、系统地梳理,国际业务流程和管理制度不断健全和完善,对防范和控制风险起到较好的作用。

三、水泥技术装备工程企业国际化发展战略的实施效果

（一）企业国际化经营能力和水平不断提高

中材国际2002年实施国际化战略以来,国际化经营能力和水平不断提高。在市场签约方面,2002年签订的海外合同额不足5亿元,之后每年都有较快增长,2005年达到了95亿元,2008年达到237亿元,虽然近几年受国际金融危机影响较重,但海外合同签约也都超过了100亿元,2011年恢复到183亿元,并且国际市场占有率一直在攀升。

从项目运营来看,经过国际市场经验积累,中材国际同时运作大型项目的能力明显提升,2011年时,同时实施海外总承包项目约40个,分布在30个国家,项目整体实施状况良好,运营有序。从市场竞争能力来看,2008年中材国际超越丹麦FLSMIDTH成为全球最大的水泥装备工程承包商,市场格局发生了根本性的变化。

（二）带动了我国水泥技术装备工程业的发展

国际化战略的实施,不仅让中材国际快速走向国际市场,也让中国在短短数年间成为全球最大的水泥技术装备工程出口国。中材国际累计在欧洲、美洲、亚洲、非洲的70多个国家,建设完成近百条条水泥生产线,大量工程项目成为当地颇具影响的重点工程,并

获得业主的广泛赞誉,向全球展示了中国水泥技术装备工程水平,让全球水泥工业对中国水泥技术装备工程水平有了全新认识,树立了中国水泥技术装备工程行业新形象。同时,中材国际海外项目的拓展,直接带动了相关企业的发展以及大批劳务出口,促进了就业和创汇。

(三)促进了相关国家水泥工业的快速发展

中材国际进入国际市场后,为国际市场注入了巨大活力,在品质保持未变的情况下,带动了市场价格的整体下降,全球水泥投资商也因中材国际的进入有了更多的选择,缩短了投资项目的工期,降低了费用,提升了价值。在中材国际进入国际市场的短短10年间,为全球提供了超过亿吨的水泥产能,占到全球(不含中国市场)10年间新增产能的20%以上,较好地促进了全球水泥工业的发展。

(成果创造人:王　伟、武守富、于兴敏、蒋中文、唐亚力)

境外水电 BOT 项目风险管理

中国华能集团瑞丽江一级水电有限公司

成果主创人：公司董事总经理马立鹏

中国华能集团瑞丽江一级水电有限公司（简称瑞丽江公司）成立于 2007 年，是华能澜沧江水电有限公司的控股子公司——云南联合电力开发有限公司与缅甸联邦电力一部水电实施司以 BOT（建设—运营—移交）方式合作开发缅甸瑞丽江一级水电站项目组成的合资公司。瑞丽江公司中缅股东占股比例为：中方占股 80%，缅方占股 20%。瑞丽江一级水电站位于缅甸北部掸邦境内紧邻中缅边境的瑞丽江干流上，总装机 6×100MW，设计年平均发电量 40.33 亿千瓦时，年利用 6722 小时，工程总投资约 32 亿元人民币，2009 年 4 月 6 台机组全部投产。电站同时向中缅两国送电，运营 40 年后完全移交缅甸政府。投产当年即创造利润，运营 3 年多来始终保持良好的效益。该电站是目前我国大力实施"走出去"发展战略下在境外投资建成的第一个也是最大的水电 BOT 项目，是缅甸国内建成投产的第二大水电站。

一、境外水电 BOT 项目风险管理背景

（一）确保项目顺利推进的需要

瑞丽江一级水电站项目最初由缅甸政府投资，云南机械设备进出口公司以 EPC 方式承建，后因缅方资金不足被迫停工。中缅双方组成瑞丽江公司重启项目后，电站开发方式由 EPC 转为 BOT，缅方不再投入资金。由于种种原因，缅方认可的项目总投资额度仅为 2004 年项目启动时估算的 2.81 亿美元。但是在项目被迫停工的几年中由于美元贬值、原材料价格大幅上涨、现场地质条件变化、工期提前等原因，截至 2008 年 6 月工程总投资上升至 4.75 亿美元左右。如果不能采取必要措施说服缅方对总投资进行重新确认和变更，项目将可能进入僵持状态很难继续推进，中方股东将面临数亿人民币的投资亏空，国有资产面临巨额流失。

（二）规避境外投资风险的需要

由于东南亚紧邻中国的地缘优势可实现电力回送，助力西南地区"西电东送"。这对于我国电力企业实施"走出去"战略，与相关国家合作开发水能资源，实现互利合作无疑是一个好机会。但同时"走出去"也将面临巨大的挑战和风险。

项目所在国特殊的内部环境带来的风险。由于历史原因，缅甸国内政治动荡、武装冲突、法律不全等综合风险因素带来的威胁中国企业在缅水电投资项目几乎全部受到不

同程度影响被迫停工甚至完全撤出。

因第三国干预带来的资金安全风险。美国和欧盟等西方国家多年来对缅甸实施严厉的经济制裁：一是金融制裁，即对缅甸及涉缅金融活动实施严格的监控和限制，冻结缅甸政府及与缅甸政府有合作关系的企业或相关个人的海外账户，限制大额资金流向缅甸境内；二是贸易制裁，主要是限制缅甸与其他国家的贸易往来，对重要战略物资采取禁运措施。

严厉的制裁给瑞丽江一级水电站项目开发带来了重大的影响。一是瑞丽江公司是瑞丽江一级水电站的开发主体，按照国际惯例，所有用于项目建设的资金，从工程承包费用到设备采购费用等都应该是先由投资方划到瑞丽江公司账户，再由瑞丽江公司来做统一支付。然而，在严格的金融制裁下，从瑞丽江公司账户上划入或划出资金都将面临极大的风险。

二是电站施工主要由中方施工单位承担，建设所需的所有物资几乎都要靠进口。由于受贸易制裁的影响，电站建设所需的大量机电设备也同样被禁运。只有直接从中国进口或通过中国从第三国采购。在这一过程中，中方投资者需要操作现金国际划转频繁，大大增加了资金被冻结的风险，且整个过程复杂，操作效率低下，将直接影响到工程的建设进度。

（三）避免汇兑损失节约成本的需要

按照国际惯例，跨境贸易的结算币种一般都用美元或欧元等国际贸易主流货币进行结算。瑞丽江一级电站建设和运营均由中方负责，过程中的合同计价、贷款偿还、劳资支付等均使用人民币进行结算，在这样的情况下，汇率的波动将给瑞丽江公司带来巨额的汇兑损失和难以预测的资金风险，大大增加了企业的成本，同时也降低了企业运作效率。且由于汇率的不确定因素使经营成果不能完全明晰化，从而降低了决策的有效性。

二、境外水电 BOT 项目风险管理内涵和主要做法

瑞丽江公司结合缅甸国家的特殊性及企业自身特点，通过实物投资法、在中国开设离岸账户、实施人民币跨境结算、构建和谐的投资环境及紧紧依靠国家有力的外交手段等一系列的措施最大限度降低和规避境外投资风险，保证水电站顺利建设和运营，确保对外投资过程中国家资产能够保值增值，合作各方实现互利共赢。主要做法如下：

（一）应用实物投资法破解总投资额变更，确保资金安全

1. 应用实物投资法，确保项目顺利推进

由于瑞丽江一级水电站项目重启后缅方认可的 2.81 亿美元和实际发生的 4.75 亿美元的项目总投资的巨大差异，给中方投资者带来巨大风险，经过研究，瑞丽江公司认为：采用实物投资法可以很好的解决这一难题。实物投资法就是对工程建设过程中形成的实物工程量及其对

瑞丽江一级水电站厂房

应单价进行确认,量、价相乘即构成总投资的基础部分,再加上其他一些软性费用(如设计、监理费等),便形成项目的总投资。这样,项目建设过程中的资金使用情况就变得更加明晰化。具体操作中瑞丽江公司邀请缅方派人组成中缅联合工作小组,从工程量签认和项目单价确认等基础工作入手逐项落实,使缅方充分了解工程的实际投入情况,对项目的资金使用情况有更加清晰的认识。同时,在短时间内向缅方提交"总投资情况说明"、"单价分析报告"、"价差分析报告"、"总投资变化对比财务评价"、"东南亚国家同类型水电站单位千瓦投资对比分析"等大量支撑性材料。经过一年多的反复谈判和艰苦努力,终于成功说服缅方,通过缅甸电力一部、缅甸投资委员会、缅甸贸易理事会等的层层审查,最终获得缅甸内阁会议的批准,确认4.75亿美元项目总投资,从而为中方股东避免巨额损失,确保项目顺利推进。

2. 通过实物投资法,避免项目建设时期大额资金跨境流转,确保资金安全

应用实物投资法在项目建设期间项目所需各项资金支付可由中方股东直接完成,大额资金不需要进入瑞丽江公司账户,因此即可消除资金被冻结的条件,从根本上避免资金受到冻结的风险。同时,由于从中方采购物资可直接使用人民币支付,加上电站的施工单位均为中方企业,使用人民币支付省去兑换环节,从而避免汇兑损失。

由于实物投资法的成功应用,整个项目建设期内,资金流通未受任何影响,工程建设得以快速推进。工程复工后仅4个月就实现大江截流,从大江截流到首台机组投产仅用了21个月的时间。刷新同规模电站建设速度,且工程造价低于国家发改委核准的投资额度,为国家节约了资金。

(二)在中国境内开设离岸账户,降低资金划转风险

电站建成投产以后,项目的经营活动均以瑞丽江公司为主体,最重要的是电站向中缅两国售电的电费收入均须先进入瑞丽江公司账户,大额的现金流动不可避免。然而,按照国际惯例合资公司(瑞丽江公司)的结算账户应该开设在项目所在国或双方股东所在国以外的第三国,鉴于缅甸受制裁,账户设在缅甸境内资金受冻结风险极大。而政局稳定、与缅甸或中国有良好的贸易关系和金融往来的第三国,在亚洲国家寥寥无几,因此在第三国开设离岸账户依然存在较大的难以预测的风险。瑞丽江公司经过客观缜密的分析,认为将结算账户开设到中国是相对最为安全和经济的。其主要优点:一是将账户置于中国,即改变资金流向,规避资金流向缅甸本土这一重要的受制裁因素;二是随着中国国际影响力的不断增强,相关国家要对流向中国的资金采取强制措施将承担巨大的政治风险,因此账户设在中国将更加安全;三是账户在中国境内,即可受到中国政府和国内金融监管体系的保护,不但美欧制裁无法对其直接作用,且可在境外发生某些不可预知的政治事件或其他有可能影响电站运营的事件时最大限度地掌握主动权,避免或减轻国有资产及企业利益受损;四是瑞丽江公司的主要管理工作由中方股东兼任,账户设在中国方便财务工作,简化了相关工作程序,提高了工作效率,且大大节约了财务工作成本。

瑞丽江公司向缅方讲明情况,晓之以利害,说服缅方放弃与现实不相适应的国际惯例,通过一年多的努力及方方面面的工作,终于获得缅方的同意和支持,2008年8月在中国上海交通银行开立瑞丽江公司结算账户。

(三)推进人民币跨境结算,消除资金流转风险及汇兑损失

2010年以来,缅方使用欧元支付的电费在划转过程中遭遇了3次被中转行法兰克福银行退回的境遇,瑞丽江公司资金安全受到严重威胁。加上人民币不断升值,使用外币结算已给瑞丽江公司带来巨大的汇兑损失,采取更加有效的资金风险规避措施已迫在眉睫。

恰逢此时国家出台允许使用人民币跨境结算的相关政策,云南省成为获准实行人民币结算的省份之一。瑞丽江公司使用人民币结算可以完全解决资金划转风险和汇兑损失,主要的优点:一是使用人民币进行跨境贸易结算,其清算过程完全在中国国内完成,无需通过中转渠道,可完全避免因缅甸政治问题导致的账户资金冻结风险;二是货币无需兑换,可从根本上避免因汇兑而产生的财务成本;三是简化资金流转环节,降低企业财务成本提高资金运作效率;四是对缅方来说,选择币值相对稳定的人民币作结算货币,一定程度上能防范汇率风险,使用和持有人民币,能够分享中国经济稳定发展的成果。对中方来说,选择本币作为结算货币,可有效降低结算成本,避免对外贸易中由于汇率波动造成的损失,合同计价货币和企业运营货币一致,签约前就能切实了解交易成本和收入,使经营成果明晰化,提高决策的有效性。贸易用资金和生产用资金币种一致,能更有效地进行现金管理。

2010年9月14日瑞丽江公司成功的在中国交通银行开通跨境人民币结算业务。瑞丽江公司多次率团到缅甸进行沟通协调,不断强化人民币结算对双方的好处,通过层层努力,多方协调,终于说服缅甸电力一部、财税部、外贸银行等机构,同意使用人民币支付电费。2010年10月,瑞丽江一级水电有限公司收到由缅甸电力公司支付的2010年7月份人民币电费共计2303万元,标志着瑞丽江公司在云南省率先实现人民币跨境结算;从根本上避免汇款冻结风险和汇兑损失,有力地保障资金安全,最大限度地保证国有资产和经营成果不受损失。

(四)构建和谐投资环境,确保项目顺利建设和运营

瑞丽江公司的项目所在国内部风险主要指境外投资尤其是在缅甸政治特殊、法制不全、社会动荡等一系列问题带来的风险,具有很大的不确定性和复杂性,很难靠单一的商业手段或短期措施完全消除。其中很多因素是可能长期存在的,某些潜在风险因素一旦被激活、激化,对境外投资的影响几乎是颠覆性的。但是通过主动营造和谐投资环境可以最大限度地降低综合因素风险。

1. 尊重合作伙伴,强调合作共赢

由于缅甸政治的特殊性,政府对外来投资既渴望又戒备,投资成功与否,很大程度上取决于缅甸政府的态度。因此在缅甸投资,尤其是进行投资大周期长的资源开发型项目投资,更加要注重与缅甸政府建立良好的互信关系。充分尊重对方,要以对等及友好协商的态度加强合作沟通,重视互利共赢的合作基础,切忌以控股方身份独断专行,其中,尊重和沟通尤为重要。

2. 主动承担社会责任,与当地建立和谐关系

在境外做项目,营造和谐企地关系,帮助地方经济发展更是直接关系到企业的正常运作。尊重当地百姓风俗,融入当地文化,主动帮助周边百姓解决一些实际困难,对境外企业来说是至关重要的。瑞丽江一级水电站项目建设以来,瑞丽江公司主动帮助当地修

建学校,平整道路,修建医院和寺庙;还帮助周边村寨架设输电线路,免费提供生活用电,使当地百姓千百年来第一次用上清洁高效的电能。尊重当地风俗文化,参加当地节日庆祝活动等友好的举动,赢得当地百姓的认同。电站从建设到投产运营几年来没发生过一起与地方百姓的纠纷,不仅如此,周边百姓还主动维护电站财产安全。曾有当地村民自发将偷盗电站设备物资的人员扭送警察局并送还被盗物资。

3. 坚持"中立"原则,不介入当地纷争

在缅甸这样武装派别众多,各种关系错综复杂,中央与地方冲突频发的地区开发水电,要确保项目顺利进行,与相关各方保持良好关系是必不可少的。几年来,瑞丽江公司始终坚守原则,与相关各方保持公开、恰当的接触,交往过程中做到"不过密,不参与,不支持,不反对,不评论"的"五不"原则。瑞丽江一级水电站自开发至运营的几年中,一方面因主动承担社会责任为当地百姓做好事赢得地方百姓的信任和支持,另一方面也因坚持原则与相关各方保持恰当的关系及合理的距离而赢得缅甸相关各方尊重。电站周边虽多次爆发冲突,但相关各方均能自觉约束行为,未发生影响电站中方人员人身、设备安全及干扰电站正常生产秩序的事件。

(五)紧紧依靠强大的祖国,通过外交途径化解风险

在"走出去"过程中,瑞丽江公司的力量毕竟有限,尤其是在缅甸这样的特殊国家,投资往往受到领导者个人或某一政治集团意志的影响较大。加之战乱冲突等对企业的人身财产安全形成较大的潜在威胁。因此,实施"走出去"的过程中,必须随时保持与中国驻缅使领馆及相关商务管理机构的密切联系沟通,紧紧依靠强大的祖国。使领馆及相关外贸管理机构不但可以提供投资建议和意见,且在瑞丽江公司利益受到非法损害或是发生威胁到员工人身财产安全的突发事件时可以从政府角度瑞丽江公司提供保护和帮助。如在云南省商务厅、外管局等相关机构的支持下,瑞丽江公司成功实现人民币跨境结算,从根本上规避资金划转风险和汇兑损失;2011年6月以来,电站所在区域缅甸政府军与地方民族武装军事冲突持续至今,严重威胁电站安全的情况下,瑞丽江公司通过保持与政府相关外事管理机构的密切沟通,及时掌握最新情况,并通过政府与冲突双方对话,确保电站人身财产安全,并在政府相关机构的统一安排和协调下,更好地做好应急防备措施,以将风险降至最低。

三、境外水电BOT项目风险管理的效果

(一)规避了风险,确保了项目顺利运作

电力企业境外水电BOT项目以资金运作为主的风险管理,所包含的构建和谐的投资环境、应用实物投资法、在中国开设离岸账户及人民币跨境结算等系列措施,构成了一套较为完整有效的境外水电BOT项目从工程建设到项目运营全过程的资金安全风险防控体系。自项目建设到正常运作以来未发生账户资金遭到冻结的情况,并从根本上避免投资过程中的资金划转风险及汇兑损失;最大限度的降低政治动荡、武装冲突、法律不全等综合风险因素带来的威胁,保证项目在错综复杂的境外环境下能够顺利推进并健康运营。瑞丽江一级水电站成为我国在缅投资水电项目中唯一一个在冲突区域内未发生人员安全问题及设备受损的项目,也是目前为止唯一一个仍在正常生产发电的中方在缅水电项目,并创下年发电量34.2亿千瓦时的投产最高发电记录,创造了良好的收益。

(二)取得了显著的经济效益

风险管理系列措施给企业带来的安全健康运营所产生的效益仅从汇率波动一个角度计算,实物投资法和人民币跨境结算两项措施就为瑞丽江公司避免了巨额的汇兑损失。据中国人民银行公布的汇率统计,2006年至2011年人民币兑美元平均升值21.55%。在瑞丽江一级水电站项目投资建设的2006年到2008年3年间,避免汇率损失至少高达1.5至2亿元人民币。而在电站投入运营的3年间,仅避免电费收入产生的汇兑损失就将高达2千多万元人民币。

(三)取得了良好的社会效益和生态效益

电力企业境外水电BOT项目以资金运作为主的风险管理的有效实施保障了瑞丽江一级水电站项目得以正常运作。三年多来,电站已累计向中缅两国供电100多亿千瓦时,其中向缅方供电40多亿千瓦时,约占同期缅甸国内用电总量的15%至18%,含免费供缅方使用的电量16亿千瓦时,折合电费约5亿人民币,向缅方纳税1.5亿元人民币,有效地缓解了缅甸国内用电紧张,有力地支持和带动了缅甸国家经济的发展、人民生活水平的提高及工业实力的增强,对缅甸及周边国家的稳定发展作出贡献;向中方累计供电60多亿千瓦时,为国内西电东送,缓解用电紧张作出贡献。同时水电属于较为环保的绿色能源,几年来相当于减少400多万吨的标准煤消耗量,及1000多万吨的二氧化碳排放;对缅方来说由于百姓用上清洁高效的电能,改变了当地依靠砍伐森林获取燃料的生活方式,较好地保护了当地生态。为中缅两国发展清洁能源,保护环境做出贡献,实现中缅双方互利共赢的目标,为中缅两国日益密切的水电合作打下良好的基础。几年来,瑞丽江公司坚持资助瑞丽边疆希望小学及电站当地缅方学校,开展爱心助学活动,已累计捐资上百万,为电站周边群众解决力所能及的实际困难,免费提供生活用电,使他们告别了祖祖辈辈未改变的原始生活方式。瑞丽江公司一系列主动承担社会责任的行动,赢得边疆各族群众及缅甸当地百姓的赞誉,为和谐社会建设做出贡献。瑞丽江一级水电站项目还荣获2009年度云南省建筑业协会"优质工程一等奖"殊荣,先后被云南省商务厅授予云南省运用出口信用保险政策"先进单位"及云南省外经企业"前十名"等荣誉称号,缅甸国家领导人对项目给予了高度评价,电站被缅方喻为"缅甸的三峡工程",并被视为中缅水电合作的典范。

(四)积累了境外投资经验,为企业"走出去"提供借鉴

瑞丽江一级水电站是我国第一个成功"走出去"的水电BOT项目。项目建设和运营过程中所采用的风险规避方法实践证明是有效的。其中实物投资法,在中国国内开设离岸账户及实现电费人民币跨境结算等措施在全国电力行业中都首开了先河。这一套完整的跨境水电BOT项目风险管理模式,将为中缅水电合作的后续项目提供借鉴。目前即将开发的瑞丽江二级水电站也将采用相同模式,其他中国企业在缅甸进行的水电项目开发也大多借鉴了瑞丽江模式。

(成果创造人:马立鹏、彭詠军、赵 明、杨立成、陈燕和、陈碧辉)

以防范风险为核心的"三维六线"管控体系建设

新汶矿业集团有限责任公司华丰煤矿

成果主创人：华丰煤矿原矿长、新矿集团董事长李希勇

新汶矿业集团有限责任公司华丰煤矿（简称华丰煤矿）是新汶矿业集团公司下属的二级生产矿井，位于山东省泰安市宁阳县境内。1908年民族资本家办矿，1958年恢复建井，1959年简易投产，经过改扩建，矿井核定生产能力130万吨/年。近年来，该矿大力实施"煤基多元化"战略，先后建设了内蒙、安徽、贵州三处煤炭基地和水泥、热电厂、矸石砖等骨干非煤项目，形成以"煤电建"为主导产业，以物业服务、机械加工、物流、建筑为配套产业，以轻纺、编织、乳制品加工为辅助产业，跨行业、跨区域，多种所有制（以国有产权为基础，集体所有、混合所有、民营等）并存、多元化发展的集团化综合性企业。目前，在册员工1.2万人，除煤炭主业外，还有40余家非煤企业，年均收入超过25亿元。

一、以防范风险为核心的"三维六线"管控体系建设背景

（一）多元化发展风险，要求企业必须强化防范、科学有效实施管控

华丰煤矿在多元化发展过程中，面临诸多风险。一是财务风险。多数非煤企业面临资金回收难度大的问题，资产负债率过高（个别企业甚至超过70%），并且存在拖欠工程款现象；企业的各类涉税行为，各类项目投资及投资担保等方面，也面临潜在风险。二是人力资源管理风险。存在混岗用工（非国有经济安排到国有经济的），退休返聘人员未签订聘用协议，劳务输出人员未签订劳务输出协议等用工不规范的现象，这些不规范行为都有可能带来劳动纠纷。三是在合同确定过程中，由于基础管理不完善，合同审查把关不严格，导致合同签订不规范，存在合同法律风险。四是安全风险。由于跨地域经营，施工场所点多面广，员工流动性强，新员工较多，安全管理难度大；各非煤企业也面临高温、高压、易燃、易爆、有毒、有害等危险源考验。五是发展风险。在资源整合过程中，随着权利和义务的转移，必须对目标企业的资产、资质等状况有充分了解，并查看所有证照文件是否齐备，否则很容易留下隐患。此外，多元化企业还面临着诸如知识产权、不正当竞争、产品质量等方面的种种法律风险。这些风险的存在，迫切需要实施科学有效的管控。

（二）多种所有制并存，要求企业必须规范公司治理、完善决策机制

华丰煤矿在多元化企业运作过程中，主要存在两方面的问题。一是所有制体制存在问题。华丰煤矿及其下属企业存在所有制混杂，产权不够清晰，运行机制不健全等问题，这是华丰煤矿管理体制存在问题的深层次原因。其中煤炭主业为国有制体制，多数非煤

企业是以集体所有制为主的多元化所有制,还有部分非煤企业通过改制转为民营。下属子公司之间产权交叉,权、责、利界定不够清晰。二是公司治理机制存在问题。主要是股东大会没有很好地发挥作用,华丰煤矿职工持股会没有实现真正意义上股东"用脚投票"的权力,是一种被动的委托代理,不能有效解决国有体制下"出资者缺位问题";董事会和监事会作用发挥不够,缺乏债权人的监督,经理层缺乏内外部的竞争机制;部分公司改制不彻底,改制后运行机制未转变,经理层未完成从"企业官员"向职业化企业家的转化等。

(三)跨行业、跨地域经营,要求企业必须创新管理、提高管控效率

长期以来,华丰煤矿所有职能部门设置都为煤炭生产服务,对本部煤矿以外的非煤企业管理,则沿用项目建设期间的管理方式,由矿长直接同企业负责人进行"点对点"的联系,缺乏专业化管理。一是财务功能不够完善。基于战略定位原因,华丰煤矿原来仅为集团公司的一个生产成本中心,在企业管理体系中财务管理与会计机构职能混同,停留在记账和会计核算职能阶段,财务管理效率和作用发挥不完整,财务杠杆作用发挥欠缺。二是监督管理制度不够健全。华丰煤矿非主业产品与主业产品相比,管理制度不够完善,内部自上而下、自下而上、部门之间的相互监督不足。三是绩效评价不全面。由于下属企业的产业跨度大,多元化的评价体系没有建立,考核指标仅仅沿用定量的财务指标,并且在产品成本、管理费用、财务费用等环节的财务绩效定量评价指标设计过于笼统和原则,可操作性不够强。

二、以防范风险为核心"三维六线"管控体系建设内涵和主要做法

华丰煤矿针对企业多元化经营和发展风险,以"管得住、放得开、搞得活"、提高管控效率和效益为目标,开展"三维六线"立体观察和分析,优化产业、产权结构,以建立产权清晰、职责明确的公司治理体系和因企施策的管控模式为重点,以建立高效的组织体系和完善的内部监督制度体系为保障,以先进便捷、集成共享的信息化平台为支撑,建立起科学、规范、高效的管控体系,对权属企业实施管控。主要做法如下:

(一)明确发展目标,立体观察分析,全面把握多元集团化企业复杂现状

1.明确企业发展目标

华丰煤矿确立紧紧围绕"优化完善、创新提升"这一主题,以促进企业规模和效益的同步增长为主要目标,以实现企业可持续发展为最终目的,立足现有产业骨干项目,优化存量,发展增量,调整结构,提升质量,全方位抓好产业升级和企业转型,持续增强企业盈利能力,精心培育核心竞争优势,努力推进企业由规模增长型向效益发展型转变,着力打造新型能源企业。

2.建立"三维"管理要素

复杂的企业现状,决定了华丰煤矿在对下属企业采取管控之前,必须对企业进行全方位、多角度立体的观察,这种观察方式就是"三维"立体观察方式。"三维"即产权、发展阶段、集团影响力三个维度。

华丰煤矿办公大楼

通过对华丰煤矿所属企业进行三维分析、分类,全面把握企业状况。其中,根据下属企业与华丰煤矿的产权关系把全部企业分为4种,即独资企业22个,控股企业4个,参股企业无,关联企业20个;根据企业主体对华丰煤矿的影响力分析,分为A类企业13个,B类企业9个,C类企业9个,D类企业29个;根据企业的生长周期分类,孵化期企业10个,成长期企业11个,衰退期企业3个,其他为成熟期企业。

(二)理顺产权关系,构建产权清晰、职责明确的公司治理体系

在对所属企业进行立体观察和分析基础上,华丰煤矿围绕"煤一电一建"三级产业,对所属企业持续进行产业的优化调整和产权关系的理顺。重点对非煤产业进行整合,把所有关联企业根据同主业间的关系分为两类,一类是生产服务类企业,即为煤、电、建三大产业提供生产配套服务的关联企业全部归并到清大公司名下;另一类是为社区居民提供服务的生活服务类企业,比如供水、供电、供暖类的企业全部归并到物业公司名下。在产业调整过程中,按照"人员随着资产走"的原则,原有企业的员工性质发生改变,特别是对转变为民营企业的员工,华丰煤矿积极探索"民企监管"的模式。

1. 理顺产权关系

一是调整内部产权,通过资产租赁或管理输出方式,对处于同一产业链内的企业进行整合,实现经营权和所有权的分离;培育内部产权市场,开展产权交易,实现煤矿内部各企业产权的多元化。二是调整外部产权,对外部投资主体的投资进行调整,对潜在投资主体进行选择与控制;对其所有投资企业的资产进行评估与核算,理清各个企业中各种产权关系的比例。截止规范员工持股前,华丰矿各类关联企业、厂网点共计42个,各下属企业在册人员4002人。

2. 规范员工持股

华丰煤矿本着"合法规范、产权清晰、确保稳定"的思路,对民营企业进行再次改制。根据民营及非煤企业在产权及与主业关联关系情况,华丰煤矿按照由工会出资设立主体企业(天健公司),由主体企业对相关企业按照"收购一批、稳定一批、市场化一批"的原则进行规范。改制过程中,华丰煤矿严格按照《公司法》、《合同法》执行,确保合法、合规;对于需安置的人员均采取公开竞聘的方式优先安置,实现人员安置的市场化,确保人员稳定。

3. 构建"因企施策"的公司治理模式

一是对煤矿国有部分采取行政主导型治理模式,有效解决国有资本出资主体缺位现象。二是对清大公司、长城物业公司等基于集体所有的多种所有制企业,采取内部控制型治理模式。工会天健公司作为公司资产的终极所有者,委托董事会行使经营权,委托监事会对经理人行使监督权;引入银行等外部债权人加强对董事会的监督,在企业内部建立经理人市场,形成更有效的制衡机制;成立专家委员会,保证决策的科学性与有效性。三是对顶峰热电公司等多元所有制公司,采取市场导向型治理模式。由各出资人组成的股东大会成立董事会,引进外部董事,股东大会将监督权委托监事会行使,董事会将经营权委托经理层行使;规范董事会决策流程,实现群体决策;按照有关章程,建立决策专家委员会制度。

(三)完善组织机构,构建"三维六线"管控体系

1. 构建符合企业自身管控特点的组织架构

华丰煤矿根据其多元化的产业结构、产权结构、业务结构、跨区域的经营状态,以及逐步壮大的经济规模和发展战略要求,在对组织结构系统分析基础上,改变原来单纯的成本中心,构建一个虚拟的控股公司,上对新矿集团负责,下对所属企业管控。华丰煤矿把部门职能定位于"三个中心、五项职能",即战略决策和控制中心、关键资源控制中心、核心价值观和文化建设的设计中心,五大职能是战略决策、绩效获取、资源配置、公关活动、服务职能。根据这一要求,对部门职能进行调整优化,部门机构设置图如图1所示。

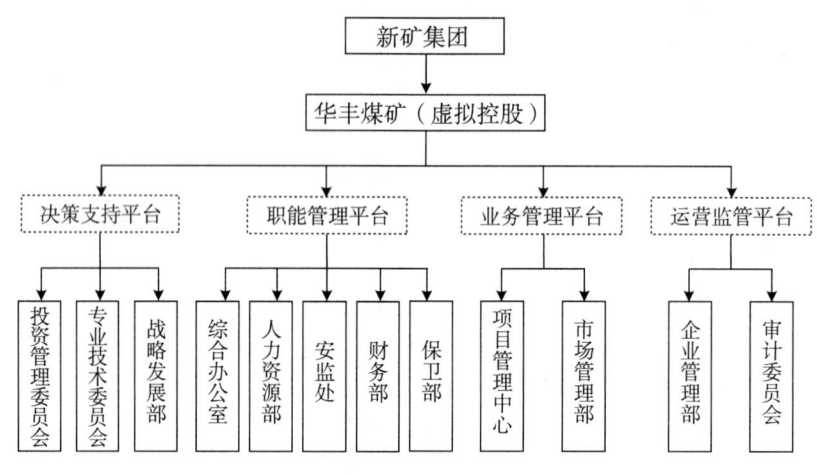

图1 华丰煤矿部门机构设置图

2. 优化管理流程

在此基础上,根据部门调整情况,对管理流程和管理制度进行规范,这是管理活动得以落实的关键。华丰煤矿根据过去企业管理业务中形成的各类文件和今后需要增加的业务,共排出48个业务流程,绘制标准流程图,配以制度文件,防止部门交叉、重复,界面管理清晰。

3. 构建"三维六线"管控模式

第一,"六线"及行权方式分析。"六线"即产权、业务、行政、财务、法律、人力资源"六条线"。根据每条线在不同类型的企业里管理权限的不同,形成六种行权方式:替代、指定、审批、备案、自主、禁止。

第二,管控模式的选择。通过对华丰煤矿下属企业进行"三维"立体观察和"六线"分析,根据不同类型企业和不同管理要素,以及管理要素的不同行权方式,形成立体管理矩阵,根据立体矩阵中主体企业所处的位置选择管理方案。

第三,构建因企施策的管控模式。华丰煤矿对下属企业的管控,按产权关系分为两种模式:即基于产权的行政管理模式(产权加行政管理的方式),没有产权关系的推行"契约化"管理(在平等互利的基础上建立的相互承担责任的管理与被管理的关系);按照管理要素来分,则是"一企一策"的管控模式,即以华丰煤矿组织架构为主导,混合职能制、直线职能制、区域事业部制等多种组织形式和战略管控型、操作管控型以及财务管控型多种管控模式。

一是对矿产公司采取操作管控型管理模式。原煤生产在华丰煤矿处于绝对重要的地位,因此,对于矿产公司的管理采取直线职能式同产品事业部制相结合的组织结构,在管控型管理模式选择上,采取操作管控的管理模式。矿产公司经理对煤炭主业的安全、生产全权负责,下设经营部,负责各专业、区队间的市场化管理,具有内部分配权,类似于事业部制;华丰煤矿对矿产公司科区长的任免不但要根据矿产公司的意见给予批准,在大多数情况下,有权为其选拔、任用干部。

二是对顶峰电力公司采取财务管控型管理模式。采取控股子公司的组织架构和财务管控型的管理模式。华丰煤矿帮助制订发展战略,批准及考核其全面预算,对其资本运营等重大经营行为进行管理控制,对经营业绩进行考核,在人事任免方面,只管到企业班子成员,中层干部的任免自主;对其日常管理业务进行授权,不干涉其日常运营。

三是对清大公司、长城物业公司采取契约化管理模式。建立起关联企业的关系,进行"契约化"管理。与华丰煤矿签订业务外包的"契约化"管理合同。工作人员在没有完成身份置换的情况下,采取"劳务输出"的方式向其输出人力资源。

四是对临汾石膏矿采取财务管控型的管理模式。作为新矿集团的分公司,华丰煤矿代行管理,对其管控模式则完全采取财务管控型的管理模式,日常生产经营自主。

(四)突出专业管理,加强"三维六线"关键因素的管控

1. 加强财务与资产管控

一是加强财务管控。华丰煤矿牢固树立"业务拓展到哪里,监督监控就紧跟到哪里"的观念。完善财务预警体系。每年底根据企业生产经营形势预测,确定下一年的财务定量指标目标值,主要包括企业的盈利能力、资产质量、债务风险和经营增长四个方面,财务指标可根据实际,细化为具体的基本指标和修正指标等指标体系。在经济运行中,根据这些指标标准与实际指标进行对比分析,以此衡量企业的经济运行状况,衡量经营者的实际绩效,当指标与目标值出现较大差距时,就会出现预警,从而使企业经济运行始终处于动态监控之下,实现财务控制行为由事后向事中、从静态向动态的转变。完善财务监控职能。矿建立财务结算中心,对全矿资金实行集中管理、统一调度和有效监控;按照"统一管理、定期轮换、严格考核、有奖有罚"的原则,对部分下属企业实行"会计委派制",监控被委派单位的经营收支情况;矿财务部对全矿所有财务具有管理指导权、人员任命决策权、监督检查权等,有效监督监控权属企业财务状况。强化财务基础管理。对权属企业费用报销实行"联合审查、集中会签"报销制度,每月由总经济师、副总会计师及相关部门专业人员联合对权属企业费用进行审核、会签。强化财务稽察。不定期对权属企业财务运作进行稽察,发现问题,督促整改,确保企业有序运行。建立真实、科学的财会信息处理机制。自主研制"财务信息系统"、资金预算网络填报程序、费用报销"日清日结"程序等,并且与矿商业智能系统信息共享,保障信息传递的效率和质量。

二是加强资产管控。构建形成矿、权属公司、部门三级资产管理体系和基于信息平台的资产管理系统,实现资产管理的动态实时监控;矿有关部门根据资产系统信息,合理调剂、优化配置闲置资产,科学处理不良资产,循环利用废旧资产;严格审核监督下属企业资本运营,规范下属企业固定资产、流动资产、无形资产管理,确保资产保值增值。

2. 加强人力资源的管控

一是构建人力资源管理系统(e-HR)。以信息技术和网络环境为依托,将矿及权属企业所有与人力资源相关的信息集中起来,形成人力资源信息平台,并且将权属企业工资计算、保险核算及全矿奖金系统纳入这个信息平台。二是加强劳动用工管控。强化权属企业劳动用工监督,人力资源部、法律事务科对权属企业劳动招工、用工,在政策、法律方面严格把关。

3. 加强绩效薪酬的管控

一是加强薪酬总额的管控。华丰煤矿以人力资源管理信息平台为依托,将权属企业的薪资分配全部纳入系统平台,同时推行薪资总额审批制度,实现了对权属企业薪资分配的有效监控;规定企业内部各类人员的分配比例和民营企业最低工资标准。

二是构建科学合理的绩效薪酬体系。以价值创造为源头,构建全视角、多层次的企业价值评价体系和价值分配体系。在负责煤炭生产的矿产公司各项目部和地面生产单位全面推行内部市场化结算,职工收入与工作量和经济效益挂钩考核;机关科室推行岗位绩效工资,收入与单位的绩效指标完成情况挂钩考核;矿高层管理人员和各公司经营负责人推行年收入结构工资,收入与企业的安全情况和经济效益挂钩考核;对企业营销人员推行不定时工作制结构工资,收入与销量和市场占有率等指标挂钩考核,形成以价值链循环为主体的企业绩效考核系统,实现对权属企业及不同层次人员业绩科学合理、客观公正地评价和激励。

4. 加强法律的管控

矿设立企业总法律顾问和法律事务所,按照"事中参与、预防为主"原则,全过程参与企业重大经营项目和重要经营活动,对决策事项的合法性把关;全矿各类合同一律由法律事务所审查,由矿总法律顾问签字,确保企业依法合规经营。

(五)强化基础管理,构建系统完善的企业内部监督制度保障体系

1. 完善企业内部审计制度

对涉及经营活动、内部管理、企业风险等8项25条审计条款的具体内容进行规范。拓展审计职能,对其它内控系统进行再监控,揭露缺陷和漏洞;开展效益审计,分析经营行为,寻找效益增长点,提出提高经济效益的方法、途径和措施;强化经营风险审计,针对企业在市场、技术、人力等诸多方面可能存在的风险,对体系建设、风险警示、监控机制等进行审计,防范和警示风险;推行经济运行审计复审制度,实现"审计、复审、整改"闭环管理。

2. 推行经济运行评价和分析考核制度

一是构建一套成熟的经济评价指标体系。综合评价指标由财务定量评价指标和管理定性评价指标两部分组成,财务定量评价是指对企业一定期间的盈利能力、资产质量、债务风险和经营增长四个方面进行定量对比分析和评判;基础管理工作定性评价是指按照上级政策规定,对权属企业规章制度建设及执行情况,财务、人力资源、社会保障、煤炭营销等经营管理情况进行定性分析和评判。二是完善经济运行评价发现研究问题的责任机制。对于评价中发现的问题,明确专人设立课题专题研究,形成"专家查问题,部门抓监督,单位抓整改"的经济运行评价闭环管理机制。三是建立一系列经济运行分析考核制度。建立经营分析会、权属企业经营负责人例会制度,剖析经济运行中存在的问题,加强专业化管理,指导监督下属企业经营行为。成立矿长稽察队,直接对矿长负责,不受

其他部门制约,监督监察企业经济行为。

3. 完善全面预算制度

华丰煤矿构建并实施煤与非煤企业全面动态预算管理体系。从战略目标的确定、运作计划的确定、运作计划与预算的关系等方面对全面预算的编制及实施过程进行规范。通过预算管理的执行与控制管理、预算的差异分析与业绩报告、预算的考核与业绩评价等有效监控下属各企业经营运行状况,评估各企业经营成果,增强对下属企业经营活动的可控程度。

4. 完善党群监督制度

实施《违纪嫌疑制度》,完善"廉洁听证会"制度,编制《廉洁效能监察管理体系程序》,建立完善区务公开体制和工作机制,完善区务公开内容和方式,提高区务公开的实效;坚持民主测评,建立完善《职工代表巡视》等制度,发挥民主管理和监督的积极作用。

(六)提升管理手段,为有效实施科学管控提供信息技术支撑

1. 建设综合信息平台,实现信息集成共享

2009年,华丰煤矿建设起综合信息平台,实现纵横两个方向的数据交换和应用整合。该系统在集团化管控中的作用:一是建立信息服务平台、实现办公自动化;二是构建数据共享中心、消除煤矿信息孤岛,对现有安全、生产、经营等三十多个计算机应用系统进行业务功能的集成,实现各类业务数据集成共享。

2. 完善商业智能系统,实现数据的分析处理和警示

商业智能系统作为综合信息平台的一个子系统,以跨行业、跨区域的各类企业日常生产经营数据为基础,通过对各系统数据的汇总、分析与预测,为企业管理者提供客观、真实的监督、考核与评价。2010年,重点强化各类业务数据的收集、加工、处理、分析和警示功能。一是能够及时、准确获取各类信息,加强各种业务工作的规范化和标准化,各种基础数据标准统一;快速处理各类信息,加快信息流的运转,提高信息传递的效率和质量。二是具备一定的信息分析功能,能够在线分析原煤产量、掘进进尺、商品煤销量等各项指标完成情况,尤其是能够对有关风险信息进行筛选、汇总与报警提示。

三、以防范风险为核心的"三维六线"管控体系建设效果

(一)初步建立了较为规范的现代公司治理机制,为企业发展奠定了制度基础

通过防范风险为核心的"三维六线"管控体系建设,华丰煤矿作为集团公司资产所有者的代表,履行管理职责,承担资产经营过程中的风险;对下属企业进行公司治理,使下属企业构建起了规范的公司治理架构,完善了相关的制度体系,理顺了产权关系,改善了股权结构,激发了企业活力;对民营企业持续进行改革改制,有效解决了员工持股关联企业问题,确保了企业依法合规经营,使公司治理机制日趋规范。

(二)加强了对下属企业的科学控制,完善了企业内部监督机制,有效防范了发展过程中的重大风险

一是强化了基础管理。通过职能部门的调整,管理流程的再造,健全完善各项制度,强化关键因素的管控,建立综合信息和商业智能系统,使企业管理步入了标准化、制度化、规范化轨道。例如实行费用报销"联合审查、集中会签"制度,杜绝了费用胡支乱花现象,各下属企业每月下降10%,全矿每月节约费用130万元。二是实现了对经济运行的

全方位、多维度的监督监控,防范了企业风险。定期召开经济运行分析会,组织企业内部审计和经济运行评价,运用商业智能系统动态监控企业经济运行状况等,对经济运行实施全方位、多维度监督,限制和约束着权属企业的经营行为,增强了经营者"依法经营、自主管理"意识,促进了权属企业由"要我控制"到"我要控制"的转变,使经营管理由单纯的事后监督向事前预防和事中控制转变。三是提升了管理手段。通过构建综合信息平台、商业智能系统(BI)、人力资源系统(e-HR)等信息系统,实现了管理手段的全面升级,提高了管理效率。

(三)取得良好经济效益,实现了企业的稳定发展

促进了企业整体效益的显著提升。近年来,华丰煤矿保持了年均39.89%的发展速度,经济总量、销售收入、利润分别达到5年前的6.18倍、5.22倍和8.96倍,企业年均销售收入超过25亿元,年均利润近4亿元;企业经济总量由5年前占集团公司的1/18,上升到去年的1/8,在集团公司27个矿井中名列第二位,规模效益实现了历史性跨越。同时,被评为全国煤炭工业"双十佳"煤矿、"全国文明煤矿"、"全国科技创新型矿井"等荣誉称号。2011年实现总收入28.1亿元,总利润4.4亿元,上缴各项税费4.3亿元,资产总额27.7亿元。

(成果创造人:李希勇、唐　军、张　文、彭绪军、葛茂新、李　文、安伯义、许兴胜、时衍柏、陈　涛)

基于信息平台的采购集中管理

徐工集团工程机械股份有限公司

徐工集团工程机械股份有限公司（简称徐工机械）是徐州工程机械集团有限公司（简称徐工集团）的核心企业，在国内工程机械行业主营业务收入排名前三强，是国内行业标准的开发者与制定者，是目前中国工程机械领域最具竞争力和影响力的上市公司之一。产品包括工程起重机械、铲土运输机械、压实机械等工程机械，其中汽车起重机、随车起重机、压路机等多项核心产品以及工程机械液压件等多项零部件产品国内市场占有率第一。同时，拥有布局全球的营销网络，是国内最大的工程机械出口商之一，汽车起重机、压路机、平地机等多项产品出口市场份额第一。

成果主创人：徐工集团董事长、党委书记王民

一、基于信息平台的采购集中管理背景

（一）适应全球大型企业的发展方向，提高企业竞争能力的需要

全球超过75%的大型企业已采用了部分或完全集中采购管理，在生产性物资、固定资产、服务等采购领域，采购职能的定位已经从过去的成本管理转变为一种价值创造能力，采购职能积极参与到跨分子公司、跨部门的各类协作中。在国内的大型企业当中，国有企业实施部分或完全采购集中化的比例也达到90%以上。从行业和采购组织的成熟度曲线来看，工程机械行业的国际领先企业已基本达到高度发展阶段，然而徐工机械尚处于基础阶段初期，落后于竞争对手。

（二）优化采购资源，确保企业快速发展的需要

财务回报是上市公司的重要任务，徐工机械在资本市场表现还有提升空间。徐工机械2009年国内采购额已高达129亿，通过各类成本优化对净利润变化的敏感性分析，制造费用和人力成本每降低1%，净利润仅分别增加0.1%和0.2%，而采购成本每降低1%，净利润将增加约7%，采购管理对提升徐工机械的财务表现具有显著的作用。

（三）提高采购效率，降低采购成本的要求

在分散的采购模式下，采购管理存在诸多问题，例如采购组织分散，各分子公司人员相对独立，且大部分人员同时关注多个品类，集中度与专业性均有待提高。同时徐工机械前200家供应商采购额占总体的90%，其余近1000家仅占10%，造成大量的管理开支，管理成本和复杂性高，存在整合的机会，在采购额已相对集中的情况下，应当考虑削减小供应商的数量，加强供应商关系。在千余家供应商中，各分子公司间重合供应商有

200多家,占整体支出的47%,需加强整合,应将各分子公司采购量向优质供应商集中,实现更大降本效益、提升供应体系质量。

二、基于信息平台的采购集中管理内涵和主要做法

徐工机械将分散的采购进行整合,形成统一的资源平台,设计基于集中采购平台的业务流程体系,加强集中采购平台管理,最终提高集中采购的效益和效率。主要做法如下:

(一)明确集中采购平台的目标定位及设计原则

基于集团整体的愿景和发展目标,徐工集团提出采购平台清晰的定位和目标。定位是支持集团战略目标实现的积极型核心能力平台。财务方面实现采购成本的持续减省。运营方面提升产品质量,保障运营效率,成为供应商和生产运营的桥梁。创新目标是与优质供应商联合创新,成为供应商和技术研发、市场的桥梁。同时培养一支专业的采购管理队伍和一支优秀的供应商队伍。

基于采购平台的定位和目标,并结合目前采购集中管理中遇到的主要问题,提出采购平台设计的八大指导原则:一是在内部确保集团对采购管理的管控,集中培养采购能力,并实现物资流、资金流和信息流的统一;二是统一识别和培养优质的供应商体系;三是快速推进,确保效益的实现;四是标准管理,建立采购规范;五是统一界面,充分利用整体议价能力;六是注重协作,提升生产运营效率;七是立足品类,建立专业化管理;八是通过流程、IT实现确保信息透明化。

(二)建立采购集中管理的组织体系

1.遵循八大原则,自上而下设计采购集中管理架构

采购平台集中管理"采"的各环节,管理战略采购,并对"购"进行直接控制,管控日常交易环节,建立采购集中管理架构(图1)。组建"徐州徐工物资供应有限公司"(简称供应公司),并以职能型子公司的身份作为集中采购平台的载体。供应公司主要承担集中采购统筹及合规管理、战略采购、招标管理和日常采购四项主要职能。供应公司内设置"技术支持部",由分子公司技术人员组成,支持相关集中采购业务。

在具体物料品类管理方面,将徐工各分子公司面向生产装配的SAP系统的采购物料结构,转换为面向供应市场的品类树,根据品类树中各品类集中管理的潜在收益和难易程度进行评估,形成包含17个品类的三个品类群组。第一个品类群组按集中管理潜在收益的大小分为A、B两个小分组,A分组包括回转支承(轴承类)、吊索具(其他外购类)等,采购支出13.1亿元,占比10%;B分组包括发动机总成、金属类、传动类,采购支出56.4亿元,占比44%。第二、三品类群组在集中管理难易程度上高于第一品类群组,其中第二个品类群组包括电器件、液压件、铸锻外协件等,采购支出53.1亿元,占比41%。第三

国内最先进的压路机生产线

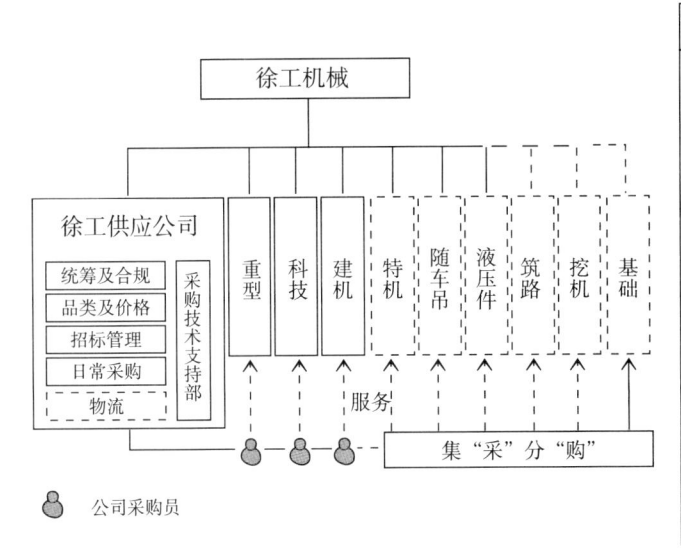

图1 采购集中管理架构

个品类群组包括工具类、标准件、其他外购类,支出6.7亿,占比5%。2010年从第一组品类开始实施,逐步推进,随着采购范围的不断扩大,对采购资源的控制和调配力度不断增强,采购资源网络建设逐步完善,并逐步覆盖到全部物资采购。

2. 设计供应公司的组织架构

为加强企业之间的沟通和协同,根据徐工机械各分子公司的采购组织特点,供应公司下设供应商发展部、技术支持部负责战略采购部分,品类经理和技术工程师实施专业化的横向管理,为采购业务提供支持和服务,同时还负责流程优化和采购人员培训,参与供应商绩效考核,对采购行为进行监督和制衡。采购业务部分设驻厂采购业务部,采购业务员驻厂服务,负责交易环节。管理部分设综合管理部、财务部、商务部负责公司运营及考核(图2)。

3. 严格制定主要业务岗位职责和任职资格

供应公司识别关键岗位44个,涉及管理、财务、商务、采购、技术、供应商发展、物流等,并制定一系列内控制度严格管理规范岗位主要职责和任职资格,如《部门职责及岗位说明书》等,从不同领域、沟通范围、管理权限等方面进行细致要求,达到岗位分工明确,职责落实清晰的目的。同时,为了规避采购环节的权力寻租风险和道德风险,制定《岗位轮换制度》,确保采购业务环节顺利实施。

(三)设计集中采购业务流程

1. 梳理集中采购的业务流程

考虑到流程体系设计在采购平台建设中的重要性,首先确定流程设计的四个主要原则,明确在"采、购、责、IT"方面的设计方向(图3)。然后结合行业内的最佳实践与各分子公司进行了广泛深入的讨论和交流,对徐工机械的现状和采购需求进行深入的调研,确保流程设计科学合理、可操作。

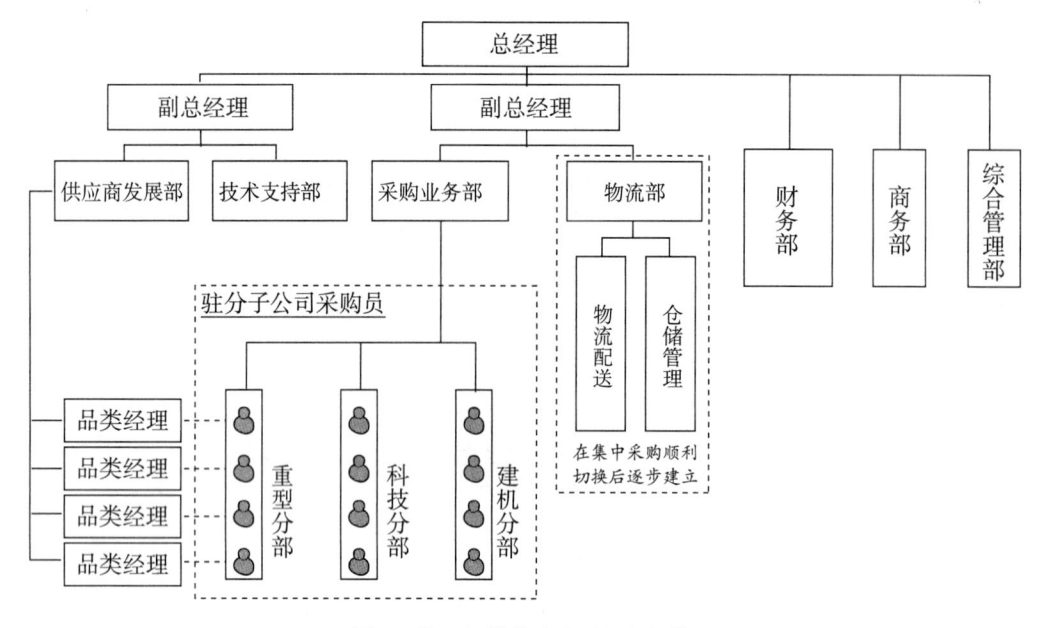

图 2　徐工机械供应公司组织架构

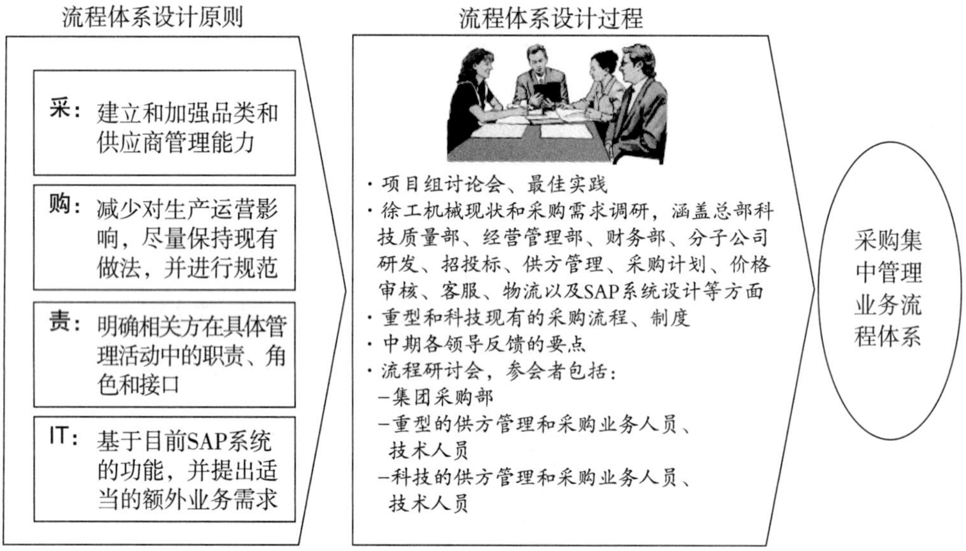

图 3　采购集中管理业务流程体系

这些流程涵盖了"采"与"购"的所有主要业务活动,并明确了相应的执行和责任主体。每个流程图都明确了流程名称、目标、活动顺序及跨职能分工,并标注由系统辅助完成的主要工作。

2. 识别流程要点

"采"相关的流程设计主要是建立和加强品类和供应商管理能力,形成统一的管理闭环(表1)。

表1 "采"相关流程

采购活动(摘选)	流程要点
供应商初选	对于新物资,"认证供应商名录"中的供应商优先,不能满足时再进行新选点
	供应公司供应商发展部负责进行供应商初步筛选
	徐工机械和分子公司技术部门可根据需要推荐新供应商
招标/邀标	供应公司供应商发展部收集和确认技术和商业要求
	供应公司商务部组织和执行招标事务性工作
	决策由徐工机械、供应公司和分子公司联合评标小组负责
供应商认证	供应公司技术部牵头负责组织和实施供应商认证
	认证主要包括供应商资质和现场评估,由徐工机械、供应公司和分子公司联合小组负责
	认证属徐工机械级认证,通过认证的供应商即可进入"徐工机械认证供应商名录"
产品验证(试供)	供应公司技术部牵头组织产品验证(试供)
	需求方分子公司实施产品验证(试供),并得出相应的验证结论
	供应公司供应商发展部汇总整合所有验证信息,进行决策
价格管理	供应公司供应商发展部品类经理牵头评标小组进行包括价格在内的谈判
	合同签署前,供应公司商务部对价格进行审核;最终价格(包括价格调整)由供应公司总经理审批,必要时由徐工机械采购委员会审批
供应商考核	供应商日常考核信息在活动发生后,由采购业务部驻厂采购员及时记录SRM系统
	供应公司供应商发展部每季度进行供应商评估,评估使用徐工机械统一的标准进行,供应商得到唯一的评级,配额和信用额度可根据评级结果进行调整

"购"相关的流程设计尽量沿用目前的做法,减少对生产运营影响,并进行规范(表2)。

表2 "购"相关流程设计

采购活动(摘选)	流程要点
配额管理(设置属于"采"的范畴,执行属于"购")	签订合同前,供应商发展部根据招/邀标、谈判、认证和试供结果,牵头供应公司技术部和分子公司技术和质量部门确认供应商初始配额
	配额每季度根据供应商评估结果进行调整
	SAP系统每季度对驻厂采购员配额的执行进行统计,对于显著偏离进行报警
入库质量管理	仓储和库存仍暂由各分子公司管理(待进向物流体系整合完毕后,供应公司可对各分子公司的安全库存进行整合管理)
	分子公司质量部门和仓储部门执行入库检查,供应公司采购业务部驻厂采购员协调处理入库问题,并及时记录供应商绩效信息
过程质量管理	分子公司质量部门对生产过程中供应物资质量问题进行分析,供应公司技术部进行确认
	供应公司采购业务部门牵头进行解决,并及时记录供应商绩效信息
售后质量和服务管理	分子公司客服部门对供应商质量问题进行确认,通知供应商和供应公司采购业务部
	采购业务部协调供应商解决售后问题;处理完毕后,客服部门牵头质量部门和采购业务部确认最终责任和索赔金额;采购业务部及时记录供应商绩效信息

续表

采购活动(摘选)	流程要点
结算和支付	每月底供应公司与各分子公司财务部门通过系统进行采购对账,并向分子公司开具发票;如无异议,总部结算中心(目前尚未完全建立)根据发票从分子公司账户划款至供应公司
	经过供应公司采购业务部和管理层审核审批无误后,直接向供应商付款

3. 加强采购流程关键点的控制

集中采购管理委员会是采购管理的最高决策机构,将在定点权、定价权、战略供应商管理、管理层任用等关键点实施管控,集中采购管理委员会也是采购实施中争议的最高仲裁机构。采购管理的实施应首先依照相应的流程和制度执行,仅当当事双方意见出现无法在本层级解决的分歧时,才能启用上诉仲裁。供应公司管理层应根据共性的争议完善管理制度流程,减少通过争议仲裁解决问题的比例。上诉仲裁分为三个层级,除特殊情况外,上诉仲裁不得跨级进行,采购委员会为最终争议仲裁机构,根据情况可委托运营副总仲裁。

(四)建立适于集中采购管理的信息化平台

在集团总体信息化规划的基础上,设计集中采购核心信息化平台,涉及四大模块的流程设计和开发,以及十几万条数据清理规范,历时四个半月。经过项目准备、业务蓝图、系统实现、最终准备、上线支持五大阶段,完成采购、库存、销售等全价值链的一体化系统。本次集中采购信息化项目,主要包含物料管理、销售管理、财务会计、供应商管理四个模块,共梳理了66个蓝图流程,基本覆盖采购供应链运作与财务业务一体化方面。

以供应商关系管理系统(SRM)为例:首先建立一个信息交互平台,通过交流平台,在企业与供应商间建立一个沟通的桥梁;其次通过协同采购实现各种信息的处理与查询;最后建立完整的供应商评估体系,从质量、交货、服务、交期等多维度综合分析供应商绩效,纵向横向深入分析评估结果,逐步完善整个供应体系。

(五)合理设计主要采购模式

1. 集中采购模式

实施集中订货,分开收货,集中付款模式、即通过供应公司的采购平台将各分子公司大宗的、通用性的、核心零部件的采购需求集中管理,供应公司负责管理供应商及制定采购战略、采购价格等采购政策,通过框架协议明确供需双方的长期合作的方式及具体约定,并且负责采购交易工作。供应公司负责与供应商的货款结算,并根据分子公司的入库单与分子公司进行内部结算。

2. JIT采购模式

JIT采购又称为准时化采购,JIT采购可以大大减少零部件和原材料的库存,缩短原材料供应周期。在原材料的供应过程中实施JIT采购,能有效地推动供应链的整体优化。供应公司通过VMI(供应商管理库存系统)模式确保JIT采购的实施,即通过供需双方共同选择的第三方物流的仓储和准时化配送来实现,供应商把原材料和配套件发货至第三方物流,并通过远程登录进行自我库存管理,第三方物流进行仓储和配送,只有配送到工厂生产线的具体工位以后,物料的所有权才发生转移。

3. 电子采购模式

徐工机械采购平台利用信息和网络技术对采购全程的各个环节进行管理。首先搭建协同招投标管理系统,实现整个招标过程的电子化管理和运作,从时间上、价格上、质量上突破了传统的招投标方式,最大限度实现招标方的利益。其次搭建竞价采购平台,供应商与供应商之间、供应商与采购方之间互不见面,通过互联网远程参与采购竞价,获得了采购主动权。

(六)加强供应商管理,打造合作共赢的供应链

1. 建立长期稳定的战略合作伙伴关系

供应公司特别注重与供应商建立良好的战略合作伙伴关系,坚持贯彻"市场共拓、风险共担、利益共享、合作共赢"的发展思路,通过整合、优选、扶持等措施培育公司的战略合作伙伴,建成不断创造价值而且稳定发展的供应链体系。与战略供方的主要合作形式集中体现在三个方面:一是双方在产品研发上的合作。在所有产品开发项目立项时即向战略合作供方传递相关信息,与战略合作供方同步研发,以提供具有竞争力的方案,战略供方作为公司的首选供方,徐工机械优先在集团内部推荐使用战略合作供方产品。二是双方在产品供应上的合作:在确保产品质量稳定和提升的前提下,降低产品制造成本和优先资源保证。三是与供应商一起针对具体质量问题开展六西格玛活动,把质量管理延伸到供方现场,并对供应商在管理、制造方面的薄弱环节进行针对性的培训、指导,帮助供应商提高质量管理意识和提升产品质量控制能力,提高合作效率。

2. 建立科学高效供应商绩效评价体系

按照供应商配套物资重要度、配套业绩、企业综合实力等要素对供应商进行分类管理,明确各级供应商应具备的基本条件及管理细则,以事前的供应商选择把关、事中的质量、成本、交货期控制和事后的绩效评估为依托,建立科学高效的供应商绩效评价体系。具体管理办法举例如下:

一是建立供应商初选和现场评估的评价体系。根据供应商的企业运营能力,判断该供应商的设计开发能力、产品的质量、供货效率和服务能力。进行综合评估体系中的每项能力评估都是通过初选或现场评估中对一系列子问题的评估完成的,各项能力评估都赋予一定的权限,综合得分决定是否进入。供应商初选和现场评估体系如图4。

二是建立供应商业绩评价体系。供方业绩评价内容包括:供方质量状况、供货及时性、质量稳定性、服务/备件满意度四个方面。供方业绩评价由SRM系统内置评价模块计算。供方业绩评价得分=质量反馈得分+质量稳定性得分+供货及时性得分+服务/备件满意度得分。每年1月份启动供方年度业绩评价,对供方等级进行修订,确定供应商年度业绩等级。根据各品类每个供应商的考核得分,供应公司可调整各供应商的配额和信用额度,并要求不合格与有重大问题的供应商进行整改。

3. 加强双向沟通,提高协作效率

徐工机械通过与供应商建立战略合作伙伴关系,构建双向互动沟通机制。从早期的组织跨公司团队进行实地考察,高层互访,与供应商通过电话、各种书面形式的沟通,到后来通过各类展览会、定货会、供应商大会,以及各种专题分析会、培训会、研讨会进行广泛接触,发展到现在以ERP系统等网络化、高效化的交流。通过ERP系统,实现采购订

	Ⅱ.战略管理能力　　权重：5%
	Ⅲ.财务管理能力　　权重：10%
Ⅰ.公司基本概况	Ⅳ.信息系统能力　　权重：5%
权重：10%	Ⅴ.人力资源能力　　权重：5%
	Ⅵ.研发能力 / Ⅶ.采购能力 / Ⅷ.生产制造能力 / Ⅸ.物流仓储能力 / Ⅹ.销售服务能力
	权重：15% / 权重：10% / 权重：20% / 权重：10% / 权重：10%

主要模块	主要内容
供应商企业概况	了解供应商业务的合法性、资金情况、目前企业的主要客户和所拥有的专利等资质信息
供应商企业管理能力	了解供应商企业内部的管理能力，判断供应商的长期合作/发展潜力
供应商企业运营能力	了解供应商企业业务能力、判断该供应商的设计开发能力、产品的质量、供货效率和服务能力

图 4　供应商初选和现场评估体系

单、质量信息反馈、库存查询等信息即时传送和共享，提高协作效率。

（七）打造有竞争力的采购团队

1. 建立供应公司的指标考核体系

从采购平台建立的目标出发，供应公司指标考核体系包括采购总成本、服务质量、队伍建设和采购创新四个主要维度。这些指标有重点、有选择地陆续在年度考核中体现，使得部门和个人能够根据业绩指标，及时发现问题，激励员工持续改进，提升工作绩效。

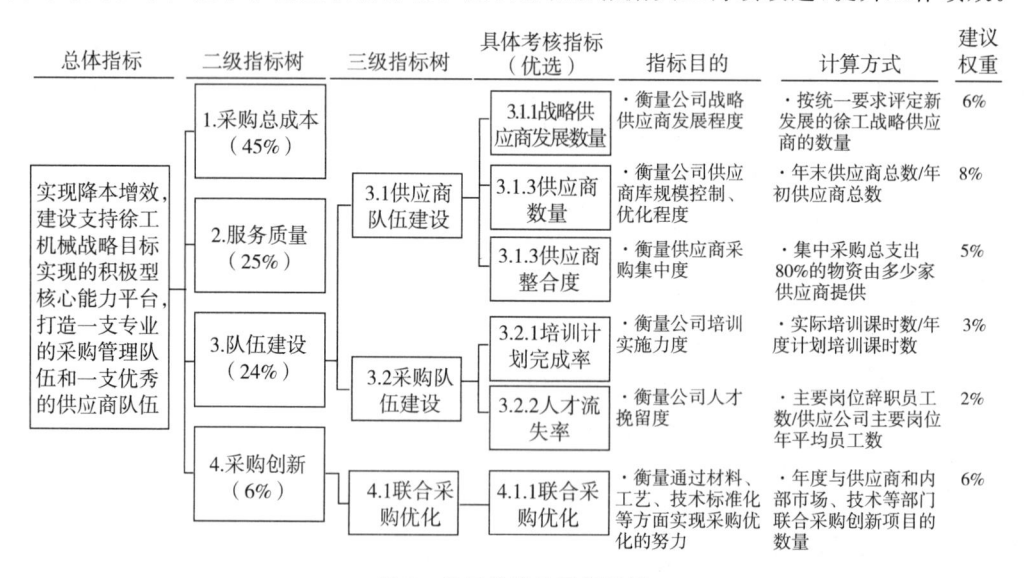

总体指标	二级指标树	三级指标树	具体考核指标（优选）	指标目的	计算方式	建议权重
实现降本增效，建设支持徐工机械战略目标实现的积极型核心能力平台，打造一支专业的采购管理队伍和一支优秀的供应商队伍	1.采购总成本（45%）	3.1供应商队伍建设	3.1.1战略供应商发展数量	衡量公司战略供应商发展程度	按统一要求评定新发展的徐工战略供应商的数量	6%
			3.1.3供应商数量	衡量公司供应商库规模控制、优化程度	年末供应商总数/年初供应商总数	8%
	2.服务质量（25%）		3.1.3供应商整合度	衡量公司采购集中度	集中采购总支出80%的物资由多少家供应商提供	5%
	3.队伍建设（24%）	3.2采购队伍建设	3.2.1培训计划实施率	衡量公司培训实施力度	实际培训课时数/年度计划培训课时数	3%
			3.2.2人才流失率	衡量公司人才挽留度	主要岗位辞职员工数/供应公司主要岗位年平均员工数	2%
	4.采购创新（6%）	4.1联合采购优化	4.1.1联合采购优化	衡量通过材料、工艺、技术标准化等方面实现采购优化的努力	年度与供应商和内部市场、技术等部门联合采购创新项目的数量	6%

图 5　徐工供应公司指标树

2. 实施平衡积分卡考核

引用平衡积分卡考核办法进行全面考核。通过对财务、客户、内部流程以及员工学习与成长等四个维度的指标进行量化,将集团采购战略和年度目标自上而下分解到采购中的每个环节、每个企业、每个员工,保证企业整体和局部的行动与战略目标和年度目标相一致。明晰员工业绩考核标准,促进员工的业务能力提升。通过实施平衡积分卡,统一考核原则和标准,改变企业仅针对采购成本的单一考核指标,提高采购人员的工作积极型,提高了采购效率。

3. 强化全员培训

一是强化对品类经理的培训。采购变革项目实施初期,对所有品类经理进行专业培训,以保证品类经理掌握现代采购理念、专业知识。同时,对所有企业采购人员进行全员培训,传授战略采购管理理念和方法。二是注重提高专业技能。通过参加国家高级采购师培训和取证、各种物料年度行业会议、持续改进绿带项目培训和取证,并通过部门市场分析例会以及日常业务运作,提高品类经理的业务技能和团队管理能力。三是加强业务指导与交流。本部品类经理经常到企业与团队成员交流沟通,对采购员进行业务流程和系统操作培训,确保员工熟悉新的管理体系以及信息系统的运用。同时,在实际工作中对采购员进行业务指导,提高采购技能。

三、基于信息平台的采购集中管理效果

（一）提升了企业采购管理水平

先采购组织获得了变革和优化,改变了过去分散采购的模式,实行集中管控,推进采购供应链五个统一：统一基础信息、统一采购平台、统一工作流程、统一供应商生命周期管理、统一准入体系。风险管理控制加强,有效地将采购寻源、定价、采购执行进行职责分离,摆脱繁重的常规性工作,更加集中精力进行采购供应链的潜在风险管理,常规性工作管理时间由原来的30%降低到10%,同时将采购的工作重点转移到具有更高价值的品类管理和战略采购活动中。

（二）采购成本得到有效控制

通过集中采购,把高价值部件、技术核心部件、大宗物料纳入集购范围,最大化发挥采购协同效应,通过引入竞争和规模优势,提高对供应商的议价能力,大大降低了采购成本,并通过ERP、SRM等IT技术高效运作,大大提高了采购效率,降低了运营成本,保障生产的及时供应。2009~2011年通过采购平台建设共降低采购成本2.8亿元人民币。

（三）供应商关系管理得到加强

形成了完整的供应商管理策略,一方面加强与核心供应商的战略联盟,锁定稀缺资源,另一方面培育徐工机械自己的优质供应商队伍,对优质的供应商投入资源进行培养,使其发展壮大以更好地服务于徐工机械未来的业务发展,真正体现合作共赢。加强了对进口件的全球化采购管理,国外高端供应商真实地感受到徐工机械的变化和实力,进口件供货保障率、供货及时率分别有提高。

（成果创造人：王　民、王岩松、吴江龙、孙小军、魏　兵、
赵成彦、蒋大为、滕　胜、陆　铭、张洪高、王大彦）

人才开发与绩效管理

基于人才成长规律的科技队伍建设

中国航天科技集团公司

成果主创人：公司党组书记、总经理马兴瑞

中国航天科技集团公司（简称航天科技集团）成立于1999年，主要从事运载火箭、人造卫星、载人飞船和战略、战术导弹武器系统的研究、设计、生产和发射，专营国际商业卫星发射服务；运用航天技术发展卫星应用、信息技术、新材料与新能源、航天特种技术应用、特种车辆及零部件、空间生物等。其科研生产基地遍及北京、上海、天津、西安、成都、保定、内蒙古、香港、深圳、海南等地。

航天科技集团源于1956年成立的国防部第五研究院，历经第七机械工业部、航天工业部、航空航天工业部和中国航天工业总公司等不同发展阶段。2011年，资产总额达到2176亿元，实现总收入1202亿元，利润总额突破100亿元，连续8年获得国资委业绩考核A级。从业人员15.9万人，在岗职工14.6万余人，拥有中国科学院、中国工程院院士33名，国家级专家104名，累计享受政府特殊津贴专家2370多名；具有博士学历者2600多名，研究生学历者2.2万余名，大学本科及以上学历者5.9万余名；其中35岁及以下的职工占54%，45岁及以下的职工占82%。

一、基于人才成长规律的科技队伍建设背景

（一）推动我国航天事业可持续发展的需要

航天事业是当今世界最具挑战性和广泛带动性的高科技领域之一，是一个国家经济社会发展和科技进步的重要推动力量，更是实现富国强军的战略基石。中国航天50多年的发展历程，是人才成就事业的历程。航天科技人才是推动航天事业发展的强劲动力。在航天事业初创时期，以钱学森等一批在国际上具有重要影响力的著名科学家和技术专家为代表的第一代航天人，从零开始，白手起家，克服重重困难，在短期内完成了独立研制东风导弹、原子弹导弹"两弹结合"试验等重大任务，成功发射了我国首颗人造地球卫星，为我国航天事业奠定了坚实的基础。在航天事业成长期，以孙家栋等留学苏联和新中国培养的优秀大学毕业生为代表的航天科技人才队伍，瞄准世界先进水平，攻坚克难，顽强拼搏，研制成功了第一代洲际战略导弹、捆绑式大推力运载火箭以及通信、气象等各类应用卫星，开拓了国际商业发射服务市场，将航天事业推到一个新高度。新世纪以来，伴随着市场经济的大潮和管理体制的变革，以包为民等一批中青年科技领军人才为代表的航天科技人才队伍，在重大工程和型号研制的实践中磨砺锤炼，取得以载人

航天、月球探测工程等为代表的巨大成就。

当前,随着世界多极化和经济全球化深入发展,越来越多的国家认识到发展航天科技工业是提高综合国力和核心竞争力的重要途径及手段,欧盟和美国、日本等纷纷围绕航天科技工业在内的战略性新兴产业制定人才发展战略,以优厚条件在全球范围加紧吸引和聚集人才,着力培养一流创新人才;国内各地区、各企业为应对日益激烈的竞争,也竞相制定并实施一系列人才政策,加强对各类优秀人才的争夺,这使中国航天事业的发展面临着巨大挑战。航天科技集团承担着我国载人航天工程、探月工程、高分辨率对地观测系统、北斗导航第二代卫星导航系统、新一代运载火箭以及高新工程武器装备等为代表的一批国家重大科技专项和重大工程任务,举世瞩目。这些航天工程处于国际最前沿、最尖端的技术领域,是最庞大、最复杂的系统工程,是我国成为航天大国和航天强国、建设创新型国家、实现民族振兴的重要标志。要完成这些任务,铸造国际一流大型航天企业集团,构建航天科技工业新体系,必须拥有一批能够跻身世界科技前沿的战略科学家和科技领军人才,在更大范围、更广领域和更高层次上构建人才高地,占领人才竞争的制高点,推动我国航天事业可持续发展。

(二)打造科技人才队伍竞争优势的需要

航天工程系统复杂、技术密集、风险性大,跨学科集成、跨行业协作、新技术比例高、一次成功要求高和研制周期长等特点,决定了从事航天工程研制的科技人才必须具备优秀的协同协作能力、异质化的知识结构、强烈的创新精神、严谨细实的工作作风。为此,航天事业必须拥有一支素质优良、结构合理、梯次合理和有序发展的航天科技人才队伍。

近年来,随着航天事业的快速发展,航天科技集团承担着繁重的型号科研生产任务,型号研制周期短、质量要求高和发射密度强,且多任务交织,并行研制,面临的困难和挑战前所未有,迫切需要大批高层次人才来支撑。鉴于航天工程的复杂性、技术门槛高且行业敏感度高,不仅核心关键技术很难通过引进、购买、合作来获取,更为困难的是高层次科技人才难以通过人才市场或其他渠道引进,只能依靠自主培养。由于上个世纪90年代"文革"前毕业的大学生大量退休以及人才流失造成科技人才队伍"断层",航天科技集团制定了一系列政策措施,大胆启用年轻优秀人才,使科技人才队伍呈现年轻化态势。目前,35岁以下的科技人员占总数的64%以上,35岁以下正副主任师和主管师占总数的70%以上。年轻科技人才具备扎实的专业基础知识、优秀的学习能力和创新能力,但缺乏型号研制的经验,缺乏对复杂事情的判断,仍需在实践中经受长期的磨砺而成长。

基于人才成长规律系统开发人才,可以在深入分析航天工程特点的基础上,全面掌握航天科技人才在知识能力、素质作风、梯次结构等方面的需求和差距,厘清航天科技人才队伍建设中的重点和难点问题,明确科技人才队伍建设思路,并在人才开发、培养、使用、激励、评价等实践

火箭总装现场

环节中,充分考量人才群体的不同特点,有针对性地实施相关措施,营造有利于科技人才成长的良好环境,加速年轻科技人才成长成才,提高企业核心竞争力。

二、基于人才成长规律的科技队伍建设内涵和主要做法

航天科技集团牢固树立科学人才观,从全面构建航天科技工业新体系和建设国际一流大型航天企业集团的要求出发,研究遵循人才成长规律,按照分层分类、差异化管理思路,紧紧抓住人才选、用、育、留等关键环节,以人才优先战略为引领,以人才成长规律为依托,以重大航天工程为实践平台,以培养高层次、创新型人才为重点,不断创新科技人才开发与管理模式,着力优化队伍结构,提高队伍素质,激发队伍活力,努力营造良好的组织环境,为进一步增强企业核心竞争力和可持续发展能力提供强有力的组织保证、人才保证和智力支持。主要做法如下:

(一)研究科技人才特征,总结人才成长规律

1.深入研究航天科技人才群体特征

科技人才必须具有专门的知识和技能,从事科学或技术工作,具有较高的创造力。航天科技人才主要指具有科学求实精神、较高的学术造诣和较强的自主创新能力、能够创造性地完成科研生产任务的优秀专业技术人才。

从2006年起,航天科技集团着力开展科技人才成长规律研究。从总结典型人物成长案例入手,通过问卷调查、实地调研、交流研讨等方式,深入分析航天工程特点和科技人才成长历程。结合航天工程实践,按照人才成长不同阶段和作用,将科技人才分为骨干、专才、将才、帅才和大家等五个群体。这五个群体并不代表某类具体职位,而是基于其在工作中所发挥的作用来综合考量(表1)。

表1 航天科技人才的角色与作用

类 别	角 色	作 用
骨干	专业主管等	独立解决工程实际问题
专才	学术带头人等	主导专业技术发展
将才	总指挥、总设计师等	组织领导航天工程型号研制
帅才	重大工程总师、系列总师、领域首席专家等	创造性地解决重大关键技术问题,实现航天技术里程碑式的跨越
大家	学术巨擘	开拓航天技术领域

航天骨干:一般为某一专业的主管师,具有解决复杂技术问题的能力,在工作中能够独挡一面,属于承担航天重大工程任务的主体力量,是航天科技人才队伍的中坚。

航天专才:一般为某专业领域的技术带头人,参与多个航天型号的研制,能够创造性地解决专业领域重大共性技术难题,引领着专业的技术发展方向。

航天将才:一般为某一专业领域的专家,在工程研制中为型号总指挥或总设计师,一专多能,具有较强的技术协调能力、组织管理协调能力以及较高的领导艺术。

航天帅才:一般为航天重大工程总师、航天型号系列总师或重点技术领域首席专家,具有勇于追求卓越的创新型思维和能够把握事物本质的哲学思维,能够创造性地解决重

大关键技术问题,实现航天技术里程碑式的跨越。

航天大家:我国航天技术的开拓者、奠基人,是受人尊重的科学家和学术巨擘,引领航天科技发展和创新,具有宽广的世界眼光、前瞻的战略思维、严谨的科学态度、非凡的创新精神和高尚的人格魅力,学识和涵养深厚。

一般情况下,从骨干到帅才的成长是循序渐进的,但在特殊情况下,专才在所从事的专业领域也能直接砺炼成为大家。

根据航天工程实践,五类科技人才群体在知识跨度、能力、思维以及品格特性等方面各具特色(见图1)。其中,品格特性、思维特点和知识跨度是航天科技人才成长的基础,通过工程实践的带动和牵引,促进航天科技人才的能力不断提升,推动其科学成长。

	知识结构	能力特点	思维特点	个性特点
航天骨干	●专业技术知识 ●工程管理基础知识	●较强的逻辑思维能力 ●较强的学习创新能力 ●独立解决工程技术问题能力	●逻辑思维 ●发散思维	●勤奋刻苦 ●严谨细致 ●乐于钻研 ●善于合作
航天专才	●专业领域技术知识	●突出的逻辑思维能力 ●突出的学习创新能力 ●视角敏锐独特	●多元思维 ●类比思维	●专注执着 ●甘于寂寞 ●精益求精
航天将才	●多领域的专业技术知识 ●系统工程知识	●组织协调 ●知人善任 ●敢于决策 ●一专多能	●立体思维 ●前瞻思维	●抗压力强 ●顽强坚毅 ●开拓进取
航天帅才	●多领域专业知识 ●对系统工程的深刻理解 ●广泛的人文知识	●系统谋划 ●勇担风险 ●人格魅力	●系统思维 ●战略思维	●举重若轻 ●持之以恒 ●追求卓越
航天大家	●多领域知识的融合贯通 ●科学技术的深刻理解 ●厚重的人生体验	●宽广的国际视野 ●非凡的创新胆识 ●始终处于科技前沿	●战略思维 ●科学思维 ●哲学思维	●德高望重 ●虚怀若谷 ●无私忘我 ●重德修身

图1 航天科技人才特征

2.总结航天科技人才成长规律

人才的成长会受到外部环境和内部因素共同作用的影响。对航天科技人才而言,其成长更为复杂,会受到多种必然和偶然因素共同作用的影响。航天科技人才在精修专业、成就事业的同时,尤为注重自身品德修养的提升和科学求实、严肃认真的科学作风的培养,始终坚持把塑造高尚的道德品质作为贯穿自身成长的主旋律,不断弘扬航天人的传统美德,充分诠释独特的航天企业精神。

在航天科技人才成长过程中,内因是根本,但组织的大力支撑和培育及良好的制度环境也提供重要保障。通过对不同群体的深入研究,发现航天科技人才的成长遵循着特定的规律。

一是工程实践是航天科技人才成长的根本途径。年轻员工参加工作后,一般需要经过3~5年的工程实践,通过参与型号研制的实践锻炼,快速积累知识、提升能力、丰富经验,才能成为航天骨干;航天专才一般需要经历10~15年潜心专注于专业领域的研究,经过长期艰苦努力工作积累知识和经验,才能在专业上有所建树;航天将才则是要经历长期的技术岗位锻炼,才能逐步成长起来。通常,在型号主任师、研究室主任等岗位上经过3~5年的锻炼后,其中优秀者才能成长为负责某一分系统的副总设计师,再经过3~5年的实际锻炼后,其中具有较高组织领导能力、能够从总体上把握型号研制和技术发展者,最终才能成长为总设计师或总指挥。并且,只有经过多个型号总师、总指挥等岗位的历练,才能成长为航天帅才。

二是有效的知识传承机制是航天科技人才成长的有力保证。知识传承是指徒弟(学生)一方得到师傅(导师)一方的指导、点化,使前者在继承与创新过程中,少走弯路,达到事半功倍的效果,在此基础上形成师徒型人才链,促使年轻员工较快掌握有关知识和相关技能。航天科技集团在型号研制过程中,特聘请一大批退居二线的老专家担任型号研制顾问,充分发挥"传帮带"作用,促使年轻技术骨干得到快速成长。

三是协同协作是航天科技人才成长的重要保障。航天行业的技术复杂性决定了航天工程是跨学科集成、跨行业协作的系统工程,每个型号及型号的研制过程都涉及到多个方面,参与人员众多,需要大批不同专业背景人员相互配合共同完成。这就要求各类人才通力协作,只有具备极强的协同精神、团队精神才能够顺利完成所担负的各项项目。

四是合理的人才发展通道是促进航天科技人才成长的有效途径。航天科技人才成长需要组织多方面的支撑,包括通畅的发展通道、良好的交流平台。航天科技集团充分尊重科技人才个人成长意愿,鼓励其选择最佳晋升路径,关注专业技术发展动态,为科技人才搭建学习和交流平台,引导其立足专业发展,鼓励创新,及时激励创新成果,充分调动科技人才从事科研的积极性。

五是一专多能和多岗锻炼是成长为航天科技领军人才的关键要素。航天科技领军人才不仅具备高超的技术水准,还具有超凡的管理能力、领导才能、指挥决策能力、团队建设能力以及系统协同能力,而这些能力只有在经历多个型号总师、总指挥等岗位的砥砺,领导过大系统、多型号的研制,才能被塑造出来。

骨干、专才、将才、帅才和大家不是专业技术职务,也不是一种专家称谓,而是根据这些人才在航天工程任务中所发挥的作用和角色划分出的五个层次的人才群体。航天科技人才的成长规律并非针对单一人才群体,而是体现在这五类科技人才群体中,贯穿于其成长的全过程。在航天科技集团人才开发中,这些规律成为科技人才选、用、育、留的重要依托,并根据科技人才群体在知识跨度、能力、思维以及品格特性等方面的不同特征,系统地加以培养。

(二)战略引领,规范科技人才开发管理

1. 强化顶层设计,大力实施人才优先战略

航天科技集团始终坚持人才的高度就是事业的高度和人才工作先行的理念,遵循航天科技人才成长规律,大力实施人才优先战略,针对航天科技人才五个群体不同特点,按照型号每推进一个阶段,人才就要跟进一批、储备一批的思路,坚持做到人才发展战略与

企业发展通盘考虑、同时部署,人才队伍建设的目标与企业的总体发展战略相适应、相配套、相衔接。为确保战略落地,航天科技集团结合总体发展目标,研究制定人才队伍建设发展规划,明确人才队伍建设的指导思想、发展目标,大力实施高层次人才集聚计划、创新人才开发计划、科技领军人才培养计划等。建立人才队伍建设目标责任制,向所属单位颁发人才队伍建设责任书,确定人才队伍建设重点任务,把人才队伍建设情况纳入各单位领导综合考核评价体系。

2. 完善工作机制,提升科技人才管理效能

借鉴航天系统工程管理的方法,将科技人才队伍建设作为一项系统工程来抓,定期研究科技人才工作,形成党委统一领导、人力资源部门牵头抓总、有关部门各司其职并协同配合的科技人才队伍建设机制。围绕企业发展战略,以营造良好工作环境和激发科技人才活力为目标,构建由5个维度、18个指标组成的科技人才发展监测指标体系(见图2),实时动态监测科技人才队伍变化状况,定期发布科技人才发展信息,及时评估科技人才队伍建设效果。各单位结合实际建立与集团公司相互衔接、相互匹配的科技人才发展监测指标体系,提升科技人才管理效能。

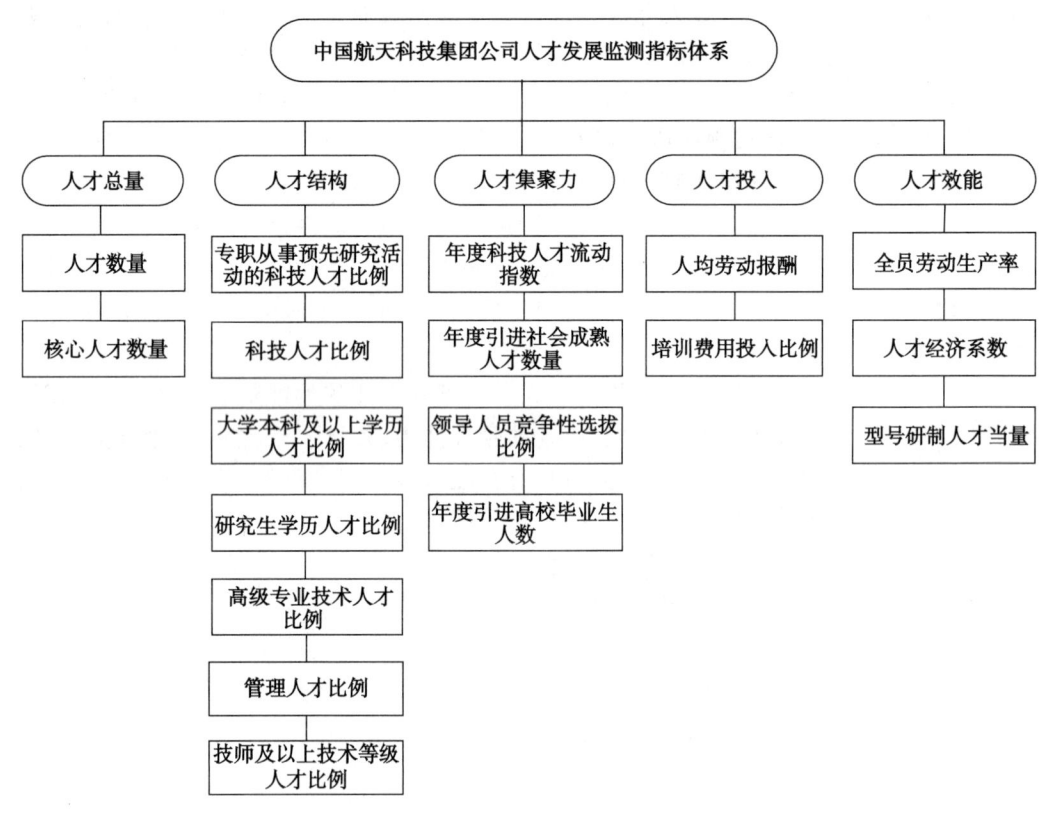

图2 航天科技集团人才发展监测指标体系

3. 健全制度体系,实现科技人才科学管理

针对当前航天科技人才队伍整体年轻、高层次人才不足等问题,结合人才成长规律,有针对性地开展科技人才队伍建设、年轻科技人才能力提升与作风培养、科技人才评价

体系、科研院所长胜任素质模型、航天型号"两总"培训需求调研等专题研究,深入分析科技人才开发与管理现状,制定人才吸引、培养、使用、评价、激励等相关几十项规章制度。此外,针对型号研制,制定加强总体能力提升和型号一线科技人才队伍、工艺队伍、标准化队伍、研究师队伍建设实施意见,实现航天科技人才管理分层分类和制度化、规范化。

(三)拓宽渠道,构建"三位一体"人才引进模式

为适应航天任务发展的需要,随着人才市场的不断完善,航天科技集团对人才引进策略做出相应调整,建立高校毕业生、社会成熟人才和海外高层次人才"三位一体"的人才引进模式。

1. 建立特色鲜明的高校毕业生引进体系

高校毕业生是航天科技集团科技人才队伍补充的主要来源。为规范高校毕业生接收工作,针对人才市场和高校毕业生就业人数变化趋势,制定《高校毕业生接收工作管理规定》,规定各单位接收高校毕业生的学历结构比例、重点引进高校范围以及来自重点高校毕业生比例等,审核各单位高校毕业生年度接收计划,并实行量化考核,确保高校毕业生接收质量。

加强与国内知名高校的合作,定期组织召开高校毕业生需求信息发布会,邀请知名高校主管就业工作的领导和老师参加;与清华大学等17所高校签订《人才培养与合作框架协议》,强化双方在人才培养方面的合作;每年投入600多万元在高校设立CASC奖学金和助学金,组织召开航天校园系列专场招聘会,并邀请老专家到高校作学术报告,提升航天科技集团的影响力和吸引力。创新接收工作模式和方法,形成校园专场招聘、高校择优推荐、航天网络双选、校企联合培养等具有航天特色的引进体系。"十一五"以来,共引进高校毕业生2.6万余名,其中博士2300多名、硕士14800多名,大学本科生7500多名。

2. 大力引进紧缺急需的社会成熟人才

根据型号任务增加和产业快速发展需要,及时调整人才引进思路,加大社会成熟人才引进力度,建立完善社会成熟人才引进常态机制。加强与猎头公司、人才中介机构和人才市场沟通、合作,每年初制定集团公司社会成熟人才引进需求计划,并与社会中介机构紧密合作,建立社会人才引进平台,供各单位引进社会成熟人才使用。针对主体专业发展需要,建立社会高层次人才数据库,主动搜寻与主业发展相关的高层次人才信息,并采取网络招聘、专场招聘等多种方式,引进具有航天专业背景、工作经验丰富、能够解决关键技术问题的社会成熟人才。近年来,共引进各类紧缺专业骨干人才5000余名,其中工程院院士1名、新世纪百千万人才工程国家级人选1名,具有研究生学历者1300余名,具有高级专业技术职务者400余名。

3. 着力引进掌握核心技术的海外高层次人才

围绕航天重大工程研制和重大产业化项目需要,努力克服航天技术的高敏感性、缺少获悉海外高层次人才信息的渠道等困难,主动搜寻航天主体专业海外高层次人才信息,利用宇航产品对外发射、产品国际贸易、技术研讨交流等时机,发挥院士和高级专家的荐才作用,通过师承关系、同窗同事和国际合作伙伴关系等,强化与海外高层次人才的沟通和联系。同时,安排1000万元专项资金,用于资助海外高层次人才的生活补贴和薪

酬补贴,建立特聘专家制度,制定海外高层次人才专业技术职务评聘特殊政策,按照不求所有、但求所用的原则,采取柔性和刚性使用相结合等方式,以才引才、以才聚才、以才育才,大力引进海外高层次人才。另外,积极解决引进人才在子女入学、配偶工作安排、生活、医疗等方面的困难,切实解除他们的后顾之忧。近年来,共引进300余名海外高层次人才,其中有16名海外专家入选"千人计划"。

(四)优化配置,不拘一格用好科技人才

1.坚持重大工程历炼,着力培养科技领军人才

航天科技集团坚持把实施国家重大科技项目和开展前沿技术研究作为锤炼科技人才的熔炉,注重在重大航天工程实施中尽早识别和发现优秀科技人才,有目的、有意识地大胆选拔德才兼备、专业技术水平突出的科技骨干参加重大工程和重点型号研制,使他们经历完整的研制周期,在实践中经受锻炼。对于能力和实绩突出、发展潜力大的,打破年龄和资历限制,及时把他们推举到型号总指挥、总设计师的岗位,担当重任。例如,载人空间站系统总指挥王翔博士,因表现优异,先后安排他负责交会对接专题设计、神舟七号出舱活动飞船飞行方案制定和实施、神舟八号的研制和验证工作等。2012年4月,他被总装备部任命为载人空间站工程空间实验室系统和载人空间站系统总指挥时,年仅39岁,成为集团公司最年轻的型号领军人才。

同时,注重在工程实践中加强科技人才多岗锻炼,通过加大型号之间、型号总体和分系统之间、设计与制造单位之间科技人才的交流力度,促使科技人才不断丰富阅历,拓展视野,提升多领域的技术把握能力和组织管理能力。目前,航天科技集团3000多名型号正副主任设计师和研究室正副主任中,35岁及以下的占56%;400多位型号正副总指挥和正副总设计师中,45岁及以下的占53%。

2.拓宽职业发展通道,推动科技人才有序发展

为鼓励科技人才在学术上发展、在技术上进步,立足岗位成才,在国家职称体系的基础上,根据型号研制和技术创新特点,建立研究、设计、工艺、质量、标准化以及产品化等科技人才队伍,设置技术员、主管师、主任师、总师和首席专家等7个不同等级的技术职务发展序列,明确相应的管理要求、任职资格以及考核办法,建立分层分类、进退有序的专业技术人才职业发展体系。

充分发挥专家群体作用,紧密结合航天型号研制和技术发展实际,梳理出11大类27个航天主体专业(见表2),并明确航天主体专业与国家教育学科、专业之间的关联关系。建立由国家级专家、集团公司学术技术带头人、院(厂所)级专家组成的三级学术技术带头人队伍,明确相应的选拔、培养、使用要求和享受的相应待遇,并建立动态调整和退出机制。对那些执着专业、甘于寂寞、精于钻研的专才,鼓励他们在专业上向纵深发展,成为更高层次的专家。例如,我国弹道式导弹和运载火箭弹道设计的开创者和学术带头人之一、航天飞行力学和火箭弹道设计著名专家、中国科学院院士余梦伦先生,作为在弹道设计领域出类拔萃的专家,担任过的最高行政职务仅为工程组长。因为长期潜心一线、埋头科研,成就了今天的辉煌。他所在的班组被命名为"余梦伦班组",成为全国首个以个人名字命名的高科技创新型班组。

为搭建科技人才成长的阶梯,建立后备专家制度。按照后备院士、后备国家级专家、

后备集团公司级专家等三个层次进行储备和培养,有计划地将有发展潜质的技术骨干纳入后备专家队伍,提升后备专家的能力和水平,加速年轻专业技术人才的成长。航天科技人才职业发展通道之间并非独立互斥(图3),而是立体交叉、相辅相成。

表2　11大类27个航天主体专业

专业大类	序号	航天专业	专业大类	序号	航天专业
（一）总体技术	1	地地导弹总体技术	（六）遥感技术	15	遥感技术
	2	防空导弹总体技术	（七）材料与制造技术	16	材料与制造技术
	3	运载火箭总体技术	（八）环境工程	17	热环境与热防护技术
	4	航天器总体技术		18	力学环境工程
（二）推进技术	5	固体推进技术		19	电磁环境工程
	6	液体推进技术		20	空间环境工程
	7	其它推进技术	（九）测试技术	21	测试技术
（三）导航、制导与控制技术	8	控制系统	（十）空气动力学	22	空气动力学
	9	惯性技术	（十一）其它航天技术	23	弹头与突防技术
	10	伺服技术		24	地面支持与发射技术
（四）计算机技术	11	计算机技术		25	航天火工品
（五）电子与通信技术	12	电子技术		26	航天器
	13	通信技术		27	可靠性技术
	14	遥测、遥控技术			

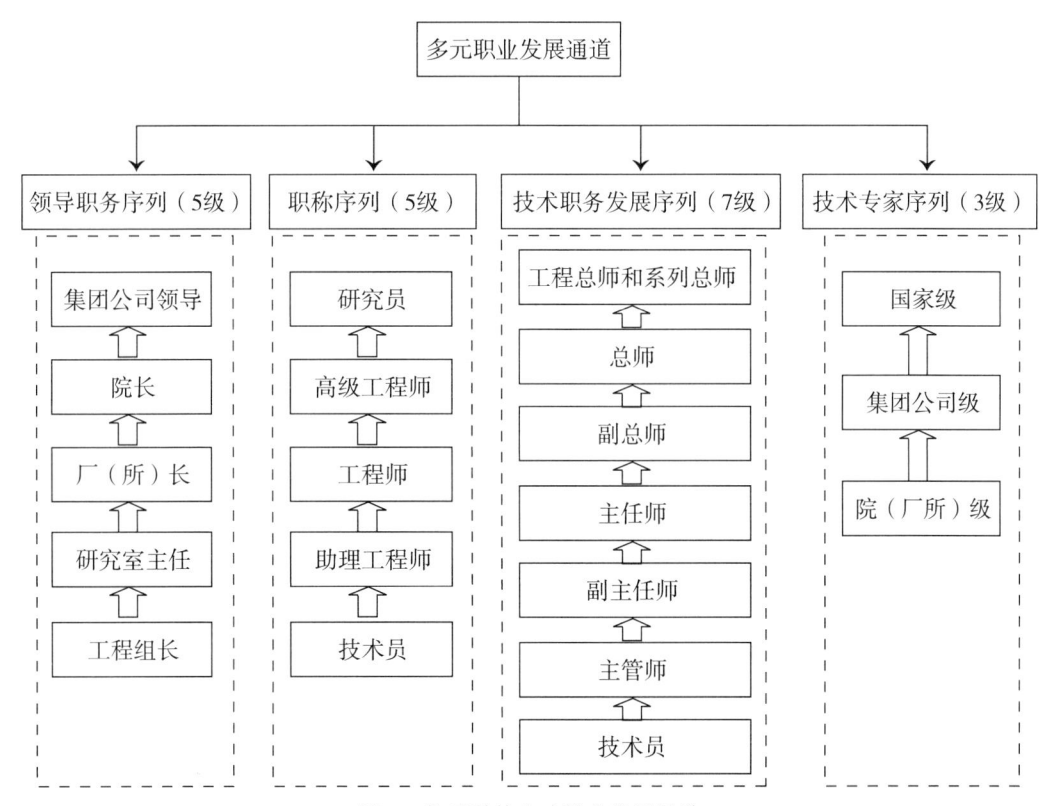

图3　航天科技人才职业发展通道

3. 优化队伍配置模式，充分发挥科技人才效能

为适应航天型号批生产任务模式和型号研制管理流程优化的需要，实时调整型号总指挥、总设计师设置及研制队伍组建模式，将原来每型号配置一支型号"两总"队伍的配置模式改为导弹武器系统按系列、运载火箭按基本型、卫星和飞船及其他空间飞行器按平台或领域、小卫星按应用领域设置型号"两总"，合理配置人才资源，精干型号研制队伍，有效提高多型号并举情况下的型号研制和批生产能力，充分发挥科技人才的效能。

(五)注重能力，大力加强科技人才培训教育

1. 突出培训重点，加速科技人才成长

根据型号研制特点，航天科技集团研究制定由培训管理系统、培训保障系统和培训运作系统构成的培训体系，并建立集团公司、研究院和研究所(工厂)三级科技人才培训模式，将科技人才细分为型号"两总"、预研、设计、工艺等12大类，针对不同岗位特点和要求，明确各类人员培训的重点内容、具体要求和培训时限，坚持培训的多领域、多层次和全覆盖，全面增强科技人才系统思考、技术掌控和科技创新能力。

为加速年轻科技人才的快速成长，利用航天器的数字化协同工作平台，将最先进的工具集成、把所有型号的历史数据集成、把各个专业的研究成果集成，建立网络化的知识管理系统，将前人的实践经验变成标准、化为财富。年轻科技人才利用知识管理系统，可根据岗位设计流程开展工作，并在每个流程节点查看该设计活动对应的业务描述、流程示意图、设计标准、设计禁忌、经验教训、文件图纸范文等，还可以查看其他设计师设计全过程的工作演示，迅速学习并掌握岗位技能，促进知识的快速积累和共享，快速提升专业能力。针对型号"两总"的能力短板，航天科技集团运用质性研究和量化研究相结合的方法，构建具有航天特色的型号"两总"胜任素质模型，明确培训重点。

2. 传承科学作风，提升职业素养

注重把优秀传统文化与科研规律结合起来，坚持实行"导师制"，为青年科技人才传授工程实践经验，帮助他们掌握型号研制流程、岗位工作规范和质量技术要求。发挥院士和专家群体的引领作用，积极实施航天人才科学作风培养工程，组织院士专家深入科研院所多个重点课题组，通过技术研讨、专业培训、团队学习、集智攻关等方式，帮助年轻科技人才掌握分析和解决复杂技术问题的思路和方法，指导他们探索攻关路径、创新研究思路，培养求真务实的科学态度、严慎细实的工作作风和谦虚合作的协同风格。

3. 加强交流合作，提高创新能力

为紧密跟踪航天技术发展趋势，掌握航天技术先进理念和知识，破解航天关键技术难题，缩短与欧美发达国家的技术差距，航天科技集团结合四大主业实际，有针对性地邀请外国专家来华对科技人员进行技术培训、专题讲座和合作研究。同时，定期举办"技术创新专题讲座"、"科研管理最佳实践研讨"和"航天科技发展高峰论坛"等活动，增强科技领军人才的创新意识，提高创新能力。加强国际交流与合作，组织开展形式多样的国内外学术、技术交流，强化与国(境)外知名大学、著名企业和研究机构合作，选派科技骨干赴国(境)外留学进修、开展项目合作和技术交流，有效拓宽科技人才的国际视野，增强科技人才参与国际合作、把握技术前沿发展方向的能力。"十一五"以来，共引进1100多名外国专家进行讲学和技术交流，选派1800多名科研生产骨干出国培训进修。

(六)强化激励,激发科技人才主动性和创造性

1.建立科学评价体系,充分调动科技人才积极性

航天科技集团针对科技人才评价标准不健全、评价指标不完善及技术创新智力资本难以量化等问题,研究构建科技人才能力素质模型,建立包括过程评价和结果评价的科技人才考核评价体系,主要从能力评价和业绩评价进行考核,并根据实际分别赋以不同权重,实现科技人才的科学评价。例如,型号"两总"的评价采取定量与定性评价相结合,将任务完成质量、技术发展成果、个人岗位贡献作为考核评价的重要内容,在年初型号工作会上向型号"两总"颁发责任令,年末对型号"两总"进行考核和评价,强化型号"两总"履职的责任意识,确保型号任务的圆满完成。

为充分调动科技人才的积极性,将考核评价结果与薪酬激励、职称评聘、评奖推优等挂钩,对做出突出贡献的科技人才实行政治荣誉、物质奖励、推举专家、培训深造、职称评聘"五优先"。在目前航天科技采用15位全国人大代表和政协委员中,有11位是一线科技专家。

2.完善多元分配体系,建立重大奖励机制

推进薪酬分配制度改革,建立和完善多元分配体系。坚持效率优先、兼顾公平的原则,突出业绩导向。企业单位普遍实行岗位系数工资制,事业单位普遍实行岗位绩效工资制,加大"活"工资的比例,多数单位达到60%以上。坚持收入分配向一线科技骨干和优秀人才倾斜,在工资结构中专门设立特殊工资单元,突出反映科技人才在科研生产中的特殊贡献,并单独核拨工资总额;制定骨干人才激励政策,全面实施骨干津贴,落实高新工程、载人航天工程人才特殊津贴,提高一线科技人才的收入水平,保障拔尖科技人才薪酬水平在行业和市场中的领先优势。

建立重大奖励机制,构建以国家奖励为导向、集团级奖励为主体、各单位奖励为补充的人才奖励体系,充分发挥经济利益与授予社会荣誉称号的双重激励作用。设立航天功勋奖、航天创新奖和航天贡献奖,对投入大量智力资本、突破型号研制中的瓶颈、解决重大关键技术难题、创新能力突出的科技人才给予重奖,最高额度为100万元/人。两批13位航天功勋奖获得者均来自一线中青年科技人才。

3.弘扬航天三大精神,激发科技人才创新动力

坚持用航天精神、"两弹一星"精神和载人航天精神作为鼓励和引导青年人才成长的核心价值理念,大力倡导"以国为重、以人为本、以质取信、以新图强"的核心价值观,引导科技人才牢记"创人类航天文明,铸民族科技丰碑"的使命,树立坚定的理想信念和高度的政治意识、大局意识。广泛开展形势任务教育,增强完成航天重大工程任务、推进航天事业发展的政治责任,做到任务面前敢于拼搏、勇于奉献,困难面前坚韧不拔、百折不挠,成绩面前永不懈怠、永不自满。大力宣传钱学森、孙家栋等老一代专家以及身边先进人物的感人事迹,激励科技人才立足岗位、创先争优。通过举行靶场试验队出征仪式、宣誓仪式和面对国旗的签名仪式等活动,激发科技人才用成功报效祖国、以卓越铸就辉煌的使命感和责任感。

加强思想指导、文化引导和心理疏导,尊重人才,关心人才,爱护人才。各级领导直接联系一线科技专家,定期听取他们的意见建议,及时解决他们的实际困难。为缓解一线

科技人员的心理压力,注重研究员工身心健康问题,构建和谐航天。

三、基于人才成长规律的科技队伍建设效果

(一)造就了一支素质优良、适应航天长远发展的科技人才队伍

航天科技集团在把握人才成长规律的基础上,通过创新并完善人才工作机制,拓宽科技人才成长通道,营造良好的科技人才成长环境,使科技人才能够按照梯次发展,加快了年轻科技人才成长步伐,在出成果、出效益的同时,培养造就了大批年富力强、充满活力、具有影响力的高层次科技人才和一支结构优化、素质优良的航天科技人才队伍。

1999以来,新增中国科学院、中国工程院院士17名、国家级专家48名、享受政府特殊津贴专家576名,现有学术技术带头人300余名,型号正副总指挥、正副总设计师400多名,正副主任师和主管师9600多人,35岁以下者超过70%。高层次科技人才数量在中央企业中处于领先位置,人才竞争优势显著。美国航空航天局前局长迈克尔·格里芬曾经说道:"中国航天取得了长足的进步,但是,我们认为最可怕的不是所取得的成就,而是现在领军和主导中国航天的这些人太年轻了,他们会工作很多年,会创造很多骄人的业绩。"

(二)为圆满完成航天重大工程任务提供了强有力的人才支撑

通过创新体制机制,为科技人才队伍建设开创了的新局面,为新一代航天科技人才在重大工程实践中锻炼成长提供了强大政策支持和环境保障,成为推动我国航天事业又好又快发展的中坚力量。近年来,航天科技集团圆满完成了举世瞩目的载人航天和月球探测工程任务,实现了载人航天飞行、航天员出舱活动、无人和有人空间交会对接以及绕月探测飞行,为我国载人航天与深空探测奠定了坚实基础;成功发射通信、导航、气象和对地观测等各类卫星一百多颗,使中国成为世界上第三个拥有自主卫星导航系统的国家,并为我国及周边部分地区能够提供连续无源定位、导航、授时服务;成功研制了以新一代洲际战略导弹为代表的一批高新武器装备,奠定了国家安全的战略基石,为我国国防建设做出了突出贡献。

1999年以来,航天科技集团有1人获国家最高科技奖;获得国家科技进步奖特等奖3项、一等奖12项、二等奖30项、三等奖3项;国防科技进步奖特等奖5项、一等奖123项、二等奖471项、三等奖921项。

(三)进一步提升了航天科技集团的社会影响力和声誉

2003年以来,航天科技集团先后20多次在国家大型会议上,就科技人才队伍建设做经验交流。2011年,按照中央领导指示精神,在认真总结科技人才培养的经验和做法基础上,编写出版《航天科技人才成长之路》一书,中组部征订10万册,发放给中央、省、市、县人才工作领导(协调)小组成员,两院院士、中央联系高级专家、"千人计划"专家,部分高校、科研院所等。在2011年召开的中央企业科技人才工作会上,国资委将该书作为会议材料发放给与会代表,并征订1000余册发至其他中央企业。此外,应中组部、浦东干部学院、全国组织干部学院的邀请,航天科技集团先后10余次为国家机关、地方政府和中央企业1000余名组织人事部门的负责人授课。

新华社、中央电视台、中央人民广播电台、《光明日报》、《中国青年报》、《中国组织人事报》等媒体,专题报道了航天科技集团培养选拔年轻领军人才的经验做法。中央电视

台《新闻联播》头条"科学发展 成就辉煌"专栏,用近5分钟时间专题报道"航天科技集团青年人才培养——'天'才是怎样炼成的";中央电视台《新闻直播间》专题报道了"中国航天发展 更多青年担当重任";中央人民广播电台专题报道了"中国航天科技集团:在重大工程中培养年轻领军人才";新华网发表了"对话航天青年人才:'天'才是怎么炼成的"长篇报道;《光明日报》刊发了"中国航天:为青年提供成才沃土";《中国组织人事报》刊发了"让人才一起飞——中国航天科技集团在航天重大工程中培养造就年轻领军人才";《中国青年报》刊发了"航天事业人才井喷可否复制"。

(成果创造人:马兴瑞、雷凡培、陈学钏、白燕强、于　宁、李　君、冯胜平、赵　晶、王艺妮、樊召锋)

中外合资汽车企业知识型员工能级管理

上海大众汽车有限公司

上海大众汽车有限公司（简称上海大众）成立于1985年，是改革开放后中国第一家轿车合资企业，由中德双方各出资50%组建而成。总部位于上海安亭国际汽车城，占地面积333万平方米，是国内规模最大的现代化轿车生产基地之一。基于大众、斯柯达两大品牌，目前拥有PASSAT帕萨特、POLO波罗、TOURAN途安、LAVIDA朗逸、TIGUAN途观和Octavia明锐、Fabia晶锐、Superb昊锐等十大系列产品，覆盖A0级、A级、B级、SUV等不同细分市场。"四位一体"经销商和特约维修站达到了1000多家，全国的地级市覆盖率超过70%，配套的零部件企业有400多家。上海大众拥有现代化整车产业完整的业务模块，包括研发、制造、营销、质保、物流、工艺等专业模块和财务、采购、传播、人力资源、法务等职能模块。目前，拥有各类员工2.8万人，其中包括4000多名知识型员工，广泛分布在各专业或职能模块中。连续6年荣膺国际权威认证机构CRF颁发的"中国杰出雇主"，并连续8年荣获中国十佳合资企业称号，八度蝉联全国最大500家外商投资企业榜首，并连续9年被评为全国质量效益型企业。

成果主创人：公司总经理张海亮

一、中外合资汽车企业知识型员工能级管理背景

（一）探索汽车企业知识型员工有效管理的现实需要

现代大型汽车企业不再是简单的制造型单位，而是拥有完整产业链的综合性企业。上海大众不仅拥有上万名一线员工，也拥有4000余名以脑力劳动为主要工作形式的知识型人才。而知识型人才更多地担负了体系的革新和专业的探索，对企业的未来发展起到决定性的作用。随着新能源、新制造工艺、新产销管理系统对旧技术的替代速度加快，汽车企业对知识型人才需求的迫切度极高。同时，知识型人才的劳动过程不易观测、劳动价值不易定量、劳动负荷不易评估。在近30年的实践中，上海大众感到最大的人力资源管理挑战不在于传统的定岗、发薪、雇佣关系维护等方面，而是对知识型人才的评估、开发与激励。因此，迫切需要建立一套人力资源能力管理系统，实现对知识型人才的科学管理。

（二）持续提升企业最佳雇主形象的迫切需要

良好的雇主形象不仅可以吸引优秀员工，而且可以提高员工的忠诚度，降低员工的离职率，是企业长期保留员工的关键。上海大众致力于成为汽车行业最具吸引力的雇

主,不断优化人力资源管理体系,吸引并保留员工,实现企业与员工的共同成长。要进一步提升最佳雇主企业形象,员工培训、职业发展、企业文化、薪酬福利等四个维度是必须系统提升的方向。因此,以四个维度为方向,以提高员工满意度、灵活使用人才、激励人才、开发人才、发展人才为目标,建立一整套切实有效的现代人力资源管理体系,已经成为上海大众持续提升企业最佳雇主形象的迫切需要。

(三)增强汽车企业核心竞争力的战略需要

随着国际汽车企业纷纷进入中国市场,产品技术含量越来越接近,成本优势和网络优势差距越来越小,同质化竞争越来越明显。上海大众确定了2020年战略,聚焦四大目标:最大产销规模、最强盈利能力、最高用户满意度和最佳雇主。为了实现这一战略,先后实施了奥林匹克计划、Dynamic计划和Win! 2012三大步骤,起支柱作用的是人力资源。

企业的核心竞争力体现在产品竞争力、质量竞争力、成本竞争力和营销竞争力,但归根到底是人才竞争力。在上海大众,则集中体现在知识型人才的竞争力,因为知识型人才是产品的开发者、成本的控制者、营销网络的建立者、可靠质量的保证者。所以,实现知识型员工的有效管理,不仅是提高人力资源管理水平的需求,更是提升企业核心竞争力、实现发展目标的战略需求。

二、中外合资汽车企业知识型员工能级管理内涵和主要做法

上海大众积极研究人员组织匹配(P—O匹配)和员工能力、态度、治理的组织能力理论,学习借鉴德国大众知识型员工管理的九宫格考评体系,建立符合自身实际、科学合理的量化评价体系,对知识型员工的专业能力进行评定分级,以其所在的部门所需求的核心能力为方向,以员工现在的能级为基础,建立和实施个性化的能级提升方案,实现员工个体能级和部门核心能力同步提升的目的。主要做法如下:

(一)明确知识型员工能级管理思路和目标

上海大众作为一家中外合资企业,自成立以来始终坚持德国文化的严谨精细和中国文化的灵活融合,结合实际积极消化吸收德国大众在企业管理尤其是人力资源管理上的成熟做法和经验,并优化成为自己的做法。构建分工精细的组织架构,建立完整的信息系统,集成优质的培训资源。在人力资源管理方面,建立"一个中心人事与三个人员服务中心"的BP(Bussiness Partner)工作模式,实施针对组织的MBO评估系统和针对管理层的KPI+KCI评估体系。确定人力资源管理八项原则,即坚持以满足企业的可持续性发展、强化核心竞争力为人力资源工作的出发点;直线经理是第一人力资源经理,培养和辅导员工是最重要的领导工作;员工是个人发展的主体,人才的发展是一个循序渐进的过程;人力资源管理部门负责宏观政策规划和指导,并提供系统、工具和服务;在微观上,依靠市场

综合办公楼

机制合理配置人力资源；人人都有多元化发展道路；人人爱岗敬业；倡导员工企业家精神。同时，明确4000多名知识型员工是推进企业实现飞跃发展的人力资源主体。

从2009年开始，上海大众以能本理念为核心，基于关键绩效指标法（KPI）和胜任力原理等理论，创造性地提出知识型员工能级管理的概念。能级，是指知识型员工个人能力的量化表示。以员工个人能级为基础，可以进一步计算和分析知识型员工所在部门的能级。

上海大众建立一套针对知识型员工的评价体系，对员工和员工所在的整个部门进行人力资源评估，且评估可计量、可比较、可提升、可回顾；全力落实八项原则，尤其是践行"直线经理是第一人力资源经理"和"人力资源管理部门提供系统和工具等原则"；倡导文化目标，传播"人人都有发展权、企业与员工共赢"的理念。评价体系分以下两个阶段推进。

第一阶段，以人力资源能级评估作为开端，通过评估区分知识型员工的胜任程度，对于因工作能力和态度导致不胜任的，进入企业的待聘中心或实施劳动合同到期不续签；对于因工作专长或兴趣不匹配的，则通过内部招聘机制予以调岗。对于胜任的员工，按照量化评分高低区分不同能级人群，实现对员工的能级分析和计算，形成部门的人力资源当量；借助组织核心能力矩阵工具，分析当前部门的核心能力现状，明确部门核心能力提升目标，并制定员工能级提升目标。

第二阶段，在完成能级分析的基础上，制定并实施员工个性化能力提升方案，包括部门自主培训、公司个性课程培训等方法。针对核心员工群体和潜在核心员工群体，通过实施差异化激励措施予以推进。对于员工的职业发展，则以人力资源能级评估为基础，建立和实施技术和管理的双通道发展道路。

（二）构建知识型员工能级评估模型

1. 确定以员工能力绩效为主要内容的能级评估要素指标

上海大众对知识型员工每年进行一次全面深入的评估。借鉴关键绩效指标法（KPI）、平衡计分卡（BSC）和360度全方位考评法，结合德国大众九宫格考评体系，将工作表现、能力素质、工作态度等内容统一建立在一个平台上，全面进行评价。能级评估要素指标的形成主要运用关键事件法，分为三个阶段：

第一阶段，人力资源部门运用行为事件面谈法，对各部门表现突出、做事方式符合企业价值观的主管和员工进行访谈，让大家在部门核心能力落实方面列出一些各自认为关键的员工能力，并提供实际的例子。

第二阶段，对访谈的结果进行整理和提炼，编辑成公司的能力汇总表，包含访谈中所提及的所有指标，分维度呈现，并参考外部标杆企业的能力模型。

第三阶段，人力资源部门主持研讨会，聘请内外部专家、连同内部各个部门主管、员工代表共同讨论，根据企业未来发展战略和需要打造的核心竞争力，在能力汇总表中提炼出8~10项关键的能力，汇总分析形成员工能力评估的要素指标。员工能力主要涉及岗位需求的专业能力和管理后备需求的管理能力，包括岗位专业知识和技能、业绩水平、沟通和外语技能、学习能力、合作能力、计划组织和监控能力、系统思维及分析与解决问题能力、影响他人与团队领导能力等共8项指标。

2. 确定以员工态度为主要内容的能级评估否定性指标

建立基于培养、考核和激励的员工综合发展体系,调动员工的积极性和创造性,提高员工敬业度、满意度。员工态度是员工敬业度和满意度的直接表现,也是员工认同企业文化的重要标志,是评判一名优秀员工的重要指标。为此,将"企业忠诚"和"爱岗敬业"指标引入到对员工的能级评估体系中,对员工的态度进行深入考评。这两项指标是否定性指标,不计入员工能力总分的计算。取分数低的作为否定项,如果否定项对应的能级低于员工能力加权分值对应的能级两级,该员工的能级一律落位于低能级。

3. 确定"8+2"的人力资源能级评估模型

基于影响部门核心能力的员工能力、员工绩效和员工态度三要素,明确对员工能力进行评估的八要素指标和对员工态度进行评估的两项指标,建立能级评估的主模型(表1)。同时,考虑到不同业务部门专业需求的特殊性,人力资源部门以该模型为基础,会同专业部门在不改变指标名称和指标权重的前提下,对指标内容进行业务相关的个性化定义和描述,实现评估指标统一性和差异性的相结合。目前已建立研发、质量、采购、物流、制造、销售、行政等不同方向的评估模型21个。

每一项评估指标在描述时分为了5个能级,由高到低分别为 E1、E2、E3、E4 和 E5。E3 的描述以一个能完全胜任本职工作、但不具备充分带教能力的员工为参照;E5 的描述相当于一个刚进公司,在带教下能开展辅助工作的新员工;而 E1 作为最高能级,则以项目经理为标杆来进行描述。每一个能级水平分别赋予了不同的分值区间,分别为 E1(401～500分)、E2(301～400分)、E3(201～300分)、E4(101～200分)、E5(51～100分)。能级的设定为后续针对员工和部门的能级分析奠定基础。

表1 人力资源能级评估"8+2"模型

评估指标	指标定义	能级设定
岗位专业知识和技能	对岗位专业知识的掌握和运用程度,及在本专业内的权威性	E1～E5
业绩水平	工作过程、工作业绩、工作效率及内外部认可	E1～E5
沟通和外语技能	通过清晰表达与互动,达成共识的能力;英语、德语的听说读写	E1～E5
学习能力	学习新知识、接受新知识和运用新知识的特质和能力	E1～E5
合作能力	尊重他人,与人分享,协同合作,共同完成任务	E1～E5
计划、组织与监控能力	制定行动方案,协调各种资源,确保计划完成,敦促下级工作	E1～E5
系统思维、分析与解决问题能力	逻辑思维能力和全局观,自主能动的解决问题,高效地决策	E1～E5
影响他人、团队领导能力	有效地影响他人,有领导他人意愿;提高团队效率,知人善任	E1～E5
企业忠诚	企业认同度、离职的风险程度、积极工作创造价值的态度	E1～E5
爱岗敬业	热爱本职工作,敬业程度	E1～E5

(三)搭建知识型员工能级管理信息平台

上海大众开发出两个信息工具:一是人力资源能级评估支持系统——PDS(Personal

Development System)。通过 PDS 系统可以评估和跟踪到员工及部门每一年度的能级水平以及能级成长曲线。同时,以人力资源能级评估结果为基础,为其他各项人力资源活动(如人员规划、招聘、职位层级评审等)提供依据。二是员工能级提升培训支持系统——TMS(Training Management System)。TMS 对员工培训情况进行动态跟踪,包括历年参加的培训课程、课程主要内容、课程成绩等,为员工能级提升和发展提供支持。

(四)基于评估模型开展知识型员工能级评估

1.建立知识型员工能级管理制度

在开展评估前,上海大众人力资源部门与各部门直线经理统一能级管理总体思想,加强对员工能力进行客观评价,梳理人员梯队,了解部门的人力资源发展水平,并为员工的后续发展提供指导,从而促进员工和部门的能级提升。同时,建立员工能级管理制度,有序推进。一是以每年为一个周期,循环开展;二是评估覆盖全体技术管理人员;三是 HR 部门与专业部门经理进行分工与协作。HR 的主要职责是提供评估模型与支持系统,指导专业部门建立评估标杆,平衡各专业部门标杆的一致性,提供与该部门核心能力密切相关的培训资源,指导专业部门经理制定员工的个性化能级提升方法,实施和跟踪员工个性化能级提升方案;直线经理的职责是建立各专业部门能级评估的标杆,实施知识型员工的评估,依据员工能级评估的结果和部门核心能力需求制定员工个性化能级提升方案。

2.运用科学方法实施评估

在能级评估模型中,人力资源部门对每一项评估指标进行锚定和描述,用于指导部门经理评估打分。同时,采取有效方法推动和指导评估。

一是运用标杆对比法。各职能部门经理在打分评估前,首先对照标准,在部门内部寻找到代表每一能级水平的标杆员工,作为员工能力评分的参照对象,然后结合评估指标的锚定和描述,对员工进行客观评分。有效降低部门内部员工之间的评分偏差,在部门内部实现评分的公正性。

二是针对部门之间打分的差异,即不同的经理在量化评估方面存在的差异,由人力资源部门牵头,召集各部门经理对每个部门的标杆员工进行评议,并对标杆员工得分进行校准,将各部门经理的打分基准拉回同一水平线。

三是在直线经理进行评分阶段,人力资源部门配备专门人员对部门经理进行全程支持,针对部门经理在打分中碰到的疑难问题提供及时解答。同时,对部门经理的评估过程进行跟踪,将可能出现的评分偏差予以修正。

人力资源部门与各职能部门一起就评分结果进行讨论,对评估中出现的异常点进行沟通、修正,达成一致,最终完成对员工的打分评估。

3.实施员工能级量化分析

全体员工的能力打分评估完成后,人力资源部门将评分结果汇总,实施员工能级的量化分析,并完成人员梯队的梳理。

一是设定技术关注度和管理关注度的权重。在考察员工具备何种专业技能的同时,考察员工所具备的管理潜质,为企业培养管理后备人才。为此,按照技术关注度和管理关注度,对评估模型中的各项能力指标进行不同的权重设定,技术关注度的权重由 HR部门和专业部门共同确定,而管理关注度权重与上海大众后备干部评价标准接轨。在关注专业发展的时候,提高技术能力的指标权重;在关注员工管理潜质的时候,提高管理能力指标的权重。通过一次打分可获得员工的两个分数,即技术分和管理分。技术分用于后续的员工能级和部门能级分析,是人力资源能级评估关注的主体;管理分则提供给公司领导人员管理部门,用于后备队伍建设。

二是量化分析员工能力。根据设定的技术关注导向指标权重,将所有评估指标(不含否定性指标)得分进行加权平均,得出员工的综合能力得分,根据得分将员工初步落位到 E1 至 E5 的各个能级。考察员工否定性指标(企业忠诚和爱岗敬业)的得分情况,对员工的能级进行最终确认。

三是梳理基于能力分析的人员梯队。根据能级评估得分将员工梳理为技术发展型和管理发展型,并将每一发展类型的员工梳理为核心员工、高潜力员工和待发展员工。通过人员梯队的梳理,为后续的人员差异化激励和个性化提升提供基础。

(五)设立标准工程师对部门能级进行量化分析

部门能级是指部门内部所有员工组成的人力资源总量,是员工个体能级的集合。传统的人力资源统计方法往往只顾及到部门人员的数量规模,不涉及该部门内部员工能力水平的统计。上海大众通过人力资源综合评估平台,引入"标准工程师"的概念,以员工能级量化分析为基础,实现对部门能级的量化分析。

1. 确定标准工程师,作为部门能级分析的参照点

标准工程师是能满足部门业务发展需求、具备标准业务能力的员工,也可以说是恰好满足岗位要求的员工。第一,标准工程师不一定是一个具体的员工,而是抽象代表具备这一能力的员工。但为了便于直观了解,可以在部门内寻找到一位具备这一能力的典型员工。第二,标准工程师代表的不是一个部门内员工的平均能力水平,有可能高于部门平均水平,也有可能低于这一水平。例如,一个初创部门人力资源能力尚不成熟,在这个部门寻找到的标准工程师所代表的可能高于部门平均能力水平。第三,标准工程师不是一成不变的。随着部门业务需求的发展,标准业务的胜任力需求也在变化;同时,员工自身的能力也在同步发生变化。因此,在某一时间段内作为标准工程师的某位员工,可能会因内外环境的变化而超过或无法达到标准工程师的要求。在确定标准工程师后,记录下标准工程师对应的能级评估得分,用于部门能力分析。

2. 以标准工程师为基准,计算部门能级当量

部门能级当量是对部门人力资源总量的量化。从微观角度,部门能级体现为部门内部标准工程师的人数;从宏观角度,部门的能力体现为部门的总体能级系数,它是部门人力资源成熟度的反映。以标准工程师为参照,对部门的人力资源能力进行量化分析。通过评定,每位员工均获得一个专业技术得分,并落位在 E1 至 E5 的各个能级。将所有员工的得分相加求和,并将求和结果与标准工程师得分相比。相比的结果即为该部门所有员工的集合,相当于多少个标准工程师的人力资源总量。

为了全面把握部门总体能级水平,必须确定部门能级系数。计算方式有两种:一是部门内标准工程师人数与实际人员总数的比值;二是部门内员工评估得分的平均值与标准工程师得分的比值(图1)。能级系数越高,表明门人力资源成熟度越高。

标准工程师数和能级系数虽然都反应部门的能力水平,但标准工程师的增加并不意

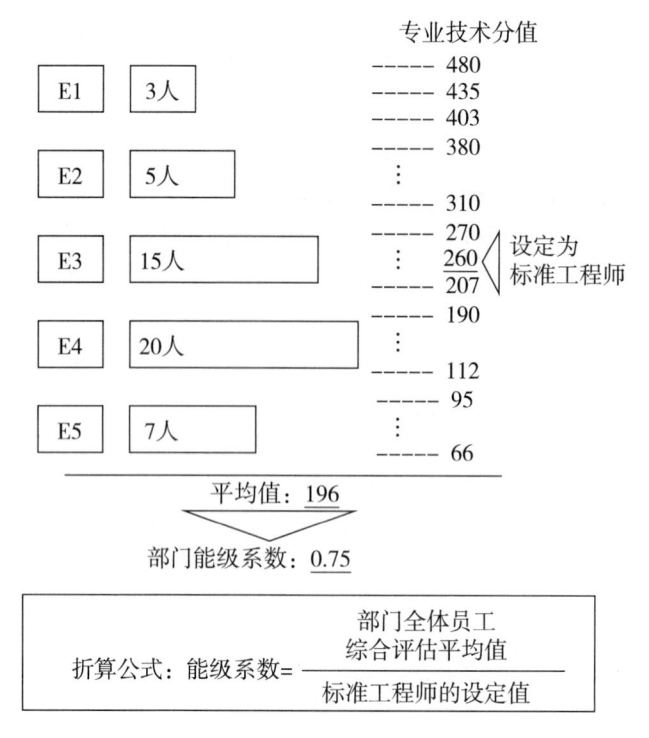

```
                          专业技术分值
    ┌────┐ ┌────┐         ----- 480
    │ E1 │ │ 3人 │         ----- 435
    └────┘ └────┘         ----- 403
                          ----- 380
    ┌────┐ ┌────┐           ⋮
    │ E2 │ │ 5人 │         ----- 310
    └────┘ └────┘
                          ----- 270   设定为
    ┌────┐ ┌──────────┐      260  ⎬  标准工程师
    │ E3 │ │   15人    │    ----- 207
    └────┘ └──────────┘
                          ----- 190
    ┌────┐ ┌────────────┐    ⋮
    │ E4 │ │    20人     │   ----- 112
    └────┘ └────────────┘
                          ----- 95
    ┌────┐ ┌──────┐           ⋮
    │ E5 │ │ 7人  │         ----- 66
    └────┘ └──────┘
    ─────────────────────────────────
              平均值：196
         ▽
    部门能级系数：0.75

                      部门全体员工
                      综合评估平均值
    折算公式：能级系数 = ────────────
                      标准工程师的设定值
```

图 1　部门能级系数

味着部门能级系数的提高，部门能级系数的提高并不依赖于标准工程师数的增加。部门规模的扩张、新员工的加入，一方面导致部门标准工程师的总量增加，从而提升部门的人力资源总量；另一方面，由于新入员工的能级水平低于标准工程师，尚无法完全胜任部门的工作需求，从而导致部门能级系数的下降。

3. 基于部门能级分析，诊断人力资源状况

为了全方位提高部门的能级水平，不仅应从人员规模的扩张着手（增加标准工程师数量），也需结合现有人员能级水平的提升（部门能级系数的提高），做到"质""量"同进，以达成部门目标。以财务部为例，通过将能级与性别、年龄、工龄进行交叉分析和将性别、年龄、工龄进行纵向比较分析，采用蜂窝图对人力资源状况进行解析，以交付给直线经理为部门管理提供依据。

（六）以部门能力为导向推进员工能力提升

要不断提升企业核心竞争力，重要的是不断提升各个部门的核心能力。部门的核心能力是以部门内部每个知识型员工作为载体，只有将每一位知识型员工能级的提升都聚焦到部门核心能力上，这个载体才真正有助于部门能力的提升。

1. 应用 CCM 工具分析部门核心能力

根据企业发展战略，上海大众以 CCM（Core Competence Matrix）核心能力矩阵为工具，分析各职能部门的核心业务能力现状。针对不同部门共进行 56 项 CCM 分析，其中营销网络部门明确需重点建设的业务核心能力要素 1168 项，也明确定义各部门已经具备的能力、部分具备的能力和完全不具备的能力。如何将部分具备和完全不具备的能力

变成某个部门完全具备的能力,这就是开展员工能力提升的聚焦点和方向。

2. 实施知识型员工个性化的培训和能力提升方案

一是依据部门能级分析,设定部门和员工能级提升目标。员工是个人能力提升的主体,也是部门能力提升的载体。聚焦部门核心能力分析中部分具备和完全不具备的功能点,以目前部门能级系数为基础,以上海大众全员劳动生产率提升目标为指导,结合现有人员结构,设定部门年度能级提升目标(能级系数提升值),并分解至每位员工(员工的能级评分提高值),确定知识型员工能级提升目标。

二是采用多元化培训手段,通过学习提升员工和部门能级。每年为知识型员工提供多元化培训,以岗位实训和课程培训为主,包括从公司学习、合作伙伴中学习、高校进修、行业学习等(表2)。

表2 多元化的培训和学习手段

渠道	学习对象	方式
公司	培训部	月度培训课程 专业培训课程支持
	部门内部	带教、业务技术交流、经理讲坛、项目实践、承担工作责任
	其它部门	跨部门技术交流、轮岗
合作伙伴	供应商	外部协会交流 外部专家访谈交流 外部供应商讲座交流
	经销商	现场辅导、岗位锻炼
	上汽集团	专业课程
	德国大众	TTA、专业课程
高校	高校	理论知识深造
	其他行业	外行业参观学习
行业	同行业 相关行业	参观交流 资料学习

三是确定个性化的员工能力提升方案。根据CCM核心能力矩阵的分析结果和员工能级提升目标,设置具有针对性的培训课程。每个部门开放的选课清单,既有公共课也有专业课,既有必选课也有公开课,每个员工可以根据自己的兴趣选择。部门直线经理与员工沟通,在年初共同制定员工培训方案,包括Learning By Doing中的项目工作、内部带教老师、参加公司培训部组织的年度各类课程及通过知识分享来汲取专业知识。人力资源部门每年提供部门专项、个人能力类课程,以每位员工选择的课程为依据,汇总所有员工培训需求,制定年度培训计划,并在内部网上公布(表3)。

为保证每位员工及时得到相关培训信息,培训部每月发布"月度培训课程计划",以E—mail的形式发给每一位员工,员工可合理安排时间参加培训。

为保证学习效果,直线经理在部门内部鼓励相互学习。员工参加培训后,经理组织内部知识分享会,促进内部知识交流和团队合作。采用"讲授是最好的学习方法"手段,帮助员工掌握相关知识和技能,提升能级水平,让员工体会到自己的收获和成长。同时,积极开展专家论坛,将能级较高的员工作为上海大众内部专家,进行知识的研讨和共享,并建立信息网站予以支持。

表3 年度培训计划调研课程类别

	类别	课程	备注
部门专项课程	团队合作	体验式团队拓展	由各二级(以上)部门确定课程方向后,可与人员培训部共同策划实施
		主题 Workshop	
	专业能力	专业工具课程	
		项目同步课程	
		部门专项发展计划	
	跨部门合作	合作与沟通	
	部门知识分享	专业知识交流	部门自行组织
	对象	课程	备注
个人能力课程	专家	专题公开课—专家篇	专项组织
	股长/管理后备	专题公开课—管理后备篇	
	工长/班组长/维修人员	专项课程	
	新员工	入职培训	
		启航专题	
		德语入门	
	员工公开课程	个人管理	每月发布具体课程及时间
		质量体系	
		计算机应用	
		营销管理	
		汽车技术	
		德语	

在系统开展培训基础上,加强知识管理。以自编教材、专业知识库系统等方式将知识文本化。组织内部优秀教材评审,每年有50~60本新教材参加评审,共产生95篇公司级优秀教材、45篇上汽集团优秀教材。这些教材构成系统的知识型员工能级提升培训资源,促进知识型员工的知识集成和传承。

(七)建立知识型员工能级管理拓展机制

1.设计和实施职业发展双通道

根据"人人都有发展权"原则,上海大众在原有单一管理发展通道基础上,创建知识型员工技术发展通道,即"职位层级"。职位层级的评审标准与知识型员工能级评估标准完全一致。

通过职位层级,员工可以获得专家级、高级专家级甚至更高级别的专业头衔。同时,优化现有薪酬体系,建立与各个层级相匹配的薪酬宽幅,使每位达到不同层级的知识型员工可以享受到相应薪酬待遇(图3)。

每两年对知识型员工进行一次职位层级评审。为确保评审的公正和公平,建立由人力资源部门、各职能部门共同组成的评审委员会,以员工申报和部门推荐相结合的方式

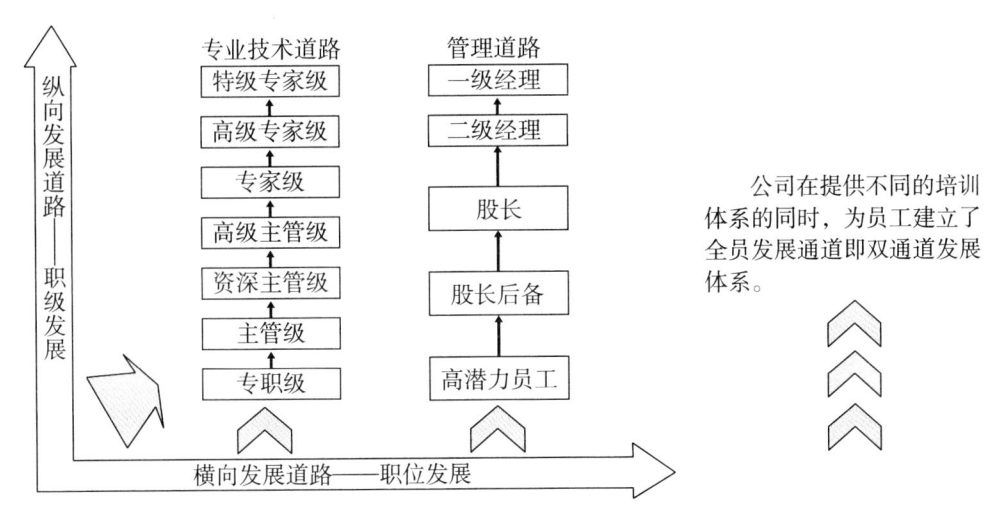

图3 员工双通道发展体系

进行。其中,直线经理与知识型员工进行的能力与绩效沟通非常重要。这种沟通聚焦于两点:一是知识型员工目前能力和绩效的优势与不足;二是依据员工目前的能力和绩效,推荐评审的层级。不同的职级评审途径不一样:专职级、主管级候选人只需通过评审委员会即可确定是否通过评审;资深主管级员工在初审通过之后,还将进行由其上级、本部门同事、业务链上下游同事参加的360度测评;高级主管级及以上层级还将面临答辩委员会的评审,只有答辩通过且经过公示和报批之后,才能顺利进入下一职位层级。

2. 实施精益的人力资源规划

通过开展知识型员工能级管理,上海大众将人员规模规划转变为以能级规划为主导,而能级规划的实现主要表现为标准工程师的增加。增加标准工程师人数,一是外部招聘增加人员数目,二是现有人员的能力提升。依据部门人力资源诊断,确定外部招聘的方向,优化人员结构。

三、中外合资汽车企业知识型员工能级管理效果

(一)人力资源管理制度不断完善,管理水平进一步提高

上海大众实施知识型员工能级管理,进一步完善了人力资源管理制度。一是人力资源规划和招聘制度。通过能级管理,量化部门人力资源总量,并通过目标导向清晰的多元化能力提升手段,有效地提升了员工自身能级和部门能级水平。在每年的人力资源规划和招聘计划制定与实施过程中,人力资源部门充分考虑了能级提升这一要素,并结合部门人员能级当量现状,构筑了人力资源规划动态预测模型,从性别、年龄、工作经验等人员结构要素入手,对人员规划及招聘实施精益管理。二是员工培训制度。通过能级管理与部门能力提升体系建设,为员工制定个性化提升目标,拟定详细的培训清单,涉及部门专项课程和个人能力选修课、必修课等。这些课程均聚焦于员工能级的不足和部门核心能力提升的需求,为员工的发展提供了强大支持,并进一步完善企业员工培训制度。三是员工晋升体系。科学系统的员工培养体系帮助员工实现了全方位发展,也带来了其职位层级的提升。多元化的发展通道给员工带来了希望,职位层级评审的公平公正为员

工提供了保证。员工职业发展双通道为有技能、善于管理的员工分别提供了不同的成长道路,通过薪酬绩效的强化、公平透明的操作流程,使得员工晋升变得可望可及。

通过知识型员工能级管理,解决了传统人力资源管理面临的难题,进一步提升了人力资源管理水平。例如,有效解决了知识型员工定岗定编的传统难题。一方面,通过提升人员能力,弥补工作负荷过高的问题,严格控制人员数量;另一方面,实施招聘时既考虑到部门人员数量的增长,也预测部门人员能级的增长。这不仅为主管经理们提供了易操作的管理工具,为员工指明了能力发展的方向,也为整个企业显示了人力资源结构的优劣状态,并指导各级决策者不断优化人力资源结构。再如,通过能级管理,普遍树立"直线经理是员工的第一人力资源经理"的理念,显著增强直线经理的人力资源观念,对本部门员工的年龄、知识、技能结构现状的认识更加准确,有效促进了相关工作的开展。

(二)员工满意度不断提高,最佳雇主形象持续提升

通过知识型员工能级管理和部门能力提升计划,为员工提供了多元化发展通道,丰富的培训计划也使员工能力得到了全方位的提升。每年相应的出国学习、交流不仅帮助员工掌握了更高的技能,为职业发展打下了良好基础,也培养了国际化的视野和能力。上海大众提倡人人都有发展权,实现了企业与员工的共赢,员工对部门、对企业的满意度、忠诚度持续提升。例如,"情绪晴雨表"是大众汽车集团在全球统一开展的内部雇员满意度调研项目,其中包含了员工对企业产品的认同度、对部门内外合作的认同度、对上级领导的认同度、对职业发展的认同度和对工作愉悦性的认同度。上海大众从2009年开始实施,员工的情绪指数始终处于大众集团的前列。同时,国际权威的最佳雇主评审机构CRF对上海大众的员工满意度进行外部诊断,在员工培训、职业发展和企业文化等维度始终保持五星状态。员工离职率持续降低,保持在同类企业的20%左右,体现了较高的员工忠诚度和企业的人才吸引力。上海大众的最佳雇主形象也得以连年保持。

(三)企业核心竞争力不断提升,竞争优势更加明显

通过对近3年人力资源标准工程师数量的计算,排除新招聘的因素,现有人群因实施能级提升获得了年均约240个标准工程师的增长量,相当于每年招聘240名符合普通工作标准的知识型员工,节约人员成本约6133万元/年,节约招聘成本约80万元/年,节约培训成本约120万元/年。上海大众的劳动生产率得到大幅提升,以德国大众统一的计量方式来看,2011年劳动生产率比2009年提升了24%。同时,有效促进了企业快速发展和竞争力的提升,2011年与2009年相比,汽车生产量由71.7万辆提高到118万辆,生产规模扩大1.5倍,年均增长率达25%;销售利润率由8.7%提高到16.6%。

(成果创造人:张海亮、周　屹、宋伟良、李小军、
张　宇、殷懿旻、胡怡敏、张宏成、黄兴彩)

实现员工与企业共同发展的履职绩效量化考核管理

山东华鲁恒升集团有限公司

成果主创人：公司党委书记董岩

山东华鲁恒升集团有限公司（简称华鲁恒升）隶属于华鲁控股集团，是国内重要的基础化工原料供应商和全球最大的DMF（二甲基甲酰胺）制造商，也是国内以洁净煤气化为龙头的新型煤化工领军企业，总资产130亿元。1968年建厂以来，华鲁恒升历经维持生存、规模扩张、结构调整、跨越发展四个阶段，从以生产氮肥为主发展为拥有四大产业板块（化肥、化工、醋酸及衍生物、化工新材料相关产品）、多业联产的新型煤化工企业。近10年来，总资产、营业收入和利润等主要指标保持着20%以上的复合增长率，核心子公司（山东华鲁恒升化工股份有限公司）连续多年跻身沪深股市价值百强。华鲁恒升属于高新技术企业，建有博士后科研工作站，有20多项成果获得全国、行业和省科技进步奖，其中"30万吨合成氨成套技术与关键设备开发研制及应用"获得2008年度国家科技进步二等奖。经过多年探索，构建了精细生产、和谐营销、风险防控、目标效能等具有特色的管理体系，各项运营指标在同类企业中位居前列。

一、实现员工与企业共同发展的履职绩效量化考核管理背景

（一）企业可持续发展需要强化履职绩效考核管理

华鲁恒升是新型煤化工企业，属于技术和资金密集型产业，具有技术要求高、自动化程度高、连续生产标准高的行业特性，对系统技术管理和单元在线操作要求都十分严格。近10年来，石油和化工行业迅猛发展，许多产品产能出现严重过剩，同质化的竞争日趋激烈，华鲁恒升可持续发展面临新的挑战。针对连续性生产的行业特性和日趋严峻的市场竞争环境，既要拓展和延伸产业链条、抵御市场波动带来的运营风险，也要探索研究高技术、多联产、团队协作条件下的员工履职绩效考核，最大限度地提高整个组织的能效和活力。个体绩效是团队绩效的源泉，团队绩效是企业绩效的支撑，只有将个体岗位价值的评估与考核和团队工作绩效的评价与激励有机结合，通过系统化的团队履职绩效量化考核，才能有效激发团队活力，提升整体绩效，打造适合化工行业特性的员工团队，推动企业可持续发展。

（二）打造创新型和职业化团队需要员工与企业共建共享

近几年来，随着产业链条的延伸，生产装置的大型化和信息化，以及研发、设计、施工、生产的一体化，亟需一支素质全面、技术精湛、一专多能的实用型、创新型人才队

伍,并通过不断的学习历练实现职业化。要培养实用型、创新型人才,必须建立以业绩、贡献为导向的价值体系,利用学习培训、职业发展、个人成长、社会待遇等激励元素,建立多元化的激励体系,激发其成才欲望和创新激情。同时,职业化人才和团队的价值也只有通过企业发展这个平台才得以体现。华鲁恒升努力探索实现个人岗职位市场价值与企业平台价值有效接轨、个人胜任能力与工作绩效结合的新途径,通过建立员工与企业共担责任、共享成果的协同互动机制,实现员工与企业的共建共享、共同发展。

(三)信息和网络技术的发展为履职绩效量化考核创造了条件

绩效考核是评价员工的工作水平、工作效率的重要手段,也是提高企业管理水平、提升员工工作积极性的重要方式。过去,员工绩效考核周期长、运作成本高,只能通过定性来评价。近几年来,华鲁恒升通过ERP系统建设,在生产与经营、管理与决策、研究与开发、市场与销售等各个环节,广泛利用企业内外信息资源,调整或重构企业组织结构和业务模式,逐步实现华鲁恒升运行的全面自动化。华鲁恒升信息化建设改变了传统的绩效考核方式,使得绩效考核更加方便、快捷,也减少了考核中的主观因素影响,节约了人力资源,提高了管理效率,使得考核更加趋向公平合理。

从2009年开始,华鲁恒升通过履职评价和动态激励相结合,建立涵盖测量系统、要素及指标系统、结果应用系统、流程管理系统等在内的履职绩效量化考核管理体系,推动员工与企业的共同发展。

二、实现员工与企业共同发展的履职绩效量化考核管理内涵和主要做法

履职绩效量化考核是华鲁恒升推进团队建设、激发企业活力的重要载体。华鲁恒升要实现可持续发展,必须使员工具备"满足职业发展要求"的职业技能、"用心把事情做好"的职业态度、"维护团队利益"的职业道德,并建立立志与企业共同发展的优秀团队。

华鲁恒升在"品质导向、能力导向、绩效导向"的指导思想下,以"以岗职位说明书为标准的工作超值激励管理"和"以目标引导为主线的绩效预期管理"为手段,构建起涵盖六大系统的履职绩效量化考核管理体系和"5+1"履职绩效量化考核模型,督导员工从工作理念、履职能力、工作作风、干事效率等方面总结得失,从思想上深化认识,从态度上积蓄动力,从行动上瞄准方向,达到优化人员配置、提升履职绩效、促进团队建设的目的。主要做法如下:

(一)以人为本,确立履职绩效量化考核管理目标

一是保持长期竞争优势。随着企业竞争的日趋激烈,要想获取技术、成本、品牌等竞争优势,关键是挖掘人的潜力,激发创新动能,提高工作效能和综合效益。通过岗位赋值、价值驱动和自我管理,可以有效降低人工成本,提高人工效率,营造人人履职尽责、个个精益求精的良好氛围,形成人才脱颖而出、推动企业创新发

2012年建成的己二酸和乙二醇主装置区

展的良好局面。

二是激发员工内在活力。人力资源是企业资源中最具能动性和能量爆发力的资源,激发员工活力的关键因素是公平的价值回报环境和职业上升通道,实施履职绩效量化考核就是解决"干多干少一个样、干好干坏一个样"的问题,加快员工思想观念的转变和企业内部机制的转换,形成一种灵活的竞争机制和有效的人力资源管理机制。

三是促进职业化团队建设。根据当前企业之间的竞争逐渐趋于团队职业能力竞争的现实,必须着眼于企业与员工的可持续发展,完善权责明确、评价科学、创新引导的岗职体系,健全有利于人才创新的选拔、评价和使用机制,培育起一支想干事、能干事、干成事的职业化团队。

四是实现企业与员工价值的共同提升。员工是企业之本,企业必须依靠员工实现快速发展;企业是员工的依托,员工必须依托企业实现自身价值。通过将企业愿景、目标与员工职业认识、态度以及职业目标诉求等职业价值观统一,实现员工价值和华鲁恒升公司价值的双联动,可以让员工分享企业发展成果,实现与企业的共同发展。

五是提升员工忠诚度。通过构建科学的薪酬架构和分配模式以及各层级的职业晋升通道,为员工提供多种自我提升、自我发展的平台,可以满足其情感和归属、感受尊重和自我实现等不同阶段需求,营造相互尊重、相互信任、相互砥砺提高的企业氛围,从而提升员工满意度和忠诚度。

(二)依托"四大表单",构建履职绩效量化考核管理体系

提高管理绩效的关键在于运用适当的激励方法,充分调动人的积极性和能动性,进行创造性的工作。绩效的优劣不是取决于单一的因素,而是受制于能力、动力、组织资源、机会等多种因素的影响。在诸多因素中,组织资源和机会等环境因素是绩效形成的客观因素和外部条件,能力和动力等个体因素则是形成绩效的内因,也是影响个人绩效的直接原因。因此,要辩证处理好个人的能力、动力与绩效的关系,以及企业的组织、环境与导向的关系。

华鲁恒升根据当前互联网信息广泛、获取容易、操作简便、迅速快捷的特点,建立依托"四大表单"的履职绩效量化考核管理体系(表1),推行工作日清日结和履职绩效量化考核,并利用内部网络及时快捷地将相关信息传达到每位员工,通过实施基于劳资双方价值平衡的价值激励体系,让员工分享华鲁恒升发展成果和超值绩效,实现履职绩效的全流程量化和员工与企业的互动价值提升。

表1 "四大表单"的主要内容和管理

名 称	主要内容	管理应用	应用周期	组织部门
岗位价值评估表	从工作环境、劳动强度、知识技能以及岗位职责四方面对岗位价值进行评估。	对同一职级或层级的岗职位进行打分,根据公司利润和薪酬计提情况进行修订。	每年调整	人力资源管理部门
经营效益趋势分析表	反映当日每种产品的利润、成本、费用以及杜比和差异分析。	通过内部办公系统发至总经理及有关人员。	每日	财务部门

续表

名　称	主要内容	管理应用	应用周期	组织部门
工作效能分析表	部门月计划、周计划；个人当日的职能管理和日常事务性工作的小结、分析、梳理；工作中的薄弱环节和改进措施。	以部门为单位，通过内部办公系统发至总经理和职能管理部门；职能管理部门据此编制日效能信息监控日报发总经理及有关人员。	每日	绩效推进管理部门
工作实绩履职评价表	实行主基二元评价，评价指标分为关键绩效指标、一般绩效指标。关键绩效指标是对个人承担的部门年度关键指标、重点和关键工作事项以及个人主要职责履职完成情况的考核，侧重于结果评价；一般绩效指标是个人承担的相对简单、重复性工作过程中的效果、质量、进度、业绩等，侧重于过程评价。	履职绩效考核的主要模块，根据表单采用公开履职演讲、集中考核打分形式，根据不同层级划定不同打分群体，具体考核时被考核人要单独对个人阶段履职工作亮点和不足进行总结、分析。	季度、半年和年度	人力资源管理部门

履职绩效量化考核管理涵盖测量系统、要素及指标系统、结果应用系统、反馈系统、流程管理系统和持续改进系统等 6 大系统，根据团队绩效、个人职业发展实绩、协同效应、执业能力测试、学习能力、重大事项考核等"5＋1"的履职绩效考核模型进行分项考核，体现"重实效、重结果、重积累和高效率"的管理思想，突出绩效，注重能力，体现认可。

通过履职绩效内容量化，即对各区域、各专业、各层次人力资本投入产出进行量化分析，实现有效的人力成本投入产出管理。通过全量化的员工履职绩效考核，对岗位和人员配置进行优化，最大限度消除人力资源配置不合理造成的结构性低效和管理内耗。

（三）构建岗职位发展通道，按照人员分级量化岗位价值

华鲁恒升根据各部门现有职责界定和业务流程，按业务性质确定所需岗位及名称。根据工作性质，岗位设置分布在经营管理、专业技术和专业技能三大团队（其中经营管理又分为职能管理和营销两大系列），培养方向分别为将才、专家、精兵人才。按照从低到高的顺序排列，职能管理系列通道设置见习专业管理师、专业管理师、主任管理师、部门经理和高级管理人员等五个职级；营销系列通道设置销售代表、区域经理、产品经理、部门经理、营销总经理等五个职级；技术系列通道设置见习专业工程师、专业工程师、主任工程师、总工程师助理（副总工）、总工程师等五个职级；技能系列通道设置副操作、主操作、现场工程师、技师、高级技师等五个职级。

充分考虑员工专业背景、任职资格、发展潜力进行岗职系列配置，尊重个人职业选择，满足企业发展对岗职位的需求，并根据组织架构调整及工作流程优化等，对岗职位设置和发展通道做相应调整。按照履职绩效量化考核结果，员工不仅可以在本系列职业通道实现晋级晋职，还可以根据个人意愿实现跨系列、跨岗位有序流动。

岗位价值分析坚持"因事设职、因事设岗"的原则，将所有的岗位按其业务性质分为若干组、职系，每个岗位都设计有岗位价值评估表，根据企业薪酬水平，从岗位职责、知识技能、劳动强度以及工作环境四方面对岗位价值进行评估。其中，岗位责任 8 个子项、知

识技能 8 个子项、劳动强度 6 个子项、工作环境 4 个子项(见图 1)。根据各岗职位性质侧重点的不同,每个方面赋予相应的权重和评估标准。其中,中层管理系列和一般管理系列权重分别为 40%、30%、20%、10%,技术管理系列和一般技术系列权重分别为 40%、40%、10%、10%,技能系列权重分别为 30%、30%、20%、20%。分系统成立岗位价值评估专家组,按照《岗位价值评估样表》对同一职级或层级的岗位进行评估打分,确定岗位差异。根据得分排序情况,对照企业岗位津贴基准进行定薪,从而确定各系列各层级的薪酬区间,并且每年根据利润和薪酬计提情况进行修订。同时,通过岗位价值评估表,对每个岗位干什么、谁来干,各岗位的责任、权力、任务和适合此岗位工作的人员条件进行标准化管理。

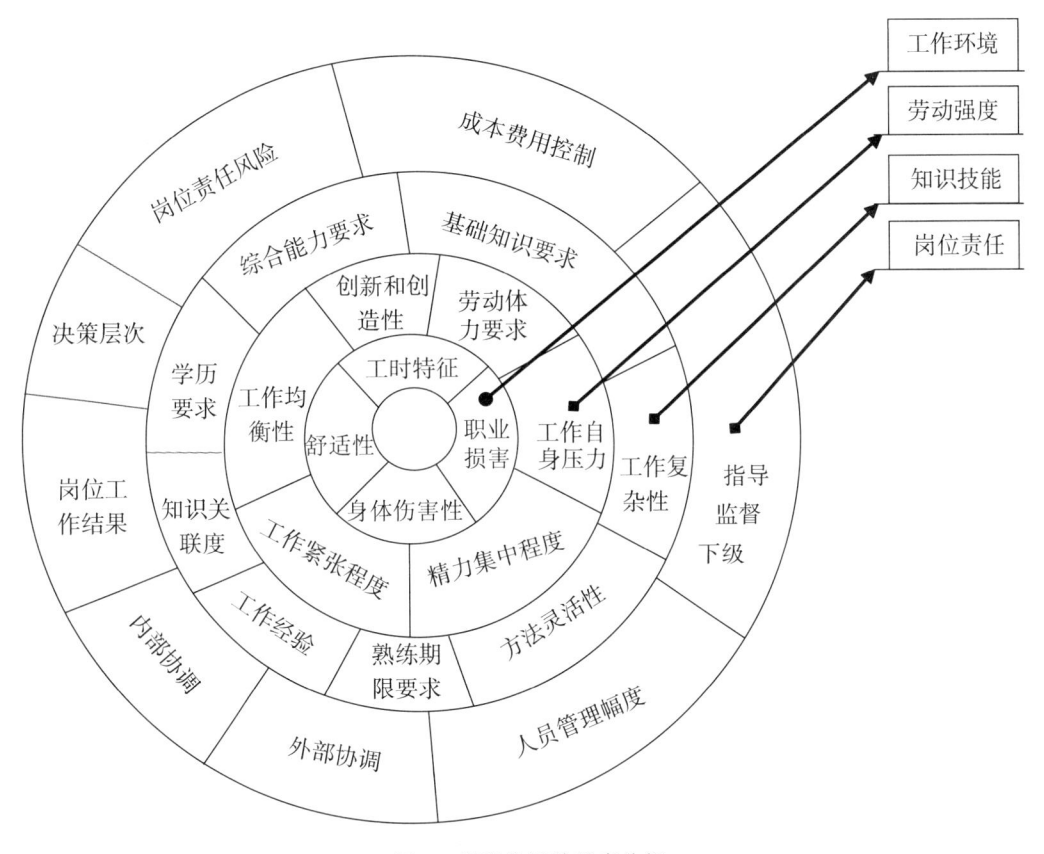

图 1 岗职位评估要素分析

(四)运用绩效目标和"5+1"管理模型,开展绩效测量与考核

华鲁恒升实行年度工资预算制度,根据年度利润情况确定全年薪酬总额,根据岗位价值评估表分解确定当年各岗位价值数额,作为个人薪酬发放的主要标准。依托在内部网络公开的每日经营效益趋势分析表,构建分级管理的经营信息体系,管理人员可以掌握本部门绩效完成情况和对企业效益的贡献,员工也可以根据当日效益和工作效能情况大体核算出自己的薪酬数额。同时,建立个人日工作效能分析表制度,督导员工做好个人工作规划,每天上班前要制定个人当天工作事项,每天 24:00 以前按照日清日结的要

求对当日工作完成情况进行总结,并发至上级主管。员工根据每日经营效益趋势分析表和日工作效能分析表,能够清楚地了解自己当日工作创造的价值和工作绩效情况。

1. 建立目标责任激励体系

目标责任激励体系可以概括为"一个主体、多点支撑",实现长期与即时激励相结合、普遍激励与重点激励相结合。

"一个主体"是指以年度生产、经营、发展、管理年度目标责任书为主体,推动目标的细化分解和贯彻的责任落实,涵盖所有部门和重要履职指标的履职绩效考核,载体为部门履职绩效目标责任书,实行定期月度千分制考核,与员工岗职位薪酬挂钩,上封顶,下保底。

"多点支撑"是指助推完成或超额完成年度目标的支撑保障,从提升性绩效、创新性绩效和引导性绩效三个方面搭建载体。

提升性绩效包括以生产营销为中心的提升盈利能力和以项目研发、设计、建设为中心的项目发展两个方面,是对超额完成年度预算目标、取得超值绩效和实现持续进步工作业绩的激励政策,载体为专项绩效考核奖励办法。实行定期考核兑现,与设定的绩效奖励额度挂钩,奖励额度不设上限,最低为零。

创新性绩效主要从技术创新课题制和基层群众小改小革入手,以课题制的专项奖励和长期性的群众小改小革奖励为载体,推进技术创新,促进技术进步和成果转化。制定技术创新课题责任书和群众小改小革管理办法,统一组织,技术管理部门具体负责筹划和推进实施,按照实际效益和创新性进行奖励。

引导性绩效包括关键绩效和重点工作的激励引导、职能管理部门专业管理考核履职的职责引导、基层部门绩效考核体系建设和执行的管理引导。其中,激励引导是对在稳产高产、安全环保、项目建设等具有现实和长远意义且以阶段性重点工作事项为主的一次性奖励绩效考核,载体为阶段性的考核奖励办法,在特定时间区间考核兑现,与设定的专项奖励额度挂钩,奖励额度不设上限,考核扣罚与部门月度薪酬挂钩。职责引导是通过赋予职能管理部门奖惩权限以及对其管理绩效的有效监督和考核,督导职能管理切实履行专业管理考核职能,提升管理考核纠偏的及时性和事前事后风险预防的有效性。采取备案和管理审计的形式,推动各部门根据企业绩效考核体系,建立二三级绩效目标和薪酬考核体系,做到绩效为主、责任明确、奖罚分明,确保对各级员工提升工作绩效的穿透力。

2. 开展绩效测量与考核

员工绩效管理的重点是对现职人员的任职评价和动态激励。运用科学的考核标准和方法,对员工的绩效进行定期考核,全面了解员工完成工作的情况,发现不足和存在的问题,提出改进措施。通过对员工绩效的科学评价,绩效优良者优先评为先进、得到晋职、获得提薪,绩效劣差者被降级或降低工资。对员工履职绩效的考核成为竞争上岗、人员调整的主要依据。

在构建履职绩效考核体系时,考核指标在保证评价全面性的基础上,大量采用定量指标,以指标的刚性激励员工强化工作职责和工作导向的目的性。在分权管理模式的基础上,考核关系以被考核人的直接上级领导为主,减少部门"墙"的负面作用。同时,员工绩效考核结果实施强制分布,按照公平激励原则实现员工绩效与待遇回报的同趋势互动。

(1)组合运用,建立科学合理的履职绩效考核测量系统

华鲁恒升在生产、经营、发展和管理方面已经形成成熟的全面预算管理和关键业绩指标体系,每年通过公司、部门、岗位、个人目标细化分解,做到目标到人、责任到人、措施到人、时间限定到人。因此,量化考核主要运用关键绩效指标体系(KPI)和目标管理,其中不好量化的管理性工作要明确工作内容、工作节点和预期效果并据此量化考核,有利于各管理系统的衔接。在定性考核中,为避免传统考核中考核者的"光环效应"、"居中趋势"、"偏紧或偏松"、"个人偏见"和"考核盲点",主要采用360绩效考核法。数据统计主要运用加权平均累加法,对于实际影响度与设计权重差异较大的模块视情况再辅以相应的调整政策。考核结果从提高效率、避免趋中倾向着想,采用顺序排列法和强制分布法,根据同系列、同层级员工排序情况,按照两头小、中间大的分布原则设置强制比例划定考核等级,同时依据公平激励理论,对处于不同分布区域的员工实施多元化的激励措施。

(2)科学设计,构建"5+1"的履职绩效考核要素和指标系统

通过对"品质导向、能力导向、绩效导向"各考评要素的梳理,围绕以"履职绩效、职业能力、协同效应"为核心的考核主线,构建"5+1"的履职绩效考核模型(表2)。其中,"5"是指团队绩效、个人职业发展实绩、协同效应、执业能力、学习能力,"1"是指重大事项。该模型不仅涵盖员工履职的事后绩效考核,对其今后的职业发展和业绩提升潜力也进行综合评估。中级以上管理人员严格按照该模型落实履职绩效考核,其他系列和层级人员根据实际情况可在该框架内对考核权重和考核方式进行个性化调整。根据各模块分数分散程度,确定各模块合理的权重分布。通过硬性规定考核打分区间等办法,使得各模块实际权重影响度与方案设计中名义权重影响度趋势相符,使考核结果基本符合人员绩效实际情况。

表2 "5+1"全员履职绩效考核模块

考核模块	考核指标		分权重	总权重	考核依据
团队绩效	关键量化绩效指标		21%	35%	绩效目标责任书
	管理定性关键绩效指标	高管考评	8.4%		
		团队互评	5.6%		
个人职业发展实绩	关键绩效指标 一般绩效指标 发展潜力与创新力	高管评价	12%	40%	岗职位分解目标、职位说明书、履职述职
		直接上级评价	20%		
		专家和职工代表评价	8%		
协同效应	思想表现、工作态度、服务意识、奉献精神、团队意识、个人威信和廉洁自律	直接上级评价	10%	20%	全方位定性评价
		同级互评和客户评价	6%		
		职工代表评价	4%		
执业能力测试	专业知识、逻辑思维能力、知识面		3%	3%	考试成绩
学习能力	自我学习能力、自我管理能力、自我超越能力、自我启发和自我经营的能力		2%	2%	学分、定性评估

续表

重大事项考核	根据留厂查看等行政处理、岗职位降级处理、岗职位津贴降级处理、通报批评处理、经济罚款处理等处理结果给予不同标准扣分	0	0	公司正式处理文件
合计		100%	100%	

团队绩效考核：依托全面预算和目标管理，把部门绩效目标责任书作为团队绩效考核的主要载体，考核内容包括可量化的关键绩效指标考核和定性的管理绩效测评。在权重设计上，生产、营销、项目建设、研发等部门容易量化的指标考核权重适当加大，评议类的管理绩效指标权重适当降低；职能管理部门考核指标因可量化难度较大且不容易测量，评议类的管理绩效指标权重较大。量化的关键绩效指标考核以月度绩效考核结果为主要依据，体现履职绩效的过程控制；管理绩效测评主要是对部门履职能力、管理水平、工作效率、执行意识等进行综合测评，参照360度考评方式，以上评下、互评的方式组织测评，其中上级领导团队测评打分权重较大，团队互评打分权重相对较小。

个人职业发展实绩考核：体现企业对员工履职绩效的结果导向和对员工职业发展潜力的评估，包括履职绩效考核、发展潜力与创新力评价。实行主基二元考核法，考核指标分为关键绩效指标、一般绩效指标。其中，关键绩效指标包括个人承担的部门年度关键指标、重点和关键工作事项以及个人主要职责履职完成情况，侧重于结果考核；一般绩效指标是个人承担的相对简单、重复性的工作过程中的效果、质量、进度、业绩等，侧重于流程考核。考核指标来源主要包括分解的岗位或个人绩效目标和岗职位说明书。发展潜力与创新力评价包括管理组织能力、专业能力、创新能力、沟通及人际影响能力、团队精神、工作热情及积极主动性等，旨在全面了解员工未来发展能力，为搭建多元化的员工职业发展通道提供依据。

个人职业发展实绩考核：采用述职考核的方式，由被考核者对一定阶段的履职情况进行履职陈述，并对个人承担的全面预算指标和岗职位指标完成情况进行说明，由上级领导、专家代表和员工代表组成的考核小组进行打分。鉴于帮助员工自我定位、自我总结、自我改进的管理需要，要求被考核者要进行自我评价，但不纳入考核赋分。在权重设计时，可量化有具体时间节点的指标权重适当加大，无明确指标、不好量化的职能管理型指标权重适当降低。针对不同专业、不同岗位、不同层级的人员，考核模块、考核权重均进行有差别的设计，如专业技术人员的创新能力要作为单独模块予以考核且权重相对较大。

协同效应测评：采用360度考核方法，以上级领导评价、同级互评、客户评价（其他部门同层级人员）、职工代表评价相结合的方式进行，对被测评者社会公德、职业道德、家庭美德、个人职业素养等品质进行全方位综合评价。其中，客户和职工代表由考核小组确定名额，随机抽取，为保证测评的客观性，打分者超过5人时，对每个人的打分均去掉一个最高分和一个最低分。上级领导评价体现对被测评者综合素质的评价。评价实施者为被测评者的分管高管和直接上级，为体现对领导者"授权到位、管理到位、考核到位"的要求，赋予直接领导更大的考核权，其所占权重也相对较大。同级互评和客户评价体现对被测评者沟通、协调能力的横向评价。同级互评为同一群体被测评人之间互评；客户评价为其他与被测评者工作联系较为紧密和接触较多的同层级人员的评价,因其对被测评者的工作品质较为熟悉,结果能够保证客观。职工代表评价体现对被测评者团队意识、民主意识、领导意识的评价。因受部门分割、个体差异和熟悉程度影响,容易出现极值偏差和人为的区别对待情况,因此在横向比较时采取现实与历史表现对比修正的方法,且该项权重相对较低。

执业能力测试:执业能力测试是对员工专业技能、逻辑能力、逆向思维能力、知识广度等方面素质的测试,以集中书面考试的方式进行。按照技术人员、管理人员、技能人员三个群体,针对岗职位的性质、专业、层级分别设计个性化的专业试题。试题由人资部门负责统一印刷,考试严格执行监考制度、考试结果公示制度和分数查询制度,出题、印刷、监考、阅卷、公示全程均实行有效监督。

学习能力考核:强化学习与培训是提升员工价值、推进职业化团队建设的重要手段。在全员履职绩效量化考核中,把学习能力和效果作为一项单独的考核模块,重点对员工自我学习、自我管理、自我超越、自我启发、自我经营能力进行定期评估和考核,权重分别为60%、10%、10%、10%、10%,体现员工利用掌握的知识为企业发展做出的贡献。其中,自我学习能力评估实行学分制,各专业、层级员工全年学分必须达到一定标准。凡是员工自主或接受企业安排的学历和学位教育、注册类执业资格考试、职业资格考试和鉴定、职称考试和评定以及参加日常培训及考试、各级别技术比武和技能竞赛的,均可累积学分;取得创新成果、突出业绩和各种竞赛获得优异成绩的,给予酌情加分。自我管理、自我超越、自我启发和自我经营能力的评估,与个人职业发展实绩履职考核相结合,借鉴360定性评估法,通过个人述职以上级、同层级的定性打分结果为依据。

重大事件考核:凡是正式发文处理的各类重大事件,相关责任人履职绩效考核要相应挂钩,采用一票否决和重点扣分两种处理方式。发生严重影响企业运营、战略实施的事件以及重大安全、环保、质量责任事故等重要事项,实行一票否决。受到留厂查看、岗职位降级、岗职位津贴降级、通报批评、经济罚款处理的人员给予不同程度扣分。

3. 工作超值激励和绩效预期管理

结合目标责任激励体系,实施以岗职位说明书为标准的工作超值激励管理和以目标引导为主线的绩效预期管理。

以"一个主体"为载体,改革员工薪酬结构,实施工作超值激励管理。华鲁恒升薪酬结构包括基础工资、岗职位津贴和超值激励三部分,其中基础工资以本地最低工资标准核定,体现员工作为企业一员的最基本保障;岗职位津贴以岗职位说明书和企业分解目标为标准,体现员工履职绩效达到岗位绩效要求的正常收入;超值激励是对员工额外付出和超出预期绩效的工作奖励,体现超值回报。

以"多点支撑"为载体,通过定期性、阶段性和即时性的绩效和创新目标激励政策,实施以目标为引导的绩效预期管理,向员工清晰传达更高的预期目标和相应的预期回报,激发员工向更高的绩效目标努力。

(五)科学应用绩效考核结果,实行动态激励和管理持续改进

华鲁恒升以公平激励理论为基础,按照"别人进步就是自己退步"的激励思想,建立起以正激励为主的多元化履职绩效考核结果应用系统,概述为"给位子、供机会、提待遇、

压担子"。

1. 直接应用绩效考核结果

严格按照考核模块积分排序,确定考核结果。考核结束后,用考核数据说话,个人综合考核得分按照同系统、同系列、同层级进行排序,并根据绩效考核得分划分为优秀、良好、合格、不合格四个档次。考核得分在 900 分以上的,视为优秀(一般占 5%～10%);考核得分在 800～899 分的,视为良好(一般占 40%左右);考核得分在 700～799 分的,视为考核合格(一般占 40%左右),考核得分在 700 分以下的,视为考核不合格(一般占 5～10%)。总体分布呈两头小、中间大的格局。

考核结果作为与岗职位津贴调整的依据,发挥直接激励作用。考核结果确定后,根据企业效益和全年工资预算增量,按照绩效考核同系统、同系列、同层级综合排序情况,80%左右的员工岗职位津贴可晋 1～3 级,其中晋级 2～3 级的向重点关键部门、团队、岗位和员工倾斜。排名在后 5%的员工由上一级主管领导进行诫勉谈话,绩效考核非常差的员工,一般降一级岗职位津贴。

考核结果与岗职位调整和升降挂钩,作为员工职业发展通道的主要依据,打破论资排辈、任人唯亲的选人机制。考核优秀并排名靠前的,在履行相应的程序后可向更高一级岗职位晋职,并作为评先树优、荣誉表彰的重要依据,还作为重点培养对象,为其提供学历、资质、技能再学习和提升的机会,如选送参加工程硕士研究生班、参加国内知名院校 MBA 和 EMBA 培训、"金蓝领"培训以及选送参加行业技能大赛等。考核良好、合格的员工,原则上不晋职调整,在原岗位进行在职培训,接受绩效提升帮扶。考核不合格的,第一次予以原岗诫勉,第二次予以降岗处理,第三次根据其个人愿望和实际情况,结合工作需要,予以调岗处理。

2. 绩效提升激励长效化

华鲁恒升建立以月度绩效考核为基础、季度绩效考核为参考、半年绩效考核为节点、年度绩效考评为主导的全员履职绩效考核体系。月度、季度、半年绩效考核侧重过程控制和绩效纠偏,重点为绩效改进;年度绩效考核侧重结果导向和结果应用,重点为评估和激励。月度绩效考核主要依托各部门内部绩效考核办法,通过量化考核与实发岗职位津贴和超值激励挂钩;季度考核与半年度考核按照全员履职绩效考核程序组织,对一个阶段内绩效特别突出的员工落实与岗职位津贴级数挂钩的点式正激励;年度考核以季度和半年考核为参考,在综合以结果为导向的绩效考核和过程绩效考核表现情况后,大范围的落实岗职位津贴的激励兑现,晋职调整也根据企业需要以年度为一个调整周期。

3. 加强绩效考核反馈

部门经理级人员由人力资源部门直接进行绩效反馈;其他层级人员由其直接上级负责绩效反馈。反馈方式包括面谈反馈、讨论反馈、电子邮件反馈、公示反馈等。通过及时反馈,通报员工当期绩效考核结果,共同分析员工绩效差距、确定改进措施、沟通协商下一个绩效考核周期的工作任务与目标,协助配置与任务和目标相匹配的资源,以及接受员工申诉和征集绩效考核改进意见。通过激励式的绩效反馈,对员工好的绩效予以充分认可,对绩效差的员工指出差距与不足并做好帮扶,并做好绩效反馈记录,作为员工绩效改进的重要依据。

4. 进行满意度调查与持续改进

满意度采用360度调查评估,一般以半年为一个调查周期。调查群体除了高管以外全部覆盖,经营管理、专业技术和专业技能三个团队分别按照不低于30%的比例,分专业、分层级抽取调查个体,涵盖各个部门、岗位以及各层级人员。调查内容包括员工工作环境、与上司和同事的关系、绩效考核方案的科学性、程序的严密性、结果的公信力、应用的科学性、激励效应、全过程的公开性以及有关改进意见等方面,根据调查重点不同分别设置相应的权重。采用网上调查和问卷调查的混合方法,以提高回复率,但尽量使用网络调查。调查结果实行百分制打分,按照打分区间划定不同结论(表3)。采用总分统计法,既对全体抽样个体的满意度进行统计分析,又分团队根据其专业和岗位性质分别进行满意度统计分析。

表3 满意度调查分档表

得分区间	结论
90分以上	非常满意
80~89分	满意
70~79分	基本满意
60~69分	不满意
60分以下	非常不满意

经过几年的持续改进和完善,不满意和非常不满意的意见比例已由30%降到5%以下。刚开始调查时,专业技能人员尤其是相对低层级人员调查问卷回复率较低,整体满意度尤其是结果的公信力和应用满意度也较其他群体低,发现主要是信息传递和反馈不够,造成其对调查的关注度不高,影响到参与的积极性。为此,华鲁恒升加大绩效考核管理流程、运作程序、结果应用的宣传,督导各级负责人进行面对面的信息交流,畅通投诉渠道。2011年,通过满意度调查,总体满意度在70%以上,经营管理、专业技术和专业技能三个团队满意度均分布在70%~80%之间。同时,征集到员工改进意见58条,后期采纳26条。通过满意度调查,全方位、多层次的把握到员工对绩效考核的态度和预期,并借此明确改进措施,保证绩效考核管理与时俱进。

(六)完善保障体系和制度,确保考核管理流程的顺畅高效

1. 统一调控,分级组织

华鲁恒升根据实际情况,按照组织有力、切合实际、效率保障的原则,建立起统分结合、无缝覆盖的全员履职绩效量化考核保障体系。所谓"统",一是成立总经理挂帅、其他高管人员组成的领导小组,统筹协调考核工作;二是成立由主管人力资源的副总经理任组长、其他高管和人力资源管理部门负责人组成的协调推动小组,负责总体考核方案的策划和指导推动工作。所谓"分",就是根据各部门工作职能性质,分别成立专业工作组,由各分管副总经理担任组长,负责组织落实本系统各部门、各层级的绩效考核,做到所有岗职位员工全覆盖。

2. 程序严密,民主公开

绩效考核从方案制定，确定考核内容、标准和流程，到考核结果应用和考核反馈，都严格执行逐级审批和公开公示制度，各流程的运行都在考核领导小组的组织监督下进行，各系统组织的绩效考核均由党群部门人员全程参与和监督，考核过程采用投票记名，考核结果尽量做到现场公布，无法现场公布的第一时间通过上墙、网络等形式予以公布，并接受被考核人的反馈和质询监督。考核晋职的人员，党委办公室组织人员与拟晋职人员的上级、同事和下属进行面谈，全面了解其性格特点和职业素质、思想和学习情况、工作表现和主要业绩，以及工作作风和群众评价，在经过严格组织考察后提出晋职建议，确保拟晋职人员素质达标、人人信服。

3. 拓展信息渠道，完善奖惩制度

建立内部网络信息系统，所有生产、经营和管理信息以及部门动态都可利用该平台及时获取，保证履职绩效考核信息来源的丰富、稳定和真实。该信息平台与专线电话配合，便于各层级人员信息反馈。同时，建立完善的履职绩效考核评价和奖惩制度，在领导小组的直接领导下，人力资源部门对各专业工作组履职绩效考核工作在组织、流程、结果等方面进行评价，结合员工信息反馈情况，对组织得力、程序公开、结果公正、信息反馈良好的专业工作组进行奖励并及时通报，并直接与责任人履职绩效考核结果挂钩。

三、实现员工与企业共同发展的履职绩效量化考核管理效果

（一）有效激发了员工活力，人才队伍建设取得较好成效

通过实施履职绩效量化考核，排在前面的员工不敢掉以轻心，排在后面的主动查找不足、奋起直追，员工的危机感、压力感显著增强，各个层面的积极因素都得到充分发挥，有效激发了活力。绩效考核结果的应用，也使生产技术骨干和职业团队价值得到体现，华鲁恒升充分利用收入分配杠杆作用，调控各类人员在企业内部有序流动，有力促进了人力资源结构的优化。

绩效量化考核导向营造了人才辈出的良好环境。通过搭建在职培训平台和学习能力引导，有效激发了员工学习提升和工作创新的积极性，提升了员工职业技能。2009年以来，部门经理以上主要管理人员均取得硕士学位；工程师以上中高级专业技术人员由279人增加到394人，其中新增省市有突出贡献的中青年专家2人、德州市首席专家2人；技师以上高技能人员由36人增加到132人，其中新增高级技师5人，还有全国技术能手5人、全国石化行业技术能手4人。通过技能大赛推动员工执业资格升级，在2009年、2011年两届全国石化行业职业技能大赛化工总控工比赛中蝉联团体第一，并包揽前几名。

（二）拓宽了职业发展通道，员工和企业价值实现了共同提升

随着企业的持续发展，为员工提供了多专业、多层次的职业通道。近3年来，华鲁恒升投资65亿元实施了四个大的建设项目，随着生产装置技术和自动化程度的不断提高，增加了许多中高端岗位，对员工的综合素质和工作绩效提出了更高的要求。期间，有近400余名专业素质强、发展潜力大、工作态度好的员工走上了中高端岗位。

随着企业盈利能力的增强，带动了员工岗职位价值的提升。近3年来，华鲁恒升经济效益稳步增长，员工人均收入保持着年均18%以上的增幅。2011年，通过全员履职绩效业绩考核，85%的员工得到晋职、晋级或加薪，年收入过12万元的超过了100人。广

大员工以身在华鲁恒升工作而自豪。2011年,被人力资源和社会保障部、中华全国总工会、中国企业联合会、全国工商联授予全国模范劳动关系和谐企业。

(三)克服了金融危机影响,保持了平稳较快的发展势头

华鲁恒升积极应对国际金融危机所带来的冲击,通过扩大产能不限产、狠抓市场不压库、强化创收不赊欠、收控平衡不断现、运营有序不裁员、提升价值不减薪、加快发展不停步,保持了平稳较快的发展势头。2009年到2011年,总资产由61.1亿元增加到111亿元,净资产由25.3亿元增加到53.1亿元,3年累计实现利润11.4亿元。2011年,在消化5.5亿元减利因素的基础上,全年完成营业收入52.6亿元,实现利润4.4亿元,同比分别增长10%、42%。

通过实施履职绩效量化考核管理,劳动生产率逐年提升,企业竞争力显著增强。核心上市企业——山东华鲁恒升化工股份有限公司在同类煤头化工和同类型产品上市公司中,主要管控指标均排名前列,其中产品毛利率、销售净利润率分别达到21.18%、11.17%,排名第一。尿素完全成本比全省平均水平低18.96%,保持较强的竞争力。

(成果创造人:董 岩、刘俊胜、刘海军、刘立忠、梁俊鹏、戈洪刚)

适应核电安全发展的运营人才培养体系建设

大亚湾核电运营管理有限责任公司

成果主创人:公司董事长卢长申

大亚湾核电运营管理有限责任公司（简称大亚湾核电）是我国核电行业第一个专业化的运营管理公司,隶属于中国广东核电集团有限公司（简称中广核集团）,另外,香港中电核电运营管理（中国）有限公司和广东核电投资有限公司分别拥有其12.5%和87.5%的股权。目前,大亚湾核电负责营运管理大亚湾核电基地六台百万千瓦级的核电机组,年发电能力超400亿千瓦时。

一、适应核电安全发展的运营人才培养体系建设背景

（一）核电安全运行标准不断提高

核电与其他能源的显著不同之处,就是在生产电力的同时,也存在放射性物质释放的潜在风险。针对这种风险的防范,即核电站的安全问题,自核电站产生之日起,就成为核电运营者和社会关注的焦点。要实现核电站的安全可靠运行,除了确保优良的设计和设备质量外,关键还在于工作人员要具有能胜任其工作的资格和能力。

核电站是高技术行业,技术含量高、安全要求严,涵盖核技术、热能动力、电气、仪表控制、机械、材料、化学等专业技术领域。一个合格的核电人,必须全面地理解和掌握核电站系统和设备的原理,熟练地应用涉及核专业和常规专业的多种知识和技能才能胜任自己的岗位工作。因此,核电员工的专业技能既"专"且"博",呈现复合型人才的特征。

我国核电技术来源不一,多国技术并存;同时,现有在运核电站都属于"二代"机组,而今后新建核电站主流是更加先进的"三代"机组。技术路线的多元化和更新换代,要求核电员工成为学习型人才,不断学习,吸收新知识,才能具备驾驭新机组的能力。

（二）核电人才供需矛盾日益突出

人才短缺是全球核电共有的问题,我国尤其突出。中国核电事业快速发展面临核战略、规划、管理体系、核基础研究和人才等一系列问题,其中核战略、规划等问题正在逐步解决,但是人才短缺问题较为严重,也是短期内很难解决的问题。

核电人才短缺的一个主因是核电规模化发展导致人员需求大增。国内目前核电机组运营人员需求比例大约为700人/2台机组（1000MWe机组）,根据规划,到2020年仅中广核集团在运核电机组就有约40台,运营人才的需求将高达14000人。而之前由于我国核电发展起伏较大,人才培养未能有计划地持续实施,使得核电人才出现一定程度

的青黄不接。例如,大亚湾核电员工年轻化程度越来越高,平均年龄仅有31岁,30岁以下的人员达到52.19%。

作为一个高科技、高技术含量的行业,核电人才培养要求高、周期长、难度大,是导致人才短缺的另一个重要原因。以核电站反应堆操纵员为例,除了参加各种严格的培训,还要通过考试取得国家认可的执照资格方可上岗,一名反应堆操纵员的培养周期约为4至5年。而我国法规又规定核电站投产运行前必须配备一定数量的持照人员,否则核电站即使建成也不能投入运营,因此,核电站在开工之时就必须开始实施运营人才培养。

中广核集团作为以核电为主业的中央企业,继大亚湾核电基地之后,陆续建设台山、宁德、红沿河等一批新建核电站,预计今后还将不断有新的核电项目兴建。核电发展,人才先行。新建核电站要投运,首先面临的问题就是运营人员的配备。面对如此庞大的核电人才需求,在新电厂尚不具备自主培养能力的情况下,人才培养重担自然地落到了大亚湾核电基地。一方面要在较短时间内培养大批量的核电运营人才;另一方面必须确保核安全,培训标准丝毫不能降低。

大亚湾核电作为人才培养的基地和摇篮,全面承接了中广核集团多基地发展运营人才培养工作任务。从单基地到多基地,从一种技术路线到多种技术路线,从大亚湾到全国,中广核集团运营环境在变化,大亚湾核电人才培养模式也必须与时俱进,不断创新机制,才能满足快速发展形势下的核电人才需求。

(三)提高核电经济效益的内在要求

一台百万千瓦级的核电机组,每天发电量达$2.4×10^7$千瓦时,若以广东省煤电标杆上网电价(0.521元/千瓦时)计,每天产值约为一千二百多万。核电站能否稳定运行,直接影响其经济效益,如果由于各种原因导致停机,损失巨大。

核电站的良好运行业绩依赖于员工知识技能的提高。此外,当核电站负荷因子接近90%时,再进一步提高将遇到人因失误的瓶颈,国际核电界的经验表明,50%～80%的事件归因于人因失误,因此工作中规范员工行为,防止人因失误也极为重要。

由此可见,员工知识、技能、态度每提升一个台阶,都将有效地促进电站运营业绩的提高;而员工各方面知识技能的提升,都与培训密不可分。因此,人才培养作为电站生产活动的一部分,是确保核电站安全、稳定运行的基础,是提高核电站经济效益的保障。

二、适应核电安全发展的运营人才培养体系建设内涵与主要做法

大亚湾核电始终坚持"核电发展、人才先行"的人才培养指导思想,紧密围绕"为核电站安全生产培养合格的运营人才,确保核电站长期安全稳定运行及业绩持续创优"工作目标,积极吸收国际先进核电人才培养经验,结合自身发展特点,构建多层次、全方位的人才培养体系构架,配置完善的人才培养设施,建立"授权上岗、全员培训、终身教育"的员工职业发

大亚湾核电基地

展通道,通过多种途径,开展以授权为核心的各类员工培养,重视塑造人员规范行为,紧抓安全文化教育和防人因失误训练,培育人才培养专业化、规模化和市场化的核心能力,实现核电运营人才的自主化培养。主要做法如下:

(一)构建多层次、全方位的人才培养体系构架

1.与电站生产紧密结合建立人才培养组织机构

为了加强对人才培养工作的领导,在大亚湾核电总经理部领导下专门成立教育培训委员会,委员会主任由总经理兼任,其成员由电站生产、维修、技术、培训、人力资源等部门经理组成,其职责是制定人才培养目标和原则,协调和决策电站重大人才培养活动等。

为加强对人才培养工作的管理,专门成立公司培训中心,负责人才培养的具体实施,配置完善的人才培养设施、专职教员和管理人员。公司培训中心与人力资源部在大亚湾核电组织架构上属于平级部门,分工合作,人力资源部主要负责公司整体人力规划和配置,培训中心负责员工能力的培养。各部(处)设立培训工程师,在培训中心的指导下,负责所在部门的培训组织和协调工作(图1)。

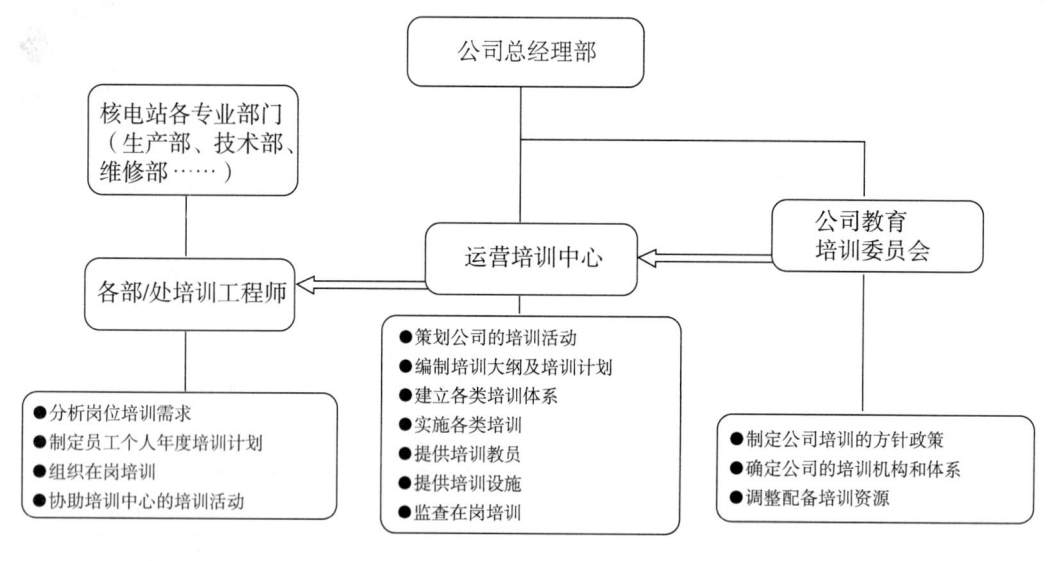

图 1 人才培养组织机构图

2.坚持程序至上的人才培养管理

人才培养管理程序是大亚湾核电《生产质量管理手册》框架中的一部分,规定电站人才培养原则、流程和方法,明确各级培训管理组织及人员的职责要求,以指导和规范人才培养工作的组织实施。各级培训管理组织及员工在各自培训职责管理范围内,按程序要求开展相关工作。

人才培养管理程序是自上而下建立起的一套完整的程序体系,包括管理程序、执行规程以及具体的操作细则等共计64份。程序覆盖到人才培养工作的每一个环节。人才培养管理程序不仅仅是一个工作步骤,而是一项核心的管理原则和管理方法,并由此形成了程序至上的人才培养管理制度。在工作的每个环节都必须依靠程序办事,并且安全质保部、审计部专人负责检查、监督是否严格遵守程序。

3. 实行点面结合的人才培养实施计划

为保障人才培养工作有序进行,大亚湾核电制定有人才培养五年规划(战略性计划)、电站年度培训大纲(中期计划)、电站月度培训执行计划(短期计划)以及员工个人年度培训计划(ITP)。

每年年底,培训中心收集各部门的培训需求,结合电站中长期发展规划,形成电站下一年度总体培训计划和培训大纲。年度总体培训计划和培训大纲是核电站所有培养项目在该年度组织与实施的纲领性文件。

为落实年度培训计划,电站各部门根据年度总体计划和培训大纲编制出本部门在岗培训年度计划,然后再结合本部门员工职业发展,制定出每个员工的个人年度培训计划(ITP)。员工ITP由其主管领导与员工面谈决定,主要包括四部分课程:基本安全授权培训课程(强制性参加)、技能培训课程、管理培训课程、职业拓展培训课程。

为有效地推动培养计划的实施,将人才培养工作的相关管理指标纳入生产管理指标考核范畴,并作为各部门及培训中心年度绩效考核的重要指标。例如,员工人均培训工时比(要求大于7%)、个人培训计划(ITP)年度累计完成率等。

4. 推行专职教员与现场岗位交流制度

根据核电运营人才培养特点及岗位要求,组建以专职教员为主,兼职教员、现场培训师傅为必要补充的多层次、立体化的师资队伍。大亚湾核电专职教员包括技术理论、模拟机、技能训练、防人因失误训练4类教员共60人。为保障培训质量,大亚湾核电对专职教员开展职业化培养,不仅要求专职教员具备足够的专业知识和技能,还必须掌握教育培训领域的相关知识,具备良好的教学技能。更为重要的是,为使培训内容紧密贴合电站生产实际情况,及时有效反馈现场经验反馈,大亚湾核电建立并推行教员与现场岗位交流制度。

除专职教员外,兼职教员、现场培训师傅也承担相当负荷的人才培养工作,截止2012年8月大亚湾核电共有兼职培训教员200余名。同时,大亚湾核电要求管理层领导、高技术岗位人员任期内每年至少完成一次教学活动,并作为管理者、高技术岗位人员任期考核的必要条件之一。

5. 设置满足各类人员培养的完善课程系列

为满足电站人员不同专业、不同层次的培训需求,设置内容丰富、层次分明、适应多种核电机组技术的技术理论培训、模拟机培训、技能训练、防人因失误训练、现场在岗培训、管理培训、能力拓展培训等7大类标准课程系列,覆盖电站各岗位技能所要求的培训内容。

为保证培养质量的一致性,积极推进教学文件标准化建设,每门课程形成包括培训任务书、课程描述单、教材、教案、考核大纲、试卷和学员评估反馈单的标准化教学文件,并定期完善升版。部分教材已正式出版发行,并在相关高校及核电行业内得到广泛应用。

6. 内外结合,评估培养质量

大亚湾核电通过四个维度对人才培养质量进行评估反馈和改进。维度一,培训中心开展的培训质量自我评估,由培训管理人员、教员组成教学质量督导组,对各类培训项目和课程开展评估;维度二,公司层面的监督,由大亚湾核电质保和审计部门负责评估监督整个人才培养体系运作的有效性;维度三,国家核安全主管部门的监管,国家核安全局对电站运行人员培训情况进行定期检查;维度四,国际机构的评审,大亚湾核电定期邀请或接受国际原子能机构(IAEA)及世界核运营者组织(WANO)等国际机构对电站培训领域开展全面评估。

(二)坚持"授权上岗、全员培训、终身教育"的员工职业发展

大亚湾核电实施授权上岗制度,保证员工具备岗位所要求的知识、技能和态度,实现核安全责任的层层落实。授权是指电站部门经理对本部门员工具备相应岗位工作能力的一种正式认可。大亚湾核电通过岗位培训大纲对每个岗位必须具备的知识、技能以及行为规范都进行明确规定和要求。每位员工在完成相应岗位的基本安全培训、专业知识和技能训练后,并结合现场实际工作表现,经综合考核合格,由其主管经理给予岗位工作授权,方能上岗工作。

授权上岗制度适用于电站全体员工,与其地位和身份无关,从总经理到最基层的清洁工,以及所有参与核电站工作的承包商人员,无论处在何种岗位,都必须按照其岗位要求接受相应的培训。为此,大亚湾核电每位员工都有个人年度培训计划(ITP),并且公司规定平均每个员工年参加学习时间占工作时间比例为7%~8%。

岗位授权具有时效性,授权有效期一般为三年。授权的时效性要求每一个员工必须按照个人年度培训计划进行复训及新课程学习。另一方面,工作授权的阶梯性要求核电员工每晋升一步都有新的学习任务要完成,员工为掌握和提高业务水平需要不断接受相关的培训,以确保个人上岗资格的延续和提升。

大亚湾核电针对核电站员工主要分类特点,设立五类授权:针对全体人员的基本安全培训授权;针对维修人员的以技术工种分类为依据的维修人员培训授权;针对运行人员的以岗位序列培养的运行人员培训授权;针对工程/技术支持人员的以岗位任务为依据的工程技术人员培训授权;针对管理层的管理培训授权。任何一名员工只要努力,按照规定参加培训和考核,都有机会按照阶梯晋升,承担更重要的职责,实现人生的价值。

(三)以授权为核心开展各类员工培养

1. 通过岗位培训大纲明确培训内容,规范授权要求

为避免培训需求不明确,造成人才培养工作整体缺乏针对性、规划性、可持续性,大亚湾核电通过多年探索实践开发了岗位培训大纲。

大亚湾核电以核电站技术专业岗位为基础,通过对岗位任务和人员工作能力要求进行科学细致的分析,提炼出各专业岗位对不同层级员工(初级、中级、高级)的知识、技能、态度要求,将之作为岗位培训需求,并进一步细化转化为培训目标,然后根据培训目标设计出培训项目(技术理论培训课程、技能训练课程、在岗培训课程等),并且明确规定培训项目的实施方法、考核标准、授权要求,从而构成岗位培训大纲。岗位培训大纲紧密结合生产实际,其内容完全是针对员工所在岗位要求和所承担任务的需要来确定的,并定期进行评价与修订。到目前为止大亚湾核电已建立166个专业的岗位培训大纲。

一份具体的岗位培训大纲,由专业培训流程、岗位培训大纲任务书、培训课程/项目描述单一套标准文件构成。

通过岗位培训大纲,员工可清晰了解自己的职业生涯培训全景。岗位培训大纲任务

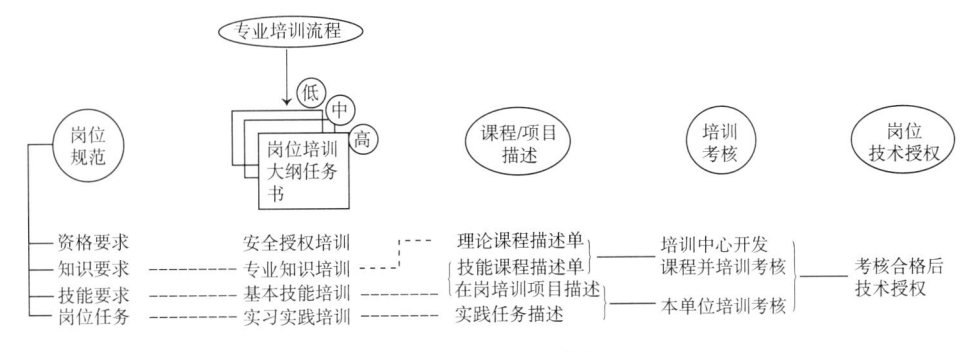

图 2　岗位培训的结构

书给出了员工要获得某层次岗位技术授权应完成的所有培训和考核内容。培训课程/项目描述单具体描述每个培训项目的对象、目标、内容、教员、考核等关键要素。

2. 坚持"逢培必考，层层过关"，开展运行人员授权培训

运行操纵员工作在核电站的控制中枢——主控室，承担着操纵反应堆的重任，被称为"核电站安全的守护者"。运行人员职业发展经历新员工、学习操纵员、操纵员、高级操纵员、副值长、值长等阶段，其培养过程是一个严格、规范的过程，培养一名合格的操纵员需要4～5年的时间，经历上百次的培训与考核，培养一名高级操纵员则需要7年左右的时间。核电站运行人员是核电运营人才培养中最为重要的组成部分。

为保障运行人员培养质量，大亚湾核电实行阶梯化培养管理。一名新员工培养成运行操纵员，需要经过基础理论知识培训、基本安全授权课程培训、现场实习、在岗培训、核电站高级运行理论培训、模拟机培训、"操纵员执照"考试、操纵员"影子"培训、操纵员在岗培训、模拟机复训等一系列培训阶段，每一阶段都编写有详尽的岗位培训任务书和培训计划。只有经过低一级的岗位培训合格并有该岗位工作经验的积累后，才能进入高一级的岗位培训，并且最终还要通过国家核安全局组织的笔试、模拟机考试和口试的考核，才可能成为一名主控室操纵员。在运行人员培养的每个阶段都设有"淘汰"机制，对无法达到要求的学员进行淘汰，保证运行人员的培养质量。

"逢培必考"是大亚湾核电运行人员培养的一大特色。通过考核制度的实施，一方面可以验证培训效果的好坏，另一方面也督促运行人员在培训过程中用心、用力。在考核方式上，也因地制宜，形式丰富多样，如笔试、口试、实操等等。考核成绩既代表学员的学习成果，也将作为选拔、岗位晋升的重要依据之一。

培训与现场实践交替进行是运行人员培养的又一特色。例如运行人员的模拟机培训一般分5个阶段，在完成每个阶段2周的模拟机培训后，运行人员必须返回到现场运行岗位进行约2个月的实践，在实际工作过程中对所学知识技能进行消化吸收，并为后续的培训进行准备，之后才进入下一阶段的模拟机培训和现场实践。

3. 实施以"单项技能授权"为基础的维修人员培养

鉴于核电站维修专业种类繁多，分工细致，个性化和针对性强是维修人员培养的主要特点。为此，大亚湾核电通过详尽的岗位任务分析，将核电站维修的主要工作分解为102个种类、400个技术等级，对于每一工作种类和级别，都分辨出相应的维修技能要求，

并据此编制对应的培训任务书(称为单项维修技能培训任务书)。

每个单项技能培训内容一般分为理论、训练和实践三个部分。所有单项维修技能都必须经过相应的考核才能够取得授权,考核形式则以现场工作能力验证和实操为主。每个维修技术岗位都规定一定数量和级别的"单项维修技能"授权要求,员工的技术岗位级别根据其获得单项技术授权的数量和等级予以确定。

4. 培养核心人才,提升整体管理水平

所谓核心人才,在大亚湾核电主要是指核电站的厂长和技术掌门人。他们具有丰富全面的核电专业理论知识和技能、良好的职业操守,深谙和认同并能一以贯之地忠实倡导和推行大亚湾核电管理方式、企业文化。

为保证中广核集团遍布全国各地的新建电厂在其投产之日起就具备良好的安全运营水平,以及大亚湾核电成功的核电运营管理模式能够"复制"到各新建电厂并得到有效推动和执行,大亚湾核电需要加快核心人才的成长。

基于核心人才不同于一般核电专业人才培养的特殊要求,大亚湾核电精心设计核心人才培养流程,其核心包括"选人—培养—输出"三个关键环节。

筛选合格后备核心人才是核心人才培养成功的基础。大亚湾核电主要从所选人才的专业和安全文化素养、对企业认可和忠诚度以及可学习性和进取程度三个方面进行严格筛选。

后备人才筛选确定后,核心人才培养的核心环节就是有效地实施和开展培养。大亚湾核电根据具体的核心人才培养目标和能力要求,开展科学有效、多渠道、全方位的培养,在注重理论水平提升的同时,更通过岗位影子培训、内部管理导师等训练方式加强实践能力的提升和应用。同时也通过国内外同行交流,学习外部先进经验,拓宽视野。

在培养导师的选择上也精益求精,主要邀请国内外知名学者、核电行业专家、国家核监管机构专家、核电老一辈领导等进行授课,力求培训内容的针对性、先进性。大亚湾核电陆续实施《核电站运营安全管理》、《核电站质量管理》、《问题分析与解决》、《设备故障分析》等针对性强、与核电实际结合紧密的系列课程,培训效果良好。

(四)采取多种途径培养人才

1."订单+联合",创建校企合作培养新模式

同相关高校签订"订单+联合"培养协议,与受聘学生签订就业意向协议,提前锁定一批优秀学生作为准员工,将原本新员工到岗后必须学习的核电相关基础理论课程提前安排到大学最后一个学年来进行,由高校教学经验丰富的教师进行授课和统一管理,保证培养效果。

同时,为保障各高校教学标准的统一,对"订单+联合"培养课程进行科学设计,制定标准的教学大纲、教材和教学管理要求,各高校按统一的标准实施教学和管理,大亚湾核电通过教学督导和监察、综合独立考核等方式保证教学质量。

在培养过程中,大亚湾核电还派出企方人员参与教学和管理工作,使新员工树立基本的安全文化意识和理念,具备基本核安全素养和对企业文化的基本认同,养成良好的行为规范,培养团队精神,尽快实现角色转变,满足核电从业者的基本资格要求。

目前大亚湾核电已与西安交通大学、哈尔滨工程大学、上海交通大学等十余所高校

合作开展"订单＋联合"培养核电运营人才,截至2011年已累计培养达2463人。

2. 内容多样的入职教育,促使新员工快速融入企业

入职教育是新员工真正成为一名核电从业者的开端,大亚湾核电对新员工进行入职教育,包括公司相关政策制度培训、安全培训、军训、核安全文化教育与警示教育、与大亚湾核电管理层的见面沟通会、重走创业路,新老员工座谈会等一系列内容丰富、形式多样的培训及活动,使新员工多渠道理解大亚湾核电企业文化,并尽快融入核电团队,在思想认知上烙上核安全的印痕。

3. 选派骨干人员赴国外学习,与国际一流接轨

大亚湾核电人才培养起步直接和法国电力公司的培训接轨。上世纪80年代末,选派核电站运行、维修、技术支持、培训等关键岗位人员到法国电力公司(EDF)培养,经过严格的培训、考核淘汰,培养出了大亚湾核电站第一批112名关键岗位管理和技术人员,这批在国外培养的人员目前在大亚湾核电的管理、技术岗位担任重要职务,发挥巨大作用。时至今日,善于向国际先进经验学习的传统在大亚湾核电一直延续下来。例如,岭澳二期核电站改用先进的数字化主控室,运行人员操作方式有了重大变化,为此电站从现有运行持照人员中选拔41名优秀运行骨干,分三批送到法国核电站系统地接受数字化核电站运行技术培训,为期3至8个月,已成为电站数字化运行管理骨干。

大亚湾核电对于财经管理方面人才培养也高度重视。2004年,启动"管理领域紧缺人才培养项目",挑选一批优秀的青年骨干,走出国门,到具备先进教育水平的英美国际知名学府攻读金融、投资、市场与战略管理等方向的MBA学位。2012年,实施"国际化人才培养项目",针对当前亟需的国际化人才需求实施短期强化培训、定向培养;针对未来集团国际化进程中所需的具有国际视野的高潜质经营管理、专业技能型人才实施储备培养。

4. 标准化输出,帮扶新建电站快速形成自主人才培养能力

以大亚湾核电运营人才培养20多年的发展为基础,将培训工作流程及课程包进行标准化(包括培训组织机构建立、教员及培训管理人员的培养,培训设施的建设,课程体系以及程序体系),输出到中广核集团各核电基地,使大亚湾核电人才培养模式和经验在新建核电得到复制和运用,形成较为一致的人才培训理念和运作模式,快速扶植新建电站人才培养能力。

同时,参与到各电厂培训设施的建设过程当中,并帮助各电厂进行教员以及培训管理人员的培养,由各电厂选派人员到大亚湾培训中心实习,一边学习,一边参加教学或培训管理实践,并取得相应的技术岗位授权。

(五)紧抓安全文化教育和防人因失误训练,塑造人员规范行为

1. 领导垂范、全员参与,开展安全文化教育

首先,大亚湾核电把管理者带头示范授课作为一项制度,并纳入公司的年度培训计划。由管理层讲授安全文化和大亚湾核电具体安全文化实践,一方面使员工直接感受到管理层对安全文化建设的重视和具体实践案例,更加清晰、透彻地理解安全文化;另一方面大亚湾核电管理层走上讲台,与员工"零距离"接触,有利于管理层和员工之间达成共识,有助于大亚湾核电凝聚力的形成。

其次,分层次实施安全文化培训。IAEA在其《安全文化》丛书中对核电运营单位的

决策层、管理层以及员工层赋予不同的安全文化特制要求,根据此特点,大亚湾核电建立针对管理层、电厂老员工以及新入职员工的三个层次的安全文化培训课程。管理层安全文化培训侧重于世界同行先进安全理念、大亚湾核电安全文化建设的深层次问题;老员工安全文化培训则侧重具体的公司实际安全文化状况;新员工安全文化培训则主要侧重于树立安全文化基本理念和认知。

再次,每年定期组织全员参与、集中式以及极具冲击力的"安全文化震撼教育"系列活动。活动由大亚湾核电总经理部成员主讲,通过对国内外核电行业重大安全事件,特别是本企业的安全事件为案例进行多视角、深层次的回顾和再分析,从中获取宝贵的经验教训,对安全文化的核心内容进行精辟阐述和解读,改进和提升大亚湾核电自身安全状况。大亚湾核电还专门设置警示教育展室,借助现代化的展示媒体手段(影像视频、平面展板、失效设备实物等)向员工介绍和展示安全事件案例,作为员工接受警示教育、感受安全文化等固定场所。

最后,通过各种艺术手段等形式开展安全文化普及和推广,比如"安全文化辩论赛"、"安全文化小品大赛"、"DV大赛"等,在大亚湾核电内形成浓郁的安全文化氛围。

2. 创建国内核行业首家防人因失误训练中心,开展员工行为训练

根据核电工作特点以及核电站主要的人因失误类型,设计开发"工前会"、"三段式沟通"、"实用程序"、"明星自检"、"监护操作"、"质疑的态度"六张防人因失误工具卡,建立核电员工基本的标准行为规范,并通过开发训练场景对全体员工实施体验式培训和训练,有效改善员工行为,减少和避免人因失误。以此为起点,大亚湾核电又陆续设计开发针对现场实际工作情景和不同专业人群的综合性防人因失误训练项目,包括运行现场操作员行为训练、主控室人员行为训练、维修工作负责人行为训练、工程技术人员行为训练,并通过复训制度持续强化员工的正确行为,使之得以保持。

(六)加大投入,完善人才培养设施

1. 配置系列化的模拟机培训设施

投资近5亿人民币配置系列化模拟机培训设施,形成以全范围模拟机为主,原理模拟机、多功能模拟机、事故后分析模拟机等多机综合应用的系列化、多层次、完善的运行培训设施,其中主要包括4台全范围模拟机、11套原理模拟机、8台多功能模拟机、1套事故后分析模拟机等。这些设施的配置与运行人员的培养过程相匹配,从最基础的运行原理培训到复杂的机组事故工况演练都可通过相应的模拟机进行实操训练。

2. 建立覆盖电厂各专业的技能训练设施

建成国内核行业规模最大的技能训练中心,配置600台各类技能训练设备及装置,覆盖核电各专业基础维修技能及部分重大专项训练,提供静止机械、转动机械、仪表控制、电气、现场服务、性能试验、职业安全及保健物理8大专业维修领域100余项的技能训练项目,形成了基础类、专项类、重大专项类维修三个层次的技能培训能力。鉴于燃料操作的潜在风险性,投入资金建成国内首座核电站换料操作(PMC)训练设施,实现针对国内核电机组换料操作员的技能培训与资质认证。

3. 配备现代化的通用培训设施

配置50余间现代化的综合培训电化教室、计算机培训教室、外语培训教室等以及系

列核电站重大关键设备的教学模型和原理机。此外,建成"E—learning"在线网络培训平台,并已完成约80门多媒体课程的开发设计,自2008年投用至今,已有159849人次登录学习课程,为实现人才培养的快速化、异地化、标准化奠定坚实基础。

三、适应核电安全发展的运营人才培养体系建设的效果

(一)保证核电站长期、安全、稳定、经济运行

大亚湾核电通过推行适应核电安全发展的人才培养模式,培养出符合电站岗位要求的高素质员工队伍,提升了电厂运行、维修、设备管理等能力,降低了人因失误,有效确保了大亚湾核电基地六台机组的长期、安全、稳定、经济运行。

对于核电站,国际上衡量其运营业绩优劣的重要指标之一就是能力因子。大亚湾核电历年的能力因子总体呈现增长的趋势,其中2011年,大亚湾核电站、岭澳核电站一期四台机组平均能力因子达93%,处于世界核电先进行列。

此外,在反映核电站安全生产管理水平的世界核运营者协会(WANO)9项关键业绩指标中,2011年大亚湾核电1号机全部9项指标进入世界先进水平,大亚湾核电站2号机及岭澳核电站一期1号机各5项、岭澳核电站一期2号机6项指标也全部达到世界先进水平;同时,自1999年以来,大亚湾核电每年组织参加法国电力公司(EDF)国际同类运营机组年度安全挑战赛,截至2011年度,累计获得27项次第一。其中2010年荣获"核安全/自动停堆"、"辐射防护"、"工业安全"、"能力因子"四项第一名;2011年荣获"核安全/自动停堆"、"能力因子"两项第一名。自2002年1月12日以来,大亚湾核电站1号机组连续七个燃料循环无非计划自动停堆,目前仍保持并延续着国内核电站单机组安全运行最高纪录。

(二)满足核电发展人才需求

大亚湾核电作为中广核集团核电运营人才培养的摇篮,在满足大亚湾核电基地6台机组人才培养需求的同时,也为中广核集团新核电基地输送大批人才。截至目前,大亚湾核电已陆续为台山、红沿河、宁德等新核电基地累计培养2407名运行、维修、工程技术等领域关键技术岗位人才,以确保各新建电厂的安全、顺利投产。此外,大亚湾核电以适应核电安全发展的人才培养模式已辐射至各新核电基地,帮助各基地有效传承大亚湾核电人才培养经验,为电站投入运行后的后续人才培养工作保质保量开展奠定基础。

(三)为国家核电发展贡献力量,起到行业借鉴作用

大亚湾核电人才培养的显著成效获得了国内外同行的认可和嘉许,由此也吸引了许多外部单位前来寻求支持合作。大亚湾核电先后为秦山核电站二期、田湾核电站、黄河上游水电公司、山东海阳核电公司等国内同行,以及国家核安全局、国家能源局等举办多期核电培训班,培养人数达357人,为国家核电的发展贡献了力量。越南电力公司、海南核电、山东海阳核电、秦山核电等国内外企业多次到大亚湾核电进行人才培养的经验交流和学习考察活动,引进或移植大亚湾核电运营人才培养经验和实践。大亚湾核电的人才培养已走出国门,为泰国电力公司举办了两期核电专业人才培训班,培养人数达57人。

(成果创造人:卢长申、高立刚、郭利民、朱闽宏、蒋兴华、
庞松涛、陈　泰、陈军琦、张　明、苏林森)

基于 EVA 的企业经济运行质量管控

西安航空发动机(集团)有限公司

成果主创人:航空动力
总会计师穆雅石

西安航空发动机(集团)有限公司(简称西航公司)始建于 1958 年,是国家"一五"重点建设项目、中国大型航空发动机制造基地和国家 1000 家大型企业集团之一。经过 50 多年的发展,西航公司经历了我国各类大中型航空发动机的研制生产,已拥有一套完整的航空发动机生产体系,建立了 12 条先进的生产线和 3 个检测中心,拥有 8000 余台(套)国内外先进的加工和计量测试设备,形成了以航空产品为主导,国际航空零部件生产、非航空民品和现代服务业共同发展的多元化格局。2008 年,实现主营业务整体上市,航空动力登陆 A 股市场。目前,西航公司总资产 120 亿,用工总量 15000 多人。

一、基于 EVA 的企业经济运行质量管控背景

(一)满足利益相关者需求的必由之路

满足利益相关者的需求,履行企业社会责任已成为现代企业新的价值目标。具体就西航公司而言,国资委和中航工业对实现国有资产保值、增值,提升 EVA 水平方面有严格的要求;广大投资者和中小股东对投资回报提出了新的期望;军方客户任务总量增加,提出低成本、高质量获得产品的要求;员工希望收入增长、福利提升;此外,还有地方政府提出的经济总量和税收方面的要求等等。为满足利益相关者的这些要求,西航公司只有不断加强经济运行质量管控,使经济质量的好坏与每一名员工紧密相关,才能持续提高盈利水平。

(二)企业实现转型发展的必然要求

近期发达国家经济发展乏力,国际经济环境并不乐观,而中国经济在经历 30 年高速增长后,成本优势已被大大削弱,未来的持续发展必须依靠自主创新和产业转型。

从西航公司的发展来看,"十一五"期间,西航公司保持了较快的发展速度,销售收入年均增速 22%,利润总额年均增速 30.6%,以规模优势获得了较多的企业发展资源,保持了企业发展的相对优势,为企业管理、文化、技术、运营等方面的创新实践和员工收入的快速增长,奠定了坚实的基础保障。但是综观反映企业营运、盈利、偿债、成长等能力水平的经济指标情况,应该说企业的发展速度与质量效益没有并驾齐驱,经济运行质量还亟待进一步提高。

(三)持续提升经济运行质量的需要

要持续提升经济运行质量,就必须建立综合系统的评价分析标准、科学便捷的过程监控制度和有效的整改反馈机制,以此为基础,才能对企业的经济运行质量进行全面、科学的评价和管控。

从2008年开始,西航公司从过去仅考核"收入、利润、工业总产值"三大总量指标,转变为"十大指标考核",新增"质量损失率、人均销售收入、资产利润率、劳动生产率、存货周转率、万元产值能耗、万元产值物耗"七项经济运行质量指标,将考核结果与各单位工资总额和领导班子年薪挂钩;上市后,为满足股东期望,实施了从每股收益倒推测算目标利润、目标收入、成本指标的利润测算模式,实现了价值分析"由加法到减法、由正算到倒推"的转变。

虽然这些举措在促进西航公司经济运行质量提升方面具有一定成效,但是仍存在一些问题:如评价指标不够全面,未纳入反映企业研发能力、产品质量、顾客服务等方面的指标;评价标准不够科学,如当指标改善方向不一致、运行不平衡时,无法清晰说明各指标的战略支撑度,无法对企业的整体运行质量进行评价;监督反馈机制不够健全,对运行不好的指标没有明确的整改制度和机制保障等。为解决上述问题,有效促进企业经济运行质量提升,2010年,西航公司积极开展了基于EVA的企业经济运行质量管控。

二、基于EVA的企业经济运行质量管控内涵和主要做法

西航公司按照国资委和中航工业对EVA考核管理的要求,运用EVA管理理论,紧密结合企业实际,寻找影响EVA的关键驱动因素,逐层逐级建立经济运行质量指标库;筛选"公司级和生产分厂、加工中心级两层指标",建立公司级经济运行质量指数评价和生产分厂、加工中心经济运行质量"二维"评价模型;同时运用全面预算管理、综合平衡计分卡和管理评议书,将评价结果与领导班子和单位绩效挂钩,并督促改进优化,从而实现围绕EVA自上而下分解企业战略、自下而上有效管控经济运行质量,促进西航公司实现转型发展的目的。其主要做法是:

(一)围绕EVA建立经济运行质量指标库

1. 梳理确定公司级经济运行质量指标

对EVA指标进行自上而下的分解,并参照EVA的关键驱动因素来确定能够综合反映企业经济运行质量的指标。

公司级EVA计算公式为:EVA=销售收入-销售成本-各类费用+投资收益-所得税-权益资本×权益资本成本率

=销售收入-销售成本-各类费用+投资收益-所得税-(货币资金+应收款项+存货+长期投资+固定资产)×(1-资产负债率)×权益资本成本率

=销售收入×{毛利率+长期投资÷销售收入×投资收益率-所得税÷销售

试车台

收入－[现金÷销售收入＋应收账款回收期÷360＋存货周转期×(1－毛利率)÷360＋长期投资÷销售收入＋固定资产÷销售收入]×(1－资产负债率)×权益资本成本率}

从上述计算过程可以看出,影响公司级 EVA 的关键驱动因素主要集中在 10 个方面:销售收入、毛利水平、应收款项回收期、存货周转期、现金流量、长期投资占收入比例、固定资产使用效率、所得税、投资收益率、资产负债率。

分别对影响公司级 EVA 的十大因素进行详细分析,结合国资委和中航工业对西航公司的考核情况,除所得税外,其余九大因素可细化为 35 个指标,具体指标库建立如下:

销售收入方面,共 7 个指标,分别是销售增长率、工业增加值增长率、军品/外贸/非航订单储备额增长率、顾客满意度、产品准时交付率;毛利水平方面,共 8 个指标,分别是主营业务利润率、成本费用利润率、销售利润增长率、全员劳动生产率增长率、人均工业总产值增长率、万元产值物耗降低率、万元产值能耗降低率、质量损失率;应收款项回收期方面,共 4 个指标,分别是速动比率、流动比率、应收账款周转率、应收账款占主营业务收入比率;存货周转期方面,共 3 个指标,分别是总资产周转率、存货周转率、存货占流动资产比率;现金流量方面,共 2 个指标,分别是现金流动负债比率、盈余现金保障倍数;长期投资占收入比例方面,共 2 个指标,分别是技术投入比、技改投资增长率;固定资产使用效率方面,共 3 个指标,分别是技改投资完成率、资产增长率、设备利用率;投资收益率方面,共 3 个指标,分别是净资产收益率、总资产报酬率、资本收益率;资产负债率方面,共 3 个指标,分别是资产负债率、已获利息倍数、带息负债比率。

确定指标选用原则:一是指标应具有代表性,能够反映企业经济运行的主要方面;二是指标应具有相对的可控性,涵盖的内容能够准确体现企业经济运行质量的真实情况;三是指标可按月或季度获取,获取成本不能太高,且能够反映企业一定时间内的连续变化情况。以此为依据,最终选择确定"销售增长率"等 22 个指标作为公司级评价指标。

2.梳理确定生产分厂、加工中心级经济运行质量指标

公司级经济运行质量指标必须进一步分解至各部门,特别是要分解落实到各生产分厂、加工中心这些运营相对独立的生产责任主体,才能对公司级目标形成有效支撑。

由于各生产分厂、加工中心不独立核算,其对西航公司 EVA 的影响主要集中在内部结算收入、内部结算成本和存货占用三个方面。结合各生产分厂、加工中心不同的业务特点,分别对影响 EVA 的三大因素进行详细分析,可细化为 10 个通用指标,分别是:利润、经济利润、废品损失发生额、固定性制造费用、变动性制造费用、专用工装发生额、通用工具领用额、外委加工费发生额、在制品平均占用额、原材料平均占用额。其中,固定性制造费用由于可控性较差,将该指标舍弃。

(二)设计公司维度经济运行质量指数评价模型

1.明确公司维度指数评价模型构建思路和框架

指数是指企业经济运行质量关键评价指标对比其标准的差异值,西航公司经济运行质量评价指数分为综合指数和专业指数两种。综合指数反映和评价的是企业整体经济运行质量,由设置的五个下属专业指数和与其相对应的权重综合计算得出。专业指数反映和评价的是企业运营某个方面的状况,是对经营质量单个方面的评价。每个专业指数,由若干个关键指标与企业、行业或市场的标准进行对比后计算得出。

目前，西航公司围绕企业发展和营销规模、运营效率、财务资源配置、产品质量、经营成果等方面，利用杜邦分析等财务分析手段，设定"经营指数、效率指数、财务指数、质量指数、效益指数"五个专业指数。同时，将围绕 EVA 梳理确定的公司级 22 个关键指标，按属性归属于各指数下。其中：

经营指数衡量企业生产、销售情况，是企业实现效益的前提，包含 8 个指标。反映企业营销规模增长情况的有 5 个，即销售增长率、工业增加值增长率、军品/外贸/非航订单储备额增长率；反映企业技术和技改投入情况的有 3 个，即技术投入比、技改投资增长率、技改投资完成率。

效率指数衡量企业生产经营和投入产出之间的效率，是企业实现效益的加速器，包含 3 个指标，即全员劳动生产率增长率、人均工业总产值增长率、总资产周转率。

财务指数衡量企业获得现金流以及偿还债务的能力，是风险和财务杠杆的平衡点，包含 4 个指标，即资产负债率、已获利息倍数、速动比率、现金流动负债比率。

质量指数衡量企业产品及工作的总体质量状况，是实现效益的保障，关键衡量指标包括产品质量得分、顾客满意得分、制造质量得分和业务质量得分，分别由下属的多个考核单项综合得出。

效益指数衡量企业一定时期内生产经营活动的收益情况，是对其他四项指数的综合反映，包含 7 个指标。其中反映企业获利能力的有 5 个，即净资产收益率、主营业务利润率、成本费用利润率、总资产报酬率、销售利润增长率；反映企业投入产出比的有 2 个，即万元产值物耗降低率、万元产值能耗降低率。

2. 确定关键评价指标标准值

因为指数是指各关键指标对比其标准的差异值，所以需要对 22 个关键指标分别设置标准值作为对照。各关键评价指标标准值设置的依据主要有三个方面：一是上年度国资委企业绩效评价指标中"国际航空工业"平均值；二是中航工业制造类企业各指标的平均值；三是对西航公司特有的指标以本年度目标值来设定。例如，销售增长率的标准值为西航公司当年收入增长目标；技术投入比为中航工业"十二五"目标值；资产负债率及速动比率依照行业标准设定上、下限区间。

通过标准值的确定，可以有效的查找企业经济运行质量与国际航空工业的差距、与行业的差距、与企业自身确定目标之间的差距。

3. 设置专业指数和各关键指标权重

依据西航公司发展阶段的不同以及战略导向的调整，各专业指数和关键评价指标的权重可根据企业年度战略重点的动态变化进行设置，以 2011 年经济运行质量指数评价模型为例，各指数、指标的权重及标准值设置情况如表 1。

表1 2011年西航公司经济运行质量指数评价模型表

项目	权重	指标		权重	标准值	指标含义	标准值设置依据
经营指数	20	销售增长率(%)		20	22	反映企业销售规模的增长速度	2011年西航公司考核目标
		技术投入比(%)		20	3	反映企业自筹资金用于自主创新的投入程度	中航工业"十二五"期间要求
		工业增加值增长率(%)		20	8	反映企业实体经济的发展情况	2011年西航公司考核目标
		订单储备额增长率	军品(%)	6	7	反映企业未来时期军品业务可持续发展情况	2011年西航公司收入预算
			外贸(%)	10	22	反映企业未来时期外贸业务可持续发展情况	
			非航(%)	10	34	反映企业未来时期非航业务可持续发展情况	
		技改投资增长率(%)		7	14	反映企业依靠国家和多渠道融资进行固定资产的补充的能力	2011年西航公司考核目标
		技改投资完成率(%)		7	90	反映企业将固定资产转化为实际生产能力的程度	2011年西航公司考核目标
		小计		100			
效率指数	15	人均工业总产值增长率(%)		15	10	反映企业全部员工平均产出效率	根据历史水平,参照行业标准制定
		全员劳动生产率增长率(%)		40	10	反映企业全部员工劳动投入生产效率的增长速度	根据历史水平,参照行业标准制定
		总资产周转率		45	0.72	反映企业全部资产的利用效率	2010年航空工业绩效评价国际标准良好值
		小计		100			
财务指数	15	资产负债率(%)		25	60~70	衡量企业负债水平高低情况	按通用标准设置上、下限区间
		已获利息倍数		25	8.50	反映企业获利能力对债务偿付的保证程度	2010年航空工业绩效评价国际标准平均值
		速动比率(%)		25	90~110	衡量企业在某一时点上运用随时可变现资产偿付到期债务的能力	按通用标准设置上、下限区间
		现金流动负债比率(%)		25	16.20	从现金流量角度反映企业偿付流动负债的能力	2010年航空工业绩效评价国际标准平均值
		小计		100			

续表

质量指数	15	产品质量指数	20	80.43	反映公司的整体产品质量状况	2011年西航公司考核目标
		顾客满意指数	20		反映外场顾客对公司产品及服务的满意程度	
		制造质量指数	40		反映公司各生产单位的质量状况	
		业务质量指数	20		反映公司各业务部门的履职情况	
		小计	100			
效益指数	35	净资产收益率(%)	30	7.12	企业运用资本获取收益的能力	2010年航空工业绩效评价国际标准平均值
		主营业务利润率(%)	20	7.60	反映企业销售收入的获利水平	
		成本费用利润率(%)	14	7.50	反映企业花费成本费用获取利润的能力	
		总资产报酬率(%)	15	4.80	企业运用全部资产创造价值的能力	
		销售利润增长率(%)	15	10.70	反映企业主营业务利润的增长速度	2010年航空工业绩效评价国际标准优秀值
		万元产值物耗降低率(%)	3	3	反映企业每万元产出效益所投入的物料消耗	根据历史水平,参照行业标准制定。
		万元产值能耗降低率(%)	3	3	反映企业每万元产出效益所投入的能源消耗	根据历史水平,参照行业标准制定。
		小计	100			
综合评价指数						

4. 计算与调整指数

综合指数的计算公式为:综合指数=Σ(指标值÷标准值×指标权重×指标所属的专业指数权重)。

为避免个别指标与标准值差异太大而对综合指数造成重大影响,在指数计算过程中,当出现特殊情况时,可采取适当调整,具体调整原则为:当计算出某指标的指数大于该指标分值时,该指标的指数值取满分值;当计算出某指标的指数小于0时,该指标的指数值取0。

(三)设计生产分厂、加工中心维度经济运行质量"雷达图"评价模型

开展生产分厂、加工中心级EVA关键驱动因素分析,选择确定9个关键通用评价指标,即废品损失发生率、利润、经济利润、原材料平均占用额、在制品平均占有额、外委加工费发生额、通用工具领用额、专用工装发生额、变动性制造费用,运用雷达图分析法对各生产分厂、加工中心的经营现状进行直观、形象的综合分析与评价。

雷达图中最小标线代表各指标的较差水平,若指标接近或处于其内,说明该指标处于极差状态,是经营的危险标志,应重点加以分析改进;中间标线代表各指标的平均水平,又称为标准线,若指标处于标准线以内,说明该指标低于平均水平,需加以改进;最大

标线(红色)代表各指标的优秀水平,若指标处于标准线外侧,说明该指标处于理想状态,是经营的优势,应采取措施,加以巩固和发展。

(四)应用全面预算、综合平衡计分卡和管理评议书,实施三级管控考核

1. 成立公司级考核委员会,健全组织保障体系

西航公司2010年成立由计划部、人力资源部、财务部、质量部、科技部、管理创新部等业务职能部门组成的考核委员会,依据西航公司年度《生产经营计划考核管理办法》,每月初召开专题会议对整体生产经营情况及各单位月度绩效进行分析、评价,对影响经营的关键问题追责、平衡,确定月度绩效分配方案,将考评结果提交企业领导审阅并进行公示,彻底改变"多头考核、条块分割、各自为战"的评价追责情况。

2. 创建管理评议机制,强化问题查找、改进到位

经济运行质量管控重点就在于对瓶颈因素的掌握、对关键问题的及时解决和处理,对影响运营质量的问题和单位,西航公司利用"管理评议"机制进行管控。主要是由总经理签发"管理评议书",指出存在的问题,并提出诊断意见及改进目标,要求相关责任部门限期整改,同时,由考核委员会对改进效果进行督办,强化对该战略目标的过程监管与控制。

3. 应用全面预算管理工具,实时监控经济运行质量

为对经济运行质量进行实时监控,西航公司将全面预算管理体系与经济运行质量管控体系进行有机融合,具体做法是:年初分解企业整体经济目标,作为各单位的目标值,由预算管理办公室以预算责任书的形式向各单位下达;年度内根据目标值对各单位的成本、费用、资金进行控制;定期以表格、图表、文字等形式对预算执行情况进行分析,及时发现预算执行偏差,跟踪反馈差异信息,分析差异原因;在内部网络公布各单位预算执行情况,召开预算例会,研究、解决预算执行中存在的问题,提出改进措施。全面预算管理通过实时监控、分析和改进,使企业的生产经营活动能够按照既定的轨迹运行,经济运行质量得到提升。

4. 应用综合平衡计分卡,实施月考核、季讲评、年兑现

为保证基于EVA关键驱动因素分析的关键指标得以有效分解落实,西航公司将这些关键指标全面纳入综合平衡计分卡考核体系,建立公司级、副总经理级、副总师级、部门级的四级综合平衡计分卡,并按照"月考核、季讲评、年兑现"的方式深入应用。

"月考核":成立由财务、计划、质量、管理创新等职能部门组成的经济运行质量指标管理部门,每月根据生产经营情况及时收集、统计指标完成情况,通过信息化系统对各单位月度指标完成情况进行评价打分,并按照"绩效包×公司当月绩效系数×各单位当月绩效系数"的原则,将打分结果与各单位月度绩效奖励紧密挂钩。

"季讲评":利用基于EVA的经济运行质量管控体系,按季计算公司级各专业指数和综合指数得分,并深入剖析,对照行业标杆和标准值分析存在的差距,层层分解各项指标的影响因素,查找问题的根源,使全体干部员工了解企业的整体经营现状及关键影响指标,从而为有针对性地做出改进奠定基础。

"年兑现":对各副总经理、副总师综合平衡计分卡的完成情况按月打分评价,以"个人年薪×公司当年绩效系数×个人当年绩效系数"为原则,按年兑现奖惩,将打分结果与

个人年薪紧密挂钩。

三、基于 EVA 的企业经济运行质量管控效果

(一) 极大提高了企业经济运行质量的管控能力

西航公司通过实施基于 EVA 的经济运行质量管控，变事后总结、评价的被动型管理为事前规划、过程监控、改进提升的主动型管控，极大地提高了管控的有效性。

特别是公司维度经济运行质量指数评价模型和生产分厂、加工中心维度雷达图评价模型的运用，为横向、纵向的全面综合评价和寻找改进方向提供了科学的方法保障，使得各责任主体从"回头看、找成绩"转变为"抬头看、找差距"，提高了各责任主体的主观能动性；同时，将评价结果和绩效工资的挂钩，有力地促进了经济运行管控效率的提升。

(二) 有效促进了企业战略的协同和绩效的提升

通过成果的实施，西航公司实现了企业战略目标的分解落实，使得副总经理、副总师、各部门等各责任主体都承担企业战略的分解指标，极大地提高了各责任主体的责任意识和竞争意识，提高了管理人员对经济运行质量的管控意识和管控能力，提升了企业内部的管理效率，有效促进了西航公司战略的协同和绩效的提升。

2011 年，西航公司实现了经济总量和经济运行质量的三个快速提升：营业收入 82.8 亿元，同比增幅 19.9%；利润总额 2.5 亿元，同比增幅 27.9%；EVA 5521 万元，同比增加 5648 万元，较好地完成了年度任务目标。

(成果创造人：穆雅石、蒲丽丽、王洪雷、于建军、张吉茜、
闫聪敏、杨　清、王　越、侯莹娣、王翠蕾)

化工企业推动战略实施的绩效管理

中化国际(控股)股份有限公司

成果主创人:公司董事、总经理张增根(左)
与公司董事、常务副总经理覃衡德

中化国际(控股)股份有限公司(简称中化国际)是由国资委所属大型骨干企业、连续20余年进入《财富》全球500强的中国中化集团公司控股的上市公司,是在橡胶、农化、化工品物流、基础化工、精细化工、冶金能源领域从事分销、投资、物流、贸易等跨国化经营活动的大型化工企业,客户遍及全球100多个国家和地区。2011年,中化国际的业务收入达到540亿元,总资产逾255亿元。中化国际自2000年在上海证券交易所挂牌上市以来,逐步从外贸代理型企业向具有市场营销能力和稳定盈利能力的综合服务商转型,以良好的业绩回报股东和社会,连续10余年被《财富》杂志评为中国上市公司100强,曾荣获"中国上市公司治理百强榜首"、"中国最佳董事会"、"中国最受尊敬的上市公司"等诸多荣誉。

一、化工企业推动战略实施的绩效管理背景

(一)企业战略转型的需要

中化国际在创立之初,掌握了国家化工品及农药等产品的进出口配额。随着中国加入WTO,外贸进出口权逐步放开,开始面临全开放的市场竞争环境,中化国际作为贸易中间商在价值链中获取的利润不断"萎缩",贸易业务的平均利润率已下降到不足2%。与此同时,随着国际贸易环境中行情波动、汇率变化、法律政治风险等不确定性增多,贸易业务的持续盈利能力以及对抗风险的能力面临巨大挑战。中化国际十多年来通过一系列的投资与并购活动逐步渗透至实业,向价值链两端扩张,从一个传统的贸易型企业转型为一家有限多元化的产业型控股公司。

(二)战略有效执行与落地的需要

中化国际的管理体系和长期形成的理念和思维定式、文化影响与新战略实施与战略需求严重脱节。在战略一致性方面,总部与事业总部对战略理解存在隔阂和差异,中化国际战略与事业总部执行之间脱节现象十分严重,存在"两张皮"的现象;在战略可衡量性方面,由于中化国际原战略衡量指标体系不完善,不能对支持战略的核心竞争力及持续发展能力等方面实现系统的衡量。在战略可控性方面,由于战略过程管控机制的缺失,战略执行过程的动态分析和控制明显不足,当执行与战略方向发生偏差时,缺乏纠偏措施与落实。

另外,"短视文化与机会主义","重考核、轻管理","组织内部各自为政、缺乏协作"等在中化国际自身成长过程中形成的一些观念与思维定式仍然根深蒂固,从某种意义上已成为中化国际战略转型和发展的桎梏。推动战略有效的落地与执行,战略绩效管理的变革势在必行。

(三)完善业绩评价体系的需要

中化国际原有的业绩分析和评价体系所暴露出来的诸多缺陷,已明显滞后于产业战略快速发展的要求,突出体现在:一是过度的短期财务导向。原有的绩效衡量体系基本上围绕财务指标设计,以短期利润导向作为考核结果,导致各事业总部领导的关注重点在于短期获益的行为上,缺乏意愿和动力打造核心竞争能力。二是结果导向造成过程管理薄弱。依据年末的财务成果"论功行赏",在过程中缺乏有效的手段来监控战略执行中发生的偏差,由此最终无法落实到一些可以纠正和预防的管理行动上。

二、化工企业推动战略实施的绩效管理内涵和主要做法

中化国际紧紧围绕战略转型、业务发展之核心战略诉求,通过管理技术提升和各级管理者日常行为与管理模式的转变,使各项管理活动围绕战略目标实现可衡量、可评价、可执行,形成从绩效指标设计、分解、跟踪、纠偏、评估到考核激励的一体化管理体系。主要做法如下:

(一)确定战略导向的绩效管理理念,建立专职组织管理系统

战略绩效管理不以单纯的考核为目的,而是通过全面协同战略与执行的一致性、可衡量性与可控性,将绩效管理纳入战略制定、实施过程进行系统化管理。同时通过将差异化核心竞争力作为评价战略绩效的关键因素,推动核心业务形成内生性的绩效改善,使战略绩效管理成为各级管理者管理和推动自身业务成长的有力工具,以及推动行为改善的重要抓手,支持公司管理层更加全面深入地管控下属组织单元的战略及运营质量。

中化国际的战略绩效管理,是为战略实施服务的公司高层管理流程。为此,特别建立专职的分层组织管理系统。首先在总经理领导下组建绩效委,绩效委成员由中化国际高管和部分职能部门负责人组成,使绩效委从专业构成上能有效保障中化国际对战略绩效的全面管理工作。其次,成立专职的绩效管理部门,作为绩效委员会的专门办事机构,具体负责组织和推动战略绩效管理工作。在事业总部层面设立绩效管理部,成为全面驱动战略绩效管理变革的基层核心力量。分级组织管理架构全面建立,职责分工:绩效委作为公司绩效管理决策机构,负责绩效管理中重大事宜的审议与决策;绩效管理部作为公司日常绩效管理执行机构,负责全面推动公司绩效目标的执行监督与管理;而各事业总部的绩效管理部则负责各事业总部内部绩效管理体系建设,推动与落实各项重大战略事宜的具体执行及纠偏。

通过各层级对绩效指标的分析和行

生产厂区

动方案的制订,使战略绩效管理在事业总部内部真正形成自发的、全员参与的变革,中化国际战略意图通过战略绩效的管理模式得以向下彻底贯彻,战略执行力度得以全面提升。

(二)引入战略管理工具,保证上下对战略理解一致

通过引入"战略地图"、"战略实施路径"等工具,引导对核心业务战略进行结构化地梳理,使团队上下对战略目标及各项要素真正理解一致;绩效KPI则紧密围绕战略目标和要素,使绩效管理成为战略实现的核心助推器。

在年度战略规划,各事业总部运用战略地图更加清晰地界定不同维度的关键控制点,简洁明了地描述上下统一对战略一致的理解。如橡胶事业总部,通过战略地图明确了为达成销量与ROIC的最终输出,需要组织,运营与战略各关键要素的有效性,以实现持续发展、全球领先之愿景目标。

战略地图融合了战略目标、战略要素及战略实施路径的中化国际战略总视图,通过清晰地描述战略总视图,明确公司和个事业总部的战略目标、实施路径、战略要素的顺序与相互关系,从而合理配置公司资源,方便各战略要素的管理,使得各级组织的工作重心将转移到具体的重大战略事宜的执行上。

在统一运用"战略地图"工具结构化地梳理战略要素的基础上,通过进一步分解战略要素的各项目标和指标,获得一系列需要管理的具体目标和KPI指标(库),其中对可量化KPI指标在业务战略规划中作出明确的数字化描述。

部分难以量化的指标如组织能力部分的指标,则通过制定明确的阶段性重点工作计划,过程中对计划执行进行定期回顾。

(三)建立战略绩效综合评价体系

1. 紧密结合战略地图,完善战略绩效KPI指标设计

年度的绩效管理表是当期全面衡量战略执行的日常核心管理工具。在绩效KPI指标设置中,除强制性指标外,更关注如何贯彻业务战略意图、实现业务可持续发展亟需培育的核心能力等。譬如在与战略紧密结合的KPI指标设计时,完全基于战略要素及分解KPI指标库,并结合经营计划与预算计划之重点,筛选形成当期作为重点评价的指标,在事业总部的年度绩效管理表中体现。而绩效管理表以外的KPI指标也是日常管理中定期回顾的重要内容之一,只在当期不纳入考核范围(表1)。

表1 天然橡胶业务战略绩效管理表

指标类型	指标名称	单位	回顾周期	年度目标	权重
财务视角	销售收入目标达成率	%	季度	74.4亿/100%	12%
	利润目标达成率	%	季度	1.64亿/100%	12%
	ROIC	%	年度	14.5%	12%
战略视角	天然胶销售国内市场份额	%	半年度	12.0%	10%
	核心客户销量增长率	%	季度	18.5%	5%
	可控天然胶产量目标达成率	%	季度	14.5万吨/100%	7%
	核心供应商采购量目标达成率	%	季度	17万吨/100%	5%

					续表
运营视角	自有工厂产能利用率	%	季度	75.8%	3%
	天然胶吨制造费用	元/吨	季度	205.1	3%
	国内业务库存周转率	次	半年度	6.76	3%
	对客户交付可靠性	%	季度	96.0%	3%
	交付质量差异占比	‰	季度	8.0‰	3%
	经营利润率	%	季度	3.03%	4%
	国内业务逾期款控制	%	季度	0.00%	2%
	高龄库存控制	%	季度	0.00%	2%
	逾期合同控制	万元	季度	0	2%
组织视角	架构规划及组织架构有效性	分数	季度		3%
	培训及发展有效性	分数	季度		3%
	人员保留与储备	分数	季度		3%
	精益ESP	分数	年度		3%

2. 突出不同业务的行业特性、发展阶段和核心战略诉求

在指标设计方面全面突出行业特性以及战略定位，转变不同业态的业务采取"一刀切"式的绩效评价。如对于产业类业务更注重资本投资回报率和竞争力提升，而对于营销类业务更注重盈利的稳定增长和健康的现金流贡献等。

比如在橡胶业务的KPI设置中，针对资本投资效率设置了投资资本回报率ROIC、针对高效资源控制设置了可控天然胶资源目标达成率、针对工厂生产效率设置了产能利用率和吨制造费用、针对供应链管理和可靠交付设置了交付质量差异和完美交付比例等KPI指标。又如化工物流业务KPI设置中，则通过强化对船舶与集装罐的运营率的指标衡量，驱动运营能力的提升；而农化业务则通过加大对国内营销整合项目的跟踪力度，推动产品线拓展战略的落实。

在指标权重设计方面，不同业务单元的关键业绩指标权重反映中化国际对不同业务单元的战略定位，如对于营销类业务单元，财务类指标权重相对较高；如产业类战略型业务，财务指标相对较低，而对于战略培育型业务单元，则重点关注其战略性并购项目推进的有效性，战略视角权重较高。

3. 多视角衡量业务发展状况

绩效管理表设计中运用了战略绩效计分卡工具，通过平衡绩效指标体系设计，让战略可以衡量，进而可以往下部署，强化总部与各事业总部对绩效关注重点的统一，均衡和有效地"监控"战略执行进程和效果。

绩效管理表从财务、战略、运营、组织多视角来衡量业务发展状况，同时，在业绩领域全面契合战略地图所描述的关键战略要素，使绩效管理表真正成为全面衡量战略执行的核心管理工具。

4. 全面落实战略绩效指标向下层次的分解

在年度绩效计划制定过程中，各事业总部结合KPI指标库与责任分解，进一步将事业总部绩效管理表的各项KPI指标层层分解至下层业务单元和职能部门，形成管理层级鲜明，责任主体明确，关键战略要素全覆盖的绩效指标分解体系。通过战略绩效指标

层层深入分解与签署,使中化国际战略意图通过战略绩效的管理模式得以向下彻底贯彻,并推动事业总部战略绩效管理向基层扎根。

(四)建立定期绩效回顾机制,保证战略绩效管理过程的可控性

1.建立总经理与事业总部总经理"1对1"的定期绩效回顾机制

"1对1"的绩效回顾主要围绕影响上季度绩效的关键问题,中化国际高层与事业部总经理之间开展互动、深入、坦诚的沟通,就问题的成因、可能的解决方案以及所需资源支持形成共识。会后立即形成书面的《绩效回顾跟进事项》,由各事业总部据此进一步讨论制定具体的行动计划并予以实施,绩效管理部则负责持续跟踪计划的执行状况。全新的绩效回顾模式,改变了原事业总部季度绩效回顾的大会形式,在良好互动的基础上,检查、讨论和解决关键绩效问题,达成下阶段行动共识。

"1对1"的定期绩效回顾机制的建立,强化中化国际高层对绩效变革的推动和参与质量,通过公司最高管理层的身体力行来进行变革的示范和宣贯,推动各级管理者日常行为和管理模式的切实转变。

2.对例会改革与内容完善,形成绩效过程管控流程和工作模式

改革公司月度经营与绩效月会。新的会议模式全面聚焦对各事业总部的关键绩效问题分析以及对上月计划执行情况的跟踪回顾。检查并督促行动计划的落实,为各事业总部的月度绩效例会的深入研讨和改善提供方向指引。通过改革,使总部与事业总部之间就影响绩效的关键问题达成共识,进而形成有针对性的行动方案和计划,且使纠偏分析和行动过程可跟踪、可衡量。

改革事业总部绩效月会。将月度会议的核心对关键绩效问题的深入分析和行动方案的制定,建立起以讨论界定关键绩效问题为核心月度绩效例会制度,辅之以各个层级、各种形式的关键绩效纠偏行动讨论会议,使关键绩效问题的讨论、界定、分析和纠偏过程真正成为各事业总部总经理的重要管理抓手,并逐步推动形成事业总部各层级主动分析和改善绩效的意识。建立以关键绩效问题为核心的体系化管理机制。根据绩效过程管控流程,中化国际上下形成了聚焦关键绩效问题的务实作风,形成了界定问题、分析问题和解决问题的体系化管理机制。

首先,通过公司经营与绩效例会,形成对当前关键绩效问题的共识,然后在各事业总部经营绩效会议上进行分解,分析和研讨,同时,各事业总部积极开展专题绩效会议,就关键绩效问题进行全面深入分析和研讨,形成明确的解决方案,落实行动计划,推动绩效改善,中化国际及事业总部过程中实时跟进行动计划的执行情况,检查问题解决的结果,发掘新的关键绩效问题,过程中及时纠偏。

如橡胶业务,通过战略地图设计、绩效指标跟踪和系统化业务梳理,识别出供应链管理是提升业务绩效、达成战略目标起到关键作用的核心能力,然而在绩效跟踪时发现供应链管理能力始终制约了业务的良性发展,且长期不能得到妥善解决,同时总部与业务部门通过梳理分析,识别出供应链管理能力不足及存在较多可改善点。为此,橡胶事业总部通过专项供应链管理能力提升项目,对核心业务流程进行了全面梳理,建立以计划为核心、客户为导向的产供销协同机制,提升了产业综合运营能力;同时通过优化物流规划,降低供应链管理成本,提升了价值客户服务水平。

（五）依托绩效管理透视表体系，实现"可视化"的战略绩效管理

创新性地建立系统化的绩效管理透视表系统，使各级管理层能在日、周、月通过透视表系统地动态监测绩效实现过程，能及时深入分析并找到影响绩效实现的深层次原因，并形成和调整相应的行动计划，推动各级管理者实现"可视化"的管理方式与绩效理念。

绩效透视表是以总经理视角彻底透视业务结构与绩效关键要素为基础的，从上至下跨部门一致的管理数据与报表体系，数据口径统一，涵盖所有的绩效分析数据。因此，绩效透视表的广泛应用，大幅提升了各级战略绩效管理的深度与宽度。

为配合绩效管理报表体系的顺利实施，中化国际运用CI综合信息管理平台技术，统一运营指标上报流程与口径，包括指标定义、报表定义、公式定义等，完善统、计报表从数据采集到数据上报的全流程管理，包括日报、月报、季表等数据采集、运算、审核、汇总、上报流程管理，同时建立快速查询功能，通过设置不同的查询条件，使得用户可以从多个角度，多个维度综合查询到关注的指标数值。

（六）优化战略绩效管理的职能与流程

中化国际的总部职能部门也同步实施了战略绩效的变革。

在指标设计方面，以中化国际战略地图为基础，建立职能部门可量化的绩效管理表，并将工作质量和实施效果的判断作为绩效评价的主要标准，同时让事业总部参与对职能部门的绩效评估，以提升职能工作与战略目标实现的关联度和对事业总部业务发展需求的支持程度。

在过程管控方面，推行职能部门与主管领导的"1对1"月度绩效回顾机制，职能部门主要围绕当月各项重点绩效工作的阶段性成果及主要差异进行回顾和讨论，落实下月的行动计划。

通过职能部门绩效管理模式的变革，使职能管理逐步实现可衡量、可跟踪、可评估。

（七）塑造战略绩效导向的企业文化，人人承担战略落实的责任

中化国际战略绩效变革过程中始终围绕"管理体系建设"与"绩效文化变革"两个层面展开，分阶段、渐进式地推进实施。如何消除中化国际原有企业文化中一些不利于战略转型与绩效变革的消极因素是组织文化变革的核心内容。

1. 加强内部协作与沟通

在纵向沟通方面，通过建立总经理与事业总部总经理"1对1"绩效回顾机制，形成上下的绩效沟通平台，至上而下推动绩效管理落地。

在横向沟通方面，职能部门全面参与事业总部年度战略规划研讨及战略规划质询会，就各事业总部的业务发展提供职能视角的建议，并就事业总部在内部资源需求等方面进行互动交流。各职能部门也主动参与事业总部的日常绩效会议。而各事业总部也参与各职能部门工作阶段性的评估，全面体现职能与业务的协同。

2. 优化个人考核与激励认可体系

中化国际将战略绩效的考核结果全面应用到考核与激励体系中。如在考核方面，员工都与本部门和公司战略绩效挂钩，同时战略绩效的结果也对本部门员工绩效结果分布产生影响，从而引导不同层级的员工都能关注组织总体业绩的达成，以及组织长期可持续发展能力的建设。在人才梯队建设、培养与发展方面，建立意愿与能力并重的人员招

募标准和培训体系,以及基于战略绩效结果与战略绩效管理水平为核心标准的干部晋升和淘汰机制。激发全体员工高度关注战略绩效管理的作用,并自觉与自身的努力方向结合起来。

3. 建立多元化的组织文化传播网络

通过中化国际高层在各种会议、场合的宣贯,以及借助外部机构对不同层级管理人员的多种形式的培训与研讨,借助会议、内刊、邮件等多种形式的沟通,使得战略绩效导向的组织文化深入人心。

三、化工企业推动战略实施的绩效管理效果

（一）绩效管理的理念和行为发生了根本性转变

中化国际各级管理层更加聚焦在战略性活动上,更加注重战略、计划与行动的一致性,在统一战略认识的基础上,各部门协同主动性加强。同时广大基层员工也开始意识到公司与业务的战略的相关性。

越来越多的管理者开始意识到绩效管理是日常的重要抓手,是推动业绩增长的本质,管理价值的作用不断体现,对个体的依赖程度逐步摆脱。

新战略得以实施,各事业总部坚定执行既定战略,全面注重核心能力建设。如天胶业务以 GMG 为产业平台,坚定推进全球资源布局战略,加快在国内、西非及东南亚地区的种植与加工资源拓展,相继取得重大突破;精细化工业务与扬农集团合作取得全面进展,形成了精细化工产业的研发和生产平台;农药坚定执行品牌分销战略,积极探索产销协同,通过丰富品种、渠道建设、区域扩展与强化登记能力等,为农药分销业务的持续发展夯实基础。

（二）战略绩效管理能力逐步提升

通过应用战略聚焦的工具与技术,推动从财务管控逐步向战略驱动的管控模式转变。从侧重短期财务绩效控制,逐步关注企业可持续的发展,引导对业务内涵、业务协同以及核心能力打造的关注,带动集团管控模式、公司架构、职能设置以及领导模式的优化。建立并实施一套更加清晰的责任体系,逐步形成涵盖战略规划、经营计划与预算、绩效管理及激励体系的公司战略管控模式。

（三）实现了运营绩效的提升

在战略绩效变革的推动下,中化国际扎实推进"扎根本土的国际化"战略,认真贯彻年度经营方针,2011年全面完成各项业绩指标和既定战略目标,各项业绩指标均实现历史性的跨越。其中2010年度公司营业收入同比增加170亿元,增长75%;2011年度营业收入同比增加156亿元,增长40%。2010年度责任考核利润同比增加1.7亿元,增长23.4%;2011年度责任考核利润同比增加3.6亿元,增长40%。

（成果创造人：张增根、覃衡德、倪以群、顾伟华、
何　冉、陈亚敏、陈剑嵘、王　晶）

大型邮政企业远程教育培训管理体系建设

中国邮政集团公司

中国邮政集团公司(简称邮政集团)是大型国有独资企业,下辖31个省(区、市)邮政公司和中国邮政储蓄银行、中国邮政速递物流股份有限公司、中邮人寿保险股份有限公司等16个控股公司和直属单位,拥有89万员工。近年来,按照中央部署,邮政集团先后经历了政企分开、专业化经营等重大改革,目前已形成邮政、金融、速递物流三大板块业务协调快速发展的格局,2011年进入世界500强,业务收入规模达到2500亿元。

成果主创人:公司原总经理、党组书记刘安东

一、大型邮政企业远程教育培训管理体系建设背景

(一)落实国家战略要求建设学习型企业的需要

"十五"以来,国家高度重视发展现代远程教育,将其作为解决我国教育资源短缺、构建终身教育体系的有效途径。目前,基于远程的继续教育已经成为国家教育改革创新的重要方面,成为提升全民素质、建设"人人皆学、处处可学、时时能学"学习型社会的重要手段。中国邮政近90万员工,遍布全国、地域分散,绝大部分工作在经营与生产一线,总体素质偏低,工学矛盾突出,培训资源短缺。要全面提升员工队伍素质,开展大规模培训,必须实现"三个创新",即教育培训观念创新、教育培训手段创新和教育培训管理创新,充分利用现代信息技术,构建基于远程的邮政教育培训体系,满足员工学习发展和学习型企业建设的需要。

(二)适应邮政转型发展对全员素质提升的需要

按照中央深化企业改革的要求,邮政集团全面实施了公司化运营和专业化改革,邮政、金融、速递物流三大业务板块快速协调发展,业务不断创新、新技术不断应用,公司业务结构和生产流程发生了根本性变化,这凸显了员工队伍素质与企业转型发展不相适应的矛盾和问题。新形势下,邮政集团党组提出,要实现企业的转型升级,最关键的是实现员工能力的转型升级,最有效的手段是开展大规模教育培训,这对邮政教育培训工作提出了新的要求。要将庞大的人员总量转化为强大的人力资源优势,必须实现"三个转变",即从骨干培训到全员培训的转变,从分散性培训到系统化培训的转变,从单纯业务培训到全面素质能力培训的转变。因此,构建基于远程的教育培训体系,是邮政企业转型发展和全员队伍素质提升的需要。

(三)促进员工成长满足和谐邮政企业建设的需要

邮政集团党组始终坚持以人为本,关心员工成长进步,把为员工创造良好的教育培训机会和条件、提升员工职业能力,作为构建和谐企业的必由之路,使员工在岗位上更自信,在生活上更体面,在社会上更自豪。教育培训要满足员工职业成长需要,必须实现"三个发展",即从补缺性培训向职业生涯培训发展,从统一性培训向个性化学习发展,从被动培训向主动学习发展。因此,构建基于远程的教育培训体系,为员工搭建职业发展通道,建立培训、考核、使用、待遇的一体化机制,是促进员工成长满足和谐邮政企业建设的需要。

二、大型邮政企业远程教育培训管理体系建设内涵和主要做法

邮政集团坚持"人才强邮",把开展大规模教育培训,提升员工素质,作为支撑企业改革发展的重要举措。结合企业实际,转变培训观念,创新培训方式,运用现代信息技术,破解百万员工培训难题,构建具有邮政特色的远程教育培训系统及管理体系,面向全员,覆盖全网,有效开展远程教育培训,为企业科学发展和员工成长进步提供了有力的支撑。主要做法如下:

(一)构建全方位组织管理体系,保障远程教育培训高效运行

遵循远程教育培训规律,构建"以培训管理体系为核心,以培训基地体系为基础、以远程运行体系为支撑,以培训制度体系为保障"的全方位4S组织管理体系架构(图1),确保远程教育培训的高效率高质量的运行。

1. 建立完善的培训管理体系

在战略层面,成立由邮政集团领导担任理事长,三大业务板块领导及邮政集团人力资源部、市场经营部、企业发展与科技部领导等为成员的网络学院理事会,紧密围绕企业发展战略,加强对教育培训工作的规划和指导。在组织层面,完善集团、省、市三级教育培训组织体系,实施大规模的远程教育培训。在专业层面,成立邮政培训教材建设委员会,充分发挥业务专家的咨询指导作用,推动教材、课件、师资、知识库等教育培训资源的规划开发与共建共享。

2. 加强培训基地远程教育能力建设

邮政集团制定下发《关于加强邮政企业培训中心建设的指导意见》,提出全面提升各级培训中心整体能力,更好地支撑大规模教育培训的要求,特别赋予其远程教育培训的职责,明确远程项目开发、课件资源建设以及各级远程培训网络建设的具体要求。同时下发《关于加强中国邮政网络培训学院建设的指导意见》,对31个省中心的资源服务器、互联网宽带接入和课件录播设备等硬件能力建设,以及分布式资源管理、课件后期编辑制作等软件环境建设提出明确的要求,制定省中心建设及应用评价指标,进一步推动培训基地的远程教育培训支撑能力建设。

3. 建立远程教育培训运行体系

成果主创人:公司人力资源部
总经理柯岩

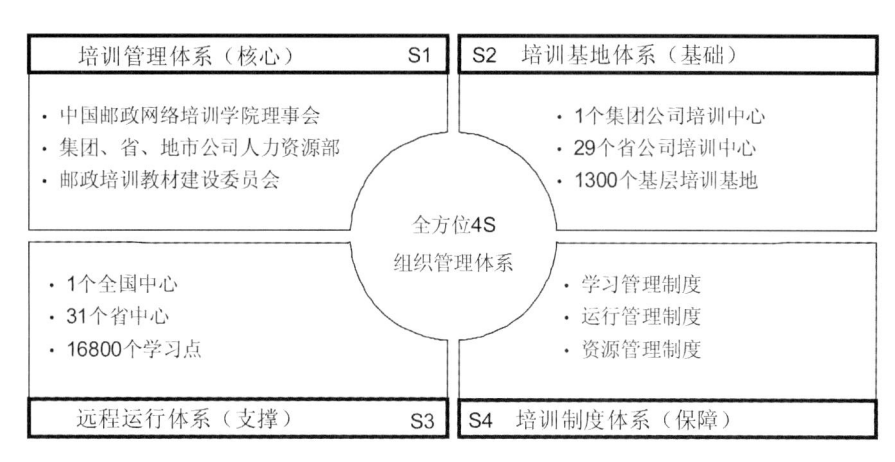

图 1 全方位 4S 组织管理体系

培训管理体系（核心）S1
- 中国邮政网络培训学院理事会
- 集团、省、地市公司人力资源部
- 邮政培训教材建设委员会

S2 培训基地体系（基础）
- 1个集团公司培训中心
- 29个省公司培训中心
- 1300个基层培训基地

远程运行体系（支撑）S3
- 1个全国中心
- 31个省中心
- 16800个学习点

S4 培训制度体系（保障）
- 学习管理制度
- 运行管理制度
- 资源管理制度

全方位4S组织管理体系

建立1个全国中心、31个省中心和16800个学习点的三级结构分层管理的远程教育培训运行体系（图2），完善分工负责、协调配合的运行管理规范。全国中心专门成立由项目开发、资源管理、技术支持、课件制作、call-center等部门组成的网络学院运行管理中心，组建一支近百人的业务、技术支撑团队，建立完善的运行管理规范，为全网远程培训运行、管理、技术等提供了全方位的保障。

图 2 全国中心运行支撑体系

中国邮政网络培训学院运行管理中心

业务一部 / 业务二部 / 资源管理部 / 课件开发部 / 技术支持部 / 学员支持部

业务管理与服务

教育培训业务运行管理	考试竞赛运行管理
岗位培训体系建设实施	岗位认证体系建立实施
重点培训项目运行管理	全网试题库维护
员工自主学习管理	综合模拟训练支持
职业鉴定业务运行管理	知识竞赛策划实施
成人教育业务运行管理	

综合业务运行管理	社会服务业务运行管理
素质提升规划	邮政文化知识资源
知识资源服务	咨询服务便民知识维护
专家咨询服务	三农服务知识资源
专家实时讲堂	网院资源开放管理

资源建设管理
- 全网资源建设与管理
- 制定全网资源建设规划
- 制定全网资源分类标准
- 制定资源管理机制
- 全网资源共享管理
- 教材建设与管理
- 课件开发组织管理
- 综合知识资源管理
- 咨询专家资源管理

制度体系建设
- 网院理事会章程
- 企业内训师管理办法
- 网院资源建设管理办法
- 网院积分管理办法
- 网院运行维护规范流程

技术支持
- 全国中心系统运维
- 省中心系统运维
- 应用软件系统运维
- 应用软件系统开发

学员服务 | Call Center / 学习地图 / 在线答疑 / 网院论坛 / 网院社区

31个省分别构建省中心业务运行、技术运维的支撑机构，指定专门的省中心管理员，负责本省远程网运行维护、课件资源开发和远程培训的组织管理。基层学习点都配备专门兼职管理员,明确工作职责,组织员工参加网上学习。每年都对省中心和学习点的业务管理和技术运维人员组织专门培训,有效提升全网远程培训组织管理与运行维护水平。

4. 构建规范的培训制度体系

在学习管理方面,制定邮政远程教育培训积分管理办法、网络学院在线学习管理规范等相关制度,激发员工主动学习的热情,从"要我学"转变为"我要学"。在运行管理方面,制定网络学院远程项目运行管理、考试竞赛管理等相关制度,实现远程项目从需求分析、课件开发、项目实施、过程监控、档案管理、效果评估等全流程的规范化运行。在资源建设方面,制定网络学院培训资源管理办法、邮政远程培训课件评优管理办法等相关制度,有效推动课件、教材、案例等培训资源的共建共享,各省课件制作水平和内容质量得到大幅提升。

(二)构建远程培训专业化体系,支撑业务快速发展

1. 建立专业化的培训体系架构

网络学院设置邮政业务分院、邮储银行分院、速递物流分院、职业鉴定中心和成人教育分院等五大分院,成为相应业务板块总部远程教育培训的网络门户,可独立开展业务培训,满足邮政三大板块专业化培训的需要。同时紧密围绕各业务的发展需求,在网络学院五大分院平台基础上,面向函件、电子商务、报刊等邮政类业务,信用卡、理财等邮政金融业务,速递揽投人员、县营业部经理等重点岗位,分别建立培训学习专区,集成专项培训、课程推送、竞赛活动等功能,形成专业化的培训体系。

2. 创新培训方式

一是"混合式"培训方式。采取网上培训与集中面授相结合、网上学习与工作实践相结合、在线测试与集中考核相结合的混合式培训方式。如2011年根据营销岗位人员核心能力和专业素质要求,针对销售和营销策划两个岗位,采取模块方式组织课程,32门课程网上学习,5门课程集中互动,完成全部课程学习后进行在线考试,并运用所学知识,结合工作实际提交营销案例,组织开展近1.6万人参加的"营销人员岗位资格培训"。

二是"集中转远程"培训方式。首先举办集中培训班同步录制课件,通过网络学院快速推进大规模培训,使优质培训成果在全网共享,极大提高了培训的效率和效益。如"邮政贺卡营销远程培训",每年定期组织集中转远程培训,使总部的业务发展要求和成功案例迅速落实并推广复制,快速转化为生产力,实现了贺卡业务连续保持两位数增长。

三是"直播课堂"培训方式。采取网上实时直播课堂的方式,使急需的培训内容第一时间无衰减传达到各级邮政企业及基层员工,快速落实各项业务的部署与推进。如"邮政县局长远程培训"利用远程网直播授课,实现了全国所有地市和部分县500余个学习点实时学习,参加培训的县局长直接聆听了集团领导的授课,更加明晰了总部的战略部署和对县局的工作要求。

四是"以考促学"培训方式。梳理学习内容的重点难点,制作相应的试题库,在网上学习的基础上,通过反复在线测试练习,促进员工熟练掌握培训内容;组织集中在线考试,增强员工学习的主动性和紧迫性,提高培训质量。如"强化邮政代理金融网点管理"专项学习活动,参加学习培训及考试的人员达15万人,达到"参加动员100%、参加培训

100%、参加考试100%"，对考试不合格的人员组织复训复考，最终取得了考试通过率99.13%的显著成效，整体提升了代理金融网点从业人员的业务能力。

五是"专业定制"培训方式。各省根据业务发展需要，因地制宜，针对本省业务发展的实际问题，定制开发培训课程，利用网络学院平台开展本省个性化培训。如山东省邮政公司为加强投递队伍建设，在网络学院职业鉴定中心通用课件的基础上，又专门开发《投递内部操作》、《投递归班处理》、《农村投递》等系列课件，采取"网络学理论、师傅带操作、职鉴考证书"的方式开展投递人员岗前培训，并实行集中考核、持证上岗。

3. 开展专业竞赛

运用网络学院在线考试竞赛系统，围绕专业需求，开展系列的学习竞赛活动，形成"网上学习、网上初赛、网上复赛和现场决赛"的专业化竞赛模式。采取统一试题、随机组卷、网上排考、实时监控的网上竞赛方式，以及理论笔试、技能实操、知识竞答的现场竞赛方式，在基层形成了"比、学、赶、帮、超"的良好学习氛围。

4. 建立业务主导的远程应用模式

坚持业务部门牵头组织、人力资源部门管理指导、培训中心支撑服务的远程应用模式。业务部门定位培训需求，设计培训内容，明确考核要求，定期通报进展；人力资源部门协调培训资源，策划培训方案，培养专业师资，监督运行质量，形成业务主管部门与人力资源部门协调配合、齐抓共管的良好工作机制。如商函专业通过DMA岗位资格培训培养直邮人才，代理金融通过全员学习推进岗位技能提升，大客户中心通过营销培训实现持证上岗等。

（三）构建岗位培训体系，搭建员工职业发展通道

1. 构建岗位能力素质标准和课程体系

根据邮政集团战略和业务发展要求，将岗位体系划分为管理、业务、营销、技术、生产等五大岗位群，采用科学的工具和技术手段，研究建立岗位能力素质标准，并以此为依据，开发岗位培训课程体系。在网络学院建立可视化的岗位体系树，并把长期积累的远程课程资源整理分类，补充完善，配置到每一个岗位，形成岗位、阶梯、课程"三位一体"的培训通道。如"支局长岗位资格培训"，采用BEI（行为事件访谈法）、专家小组法、问题调查法等技术手段，深入了解支局长工作流程、关键任务和工作行为表现，获取优秀支局长能力素质样本数据。通过企业战略和文化解读、支局长岗位职责解析和专家小组研讨，构建"全局观念、责任意识、学习发展、培养指导、沟通协调、计划执行、客户导向、风险管控"等8个能力素质要项。以支局长能力素质模型为依据，深入剖析各能力素质要项的内涵、行为特征和行为案例素材，将能力素质要项分解成"最小单元知识点"，以此设计形成支局长岗位课程体系。

2. 实施网上岗位资格考试认证

根据企业要求和个人职业发展需要，网络学院开发建设岗位资格认证系统，员工自主参加岗位资格培训，主管部门定期开展考试认证，形成"岗位培训、考试认证、资格管理、适应性培训、晋级培训"的闭合式、标准化、常态化岗位资格认证模式，为建立培训、考核、使用、激励相结合的一体化机制奠定基础。如针对数据库商函DMA岗位，建立常态化的培训与考试制度，每年3月、6月、9月定期组织网上认证考试，目前已分期组织了1

万余人的上岗资格培训和考试,5300余人取得了岗位资格证书,培养了一批既懂直邮知识又懂营销技巧的数据库商函专门人才,有力促进了中国邮政直邮业务的发展。

3. 将岗位培训与学历教育互认对接

与高校合作开展网络在职学历教育,建立学历教育与岗位培训学分积累转换制度,实现不同类型学习成果的互认和衔接,为员工搭建了继续教育的"立交桥"。如邮政支局长在职大专学历培养项目,制定《邮政在职学历培养课程与全国邮政支局长远程培训课程对接方案》,即用支局长远程培训相同或相近的课程替换部分大专学历培养课程,实现两种培养方式的对接。

(四)构建共建共享资源管理体系,满足大规模教育培训需求

1. 统一规划全网资源建设

按照"系统规划、突出重点、整合资源、分级实施"的原则,通过选题调研、分类汇总、业务审核、统筹协调,制定全网教材课件资源建设规划和开发计划,指导全网资源建设。按照统一的资源分类标准,采取集团总部主导、企业共同建设、员工积极参与的"三元制"资源共建模式,集团重点开发全网性标准化的核心培训资源,各省开发特色和具备自身优势的资源。2011年全网课件资源同比增长108.23%,形成管理、业务和营销等9大类64小类的7500余课时的课件资源。

2. 建立全网资源共享机制

一是搭建全网资源共享的平台。依托网络学院分布式资源管理系统,对全网资源进行归集、评估、发布与授权共享,并配套制定资源贡献的激励政策,调动各省资源开发的积极性。2011年度全网共享课程973门,贡献率较大的省有江苏69门、浙江64门、上海43门。二是建立评优共享机制。开展常态化的评优活动,采取专家评选和学员在线评价相结合的方式,推荐优秀课件资源全网共享。三是提供多种资源共享使用的途径。在网络学院设置资源中心、精e课堂、优e课堂、中邮讲坛等栏目,通过搜索引擎,实现资源的快速准确查询。

3. 建成丰富的企业知识资源

知识资源建设方面,设置企业文化、邮政礼仪、邮政文苑等文化类栏目,传播企业文化和企业精神;设置数字图书馆、期刊苑、规章制度、案例分享等知识类栏目,汇聚企业知识资源。智力资源建设方面,设置内训师之家、专家咨询等栏目,有效发挥企业智力资源作用。如"专家咨询"栏目,面向商函、金融、营销等9个专业领域,依托邮政企业内外部专家,为基层员工答疑解惑。

(五)构建特色培训研发体系,提升教育培训能力水平

1. 组建专业化的培训研发团队

一是依托石家庄邮电职业技术学院力量,成立邮政业务部、速递物流业务部、邮政金融业务部、领导力教研中心、营销研究中心等40余个教研团队,专职进行岗位培训体系建设和远程项目开发工作。同时各省培训中心也加强师资队伍建设,组织开发本省远程培训课程。二是制定《中国邮政集团内部培训师管理办法》、《中国邮政集团内训师工作手册》等制度文件,分不同专业遴选内训师,根据培训需求,组织内训师开发课程、制作课件,并进行考核和激励,发挥内训师的作用。目前已有集团级内训师185名,省级内训师

3402名,每年开发近百门邮政培训课程和课件。三是引进外部知名高校和咨询公司师资力量,建立外聘师资库,借鉴外部的最新理念和最佳企业实践,带动自身研发能力的提升。通过内外结合和专兼结合的师资整合,大幅提升了远程教育培训的能力和水平。

2. 建立标准化的培训研发流程与质量规范

采用ADDIE(需求Analyze、设计Design、开发Develop、实施Implement、评估Evaluate)模型和柯氏四级评估体系,在培训项目推进和课程开发过程中,强化培训开发的规范性、科学性以及对培训效果的关注,建立培训项目和课程开发的流程和质量标准,形成需求调研、项目设计、项目开发、培训实施、效果评估等高效闭环的培训项目管理流程,以保证项目开发的质量,并把评估贯穿整个过程。

3. 推行业务研究与培训相结合的"研培产"一体化模式

在邮政集团培训中心成立商函、营销等研究中心,集研究开发、教育培训、业务推广等功能于一体,在专业研究的基础上,不断创新理念,研发业务产品,汇集成功案例,开发培训课程,组织实施培训,推进业务发展,使研究成果课程化、产品化和方案化,形成"研培产"一体化的教育培训模式。如邮政商函研究中心,通过《培育直邮产业链策略研究》等30多项商函方面的课题研究,研发邮政网络贺卡、网络函件产品等特色鲜明的产品,同时将研究成果、新产品、优秀案例等快速在全国复制推广,通过远程平台开展大规模、标准化、认证管理的远程培训,对业务发展的直接贡献率达到10%以上。

(六)构建运行质量管理体系,确保远程教育培训实施效果

1. 建立标准化的课件制作开发流程与规范

研究建立《邮政远程培训课件制作标准》和《邮政远程培训课件质量规范》,在课件开发管理、内容组织、脚本策划、课件技术以及形式标准等方面形成标准规范;制定需求分析、总体设计、内容开发、呈现设计、编辑制作的远程培训课件录制开发流程,建立三级课件审核机制,由授课教师、远程业务管理人员、业务主管部门分别从课件内容、表现形式、全网推广价值三个方面进行严格把关,确保远程培训课件的质量。

2. 实施全方位的培训过程监控和服务支撑

采用组织推动、在线学习监控和教学支持服务相结合的模式,实施对远程培训项目的过程监控。组织推动方面,建立定期通报和评优奖励制度。在培训项目开展过程中,在不同的阶段,对各省学员学习、考核等情况进行通报,以督促学员的学习进度。对重要培训项目,通过评选优秀组织单位和优秀学习个人,表彰培训组织效果好的单位和学习积极性高、成绩好的员工。

学习过程监控方面,一是进行技术攻关,开发防挂课程序,通过嵌入交互动作,保证学员学习课程的真实性,节约网络资源。二是通过网络监控技术实现对学员学习过程的监控,各级管理员可以通过课程学习时长、考试成绩、作业成绩、课程合格情况等指标,随时监控本单位学员的学习进展情况。三是通过科学设置组卷策略、分省安排考场、实时在线监控,保证在线考试竞赛的质量。

教学支持服务方面,利用"学员服务热线400－010－1890"、"常见问题集锦"、"班级论坛"、"站内消息"等多种方式,及时解答学员学习中遇到的各类问题。制定《中国邮政网络培训学院学员服务KPI指标》,对Call－center学员支持服务人员进行考核,以提高

服务规范和工作效率,保证学员学习服务质量。

3. 开展培训效果分析和质量评估

远程培训过程中和培训结束后,对学员学习记录进行数据分析,对培训效果进行评估,为进一步改进培训内容和培训组织管理方式提供依据。一是运用数据挖掘技术,对学习率、合格率、日学习量、考试成绩分布等情况进行统计分析,形成对培训组织和学习效果的综合分析。二是充分利用在线教学评估和调查问卷等手段,对课程内容、教师授课和学员知识掌握进行评估。三是通过组织全网在线调查,从学员在线学习时间、学习收获、资源需求等方面,对远程培训的总体效果进行跟踪,收集学员对远程教育培训的意见和建议。

4. 加强远程教育网络系统的运行质量监控

通过专门的网络管理系统,对网络学院全国中心、省中心的设备和网络运行状态进行集中监控和管理,及时掌握网络带宽和服务器运行情况。建立异常情况实时告警机制,及时告知系统管理员,以便系统管理员及时进行处理和解决,保证安全畅通、稳定可靠的远程教育网络环境。

三、大型邮政企业远程教育培训管理体系建设效果

(一)快速推进业务发展,企业绩效显著提高

邮政集团大规模远程教育培训的有效开展,推动了邮政业务的快速发展,促进了企业绩效显著提升。2011年邮政企业全员培训率达81.5%,全年共有72.48万人接受培训,较上年提高了5.4个百分点。从趋势上看,业务收入的增长与员工培训规模的提升基本保持同步,持续开展的大规模培训使企业学习能力和员工素质得到有效提升,支撑了邮政集团收入年均500亿的大规模增长。

同时,随着网络学院的规模应用,远程培训越来越得到各级企业和广大员工的认可,从近两年集中和远程培训的对比看,集中培训人次增幅17.38%,远程培训人次增幅75.35%,远程培训成为培训率逐年提高的主要驱动因素。

(二)搭建学习发展平台,员工能力普遍提升

通过近两年实施大规模的远程教育培训,持证上岗率大幅增长,员工素质能力普遍提升。通过对营销人员的培训,有7万余人取得了上岗资格证书,营销技能、沟通组织及客户开发等营销能力得到提升。在远程网学习情况摸底调查中,90%的员工认为所学知识可以运用到工作之中,员工普遍认为对工作和个人发展帮助很大,将网络学院比喻为"没有围墙的大学"。

(三)远程培训全面覆盖,培训成本大幅降低

目前远程教育培训已经基本实现了"三个覆盖":一是注册员工85万余人,基本覆盖了邮政全体员工;二是建成了16800个学习点,覆盖了全国100%的县和重点乡镇局所;三是开发了2580门、7535课时的课件,基本覆盖了邮政全部业务。与此同时,教育培训成本实现了大幅削减。据统计,2011年全国中心和31个省中心员工在线累计学习时长为18376474课时,员工在线累计学习时长折算为组织集中培训所需费用约9.04亿元,2011年全国中心和31个省中心远程教育培训投入为6381万元,节约培训费用8.4亿元。

（四）远程培训成效显著，国内国际影响广泛

近年来邮政远程教育培训所取得的成就，得到了国务院领导和教育部、人力资源和社会保障部的高度重视和充分肯定。在2011年国务院召开的全国职工培训工作会上，邮政集团作为参会仅有的两家企业之一，介绍了培训和远程教育的经验。新华社专门为中国邮政远程教育系统的建设发展及其发挥的作用采写"清样"。《光明日报》、《经济日报》、《中国职工教育》、《中国远程教育》等多家媒体对邮政远程教育培训进行了广泛报道。在教育部举办的"2011继续教育数字化学习资源共享与服务成果展览会"上，邮政集团作为120多家参展单位中的唯一大型央企，受到广泛关注和好评。远程教育培训管理不仅在国内产生了强烈的反响，而且得到国际权威机构的认可。2011年，被美国培训与发展协会（ASTD）授予年度"卓越实践奖"，邮政集团成为国内首家获此殊荣的单位。

（成果创造人：刘安东、柯　岩、陈虹霞、田克美、许　莉、魏　东、谢　册、刘俊英、李学栋、刘海云、张志超）

基于复合管控模式的经营绩效考核体系建设

河北钢铁集团有限公司

河北钢铁集团有限公司（简称河北钢铁）由原唐钢集团和邯钢集团联合组建而成。2011年粗钢产量4436万吨，居国内第一、世界第二，实现营业收入2503亿元，在册员工14万人。连续三年跻身世界500强，2011年居279位，在中国乃至全球钢铁产业布局中占据重要席位。

河北钢铁以钢铁为主业，横跨钢铁、资源、制造、金融、物流五大板块，拥有唐钢、邯钢、宣钢等16个子、分公司。以"精品板材、优质建材、特殊用钢、钒钛制品"四大系列为主导，产品覆盖航空、航天、军工、汽车、石油、铁路、桥梁、建筑、电力、交通、机械、造船、轻工、家电等20多个重要应用领域。2011年，集团荣获"全国五一劳动奖状"、国家级企业管理创新成果一等奖。

成果主创人：公司董事长、党委书记王义芳

一、基于复合管控模式的经营绩效考核体系建设背景

受全球经济负面冲击和我国经济增速回落影响，国内钢铁供需矛盾不断加剧，钢铁企业盈利水平继续低迷。在此环境下，如何通过经营绩效考核体系的设计与实施推动实现集团"十二五"四大主体战略和2011年度战略目标、进一步巩固集团整合成果和协同效益的最大化等方面具有重要意义。

（一）实现集团整合协同效益最大化的需要

2008年成立至今，河北钢铁确立了建设"国内领先、国际一流"现代化企业集团的总体发展目标。对发展规划、资产管理、资本运作、投资管理、财务资金、人力资源、市场营销等职能进行集中统一管理，并着眼于集团规模效应的形成和发挥；先后整合组建了集团销售总公司、采购总公司、国贸公司、矿业公司，实施了矿山资源的整合，实现了进出口、大宗原燃料采购和销售业务的统一，形成了具有河北钢铁集团特色的版块化多模式管控体系，并创造性地设计了与之相应的、以整合协同效益最大化为目标的经营绩效考核指标体系。该体系的实施，在发挥集团规模优势和协同效应，实现整合协同效益最大化起到了重要的推动作用。

（二）实现战略目标的需要

整合三年多来，河北钢铁以"充分发挥集团和子公司两个积极性，实现集团效益最大化"为根本原则，健全版块化多模式管控体系，构建"大营销"格局，发挥规模优势，挖掘协同效益，在国内钢铁企业中率先走出了一条独具河北钢铁特色的实质性整合之路。在金

融危机中,以压缩管理层级、精简管理机构、调整营销模式等为主要特征的管理变革,使效率显著提升,管控能力不断增强。以集团总体战略为主要支撑,强化经营绩效考核体系,逐次落实到各子分公司,形成集团与子分公司联动的合力,为实现集团总体战略部署及年度战略目标提供了系统的保障。

（三）推动不同区域钢铁企业文化融合的需要

整合之后的河北钢铁跨越北京、河北、河南三省市八个地区,旗下各实体企业均历经几十年甚至上百年历史,各企业均拥有其优秀、强势、品牌鲜明的特色和积淀深厚的企业文化,原有的管控模式和企业文化根深蒂固。如何实现个体服从整体,将各企业的分散经营整合到统一的河北钢铁上来,着力发挥集团规模优势和协同效应,巩固、提升、整合、重铸包容多品牌特色的企业文化,形成具有整合特色的河北钢铁文化,成为14万河北钢铁人共同的心声。实施经营绩效考核体系,充分发挥集团和子分公司两方面积极性,推动创建适应"全面转型升级战略"的企业价值观,实现理念与行为的"合二为一",不断促进内部文化融合,整合提升集团主体文化,用优秀的企业文化凝聚内部合力,推动集团持续、高效发展。

二、基于复合管控模式的经营绩效考核体系建设内涵和主要做法

在经营绩效考核上强化"绩效管理"理念,主要包括战略绩效评价、经营绩效考核和过程绩效评价三方面,选定支撑集团实现"国内领先、国际一流"的总体战略达成的绩效指标,按照集团版块化多模式管控特色,分解并落实到旗下各子分公司,构建集团层面的经营绩效管理体系,发挥绩效指标的导向和激励约束作用,通过持续改进,不断提升组织绩效。主要做法如下:

（一）确立经营绩效考核体系的指导思想

经营绩效考核体系的指导思想是:建立以整合协同效益最大化为核心的绩效指标体系和评价体系,引导集团及所属各子分公司把握市场趋势、大力降本增效;以集团钢铁主业单位与营销单位高效协同运作的"大营销"为重点,更新经营理念,健全以高效满足用户需求为中心的快速反应机制和创效模式,开拓潜在市场,培育有别于同行的差异化竞争优势;优化品种结构,提高盈利水平,积极消化各种增支减利因素,创造性地做好生产经营工作,确保战略目标的全面实现。

（二）明确设计经营绩效考核体系的原则

1.战略导向原则

在经营绩效考核指标的设计与目标值的设定上,既要考虑年度战略目标的实现,又要考虑中长期战略及可持续发展需求,注重并审慎实施集团及所属子分公司领导班子的经营成果与绩效薪酬相结合的奖罚机制;持续改进、适时调整,不断完善集团经营绩效考核体系。

2.系统性原则

公司董事长、党委书记王义芳在唐钢考察

经营绩效考核指标设计上,既要全面反映被考核单位的生产经营状况,又要每个指标都有明确的内涵与外延,更加符合版块化多模式战略管控体系建设的要求。经营绩效指标体系的设计,上对集团总体战略起到有力的支撑作用,下对各子分公司所应承担的工作进行系统性动态考核,使集团对所属各子分公司的管控力度和经营绩效管理达到了协调、合理集分权和高效率的良好状态,以确保集团整体价值远大于集团内各子分公司单体价值的简单加总,充分体现了 1+1>2 的整合协同效应。

3. 兼顾公平原则

经营绩效考核指标评价计分标准除采用传统的数学公式外,还引入横向对标考核机制。采用传统计分方式与横向对标考核机制相结合的计分标准,体现考核计分更加科学、规范与公正;被考核单位的薪酬总额与领导班子薪酬制定与发放与企业经营成果紧密联系,同时参照所在行业的市场薪酬标准确定总体薪酬水平,体现了集团绩效考核的相对公平性。

4. 动态调整原则

随着企业战略目标、年度全面预算的调整以及经营环境与市场环境的变化,各个评价因素所发挥的作用会随之增强或减弱,这就要求集团经营绩效考核体系也做相应的调整,成为一个动态调整的过程。

(三)夯实设计与实施经营绩效考核体系的基础

1. 建立与完善集团版块化多模式管控体系

河北钢铁是一个以钢铁主业板块为核心,以矿业、金融、装备制造等板块为支柱的多元化产业发展的格局。为强化和完善集团管控职能,提高决策效率,建立版块化多模式管控体系。该体系有侧重地采取四种不同模式管控形态:对钢铁主业板块及矿业板块实行战略控制型管控模式;对采购、销售、国贸、物流公司及钢研院实行运营控制型的管控模式;对财达、宣工、燕山大酒店、财务公司实行财务控制型管控模式;对联合重组民营钢企实行参股干预型的管控模式。理顺内部关系,明晰管理层次,优化管理程序,强化管理职能,切实提高钢铁主业及其他业务板块的运营效率以及各种资源的配置效率。

2. 明确中长期战略及年度战略目标

集团战略的总体思路是:以科学发展观为指导,以"当好钢铁产业调结构、转方式的引领者、示范者"为己任,突出"由大到强"这个主题,坚持"提质增效"这条主线,创新推进深化整合、精细管理、科技创新三大任务,实施"全面转型升级主体战略"和"六大支撑战略",增强综合竞争实力、整体盈利能力和可持续发展能力。到"十二五"末基本实现集团四大战略目标,成为钢铁报国、奉献社会的"科学发展"示范者,人、钢铁、环境和谐共生的"绿色钢铁"引领者,促进员工全面发展的"幸福钢铁"实践者,建设国内领先、国际一流的现代化钢铁集团。

集团十二五规划战略目标是:生产规模达到主体粗钢产能 5000 万吨,提升品质效益;经济效益实现钢铁总量不增,收入、效益双倍增,营业收入达到 4000~5000 亿元,利税 200 亿元,利润 100 亿元;综合实力进入同行业国内前三、国际前十;员工人均年收入达到全国同行业一流水平,持续改善员工成长和工作环境,提高幸福指数,实现全面发展。

2011年以科学发展观为指导,以提质增效为主线,加紧实施全面转型升级战略,创新推进深化整合、精细管理、科技创新三大任务,巩固提升协同效益、增强成本控制能力、整体盈利能力和可持续发展能力,为实现由大到强新跨越奠定坚实基础。

(四)设计经营绩效考核指标

1.明晰经营绩效考核指标体系的主要设计思路

在集团层面构建和实施的经营绩效考核指标体系主要分为战略意图和战略保障两个部分:

实现战略意图的经营绩效管理指标体系主要按照BSC的四个维度进行分解:财务维度主要围绕增加利润、增加销售收入和降低成本方面;客户维度主要围绕提高产品销售和客户满意度方面;内部运营维度主要围绕品质管理体系建设、新产品销售渠道建设、融资、费用控制、管理制度建设、文化整合及品牌塑造、提高采购管理能力等方面;学习成长维度主要围绕加强团队建设、构建战略绩效管理体系以及构建全面激励机制等方面。这四个方面构成了支撑集团总体战略目标实现的一级关键绩效指标体系(KPI)。一级KPI指标体系是实现集团总体战略目标的支撑性指标,不作为绩效考核的指标体系。

实现战略保障的经营绩效管理指标体系即经营绩效考核指标体系,按照集团版块化多模式管控特点,分为战略管控型绩效考核指标体系、运营管控型绩效考核指标体系和财务管控型绩效考核指标体系三类。该套考核体系上承集团战略意图,下接各子分公司内部绩效考核体系,对集团有效协调一致,进一步提高发展质量,意义尤其重大。

2.引入主基二元考核模型,设计经营绩效考核指标体系

主基二元的内容是:一个是显著业绩的部分,另一部分是支撑显性业绩产生的基础,这部分称作基础业绩。主基二元考核模型的核心思想是将绩效考核设计成两部分,第一部分是"主要绩效",要求不断提高,它是显现绩效的重要部分;做的越好,绩效分越高。第二部分是"基础绩效",员工的表现、成果有一个范围限制,落在这个范围之内不加分也不减分,落在这个范围之外就要减分了。它汲取了关键绩效指标、平衡记分卡、目标管理的精髓,两部分相互独立又相互促进。"主要绩效"对"基础绩效"有影响,前者好,对整体绩效是个补充,前者差,整体绩效就会不好。绩效考核就是把这两部分的考核分互相叠加,即得出真正的绩效考核分数。

集团经营绩效考核体系引入主基二元考核模型,将经营绩效指标设计成两部分,第一部分是"年度指标",注重年度综合性考核,是显性绩效;第二部分是"月份指标",注重生产经营过程考核,是基础绩效。引入该考核模型主要是从降成本能力、运营能力、产销衔接状况、协作能力等方面进行经营绩效考核,并融合国资委对集团的考核指标,同时设置安全生产经营及环境保护的否决指标以实现管控到位、协调得力、工作高效、巩固整合成果为主要绩效目标,为集团年度战略目标及中长期发展战略规划提供全方位的、科学的保障服务。

在设计集团战略管控型经营绩效考核指标体系时,月份主要侧重成本、资金占用、营业收入和销售计划兑现率等体现经营过程的指标,以加强各子分公司的产销衔接、监控存货资金占用和成本,有效提高生产经营效率;年度主要设置利润总额、经济增加值、营业利润率、技术投入比率、存货周转率等反映企业经营成果和经营状况的综合性指标。

在评价各子分公司年终经营绩效时,还要运用"经营规模系数"计算最终绩效得分。

在设计运营管控型子分公司经营绩效指标体系时,以充分发挥集团规模化、一体化经营优势,构建钢铁主业单位与营销单位高效协同运作的"大营销"体系为主的评价体系;在指标的设置上,月份主要侧重于整合创效为主,包含质量、经营成本、采购价格降低率、经济合同量以及与生产主体单位效益挂钩等过程性指标;年度主要设置全年整合协同效益、强化库存平均占用等综合性指标。

财达证券、燕山大酒店、宣工保留完整的经营管理职能,充分发挥其自主经营的积极性,以完成集团下达的财务指标为目标,对所辖资产负有保值增值责任。主要采用半年预考核、年度总评价的方式进行绩效评价。

在构建总部机关绩效考核方面,主要采取月份部门计划及工作完成情况考核,季度重点工作考核与所属子分公司评价相结合,年度集团领导评价与部门互评、部门满意度评价相结合的全方位、立体化评价模式。总部绩效考核体系的实施,在加强机关工作的计划性、条理性以及相互协调性、增加员工工作幸福指数方面起到了极大的导向和促进作用。

(五)建立相关制度和流程,运用信息化手段推进经营绩效考核

为有效推进集团经营绩效考核,集团对版块化多模式管控下的经营绩效管理制度、流程及运行机制等不断进行修订完善,不断加强总部与子分公司两方面的培训、考核与文化建设,确保集团经营绩效管理体系顺利实施。集团还成立经营绩效考核领导小组,下发《河北钢铁集团经营绩效考核办法》、《经营绩效考核办法实施细则》和《河北钢铁集团总部机关绩效考核办法》以及相关配套的薪酬分配与奖惩兑现等文件。

同时制定严格、切实可行的版块化多模式管控下经营绩效考核流程,运用集团现代化的数据采集网络,确保考核指标的真实、准确、有效。数据的提供以集团信息化系统实际数据为准,不能实现信息化数据提供的,本着"数出一家"的原则,对各个指标明确数据提供单位,规范数据来源,规范计算规则。

(六)先考核后薪酬,严格兑现绩效奖惩

河北钢铁始终坚持把考核结果与薪酬激励和评先紧密挂钩,树立"效益升,薪酬升,效益降,薪酬降"的理念,建立完善的"重业绩、讲回报、强激励、硬约束"的薪酬管理机制;逐步构建企业负责人薪酬水平与经济效益、业绩考核密切联系,并与职工收入分配关系协调、差距合理的分配格局,下发《2011年度工效挂钩办法》、《子分公司领导班子成员薪酬手册》、《关于加强工资总额管理的通知》等一系列薪酬标准及发放的文件,做到有目标、有记录、有评估,严格兑现奖惩。

根据2011年度经营绩效考核结果,结合各子分公司自身效益情况,各子分公司工资总额增减状况明显,增减幅度在-0.82%至18.37%之间;全员口径人均工资比上年增长3.5%。

同时根据综合评价结果,对集团所属各子、分公司领导班子及成员薪酬和评先情况进行奖惩兑现。以上年度各子、分公司领导班子及成员的奖励和薪酬兑现为例:

对获得河北钢铁"突出贡献奖"的矿业公司领导班子奖励30万元;对评定为优秀领导班子的唐钢、邯钢领导班子各奖励15万元,衡板公司、燕山大酒店两个领导班子各奖

励10万元等;对评定为"基本称职"的子、分公司领导干部(7人),减发10%年薪;对评定为"不称职"的子、分公司领导干部(1人),减发50%年薪;对考核结果在各子、分公司连续两年排名末位的领导干部,减发20%年薪等。

三、基于复合管控模式的经营绩效考核体系建设效果

河北钢铁集团版块化多模式管控下的经营绩效考核体系的实施,在强化集团管控能力、以集团效益最大化为目标、进一步挖掘整合协同效应、巩固集团实质性整合成果等方面,获得巨大的经济效益,全年实现与市场因素无关的营销协同效益32.20亿元。同时,在推动和促进集团战略目标的实现,创新推进河北钢铁文化建设等方面,发挥了重要的作用。

(一)确立了集团统一的经营绩效考核体系,大大强化了集团的管控能力

河北钢铁经营绩效考核体系的确立和实施,将集团及所属子分公司两个层面的绩效考核体系紧密结合,形成了相互促进、相互依托的强大合力。同时在强化集团管控,推动和促进实质性整合方面成效显著:优化总部管理职能和组织结构,成立资本运营部、信息中心,正式组建国际物流公司并纳入一级公司管理,统筹推进资本运作、信息化建设和物流产业发展;强化审计职能,风险防控体系建设得到加强;加快投、融资平台建设步伐,筹建集团财务公司,国际控股公司在香港成立。继续统筹资金运作,优化融资结构,拓宽境内外融资渠道,盘活资金存量,最大限度挖掘资金使用效率和效益,减少财务费用13.79亿元。规范上市公司运作,钢铁主业整体上市稳步推进。注重用集团整合加大对矿产资源的兼并重组,三年间获得自有权属矿产资源量达到28.2亿吨,全年铁精粉产量达到706万吨,同比增长24.62%,跻身国内同行业前列,对于抵御市场风险起到重要作用。

(二)全面实现了集团年度战略目标,整合协同效益大幅提升

2011年度主要经营业绩指标顺利完成,在消化增支减利因素223亿元基础上,实现利税90亿元,其中利润43亿元,净资产收益率3.56%,三年主营业务收入增长率69.90%,三年平均EVA达到14.40亿元。河北钢铁综合实力和影响力稳步提升,2011年取得与市场因素无关的整合协同效益32.20亿元。其中:

2011年集团采购系统在强化市场策略运用、准确实施避峰就谷采购、实施合金料差别定价、提高铁路运比、增加国有大型煤矿采购比例、物流优化等方面实现整合创效13.29亿元。

以采购系统提高铁路运量同比增幅和提高国有大矿采购比例两项指标的考核得分均为满分,集团整合三年来,铁路运量呈连续上升趋势。2009年、2010年铁路总运量与整合初期比,增长比例分别为25.86%和34.71%;2011年运量增长55.39%。与整合初期相比,2009年度、2010年度分别增效5.07亿元和6.81亿元,2011年增效10.86亿元。

国有大矿采购量从整合初期大矿占比由61.10%增至2011年的76.56%,增效2.71亿元。

2011年集团重点对销售系统在加大板材直供比例、优化区域投放、物流创效、品种规格优化等方面的考核中效果明显,其中:板材直供比例达到50.11%;周边市场销售突破600万吨;全年重点工程项目用钢302万吨。全年实现整合创效6.15亿元。

河北钢铁国贸系统不断优化进口矿、备件采购策略以及钢材出口策略,充分发挥集

团整合优势,在适时增加贸易矿比例,优化采购结构降低成本,严控进口矿库存,优化海运方式和国内物流运输,减少矿石损耗,争取优惠政策,降低港口和代理费用,准确把握国际市场形势,大力开拓出口市场、拓宽直接采购渠道等方面,取得巨大的协同效益。全年实现整合创效达 12.76 亿元。

(三)有效地促进了集团独具特色的整合文化的创新与发展

河北钢铁充分发挥了先进文化的凝聚力、激励力、塑造力和影响力,到处呈现生机勃勃、快速发展的良好态势:全年同口径成本降低额达到 81 亿元;资金占用比年初同口径下降 80 亿元,节约财务费用 5 亿元;主要技经指标继续保持了行业先进水平,主要工序的 25 项主要指标对比中,13 项进入前三名,其中 9 项位居第一;工业水循环利用率达到 97% 以上,吨钢耗新水降到 $3.5m^3$,利用余热、余压年自发电达到 85 亿 Kwh,主要节能环保指标达到国内一流水平,既节约了成本,又产生了良好的社会效益。

(成果创造人:王义芳、刘如军、李怡平、李红宴、
张文国、冯志杰、苑晓卿、张春雨、李　毅)

城市公用事业单位的服务绩效管理

烟台市城市排水管理处

烟台市城市排水管理处（简称烟台排水处）成立于1995年7月，是烟台市城市管理局下属的自收自支事业单位，主要负责城市排水的行业管理，污水处理厂的建设运营及综合监管，城市河道、泵站及雨污水管网的建设和维护以及生产经营工作。现有在岗员工666人，其中事业编制374人、企业编制196人、劳务派遣人员96人。内设8个处机关科室，排水监测站、污水处理收费所、化粪池管理办公室、排水养护管理所等4个职能机构，还有套子湾污水处理厂、辛安河污水处理厂、排水工程公司、鲁源环境工程公司、盈川排水科技中心、沥青厂、预制品厂等7家企业，是目前全国地级城市中职能较全面的排水管理部门。

成果主创人：烟台市城市管理局副局长赵志杰

一、城市公用事业单位的服务绩效管理背景

（一）城市公共服务管理面临新的要求

随着政府对城市市政公用基础设施建设投入力度的持续加大，城市市政公用设施总量和种类迅速增加，烟台排水处管理的排水设施数量每年新增8%以上。烟台市区已建成污水处理厂两座，日处理污水32万吨，管辖污水管线469.6公里，雨水管线435.8公里，雨、污合流管线223.2公里，雨、污水检查井72843座，市区河道38条，总长90.3公里。

政府和民众对污水处理的质量要求，对雨水快速、安全排泄的要求更加严格。以防汛为例，烟台市区的年平均降雨量在700毫米以上，降水量70%集中在七、八、九三个月，最大日降水量近200毫米，经常遭受台风、暴雨、风暴潮的袭击。这就要求公共设施的管理、公共服务提高到一个新的水平，以减少气候灾害造成的损失，服务绩效管理势在必行。

（二）城市公用事业服务面临市场化竞争的挑战

加快市政公用行业的市场化、产业化进程已成为共识。烟台市5座已建成和在建的污水处理厂中已有3座采用BOT模式，在污泥处理等新兴产业中，各种资本更是虎视眈眈寻觅进入机会。市政公用设施建设市场已完全开放，市政排水设施养护市场也逐步放开。各种资本的进入极大提高了市政公用事业产品的供给能力和生产效率，同时也使市政公用市场进入激烈竞争时代。传统事业单位存在定位不清、机制不活带来的低效率、

高成本问题,在市场竞争中将面临巨大压力。

烟台排水处是从原市政总公司分离出来的一家市政公用事业单位,无论是从价值理念、工作习惯和管理思维等方面,都带有老市政的企业文化底蕴,难以应对社会对更高质量、更高效率服务的需求、激烈的市场竞争和未来的发展。

(三)城市公用事业管理体制面临改革挑战

烟台排水处已按照统一安排完成了清理规范工作,重新明确现有职能、组织架构和人员编制。下一步将进行分类改制,以往事业单位那种不重视用户、不讲效率、不计成本的管理模式不能继续延续,必须探索提高服务绩效的管理模式。

2009年,新一届领导班子在充分研究内外发展环境和发展趋势的基础上,着手探索实施公用事业单位的服务绩效管理。

二、城市公用事业单位的服务绩效管理内涵和主要做法

烟台排水处为建设"以服务为导向,高绩效,持续创新,自我完善"的事业单位,全面运用企业化管理理念和手段,贯彻以人为本方针,建立服务导向的组织构架,以班组建设为基础、以企业文化为支撑、以目标管理为手段、以创新管理为动力,鼓励员工自我管理、自主管理,实现社会综合服务效率和效益的提高。主要做法如下:

(一)明确服务绩效管理思路和原则

烟台排水处认识到,企业管理的一整套理念、方法与工具大部分可以应用到事业单位,从而形成服务绩效的管理思路:真正以客户需求为导向,全面运用现代企业团队建设、文化建设、目标管理、财务管理、学习型组织建设等理论和手段,进行内部变革和管理,做到观念到位、实施到位、效果到位。

绩效管理的难点在于具体服务绩效指标的确定。烟台排水处面对的客户多种多样,既有市民等终端客户,也有建设方、政府等中间客户,也有污水处理这样对象不甚明确的客户。经过研究,确定以下原则:

1. 一切以"市民满意、事业发展、环境改善"为准则

以污水处理为例,目前我国污水处理厂要求在进水水质中主要污染物 COD(化学需氧量)不超过 500mg/L 情况下,保证出水达标率 95%。由于套子湾污水处理厂汇水流域内工业企业较多,环保监管难度大,进水 COD 平均值超过 672mg/L(2010 年),最高值达 1360mg/L,在这种情况下出水超标属正常,但必然会对环境造成污染。对比环境保护的需求,本着"服务为民,惠泽后世"的宗旨,烟台排水处提出套子湾污水处理厂在进水 COD 不超过 800mg/L 的情况下,出水达标率 95% 的国内同行业最高标准。

城市排水设施按照产权分为城市公用排水设施和产权单位负责的排水设施,按规定产权单位的排水设施发生污水外溢,排水管理部门只负责协调处理。但由

套子湾污水处理厂排海混合区水质取样监测

于目前城市排水设施产权情况复杂,甚至部分已找不到产权单位,发生污水外溢很难在短时间内协调处理完毕,污染城市环境,给周围居民造成很大影响,在很多城市成为难以解决的顽疾。在确立相关服务指标时,以"市民满意"为出发点,建立垫资处理流程,规定发生责任外污水外溢 24 小时内协调产权单位处理,超过时限,24 小时内由排水处垫资处理完毕,首先保障市民有一个良好的生活环境,再考虑成本。

2. 努力采用国际、国内同行业先进标准

按照成为"创新管理的示范,排水行业的楷模"的愿景,主动比照国际、国内最高的行业水平建立内部业务标准。例如排水设施完好率必须超过 85% 的行业标准,要求达到 93%;市区主次干道和重要路段的污水外溢及井盖丢损,巡视人员在 8 小时之内发现;小街小巷的污水外溢及井盖丢损,巡视人员在 24 小时之内发现。属本处责任的污水外溢,从发现起在 3.5 小时内处理完毕,及时处结率 100%;责任内的井盖丢失,从发现起 1 小时内处理完毕;井盖破损,从发现起 2.5 小时内处理完毕,及时处结率 100% 等,上述指标均为国内同行业的最高标准。

3. 自我加压,纵向对比,不断提升服务水平

对于没有国家或行业对比标准的工作,通过建立更高目标,实现自我超越,达到更高服务水平。作为市区城市防汛工作的主要责任单位,烟台排水处综合发挥排水设施的规划建设、养护维修、行业管理、防汛抢险等职能,将市区防汛工作目标逐步提高到"大到暴雨市区安全、无严重积水、交通通畅"。在具体目标分解上,逐级对比建立更高目标。以防汛抢险为例,全处共有 370 多名防汛队员,由于居住分散,2009 年以前从接到上级命令至全体集结完毕通常需要 1 小时 30 分钟。但为保障汛期安全,烟台排水处规定,汛期 24 小时内任何时间从防汛总指挥下达防汛指令开始,至传达到网络体系最底层队员的总时长不能超过 6 分钟,防汛队员全装全员集结时间不超过 40 分钟。

(二)建立以服务为导向的网格化组织体系

为建立能够在最短时间满足客户需求的服务体系,对原有的组织体系进行改革,形成网格化全覆盖的"三层四级"组织架构。

1. 建立前端导向的扁平化组织

赋予直接面对客户的团队更多决策权,并给予充分支持。减少车间层级,形成由处级决策层—职能科室、部门及二级科室组成的支持服务层—前端班组构成的三层经营体系,从"为上级服务"转变成"为一线服务"。

2. 建立相互协同的网格化管理网络

为从根本上提高服务能力,烟台排水处不按行政级别,从处机关科室开始,到末端的基层作业班组,包括各级单位领导班子划分为 60 个班组,作为开展目标管理与绩效考核、企业文化建设、学习型组织建设、团队建设及开展业务工作的最基础管理单元,形成全覆盖的网格化管理网络。

确定面对外部客户的班组为前端一线班组,作为内部服务支持的主要客户;进而明确服务支持型班组的服务对象,同时服务支持型班组还为决策层提供支持和服务。实际工作中职能科室往往也要面对外部中间客户,需要相互之间及前端班组的支持和服务。处职能科室、部门服务层班组以所有前端班组为客户,提供综合管理服务和资源支持;保

留各下属单位专业性二级科室为前端班组提供专业服务,形成立体交叉网格化管理网络。

3. 开展班组建设,贯彻"五落实"要求,夯实管理基础

主要领导亲自参与班组建设,首先在全处范围内选取一个基层班组进行试点,随后在全处范围内进行推广。组织每个班组所有成员共同研究探讨,明确班组职能、岗位职责,定岗定编;认真梳理每一项工作,明确每项工作的责任人、工作标准和考核办法,编写工作流程、操作规范、工作制度,汇总编写成《班组建设管理基础手册》,班组成员人手一册,作为班组管理的"法典"。

在实践过程中总结出业务和管理工作"五落实"的要求:一是保证将工作内容分解到周甚至分解到每天,规定何时开始何时结束,做到时间上有"落实";二是保证将工作内容安排到具体人,规定到谁负责谁配合,明确责任,减少扯皮,做到人员上有"落实";三是保证工作内容有明确的工作流程和步骤,做到工作衔接上有"落实";四是保证内容有明确的工作标准,做到工作效果有"落实";五是保证工作内容事中有监督事后有检查,做到工作时限工作质量工作评价有"落实"。

(三)以全面目标管理方法建立高绩效服务执行体系

烟台排水处引入目标管理理念,以结果为导向,以"五落实"原则为指导,建立起完整的目标体系和四级绩效考核体系,在逐步完善处级考核体系的基础上,深入推行各层级的考核。

1. 建立起服务导向的目标制定、分解和实施系统

烟台排水处目标体系的内容主要包括:处级年度目标管理责任书、各单位层级年度目标管理责任书、年度专项工作计划、月度工作计划及周工作计划等。在上年度年底,自一线班组开始逐级讨论提报下年度工作目标,决策层综合考虑基层提报工作目标、上级工作安排(政府客户目标)、全处战略目标和各种环境因素影响,制定出合理的全处年度工作目标,并分解至各部门和科室;各部门结合实际工作形成各部门年度工作目标和年度专项工作计划。

2. 完善制度建设,突出精细化管理

从基层开始,逐步建立起8大类,106项规章制度,每半年进行一次盘点修订,对制度进行健全和完善,用制度管理业务,用制度规范人的行为。通过制度明确各层级权限,重点明确前端班组的服务权限,给予更大的决策自由度。

3. 层层推进,建立四级考核体系

一级考核为处标准化管理办公室组织安排处机关科室按相应职责,对处机关其它科室和所有单位进行专项业务考核,形成处级考核意见;二级考核为各单位负责考核的科室组织安排各个科室按相应职责对其它科室以及车间、班组进行考核,形成各单位考核意见;三级考核为具有二级管理职能的科室对直接管理的班组等进行考核;四级考核为所有一、二级科室及班组等对自身工作目标和所有人员的考核。将处级考核结果按"五落实"原则落实到具体岗位、具体事项,各部门结合实际业绩完成情况,与岗位业绩相挂钩。各部门根据不同的工作特点、岗位性质探索千分制考核、工作周报考核、个人品牌积分考核、按职能分工考核不同的考核方法,将每个岗位的考核结果与收入及干部的选拔

任用挂钩。

4. 建立服务为导向的激励机制

以对110个多个社区、办事处及周边居民的走访和调查作为对外服务工作的主要考核手段,通过对服务效果的直接反馈,考核行业管理、设施丢损及污水外溢处理、文明施工等工作。对内评选"基层服务指导工作先进科室""基层服务指导工作先进个人",鼓励为前端班组提供服务和支持,鼓励团结协作精神。

(四)建设学习型组织,提高员工服务能力

1. 保障培训投入,纳入预算管理

每年制定《烟台市城市排水管理处培训专项工作计划》,并将培训工作纳入年度费用预算管理,2009~2011年教育培训经费分别投入60、80、110多万元,培训投入比例已接近国际化大公司的水平。

2. 落实责任、建立制度、形成课程体系

首先,通过建立一体化、网格化的组织实施体系,将教育培训工作与管理工作紧密结合。各下属单位设立专门教育培训机构,并结合班组建设实行网格化管理,在每个班组任命一名文化专员,负责企业文化和教育培训工作,并将培训工作纳入绩效考核。其次,以《烟台市城市排水管理处培训管理制度》为基础,明确规定员工培训工作纪律、培训考试工作纪律、内部培训师管理等内容,在每个班组的《班组建设管理基础手册》中明确规定培训内容和培训要求。最后,逐步建立系统、全覆盖的培训课程体系。使每个人在不同岗位、不同阶段都可以、也必须接受针对性培训。

3. 采用多渠道、多层次教育培训方式

一是"送出去"。选送管理人员参加高水平管理培训。此外,通过参加会议和参观学习,交流经验,了解行业发展动态。先后派员赴美国、菲律宾参加 GEF 项目会议开展国际交流;参加中国水协及各委员会年会等,外出参观学习无锡、青岛、深圳等地污水处理厂及行业管理部门,共计600多人次。

二是"请进来"。充分利用清华大学"515"远程网络教育平台,开展全员的职业素养和职业技能教育的集中培训,仅2011年上半年就开展集中培训25次,累计培训2730多人次。

三是积极开展班组内部自主培训活动。班组培训活动更加具有针对性、灵活性和有效性。利用车间班组的企业文化小看板,建立培训小园地,刊登小知识、小心得;积极开展"人人都是专家"的班组内部培训;鼓励班组间互相开展培训交流,相互之间熟悉工作,传授经验,并从中选拔培养内部培训师。充分利用内部网络平台,实行内部沉淀分享制度,积累内部知识库和网上图书馆,形成内部文化和技能传承的培训平台。

4. 转变培训观念,创新成长激励机制

为督促员工主动学习,主要采取三方面措施。一是建立完善的培训信息收集反馈体系,将培训结果与考核奖惩挂钩。建立完善的个人培训档案,详细记录参加培训学习的时间、内容、成绩等,将培训与评先、干部任用、专业技术岗位的聘用相结合。二是提供高水平的培训课程作为职工福利,激发员工学习技术、学习管理的积极性。三是充分考虑干部职工自我发展的需要。在制定培训工作计划时,进行全方位的培训需求调查,引导职工与单位的发展要求相结合,职工积极参与。

(五)建立以服务为导向的企业文化

1. 建立企业文化理念和视觉体系

重视员工在企业文化建设中的主体作用,发动全处职工参与到企业文化理念的编写、讨论、评选、演讲、宣贯过程中来,最后形成大家广泛认可共同推崇的"发展排水事业,改善人居环境,造福人类社会"的使命,以及相应的愿景、责任、精神及工作作风等文化要素,并针对三个板块不同的特点和发展方向,分别提炼出各自的独特的文化要素,建立起完整的文化理念系统。

聘请高水平设计公司设计,由职工投票评选出最佳作品,建立完整的视觉识别系统,谱写处歌《蓝色使命》,重要会议和大型活动开始前,大家总要齐声朗诵文化理念,高声歌唱企业歌曲,让排水人的团结、气势和自豪升华到每个人的思想和灵魂中。

2. 结合事业单位特点,转换观念

结合科学发展观学习等活动,认真开展对排水事业未来发展的讨论,解决缺乏危机意识、忧患意识问题,解决目标方向的问题;组织"我的工作,我负责"全员大讨论活动,解决干部职工的责任心和服务意识问题;组织300多名年轻职工到劳动密集型企业开展换位体验活动,解决爱岗敬业的问题;开展"脚印——我心中的排水事业"征文和摄影展,引导干部职工,牢记光荣历史,解决职工荣誉感和认同感的问题。

3. 建立双向无缝隙覆盖沟通网络

一是利用会议、内刊、排水快讯等建立自上而下的无缝隙覆盖信息传播系统。二是通过广泛开展职工谈心和基层调研工作,建立自下而上的沟通渠道。

4. 贯彻以人为本,建立和谐发展氛围

一是建立公平的人才选拔机制,打造年轻化管理干部团队。二是将人性化管理落实到工作细节当中,让单位的发展惠及每一名职工。对职工的工作环境、工作条件、精神生活、福利待遇给予以人为本的细致关心。

(六)坚持创新理念,持续提高服务能力

1. 以社会责任和服务需求为导向加大科技创新力度

套子湾污水处理厂进水水质严重超标导致出水超标本属正常,但从社会和环保责任考虑,必须将污染降低到最低。该厂运用创新技术,加强对预处理关键工序的调整和控制,提高初沉池的沉淀效果;积极开展技术试验,摸索污染物降解规律;优化调整生物系统,提高综合处理效果;采取预防性设备管理模式,提高设备的完好率和使用率,确保出水水质稳定达标。

由于化粪池管理机制体制上的问题,清掏不及时,造成化粪池堵塞外溢是我国城市普遍面临的问题,烟台排水处在化粪池管理方面率先进行创新探索。通过实施烟台市化粪池管理示范项目,对示范区域内1080多座化粪池定期进行清掏和处理,减少对市区环境和近海海域的污染,并探索出台化粪池管理相关法规、行业标准和市场化的可持续发展道路。

与清泉热电厂联合建设污泥焚烧项目,累计焚烧污泥1.2万吨,产生热量233亿千焦。污泥焚烧产生的残渣经添加配料制成空心砖销售,不仅解决了污泥二次污染,资源还得到回收利用。污泥混合焚烧项目的运行,为山东省污泥处置开创了先河。

套子湾和辛安河两污水处理厂利用尾水与常温的温差,建成水源空调系统,替代原来的电空调和煤锅炉,达到节电、省煤、减排二氧化硫的效果。

2. 建立员工提案制度,营造创新氛围,鼓励全员持续创新

要求每位员工每年至少提报一项管理或技术提案,重点鼓励创造和满足客户需求的创新,鼓励针对员工身边工作的"小创新、小发明、小改造"。从班组开始各级成立提案审议机构,员工的每项提案必须3日内予以回复,提案回复率必须达到100%,提案结案满意率必须超过95%。每月、每季度、年终评选优秀提案,对提案人予以奖励和表彰,充分调动员工积极性。目前每月各级提报创新课题120余项,均逐一落实回复,对各方面工作产生巨大的推动力。通过狠抓技术创新,排水管理处两项成果获得国家级专利,并荣获山东省城镇供排水行业2011年优秀科研项目二等奖和优秀科研团队称号。

(七)全面运用信息化手段,为服务绩效管理提供技术支撑

1. 建立城市排水设施信息管理系统

结合城市排水设施档案,将城市管线、河道、泵站、井盖等进行全面普查测量。利用统一的地理信息平台,形成精确详尽的三维地理信息数据库,并以此为基础,为城市排水规划、设计、设施维护、违章监管、设施丢损、污水外溢处理等提供高效的技术支持,极大提高城市排水设施行业管理及服务效率。目前部分区域化粪池管理方面实现完全信息化管理。

2. 建立排水户信息管理系统

为保障污水处理的安全稳定运行,建立重点污染排水户数据库,将排水口位置、监测历史数据全部输入数据库,进行持续监控,防止超标排放。

3. 建立办公自动化协同平台

从2011年开始,烟台排水处引入协同运营管理平台,分层次、分模块开展管理信息化建设。一是建立文化和沟通平台,将文件管理、信息发布、内部业务沟通全部转移到办公平台上,通过新闻、快讯、论坛建立快捷交流平台,建立文化阵地;二是逐级将个人事务和业务流程规范化、标准化后,纳入平台运行,实现业务、个人和团组协同;三是将管理平台与财务、统计等业务系统整合,以实现运营业务数据的即时性和图形化,为决策提供支持。

三、城市公用事业单位的服务绩效管理效果

(一)社会综合服务能力和服务质量显著提升

1. 污水处理质量稳步提升,成为国内污水处理行业标杆

2010年,套子湾污水处理厂在进水水质超标216天,COD平均值为672mg/L(标准为500mg/L)的情况下,实现出水达标率94%,同比2009年提高32.2%,出水COD平均值由57mg/L下降到46mg/L,2011年进一步下降至43.1mg/L,被业内称为奇迹。烟台排水处和套子湾污水处理厂分别被中国水协授予"中国城镇供排水突出贡献单位"。

2. 市区养护维修持续保持高水平,公共服务质量和效率明显提升

设施完好率连续多年超过94%,远高于85%的行业标准,创造了连续87个月无市政公用排水设施污水外溢的记录。2011年责任外污水外溢平均处理周期从70小时缩短为

45小时,缩短25小时。井盖等设施丢损平均更换时间由原来的12小时缩短至目前的2.5小时。2011年,污水外溢和井盖丢损及时发现率达到97.8%,比2010年提高6.1%,及时处结率100%。市区发生责任外污水外溢比2010年下降52.6%。在烟台市芝罘区专业部门数字化考评工作中连续25个月名列第一。每年收到市民感谢信、锦旗上百次。

3. 防汛工作成绩突出,保障城市汛期安全

通过有计划地对涝洼地段进行改造,提高排水设施养护水平,重点提高防汛应急保障能力,城区综合防汛能力显著提高,多年来市区安全度汛。2011年连续遭受"米雷"和"梅花"两场强热带风暴袭击,防汛工作准备充分,应对措施得当,市区未出现严重积水,未发生安全问题,交通通畅。由于在防汛工作中得出色表现,2009—2011年连续三年获得山东省城市防汛先进单位称号。

(二)城市环境、近海水域环境显著改善,为烟台经济社会发展做出突出贡献

根据监测2011年同比2009年,烟台市区近海海水主要污染物含量COD降低51%、无机氮降低68%、无机磷降低85%,烟台的海滨"水更清,海更蓝"。2011年接到污水外溢、设施丢损等市民投诉案件数比2008年下降49.8%。

近年来,烟台市获得全国文明城市、环保模范城、联合国人居环境奖,烟台排水处做出了突出贡献,多次获得市委市政府表彰。2011年获得烟台市"创建文明城市工作先进单位"称号。

(三)服务绩效得到社会承认

成果经验被烟台市城市管理局在全系统内推广。2011年,烟台排水处获得山东省"省级文明单位"称号,并荣获"山东省企业管理创新成果一等奖",并被授予首批12家"山东省企业管理创新示范基地"之一。由于增强了服务意识和服务能力,市场信誉得到提高,市场份额逐年扩大。2010年参加市政工程投标21个,中标10个,中标额高达1.82亿元。

(成果创造人:赵志杰、徐晓波、王文喜、孙运涛、赵维春、
隋圣义、秦桂海、王 润、赵志宏、张雪林)

油品销售企业提高劳动生产率的人力资源优化配置管理

中国石油化工股份有限公司广东石油分公司

成果主创人：公司总经理夏于飞（左）与党委书记何敏君

中国石油化工股份有限公司广东石油分公司（简称广东石油）是中国石油化工股份有限公司直属销售企业，主营成品油零售、批发业务，承担了广东省内60%以上的成品油市场供应责任，是广东省最大的油品供应商，也是国内规模最大的油品销售企业。下辖21家地市级分公司和直属仓储分公司，用工总量25000余人，加油站保有量2500多座，在营油库40座，总容量近200万立方米，成品油管道建成1150公里、在建420公里，资产总额210亿元。2011年，实现成品油经营总量1492万吨，销售收入1180亿元，报表利润25.4亿元，上缴税金25亿元。

一、油品销售企业提高劳动生产率的人力资源优化配置管理背景

自2000年重组上市以来，广东石油通过压扁管理层次，优化业务流程，提升专业化程度，建立健全激励约束机制等方式方法，有效提升了企业各项经营管理水平，提高了劳动生产效率。但随着市场环境、竞争格局的不断变化和企业用工成本持续上升，现行的专业化经营、扁平化管理的经营管理体制和以专业线为核心的人力资源配置方式在基层一线也逐渐显现出一些不适应的情况。

（一）经营机构设置分散，人力资源配置效率低

广东石油直批经营部和零售片区等经营机构在县域市场分开设置，导致零售和直分销业务各自为战，客户私有化严重，内耗增加。轻油、润滑油、非油品、IC卡、财务、计质量等条线一插到底，各岗位之间各自为政，各类经营资源和人力资源得不到优化整合、统筹使用，在经营管理上难以形成有效合力。按照商品种类分设的客户经理，经营产品单一而人员众多，客户资源得不到整体开发和有效维护，"全员营销、整体营销"的经营理念得不到深入贯彻和落实，人力资源配置与企业运行效率低下，既不能有效应对市场竞争，也不利于与地方政府深化合作。

（二）油站低效无效劳动多，员工劳动生产效率较低

加油站岗位设置不尽合理，部分岗位人员不参与排班，工时利用率低，出现"贵族化"；各类账表册数目繁多，未与有关信息系统实现数据共享，导致大量重复、无效、低效的手工劳动，员工工作负担重，休息时间得不到保证。2010年加油站员工月均流失率4.5%；招工难，员工素质不高，直接影响了加油站各项管理工作和对客户的服务水平。

2010年经营部人均成品油销量3911吨,加油站人均成品油销量434吨,人均劳效、吨油费用等指标对比本系统先进水平存在较大差距。

二、油品销售企业提高劳动生产率的人力资源优化配置管理内涵和主要做法

根据集团公司打造世界一流能源化工公司的奋斗目标和油品销售事业部加强地市公司建设、增强地市公司活力和县域市场竞争力的总体要求,广东石油以"提高员工素质和劳动生产效率,实现各项资源优化配置"为指导思想,以体制优化为突破口、以信息化提升为手段、以高效用工为导向,在全省系统开展"内部挖潜、业务整合、精简用工"的人力资源优化整合,通过树立全员营销、高效用工的管理理念,不断优化管理体制和劳动组织形式,改进业务流程和操作方式,提升信息化、自动化管理手段,完善激励约束和考核评价机制,进一步精简无效劳动、替代手工劳动、整合有效劳动,从而实现人力资源的优化配置,劳动生产率显著提高,为企业又快又好发展提供了体制保障和人力支撑。主要做法如下:

(一)确立先进管理理念,为人力资源优化配置奠定基础

广东石油在深入基层、充分调研、摸清问题的基础上,大胆创新管理模式、改进业务流程、调整利益格局,逐步确立全员营销、全产品营销、人人都是营销员的营销理念,确立"加油站人人都是加油员、人人参与排班"的加油站操作理念,确立远程监控和异常事件管理、减少不必要操作环节和步骤的业务流程优化理念,确立为基层服务、为基层减负的管理机关工作理念,确立充分利用信息系统、自动化设备替代用工理念。这一系列先进管理理念的确立为开展人力资源优化整合工作奠定了坚实的思想基础。

(二)优化机构职能,为人力资源优化配置提供组织保障

1. 按照"明晰职责、简化流程"的要求对省公司机构进行优化调整

优化省公司机构设置和部门职责。商业客户中心下设大客户部,统筹省级重要客户开发和管理,综合提供成品油、非油品、IC卡等产品咨询和服务。成立加油站标准化改造办公室,统筹推进加油站形象改造工作。改革设备维修体制,由仓储公司统一开展全省加油站重要设备的检维修。调整润滑油经营管理体制,由省公司一级管理调整为省市公司两级管理,使润滑油线条人员更加精干。重新梳理优化部门职责。根据实际对机关318个岗位的职能范围和权责界限进行合理界定,对112项省市公司主要事权进行明确划分。在控制风险的前提下,对24个事项进行授权,简化工作流程,减轻基层的工作负担,提高机关办事效率和服务基层的能力。

2. 按照"大业务、大零管"的要求对市公司职能和人力资源进行合理配置

将市公司零售部的整体经营调度和日常经营职能归并到业务部,强化"大业务"的经营调度职能;将安全数质量管理职能归并到零管安数部,实行"一套机构,两块牌子"合署办公,统筹加油站规范化、

广东石油加油站及"易捷"便利店

安全、数质量、后勤管理。调整后,原条线协调变为部门内部协调,实现市公司营销管理的统一和加油站现场管理的统一,促进管理到位。同时,在业务部下设大客户部或大客户组,挑选精干人员,统筹管理成品油批发、直销、零售、润滑油、非油品、IC卡的大客户,提高客户开发力度。

3. 按照"全员营销、全产品营销"的要求对县区经营机构和人员进行整合优化

将县域内原分散设置的直批经营部、润滑油门市部、IC卡销售点等经营网点进行优化整合,成立105个县片区经营管理部,全面开展油品、非油品等业务经营和油站现场管理工作,强化县区经营和管理功能的协调统一。建立50家统一标识、统一装修、统一设备、统一着装,功能齐全、服务规范的综合营业室(中心营业部),提升功能形象。打破经营管理部各类人员的身份界限,树立"人人都是客户经理"的观念,不再划分为管理人员和经营人员,每个人既有管理职能,也有经营职能,形成人人肩上有指标、全员参与营销的工作氛围,进一步扩大兼职营销人员队伍,减少专职客户了经理人数。

(三) 整合油站业务,实行一人多岗、一岗多能

1. 整合加油站业务,优化岗位配置

一是整合操作流程。进一步梳理加油站职能定位,明确加油站承担加油机油品销售、非油品销售、现场管理、站内营销和现场服务五项职能。原有的加油站小额配送业务,根据性质进行调整,库出小额配送全部转至市公司业务部负责,机出小额配送全部纳入机出零售管理,加油站原则上不再开展送货上门的小额配送业务。二是整合现场管理与操作岗位。对原有的站长、副站长、站长助理、专职记账员、计量员、加油卡营业员、便利店营业员、收款员等岗位进行统一合并,减少冗余岗位,取消专职岗位,将加油站岗位统一规范为站长、班长、一级和二级营业员三类岗位,打破了加油站专职管理人员和操作人员的身份界限,重新明确了岗位职责,站长、班长既要做好加油站经营管理,也要参与现场加油和值班;营业员既要加油,也要参与收款、IC卡充值和非油品经营,实现加油站"人人都是加油员,人人都参与排班"。

2. 减少低效劳动,清理无效劳动

一是针对基层员工反映的"统计工作重,各类账表册数量多、使用少"的问题,对加油站业务进行全面梳理,废除各专业线多余、无效的账表册,减少浪费人工的操作业务和无效劳动。同时,在控制风险的前提下,明确凡省地两级机关可以完成的工作或现有信息系统可以取得的数据,均不得要求基层重复填报,从源头上减轻了基层负担。二是合理调整加油站各项盘点、检查频次。改变加油站过去每日记录用水用电制度,改为10日或15日记录一次;修改便利店商品盘点规定,每月末进行全部商品盘点,每日进行抽盘或重点商品盘点;合理控制加油机校验频次,内部校验从每月1次修改为3个月1次、外部校验半年1次。三是将加油站检维修分散管理为集中管理,依托仓储分公司现有检维修力量,组建专业检维修队伍,负责全省油库、加油站检维修工作,使公司和加油站能够全身心投入经营管理工作。

3. 调整营业时间,优化站内排班

优化加油站营业时间,对销量1500吨以下的油站实行8小时营业或12小时营业,1500～3000吨的油站16小时营业,3000吨以上的油站24小时营业。灵活用工,做好机

动排班,对同一路段油站或对站或相邻区域加油站实行以大带小、错峰营业、整体排班;整合同一区域内的加油站人员设立机动营业员,对大站高峰期支援顶班;节假日高速公路繁忙高峰期,建立调节机制,临时安排抽调城区加油站或高速公路周边加油站人员,增加高速公路加油站营业员;同一路段 2 公里以内加油站、对站两站设置一名站长,由一名班长或营业员负责记账工作;对同班组人员,在当班高峰期全员加油服务,低峰期实行错峰休息,增加员工休息时间;收款工作由同班组营业员轮流担任,加油站所有员工统一参与排班。

(四)加强技能培训,提高员工岗位能力

围绕"一人多岗、一岗多能"的目标,加大培训力度,增强培训针对性和实效性。

1. 紧密围绕岗位技能开展员工培训

根据整合后的岗位要求,梳理出加油站岗位的加油服务、便利店服务、安全设备、数质量、财务等 5 项基本技能,明确站长及班长必须具备 5 项技能,一级营业员具备 3 项以上,二级营业员具备 2 项以上。编写 5 项技能课程教材及考试题库,制定培训考试方案,明确培训标准和考试流程,将 5 项技能和技能鉴定进行有机结合,相互推动,相互促进。对县区经营管理部人员组织省市公司两级轮训,省公司统一编写教材,省公司领导班子在课堂与学员互动交流,将培训与队伍建设和当前经营管理工作紧密结合起来。对省市公司机关管理人员组织职业道德教育和全员开口营销培训。编写《广东石油员工职业道德手册》,设立职业道德纪律教育月,提高全体员工遵纪守法和职业素养。编印《全员营销服务小手册》,梳理开口营销经典话术和 5 秒快速办卡流程等,组织全员学习培训。

2. 丰富培训形式,提高培训实效

出台远程培训系统学习指导意见,对人员注册、在线学习、监督考核进行规定,实现远程培训的制度化。加强视频软件建设,先后开发《加油站"五定一优"优化排班法》、《IC卡推介十个绝招》、《加油站开口营销服务》、《加油站便利店专柜陈列》等精品视频课程,满足基层一线员工的培训学习需要。根据经营管理重点,开辟广东石油大讲堂,外聘专家教授,内部现身说法,提高员工培训的贴近度。精选出 12 位开口营销典型,组织全省系统开口营销报告会和开口营销精英全省巡回示范等活动,营造人人踊跃学习营销知识、人人掌握营销技能的氛围。

(五)提升信息自动化手段,为人力资源优化配置提供技术支撑

要实现体制优化和人力资源整合,必须配套相应的管理手段,依靠技术进步来减轻基层工作量,提升管理水平。

一是充分利用信息系统。省公司专门组织人员开发信息应用综合平台,充分利用计算机和互联网,将零售管理、加油站管理、营销管理、人事管理、资金监控、信用管理等业务整理归纳到信息应用综合平台,由计算机自动归纳、总结、监控,实现大部分账表的自动采集、自动汇总、网上报送,加油站只需做好异常事件填报,替代手工采集填写、人工复核上传等传统的统计方式方法,节省大量人工。开发电子商务系统,建设网上服务平台,实现网上加油卡充值、公司宣传和营业网点查询等服务,探索网上批直购油模式,拓展销售渠道,提升企业影响力。

二是充分利用视频监控和红外报警系统。建设视频监控系统,监控范围覆盖到大部

分的加油站、油库以及重要经营场所,省市两级公司建立视频监控中心,将现场巡查式管理转变为远程监控和异常事件管理,减少现场管理人员和巡查工作等,提高现场管理水平。

三是充分发挥自动化设备作用。发挥液位仪作用实现自动计量交接和盘库,在加油站推行地罐交接,替代计量员手工操作。自动化管理水平的提升,切实减轻了基层的工作量,为推进岗位优化、人员整合提供了有力支撑。

(六)健全机制完善制度,为人力资源优化配置提供制度保障

1. 制度先行,机制配套

重新梳理岗位职责,理清事权划分,先后出台《全员营销方案》、《进一步完善经营管理体制工作方案》、《省市公司主要事权划分手册》、《关于加强基层建设工作的指导意见》、《账表册管理办法》、《关于加油站岗位设置和定编的指导意见》、《加油站站长、班长业务操作流程及营业员岗位标准化操作手册》等一系列制度办法,配套《2012年市公司工资劳务费考核兑现办法》、《市分公司领导班子年度绩效考核办法》、《专业线考评管理办法》、《经营管理部经理考核分配指导意见》、《加油站站长考核分配指导意见》的考核办法,制定统一的加油站优化排班模板,搭建与新体制运作模式相配套的制度体系。

2. 以人为本,激励员工

为鼓励市公司积极内部挖潜,对实施改革的市公司实行"减人不减资"的鼓励政策;改革和岗位优化节省下来的工资劳务费,全部用于加油站分配,提高一线员工收入,省市两级机关不得挤占。为鼓励加油站员工努力学习加油站五项技能,将技能持证情况与岗位任用相结合,5项技能既作为能力要求,又是上岗资格,并设定技能津贴,提高员工岗位成才、自主学习的积极性。探索建立全省系统后勤保障服务体系,安排专项资金解决吃、住等基本生活保障,开展小种植、小养殖,改善加油站员工的伙食;设立总经理信箱、信访接待日,及时了解员工动态;强化劳动合同管理,充分运用法律手段实现自然减员。

三、油品销售企业提高劳动生产率的人力资源优化配置管理效果

(一)人均劳效水平进一步提高

加油站需填报的账表册由126项精简为21项,基本上由系统自动生成,加油站每日填报账表册工作时间由原有的3~4小时缩减至1小时。人均劳效由2010年的496吨/年提高到2012年初的585吨/年,提高了18%。其中经营部人均劳效由3908吨/年提高到7935吨/年,提高了103%;加油站人均劳效由434吨/年提高到499吨/年,提高了15%。

(二)人力资源配置进一步优化

全省用工总量由2010年的28776人控制到2012年的24750人,用工总量减少4026人。优化前,广东石油共有直销批发人员1108人,片区管理人员1098人,整合后,营销和片区队伍的用工精简近1000人。同时,通过严把进口关,辞退低技能人员,进一步调整基层人员的结构,形成了人员流动的良性循环。县区经营管理人员大专及以上学历628人,占经营管理人员80.7%,对比优化前上升了12.5%;油站营业员高中(中专)及以上学历13229人,占加油站人员65.9%,对比优化前上升了16%;平均年龄30.5岁,下降了2.4岁。县区经营管理部、加油站普遍实现了一人多岗、一岗多能。

（三）实现了客户、员工双满意

对外郑重公布对社会的 8 项承诺，加大加油站形象改造、营业厅改造、设备设施改造等投入，加油卡充值服务由原来的 8～10 小时延长为 24 小时，加油站现场加油服务人员增加了 15%，部分经营管理部进入地方政府序列，客户满意度达到 97.8%。对内推行对员工的七项承诺，加油站员工平均收入增幅达到 27%，休息时间由每月 3～4 天增加到 6～8 天，基层负担明显减轻。员工更加珍惜岗位，热爱企业、岗位成才、自主学习的积极性增强，队伍素质得到提高，员工基本没有流失，企业保持了稳定。抽查油站员工的满意度达到了 98%，实现了企业、员工和客户的共赢。

（四）企业经营活力进一步增强

全省系统将原有 360 多个经营网点整合为 105 个县区综合经理管理部，功能进一步齐全，地位更加突出。员工开口营销能力增强，加油卡营销成效明显。1～8 月份，加油卡发卡同比增长 253.7%，充值金额同比增长 62.2%，加油持卡消费比例同比增长 13.1 个百分点，沉淀资金同比增长 32.5%。加油卡营销力度的加大，为自助加油的推广创造了条件，目前实行部分自助加油的站有 584 座，自助加油量占自营零售总量的 4.5%。非油品门店销售 3.15 亿元，同比增 18.9%；毛利 6831 万元，同比增 24.4%，经营质量得到提升。先后与广东物资集团公司、广东省旅游局等 18 家省级大客户及 200 家市级大客户建立战略合作关系。1～6 月份零售市场占有率提高 0.3 个百分点，成品油市场占有率提高 3.7 个百分点，报表利润比上年同期增加 0.6 亿元。

（成果创造人：夏于飞、何敏君、田杭英、李继从、姜英会、
刘俊峰、范卫荣、敖　岸、徐　涛、张振纲）

构建世界级直升机研发机构的科研人员职业发展管理

中国直升机设计研究所

中国直升机设计研究所（简称直升机所）隶属于中国航空工业集团公司（简称中航工业），是我国唯一的以直升机型号研制和技术预先研究为使命的大型综合性科研单位。直升机所拥有总体气动、结构强度、旋翼设计、航电火控等21个专业研究室170余种专业；现有职工2000余人，其中专业技术人员1800余人，国家级和省部级专家20余人；是国家硕、博士学位授予单位，设有博士后科研工作站。

直升机所从1969年建所以来始终牢记报国强军使命，按照中航工业"两融、三新、五化、万亿"的发展战略，坚定走军民融合式发展道路，形成了"军民融合、一机多型、系列发展"的格局，拥有从1吨到13吨级共9个平台26种机型。先后承担和完成了直8、直9、直11等40多个直升机型号及改进、改型研制任务，取得国家和省、部级成果300余项，为国防建设和国民经济发展作出重大贡献。先后荣获"国庆60周年阅兵突出贡献单位"、江西省文明单位标兵等一大批省部级荣誉称号，被党和国家领导人誉为"中国直升机摇篮"、"中国直升机研究发展中心"。

成果主创人：所长邱光荣

一、构建世界级直升机研发机构的科研人员职业发展管理背景

（一）实现航空报国的客观需要

航空工业是战略性产业，关系国家经济命脉和国防安全。"航空报国、强军富民"是中航工业矢志不渝的信念追求。直升机是航空武器装备及民用航空器的重要组成部分。直升机作为重要的武器装备，是打赢一切现代化局部战争，实现新军事变革和陆军现代化转型升级的重要标志。

直升机所经过40多年快速发展，已经形成了自主研发第三代直升机的能力，实现了相对世界水平由"望尘莫及"到"望其项背"的跨越。为了使我国的直升机产业尽早屹立于世界强者之林，直升机所制定了打造世界级直升机研发机构为目标的发展战略，立志把直升机所建设成为世界一流的直升机研发机构，为实现航空报国理想艰苦奋斗。

（二）融入民机市场竞争的客观需要

目前世界各国民用直升机拥有量超过2.3万架，其中美国占50%，而我国仅有200多架。按照中国民航"十二五"规划，到2015年，国内至少运营450架直升机，到2020年将突破1000架。截止2011年，欧洲直升机公司宣布共向中国出售了160余架直升机，占我国民用直升机市场40%多的份额。

中国经济的高速发展孕育了直升机产品的巨大需求,而随着国家低空空域逐步开放,这种潜在需求将很快变成现实需求;直升机产业即将成为我国下一轮经济增长的一支强劲动力。直升机产业正面临千载难逢的历史机遇。但是,在直升机所迎来直升机市场大发展的同时,国外直升机成熟企业虎视眈眈,凭借其先进的技术和优越的市场优势,大举进攻中国市场。民族直升机产业面临空前挑战。

(三)改革现有人才机制的客观需要

2004年以来,直升机所大力推进实施专业技术带头人选拔使用激励体系,突破了传统体系的束缚,科研技术人员的主动性与创造性有了较大提升,但由于传统因素的影响和经济能力的限制,改革后的管理体系还存在不少问题:一是研究室主任等中层管理者仍列为专业技术带头人选拔的对象,而且占有较高比例,导致一般科研人员的进取心相对减退;二是专业技术带头人未曾进行公开选拔聘用,影响了科研技术人员对管理体系的信任度;三是研究室主任身兼两个角色,力不从心,而一般科研人员空担虚名,未能较好地履行技术带头人的职责;四是专业技术带头人的工资待遇相对于同一研究室的中层管理者偏低,难以激发其工作积极性和创造性。

为了解决上述问题,最大程度的发掘人力资源的巨大潜力,直升机所从2009年开始,结合自身行业和单位特色,探索建立科研人员职业发展体系。

二、构建世界级直升机研发机构的科研人员职业发展管理内涵和主要做法

2009年以来,直升机所坚持科学发展观,以构建世界级直升机研发机构为使命,以员工与组织协同发展为目标,以"尊重人的需要、激励人的创造、成就人的价值"为理念,大力实施人才强所战略,在职业发展途径、岗位职责、人才选拔、能力培养、绩效管理、薪酬激励和组织环境等方面取得重大突破和创新,建立了"长家分设、以家为主"的科研人员职业发展管理机制,努力为员工打造实现自我价值的平台,培养造就了一支规模适当、结构合理、专业配套、素质优良,逐步与国际先进水平接轨的一流技术专家队伍,为直升机所持续快速地发展提供坚强的智力支撑。主要做法如下:

(一)树立尊重人性、用人所长的价值理念

科研技术人才是直升机所人才队伍的重要组成,是"发展人"的典型代表,有良好的专业操守和健康的做人准则,是一类高素质的、有远大理想的群体,需要在高度和谐、亲切友善、公平公正的工作环境中才能发挥自己的聪明才干,为社会创造更多的经济效益和社会效益。

要促进员工的自我价值实现和组织的健康快速发展,就必须实施科研人员职业发展管理,就必须清晰地了解科研技术人员的个性特征和内在需求,明确地制定员工个人职业发展目标,建立健全一套培养国际一流技术人才的管理机制,真正做

所科研区

到"以人的发展为根本",保证员工高度的职业忠诚度、文化认可度和组织归属感,最大限度地激发科研人员的创造性和工作热情,持续提升组织的核心竞争能力和组织业绩。

直升机所为科研技术人员设定Y型职业发展路线:进入型号技术岗位(从新员工依次晋升为主管设计师、副主任设计师)后,再进行个人职业取向测试,然后择优选拔为"家"或"长"(创新型技术专家或复合型管理干部)。作为国内特大型工程研究所,专业技术人才绝大部分是工科类高校毕业生,因此科技人员更愿意成为各个专业的技术专家。

(二)设置专业分类、层次分明的技术专家职位族

根据"长家分设"的指导思想,直升机所规定必须是各专业研究室中未担任领导职务、并在科研一线从事设计或试验技术工作的在职科研技术人员,才能作为所级技术专家的选拔对象。在行政或技术管理岗位上的专业技术人员,不在人选范围之内。

本着摸清家底、找准差距的工作思路,以直升机所"十二五"及2020年发展战略为指引,坚持专业设置科学合理、全面均衡、粗细对等、促进发展,并符合当代直升机专业发展趋势等原则,直升机所组织全体型号副总师和专业副总师逐个对21个研究室170多个专业进行分析研讨,最后确定以总体、气动、强度、动力学等专业为技术专家的选拔专业。

专家职位按首席、A级和B级技术专家三级进行设置,其中:首席技术专家按12个专业进行推荐选拔,每专业设首席专家1人;A、B级技术专家按40余个专业进行推荐选拔,原则上每专业设A级技术专家1人,B级技术专家2人。

首席专家职责:在科研设计职位中担任重要职务,并模范履行设计师岗位职责;作为大专业的技术总负责人,对大专业重大技术方案的决策负全面责任,明确和引导本专业建设思路,并负责指导安排;把握国际最新专业发展动态,提出对未来专业发展具有关键影响的、富有创意(原创力)的预研课题建议;负责解决或组织解决重点项目研制中本专业的主要关键技术问题;取得高水平的标志性成果,为提升本专业在国内外或行业内外的学术地位作出实质性贡献;带领专家团队攻坚破难,培养一至两名首席专家接班人。

A级技术专家职责:在科研设计岗位中担任重要职务,并模范履行设计师岗位职责;作为分专业的技术负责人,对分专业重大技术方案的决策负全面责任,明确和引导分专业建设思路,并负责指导安排;对科研项目中涉及分专业的重要技术问题提供技术咨询;定期归纳传授分专业的工程经验或专业前沿知识;积极参加国内外高端学术研究活动或发表高水平的学术论文。

B级技术专家职责:在科研设计岗位中担任重要职务,并模范履行设计师岗位职责;协助A级专家促进分专业的建设与发展,不断提升分专业的技术水平;了解分专业技术前沿知识,积极参加各类高水平学术技术研究活动或发表学术论文;定期总结介绍分专业的工程经验;指导专业技术人员工作,培养新生力量和分专业的接班人。

同时明确研究室主任主要承担技术协调管理、专业发展规划、人才选拔、培养使用和薪酬分配等行政管理职责,是研究室行政和科研任务的第一责任人。技术专家必须服从室主任领导、安排,主要承担科研任务审核、技术把关攻关、人才培养、专业发展等职责,是研究室专业发展的第一责任人。

(三)建立品行优先、客观公正的人才选拔机制

直升机所规定:各级专家候选人符合基本条件的前提下,还必须同时满足相应的学

历、职称、硬性获奖成果和发表论文等硬性条件,才有资格参加选拔。

1. 制定评价指标体系

评价指标选取原则有:将学历、资历等静态标准转变为以能力、业绩等动态标准的评价指标体系,力求客观公正地评价科研人才的工作才能;以硬性指标——论文和成果水平为主,注重评价科研人员的专业及相关专业理论基础知识、专业知识、专业能力、解决实际问题能力和技术创新能力。

这套指标体系主要在直升机所技术专家进行选拔和空缺专业补充新人员时使用,由品质、主动性、成就导向、学术水平、专业能力和业绩贡献等六个评价要素构成,并分为五个等级;采取量化评分办法进行人才评价,评分按百分制,权重分别为:10、10、5、20、40、15。

2. 成立评价机构

技术专家评议与选拔工作在直升机所所务会领导下进行,总体方案及工作中的重大问题由所务会讨论决定。

成立直升机所技术专家评议委员会,成员由总设计师、主管型号的副所长、型号副总设计师组成。评议委员会负责技术专家的所级选拔与考核的评审,并提出建议。评议委员会设工作办公室,办公室设在人力资源部。

组织退休老专家成立常设机构——直升机所成果评审委员会,重点评价"学术水平、专业能力"两项指标,使用硬性指标(论文、成果)分别作为实际评价指标,专门负责直升机所科研人员的工作成果(含阶段性成果)、学术论文的评审工作。

成立基层单位人才评价小组,成员由基层单位确定,报人力资源部备案,负责对本单位技术人员进行选拔评议,侧重参选人员的品质、主动性、成就导向等深层次评价要素的评价工作。

3. 明确选拔工作程序

为保证人才选拔评价的客观公正性,选拔分为8个步骤:下发选拔通知、个人申请或基层单位推荐、人力资源部组织资格审查、组织参选人进行公开答辩、专家评委会评议推荐人选、所务会审批、任前公示名单、下发所长聘任文件。

根据坚持标准、宁缺毋滥的原则,2009年首次选拔有205人报名参加,其中68人、137人分别报名参加A、B级技术专家选拔,最后公开聘任了25名A级技术专家、100名B级技术专家,形成了一支以首席专家、A级专家、B级专家为龙头的科研人才阶梯队伍。

(四)建立公开公平的专家选拔和业绩考核机制

2009年正式下发《所级技术专家选拔与管理办法》、《所级技术专家业绩考核管理办法》、《所级技术专家津贴管理办法》等管理文件,构建一套比较全面系统、科学合理的骨干人才管理机制,为技术专家管理体系建设提供了强有力的制度保障体系。

采取开放式评审方式开展专家选拔和业绩考核,即提前下发评审通知,要求各专业的技术人员必须旁听其对应专业A角的答辩评审,可以自主选择旁听三次相关专业的答辩会。根据大专业分别成立三个答辩小组,进行参选人现场汇报和评委随机提问,并形成评议结果。

开放式评审过程分为三步。第一步是个人汇报。汇报内容主要包括四部分:个人简况、概述近年来(申报 A 级专家近 3 年、申报 B 级专家近 5 年)个人所从事的专业技术工作、总结近年来个人所取得的业绩贡献、说明本人今后在本专业发展的工作重点和方向。二是公开答辩。评审组专家提出问题,请被评人员回答。三是评委评议。根据《专家选拔指标体系》,评委对每位被评人员给出初评分;所有人员答辩结束后,评议组综合评议,结果提交所级技术专家评委会。

直升机所是国家一级保密单位,因此参评资料、评审结果、专家绩效计划等相关材料采取办公网络与纸质材料在一定范围内公示的形式,但任前公示和聘任文件都发布在直升机所园区网上。

(五)完善形式多样、效果显著的能力培养机制

直升机所坚持实践锻炼、技术合作和教育培训相结合,全面促进技术专家能力和素质的快速提升。

制定重要项目锻炼、国际合作、岗位交流、知识模块编制、接班人计划、发展论坛、培训学分制等培养制度;每个 A 级专家负责各专业的尖端科研项目;在专业发展建设、重大项目立项时充分听取技术专家意见;积极组织技术专家出国进修、访问考察和参加国内外学术会议;安排专家与国内外高校老师合作开发项目,打造产学研一体的技术创新发展平台;有针对性安排技术专家到国内外一流大学相应学科(专业)参加高层次人才培训、担任大学兼职教学工作;建立所领导与技术专家联系制度,及时掌握专家的思想动态,直接听取专家的建议。

工作实践最能培养开发技术人员的全面才干和潜力。直升机所注重在型号立项、课题申报、项目建设中,重点培养技术专家系统思考、原始创新、勇于担当等能力;紧密结合繁重科研任务,坚持在项目研制实践中锻炼培养人才,大胆地给每位技术专家压担子交任务并制定培养两名青年人才,形成技术人才职业能力培养链,做到科研任务与人才培养的"两不误、两促进"。

充分利用国际合作优势,打造项目设计的精英专家团队。直升机所充分抓住早期的 S－92 国际合作良机,学习掌握国际先进的直升机设计技术和型号研制管理经验,培养中年技术专家;近年来,直升机所更是利用 Z15 国际合作的良机,先后接待外宾 310 批近 900 人次,派出 195 批次近 600 人次科技人员到国外开展联合设计,专业技术能力和项目管理水平得到很大提高,培养造就出一大批青年技术专家,并将该项目先进的管理经验和技术应用到其他重点项目中;每年选派若干名访问学者前往欧美学习进修,进一步提升高层次人才的能力水平。

(六)实行定期考核、优胜劣汰的绩效管理

1.制定任期计划

技术专家实行聘任制,按专业授予称号,实行聘期目标管理,任期两年。每个任期开始,根据研究室的专业建设目标和工作任务,技术专家与研究室主任协商制定《专家任期目标责任状》,作为专家绩效管理的考核依据。

《专家任期目标责任状》主要包括型号任务的目标、提升自身专业能力的目标两大内容,其中以后者为主。能力提升目标细分为重大项目研制和关键技术解决情况、获得专利或成果或发表技术论文的数量、参加技术交流活动情况、建设专业团队、培养专业后备

人才和标志性贡献成果。

2. 绩效指导

通过项目管理网络平台,记录专家任期目标任务的进展情况;研究室主任及时掌握、沟通、反馈及调整,保证持续推进各项目标的顺利实现。

各型号副总师或专业副总师定期主持召开会议,就项目进展情况进行充分沟通和针对性指导,就出现的相关问题、改善措施、成功经验进行总结和交流。及时提出问题、分析问题、解决问题,持续推进技术专家业绩得到改善。

3. 绩效考核

考核指标,分为两级,其中一级考核指标分为3大项,即能力发展、工作成果、组织行为,二级考核指标分为10小项。

评定标准,采取百分制,并分解至每一类考核指标。

评审方式,年底依据个人的《专家任期目标责任状》,每位专家提交一份《年度或任期业绩总结报告》,并对照考核指标体系实事求是地自我评定。研究室组织对本室所有技术专家进行年度或任期业绩考核,并将初评结果提交人力资源部;所技术专家评议委员会开展年度或任期所级专家业绩考核评审会,形成评委会考核结果。评委会采取抽查方式,对专家个人自评及基层单位考核结果进行检查,同时根据其准确性进行加权计分。

4. 结果反馈

研究室对专家年度或任期的考核结果进行及时反馈,并指定专人与其进行绩效面谈,达成绩效改进共识。考核对象对考核结果如有异议,可申请复核。每个考核周期结束后,人力资源部对考核材料进行整理,建立技术专家绩效管理档案。

在年度考核"良好"的基础上,其中首席专家年收入等同副总师、A级专家等同研究室主任、B级专家等同研究室副主任,进一步提高高层次人才的工资待遇。这样既体现了考核结果的公平一致性,又区别了技术专家的实际能力水平。目前A级专家年平均收入为20万元,B级专家为15万元。

5. 动态调整

直升机所根据考核结果决定是对技术专家是否续聘、兑现专家津贴等待遇。

年度考核结果为"差"者,终止聘任,不再享受高级专家相关待遇;"一般"者,暂不兑现当年专家津贴,经绩效面谈后由本人提出改进计划,待聘期结束考核后,确定是否兑现津贴等专家待遇;"良好"及以上者,可连续续聘并兑现当年津贴;"优秀"者,作为直升机所向集团公司或其他上级部门推荐各类高层次人才的后备人选。

出现重大技术、质量、保密、技安责任事故等情况,并造成重大经济损失的专家实行一票否决制,立即予以解聘。

任期届满,重新组织选拔聘任,年度考核结果作为下届聘任的主要依据;每届调整率不低于12%。

三、构建世界级直升机研发机构的科研人员职业发展管理效果

(一)促进了员工素质的全面发展

科技人员对工作环境与人文环境满意度、直升机所愿景认同度都有显著提高,将组织目标与个人价值实现融为一体。为确保各项重大任务顺利完成,2009年来直升机所

70%的研究室员工放弃了节假日、周末休息时间,根据科研项目需要实行"611"工作制,奋斗在景德镇、外场试飞试验现场,特别是近两年某关键项目团队坚持"711"工作制连续工作13个月,春节期间仅用两天时间与家人团聚。

逐步建立起与先进直升机研发体系相适应的现代人力资源管理体系,优化人才队伍规模、结构和能力,重点培养了一批创新型科研人才。有200余人成为所级技术专家,有3人成为国家级专家,5人成为省级专家,4人获得航空报国金奖,2人成为集团公司首席技术专家。一批科研领军人物崭露头角,一支平均年龄32岁、理论功底扎实、学术造诣较深、有较丰富工程实践经验、具有组织协调重大型号任务能力的技术专家队伍,已经成功地担负起直升机事业跨越发展的历史重任。

(二)提升了组织的核心竞争力

管理体系实施3年来,研究所的技术能力快速提升,实现了两个转变:一是从初步掌握第三代直升机的设计技术到建立完整的第三代直升机研发体系的转变;二是从跟踪模仿设计到完全自主创新的转变。近三年是直升机所历史上科研任务最繁重的时期,直升机所不断加强预先研究和型号技术攻关,攻克了旋翼技术等一系列制约直升机发展的关键技术,重点工程的研制实践进一步提升了整体技术水平。三年来荣获国家科学技术进步二等奖1项、省部级奖22项、集团公司奖59项,申请专利89项,取得专利授权19项。

团队设计效率快速增长。过去直升机详细设计需要5年左右的时间,现在缩短为1年。2011年,直升机所同时进行两个新型号的研制开发,实现军机和民机研发同步跨越发展,出色地完成了5个全新重要型号、16个改进改型和20个重要预研任务,而人员总数只增加了19%。

直升机所不仅圆满完成了数量繁多的军机研制任务,而且开发了多型倍受市场关注的民用直升机产品,在国内掀起一阵接一阵的"AC"直升机旋风,科研型号和直升机所各项事业实现了大发展。2011年9月AC313直升机在青海共和成功飞越海拔8000米,创造国内直升机飞行升限新纪录,并已取得TC证,标志着中国民用直升机的研发正在接近世界领先水平,与欧美国家站上"同一起跑线";AC311完成了全部适航验证试验试飞,该机设计达到了当代世界同类机型的先进水平;AC310实现了首飞,精彩亮相天津直博会;U8无人机完成了技术鉴定,多次参加大型博览会并得到好评。

(成果创造人:邱光荣、赵伟华、罗嗣瑶、朱红波、
冯 伟、胡寒健、胡太针、樊 乐、徐顺飞)

提升价值创造能力的经营业绩综合考核体系构建与实施

中国航天科工集团第三研究院

成果主创人：院长魏毅寅

中国航天科工集团第三研究院（简称航天三院）成立于1961年，是目前我国集预研、研制、生产、保障于一体，配套最为完备，门类最为齐全的飞航产品研究院。现有26家单位，包括1个总体设计部、10个科研生产一体化专业技术研究所、2个总装厂、4个综合保障单位和9个公司企业（其中1个上市公司）。拥有在职职工20600余人，有3个博士后工作站和16个专业7个硕士学位授予点。

航天三院先后研制成功10多个系列30余种飞航导弹，填补了我国武器装备系统多项空白，部分型号已经接近或达到世界先进水平，在我军装备体系中占有十分重要的地位。同时依托军工企业技术优势、产品基础和品牌效应，努力探索军民融合发展道路，已形成石油石化装备、电力装备、光电信息、现代服务等7个民用支柱产业。共获得国家级、省部级科技奖励1297余项，其中国家科学技术进步特等奖5项，一等奖10项，国防科技进步特等奖3项。

一、提升价值创造能力的经营业绩综合考核体系构建与实施背景

（一）持续提升整体实力的迫切需求

军用产业是军工企业存在的根本，过去业绩评价体系只考虑了债务成本的资金成本，而忽略了企业权益资本的资金成本，资产运作效率以及经济效率的计算有所扭曲，经营业绩评价的合理性也存在偏颇；一直以来，"国家利益高于一切"的高度使命与责任感使得资产的机会成本与利用效率被忽视，对国家的军用技改投入建设未能得到最合理配置，价值创造效能未能得到最有效发挥。

走军民融合式发展道路是国际军工企业的整体发展趋势，也符合国资委对大型央企做强做优的总体要求。航天三院新产品贡献率及产品集中度低，能带动产业化规模化发展的主打产品、拳头产品匮乏，民用收入快速提升难度很大；此外，民品人工投入等各项成本居高不下，产品附加值低，整体竞争力较弱。

航天三院国际化经营规模占比不足5%，与成熟企业20%以上的占比规模差距较大，与军、民、国际化经营规模形成鼎立之势要求差距明显。

（二）持续提升经济运行质量、提高运营效率的迫切需要

航天三院作为军工企业近年收入规模和经济实力得到了大幅提升，尤其是民用产业，较2005年增长达732%，但是非主业贸易额增长迅速，为占领市场通常采用赊销的方

式赢得用户,对全院年度实现利润、成本费用占营业收入比率、应收账款以及存货等盈利指标优化带来不利影响,给稳步提升经济运行质量带来压力和提升空间;254厂、111厂并入航天三院时间不久,均面临负担沉重、经营困难、优势项目缺少的不利背景;国内外经济形势日趋复杂,经济发展充满不稳定及不确定性,在推进国际化经营进程中也需严控风险、稳健发展。总体而言,航天三院的发展过程中仍面临诸多影响经济平稳运行的风险与挑战,需要认真分析梳理各业务板块、项目及产品的价值创造能力,并进行针对性调控,积极有效控制风险,持续优化经济结构,保证经济运行平稳,并持续提升运行质量与运营效率。

(三)满足集团管控需求、实现健康可持续发展的迫切需要

过去对央企的业绩考核体系主要以财务指标为主,而财务指标又以利润等绝对量指标为主,容易引导企业盲目扩大规模,追求数量而忽视质量与资本成本,片面追求规模扩张,不注重价值创造与规模效益提升。科工集团公司顺应国资委要求逐步调整管控思路,要求所辖单位持续提升价值创造能力、切实转变经济发展方式。需要航天三院顺应集团管控思路持续关注经营风险,从多元经营转向做强主业,收缩在非主业经营的经营活动;从短期行为转向长期行为,着眼长远利益科学决策,提高创新与研发投入,注重新产品的开发、人力资源储备培养等;从规模扩张转向价值创造,遏制投资冲动;从利润导向转向价值导向,关注能促使企业持续健康发展的价值创造能力提升,切实转变经济发展方式,实现健康可持续发展及宏伟战略目标。

二、提升价值创造能力的经营业绩综合考核体系构建与实施内涵和主要做法

航天三院依据价值创造理念等,借助企业层面经济增加值(EVA)价值驱动要素分析、产品层面价值创造过程监测分析,构建体现差异、开放的、持续改进的经营业绩综合考核体系,并通过狠抓EVA预算管理落实,大力开展成本工程,持续加强全面风险管理,着重强化过程监控与考核等分步实施。主要做法如下:

(一)加强组织领导,统一规划体系建设

院领导班子站在新的历史起点上,着重做好国资委考核理念、转型升级思路以及集团公司的"二次创业"战略部署落实工作。成立规划深化论证领导小组及工作小组,对综合规划、军民贸三大产业规划、区域规划等重点开展深化论证,转变发展方式,提升整体价值创造能力。建立健全考核体系修订工作常设机构,成立业绩考核体系领导小组与办公室,由专门组织及专人推动落实。办公室设在院发展计划部,牵头修订构建考核体系,负责具体工作的组织推进及落实;牵头做好以价值创造为导向的考核体系跟踪研究,以便考核体系的持续完善。

研究确定分步实施、持续改进的"四步式"工作思路。2009年价值创造的经营理念初入航天三院,主要以深入学习、准

成果主创人:副院长黄兴东

确把握、全面宣贯、研究实施为主；2010年结合前期的研究，将经济指标中EVA与净资产收益率指标并行考核，创新尝试的同时体现稳健过渡，同时便于发现问题及时修正；2011年将价值创造理念再次推进，将净资产收益率替换为EVA并依据各单位特点赋予权重。因同类单位间权重设置也有差别，以主体权重为例进行比较，近四年各类单位的EVA考核权重总体呈上升趋势。

在战略牵引的基础上，航天三院采取多层次针对性培训学习，加大对EVA以及价值创造理念的宣贯力度。一是积极组织院本级总会计师、计划部以及财务部等主要领导参加集团公司的相关培训，重点学习EVA的理念、原理、成功案例，关键价值驱动因素评估运用等；二是在院本级邀请国资委和咨询机构专家进行针对性培训，主要面向院机关及院属单位层面主管计划、财务以及考核的领导及业务主管人员，内容侧重于EVA关键驱动因素、过程监测内涵、计算方法等实操层面；三是在院属单位开展全体员工培训，内容侧重于对国资委实施EVA考核的战略思考、内涵以及总体考核导向、工作导向等。通过多层次有针对性地宣贯培训，为构建以价值创造为导向的经营业绩综合考核体系提供理论基础。针对前期的理论学习及基础知识普及，发动院及院属单位、院属单位分公司等多层面多形式加强对EVA以及价值创造的交流，组织辩论赛、演讲比赛等，积极营造工作中对具体工作单元分析价值创造贡献的氛围，提高全员对价值创造的关注度。

(二) 建立经营业绩综合考核体系

依据院属单位的发展定位，研究确定各单位的共性与差异，增强价值创造考核理念与各单位发展定位的融合统一。依据院属单位特点将其分为三大类，即总体、科研生产和总装类，基础专业及保障类，经营及平台类，EVA的考核权重设置在各大类间体现差异，同一类间不同单位也有不同。

1. 确定两级企业层面价值考核指标

EVA驱动因素在不同企业、不同部门各异，需根据具体所处的行业、主要业务和资本规模等梳理相应的关键价值驱动因素，据此对下一考核期的考核指标目标值进行修正，并对下一考核期提出EVA实施的具体改进建议。

航天三院在院及院属单位两级启动EVA驱动因素分析，在院本级重点分析业务板块对院本级EVA创造或毁损的因素；对院属单位，侧重从经营、投资等业务层面进行分析，关注其对院层面的EVA影响(图1)。具体包括：一是提高产品毛利率，通过提高现有资本收益，即在不增加投资规模的条件下，通过提高资本的使用效率和加速资本周转速度来增加收益；二是加强期间费用管理，降低成本费用率，通过增加杠杆功能，重视内部融资的资本成本；三是重视资产的周转速度，加快应收账款和存货等流动资产的周转；四是在现有投资成本的水平上增加回报，扩大投资收益率；五是在不引发支付风险情况下减少货币资金留存量；六是充分利用固定资产，减少利用率低的固定资产的留存量；七是投资净资产收益率高于资本成本的项目。

2. 确定产品层面价值创造考核指标

对EVA实施来说，仅考核企业层面EVA存在困境，如对EVA年度考核的结果缺乏期间判断和控制、缺乏进行资源配置调整的依据、EVA考核与经营层面相脱节等，为解决上述问题，航天三院继续深入强化对产品层面的价值创造过程监测分析。

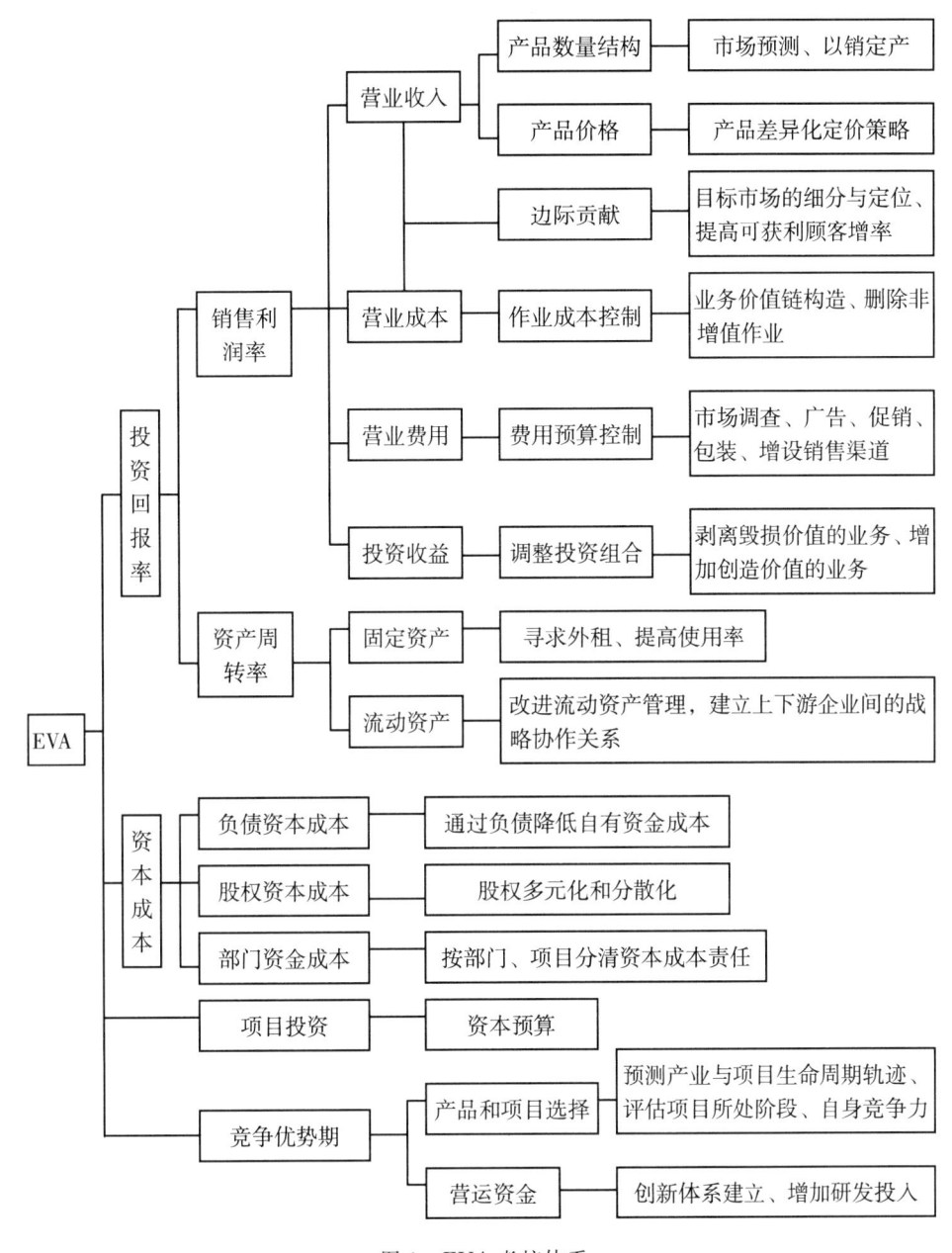

```
                    ┌─ 产品数量结构 ── 市场预测、以销定产
          ┌─ 营业收入─┤
          │         └─ 产品价格 ──── 产品差异化定价策略
          │
          │         ┌─ 边际贡献 ──── 目标市场的细分与定位、
          │         │                提高可获利顾客增率
   ┌─销售利┤─ 营业成本─┤
   │ 润率  │         └─ 作业成本控制── 业务价值链构造、删除非
   │      │                          增值作业
   │      │
   │      │         ┌─ 费用预算控制── 市场调查、广告、促销、
   │      ├─ 营业费用─┤                包装、增设销售渠道
┌投资│     │
│回报├─    └─ 投资收益── 调整投资组合── 剥离毁损价值的业务、增
│率  │                                  加创造价值的业务
│    │
│    │      ┌─ 固定资产 ──── 寻求外租、提高使用率
│    └─资产周┤
│      转率  └─ 流动资产 ──── 改进流动资产管理，建立上下游企业间的战
EVA─┤                         略协作关系
│
│    ┌─ 负债资本成本 ── 通过负债降低自有资金成本
├─资本┤
│  成 ├─ 股权资本成本 ── 股权多元化和分散化
│  本 │
│    └─ 部门资金成本 ── 按部门、项目分清资本成本责任
│
├─ 项目投资 ── 资本预算
│
│              ┌─ 产品和项目选择 ── 预测产业与项目生命周期轨迹、
└─ 竞争优势期 ─┤                    评估项目所处阶段、自身竞争力
               └─ 营运资金 ──────── 创新体系建立、增加研发投入
```

图 1 EVA 考核体系

建立模式。积极尝试进行产品 EVA 价值创造过程监测分析，暂以综控机、复合管道、汽车电子、安保产品四项产品为 EVA 价值创造监测试点产品。由院属四家单位按月上报产品价值创造过程监测表，院相关部门整合数据对各产品的价值创造能力进行比对分析。

计算产品 EVA。计算产品毛利 EVA，以在毛收入和部分营业成本同时支持产品的经营性固定资产层面，判断产品的价值创造贡献及其能力；计算产品营业 EVA，以在营业收入及全部营业成本、全部经营性资产层面判断产品的价值创造贡献和能力;计算产品综合 EVA,以在利润总额与全部资产层面判断产品的价值创造贡献和能力。计算产品三个层次 EVA 率,以在三个不同层次间进行相同企业或不同企业的相同产品、不同产品之间的产品价值创造能力比较;计算产品 EVA 率,对相同企业或不同企业的相同产品、不同产品之间的产品价值创造能力进行比较。

信息反馈。通过对该四项产品的价值创造过程监测分析,深入到产品层面,发现价值创造的最基本单元和个别产品;对四项产品的价值贡献作出比较,找出产品之间的价值贡献能力差异,为 EVA 关键驱动因素与价值创造或经营短板的判断提供依据,为迅速明确客观的找到企业 EVA 贡献所在和薄弱环节、为产品组合与结构的策略制定、资源配置及其调整提供决策参考,同时从经营层面为企业的 EVA 考核与价值管理提供改进和优化建议。

(三)狠抓落实 EVA 预算管理

以全面预算管理为起点,形成集团公司考核要求与院发展目标相结合、全院资源配置预算与各单位全面预算相结合、年度预算与任期以及规划期预算相结合的预算管理体系,在年度预算编制中强调 EVA 变动值务必为正,持续提升价值创造能力。预算管理中注意以下问题:

一是存货、应收账款、应付账款等流动资产的管理问题。这些尽管属于企业资产,但由于不需要支付利息,在计算资本占用时予以扣除。二是在建工程、工程物资、固定资产等非流动资产,这些资产的管理和使用将直接影响 EVA 的计算。三是无形资产和研发活动。研究界定研发活动,如联合高校研发、重复研发、无效研发、购买研发等哪些属于研发活动,哪些属于操纵 EVA 指标计算的非正常经营行为。

(四)大力开展成本工程

为增强价值创造能力,航天三院大力实施成本工程工作。通过建全制度体系、奖励表彰、试点推行、统一采购等措施,全力提升成本控制能力,为提升价值创造能力的经营业绩考核体系实施提供有力支持。

建立制度。制定印发《三院成本工程管理手册(2010 年版)》等一系列成本工程制度,并对全员进行宣贯,统一思想、加深成本管理理念、促进制度贯彻落实、进一步推动成本工程第二阶段实施,为持续提升价值创造能力助力。

奖励表彰。按照《三院成本工程考核和奖惩实施细则(试行)》要求,对各单位成本工程专项奖励项目进行评选,并对工作突出的单位和个人给予成本工程先进单位、先进个人称号,从制度上鼓励降本增效、价值创造。

试点推行。制定《三院成本工程专题试点工作指导和验收方案》,选择 33 所等四家单位作为院成本工程试点单位,分别从推进成本工程管理体系建设、外协外购成本管理和控制、经济性评审、生产过程成本管理和控制等四个方面开展成本工程专题试点工作,为全面实施奠定基础。

全面推行"五统一"工作。对《三院 2012 年型号"五统一"外购物资价格目录》须经过评审,充分发挥集中采购的规模优势,有效降低采购成本、提升价值创造能力。

(五)持续加强全面风险管理

组建全面风险管理委员会,强力推进以制度建设为基础,以内部控制为保障,以内部审计为监督的全面风险管理体系。

确定风险管理策略。以发展战略目标、风险偏好、风险承受度及风险管理有效性为基础,结合自身条件和外部环境,确定适合的风险管理总体策略,并依据资源配置原则落实所需的人力和财力资源,安排风险管理的优先顺序。

制订与实施解决方案。针对各类风险或每一项重大风险制订并实施风险管理解决方案,明确基本步骤,确定风险管理目标,从不同角度设计(起草)风险管理解决方案,选择并执行风险管理最佳解决方案以及评价风险管理解决方案。

监督评价和持续改进。在日常工作中对风险管理的效率、效果进行持续改进,及时分析风险管理中存在的问题。风险主管部门定期或不定期对风险管理职能进行评价,提出风险管理改进建议。各单位审计和监察部门,将风险管理审计和监察纳入风险管理体系,对风险管理执行情况及工作效率进行评价。

强化文化建设。风险无时无处不在,坚决防控纯粹风险,审慎对待机会风险,树立良好的风险管理文化,促使各级领导和职工达成统一认识,同时要求各级领导在风险管理文化建设中起到表率作用,在相关重要业务流程和重要部门,指导培育风险管理文化。

(六)强化过程监控与考核

通过固化业绩考核体系审定流程、多层把关等措施确保价值创造为导向的经营业绩综合考核体系科学可行。业绩考核办公室按照固定程序逐级审议考核体系,最终由领导小组审定通过印发。

为确保提升价值创造能力的经营业绩考核体系得到有效落实,航天三院将EVA纳入经济运行监测体系,要求各单位将各自关注的数据按月上报。财务角度重点关注资本回报率、税后净营业利润、资本周转率等关键驱动因素的变动情况,以发现各企业价值创造过程中存在的问题和不足;考核角度重点关注收入、利润与EVA完成情况的匹配性,EVA同比、环比完成情况并按月列榜通报,以警示督促各单位采取针对性措施。通过财务以及考核角度对EVA的动态监测与价值诊断,分析识别各单位EVA创造、提升的路径、经营短板和关键驱动因素,使价值创造的衡量、考核与企业经营实现更深层次的融合。

三、提升价值创造能力的经营业绩综合考核体系构建与实施效果

(一)考核体系建设成效显著

经营业绩考核体系作为航天三院体系建设的重要组成部分,自2009年施行至2012年,根据具体实施效果及存在的问题每年进行一次修订,与综合考核办法配套的军用产业、军民融合、国际化经营、固定资产投资等配套考核办法,以及院属单位考核办法均相应进行调整,考核体系自上而下几经实践完善,提升价值创造的经营业绩考核思路日趋成熟,考核方法日趋科学,体系结构日趋合理,指标权重日趋完善,导向作用日趋明显,助推了航天三院整体实力不断壮大、运行质量不断提升、价值创造及可持续发展能力不断增强、发展方式转变步伐不断加快。

(二)整体实力不断壮大

军、民、国际化经营均得到快速发展,营业收入由123.08亿元增长到164.63亿元,

利润由 9.34 亿元增长到 13.04 亿元,成本费用占营业收入比率由 93.54% 降至 93.43%,盈利能力不断增强;随规模的逐步提升,应收账款与存货规模总体保持可控,2011 年全级次 52 家单位中亏损户数为 0 户,无资不抵债单位。经济实力不断增强,在集团内年度考核连续三年被评为优秀,并连续三年位列第一。

(三)价值创造及可持续发展能力不断增强

从 2009 年至 2011 年,EVA 由 5.87 亿元增长到 8.34 亿元,资产 EVA 率由 3.02% 提高到 3.44%,价值创造能力不断增强;创新投入持续增加,2011 年技术创新投入比率为 27.2%,高于集团公司平均水平 13.72%(2010 年决算数),可持续发展能力得到持续巩固加强。

(成果创造人:魏毅寅、黄兴东、张恩海、李雪梅、韦锦峰、高照利、周　莹、孙金领、王　雪、郭伟星、汪贤锋、刘　畅)

效率与公平相统一的薪酬分配体系建设

中国石油集团渤海钻探工程有限公司

中国石油集团渤海钻探工程有限公司(简称渤海钻探)由原大港油田集团公司和华北石油管理局的钻探技术服务系统于2008年2月重组成立,是为油气田勘探开发提供石油工程技术服务的专业化公司,拥有石油钻井工程、定向井技术服务、泥浆技术服务等15项业务,技术服务队伍遍及华北、大港、塔里木等十多个国内油气田和印尼、委内瑞拉、伊拉克等八个国际市场。2011年完成工业总产值206.89亿元,实现考核利润7.6亿元。渤海钻探率先成为中国石油天然气集团公司(简称中石油)规模最大的国家级高新技术企业,连续被中石油经营绩效考核为A类企业,先后荣获全国五一劳动奖状、国家技能人才培育突出贡献单位、全国文明单位等省部级以上荣誉和奖励50余项。

成果主创人：公司总经理秦永和

一、效率与公平相统一的薪酬分配体系建设背景

(一)建立企业重组后统一薪酬分配制度的需要

渤海钻探重组前分属两个不同的企业,分配政策存在较大差异:一是基本工资制度政策存在差异,主要表现为岗位(技)工资标准不同,岗级、岗序适用范围不一致;二是津补贴项目、标准、适用范围存在差异;三是奖金政策、奖金项目和标准存在差异。通过测算,来自两个原企业的员工年人均收入制度性差距达到8000元左右,使部分员工心理不平衡。

(二)处理效率与公平分配关系的需要

渤海钻探成立之初,用工总量达34000余人,所属分公司23个(原大港油田集团公司11个、华北石油管理局12个),实行公司机关—分公司(23个)—基层作业队(800支)的三级组织架构管理模式,技术服务队伍分布在国内外多个油气市场。一方面,从公司工资总额管理来看,所属23个分公司的工作性质、生产特点各不相同,以什么方式对工资总额进行分配,需要统筹兼顾,建立一套合理的工资总额分配办法;另一方面,将工资总额分配到各分公司后,各分公司如何实施内部二次分配,调动基层队和员工的积极性,需要渤海钻探制定有效的薪酬分配管理制度,督导、监控各分公司搞活内部分配。

(三)促进企业又好又快发展的需要

钻探业务属高度竞争、高风险和技术密集型行业,要实现又好又快发展,必须有效利用薪酬分配的杠杆作用。一是必须发挥薪酬分配的激励职能,通过制定薪酬政策加以引导,鼓励所属单位积极开拓市场;二是必须尽快建立一套激励与约束并存的薪酬分配制度,将员工收入与安全生产紧密挂钩;三是必须在分配激励机制上打破常规,重奖在科技研发、技术推广、科技创业等工作中做出突出贡献的单位和人员,大力推进科技进步。

二、效率与公平相统一的薪酬分配体系建设内涵和主要做法

渤海钻探以保障企业又好又快发展为目标,立足于薪酬分配的公平性、创新性和竞争性,坚持效率优先、注重公平、合法合规的分配原则,着力推行多劳多得、多增多得、多交多得的分配理念,深入实践岗位管理、绩效管理和薪酬管理的有机结合,大力发挥薪酬分配的导向激励作用,构建效率与公平相统一薪酬分配体系,有效促进市场开发、安全生产、科技创新,提高经济效益,加快建设"优势突出的国际化石油工程技术服务公司"的步伐。主要做法如下:

(一)构建一项效率与公平相统一的薪酬分配体系框架

构建效率与公平相统一的"11431"薪酬分配体系框架。"1"即建立一项激发企业活力与凝聚力的激励机制。从宏观和微观两个层面构建激励机制:宏观层面,重在追求效率,将工资总额分配与基本收入保障要素、创收要素、利润要素等挂钩,实施定向激励,鼓励分公司多收多得、多增多得、多交多得;微观层面,重在结果公平,在保障职工基本收入的基础上,按照"多劳多得、多干多得、多贡献多得"的原则进行薪酬分配,调动全体员工的工作积极性。"1"即统一规范一项基本工资制度,对重组后不同单位之间的工资差异进行规范,重点统一岗位工资和津补贴。"4"即实行四项以正向激励为导向的奖励政策,包括经营收入激励导向、安全保障激励导向、科技进步激励导向和经济效益激励导向。"3"即重点激励三类骨干群体人员,包括公司中层领导人员、技术技能骨干人员、基层队管理人员。"1"即强化一个全方位监控,通过月度计划审批、发放对象监控和薪酬结果调控政策,规范薪酬发放,实施监控激励。

(二)建立一项激发企业活力与凝聚力的激励机制

渤海钻探按照基本收入保障要素、经营收入要素、利润要素、业绩贡献要素、政策调控激励要素、单位自控激励要素等六项工资激励保障功能定位,将工资总额划分为六个工资总额单元。

1.基本工资

基本工资占工资总额的40%左右,包括岗位(技)工资、岗位性津贴、累计贡献性津贴、地区性津贴和工作保障性津贴。渤海钻探根据基本工资制度规定的工资项目、标准和所属各分公司员工总量核定,在年初下达到各分公司。

2.经营收入工资

用于激励各分公司创收,占工资总额的15%左右,包括月度经营收入工资、年度经营收入工资和年度经营收入增量工资三部分。由渤海钻探分别按月度、年

压裂施工作业

度,与经营收入完成率及实际经营收入增量挂钩考核、控制分配,多收多得、多增多得。

3.创效奖励工资

用于激励各分公司创效,占工资总额的12%左右。由渤海钻探集中管理,并按照《经营责任制实施办法》,与分公司上缴超额利润挂钩,实施年度考核后分配,多交多得。

4.总经理奖励工资

用于奖励在公司生产经营管理工作中成绩优异的集体或个人,占工资总额的3%左右。由渤海钻探集中管理,并按照《总经理奖励基金使用办法》政策规定,由公司主要领导审批发放。

5.重点激励工资

用于对中层领导人员、技术技能骨干和基层队管理人员进行重点奖励,占工资总额的10%左右。包括中层领导人员绩效考核工资、技术技能津贴、基层队管理人员津贴和政策监控激励工资。其中,技术技能津贴和基层队管理人员津贴,根据各分公司员工岗位分布情况和统一政策、标准核定,在年初下达到各单位;中层领导人员绩效考核工资集中管理,并按照公司《中层领导人员绩效考核办法》进行年度考核兑现;政策监控激励工资集中管理,并依据各分公司一线与二线人员年平均收入比例按年进行分配,鼓励工资分配向一线人员倾斜,提高一线人员整体收入水平。

6.自控奖金

采用单位系数法和岗位系数法相结合的方法,核定各分公司自控奖金,作为调动各分公司主动性、积极性,强化安全生产和内部激励的专项工资,占工资总额的20%左右。根据各分公司员工岗位分布情况和统一政策、标准核定,在年初下达到各分公司。

(三)统一规范一项基本工资制度

渤海钻探按照"项目统一、标准一致、功能突出、规范管理"的工作思路,对相对固定的岗位(技)工资和津补贴进行调整。

1.统一岗位(技)工资

统一进行岗位归集、归类、分级、分档,统一岗位岗技工资标准,实施一岗一薪、同岗同薪。一是整合操作和服务岗位人员系列执行的岗位技能工资,将原来的"十岗级十四档"与"十二岗级十二档"统一归集为"十岗级十六档",在按新标准套入工资时,限定增减幅控制在5%以内,对原工资高出新标准5%的部分作为保留,在下一次工资调标时予以冲减,对原工资低于新标准5%以内的部分暂不调整,在下一次工资调标时按新标准直接套标归位。二是制定岗位(技)工资动态运行管理实施细则,按新标准统一晋档时间,明确岗位变动时工资套入运作方式,解决原来岗位岗技工资变动操作方式不一致的问题。

2.统一津补贴

一是统一项目和标准。对原津贴差异较大的艰苦岗位和艰苦边远地区,开展梳理分析、系统评价和分类、分级,分别建立新的艰苦岗位上岗津贴、艰苦边远地区津贴的标准和适用范围,并严格按出勤天数发放。二是整合技能津贴执行政策。统一制定一线队初、中、高级职业资格操作人员技能津贴标准,取消原部分单位的自定政策。三是新建基层队管理人员津贴,实施向基层队关键岗位人员的政策倾斜。四是规范津补贴项目,取消功能重复的驾驶津贴和具有历史特点的书报费、交通费和洗理卫生费等津补贴项目等。

（四）实行以正向激励为导向的四项奖励政策

1. 实行经营收入正向激励政策

渤海钻探服务的华北和大港油田关联交易市场，市场空间很小，仅靠这两个市场根本无法保证公司生存发展需要。为此，渤海钻探制定中长期发展战略，配套建立"月度计划进度考核、年度经营收入指标考核、年度经营收入增量考核"的市场开发考核激励机制，将工资总额的15%设立为专项经营收入工资，分别按月度经营收入工资、年度经营收入工资、年度经营收入增量工资进行分配，及时考核、严格兑现。

月度经营收入工资占经营收入工资的三分之一，统一核定人均月度经营收入工资总额标准，与单位月度完成经营收入进度挂钩分配。每月由市场、财务等专业考核部门对各分公司月度经营收入计划进度进行考核，劳资部门根据考核结果按月核发月度经营收入工资。

年度经营收入工资占经营收入工资的三分之一，与各分公司当年经营收入指标完成率挂钩。当年12月中旬，各分公司出具完成全年生产经营任务承诺书后才能参与年度经营收入工资的分配，并由渤海钻探市场、财务等专业考核部门根据前11个月实际完成情况，对各分公司的年度经营收入指标完成率进行预测考核，劳资部门根据考核结果计算各分公司应得年度经营收入工资。

年度经营收入增量工资占经营收入工资的三分之一，与分公司当年经营收入增量挂钩。当年12月中旬，分公司出具完成全年生产经营任务承诺书后才能参与年度经营收入增量工资的分配，并由渤海钻探市场、财务等专业考核部门根据前11个月完成情况，对各分公司年度经营收入增量进行预测考核，劳资部门根据考核结果计算各分公司应得年度经营收入增量工资。

2. 实行安全保障正向激励政策

渤海钻探确立"追求零伤害、零事故、零污染"的HSE管理工作目标，建立健全安全与井控责任体系，明确各级组织和每名员工的责任，配套设立安全风险奖、安全挂钩奖、安全专项奖，并通过严格分级管理与考核，加大奖励与惩罚力度，推进各级责任有效落实。

设立安全风险奖。渤海钻探将分公司自控奖金的6%设为安全风险奖，每月考核兑现。并规定，对于因安全风险识别不到位发生责任事故的单位，除按相关规定进行行政纪律处分外，凡发生一次死亡1人责任事故的，扣减单位安全风险奖的30%，同时扣减分公司中层领导人员当年绩效考核工资的20%；发生一次死亡2人的，扣减单位安全风险奖的60%，同时扣减中层领导人员当年绩效考核工资的50%；发生一次死亡3人及以上的，全部扣除单位安全风险奖和中层领导人员当年绩效考核工资。

设立安全挂钩奖。从公司工资总额分配体系看，分配到各分公司的工资总额中，各类奖金(含创收工资、创效奖励工资、部分总经理奖励工资、政策监控激励工资、分公司自控奖金)占50%左右，渤海钻探规定各分公司必须从各类奖金中拿出不低于25%的额度设立安全挂钩奖，专门用于本单位安全环保奖励，按月考核发放，强化过程激励。一是对在公司HSE体系审核和安全大检查工作中成绩优秀的单位、基层队和个人进行奖励。

二是对安全井控监督中心和区域市场管理部门的不定期现场巡检中成绩优秀的基层队和个人进行奖励。三是对各分公司定期安全考试和安全检查中成绩优秀的基层队和个人进行奖励。在进行上述奖励的同时，对问题较多的分公司进行通报批评和处罚，对违章人员、安全考试不合格人员以及落后的基层队进行罚款处理。

设立安全专项奖励。渤海钻探将总经理奖励工资的30%设为安全专项奖，奖励在公司安全环保工作和"三比"（比安全、比质量、比速度）劳动竞赛中做出突出贡献、取得优异成绩的单位和个人。分为两种奖励方式，一是年度专项奖励，对全年实现安全生产、安全工作水平较高的基层单位和个人进行奖励；二是特殊贡献奖励，重奖对安全工作做出突出贡献的人员，2011年9月，某项目部在钻井过程中，钻遇特殊地层，发生溢流，技术人员采取措施得当，避免了一场井喷失控事故的发生，获重奖30万元。

3. 实行科技进步正向激励政策

渤海钻探认真分析行业技术发展方向，提出建设国内"深井复杂结构井第一军"的科技战略定位。为此，把总经理奖励工资的40%设为科技进步专项奖励，鼓励科技投入、激励技术创新、重奖科技创业。

设立科研投入奖。渤海钻探制定《科技项目经费管理办法》，专门设立200万元的科研投入奖，与各分公司自行投入费用占科研项目（课题）经费的比例挂钩，项目按计划完成后，及时核定奖励分配额，由各分公司自主发放。

设立技术创新奖。渤海钻探制定《技术创新奖励办法》，每年进行一次技术创新奖评定，按照技术研发类和技术应用类，分别设特等奖、一等奖、二等奖和三等奖，对获奖项目人员和单位实施等额奖励。2008至2011年，共对150项技术创新成果实施了奖励，包括特等奖2项、一等奖24项、二等奖51项、三等奖73项，有十多项成果填补了中石油的空白，有3项技术达到国际先进水平。

设立科技创业奖。渤海钻探制定实施科技创业奖励办法。科技创业奖每年评定一次，其申报条件为：创业的科技成果技术创新性突出，形成了新的特色产品和技术，开拓新市场并形成一定规模；新产业营业收入逐年递增，申报前连续三年年均增幅在30%以上。奖励标准为：新产业年营业收入超过9000万元，税前利润在20%以上的，奖励200万元；年营业收入超过6000万元，税前利润在20%以上的，奖励150万元；年营业收入超过3000万元，税前利润在20%以上的，奖励100万元。

4. 实行经济效益正向激励政策

近年来，受价格和成本双重挤压，利润空间进一步缩小。为此，渤海钻探建立"超额利润分成"激励机制，从工资总额中拿出12%的专项工资作为创效奖励工资，与分公司超额利润挂钩，实行多交多得的兑现奖励政策。分为两个阶段实施：

第一阶段（2008年～2010年）。渤海钻探处于新组建发展初级阶段，市场开发难度大，渤海钻探将上交超额利润的30%作为分公司创效奖励工资进行兑现分配（3∶7分成）。为了避免员工收入差距过大，设置单位人均创效奖励工资封顶线为不超过公司人均兑现额的2.5倍。

第二阶段（十二五期间）。为加快发展步伐，渤海钻探及时调整创效奖励工资的分配方式，提高兑现额度，在年初对各分公司分别下达当年基本利润指标和目标利润指标，对超额利润分别按3:7(目标利润减基本利润部分)和4:6(实际完成利润减目标利润部分)分成。为避免收入差距过大,设置单位人均创效奖励工资封顶线为不超过公司人均兑现额的3.5倍。

(五)重点激励三类骨干群体人员

1. 重点激励中层领导人员

通过对各分公司经营性质、业务特点、发展方向等综合分析,结合中层领导人员岗位职责和管理方式,渤海钻探制定《中层领导人员绩效考核办法》,将各项绩效考核关键指标纳入年度绩效合同,突出了责、权、利的有机统一。

建立中层领导人员绩效考核指标体系。由经营评价指标、管理控制指标和执行力指标三部分构成。其中,经营评价指标占60%,分为共性考核指标和个性考核指标两部分。共性考核指标包括上交利润额、市场创收目标值、经济增加值等,个性考核指标根据各单位业务性质不同选定,包括国际市场创收额、国内外部市场创收额、钻(修)机利用率、单队年平均钻井进尺、单队单机年平均创收额等。管理控制指标占35%,考核指标包括安全环保管理、工程技术管理、人事劳资管理、财务资产管理等。执行力指标占5%,主要考核公司领导交办任务完成情况。

制定量化的考核评分细则。各分公司领导人员年度绩效考核得分由三类指标得分累计形成。其中,经营评价指标按各单项考核指标的完成值计分,达到或超过目标值的得满分,完成目标值90%~100%以内的对应扣减分值,低于90%的单项考核分值为0;管理控制指标由机关相关部门根据考核评分细则分别考核计分;执行力指标由公司领导直接进行考核打分。

制定有效激励的兑现奖励政策。各分公司领导人员的年度绩效考核兑现奖包括基础奖和超额奖两部分。兑现奖总额为:

$$X = J \times F/100 + Q$$

X——公司兑现奖励。J——公司确定的基础奖基数,由公司绩效考核委员会根据各分公司在安全环保风险程度、工程技术复杂程度、市场开发难度、市场协调难度、资产管理难度、员工总量管理难度等六个要素,结合当年经济效益情况分类核定。F——年度绩效考核得分;Q——公司兑现的超额奖,为经营评价指标的各单项考核指标超额兑现奖之和,最高不超过基础奖的60%。其中,各单项考核指标超额兑现奖均按不同单位设定明确的计算办法,如钻井单位上交利润超额兑现奖为单位年度上交利润超额数的0.8%,最高不超基础奖基数的30%。

2. 重点激励技术技能骨干人员

技术技能骨干主要包括以技术专家为代表的高层次专业技术人才队伍,以科技研发人才为代表的技术人才队伍,以技能专家为代表的操作技能人才等。渤海钻探建立不同类别的能力性津贴,进一步稳定了技术技能人才队伍。

技术专家津贴。在技术岗位系列设置中石油高级技术专家、公司技术专家、分公司技术专家等三个层级的技术专家津贴,标准分别为5000元、3000元和1500元,每月随工资固定发放。

技能专家津贴。在操作岗位系列设置中石油技能专家、公司技能专家、高级技师、技师等四个层级技能专家津贴,标准分别为3000元,2000元、500元和300元,每月随工资固定发放。

科技人员技术津贴。将科技人员划分为科技研发人员和技术应用人员两类,根据科技研发课题和技术应用项目的级别,分别设置首席工程师、主任工程师、副主任工程师、主管工程师、助理主管工程师、技术主办、助理技术主办七个岗位职级的技术津贴,标准为1200元/月～200元/月,按承担科技项目进度实施季度考核发放。

3. 重点激励基层队管理人员

为调动基层队管理人员的积极性,建立基层队管理人员津贴,提高基层队管理人员待遇。

配套建立工作津贴。采取科学的岗位测评方法,将800多支基层队按队伍的管理规模、风险责任、经营难度等因素进行分类排序,划分为十个等级,并将基层队的主要管理人员队长、副队长、技术员归集套入每个等级。

提高基层队管理人员的奖励系数。对基层队管理人员实行项目核算、口井核算政策,在绩效考核兑现时提高基层队管理人的奖励系数,如第一等级的钻井队、侧钻队、井下作业队队长的奖励系数与中层领导人员标准相当,确保基层队管理人员的绩效奖励额度远高于一般员工,提高基层队管理人员的工作积极性。

(六)强化全方位监控

为推动薪酬分配管理体系实施,渤海钻探建立薪酬分配执行监控制度,利用先进的信息化管理手段,将薪酬管理系统与财务管理系统和ERP系统对接,全面掌握职工薪酬变动信息。

监控月度计划。渤海钻探在年初按照工资总额分配办法下达分公司年度工资总额计划,要求各分公司结合自身生产季节特点、内部经营考核方式,制定单位全年的月度工资发放计划,由渤海钻探进行月度审批监控,确保工资发放额度与生产繁忙季节对应、与时间进度同步。

监控发放对象。为确保对特定群体(基层队)和个人的业绩贡献奖励分配发放到位,在人力资源管理信息系统中建立专项特定奖金项目,监控特定奖金的发放,确保奖励的针对性和实效性。

调控发放结果。为引导薪酬分配向一线员工倾斜,对各分公司的薪酬分配结果进行监控,并专门设立政策监控激励工资,将分公司年度一线与二线人员年平均收入比例挂钩,比例越高,分公司得到的政策监控激励工资越多。具体计算公式为:

$$Qn = \left[Z \div \sum \frac{Y_n \div A_n}{E_n \div B_n} \times R_n \right] \times \left[\frac{Y_n \div A_n}{E_n \div B_n} \times R_n \right]$$

Q——分公司政策监控激励工资分配额。Z——政策监控激励工资。Y——一线员工发放工资总额。A——一线员工人数。E——二线员工发放工资总额。B——分公司二线人数。R——分公司员工总人数。n=1,2,3……,23,每个数字代表一个分公司。

三、效率与公平相统一的薪酬分配体系建设效果

(一)激发了企业活力和凝聚力

企业内生动力大为增强,生产效率大幅增长,形成了全员爱岗敬业、奋发向上的良好

局面。2011年钻机利用率85.22%,较重组之初增长13.6个百分点;生产时效95.72%,较重组之初增长3个百分点;队年进尺18467米,较重组之初增长24.7%;人均创收60.4万元,较重组之初增长84.2%。

(二)提高了经济效益

在员工减少1067人、减幅3.6%的情况下,渤海钻探2011年营业收入178.6亿元,同比增长30.9%,较重组之初增长105.3%;资产总额229.8亿元,同比增长13.4%,较重组之初增长128.7%;企业增加值81.9亿元,同比增长10.2%,较重组之初增长119.6%;考核利润7.6亿元,同比增长58.3%,较重组之初增长111%,实现了营业收入、资产总额、企业增加值、经营利润四个翻番。资产负债率36.15%、流动比率1.92、速动比率1.82,达到国内外石油行业优秀水平。

(成果创造人:秦永和、周宝华、刘德和、刘荣军、舒才生、李见义、马　强、张旭光、李振兴、刘建伟、于克祥、吴和平)

以建立世界一流高铁地质队伍为目标的人才管理

中铁第四勘察设计院集团有限公司

成果主创人:铁四院地路处处长蒋兴锟

中铁第四勘察设计院集团有限公司(简称铁四院),业务涵盖铁路、城市轨道交通、公路和市政等工程建设领域,涉及勘察设计、总承包、咨询、房地产等板块,以及国外工程勘察设计,首批获得国家工程设计综合甲级资质。现有员工4025人,设有博士后科研工作站和省级企业技术中心、工程实验室等科技研发平台。自1953年至今,铁四院勘察设计的铁路,占建国以来铁路勘察设计任务的三分之一以上;设计建成的高速铁路4112公里,占新建高铁通车里程的近65%;设计在建的高速铁路6000余公里,约占在建高铁40%的份额,高速铁路勘设业绩位居中国乃至世界之最。

一、以建立世界一流高铁地质队伍为目标的人才管理背景

(一)夯实高铁建设基础,建设世界一流高铁的需要

高速铁路与普通铁路的勘察设计相比,理念截然不同,标准大幅提高,面临大量高精尖技术难题,同时,勘探资料整理工作任务量更大、精准度更高,必须实现高端技术人才与一般技术人员、技术工人的合理配置、能力协同。同时,高速铁路勘察设计专业众多,地质专业与其它工作穿插交织,需要专业相互配合。

(二)突破世界高铁建设主要技术瓶颈和中国高铁建设特殊难题的需要

地质工作是高铁工程建设的基础工作,高铁技术安全标准高,对地质勘察资料的深广度和岩土设计参数的准确性提出了更高的要求。德国、日本、法国等在该方面虽已形成相关技术标准,但由于地理环境、国情的不同,其标准不适合我国。因此,我国高铁工程地质工作必须自主创新,突破世界高铁建设面临的主要技术瓶颈,克服中国高铁建设的特殊困难。

(三)服务大规模铁路建设,实现中国高铁领先世界的需要

2003年以来,中国铁路进入快速发展时期,以高速铁路为主的铁路建设大规模开展。根据中长期铁路规划目标,我国高速铁路建设与运营要达到或接近国际先进水平。铁四院相继承担了近三分之二的高速铁路勘察设计任务。"十一五"期间,先后承担京沪、武广、郑西等55项高速铁路项目,完成实物工作量12379线路折算公里,较"十五"增加35%。迫切需要基于协同效应,创新人才管理体系,有效整合、运用内外部人力资源,快速提高生产能力。

二、以建立世界一流高铁地质队伍为目标的人才管理内涵和主要做法

铁四院以协同突破高铁地质难题为目标,加强人才储备和培养,优化人才结构,优化工作机制、流程和标准化管理,采取"级配式"资源配置体系,实行以专业总工程师为核心的生产组织模式,建立知识与信息管理平台,全力增强协同效应,以协同效应提高人力资源使用效率、整体水平和科技创新能力。主要做法如下:

(一)科学规划配套,明确目标体系和基本思路

铁四院制定科技发展总体目标,明确遥感技术运用、地球物理勘探技术运用、原位测试技术运用、岩土工程试验与检测、路基与岩土工程等方面的科技发展重点,京沪、武广、郑西等重点攻关项目。在此基础上,通过实施人力资本项目,规划人才发展目标,专家、资深设计师、主任设计师、副主任设计师结构比例达到5%、10%、15%、20%,教授级高工资格及以上人才达到10%以上。

围绕增强协同效应这条主线,明确管理思路。一是基础层面。结合地质专业发展规划,创新用人理念,在健全引进机制的基础上,内引外联,高效引进人才,迅速扩大人员规模。加强培训和实践历练,动态优化调整人才结构。二是管理层面。优化改进生产组织机构和勘察设计流程,将地质专业发展的生产、经营、技术创新等职能,整合到专业处,增强组织效率和规模效应;理顺和改进勘察设计流程。立足清晰的组织、流程和岗位体系,实施"级配式"资源配置体系。推行以专业总工程师为核心的生产组织、项目实施模式。三是保障层面。建立统一的知识和管理信息系统,构建支持协同工作的信息平台。

(二)做好引进和培训,提升人才队伍整体素质

1. 开展人力资源规划和需求分析

成立地质人才工作领导小组,集合人力资源、生产经营、技术管理等强相关部门,组成联合工作团队,共同制定地质工作人力资源规划:明确人力资源如何支持实现发展目标、影响组织行为;人力资源现状与未来发展目标之间的差异性分析,准确预测未来几年实现资源与任务匹配所需要的人员规模与结构;保证员工具备实现战略目标技能所应采取的措施;加强人力资源信息管理系统、知识平台和学习能力建设等。

在人力资源规划的基础上,开展需求分析:一是趋势分析,即对以往约5年的就业趋势进行分析并结合高铁建设,预测企业未来人员需求;二是比率分析,即根据一些因素和所需要的员工数量之间的比率进行预测;三是散点分析,即通过确定生产经营量,对照人工时经验数据指标,预测企业未来人员需求。

2. 多措并举引进人才

广开引人用人渠道,优中选优引进人才。一是学校招聘,按照"人岗匹配、信息公开、平等竞争、双向选择、效益最佳"的原则,建立全面招聘体系,对招募、选拔、录用、评估等各阶段,均明确要求、细化程序。二是社会招聘,通过制定"伯乐奖"等

动车在京沪高铁、沪宁城际路基段并行飞驰

措施,立足国内外优秀同行企业,全面招聘理论和实践俱佳的成熟人才,增强招聘的效果。三是转制招聘,针对企业劳动用工"双轨制"的实际,根据需要从派遣制员工引进人才。

3. 学干结合抓好人员培训

一是全方位加强培训。妥善处理工学矛盾,拓展人力资源培训方式,采取产学合作模式、脱产培训模式、不脱产培训模式等多种手段,构建全方位、多渠道的培训网络。由于专家型人才的成长周期较长,结合勘察设计技术人才培养的特点,以大力培育资深设计师,来促进主任、副主任设计师、设计师、助理设计师人才队伍的建设发展。根据项目的难度系数、技术特点和员工个人特点,有针对性地安排项目,让资深设计师参与专业重大方案的研究,创造"干中学"的条件。同时,还高度重视新员工系统培训,在院层面,做好入职培训,在专业处层面,做好专业培训,在岗位层面,做好业务培训。

二是扎实开展轮岗实训。轮岗培训主要是纵向或跨界轮岗,纵向轮岗让员工在勘探、设计、复核、审查等各岗位有序发展,系统掌握地质工作全过程能力;跨界轮岗让员工在主攻技术领域向其他技术领域发展,或在技术、管理等不同类型岗位横向发展,为培养复合型人才打下基础。

(三)整合业内优势力量,优化队伍层面和结构

1. 明确岗位序列和人才结构

制定岗位序列管理办法,明确岗位序列类别和层级划分(表1)。

表1 岗位序列层级表

综合行政 (党群) 管理	技术 管理	职能 管理	专业 技术	项目 管理	营销操作			
					营销 管理	营销 支持	工程 操作	其他 操作
高层 正职	公司总工程师	管理专家	首席专家	资深项目经理	资深营销经理	资深商务主管	首席技师	一级后勤助理
高层 副职	公司副总工程师、副总建筑师	资深主管	资深专家	高级项目经理	高级营销经理	高级商务主管	一级技师	二级后勤助理
公司副总经济师、副总会计师、部门正职	处总工程师	高级主管	专家	项目经理	营销经理	商务主管	二级技师	三级后勤助理
部门 副职	专业工程师、处副总工程师	主管	资深设计师		营销助理	商务助理	三级技师	四级后勤助理
部门内二级机构正职	所总工程师	主管助理	主任设计师		见习营销助理	见习商务助理	四级技师	见习后勤助理

续表

部门内二级机构副职		见习助理	副主任设计师				见习技师
			设计师				
			助理设计师				
			见习设计师				

对专业技术人员人才的素质和职责要求进行明确。主任设计师及以下人员是专业技术人才大厦的基石,在整个专业人才团队中是具体任务的完成者,保证设计意图和构想的最终实现。资深设计师是人才大厦的联结和支撑,包括高级工程师、各项目地质专业负责人,起着承上启下的作用,决定了团队的稳定。对上,执行专家型人才做出的有关技术决策,执行行政管理部门的有关指令;对下,在自己负责的范围内做出有关技术决策,向主任设计师及以下人员布置具体工作,并检查、把关。一项生产任务或科研任务的完成,其进度往往就掌握在资深设计师的手里。专家是整个人才大厦的"金顶",包括院、处两级的专业总工程师和副总工程师,在技术和科研上有突出贡献的高级工程师及以上人员。

2. 以借用人才集合业内优势资源

一是借助第三方智慧进行论证,迅速弥补技术短板或不需要自己拥有的技能。比如,针对宜万铁路复杂的地质条件,组织两次"院士行"活动,在全球范围邀请地质专业的院士集中会诊,借助外脑论证技术方案可靠性、协同攻克技术难题。二是集合业内勘察设计力量,成倍扩充地质工作生产能力。

3. 以市场手段整合社会劳务资源

大规模铁路建设时期,铁四院年均地质勘探量由10万延米上升至400万延米,仅靠自己力量显然无法完成。将野外大面积测绘工作、野外勘探等技术含量较低的工作,以及地质灾害危险性评估、压覆矿产评估、地震安全性评价、地面沉降等专题工作,以经济技术合作的形式,委托给有资质、有能力、有信誉的单位完成。比如,在京沪高速铁路勘探中,江淮平原1000多台钻机一字排开,高峰期日进尺1万余米,创造了世界高铁建设史上的奇迹。

(四)优化机制、流程与标准化管理,奠定有效协同的基础

1. 整合地质工作机构和资源

按照"专业化分工和适度专业综合"的原则,将从事地质工作的各专业组织集中到一个专业处。2003年底,将原一勘察分院、二勘察分院合并为工程勘察院,将地质钻探人员、原位测试人员、工程物探人员和土工试验人员集中于一体,将全部操作工人和少量、必须的操作技术人员整合在一起,业务范围仅是勘察操作。2005年6月,又将工程物探技术研究所、原位测试技术研究所、岩土工程测试中心归口到地质路基设计研究处,将全部地质工作技术人员、少量的操作工人和必须的操作技术人员整合在一个组织机构中,

业务范围涵盖勘探设计。

2. 建立适应高铁建设的生产组织体系

建立包括管理决策层、管理层、执行层在内的矩阵式管理体系。高铁勘察设计实行生产管理与项目管理相结合的管理模式,这种模式既以项目为生产管理单位,精细管控项目进度、质量、成本等核心要素;又统筹调配全院人力资源,强化各专业处细化生产组织的作用,提高人力资源使用效率,满足大规模铁路建设的需要。具体到地质路基设计研究处,又结合技术攻关与项目推进主要目标,实行车间式生产组织模式,按照"PDCA"循环组织勘察设计,实现设计与研究的协调统一,促进攻克地质工作技术难题。

3. 建立精干高效的勘察设计流程

在地质专业勘察设计生产组织和技术作业流程方面,建立由地质路基设计研究处为勘察设计技术主体、工程勘察院为外业勘探主体的模式(图1、图2)。

4. 推行并改进标准化管理

以严格开展贯标工作,实施质量环境职业健康安全管理体系为抓手,对高铁地质工作全面实行标准化管理,明确界定勘察设计项目策划管理程序、设计过程控制程序、技术接口管理程序等数十项勘察设计生产、技术、质量等管理程序。同时,逐环节、逐岗位制定管理或工作职责,对高铁地质工作管理和操作均制定标准。

(五)实施"级配式"配置体系,确保人才合理配置

在人才管理中引入"级配"概念,即根据不同的项目和任务,将不同数量和等级的人才按不同的比例组合起来,能够发挥最大合力的动态人才配置。首先,建立涵盖分工、接口、沟通、协调等协同工作机制,促进团队观念意识、角色、能力的高效协同。其次,在高铁地质勘察设计过程中,地质勘察和科研攻关等工作贯彻始终,不同的时间和工作阶段,任务的构成和侧重都有所不同,建立资源配置的动态调整机制。三是级配式管理的人才对象,按照岗位类型和岗位序列,主要为人力资源库中的专家、资深设计师、主任设计师、副主任设计师、设计师、助理设计师等,每一层级的人才都有各自的能力、素质、要求、专长和工时效率模型,接受任务后,按照各自模型指标和生产管理的要求科学配置。

(六)创新项目组织模式,发挥"级配式"团队的协同效应

1. 推行以专业总工程师为核心的生产项目组织模式

总工程师针对分管项目,清理出重点和一般项目,对主管项目的关键技术问题、工作重点、工作方法、深广度要求等有一个全面、深入的把握,制订勘察设计的各项技术要求,组织好项目开工前的技术交底和培训工作;对重大复杂工点的勘察设计工作,超前谋划,开展必要的调研及预设计工作,确保能按计划完成设计任务;总工参与负责项目的生产组织策划,与室主任保持良好的沟通,提出人力资源配置要求及建议;及时通报勘察设计工作过程中发现的各种问题,以有利各项目质量和效率的提高。

2. 建立部门联动、生产技术联动机制

因承担的具体任务不同,地质专业成立地质队、物探所、原位所、工程测试中心等部门。为确保信息及时传递,建立起各部门联动机制,即以地质工作需要为依托,通过调动各方面的资源和力量,限定时间内完成地质测绘、综合勘探、路基设计、专题研究等多项地质任务,同时致力于满足为桥梁、隧道等其他专业提供基础地质资料。各部门加强配

序号	阶段	过程名称	主要单位或责任人	工作内容
1	勘察准备	接受勘察任务	经计部	下达勘察任务通知
2		勘察策划	总体组、勘察单位	对本阶段勘察进行策划
3		踏勘、收集资料	总体组	为勘察范围和深度进行的现场踏勘、收集意见等
4		制定作业表	经计部、总体组	为方案研究、编制技术文件、前期外业制定作业表
5		方案准备	总体组、技术中心	确定贯通、比较、论证等
6		编制技术文件	总体组	编制《勘察大纲》、《补充勘察细则》等勘察用文件
7		组织勘察人员	经计部	组织勘察队伍
8		下达勘察计划	经计部	下达勘察任务书
9		办理相关手续	勘察人员	到相关部门办理勘察手续备案
10		资料准备	勘察人员	准备野外勘察所需各种资料
11		场地、设备材料等准备	勘察队	驻地、交通、食宿、办公场地、勘察设备、材料准备
12	勘察实施	准备情况检查	项目组	检查是否具备外业勘察条件
13		技术交底	技术队长、技术组长	向勘察人员介绍所辖范围勘察技术问题
14		开工检查	项目组	开工前准备情况的综合检查
15		外业勘察	项目组、勘察人员	进行调查、测量、测绘、物探、钻探、征求意见、协议等
16		中期检查	项目组	对外业勘察进行综合检查
17		内业整理	项目组、勘察技术人员	对外业资料进行计算、复核、整理,对方案进行研究
18		中间检查	技术中心	方案、方法、质量、进度等检查
19		竣工检查	项目组	对勘察成果进行验收
20		验收	技术中心	并确认是否满足设计需要
21	结束	归档	项目组	勘察成果归档
22		下阶段任务		

图 1 勘察过程控制流程图

合,在地质专业负责人具体部署和安排下,在规定的期限内承担各自的任务。负责生产的部门负责人每周召开碰头会,定期参加调度会。每周各部门上报人员动态和进度情况,以便统筹组织生产。

生产技术联动方面,在岗位职责层面,各级总工程师既是技术负责人,也是项目实施和科研攻关带头人;骨干和操作群体,都负有技术攻关、勘察设计的职责。组织管理层面,生产组织与技术管理、科技创新紧密结合,三条主线贯彻于勘察设计全过程;认真实施产学研一体化,科研创新来源于勘察设计项目,也服务于勘察设计,企业性质、工作实

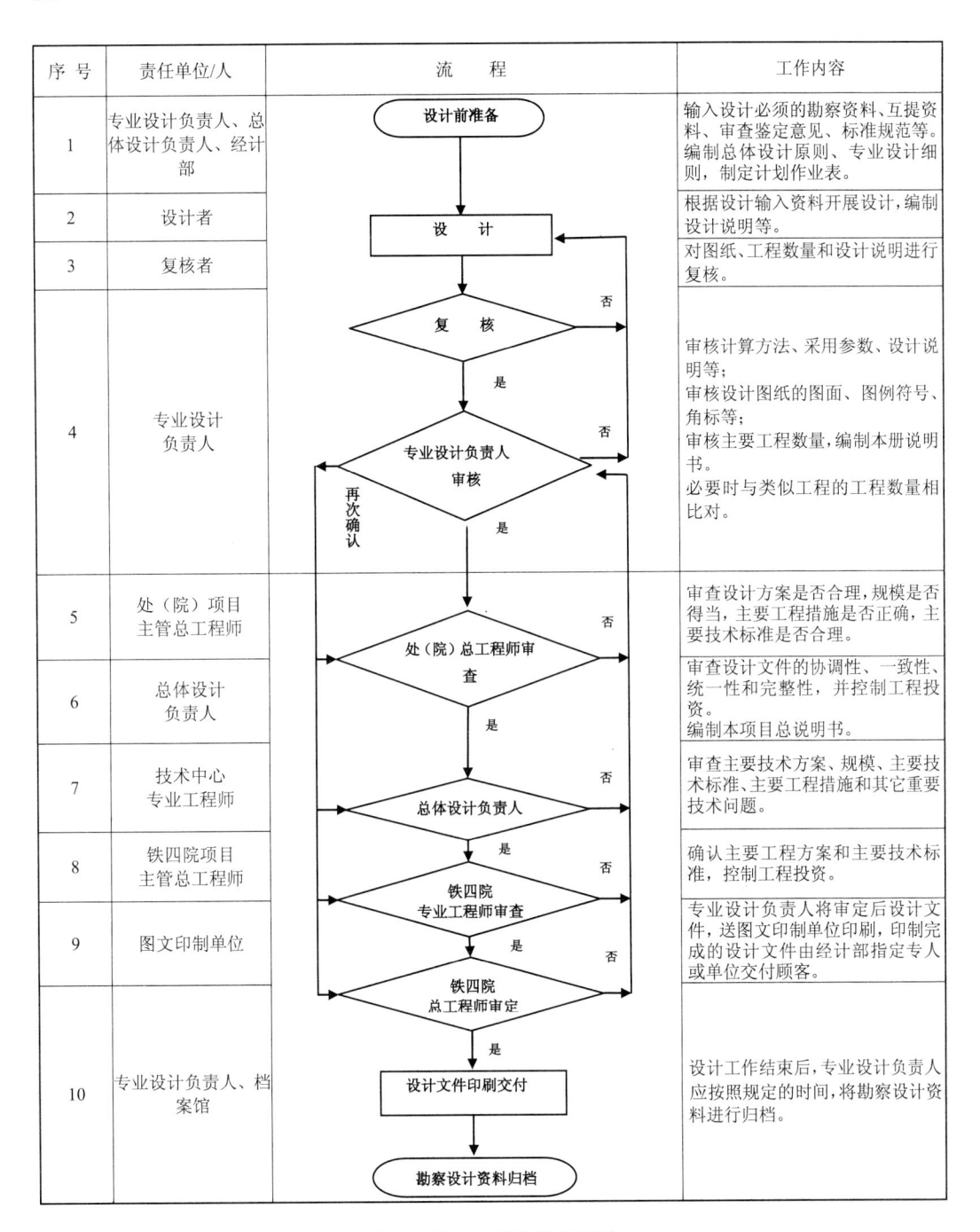

序号	责任单位/人	流程	工作内容
1	专业设计负责人、总体设计负责人、经计部	设计前准备	输入设计必须的勘察资料、互提资料、审查鉴定意见、标准规范等。编制总体设计原则、专业设计细则，制定计划作业表。
2	设计者	设计	根据设计输入资料开展设计，编制设计说明等。
3	复核者	复核	对图纸、工程数量和设计说明进行复核。
4	专业设计负责人	专业设计负责人审核	审核计算方法、采用参数、设计说明等；审核设计图纸的图面、图例符号、角标等；审核本专业主要工程数量，编制本册说明书。必要时与类似工程的工程数量相比对。
5	处（院）项目主管总工程师	处（院）总工程师审查	审查设计方案是否合理，规模是否得当，主要工程措施是否正确，主要技术标准是否合理。
6	总体设计负责人	总体设计负责人	审查设计文件的协调性、一致性、统一性和完整性，并控制工程投资。编制本项目总说明书。
7	技术中心专业工程师	铁四院专业工程师审查	审查主要技术方案、规模、主要技术标准、主要工程措施和其它重要技术问题。
8	铁四院项目主管总工程师	铁四院总工程师审定	确认主要工程方案和主要技术标准，控制工程投资。
9	图文印制单位	设计文件印刷交付	专业设计负责人将审定后设计文件，送图文印制单位印刷，印制完成的设计文件由经计部指定专人或单位交付顾客。
10	专业设计负责人、档案馆	勘察设计资料归档	设计工作结束后，专业设计负责人应按照规定的时间，将勘察设计资料进行归档。

图 2 设计过程控制流程图

质定位于设计研究，充分实现了生产技术的高效协同。

(七)搭建信息支持平台，强化知识与信息协同

1. 建立地质工作知识平台

依托铁四院管理信息平台，归口建立地质工作开放性的知识共享平台，并始终保持

与行业前沿的同步发展。采取云计算方式,搭建知识汇集、更新、共享的基本框架,将生产管理、技术管理和科技创新等项目有效集成,并实现及时更新、终端共享。加强技术总结工作和标准体系建设,归纳既有的高铁勘察设计实践,围绕标准设计、铁道部标准图、勘察设计标准图、地质工作标准图等方面,开展大量工作,将企业和个人知识固化、标准化,并转化为企业核心竞争力。大力开展"三标"、业建工作,引进、开发大量的地质勘察设计软件、程序。

2. 推行勘测设计一体化系统

自2000年开始,自主研发推广应用勘测设计一体化系统。以信息技术为载体,利用计算机技术、CAD技术、网络技术和数据库技术,推动企业转变作业模式;以突破专业接口为抓手,向专业内部、资料归档、网络无线通讯等方向延伸,全面打通自工程项目创建下达,到完成设计、文件归档、查询等勘测设计全流程的各个环节。地质工作通过实施勘测设计一体化,规范了生产计划作业表产生、变更和执行,专业间互提资料、任务、计划交付日期、计划接收等信息清晰、明了,使勘察设计过程按照生产计划作业表有序管理。此外,基于一体化平台,制定12项制度性文件,研发推广104项软件项目,集成开发人工时系统、动态数据接口管理系统、生产项目通知单管理系统、工程资源库管理系统等数十项管理子系统。

3. 实行生产组织与行政办公信息化管理

建立铁四院生产管理信息系统,铁四院经营计划部生产调度长与地质路基设计研究处主管生产领导、各部门生产主管在应用平台上发布生产信息,协调指挥高铁地质工作。依托铁四院办公自动化管理软件,相关人员把工作信息上传,供各高铁项目指挥部、总体组、地质组、生产部门使用,极大提高管理效能。

三、以建立世界一流高铁地质队伍为目标的人才管理的效果

(一)突破高铁地质勘察设计重大难题

一是针对高速铁路路基技术标准、地基变形控制及处理技术、过渡段路基技术等方面的科研项目,结合京沪、武广、沿海等高速铁路项目开展了一系列路基关键技术研究,取得了丰硕的科研成果,为高速铁路建设及形成我国具有自主知识产权的高速铁路路基建造技术奠定了基础。二是在地质综合勘探方面,研究、开发三维可视化遥感技术,提高了遥感解译精度和技术水平。三是突破了路基关键技术。开创性完成了所承担的高速铁路综合工程地质勘察任务,解决了深厚软土、岩溶及复杂环境条件下路基沉降控制和地基处理、过渡段路基设计等关键技术。

(二)质量和技术水平明显提升,突出了企业竞争优势

四年来,铁四院地质工作完成科研15项,达到国际先进水平8项、国内先进水平6项、国内领先地位1项;软件开发9项,处于国内领先地位7项;获省、部级优秀勘察奖9项、优秀设计奖17项;获国家QC成果奖3项,省、部、市QC成果奖11项;获国家发明专利4项,国家实用新型专利12项,入选中国企业新纪录40项。

(三)经济效益显著增强,提升了企业实力和声誉

2003年营业收入7.5亿元,2010年营业收入43.48亿元,经济总量8年增长了4.8倍。铁四院先后荣获"全国五一劳动奖状"、全国勘察设计行业"十佳自主创新企业"称

号,2004年获"湖北省诚信示范企业"等称号,连续6届(12年)被评为湖北省最佳文明单位。

(四)高铁品质经受时间考验,促进了中国高铁"走出去"战略实施

铁四院勘察设计建成的京沪、武广等高铁,地质勘察工作准确度高,路基等基础工程沉降控制合理、线路平顺度好,建设质量和运营品质达到世界一流。近年来,铁四院先后有美国、法国、日本等30多个国家或地区前来考察交流。目前,正开展美国加州高铁、西部高铁、泰国高铁等数十个项目的前期研究或勘察设计工作,有力支持了中国高速铁路"走出去"。

(成果创造人:蒋兴锟、罗先林、李添翼、陈世刚、江先冬、罗　涛、陈仕奇、赵新益、姜　鹰、黄三强)

传统文化与现代职业素质相结合的高技能人才培养管理

辽宁铁法能源有限责任公司

成果主创人：公司副总经理尤德彬

辽宁铁法能源有限责任公司（简称铁法能源公司）是辽宁省属以煤炭开采为主，集煤层气开发利用、建筑安装、机械制造加工、建材、电力等于一体，多元发展的国有大型煤炭开采企业。铁法能源公司于2009年注册成立，总部位于辽宁省调兵山市境内。现拥有8个生产矿井，一个在建矿井，职工四万五千余人。为全国工业500强企业、全国煤炭工业100强企业，2009年原煤产量与营业收入双双位居辽宁省第一名。

辽北技师辽北学院（简称辽北学院）位于辽宁省调兵山市，隶属于铁法能源公司，是集高级技工教育、技师教育、高级技师教育、中等专业教育、工商管理培训、成人学历教育等于一体的综合职业教育学院，是铁法能源公司技能人才的培养基地，铁法能源公司生产员工基本来源于该院。

一、传统文化与现代职业素质相结合的高技能人才培养管理背景

（一）企业生产现状要求必须培养一批高技能人才队伍

铁法能源公司采用大量的先进煤炭开采技术，这些先进技术在为铁法能源公司发展提供强大支持的同时，也对员工专业技能提出了更高的要求，急需培养一批既有一定专业理论水平，又有高超专业技能的人才。

铁法能源公司95%的原煤生产以及98%的煤巷掘进都是利用综合机械化来完成的。高度发达的机械化装备对机电设备运转、检修及维护人员提出了更高的要求，迫切需要培养一批技术技能型、复合技能型和知识技能型的高技能人才。

（二）将传统文化与现代职业素质相结合是培养现代高技能人才的关键

现代高技能人才具有两个标志特征，一是高水平的专业技能，二是良好的现代职业素质，前者由专业理论知识、操作技能、职业经验等构成，而后者则主要包括责任心、团队精神、诚实守信、积极进取、探索创新等。

传统文化的教育能够有效地促进学员现代职业素质，使学员深刻认识专业技能对其履行岗位职责的重要意义，激发学员努力学习专业理论、苦练专业技能的积极性与自觉性。

（三）辽北学院为高技能人才培养提供了很好的平台

从高技能人才的培养模式看，我国主要有两种：传统的以师带徒的企业培养模式和

职业院校培养模式。前者培养的高技能人才质量高,但培养周期长,数量有限;后者培养周期短,数量多,但所培养的高技能人才质量较低,动手能力不高,解决实际问题的能力较差,适应企业生产需要时间长。显然,将两种模式有机地结合起来,即学校与企业携手合作来培养高技能人才是更好的培养模式。

高技能人才的培养是一个复杂的系统工程,既有理论教学,又有操作训练;既有专业能力的培养,又有现代职业素质的养成。这些复杂的、立体式要素的组织实施客观上要求具有一个能够有效地整合上述要素并使之作用得以充分发挥的平台。而有着几十年发展历史,建筑设施齐全,校园功能完善,拥有一支结构优化充满生机的教师队伍的技师辽北学院是合适的平台。

二、传统文化与现代职业素质相结合的高技能人才培养管理内涵和主要做法

铁法能源公司以服务企业、科学管理、校企合作、全面整合为指导思想,以辽北学院为平台,通过打造人文素质与专业能力并重、传统文化与现代职业素质结合、理论教育与技能培养结合、校企合作、分阶段培养的高技能人才培养体系,全面提高了高技能人才培养的质量与效率,为企业培养和输送了一大批优秀的高技能人才,有力地推动了企业的全面发展。主要做法如下:

(一)加强组织领导,明确高技能人才培养的总体思路

董事长、总经理多次召集有关部门与辽北学院负责人举行专题会议,对传统文化与现代职业素质相结合的技能人才培养管理的指导思想、培养目标、实施方案等问题进行深入系统的研究,并决定成立传统文化与现代职业素质相结合的高技能人才培养领导小组以加强领导协调,在领导小组之下设立实施办公室。

高技能人才培养的总体思路是:对铁法能源公司高技能人才队伍现状进行定性与定量分析,同时结合企业发展要求编制高技能人才培养规划,明确需要培养技师、高级技师的专业(工种)范畴、高技能人才类型(技术技能型、复合技能型、知识技能型)、培养数量、年度开设专业及培养数量计划等。建立"校企联合三段式高技能人才培养模式",即辽北学院招收应届高中毕业生完成高级技工的培养后分配到铁法能源公司所属各厂矿参加工作实践,经过2~3年的实践锻炼后按一定比例择优选拔回辽北学院接受为期2年的技师培养,技师培养毕业后再回到原工作单位参加生产实践;经1~2年后再按规定的比例选拔优异者第三次回辽北学院进行高级技师的培养,最终完成整个高技能人才培养流程。高级技工学制4年、技师学制2年、高级技师学制2年,均为全日制教学,其中技师与高级技师采取全脱产的培养形式。高级技师教育要在进一步提升专业理论与操作技能,增强其独立处理和解决本职业高难度技术问题和工艺难题能力的同时,加强培养其技术管理能力、组织开展技术改造、技术攻关、技术革新能力、工艺革新方面的创新能力。技师与

总部大楼

高级技师的培养以专业能力培养为核心,以操作技能培养为重点,采取理论教育与实际操作并重的基本培养形式。

(二)建立模块式高技能人才培养体系和课程体系

将高技能人才培养目标、培养层次、培养模式、培养资源、教学方式、学员管理、考核评价等要素有机地整合起来,设计科学、统一、完整、有机、开放的培养体系,以实现高技能人才培养目标。

将高技能人才培养体系划分为理论教育体系、技能培养体系、现代职业素质培养体系(图1)。理论教育体系既要为技能培养体系提供必要的支撑,还要服务于专业能力的培养需要;现代职业素质注意融入人文素质的要素,塑造学员积极向上的健康人格,以培养出有利于社会、民族与国家的高技能人才。

在设计课程体系时以专业技能、专业能力培养需要作为基点,精心选择课程,合理确定知识的横向及纵向两个维度。在课程编写的体例上采取模块式,即全课程由一系列培养目标明确、相对独立且又相互支撑联系的模块依序构成,以适应不同层次技能人才培养对理论课程的不同要求。

(三)培养现代职业技能和职业素质

现代职业技能培养方面,通过理论实践教学一体化、实习训练系列化等培养学员操作技能;采取现场教学、课题教学、探究式教学等培养学员的分析问题能力;通过演讲、制定培训方案、论文写作等专项训练培养学员的组织能力与表达能力;在技师、高级技师的培养中采用由理论到实践的循环往复、课题研究、工艺试验等培养模式以培养学员的科研攻关能力;对技师与高级技师实行导师制,对其进行全程式的一对一指导培养;建立以培养高级技能人才为宗旨的大师工作室,并通过围绕企业生产难题进行科研攻关来培养高技能领军人才;技师与高级技师毕业要作毕业设计,并通过答辩,通过者方准予毕业。

在职业素质培养方面,一是从国内著名高等院校中聘请人文学科专家学者开办传统文化讲座,帮助辽北学院教师增进对民族优秀传统文化的了解与热爱;二是全方位打造传统文化校园,营造传统文化育人氛围,先后斥巨资兴建智慧广场、教学综合楼、学生宿舍楼、餐厅(兼礼堂)楼,聘请专业设计单位设计制作传统文化主题系列牌匾,设计打造浓郁传统文化氛围的教师办公区,全方位营造传统文化育人的校园软环境;三是精心选取传统文化经典有序地引入课堂,并明确规定优秀传统文化为必修内容;四是选择精神价值深刻、艺术特色鲜明、文字朗朗上口、易于理解诵记的经典之作与经典段落,要求人人能流利地朗诵并释义,并通过主题班会,早课晚课,活动汇报演出等加以督促检查;五是举行优秀传统文化主题班会;六是开展"感恩父母、感恩师长、感恩生活"的孝亲感恩活动及一日持家活动,以帮助教育学员体谅父母艰辛,培养学员的感恩意识;七是定期举办优秀传统文化主题系列演讲活动,面向全院师生开放,每学期举办8~10次,演讲内容为传统文化经典作品的解读与赏析。

(四)建立院企合作机制,联合培养高技能人才

铁法能源公司为辽北学院投资建设电气拖动与控制多功能教室、PLC理实教学一体化教室、矿井通风理实教学一体化教室等一批多功能教室;提供实训设备、设施支持,建立实习实训基地,并制定实习实训基地管理办法,规范实训基地的运作;提供先进的技术

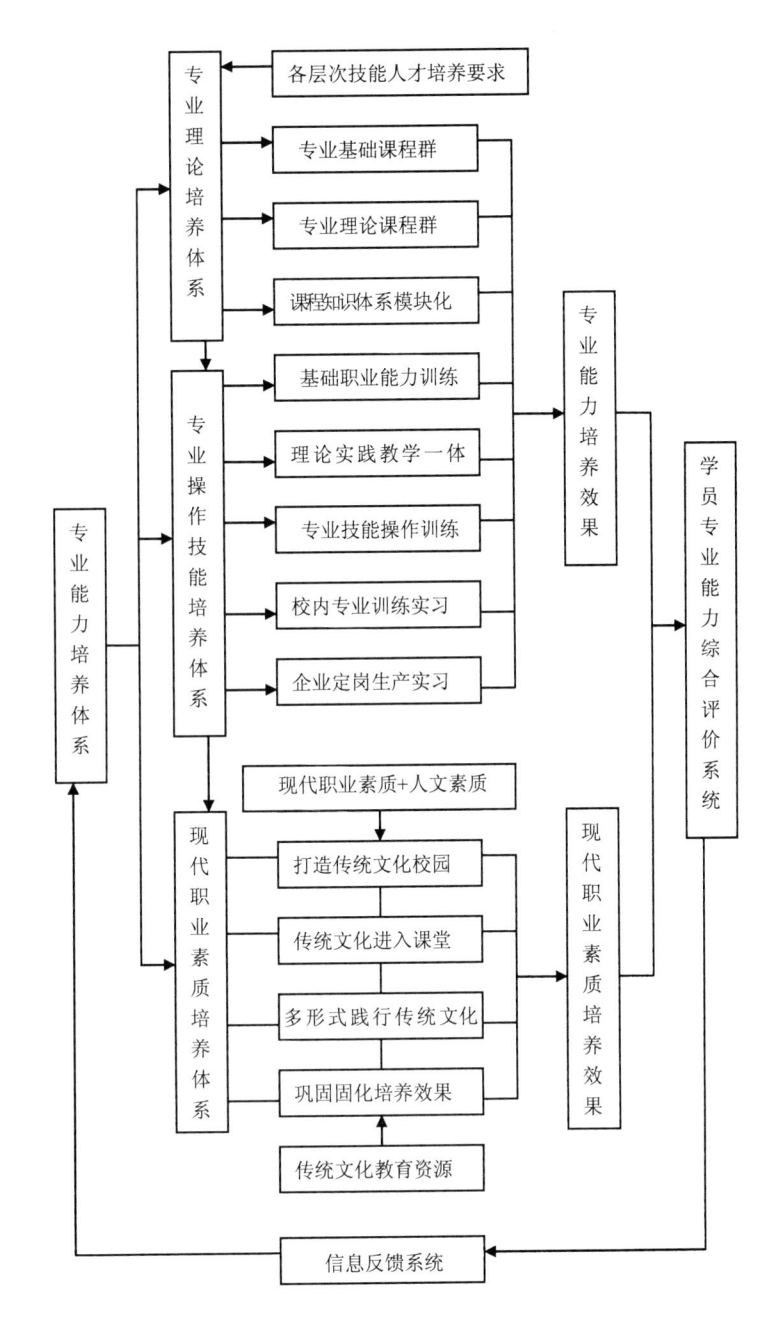

图 1 高技能人才培养体系

与工艺、管理制度等非物质的软件支持,使辽北学院与企业实际的生产情况实现无缝对接;为技师与高级技师的培养提供课题及所需的实际试验条件。

为营造更为浓郁的"求知学技光荣、创新求效可敬"氛围,调动和激发青年技工爱岗敬业、攻难克坚、奉献成才热情,培养打造一批业务精通、技艺精湛、勇于创新的高技能人才,铁法能源公司自 2010 年开始举办员工技能大赛。技能大赛共设 59 个参赛工种,分为A、B两类,A类包括采煤机司机、液压支架工等27个工种;B类包括安全检查工、选煤机司机等32个工种。大赛采用理论笔试与操作考核相结合的竞赛形式,取两项成绩,铁法能源公司授予获得各工种大赛第一名选手"工种状元"称号,授予第二名"技术标兵"称号,授予第三名"技术能手"称号,授予四至六名"优秀选手"称号,其中荣获工种状元者将会破格晋升为技师。

(五)严格管理、规范行为,培养学员良好行为习惯

一是组织制定学员校园日常行为规范,对全校教师学员日常行为做出全面细致的规定,要求师生遵照执行,为帮助学员养成良好的行为习惯提供了制度支持。

二是组织学员参加军训。与沈阳军区驻铁岭65056部队商定,由其协助辽北学院开展新学员军事训练;为保证军训效果,实行学员全封闭进驻军营24小时全日制的管理办法。军训方案由部队与辽北学院联合制定,即包括军事内容,同时又将思想教育与国防教育融入其中,有着极强的针对性与有效性。

三是日常管理军事化。按照高技能人才的培养管理要求,辽北学院对学员实行全封闭住校准军事化管理。此种举措使辽北学院的培养工作与铁法能源公司各生产矿井普遍实行的军事化管理实现无缝对接,同时培养学员的服从意识与严格的组织纪律性。本着"思想教育与严格管理相结合,常识教育与能力培养相结合"的原则,辽北学院还编制军事化管理方案,对学员在院内各个方面做出全面规定,并要求学员遵照执行。

(六)建立考核评价与激励机制,促进高技能人才的培养

一是制定学员考核评价机制,促进学员专业能力的全面提升。注重全面培养目标的考核,变单一的学习成绩考核为包含品德、知识、技能与能力在内的综合考核评价体系,以引导学员追求全面而均衡的发展;鼓励学员知行合一,言行合一,勇于承担责任,对于在各种环境场合见义勇为的学员予以大力的褒奖;在学习成绩的考核方式上加强平时表现考核,加大平时成绩所占比重,注重学员实际表现考核;加大操作技能考核,减少理论卷面考试;鼓励学员发展特长以培养有特色人才;不只单纯地评价学员的现在,更着眼于激发学员潜质,引导学员积极进取、创造未来;除辽北学院及参加培养的实习单位有关人员外,辽北学院还邀请学员家长、用人单位、社会人士参与考核评价工作,以建立起开放式评价体系。

二是建立高技能人才激励机制。建立以职业能力为导向、以工作业绩为重点,注重职业道德和职业知识水平的高技能人才评价体系;对经过选拔进入技师、高级技师培养阶段的学员正常发放工资,并根据学习成绩发给50%~100%的奖金);确定每年度定期举行一次高技能人才评价工作,并将正常程序晋升与破格晋升相结合;制定严格的高技能人才评价标准,从根本上保证高技能人才评价的科学性、规范性和权威性;对在技能岗位工作并掌握高超技能、作出重大贡献的骨干人才,可进一步突破工作年限和职业资格等级的要求,允许他们破格或越级参加技师、高级技师考评;健全高技能人才岗位使用机制,进一步推行技师、高级技师聘任制度,对参加技师、高级技师教育并获得毕业证书的人员给予一系列配套待遇;充分发挥技师、高级技师在技能岗位的关键作用,以及在解决技术难题、实施精品工程项目和带徒传技等方面的重要作用;建立企业首席员工制度,以培养高技能领军人物,同时为高技能人才发挥作用创造平台;对参加科技攻关和技术革

新,并作出突出贡献的高技能人才,可从成果转化所得收益中,通过奖金等多种形式给予相应奖励;对高技能人才在聘任、工资、带薪学习、培训、休假、出国进修等方面给予相应的鼓励。

三、传统文化与现代职业素质相结合的高技能人才培养管理效果

(一)培养了一大批高技能人才

学员们的专业理论与技能水平、现代职业素质与人文素养得到了全面的提升,赢得了生产单位的认可与好评。

优秀传统文化的系列教育增强了学员们的民族自豪感,令其产生了强烈的自我使命感,从而激发了学员们做一个合格的国民、合格的职业人、优秀的技能人才的自觉性,在平凡的工作中更加积极进取,建功立业;学员们的现代职业素质得到了普遍地生成与强化,团队意识、责任心、安全生产观念等显著增强;学员们履行高技能人才职业的综合能力得到了高效地培养,组织能力、表达能力、技术攻关能力得到了全面的提高。

(二)促进了辽北学院的全面发展

建立起了先进的教学质量控制体系,规范了教学与管理行为;有效整合了辽北学院与铁法能源公司技能人才培养所需的实训资源,提高了这些资源的利用率,增强了辽北学院专业操作技能培养能力;培养与锻炼了教师队伍,增强了广大教师的综合业务能力,一批懂教学会科研的业务尖子脱颖而出,成为引领教师群体积极向上不断提升的领军人;提高了辽北学院组织开展大型教科研课题的能力,增强了教师理论联系实践的能力;促进了以积极进取、探索创新、尊师爱生为主旨的校园文化的形成。辽北学院服务铁法能源公司的能力获得了空前的提高。

(成果创造人:尤德彬、王年春、王 杰、闫久林、陈国庆、崔耀春、文凤丽、李阳春、梁光辉、胡雪梅、张铁鑫、刘海岩)

发电企业提升综合素质的高技能人才管理

北方联合电力有限责任公司海勃湾发电厂

成果主创人：厂长佟长敏

北方联合电力有限责任公司海勃湾发电厂（简称海电）是中国华能集团公司北方联合电力有限责任公司下属企业，始建于1992年，总装机容量126万千瓦，是目前乌海地区最大的火力发电厂。全厂共有职工1028人，其中高技能人才218人，占员工总数的21.2%。建厂以来，海电实现了连年盈利的良好业绩。截止到2011年底，累计发电687.26亿千瓦时，完成工业总产值148.58亿元，实现利润23.36亿元，上缴税费19.05亿元。

一、发电企业提升综合素质的高技能人才管理背景

（一）企业可持续发展的需要

海电自建厂至今，已经走过20个春秋，机组的老化和设备的陈旧，设备缺陷不断增多。同时，由于受内蒙古西部地区电力产能过剩、国际金融危机和国家宏观经济调控的影响，海电面临着发电量、机组利用小时逐年下降、煤炭价格上涨、电价难以大幅上调和资金紧张等内外部环境的多重经营压力，要想在日益严峻的电力市场竞争中立于不败之地，必须提升高技能人才队伍综合素质，挖掘人才潜能，实行减员增效。

（二）解决中高技能人才匮乏的需要

海电地处偏远的内蒙古西部，交通不便，气候干燥，在电力企业争夺高技能人才中处于很大劣势，一方面，很难招聘到需要的人才，另一方面，由于企业地处偏僻的城市郊区，外部环境较恶劣，很多高技能人才不断流失，高技能人才中高级工122人、技师78人、高级技师18人，高技能人才占员工总数明显偏低。

另外，高技能人才队伍建设存在诸多问题，一是成就动机不强，培训工作普遍存在学与不学一个样、学好学坏一个样，职工的学习积极性不高；二是缺乏科学的技能人才评价激励机制，没有形成科学的技能人才评价、激励机制，职工技术等级与利益分配或工资待遇挂钩不明显，从而影响广大职工奋发向上的积极性和创造性；三是高技能人才单一的培养方式影响到高技能人才的培养速度，主要还是依靠传统的"师带徒"方式，再辅以岗位锻炼来完成，而送出外培则会引发岗位工作需要无法抽出参加培训、培训投资较大、时间较长等矛盾；四是高技能人才队伍结构不合理，技能人才技能更新跟不上，造成高技能人才出现断层等诸多方面的不合理。

（三）适应企业高技能人才综合素质提升的需要

海电现有高技能人才只关心自己的岗位,对企业发展、技术改造和科技创新等知之甚少,视野不够开阔,不能在生产经营工作中发挥积极推动作用;现有的高技能人才对高、精、尖技术不能充分掌握;技能单一,生产岗位一岗多能、一种(工种)多能、一专多能的复合型技能人才缺乏;由于企业存在供暖期和非供暖期(迎峰度夏期)生产任务不平衡的特点,岗位人员配备存在很大矛盾,迎峰度夏期间机组投运率高,运行岗位人员相对紧张,供暖期设备停运检修维护保养任务量大,检修人员紧张,岗位通用能力与岗位特定能力不能很好结合,对新岗位适应能力不强;文化素质差,专科及以上学历63人,占高技能人才总数29%,本科及以上学历27人,仅占高技能人才总数12.4%。这些问题严重阻碍了海电的进一步发展。

二、发电企业提升综合素质的高技能人才管理内涵和主要做法

海电提出"尊重劳动、尊重知识、尊重人才、尊重创造,培养大批专业技术人才和高技能人才"的人才管理工作要求和目标,牢固树立"企业发展,科技先行"的先进理念,坚持"以能力、业绩为导向和德才兼备"的高技能人才培养原则,建立"首席员工制",为核心高技能人才培养确立导向;全面加强高技能人才管理,充分发挥高技能人才的引领作用,搭建高技能人才快速成长和潜能发挥的制度平台;促进多出人才、快出人才、出好人才,实现高技能人才总量充足、技能含量高、分布合理、梯次配备,提升企业综合素质。主要做法如下:

(一)明确高技能人才建设目标,建立组织机构

1. 确定高技能人才建设的四个基本目标

一是提升高技能人才综合素质,德才兼备。通过对高技能人才智力资本的投资,最大限度的挖掘和发挥高技能人才潜力。二是推动高技能人才观念创新,构建高技能人才培养体系。针对企业不断出现的各种问题,通过培训直接、快速、经济的解决管理问题,提升工作效率,提高企业自主创新能力。三是促进职业培训,多渠道、多形式地培养大批适应企业发展需要的高技能人才,加快培养一批结构合理、素质优良的技术技能型、复合技能型和知识技能型高技能人才。四是全面提升企业高技能人才综合素质,建立稳固的高技能人才队伍,加快技术创新的步伐,不断提升企业的自主创新能力。

2. 建立组织机构,明确工作职责

海电成立以厂长任组长,其他领导班子成员任副组长,各副总及人力资源部、生产部、运行部、检修部、安全监察部、政工部、监审部部门领导任成员的高技能人才管理领导小组和工作机构,明确厂长是提升企业综合素质的高技能人才管理第一责任人,人力资源部负责组织实施和日常督检工作,各部门负责高技能人才队伍建设的组织实施,各部门协调配合,形成推进高技能人才队伍建设的强大工作合力,并根据国家对培养高技能人才的政策

集中控制室

导向及企业发展形势和实际工作任务，及时调整、完善目标任务和工作措施，确保实现第一年高技能人才占到员工总数35%，第二年高技能人才占到员工总数45%的人才开发战略目标。

3. 加强思想引导，广泛宣传动员，营造良好氛围

通过厂局域网、报纸、橱窗等载体大力宣传高技能人才管理实施的意义和目的，从理念上进行更新，树立以职业为中心，以能力为根本，明确把品德、知识、能力和业绩作为衡量人才的主要标准，鼓励广大员工学习技术、钻研业务，倡导勤学苦练、岗位成才，表彰和弘扬爱岗敬业、乐于奉献的精神，营造重视高技能人才的良好氛围。

(二) 完善人才培养体系，加强人才培养

1. 完善培训制度，为高技能人才快速成长创造条件

海电先后制定《海勃湾发电厂技师、高级技师聘用管理办法》、《海勃湾发电厂首席员工管理实施办法》、《海勃湾发电厂在岗人员培训管理办法》等人才选拔、评聘、培训、考核、激励一系列培养制度，把选拔和培养业务知识丰富、工作能力强的高素质专业技术人才和技术过硬、能解决生产现场难题的技术骨干，作为企业发展的有效动力。

2. 确立人才评价标准，优化人才配置

海电选拔人才坚持"公开、公平、公正、德才兼备"的原则，以知识、能力、业绩是衡量人才的主要标准，摒弃以往的重学历、重资历，将参与先进技术的引用、吸收、推广应用和解决企业生产中重要疑难问题、参加各类技术比赛或技术革新等实践活动作为必备条件。具体采用职工自荐、组织推选考察等方式报名参加选拔，通过岗位技能、理论知识考试和民主测评，结合日常工作表现、所学专业、工作经历等进行综合测评，最终确定的人选，要在厂局域网进行公示无异议后，才能正式录用。

根据岗位需要，由各部门上报需要调整的岗位需求，经高技能人才管理领导小组批准同意后，在厂局域网公开招聘，以实现企业人才的优化配置，达到最佳效果。储备人才根据培养部门制定的培养计划，轮岗期限为三年，轮岗期间实行季度小结、年度总结、期满评价，评价主要由轮岗岗位所属部门进行，主要从员工的工作能力、工作态度、待提升能力、建议发展方向几方面进行。评价后将评价结果及时与员工交流，得到员工认可，列入个人信息库，由高技能人才管理领导小组根据评价结果调整、确定高技能人才培养方向。建立高技能人才信息库，除了个人基本信息，还要包含历年工作业绩、工作能力、工作态度等内容。

3. 实施"实战练兵"、"岗位流动"等多种培训形式，培养复合型高技能人才

海电坚持"人才是企业的第一资源"、"学习培训是企业的内在需要"、"培训基于需求，源于需求，高于需求"的培训理念，形成"人才培训先行于人才需求"的培训模式。建立以公司、部门、班组为基础的三级培训网络，每年制定职工培训计划，将员工培训纳入企业发展总体规划，建立职工培训台帐，人力资源部门建立相应的监督和考核机制。

将高技能人才培养的成效，作为企业经营管理者业绩考核的重要内容，纳入目标管理，采取直接传授培训与实践性培训相结合的方法，通过专题讲授及研讨、模拟训练、实地现场演习等多种形式完成教育，达到培训效果。通过强化岗位培训，开展新技术、新工艺、新设备、新材料等相关知识和技能的培训。

在员工培训内容上下大功夫，紧密结合工作实际，对不同岗位、不同专业、不同工种的员工采取切合实际的方式进行培训，在工作中学习，在学习中提高。对新职员工进行入厂教育培训，帮助其快速融入企业团队，加强其专业技术技能水平。

各部门从内部人才需求状况出发，结合现场技术分析确定相应的培训计划，厂部从宏观人才需求状况出发，对全厂所需的专业技术人员、技能人员的在岗状况进行统计与分析，重点培养集控运行、热控、主辅检修等方面的专业人才。

为加大教育培训工作开展力度，全面提升队伍业务技术、技能水平，鼓励、督促员工努力学习专业技术知识，采取班组组织专业技术问答和现场考问并解答，各专业、各班组、各部门开展岗位技术讲课，鼓励员工亲自动手做讲课课件，在搜集材料的过程中自主学习；组织事故预想、反事故演习、紧急预案的演练，加强员工处理紧急事件的能力；采取"请进来、走出去"的方式，组织专业技术交流和研讨，与系统单位和上级公司技术骨干和专家一起探讨解决工作中遇到的专业难题。对生产现场发生的典型异常，安排专业技术人员进行专题技术讲课。为了培养"一岗多能"高技能人才，在人才的使用上互补，帮助部门、车间、班组更高效的利用人才，促进岗位合理流动。

2011年聘请技术精湛的锅炉检修专业老师傅对运行人员进行管阀检修知识培训，并利用一些废旧阀门进行模拟练习，经过多种形式的培训，使运行人员掌握了管阀检修的基础知识，并能独立完成小口径普通阀门的检修，利用机组大小修更是为运行人员提供了一个学习培训提高的实践课堂，培养"一种（工种）多能"的复合型人才。检修部门结合实际情况，陆续开展机化、电气、热工等综合检修实践技能的培训，培养一批精通各类专业知识的复合型人才队伍，为实现"一专多能"和企业的各项生产经营目标和可持续发展提供人才保证和智力支持。

4. 建立高技能人才校企合作培养机制

在乌海市政府的帮助下，海电与乌海地区的蒙华泰热电厂、蒙西发电厂、乌斯太电厂、乌达华电联合起来与乌海职业技术学院合作，一方面，根据企业对高技能人才的需求，由企业提出培训方向、培训内容、培训要求，推荐高技能人才到学院进行短期学习；另一方面，学院定期派出老师到电厂进行调研，深入了解电力企业对高技能人才的实际需求，改革教学模式，调整教学内容，紧密结合企业高技能岗位要求，对应国家职业标准，确定培养目标，实现学校教学与企业需求紧密结合。

5. 广泛开展技能竞赛和岗位练兵等技术技能竞赛

海电坚持以人为本，组织各类技术技能竞赛活动，针对实际、紧贴需要开展多种形式现场岗位培训。其中，规模最大的当属每年一次的生产运动会，涵盖10个专业72个工种。全面推动岗位培训工作开展。将职工技术比武、劳动竞赛作为加快高技能人才队伍建设的重要载体，每年年初都下发职工教育培训计划，各部门也紧密结合实际下发相应的活动方案，并把技术比武活动纳入部门整体工作之中。2011年共举办各类技术比武30余场次，累计参加700余人次。

6. 建立智能化网络培训与考试平台

陆续投入二百多万元，聘请专业机构创建网络学习考试平台、多媒体教室，在网络上搭载相关专业知识、试题库以及各部门编写的规程、技术规范、培训教材，各部门可以利用网络平台开展网上培训、在线学习、技能测评等活动,员工可以随时上网查阅资料,查询相关技术信息,解决现场遇到的技术难题。

7. 建立"仿真机培训"实训基地

为更好地建设高技能人才实训基地,投资1000多万元建成"仿真培训中心",具备从冷态、温态、热态、极热态启动至满负荷操作以及启停机全过程的全部操作,实现机、电、炉全范围、全过程、全工况的高逼真度的追踪仿真,仿真过程中有自动保存工况、冻结工况、恢复工况等功能。充分利用仿真机进行跨专业的操作和事故处理练习,分期分批组织运行人员上仿真机培训,组织全部集控运行人员进行仿真机培训。

8. 加强内部培训师队伍建设

海电加强内部培训力度,提高业务培训的及时、有效性,建立内部培训师队伍。目前,有高级培训师15名、中级培训师26名、初级培训师7名,全部由通过选拔的本厂专业技术、技能人才兼职,保证有效利用工作之余开展全员培训。且规定内部培训师的工作职责:参与所授课程的前期培训调研,了解员工的培训需求,提出培训目标;开发设计有关课程,如培训标准教材、辅助材料及案例、授课PPT演示文档等,并定期改进;跟踪了解培训效果,后期培训跟进;与其他培训师共同研究授课技巧、方法、案例、课程内容;积极学习,努力提高自身文化素质和综合能力。定期组织内部培训师交流研讨,2011年内部培训师共授课48期1358人次。

(三)建立"首席员工制"为高技能人才培养确立导向

为扭转高技能人才流失,为广大员工树立一个标杆,成立以主管生产的副厂长为组长的"首席员工"考评小组,人力资源部负责首席员工的聘任、解聘、考核、奖惩等日常事务管理工作,由生产部、安全监察部、运行部、检修部、燃料管理部协助政工部对首席员工评聘进行宣传。

1. 确定考评、考核内容

"首席员工"考评侧重理论知识和技能水平,考核侧重日常工作表现,其中实际技能演练比重占50%,理论知识考试比重占30%,民主测评(工作能力、工作态度、工作效率、工作作风、职业道德)比重占20%。

2. 明确首席员工待遇

被聘为首席员工聘期内岗位等级在原岗位等级基础上上浮增加三级岗位工资;优先安排学历培训、休假、晋级、评先等;首席员工实行聘用制,聘期为一年,年度考核优秀,可以连续聘任,且连续3次聘任首席员工,给予一次性奖励5000元,并评为海电终身荣誉员工,享受部门副科级待遇;优先选送首席员工参加相关专业有针对性的技术培训、技术交流、参观学习、出国考察,受训课时每年不少于40课时。

3. 明确首席员工职责与考核

首席员工的职责有:解决该专业技术疑难问题;积极参加培训讲课,承担专业技术辅导工作;推广经验、指导其他员工,为企业创造更大经济效益;承担厂部或部门布置的重大工程项目或科技攻关工作。人力资源部负责组织日常考察、月度及年度考核。首席员工经考核,被确定为不称职的,发出书面通知解聘,自接到通知之日起15天内,本人可以向厂部提出申诉。

在任期内存在下列情形之一,可随时取消首席员工待遇:有严重违法违纪行为,受到政府司法机关处理或受到厂党政警告以上处分的;无正当理由,不服从工作调动,拒绝工作安排的;申报参评资料弄虚作假的或经考核被确定为不称职的;不认真履行职责,给企业造成较大损失的;严重违反本企业各项规章制度,受到厂部通报批评的;散布不利于本企业改革、发展、稳定的言论,造成恶劣影响的;经本企业厂务会或党政联席会议研究决定取消首席员工待遇的;首席员工在接受有关违法违纪调查期间,其待遇暂停,待调查结束后,再视情况予以恢复或取消。

(四)积极组织参加各类技术交流活动

海电紧跟电力技术和设备的高速发展。每年定期邀请内蒙电科院、培训机构和设备厂家技术人员授课,与厂里高技能人才进行技术交流,帮助解决现场遇到的技术难题。同时,定期外派高技能人才参加各类技术交流研讨班,保证高技能人才每年学习课时不少于30课时,为高技能人才参与高新技术开发、同业技术交流以及与科技人才交流、绝招绝技和技能成果展示等创造条件。

(五)建立表彰激励制度,激发员工积极性和创造性

1. 进一步完善表彰激励组织制度

各部门负责制定、上报本部门的表彰激励制度,经高技能人才管理领导小组批准生效。人力资源部负责对全厂的有效表彰激励办法按时间及物质激励、精神激励、目标激励、奖惩激励分门别类,建立表彰激励制度汇编。每月对表彰激励办法汇编进行审核,剔除过期的表彰激励办法,将有效的表彰激励方案汇编在网上公布,接受员工监督。如果,员工对表彰激励办法有异议,由人力资源部组织相关部门进行协商认证,上报提升企业综合素质高技能人才管理领导小组批准后在网上发布生效,并对该员工进行奖励。

2. 采用多种形式表彰和激励高技能人才

为鼓励高技能人才将宝贵经验和绝招绝活毫无保留的传授给他人,推行技师、高级技师聘用制,被聘用的技师、高级技师根据生产需要和个人实际情况,每人带两位徒弟,以书面形式确定师徒关系、带徒计划、培养时限和培养目标,技师每月享受200元津贴,高级技师每月享受400元津贴。如果带出的徒弟当年获得技师或高级技师任职资格证书,对徒弟和师傅分别给予500和1000元的奖励。被聘用的技师、高级技师每月要进行一次技术讲课,并定期接受考核,考核的内容主要有日常工作情况、带徒情况、培训情况和考试情况,月考核、半年考核由本部门负责,年度考核由厂技师、高级技师评聘办公室成员组织进行。根据考核结果年底一次性兑现津贴,考核不合格者扣减津贴。

为促进员工掌握多项技能,成为复合型高技能人才,对获得第二工种技师资格并且能够熟练运用第二项技能的高技能人才上浮一级岗位工资,对获得第三工种技师资格并且能够熟练运用第三项技能的高技能人才上浮二级岗位工资。重奖有突出贡献的高技能人才,激发员工学习技能的热情。对获得中华技能大奖荣誉称号者、全国技术能手荣誉称号、全国电力行业技术能手荣誉称号者分别奖励10万元、5万元、4万元;对取得国家级(含行业、中央企业)技能大赛第一名、二、三、四、五、六名分别奖励3万元、2万元、1万元、0.8万元、0.7万元、0.6万元等。

以"节能减排,降本增效"为主题,以激发高技能人才的创新活力为目的,广泛开展

"提一条节能减排合理化建议、掌握一个节能减排小窍门、搞一项节能减排小发明、实施一项节能减排革新、宣传一个节能减排先进典型"的"五个一"活动。每年对采纳实施的项目根据其创造的经济效益给予500～10000元不等的奖励。

开展"三星一旗"、"光荣榜"活动。三星是"安全之星"、"岗位之星"、"学习之星",一旗是红旗班组,指团结友爱、拼搏进取、在班组竞争和经济指标竞赛中成绩优异且未发生任何不安全事件的班组。每个季度评选一次,对"三星"和"红旗班组"分别奖励2000元和5000元,并在现场设立"光荣榜"。

三、发电企业提升综合素质的高技能人才管理效果

（一）人才不断涌现,综合素质明显提升

现拥有高技能人才336人（高级工179人、技师126人、高级技师31人）,占员工总数的32.6%,其中专科及以上学历156人,占员工总数46.4%;本科及以上学历98人,占高技能人才总数29%,复合型高技能人才35人。优秀高技能人才崭露头角,获得中华技能大奖1人、内蒙古自治区"111企业经营管理人才"1人、享受政府特殊津贴获得者3人、全国技术能手2人、中央企业技术能手1人、华能集团技术能手5人。

（二）实施"首席员工制",有力提升高技能人才发展

首席员工制极大地调动了广大员工实现自我价值的积极性,使企业出现了"人人争当首席,首席带动全员"的良好局面,对企业的健康快速发展起到了很好的推动作用。实施"首席员工制"前,高技能人才流失76人,"首席员工制"推出后,至今仅有3人调走。

（三）企业管理和经济效益实现双提升

海电的高技能人才充分发挥自身的技术领先优势,促进了员工岗位操作技能的大幅提升,主要技术经济指标取得突破,有力地提升了人力资源管理和经济效益。如综合厂用电率8.15%,同比下降0.14%;供电煤耗336.09克/千瓦,同比下降1.16克/千瓦。仅此两项指标水平的改善,2011年降本增效就达2000万元。近2年均完成华能北方公司下达的年度利润收口指标;单位装机容量盈利水平持续位居华能北方公司火电企业前茅。安全生产局面持续稳定,2010年、2011年连续2年实现"零非停、零异停",连续2年被评为华能集团公司安全生产先进单位;节能减排成绩突出,提前2年完成国家"十一五"千家企业节能目标。尤其是高技能型人才为企业科技创新和技术改造贡献卓著,多项荣获国家、行业、内蒙古自治区级荣誉的QC成果年增效益2897万元。

（四）获得国家相关部门和社会的广泛认可

先后荣获了全国五一劳动奖状、全国文明单位、全国精神文明建设先进单位、国安康杯竞赛优胜企业等多项荣誉,连续十多年被内蒙古自治区和乌海市人民政府评为"纳税先进企业"、"十一五"节能工作先进企业、"节能减排先进企业"等多项先进企业称号。

（成果创造人：佟长敏、张景丽、金铁明、王德山、陈文俊、陈永胜、齐玉胜、王忠和、王海涛、高世根、王维平、雷树芳）

桥梁钢结构企业战略引领的卓越绩效管理

武船重型工程股份有限公司

武船重型工程股份有限公司（简称武船重工）是大型军工企业武昌造船厂集团有限公司的控股子公司，武昌造船厂集团有限公司是中央和国务院国资委直管的国有重要骨干企业。武船重工创建于1999年，注册资本2.23亿元，以桥梁钢结构制造为主业，拥有水、陆、铁路得天独厚的地理优势，是国内领先的现代化大型桥梁钢结构专业化制造企业，主要从事各类钢结构制造安装，桥梁工程施工，桥梁检修设备设计、制造、安装；房屋建筑工程、市政公用工程施工等业务。

成果主创人：公司董事长杨志钢

一、桥梁钢结构企业战略引领的卓越绩效管理背景

（一）保证企业发展战略顺利实施的客观需求

经济全球化的进程不断加快，科技进步日新月异，所处行业市场环境也日趋复杂，已拥有较为成熟的的市场营销、焊接技术、质量能力的武船重工要想长期站稳桥梁市场，保证其产品、服务、技术、市场营销能领先于行业内其他企业，就必须有一个创新型的发展战略，而卓越绩效管理围绕企业战略的"制定、实施与调整"进行系统客观地剖析和指引，重点引导企业如何进行战略引领、战略致胜，是武船重工不断发展壮大的迫切需求。

（二）提升企业市场竞争力的需要

目前国内桥梁行业逐渐形成了武船重工股份、中铁山桥、中铁宝桥三强鼎立的格局，这一格局已为国内钢结构行业界企业、业主、设计院所、监理单位、总包单位所认同。另一方面，武船重工也面临着许多的机遇和挑战，承担着来自诸多方面的风险。如在市场开发方面，桥梁钢结构行业竞争日趋严峻，市场环境更为复杂。新的竞争对手不断涌进钢制桥梁装备行业，发展势头强劲，对武船重工今后的发展和已有的市场地位将会产生较大冲击。武船重工以先进成功企业为镜鉴，认为要提升市场竞争能力只有推行卓越的管理模式创新经营管理思维，更新管理理念。

（三）加强现代化管理的迫切需要

武船重工要实现快速稳步发展，必须要重视现代管理。之前，在战略的制定与实施、制度体系的建设、流程的改造、相关方的管理、品牌的维护、知识的管理、核心技术的品牌化、人财物的管控以及企业文化的建设等等方面，还没有形成规范、系统的管理模式，也缺乏灵活有效的激励机制。另一方面，企业的不断发展壮大，对整体管理工作提出了更

高更新的要求。为了不断改进管理状况,提高管理效率,满足战略发展需求,必须实施卓越绩效管理将最新的、现代化的管理思想、管理理念植入实际管理过程中。

二、桥梁钢结构企业战略引领的卓越绩效管理内涵和主要做法

武船重工以"坚持集中差异化战略、坚持相关多元化战略、坚持可持续发展战略、坚持'做优、做大、做强'战略"为指导思想,通过实施"制定企业发展战略、健全绩效管理机制、优化重构管理流程、研究开发核心技术、强化管理整合、构建和谐合作关系"等举措,实现企业由单一焊接技术突破为主向多项桥梁建造技术集成的转变,促进产品质量和管理水平的提升,使企业走上一条技术先进、质量领先、服务优质的可持续健康发展之路。

(一)明确目标,统一思想认识

武船重工首先成立卓越绩效领导小组、卓越绩效推进项目组,制定卓越绩效管理的实施方案,在总经理的亲自领导下,各职能部门全力配合、积极参与。从领导层到执行层,层层分解任务、落实责任。

2008年按照"两条主线、四个阶段、六个方面"组织实施,"两条主线"是全员参与和专班推进,"四个阶段"是全面宣贯、分级培训、自主改进、总结提高,"六个方面"是宣贯培训、企业诊断、测量体系、自我评价、专项改进、申报创奖。2009年围绕"强化责任、专题宣贯,领导带头、全员参与,突出重点、识别改进,总结评价、巩固优势"的总体要求和工作重点,狠抓过程的管理、绩效的考核,提高全员思想素养,发挥全员作用,改进绩效管理水平。2010年在前两轮改进的基础上,展开新一轮的自我评价,针对公司股份制改造、生产总量急增、管理幅度扩宽、企业内外环境变化等实际情况,抓住重点,突破难点,将卓越绩效管理向更深、更广范围拓展。2011年全面总结推进卓越绩效管理的经验,着力改进与创新。

重视系统学习,注重高层领导推动和全员参与。以"导入推行卓越绩效模式,提升企业经营管理能力"为总体目标,从思想认识、组织领导、宣传教育、工作责任和落实措施等方面提出具体的要求和措施,旨在思想上达到高度统一。

武船重工按照卓越绩效管理标准,坚持战略引领的指导思想,坚持"六个注重":注重加强对战略管理引领企业发展的认识;注重对国际国内市场发展形势分析、预测和公司经营管理现状的分析、诊断;注重创新过程、资源、信息等要素之间的优势互补;注重卓越绩效管理模式与企业经营管理的关联、协调和互动整合作用;注重企业使命、愿景、价值观为主的企业文化理念的培育和践行;注重坚持"差异化经营、社会化生产,规模化发展"经营战略,并不断推进体制和机制创新,实行股改上市资本化运作的"双轮"驱动。

实施差异化战略,产品定位是:桥梁钢结构(依次为钢箱梁桥梁、钢管拱桥梁、钢箱拱桥梁)和建筑钢结构,在这个领域形成核心竞争力,做到人无我有,人有我

阳逻厂区

优,人优我特,人特我新,在细分市场上当排头兵。

认真探求市场经济规律,创新运作模式,推行外包战略。打破以前闭门生产的格局,不断增强资源整合力,充分利用社会资源,实行专业化协作,社会化生产,增强生产能力。以桥梁钢结构终端的有利条件,网罗钢材供应、机加工、涂装、运输、检测等相关产业,打造桥梁钢结构产业链。

正确处理做大与做强的关系,实现规模与效益同步增长。实施生产流程再造,建立钢箱梁、钢管拱筒节和预处理、U肋生产线,提高生产效率。实行内场、生产基地和工地联动配套。优化生产资源配置,形成社会化、规模化生产格局。

(二)专项改进,重点推进

按照国家标准的"方法、展开、学习、整合"要求进行评价,对经营结果按"水平、趋势、对比、整合"的要求进行评价。从自2008年以来,坚持每年进行一次自评,识别出管理优势和需改进的项目,并制定改进计划,全面实施改进,在不断改进中提高企业经营管理的成熟度,并促进管理水平的全面提高。

2008年是全面推进的一年,重点抓第一轮改进机会的识别、整改和武汉市质量管理奖的申报创奖工作。2009年是持续改进的一年,以建立战略规划执行体系、完善的KPI测量体系、知识管理体系等为重点。2010年是深入推进的一年,着重加强卓越绩效管理与战略引领、过程控制和以人为本的绩效控制系统在更深、更广层次上的有机结合。2011年是全面总结持续改进的一年,着力改进与创新,科学制定并实施《卓越绩效管理实施指南》,完善2011版的《组织简介》和《自评报告》,使卓越绩效管理活动出成果、见实效。

(三)坚持以人为本,健全绩效管理机制

武船重工以战略为指引,建立健全的绩效激励、考核机制,确立评价指标实施量化考核,形成覆盖各职能部门和生产单位的绩效指标体系。坚持以人为本,以提升全体员工素养和能力促进公司可持续发展为宗旨,科学开展员工职业生涯通道的设计,制定职位分析和岗位工作标准;为促进绩效,建立完整的晋升和激励机制,形成员工职业发展流程。并利用平衡计分卡、KPI等管理工具构建独特的员工绩效系统(图1)。

重点开展四个层面的绩效模型设计:领导层年度经营与管理责任制;各单位年度经营与管理责任制;部门中层干部月度/年度经营与管理责任制;员工月度/季度/年度绩效责任制。并签订正激励形式的契约化绩效考核责任书(红皮书),同时采取嘉奖、评优评先、培训、晋升、休假等奖励措施,重点培养技术中坚力量,向技术含量高的岗位实施薪酬倾斜;领导层、管理层和执行层的绩效考核结果均与月度/年度的效益收入挂钩,有效强化各层级的岗位职责、绩效贡献与薪酬回报间的关联性,充分体现激励效果。

(四)借助信息化手段,优化重构管理流程

武船重工利用数字化信息技术构造基础软件平台,建立信息驱动的协同工作模型,即根据数字化信息技术的特点,进行企业的生产、经营管理过程的优化重组,构造结构化、模块化的信息层次,形成数字模型。在企业的数字模型上建立"数字产品的柔性生产线",利用工程可视化技术进行产品的设计、制造和管理;建立"现实产品数字化生产线",支持决策,规范和控制物流,进行产品全生命周期的维护和安全保障。

在加强信息化建设过程中,自主研发完成集三维CAD、CAPP、CAM与KMPDM于

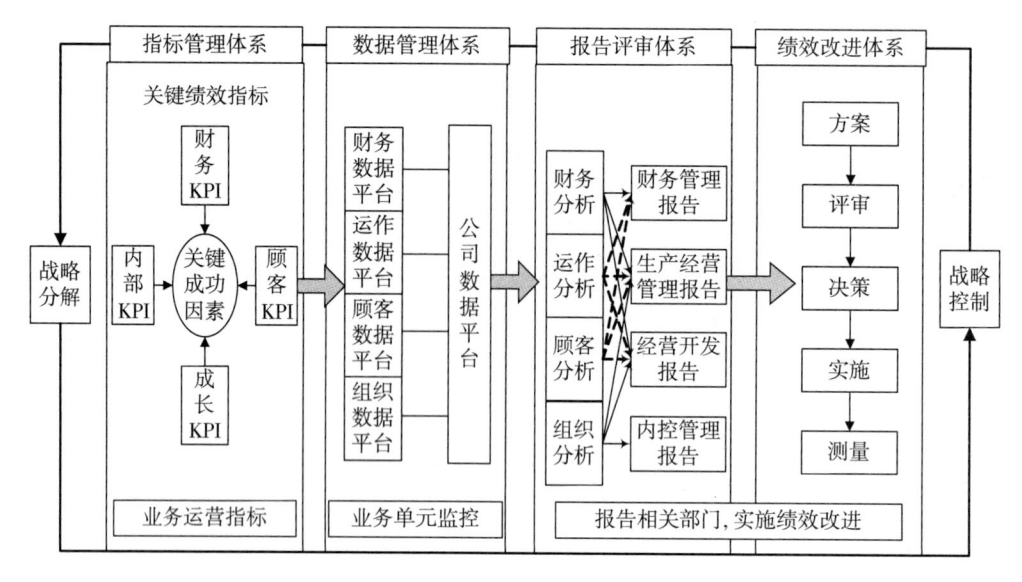

图 1　基于战略的绩效管理系统

一体的集成系统,并引入美国 PRO/E 设计软件,与产品数据管理(PDM)软件双向集成,以此为平台,实现设计过程的项目管理,并通过强大的工作流程的管理,建立设计人员之间、上下级之间以及设计部门内部这种"设计参数化、智能驱动化、过程可视化"的一整套设计及产品数据管理系统。

(五)坚持开展核心技术的研发,提升技术创新能力

武船重工以技术中心为技术创新体系的核心,大力开展技术创新工作。设立焊接与试验研究所、桥梁设计所、信息技术研究所、检测中心,全方位、多渠道获取新技术、新工艺,全面推进技术创新工作。已拥有 21 项国家专利,其中 5 项发明专利;多项创新技术在桥梁钢结构制造行业处于领先地位,公司的产品创造了我国桥梁钢结构行业不同时期的多项"第一",如:"大型桥梁钢结构快速制造流程设计与应用技术的创新"引领桥梁钢结构行业的"制造专业化";"桥梁钢结构数字化产品柔性生产线的建立与运行"引领桥梁钢结构行业的"制造信息化和数字化";"大型桥梁钢结构制造专用试验中心的建立与运行"引领桥梁钢结构行业的"试验与监控的专业化与系统化"。

(六)强化管理整合,实现项目管理的创新

武船重工结合卓越绩效管理七方面要求,不断消化、吸收、再创新企业关键管理环节和过程,有效整合资源。应用项目管理三维一体方法,整合业务执行、职能管理、监控指导体资源,成立战略投资部全面负责战略管理、体制改革、管理创新、绩效管理等一系列企业运营管理,优化重构战略管理流程。创新构建项目管理新体制,在技术、管理系统打破职能界限,全面采用跨部门的项目团队管理,形成以战略为统领、以流程为主线的项目管理流程,实施战略协同。

本着积极慎重、大胆稳妥、重点突破、逐步推进的思路,对项目管理实施"项目法人责任制、工程质量安全监督制、合同招标审核制、工程计量成本责任制"等管理模式。完善产品一级网络计划、主生产计划、物料需求计划以及月度生产计划、周生产计划的多级计

划管理体系,应用项目管理及 EISE 生产管理系统,实现计划的整体性、准确性和及时协调、控制。以"专项组织,矩阵管理,重点突出,全面协调"的管理方式,实施产品项目管理与业务职能管理的有机结合。

(七)充分利用社会资源,构建和谐合作关系

武船重工与建设方、设计单位和总承包商广泛建立战略合作伙伴关系,开创经营开发新格局。在市场中积极寻求合作伙伴,在竞争中合作,在合作中竞争,通过一定程度的合作和资源共享来寻求竞争优势,实现"双赢"。十分注重与顾客、供应商、设计单位等相关方的良性合作关系,集成顾客、供应商、分包商以及相关方关系资源,构建以"共赢和战略合作"为基础的顾客关系管理模式,尤其是在原材料采购、工程劳务分包等过程中,建立一大批长期固定的合作队伍,对各方协作单位进行评价、审核,发放施工许可证,在施工过程中,提供技术质量支持服务、资质培训,加强质量、环境、职业健康管理的全覆盖,形成良好的合作关系。

三、桥梁钢结构企业战略引领的卓越绩效管理效果

(一)提升了绩效管理能力

五年的推进工作,极大地促进武船重工的快速发展,其综合实力、核心竞争力不断增强,继续保持行业的前列,并在产品制造技术、经济效益、增长速度、人均劳动生产率、特大型桥梁钢结构市场占有率等多项指标方面处于领先地位。2012 年 4 月 10 日,武船重工一举中标签订港珠澳大桥这一举世瞩目工程合同,彰显了在国内桥梁钢结构行业的卓越能力和优势地位。

(二)提升了技术创新水平

通过不断探索,武船重工建立了基础设施硬件平台、操作系统软件平台、基础架构软件平台、业务支撑软件平台和集成应用软件平台相互支撑的五级架构技术,率先在桥梁钢结构行业内实施企业信息空间工程(EISE)。桥梁钢结构产品设计、制造和管理的信息技术应用,突破了产品数据和企业资源数据的动态集成共享关键技术,变革了传统的、手工的生产制造模式,提高了企业管理质量和工作效率。武船重工现已拥有 21 项国家专利,其中 5 项发明专利,且创造了桥梁钢结构行业不同时期的多项"第一"。2007 年获得了国家计量认证证书,2008 年获得首批国家级高新技术企业认证,2010 年获得湖北省技术中心和湖北省首批创新型企业。

(三)提高了企业经济效益和生产规模

2007 年突破开发和产出"双 10 亿"目标;2008 年实现开发和产出"双 13 亿"目标;2009 年实现开发和产出"双 16 亿"目标;2010 年实现开发和产出"双 20 亿"目标;2011 年实现开发 25 亿、产出 25 亿目标。近几年来,武船重工工业总产值年均增长率 54%,产量年均增长率 40%,合同开发值年均增长率 46%,销售收入年均增长率 38%,利税年均增长率 65%。

(成果创造人:杨志钢、杨少稀、李国瑞、曾　颖、王细秋、
曹春姣、罗连响、吴　涛、邱爱林、席小静)

以激发活力为目标的人力资源优化管理

山西省电力公司太原供电分公司

山西省电力公司太原供电分公司(简称太原供电公司)成立于1958年,是山西省电力公司的分公司,是国家电网公司28家大型供电企业之一,担负着太原市六区、一市、三县6988平方公里的供电任务,拥有用户59.18万户,固定资产原值76.12亿元。所辖太原电网位于山西电网中部,以500千伏单环网、220千伏双环网与110千伏辐射型网络为主网架结构,是山西电网北电南送、晋电外送的通道,是国家电网公司确定的全国31个重点城市电网之一。拥有35千伏及以上变电站97座(其中500千伏变电站2座),主变压器203台,总容量14436.95兆伏安;输电线路246条,总长度2551公里。现设本部职能部室11个,业务支撑与实施机构6个,县供电公司7个,拥有全民职工2549人。企业先后荣获"全国文明单位"、"全国创先争优先进基层党组织"、"全国用户满意企业"、"全国电力行业优秀企业"、"国家电网公司先进集体"、"国家电网公司文明单位"等称号。

成果主创人:公司总经理方剑秋

一、以激发活力为目标的人力资源优化管理背景

(一)解决结构性缺员和整体冗员、调动员工积极性的迫切需要

员工能进不能出、干部能上不能下,薪酬分配与业绩挂钩不明显等情况长期存在,导致太原供电公司人才结构性短缺与整体性冗员之间矛盾突出,员工工作积极性难以调动。在2009年初,太原供电公司总体超员10.74%,其中管理人员超编占总体超员人数的90%,与之相对应的是200多个生产一线岗位长期缺员、无人问津。根据当时调查问卷统计,员工认为最需要激励进入的前5个岗位全部为一线生产岗位,员工最热衷进入的前5个生产技能岗位仅有1个是一线生产岗位,95.6%的员工对大锅饭分配方式表示不赞成,75.14%的员工认为薪酬发放与业绩的对应关系不明显,88%的员工认为需要完善奖惩机制、加大考核力度。老职工没有激情,新职工思想不稳,沿用多年的人力资源管理方式已不适应快速发展的要求。

(二)适应国家电网公司发展战略要求、实现企业奋斗目标的迫切需要

企业发展,关键在人。供电企业作为资金、技术、人才密集型企业,员工对企业发展的重要性更加突出。随着太原供电公司的提格升级,国家电网公司、山西省电力公司对太原供电公司的要求和期望也相应提高,在山西省电力公司系统率先发展、在国家电网公司系统26个同类供电公司争先进位,成为太原供电公司的奋斗目标和主要任务。此

外,要贯彻落实好国家电网公司、山西省电力公司提出的一系列推动电网企业发展的新思想、新战略、新举措,就必须更加主动地适应发展要求,提高员工工作的主动性和创新性。这些都迫切需要通过创新人力资源管理机制,充分发挥人力资源管理中选人、育人、留人、用人等各环节的作用,培育员工自身的学习力和思考力,将员工培养成企业的专才、干才。

（三）增进员工利益、促进员工全面发展的客观要求

员工作为企业的主体,在企业创新发展中发挥着关键的作用。但是太原供电公司在进行人力资源管理现状调查时发现,有98.78%的员工认为需要分类开辟人才成长渠道,92.22%的员工认为应该完善员工晋升机制,76.27%的员工认可岗位轮换,100%的员工愿意参加竞聘上岗。用人的关键在于激发活力,让每一位员工都能主动、自觉地为企业发展献计出力,可见畅通人员流动和人才成长渠道、体现员工个人价值、促进员工全面发展势在必行。

二、以激发活力为目标的人力资源优化管理内涵和主要做法

太原供电公司以最大限度激发活力为目标,形成以市场配置为基础,标准化建设为主线,绩效考核为平台,教育培训机制为支撑,正向激励为导向的全过程、全方位、全层级优化的人力资源管理体系,建立岗位靠竞争、薪酬靠贡献、工作有标准、考核有结果、收入有差别、使用有体现的人力资源管理新机制。主要做法是:

（一）结合定员贯标工作开展标准化建设,为人力资源优化奠定坚实基础

2009年10月,太原供电公司按照上级人力资源管理"定员贯标"工作要求,出色完成机构及岗位设置规范工作,撤并职能部门4个、直属单位5个、基层单位3个,压缩班组63个、23.95%,精简班组长42人,更加突出专业化和扁平化特点。定员贯标后,太原供电公司管理人员和生产技能人员比例由原先的1∶2.25提升为1∶5.43,管理穿透力和工作执行力得到大幅提升。根据国家电网公司下达的定员达标评价标准,太原供电公司供电企业生产一线结构性缺员解决比例为100%,管理岗位用工差异率降低幅度为132.2%,劳动定员总评价得分为89分,评价结果为优秀,定员贯标工作成效明显。

太原供电公司结合定员贯标,重新界定规范岗位名称、岗位分类、岗位职责等,设置涵盖4个大类、36个中类、122个小类的管理及生产技能岗位788个,同比减少294个、27.17%。随后,按照国家电网公司标准化建设要求,启动"1+3"标准化体系建设("1"就是国家电网公司SG9000标准管理体系;"3"就是质量、安全与环境国际标准管理体系),修订完善各类管理标准132个、工作标准556个,优化工作流程182项,在进一步夯实管理基础的同时,为后续人力资源优化奠定了坚实基础。

（二）建立内部用人市场,促使员工倍加珍惜现有岗位和工作条件

方剑秋总经理(左二)在110千伏西铭变电站检查指导工作

积极探索建立内部用人市场,逐步形成员工交流、转岗、退出常态机制。目前,人力资源市场化配置已经成为太原供电公司常态机制,有需求不找领导找市场已经成为员工共识,"公开招聘、双向选择"和"公开招聘、竞聘上岗"成为人员配置的主要方式。

如有岗位空缺,用人单位可提出岗位需求申请,人资部门汇总并报公司领导审批后,在公司网页发布招聘启事,并组织报名和资格审查,将初选意见提交该岗位的直接管理者,由其最终确定人选后,人资部门在公司网页公布招聘结果。人选最终确定权上,实行逐级负责原则,中层正职岗位人选由分管领导负责初选,中层副职岗位人选由用人单位中层正职负责初选,初选结果经公司党政主要领导审核,并提交公司党委会研究通过后生效;一般管理岗位和班组长岗位人选由用人单位负责初选,初选结果经公司相关专业分管领导审核通过后生效;生产技能岗位人选由用人班组负责初选,初选结果经用人单位相关专业分管领导审核通过后生效。同理,公司领导认定不满足岗位工作要求的中层干部,部室(单位)领导班子经集体研究认定不满足岗位工作要求的一般管理岗位或生产技能岗位员工,或不愿在现岗位工作,自愿解除上岗合同,参加其他岗位公开招聘的员工,可随时解除上岗合同,交由人力资源服务中心管理。

内部人力资源市场建立以来,太原供电公司共组织"公开招聘、双向选择"和"公开招聘、竞聘上岗"23批次,有2321人通过"双选"进行岗位流动,其中跨岗位流动1016人、跨单位流动167人,分别占总数的47.47%和7.8%。通过人力资源市场化配置机制,共清理出长期不上班、出工不出力的24人,解除劳动合同7人,目前仍有14人在人力资源服务中心接受待岗培训。

(三)建立全员绩效管理体系,焕发全员积极主动性

太原供电公司在认真学习现代企业绩效管理先进理念方法、外出调研借鉴兄弟单位经验做法的基础上,紧密联系自身实际进行创新探索,建立自上而下的绩效计划体系和绩效考评体系。对部室实行"两级管理、两级考核"(公司对部室、部室对员工),对单位实行"三级管理、三级考核"(公司对单位、单位对班组、班组对员工)。太原供电公司对部室(单位)实施"年计划、月安排、月考核";部室对员工、单位对班组实施"月计划、周安排、月考核";班组对班员实施"周计划、日安排、月考核"。

注重计划的可评价性,确保数量化、状态化。太原供电公司绩效计划分为关键绩效计划、常规绩效计划和临时绩效计划,计划制订按照年计划和月计划相结合的方式进行。年度工作会议后形成年度绩效计划,按月分解到相关部室(单位)。部室(单位)结合年度任务安排和日常工作制订月度绩效计划,在月度工作例会上予以确定。在计划制订过程中,明确满足1个劳动力三个工作日以上劳动量的工作方可列入公司层面的绩效计划,绩效计划制订做到可评价,能量化的用数量指标、质量指标等量化,不能量化的做到状态化、具体化,明确描述出考核期内可评价的工作状态。如电网建设前期工作时间跨度长、工作环节多、协调难度大,在制订绩效计划时,必须明确每月要实现的阶段目标和推进的具体程度,以便过程控制和准确评价。太原供电公司根据贡献度大小,将参与工作的部室(单位)分为主办部室(单位)和配合部室(单位),主管部室明确工作标准并在完成后对主办、配合各方工作评价打分,简单方便又实用有效地解决了以往协调配合难的问题。

依照量化标准自我评分,不当得分加倍扣除。绩效考评以自评为主,变"罚分"为"奖

分"。考评基础分从零分记起,每项计划对应一个分值,圆满完成得满分,有瑕疵完成按50%得分,未完成或完成质量不达要求不得分。太原供电对部室(单位)奖分不超过115分,其中关键绩效计划和常规绩效计划总奖分不超过100分,实行"月度预兑现、年度总追溯";临时绩效计划每月最高不超过5分;超额完成业绩指标或得到上级表彰的突出绩效,每月最高不超过10分,每年度进行一次追溯。2012年至今,对2011年20项业绩指标和同业对标指标正追溯95.46分,涉及38个部室(单位);对4项业绩指标和同业对标指标负追溯109.01分,涉及10个部室(单位);对超额完成的7项业绩指标奖分562.8分,涉及29个部室(单位);对专业工作受到上级表彰的奖分712.8分,涉及42个部室(单位)。部室(单位)内部对员工的绩效评价上,首先对内部所有工作进行梳理,按项设定赋分标准,员工完成工作后对应进行加分,完成工作越多加分就越多,工作质量越好、效率越高加分就越多,奖分上不封顶。在评价方式上以自评为主,部室(单位)、班组、员工各层面在评价自己和下级工作绩效时都要实事求是、客观准确,否则将针对不当得分予以加倍扣除。同时,建立绩效沟通申诉通道,注重发挥三级绩效经理人作用,部室(单位)或员工对绩效考评结果有异议时,先通过沟通的方式解决,沟通无法解决时,可以分别向监察部、工会提出申诉。

考评结果与员工职业生涯发展全面挂钩,促进员工加快进度提升。目前,太原供电公司78.83%的薪酬发放与绩效考评结果挂钩,同部室(单位)员工月度绩效奖金分配最高相差一倍以上,奖金分配从原先的"靠别人分"转变为"由自己挣",绩效优秀的员工理直气壮地得到更多实惠,绩效不佳的员工更加注重个人绩效的提升。除此之外,绩效考评结果还应用于绩效改进、薪点工资调整、培训激励、评先选优、岗位流动、干部选拔调整、专业技术资格评定、专家评选、奖励性疗休养、体检等方面。2011年,太原供电公司7个绩效管理试点部室(单位)的500名员工参与了绩效分档,75名评价为A档的员工进行了升薪,23名评价为D档的员工进行了降薪,分档结果与员工岗位薪点工资调整、培训激励、评先选优等实现全面挂钩。

通过公司、部室(单位)、班组、员工四级年、月、周、日计划(安排)的有效结合,有效保障总体战略目标与各层面工作的高度融合和整体统一,让企业效益和员工个人价值实现高度统一,促使各层级主动以更高标准完成工作,有效保障计划的刚性执行和过程管控,实现了指标层层分解、责任层层传递、考核层层落实。

(四)营造员工最优培训机制,提升员工队伍整体素质

太原供电公司将员工培训分成三类,即岗位适应性培训、岗位拓展性培训和岗位提高性培训,把员工的职业生涯发展纳入公司发展之需。岗位适应性培训是针对新录用员工、新调整岗位员工、待岗员工以及年度绩效考核成绩进入D档的员工开展的,以岗位基本知识、基本技能和基本素质为主要培训内容,以入职培训、岗位资格培训、职业资格培训为主要形式的综合性培训。岗位拓展性培训是针对日新月异的新技术、新工艺和公司不断发展的新要求,以提高员工履职能力和综合素质为主要目标,以岗位培训、在岗学习、离岗轮训、员工继续教育为主要形式的综合性培训。岗位提高性培训是以培养"专一学二眼观三"的复合型人才为目标,针对公司年度优秀中层干部、公司级及以上标兵级综合激励获得者、年度绩效考核成绩进入A档的员工开展的,以岗位交叉培训、外派高端培

训为主要形式的综合性培训。同时，建立"以赛代训、以比促训"的机制，开展"技术比武年"活动，组织"职工技能竞赛运动会"，对提升员工综合素质起到了很好的促进作用。

（五）建立正向激励机制，激发员工自我发展热情

建立激励型工资分配制度，完成以岗位薪点工资为主的绩效工资制度套改，实现员工薪酬收入与其工作岗位、实际贡献和能力素质的有效挂钩，做到以岗定薪、岗变薪变、考核变薪、以效取酬。岗位绩效工资由岗位薪点工资、绩效工资、工龄工资、表彰奖励和津补贴、基础工资、其他工资6个单元构成。岗位薪点工资、工龄工资、基础工资、职称津贴4项工资之和占到工资总额的30.61%。岗位绩效工资的实行，减少了平均分配的项目，简化了工资单元，优化了工资结构。以岗定薪、岗变薪变、考核变薪、以效取酬的工资分配模式，从根本上解决了岗位技能工资中若岗级不变则岗位工资一成不变的弊病，更加有利于发挥工资的调节职能和导向作用。

按照获奖途径、专业领域和级别、受众差异等，对各级各类荣誉、业务技能竞赛先进、知识竞赛先进、专业考试（普考及调考）先进、文体艺术竞赛（演讲、辩论、音乐、舞蹈、美术、书法、体育比赛等）先进、科技及技术创新成果、管理创新成果、知识产权（论文、专著、专利、新闻作品、信息作品等）以及继续教育等8方面50类事项，"明码标价"予以精神和物质奖励。实施三年来，太原供电公司共兑现各类激励申请836项，发放3358人次，发放激励奖金408.52万元。通过鲜明的导向作用，不断激励员工主动拓宽成长空间，正在逐步实现由"要我培训"向"我要培训"、"要我发展"向"我要发展"的转变。

三、以激发活力为目标的人力资源优化管理的效果

（一）员工工作积极性明显提高

成果实施前，布置工作凭关系、看脸色，工作落实难、考核更难。目前，有效的岗位竞争、激励考核和内部流动，进一步激发了员工干事创业、争先创优的激情和干劲，越来越多的员工开始加班加点、抢干工作、勇挑重担，员工比以往任何时候都注重提升个人的能力素质，将工作作为实现自我价值的平台，将培训作为最大的福利，学习和工作积极性空前高涨，"想干事、肯干事、能干事、干实事、干成事"的工作氛围全面形成。目前，除积极参加公司组织的各类培训外，还有901名员工利用业余时间主动通过网络大学、成人教育等方式进行后续学习，占职工总数的34.88%，是2008年的8.27倍。

（二）队伍素质得到全面改变

全体员工主动以更高标准完成工作，一些日常管理中的盲点、薄弱点不断被发现并加以改进，管理制度和工作流程得到全面优化，流程脱节等内耗现象大大减少，实现了凡事有章可循、凡事有据可查、凡事有人监督、凡事有人负责，形成了部室团结协作、单位创先争优、专业勇夺标杆、员工成长进步的良好局面。2009年以来，涌现出省级文明和谐单位4个、市级模范集体2个、市级模范班组1个，省工人先锋号2个；全国劳动模范2人，省级劳动模范1人、市级劳动模范5人。目前，大学本科及以上学历的员工有873人，占总人数的33%；拥有高级技术专业资格的员工有178人，占总人数的27%，企业人才当量密度由0.8275提升至0.9025，在国家电网公司26家同类企业排名由2009年初的26位上升至现在的16位。

（三）公司发展能力快速提升

2009年以来,太原供电公司各项技术经济指标连创新高,多项智能电网项目率先在省内投产,安全基础管理、优质服务、协同监督、文明创建等多项工作在系统内外进行了经验交流。高质量完成了中博会保电、集体企业整合、主多分开等重点、难点工作,福利性补贴、劳动用工等一批深层次历史遗留问题逐一得到彻底解决。2011年,售电量、平均电价、市场占有率比2009年分别增长了30.23%、7.14%和1.94%,综合线损率比2009年降低了12.33%,内部利润超额完成了21.78%,人力资源优化工程在企业发展中的强大推动作用得到充分体现。

(成果创造人:方剑秋、刘建平、成 亮、郭学英、阎广颖、韩小峰、张小凤)

航天制造企业年金制度的创建与实施

首都航天机械公司

成果主创人：公司党委副书记张玉国

首都航天机械公司（简称首航公司）隶属于中国航天科技集团公司运载火箭研究院（简称一院），是我国目前成立最早、规模最大的运载火箭总装集成企业。首航公司是一个拥有百年历史的企业，前身是1910年清朝政府创办的中国第一家飞机修造厂，1958年开始投身航天事业，被誉为"中国航空的发源地、中国航天的发祥地"。多年来，首航公司成功试制、生产、总装了12种型号名扬世界的"长征"系列运载火箭，其中，长征三号、长征三号甲和长征三号乙运载火箭荣获国家科技进步奖，长征三号甲运载火箭荣获中国航天科技集团公司"金牌火箭"称号，长征二号F火箭被授予"中国第一世界名牌"。截至2011年10月8日，首航公司生产总装的运载火箭完成了111次发射，占我国运载火箭发射总量的75%。首航公司生产总装的长征二号F火箭成功将7艘"神舟"号试验飞船、4名宇航员及"天宫一号"目标飞行器成功送入太空，圆了中华民族的飞天梦，标志着我国向空间站时代迈出了坚实的一步。卫星发射、载人航天、深空探月，首航公司为建树中国航天发展的三座丰碑，做出了突出贡献。

首航公司现有在职职工5000多人，离退休人员也有近5000名，2011年实现销售（营业）收入20.8亿元，利润总额1.37亿元。在新的历史发展阶段，首航公司承担着"引领航天制造企业"的神圣使命，也担负着维护社会、企业和谐稳定的历史责任。

一、航天制造企业年金制度的创建与实施背景

企业年金被称为我国养老保险体系的"第二支柱"，是指企业及其职工在依法参加基本养老保险的基础上，自愿建立的补充养老保险制度。它既是我国社会保障体系中养老保障的一部分，也是市场体制下企业薪酬福利结构的一部分。是维护社会和谐稳定、协调发展的重要保证，也是企业稳定人才、吸引人才、激励人才，增加职工凝聚力的重要手段，对促进企业稳定发展有着深远的影响。

首航公司作为大型航天制造企业，养老问题和薪酬福利问题一直是人力资源和离退休工作关注的重点，但在社会和企业新的形势下，退休人员养老、职工薪酬等面临着新的问题和考验。

一是基本养老保险无法满足多层次养老保障需求，国家正加快推进企业年金制度建设。由于基本养老保险替代率水平较低，只能保障退休人员的基本生活，因此必须建立多层次的养老保障体系。我国已确立了由基本养老保险、企业年金、个人商业养老保险共同构成的"三支柱"养老保障制度框架。国家鼓励企业为职工建立企业年金。同时,国资委要求,中央企业建立企业年金后,企业原则上不再发放企业补贴等其他形式的养老金;企业年金方案的设计要与解决历史遗留问题统筹考虑,保持新老制度和待遇水平的平稳衔接。军工企业普遍面临历史悠久、人员工龄长,一些原有退休补贴水平相对较高的,存在衔接困难的问题。

二是退休人员的企业补贴方式,存在一定风险。随着企业补贴总体额度的不断增加,企业负担越来越重,首航公司在接受审计和审价过程中,经常需要面对提供明确政策依据的问题,而随着国家对企业年金政策的推行及各企业的广泛实施,将来企业年金政策会逐步成为解释这一问题的主要政策依据;企业补贴采用非积累、当期支付方式,直接受当期经济效益波动影响,存在较大支付风险。

三是建立企业年金制度也是企业新时期人力资源发展战略的重要组成部分。随着我国经济市场化进程的加快,人才流动也越来越频繁,军工企业的经济效益总体上与一些合资企业及事业单位有较大差距。通过建立企业年金制度、推进收入分配制度的改革、增强职工归属感,体现"金手铐"作用,从而提高竞争力及职工对企业的忠诚度,一定程度解决首航人才流失问题。

2008年,航天科技集团公司启动企业年金制度建设工作,首航公司被列为首批试点单位,目标是通过创建与实施企业年金,完成养老体系转型,适应国家养老政策调整方向,实现企业与职工共赢。

二、航天制造企业年金制度的创建与实施内涵和主要做法

首航公司在深入研究国家和上级相关企业年金政策、首航公司企业人员构成及原补充养老制度、水平与发展趋势等现状的基础上,把握国资委要求,科学测算,设计独具特色的、适合企业实际情况的企业年金方案;统筹考虑、兼顾效率和公平,着力解决历史遗留问题,创建能保持新老制度和待遇平稳过渡的企业年金制度;解决经费筹集与缴纳、资金分配、投资管理、养老支付等环节中的众多问题,全面实施,成功实现从企业补贴政策向企业年金制度的养老体系转型。主要做法如下:

(一)突出核心,建立有效的年金管理框架,夯实年金管理组织基础

企业年金建立过程纵向涉及国资委、劳动部、航天科技集团公司、一院、首航公司、员工个人,横向涉及委托人、受托人、账管人、投资人、托管人、受益人,涉及面广,关系复杂,首航公司以年金管委会和受托人为核心,建立有效的管理框架,为年金管理体系建设提供有力的组织保障。

(二)突破重点,创建特色的年金制度体系,形成整个企业年金管理的核心

在国家、集团公司相关政策制度框架

运载火箭总装车间

内,首航公司重点突破资金筹集和缴费分配办法、账户管理、基金管理、权益归属、待遇计发与支付等环节中的难点问题,原创解决方案,创建以企业年金实施细则为代表的一系列制度文件。

1. 系统研究企业年金政策

开展企业年金制度梳理、系统研究,确立建立企业年金的基本原则(主要是:促进企业的长远发展、保障为主,兼顾激励、集体协商、安全谨慎、适度收益、适时调整与平稳过渡);明确建立企业年金的程序与流程;理清委托人、受托人、账户管理人、托管人、投资管理人等主体间的关系、权利与义务;掌握企业年金基金的筹集与管理、投资、收益分配及费用、信息披露与监督检查、企业年金待遇的发放等具体环节的管理办法。

2. 分析公司人员状况及企业补贴政策

企业年金制度涉及人员多、作用时间长、情况复杂、接口矛盾多,直接涉及目前在职正式和临时用工4500余人,及未来企业补充进入的人员,间接影响到首航公司近5000离退休人员,而且养老金政策和职工的生存年限相关,按目前生命周期表,退休后平均还有20多年的存活期,加上20年的过渡期,作用时间近40年,因此需要有一定的前瞻性。首航公司对原来实施的企业补贴政策进行研究,分析企业补贴水平与和岗位、职务、职称、性别、工龄、退休时间等因素的相关性强弱及规律。

3. 制定企业年金实施细则等相关制度文件

整个企业年金实施细则分为十章,主要包括企业年金计划的参加与退出,资金筹集和缴费、分配办法,账户管理,基金管理,权益归属和待遇的计发、支付,中止缴费处理,组织管理和监督,实施细则的修改和终止等方面的内容。

(三)设计企业年金的推进流程,确保科学决策

在以流程为主的纵向模式下,重点控制关键过程,落实责任人、设置工作进度、完成指标等,形成纵横交错的矩阵式流程管理,使每个过程受控,保证推进效率高、运行效果好(图1)。

此外,企业年金方案制定及实施过程中,有许多问题需要决策。对于结构较为复杂、决策准则多、且不易量化的决策问题,借鉴层次分析法进行决策分析(图2)。

(四)测算分配方案,选择最优设计

首航公司由于历史悠久、人员平均工龄长、没有趸交、原有企业补贴水平较高、企业年金缴费比例及资金总额受限等因素的制约,年金基金严重不足、实现新老政策过渡存在很大困难。因此首航公司根据企业缴费比例5%、8.33%和养老基数、工龄参与企业缴费分配的不同形式,及企业留存公共基金的不同比例,确定5种方案、6种情景做了30种组合测算(表1)。

利用Excel中的相对引用、绝对引用等功能,快速建立企业年金基金综合测算模型。测算不同情景下的个人明细结果、各年度资金缺口、过渡期限、今后40年平均月领取额、各年公共基金盈余情况等。通过多轮测算,最终确定采用方案一(表2)。

(五)开展宣传培训,获得员工广泛认同

由于职工对企业年金缺乏认识,在实施过程中,针对不同阶段的需求和不同层面的群体,策划实施一系列的宣传、培训工作,以此得到员工的高度理解和认同,从而自觉参

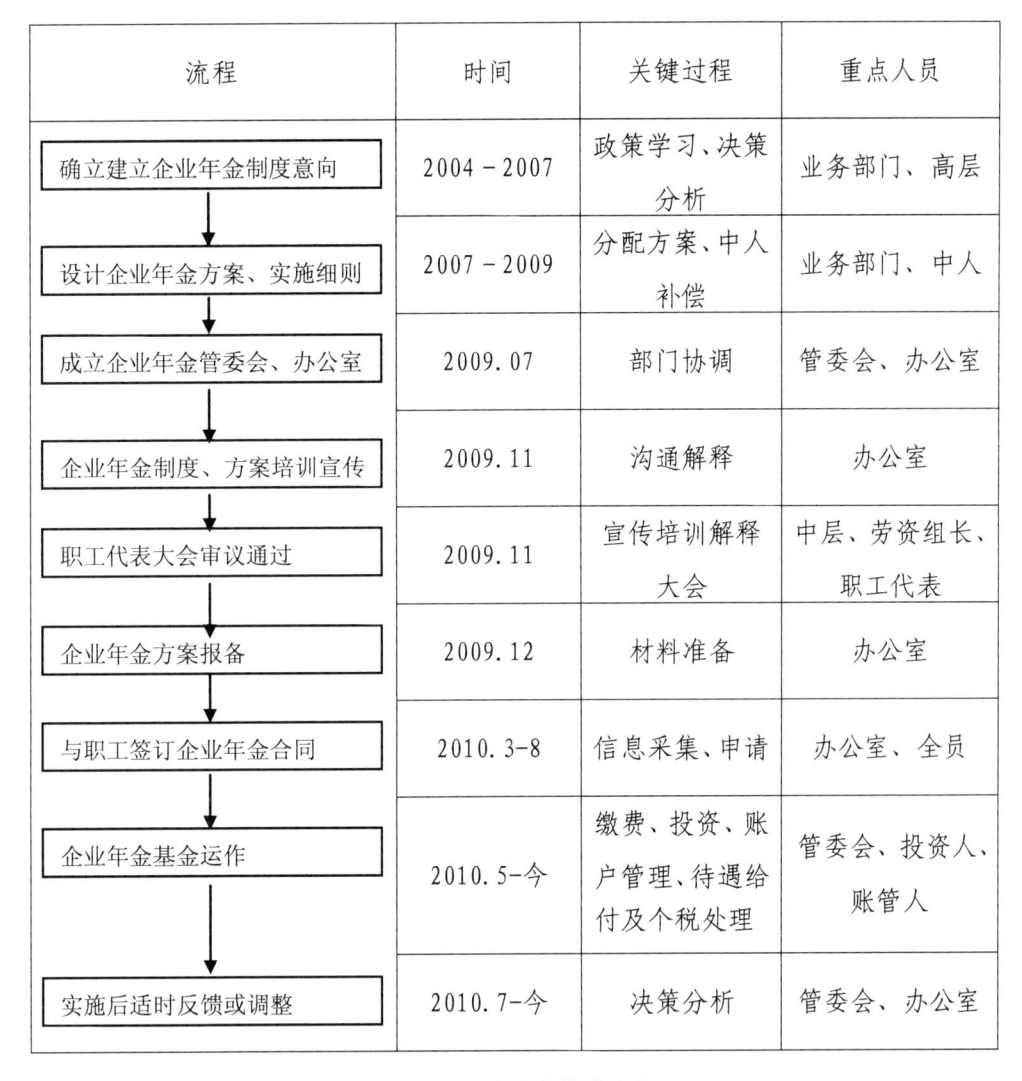

流程	时间	关键过程	重点人员
确立建立企业年金制度意向	2004-2007	政策学习、决策分析	业务部门、高层
设计企业年金方案、实施细则	2007-2009	分配方案、中人补偿	业务部门、中人
成立企业年金管委会、办公室	2009.07	部门协调	管委会、办公室
企业年金制度、方案培训宣传	2009.11	沟通解释	办公室
职工代表大会审议通过	2009.11	宣传培训解释大会	中层、劳资组长、职工代表
企业年金方案报备	2009.12	材料准备	办公室
与职工签订企业年金合同	2010.3-8	信息采集、申请	办公室、全员
企业年金基金运作	2010.5-今	缴费、投资、账户管理、待遇给付及个税处理	管委会、投资人、账管人
实施后适时反馈或调整	2010.7-今	决策分析	管委会、办公室

图 1 企业年金的推进流程

与，为年金计划的开展奠定员工基础。在年金制度实施中，首航公司严格执行国家的政策规定，坚持集体协商的民主制度，与企业集体协商小组协商，召开职工代表大会审议实施细则并进行票决，尊重每一名职工的知情权与选择权。

宣传培训讲究"本、点、力、动、效、评"。以"服务企业、服务员工"为"本"，以"职工的需求、职工的问题"为"点"，以"企业年金办公室和受托人工商银行"形成合"力"，通过"多维度、多层面、多形式，层层沁润、倾听反馈，和职工有效沟通、良性互动"做到"动"，以"达到职工认识、理解、认可"为"效"，通过"职工投票和实施结果"为"评"，对整个宣传培训工作做出闭环的评价。经过广泛深入的宣传培训，首航公司的企业年金方案经公司职工代表大会审议后投票表决，获全票通过。

图 2 使用层次分析法进行决策分析的因素示意图

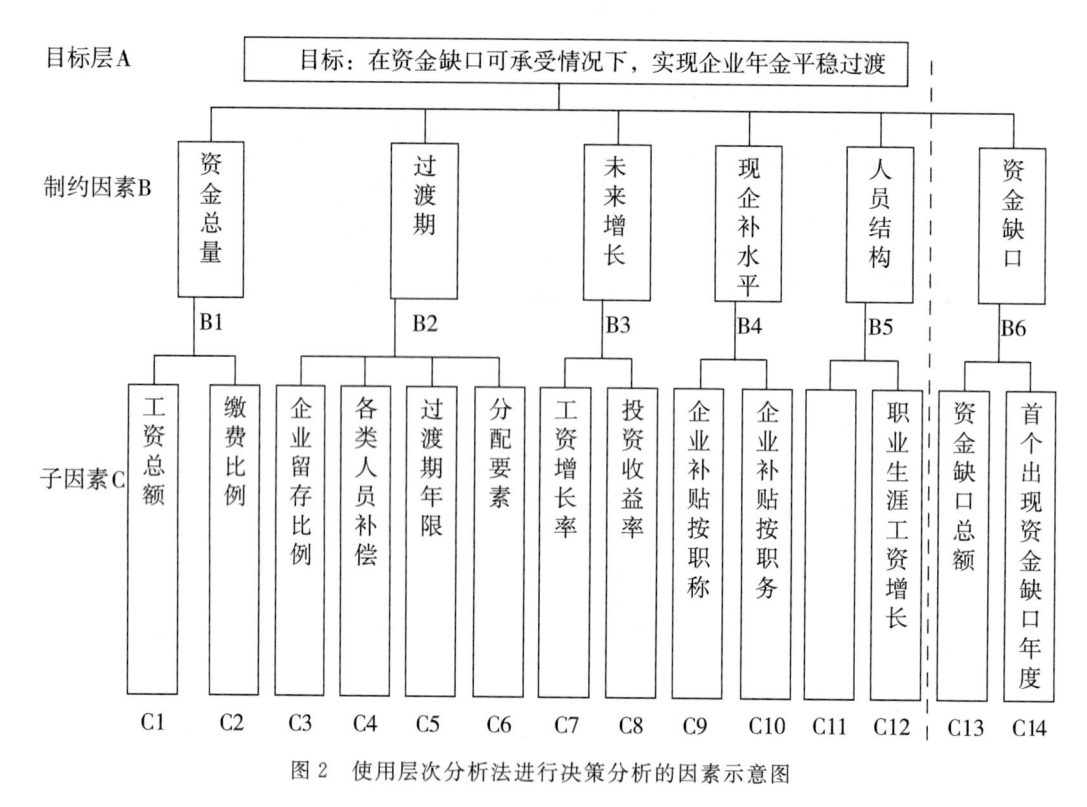

目标层A：目标：在资金缺口可承受情况下，实现企业年金平稳过渡

制约因素B：
- B1 资金总量
- B2 过渡期
- B3 未来增长
- B4 现企补水平
- B5 人员结构
- B6 资金缺口

子因素C：
- C1 工资总额
- C2 缴费比例
- C3 企业留存比例
- C4 各类人员补偿
- C5 过渡期年限
- C6 分配要素
- C7 工资增长率
- C8 投资收益率
- C9 企业补贴按职称
- C10 企业补贴按职务
- C11
- C12 职业生涯工资增长
- C13 资金缺口总额
- C14 首个出现资金缺口年度

表 1 测算方案具体信息表

测算方案	企业缴费比例	企业缴费分配方式
一	5%	企业留存比例为20%，另外80%按以下标准划入职工个人账户的企业子账户中：$\dfrac{\text{职工本人的养老基数}\times\text{本人的工龄}}{\sum(\text{参加职工的养老基数}\times\text{本人的工龄})}\times\text{企业工资总额}\times 5\%\times 80\%$
二	5%	企业留存比例为30%，另外70%按以下标准划入职工个人账户的企业子账户中：$\dfrac{\text{职工本人的养老基数}\times\text{本人的工龄}}{\sum(\text{参加职工的养老基数}\times\text{本人的工龄})}\times\text{企业工资总额}\times 5\%\times 70\%$
三	5%	企业留存比例为50%，另外50%按以下标准划入职工个人账户的企业子账户中：$\dfrac{\text{职工本人的养老基数}\times\text{本人的工龄}}{\sum(\text{参加职工的养老基数}\times\text{本人的工龄})}\times\text{企业工资总额}\times 5\%\times 50\%$
四 五	8.33%	将企业缴费总额分为三部分使用。 第一部分：按职工本人的缴费金额，同比划入职工个人账户中的企业子账户（这里假设为4%）； 第二部分：将工资总额的2%按以下标准划入职工个人账户中的企业子账户中。 测算方案四：$\dfrac{\text{职工本人的养老基数}\times\text{本人的工龄}}{\sum(\text{参加职工的养老基数}\times\text{本人的工龄})}\times\text{企业工资总额}\times 2\%$ 测算方案五：$\dfrac{\text{职工本人的养老基数}\times\text{本人参加企业年金前的固化工龄}}{\sum(\text{参加职工的养老基数}\times\text{本人参加企业年金前的固化工龄})}\times\text{企业工资总额}\times 2\%$ 第三部分：企业缴费剩余部分用作公用基金，暂存在企业账户的未分配账户中。

表2 不同情景组合下年金的投资收益率和员工工资增长率

情景组合	投资收益率	工资增长率
测算情景1	4.14%	1.13%
测算情景2	4.14%	5.00%
测算情景3	4.14%	13.75%
测算情景4	5.40%	1.13%
测算情景5	5.40%	5.00%
测算情景6	5.40%	13.75%

(六)采集信息,开展基金运作

首航公司历时5个月、进行两次大规模的申请表填写、人员基础信息采集,符合建立企业年金条件的人员中99.9%以上提出书面申请、自愿加入,只有极少部分短期有离开公司意愿的职工不参加。经多次与账户管理人沟通,建立包含4000多人信息的数据库。

基金运作包括缴费、投资、账户管理等内容。在选择投资组合,设定投资分配规则时,首航公司主要考虑资金风险承受能力、资金量大小、备选组合是否启动、节约成本4个因素,最后选择××证券投资组组合、××基金投资组合和××养老投资组合进行分配,并确定后续根据各个投资组合的运行情况,定期评估,比较几家投资收益,以后年度的增量资金按照前一年的业绩决定,进行更换或更改投资组合权重。总体来说,基金安全、投资收益较好。

(七)支付待遇,及时评估政策适应性

首航公司企业年金实施几年来,已经进入支付状态,现已有几百名职工开始享受企业年金支付待遇,实现了新老政策的平稳过渡。支付内容包括:个人账户中的个人缴费及其投资收益;按月领取其企业年金替代原有的企业补贴。

由于国家对企业年金政策处于不断完善阶段,首航公司需根据国家及上级政策的调整对企业年金方案进行适应性评估。例如,企业缴费分配到个人账户中的金额扣个人所得税问题。首航公司在起草年金方案时,国家对于企业年金缴费的个税问题还不明确。2009年,在公司方案经职代会和上级通过之后的年末,国税发布《关于企业年金个人所得税征收管理有关问题的通知》(国税函[2009]694号),通知明确:企业年金的企业缴费计入个人账户的部分属于个人所得税应税收入,在计入个人账户时,应按照"工资、薪金所得"项目计算当期应纳个人所得税款,并由企业在缴费时代扣代缴。考虑到按此政策缴纳所得税后,影响到过渡期中人待遇与年金实施前的老人平稳过渡(养老金水平一致但中人要缴税),首航公司进行专项测算与评估,认定影响较小。

三、航天制造企业年金制度的创建与实施效果

(一)提升企业管理水平

企业年金创建与实施,是新时期人力资源工作中的一项重点实践。目前,首航公司制定的《企业年金实施细则》已经职代会全票通过,四千多名在职职工99.9%以上自愿加入。实施几年来,运行平稳、流程顺畅、基金运作良好,现已有几百人实现企业年金待遇支付。

首航公司建立企业年金,是在克服职工平均工龄长、没有趸交资金、企业补贴水平较

高、缴费总额受限、情况复杂等诸多困难的情况下完成的。通过系统研究相关政策、科学测算,创建了符合企业实际的企业年金制度及管理模式,成功实现了养老体系转型,发挥了试点单位的积极作用。

通过创建企业年金,在人才激励方面也带来了积极作用。企业年金计划的建立,既证明了企业有完善的薪酬制度,具备较强的经济实力和管理水平,又树立了为职工谋福利的良好社会形象,使得企业在人才市场上对优秀人才更具吸引力。同时,年金制度突破以往只有正式工才能享受企业补贴的限制,所有符合条件的员工都可自愿参加,通过权益归属约定及延期支付等特点,起到维系人才、减缓企业人才流失的作用。

(二)提高企业经济效益

成果的实施,促进了企业成本结构的优化。与企业补贴在支付时全部计入管理费用的方法不同,企业年金可在当期分别计入企业的直接成本、制造费用及管理费用,因此在财务方面起到了合理利用税收优惠政策、优化型号成本结构的作用。

此外,通过信托资金专户管理模式,企业年金基金由专业机构投资运营、管理,具有较好的安全性和收益性。首航公司实施企业年金以来,长期收益一直保持稳定正增长。

(三)产生良好的社会效益

企业年金创建与实施,符合国家政策调整方向,成为养老"第二支柱",健全了职工养老保障体系,保护了员工的长远利益、充分发挥"金保险"作用。实施企业年金后,退休人员的养老金替代率明显提高,生活水平有了更好的保障,促进了企业与整个社会的和谐稳定。

(成果创造人:张玉国、张亚楠、雷荆玉、佟　玮、蒋　悦、邱占云、付　晋、金春花、黄　勇)

风险控制与财务管理

储运企业物流金融风险管理

中储发展股份有限公司

中储发展股份有限公司(简称中国储运)隶属于国务院国资委监管的大型中央企业——中国诚通控股集团有限公司旗下的中国物资储运总公司,于1997年1月21日在上海证券交易所挂牌上市。中国储运是集仓储物流、物流金融、物流贸易、物流地产、物流技术以及以物流为依托的电子商务于一体的具有五十年历史的全国性大型现代综合物流企业,具有仓储、运输、配送、融资监管、多式联运、加工制造、物流设计、内外贸易、科技开发、现货市场、电子商务、材料检验、物流地产等集成配套的全方位、全天候综合物流服务功能。中国储运在北京、上海、天津、江苏、浙江、山东、湖北、湖南、广东、四川、云南、河北、河南、陕西、辽宁、吉林、黑龙江等省区的30多个中心城市和港口城市设有70余家物流配送中心和经营实体,占地1,000万平方米,其中露天货场350万平方米、库房200万平方米、铁路专用线78条计75,000米、起重运输设备近1,000台、年吞吐能力6,000多万吨,居于国内仓储物流行业龙头地位。

成果主创人:诚通集团总裁洪水坤

一、储运企业物流金融风险管理背景

物流金融是指在我国当前市场经济环境下,第三方物流企业与银行、工商企业(主要是中小企业)以及其他合作方多方共赢的业务合作模式,是物流与金融有机结合的物流服务延伸产品。

经过10余年的不断实践,国外在物流金融方面已经形成了较为成熟的体系,运作模式不断创新,业务蓬勃发展。西方由于允许混业经营,开展存货质押融资业务的主体变得多元化,既存在银行、保险公司、基金和专业信贷公司借款给中小企业并委托专业的第三方机构和物流仓储公司对质押存货和借款人进行评估和管理控制,又存在物流公司兼并银行或银行成立专门的金融公司独立开展存货质押融资业务。在融资对象方面,目前已从储运和分销企业,扩展到了供应商和生产型企业,形成了针对中小企业全方位的融资体系。在风险控制方式方面,西方已经将信用评级的定量技术用于存货质押融资业务的风险评估中,一些专门的预警技术和风险价值的评估方法也在存货质押融资业务中逐渐得以运用。

物流金融业务涉及金融企业、物流企业、工商企业、其他合作企业以及供应链上下游企业等多个主体,存在多方利益关系。因此,在物流金融业务领域,风险具有多样性、复合性、复杂性。从监管企业的实际看，如果监管企业有一单业务出现赔偿，一般是需要300到500单业务产生的利润才能弥补。没有有效的风险管理办法和防控措施，甚至可能给合作的任一方特别是监管企业带来灭顶之灾。

二、储运企业物流金融风险管理内涵和主要做法

中国储运严格执行"风险第一，效益第二"的原则，在充分挖掘和识别物流金融业务风险点的基础上，通过严格的合作方甄选机制、不断优化业务模式、采取事前事中事后立体化防控措施、构建物流金融风险分散方案以及运用技术手段防控风险等多种方法，预防、规避、化解、转嫁或降低风险，走出了一条物流金融风险管理持续改进之路。主要做法如下：

（一）准确识别物流金融业务风险

风险识别是有效防控风险的前提，中国储运下大力气对物流金融业务风险进行分类识别。

1. 银行资产业务的共性风险

宏观风险：主要是宏观经济形势下滑造成的风险。2008年爆发了全球金融危机，随之而来的是经济危机，紧缩货币政策的推出，使不少企业因资金链断裂举步维艰。

政策风险：国家或地方政府的政策调整会影响到融资企业和担保企业的生存环境和盈利空间。

道德风险：在对工商企业授信过程中，由于银行经办人员的过失（如调查、把关、审查不严）或重大过失（如不按规定和制度办理业务），甚至故意、失职、渎职等道德缺陷而导致银行信贷资产质量恶化的风险。

行业风险：整个行业由于市场恶性变化等原因形成的风险。

技术风险：科学技术的进步和先进技术的普遍运用都会带来某种产品革命性的变化，这种技术进步会给生产落后产品的企业造成淘汰的风险。

担保风险：即或有负债风险，是指由于被担保企业不能按期归还贷款而导致担保企业承担赔偿责任的风险。

2. 物流金融业务的特殊风险

担保物权属风险：包括两种情况，一是指担保人非法以他人动产担保，造成作为权利人的银行与动产的所有权人产生争议；二是重复担保，担保人非法将一批货物质押或抵押给两个或两个以上的权利人，使得权利人无法实现全部债权而产生损失。

监管物内在品质风险：监管物内在品质是以国家或国际有关法规、商品标准或订购合同中的有关规定作为最低技术条件、最低要求和合格的依据，内在品质风险主要包括以次充好、以假充真等多种情况。

监管物跌价风险：由于监管物价格下

监管点现场

跌,造成其价值不足,变卖时无法实现全部债权而产生损失。一般情况下,当担保物市场价格下跌5%时,银行会要求担保人补充保证金或增加担保物来防止坏账风险,这时往往须监管企业与银行共同盘库和核库,避免监管物不足产生风险。

担保物变现风险:当银行具备实现担保物权时,担保物能否及时、有效、足额变现尤为重要。

3. 业务链相关方风险

来自担保人的风险:主要有经营风险、财产保险风险和强行出库风险等等;监管企业自身的风险:物流金融业务的监管风险、操作风险和法律风险;银行转嫁风险:银行为了自身利益转嫁给监管企业的风险;来自其他合作伙伴的风险。

(二)建立严格的合作方甄选机制

物流金融业务是合作各方"共赢"的业务,因此,合作伙伴的选择至关重要。

1. 与银行开展总对总合作

首先,建立战略合作关系。银行处于物流金融业务的主导地位,这种战略合作关系是非常关键的。其次,加强总部与总行之间的沟通与协调。总部一般能客观地处理相互关系,特别是突发事件,容易找到最佳的解决方案。最后,与银行相关部门建立沟通机制。借助银行的管理体制抑制支行及分行经营部门的利益冲动和违规行为。

2. 与大客户开展战略合作

中国储运还对客户进行等级考核评定,考核结果与项目风险等级挂钩,作为对客户进行分类管理以及后续业务合作的依据。其中A级客户可作为重要合作客户,按规定给予优惠;B级客户可作为主要合作客户,按规定给予适当优惠;C级客户作为一般客户进行管理;D级作为重点关注客户,纳入预警管理;E级客户作为淘汰客户,在确保安全的前提下有序退出。

3. 与合格供方合作

中国储运根据物流金融业务的需要,按规定选择货运代理人、承运人和第三方仓库等合格供方,扩大业务范围。对合作主体等级评定均分为A、B、C、D、E五个等级,考核等级评定结果与项目风险等级挂钩,其中A级供方可作为重点合作供方,并可推荐为全国性合格供方;B级供方可作为主要合作供方,并可推荐为区域性合格供方;C级供方作为一般供方进行管理,要求供方持续改进;D级供方作为重点关注供方,纳入预警管理,限期整改;E级供方作为淘汰供方,在确保安全的前提下终止合作。

(三)不断推进业务模式创新

中国储运经过不断探索,经历了仓单质押监管、质押监管、动产监管和物流金融等阶段,通过业务模式创新有效规避风险。

1. 仓单质押监管模式

目前除少数外资银行还有仓单(全部为非标准仓单)质押监管业务外,只有期货仓单和保税仓单质押(必须经过海关同意备案)业务还在操作,但业务量已非常小。

2. 质押监管模式

质押监管是指工商企业以其拥有所有权或银行认可的第三人的动产或仓单作为其向银行融资的质押担保,为了保持质物或仓单项下动产的担保属性,中国储运所属经营单位接受银行的委托,在仓储环节实行监管的物流延伸业务。这一阶段的主要法律依据是《担保法》和《合同法》。

3. 动产监管模式

2007年《物权法》颁布并实施后,中国储运进入动产监管阶段。动产监管分为质押监管和抵押监管两类,按监管地点又可分为自管库、客户作业库和第三方仓库三种监管模式。这一阶段新的抵押监管是指工商企业以其拥有所有权或银行认可的第三人的动产作为其向银行融资的抵押担保,为了保持抵押物的担保属性,中国储运接受银行的委托,在仓储环节实行监管的物流延伸业务。由于抵押监管可以不占有、不保管,监管企业的风险相应降低。

4. 物流金融模式

物流金融业务由以仓储环节的动产监管业务为主逐步转为以包括仓储在内的物流监管为主。物流监管业务是物流金融的核心和灵魂,主打产品是进口提单模式、保兑仓模式及供应链模式等物流延伸服务,其他还包括代购、电子平台、交易市场等多种模式。

一是进口提单模式。进口提单模式是指进口货物时,以中国储运接到提单为起点,

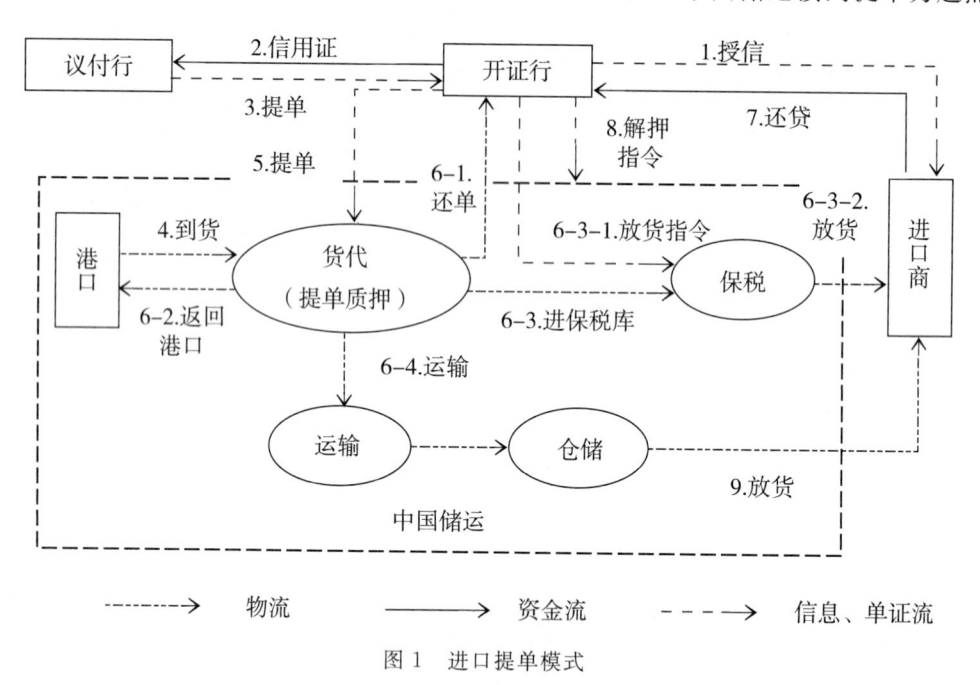

图 1 进口提单模式

将货代、运输、仓储、配送、加工、监管等环节进行不同组合操作的物流金融业务模式(图1)。进口提单模式以货代为起点,货到港口后,其主体或全部环节由中国储运完成,提供全程物流服务。由于货代环节由中国储运负责,海关、商检的介入,使得进口商的质押货物权属清晰、品质明确,并始终处在中国储运的控制下,控货、权属及品质风险均得到了有效控制。

二是保兑仓模式。保兑仓模式是指在传统的买方信贷业务基础上,银行引入中国储运对货物进行监管,由核心企业的仓库保兑延伸到中国储运的监管仓库保兑,至工商企

图 2　保兑仓模式

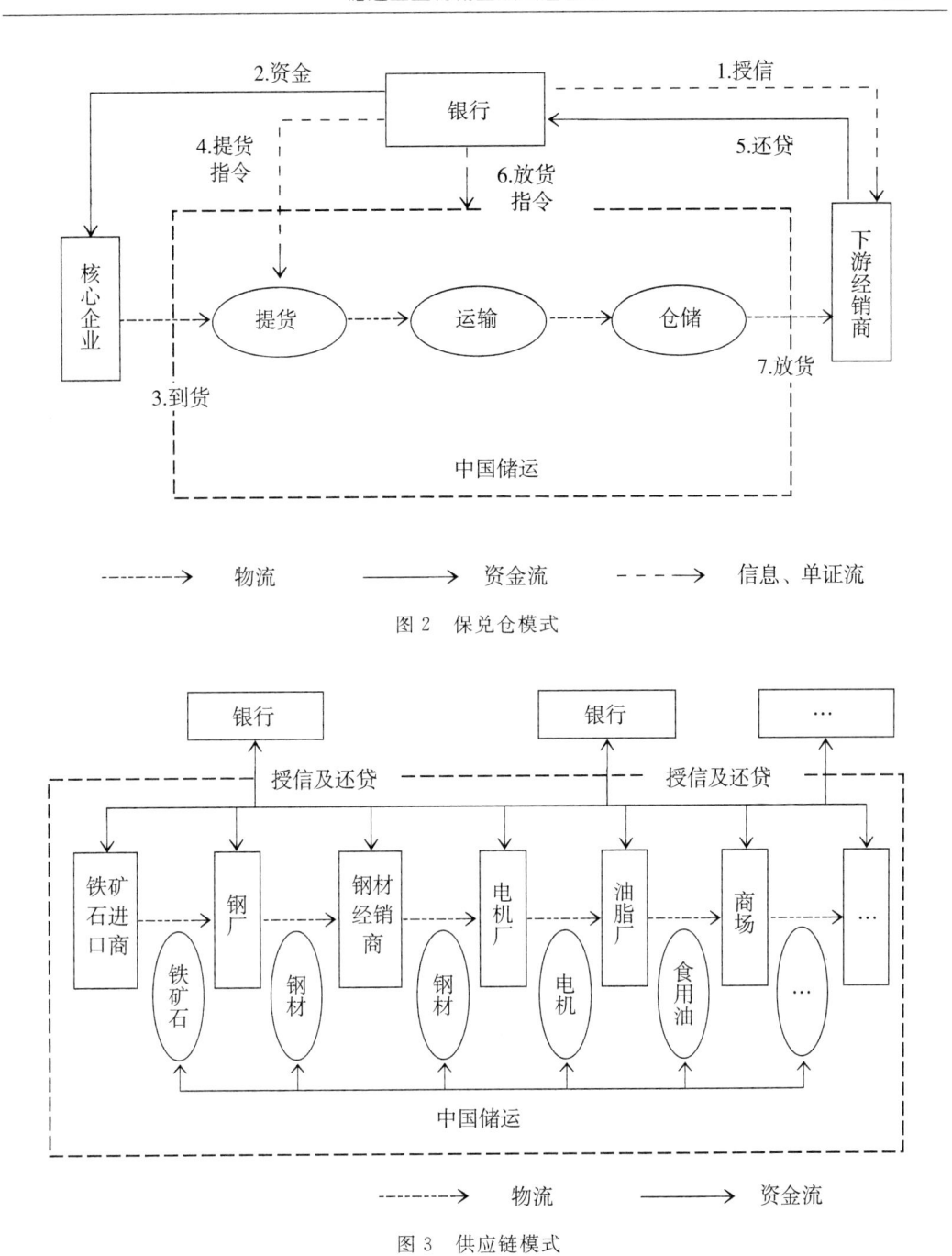

图 3　供应链模式

业打款赎货为止的物流金融业务模式(图2)。

三是供应链模式。供应链模式指银行对供应链中相关企业进行授信,并由中国储运对供应链中一系列动产进行物流运作的物流金融业务模式,以钢铁行业供应链为例,整体物流过程均处于中国储运全程监控状态(图3)。

(四)建立事前、事中、事后三位一体的立体化管控体系

1. 事前控制

一是加强制度体系建设。针对物流金融业务的特点，出台一系列管理制度和办法，形成物流金融业务与协议文本相配套的制度和标准监管流程。

二是搭建物流金融风险管控组织构架。实行总部、地区事业部和经营单位三级管理的运营结构，是构建审批与操作分离，开发、操作、巡查三权分立，三级巡查的组织构架。

三是主动控制规模。中国储运根据各经营单位上报的物流金融业务预算情况，结合历史数据、业务现状及发展需要，每年向董事会申请物流金融业务年度操作总额度。公司董事会审议通过后，以董事会决议的形式批复公司物流金融业务年度控制额度。公司董事长依据董事会决议对总经理签发《授权委托书》，对物流金融业务进行授权。中国储运还规定融资周期原则上不得超过一年，一般不介入资本成本较高的物流金融业务。

四是品种准入。中国储运建立监管物风险评估制度和品种目录制度。将监管物分为一级（高风险）、二级（较高风险）、三级（一般风险）、四级（较低风险）、五级（低风险）等五个等级风险，并以最高一级风险作为项目的综合风险。对监管物品种实行准入制，对未进入监管物品种目录的，不允许操作，进入目录的严格按照风险等级对应的配套流程进行操作。

2. 事中控制

一是明确标准化的现场操作流程。中国储运监管人员根据操作部门下达的控货要求对现场监管物进行监管，被监管企业的库存报表及出、入库单据必须齐全有效，并根据监管货物的实际绘制货位图。

二是实行制度化的三级巡查。一级巡查由中国储运各经营单位的操作部门负责实施。其中，网上巡查主要包括监管员工作情况、监管现场资料情况、监管点硬件条件等，现场巡查主要包括监管现场总体情况、监管点帐物相符情况以及客户配合程度等。二级巡查由中国储运各经营单位的巡查部门来负责实施。其中，网上巡查主要包括一级网上巡查的全部内容以及对一级巡查履行情况的检查等，现场巡查主要包括盘点核库、出质人档案资料、操作规范性、人员管理以及一级现场巡查的督查等。三级巡查由公司或地区事业部不定期对开展物流金融业务的经营单位进行巡查，或组织相关人员对物流金融项目进行综合检查，其中，网上巡查主要包括协议管理、银企合作、一二级巡查的督查等，现场巡查主要包括一二级现场巡查的督查、监管管理、项目评审等。

三是建设规范化的监管员队伍。出台监管岗位及人员管理办法，设置四个职等和十六个职级。并在监管员队伍建设方面下大力气，固本强根。2011年6～11月，中国储运组织国内首届监管员知识竞赛，获得国资委颁发的"中央企业职工技能大赛先进集体"荣誉称号。

3. 事后控制

一是实行风险预警机制。监管过程中，如发现出质人生产经营异动、高管变动、经济纠纷等异常情况，或担保物的市场价格下跌较大或其它足以影响担保物价值、担保物权实现等情形，现场监管员立即启动预警机制，根据《项目联系人备案表》第一时间向经营单位相关部门报告，相关部门立即启动应急预案，并责成专人及时与银行和客户进行沟通，协商解决办法。对出现危机事件或存在重大隐患的项目，由风险管理部牵头聘请外部中介机构制定处置预案,未雨绸缪,防范于未然。

二是建立危机事件应急预案。制定各级管理人员在业务操作过程中出现担保物被外界盗抢、强行出库、自然灾害、火灾、第三方主张权利、国家权力机关查封、品质改变、人员伤亡及其他危及监管业务正常操作等危机事件的处置措施,以规避、控制、减少可能产生的风险和损失。

三是改变监管方案。按照《担保法》、《物权法》及其他法律法规的规定,债权人在实现合法有效的抵质押权时享有优先权。因此,只要中国储运能够有效控制担保物,则出现风险的几率相对要小。

中国储运开展物流监管业务主要有三种监管方式,一是在中国储运自有库中监管,二是在第三方仓库监管,三是在客户提供的仓库监管。当中国储运预测或发现客户出现危机的苗头时,往往通过改变监管地点的方式来降低风险。比如将存放在非公共第三方仓库的担保物移库至公共第三方仓库或自有库,将客户仓库的担保物移库至公共第三方仓库或自有库,将公共第三方仓库的担保物移库至自有库等。

(五)构建物流金融风险分散方案

1. 保险方案

保险是物流金融业务风险分散的首选方案之一。目前,物流金融业务主要的险种为财产险,包括财产基本险、综合险和一切险,通过财产保险方案分散风险主要是把不可抗力及部分意外事故的损失实施风险转移。

2. 担保与承诺

中国储运防范客户信用风险,主要采取要求客户或其股东、法定代表人以及实际控制人对监管方非故意造成的损失"埋单";必要时,还要求其关联企业或其他第三方企业对监管方非故意造成的损失承担责任。此种情况下,中国储运可能需要先行向银行承担监管责任,然后在责任承担的前提下依法按约定行使追索权。

3. 协议约定

物流金融业务责任的承担,应本着既有利于业务开展又切实符合公开、公平、公正的原则。要想实现这一业务持续、健康和较快地发展,就必须客观地界定合作各方的权利和义务,约定相应风险承担的方式及范围。

4. 风险准备金制度

中国储运借鉴期货市场的风险准备金制度和某些中介行业的职业风险基金制度,计提一定比例的高风险业务风险准备金。这样,即便出现风险损失,中国储运也可将其控制在预期范围内,对经营期间的影响也能得到一定程度的缓解。

(六)运用技术手段保障物流金融业务安全运营

1. 建立信息系统

中国储运广泛使用信息技术。一是使用 X3 协同管理系统,实现物流金融业务的网上审批和联网管理。二是使用物流金融业务现场操作软件系统,实现监管点账目的无纸化、监管物网上仓库数码化、监管报表的自动化和银行查询端口的实用化等功能。三是使用互联网远程监控技术,移动通讯系统的"全球眼"、"电子眼"等通讯工具,实现异地可视化监控。四是积极探索 GPS、物联网技术在物流金融领域的应用。

2. 应用先进计量及检测设备

为提高对占比较大散货的计量和品质测量,中国储运使用了取样工具——洛阳铲,计量工具——便携式激光散货测量仪,品质测量设备——手持式矿石分析仪等监管工具,极大地提升了对散货监管的控制能力。

三、储运企业物流金融风险管理的效果

(一)促进了企业物流金融业务快速发展

中国储运始终保持清醒的头脑,严格执行"宁可不做,不可做错"的物流金融业务开展主基调,严控风险,持续改进,建立健全了高效的物流金融风险管理制度和防控措施,实现了业务安全、持续和较快的发展。2011年,中国储运实现物流金融业务利润9,341万元。风险管理对中国储运物流金融业务的发展真正起到了保驾护航的作用,极大地促进了业务的快速发展,增强了中国储运的核心竞争力,实现了良好的经济效益。

(二)实现了与利益相关方互利共赢

物流金融促进了合作各方互利共赢,产生了良好的示范效应。物流金融业务项下银行不良贷款率大大低于其他融资方式,拓宽了银行的融资渠道,大大降低了银行信贷风险,保障了银行授信资金的安全,起到了稳定国家金融秩序的作用。

对中小企业来讲,中小企业"融资难"的顽症能够随着物流金融业务的开展而逐步得到化解或缓解。截至2011年,中国储运累计为大约2,500家中小企业提供了物流金融服务,实现累计融资额达到3,500多亿元,市场空间巨大。对其他合作企业来讲,通过开展物流金融业务合作,扩大了业务规模,增加了盈利水平。

(三)发挥了对我国物流金融业务的示范作用

中国储运物流金融业务改变了传统物流状态下的发展战略,把单纯的物流业务与金融相结合,充分发挥网络优势,拓展了业务领域,转变了传统物流公司的弱势地位,提高了客户的依赖程度,实现了较为良好的综合收益,促进了中国储运的战略发展。

2011年11月,在第十次中国物流学术年会上,中国储运金融物流业务模式入选"2011年度中国物流管理优秀案例奖"并受到表彰。这些都为国内同行业开展物流金融业务起到了很好的借鉴和示范作用。

(成果创造人:洪水坤、安保力、姜超峰、曹雪江、向　宏、谢景富、刘起正、高　岭、付旭东、牛海东、李勇昭、韩同林)

大型企业集团涉核保险统筹管理

中国核工业集团公司

中国核工业集团公司(简称中核集团)是经国务院批准组建、中央直接管理的国有特大型重要骨干企业,成立于1999年,其前身为第二机械工业部、核工业部、中国核工业总公司,由100多家企事业单位和科研院所组成,现有员工约10万人,其中专业技术人才达3.8万人,中国科学院、工程院院士17人。

中核集团拥有完整的核科技工业体系,是国家战略核力量的核心和国家核能发展与核电建设的主力军,肩负着国防建设和国民经济与社会发展的双重历史使命。2011年末,中核集团资产总额2,586亿元,实现主营业务收入443亿元,实现利润71亿元。

一、大型企业集团涉核保险统筹管理背景

(一)提升涉核保险保驾护航作用,核产业发展的有力保障

成果主创人:公司高级巡视员、中核财务董事长孙又奇

中核集团产业的快速发展使中核集团涉核保险需求不断扩大,每年累计投保资产超过1000亿元,保险费用支出每年增长数千万元;核电技术的改进带来涉核风险的变化;核电建设模式由大业主模式向"设计、采购、施工"工程总承包(EPC)模式转变;我国核燃料生产与运输、乏燃料处理等涉核保险领域尚属空白;资产保全程度有待提高。中核集团原有涉核保险是各单位独立运作的分散式管理,无法形成规模效应,保险管理效能低,保费支出高。原有的分散式管理已不能适应集团发展的要求,推行涉核保险统筹管理势在必行。

(二)提升风险管理能力,促进核安全的重要手段

2007年,国务院出台了《关于核事故损害赔偿责任问题的批复》(国函[2007]64号文件),文件明确规定:拥有、建造、运营核设施的单位应当对核事故造成的人身伤亡、财产损失或者环境受到的损害承担赔偿责任。开展涉核保险统筹管理,从核工业产业链体系进行保险保障,提高核风险管理水平,是促进核安全的重要手段。

(三)推动国内核保险业发展,提高在国际核保险市场地位的有效途径

涉核保险具有高价值、高技术、高风险等特点,并且是唯一一个由全球性的保险组织进行承保的保险类别,核保险的主要承保人——核保险共同体(简称核共体),在绝大多数有核国家都有该组织的成员公司。涉核保险规则由国际上的主要保险组织制定,我国保险公司无话语权,本土保险机构基本上处于"代签单"的状态,保险服务基本由国际再保人执行,我国涉核保险市场的发展受到重重制约,涉核保险保费绝大部分流入国外保

险机构。开展涉核保险统筹管理,是提升本土保险机构在国际核保险市场上地位的有效途径。

二、大型企业集团涉核保险统筹管理内涵和主要做法

2008年以来,中核集团以"提升保险保障能力促进集团产业发展"和"推动核保险市场本土化进程促进我国保险市场繁荣发展"为目标,从集团层面再造涉核保险业务流程,以集团公司为主导,发挥配置中心作用统筹优化配置保险资源,发挥决策中心作用实施保险采购集中决策,发挥处理中心作用统一协调问题与矛盾;以财务公司为中心,打造专业运作平台和共享平台;建立保险专业化团队,提升集团自身保险专业能力;创新机制开展稳定的保险合作伙伴建设,实现产业与保险业相互促进发展;以新建核电项目保险安排为起点,逐步实现涉核设施、涉核风险全覆盖,建立了产业集团"管理统筹、资源整合、能力协同、关系清晰、流程规范、运作高效"的保险统筹管理模式。主要做法如下:

(一)合理确立涉核保险统筹管理的目标与原则

确立涉核保险统筹管理的目标:一是提高资产保全程度,提升核风险管理水平,促进核产业安全有序发展;二是"立足中国核工业、依托国内保险市场、逐步实现国际化",推动核保险市场"本土化"进程,提升本土保险机构在国际核保险市场的话语权与地位,促进我国核保险市场繁荣发展。

明确涉核保险统筹管理的原则:一是自主化原则,即始终坚持在消化国内外专业技术成果、吸收先进经验的基础上,致力于提升产业集团的自主保险管理能力,使产业需求成为涉核保险发展的导向,使涉核保险保障为核工业发展保驾护航;二是标准化原则,即以规范和标准为核心,统一保险需求、统一业务流程、统一安排模式、统一技术标准、统一保险文件、统一服务内容,形成覆盖集团保险工作全过程的标准,规范我国涉核保险市场;三是本土化原则,即注重保险技术本土化、合作伙伴本土化、保单语言中文化,增强涉核保险的中国色彩,不断提高我国保险机构在国际核保险市场的地位。

(二)再造涉核保险业务流程

1.完善涉核保险统筹管理制度规范

在集团层面,制定《中国核工业集团公司保险管理制度》、《中国核工业集团公司涉核保险管理办法》、《中国核工业集团公司保险机构评价管理办法》和《保险管理规程》等集团层面的纲领性制度,明确中核集团涉核保险统筹管理规划、目标、原则,明确集团总部、成员单位、专业平台在保险统筹管理的作用、分工、职责,阐释对外合作原则,规范、指导全集团保险工作的开展。

在业务开展层面,发布《关于开展保险集团化运作的通知》、《关于开展核保险集团化运作的指导意见》、《关于启动核电站运营期核保险集团化运作的通知》、《关于相关涉核产业保险集团化运作的指导意见》等一系列文件和业务规章,规范集团范

福清核电一期工程建安工险保险协议签约仪式

围内保险统筹管理的业务要求、业务内容、相互关系和流程。

在成员单位层面,各级成员单位相应废止原保险业务相关制度,依据中核集团相关制度和文件,重新制定保险集团统筹管理模式下的工作制度和业务流程,从而从制度上形成"自上而下"的保险集团统筹管理与运作的制度体系,为新模式提供有效的制度保障。

2. 再造涉核保险统筹管理业务流程

针对中核集团保险业务流程不完整、各成员单位业务流程不一致的情况,按照"内容完善、构架清晰、操作明确、动态优化"的原则,采用标准作业程序方法(Standard Operation Procedure),重新设计基于涉核保险集团统筹管理与运作模式下的业务流程(图1),并在管理组织结构上进行了调整,用"集团公司—财务公司—成员单位"一体化运作的组织形式替代成员单位独立运作,重新界定各流程节点的单位职责,强化流程的执行力度,使各单位的整体意识有了很大提高。

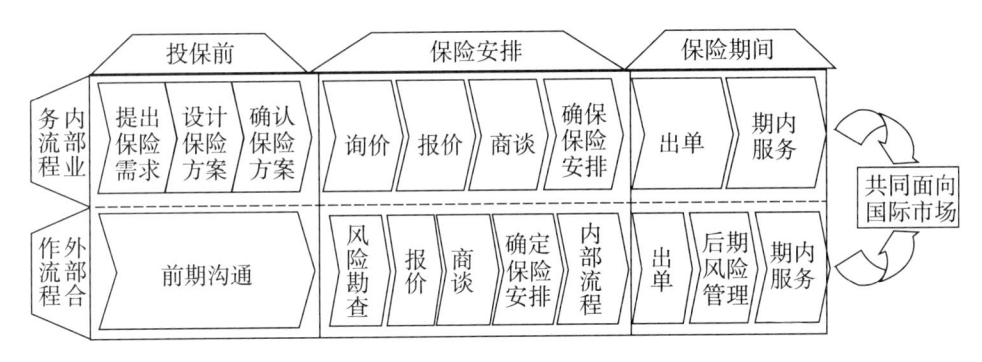

图1 涉核保险统筹管理业务流程

(三)建设涉核保险管理专业平台

1. 赋予职责,明确财务公司专业平台地位

首先,通过行政手段明确职责。中核集团通过行政手段,赋予财务公司保险专业平台地位,明确规定各单位涉核保险业务全部通过财务公司统一开展,经财务公司统一对接保险市场,并在制度设计、流程再造过程中,明确财务公司主要承担收集需求、分析环境、编制方案、牵头谈判、协助实施等职责,发挥专业技能、提供专业服务与支持。其次,通过市场手段提高能力。财务公司积极向监管部门申请开展保险代理业务,获得保险市场参与者的资质,并设置专门的保险业务部门、招聘专业人才,为打造专业平台、提供专业服务创造条件。

2. 承担技术平台职能,统筹规划保险方案

一是统筹规划投保险种和保险条件。财务公司发挥专业主导作用,牵头组织各单位保险专业能力,统筹规划集团各涉核产业的投保险种(表1),并在投保时根据具体企业、项目的特点和存在的差异对保险条件进行适应性修改,实现天然铀、核燃料、核电及核环保等产业,涉核设施,重大项目建设,运营,退役等全过程可保涉核风险全覆盖,确保各类可保风险得到有效转移。

表1 中核集团涉核保险险种分类表

产业分类	险种
核电产业	核电建设期:建安工程一切险、海外货物运输险、国内货物运输险、施工人员意外伤害险
	核电运营期:核物质损失险、核第三者责任险、常规岛机器损坏险、财产一切险、公众责任险
核燃料产业	财产一切险、货物运输险、核第三者责任险
天然铀产业	财产一切险
核环保产业	财产一切险、货物运输险、核第三者责任险

二是统一保险服务标准。涉核保险服务标准共分为6个组成部分,构建了一套符合中国核保险业发展需要的服务标准体系(表2),中核集团涉核保险服务标准对我国核保险业起到了引导和示范作用。

表2 涉核保险服务标准体系

服务体系	主要内容
基本原则	规范统一、优质高效、公开诚信
服务组织	对服务载体进行了说明,主要包括:中国核保险共同体,保险机构总、分、支三级,经纪公司,公估公司等
服务内容	承保服务、保单服务、风险管理服务、理赔服务、增值服务、档案利用等
服务保障	为服务提供的有效开展提供必要的资源,主要包括:服务环境与服务设施、服务人员、基金管理、信息化管理、业务档案管理、安全管理与应急预案等。
服务提供	对服务提供的要求、方法和程序等进行规范化,主要包括服务承诺、服务流程、服务信息、服务项目等
评价与改进	对服务开展的有效性、适宜性和满意度评价(包括内部评价和外部评价)

3.承担运作平台职能,统一开展保险采购

一方面统筹优化配置保险资源。统一优化配置保险资源、发挥资源协同效应是保险统筹管理的基础,通过财务公司平台对接核保险市场,提高资源质量和利用效率;统一整合和配置技术资源,促进集团保险专业能力提升;统一整合和配置人力资源,打造保险专业人才队伍;统一整合和配置信息资源,呈现放大效应;统一整合和配置成果资源,提高保险保障效果共同提升;统一整合和配置外部资源,实现优势互补、战略协同、各方共赢。

另一方面开展保险集中采购。由中核集团总部组织,以财务公司作为向保险市场的唯一运作平台,统一与保险机构总、分、支三级进行保险商谈,在重大项目上,引进集团专家团队作为保险商谈工作的技术支持方;商谈时间从发起到决策的时间控制在一个月内。

4.加强信息化建设,搭建共享平台实现资源共享

建立信息共享机制,制定信息共享的规则与标准。集团总部、财务公司、各成员单位以及各类保险机构是信息发布的主体和信息共享的主体,共享的内容包括:各项保险安

排的具体内容,各单位涉核保险管理过程中积累的知识、成果、外部信息资源等。

建立资源共享数据库。开展信息化建设,以财务公司为平台,设计、建设涵盖集团总部、各成员单位的保险管理信息化系统的数据共享交换平台,建立起高效、灵活、统一保险信息数据库,为信息共享与应用提供重要支撑。

(四)集团统筹,建立涉核保险统筹管理的运行机制

1. 发挥决策中心作用,实施保险安排集中决策

保险统筹管理的核心是集团总部发挥决策中心作用,实现保险安排集中决策。决策的程序是投保单位提出保险需求,集团总部牵头,财务公司与成员单位具体开展工作,将投保安排上报集团总部进行决策;保险决策的基础以投保单位的需求与建议为基础,以保险商谈成果为依据;决策的内容包括保险条件、保险费用、合作伙伴等。

2. 发挥处理中心作用,统一协调问题与矛盾

中核集团在保险统筹管理中,承担协调处理中心功能,对影响和制约各方、各环节的问题与矛盾进行统一协调,包括产业链上保险主体的协调,同类企业、项目差异的协调,投保单位与承保机构的协调,保险机构间的协调。

3. 处理好集权与分权关系,维护成员单位业务主体地位

在突出"集中采购、集中决策、集中管控"的同时,注重正确处理好集权与分权关系;一是在统筹管理的过程中,坚持成员单位业务主体的地位。强调集团总部要当好成员单位的后勤部,发挥集团整体优势和能力给予成员单位最适合的支持,强调财务公司要当好顾问员,为成员单位提供最有效的服务;二是建立授权机制,通过分派任务、委任权利、明确责任、有效控制等方式,将保险日常工作充分授权给成员单位,充分发挥成员单位的作用;三是建立"双向信息传递"机制,实现各层次、各单位、各环节之间信息对称与共享,及时了解情况、解决问题。

(五)提升能力,建立集团自身保险专业化团队

中核集团通过建设专业人才队伍和专业团队,提升集团自身保险管理及专业能力。

1. 设立专业人才库,建立专业团队

在集团范围内设立包括工程、技术、精算、投保、法律、管理等专业的人才库;分为保险管理、专业技术及业务操作三个专业组;针对重大涉核项目、特殊涉核风险,在进行保险安排时,还调动工程、技术、管理等其他专业人员共同参与,作为解决专业问题的专家咨询团队,为保险目标的实现提供支持。

2. 实施"两条线"管理,发挥专业人才作用

对保险专业人才实行"两条线"管理模式,在日常工作中受所在单位的行政管理,在保险专项工作中接受集团公司的业务垂直领导,将两类工作纳入绩效评价中。

3. 开展人才培养与储备,不断提升综合能力

重视人才培养机制,制定专项规划积极储备人才,从专业能力、社会能力、从业能力三个方面入手,对专业人才进行持续培养,并强调团队精神与合作精神在人才培养中的渗透,成功打造一支既懂核工业实际又懂保险管理的综合性、高素质的保险人才队伍,人员大部分具有专业学历或资质,拥有中、高级职称的人数比例达到83%。

(六)产融结合,培育外部稳定保险合作伙伴

1. 统一选择保险合作伙伴,建立长期战略合作关系

建立"评价目标清晰、评价体系全面、重点关注流程、评价方法客观"的评价体系,从集团层面统一选择保险合作伙伴。评价体系包括"准入评价"和"后评价"。通过严格的选聘程序,共选择4家保险公司、4家保险经纪公司、3家公估公司作为保险领域合作伙伴。

2. 建立"三级联动"服务机制,充分发挥保险机构各层级作用

中核集团通过签订战略合作协议、集团化公约等与保险机构总部建立起总对总的合作框架,促进保险机构建立起"三级联动"服务机制。"三级联动"是指保险机构总、分、支(现场)机构协同为中核集团及成员单位提供保险服务。实现上下协同、内外协调,提高保险机构的保险服务水平。

3. 创新合作机制,共同提高在国际保险市场地位

中核集团与中国核保险共同体、国内保险公司、经纪公司等保险机构一道,通过"定公约、定标准、定评价"的合作机制,建立战略性、总分支多层级、持续稳定的合作关系,建立合作共赢的氛围,努力提升保险专业能力与服务质量。

保险合作伙伴强调以内资保险机构为主导,已纳入中核集团保险合作名录的3家保险公司、4家经纪公司等均为内资机构;制定清晰的"国内承保"策略,建立国内保险机构组成共保体承保模式,提高内资机构综合承保能力;对于无法完全在国内消化的大项目,要求保险公司所提供的承保能力计算口径为"自留能力+比例再保险",不接受临分等形式的再保,以实现优质项目主要由国内保险公司承保,保险费主要留在国内市场,通过经济效益的保护扶植国内保险市场;对于乏燃料运输及贮存等新型涉核保险项目,均由国内核保险市场承接,在国内实现保费积累,并建立风险保障基金。

在对外合作上,与保险机构一道主动出击国际市场,发挥产业优势"请进来",邀请主要的国际再保人到核电企业、项目进行实地考察,展现中国核能的发展,帮助国内保险公司展现实力,增强在国际市场的话语权。

(七)全面覆盖,逐步推进涉核保险统筹管理

1. 统筹管理与运作新建核电项目保险,确保成果可复制

中核集团统一决策,与承保机构签署福清核电1—2号机组建安工程一切险保险单、保险协议、中核集团共保人公约等。整个保险安排过程仅用46天时间,保单正式生效,成为核电项目投保时间最短的保险采购;获得保险市场的最优条件,免赔额更低,赔偿限额更高,保险责任更宽、费率更低;采用国内共保体模式,组成由人保财险、太平洋财险、平安财险等国内三大保险公司为成员的共保体,释放国内优质承保能力及优质再保能力,确保了保险质量;在全球核保险领域首次使用中文语言,消除了英文保单所带来的歧义,增强了保险条件解释权与执行力。

福清核电项目建设期保险的成功安排,形成了在建核电项目标准化保险文件,保险成果成功复制到后续的浙江方家山、海南昌江、江苏田湾等一批新(扩)建核电项目上,以及全球第一个AP1000三代核电项目三门核电也以此为模板成功投保。

2. 统筹管理与运作核设施运营期保险

在新建核电项目取得成功的基础上,中核集团自2009年开始对运营核电站运营期保险开展统筹管理与运作,将重点集中在细分承保风险、合理安排投保险种、与境内保险

机构共同面向国际核保险市场等方面,相继完成以秦山一期、二期、三期,田湾核电等运营期保险安排,为今后进行核电基地保险管理积累了经验。

3. 逐步实现核产业链各环节全覆盖

2011年,中核集团对整个核产业链可转移风险进行重新审视,先后在乏燃料运输项目保险上开展统筹管理,由专业的核保险市场进行承保,获得了优惠的保险条件,并建立了项目防灾防损基金,避免了偿付能力不足的问题。又完成了乏燃料贮存期核保险安排,填补了我国相关领域保险安排的空白。历经三年多时间的统筹管理,已基本实现集团各产业涉核保险管理全覆盖。

三、大型企业集团涉核保险统筹管理效果

(一)资产保全程度大幅提高,涉核保险管理水平国内领先

2008～2011年,中核集团涉核设施、涉核风险累计投保约5000亿元,涉核产业链各环节可保风险无漏洞、不重复,集团资产保全程度大幅提升。形成了涉核保险服务标准化体系,保险服务内容的切合度与适应性不断提高,期内服务充分全面,事后索赔、理赔更加快捷迅速,保险服务质量不断提升。

涉核保险管理水平实现国内领先,各类保险费率有效降低,在建核电项目建安工程一切险保险费率仅为0.19%,运营核电站运营期保险逐年下降,其他各类核设施保险成本也实现与国际同质同价,达到了国内市场最低水平,累计为集团成员单位节省保险费近亿元。形成了全集团涉核保险业务规范,提高了保险安排效率,保险安排时间由过去需要一年到一年半左右降低到1～2个月;打造了保险运作专业平台,建立起保险专业人才队伍,建立了自身的行业地位,成为市场的标杆。

(二)构筑核风险安全屏障,成为核安全体系的重要组成部分

充分发挥保险专业的风险管理优势,提供可保风险管控、风险管理技术交流等综合服务,提升了集团全面风险管理水平,提高了成员单位风险控制能力。

通过保险应对灾害损失、保险介入灾害处理的全过程,提高了事故处理效率,减少当事人可能出现的事故纠纷,为核工业企业维护良好的社会关系发挥了积极作用,成为核安全体系的重要组成部分。

(三)推进涉核保险本土化进程,国内保险机构在国际市场地位不断提升

形成中国核保险业"产业+专业"的发展模式,推进了涉核保险本土化进程。总体上形成了我国涉核保险保险标准,采用了国内共保体模式,组成了国内三大保险公司为成员的共保体,充分利用国内保险承保能力;形成了全球首张中文核电建安工险保单,打破了中国有核电以来长期依赖国际再保市场、使用英文保单的局面,从实质和形式上均实现了核电项目承保本土化,在中国核电保险史上具有里程碑式的意义。

同时,通过与保险机构一道"走出去"、"请进来"等多种方式,提高了本土保险机构的地位,推进了核保险本土化进程,提高国内保险机构核保险专业能力与服务水平,国内核保险行业在国际核保险市场话语权和地位不断提高,为我国由保险大国向保险强国的跨越助力。

(成果创造人:孙又奇、崔建春、王世鑫、卢洪早、刘电文、赵　强、
凌晓哲、程　磊、任中胜、王　蓓、赵　欣、王　巍)

国有创业投资公司全面风险管理

中国高新投资集团公司

中国高新投资集团公司(简称中国高新)成立于1987年,前身为原国家计委轻纺出口产品基建项目办公室,1988年转为国家机电轻纺投资公司轻纺出口产品投资公司,1992年更名为中国高新轻纺投资公司,1999年组建高新集团,是国内最早从事政策性创业投资业务的国有投资公司之一,现为国家开发投资公司(简称国投)全资子公司,截至2012年6月底,注册资本24.95亿元,本部员工80名,资产总额41亿元,净资产30亿元。中国高新是中央企业中唯一一家专业从事创业投资的国有创业投资公司。2010年至今,中国高新作为国投全资子公司,实现了向专业创业投资公司的战略转型,全部投资项目均采取直接投资形式,现有投资项目48个、投资额21亿元,成功培育出立思辰、福瑞股份、长江润发、沙钢股份、重庆实业、津膜科技等上市公司,已成为国家重点支持的国有创业投资机构之一,在国内创投行业创立了中国高新品牌形象。

成果主创人:公司董事长李宝林

一、国有创业投资公司全面风险管理背景

(一)国有体制机制转变面临的挑战

中国高新伴随着国家投融资体制改革而诞生,既取得过同行认可的业绩,也经历过严重的曲折。在长期的政策性投资公司的光环下,中国高新的历史积弊不断积聚,曾经酿成生存危机的后果,暴露出改革发展动力不强、管理理念滞后、体制机制僵化、监管不到位等突出问题,深刻反映出中国高新必须锐意改革,持续创新,才能实现企业健康发展。

(二)发展战略转型面临的挑战

中国高新成为国投子公司后,明确了专业从事创投业务的定位,中国高新需由投资控股模式向创投参股模式转变,投资理念、投资方向、投资模式、资产结构、业务布局、资源配置、盈利模式等方面都要实施相应转变,以满足创投战略的需要。创业投资的特征就是高风险,体现在:投资对象主要是中小微型企业,企业未来成长存在高度不确定性;投资方向主要是高新技术和新商业模式企业,发展前景存在高度不确定性;投资模式主要是参股经营,因信息不对称存在高度不确定性;盈利模式主要是通过上市路径退出,上市进程的非控因素存在高度不确定性。但创投机构的终极目标在于获取超出社会平均收益水平的"高收益",关键取决于有效地应对各种风险。

（三）创投行业竞争面临的挑战

目前，国内从事创投业务的机构已近万家，特别是全民 PE 的热潮，更把创投行业竞争推向到空前惨烈的程度，投资价格被非理性推高，"不尽调、不问价、不服务"机构大量充斥市场，投资风险不断累积。同时，创投行业与国内外经济走势、资本市场态势、产业政策紧密相关，更加大了行业生存发展的压力。中国高新开启老兵新传，只有敢于同台竞技，扬长避短，沉着应对，才能走出一条成功发展之路。

二、国有创业投资公司全面风险管理内涵和主要做法

中国高新紧紧围绕"建设具有独特优势、一流国有高新技术创投公司"的目标，遵循创投行业规律，根据自身发展阶段和创投业务特点，通过建立健全以风险收集、风险识别、风险评估、风险应对、持续改进为基本流程的组织体系、决策体系、报告体系、监督体系，并从经营管理流程、业务决策流程和职能部门监管"三个维度"，全面推进风险管理工作，并通过实时监控、动态监控与常规监控相结合的风险监控预警模式，不断构筑起功能完善、反应及时、处置得当的风险预警平台。主要做法如下：

（一）确立风险管理的指导思想、原则及策略

1. 风险管理的指导思想

指导思想：贯彻落实国务院国资委《中央企业全面风险管理指引》的要求，遵照国投集团关于"集团化"、"专业化"、"差异化"、"精细化"的风险管理工作部署，紧紧围绕"建设具有独特优势、一流国有高新技术创投公司"的目标，遵循创投行业规律，不断提高全面风险管理水平，增强核心竞争力，最大限度地防范和化解风险，实现股东投资价值最大化，树立起国有创业投资公司的新标杆。

2. 全面风险管理原则

一是目标导向原则：既要遵守国家法律法规，执行国投集团化管控要求，也要符合打造一流国有创投机构的需要。二是全面覆盖原则：涵盖公司决策与执行、管理与经营、评价与监督的各个环节和方面。三是把握关键要素原则：重点关注创投项目决策、创业者的诚信、创业企业成长空间和进度、上市进程的法律法规障碍、资本市场波动等重要环节和高风险领域。四是收益与风险一致原则：重点支持上市概率较高的项目，重点关注投资额度较大的项目，重点处置发展前景差的项目。五是前瞻性原则：密切关注影响创投项目的各种风险因素，提前制定预防性处置预案，及时有效防范风险。六是全员参与原则：务必使全体员工了解和掌握全面风险管理的要求，形成良好的全员风险文化氛围，有效推动风险管理工作的实施。

3. 全面风险管理策略

一是辨识风险：按照创投项目的行业、市场、产品、技术、财务、法律、团队等风险要素，以及创投项目面对的宏观经济环境、创投行业竞争环境和资本市场环境影

高新大厦

响要素进行分析论证。二是规避风险:将创投项目能否成功上市作为重要筛选标准,从而选择投资、放弃及阶段性退出。三是分散风险:通过经济周期组合、行业周期组合、地域组合、规模上大中小组合、时间上早中晚阶段组合、退出方式组合,形成合理项目布局。四是控制风险:采取联合投资、分步投资、可转债、股权回购、创业者制度性激励、与大股东签订业绩补偿协议,以及设置投资回报水平等手段。五是降低风险:通过有效参与被投企业的治理与监管,掌握创投项目第一手信息,针对问题,督促整改。六是化解风险:创投项目失败率高,必须通过提供有效的增值服务,帮助其克服成长阶段的各种障碍和困难。七是转移风险:采取信托、担保、抵押等办法。八是承担风险:在采取各种应对措施仍无法化解风险的情况下,则承担纯粹性风险带来的投资损失和管理成本。

(二)构建风险管理组织体系

中国高新按照"分层、分块、外联"的模式构建风险管理组织体系。"分层"是把风险管理工作划分为战略层(董事会、监事会)、执行层(经营班子、投资决策委员会)、议事层(立项审核小组)、操作层(投资团队包括创投项目派出人员或项目管理岗位人员)。其中,董事会由国投总部派出的高级管理人员和中国高新高管组成,投决会由中国高新全体经营班子成员和投资总监组成,立项审核小组由业务分管领导、投资总监和职能部门负责人构成;"分块"是实行总法律顾问负责制,以风险管理部为中心,统筹公司风险管控工作,其他职能部门根据业务流程和管理流程,承担专业化的职能管理工作;"外联"就是外聘行业、财务、法律、资产评估等中介机构,根据公司与其签订的协议,对创投项目开展尽职调查工作,出具重点揭示风险的第三方报告。通过上述职责和程序设计,将风险责任落实到位,确保风险管理工作横向到边、纵向到底、无缝对接(图1)。

(三)围绕创投主业,强化风险管控

2009年开始,中国高新实施三年非主业低效资产退出变现计划,主动从风险业务、风险资产领域退出。到2011年底已基本清理完毕,形成公司全部资源以创投为中心的格局。不仅资产质量空前提高,资源配置极大优化,也为开拓创投业务提供了资金支持,为完成向专业化国有创投公司转型提供了重要条件。

在充分评估战略风险、市场竞争风险、内部运营风险、财务风险及法律风险的基础上,编制完成发展规划,并把全面风险管理贯穿于发展规划的制定过程中,系统梳理十二大内外部风险,并提出基本对策;同时,把"危机管理策略"列为公司管理创新的七大策略之一,指出中国高新的危机管理理念是企业文化的重要组成部分,要把前瞻性的危机意识和风险意识融入到工作的各个方面,通过时时创新、处处创新、事事创新,才能使中国高新永久告别危机。

1. 完善投资决策流程,降低项目投资风险

创投项目的投资决策是创投业务的核心环节,也是风险管理的最前沿关口,中国高新针对项目筛选、项目入库、入库评估、前期调研、立项审核、尽职调查、投委会审议、商务谈判、决策、实施共10个步骤,相应制定实施《项目入库办法》、《立项管理办法》、《尽调管理办法》、《投资决策委员会工作制度》、《投资指导原则》、《投资决策管理规定及流程》等业务决策制度流程。同时,实施《投后项目管理办法》、《项目退出管理办法》、《证券投资管理办法》等规定,从而形成项目决策、监管、退出全流程的制度体系。通过完善的制度

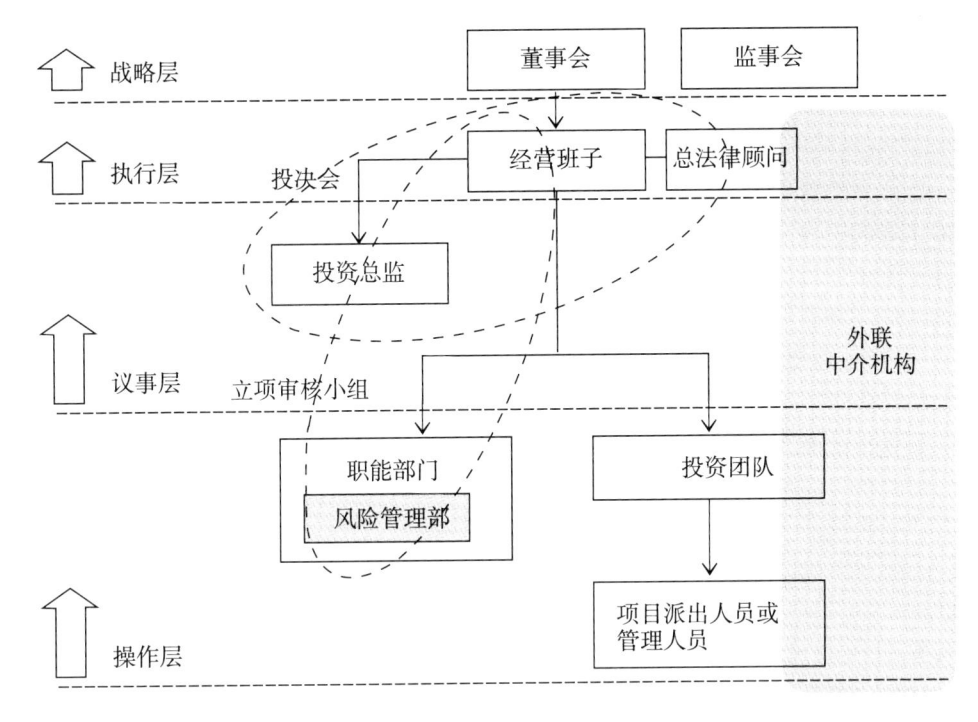

图1　中国高新全面风险管理组织体系

体系,投资团队从获得项目信息的数量到最后完成实际投资个数,大约比例为 50∶1,投资风险得到初步有效的防范。

2. 搭建风险预警平台

中国高新对创投项目的风险管理实施实时监控、动态监控与常规监控相结合的风险监控预警模式,选择经营风险、财务风险、上市障碍等风险预警指标,根据"红、橙、黄、绿"四色等预警级别,按月度、季度等不同时间段进行风险预警和应对。

3. 建立健全风险管理制度

首先,加强投资风险研究机制。一是每日搜集并发布创投行业动态、宏观经济运行、产业政策等信息,将系统性重要信息编入《投资参考》,月度重要信息编入《月度工作动态》,时刻关注重大事件、重要问题、重大风险,供大家参考和运用。二是定期收集和分析主要对标企业的运营状况和动向,对照自身,找出差距,及时借鉴。三是实行公司领导、投资团队、职能部门每年各提交一篇关于细分行业的分析研究报告或本职工作岗位的研究论文,编制成册,互相学习。四是职能部门、投资团队两两结合,建立学习研究小组,每月开展一次创投业务研讨活动,提高业务本领。五是结合季度经营分析会,开展宏观经济运行指标、资本市场走势指标、创投行业募投指标等情况的分析汇总。

其次,丰富投后风险防范手段。一是编辑《月度经营动态》,跟踪创投项目开发工作进展,发布公司财务基本信息等情况,便于大家掌控工作进度。二是创投项目立项前,请相关人员结合《项目投资建议书》,对项目的发展空间、行业地位、技术先进性、业务和财务增长率、投资市盈率等重要因素,填写项目立项调查表并打分,初步摸清项目的投资风险程度。三是设立创投项目增值服务领导小组，统筹内部资源，发挥整体优势，帮助解决创投项目在制度建设、发展战略、市场销售、高端人员招聘、财务管理、政府关系、推进上市等方面遇到的困难和问题，努力化解创业企业的成长风险。四是设立证券管理领导小组，专题研究资本市场走势和公司未上市和上市项目涉及板块、以及上市个股的动态情况，按照《证券投资管理办法》，确定股票退出方案，尽可能降低资本市场风险。五是在办公自动化系统中设立管理提升栏目，结合大家工作中遇到的问题，广泛征求和探讨正确的解决方案。六是规范投资团队工作备忘录制度，实行团队针对项目开发的上下游客户、竞争对手、行业专家访谈记录制度，以及年度投后项目运营评价报告制度，掌握项目的第一手材料，克服主观判断风险。七是实行《项目投后管理办法》，定期披露被投企业季度重要财务指标、重要人事变动、重大项目安排、合法合规运营、影响上市进程因素，并明确规定派出董事监事和项目管理人员的基础工作、年度工作、日常工作、协调工作的内容，以全面真实掌控风险，及时有效化解风险。八是实行《项目退出管理办法》，确定创投项目主动退出和被动退出的标准，规范项目退出程序，努力实现股权价值最大化、风险最小化。

再次，强化财务风险管理。一是建立财务风险要素监控表，梳理财务管理和债权债务两大类、十三项风险监控要素，涵盖财务制度瑕疵、审计问题、财务关联问题、偿债能力、对外担保、股东及控制人侵占公司权益等，为项目决策和投后监管提供充分依据。二是实行全面预算编制、季度预算执行报告制度，掌握公司和项目财务状况，监控重大财务事项进展，发现差别和异常，及时纠偏补漏。三是以财务管理信息系统为辅助手段，对下属企业的财务活动进行实时监控。四是实行资金周报、季报制度，加强资金筹措使用管理，确保业务拓展需要。五是外聘会计师和资产评估机构参与风险防范。

最后，提高法律风险管理水平。一是建立法律风险要素监控表，梳理股东及实际控制人、核心财产、公司治理、核心人员、企业员工、质量及环保、关联交易、诉讼仲裁及处罚、投资合同、投后要素十大类、六十三项风险监控要素，涵盖创投项目的历史沿革、股东结构、关联企业、产权属瑕疵、关联交易及竞业禁止、员工劳动合同签订、行政处罚等内容，为项目决策和投后监管提供法律支持。二是建立健全合同监管制度，通过《待签合同内容确认书》，保障律师与投资团队在内容条款方面一致性和规范性，避免信息脱节和不对称；通过《合同审查流转表》，确保相关职能部门和公司领导层层把关；通过《关键节点备案表》，对已签订合同中关键要素进行重点监控；通过《合同后评估办法》，落实创投项目合同履行效力；通过《合同争议情况报告表》、《年度合同统计表》，全面掌握公司法律风险。三是实施《法律中介机构管理办法》，提高法律风险防范工作质量。四是成立法律研究小组，共同提高运用法律维护权益的工作水平。

通过上述工作，形成全面风险管理的"四道防线"。其中，投资团队肩负项目投资与管理责任，是公司风险管理的第一道防线，通过落实项目终身负责制、激励约束机制和项目监管制度，使风险管理工作的责权利相一致，业务第一线的风险管理为创投项目健康发展提供了坚实保障。风险管理部、业务发展部、人力资源部、财务会计部、纪检监察部等职能部门是风险管理的第二道防线，通过落实国投决策类和监管类制度要求，并深入细化相关制度措施，把握好监管职能角色，运用好外聘中介的验证作用，指导、督促和协助投资团队对各种风险进行专业化处置,力争把风险因素降到最低。公司总经理办公会(投委会)是风险管理工作的第三道防线,通过系统论证风险因素,进一步细化和优化投资策略、投资方案和管理方案,以确保投资项目取得良好的上市成功率。董事会是风险管理工作的第四道防线,通过掌控总体投资战略、实施风险质询,平衡风险和机会,以促进公司发展目标与风险管理目标的有机统一。自从事创投业务以来,中国高新在董事会和投决会层面,放弃投资的案例达10个之多,并且未发生任何重大投资损失,这在创投行业是不多见的。

4. 完善激励约束机制

制定《团队年度经营业绩考核管理办法》,实行《项目贡献度台帐管理办法》和《超额激励管理办法》等激励制度。项目台账是记载投资项目业务活动过程中所有参与人员贡献度的原始记录,所有投资业务活动以项目为单位,建立项目台账,作为个人贡献度的记录、考核、奖励的依据。超额激励管理是指项目实现的超出基准投资回报率的投资收益中,提取一定比例的奖金额度,按照个人的贡献度进行奖励,既较好体现了国有企业体制机制与市场化做法相结合的激励原则,也为有效防范和化解风险提供保障。

为进一步强化员工责任,激发更大潜能,中国高新积极改变国有企业单一的官本位人事制度,一方面把想干事、能干事、干成事的同志提拔到领导岗位,另一方面推进员工职业生涯规划,实行职务、职级的双轨设计,专业岗位员工的待遇得到较大提升,同时组建尽可能多的投资团队,为员工搭建建功立业的舞台,还实行投资总监能上能下的考核措施,进一步激活内部竞争机制。人事制度改革为中国高新不断提高全面风险管理水平起到了有力助推作用。

三、国有创业投资公司全面风险管理效果

(一)提高了风险管理水平

通过成果的实施,中国高新的风险管理工作更加注重由事中控制、事后补救向事前预防转变,为防范重大风险提供了保障;推动风险管理工作更加注重把风险的结果控制与目标控制、过程控制有机地结合,规范了职权运行程序,遏制了违规越权行为的发生,为化解各类风险起到了保护屏障作用;推动风险管理工作更加注重决策最优化、风险最小化、管理精细化、制度表单化,促进了全局工作的持续改进创新,不断提升经营管理水平。

(二)提升了企业的竞争实力和经济效益

通过开展卓有成效的全面风险管理,中国高新竞争实力不断增强,经济效益连创新高。自2010年起,中国高新投资的优秀项目中,先后有立思辰、内蒙福瑞、长江润发、津膜科技等4家公司分别在创业板、中小板成功上市。目前有1个项目已通过证监会审批发行、2个项目正在会审批,预计投资项目上市成功率将达到30%左右,预示着中国高新创投项目上市成功率将超过行业一流水平。截至2012年三季度末,存量投资项目达到49个、投资成本21.81亿元,上市项目10个、浮盈10亿元。不仅初步形成了新材料、新医药、节能环保、新一代信息技术、高端制造等战略性新兴产业的行业板块,而且还形成了投资规模上大中小、持股时间上长中短的项目布局,初步搭建起了上市项目、在会审核项目、拟报IPO申请项目和培育项目的投退可接替、资金可循环的梯次架构。上市项目

股票浮盈超过总资产四分之一,经营业绩也保持了稳健增长。近三年来,中国高新的利润总额、总资产报酬率、净资产收益率等经营指标均大幅提升。其中,中国高新2010年、2011年利润总额分别达到1.8亿元和2.2亿元,2012年预计实现利润总额3亿元。

(三)增强了企业的社会影响力和品牌知名度

2010年,中国高新被推选为中国股权与创业投资专业委员会的副会长和联席会长单位,连续两年获得中国创投专委会颁发的年度优秀创投机构奖,5个项目摘得优秀创投项目奖。中国高新全资子公司高新投资发展有限公司作为专门从事中小企业创投业务的平台,在国家发改委发布的《中国创业投资行业发展报告2012》中获"中国备案创业投资企业50强",并以2011年完成投资额39560万元和投资12家中小企业的成绩,分别列第2位和第12位,发挥了国有资本的带动力和引导作用。中国高新还被推选为中组部引进海外高层次人才"千人计划"创业人才评审单位,并受邀参与了全国人大法工委、国家发改委、财政部、证监会等有关部委组织的关于创投行业的多项政策制定及研究工作。随着在业界知名度的提高,中国高新与国内顶尖创投机构的联合投资和资源共享力度也在不断加大,许多国有创投机构纷纷前来交流取经。

(成果创造人:李宝林、汪亚杰、姜秉和、翟 军、沈 强)

施工企业完全责任成本管理

中铁十四局集团第三工程有限公司

成果主创人：公司执行董事田执祥

中铁十四局集团第三工程有限公司（简称三公司）的前身是铁道兵四师十八团，2002年改制设立。现有职工2280人，拥有各类大型施工设备226台（套），年完成施工产值40亿元以上。具有铁路、公路、市政等3个总承包一级资质，机场场道、路基、路面、桥梁、隧道等5个专业一级资质和房屋建筑、水利水电2个总承包二级资质。2000年取得质量、安全、环保三标一体认证。近年来，三公司参建青藏、京沪高铁等十多条国家重点铁路工程的施工；参建上海浦东机场、北京五环路、首都新机场扩建等80多项国家重点工程施工。

一、施工企业完全责任成本管理的背景

（一）应对建筑施工市场竞争，增强企业生存和发展能力的需要

国内建筑市场近年来的竞争处于白热化的状态。中标企业间无序竞争，不规范、潜规则投标长期存在。合同工期单方面压缩，各种保证金连年增加，工程完工多年但工程款却多年拖延不予支付，施工企业的利润空间不断被缩小，甚至亏损；成本急剧上升，货币资金高度紧张，营业利润逐步下滑，资金链断裂的风险时刻存在，对成本控制提出了严峻的挑战。三公司必须实施全面成本控制，以提高抵御各种风险的能力。

（二）克服传统成本管理弊端，提升企业竞争力的需要

过去，三公司产值利润率不到1%，亏损项目多且亏损额度大，经营举步维艰。项目成本管控不到位，长期停留在"领导一人说了算"的层次上，对于项目成本管理主观上不够重视，且缺乏恰当的方式方法，项目的成本管理基本上是处于"事后算账"的模式，难以适应激烈的市场竞争。

（三）满足上级企业管理要求的需要

中国铁建股份公司为了提高管理水平，在系统内推行工程项目成本管理。三公司决策层决定以此为契机，认真学习成本管理经验，结合自身实际，把成本管控涵盖的范围扩展到全公司各项管理中去，进行全面责任成本精细化管理，针对每个岗位制定明确的管理职责，对每个成本管理要素进行分解细化，逐步形成具有自身特色的成本精细化管理体系。

二、施工企业完全责任成本管理的内涵和主要做法

三公司在成本管理理论的指引下，根据施工企业作业现场远离公司总部又很分散、

人力物力资金密集、环境条件艰苦多变的特点,依靠全体员工的团结协作、共同努力,创建从工程投标开始到工程项目竣工决算、工程尾款全部回收完毕的全过程的责任成本管理体系,推行施工劳务、施工材料、施工机械、施工资金等全部成本要素的精细化管理,形成"全员、全过程、全方位"的责任成本精细化管理体系。主要做法如下:

(一)加强组织领导,全面教育培训

1. 建立责任成本控制网络组织系统

统一思想认识,依靠广大员工组织实施,强化责任成本控制管理,成立由董事长和总经理负总责,常务副总经理具体负责,总工程师、总经济师和总会计师为主要领导成员的成本管理领导小组,负责领导责任成本控制管理工作。成立成本管理部,配备技术、物资、财务、劳资、计划等专业人员,对成本进行全面管控,专职策划并实施完全责任成本精细化管理。成立资金管理中心、设备管理中心、周转材料管理中心、劳务管理中心四个管控中心,对公司生产要素进行集中管理。公司各部室以各自管理业务为基础控制管理费和间接费的成本。各项目部为责任成本核算单位,下设若干由相应业务部门或管理人员构成的责任成本分中心,其成员依据分管工作,确定责任成本范围,按集团公司编制的《企业成本定额》,结合历史成本数据和现实市场价格数据,确定各责任成本中心合理适宜的目标成本,设立成本台账,对其节余与超支负责,与项目经理签订成本责任目标合同,并定期进行成本核算,兑现节余奖励、超支罚款。

2. 加强员工教育培训

三公司把加强完全责任成本精细化管理摆在各级党政部门的重要议事日程,列为思想政治工作的重要任务,编入宣传教育计划,经常对员工进行责任成本宣传教育。对具体从事完全责任成本精细化管理的各级各类专业人员和管理人员,进行责任成本业务培训,学习成本管理制度,讨论分析责任成本管理案例,统一思想认识,统一操作程序,培养成为责任成本控制管理的业务操作能手、宣传教育骨干、宣讲指导的老师,确保完全责任成本精细化管理顺利实施和取得实效。编写印发宣传教育提纲,利用宣讲会、宣传栏、广播等多种形式,对员工进行宣传教育,充分调动员工控制管理责任成本的积极性。对成本管理做得好的先进单位和成绩突出的先进个人,党委总结推广他们的先进经验,促进和引导责任成本控制管理的全面深入发展;同时强化责任成本控制管理的考核和奖惩兑现,对责任成本管理开展不好的单位,不能评为"四好领导班子"和"三个文明建设先进单位",主管领导不能评为先进个人,完不成责任成本任务或出差错者,按规定及时处罚。

(二)划分责任成本中心,建立责任管理体系

1. 编制审批施工组织方案

三公司机关和项目部都成立专门的施工方案的编审机构,专项负责项目部施工组织方案的审核工作。项目开工之前

京沪高铁淮河特大桥工程

必须有经公司业务部门审核、总工审批的实施性施工组织方案,作为公司编制项目部责任预算的法定依据。

2. 清查审核工程数量

三公司机关依据审核无误的施工图数量编制项目部责任预算,项目部对施工图数量进行实测审核,并以实测数量作为编制责任中心责任预算的依据。

3. 调查确定内部价格

材料价格、机械台班价格、外部劳务综合单价是编制责任预算的又一重要依据,三公司和项目部都严格执行材料物资的采购制度、外部劳务招标制度,确保两级责任预算的准确性。

4. 划分责任中心

三公司本着"负责什么,就控制什么"的原则建立责任中心,建立后按照"谁能够控制什么就负责什么,谁负责什么就控制什么"的原则确定可控范围。

5. 编制责任预算

三公司责任预算实行动态管理,并严格执行"两级预算编制"体制,以确保责任预算编制的准确性和及时性。

6. 签订责任合同

责任预算编制出来后,按照责任层次逐级签订责任预算承包合同,以合同的形式来规范和约束责任成本的控制行为。各责任层和责任中心严格履行合同义务,上一责任层对下一责任层严格按照合同条款进行考核验收,并依据合同的执行情况进行考核兑现。

7. 验收工作量

每个项目部都制定计量和验收工作量的办法,特别是对外部劳务工程数量的计量更是严格控制;各个项目部均力求做到实际完成工作量、甲方计价工作量和纳入财务决算的工作量相一致。

8. 进行责任成本核算

三公司制定下发责任成本核算方法,并要求项目部不得随意变更。公司的责任成本核算体系与责任体系相一致,做到责任层次有几层就要设几个核算层,责任中心有几个,就核算出每个中心的责任成果。

9. 考核、评价责任成果

每个项目部都按照公司要求,制定科学合理的责任考核方法,每年两次对项目部进行考核、评价,项目部也根据责任预算承包合同的有关规定,对各个责任中心兑现经济利益。

(三)完善体制制度,搭建信息平台

1. 制定定额标准

三公司于2005年就编制下发《企业内部定额》,并根据实际适时进行修订,用于标前成本测算分析和项目成本预测;同时,三公司先后四次制定或修订《外部劳务和设备租赁指导单价》,以便项目在选择外部劳务或租赁机械时进行参照。

2. 完善体制制度

为解决项目管理粗放的问题,三公司于2005年先后制定一系列的成本管理制度和办法,如 2005 年 11 月份制定下发的《关于解决项目管理粗放等问题的决定》(简称"97 号文件"),已成为三公司成本管理纲领性文件。为从源头上遏制效益流失,依据集团公司推行的责任预算实施细则,制定下发《物资、设备招标采购(租赁)管理办法》、《项目责任预算编制及调整办法》、《外部劳务招标录用管理办法》等配套办法。

3. 搭建信息平台

一是在成本控制过程中,从公司到施工项目现场,都及时配备以计算机为主体的现代信息技术设备和软件,形成以公司为主导的成本信息网络系统。二是调整充实信息技术人才,进行专业操作培训,各部门间经常及时进行成本信息沟通。三是建立成本管理文件档案库和历史成本数据档案库,进行成本分析研究,指导现实成本控制管理。

(四)细分目标成本,建立核心资源要素的集中管控机制

1. 人工费用集中管理

三公司规定各项目部的劳务外包单价不得高于公司制订的指导价格;搜集大量社会施工劳务队伍的评价信息,定期向项目部发布;项目中标后,成本管理部人员直接到工地,参与项目劳务招标,在更大范围内选择优秀施工队伍;所选择的施工队伍,应报公司成本管理领导小组审批,进行均衡比较,控制劳务承包单价,规范外部劳务程序。

岗位工资实行总额控制,由成本管理部根据《项目部岗效工资管理办法》的规定标准,每月审批一次;项目经理按照公司定编的岗位及工资系数进行分配,超编人员的工资在项目机动基金中支出,不参与岗位工资分配。

对于效益工资管理,一般按实际实现利润超过承包利润部分的 40% 确定效益工资总额;如果项目管理效益好,完成了公司规定的各项经济指标,在报经成本管理部审批同意后,项目经理可以按规定标准结合个人贡献大小进行分配效益工资;如果项目管理效益差或没有管理效益,项目部就不能发放效益工资。三公司在半年和年终进行项目检查时都要把效益工资发放作为检查重点,给予相应惩罚。

2. 大宗材料集中管理

三公司成立材料采购领导小组,制定严格采购规章制度,加强建材市场调查研究力量。项目上场后,采购人员积极调查当地、当时市场价格,根据建材市场价格信息,参考"指导价",确定各种材料的招标起价,邀请资信较好的建材供应商进行公开招标,择优选定供应商,签订供应合同。建材市场价格波动幅度较大,在价格相对较低时就适当增加库存,在价格高时就降低库存,加强购进材料管理,杜绝"跑、冒、滴、漏"。成本管理部核实工程量,建立工程量台账,以此计算材料总体计划;在施工过程中,各项目部及时上报变更工程量,以便调整材料用量,并与业主批复量进行对比和审批各施工队最终决算书,执行工程量逐级控制;特别是加强临时工程材料消耗量的核算,杜绝材料签收与使用中"量"上的漏洞;严格执行发料审批程序和限额发料规定。

3. 周转材料集中管理

成立周转材料租赁中心,负责对公司不断增加的自有周转材料进行统一维护修理、调节余缺、整合管理,以公司确定的指导价格向各项目部出租;同时成本管理部和周转材料租赁公司,对周转材料的采购审批、现场管理、退场利用等各环节进行规范。新建项目上场时,根据工程特点和施工工艺情况,项目部提出工程所需要周转材料的数量、规格,

并上报成本管理部进行审核。成本管理部根据周转材料租赁公司库存情况,做出购买或内部租赁的建议,报公司领导审批后,反馈给项目部执行。项目退场时,成本管理部考察现场周转材料的新旧程度、可利用价值等因素,测定退场周转材料的净值或残值,根据运输距离,做出就地处理或回收的决定。

4. 设备预算集中管理

对现有设备普遍进行价值评估,掌握设备的大修成本、购置成本、租赁成本信息,将三种成本反复进行对比分析,充分论证优化,最后确定设备是否大修、购买或者租赁,写出分析论证报告,分别做出大修、购置和租赁设备的预算计划,严格审批程序和执行规定。

5. 设备租赁集中管理

成立设备租赁公司,专门对公司设备进行集中租赁管理。根据施工项目需要,新购部分常用机械设备,如砼罐车、吊车、挖掘机等,提高内部机械设备供租能力,减少外租设备。严格控制外租机械设备,专门下发《关于解决项目管理粗放等问题的决定》(公司董秘97号文),规定项目部需要租赁活动时,使用期限在两个月以上的,必须提前15天向成本管理部提出书面申请,在内部能够满足租赁需求的,由内部调剂租用,价格参照市场价格;内部不能满足需求或使用期限在两个月以内的,经分管施工生产的副总经理批准后,才可以在当地租用,选择信誉好的外部租赁企业,签订租赁合同,租赁价格不得高于公司指导价。

6. 资金集中管理

成立专门的资金管理中心,制定并印发《资金管理办法》,建立内部资金市场,制定资金业务流程,规范综合授信业务、保证金履约资金办理业务和内部用款业务等一系列相关资金运作办法和规定,掌握各项目部在规定银行建立账户的资金信息,按"分次收款、集中管理、统筹调度、有偿调剂、统一筹资"的原则管理施工资金。项目部超过银行存款限额资金都划转到资金中心账户,低于银行存款限额资金的则给予补足;项目部按施工合同额的规模大小确定流动资金、备用资金和现金的限额,由项目部支配,剩余资金划拨到资金中心专项账户上,实行单独核算,所有权和利息归项目部,由资金中心按市场机制有偿调剂使用;遵守或违犯上述规定的项目部,给予相应责任人一定比例的奖励或罚款;资金有困难的项目部经过批准,由资金中心调拨资金,按内部利率付息。资金中心统一代表公司各单位在银行进行存取融资业务,将剩余资金存入开户银行,需要资金则以良好的信誉贷款,供需要资金的项目部使用;各单位不得自行对外开展资金信贷业务和内部各单位互相拆借资金。所有单位都采用统一规定的财务管理软件,建立会计信息网络平台。对进入工程竣工尚未进行决算程序的收尾工程项目,银行账户由资金中心集中管理,财务印章上交统一保管,所有工程余款直接汇入公司指定账户。

(五)加强责任预算编制、分解、动态调整,严格核算

1. 核实工程数量

在项目进场时,组织技术部门和计划部门进行工程量的复核和互相核对,各自按分部分项建立对上、对下工程量台账,实施技术和预算的工程量双重控制机制,防止超计工程量或虚报工程量发生,确保工程量统计准确无误。规定零星工程签认时,能用实物进

行量化的必须量化,不能量化的在签认时,必须做到一事一签,每月由项目计划部复核汇总,项目经理签字认可后存档,中间过程不予计价,最后进入决算,避免随意多报工程量现象发生。

2. 动态调整责任成本预算

在施工过程中,经常出现实际条件、客观环境和施工内容与开始进行计划预算时发生重大变化的情况及不可控因素,直接导致施工成本的大幅增加或下降。成本管理部经过调查确认变化事项及其影响成本科目的程度,及时进行责任成本预算调整,确保责任成本合情合理合适。

3. 开展日常成本分析活动

建立日常核算报表与成本分析制度,由成本管理部具体制定一系列的成本核算报表及项目经济分析用表,规定在施工过程中,项目部必须坚持开展经常性的成本分析活动,填报《工程数量台账》;为掌握实际材料消耗情况,制定《材料设计消耗、实际消耗对照表》;为加强日常施工用电管理和核算,制定《×××号变压器电费分配表》等。

4. 定期上报成本管理报表

成本管理部制定《项目效益情况表》、《资金收支表》、《项目管理费用情况表》等,规定各项目部每月定期填写,上报成本管理部。成本管理部与监察部对上报成本管理报表情况进行评价通报,点评报表上报的及时性和准确性,引导各项目部填写好成本报表,指导责任成本控制管理工作。

5. 实行施工过程督察制度

成立专门的施工督察组,由审计部、财务部、纪委等部门参与,选择技术、预算、财会人员为督察人员。督察内容主要包括:项目部责任成本管理情况,落实公司规章制度的情况;施工过程中的进度、质量、安全、信誉现状,对业主、监理进行回访反馈;考核项目经济运行情况和上交款完成情况;检查各项基础业务工作,适时进行培训和指导,督促项目部按规定考核兑现。督察组在督察过程中,对成本管理存在严重问题的项目提出黄牌警告、限期整改,对项目成本管理水平和项目主要领导的工作绩效进行评价。

6. 加强收尾决算管理

成立工程收尾办公室,对欠款回收工作定人、定时、定责任,对工程收尾和清欠项目实行集中管理,完善清欠管理办法,及时进行并账,充分利用国家清理建筑领域拖欠工程款和民工工资的政策,采取跟踪查询、上网调查、电话联系等方式,加快资金回收速度。

(六)开展实时监控,建立完全责任成本预控机制

1. 投标承揽工程成本预控

一是在投标初期引入成本预控机制,明确把承揽工程质量写入经营责任状,经营费用的提取与承揽工程质量和数量实行"双挂钩"。二是按公司规定标准选择所需要的市场区域,即市场体制成熟,市场潜力大,环境相对熟悉,有利于扩大规模、创新发展、增加盈利。三是选择的项目应该是能够发挥本企业施工优势和特长,有利于培育提升专项施工能力和积累经验,施工组织管理和施工成本可控,能够增加利润积累的工程项目。四是在投标前,对工程标的尽可能全面深入了解、详细进行概算,投标过程中充分运用集团公司编制的《企业成本定额》倒推工程成本,测算出工程最低报价,从源头上遏制亏损

项目。

2. 施工方案组织设计成本预控

成立以总经理为组长、总工程师为副组长的施工方案领导小组,在中标项目的投标方案基础上,对每一个新上项目的施工方案逐个进行优化并制定出重难点技术方案;所有施工方案实施前都要经公司总工审批,减少因施工方案不当造成的经济损失。分管领导带领成本管理部有关人员到新工程施工现场实地考察,研究分析新的施工项目的特点,针对建筑市场竞争态势,制定正确的市场竞争战略计划。针对施工项目特点,及时配备项目班子、确定组织机构设置和定岗定员,培训新上岗人员,优化现场布局和生产要素配置,提高施工效率。

3. 承包工程项目成本预控

成本管理部人员在市场调查的基础上,根据《企业成本定额》确定的责任成本目标,结合建筑市场价格,合理、公正地编制项目责任预算。成本管理部向项目承包人详细介绍编制项目预算情况,讲明实现利润指标的主要途径,指明节约费用开支的主要环节,说明加强项目管理能够超额利润指标的潜力空间。成本管理部按确定的承包项目利润指标,及时与承包责任人签订《工程项目承包合同》,明确奖惩规定,记录在案。

4. 间接费预算成本预控

制定科学合理的项目间接费责任预算编制办法,根据间接费的构成科目,将间接费具体分解到项目管理人员工资、办公费、差旅费、车辆使用费等构成间接费的具体科目中去,再进行细化分项,直到不能再分解的终极项为止。构成间接费的终极项都制订具体费用标准,以此标准计算出各分项的目标间接费金额和汇总的目标间接费总金额。这样就很方便将目标间接费分摊到相应的责任成本中心和责任成本负责人,结算时根据目标间接费完成情况,兑现奖惩。

5. 机关经费预算预控成本

机关推行车辆、办公用品、差旅费、电话费、招待费等包干使用的管理举措,先后出台和完善相关制度和管理办法,印发《机关日常管理规定》、《办公用品管理办法》等。实行用品使用押金制度。电话费在原来包干使用的基础上,提前把费用核发给部室,盈亏自负。机关业务部门加强同当地服务单位沟通联系,签订优惠服务协议,压缩服务费用支出。

(七)强化成本绩效考核,形成长效激励机制

1. 年度奖金分配

机关各部门及各管理中心依据年度的成本降率乘以当年的总成本,再按照一定比例提取基金,进行奖金分配,激励员工实施责任成本管理的积极性。

2. 项目过程中的考核兑现

自2009年7月份开始,三公司按照收入与工作绩效挂钩的分配原则,实行项目实施过程中的绩效工资分配制度,提前对项目成本管理成果进行分配。每半年组织相关人员对项目各个管理岗位的工作绩效进行考核,并按照考核情况分配绩效工资,但此部分工资不纳入项目的责任预算编制,待项目最终兑现时还要从最终的奖励中扣回。

3. 项目竣工的最终考核兑现

自2005年开始,三公司加快对竣工项目的考核兑现工作,并把考核兑现作为公司半

年、年终工作会议的一项主要议程。7年来已经对符合考核兑现条件的44个竣工项目实施考核兑现,对完成各项经济指标的项目承包人根据合同给予奖金兑现,对没有完成经济指标的项目承包人根据合同给予相应的处罚。

三、施工企业完全责任成本管理的效果

(一)成本控制扎实有效

三公司强化责任成本控制管理力度,形成制度化、程序化、规范化。劳务分包集中管理年节省费用350万元,材料和设备采购集中管理年节省支出850万元,周转材料和设备租赁集中管理年节省经费520万元,资金集中管理年节省财务费用100多万元,年催收欠款3782万元,主动应对经济纠纷案件挽回损失300余万元,有效提高了公司盈利水平。公司自2006年以来,承揽工程总额增长400%,年完成施工产值平均增长20%,实现利润总额平均增长9%,固定资产净值增长90%,员工工资总额增长200%。

(二)安全质量环保管理有序可控

通过完全责任成本责任考核兑现体系的规范管理,质量、职业健康安全和环境"三标一体"综合管理体系得到了有效运行和持续发展。三公司连续多年无质量事故和质量投诉;连续多年未发生员工因工死亡和外部劳务工重大伤亡事故,无火灾、机械设备、交通、火工品、锅炉压力容器爆炸等重大损失事故;所施工项目未发生任何环境污染事故和任何环保问题投诉。

(三)良好企业形象得到展现

三公司的良好企业形象在同行业和业主中得到展现与提升,承担的工程中4项工程获鲁班奖,10项工程获国优奖,40多项获省部级优质工程奖;还荣获2009年度"全国优秀施工企业",连续10多年被授予省、市两级"文明单位"和"守信用、重合同企业"等荣誉称号。天津海河开启桥工程质量优良,科技含量高,荣获国家鲁班奖,国务院国资委、天津市及总公司领导多次到现场考察,给予了高度评价和赞扬;在北京西六环的奥运施工项目中,解决多种技术难题,按时完成了业主的各项任务目标,得到了业主的高度评价;特别是三公司的"完全责任成本控制管理",先后得到国务院国资委、中国铁建和中铁十四局集团等各级领导的好评,在中国铁建股份公司召开的全系统经验交流会上介绍后,获得了普遍好评并在全系统推广应用。

(成果创造人:田执祥、岳耀群、张海燕、栾昌和、刘美良、栾昌信、
刘召清、黄瑞香、李　敏、姜　纲、杨西静、李　勇)

施工企业项目单元成本管理

中化二建集团有限公司

成果主创人：公司董事长兼总经理刘建亭

中化二建集团有限公司（简称中化二建）隶属于中国化学工程股份有限公司，是一家以化工、石油化工、房屋建筑、机电设备安装、市政、冶炼工程施工为主营业务的国有大型施工总承包企业。中化二建于2001年由中国化学工程第二建设公司整体改制而来，注册资本金31000万元，员工总数5855人。施工项目遍布全国各地，辐射东南亚、中东及非洲市场。近两年被评为国家高新技术企业，几十项工程获得省部级或国家优质工程奖。2011年全年完主营业务收入51.8亿元，实现利润1.826亿元，全年累计中标82亿元。

一、施工企业项目单元成本管理背景

建筑企业属于劳动密集型行业，准入门槛比较低，受宏观经济影响的程度明显。长期以来，国内的建筑业，尤其是石油化工建筑系统，大、中、小企业都在一个平台上竞争，呈现"僧多粥少、竞相压价"的尴尬局面。在这种大形势下，国内有很多建筑施工企业把任务开发作为企业的战略重心，进一步加剧了当前建筑市场投标价格偏低、竞争无序的残酷局面，施工企业往往都是低价中标，微利经营，甚至出现亏损。因此，加强项目成本管理，开展内部挖潜，成为施工企业适应市场竞争的必然选择。

与此同时，中化二建经过十年的发展，成功实现了求生存向谋发展的转变，主营业务收入增加了19.1倍，业务范围由单一的国内建筑安装工程项目扩展到了国内、国外以及房地产"三极"市场，对企业的成本管理提出了更高的要求，必须彻底改变以往粗放的项目成本控制管理，进一步细化项目成本核算单元、规范成本核算流程、完善配套制度和控制措施，通过精细化、流程化、模板化的成本管理模式，实现成本最低，保证项目经济效益和社会效益最大化。

二、施工企业项目单元成本管理内涵和主要做法

中化二建在"和谐共赢，塑造精品"的经营理念，"精严细实抓管理，向管理要效益"的管理观念指引下，以项目管理为基础，以精细化管理为抓手，通过逐级划分施工项目成本考核单元，事前对单元成本进行测算、细化目标，明确奖罚标准，强化组织和协调；对技术措施、管理措施和日常经济核算等进行流程化、表单化、数字化控制，精确精准地控制好每一个成本细节，变以往的"盖棺定论"为"事前、事中、事后控制相结合"，以控制好最小施工单元的成本，实现项目成本最低化、利润最大化的管理目标。主要做法如下：

（一）确立全新成本管理理念，明确指导思想和目标

项目单元成本管理把成本核算单元细化到分部分项工程以下（图1），要求所有项目单元都要实行统一的管理模版，统一的流程和表单，统一的费用分解方式，按照"综合项目管理系统"的流程进行集成管理，从制度上和流程上建立相互制约、相互促进、相互协调的单元成本控制协作关系，把团队的所有人员的工作和利益紧密地联系在一起，全方位、全过程对影响项目成本中的各项基础工作进行管理。整个管理过程的贯彻全新的项目管理理念和原则：量才录用、优化组合，力求团队合力最大化；准确测算、有据可依，力求企业与个人收入共赢；全员参与、颗粒归仓，力求单元成本最低化；严格考核、勤于总结，成果考核数字化、表单化；奖罚对等、成果共享，充分体现责权利相统一，实现优秀管理成果公司共享。

项目单元成本管理分为五个阶段：项目团队建设与优化；项目单元成本预测与批准；项目单元成本控制与实施；项目单元成本核算与总结；项目团队的奖罚与单元成果的推广。

（二）建立项目单元成本管理的组织机构，理顺责权利关系

工程项目签订承包合同后，中化二建经理办公会和人事部门根据项目情况选派适合的项目经理，项目经理必须具有与项目性质相适应的资质证书和类似工程施工经验。项目经理选定后，由公司和项目经理共同组建项目团队，根据专业互补、水平互补、年龄互补、经验互补的原则，优化团队结构，配备相应的施工经理、总工程师、工程技术人员、经营管理人员、财务人员、物资供应管理人员、质量安全管理人员，成立工程项目部。其中财务人员、物资供应管理人员由公司总部和项目经理协商后统一选派。工程项目部在项目开工前，根据合同内容和工程图纸情况合理划分项目成本控制核算单元，成立单元成本控制小组，编制施工图预算，并根据施工预算编制项目单元成本控制目标。项目单元成本控制目标需要报公司经营管理部进行审批，经营管理部会同财务部、工程技术管理部、人事部、审计部等部门根据项目特点、业主信誉、当地定额及以往施工经验等情况，综合施工难易程度及资源配置情况，综合测定单元成本控制目标，并与项目经理签订《项目单元成本控制目标责任书》。

《项目单元成本控制目标责任书》中明确规定项目单元的质量目标、进度目标、成本控制目标等经济技术指标，明确项目班子所缴纳抵押金数量（根据项目单元大小确定），明确奖罚计算公式和方法，明确兑现条件和时间节点。在项目单元完成后，根据《项目单元成本控制目标责任书》所规定内容的完成情况，由项目单元成本控制小组提出考核申请和完善的资料，由相关职能部门根据《项目单元成本控制目标责任书》考核确认经济技术指标完成情况并注明考核意见，最终由审计部门出具项目单元成本管理经济效益报告，并提出奖罚

煤制气气化装置项目

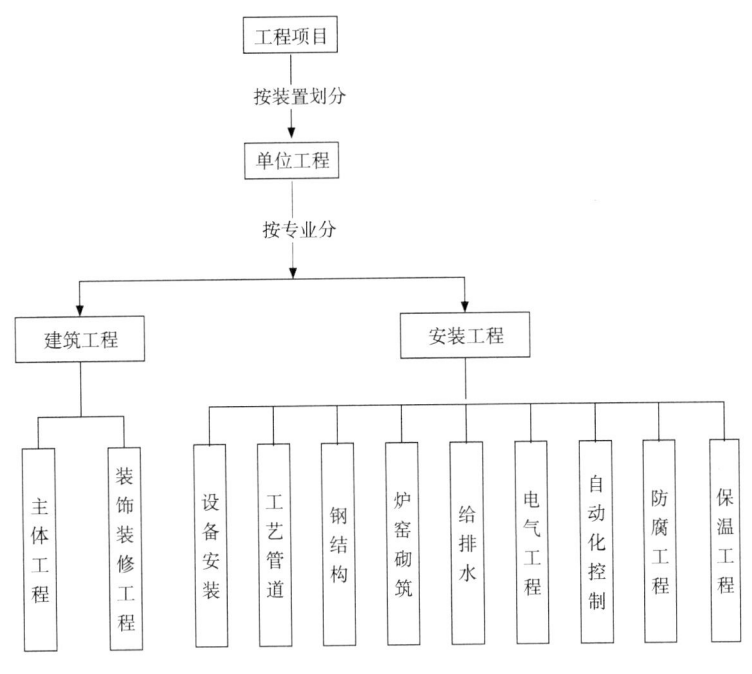

图 1 项目单元成本划分

建议,提交项目单元成本考核委员会进行综合考评,最终确定奖罚金额。在实施兑现时,由财务部门对其债权债务、各项费用上缴、工程款回收、职工工资发放、外欠款等情况进一步核实,经确认满足兑现情况,由人事部门审批奖励工资含量,财务部门支付奖金,单元成本控制小组成员按照所缴纳抵押金比例,分发奖金。对没有完成指标的项目,财务部门根据考核结果没收项目单元成本控制小组的承包抵押金。

为了保证项目单元成本的有效控制,单元成本控制团队必须树立全员、全方位、全过程成本精细化管理,向管理要效益的经营理念。首先,组建强有力的项目管理班子,人员配备合理精干,团结向上,充分发挥项目班子的拳头作用,分工协作、各尽所能;项目管理骨干人员必须相对稳定,在项目的跟踪和投标、合同谈判到签定、工程预算的编制、工程项目实施直到工程结算都要有专门的固定的精于业务的骨干人员进行全方位的管理,并保证这部分人员从一而终。第二,在中化二建各项管理制度的基础上针对本项目的特殊性,细化管理制度、优化管理流程,每一个部门都要有明确的任务分工、工作标准、岗位职责和绩效考核制度,让每一个参与项目建设的管理人员都清楚自己的责任和作用,知道做什么、怎么做、要达到什么结果,做到了有什么好处,做不到会有什么处罚。第三,在日常管理中,加强制度宣贯力度、执行力度和严肃性,坚决做到制度高于一切、制度面前人人平等,令必行、禁必止,奖罚分明,法不容情。

(三)实施模板化、流程化管理,确保全过程控制

1. 统一编制标准化模板

为理顺项目单元成本控制流程、统一标准,实现单元成本控制的标准化、流程化、表单化管理,中化二建统一编制标准化模板,逐月形成模板化的总结材料,控制模板包括的

内容主要有：整体项目概况、成本控制单元工程简介及目前执行情况；成本控制单元目标，即成本目标、质量目标、进度目标、安全目标；项目单元成本控制的制度及措施；成本控制单元工程合同预算分解表、目标成本分析表、实际成本分析表，其中分解表包含人工费、机械费、材料费、措施费、管理费、规费、税金等内容；成本控制单元主要材料、辅助材料、周转材料预算，计划节约量，实际节约分析表，其中分析表包含预算量、计划用量、实际用量、预算单价、计划单价、实际单价、节约量、节约金额以及节约率等内容；成本控制单元机械费预算含量（包括量和价），动态投入计划，实际使用情况，核算对比；成本控制单元人工费预算含量（包括量和价），动态投入计划，实际使用情况，核算对比；过程控制情况，即按月按节点的成本核算分析，原因分析、纠偏措施；单元成本控制成果，成果报告必须包含成本控制单元工程概述、工作量一览表、采用的主要施工技术、成本控制措施和经验、控制效果以及上述的各项分解表。

2.明确管理流程

项目单元成本精细化管理主要包括事前控制、事中控制和事后考核三部分内容，要做到干前有预算、有目标、有计划、有措施，干中有落实、有检查、有分析、有纠偏，干后有总结、有核算、有考核、有奖罚。做到每一个环节、每一个细节都有相关人员负责，都有控制措施，靠管理流程化实现成本最低化，保证利润最大化（图2）。

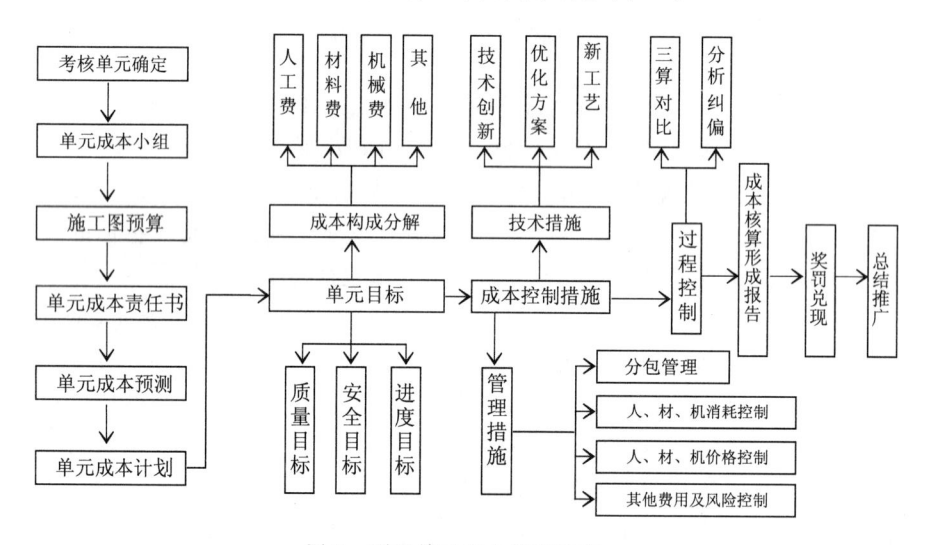

图2 项目单元成本管理流程

（四）加强过程控制，有效抵御运营风险

根据多年经验，确定过程控制重点：强化物资集中管理，有效保证材料节约；坚持三算对比，及时防范运营风险；强化审计考核奖罚，有效控制运营风险；坚持预防监督双管齐下，有效防范安全质量事故。

1.强化物资集中管理

对于工程项目来说，物资材料采购费用要占到项目总费用的55%～65%，或者更多。物资材料的采购和管理水平决定了一个项目、甚至一个企业的利润水平。中化二建在物资管理方面坚持集中采购、集中支付、集中仓储、集中管理、集中配送，严格限额领料制度。全面推行材料计划由项目部按成本核算单元提出,材料采购由物资管理部集中招标,由物资管理站验收、保管及配送到班组的三权分离模式,三者互为补充,互相监督。建立物资采购、管理、配送的垂直运作体系,减少管理人员,降低材料价格,减少材料损耗,尽量实现"零库存",彻底杜绝账物不符和材料丢失现象,坚持余料回收有效利用工程废料。物资材料从计划提出、材料计划汇总、集中采购,到材料验收入库、分发领用、库存盘点、财务收账都由项目综合软件平台完成,既保证了材料管理的准确性,又减少了管理难度。有效保证了材料的节约,从而控制了单元成本。

项目单元成本精细化管理的主要内容是单元成本的有效控制,及时进行三算对比,及时制定纠偏措施,有效防范运营风险。所谓三算对比,就是项目单元工程预算与目标成本的对比,项目单元工程预算与实际成本的对比,项目单元工程目标成本与实际成本的对比,要具体到分部分项工程,分别对比人工费、材料费、机械费和管理费。在项目单元成本控制精细化管理过程中,项目主要业务部门,通过综合项目管理平台,逐月或按节点进行三算对比。进行三算对比时,注重数据的真实性,现场材料必须盘存,严禁材料费亏损;现阶段人工单价亏损已经成为必然,但是要通过提高劳动效率或积极采用先进工艺、机械代人工等方式进行弥补。通过认真的比对,找出成本节约点和亏损点,分析出现偏差的原因,是人为因素,则对责任人进行奖罚;如果是客观原因,则分析市场环境,制定应对措施,进行及时纠偏,防患于未然。如果三算对比结果超过风险警戒线,如出现亏损或工程款严重滞后支付,则立刻上报公司进行预警处理,及时止损,有效抵御风险。通过三算对比,不仅为项目班子及时纠偏提供了依据,也为下一步工程结算奠定了坚实的基础,还为后续的劳务管理和选择长期的协作伙伴提供了依据。

2. 开展内部审计

在项目实施过程中,进行中间及竣工的内部审计,以增强项目运营的风险防范能力,并对项目实施效果进行最终评价,提出奖罚建议。

3. 加强安全与质量管理

中化二建要求各项目部都要依据三个体系文件及《安全文明样板工地标准》,结合现场实际,编制《现场质量管理制度》和《现场安全文明施工管理制度》。对于新入厂职工进行安全及质量意识培训,提高全员质量安全管理意识,坚持"细节决定成败、素质决定行为、规范决定安全、安全决定效益"和"安全第一、预防为主,精心施工,确保优质"的管理理念,做到干前有预防控制措施,有安全质量交底,干中有专门机构和人员进行检查监督,干后有总结评比和奖惩制度。项目安全质量管理机构健全,质量检查员、安全员配置合理,责任到人,有章可循。在最终承包兑现时,安全质量实行一票否决制,极大地加强了项目管理人员的质量安全管理意识,有效地防止了安全质量事故的发生。

4. 搭建信息平台

搭建"综合项目管理系统",涵盖项目概况、招投标管理、进度管理、成本管理、合同管理、物资管理、质量管理、安全管理、竣工管理、风险管理、设备管理、人力资源、档案管理、办公管理、技术管理、体系管理、生产调度管理、环境管理、审计管理、综合查询、管理工具、知识管理等模块。以项目为主线,以计划为龙头运筹协同,以合同为中心全面记录,以费用管理为核心深度控制,借助该平台全面实现"管理制度化、制度表单化、表单电子化",做到事前控制、事中控制和事后控制相结合。

5.改善装备设施

采用先进的技术和施工装备,普遍使用大型吊车、自动焊接设备、管道预制站等,既能节约费用,又可以加快施工进度和保证工程质量。中化二建现在拥有300吨以上大型吊车7台,100吨以上大型吊车19台,移动式管道加工厂10套,拥有自己的钢结构和设备制造厂。在使用和选择施工机械时,优先考虑一机多用、长期使用,减少机械进出场次数和移动频率,靠精良的机械装备和使用效率降低机械及人工成本。

三、施工企业项目单元成本管理的效果

项目单元成本管理,通过对项目单元成本控制目标的细化,更好地发挥了团队的"拳头"作用,项目成本得到有效控制,管理水平全面提高,经过两年多的运行,成效显著。

自推行项目单元成本精细化管理以来,中化二建工程质量得到了显著的提高,先后有多个项目荣获国家优质工程奖、化学工业优质工程奖、山西省建筑业用户满意工程、国家优秀焊接一等奖等称号。

项目实施成本不断降低,2011年产值利润率达到3.66%,高于同行业平均水平3%。2010年和2011年实施项目单元成本管理的73个项目,实际成本比计划成本降低5336.54万元,经济效益明显,所承建的项目基本杜绝了亏损现象的发生。在建筑市场普遍不景气,同行业利润水平严重缩水的情况下,中化二建近两年产值利润率从2009年的2.91%提高到了2011年的3.66%,增长了25.78%,利润额增长了142.51%,2012年的额产值利润率预计超过4%。企业经济效益显著增长的同时,职工收入和福利大幅度提高。

(成果创造人:刘建亭、张永义、李满才、史　佩、
师海燕、邝维萍、刘晓亮、田　勤、王　坤)

以风险防控为中心的电网企业信息系统安全管理

江西省电力公司

成果主创人：信息通信分公司总经理殷平

江西省电力公司(简称江西电力)系国家电网公司全资子公司,担负着以南昌为中心,覆盖全省的电网建设、管理和运营。现有110千伏及以上变电站454座,变电容量5860万千伏安,已形成500千伏双回路主干网架,中部实现环网,通过3回500千伏线路与华中电网联网,资产总额402.59亿元,2011年完成售电量704.32亿千瓦时,综合线损率7.11%。公司所属单位25家(其中地市供电公司12家),控股、全资县级供电公司96家,用工总数6.3万人(含农电用工1.6万人),服务客户1406万户。

江西电力通过"一级两用"大集中部署方式,构建了一体化企业信息集成平台,建成营销管理、安全生产管理、协同办公、ERP系统、招投标管理、国际合作等46个业务应用系统和23个监管、安全防护等系统。集中运维的各类信息服务器、网络和安全设备数量已达651台,全省范围内非集中运维各种信息设备数量达5470台。

一、以风险防控为中心的电网企业信息系统安全管理背景

"十一五"期间,江西电力已建成信息系统集中部署、业务应用纵向贯通、横向集成的大型网省级信息系统支撑体系。但随着信息业务应用的日益深化,信息系统安全管理面临着严峻的挑战。

(一)保障企业信息系统可靠运行的需求

江西电力SG186信息工程建成后,46个业务信息系统全部上线,覆盖公司电力生产、营销、人资、财务、物资等业务管理及协同办公各个方面。但是,业务需求的不断变化、软件产品的更新升级、系统自身存在的安全隐患、主机设备故障、网络漏洞都增加了信息系统运行的风险。如何对信息系统安全进行动态风险防控是江西电力信息系统安全工作的客观要求。

(二)信息系统大集中模式带来了更高的安全风险

江西电力信息系统集中部署,实现了数据、技术、人员三集中,有利于提高全省系统整体信息化水平,在提高系统灾难恢复能力和保证软硬件资源合理利用方面有不可替代的优越性。但是,数据、业务的集中也意味着风险的集中。经过业务的集成与数据的整合,信息系统已不仅仅是单个系统或专业的运行,势必导致信息系统应用的错误联动效应急剧增强,影响面也呈纵向横向逐级扩大,信息安全的可控性、可靠性受到前所未有的

严重挑战。

(三)构筑安全、坚强智能电网的重要保障

智能电网的本质是以信息革命的标准和技术手段大规模推动电网体系的革新和升级。根据"十二五"规划,国家电网公司总部信息化建设从 SG186 工程向 SG－ERP 转型,用以支撑智能电网各个环节。信息系统的安全稳定运行成为实现电网智能化规划、设计、建设、运营和管理的重要保障。

二、以风险防控为中心的电网企业信息系统安全管理内涵和主要做法

江西电力以风险防控为中心的信息系统安全管理是在"集中部署,分布应用"的信息系统结构下做出的一系列风险管控机制。江西电力结合国内信息系统安全防控实践和国家电网总部相关制度,融合美国哈佛大学经济学家乔·贝恩的 SCP 动态模型分析理念,构建具有江西电力特色的信息系统安全管理框架(图 1)。该框架以信息系统安全风险分析为前提,创立信息系统安全管理组织机构为基础,执行安全风险防控运作具体管理行为为关键,以安全绩效为导向实施全过程信息系统安全风险防控管理。主要做法如下:

(一)明晰信息系统安全风险类型及构成

软件安全风险:主要有操作系统和业务系统两个层面的软件代码漏洞、升级、业务需求变更等引起的故障或缺陷风险。

硬件设备安全风险:主要表现为硬件故障,如网络传输线缆损坏、集群节点失败、设备过热、设备物理损坏等。

员工安全意识薄弱及操作技能风险:企业信息安全的最大威胁来自内部员工,江西电力内部终端数量多,人员层次不同,流动性大,安全意识薄弱可能产生巨大的安全风险。

科技防控水平风险:对于信息安全,没有技术保障,信息系统安全将十分脆弱,运维人员将陷入"救火员"的尴尬境地。如对有权访问公司网络的终端进行接入控制和身份认证及授权认证等技术保障手段。

管理机制风险:俗话说"信息安全,三分技术,七分管理",江西电力意识到必须健全相应的管理措施,从制度上确保定期更新系统管理员和重要数据访问密码等。

(二)构筑扁平高效的安全风险防控组织机构

江西电力目前已经建成"集中部署,分布应用"的信息系统部署结构,该结构决定了信息系统安全管理必须形成"大集中、全覆盖"的管理模式,必须构建一个与国家电网公司信息系统调度运行体系相适应的集中、统一、精益、高效的信息安全组织机构,为信息系统安全风险防控提供组织保障。为此,江西电力制定了扁平化的两级组织管理机构。省公司为大集中

7×24 小时大屏幕实时监控

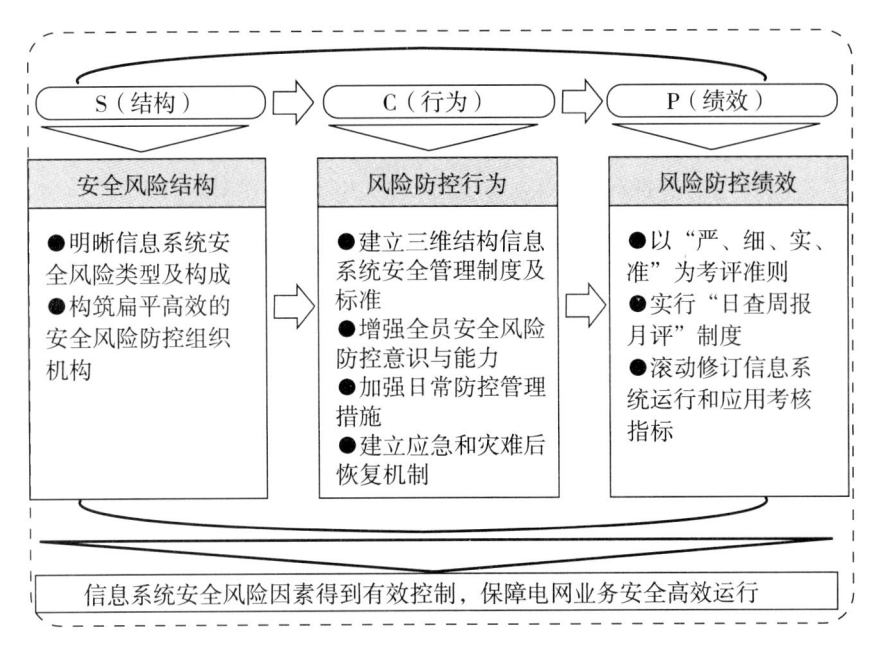

图 1 结合 SCP 理论以风险防控为中心的信息系统安全管理模型

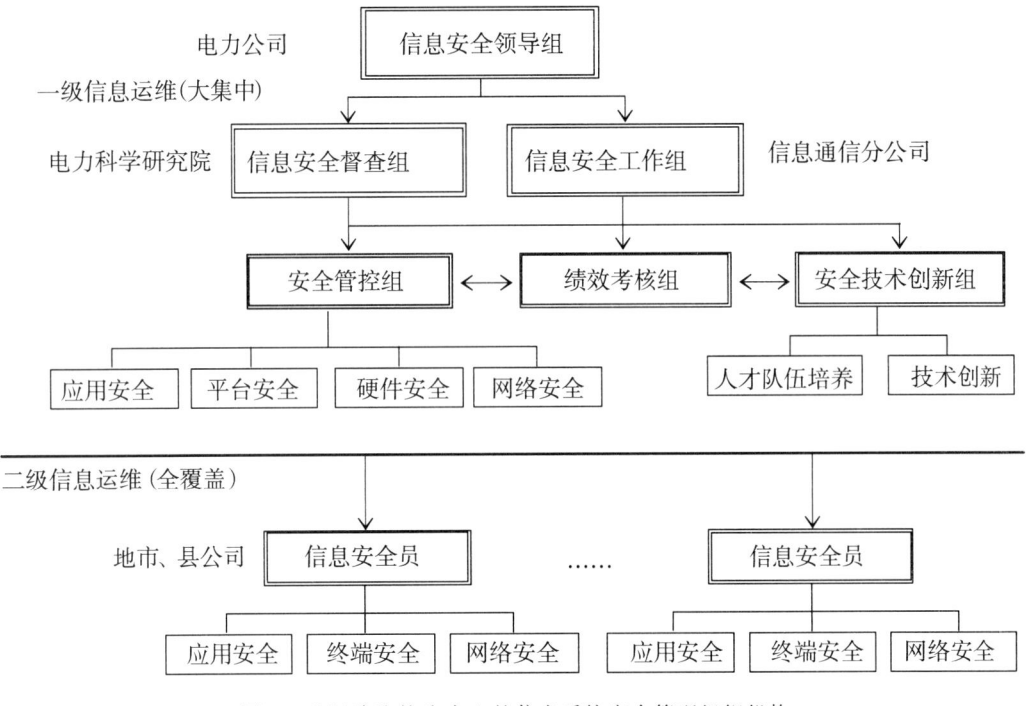

图 2 以风险防控为中心的信息系统安全管理组织机构

一级信息系统运维组织,承担安全的管理控制、技术创新和安全督查;地市、县公司为分布式二级信息系统运维组织,由各单位设一至两名信息安全员,进行信息系统应用安全、终端安全和网络安全维护。信息通信分公司作为江西电力直属的专业运营与管理单位成立信息安全工作组,统领全省信息安全工作,对信息系统安全的各个方面进行集约化管理。同时设立安全技术创新组进行技术研究开发,设立绩效考核组进行安全管理考核。江西省电力科学研究院作为江西电力的直属科研机构负责成立信息安全督查组对信息安全工作的落实情况进行"横向到边,纵向到底"的督查(见图2)。

(三)建立三维结构信息系统安全管理制度及标准

1. 从目标、制定、执行三个维度构建信息安全管理制度

江西电力分别从达成目标、制定流程和执行过程三个维度建立和完善管理制度。

目标维,即目标导向化,主要指制定的信息系统安全管理制度,必须达到预期的目标。信息系统安全管理目标主要分两大类。一是降低普遍意义上的信息系统安全风险,例如《信息系统调度监控管理制度》最直接的目标是加强信息系统安全风险监控。二是满足国家电网公司对电力企业信息系统的安全要求。例如国家电网公司要求内外网物理隔离。对此,江西电力制定《信息系统安全违章考核实施细则》,将安全措施落到实处。

制定维,即制定流程化,主要是对形成安全管理制度的全寿命周期的各个环节,实施全过程的管理与控制,保证各项安全管理制度普适和实用,并能促进相关制度的不断优化发展。制度面向的对象为江西电力所有用户和江西电力有业务联系的所有客户。制度的范围根据制度类别不同而有所不同,运维类制度主要针对运维单位,应用类制度主要针对相关应用系统关键用户。

执行维,即执行过程化,主要基于整个信息系统安全管控,并结合信息系统安全工作实际情况明确不同类型的管理制度的执行对象和具体要求,对制度执行效果加以监管考核,从而保证其最终制度执行效果。

2. 编制符合信息系统运维模式的信息安全类标准体系

结合国家电网企业标准化建设要求,梳理健全符合公司信息系统运维模式的信息安全类标准体系。整个信息系统安全标准体系中包含技术标准、管理标准及工作标准。

安全专业技术标准,排查安全隐患,信息安全设备及其相应人员的操作规范都要符合安全技术要求的规定。

安全管理标准,对于信息系统应用层,规范信息系统的合理使用和系统使用授权,严格规定"什么岗位,用哪些系统,拥有何种权限",梳理和废除无效账号,加强信息系统的应用安全;对于信息系统平台层面,严格规定操作标准和作业流程,从管理层面上杜绝违规操作产生的信息系统运行安全风险。

工作标准,比如省信息通信分公司共完成104个岗位工作标准,涉及信息调度监控、业务应用运行检修、主机基础设施运行检修、网络与信息系统安全运行检修等各个方面。

(四)增强全员安全风险防控意识与能力

1. 加强安全风险教育、提高安全风险防控意识

江西电力根据一切安全"以人为本"的理念,从安全意识上入手,从三个方面加大安全教育培训力度。首先,形成全员关注安全的良好氛围,以开展"安全周"、"安全月"和参加电力企业安全规程培训等活动形式,从领导层级进行安全知识和安全文化宣贯,增进员工对安全工作重要性的理解,渗透安全发展的理念。其次,对信息系统运维人员,结合

企业关键业务流程和管理方法,开展内部防控教育,健全信息系统安全反违章工作机制。最后,对于外委厂商和流动性较大的运维技术人员,江西电力利用安全制度上墙,签订保密协议,定期宣贯等具体措施,强化这些人员的信息安全意识。

2. 加强专业培训,提高岗位技能水平

以信息专业培训、技术比武、岗位大练兵等形式,全面提升信息专业员工规范化、标准化、精细化工作水平。

(五)加强日常防控管理措施

1. 规范信息系统日常安全审计

建立信息系统安全风险防控机制后,江西电力从审计制度化、审计全面化、审计策略化"三化"上下功夫,既及时地监督运行人员的操作,审核操作的规范性,又防患于未然,从源头上避免安全风险的存在。

一是进行全方位审计覆盖。安全管控组通过选择合适的审计软件产品,对信息网络层、主机层、应用层全方位实行安全审计;经过梳理,江西电力审计系统已增加15个关键系统审计信息,包括ERP、人资管控、财务管控、基建管控、生产管理、应急管理、营销应用、数据中心、企业门户、IMS、内网邮件等。共添加52个系统用户,448个目标设备,25个设备组。

二是采取动、静态审计相结合策略。动态审计由系统按策略进行主动扫描,一旦发现出现信息安全漏洞,主动进行报警提示。静态审计要求运行人员按管理要求定时查阅日志文件,逐条核查操作过程,审计操作记录,还原操作步骤,一旦发现信息网络、信息设备、信息业务系统内部出现违规事件后,及时生成报警信息并触发报警,报警方式支持邮件、短信等方式。

2. 实行24小时实时调度监控及预警分析

调度运行监控中心实行7x24小时调度监控值班和每日四次信息设备巡检制度,同时基于可视化平台,实现全面、实时、全景式的可视化监控,通过设计网络监控、应用监控、运行监控三类展示模式,展示100多个关键业务核心数据和网络拓扑数据,全面直观地反映了信息系统运行安全情况。

3. 着力提升技术手段防控安全风险

江西电力鼓励技术人员从工作各个层面开展信息系统安全防范技术研究,从政策、资金、人力方面进行倾斜,尤其是充分重视高新技术人才的应用,把一批博士用到信息安全第一线,专门成立信息安全技术创新组,对关键性的安全技术进行针对性的自主研发并形成专利群成果。

一是传统人工巡检方式改为智能化电子巡检。采用智能签封为信息设备统一进行标识,对信息设备的所有信息进行记录,同时,基于智能签封的自动识别技术产生标准化作业检测单,自动统计信息设备巡检的到位率,保证设备巡检的全面性,并且可实现对运行人员巡视情况的量化分析和管理,并对异常及时记录、消缺形成闭合管理,避免人工巡检的不确定性和遗漏。

二是创新安全登录和静态网页保护方法。研发的"点对点模式下安全登录方法"采用数字证书的方式识别和认证身份,与采用口令和用户名组合认证的方式相比具有更高的安全性,点到点系统结构与现有服务器/客户端方式相比运行效率更高;"基于分布式哈希表的静态网页保护方法"提升了静态网页保护的安全性,采用哈希表网页存储备份结构实现快速查找备份网页,具有安全性和运行效率高的特点。

三是采取云计算技术快速恢复信息系统运行。安全技术创新组组织技术力量开发基于云计算的业务应用支持系统,取代部分信息应用的 HA 双机热备机制。当数据库双机系统和应用服务器负载均衡节点失败后,采用云计算支持系统可以快速恢复,大幅提升了系统运行的可靠性和安全性。

4. 多种方式并重强化信息系统安全督察机制

江西电力建立信息系统安全督察机制,由安全督察组组织开展信息系统安全督查工作并负责督查整改的落实。督查考核指标包括:督查月报质量(上报及时性,月报内容的完整性)、督查整改单完成情况(上报及时性,月报内容的完整性)、安全通报次数(包括国网、省公司信息系统安全事件的通报)、专项督查完成情况(月度常态督查过程中开展的专项督查情况)、弱口令督查情况、远程渗透测试情况、远程配置核查、非法外联、外网邮箱弱口令情况、消缺率(各单位的消缺率)。

一是常态督察与专项督察相结合。安全督察组组织开展信息系统安全常态督查工作,地市公司/县公司信息归口部门接受信息系统安全常态督查。江西电力的专项督查工作包含国家电网公司专项督查和江西公司专项督查(含年度督查)两部分。国家电网公司专项督查根据国网公司下发的信息系统安全年度专项督查有序开展;江西电力自行开展的专项督查根据江西电力信息系统安全实际情况决定,内容涉及办公区域、路由器与交换机、服务器、终端和制度规程等涉及信息系统安全的各方面。

二是现场督察与远程督察相结合。安全督察组每月进行一次现场督察,另外根据月报汇总反映的问题进一步采用远程督查方式。远程督查手段包括弱口令、远程渗透测试和远程配置核查三种技术手段。

三是常见问题专项治理。除了常态督查和专项督查工作,江西电力还将专项治理工作作为信息系统安全工作的重要补充。

(六)建立应急和灾难后恢复机制

1. 培养安全风险应急处置能力

一是制定信息安全应急预案,如《江西省电力公司信息安全事件管理条例》、《江西省电力公司应急响应计划和业务连续性计划》、《江西省电力公司关键信息系统应急预案》。

二是加强应急指挥管理。设立应急指挥小组,信息安全突发事件应急工作由公司应急指挥小组统一领导和协调,遵照"统一指挥、各司其职、密切协同、科学处置"的原则完善应急工作体系和机制,完成"江西电网省地县一体化应急指挥系统"的建设,加强应急工作的管理和演练。

三是搭建反事故演练培训仿真系统。江西电力组织搭建"具有反事故演练功能的信息调度员培训仿真系统"。该系统以生动的图文并茂形式展现信息调度的工作流程,将江西电力的调运要求和信息系统运行过程中的问题相结合进行演示,演练事故应急流程及处理要点,让信息运维人员切身体会到不规范的操作对整个信息安全将造成的影响和损失。

四是定期组织应急演练。通过应急指挥系统和应急仿真培训的创立,江西电力实行省地县三级一体化应急演练,提升演练效率,检验应急预案各环节之间的通信、协调、指挥等是否符合快速、高效的要求。

2.数据备份和灾难恢复机制

江西电力认识到业务信息系统连续运行的重要性,数据备份作为数据保护的最后一道屏障,必不可少。同时要求对关键业务系统数据制定备份策略,采用自动备份系统或制定备份脚本进行定时自动备份。备份类型有操作系统、数据库系统、关键业务数据,备份策略有全备份、增量备份、差分备份。同时,作为重大灾难应急防护手段,江西电力按国家电网公司的典型设计要求建立异地灾难备份通道,实现数据级容灾备份到上海容灾端。

(七)实施信息系统安全风险防控行为动态绩效考评

江西电力专门成立绩效考核小组,制定考核标准,适时调整信息系统应用性以及可用性的考核指标,并实施考核。

1.以"严、细、准、实"为考评准则

严,即考核监督严格,绩效考核坚持公开、公正、公平的原则,严格按照公司的信息应用监管综合平台统计数据考核,考核的标准及奖惩细则都公布在信息应用监管综合平台,确保考核结果严格执行。

细,即考核方式细化,将所有信息系统和网络运行指标全部细化为具体指标,监督检查的内容、时间、次数、范围全部量化,所有目标任务分解到单位、到人。

准,即"准"确考核运行数据,保证数据真实有效。江西电力在信息应用监管综合平台展示各单位实时的业务信息应用情况,并将24小时调度监控数据以日报形式公布在该平台上,确保考核是公开、公正的、真实的,能全面地反映各地市、县及直属单位信息应用的真实情况。

实,即考核取得实效,通过绩效考核的激励作用,各单位你追我赶,不甘落后,纷纷采取措施提高业务应用水平。

2.实行"日查周报月评"制度

日查:每日进行安全工作自查,江西电力信息运维中心实现24小时的运维监控,每日反馈安全运行结果。

周报:每周进行安全工作上报,江西电力信息运维中心实行7×24小时的运维监控和业务系统应用运维周报,每周进行信息系统调度、监控、运维及应用统计。

月评:每月进行评分考核,对信息系统运维的整体情况进行奖惩,安全指标作为重点考核内容。

3.滚动修订信息系统运行和应用考核指标

绩效考核小组每个月分析影响信息系统安全的因素,动态新增和调节具体信息系统运行指标及其考核标准,加大考核的力度和精准度。

三、以风险防控为中心的电网企业信息系统安全管理效果

(一)保障了电网业务安全健康运行

实施信息系统安全风险防控管理以来,信息系统安全水平逐步提高,弥补了之前信

息系统安全工作的不足,未发生一起业务信息系统安全事故,保障了信息系统安全、稳定、持续和高效运行,为江西电力电网业务的正常开展提供了安全屏障,能有效促进电网安全可靠、企业效益和服务水平持续提高,增进电网与社会、环境和用户间的和谐发展。2011年江西电力在国家电网公司信息系统工作同业对标月排名稳步上升,进步显著。

（二）构建了完善的信息系统安全管理体系,提升了企业信息安全及管理水平

成果实施以来,员工了解到信息系统安全不仅仅是系统安全,还包括业务信息安全、人员安全等多方面的内容,员工的安全意识大大增强,通过定期的技术培训,岗位练兵和反事故演练,技能水平得到明显提升,在2011年国家电网公司信息运维人员调考中表现优秀,通过率100%,团体总成绩位列第七名。

在成果实施过程中,江西电力以技术创新为导向,完成了"基于物联网技术的信息设备智能安全一体化管理研究及实践"、"具有反事故演练功能的信息调度员培训仿真系统"和"江西电网省地县一体化应急指挥演练系统"等网省级科研项目三项;撰写的32篇安全运维管理经验入选国家电网信息系统运维典型经验库,其中5篇被评为优秀典型经验;通过技能锻炼,培养自主研发队伍,形成了较强的科研技术力量,完成软件著作权6项,并且形成了独有的信息安全专利群成果,主要包含有13项国家专利被受理,其中3项已获得国家发明专利授权,并在成都、北京等地相关单位已实用化推广,产生了较好的经济效益。

（成果创造人:殷　平、王国欢、马　勇、付萍萍、范金锋）

施工企业业务流程与信息化相融合的全面风险管理

中建三局第一建设工程有限责任公司

中建三局第一建设工程有限责任公司(简称中建三局一公司)始建于1952年,是中国建筑旗下一家拥有施工总承包特级资质的大型国有建筑施工企业。中建中建三局一公司下设5个区域公司、4个专业公司和一个海外公司,业务分布在国内17个省市和巴基斯坦、香港等海外地域,年合约额近400亿元,营业额200亿元。上世纪80年代和90年代,中建三局一公司在深圳国贸大厦和深圳地王大厦的施工中,创造了"三天一层楼"的深圳速度和"九天四个结构层"的"新深圳速度"。

中建三局一公司荣获37个鲁班金像奖和国家优质工程奖(含参建),先后获得"全国文明单位"、"全国优秀施工企业"、"全国工程质量管理先进企业"、等众多荣誉。

成果主创人:公司董事长陈幸福

一、施工企业业务流程与信息化融合的全面风险管理背景

(一)行业特征和外部环境使得施工企业面临着众多风险

建设项目具有工期长、投资大、参与主体多、组织关系复杂、产品一次性等特点,施工企业的生产经营活动处于复杂多变的自然和社会环境之中,工程施工目标(成本、质量、安全和工期等)的实现过程始终面临着错综复杂的矛盾和风险。

一是政策风险。施工行业是一个界限模糊、准入门槛低的完全竞争性行业,政策依赖性强,最近几年国家房地产调控、工资标准提高等政策调整都给建筑行业带来了重大影响。二是履约风险。因项目手续不完善、工程款拨付不及时、征地拆迁不到位、工程设计不完善或频繁变更等影响总体工期目标,即便不是施工企业的责任,但工期责任往往由施工企业承担。三是财务风险。据统计,施工企业让利的平均幅度在工程造价的10%以上,有的甚至达到40%之多,施工企业为了生存而进行微利甚至无利竞标;施工企业被拖欠工程款已占同期完成施工产值的38.5%。投资方为降低资金成本、转嫁经营风险,往往要求施工方垫资施工。

(二)企业发展速度快、业务分布广带来经营风险

由于市场分布广、工程项目多、管理链条长的现实,导致项目部越多可控性越差,企业无法完全掌控生产经营中的过程风险,诸多问题在过程中无法得到及时监控和预警,企业决策层不能及时、全面、准确地了解所有项目部的必要信息和相关数据,一旦发现问题,往往已经造成较大损失,导致企业在迅速扩张的过程中无法持续保持较高的发展

质量。

同时,中建三局一公司的 12 个分公司、3 个专业分公司和 1 个海外分公司中,既有年盈利额较大、发展稳定的单位,也有长期处于微利甚至亏损的单位。基层单位较大发展差异大,企业管理系统性不够强,标准化程度低,企业的管理绩效过多地依赖于某个管理团队、甚至是某个人的能力和责任心水平。企业法人层面在进行授权后,难以实现对分公司及项目的有效监管。

(三)传统管理手段无法解决风险管控问题

在传统管理方式下,面对规模不断扩张和管理跨度日益加大的现实,企业为加强对生产经营过程的管控和资源的优化配置,将不得不增设更多的组织机构和管理层级,以解决管理幅度不够的问题,但这种方式一是增加了管理成本,二是冗肿的机构导致管理效率降低,而且复杂的机构一旦监管不到位,将存在很大的运营管理风险。此外,中建三局一公司在多年的发展历程中,积累了相当多的经验,也有过较多的教训,这些经验和教训是企业花费了巨大的成本所获得的宝贵财富。但由于缺乏有效的知识积累平台,很多经验要么分散于员工个人身上,要么零碎而不系统,实践中获得的知识不能在企业层面得到有效积累和共享,导致好的做法不能迅速得到推广,而错误经常重复发生,企业发展的持续改进能力不强。

二、施工企业业务流程与信息化融合的全面风险管理内涵和主要做法

中建三局一公司围绕企业发展战略,通过业务活动的梳理和优化,实施业务流程再造和管理标准化,将信息化与业务流程深度融合,开发推广综合管理信息系统,固化制度要求,促进企业管理与组织模式的变革,实现公司管理体系的整体性和一致性,各区域公司及项目部能体现同等水平的管理绩效和服务水平,实现市场、商务、生产和财务等核心业务的集成化管理、系统化运行,全面提升了企业全面风险管理水平。主要做法是:

(一)从战略高度部署业务流程与信息化融合

中建三局一公司制定投资建造两轮驱动、打造"管理领先、技术领先、服务领先"核心能力的发展战略,其中风险防范是管理领先的核心内容。围绕企业战略,经过广泛调研和深入研讨,确定实现"管控一致、过程受控、知识共享、系统集成"风险控制和管理提升目标,将风险控制用信息化手段融入业务管理活动中,按照"业务流程化、流程标准化、标准信息化、信息集成化"的思路,建立业务流程与信息化深度融合入的全面风险管理系统。

(二)按照风险控制点和信息化要求梳理业务流程,完善制度体系

1. 再造业务流程

2009 年,中建三局一公司按照在业务活动过程中控制风险的原则,以单项业务活动的清理为切入点,对现有管理活动进行清理,梳理出核心业务活动,对原有流程进行全面的功能和效率分析,发现其存

公司总部

在的风险;设计新的流程改进方案并加以评估;制定与流程改进方案相配套的组织结构。一是围绕企业的整体发展战略定位核心业务流程,从清理的大量原始业务活动中,分析、评估和判断出企业的核心业务活动及过程风险。二是解决原来条块分割的问题,打通业务活动纵横向的沟通。三是通过流程清理,将较多局部的、孤立的管理活动实行联动,提高业务的整体性和风险管理的系统性。四是与流程清理相结合,将以往抽象的、模糊的管理职能和风险责任用量化的流程描述进行明确,解决很多以往互相扯皮、职责不清的问题。五是根据流程清理和再造的结果,对原有组织机构进行整体优化,对一些职责和权限进行重新划分和调整。六是结合流程清理的结果,制定企业新的人力资源配置、绩效考核方式和业务管理规范。

2. 实施标准化管理

一是通过梳理和调整,对全公司针对同一管理活动的行为准则和过程表格进行标准化。二是通过岗位职责的梳理、优化以及岗位标准的建立,对全公司针对同一管理活动的执行职责进行标准化。三是通过对授权体系的梳理和规范,对各个管理层级的执行权限进行规范。四是建立执行过程中的问题反映机制,定期进行问题收集和汇总,并按要求进行解决。每月召开由总经理主持,各单位经理书记参加的系统推进专题会,讨论解决与系统执行相关的重要问题,对管理和风险控制体系进行动态完善和优化。

3. 建立风险管理的制度保障体系

建立"以制约监督权力为核心、以廉政风险防控机制建设为抓手、以反腐倡廉制度建设为载体、大力推进权力公开透明阳光运行"的风险防控体系。

一是制订《"三重一大"决策管理实施办法》、《总经理办公会议议事规则》、《党委会议议事规则》等制度,有效规范决策形式和程序,保证决策科学合理,预防决策风险。二是制订《干部选拔任用及管理暂行规定》、《岗位说明书》和《部门职责说明书》,建立健全科学的干部选拔任用机制、管理考核机制和激励约束机制,预防用人风险。三是制订《全面风险管理办法》、《竣工项目审计办法》、《分支机构年度经济效益审计考核办法》等制度,形成以法务、审计、纪监为主体的风险监控体系。

(三)通过信息化固化流程和制度,防止人为因素带来的风险

中建三局一公司以流程手册为依据,开发涵盖市场管理、现场管理、采购管理、成本管理、资金管理等项目全过程管理的综合管理信息系统。该系统以成本控制为核心,以资金支付控制为抓手,对企业运营管控和业务管控进行系统化管理、集成化应用。

一是系统集成,业务联动。通过数据的自动关联和业务活动前后之间的逻辑控制,将各个专业子系统紧密地结合到一起,实行集成化、体系化管理,自动形成决策支持信息。

二是整合流程。通过流程引擎整合165个核心业务流程,所有核心业务的数据流与工作流紧密结合;业务数据经过规定流程审批后方可流转;通过数据与流程的整合,实现核心业务的异地协同处理、并行处理;审批过程规范高效、透明可视,具有可追溯性。

三是分级管理。实行功能级权限和数据级权限双控管理,按管理层级和岗位情况灵活授权;功能级权限按岗位进行分配;数据级权限由管理人员所处的管理层级决定,项目部管理人员只能查看本项目部的相关业务数据,区域公司能查看本单位所有项目部的相

关业务数据,而公司总部则能查看全司数据。

(四)强化信息管理,严格合同评审,源头把控市场风险

在市场营销上实施"三高"战略,即在大市场中聚焦高端市场,在大业主中精选高端客户,在大项目上重攻高端项目;制订《客户管理办法》,建立客户管理数据库,从企业诚信、资金实力、投资规模、计价水平、现场管理、工程结算等方面对客户进行评价和分级评定,对项目承接实行底线管理,对合同签约实行红线控制,从源头把控市场风险。

一是实行底线管理。规定履约不诚信的客户、付款比例低于80%或付款周期超过2个月、投标纯利率6%以下、住宅项目工程造价低于3亿元的项目禁止承接,彻底杜绝联营挂靠项目。二是实行红线控制。制订《项目法律风险防控工作管理办法》,对招投标、合同签订阶段的各类常见风险及控制措施建立知识库,明确红线标准,突破红线的不允许投标或签订合同;合同谈判前精心进行策划,减少合同风险。三是严格过程审批。从信息跟踪到招标文件、投标文件、合同等都必须通过信息系统送达分公司、公司相关职能部门和领导评审。系统进行逻辑关联控制,没有信息评审就无法进行招标文件评审,没有招标文件评审就无法投标,没有投标评审就无法签订合同。

(五)将业务流程中的数据进行强制关联,有效控制运营风险

1.将业务流程中的数据进行强制关联

在业务流程上下游方面,一是通过流程引擎,使公司总部、区域公司及项目部之间纵向沟通顺畅,业务事项处理及时;二是通过系统的数据自动关联,实现业务系统内部的前后逻辑关联。物资管理方面,从总需用计划、月度需用计划、采购计划、招标采购、验收入库、领用出库、材料盘点、成本分析到付款申请,整个材料管理业务线前后贯通,环环相扣。质量管理和安全管理方面,建立统一的质量监控和安全危害因素知识库,项目部在策划阶段识别质量监控点和安全危害因素清单,实施过程中,质检员和安全员根据监控点和危险因素清单按照实际进度进行过程监督,对发现的问题自动形成整改单,策划、检查、整改全程闭合。在业务横向沟通方面,通过系统中的数据自动关联,使业务部门之间横向沟通顺畅,避免各自为政、口径不一、相互矛盾的问题。如财务核算,财务人员依据商务的初始毛利率测算和每个月的预计收入成本变动情况进行当期收入确认,计算毛利率,根据材料、设备、商务等提供的消耗数据确认成本,根据成本和毛利率,按照建造合同法,反算出财务核算收入,并与商务部门的内部产值报量自动比对,出现异常时系统自动预警和分析原因,在下个月进行调整。

2.对运营风险进行动态管控

一是以成本为核心,以项目兑现为约束条件,确保运营管理过程受控。从投标成本测算开始,到中标后确定责任成本、过程中的成本分析、完工后的成本确认、项目竣工结算,任何一个管理步骤没有完成就没法进入下一个步骤。

二是以合同为基础,以资金支付为约束条件,确保业务管理过程受控。对资金支付进行刚性约束,任何一个管理步骤没有完成就没法进入下一个步骤。

三是通过系统运行监控,确保业务活动透明可视。系统设置监控权限,纪检、审计及其它相关人员可以随时监督审查授权范围内的业务活动开展情况,包括从管理活动发起的源头到任何一个环节的所有审批意见和背景材料。

四是通过系统预警，及时处理异常状况。系统设置预警阀值，出现偏差自动预警，让各个管理环节及时发现过程中出现的各种异常状况。

五是通过目标值设定和数据关联，确保数据真实可控。如资金支付数不能大于结算数，结算数不能超出合同限定数，材料领用数不能超出库存数等。一旦超出，数据将无法填入，系统自动提醒并拒绝保存。

(六)实施集中管理，减少风险环节

1. 实施资金的集中管理

一是通过合同—结算—资金计划—分配方案—支付申请—资金拨付—网银支付的层层关联，实现资金集中支付。二是系统设置控制功能，当期无结余无收款的项目无法支付款项，只有经过借款且承担资金占用利息的情况下才能支付，"以收定支"和"有偿使用"的原则得以落实。三是通过资金策划—资金计划—资金支付—资金台账的数据关联，总部对项目部从开工到竣工结算的全过程现金流实现预算管理和动态监控，资金核算到项目部。

2. 实施供方的集中管理

在对供方进行考察评审后，对供方进行统一编码，建立集中的合格供方库，只能从合格供方库中选取队伍进行招标。如项目部制定招标计划和分公司进行招标申请，拟定投标单位只能从合格供方数据库中选取，招标结果中建三局一公司参与评审；没有进入合格供方数据库的队伍在系统中将无法参与投标，违规进入的无法支付款项。对供方的信用评价和分级评定也由中建三局一公司统一进行。

3. 实施物资采购集中管理

通过信息系统按期间和组织机构分级汇总各类主材的总需用计划后，在合格供应商范围内进行年度集中招标，确定总体的供应商数量及供应价格、结算方式、付款方式。在具体的项目提出招标申请以后，只能在集中采购结果的范围以内选择供应商具体执行。

(七)实施知识共享和智能决策，持续提升风险管理水平

建立专门的知识库，将各项经验、教训进行归纳和总结后分门别类进行归集，企业知识不断丰富并共享传承，降低风险重复发生的可能。没有经验的新员工按系统提供的业务帮助和操作帮助很容易开展工作。

所有决策支持信息均由系统自动从各个业务活动中获取，保证原始数据的及时和真实。数据来源和口径由系统在后台设置好，确保一致。任意时点、任意期间的数据可以实时进行分析。

从系统中自动提取对内报量、对外报量、成本和收款情况的数据，自动生成实际报量统计分析图，从中发现异常状况并追溯异常原因；自动统计各区域公司银行存款余额、在公司结算中心的资金余额以及总部银行存款余额，及时向领导提供公司每天的可用资金余额；通过汇总统计在建项目的累计收入和成本，自动计算在建项目的盈利率，及时掌握在建项目的盈亏状况；根据各单位材料采购的实时价格，自动汇总统计某个期间某种规格的材料在各地区的平均采购单价，监控各单位的采购行为。

三、施工企业业务流程与信息化融合的全面风险管理效果

经过3年多持续改进优化和推广应用，中建三局一公司综合管理信息系统已达到了

单位覆盖率100%,项目覆盖率100%,业务流程网上审批率100%,基本实现了所有核心业务活动的无纸化管理。风险防控能力显著增强,社会效益、经济效益均有明显提升。

(一)风险防控能力显著增强

成果的实施,为中建三局一公司实现区域整合和管理扁平化管理提供了有力支持,杜绝了项目亏损,区域发展不均衡的状况逐步得到扭转。从源头上有效控制了规模小、风险大、效益低项目的准入。2011年共评审工程信息465项,否决10项。2011年签约项目中,进度款支付比例在80%以上的工程签约额占总签约额的86.5%,较2010年提高5.6个百分点,合约质量逐步提升。对及时掌握各项目合同内外收入的确认情况、成本与对内报量的对比情况等起到了较好的促进作用,项目的全过程成本得到实时监控,项目盈利能力平均增长1%。

(二)经济效益和社会效益显著

项目盈利能力有了大幅提升,结算毛利润由2008年的平均6%提升到2010年的8.5%,2011年达到13%。企业效益得到快速提升,由2008年的8500万元增长到2011年的3亿元。货币资金存量从2008年的2.7亿元增长到2011年的15.6亿元。

工程一次交验合格率达100%,近两年获得省部级以上优质工程27项,其中鲁班奖3项,国家优质工程2项;省部级以上安全文明样板工地54项,其中国家AAA安全文明标准化诚信工地4项。

中建三局一公司通过信息化手段强化企业管理和风险防控,得到了社会各界的肯定,被纳入"十一五"《国家科技支撑计划》的示范项目并通过验收。住建部信息中心和湖北省建筑工程管理局联合召开了"建筑企业信息化发展现场经验交流会",对中建三局一公司信息化建设成果进行了交流展示。

(成果创造人:陈幸福、丁　刚、陈卫国、张义平、梅乐峰、李少军、袁汉堂、胡　敏、印　霓、张爱梅、张觅媛)

施工企业工程物资价差量差管理

中国葛洲坝集团公司

成果主创人：中国葛洲坝集团股份有限公司常委、副总经理、总工程师、首席信息官江小兵

中国葛洲坝集团公司（简称葛洲坝集团）是由国务院国资委直接管理的中国能源建设集团有限公司旗下的核心成员单位，是实行国家计划单列的首批56家大型试点企业集团之一，享有对外工程承包权和进出口贸易权，拥有国家特批的企业财务公司，是国家创新型企业。

葛洲坝集团以建筑工程及相关工程技术研究勘察设计及服务、基础设施投资建设与经营、房地产开发经营为核心业务，围绕三大主业，形成建筑施工、高速公路运营、水泥生产、民用爆破、房地产、水电等板块紧密相连、协调发展的产业链条，具有年土石方挖填1.5亿立方米、混凝土浇筑1500立方米、金属结构制造安装16万吨、装机总容量900万千瓦、工业炸药生产20万吨、水泥生产2000万吨的综合能力。

一、施工企业工程物资价差量差管理背景

（一）适应企业快速发展的需要

经过40多年发展，葛洲坝集团业务遍布全球36个国家和地区，年平均在建项目多达700余个，项目点多面广，生产不均衡，物资品种众多，价格波动频繁，增加了工程物资管理难度。物资管理在施工生产中发挥着至关重要的作用，直接到影响到企业的市场竞争力和经济、社会效益。实现跨地区跨项目物资协同管理与规模管理，降低成本，适应企业快速扩张需要，迫切要求对原有物资管理模式进行创新。

（二）信息技术在企业物资管理中的运用日益成熟

在发达国家中，物资管理信息系统早已得到广泛、成熟的应用，目前已发展成为集计划、采购、调配、运输、仓储、消耗、评价等业务管理功能为一体的现代化综合供应链管理体系。国内大型的制造企业近年来也逐步完成了供应链管理系统的建设。施工企业行业中，因为工程地域分布广、现场办公条件差、人员物资等生产要素流动性大、物资类型差异大、管理规范性差等诸多原因，其信息化的进程一直举步维艰，但借鉴国内外制造企业物资管理成功经验，能够为工程物资管理信息化建设提供一定的借鉴。

二、施工企业工程物资价差量差管理内涵和主要做法

葛洲坝集团从企业实际情况出发，将信息技术与物资管理高度融合，规范物资管理流程，协同管理跨地区、跨项目、跨层级、多项目点物资，严格控制物资的采购价格与消耗

量，从而达到降低材料成本的目的。主要做法如下：

（一）明确工程物资价差量差管理主要思路

以价差量差管理为核心，构建具有葛洲坝集团特色的工程物资管理体系，主要做好四个层次的工作。

首先，制定考核标准。价差考核标准往往是项目中标时的预算价或者市场平均价；量差考核标准是投标预算定额或者现场测算的消耗定额，按照工程项目的具体情况，现场组织技术熟练的技术工人操作，测算出本项目点的物资消耗定额，作为本项目部控制物资消耗的标准。

其次，强化成本预算，明确物资消耗赢利保本点。根据标书提供的消耗定额，采用倒分解的方法，对物资消耗进行分解，计算出物资消耗的赢利保本点，并由此制定出物资消耗计划控制目标，作为物耗控制的最基本防线。

再次，核算物资消耗"价差节超"和"量差节超"。将本项目物资采购价格与预算价格或市场均价比较，实际消耗与计划控制消耗目标进行比较，核算"价差节超"和"量差节超"，并根据量价节超的情况，分析产生偏差的深层次原因，及时采取针对性策略，修正与控制目标之间的偏差。

最后，建立相配套的激励约束机制，将物资"价差节超"、"量差节超"与工作人员的收益挂钩，同时要注重奖、罚的及时兑现，提高职工工作自觉性与积极性。

（二）识别工程物资管理关键环节，贯彻价差量差管理

1. 采购环节

采购环节价差管理重点是核算实际采购价格与工程投标预算价格、市场指导价格之间的节超，据此分析深层次原因，调整相应策略，目的是在满足质量要求的前提下，充分利用市场竞争机制，选择合适的采购方式，尽量降低采购成本。主要应对措施有：一是大宗材料必须按照"三公"原则，坚持招标采购；二是小批量及零散物资材料的采购，必须选择多家厂商进行"三比"，即"同货比质、同质比价、同价比服务"，并且在确保质量的前提下，进行合理压价；三是采购合同的签订，必须有相关部门（如机电物资部、审计部、财务部、纪委等）参与进行，认真履行合同所规定的权限和责任；四是建立战略合作伙伴关系，实现战略共赢；五是加强采购的过程控制，对正偏差大的物资，重点追查原因，并对在监察过程中发现的违法违规、弄虚作假现象，核实后从严处理。

采购环节量差核算重点是实际采购量与计划采购量之间的节超，通过量差节超情况，从源头控制采购计划，避免计划过大，造成物资积压和浪费。对正偏差大的物资重点控制，要把好"三关"：一是"审核关"，施工技术部门要根据生产计划编制物资需用量计划，物资部门要依据物资需用量计划，结合施工进度、库存量编制

成果主创人：中国葛洲坝集团股份有限公司常委、副总经理和建生

物资采购计划，物资需用量计划、采购计划要认真审核；二是"审批关"，相关负责人对于正偏差大的物资，要认真分析原因，对于不必要采购物资，要严加控制；三是"监察关"，监察部门要充分发挥监察作用，要明察秋毫，防患于未然。

2. 库存环节

库存环节价差主要核算库存均价与计划采购价格之间的节超，对于正偏差大的物资，要及时反馈物资采购部门，重点进行控制。

库存环节量差主要核算物资实际库存量与账面库存量之间节超，直观反映物资在库存环节的盈亏状况。对于正、负偏差大的物资都要重点进行管理，认真分析原因，对于因保管不当或者发放误差造成的库损，要严格追究责任，对于物资保管正常损耗，要及时上报、审批、及时进行核销，确保库存环节帐、卡、物三相符。库存环节还要核算实际库存与理论安全库存的量差节超，对于节超正负偏差大的物资都要重点控制，正偏差大的物资容易造成库存冗余，甚至是积压，加大资金占用量，负偏差大的物资容易供不应求，影响生产需要。

3. 使用环节

物资使用环节价差量差核算最为复杂，具有很强综合性，也是最重要的核算环节，能够为领导经营决策提供依据。

首先，消耗环节价差核算，综合反映本会计期间所消耗物资价格偏差情况，按时间生成偏差曲线图，以便直观地分析采购利润。其次，消耗环节量差核算，综合反映本会计期间所消耗物资量与定额消耗量的偏差情况。最后，综合分析价差量差：一是按工程部位进行物资消耗盈亏分析。按部位把中标合同价、目标成本、实际消耗进行对比，分析盈亏情况。二是按会计期间进行物资消耗盈亏分析，即按会计期间将中标合同价、当期物资保本消耗、实际消耗进行对比。三是将四项成本实时对比分析，按部位和时间两条主线把中标合同价，公司下达的控制目标、项目目标成本、实际成本实时进行对比。

(三) 构建物资管理信息系统

物资价差量差管理涉及大量、繁琐的统计、计算与报表，为了让员工从繁重的劳动中解放出来，葛洲坝集团构建物资管理信息系统，实现数据自动分级归集、整理、汇总、输出，实时按需向各管理层级提供各类数据（图1）。

1. 项目物资管理子系统

项目物资管理子系统通过物资计划、采购管理、入库管理、库存管理、出库管理、帐务管理实现全过程闭环管理，严格遵循物资管理流程，通过入库单、出库单、库存调整单输入数据，系统自动共享物资资源信息，形成各种报表数据及相关决策支持数据，真实、及时、准确反映项目点物资实际管理状况。该子系统支持多项目并发运行、离线运行，并与总服务器交互数据。

2. 物资在线采购子系统

建立企业级采购方和供货方交互平台，采购方能在平台上发布需要采购的物料需求；供货方能通过用户注册，在平台上发布所能供货的时间、价格、数量以及企业的资质；通过各种采购招标完成网上采购招标工作；在线采购系统中保存中标信息，并形成规范的采购合同。系统还根据所保存的供应商物资价格信息提供价格分地域、分时间段的变

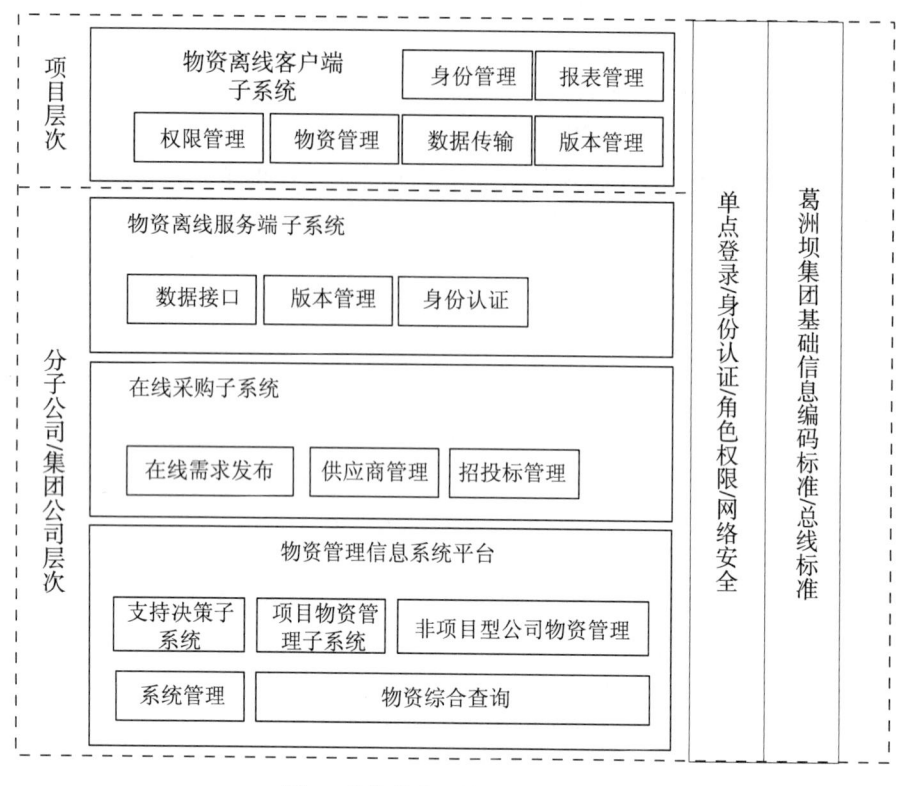

图 1 物资信息系统总功能框架图

化趋势,为后期的采购提供议价依据(图2)。

3. 支持决策子系统

通过处理数据,采用图表分析形式,将数据对比分析直观展现给各级物资管理层,如各环节量价分析、价格趋势分析、供应商采购分析、固定资产净值分析等,为物资管理提供决策支持功能。

4. 离线智能客户端子系统

葛洲坝集团考虑到项目点分散、网络条件参差不齐的实际情况,为彻底摆脱网络条件束缚,构建离线智能客户端子系统(包括智能客户端子系统和服务器端离线存储的服务器子系统),支持离线业务操作,并可随时连接网络与主系统进行数据交互。任何项目均可向葛洲坝集团提出申请使用离线客户端,通过审核后,葛洲坝集团发送应用程序数据包,包含该项目在系统内部的唯一编号、名称及其他基础数据,项目部安装后导入数据即可运用,完成物资管理工作后,随时可将离线客户端数据文件传输给上级管理单位,由上级单位将各项目基础数据导入系统,确保数据真实、完整。

5. 报表子系统

报表子系统要解决的核心问题就是将所有运行本系统(包括离线和在线的项目)产生的物资数据自动有效合并,分级形成统一报表及决策支持数据。报表合并功能支持离线版本数据包多方式传输(如电子邮件、QQ传输等)导入功能,各级管理部门都能详细审阅下级上报数据,进行审核、合并,形成本级单位报表并上报上级管理部,最终形成公司

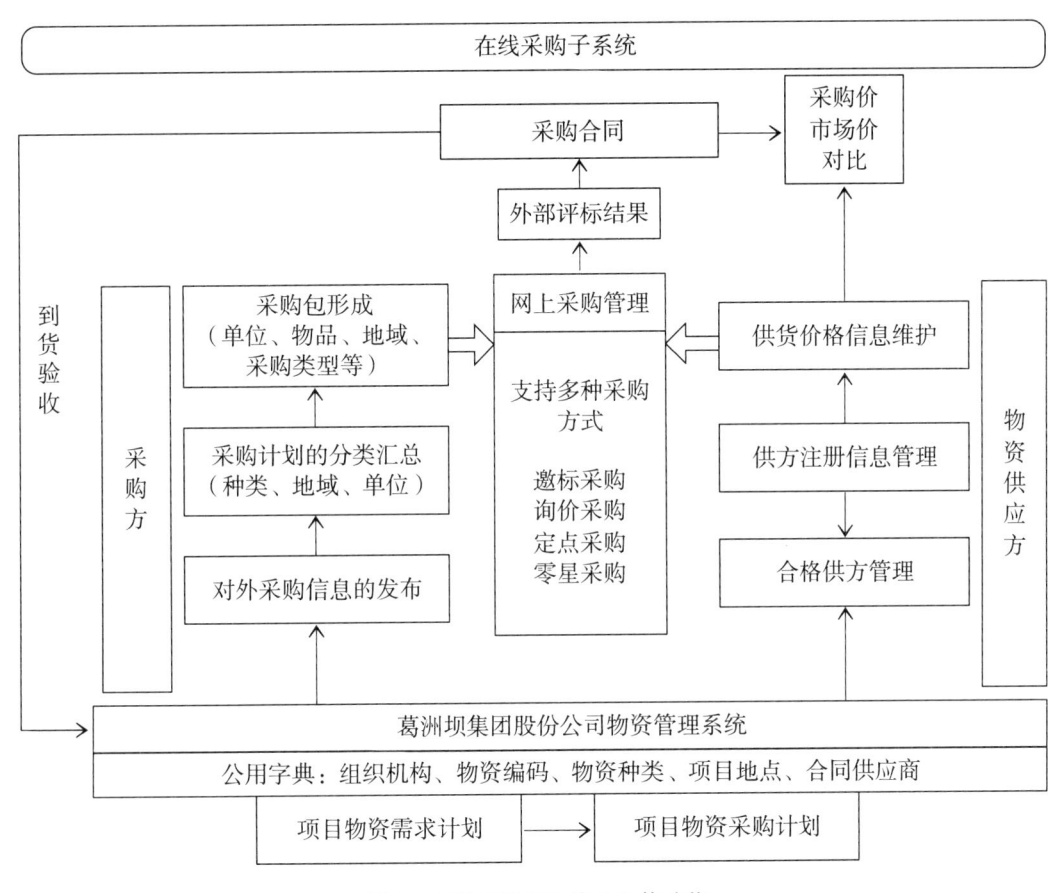

图 2 在线采购子系统的具体功能

物资报表。

(四)系统推进物资管理信息系统的应用

1. 明确工程物资信息化管理总构架

为推进物资信息化管理,葛洲坝集团建立"一个机制、两个平台、三层应用"的信息化管理架构。一个机制,即以葛洲坝集团信息化领导小组为核心,统率业务骨干主导开发与推广应用,各层级专职信息化人员提供技术支持,相互协调、共同推进的信息化建设与推广应用的工作机制。两个平台,即初步建成葛洲坝集团数据中心统筹各子分公司数据中心的基础设施平台,和以城域光纤网为主、辅以 SDH 专线,覆盖整个集团的专线网络平台。三层应用,就是初步形成以内部门户为主的协同办公与决策支持层,以物资管理系统为核心的业务应用层,以企业服务总线(ESB)为基础、统筹整合公司业务数据与应用接口的软件支撑层。

在此基础上,确立"统一规划、螺旋开发、分步推广"总方案。统一规划,即为了达到预期目标,建成公司范围内工程物资管理通用的信息系统,在充分调研用户需求、研究行业标准及公司管理制度的基础上,统一规划,制定可行的实施方案,分解、制定系统子模块。螺旋开发,即系统开发时,每一项功能先推出 DEMO 版本,让管理人员和操作人员形象了解软件,从而避免需求和软件实现功能相距甚远的错误。第一版本出台后及时测试,针对用户使用中提出的具体问题进行二次分析、修正系统。通过不断的螺旋分析和开发,形成到最终版本。分步推广,即在完成大量基础管理工作后,如建立管理体系、系统运维体系、系统培训等,采用"分步推广"方式加强运用。具体为:第一步,重点采用"集中培训、重点指导"的方式,在本部范围内进行推广使用,迅速培养一批系统管理人员;第二步,重点采用"现场操作、周边项目观摩"方式,在本部周边地区项目部推广使用,达到"上线一个项目,促进一片区域运用"的目的,迅速培养项目层面系统操作队伍;第三步,在偏远地区项目部推广使用,偏远地区运行系统具有很多不利因素,如网络条件、职工素质、项目分散等,这类项目采用"点对点、手把手"策略,现场教会为止。

2. 完善基础管理工作

首先,设立专业的管理机构,主要分为领导机构和工作机构。一是成立以信息技术及管理为核心的信息化领导小组,统一领导各项工作,公司首席信息官为组长,物资管理负责人为副组长,子分公司信息化、物资管理负责人为小组成员;二是成立以物资管理业务及信息研发为核心的工作机构,分业务组、研发组、运用组,具体负责需求调研、系统设计、系统维护、组织培训、反馈信息收集整理、修正系统、监督检查及与其他业务系统的协调工作。

其次,规范制度体系,主要分为责任制度、工作制度、考评制度。责任制度明确员工岗位职责,使每个工作人员都明确应当承担的责任和义务;工作制度明确系统研发、推广运用、信息产生、存储、处理、传输、归档等环节的操作规范,强化管理,确保安全;考评制度明确各子分公司、项目部系统运用情况考核细则、评价标准。

最后,构建运维体系。运维体系主要负责系统的正常运行、维护。由公司、子分公司、项目部三级系统管理员、业务操作员、督察员及系统研发人员组成。系统管理员负责配置用户权限、管理用户、维护基础信息等;业务操作员负责权限范围内业务操作;督察员负责统计系统应用数据,分析应用情况、修订应用目标、调整应用策略;研发人员负责维护偏差信息,指导运用。

3. 采取四项关键措施强化运用

第一,深入开展物资信息化培训。组织多轮次、有重点、大规模培训工作,各子分公司、项目部在组织机电系统工作人员参加培训的同时,加大应用系统操作的再培训工作,确保每个需要使用系统的员工都能够熟练操作,将信息化培训与业务培训、管理培训相结合,通过培训提高业务工作能力和管理水平。

第二,信息化推广突出重点,以点带面。由于葛洲坝集团项目多、分布广、通讯条件差,实际情况决定信息化工作不可能一蹴而就。于是,先选择一批管理水平高、通讯条件好的子公司、大项目进行推广应用,立标兵、树典型,以重点项目为突破,带动全部其他项目的运用。

第三,坚定不移地推进在建工程项目物资信息化管理。一是与项目经理签订责任书,作为项目经理责任制考核兑现的必要条件。二是推广应用过程中强调各功能模块协同推进,确保每个功能模块都有有效管理数据,形成有效的数据链,切实提升管理效率。三是推广应用过程中强调系统应用的连续性,不仅要保证系统中项目历史数据齐全,而且项目上线至项目竣工数据必须完整连续,体现公司管理水平。

第四,建立健全信息化工作考评机制。将信息化考核纳入总部对子分公司经济责任制考核范围,并在其中占有较大权重。子分公司也已建立各单位的绩效考核制度,确保公司信息化工作任务逐层细分、落实到位。

三、施工企业工程物资价差量差管理效果

（一）构建了高效的工程物资管理模式

工程物资价差量差管理继承了传统物资管理精髓,引入先进的信息技术,使物资管理从粗放管理向精细化管理转变,从事前、事中、事后阶段性控制向实时控制转变,从管理软约束向管理硬约束转变,从封闭管理向开放、透明管理转变,从多层级管理向扁平化管理转变,从分散管理向集中管理转变。实现了闭环、联动、协同管理,使管理内容更加明确,分工更加清晰,响应更加及时,同时满足多级别、多层次单位的不同管理模式对业务数据处理的需求,能全面、规范管理整个公司在建项目物资业务,进一步提高了物资管理水平,适应了葛洲坝集团快速发展的需要。

（二）创造了显著经济效益

通过信息系统,大大提升了剩余物资调配管控能力,避免了重复购置,仅2011年,通过信息系统调配各类闲置物资200余万元；降低了物资采购成本,通过整合采购计划,推行集中招标采购,仅2011年,降低物资采购成本1000余万元；减少了物资积压,综合物资成本下降5%以上；降低了人力资源成本,每年可节约400万以上。

（成果创造人：江小兵、和建生、马经红、余　英、桂桐生、鲁中年、
陶苑华、安　磊、李　胜、杨火兵、詹祖桥、易　青）

基于倒逼机制的水电站建设物资核销管理

贵州乌江水电开发有限责任公司构皮滩电站建设公司

成果主创人：公司总经理曹险峰

贵州乌江水电开发有限责任公司构皮滩电站建设公司（简称构皮滩电站建设公司）是中国华电集团公司的三级机构，成立于2003年，负责构皮滩电站建设现场施工管理，对工程投资、进度、安全实施全过程管控，是工程物资采购、供货、验收、核销的组织管理机构。构皮滩电站位于乌江干流中游贵州省余庆县境内，是乌江干流11个梯级电站的第七级，电站安装5台600MW的混流式水轮发电机组，总装机容量3000MW，年均发电量为96.82亿kW·h，是乌江干流规划装机容量最大的水电站，是"西电东送"的标志性工程，也是贵州省、中国华电集团公司最大水电工程。

一、基于倒逼机制的水电站建设物资核销管理背景

（一）严格控制工程造价的需要

构皮滩电站工程建设物资总需求量十分巨大，仅主材方面，需水泥170万吨、粉煤灰41万吨、钢材31万吨、油料18万吨、炸药70万吨、木材28万立方米；工程混凝土总量498万立方米，其中主体建筑物为470万立方米，混凝土净骨料1100万吨，其中粗骨料770万吨、细骨料330万吨。根据2002年完成的可行性研究报告，不考虑价格上涨因素，按2001年材料价格估算，上述工程主材投资近65亿元，占构皮滩工程总投资的46%。如何把这些巨量的材料消耗管理好，如何最大限度地降低工程物资消耗特别是主材的消耗，使其控制在合理的范围内，同时又能防止在施工中偷工减料，保证工程质量；保证工程总投资不超过167亿元概算，建安单位千瓦造价不超过国内同等工程所批复概算5062元，科学严格控制好工程成本，促进施工承包人内部物资消耗管理等十分严峻地摆在构皮滩电站建设公司面前，必须进行管理创新，才能完成上述管理控制任务和目标。

（二）严格控制主材价差流失风险的需要

国内水电站主材供应有两种模式，一种是承包人（工程实体合同施工单位）自行采购使用，另一种是业主（合同发包人）采购调拨给施工承包人使用。为了保证工程的施工质量和施工进度以及严格控制成本，构皮滩电站采用了主材由业主供给的方式。由于大型水电站建设周期较长，一般从开工到发电投产至少6年，承包人的合同材料价一般都是执行签合同时的市场价，随着工程施工时间的推进和我国市场经济的发展，合同主材价格与市场价格存在越来越大的价差，而且是正价差。价差部分将由业主承担，如果合同

承包人不主动管理主材,将造成主材浪费和流失现象,电站投资将大幅增加。

另一方面,因为价差大,在传统的水电站物资管理模式下,承包人在利益面前就有可能向业主方虚报主材使用量,而将按合同约定的低价进货材料倒卖出去,赚取小团体或个人利益,导致工程成本上涨,而价差风险完全由业主承担。

因此,必须强化物资核销过程控制,做好物资定期(季度、年度)核销、竣工核销,将物资核销过程中发现的问题反馈到各个管理部门,采取全流程全方位综合管控,才能保证工程的主材消耗与工程施工进度和完成的工作量一致,从而降低工程成本。

(三)提高物资计划、仓储管理水平的需要

水电站建设物资计划管理的通常方式是承包人报计划,经监理工程师审核后报业主采购,但在执行过程中存在如下问题:一是施工单位上报计划不及时,耽误物资到场时间,导致施工用料时无料可用;二是材料计划不准确,随意性严重,时常发生少报影响进度和多报造成库存积压现象;三是监理工程师、业主审核材料计划流于形式,一些业务人员不能认真履职,物资采购中的规格、数量错误等问题屡屡发生;四是由于工地仓储条件较差,仓储管理人员不安心本职工作,管理粗放;五是施工单位为降低施工成本多创效益,不愿投资修建材料保管仓库,大多是在施工露天场地使用临时措施保管材料,不能有效地防雨、防潮、防盗,有的材料在露天工地因存放时间较长,性能降低,影响了工程质量,有的露天仓库因保管不善时常发生偷盗流失材料的现象。因此必须创新管理,从物资核销中发现问题、追溯问题、解决问题,才能保证施工质量和施工进度。

(四)提高施工现场物资管理水平的需要

面对庞大的物资数量和繁多的物资种类,构皮滩电站建设公司最初采取的是手工记账式管理,核销人员定期核销中发现了许多问题,例如:实际使用材料规格、数量和领用材料规格不符或相互颠倒;材料使用部位搞错,造成数量多调拨,材料使用人员将多余材料私自处理;施工作业人员利用材料管理松散、监督不力的缺点,正常范围内节约的材料不退库造成材料流失等等。但这些问题由于没有一个系统的反馈整改机制,核销工作结束后,问题照样存在,甚至演变为司空见惯的现象,严重的影响了工程成本质量和进度。

针对上述管理要求,2007年以来,构皮滩电站建设公司不断加强物资核销管理工作力度,创造并实施了物资核销管理倒逼机制,取得较好效果。

二、基于倒逼机制的水电站建设物资核销管理内涵和主要做法

构皮滩电站建设公司以降低工程建设成本、规避投资风险为目标,扩展物资核销的管理外延,把原来被动的、处于管理链末端的物资核销变成主动的、预防式的物资核销管理,物资核销事后深入分析查找问题,并将问题反馈到物资供应链前端,倒逼前端改进管理展。主要做法如下:

(一)理顺思路,构建物资核销管理倒逼机制框架

构皮滩电站

构皮滩电站建设公司学习借鉴邯钢成本倒逼机制的经验,科学分析物资核销结果,梳理问题根源,找出工程物资管理事前事中的缺陷,倒逼处于物资核销管理前端的物资计划、采购、检测、运输、仓储、发货管理以及施工现场消耗管理、现场物流管理等环节,监督承包人主动优化,形成运作有序、控制有效、系统完善的倒逼机制。

我国水电站建设中的物资供应,一般均采用业主统供主材方式,即工程施工中的水泥、钢材、粉煤灰、油料、炸药、木材等由业主采购供给,并负责其计划、采购、运输、调拨、供应等环节的管理,施工承包单位只负责提交物料需求计划,是一种被动型的物资核销模式。为此,构皮滩电站建设公司召集监理工程师、有关部室共同研究、分析,提出新的思路,决定成立物资核销领导小组,加强对物资核销活动结果的分析、预测、改进,并把这些分析、预测和改进建议报告领导小组,以此倒逼各业务环节改进管理。

(二)理顺核销作业流程,完善核销作业标准规范

1.理顺核销作业流程

为加强核销作业问题反馈及时性、准确性,必须进一步规范作业流程、作业内容。组织业务骨干对季度核销、年度核销、竣工核销、物资总量与单耗审核、年度报表审核等作业环节进行清理,并确定作业流程(图1)。

1.总量与单耗审核与执行:

计划部制定总量及单耗控制标准	会同监理讨论核定	下发给承包人	组织物资供应
合同签订后25日或按合同要求	合同签订后28日或按合同要求	合同签订后30要求	合同签订后40日或按合同要求

2.季度核销:

安建部审核上季度每月实际工程量	机电部根据工程量及单耗标准核定物资实际发生量,并ампрха检查计划量、库存量、采购量等,提出核销分析报告	计划部提出意见	建设公司领导审核
每季度第一个月15日	每季度第一个月20日	每季度第一个月22日	每季度第一个月24日

会同监理讨论提出处理意见	执行
每季度第一个月25日	每季度第一个月底

3.年度报表审核:

安建部审核上年度实际工程总量	机电部据此及核销控制标准提出使用情况分析报告	计划部提出意见	建设公司领导审批	执行
每看元月12日	每年元月18日	每年元月20日	每年元月25日	每年元月底

4.竣工核销:

安建部审核合同实际工程总量	机电部据此及核销控制标准提出核销报告	计划部提出意见	建设公司领导审核	会同监理讨论提出处理意见	执行
竣工结算前					

图1 核销程序流程图

2.完善核销作业规范,界定问题处理规则

一是对超供情况的处理界定。存在库存结转量、在加工量产生的超供:承包人须提供库存量及在加工量资料交监理工程师审查确认并提交构皮滩电站建设公司机电物资部后,不计入核销;工程量结算滞后产生的超供:承包人须将相应工程量、相应物资耗量及单耗等资料在一个月内提供交监理工程师和构皮滩电站建设公司,经审查确认后,方予以预核销;因施工工艺改变的原因引起单耗发生改变而导致的超供:由承包人自身原因而改变施工工艺发生的材料超供,如果出现正价差(当时采购价高于合同调拨价),扣回价差,出现负价差不予补差,由构皮滩电站建设公司或设计单位原因而改变施工工艺发生的材料超供,承包人须根据实际情况提交分析资料,经监理和构皮滩电站建设公司审批后进行核销;不明原因的超供量:如果出现正价差,扣回价差,出现负价差,不予

补差。

二是对欠供情况的处理。提高施工技术和施工管理水平而节约产生的欠供：承包人提供真实可靠、完整齐备资料（消耗性物资另行处理），经监理工程师和构皮滩电站建设公司审查确认后进行核销；因施工工艺改变的原因引起单耗变化导致的欠供，承包人须根据施工现场实际情况提供分析资料，监理工程师和构皮滩电站建设公司审批后进行核销；不明原因产生的欠供：按物资的合同调拨价全额扣回，相对应的工程量另行处理。

三是对承包人自购物资的处理。经监理工程师、构皮滩电站建设公司批准的自购物资：承包人须先向监理工程师及建设公司提交自购申请，经监理工程师和建设公司批准后，方可自购，并将经过正规招标程序采购的相关文件、自购物资数量、工程使用部位、合格证及正式发票等报监理工程师、构皮滩电站建设公司方可启动核销程序，若承包人自购价高于合同调拨价的，可给予补差，低于合同调拨价的，在当期核销中扣除价差；不允许承包人擅自购买物资：若承包人经批准自购材料，自购价高于合同供应价的，由承包人自行承担，构皮滩电站建设公司不予补差，低于合同供应价的，构皮滩电站建设公司在本期核销中扣除价差，且其质量责任由承包人承担，承包人须提交自购物资的材质证明书及使用部位证明材料，否则，按欠供处理。

四是对核销扣款的处理。根据审定的核销结果进行扣款。

五是对季度核销的处理。待核销量超过（或少于）该季度三个月计划总量的部分需要详细分析、实事求是地说明：欠耗部分是否擅自自购、降低质量标准、工程量统计偏大或工艺提高等原因；超耗部分是否损失浪费、挪用串项、物资外流、基建统计或结算滞后等原因。超量部份按当时市场价进行扣减，待下季度核销定额量进行抵扣。

六是对竣工核销的处理。待核销量超过（或少于）总核销控制量的部分需要详细分析、事实求是地说明：欠耗部分是否擅自自购、降低质量标准、工程量统计偏大或工艺提高等原因；超耗部分是否损失浪费、挪用串项、物资外流、基建统计或结算滞后等原因。超耗部分原则上不能核销，该部分物资按市场价由承包人承担。

七是对材料扣款的处理。当月在构皮滩电站建设公司领取的材料，无论是否已使用到工程中去，材料扣款按乌江公司下发的《流动资产管理办法》有关规定执行。

八是加强考核。为鼓励各承包人重视和加强物资核销工作，对积极主动配合物资核销的日常工作，在规定时间内报送核销报表，核销报表能准确完整地反映当期所核销的合同项目，在规定的时间内提交实事求是的核销分析报告的监理工程师及承包人（具体经办人员）每年度给予5000元奖励。对不能在规定时间内提交核销分析报告及核销相关资料的，予以500元扣款，以后每违反一次按500元递增。

（三）实施流程管控新标准，倒逼物资计划采购质量计量管理提升

构皮滩电站建设公司在物资季度、年或竣工核销工作中发现，物资的超供、欠供、串项均和物资计划管理制度标准有密切关系，为此构皮滩电站建设公司坚持"统一、集中、刚性"的原则，不断优化计划编报流程，不断提高计划的准确性、及时性、全面性，增强计划执行的严肃性，强化计划考评，减少计划外采购，加强统计预测分析，科学制定采购策略，促进物资供应链的高效运转。

1. 强化年、月、周和日计划管理

一是年计划。根据招标文件及合同要求，凡是由业主提供主材的标段，项目施工单

位在进场一个月后,必须制定报出该承包标段(项目)的主材消耗年计划(年底必须提交次年主材计划),经监理工程师审批后报构皮滩电站建设公司机电部备案。该计划应注明月计划完成工程量、月主材消耗量及主材的型号、规格及数量。

二是月计划。施工单位每月20日前将下月主材计划报监理工程师审批,同时将主材计划报一份到机电部,便于通知供货单位准备货源,保证及时供货。监理工程师每月25日前将审核后的主材用量报机电部,机电部每月底综合各单位主材月计划及各单位库存量后确定下月采购量并通知供应商备货。对不及时提交月计划的,有权不予安排计划,对因此造成主材不能及时供应的,一切后果由施工单位负责。由于各种原因,月计划工程量有可能完不成,也可能超额完成,加上一些新增项目的影响,允许承包商每月10日根据实际情况对主材计划进行一次调整,该调整计划须经监理工程师审核后报机电部进行采购。

三是周计划。各施工单位须在每周星期四前以书面形式向机电部报送下周主材计划,周计划应注明主材的名称、型号、数量及用料时间。

四是日计划。各施工单位须在每天17点前以电话向机电部报第二天水泥计划,并准确界定水泥的名称、型号、数量。对因工程设计变更等原因急需的材料,各施工单位应及时向监理及机电部报材料计划清单,便于及时准备货源,保证工程的正常施工。

2.提高计划制定规范性和准确性

监理工程师和业务部门负责人必须对计划按标准严把审核关,有问题的计划坚决退回施工单位重做,不允许修修补补,使施工承包人养成物资计划必须严谨准确的习惯意识,因自身计划工作人员没有尽职而造成的物资损失必须由承包人自行承担。另外,各有关管理部门、监理工程师必须随时跟踪施工进度,提前了解设计交图计划,不满足现场要求时要提前督促设计按时交图,避免设计图原因造成物资计划不准确。

同时加强业务传帮带和与承包人思想业务沟通,宣传物资计划编制的重要性,要求在物资计划编制中配备业务素质较高的人员。举办培训班,对业务不熟悉的计划编制人员进行传、帮、带,减少因工作人员原因造成物资计划的超供、欠供现象。通过监理例会、合同例会、生产例会等方式宣传奖励政策,激励承包人实事求是低报计划,按照先进的工艺水平做计划、报定额,避免物资流失风险。

3.按标准按流程加强采购、供货、质量、计量、运输、发料管理

第一,严格采购管理标准,主材采购由机电部组织,计划部、财务部、工程部、办公室以及监理工程师参与,按有关规定通过招标的方式选择有生产许可证、质量保证体系完善、价格合理以及信誉良好的供货商,报有关领导或主管部门审批后,进入合同谈判及合同签署程序。

第二,严格质量监督管理。一是钢材,施工单位或构皮滩电站建设公司在接货时,要求各供货商必须提供出厂合格证及计量单等,主材批号与送货单所写批号不符不得验收,货物运抵现场后的检验由施工单位主持,抽检试验由监理工程师主持,试验单位、施工单位、构皮滩电站建设公司等单位参与,参检单位须建立相关台帐。二是成品油,由业主委托有相关资质的单位进行质量管理。三是水泥和粉煤灰,施工单位或构皮滩电站建设公司在接货时,必须要求供货厂商提供相关批次质量检查报告及计量单等质量性能证

明书;材料装载时要求进行外观验收,发现水泥、粉煤灰结块、批号与送货单所写批号不符及包装袋损坏等拒收;货到现场后检验由施工单位主持,抽检试验由监理工程师主持,试验单位、施工单位、构皮滩电站建设公司等单位参与,取样样本送检测实验中心,检测后的试验报告分别由监理部、施工单位和机电部存档,作为竣工验收的必备资料。

第三,严格材料验收管理。主材进入门岗必须按要求进行签到,对不在门岗签到的车辆,一经查实,机电部拒绝结账,一切后果由供应商承担。对在门岗签到时进行弄虚作假的,经与门岗监控录像记录核对,确认该车签到记录与监控记录不符的,按偷盗构皮滩工程材料处理。散装水泥、散装煤灰、油料进入工区后,必须在构皮滩电站建设公司地磅过毛重后方可发放施工单位。钢材、袋装水泥进入门岗前,必须经机电部人员验收确认到货后方可发放施工单位。

第四,按标准实施计量管理。钢材:螺纹钢、圆钢、盘条过磅验收(或理计,根据钢材采购供货合同)。水泥、粉煤灰:采用过磅计量,以构皮滩电站建设公司地磅为主要计量衡器,厂家磅单、施工单位磅单仅作为参考依据。如发生计量分歧时,散装水泥、散装煤灰参照三方地磅数据,对有异议的地磅可请计量局予以检测,所发生的费用由过错方承担;袋装水泥计量发生异议时,可采用清点包数计包数算出重量。油料:如同时采用流量计、人工、地磅三种计量方式(根据供油合同),计量结果发生差异时以地磅计量结果为准。现场监理工程师对进入库房和施工作业面的主材数量应认真进行核实,把好计量关,计量时按实际进入库房和施工作业面数量计量。对在主材供应中弄虚作假的应及时通知机电部。

第五,加强运输管理。为保证材料供应的及时性,在提前知道材料生产单位有不利生产的情况时,安排专人驻厂督促发货和掌握生产进度,保证材料及时供货到工地,使工程得以顺利开展;在交通运输上,如遇修路、极端天气(凝冻、暴雨等)造成运输困难时,业主积极与地方政府协调、增加运输车辆、安排专人到路上疏通等方式保证运输畅通,满足工地物资使用的要求。

第六,严格物资发放管理。水泥、粉煤灰由供应商直接送货到施工单位的仓库。钢材直接送货到施工单位的仓库,施工单位从机电部开钢材调拨单结账。成品油发放由施工单位按计划从油库领料。另外主材到达施工单位仓库,经施工单位、构皮滩电站建设公司验收后,施工单位应及时卸车,不得无故拖延,超过2小时不卸车的,对施工单位收取每车每次100违约金。

(四)推行物资管控"5S",倒逼物资现场管理改进

针对核销中常常发现的材料串项和流失问题,组织专业人员深入调查、周密分析,发现主要原因是承包施工队伍多,作业内容不同,管理水平参差不齐,为此从以下几方面着手,加强现场物资管理。

1. 强化物资过程管理

物资管理部门定期检查承包人仓库、查台帐,发现与采购的物、帐不符时及时查原因,避免后期物、帐不清。同时对现场施工材料乱丢乱放、无计划私自运进运出行为进行监督,减少物资流失的渠道,促使施工真正做到工完场地清。对于工地上倒运材料,必须通过监理工程师、业主物资管理部门的许可,避免工地上材料的随意串用,形成物资规范

管理的习惯。

2. 加强施工物资进出管理

施工区进行封闭管理,车辆实行门岗登记制度,工区实施武警巡逻制度。物资进、出工区进行签证、过磅、三方(业主、监理、施工单位)现场验收和巡查等管理措施。业主物资结算时核对门岗登记、过磅记录计供货商供货记录,如发现不符时,将立即进行倒查,减少相互串通的可能性。

3. 改进现场物资仓储管理

水泥、粉煤灰库、钢材库、油库(罐)建设必须有与各工程相适应的库存能力,保证该工作面有三天以上的使用量。各承包人库房应进行挂牌,挂牌内容必须有库房编号、项目部名称、施工队名称、库房现场负责人名字。承包人新建库房,必须经监理工程师、构皮滩电站建设公司验收方可存放主材,否则可拒绝供货,所造成的一切后果由承包人承担。对达不到主材存放要求的库房,监理工程师应监督承包人整改,整改合格后方可存放主材。

(五)不断优化施工设计、应用新技术,倒逼施工设计技术进步

构皮滩电站建设公司在核销中严格执行规章制度,发现很多材料消耗超过定额,有的是浪费问题,有的是技术工艺落后和设计不完善等问题所致,为此由总工程师牵头负责,全面推动施工设计技术进步,降低物资消耗。

1. 瞄准国内先进技术,开发应用新型施工工艺技术

业主主动邀请国内水电工程知名专家到工地培训,宣传新工艺、新材料的使用的优点,让施工单位在思想上愿意接受施工新工艺,同时开展农民工技术培训,提高现场操作的工艺水平,节约物资消耗量。

2. 优化项目设计施工方案,降低成本和消耗

在工程上不同的施工方案都可以达到施工目的,但物资投入的成本就可能完全不同,因此业主要求设计任何施工方案必须进行性价比比较,至少有 2 个以上方案供业主选择,并由业主组织参见四方(业主、设计、监理、施工)和咨询专家对施工方案进行会审,首选节约工期、成本的方案,并给予设计人员一定的奖励,以此激励设计人员主动放弃保守方案,大胆创新。

3. 整合各方力量开发新技术

业主投入资金和承包人、设计单位联合开发新技术、新工艺,并大胆在构皮滩工程上使用,如构皮滩工程首次使用国产 30 吨缆机、闸门大型轴承首选国内产品等,不但节约了成本,而且推动了国内相关产业的进步。

(六)采用信息化手段,倒逼物资核销效率提高

大型水电工程物资核销工作繁琐、数据量大,如果全靠人工计算、管理,容易出错,且效率不高,因此在外部院所专家协助下,结合企业现场核销工作实际需求,开发物资物流计算机核销管理软件,提高核销工作效率。

根据不同的施工单位在计算机上设立不同的帐套,根据工作性质授权相应的人员管理,同时做到资源共享,只需 2 小时就可完成施工高峰时的一家主标施工单位的材料对帐,工作效率明显提高,并节约了人力成本。同时,实现各种历史数据的快速查找,物资

单价、采购或调拨数量、费用等数据的自动统计,为物资核销提供快速、准确的结果。

三、基于倒逼机制的水电站建设物资核销管理效果

(一)首创大型水电站物资核销新机制,有效降低了电站建设成本

自 2001 年开工建设至 2011 年 6 月底,构皮滩电站累计完成投资 133.76 亿元,其中枢纽工程建安累计完成投资 82.08 亿元;由于对占投资主体的物资管理实施了核销倒逼机制,构皮滩电站枢纽工程建安单位千瓦造价低于 2800 元,比"十五"期间国内同等工程所批复概算建安单位千瓦造价 5062 元低 44.68%,在国内外水电工程造价中处于领先水平。同时通过定期阶段性物资核销,累计节约材料直接成本 13403 万元。

(二)降低了单位消耗,部分定额创行业先进水平

成果在构皮滩电站的全面推广,有效地促进了承包人加强物资管理,杜绝物资串用、以次充好、盗卖流失现象,有力推进了新技术、新工艺的应用,促进一些工程定额创先争优,如构皮滩电站工程固结灌浆水泥每吨耗量 8%,比水力发电建筑工程概算定额消耗量降低 11%,钢筋每吨耗量定额 1%,比水力发电建筑工程概算定额降低 1%,创全国同行业先进水平。

(三)促进了工程建设的顺利开展

成果的实施,提升了物资计划的准确性、供货的及时性、仓储保管安全性、现场管理规范性,停工待材料施工的现象减少了,材料质量原因返工基本杜绝、施工单位成本控制意识提高,对工程进度起到了关键的促进作用。构皮滩工程总工期比设计工期提前约一年,创造经济效益约 5 亿元,目前构皮滩电站已安全经济投产运行 3 年。

(成果创造人:曹险峰、刘仕明、杨新伟、蔡　扬、莫　勍、
刘志权、王志忠、章　立、文　怡、邓　林)

千万吨级井工开采煤矿全成本管理

淮南矿业(集团)有限责任公司张集煤矿

矿领导班子

淮南矿业(集团)有限责任公司张集煤矿(简称张集矿)位于安徽省淮南市凤台县境内,是国家"九五"重点建设项目,井田面积约71km^2,矿井总储量18亿吨,可采储量9亿吨,煤炭质量优良,是炼焦、炼特种钢的良好煤种资源,属国家稀缺资源之一。矿井于2001年11月正式投产,已由一矿一井发展为一矿两井四区的格局,核定生产能力1240万吨/年,是淮南矿区目前产量最大的矿井,也是安徽省首个千万吨级特大型矿井。2011年,商品煤产量1208万吨,职工年人均收入近10万元,销售收入65亿元,利润28亿元。

一、千万吨级井工开采煤矿全成本管理背景

(一)推进煤炭企业转型提升、实现矿井健康可持续发展的需要

张集矿自投产以来,产能以每年100万吨的增幅攀升,从设计之初年产400万吨跃升至1240万吨,矿井产能基本达到了与资源地质、系统能力和管理水平等相匹配的最佳规模效益点。从张集矿煤炭销售结构看,电煤占商品煤的比例高达75%。受电煤限价政策的影响,在煤炭价格既定的情况下,生产成本的高低在市场中的意义就显得尤为重要。只有通过节约成本,才能增加利润空间。实施全成本管理,大力推进降本增效,是煤炭企业增加盈利最直接、最有效的手段,也是企业保持健康可持续发展的内在需要。

(二)适应煤炭结构成本变化、提高企业竞争力的需要

煤炭开采属于采掘业,成本构成与其它行业相比,具有特殊性。既受地质条件、灾害威胁以及井下作业环境的独特复杂性等影响,材料、人工、电费等各项投入逐年上升;也受政策调控、市场变化、环境生态压力等影响。

近年来,张集矿率先打破一直沿用计划经济时代的要素成本核算的局限,开始实施全成本管理,对煤矿的安全成本、工程成本、生产成本、人力资源成本、资源成本、环境成本等实施全方位监测、全过程控制,是企业适应市场经济特点、有的放矢地进行经营调控和管理的客观需要。

(三)完善煤矿成本管理模式、提高企业管理水平的需要

从张集矿近三年原煤结构成本变化看,材料费用、员工薪酬和塌陷补偿费用都呈现持续上升趋势,分别占原煤成本费用增支的比10%、40%、27%。受市场及政策的影响,职工薪酬、环境补偿、安全投入的增幅和所占比例,都高于生产消耗支出,而传统的成本

构成已经"包不全",造成煤炭开采成本失真。实施全成本管理,是保证安全生产、提高职工幸福指数、保护生态环境、促进循环经济建设,提高企业内部管理水平的需要。

二、千万吨级井工开采煤矿全成本管理内涵和主要做法

张集矿落实国家建设资源节约型、环境友好型社会的要求,全面树立"以效益为中心"的管理思想,根据煤炭结构成本构成及要素变化的规律,结合自身一矿两井四区、前进式井工开采、煤与瓦斯突出的固有特点,明确全成本管理6个重点,严控煤炭开采结构成本的关键因素,强力推进技术经济一体化,实现从过去重产量、轻成本向重质量、重效益转变,从盲目提高技术标准向技术经济一体化管理转变,从单个要素成本管理向全要素集成管理转变,提高矿井的发展质量和效益,实现经济效益和社会、生态效益的有机统一。主要做法如下:

(一)转变传统的要素成本管理思想,树立全成本效益观

2010年,通过充分的调研和分析,提出全成本管理的理念,实施全员、全面、全过程控制。

1. 强化"全面算大帐"意识

成本管理不能只盯着生产过程中个别要素或直接费用的高低,更要综合后期长远效益做出全面评估,确保矿井持续健康发展。

2. 树立"充分发挥生产能力,充分发挥经济效益"理念

从分摊的固定成本费用来看,规模经济性尤为重要。因此,必须始终把充分发挥矿井产能、实现持续稳产高产作为矿井成本管理的首要工作来抓,做到矿井规模、效益最大化。

3. 推行"全成本、大经营、大财务"管理

张集矿在全成本管理过程中,建立"总量控制,分口、分单位承包考核,分专业管理"的经营管理模式,增强全体职工和各专业技术人员的成本意识,正确处理好成本与技术、安全、质量的关系,使区队、班组成为相应的责任主体、利益主体和控制主体,形成全员自主控成本的网络,确保企业利益目标的实现。

4. 明确"集约经营、科学管理、量入为出"思路

不断教育和引导每位职工认识到管好安全生产与提高经济效益的双重责任,以观念的转变、思想的统一推进各项经营制度办法的落实,形成齐心协力降成本、增效益的良好氛围。

5. 制定"眼睛向内,挖掘潜力,依靠自身力量降低成本"策略

切实把全成本管理、全过程控制的新理念、新思路真正落实到各部门、每位职工的具体工作中,加大宣传引导力度,大力开展降能节耗,使每个职工充分认识到企业的发展和自己的切身利益息息相关,形成全员讲成本、管成本的氛围。

职工排队入井

(二)把握成本控制要点,精细各类成本的管理

1.全成本构成分类

按照内部管理需求,对全部成本投入进行重新组合、统计,分为安全成本、生产成本、工程成本、人力资源成本、资源成本和环境成本。

安全成本,主要反映矿井瓦斯治理、防治水、防灭火等安全投入总额,包括矿井通风设施更新改造、瓦斯检测与抽放系统等十大类的投入;生产成本,主要反映矿井生产过程中生产费用支出,包括生产过程中的材料费、电费、修理费及其他支出等;工程成本,主要反映矿井工程建设过程发生的总投入,包括实施维简、基建工程、专项资金工程和部分安全工程等的费用支出;人力资源成本,主要反映矿井在册职工、劳务派遣工、劳务工的各项工资及职工福利费,包括薪酬费用、维简基建工程中的人工费用以及安全费用中人工费用之和;资源成本,主要反映采(探)矿权摊销费用、资源勘探费用、采矿权使用费;环境成本,主要反映矿井环境治理、塌陷治理、生产排矸发生的总成本,包括采煤塌陷补偿、排污费、绿化费、排矸费等。

2.各成本构成的管理原则、目标和主要措施

张集矿按照全成本构成,全面计算安全、生产、资源、人力资源、工程、环境支出,采取有针对性的成本管理策略和方式,挖潜降耗,控制支出,实现系统降成本的目标。

第一,安全成本管理。一是加大安全费用投入。2008年,吨煤安全费用提高到50元,主要用于防火、防水、防瓦斯等,其中70%用于矿井瓦斯治理,占总成本的15%。二是建立健全矿井安全生产各大系统、工程和设施,每年投入数千万元;对通风、防突、防瓦斯、运输、供电等十大系统进行改造、优化、升级;建立完善矿井监测监控、人员定位、紧急避险、压风自救、供水施救、通讯联络等六大安全系统,同时,制定《张集矿井下安全避险六大系统建设、管理实施办法》,提高矿井安全保障能力。三是加大安全基础投入,建立质量标准化基金,吨煤提取1元钱,用于对采区内部巷道、安全生产系统、采掘工作面及共用巷道质量标准化整治、隐患整改及品牌工程创建工作,仅此一项,年投入近1400万元。

第二,生产成本管理。张集矿运用物耗信息化平台,围绕安全生产主线,以经济、适用为原则,以年度生产作业计划、材料费预算为控制龙头,以生产、基建、维简、租赁设备大修以及其他专项工程不同的资金计划为依据,以物资消耗定额为控制手段,对物资消耗全过程进行准确反映,并同步反映各区队、班组以及所在基本核算单元的工程进度、质量等情况,在整个生产过程中的运动轨迹一目了然,实现了"户籍制"管理。

第三,工程成本管理。张集矿着力推进工程规范化管理,制定出台《工程管理规定》,成立工程项目审核领导小组,总工程师负责全矿工程项目的核准,确保矿井工程项目满足安全、生产等要项工作的需要,做到投入见效益。建立招(议)标会审制度,确保工程施工单位资质达标。严格投资、工期、质量三控制,推行绿、黄、红三色灯工程管理法,对于开工、竣工都能达到要求的亮绿灯,实行一般监管;对开工达不到要求、竣工能达到要求的亮黄灯,加大监督力度;对竣工达不到要求的亮红灯,严格进行查处。实行工程项目责任制,将工程实施效果与相关责任人的工资挂钩考核。

第四,人力资源成本管理。张集矿坚持"职工总量只降不增,职工收入只增不减"的

原则,按照"精干高效、一专多能、一岗多职"的思想,优化人员配置,消化新采区、新增系统及系统延深等带来的新增用工需求,实现用工总量不增、人均收入年增8%的控制目标。在具体做法上,重点突出三个方面。一是在设备选型上,立足于提高机械化、自动化、信息化水平,做到"宁养设备不养人"。二是合理调整劳动组织,对综采队及部分掘进队劳动组织形式进行调整、优化。三是在岗位使用上,对同一区域内能兼职的岗位进行合并,积极推行"一岗多责、一专多能、操检合一";推行内部劳动力流转机制,达不到要求的进入内部流转市场,培训后竞争上岗。

第五,资源成本管理。张集矿井田面积约71平方公里,主采煤层5层,可采总厚度21米,矿井总储量为18亿吨,可采储量为9亿吨。张集矿资源开发规划着眼长远,树立全井田、全煤层开发理念,全资源统筹设计规划,联合布局煤层群开采,把最大限度地保护和开发好煤炭资源作为矿井义不容辞的社会责任。在采煤工艺上,突破煤与瓦斯突出、复杂地质条件下大采高工作面开采,采用一次采全高工艺,提高资源回收率。张集矿工作面回采率为98%,采区回采率为86%,矿井回采率达80%以上,确保了煤炭资源的充分回收。

第六,环境成本管理。张集矿地处凤台县岳张集镇境内,北临淮河流域的重要水系西淝河,铁路、县级道路贯穿矿井三区,采场涉及四个乡镇,人口稠密、地理环境复杂。矿井常年的高强度开采,对周边村镇、水系、公路及生态环境的破坏较为严重。目前,塌陷总面积28000余亩,水系影响4400余亩,影响11个行政村、29个自然庄约7249户,影响防洪堤坝十余公里。张集矿在注重企业效益的同时,履行企业所肩负的社会责任,科学编制沉陷治理规划,集中整治重点区域;结合新农村建设政策,按照市矿统筹建设新村镇总体规划,在矿区不压煤地段实施并村入镇、并村建镇等建设新村镇,变"先塌后搬"为"未塌先搬",节省搬迁费用上亿元。建立"企地联席会议制度",并采用人口补偿代替据实补偿,避免周边违法抢建房屋的现象,保护企业的合法利益。对6.3km受影响堤段进行退堤,按20年一遇防洪标准设计堤防工程,有效提高和改善了矿区人民的生产、生活环境。

(三)从技术源头降成本,大力推进技术经济一体化

1. 采区联合开采设计

坚持全资源统筹设计规划,联合布局煤层群开采。超前谋划水平、采区、工作面接替,统筹采区规模、效率、效益的关系。合理加大采区、工作面技术参数,优化矿井、水平、采区系统巷道布置,降低万吨掘进率,从而减少煤炭开采准备成本,实现集中安全高效生产。实施辅助运输及煤炭运输的联合,仅系统巷道工程量就节省近8000m,并相应节省提升设备4部、胶带机3部,以及所需的人力成本,共计节省费用投入8000余万元。

2. 合理调整开采接替顺序

作为煤与瓦斯突出矿井,高度重视并合理运用保护层开采,卸压瓦斯。树立"今天的保护层开采就是明天的产量"理念,全面实施区域性瓦斯综合治理,实现保护层立体卸压开采。同时,在技术合理的前提下,实现中厚煤层和薄煤层的合理配采,实现全矿井2/3采场为低灰、低硫、高热值优质煤连续开采,确保矿井煤质的提高和稳定,最大限度地实现矿井效率、效益最大化。

3. 优化采掘巷道设计

巷道按照使用性质和服务年限一次性设计到位,掘进施工时将轨道铺设、皮带机安装、管路铺设、硐室施工等在内的所有工程一次性施工到位,减少重复作业;巷道布置,采用垂直立眼、大角度斜眼等代替巷道,简化排煤、排矸、通风、供电、管路系统等。同时,合理选择层位,力求支护最优化,提高低成本的锚杆(索)等主动支护型巷道的比例。

4. 提高采掘机械化水平

根据采掘、修护需要,重点加快装备升级和新装备、新器具的应用,提高设备的安全性、适应性和开机率。全面推广采煤及煤巷掘进机械化作业,积极推广岩巷、巷修机械化作业线,实现合理集中高效生产。目前,张集矿采煤、煤巷掘进、岩巷炮掘装运机械化程度都达到了100%,仅采煤机就更新了六代,并创出了国产综采设备一次采全高全国最高年产记录。

5. 破解技术难题

积极搭建科研项目攻关平台、小改小革平台和建言献策平台,分类指导开展技术创新实践活动,在关键技术上取得了新突破,创造了良好效益。煤矿冷却水处理系统改造,最大限度地提高煤质和节约用水,将采煤工作面水分由原来的6%下降到4.2%,提高煤质100大卡以上,每年煤质方面的增加效益可达到1.3亿元。该系统已被国家专利局批准为实用新型专利。2011年,张集矿开展科研、技术创新项目116项,"五小"发明112项,其中获得国家发明及实用新型专利21项,创造直接经济效益2.54亿元。同时,鼓励职工自主小改小革,开展金点子奖励活动,提出有利于安全生产经营管理的建议,都给予奖励。

(四)实施集成化管理降成本,充分发挥资源整合优势

1. 专业集成

一是掘进与采煤的集成,重点加大锚梁网支护形式推广力度,优化施工工序,合理调整计价标准,激励基层科学选择支护形式,推广锚梁网等低成本支护形式,减少U型棚支护,降低投入。二是煤巷瓦斯治理与快速掘进的集成,重点提高掘进与打钻的协调度,实现快速掘进,安全高效地形成采煤工作面。三是机电与采掘的集成,根据采掘、修护需要,重点加快装备升级和新装备、新器具的应用,提高设备的安全性、适应性,生产效率。四是地压治理与巷修的集成,对未施工的巷道从设计源头严格把关,根据巷道功能和服务年限选准岩性、层位和位置,合理确定巷道断面和支护方式,强推主动支护。

2. 系统集成

主提升系统:采用两区集中、分区出煤的方式,减少提升设备的投入及相应系统人员投入、电力消耗等。

出煤系统:坚持出煤系统集成化、煤炭提运效率最大化的原则。

通风系统:优化北区与西风井之间的通风网络,采用立眼通风替代斜巷,每年节约系统巷道的工程和电费成本达2000万元。

运输系统:集成管理四区之间运输系统,减少运输环节,有利安全、提高效益,分区建设利用现有的运输系统,使成本最小化。

排水系统:集成中央区和北区的排水系统,在北区和中央区西二采区之间设置排水

通道,减少排水设备所需的电费成本约 5000 元/天。

3. 功能集成

大力推进井下工程设计和功能集成,推广"一巷多用",实施灰岩放水巷兼做瓦斯抽采巷,轨道(运输)巷道兼做架空乘人装置布置巷道,系统巷道既担任主(辅助)运输或回风的功能,又作为瓦斯治理巷道等等,实现功能的集成,节省系统投入费用近亿元。

4. 机构集成

张集矿目前共有两套独立的生产系统,矿井采取按专业划分实行垂直管理代替层级多的分区管理,通过扁平化管理增加科室管理幅度、缩减管理层级,从而提高管理效率。同时,实行区域管理与条块管理相结合,地面减少部门重复设置,井下减少同一区域内的交叉作业,减少部门间扯皮、窝工现象。

5. 人员配置集成

根据现场实际和工作量饱满度对部分岗位进行优化合并,试行钻机工与机电维修工整合、瓦斯泵站司机与机电维修工整合,抽采工与计量工整合等,通过以上措施,共计减少岗位用工近 300 人。

(五)健全全成本管理制度机制,全面提升成本内控力

张集矿从"一矿两井四区"的安全生产经营格局出发,将全成本管理与目标成本管理有机地结合起来,采取"总量控制,分口、分单位承包考核,分专业管理"的方式,构建更科学、合理、实用的以财务成本管理为核心,以分专业承包为中枢,以科区、班组控制为主体的企业成本管理系统,确保全年任务落实、指标闭合。

1. 建章法,健全经营管理制度

以《张集煤矿生产经营管理及考核实施方案配套文件汇编》为主,配有一整套针对性强的管理规定,主要包括《张集矿三类工程工资单价和和费率计取规定》、《关于加强人力资源管理的暂行办法》、《大型周转材料管理与考核实施细则》、《张集矿办公设备管理(暂行)规定》、《关于加强物资修旧利废工作的补充规定》、《关于规范张集矿涉外经济业务的有关管理规定》、《关于规范张集矿涉外经济业务招议标程序》、《加强四项费用控制的补充规定》等。进一步完善制度,优化流程,建立简洁实用的经营考核机制。

2. 控总量,实施全面预算管理

出台《张集矿全面预算管理暂行规定》,成立由矿长、党委书记任组长的预算管理委员会。每年 9 月份,在上年度成本项目支出的基础上,确定下一年度业务预算、资本预算、资金预算、财务预算支出,按月层层分解,横到边、纵到底,落实到各岗位、各环节,各专业矿长、部门负责人是分管范围内预算第一责任人。同时,建立预算超支预警机制;利用矿级消耗系统需求计划管理功能,对各基层区队的计划资金进行管理,全面分析预算执行情况,及时纠正偏差。实施全成本预算管理,张集矿吨煤成本基本控制在 260~290 元,低于同类条件的行业平均水平。

3. 明责任,建立分专业目标管控机制

采取"总量控制,分口、分单位承包考核,分专业管理"的方式,以区队(科室)、班组为成本控制主体,把集团公司下达的各项经济技术指标,分解到各分管矿长及职能科室,实行各专业总包干;各专业再将指标层层分解到区队(科室)、班组及个人,形成"横到边、纵

到底,不留缺口"的目标管控管理体系,成本指标的完成决定矿井经济效益的大小,决定职工劳动价值回报的高低。

4. 重实效,实行技术方案经济后评估

实行事前可行性研究和事后效果、效益评价相结合的管理方式。矿分管领导、专业副总工程师带领技术人员在现场确定施工措施,测算各种方案的成本及效果,综合考虑选用最优、最佳方案。实行相关投资决策、技术方案终端问责制,与技术领导、管技人员提拔使用、技术职称评定、薪酬待遇挂钩考核。

5. 严问责,建立成本效益考核兑现机制

经济上重奖重罚,责任上严格追究。分管副矿长按每节超1%,对等奖罚500元,最高限额以5000元为上限;副总工程师按分管副矿长的80%兑现。月度、季度、连续数月完不成分别将给予批评、记过处分、扣效益工资50%,直至解聘职务等。2011年,累计罚款责任个人1.08万元,最高个人罚款1500元;奖励14.6万元,最高个人奖励9000元。

三、千万吨级井工开采煤矿全成本管理效果

张集矿通过实施全成本经营管理,取得了可观的经济效益。2009年以来,矿井商品煤产量稳定在1200万吨左右,原煤完全成本吨煤基本控制在260～290元,比行业平均水平低15.02%。成本涨幅低于利润增幅,2009实现利润18亿元,2011年增长到28亿元。上缴税费大幅增长,从4.67亿元增长到8.33亿元,增长率达78%。职工收入实现了稳中有升,年增长率大于8%。

同时,张集矿投产十余年来,上税税费逐年增加,累计超过40亿元,带动了凤台县连续10年跻身安徽省经济综合"十强县",并解决了周边4600人的就业问题。张集矿积极配合地方政府,将小城镇建设和生态环境修复相结合,如将采煤沉陷区建成了焦岗湖"国家AAAA级旅游景区",推进新城镇建设,累计投入资金6.5亿元,保障了周边群众的生命财产安全和正常生活。

(成果创造人:胡少银、朱德信、王成玺、何世清、袁公钱、
　　　　　王　睿、陈苗虎、徐维彬、苏克宝、程世坤、刘玉福)

以技术领先为导向的固定资产投资管理

中国航天科工集团第二研究院二十五所

中国航天科工集团第二研究院二十五所（简称二十五所），创建于 1965 年，是我国精确制导专业骨干研究所。研发产品包含多序列、多种类型的无线电、光学以及复合精确制导设备、通信及数据链设备、空间载荷等。现有职工 1100 余人，国家级专家 2 人，享受政府特殊津贴专家 9 名，研究员 55 人，硕士以上学位 530 人。二十五所拥有无线电技术、红外光学技术等总体技术试验室，信号处理技术、天馈技术、高频收发及微组装技术等专业技术试验室，及毫米波遥感技术重点实验室。

成果主创人：所长李天池

多年来，二十五所承担了我国多个重点精确制导产品的研发任务，并在精确制导领域创造六项"国内第一"，被国家授予 7 项"国家级科技进步奖"和"国家级科技发明奖"等。二十五所研制了第一部空间交汇对接微波雷达，在完成我国载人交会对接任务中发挥了关键作用。

一、以技术领先为导向的固定资产投资管理背景

（一）适应新形势下国防科技发展的迫切需要

进入 21 世纪，国际形势复杂多变，国家安全保障、军队现代化建设的需求十分迫切，维护世界和地区和平要求国防科技发展实现突破，尽快形成具有威慑能力和对抗实力的国防能力至关重要。二十五所作为精确制导专业骨干研究所，目前正处于深化改革调整、加快发展方式转变的转型升级关键时期，只有利用专业技术优势，进一步提升精确制导技术水平、产品研发效率，才能实现企业的跨越发展，为国防技术的发展做出更大的贡献。

（二）提升核心能力，保持并发挥技术引领作用的客观需要

当前，科技发展日新月异，多专业协同、多领域渗透成为趋势，精确制导领域也形成多专业复合、多应用领域探索的创新局面。同时，随着精确制导技术被各行业广泛认知，航天、航空、兵器、电子等集团的多家单位也悄然进入精确制导领域并形成能力，行业竞争日益激烈，二十五所在精确制导领域保持领先地位受到挑战。

二十五所需要通过对条件建设规划布局，结合重点预研背景任务，努力申报具有明确需求和符合未来技术发展趋势的项目，针对关键技术和瓶颈技术超前建设研发、试验条件，为技术领先和新领域拓展创建充分的条件保障。

（三）完善固定资产投资管理，提升整体实力的现实需要

目前，二十五所固定资产投资工作在研发条件、生产条件、基础条件等方面已取得了一定成效，但在固定资产投资管理上还存在着一定的差距，难以形成对确保技术领先的有效保障，主要表现在以下三个方面：一是规划论证上难以确保技术领先。习惯于"跟随型"能力建设思路，顶层策划不足，存在站位不高、建设内容小而散的问题，与"保持领先，打造一流"的要求尚有差距。二是项目实施上难以确保技术领先。建设进度滞后于项目研发，不能保障技术攻关及时进行，建设方案缺乏系统性、兼容性和延续性，设备生命周期短，难以支撑产品的系列化发展和技术的可持续进步。三是人力资源配置和水平难以确保技术领先。技术队伍与投资队伍融合不足，高水平技术人员和专家在条件建设过程中发挥的作用不够。投入项目技术研发和投资建设的人力资源配置失衡，存在"重研发、轻保障"的现象，投资管理人员忙于具体事务工作，管理水平无法得到提高。

二、以技术领先为导向的固定资产投资管理内涵和主要做法

二十五所运用价值工程方法，明确总体思路，统筹顶层设计、变革组织机构、加强过程控制、优化管理程序、加强队伍建设，促进技术创新发展的条件建设，实现固定资产投资的优化管理，以继续保持二十五所作为我国精确制导技术引领者的优势地位。主要做法有：

（一）明确指导思想，确立固定资产投资管理的整体思路

二十五所秉承"专业立所、技术立业"的发展理念，多年来一直紧随国防技术发展的需求，保持着国内精确制导领域的领先地位。二十五所把能力建设和专业技术能力提升作为固定资产投资建设的指导思想，统筹规划、分解落实，把"建设具有与国内领先、国际一流的精确制导技术研究所相适应的设计、研发、试验、验证能力条件"作为固定资产投资工作的总体目标。

通过专业梳理和能力排序将总体目标分解为专业技术能力目标，通过统筹规划和合理布局各专业能力条件形成建设实施分目标，通过合理选取固定资产投资项目实施途径形成建设项目子目标。在"四级目标"的分解过程中采取价值工程方法，设置合理的价值取向，逐级实现价值提升（图1）。

（二）抓住顶层设计，做好固定资产投资管理的统筹规划

1. 按层次梳理专业需求体系

二十五所在掌握精确制导和空间探测技术发展趋势、对标行业先进单位的基础上，以发展重点专业、强化优势专业、突破瓶颈技术作为综合价值取向，削弱与发展方向不紧密的功能要求，按"领域、方向、专业"三级进行专业需求体系梳理。其中专业按重点、非重点、优势、非优势有四种组合，"重点"表示符合技术发展趋势，"优势"表示行业对标结果为先进。在项目建设中这四种专业特点对应不同的设定（表1）。

研发楼启用庆典

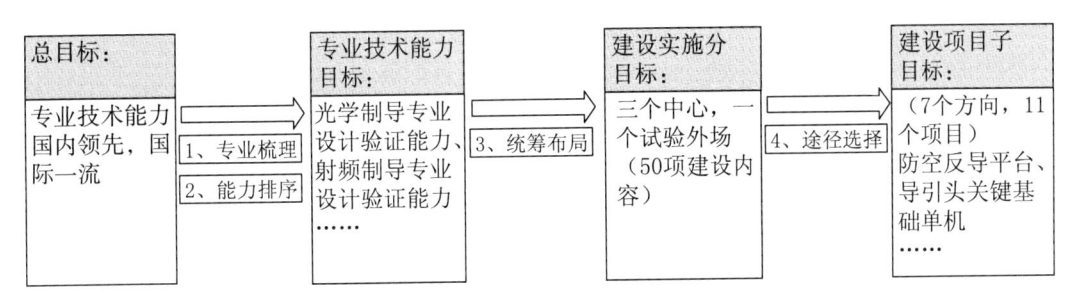

```
┌─────────┐    ┌─────────┐    ┌─────────┐    ┌─────────┐
│总目标：  │    │专业技术能力│    │建设实施分│    │建设项目子│
│         │    │目标：    │    │目标：    │    │目标：    │
│专业技术能力│→1、专业梳理→│光学制导专业│→3、统筹布局→│三个中心，一│→4、途径选择→│(7个方向,11│
│国内领先,国│  2、能力排序 │设计验证能力、│              │个试验外场 │              │个项目)    │
│际一流    │              │射频制导专业│              │(50项建设内│              │防空反导平台、│
│         │              │设计验证能力│              │容)       │              │导引头关键基│
│         │              │……       │              │         │              │础单机     │
│         │              │         │              │         │              │……       │
└─────────┘    └─────────┘    └─────────┘    └─────────┘
```

图 1　固定资产投资"四级目标"分解

表 1　价值优化后的专业发展设定

	重点	非重点
优势	发展	维持现状
非优势	重点发展	暂缓发展

经过梳理,二十五所具有探测制导、引信等 10 个专业领域,分为光学制导、射频制导等 20 个专业方向,红外制导等 32 个专业,其中重点专业 25 个。二十五所在探测制导、引信,高动态、小型化的数据链、天线/天线罩、伺服系统等领域有明显的优势,具备光学探测制导、射频探测制导等 11 个优势专业,非优势但需要重点发展的专业包括激光制导、相控阵天线等 6 个,重点专业和非优势需要重点发展的专业共 31 个。

2. 按类别确认能力建设排序

当前固定资产投资条件建设逐步由任务型向能力型转变,强调建设的超前性和平台化。通常的研发能力体系包括数字化设计、关键件试制、关键技术与性能验证和产品生产等四种能力。二十五所以实现新项目研发的多样性和快速性作为综合价值取向,对能力体系进行排序：产品的数字化设计、关键技术与性能验证能力需要重点发展,尤其是分布式/多学科协同设计仿真能力、外场关键技术验证能力是两大提升重点；而关键件试制、产品生产能力则视需要而定。

3. 统筹规划,合理布局,形成技术能力规模化的外在体现

当前固定资产投资条件建设已经从解决有无向规模化、上水平方向发展,除了具备项目实用性之外,更要求条件先进性,同时还要求具有相当的展示度。二十五所用专业需求体系与能力类别构建"专业技术能力建设目标二维矩阵",通过专题研究,对不同条件的建设方案进行综合评价,最终确定 50 项建设内容,较好地涵盖了全部的能力建设需求。在此基础上按照能力类别进行专业上的统筹规划、空间上的合理布局,形成了二十五所统筹建设总体布局方案"三个中心、一个试验场"(研发中心、试验中心、特种工艺和调试中心、综合试验场)。

4. 合理选取固定资产投资项目实施途径

十二五期间,行业主管部门规定的固定资产投资共分为 6 个科目、21 个建设方向。二十五所建设项目的落实实施途径主要有系统研发平台建设、研发条件建设、生产能力建设、重大试验设施建设、关键基础产品、重点实验室建设、民用航天条件建设等 7 个主

要方向。通过认真学习领会各科目、方向的投资重点，分析出上述7个方向的专业层级、解决能力和服务对象如表2所示。将表2内容作为价值取向，将前面确定的50项建设内容进行统筹整合，形成了系统研发平台、导引头引信综合实验外场、导引头关键基础单机等11个建设项目进行申报。

表2 二十五所固定资产投资主要实施途径的特点及申报重点

实施途径	涉及层级	解决能力	服务对象	申报重点
系统平台类	领域	设计、验证	多项目多整机、多项目单整机	重点
研发类	专业	验证、试制，兼顾设计、生产	单项目多整机	
生产类	专业	生产	单项目多整机	
重大设施类	方向	验证	多项目多整机	重点
基础单机类	专业	设计、验证，兼顾试制	多项目单整机	重点
重点实验室类	方向	设计、验证	通用能力	
民用航天类	领域、方向	设计、验证	单项目单整机	

（三）实施组织变革，适应固定资产投资管理的客观需求

1. 建立核心能力建设领导小组

二十五所核心能力建设领导小组以法人代表为组长，成员包括所内全部在研和重点预研项目任务的所级指挥和所级总师，主要职责是审核二十五所核心能力建设的重大事项，把握技术发展方向，确定并部署核心能力建设重点任务。

2. 实行固定资产投资四级管理模式

第一级，严格执行项目法人负责制，企业法人代表负责把握固定资产投资项目的全局情况，对项目中涉及到的重要工作、重大问题、重点环节做出决策。

第二级，三位所级领导分别作为固定资产投资技术负责人、固定资产投资行政负责人和固定资产投资基建工程实施负责人，全面负责固定资产投资各项工作。其中，固定资产投资技术负责人负责固定资产投资和统筹建设的技术把关；固定资产投资行政负责人负责固定资产投资和统筹建设的管理工作；固定资产投资基建工程实施负责人专门负责基本建设工程的实施工作。

第三级，设置固定资产投资专职管理部门，对固定资产投资项目工作计划、项目进度、资金使用、资源调配等进行全面统筹安排。

第四级，按项目分别设立项目论证团队、项目实施团队和项目基建实施团队，针对项目的特点和复杂程度，合理配置人力资源，明确项目工作分工，协调合作。

3. 成立包含各专业的统筹论证组

聘任各专业的投资主任工程师，以固定资产投资技术负责人、专业投资主任工程师、项目技术总师和专业研究室为依托，建立多专业融合、项目研发与能力建设紧密结合的统筹论证组，分析二十五所在研和重点预研项目的发展需求，定位5~10年的专业发展需求，依据本行业投资规划各种类型的项目分类，论证符合项目发展要求和专业技术发

展的建设方案,以能力建设促进技术发展。

(四)加强过程管控,保证固定资产投资管理的切实落实

1. 优化管理程序,提升固定资产投资效益

第一,建设方案优化,确保能力建设上水平。采用价值工程方法,以多种途径提高建设方案价值。广泛采用招投标、竞争比价、商务谈判等手段降低建设成本;在全国范围内邀请行业内专家、集团和院科技委专家、国家精确制导组专家、国内知名咨询公司专家,参与建设方案评审,力求优化建设方案,提升能力水平;针对重要原材料的购置,与生产厂家直接谈判采购,减少中间环节成本。提升价值的途径有以下3种:

途径一:功能不变,成本降低。在毫米波遥感技术重点实验室建设中,节省约800万元投资成本,在完成建设目标的基础上,添置一些补充条件,进一步加强了毫米波遥感技术的研究实验条件;在某项目批生产建设中,节省约1000万元投资成本,在完成生产能力目标的基础上,补充高频维组装生产设备,进一步加强了企业的生产能力。

途径二:功能提高,成本不变。在某项目建设中,有机结合项目中和项目间多台重点试验设备的功能,在保证原有试验功能的基础上,形成一套通用主动导引头测试暗室系统,具备跨频段主动导引头的通用测试能力,不仅满足了该项目导引头一系列重要试验任务,同时也促进了所内和其它单位的试验测试任务。

途径三:功能大幅提升,成本小幅上升。某低频锥形暗室是二十五所建设的一个重要设施,在论证初期按照"满足单个项目任务需求"的建设目标设定一些参数。经过国内调研和补充论证,调高建设目标为"涵盖国内行业的测试试验需求,达到国际先进水平",同时调整相关设计参数,增加经费预算,最终建设成为世界最大、指标最高的低频锥形暗室。

第二,建设进度优化,确保能力建设保任务,重点在于计划管理、预算管理和外协管理的加强。

加强计划管理。项目实施团队要编制整体网络计划和跟进编制各实施阶段的网络计划。网络计划中的各项工作以关键里程碑事件节点倒排,并根据各项工作的预估周期和起止时间,识别关键路线,在此基础上合理分配资源,不断优化网络,缩短建设周期。

加强预算管理。固定资产投资专职管理人员要根据年度投资计划、资金到位时间编制全年建设预算和单项目建设预算,并与整体建设进度和单项目建设进度比对,如某一时期出现资金缺乏则提前申请单位自筹资金垫支,避免因为资金到位的不匹配而影响建设进度。

加强外协管理。通过定期会议、月度进度报告、中期检查等方式促进设计师、固定资产投资处及外协单位之间的信息流通,搭建三方之间的沟通交流平台,确保设计师的需求信息和设计理念能够充分地、准确地传达至外协单位,固定资产投资处能够完全掌握外协单位的研制进度、了解研制过程中存在的困难并及时采取解决措施。

第三,建设质量优化,确保能力建设见成效,重点在于非标设备和基建工程质量的把控。

针对非标设备质量,建立并发布合格供方名录,实施动态、持续管理。结合二十五所与各非标设备外协厂家合作的经验以及评价。根据评价结果,将不合格的外协厂家从名

录中剔除,信用等级评价良好的厂家在后续非标设备采购中优先考虑,并可在付款方式、付款时间上给予一定优惠。

针对基建工程质量,严把"入口"和"出口"质量关。建立重要原材料的调研考察制度,由施工方组织考察生产厂家,了解其生产规模、生产原材料、加工设备能力、生产工艺过程质量控制水平等。材料入场前要进行比对,入场材料与样品一致并符合国家和行业规范验收标准才准许入场。严格落实项目监理制,过程质量控制和单项工程验收严格执行国家标准。目前,二十五所某研发楼建设已全面完工投入使用,建设质量较好,各项特殊工艺需求均得到了很好的满足,荣获2011年"建筑结构长城杯金奖"荣誉称号。

2. 实施风险管理,提升固定资产投资风险管控能力

首先,引入评估机制,识别关键风险点。二十五所将"信息收集、风险分析、方案优化"作为投资风险管控工作主线,识别关键风险点,并针对采取风险管理措施。二十五所广泛、持续不断地收集与固定资产投资风险及其管理相关的战略、财务、市场、运营和法律等方面的内外部信息。固定资产投资管理部门和风险管理部门梳理技术改造项目和基建工程各项业务流程,并完善流程活动说明。在各流程的基础上,以流程活动为主线,有针对性地对各业务环节中的潜在风险进行系统性排查,将实际工作中的体会和认识加以提炼、总结,识别出十余项重要风险,例如项目前期论证工作不充分,对承包商资质和能力审查不足,设计变更管理不规范,项目实施过程管控不严,项目进度、质量、造价偏离目标等,形成固定资产投资风险库。

采用定性与定量相结合的方法,对识别出的各项固定资产投风险关联关系进行深入分析,把握进度、质量、造价、资金四大关键因素的内在联系,从风险发生可能性及对目标的影响程度两个维度着手,评定风险等级,确定重点和优先控制的风险。

其次,优化管控措施,规范管理程序。二十五所通过引入固定资产专项风险评估,既识别和分析出对实现目标具有阻碍作用的风险,也发现了对实现目标具有积极影响的机遇,为采取专项风险管理奠定了基础。

着眼于固定资产投资管理中管控难度大、潜在风险高的业务环节,二十五所对现有管理措施进行优化,将风险防控要求植入日常经营管理中。针对基建工程实施管理过程中可能出现的风险,将"强化基建工程管控、避免工程管理违规"作为规范固定资产投资管控机制的核心,找准问题,深挖根源,理清思路,明确改进方向。在强化外部单位管理方面,主要从准入、合同审核、付款审批、验收等几个关键环节着手,明确外部单位工作标准和要求,加强对外部单位的过程监控;在优化内部单位管理方面,主要从部门间管理界面和职责、管理制度、业务流程、业务表单等具体管理措施出发,制定整改措施,提升管理能力。在实施上述风险管理措施的基础上,对基建项目现有工作职责、管理制度、业务流程、业务表单进一步系统化梳理和细化分析,判断各项风险是否被有效防控,剩余风险是否在可接受范围之内。

(五)加快队伍建设,夯实固定资产管理的基础工作

1. 打造"技术与管理结合型"投资管理队伍

固定资产投资工作是一项技术性强、政策性强、作用深远的工作,作用在于保障项目研发任务,重点在于核心专业能力建设,难点在于技术与管理的充分结合。二十五所一

直重视固定资产投资管理人员的资源配置,目前固定资产投资处有专职管理人员9人,其中7人为硕士研究生学历,均具有项目研发或工程实施的工作经历。同时,固定资产投资处每周召开部门内协调会,实现管理经验共享,鼓励参与培训学习、考取国家投资建设管理师职业水平证书,形成了一支"能写会论证、能说会汇报、懂技术会沟通、懂政策能指导"的"技术与管理结合型"投资管理队伍。

2. 培养"能搞项目研发,擅长能力建设"的复合型设计师团队

二十五所明确"产品设计谁主管,条件保障谁负责",项目设计师队伍不仅要负责项目研发,也要负责项目相应的技改条件论证,要对论证的可行性、全面性负责。同时,将参与固定资产投资论证和实施工作纳入综合考核和个人职称评定范围,解决"重研制、轻保障"问题,将固定资产投资工作更加紧密地与技术发展相结合。

三、以技术领先为导向的固定资产投资管理效果

(一)确保了国家重点项目的研发任务

几年来,二十五所按期保质地完成了固定资产投资工作任务,新增固定资产3.89亿元,新建工业用房面积56414平方米,新增工艺设备1832台(套)。投资整体建设进度明显加快,年度财政资金执行率连续两年达到100%,资金向效益的转化速度明显提升,投资建设进度的加快使国有投资迅速转化为能力条件的优势资源,构建了以研发、试验、生产三大体系为核心的精确制导设备科研生产保障条件,保障了多项重点项目的研发任务,并为二十五所后续拓展新任务领域创造了条件基础,起到了极大的推动作用。

(二)保持了精确制导技术的引领地位

二十五所各专业设计、研发、试验、验证能力持续提升,以主动导引头测试暗室、被动导引头测试暗室、天线测试紧缩场暗室、天线罩测试紧缩场暗室等为代表的大型试验系统发挥了巨大的作用,部分领域的测试能力达到世界领先水平;产品种类包含雷达、光学和复合三个系列精确制导产品,产品波段覆盖100MHz到毫米波,产品涵盖主动、半主动、被动多种体制;高水平的研发、试验条件支撑了多个重点、难点关键技术的攻克,二十五所在国内保持了精确制导技术的引领地位。

(三)提高了综合实力与经济效益

二十五所基础管理工作不断加强,项目研发全过程精细化管理程度不断提高,内部控制水平持续提升。创新能力不断提高,专利和智力成果数量屡创新高。2个国家重点项目完成研发工作,生产任务全面完成,产品按时保质交付用户,预先研究稳步推进,60余项预研课题有序开展。几年来,二十五所固定资产与主营业务收入快速增长,2011年固定资产净值与主营业收入分别比上年增长30.07%和20.36%。先后获得"全国精神文明建设先进单位"、"中国青年五四奖章集体"、"中国载人航天工程突出贡献集体"等荣誉称号,树立了良好的社会形象,实现了经济效益和社会效益双丰收。

(成果创造人:李天池、董胜波、王 涛、陈 捷、曾 喆、
高 山、侯颖辉、王开斌、熊 健、张 钧)

城市道路隧道工程建设的安全风险管理

上海黄浦江越江设施投资建设发展有限公司

成果主创人：公司董事长韩金华

上海黄浦江越江设施投资建设发展有限公司（简称越江投资公司）是上海市城投总公司下属的全资子公司，是受市政府委托进行中心城区越江基础设施投资、建设、运营的大型专业公司，前身为城投路桥事业部，于2007年3月成立，注册资本金48.2亿元，员工总数46人。越江投资公司负责承建并已通车运营的城市路桥基础设施有杨浦大桥、徐浦大桥、延安东路隧道、中环线高架快速路工程等。2007年以来，越江投资公司主要承担了上海外滩隧道和上中路、龙耀路、打浦路、西藏南路、人民路、新建路、军工路、长江西路等8条越江道路隧道工程项目的资金筹措和建设管理，以及杨浦大桥、打浦路隧道等2桥7隧的运营管理任务。其中外滩隧道、龙耀路隧道、打浦路隧道和西藏南路隧道均为迎世博配套工程。

一、城市道路隧道工程建设的安全风险管理背景

（一）实行安全风险管理是环境保护的需要

上海外滩隧道工程位于中心城区繁华的外滩地区，在苏州河以南位于黄浦区的沿江发展带上，隧道经过的区域有十六铺地区、历史风貌延伸区和历史风貌保护区，东侧紧临黄浦江，西侧紧靠历史悠久的风貌建筑群，南起老太平弄，北至海宁路，沿中山东二路、中山东一路布设，在外白渡桥下穿越苏州河，沿东大名路、吴淞路到海宁路，设匝道连接延安路高架和北外滩地区。外滩是上海的标志，沿江众多风格迥异的历史建筑和丰富的人文背景，使外滩地区成为上海中心城最具亮点的历史文化风貌区。外滩隧道周围建筑林立，有亚细亚大楼、盘谷银行、浦江饭店等33幢历史保护建筑紧邻隧道，这些建筑年代久运、结构老化，对地层变形的敏感度极高，稍有闪失都可能导致文物建筑的损伤，带来巨大的经济损失和社会影响。外滩地区交通繁忙，施工场地有限，隧道建设期间交通疏解十分困难。该地区地下管线错综复杂，管线搬迁与保护难度大。复杂敏感的周边环境成为外滩隧道工程建设的最大难点，如何确保工程环境安全成为越江投资公司首先要考虑的问题。

（二）实行安全风险管理是保证工程顺利实施的需要

外滩隧道总投资约38亿元，总工期33个月，全长3.3km，为双向6车道的地下两层结构，其中福州路至天潼路段采用国内直径最大的土压平衡盾构（φ14.27m）隧道，其余

均为明挖基坑段。基坑最大开挖深度27m,最大开挖宽度达50m,是国内外少有的软土地层长大断面超深基坑工程。隧道工程范围内为饱和软土地层,工程地质和水文地质条件极其复杂,有土质不佳、易产生流砂的江滩土,有具有明显触变特性的软粘土层,有历年来外滩改建遗留的地下障碍物,有错综复杂的地下管线,还有濒临的黄浦江水和第⑦层中的承压水,可能在基坑开挖时发生涌水导致灾难性事故的发生。外滩隧道与延安东路隧道交叉,两条隧道结构净距仅5.8m;盾构隧道与浦江饭店相距仅2.9m,还将穿越地铁二号线和外白渡桥,与地铁二号线隧道净距1.4m,距外白渡桥基础桩尖仅2m。浦江饭店和外白渡桥都是已有百年历史的文物保护建筑,地铁二号线和延安东路隧道一直处于饱和运能状态,任何细微的失误都可能酿成有严重社会影响的事故,交叉施工带来的风险不容小视。因此,外滩隧道工程建设期的风险点多且风险度高,工程实施难度极大。

(三)实行安全风险管理是隧道工程建设管理发展的需要

风险管理最早源于20世纪30年代的美国,80年代在全球范围内逐渐成为共识。90年代多起惊人的隧道塌陷事故引起了公众对地下工程潜在风险的特别关注,随后风险管理已经成为大部分地下工程必不可少的一部分。我国地下工程安全风险管理研究与实践虽然已取得了一定的进展,但远远没有达到"风险管理化解地下工程建设之痛"的程度。隧道工程由于规模投资巨大,施工难度高且工程参与方众多,建设过程有不少不明确的因素,对隧道及周边环境可能产生严重破坏。如果不加以防范,很可能会影响工程建设的顺利进行,甚至造成严重后果或灾难性事故。因此,引入国际先进的风险管理理念,构建隧道工程建设的风险管理体系,可以促进建设管理决策的科学化、合理化,创造安全的工程建设环境,保障建设目标的顺利实现和参建各方经营效益的提高。

综上所述,越江投资公司自2007年开始,以上海外滩隧道工程为依托,探索实施了城市道路隧道工程建设的安全风险管理。

二、城市道路隧道工程建设的安全风险管理内涵和主要做法

越江投资公司通过构建全方位、全过程、全覆盖的风险管理网络,建立安全风险预警系统实行风险预控,强化节点控制,实行动态的安全风险管理,并遵循风险接受准则,综合选择最优的设计施工技术方案降低风险,有效控制风险管理成本,实现隧道工程建设安全目标。主要做法如下:

(一)科学制定安全风险管理目标和流程,确定风险接受准则

1.制定安全风险管理总体目标

城市道路隧道工程一般具有的安全风险包括水文地质风险、设计风险、施工风险、环境风险等。潜在的风险因素将极大地影响到工程施工安全和周边环境安全,为此制定城市道路隧道安全风险管理总体目标为:建立健全工程建设安全风险管理体系;降低工程安全风险损失发生概率,减小风险损失程度,杜绝工程灾害的

修缮后的外白渡桥复位

发生;确保城市道路隧道工程建设的工程安全和环境安全,顺利实现隧道工程建设目标。

2. 正确认识工程建设风险管理的重要性

工程建设安全风险管理指工程建设参与各方(包括政府部门、建设单位、勘察单位、咨询单位、设计单位、施工单位、监测单位、监理单位等)通过风险界定、风险辨识、风险估计、风险评价和风险决策与控制,优化组合各种风险管理技术,对工程实施有效的安全风险控制和妥善的跟踪处理(见图1)。

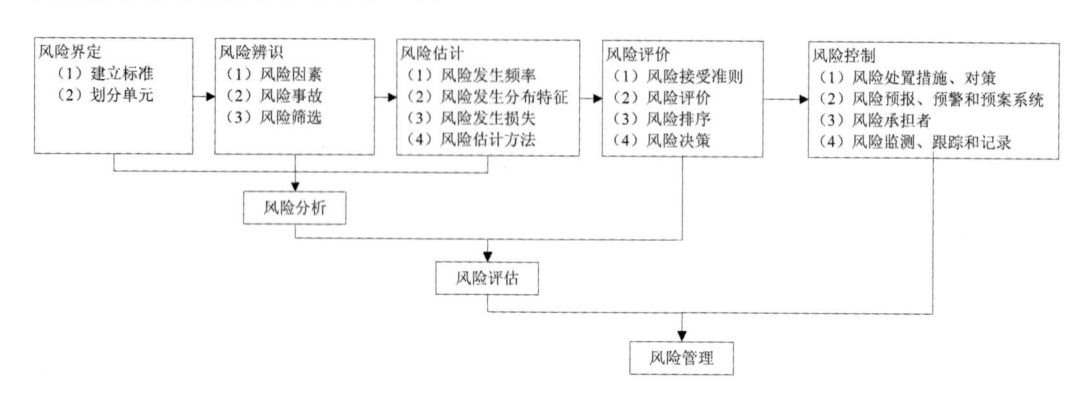

图1 工程建设安全风险管理内容

工程建设安全风险管理涉及参建各方、建设全过程及各管理层次,是系统性的管理活动。安全风险管理应着眼于风险控制,通过降低其损失发生的概率,缩小其损失程度来达到控制目的。当风险发生后,按照应急预案实施,可将损失控制在最低限度。其次,风险处置还可以在既定目标不变的情况下,改变方案的实施路径,从根本上消除特定的风险因素,以实现风险的转移。

3. 合理确定安全风险管理流程和标准

外滩隧道工程建设的风险管理流程包括风险识别、风险分析、风险评价、风险处理,还包括工程参建各方就整个风险管理过程和风险管理的每个环节进行沟通与配合,及全过程的监测与评审,以实现动态控制。

在此基础上,划分外滩隧道工程建设安全风险评价等级(表1),并制定不同等级风险的接受准则和相应的控制对策(表2)。

表1 外滩隧道工程建设安全风险评价矩阵

风险		风险损失				
		1.可忽略	2.需考虑	3.严重	4.非常严重	5.灾难性
发生概率	A:P<0.01%	1A	2A	3A	4A	5A
	B:0.01%≤P<0.1%	1B	2B	3B	4B	5B
	C:0.1%≤P<1%	1C	2C	3C	4C	5C
	D:1%≤P<10%	1D	2D	3D	4D	5D
	E:P≥10%	1E	2E	3E	4E	5E

表2　外滩隧道工程建设安全风险接受准则

等级	风险	接受准则	控制方案	应对部门
一级	1A,1B,2A,1C	可忽略的	日常管理审视	工程建设参与各方
二级	3A,1D,2B,1E,2C	可容许的	需注意,加强日常管理审视	
三级	4A,3B,2D,3C,4B,2E	可接受的	引起重视,需防范、监控措施	
四级	5A,5B,3D,4C,3E,4D	不可接受的	需决策,制定控制、预警措施	政府部门、工程参建各方
五级	5C,4E,5D,5E	拒绝接受的	停工、整改、规避或启动预案	

4. 建立风险分析评估与登记制度

外滩隧道工程建设安全风险综合采用基于信心指数的专家调查法、头脑风暴法及事故树法进行风险分析,根据风险分析评估结果建立外滩隧道工程建设风险登记册。风险登记册是一个即时文件,由风险管理小组负责及时修正和完善以确保其有效性,并及时提交风险责任单位,风险责任单位据此制定风险处置方案,上报建设单位审批通过后实施。

(二)构建全方位、全过程、全覆盖的安全风险管理网络

1. 建立由业主统一协调指挥的安全风险管理网络

外滩隧道工程建设安全风险管理在业主的统一协调指挥下,以建设方为主成立风险管理小组,作为风险管理的核心,将工程参建各方组合成风险管理的有机整体(见图2)。对相关的人员、设备、材料、技术、环境等进行全方位管理,覆盖工程勘察、设计、招投标、施工、竣工交付及保修期服务的建设全过程,覆盖从项目建设指挥部到参建各方的管理层、执行层、检测层及操作层,将风险管理的各项工作分解到各部门和全体参建者,做到全方位、全过程、全覆盖的全面风险管理。

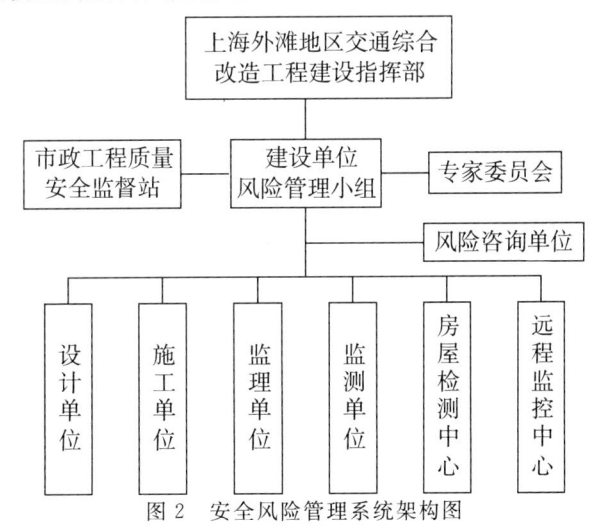

图2　安全风险管理系统架构图

2. 明确职责分工,落实安全风险管理责任

建设单位:组织协调设计、施工单位进行设计、施工阶段风险评估,委托专业机构进行风险审查,提出风险处理决策,统筹风险管理工作。

设计单位:制定设计阶段风险评估工作实施细则,进行设计风险评估,提出风险评估结果供业主决策,对施工单位进行设计风险技术交底,参加动态风险评估并提出建议。

施工单位:制定施工阶段风险评估实施细则,进行施工风险评估,提出风险处理措施供业主决策,对施工风险实时监测,定期反馈,与相关单位沟通,动态调整风险处理措施。

监理单位:参与制定施工阶段风险评估实施细则,监督施工单位风险评估和管理工作,并侧重于安全风险和环境风险,检查施工风险处理措施实施情况。

(三)建立安全风险预警系统,实行风险预控

1.建立安全风险预警系统

外滩隧道安全风险预警系统由监控系统、安全管理系统和应急指挥系统组成,综合监理、监测、施工、设计相关的各种数据和信息实时地上传、汇总、整理、分析,然后由监控中心进行人工分析预测,对施工进行安全评价,及时发出预警,由风险管理小组提出处置意见并进入安全管理系统,必要时启动应急处置机制。

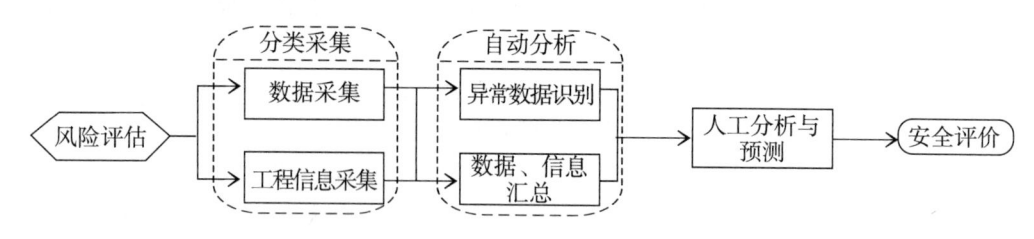

图3 安全预警管理工作流程图

2.建立安全风险预警指标体系

针对深基坑、盾构法隧道及周边环境分别确定监控指标和预警值。以上跨的外滩隧道深基坑段施工对延安东路隧道的保护为例,在施工图设计中根据基坑施工监测要求确定深基坑施工的预警指标和预警值,监测项目包括:地表沉降、桩体水平与垂直位移、钢支撑轴力、地下水位、周边地下管线位移、周边建筑物的沉降和倾斜等。对延安东路隧道的保护则考虑隧道前期的沉降历史以及形成的沉降形态,结合隧道的结构性能、影响预测分析、类似施工经验、工程要求等,综合确定保护指标和预警值为:隧道任一点隆起小于20mm;引起的隧道的附加曲率半径大于15000m。对周边文物建筑的保护指标则由专业的房屋检测单位在对其进行检测评估的基础上综合确定。房屋保护指标由沉降量、沉降速率、倾斜增量、结构裂缝增量等构成,并逐栋房屋规定预警值。

3.制定安全风险管理方案

根据制定的安全风险预警指标,由监测、设计、施工等单位制定相应的监测方案、管理方案和应急预案并分别组织实施。例如外滩隧道上跨延安东路隧道段(4B区),由第三方监测单位制定外滩隧道该段深基坑的监测方案,延安东路隧道运营管理单位委托监测方编制延安东路隧道的监测方案,房屋检测中心编制周边房屋的监测方案,依据上述预警指标明确监测项目、监测频率和监测报警值。施工总承包单位编制上跨延安东路隧道的外滩隧道段深基坑施工组织设计,包括对延安东路隧道的专项保护方案,制定风险管理方案,将风险预警指标分解到每道工序进行精细化控制。同时,制定控制延安东路

隧道上浮的应急预案。当隧道出现超出允许范围的上浮趋势,监测数据达到预警值时,采取在车道结构板上临时增加钢板压载来控制隧道上浮的应急预案。

4. 及时发布风险预警指导施工

风险管理小组根据监测结果进行风险的动态评价,及时发布安全风险预警指导施工。如2009年4月预警事件统计表显示了两起预警事件,风险管理小组发布预警后,组织施工单位立即采取相应措施。

(四)建立安全风险管理门体系,强化节点控制

1. 建立安全风险管理门体系

隧道工程建设中的安全风险主要有设计风险和施工风险(包括环境风险),防范风险的主要措施是制定科学合理的设计、施工方案并严格实施。因此,通过对隧道设计和施工阶段重要风险因素的研究,建立风险管理门体系(表3),对设计施工过程中的初步设计、施工图设计、施工准备、施工动态监控及关键节点条件验收等设置5道风险管理门,为每道管理门设置相应的风险管理任务和分配风险管理工作内容,确保工程建设风险管理的有效性。

表3 风险管理门阶段划分与风险管理任务分解表

阶段	风险管理门	风险管理任务
设计阶段	初步设计评审	1、初步的风险识别与评估 2、制定初步的风险应对措施
	施工图设计审核	(1)风险二次评估,完善设计阶段风险登记册 (2)风险应对技术措施 (3)重大风险源专项措施
施工阶段	施工准备	1、施工阶段风险评估,建立风险登记册 2、制定风险应对措施及应急预案
	动态监控	1、运行风险监控系统并对监控结果进行分析评估 2、预警处置,必要时启动应急预案 3、风险管理措施实施的及时总结
	关键节点条件验收	1、落实风险管理措施的准备工作 2、应急预案准备

2. 严把初步设计评审关

设计单位在初步设计阶段对工程建设安全风险进行初步辨识与评估,针对主要风险因素提出风险应对设计技术措施,委托建委、科技委组织专家对工程的初步设计及风险评估结果进行评审,主要评审工程初步设计的水文地质条件、地层物理力学参数,结构设计计算模型及风险处置措施等,对潜在的风险事故及因素进行分析。针对不同的风险等级,采用调整初步设计方案、补充地质勘探、对新技术进行试验研究等措施规避风险。

3. 严把施工图设计审核关

在施工图设计阶段,由业主和专家委员会对设计方案的安全性、合理性、可行性、经

济性等进行二次评审,主要考虑工程施工图设计的具体施工工艺流程、风险控制措施等,尽量采用量化风险评估方法对工程施工图设计中潜在的风险因素及事故进行专项分析,包括工程施工风险源的辨识、分级与风险评估和重大风险源的专项分析与控制措施。

4. 严把施工准备阶段风险评估关

施工准备阶段风险管理主要根据风险登记册和具体的施工方法和工程条件,按照工程施工工序,对工程风险进行再次风险评估和整理,并对工程的重大风险进行梳理和分析,确定工程风险等级,并对重大风险提出规避措施和应急预案。

5. 严把施工阶段过程控制关

施工阶段风险管理主要是运行安全风险监控系统并对监控结果进行分析评估,同时成立风险应急小组,落实应急预案准备。通过条件验收、工程例会、现场巡视、监理检查和实时监测对施工全过程进行监控。重点是风险应对措施、设计施工技术措施和应急预案的落实、施工动态的掌握及非预期情况出现的及时预警等。第三方监测与远程监控系统的信息反馈是风险管理小组进行风险动态控制的主要依据。对于外滩隧道施工过程中,与风险控制密切相关的重要工艺环节或节点,由建设单位组织参建各方在政府质量安全监督部门的监督指导下进行管理节点条件验收,核查施工准备、方案落实、现场条件、应急预案准备情况,通过后方准施工。

(五)实行动态的安全风险管理,确保隧道工程顺利实施

1. 确定风险跟踪管理流程

通过建立风险登记册、工程例会、远程监控和风险月报制度,对风险因素进行跟踪监控和再评估,对风险发展状况的记录和查询,掌握工程总体风险水平的变化、重大风险的发展趋势、规避措施实施情况以及风险损失情况等,实行风险跟踪管理(图4)。风险跟踪的具体内容主要包括对已辨识风险和其它突发风险的实时观察,以便及时地发现和解决问题。同时,建立远程监控数字化信息平台,对第三方监测数据实时共享,通过对监测数据的汇总、整理、分析,掌握其发展状态和趋势,对施工实行动态管理。

2. 实行第三方监测与远程监控制度

动态的风险管理措施除实行风险登记册实时更新制度、工程(风险)例会制度、重大风险源专题会议外,还实行第三方监测与远程监控制度。由业主委托专业监测单位对工程及周边环境实施第三方监测,以保持监测的独立性;通过建立远程监控系统做到参建各方对监测数据的实时共享。第三方监测与远程监控系统在外滩隧道工程中共设置了包括深基坑施工、盾构法隧道和周边房屋保护等共66项监控单元,通过对监测数据的实时共享、数据分析和及时预警以指导施工。

在监测的基础上,开展数据分析,优化施工管理,同时在每一区段深基坑工程和盾构推进过程中,均定期进行分析总结,对采取的风险处理措施的有效性和合理性进行判定,查找不足,为后续工程施工提供借鉴和建议。

(六)综合比选技术方案,有效控制风险管理成本

1. 综合选择最优的技术方案

综合安全技术经济分析选择最优的技术方案,在确保安全的基础上有效降低工程成本。如外白渡桥既是文物建筑,也是跨越苏州河的交通要道。外滩隧道穿越外白渡桥可

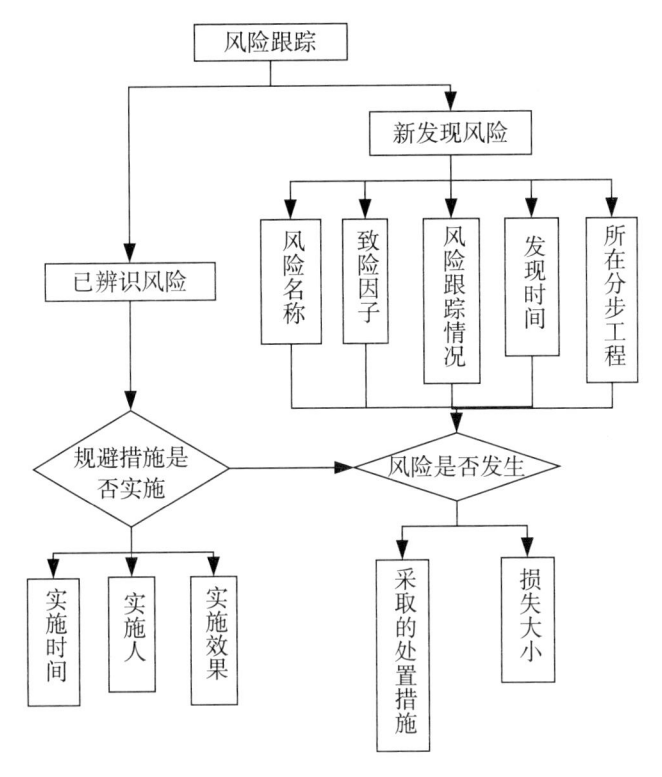

图 4 工程风险跟踪流程

能导致这一文物建筑的损坏,并影响跨河交通。经结合风险评估对原位加固保护法、原位托换保护法、移桥大修法等方案综合比选,最终选取风险最小、成本适中的移桥大修方案,节约了工程投资。

2. 遵循风险接受准则,控制风险管理成本

综合考虑技术经济成本,在降低风险概率的条件下可适当提高风险程度,降低风险管理成本。如对距盾构隧道 2.9m 的浦江饭店取消托换加固措施,采取加强隔离桩保护方案;对盾构隧道上穿地铁二号线取消地铁隧道结构加强措施,仅采取自动化监测措施等;通过严格的施工管理及辅助措施和信息化施工技术,可以有效降低风险发生的概率,并制定针对性的应急预案确保安全。

三、城市道路隧道工程建设的安全风险管理效果

(一)确保了外滩隧道工程的安全建成,产生了显著的示范效应

上海外滩隧道工程于 2007 年 7 月 7 日开工建设,2010 年 3 月 28 日建成通车,历时 33 个月。通过实施安全风险管理,隧道建设期间未发生任何重大工程质量安全事故和造成严重社会影响的事件,确保了工程安全和周边环境安全,得到国内外专家和上海市领导的高度评价,"外滩隧道工程作为迎世博配套工程,难度系数最大、配套涉及面最广、社会关注度最高、地域关系条件最难。外滩隧道的成功建设对于保护和延续外滩历史文脉、促进浦江沿岸功能转换、优化中心城区路网结构具有重要作用,对于提升外滩地区环境品质,以靓丽宜人的景观迎接世博会具有十分重要的意义。"

(二) 攻克了重大风险源节点，技术能力取得突破

外滩隧道建设工程中先后攻克了外白渡桥移桥大修与安全复位、风貌建筑群的保护、穿越地铁 2 号线和延安东路隧道等重大风险源节点。外白渡桥的成功复位与盾构顺利穿越，延长使用寿命 50 年，成功解决了文物保护与使用功能之间的矛盾，为我国目前大规模城市建设进程中所面临的优秀历史建筑保护难题的解决开拓了一条全新的思路；并形成了《外白渡桥保护与结构更新关键技术》科技成果。延安东路隧道和地铁二号线在外滩隧道建设期间始终保持正常通车运营，沉降量小于 10mm，结构未产生明显变形、错台、管片裂缝与渗水，保障了隧道结构安全；形成的《都市核心区大型地下快速通道建造关键技术》获得上海市科学技术奖。外滩隧道沿线 33 幢文物保护建筑得到有效保护，房屋的主体结构安全性和使用性能未受到施工明显的影响，房屋均无结构性破坏，实现了既定保护目标，成为城市道路隧道对邻近建筑群保护的成功范例，并取得《地下通道明挖施工对既有盾构隧道影响及变形控制关键技术研究》的科技成果。城市道路隧道建设的工程技术能力取得明显突破。

(三) 取得了良好的经济效益和社会效益

外白渡桥的保护方案在风险评估基础上的综合比选可节约投资约 450 万元，延长 50 年使用寿命也将带来显著的经济效益；外滩隧道穿越延安东路隧道所采取的设计施工优化措施，节约工程投资约 570 万元；外滩隧道穿越地铁二号线和延安东路隧道未按常规对被保护对象结构采取任何加强措施，没有采取交通限行措施，节约了大量的工程措施费；长大深基坑工程施工期间未发生一起围护结构渗漏事故，未影响保护建筑的结构安全，也有效降低了工程成本。

外滩隧道工程的建成通车有效改善了外滩地区交通环境，提高了过境交通和区域内部的通行能力和便捷度；拓展了外滩 CBD 的容量空间，提升了 CBD 的综合环境和设施品质；确保了外滩历史文化的保护和传承，实现了文化空间和功能的再造；改善了外滩的旅游环境和旅游资源品质，为外滩金融集聚带、外滩历史文化长廊、外滩商贸旅游集聚区向南北段的延伸拓展和能级提升创造了良好的环境和载体条件。

(成果创造人：韩金华、刘艳滨、戴光铭、王　莉、
毛安吉、江旭东、李长明、郑　斌、宋丽妹)

提升管控能力的房地产企业全面预算管理

北京首都开发控股(集团)有限公司

成果主创人:公司董事长刘希模

北京首都开发控股(集团)有限公司(简称首开集团)是2005年10月在北京市国资委主导下,由原北京城市开发集团有限公司和北京天鸿集团公司合并重组成立的国有全资大型房地产企业集团。首开集团秉承"责任地产"发展理念,坚持以"房地产开发及经营管理"为主营业务,先后开发北京市最大的经济适用房小区回龙观文化居住区、"三区五片"危改试点开阳里住宅区等众多保障性住房和京内外商品房项目,并成为唯一一个参加北京亚运村、大运村、奥运村"三村"建设的房地产开发企业。

至2011年底,首开集团资产总额769亿元,净资产133亿元,年开复工超过800万平方米,包括上市公司"首开股份"在内的集团成员企业180家,业务区域已从北京向天津、重庆、苏州等全国十几个省市辐射,并在美国、澳大利亚、荷兰、香港、澳门五个境外地区开展业务。2012年,首开集团荣获"中国房地产百强企业综合实力TOP10"第10名及"中国房地产年度社会责任感企业",并以品牌价值81.23亿元荣获"国有房地产品牌价值第二名"。

一、提升管控能力的房地产企业全面预算管理背景

(一)适应企业发展,提升管控能力的需要

首开集团自成立以来,组织结构经历了合并重组和主业上市两次较大规模的调整,为集团发展提供了体制基础,但在调整过程中,也因为按业务归并企业管理而出现成员企业出资关系与管理关系的错位。同时,随着集团产业布局的进一步完善,业务规模的不断扩大,业务范围从北京向全国十多个城市辐射,并进一步巩固了境外区域市场。传统计划管理模式难以适应企业在产业结构不断调整、内部资源整合力度不断加大、业务规模和经营区域不断扩张下的管控需求,需要通过推进全面预算管理,全面反映生产经营状况,提升集团资源整合深化和跨区域发展过程中的管控能力。

(二)强化国资监管,实现保值增值的需要

伴随着国有资产布局的调整完善,国有资产管理更趋精细化、科学化,北京市国资委对国有资产的监管提出了更高的要求。财务目标控制、国有资本经营预算、生产经营计划、投资管理、重大投资项目监管等逐步出台,这些监管要求在不同层面、不同领域、不同范畴中延伸,目标多元化、方法差异化。而传统计划管理模式以生产经营为单一目标,难

以适应国企改革深化发展和国有资产监管强化下多角度、深层次监管的要求,因此首开集团需要推进全面预算管理,在提升自身管控能力的同时,适应不断强化的国资监管工作。

(三)应对环境变化,保证效益增长的需要

受国际金融危机影响,国内经济面临着经济增长下行压力和物价上涨压力并存的复杂形势。房地产作为国民经济的主要组成部分和支柱产业,也受到了较大的影响。同时,房地产业市场调节与住房保障逐步分离,产业结构调整不断深化。企业面临产品结构、区域布局的调整压力。传统的计划管理模式在监控预算执行方面存在不足,为应对宏观经济增速放缓和产业结构调整过程中房地产市场的复杂变化,需要推进全面预算管理,进一步提升管控能力,更加及时的掌握经营信息,为决策提供更加科学的客观的依据。

(四)实现战略目标,推动可持续发展的需要

首开集团制定了"十二五"发展规划,提出"营业收入超300亿元的北京市国有经济支柱企业和保障性住房建设骨干企业,具有较强国内竞争力和品牌影响力的房地产业集团"、"主要经济指标翻一番"的发展目标。传统预算管理模式无法有效监控战略的实施,无法有效保障企业战略目标实现。需要改变传统的预算管理模式,通过全面预算管理超越传统的纯财务预算范畴,将预测、规划、计划、预算、报告和绩效考核通过目标体系紧密相连、协调一致。

二、提升管控能力的房地产企业全面预算管理内涵和主要做法

首开集团融合经营(业务)预算、资本预算、财务预算等,借鉴财务"收付实现制"准则,建立符合企业管控需求、以管理关系为基础、"纵向到底到项目、横向到边全覆盖"的全面预算管理体系;构建符合房地产商业模式、反映生产经营逻辑关系的预算指标体系;形成以规划为指导、逐级分解细化的预算编制机制;建设集团统一的、动态监测的全面预算管理信息系统,提升管控能力,优化资源配置、保障规划实施、改善经营效益。主要做法如下:

(一)健全体制机制,为全面预算管理提供组织保障

首开集团成立各级专门机构,明确责任主体,推进集团全面预算工作的科学化、规范化、程序化。

1. 健全机构,完善体制

成立全面预算管理委员会,作为决策机构,负责集团全面预算管理工作,审议全面预算目标的合理性,关注预算组织机制、编制方法、编制基础、执行、监督与考核等预算管理关键环节的合理性和有效性,负责将年度预算草案、执行情况、调整事项提交集团公司董事会审批。

管理委员会下设全面预算管理办公室,作为协调机构,负责日常工作,拟订集

成果主创人:公司总经理潘利群

团公司预算管理制度,指导各子集团、事业部预算管理制度建设;组织各子集团事业部、直属企业预算的编制、审核、汇总与批复;编制集团预算草案,下达集团预算并组织实施;监督、检查各子集团事业部、直属企业预算执行情况;编制集团预算执行情况报告;拟订预算考核奖惩意见等。

集团所辖各子集团、事业部、直管企业等集团预算单位,作为责任管理机构,贯彻落实集团公司预算管理要求,建立内部预算管理的组织和制度,明确专门机构和专业人员负责预算管理工作,负责所管预算单位预算的编制、汇总、审核、上报、下达,并对所管预算单位的预算执行和调整事宜落实情况,分析原因,提出建议,落实监管。

2. 制定办法,明确运行机制

编制形成《北京首都开发控股(集团)有限公司全面预算管理办法(试行)》(简称《办法》),提出集团全面预算管理的原则和工作要求,即坚持战略导向、分级实施、均衡发展、循序渐进四项基本原则,同时要求集团公司加强对预算管理工作的组织、领导、分工、协调,制定科学合理的预算标准,落实对预算执行的监管考核责任,要求股份、实业公司、事业部切实担负起对所管企业的预算管理职责,落实集团公司预算管理要求,组织所管企业开展预算工作,要求各企业依照本办法完善预算制度,建立健全管理机构,将预算责任层层分解细化,指定专人负责预算具体工作。

(二)构建"纵向到底、横向到边"的管理体系,明确全面预算管理责任中心

1. 以管理关系为基础,明确责任

依据主业分类,按照管理关系建立管控体系,形成集团公司和所辖股份公司、实业公司、国际公司、项目管理事业部、投资事业部、直管企业的"六大板块,二级管理"架构,形成投资中心的分权管理模式。集团公司定位为投资中心,预算目标就是集团总预算目标。股份公司、实业公司、国际公司、项目管理事业部、投资事业部等既作为投资中心,也是并行的多个利润中心,是集团实现利润的中坚力量,有自主经营权,独立的经常性收入来源,对成本、收入和利润负责。

2. 纵向到底到项目,明确基层单位责任

突破以往计划统计下沉一级的管理模式,不但穷尽各层级成员企业,还在企业项下囊括所有的投资项目。首开集团应用预算管理平台可直接查看、监控基层单位数据填报进度,调取具体项目预算指标和执行情况数据,通过对项目关键节点的管控管好各级企业。项目的有效对接,使得首开集团能够较为准确的掌握各级企业现有资源与业务开展情况,在制定年度生产经营计划时,能够有据可循,有利于有限资源的合理配置。基层项目公司(部)定位为成本中心,不拥有投资决策权和收入权,而是对可控的成本费用预算负责。

3. 横向到边全覆盖,明确职能部门责任

以生产经营活动为中心,整合与业务开展高度关联的职能管理类指标,使预算管理工作延伸到专业管理顶层数据,实现"横向到边"的管理全覆盖。在融合业务预算、经营预算等分类指标基础上,增加企业情况分类指标,设置管理归属、股权等指标,掌握企业基本情况;设置员工总数、从业人员和离退休人员等人力资源指标,为管理费支出制定提供决策依据;预留结构化对接接口,对接财务管理、资产管理等专项数据。

集团公司职能部室除作为基本单元既要负责本部门预算,也要肩负预算编制过程中相应指标的制定和审核,预算执行过程中的监控,预算考核过程中的数据核对。

(三)构建全面预算管理指标体系,加强关键节点控制

1. 以行业特征指标为先行指标,反映数据逻辑关系

将行业特征指标前提,置于现金指标前端,并细化经营性现金指标与业务开展相对应,如在施面积对应开发支出,其中的土地购置面积对应购置土地支出,销售面积与销售收入对应等,直观表现因变量现金指标随自变量行业特征指标变化的变动关系。再结合财务指标,反映从业务到现金再到财务三类指标的逻辑关系和衍生变化,体现房地产企业的商业模式。

2. 项目可研与年度目标相对应,实现目标管理与过程管控有机结合

增加项目情况指标分类,将项目可行性研究主要指标置于反映项目业务预算指标分类前端,设置项目类型、总投资、资金来源、投资回报率等43项指标。后置业务预算指标,设置新开工面积、竣工面积、销售面积等项目开发经营指标39项,并进一步按照产品类型予以细化,通过业务预算指标,实现项目开发运营管理监控。此外,对于土地开发、物业管理、酒店经营等也设置相应指标,实现预算指标体系对集团业务的全覆盖。

项目基本情况与业务预算指标贯穿可研、建设、销售、经营全过程,将目标管理与过程管控有机结合,将反映项目全貌的项目可研编年史数据与反映项目年度计划任务的断代史指标有机结合,为年度计划的制定、资源的高效配置提供依据。

3. 重点改造现金流量表科目,实现精细化管控要求

对应生产经营具体业务,细化经营预算指标。以分解主营业务现金流为重点,调整经营性现金流填报项目,设置23项指标。按照房地产行业特点,将现金流入具体分解为"房屋销售"、"土地与项目转让"等8项指标;将现金支出细分为"房屋开发"、"购置土地"、"税金"、"销售费用"、"管理费用"等11项指标。

以股权投资为重点,细化资本预算指标。以强化"股权投资"为重点,调整投资性现金填报项目,设置10项指标;投资性收入包括"投资回收"、"投资回报"、和"其他";投资性支出包括"股权投资"、"固定资产"、"其他";特别关注"股权投资",企业债权投资较少予以弱化,放在"其他"项目。

以剔除集团成员企业内部倒账干扰为切入,细化筹资预算指标。按照集团管控要求,划分"股权"与"债权"两大类,并分别下设"集团内"与"集团外"指标,使筹资活动中的资金来源更加明确,对集团所属各企业间的股权投资与资金借贷关系更为清晰。

(四)对接规划目标,完善全面预算管理编制流程

选择确定主要预算目标和编制方案,通过"上下结合、分级编制、逐级汇总"方式编制,切实发挥集团总部的统领和总控作用,形成以规划为指导、逐级分解细化的预算编制机制。

1. 目标确定与分解

首开集团按照上级预算单位对本级预算单位的预算要求,根据"十二五"发展规划和预算单位所拥有资源情况、往年决算情况、年度工作目标等确定年度预算目标,再向下分解至各业务单元,至各基层预算单位。通过实施年度滚动预算,确定年度发展目标和资

源配置方式,确定年度预算目标值,细化战略实施方案,确保预算及年度生产经营对战略的支撑作用。

2. 预算编制流程

预算编制通过"上下结合、分级编制、逐级汇总"方式编制,强化母公司在预算管理中的统领和总控作用,提升战略执行力和预算准确性。具体工作分为五个阶段:

每年 10 月启动预算编制。全面预算管理办公室将集团预算内容制表下发,提出预算具体要求,二级预算单位启动预算编制工作。

每年 11 月上报预算。二级预算单位编制本预算单位预算草案,报全面预算管理办公室。

每年 12 月预算初审。全面预算管理办公室汇总形成集团预算草案,提出修改建议;二级预算单位修改预算草案,报全面预算管理办公室。

次年 1 月审核预算。全面预算管理委员会对预算草案提出修改与调整意见;各预算单位修改预算草案,直至全面预算管理委员会审核通过。

年度工作会后下达预算。全面预算管理委员会将集团预算草案提请集团公司年度工作会讨论,提交集团公司董事会批准。全面预算管理办公室下达集团预算。

(五)完善预算执行及报告体系,加强预算分析和改进

首开集团通过预算报告制度对预算单位预算执行情况进行监控、总结与分析,通过分析预算执行情况与预算目标之间的差异,查找预算执行中出现的问题,分析原因、指导企业工作,确保完成预算。

预算报告采取月报方式,二级预算单位每月第 7 日前,将截止到上月末的本级预算执行情况报全面预算管理办公室。全面预算管理委员会采取定期、不定期方式召开集团全面预算执行情况分析会。预算单位四季度预算报告需全面总结集团预算的年度执行情况,经上级预算单位认定后,形成预算单位决算。全面预算管理办公室审核汇总集团公司、股份、实业公司、事业部、直属企业四季度预算报告形成集团决算草案,经全面预算管理委员会审定后,报集团公司董事会认定,形成集团决算。

预算考核分为预算完成情况考核和预算工作质量考核两部分。预算完成情况考核是对子集团、事业部、直管企业预算执行结果进行考核、评价和奖惩兑现。预算工作质量考核是对预算单位的预算管理工作进行的综合评估,主要包括预算管理机构的设置情况、人员到位情况;预算管理规章制度的建设与执行情况;主要预算指标的执行符合率;预算执行情况报告质量、及时性;全面预算管理办公室所安排工作的执行效果。全面预算管理办公室负责对预算单位预算工作质量进行考核。

(六)通过"平衡记分卡"实施考核,完善评价与激励机制

1. 为"平衡记分卡"提供参考指标

建立基于平衡计分卡的绩效考核指标体系,通过平衡计分卡系统将集团战略目标与二级预算单位纳入全面预算管理体系的各项预算指标结合,强调整体运作的一致性。

全面预算管理为"平衡记分卡"考核指标体系中财务、客户、内部运营和学习成长四个维度的指标提供基础数据。财务"收入、费用、利润"等指标,由全面预算指标体系中的行业特征指标和财务指标提供数据;内部运营类中的"项目管理、营销管理、物业管理、后

续任务、改革改制"等指标,由全面预算指标体系中的企业基本情况、项目信息、物业管理指标和改革改制情况等指标提供数据;学习成长类中"人力资源管理能力"等指标,由全面预算指标体系中的人力资源指标提供数据。

2. 应用全面预算成果提升管理水平

深化企业对标,通过获得的公开数据资料等,对比首开集团与行业标杆企业在经营管理中的差距与不足,不断改进和提高经营管理水平;进一步将预算分析对象,横向分解到各业务流程,纵向深化到各预算责任中心,提高对比分析的针对性和实效性。加强预算执行年度情况总结,将年度生产经营情况完成情况与预算目标和规划目标进行比较分析,直观显示企业、项目与集团战略目标的动态关系,突出行为与目的间的衔接;分析以前年度预算管理与执行中存在的经验与不足,不断改进预算管理机制,持续优化全面预算管理工作。

(七)搭建信息平台,提高全面预算管理效率

1. 功能模块设置

开发全面预算管理信息系统,整合"企业情况、项目情况、业务预算、经营预算、资本预算、筹资预算、房产经营情况、股权投资情况"等8大类信息和数据,覆盖集团全部业务类型,覆盖集团各级企业和项目,形成基础数据库,构建数据中枢。在此基础上,系统内置生产经营预算执行,房产资源,企业股权投资、项目投资等多种专项计划与统计报表,满足集团对内、对外专项工作需要。

2. 统一系统编码

为确保企业信息系统内部的数据共享以及和外部系统未来的数据对接,首先按照出资关系对集团全部成员企业进行了统一编号,并按照管理关系对企业归属进行划分;其次对系统内的数据信息进行科学有序、统一规范的分类;再次对系统内各项数据指标对应的数据节点进行数据有效性设置,规范各项指标数据的填报格式。

3. 权限设置

制定严格的系统权限设置,按照企业的管理层级,按照企业内各业务部门的业务范围,按照相关责任人的职责分工,细化系统中可视和可操作的范围,细化信息系统中基础信息库的操作分类,细化各功能模块的查询、浏览、修改、填报等操作权限。通过不同的控制方法的综合使用,实现系统中关键节点的精细控制。

三、提升管控能力的房地产企业全面预算管理效果

(一)从局部控制向生产经营全过程管理转变,强化了集团管控

全面预算管理贯穿经营管理全过程,不仅实现了集团"6个业务单元,180家成员单位,一线数据填报到集团审批周期从近3周缩短至7天"的效率提升,也实现了不同层面、领域、范畴,多元化管控目的的集成,整合了生产经营管理、财务目标管理、人力资源管理、股权管理等集团内部业务需求,拓展了国有资本经营预算、投资管理、重大投资项目监管等国资管控需求,避免了传统管控模式下的"信息孤岛",形成了一体化信息管理平台,提升了集团管控水平。

(二)从单一目标预算向战略导向预算转变,保障了规划的实施

全面预算管理改变了首开集团原有的以生产经营为单一目标的预算管理模式,初步

形成了以集团战略为导向的预算管理模式;改变了原有模式对过程监控不利的局面,有利于保障规划的有效实施。以战略为导向,使首开集团在实施预算管理前,有明确的长期发展目标,以此为基础编制各期预算,使集团及各级企业的各期预算前后衔接,更加匹配发展规划,避免预算工作的盲目性,从而使日常的预算管理成为集团实现长期发展战略的基石。

(三)从粗放经营向精细化管理转变,促进了降本增效

首开集团通过建立全面预算指标体系,应用关键节点指标控制,实现了对房地产开发、房产经营、物业管理等业务全过程的监控;将经营性收支按照业务细分,将投资性收支按股权、债权细化,将筹资性活动现金流剔除,真实反映生产经营活动中企业间的资金流向和流量,提升了集团精细化管理水平。首开集团2011年管理费用增长低于预期,利润总额同比大幅增长37%,实现了经济效益的持续增长。

(成果创造人:刘希模、潘利群、潘　文、秘　勇、王枥新、赵　强、王学禹、高香信、王　飞、杜晓鹏、孟　佳、刘　虹)

基于逆向追溯法的成本管理体系优化

南阳二机石油装备(集团)有限公司

南阳二机石油装备(集团)有限公司(简称南阳二机集团)位于河南省南阳市。最早由原石油工业部于1969年投资建厂,从事石油机械修理,技术水平低下;2004年6月改制为员工持股为主的有限公司。目前,已发展成为我国研制石油钻采装备的专业骨干企业、国家重大技术装备国产化基地、中石化集团石油轻便钻机装备制造基地,产品包括各类石油钻机、修井机、油井测试设备工具等11大系列、110多个品种,拥有自主知识产权,市场占有率国内领先,并出口英美等20个国家和地区。其中,轻便钻机系列达国际领先水平。

南阳二机集团拥有享受国务院特殊津贴专家3人、国家863课题计划专家3人、省部级学术技术带头人6人,是国家火炬计划重点企业、国家重点新产品试制企业,河南省知识产权优势培育企业、专利申请二十强,在中国石油及化工设备行业历年评比中,综合实力稳居国内同行业"十强"。2011年主营收入达13亿元,利税总额1.27亿元,员工1882人。

成果主创人:公司董事长、总经理杨汉立

一、基于逆向追溯法的成本管理体系优化背景

(一)强化全员成本意识、应对市场竞争的客观需要

南阳二机集团改制于有三十多年历史的老国企,长期在计划体制下,习惯了完成上级下达的生产任务,严重缺乏市场观念,成本意识、市场意识淡漠,成本管理基础薄弱;产品同质化、低端化,缺乏竞争力、效益低下。企业生存完全依赖于油田内部市场保护,与系统外的同行企业相比明显处于劣势,这一天生缺陷,直接威胁到企业的生存和发展。因此,必须抛弃观念枷锁,独立走向市场,狠抓成本管理、夯实内部各环节业务管理基础,打造核心竞争实力,获取长期竞争优势。

(二)夯实管理基础、提升综合管理水平的必然选择

国际原油需求持续增长,促成国内外石油勘采装备需求也大幅增加。南阳二机集团顺应市场趋势,毅然抓住国企改革契机,走上独立发展之路。南阳二机集团在产品成本管理方面,虽然建立了一套核算体系,但每月仅汇总总成本,单台套产品成本则无法准确核算,仅通过内定计划价平均分摊,不能反映单品的真实成本。因此,加强成本管理,夯实企业管理基础,提高企业综合管理水平,是南阳二机集团面临的必然选择。

二、基于逆向追溯法的成本管理体系优化内涵和主要做法

南阳二机集团在既有成本管理体系基础上,引入、吸纳、综合利用精细化管理、目标绩效管理等各种现代管理方法,以生产现场的多余物料为抓手,分析多余物料产生的原因,进而推动主业务流程各环节管理水平提高。主要做法如下:

(一)分析企业降本增效关键点,确立成本管理思路

石油装备产品主要由钢材构成,直接材料在总成本中占比达55%以上,是企业成本的主要构成要素。同时,产品具有典型的多品种、小批量生产特征,物料品种和规格繁多,生产流转环节长,因生产物料浪费和损耗带来材料成本增加高达8%以上。直接材料就成为企业成本控制的关键点,对整个成本管理改进的拉动作用很大。

为此,南阳二机集团通过成本管理基础数据的收集、反馈传递、汇总分析,发现导致多余物料产生的种种问题,并识别和确认背后的关键问题进而制定有效的解决方法,并跟踪落实,从而解决问题,推动企业管理提升。为保相关工作落到实处,明确各层次的职责。

(二)全面追溯生产线多余物料产生原因,确定相应改进措施

为了全面分析多余物料产生原因、准确定位问题根源,综合应用定量与定性分析法、鱼刺图分析法、MECE分析法(Mutually Exclusive Collectively Exhaustive,即"相互独立、完全穷尽"),设计各种典型问题的分析模型。针对多余物料产生的原因,在定量与定性分析的基础上,对所有可能原因(子原因、孙子原因……)进行分类、归集,再利用鱼刺图的方式表现出来,并识别和判定关键的问题点,构建相应的典型问题分析模型,为日常追溯分析活动提供标准模式。

以"原材料类多余物料"产生原因为例,进行具体分析。围绕原材料的计划、配送、投产和加工等全部生产处理过程,对原材料类多余物料进行定性分析,并运用MECE分析法、穷尽可能的直接原因,主要可分为发料计划的管理、生产车间管理、产品设计变更管理和工艺定额管理等四大方面的原因。同样,再对这四方面原因逐一剖析,又可挖掘出第二层面诸多原因。

1. 发料计划

发料计划导致产生多余物料的影响因素,一是发料计划的编制者出了差错,放大了计划用料量;二是发料计划的审批者出了差错,如责任心不强、审批过程未把好关等。因此,首先从根源上的计划编制和审批两个环节寻求改善措施;其次,根据不同层面的原因及其发生特征,采取事前预防措施,有重点、有层次的制订相关制度、拟订相应考核办法,进行周期性分析、加强监督落实。

2. 车间管理

车间管理方面主要是对生产组织过程的精细管理:一是对领用原材料的数量

石油钻机产品总装配一分厂车间生产线

进行统计和记账的准确性;二是原材料下料过程中是否"因材适用",结合下料要求及可用材料的实际规格尺寸而充分利用小料头,提高材料利用率;三是运用现代数控设备,通过下料工艺组合进行套裁,减少边角料和小料头的产生,从而提高材料利率。

3.工艺定额

对工艺定额方面的原因剖析,又可延伸到工艺定额的制订、转化和执行等环节上的差错原因——定额不准和放量过大,或者是企业主动开展工艺优化活动的原因。定额不准的差错,一般是技术部门编制工艺定额时出现了偏差。放量过大的差错,一般是物料管理部门在将工艺定额转化为发料定额时出现了问题。

4.产品设计变更

通过对产品设计变更的因素剖析,发现主要有两大原因可能造成生产现场的多余物料,一是设计投产后的变更(设计差错或客户要求更改),二是企业主动开展的产品结构优化。在业务洽谈过程中加强技术部门的参与度、对技术问题进行把关,同时加强合同评审环节的控制。结构优化是企业主动提出的技术进步和成本改进措施,又可分为两种情况:一种是产品结构本身的设计优化,可直接减少材料耗用、减轻装备重量;一种是产品设计方法的创新,采用新技术、新工艺、新材料,降低综合成本。

(三)以生产现场管理改善为重点,系统提升成本管理基础工作

1.创建准确核算和反馈生产线多余物料信息的管理平台

为确保多余物料信息的完整性、准确性和反馈的及时性,全面梳理和识别多余物料产生的环节,判定多余物料的类别、数量、性质等,建立准确的多余物料信息平台。

2.建立和完善产品生产定额体系

梳理和健全各种规格的产品及其定额体系,解决物料定额以往存在的准确性、及时性、完整性及可操作性问题。在下达产品设计图纸的同时,配套输出完整的工艺定额、零配件清单和产品清单等技术文件,用于统一指导生产全过程作业活动(编制生产、采购、投料、配送、总装和发运计划)的唯一依据。

3.物料限额配送与材料利用管理

建立物料定限额管理机制,对技术、生产管理、采购、物料管理、生产分厂车间的职责进行系统梳理和界定,解决物料领用非受控状态,为激励生产节约、降低物耗、提高材料利用水平提供保障。

4.现场管理和积压废旧物资治理

全面开展现场管理及专项整治活动,集中清理现场死角,并推行5S活动和定置管理,既消化利用废弃物资,又规范美化现场环境、培养员工良好工作习惯;同时,还配合物料定额管理的工作推进,保障多余物料和成本核算的准确性。

(四)组织开展专项改善活动,全面优化持续改进

1.组织与岗位调整

重点对部门间职能权限和工作流程,以及部门内的机构和岗位进行局部变更优化。比如,为达到物料定限额配送目标,将物料管控职能进行归集并配置专职岗位;明确生产制造部对生产物料计划编制的职能并归口管理,统一核定领发料计划,实现生产计划与物料管控的一体化等。

2. 制度与流程优化

先后对所有管理制度及业务流程进行全面梳理和更新,特别是健全了定额管理、物料管理、物资采购、成本核算相关的制度和流程,覆盖设计、生产、采购、配送、质量、销售、人力、考核等全业务流程的职能管理活动。

3. 其它专项改善活动

物料定尺采购与招标采购:定尺采购可实现所购原材料尺寸恰是车间下料毛坯件的整数倍,从而减少生产投料时多余物料的发生,避免大量的裁切和拼接导致的浪费;同时,加强招投标管理,对招标采购总额占总采购额的比例提出明确的指标要求,有效提升企业动态响应市场需求的速度和能力。

产品设计优化:确立以"提高原材料和零部件通用化率、提高设计环节材料利用率、提高产品对客户要求的符合度、提高产品边际利润率"为目标的设计和工艺两个环节优化及经济性评价体系。首先通过初评找出当前产品设计和工艺设计环节中的不足,然后组织实施改善措施,最后在总结完善的基础上建立长效机制。

加强营销环节的成本管理,提高资金回笼率:一是通过对客户变更所造成的损失进行追溯和原因分析,反过来促进合同评审制度的严格执行,使客户要求在合同签订前就得到评审和确认,提高合同评审质量;二是加强合同执行过程的客户沟通和管理,严肃对待合同执行中的客户更改要求,提高与客户的谈判能力;三是抓好资金回笼工作,使资金回笼率稳定在98%以上;四是采用指标考核、制度管控和费用审核等方法严格控制销售费用。

成本核算与财务管理优化:建立面向单台套产品为核算对象、基于产品定额为标准的成本核算方法体系,以准确反映单台套产品的真实成本,有效支撑企业成本管理及经营决策。以产品定额为基础的消除多余物料成本管理体系的健康运行,为准确核算提供了完整、真实的基础性数据。

同时,提出加快资产周转速度、建立核算管理体系和优化预算管理的专项课题。围绕资产周转课题,重点对存货资产进行彻底整顿,将采购、生产、销售和物控职能进行系统梳理,强调各环节的计划准确性、信息反馈及时性,以企业组织的内在核心能力支持资产的快速周转。

4. 搭建信息化平台

基于ERP系统,首先改造优化信息系统,以适应管理体系的信息处理要求;其次,对直接的成本管理信息进行整理录入,包括产品技术信息、物料定额信息、工时定额信息、小时费率信息、价格信息等基础资料,保证各子系统间的信息共享;再次,随着企业整体管理要求的提高,不断优化信息指标并维护ERP管理信息系统。

5. 健全考核与激励机制

坚持以奖为主、激励创新的工作改进与考核原则,分步设置高额激励办法——余料发现奖、改善建议奖、改进效果奖等,健全完善逆向追溯生产线多余物料成本管理考核体系。同时,在定额成本基础上,建立目标体系,将目标总成本分解到各责任单位、责任班组,明确目标成本控制指标,实行全员全过程的成本控制,形成完整的目标成本控制指标和责任体系,对成本进行系统、全面的控制;相应推行全面奖励,有效促进消除多余物料成本管理目标指标的完成。

除一般工作考核激励外,重点对基层单位和一线岗位实行发明创新改善的激励政策,着重引导全员立足本岗、勤思考多钻研,致力于成为岗位能手和行家里手。如通过基层 TPM(Total Productive Management 全员生产保全)改善提案及课题改善渠道,每月都涌现上百例个人发明创新案例。

三、基于逆向追溯法的成本管理体系优化效果

(一)全员增强市场成本观念,基层创新改善大幅涌现

通过成果的实施,南阳二机集团真正树立了市场导向的经营观念,服务于国内和国际两个市场、以销定产,销售订单100%按客户要求进行单独设计和加工。员工不再满足于简单完成生产任务,以主人翁姿态、高度责任感关心企业、关注效益,积极投身到提建议、抓改进、促效益的活动中。在发明创新奖激励下,生产一线员工针对本岗位、本工序、本车间的创新改善成果连年增加。

(二)生产现场多余物料明显减少,材料利用率大幅提高

生产现场到处堆积半截型材、板材、积压零部件、辅机等现象已根本改观,生产车间通道顺畅,作业区焕然一新、物资整齐有序。通过设计和工艺改善,钢材下料车间的材料利用率从实施前的58%提高到现在的73%,钢架结构(焊接)车间的材料利用率也从过去的76%提高到91%。

(三)成本管理体系得以完善,综合成本水平不断下降

对原有成本管理体系进行系统优化后,各部门、各环节的成本要素都得到了有效控制升。产品成本在成本费用中占比持续下降,2008年下降3.5%、2009年下降5%、2010年下降3.3%。

(成果创造人:杨汉立、曲　宁、张益民、高加索、方明武、刘高峰、孟宪红、盛　燕)

发电企业以预算为基础的经营风险内控平台建设

国投宣城发电有限责任公司

成果主创人：公司总经理李玉峰

国投宣城发电有限责任公司（简称宣城发电公司）是国投集团电力公司所属大型发电公司，是安徽省宣城与黄山地区规划的唯一大型火力发电项目，注册资本5亿元人民币，资产总额24亿元，现有正式员工200余人。宣城发电公司规划发电机组总装机容量为3200MW，一期工程1×600MW超临界燃煤发电机组于2008年8月22日顺利竣工投产，机组自投产以来，累计发电量130亿千瓦时。

一、发电企业以预算为基础的经营风险内控平台建设背景

（一）发电行业特殊性的需要

发电公司是资金与技术密集型行业，生产运营投入资金与成本较高，设备管理复杂，发电机组自动化程度和对工作人员技术要求较高，发电机组生产连续运行时间较长，设备检修维护工作量大。一方面要求电力设备安全稳定运行，同时要求提高发电公司的管理水平和经济效益，防范经营风险，这需要建设一个管理平台，规范生产运营中的经济活动行为，将管理制度流程规范化，对经济业务实施情况在线监控，将数据进行及时科学的分析处理。

（二）实现经济效益的需要

随着我国建设资源节约型、环境友好型社会的不断深入和以"厂网分开、竞价上网"为特征的电力体制改革的不断推进，发电公司走向市场，成为市场竞争的主体已成必然。在这种情况下，发电公司的工作重点势必由生产型向经济效益型公司转变，其核心竞争力将直接体现在安全发电经济发电、环保发电及快速响应电网和满足最终用户需求等方面。而全面预算管理是公司整体经营活动规划和动态控制的管理方法，是执行公司战略过程中不可缺的重要手段，也是公司业绩评价的基础和比较对象。如何建立适应发电行业的预算管理体系，推动预算有效实施，防范经营风险，最终实现经济效益，需要建设一个经营风险管理平台。

（三）有效防范经营风险的需要

宣城发电公司一号机组投产后，恰逢"电煤倒挂"、国家银根紧缩，融资环境形势严峻。电煤价格居高不下且快速上升、资金严重不足，生产经营面临诸多困难和风险。为此，必须转变观念，加速由生产型向经营型转变，通过管理创新，加强生产经营的有效管

控,构建科学、完善、高效的内部管控体系。

二、发电企业以预算为基础的经营风险内控平台建设内涵和主要做法

宣城发电公司以预算管理为切入点,通过信息系统,实时监控各类数据,有效管控经营活动中所有经济业务,实现经济业务与预算管理同步化,有效防范经营风险。主要做法如下:

(一)明确经营风险内控平台建设思路

公司主管领导亲自挂帅,组织技术攻关小组,经过多次讨论,针对平台建设提出完整的实施方案,总体思路是,以预算管理为载体,将预算管理与所有经济业务控制流程有效结合,通过平台建设将两者紧密联系在一起。具体而言,以全面预算管理为切入点,调整公司组织机构、明确岗位职责,强化预算管理、提高公司经济效益,梳理工作流程、制定内控管理手册,规范经济业务审核流程,引入风险控制机制,对所有经济业务进行风险控制。平台建设以信息化管理为手段,充分利用现有的信息化系统,对各项功能进行整合,经济业务审核控制达到实时在线监测目标,具备自动生成信息数据,实现风险预警功能,为决策者提供科学及时的决策信息。

(二)调整完善组织机构,明确岗位职责

为构建科学有效的内控平台,对现有组织机构进行必要的调整。董事会与监事会下设经营管理层,经过调整新增部分内设机构,相应调整各部门职责。经营管理层下面设置各部门,包括综合管理部、财务管理部、人力资源部、计划经营部、监察审计部、燃料物资部、安全监察部、设备维护部、发电运行部、工程扩建部。各部门下设二级或三级专业机构,分别负责不同具体专业工作。组织架构与内设机构重新调整后,明确各层级关系与具体职责,对所有员工的岗位职责进行修订,明确生产经营活动中的风险源与预控措施。公司总体经营管理活动,则围绕预算制定年度总体经营目标,建立以绩效为导向的经营方针,导入对经济业务流程进行全面风险控制的机制,设置与之相匹配的风险控制环节。

(三)编制经营风险内控手册

结合国家五部委印发的"公司内部控制规范"指导意见,将经济业务分类统计,对照实际生产与经营活动流程,编制详细的风险控制手册,绘制详细的风险控制流程图,在每一个关键环节注明风险控制要点、注明风险控制岗位,明确工作方法与责任人。最终形成的经营风险内控手册,包括电力产品销售、原材料采购、设备检修维护、发电机组运行、技术改造项目、工程扩建项目、资金运作、纳税筹划、日常管理等所有经济活动,规范了经济业务审核流程,明确了经济业务的风险控制要点,对提升公司整体管理水平起到了积极的作用。

(四)科学构建内控管理平台

经营风险内控平台包括两部分,一是

宣城发电厂(局部)

经济业务预算管理系统,二是经济业务审核控制系统。

1. 经济业务预算管理系统

该系统包括预算初始化、预算控制、预算调整、统计分析查询四个部分。

第一,经济业务预算初始化管理。年初根据经董事会审核后的年度预算,设置相关的费用与项目,将相关费用录入对应的预算项目中,然后再分配到各部门各月度。各项费用按月度进行分解之后,各业务人员对于费用的使用有了更进一步的认识,能够进行自我约束,更主动更合理的规划各项工作的开展。系统中的预算项目体现层次关系,具体项目划分尽可能细致,比如修理费项目下按具体项目或合同进行划分。在建立预算项目的同时,对每个项目进行权限设置。如办公费项目由综合行政管理部门使用,各部门需要使用办公类用品,必须通过该系统提交申请,经过审核后,由综合行政管理部门统一采购,申请部门履行相关手续。同时,设定项目使用的表单类型,帮助各业务人员理解业务分类。如通常机组设备的日常维护修理分为A、B、C、D四个等级,费用使用部门为设备维护部,那么在系统中就可以对修理费项目下的各明细项目进行相关授权设定,设定之后,如果发生A级修理项目,则该流程只能由授权设备维护部门的相关业务经办人办理,业务经办人员只有选择对应的表单,才能自动对应预算项目及费用,其他部门的人员、其他类型表单,均无法选择到该预算项目,即无法进入流转程序。在审核流转过程中,如果发现应使用A项目预算费用,实际却选择了B项目预算费用,各级审核人均可对该业务做退回处理,业务人员需选择正确的业务流程再重新提交审批。

第二,经济业务预算控制。根据年度经营目标开展各项工作,包括市场营销、物资采购、资金筹集、机组运行、设备检修、技术改造、内部管理等活动,各业务部门根据职责编制具体实施项目,确认各项目的具体实施时间和需要的费用,检查是否满足预算要求,之后进入实施阶段。如设备的维护检修与技术改造首先要经过评估,分析机器设备可能出现的问题,制订维护检修技术改造实施项目,对照检查是否列入年初预算,之后进入实施申请过程。此时,预算管理系统伴随着经济业务即进入控制阶段,由业务实施人员在系统平台中提出申请,通过填制相关表单,选择对应预算项目或费用,系统平台自动检索过滤并进行审核,预算审核通过后方可进入业务审批流程,按照系统固化授权流程进行审核,通过审核后进入实施阶段。对于预算外项目或超预算的业务,未通过预算系统审核,该申请将无法保存,不能继续进入后续环节。对于确实需要实施的项目又无年初预算费用,则应进入预算调整环节,履行调整审批流程,审批结束后方可实施。由于年初预算项目已经完成了初始化设置工作,在预算中明确了项目与金额,并按照时间进度进行了分解,列出了月度实施项目与费用,各业务人员对于项目或费用的使用有事先预测,促使各项工作有计划开展,实现了预算管理与实际经济业务的完全同步化,同时使预算管理从被动应付和机械算账的事后控制转变为超前预控。

第三,经济业务预算调整。由于外部经营环境变化和内部管理的需要,预算中部分数据会有所变化,年度销售收入与预算执行发生差异,此时,需要根据实际情况对预算进行及时的调整,对某些项目要进行重新分配。除此之外,还有一部分预算的调整是因为总费用已经超支,需要追加费用,或者是因为年初没有预算,而实际必须发生该项经济业务,需要新增预算项目。如对设备的维修,待到停机进行维修时发现设备内部损坏严重,扩大了检修范围,应及时调整预算。对于以上何种情况,须对预算进行适当调整,具体调整的需求部门在系统中提交调整申请,在申请中选择需要调整的预算或项目,注明需要调整的事由,提交进入签批流程,在各级签批同意后,在系统中进行相关调整。

第四,统计与查询。在加强预算过程控制的同时,定期对预算执行情况进行反馈分析和考核,提高预算管理的控制力和约束力。实现预算的实时监控,具有报表统计查询功能,可将经济业务的实时发生数据,根据不同需求自动生成各种报表,各部门相关负责人可用该功能了解本部门预算执行情况。同时,也可以查询本部门当年的使用情况,查询汇总情况和明细清单、发生的金额、时间与事由,便于掌握本部门费用情况,并能促进更好地统筹安排好后续的工作。另外,由于权限的不同,查询范围也不同,各部门仅限于查看本部门预算费用情况,公司领导则可以查看所有预算执行情况。在预算的执行过程中,不仅需要实时的监督控制,更重要的是要定期对预算的执行情况进行分析总结,通过对各项预算指标执行情况的统计、分析,与自身不同阶段以及行业先进指标比对,发现问题,找出差距,积极改进。

2. 经济业务审核控制系统

根据公司现有的各类管理制度,编制审核流程,明确流程中的审核环节,在信息系统中固化审核流程的责任主体,科学授权,将此模块植入信息管理系统中,并设定各级操作员的使用权限,在系统中有序运行。同时配备并改善信息化系统硬件环境,以适应经营风险内控平台软件系统运行的要求。在具体运行过程中,首先由各业务经办人根据具体业务类型选择相应的表单进行填制,并将各类原始单据作为附件扫描并上传,便于各级进行查核,原件则送往财务部门,负责核对各类原始单据的真实合法性,并将单据与扫描件比对一致后,提交相关审核部门、公司领导签批,当各级审批人发现有误时,均有权限退回业务经办人重新办理。审核流程结束后,财务部门对各单据进行归档。同时,电子单据凭证在系统中提交后,选择预算费用的项目,通过流程绑定预算项目,系统自动过滤审核预算项目中的费用,以达到对费用实施审核监控和统计的目的。各业务经办人员在办理经济业务填制表单的同时,必须选择该费用对应的预算项目,如果该费用没有对应预算,则无法保存该表单,如果该费用超出预算金额,则系统会提示预警预算不足,该表单也不能保存并提交至下一级审批。如果有相应预算项目且金额充足,系统会自动扣除该预算当前月份的金额。目前该系统支持所有经济业务审核项目,包括生产经营费用以及相关联的事项审核。

(五)完善保障机制,确保平台平稳运行

1. 统一思想认识

平台建成后,宣城发电公司召开专题会议,正式发布启用该平台的通知,统一员工思想认识,引导员工转变思想观念,讲解建立平台的意义和作用,要求员工时刻树立经营风险意识,树立依法经营、规范运作的理念。员工思想得到统一,为今后平台投入运行奠定了坚实的基础。

2. 加强培训工作

平台建立后,编制使用手册,详细介绍该系统平台的功能,描述各项经济业务办理流程。使用手册印发后,由系统开发小组开展专题讲座,对照具体经济业务,对每一个关键控制点和每一个操作流程进行实时在线演示,介绍经济业务处理流程,讲解具体风险控制环节,对员工进行深入培训。通过专题培训,使员工掌握该平台的全部功能,掌握本岗位的操作流程,掌握经济业务风险控制的工作程序,对该平台上线运行提供了保障。

3. 制定考评办法

该平台建成后,对平台操作的规范性、平台的维护运行等建立相应的考核评价制度,从制度上规范和促进该系统的全面实施,对违反和不按照流程操作的给予考核,并与其薪酬挂钩。对执行较好的部门给予一定的奖励。激励约束机制的建立与实施,为平台长期稳定运行提供了保障。

4. 不断完善优化

该平台建成后,经过了整体系统调试运行,在试运行中发现缺陷及时解决,经过调试无误后,平台正式投入运行。在运行过程中,按月组织听取各部门的意见,对各部门提出的意见与建议进行评估分析,不断改进平台运行水平。同时,对平台日常运行当中发现的问题,及时进行处理,保障平台正常运行。平台自投入运行以来系统稳定可靠日趋完善。

三、发电企业以预算为基础的经营风险内控平台建设效果

(一)经营管理水平得到较大提升

该平台的建设,使内控管理实现了制度化、流程化、信息化,形成了具有鲜明行业特色的管理创新机制,强化了内控管理流程,夯实了经营管理基础,创新了公司风险管控模式,实现了经济业务全过程控制,彻底解决了各种资源分离脱节的现象,实现了合同管理、计划管理、成本管理、资金管理等各种资源的在线共享。强化了经营风险控制的刚性原则,有效保障了公司所有经济业务高效运转,经营管理水平得到较大提升。

(二)实现了防控经营风险的目标

经营风险平台的建立,将风险管理职能向前延伸到经济业务的最前端,更好地体现了风险管理的超前性,起到规范与把关作用。同时,公司所有经济业务通过该系统进行审核控制,将经营风险管理工作落到了实处,找到了风险管控的有效途径,对有效实施经营风险管理工作起到了积极作用,确保了公司的总体目标得以实现。

(三)促进了内控管理水平的提升

该系统平台的建立,以预算为主线与抓手,以提高经营管理水平为核心,以规范公司内控管理为目标,大大提高了公司内控管理水平,完善了内控管理制度,改善了内控管理过程中的薄弱环节。对加强内部管理、强基固本、提升公司综合竞争能力、应对复杂的外部经营环境等起到了重要作用。

(成果创造人:李玉峰、马　斌、徐　婧、周万山、李　伟)

基于岗位职责的法律风险防控体系建设

华北石油管理局

成果主创人：局长黄刚

华北石油管理局隶属于中国石油天然气集团公司，下属 41 个二级单位、34 个机关及附属部门；矿区居民 25.5 万人，资产总值为 401 亿元。拥有勘探开发、综合服务和多元开发三大业务板块。勘探开发板块主要包括常规油气业务，煤层气、储气库、地热等新能源新领域业务，以及苏里格苏 75 区块、海南福山、印尼勘探开发等合作项目。勘探区域集中在冀中、内蒙古中部、山西沁水盆地，年油气当量保持 500 万吨。综合服务板块管理着分布于河北省任丘、廊坊、河间、霸州、辛集、深泽、晋州、沧州、保定，天津静海、大港、内蒙古锡林浩特等市县区 16 个生活基地，承担着物业管理、公用事业、供水供电、幼儿教育、医疗卫生、社会保险、文化体育、住房公积金等多项管理职能。多元开发板块逐步发展形成城市燃气、机械与电控成套、油田化工、建安维修、房地产开发、炼化下游加工等六大核心业务，有法人企业 58 家，经济总量达 30 亿元。勘探开发 35 年来，累计生产原油 2.919 亿吨、天然气 111.4 亿立方米，在中国石油集团公司油气田中名列第四，累计实现收入 2866 亿元，利润 641 亿元，上交税费 471.8 亿元。

一、基于岗位职责的法律风险防控体系建设背景

（一）建设地区能源企业的迫切需要

华北石油管理局经过业务和资产重组、资源整合后，由单一的油气生产经营性企业向城市燃气、煤层气等多业务发展的企业集团转变。基于业务发展状况和产业布局，华北石油管理局确定了"建设具有一定经营规模和华北油田特色的地区能源企业"的战略目标。实现这一目标，华北石油管理局不仅需要在生产技术创新和加强经营管理上下功夫，而且必须构建一套与企业生产经营业务高度融合的法律风险防范机制，为总体战略提供法律服务支持，保障管理局在国内、国际市场竞争中立稳脚跟，持续健康发展。

（二）适应企业生产业务管理的需求

华北石油管理局业务细分为常规油气勘探开发、新能源新业务、矿区服务、生产服务及其他、多元开发、对外合作六项业务，经营管理涉及领域广，链条长，其行业属性更是与国计民生息息相关，受到国民的高度关注和政府的严格监管，法律环境非常复杂，领导决策、员工履职过程中，若稍有疏忽，就会引发法律风险。

同时华北石油管理局所从事的行业具有易燃易爆和环境影响的特性，安全、环境法

律风险非常高。必需构建一套与生产业务管理高度融合的法律风险防控体系。

(三)提升企业法律风险防控水平的重要举措

2008年,华北石油管理局结合自己的实际情况,对主要涉及的土地、矿权、劳资、交易等8个业务领域的86个法律风险源进行分析,共设计505项防控措施,初步实现了法律风险预警、部门防控职责及防控措施实施的规范化和程序化。该法律防控体系在运行过程中逐渐突现出一些不足,设计的防控措施不能很好的得到实施。该体系也未直接与员工的绩效考核挂钩,赏罚不明,不利于其效用的发挥。

二、基于岗位职责的法律风险防控体系建设内涵和主要做法

华北石油管理局以企业岗位设置为基点,以岗位职责划分法律风险防控范围,运用法律风险管理理论结合石油企业的实际情况,采取综合、系统的手段,对构建以岗位职责为基础的全覆盖、专业化、系统化的法律风险防控体系,使得法律风险设控关口前移,防控职责落实到企业每一个具体岗位,实现法律风险岗位落实、源头防控的目的,为企业的生产经营提供更完善的法律环境。主要做法如下:

(一)科学论证,确立总体思路和设计方案

通过对华北石油管理局现有法律风险防控体系运行情况、全面风险一体化管理防控、业务流程、法律环境等进行全面的调研、分析和评估,确立法律风险岗位防控的总体思路:法律风险与其他风险实行统一识别、一体化管理;法律风险嵌入业务流程,防控措施固化到体系文件;依托体系审核、测试,驱动防控措施的落实。

在总体思路的指导下,结合华北石油管理局一体化体系风险管理的现状,制定具体的设计方案。首先通过系统识别、评析企业面临的法律风险,设置合理的防控措施;其次将法律风险、防控措施嵌入业务流程,固化到体系文件;最后借助体系审核、测试和评审监督,落实防控措施,使法律风险防控延伸到经营活动的各个环节。上述方案完成后,岗位员工在按流程、按制度开展日常工作的同时就可以起到防控法律风险的作用,从源头上防控了法律风险。

(二)统筹规划,建立组织机构和管理制度

按照设计思路,华北石油管理局组织召开启动工作会议,明确法律风险防控体系由部门防控落实到具体岗位防控,由全面风险管理委员会负责法律风险岗位防控的组织管理工作。委员会在企管法规处设置工作小组,成员包括企业法律人员、社会律师、体系管理人员、各业务单位联络员,总法律顾问担任小组组长,负责组织协调工作,防控工作小组执行法律风险岗位防控的具体事务,与每个岗位人员反复的沟通、结合和确认,识别出风险源点,并共同制定简单明了、可行可控的防控措施,形成岗位应知应会的法律风险岗位防控指引。

为了更好规范法律风险岗位防控工

二连油田

作,华北石油管理局制定《法律风险岗位防控管理程序》,管理程序包括范围、术语及定义、职责、管理工作流程图、管理内容共 5 个部分,最终实现重点突出、全面覆盖、全员参与的法律风险岗位防控工作流程化、制度化。

(三)系统梳理,编制法律风险防控指引

1. 按照"全面覆盖、重点突出"的编制原则,筛选涉法单位和岗位

按照"全面覆盖、重点突出"的编制原则,工作小组通过对各部门的业务范围和职责进行研讨,选定涉法部门进行法律风险的辨识防控。以华北石油管理局机关为例,工作小组对机关 34 个业务处室和直属单位的业务范围和单位职责进行研讨,选定 14 个涉法处室和 5 个涉法直属单位重点进行法律风险的辨识防控。然后对选定的单位的每个岗位的岗位职责和实际业务进行分析,梳理出重点涉法岗位。以生产处为例,其共有岗位 30 个,经过分析研究,筛选出重点涉法岗位 15 个。

2. 以岗位为切入点,编制指引模板

针对华北石油管理局业务特点,按照"岗位对应职责、职责对应风险、风险对应措施、权责对等统一"的原则,工作小组经过研讨和分析,设计以岗位为切入点的法律风险防控指引模板,主要内容包括:法律风险源点,即能够直接引起法律风险的法律行为;法律后果,即法律风险源点发生或产生后,企业承担的不利后果;防控措施,即在法律风险源点发生或产生之前,采取的避免法律风险源点发生或产生的措施;补救措施,即在已经发生或产生法律风险源点,采取的控制、减轻或消除实际不利后果的措施;实施证据,即记载或证明防控措施已经落实的各类表单、文件等资料;法律法规依据,即确定法律风险源点、承担法律后果、制定防控措施所依据的法律法规。

3. 系统梳理,整合法律风险与各专业管理体系风险

首先,完善修订 2008 年建立的法律风险管理体系。法律风险管理体系共涉及业务流程 43 个,法律风险 221 个,涉法岗位 89 个。因该体系是本次岗位防控指引编制的基础,并且所含风险和防控措施均已进行了流程化设置、固化到了体系文件中,所以将其中的风险,经与岗位人员结合后直接按照指引的编制模式分解到岗位。

其次,梳理吸收内控体系和惩治与预防腐败体系中涉法风险。内控体系和惩治与预防腐败体系共涉及业务流程 323 个,涉法风险数 82 个,涉法岗位 62 个。对内控体系、惩治与预防腐败体系已经识别出的经营风险、报告风险、舞弊风险进一步分析、辨识,鉴于这些风险的防控措施与日常业务管理结合紧密,将其中的涉法风险进行梳理并完善提升,纳入本次防控指引。

最后,提炼加工 HSE 体系中涉法风险。对 HSE 体系所识别的 1647 个危害风险进行系统梳理和归纳整合,识别出其中涉法危害因素及涉法岗位,经深度提炼完善,纳入本次防控指引。因危害风险绝大多数存在于基层和操作现场,所以按操作层岗位对试点单位涉法危害风险所涉及的法律风险按照《法律风险岗位防控指引》编制要求进行制定、补充和整理。

4. 科学识别、评估法律风险,编制指引文本

首先,系统辨识,确定法律风险源点。运用多种识别手段全面了解企业运营过程中可能出现问题的环节,通过科学梳理并利用经验进行判断,从而确定企业可能面临或现

实面临的全部法律风险。对识别出的法律风险用规范的语言描述,形成华北石油管理局法律风险清单。

其次,科学评估,确定法律风险分类。针对华北石油管理局已识别的全部法律风险通过定性分析和定量分析,参考专家、专业人员意见以及对事件或事件组合的结果的推断来确定法律风险发生可能性和影响程度。对各种法律风险的分析结果之间进行比较,确定法律风险等级,明确责任部门或岗位,结合管理局法律风险偏好,确定法律风险分类,为法律风险设控奠定基础,以便对法律风险实施管理。

5. 确定法律风险影响程度评估标准

根据风险发生可能性和影响程度等级标准,考虑现有的管理措施及其效果和效率,确定风险发生的可能性和影响程度等级,与风险评估矩阵对照,确定此风险的相应分值,进而确定风险等级。按风险分值对所识别的风险进行排序,依据风险等级划分标准,确定风险等级,对风险等级为极高、高度、中度的风险确认为华北石油管理局的主要法律风险,形成法律风险源点统计表。针对识别出的487个法律风险源点,设计出简单易行、切实可靠的防控措施。

指引文本初稿编制完成后,工作小组按照岗位职责,采取与岗位人员访谈、沟通的方式,对编制的初稿进行修订和补充,并与岗位人员共同对修订后的指引逐条核对、审核确认,确保防控措施切实可行。

在指引编制过程中,法律风险源点的确定是一个难点,有几个问题的处理是关键。一是区分故意行为和过失行为,本次编制中以岗位人员过失行为引发的风险源点为主要梳理对象,对于故意行为引发的法律风险基本不涉及。二是区分可控行为与不可控行为,如果引发风险的行为是可控的,风险源点纳入到相应岗位;如果引发风险的行为是不可控的,如行政机关的不作为行为、合同相对方的故意违约,不作为风险源点。三是区分决策类与一般管理类,针对管理岗"一业多岗"的情况,区分决策类与一般管理类风险,决策类风险列入部门负责人岗位。一般管理类风险,虽然由部门领导签字审查,但具体工作由岗位人员办理,部门负责人仅是形式意义上的签字,这类风险源点统一列入一般管理人员岗。按照决策类风险和一般管理类风险确定防控措施,难以区分的,则"防控提升一级"。四是区分公共风险与特有风险,在风险源点的编制过程中,一些风险源点是每个岗位都涉及的,这类风险称之为公共风险,公共风险若有专门的部门防控的,可不纳入指引。

(四)知行合一,有效防范和控制法律风险

根据风险等级对法律风险源点进行重要风险、一般风险和可容忍风险的分类,确认重要风险275个、一般风险120个、可容忍风险92个。对于一般风险和可容忍风险,通过加大指引的宣传力度,同时开展专门培训和与其他专业的培训相结合,全方位进行宣贯落实。对于界定为重要的法律风险源点,华北石油管理局将之纳入体系文件并进行流程化设置,使之固化在规章制度和流程中强化执行;岗位员工在按流程、按制度开展日常工作的同时就可以起到防控法律风险的作用,从源头上堵住法律风险。

1. 实现岗位防控措施与业务流程的对接

在法律风险梳理辨识并覆盖华北石油管理局全部涉法岗位基础上,将防控措施与业务流程进行充分对接。

首先,将岗位法律风险防控措施与已有的业务流程进行对应衔接,对已经嵌入流程中的法律风险及其防控措施不再做调整。

其次,对法律风险已经嵌入流程当中,但防控措施与本次制订的防控措施不一致的,要予以调整完善。

最后,对缺乏相应业务流程的法律风险,要梳理流程,将法律风险及其防控措施嵌入流程当中。最终实现全部法律风险及其防控措施要全部嵌入业务流程当中,成为业务流程风险防控的重要组成部分。

2. 实现岗位防控措施与体系文件的对接

一是将管理岗位的法律风险以及防控措施全部纳入管理类体系文件,通过制订修订体系文件将防控措施固化。二是将操作岗位的法律风险及其防控措施全部纳入操作文件(含操作规程、岗位作业指导书和操作卡)中予以固化。最终通过推动管理体系文件和操作文件的执行,将法律风险防控措施落实到各个涉法岗位,落实到日常工作当中。

(五)强化培训考核,推进体系有效运行与改进

1. 加强岗位防控指引培训,提高岗位人员防控意识

防控指引是基于岗位职责的法律风险防控体系,岗位人员对指引的熟识程度是防控体系有效运行的关键。华北石油管理局建立"自上而下"、"一对一"的指引培训机制。具体分三步走:一是管理局法律部门组织对各单位主管领导和法律人员进行培训;二是管理局法律人员指导各单位法律部门组织对本单位各部门联络人进行培训;三是各部门的联络人在法律人员的配合下,对本部门的重要涉法岗位人员进行培训。在岗位员工通彻理解岗位防控的基础上,组织岗位员工签订遵守指引的承诺,要求其按照指引所明确的防控措施严格履行。

2. 借助审核测试和管理评审,推动岗位防控措施的执行

华北石油管理局通过每年一次全覆盖的审核测试、各业务系统的专项审核、外部审核测试和每年一季度的管理评审,检验岗位人员是否按流程操作、按体系文件操作,检验法律风险防控措施是否执行到位。同时,也能通过审核测试检验所制定的防控措施是否全面、有效,以促进防控措施的不断完善和改进。

3. 审核结果与业绩合同挂钩,加强岗位防控的执行力度

将体系审核通过率纳入机关部门和各单位主要领导业绩合同,纳入年度考核。在管理局主要领导与各单位和机关各部门负责人签订的业绩合同中体系审核通过率指标为90%,权重为5%,年度考核结果与各单位或部门负责人的业绩工资挂钩。各部门的领导再将考核指标层层分解,传递到具体岗位人员,通过严考核硬兑现促使各级管理人员在生产经营工作中,自觉用管理局制度、规范、流程来约束岗位人员的行为,将风险防控各项措施的执行落实到实实在在的行动上。

三、基于岗位职责的法律风险防控体系建设效果

(一)建立了基于岗位职责的法律风险防控体系

华北石油管理局以岗位职责为基点,将对具体业务的法律要求落实到岗位、落实到每个员工,编制了包括487个法律风险源点、1236条防控措施的法律风险防控指引。将

岗位防控指引同业务流程、体系文件有机结合,最终形成一套科学、规范、系统,横向上相互支持,纵向上互为补充的法律风险防控体系,为华北石油管理局战略目标的实现提供有力的法律支撑。

（二）有效防范了企业法律风险

基于岗位职责的法律风险防控体系,将风险处理重心前移,从源头上将法律风险降到最低,从预防的角度杜绝了岗位员工因行为失范而招致的法律风险,各岗位的人员从不同的角度防控了管理局各个业务领域的法律风险,实现了法律风险管理与企业经营的有机结合。

据统计,截至 2011 年 12 月末,华北石油管理局共审查合同共计 12902 份,合同涉及金额人民币 151 亿元,类型涉及建设工程施工、技术服务、物资买卖、资产租赁等 40 多种类型；组织招标活动共计 1027 件次,累计中标金额 86 亿元,比概算节约 7.53 亿元,没有出现法律纠纷,最大限度地降低了企业风险,保障了企业利益。同时企业诉讼纠纷以及受行政处罚的案件实现下降,由 2010 年的 33 件降为 2011 年的 5 件,挽回或避免经济损失达 1200 万元。2011 年华北石油管理局没有发生重大法律风险。

（三）提升了企业整体管理水平

通过岗位防控指引的编制,对一些只界定到业务部门、职能科室的职责,进一步细化分解到岗位,使法律风险和防控措施的职责更加清晰,因而指引的编制既是法律风险的防控,又是岗位职责的重新梳理和界定。将法律风险岗位防控体系与 HSE 体系、业务流程、管理标准、规章制度等进行重新梳理,加强法律资源整合,进一步完善企业的全面风险防控体系,实现了由一套制度文件对全部风险和防控措施的全覆盖,并落实到岗位,进而强化了企业经营管理中法律风险的源头防范和过程控制,提升了企业的整体管理水平。

(成果创造人：黄　刚、袁明生、姜立增、胡　楠、高联益、及德忠、
　　　　　　袁利民、陈兴德、黄　金、翟金生、姚　刚、刘俊英)

资源整合与转型升级

基于纵向一体化战略的液化天然气产业链延伸与管理

中海石油气电集团有限责任公司

成果主创人：公司总经理、党委书记王家祥

中海石油气电集团有限责任公司（简称气电集团）是中国海洋石油总公司全资子公司，2008年重组成立，注册资本132亿元，以引进液化天然气（Liquefied Natural Gas，简称"LNG"）为主营业务，目前已经形成了从天然气（含非常规天然气）勘探开发、天然气液化、LNG贸易、LNG接收站、LNG液态分销、输气管道管网、燃气发电、LNG车船加注、城市燃气、LNG卫星站、LNG冷能综合利用等完整的产业链。上游境内资产主要在山西、山东、内蒙古等省区，境外资产已拓展到澳大利亚、俄罗斯等国家和东南亚、北美、中东等地区；中下游资产主要分布在广东、福建、海南、浙江、上海等沿海及周边16个省、3个直辖市。控股的天然气发电装机规模居全国之首，LNG引进合同规模居世界第3位，是国内最大的LNG供应商。2011年底，资产总额564亿元，建成运营LNG接收站年接收能力1480万吨、配套输气管道长度2998公里、经营天然气总量229亿立方米，天然气发电装机480万千瓦，营业收入373亿元，上缴各类税费64亿元。

一、基于纵向一体化战略的液化天然气产业链延伸与管理背景

（一）有效规避LNG产业链系统风险的需要

LNG是天然气冷却至−160℃的常压液态形式，液化后的天然气体积仅为同量气态天然气的六百分之一，具有更安全、更环保、更便于储运等显著优势。LNG产业源于天然气产业，具有典型的集实物链、商务链、价值链于一体的"硬链"特征。因为LNG产业链是一个高投入、高风险行业，无论是上游气田勘探开发、液化工厂、LNG运输船队，还是中游的LNG接收站、输配气管网，直到下游的燃气电厂、城市燃气及其它用户，任何一个环节的投资都超过数亿美元，多的可达上百亿美元。上一个环节的收入全部来自于唯一的下一个环节，任何一个环节的实物流或资金流中断都会导致整条产业链的瘫痪。此外，LNG产业链跨洋过海，涉及不同的地缘政治、宗教文化、社会经济，不可控因素很多。为LNG物流从上游安全、稳定、保质保量地送到下游用户手中，上游、中游及下游各环节投资和建设必须同步；只有确保LNG的销售收入自下而上地回到产业链的上一环节，项目贷款才能够按时回拢，生产运营才能够及时得到所需现金流；为确保各环节在遇到突发事件时能从容化解，产业链各环节间的商务关系都是基于"照付不议"（Take or Pay）模式的LNG购销合同进行确定，合同期长达20~25年，合同通过各种严谨苛刻的条款保

证产业链各环节的风险和收益以"背对背"的形式无缝传递。

气电集团清楚地认识到,在 LNG 产业链上中下游各个环节中,环环相扣、相辅相成,且刚性链接、无法省略、不能压缩,只有实施基于纵向一体化战略的 LNG 产业链延伸与管理,才能够有效地规避其经济风险、政治风险、社会风险等系统风险,保证自己合理的投资收益。

(二)实施国家和母公司能源发展战略的需要

上世纪 90 年代,中国的改革开放进入了快车道,特别是沿海地区经济迅速发展,能源需求不断增大,能源结构不断优化。中国海油积极执行国家能源发展战略,审时度势,明确提出"油气并举、向气倾斜"的战略方针,通过实施"沿海天然气"战略并取得重大突破,南海崖城 13-1、渤海锦州 20-2、东海平湖等一批海上气田相继建成投产。接着,又根据国家"走出去"的战略方针,在原国家计委的直接领导下,开展我国东南沿海四省一市引进国外 LNG 的调研和试点工作,拉开了我国引进国外 LNG 的帷幕,实现了中国海油 LNG 产业的发展历程与中国 LNG 产业发展历史的同步。

为了更好地开展 LNG 相关工作,中国海油于 2001 年成立"新事业部",负责天然气为主的中下游板块规划、市场开发;2002 年正式成立中海石油天然气及发电有限公司,专门从事 LNG 接收站、输气管道、燃气电厂等业务;2005 年成立资源和运输管理办公室,以加强境外 LNG 采购;2007 年成立彩虹项目组,负责伊朗某大型气田开发、液化工厂建设和海上运输。

中国海油深刻认识到,应对气候变化已成为全球共识,发展低碳经济成为国际新潮流,打造绿色产业、抢占低碳发展的制高点成为国际竞争的新领域;国际能源公司都将发展清洁能源、可再生能源和高附加值产品作为公司的基本战略之一,并构建液化天然气完整产业链;中国社会正处在经济发展方式转型、能源结构日益优化的历史阶段,利用清洁的化石能源和化石能源的清洁利用正成为新时期国家的战略选择;作为国家石油公司,应始终以保障国家能源安全和建设环境友好型社会为己任,努力探索符合自身特色的绿色、低碳、循环发展模式。

2008 年,中国海油将旗下负责上游 LNG 业务的彩虹项目组、资源和运输办公室与中海石油天然气及发电有限责任公司整合组建了气电集团,明确建成上中下游纵向一体化的"国际化清洁能源供应公司"战略目标,并使其成为践行中国海油"绿色低碳"战略的重要载体。

(三)提升气电集团整体竞争力的需要

为准确把握基于纵向一体化战略的发展定位,气电集团成立之初,对国内外天然气行业发展环境和趋势做出理智判断,对自身优势和问题、机遇和挑战进行科学分析。通过与国际 LNG 行业领先者

气电集团在海南省的第一家电力生产和销售项目——海南洋浦电厂

的对标和趋势分析(见下表)发现：一是行业领先者都有几十年的 LNG 发展历史,其中东京瓦斯、大阪燃气堪称"百年老店";二是各家起步环节虽不尽相同,但最终业务都贯通了 LNG 产业链;三是中国海油的 LNG 产业起步较晚,在产业链的完整性、基础设施规模、能源供应总量上与国际先进水平有较大差距,但涉足的下游国内东南沿海市场具有良好的经济背景和占有 LNG 产业链接收站"链主"的有利地位。因此,要实施上中下游纵向一体化战略,以国际 LNG 行业领先者为标杆,将业务范围向 LNG 产业链的后向上游资源开发和前向下游关键性用气领域延伸,加强产业链管理,提升综合实力,创造更好的经济效益和社会效益。

与国际 LNG 公司的对标表

公司(成立时间)	上游			中游		下游		
	勘探开发	天然气液化	LNG海上运输	LNG接收再气化	天然气管输	城市天然气利用	天然气发电	电网
东京瓦斯(1885年)	√	×	√	√	√	√	×	×
大阪燃气(1905年)	√	√	√	√	√	√	√	×
东京电力(1951年)	√	×	√	√	√	×	√	√
韩国燃气(1983年)	√	√	×	√	√	政府禁入	政府禁入	政府禁入
法国燃气(1948年)	√	√	√	√	√	√	√	×
英国天然气(1986年)	√	√	√	√	√	√	√	√
气电公司(2002年)	×	×	×	√	√	√	√	×

注:2007 年对标公司年报资料　√ 已进入　× 未进入

　　2009 年,气电集团提出用 5～10 年时间,实现"年引进 LNG4000 万吨,建成国际一流清洁能源供应公司"的战略目标。为实现这一目标,仅靠建设 10～12 个大型接收站、做大接收站这个"链主"环节是远远不够的,因为资源紧缺、市场差异化都对产业链的做强做大起到瓶颈作用。为此,只有利用"链主"的优势,在巩固壮大现有业务的基础上,积极进入上游天然气勘探开发,拥有自己的液化工厂,提高在国际资源市场的话语权,用"资源保证市场";有选择地参与下游,扩大市场面,培育和建立与国际市场接轨的价格机制,用"市场引领资源";加大接收站、中转站、卫星站、输气管网等基础设施投资,加快燃气电厂、车船加注站建设,形成"纵向一体化"的产业结构,提升产业链的管控能力,保证产业链运转通畅,才能够真正掌握主动、扩大规模、控制风险、创造效益,用全产业链的综合效益实现建设国际一流清洁能源供应公司的战略目标。

二、基于纵向一体化战略的液化天然气产业链延伸与管理内涵和主要做法

　　气电集团以建设国际一流清洁能源供应公司为目标,充分利用"两种资源、两个市场",通过实施上中下游"纵向一体化"战略,采取"集中、合作、差异化"的策略,延伸 LNG 产业链,全过程管理 LNG 产业链中勘探、开发、液化、贸易、运输、供应、配送和销售各环节;通过"战略引领、规划驱动、管理运作、科技强化、风险管控、合作巩固",做强、做大、做优、做专 LNG 产业链;通过"有限相关多元化"发展 LNG 相关产业,实现有效的协同和互补，逐步形成可持续发展的替代产业基础，构建产业链完整、主业突出、结构合理、具有较强竞争力的清洁能源产业集群体系，为保障我国沿海及周边地区清洁能源的持续、可靠、充足供应做出贡献。主要做法如下：

(一) 依照纵向一体化战略，明确 LNG 产业链布局

气电集团实施的 LNG 纵向一体化战略，是在 LNG 接收站、管道、发电等已有业务基础上，前向参与到供应、配送、销售各环节，后向延伸至上游勘探、开发、液化等环节，以达到核心竞争能力最大、抗风险能力最强、整体效益最好的国际一流能源公司水平。

为实施纵向一体化战略，气电集团在集团管控上，提出"资源集中、市场集中、人才集中、资金集中、采办集中"五个集中策略；在业务拓展上，提出"人无我有，人有我优，人优我专"的差异化发展策略；在发展原则上，提出"利益共享，荣辱与共"的合作共赢策略。

通过 SWOT 模型和波特"五力"分析，制定具有全局性、前瞻性、可操作性的产业发展规划。力争用 5～10 年时间，以 LNG 贸易为龙头、设施为基础、人才为保障、科技为先导、管理为手段、沟通为桥梁，实现 2 个海外大型 LNG 生产基地、1 个 LNG 贸易平台、5000 万吨 LNG 年接收能力、4 张省级天然气管网、2 个区域燃气发电中心、1500 座 LNG 加注站等建设目标。

按照"战略引领、规划驱动"原则，合理布局 LNG 全产业链，提升产业链的管控能力，实现全产业链的综合效益最大化。一方面，巩固扩大产业链上已形成优势的业务。在接收站环节，以现有站点为基础，扩大接收气化能力，有步骤、有次序地布局新站，形成"阶状"供应网；在管道管网环节，以东南沿海输气管网为主体，努力开拓长江以北输气管道，推动管网布局的网络化；在发电环节，以新建、扩建、并购等多种方式，有选择地投资项目、扩大燃气装机容量；在 LNG 贸易环节，通过灵活多样的合同模式，采购国际 LNG 资源。另一方面，依据纵向一体化战略，向上下游延伸产业链，加大资源类、高端市场类等项目的投资力度。积极进入上游境外 LNG 资源的勘探开发领域和国内非常规天然气领域，建立稳定的资源供应链，用"资源保证市场"；依托集团的 LNG 资源、接收站、资金和人才优势，有选择地参与下游，形成全国性槽车、槽船液态分销体系和车船加注网络，扩大市场面，培育和建立与国际市场接轨的价格机制，用"市场引领资源"(见图 1)。

(二) 多种形式获取国内外资源，构建有竞争力的"资源池"

本世纪初，气电集团的前身—中国海油新事业部和气电公司就针对我国东南沿海省市的 LNG 引进项目，积极开展国际资源招标，成功获取澳大利亚西北大陆架和印度尼西亚东固 2 个资源合同，创造"中国 LNG 价格机制模式"。2004 年以后，国际油价扶摇直上，与油价挂钩的国际 LNG 价格也成倍增长，凸显"卖方市场"特征。国际市场大起大落的变化，使得 3 年间国内三大石油公司的国际 LNG 资源谈判无一成功，导致国内规划的 LNG 接收站建设项目停滞不前。

2008 年，气电集团审时度势，抓住国际金融危机的难得机遇，化"危"为"机"，创造独具特色的 LNG 资源供应方式。一是多渠道灵活地获取境外长期 LNG 资源购销合同(SPA)；二是在国外建设 LNG 生产基地；三是统一销售国内近海天然气("海气")；四是加大中短期合同和现货合同的签署和实施；五是有效地整合国内的小型 LNG 液化资源，构建资源来源多元化、商务模式多样化、具有国际竞争力的 LNG"资源池"。

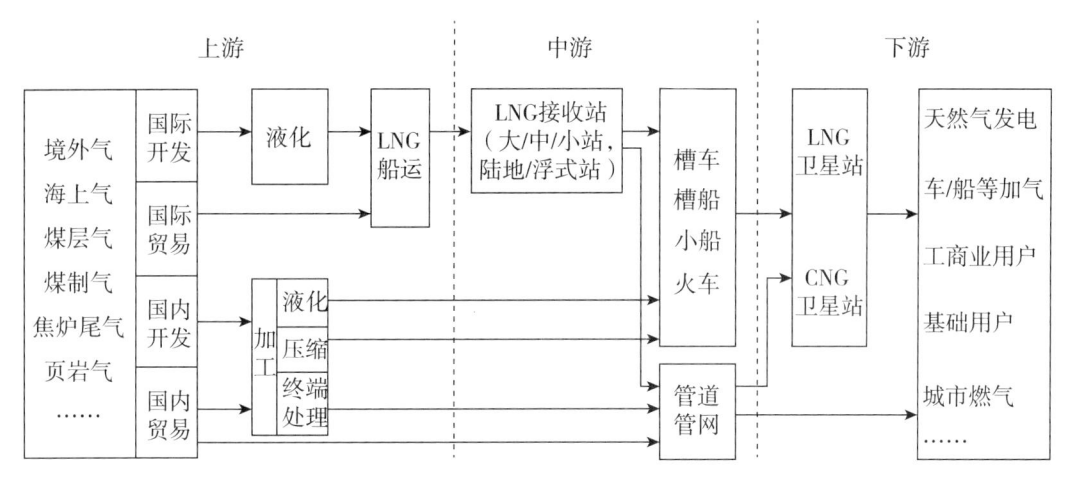

图 1 气电集团 LNG 产业链布局

1. 以组合方式采购国际资源，保障能源供应

气电集团为解决 LNG 资源采购难问题，深入研究国际 LNG 资源采购策略，积极探索国际 LNG 市场发展规律。近年来，国际 LNG 贸易方式发生很大变化，大西洋盆地向太平洋盆地转运的 LNG 量不断增多，中短期、现货交易量比重不断上升，合同模式也变得灵活多样。特别是金融危机导致全球经济疲软，LNG 需求下降、国际 LNG 交易价格出现松动，中短期现货价格低于长期合同价格近 30%。气电集团抓住这一难得机遇，采用中短期、现货和长期合同相结合的组合方式，采购国际 LNG 资源。从卡塔尔、澳大利亚等国家签订和锁定每年 1060 万吨 LNG 长期合同；在巩固与东北亚地区传统卖（买）家合作关系基础上，向印度、中东、非洲和南美等地区拓展，与遍布全球的 50 多家主要 LNG 市场参与者建立密切联系，与 30 家公司签署 LNG 中短期和现货贸易合同，共采购 800 多万吨 LNG 资源，逐步打造全球 LNG 资源供应和销售网络，多种形式获取国外资源。

气电集团中短期和现货占贸易量的比重从 2008 年的 10% 增加到目前的 30%~40%。一是满足我国天然气应急调峰和安全保供的需要；二是增加资源供应来源的多元化和灵活性；三是提高进口资源的价格竞争力。在中短期和现货 LNG 资源采购中，实行 LNG 价格与美国天然气价、英国天然气价和布伦特油价等指数挂钩，平抑以往亚洲与日本一揽子油价 JCC 单一指数挂钩的风险。

2. 建设境外 LNG 生产基地，确保能源安全

为了增强清洁能源安全保障力度，增加在国际 LNG 贸易中的话语权，提高产业链综合承受能力，气电集团积极参与天然气资源的勘探开发、液化设施的投资建设运营及运输等产业链上游环节。通过战略合作、资产并购、权益购买、交叉参股、探矿权转让等多种手段，获得多个 LNG 生产基地建设所需的生产设施权益和资源权益。在参股澳大利亚西北大陆架、印度尼西亚东固气田和液化工厂后，2009 年与英国天然气集团（BG）正式签署澳大利亚柯蒂斯项目的框架协议（HOA），锁定 360 万吨/年的 LNG 合同量的同时，获得 BG 子公司（昆士兰天然气有限公司）上游煤层气资源储量权益的 5%，并将获得柯蒂斯液化天然气项目一期第一条 LNG 生产线 10% 的权益。与 BG 共同组建船东公司，在中国建造两艘 LNG 运输船(控股 70%)。2011 年成功进入澳大利亚 EXOMA 煤层气和页岩气勘探项目,有 5 个勘探区块,勘探面积达 2.7 万平方公里。据初步评价,该地区煤层气和页岩气资源量可达万亿立方米以上,投产后可以为国内提供每年数以百万吨计的 LNG。

3. 积极开发国内资源,降低资源对外依存度

为平抑进口气价格、降低资源对外依存度、发挥对核心产业的补充作用,气电集团有选择地实施"有限相关多元化"策略,积极开发国内 LNG 相关资源,加强煤层气、煤制气、焦炉尾气、页岩气等关键技术的研发。2010 年,启动山东菏泽焦炉尾气制 LNG、山西煤层气开发利用项目,在内蒙古、吉林、云南、四川等地积极寻找和开发小型 LNG 以及非常规天然气资源。

(三)强化基础设施项目管理,确保产业链运营通畅

1. 科学决策项目投资,统筹全产业链建设

气电集团坚持"战略引领、规划驱动、管理运作、科技强化、风险管控、合作巩固"原则,重点投资国内外液化工厂、国内 LNG 接收终端、输气管网、重要地区的燃气电厂和部分城市燃气、卫星站、车船加注站等。基于 LNG 产业链的战略布局,以提升接收转运能力、输送能力、市场辐射能力、储备调峰能力和区域间调配能力作为项目投资决策依据,实行资源与市场同步、液化厂与接收站同步、海上运输与陆地管网同步、省级管网与沿海大动脉同步、卫星储罐规划与输气能力建设同步(包括码头设施同步),强化项目管理,防范和规避系统风险,发挥产业链的协同效应,实现预期投资收益。

2. 构建 LNG 项目管理体系,提升项目管理能力

建立标准化、涵盖全过程的 LNG 项目管理体系,包括集成管理、范围管理、时间管理、质量管理、费用管理、人力资源管理、沟通管理、风险管理、采购/合同管理等一般项目管理,并根据 LNG 项目的社会性、宏观性、层次性和特殊性,总结出征地及站址比选、可行性研究、健康安全环保管理、财务管理、LNG 远洋运输管理、验收管理、试生产运行管理等特色管理,为保证和提高 LNG 项目工程建设质量和管理水平打好基础。

3. 加强项目股权管理,实现合作共赢

LNG 产业链的最终用户众多,产业链中下游项目从建设开始到投产供气,涉及到政府、企业和老百姓的利益。因此,LNG 项目完全不同于海上油气勘探开发项目,只有与地方政府、企业加强合作并实现互利共赢才能成功。项目合作投资是推动基础设施布局、实现产业链延伸扩展的必由之路。气电集团始终将"合作共赢"作为 LNG 基础设施项目建设的基本策略,根据产业链的不同环节开展全方位、多层次合作,不拘一格地选择合作伙伴。先后成立合营公司 40 余家,合作伙伴多达 40 个。一是与地方能源企业合作。例如,与浙江省能源集团合作建设浙江 LNG 项目,与申能集团合作建设上海 LNG 项目,与粤电集团合作建设珠海 LNG、广东省级天然气管网和惠州电厂项目,与福建投资开发总公司合作建设运营福建 LNG 项目、福建城市燃气项目和福建槽车分销项目等。二是与国内同行合作。例如,与中国石化、中国石油合作建设广东省天然气管网项目。三是与外国石油企业合作。例如,与 BP(中国)有限公司合作建设运营广东大鹏 LNG 项目和大鹏槽车分销项目。四是与民营企业合作。例如,小型卫星站、汽车加注项目。

在合营公司里,针对各合作企业性质、背景、管理能力、管理文化差异及利益关系复杂的特点,注重培育尊重合作伙伴的企业文化,不摆"国家石油公司"的架子,不发"大股东"的脾气,严格按照合作协议和公司章程处事,严守"合作共赢"的原则,建立"利益共享,荣辱与共"合作关系。按照股东会—董事会—监事会的治理结构,建立健全股权多元化结构下的管理体系。对控股项目公司,采取直接管理和通过股东会、董事会管理相结合的方式;对参股项目公司,主要发挥影响力,通过股东会、董事会、监事会行使管理权和监督权。充分调动各合作方的积极性,使项目获得快速和持续发展的生命力。

(四)运用差异化策略开拓下游市场,建立与国际市场接轨的价格机制

LNG市场本质上是一个充满生机活力的竞争市场,但由于"照付不议"购销合同的关系,市场形成后就具有一定的自然垄断性。传统的LNG市场主要指燃气电厂、工业用户、城市燃气,新兴市场则是以液体形式销售的市场为代表,如车船用LNG。气电集团致力于巩固东南沿海区域市场,开发和培育市场用户,用差异化价格应对差异化市场。

1. 巩固东南沿海市场,开发北方、沿江和内陆市场

气电集团拥有广东大鹏、福建莆田、上海洋山、浙江宁波4个LNG接收站,2011年底累计接收进口LNG3294万吨。为了巩固这块传统市场,加大东南沿海地区LNG接收站建设投资力度,在建海南洋浦、珠海高栏港、深圳迭福3个接收站,拟建粤东、粤西、福建漳州、福建宁德4个接收站。与这些沿海接收站配套,建设海南、广东、福建、浙江4张省级天然气输气管网。这些接收站和管网全部建成投产,将为我国东南沿海四省一市以及港澳地区提供足够的清洁能源,成为气电集团LNG产业链最主要的区域市场。

为了建成沿海南北天然气输气大动脉,在江苏盐城、山东烟台、天津、辽宁营口相继布点LNG接收站,以形成第二区域市场;沿长江区域是第三区域市场;通过有选择的在相邻内陆省份进行投资,形成第四区域市场。

2. 巩固传统市场用户,开发和培育新用户

LNG产业传统市场主要是燃气电厂、工业用户和城市燃气,其中燃气电厂耗气量占总量的65%,是LNG产业链中的最大用户。燃气发电与燃煤相比,具有污染小、用气量大且稳定、启停快、运行灵活、调峰性能强等优势,对LNG项目落地和稳定运营起着支撑作用。可以说,没有燃气电厂,就没有LNG产业链。为此,气电集团主要在电力需求大、电价承受力强、环保要求高、电网调峰压力大的地区对电厂项目进行选择性投资。2001年,收购中山嘉明电力公司52.7%权益,成为中国海油第一个控股经营的天然气发电项目,目前已跨入百万机组行列。此后,相继投资海南洋浦电厂、福建莆田电厂、广东惠州电厂、深圳电厂项目,在燃气发电业务领域逐步形成规模优势。其中,莆田电厂已建设成为国内最大的燃气电厂,节能减排效果明显,为福建省的电网调峰发挥主力作用。

研发利用LNG新产品,培育和开发新的市场用户。LNG项目引进初期,目标市场的是替代成本高、污染严重的燃油电厂和城市用LPG。用LNG作为机动车辆汽柴油的替代燃料,比同热值的汽柴油价格要低30%,而且更环保。汽车LNG发动机研发成功后,已在全国19个省(直辖市)建成65座LNG加气站,为4000多辆LNG重卡、公交车和出租车提供加气服务。对渔船等海上船舶使用LNG作为燃料进行科研攻关,目前试验船已试制成功并下水。对于可以与国际LNG价格接轨的陶瓷、玻璃类高端市场用户,

按照市场区隔的理念为其建个性化服务的卫星站,保证供气安全。

3. 实行"总买总卖",统一市场销售

传统的LNG销售主要表现为"点对点"模式,即接收站的LNG资源来自于一个上游气田和液化工厂,上岸再气化后由一条主管道外输销售。广东大鹏、福建莆田、上海洋山采用的都是这种模式。2008年以来,国内LNG需求量不断加大,而国外资源采购难度没有减少,原有"点对点"的购销模式难以适应市场需求。为此,打破"点对点"的传统销售模式,创立"总买总卖"商务模式。

气电集团实行统一获取资源、统一部署市场销售,构建统一的天然气贸易平台。统一市场是"总买总卖"的核心,统一资源是"总买总卖"的保障。"总买总卖"模式旨在调整原有"单点LNG气源"对"单点市场"的硬连接关系,通过资源与市场的组合对应,由集团贸易公司作为中间纽带,将国际LNG资源与国内LNG用气市场的网络化连接,大力促进资源对市场的二次配置,优化LNG产业价值链,利用少量的LNG资源提前启动LNG基础设施布局。由此提高资源SPA合同商务条款的灵活性,使双方更容易达成一致,加快获取资源合同的谈判时间。多点资源可以有效地规避单一资源地"不可抗力"风险,减少国际LNG价格大幅度波动的影响,为实现"差异化价格"打下基础。

4. 利用"差异化价格",应对"差异化市场"

LNG是地球上最干净的化石能源,被誉为"能源皇冠上的明珠"。但LNG行业在我国还是一个新兴的行业,市场发育不平衡、不充分,无法简单地将上游"照付不议"合同的价格条款直接传递到用户手里。为此,将市场用户按照地区、类型进行划分,并制定相应的价格机制,既要保证上游"照付不议"合同的履行,又保证下游销售通畅,风险可控。

在LNG"照付不议"合同框架下,气电集团实施"差异化发展"策略,重点开发沿海天然气市场、燃气发电和车船加气用户,并有选择地发展城市燃气、分布式能源和其他大型工商业用户,实现对核心用户群长期的商务锁定和商务区隔,逐步建立起灵活、高效的天然气销售网络体系,形成具有基于地理区域、用户类型、产品类型和技术类型,可以有效配置及消纳资源,具备一定风险抵御能力的"市场池"。

(五)加强技术创新和标准体系建设,增强产业链的竞争力

1. 掌握和应用LNG核心技术,增强自主创新能力

气电集团成立技术研发机构,以全产业链的业务发展为目标和框架,有策略地选取国内行业或企业技术空白的领域进行自主创新和突破,在五个方向上进行定位:重点掌握"天然气液化、LNG接收站、清洁能源开发与利用"三大领域的核心技术与重大装备技术;加强差异化产品技术开发;开展技术储备及前瞻性研究;建设LNG重点实验室;建立决策支持中心。

在天然气液化技术领域,抓住彩虹项目需要自主大型天然气液化技术的机遇,开展以液化工艺研发为核心的大、中、小、微型天然气液化工艺包及关键设备研发,并取得国内领先水平的成果,为中国独立设计和建设260万吨/年大型天然气液化生产线提供可靠的技术基础,突破西方国家对大型液化技术的壁垒,并培养一批国内从事大型LNG技术研发的技术人才。现已掌握260万吨/年天然气液化工艺包,还全面掌握中、小、微型及海上浮式天然气液化技术及工艺包设计能力。此外,LNG储罐、LNG潜液泵、液力透

平、LNG汽车加注泵、LNG绕管式换热器、中间介质气化器、LNG示范船艇、LNG槽车和移动加液车、无动力橇装LNG加注装置、R0110燃机等LNG产业应用的重要设备及装置国产化研究已获得可喜成果,并形成多项自主知识产权。天然气液化技术和设备国产化实现突破,引领产业链的发展,为扩大"资源池"增添筹码,为产业链基础设施建设提供强有力的技术支持。

2. 构建LNG产业标准化体系,掌握产业技术的话语权

气电集团狠抓LNG技术和管理标准体系建设,翻译、引用国外标准,并根据工程实践积极承担国家标准和行业标准的编制,并发布企业标准,探索构建LNG标准化体系。根据全国LNG标准化分技术委员会编制的LNG标准体系框架和中国LNG标准体系表(见图2),作为标准化分技术委员会分会,出台中国LNG产业核心标准,从标准的层次性分类:LNG国际标准、LNG国家标准、LNG行业标准和LNG企业标准;从LNG工程建设标准分类:LNG核心标准、港口标准、接收站标准、管线标准、公用工程标准和通用标准。组织编制国家标准14项,发布行业标准12项;承担国家《液化天然气车用燃料加注系统规范》强制标准的起草;发布的LNG核心标准31部,梳理、整合的LNG工程设计、建设标准1100部。

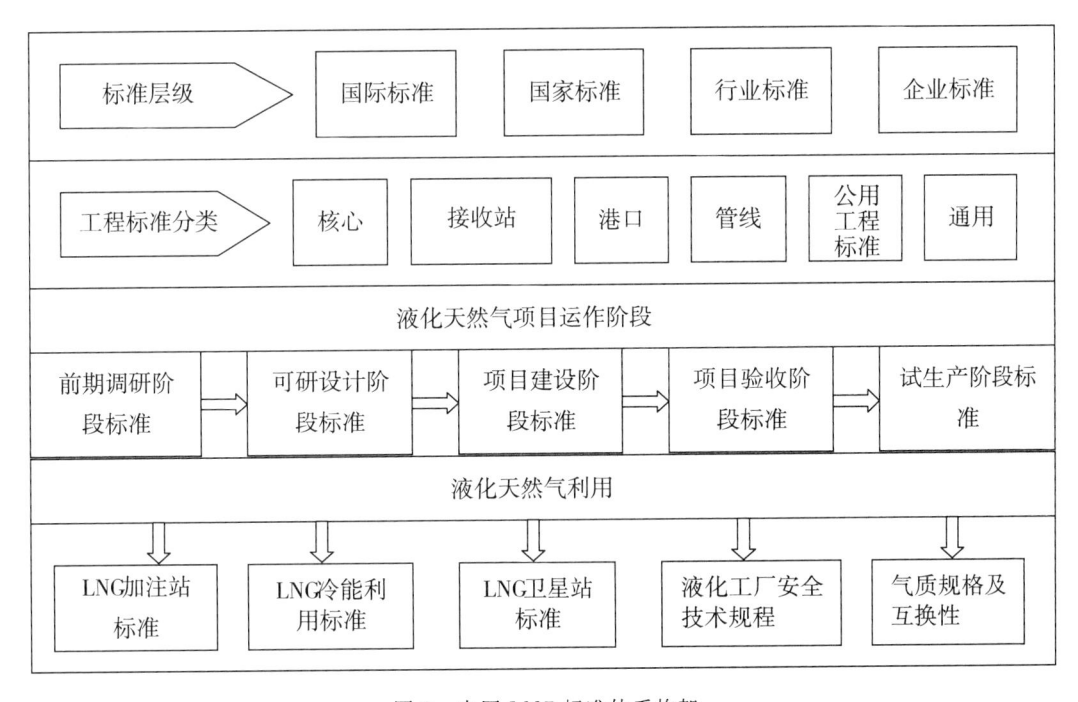

图2 中国LNG标准体系构架

(六)加强产业链管理,提升产业链的协同效应

1. 实施"五个集中"策略,加强全产业链管控

气电集团提出并实施"五个集中"策略,即资源集中、市场集中、人才集中、资金集中和采办集中。在资源上,对境外LNG资源进行集中采购,对中国海上天然气资源进行集中整合;在市场上,统一资源集中销售,以加强资源销售和市场开发的集中控制,提升市

场的区域化和专业化管理水平;在人才上,优化内部人才配置,强化干部轮换和岗位交流以及引进优秀人才,集中、快速培养和选拔人才;在资金上,建立信息化的"资金池",以集中管理资金,降低资金成本;在采办上,对具备集中优势、可形成规模效应的物资和服务、工程进行统一组织、集中采购。

2.加强全面风险管理,规避防范产业链的系统风险

LNG行业作为一个高风险行业,其风险无时不有、无处不在。气电集团对产业链所有风险源进行分析归类,得出十大类主要风险:资源供应风险、市场竞争风险、生产安全风险、合规运营风险、决策机制风险、商务模式变化风险、政府关系协调风险、宏观经济风险、国家政策风险。进而将"资源供应、市场竞争、生产安全、合规运营"等四类影响大、危害深、对集团产业链生存会产生重大威胁的风险定为风险识别和防范的重点。

对每一类风险都制定识别和防范制度。对资源供应风险,采取总买总卖、非常规天然气替代资源等策略;对日趋激烈的市场竞争风险,采取差异化、市场区隔、强化输气管网建设、液体分销等策略;对生产安全风险,采取签署安全责任状、《安全手册》、建设抢维修中心等策略;对合规经营风险,采取签署合规经营责任状、领导干部定期轮训或流动换岗等策略。

建立全面风险管理体系,涵盖产业链各环节以及经营管理中可能面对的各类风险控制点,构建并实施22项制度、175个办法、23个细则、218个流程。同时,建立健全相应的投资风险约束机制、科学投资决策制度、重大投资责任追究制度和退出机制,严格执行投资项目的法人责任制、资本金制、招标投标制、工程监理制和合同管理制。

三、基于纵向一体化战略的液化天然气产业链延伸与管理效果

通过基于纵向一体化战略的LNG产业链延伸与管理实践,气电集团战略思维、经营理念、管理水平、经营效益、运营效率和企业文化得到不断优化和提升,在LNG行业主导能力、沿海区位市场条件、国际LNG资源谈判和获取、LNG专业技术和管理人才等方面形成"四大"核心竞争优势,综合竞争力迅速增强,LNG清洁能源产业链条初具规模,迈入了全面建设国际一流清洁能源供应公司的新阶段。

(一)有效实施了产业链延伸与管理,协同效益显著

气电集团已经形成了从天然气(含非常规天然气)勘探开发、天然气液化、LNG贸易、LNG接收终端、LNG液态分销、输气管道管网、燃气发电、LNG车船加注、城市燃气、LNG卫星站、LNG冷能综合利用等较完整的产业链。在LNG产业链上运营和在建的上中下游项目共98个,其中天然气勘探开发项目4个、天然气液化项目2个、LNG运输项目1个、LNG接收站项目6个、省级输气管道项目4个、燃气发电项目5个、城市燃气项目3个、LNG卫星站项目4个、LNG液态分销项目2个、车船加气站项目65个、LNG冷能空分和低温粉碎废旧轮胎项目各1个,分布在国内16个省、3个直辖市和澳大利亚、俄罗斯等国家及东南亚、北美、中东地区。

产业链上中下游各环节之间实现了良性互动、有效协同,经济效益显著提高。2011年与重组前的2007年相比,营业收入达到373亿元,增长5.2倍;利润总额增长8倍,上缴税费增长6.4倍;资产总额达到564亿元,增长2.9倍;经营天然气量达到229亿立方米,增长3.5倍。净资产收益率、主营业务利润率、成本费用利润率和主营业务收入增长

率都高于国内、国际同行业标准值的优秀值。

（二）企业规模不断扩大，巩固了行业领军地位

通过延伸LNG产业链和加强产业链管理，气电集团规模不断扩大。摸索出一套成功规避风险的商务模式，积累了丰富的商务谈判经验和一批专业化的管理人才，国际LNG资源的获取能力和整体竞争力明显增强，成为全球排名第3的LNG单项主力买家，仅次于韩国燃气和东京电力。

2011年，投入运营的广东大鹏、福建莆田和上海洋山3个LNG接收站的接收能力达到1480万吨，全年为沿海地区提供了1085万吨LNG，占全国进口LNG供应总量的90%。在市场争夺日益激烈的背景下，确保了在广东、福建、海南、浙江、上海等东南沿海天然气市场占有率连续4年保持增长，巩固了市场主导地位。

投入运营的中山嘉明电厂、福建莆田电厂、海南洋浦电厂、广东惠州电厂和深圳福华德电厂等发电项目总装机规模480万千瓦，其中控股装机363万千瓦，居全国燃气发电之首，成为中国大型清洁能源发电企业之一。

通过不断强化天然气液化、LNG储罐等高端技术及先进工艺的研发，掌握了260万吨/年天然气液化工艺包，成为全球第5家拥有大型天然气液化技术的公司，也意味着中国成为美、德之后全球第3个拥有大型液化技术的国家。

（三）带动了液化天然气相关产业发展，企业与利益相关者互利共赢

到2011年底，气电集团已为中国沿海地区累计安全、平稳提供了近3300万吨的进口LNG，相当于替代了6100万吨标准煤（每利用1亿立方米天然气，相当于约13.3万吨标准煤）。与燃煤相比，实现二氧化碳减排1919万吨、二氧化硫减排156万吨，环境效益显著。

产业链一体化延伸促进了上、中、下游产业的发展，包括船舶及拖轮制造、发电及燃气轮机、交通运输、装备制造、低温设备制造、冷能综合利用、清洁发展机制（CDM）等相关产业的发展和装备国产化水平的提高，带动了境内外项目所在地的就业，为我国培养出了一批具有丰富经验的高素质LNG专业技术、项目管理和商务谈判人才，实现了与利益相关者互利共赢。

（成果创造人：吴振芳、王家祥、罗伟中、邱健勇、唐令力、王建文、
蔡宪和、陈红盛、付子航、裴　容、张　丹、秦　锋）

空分设备制造企业转型升级战略的实施

杭州制氧机集团有限公司

成果主创人：公司党委书记、董事长蒋明

杭州制氧机集团有限公司（简称杭氧）成立于1950年，是我国第一台空气分离设备的设计与制造者和唯一的国家级重点新产品开发与制造基地，也是国内最大的空分设备研发、设计、制造成套企业，拥有我国空分行业唯一一家上市公司。杭氧现有国家级企业技术中心、空气分离及液化设备研究所、博士后流动站等多个科研机构。目前，已为国内外用户提供了大中型空分设备380多套，产品遍布全国，并出口到美、欧、亚等40多个国家和地区。同时，作为石化装备的重要国产化基地，先后承接并开发了多个100万吨等级乙烯冷箱国产化项目，并开发了天然气冷箱、液氮洗冷箱等产品。

2007年以来，为适应国内竞争日益国际化的新形势，杭氧大力实施"重两头、拓横向、做精品"转型升级战略，推动企业"二次创业"。经过几年的发展，不仅在原有的空分设备研发制造上保持着强大的技术能力和市场地位，而且在空分装备成套工程服务能力、工业气体投资业务、横向产业拓展方面取得了显著成效，初步实现了由单一空分设备制造商向制造服务商和工业气体提供商的转变。

一、空分设备制造企业转型升级战略的实施背景

（一）打破国外垄断、实现特大型空分设备和稀有气体提取技术国产化的需要

空气分离及液化设备（简称空分设备）被称为"工业之肺"，广泛应用于冶金、化工、能源、玻璃、电子、食品等行业。空分设备的使用原理是以空气为原料，通过压缩循环深度冷冻的方法把空气变成液态，再经过精馏而从液态空气中逐步分离生产出氧气、氮气及氩气等惰性气体。这些气体从空气中分离出以后，在工业中被用于化工领域的保护气、冶金领域的炼钢吹氧以及航空航天发射等。另外，随着化工技术的不断突破，煤制气、煤气化发电已经被认为在能源领域有广阔的前景。我国是一个煤多油少的国家，煤化工对于特大型空分（每小时8万立方米及以上制氧容量的空分设备）有强烈的需求。

长期以来，我国空分设备无论在容量上还是在流程上与国外跨国公司都存在着一定差距。特别是在特大型空分项目上，国内空分企业缺少成套的业绩，而跨国企业已经在多个国家和地区投入运营了特大型空分设备，杭氧则刚刚开始8万立方米、12万立方米设备的研发制造。在稀有气体提取方面，国内企业虽然已经在无氢制氩技术方面取得了突破，但在其他稀有气体提取方面，其流程、技术、设备制造、业绩等与国外有较大差距，

而这些正是跨国气体公司重要的利润来源。在空分设备的配套机组方面,虽然空压机、氧压机、换热器、低温泵、专用阀门及低温阀门等机器国内都能制造,但在规格、品种及规模上均少于国外跨国公司,而且在效率、能耗、质量及外观上存在着差距,部分产品仍无法满足国产化要求。

因此,要实现我国空分产业的自主化发展,支撑我国工业持续健康发展,就必须打破国外公司长期在特大型空分设备方面形成的技术垄断和市场垄断。作为空分行业的领军企业,杭氧一直以来致力于振兴民族空分装备业,有基础、有信心、有能力通过自身的努力打破垄断,实现我国特大型空分装备和稀有气体提取技术的国产化。

(二)拓展发展空间、增强企业盈利能力的需要

杭氧一直以空分设备的研发制造为主,对于上游的产品成套工程和下游的气体服务等未投入更多的资源。进入新世纪尤其是2007年以来,面对市场竞争更加激烈、技术要求更加复杂、服务理念亟待转变的新形势,特别是国外跨国气体工业巨头越来越重视中国市场,杭氧传统发展模式导致在空分产业价值链中的地位越来越低。

工业气体是一个应用广泛的行业,在医药、电子、食品、玻璃、航空航天、生物工程、材料科学等众多领域都需要用到工业气体和特种气体。当前,跨国气体公司的经营业务已经从传统的设备制造销售转向了向终端用户直接提供气体,在销售收入中气体及服务的收入已占80%以上,尤其是特种气体、稀有气体成为拉动销售收入增长的主要来源。近年来,国内相关行业发展迅速,带动了对工程成套服务和工业特殊气体的巨大需求。发展工业气体对于杭氧来说是一个"蓝海",也能够有效规避风险。因此,必须借鉴国际先进企业的发展经验,转变经营理念和发展模式,充分利用自身优势,围绕空分产业进行上下游延伸和相关产业拓展,开拓新的市场渠道,拓展新的发展空间,从而推动企业的持续健康发展。市场重点应逐步集中于国内正在兴起的煤化工、电子、玻璃等行业,同时向空分装备的上下游延伸,通过气体业务的拓展拉动设备需求和成套服务,利用空分设备的技术进步促进气体产品的应用开发,形成两者的良性互动、共同发展。

(三)减少经济波动冲击、增强企业可持续发展能力的需要

空分设备是根据客户不同需要进行定制和设计,主要用于冶金、化工等国民经济的基础工业,相关用户极易受到宏观经济以及政府政策的影响,项目容易出现暂停或暂缓,进而影响资金流动。近年来,国内钢铁行业产能过剩严重、发展趋缓,而且在今后一段时期内问题依旧存在。1998年,由于亚洲金融危机的影响,中国实施紧缩的货币政策和财政政策,"三年不上新项目"的政策导致众多工业部门减少了投资,影响了市场对空分设备的需求,也使杭氧效益大幅度下滑并出现了潜亏。因此,为了减少外部宏观因素对空分设备需求带来的冲击,实现可持续发展,杭氧

自行研发、自主设计制造的
神华六万空分设备

必须调整发展战略,探索实施空分产业多元化发展。

二、空分设备制造企业转型升级战略的实施内涵和主要做法

杭氧以"世界一流的空分设备和气体运营专家"为发展目标,紧紧围绕空分核心主业,在着力突破核心技术、关键技术,形成较强技术能力的基础上,积极实施"重两头,拓横向,做精品"的转型升级战略。充分利用在空分技术领域的丰富经验,改变空分设备制造单一业务结构,向上下游延伸,开展气体投资业务和空分工程成套服务,形成上下游完整的空分产业链;同时,横向拓展相关多元化产品和业务领域,进一步优化产品结构,并大力实施"精品工程",为客户提供高质量的产品和细致的服务,逐步从单一的空分设备制造企业转向空分领域服务型制造企业。主要做法如下:

(一)深入分析外部环境和内部条件,制定转型升级战略

为了实现"引领中国空分产业的发展,为世界提供最优质的空分设备和工业气体"的企业使命,杭氧立足于"成为世界一流的空分设备和气体运营专家"的愿景,对未来发展面临的外部环境和自身优劣势进行深入分析。从发展环境和市场需求来看,近年来国内煤化工行业逐渐兴起,LNG(天然气液化)行业也成为国家重点扶持产业,中国工业气体市场前景十分广阔。就企业自身而言,杭氧具有国内一流的大型空分成套经验、新基地的制造优势以及技术研发实力,自身配套能力较强,产业体系已日臻完善,产品市场占有率高、客户认知度高,在未来的发展中将具有较多优势。但也面临十分激烈的竞争,尤其是与跨国公司的竞争。法国液化空气集团、德国林德公司、美国普莱克斯公司和美国空气化工产品公司掌握了世界最先进的工业气体生产技术,基本上垄断了世界工业气体市场。杭氧制造的特大型空分设备由于缺乏成套经验,大型合同竞争能力弱。杭氧依据国家装备制造业调整和振兴发展规划以及浙江省政府关于实施知识产权、标准化及品牌的三大战略要求,在"十一五"期间,提出"重两头,拓横向,做精品"的发展新战略,即在做精空分设备主业的同时,延伸空分产业链的上下游,扩展气体投资和空分工程成套服务,实现从"传统制造业"向"服务型制造业"的转型升级。

到"十二五"末期,力争实现销售收入过百亿、气体收入占50%以上的目标。一是完成8万立方米、12万立方米空分设备研发制造,使我国空分设备的设计制造技术达到世界先进水平,并完成与之配套的关键核心部机的研发,彻底打破国外在该领域的垄断;二是在"十二五"内完成国家高技术研究发展计划(863计划)"200MW级IGCC(煤气化联合循环发电)空分装置技术开发"的实施,在IGCC新领域中占据制高点;三是到"十二五"末完成约90亿元的气体产业投资规划,采用投资、收购兼并等多种方式,在长三角、华中、环渤海湾、东北形成四大连锁经营网络,产品涵盖氧、氮、氩等常用气体,还要开展在氢气、二氧化碳、高纯气、特种气体领域的市场应用;四是在"十二五"期间,实现杭氧工程设计综合甲级资质的目标(全国控制在50家左右),并争取在空分单元包(如分子筛和压缩机的管道应力计算)、化工工艺方面能形成一些工艺包,提高工程设计竞争力,为空分领域开拓海外市场打下基础。

(二)推进空分设备核心技术、关键技术创新,做强核心产业

"强化核心产业"就是继续做强做大现有空分设备研发制造产业。技术是立业之本和发展之源,无论完善空分工程成套服务还是开拓气体产业都离不开技术的支撑。近3

年,杭氧拥有已授权专利 26 项,其中发明专利 12 项。这些专利应用于空分产品,将产生可观的经济效益(见表1)。2011 年,在原杭氧研究所的基础上,成立杭氧研究所有限公司,主要从事空分设备研究及新产品开发。通过改制,择优选择实力雄厚的空分行业企业,加大技术开发投入和空分专业人才的培养,赶超世界先进水平。除了保持在空分设备上的技术优势和市场优势外,拓展稀有气体、混合气体等的应用市场,使其成为新的经济增长点。

为了实施新的发展战略,加大技术改造投入。每年制定新产品、新技术、新工艺计划(三新项目),并列入工作考核的重点。通过完成 6 万等级冶金型和化工型空分设备研制,奠定在国内绝对领先地位,赢得很多大合同,市场占有率进一步提高。积极应对跨国气体公司的挑战,加快 8 万等级和 12 万等级空分设备的研制,争取成为世界能制造 8 万等级以上空分设备的领先企业。

表 1 杭氧近年开发的拥有自主知识产权技术(部分)

先进技术	采用方式	比较基准	技术水平
采用规整填料上塔和全精馏制氩的空分设备技术	自行开发	德国林德公司同类技术	国际先进
空分流程技术	自行开发	德国林德公司同类技术	国际先进
板翅式换热器导流片制造工艺	自行开发	德国林德公司同类工艺	国际先进
大型塔器制造工艺	自行开发	国内优秀同行	国内领先
铝制板翅式换热器单元组件真空钎焊工艺	自行开发	国内优秀同行	国内领先
铝制板翅式换热器部装工艺	自行开发	国内优秀同行	国内领先
空分装置中氖氦的提取技术	自行开发	国内优秀同行	国内领先
空分装置中氪氙的提取技术	自行开发	国内优秀同行	国内领先
板翅式热耦合精馏装置设计	自行开发	无	专利
卧式逆流冷凝蒸发器设计	自行开发	无	专利
全精馏制氩操作技术	自行开发	国内优秀同行	国内领先
分子筛纯化系统技术	自行开发	国内优秀同行	国内领先
高效空气预冷系统技术	自行开发	国内优秀同行	国内领先
空分设备自动变负荷控制技术	自行开发	国内优秀同行	国内领先

为了满足制造特大型空分设备的需要,2007 年开始实施企业整体搬迁,在搬迁项目中投入 18.5 亿元用于技改投资项目,使杭氧生产水平和生产设施得到全面提升。为满足 10 万等级空分设备和大型乙烯冷箱的生产制造要求,在原有 3 台真空钎接炉基础上又新增 1 台国内最大、最先进的真空钎接炉,全年可钎接板翅式换热器 3000 吨左右;从国外引进五轴数控加工中心 2 台,用以解决各类三元流透平氧压机叶轮和透平膨胀机闭式叶轮的加工难题;在引进消化英国产品的基础上,自主开发高效的填料流水线生产系统;在原有换热器翅片清洗线上,经过技术人员的论证,加装机械臂,实现翅片清洗的全

自动化控制。2010年起,实施用以制造和组装10万等级及以上空分设备和百万吨乙烯冷箱的重跨厂房建设,占地面积5100平方米,拥有独立的300吨级船运码头,并配备2台250吨行车,用以解决随着空分设备大型化发展带来的起装、运输等问题。

(三)积极向空分上下游产业延伸,培育新的业务领域和增长点

"重两头"战略即空分产业向两头延伸,向上重点发展工程成套业务,向下重点发展气体业务。在"十一五"规划中,杭氧提出"涉足气体领域,开拓气体市场"战略,努力形成设备制造、气体产业两翼齐飞和工业气体投资、工程成套服务相互支持、相互促进的局面,实现打造"世界一流的工业气体供应商和服务商"的目标。

1. 大力实施气体投资战略,向下游产业链拓展

一般情况下,所在国或地区的工业气体增长率是其实际国内生产总值增长率的2～2.5倍。近年来,全球工业气体市场前景广阔,并且发展迅速,尤其是中国等经济高速发展的新兴国家,除了传统工业领域(如钢铁、石化、玻璃等行业)对氧、氮、氩的需求外,其他一些行业(如食品、生物技术、环保、电子等)对特种气体的需求增长速度也很快,这些气体的附加值很高。杭氧在气体生产技术方面有优势,投资气体不仅有利于实现可持续发展,并且对于空分技术的发展有相互促进的作用,能够提高在市场竞争中的地位,促进民族工业气体的发展。为此,杭氧确定把气体产业作核心产业之一进行重点培育。

围绕着产业集中地进行气体投资(主要是在冶金、化工等产业集中的区域),采取新设或者收购的模式进入目标市场区域,并优化服务质量,为客户提供专业的气体产品管理服务。3年来,气体项目总投资额达45亿元。

2008年,杭氧专门成立气体中心,负责气体投资管理业务。2012年,对气体中心的职能规划进一步调整,设置气体运行、气体管理、气体投资、气体物流、气体工程、气体应用研究等部门,强化对气体项目的投资、建设、运营管理和产品研发。到2011年底,共有18家气体公司成立,项目涉及12个省、14个地级市和钢铁、化工、玻璃、太阳能四大行业,有氧、氮、氩、二氧化碳等4种气体产品,形成以瓶装气、液体及冷能空分液体、现场制气、工业园区管网供气为主的4种业态。

2. 不断培育工程成套服务能力,向上游产业链拓展

工程成套业务位于空分产业的上游,对于提高空分设备竞标能力和气体投资市场竞争能力有至关重要的作用。长期以来,空分设备出厂后,都由安装公司来完成安装,为增强综合实力,有效提高空分设备的安装效率、总体质量水平和空分设备运行的稳定性,杭氧决定向空分产业链上游拓展。工程成套业务是以空分技术为先导、工程设计为基础、空分和石化工程项目承包及项目管理为主体,集科研开发、工程咨询、工程设计、装置施工服务和开车指导于一体,采用国际上工程建设普遍采用的先进的项目管理理念,重点打造大型空分、化工、石化、医药、天然气、建筑工程总承包。

2007年,杭氧在销售中心下设工程公司,以相应的职能模式承担空分工程总承包(EPC)合同项目的策划、组织、管理、协调与执行。为了更好地提升在空分成套工程方面的服务能力,依托原杭州化医设计院的资源和资质,组建成立杭氧化医工程有限公司,逐步完善空分成套产业链。通过整合社会资源,吸收原化医设计院的技术实力和人力资源,并整合杭氧在空分设备研发和成套上的优势经验,实现资源有效配置。杭氧化医重

点服务上游产业链,借助杭氧在气体投资和设备销售的广阔市场,在工程成套服务领域得到充分发展。

为尽快培育在工程项目咨询、设计服务方面的能力,给予杭氧化医特殊授权,在处理空分 EPC 设备设计、制造等协调方面,可代表母公司实现无缝对接管理,确保设备的准时顺利开车。

积极整合相关人才,为工程成套业务开展服务。一是杭氧空分相关的设计和管理人才;二是原工程设计院的相关专业设计人员。杭氧化医在具体项目的执行中,利用自身对产品设计技术的专业性,根据产品的技术特点,在管理上有的放矢,尤其是在项目执行的初期,从设计、进度上采取相应的措施。

(四)突破关键配套部机和石化低温项目相关技术,适度拓展空分横向产业

1. 攻克空分设备关键部件核心技术,拓展高端部件业务

一是新型填料产品。填料是空分装置在低温精馏过程中的关键产品,其技术性能直接影响到液体分离效率和装置运行能耗。杭氧依托空分技术和设备制造经验,通过自主技术开发和设计制造,为市场提供空分填料产品,以先进的技术、过硬的产品质量确保在空分设备制造领域的领先地位。过去,杭氧所使用的填料产品皆为外部采购,而且高端规整填料一直为国外公司所掌握,受到配套周期和技术制约。为了降低成本,提高配套能力以及竞争能力,成功开发填补国内空白的填料自动生产线及具有自主知识产权的新型填料产品,实现空分填料自动制造技术的产业应用。

二是透平机械。透平机械是构成空分设备的重要部机之一,其发展直接影响到空分设备的技术水平。杭氧在研制透平系列压缩机方面的技术贮备、产品覆盖范围、设备加工能力都不是世界最顶尖的,但扬长避短,致力于打造精品、提高市场服务,在中型空分设备配套的离心式压缩机市场占有率较高,尤其是离心式氧气压缩机的国内市场占有率超过 80%。同时,积极开发大型空分配套的空压机、氧压机、氮压机和循环压缩机,进一步完善各种规模空分设备配套的空气、氧气、氮气和循环压缩机。

三是泵阀产品。为适应未来钢铁行业 COREX(熔融还原炼铁)、IGCC(整体煤气化联合循环发电系统)、窑炉纯氧燃烧、LNG(液化天然气)等相关产业发展,重点开发低温泵系列、三偏心硬密封蝶阀、三杆阀、中高压氧用阀等产品,并为气体产业提供开车保障、检修、备件服务,为工程成套提供配套阀门咨询、采购、安装指导等服务。

2. 攻克大型乙烯冷箱关键技术,拓展石化低温项目高端市场

乙烯装置规模化、大型化已成为全球发展趋势,正从 80 万~90 万吨/年向 100 万吨/年以上推进。为适应乙烯装置大型化需要,杭氧结合相关技术,深入开展板翅式换热器的基础研究和乙烯冷箱热力设计研究,优化和完善现有计算机设计、计算软件系统,开发出适用于大型板翅式换热器的新型、高效、高强度翅片和特大型板翅式换热器钎焊工艺、板翅式换热器性能检测方法及设备,满足乙烯冷箱的高可靠性要求。这些技术成果的运用,使杭氧成功突破 100 万吨/年大型乙烯冷箱的国产化目标,成为乙烯冷箱国产化基地。而过去,国内市场这类产品全部依赖进口。目前,世界上大型成套乙烯冷箱、高压板翅式换热器,仅有美国 CHART 公司、法国诺顿公司、日本住友和神钢公司、德国林德公司和中国杭氧能够制造,这标志着杭氧在乙烯冷箱的设计水平、制造能力上达到了国际

先进水平。因此,近年来已经承担国内绝大部分大型乙烯冷箱项目,其中乙烯冷箱最大生产能力达100万吨/年,用于天津乙烯和镇海炼化的100万吨/年乙烯冷箱。

3. 研制特殊气体提取装置,拓展特殊气体高端市场

由于"黄金气体"氪氙的分离提取工艺对提取装置的要求很高,100万立方米的空气才能换1立方米的氪氙,世界上只有欧美少数几家企业能够设计制造氪氙提取装置,而目前市场上氪的售价要0.7万～1.2万元/立方米(气态)、氙的价格要12万～20万元/立方米。为满足氪氙提取装置的技术和安全要求,杭氧采用新技术及新工艺,成功研制出国内第一台拥有自主知识产权的氪氙提取装置。2011年底,为湖南湘钢MESSER气体公司研制的氪氙提取装置成功开车,设计处理能力为24吨/日原料液氧,氪氙混合液的纯度为99.9995%,成为国内建造的氪氙混合液纯度最高、处理量最大的氪氙提取装置之一。由于拥有自主知识产权,杭氧研制的氪氙提取装置价格要比进口装置便宜50%。

(五)加强产品质量管理,制造空分设备精品

杭氧在完成生产制造厂区整体搬迁后,设施设备能力和水平得到全面提升。在厂区规划上,按照空分设备的生产流程进行科学布置和设计,以容器制造、板翅式换热器为主线,其他配套部机产品的生产按照最近原则进行优化配置,并将一些噪音大、震动大的生产工艺流程远离精密机床和设备,提高加工精度。根据自身特点和生产工艺要求,引入并创新6S管理模式,实现清洁生产、安全生产、高效生产。

以提升质量意识为核心,强化工艺执行为关键,实施精品工程为重点,加强全员、全方位、全过程的质量管理。积极推广采用新老质量管理工具,实现质量管理的科学化和常态化。制定年度质量改进计划,严格实施质量改进。每季度对质量改进计划的实施情况进行统计和分析;每月对产品质量进行统计分析,编制质量月报,对于产品质量出现异常波动,确定责任人跟踪并纠正。发现产品质量问题后,立即组织召开质量专题分析会议,讨论并确定出现质量问题的原因,提出改善措施,立即实施改善措施并跟踪实施后是否达到预期提高产品质量的效果,反之则继续改进。

推进精益生产及持续改进,有效降低生产成本。在生产车间,通过开展以"一个目标,一条主线,三个重点"为核心的精益生产,即以进一步提高劳动效率为目标、以确保设备满负荷运转为主线和以不断提高管理水平、以进一步加强技术研发及不断提高产品质量、以保证全体员工的思想稳定及团结为重点,化生产组织,满足生产安排和交货周期需要。建立制度化管理体系,以标准化管理将管理流程化、制度化,从而降低生产成本,提高市场竞争能力。标准化管理通过"三定"方法来实现。一是定时。设定生产人员工作产能、提高效率,减少工时浪费。二是定量。设定构成产品材料及物料定额,减少材料或物料浪费。三是定位。设定明确管理人员职责,减少管理资源浪费,制定各项作业的标准作业指导书和操作规程20余项。

杭氧与浙江大学合作,开展基于大型成套产品的质量管理模式、集成QFD&TRIZ的设计创新方法和大型成套产品的供应链保障系统3项研究,对产品的设计流程、质量管理流程、项目控制流程进行重组改造,并形成控制规范和评价标准。随着全新的SAP"企业资源规划管理系统(ERP)"的引入,将完成对目前所有工作流程的再造和重组,全面实现物流、信息流、人力流、财务流的统一。

（六）强化投融资管理和风险防范，为企业转型升级提供保障

1. 开辟多元化的融资渠道，解决筹资问题

转型升级需要充分的资金保障。杭氧除从自有资金和经营留存来筹集资金外，积极利用外部资本市场募集资金。一是推动核心业务改制上市。2010年6月，杭氧股份在深圳证券交易所上市，IPO首发上市共募集资金12.4亿元，用于大型空分制造技改项目和气体投资项目。为确保募集资金的规范使用和投资者的切实利益，按照《公司法》、《证券法》等法律法规要求，制定《募集资金使用及管理制度》。2011年底，所有募集资金均已投放到位，使用率超过70%。二是积极与金融机构合作，获取银行贷款授信。近年来，分别与3家银行签订60亿元的授信额度，切实保障气体投资项目及生产经营的资金需求。在国内银根紧缩的形势下，为多渠道开拓融资渠道，还与多家金融机构商讨，制定发行中期票据等可行性方案，为资金供给再筑安全堤坝。

2. 加强投资管理，提高资金使用效率

近年来，杭氧气体投资的步伐十分迅速，仅2011年就超过20亿元。为实现安全稳步发展，建立一套财务资源管理的体系，以财务制度为依据、以资金管理为主线，借助财务信息一体化软件，采用财务预警分析方法管理和控制财务风险。同时，完善资金使用流程，强化执行资金收付计划，提高资金使用效率，保障资金地有效供给。不断完善财务管理体系和制度，提高风险控制水平，确保国有资产保值增值，实现企业价值最大化。建立财务分析制度，根据不同情况分别采用比率分析、比较分析、因素分析、平衡分析等方法，从定量与定性两个层面充分反映资金执行情况。召开月度资金分析会议，跟踪检查月度资金计划执行情况，有效控制资金使用。

3. 加强对子公司的管控，防范经营风险

随着经营业务不断扩大，尤其是气体投资业务的迅速发展，杭氧在全国各地投资的气体子公司逐年递增。面对着不同地域、不同文化、不同环境的子公司，制定《控股子公司管理办法》、《子公司财务管理办法》、《重大事项报告制度》、《融资及担保管理办法》、《商标管理办法》等8项管理制度。对于控股子公司，全部由母公司派遣财务总监，并由公司中层管理人员兼任各控股子公司的董事、监事等职务，确保公司董事会经营目标的实现。制定《子公司经营层绩效年薪考核办法》，加强对子公司高层管理人员的考核。同时，各控股子公司的资金由总部资金结算中心统一结算，降低运营风险；对于子公司经营数据，采取远程网上直报，必须按照时间节点定期上报总部。

三、空分设备制造企业转型升级战略的实施效果

（一）企业核心技术能力显著增强，高端市场占有率不断上升

通过围绕空分主业持续不断的技术攻关，杭氧在国内空分领域的技术实力不断增强，已经掌握了"采用规整填料上塔和全精馏制氩的空分设备技术"、"板翅式换热器导流片制造工艺"等国际先进技术，成为国内唯一一家成熟掌握氪氙等稀有气体提取技术、具有冷箱内阀门全浮动结构设计的厂家。近3年来，共获得发明专利9项，授权专利19项。

高端产品的销售收入不断增加，目前95%以上的销售收入都是来自于1万 Nm³/h以上的空分设备销售，尤其3万 Nm³/h 以上的空分设备销售市场中优势明显。按照产品的制氧容量计算，2009~2011年市场平均占有率达到了46%，位居国内第一。2010年

与伊朗卡维集团签订 12 万 Nm^3/h 空分的生产制造合同,2011 年与广西盛隆项目签订 8 万 Nm^3/h 空分设备。这两套空分设备的签约,标志着杭氧在特大型空分项目(6 万及以上)国产化方面已经迈出了坚实的第一步。

(二)上下游产业延伸有序推进,企业业务结构进一步优化

通过转型升级战略的实施,杭氧坚定了发展气体投资业务的决心,在气体市场开发上正在努力追赶国外先进企业,并且取得了显著效果。2009—2011 年,共有 17 家气体公司在全国各地成立,项目总投资额 33.7 亿元,设备装机制氧量 470000 Nm^3/h。经过几年的快速发展,气体产业的整体布局、管理体系和运行机制日趋完善。2009 年,气体业务销售收入 1.4 亿元,利税总额 1504 万元;2010 年气体业务销售收入 2.7 亿元,利税总额 8120 万元;2011 年底气体业务销售收入 6.9 亿元,利税总额 1.13 亿元,国内市场占有率达到 4%,比上年提高 1 个百分点。

通过气体投资和空分设备业务的拓展,工程成套能力得到迅速提升。杭氧化医工程成立两年来,在工程总承包方面累计承接合同 23 个、工程项目 29 套、合同订单 27.27 亿元。在工程设计方面,从原来的每年约 800 万～1000 万元的工程设计订单,2011 年取得了 2000 万元的设计订单。

(三)企业持续发展能力不断增强,获得社会各界肯定

杭氧"十一五"末期提出"重两头、拓横向、做精品"的转型升级战略以来,经营理念已经发生根本变化,从单一的生产制造型企业逐步向多元化的集成制造和服务型企业转变(见表 2)。这种变化,一方面推动了企业快速发展、增强了抵御风险能力,另一方面也满足了客户对于多元化服务的需求。

表 2　杭氧转型升级前后的对比

内容	转型升级前	转型升级后
产品形态	单一的空分设备及液化设备	空分设备、工程服务、工业气体服务、技术咨询
销售模式	用户自行采购	用户采购、工程总承包(EPC)、气体投资合同(管网、液体物流、零售)
利润来源的方式	设备制造、成本控制	长期供气合同、设备制造、成本控制、备件销售、技术咨询、售后服务
客户的特点	一次性客户	战略客户、长期客户、一次性客户
投入的规模	较少,主要为生产经营投入、技术改造	较大,3 年累计约 45 亿元左右
融资渠道	银行贷款、经营盈余	证券融资、银行贷款、自有资金、其他衍生品

战略转型促进了企业综合经营实力的不断提升和经济效益的提高,成功应对了宏观经济波动和市场低落所带来的冲击,保持了良好发展态势(见表 3)。

表3 杭氧2001~2011年主要经济效益指标

年份	总资产（万元）	营业收入（亿元）	出口创汇（万元）	利税总额（万元）	新订合同（不含税,万元）
2001	168722	88834	2875	7790	115427
2002	135623	105611	1489	12653	131576
2003	185839	189546	3054	41983	335694
2004	230919	219695	3790	47284	222063
2005	365140	287579	12176	65510	359097
2006	385599	306926	12333	52476	422913
2007	623298	381078	12561	53739	622511
2008	877415	455831	25610	90711	625342
2009	687981	357435	47070	67982	307844
2010	944867	454297	21974	95041	509533
2011	1197328	684894	5779	98422	926721

2009~2011年,杭氧连续获得"全国火炬计划重点高新技术企业"、"中国驰名商标"、"最具成长力上市公司"、"中国机械工业百强企业"、"装备中国功勋企业"等多个称号。2012年上半年,《浙江日报》和《杭州日报》杭氧"布局全国气体营销网络"和"坚持从中国制造迈向中国创造"作了连续报道。

(成果创造人:蒋　明、毛绍融、徐建军、陈康远、邱秋荣、许　迪、葛前进、臧建东、吴巧仙、郑德枢、王　春)

大型制造企业战略性整合与管理

吉林东光集团有限公司

成果主创人：公司董事长、党委书记于中赤

吉林东光集团有限公司（简称东光集团）始建于1956年，隶属于中国兵器工业集团，原为研制生产光学防务产品的军工企业。1982年实施"保军转民"战略，通过技术引进、兼并重组等途径，进入汽车离合器、制动器、车镜等汽车零部件领域。2004年开始，抓住国内汽车产业快速发展的战略机遇，大力实施内外资源整合，实现了聚变式和跨越式发展，成为以汽车零部件、专用车为主导产品，并承担防务产品科研生产的大型制造企业。2011年底，固定资产45亿元，员工6000多人。拥有7个分子公司，包括1个全资公司、5个控股公司、1个参股公司。生产基地分布于长春、吉林、德惠、蓬莱、芜湖、开封、柳州、成都、重庆。

目前，东光集团是国内各大汽车及发动机企业和通用、大众、福特、康明斯、瓦莱奥等国外汽车及发动机企业的一级核心供应商，汽车制动器、离合器产销量居国内第一位，飞轮齿圈产销量居亚洲第一位。拥有1个国家级企业技术中心（下设7个专业分中心）、2个博士后科研工作站，已取得144项专利，多种技术、产品填补国家空白，是我国汽车制动器、离合器行业标准起草单位。

一、大型制造企业战略性整合与管理背景

（一）抓住机遇实现快速发展的需要

中国加入世界贸易组织后，东光集团迎来各种发展机遇。一是行业与市场机遇。中国汽车工业进入高速发展轨道，汽车及零部件成为国民经济的支柱产业，中国成为世界汽车制造与消费大国，国内的整车企业纷纷扩大产能、加大销售，整车产销快速递增。同时，世界汽车工业也开始了新一轮增长，国际市场对汽车零部件的需求加大。二是政策和环境机遇。国家及地方政府不断加大对汽车工业支持力度，吉林省、长春市作为中国汽车工业的摇篮，提出了以汽车"强省立市"战略，规划了300万辆汽车产能和两个汽车零部件百亿集团的建设蓝图。东光集团拥有发展汽车零部件得天独厚的机遇。

但是，东光集团也面临各种发展的瓶颈因素，最为突出的是规模和技术问题。国内外主流汽车企业在采购零部件时，都倾向于到大型汽车零部件企业采购，并且越来越主张全球化采购和集成化采购，即在全球范围内选择配套企业，尽量模块化、系统化采购。另外，国外汽车及零部件企业对中国企业实行严格的技术壁垒限制。这给以汽车零部件为主导产品、经营规模小、产品和市场结构相对单一、技术能力不足的东光集团形成很大

的发展压力。

面对机遇与挑战,东光集团必须寻找一条适合于自身特点并能够加快发展的路子。一种选择是走内涵式发展,依靠自身的技术积累和市场扩展,稳扎稳打,逐步做强做大;另一种是走外延式发展,依靠向外扩展,通过资本运营获取企业不具备的技术、市场、人才、生产能力等资源,快速提升核心竞争力,实现聚变式、跨越式发展。如果仅仅依靠自身技术积累和市场扩展求发展,根本无法跟上行业发展速度,甚至会被市场所淘汰,所以必须实行外延式发展与内涵式发展相结合。通过对外整合资源,包括国内资源和国外资源,获取自身不具备的技术能力、生产能力和国内外市场,然后将其内化为自己的资源与核心能力,如系统化、模块化能力、技术、市场能力等。

(二)提升企业市场竞争力的需要

尽管我国汽车工业步入了快速发展阶段,但汽车零部件行业却呈现新的发展特点。一是随着企业经营成本的提高、汽车产品的不断降价,汽车零部件步入微利经营,如果不具备一定的规模就难以形成效益;二是整车企业为了降低经营成本、提升配套质量,越来越倾向于系统化、模块化采购,并在全球范围内进行选择,大量国内汽车零部件企业越来越被边缘化。

围绕与整车厂的合作,汽车零部件供应商可以分为三个层级,即一级零部件供应商、二级组件供应商、三级模块化供应商,级别越高与整车厂的关系越紧密、市场地位越牢固、利润和回报也越高。决定供应商不同级别的核心要素是规模和技术,东光集团要提升在市场竞争中的地位就必须对这两个核心要素加以突破。在外延式发展思想指导下,必须通过资本运营等手段,选择行业中的优秀企业进行并购整合,在较短的时间内实现规模扩张,并通过并购对象所拥有的技术和研发团队,尽快提升技术能力。

(三)实现一体化、协同化发展的需要

东光集团走向对外整合之路后,实施了一系列并购重组举措,内部企业不断增加,情况变得复杂。主要表现为:逐步呈现出多产品、多股权、跨地域和多元文化、多元战略并存的现象;重组企业和内部企业出现局部业务重合,导致内部竞争;内部各企业各自为政,相互争资源;上下职能、权力重叠,管理界限不清,扯皮、效率低下,规模效益受到一定影响。作为汽车零部件企业必须确保一定的规模,但同时要确保"规模增长与效益提升并重",避免出现"大企业病",保证企业快速健康发展。

随着并购重组企业的增多及国内外市场的快速扩大,建立新的整合与管理模式及机制迫在眉睫。需要打造以集团为主导的资源平台和管理平台,促进内部资源协同、优势互补,形成整体竞争合力,降低运营成本,实现最大的规模效益,即产生 $1+1>2$ 的效应。

二、大型制造企业战略性整合与管理内涵和主要做法

产品生产线一角

东光集团为了建成"具有行业竞争力、国际化经营的企业集团",秉承"产品经营与资本运营并举,规模发展与效益提升并重"的发展理念,实施对外、对内整合策略。在对外整合中,通过并购重组延伸产品链、优化产品结构、获得新技术、扩大国内外市场、建立产业集群,提升核心竞争力;通过内部整合,清理非主营和非核心业务,集中精力发展主业,并解决内部业务重合和争资源的现象,实现相关多元化和专业化发展。同时,加强内部业务协同,增强整体竞争力,提高发展速度和质量。主要做法包括:

(一)明确战略性整合与管理任务

2004年,东光集团以"定产品、谋布局、促规模、提效益、推创新"为指导思想,明确发展战略方向、战略目标及实现路径。

战略方向:重点锁定在汽车零部件、专用车、国防产品三大领域。在汽车零部件领域,重点发展汽车制动系统、传动系统、底盘行驶系统等产品,成为国内外主流汽车及发动机企业的一级核心供应商。其中,重点产品生产规模要达到行业前两位、处于行业主导地位,东光集团到"十二五"末进入国内行业百强前10名。在专用车领域,重点发展宽体自卸车,并在市场上占据绝对领先地位。

战略目标:到"十二五"末,经营收入达到118亿元,建成以汽车零部件产品为主导、具有汽车零部件产业集群能力、专用车重点领域国内领先、承担国防产品科研生产职能的国际化经营百亿级集团。

为了实现战略目标,确定以整合与管理为主线的战略路径和战略举措:一是瞄准与集团发展战略协同的产品,实施并购重组,快速获取其技术、生产能力和市场资源,建立汽车零部件产品的系统化、模块化和相关多元化的生产和供货能力,提高市场主导作用。二是加强内部结构优化、产业调整,突出发展主营业务,着力打造分子公司专业技术和生产能力。三是完善公司治理结构,明确母子公司职责,实现集团总部"定战略、配资源、建机制、育文化、拓市场、控风险"职能,分子公司直接面对市场独立经营、自我发展。四是集团对分子公司实施市场拓展支撑,整合全集团的市场渠道,促进国内市场占有率达到26%以上、出口收入达到10亿元以上。五是集团对分子公司进行技术支撑,整合内外技术资源,充分发挥国家级汽车零部件技术中心和航空照相技术中心作用,奠定在汽车零部件、专用车及航相机领域的技术领导者、领先者地位,并配套建成相应的国家级实验室。六是集团围绕主机厂聚集的西南和华东地区,实施统一的战略布局,建设全集团共用的生产基地,使各企业能实现就近供货和与主机厂同步开发。七是实施规范的公司化治理,确保各项制度得到贯彻执行,规避经营风险、防止发展陷阱,促进内部产业协同,提高整体竞争力,确保运营质量。

(二)坚持选择性的并购重组

东光集团在收购重组上从不盲目,始终头脑清晰、目标明确,坚持"五项基本原则"。一是并购企业必须符合集团战略发展方向,与原有产品形成战略协同;二是不盲目扩大规模,重在提升技术、管理创新能力和市场地位;三是坚持重组"发展"、重组"未来";四是遵循科学程序、规范操作、严控风险;五是同步谋划好重组后企业的融合管理和发展。

成立资本运营团队,由财务、资产、审计、法律、运营、市场、技术等部门的专业人员联合组成,负责具体事务管理和过程操作。在寻找收购重组目标方面,实行自己调查与外部聘请专业机构调查相结合,主要在国内寻找;在对选定目标进行企业状况调查时,实行自己尽职调查和聘请律师进行调查相结合;在风险论证上,实行经营风险论证与法律风险论证相结合;在对资产进行审计时,实行内部审计与专业审计相结合。通过多种手段和严格的程序,防范收购重组风险,注重评估并购重组项目的未来发展效益。

先后成功并购重组3家企业。2005年,重组吉林大华机械制造公司,这是一家专业生产汽车飞轮的企业,符合东光集团战略发展要求。飞轮产品与原有的汽车离合器产品在技术、市场、产品链等方面相关,可以组成一个产品模块、针对一个目标市场、共用一个供应链和物流渠道。整合后,企业拥有一支自主科研团队和国际营销团队,技术水平和管理水平迅速提高,已进入国内高端车型飞轮市场和欧美OEM配套市场。2009年,重组山东蓬翔汽车公司,该公司主要生产商用车车桥、液压缸、专用汽车。车桥和液压缸与东光集团已有离合器、飞轮、液压翻转器形成市场相关或技术相关,专用车生产能力可为东光集团打造专用车生产基地奠定基础。

通过对大华公司、蓬翔公司成功重组,东光集团产品链得到延伸、产品结构得到优化,带来新技术、新产品、新市场,特别是重组大华公司带来国际市场和与国际接轨的先进营销模式。到2011年底,汽车零部件产品由4种增加到10余种,销售收入增加到50亿元,实现利润增长到2.1亿元。其中,有60%的收入、70%的利润来自重组企业。重组企业也实现了快速发展。

(三)实施内部业务整合

东光集团是拥有50多年历史的国有企业,历史上形成大而全、小而全的社会化职能,俨然一个小社会。改革开放后又经历"保军转民"的发展历程,形成20多个业务板块,但大多散、小、弱,主营业务始终没有发展起来,不具备投资价值和发展空间,成为非主营业务和主营业务中的非核心业务,逐步被边缘化。随着对外整合策略的实施,多项优良资源进入东光集团,与原有业务板块间也出现不同程度的重合和冲突现象。因此,必须对不符合战略方向的内部业务和单位实施清理整合。通过剥离非主营业务和主营业务中的非核心业务,集中精力和资源发展核心主营业务,并提高专业化能力。

1. 剥离企业办社会职能和非主营业务

东光集团曾拥有学校、医院、托儿所、派出所、能源公司等全套的社会化职能。除汽车零部件和军品外,还拥有宾馆、小饭店、印刷厂、小商店、电视宽带网络公司、通讯公司、装潢公司、运输公司、物业公司、服务公司等三产公司及电能表公司、扭钢筋厂、纸箱厂、工具厂、机械人公司等制造类企业。这些单位均存在小、弱、散,没有市场竞争力且连年亏损,需要补贴资金。2004—2006年,东光集团抓住国家振兴东北老工业基地政策,对上述单位或业务进行一次性彻底剥离,成为一个纯经营型企业,集中精力和资源发展汽车零部件、专用车和军品三大主营业务板块,为建设"具有行业竞争力、国际化经营的百亿集团"奠定基础。

2. 剥离主营业务中的非核心业务

2006年起,为了建设有效益的规模,又对汽车零部件和军品主营业务中的非核心业务、非核心工艺进行剥离。例如,对汽车安全带、车锁、压铸厂、锻造厂、冲压件厂及部分公司的热处理工艺等逐步进行剥离,重点保留汽车制动器、制动盘、离合器、飞轮齿圈、车桥、车架、液压缸、液压翻转器、车灯、车镜、专用车等核心主营业务，集中优势资源发展核心主营产品的模块化、系统化研发及扩大生产能力。主要包括：汽车真空助力器、制动盘，快速形成汽车全制动系统研发及生产能力；汽车离合器、飞轮、液压件，形成汽车传动控制系统生产能力；商用车桥，形成商用车、乘用车底盘行驶系统生产能力；矿用作业车类等优势领域专用汽车产品。此外，发展车架、车灯、车镜等车身附件产品，形成一定的规模优势和专业能力。

3.对重合的主营业务进行专业化整合

军品企业有离合器加工业务，调整转入离合器公司生产；离合器公司研制双质量飞轮，飞轮公司也在研制，集中合并到飞轮公司；将车灯公司的车镜业务合并到专业车镜公司；将工具厂业务，一部分彻底剥离，一部分并入相应专业公司。专业化整合后，内部各公司的经营能力更加专精，每个公司只针对一个系统或一个模块进行研发生产，有效提高技术和市场拓展能力及管理水平。

经过内部整合和有序发展，东光集团的飞轮产品已跃居亚洲第一，制动器、离合器产品的产销规模已跃居国内第一，车桥生产能力跃居国内行业前10位。车镜、车灯产品采取与国内外专业化公司合资，借助外部资源提升能力。现有的专用车能力成为打造专用车生产基地的产业基础。

（四）建立战略管控型分层管理模式

为了适应对外收购重组、分子公司不断增加和内部专业化、多元化发展的要求，促进内部业务协同，推进战略规划统一、资源调配统一、制度统一和文化融合的"三统一、一融合"，更好发挥集团功能和资源效率，按照"顺应市场的力量、发挥机制的力量、培育文化的力量、利用整合的力量"，东光集团探索建立战略管控型分层管理模式。

分层管理是指集团总部管战略、分子公司管经营。集团总部发挥"定战略、配资源、建机制、育文化、拓市场、控风险"的功能，实现集团内部"三统一、一融合"，同时提供市场和技术支撑。对分子公司不一管到底，有所为有所不为。分子公司按照集团确定的战略发展方向和目标，作为市场竞争主体，直接面对市场，立足于当期经营管理，具体负责市场产品开发、技术质量管理、生产现场管理等，自主经营、自负盈亏、自担风险、自主发展。

一是定战略。按照中国兵器工业集团的战略规划要求，由总部负责、分子公司参与，制定指导全集团发展的战略规划，各分子公司按照统一战略规划要求制定自己的战略措施，开展具体的经营活动。

二是配资源。总部统一实施资源的管理和调配。按照战略实施的年度目标，通过全面预算管理对财务、资金、投资、融资、资产等实行统一管理和配置；对各级经营管理团队等核心人才队伍建设实施统一管理；统一实施带动全局的战略性工作，如资本运营、生产基地建设、重大科研、技改等重大投融资活动。

三是建机制。集团总部建立一套确立目标、落实责任、运营监控、考核评价、奖惩兑现的闭环目标责任管理考核机制，推动战略目标的落实。同时，建立制定、审查、修改、执行、监督、考核评价为一体的制度建设体系。

四是育文化。集团总部负责企业文化建设，统一企业核心价值观，实施文化引领和培育，促进文化融合。形成以"责任、创新、求实、成事"为核心理念的企业文化体系，指导和规范全员的思想和行为。根据不断对外收购重组和多元化特点,提出"尊重不分何种体制,关怀不分何时进入"的融合文化,对重组企业给予充分尊重。组织各种全集团员工共同参与的活动,开展相互学习,促进员工的情感沟通和相互了解。

五是技术支撑。集团总部建成国家级企业技术中心,实施未来技术培育、未来产品开发和重要科技人才培养。总部技术中心与分子公司技术中心没有上下级领导关系,而是支撑与服务的关系。在战略性科研和能力建设上,要以总部技术中心为主导,各分子公司技术中心作为专业分中心,统一参与战略行动,形成"统一部署、目标一致、分层负责、各有侧重、上下联动"的科研管理模式。同时,总部技术中心作为集团整合内外技术资源的平台,引领和培育开放式技术创新体系的建设,重点实施技术引进、项目嫁接。

六是营销支撑。建立市场与运营中心,不卖产品,主要负责市场环境和品牌建设。包括:整合分子公司客户资源,使每个客户都成为整个集团的客户,各分子公司可以相互进入市场;针对大客户、未来客户、国外客户进行沟通协调,建立战略关系;进行市场满意度调查,管理企业信誉度,促进各分子公司不断改善市场行为,强化信息反馈和市场服务;进行市场调研和信息集成分析,为全集团提供市场信息支撑;带领各分子公司进行产品推介、巡展,树立东光集团品牌和各子品牌形象;为各分子公司培训营销人员,推进传统营销向技术营销、品牌营销转型。

集团总部对战略规划确定的总体经营目标和重大项目建设目标等进行年度分解。一是形成年度经营方案,确定一年的经营目标、管理要求、重点工作、考核原则等;二是形成年度全面预算方案,对年度主营业务收入、利润总额、EVA改善度(值)、制造成本、管理费用、销售费用、应收账款、存货、经营活动现金流等主要经营指标进行管控;三是形成全年的经营管理指标体系及基础管理综合评价体系、分子公司绩效考核方案等。按战略管控型分层管理要求,将经营方案通过全面预算分解、制定集团领导、总部各部门、分子公司等各责任主体的年度经营·发展(管理)责任书,并在年度工作会议上予以下达;各责任主体再对责任书中内容进行二次、三次分解,并逐次向下一级责任主体下达,最后形成"人人担责任、人人扛指标"的目标责任落实体系。

在责任书执行的过程中,总部人力资源管理、财务部门对总部部门、分子公司两级责任主体实施定期绩效考核、反馈、排名。每半年,集团召开一次经济分析会议,对总部部门和分子公司责任书完成情况进行总结、检查、分析,促进年度经营目标的实现。其中,对总部各部门,将责任书规定的管控工作、带动整个集团发展的重大工作及主要领导指定的临时重大工作,作为A类工作进行考核,其它工作按B类考核。各部门将工作任务落实到具体人员并实施考核,考核打分结果与部门及个人绩效挂钩,按月在工资中兑现。对分子公司,将企业经营管理的各项工作纳入绩效考核,本着"强激励、严约束"原则,每年出台一个针对各分子公司领导班子的绩效考核方案,对责任书规定的经营管理指标、综合评价指标和重点工作逐项进行细化考核。在具体考核方式上,根据分子公司规模、经营质量、产品特点、短板情况,采用"一企一策"、"一年一法"的考核方式,强化对管理短板和个性化指标的考核。

(五)建立战略落地的治理结构

东光集团建立规范的公司治理结构,董事会、监事会、经营层形成"三权分离、相互制衡、协调运转、各司其职、共谋发展"的治理局面。坚强董事会建设,下设战略投资与预算委员会、提名与薪酬考核委员会、风险控制与审计委员会、制度建设委员会,建立健全各项制度和管理程序,充分发挥董事会在重大战略决策、风险管控的作用。实行董事会、经营层、监事会、党委交叉任职,实现决策、执行和监督的良性互动。

集团总部设置战略职能管理部门和支撑机构,各部门分别承担三方面职能:一是按业务分工相应向董事会各专门委员会提供必要的工作支撑;二是面向各专业化分子公司实施集团化管理及面向企业内外实施资源整合、调配、管理、支撑;三是完成总部自我建设及由总部承担的重大战略性、带动性及关乎企业未来发展的工作。

对于全资、合资公司建立规范的公司治理结构,按《公司法》选派董事、监事及高级经理人员,代表集团行使股东职责;对于分公司模拟子公司治理机制,建立联系人制度,代表集团行使股权代表职责。对于分子公司之下的孙公司,不属于核心业务的一律清理整合,属于核心业务的一律将股权关系转移到集团,由于外部股东原因无法转移股权的也要由集团总部直接管理。在收购重组和新项目建设中,不增加管理层级。

建立全面风险管理体系,重点管控战略风险、市场风险、运营风险、财务风险、法律风险,形成责任化、制度化、体系化和流程化的闭环管理体系。一是建立董事会、董事会专门委员会、各部门科学论证、集体决策机制;二是经营层重点抓决策落实、执行和内部控制;三是建立监事会、纪检监察、内部审计"三位一体"的监督体系及安全运营防护网,强化内部审计和效能监察,防止腐败风险,避免管理失控和发展陷阱。

对建设项目实施统一招标、投标、监标,对项目建设过程进行跟踪,对竣工项目实施后评价;对财务基础管理、财务决算、固定资产投资、各种内部控制、比质比价采购、招投标及领导任期经济责任等全部进行审计;对采购管理、应收款和库存管理、科研项目管理、物资处理、质量管理、安全管理、精益管理、制度执行情况等实施风险点管理,并定期进行效能监察。推行法律风险标准化管理,为各专业公司提供法律服务,强化合同审计。严格执行重大事项报告报审流程,控制重大经营风险。

实施领导人党风廉政建设责任制,每年与经营发展责任书一同下达。同时,建立"三重一大"决策实施办法、决策失误责任追究及纠错办法、领导人员诫勉谈话制度等,确保各级领导人不触碰"高压线"。

(六)建设精益管理体系

为提升基础管理水平和经营质量,促进发展方式转变,东光集团建立并推行"东光精益管理考核评价体系DPS",并制定年度精益管理规划和目标。几年来,先后制定并实施两个《精益管理三年规划》,有效运用各种精益管理工具,形成全员开展合理化建议、小改小革和持续改善活动的氛围。

积极构建精益管理体系,包括领导作用评价、人员培训评价、班组建设与合理化建议、形象塑造与行为规范、生产过程管理、设备管理、生产计划与物流管理、成本管理、现场质量管理、安全与环境管理等10个模块、374个评价条款、948个评价点数,并设置9款精益管理的"特色与创新"评价内容。通过精益体系建设,将各分子公司基础管理都纳入管控范围,运用考核、评价手段,推动特色创新,有效促进各分子公司基础管理水平和经营质量的提升。其中,"精益培训道场"的建设,使各级人员能够得到持续精益培训,从而提高全员的管理水平。

通过开展集团化、体系化、全员化精益管理,形成基于客户需求的精益管理模式,使精益管理成为吸引客户的核心竞争力;形成基于效益提升的成本控制特色,使成本控制达到汽车零部件行业先进水平,提升企业经营质量。通过精益管理手段的广泛运用,提升研发设计质量和效率,从源头上解决质量和成本问题,优化生产工艺、建成精益生产线,提高设备使用效率。2007~2011年,全集团生产效率年均提升15%,设备故障率年均降低20%。

三、大型制造企业战略性整合与管理效果

（一）企业竞争力与行业地位快速提升

2004~2011年,东光集团每年开发100多种新产品,新产品收入占主营收入比重由12%增加到38.4%;技术积累快速提升,技术专利由不足20个增加到144个,双质量飞轮等多项产品及技术填补国家空白。国内外市场快速扩展,主要产品国内市场占有率由16%提高到20%以上,产品由"零出口"到成为欧美、巴西、印度、俄罗斯等国家和地区10多个跨国公司的OEM供应商。

东光集团已进入中国汽车零部件百强企业,现有1个分子公司产销规模居亚洲第一位、2个分子公司产销规模居国内第一位。拥有全国驰名商标3个、吉林省著名商标5个。企业技术中心被国家认定为国家级企业技术中心,设立了2个国家级博士后科研工作站,成为制动器、离合器国家行业标准起草单位。多年来,与多家国内外科研机构、重点大学、重要主机厂建立科研合作关系,并吸引了一些行业高端人才加盟企业。

（二）经营规模和经济效益快速提升

2004~2011年,东光集团销售收入由5.3亿元增长到50亿元,年均增长34%;实现利润由600多万元增长到2.1亿元,年均增长53%;净资产收益率由1.93%提高到16%;EVA改善度由2006年的5%提高到32%;资产总额由10亿元增加到45亿元,净资产由3.9亿元增加到13.4亿元。

（三）企业社会影响力不断提高

东光集团实施的战略性整合与管理,得到了国务院领导和中国兵器工业集团的充分肯定。2009年,温家宝同志视察时,对企业快速健康发展给予了高度评价。中国兵器工业集团和吉林省签定《支持东光集团快速发展协议》,将东光集团纳入"百亿"企业培育计划。2009年获得"全国中央企业先进集体"、"全国中央企业先进基层党组织"和吉林省首届管理创新奖;2010年获中国兵器工业集团创建"四好"领导班子先进集体和先进基层党组织奖励;2011年获得全国"五一"劳动奖状、全国企业文化建设优秀单位、全国党建工作先进单位等荣誉。

（成果创造人：于中赤、张文涛、张国军、冯继平、姬剑锷、
赵德良、李德生、张宪宝、张金娇、吴英琦）

基础建材工业企业转型升级战略的实施

中国联合水泥集团有限公司

成果主创人：公司董事长崔星太

中国联合水泥集团有限公司（简称联合水泥）成立于1999年，是中国建材水泥、商品混凝土和水泥制品一体化经营的全资子公司，是我国大型水泥企业集团之一。在北京、河北、山东、江苏、河南、安徽、内蒙古、山西等8省市区完成区域布局，拥有76家子公司，水泥总产能达到1亿吨、混凝土总产能达到1.2亿立方米，总资产达到460亿元，拥有员工2.6万人。2011年实现销售收入180亿元，净利润25亿元。

联合水泥以"全球优秀的水泥及混凝土专业制造商"为愿景，通过实施转型升级战略，走上了绿色、环保、节能、高效的可持续发展之路。

一、基础建材工业企业转型升级战略的实施背景

（一）顺应国家宏观经济转型的需要

水泥是典型的投资拉动型产品，需求与国民经济特别是与固定资产投资密切相关。受固定资产投资拉动，2001—2011年我国水泥工业超高速发展，期间共生产水泥139亿吨，占新中国成立以来生产水泥总量207亿吨的67%。其中，"十一五"以来是中国水泥工业发展最快的时期，平均年产16亿吨水泥。这种需求超高速增长与固定资产投资超高速增长一样也是不可持续的，水泥需求已经进入低速增长时代。因此，水泥企业单纯靠扩大产能，通过规模增长取得竞争优势的发展道路已经走到了尽头，必须随着国家经济结构调整转型升级。

（二）应对水泥产业政策调整的需要

水泥工业是高资源依赖、高能耗、高排放的行业，也是国家推进节能减排、绿色生产和循环经济的重点行业。2010年，我国水泥工业年消耗各种矿物资源27亿吨、耗能2亿吨标煤，占全国能耗的6%、工业能耗的7%；年排放的CO_2、SO_2和NOX等有害气体和粉尘，分别占全国总排放量的12%、5%、8%和15%以上。国家水泥产业政策明确指出，水泥工业节能减排是转变我国工业发展方式、建设资源节约型和环境友好型社会的重要组成部分。水泥企业必须响应国家号召，向节能减排要效益，向绿色环保型转变。

（三）水泥企业自身生存发展的需要

随着新型干法水泥的高速发展，以及加快淘汰落后产能，2008年我国新型干法水泥占总量的70%，水泥行业进入优化布局、控制投资发展阶段。2009年，国务院明确提出

了水泥行业必须控制总量,推动联合重组调整组织结构、推动节能减排绿色发展。但是,2008—2011年水泥行业投资依然高达5946亿元,造成水泥产能严重过剩,2013年新型干法水泥将达到31.33亿吨,已经超出水泥需求"拐点"24亿吨的30.54%,水泥产能过剩将常态化、长期化。同时,我国20亿吨水泥由4000多家水泥企业生产,产业集中度低、产品同质化,水泥企业之间展开恶性竞争,盈利能力和生存面临挑战。

到2009年底,联合水泥通过"联合重组为主、新线建设为辅"的发展方式,产能规模已经达到6000万吨。随着生产规模的扩大,如何提高发展质量和效益面临一些亟待解决的问题。一是对区域性、同质化特点越趋明显的水泥产品,如何提高企业所在区域的市场控制力和价格话语权;二是随着重组企业的不断进入,如何推进文化、品牌和技术水平、财务管理、采购管理的统一,发挥协同效益;三是如何建立统一的组织架构,调整管理职能,提高管控能力和管理效率;四是在产能过剩常态化、长期化情况下,如何转变经营理念,破解行业无序竞争、恶性竞争。

联合水泥作为我国水泥行业的大型企业,应当积极贯彻落实国家水泥工业产业政策,借鉴国外著名水泥企业的发展经验,加快转型升级,积极调整产品结构、增加产品附加值,主动向节能减排、资源综合利用要效益,由资源能源消耗型向资源能源节约、绿色环保型转变。

二、基础建材工业企业转型升级战略的实施内涵和主要做法

联合水泥以市场需求为导向,根据国家水泥工业产业政策调整要求,确定并实施转型升级战略。"转"就是转变传统的发展模式、经营模式和管理模式;"升"就是把传统企业升级为绿色环保企业。通过技术改造,节能降耗、降本增效;通过技术创新,打造绿色环保企业,提供丰富多样的个性化产品和个性化服务;通过产业链延伸,调整产品结构,突破制约发展瓶颈;通过优化市场资源配置,打造核心利润区;通过管理创新,提高管控能力和效率;通过经营理念转变,提高运营效率和效能,打造具有国际竞争力的全球优秀水泥及混凝土专业制造商。主要做法如下:

（一）明确转型升级途径

联合水泥转变经营理念,由传统的"量本利"经营方式变为"价本利"生产经营方式,实现"以产定销"向"以销定产"的根本性转变。以维护产品价格为重点,由传统的"质优价廉"向"优质优价"转变。强化市场协同,从追求产能利用率向追求经济运行质量转变。

水泥生产专业性很强,作为我国第三大水泥企业,联合水泥经过反复论证,提出转型升级具体途径。一是在发展方式上由扩大单一产品规模向相关产品多元化转变,围绕水泥产品进行产业链延伸,向上发展骨料业务、向下发展商品混凝土和水泥制品,谋求新的利润增长点;二是经营模式上由单纯提供产品向提供产

联合水泥枣庄中联公司生态园

+服务转变,以应用技术开发为支撑,完善与配套产品系列,形成工程问题整体解决方案,为客户提供个性化服务,实现差异化竞争,提升盈利空间;三是在生产方式上由资源能源消耗型向绿色环保型转变,利用水泥产业消纳废弃物的独特优势处置工业固体废弃物,协同处置工业有毒有害废弃物及城市垃圾,通过资源综合利用降低成本、创造价值,并为社会环保事业做出贡献;四是在市场战略上由遍地开花向区域化集中转变,改变企业市场布局,向追求区域市场控制力、协调力、价格话语权转变,打造核心利润区;五是在管理模式上由财务管控、各企业独立经营向集团经营管控转变,以适应重组企业的不断进入及涉足商品混凝土、水泥制品和特种水泥领域,带来企业管理的幅度、难度、风险越来越大,充分发挥集团效应、提高效益并规避风险;六是在经营理念上由"量本利"向"价本利"转变,以破解行业严重供大于求、恶性竞争的难题。

(二)优化组织结构及职能

1. 构建三级组织架构

联合水泥根据产业特征,提出运营管理区的概念。运营管理区作为派出机构,非法人运营主体,代表总部行使部分生产经营职能,既满足业务整合的要求,又没有增加企业层级,有效解决企业管理的幅度和难度越来越大问题。

为充分发挥业务协同、财务协同和管理协同效应,建立和发展核心利润区,对内部各级的职能进行清晰设置和重新定义,突破原母子公司两级组织架构体系,设置淮海、山东、河南、河北、内蒙古5个地区事业部,构建公司总部级、地区事业部级(运营管理区)和子公司级三级组织架构。各运营管理区在公司总部领导下,按照组织的功能定位和确定的管理规范,在既定的区域范围管理和运作11个核心利润区的70余家子公司。按照"经营一体化、运作区域化"的管理要求,对各级组织在一体化经营体系中的功能及作用进行重新定位,并基于系统的功能定位确定各级组织的核心职能。其中,公司总部为企业文化中心、战略实施中心、经营协调中心、关键资源配置中心和利润中心;运营管理区为区域业务运作中心、区域资源整合中心;子(分)公司为生产中心和成本中心。

重整各项管理制度和管理流程,健全企业管理体系。以制定《中国联合水泥管理大纲》为先导,建立健全各级组织的运营管理制度、各级组织部门的管理规范、各项工作标准和业务流程体系,形成自上而下、相互协调、自成一体的管理系统,共有310项制度,为保证各项工作规范、稳定、高效运行提高制度基础。在整合过程中,组织全员参与,确保制度的可行性和有效性。

2. 整合业务运作机制

实行产销分离、统一营销,发挥市场协同效应。联合水泥把营销业务从各子公司分离出来,集中到运营管理区层面统一管理,实现一体化的市场协同,发挥营销协同效应。在运作方式上,销售活动的全过程在运营管理区层面完成后,子公司按实际交易记录入账核算,保持子公司的收益权和独立核算权。在产能过剩的背景下,引入内部市场竞争,建立内部优先交易机制,把成本低、服务好的企业产品列入优先销售序列,使其充分发挥产能,从而在总体上提高企业效益。

整合各子公司的采购业务,发挥采购协同效应。以采购效能为标准,按照"集中采购、分级管理"的原则,实行分级采购。按照资源的分布情况,制定全国、区域和地方三级采购目录,招投标过程严格按照联合水泥集中采购的制度和流程执行。采用"集中管控、企业结算、资金封闭运行"的运作方式,即在公司总部层面或运营管理区层面集中选择、评价、储备战略供应商和重要供应商,通过协商、招标、战略合作等方式确定交易条款,与供应商订立总体采购协议。各子公司按总体协议,具体签订采购合同,并负责执行合同。子公司建立统一采购资金封闭运行制度,及时付款,以保证统一采购制度的有效执行。

3. 强化财务监管

制定并执行统一的财务制度,建立公司总部作为财务决策中心的财务管理体制和以全面预算为载体的财务授权机制。实施全面预算管理,有效调整和控制企业的生产经营活动、财务活动和资源配置活动。建立独立审计体制和财务总监委派制度,对企业经营管理进行全面的过程监督和结果审查,督促各级管理人员正确行使职权,确保各项制度的规范、有序、高效运行。建立财务绩效评价体系,不断优化和提高盈利能力、资产运用能力、偿债能力和发展能力,促进良性循环。

推进财务协同机制的建立和实施,发挥财务协同效应。一是实行内部资金集中制度,通过银企合作,以信息化系统为平台,在公司总部建立"现金池",实现内部资金的横向流动,提高资金的使用效率,从整体上降低资金成本,增强财务风险的管控能力。二是实行集中的投融资管理制度,总部统一筹集公司发展资金,发展和维护战略性融资渠道。通过规模融资和内部资金集中,降低筹资成本。

构建企业风险管理体系。一是建立风险管理分级负责体制。总部重点管理好战略风险、项目风险、联合重组风险、财务风险等;各运营管理区和子公司识别和管理日常经营风险,重点管理好价格风险、操作风险、信用风险、流动性风险等。二是建立集中风险报告、整合风险转移策略机制和风险管理纳入商业流程的方法、程序。三是建立以目标为导向的主要风险识别和评估程序、以内部控制为主的风险管理策略制定程序、动态风险监察机制。

(三)优化市场资源配置

2006年以来,联合水泥大力实施联合重组,企业规模和成员企业数量迅速增加。但是,部分区域企业分布点多面广、品牌多,有的市场相互重叠、交叉,引发内部竞争和利益冲突。在水泥市场区域性特征日益明显情况下,亟待提高区域控制力、市场影响力、协同能力。

1. 优化市场战略布局,打造核心利润区

根据区域水泥发展条件、区域市场控制能力、区域经济发展水平、净利润贡献率等基本要素指标,在经过系统评估基础上,按照"有进有退、聚集优势"的原则进行整体市场布局。在江苏、山东、河北、河南、山西、内蒙古构建以子公司群为基础的11个优先发展核心利润区(见表1),通过股权转让、资产出让等方式退出竞争激烈、产能布局分散的劣势区域,完成战略发展区域市场布局的优化调整,形成以子公司群为堡垒的连片布局。以财务资源向核心发展区集中为支撑,进一步提高核心利润区产能集中度。通过技术、人才等要素输入,全面加强核心发展区域的综合竞争能力建设,保持和提高核心利润区的盈利能力。

表1 联合水泥核心发展区域布局

战略发展区域	核心发展区域分布	市场覆盖范围
江苏省、安徽省	南京至苏北一线	南京市及至苏北地区、安徽北部地区
山东省	鲁南、鲁中、鲁西北	山东南部、山东中部和山东西北部以及北京、河北接壤地区
河北省	石家庄至邢台一线	石家庄市、邢台市及两市连线地区
河南省	安阳、南阳、洛阳	南阳市、洛阳市、安阳市以及安阳市与邢台市连线地区
山西省	太原	太原市
内蒙古自治区	集宁至呼和浩特一线、包头	呼和浩特市、集宁市以及两市连线地区、包头市以及与呼和浩特市连线地区

为避免区域内企业以市场重叠、交叉引发内部竞争和利益冲突,降低物流成本,整合销售资源,实行在总部政策指导下的区域统一销售。水泥销售权集中到运营管理区营销中心,每家工厂只保留周边百姓到工厂用现金购买水泥的权利。销售部人员由营销中心统一管理,各大区域的水泥销售计划、价格由各运营管理区报总部审批,实现各大区域内企业的营销统一。为完善对终端市场的渠道建设,实行"以企业能力辐射为前提、以网络布局为基础、以信息化平台为支撑、以统一物流配送为手段"的直销方式,建立直销终端网点1468个,覆盖核心利润区的市场区域,改变长期采取的"生产+经销商"的销售运作方式,提高对终端市场的控制力。

2. 强化市场协同,提升行业价值

在水泥产能过剩常态化、长期化的情况下,供需失衡使企业间的激烈竞争逐渐演变为恶性竞争,水泥价格低下、利润越来越薄。联合水泥积极践行"行业利益高于企业利益、企业利益孕于行业利益之中"的价值观,按照"高层谋求共识、总部推进协同、区域紧抓落实"的思路,自上而下全面展开市场协同,通过说服政府、行业协会,号召区域内兄弟企业自律,维护区域市场总体供需平衡,力求维持合理价格,引领区域理性竞争,促进行业价值回归。

2008年以来,在江苏、山东、河南、河北、内蒙古等区域组织数次以"避免恶性竞争、维护行业健康发展"为主题的研讨会,引导同行企业开阔眼界,重视区域市场的培育,追求多赢、共赢,促进区域内水泥企业利益和谐。

3. 整合企业品牌,实施统一品牌战略

长期以来,由于实行区域名牌战略,各成员企业都保留使用自有品牌,其中不乏在区域市场上具有较高影响力的品牌。2009年,联合水泥共有31个品牌在各区域市场上使用。为树立企业形象,推进大品牌建设,冲破各种阻力,实施统一品牌战略。在统一品牌标志的设计上,经过认真筛选,最终选定"CUCC"。在完成品牌标准设计和国家注册的基础上,推进所有子公司和所有产品完成新品牌切换,把崭新的"CUCC"品牌形象和一体化的企业形象展现给社会。

积极推进产品质量的标准化,制订并发布统一的内控指标和产品质量控制规范,建立健全体内、体外控制监督机制,保证产品质量的一致性和稳定性,维护和塑造品牌形象。

(四) 推进产业链延伸

1. 调整产品结构,建立"一体两翼"产业体系

"一体两翼"产业体系是以水泥主业为基础(称为一体),向两个产业方向(称为两翼)发展。其中,一翼是优化升级水泥产品结构,即横向拓宽产品结构,从单一同质化水泥产品经营向"高标号、特种化"的多元水泥产品转变;另一翼是实施产业链延伸,即从单纯的水泥横向规模经营向水泥上下游产业链延伸,逐步形成向上利用企业的矿山资源优势发展骨料、向下延伸至以水泥为基材的混凝土制备和水泥制品的较为完整的产业链。从2009年开始,联合水泥进入混凝土业务,按照"区域发展、合理布局、产能配套"原则,在核心利润区域收购重组商品混凝土搅拌站。2011年底,商品混凝土年搅拌能力达到1.2亿立方米,年消化水泥能力5000万吨。8个核心利润区实现水泥、混凝土一体化经营。2011年商品混凝土销售收入实现67.71亿元,占总收入的37%。

特种水泥是水泥市场中的一个细分市场,越来越具有开发价值。国外特种水泥所占比例为5%,我国只占1.2%。从节能减排角度看,我国特种水泥目前大部分由落后的湿法和干法中空窑生产,能耗水平高、环保落后。将我国早期建设的小型新型干法水泥窑改为生产特种水泥,既可以节能减排,又可以寻找新的出路。联合水泥成立特种水泥事业部,通过对日产1000吨、日产2500吨的部分熟料生产线进行改造,将其产品从普通水泥生产转变为特种水泥生产,开发生产铝酸盐水泥、低碱水泥、白水泥、抗盐卤水泥等特种水泥产品。目前,已在河北、江苏、山东、内蒙古设立6条特种水泥生产线,年产能400万吨。2011年,销售特种水泥390万吨,实现销售收入23.4亿元。

2. 建立产业协同机制,提高企业竞争能力

通过内部资源优化,建立各产业间的协同机制,发挥产业间的协同效应。一是发挥上下游产品的协同效应。水泥企业利用工艺技术优势,可以提高商品混凝土的适用性和减少水泥用量,增强其市场竞争力。例如,生产1立方米C60混凝土,为所属混凝土企业提供专用水泥,可以比其他混凝土企业减少水泥用量30%以上。二是发展各产业间原料供给和废弃物的利用,降低生产成本、减少浪费。水泥矿山开采的石灰石,特别是不适合作为水泥原料的石灰石、尾矿、剥离层,可以作为商品混凝土的骨料,降低混凝土成本约35.60元/立方米。三是按产业链综合收益定价,使商品混凝土等终端产品能够以价格优势取得市场控制地位。商品混凝土定价比市场价低5—8%,但从产业链综合收益来看提高11%—15%。四是向客户提供以市场为导向的个性化服务,提高市场应变能力。通过建立业务之间的协同机制,增强整体竞争能力。

(五) 转变企业经营模式

1. 建立"生产+服务"模式

"生产+服务"模式的核心是以技术为支撑的技术服务输出以及服务拓展。为建立技术支撑体系,联合水泥拓展技术创新方向,由水泥生产技术为主向水泥应用技术研究拓展。在商品混凝土业务发展最快的山东区域,选择在鲁南中联建立国家建筑材料检验测试中心鲁南混凝土试验室;收购北京新航建材集团公司,拥有全国最大的专业商品混凝土研究院,着力加强市场需求导向下的商品混凝土应用技术的研究,共同参与应用领域共性关键技术的开发。

整合技术创新资源。优化资源配置,加大技术人才培养、引进力度,扩大技术研究和产品开发的资金投入,建立销售与建筑商的沟通协作机制,为技术创新提供强力支持。

建立产学研合作机制。发挥中国建材所属的国家级建材科研机构技术开发和研发优势,合作开发工程需要的混凝土和特种水泥产品。与武汉理工大学等水泥材料重点学科的院校建立广泛联系,加强互动合作,共同研究行业共性关键技术。

加强科技人才培养和激励。建立内部首席专家制度,塑造企业科技创新领军人才;建立技术创新激励机制,调动科技人员的积极性。

2. 优化生产服务流程

建立以客户需求为导向、满足不同客户需求的生产服务流程,把定制化营销模式引入水泥企业经营。根据客户类型,优化生产服务流程。第一类是购买普通水泥的用户,服务内容是提供优质的产品和技术指导服务;第二类是一般工程客户,服务内容是提供个性化服务,根据客户工程的特殊性,生产个性化产品和产品使用全过程的技术跟踪和指导;第三类是重点工程客户,服务内容是"一站式"服务,又称为"交钥匙"服务。联合水泥把技术人员的科研活动、技术开发活动纳入生产服务流程,实现产品开发、技术应用与市场需求的无缝对接,丰富产品种类、拓展服务空间,持续提高企业差异化竞争能力。调整和优化营销人员结构,把销售工程师的比例提高到1/3以上,以提高市场一线人员精准把握客户需求的能力,打造一支与生产服务模式相适应的营销队伍。

工程市场是联合水泥的核心市场,其收入占年销售收入的40%以上。为建立和保持对工程市场的竞争优势,利用品牌优势、技术优势和产业链优势,并通过与其他下游制品企业的合作,向工程客户提供包括水泥技术解决方案和产品的"一站式"服务。建立"一站式"服务的整体协调、信息联络、技术服务、产品配送等机制和流程,努力提升客户价值。

(六)建设绿色环保型企业

1. 加大技术改造投入,向节能减排要效益

加大技术改造投入,提高水泥工艺技术装备水平。到2011年,联合水泥共投入近60亿元,推广使用纯低温余热发电、立磨、辊压机、高压变频等装备改造技术,降低综合电耗;使用高效喷煤管、高效篦冷机、耐火材料优化配套、富氧燃烧等工艺技术,降低综合煤耗;使用能源管家管理系统,对投产较早的落后工艺装备改造升级,降低综合能耗;使用布袋收尘器、耐火材料无铬化、氮氧化物减排等节能减排技术,减少污染物排放,实现清洁生产(见表2)。

表2 2011年节能减排值列表

节能技术改造项目	覆盖范围	年节能减排值	总投资（亿元）
1、余热发电建设	2500T/D及以上51条熟料生产线全部配备了余热发电，装机容量271MW	年节约标准煤35.88万吨，减少二氧化碳排放91.94万吨，减少二氧化硫排放7175吨，减少粉尘排放1139吨	19.71
2、装备技术改造：立磨改造，辊压机改造，电机变频改造	引进了37台大型生料立磨；64台水泥磨配备了辊压机；5台生料磨由管磨改造为辊压机终粉磨；205台高压电机进行变频改造	年节电2.8亿千瓦时	15.24
3、工艺技术改造：高效喷煤管，高效篦冷机，耐火材料优化配套，富氧燃烧	20条生产线配备了高效喷煤管；引进了12台高效篦冷机，6条生产线进行了篦冷机改造；55条全部已投产生产线进行降低导热系数、延长耐火材料寿命的优化配套；两条生产线正在进行富氧燃烧试验	年节约标准煤21万吨	9.83
4、环保设施改造：布袋收尘器	共改造36台大型布袋收尘器	每年减少粉尘排放3000吨	7.20
合　　计			57.98

2. 提高资源综合利用水平，向资源替代要效益

大力实施各类废弃物的综合利用，发展循环经济。一是在替代天然原料上下功夫，通过加强工艺技术研究，广泛使用矿渣、钢渣、电石渣、煤矸石、粉煤灰、硫酸渣等工业废弃物，代替砂岩、粘土、铁矿石、石灰石等天然原料作为校正原料；二是使用脱硫石膏、磷石膏、柠檬酸渣等，代替天然石膏作为缓凝剂；三是使用沸腾炉渣、粉煤灰、建筑垃圾等固体废弃物作为水泥混合材，年可实现利用各类固体废弃物2000万吨，通过资源综合利用降低企业成本，并为社会减少固体废弃物的占地与环境污染。

在矿山资源的开采利用中，通过"探采结合、采剥并举"和"贫富搭配、难易兼采"，采用矿山综合搭配开采技术，使用矿山在线分析仪、矿山开采数字化模型技术和矿山质量搭配专家调度系统，推进矿山资源综合利用，提高低品位矿和尾矿的搭配利用水平，力争使低品位矿石和尾矿利用率达到100%，实现矿山资源开采"零排放"。

积极实施矿山生态、地质环境恢复治理和矿山土地复垦。例如，枣庄中联水泥公司投资6000余万元，通过绿化造林、复垦等措施，在原有废弃矿山建造起集生态工业、生态农业、新农村生态人居、休闲观光旅游于一体的水泥工业生态园。

3. 探索水泥窑协同处置技术，向环保型企业转变

水泥窑在协同处置工业废弃物方面有得天独厚的优势。一是焚烧温度高；二是物料在窑内停留时间长；三是窑内高温气体湍流强烈，燃烧完全，负压使有害气体不会溢出；四是在碱性条件下，有毒有害化学元素被碱性物质完全吸收，变成无害化合物；五是焚烧废物的残渣最终进入水泥熟料，不会产生二次污染。联合水泥积极与科研设计院探索水

泥窑协同处置废弃物技术的研究与应用,在枣庄中联进行年处理10万吨工业和社会生活垃圾的协同处理试点。一方面,废弃物得到有效处置,资源能源得到节约,还可以减少排放;另一方面,从社会层面讲,消减了公害和因存放废弃物对土地资源的占用及污染,还减少城市为处理工业废弃物的各种焚烧炉投资和焚烧炉产生的二次污染。

三、基础建材工业企业转型升级战略的实施效果

（一）突破了企业发展的瓶颈

3年来,通过实施转型升级战略,联合水泥发展模式、经营模式、管理模式发生了根本转变,已经由传统水泥企业逐步变为绿色环保企业。通过生产工艺技术装备改造,节约了资源、能源,降低了成本,增加了效益;通过应用技术创新,改变了单一水泥提供商的经营模式,建立了以需求为导向的"生产＋服务"经营模式;通过走循环经济发展道路,向打造绿色环保型企业迈出了坚实一步;通过产业链延伸,实现了产品结构调整,突破了发展瓶颈,寻找到了新的利润增长点;通过优化市场布局和资源配置,建立了11个核心利润区,提高了区域市场的控制力、协调力,赢得了区域市场价格话语权;通过管理创新,建立了一体化经营管理体系,完善了组织架构,明确了各层级职能,提高了管控能力和效率。

（二）企业盈利能力显著提升

通过实施转型升级战略,企业盈利能力和发展能力显著提升。2011年,联合水泥营业收入183亿元,比2008年增长146.6%,3年复合增长率52.7%;实现净利润25.2亿元,增长了281%,复合增长率65.5%;销售毛利率30%,增长了37%,复合增长率33%;资本平均增长率40%。

2011年,商品混凝土销售收入实现67.71亿元,占总收入的37%;特种水泥销售收入23.4亿元,占总收入的12%。

（三）发挥了引领和示范作用

联合水泥转型升级战略的实施,在使自身突破经营发展瓶颈、实现节能减排,降本增效的同时(见表3、表4),也激励和影响了区域内其他水泥企业加快推进节能减排和发展循环经济,为水泥行业转型升级提供了一个可参考的范本,起到了引领水泥行业转型发展的作用。

表3　2011年节能减排创效情况

节能技术改造	年节能减排值	年节约成本（万元）
1、余热发电建设	年节约标准煤35.88万吨,减少二氧化碳排放91.94万吨,减少二氧化硫排放7175吨,减少粉尘排放1139吨。	58000
2、装备技术改造:立磨改造,辊压机改造,电机变频改造	年节电2.8亿千瓦时	16800
3、工艺技术改造:高效喷煤管,高效篦冷机,耐火材料优化配套,富氧燃烧	年节约标准煤21万吨	18900
4、环保设施改造:布袋收尘器	每年减少粉尘排放3000吨	10800
合　计		104500

表4 2011年综合利用废弃物创效情况

使用废弃物种类	年使用量（万吨）	年节约成本（万元）
矿渣、钢渣、电石渣、煤矸石、硫酸渣	800	9600
沸腾炉渣、粉煤灰、建筑垃圾	1000	15000
脱硫石膏、磷石膏	200	12000
合计	2000	36600

（成果创造人：崔星太、张金栋、杨振军、任振河、冯耀银、刘 彬、谢 莉、庄春来、罗振华、袁亮国、张小虎、孙浩然）

大型森工企业可持续发展战略的实施

中国吉林森林工业集团有限责任公司

中国吉林森林工业集团有限责任公司(简称吉林森工)是我国第一家大型国有控股森工企业和国家重要商品材生产基地,主要从事森林资源经营管理、培育开发、木材采伐、木材加工、矿产资源开发、森林食品医药开发、森林旅游开发、房地产开发、商贸服务、金融、证券和资本营运。拥有规模以上子公司17家,注册资本50554万元,在册员工4.4万人。2011年,资产总额130亿元,实现营业收入62.5亿元,利润4亿元。

成果主创人:公司董事长柏广新

经过多年的建设和发展,吉林森工已初步形成以森林资源经营为基础产业,集林木精深加工、矿产水电、森林食品医药、森林生态旅游和现代服务多个产业并举的产业体系,拥有原木、人造板、地板、矿泉水等主导产品和上市公司、财务公司、投资公司、担保公司,整体功能比较完备。

一、大型森工企业可持续发展战略的实施背景

(一)森工企业承担着我国林业发展的重要责任

林业是公益性强、覆盖领域广、增长空间大的基础产业。吉林森工地处吉林省长白山区,在调节东北和华北乃至整个东北亚的生态环境、增加森林碳汇、保护森林资源、发展林业产业承担着重要责任。目前经营总面积135万公顷,占全省土地面积的7.2%;有林地面积122.4万公顷,占全省森林面积14.9%;活立木总蓄积1.75亿立方米,年均增长量600万立方米,年生产商品材54.4万立方米。新中国成立以来,累计为国家贡献木材近2亿立方米、上缴利税100多亿元、提取育林基金近100亿元、更新造林100余万公顷、承担社会性支出100多亿元。

(二)我国林业摆脱发展困境的需要

林业属于我国传统行业。新中国成立初期,各方面建设需要大量木材,广大林业建设者使用弯把子锯、牛马套等原始工具,在长白山林区开始了"我为祖国献栋梁"的第一次创业。"木刻楞,草泥拉,三年五载就搬家"、"火烤胸前暖、风吹背后寒"是当时建设情形的真实写照。广大林业创业者伴随着"顺山倒、哈腰挂"的林工号子,前仆后继,用生命和汗水谱写了一曲绿色奉献之歌。由于长期过量采伐,到上世纪80年代末,我国林业陷入了资源危机、经济危困的"两危"境地,处在了生存发展的"十字路口"。

2001年,国家正式实施天然林资源保护工程,实行采伐限额制度,给予吉林森工企业

经济补贴,森林资源得以休养生息。但是,仅靠体外"输血"的方式不能从根本上解决问题,由于所有制结构单一、辅业规模过大、资产质量不高、办社会负担沉重、冗员过多等各种原因,导致企业活力下降、生产经营艰难,吉林森工面临的困难和压力相当巨大。一是经济规模总量不大,拉动作用不强,在全省GDP增长中的贡献份额很小,在全国排位比较靠后;二是产业结构不优,行业效益不高,以木材生产为主的第一产业仍然占主导地位,二、三产业发展滞后;三是改革依然滞后,自我发展困难,传统计划经济仍在林业经济发展中占据主导地位,市场配置资源的基础性作用没有充分发挥,自我发展的能力很弱;四是基础设施欠账较多,职工收入偏低,部分职工生活非常困难,林区建设明显落后。要想摆脱困境,单靠传统的林木采伐已不可能了,必须找出一条"生态良好、产业发达、职工富裕"的可持续发展之路。

(三)实施可持续发展战略具备良好的基础条件

一是国家出台一系列扶持林业发展的政策。天保工程、振兴东北老工业基地战略、长吉图开放开发先导区建设等国家战略的实施,以及加快林业发展、林业产业振兴规划等一系列政策的制定,为吉林森工实现发展提供了强有力支持。例如,国有中心林场建设和林业棚户区改造工程建设,对提高林区职工生活质量、带动区域林业发展都具有极其重要的意义。过去企业自己没有力量搞,现在国家投资建设。

二是国家实施"天保二期工程",使森林资源得到保护。2010年12月,国务院决定,2011年至2020年实施天然林资源保护二期工程,大幅提高资源管护和森林抚育费用。这样,解决了中幼龄林的抚育投入问题。同时,由于吉林森工年采伐量下降为54.4万立方米,国家给予3.8亿元的天保补偿资金扶持,有效缓解了企业沉重的历史负担。

三是广大民众对绿色、环保产品的需求日益增加。随着生活水平的不断提高,人们的消费观念、消费结构发生了明显变化,对林产品的需求呈刚性增长态势,而且向多样化、高档化发展。吉林森工提供的包括原木、人造板、地板、矿泉水、实木门窗、木制百叶窗、人参、木耳等主导产品,因为具备自然绿色、生态环保的特性,越来越受到广大消费者的青睐,市场占有率逐年提高。此外,林产品原料用途的不断拓展、新的加工途径不断开辟、新的增值领域不断出现,既强化了林业对工业原料的供给作用,有效拉动了加工业、食品业、医药业、现代物流业等相关产业的发展,而且也促进了林业产业的发展。

二、大型森工企业可持续发展战略的实施内涵和主要做法

吉林森工坚持生态建设产业化、产业发展生态化的基本方针,紧紧把握建设现代林业主线,用工业化思维谋划林业,用市场化手段配置资源,用城镇化理念建设林区,着力改造传统产业,大力发展新兴产业,推进产业结构优化升级,全面提升林地产出率、资源利用率和劳动生产率,努力构建完备的林业生态体系和发达的林业产业体系。通过深化体制改革、加强

揭牌仪式现场

森林资源保护、优化产业结构、提升品牌价值、严细各项管理、加速科技创新和创建和谐企业,实现不过度依赖采伐森林资源可以生存发展、不过度依赖国家政策资金扶持可以生存发展的目标。为此,坚持生态优先、产业优化、产品优良,全面开展二次创业,努力建设成结构优化、管理科学、效益显著的具有核心竞争力和可持续发展能力的森林工业集团。主要做法如下:

(一)实施五大转变,明确企业可持续发展的途径

吉林森工通过开展"解放思想"大讨论、"二次创业"和转型发展教育,提高全员对由传统资源垄断型向完全市场竞争型发展模式转变的认识,树立"创造市场、引领消费"的市场理念和"诚信为本、服务至上"的营销理念,着力实施以木材生产为主向以生态建设和综合开发利用林区多种资源为主的战略转移,着力推进由经营资产向经营资本转变、由经营产品向经营品牌转变、由单一利用林木资源向综合开发林区多种资源转变、由单元产业结构向多元产业结构转变、由管护森林向科学经营森林转变等多个转变。采用"主业突出、多业并举"的发展模式,即母公司层面实行"多业并举",汇集子公司中具备相当规模的产业,形成产业集群,进行综合决策和管理;子公司层面实行"主业突出",根据自身产业特点,确定一个突出的主业全力做强做优。

根据林业行业的特殊性和发展的多元性,吉林森工在做好森林资源经营、林木精深加工产业基础上,通过兼并重组、股权投资、技术进步、品牌共享等方式,不断优化产业结构,实现各产业间的协调发展和结构提升,形成基础产业、重点替代产业、后续辅助产业的阶梯式产业发展格局。

一是以经营、培育森林资源和种、养、培为主的森林资源经营基础产业。按照林木市场成熟理论来指导商品林经营,在保证生态建设的前提下,通过科学培育、有效保护、科学采伐利用森林资源,逐步提高森林质量,实现资源增长、生态功能提升、产业发展的良性循环。加速长白山珍贵树种大径材培育步伐,扩大域内速生丰产工业原料林规模,拓展域外速生丰产工业原料林空间,营造和改培红松果材兼用林。加强种子园建设,提高林木良种率,实现苗圃产业化。

二是以人造板、地板、家具为主导产品的林木精深加工支柱产业。依托股份公司、金桥地板集团、云龙木业、吉森华英家具的资源优势、品牌优势,加强市场开发,加大技术研发力度,扩大产品品种和生产规模。通过新建、改造、扩建、并购、重组或品牌加盟等方式,实现产品品牌、市场占有率位居国内前列的产业格局,并获得可持续的竞争优势。

三是以资本运作、金融证券、建筑地产为主的现代服务领域重点替代产业。进一步发挥财务公司、股份公司、投资公司、融信担保公司的投融资功能,积极拓展经营领域,通过股权、债券融资以及证券投资,满足全员日益增长的资金需求。同时,构建林业信息化产业体系及电子商务平台,提供全面、快捷、准确的信息服务,实现信息资源共享。利用国家棚户区改造政策,开发现有林业用地资源。

四是以开发林区矿产、水电资源为主的森林矿产水电重点替代产业。依托施业区内丰富的矿产资源,形成集探矿、采矿、选矿、矿产品加工和销售为一体的矿业产业体系。

五是以矿泉水、中药材及各种林特产品加工为主的森林食品医药后续辅助产业。依托资源比较优势,以现有企业为基础,通过招商引资、产权转让、引入战略投资者,走龙头

带基地和基地连林、农户的产业化经营路子。

六是以建设森林公园、建立森林旅游体系为重点的森林生态旅游后续辅助产业。利用丰富的森林生态旅游资源,深入挖掘独特的森林生态文化内涵,依托"长白山大生态旅游圈"、国家级森林公园等优势,以发展森林生态休闲游和长白山西坡旅游为突破口,构造点、线、面结合的森林生态旅游产业。

围绕发展六大产业,吉林森工构筑"六个百万和一个千万"产业发展主体项目,即建设外埠速生丰产工业原料林100万亩、年产商品材100万立方米、年产人造板100万立方米、年产饮品100万吨、年产矿产品100万吨、年旅游接待能力100万人次、年产地板1000万平方米。

(二)建立现代企业制度,构建可持续发展的制度基础

吉林森工坚持以改革总揽全局,打破以"所有制"为核心的企业制度,建立新的符合市场经济规律的以"产权"为核心的现代企业制度,为实现可持续发展奠定制度基础。

1. 推进体制改革和产权多元化

2005年,吉林森工实施全方位改革,将加工业企业(除上市公司外)的国有资本全部退出,解决资产质量不良的问题;将辅业企业全部转为民营,解决主业不突出的问题;将医院、学校、公检法等移交地方,解决企业办社会的问题;将员工身份进行重新整理,解决冗员过多和员工再就业的问题。在此基础上,进行股份制改造,由国有独资公司改为国有控股65%、内部员工参股35%的有限责任公司,使员工成为公司的股东。

2. 建立和规范法人治理结构

依法设立股东会、董事会、监事会和经理层,制定并确立相应的决策议事规则和程序,保证决策科学、监控有力、执行到位。在董事会下设立规划投资、预决算、薪酬、人事考核、审计监察评价等5个专业委员会和1个资产监督专员办,又成立6个产业投资项目论证专业委员会。依据出资关系,建立集团母子公司体制,调整组织结构,使经营管理走上规范化、科学化轨道。

3. 建立适应市场经济的新机制

改革用工制度,实行全员劳动合同制,实现能进能出;改革用人制度,管理层全部实行聘任制,面向社会招聘人才,实现能上能下;改革分配制度,经营者薪酬按绩效实行浮动,以绩定薪,实现能高能低。

(三)保护森林资源,打造可持续发展的资源根基

1. 认真遵守采伐限额

吉林森工严格按限额采伐,不断强化林木采伐管理,规范采伐作业行为,使森林资源消耗得到有效控制。

2. 加大森林抚育力度

"十一五"期间累计投入森林培育资金6.73亿元,比"十五"期间增长93.4%,更新造林10.6万公顷、森林抚育44.6万公顷。建立培育基地,切实加强珍贵大径材林、工业原料林、经济果林、良种繁育、绿化苗木和景观苗木的培育。加速科研攻关,推进长白山林区人工促进天然林生长研究,开展松江河和露水河林业局森林资源可持续经营管理试点。在每年利润分配前提取10%专项资金用于森林资源保护。

3. 加强森林资源管护

按照森林防火"五条标准",建立森林防火分片包保机制,保证辖区内无重大森林火灾、滥砍盗伐、乱征乱占等毁林现象。贯彻《植物检疫条例》和《森林病虫害防治条例》,定期对员工进行技术培训和森防法律法规宣传,加强重点病虫害的监测及预测预报,对常发病虫害制定有效防治方案。近年来,未发生大面积森林病虫害。此外,为提高森林经营管理水平,解决木制品国际市场准入问题,树立绿色环保形象,完成FSC森林认证(包括FM森林经营认证和COC产品产销链认证)。推广以采育兼顾为目标的"采育林"经营模式,坚持采坏留好、间密补稀、大面积、低强度、保护幼苗幼树、补植(移栽)珍贵树种、加快中幼林生长速度的原则,培育以针阔混交、复层异龄为主要特征的林分,有效改良林分结构。

4. 创新森林经营模式

吉林森工创立林木市场成熟理论。一是在自然、工艺、数量、经济等成熟理论的基础上,以市场供求关系决定的市场价格来确定商品林的成熟龄;二是以市场需求和预测来确定商品林的经营规划。在国家宏观政策指导下,根据市场和木材售价来合理确定和调整伐区,依照市场行情调减和结转采伐指标,提高经济效益。

对少部分低质低效林进行科学改造,建设落叶松和杨树速生丰产林。在吉林省东部山区,杨树每年每公顷平均生长量可以达到15立方米,是天然林的3倍以上;轮伐期为15年,而天然林则需要120年。速丰林在15年后成熟,平均胸径22厘米,平均树高19米。在吉林森工122.4万公顷林地中,如果将其中15万公顷低质低效林进行改造,每公顷密植3000株,第5年间伐1000株,第10年再间伐1000株,到第15年保留1000株,公顷蓄积可达225立方米,15万公顷就是3375万立方米。以每年采伐1万公顷、出材率0.6计算,每年可采木材135万立方米。现在杨木每米800元,仅此一项一年就可实现销售收入10亿元,并且间伐和主伐过程中生产的大量"三剩物"可以为人造板和发展林下经济提供充足的原料。

(四)综合开发森林资源,构建可持续发展的产业体系

吉林森工施业区位于吉林省东南部长白山区,总经营面积135万公顷,域内有各种野生动植物资源近4000种,矿产资源、水资源和旅游资源得天独厚。为充分发挥多种资源优势,适应木材大幅调减的新形势,坚持由单一经营林木资源向综合利用、立体开发林区多种资源转变,采取"由集团抓大带小、由林业局抓小做大"、"面上推动、点上突破"的方法,不断整合同类资源、优化产业结构、完备产业链、增加附加值,把小产品做成大产业。

1. 综合利用林区矿产资源,迅速发展森林矿产、水电重点替代产业

吉林森工施业区内已探明蕴藏有丰富的铁、铜、锡、钼、钾长石等矿产资源,为充分利用这些资源,重组控股丰华矿业集团,将以矿产品为主导的企业整合到该公司。2012年,丰华矿业集团投资3亿元重组白山市大通矿业公司,对其实行控股经营,年产铁精粉80万吨,其中黑铁矿精粉30万吨、赤铁矿精粉50万吨,年产值实现8亿元。此外,与盛元矿业合作开发铁矿,与云南镇雄铜厂河煤矿达成收购意向,矿产资源产业链条已初步形成并不断壮大。

2. 综合利用林区动植物资源,培育森林食品医药后续辅助产业

施业区森林面积广阔,林下各种可食类动植物资源丰富。为加以充分利用,吉林森工先后将以森林食品、中草药为主导产品的企业重组整合,采取"公司＋自营经济户"的发展模式,综合利用林下资源,实现规模效益。长白山区是优质人参的最佳产区,拥有无可比拟的区位优势。吉林森工在上世纪 80 年代就开始人工种植山参实验,取得阶段性科研成果,促进林下山参产业较快发展。2011 年底,林下山参种植面积达 12870 公顷,产量 1.95 吨。为充分发挥这一优势,成立吉林森工人参良种繁育公司,以资源整合为基础,以科技创新为动力,坚持标准化种植、规范化经营、市场化运作、规模化发展,建设符合国家标准的优质人参种植基地,打造绿色无公害人参产品,培育具有国际竞争力的中国人参民族品牌。在人参公司的带动下,目前已拥有人参 GAP 标准化种植基地 300 公顷,实现规模化栽培经营。

3. 综合利用林区森林旅游资源,形成森林生态旅游后续辅助产业

吉林森工拥有闻名中外的长白山自然景观、原始森林风貌的国家级森林公园、亚洲最大的原始红松母树林、长白山国际狩猎场、风光旖旎的白山湖水域景观、重现抗战历史的杨靖宇密营人文景观、得天独厚的长白山滑雪场等旅游资源,为充分开发这些宝贵资源,先后兼并重组吉林省旅游投资集团、长白山大厦和长白山国际旅行社,成立吉林森工旅游汽车公司,参股吉祥大酒店公司。在此基础上,将以旅游资源为主和为旅游配套服务的企业重组整合到吉林省旅游投资集团,并规划建设长白山温泉度假区,开辟长白山水路和陆路两条黄金旅游线路,开发具有长白山特色的旅游产品,购建"吃、住、行、玩"完整的长白山旅游产业链。

(五)实施"一牌多品"策略,创建"吉林森工"品牌体系

近年来,吉林森工所属品牌取得较高的社会声誉。"吉林森工"品牌成为"吉林老字号"称号,"露水河"牌刨花板、"金桥"牌实木复合地板和"泉阳泉"牌天然矿泉水三大品牌先后荣获"中国名牌"、"中国驰名商标"和"吉林老字号"称号。为进一步发挥整体优势和品牌价值,吉林森工明确品牌定位、发展方向和目标,确立"一牌多品、逐步整合"的阶段性品牌管理思路和"统分结合,逐步整合"的品牌培育策略。其中,"一牌多品"即以"吉林森工"母品牌为统领,"露水河"、"泉阳泉"、"金桥"、"霍尔茨"、"白山云龙"、"红宝石"等子品牌为重点,其他品牌为补充,形成吉林森工品牌体系;"逐步整合"即根据"一牌多品"定位,对所属品牌统一规划,母品牌实施培育管理,各子品牌继续分别由主体企业实施培育和管理。在"一牌多品"期,各子品牌前统一加冠"吉林森工"。

吉林森工股份公司的"露水河"刨花板有国内第一品牌的声誉,是同行业唯一国家免检产品,成为国内大型名牌家具企业的首选原料,品牌价值已超过 5 亿元。"露水河"牌刨花板系列产品先后通过 ISO9000 国际质量体系认证、中国环境标志产品认证,生产基地已遍布东北、华北、华东及华南地区,销售网络覆盖全国五大重点区域。

吉林森工泉阳泉饮品公司充分发挥长白山水源地等独特优势,成长为本地产品的第一品牌。通过英国权威机构 UKAS 的 ISO9001 国际质量管理体系、ISO14001 国际环境管理体系和荷兰 RVA 的食品安全管理体系 HACCP 认证及清真食品认证,被吉林省政府确定为"长白山生态饮品龙头企业"和"吉林省农业产业化 30 户重点企业"。"泉阳泉"

产品重点分布在东北三省和京津地区。

金桥地板集团是目前中国乃至亚洲生产规模最大、综合实力最强的实木复合地板生产企业之一,是中国最大的三层实木复合地板出口企业。作为国家实木复合地板标准的起草单位,注重无形资产构筑,并实施品牌带动战略,先后通过欧盟CE认证、ISO9000、ISO14000体系认证和FSC/COC森林认证、"环境标志产品"认证,成为"国家质量免检产品"。目前,"金桥"产品远销欧洲、北美、东南亚等35个国家和地区。

为了提高吉林森工产品知名度和市场占有率,通过广告媒体宣传、参与大型社会活动、与中国篮协合作进行品牌推广、参加大型展会等多种方式进行宣传。

(六)提升基础管理水平,夯实可持续发展的管理基础

1. 理顺内部控制制度管理体系

制定《内部控制规范》、《集团子公司控制规范》等48项内部控制制度管理体系,涵盖采购、存货、销售、固定资产、成本费用、预算、人力资源、合同等全过程,以制度衡量经营行为、规范管理行为。

2. 健全风险防范管控体系

制定《集团出资企业资产监督管理办法》,建立健全国有资产监管体系,实现监督机构全覆盖、监督资产全要素、监督管理全过程,规避国有资产流失。构建纪检监察监督、监事会监管监督、职代会民主监督、审计审查监督"四位一体"的资产监管监督和经营权力运行监控,实现风险防范的监督管理制度化、规范化。

3. 建立企业标准化管理体系

吉林森工标准体系涵盖以"吉林森工"母品牌及"露水河"牌刨花板、"金桥"牌实木复合地板和"泉阳泉"牌天然矿泉水三大子品牌的产品、服务、资本、技术等各种企业要素。通过建立企业标准体系,进一步巩固行业领先和企业龙头地位,增强核心竞争力。

4. 推进企业信息化管理体系

引进用友财务软件和ERP技术,实现网络化管理和办公自动化,提高管理效率。导入CIS系统,统一吉林森工形象和标识,统一消费者和广大受众认知信息。成立林业网络公司,搭建企业宣传网络平台,创建吉林森工特有的经营管理模式。

(七)依靠科技进步,提升可持续发展的质量

吉林森工以科技创新促进产业,构建以科技中心为核心,以专业科研所、企业技术中心、重点实验室、标准化示范基地为一体的科学合理、功能完备的产业科技创新体系。采取产学研联合,从完善标准、技术和规程入手,扎实推进科技创新和新产品研发,强化先进技术成果引进及推广,积极开发具有自主知识产权新产品、新技术,带动产业产品结构的调整升级和企业的转型发展。

1. 合作建立科技创新平台

吉林森工科技中心已成为省级企业技术中心。与北华大学合作共享吉林省木质材料与工程、吉林省生态与环境重点实验室,与东北林业大学合作设立优秀工程师培养基地,与中国林科院合作设立地板研发中心,与吉林农业大学联合建立林特资源科研平台,与中科院沈阳生态研究所筹备设立博士后科研工作站。

2. 推进科技人才队伍建设

高度重视科技人才的培养和引进,打造一支经验丰富、刻苦钻研的科技人才队伍。采取定期培训的方式,与相关科研机构、大专院校建立长期合作关系,加速提升内部人员的专业技术水平。采取面向社会招聘的方式,吸引高科技专业技术人员,构建高素质人员队伍。聘任两名院士为吉林森工兼职院士,引进美国大学终身教授1名和其他大学教授10余人,常年为吉林森工开展科研攻关、人才培训、专业讲座。目前,科技人员80%以上具有中高级职称,40%以上具有研究生以上学历。

3. 全面开展科技创新活动

组建省级企业技术研发中心3个、共享省级重点实验室2个、与高校科研单位共建科技示范基地15个,每年投入2700万元用于科技研发,承担国家级、省级重大科研项目20余项。此外,在森林培育、林产工业、森林资源综合开发等方面组织开展近170个重点研究项目。例如,国家林业局948项目《天然林立地长期生产力维持和提高技术引进》、国家林业局中央财政林业科技推广项目《大青杨优良无性系在更新造林中的示范与推广应用》、国家林业局公益性行业科研专项项目《长白山区天然林资源恢复及珍稀树种保护技术》、吉林省科技厅重大科技成果转化项目《森林抚育材/速生材高值化利用技术集成转化》、自主研发项目《森林空气资源开发与应用研究》和《长白山林区人工促进天然林生长技术研究》等。

在完成的科研项目中,《NE苗木助长剂在苗木培育和杨树造林中的应用》对苗木高生长和径生长有显著的促进作用;《中高密度纤维板密度在线控制技术的研究》,提高了我国中高密度纤维板的产品质量和生产率,属于林产工业科学技术领域新技术在林产工业中应用;"木基功能复合材料关键技术研究与产业开发"课题项目成功研发脱硫石膏纤维板,开辟了循环经济新的产品系列;自主研发的"森林防火监控系统"达到国内先进水平,有效保护了森林资源。截至目前,科技创新产品累计创造产值超过10亿元,科技成果转化率达90%、科技成果推广率达85%。先后获得省级以上科技成果18项、省级新产品12项、国家重点新产品5项、国家专利35项、国家级行业标准3项。

(八)坚持以人为本,营造可持续发展的和谐氛围

1. 妥善安置员工,维护林区社会稳定

随着吉林森工的改革,先后有近6万名员工与企业解除劳动关系,有8000名工伤、长病和3.8万名离退休人员滞留在企业,还有3万余名员工成为新员工。对于走向社会的人员,吉林森工创造条件、搭建平台,采取政策支持、资金扶持和技术援助等措施,以公司加业户模式,带动员工发展种植业、养殖业和采摘业,使这部分人员实现自食其力;对于滞留在企业的人员,积极为他们创造条件,办理工伤保险、失业保险、养老保险等,利用企业利润为他们提高工资和福利待遇;对于新员工,围绕主导产业在市场开发、配套产品加工、房地产开发和服务业等领域吸纳员工股本,形成包括工资、财产和副业等多元收入格局。通过运用天保政策和企业自筹资金一次性安置一批、下岗进站保障一批、城市救济低保一批、企业与职工协议协保一批、综合开发转岗一批、对外派遣输出一批,有效地解决企业劳动力过剩和下岗职工无业可就、有业不就、生活难以保障等问题,劳动力结构得到进一步优化,社会稳定和谐。

2. 关注民生,构建繁荣、富裕、和谐的新型林区

积极助推林区城镇化建设,借助林区棚户区改造契机,结合中心林场建设,投入资金27.1亿元,完成238万平方米住房新建和改造工程,加强供水、供暖、供电、道路和环卫、医疗等基础设施建设,3.5万户、30万林业人口居住环境和生活条件得到明显改善,实现生活小区化、环境园林化、服务社会化。创建"文明森工城",实施林区"绿、净、美、亮、畅"工程,丰富员工业余文化生活,提升企业的文明形象。建立员工工资增长与企业效益同步长效机制,保障和改善员工生活。在重组和新建企业全部实行集团控股、经营者和员工参股的多元投资模式,员工财产性收入不断增加,主人翁地位得到充分体现。主动帮助困难弱势群体,通过开展"三帮扶"和"送温暖"活动,层层建立扶贫帮困基金,为困难员工和一次性安置人员提供创业贷款。努力为辖区农民提供就业岗位,林区群众依托森工资源人均年创收1900元,促进和谐林区建设。

3. 造就新型员工队伍,科学使用和储备人才

建立人才选配、员工激励和富余人员分流安置机制,采用"人才如木,大木做梁,小木做楔,直木做椽,弯木做犁,人尽其才,才尽其用"的用人方针,制定《引进开发人才资源的优惠政策》《优秀人才管理办法》等诸多制度,为稳定现有人才、引进急需人才、培养实用人才、调动优秀人才的积极性和创造性提供制度保障。在坚持宽出严进、把住入口、急用先聘、逐步优化员工结构的原则指导下,通过参加人才交流会、毕业生洽谈会以及内部培训提高、调剂交流、社会招聘等方式,解决对急需人才、实用人才的需求。

4. 加强企业文化建设,培育核心价值观

全面实施文化兴企战略,确立"为国效力、为民造福"的核心价值观、"生态优先、产业优化、产品优良"的经营方针,"忠诚做人、和谐创业、奉献绿色、造福人间"的企业精神、"企强人富、基业常青"的企业目标、"以文化提升人,以制度管理人"的管理理念,"经营以效益为第一、合作以互惠为原则、做人以真诚为根本、处世以付出为乐趣"的企业运营哲学,形成一整套企业文化体系。同时,启动"为国效力、为民造福"和"知足感恩"等主题实践教育,开展企业文化推进年、提升年和繁荣年活动,营造忠诚、和谐、创业、奉献的企业氛围,企业凝聚力、向心力和竞争力不断增强。

三、大型森工企业可持续发展战略的实施效果

几年来,通过实施可持续发展战略,吉林森工三个优化得到有效推进、六大产业逐步发展壮大、九大板块已经陆续做大、主要经济指标实现了翻番的阶段性目标,主业突出、多业并举的快速发展格局已经形成,实现了"森林增长、企业增效、员工增收",做到了"少砍树,也能富"。

(一)森林资源得到有效保护,促进了林业生态的可持续发展

2011年底,吉林森工辖区有林地面积由113.4万公顷增加到122.4万公顷,增加了9万公顷;森林覆被率由81.9%提高到90.6%,增加了8.7个百分点;活立木总蓄积由1.57亿立方米增加到1.75亿立方米,增加了1800万立方米;成过熟林蓄积由6929万立方米增加到7520万立方米,增加了591万立方米;乔木林公顷蓄积141.58立方米,仅次于西藏和新疆,位居全国第三;有林地面积森林树种组成不断趋于合理,红松、水曲柳、黄波萝、胡桃楸等珍贵树种的蓄积比重由16.3%增加到21.3%。同时,基本杜绝了乱砍盗伐、乱征乱占等毁林现象,未发生大面积森林病虫害,实现连续32年无重大森林火灾。

生长量远远大于消耗量,长白山林区已是满目青山皆覆绿,远近高低俱成林。

(二)经济效益快速增长,促进了林业企业的可持续发展

吉林森工已初步形成以森林资源经营为基础产业,集林木精深加工、矿产水电、森林食品医药、森林生态旅游和现代服务多个产业并举的产业体系,改变了"独木支撑"的局面。2011年与2005年相比,原木产品的销售收入占总收入的比重由64%下降到23%,第一、二、三产业比例由30:51:19调整为28:46:26。

2011年底,吉林森工资产总额由2005年的40亿元增加到130亿元,增长了225%;归属母公司净资产由5亿元增加到34亿元,增长了580%;净资产收益率由4.3%上升到9.38%;销售收入由25.1亿元增加到62.5亿元,增长了149%;净利润由3800万元增加到2亿元,增长了426%。

(三)林区社会稳定和谐,促进了社会的可持续发展

2011年底,在岗员工人均年收入达32600元,是2005年的3.8倍;员工"五险"补助资金和社会公益事业补助资金2.4亿元得到落实,"五大类基本保险"实现了全员覆盖;累计完成238万平方米棚户区改造工程建设任务,使4.8万户林区职工喜迁新居,并投资近5000万元对林区供暖设备和饮用水工程进行改造,林区职工生活条件得到明显改善;为13700多名老工伤人员参加了工伤保险,并免除趸交1.37亿元工伤保险费;开展"三帮扶"和"送温暖"活动,建立扶贫帮困基金,共筹集扶贫资金2600多万元,帮扶困难员工100余户。另外,为1.8万名"五七"家属工参加了养老保险,每年人均领取6300多元的养老金;承担了改制前应由政府承担的8000余名工伤、长病人员及3.8万名离退休人员的各种费用支出,每年约1.9亿元;尽最大可能吸纳就业,缓解社会就业压力,累计新增就业岗位达到2.3万个;带动了林区数万名职工家属的就业,使林区人们的生活质量得到显著提高,社会环境更加稳定和谐。

"十一五"期间,通过加大培育经营和管护,解决了林木生长缓慢、林分质量下降、林地生产力水平低等问题,每年吉林森工林木可吸收824万吨二氧化碳、放出729万吨氧气。同时,吉林森工累计上缴税金12亿元,提取育林基金12.9亿元,上缴吉林省育林基金1亿元,上缴利润1.3亿元,民生投入和社会性支出15.8亿元;赈灾、援藏及公益事业捐赠0.8亿元。吉林森工多次荣获"全国五一劳动奖状"、"全国精神文明建设工作先进单位"、"全国林业系统先进集体"等荣誉称号。

(成果创造人:柏广新、夏丽娟、李建伟、宫喜福、石国新、张显成、张立群、姚世家、慕广学、李　博)

大型煤炭企业区域资源的整合与重组

山西焦煤集团有限责任公司

成果主创人：公司副董事长、总经理金智新

山西焦煤集团有限责任公司（简称山西焦煤）成立于2001年，是国务院规划的全国13个大型煤炭基地之一，也是我国目前规模最大、全球第二大的优质炼焦煤生产企业，资产总额1255亿元，以煤炭开采洗选、发电、焦炭化工、物流贸易为主业，兼营建筑、建材、机电修造、民爆化工、煤层气开发利用、矿用材料生产加工、金融、三产服务业等。目前，拥有11个分子公司，包括6个煤炭产业公司、5个非煤产业类和现代服务型公司；拥有西山煤电和山西焦化两个A股上市公司。主力生产和建设矿区6个，地跨山西省7个地市的24个县。现有99座煤矿（原有矿井32座，新增资源整合矿井67座），生产能力13780万吨/年；洗煤厂28座，入洗能力8925万吨/年；焦化厂5座，焦炭生产能力1060万吨/年；坑口综合利用电厂7座，总装机2168MW；煤层气及余热余气电厂8座，发电装机153MW；非煤生产厂（公司）288个。2011年原煤产量11006万吨，销售收入1252.16亿元，完成利润57.92亿元，税费150亿元，是山西省第一家煤炭产量过亿吨、销售收入超千亿元的煤炭企业。2012年名列中国企业500强第83位、中国煤炭企业50强第3位。

一、大型煤炭企业区域资源的整合与重组背景

（一）煤炭行业粗放式开发模式必须改变

长期以来，我国煤炭行业采用高强度、群体化、粗放式的开发模式，形成了"多小散乱"的煤炭开发格局，产生了资源浪费、生态环境破坏、安全事故频发等一系列问题，给煤炭行业的可持续发展带来了严峻挑战。

一是"多小散乱"，行业集中度不高。上世纪80年代由于实施"两条腿走路"与"有水快流"政策，使得小煤矿数量快速增长，其中主要是隶属于地方政府的乡镇煤矿。根据国家安监总局2005年统计，全国小煤矿总数23793个，占煤矿总数的90%，平均每处年产量不足3万吨，分布全国各地，山西省的煤矿数量位居第一。小煤矿的开采方式主要是炮采和手工落煤，机采的矿井仅有10家，占小煤矿总数的0.05%；小煤矿的支护方式绝大部分为木支护，有的甚至无支护，只有少部分配备了单体液压支柱和金属摩擦支柱。

二是煤炭资源回采率低，资源浪费、环境破坏严重。煤炭资源整合初期，全国煤矿资源回采率仅在40%，特别是小煤矿的回采率只有15%。1980年至2009年，全国煤炭资源浪费就达300亿吨。山西省煤炭平均资源回采率也只有40%，乡镇煤矿回采率仅为

10%～20%，每挖1吨煤要破坏5～20吨资源。同时，山西省每年因采煤遭破坏损耗的水资源多达15亿立方米，造成5000平方公里国土"采空"，引发严重地质灾害的面积近3000平方公里，并且每年新增塌陷面积近100平方公里。

三是安全事故频发，煤矿生产百万吨死亡率居高不下。2006年，小煤矿发生事故2149起、死亡3431人，事故起数和死亡人数分别占全国总数的73.0%、72.3%；小煤矿百万吨死亡率为3.847%，分别是国有重点煤矿的6.1倍和国有地方煤矿的1.9倍；小煤矿重特大事故分别占全国煤矿重特大以上事故起数、死亡人数的76.5%、78.85%。山西省近两年的矿难统计显示，地方国有煤矿百万吨死亡率为国有重点煤矿的3.8倍，小煤矿百万吨死亡率则高达国有重点煤矿的11.3倍。50多年来，山西煤矿事故累计已造成1.7万人死亡、1.3万人伤残。同时，由小煤矿开发引发的腐败案件层出不穷。

(二)贯彻落实国家和山西省有关政策部署

2005年，我国在全国范围开始了煤矿整顿关闭攻坚战。国家安全生产监督管理总局、煤矿安全监察局制定了"整顿关闭、整合技改、管理强矿"三步走的战略部署，提出"十一五"期间煤炭工业的发展要以煤炭整合、有序开发为重点，以"整合为主、新建为辅"，对中小煤矿实施整合改造，实现资源、资产、技术、人力等生产要素的整合和重组，建立规范的煤炭资源开发秩序。小型煤矿数量控制在1万处，产量控制在7亿吨以内，比重占27%；小型煤矿整合改造为大中型煤矿，增加产能2亿吨；小型煤矿机械化、半机械化程度达到40%。

2006年，国务院批准在山西省开展煤炭工业可持续发展政策措施试点，对强化煤炭行业管理、优化资源配置和煤炭开发布局、提高煤矿准入标准以及完善矿业权有偿取得制度等重要问题提出了要求。山西省随即对各主要产煤县提出"11396"的整合目标，要求整合后新增资源面积、新增生产能力均不超过整合前的10%，煤矿矿井数量减少30%以上，主要产煤县不再保留核定年生产能力9万吨以下的煤矿，整合后矿井回采率达到60%以上。2008年，山西省明确同煤集团、焦煤集团、潞安集团、阳煤集团、晋煤集团、煤运集团、山煤集团和中煤平朔为整合主体，进行煤炭资源整合。2009年，山西省发布了关于进一步加快推进煤矿企业兼并重组整合有关问题的通知，要求2010年底全省矿井数量控制在1000座、兼并重组整合后煤矿企业规模原则上不低于300万吨/年、矿井生产规模原则上不低于90万吨/年，且全部实现以综采为主的机械化开采。

(三)积极把握企业做大做强的历史机遇

山西焦煤集团作为传统国有企业，老矿井的储量和能力增量已经接近极限，自身发展也受到行业粗放发展、恶性竞争、自身储量、内部资源整合不够等方面的限制，需要新上项目、新批资源、新增储量。同时，由于发展中过度依赖煤炭资源，形成以煤炭为单一支柱、产业结构高度趋同

智能化大采高工作面

的区域经济体系,企业发展受到严重影响,产能结构失调、内部消耗严重,形成了大面积、粗放型、高强度、群体性的能源开发格局,难以实现转型升级。山西焦煤过去在资源整合方面已开展了一些工作,积累了一些经验。国家和山西省提出推进煤炭工业战略性调整、实施煤炭资源整合重组政策,为山西焦煤做大做强企业提供了难得的历史机遇。

二、大型煤炭企业区域资源的整合与重组内涵和主要做法

山西焦煤抓住山西省大规模煤炭资源整合的历史机遇,以市场为导向,充分发挥国有大企业的优势,以五大煤炭子公司为重组整合主体,通过实物资产投资、股权投资和国有划拨等方式,积极稳妥地对划定区域的小煤矿进行重组,并从资源、资金、资产、技术、管理、人才等方面进行优化整合,提升资源整合煤矿的安全水平、技术水平和管理水平,为山西焦煤做大做强和可持续发展提供强有力的支撑。主要做法如下:

(一)确定重组整合的思路、原则及程序

山西焦煤各整合主体按照"总量适度,优化布局,产能置换,关小上大,提升水平"的原则,确定"有急、有缓、有利"的思路,采取"点上突破、以点带面"的策略,统筹推进资源整合。主要领导亲自挂帅,把资源整合工作当作"一把手工程"。组建集团公司和子公司两级领导组,并成立专业领导组,定期召开会议研究资源整合工作,解决遇到的重大问题,应对出现的各类情况,形成集团公司总协调、各整合主体主推的工作机制。

确定西山煤电、汾西矿业、霍州煤电、华晋焦煤和投资公司作为集团内部5个兼并重组整合主体,依据山西省资源整合整体规划,整合以太原地区为中心,包括西山、离柳、乡宁、汾西、霍州、岗县、石隰等矿区和吕梁、临汾、忻州、晋中地区焦煤资源为主的地方小煤矿。根据山西省煤矿企业兼并重组整合工作领导组批复的整合方案,在市、县政府的主导下,按照山西省国资委相关文件规定,整合主体与各整合煤矿原矿主进行对接、洽谈,共同选择中介机构,对矿井资产进行评估。达成关于资产、矿权的收购协议后,整合主体按照协议规定支付收购价款,选派"六长"和管理人员、技术骨干、特种工种作业人员等进驻接管矿井。

按照集团领导分工和业务部门对口管理原则,明确各子公司相关证照及手续办理责任部室,并及时进行业务对接。通过财务部、调度信息中心、资源地质部、生产技术部、安监局、企管部、计划发展部、环保部、通风部、机电部等责任部门高效协同、全力配合,确保资源整合工作有序开展(见图1)。

结合资源整合矿井的实际,倒排工期,确定各项工作完成的时间"节点",并按照项目审查、资产评估、人员配置、安全管理、资金运作、新增资源范围、生态环境保护、采矿权价款处置、证照办理等制定考核目标责任书,集团公司与各子公司签订资源整合工作目标责任状,实行层层考核。

(二)因矿制宜,多种方式推进小煤矿重组

1.对被整合小煤矿进行分类

在重组方式的选择上,山西焦煤因矿制宜,对不同区位、不同资源情况、不同生产能力及规模、不同技术条件的各类小煤矿进行分类,采取不同的整合方式(见图2)。

依照所属的类别,区别对待、分类实施。根据双方自愿原则,采取不同的整合方式。国有煤矿采取划拨的整合方式,满足矩阵第一列条件的小煤矿多为可直接进行生产的整

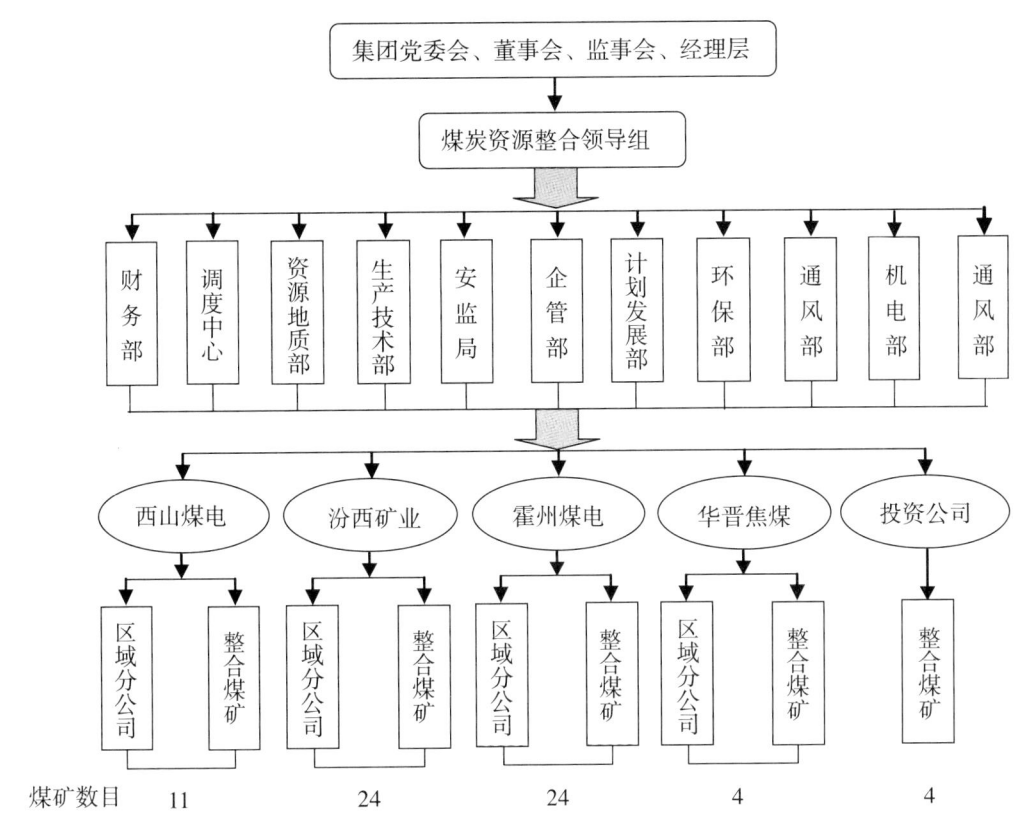

图1 山西焦煤资源整合组织结构

图2 小煤矿类别矩阵

合煤矿。

2. 进行整合风险评估

在整合时，进行充分的风险评估，发现主要风险包括：一是法律风险。被并购方有意或无意对有可能妨碍并购活动或可能损害被并购方利益的有关法律事项进行隐瞒或虚假陈述。二是资源风险。被并购方的煤炭资源储量和开采条件不翔实。三是财务风险。被并购方在并购过程中对提供给并购方的财务报表及财务状况进行粉饰，以诱使并购方做出错误决定或增加其谈判筹码。四是政策风险。在并购中政府承诺的不确定性以及并购完成后政府相关政策的变化。五是改组风险。由于被并购方的管理层、职工或当地政府的原因,并购方无法按照自己的意愿对被并购方的经营方针、管理结构、管理人员进行改组,或者由于企业文化的差异导致管理混乱、骨干大量流失,从而威胁企业的正常经营。六是职工安置风险。并购方既要防止安置费用过高给企业造成财务负担,又要防止安置费用过低激化劳资矛盾,造成群体性事件。在整合过程中,各整合主体采取积极有效的风险规避措施,使风险发生的几率降到最低。

3. 采取不同整合方式

在整合的158座小煤矿中,主要采取股权收购、实物资产收购和国有划拨三种整合方式。其中,实物资产收购占70%、股权收购占28.75%、国有划拨占1.25%。

一是实物资产收购。一家公司以有偿对价取得另外一家公司的全部或者部分资产,其优点是不需要承担被整合煤矿的原有债务,不存在无法收回所承接的被整合方债权的风险;缺点是整合后的新公司证照办理手续繁杂,且收购时所需支付的现金较多。例如,霍州煤电集团对兴盛园煤业的整合。

注册方式:各方股东以货币方式出资设立。2010年2月5日,在省工商局对整合后的企业名称进行名称预核准,名称为霍州煤电集团兴盛园煤业有限责任公司。该公司有3个股东,分别是霍州煤电集团有限责任公司(占51%股份)、温州文博能源有限公司和山西地宝能源有限公司(共同持有49%股份)。

风险规避措施:对在新公司兴盛园煤业所有的前期投入,均以出资人会议决议方式,由股东三方予以确认,并同意兴盛园煤业注册成立后偿还集团公司;对板块内的关闭矿井原霍州靖达煤矿,由兴盛园煤业补偿;对兴盛园煤业后续建设资金的筹措,先由兴盛园煤业通过贷款方式解决,各股东按股权比例提供担保,否则各方股东通过增资方式解决。如一方或两方股东不能按照章程提供担保或增资,按照各方实际投资(或担保的资金比例)重新计算股东各方股权比例。

二是股权收购。煤矿企业兼并重组的主要形式,是以目标公司股东的全部或部分股权为收购标的收购。优点是以净资产评估值为定价依据,收购时所需支付的现金略低;整合后不需重新办理工商注册登记,只需进行工商变更登记即可,办理程序较为简单。缺点是需要承担被整合煤矿的原有债务,整合的隐性风险较大。例如,霍州煤电集团对紫晟煤业的重组。

注册方式:霍州煤电对紫晟煤业增资扩股,实现控股紫晟煤业的目的。2009年9月进驻紫晟煤业,10月与紫晟煤业的原股东在山西省工商局对整合后的企业名称进行预核准,变更登记为霍州煤电集团紫晟煤业有限责任公司。霍州煤电集团以832.63万元货币资金对新公司进行增资扩股(占股比为51%),原紫晟煤业的7位股东以800万元的注册资本持股重组新公司(占49%)。

风险规避措施:通过补充协议约定紫晟煤业的债权债务由任麦杏等7人承担,霍州煤电集团向新公司的投资采取债券投资和现金投资相结合的方式,投资总额8400万元,采用股权重组模式下分两块分步实施。832.63万元作为向新公司的出资额,余额以债权投资的方式作为新公司的借款,新公司以未来的收入在税前偿还。

三是国有划拨。国有企业之间的兼并重组可以采用资产划转的方式,经县级以上人民政府批准,将国有资产无偿交付给国有企业。例如,霍州什林煤业的整合。

注册方式:将霍州市什林煤矿(国有煤矿)改制为霍州煤电集团全资子公司——霍州煤电集团什林煤业有限责任公司。2009年9月取得企业名称预先核准通知书,10月批准成立新公司,12月霍州煤电、临汾市煤炭工业局、什林煤矿签订《煤炭资源整合国有产权划转协议》,同意将什林煤矿国有产权划转至霍州煤电。2010年8月,临汾市煤炭工业局同意什林煤矿整体划转。2011年5月,山西省国资委批复同意划转什林煤矿至霍州煤电。

风险规避措施:什林煤矿产权由临汾市煤炭工业局划转至霍州煤电,霍州煤电以什林煤矿经评估后的净资产作为对什林煤业的出资。什林煤矿的全部债权债务由改制后的什林煤业承继。霍州煤电集团作为出资人,仅对新成立的什林煤业依法承担股东有限责任,不对原什林煤矿的债权债务承担直接清偿责任。

(三)依法整合,充分保证相关各方合法权益

在整合过程中,严格遵守国家法律、法规和山西省有关政策,充分保障煤矿相关地方、原所有权人和矿工的合法权益。一是按照协议条款支付收购价款,并在当地政府协调下,在评估资产和采矿权价款外支付部分补偿。二是对原企业员工尤其是全民或集体身份职工,由整合后成立的新公司在政策规定范围内予以安置。三是对于原被整合煤矿与周边乡村签订的各类协议,通过政府协调后有条件地续签。充分考虑相关各方的正当权益不受损失,并以协议明确下来。应缴纳的基金、税费在项目和标准上维持整合前的格局不变,以严格的程序商定各级政府、村委和群众的既得利益不变;加强生态保护和环境治理,对兼并重组整合井田范围内水资源泄漏、土地塌陷、房屋倒塌等灾害,按有关规定予以赔偿;制定可持续发展规划,着重考虑延伸开采利用下组煤层计划、空白资源开发,投入较大资金确保当地经济可持续发展;依法稳妥处置原企业的债权债务,努力做到地方既得利益不减少、以煤补农建设项目不停止、相关群众生活不下降。

例如,正帮煤业是被批准成立的生产规模120万吨/年股份制企业,由汾西矿业集团和孝义晋帮煤业公司联合出资组建,前者占股51%、后者占股49%,矿井井田面积11.66平方公里、地质储量10800万吨、可采储量8000万吨,批准开采4#、9#、10#、11#煤层。合作双方本着"三重一大"原则,积极办理各种证照及协议,加快矿井合法有序建设。同时,解决整合煤矿的工人就业问题。正帮煤业现有职工共349人,汾西矿业派驻189人,选留原矿方160人。全部进行业务知识培训,考试通过后签订劳动合同,其他原矿未留职工通过补偿进行妥善清退。为了维护矿工合法权益和福利,2010年10月成立矿井工会委员会,并吸收原矿方人员入会。另外,积极承担社会责任,保障县、乡、村原有的既得合法利益。2010年7月以来,共资助县、乡村资金930万元、原煤550吨,并带动当地运输业的发展。

(四)"一矿一策",稳步推进移交和复产

1. 严格按照标准实现安全移交接管

严格按照确认标准,由矿、区域公司、子公司、集团公司层层把关,对资源整合矿井签订安全移交接管确认书。这些标准包括:签订了正式的重组整合协议;明确了投资人及投资比例,完成了名称预核准;换领了新的采矿许可证;按协议对被整合煤矿进行了补偿;主体企业以"六长"为主的管理团队全部到位,建立健全了安全管理机构和安全管理

责任制度;被重组整合的煤矿向主体企业移交了原煤矿的水文地质、矿井瓦斯等基础资料和生产建设、一通三防、矿井防治水、矿井供电等生产技术资料;主体企业对整合包内的所有矿井实现了全面接管,能全面负责煤矿的安全和生产建设。

开展矿井关闭专项工作,共关闭矿井91座,已关闭的矿井按照标准完善相关手续,并在国土部门完成备案。各分子公司统一部署,对整合矿井板块内非主体矿井派驻专人进行盯守,杜绝关闭矿井死灰复燃,保证资源整合各项工作安全有序平稳推进;对需要过渡生产、保留利用的矿井,尽快做好相关手续和文件的上报审批,杜绝非法违法生产、建设行为,确保资源整合矿井转型过渡这一特殊的安全时期。

2.分期分类推进复建复产

分期推进。按照整合期、过渡期、正常生产期三个阶段统筹推进资源整合。每一类矿井都制定专门方案,经子公司和集团公司审批验收后方可生产和建设。同时,强化基础管理,做好对接业主、协调地方、熟悉情况、夯实基础、狠抓队伍等方面的工作;根据各整合矿的实际情况,按照"因矿制宜"的原则推进资源整合;在保证安全的基础上,加强财务管理、组织人事管理,实行集团公司领导包片包矿的"双包"责任制;建立区域性管理公司,大矿代小矿,实行矿对矿帮扶。

分类复产。第一类,接管以后直接恢复生产的矿井。整合前为生产矿井、已形成正规采面、各系统环节满足生产能力需要,整合后生产能力没有较大变化,可直接办理煤炭生产许可证和安全生产许可证。共有6座矿井。第二类,基本建设矿井。整合后原系统能力无法满足生产需要,为合理开采整合后资源,对矿井重新进行设计和基本建设。此类矿井需按有关规定批复地质报告、初步设计、安全专篇、环评后办理开工报告,然后开工建设。建成后由省相关部门组织验收,通过后办理煤炭生产许可证和安全生产许可证,达到生产矿井标准。共有43座煤矿。第三类,边生产边建设矿井。整合后保留矿井系统满足生产条件,但不满足整个矿井能力。在生产系统与建设系统互不影响的前提下,可边组织生产边组织基本建设。共有18座煤矿。

(五)统筹规划、合理布局,建设高标准现代化矿井

1.坚持"五个结合",加强统筹规划和合理布局

在兼顾各方利益的前提下,充分发挥集团优势,采取收购、兼并、股份合作等形式,全面改造地方小煤矿,实现资源的优化整合和企业低成本扩张。

一是把资源整合工作与矿井利益结合起来,对企业现有矿井周边煤矿的资源优先整合。

二是把上组煤整合与下组煤规模开采结合起来,对下组煤比较完整、资料齐全的煤矿优先整合。

三是把资源整合与企业经济效益结合起来,对煤种煤质较好、见效快的煤矿实行优先整合。

四是把资源整合与推进企业规模发展相结合,对开采量不大、经过改造能形成规模生产的煤矿实行优先整合。

五是把资源整合与企业发展战略结合起来,对紧邻后备区,有扩界条件的矿井优先整合。

2. 加强全面改造和技术升级,建设"四化"高标准现代化矿井

确定整合矿井"安全、高效、绿色、数字、发展"的10字方针,作为办矿新理念。对重组小煤矿重新进行勘探、技术改造升级和改扩建,建设"四化"高标准现代化矿井。

安全:矿井安全生产,做好瓦斯、水、火等重大灾害预防;干部廉政,严格办事程序和财经纪律;企业运营安全,确保企业运营合法规范。

高效:提高工作效率;提高生产效率,积极采用新工艺、新技术、新材料、新装备;提高经济效益,算好投产成本。

绿色:力求建设全国最美矿井,建设花园式、生态型、绿色矿山。

数字:用机械化、自动化和信息化支撑矿井实现现代化,把数字化理念融入矿井设计、建设之中。

发展:有条件扩充资源的矿井,尽量扩充周边资源,延长矿井服务年限,合理确定矿井生产规模,确保企业有充足发展空间。

按照"规模化、集约化、机械化、信息化"的高标准建设整合矿井。其中,规模化是指实现规模化开采,整合矿井的生产能力原则上不低于90万~120万吨/年;集约化是指所有矿井实行一井一面化,队伍配备"一采二掘三辅",矿井人数原则上不超过300~500人;机械化是指各矿按机械化正规循环作业组织生产,实现综采综掘、运输系统集中控制、变电所无人值守等,辅助运输以胶轮车为主;信息化是指整合矿井各系统均配置具有在线监测监控信息化装备,实现监测日常化、操作自动化和办公智能化。

以"四化"为标准,对整合的矿井进行设计、改扩建和生产。建设采煤、掘进、运输、通风、提升、排水、供电、通信、监控和紧急救援"十大系统"以及完善的避难硐室和救生舱、压风自救、供水施救、监测监控、井下通信和人员定位"六大安全避险系统";在开采上使用新技术、新工艺;在矿井配套洗选、储装运系统和集中销售方面超前部署,做好配套跟进。例如,汾西矿业瑞泰正丰煤业公司积极推广新技术、新工艺,加强隐患排查治理和资源核查,推动矿井安全生产。一是引进粉煤灰注浆技术封闭火区,彻底治理CO超限问题;二是使用沿空留巷技术进行9#煤残留煤柱复采实践,使其资源回采率达到90%以上,做到能采尽采、精采细采,不仅有效地回收优质煤炭资源,还消除开采下层煤时的煤柱集中压力影响,消除9#煤空洞带来的积水积气大灾害隐患;三是推广使用锚杆支护技术维修巷道,既安全可靠又降低生产成本。同时,努力推进9#煤残留煤柱复采技术实践,充分利用原有巷道,采用沿空留巷无煤柱开采技术和粉煤灰注浆治理采空区工艺,把小煤窑大量丢弃的煤炭资源和巷道煤柱进行回收开采,残留煤柱回采率达90%以上。全井可回收原来被小煤窑破坏的优质炼焦煤资源2000余万吨,延长矿井服务年限15年以上。

(六)强化安全管理,实现安全整合

1.理顺体制,完善制度

进一步完善法人安全治理结构,理顺安全管理体系,加强整合企业内部安全体制和机制建设,健全各项安全管理制度。各整合矿均制定《加强兼并重组煤矿安全基础管理的决定》《复工复产特殊规定的通知》和《特殊时期安全生产管理的规定》等安全管理制度,扎实有效地开展各项安全管理。

2. 成立专业安监队伍，开展安全专项整治

安监部门成立专业安监队伍，设置监管整合矿井的专门机构，配备专人；各子公司相应增加分管资源整合矿井的领导和专业安监队伍。多次开展整合矿井专项安全行动，在不同阶段对所有整合矿井基本情况、系统现状、证照办理、隐患排查和改扩建进度等进行全面协调组织和督导检查。

3. 摸清家底，排查隐患

各整合主体对矿井采空区、积水区、老窑区分布范围及其有毒有害气体、水的积聚、水文地质等情况进行摸排，收集各类资料，编制应急预案，完善救援系统，配足特种作业人员，使矿井生产和改扩建建立在安全基础之上，为资源整合平稳有序开展打下坚实基础，并规避安全风险。

4. 分类监管，逐级落实

对整合矿井的安全生产工作实行分类监管，逐级落实监管责任，实行子公司领导包片包矿、集团公司领导包整合主体的"责任制"；建立区域性管理公司，实行矿对矿帮扶。山西焦煤制定《基础建设年活动考核办法》、《工作考核法》等一系列规章制度，并与各子公司签订《目标责任状》，分上下半年分别对各子公司进行考核，共兑现奖金 400 万元，有效促进整合任务的落实。

5. 实施四项安全管理制度

山西焦煤实施"班组长素质准入、'手指口述'法、领导干部带头下井、应急演练"四项基本安全管理制度。在整合煤矿强力推行班组长、安全员素质准入制度，加强班组长和安全员队伍整顿，严格班组长和安全员的选拔任用和考核；通过演练、评价和整改，逐步提高制度的执行力；通过干部带班下井，做到上一天班负好一天责，下一天井做实一件事。

6. 完善安全避险、应急救援和创伤急救体系

在所有整合矿井建立完善避难硐室和救生舱、压风自救、供水施救、监测监控、井下通信和人员定位的"六大安全避险系统"和应急救援体系、三级创伤急救体系，创造良好安全救护的物质与保障条件。

7. 实现安全质量标准化

在整合矿井的生产、基建和技改过程中，严格落实山西省煤矿安全质量标准，狠抓现场安全质量标准化，夯实矿井安全发展根基。实现整合矿井投产之时即是达标之日。各类生产矿井严格达标验收，达不到质量标准化二级以上矿井坚决不得生产。例如，华晋焦煤在整合以后，把隐患排查作为首要的问题来抓。只有安全隐患全部排除，才能开展系统整改恢复工作。在整合矿证照办理的同时，各矿首先进行隐患排查，针对不同的安全隐患制定相应的安全保证措施，责任到人。采取矿井排查和公司督查相结合的形式，先排查后督查，发现遗留问题实行"三定"，及时整改，保证隐患排查到位，不留死角。经过半年多的努力，各矿隐患排查全部完成，吉宁和韩咀两矿系统恢复全部完成。华宁公司崖坪矿于 2010 年 7 月通过复产验收，实现复产；吉宁矿于 2010 年 10 月通过复产验收，实现过渡期生产；韩咀矿于 2010 年底达到复产条件。

（七）发挥集团优势，推进整合煤矿升级发展

1. 创新体制机制，实现管理升级

一是建立三级条块结合的管理体制。一级为集团总部，定位为战略、运作与投资管理与控制层；二级单位由各子公司构成，定位为利润实现层；三级单位为子公司（区域公司）和各整合煤矿，定位为成本控制层。

二是建立现代企业制度。按照国家《公司法》和山西焦煤"发展企业，贡献国家，回报股东，服务社会，造福员工"的治企理念，各整合主体单位理顺各层级出资人及产权关系，依法治企，完善法人治理结构，成立股东会、董事会和监事会，明确集团公司与子分公司和区域公司、整合矿的管理体制、管理序列和运行机制，实施集约化管理，使各资源整合矿井各项管理规范化、制度化。

2. 输出管理人才，实行"六长到位"

为保证整合煤矿的领导班子专业能力和水平，主要班子成员和"六长"（矿长，生产、机电、安全副矿长，通风区长，总工程师）由集团公司统一任命，构成整合煤矿的领导班子的主体，分任相应职能部门的主管。各个整合煤矿结合实际情况设立相应的部门、科室。2011年6月底，各子公司设立管理资源整合煤矿的区域公司11个，58座矿井到位人员2316人，其中"六长"338人。

3. 输出先进文化，为重组整合提供精神动力

"以人为本、团结奉献、求实进取、做大做强"是山西焦煤文化的核心思想。在推进煤炭资源整合与兼并重组过程中，既输出技术、人才和资本，还输出先进文化和价值观，为重组整合提供强有力的文化动力和精神支撑。

山西焦煤充分发挥文化融合引导作用，着力培养"紧、严、细、实、廉"的工作作风，为整合煤矿打造一支现代化人才队伍；坚持"以人为本、全员参与、尊重个性、合作共赢，有机融入、促进发展，重在建设、务求实效"原则，深入实施和谐创新文化；按照"视觉先行、听觉跟进、感觉引深、示范引导、检查考核"的方法和策略，用制度与机制体现文化要求、规范员工行为、提高管理效能。

在山西焦煤文化统领下，各整合煤矿建立核心价值观、企业精神与理念体系，形成具有自己特色的企业文化体系。例如，新煤矿提出"公司园区化、生产专业化、服务市场化"模式，山西焦煤在矿井配套洗选、储装运系统和集中销售方面超前部署，做好配套跟进。西山煤电将西山文化与当地文化有机融合，提出"回报股东、造福员工、奉献社会、和谐共赢"的宗旨，创立一种符合煤炭整合企业发展要求的企业文化体系。霍州煤电确立"以建会促整合、以建家促和谐、以建功促发展"的"三建三促"工作方针，着力推进资源整合矿井工会组织建设。山浪煤矿秉承"忠诚、自尊、进取"的企业文化，积极引导、培育员工凝聚共同的价值观和行为准则，内聚合力、外塑形象，不断引领企业和谐发展。投资公司进行整合重组以来，将企业文化贯穿煤矿整合过程始终，通过依法治企、练字静心、行为规范、文明和谐等一系列活动，积极营造尊重人才的良好氛围，潜移默化地影响员工对企业文化形成共鸣，进一步激发全体员工的归属感和自豪感，为企业的快速成长奠定坚实基础。

三、大型煤炭企业区域资源的整合与重组效果

（一）促进了山西煤炭行业的健康发展

山西焦煤整合了164座小矿,保留了67座矿井,新增井田面积576.76平方公里、储量84.61亿吨,生产能力由整合前的3348万吨/年变为7035万吨/年。协议签订率100%,证照换交率100%,矿井接管率100%,资金补偿率100%,按协议应到位资金的100%,已关闭矿井97座,圆满完成了山西省下达的"四个百分之百"煤炭资源整合工作目标。通过整合重组,整合范围内的小煤矿彻底被关闭,改变了其群体化、粗放式的开发模式和"多小散乱"的煤炭开发格局,彻底地解决了资源浪费、生态环境破坏、安全事故频发和所引发的腐败等一系列问题,为促进山西省煤炭行业健康发展做出了贡献。

(二)增强了企业做大做强和可持续发展的能力

资源整合推动了山西焦煤由煤炭资源大企业向煤炭经济强企业的转变,实现了煤炭经济的集约、循环、高效和可持续发展。企业综合实力和盈利能力明显增强,实现了做大做强"双亿"跨越目标。2011年原煤产量11006万吨,销售收入1252.16亿元,利润完成57.92亿元,税费150亿元,成为山西省第一家煤炭产量过亿吨、销售收入超千亿元的煤炭企业和全国第二家"双亿"级的煤炭企业。

(三)区域资源的整合与重组得到了各界高度肯定

山西作为资源型大省,要创新发展方式,必须实现资源型经济转型。山西焦煤在煤炭这个支柱型产业先行一步,为山西省转变经济发展方式提供了有益的探索,得到了山西省委、省政府的高度肯定。同时,为全国煤炭行业的结构调整和转型发展积累了经验。山西焦煤煤炭资源整合的成功实践在国内引起了强烈反响。2011年5月,中央电视台在《新闻联播》播出了《山西关闭1500座小煤矿 煤炭安全生产水平明显提高》的报道,重点报道了山西焦煤的煤炭资源整合经验。《新华日报》、新华网、中国经济网、山西新闻网等国内多家媒体也全方位、多角度进行了专题报道。

(成果创造人:金智新、高斌旗、李建胜、张树茂、李东刚、游　浩、王绍进、杨凤旺、王为民、杨文俊)

基于电子商务平台的医药物流服务提供商建设

陕西医药控股集团派昂医药有限责任公司

成果主创人：陕药集团总经理、
党委副书记，派昂医药董事长翟日强

陕西医药控股集团派昂医药有限责任公司（简称派昂医药）成立于2009年12月，是一家以药品批发及终端零售为主营业务的大型国有控股医药流通企业，由陕西医药控股集团有限责任公司持股51%，前身是2005年成立的西安派昂医药有限责任公司。现拥有子公司6家，员工1000余名，资产总额近9亿元，经销药品品规1.7万多个。派昂医药业务覆盖全国，拥有2200余家供应商和近万家客户资源，与我国制药百强企业中的80余家建立了战略合作关系；营业收入由2009年的10亿元增长到2011年的20亿元，已逐步发展成为陕西省业态最全、销售额最高、综合实力最强的医药物流服务提供商。

一、基于电子商务平台的医药物流服务提供商建设背景

（一）落实国家政策、顺应宏观形势的迫切需要

药品是关系人民生命健康的特殊商品，药品流通行业是关系国计民生的重要行业，医药流通企业担负着落实国家新医改政策及配套措施的重大责任。2009年国家实施新医改后，明确了医改的重点工作，并相继出台多项配套措施，不断深化医改政策的贯彻落实。宏观政策在提高医药流通行业集中度、提高流通效率、降低流通成本、规范流通秩序和提升服务能力等方面做出明确规定，对医药流通企业提出新的、更加严格的要求，表明国家减少药品流通中间环节、降低药品价格、让人民群众用上质优价廉药品的决心。

电子商务平台可以在制药企业和消费者之间搭建起一个开放性、信息共享的沟通系统，不仅能够提高药品流通效率，降低流通成本，同时对规范药品流通环节、促进流通市场健康发展、保护消费者利益有重要意义。因此，派昂医药只有实施电子商务管理，实现流程信息化、程序透明化、监管公开化，才能进一步提高物流服务能力，从而更好地贯彻落实国家政策，为自身、为利益相关者和社会创造更多价值。

（二）满足客户需求、提供增值服务的必然选择

随着时代的发展，人们对商品和服务的要求越来越高，用户认可的已不再局限于标准化产品和服务，而是越来越趋向于个性化，越来越追求更新和变革。同时，随着经济活动节奏不断加快，用户对响应速度的要求也越来越高。下游客户不仅关注药品质量和药

品价格、药品供应的及时性和需求的满足率,而且更加关注物流提供商能否提供增值服务。上游供应商不仅注重药品销量和市场份额、库存信息和回款周期,而且更加注重物流提供商能否提供增值服务,支持药品推广和需求预测。

为准确了解并快速响应客户需求,派昂医药必须以客户服务为导向,充分利用信息化技术优势,搭建电子商务平台,集成物流、信息和协同系统,不断加强与客户交流,从客户需求的本质去解决问题,增强服务客户的针对性、有效性和及时性,为客户提供更加便利、快捷、顺心的服务,不断为客户创造价值,才能在激烈的市场竞争中立于不败之地。

(三)实现转型升级、推动持续发展的内在要求

我国医药流通领域企业数量多、规模小、市场分散,而且流通商品种类繁杂、流转量大、中间环节多。传统商业模式效率低下,很难严格控制药品有效期,产品、财务等重要信息也无法及时反馈给管理者。经营决策滞后,无法适应并及时响应客户需求和快速运转的医药市场,迫使医药流通企业必须加强信息化工作,构建电子商务平台。

随着派昂医药规模的大幅扩张,传统操作无法满足庞大的业务需求。往来业务中所涉及的物流、信息流和资金流之间也不能有效地统一和集成,一定程度上制约了企业的快速发展。派昂医药只有通过信息化手段,借助电子商务平台,才能完成业务流程的再造,使自身与关联客户全面链接,提升信息传递和业务处理效率,转变企业经营模式,改善物流服务现状,实现转型升级,从而在新形势下获得生存和持续发展的机会。

(四)企业自身具有一定的信息化管理基础

派昂医药的前身通过持续推进信息化建设,基本完成了企业内部资源的整合。2005年以来,持续投入大量人力和资金,不断更新软、硬件设施,先后开发应用企业信息融通平台(KSOA)、仓储管理系统(WMS)、财务管理系统、卫星定位系统(GPS)、人力资源(HR)等现代化管理系统,加快由粗放型向精细化管理转变步伐,初步实现了业务管理的信息化,一定程度上转变了企业生产方式、经营方式、管理方式和组织方式,积累了一定的信息化管理经验,为基于电子商务平台的医药物流服务提供商建设打下了坚实基础。

派昂医药2009年底开始探索实施新的商务模式,在原有信息系统的基础上,进一步整合企业内外部资源,理顺运营机制,提高企业效率,降低经营成本,提升服务水平,向建设基于电子商务平台的医药物流服务提供商的目标不断迈进。

二、基于电子商务平台的医药物流服务提供商建设内涵及主要做法

派昂医药针对新形势下的发展需要,以为客户提供增值服务、创造独特价值为导向,以完善组织管理为基础,以内控制度为保障,借助计算机等智能化工具和现代信息技术,改变传统医药商业模式,搭建电子商务平台,集成物流系统、信息系统和协同系统,融物流、信息流、资金流为

成果主创人:派昂医药总经理张冬民

一体;不断优化业务流程、提高运作效率、降低经营成本、提升应变能力,力争以最低的价格、最好的质量、最及时的供应为客户服务,不断提高客户满意度,实现供应链系统全局优化,提高供应链的整体竞争能力,实现建设医药物流服务提供商的目标。主要做法如下:

(一)明确基于电子商务平台的医药物流服务提供商建设的基本思路和目标

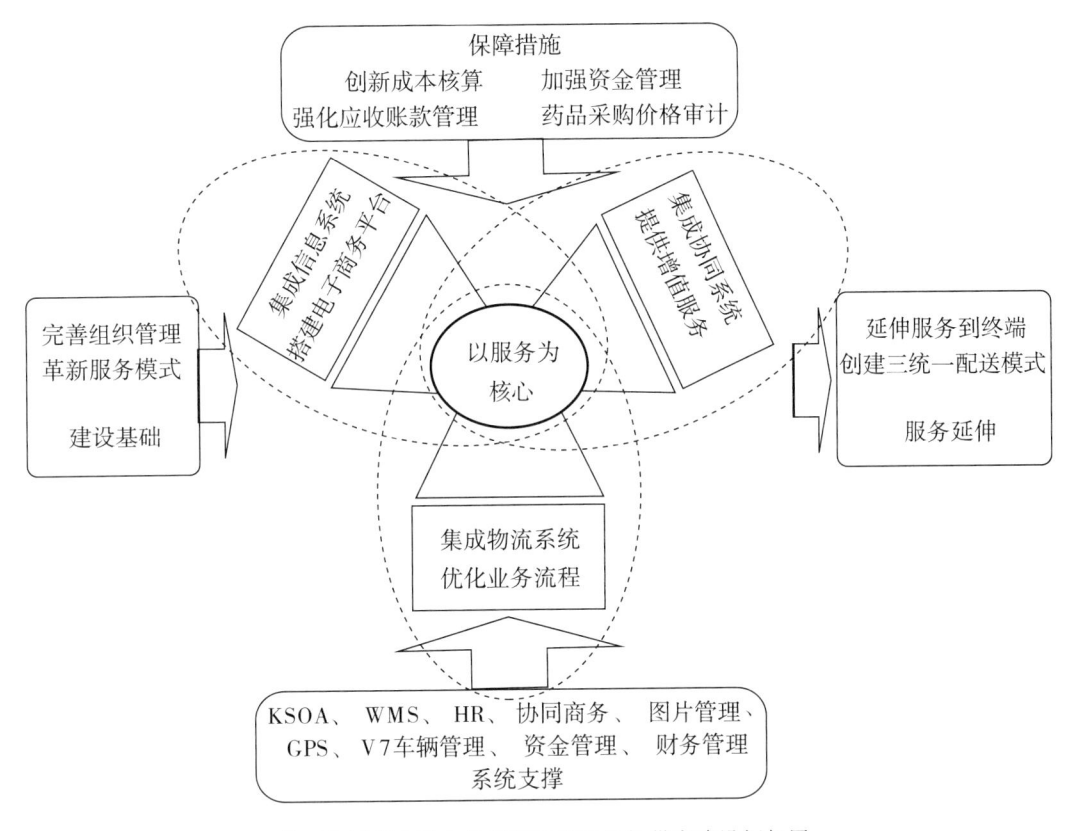

基于电子商务平台的医药物流服务提供商建设框架图

1. 以服务为核心,集成物流系统、信息系统和协同系统

在物流系统方面,对已有的采购、仓储、销售、配送等业务流程进行重新梳理、完善和优化,形成集成式系统,实现集约化管理,提高运作效率和反应速度,降低运营成本,确保供应商、客户与终端之间物流的平稳持续传递,使管理层能够有效地监督和控制企业的整体运作。

在信息系统方面,以市场为导向、以客户为中心、以品牌为价值体现、以营销为手段、以渠道为保障,搭建电子商务平台,改变合作伙伴间商务信息、产品信息、销售信息、服务信息传递以及电子支付等商务活动的传统模式,使信息在不同企业之间无缝流动,达到及时精准,避免迟滞现象,提供更加方便、及时和个性化的服务。

在协同系统方面,将企业管理由内部向外部拓展,打通上下游供应链,整合上下游资源,将供应商、企业、客户、终端打造成一个高效和协同的运作体系,实现和满足不断增长的客户需求,同时整合合作伙伴的竞争优势,共同创造和获取商业价值,实现战略共赢。

2.以建设医药物流服务提供商为目标，完善基础、加强保障、延伸服务

最终目标是合理利用系统资源，将分布在供应商、客户及终端中的物流活动和信息流动有机集成起来，有效缩短药品流通周期，降低流通费用，提高对客户的响应能力和整体的协作效率，力争以最低的价格、最好的质量、最及时的供应为客户服务，实现最高的客户满意度。

在组织管理方面，内部要优化组织结构，体现"集中规划、分步实施"的原则，更加注重专业性、精细化和实效性，突出内部控制、风险防范和药品质量等关键点；外部要拓展服务渠道，完善经营业态，由单一的药品批发零售转变为集批发、零售、物流、服务和"三统一"（基层医疗机构基本药物统一采购、统一价格、统一配送）配送等为一体的综合性物流服务提供商，革新服务模式，提高服务质量，为建设物流服务提供商打好基础。

在资金保障方面，加强管控，用信息化手段实现资金管理的智能化、精细化，创新成本核算模式、强化应收账款管理和药品采购价格审计，能够及时有效地对各类信息加以分析和控制，为企业的健康持续发展提供坚实的保障。

在服务延伸方面，结合企业终端客户多为乡村基层医疗机构的实际，将电子商务服务不断延伸，创新药品"三统一"配送模式，有效解决乡村卫生室多品种、小批量、运输成本高的问题，为农村基层医疗机构安全用药和民众保健提供保障。

（二）健全完善组织管理，革新服务模式，打好建设基础

1.调整组织机构，健全电子商务管理体系

为确保战略目标的落实，统一、合理分配资源，建立和完善电子商务管理体系，体现"集中规划、分步实施"的要求，派昂医药以明晰工作职责、理顺职责关系、明确并强化责任、完善组织结构、优化资源配置为目标，依据分工明确、制约平衡的原则，强化决策管理机构，细分电子商务管理和销售管理等职能，对公司组织管理架构进行调整与升级，突出药品质量、内部控制和风险防范等关键点。将与电子商务管理相关的信息部调整为信息中心，下辖信息规划部、电子商务部和IT技术部，工作针对性增强，责任分工更加明确。信息规划部负责战略规划，问题分析、处理及跟踪落实；电子商务部负责战略的执行，及时掌握市场信息，拓展经营视野，提高经营管理水平，扩大公司知名度，提升公司形象；IT技术部负责电子商务平台建设的技术支持，上下游客户的信息对接服务。

2.整合业务机构，完善渠道服务体系

为进一步完善经营业态，提高综合竞争实力，为客户提供更具有针对性和更加优质的服务，派昂医药分别于2010年、2011年成功整合陕西医药控股集团孙思邈大药房连锁有限公司及西安医药公司、医药物流公司等，使派昂医药由药品批发零售，发展到集批发、零售、物流、服务和"三统一"配送等为一体的综合性物流服务提供商。客户资源近万家，涉及各级批发、连锁药店、医疗机构、诊所、乡镇卫生院、制药企业等。

（三）集成物流系统，优化业务流程，提效率降成本

物流管理作为医药流通企业管理的一个重要分支，其运作效率、服务水平和流通成本对企业的生存发展具有非常重要的意义。为此，派昂医药把物流系统作为公司发展战

略中的一个重要着眼点,引进 KSOA、WMS,应用先进的企业管理理念,不断对业务流程进行梳理、完善和改进,实现业务的规范化管理,并能辅助进行经营决策分析,从而最大限度的满足客户日益增长和不断变化的需求。通过集成物流系统,对采购、仓储、质量、配送、销售等环节进行精细化管理,在保证客户服务水平的前提下,努力实现物流成本的最低化和物流效率的最佳化,不断从物流中创造价值,增强企业的竞争力。

1. 优化采购业务管理,提高药品管理精细化水平

以信息共享为基础、以销售为导向、以库存保障为核心、以计划为依据、以流程控制为手段,制定合理的采购计划和管理监控方式,优化采购业务流程,提高业务处理效率,快速、准确地对客户订单做出反应,完成销售开票、结算、GSP 复核、出库、往来账务等交易活动,有效防止库存缺货、积压和采购漏洞等。

2. 优化仓储业务管理,提高资源利用效率

派昂医药在库品规繁多,库存量庞大。为进一步优化仓储管理,采用 WMS 将关注的焦点集中于仓储执行的优化和有效管理上,对业务进行细节化的系统管理,从而改变传统的粗放式库存管理方式,把库房账务和作业统一管理,消除信息化管理盲点,使仓储作业流程化、透明化、规范化、标准化。

通过 WMS 的运用,优化仓储规划、商品出入库、存货管理以及作业流程等,控制合理库存,提高资金利用率,实现滞销预警管理,完善缺货管理,杜绝毁损、过期、积压、缺货、差错等现象发生。

3. 优化配送业务模式,提供快捷高效、准确周到服务

优先配送线路。将每个配送区域编制为不同的线路,根据配送计划调整线路优先级别,并自动将具有最高优先级别的订单置顶,确保及时拣货出库,最大限度保证车辆调度和发货的及时性和准确性,极大提高了配送效率。

优化提货方式。将提货方式排定优先顺序,确保自提客户能第一时间提取货物,发货订单能及时发货出库。

优化品种摆放。实现单件比较沉重的药品不分配到 4 层以上的货架、玻璃等易碎包装的品种分配到最底层货架,出库频次高的品种分配到距离发货窗口近的货架等功能。

4. 优化销售业务流程,增强服务客户能力

坚持"客户至上"原则,通过各种方式来满足客户的个性化需求。针对批发、零售和连锁等不同经营业态,设计针对性的业务流程,不断优化对客户订单生成、销售开票、拣货备货、销售出库、商品退回、结算等业务的管理,提高企业的商品周转速度和资金利用率,提高客户的忠诚度。

5. 加强药品质量管理,确保用药安全

药品质量对民众用药至关重要,而药检作为鉴证药品安全的合法标志,伴随药品流通的各个环节。随着派昂医药经营范围的扩大,药品种类达万余种,如何保证每一盒出库的药品及时药检,成为派昂经营过程中一个繁琐而又迫切的工作。为满足需求,派昂医药对上游供应商的企业资质、经营品种等信息建立详细档案,对每批药品的药检报告实行一系列管理流程,严把质量关。同时,联合开发出图片管理软件等,对药品的出入库及在库存储情况进行随时监控。在销售业务进行过程中,进行批次药检,

简化了工作流程,每天至少节约 4 个小时,大大提高了工作效率,同时保证了药品质量安全。利用车辆卫星定位系统,对配送车辆进行全方位管理,把良心药、放心药及时、快捷地送达客户。

(四)集成信息系统,搭建电子商务平台,实现融通协作

派昂医药充分发挥初期信息化建设的优势,以市场为导向、以客户为中心、以品牌为价值体现、以营销为手段、以渠道为保障,积极开展电子商务协作,不断创新商业模式,实现管理模式和经营理念的转型升级,不断为客户创造附加价值。

1. 完善技术,实现由 B/C 向 B/S 的升级转变

派昂医药着力研究开发基于互联网技术的协同商务平台,逐步将公司上下游客户通过互联网协同到一起,达到信息共享、高效运营。经过不断探索,将 B/C 模式的协同商务系统与派昂网站完美结合,实现 B/S 模式的电子商务系统,并成功开发针对供应商和客户的不同客户端程序,为客户提供更有针对性、更加便捷高效的服务。

2. 完善内容,建立形式丰富的电子商务平台

为了更好的提升派昂形象,充分利用网络资源为公司和客户提供信息交流和共享的宣传平台,对公司网站进行全面改版。凭借丰富的信息资源优势、全面的产品品种和价格优势、完善的现代医药物流配送体系、严密的质量管理体系,为医疗机构、药品生产企业、药品经营企业、药品零售企业等提供药品、医疗器械、保健品、医药耗材、原材料等互联网供应信息发布、产品品牌推广、药品物流配送网络支持服务,为监管部门提供在线实时监测监管。新开发的客户自助微门户功能,为客户增加多元化的营销渠道。

通过电子商务,企业可以实现跨地区分支机构之间的协同工作和信息沟通,缩短厂商与最终用户之间的供应链,改变传统市场结构,减少交易成本,进一步提高派昂医药的工作效率,提升服务质量,为上下游客户提供更加快捷便利的增值服务。派昂电子商务平台的主要特点是:优化业务流程,缩短处理周期;精确数据内容,减少口语误差;操作便捷高效,从容应对冗繁;实时动态查询,全程订单追踪;优化库存调配,提高抗险能力;改善客户关系,提升企业形象。

(五)集成协同系统,巩固战略伙伴关系,提供增值服务

1. 建立供应商协同,实现战略共赢

为了以最低的成本获得符合质量和数量要求的产品或服务,发展和维持良好的供应商关系,实现战略共赢,派昂医药不断创新服务模式,努力为供应商提供增值服务。

实现往来业务协同。借助协同系统,实现对供应商的税票情况跟踪查询;根据与供应商的付款协议,由协同系统自动实现付款规则,操作更加便捷;供应商对其新增品种可以在协同系统中预先登记;供应商可以对其供应品种的仓储情况进行及时跟踪;供应商可以随时查询与派昂医药的往来帐及往来帐结算情况,及时获取市场需求和市场反馈,协助经营管理者进行科学合理的决策,降低成本,提高响应速度和经营效率。

为供应商提供实时付款服务。派昂医药自行开发出对供应商的实时付款功能,这是独具亮点的一项服务功能。各供应商只需要通过网络,就可以随时随地根据合同约定条件实现付款要求。一是随时形成付款申请。供应商可根据合同约定内容,随时在系统中生成付款单请求,提醒派昂医药业务部及时处理付款单,确保供应商及时获得货款,提高

自身流动资金使用效率。二是实时进行付款单跟踪查询。通过查询功能，供应商可以实时掌握付款单所处阶段，及时对派昂医药没有确认的付款单进行相应处理，确保付款业务如期完成。这为供应商提供了更加便利、快捷、顺心的服务，也对企业提高效率、阳光化付款发挥了积极作用。

密切与上游合作，增强综合竞争力。派昂医药不仅关注与上游供应商的业务往来，更关注建立战略伙伴关系，实现协作共赢。2011年，派昂医药与兰州佛慈建立战略合作关系，成为其在陕西省的总代理。为了促进合作伙伴实现快速增长，派昂医药采取多项有效措施，促进其产品市场占有率由不足1%增加到9%，终端覆盖由不足100家发展到2000余家，同时还为其成功上市提供各项支持。

2. 开展客户协同，提供增值服务

为给客户提供更加优质便利的服务，加快彼此之间业务工作的效率，派昂医药建设客户协同商务平台，客户可以真正参与到派昂医药的相关业务管理中，从而实现与客户的全方位交互。客户可以制定采购计划，查询各类往来业务，及时获知新品等推荐品种的信息、货物的出库状态、采购记录、付款对账记录、销售对账记录等，实时提交缺货信息并得到快速响应，对派昂医药的处理过程进行跟踪。客户也可以通过系统，更新自己的相关信息，了解最感兴趣的产品和服务，与派昂医药相关部门一起共同完成购买、服务请求、项目实施等业务，享受派昂医药提供的便捷、实时、准确的服务。

WMS出库状态查询。对待出库药品在捡货发货阶段的流通过程进行特别标识（记录并显示每一个动作的开始时间），确保客户能够清晰地看到药品当前所处环节，以及药品的详细信息，掌握每一笔药品拣货出库的全过程，及时、准确地了解药品的出库信息。

物流提货查询。通过物流提货查询，客户可以掌握每一笔业务的发货，以及配送车辆、人员信息，及时了解应收金额、品种件数、配送车牌号、送货员及其电话号码、配送地址等，实现信息共享。

远程下单功能。客户通过网上订货平台可在任意时间段、任意地点在线下单，进一步提高了订货的响应速度，避免由于人为传达失误等可能造成的订单错误，节省时间，提高工作效率。

GPS定位。能有效服务于物流、车辆位置监控与调度管理，以及业务人员的外出管理等。

往来帐页查询。在客户协同商务系统中增加往来帐查询功能，客户可以随时随地查询两年内业务往来的付款情况、应收应付款情况、每笔订单的详细账务情况等，做到账务公开透明，提高客户对企业的忠诚度。

(六) 延伸服务到终端，创建"三统一"配送模式，落实国家新医改政策

1. 落实"三统一"政策，保证药品供应，降低药品价格

开发出客户协同商务系统，并逐步在所覆盖区域乡镇卫生院试点运行。同时持续跟踪、调研、落实系统使用情况，及时解决运行中存在的不协调问题，并将乡镇卫生院下属各村卫生室纳入到协同商务系统中，便于卫生院对计划进行区分和管理。

通过协同商务平台，医疗终端客户可以使用以下功能：及时查询派昂医药的库存产品情况（可区分出"三统一"品种，过渡品种和非"三统一"品种）；根据库存情况自主报送

计划;已报送计划的历史、数据导出及执行情况查询;查询历史的购进及退回记录;应付账款的查询;可查询所报药品在仓储的流动状态和出库后的发货状态。

2. 实现监管部门的实时监控,保证药品质量和安全

为适应政策变化,满足药监部门对药品质量的监控要求,在协同商务系统中增设针对卫生/药监部门的"三统一"配送监管系统,实时监督和管理各乡镇卫生院药品采购等环节。系统数据库中仅包括省药品"三统一"目录,各基层医疗机构只能选择目录内药品并下达采购计划,确保各项政策的贯彻落实和民众用药安全,实现多赢。同时,增加当地药监部门的审核过程,基层医疗终端客户下达的采购计划,只有经过药监部门的审核才能进入配送流程。当地药监部门可以随时通过系统查询掌握药品的配送、使用情况,确保民众用上质优价廉的药品。

(七)完善以资金流管理为核心的保障措施

1. 创新成本核算模式,实时准确地为经营决策提供支持

派昂医药借助信息化手段,不断探索和实践,开发出"实时真实成本核算"方法。销售人员可以从系统中直接获取商品的实时真实成本,作为与客户议价的依据,在确保公司相应盈利要求后可最大限度的让利给客户;管理者在审核促销优惠政策和商品价格时,也能一目了然地掌握其对利润的影响,从而做出相应判断;决策者通过系统平台,可以直接获取精确的成本、毛利指标,实时掌握公司整体盈利情况和经营状况,以及每位客户所创造的利润和价值等。该方法的运用,提高了利润核算的真实性和及时性,能够辅助企业管理者做出科学、及时、准确的决策。

2. 加强资金管理,提高资金效益,控制经营风险

派昂医药开发出集全面预算、费用管理、银企直联、资金监控、票据管理、综合授信、资金预测等多功能为一体的资金管理系统,统筹资金安排,掌握资金流量流向,确保资金使用有序化。公司经营者可以随时掌握资金过去、现在、未来的流动状况,为投资决策和经营决策提供支持;公司决策者可以全面控制资金管理的安全性和资金使用的合理性,有效控制运营风险。

3. 强化应收账款管理,有效降低坏账比例

派昂医药通过信息化手段,建立包括事前调研、过程管控和结果追踪的应收账款管理体系,确保企业在获取最大收入的情况下将损失降到最低。

事前调研。建立客户信用等级,在发展新客户之前,通过直接沟通、市场调研等方式,掌握其经营、信誉、回款和资产负债等情况,进行综合分析,制定相应的资信政策;进行客户分类管理,将客户按所在区域、经营类别、销售额分类,实现客户精细化管理;实施应收账款分类管理,按性质实行差别化回款处理方式,保障应收账款安全。

过程管控。严格执行合同管理,控制信贷期限和额度,确保资金安全;开展回款考核,以月度为单位对销售部分进行考核,严格奖惩,促进应收账款及时收回;建立应收账款清收责任制,在公司内部实行风险管理全员参与,分解目标,细化责任;及时核对应收账款,每笔款项需提供客户收货、欠款证明,按月与客户进行对账,并设立监督部门,确保执行实效。

后续追踪。开展问题账款追踪管理,设定潜在问题账款和清收时间,制定红黄牌处

罚制度,发挥约束作用;加强员工培训,增强全员风险防范意识。

4.推行药品采购价格审计,健全价格管控体系

派昂医药积极响应政府降低药品价格的号召,通过信息化手段,对进价和售价实施重点管控,将降低药品价格落在实处。采取纵横对比的方法,横向比:即新品采购价格与同类产品以及权威网站公布的相同品规进行比较,选择有价格优势的新品,以低价采购控制采购成本;纵向比:即品规当次采购价格须与前三次的采购价格、加权成本价进行比较,以不同的颜色标识比较结果,并对高出参照价格的采购价格进行拦截提示。此时,必须经领导审批通过方能采购,以保证每次的采购价格处于正常水平,避免采购价格差异过大带来的成本上升。

三、基于电子商务平台的医药物流服务提供商建设效果

(一)实现了医药物流服务提供商的建设目标

派昂医药利用电子商务管理手段,不断强化全体干部员工的服务质量意识,搭建起物流服务商的电子商务平台,为供应商、客户和终端提供了信息交互和共享的平台。借助此平台,医药流通供应链上各企业通过集成系统,实现了物流、信息流和资金流的协同,使不同企业成为一个有机的整体,达到资源共享、优势互补。同时,派昂医药进一步提高了服务能力,在充分了解不同顾客需求的基础上,为客户提供针对性强的个性化服务和物流增值服务,更好地满足了顾客需求。派昂医药工作执行力不断提升,快速响应市场变化,力争以最低的价格、最好的质量、最及时的供应为客户服务,大大提高了客户满意率,提升了企业形象,实现了共赢。

(二)推动企业转型升级,提升了综合效益和管理水平

派昂医药各种业务流程更加规范,各项规章制度更加完善,企业核心竞争力明显增强。已形成了信息化、自动化、高运作效率、低运作成本的运营体系,实现了资源共享和实时管理。建立了较为完善的风险管控体系,加强了对资金、应收账款及人、财、物的监督管理,严控各类经营及投资风险。2011年,公司应收账款平均余额占营业收入的比例为6.31%,显著低于行业平均水平,未发生坏账损失。

三年来,企业经营规模翻了一番,营业收入由2009年的10亿元增长到2011年20亿元。2011年,公司总代理达31家,一级代理336家,供应商中全国百强企业占60%。拥有下游客户8000余家,销售网络遍及全国。

运作效率显著提高,减少了人力资源的投入,降低了库存,减少了差错率。药品的出入库、销售、物流等员工服务时间缩短,节约了时间成本。零货发货效率由每小时80件提高到295件,最高日销量由700万元提高到2002万元,差错投诉由每月80余起减少为30起,批号准确率由90%提高到99%。

(三)促进了新医改政策的落实,取得良好的社会反响

派昂医药将药品"三统一"的业务流程信息化,提高了监管水平,降低了交易成本,改善了信息不对称状况,达到了程序透明化、监管公开化。实施药品"三统一",取消了流通的中间环节,使药品价格降下来,老百姓得到了实惠;实行100%全覆盖抽验和质量公告制度,为药品质量加了一道保险锁;严格的遴选,规范的程序,注重药物的可及性和实用性,有利于群众对药物的合理利用;加强药品监督,实现了卫生、药监、医保等相关部门对

药品流通各环节的实时监管,保证了药品质量和民众用药安全。

派昂医药的"三统一"配送客户有近 3100 家应用协同商务平台,大幅提高了配送效率,月均配送额提高到 2600 万元,配送满足率提高到 99.5%,为客户提供了更加快捷、方便、及时的药品配送服务。2011 年,派昂医药"三统一"配送额占全省配送总额的 31.24%,在全省药品配送中位居第一。同时,不断探索新的业务模式,将乡镇卫生院等基层医疗机构、药房和消费者作为新的目标客户,充分利用信息化途径,提升医疗机构和药房的软硬件设施及服务水平。此外,还为终端客户提供医疗卫生知识宣传和讲解等增值服务,提高终端客户的保健意识,为将陕西省"三统一"政策落到实处做出了积极贡献。

(成果创造人:翟日强、张冬民、冯　杰、王　辉、付　强、
蔡　辉、单绘芳、白焱晖、王瑞卿、江雪婷)

以打造综合性地区能源公司为目标的战略转型

中国石油天然气股份有限公司华北油田分公司

成果主创人：公司总经理黄刚

中国石油天然气股份有限公司华北油田分公司（简称华北油田公司）的勘探开发建设始于上世纪70年代，是我国最后一个以传统会战方式建成的大型油气田，总部设在河北省任丘市。历经35年的开发建设，在河北、内蒙古、山西三大油气生产基地共拥有56个常规油气田和1个煤层气田；2008年重组改制以后，公司着重抓好调结构与转型升级工作，基本形成油气勘探开发主营业务、生产生活综合服务业务、多元开发业务等三大业务板块为主的综合性油气田。现有员工4.2万人，固定资产原值543.31亿元，年经济收入总量333.8亿元，实现利润110.3亿元。截止2011年，累计生产原油2.5亿多吨，天然气110亿立方米，煤层气10亿立方米。2009年以来，连续三年被评为河北省"最具影响力企业"和"最具成长性企业"，精细管理经验在中国石油集团公司全面推广，同时荣获"全国文明单位"、"中国企业创新特别贡献奖"、全国首批"管理创新示范单位"等殊荣。

一、以打造综合性地区能源公司为目标的战略转型背景

（一）落实中国石油集团公司战略目标的必然要求

金融危机以来，为保障国家能源安全，中国石油集团公司以"发展、转变、和谐"为指导，大力实施"资源、市场、国际化"三大战略，努力打造绿色、国际、可持续和忠诚、放心、受尊重的中石油，积极推动发展方式转变和管理提升活动。华北油田作为中石油下属的地区能源分公司，肩负着"经济、政治、稳定"三大责任，必须在贯彻落实集团公司战略方针和目标的基础上，把保持平稳健康发展与调整优化结构、转变发展方式有机统一起来，力求在发展中调结构、转方式，在调结构、转方式中谋发展，积极推进华北油田"持续、有效、稳健、和谐"发展战略，谋划建设综合性地区能源公司转型。

（二）解决华北油田经济发展深层次矛盾的根本举措

经过30多年的勘探开发，华北油田由高产时期的年产油气1700多万吨递减到目前年产500万吨规模，油田综合含水高达84％以上，由于产量递减过快、稳产基础薄弱与后备资源接替不足引发的各类深层次矛盾日益凸显。突出表现为"三大一小"：员工总量大、企业摊子大、维稳责任大、社会依托小。

"十一五"期间新发现石油探明储量65％以上属低渗透油气藏，天然气勘探开发处于低迷阶段，油气规模产量中原油与天然气构成为5:1；同时，油气生产经营成本逐年上升，

油气主营业务产值与利润受国际原油价格影响很大。2008年业务重组整合后,油田公司拥有油气勘探开发、生产生活综合服务、多元开发三大业务板块,其经济总量比重为7:2:1,结构很不合理,高度依赖油气勘探开发主营业务。与此同时,总部所在地任丘作为县级市,城市功能不够完备,容纳能力有限,企业无法向其移交社会管理职能,大企业小政府、社会依托不足的问题比较严重,给油田公司发展带来较大负担;华北油田历史包袱重,热点问题多,各种不同利益群体诉求多样且期望值较高;驻矿企业多、情况复杂,统筹协调工作任务繁重,维护稳定、构建和谐和履行社会责任的压力非常大。只有以油气产业链纵向延伸、横向集群扩张,做强油气主营业务核心竞争力、做大未上市与多元开发业务经济总量为指导,进一步拓展发展空间,壮大经济规模,提高发展的质量和效益,不断增强企业综合实力,才能为更好地实现稳健和谐发展奠定物质基础。

(三)华北油田抢抓机遇与可持续健康发展的需要

从外部环境看,清洁能源天然气的市场需求不断扩大,中石油给予华北油田优先勘探开发煤层气新能源的矿权以及天然气下游业务,为产业链延伸接续和人员分流创造了条件;长庆等西部油田大规模勘探开发,为华北油田提供了技术、劳务合作与输出的机遇。从内部优势看,华北油田开发建设35年,积累了丰富的油气勘探开发经验,拥有一大批专业技术和经营管理人员,为走出去奠定了人才、技术、管理基础;华北油田"全方位、全要素、全过程"精细管理经验是老油气田持续健康发展的法宝,已经在集团公司得到全面推广,是管理提升活动的基础和保障。抓住机遇、加快战略转型升级、做大经济总量、解决自身危机,是实现健康发展的必然选择。

二、以打造综合性地区能源公司为目标的战略转型内涵和主要做法

华北油田公司按照中石油集团公司"发展、转变、和谐"总体要求,深入分析油田企业内外部环境优劣势、发展机遇与挑战,确立"建设综合性地区能源公司"发展目标,制定公司中长期战略发展规划,通过持续整合内部资源、优化调整管理体制机制、加大科技攻关力度,全面深化精细管理、积极开展"找差距、转方式、抢机遇、上水平"活动,逐步实现老油气田企业从常规油气勘探开发为主体的一元主体业务,向"以油气勘探开发为主,煤层气新能源业务加快发展,城市燃气和储气库业务快速扩张,油区生产服务与多种经营业务协调发展"的多元结构战略转型。主要做法如下:

(一)统一思想认识,树立战略转型观念

针对华北油田"三大一小"和"大企业小政府"的实际情况,在全员中树立转型发展的观念,提高企业凝聚力,树立内引外联创新经营的意识,解决阻碍企业发展的思想障碍。一方面通过开展七个方面十八个战略课题的研究,综合分析三大板块五项业务的优劣势及业务间的关联度,揭示制约油田发展的矛盾与瓶颈、提出今后一段时期发展目标与措施,在决策、管

煤层气分公司员工精细分析计量气产量

理层形成"油田不进行战略转型就不能度过危机,企业就没有发展前途"的共识,从而达到统一战略发展思路与目标、凝聚油田发展智慧的目的。另一方面开展"找差距、转方式、抢机遇、上水平"大讨论活动。通过大讨论,解决"要想发展,企业该如何转型,员工应树立什么理念"等问题。为根除企业在计划经济时期形成的封闭、保守、等靠要思想,公司党委组织部、宣传部(团委)明确制定公司领导带头讲、机关处室长主动讲、宣传骨干展开讲的工作制度。公司、厂、队站三级组织开展的"解放思想大讨论"和宣讲活动使"形势、目标、任务、责任"更加明确,使员工树立调结构促发展的强烈意识,为推进调结构、转方式工作的开展奠定了群众基础。

(二)明确战略转型目标和实施路径

明确提出"持续、有效、稳健、和谐"发展战略和"建设具有一定经营规模和华北油田特色地区能源公司"的战略目标,三年一个周期持续推行"稳健发展勘探开发业务、积极发展新能源新业务、协调推进多元开发和其他业务"管理政策,制定2009—2011年详细规划以及2010—2020年远景规划,提出"十二五"末油气当量达到800万吨,经济总量突破500亿元,"十三五"末油气当量重上1000万吨和经济总量翻两番的奋斗目标。

制定实施路径,即积极践行"一个转变",大力发展"五项业务",最终实现"两个提升",努力建成综合性地区能源公司。"一个转变":从围绕现有资源、精雕细刻的管理油田,到多元发展、延伸价值链的经营油田转变。"五项业务":在稳健发展常规油气业务的同时,加快煤层气新能源的勘探开发和储气库新业务规模发展,快速扩大城市燃气和对外合作开发市场,积极应用技术创新大力提升油气生产服务能力,适应生产发展需求提高矿区社会服务能力,形成多元互相支撑、互相作用、互相促进的局面。"两个提升":通过提高企业的核心竞争力和可持续发展能力,实现经济效益提升和工作效率的提升,到"十二五"末形成上市、未上市与多元开发三大业务板块经济总量5:2:3基本构架,到"十三五"末,最终将华北油田建设成为具有一定经营规模和特色的综合性地区能源公司。

(三)构建与战略转型相适应的组织体系

按照"制度无空白、职责无重叠、政令无障碍、责任有人担"的原则,重新调整组织结构和决策体系,增设新能源部负责煤层气等新能源勘探开发业务,增加多元办职能权限负责城市燃气等相关业务管理,进一步明确战略目标、业绩指标、管控指标等三大考核制度。油田公司机关定位为战略管理、人力资源配置、重要经营资源统筹、投资决策的中心,设立战略管理、机构编制、预算管理、风险管理、安全管理、科技管理等委员会,提高决策效率和准确性;职能部室按照各自的功能定位和职责划分,负责执行管理控制,为五大业务提供支持服务;各业务层面,重点突出对过程和流程的管控,建立与各业务相配套、责权利对等的管控模式,形成油气生产业务以成本控制和风险防范为核心、新能源新业务采取全生命周期项目管理、多元开发业务以市场为导向、矿区服务业务以市场化和社会化为方向、生产服务及其它业务实行"一企一策"的市场化经营运作的管控模式,确保各项业务规范运作,规避风险,持续发展。

为确立业务"中心化"和职能"扁平化"组织模式,成立"煤层气勘探开发指挥部"协调新能源业务管理、"华港燃气集团有限公司"统筹天然气销售市场管理、"储气库管理处"谋划新业务建管等组织机构;为调动工作积极性和抢占城市燃气市场,天然气销售业务随经营规模设置机构编制与定员,管理人员级别、收入随市场份额及经营效益变化而调整,有效调动了全体员工的能动性。

(四)强调精细化管理,稳定发展常规油气业务

常规油气业务一直是华北油田的主营业务,是建设特色地区能源公司的立足之本、发展之基,也是油田产业链纵向延伸、横向扩张的基本起点和支撑平台。华北油田目前的石油资源转化率为45%,天然气资源转化率小于10%,剩余油气资源潜力较大,勘探开发区域广阔。立足精细化管理,积极推进勘探开发一体化,按照"整体认识、立体评价、整体部署"的工作思路,积极开展"精细勘探与油藏评价"、"精细油藏描述"、"提高单井产量"牛鼻子和"精细注水"工程,全面实施"一井一法"、"一组一策"精细管理,形成"全方位整体优化、全要素经济评价、全过程系统控制"比较成熟完善的精细管理模式。

1. 精细勘探与油藏评价工程

通过应用潜山内幕精确成像技术、潜山油水界面定量荧光准确判断技术和地层岩性油藏勘探技术,有效推进"精细区域地质综合研究、精细三维地震采集处理、精细层序地层对比研究、精细构造解释储层预测"工作,实现地层岩性油藏、潜山及内幕油藏的突破与发现,储量替换率连续五年大于1。

2. 提高单井产量工程

通过对油田储采结构、稳产结构和注采结构的调整优化,进一步完善老油田井网、重组细分层系,建立有序的开发秩序,在不断加大低渗储层改造和二次开发工作力度的基础上,同步实施凝胶深度调驱、深部液流转向,实现平均单井日产量由3.0吨上升到3.1吨。

3. 油水井"一组一策"精细管理

以注水井为中心,以地下最小开发单元—注采井组为生产经营管理对象,通过加强注采管理和投入产出调整,对注采井组实施有针对性的开发技术方案和优化措施,以提高油藏开发水平和开发效益。通过实施油水井"一组一策"精细管理,实现了自然递减、综合递减同比减缓1.1和1.4个百分点。

(五)加大资金投入,积极发展新能源煤层气

在煤层气勘探开发上游,加大资金投入,重点落实矿产资源掌控和生产能力建设。一方面创新合作模式,争取和扩大新的矿权,实现沁水、长治、马必规模建产基础。另一方面加快产能建设步伐,推进勘探开发、合作开发一体化。通过探索形成"以自动化为依托、以市场化为手段、以专业化为支撑、以扁平化为基准、以低成本为目标"的精细化管理模式,创新形成多分支水平井钻探、"双驼峰"曲线、"五段三压法"排采、自动化监控的精细工艺体系。

在煤层气业务下游,重点考虑产运销衔接的管道和网点布局,组织煤层气产业规划落地,谋划LNG加工厂建设工作。一方面,完成沁水LNG工程建设规划编制工作,明确投产运行时间表;另一方面,完成长治地区4座CNG压缩母站建设前期论证,同时208、309国道主干线沿线LNG和CNG加气站建设提到议事日程。

华北油田从2006年进入煤层气勘探开发业务,经历国外合作、国内合作等多种开发模式,最终立足自身技术创新、管理精细优势,经过三年的勘探开发建设,2009年在沁水

盆地建成中国第一个数字化、规模化煤层气田,9月15日年处理能力30亿立方米的煤层气处理中心建成投产,实现煤层气处理中心外输线与西气东输主管网对接,标志着我国煤层气规模商业化开发进入新阶段。与此同时,油田公司建立煤层气技术研发实验室,加大煤层气勘探开发标准制定,发布《煤层气排采工程方案编制规范》70多项企业标准,成为全国煤层气开发的领跑者。

(六)延伸产业链与价值链,发展城市燃气、储气库和地热业务

1. 加快城市燃气市场的布局与价值链延伸

华北油田利用比邻京津的地理优势以及拥有资源、技术和管理的独特优势,重新自我定位和规划布局燃气市场。按照打造绿色中石油战略部署,依托资源、管网、技术等优势,采取自主开发、合作开发、兼并收购等方式,整合内外部资源和市场,快速统一规范油区内部市场,积极渗透拓展区外市场,重点发展LNG业务。

2011年,华北油田通过兼并收购、自主建设和合作入股方式拥有沧州、廊坊、镇江、苏州、常州、无锡、南通等地近700辆LNG汽车加气服务业务,是国内目前LNG加注保障能力最强的企业。与此同时,利用集团公司优惠的政策,建成并投入运行江苏如东大洋口LNG加注站、保定CNG加气站等八座站库。形成上有资源、下有市场,中间有管网和站库的格局,整个燃气市场布局与架构基本形成。

2. 加快储气库业务规模发展

在华北油田建设大型储气库,可将陕京线、陕京二线、陕京三线、大港储气库、华北储气库群及其配套地面管网相互连通,对陕京二、三线的供气安全和京津地区季节调峰十分重要。与此同时,在缓解京津城市季节性燃气调峰压力,建设环京津储气库方面,华北油田具有地缘、储量资源、技术和管理等诸多优势。

目前进行研究、建设的储气库群设计有效库容200亿立方米,具体可以划分为四个储气库群:京58—大兴储气库群、苏桥储气库群、孙虎储气库群、任丘储气库群,工作气规模70亿立方米、垫底气130亿立方米。2010年,完成华北北部储气库目标库址筛选、潜山目标筛选、目标库址改建储气库等研究工作,协助北京华油然气公司完成京58储气库建设,并已投运。华北油田负责实施的廊坊地区7个储气库群建设陆续展开,苏桥储气库群全面建成投产。

3. 加快地热业务发展

华北油田地热能源主要是利用高含水油井和热水井采出的90~130℃高温热水进行综合利用,是油田开发后期产业链延伸、价值链延长的绿色循环经济。华北油田的地热资源十分丰富,2010年在河间留北潜山建成国内第一个地热资源综合利用项目,年发电量300万千瓦时,年增油1.2万吨,地热维温替代加热炉年节油2万吨。

(七)调整矿区服务、多元开发和合作开发业务职能,突出人员安置和社会效益

1. "大企业小政府"的职能转变

近几年,通过实施驻矿企业协调会议和油地(油田与地方政府)协商协调会议制度,畅通子女就业、矿区共建机制,保障公安、教育系统资金到位,加快社区管理市场化以及与政府管理相关职能对接进程,建立矿区服务业务创收增效激励机制,实行水电集中抄表和水电暖费用市场化管理,促进矿区服务业务持续稳健发展。2011年,扭亏解困步伐

加快,比 2010 年减亏 1 亿元,阶段性成果在集团公司排名第三位。

2. 多元开发业务突出经济效益与人员安置

2008 年以后,坚持有所为有所不为,突出主营核心业务,沿着产业链拓展延伸,发挥多元开发业务自身优势,实施整合与拓展。

实施过程中,在法人治理结构上进行调整和规范,除主要企业设立董事会之外,其余企业均设为"一人公司",实行执行董事制度。与此同时,油田公司为 2.3 万名矿区"家属工"纳入河北省基本养老保险统筹,三年安排油田子女就业近 4000 人。

3. 积极发展合作开发业务

紧紧把握长庆油田加快建成西部大庆的发展机遇,利用技术和管理优势,积极参与多种模式的合作开发。在实现苏 75 承包区块"三年任务两年完成",并建成天然气生产能力 10 亿立方米的基础上,扩大技术输出、劳务承包。与此同时,抓住海南福山油田开发机遇,提供油气勘探开发技术服务,带动工程技术服务、劳务服务规模增长;在不断优化人力资源配置和结构调整的前提下,力争"十二五"末实现劳务输出 10000 人。

(八)建立与战略转型相配套的人力资源保障体系

为保障华北油田战略转型目标的顺利实现,在管理、技术、操作三支队伍管理上进行内部培训提升、外部引进带动、360 度考核激励等多种形式的积极探索。

1. 加大现有人员培训,提高素质和凝聚力

油田公司现有的管理、技术、操作人员是公司战略转型的主力军,加强现有人员的培训、有效提高管理、技术等方面能力与素质是凝聚力量、形成共识的关键。近几年,华北油田采取企校联合脱产(半脱产)学习、内聘外请教师内部培训、干部挂职交流与参加各类技术比武等形式使员工素质得到有效提升。据统计每年内部培训约 2 万人次,每年有 60 名干部进行挂职交流,目前在校硕士培训人员过百人,培养油田子女第二学历本科生 693 人、硕士 179 人。与此同时,公司岗位练兵、技能培训、人才开发等工作均取得可喜的成绩,先后获得 2 块金牌、5 块银牌、8 块铜牌,有两名员工获"全国技术能手"称号;2012 年 4 月,被国务院国资委评为"中央企业职工技能大赛先进单位",成为集团公司 2012 年度唯一获此殊荣的单位。

2. 加大人才引进力度,提升战略转型支撑力

华北油田在与石油院校签署战略合作协议的前提下,目前与石油院校合作培养新能源专业硕士生 76 人,同时每年接受应届本科及研究生近 200 人;建立一个研究生工作站和一个博士后科研工作站,4 名人员进站工作;通过引进和外部培养,形成一支专业实力较强的技术和科研队伍,为战略转型提供人才保障和技术支撑。油田公司拥有中石油集团公司级高级专家 4 人,教授级高工 28 人,公司一级专家 36 人,二级专家 90 人。

3. 完善考核激励制度,建立人才管理长效机制

建立完善人力资源管理制度,实行全员劳动合同制,技术人员实行技术职务评聘分离制度、人员能进能出能上能下动态管理;建立健全激励机制,对业绩突出、敬业精神强的员工破格晋级;制定专业带头人、技术骨干评选办法,鼓励员工勇挑重担,对突出贡献者给予奖励;制定员工绩效考核管理办法,推进青年技术人员快速成才;制定科学的薪酬制度,易岗易薪,使企业发展与员工实现个人职业理想紧密相连。

三、以打造综合性地区能源公司为目标的战略转型效果

（一）产业多元的综合性地区能源公司格局已经形成

2009年以来，华北油田综合考虑内外部环境和自身条件，深入思考谋划公司战略发展、长远发展，明确了建设具有一定经营规模和华北油田特色地区能源公司的战略目标，提出了实现这一目标的"三步走"战略任务，到2011年已经实现了良好开局，战略发展格局更加清晰明确，特色地区能源公司总体架构已经形成；产品结构结束了传统油气业务一统天下的局面，煤层气、储气库主营业务快速发展，综合服务业务由管理型向经营型转变，多元开发业务由依托油气主业生存向自创品牌、再造新生转变，城市燃气业务得到长足发展，三大业务经济总量结构已经发生质与量的改变，呈现出由7:2:1向5:2:3转变的态势，构建综合性地区能源公司成为实现产品结构优化与发展方式转变的源动力。

（二）油田整体经济效益不断提升

2011年，华北油田公司实现收入333.8亿元，比2010年增加78.8亿元，实现利润110.3亿元，比2010年增加65亿元，上交税费50亿元，年末资产总额423亿元；在中石油集团公司154个企业中，综合评价得分连续三年取得优秀，其中，在国内勘探与开发企业评价中名列第五；在托管企业解困扭亏企业评价中名列第四，同时荣获中石油集团公司未上市解困扭亏业绩改进奖。2011年，新增预测油气地质储量9259万吨、控制石油地质储量4545万吨，探明地质储量5156万吨，三级储量达1.9亿吨，储量替换率连续5年大于1，形成了华北油田勘探史上又一个储量增长高峰期；产能建设节奏加快，整装建产能80万吨，当年新井产油27.26万吨，创近几年新高。

（三）企业社会效益显著提高

近年来，华北油田履行社会责任管理做的工作已赢得了社会各界的好评，企业形象明显提升，"华北油田"品牌在北京、天津、河北、山西、内蒙、江苏等省市自治区越来越响。油田公司连续18年没有发生重、特大环境污染事故，连续6年油气生产综合能耗低于中石油股份公司平均水平。累计实现收入3209.8亿元，利润751.4亿元，累计上缴税费521.4亿元；2008年以来，与驻矿各单位携手招录、安置子女5149人，矿区3万多名有偿解除劳动关系人员、2.3万名退岗劳动家属纳入了河北省基本养老保险统筹。华北油田连续三年被评为河北省"最具影响力企业"和"最具成长性企业"，荣获"全国文明单位"、"中国企业创新特别贡献奖"、国家首批"管理创新示范单位"等殊荣。

（成果创造人：黄　刚、苏　俊、胡　楠、高联益、罗　宁、程玮东、安书行、刘文新、尚树林、陈兴德、张翠丽、王　威）

以战略协同为导向的能源集团重组整合

山东能源集团有限公司

公司与中信集团签订战略合作协议

山东能源集团有限公司(简称山东能源集团)是经山东省委、省政府批准,由新汶矿业集团有限责任公司、枣庄矿业(集团)有限责任公司、淄博矿业集团有限责任公司、肥城矿业集团有限责任公司、临沂矿业集团有限公司、龙口矿业集团有限公司6家企业重组而成的山东省属国有独资公司。注册资本人民币100亿元。现有员工23万人,资产总额1673亿元,位列中国企业500强75位。集团总部设在济南市。山东能源集团坚持以煤为基、适度多元,规模增长与价值增长并重、产业运营与资本运营并举、传统能源与新型能源并行的方针,把传统能源与新型能源作为基础性主导产业,在发展煤、电、油、气等产业的基础上,坚持以市场为导向、效益为前提,积极进军风能、核能、太阳能、生物质能等新型能源领域,大力发展能源装备制造业,培育发展与主导产业相融合的现代服务业,创新发展煤化工等产业,实现安全发展、内涵发展、转型发展、跨越发展。

一、以战略协同为导向的能源集团重组整合背景

(一)顺应能源产业发展趋势的需要

我国能源储量"富煤、缺油、少气",决定了煤炭是我国重要的基础能源和原料。然而,随着能源市场竞争的加剧以及环境要求的持续提高,特别是风能、生物能、地热能、太阳能、核能、氢能等新型能源的开发和利用,中国的能源结构正在发生深刻的变化,清洁能源所占比重正在日益提高。就山东省而言,十二五期间山东省将大力发展新能源,全省燃煤火电所占比重由92%下降到69%,新能源装机达到1400万千瓦,占电力总装机比重由5%提高到14%。清洁能源的快速发展使煤炭行业受到了严重挑战和冲击,大型化、规模化、集约化成为煤炭产业改革发展的主要趋势和成功之路。山东能源集团重组前6家企业中最大的新汶矿业集团有限责任公司2010年末销售收入只有368.3亿元,在中国煤炭百强中排名第14名,是重组整合后河南煤化集团集团的三分之一,陕西运销集团的二分之一。不进行重组整合、不进行资源优化配置,不仅缺少资金、技术、人才进军清洁能源等新兴产业,而且在煤炭企业中的领先排名也岌岌可危。

(二)保障地方能源供应的需要

就电力而言,2011年山东省全省用电量和全省最大负荷分别达到3635亿kWh和57160W,预计到2015年全社会用电量和全省最大负荷分别达到5500亿kWh和

87000MW。与快速增长负荷不相适应的是电源建设的相对滞后。考虑省内已核准及同意开展前期工作的电源与外来电全部投产后(备用容量按18%),2013年山东省装机缺额约10486MW,2015年山东省装机缺额约20903MW,2020年电力缺口约53165MW。就煤炭而言,2011年山东省煤炭产量1.54亿吨,占全国煤炭产量的4.4%,消费量达到3.3亿吨,占全国煤炭产量的10%左右,预计2015年,山东省煤炭消费量将达到3.9亿吨,其中,消费省内煤炭1.4亿吨,消费省外调入煤炭2.5亿吨。随着山东省经济的进一步发展,产煤大省、耗煤大省、资源小省的矛盾日益突出,煤炭供需缺口也不断增大。而山东省省管能源企业规模相对较小、后备资源严重不足、产业链条较短、资源综合利用水平低、安全生产压力增大等问题,越来越难以安全稳定保障山东省能源供应,成为制约山东经济社会持续快速发展的重要因素。

(三)提高市场竞争力的需要

山东能源集团成立之前,6家矿业集团在发展煤炭产业的同时,均形成了以煤为基、多元发展的格局。产业涉及煤炭、电力、煤化工、玻璃纤维及制品、油页岩炼油、装备制造及生产服务业、医疗器械及健康产业、电解铝、建材及新型材料等9个产业类型,除此之外,新矿、枣矿、临矿的现代物流产业,新矿的盐化工、枣矿的橡胶化工及轮胎制造、临矿的铁矿、龙矿的煤炭储配基地等也形成了较大的规模。然而6家矿业集团虽经济总量较大,但结构性矛盾突出。2010年6家集团合并报表后,煤炭与非煤的营业收入比例为46:54,但利润比例为99:1,仍然是靠煤吃饭、靠煤盈利。非煤产业普遍小、散、弱,多数产品仍处在初级加工阶段,科技含量和附加值不高,盈利水平差。在当前产业结构下,一旦煤炭市场发生逆转,企业的盈利能力与竞争能力将急剧下降。因此,成立山东能源集团,对企业的涉足产业进行整合,是梳理各个产业板块,打造企业核心竞争力的迫切需要。

二、以战略协同为导向的能源集团重组整合内涵和主要做法

山东能源集团坚持"六个三"的战略思路,即坚持"规模增长和价值增长并重,产业运营和资本运营并举,传统能源和新型能源并行"的"三并"方针,做强"煤炭及非煤传统能源、能源装备制造和现代服务业、传统能源清洁利用产业和新能源等战略新兴产业"三大主业,推动"产业结构、组织结构、人才结构"三个调整,构建"稳步山东能源集团发展中心经济区,重点建设开发增长区,有序开发长远发展区"三大战略区域,推进"企业发展从以资源开发驱动向科技创新驱动转变,战略布局从国内市场向国际化拓展转变,生产方式从资源消耗型向资源节约、环境友好型转变"三种转变,实现"企业市场竞争力、社会贡献力、持续发展力全面提升"的三类目标。在"六个三"的战略思路引导下,山东能源集团以增强能源集团重组后的战略协同性为导向,从分析企业内外部环境入手,树立重组整合的指导思想、原则和目标,重组煤炭产业,优化非煤产业板块和管控模式,创新企业文化,完善人

现代化综采工作面

力、资金、物资、技术平台建设,大力提升了企业价值增长点和核心竞争力,为建设国际化、现代化和具有较强竞争力的大型能源集团迈出了坚实一步。主要做法如下:

(一)进行战略分析,明确重组整合的指导思想和目标

1.进行缜密的战略分析

6家企业积累的发展优势主要体现在:一是资源优势,截至2010年末,煤炭可采储量176亿吨,其中省内24亿吨,省外152亿吨。在不断开发煤炭资源的同时,还在国内外部分区域获取了一定的铁矿石、油页岩、橡胶和森林等资源。二是技术优势,都建立了比较完备的技术管理、技术创新和技术研发体系,形成了一批国家级和省级企业技术中心、研发中心和博士后流动工作站,开发了一大批具有自主知识产权的技术和成果。三是区位优势,山东省不仅经济发达,而且交通便利。四是基础管理优势,在安全管理、生产管理、质量管理、技术管理、经营管理和文化建设等方面都建立了完备的管理体系,生产自动化和信息化体系建设不断提升。五是人才优势,建立了较为完善的人才选拔、培养、引进和使用机制,各企业在煤炭主业方面培育了一批素质较高的经营管理、市场营销、专业技术、思想政治和操作技能人才。六是市场营销优势,各自都建立了较为完善的目标市场营销网络,分布于省内外,有交叉,有补充。

6家企业的发展也受到一些瓶颈的制约。影响企业发展的外部因素有:一是宏观经济形势仍然错综复杂,世界经济复苏基础还不牢固,我国高耗能行业产能过剩问题愈发严重。二是国家产业政策不断调整将对煤炭企业产生深刻影响,将直接影响煤炭消费。三是资源无序争夺以及产能过剩问题日益严重。四是山东省内煤炭生产销售的竞争压力越来越大。五是中国煤炭竞争格局发生重大变化。

影响企业发展的内部因素有:一是企业规模较大但包袱沉重,离退休人员达到14万人,占职工总数的66.7%,部分单位破产改制、主辅分离不彻底,历史遗留问题多。二是结构性矛盾突出,仍然是靠煤吃饭、靠煤盈利、靠煤发展。三是优质资源偏少,省内老矿区矿井大部分进入衰老期,后备资源严重不足。四是无一家独立上市公司,无一家金融公司,缺少资本运作平台。五是高素质、高技能的人才偏少,尤其缺少新能源、煤化工、机械制造、现代物流等高端人才。六是支撑企业发展的核心技术少。七是企业横跨十多个省区,安全管控难度大。

2.明晰重组整合的总体思路

山东能源集团的重组整合思路为:以国家和山东省十二五规划为指导,以发展企业、造福员工、提升山东省能源安全保障能力为出发点,坚持规模增长和价值增长并重、产业运营和资本运营并举、传统能源和新型能源并行,充分利用国内、国外两种资源和两个市场,以创新转型为动力,以企业文化为支撑,凝聚发展合力,转变发展方式,调整产业结构,做强做优煤炭产业,创新发展非煤传统能源,大力发展装备制造和现代服务业,优化发展煤化工产业,探索发展新型能源和其他新兴产业,构建高效清洁的能源生产和循环经济体系,全面提升企业的市场竞争力、社会贡献力和持续发展力,实现安全、绿色、节约、和谐发展,建设具有较强核心竞争力的国际化、现代化大型能源集团。

3.确定重组整合的目标

通过重组整合,推进6家省管煤炭企业的结构调整和技术进步,转变发展方式,构筑

产业体系合理、法人治理结构规范、集团管控有力、出资人职责到位、经营管理先进、规模效益明显、竞争优势突出、在国内外有较高知名度的大型企业集团,打造新的煤炭主业上市公司,进入中国煤炭行业综合效益及生产规模前5位。到2015年,山东能源集团煤炭产业收入占34%,利润占79%;电力产业收入占35%,利润占1%;太阳能光伏和生物质直燃发电产业收入占3%,利润占2%;装备制造业收入占9%,利润占5%;现代物流收入占25%,利润占3%;生产服务业收入占4%,利润占2%;煤化工产业收入占19%,利润占7%;医疗健康收入占1%,利润占1%。

(二)整合煤炭产业,增强市场竞争能力

下发《山东能源集团有限公司关于加快实施"走出去"战略的指导意见》,对资源开发的基本原则、开发的区域、获取条件、工作措施进行详细规定。各权属企业按照集团公司"主攻蒙宁,加快晋陕,推进云贵,突破新疆,进军国外"的工作思路,按照"地域集中、产能集中"的原则,以储量丰富、赋存良好、开发价值较高的资源为主,集中资金、技术、人才、管理等各种优势大力开发,重点抓好千万吨基地、千万吨矿井等大型项目建设,提高产业集中度,逐步形成外部资源战略基地和战略储备。省内2011年先后与菏泽、聊城、潍坊、日照、济宁、枣庄、省地矿局、省监狱局加强合作,在建设菏泽煤化工园区、聊城煤田开发、发展现代物流产业、收购地方煤矿、监狱煤矿托管等方面取得积极成果。在省外,相继召开两次省外资源开发座谈会,先后到新疆、内蒙、贵州等省区和地市拜访政府高层,为省外资源开发营造良好环境。在海外,先后到加拿大、澳大利亚、缅甸、德国、俄罗斯等国家考察,就煤炭资源开发、小颗粒油页岩炼油技术引进等达成初步合作意向,加拿大马鹿河煤田开发开始启动,香港及加拿大公司进入筹备程序。在矿井建设方面,2011年全年共完成煤炭项目投资150亿元,占项目总投资的62%。

山东能源集团成立后加强区域公司的整合工作。2011年,山东能源集团内蒙古盛鲁能化有限公司、山东能源集团贵州矿业有限公司协调山东能源集团在内蒙古与贵州煤矿资源的开发、管理与对外联系工作。建立统一的营销平台,成立山东能源集团国际物流有限公司,将下属煤炭企业的销售公司整体划入,统一市场规划和销售,统一价格、渠道、政策和销售队伍管理,实现产销分离。2012年初,山东能源集团国际物流有限公司举办2012年煤炭订货会,完成订货量5953万吨,占省内可供资源量的91.5%,实现了统一订货、统一计划、统一定价、统一发运等"六个统一"。

(三)重组非煤产业,提升产业组合价值

山东能源集团按照"主导基础型产业"、"培育型产业"、"关注型产业"三种类型选择产业和业务板块。首先是主导基础型产业,选定传统能源、装备制造及现代服务业。其次是培育型产业,选定培育煤化工、光伏材料及组件生产、农林生物质直燃发电和医疗健康产业。最后是关注型产业,即关注有发展前景的新能源和其它新兴产业。对其将高度关注、跟进研究、择机介入并探索性投资。除上述三种类型之外的其它产业,山东能源集团遵循有保、有进、有退的方针,允许各二级企业从实际出发,报山东能源集团审定后,保留和适度发展符合国家和山东省产业政策、有利于本部经济发展、有利于人员就业和矿区稳定、有较好发展前景的其他产业。山东能源集团通过战略、资金、技术、人才等方面实施的必要管控,引导和鼓励各二级企业有序退出不符合国家和地方政策、与山东能源集团发展战略关联度不高、与人员就业和矿区稳定关系不密切、市场前景和经济效益不好的产业。

在继续做强煤炭主业的同时,山东能源集团经过一系列的重组整合,逐步确定非煤矿产、电力、化工、装备制造及现代服务业等四大非煤产业板块。在非煤矿产资源方面,各权属企业依托现有的铁矿石、油页岩等资源开发项目,进一步加大铁、铜、金、锰等非煤矿产资源的获取和开发力度,形成多元化的矿业开发格局。龙矿集团连月产油量突破万吨大关,形成了年处理油页岩120万吨、产油12万吨的综合利用产业链;枣矿集团在泰国的天然橡胶基地正式投产,在加拿大的森林资源也初见成效。在装备制造业方面,下属山能机械建成全国唯一的矿山设备再制造基地,淄矿新华医疗加大产品研发和产业并购力度,全力打造高端医疗设备制造基地。在现在服务业方面,山东能源集团编制现代物流业发展规划,先后与日照港集团、华润电力控股公司、中信泰富等签署战略合作协议和战略合作意向,对集团的物流业务进行现代化管理。国内重点建设张家口、江阴、齐河、日照、龙口、菏泽六大煤炭储配基地。在香港成立宏锦国际公司,拓展海外贸易。在新能源产业方面,抓住光伏、风电产品价格低迷的有利时机,在新疆、内蒙古、甘肃等风力、太阳能资源充足的区域,收购、整合资金链断裂、装备性能好、人员技术优秀的生产厂家,及时构建风能、光伏发电厂,在获取资源项目的同时,布局新能源项目。

(四)优化管控模式,为战略协同提供组织支撑

为增强重组后的战略协同效应,确定"三个层次"、"三个中心"管理架构:能源集团为战略管理中心、资本运营中心和人力资源管理中心,对权属企业行使出资人职责,承担国有资产保值增值责任;依法享有权属企业管理者选择权、重大事项决策权、资产收益权,负责战略规划、预算管理、业绩管理、财务管理、人力资源管理、企业文化建设、安全管理、风险防控等管理职能,为权属企业提供政策信息、技术研发、共享平台建设等方面的协调服务;各子公司为利润中心和生产经营中心,承担公司内资产保值增值、生产经营责任及安全管理责任;各子公司下属的经济实体为成本中心,负责项目建设、产品生产、安全管理、质量管理和成本管理。

山东能源集团总部坚持"大集团、小机关"建设原则,最大限度地减少管理层次,强化管理效能。能源集团总部共设立17个职能部室、4个直属机构(技术研发中心、信息中心、物资公司、销售公司),分别为三大中心的功能实现部门和职能、业务支持部门。

按照《公司法》设立董事会、监事会和经理层,不设股东会。董事会为决策层,对省国资委负责,主要职责为:审定集团公司发展战略和中长期发展规划;决定集团公司组织机构设置和重大人事调整;决定重大投融资活动;决定重大产权事项管理;决定集团公司改革方案和政策。经理层为执行层,对董事会负责,主要职责为:组织实施董事会决议;组织实施集团公司发展战略和中长期发展规划;拟订公司规章制度;主持集团公司安全生产、经营管理和资本运营工作;制定并实施年度生产经营及投资计划。监事会为监督层,主要职责为:根据法律法规规定,对集团公司生产经营各项活动及董事、高层管理人员的管理行为进行监督,确保国有资产保值增值。

(五)创新企业文化,为战略协同提供内驱力

一是吸收优秀文化元素,构建"超越"文化内涵。在借鉴和吸收二级企业优秀企业文

化成果的基础上,形成内涵丰富、凝心聚力、独具特色的"超越"文化,成为支撑企业持续发展的强大文化动力。超越资源,多元发展;超越6家权属企业和各利益相关方的文化差异,取长补短,求同存异,整合优秀文化,形成更高层次、更加先进的山东能源企业文化系统;超越地域,走向世界;超越传统管理思想与作业方式,引入新思维、新技术;超越小我,敢当大任。

二是推行CI体系,导入"明德立新、包容超越"的核心价值观。吸纳各家所长,提炼、整合、实施山东能源集团的CI设计规划,逐步建立企业理念识别系统、视觉识别系统和行为识别系统,导入"明德立新、包容超越"的核心价值观:明德是根本,是企业道德的价值导向。立新是动力,是企业保持活力的源泉。明德是山东能源人矢志追求的崇高境界,是山东能源成功的坚强基石。包容是前提和基础,超越是方向和目标。

三是组织文化活动,促进企业文化体系建设。在对企业文化体系进行宣贯的基础上开展"责任、奉献、超越"主题教育活动,组织"感动山东能源省外创业先进集体和个人"评选,举办"超越杯"职工书画摄影大赛,筹建山东能源电视台,召开企业文化骨干培训班和巡回报告会等一系列文化融活动,有效保证了超越文化在能源集团内部的生根发芽。

(六)统一人力、资金、物资、技术资源,为战略协同提供资源支撑

1.建设人力资源平台

建立引进和培育关键人才机制。一是创新政策,精选、聚合、重置权属企业人才资源,将其优化配置到能充分发挥其作用的岗位。二是通过收购兼并、社会化招聘等方式,引进各个产业高端的经营管理、专业技术和技能操作人才。三是加强企业职业培训体系建设,强化与高校联合的人才培育工作,依托兼并收购的煤化工、新能源等企业实体建立产业发展的人才培养基地,全面提升人才素质和企业运营管理水平。

建立有效激励机制。一是按照效率优先、兼顾公平的原则,积建立按劳分配与按生产要素分配相结合的分配制度,建立市场化的人才薪酬管理体系。二是建立和完善多轨制职业发展通道,实现管理、技术、技能、政工等人才按照不同的路线发展,并享有相应的社会地位和经济待遇。三是建立向优秀人才和关键岗位倾斜的分配政策和分配机制,通过政策引导和薪酬待遇吸引,使人力资源配置了到最需要的岗位。

2.建设资金管理平台

提升融资水平,积极拓宽融资渠道,努力构建并巩固与金融机构的战略合作关系,积极争取国家政策性资金补助,大力开拓短期融资券、中期票据、公司债券、信托融资等低成本融资渠道,增强融资灵活性,实现由间接融资为主向直接融资与间接融资并重转变,规范集团公司权属企业融资通道,提高内部资金利用效率。把握好投资方向和力度,集中优质资源于集团战略性产业,力争在技术和人才要求高、进入难度大的产业高端和高端产业形成竞争优势,提高企业市场竞争能力和持续发展能力。2011年能源集团有序清理各单位账户,资金账户实现集中管理。与五大国有银行合作,获得银行授信3500亿元。首期80亿元中期票据发行工作正式启动。

3.建设物资供应平台

成立山东能源国际贸易有限公司,承担山东能源集团供应物流贸易专业化运作职能。全面推进以"组织机构、业务管理、资金结算"为主要内容的供应物流一体化战略,以

整合供应物流资源、重组业务单元、优化物流网络、拓展国际物流贸易为重点,以大宗物资集中采购为切入点,以电子商务为拓展平台,充分利用香港宏锦国际有限公司地处世界金融中心、融资成本低、渠道多等优势,实现国内贸易、国际贸易新突破。2011年,在供销集中管理中,完成了对钢丝绳、电缆等五个业务单元集中采购,招标金额4.1亿元,节约资金2135万元。逐步完成67个品种的集中采购后,采购金额将达百亿,年节约资金4亿元以上。

4.建设技术平台

整合并依托现有科研资源,组建技术研究院,建立技术结构合理、功能定位明晰的自主技术研发体系,实现权属企业技术信息共享,增强自主创新、科技创新能力,打造并完善山东能源集团自主创新平台。积极与高等院校、科研院所联合,筹建博士后流动站,走产—学—研一体化道路,扩大技术领域的国际投资与合作,通过委托研发、联合攻关、购买核心技术、兼并高科技企业等模式,多渠道提升了企业的创新能力。

三、以战略协同为导向的能源集团重组整合效果

山东能源集团通过以战略协同为导向的重组整合工作的实施,强化了企业内部管理,优化了资源配置,使全集团的经营管理水平、安全管理水平、技术管理水平大幅提高,提高了企业竞争能力和盈利能力。

煤炭产业取得飞速发展。2011年山东煤炭产量突破亿吨大关,同比增加1701万吨,增幅18.65%,圆满完成了省国资委下达的各项考核指标,实现了"十二五"良好开局。全年共完成煤炭项目投资150亿元,占项目总投资的62%。枣矿云南斯派尔、贵州绿塘、内蒙金正泰煤矿实现矿矿增收。淄矿加快了内蒙杨家村、巴彦高勒、陕西高家堡等矿井建设。肥矿杨营、华兴等3对矿井转为生产矿井,牛场煤田列入贵州煤矿开发"十二五"规划。临矿会宝岭铁矿实现联合试运转。龙矿山西三矿产量超过500万吨,利润4亿元,产量、效益占据企业半壁江山。

非煤产业结构优化,竞争力持续提升。2012年上半年,山东能源集团物流贸易、装备制造、煤化工板块收入同比分别增长78%、37%、52%,非煤业务收入已占集团总收入的69%。龙矿中颗粒油页岩炼油工程投产,形成年处理油页岩120万吨、产油12万吨的综合利用产业链;龙矿煤炭贸易量突破1500万吨,利税1.1亿元;新矿整合13家专业化公司,成立矿业管理服务集团,形成了集勘探、设计、基建施工、托管服务为一体的"保姆式"生产服务模式;淄矿在工作面安撤、井下钻探等领域实行专业化管理,促进了内部资源优化配置。融资租赁业发展迅速,新矿国泰租赁公司资本实力跃升为国内内资融资租赁试点企业第三位。

山东能源集团2011年度完成10821万吨,实现销售收入1560亿元;同比增加345亿元,增幅32.54%;实现利润172亿元,同比增加33亿元,增幅24%;资产总额1673亿元,比去年同期增加378亿元,增幅29%;进入世界500强,排名460位。

(成果创造人:卜昌森、翟明华、彭业廷、东忠岭、李君清、靳玉彬)

实现可持续发展的煤炭企业转型升级

冀中能源峰峰集团有限公司

冀中能源峰峰集团有限公司(简称峰峰集团)位于河北省邯郸市,至今已有130多年开采历史。1949年9月18日成立峰峰矿务局,1998年8月由原煤炭部部属企业划转到河北省管理,2003年7月改制为峰峰集团有限公司。2008年6月,与河北金牛集团强强联合,组建了冀中能源集团有限责任公司,峰峰集团是其最大的子公司。

峰峰集团拥有32个分(子)公司,在册职工3.5万人,年产原煤3000万吨、精煤1100万吨,营业收入825亿元。峰峰集团是集煤炭采选、煤化工、电力、装备制造、建筑施工、现代物流等多产业、跨地区、跨行业综合发展的国有大型企业。先后荣获全国煤炭工业节能减排先进企业、中华环境友好示范矿区等荣誉称号。

成果主创人:公司董事长、党委书记陈亚杰

一、实现可持续发展的煤炭企业转型升级背景

(一)建设资源节约与环境友好型企业的要求

如何走出煤炭工业的高增长、高效益、高收入、低消耗、低污染之路,既关系到国计民生,关系到中央确定的各项战略目标的实现,也关系到煤炭企业的健康发展,更关系到能源安全的长远战略。我国富煤、贫油、少气的自然资源特点,决定了煤炭在我国一次性能源构成中的主体地位,建设"两型"社会,对于老煤炭企业而言,承担着更多的责任。建设资源节约、环境友好、可持续发展能力强的煤炭综合型企业,既是国家对资源型企业提出的新要求和新目标,也是企业自身增强活力,实现可持续发展的必然选择和内在要求。

(二)老煤炭企业自身发展的迫切需要

峰峰集团经长期开采,老矿区、老企业存在的问题日渐显现。一是资源枯竭。2008年1月1日工业储量7.8亿吨,可采储量4.6亿吨,实际可采储量仅有1.5亿吨,如果按原煤核定生产能力为1336万吨来计算,再有10多年企业本部将无煤可采。14处原煤生产矿井,由于资源枯竭,已关闭5处,即将关闭3处,正常生产矿井仅有6处。二是"三下"压煤多。峰峰矿区铁路下、河流下、建筑物下的"三下"压煤形成的呆滞煤量约3亿吨。三是产业单一。建企以来一直以单一的煤炭生产为主营业务,煤炭产品附加值没有得到有效开发和挖掘。四是开采方式传统。矿井设计和建设方式传统,生产工艺相对落后,环境保护不够完善,管理方式粗放。五是企业员工队伍整体素质尚需提升。六是包袱重。老企业办社会问题长期存在,峰峰集团每年支出近2亿元。

(三)企业具备转型升级的基础和条件

一是员工有诉求。广大员工和家属对"企业得发展、员工得实惠"有广泛的思想共识,对改善生活环境、提高生活质量的愿望比较迫切。二是管理有基础。峰峰集团多项技术在煤炭行业、乃至全国都是一流的,而且有着非常强的科技创新能力。三是煤种有优势。峰峰矿区煤炭品种齐全,从南到北赋存着焦煤、肥煤、瘦煤、无烟煤等优良品种,尤其是冶炼焦精煤为国家保护性稀缺煤种,被誉为"工业精粉"。四是领导有思路。

二、实现可持续发展的煤炭企业转型升级内涵和主要做法

峰峰集团立足企业自身实际,以转变经济发展方式为主线,以解放思想、转变观念为前提,大力调整优化企业内部资源,实现产业结构由单一经营向多元发展的转型,组织结构由庞大臃肿向扁平精干、运转高效的转型,矿井生产由传统生产向集约高效、绿色生态的转型,资源开发由本地生产向外域扩张的转型,开采技术由开采常规煤量向挖掘呆滞煤量的转型,推动企业全面转型升级,进一步提升企业产业水平和市场竞争力,实现峰峰集团的百年基业长青。主要做法如下:

(一)明确指导思想,制定发展目标

指导思想:围绕集团公司战略定位、战略目标,从外因思维转向内因思维、从一域思维转向全局思维、从策略思维转向战略思维,以管理创新为基础,以科技创新为动力,逐步实现资源地域、生产方式、开采技术、产业结构、管理机制转型和升级,提高企业发展质量和效益,努力实现企业可持续发展。

按照集团公司确立的"主业突出,多元并举,创新驱动,跨越发展"的指导方针,确立"坚持内涵发展与外延扩张并重,提升煤炭基础地位,立足本部,放眼省外,内部以增产增效支撑外部整合扩张,以省外资源开发承接本部战略接替"发展思路,到十二五末原煤产量、营业收入翻两番,再造两个峰峰集团,原煤产量达到6000万吨,精煤产量达到2000万吨,营业收入2000亿元。建成主业突出、结构合理、多元经营、极具竞争力的现代化能源化工集团。

(二)围绕煤炭主业,延伸产业链条

1.以焦煤为龙头,打造煤炭—炼焦—焦油化工产业链

作为全国第二大主焦煤生产基地,峰峰集团充分发挥焦煤资源丰富的优势,把发展煤化工产业作为结构调整、延伸产业价值链、发展循环经济的战略举措。以焦煤为龙头,对焦煤进行炼焦,对焦炉煤气、煤焦油和粗苯进行精深加工,生产出甲醇、醋酸等高附加值的化工产品来,打造高附加值、高成长性和极具市场竞争力的精细化工产业。

峰峰集团煤化工项目是省重点产业支撑项目,一期工程100万吨焦炭、10万吨甲醇已建成投产;二期工程建设规模为年产200万吨焦炭、20万吨焦炉煤气制甲

清新明快、四季常青的梧桐庄矿工业广场

醇、60万吨醋酸及醋酸下游产品,配套37MW余气余热发电装置及配套设施,基本建设2011年底已全部完工,四座焦炉全部投产。

2. 充分利用煤矸石,打造煤—电产业链

峰峰集团现有煤矸石、洗矸、煤泥总量5272万吨,占地131.38万平米。为将煤矸石等废弃物变废为宝,近年来,相继建成4座煤矸石综合利用电厂,总装机容量达到135.5MW,年利用矸石50万吨。充分利用闲置土地资源,与电力企业合资合作,建设坑口大电厂,变输煤为输电,实现清洁生产。

3. 充分利用矿井煤层气,打造煤层气—发电产业链

制定煤层气抽采利用中长期规划,加大瓦斯抽采量,提高瓦斯抽采利用率,加快煤层气产业化发展,打造煤层气发电产业价值链。在6个高突和高瓦斯矿井建立地面永久瓦斯抽采系统,瓦斯抽放量4000万m^3/年。建成1座瓦斯发电厂,年利用瓦斯3187万m^3,利用率79.5%。建设18台低浓度瓦斯发电机组,年发电量5500万kwh。

4. 以电厂粉煤灰和煤矸石为原料,打造煤—建材产业链

利用煤矸石替代粘土生产矸石砖。已建成矸石砖厂2座,生产能力9000万标块/年,年利用矸石16.85万吨,开辟了利用废弃资源、节约可耕土地、降低生产成本的煤矸石综合利用新途径。

5. 利用企业自身优势,大力发展现代物流产业

成立邯郸鼎峰物流有限公司,与30余家有实力的大企业结成稳定的战略伙伴关系,并分别在山西、内蒙、山东等地建立起峰峰物流基地。成立日照峰峰国际物流有限公司,涉足国际贸易。形成物资供销分公司对企业内部市场,邯郸鼎峰物流有限公司对国内市场,日照峰峰国际物流有限公司对国际市场的"三足鼎立"全新格局,实现由企业物流向物流企业的蜕变。2011年物流营业收入达500亿元。

(三)加大研发投入,充分挖掘宝贵资源

每年投入研发费用1.5亿元,用来大力推进科学技术创新,研究先进采煤方法。

1. 研发薄煤层综采数字化无人工作面采煤技术

峰峰矿区极薄煤层厚度普遍在0.6~0.8m,而且断层多,储量在5000万吨以上。由于薄煤层开采场地、空间狭窄而造成的用人多、劳动强度大、安全状况差等因素。峰峰集团针对薄煤层赋存地质条件,与浙江大学合作研发,通过综合运用远程通信、设备定位、视频监视和自动化控制等技术,选用MG160/360－BWD交流变频电牵引采煤机、ZY3300/07/13D薄煤层两柱双伸缩掩护式支架、SGZ－630/220中双链整体铸焊结构刮板输送机,实现综采数字化无人工作面采煤,为提升薄煤层工作面装备技术水平和安全系数开创了新的途径。

2. 推广矸石膏体充填采煤技术

膏体充填过程分为矸石破碎、配比搅拌、管道泵送、充填体构筑等四个基本环节,充填工艺为:检查准备—灰浆推水—矸石浆推灰浆—正常充填—灰浆推矸石浆—水推灰浆—压风推水。通过对工作面采煤区的支护、充填区的支护、充填料浆的隔离等,采取"采煤—充填—凝固/检修"三班循环的"全采全充法"。

建立膏体充填系统,将煤采出,将煤矸石、粉煤灰、胶结料和适量的水等按照一定比

例混合、搅匀后,用充填泵输送到井下采空区的充填置换。该系统在国内外属首次使用。

3. 推广柔模泵注混凝土沿空留巷支护技术

合理设计柔性模板结构及泵压,将新拌混凝土中多余的水在泵压下挤出柔模,固体材料相互咬合,在柔模中形成密实的承压结构,泵注完成后,能提供较大的支护初撑力,形成的柔模混凝土巷旁支护体密闭性高,可防止采空区瓦斯逸出和自燃发火。采用混凝土物理自密实和化学自密实技术,提高混凝土强度,减去振捣工序,采用单体柱或锚杆固定柔性模板,以及合理施工工艺,提高支护速度。

沿空留巷支护技术结构简单,重量轻,不回收,安装施工方便,投资少,已在羊东矿8459、8463工作面应用成功,创造经济效益超过1亿元,并在牛儿庄矿、新三矿推广应用。

(四)推行低碳发展,实施绿色管理

一是实施全封闭煤场工程,实现采煤不见煤。梧桐庄矿投产时就有3个万吨级原煤储存仓。随着矿井扩能技改、产量的增加,矿井储存能力明显不足。峰峰集团从绿色奥运得到启发,投资900万元兴建一个全封闭储煤场,实现矿井生产煤炭卸、储、运、装全封闭式管理,并集生态环保、运输高效、技术创新、节约土地为一体。

二是实施煤矸置换饱和充填工程,实现矿井掘矸不提矸。把矸石治理作为发展低碳经济、打造绿色矿山的重要项目,在以往煤炭企业实施矸石回填基础上,自行研制出特殊地域条件下的煤矸置换新方法,注浆饱和充填工艺。该项目于2008年9月,完成方案设计,2009年3月底完成一期工程并投入使用。

三是实施保水(矿井水回灌)开采工程,实现出水不排水。按照"水资源是宝贵的,从哪里来就送到哪里去"的保水开采新理念,在井下兴建矿井水澄清系统,在井上兴建处理水量为900m^3/h的矿井水回灌处理系统,处理水质达到工业用水标准,除一部分满足井下消防降尘洒水、地面绿化用水、工作面底板预注浆加固改造用水、地面矸石山洒水和地面厂区洒水外,剩余水量采用管井回灌法全部回灌到奥灰四段含水层,既保护了水资源、保持生态水网的平衡,又避免了矿井水对周围水环境和生态环境的污染。

四是实施地源水源热泵工程,实现产煤不用煤。将成熟的地源热泵、风源热泵技术加以改造升级,演变为水源热泵。此项技术于2010年7月投入使用后,拆除全部5台工业锅炉,从原来的锅炉司炉工35人中挑选8人,进行专项技术培训后上岗工作。全部停用空调,厂区(51000余平方米)建筑物的采暖和制冷、主(副)井的保温和防冻、洗浴用热水和烘干房用热等全部水源热泵提供。

(五)整合重组外部资源,实现地域转型升级

峰峰集团将实施资源整合扩张工作作为一场战役,作为实现6000万吨生产规模的重要战略支撑。一是加强对外资源扩张的领导,明确一名副总经理专门负责资源整合扩张工作。二是加强力量,成立机构。组织专业性强、信息丰富的管理和技术人员,成立外部资源整合办公室,具体实施对外资源扩张工作。三是确立目标,激励导向。在扩张取得一定成果的基础上,制定"十二五"末外部扩张原煤生产规模达到4000万吨以上,扩张建设新疆、青海、内蒙、山西等四大省外原煤生产基地。

峰峰集团对外资源扩张掌握的原则是:只要是有储量、有条件、有效益、占主体的煤炭资源,均可通过收购、控股等方式进行整合,以增加资源储备,提升煤炭产能。截止到

2011年底,成立峰峰集团新疆国际煤焦化公司,控股经营9个煤矿、1个70万吨焦化厂、1个90万吨洗煤厂,而且煤质好、售价高、效益好,"十二五"期末年产量可达500万吨。在青海,整合年产焦煤90万吨的江仓一号井,"十二五"期末年产量至少达到500万吨。在内蒙,整合重组油坊渠矿和致富煤矿,到"十二五"末年产量将达到2000万吨以上。在山西,整合大远煤矿,新增产能180万吨。

(六)强化人才管理,提升员工整体素质

1. 加大人才招聘引进力度,增强企业发展后劲

一是针对煤炭主体专业二本及以上大学生紧缺的现状,出台相应安家费、保底收入等优惠政策,赴全国11所重点煤炭院校进行专场招聘,积极引进高层次人才。二是筑巢建平台,大力引进高层次人才为我所用。在邯郸市建立首个企业院士工作站,通过与高等院校技术、人才合作,吸引包括2名院士在内的一大批高端技术人才积极参与到企业的技术创新工作中。三是邀请技术水平精湛、经验丰富的退休老专家对生产技术疑难问题进行技术指导与咨询。四是优化人才环境,营造企业"尊重人才、爱护人才、崇尚人才"的浓厚氛围,坚持事业留人、感情留人,真正使人才引得来,留得住,用得好。

2. 强化人才培养,打造适应企业跨越发展的人才队伍

一是推行人才职业生涯规划管理,特别是在35岁以下青年人才中开展职业生涯规划,明确人才的阶段发展目标、途径,使每一位专业技术人员心里有本个人发展明白账。公司累计有3000余名专业技术人员制定并实施人才职业生涯规划。二是针对煤炭主体专业人员,实行重点培养计划,强化指导教师"一对一帮扶"、实行人才培养目标月度分解,加大管理考核力度,确保主体专业大学生一年全部上岗,2-3年达到副区长(或主管技术员)素质能力,3-5年达到区科长素质能力。三是强化人才培训,充分利用公司党校、教育培训中心等资源优势,开展不同专业、不同层次的人才培训。坚持"请进来"与"送出去"相结合,不断改进培训形式和方法,努力提升培训质量,重点组织好公司管理和技术人员的政治理论学习、专业知识拓展、学历层次提升等各类培训,不断提高人才的技能水平,平均每年培训达2万人次。四是加强人才岗位交流,注重人才在实践中培养。定期开展干部人才轮岗锻炼,加强机关与基层、党群与行政等岗位之间,同层次人才岗位交流锻炼,通过岗位交流、搞课题研究、技术攻关等方式,培养一专多能、符合企业发展需要的复合型人才队伍。五是积极推进校企合作,选拔企业优秀青年赴中国矿业大学等大专院校进行脱产学习,先后有560人得到了学历再提升。

3. 加大人才选聘及使用管理,最大限度发挥人才的作用

峰峰集团始终坚持"人才资源是第一资源"、"干好本职就是人才"的人才理念,牢固树立科学的人才观,不断营造有利于人才脱颖而出的环境机制。一是在公司机关推行AB角工作制度,使每一项业务都由A角与B角两人分主次共同承担。二是坚持正确的选人用人导向,敢于给位子、压担子,对于学历高、能力强、有管理经验且有发展前途的青年人才进行破格选拔与使用。三是在通风、机电、地测三个专业领域建立"首席专家"制度,在各专业领域继续选拔公司级专业技术拔尖人才,近年来先后有3名同志被命名为"首席专家",有近30名同志被命名为拔尖人才。四是疏通管理和技术岗位进出渠道,加大人才定期、不定期考核力度,坚持以能力和业绩为标准,对于工作业绩一般,考核结果

排名靠后的实行诫勉谈话,对于连续两次考核排名靠后,工作仍无起色的进行免职或降职处理。到目前已有4名副处级以上、60名副科级以上人员受到降职、免职处理。

4. 深化机构改革,优化人员结构,提高工作效率

一是规范机构设置管理。通过合并职能、理顺管理要素等措施,对原有机构进行撤、并、转、合,对部门职责进行重新研究、重新界定。机关管理科室较改革前减少了186个,其中公司机关部门减少了83个(一半)。

二是加强定编定员管理。各单位本着生产区科够用、机关地面精干的原则,打破身份界限,建立管技人员能上能下的新型用人机制,确定管技岗位定员。管技岗位总定员较改革前减少730人,其中公司机关管技人员减少110人。

三是减人提效管理。依靠科技进步,大力推广大综采、智能化掘进机等新技术、新工艺、新装备,开展安全高效矿井和区队建设,实行减头减面、减少环节、合理集中生产、优化人员结构等科学管理方法,减少生产人员近1万人。

三、实现可持续发展的煤炭企业转型升级效果

(一)整合重组资源成效显著

到2011年底,峰峰集团通过收购、控股、托管等方式,投入8亿元,在新疆、青海、内蒙、山西等地建立了资源接替区,年产能已达到2000万吨。

以资源高效利用和循环利用为核心,打造了煤焦化、煤化工、煤电、煤建材、煤层气发电等产业链,推进了煤炭清洁高效利用,实现了高碳产业低碳发展。

煤化工产业。已达到年产能300万吨焦炭、30万吨焦炉煤气制甲醇、60万吨醋酸及醋酸下游产品的规模。电力产业。已建成1座焦炉余气余热发电装置及配套设施(装机容量37MW)、18台低浓度瓦斯发电机组(总装机容量9MW)、4座煤矸石综合利用电厂(总装机容量135.5MW);2011年底峰峰集团总装机容量已达181.5MW。建材产业。已建成2座矸石砖厂,生产能力9000万标块/年,年利用矸石16.85万吨。物流产业。目前已形成物资供销分公司对企业内部市场,邯郸鼎峰物流有限公司对国内市场,日照峰峰国际物流有限公司对国际市场的"三足鼎立"全新格局,实现了由企业物流向物流企业的蜕变与升级。

(二)员工素质得到了全面提升,经济效益显著

峰峰集团通过抓好人才的引进、培养与使用三个环节的管理,强化经济管理、专业技术、政工、高技能四类人才建设,大力实施人才强企战略,为企业的可持续发展提供了坚强的人才保证和智力支持。截止2011年底,峰峰集团拥有四类人才16718人,其中专业技术人才7453人,高技能人才8921人;高级以上职称863人、中级职称2211人、技师451人;本科及以上学历3356人,形成了一支与企业发展相适应的人才队伍。

整合重组外部资源投入8亿元,2010年开始生产原煤300万吨,2011年生产原煤1200万吨,吨煤可产生利润200元。2011年为企业创效10亿元。

(成果创造人:陈亚杰、赵兵文、张建峰、赵秀章、张凤国、李庆寿)

打造世界级桥梁缆索综合服务商的核心能力建设

江苏法尔胜缆索有限公司

成果主创人：公司总经理赵军

江苏法尔胜缆索有限公司（简称法尔胜缆索）是桥梁缆索的专业生产研发企业，总投资2500万美元，2011年底资产总额39123万元，员工285人。主要产品有：热挤聚乙烯拉索系列，年产3万吨；悬索桥主缆用预制平行钢丝索股系列，年产12万吨，是目前中国规模最大、技术最先进的缆索生产基地。法尔胜缆索的技术和产品已成功应用于世界第一大斜拉桥——苏通长江公路大桥、韩国第一大斜拉桥仁川大桥以及世界第二大悬索桥舟山西堠门大桥在内的500多个国内外重大桥梁及钢结构项目的建设中，是桥梁缆索行业的领头羊。

一、打造世界级桥梁缆索综合服务商的核心能力建设背景

（一）满足国家桥梁建设，提供优质桥梁缆索的需要

桥梁建设的数量与规模是一个国家综合国力、科技进步和现代文明的一个象征，同时也是体现以民为本、为民谋富的一个标志。斜拉桥和悬索桥是跨越深水基础的桥梁的基本桥梁形式，但是在改革开放之初，我国还没有一座真正意义上的大跨径悬索桥和斜拉桥。桥梁缆索是斜拉桥和悬索桥的支撑性材料，是生命线。桥梁缆索技术直接制约着大跨径桥梁的规划和建设，而当时的桥梁缆索企业均为提供单一桥梁缆索产品的普通产品供应商，无法满足世界一流桥梁工程的建设需求。

（二）适应激烈市场竞争，增强企业核心能力的需要

随着桥梁建设的大跨步发展，桥梁材料领域过剩的生产能力大大加剧了行业之间的过度竞争。随着中国和全球的一批世界级桥梁的规划建设，采用全球最先进的桥梁缆索材料成为保证项目可靠性的必须条件，世界桥梁统一市场逐步形成，全球范围内本行业具有顶级竞争优势的大企业也进入中国桥梁市场，参与世界顶级桥梁的竞争。因此，桥梁缆索企业内外环境的变化迫使法尔胜缆索必须面向国际化的桥梁市场，进行核心能力建设，进入国际化桥梁缆索综合服务商的行列。

（三）提升企业内在价值，实现企业宏伟目标的需要

法尔胜缆索始终以"打造世界一流的国际化桥梁缆索综合服务商"为目标，在实现合理经济价值的同时，弘扬民族品牌，建设优质桥梁，实现企业的社会价值。由于桥梁缆索行业是一个专业化程度高、技术性强、质量要求严的行业，每座桥梁都具有各自的技术要

求参数和施工方案,客户不仅仅希望缆索企业能够生产出合格的缆索产品,还希望缆索企业能够从桥梁设计、生产、施工方面,甚至使用养护方面都提出系列的方案。因此,桥梁缆索企业必须实施企业核心能力建设,从单一的缆索产品制造到提供综合服务,实现产业链的延伸,将公司打造成可以满足国际桥梁工程需求的缆索综合服务商。

二、打造世界级桥梁缆索综合服务商的核心能力建设内涵和主要做法

法尔胜缆索以建立世界级的桥梁缆索企业为目标,通过提高企业在桥梁缆索领域的专业化综合服务能力、建立以用户为中心的开放的技术创新体系,提高企业创新能力、掌握引领国际技术标准和国际管理体系,提高市场开拓能力、以IT平台为手段,提升企业柔性化和精细化生产管理能力、完善激励机制,加强企业文化建设,提高人才储备能力、加强战略合作,提高企业的资源整合能力等具体做法,进行企业转型升级,将公司打造成可以满足国际桥梁工程需求的缆索综合服务商。主要做法如下:

(一)集成桥梁缆索多项专业化服务,提高企业综合服务能力

法尔胜缆索从以下几个方面入手,提高企业在桥梁缆索领域的专业化综合服务能力:高度关注桥梁缆索企业供应范畴和边际的变化,建立为客户服务的意识,将客户所提出的问题无论大小,都以专业的态度给以解决和答复,最大限度地凸显自身优势,将业务产品拓展到技术服务等高利润区。利用丰富的市场资源,及时了解困扰桥梁业主及设计人员的桥梁缆索专业方面的难题,并将其列为技术人员技术研究的课题。打造桥梁缆索的专业化技术团队,提高技术人员和施工服务人员专业化素质和职业化素养。技术研发部门建立桥梁缆索专业的知识数据库,利用数据库的知识储备争取给客户最权威、最专业、最可靠的答复。

(二)建立新型开放式技术创新体系,提高企业科技创新能力

1. 加强产学研的一体化合作

注重与高校及科研单位的联系,坚持走"产学研"相结合的路子,加快科研成果转化和产业化的步伐。法尔胜缆索在开展大量自主研发活动的同时,积极与国内各大知名院校展开产学研一体化活动,先后与同济大学、南京航空航天大学、香港理工大学、西南交通大学等多所大学及工程兵研究一所、美国CTL试验室等多家科研单位展开"斜拉索减振器的开发与研究"、"斜拉索疲劳性能研究与试验"、"高密度聚乙烯的性能研究与试验"的研究。目前,已初步实现项目、基地、人才的一体化,为法尔胜缆索科学研究和成果转化提供了强有力人才保证,很好地发挥了资源整合、成果转化、孵化服务和产业聚集的功能。在此基础上,加强知识产权管理,从鼓励发明创造的目的出发,制定相应政策,促进知识产权的开发。目前共获授权自主知识产权38项,其中发明专利6项,实用新型专利32项,专利权人均为法尔胜缆索,获得方式均为自主研发。

公司参建的世界第一大斜拉桥苏通大桥

2. 构建开放式技术创新体系

法尔胜缆索建立以用户为中心的开放式新型技术创新体系,使企业的技术创新活动更加贴近用户需求与市场发展,大大降低了企业技术创新的成本和风险。

法尔胜缆索定位于桥梁缆索的专业服务供应商,积极参与桥梁建设方、设计方、监理方、施工监控方、科研院校等一桥多方的交流。在项目前期就将缆索产品难点提出来,与业主设计进行沟通,并以克服以上技术问题与各家单位合作展开针对桥梁缆索的技术创新活动,将技术创新活动中取得的阶段性成果和面临的问题向客户进行充分的沟通和汇报,客户根据法尔胜缆索的创新阶段成果及时调整相应的技术要求,避免了客户提出的技术要求与现实严重脱节的问题,保证了桥梁缆索产品的设计、制造、验收、监控、运营等技术方案的科学性和严谨性,确保桥梁工程的总体质量。

(三) 掌握国际技术标准和管理体系,提高国际市场开拓能力

1. 掌握国际技术标准

企业走向全球市场虽然可以享受世界经济一体化所带来的广阔市场空间,但同时也受到国际管理体系及国际技术标准壁垒的阻挡。为解决以上问题,法尔胜缆索在探索世界一流桥梁缆索企业道路的时候,首先树立技术标准国际化的意识。通过了解、研究、跟踪国际上其他发达国家和地区的技术标准发展状况,获得通向世界的通行证。法尔胜缆索先后掌握桥梁缆索相关的国际 ISO 材料标准、美国 ASTM 材料标准、英国 BS 材料标准、德国 DIN 标准、法国 NF 材料标准、欧盟的 EN 标准、日本的 JIS 材料标准、韩国的 KIS 材料标准等等。在此基础上,还掌握欧洲及美国等发达国家中业主和工程师比较认同的桥梁缆索的行业技术指南及规范,如美国预应力工程协会 PTI 颁布的 *Recommendation for Stay Cable Design, Testing and Installation*,法国预应力协会 CIP 颁布的 *Stay Cable Recommendation of French Interministerial Prestressing Committee*,瑞士预应力协会颁布的 *Acceptance of stay cable systems using pre-stressing steels* 等等。公司还将相关产品送到美国 CTL 试验室等国际试验认证单位,按照国际规范进行试验认证。在此基础上,法尔胜缆索还积极着手于引领桥梁缆索国际标准的制定,以快速掌握行业的话语权,尽量将公司专利技术转变为标准,以获取最大的经济利益。

2. 引进国际管理体系

法尔胜缆索在行业内率先引进国际上先进的质量、安全和职业健康保证体系。为提高各级管理层的质量、环境、健康、安全意识,法尔胜缆索聘请咨询专家分别举办 ISO9001、ISO14001、OHSMS18001 体系的基础知识培训班。与此同时,还借助总经理办公会、生产技术协调会、质量例会等会议宣讲建立体系的目的和意义,讲评体系工作,要求各级领导将体系要求融入日常工作。同时利用"质量活动月"、"安全大检查"等机会加大宣传力度。编印下发 ISO9001 宣传手册,ISO14001、OHSMS18001 培训教材,做到人手一册,并要求各部门组织开展培训,营造公司上下"人人学体系,个个谈管理"的氛围,全面提高全员的贯标认证意识,提高全员的基本素质,强化有关的质量、环境、职业健康安全知识,使企业的精神力量、观念力量、作风力量、形象力量、信誉力量得到了充分发挥。2009 年,法尔胜缆索成功通过三体系的认证。

在产品的质量管理中,严格控制推进的每一个关键点,理顺职能接口关系,规范内部

质量管理,实现从顾客需求和原辅材料(设备)的采购、组织生产、检验与试验、销售至售后服务全流程的管理,构筑一个生产经营管理、服务等活动的大平台,全面提高了全员意识与综合素质。通过日常管理、内部审核、管理评审等手段不断地助推体系运行,使质量体系的运行不断深入、渗透到日常管理工作与现场操作中,实现了基础质量管理的整体优化,提高了产品质量和服务质量。

由于掌握和引领国际技术标准和国际管理体系,消除了进入国际市场的技术壁垒和生产质量管理壁垒,法尔胜缆索先后承接采用美国PTI和法国CIP斜拉索规范的香港昂船洲大桥、韩国仁川大桥、越南九龙大桥、菲律宾斜拉桥、韩国釜山北港大桥、台湾情人谷桥、土耳其IZMIT大桥等等,大大提高了国际市场的开拓能力。

(四)加强与上下游单位的战略合作,提高企业资源整合能力

为控制采购成本和保证经营要求,法尔胜缆索对原材料供应商按照ISO9001管理体系要求,进行严格的评估、考察和审核,对于合格的供应商进行技术、质量等培训,加强沟通,逐步建立长期的战略伙伴关系;同时,重组控股江苏东钢金属制品有限公司,确保主要原材料桥梁用镀锌钢丝的供应。

与下游单位——中交二公局、公交二航局、广东长大公司等国内知名缆索安装施工企业建立良好的合作关系。通过在润扬大桥、苏通大桥等一批重大项目中和这些下游单位进行密切的合作,建立信任、合作、互动的伙伴关系,确保在项目的市场跟踪和合同执行的过程中,能相互帮助、互惠互利。

(五)变革组织结构及建立信息平台,提升企业精益生产能力

1.变革组织结构

法尔胜缆索通过变革内部层级结构和部门,借助信息化管理技术,使生产更加贴近市场。法尔胜缆索成立项目执行管理科,专门负责与桥梁现场和客户的直接沟通和信息传递,负责在第一时间内将来自桥梁建设的要求和有关需求信息发给各个相关的职能部门和执行人员,并负责督促其执行,及时将执行结果反馈给客户和执行现场。通过这一变革,让生产过程实现流程化、标准化、模块化,从而更加敏捷、灵活;让内部各职能机构之间边界更加柔性,更加强调团队之间的自主协同。成功实现了以快速反应的组织方式和柔性化的生产方式应对多变、个性化的桥梁缆索市场。

2.建立信息平台

法尔胜缆索以IT平台为手段,将企业的销售活动、研发设计、采购、存储和生产管理纳入信息化轨道,使整个生产经营系统既透明又可控,把传统管理中"人对人"的管理变为在电脑上流动的"轨道化"管理。这种新的生产方式把信息技术革命和管理进步融为一体,有效保证了服务于全球市场的缆索生产的精细化管理。

在市场开拓阶段,通过网络手段实现桥梁项目的远程跟踪。在桥梁项目的执行阶段,通过引进大桥项目管理专用软件与建设单位、监理单位、设计单位、施工单位进行网络协调,并实现相关文件的网络报批与签呈。

在项目研发阶段,采用计算机辅助设计与制造,建立桥梁缆索构件、缆索制造设备、工装、夹具等的计算机辅助集成设计系统,保证了产品结构的合理性、生产工艺的方便性。

在原材料采购阶段，通过人机对话实施原材料的采购计划与控制、生产计划与控制，实现产供销的平衡。借助IT手段与主要材料供应商形成网络供应链管理中心，实现快速响应和敏捷制造。

在生产和存储交付阶段，将大量一线的、前台的管理活动"后台化"，把规范的工作行为以预案方式定格为电脑程序，保证每个岗位、节点的操作都在合规的轨道上运行。不仅可以大大提高生产管理效率，满足桥梁现场的供货需求，也可以间接降低以往由于信息不透明导致的原材料采购成本的上升、存储成本的增加等，同时规避个人不合规的行为对企业造成难以控制的损失。

（六）完善激励机制及加强文化建设，提高人才队伍建设能力

1. 完善激励机制

在企业内部建立一整套人才培养、使用、评价和激励机制，真正把技术创新的效益和风险与科技人员的个人利益挂起钩来，激发他们的工作热情，最大限度地调动科技人员的创新积极性。通过"正""负"激励相结合、物质激励和精神激励相结合的手段，发掘员工潜能，提高工作绩效，确保目标达成。

首先，建立岗位关键绩效指标（KPI）考核法和项目目标管理绩效考核法（MBO）相结合的绩效考核体系。针对企业组织中的各个岗位编制基于胜任力的岗位说明书，并结合企业发展目标，提炼出相应的岗位关键绩效指标，确保各岗位常规工作的跟踪考核。推行目标管理绩效考核，一方面推行项目目标成本管理模式，在项目执行前合同评审状况和项目成本预测状况，制定目标成本，并使之成为项目执行过程中监控的重要标准之一，确保项目顺利完成；另一方面通过每周一次的总经理办公会，就工作开展过程中出现的紧迫而重要的工作实施任务单管理，确定工作时间和质量目标，每周进行跟踪和考核，如果工作达不到目标，将会被处罚，从而保证工作实效和工作质量。

其次，建立科学合理的科研奖励制度。每年召开科技大会对优秀的科技人才进行嘉奖和表彰。法尔胜缆索对科技人员的考核坚持客观公正、民主公开、注重实绩的原则，采用科学、公平的绩效量化考核体系真正做到客观、公正地评价每一位科技人员的工作业绩，使各项考核奖惩有本可依。

再次，选择适宜的激励手段。实行经济目标责任制考核，把科技开发和经济效益直接挂钩，并通过内部经济责任制分解落实，以充分调动科技人员的积极性。给予科技人员足够的自主权，让他们可以在一个相对自由的空间里去发挥他们的才能。在提高科技人员的综合待遇时，侧重工作满足感，包括工作的挑战性和趣味性。对于那些年纪轻、干劲足的科技人员来说，尽可能地让他们扩大工作范围，允许他们经常调换工作，调剂他们的身心或肢体的工作强度，促使他们对工作产生强烈的乐趣。管理者根据科技人员的要求适当授权，让他们参与更复杂、难度更大的工作。

2. 加强文化建设

法尔胜泓昇集团通过48年的沉淀，形成深厚的"法尔胜"文化。"金木水火土"的文化，即"人才森林"的人本文化、"春风化雨"的情感文化、"火炼真金"的管理文化、"为商如土"的诚信文化。以全力打造诚信立业的法尔胜、科技创新的法尔胜、情义无价的法尔胜、和谐发展的法尔胜为目标，以精美的摄影作品为载体，诠释企业文化。"法尔胜"文

将经济和文化相融合,不但全心全意办好企业,而且与时俱进、追求创新;不但胸怀大局、勇担责任,而且孜孜不倦、陶冶情操,弘扬了法尔胜泓昇集团和谐共荣的文化品质。

法尔胜缆索的企业文化是"法尔胜"文化的继承,也是其重要组成部分。法尔胜缆索始终坚持锐意进取的开拓创新理念、精益求精的务实管理理念。一直以建设优质桥、科技桥、精品桥为己任,追求卓越、永不满足,使参与的每一个项目都成为"法尔胜"的丰碑和品牌。始终坚持经济和文化相融合,不但全心全意办好企业,而且与时俱进、追求创新;不但胸怀大局、勇担责任,而且孜孜不倦、陶冶情操,弘扬了和谐共荣的文化品质。

三、打造世界级桥梁缆索综合服务商的核心能力建设效果

(一)企业核心能力大幅提高,成功进入世界一流缆索企业行列

法尔胜缆索的核心能力得到大幅度提高,公司成功实现从单一桥梁缆索产品供应商到桥梁缆索国际化综合服务供应商转型升级。法尔胜缆索成为技术最先进、服务最好、销售网络地域最广的桥梁缆索国际化综合服务供应商,取得了较高的行业地位和业主认可度。管理体系通过国际知名公司如英国的 ARUP 公司、日本的 IHI 公司、韩国的现代公司等合作单位的检查和认可;满足了一些世界级的大跨径桥梁的建设需求,为其提供了专业化的技术服务和世界一流的缆索产品。

法尔胜缆索通过"以情感人"、"用情育人"、"盛情留人"、"情义无价"的文化感染,并不断完善激励机制,引进、造就和培养了一大批科技人员和管理干部。目前,已有正高级职称2人、高级职称9人、博士1人、硕士10人,技术骨干和能手150人,形成了一支素质高、能力强、成长快的人才队伍,为企业的创新和发展奠定了基础。

在苏通长江公路大桥、香港昂船洲大桥、韩国仁川大桥、韩国北港大桥、越南九龙大桥、土耳其IZMI大桥等国际大型工程的缆索材料招标中战胜了全球顶级竞争对手,进入了世界一流缆索企业的行列,树立起桥梁缆索产品的民族品牌。

法尔胜缆索为江苏省高新技术企业,已拥有45项国家专利,其中10项发明专利;拥有17项通过省级鉴定的科学技术成果和7项江苏省高新技术产品;先后荣获国家科技进步一等奖、二等奖各一项,中国土木工程詹天佑奖1项、中国专利优秀奖一项以及省部级科技进步一等奖三项。法尔胜缆索拥有当今世界上最先进的斜拉索和悬索主缆 PPWS 索股生产安装技术。

(二)取得了较好的经济效益,实现了企业的快速高效发展

通过核心能力建设取得了较好的经济效益,实现了企业的快速高效发展。法尔胜缆索2001年末总资产为8569万元,到2011年底总资产达到39123万元,增长近5倍;2001年销售收入为2744万元,到2011年完成销售收入2亿元,增长7.5倍,共计实现销售19.6亿元。11年间共实现利税1.9亿元,创外汇5087万美元。

(成果创造人:赵 军、刘 翔、宁世伟、江焕宏、吉宏伟、薛花娟、朱建龙、俞 强、张 园、束卫洪)

推进矿业企业转型的资源发展战略实施

鞍钢集团矿业公司

成果主创人:公司总经理邵安林

鞍钢集团矿业公司(简称鞍钢矿业)是鞍钢集团的全资子公司和主要矿石原料生产基地,是特大型冶金矿山企业。2007年以来,鞍钢矿业紧紧围绕"打造世界级铁矿山企业"发展目标,大力实施旨在推动企业转型的资源发展战略,加快推进产能扩张,高效开发利用资源,拓展经营触角,提升产业化发展能力,取得了显著成果。目前,铁矿石资源掌控量居世界第一位,采掘规模居世界第二位,铁矿石产量居世界第五位,成为国内资源储量最多、产量规模最大、产业链最完整、技术和管理最先进、生产成本最低,全面领先的冶金矿山行业的龙头企业,并迈入世界冶金矿山企业前列。2011年实现销售收入192.6亿元,利润66.6亿元,税金40亿元。先后荣获全国矿产资源合理开发利用先进矿山企业、全国矿产资源开发整合先进矿山等一系列荣誉称号。

一、推进矿业企业转型的资源发展战略实施背景

(一)保障我国钢铁原料战略安全的需要

近十年来,国际矿商通过加强世界铁矿石贸易的控制,大幅度提高铁矿石价格,导致我国钢铁行业陷入亏损困局,严重影响着我国整个钢铁行业的战略安全。究其原因,国内铁矿资源开发滞后,铁矿石进口依存度过高,国内资源开发未能发挥平抑国际矿价的作用,是一个重要因素。另外,国家部委没有设置专门的矿山管理部门,国家层面缺失对铁矿资源开发的战略管理,未能有效预测钢铁工业发展对铁矿石的需求,进而开展国内铁矿资源开发。在严峻形势下,需要一些有能力的国内铁矿山企业主动站出来,率先与进口矿竞争。鞍钢矿山经过近百年的发展,积蓄了明显的资源优势和技术能力,具备通过加快自身发展促进行业发展,带头与进口矿"叫板"的条件。

(二)落实鞍钢集团"构筑资源优势"战略的需要

鞍钢是典型的资源型钢铁企业,2006年已探明资源储量达54亿吨,在国内同行业具有独一无二的资源优势。但鞍钢的资源开发利用率和产量增长率却是全国最低。鞍钢的资源优势没能转化为产业优势和竞争优势:一方面是拥有巨大的资源优势,没有及时规划开发,没能转化为产业优势和竞争优势;另一方面是连续10年的高矿价,鞍钢的铁料却有60%靠进口,损失巨额效益。在这种情况下,鞍钢适时做出战略调整,确定"构筑资源优势"的战略,提出要把矿业作为鞍钢的优势产业,推进矿业产业化进程,不断做大

做强资源板块。鞍钢矿业作为鞍钢的主要原料基地,必须担负起发展壮大鞍钢资源板块的重要职责,为推动鞍钢发展提供坚强支撑。

（三）实现鞍钢矿业自身可持续发展的需要

"十一五"初期,鞍钢矿业发展遇到了一些深层次问题,已严重影响到未来发展。突出表现在两个方面:一是由于前些年对铁矿山的规划建设和投入不够,出现矿石生产能力下滑的局面。如不及早规划,现有矿山的生产能力将在"十二五"和"十三五"期间减少3000万吨,在"十四五"初期全面达到服务年限。问题非常严重。二是受管理体制的制约,在发展定位上仅是作为鞍钢的内部原料生产基地来考虑,没有放在全球矿产资源行业来思考,没有作为矿资源产业来定位。要解决上述问题,扭转不利局面,鞍钢矿业必须改变传统的角色定位和粗放式的发展方式,着眼于企业长远发展,制定准确而清晰的资源发展战略,使企业保持良好的发展劲头。

二、推进矿业企业转型的资源发展战略实施内涵和主要做法

鞍钢矿业按照国家产业政策的要求,从服务鞍钢和引领行业出发,紧紧围绕"打造世界级铁矿山企业"的战略目标,大力推进矿业产业化进程,促进资源优势不断转化成企业的效益优势、竞争优势和发展优势,推动企业由传统的仅作为内部工序、只注重铁矿生产的单一的"原料基地型"向以战略、经营、市场为导向的,以"产业化、规模化、高效化、国际化、多角化"经营为特征的,集资源开发、管理和工程技术输出、融资运作等多元产业协调发展的"产业经营型"转型升级,推动企业的跨越式发展。主要做法如下:

（一）制定科学清晰的资源发展战略,引领企业长远健康发展

通过对外部环境和内部条件的分析,鞍钢矿业明确由传统的"原料基地型"向"产业经营型"转变,构建以铁矿资源为主、以石灰石和锰矿等多种资源开发为辅的资源产业发展格局。按照这一思路,鞍钢矿业确定推进企业转型的资源发展战略框架。

1. 明确战略定位:推动鞍钢发展的重头产业

经过充分论证,鞍钢矿业重新调整战略定位。首先要有足够的规模,把矿业做大,同时还要努力提高市场竞争力,把公司做强做优;不仅要履行好原料保障这一职能,还要充分发挥利润中心和融资平台的作用,作为鞍钢的重头产业,助推鞍钢发展,争当同行业的领跑者。

2. 明确战略目标:打造世界级铁矿山企业

"十一五"末期,面对中期目标已经实现和企业重组的新形势,根据大鞍钢组建后的资源状况以及海外矿山的建设情况,进行二次战略调整,提出新的"两步跨越"目标:规划到2015年,铁矿石产量达到1.3亿吨,铁精矿产量达到4300万吨,成为全面领先于国内同行业的龙头企业;到2020年铁矿石产量达到2.2亿吨,铁精矿产量达到7000万吨。最终目标是成为

大孤山球团厂厂区（局部）

"世界级铁矿山企业",成为能够与世界三大矿业巨头相抗衡的、具有较强国际话语权的冶金矿山企业。

3.明确战略重点:以矿业产业化实现资源优势的最大化

按照"构筑资源优势"的要求,通过"占有资源、开发资源、经营资源"三个层面,加大资源掌控和开发利用力度,将鞍钢的资源优势充分转化为发展优势、效益优势和竞争优势。"占有资源"就是在现有掌控资源量的基础上,继续扩大资源勘查和找矿力度,查找新的后备资源,加快资源的重组速度,加大资源掌控力度,保持资源控制量的绝对优势。"开发资源"就是进一步增加投入,加大铁矿山建设力度,资源开发利用率和产量增长率,形成规模优势和效益优势。"经营资源"就是利用鞍钢矿业的能力和技术优势,实施产业化发展,形成完整的矿业产业链,同时利用资源的巨大价值作为融资平台,以垄断资源和资源市场控制能力作为企业重组的手段,实现资源效益最大化。

4.明确战略路径:以"四个转变"推进企业转型升级

一是从单纯的鞍钢原料生产基地向产业化经营的方向转变。在坚持发挥鞍钢原料生产基地作用的同时,努力扩大生产规模,提高经营能力,使鞍钢矿业成为鞍钢集团的又一重要产业和创利单位。

二是从单纯立足于自有矿山的开发利用向国际化经营的方向转变。利用鞍钢矿业在矿山管理、技术、人才等方面的优势,进军国际铁矿石市场,更多参与国际矿产资源的开发利用,提高对鞍钢发展的资源保障能力。

三是从单一的铁矿石生产向多元化经营的转变。努力实现石灰石产品生产的产业化,同时搞好锰矿石等矿产资源的开发利用。

四是从单一的产品输出向产品、技术和管理全面输出的方向转变。在抓好产品生产与输出的同时,力争在矿山技术和管理上进一步形成自主知识产权,在对外输出技术与管理上取得突破。

(二)推进资源发展战略实施,提升市场竞争力和资源保障能力

为确保战略的有效落地,鞍钢矿业制定"产业化、高效化、国际化"的战略举措。其中,"产业化、规模化和多角化"解决的中心问题是如何按照产业化的思路来发展矿业,而不仅仅是鞍钢钢铁业生产链条中的一道工序。"高效化"解决的中心问题是资源的高效开发利用,目的是降低成本、增加效益、保护生态环境。"国际化"解决的中心问题是如何以全球化的视野来思考和部署矿山的发展,拓展产业发展空间,打造真正的世界级企业。

1.按照产业化的思路发展矿业,打造具有规模优势和高盈利能力的产业链

为改变传统的生产型矿山的角色定位,突破原有的重生产、轻经营的倾向,鞍钢矿业积极转变发展方式,围绕做大做强资源优势,大力推进矿业产业化进程。

一是整合资源,提高资源保护和掌控能力。鞍钢矿业坚持从可持续发展的目的出发,加大资源整合的力度。本着"尊重历史、依法、合理、有情"的原则,采取市场化运作的方式,对周边的30多个民营小矿山企业进行兼并重组。在此基础上,对整合后的资源进行科学规划,建设一座设计能力为年产铁矿石1000万吨、铁精矿260万吨的现代化采选联合企业。对于目前不具备大规模开采条件的矿山,在买断其采矿权后,委托原民营企业按照鞍钢矿业的统一规划进行开采,所产矿石全部供应鞍钢矿业大生产平衡,实现对

资源的实际掌控,达到在开发中保护、在保护中利用的目的。

在加强资源整合的同时,鞍钢矿业还通过采取周边找矿、风险探矿和海外办矿等措施,不断加大资源掌控力度,"十一五"期间新增保有资源储量15亿吨,目前掌控已探明资源量达到88亿吨,加上潜在资源量,掌控资源总量达到300亿吨,居世界第一位,比国际三大矿业巨头的总和还要多。

二是推进"规模化"发展,做大做强矿山主业。鞍钢矿业通过科学规划,稳步实施老矿山改扩建和建设新矿山,铁矿石生产能力已由"十五"初期的2600万吨提高到5000万吨左右,增长近1倍,有效遏止了产能严重下滑的趋势。特别是"十一五"以来,针对铁矿石市场需求旺盛、价格高涨的实际,进一步制订《铁矿山建设规划》,先后明确"三步走"和"两步跨越"目标。为实现上述规划目标,鞍钢矿业规划14个铁矿山建设项目,其中老矿山改造项目7项、新建铁矿山项目7项。

在铁矿山规划建设过程中,鞍钢矿业取得"四个突破"。一是在项目核准方式上取得突破。经反复协商,发改委同意将鞍钢铁矿山14个建设项目作为一个规划项目申报,这在全国没有先例。二是在环评报告审批上取得突破。环保部调整审批方式,同意以规划形式批准企业环评,这在全国是第一次。三是在用地指标上取得突破。这次鞍钢铁矿山规划项目用地指标25平方公里,国土部与发改委协调后,同意简化土地预审程序,直接进行报批。四是在与地方政府协调上取得突破。鞍钢铁矿山规划的实施涉及鞍山和辽阳2个城市9个县区,16个乡镇和30个村,需要完成土地利用规划、城市规划、风景区规划的统一,编制动迁方案等近160个要件。这一历时几年的过程需要和各级政府反复协调。最终克服历史遗留问题多、干部变动频繁影响政策连续性等诸多困难,争得地方政府的充分理解和大力支持。

三是开展"多角化"经营,改变单一资源发展格局。鞍山周边地区不仅具有规模巨大的铁矿石资源,同时,在距离不远的辽宁大连、辽阳、朝阳等地区储藏着丰富的石灰石、锰石等资源,搞好上述资源的开发利用是鞍钢矿业推进资源发展战略的重要内容。因此,鞍钢矿业将从单一的铁矿石生产向多元化经营方向的转变作为实施产业转型的重要目标之一。推进石灰石生产的产业化。在制定《铁矿山建设规划》的同时,编制《石灰石矿山总体规划》,目标是将石灰石产量由原有的600万吨提高到1000万吨,满足鞍钢产能达到3100万吨时对石灰石的需求。同时还加强找矿探矿工作,使鞍钢矿业的石灰石后备资源量达到4亿吨左右。加快锰矿生产线建设。2009年,鞍钢矿业完成瓦房子锰矿江家沟采区的扩建工作,使锰矿石产量由4万吨/年增加到10万吨/年,同时完成锰矿深加工项目的论证工作。在此基础上,开展扩界工作,使锰矿石的资源量达到1021万吨,锰矿石的开发利用具有了可持续发展条件。与此同时,鞍钢矿业还对菱镁矿石、铅锌矿、铀矿等资源的开发利用进行论证和远景规划,以进一步改变单一资源开发利用局面,向多角化经营的方向深度拓展。

四是延伸"产业化"经营触角,打造最完整产业链。鞍钢矿业充分利用自身的资源、技术、成本、规模和产业优势,不断向上下游产业拓展,延伸和完善产业链条。依托自身技术优势,于2010年成功取得国土资源部颁发的固体矿产勘查甲级资质,将矿山产业链向前延伸到探矿环节,进一步提升了资源勘探和掌控能力。充分利用具有完全自主知识产权的选矿工艺技术成果,积极推进工程技术输出,近年来先后承揽哈萨克斯坦卡洽尔铁矿建设工程、海南矿业联合公司 200 万吨选厂工程等项目的设计任务,以及攀钢新白马矿业有限公司矿石破碎胶带运输系统总承包工程,累计实现外部合同额 5.8 亿元,在技术输出方面实现重大突破。

目前,鞍钢矿业已形成集探矿、采矿、选矿、烧结、球团和钢铁辅料生产,采选工艺研发设计,工程技术输出为一体的完整产业链,在世界同行业产业链最完整,在国内同行业综合实力最强。在不断延伸和完善产业链条的同时,鞍钢矿业利用资源的低成本优势和巨大价值作为融资平台,开展资本运作。2011 年,所属全资子公司鞍千矿业上市运行,取得了较好的业绩。通过上述努力,鞍钢矿业改变了单一原料基地的发展格局,开创了以战略为主导的产业化发展道路。

2. 大力推进技术创新,提高资源开发利用水平

以提高矿石回采率、选矿回收率、尾矿利用率为核心,瞄准行业技术的最前沿,大力推进自主创新,形成一批具有自主知识产权的核心技术,采选工艺技术特别是选矿技术达到世界领先水平,为自身发展提供强有力的技术支撑,并引领和推动整个冶金矿山行业的发展。

一是以提高选矿回收率为目标,在国内率先开展"提铁降硅"技术革命,选矿技术世界领先。"十五"期间取得《鞍山贫赤(磁)铁矿选矿新工艺、新药剂与新设备研究及工业应用》这项拥有自主知识产权的重大科技成果,解决了国内贫铁矿资源工业利用难的问题,实现了国内选矿技术的重大突破。

开展难选矿技术攻关。突破含碳酸盐难选矿的技术难题,2010 年完成《鞍山式含碳酸盐铁矿石高效浮选技术研究》,形成又一项关键核心技术。为国内达 50 亿吨的含碳酸盐难选铁矿石的回收利用提供了技术支撑。该技术成果达到了国际领先水平,推广后仅鞍钢矿业每年就多入选碳酸铁矿石 100 万吨,创效 2.34 亿元。

二是以提高矿石回采率为目标,推进采矿技术现代化,实现智能化采矿。在所属各大矿山广泛采用自主研发、具有世界领先水平的 GIS 地质信息系统和 GPS 调度管理系统进行采掘管理。在对各矿区进行详细勘探,取得翔实地质资料的基础上,应用先进的大型矿山工程软件,建立三维实体地质模型和数据库,自主研发矿山生产计划编制与优化、爆破设计与优化、采掘计划执行情况验收等数字化管理系统,并全面推广应用 GPS 调度管理系统,实现采矿生产和资源管理的数字化,大大提高生产效率和矿石回采率。

鞍钢矿业通过采矿技术创新,将以往受开采技术和经济条件影响的未能开采的铁矿进行扩建和转地下开采,以及对边、难、残、小矿体回收利用,初步估算可以盘活铁矿资源 14.26 亿吨。目前,鞍钢矿业采矿工艺达到国内同行业领先水平,露天采矿资源回采率达到 97% 以上,井下采矿资源回采率达到了 85% 以上,均为国内同行业领先水平。

三是以提高尾矿利用率为目标,加强尾矿资源的开发利用,实现变废为宝。鞍钢矿山各大尾矿库累积的尾矿多达 6 亿吨,每年排放量达 3500 万吨。近年来,鞍钢矿业在尾矿综合利用上的研究项目被列入中央企业重大技术创新项目。目前已取得多项成果,形成专利 9 项,专有技术 12 项。其中,利用铁尾矿提取河沙和生产轻质保温墙体材料已进入产业化阶段。尾矿再选工艺技术研究应用后,每年可回收铁精矿 20 万吨,创效 8000

多万元。

3. 进军国际铁矿石市场,参与国际矿产资源的开发利用

鞍钢矿业提出"开发海外矿产、经营国际资源"的思路,目的是充分利用境外的矿产资源,壮大规模经营能力,进一步提升鞍钢铁矿石的自给率,提高鞍钢的抗风险能力和安全发展能力。2007年,在澳大利亚西澳洲进行投资,建设第一个境外铁矿石原料基地,即卡拉拉铁矿。这一境外项目,使鞍钢新增可采资源储量25.8亿吨。一期规划年产矿石2000万吨,铁精矿1000万吨。

(三)建立和完善资源管理体系,保障资源发展战略的有效落地

1. 健全管理制度

鞍钢矿业围绕实施资源发展战略制定四大类、35项管理制度,形成完善的闭环管理体系。一是建立以《矿产资源管理细则》等为核心的,从探矿、采矿、选矿、烧结(球团)生产,矿产品输出,到资源回收利用的矿产资源闭环管理体系。二是建立以《科研管理办法》等为核心的,从研发设计、推广应用、激励评价、产权保护,到技术输出的完整的技术创新闭环管理体系。三是建立以《矿产品质量事故管理制度》等为核心的,从质量控制、检验、监督、考核,到用户质量异议处理的质量闭环管理体系。四是建立以《节能管理办法》等为核心的,从资源开发、生产过程控制到废弃物回收闭环管理体系。

2. 实行数字化的管理手段

鞍钢矿业把打造数字化矿山作为一项重要的战略目标,制定《数字化矿山建设规划》,建成"适时化采集、网络化传输、规划化集成、可视化发展、自动化运行、智能化服务"的完善的矿山信息系统,利用现代数字化管理平台支撑资源发展战略的推进,实现"三个数字化":

一是劳动对象数字化。建设地质信息系统(GIS),实现数字化开采,做到智能探矿、精准采掘,推进资源的高效利用。

二是劳动工具数字化。建设采矿生产智能调度系统,由原来的人工现场调度、电话联系报告变为计算机自动优化调度、自动统计结产和信息传递。完善各选厂的全流程智能控制系统和烧结配料系统。全公司八条大型胶带运输系统全部实现PLC自动控制,实现了设备运行状态的实时监控,还能统计输送量和查看仓贮状况。

三是推进生产执行"数字化"。鞍钢矿业MES系统基于国际MES建设的ISA95标准,选用施耐德澳大利亚公司AMPLA平台的管理理念组织实施,实现生产信息集成化、设备管理标准化、质量控制科学化、消耗指标精细化、管理评价多维化、绩效改善透明化的综合管理,为优化以资源管理为重心的企业管理提供了准确依据。

3. 完善考核机制

为确保资源发展战略落地,鞍钢矿业实行基于平衡计分卡的战略绩效考核体系,并将提高矿产资源利用效率、资源节约等方面的内容纳入平衡计分卡考核指标中,激发各单位和部门的积极性。如围绕提高资源利用率,对主体生产单位,突出低品位矿、难选矿以及尾矿资源的回收利用的考核指标,并提高重点部位采掘完成率、选矿回收率等考核指标;围绕提高工艺技术水平,对科研设计单位,增加采选核心技术研发、固体矿产勘查和探索科技成果产业化的考核指标。围绕增产增效,设立超产奖和节能奖。

4. 严格资源保护管理

将资源保护管理列为纪委监察部门进行执法监察的重点工作,并在保卫部门成立专门的执法队伍。以极大的力度对原来建在排岩场旁的小矿点和建在尾矿库旁的小选厂进行全面清理,这在矿山历史上是空前的。同时,还在资源保护上实施问责制度。

三、推进矿业企业转型的资源发展战略实施效果

(一)资源规模跃居世界前列,采选技术达到国际领先水平

通过实施产业化、高效化、国际化经营,资源掌控量、生产规模、核心技术得到显著提升。掌控探明资源量达到88亿吨,加上潜在资源量,掌控资源总量达到300亿吨,居世界第一位。具备了2.3亿吨以上采剥总量生产能力,6500万吨的选矿处理能力,1800万吨的铁精矿、800万吨球团矿和380万吨烧结矿生产能力,在国内独占鳌头。形成一批具有自主知识产权的核心技术,采矿技术处于国内领先水平,选矿工艺技术已达到国际领先水平。

(二)降本增效成果显著,实现利润和资产净收益创历史最好水平

资源的高效开发利用使生产成本大幅度降低。2008年金融危机以来,在上游产品涨价、税费负担增加、生产条件变化等不利条件下,铁精矿单位完全成本由637元/吨降至500元/吨左右。目前成本水平如果按2008年成本加上PPI指数折算,成本降低额达230元/吨,每年靠降成本创效达到30亿元以上,力度前所未有。尤其是与全国重点联合矿山相比,铁精矿制造成本由2008年位列第七跃升到国内同行业领先水平。

(三)破解了行业发展难题,为国内铁矿资源开发开辟了广阔前景

鞍钢矿业从推进行业发展、保障国家战略安全的高度出发,跳出传统的角色定位,走出一条产业化发展的新路子,建设了国内国际同行业最完整的产业链条,实现了由生产型向经营型的转变,为国内冶金矿山企业的发展提供了宝贵经验。另外,依托技术优势高效开发利用资源,也为国内数百亿吨低品位资源得以开发利用提供了技术支撑。此外还解决了碳酸盐铁矿石的开发利用问题,破解了我国铁矿业发展的又一个重大难题。

(四)建成了资源节约型、环境友好型企业,促进了和谐发展

通过强化资源的高效利用和节约使用,大大减少了废弃物的排放。特别是通过尾矿二次利用,实现了对尾矿库的减量处置,延长了尾矿库的服务年限,不仅大大减少了粉尘的排放源点,而且缓解了新建尾矿库的占地问题,节省了大量费用。使鞍山市的生态与环境得到本质改善,有力地促进了企业与大自然、企业与社会的和谐。

(成果创造人:陈　平、邵安林、林大庆、吴　鸣、王　凯、石　伟、翟文相、邓鹏宏、刘炳宇、张永存、茹青辰、于　淼)

基于企业化、市场化转型的军民结合管理

上海航天技术研究院

上海航天技术研究院(简称八院)是中国航天科技集团公司所属的三大总体联合体之一。经过50年的发展,已经成为覆盖战术导弹、运载火箭、应用卫星、载人飞船、深空探测飞行器等主要航天产品研制生产的大型科研生产联合体,中国国防现代化建设和航天科技工业骨干基地。八院在巩固军品核心产业发展势头的基础上,逐步形成以太阳能光伏、新能源锂电系统、高端汽配、机电装备制造为核心的民用产业,发展了第一家以航天命名的上市公司(航天机电600151)。拥有以中国工程院院士、国家级专家为代表的高端研发人才队伍和国家级特级技师为代表的技能人才队伍,近2万名职工。2011年总资产近360亿元,实现销售总收入217亿元,在国内拥有12家研究所、11家全资或控股民品企业。

成果主创人:院长朱芝松

一、基于企业化、市场化转型的军民结合管理背景

(一)履行富国强军战略使命的需要

胡锦涛同志指出:"必须站在国家安全和发展全局的高度,在全面建设小康社会的进程中,实现富国和强军的统一。建立和完善军民结合、寓军于民的武器装备科研生产体系,走出一条军民融合式发展路子",对新时期下的航天科技工业提出了新的更高的要求。在新的形势和要求下,八院必须肩负起党和国家赋予的富国强军的历史使命,在现有的基础上进一步探索军民协调、融合发展的新途径、新方法,在更广范围、更高层次、更深程度上把武器装备科研生产和企业经济发展结合起来,为国防建设和国民经济建设作出应有的贡献。

(二)破解协调发展难题的需要

不同的产业目标和经营环境导致军民品在组织管理上存在很大差异,给军民协调发展带来了困难。从八院的总部看,管理资源向军品重点倾斜的态势很明显,民用产业的管理在组织机构设置、管理人员配备、财力投入上比军品管理明显薄弱。由于以按时保质交付型号产品为核心目标,总部的管理部门对军品优势技术向民用产业转移的内部动力并不十分充分。从具体的运行管理看,军品业务的组织管理非常健全,总部是军品业务的责任主体,科研部门以产品线为单元的纵向管理非常强,对基层单位的科研生产管理有很大的影响力。而民用产业的经营主体是基层单位,总部设立的民用产业部与基层单位经营生产的关系不明确,总部对民品企业的管理处于一刀切状态,没有结合具体企

业特点采取适当的差异化管控模式。

(三)建立综合竞争优势的需要

"十一五"末期,八院提出了"构建中国航天最具综合竞争优势大型科研生产联合体"的战略目标,从当时的情况来看,八院军品单位总体经营情况良好,而民品企业则有 2/3 处于微利甚至亏损状态,军民品企业发展水平极不均衡。在产业布局上,八院军品领域涉及防空导弹、运载火箭、应用卫星、载人航天等多个领域,配套体系齐全,专业覆盖面广。而民用产业布局"散"的特点较为突出,产业集中度较低,且在各自领域中一般处于从属地位。进一步打造民用产业核心竞争力对八院建立综合竞争优势具有重要意义。

二、基于企业化、市场化转型的军民结合管理内涵和主要做法

为履行富国强军的战略使命,恪守国有资产保值增值的责任,促进国家武器装备领域向更高水平发展,推动社会主义市场经济更加繁荣,八院根据自身实际情况,提出"企业化、市场化"转型的核心战略,通过进一步提高思想认识、优化组织机构、调整产业结构、强化人才队伍、优化资源配置等方式,积极探索和实践军民结合管理创新,逐步探索以企业化、市场化转型为核心的军民结合管理,形成有八院特色的军民结合管理模式。所谓的企业化、市场化转型,就是以企业的理念、市场的观点指导和推动航天军工企业提升管理水平,推动企业适应新时期航天装备发展和社会主义市场经济要求,建立市场化的资源配置方式和企业化的经营管理模式。主要做法是:

(一)高度统一思想,强化使命意识,夯实军民结合管理的思想基础

1. 强调军工企业促进科技资源高效利用的社会责任

八院作为国防科技工业的骨干力量,从富国强军的使命出发,满足国家航天装备发展需求和投身国民经济主战场是八院的双重使命。因此,促进科技资源高效利用是八院应尽的社会责任。基于这种认识,八院提出企业化、市场化转型的核心战略,重新思考企业存在的价值,强调为社会创造财富、确保国有资产保值增值的使命要求。

2. 强调军品科技人员实现航天技术转移的使命意识和责任意识

八院积极动员广大军民科技人员,强化科技人员实现航天技术转移的使命意识和责任意识,鼓励科技人员通过优势军民技术向民品领域转移创造更多的社会财富,实现更大的人生价值。鼓励军品科技人员加入军民联合技术攻关团队,发挥科技人员在军品研制中的技术优势,为民用新产品开发作出贡献。

3. 明确"保军促民"的产业发展思路

2009 年以来,八院领导班子将"保军促民"作为企业的中心工作,避免"重军轻民"的思想认识。"保军促民"即保成功、保进度、保份额、保发展、保地位;促产业建设、促市场开拓、促结构调整、促企业重组、促效益提高。为进一步推动民用产业发展,八院强调以"能否能提高八院整体

八院研制的导弹武器参加
60 周年国庆阅兵

效益,能否满足市场和客户需求"作为员工行为价值判断标准,重塑民用产业在八院中的地位,提升民品从业人员的自豪感,形成适合军民结合发展的舆论氛围。

(二)调整产业结构,优化产业布局,促进军民产业协调发展

1. 重新规划产业布局,加速产业结构调整

围绕提升系统集成能力和专业支撑能力,提升军民协调发展能力,推进军品研究所专业重组整合。将原来的16个军品研究所调整为3个总体单位、3个总装综测单位、6个军民融合专业研究所,形成支撑八院导弹武器、运载火箭、应用卫星、载人飞船、深空探测器多领域发展的能力布局。6个专业研究所成为军民融合发展的重点单位。

针对军工优势技术转移培育民用产业的问题,确定产业布局的重点和层次:一是将卫星太阳能电池技术、卫星锂电技术有效转移和孵化,形成太阳能光伏和锂电系统两大产业,并集中精力做大做强;二是对于有一定基础且有一定发展前景的汽车配件和装备制造产业,予以保留并重点发展;三是对于盈利能力差、发展前景差的物流、家电产业则全面退出。经过产业结构调整,八院航天技术应用产业主要发展太阳能光伏、锂电系统、高端汽配、机电装备制造等四大产业,彻底改变"散小弱"的产业格局。

2. 以产业链建设为牵引,加速企业产品结构调整

八院在军民结合产业布局上坚持"有所为有所不为"的原则,以产业链建设为牵引,坚决要求企业放弃没有技术积累的项目和产品,快速实现产品结构调整,将散小产能纳入八院重大产业链,承接产业链配套任务,统筹八院市场资源和能力资源,实现企业转型和稳定发展。在此背景下,八院下属的一些老企业积极开发产业链新产品,融入八院产业链。例如,具有近百年历史的上海有线厂,放弃"舒乐"牌吊扇生产,积极开发太阳能光伏逆变器,融入八院光伏产业;具有丰富OEM生产经验的上海仪表厂,放弃日本美能达复印机组件OEM业务,转向锂电池系统总装生产业务,融入八院新能源锂电系统产业链。

3. 以价值创造为基本理念,加速企业调整重组

八院提出坚持价值创造理念,加速实施企业重组。所谓价值创造理念就是提出企业存在的价值判断:是否能为用户提供有价值的产品和服务,为社会创造财富;是否能为股东创造合理的投资回报,确保国有资产保值增值;是否能为职工提供稳定、体面的工作机会和劳动报酬,使职工在工作中实现自我价值。八院根据价值判断标准,加速企业重组,注销25家赢利能力不强的企业,止住"出血点"的同时,大大缩小八院的管理幅度和管理层级,为八院有效实现军民结合管理创造条件。

(三)调整组织机构,优化集团化管控模式,提高军民结合管理水平

为促进军民结合发展,八院对组织机构进行系统全面的优化,构建八院的集团管控体系,为军民产业结合管理提供组织保障。

1. 明确总部功能定位,适应军民结合管理要求

作为联合体总部,必须适应军民两大领域的管理要求。因此,八院在处理与下属单位的关系上,明确总部"战略管控、规划审批、资源统筹、经营考核"的功能定位,强化总部综合职能部门民用产业管理职能,改变以往只关注军品、不关注民品的局面。

2. 优化总部组织机构,实施混合式矩阵管理模式

上海航天工业总公司(称上航总)作为八院民用产业投资和管理平台,上世纪90年代曾

实施军民分线管理。后因管理失控、资源统筹困难等因素,上航总管理职能回归到八院,形成民用产业部,主要对民品单位进行管理,八院的综合管理部门几乎不对民品单位进行管理,管理资源无法有效配置到民用产业管理上,"重军轻民"现象非常严重。2009年,八院实施总部组织机构调整,采用混合式矩阵式管理模式,一定程度上适应了军民结合管理要求。混合式矩阵式管理模式组织机构主要有以下特点:八院和上航总共用综合管理部门,在总部层面保证军民资源的统筹使用,综合管理部门对下属军民品单位进行职能管理;按照产品领域设置不同的军品科研部门和民用产业部门,军民品业务管理部门对所有下属单位进行产业管理;军品科研部门按照产品领域实行类事业部制管理。在确保军品任务资源保障的前提下,完善项目管理体制,加强综合协调、资源统筹和军民联动。

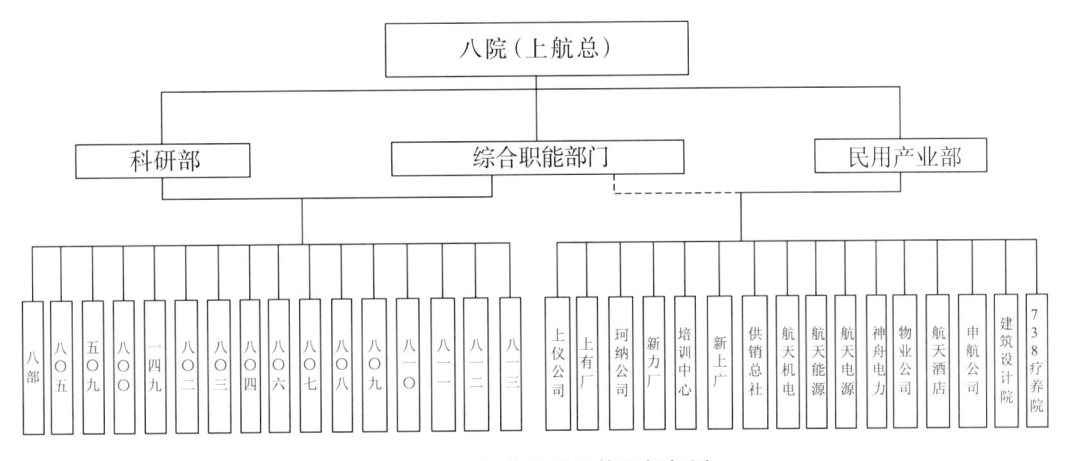

图 1 2009年前的组织管理框架图

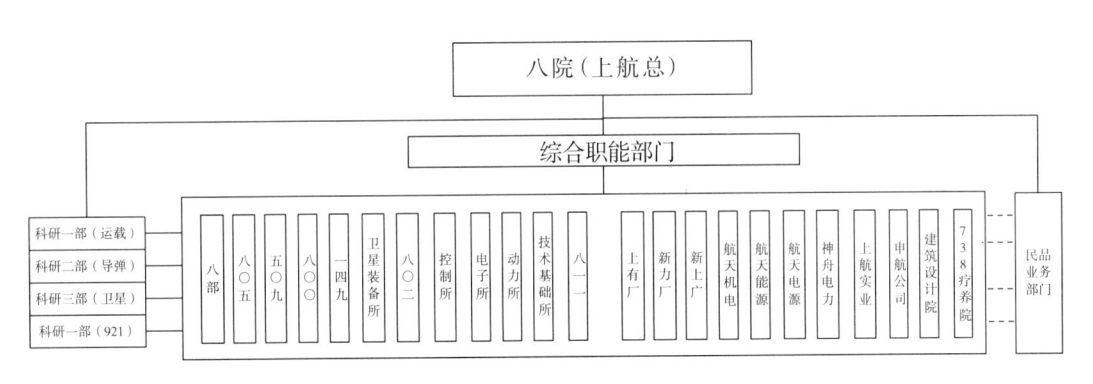

图 2 当前组织管理框架图

3. 优化集团管控模式,完善权限配置,适应军民不同管理要求

八院根据企业性质、产业发展生命期等因素,对下属不同性质的单位选择不同的集团管控模式。基于军品科研生产市场特点和生产组织特点,对军品研究所实施运营型管控模式,八院总部牵头市场开发、资源配置、计划管理、监督考核,研究所负责具体的科研生产组织。对投资建设期企业,基于新企业组织管理体系刚建立,也采用运营型管控模式,主要是帮助企业尽快走上正轨。对核心民品单位,比如航天机电、航天能源和航天电源公司,主要采用战略型管控模式,总部主要负责出资人代表选派、企业高管推荐、规划审批、风险管理、经营监督职能,其他职能由下属企业自行服务,总部仍承担指导、服务职责。对于其他民品企业,采用财务管控模式,总部只负责集团的财务和资产运营、集团的财务规划、投资决策和实施监控,以及对外部企业的收购、兼并工作。下属企业每年会被设定各自的财务目标,总部仅关注下属单位的财务目标达成情况,对下属企业的生产经营过程不予过问。

为落实差异化管控策略,八院开展权责体系建设,进一步明确总部和基层单位之间的管理界面。从管理和执行两个层面分别明确144项核心要素的决策和执行的责任主体,发布《八院管理权责分配表》,并明确未纳入《八院管理权责分配表》的工作事项原则上由基层单位自主管理,进一步适应民品企业的管理需求,增强民品企业经营管理的自主性。

(四)加大创新投入,优化军品技术转移模式,强化对民用产业的技术支撑

1. 加大民用技术创新投入

八院在进一步强化军品技术创新投入的基础上,加大民用技术创新投入,设立民用产业技术创新种子基金,每年投入2000万元,鼓励军品研究所与民品单位合作开发民用产品,实现军品技术转移,基本改变了军品研究所不愿意开发民用产品、民品单位没有能力开发的局面。种子基金支持的锂电池项目已经吸引战略投资者包括天齐锂业、杉杉股份、大族激光等三家上市公司1.2亿元投资,获得政府产业化项目资助1800万元。

2. 大力充实民品技术创新队伍

八院在军民结合技术创新中,非常重视合理配置军民品单位技术创新队伍,军品研究所保持强大的专业研发队伍,保持专业领先优势和产品开发实力;民品公司逐步培养一支面向市场的产业化技术创新队伍,重点研究市场技术需求、产业化工艺路径,重点开展市场前期开发和市场技术支持。两支队伍各有侧重,相互支持,有力地促进军民结合技术创新。

着力建立军民品单位之间专业对口技术支持机制,在院研究发展部的统一牵头下,军品研究所和航天技术应用产业公司签订专业对口技术支持协议。八院创新人才交流机制,以挂职等形式向民品单位输送大量的技术人才,其中2010年研究所向民品单位输送了68名人才,以此带动了技术转化输送渠道。同时,赋予军品研究所培养民用产业技术创新队伍和产品开发的责任,赋予民用产业公司市场开发和航天技术产业化的责任。

3. 建立产业孵化和军品优势技术转移模式

八院选择分阶段的产业孵化模式,即在产业培育阶段,以研究所技术开发、产业孵化为主,在产业化阶段初期,研究所技术队伍整体转移,在产业化成熟阶段,扶持民用企业建立自己的创新队伍。阶段选择策略既保证了技术有效转移,又有利于充分利用军品研究所技术队伍、研发资源,有利于降低产业孵化风险,有利于产业化健康发展。锂电池项目在发展过程采用了阶段选择的孵化型技术创新策略。

八院尝试技术资源使用费、技术成果转让费和知识产权入股等多种模式实现利益共享,让军民两方都有动力进行军品技术转移。军品单位的一些高技术含量的技术资源,民品单位有偿使用,实现利益共享的同时,增强民品企业的研发实力。技术成果转让费用分一次性转让费和销售收入提成两部分,让军品单位既有长期收益又有短期效益,使

整个技术转移渠道更加顺畅。知识产权入股更是利益共享机制的主要模式。上海航天电源公司在引进战略投资者的同时,对知识产权进行评估,811所以经过评估的知识产权占一期9000万元股本的20%,拥有上海航天电源有限公司一期34%股权。知识产权入股确保了产业孵化的利益,鼓励了培育开发新产品的积极性。

4. 实施军民共享技术创新平台

重点实验室、工程中心、技术中心等技术创新平台是企业发展最重要的技术资源。完善军民共享的技术创新平台,能够实现资源的最大效益。一方面减轻军品单位在EVA考核模型下专业技术资源的闲置的压力,另一方面减轻建立技术创新平台的投资压力。上海太阳能工程中心是八院所属811所的重要研发平台,为了建立军民共享的技术创新平台,八院创新机制,将太阳能工程中心委托航天机电管理,为航天机电发展太阳能光伏产业提供有力的技术支持。

5. 建立核心技术团队激励机制

八院在核心技术团队激励机制上大胆创新,对锂电池项目、太能能薄膜电池项目上实施专项激励政策。从2009年起,连续三年给予项目核心技术团队100万的专项激励,重点解决产业培育孵化期核心技术团队的激励问题。上海航天电源有限公司已着手研究股权激励方案。

6. 积极推动知识产权转化应用

专门成立知识产权转化应用工作领导小组和办公室,专门负责对进行市场应用前景的评估,指导知识产权转化应用实施,组织开展知识产权市场价值评估以及许可转让、作价入股等运作。提高了军品优势技术向民品应用转移的效率和成功率。

(五) 强化市场导向,统筹资源配置,拓展军民产业资源获取途径

1. 争取国家投资提升军工核心能力

军工核心能力是联合体实现军民结合的前提。在军品价格形成机制改革没有取得实质性突破的前提下,依靠军品科研生产很难实现自我资本积累,提高联合体军工核心能力的主要途径仍然必须依靠国家投资。八院军品市场地位的提升,为争取国家投资创造了前所未有的条件和机遇。八院紧紧抓住机遇,以提升核心能力为目的,大力争取国家技改资金和研制保障条件支持,为巩固和扩大市场地位创造良好的条件,为建设成为集团公司内最具综合优势的大型科研生产联合体积累了必要的资源。

2. 运用市场手段为民用产业发展配置必须的资源

在争取国家资源配置的同时,市场资源配置手段仍然是八院发展的重要基础。

引进战略投资者。八院解放思想,创新机制,大胆实践,充分利用航天军工品牌和创新资源,积极吸引战略投资者。在光伏产业发展中成功引进上实集团这一重大的战略投资者,形成产业和资本的结合,共同致力于海外光伏市场开拓。八院在新能源锂电系统产业发展中引进包括天齐锂业、杉杉股份、大族激光等三家上市公司为代表的战略投资者。战略投资者的引进,极大缓解了八院发展民用产业的资金压力,为八院民用产业发展创造了良好的条件。

引进风险投资机构。八院利用航天技术优势,积极梳理和评估军民共用技术商业价值,对具有商业价值的项目推向社会,争取风险投资。目前,所属804所的卫星应用项目

已经获得多家风险投资机构投资。

IPO和再融资。2010年,航天机电成功配股,融资12.91亿元,2012年,航天机电以定向增发的形式融资19亿元,为八院民用产业发展提供有力的资源保障。

3. 坚持以市场为导向配置资源

坚持以市场为导向,根据产业市场前景、市场地位及赢利水平、产业市场规模确定资源配置重点,确保为重点产业提供必须的资源。近年来,八院着力改变资源配置"重军轻民"的资源配置方式,只要符合八院产业发展方向、具有广阔市场前景的产业都作为资源配置重点,为军民结合发展提供了有力的资源保障,为八院真正实现军民两条腿走路、履行富国强军战略使命奠定了资源基础。2007年以来,在太阳能光伏、新能源锂电系统、高端汽配、机电装备制造等四大领域,八院投入近50亿元,与军品业务基本持平。

4. 坚持军民联动,强化民品资源在军品任务中的应用

除争取国家投入和社会资源支持军民结合发展外,八院还有效统筹使用内部的各种资源,在市场、能力、平台等方面实现军民联动。

充分利用民品的贸易平台申航公司,引进包括搅拌摩擦焊、高性能润滑剂、重要元器件在内的大量军工科研生产急需的设备和基础产品,有效保证科研生产的顺利进行。军品单位使用频率不高的设备、研发条件,八院也统筹使用,为民品发展创造条件。由于目前军品任务量较大,军品单位生产能力较为紧张,八院就将民品相关生产能力充分利用起来,民品单位帮助军品单位完成任务。实现149厂直接托管航天机电下属复材公司,电子所和上有厂签署合作协议,将两家军品公司的业务和两家民品单位的能力充分结合,军民联动机制达到一种新的高度,进一步突破军工产业相对封闭的状态,提高资源共享的程度。

三、基于企业化、市场化转型的军民结合管理效果

(一)有效增强了在军民两大领域的竞争力

得益于对军民结合管理的不断探索和实践,八院军品发展势头迅猛,市场开拓成效显著,已经全面覆盖防空导弹、运载火箭、卫星、载人航天、月球探测和深空探测等多个领域。防空导弹产业已经形成预研一代、研制一代、批产一代的良性发展格局,成为中国交付导弹数量最多的单位之一。抓总研制的长征二号丁、长征四号系列运载火箭创造了首发成功、发发成功的记录,已成为我国的金牌火箭。长征二号丁火箭已成功闯入国际发射服务市场,仅在2011年就连续获得委内瑞拉资源一号卫星和土耳其GK-2卫星国际发射服务合同。八院在卫星领域已经覆盖气象海洋、资源遥感、实验等三大系列,涉及高中低多种轨道。作为载人航天工程和探月工程的主要研制单位,顺利完成了国家交给的各项任务。目前,八院作为火箭和卫星的主要研制力量,载人航天的主要配套单位,导弹武器的主要竞争单位的发展定位已经获得国家层面的认可。

在民品领域,八院以航天优势技术和资源为依托,形成了独具竞争优势的航天技术应用产业和航天服务业同步发展的格局,并通过产业结构调整、企业重组等资源配置模式,产业发展局面迅速向好。

八院太阳能光伏产业已经初步发展成为集原材料生产、半成品制造、光伏电站建设为一体的百亿产业链。内蒙古神舟硅业1兆瓦太阳能光伏电站已经成为全国首家通过

"金太阳"工程技术验收的光伏电站。2012年上半年八院获批"金太阳"工程装机容量60兆瓦,位居全国第三。光伏产品已经成功打入欧美市场,发展了海外光伏电站建设销售这种新的业务模式。动力锂离子电池组系统已经在上海世博会上电动汽车上投入使用。汽车空调、汽车传感器、特种装备等产品在掌握核心技术的基础上不断推陈出新,牢牢占据着市场竞争优势。

(二)创造了巨大的经济效益和社会效益

八院总收入由2005年87.0亿元增加到2010年179.3亿元。五年时间经济规模接近翻番,全院资产总额由2005年115.0亿元增长到2010年280.3亿元,年均增幅19.5%。利润由2005年3.0亿元增长到2010年10.5亿元,年平均增长28.7%。净资产收益率由7.1%提高到15.52%。"十一五"期间,共获国家科技进步奖4项、国防科技进步奖66项、上海市科技进步奖19项。

2008年全国抗震救灾期间,八院卫星产品通过清晰的图片详实反应了灾后情况,给国家指挥抗震救灾提供了决策依据,为挽救震后灾区人们生命和保证国家财产安全提供了巨大帮助。北京奥运会和上海世博会期间,八院风云系列卫星提供了有效的气象服务,为两个盛会的顺利举行提供了保障。2009年,八院的多个导弹产品参与了国庆阅兵,有力展示了我国国威和军威。

(三)走出了一条大型军工企业军民结合发展的路子

八院在履行富国强军使命的过程中形成的科研生产联合体军民结合发展的管理模式,有别于原先国家宏观政策层面和微观具体产品层面的军民结合管理,破解了中国军工企业所特有的军民品两个市场、两种体制的时代难题。成功优化了军民品资源的配置,促进了军品优势技术向民品领域转化,使军工企业的自主创新优势和军民结合发展优势得到充分发挥,从而积累了大型军工企业或集团层面实现军民结合管理的经验。

(成果创造人:朱芝松、陆本清、路明辉、李修远、孙 伟、
　　　　　　李　昕、陈　珩、杜　宇、缪逸珺、韩剑峰、王晓鹏)

中外合资煤炭企业以效益为中心的契约化管理

陕西南梁矿业有限公司

陕西南梁矿业有限公司(简称南梁公司)是中煤能源集团旗下的陕西省煤炭系统首家中外合资企业,成立于1998年,注册资金2.46亿元,井田面积23.67平方公里,地质储量1.61亿吨,可采储量约9600万吨,煤炭质量优良,煤矿改造后年生产能力达180万吨以上。2011年公司全年生产原煤190万吨,实现销售收入7.93亿元,实现利润3.58亿元,实现了"零伤亡"安全生产目标。截至2011年12月31日,资产总额11亿元,年末员工人数64人,实现连续安全生产2,245天,实现了国家级安全质量标准化煤矿建设。南梁公司2011年以60人的规模,创造了利润3.58亿元,即年人均创利近600万元,创造了陕西省煤矿企业资本金回收和资金周转率最快,经济效益最好的纪录。

成果主创人:公司董事长、党委书记张光耀

一、以效益为中心的契约化管理背景

南梁公司是陕西省第一家中外合资的煤炭生产企业,如何在《中外合资经营企业法》的法律框架下,建立以效益为中心的全新运行机制,有效解决董事会的治理效率与提升公司核心竞争力,保证南梁公司的持续盈利与持续发展,是南梁公司面对的一个新课题和要优先解决一个迫切问题。

(一)超前应对合资公司的内部治理危机

数据表明,在中国的合资企业里,中外方合作顺利的不足30%,有70%的合资企业因为这样或那样的原因"婚姻不和谐"。在合资经营企业中,合营各方往往不能够始终坚持依据合资合同"同心同德、同心协力、同甘共苦",很容易出现"同床异梦、同室操戈、同归于尽"的现象,合营企业要么成为个别大股东的"提款机",要么沦为合营各方随意宰割的"唐僧肉"。合营各方通过相关关联交易影响和损害合资公司的健康发展。南梁公司同样面对着这样的危机。

南梁公司的合营股东包括6家单位,而且股权相对分散,各合营单位的股权比例为澳大利亚华光资源有限公司32.0%、中煤能源股份有限公司23.0%、榆林煤炭出口(集团)有限公司26.0%、海南京铁实业贸易开发总公司10.0%、宁波富兴电力燃料有限公司5.0%、陕西煤炭运销(集团)有限公司4.0%。

依据契约化的思路,南梁公司主动"设计"未来公司治理结构与管理模式,董事会与总经理以及高层管理团队以公司的年度经营预算为载体,形成体现契约化的公司治理体系,体现公司以绩效为中心的经营管理思想。

(二)积极应对煤炭行业的激烈竞争

煤炭是我国的基础能源和重要原料,在一次性能源生产和消费构成中历来占70%左右,在国民经济发展中具有重要的战略地位。南梁公司成立于1998年,当时的煤炭行业处于低迷阶段。煤炭行业自2002年以来,在国民经济快速增长以及电力、钢铁等相关行业大幅扩张的带动下,经历了长达8年的繁荣期,产能以及潜在产能迅速增加,煤炭价格一路飙升。但进入2011年下半年后,受国内经济下滑的影响,煤炭行业出现了库存增加,价格下滑的情况,煤炭企业的经济效益和对未来的预期都将发生变化,将不可避免地对公司的发展带来一定的影响。

随着知识经济社会的到来,煤炭行业的市场竞争环境发生了重大变化,煤炭企业竞争的关键要素是速度和成本,企业必须保持对市场的快速应变能力,必须具有成本竞争力。而传统煤炭企业的层级管理结构中部门之间充斥着竞争和不信任;员工在工作中思维是片段的;信息传递不及时,渠道不畅通。在市场环境变化剧烈的背景下,多重委托代理(发包与承包)关系引起的代理(监督)成本激增,一方面企业组织规模越来越庞大,企业管理层次已经多得难以有效运作;另一方面,与外部环境迅速变化相对,企业层级结构恰恰是一种对变化的快速感应能力和适应性的严重阻碍。

(三)有效履行煤炭企业社会责任的需要

南梁公司的原煤生产基地地处陕西省北部的榆林市府谷县,煤矿的建设与开发在给地方经济发展带来好处的同时,不可避免地带来了环境污染与植被破坏问题,作为中外合资经营企业,如何有效协调地方关系,减少矛盾和冲突,获得良好的发展与经营环境,并切实履行企业社会责任?

煤炭企业管理安全为天。南梁公司的核心管理人员、技术人员来自各个股东单位和社会单位,煤矿基层的生产工人和操作人员队伍来自全国给地,人员知识和素质状况千差万别,员工队伍有大学生,也有小学生,甚至还有部分文盲,虽然都是在南梁公司项目工作,但是这些人员与南梁公司契约运营管理关系中的不同企业、不同法律主体建立劳动关系,这更增加了安全管理的责任和难度。

二、以效益为中心的契约化管理内涵和主要做法

南梁公司以科学发展观为指导思想,以绩效管理为主线,以效益为中心,努力处理好投资者、公司、员工、合作伙伴、地方政府以及社会公众之间的关系,积极履行社会责任,把南梁公司建设成为安全、高效、低碳、和谐、文明的现代化安全文化建设示范煤矿。即南梁公司只成立项目管理公司,负责生产技术方案的确定和物资供应、产品销售以及工程进度、原煤产量、质量监督检查和考核工作;其他矿井建设、辅助生产、后勤服务、产品运输在坚

公司外景

持市场准则和股东利益最大化的原则下,通过市场机制,对外公开招标,以契约的形式委托专业承包商公司承担,可以是股东资源,但是必须体现市场化、专业化原则,这样保证南梁公司获得市场上最合适的专业公司的服务,从而整合股东资源、社会资源,充分利用和吸纳社会资源为南梁服务,实现业务运营的专业化、社会化和机构设置的扁平化、精干化,保证南梁公司对市场的反应速度和成本核心争力。主要做法是:

(一)以年度经营预算为载体建立契约化公司治理

1. 建立规范的董事会运营机制

南梁公司组建由13名董事组成的董事会,要求各合营单位做出承诺必须选派合格的董事,同时保证董事成员有足够的时间参与南梁董事会的工作。南梁公司成立以来到2012年5月共召开了14次董事会,每一次董事会的议案都在9—15项,历届董事会会议没有一个董事缺席,所有决策表决全体董事成员全部参与,所有重大决策必须经过董事会的决策后方能生效和执行。董事会建立规范的董事会运作机制,决策程序与决策规则,对董事会召开的资料准备、议案提出、决策责任、决策程序、表决形式、决策成立、执行与监督等做出明确规定,例如董事会3年一届,每年召开两次例行会议,每次董事会会议不少于3天,董事会决策时严格按照一事一议的原则进行,保证讨论的充分性和决策的正确性。

2. 实施严谨的年度经营预算管理

南梁公司选择年度预算和决算报告作为董事会与公司管理层的契约载体,以全面预算管理为核心建立有效的契约化公司治理体系。南梁公司规定一切重大事项必须纳入年度预算与总经理工作报告中,依据年度预算与总经理工作报告,审核预算、批准预算、验收决算、评价绩效。

按照南梁公司的运营原则,每年总经理负责编制出年度经营决算预期与下年经营预算草案,提交董事会;年度预算(决算)报告必须明确说明年度经营目标、全年收支计划、投资项目安排、重大合同签署、重要合作伙伴选择、内部组织机构调整、定岗定编、重要人员安排、绩效与薪酬方案、利润分配等10个方面的问题。批准后的预算就作为管理层与董事会的绩效契约,公司内部的各项工作围绕年度预算进行计划安排和计划分解,董事会依据预算检查、考核管理层的工作,董事成员依据预算对管理层的工作进行质询和建议。每一个质询,管理层必须做出明确的说明和答复。

董事会把公司管理层作为独立的契约方,与管理层对等的坐下来,按照制度规定、考核标准,商定并明确利益分配方案和责任承担方。董事会每年必须讨论四个文件:《财务决算报告》《财务预算安排》《利润分配方案》《管理人员与员工奖励方案》。

3. 建立严格的绩效管理与激励约束机制

董事会根据年度决算报告,审核、批准公司的重要人员安排、绩效与薪酬方案。董事成员、高层管理人员的所有奖励和惩罚依据均来自于预算完成情况和绩效评价结果。通过严格的绩效管理建立有效的激励约束机制,高度契约化的管理环境以年度经营预算为核心,依据契约化原则建立和完善公司内部的制度体系。

董事会建立对于董事、高级管理人员的绩效考核体系。南梁公司规定董事会成员主要负责企业战略制定、计划方案审批、目标检查督导、审核及投资者关系沟通等工作。董事会的业绩评估包括三个部分,即董事会整体业绩、董事长业绩、董事个人的业绩。对董事会的业绩进行评估时,核心的依据就是公司年度预算和合理性,以保证公司契约的一致性。同时,董事会要对自身完成基本职责方面进行考察,还要评估董事会自身的角色、结构与程序是否有需改善的地方。按照董事考核标准考核董事,其考核结果作为领取董事补贴和董事任免的主要依据;按照高管人员考核标准考核高管人员,其考核结果作为高管年薪和高管人事任免的主要依据;对于执行董事,将对两个方面都进行考核,从而很好解决了"双重角色"带来的考核难题。

南梁公司坚持对董事、高层管理人员进行全方位考核,考核内容包括诚信品德、工作能力和工作业绩。诚信品德考核包括忠诚度、诚实正直、公司荣誉感等;工作能力包括决策能力、协调沟通能力、研究分析能力等;工作业绩除了与南梁公司整体经营业绩直接挂钩外,还包括个人工作报告质量。

(二)以业务承包合同为载体实行契约化经营管理

南梁公司矿井建设和生产经营采用"对外承包"模式,即矿建、原煤生产、后勤服务等通过招标的方式由一个或多个专业公司(承包商)承担,南梁公司仅负责技术方案和煤炭销售以及对工程进度、原煤产量、质量的监督、检查和考核工作。

1.建立市场化、透明化的业务外包模式

1999年,鉴于当时南梁公司职工需妥善安置的现实情况,以及为了保持良好的投资环境和稳定的社会局面,矿井建设期间,除技术含量高、施工难度大和政策限制的工程外,其它工程和生产、生活服务项目,在坚持市场规则的前提下,均由榆林煤炭出口集团矿业开发有限责任公司(简称矿业开发公司)独立或联合专业工程公司承包,在合作初期矿业开发公司陆续承担了公司的后勤生活服务、生产系统检修、辅助生产和井巷工程施工,基本上能够完成合同规定的工作任务。

2003年,南梁公司通过市场机制对外招标,通过"契约"方式,选择民安公司作为南梁公司安全生产业务的唯一承包方。运用同样的手段,南梁公司将生产辅助交由矿业开发公司管理,将煤炭铁路运销交由海南公司管理,将后勤服务、安全保卫和物业管理交由禾佳公司管理,一纸"契约",各方责职清晰、责任明确。

把煤炭生产过程中可能出现的问题尽量提前预测,相关方责任划分清楚,煤炭产品质量标准、计量标准、价格标准、管理流程详细明确,尽量保证契约的完备性。

通过承包合同这种书面契约的形式,把南梁公司与承包单位容易引发矛盾纠纷和不稳定问题的事项依法固定下来,以明确南梁公司和承包单位组织双方的权利义务、履行时间和违约责任,把有关的法律法规、政策规定以及行之有效的管理惯例都具体化到契约中去。外包合同作为南梁公司与外包单位双方责任、权限、利益基本依据,合同的每一个条款都需要双方共同讨论确定,体现契约平等的精神,体现业绩治理原则。同时基于战略合作与市场化规则,南梁公司的外包合同一般采取6年为一个基本周期的长期合作合同,有利于加强双方的长期合作与长期投入。

2.建立集中统一的调度指挥模式和集体决策的调整机制

契约化外包模式下,南梁公司承担监督、考核职责,对调度流程进行优化,设立统一的指挥调度中心,坚持"把好口子、看好巷子、控好关子、盯好数子、用好板子"的总体要求和基本方针,实现"无盲区"调度,通过调度系统,无论是管理者还是一线矿工,每个人的任务、目标更为明确。同时,统一调度使得公司可以及时发现问题并解决问题,提高井下指挥的效率,避免各种不安全事故的发生。实施契约式管理后,一切围绕经济效益,以数据说话、以业绩论英雄,对各单位、各级经营管理者都是一种压力和动力,同时用制度来巩固契约化的管理成果。把契约化管理实践中积累的经验形成南梁的制度体系。

南梁公司按照"责权明晰、管放有度、扶持发展、监督到位"的原则,把有关的法律法规、政策规定和安全、生产、经营、维权等事项具体到契约中去,形成"放手不甩手,扶持不代替、监管不对立"的长效管理机制,对于外包合同的执行绝对严格、一丝不苟,用强有力的制约机制和奖罚机制来保证契约的执行,维持业务运营的正常运行。

建立集体决策的契约调整机制。对承包合同的调整必须经过充分的论证调研、管理团队集体讨论后,才能在管理权限内进行调整。最终的决定权在董事会。

南梁公司在契约式经营管理运作中,要求任何一个层级、一个部门,一个管理人员都只对有约定的行为、事物负责,而不对其他任何未经约定的行为、事物负责。管理层级中的上级只能在约定的范围内对下级行使管辖、约束的权力,而不在约定之外对下一个层级进行任何干预。下一个层级也只在约定的范围内对上级负责。同样,相同层次的机构之间也通过契约限定相互的行为分工、管理界面,任何一方只在约定的范围内行使职权,并对他方负责。

(三)以员工职业生涯为载体实行契约化人力资源管理

1. 加强基于员工职业生涯的人力资源管理

南梁公司的员工队伍不仅仅是南梁公司本部的 64 名员工,而是包括所有为南梁公司提供服务、依托南梁公司安身立命的承包单位的管理人员、一线工人,以及各方面合作伙伴单位的员工队伍。面对这样一个"来自五湖四海,条件五花八门"的员工队伍,南梁公司必须建立一种机制让所有人"关心南梁、服务南梁、爱护南梁",让南梁公司成为大家的寄托和归宿,形成真正的心理契约。为此,南梁公司探索建立了基于员工职业生涯的契约化人力资源管理。

首先,以消除人力资源浪费与实现员工自我管理为最终目标,建立公司与员工共同的愿景,使得员工自主地根据企业总目标自主管理好给定的工作任务,并根据企业的发展需要主动进行个人职业生涯管理,在工作中获得自我价值的实现和提升。第二,选定以薪酬激励机制为切入点,以经济杠杆推动整个体系的重建。第三,建立并加强灵活、有效的人才引进、选拔机制。第四,根据公司实际建立其他配套机制。在建立并实施好"刚性"的制度性体系基础上,根据企业实际情况,不断补充所需的其他配套或专项机制,使整个人力资源管理始终围绕公司战略持续改进。

2. 倡导和实施"321"企业文化

南梁公司员工队伍的契约化管理集中体现在其独特的"321"企业文化中,即"三园、二本、一核心"的企业文化。三园,是指家园、校园、事业园。家园是要把企业建设成一个可以慰藉心灵的精神家园、温暖人心的和谐家园、充满关怀的互爱家园;校园,致力于把南梁公司建设成修身养性、提升素质,通过学习来武装头脑的地方;事业园,通过职业生涯规划,用人之长,避人之短,挖掘员工潜力,将南梁建成员工施展才华的大舞台。二本是指以人为本和管理为本。以人为本就是以人的全面自由发展为本,关爱职工生命健康,提高生活为本,优化工作环境,融洽人际关质量,使员工具有家的归属感,事业的成就感,自我价值的实现感。管理为本就是致力建设规范完善的管理体系和高效务实的管理团队;以契约化管理和精益化管理为主要内容,实现社会资源和企业内部资源完美组合。一核心是指以安全生产为核心,确立"安全是最大的政治,安全是最大的效益,安全是最好的福利"的安全理念,实行"工人三班倒,班班跟领导",决不以牺牲矿工的生命来换取公司经济效益的攀升。

(四)以社会责任报告为载体实行契约化社会责任管理

南梁公司坚持"事前承诺,有诺必践,接受监督,结果说话"的原则,积极与地方协调和沟通,提前与相关方达成契约关系。在企业发展的同时,不忘企业的社会责任,做到企业效益、社会效益、生态效益相统一,支持地方发展,关注地方民生,积极参与地方慈善事业。累计为地方教育、扶贫、新农村建设等社会事业捐资4,000余万元。

2011年2月南梁公司发布陕西煤企首份《社会责任报告》,南梁公司创造性地提出了企业经济责任、安全生产责任、创新管理责任、社会公益责任、环境保护责任、员工权益责任的"六位一体"的社会责任体系。

通过企业社会责任报告的编制与发布,南梁公司建立了以社会责任报告为载体的契约化社会责任管理。

三、以效益为中心的契约化管理效果

(一)企业规范性和管理效能显著提高

最大限度地整合了市场优势资源,取得了最佳服务质量,有效地解决了生产与安全的矛盾、安全管理与安全监督的矛盾、长远利益与眼前利用的矛盾、契约双方法律上的障碍,进而实现了利益相关方共赢发展的目标;开创了南梁公司安全文化建设和企业和谐发展的新局面,为完善现代煤炭企业契约化理论和实践做出积极有益的探索。契约化管理模式的应用,使南梁公司以64名管理人员创造了3.6亿元的利润,创造了陕西省煤炭生产经营企业资本金回收、资金周转利用率较快和经济效益较好的纪录,同时企业安全管理效能与水平不断提高。

南梁公司安全管理指标表

指标	单位	2005年	2006年	2007年	2008年	2009年	2010年	2011年
安全事故次数	次	0	0	0	0	0	0	0
死亡人数	人	0	0	0	0	0	0	0
原煤生产百万吨死亡率		0	0	0	0	0	0	0
矿建施工万米进尺死亡率		0	0	0	0	0	0	0
安全投入	万元	305	1061	993	340	540	547	1237.45
安全培训	人次	9765	9881	10892	11798	12890	13280	12356
应急救援演练	人次	80	80	80	100	100	150	368

续表

指标	单位	2005年	2006年	2007年	2008年	2009年	2010年	2011年
采煤机械化率		0%	0%	0%	0%	50%	100%	100%
掘进机械化率		60%	60%	60%	70%	90%	95%	100%
安全质量标准化达标情况		安全质量标准矿井（陕西省榆林煤炭工业局授予）	安全质量标准矿井（陕西省榆林煤炭工业局授予）	安全质量标准二级矿井（陕西省榆林煤炭工业局授予）	安全质量标准二级矿井（陕西省榆林煤炭工业局授予）	安全质量标准一级矿井（中国中煤能源集团、陕西省煤炭工业局分别授予）	国家级安全质量标准化	国家级安全质量标准化

(二) 企业获得良好的经济效益和社会效益

截至2012年9月底，累计生产煤炭1232.8万吨，销售1445.6万吨，实现销售收入38.89亿元，利润13.19亿元，上缴税费10.88亿元，实现连续安全生产2526天。取得了良好的经济效益。

南梁公司公司先后获得国家、省、市授予的"国家级标准化煤矿"、"依法生产先进煤矿"（国家发改委）、"中煤集团安全生产先进单位"、"陕西省绿色文明示范单位"、"陕西省煤矿安全生产先进集体"等上百项荣誉称号，并连续7年被评为榆林市"百强企业"。南梁公司以先进的理念、规范的管理、良好的效益、优秀企业公民形象获得了社会各界的好评。

南梁公司的员工队伍素质不断提高，员工满意度稳步提升，基层矿工的主动离职率已经降到15%以下，员工综合满意率在达到73.57%以上。公司吸引了一大批高级人才。

不同身份的所有人员包括农民工都在南梁找到了自我展示和发展的平台，目前80%的班组长、40%的区队长都是公司培养的农民身份的矿工，他们获得尊重、关爱与发展，南梁公司成为他们信任的安身立命、养家糊口的最好选择。

(成果创造人：张光耀、高静波)

服务主线厂的劳务型协力企业转型

本溪钢铁(集团)建设有限责任公司包装分公司

成果主创人:公司总经理张庆良

本溪钢铁(集团)建设有限责任公司包装分公司(简称本钢包装公司)隶属于本钢集团有限公司,成立于1995年8月,是为安置本钢各单位分流下岗职工,根据集团公司要求而成立的为主线厂提供各类劳务服务的企业。目前公司拥有职工1410人,其中正式职工231人,招聘下岗再就业人员(劳务工)1100余人。下设三个劳务公司、三个分公司,以及装卸车间(2个)、产品包装、自动化包装、清扫、保洁、彩镀、天车、生产辅助、超薄等10个车间。承担本钢冷轧厂和本钢浦项公司的手动、自动化包装、天车吊运、保洁、计算机发货、辅助等大小380多个服务项目的岗位工作。2011年实现产值3899万元,利润149万元,是本钢集团公司内部最大的劳务公司。同时,先后获得"本溪市诚信企业"、"辽宁省劳动关系和谐企业"、"企业管理创新优秀单位"、"最具自主创新能力企业"、"全国模范劳动关系和谐企业"等多项荣誉。

一、服务主线厂的劳务型协力企业转型背景

(一)寻找企业生存空间的需要

本钢包装公司成立之初只有职工43人,以安置本钢内部下岗分流人员为目的,在各主体厂矿从事一些简单、熟练、技术含量低的辅助岗位工作。企业资产50万元,年亏损70余万元,是一无生产设备、二无生产产品、三无先进技术的"三无企业",几乎都是从事清洁卫生、简单装卸等最简单的工作。由于承揽的业务没有技术含量,也非重要岗位,各项劳务费用收益都很低。干不了劳务费用较高的服务项目,又没有长期合作能力,导致企业连年亏损。艰难中成立的本钢包装公司从起步起就面临很大的生存问题,而1995年至2005年又陆续安置本钢下岗职工200多人,更使企业无法生存下去。刚刚就业的职工,就将面临再次下岗甚至失业。

(二)实现企业自身发展的需要

2000年以来,本溪市先后成立大小几十家劳务型企业,劳务工人数发展到4万人。在本钢钢铁主业工艺流程内为主线厂服务的劳务人员接近1万人。随着"十五"、"十一五"期间本钢集团的快速发展,各主线厂单位不再只需要一些简单的劳务人员、服务人员,而是对劳务公司提出新的、更高的要求。如劳务公司综合实力,劳务人员综合素质、安全意识、协作意识、稳定意识等等。面对劳务企业新的发展形势,本钢包装公司深切感

受到企业发展所承受的前所未有的强大压力,生存空间受到空前挤压,如果还坚持原有发展思路和战略,不仅不能很好地为主线厂服务,而且也必然会被竞争激烈的市场所淘汰。不但不能为本钢富余人员开拓新的就业渠道,而且就连当时的几百名职工也将面临着重新失业的命运。

（三）支持钢铁主业发展的需要

本钢集团完成千万吨级精品板材基地建设以及同北钢集团的合并重组工作后,"十二五"发展规划瞄准国际一流钢铁企业目标,打造年产2000万吨级规模、极具国际竞争力的特大型钢铁联合企业。跟上本钢集团的发展步伐,是本钢包装公司保持生机的必然要求。因此,公司必须及时转变企业发展战略,向多元技术服务型企业转型。根据本钢产品不断向高精尖发展的实际,不断提升职工队伍素质,强化制度服务规范;不断提升管理水平,强化技术服务范围,为钢铁主业发展提供跨地区、多功能、规模化、极具竞争优势和安全保障的包装服务支撑。

自2006年开始,本钢包装公司认识到劳务型协力企业要发展,要做大做强,就必须进行转型与管理提升,这是公司从传统劳务输出企业向现代化综合性协力企业发展的必然要求和有效途径。

二、服务主线厂的劳务型协力企业转型内涵和主要做法

本钢包装公司以建设现代化新型劳务型协力企业为方向,明确"倾力打造一流服务型企业,成为本钢生产的一支重要主力军"的工作目标,打造"用心服务,无坚不摧"的核心价值观,通过转变思想观念,改革体制机制,制定发展规划,调整优化组织架构,拓展业务领域,整合区域内外市场,提升团队素质、强化企业管理,把握主线厂需求,明确自身市场定位,实现由单一产业向多元技术型产业转型,建成业务遍及本钢各条生产线的多元化经营的现代化综合型协力企业。主要做法如下:

（一）明确发展方向,制定转型规划

根据本钢集团"十一五"战略规划,2006年将相继开工建设一大批技改工程项目,除对现有生产线进行大规模技术升级改造外,还将引进新建一批具有国际先进水平的现代化生产线。其中,就涉及本钢包装公司所服务的多家单位。本钢包装公司清醒认识到,作为直接服务本钢主线厂生产的企业,如果能够抓住主线厂改造升级过程中新增服务项目和工作内容,及时跟进填补主线厂所需的空白,不仅能够扩大自身业务范围,提高自身生存能力,更能依托本钢集团这艘大船实现自身快速发展。

本钢包装公司明确提出"倾力打造一流服务型企业,成为本钢生产的一支重要主力军"的工作目标,并以职代会报告形式将其确定下来,作为今后一个时期企业坚定不移的发展目标。在此基础上,制定转型规划发展实施方案和总体思路,具体分为三步走。一是夯实生存基础实现盈

包装车间

亏平衡。利用两到三年时间,进一步巩固已有的业务范畴,提高服务工作水平,赢得用户单位满意,实现盈亏平衡,夯实企业生存基础。二是壮大主业、抢占市场。伴随服务对象技术装备升级,利用自身为本钢集团内部单位的先天优势,尽早参与掌握信息,提早做好人员和技术准备,抢占新业务。三是扩大规模,提升效益。根据新增业务的需要,适时地扩大服务范畴,向有一定技术含量,更大利润空间的业务范畴进军,树立起本钢包装公司在本钢内部的品牌形象,争取为更多单位提供多样化服务,增加企业创效点。

(二)夯实管理基础,规范组织和制度建设

1.调整组织架构,奠定转型基础

首先对主要职能部门进行重新设置,同时对责权进行明晰。本着"简化机构、集中管理"的思路,重新调整管理组织架构。公司经理全面负责公司总体经营运作,两位副经理分别按照内外分工的模式对经理负责。中层分设运营管理部、业务开发部、综合办公室、采购供应部、安全部和人力资源部。将分散在各用户单位的职工按所在单位和所干具体工作划分为作业区,设立作业长,直接对运营管理部负责。业务开发部负责与各主线厂的业务联系和业务拓展工作。将日常工作划分为几大部分,实现各项工作归口管理,同时简化各项工作和业务开展管理流程,使管理人员都直接面对职工、面对用户,便于企业更好地自上而下开展企业管理转型工作,也有利于领导更及时了解一线工作动态,更直接指挥监督各项工作实施情况。

2.理顺业务流程,规范工作程序

为实现企业高效运作,公司进一步理顺业务流程,规范各方面工作实施中具体管理办法,以便使工作有章可寻,加强各个环节工作衔接,避免工作被搁置。在梳理业务流程中,将工作分为"已有业务管理理顺"和"新开展业务管理办法"两个方面来进行。已有业务的日常管理由运营管理部直接负责,运营管理部与各作业区域作业长和所在服务单位相应部门建立双线联系,一个时期用户单位下达的各项工作任务包括常规和临时增加项目,运营管理部都会第一时间掌握各作业区主要工作任务信息,可以及时根据现场情况需要给予必要支持,保证满足主线厂需求。对工作的检查验收,各作业长向运营管理部进行定期或专项汇报,结合用户单位的反馈信息,与作业长汇报的情况进行对比分析,对各作业区工作完成情况给予科学、客观评价。

业务开发部开发新业务时,首先掌握用户单位需求,人力资源部根据业务开发部提供的信息,给出现有适合相应工作的人力资源情况说明,以及后续人员技术培养和人员补充计划,以便于业务开发部向主线厂争取业务。初期,由业务开发部负责管理,待运行平稳获得用户单位认可后,交由运营管理部按照日常业务进行管理。

3.加强员工管理,促使管理举措落实到位

成立人力资源部,负责公司全面人员管理工作。依靠现代化信息网络平台,建立职工信息数据库,管理职工队伍结构状况、人员技术特长、学历情况等各方面信息。在此基础上,人员管理基本分为两大类,一线人员管理和管理人员管理。

一线人员管理,日常工作由所在作业区进行直接管理,对人员工作任务分配和完成情况的考核都由作业区直接上报到运营管理部,定期形成一线人员业务完成考核记录,信息会反馈给人力资源部,对业绩好、业务能力强、具有培养发展潜力的人员,人力资源部会形成独立数据库给予关注。对管理人员的管理,由所在岗位直属上级直接进行,作业长由运营管理部或者业务开发部直接考核管理,人员任免由其会同人力资源部进行提出计划,报经理办公会审批。各部门内部人员,由部门领导负责考核管理,定期进行业绩考评总结,报人力资源部汇总。人员任免由部门负责人全权负责,提高部门领导力和业务执行力。各部门负责人由分管副经理负责考核,任免由经理办公会决定。

(三)调整业务布局,合理配置技术人才资源

1. 依据用户需求,拓展业务空间,增加生存支撑点

本钢包装公司原有主要业务多为保洁、装卸等技术含量低的简单劳动型劳务输出,随着主线厂生产现场自动化、信息化程度的快速提升,许多岗位都已经出现需求萎缩趋势。因此,必须尽早尽快地采取措施加以应对,在对外业务承揽上,加大业务开发力度,拓展服务领域,特别是根据主线厂生产现场情况变化,及时跟进满足各种新需求。为此,出台相应新业务承揽工作管理机制,积极转变思路,变等需求接业务,为主动出击上门找业务。业务开发部分别将主线厂按照工序进行分类,主要针对有重大技改项目或新建生产线单位加大工作力度。在用户单位投入生产运行前,就掌握第一手需求信息,并向用户单位提出相应人员安排、岗位培训计划,赢得用户单位认可,同时也占领先机,伴随用户单位生产开展迅速安排人员跟进。

2. 根据经营需要,调整业务结构,有所侧重突出专业

根据已有业务分布情况和未来发展方向,对业务结构做出相应调整。在内部管理上有所侧重,集中力量着重抓好有一定技术含量的新业务,未来有进一步开发潜力的项目如天车司机岗、包装生产线操作岗等业务的管理,以及后续新增业务开发工作。逐步提升后续开发新业务,如直接辅助生产操作岗位、包装发货业务等在公司整体业务中所占的比例。同时保持原有传统业务不萎缩,服务质量提升,赢得用户满意,既保证一部分人员工作安排,又能够对争取主线厂新业务起到积极的辅助作用。突出专业化特色,针对主线厂对劳务人员技术水平要求越来越高的情况,尤其是随着公司承揽业务范围拓展,涵盖更多有一定技术含量岗位。在内部管理上也及时调整思路和方法,将岗位人员技术水平,作为衡量业绩、安排岗位的一项重要参考指标。

(四) 依照转型路径,培育技术领先能力

1. 抓好技术储备,奠定转型技术基础

本钢包装公司推进企业转型的一个重要目标,就是掌握更多具有技术含量、直接服务主线厂生产的重要岗位,从而争取到更多业务范畴增强企业生存能力。公司除积极与主线厂联系争取新业务外,更要有技术力量作为支撑,才能真正将这样的业务拿到手。为有效提升全面技术水平,公司在全体职工中开展广泛的宣传教育,使广大职工认识到公司重视技术、重视技术人才的管理理念。在积极争取业务的同时,从人力资源数据库中选取有一定技术基础和学历、有学习提高潜质的人员,进行集中培训学习,让他们在短时间内有所提升,能够适应技术岗位要求,然后分派到技术岗位。聘请技术专家和主线厂技术专责进行讲课等多种培训学习手段,使职工队伍整体技术水平全面提升。

2. 统筹推进专项提升,建设技术型企业

随着本钢浦项冷轧厂的建成投产,为适应国际一流企业技术岗位劳务需要,本钢包

装公司统筹专项技术提升,在人员招聘方向上改变为每年定期到技校、本钢工学院进行招生。为保证招工质量,公司领导亲自对这些学生进行面试、笔试,经考试合格后进行培训上岗。截至2012年上半年,企业已从各类中等院校招聘劳务工人300多名,其中还有几十名辽宁科技学院、辽宁工业大学的大学生。细致分析人力资源状况,完善企业人才需求分析、人员招聘、技术培训机制,改进职业技能教育和技能培训的方式方法;通过帮助职工树立对企业的信心,做好职业生涯规划,建立科学合理的绩效考评系统和薪酬福利系统,提供良好的事业发展平台。通过大力招聘人才,并加强内部人员培养和培训,为公司可持续发展打下基础。

3. 对标一流企业,实现核心技术领先

随着本钢集团战略转型推进实施和快速发展,本钢包装公司确定向多元技术服务型协力企业转型将成为劳务市场新的发展方向。根据本钢产品不断向高精尖发展的实际,新上打包生产线,实现产品包装产销一条龙,提高产品外包装质量。公司与韩国浦项协力公司磋商,初步达成引进该公司具有世界先进水平的包装生产线,并将韩国公司专家请到本公司,传授该公司先进劳务服务管理经验;公司班子带队,赴鞍钢协力公司,学习该公司管理体系、考核体系、价格体系、服务体系。在坚持"对标一流企业"、"追求可衡量财务收益"、"持续改善重在基础"三项基本原则基础上,围绕"精益现场"和"精益管理"两条主线,实现核心技术领先,博得主线厂青睐。

(五)开展团队文化建设,提升职工素质和服务能力

1. 重塑价值理念,构建本钢包装特色文化

2008年启动企业文化建设,确定"四特文化"理念基础,把企业理念、思想、规范进行整合梳理、充实完善,构建企业文化体系,建立CI识别系统,在文化理念系统倡导"特别能学习,特别能奉献,特别能吃苦,特别能协作"的企业精神和"用心服务,无坚不摧"的价值理念,为企业转型与管理提升奠定文化基础。努力推进和谐文化建设,将"服务主线厂"的核心理念融入到企业文化中,在全公司营造积极向上的工作氛围,使核心理念通过文化力的渗透渲染深入每名员工心中,为实现企业转型的深入推进及和谐企业建设奠定思想基础。

2. 开展核心团队建设,提升素质和服务能力

建立完善授权机制,进一步完善班子授权机制,明晰权责,确定责任,提升效率。建立重点工作推进机制,坚持重点工作双月调度制度,保证重点工作按进度落实,实施重点工作公示制度,落实措施,保证进度,确保达效。采取加强领导班子学习、班子成员牵头实施创新项目等举措,全面提升班子成员能力。建立公开承诺制度,公开承诺用人公正、用工公正,分配公正,处事公正。通过评议,查找不足。实施民主集中制度,做到互相信任,互相支持,互相帮助,互相监督。实施工资效益联动,保证员工工资与企业效益的同步增长。关爱员工晋升,推行员工晋升通道建设,推行员工职业生涯规划设计,实现企业内训的常规化,为员工晋升提供机会。

(六)完善考评机制,打造服务品牌

1. 建立监督机制,完善考核制度

根据主线厂生产经营不断升级变化情况,公司按照"因事设岗、因需设岗、定岗定责、

以责定人"的标准,要求部门内部建立岗位责任制,明确职责和分工,竞聘上岗,并建立赏罚机制,构建起完整的岗责体系,奖勤罚懒、按效付酬。由部门负责人对劳务人员履职情况进行检查和监督,对工作态度好、工作绩效高的劳务人员,年底以部门名义申报优秀职工评选,并给予奖励,同时对于年底绩效考核中成绩差的劳务人员,给予批评教育、轮岗、重新培训或扣发效益工资等惩罚,直至终止劳动合同。年初由公司与各车间签订责任状,车间主任出资作为风险抵押,明确管理目标、经营目标,将目标分解并细化,建立程序化作业制度,明确工作流程,年底对部门目标经营情况进行审核,奖优罚劣。

2. 完善薪酬绩效评价体系,促进服务水平提升

从分配制度入手,改进工作方法,调整管理模式,完善绩效薪酬评价体系,有效调动员工积极性。实施岗位工资调整,突出各岗位间责任、风险、技能差别,健全以能本为导向的动态绩效评价,在实施末尾淘汰为主的考评体系,以目标激励人,并将目标完成情况作为下年度人员聘用依据,激发立足岗位提升工作水平的动力。许多员工的工作不仅得到公司认可,更受到主线厂高度评价,赢得服务对象的信任。目前,本钢冷轧厂和本钢浦项冷轧厂的 211 个天车岗位工作、135 个库房管理岗位、23 个产品统计岗位已实现全部交由本钢包装公司员工操作。

3. 总结固化成果,构建长效机制

从思想上深刻认识到转型与管理提升的实质和意义,把开展管理提升与日常经营管理紧密结合起来,系统扎实推进。牢固树立"基础不牢,地动山摇"观念,培养"严谨求实"的工作作风,有效运用精细化管理方法,建立系统、科学、实用的标准和制度体系,严格执行,夯实管理基础。科学评价管理提升效果,及时总结提炼管理提升工作经验,以标准和制度体系加以固化,转化为全体员工的自觉行为,并根据条件变化和发展的需要,持续丰富、发展和完善管理提升工作机制,不断引发、促成新的管理提升,构建管理水平不断提升的长效机制。

4. 巩固合作关系,树立品牌形象

本钢包装公司围绕"服务主线厂"的核心理念,在保证日常各项工作质量、赢得主线厂满意的基础上,注重树立自身品牌形象。积极转变工作思路,不仅向用户单位争取合作项目,更站在用户单位角度思考问题。不再单纯等待用户单位的指示和要求,而是积极发挥自身能力,帮助用户单位解决实际问题,促进主线厂生产的稳定顺行和产品质量稳定。在冷轧厂产品外包装工作中,针对用户反馈的一些产品表面质量问题,通过工作改进,制作辅助卡具固定小部件,有效改善固定效果,避免运输过程中由于固定不善造成的产品表面质量受损问题,赢得冷轧厂好评。此外,提出对冷轧包装用捆扎带改进,对热轧产品固定卡具使用寿命延长方法等,都在用户心中树立起包装公司良好品牌形象。

三、服务主线厂的劳务型协力企业转型效果

(一)管理水平大幅提升,企业发展步入良性循环

本钢包装公司实现由一个传统的简单劳务输出企业发展为业务遍及本钢各条生产线的多元化经营现代化综合型协力企业。除本钢冷轧厂、浦项冷轧公司外,其他一些主线厂也向本钢包装公司表示劳务服务需求意向,一个万人规模的大型协力企业已初具雏形,企业发展驶上良性循环轨道。截至 2012 年上半年,公司资产 500 万元,实现国有资

产增值10倍;实现年产值3899万元,实现年利润149万元,同比转型前增加年利润219万元;安置企业富余人员及招聘劳务职工1400人,同比转型前增加1000余人。

(二)从发展自我到回馈社会,创造了显著的社会效益

一系列卓有成效的工作逐渐得到主线厂的认可,活源也充足起来,企业也渐渐地走出低谷,职工队伍也在扩大。目前,公司承担着冷轧厂、浦项冷轧厂手动、自动化包装、天车吊运、保洁、计算机发货、辅助等大小380多个服务项目岗位工作。成为本钢主线厂舍不得、离不开的企业。随着规模不断扩大,解决了大量零就业家庭就业问题和中等院校学生安置问题,为许多家庭解决了后顾之忧,为本溪市再就业工作做出贡献,也为国家、社会安置再就业人员,减轻社会负担,保持大局稳定做出贡献。由于劳务工技能的提高,劳务费用的增加,工资收入也逐年增加,并逐步试行劳务工与在职职工享受一样的奖金分配政策,给符合条件的劳务工交工伤、失业、养老、医疗四险。优秀劳务技术工人的收入与正式职工持平,稳定的收入使下岗人员有了生活保障,为稳定全社会大局,构建和谐社会做出了贡献。

(三)树立了良好的社会形象,服务价值得以体现

过去在人们眼中,劳务型企业就是靠出苦大力挣钱。人员素质低、实现社会价值低,不受人重视。现在的本钢包装公司在本钢的地位越来越高,有的劳务工因为拥有重要的技术岗位,也不再受主线厂正式职工歧视,还成为本钢正式职工的师傅。公司2008年获得"本溪市诚信企业"称号、"辽宁省劳动关系和谐企业"称号;2009年被本溪市工业经济委员会、本溪市企业联合会评为"企业管理创新优秀单位",被中国中小型企业协会评为"最具自主创新能力企业";2010年被中国中小企业协会评为"中国中小企业创新100强/优秀创新成果";2011年获得"全国模范劳动关系和谐企业";被辽宁省中小企业联合会评为"管理创新奖";被中国企业文化研究会评为"企业文化建设优秀单位"。

(成果创造人:张庆良、黄逸正、曲 莲、杨志祺)

食盐专营企业基于市场化的商业模式创新

重庆市盐业(集团)有限公司

成果主创人：重庆市盐务管理局局长、公司董事长兼总经理陈逸根

重庆市盐业(集团)有限公司(简称重盐集团)是重庆市人民政府批准设立的加碘食盐专营经济实体,属重庆市国资委重点骨干企业。重盐集团前身为1997年6月成立的重庆市盐业总公司,2008年改制为国有控股集团。

重盐集团从单一食盐批发企业,初步形成现代商贸流通、制盐、食品调料三大业务板块,拥有35个盐业分公司、20个全资及控股子公司,员工人数3000多人。2011年销售收入33.62亿元,资产总额34.74亿元,利税1.47亿元,分别比改革前的2006年增长7.2倍、7.6倍和1.2倍,实现了高阶跨越。

2011年7月,中国轻工业联合会对全国盐行业进行综合实力评定,重盐集团位列全国盐行业十强企业第4位,较2007年提升了20多个名次,被中国盐业协会授予"全国盐行业改革发展标兵",全国各省(市)盐业公司组团176批次、1100多人到重盐集团考察学习,部分省(市)通过借鉴其创新理念,取得了良好的经济效果。

一、食盐专营企业基于市场化的商业模式创新背景

(一)应对盐业体制改革带来的冲击的需要

我国现行的食盐专营体制始于1994年的《食盐专营办法》,这一体制在提高合格碘盐普及率、消除碘缺乏病方面曾起过十分有效的作用。10多年来,专营体制在继续发挥积极作用的同时,也积淀了企业机制落后,观念陈旧,效率低下等弊端,盐业企业的创新与活力不足,影响了行业效率提高和资源优化配置。2005年,国务院《关于深化经济体制改革的意见》首次提出要求研究制定盐业体制改革方案,食盐专营企业面临完全市场化的冲击。

在食盐专营体系下,盐业公司除了行政管理职能外,在食盐产业链中主要起一级批发商作用,上接食盐生产企业下连转代批发商,既不掌握资源,也不拥有终端,单纯依靠专营政策控制市场。随着盐业体制改革的步步逼近,如果专营政策废除,食盐产业链中的上游制盐企业与下游经销商必然携手进退,处于中间环节的各级盐业公司定将受到无情挤压,危及现有的生存空间。面对严峻的改革形势,重盐集团必须破除小富即安、贪图享乐的思想;必须改变观念陈旧、市场竞争意识差、管理手段落后、用工分配机制不活等弊端;必须摒弃专营体制下"坐商"、"官商"意识与作风,放手一搏,改变传统的经营理念

和经营模式，主动变革，快速变革。因此，尽快建立适应市场竞争环境下的商业模式，是食盐专营企业最紧迫的任务。

（二）应对兄弟公司挑战、寻求自身发展的需要

多年来，重盐集团西有川盐大军，东有湖北、湖南、江西、江苏各路诸侯，早已陷入四面包围的尴尬境地，市场形势十分严峻，拓展空间极其有限。2007年前，重盐集团年销售盐产品一直在32万吨左右徘徊，资产4亿，销售收入4亿，利润4000万，在全国盐行业中排位靠后，根本没有话语权。若不脱胎换骨地突破固有瓶颈，打破原有藩篱，扩大业务范围，企业的发展将继续停滞，抗风险能力也会进一步下滑。不改革、不创新、不发展，就是等死！重盐集团率先在全国盐行业中解析振兴"密码"，拓展经营思路，挣脱低层次竞争的困局，用智慧创新商业模式，并把这一模式再造蝉变为企业新的血液和发展原动力。所以，进行商业模式再造是极其迫切的内生需求。

重盐集团基于企业内外部环境的深刻变化，从2006年底开始在全国盐行业率先进行市场化转型，实施"连锁网络＋卓越服务"商业模式创新。

二、食盐专营企业基于市场化的商业模式创新内涵及主要做法

重盐集团打破专营企业的经营藩篱，拓宽经营范围，通过"连锁网络＋卓越服务"商业模式创新，塑造企业核心竞争力，并通过相关多元化提升企业的综合竞争能力，从而实现从专营企业向具有市场竞争力、综合性集团的跨越发展。"连锁网络"主要指淘汰原有中间环节的1003个转代批发商，直接向全市城乡3万多个零售商（店）进行配送服务，打造覆盖重庆城乡市场的现代商贸流通平台，并拓宽商品经营范围，实施"五统一"（采购、结算、配送、价格、促销统一）的管理方式，将盐及众多非盐产品，以市场化的经营理念，为客户创造价值，实现渠道增值。"卓越服务"是在"连锁网络"的基础上，提高配送效率，方便客户进货，进而为客户不断地提供超越期望值的增值服务，使服务水平、质量不断提升走向卓越，与客户形成互相忠诚的战略利益伙伴关系。相关多元化就是延伸产业链，进入到制盐及食品调味品生产行业，提升企业的综合竞争力。主要做法如下：

（一）革新理念，引领改革

重盐集团有五大优势：积累了一定财力，企业资产负债率低，属优质资产；有一支忠于企业、熟悉盐业经营管理的骨干队伍；愿意卖盐的大小商场（店、摊）遍布全市城乡各个角落；管理基础较强，各项制度比较健全；重庆市人大颁布切合本土实际的盐业法规，市政府和相关部门高度重视，法规资源良好。但由于长期经营单一的食盐无消费弹性，企业经营规模小，内部机制陈旧落后，严重缺乏市场竞争能力。在食盐专营政策即将改革、企业面临生死存亡的大背景下，重盐集团居安思危，首先从集团总部、分公司领导、基层员工三个层面分别开展为期半年的"解放思想，锐意改革"集中教育活动，统一思想认识，增强干

重庆合川盐化制盐车间一角

部员工的危机感和紧迫感,以革新理念引领改革。教育活动中,注意用美好的愿景鼓舞人,用宏伟的事业凝聚人,用科学的机制激励人,用优美的环境熏陶人,营造上下同心、和谐稳定、共谋发展的良好氛围。以市场为导向,以商业模式再造为突破点,树立"客户至上,卓越服务"的经营理念;建立员工收入与岗位责任、工作业绩直接挂钩的薪酬分配制度;建立以业绩为导向,择优上岗,岗移薪变的选人用人竞争机制;引导员工牢固树立"感恩奉献、诚信尽责、创新进取"的企业核心价值观,全面提升干部员工的精气神,缓减改革阻力。

(二)建立"连锁网络+卓越服务"商业模式

1. 取消转代批发商,构建直接配送批零体系,贴近终端市场

长期以来,食盐转代商事实上控制了零售终端市场,成为食盐流通渠道中的重要环节。随着国家交通设施的不断改善,食盐流通渠道中转代批发商不再是必须环节,重盐集团完全有能力直接将盐产品配送到所有零售终端。鉴于此,2007年初重盐集团果断取消全市1003个转代批发商,直接把商品配送到3万多个零售网点。同时,通过集中采购自主生产和代理的"七白"商品,按照"五统一"管理方式,实施"四上门"服务,从而构建"总部——分支机构——零售商"直线管控模式,分支机构直接掌控终端市场,并大力推进直营店、加盟店建设,建立完善的、强大的销售渠道,提高重盐集团的知名度。

2. 着力打造营销网络渠道,构建商贸发展平台

从2007年开始,重盐集团每年投入大量的人力和财力开展营销渠道建设,密切关注客户的深层需求,逐步构建坚实的重盐销售网络,即从建立客户信任,到体现重盐优势,再到满足客户信息需求的过程转变,服务于战略愿景和目标实现。首先,分期分批对乡镇部分较大的零售终端免费作店招和宣传架,授其品牌"渝盐连锁"牌子,发挥示范引领作用,夯实传统的流通渠道;同时开辟超市卖场、餐饮酒店、团购等渠道,用庞大而完善的网络资源吸引众多的供应商合作。其次,快速添加商品,让经销商有更多的选择,为他们带来方便和利益,增强合作信心。三是集团总部每年对各区县的营销网络进行集中检查和持续改进,提升渠道网络的质量和效率,为客户提供优质商品与服务,进一步密切客户关系,最大限度地提升客户的满意度。

3. 打造一流服务模式,充分发挥渠道增值功能

"卓越服务"体现的是客户导向以及向终端客户提供超值经营理念,开展服务客户,关怀客户,与客户形成互相忠诚的战略利益伙伴。食盐价值低,商品笨重,运输成本高,单一配送食盐,不仅运输成本居高不下,而且还会浪费网络资源。为了努力使自己成为商贸流通产业链的组织者和领导者,充分发挥企业在资金、品牌、商誉、渠道、规模等方面的优势,与供应商、零售商建立起紧密型的合作伙伴及战略联盟关系,探索以资产为纽带的投资合作,构建商贸流通产业前、后端融合的全价值链商业模式,拓展上、下游客户的利润空间,直接有效搭建紧密商圈,带动供应商、零售商共同发展。所以,重盐集团以洗衣粉为代表的各种洗涤用品,以味精为代表的各种调味品,以白酒为代表的各种酒、水、饮料,以白糖为代表的各种甜食品,以尿素为代表的农资化肥、饲料,以大米、食用油为代表的各类粮油制品等"七白"商品,采取"五统一"的管理方式,实行集中采购,直接配送,分散销售,降低物流成本,提高增值效益。通过实行"四上门"服务(订货、送货、结算、服

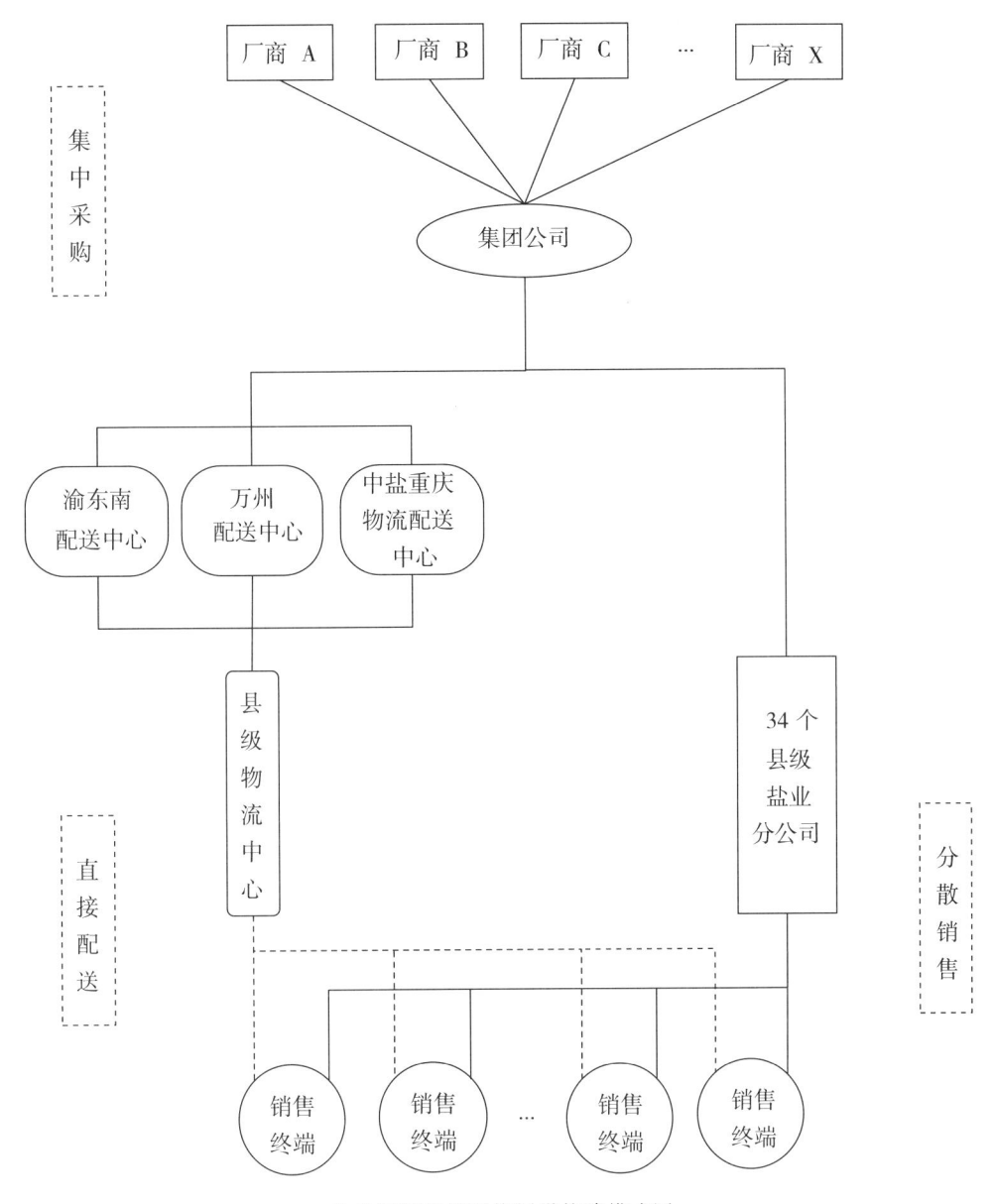

食盐专营企业基于市场化的商业模式创新

```
                    厂商A   厂商B   厂商C  ...  厂商X
集中采购                    ↓
                         集团公司
                            │
            ┌───────────────┼───────────────┐
         渝东南           万州         中盐重庆
         配送中心        配送中心       物流配送中心
            │               │               │
            └───────────────┤               │
                    县级物流中心        34个县级盐业分公司
直接配送                    │                               分散销售
                  ┌─────┬──┴──┬─────┐
                销售    销售  ... 销售   销售
                终端    终端      终端   终端
```

重盐集团营销网络渠道构建模式图

务上门)模式,既方便零售店集中且应时进货,又降低食盐配送成本。目前,重盐集团代理和自主产品已达到七大类共2000余个品种,供应商50余家。2011年除盐以外的非盐商品销售达13.15亿,其中某些单品销售很好,如酒类销售3多亿,白糖销售4.9亿,网络渠道效益已经逐步显现,商贸流通板块的人均销售收入从2006年50万元增长到2011年的250万元,渠道资源增值的功能得到较好发挥。

(三)建立新的用工、薪酬分配体制

1.建立快速反应市场的扁平化组织机构,提高工作效率

建立以市场营销为中心的高效、灵活、敏捷、富有柔性、创造性的组织机构,为参与市

场竞争提供了组织保证。公司机关由原来的12个处室削减为8个,撤销原有3个地级盐业公司,同时以市场营销为中心,对35个区县盐业分公司科室进行裁减、优化,建立扁平化组织体系,提高了效率。

2. 创新用人机制,实行亮岗亮薪、竞聘上岗、双向选择

重盐集团坚持压缩管理层级,缩短管理链条,优化管理流程,建立科学合理的管理体系,提高管理效率原则,率先在全国盐行业中创新用人机制,以市场化为基准,实行竞聘择优上岗,双向选择。对内进行人力资源整合,集团公司总部实行亮岗亮薪,岗位竞聘,择优上岗选聘处长,处长选聘处员,层层遴选;地级公司撤销机构,鼓励干部员工到基层区县级公司工作,充实销售一线;对部分年龄偏大的老员工,出台"黄金降落伞"优惠政策,让出岗位,实行内部退养;对外向社会公开招聘部分优秀营销人员,实行定岗定责以绩效取酬,优胜劣汰。

3. 薪酬分配实行效益优先、按劳取酬原则

重盐集团革除沿袭几十年的等级工资制,员工收入与岗位责任、业绩直接挂钩。将市场业务经理的绩效全部按销售收入提成,业绩突出的市场经理月绩效奖可高达七八千元,业绩平平者每月仅几十元,收入差距显著拉开。

4. 以业绩为导向,建立优上劣下的干部竞争机制

在干部任用上,不分年龄、资历和内外员工,一切用业绩说话,按考核结果论功行赏。5年多来共调整区县分公司领导40多人。通过这一机制,重盐集团很多年轻优秀的同志走上领导岗位。如大足分公司小车驾驶员张敏,在2007年集团开始改革走向市场时,他报名当了一名市场经理,经过苦战,当年业绩挤进重盐集团500个市场经理中的前10名序列,被集团评为"十佳营销能手"。2009年,连创佳绩的张敏走上了大足分公司经理的领导岗位。类似张敏脱颖而出的优秀员工越来越多,已成为企业的中坚力量。

(四)创新管理考核体系

1. 创新管理手段

重盐集团坚持以制度管人、流程管事的原则,在一手抓经营发展的同时,一手抓企业管理:按照建立现代法人治理结构的要求,指导各全资、控股子公司理顺公司股东会(或股东)、董事会、监事会、经理层之间的关系,明确董事会、监事会和经理层的职责权限、议事规则和工作程序,建立符合现代企业制度要求的决策机制。

结合三大产业板块业务发展的需要,以"双贯标"为抓手,在商贸流通板块全面贯彻ISO9001:2008质量管理体系标准,并通过商品购销系统(ERP系统)、财务管理系统和人力资源管理系统、OA办公系统等现代管理工具,对重盐集团35个盐业分公司、4个配送公司、40余个仓库、500个市场经理,全面提升重盐集团资源利用效率,强化库存管理,提高资金使用效率。在制盐及调味食品板块,强化生产管理,通过HACCP、QFE质量、环境、职业健康安全一体化体系、ISO9001:2008等重要体系以确保产品质量安全,通过TnPM管理体系强化设备管理。

2. 创新管理考核方式

对市场业务人员实行"基本工资 + 提成",业绩越突出,提成越高;内勤人员实行与市场业务人员联动挂钩考核,营造"内勤人员围绕外勤转,外勤人员围绕市场转、一切工

作为市场服务"的良好氛围。一是依据重盐集团综合考核体系确定各分公司年度综合得分数,进行分类排序考核,按 A、B、C、D、E 分类取酬。二是单位领导按名次取酬,分公司领导的基本工资每月按标准在分公司领取,年底按集团公司的综合排名,由集团公司计发绩效奖。如 2011 年设定第一名的绩效奖是 8.8 万元,每降一个名次减少 1500 元,最后一名相差 5 万元,领导干部的工资由此拉开差距,充分体现以业绩定薪酬的理念。

重盐集团对分公司领导干部进行评价,考察所在单位综合排名的升降,对上升幅度较大的分公司领导给予鼓励,并在干部任用时优先考虑;对下降幅度较大的分公司领导进行诫勉谈话,要求自订改进措施,限定半年提高期,若经营业绩仍无好转,则对分公司干部进行调整。

(五)打造多元业态

1. 加快商贸流通板块发展,增强竞争实力

重盐集团的经营产品多为快速流通产品,竞争非常激烈,替代性强、毛利率低,完全是规模效益,若不能快速形成一定销售规模,企业的成本费用将高居不下。进入市场初期,重盐集团采取强力推进措施,积极开拓市场,销售规模不断扩大,2007 年非盐销售额为 6200 万元,2008 年达到 2.2 亿元,2009 年增加到 4.2 亿元,2011 年突破 13 亿,年均增长 41.27%,企业的话语权、定价权逐年上升,其知名度、信誉度不断提高。重盐集团秉持开放心态,立足强大的终端网络资源,加强与有品牌、有市场、有前景的企业开展广泛合作,坚固集团公司供应链上的产品线,增强企业的竞争实力。如沙坪坝盐业分公司开发康师傅饮料、方便面业务,年销售收入突破 2 亿元。

2. 纵横连锁,加大投入,着力产业布局调整

"十一五"期间投资 12 亿元,着力构建跨行业、跨区域、跨所有制形式的全资、控股以及参股子公司,倾力打造现代商贸流通、制盐工业、调味食品三大板块。与中国盐业总公司共同投资 1.3 亿元资本金成立中盐重庆物流有限公司,开发长寿地区盐资源和渝中商贸业务,每年创利逾千万元;借助宝俊商贸公司煤炭经营的资源、客户、队伍等优势,共同投资 5000 万元资本金组建重庆宝金贸易有限公司,2011 年 7 月正式投入运营,至年底实现销售收入 1.64 亿元,实现利润 329.8 万元;与荣昌包黑子食品公司进行增资扩股,打造"中国笋子大王"致力农业产业化;与山东圣花集团共同投资 1.2 亿元资本金组建合川盐化,用一年时间完成项目建设,试投产第一年即盈利 2000 多万元。整合重组了重庆飞亚实业公司和重庆天厨天雁食品公司,年营业收入近 6 亿元,奠定重盐调味品产业基础。通过战略性布局,提升了在同行业中的竞争力。

(六)加强人才管理

按照"广纳贤才、因事择人、竞争择优、效率优先"原则,通过校园招聘、网络招聘、内部推荐、现场招聘等多形式、多渠道的招聘方式,为企业快速发展选聘人才。如科技研发中心及下属生产企业急需引进高端技术人才,分别在中科院、江南大学、西南大学、天津科技大学等重点高校招聘 25 位硕士、博士研究生。同时,下大力气抓好员工培训,使大家带着问题来,揣着答案归。5 年多来,先后选派 8 名中高层管理人员到清华大学培训;选派 12 名领导干部参加重庆大学的 EMBA 和 MBA 学习;选派 424 名基层领导人员和市场经理到重庆大学学习市场营销理论;选派 30 余名超市零售管理人员到重庆工商大

学进行商超零售管理培训;为合川盐化、云阳盐化项目选送200名预备员工到四川盐校进行专业学历技能教育。同时定期邀请重点名校专家和教授为干部员工授课,"感受智慧的风暴和理念的启迪"。通过采用上述多渠道、内外结合、长远结合的方式,为企业又快又好地加速发展提供了强有力的人才支撑。

（七）实施品牌战略

食盐专营时,盐产品不用做广告,不用宣传促销,强势的独家经营不愁市场和销售。进入市场后,企业就完全要依托品牌竞争而获得新生。重盐集团从2009年开始实施品牌战略,全面推进品牌建设,对旗下各品牌进行全面系统的梳理,制定系统的品牌发展规划,借力专业策划机构和优势媒体广告平台,重点打造"重盐集团"、"渝盐连锁"、"重庆天厨"等企业品牌和"晶心"、"天一井"、"钓鱼城"、"飞马"、"包黑子"等产品品牌,通过电视、公交车车身、墙体、户外、健康人报、重庆商报等媒介的立体式宣传,扩大品牌影响,塑造品牌文化,提升品牌价值。重盐集团在品牌战略及品牌建设等方面,已走在了全国盐行业前列,目前除拥有"飞马"中国驰名商标外,还聚集"包黑子"、"钓鱼城"、"天雁"、"晶心"等重庆市著名商标。

三、食盐专营企业基于市场化的商业模式创新效果

重盐集团跨越式发展的基础是原有体制下形成的最核心资源——覆盖城乡的食盐零售市场网络,通过直接配送和服务终端营销体系,不断增添商品品类,不断扩大经营范围和业务规模,构造利益与共的生产、批发、零售的完整供应链体系。

通过5年多的艰辛努力,重盐集团已基本显现"现代商贸流通、制盐工业和食品调料"三大业务板块雏形。企业经营规模、资产总量、盈利能力都得到了大幅度提升,2011年销售收入、资产总额分别比2006年增长7.2倍和7.6倍,利税增长52.23%,净资产增长3.6倍,企业综合实力较5年前有了翻天覆地的变化。

5年多来,因为卓越的绩效,重盐集团的经验和做法得到了社会的广泛认可,先后荣获"中国商业信用企业"、"中国服务业企业500强"、"中国食品行业区域影响力十大品牌企业"、"全国五一劳动奖状"、"十二五首批最具社会责任感企业"和"重庆市企业100强"、"重庆市商业30强"、"重庆国企贡献奖"等荣誉,取得了良好的经济和社会效果。为此,中国盐业协会授予重盐集团"全国盐行业改革发展标兵"称号,并号召全国盐业行业向重盐集团学习。

（成果创造人:陈逸根、黄前明、许志明、李　崑）

标准化建设与基础管理

以煤矿现场安全管控为核心的白国周班组管理法

中国平煤神马能源化工集团有限责任公司

成果主创人：七矿开拓四队班长白国周

中国平煤神马能源化工集团有限责任公司（简称平煤神马）是国有大型企业集团，拥有平煤股份和神马实业两家上市公司。现有生产矿井35对，职工16.8万人。2011年实现销售收入1192亿元，居2012年中国企业500强第94位。

在50多年的发展历程中，平煤神马先后培育出了以"毛主席的好矿工"李二银、"新时期产业工人的楷模"张玮、"金牌矿工"吴如、"煤炭企业工程院院士第一人"张铁岗等为代表的具有时代特点的先进模范人物。白国周是平煤神马七矿开拓四队班长，他在24年的生产实践中，探索总结了以"三勤、三细、三到位、三不少、三必谈、三提高"为主要内容的煤矿现场安全管理法，有效防患煤矿安全事故的发生，现在全国煤炭系统得到推广。

一、以煤矿现场安全管控为核心的白国周班组管理法背景

我国煤炭产量占全世界总产量的37%，但事故死亡人数却占全世界煤矿死亡总人数的70%，其中，90%以上的煤矿事故发生在班组。煤矿安全生产工作在一些企业长期落实不下去，一般来说并不是规章制度不健全，也不是事故责任追究处理不严厉，而是没有把工作落实到班组和现场，没能真正做到全员、全过程、全方位的安全管理。一些企业之所以缺乏核心竞争力，关键的原因就是班组基础不牢、职工素质不高、团队作用发挥不充分。

平煤神马高度重视安全管理，特别是上世纪90年代中期以来，安全工作不断得到加强，形成行之有效的安全管理理念、管理原则、管理方法和制度措施，对实现安全状况持续稳定好转起到重要作用。同时，打造独具特色企业文化，积淀丰厚的文化底蕴。2004年以来，把学习型组织理论导入企业文化建设，扩展了企业文化建设的内涵，并把它当做文化强企的战略。经过多年的丰富和完善，建立较为科学的学习型企业文化要素体系（愿景体系、理念体系、学习体系、管理体系、创新体系、考核体系、安全文化建设体系）。另外，持之以恒强化班组建设，提出"抓基层、强基础、促发展"，开展学习型班组创建活动，制定《加强班组建设的指导意见》，坚持"指导、服务、建制"原则，为基层开展班组建设创造了良好环境和氛围。白国周班组管理法是在全面落实集团班组建设要求基础上，形成的既有理论支撑又有制度保证、既有基本方法又有自身特点，以煤矿现场安全管控为核心的班组管理模式。

二、以煤矿现场安全管控为核心的白国周班组管理法内涵和主要做法

白国周班组管理法以落实煤矿现场安全生产主体责任为根本、以全面提高班组职工技能素质为手段、以动态质量标准化和全方位隐患查处为保证、以亲情和谐为纽带的系统管理方法。通过加强班组精细管理、强化现场管控、实行节点控制、打造班组文化、倡导亲情和谐,实现班组刚性管理和柔性管理有机结合,体现科学化、制度化、规范化、人性化的现代班组管理新要求。

白国周班组管理法主要内容可以概括为"六个三":即"三勤"、"三细"、"三到位"、"三不少"、"三必谈"、"三提高"。其中,"三勤"是勤动脑、勤汇报、勤沟通;"三细"是心细、安排工作细、抓工程质量细;"三到位"是布置工作到位、检查工作到位、处理隐患到位;"三不少"是班前检查不能少、班中排查不能少、班后复查不能少;"三必谈"是发现情绪不正常的人必谈、对受到批评的人必谈、每月必须召开一次谈心会;"三提高"是提高安全意识、提高岗位技能、提高团队凝聚力和战斗力。主要做法包括:

(一)认真履行班组基本职责,坚持"三勤"跑现场

1. 勤动脑

勤于思考。一是把握规律勤思考。针对井下生产现场实际,勤于观察、分析、思考,总结其中的规律,思考解决问题的办法。二是遇到问题勤思考。生产或安全上遇到问题时,不是简单地凭经验、凭感觉办事,而是通过深入思考,找到最科学的解决办法。三是注重积累勤思考。把思考的结果及时记载下来,温故知新,共同交流和提高,实现知识和经验共享。

勤于学习。一是主动学。利用业余时间自学,有重点地学习班组各工种的工作原理。二是根据工作需要学。参加各种专业培训班、轮训班和辅导班,学习专业技术理论知识,丰富理论知识和岗位技术知识。积极参加实践锻炼,把理论和实践有机融会贯通,提升岗位操作技能,不断满足生产需求。三是创新学。注重在学习中提升,在提升中组合,在组合中创新,总结提练本班组岗位工作流程、操作规范,使班组成员做到工作有流程、流程有节点、节点有管控、管控有标准。四是全班职工共同学。采用签订师徒合同、每日一题、每周一考、每月一评等多种办法,帮助班组工友学习本领、提高技能。

勤于分析。开工之前勤于分析,多想一想哪个地方隐患多,提前预知预防;生产过程中勤于分析,不断分析现场的动态变化,科学解决生产中出现的问题;下班之后勤于分析,认真总结反思生产和管理经验,探索实现安全生产的规律或途径,提升管理技能和生产技能处。

2. 勤沟通

班组成员勤沟通。一是意见不一致时常沟通。通过沟通,使班组职工达成一致意见。二是分配工作时

成果主创人:公司董事长、党委书记梁铁山

双向沟通。不搞生硬的行政"命令",防止班组职工被动接受任务产生逆反心理,消极怠工。三是注重观察勤沟通。观察职工的情绪,主动与班里职工进行沟通,了解职工的工作、生活情况。四是分配工资勤沟通。该奖的奖、该罚的罚,讲清原因,争取理解。五是建立主动沟通制度。班里职工家里出现婚丧嫁娶或家人生日等重大事务,必须相互通气,让班里每人都知道。

班组与班组勤沟通。一是手指口述交接班。当班工作开始或结束时,向上、下班的班长进行手指口述交接班,将当班任务完成情况、工作中存在的问题和需要注意的事项,详细地交接清楚。在特殊工种岗位上的职工,要向下班接班的职工进行手指口述交接班,未处理完的问题要口交口、手交手,详细地交代给对方,待对方同意并接班后,方可随当班人员一起集体离岗。二是业余时间勤交流。业余时间经常就井下情况、生产进度、隐患处理、管理方法等与其他班组进行交流,从而随时掌握井下生产情况和班组管理情况。

班长与上级领导勤沟通。作为班长,不能简单地接受生产任务,而应该经常与队领导和技术人员进行沟通,从中获取更多的生产信息、政策信息、措施要求、安全信息和技术知识。对生产过程中遇到的问题,无论是已经处理的还是没有处理的,都应与上级领导进行沟通,研究解决问题的办法。

3. 勤汇报

对生产过程中发现的隐患和问题,及时向领导汇报,使领导及时了解现场安全生产情况,迅速采取应对措施,确保安全生产。无论是小事大事、解决了的事还是未解决的事,都要经常汇报。通过勤汇报,实现现场安全生产信息共享,使队领导全面掌握现场情况,班组从队领导那里得到更多的指示和信息,从而赢得主动。

(二)认真端正班组工作态度,坚持"三细"保质量

1. 心细

细心观察。一是细心观察工友状态。重点观察班组成员的身体状况、精神状态以及言行举止,发现身体状况不好、精神委靡不振或班前喝酒、思想不稳、情绪不佳者,严禁上岗作业。二是细心观察作业环境。认真排查现场安全隐患,确认上班遗留问题,并指定专人整改。在不具备安全生产条件且班组无力解决时,坚决拒绝开工生产,真正做到"不安全绝不生产",把"安全第一"方针落实到现场、落实到岗位、落实到流程。三是细心观察作业情况。在工作中,注重观察作业现场工程质量和工友的作业行为,对不按要求作业或操作不规范的,现场要求其整改;对违章现象,坚决按制度处罚,不搞下不为例。收工前,坚持要求本班人员养成对安全责任区隐患复查的习惯,发现问题及时整改,确保给下班留下良好作业环境。

细心准备。一是班前准备。提前接受队领导布置的工作任务,了解当班安全生产状况,对可能发生潜在安全的问题进行预测。二是班前会准备。把班前会上要注意的事项、部署的任务,尽可能考虑全面,避免因安排不到位出现问题,切实把好安全第一道关口。三是严格按流程召开班前会。班前会工作流程为:点名→安全确认→工作点评→任务分工→讲述安全要求→安全宣誓→集体上岗。通过召开班前会,让班组职工清楚当班注意什么、怎么注意,干什么、怎么干等问题。四是做好生产前准备。对当班所需的各种

工具、物料数量、质量、设备完好、安全措施、现场环境和各种生产信息,细心准备。

细心确认。一是确认各岗位操作要领。坚持班前会提问制度,围绕生产任务,提问抽查班组成员操作要领和安全知识,确认其操作要领是否规范、娴熟,能否完成本岗位操作任务,防止违规、违章操作现象发生。二是确认作业准备。在细心做好生产前准备基础上,开始作业前再逐一进行检查,确认无误后再组织生产。

2. 安排工作细

认真考虑什么性格的人适合干什么性质的工作,量才使用,发挥长处,提高效率,减少个人因素可能带来的隐患。在工作安排上,做到人员分工细、安全责任划分细、安全措施贯彻细。针对不同岗位、不同工种制定不同的工作流程,利用流程细化每个员工工作环节,规范作业行为。

人员分工细。每项工作指定专人负责,让班组成员明白自身职责。根据人员分工,把每个工作节点的安全、任务、质量和卫生等明确到人,做到不留空白,合理配置。同时,要求各工作点人员注意相互协作。针对不同岗位、不同工种制定不同的工作流程,利用流程细化每个职工工作环节,做到岗位有标准、标准有流程、流程有节点、节点有管控。例如,班组现场职工工作流程:参加班前会→集体上岗→现场接班及隐患排查→生产前安全确认→"手指口述"标准作业→配合验收→现场交班→集体离岗。在白国周班组,每个职工都有自己的工作流程,每名职工按照流程作业,确保操作的规范有序,最大限度地减少"三违"现象,为安全生产构建一道屏障。

安全责任划分细。对于每项工作,都要向班组成员进行事前"两交底"(即交任务、质量、进度,交安全措施和设备情况)和事后"两检查"(即检查任务完成情况,检查安全质量情况),明确每个班组成员的安全责任和义务,加强自保、互保和联保,强化监督检查,严厉查处"三违"现象。

安全措施贯彻细。开工前,根据工作现场的作业环境和工作任务量,向班组成员认真贯彻安全技术措施,并按照措施要求和预定的安排,对人员的作业位置、作业方法、指挥联络形式以及作业中出现异常情况时的对策等进行确认,经检查措施落实后,才放心组织生产。

3. 抓工程质量细

严格按照施工要求、操作规程和安全技术措施施工,严把工程质量关。

推行精细化操作。围绕抓工程质量,细化各个岗位、各个环节、各种行为标准,推行班组精细化操作,让班组每一名职工都知道各自的工作应该怎么做、做到什么程度,做到人人、事事、时时、处处有标准。

推行精细化控制。利用班组精细化管理办法,加大隐患的排查和考核。重点对支护质量、工程质量、安全隐患、行为规范等进行考核,并直接与工资挂钩。对考核不合格的工程质量、安全隐患整改,坚决推倒重来,直到合格为止。

实行挂牌建档管理。推行工程质量人人负责制,采取班组长管线、职工分点管理办法,对工程质量进行挂牌建档管理,使现场各项工作有人管、有人问,责任到人。

(三)认真落实各种现场管理规定,坚持"三到位"抓落实

1. 布置工作到位

班前布置工作详细、清楚，工作任务、安全措施等向工友交待明白，哪个地方有上一班遗留的问题，提请工友注意，及时解决。

落实任务到人。在每班作业前，都要明确班组成员的分工，分解当班生产任务，确保按时完成生产工作任务。对班组成员做到量才使用，什么性格的人适合干什么性质的工作做到了然于胸，充分发挥工友长处，提高工作效率。

落实责任到人。坚持分工负责，各司其职、各负其责，形成环环相扣的责任链。严格按照工程质量的标准执行考核，实行责任追究。对于每项工作，坚持事前向班组成员交任务、质量、进度、安全措施和设备状况，事后检查工作完成情况、安全质量情况，做到任务具体详实，责任明确。

落实安全到人。实行安全交底，明确班组成员的安全责任和义务。在作业现场进行安全提醒，加强自保、互保和联保。对不按规程作业的行为或者出现隐患、险情，立即停止作业，马上处理隐患，保证各岗位、各环节现场安全管理到位，做到按章作业、人人安全。

落实考核到人。按照考核制度对当班每名职工的工作情况进行考核，重点考核组员的出勤、生产工作任务完成情况、安全状况、工程质量、材料消耗、文明生产、应知应会等。

落实工作点到人。根据人员分工把工作点的安全、任务、质量和文明生产等明确到人，做到不留空白，合理配置。同时，要求各工作点人员相互协作配合，确保每一个工作点上都有能够胜任工作的放心人。

落实工具设备到位。对设备和工具指定专人负责，做到设备、工具、用具账目清楚、准确、真实，管理符合定置管理制度要求。白国周在接班时做到问清、交班时做到点清，确保工具无损、设备完好、摆放有序、使用方便。

2. 检查工作到位

对自己所管的范围，不厌其烦地巡回检查，每个环节、每个设施设备都及时检查，不放过任何一个隐患点。

检查设备和工具完好情况。重点排查设备是否完好、机械有无故障、电器电缆有无破损、生产工具是否牢固或安全性是否良好等问题，督促员工正确使用劳动保护用品，保障人身和设备安全。

检查工程和工作质量。在每个作业场点，仔细检查工友是否依照作业规程、技术措施和质量标准施工，各项质量检查资料记录、验收标识是否与工程进度同步，各项工程施工质量是否符合质量验收标准。对不合格工程及时整改，不留隐患。检查工友的操作是否严谨、规范，是否爱护维护各类设施、设备、工具，能否及时制止"三违"行为。

3. 处理隐患到位

指令。坚持班前隐患检查制度，发现隐患问题用粉笔在明显的地方给工友指令留言，处理完好后要求立即擦掉。

处理。工友到岗后先找班长的指令留言，并按要求进行处理，处理完毕后擦掉指令留言，开始工作。

督查。在生产过程中，每班坚持巡回检查，逐一检查"指令留言"整改情况，重点考核整改的进度、质量、效果。发现新的隐患，指定专人及时处理。

(四)认真执行班组现场工作流程,坚持"三不少"查隐患

白国周班组管理法把查处现场安全隐患作为重点,坚持做到班前检查不能少、班中排查不能少、班后复查不能少,将班组生产与安全相互促进,形成生产与隐患排查相结合的工作模式,使大家逐渐养成遵章守纪、安全生产的习惯。

1. 班前检查不能少

坚持接班前对工作环境及各个环节、设备依次认真检查,排查现场安全隐患,把物的不安全因素、环境的不安全因素和人的不安全因素消灭在萌芽状态。

检查不安全的人。主要体现在以下几个方面:一是精神不集中、情绪存在问题;二是班前喝酒、休息不充分、身体状况不佳;三是不佩戴或不正确佩戴劳动防护用品;四是使用不安全的工具;五是不按规定的速度进行作业;六是拆除安全装置;七是在不安全处逗留;八是不合理的配置、装载、混装等;九是在狭窄或狭小的场所进行作业;十是违反劳动纪律的行为。

检查不安全的设备。一是不合规格的防护,如防护装置的高度或强度不合适;二是缺少所需的防护设施;三是机器工具的设计不安全;四是设备布局不合理,整理工作未做好;五是照明不足或强光刺眼;六是工作场地、通道狭窄,油污导致易滑倒等。

检查不安全的环境。检查确认上一班次遗留的问题,重点检查现场工程质量、文明生产、物品摆放、支护质量、通风状况、瓦斯浓度等,做到心中有数。对不符合生产要求的,组织人员进行整改。

2. 班中排查不能少

排查安全隐患整改和安全隐患。建立"走动式"检查制度,在生产过程中重点巡查安全隐患整改情况、安全制度落实情况、现场环境变化情况、职工精神状态和自保互保情况,发现问题立即整改。同时,分析现场环境变化可能带来的危险因素,有针对性地采取控制对策,确保班组安全生产。

排查工程质量。重点巡查质量保证措施是否到位,班组成员是否依照作业规程、技术措施和质量标准施工。同时,检查各项工程施工质量是否符合验收标准,有无重大质量事故。对不合格工程,要求及时整改,不留隐患。

排查工程进度。加强对工作量完成情况的巡查,重点巡查工程进度是否按计划组织实施,施工人员、技术、工具是否满足生产,工程进度、保证措施是否得当等。遇到影响工程进度和任务完成的问题,及时采取措施予以处理,在确保工程质量和施工安全的原则下动态控制当班施工进度。

排查工作质量。对班组成员履行岗位责任和对现场作业情况进行重点巡查,检查每名职工的工作态度是否端正、操作规程是否规范,提醒大家不要侥幸冒险、不要偷懒投机、不要麻痹松懈,以用心的工作态度和一流的工作质量创优良工程、放心工程、精品工程、样板工程。

排查文明生产。重点巡查施工现场的环境卫生、材料码放、设备养护及作业流程等是否合乎文明生产标准,现场整理是否落到实处,班组成员是否按规定着装并佩戴证件,是否正确使用劳动保护用品并文明施工,确保职工文明上岗、规范作业。

3. 班后复查不能少

复查隐患处理情况。一是复查班前检查、班中巡查中发现的安全隐患处理情况,确保隐患整改落实到位。二是检查当班生产过程结束后是否产生新的安全隐患。对当班能够处理的立即落实人员处理,对一时不能处理的做好汇报,并在交接班中交接清楚,确保安全隐患发现、处理闭合管理。

复查质量达标情况。根据施工进度和作业标准,对当班工程质量进行复查验收。对达不到标准要求的坚决不准进入下一道程序,严格质量验收和评估,确保实现动态达标。通过开展质量标准化工作,促进班组规范管理、规范施工。

复查问题处理情况。当班结束后,要进一步复查当班安排的安全隐患处理工作是否全面落实,分析当班存在的问题(特别是安全隐患、环境变化以及需要下一班特别注意并解决的问题),及时向队管理人员汇报并在交接班中重点提示,以便下一班提前采取措施解决,实现各班正规循环作业。

(五)全面打造班组温暖家园,坚持"三必谈"聚亲情

1. 发现情绪不正常的人必谈

注重观察工友在工作中的思想情绪,发现有情绪不正常、心情急躁、精力不集中或神情恍惚等情况,及时谈心交流,弄清原因,因势利导,消除急躁和消极情绪,使其保持良好心态投入工作,提高安全生产注意力。

班前排查。利用班前会,主动观察、了解工友身体状况、精神状态、情绪变化、言行举止等,做好休息不好的疲劳人、思想波动的情绪人、变换工种的改行人、家庭变故的恍惚人和准备结婚的幸福人等不放心人的排查,发现异常人员及时提醒打招呼,或采取超前预控、盯防管理等措施,避免因情绪上的不正常给安全生产造成隐患。

班中调适。针对工作中可能会因工作临时变动、配合不协调等情况,造成职工情绪上的变化,班组长要细心观察,把握时机进行谈心交流,及时做好职工心理调适。谈心时,要因人而异、因时而异,把握谈话时机,对情绪比较平和并能听得意见的人,立即与其交谈;对情绪比较激动一时听不进意见的人,待其冷静下来后再谈。

班后跟访。一是经常接触,直接观察了解。二是依靠骨干,侧面掌握情况。三是创造条件,促进谈心效果。

2. 对受到批评的人必谈

讲清原因,心悦诚服。坚持对事不对人,对犯错尤其是违章的工友,当面严厉批评,并严格按制度进行处罚;事后要及时找当事人单独谈心,讲明安全生产的重要性和因违章所导致的事故案例,多关心爱护、少责备埋怨,让当事人认识到自己的过错。

尊重人格,以理服人。坚持把每个工友都当成亲兄弟,班组长不能以盛气凌人的态度和简单粗暴的方法对待违章的工友,不搞"一言堂",以理服人、以诚相待,既尊重他们的人格、照顾他们的脸面,又使当事人从内心里接受批评和处罚,按章操作、不做违章的傻事。

因人因事,讲究方法。在与受批评或受处罚的人单独谈话时,注意分析工友心理状态和思想情绪,准确地指出其问题的性质和根源。对于性格孤僻、不善言谈者,采取散步、聊天、拉家常的方法;对固执偏激、性格暴躁者,采用和善语言、宽松气氛;对于喜欢猜疑和不愿吐露真情者,采取先交友、后交心的方法。

平等相待,注重效果。采取敞开心扉聊天、组织亲情聚会、无拘无束娱乐等方法,与工友进行富有成效的谈心。谈心也是对班组长性格、气质、意志和思想水平的综合考验。

3.每月必须召开一次谈心会

确立谈心会主题。一是根据班组本月安全生产任务完成情况选择谈心会主题;二是注重把握职工的思想脉搏,全面了解班组成员的思想状况,根据思想变化选择谈心会主题;三是围绕班组职工关心的热点、难点、焦点问题(如企业发展、工资分配、住房分配等)选择谈心会主题。

选择谈心会形式。不拘于固定的时间和模式,利用工作间隙或业余时间、值班时间把大家组织在一起,围绕安全、生产、管理、技能、家庭、生活等现实问题开展谈心。采取询问式、讲评式、讨论式、说理式、征求式等方式,发动班组成员共同探讨、研究,发表对安全生产、工程质量、作业措施、家庭生活等方面的认识和看法,认真开展批评和自我批评,达到交流思想、化解矛盾、增进了解的目的。

(六)全面提升班组职工素质,坚持"三提高"塑团队

1. 提高安全意识

牢固树立"安全第一"理念,通过各种方式教导工友时刻绷紧安全这根弦,时刻把安全放在心上,坚决做到不安全绝不生产。

遵章守纪。一是严格履行"不安全绝不生产"、"这辈子决不违章"的承诺,坚持上标准岗、干标准活。二是建立班组安全愿景体系,强化"生命至上、安全为天"、"安全第一、生产第二"等安全理念。三是制定现场安全管控制度,包括集体上(离)岗、现场交接班、"安全三确认"、"岗位描述"、"手指口述"、危险源点隐患排查、走动管理、定置管理、互保联保等,并严格执行。

正面引导。提升班组成员的安全意识,对"三违"行为严格处罚,绝不姑息。同时,善于运用正面引导的方式,帮助工友改掉一些小毛病,在工作中牢记"安全"二字。

反面警示。一是定期组织开展事故案例的学习。用鲜活的事例时刻警醒班组职工,让他们树立安全意识。二是广泛收集事故案例。与安检部门保持沟通和联系,广泛收集同行业、同工种发生过的事故案例,用这些案例有针对性地教育职工。三是引导职工从事故案例中总结教训、吸取经验。通过事故案例剖析,举一反三,帮助职工理解为什么会发生事故、发生事故的根源是什么,避免类似事情再次出现。

2.提高岗位技能

勤学苦练。一是利用业余时间有计划地学习班组专业技术理论知识,系统了解各岗位技术原理。二是坚持导师带徒,虚心拜老工人为师,在学中干、干中学,反复实践锻练,提高业务技能。三是按照"每日一题"的要求,理解每日一题的内容,做到应知应会。四是积极参加班组岗位练兵、区队技术比武和煤矿、集团技能大赛,提高岗位操作技能水平,用一流的技术确保安全生产。

学以致用。根据现场安全和生产工艺的需要"缺啥补啥",有针对性地学习安全知识和业务技术知识,运用科学知识处理问题、驾驭设备。带着技术问题学习,从书本中找答案。坚持从理论到实践再从实践到理论,反复学习、反复实践、不断提高。

共同提高。做好班组"传、帮、带",组织开展团队学习、反思交流、经验分享活动,提

高职工整体技能水平和综合素质。

3.提高团队凝聚力和战斗力

用模范行动凝聚职工。"喊破嗓子,不如干出样子",班长必须始终坚持"安全第一"的思想,做到"不安全绝不生产";坚持标准作业,带头执行各项规章制度;坚持冲在最艰苦的前沿,用模范行动带动人。

用有效交流凝聚职工。一是通过交流,使班组职工达成一致意见。二是分配工作任务时进行双向交流,不搞生硬的行政"命令"。通过交流,让职工乐于接受任务。三是注意观察职工的情绪,主动与职工交流,了解职工的工作、生活情况。四是分配工资时与职工进行交流,该奖的奖、该罚的罚,讲清原因。五是建立班组职工主动交流制度。

用亲情管理凝聚职工。亲情管理是白国周班组管理最重要的法宝。一是准确掌握班里每个工友的主要情况,定期召开班组谈心交流会。工友过生日,组织大家一起去庆贺;谁家有困难,组织大家一起去看望;工友心里有解不开的疙瘩,组织大家一起去开导;逢年过节,工友都带着家人一起聚会、一起热闹。二是要求班组成员做文明人、行文明事、上文明岗。避免因伤和气影响团结,避免因不良情绪影响安全生产。三是分配工资、评先等重要事项广泛征求工友的意见,根据生产任务、安全状况、工程质量、文明生产等日常考核进行分配,并找班组成员全程监督,做到公正、公开、公平。四是工友在工作中偶犯错误,不乱发脾气、生硬批教,而是循循善诱、因人施教,耐心指出问题的根源。遇到问题时不自作主张,和工友一起协商解决。

三、以煤矿现场安全管控为核心的白国周班组管理法效果

(一)探索了一套现代班组管理系统方法

班组是企业的最基础组织,是煤矿安全生产的前沿阵地和防范抵御事故灾害的第一道防线。在长期实践中,白国周班组坚持做到"三勤、三细、三到位、三不少、三必谈、三提高",用简单的方法破解了长期困扰煤矿现场安全管理薄弱的大难题,探索了加强班组现场安全管理的基本方法,体现了关口前移、重心下移抓班组、抓现场、保安全的思想,从本质上实现了全员、全过程、全方位的安全管理,找到了减少现场"三违"、防范事故的有效途径。同时,解决了煤矿现场管理"严不起来,落实不下去"的难题,为煤矿班组建设创造了成功经验,增强了搞好煤矿安全生产工作的信心。"六个三"内容丰富、特点鲜明,既体现了实事求是的思想方法,也包含着严谨细腻的工作方法;既有高度负责的管理精神,又有具体可行的管理制度,构成了一套符合煤矿实际的班组现场安全管控模式。

近年来,通过推广白国周班组法,使平煤神马各项制度不断完善、整体管理水平不断提高。一是班组管理不断加强,由原来的靠感觉管理变为靠制度、靠流程、靠标准管理。二是职工安全生产意识显著增强,上标准岗、干标准活、交标准班,做到时时想安全、事事会安全、处处能安全。三是职工综合素质显著提高,形成全员学习的浓厚氛围。四是班组的凝聚力、向心力明显增强,广大职工的团结协作意识、干事创业激情不断提高,成为促进平煤神马发展的强大合力。

(二)促进了安全生产和经济效益的提高

实践证明,企业的利润是靠班组来实现的,安全是靠班组来保证的。一个企业如果发生安全事故,不仅会残酷地剥夺人的生命,给家庭带来巨大的痛苦,而且还会给企业造

成巨大经济损失,企业形象、社会影响很长时间难以挽回。

白国周担任24班长年来,不仅创造了安全上无任何刺手碰脚的奇迹,而且使整个班组始终成为一个安全稳定、品质高效、亲善和睦的"大家庭"。从白国周班里走出的13名班组长,运用这套方法也取得了同样的效果。2006年,白国周班组管理法在七矿推广以来,全矿"三违"现象明显减少,杜绝了死亡和一、二级非伤亡事故。2008年,平煤神马通过推广应用白国周班组管理法,安全形势逐步好转。特别是近两年来,实现了"零死亡、零超限、零事故"目标,开创了安全工作的新局面。

(三)受到了各方面肯定并在全国推广

白国周班组管理法在社会上产生了强烈反响,受到了党和国家领导同志的高度肯定。张德江同志指出,"煤矿安全生产,加强班组建设发挥班组作用十分重要。'白国周班组管理法'是白国周同志在井下工作二十几年安全生产实践经验的总结和不断创新的成果。建议在煤矿系统推广'白国周班组管理法',把煤矿安全生产落实到班组。"王兆国同志指出,"白国周班组管理法"是很好的班组管理典型,工会要与有关部门一起抓好班组管理。"2009年,国家五部委联合下发《关于学习推广"白国周班组管理法"进一步加强煤矿班组建设的通知》,并在郑州召开推广大会,白国周班组管理法在全国煤矿系统得到全面推广。3年来,前来学习的单位达318家,应外单位邀请外出宣讲289场次。

(成果创造人:白国周、梁铁山、陈建生、杨建国、倪政新、周民路、
雷鸿聚、肖成胜、李保林、梁志山、乔明翰、刘少华)

大型钢铁企业同级审计管理

武汉钢铁(集团)公司

武汉钢铁(集团)公司(简称武钢)生产规模近4000万吨,2011年居世界500强企业第341位。长期以来,武钢从内在需要出发,将内部审计视为公司治理和内部控制的重要基石,充分发挥内部审计的监督和服务作用。从2009年开始,为进一步提升抵御市场风险的能力,以内部审计为抓手,有序开展对内部同级别职能管理部门的综合性审计活动(简称为同级审计),为顺利实现发展战略目标保驾护航。

一、大型钢铁企业同级审计管理背景

(一)帮助企业应对危机、实现发展战略目标的重要保障

2008年以来,国际金融危机爆发并持续扩散,世界经济衰退,我国钢铁行业遭受严重冲击。面对国内外经济环境复杂变化和重大风险挑战,武钢需要大力实施中西南战略和国际化战略,从武汉青山向中西南、向沿海、向国外"走出去"发展,加快转变发展方式和产业结构转型升级,不断优化钢铁主业布局,为持续推进第三次创业奠定坚实基础。

面对国际金融危机给企业生产经营造成的困难,武钢眼睛向内找差距,下大气力练内功、打基础,着力提高企业整体素质。通过同级审计,以全新的视角审视各项管理工作,查找制约企业改革发展的瓶颈问题,引起管理者及决策层的重视,从而系统性地提出解决方案,帮助武钢应对危机、破解发展难题,当好改革发展的"保护神",为实现"建设具有国际竞争力的世界一流企业"的战略目标保驾护航。

(二)向管理要效益、持续提升管理水平的有效手段

钢铁企业依靠扩大规模高速发展的时代已经过去,企业间的竞争集中表现为管理能力、创新能力、风险管控能力、资本运作能力、营销能力、队伍素质以及企业文化等软实力的较量。武钢是一个有50多年历史的国有企业,随着社会主义市场经济的不断发展,长期积淀的深层次矛盾和问题不断突显。在全球经济一体化、市场竞争全球化的新形势下,武钢既要与具有一流管理水平的世界优秀企业竞争,又要与其他国有企业和机制灵活、没有历史包袱的民营企业"同台竞技"。面对严峻的形势,通过持续改进和提升企业管理水平,向管理要效益,显得尤为迫切。

职能管理部门是企业的首脑机关和管理枢纽,对职能管理部门开展同级审计,是对管理的再管理、对控制的再控制。武钢通过对职能管理部门及其所辖的各个专业管理体

成果主创人:公司总经理邓崎琳

系开展审计,能够有效地抓住管理的"牛鼻子",发现企业内带有全局性的问题以及影响部门间管理协同效果的制约因素,向决策层和相关职能管理部门提供全面可靠的信息和建议,促进武钢持续改进和提升管理水平,提高核心竞争力。

(三)落实政府监管要求、完善企业内控体系的重要举措

2006年,国务院国资委公布了《中央企业全面风险管理指引》;2008年,财政部、证监会、审计署、银监会、保监会联合发布了《企业内部控制基本规范》。这为企业持续、快速、健康发展提供了政策指导,也给企业内部控制体系建设提出了新要求。

武钢将政府监管的要求融入审计实践之中,焦点关注企业系统性内部控制缺陷和风险,通过梳理各项内控管理业务,及时识别、提示和纠正系统性缺陷和重大风险,将内部控制与风险管理有机统一起来,不断完善内部控制体系,增强"免疫"能力。同级审计是加强企业内部控制,管理和防范企业风险、推进与企业发展相适应的内控体系建设的重要举措,也是控制舞弊、反腐倡廉,确保合规运行的有力武器。

(四)弥补传统审计不足、激发审计活力的必然选择

同级审计源于政府审计,是为区别于"上审下"而提出的。同级审计在政府审计中是一项十分常见的审计业务,而在企业内部由于受多种因素制约,审计部门对同级别的职能管理部门开展审计并不多见。在传统的"上审下"模式中所揭示出来的问题,有的在同一个单位屡查屡犯,有的在不同的基层单位普遍存在、长期得不到解决。这些问题的整改大多涉及到企业职能管理部门的协调或者涉及到公司层面相关管理制度的完善,因而整改难度较大,需要从问题产生的根源—职能管理部门入手才能解决。

武钢内部审计自加压力、迎难而上,由关注个体风险防范和注重微观审计,向关注系统性风险防范和微观、中观与宏观结合并重审计转变;由促进局部的、孤岛式流程优化,向促进系统性的流程优化转变;由关注业务运营的符合性和功能性,向关注业务和战略的融合、关注价值提升可能性大和风险发生可能性大的领域转变,积极开展同级审计,能够较好地弥补传统审计的不足,避免"头痛医头、脚痛医脚,治标不治本"的弊端,使得内部审计的道路越走越宽。

2009年以来,在开展传统审计的基础上,武钢不断拓宽审计思路,探索内部"同级审"新模式,以激发审计活力、提升审计价值。

二、大型钢铁企业同级审计管理内涵和主要做法

武钢坚持"服务企业发展战略,促进系统流程改善"的指导思想,以内控制度建设为主线,以风险管理为中心,以重点领域和关键流程为对象,科学运用内部控制自我评估(Control Self Assessment,简称CSA)等管理工具,通过审计部门对同级别职能管理部门开展综合性审计活动,审查各专业管理体系的健全性、功能性及符合性,评价其履职履责的效率和效果,揭示出企业的系统性、体制性及制度缺陷等问题,提出建设性意

新办公大楼

见和建议,转化利用审计成果,推动企业加强管理、改善运营、防范风险、提升效益。

在审计目标上,同级审计是以改善企业系统流程为目标,而不是解决局部问题;在审计重点上,同级审计关注的重点不再是控制环节本身,而是一个环节与另一个环节的接口部位;在审计活动参与对象上,企业内部各职能管理部门共同参与、协同作战,打破管理部门间的壁垒;在审计方法上,基于使用传统审计方法,科学运用CSA这一先进的管理工具;在审计效果上,同级审计揭示了影响企业发展的深层次问题,其结果更能引起企业决策层的关注和共鸣。主要做法如下:

(一)明确开展同级审计的思路与定位

为全面推进同级审计,武钢提出"紧扣公司发展脉博,与决策层保持高度一致,把适应公司发展战略目标、改善系统流程、提升管理水平作为审计工作的出发点和落脚点"的总体思路,明确"管理加效益"的审计定位,确立"立足管理、深入业务、完善内控、防范风险"的审计方针,并做好审计延伸(图1)。

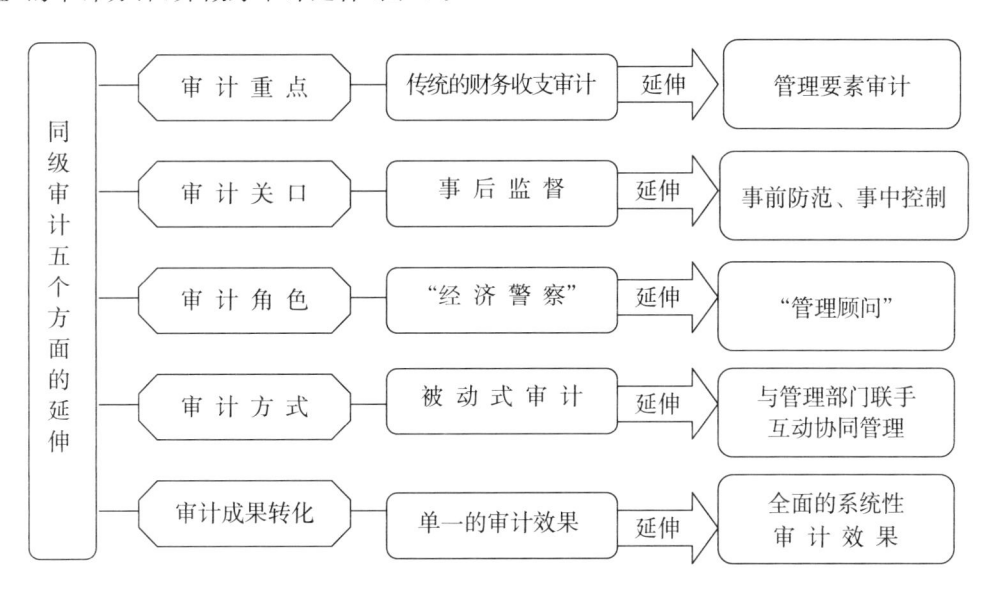

图1 武钢内部审计"五个延伸"

1. 建立科学的同级审计管理体制

武钢在集团公司层面设立审计委员会,由集团公司领导和主要职能部门负责人组成。该委员会作为内部审计的最高管理机构,负责对审计工作进行指导和检查。审计部属集团公司总经理直接领导下设三处一室五会,即经营审计处、工程审计处、投资审计处(海外审计处)和监事会管理办公室,并向所属分子公司派驻的5个监事会进行驻点监督。在子公司层面上,有9家下属子公司设立独立的审计机构,业务上接受集团公司审计部的指导。2011年,将审计部部长提升为审计总监,职级为集团公司总经理助理,协助总经理进行内部审计专业管理。目前,武钢建立起集团公司和二级单位的两级审计组织架构(图2),专、兼职审计人员达到200余人。

2. 构建高效的同级审计运行机制

武钢审计运行机制分为公司和部门两个层面,包括工作机制、约束机制及激励机

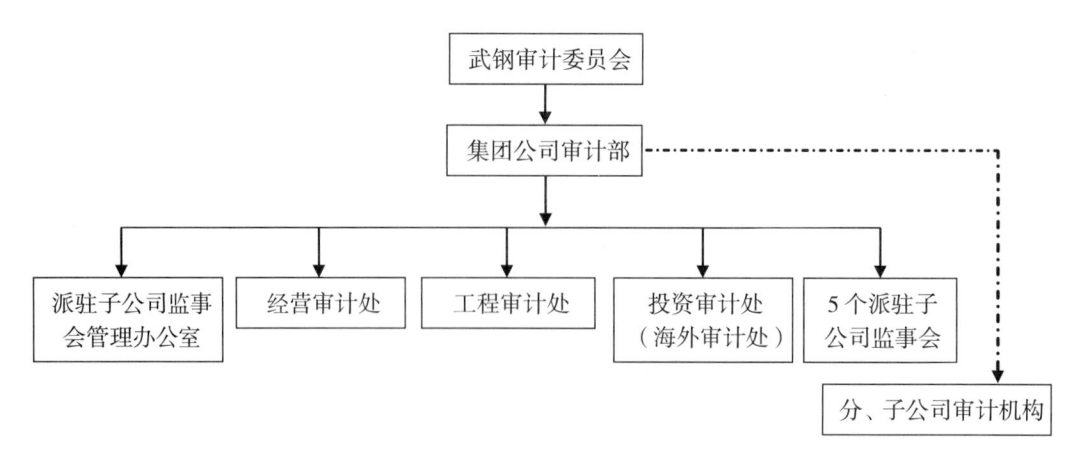

```
武钢审计委员会
    ↓
集团公司审计部 ·····────┐
 ↓    ↓    ↓    ↓    ↓           ┊
派驻子公司监事  经营审计处  工程审计处  投资审计处  5个派驻子    ┊
会管理办公室                      （海外审计处） 公司监事会
                                          ↓
                                    分、子公司审计机构
```

图2 武钢内部审计组织架构

制等。

在公司层面,每年年初下发内部审计年度计划,同级审计项目是审计年度计划的必备内容。审计委员会每年定期召开会议,听取审计工作汇报,并就审计发现的重大问题,特别是对同级审计涉及企业系统性问题的整改,提出具体指示或决议。总经理特别赋予审计部"审计无禁区,审计无死角;任何人可以审,任何地方可以查"的特权;审计部负责人不定期向总经理汇报,每一份审计报告都直接送达总经理和分送有关领导,审计部与武钢决策层之间保持畅通的审计信息通道。在二级单位主要领导干部参加的武钢月末会上,安排审计部负责人进行审计点评和案例剖析;把审计相关知识作为固定培训内容,纳入处级领导干部年度培训计划和新提拔干部任前培训;在《武钢工人报》、武钢电视台上开辟专栏,连续宣传普及审计知识和审计案例,使审计意识逐渐深入人心。

在部门层面,建立审计过程督导、审计报告分级复核、审计质量追责等制度;为鼓励审计人员把审计项目做深做透,建立优秀审计项目和优秀审计人员专项奖励制度,采取职位晋升、授予荣誉称号等多种举措,调动审计人员的积极性。

3.健全严明的同级审计制度体系

结合国家对企业监管的要求,加强内部审计制度体系建设。发布《关于进一步加强内部审计工作的通知》,提出加强内部审计的措施。修订完善《内部审计工作规定》、《内部审计处理处罚规定》、《经济责任审计实施办法》、《工程审计实施办法》、《境外工程项目审计办法》、《内部审计承诺暂行办法》等,使审计管理规范化和制度化。

(二)确立同级审计对象和主要内容

1.划分管理风险等级

武钢运用风险辨识、风险评估等手段,建立涵盖点、线、面三个层次,覆盖各个职能管理部门、各个专业领域、各个业务流程的风险数据库。审计人员利用风险地图管理工具,通过删补和编辑单体档案,对风险数据库进行动态维护和滚动更新,直观展现职能管理部门及所辖专业管理体系的主要风险点分布及当前状态。

在建立管理部门风险数据库的基础上,按风险影响程度、发生可能性、涉及金额大小等因素,通过坐标法对各管理部门进行风险等级确定。按风险等级划分三类:一是要害部门(如工程管理部门、物资采购部门、设备管理部门等);二是重要部门(如财务管理部门、人力资源部门、规划发展部门、生产技术部门等);三是一般部门(如安全环保部门、科技创新部门、运营改善部门等)。

2.确定同级审计对象和主要内容

同级审计不仅是对职能管理部门的审计,更主要的是对职能管理部门所辖的各个专业管理体系进行审计。在拟定内部审计年度计划时,结合当前管理的重点、难点问题以及决策层关心的热点,以管理部门风险数据库为指引,精心选择立项,做到有的放矢。从各职能管理部门庞杂的专业管理体系中,甄选出对武钢战略目标、企业管控、经济效益等具有较大影响的重点领域、关键流程和重要环节,并注重同级审计项目的"点、线、面"结合,力争做到同级审计"准确定位,精确把握",有效提升同级审计的效率和效果。例如,甄选人力资源领域计划外用工管理,每年涉及金额近10亿元,而且涉及现场生产和安全管理;设备管理领域的能源、物资计量管理,涉及企业各方面基础管理,关系到贸易计量结算的准确性和工序成本的真实性;工程管理领域的土地管理,对于有效规划和利用公司土地资源、充分发挥土地资产效能具有重要意义。

同级审计的主要内容:一是内控制度建立及执行情况;二是预算编制及执行情况;三是管理部门重要职责履行情况;四是重大决策的审批及执行效果;五是企业风险识别及控制情况。

同级审计涉及的管理控制活动:不相容职务相互分离控制、授权批准控制、会计系统控制、预算控制、财产保全控制、风险控制、内部报告控制、电子信息技术控制等。

(三)实施覆盖全面、重点突出的同级审计

1.建立审计双方联手互动、协同管理的机制

同级审中,审计部门与各职能管理部门是同级别的,审计双方除了审计与被审计关系外,更多的应是一种协同管理、良性互动的关系。

武钢在开展同级审计过程中,十分注重改进审计双方关系。在不同的专业领域,审计双方围绕一个共同的目标开展联手协同运作(表1),实施无壁垒的组织活动和新型的"借脑"运作,不仅促进职能管理部门资源共享、提高部门间管理效率,而且带动相关部门各自敲响警钟、承担责任、落实审计整改,促进内控体系建设。

表1 审计双方联手协同运作

内部控制领域	审计双方的联手协同运作								审计双方的共同目标
	工程管理部门	物资采购部门	规划发展部门	财务管理部门	人力资源部门	设备管理部门	生产技术部门	科技创新部门	安全环保部门	
建设工程领域	√									降低建设工程投资,确保工程质量、进度、投资、安全四大目标

续表

物资采购领域	✓						控制敏感部门个人失职等行为造成的损失,实行阳光采购,规避采购领域的风险
对外投资领域		✓					强化对投资全过程的审计监督,规范对外投资行为,规避投资决策风险
企业财务领域			✓				规范费用支出程序,确保企业会计信息的真实与完整
人力资源领域				✓			加强薪酬及劳务费管理,降低企业人工成本
设备运行、物资计量领域					✓		促进设备安全运行及物资计量规范管理
生产技术领域						✓	规范工序管理,提高产品质量增强产品的市场竞争力
信息化建设领域						✓	提高公司管理软实力,加强精细化管理
安全生产及环保领域							✓	确保企业安全生产及环境保护目标

同级审计涉及的部门、单位多,审计时间往往比其他项目长。审计部有效整合内外部资源,打破各业务单元之间的界限,调集既熟悉企业内部情况又懂管理的人员到审计小组,必要时还聘请公司内部管理专家和技术专家参加审计项目,审计项目实行扁平化管理。

2．合理投入审计资源,有针对性实施同级审计

武钢适时调整审计工作重心,以改善企业系统流程为目标,将风险导向审计理念贯穿始终,以点带线、以线带面,在企业管理的重点领域、关键流程实施近20项同级审计项目,不仅有效防范和控制重点领域的主要风险,促进武钢系统流程优化,而且减少审计"四处出击",节约内部审计资源。

为有序推进同级审计,审计委员会提出"要害部门年年审、重要部门重点审、一般部门抽查审、领导变动必须审"的工作要求。根据确定的管理领域风险等级,采取与其风险等级相适应的同级审计实施策略,以甄选出的重点领域、关键流程和重要环节为切入点,合理投入审计资源,对职能管理部门开展覆盖全面、重点突出的同级审计,着力揭示系统性、体制性及制度缺陷等问题,引起决策层及相关部门高度重视。

一是要害部门年年审。对于工程管理、物资采购、设备管理等要害部门,采取"年年审",及时发现问题,预警风险,堵塞管理漏洞。

针对工程项目投资大、风险大、不可逆等特点,每年坚持开展工程管理部同级审计,对工程设计管理流程、设备采购流程、超投资项目、总包工程、海外投资工程等进行专项同级审计,促进工程管理部不断完善管理制度,堵塞管理漏洞。例如,2011年对导致工程

质量、施工安全、投资控制及廉政建设频出问题的工程转包挂靠这个"恶性肿瘤"开刀,对2000多个工程项目进行抽查,发现40多个项目不同程度存在问题。通过与工程管理部门反复交流确认,指出相关管理制度、现场管理以及施工单位分包管理中存在的问题,并提出审计意见和建议。工程管理部门通过整改,已将分包单位从64家减少到23家,监督民工工资直接发到个人卡上,工程质量大幅提高,没有出现工亡和廉政事故。

在原燃料价格大幅度上扬的情况下,降低采购成本尤为迫切。围绕大宗原燃料、备品备件、有色金属等物资采购进行专项审计,发现存在的管理问题28项,如供方中间商比例过大,大量的物资采购通过贸易商,加大采购成本;供方业绩动态跟踪管理不力,供方优化不彻底,无业绩供方没按规定及时淘汰等。针对各项问题,提出16条意见或建议,如鼓励和引导公司内部单位开发同类产品,引入竞争机制,降低采购价格;对独家供货的厂家,建议采取协议保产形式,减少对厂家的过分依赖;组织清理集中度不高、关联度不强、诚信度不够的中间商,降低采购成本和物资采购风险。采购管理部门根据审计意见和建议,完善物资采购管理制度,细化采购各个环节的控制,有效控制采购成本。

针对能源介质计量专业性强、领域新、点多面广,涉及武钢多个管理部门和操作单位的特点,选取占能源介质比重70%的水、电和煤气作为审计对象,通过对供能、计量、使用、管理、核算等多个单位和部门在计量管理、器具配备、数据传递及部门履职履责等进行审计,发现计量管理缺位、制度不完善、供能收费不规范及供能单位违规操作等问题。

二是重要部门重点审。对于财务管理、人力资源、规划发展、生产技术等部门采取"重点审",推动建章建制和规范管理,从源头上堵塞漏洞。

为规范商业保险、财产保险管理流程,控制非生产性费用支出,对经营财务部归口的商业保险、财产保险进行同级审计。通过商业保险审计,发现在购买商业保险方面没有统一管理规定,有的单位违反费用开支渠道规定擅自购买商业保险等问题。在对违规操作单位提出考核意见的同时,提出规范商业保险管理流程的建议。经营财务部根据审计建议,会同人力资源部、安全环保部,优化购买商业保险的管理流程,形成由安全环保部负责审批、由经营财务部统一办理的控制程序。2011年,再次将财产保险管理纳入到同级审计范畴,审计小组对近两年机动车辆保险、财产一切险、机器损坏险、货物运输险的管理和制度执行情况进行全面检查,发现财产保险集中管理制度有待完善,经营财务部监督各单位财产投保、理赔的职责有待强化,各单位对保险政策和保险格式条款的解读有待提高,出险后理赔意识有待加强等问题。经营财务部和相关单位采纳审计意见后,重新修订《财产保险管理规定》及细则,相关单位收回多支付给保险公司的保险费用,并对责任人员进行处理。

为规范计划外用工管理,降低劳务费用,对人力资源部劳务费预算执行情况进行同级审计。通过审计劳务费预算编制及执行情况、劳务用工管理情况等,对各类劳务用工的范围及费用划分进行界定,发现劳务用工管理制度缺失、缺乏健全的岗位体系和规范的定价机制、劳务工预算管理内外"两张皮"等问题。根据审计建议,人力资源部成立劳务用工管理办公室,建立劳务用工统一管理平台,对劳务用工市场进行全面清理整顿,并下发《关于精减劳务费用的通知》,使全口径劳务费用下降50%。

三是一般部门抽查审。对风险程度较低的一般部门,采取"抽查审"的方式,对可能存在的管理短板和缺陷进行"拾遗补漏",为企业管理系统的整体改善起到推动作用。

通过对科技创新部ERP信息系统建设情况进行同级审计,总结科技创新部近10年来推进ERP信息化建设所取得的成绩,同时指出ERP系统在实际应用上与设计预期和国内先进企业比,还存在亟待改进和完善的若干问题。一是未开发预排程及一体化排程功能,制约产销研的协同作用;二是"物流供应链系统"未全面推进上线,没有实现"以财务为中心"的信息化目标,削弱财务对业务的监控作用;三是ERP系统数据管理薄弱,指标体系规则不统一,不能很好地为管理层提供决策支持;四是信息化成果未及时得到固化,知识管理薄弱,ERP系统先进的管理模式难以输出和移植等。总工程师要求科技创新部认真落实整改,进一步理顺和强化信息系统管理。

四是领导变动必须审。对于职能管理部门"一把手"离任,人力资源部均要向审计部下达离任经济责任审计委托函。

在对硅钢管理部的同级审计中,除了按常规对部门领导人员任职期间履职履责情况及主要经济指标完成情况进行检查外,着重审计该部负责的专业管理流程,即检查硅钢一贯制管理流程的健全性、功能性、符合性。对照《硅钢品种质量一贯制管理办法》,指出硅钢一贯管理中存在的若干问题。同时,与硅钢专家、一线技术人员及售后服务人员进行广泛交流,对影响和制约硅钢发展的诸多问题进行深入调研。最后,提出"关于巩固和扩大武钢硅钢市场优势的若干问题",供决策层参阅。

(四)运用现代技术方法提升审计效率和效果

武钢在开展同级审计实践中,按"持续改进、动态调整、辐射深入"工作思路,坚持"借鉴－实践－完善－再实践"的原则,将CSA技术方法与一系列同级审计实践密切融合,充分发挥审计系统的整体功能,达到管理联动、纲举目张的效果(图3)。

1. 科学运用专题研讨会法

召集相关人员就内部控制的特定方面或过程进行讨论及评价,使组织中不同层次的管理人员了解内控系统存在缺陷的具体环节以及可能产生的后果,主动采取行动进行改进。在对设备管理部物资计量同级审计项目中,审计小组邀请计量管理、物资采购、计控、财务结算等单位的专家,对照内部控制5五要素,就武钢沿江港口矿石、废钢、球团矿及电煤等物资的采购、仓储、计量及财务结算环节的管控情况进行研讨,对涉及到管理部门间横向协同、部门对下属单位的纵向管控以及下属单位制度执行等方面情况充分发表意见。通过研讨,审计小组分别绘制出武钢物资铁路、公路、水路的计量管理流程图以及沿江港口矿石采购计量流程图。经过审计深入调查,分析发现由于物资计量管理流程中采购、仓储、财务三者之间信息未形成闭环,存在着管理部门间协同不力、物资计量数据失真、财务核算和实物盘点不实、计量管理不到位等问题和薄弱环节。而后,审计小组再次召开专题沟通会,相关部门和单位对审计发现的物资计量问题充分发表意见,提出建设性建议,使武钢物资计量管理工作得到长足进步改进。

2. 科学运用调查问卷法

为找准管理的重点与难点,审计部在武钢全公司范围内开展审计风险调查问卷,调查内容涉及产、供、销、人、财、物等32类、168项,调查覆盖公司领导、管理人员、技术人员及职工代表各个层面。通过近1000份问卷的统计分析,深入了解投资、采购、建设工程

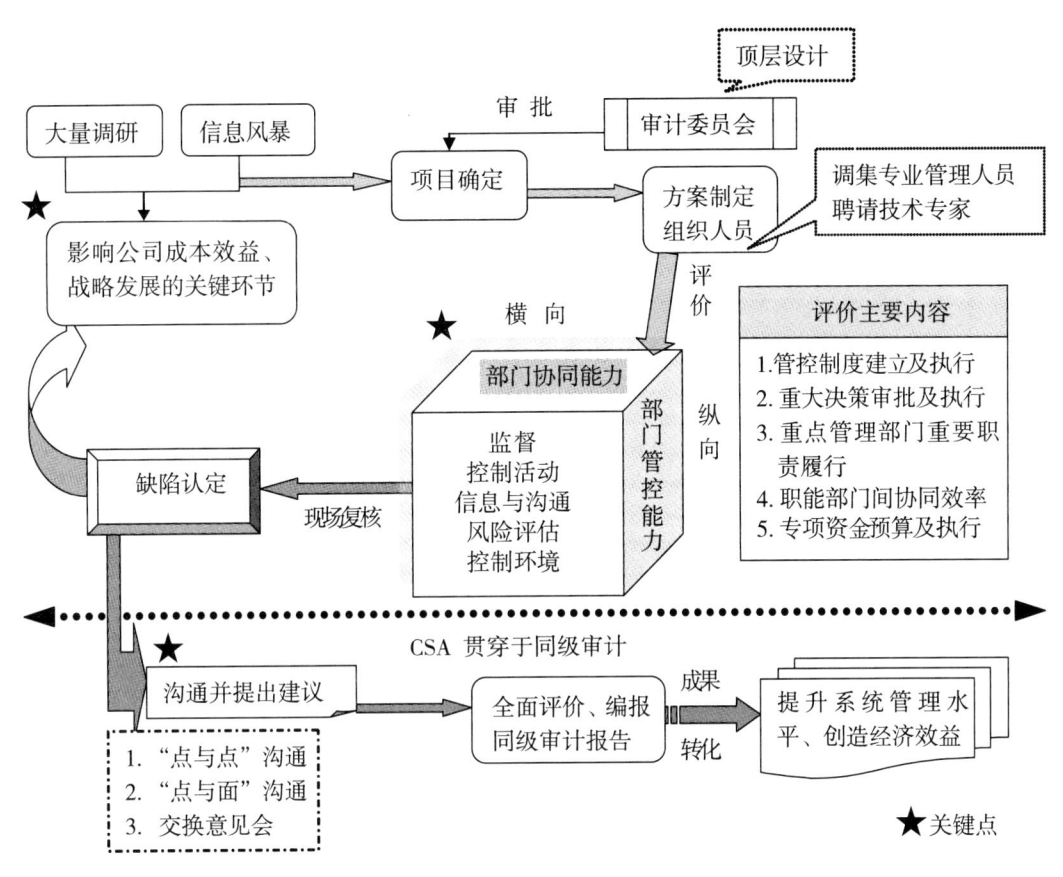

图 3　武钢同级审计中运用 CSA 方法的主要步骤

等领域的风险,以及易被忽视的专项费用、福利费用的使用,形成对武钢风险进行审计的总体规划,每年发布年度审计计划。

为规范物资采购管理,对采购管理部门组织开展内部控制调查(见表 2)。

表 2　物资采购内部控制调查表

审计单位名称	XX 部门	日　期			索引号	
审计项目名称	物资采购内部控制调查	编制人			XX	
会计期间或截止日	20XX 年	复核人	XX		页次	
问　题		是			否	不适用	备注
		强	弱	一般			
1. 所有物资采购是否以合法经营需求或目的为依据?							
2. 物资采购是否经过适当的授权批准?							
3. 是否以最具成本效益的方式取得物资?							
4. 是否对物资采购实施合同控制?							
5. 是否对物资采购不相容职务执行了分离?							
6. 是否对承担采购职责的员工进行定期轮岗?							

续表

项目					
7.大宗物资采购的招议标是否经过纪检效能监督？					
8.供货商选择是否做了充分的调查并持续监督供货商业绩？					
9.采购物资的价格确定是否合理？					
10.有无健全的物资价格信息控制措施，包括物价信息收集、分类、加工、比较的程序控制，信息的质量要求，信息资料的归档保管等？					
11.是否对到货物资由独立部门组织认真验收？					
12.对验收不合格的采购物资是否及时查明原因落实责任？					
13.是否对物资采购进行了永续盘存记录？					
14.在缺乏永续盘存记录时，是否存在补偿控制措施？					
15.物资采购是否实施了ABC分类管理法？					
16.是否对物资进行定期盘点？					
17.是否在有关物资采购票证审核一致、无误的基础上确认应付账款负债？					
18.是否定期发送供货商对账单？					
19.有无物资接触和记录使用控制措施？					
20.对物资采购是否采取了健全的凭证和记录控制？					
21.是否有针对计算机环境下物资采购信息处理的安全控制标准和措施？					

3.科学运用专家引导法

在同级审计中，邀请企业生产技术、生产管理、产品研发等方面的专家参与审计，既可以弥补审计人员在生产、技术专业知识方面的不足，又可以提高审计效率，使审计结论更贴近专业实际。在硅钢管理同级审计中，硅钢管理部门作为武钢专门负责硅钢生产技术、产品质量、研发管理以及国家硅钢技术标准制定的管理部门，具有工艺复杂、技术性强、管理严、保密性强的特点。如何审，用什么标准审，都没有现成的方法可循。审计小组运用专家引导法，邀请武钢硅钢专家讲授硅钢生产、技术等方面的专业知识，介绍管理流程、管理模式等，同时还介绍国家相关产业发展政策和国内外先进企业的产能规模、产品种类、技术水平及管理方法，对审计人员进行专业知识"速成培训"。

4.科学运用成果利用法

审计人员在完成某项内部控制评价、出具《审计报告》后，进一步从宏观层面和制度上、管理上探寻分析问题，提出建设性意见，提升审计成果价值，及时为企业决策层提供重要信息。武钢创办言简意赅的《审计内参》，从头绪纷繁的审计结果中提炼出影响管理全局的成果，及时反映涉及税收筹划、工程管理、管控模式优化、相关产业战略发展、核心产品竞争力提升等方面的重要问题及审计建议，受到决策层和相关管理部门的高度重视。对于性质严重、影响面较大的问题，采用《审计通报》的形式，在武钢全公司范围内通报审计结果及考核处理意见，收到"审计一项、警示一批、规范一片"的效果。

5.科学运用管理分析法

在总包工程管理同级审计中,审计人员从武钢内部与外部多渠道收集信息,多维度剖析问题、多视角寻找根源(见表3)。面对浩瀚的信息和数据,建立数据分析模型,将同一项目总包施工图纸量与商务报价审批量、分包工程中标量、现场实际施工量进行多维对比、测算,发现存在较大量差。运用风险评估工具,测试内控流程的执行效率与效果,发现关键环节执行不力等问题。运用管理分析法,审计人员提出健全总包工程管理流程、严格执行设计变更审批制度、加大费用审批、实物验收、工程结算的控制力度等建议。武钢领导要求立即整改,并在全公司范围内开展多部门联合检查和各单位自查,为提升总承包工程管理水平、防范经营风险、提高经济效益发挥积极作用。

表3 总承包工程同级审计主要资料清单

序号	资料名称	公司内部/外部资料	资料来源	风险识别分析	数据模型分析
1	可行性研究报告及批复	内部	规划发展部门	√	
2	投资计划及批复文件	内部	工程管理部门	√	
3	工程设计总概算	内部	工程管理部门	√	
4	单项工程综合概预算书及批准文件	内部	工程管理部门		√
5	工程预算及补充修正预算	内部	工程管理部门		√
6	招投标文件(包含商务报价审批量)	内部	工程管理部门		√
7	总承包合同	外部	总承包单位	√	
8	施工合同、补充合同	外部	总承包单位		√
9	全套施工图纸(包含主要材料、设备清单)	外部	总承包单位		√
10	施工组织设计或施工方案	内部	工程管理部门	√	
11	设计及设计变更图纸	内部	工程管理部门		√
12	工程变更签证资料	内部	工程管理部门	√	
13	投标方案	外部	总承包单位	√	
14	工程分包合同、设备采购合同	外部	总承包单位		√
15	主要材料、设备现场验收资料	外部	监理单位	√	
16	工程完工前调试运行验收资料	内部	产权单位	√	
17	有关总包工程实施的会议纪要	内部	工程管理部门	√	

(五)充分发挥同级审计的联动效应

武钢运用PDCA循环模型,加强与各职能管理部门的协调和沟通,实现资源共享、步调协同、优势互补、信息相通,使同级审计整改率达到95%以上,促成一大批同级审计成果转化,形成"发现问题—部门协同运作—切实落实整改—管理持续提升"的闭环审计模式,发挥同级审计的联动效应。

1. 标本兼治,联手协同管理部门共促整改

同级审计揭示的是对企业成本效益或机制、体制、关键流程控制等有重大影响的问题,这些问题的整改大多涉及到多个部门和单位,非一个部门或单位能独立彻底完成。因此,在坚持"问题不整改不放过,严重违规违纪问题不处理不放过"原则基础上,不仅加大与管理部门的联手协同,而且深入基层单位,加强服务与咨询。

在落实同级审计整改过程中,不是简单地下发整改通知书、督促被审计单位自己整改,而是站在全局角度上,由审计部和相关管理部门、基层单位三方共同"会诊",完善制度、规范流程、改善运营。例如,在落实能源计量同级审计整改时,审计部组织设备管理部、制造管理部、工程管理部、经营财务部、能动公司、计控公司等多个部门和单位召开审计整改推进会,围绕关键节点深入剖析,查找原因,达成共识,落实整改,形成相关部门和单位齐抓共管的新局面。通过修订能源计量管理办法,明晰各部门和单位职责边界,缩短能源计量纵向管理层次,优化能源计量管理流程。

秉持"服务寓于监督"的理念,深入基层,夯实同级审计整改工作,充分发挥审计咨询与服务功能。例如,为确保产品质量管理同级审计整改落到实处,审计小组与用户管理办公室一道,走访制造管理部、质检中心及主要生产厂,深入生产一线,查找产品质量缺陷产生的根本原因,区分主观和客观原因落实整改,并召开专题分析会议和审计整改会议。由用户办牵头,重新修订《用户服务管理及产品质量异议考核细则》,完善产品质量异议"赔一罚一"制度,加大对质量异议整改过程的跟踪力度。

2. 动态跟综,持续推进审计成果转化利用

武钢运用 PDCA 循环模型,对整改情况动态跟踪,持续推进同级审计成果转化。按照 PDCA 循环模型,同级审计整改流程划分为四个阶段,即审计沟通、审计建议、审计意见整改和审计成果跟踪。

同级审计整改通过持续改进,发挥同级审计成果运用效力,整合多个审计成果,达到系统管理水平的阶梯式提升。在对采购管理部门沿江港口矿石的同级审计后,审计部继续对该项目进行动态跟踪和"回头看",促进采购管理部门不断加大管控力度,采取驻港监装、控制损耗和保证质量等多项措施,促进沿江港口矿石途耗管理流程优化和高效运行。2010 年矿石途耗从 2009 年的 1.26% 降至 0.84%,2011 年途耗又降至 0.67%。按照每年进口矿 1800 万吨计算,近两年降成本约 1.08 亿元。

(六)建设能审计、会管理、懂技术的复合型队伍

1. 确保审计队伍的稳定

明确规定"保持审计队伍稳定,在公司机构改革、人员调整中,不得削弱审计力量"。近年来,武钢实施多次机构改革,机关部门由 17 个精简到 12 个,机关管理人员减少 55%,唯独审计部未减一人,充分保证审计队伍的稳定。目前,审计部人员专业结构包括管理、财务、工程、经济、技术、法律等,100% 达到本科以上学历和中级以上职称,其中 26 人具有高级职称,15 人具有注册会计师、注册造价工程师或国际注册内部审计师资格。

2. 倡导坚持原则、敢于碰硬的职业操守

审计部门的威信建立在公正严明之上。因此,要求审计人员坚持原则、敢于碰硬,加强对国有资产的责任感和忠诚度,在大是大非面前保持鲜明的立场。

3. 加强各类培训与提高审计人员素质

按照"缺什么、补什么"的原则,以多种培训形式为审计人员贴身定做"营养餐"。开展的培训既有审计协会、国内名校、国际知名管理机构开办的高级管理培训,也有政治思想、职业道德培训,还有以审计项目作为案例的"以案代训"、"项目培训"。通过加强各类培训,建立信息互动平台,提升审计人员的综合素质,建立"不唯上、不唯书、只唯实"的审

计价值观,树立"客观公正、廉洁开拓"的工作作风,形成"敢于审计、善于审计、团结协作"的工作氛围。

三、大型钢铁企业同级审计管理效果

(一)企业系统流程明显改善

3年多来,武钢开展同级审计20余项,提出审计建议近百条,推动公司层面建章建制10余项,促进部门建章建制近30项。在工程建设、物资采购、财务管理、生产管理、计量管理等多个重点领域和关键流程,推动和促进一系列的管理流程再造,一些长期困扰企业的管理痼疾得以解决,系统流程得以明显改善。

例如,通过对硅钢管理部开展同级审计,引起集团公司决策层高度重视,推动了硅钢管理体制的变革。武钢成立硅钢事业部,打破了30年的硅钢管理运营模式,把产品研发、原料、生产、销售各环节进行了系统整合,极大的释放了产品创新能力。

(二)促进了企业经济效益的增长

武钢通过全面开展同级审计,取得了增收节支、挽回损失及开辟新的利润增长点等显著效益,累计金额近3亿元,达到了"管理出效益"的目的。例如,2011年对财产保险管理开展同级审计后,经营财务部在2012年积极落实整改建议,通过对财产保险费率进行公开招标,使海运险、机动车辆险等险种费率比2011年大幅下降,每年节约财产保险费1000多万元;2011年科技创新部通过加大对技术贸易的规范引导,技术贸易额不断增长,对外技术贸易收入比上年增加近800万元;通过加强工程结算环节审计,合理控制工程造价,2011年审减工程款近1000万元。

(三)企业内部审计公信力进一步提高

各职能管理部门和基层单位对审计的认识有了新的提高,许多单位已经从被动接受审计发展到主动要求审计。随着审计质量的不断提高,涌现出一大批优秀审计项目,审计成果越来越受到重视和广泛应用。同时,还取得了丰硕的理论成果和管理成果。

2009年以来,审计部连续3年被评为集团公司总部A类部门、集团公司红旗单位和红旗党总支。在部门履职履责评价中,审计部连续3年名列前茅,被公司领导誉为部门履职履责的榜样。武钢审计部部长被国务院国资委评为"中央企业优秀共产党员",并被集团公司授予"十一五特别贡献奖"。2011年、2012年,审计部分别有一名审计骨干荣获集团公司"有突出贡献人员"荣誉称号。

武钢内部审计工作多次受到国家审计署、国务院国资委及湖北省审计厅的肯定和好评。在3年一度的"全国内部审计先进单位"评选中,武钢连续四次蝉联全国先进单位荣誉称号。2011年,审计署高度评价"武钢审计是一流的内部审计"。

(成果创造人:邓崎琳、吴声彪、刘立新、王雨莉、张俊杰、陈 勇、蒋慧玲、江 锋、张晓薇、黄 兵、杨花萍、李建兵)

提升整体效能的汽车企业标准化管理体系建设

重庆长安汽车股份有限公司

成果主创人：公司总裁张宝林

重庆长安汽车股份有限公司（简称长安汽车）始建于1862年，隶属中国兵器装备集团公司，现有6大基地、15个整车和发动机工厂，具备年产汽车200万辆、发动机200万台的能力；形成轿车、微车、客车、卡车、SUV、MPV等低中高档、宽系列、多品种的产品谱系，拥有排量0.8L到2.5L的发动机平台，成功推出逸动、CX30、悦翔、奔奔、欧诺等系列自主品牌车型；建立"五国九地、各有侧重"的研发格局，研发实力排中国汽车行业前列，在新能源汽车研发、产业化、示范运行方面走在全国前列。2010年，长安汽车自主品牌产量排名世界第13位、中国第1位；2012年，品牌价值达到346.3亿元，位居中国最有价值品牌前10位。多年来，长安汽车一直位居重庆市工业企业首位，是中国制造业100强、中国上市公司20强企业。

一、提升整体效能的汽车企业标准化管理体系建设背景

（一）解决管理文件多、乱、复杂的需要

近10年来，长安汽车通过不断向国际一流汽车企业对标和学习，各业务领域都要求把各种优秀管理实践转化为规章制度，用于规范和指导日常工作。但是，由于缺乏总体统筹和管理，各部门和分子公司在建章建制方面各自为阵，造成记录在册的各类管理办法、制度、手册、细则等文件多达3500多个，不仅重叠交叉、逻辑混乱、版本不清，且文件间出现较多矛盾冲突，导致管理运行过程中出现大量问题。

同时，长安汽车组织开展多项国家和行业标准体系认证，包括ISO/TS16949（质量管理体系—汽车行业生产件与相关服务件的组织实施ISO9001：2000的特殊要求）、ISO14000（环境管理体系）系列标准、ISO18000（职业健康安全管理体系）系列标准等。但是，由于前期标准建设基础薄弱，每次都要按要求重新编制（修订）各自独立的体系文件，以满足认证要求。一方面，员工在未完全消化各类体系内容的情况下疲于应付多套文件的编写，标准与实际工作严重脱节；另一方面，各种体系所涵盖的管理要求未经梳理就下放到基层执行，多头管理现象严重，有些班组长甚至每天要填写上交40多个纷繁复杂的表单。因此，体系和执行"两张皮"的现象日益突出，各类文件也逐步丧失对企业管理的规范和指导意义。

（二）实现并购企业整合、一体化运作的需要

近年来，随着各项业务快速发展、产销规模不断扩大，长安汽车逐步形成"多品牌、多产业、多品种、多基地"格局，面临着各成员企业利益诉求不统一、业务模式不统一、绩效评价不统一等多方面问题。每年都向各成员企业派驻大量的领导干部和业务骨干，加强对各成员企业的直接管控，传承、发扬优秀管理经验，促进成员企业提高管理水平。但是，部分成员企业管理水平始终提不高，连续多年都难以完成总部下达的业绩目标；部分成员企业倾向于关注短期业绩指标，忽视总部有关于核心能力培养的要求。特别是通过兼并重组新加入的企业，由于成长背景、发展阶段不同，无论是企业文化的培养还是管理体系的建设，都与总部的要求有着较大差异。同时，各成员企业间指标的计算口径和方法各异，很难进行科学评价和横向对比，资源浪费、成本增加及效率低下等问题日益严重，导致集团总体战略目标难以有效贯彻落实。

构建标准化管理体系，统一管理语言、规范管理秩序，运用标准化、模块化的管理思路进行快速复制、远程投放，实现对成员企业的统一规划、统一管理、统一评价，成为提升长安汽车整合能力、实现一体化运作的重要任务。

（三）借鉴国外先进经验、缩短管理差距的需要

纵观汽车工业发展历程、对标国际一流汽车企业，从福特的"作业标准化"到通用的"绩效标准化"再到丰田的"方法标准化"，反映了汽车企业运用标准化管理实现成长与控制、不断走向成熟。成功没有捷径，缺乏标准化管理体系的企业几乎不可能短期内做大做强，亦不可能实现长期稳定增长。同时，随着汽车行业竞争的加剧，靠一个产品、一个奇招打遍天下的时代已经过去，企业间的竞争已逐步过渡到管理体系之间的竞争。

反观长安汽车，由于内部运营缺乏稳定的管理体系，也就缺乏可持续积累的基础和原点，造成优秀管理者的知识和经验得不到充分挖掘和传承，而新上任的管理者往往倾向"推倒重来"，不习惯在前人基础上继承和发扬，组织知识始终得不到有效沉淀，组织能力一直在低水平徘徊。

长安汽车要以29年的蹒跚之旅去赶超福特汽车百年的积累、丰田汽车60余年的沉淀，必须扎扎实实从基础做起，一步一个脚印的前进。借鉴国际一流汽车企业经验，建立起稳定可积累的标准化管理体系，成为企业长足发展的必然选择，也是推动中国汽车自主品牌快速成长的必由之路。

二、提升整体效能的汽车企业标准化管理体系建设内涵和主要做法

长安汽车以业务流程为主线，通过将ISO/TS16949、ISO14000、ISO18000、CPS（长安精益生产体系）等多个内外部管理体系进行有效融合，将分散在各业务领域的管理标准进行系统串联和全面整合，建立起包含业务评估标准、业务操作规范、表单和精益管理工具等在内的标准化管理体系。在此基础上，在企业内外部全面实施应用标准化管理体系，并通过管理审

2012年4月，国务院国资委主任王勇视察长安汽车

计、种子工程等手段持续提升标准化管理体系的质量。从而为企业良性发展奠定了坚实管理基础,有效支撑了企业一体化运作,提升了企业运营效率。主要做法如下:

(一)明确标准化管理体系建设原则和架构

长安汽车以统一为核心,按照简明、有效、合规的原则,在各业务领域建立起包含业务评估标准、业务操作规范、精益管理工具等在内的标准管理体系。其中,"简明"要求管理标准结构清晰、职责明确、文字简约;"有效"要求管理标准清晰定义工作步骤、标准、质量并形成 PDCA;"合规"要求管理标准必须符合国家法律法规和行业标准要求。

针对层级不同、范围各异的规章、制度、规范和手册等文体并存的现状,基于各层级使用者不同的立场和需求,充分借鉴 TS16949、福特汽车的管理体系结构,以应用为导向,"自我修复"为目标,对管理标准的文件体系实施再造,确定包括业务评估标准、业务操作规范、表单和工具在内的三层标准化管理体系架构(图1)。该架构从结构上实现从评估到执行、从非结构到结构化的自我修复循环。同时,长安汽车设计出一套统一的文件模板,以求用最匹配的展现方式将管理要求层层落地,精准体现管理本质。

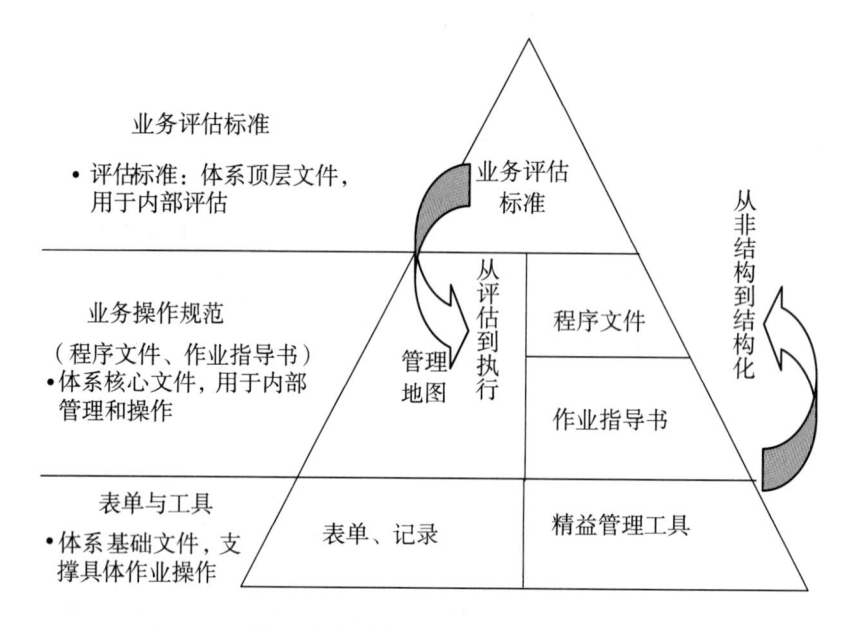

图1 长安汽车标准化管理体系架构

(二)以统一为核心制订标准化管理体系

1.运用流程分类分级方法确定业务管理框架

长安汽车打破原有以职能职责为核心的思维方式,以流程视角重新对企业运行逻辑进行全面审视。搜集、整理和分析近2800份各类现行管理规章制度,从汽车行业价值链出发,分战略、运营、支撑三个层面,遵循 MECE(相互独立、完全穷尽)原则将各项业务进行重新分类,形成长安汽车业务流程总图(图2)。在此基础之上,深入分析各业务运行逻辑,结合标杆企业实践逐层分解,将每个业务领域内的子流程重新归纳整理,运用流程清单(表1)统一展现,最终形成一套完整的以流程为主线的业务管理框架,共计 25 个业务领域、599 个子流程。

提升整体效能的汽车企业标准化管理体系建设

A 战略类
1. 战略与投资管理
2. 合资合作

B 运营类（OA-PDS 产品开发，OTD 从订单到交付）
1. 市场管理
2. 产品管理
3. 工艺管理
4. 采购与供应商管理
5. 制造管理
6. 销售管理
7. 客户管理
8. 物流管理
9. 海外业务管理

C 支持类
1. 财务管理
2. 人力资源管理
3. 科技管理
4. 质量管理
5. 创新及流程管理
6. 工程建设管理
7. 审计管理
8. HSE
9. 纪检监察
10. 法律事务
11. 行政管理
12. 固定资产调配管理
13. 信息管理
14. 党群工作

图2 长安汽车业务流程总图

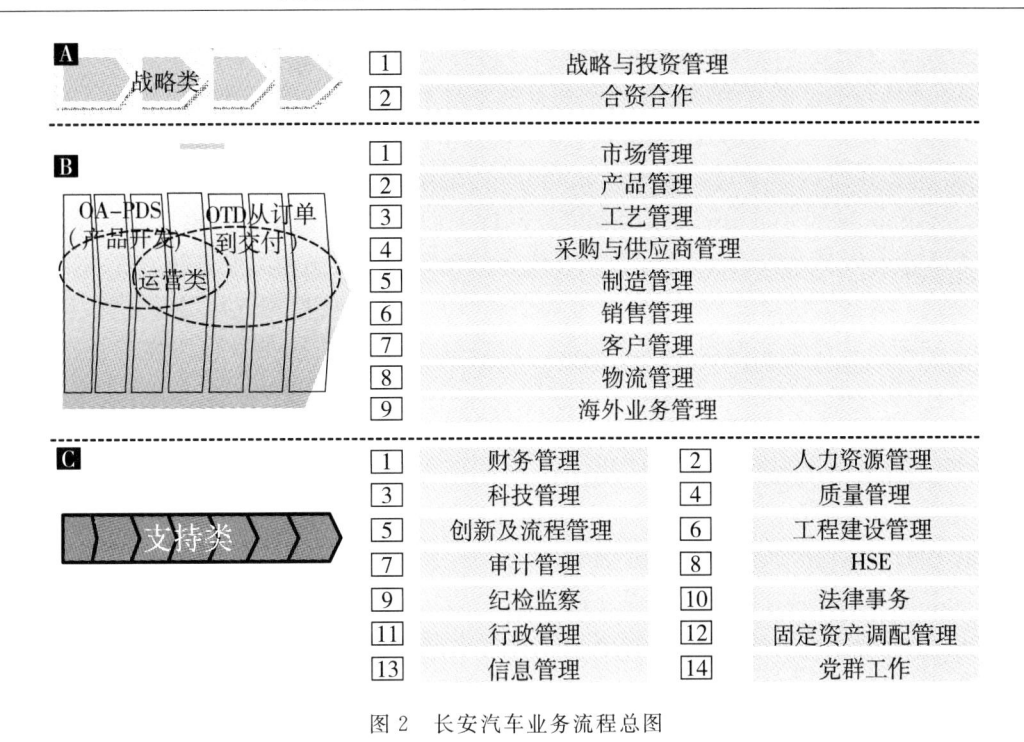

表1 物流管理业务领域流程清单示例

一级流程	二级流程	三级流程 流程编码	三级流程 流程名称
物流管理	物流规划	Q/JD WL－01－2010	物流目标和方案管理流程
		Q/JD WL－32－2011	物流战略规划制定流程
		Q/JD WL－02－2010	物流成本管理流程
	第三方物流管理	Q/JD G－WL037－2011	第三方物流过程监测与检查管理流程
	供应物流	Q/JD WL－13－2010	入厂零部件配送管理流程
		Q/JD WL－17－2010	外供零部件配送管理流程
		Q/JD WL－16－2010	零部件库存管理流程
	生产物流	Q/JD WL－28－2010	新品月度生产计划管理流程
		Q/JD WL－28－2011	商品生产计划管理流程
		Q/JD WL－14－2010	不合格品处置管理流程
	销售物流	Q/JD WL－19－2010	商品车入库管理流程
		Q/JD WL－20－2010	商品车库存管理流程
		Q/JD WL－31－2011	中转站商品车库存管理流程
		……	……

2.拆解和串联各体系管理要素

由于长安汽车原有的各类管理文件生成的背景和目的不同，且管理的思路不同、角度不一，即使是对同一项工作的同样管理要素，也会出现在不同体系的不同部分或不同层级。因此，详细分解各体系管理要素，并将所有的管理要素按照业务流程清单，全面、有机地融合到统一的业务管理框架中，是实现以一套标准体系应对所有体系认证的关键所在。

分业务领域全面清理现行各类行业标准、企业标准及体系认证相关文件,并进行深入分析,发现很多业务领域都存在两个甚至两个以上的体系认证要求。如在质量管理领域,需要同时满足《TS16949》(质量管理体系—汽车行业生产件与相关服务件的组织实施ISO9001:2000 的特殊要求)、《CPS－QOS》(长安生产管理体系—质量运作系统)、3C(China Compulsory Certification 强制性产品认证制度)、《卓越绩效体系》等多项体系认证的要求。长安汽车以行业标准为基准,结合自身特点定义出相关业务领域管理要素的标准类别。将各类认证所需的体系文件和已发布的各类制度规范进行层层分解,将其中所包含的全部管理要素按照标准类别进行归纳整理,然后将同类管理要素进行一一比对,直至寻找出所有体系的共同点并进行统一。最后,将所有适用于该领域的管理要素按新的业务框架重新进行梳理,形成各业务领域完整的管理要素清单。以质量体系为例,以质量流程清单的框架为基准,将质量领域 29 个现行程序文件和《CPS－QOS》等文件的管理要求进行层层分解,各类体系文件分解至第 5 级共 709 条管理要素,实现所有相关体系文件底层管理要求的全面统一。

随着标准化管理体系建设的推进,长安汽车将统一后的管理要素逐步融入到新的标准体系中,并通过业务评估标准、程序文件及作业指导书等方式将相关管理和控制要点立体呈现出来。

3. 建立业务评估标准

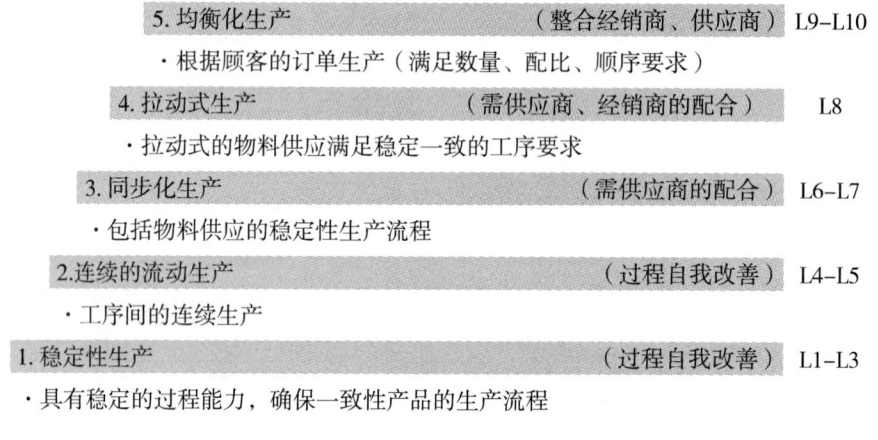

等级	内容	说明	级别
5. 均衡化生产	·根据顾客的订单生产(满足数量、配比、顺序要求)	(整合经销商、供应商)	L9-L10
4. 拉动式生产	·拉动式的物料供应满足稳定一致的工序要求	(需供应商、经销商的配合)	L8
3. 同步化生产	·包括物料供应的稳定性生产流程	(需供应商的配合)	L6-L7
2. 连续的流动生产	·工序间的连续生产	(过程自我改善)	L4-L5
1. 稳定性生产	·具有稳定的过程能力,确保一致性产品的生产流程	(过程自我改善)	L1-L3

图 3 制造领域分级策略

长安汽车突破管理能力无法量化评估的瓶颈,运用业务评估标准建立起基于全价值链的管理能力评估模型。通过对标福特汽车评估体系,全面分析总结各业务领域近 5 年的成长历程,结合战略发展要求,将各业务领域的管理能力按业务特性划分为 10 个等级(见图 3)。然后,将前期梳理的管理要素按分级标准进行梳理和提炼,编制成具体评估条款。所有的等级定义和评估条款经过反复的跨部门评审,确保各领域间等级划分的匹配性和评估条款之间的兼容性,经各分管副总裁审核通过后,统一由办公会批准发布。每年依据此标准,对各业务领域、下属机构及外部供应商、经销商开展能力诊断,为全价值链均衡提升建立起科学量化的基准。

4. 建立业务操作规范

业务操作规范是长安汽车标准化管理体系的核心部分,主要由管理地图、程序文件和作业指导书三个部分构成,分别将各领域管理要素通过业务领域不同层级的流程落地(见表2)。

表2 业务操作规范各类文件应用对照表

文件类型	简介	对应业务流程层级	使用者	应用场景	要点
管理地图	应用图示展现各业务领域子流程之间的逻辑关系,使业务模式及架构显性化	二级流程	各业务领域管理者、规划人员	从结构上审视和优化该业务领域运行模式和业务逻辑	管理地图中每个子流程都有具体的程序文件支撑
程序文件	将所有管理要求通过目标、范围、职责及业务规则以流程为主线详细呈现	三级流程(集团本部) 四级流程(分子公司)	所有与该业务领域相关的管理人员和执行人员	主要用于指导跨部门或者部门内跨处级单位的业务协同	流程中的每个关键活动都有作业指导书支撑,每个关键审核点/审批点都有具体业务规则支撑
作业指导书	将具体工作步骤进行分解,并将每一个环节的知识要点和操作要点具体呈现	四级流程(集团本部) 五级及以下流程(分子公司)	具体工作的执行人员	用于指导处(室)内具体工作的执行和知识的沉淀	需要长期的积累,逐步将非结构化的工作结构化,将隐形知识显性化

管理地图是每个业务领域三级流程之间逻辑关系的图示化展现,是体现该业务领域价值创造过程的业务总图,是执行层、体系层和战略层三层次自我修复循环的充分展现(见图4)。

程序文件是描述横向跨部门、纵向跨层级协作性工作的文件,以业务流程为主线,辅之以职能职责、业务规则、记录表单等一系列标准,实现对业务流转关系的全面描述。

作业指导书是描述在处室内部完成的活动,涉及工作步骤、操作规程、经验技巧、动作要领等各种指导性内容,明确业务规则、表单模板,统一处室内部的操作,使不同的执行者按照统一的作业方式执行。

5.建立标准化表单和精益管理工具

长安汽车将附录在程序文件和作业指导书中的表单进行集中清理,合并同类别表单,精简不必要表单,统一表单格式、表单编码,并按25个业务领域建立起标准化表单库。

通过对标和整合各种先进管理工具和方法,提炼整理出标杆管理、时间管理、碎石法等16个通用管理工具,以及APQP、FMEA、德尔菲法等45个专用管理工具,用于指导各业务领域日常工作。同时,将精益管理工具掌握和应用情况纳入员工职位资格认证,不断提升员工运用框架模型发现和分析问题的能力,促进员工将隐性知识转化为显性知识,激励员工将非结构性的工作推向结构化。

(三)实行管理标准文件化与电子化

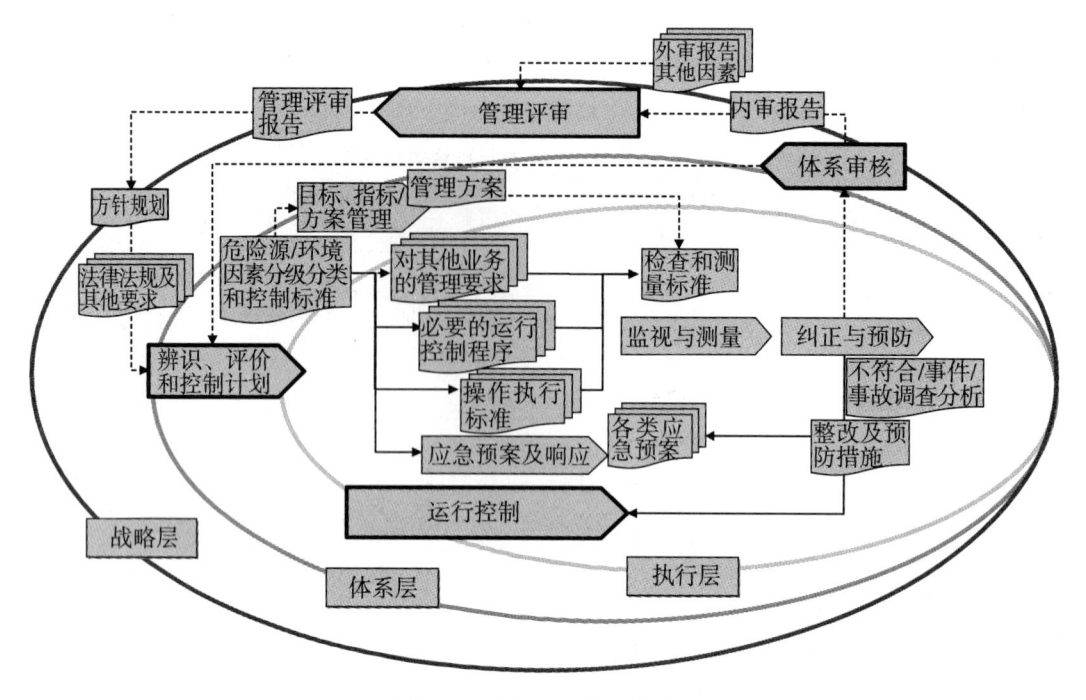

图 4 安全管理领域管理地图

1. 编写与评审管理文件

第一步,成立指导小组和各业务编写小组。在长安汽车公司层面成立标准化管理体系文件项目组,负责培训和指导各部门开展编写工作,负责文件的初评及组织工作;在各部门成立由全体中层管理人员和业务骨干构成的编写小组,各部门负责人对文件编写的进度和质量全面负责,并将完成情况纳入编写小组所有人员的年度绩效考核。

第二步,文件编写培训。将编写要求以及编写过程中所需要的工具、方法和模板对所有参与人员进行培训,加深对管理体系的理解,提高编写效率。

第三步,文件编写进度控制。组织各部门借鉴标杆文件,按照要求开展文件编制工作。项目组每天跟踪各部门文件编制情况,发现问题及时进行协调和处理,确保实施过程可控。

第四步,文件查漏补缺。为确保编写的管理文件能够覆盖所有业务和所有原标准,通过《文件覆盖分析表》和《职能覆盖分析表》与原管理文件一一对比分析、与职能职责一一对比分析,确保体系建设的完全覆盖。

第五步,文件评审。根据文件的不同特点设置不同评审过程(图5)。要求文件涉及的所有部门领导,必须参加评审并对文件内容达成一致。同时,邀请来自合资企业长安福特、长安铃木的专家参与评审,引入和借鉴合资方的先进做法。对于评审时暂时难以达成一致或无法解决的管理问题,制定对策进行改进。

2. 核心管理流程电子化

为确保管理标准有效落地和实施,大力推进各业务领域核心管理流程电子化,逐步固化到协同管理平台中。具体执行明确到个人,并对输入、输出加以明确,将分散在各部

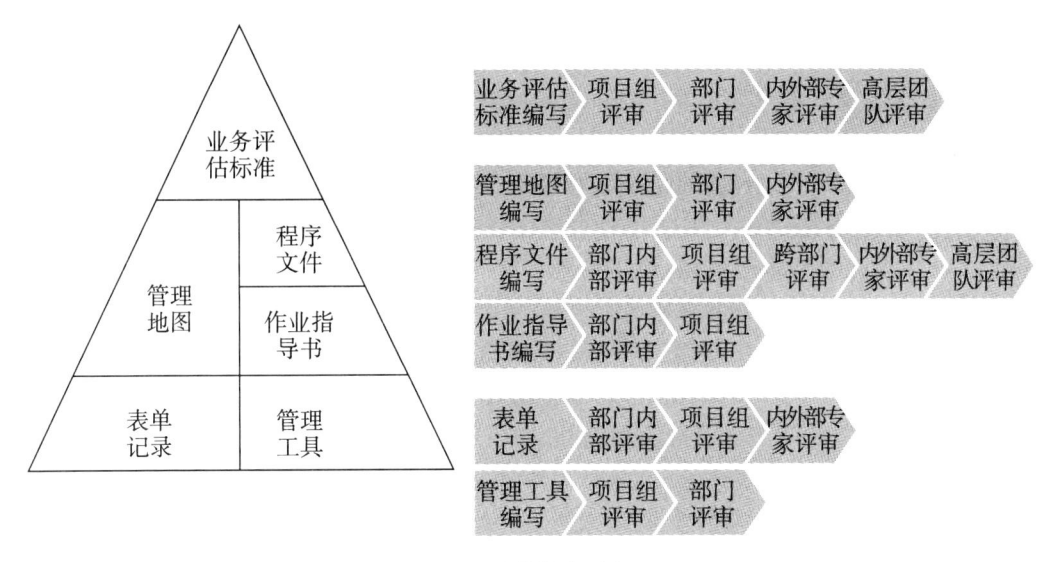

图5 文件评审过程

门的岗位动作,以电子化流程的形式串成"一条流",并对每个流程环节时间加以标准化,通过系统自动提醒,辅以人工定期通报,在内部形成流程执行氛围。目前,已建立公司级电子化流程176个、部门级电子化流程93个,基本覆盖主要业务领域。通过流程电子化,实现流程可监控、可评估、可改善。

3.体系文件管理标准化

在协同办公系统中开辟标准化管理体系文控中心,展示所有业务领域及异地工厂的业务评估标准、业务操作规范、精益管理工具文件,员工根据不同的授权可以快捷地查阅学习所需的标准化管理文件。

(四)全面推进标准化管理体系实施

1.企业内部推广

长安汽车基于本地工厂的体系建设成果,先后在南京长安、河北长安等异地工厂开展管理体系实施,包括管控流程落地、业务操作规范本地化、精益制造提升、IT系统优化。

一是管控流程落地。界定管控模式,确定采取财务管控型、战略管控型、运营管控型还是混合型;明确管理框架,明确总部和异地工厂的功能定位,进而明确异地工厂的业务管理框架;明确管控框架,设计总部对异地工厂每项业务的管控深度和范围;明确集分权,在管控原则下,按业务分级框架细化每项业务的集分权;优化组织机构,结合集分权,通过异地工厂与总部组织对比分析和业务问题分析,按长安汽车标准工厂设置优化异地工厂组织机构。

二是业务操作规范本地化。结合长安汽车业务评估标准、业务操作规范、TS16949、CPS、内控要求等内容,构建异地工厂各管理要素的业务调研表;以业务调研表为基础,通过对组织、流程、绩效等进行深入分析和对比,发现异地工厂管理问题以及与本地工厂的差异,形成业务差异分析报告;根据集权与分权程度不同,形成管控业务落地方案;基于调研分析和业务归类分析结果,按照标准化管理体系建设方法,提出异地工厂管理业务标准建设落地方案;通过对应分析原文件和组织职责、外部体系管控要求,对管理业务落地方案查漏补缺,确保业务和制度在转换过程中不遗失;以管理业务落地方案为基础,以文件多轮评审和修订为保障,确保体系文件符合简明、有效、合规的要求,实现业务落地和文件可操作。

三是精益制造提升。按照制造基地业务分级评估标准开展精益制造水平调研,基于上年末工厂达级情况上调1—2级进行摸底;找到精益制造各要素的改进点,制定主体计划与方针展开、各要素推进计划、班组管理提升、目视标准化、作业标准化等精益改善活动方案;将精益改善活动方案落地实施;跟踪项目实施效果,建立持续改善机制。

四是IT系统优化。按照制造基地信息化标准模块要求,开展IT系统应用水平调研;结合调研结果和工厂预算,制定IT系统优化方案,包括系统补充和升级、系统安全、系统运维等内容;将IT系统优化方案落地实施;跟踪项目实施效果,建立持续改善机制。

2. 企业外部协同

一是供应商协同。随着长安汽车大研发、大管理格局的形成,同品牌车型将在全国布局;海外扩张战略的实施,也使采购及供应管理跨越地域、区域乃至洲域。为此,必须将管理思想和体系有效输出到供应商,加强与供应商之间的协同。通过对供应商管理标准的优化、制造管理标准的输出和SRM(供应商管理平台)建设,推进与供应商的紧密合作。

优化供应商管理标准。引入数名行业知名专家对供应商管理体系进行全面优化。通过对采购市场全面分析、对采购品全面清理和重新分级分类,建立全新的战略采购体系和供应商管理体系。2011年底,共修订包括《供应商准入管理程序》、《供应商考察管理程序》、《供应商绩效评估管理程序》等在内的52个程序文件,建立"战略采购7步法""采购策略棋盘法"等13个精益管理工具。

输出制造管理标准。根据经销商能力评估结果,对部分供应商开展有针对性的管理提升。以采购部为主体,组织工艺、制造等业务领域骨干建立专门的项目团队,将CPS(长安汽车管理体系－制造篇)全面推广到相关供应商。目前,已开展1000多人次的培训,解决现场问题5360多个,完成60多家重点供应商的标准输出。

建设SRM(供应商管理平台)。在对标福特、通用、日产、现代等国际汽车集团的基础上,2011年建立全新的采购信息平台(图6)。同时,借助跨组织的标准输出和信息传递,提高与供应商协作效率、降低采购成本、改善零部件质量。

二是经销商协同。近年来,长安汽车总销量从40多万辆发展到200多万辆,原有销售管理体系已经不能适应。同时,激烈的竞争使企业对经销商整体销售及服务能力的提升愈发依赖,将标准化的销售和服务流程进行全面输出和复制成为决胜终端的重点。

首先,根据已建立的标准体系推行销售终端管理标准化,对经销商旗舰店运营标准流程体系进行全面修订。为在区域内树立标杆模范,推广旗舰店标准化管理,挑选出30名中层管理干部组织开展一对一帮扶活动。每人负责一个县区旗舰店,推动运用标准化的管理体系。共完成基础管理、销售流程、服务流程、客户关系管理等标准修订231个,包括程序文件35个、作业指导书156个、工具40个。同时,对经销商进行销售管理标准培训。

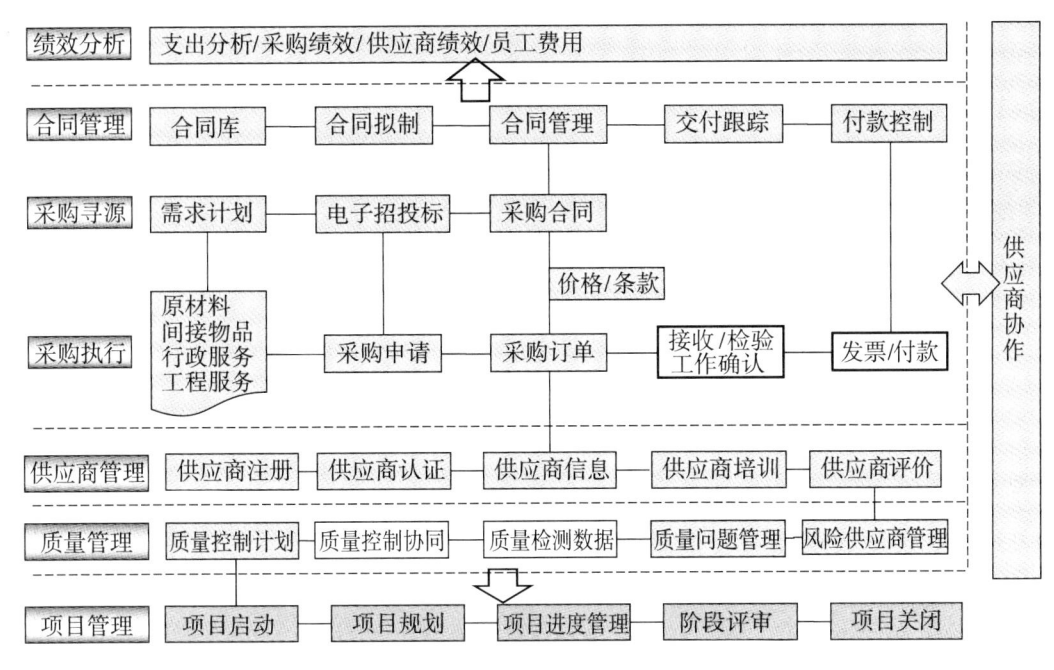

图 6 SRM 系统逻辑图

其次,针对销售网络日益复杂及供需链结构及流程日趋繁琐的现象,全面推进 DMS（经销商管理系统）建设,运用数字化手段将各销售网点与总部紧密结合,实现销售管理向市场终端的进一步延伸,加强与经销商的高效协同,推进经销商内部管理的标准化和规范化。

（五）不断完善标准化管理体系

1. 运用管理审计强化管理标准的执行与改进

长安汽车基于 PDCA 循环,分管理架构诊断、流程运行检查、标准执行检查和 IT 系统应用评估,建立管理审计机制,按照计划制定、诊断准备、诊断实施、诊断跟踪四个步骤开展。一是以终为始,充分准备,有针对性的收集资料、预判风险;二是以假设为前提、以问题为导向,通过部门访谈发现管理方面的改进和提升点,针对问题开展文件执行情况抽样,进行标准规范性和执行符合性的检查;三是运用"碎石法"（长安汽车问题管理方法论）分析问题,联合部门反复研讨、确定整改方案;四是建立"管理审计问题整改跟踪表",积极跟进、逐一落实。审计结束后,形成知识历程图和作业指导书,将工具和方法及时沉淀。

近两年来,共开展工艺、工程、人力资源、销售、质量等 13 个领域业务操作规范审计、4 次公司级项目后评估及 2 次系统流程审计,对标准执行、流程运行以及应用系统的运行情况进行诊断评估,出具《工艺管理领域管理审计报告》、《销售领域管理审计报告》、《北京车展流程评估》等 19 份管理审计报告,累计发现问题 134 项。通过整改通知和问题状态跟踪等手段,确保问题得到彻底解决。

加强管理审计知识积累和沉淀,建立《年度管理审计计划表模板》、《管理审计标准实施方案》、《管理审计通知书模板》、《系统流程检查表》、《管理审计诊断报告模板》和《管理审计问题整改通知书模板》等 9 个标准模板,系统总结管理审计的方法和工具,并在工作中持续完善。

2. 运用种子工程提升管理标准质量

通过培育、固化和推广各业务领域的最佳实践,实施种子工程,以点带面提升各项业务能力,提升管理标准质量。一是选择长安汽车内部具有代表性的管理流程、业务实践,或者是企业业务发展的短板,以业务部门为主导基于对标学习,系统培育成最佳实践;二是固化成管理标准,进行流程化、可视化展现;三是系统有序地将"种子"推广应用到相关业务领域。2011 年起,在全公司范围内推进种子工程,涉及市场、研发、采购、营销等 16 个业务领域 40 个种子,新增和优化各类管理标准 400 多个,有效提高标准化管理体系质量,提升各项业务能力。

种子工程的本质是补差而非选优。例如,工艺技术部门通过推进种子工程,查漏补缺,建立一套完整的工艺设计管理标准。通过建立标准,将潜藏于骨干员工脑中的经验和知识进行充分挖掘和显性化,减少靠人为审批(决策)的环节。同时,使新员工得到快速成长,提高业务运行效率和管理水平。

种子工程的效果反映为标准规则的精细程度。例如,汽研总院通过种子工程推进,完成并固化汽车新品开发里程碑内控评审清单,细化建立一级指标 99 项、二级指标 219 项,新增 122 个交付物模板。

种子工程注重规则完善的同时,也注重结果指标的牵引,从标准精细逐步过渡到基于量化目标的业务改善。如"品种精益"种子,既制定完善产品车型状态管控标准,建立车型状态产生和退出长效机制,又围绕"产量小于 1000 辆的量产车型品种数量占比同比下降 20%"的量化目标,定措施、想办法。

(六)建立标准化管理体系保障机制

1. 建立体系管理网络组织

为确保标准化管理体系的正常运转,长安汽车建立标准化管理体系管理网络。公司层面设置标准化管理体系委员会,挂靠管理信息部,负责管理体系的规划和实施、审定发布管理文件、检查管理文件执行情况。各业务部门设立体系管理领导和兼职体系管理员。各单位一把手担任体系管理领导,体系管理员由各单位业务骨干担任,负责制定本单位管理体系建设计划、审核本单位管理文件、宣贯和培训本单位管理文件。同时,成立如 OTD、MES、BOM、一体化管理体系实施等专职的管理提升团队,以持续推进流程优化和标准建设。

2. 制定明确的考核激励措施

管理体系建设是一项基础性工作,枯燥、乏味,短期难以见到效果。长安汽车要求全体领导干部用 20% 时间建标准,并纳入领导干部和部门的年度绩效考核,制定《标准化管理体系建设考核办法》。建标准也纳入到员工的任职资格认证,建标准的能力作为高层级员工的必备能力,主导或参与标准建设的数量和承担的角色成为员工职位升迁的一项最重要指标。2011 年,借助于建标准工作职位职级得以升迁的员工达 756 人,占到升迁人数的 37%。

3. 营造"全员建标准用标准"的企业文化

通过"五点培训工程"、"优秀管理提升案例发布"、"全员精益改善提案活动"等方式，营造"全员建标准用标准"的氛围。要求每个部门每周至少安排1天的下午5—7点时间，开展知识技能培训，把标准化管理体系作为核心培训内容。每季度举办高层团队参加的优秀管理提升案例发布，已累计召开公司级案例发布会18次，发布推广优秀案例121个。判定优秀案例的重要标准就是最佳实践是否沉淀为管理标准。坚持全员精益改善提案活动，好的点子一经采纳并取得实效，就固化成管理标准或优化已有管理标准。

三、提升整体效能的汽车企业标准化管理体系建设效果

（一）建立了一套完整的企业标准化管理体系

长安汽车分三期完成了标准化管理体系建设，形成了25项业务评估标准、25份业务领域管理地图、599份程序文件、672份作业指导书及61个精益管理工具。

通过标准化管理体系建设，实现了对同一业务单元内经营活动的统一操作、统一评价，建立起了一个稳定可积累的管理框架和可持续改善的原点，为企业持续、稳健、良性发展奠定了坚实管理基础。

（二）提升了企业一体化管理能力

长安汽车实现了从总部到分子公司管理体系的统一，具备了快速复制、远程投放的核心能力，提升了各成员企业的管理水平，破解了快速发展过程中面临的管理、运营及重组融合等难题。以河北长安为例，实施标准化管理体系后，共编制完成管理地图12份、管理标准295项、操作标准284项、管理表单331个，其中新增业务点121个、优化业务点306个。总装车间、涂装车间日产能力提升91台，焊接车间日产能力提升33台，单班减少74人，年节约直接人工成本2000余万元。

（三）促进了企业运营效率的提高

通过标准化管理体系建设，长安汽车提升了工作效率和客户满意度。采购流程效率平均提升28%，订单到交付流程平均时间从39天降到33天，信息化实施效率提升37%，产品质量的客户满意度从69.4%提升到75.3%。

长安汽车由外延式增长向内涵式增长转变。2012年在北京车展期间，推出五款最新车型，获得国内外媒体的一致好评。2011年与2009年相比，销售收入从808.39亿元提高到1054.79亿元，利润总额从26亿元提高到49亿元，实现了又好又快发展。

（成果创造人：张宝林、马　军、胡朝晖、张　畅、汪仕刚、任　喆、吴官洋、张金领、黄　颖、向　宇、彭相华、章　浩）

电网企业提升响应与保障能力的应急体系建设

四川省电力公司　山东电力集团公司

四川电力公司、山东电力集团公司（简称四川电力、山东电力，合称川鲁电力）是国家电网公司的全资子公司，以投资建设运营电网为核心业务，为四川、山东经济发展提供坚强电力保障。四川电力直供直管县级供电公司70个，控股、代管县级供电公司105个，供电人口7600余万，供电面积36.73万平方公里；山东电力管理县（市、区）公司98个，供电人口9500余万，供电面积15.7万平方公里。

成果主创人、四川电力总经理王抒祥部署抢险

2008年以来，在国家电网公司领导下，川鲁电力强化应急管理，探索出一条即各具特色又符合国家电网公司统一要求的应急体系建设之路。

一、电网企业提升响应与保障能力的应急体系建设背景

（一）打造一流应急体系、全面履行社会责任的需要

电力作为国家基础性能源产业，在国民经济、人民生活和社会稳定中具有举足轻重的作用。任何导致电力供应中断的突发事件，都将给经济发展、人民生命财产安全与社会和谐稳定带来严重危害和影响。大面积停电事故会造成工厂停产、交通堵塞、通讯中断以及人民生活上的诸多不便，由此引发社会秩序混乱，并造成巨大经济损失。因此，加强电力应急体系建设，树立科学应急理念，提高电力应急救援能力和电网安全稳定运行水平，是维护国家安全、社会稳定和人民群众正常生产生活的重要保障。同时，国家颁布了《中华人民共和国突发事件应对法》、《国家处置电网大面积停电事件应急预案》及《电力安全事故应急处置和调查处理条例》等法规，对电力应急工作提出了明确要求。

国家电网公司对应急管理非常重视，近几年来建设了覆盖全面、功能强大的应急指挥中心网络，完善了总部、网省公司、地市公司和县级公司层面的应急指挥机构，配备了6047名专兼职应急管理人员，可以快速调配应急队伍8万人。但是，由于电力应急网络比较庞大，需要建设高效运作的应急管理体系、灵活响应的应急机制、坚实可靠的应急保障体系，并要求各级电网企业必须全面履行社会责任，增强员工应急服务意识和技能，不断提升应急处置水平。针对电网企业应急管理面临的形势和任务，国家电网公司决定由四川电力和山东电力实施应急体系建设示范工程，作为全面防灾减灾体系的重要组成部分。

（二）应对各类自然灾害、提升电网抗灾能力的需要

四川省位于青藏高原和长江中下游平原的过渡带,河流众多、气象复杂多、地质活动频繁,是自然灾害多发的地区。2010年发生的干旱、地震、洪水、泥石流、滑坡、雨雪冰冻等自然灾害,共造成四川电网直接经济损失5.26亿元。2011年1月份的低温雨雪冰冻天气,造成500kV布坡四回线路倒塔断线,影响送出250万千瓦;9月川东北地区遭遇特大洪涝灾害,50余万用户用电受到影响。山东省位于黄河下游,毗邻渤海、黄海,电网易受大风雨雪、台风、洪涝、强对流等灾害性天气影响。2010年以来,山东共发生3次大范围大风雨雪天气,导致67条220千伏及以上线路跳闸157条次。2012年8月台风"达维"造成153万户居民停电,山东电网应急抢修和恢复重建投入了2.2亿元资金。恶劣的自然环境和频发的自然灾害给四川电力和山东电力设备设施造成了巨大破坏。

2009年以来,国家电网公司认真总结应对自然灾害和突发事件的经验教训,分析突发事件的社会性、突然性、危害性及应对处置的复杂性、艰巨性,提出整合所有应急救援资源,建设应急管理与生产经营有机结合的应急系统,并以快速反应的应急管理体系为核心、以强大的应急救援队伍为基础、以高效的应急物资储备调配和信息系统建设为保障,满足在任何环境条件下应对各类自然灾害的需要。

综合分析全国典型地理环境、现有优质资源和丰富抗灾经验,国家电网公司选择四川和山东作为电力容灾抗灾的实践基地,根据各类自然灾害特征,建立一套完整的应对全国电力自然灾害预防、预测、预警和处置的防灾抗灾体系,作为全国电力企业应急体系建设的示范或基地,全面提升电网防灾抗灾和应急保障能力。

(三)提高联动应急能力、保障大电网安全运行的需要

当前,我国工业化、城镇化正在深入推进,国民经济保持平稳较快发展的态势,必将带动电力需求持续增长。据有关部门预测,"十二五"期间全国发电装机容量将增加5亿千瓦时,全社会用电量增加2万亿千瓦时。国家电网公司也在实施"一特四大"战略,加快建设坚强智能电网,着力打造大规模"西电东送"、"北电南输"的全国能源优化配置新格局。电网建设规模空前庞大,大网络、大容量的电网结构势必带来大风险,电力安全生产将面临来自用户需求变化、新能源快速发展及电网运行本身的三大挑战,任何主干支撑网遭受破坏性灾害,都会造成大面积停电,带来巨大经济损失和社会影响。

同时,大型互联电力系统特高压骨干网架的建立,需要建设统一的调度协调体系、安全防御体系及区域协同应急机制,"各自为战、行政分割"的应急管理将向"区域联合协作、资源优化配置"的"大应急"管理转变。川鲁电力作为"大电网、大枢纽、大平台"特高压建设的主战场,必须率先建立起跨区域应急联动运行机制,加强应急指挥体系、应急抢险救援队伍体系、应急物资储备体系建设,形成指挥有力、运转高效的电力应急网络,提高驾驭大电网安全运行的能力。

2011年3月,四川电力、山东电力作

山东电力领导部署应急工作

为国家电网公司应急培训基地建设试点单位,同时立项、同时组织验收、同时命名和揭牌,成为中央企业首批大型专业化应急培训基地。"南有四川,北有泰山"的应急培训基地布局方案正式形成。

二、电网企业提升响应与保障能力的应急体系建设内涵和主要做法

川鲁电力根据《中华人民共和国突发事件应对法》,在国家电网公司领导下,以落实"一案三制"、提高应急响应与保障能力为主线,以防灾减灾和确保电力供应为目标,大力推进应急体系建设。建设三级应急组织体系,梳理、完善应急管理制度,修订应急预案,打造应急管理体系;建设专业化的应急队伍、物资、装备,创新应急救援协作机制,构建应急救援和服务体系;以建设集"应急管理、应急救援、应急培训、应急研究与咨询"为一体的专业化应急培训基地为基础,创新应急培训管理机制,建设应急培训体系;总结经验、分享传承,搭建引领方向、科学系统的电力应急研究咨询平台,创建应急研究咨询体系。通过应急体系建设,全面提升突发事件的响应与保障能力,更好地履行企业社会责任,服务经济社会发展。主要做法包括:

(一)加强电力应急组织体系与制度建设

为全面推进应急体系建设,有效整合国家电网公司现有应急资源,构建"大应急"体系,川鲁电力大胆实践,努力实现应急管理、应急救援、应急培训、应急研究与咨询向一体化、专业化方向发展。

川鲁电力分别成立由总经理、党委书记任组长的应急领导小组,下设安全、稳定、新闻三个应急办公室。安全应急办公室设在安监部,负责安全生产应急管理工作的归口管理;稳定应急办公室设在办公室,负责社会稳定应急管理工作的归口管理;新闻应急办公室设在对外联络部,负责新闻应急工作的归口管理。同时,成立独立机构——应急中心,下设综合处、应急处、培训处、安全处、装备处、应急研究与咨询中心,按照专业分工承担相应的应急管理、培训、救援和研究咨询等职能。

建立省、市、县公司三级完善的应急组织体系,由应急领导小组(办公室)、应急中心、电业局(公司)应急管理专责和供电局(车间)应急管理专职人员组成。应急领导小组加强统一领导,负责应急工作决策和部署,健全和完善应急中心职责,规范应急管理相关工作;应急中心全面指导和监督全省各单位应急管理建设和业务开展;电业局(公司)、公司直属或直管单位等设置应急管理专责,负责本单位应急管理、应急培训、应急救援等相关工作;供电局、专业车间等设置应急管理专职人员,负责本单位应急值班、突发事件信息报送等。

认真落实国家、地方政府和国家电网公司下发的一系列应急管理法律法规,制定完善7大类20余项应急管理制度,内容涵盖日常应急管理、灾害性天气预警、应急服务队管理、应急预案管理等。

(二)建立电力应急管理运行机制

川鲁电力结合电网安全形势和应急工作实践,建立"快速响应、资源共享、协调联动、平战结合"的应急管理机制,在电网发生突发事故时,尽最大的努力减少停电时间,降低停电造成的损失。

1. 预防为主,平战结合

坚持"平时能应急,战时靠积累"原则,实行突发事件应急与预防相结合,重点做好预防、预测、预警、预报和常态下风险评估、应急准备、应急队伍建设、应急演练等。在正常状态下,应急中心负责制定应急管理规章制度,建立健全应急管理和应急培训机制,组织开展应急预案的编制、演练和评估,制定应急体系建设规划并组织实施。同时,作为生产信息汇集中心之一,承担安全生产与反违章监控的职能。在应急状态下,应急中心组织启用三级应急指挥中心,开展应急信息的汇集、统计分析和报送,进行灾情监测、灾情辅助预警和应急处置辅助决策,组织开展应急抢险救援行动的分析、总结和评估,为应急救援处置提供决策参考(图1)。

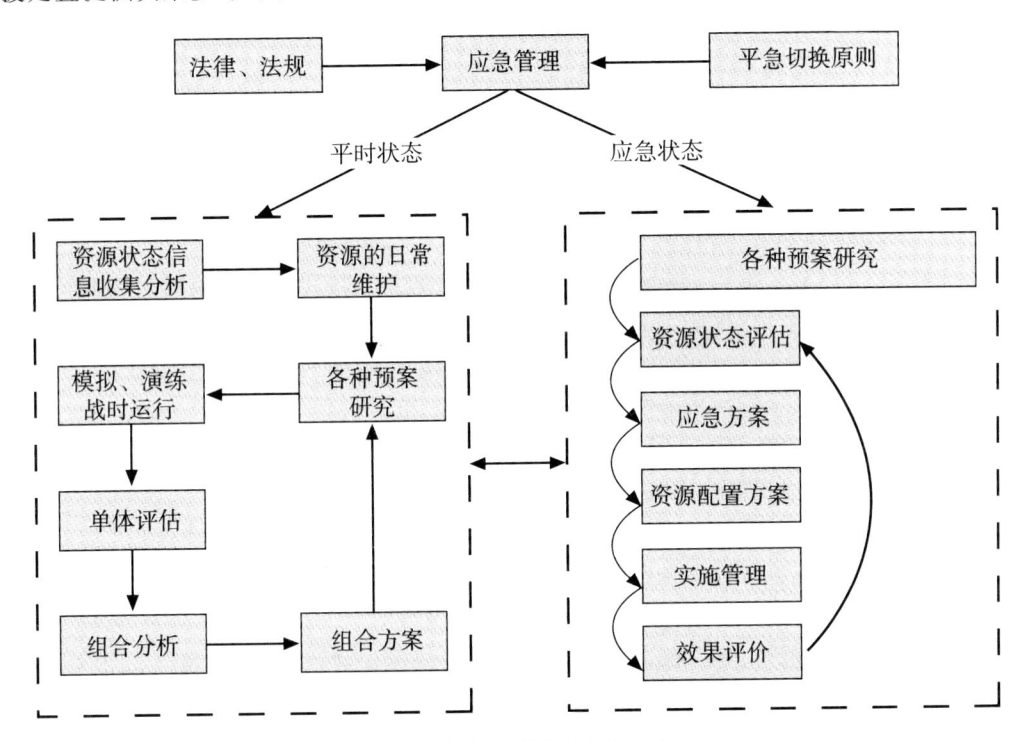

图1 应急管理平战工作流程

2. 创建主动式大应急值班模式

实行省、市、县三级24小时应急值班,做到突发事件早发现、早报告、早处置。研发基于MAS(Mobile Agent Server)技术的应急短信平台,为各级电力客户提供全天候不间断应急短信服务,提升信息传递效率。建立"三来一沟通"信息共享、联动机制(即来自各部门、95598供电服务热线的信息,来自新闻媒体报道中的信息,来自境内外网站、论坛、微博中登载的信息;加强同政府应急、安监、气象、地质、水文等单位的沟通联系),改变过去被动接听事故报修或应急求助电话为主动了解、获取信息,第一时间主动提供应急服务。

3. 打造2小时应急协作功能区

根据各地的自然环境、产业布局、供电客户性质等情况,按照"就近支援、效率优先"原则,在省域范围设置应急协作区。四川电力设置成都、绵阳、达州、西昌、自贡、阿坝6

个应急协作区;山东电力设置济南、潍坊、临沂、济宁、烟台5个应急协作区。通过统筹配备应急发电车、泛光照明、冲锋舟、橡皮艇、全地形车、破拆设备等救援装备,加强沟通与合作,构建区域应急协作机制,打造2小时应急协作功能区。同时,健全"上下联动、区域协作"快速响应机制,做到应急队伍专业化、协作流程标准化、应急培训常态化、应急协作集团化;完善应急协作流程,结合应急协作区设置,明确工作程序,提高应急协作效率;制定应急协作管理制度,明确工作范围和职责,确保应急协作环节畅通高效。

4. 不断改善应急服务

树立"你用电、我用心"的服务意识,将应急体系建设向客户服务领域延伸,强化客户服务应急事件的预防和处置,优化整合应急资源。以"快速到位、沟通有效、防范未然"为方向,按照"综合协调、分类管理、分级负责、属地实施"的原则,加强与政府、社会和客户的沟通协作,不断提高服务水平。

(三)搭建信息化电力应急指挥平台

川鲁电力建立分属省、市、县公司的292个应急指挥中心,形成"统一指挥、高效协调"的三级应急指挥平台,并在该平台上研制基于GIS的高密度信息集成化应急指挥系统,具有风险分析、信息报告、监测监控、预测预警、综合研判、辅助决策、综合协调、评估推演等功能。省级应急指挥中心作为电力应急综合信息中心、救援决策中心、抢险指挥中心和生产监控中心,负责应急信息综合分析、应急辅助决策、应急抢险指挥和生产运营实时监控;市、县级应急指挥中心具有满足应急指挥、信息汇集、视频会商、辅助决策和日常管理五大功能,作为省级应急指挥平台的有效延伸,为电力应急决策指挥和救援提供强大的信息支撑,从而提高应对突发事件的应急演练和应急指挥处置能力。

强化应急管理信息化,实现"应急通信融合化、应急资源集中化、监测预警实时化、应急服务一体化",为应急指挥系统建设提供技术保障。

1. 应急通信融合化

采用基于卫星通信与3G通信相融合的机动应急通信技术,充分发挥不同卫星通信制式(VSAT卫星+BGAN海事卫星)和第三代通信技术(联通WCDMA+电信EVDO)的优势,增加自备通信手段,全面提升应对自然灾害、处置突发事件、保障重大活动所需的应急通信能力,为应急管理和服务提供全地域、全天候、高效能的应急通信保障。采用与国家电网公司统一技术制式的卫星系统,确保在应急状态下可接入国家电网应急通信指挥系统,实现资源与信息共享,做到国网、省、市、县公司四级互联互通,为跨区域电力应急救援协作提供技术基础。同时,留有政府、电信等相关应急通信系统的接口,可为抗击自然灾害或大型活动等提供必要的应急通信保障服务。

2. 信息资源集成化

按照应急信息搜集机制的技术要求,建设应急数据交互模型与数据集成平台系统。以生产管理系统(PMS)和输变电设备状态监测系统为基础,嵌入营销、电能质量监测、SCADA/EMS、变电站视频监控、雷电定位监测、输电线路覆冰在线监测等系统,并与政府应急指挥中心和气象、地震、水文、交通等外部系统进行信息集成,接入地理环境信息、气象水文监控信息、GPS车辆监控信息、公安天网监测信息等,建立综合应急信息网,增强信息获取和分析汇总能力,提升应急服务效率。

3. 监测预警实时化

从主动发现电网运行及自然灾害、社会突发事件、重要保电活动中的薄弱环节入手,变事后被动处置为事前监测预警。分析提供"未来"突发事件发展趋势,对突发事件进行科学预测和危险性评估,发现潜在威胁,根据预期后果动态生成优化的突发事件处置方案和资源调配方案,形成实施应急预案的交互式实战指南,为应急指挥提供辅助决策。通过"全景化 GIS 指挥沙盘"展现突发事件态势,提供以在线监测信息为依据、以预案流程为手段、以保障机制为支撑、以音视频互动技术为载体、融合多方信息的应急指挥服务,实现面向实时的应急处理。

4. 应急服务一体化

将应急预警、准备、响应、恢复四个阶段进行集中统一管理,从实用化与智能化角度出发,为化解由停电引起的供电服务危机提供快速、智能、实用的故障恢复策略与信息发布平台。实行调度 EMS 系统电网模型与实时数据的同步采集;采用智能调度技术建立故障恢复方案分析计算模型,结合电网内部的 MIS 系统、EMS 系统、营销系统、GIS 系统信息,实现电力应急抢修服务一体化管理。

(四)强化电力应急救援体系建设

为使应急救援工作专业化、系统化、整体化,川鲁电力强化应急指挥、辅助决策、应急救援队伍、应急救援装备和应急救援工作机制建设,全方位提升应急救援综合实力。

1. 分级组建多兵种应急救援队伍

按照地域特点与属地管理相结合原则,川鲁电力分别组建应急专家队伍、应急救援基干分队、电网应急抢修队伍、区域应急救援队和市、县两级应急救援队伍。应急专家队伍由国内应急救援各领域著名专家学者组成,为应急救援提供专业信息咨询;应急救援基干分队由抗灾救灾实战中的优秀员工组成,并与预备役相融合,着力打造"装备精良、训练有素、快速反应、战斗力强"的电力应急救援铁军,承担各种急、难、险、重应急救援任务;区域应急救援队伍由各协作区应急救援队伍组成,负责本区域内突发事件应急支援;市级应急救援队伍和县级应急救援队伍由本单位优秀员工组成,负责本辖区内的应急救援。

同时,将各救援队伍细分成尖兵侦察组、搜救救援组、应急处置组、电网抢修组、通信保障组、医疗及后勤保障组,围绕应急救援的全过程构建分工协作、系统严密、功能齐全的应急队伍,既可单独执行相关任务,又可协同作战完成综合抢险救援任务。

2. 加强应急物资管理

一是创新应急物资储备方式。按照节约投资、提高效率原则,深入分析应急物资的储存、使用特点,确定实物储备＋动态周转储备＋协议储备的新型储备方式。对于更新周期长的通用应急物资装备,采用实物储备方式,平时安排专人定期组织检验或轮换,确保随时处于可用状态。在应急状态下,可将在建工程物资、大修技改物资、生产备品备件等作为动态周转应急物资使用。对日常维护量大且运输周期较短的应急物资装备,采用协议储备方式。

二是统筹规划、建设区域应急物资储备库。按照"统筹规划、科学配置、节约投资、提高效能"原则,结合气候特点和产业结构布局,四川电力建立以成都为物资储备主库,绵阳、达州、自贡和西昌为物资储备分库的应急物资储备体系;山东电力在济南、临沂、烟台建设3个区域应急物资储备库,服务范围覆盖整个山东省。这样,可以充分满足从应急物资调拨指令下达,2个小时内完成应急物资配送任务要求,为各类应急救援服务提供及时、充足的物资保障。

三是统筹配备应急物资、装备。按照各地的网架结构、产业布局,分别在各个应急物资仓库储备电网迎峰度冬、迎峰度夏和应急抢修救灾类应急物资,并购置飞轮储能应急发电车、全地形车、野战餐车、医疗救护车、冲锋舟、专业破拆设备等社会救援服务装备,为高效开展应急处置和社会应急服务提供物质保障。

四是优化仓储、配送体系。以分区域应急物资储备库为实体,进一步完善省、市、县三级应急物资仓储网络。确定合理的物资配送策略,建立"集中储备、按需配送"配送供应模式,与各签约供应商建立快速反应联动机制,全面提高应急物资仓储和快速配送能力。各物资储备基地实行资源信息共享、应急物资统一调配,以保障应急救援物资需求。在突发事件发生后能够保障物资总体需求,保证应急物资在最短时间内送达各个物资需求点。

(五)完善电力应急预案体系

川鲁电力按照"横向到边、纵向到底"原则,针对电网安全、人身安全、设备设施安全、网络与信息安全、社会安全等各类突发事件,编制相应的应急预案,明确事前、事发、事中、事后各个阶段相关部门和有关人员的职责,建立上下对应、相互衔接、完善健全的应急预案体系。

1. 应急预案体系构架

编制应急预案立足于电力生产特点,基于危险分析、资源分析以及法律法规要求。一是危险分析。包括危险识别、脆弱性分析和风险分析三方面,目的是明确应急对象(突发事件)的性质及其影响范围、后果严重程度等,为应急准备、应急响应和减灾措施提供决策和指导依据。二是资源分析。针对所确定的主要危险,明确应急救援所需的应急力量和资源。三是法律法规要求。依据国家、地方涉及电力应急救援的有关法律法规,作为预案编制和应急救援的依据和授权。

应急预案体系分为综合应急预案和专项应急预案。电业局(公司)按照应急预案体系结构,结合各自应急管理工作需要,编制相应的应急预案和现场处置方案。截至2012年9月,川鲁电力共编制完善总体预案157项、专项预案3789项、现场处置方案24920项,制定32种典型突发事件的应急响应标准(表1)。

表1 应急预案体系结构

电力公司应急预案目录表

预案分类	预案名称	预案类别	制订单位	印发时间	数量
综合预案	电网大面积停电事件应急预案				
	重要城市电网大面积停电事件应急预案				
	突发事件信息报告与新闻发布应急预案				
	社会稳定突发事件应急预案				

续表

电力公司应急预案目录表

预案分类	预案名称	预案类别	制订单位	印发时间	数量
专项预案	(1)电网安全类				
	电网调度处置大面积停电事件应急规范				
	电网调度重大事件应急汇报规定				
	电网调度应对突发事件应急工作预案				
	电网调度自动化系统突发事件应急预案				
	电力通信系统突发事件应急预案				
	电煤供应应急预案				
	重要变电站、换流站全停应急预案				
	重要用户停电应急预案				
	特殊时期保电预案				
	(2)人身安全类				
	重大人身伤亡事故应急预案				
	(3)设备、设施安全类				
	电力设施大范围受损抢修应急预案				
	水电站大坝垮塌应急预案				
	重特大火灾应急预案				
	防震减灾应急预案				
	防汛、防台风应急预案				
	雨雪冰冻灾害应急预案				
	(4)网络与信息安全类				
	网络与信息安全突发事件应急预案				
	(5)社会安全类				
	突发群体性事件应急预案				
二级单位综合预案	电网大面积停电事件应急预案				
	重要城市电网大面积停电事件应急预案				
	突发事件信息报告与新闻发布应急预案				
	社会稳定突发事件应急预案				
二级单位专项预案	(1)电网安全类				
	(2)人身安全类				
	(3)设备、设施安全类				
	(4)网络与信息安全类				
	(5)社会安全类				
二级单位现场处置方案					

注:"预案类别"栏中填写相应字母——自然灾害类(A)、事故灾难类(B)、公共卫生事件类(C)、社会安全事件类(D)、重大活动类(E)。

根据应急预案体系结构,设计开发数字化应急预案管理平台。运用三维场景,结合图、文、声、像等要素,实现预案执行流程的可视化,方便员工熟悉掌握预案。为避免应急预案形式化,结合各单位电网运行情况,利用计算推理技术预测灾害发展趋势、危害范围,评估当前资源,在基础预案中自动生成专属地处置方案、力量部署方案、资源调配方案、决策方案等,实现应急预案智能化。每一次培训演练和实战救援后,相关的应急预案都将根据实际情况进行评估和修订,确保预案的实效性、准确性和可追溯性。

2. 应急预案演练评估

根据应急组织结构和预案体系框架,结合功能和目的的不同,将应急预案演练分为桌面演练、功能演练和全面演练。其中,桌面演练主要是锻炼各职能部门应对突发电力事故的能力,解决应急组织相互协作和职责划分问题;功能演练主要是针对应急响应功能,检验应急人员及应急体系的策划和响应能力;全面演练主要是对应急预案中全部或大部分应急响应功能进行检验,以评价应急机构应急运行能力和相互协调能力。通过周密策划的全面演练、开展跨区域联合应急协作演练、长距离大规模调用应急人员和资源,检验跨省电力公司应对和处置突发事件的协同作战能力,特别是检验应急救援基干分队应急技能水平和应急物资容灾调配能力。

演练结束后,对演练中存在的不足项、整改项、改进项进行评价分析,及时采取措施弥补应急处置各环节的薄弱点,并纳入应急培训课程研发范畴,增强应急培训的针对性和实效性。对于预案本身存在的不合理项,预案策划编制小组将进行仔细研究,提供最佳改进方案。

(六)构建电力应急培训研究支撑体系

1. 建设大型专业化应急培训基地

建立四川龙泉驿、山东泰安应急培训基地,成为国家电网公司仅有的两个大型专业化应急培训基地,也是中央企业首批挂牌启用的应急培训基地。四川龙泉驿应急培训基地突出南方水域、山地及复杂地形救援的特点,泰安应急培训基地突出北方平原、丘陵及沿海抢险救援的特点,两者各具特点、互为补充。2011年7月建成投运以来,累计承担中国电监会、国家电网公司、地方政府、省公司等组织的100余期、6000余人次应急培训任务,并与国内外高等院校、应急研究机构和地震、消防、武警、军队、医疗等部门建立起常态化应急培训协作机制。

加强应急培训基地、各地市培训中心组成的两级应急培训组织建设,完善人员配备、组织流程、职责分工和培训运作机制。应急培训基地负责承办省公司组织的各级应急指挥人员、应急管理人员、应急救援基干队伍及一线应急抢修队员四类人员的培训;地市级电业局(公司)和直属直管单位,负责组织开展本单位电力应急救援队伍的基本技能培训和应急知识普及。

创建五维度菜单式应急培训模式。将培训对象分为电力应急尖兵、特种作业人员、电网抢修人员、电力应急指挥人员和应急管理人员,通过分析参培人员应具备的能力,提炼出五个能力框架。其中,应急指挥能力框架包括指挥决策能力、信息收集、处理和临机决策能力、新闻媒体应对能力等;电网抢修能力框架包括营地搭建能力、抢修组立塔能力、应急电源装接能力等。能力框架建立个人能力五维度空间,根据实际培训对象工作职责和所在地域灾害类型,拟定培训人员能力维度范围和权重,决定培训对象应具备的应急能力。每项能力对应一项科目,所有科目组成培训"菜单",对应个人能力维度选定培训科目。按照"需要什么、培训什么"原则,目前共编制80余项菜单式应急培训科目,在组织应急培训时根据参加培训人员类别及培训需求,从实战出发、以实用为主,进行培训科目的量身定制,确保培训的针对性和实效性。

根据效果评估,不断改进培训工作。应急培训基地从实际培训结果中收集数据,并与整个组织的需求、目标联系起来,确定培训项目的优势、价值和质量,从反应评估、学习评估、行为评估和结果评估四个层面考量培训的实效性,从培训内容先进性、针对性、实用性等方面系统评价培训效果,形成培训评估指标,寻找应急培训薄弱点,逐步提高应急培训功效。

2. 建立"政产学研"应急研究体系

在充分发挥自身科研力量的基础上,积极与政府、企业、军队、国内外科研机构和高校开展合作,建立研发电力应急理论研究平台。通过组织专家论坛,将先进的应急理论、应急技术、应急装备和设施应用于电力抗灾救灾,强化科学预警、科学应急、科学救灾,推动应急管理、救援、培训的发展。

加强应急救援队伍、物资、处置问题研究,着重研究应急救援队伍建设、应急能力评价指标体系和应急物流配送网络,利用系统理论优化应急救援建设方案。

结合应急救援装备、抢修装备、防护装备,与国内外动力装备企业和国家救援培训单位合作,研究新技术和新设备的运用,促使应急装备更可靠、更高效、更快速。引入人固定翼飞机、自动立杆机、全地型四轮摩托、水陆两栖全地形车等先进装备,提高应急作战能力。

强化应急管理基础建设,运用先进理论和技术手段,建造工作平台、优化工作流程、提高信息反馈速度和应急管理效率,建立应急指挥数据平台和智能预案系统、标准化应急体系等。

建造应急指挥虚拟实验室和电力灾难仿真体验系统,通过数字化手段模拟电力应急指挥体系、电网结构和省内地理、交通、气象等环境,系统开展应急救援策略分析、应急预案科学性和合理性论证、容灾抗灾能力评估、灾情发展态势预测等研究。

组建以中国科学院、中国工程院院士牵头的首席咨询专家队伍,为电力企业应急管理和应急处置决策提供技术咨询。一是联合高校和研究机构,编写《电力灾害特征分析》《电力应急指挥决策技术》《电力应急组织体系和管理模式》《电力应急社会价值分析》等系列专业教材,推动国内电力行业应急管理教育。二是与清华大学、中国科学院联合创建应急研究仿真实验室,联合创办《电力应急理论与实践》期刊,及时反映我国电力应急处置、应急体系建设、灾情预防预警、电网防灾减灾等方面的技术发展情况及科研成果。

三、电网企业提升响应与保障能力的应急体系建设效果

(一)初步建立了电力应急体系

川鲁电力通过建设应急体系,提高了突发事件的应急处置和救援效能,提升了应急培训的专业化水平,在电力应急管理、救援服务、培训和咨询研究等方面进行了成功探索。

一是建立了"横向到边、纵向到底、流程贯通、管控有序"的电力应急管理体系,形成涵盖应急人力资源、物资、预案、信息通信等的集约化管理格局。

二是通过建设应急队伍、创新应急物资装备管理、健全应急协作机制、延伸应急供电服务，打造了完善的电力应急救援与服务体系。

三是建成了大型专业化应急培训基地，确定了以应急培训基地、各地市培训中心组成的两级组织结构和专兼结合、以兼为主的应急培训师资队伍。创建了五维度菜单式应急培训新模式，形成了健全、科学、闭环的应急培训效果评估体系。

四是创建了电力应急理论研究平台，编写了专业化应急教材，构建了一体化的应急研究咨询体系。

（二）显著提升了应急响应与保障能力

通过应急体系建设，川鲁电力扭转了应急处置中"自转"现象严重、缺乏协作联动机制的局面，建立起跨区域应急联动运行机制，提升了应急救援决策指挥的能力、应急救援队伍综合实战水平、突发事件应急处置和应急救援效率，切实履行对政府和社会确保不发生客户对供电服务集体投诉事件、不发生地方政府部门或社会团体督办的客户投诉事件、不发生新闻媒体曝光的供电服务质量事件的承诺。

四川电力2012年组织参与了"5.11"四川省应急抢险大演练，得到了国务院及四川省领导的高度赞扬。此外，还组织了"5.12"四川电网大面积停电事故演练，包含突发事件应对决策、指挥集结转移、应急保电、电网应急抢修、废墟人员搜救、水上救援等内容。演习得到四川省政府、国家电网公司领导的高度认可，并获得应急专家组的高度评价。

在做好大面积停电演练的同时，山东电力积极探索社区突发停电事件的现场处置方案和流程，并分别在青岛、济南开展应急联合演练。演练变以往单纯的应急抢修为应急抢修、营销服务、社会联动、信息披露与舆情引导同步进行，突出主动式延伸服务，充分体现了电网企业主动履行社会责任、服务社会的应急服务意识。

（三）成功应对了多次抢险救灾和处置突发事件

2010年，"4.14"青海玉树地震发生后，四川电力应急救援队按照国家电网公司要求，半个小时内完成人员、装备、物资集结，行程1200多公里、用20个小时赶到青海玉树，并立即投入到抗震救灾中。1个小时内搭建了现场抗震救灾指挥部和生活基地；2个小时内为玉树武警医院、特警部队和5个临时医疗救助点提供了应急供电。另外，为玉树州红旗小学安置点搭设了临时配网，提供了应急电源。四川电力应急救援队荣获全国总工会"工人先锋号"称号、四川省"五.一"劳动奖状。在抗击"8.13"特大山洪泥石流中，四川电力应急救援队在1个小时内赶赴阿坝映秀、为疏通河道、抢通国道的武警部队提供现场照明。在德阳清平乡泥石流灾区，应急救援队采用飞艇放线方式跨越湍急河道，成功架通35kV鱼清线，提前恢复清平站永久供电方式。

2011年，四川乐山金口河地区遭遇罕见雨雪冰冻，500kV布坡线倒塔断线，瀑布沟电厂与电网解列，发电出力减少250万千瓦，情况十分紧急。四川公司应急救援队接到命令，4小时赶到倒塔现场查勘，将灾情及时传回应急中心。同时，迅速组织抢修队伍，20天抢通布坡线，缓解了四川电网迎峰度冬供电压力。同年，针对山东各地发生的百年一遇严重旱情，山东电力推迟电网检修计划，组织各地应急服务队伍，集中开展了"彩虹春雨"抗旱保电大会战，解决了90万人因旱饮水困难，全省3361万亩麦田全部灌溉返青。

2012年，山东中部自南向北遭遇第10号台风"达维"袭击，全省10个市、53个县

(区)遭受强风暴雨袭击,623万人受灾,153万户停电。山东公司落实省委、省政府和国家电网公司部署,启用应急预警机制,从全省范围调集应急抢险资源和力量,迅速集结应急抢修队563支(11323人)、应急抢险车1133辆、发电车(机)337(辆)台,准备冲锋舟、水泵、应急照明、雨具、麻袋等应急物资98525件;成立380支客户服务应急队伍,出动应急服务人员13827人次,95598供电服务热线人工接通率保持95%以上;及时发布因灾停电和抢修恢复信息,避免因停电造成居民恐慌,发送应急服务短信163万条,发放应急服务宣传单16.9万份。在短时间内完成受损电网设备抢修、停电客户恢复供电,得到了山东省和国家电网公司主要领导的充分肯定。

(四)有效提高了服务能力和社会价值

川鲁电力提升响应与保障能力的应急体系建设,已在国内电力企业及其它相关企业中推广应用,产生了叠加效应。每年为国家电网公司和电力企业定向培养应急管理和救援人员,打造电力应急理论研究和技术研发基地,为国内电力行业应急体系建设提供了有益经验。建立开放、共享、共赢的对口应急支援机制,提高了电力应急信息沟通和救援水平,并利用电力应急咨询平台为电力行业和社会各界提供了应急咨询。川鲁电力应急体系建设的成功探索,对政府相关部门应对突发事件、完善应急管理体制、提升应急管理能力和促进应急管理合作,具有重要现实意义和有益参考价值。

(成果创造人:王抒祥、张方正、郑卫东、郭跃进、张建明、孙为民、
徐厚东、王　肃、邓　创、许永刚、王圣伟、宋晓东)

能源投资企业全面标准化管理体系建设

北京能源投资(集团)有限公司

北京能源投资(集团)有限公司(简称京能集团)成立于2004年的国有独资公司,注册资本130亿元,投资项目涉及电力能源、房地产、高新技术、金融证券等领域。截至2011年底,京能集团拥有全资、控股、参股企业208家,其中全资、控股107家;拥有京能热电、京能置业、清洁能源三家上市公司,控股一家财务公司;参股农业银行、光大银行、北京银行、广发银行、成都银行、大唐国际等知名企业。在册员工1万人,总资产1024亿元,净资产320亿元,2011年实现利润总额23.67亿元。综合经济指标位列北京市国资委监管企业前3名,发电装机控制容量位列地方电力企业前3名。占北京本地市场热电供应的40%左右,位居第一。连续多年入选中国企业500强。

成果主创人:公司董事长陆海军

一、能源投资企业全面标准化管理体系建设背景

(一)适应外部环境、培育企业竞争力的需要

近年来,国家大力促进节能减排和战略新兴产业发展,提高环保、节能、能源等技术要求,制定发布环境保护、节能减排、新能源等领域多项政策法规,这些都对京能集团业务发展和经营管理提出了更高的要求,需要建立与其相适应的技术标准和管理标准体系。同时受电煤价格高位运行、电价尚未理顺,房地产项目宏观调控不断深入,金融证券管控逐年提升,节能环保形势日趋严峻等多因素的影响,京能集团持续发展能力受到制约,需要建立一套标准化管理体系来强化集团管理,提高市场竞争力。

(二)适应集团转型、夯实管理基础工作的需要

京能集团的前身是北京国际电力开发投资公司与北京市综合投资公司。它们都是投资型公司,管理行为和管理方式均比较简单,主要侧重于投资管理、高管委派和建立在投资基础上的收益分配管理,其它管理基本交由项目公司负责,因而管理基础差。加上专业跨度、地域跨度都很大,薄弱的管理基础不能满足集团化管控的要求。京能集团自2004年底合并重组以来,一直致力于投资型向投资经营型公司的转型。到2009年12月底,京能集团初步构建"五统一"(即统一战略规划、统一投资决策、统一人力资源、统一财务产权、统一资本运作)的管控模式,并设立了京能国际、国际电气、财务公司、燃料公司、后勤公司等专业化管理平台,对控股子公司的运行管理、燃料管理、物资管理、检修管理、资金管理、工程建设管理、后勤管理等履行专业化管理职能。这种转型对京能集团加强

标准化建设,提高管理水平提出了更高的要求,同时也为京能集团构建全面标准化管理体系奠定了客观基础。

(三)适应集团跨越发展,促进战略目标实现的需要

京能集团于2009年全面完成新老班子交替,大幅度上调"十一五"发展目标,制定"十二五"的宏伟蓝图,提出到2015年主要规模指标比"十一五"末再翻一番,再造一个京能的要求。同时提出"五个坚定不移(一是坚定不移地以北京为主战场,全力拓展北京及周边能源、热力市场;二是坚定不移地以煤炭为主攻方向,多方式突破上游资源瓶颈;三是坚定不移地以质量效益为中心,进一步调整和优化结构;四是坚定不移地走股权融资之路,依靠资本市场发展壮大。五是坚定不移地走创新发展之路,积极探索主业发展新模式)"的战略取向和"三突破(上市融资、资源控制、并购扩张)"、"三提高(资产经营效益、科学管理水平、持续发展能力)"的中心任务,"稳节奏、调结构、控成本、增效益、强管理、促发展"的工作方针,要求切实提高科学管理水平。为了适应集团跨越发展的要求,集团还及时调整充实相关组织机构,强化京能集团的企业管理职能,这为京能集团全面标准化管理体系的构建提供强有力的组织保证。

正是在上述背景下,京能集团新任主要领导2009年上任伊始,便着手全面标准化管理体系的构建工作。

二、能源投资企业全面标准化管理体系建设内涵和主要做法

京能集团以推进科学管理为目标,以国家有关要求和规定为准则,从自身特性和管理现状出发,以"统一规范、切合实际、先进合理、精简高效"为方针,遵照"统一领导、分工负责、全员参与"的组织原则,采取PDCA循环的工作方式,有计划、分步骤地构建一套以技术标准、管理标准、工作标准为核心内容,以运行机制标准化为动力,全面整合其他专业管理手段和方法的、具有京能集团特色的全面标准化管理体系。全面标准化管理体系的"全面"包括三个方面的涵义:其一,管理内容全覆盖,京能集团标准体系全面覆盖管物的技术标准、管事的管理标准、管人的工作标准;其二,管理层级和对象全覆盖,京能集团全资、控股107家,管理层级上分为三级企业,全部建立标准体系;其三,管理业务全覆盖,京能集团的主要业务包括电力能源、房地产、节能环保和金融证券,行业差别较大,但都建立适应各自行业特点的标准体系。主要做法如下:

(一)建立健全各级标准化组织机构,落实责任

京能集团标准化管理机构由标准化委员会及办公室、专委会及办公室(技术标准、管理标准、工作标准)、各部室(标准起草部门)组成。标准化委员会主任由集团董事长担任、副主任由集团总经理担任、委员由集团经营班子成员担任;技术、管理、工作标准专委会主任由集团总经理担任;标准化办公室和三个专委会办公室主任分别由集团标准化、技术、管理、工作

成果主创人:公司总经理郭明星

标准体系归口管理部室的主任担任；各办公室成员由各部室抽调技术骨干组成。成立组织机构的同时明确标准化委员会、三个专委会、标准化办公室、三个专委会办公室、各类标准起草部室的职责。标准化办公室作为具体实施单位，负责组织全面推进标准化的具体工作。标准化委员会定期听取汇报，提出具体要求，做到"统一领导、协调一致、分工负责"。

同时，各控股企业相应成立标准化的组织机构，京能集团总经理担任标准化委员会主任、主管副总经理全面负责、相关部室负责人负责标准化具体工作，真正做到"组织到位、任务到位、人员到位"。

各级标准化组织机构成立后，京能集团标准化委员会和办公室开展广泛调研、策划总体方案、召开动员大会、组织专业培训、梳理制度流程、编制工作计划，有效地保证京能集团全面标准化管理体系的构建与实施，为后续工作奠定了坚实基础。

（二）科学构建全面标准化管理体系框架

京能集团全面标准化工作伊始，就在广泛调研、评估现状的基础上制订《全面推进标准化管理体系工作的实施方案》（简称实施方案），确定全面标准化管理体系构建与实施的总体框架、三大目标、六项原则和四大要求。

总体框架：包括技术标准体系、管理标准体系和工作标准体系在等三套标准体系，准确地描述京能集团标准体系的蓝图，确保技术标准业务全覆盖、管理标准流程全覆盖、工作标准岗位全覆盖。三大目标：一是京能集团及控股企业技术标准、管理标准、工作标准覆盖率达到100％；二是标准体系自我评价纠正措施验证合格率达到100％；三是京能集团各项管理规范化、程序化、标准化和科学化。六项原则：一是统一组织、分别推进；二是自行设计、自行实施、全面推进、全面提高；三是自上而下建立、实施与推进，自下而上验证、评价与整改；四是实现技术标准、管理标准、工作标准全覆盖；五是流程、规程、规定、准则、制度、办法、指南等作为标准的具体形式统一规范；六是实现管理标准体系、质量保证体系、安全管理体系等多体系的有效融合。四大要求：包括成立权威的组织机构，明确详细的目标任务分解，提出统一工作进度和要求，制订完善的工作流程。

（三）认真编写基础标准，确保标准起草工作规范化

京能集团标准化办公室作为集团标准化的主要组织者和推进者，结合行业特点与集团实际，认真编写《标准化管理规定》、《管理流程编写指引》、《管理标准编写指引》、《工作标准编写指引》等基础标准，具体规范技术、管理、工作标准编写要求；标准分类、标准修编工作范围；部室及管理分类；标准审批权限、标准化信息管理基本要求；规范性引用国家、行业标准目录；标准化网络设置，经京能集团标准化专委会、标准化委员会审批后发布执行，为标准编制工作提供技术保证。

京能集团有关基础标准对标准编写提出具体的要求，在标准起草的过程中严格执行相关要求和标准编写指引，标准化办公室、管理标准专委会办公室加强过程中监控与辅导，发现质量问题及时解决，为标准编写质量的有效控制创造条件。

京能集团对不同控股企业标准体系构成范围提出具体要求，各控股企业应围绕具体业务，提出本企业技术、管理、工作标准编写的质量要求，并履行审批程序。

标准化办公室组织全员参加的标准化法律法规、基础知识方面的专业培训。聘请具

有实操经验的专家组织全员参加系统实操性专业培训,在此基础上组织对集团基础性标准的培训,使全员熟练掌握标准编写内容的四大构成要素和编写形式的两大统一要求;针对不同管理人员制定多元的培训计划,采取集中培训、专项培训、实操培训、过程培训,同时又开展网络、刊物培训,规范各级领导、管理人员、一线人员培训内容要求,为标准化工作的有序开展提供全方位的技术保障,为全员编写标准奠定坚实基础。

(四)从严把好"六关",确保标准审查审批高水准

按照《标准化管理规定》,依据相关标准条款和质量要求,进行逐级审核,标准质量的审查过程分为六个层级进行。一级是部室内部初审;二级是部室之间互审;三级是专委会办公室组织会审,同时进行规范性修改;四级是专委会复审;五级是标准化办公室审查,按标准的技术规范要求组织修改;六级是标准化委员会审批,标准化办公室负责标准发布前最终制版工作,发布标准的质量得到有效控制。

京能集团对控股企业注册标准的审核,专门制定《控股企业注册标准评审验收管理办法》,规定各控股企业备案提交注册标准申请表,京能集团主管标准化的领导审核、总经理批准。注册标准评审验收分为编审、预审、审核、审修、批复、备案。

京能集团全面标准化管理体系构建与实施的过程采取标准合格一批、审核一批、批准一批、发布一批的方法,过程中发挥各专委会办公室的作用,集中技术优势,及时组织上交标准的汇审工作,加强标准质量的把关,确保上会审核审批标准的合格率。京能集团及时批准、发布标准,组织特殊标准专项研讨工作,确保发布标准的质量。

(五)反复宣贯学习标准,确保各级标准人人熟知熟用

在准备阶段标准化办公室组织标准化国家标准及标准化专业知识的普及性宣贯;体系构建前期,随着基础标准的先行发布,为确保标准的编写质量,标准化办公室组织《管理标准编写指引》等4项标准宣贯,解读标准内涵、讲解标准要求;体系构建的过程中,随着标准逐步发布,集团对标准的宣贯提出具体的要求,明确分工,要求各部室组织内部的定期宣贯、专委办公室组织集团内部集中宣贯、标准化办公室组织集团系统的宣贯,要求控股企业将宣贯学习集团标准的工作纳入季度工作计划,组织员工学习集团标准,将集团标准中的各项要求落实到企业标准中。对新发布的集团标准要求起草部门对标准进行逐项、逐条宣贯,确保京能集团发布标准的熟知熟用。结合集团的专项检查、专业培训工作,开展有针对性的专业标准宣贯;体系运行后标准化办公室组织集团系统的集中宣贯,标准归口部门的主任、标准的编写人都亲自授课,进行重点宣贯;围绕标准编制、标准实施、体系运行、现场检查、评价、持续改进等具体内容集中组织专题宣贯。开展宣贯效果评价工作,确保宣贯工作质量,结合实际工作检验宣贯效果。

(六)加大检查考评力度,确保集团标准落实到位

京能集团专门制定《标准检查与考核管理规定》,形式分为:集中综合检查、年度检查、适用性专项检查,检查方法分为:全面检查、重点检查、专项检查和集中检查,适用性专项检查则根据工作需要择机进行。

京能集团标准化组织的各类检查工作,均进行检查工作实施方案设计,明确检查的目的,根据被检查企业的实际情况确定检查的内容,成立相应的组织机构并明确各自职责,科学设计检查方式,按部室职责进行检查分工;制订统一检查评价标准,从标准技术

性、规范性、适用性、准确性、协调性、统一性评价到标准体系运行整体性评价,按其业务不同赋予不同的权重,不同企业评价内容进行相应的调整;对检查人员进行检查前培训,培训工作围绕专业知识、技术技能、检查技巧、检查方法掌握及检查报告撰写等。对检查人员的行为提出规范性的要求,同时规范检查人员的行为,要求做到客观公正、公开、公平,坚持"以事实和客观证据为判断依据的原则、标准和实际对照的原则、独立和公正的原则",以保证检查评价的公正性和有效性;围绕京能集团实际情况,量身设计检查方式,确定检查内容,改变以往重汇报、轻结果的做法,采取现场访谈、调查问卷、资料调取、标准实施情况等多种形式的检查赢得企业对检查工作的认可。

依据国标 GB/T19273—2003,京能集团及控股企业的评价工作分为:标准内容评价、标准实施评价、标准体系运行评价、不符合项整改评价,评价工作紧紧围绕标准制定、实施、检查、评价、修编的过程进行,评价可以发现工作中存在的问题,并及时整改。对京能集团标准体系的评价分阶段进行,每季度进行标准实施情况评价;每半年进行标准体系运行情况评价,并对季度评价提出的不符合项的整改情况进行评价;年终进行整体评价,并对年度标准化工作进行总结,制订下年度标准化工作计划。在控股企业标准体系建立后提出标准注册评价的要求,为控股企业标准的有效实施奠定基础。

京能集团标准化考核、奖励工作已经纳入集团相关标准中,做到奖励有标准、考核有依据。标准化考核工作由两部分组成,一部分考核纳入各单位年度目标责任书,京能集团各部室和控股企业按考核分值5%权重记入年度单位绩效,按照《标准检查与考核管理规定》条款的具体要求对各单位标准化工作的过程管理进行考核;另一部分考核纳入各单位企业负责人经营管理目标,按照《集团所属企业负责人经营管理目标考核办法》、《集团业绩考核流程》条款要求,对标准化工作中存在问题无法得到整改、屡次发生同样问题、集团布置的标准化工作没有得到落实的各单位相关负责人进行考核。

标准化奖励工作由三部分组成,一部分奖励是标准化工作日常工作的奖励,按《集团专项奖励管理办法》对日常管理中的先进个人和集体进行奖励;另一部分是各单位标准化工作荣获市和行业、国家级奖励,按《突出贡献奖励管理办法》对获奖的单位和个人进行奖励;再一部分奖励是京能集团每年组织标准化工作的总结和表彰大会,对集团体系标准化工作的先进集体进行表彰、对先进个人进行奖励。同时要求控股企业建立标准化考核与激励机制。奖励与考核工作调动了员工的积极性,促进企业标准化管理水平的提升。

(七)动态修订完善标准,确保集团标准与时俱进

京能集团标准修编工作实行动态管理,采取随时提出、随时论证、随时办理、随时起草,集中送审、集中审批、集中发布的原则。首先制订《标准编制管理流程》,分新编标准编制流程和修编标准编制流程,从新编、修编标准的界定到从流程起点、终点的确定提出各阶段的工作要求。自京能集团标准体系有效运行以来,因政策发生变化、结构进行调整、标准技术要求提高、检查评价发现的管理缺陷等原因,必须及时更新、补充标准,才能满足体系运行的需要,已经组织修编标准3项、新编标准15项。安全管理标准在检查评审中发现原有标准不能满足管理的要求,需进行补充,提出标准修编申请,对3项原有标准进行修编,并按集团《标准化管理规定》履行标准的审批流程;标准检查评价后针对标

准条款的技术内容和标准的规范性存在的问题,集团标准化办公室也会提出修改建议;围绕国内尚未编制发布燃气电厂技术标准,京能集团组织编写的16项燃气电厂运行规程和检修规程已经通过专家论证,正式发布后将填补国家有关燃气机组技术标准的空白。多方位的标准修编工作实现动态化管理,确保标准体系始终保持良性循环。

京能集团从标准化工作调研阶段就对标准体系的信息化提出具体要求。信息管理工作完成信息网建立、运行、更新等,自行设计的技术标准检索系统在标准化信息系统中上线运行,为集团本部和各控股子公司学习和掌握技术标准创造条件。

三、能源投资企业全面标准化管理体系建设效果

(一)体系得到建立和完善,保证了集团各项工作的有序推进

全面标准化管理体系的构建与实施实现集团公司和控股企业技术、管理、工作标准体系的全覆盖,实现各体系间有效对接,实现一体化管理,体系运行进入良性循环的轨道,从集团总部到控股企业标准化工作做到了有人负责、有人归口、有人跟踪、有人落实,京能集团管理水平整体提升。

全面标准化管理体系的构建与实施引领了集团控股企业标准体系的建立与实施,各体系的有效运行在安全、生产、技术、经营等管理工作中发挥了巨大的作用,在控股企业标准体系建立中,员工执行标准的主动性、自觉性普遍提高,从被动的"要我标准"到主动的"我要标准",逐步形成"工作标准我参与,工作流程我优化,工作经验我提炼"的良好氛围,京能集团基础管理水平得到了有效的提升。

全面标准化管理体系构建与实施采取的是自行设计、自行实施、全面推进、全面提高的新方法;走出了自上而下建立、实施与推进,到自下而上验证、评价与整改的新思路。

(二)提高了管理效率,促进了集团的快速的发展

全面标准化管理体系构建与实施极大地提升集团的管理水平,进而促进集团经济效益的大幅提升,生产、技术管理水平普遍提高,人均创利能力、企业经济效益整体提升。在电力全行业利润大幅下滑的前提下,京能集团利润总额逐年提升,2011年比2010年增长了17.9%,实现了集团的可持续发展。

(三)在地方和行业内发挥了重要示范和引领作用

全面标准化管理体系构建与实施工作得到了北京市国资委的肯定,开创了市属国有企业完全依靠自身力量开展标准化管理体系构建与实施的先河。

京能集团作为中国投资协会地方电力投资专业委员会会长单位,全面标准化管理体系的成功构建与实施,为近50家地方电力投资企业如何开展标准化管理工作,如何解决实施过程中的难点,如何开展检查、评价、完善、改进等工作提供了参考。

(成果创造人:陆海军、郭明星、孟玉明、唐鑫炳、
王彦民、梅东升、张燕东、葛青峰、张　玫)

以设计为中心的风电建设标准化管理

中国华能集团公司

中国华能集团公司(简称华能集团)是经国务院批准成立的国有重要骨干企业。华能集团注册资本200亿元人民币,主营业务为:电源开发、投资、建设、经营和管理,电力(热力)生产和销售,金融、煤炭、交通运输、新能源、环保相关产业及产品的开发、投资、建设、生产、销售,实业投资经营及管理。截至2011年底,在全国30个省、市、自治区及海外拥有全资及控股装机容量12538万千瓦,为电力主业发展服务的煤炭、金融、科技研发、交通运输等产业初具规模,华能集团在中国发电企业中率先进入世界企业500强,2011年排名由2010年的第313位上升至第275位。华能集团注重清洁能源的开发建设。截止2011年底,清洁能源装机容量达2396万千瓦,占总装机容量的19.1%。其中,水电1133.41万千瓦,风电726.29万千瓦。风电装机容量跃居五大发电集团第二位。

成果主创人:公司基本建设部原主任、华能国际电力股份公司副总经理宋志毅

一、以设计为中心的风电建设标准化管理的背景

(一)响应国家新能源发展战略的需要

2006年以来,国家出台了一系列扶持和鼓励风电产业发展的政策,相继制订了"十一五"和"十二五"风电发展规划,我国风电建设进入高速发展时期。到2008年底,我国风电装机容量达到625万千瓦。华能集团从2006年开始全面进入风电领域进行开发建设,当年风电投产2.72万千瓦;2007年,风电投产23.71万千瓦;到2008年,风电投产63.31万千瓦,风电装机容量突破100万千瓦,华能集团进入大规模风电开发建设阶段。但是由于风电标准化建设严重滞后,有些方面无标准可循。在风电建设方面,由于没有相关的风电技术标准和风电建设管理标准,华能集团不能有效的规范风电场的建设管理,不能规范有序的进行风电开发建设,导致设计标准不统一,水平不够高;设备制造、调试水平不能满足现场需要;在无统一标准的情况下难以对施工队伍进行有效的管理,施工质量达不到设计要求。总之,不能实现高效率、高水平、低造价的风电建设目标。

(二)提高企业建设效率和技术水平的需要

一个优秀的风电场,设计是关键。在风电场的规划、风能资源测量、风机的宏观选址和微观选址、风机布局、地质勘测、可研深度和施工图设计等方面给出设计工作标准,最大限度的利用风能资源,发挥每个风机的效用,才能做到优化风电资源配置,建设高水平风电场。建立风电管理标准可有效提高建设管理水平,提高资金使用率、缩短工期,建

优质、高效的风电场;建立风电技术标准可保证各风电场使用成熟可靠的技术,提高设备装备水平。对风电场的参建各方,除用管理制度进行约束外,还需要用相应的标准进行规范建设行为。

为加快华能集团的风电建设速度,贯彻落实华能集团"两高一低"(高速度、高质量、低造价)的基建方针,按照"安、快、好、省、廉"的基建工作管理要求,规范和促进华能集团所属各区域公司、产业公司的风电场工程建设,建设布局合理、标准统一、技术先进、优质高效、质量可靠、造价合理的风电场,提高风电工程的建设管理水平。

二、以设计为中心的风电建设标准化管理的内涵和主要做法

从2008年10月开始,华能集团启动风电建设标准的制订工作。明确风电建设标准化管理的指导思想,制订风电建设标准编制工作计划,通过加强领导、建立风电建设标准的组织体系,组织标准的编制工作。以抓好设计和设计优化为核心,以强化过程管理和质量考核为重点,突出设计龙头作用、加强工程质量考核编制风电建设技术标准,根据管理现状编制风电建设管理标准,并通过加强宣传培训,增强风电建设标准的执行力度。初步形成风电建设标准体系框架,提高了风电建设的技术水平和质量水平,促进了华能集团公司风电健康快速发展。主要做法如下:

(一)明确风电建设标准化管理的指导思想和工作计划

1. 明确风电建设标准化管理的指导思想

风电建设涉及的领域较广,有风资源评估、混凝土工程、金属结构工程、电气工程等。有些方面可以采用国家和电力行业的相关标准,如电气、混凝土、房屋建筑、道路等,有些方面则需要结合风电建设的特点,不能完全照搬。例如,风机基础的尺寸和混凝土量,如按行业标准及风机厂家提供的基础数据,有可能体型过大造成浪费,必须按照不同的地质条件和载荷进行优化。在制订标准前,对涉及风电建设的国家和行业标准进行梳理,查阅国外如丹麦、西班牙、德国、美国等国家的相关技术标准,对国外和国内主流风机制造厂家的技术数据进行分析,对华能系统内已建设的风电场进行技术总结,对电力行业内其他集团公司的风电场进行调研,摸清行业现状,明确亟待解决的问题。

华能集团公司风电建设标准编制的指导思想是,在国家和行业有关标准的基础上,结合风电建设的特点,制订具有鲜明华能特色的企业技术标准和管理标准,达到安全可靠、技术先进、经济适用、管理一流、工程优质,具有通用性、统一性、兼顾性和前瞻性。标准的部分指标高于国家及电力行业标准,如风电场占地指标、场用电率指标、升压站综合楼建筑面积、达标投产有关指标均优于国家及电力行业标准。

2. 确定风电建设标准的工作计划

华能集团的风电建设标准编制工作采取先抓主要矛盾,先抓亟待解决的问题,即首先开展设计标准的编制工作,随后进行建设管理规范的编制,同时开展建

风场

设考核标准的编制,这三个标准计划在2009年底前颁布实施。在形成设计、管理、考核标准后,计划用一年半的时间完成以优化设计为重点的第二批风电标准,即风电场典型设计、造价控制指标和考核奖励办法,计划于2011年年中颁布实施。力争在三年时间内完成风电设计导则、建设管理规范、建设考核标准、工程奖励实施办法、风电场典型设计和造价控制指标,初步建立华能集团公司风电建设标准体系构架。

(二)加强领导、建立风电建设标准的组织体系

成立以华能集团总经理为主任的标准化委员会,统一领导华能集团的标准化工作。标准化委员会下设办公室(设在企业管理部门),标准化委员会下设技术标准、管理标准、工作标准三个专业委员会,分别负责公司的技术标准、管理标准、工作标准等三个专业标准的归口管理。华能集团总部各部门是职责范围内相关标准的职能管理部门。成立风电设计导则、建设考核标准、典型设计、建设管理规范、标杆造价指标、考核奖励办法等六个标准编制小组。华能集团公司企业标准制定的一般程序包括:提出标准制定年度计划,组织起草标准草案,征求意见,对标准草案进行必要的验证,审查、批准和发布标准。

(三)编制突出设计龙头作用的风电建设技术标准

1. 编制风电场工程设计导则

在工程实践中,华能集团意识到,如果没有好的设计,就不能实现高质量、低造价的目标,就无法建设高水平的风电场。设计是关键、是龙头。而现状是设计水平不够高、设计标准不统一。首先要做的是规范设计行为,统一和明确华能风电场的设计标准,编制风电场工程设计导则。设计导则适用于装机容量为50MW级及以上的并网型陆上风电场工程设计,主要内容包括风能资源测量、风能资源分析评价、风电场总体规划、风电机组选型、风电场总体布置、风电场测量、风电场地质勘察、风电场土建设计、升压变电站土建设计、电气设计、环境保护与水土保持、节能设计、施工组织设计等篇章,涵盖风电场设计的全过程。

华能集团总结华能以往风电场设计的成功经验及教训,摸清风电设计现状,收集整理大量的设计资料,对有关风电场进行调研,在国家及电力行业有关标准、规程、规范的基础上,经专家评审后组织制订导则编制大纲。导则草案完成后,组织专家评审,下发公司有关产业公司、区域公司征求意见,选择有代表性的风电场进行试行和验证,请中国水利水电建设工程咨询公司进行技术咨询,最终定稿,报华能集团标准化委员会审定,经总经理办公会审议批准通过,颁布实施。

2. 编制风电场工程典型设计

设计导则起到规范华能集团风电场设计行为的作用。在实施一年后,华能集团及时总结经验,提出要对风电场设计进行优化,开展风电典型设计工作。主要内容包括风机布置优化、风机基础典型设计、箱变典型设计、道路典型设计、集电线路典型设计、升压站典型设计。提出不同单机容量(1.5MW、2.0MW)、不同地形地貌条件(平原、山地、滩涂)的风电场的典型设计方案,升压站分为110Kv和220Kv典型设计方案。

华能集团总结已建风电场工程建设经验,收集大量已建风电场设计参数,通过比较、提炼、提升相关设计参数,进行设计优化,提出风电场工程优化设计的指导原则和典型性方案。例如,对风机基础进行优化设计,混凝土和钢筋的用量降低5%～10%;对不同地

貌条件的风电场道路进行优化,对道路的宽度、错车道的尺寸和布置、山地道路施工期和运行期路宽进行差异化处理;对箱变设计提出采用"紧凑型箱变"(俗称华变),节约设备投资;对升压站典型设计进一步明确用地标准和综合楼建筑面积控制标准,较设计导则降低建筑面积3‰~10‰;将风电场建设运营需要与接入电力系统要求有机结合,设备以简化配置为主,个别设备又兼顾电网发展的需要;升压站总平布置按功能进行分区,满足生产、运行、维护和生活的需要;明确使用GIS的条件。

2012年1月以来,华能集团在典型设计的基础上,又开展平原、高山、丘陵等十种地形地貌风电工程典型设计和施工工艺图集的汇编工作,将于2012年内发布实施。对于进一步提高风电标准化设计和精细化管理起到重要作用。

3. 编制风电建设考核标准

在工程建设实践中,华能集团体会到,要建设高质量的风电场,高水平移交生产运行,必须有建设考核标准,即建立风电达标投产考核标准体系。考核标准以量化指标的形式对风电建设几个主要阶段进行全方位的质量评价和验收,从而实现过程质量控制,高水平达标投产。主要内容包括组织机构及职责、考评项目、考评程序、达标投产必备条件、奖励办法等内容。其中,考评项目分为安全健康与环境管理、建筑工程质量与工艺、安装工程质量与工艺、质量控制指标与调试技术指标、工程档案管理、工程综合管理等六个项目。

华能集团对电力行业现状进行分析,对风电行业的质量验收现状进行调研(电力行业有火电和水电的达标投产验收规程,还没有风电的相关标准),收集大量的风电建设各个阶段的质量验收报告,查阅相关专业的技术验收标准,参考火电、水电的达标投产验收规程,结合华能的实际,制订风电建设考核标准。考核标准为电力行业第一个风电达标投产考核的技术标准。例如,在风机可利用率考核、风机动态调试考核均高于现行的风电实际控制标准,首次明确提出风电场所有风机通过240小时试运才能计入投产容量,首次规范风电场技术档案分类原则和保管期限,要获得华能集团"达标投产风电场"命名必须在三次自检、一次复检单项得分均在85分以上才可以命名。

(四)根据管理现状编制风电建设管理标准

在风电工程建设管理实践中,华能集团深刻体会到,如果没有建立完善的工程管理制度体系和管理标准,就不能有效规范参建各方的建设行为,就不能实现高速度、高质量、低造价的建设目标。建设管理规范作为华能集团的企业管理标准,主要内容包括基本建设前期管理、工程设计管理、工程招标管理、施工准备、施工过程管理(包括安全、质量、进度、造价管理)、工程验收(包括单位工程验收、工程启动试运行验收、工程移交生产验收、安全验收评价及安全设施竣工验收、工程竣工验收)、生产准备、工程结算与审计和项目后评估等内容,另外有三个附录,包括风电场分类、风电场建设工程档案分类表和风电工程各阶段应归档的主要内容与保管期限表。

华能集团总结系统风电建设管理经验,对系统外优秀风电企业进行大量调研工作,对行业风电建设管理现状进行分析,提出华能的管理标准。管理规范在华能集团有关管理制度体系框架下,其内容按照风电场的基本建设程序进行编写,贯穿于风电场建设整个过程。对改善华能集团公司系统内各区域公司、产业公司风电建设管理水平参差不齐的现状,规范华能集团公司系统内风电场工程建设管理工作,尽快提高建设管理水平,起到重要作用。例如,管理规范强调对风电场建设各个阶段的过程控制;规范了参建各方的行为,明确各方的权利和责任;首次定义风电场开工时间起点;明确不同建设条件下的风电场有效建设工期;对新成立和新介入风电建设领域的产业公司、区域公司的风电建设管理起到指导作用。华能集团根据风电工程管理实际需要,还组织编制风电工程标杆造价控制指标和风电工程考核奖励办法。

(五)加强执行风电建设标准的宣传培训

华能集团的风电建设技术标准和管理标准是企业的强制性标准。风电建设标准自颁布实施以来,在华能集团系统内得到很好的贯彻执行。

在每个标准下发时,华能集团公司都专门发出通知,对执行标准提出严格的要求,并举行全系统的标准宣贯活动。采取请专家讲座和技术人员交流的方式,加强对标准的理解和认识。定期组织对标准执行情况进行检查。在华能集团公司基建绩效考核中,增加对各公司标准执行情况的考核。

对参与华能系统风电工程设计的设计单位,项目公司积极与他们沟通,在招标时明确提出按华能设计导则进行设计。施工单位进场前,组织对施工人员进行标准的培训。与主机设备厂家人员进行交流,争取他们的支持和理解,在一定程度上也提高设备制造技术水平。

华能集团在风电建设标准化方面积极与有关部门汇报,向中电联标准中心介绍情况,与中电建协进行沟通,积极参与国家及行业标准的制订工作,为推动我国风电建设标准工作起到重要作用。

到2012年9月23日,第一批三个标准设计导则、考核标准和管理规范颁布实施已满三年。按照《企业标准化管理办法》,华能集团计划对这三个标准进行复审,根据国家和行业最新发布的标准及风电发展实际进行修编,计划在2012年底前完成。

三、以设计为中心的风电建设标准化管理的效果

(一)提高了风电建设的技术水平和质量水平

在五大发电集团中,华能集团第一个形成相对完整的集设计、管理、考核、奖励、设计优化、造价控制等风电建设标准体系框架。2009年9月,华能集团公司颁布第一批风电建设标准,包括设计导则、管理规范和考核标准。2011年7月,华能集团公司颁布第二批风电建设标准,包括典型设计、考核奖励办法、标杆造价指标。

这六个风电标准自颁布实施以来,在华能集团公司风电建设领域得到很好的贯彻执行,已在华能集团公司系统146个风电项目中应用,取得理想的效果,促进华能风电的健康快速发展。2009~2011年,华能集团风电投产创历史新高,分别为157万千瓦、214万千瓦和242万千瓦。到2011年底,华能集团风电装机容量从2008年五大发电集团排名第四位上升到第二位。

风电建设严格按标准进行建设管理,高标准、高水平投产,创历史最好水平。三年来,一大批风电项目获得国优和行优称号,获得国优项目12个,行优项目16个,华能风电获得国优和行优数量是同期五大发电集团中最多的,约占电力行业的三分之一。

(二)为电力行业风电建设标准化提供了有益的借鉴

从 2008 年 10 月开始,华能集团公司致力于风电建设标准化工作,共完成六部标准的编制与发布,分别是《中国华能集团公司风电场设计导则》、《中国华能集团公司风电场工程建设管理规范》、《中国华能集团公司风电工程建设考核标准》、《中国华能集团公司风电工程考核奖励暂行办法》、《中国华能集团公司风电场工程典型设计》和《中国华能集团公司风电工程标杆造价指标》,共计约 38 万字。形成设计有"导则"、建设有"规范"、考核有"标准"、奖励有"办法"、优化有"典设"、造价有"指标"的风电建设标准化管理体系框架,对规范风电建设管理,提高建设质量,降低工程造价,促进风电快速、健康和可持续发展起到重要作用,并对电力行业风电标准化建设做出了贡献并起到积极推动作用。

华能集团在风电建设标准化建设上取得的成绩得到电力行业和国家有关部门的高度认可,对行业风电建设标准的制订提供有益的借鉴。华能集团公司作为主编单位的能源行业标准——《风力发电工程达标投产验收规程》(NB/T 31022—2012),2012 年 4 月 6 日已经国家能源局批准发布,于 2012 年 7 月 1 日正式实施。

(三)为企业创造了良好的经济效益

按标准化进行设计、施工和考核,能够合理控制工程造价,从而降低建设成本,创造出好的风电效益。从 2010 年到 2012 年 8 月底已投产的 102 个风电项目统计结果看,一个 5 万风电场节约投资一般在 2000 万元左右。自颁布风电建设标准以来,据不完全统计,累计节约投资超过 20 亿元。

(成果创造人:宋志毅、王洪奎、晏新春、崔学明、
何　焱、丁　坤、顾祥圻、李国胜)

促进电网企业变革的执行力管理

福建省电力有限公司

成果主创人：公司总经理张磊

福建省电力有限公司（简称福建电力）隶属于国家电网公司，是国家电网公司在福建省设立的全资子公司，于2000年6月由福建省电力工业局改组形成。截至2012年8月底，福建电力合并口径资产总额844.62亿元。福建电力下辖全资单位25个、控股单位58个、代管单位3个；员工总数55270人，其中农电工18144人；承担着为全省9个地市、3689万人口的供电服务，拥有电力客户1340万户。2012年全省全社会用电量1042.14亿千瓦时，福建电力售电量885.76亿千瓦时。

目前，福建电力拥有500千伏变电站14座、220千伏变电站137座、输电线路3.8万公里。一个以500千伏全省大环网为主干、220千伏和110千伏地市主力电网为分支、广大城市和农村配电网为末梢的坚强电网初步形成，电网抵御自然灾害和资源优化配置能力显著提升。

一、促进电网企业变革的执行力管理背景

（一）深化落实国家电网"三集五大"管理体系建设的需要

建设"三集五大"（人力资源、财务、物资集约化管理，大规划、大建设、大运行、大检修、大营销）管理体系，是国家电网公司站在实现"两个一流"（"建设世界一流电网，打造国际一流企业"）的战略高度上提出的，以"集约化、扁平化、专业化"为关键方法的电网企业业务和管理提升战略举措。其本质是通过实施电网企业核心业务流程重组，构建面向世界、面向未来的电网企业核心竞争力。

2011～2012年是国家电网公司加快建设"三集五大"管理体系、建成"一强三优"（电网坚强、资产优良、服务优质、业绩优秀）现代公司的关键时期。福建电力作为首批试点推广单位，要确保短时、高效、彻底地协调这些管理提升综合目标得以实现，没有综合性的管理手段进行支撑是不可想象的，缺乏扎实的企业执行力，管理提升的目标必将大打折扣。因此强化企业执行力管理是福建电力的必然选择。

（二）改进工作作风，迅速提高企业管理效能的需要

福建电力在取得众多成绩的同时，也面临着巨大的管理提升压力和一系列的现实条件制约，在高速发展、压力巨大的条件下，地域范围广、地区间综合条件差异大、人力资源固有条件限制多、管理基础存在系统性薄弱环节等问题带来的矛盾也越来越突出。

福建电力各种大企业病现象时有发生,问题的表现形式很多,例如"浮夸风"、"人治大于法治,制度弱化"、"官本位,职能割裂,部门壁垒严重"、"权力本位而非责任本位"、"基层负担较重"、"协调机制不顺畅"、"监督过分与不足同时存在"等等。正视这些问题,并努力通过管理体制、机制的不断创新和改进减少和消除上述现象,是福建电力在建设"三集五大"管理体系过程中必须面对的现实挑战。

(三)建设国际一流企业,持续提升企业管理水平的需要

实现"建设世界一流电网,打造国际一流企业"的目标,依靠的不是简单的装备提升、一两种先进科学方法手段的采用,而是整个组织系统的良性运转与持续有效的组织自我提升能力。因此,在建设"一强三优"现代公司、实现"两个一流"战略目标的过程中,福建电力必须主动创新思维、勇于改革,在遵循国家电网公司要求的同时,根据自身特点大胆创新和积极实践,持续提升企业管理水平。

二、促进电网企业变革的执行力管理内涵和主要做法

根据国家电网公司建设"三集五大"管理体系的阶段性要求和福建电力的自身特点,结合目前发展阶段所面临的主要问题,福建电力提出以企业综合管理引领专业管理为切入点,以健全企业标准、加强基础管理、转变工作作风为重点,以"简单、务实、高效"的执行力管理价值理念为指引,全面落实各项保障措施,促进企业整体管理水平的持续高效提升。主要做法如下:

(一)确立执行力管理的总体目标和思路

1. 明确执行力管理的基本逻辑

福建电力认为,提升执行力,就是在正确的战略和企业价值观引导下,在相对于专业管理的综合管理领域,建立四个方面的综合机制及载体,形成有效的 PDCA 闭环管理。一是文化和人力资源目标引导(P),即在战略和组织人力资源方面,建立适合福建电力当前发展阶段的正确目标,实施科学的人力资源配置和有效激励,促成正确的思想和价值引导。二是行为固化和保障(D),即一切管理均以企业法制化作为载体。建立以规范化、制度化、标准化为基础的企业一体化标准制度体系,通过信息化的形式固化下来并严格执行,以此大幅提升效率。三是监控评价(C),即问题的发现、分析和决策机制。针对基础管理的执行监控与分析、过程效率的监控与分析、综合分析等三个层面,建立以发现问题、分析问题、提出解决方案为核心职责与任务的组织和工作机制,使福建电力时刻做到自省、自知、自明。四是持续改进(A),即持续优化改进的组织方式。在基层建立企业全员持续学习、改进、创新的管理环境,奠定福建电力自我改进的基础;普遍建立 QC 小组,推广流程优化(BPI)管理技术方法;在总部和地方电业局,重点推广跨职能、跨团队、分层次的问题解决长效机制和组织,使问题暴露在阳光下,并通过福建电力全员的努力与集思

成果主创人:公司总会计师程章磊

广益,形成有效的问题解决方案。

2.确定执行力管理的总体目标和阶段性思路

福建电力 2011~2012 年执行力管理的总体目标是:围绕"三集五大"管理体系建设落地的要求,从综合管理体系入手,实现执行力管理价值理念的深入落地,并以此为指引,完善干部牵引机制,优化战略目标管理、企业标准体系和人力资源体系等基础管理系统,建立决策支持与组织协同的管理保障机制,开展全面评估与系统改进等,为企业整体实现"三集五大"管理体系建设目标提供有力的管理支撑。

思路是执行力管理工作的重心,主要围绕优化组织行为方式(执行力的文化表现)和提高企业基础管理水平(管理系统)两大视角展开。要解决阻碍管理提升的内因问题,龙头在于改进领导团队作风,关键在于转变干部行为方式,枢纽在于干部考核和组织绩效评价指标的设计与引导。要解决综合管理的思想性、系统性、操作性问题,从长期来看,在于学习型组织的构建,载体是企业的各项核心管理系统,短期要见效的则在于科学管理方法的推广和综合管理长效机制的建设。

(二)全面落实思想的先导作用,激活组织

1.加强培训,统一认识

确立执行力管理价值理念的根本目的,是为了向全体领导干部灌输准确的管理理念,从而以领导干部为楷模,在福建电力中树立积极客观的凛然正气。

首先,结合福建电力前期开展的以"简单、务实、高效"为核心理念的管理作风建设,对"简单、务实、高效"理念作进一步的诠释,将供电企业的发展战略目标、管理提升的意义、执行力管理价值理念进行系统阐述,分解到员工听得懂对员工有确切指导意义的程度,以手册形式进行广泛培训宣贯(图1)。

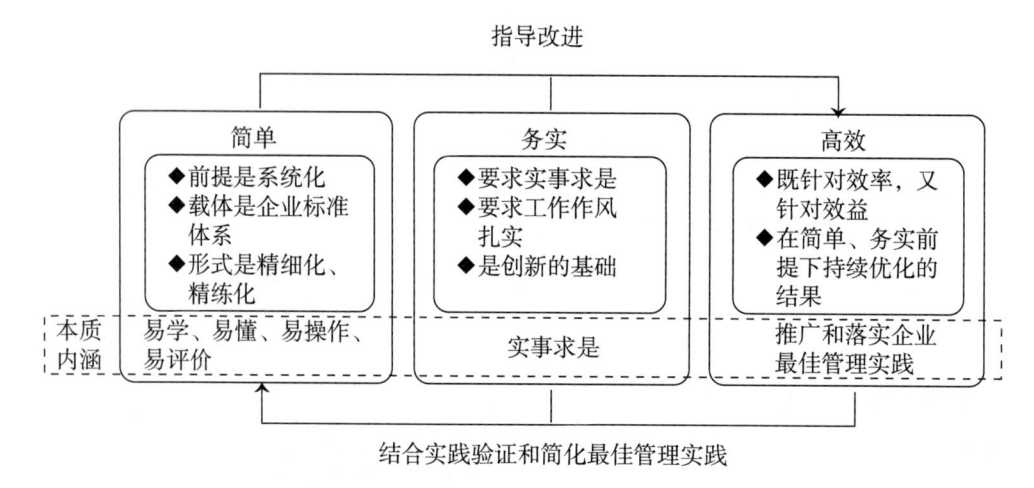

图1 "简单、务实、高效"管理方针的深入阐述

其次,对"三集五大"管理体系建设的根本原则和实施理念进行深度阐发,解决其方案制定和实施中的"知其然不知其所以然"的问题,从领导做起,统一认识,进而凝聚企业共识,树立正确的价值观,正确引导"三集五大"管理体系建设方案在落地工作中的价值导向,树立正确的管理原则,改变以前为建设而建设的错误认识。

再次，结合"三集五大"管理体系建设中的标准化体系建设工作，逐一对各专业管理进行系统梳理，提出更加明确的执行力机制建设工作任务，加深"简单、务实、高效"在干部、员工头脑中的理解，使"简单、务实、高效"的理念进一步转化为与具体业务紧密结合的工作内容。

2. 深入结合实践，落实价值理念

为取得实际成效，不让执行力管理价值理念成为表面文章，福建电力明确各种管理理念和行动的载体，使文化活动与核心业务活动融为一体，正向促进业务活动的开展。

"简单"，与固化载体、改进机制建设相融合。与推行标准化、精益管理活动相结合，与关键流程优化的活动（管理技术方法的推广，针对重点问题的应用活动）相结合；和机关少开会、少发文、整合优化管理活动的实际要求相结合；和制度标准建设合格与否的判断原则相结合。

"务实"，和强化基层调研要求，健全有关活动及成果的监督、保障、评价相结合；和党风建设中要求党员干部"说真话、做实事"的有关活动相结合。

"高效"，和具体的创新和管理改进取得的实际效果评价相结合；和各单位部门改进重要管理短板的成效评价相结合；树立工作成绩看实效的评价理念和干部考核任用原则。

3. 有效激活干部队伍

通过党、团、工会组织的干部、员工学习座谈等方式加深对各级干部思想动态的了解，将管理价值理念的推广融入到党、团、工会的各项工作中去。

建立分层分类管理人员的能力素质评估模型，健全任职资格体系设计，从而为干部筛选提供细化的基础标准，采用历史成绩与绩效贡献水平为准入条件，能力为评判重心的干部选拔评价体系。

优化干部考核评价体系。在干部考核评价体系中，根据"简单、务实、高效"落地载体的管理成效水平，综合设计一些针对干部的评价原则、行为评价标准，采用定性、定量相结合的方法，对干部管理作风与企业管理价值理念的吻合度进行评价。此项工作在福建电力经营性硬指标评价的结果基础上，以福建电力标准体系执行效果评价为基础，以福建电力软实力提升、管理作风改进为关键着眼点进行评价设计，依托重点工作，开展员工360度评价和专家评价相结合的评价方式。在干部考评机制中补充干部日常考评与记录，即增加过程评价维度，健全干部评价方法的实用性；对干部的考核评价，更加注重相对贡献价值，即增量幅度的横向比较，提高干部绩效考核的公平性。

用科学的手段进行激励，加大短期绩效激励弹性。围绕干部、员工在具体工作中践行"简单、务实、高效"理念的实际成效，加大具体人员的实践成效与其晋升降级、职业发展、薪酬待遇等的挂钩力度。

加大对不合格干部的淘汰和调整力度。从强化干部交流规划、强化干部评价系统的科学性、加强干部梯队建设、制定干部能上能下的考核激励机制、提高效果评估的全局系统性所建立的短板管理考核机制等方面入手，保证干部管理中对执行力管理目标方针得到有力贯彻。

4. 改进机关工作作风

机关干部深入基层,服务基层。优化组织绩效考核指标,在向基层提供共享和支持服务上下功夫,搞创新。

对福建电力集团管控体系进行一次系统完善,合理调整省公司总部、地市局、县公司等各级单位、各级部门在福建电力中的责权分配、机构定位以及相应承担的组织绩效目标与考核方式等。

强调标准管理的"共识"原则,对不能达到福建电力共识的低效流程和管理/技术标准进行分析,开展专项改进活动,对机关工作作风进行覆盖基层的360度考核。

对下级反应较多的绩效考核指标系统性差、缺乏指标修正机制等问题,要求部门协调调研,调整不合理的权重,制定细化的修正指标,在现有考核体系中剔除不合理因素的影响,逐步建立"一企一策"的考核模式,建立同体系下数学加权平均等方法的公平的横向评价机制,科学发挥"排名"的作用,有效引导地市公司的管理行为。

结合"三集五大"管理体系建设工作,在强化集团管控能力的过程中,创新发展支持、共享类总部职能,建立相应机构,完善有关标准。

(三)科学完善管理标准,系统提升管理基础水平

1. 深化战略目标管理落地

电网企业的战略目标可以分为电网坚强、客户服务优质、装备状态良好、财务绩效优良和安全生产等几类。福建电力主要立足于强化电网规划管理、全流程客户服务管理、资产(装备)全生命周期管理(设施管理)、财务绩效管理(核心是战略成本管理)、安全生产管理等几大目标管理系统,推进整体战略目标的有效落地。针对各系统,领导班子根据福建电力"三集五大"管理体系建设工作重心要求,提出十大重点工作,并以此作为变革工作的关键评估对象,实施全过程的跟踪评价、考核。采取优化的平衡计分卡工具(BSC),优化省公司层面的组织绩效考核体系,提高组织绩效管理的战略性、系统性、实用性和引导性,有效降低"唯上"风气和"本位主义"对考核指标及权重带来的影响。

2. 系统开展业务流程优化,提升企业标准化管理水平

福建电力对公司各级组织的业务流程进行系统优化。针对管理提升中遇到的问题及时进行改进,在实施过程中坚持将流程优化成果纳入标准管理的轨道,在短时间内实现标准流程的信息化建设。通过工作的稳步推进,确保核心业务流程及组织结构重组后的部门能够在最短的时间内形成新的系统化、一体化的标准制度体系,并全部实现信息化条件下的无纸操作。

在加强标准化建设工作的过程中,引入标准化管理体系框架,在不同管理体系之间建立可融合的平台和共用的管理轨道,使福建电力的制度管理工作形成"牵一发"而自动"动全身"的机制基础。福建电力首先建立通用性的文件标准,同时,在建立动态的制度标准完善机制和知识信息系统等方面亦进行探索和尝试。在企业标准建设方面,逐步渗透"综合标准化"的理念,以工作为中心(可以是任务、也可以是核心流程或关键标准),逐步建立系统级企业标准。福建电力大力推行经过实践检验的各类优秀管理做法,使其在企业中逐步成为非正式颁布的问题解决参考规范,而这一推广过程,就是提高大型企业集团管理标准化水平的行动,这种手段覆盖面越广,涉及的问题层次越深、或越面向基

层,其"综合标准化"价值就越高。

在加强标准化建设过程中,福建电力通过形式多样的培训工作,大幅度提升各级领导者、关键岗位人员的综合管理基本素质,提高标准化管理水平。培训干部全面质量管理、组织绩效管理、流程优化管理、风险管理等基本企业管理价值理念;培训干部推行关键流程优化、作业标准精细化的通用管理方法;培训干部采用项目管理、价值工程、信息数据挖掘、决策技术支持等现代管理技术手段;培训干部掌握平衡计分卡(BSC)、关键绩效指标和关键任务指标(KPI/GS)、流程绩效等,使其抓住目标绩效管理这一关键手段,将各种管理目标真正与组织和员工的价值目标有机联系起来。

3. 完善企业的人力资源基础管理体系

关键是提高各级领导干部对人力资源规划和配置政策战略重要性的认识,从省公司层面重新认识和严肃对待省公司总体的人力资源规划建设工作。例如,对落后山区局高水平人力资源严重不足问题,从省公司层面采用系统的人力资源政策进行调节,强化干部梯队建设,提高干部交流力度,配合以有倾向的激励手段(薪酬、任用等)、高学历毕业生分配、调配及福利制度等。

改进任职资格及职业技能认证体系基础,通过上岗认证层级增加、岗位工资等级增加等手段,在不影响薪酬总额的前提下,解决"同工同酬"问题,调动基层员工学习和掌握生产技能的主动性和积极性,缓解企业人力资源结构性缺员的问题,也为建立起企业专业技术(专家)管理体系,适度打开职业技能通道及相应薪酬通道的路径,解决好的技术干部缺乏发展通路的问题,提供必要条件。

改进员工绩效管理系统。"精益计分制"在福建电力落地过程中,由于各局管理基础不同,人员素质不同,过去应用效果打了很多折扣。通过省公司层面必要的深入调查研究和分类问题处理优化,使该方法的推广使用得到了进一步的深化。

针对反习惯性违章和加强班组建设,在上述工作的前提下,以"群防群控"、"自主学习"为导向设计各种绩效、薪酬引导方式。

(四)强化保障措施,支持管理改进举措深入推行

1. 强化决策支持,进行福建电力"三集五大"管理体系建设评估

"三集五大"管理体系建设工作是在国家电网公司大方案下推行的,由于各部门、各单位缺乏完全成熟和可直接借鉴的经验,福建电力采用内外部专家结合的方式,深入领会国家电网方案意图,以方案设计原则作为内部评判实施方案的原则基础;同时,考虑到专业部门存在自身利益,基层单位存在本位主义等现实问题的影响,在涉及该管理体系建设实施方案的关键措施方面,采用第三方评价方式进行评估,以执行力管理价值理念为指导,建立以安全管理(前提)、思想认识、协同机制、制度体系(执行力标准评价)、工作质量(执行力过程评价)、管理效果(执行力综合评价)为内容的五维评估体系,采用以PDCA管理循环为基本逻辑的"九要素评估法"进行全过程的问题分析。在评价中还采用基层单位自评价的环节,这不但取得以评价内容引导基层进行管理的效果,而且也锻炼干部,使各级干部通过评价对工作重点有了更加深入的认识,挖掘出真问题,也提炼出一系列行之有效的问题解决方法。

2. 强化组织的沟通协调机制

在建立以各层级、各专业的业务专家与外部专家共同组成的决策咨询委员会或专家型研究团队等决策支持智囊机构的同时,福建电力重点采取建立责权利匹配的跨部门沟通协商机制、责任关联机制、沟通协调平台等三项举措。

建立工作协商、组织决策、宣传交流横向协同机制和信息汇报、调研督导、典型经验培育推广纵向管控机制,并将上述机构及工作机制形成正式的文件、制度,结合现有制度,系统查找对照可能存在的不足,使机制要求落到实处。

明确有关直线业务部门之间的近期干部交流要求,同时也进一步确立中长期干部交流原则和机制,打破各职能机构自成一体、自我中心的部门主义氛围。以"流程相关组织责权利一体化"为目标,建立考核指标跨部门责任关联机制。在核心业务流程方面,以电网坚强、安全生产和客户优质服务之间的矛盾最为突出,以具有目标二重性的生产部门(规划、检修、配电)为例,由于针对此类部门的绩效指标设计和考核导向中忽视客户服务目标,导致此类部门往往不认为自己对客户优质服务负有重要责任。因此,在公司的组织绩效管理体系中,必须加强关键流程绩效的指标设计,把全流程的有关部门考核指标和有关激励捆绑在一起,使其成为真正意义上的流程导向的责权利跨部门一体化。

以内外部专家咨询平台为依托,增加部门间横向管理要求的正式交流机会,增加一些正式的问题交流机会,增加各部门的横向沟通。以网络媒介为手段,增加非正式管理交流平台作为正式的管理需求交流的有益补充,确保各类问题的表达更加开放和务实,有效汲取更多的基层经验,对正式方案推行起到风险规避补充作用。

(五)抓住主要矛盾,有序解决重点管理问题

1. 针对关键问题采取重点改进措施

科学优化,重点改进问题多发的关键流程和标准。福建电力对"三集五大"管理体系建设评估"中发现的关键性各类流程和标准问题进行分类梳理,由福建电力内外部专家与有关部门在共同深入调研和分析的基础上,提出可短期见效的解决方案与长效根除问题的解决措施,纳入"夯实基础"管理活动的要求之中。在"三集五大"管理体系建设开展时,福建电力就确定专门机构对基层反映突出的重点问题进行及时跟踪、分析和解决。

针对困扰企业发展的综合性管理问题,福建电力以部分子公司或下属单位作为重点,创新性的加以解决,并通过对实践成果的分析和提炼,形成行之有效的问题解决案例,在全省范围加以推广。例如,关于农电管理的有效措施,省公司就汲取部分地市公司好的做法,通过进一步提炼,将共性化较强的内容扩展为标准化的基本要求进行推广,避免基层地市局重复摸索的管理成本,尽快形成省公司较为系统的农电管理体系框架。

对组织调整较大的基层单位和部门在"三集五大"管理体系建设变革中形成的基层管理有效做法,福建电力进行提炼总结,形成班组建设、作业标准精益化管理等优秀基础管理做法案例,在全省进行推广,以促进其他基层单位快速形成组织能力或经验。

2. 针对机制建设问题采取重点改进措施

在企业管理标准体系建设工作中,强化标准建立的有关机制(针对制度的保障机

制)。福建电力过去的企业管理标准,很多其实只是制度和规定,因为它们并没有达到"上下达成一致,形成企业共识"这一企业标准的本质性要求。所以,深化标准建设,就是要让企业的制度和标准建设持续地在标准制定者和执行者之间"达成共识"。福建电力系统改进过去的制度设计、制度审核、制度颁布、制度修改等工作环节的操作方法,大量引入专家审核、试点应用、基层反馈、经验提炼等工作要求;整合企业各类标准体系,在制度标准信息维护方面实现有效的制度联动,动态维护;真正落实企业标准的组织,培养提高各级干部、责任人员的企业标准认识,杜绝标准建设的形式主义,让标准真正为我所用,而不仅仅是应付认证或者考核的花架子。

福建电力从责权利一体化这一最最基本的管理原则入手,以管理目标为导向,深层次地解决问题背后的组织机制制约因素。在关注基层实际问题取得短期改进的同时,更加关注问题背后反映出来的领导意识、管理思想、管理系统、组织权责设计、绩效导向、关键人员匹配方式等,并从逐步深化开展工作的角度,对管理思想(文化匹配度评价)、制度标准设计(深化制度的指导性文件层内容)、权责设计(部门职责设计)、绩效导向(战略导向、系统化、实用化)等进行系统完善。

为长期深层次改进企业的综合管理水平,深入落实"简单、务实、高效"管理价值理念,福建电力参照学习型组织建设的有关做法,建立非正式的组织与员工学习管理组织系统,将企业现有的管理创新、质量改进活动融为一体,将"先导团队"建设与公司专家组织建设融为一体,在企业内部树立来自底层的学习权威,形成常态性的学习机制。

三、促进电网企业变革的执行力管理效果

(一)促进了公司管理作风的根本改善

福建电力创新干部考核评价制度,以激活干部队伍、强化干部服务意识为龙头,从根本上改善大型企业固有的"官本位"、"权利本位"、"浮夸风"、"监督过分与支持服务不足"等机关工作作风,强化了公司机关工作人员的服务基层意识,增强了职能部门之间的沟通交流效率,提高了各级管理人员的全局性、系统性思维能力,进而在总体上提升了主营业务流程运作效率,提高了福建电力各级管理人员解决系统性复杂问题的能力。

(二)提升了综合管理的系统水平

福建电力不断优化和完善管理综合评价体系,建立以"监控——分析——建议"为基础的一整套评估机制,健全福建电力的问题改进组织架构,提高企业发现问题、解决问题的能力;通过固化和完善执行力管理的保障机制,系统梳理和优化组织运作流程,在制度与标准规范化、信息化管理等方面取得较大的成效,进一步提升福建电力标准化、信息化水平。

在推行执行力管理的过程中,福建电力分析公司最优管理实践经验,梳理、总结相关专业管理标准、管理流程、管理手段及先进管理方法,将具有先进性、创新性和推广价值并经实践检验成效显著的管理成果纳入典型经验库,形成60多项典型经验,内容涵盖五大专业及安全管理、资产经营、人力资源、物资采购等多个领域,通过推广应用典型经验,推动福建电力整体管理水平不断提升。

(三)"三集五大"管理体系建设取得实效

通过实施执行力管理,有力推进了福建电力"三集五大"管理体系建设工作进程,初

步建立纵向贯通、横向协同、权责清晰、流程顺畅、管理高效的"三集五大"管理体系,经受了主多改革、迎峰度夏、高考及中考保供电等现实考验,实现了体系建设推进与队伍稳定、安全生产、优质服务"三不误"。

通过完善人力资源基础管理体系,人员结构得到优化,劳动效率有效提升,机构更加扁平。某地市局的组织机构数由 36 个缩减为 15 个,精简 58.3%;定员编制由 2508 人缩减为 1728 人,精简 31.1%;用工总数由 2057 人缩减为 1639 人,效率提升 20.3%。通过"大检修"体系建设,某地市局整合原有 11 个专业生产部门组成实体化运作的检修公司,主配网生产人员减少 38.1%,运维站管辖变电站无人值班率 100%,用户平均停电时间下降 55.1%。

(四)创造了良好的经济效益

执行力管理的全面开展,极大地提升了福建电力主业务流程运营效率,有效地保障了公司经济效益目标的实现。2011 年,福建电力和电网继续保持良好发展态势,确保了电网安全稳定,满足了福建经济社会快速发展的用电需求,截止 2011 年底,电网实现连续安全运行 6080 天;省内年售电量 1302.23 亿千瓦时,实现利润 7.18 亿元。

(成果创造人:张 磊、程章磊、王 峰、林集养、
蔡锦麟、肖吉良、董 琳、翁 捷)

天然气生产企业执行力管理

中国石油天然气股份有限公司长庆油田分公司第一采气厂

中国石油天然气股份有限公司长庆油田分公司第一采气厂(简称第一采气厂)成立于1997年,主营业务包括天然气开采、集输及净化处理等,天然气年生产能力55亿立方米,天然气年净化能力71亿立方米。负责鄂尔多斯盆地靖边气田、乌审旗气田的开发和管理,是中国石油长庆油田公司组建最早的采气厂,中国石油七大主力气田之一,各项经营管理业绩列中石油、长庆油田前列。

成果主创人:厂长张振文

一、天然气生产企业执行力管理的背景

(一)行业运营特点的必然选择

天然气资源分布广,开发成本高,管道运输投入大,属于资金密集型产业和规模经济性发展行业,产业勘探开发、管道运输、销售等上下游要一体化经营、统筹规划、协调发展,需要足够的调峰和应急能力。第一采气厂的生产管理区域分布在陕蒙二省(区)13个区、县、旗,矿权面积1.30万平方公里,气井1035口,集配气站99座,天然气管线总长达到7284公里。气田每一次调配气量牵一发而动全身,从气井配产、管线和系统节点压力、装置处理能力匹配、污水处理、区块产量调配等各方面都要同步协调组织。一体化经营、大系统运行要求第一采气厂必须打造高效的执行力,严格遵循石油天然气开发科学规律,认真执行行业各项管理标准、技术标准和法规制度,运用先进的开采技术和高度协同的整体管理,确保第一采气厂协调、可持续发展。

同时,天然气开采具有高压、易燃易爆、含硫化氢有毒气体等特点,存在着极大的安全环保风险。在第一采气厂的所有生产部位和设施中,有一级重点要害部位3个、二级5个、三级7个,2008年确定的一到四级重大危险源273个。随着气田开发对象越来越复杂,国家社会对天然气生产行业的安全环保要求提高,这客观要求天然气生产企业要大力提升技术标准、管理标准、安全环保标准的执行力,实现天然气生产安全高效高质量运行。

(二)发挥枢纽作用、支持集团战略的客观要求

第一采气厂所管理的靖边气田地处陕京(陕西—北京)一线、陕京二线、西气东输(新疆轮南—上海)线和靖西(靖边—西安)线、长呼(长庆—呼和浩特)线、陕宁(陕西—宁夏)线等几条国内天然气大动脉的汇集处,具有极其重要的战略地位。近几年,在奥运会、世

博会、国庆六十周年庆典等重要时段,第一采气厂供气安全工作就是一项重大政治任务。按照中国石油部署,长庆气区即将建成全国天然气枢纽中心,在冬季供气高峰期或其它特殊情况下,要求靖边气田能充分、快速、有效发挥其在全国供气管网格局中的枢纽、应急、调峰作用。要达到这一要求,第一采气厂必须以高度的政治责任感,构建全方位的供气保障体系,以高效的执行力确保供气安全平稳万无一失。

此外,按照中国石油及长庆油田关于建设"西部大庆"的发展战略,到2015年前长庆油田油气当量要达到5000万吨以上,把长庆油区建成我国重要的油气生产基地、技术创新基地、工程技术服务基地、装备制造基地。在5000万吨油气当量中,天然气产量占了半壁江山,其中第一采气厂必须以55亿立方米的规模稳产到2018年。着力打造天然气基层生产企业对发展战略的高度执行力,是全面高质量高水平建设"西部大庆"的重要内容。

(三)企业稳健发展的现实需要

在进入稳产发展的新阶段后,第一采气厂认识到战略执行力、队伍执行力不强已经成为企业稳健发展的最大短板。具体表现为战略计划体系不够健全、流程制度体系不够完善、监督考核职能发挥不好、队伍整体执行力不强。因此,提升第一采气厂整体执行力,是推动全厂管理迈上更高层次、创建一流采气厂的必由之路。

二、天然气生产企业执行力管理内涵和主要做法

第一采气厂科学制定"实施执行力提升工程,打造国内一流采气厂"战略决策,以"三个创建"(创建高效稳产的示范气田、创建本质安全的和谐单位、创建文化引领的执行团队)为战略目标,以推动管理标准化、数字化、体系化、精细化为着力点,分模块实施执行计划分解、执行平台建设、执行过程控制、执行绩效考核、执行方法创新、执行文化塑造六大提升工程,全员、全面、全方位、全过程提升执行力,确保第一采气厂发展战略有效实施、气田可持续发展。主要做法如下:

(一)科学制定决策与计划,提高计划可执行性

1.建立分层分类的战略计划管理体系,实现计划的全面、全方位覆盖

按层次将计划分为全厂分路工作计划、职能部门工作计划、基层单位工作计划、车间(班组)工作计划。其中职能部门、基层单位正副职管理干部,每人都要根据部门(单位)工作计划编写个人年度工作计划。按内容将计划分为专项工作计划、重点工作计划、日常工作计划。按时间将计划分为年度工作计划、月度工作计划。年度工作计划是全年生产经营目标的立体分解和系统细化,是其他计划的主体指导文件;月度工作计划是对年度工作计划按时段、按节点进行的分解细化,每月根据实施情况滚动调整。

从横向上,全厂所有分路工作计划实现横向全面覆盖,主要有:生产运行工作

北3站

计划、产能建设工作计划、地质研究及稳产工作计划、QHSE 工作计划、设备维护管理工作计划、工艺维护和技术改造工作计划、数字化与信息工作计划、物资采购工作计划、经营（财务、计划、内控、合同、造价）工作计划、人力资源与培训工作计划、党群（党建、纪检、综治、维稳、宣传、文化、工团）工作计划、后勤与行政事务工作计划。其中每一分路工作计划里，都按照专项工作计划、重点工作计划、日常工作计划分类编制。

从纵向上，全厂分路工作计划、职能部门工作计划和基层各单位工作计划、班组（车间）工作计划三个层面形成立体层级式的配套计划架构。职能部门主要制定管理职责内的全厂分路工作计划（包含专项、重点、日常工作计划），同时还要制定本部门的全年工作计划。各基层单位依据全厂分路工作计划，编制本单位全年工作计划，其中包含涉及本单位的专项、重点工作计划，以及本单位日常工作计划。各作业区集气站、净化厂车间依据本单位工作计划，编制本班组（车间）全年工作计划。总体上，全厂计划管理体系以生产运行计划为主板，其他分路工作计划为组件，职能部门和基层单位计划为插件，全面覆盖、全方位配套。

2. 注重系统协同，确保各层级计划不漏项、不脱节、易执行

计划编制坚持以生产运行工作计划为主线，其它工作围绕生产运行计划同步编制。坚持上下结合、协调统一，充分沟通、合理安排，全面汇集、整理、分析生产经营信息，统筹考虑全厂各路、各层面工作的关联性。重点保证生产运行工作主体计划和其他分路工作计划的协同，各职能部门计划之间的协同，基层单位计划与厂分路工作计划之间的协同，确保计划内容细致全面，工作量清晰明确，时间进度安排科学合理，责任部门及责任人到位，实现各路、各层级计划有序衔接。目前，全厂 22 个基层单位、20 个职能部门每年的重点工作计划覆盖率已达 99%，日常工作计划覆盖率达 97%，确保各层级、各路计划不漏项、不脱节、易执行。

3. 突出重点计划，实现核心任务明确下达和关键风险提前预判

对于事关全局、涉及部门多的专项工作计划，由计划部门统一汇总、审核，按照单个预算项目实行项目管理，并经厂预算执行分析会审定下达，涉及的部门（单位）在其工作计划中必须以专项工作计划形式予以专门安排，细化控制单元，编制年度专项工作计划运行大表。并明确每个专项的厂主管领导、项目负责人及项目实施单位。

为确保专项工作计划立项的严肃性、科学性，推行"基层上报、专业审查、联合会审、群体决策"的专项工作计划立项程序，为计划资金有效配置提供依据，有效防止经营风险，消除决策失误。对于事关供气、安全、技术研发、队伍建设、管理提升的重点工作计划，由职能部门（单位）组织编制，涉及的基层单位在其工作计划里必须以重点工作计划形式予以专门安排，并进一步分解细化到责任岗位和具体时间节点。重点工作计划必须经过厂主管领导审核。所有专项工作计划、重点工作计划都实行内部项目管理模式，必须以实施方案、风险管理措施、运行大表或进度表作支撑。

4. 完善工作计划编制、审核、下达流程

计划的编制、审核、下达遵循自下而上与自上而下相结合的工作流程，实现各路、各层次计划的系统整合和优化。

自下而上：每年 11 月底至次年 2 月初，全厂各单位和部门，在认真梳理全年工作量

的基础上,按照专项工作、重点工作、日常工作三类组织编制年度计划,对每一类工作计划从工作目标、工作内容、工作标准、责任人、进度计划、费用预算等多个方面进行周密安排和统筹策划,并将专项和重点工作计划经主管厂领导审核后上报计划职能部门。

自上而下:计划部门负责收集汇总全厂各基层单位、各职能部门专项、重点工作建议计划,责成分管职能部门汇总审核编制厂分路工作计划,并经厂主管领导审核。组织召开全厂工作计划汇报及审核会,全厂各职能部门、基层单位汇报工作计划,全厂管理层集中审核,并对各单位、部门计划编制水平进行综合测评打分排序。计划部门结合上级下达的年度生产经营计划目标,根据工作计划最终审核修订结果,编制全厂总体生产经营计划,并以文件形式印发下达;审核确定后的分路工作计划由分管部门以文件形式印发下达。

(二)健全执行制度体系,构建五大执行平台

1. 建立标准化管理体系,构筑执行力提升的流程平台

2009年,第一采气厂在长庆油田作为试点单位率先实施标准化管理。在两年的建设和推行过程中,历经启动、计划、实施、控制、收结五个阶段,梳理和规范企业所有管理标准、技术标准、工作标准,使工作界面清晰,权责关系明确。

一是构建管理层面的流程化管理标准,形成系统全面的《标准工作流程管理手册》,组织全厂管理层面自上而下、上下结合建立涵盖全厂生产、经营、党群各路工作的流程图851个,配套完善标准工作执行确认卡,达到管理标准化、业务流程化、工作规范化。

二是构建起操作层面的程序化作业标准,建立所有作业的《标准作业程序手册》,明确各项操作业务的标准作业程序,用流程图描述岗位操作中的隐患风险、排查措施,界定操作顺序、协作关系和关键作业控制要点,量化操作参数,提示注意事项,配套完善岗位标准作业卡,涉及全厂各岗位、各工种作业程序543项。

2. 建立数字化管理体系,构筑气田现代化管理的信息平台

以建设高水平的现代化气田为目标,以数字化升级改造为途径,坚持数字化建设与生产工艺流程简化优化相结合,与安全环保风险防控相结合,与劳动组织形式简化优化相结合,着力建设数字化、智能化、信息化的生产管理平台、技术创新平台、知识管理平台、经营决策平台、风险预警平台,达到确保安全、降低成本、减少用工、提升管理的目的。

一是对全厂759口单井实施井口数据远传改造。从2010年起到现在,全厂单井数据远传系统已做到全面覆盖,实现井口数据自动传输和电子巡井,巡井工作量和安全风险降低到改造前的10%,每年仅巡井车辆运行成本节约110万元。采气作业区劳动组织形式得到优化,将5人驾车现场单井每3天巡护1次,转变为每月集中周期性巡护,大大节约用工。

二是对全厂97座集气站的站控系统进行优化升级。建设数字化中心管理站和无人值守站,实现1座中心管理站辐射3~5座数字化无人值守站,使24小时驻站变为小于30分钟车程的巡站,实现"站场无人值守、数据远程传输、视频远程监控、异常智能报警、事故紧急关停、超压自动放空、应急初级响应、人工辅助巡站"的数字化管理功能。经过数字化升级改造,全气田初步形成"电子巡井、人工巡站、中心值守、应急联动"新型生产组织方式,将员工从单站3~4人孤独守站变为相对集中工作、集中生活,改善一线员工

生产生活条件。

三是大力完善升级信息网络技术和基础设施。实施主要工艺流程和生产设备的信息化、智能化改造,实现对现场数据的采集传输、监控分析、统计查询和可视化展示。建设以 GIS 技术为核心的网络畅通、安全可靠、统一集成、先进实用的数字化生产管理平台,三维生产指挥管理系统、ERP 系统得到全面推广应用,财务、HSE、人力资源、合同管理、电子公文等一批专业管理信息系统在一个大平台上集成优化,基本做到了"让数字说话,听数字指挥",构筑了现代化的信息管理体系,大幅提升生产组织运行效率和全厂整体执行力。

3. 建立 QHSE 管理体系,构筑气田平稳发展的安全平台

2002、2003 年,第一采气厂相继建立、推行并通过 ISO9001 质量、ISO14000 环境、OSHMS 职业安全健康、ISO10012 计量检测四套管理体系认证,2004 年,经过整合形成一体化的 QHSE 管理体系,明确气田本质安全管理目标为:系统无缺陷、设备无故障、管理无漏洞、人员无违章,管理层建立 QHSE 管理手册、管理程序及作业文件,操作层建立"两书一表一卡"(HSE 作业指导书、HSE 作业计划书、岗位 HSE 巡回检查表、岗位 HSE 作业指导卡)。历经多年持续改进和不断完善,连续 10 年顺利通过监督外审。

一是深入推行行为预控管理方法。每一项作业之前,充分分析可能出现的设备的不安全状态和人的不安全行为,制定出控制措施,推行日常作业许可管理,所有作业许可证都包含作业方案、工作量、材料、人员防护、设备保护、作业准备、安全、应急措施等控制和保障内容,且每一步骤都有操作确认记录作为支持,以书面表单化形式逐级逐项确认;每一个岗位每一项操作严格执行标准作业程序,防止或避免出现人员误操作,消除习惯性违章。

二是实施应急保障能力建设。设立应急抢险指挥中心,负责启动应急预案,进行总体协调指挥。建立实施"1+4"应急预案体系(基本预案+应急功能设置+特殊风险管理预案+标准操作程序+应急保障支持系统)。厂一级建立应急预案,作业区级单位建立应急抢险方案,班站建立应急措施。应急措施按照"简单、快捷、易于操作"的原则编制。设置厂级应急库和区级应急库,建立专职消防及应急抢险队伍,严格落实各级应急演练制度。

三是构筑良性的 QHSE 管理自我评估考核机制。将体系内审与专项安全检查紧密结合,除每季度组织 QHSE 专项检查审核外,针对生产启动、检修技改、非常态作业、运行控制等重要生产阶段分要素进行审核,抓好不符合项和例外事项的关闭,切实做到体系的闭合管理。

4. 建立内部控制管理体系,构筑企业经济运行的监督平台

按照中石油的总体部署,依据内部控制体系框架,第一采气厂从 2004 年开始构建内部控制管理体系,历经启动、流程确认、风险评估、流程标准化、维护更新五个阶段,形成科学合理、全面覆盖的 14 大类业务流程目录,绘制业务流程图 309 幅,编制控制程序文件 117 份,制定风险控制措施 509 条,编制《第一采气厂内部控制管理手册》,覆盖到各个流程、业务、岗位、风险点和控制点。成立专门的内部控制管理部门,制定内控体系建设和运行考核细则,配套编制《第一采气厂内控岗位执行指南》。坚持每个季度开展跟单作

业测试和关键控制测试,健全内控执行信息沟通机制,扎实搞好各类例外事项的整改关闭。

5.建立全面风险管理体系,构筑企业稳健发展的保障平台

第一采气厂将全面风险管理思想运用到企业管理的各个方面,将现有内控体系由COSO框架延伸为全面风险管理框架,新增1个风险管理目标、3项风险管理要素,新增23个风险管理流程。全员、全方位、全过程风险辨识评估,建立风险报告渠道,完善风险监控和预警机制,严格执行风险管理流程,实现风险管理由"事后处理"向"事前防范"的转变。按照生产经营管理活动和管理层次,将各大类风险进行细化,根据发生的可能性大小和影响程度确定为重大风险或一般风险,形成风险规避、风险减轻、风险分担、风险接受等几大类管理方案。

在安全环保风险管理方面,推行工艺危险性分析法和作业条件危险分析法,完善控制措施,有效控制过程风险;深入开展生产大系统的风险辨识按照从气井(采气树)→采气管线→集气站→集气支线、干线→天然气净化厂的基本流程,认真辨识出气田各类设备、各类作业、各个节点的危险源点。对确定的风险源点,从制度、方案、应急预案、培训、监视和测量六个方面制订控制措施。在危害源点设立告知卡,在关键生产部位竖立安全警示牌。在集气站建立每周进行一般性危害和风险辨识,每月进行系统性危害辨识和风险评价的工作制度。抓好关键设备设施的监测与评估工作,及时削减设备风险,使安全风险、危害因素始终处于受控状态。

在气田开发风险管理方面,分类研究气田与地方煤炭资源开发重叠交叉带来的风险,重点监控其他企业在采气一厂矿权内非法勘探开发的风险,突出防范好以气田开发成果为核心的技术泄密风险。一是建立"点片面结合"的三级矿权管护体系,集气站管"点",严密监视集气站周边布井情况;作业区护"片",加密矿权管护区巡护频次,实时掌握矿区内各种态势;矿权主管部门管"面",全面组织协调处理全厂矿权管理工作,有效发现和制止非法打井和越界打井行为。二是对矿权重叠、交叉区域,与施工单位充分对接,签订安全协议,现场落实和交底,明确界定各自责任及义务,实施风险预控。三是建立分级负责、重点管控的商业秘密保护管理制度。重点对天然气井位部署、开发成果、资源情况等信息采取严格的保密措施。强化全员保密意识,明确重点涉密单位(部门)和人员,签订保密协议,规范涉密载体使用管理,运用信息网络安全技术,确保企业商业秘密安全。

在经济风险管理方面,大力开展经营风险评估,对影响财务信息真实完整的风险,影响成本效益和合法合规性的风险进行分析和控制,对采购、资产、资金和运营流程进行自我评价,对不合理的业务流程进行必要的规范优化,对高风险的环节强化监控措施。扎实推行廉洁风险防控,通过自己找、互相查、集体定的方法,自下而上逐岗逐级查找辨识廉洁风险点,确定工程建设、物资采购、经济业务往来监督和领导干部作风建设等4个方面20个廉洁风险点,一一对应研究制定防控措施。

(三)建立三维管理体系,实施执行过程控制

1.纵向明责

在纵向上,明确执行单元责任,量化对各层级的任务考核指标。把管理单元分为厂、

采气作业区、集气站以至单井个人,每一个层级都有具体的管理责任和考核标准。按照企业战略目标,层层分解计划和预算,厂对作业区分解下达计划、预算项目,作业区对集气站、相关组室下达计划、预算项目。对同一个专项计划,每一层级都有相应的工作责任、工作量以及效益类、管理类、技术类指标。

2. 横向建网

在横向上,明确监管部门责任,量化职能部门管理考核指标。按照生产经营管理要素,将构成计划项目所对应的预算费用,在下达给基层采气作业区、净化厂进行控制的同时,明确主管职能部门的审核及管理责任,实行"双向"控制;将基层采气作业区、净化厂不具备控制能力的相关预算费用,量化分解下达职能部门进行控制。根据计划项目业务属性,计划部门承担计划和预算执行的总的协调、审核、考核职责,行政管理部门承担全厂重点工作计划执行情况的督查督办职能,业务主管职能部门承担职责范围内计划执行的安全、质量、标准、技术等监督考核职责,实施单位承担具体执行职责。厂主管领导对责任范围内的计划执行承担协调和监管职责。实行"年初全面计划、年中巡视督查、年底绩效考评"的方法,由人事、纪检、内控等部门组织联合督查组,年初组织监督科级管理人员工作计划编制及汇报工作,年中组织工作计划执行情况专项巡视,年底开展全年工作完成情况考核述职,实现对工作落实情况的全过程监督。

3. 时度跟踪

在进度管理上,明确节点目标,量化阶段考核指标。在分解下达年度计划项目控制目标的同时,根据采气生产运行的特点和规律,按月、季、半年、全年分别下达计划和预算的阶段考核指标,以阶段计划的实施、阶段预算执行目标的完成,确保全年计划和预算目标的实现。坚持以月度计划保年度计划,每个单位、部门对专项和重点工作计划,必须编制月度工作计划,并提交计划部门,计划部门对各单位(部门)的月度计划审核汇总平衡后,经厂主管领导审核后,下达全厂月度生产经营计划。月度生产经营计划对专项工作计划的阶段进度目标、质量管理目标、安全环保管理以及具体的监督检查要求进一步明确。计划部门以月度定期检查和专项调研检查形式,掌握、总结、分析全厂生产经营状况,查找执行与计划的偏差情况,每月发布计划执行简报,确保专项工作计划、重点工作计划项目顺利实施。

在进度管理上,应用网络计划软件和项目管理工具,对所有专项、重点工作编制进度计划表。根据计划信息(包括完成的任务、执行任务的人员、用来完成任务的设备和材料等)精心计算并建立工作计划甘特图,从时间进度、资源、人员等方面安排和追踪所有的工作活动,实现对工作计划执行情况的全盘掌控。

(四)完善有效激励机制,优化执行绩效考核

1. 实施全员绩效考核

运用关键业绩指标的管理方法,建立厂、作业区、班站、岗位四级业绩考核体系,将企业年度生产经营目标分单位类别、分权重、分层级细化,形成完整、量化、合理的绩效考核指标,以层层签订绩效合同的形式逐级下达到各层级,使绩效指标的控制责任传递到每一名岗位员工,实现绩效考核管理全员化、制度化、规范化。具体实施中,配套健全结果与过程相结合、严格细致、量化可操作的考核细则及考核标准,使不同的管理层次和管理

单元,都有明确的、量化的、经过努力可以实现的计划、预算、执行考核指标。

2. 拓宽考核信息渠道

考核的依据和信息主要来源于各职能部门、各级管理人员对工作计划执行情况的检查监督、对不符合项的问责、对优胜的奖励。全厂建立年度工作计划、月度重点工作完成情况统计汇报制度、重点生产工作落实反馈制度。每季度组织相关部门对各单位(部门)业绩完成情况、计划的落实情况进行调研、考核,对 QHSE 体系运行情况开展专项检查审核、对内控体系开展自我测试和关键作业跟单测试。对重点作业项目,实行作业现场专人监督、基层单位责任监督、厂实施全面监督三级监管方式。基层管理人员定期深入一线,加强生产现场运行管理,对班站岗位责任制履行情况进行检查和监督。所有的监督检查结果,都以月度考核建议报告形式汇集反馈到厂考核办公室。

3. 突出激励导向

考核兑现综合考虑生产单位的工作环境、工作特点以及岗位的特殊要求,根据单位(部门)风险和管理难度不同,确定甲、乙、丙三类单位,设定调整系数,使薪酬激励向生产一线倾斜、向技术骨干倾斜。为了激励引导职能部门提升综合管理和服务基层的水平,对职能部门的绩效考核以测评和考核会综合考核的形式进行,测评包含科室自评、主管领导评分、民主测评三部分(民主测评由基层单位负责评分),考核会综合考核由厂领导层依据职能部门履职情况、执行效果及有关失误等提出考核扣减分意见。把激励作为绩效考核的基本出发点,以员工完成本工种(岗位)工作的实绩及工作表现为考核重点,以某一项工作的良好成效和创新做法为奖励重点,将绩效考核结果与员工的薪酬兑现、培训、岗位调整以及职业发展等紧密挂钩。

4. 注重绩效分析改进

在绩效考核管理方式上,以月度考核兑现为主,季度、年度考核兑现为辅,厂级考核实行月度预考核→向相关单位(部门)反馈预考核结果→考核会研究→发布正式考核通报的工作流程;基层单位根据厂考核后的薪酬总额,逐级考核逐级兑现,并每月进行公示,增强业绩考核的公正性和透明度。各路工作、各类业务的考核结果,都基于各方面实际数据、指标与计划和预算的实时对比,通过考核会和发布考核通报的形式,对存在的问题和不符合项按照相关流程进行分析,寻找偏差原因,采取调整修正措施,不断提升计划和预算的执行率。计划管理重点考核专项计划、重点计划的节点进度目标、质量管理目标完成情况;预算管理实行单项预算与总量预算同时考核,综合总量预算及分项预算的运行结果,反映有关预算单位各项工作任务完成情况,进一步加强预算的执行控制能力。

(五)运用有效执行方法,全面提升执行效果

1. 建立规范统一的计划指导书,实现执行有据

为提升各级的统筹策划能力和计划的可执行性,根据全厂职能部门的业务属性,按照生产、经营、党群3大系统,分别建立相对统一规范的计划书模版;根据基层单位生产管理专业特点,建立作业区、净化厂、辅助单位3大类计划执行指导书模版。计划书内容原则上包含8个方面:基本情况、职责分工、工作目标和思路、专项工作计划、重点工作计划、日常工作计划、执行措施、附件(包含专项及重点工作实施方案、计划进度表、工作流程、管理标准、工作标准等)。6大类计划书模版经过多次修订、讨论、审核后在全厂推广

已经成为提升各级计划执行力的作业指导书。

2. 推行基于作业的标准成本管理系统,增强低成本战略执行力

深入应用作业成本管理理念,全方位开展作业成本动因分析计算,按照行业技术标准、管理标准、设计参数,测算建立单项作业成本标准和作业单元成本标准,形成系统化、标准化的作业成本分解、预算、分析、控制管理平台。在此基础上,实现将预算项目逐级细化到各作业单元,细化到单井、单站、单套装置、单车以及生产工艺的各个环节,进一步深化精细化全面预算管理,有效控制成本费用,提高气田开发效益。例如,经过对天然气生产中甲醇加注、运输、回收作业单元进一步测算优化,建立基准作业成本,发现部分气井甲醇使用量远大于标准用量,组织相关部门研究分析、制定措施、完善考核后,实现连续3年甲醇消耗量下降11%。

3. 实施"三位一体"精细化技术攻关,确保气田稳产规划有效执行

一是共性问题专题研究。针对靖边气田均属于典型的低渗透复杂气藏,地质情况复杂,对涉及气田整体开发效果的关键性问题设置多个专题研究项目,实行专人负责制,严格执行理论方法、现场实际、研究成果、应用对策、研究方向等5条研究标准。二是气藏个性化管理。将整个气田划分为15个区块,实行专人分区负责,每季度进行区块生产动态分析,监督分区块技术政策和管理措施的落实,确保对气田各区块采气速度的动态合理调整,实现均衡科学开发,并严格执行地质模型、气藏工程等11项气田区块精细分析标准。三是气井分级分类管理。根据产量不同,对气井实行厂级(地质研究所和采气工艺研究所)、作业区和集气站三级管理。根据地质特征以及Ⅰ类、Ⅱ类、Ⅲ类、间歇井及产水井等5个类型气井,分别采取不同的生产管理方式,落实个性化有针对性的分类管理措施。

4. 优化劳动组织形式,提升整体执行水平

依托气田井、站、骨干管网的数字化、智能化管理体系,进一步优化简化生产流程,建立扁平型、网状型的组织架构。在净化厂推行"运行车间+保障队"的扁平化管理,在采气作业区推行"生产技术管理室+视频监控室+综合大班"为主要架构的集中管理,减少管理层级和架构,加强生产、维护工作量、人员的集约式配置。同时,立足数字化条件下的劳动组织形式,积极完善和配套相关薪酬激励机制,进一步理顺分配关系。

5. 实行"六级巡检制",保证细节执行到位

为消除净化装置自控系统监控的盲点,强化人为辅助监控,提升净化厂岗位巡检执行力,全面消除问题和隐患,第一采气厂在所属的3个净化厂推行厂级、生产组、车间主任、技术员、班组长、员工"六级巡检制",六个层级检查实行不同时段交错、不同内容互补、不同方式联动,通过完善健全巡检记录登记制度、调度监控制度、按时提醒制度、问题整改制度、整改复查制度、问题曝光制度、车间评比制度,形成有6个级别、38种类别的巡检记录,实现检查不留死角,筑牢生产过程全员监督基础。

6. 推行采气班站"轮值安全员"制度,提高员工自主执行力

集气站内所有员工在一定周期内轮流作为安全员对本站安全环保工作进行计划、组织、协调、控制、监督等管理活动,配套建立《作业区班站轮值安全员制度》,规定轮值安全员的轮值时间,明确轮值期间的9项具体工作内容和要求,并建立相应的激励考评规定。

(六)创建执行型团队,提高执行能力

1. 实施战略目标引领,培养全员执行意识

从战略目标引领入手,提出"实施执行力提升工程,打造国内一流采气厂"是现阶段首先实施的战略目标,对其包含的"三个创建"(创建高效稳产的示范气田、创建本质安全的和谐单位、创建文化引领的执行团队)的内涵进行充分的研究和细化,制定《执行力提升工程实施纲要》,为全厂指明未来一个时期的发展方向。为统一思想,第一采气厂一是把提高管理层执行观念作为关键,分层次讨论宣讲执行力提升战略,开展培训,举办论坛,增强管理层的示范性和带动力;二是开展全员性的执行力提升大讨论、大学习;三是积极倡导"复杂的工作简单化,简单的工作流程化,流程的工作定量化,定量的工作信息化",引导员工树立"按标准执行+持续改进=工作"的执行观,使执行力提升成为企业上下的共同追求。

2. 实施星级动态技能管理,提升操作人员的技能水平

构建集培训课件、兼职培训讲师、培训练习、考核测评、技能晋级、薪酬挂钩等为一体的星级员工培训体系。编写8个模块7个工种的标准化、图片式培训教材,拍摄刻制融现场标准化操作、讲解、图像、配音、动画、音乐为一体的多媒体教学光盘,组织现场培训答疑,建立仿真式、标准化、数字化的实训基地,集中组织理论和实践考试,不同分数段成绩对应5种星级,执行5种薪酬奖励系数。搭建学习平台、培训平台、职业技能竞赛平台和网络视频教育平台,采取互动式、轮岗式、演练式、案例式、体验式"五结合"的培训方式,推动操作员工由"经验型"向"学习型"、"体力型"向"技能型"、"单一工种型"向"复合技能型"的"三大转变"。

3. 实施职业生涯规划管理,提升专业技术人才的创新力

在技术人员中开展个人职业生涯规划,对技术人员的专业结构、兴趣特长、志向偏好、情商指数等进行综合评估,形成个性化的发展建议。采取轮岗锻炼、参与项目建设、专业技术骨干评聘、科技成果奖励、与专业科研机构合作等方式,推进专业技术人员分类培养、大胆使用和个人发展相结合,使一批骨干快速成长起来。按照"分段见习、集中考试、分层鉴定、专人指导、师徒挂钩"的原则,做好实习大学生的培养管理。实行两年评聘一次、能上能下、动态管理的"专业技术骨干"评聘制度,获得任职资格的"专业技术骨干"享受与副科级管理人员同等的薪酬待遇。配套完善以业绩、贡献、科研成果为导向的薪酬分配方式,切实做到尊重技术、尊重创造、尊重人才,努力建设一支懂生产、精技术的专业技术人才队伍。

4. 实施模拟职业经理人培养,提升管理人才的执行力

按照培养采气作业区、天然气净化厂模拟型职业经理人的标准,建立《采气作业区管理指南》和《天然气净化厂管理指南》,使各级管理干部全方位掌握天然气生产企业的工作流程、管理标准、执行规则和职业操守,提升管理干部的执行素质;坚持"年初全面计划、年中巡视督查、年底绩效考评",增强管理干部的统筹策划能力、高效执行能力;以QHSE体系、内控体系、标准化管理体系的良性运行为平台,培养管理干部的标准化执行意识;积极组织《领导科学与艺术》、《精细化管理》等专项培训,拓展各级管理人员的科学管理、规范管理思维;大力开展"政治素质好、经营业绩好、团结协作好、作风形象好"为主

要内容的"四好"班子创建活动,提升管理干部引领发展、建设队伍的综合管理水平。

三、天然气生产企业执行力管理的效果

(一)企业管理水平持续提升

通过成果的实施,第一采气厂在长庆油田率先建立全面的标准化管理体系,各路工作做到"专项工作项目化、重点工作方案化、常规工作表单化",数字化、智能化、信息化气田建设走在同行业前列,全厂"五型"(技能型、效益型、管理型、创新型、和谐型)班组达到90%。安全环保管理规范、标准、程序得以全面执行,安全管理经验在中石油内部进行交流推广,多年来取得长期零事故、零污染的管理成果。曾5次荣获长庆油田HSE管理金牌单位。全厂各层级计划能力、预算能力、执行能力得到大幅度提高,各路工作计划的准确率、符合率从2004年的60%提升到了2011年的98%,计划执行率达到97%。

(二)有效支撑稳产增产任务的完成

各类气藏均衡高效开发得到改善,高产气井压力得到较好恢复。水平井开发技术与储层综合改造技术大规模推广,8年来气井措施增产累计3.18亿方,气田递减率稳定在10%~15%。靖边气田两度被评为"高效开发气田"。

2004年到2011年8年累计新增产能42.9亿立方米/年,年均建产能5.36亿立方米,年均建井约52口,建站4座,建管线约150公里,实现了气田滚动开发,全厂生产规模保持在55亿立方米水平。产能建设工程荣获国家工程建设质量银质奖章3项,中国石油天然气集团公司优质工程金质奖3项。

(三)创造良好的经济和社会效益

作为长庆气区的枢纽、应急、调峰气田,第一采气厂气井利用率达到93%,采气时率达到81%,单井配产偏差率不超过±3%,商品气始终达到国家Ⅱ级A类气质标准。2003年10月1日实现"西气"正点"东输";圆满完成2008年北京奥运会、2009年国庆60周年安全稳定供气使命。确保下游十多个大中城市的供气,惠及居民3亿多人。第一采气厂2004年、2009年两次被授予"中央企业先进集体"称号。2011年被授予"中华环境友好企业"称号。下属第一净化厂分别荣获"全国五一劳动奖状"、"全国青年文明号"。

截至2012年6月30日,全厂历年累计外供气量580亿立方米,占到长庆油田累计外供气量的一半。2004~2011年均销售收入32亿元,每千方天然气操作成本保持稳定,2011年人均内部利润115万元。近3年生产综合能耗年降幅15%以上。综合经济指标位于全国同行业前列。

(成果创造人:张振文、李　泉、顾继宏、于东华、王心敏、
苟建宏、王振嘉、牛天军、刘国栋、马汉平、黄义涛)

铁路货车企业提高制度执行力的轨道式管理

包头北方创业股份有限公司

成果主创人：内蒙一机董事、
北方创业总经理、党委书记魏晋忠

包头北方创业股份有限公司（简称北方创业）是以内蒙古第一机械集团有限公司为主发起人发起设立的上市公司，是铁道部批准的国内18家铁路货车定点生产企业之一，是国家火炬计划高新技术企业和内蒙古自治区高新技术企业，是国内铁路货车研发制造重点企业之一。拥有内蒙古一机集团富成锻造有限责任公司、包头北方创业大成装备有限公司、内蒙古一机集团路通弹簧有限公司、包头北方创业钢结构有限公司四家控股子公司，员工人数3418人。拥有年产铁路车辆整车6000辆，摇枕和侧架9000辆份，缓冲器铸件加工3万套及铁路弹簧3万套生产能力。2011年公司资产总额28.5亿元，销售收入29.6亿元，利润1.4亿元。

一、铁路货车企业提高制度执行力的轨道式管理背景

（一）贯彻落实国家相关部门监管要求的客观需要

2008年，财政部、证监会等五部委联合发布《企业内部控制基本规范》，2010年4月，五部委又联合发布《企业内部控制配套指引》，要求"自2012年1月1日起在上海证券交易所、深圳证券交易所主板上市公司施行"。为加强和规范企业内部控制，提高企业经营管理水平和风险防范能力，促进企业可持续发展，作为上市公司的北方创业必须对接国家监管部门的相关规定，积极开展内部控制体系的建设与实施工作，完善其的法人治理结构，防控经营风险，提高信息披露质量，确保信息在企业内部、外部进行有效沟通，建立健全内部控制评价、缺陷发现及改进制度，形成相互促进、相互制约的管理体制和机制。

（二）破解管理难题，提高制度执行力的现实需要

北方创业经过不断持续发展，已经形成比较完整的管理制度和运营管理体系，并在经营管理过程中发挥了积极作用。但在运行过程中，也出现了一些问题。一是制度缺乏工作标准，无法实现轨道式管理。北方创业现存的制度大多对要做什么进行描述，但做到什么程度却描述的很少，没有执行、检查、评价的标准，这就等于在企业管理过程中没有设置轨道，也就不存在轨道式管理。二是制度设计欠缺系统思考，与风险防控脱离。部分制度仅站在局部角度上设计，没有从北方创业整体角度来考虑，未能注意与其它制度的关联性和协同性，导致制度在执行过程出现管理盲区和多头管理，逐渐形成"制度孤岛"。此外，制度管控与风险防控措施无法有效结合，导致风险防控措施不能加以很好的

落实。三是制度执行过程中异常管控不足。主要表现在对制度执行过程中的异常管理不到位,屡屡发生重复问题。四是制度稽核不到位,管控水平较低。制度执行过程中,缺乏制度执行单位的自查和制度管理部门的检查,不能有效进行制度稽核和管制,致使制度执行主要取决于员工自身的责任心和素质。

(三)对标先进企业,为公司开展轨道式管理提供了成功经验

2010年,兵器工业集团公司在全系统范围内提出"对标先进企业,推进精益化生产、精细化管理和合理化建议等工作,全面提升兵器工业基础管理水平"的战略设想,北方创业主动对标台塑,借鉴其"管理制度化、制度表单化、表单信息化"的制度管理方法,"就源输入、多次应用、环环相扣、相互勾稽"的制度信息化管理理念,以及在内部管控方面,实行轨道式的管理控制,即颁布实施的制度有标准,有可控的流程。通过对标台塑,学习到制度轨道式管理、电脑化管理、异常管理、制度稽核、电脑稽核等先进的制度管理方法,为北方创业开展内部管控提供可借鉴的方法和途径,使其提高制度执行力的轨道式管理具备了现实操作的可行性。为此,要真正实现内部管控的目标要求,提高制度执行力,保证北方创业良性运转,必须建立标准统一、流程可控、稽核到位、跟催及时的制度管理新机制,以实现上市公司制度轨道式管理的发展要求。

二、铁路货车企业提高制度执行力的轨道式管理内涵和主要做法

北方创业提高制度执行力的轨道式管理主要以"制度流程化、流程表单化、表单信息化"的理念为指导,基于制度设计人性化不足、缺乏系统性、标准不统一、流程可控性差,导致制度不能落地等原因,通过改进完善制度体系,理顺工作流程,制订工作标准,强化制度稽核,实施制度信息化管理,加强制度执行考核评价等措施,实现制度轨道式管理,提高制度执行力,进一步夯实管理基础,努力打造管理样板企业和具有较强影响力的铁路车辆及相关产品制造企业。

所谓制度轨道式管理,就是管理通过制度来实施,而实施制度有标准、有可控的流程,实质上就是对管理设置轨道,偏离轨道,就不能运行。为此北方创业首先"设轨",即通过完善制度体系、规范细化制度标准及流程,相当于在制度中设置北方创业轨道;其次"保轨",即实行制度稽核、电脑稽核,确保制度按设置的轨道运行,偏离轨道,就不能运行,必须及时修复完善。再次在"设轨"、"保轨"的外在作用下,充分调动内在因素,营造轨道式管理的文化氛围,形成执行任务不找借口,落实制度不打折扣,追究责任不讲情面的执行机制。主要做法如下:

(一)完善制度体系,为推进轨道式管理奠定制度基础

北方创业在深入学习和研究国内外制度理论和实务的基础上,结合公司实际,对管理制度与工作标准、工作流程、风险防控、信息化建设进行有效整合,完善制度体系,从决策、执行、监督三个层面,搭建起具有延续性、系统性、科学性和兼

铁路货车敞车生产线

容性的制度轨道式管理网络。具体方面如下：一是延续性。将原有管理制度中的组织机构、工作计划的内容加以剥离，剩下的经营管理方面制度统一归口，由北方创业精益管理办公室管理，有效地解决制度因年限、人员变动而频繁变动的问题，使制度具有延续性。二是系统性。在制度及流程梳理过程中，对部门职责界限不清造成的管理盲区及多头管理进行界定和完善，按照制度管理、编制、执行的三个层次，将"监管"、"立法"与"执法"分离，有效地解决制度之间交叉打架、横向协调困难和形成制度孤岛、职责冲突等问题，确保工作任务、职责、绩效目标的统一。三是科学性。北方创业在制度编制过程中，经过专业部门充分调研，按照企业管理的实际需要，结合员工正常的行为活动习惯，设计执行标准及表单，达到人性化管理。四是兼容性。北方创业制度已融入安全、质量、环保等与企业经营管理密切相关的要求，特别是风险防控。按照《中央企业全面风险管理指引》的要求，针对战略风险、财务风险、市场风险、运营风险、法律风险等方面进行风险识别，在人力资源、财务管理、销售管理、合同管理等重点风险防控领域的 60 个业务流程中分别确定风险点，制定、完善关键控制措施，明确控制目标、控制频率等，并纳入到管理制度中，与业务流程、表单、岗位职责等进行固化。

（二）规范细化制度标准及流程，明确轨道式管理的标准和路径

1. 引入工作标准

结合北方创业现有制度体系，按照制度轨道式管理的要求，一是在《制度管理办法》中引入量化的工作标准，在制度制订工作内容的同时，制订出对应的工作标准及考核评价标准，清晰地描述出什么时间、完成到什么程度。这就相当于在企业管理中设置轨道，如偏离轨道，就不能运行，必须及时修复完善。改变了过去工作标准不清、考核标准不明，工作完成的好坏只能依靠员工自身的责任心、素质来决定的问题。二是设置异常问题的界定标准，如"逾期应收账款占应收账款总额超过 1%、超权限审批假期"等，界定为异常，纳入异常管理。

2. 梳理业务流程

以规范业务程序、理清职责边界，实现业务流程管理的可视化、规范化和标准化为重点，通过按科目、分阶段、分批次、分项目的对各业务部门采取访谈、审阅文档或问卷调查、穿行测试等方式进行流程梳理、还原和风险点识别等工作。同时在理清业务流程的过程中，打破职能部门业务界线，组建流程链条。如物资采购流程（见下图），流程中涉及到经营管理、生产、采购、仓储、财务等 6 个部门，从"年度经营计划"一直延伸到"物资存货盘点"，最终反映到财务报表中，从而形成完整的业务链条。

3. 规划设计接口

各业务系统间存在流程交叉、信息共享等，系统之间需通过流程接口建立起紧密联系，所以在优化业务流程的同时，特别着重关注部门间、岗位间的流程接口关系，将所有制度的流程接口以表单或文档的形式表现出来，设计执行信息反馈功能，一方面明确"接口"部位的职责与分工，使其界定清晰，衔接良好，消除"真空"地带；另一方面接口间输入输出清晰，信息完整，相互支撑，流程环节沟通顺畅、连贯，实现"整合集中"、"资源共享"的管理条件，提高信息的利用率，有效的推动制度执行。

4. 流程表单信息化

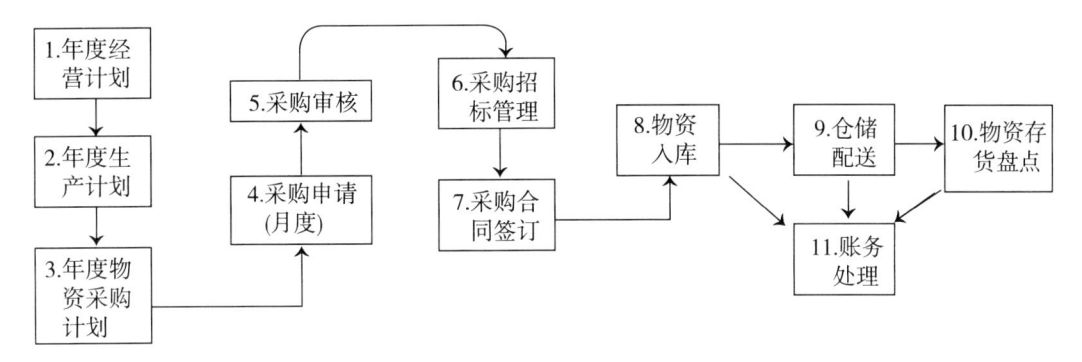

物资采购业务流程图

在制度信息化转换过程时,将相应的流程、表单固化到计算机程序中,一旦执行出现异常,计算会随时进行提示和跟催。最终使北方创业的各项制度及流程在设计和执行上深度集成,达到经营中的差异可以及时发现、纠偏和优化的目标,实现制度信息化管理。流程表单信息化消除人为因素影响,管理公开公正,不管内外环境是否发生变化,北方创业仍然能够在既定的轨道上稳健运行。

(三)以制度稽核为主要手段,着力推进提高制度执行力的轨道式管理

通过完善制度体系,规范细化制度、流程、标准等工作,相当于在北方创业制度体系中架设了轨道,让北方创业经营管理活动按正常轨道运行。那么如何确保按轨道运行,不发生出轨、撞车事件呢?首先建立三级制度稽核机制,即由精益管理办公室统筹协调和全面稽核,各业务部门、执行单位进行业务系统稽核、自查的制度稽核机制;然后推行现场稽核、异常管理、跟催落实、制度再优化等制度稽核方法,对经营管理制度的执行进行有效控制。

1. 推行现场稽核

现场稽核是北方创业落实制度执行情况的主要方式之一,它是确保制度按规定的工作标准来执行的主要手段。现场稽核主要采用自主检查和外部稽核两种方式。

自主检查就是由制度编制部门或执行部门按照制度标准,按月对本系统、本单位的制度及流程的执行、落实等情况进行自主检查,确保制度能够得到贯彻和落实。

外部稽核就是由制度稽核部门对制度编制部门和执行部门的制度执行情况、自主检查情况进行检查,提出问题及改进措施,并出具《制度评价报告》。外部稽核是发现问题、跟踪和解决问题的有效方法,也是一个纠偏和优化的重要措施。

通过现场稽核,北方创业发现许多问题,其中最为突出的是原有的物供机制是将编制计划、招标采购、存储发放等职能由同一部门承担,不相容业务未形成相互制衡。北方创业在制度稽核过程中,发现此问题,将编制计划、招标采购、存储发放等职能由项目招标办公室、生产准备部、仓储配送中心三个职能部门承担,分离不相容业务,原有的制度得到纠偏和优化,形成相互制约和有效衔接的物供机制。

2. 推行出轨异常管理

在关注制度中的工作标准以及流程中风险点、控制点是否按规定执行的同时,还要在生产、运营、财务、人事等各项管理事务中寻找发现异常、化解消除异常。针对不符合

工作标准的事项,如出现"焊丝领用连续三个月超过计划、逾期应收账款超过1‰"等异常现象,北方创业通过正常反馈、跟催、稽核、改善这四个表单化环节解决问题。同一项目一年内发生三次异常,就要处分经办人员和上一级主管,并对异常发生责任人员进行辅导。凡是列入异常范围的,都要提出改善措施,异常问题立案后要进行计算机管制,直到异常案件改善完成后才能结案。通过异常管理,有效解决同样问题一而再、再而三屡屡不按轨道执行的现象,提高制度的执行力。

3. 建立跟催机制

跟催是北方创业制度落实机制又一个重要手段。针对出现的异常,除了通过正常反馈、跟催、稽核、改善这四个表单化环节解决问题以外,北方创业在物资上线结算、合同管理、合理化建议等方面,尝试电脑跟催。如在物资上线结算管理方面,将物资采购、保管、合同管理等方面工作和制度流程都通过电脑固化下来,设计执行信息反馈功能,一旦执行出现异常,比如某项零件计划采购100件,合同签订100件,实际到货110件,在保管环节只能入库100件,剩余10件系统提示相关部门进行按期退货处理,到期如未处理,计算机会对经办人及其上级主管进行提示,主管人员会对相关事项进行跟催落实。

4. 建立制度再优化机制

通过异常管理、跟催落实等制度稽核机制,针对执行中发现的问题,经过落实,确实属于不切合实际或缺乏人性化的制度或制度中部分条款、流程、标准及表单,及时进行修订相关制度,更改已固化到计算机程序当中的流程、表单等。在制度修订过程中,同样使用跟催、管制等方法,对于未及时修订的,进入计算机管制系统,相关部门进行修订,直到制度被改进为止,以此保证制度始终符合北方创业经营改革发展的需要。

(四)实施电脑稽核,提升制度执行的轨道式管理水平

北方创业利用现有信息化系统平台,开始在合同管理、上线结算等业务链上尝试电脑稽核,从制度设计、制度运行、制度监督到制度改善,整个流程都固化到计算机程序当中,实行电脑化管理,提升制度执行的轨道式管理水平。

1. 计算机稽核

通过信息化系统的应用,实现资源共享、即时统计、监控等功能,使各项管理工作的进度及节点始终处于有效管控之中。按"就源输入、多次应用、环环相扣、相互勾稽"的原则,在上线结算、财务管理、合同管理、合理化建议、考勤管理等方面,将制度对应的标准固化在信息化系统中,设定审批权限、统一的数据表述规则的表单等,这些制度执行完全由计算机控制,对于工作中违背制度标准的异常现象可随时进行计算机跟踪分析,发现问题,实现系统实时报警等。如:考勤管理,采用"人脸识别"技术,按制度固化的标准是8:00到岗,正常到岗的人员,全部为绿色,8:00以后到岗人员,计算机系统自动以红色报警,显示异常。

2. 计算机跟催

针对计算机稽核发现的问题,对照固化到计算机程序当中的制度标准,进行提示和连续跟催,发现违反制度中相关规定的异常现象,持续报警,直至异常消除为止。北方创业在现有计算机稽核成熟的模块上,设计执行信息反馈功能,一旦执行出现异常,一是对经办人及其上级主管领导进行提示,经办人或主管领导对相关事项进行"跟催";二是针

对制度规定的流程和设定工作目标进行提示和连续跟催等,保证按流程、按标准落实各项制度要求。相关工作人员也可在运行过程中随时查看进展情况,起到即时监督及查询作用,有效地提高制度的执行率,实现管控效果与公司既定的目标趋同。

3. 计算机管制

针对计算机稽核、跟催发现的问题,为保证按流程、按标准落实各项制度要求。在现有计算机稽核的模块上,设计执行信息反馈的考核评价功能,针对未按时按标准完成的事项,计算机自动启动考核机制,排除人为干扰,避免由于外界环境变化而影响制度执行的客观因素,保证了制度彻彻底底的落实到位。

北方创业在职工合理化建议的管理上,实施计算机稽核及管制,职工合理化建议实现了OA网申报,落实逐级审核机制。系统设定各级审核人员的时限为96小时,在时限内,系统自动提示经办人及其上级主管及时审核;如超时,系统自动锁定,并启动考核机制,从而有效地落实逐级评审机制,提高合理化建议的管控能力。

(五)完善激励约束机制,培育轨道式管理文化

1. 领导干部带头执行制度

制度执行是否到位,一个很重要的原因就是领导干部是否带头执行制度。北方创业一方面从科学决策的角度设计制度,对权责进行明确分配,使各种权力之间相互作用、制衡。另一方面组织领导干部特别是一把手,对重要制度的执行要点进行培训,使领导干部在决策时,充分依据制度规范中明确的标准、流程执行。领导干部带头执行制度,有效提高了决策效率,加强对重大风险的管控,推动决策科学化、民主化和制度化,促进了公司又好又快发展。

2. 开展制度宣贯培训

在制度实施之前,北方创业按照《制度管理办法》规定统一组织相关业务人员培训,并对培训人员进行测验,纳入个人考核。北方创业制度培训分为两级培训,一是制度管理部门组织的综合培训,二是制度编制部门组织的专业培训。

3. 建立制度执行激励与考核评价机制

将制度的执行效果与激励考核挂钩,建立单项考核和综合考核制度,形成制度执行效果的考核机制。单项考核是对不同单一事项,按照该事项涉及的制度规定的考核办法进行单独考核,并及时兑现。综合考核是制度管理部门对制度的执行力度与效果,按综合考核管理办法的规定,每半年、年终进行的综合考核,考核结果以《制度评价报告》形式下达,并与各级单位及领导的绩效薪酬挂钩,及时兑现。通过考核,有效的落实责任制,确保制度按轨道运行,提高了制度的执行力和控制力,逐渐形成制度轨道式管理的长效机制。

4. 培育制度执行文化

北方创业在建立领导带头执行制度、培训机制、激励约束机制的同时,十分注重文化的"软管理"作用。一是树立"事事有标准、人人守标准"的管理理念,各系统、各环节、各岗位依照标准办事,使作业质量有工作标准衡量、产品质量有技术标准衡量、服务质量有管理标准衡量。二是树立"我的岗位我来站、我的责任我落实"的责任文化,培育员工忠诚事业、忠诚岗位的工作作风,促进各项管理制度在协调运行中得到有效落实。三是推

行制度执行的激励与考核评价机制,培育"执行任务不找借口,落实制度不打折扣,追究责任不讲情面"文化氛围。

三、铁路货车企业提高制度执行力的轨道式管理的效果

（一）制度执行力显著提升

通过制度轨道式管理,实现了北方创业"依法治企"的战略目标,纠正、处理了不规范行为,落实了258项安全、质量等经营管理制度,及时堵塞了管理漏洞,达到了计划与实施相一致,过程与结果相呼应的管控效果。近年来,通过落实制度轨道式管理,未发生重大违规决策事件及质量、安全、环境等重大事故和事件,未因决策失误造成任何损失,有效提高了北方创业的决策效率,制度的执行力显著提升。

（二）风险防控能力明显增强

通过在流程中设置风险点与控制点,采取有效措施,并强化执行,促进了企业稳健发展、风险防范能力明显提升,各项风险控制指标向好。2011年年末,存货周转率同比增加7.9次,逾期应收账款控制在5‰以内。同时,自主开发的合同法律风险防控软件,于2010年通过国家版权局登记,提高了合同风险防控水平。

（三）管理效益进一步显现

通过提高制度执行力的轨道式管理,使各个系统和各个环节都加强了内部管控,降低了运营成本。经计算,2011年通过落实招标、采购、存储三权分立,上线结算等制度,累计实现管理增效8143万元,管理效益进一步显现。

（成果创造人：魏晋忠、王　强、车佃忠、王占胜、郝志忠、姚民刚、
刘文智、王有利、常　青、宋　杰、冯海平、宋长君）

基于杜邦安全管理理念的油田企业安全文化建设

中国石油天然气股份有限公司塔里木油田分公司

成果主创人：公司总经理周新源

中国石油天然气股份有限公司塔里木油田分公司（简称塔里木油田）是中国石油天然气股份有限公司的地区分公司，集油气勘探开发、炼油化工、油气销售、科技研发等业务为一体，资产总额638.9亿元，合同化员工1.19万人，作业区域遍及塔里木盆地周边20多个县市，面积近50万平方公里。经过20余年的发展，建成2000万吨级油气生产基地，累计生产石油9000万吨，生产天然气1100亿立方米，成为我国第四大油气田和西气东输工程主力供气区，为国家能源安全和能源结构调整做出了重要贡献。

一、基于杜邦安全管理理念的油田企业安全文化建设背景

（一）实现一流油气田发展目标的内在需求

塔里木盆地以其广阔的勘探领域、丰富的石油资源成为最有希望的国家能源战略接替地区。盆地地理地质环境特殊，油田生产业务链长、作业区域分布广、工程技术条件复杂，以及高温、高压、高含硫的极端风险特征，客观上增加了油田的安全管理难度，追求先进和高水平的安全管理，是履行国企经济、政治、社会三大责任的基本要求，是加强基础管理、全面提升企业核心竞争力的战略性工程，是实现一流油气田发展目标的重要抓手，是企业发展内在的迫切需求。

（二）构建安全生产长效机制的必由之路

随着企业安全管理从单纯注重硬件设施的改善到注重管理体系的建设，安全管理的理念、方式发生了深刻变化。经验表明仅仅依靠监管，缺乏员工自我约束、自主管理的基础，体系运行的效率和效果很难充分发挥，会不同程度出现安全与生产脱节，执行落实不到位，重形式轻效果等问题，影响和制约安全管理长效机制的形成。塔里木油田早在2000年就建立了健康安全环境管理体系，在十余年的体系运行实践中，同样遇到了类似问题，如何突破这些瓶颈成为体系持续改进的新课题。通过对国内外安全管理理论与实践的研究，塔里木油田认识到只有切实转变安全观念、提升安全能力，养成安全习惯，培育企业安全文化，才能更好地体现和落实"预防为主"、"以人为本"的安全理念，真正构建安全生产长效机制。

2007年，塔里木油田开始与杜邦公司合作，借鉴杜邦安全管理理念与实践经验，传承中国石油的安全管理优势，结合塔里木油田风险特点，历经六年坚持不懈的努力，开发出

具有塔里木油田特色的安全管理体系,培育了自己的安全文化。

二、基于杜邦安全管理理念的油田企业安全文化建设内涵和主要做法

在借鉴国际先进安全管理经验基础上,塔里木油田建立以行为安全、系统安全、工艺安全三大系统共27个安全管理要素组成的具有企业特色的安全文化体系架构,按照坚持"以人为本"为核心,发挥"有感领导、全员参与"两个作用,贯穿"转变观念、培养习惯、提高能力"三条主线,抓好"安全培训、制度标准、高危作业、属地管理"四个切入点,运用"经验分享、观察沟通、安全分析、事件调查、审核定级"五种工具的推进思路,全面启动安全文化建设。主要做法是:

(一)贯彻以人为本理念,体现安全核心价值

1.政策机制保障引导,促进安全观念转变

机构设置上,在公司层面成立安全文化建设领导小组,在HSE委员会下增设行为安全、工艺安全等四个专业分委会,成立油田安全文化工作站和油气工程院,在基层作业区设置工艺安全室。借助"安全文化工作站"平台,从生产一线或直线管理部门分批抽调管理骨干组成团队,共同研讨策划推进方案、学习开发安全标准、总结提炼安全经验,培养一批高素养的安全培训、咨询和管理人才。

政策制定上,全面推行直线责任和属地管理,实施鼓励事故事件报告的政策,实行领导干部聘任前的安全能力评估和关键岗位人员的变更管理制度,提高承包商施工作业安全费用定额,建立承包商优胜劣汰评估机制,开展安全自主管理争创活动并配套激励措施等,结合安全文化发展不同阶段的情况,适时推出针对性的关键政策,引导正确的推进方向。

组织策划上,制定安全文化发展规划,每周通报安全文化建设进展,每季度分析管理现状,每年召开安全文化现场推进会,实时开展审核评估,及时掌控安全文化发展现状,保持强有力的推进。

2.有感领导引领示范,搭建平台、激励引导

对各级领导进行系统的安全文化理念、管理工具方法和相关标准的宣贯培训,对处级以上领导进行"一对一"辅导。各级领导以制定并落实安全承诺和个人行动计划为主线,积极参与安全实践活动。研究开发有感领导量化测评工具,定期开展有感领导群众测评,逐级评估督导安全履职情况及履职能力。

改变"安全部门和安全人员管安全,安全与业务隔离"的现象,按照"管工作必须管安全"的原则探索和实践从直线领导、直线组织、属地管理三个层面逐级落实安全责任的方式,有效保证各层级安全责任的落实。完成所有岗位的属地划分和职责梳理,把安全责任细分到各个管理层级和岗位,做到属地清晰、权责明晰、能岗匹配、责任落实、考核到位、动态管理,

西气东输源头气田钻塔矗立

实现安全职责的归位。搭建各种参与平台,开展丰富的活动,调动和激励员工参与热情。设立安全文化贡献奖,实施正向激励,增强员工的荣誉感。

3. 关爱健康、改善环境,促进安全观念转变

每年对1200多个职业危害场所进行检测,为相关从业人员100%进行年度体检,推行安全目视管理,对生产现场、办公区域等各种场所进行安全提示,持续改善工作环境,使员工切实感受到企业对生命的尊重和健康的关爱,从而发自内心地支持并参与安全文化建设。

制定通用安全标准,印发工作外安全手册,广泛开展居家、交通、消防、旅行等方面的安全知识普及活动,定期进行居民区入户安全检查和消防应急演练,开展"亲人一句话"、"致家属的安全表扬信"活动,实施矿区交通安全畅通工程,开展"一年无火灾,全家去旅游"小区无火灾安全里程碑等各种活动,引导员工树立积极、健康、乐观、友爱的价值观,把安全上升到一种生活态度,营造出安全"家文化"的和谐氛围。

2012年,塔里木油田正式提出六大安全理念:一切为了人、依靠人、从人的观念习惯能力抓起的"安全以人为本"理念;安全是企业管理的基础,同时必须融入企业基础管理中,强基层、打基础、提素质、促全员的"安全源自基础"理念;安全管理的改进来自于对风险、缺陷和事故真相的不断认知和管理持续改进的"安全始于真相"理念;安全的核心是敬业、责任、执行的"安全没有借口"理念;安全不分属地内外、不分工作内外、不分甲方乙方,遵从同样的原则和标准的"安全不分内外"理念;安全工作只有起点,没有终点,安全标准没有最好,只有更好,必须持之以恒的"安全永无止境"理念。

(二)培育责任意识,提升执行力

塔里木油田贯彻"谁主管谁负责"、"管工作必须管安全"的原则,通过职责梳理、属地划分、激励考核,树立"安全是我的责任"的理念,促进全员的安全责任落实和执行力提升。

1. 直线领导自觉践行领导责任,直线组织自觉履行直线责任

直线领导对分管业务的安全负责,实施领导干部安全问责制,通过逐级签订安全责任书,层层分解安全指标,建立安全生产联系制度,传递责任动力。各级领导公开进行安全承诺,制定个人安全行动计划,亲自汇报分管领域的安全工作,及时研究、协调和解决分管领域的安全问题,体现出对做好安全工作的强烈责任感和坚定信心。将各级领导的职业发展与安全履职能力挂钩,竞聘前对领导在任期内分管领域的安全业绩、有感领导的表现和安全领导能力进行评估,不达标的不能提拔任用;逐级开展评估、考核和"一对一"辅导,定期组织有感领导测评,促进安全责任的落实和领导力的提升。

各级直线组织即各级机关部门,负责制定政策、下达生产经营指令并为企业领导提供决策建议,在安全文化推进过程中起着不可或缺的承上启下作用。为促进各级直线组织积极参与安全文化建设,明确各级机关部门的安全职责和工作界面,理顺工作流程,发布"机关工作人员行为安全准则",定期评估、通报、考核机关部门的安全履职情况,广泛开展安全联系点和与基层结对子等互动互助活动。

2. 岗位员工自觉落实属地责任

塔里木油田按照工作区域、业务流程、实物资产等划分属地区域,将安全工作逐一分

解落实到具体岗位属地,以此为依据明确属地主管具体的安全责任和权利。属地主管除了对业务安全负责外,还对自己及其所管辖区域内的工作人员、承包商、访客的安全负责;属地内有施工项目时,属地主管通过组织危害辨识、风险评估及承包商培训、监管、审核等措施对施工作业过程的安全实施有效管理。属地主管的权利得到充分尊重,有权"叫停"任何违章作业,对承包商考核有相当的话语权,属地主管由以往的"被动管理"到"参与管理",其角色、责任、权利发生根本性的转变,积极履行属地责任,主动干预外来人员,风险管控的积极性得到释放,"属地为家"的责任意识和执行力逐步增强。

3. 全员绩效考核促进安全责任落实

塔里木油田建立全员安全绩效考核体系,将考核的重点放在安全职责的履行、工作计划的落实和行为安全的规范上,将考核权重调整到总业绩的40％以上。员工参与制定考核办法,及时公示考核结果并与员工沟通,让员工清楚改进的方向,鼓励员工做出优异表现,既督促员工落实责任,又引导员工发挥特长,促进团队协作。科学的绩效考核体系、强有力的考核过程,切实发挥出激励约束作用,引导员工关注岗位职责履行和主动参与安全管理,使安全责任制真正转化为安全执行力。

(三)注重安全能力建设,提升全员安全综合素养

1. 实施全员逐级能力评估,保障培训的针对性

塔里木油田结合岗位实际和岗位需求矩阵,开发各岗位的安全能力评估清单,明确评估内容和标准,按照"谁主管、谁评估、谁负责"的原则开展全员逐级能力评估。

上级与下级领导之间的评估主要以沟通访谈、验证工作效果及安全观察与沟通的方式进行,在评估能力的同时,兼顾对岗位职责履行情况的考核,督促落实直线责任;对操作岗位员工的评估则采用以实操、演示、案例分析为主的方式进行,综合判断员工岗位能力实际水平,保证评估的客观公正和富有实效;针对评估发现的能力短板制定和落实个性化的培训辅导计划,始终将评估工作的落脚点放在促进全员能力提升上。

针对各单位的生产副经理、总工程师、安全总监、安全科长等生产安全关键岗位,实施专项培训和评估,达标后方可上岗。对新进入的承包商队伍关键岗位人员进行轮训、考核并实行持证上岗。不允许未经培训和考核不达标的承包商队伍进入油田市场。

2. 创新培训方式,提高培训质量

配套制定培训管理办法等相关制度标准,根据员工岗位的风险特点与履职需要,确定所需技能,建立所有岗位的安全技能需求矩阵,始终以按需培训、能岗匹配的原则开展系统的培训和评估。引导员工关注培训效果而不是培训形式、数量和记录。各种结合岗位实际的实操教学、"一对一"辅导、模拟演示、视频挂图等方式逐渐取代单一的课堂培训方式,安全培训评估的方式更加丰富和多元化。

一是大幅改善培训条件。建立资源共享的培训课件库、能力培训系统、技能鉴定系统、事故事件调查与经验分享系统等支撑网络,员工可以随时浏览学习。基层作业区均增设视频培训教室,建设实操培训、设备检修培训、自动化模拟培训和高危作业培训基地,进一步满足培训需要。

二是大力培养内部培训师队伍。制定鼓励员工成为培训师的激励政策,员工不仅是培训的参与者,更有可能走上讲台、发挥专长,成为培训者。赋予各级直线领导培训下属

的职责,对员工实施培训辅导也是提高自身安全能力的过程,同时引导员工重视安全培训、鼓励员工成为培训师。

三是将安全实践作为重要的培训方式。鼓励并指导员工普及运用安全观察与沟通、安全分析、目视管理、事故事件调查、工作循环检查等先进的安全管理工具,在应用和实践中锻炼、提高风险管控能力。

(四)完善制度,夯实基础

梳理工作流程,强化以"危害辨识—风险评价—风险控制—风险响应"为主线的制度、标准建设,将安全融入企业的基础管理。通过标准的持续完善,风险识别、控制、管理能力的持续提升,强化整个生命周期及工艺作业过程的源头控制和过程管理,打造本质安全、品质卓越企业。

1. 完善制度建设,确立特色安全文化体系架构

在吸收杜邦安全理念基础上,结合油田实际制定36项新的安全管理标准,整合完善原有的53项安全管理制度,梳理与油田业务相关的技术标准3700项,汲取油气田建设和运行维护经验,开发《地面工程设计手册》等油田企业技术标准16项,逐渐形成完善的管理制度与技术标准体系。

2. 强化源头风险控制,夯实工艺安全管理基础

塔里木油田在中石油率先实施危险可操作研究(HAZOP)分析方法,自2008年起所有新改扩建项目100%实施HAZOP分析,共提出设计改进建议4420条,采纳实施3244条,从设计源头消除大量潜在的工艺安全风险。历时3年完成所有在役装置的基准工艺安全分析,并以3年为周期开展周期性的工艺安全分析,全面优化装置设备的运行管理。建立工程项目的组织、设计、施工、监理四位一体的质量保障体系,开展关键设备、特种设备的设计审查和驻厂监造,制定并落实相关制度,规范设计、施工的变更管理以及投运前安全审查等关键环节的质量控制要求,确保油气生产装置的设计质量和施工投产安全,夯实工艺安全管理基础。

为了保持工艺安全信息的完整和传承,制定工艺安全信息管理制度,落实专项资金,收集、整理、补充各类工艺安全信息近5000余项;规定工艺安全信息齐全是新改扩建项目验收的先决条件;研发并投用工艺安全信息管理平台,强化信息数字化管理和应用,为基层开展油气生产装置的工艺安全分析、工艺变更、工艺数据统计分析等工艺安全管理活动奠定了基础。

3. 强化生产过程风险管理

全面推进机械完整性管理,开展井筒完整性研究,建立适合于塔里木油田高温高压气井的完整性设计、评价管理规范,提升井控安全标准,强化人员、设备、现场专业化管理和服务,推广先进的工程技术手段,定期开展井控安全检查和应急演练,率先提出并积极落实全井筒井控的安全管理理念,创造连续6年无井喷失控事故的记录;管道完整性管理工作得到重视和加强,完成所有工艺及长输管道的参数检测,进一步落实管道危害和风险减缓措施,建成油气管道完整性管理系统;实施严格的工艺变更审批程序,加强连带变更的跟踪落实,严格控制工艺设备变更带来的风险,6年累计实施3091项工艺设备变更管理,有效控制了生产过程中的风险,确保了装置平稳运行。

（五）尊重互信，融合管理，合作共建，和谐发展

1. 积极营造甲乙方尊重互信氛围

塔里木油田充分尊重承包商的发展诉求和身份认同需求，实行油田党工委统一领导下的工作协作机制，视承包商队伍和员工为塔里木油田的主人、重要贡献者和油田发展成果的分享者，树立"一家人，一盘棋"思想，实现共同目标下的共同发展。大力推行融合式管理，促进承包商员工淡化身份界限，增进对塔里木油田主人翁的认同感，形成尊重互信、共同发展的良好氛围和发展环境，为促进甲乙方共建安全文化奠定了广泛的群众基础。

2. 分类实施、稳步推进承包商安全文化建设

根据不同类别承包商的特点实行有区别的安全文化推进策略。对承担油气生产装置的操作运行及检维修的长期运行类承包商，实施与甲方完全一致的管理要求；对承担钻试修井、工程技术服务以及长期从事油田基本建设的承包商实行在甲方指导下乙方为主体的安全文化共建；对其他临时承包商实行"资质选择、合同准备、合同签订、安全培训、现场管理、定期评估"六步法管理，坚持"安全是雇佣的条件"和"谁推荐谁负责、谁使用谁负责"的管理原则，以市场机制为导向、合同管理为基础，建立承包商准入及优胜劣汰机制，保持承包商持续提升安全管理的动力。

将安全生产联系制度扩大至承包商单位，塔里木油田领导亲自担任各承包商单位的联系人，频繁深入承包商施工作业现场实施安全观察与沟通、培训审核、沟通交流，每年召开2次全油田范围的承包商安全文化现场推进会，及时协调处理承包商安全文化建设过程中出现的问题。对承包商关键岗位人员实行统一管理，为施工作业队伍提供安全文化基础培训并作为准入条件之一，实行承包商关键岗位人员变更的报备评估制度，吸收承包商生产安全管理人员进入安全文化工作站进行集中培养，并由塔里木油田出资，用3年时间完成对承包商关键岗位人员的专项培训和资质认定工作；每年对承包商施工队伍进行关键设备和安全管理现状的审核定级，并将定级结果应用于费用结算、招投标管理和评优选先活动，建立基于安全业绩的承包商优选机制。

（六）审核评估，过程管理，自我完善，持续改进

塔里木油田以安全管理现状审核评估定级代替传统的监督检查，连续5年开展覆盖所有业务领域和基层单位的审核定级工作，通过随机、动态、沟通、辅导的审核方式，对安全文化体系要素和相关安全标准的理解及执行落实情况进行全面评估，引导基层实现安全管理的常态化，随时掌握安全管理的真实现状，逐步建立自我完善、自我修复的决策系统和持续改进机制。开发贴近生产实际的油气开发、炼化、钻试修、基建、后勤等行业的个性化、针对性审核清单，对清单进行沟通、培训，选拔培养审核员，通过大量沟通访谈、实际操作、现场模拟、演示演练等方式，检验执行效果，向基层宣贯安全政策标准、传播安全理念，为基层释疑解惑，帮助基层解决实际困难。将审核定级结果分为ABCD四级，定级结果与基层单位的绩效考核挂钩，对于复审仍为D级的单位，免去行政正职职务。对审核定级结果进行统计分析，总结经验教训，绘制反映各要素管理状况的安全气象指示图，针对短板要素，制定改进计划，引领前瞻式的安全管理。

三、基于杜邦安全管理理念的油田企业安全文化建设效果

（一）形成具有塔里木特色的安全管理文化

塔里木油田形成了涵盖所有安全管理要素,适合不同业务领域、适应国企管理体制和文化背景、具有鲜明塔里木特色的三大系统、27个要素的完整安全管理体系框架,每个要素都赋有更具体的管理内容和文化内涵,且相互作用、相互促进,可单独推行,也可整体推进。

塔里木油田开发了89项与生产管理相适应,具有国内领先水平的安全管理制度标准和《地面工程设计手册》等企业技术标准16项,对指导安全管理、控制各类风险起到至关重要的作用,20项安全管理标准在行业推广应用。

塔里木油田全员安全观念实现根本转变,安全核心价值观形成共识,安全责任意识显著增强,主动性和创造性得以激发,参与安全管理的热情高涨,强烈的责任意识和良好的参与氛围为安全文化持续发展奠定了坚实的基础。

塔里木油田员工整体安全素养全面提升,各级领导对安全理念标准的理解越来越深刻透彻,管理能力显著增强,手段逐步丰富;观察沟通、工作安全分析(JSA)、事故事件调查(Why-Tree)、工艺安全分析(PHA)、质量保证机械完整性(MIQA)、工作循环检查(JCC)等先进的管理工具方法普遍推广应用,员工风险识别和控制能力明显提高;工艺人员的技术素质普遍进步、工艺安全管理逐渐深入,系统的工艺安全管理能力显著提升。

(二)企业安全管理水平明显提升

安全文化建设带来的不仅仅是油田安全业绩的提升,由于理念观念和管理方式的重大转变,塔里木油田员工队伍的凝聚力、战斗力、工作作风、精神面貌和工作效率整体得到提升。通过制度、流程梳理和再造,管理更加规范,生产组织效率大幅提高。通过全面开展岗位履职能力建设,提升了基层组织的战斗力。通过建立干部与员工的平等沟通机制,塔里木油田更加稳定和谐。

通过安全文化建设,安全绩效逐年得以改善,生产安全事件、火灾事故、道路交通事故、钻试修工程复杂逐年下降,2011年与2005年相比,生产安全事件总起数下降82.7%,百万工时损工事件率下降49%;事故直接经济损失下降89%,累计减少损失2237万元;事故间接经济损失下降93%,累计减少损失29924万元;百万元产值经济损失率(元/百万元)从2789元降至95元,下降97%;实现连续6年无重伤亡人事故、无一般火灾和交通事故、无井喷失控事故;钻机台数增加63%,钻井进尺增加11%,工程复杂起数下降56%。连续10年获得自治区安全生产先进单位,连续6年获得集团公司安全生产先进单位,2011年成为首批"全国安全文化示范企业"。

塔里木油田安全生产形势的持续稳定与改善,保证了企业长周期安全优质运行,为能源开发利用为主导的地方经济发展注入了持久活力,很好地履行了国有企业的政治、社会和经济责任。

(成果创造人:周新源、安文华、孟国维、魏云峰、孟 波、丁国发、
王西林、李旭光、李志铭、王小鹏、张景山、徐银燕)

制药企业基于新版GMP的质量管理体系建设

华北制药河北华民药业有限责任公司

成果主创人：公司总经理魏青杰

华北制药河北华民药业有限责任公司（简称华民公司）组建于2010年4月，是冀中能源重组华北制药集团（简称华药集团）后全力打造的第一家产业链式公司。主要生产化学原料药、药用中间体、头孢类制剂等产品，拥有7ACA、7ADCA两大抗生素母核，共有63个原料药和制剂批准文号，产品涵盖头孢一代至四代的主导品种，实现了华药集团第一个完整的头孢类产业链，也是全国最大的头孢类药品生产企业。

华民公司现有员工2400人，下设新头孢工厂、凯瑞特工厂和倍达工厂。其中新头孢工厂是华民公司组建和运营的标志性工程，是2009年度河北省重点工程之一。2010年9月新头孢工厂投产后，凯瑞特工厂所有头孢类产品文号均转移至新头孢工厂；倍达工厂前身为成立于1995年的原华北制药集团倍达有限公司，主要为新头孢工厂原料药车间提供生产所需的中间体、各类头孢酸和头孢粗品。

一、制药企业基于新版GMP的质量管理体系建设背景

（一）履行社会责任、确保人民用药安全的需要

药品是治病救人的特殊商品，直接关系到人民的身体健康甚至生命存亡，制药企业必须确保药品的安全、有效、均一、稳定。面对市场上接连不断发生的药品安全事件，作为药品生产企业有着太多的感触。多数不合格药品的出现，都是因为企业没有一套完善的、有效运行的质量管理体系而造成的。

华药集团作为制药的龙头企业，其五十多年的生产历史使其制药技术和管理方法日益完善。华民公司作为子公司秉承了龙头企业优良的管理经验和崇高的企业精神："一切为了人类健康"，并不断发扬光大。作为药品的制造者，人类健康的保卫者，华民公司有能力、更有责任生产高品质的药品投入市场，为人民用药安全、也为发扬华北制药这一民族品牌尽一份力量。

（二）提高产品质量，促进企业经营发展的需要

新版GMP的实施将药品质量管理体系的建立提到了新的高度，更加向国际性管理规范靠拢，引导企业实施GMP必须以知识管理和风险管理为驱动，促进企业质量管理水平的提高。GMP是药品生产管理和质量控制的基本要求，是质量管理体系的一部分，是促进产品质量良好形成的规范。因此，建立贯彻新版GMP的质量管理体系并确保其有

效实施和不断完善是提升企业质量管理水平,提高产品质量的有力保障。

(三)打造核心竞争优势、建设国际一流制药企业的需要

华民公司组建之初即是按照打造"国内领先、国际一流"制药强企的整体要求而设计的,目标为计划用3~5年时间在国内头孢行业占据领先地位并在国际市场取得主导权。华民公司的顺利建成为实现这一目标打下了坚实的物质基础,但要在短期内使公司的产品在业内具备较强的竞争力,就要建立贯彻新版GMP的质量管理体系,将新版GMP全新理念完全融入其中,借助GMP认证这一行业水平检测平台,生产出高品质药品,并为以后产品全面进入国内国际市场打下基础。

二、制药企业基于新版GMP的质量管理体系建设内涵和主要做法

华民公司以卓越硬件设施为基础,按新版GMP要求全面变革,建立完善、可靠、有效的质量管理体系,通过企业自查、评审和激励机制的实行,持续改进,充分发挥全员主观能动性,全员参与质量形成过程,确保公司的质量管理体系正常运行,并以新版GMP认证为契机,验证质量管理体系的有效性。深入调查并主动听取用户意见,及时完善质量管理体系,向市场提供质量稳定、可靠、有效的产品,保证全民安全用药、健康用药,做制药行业的标杆企业。主要做法如下:

(一)贯彻新版GMP从设计开始,为产品质量打好硬件基础

1. 设计采用先进生产设备

华民公司认识到,生产设备是影响药品质量的一个重要因素,能够保证产品质量,减少产品生产过程中被污染的风险。华民公司选用了国际、国内知名制药装备公司的设备,其中进口设备占设备总额的42.5%。粉针制剂车间采用德国博世气流分装线十条,可进行在线自动取样及自动装量检测,避免人为操作产生的差错。口服制剂车间拥有世界上先进的格拉特湿法制粒线、德国乌尔曼B1550包装中心、意大利菲特压片机、德国麦迪西自动化小袋包装线等先进生产设备。无菌原料药车间使用意大利3V三合一、瑞士诺维分装系统等国际先进生产设备。

2. 工艺设计体现合理、先进、科学的流程

在工艺设计时充分体现合理、先进、科学的流程设计,为生产出高品质的药品打下坚实基础。粉针制剂车间采用模块化设计,每一个单元模块工艺流程清晰,通过对生产区域平面和空间的划分,确保人流、物流和辅助动力供应系统的合理分隔。分装机采用层流自回风系统,避免粉尘外溢,在机外的加料系统是符合cGMP的最新设计,避免加料对机内A级层流区域的污染。口服固体制剂车间各专业岗位相对独立,生产区域"回"形设计,外环形成通透的参观走廊,内环为D级净化走廊,双环之间为生产区域,不同种类的物料各自有独立的通道,有效的消除物料传递时的交叉污染,实现全密闭的制粒、压片、充

公司外景

填、包装自动加料,基本做到了无尘操作,达到清洁自动化生产。无菌原料药车间自三合一出料到磨粉、干燥器进料,再到产品分装实现全过程粉体密闭操作,这一流程设计合理、紧凑,最大程度的保护了药品免受污染。

华民公司还采用 PMS 公司的洁净区在线尘埃粒子及微生物监测系统对生产车间进行环境监测,覆盖无菌制剂车间 18 条生产线、无菌原料药车间 3 条生产线所有关键操作区域和关键背景区,及时发现监测过程中的异常情况,保证无菌产品生产环境的符合性,并对确保产品的质量安全起着重要作用。质量控制实验室采用 LIMS 计算机管理系统,对产品质量控制的各个环节进行监控,实时传输检测数据并进行趋势分析,以趋势分析结果作为判定影响产品质量因素的依据。

(二) 全面变革,按新版 GMP 的要求建立新的质量管理体系

1. 调整组织机构,确保质量管理体系高效运行

华民公司组建时按预期设计建立相应的组织机构,由总经理主持公司日常事务,按部门职能分工划分为生产运营部、质量部、物流部、公共支持部、销售中心、研发中心、行政部,制定了详细的部门责任。在投产运营过程中按实际情况对质量管理体系组织机构进行调整,增设主管质量的副总经理,负责对公司质量方针、质量目标的实现全面把控、确保质量管理体系的有效运行;将原有的质量部划分为质量管理部、质量控制部和国际部,重新划分后每个部门的分工和职责更加明确,处理事务的效率更加迅速。为更好的发挥质量管理部门的作用、加快对质量问题的反应速度,进一步明确质量管理部门的独立性并在各个工厂施行垂直管理,即不同工厂中的质量部门(包括质量管理部和质量控制部)均为派驻机构,由华民公司质量部门直接管理,不受工厂领导,避免质量管理的移位和失控。

2. 修订质量管理体系文件,融入质量风险管理理念

华民公司自建厂时起就一直学习、探索国内外先进管理经验,根据新版 GMP 征求意见稿及欧盟 GMP 要求并结合实际情况构建了符合自身特性的质量管理体系,运用知识管理和质量风险管理驱动整个质量管理系统。质量管理系统整体上包括工艺和产品质量监测系统、纠正预防措施(CAPA)系统、变更管理系统、工艺和产品质量的管理回顾系统。

公司总经理牵头组织制订并批准质量手册,发布公司质量方针和质量目标,明确了质量管理体系的范围及其管理职责。华民公司质量方针为"全面管理、国际标准、顾客至上、持续改进",体现出公司的经营宗旨,对满足顾客要求和持续改进作出承诺,也为制定和评价质量目标提供了框架。质量方针在公司内通过培训、网络宣传等方式传达到每位员工,提高全员质量理念,达到上下目标一致。

新版 GMP 强调质量风险管理的重要性,华民公司根据生产中的实际情况,按新版 GMP 要求将质量风险管理理念融入相应的管理体系文件,贯穿原辅料采购、生产工艺变更、偏差处理、发现问题的调查和纠正预防、上市后药品质量的持续监控等方面,对各个环节可能出现的风险进行管理和控制,制定相应的措施,提高持续满足质量需要的能力,及时发现影响药品质量的不安全因素,主动防范质量事故的发生,尽最大可能保证产品和上市药品的质量。重点修订供应商管理、变更管理、偏差管理、纠正和预防措施管理、质量风险管理及年度回顾管理等管理文件内容,以促使质量管理体系不断完善。制定

《供应商管理规程》,增加对供应链安全性的评估,制定合格供应商目录,确保所有生产用物料均来自已经批准的合格供应商,从源头上保证物料品质的稳定。制定《变更控制管理规程》《偏差管理规程》《年度产品回顾管理规程》;增加年度回顾的内容,使之符合新版 GMP 要求,通过回顾来确认产品工艺的稳定性、可靠性以及生产工艺、标准的适用性,根据偏差、变更、不合格品、投诉、召回等情况的汇总对其纠正预防措施进行有效性评价。制定《质量管理体系审核管理规程》,对质量管理体系进行回顾,衡量质量管理体系的目标成果,通过关键指标来监测质量管理体系实施的有效性。

管理文件中新增加《纠正和预防措施管理规程》,制定 CAPA 的管理流程和职责,规定 CAPA 产生的情况和内容要求,对所有生产管理和质量管理过程中发现的问题按照 CAPA 管理规定执行,并每月进行汇总,每年回顾,最大程度的消除风险。

根据新版 GMP 的要求还对《投诉管理规程》、《召回管理规程》等管理规程进行修订,这些管理规程中都明确有这样一个共同的原则:对所有发现的问题都必须进行详细调查,直至找到问题根源,制定有效措施来预防问题的再次发生,从根本上消除风险、保证产品质量。

华民公司根据《GMP 自检管理规程》,制订年度自检计划,通过定期组织公司全方位的内部自检,发现不符合项目,提出纠正和预防措施,出具自检报告以评定公司 GMP 执行情况,确保质量管理体系规范运行。

3. GMP 及质量管理体系的产品全生命周期管理

为保证质量管理体系适用于药品研发、技术转移、商业生产和产品退市整个产品生命周期,强调管理责任对产品质量的重要性,华民公司制定的质量管理体系文件内容涵盖对产品研发、技术转移、生产中物料管理、质量控制和质量保证、产品放行及发运、产品退市等各环节的管理要求,以此保证生产工艺持续的适宜性和可操作性、达到为市场提供优质药品的目的。

建立并有效实施质量管理体系的最终目的是为患者提供优质药品,GMP 作为质量管理体系的一部分,是药品生产管理和质量控制的基本要求,目的是最大限度的降低药品生产过程中污染、交叉污染以及混淆、差错等风险以确保持续稳定地生产出符合预定用途和注册要求的药品,这两者的目的是一致的,在实际运行过程中也是相辅相成的。

4. 制定内部监督考核激励机制

华民公司制定《质量考核管理办法》,考核范围包括:每月质量目标的完成情况、每月生产计划完成情况、行为规范遵守情况、文件执行符合情况等。对于完成各项指标的单位进行整体奖励(以奖金形式每月计算发放),再由各单位进行本奖励的二次分配,重点奖励工作认真,表现突出的员工。综合管理部对各单位负责人半年考核一次,对其所辖单位每月生产计划及质量目标完成情况、员工考核情况进行汇总,统一打分,公司 OA 网第一时间上报考核情况,激发员工以更大的热情投入到工作中。所有考核按《质量考核管理办法》规定执行,一般来说领导的考核力度是普通员工的十倍。

(三)发挥全员主观能动作用,使质量管理体系正常运行

在实际生产过程中充分认识到人员的重要性,特别是在无菌药品生产过程中,人是最大的污染源,关键生产岗位设备操作人员的习惯行为,直接影响设备运行的稳定性和

产品质量。华民公司依据新版 GMP 要求，制定详细培训管理规程，对各关键岗位设备主操作人员建立培训手册，并对其培训情况进行考核，评估培训效果，定期展开针对性的培训学习，使各操作人员均具备满足本职工作的经验和技术，能够正确使用仪器设备、贯彻执行相关文件规定，从而结合形成高品质的产品。

提倡员工从本职工作出发提出合理建议，进行"五小"成果发表，集思广义，优化工作流程，提出值得借鉴的建议，2011 年度各班组共发表 26 项"五小"成果，对于优秀成果在公司内部进行交流，并应用到生产实践中。组织各岗位员工围绕现场存在的问题，以提质、增效为目标组织 QC 小组活动，每年两次进行 QC 成果发表，极大推动了全员的工作积极性和创造力，全年共发表 QC 课题 6 个，并分获集团显著成果奖和公司优秀成果奖，像四头螺杆分装机技术改进、提高原粉利用率已在集团范围推广应用。开展班组及人个争先创优、夺旗争星等主题活动，以产品一次合格率、现场管理、文件执行符合情况等为评分标准，调动全员积极向上的动力，把提高产品质量、严格执行各项规章制度作为个人首要任务。

（四）做好新版 GMP 的认证工作，验证和改进质量管理体系

华民公司领导在新版 GMP 颁布之初即决定进行新版 GMP 认证，并于 2011 年 4 月向河北省认证中心和国家认证管理中心递交了口服和粉针制剂车间的新版 GMP 认证申报资料，成为河北省内第一家，也是全国首批申请新版 GMP 认证的企业。

为确保认证准备工作快捷有效的进行，华民公司成立专门的新版 GMP 认证工作领导小组，由总经理担任组长，作为认证小组的总负责人，质量副总经理任副组长，作为技术支持、全面推进认证工作并把控认证进度，质量管理部部长负责协调认证准备的各项工作，牵头并组织各部门负责人进行新旧 GMP 规范各条款与实际情况的比对，共比对出差异项 65 条，根据部门职责划分，将差异项分类归入各部门。为消除这些差异项，各部门修订文件、完善验证、自查整改等做了大量工作。华民公司于 2011 年 6 月分别通过了口服制剂车间和粉针制剂车间新版 GMP 认证，2011 年 11 月通过了无菌原料药车间的新版 GMP 认证。

（五）倾听用户意见，不断完善质量管理体系

华民公司深刻地认识到，用户对产品满意是公司发展的根本，质量是产品在市场上立足的基础。为更加直接的了解产品到达市场后的使用情况，了解终端用户对产品质量的反馈情况，由公司领导、各生产车间主任及质量部管理人员组成的 6 个组于 9 月对全国 21 个省进行质量走访活动，主要走访对象为经销商、医院及用户。走访对象对华民公司产品的质量均持肯定态度，并对产品提出包装、发运、销售、招标等方面的意见和建议。走访结束后迅速汇总各省情况，将需要落实解决的问题明确责任单位并制定解决期限，并将落实情况及时通知经销商及用户。

为收集客户意见，华民公司还专门设计用户和经销商的调查表，列明用户和经销商对产品主要关心的问题，由各地区销售人员定期走访，并对这些调查表进行汇总分析，找出用户集中反映的问题，分析原因，及时改进，对不能解决的问题尽快与用户取得联系，说明原因。

为了使患者快速了解产品有关的一切信息，也为更加直接地了解患者使用产品后的

各种感受，华民公司设立400客服电话，及时回复患者的各种问题。对于客服人员不能解答的问题会及时转至公司相关负责人，由公司专业人员对患者的问题进行解答。

三、制药企业基于新版GMP的质量管理体系建设效果

（一）为同业贯彻新版GMP提供借鉴经验

华民公司作为国内第一批、省内第一家取得新版GMP证书的企业，为兄弟企业提供了实施新版GMP的经验，如无菌原料药车间的改造、在线环境监测的点位设置、验证管理等。2011年共接待各种参观团体78个，参观人数共2438人，其中包括同行企业、关系单位、客户、中央及地方政府领导，在很大程度上提升了华民公司的企业形象和社会形象。

（二）产品质量稳定，获得用户好评

华民公司成立之后经过9次GMP认证专家的现场检查指导，每次的检查对华民公司来说都是一个提高的过程，针对检查出的问题进行整改，促进质量管理水平不断提高，质量管理体系不断完善。2011年华民公司共生产产品4570批，产品质量一次检验合格率达到99.8%，在华药集团内部名列前茅。2011年12月20日，经河北省质量协会、用户委员会评审，新头孢工厂生产的注射用头孢噻肟钠、注射用头孢他啶等11个品种被评为河北省用户满意产品，华民公司也荣获了"河北省用户满意企业"称号。

（三）开拓了国际市场

2011年11月1日，华民公司接到IDA Foundation的批准函，标志着华民公司已被批准作为IDA公司的供应商并具备了制剂产品销往国际市场的资格。2012年1月华民公司接到印度FDA颁发的注册证书，准予华民公司原料药头孢氨苄印度注册进口许可。英国合作伙伴同华民公司签署协议，将其在英国的生产场地转移至华民公司。这一系列的成绩对华民公司原料药及中间体产品拓展国际市场有着重大意义，为公司正在进行的国际认证工作奠定了坚实的基础。

（四）顺利通过新版GMP认证，公司全面投产运行

在华民公司所有员工的共同努力下，2011年6月接受了河北省认证中心对片剂、胶囊剂、颗粒剂（头孢菌素类）口服固体制剂新版GMP的现场认证检查，并于2011年8月份获得河北省第一张新版GMP证书。2011年6月接受了国家局认证管理中心对粉针制剂（头孢菌素类）新版GMP的现场认证检查，并于2011年10月份获得第一批国家粉针制剂新版GMP证书。2011年11月接受了河北省认证中心对无菌原料药车间新版GMP的现场认证检查，并于2012年2月份获得河北省首张头孢类无菌原料药的新版GMP证书，标志着全国首家符合新版GMP的头孢产业链在华民公司诞生。

通过新版GMP认证后，华民公司实现了全面投产，制剂品种月产量有了大幅提高，其中粉针制剂车间月产能达到五千万支左右，口服固体制剂月产能达到一亿片（粒/袋）。产量的大幅上升摊薄了产品的单位成本，销售量及销售收入成倍增加，利润稳定上升，按时完成了集团公司下达的16.7亿的销售收入指标。

（成果创造人：魏青杰、刘树林、孙　燕、沈　梅、王　冕、邵　壮、
　　　　　　　单金海、左孟祥、张红蕾、钱夕霞、张红英、李　静）

石油天然气钻探企业责任安全管理

中国石油集团川庆钻探工程有限公司

成果主创人:公司总经理胥永杰

中国石油集团川庆钻探工程有限公司(简称川庆公司)成立于 2008 年 2 月 25 日,是由原四川石油管理局、长庆石油勘探局及塔里木油田相关工程技术业务单位组建而成。截止 2011 年末,川庆公司用工总量 4.3 万余人,所属二级单位 22 个,工程技术服务队伍 810 支,资产总额 334.52 亿元,营业收入超过 335 亿元,在国内石油天然气钻探公司中,资产、队伍、产值规模排名第一。

川庆公司在国内主要服务于西南油气田、长庆油田、塔里木油田,分布于川、渝、陕、甘、宁、蒙、新 7 个省区。在国外主要服务于土库曼斯坦、巴基斯坦、厄瓜多尔等国家。

一、石油天然气钻探企业责任安全管理背景

(一)履行国家能源保障安全责任的需要

川庆公司目前服务的川渝、长庆、新疆三个区域,都是国家的重点能源基地,至"十二五"末,川渝地区天然气年产量将达到 200 亿立方米以上,长庆地区和新疆地区的油气当量均达到 5000 万吨以上,在全国油气总产量中占有举足轻重的地位。这三个区域的油气钻探作业具有"高压、高产、高含硫"的"三高"特有风险,最高施工压力达到 120Mpa 以上,单井天然气最高日产量超过 300 万立方米,硫化氢最高含量接近 500 克/立方米,现场作业风险大。如果没有强有力的责任安全保障,不仅影响到企业的生存与发展,还将在一定程度上影响国家重点能源基地建设大局。

(二)实现中国石油专业化重组战略的需要

2008 年,中国石油进行专业化重组。川庆公司是钻探专业化重组的一个重点企业,点多、面广、战线长,川渝地区、长庆地区、新疆地区的地理环境、地层条件、作业特点差异较大,制度、标准、规程不尽相同,文化、理念、方法、工具各有特点,迫切需要实现制度、管理和文化"三融合"。"十二五"期间,川庆公司确立"85311"战略目标(工程技术服务队伍总量控制在 800 支以内,用工总量控制在 5 万人以内,主营业务收入 380 亿元以上,主营业务盈利能力达到 10%,建成一流的综合性油气工程公司),制定"持续、安全、国际化"三大发展战略,提出"转变观念、提高能力、养成习惯、形成文化"的安全工作目标。创建责任安全管理,是实现安全制度、安全管理、安全文化"三融合"的基础性工作,也是确保专业化重组顺利实施的客观需要,实现总体发展战略的必然选择。

(三)控制油气钻探企业高危风险的需要

国家明确的五大高危行业，川庆公司涉及非煤矿山、建筑施工、危险化学品三个领域；主营业务链最长，包含石油行业全部上游业务、部分中游业务以及社会化业务；作业地域最广，国内横跨四川盆地、鄂尔多斯盆地和塔里木盆地，国外服务于土库曼、厄瓜多尔、缅甸等国家。川庆公司的作业特点决定了作业的高风险，多单位、多工种、多工艺联合作业频繁，安全监管层级多，职责交叉，监管关系复杂，容易产生责任不清、监管缺位等责任安全不落实现象，从而导致井喷、火灾爆炸、气体中毒、设备损毁、人员伤亡等重大事故。

二、石油天然气钻探企业责任安全管理内涵和主要做法

川庆公司引进国际先进安全理念、工具和方法，以责任安全的规范建立和严格落实为主线，集成创新有感领导、直线责任、属地管理三种管理，落实领导层、管理层和基层员工三级安全责任，建立和运行全新的责任安全管理体系，确保安全快速发展。主要做法如下：

（一）构建责任安全管理体系

一是树立责任安全管理理念。建立"四位一体"安全管理理念，包括："油气至上，安全为天"的核心价值观；"安全第一，环保优先，生命与健康高于一切"、"关爱他人，关心自己，一切事故都可以避免"的 HSE 理念；"以人为本、预防为主、全员参与、持续改进"的 HSE 方针；"追求'零事故、零伤害、零污染'，HSE 管理达到国际同行业先进水平"的战略目标。明确"三融入、三消除"安全管理思路，即：将安全职责融入岗位职责，消除一岗双责；将 HSE 要求融入标准规程，消除一事二规；将 HSE 管理融入生产运行，消除一事两管。"四位一体"安全管理理念和"三融入、三消除"的安全管理思路，成为责任安全管理的创建与实施的理论基础，推动了责任安全管理的持续创新。

二是创建责任安全管理模型。川庆公司在总结提炼的基础上，建立以有感领导、直线责任和属地管理为核心的三级责任安全管理模型。有感领导是点，突出领导人员安全责任的落实，是整个责任安全管理的精华和核心驱动力；直线责任是线，突出部门和单位管理人员安全责任的落实，在责任安全管理中起到承上启下的关键纽带作用；属地管理是面，突出基层单位员工安全责任的落实，是责任安全管理落地生根和见到实效的最终载体。点、线、面结合，构建横向到边、纵向到底的责任安全体系，为川庆公司 HSE 管理体系有效运行提供坚实的理论基础和制度保障。

三是建立责任安全组织机构。川庆公司设立 HSE 委员会和 9 个 HSE 分委会，设立 HSE 体系推进办公室，各单位设立专门的 HSE 体系推进部门，配备安全管理人员 835 人，安全监督 640 人，具体负责责任安全管理的研究与推行。培养审核员 620 人、培训师 842 人、咨询师 30 人、工艺危害分析师 70 人，为责任安全管理的推行提供坚实的人才保障。投入隐患

川庆油建人远征土库曼

治理资金5.7亿元,安全防护资金7.5亿元,现场标准化建设1.8亿元,为责任安全管理的有效运行和持续完善提供坚实的组织保障。

(二)实行"带头履职、引领执行"的有感领导

一是有感领导的实施必须努力打造"三力",即:打造安全示范力、安全影响力和安全执行力。打造安全示范力,就是通过各级管理者自上而下、强有力的个人参与,深入现场,亲力亲为,以身作则。打造安全影响力,强调有感是下属的感觉,而不是领导者本人的感觉,让员工和下属通过领导的行为,感受到领导对安全的重视。打造安全执行力,就是通过提供人力、物力和组织运作上的保障,让员工感受到各级管理者履行对安全责任做出的承诺。

二是明确各级领导必须做到"七个带头",即带头宣贯安全理念、带头学习和遵守安全规章制度、带头制定和实施个人安全行动计划、带头开展行为安全审核、带头讲授安全课、带头开展安全风险识别、带头开展安全经验分享活动。对每一项内容,都明确各层级领导干部的实施频次和要求,为践行有感领导提供具体的指南,实现了人安全行动计划的公开化、行为安全审核的常态化、学习讲课的定量化、领导HSE述职的制度化、安全经验分享的程序化。

三是有感领导的考核主要包括面谈、述职、测评三种方式。各单位人事、组织部门定期收集有感领导"七个带头"实施情况,通过三种方式进行考核,将考核结果作为对各级领导干部绩效考核的依据之一,以严格的考核促进各级领导干部积极履职。

(三)加强"谁管工作,谁管安全"的干部责任安全直线管理

一是安全生产直线责任管理。川庆公司创新提出直线责任概念,明确直线责任的内涵、原则、体系、流程、载体,明确各级直线管理责任,将安全与生产经营管理相融合,建立纵向到底的责任安全体系。各级管理者(包括管理部门)按照"谁管工作,谁管安全"的原则,对分管业务范围的安全工作负直接管理责任。具体要求是:各级主要负责人对本单位安全工作负全面责任;各级分管领导对分管业务范围的安全管理工作负直接责任;各级安全管理部门对本单位安全生产负综合管理责任;各级机关职能管理部门对分管业务范围的安全管理工作负直线责任;各级监督部门对安全生产负监督责任。总体上讲,各级组织及管理人员按照行政级别,直接上级对直接下级负有"规范、培训、审查、考核"四项职责,规范就是要为下级制定制度,培训就是培训和指导下级,审查就是要对下级进行审核和检查,考核就是对下级要进行HSE绩效考核。

二是建立HSE直线责任体系,即以行政、业务和区域管理相结合的"一心九面二十二路全面覆盖"的全员HSE直线责任体系。一心:以HSE委员会为中心,全面负责HSE工作;九面:以八个专业HSE分委会及长庆区域HSE分委会形成的九个HSE分委会,承担业务或区域管理责任;二十二路:以二十二个单位承担本单位HSE管理责任;全面覆盖:层层签订HSE责任书,形成全面覆盖的全员HSE直线责任体系。

三是建立异体监督模式,督促直线责任履行。川庆公司成立安检院、长庆监督公司两个正处级监督单位,独立履行第三方监督责任,对安全方针、政策和HSE体系运行进行全面监督,建立自上而下的异体安全监督运行机制,对各级直线责任履行情况进行严格监督。

四是明确直线责任载体,严格直线责任考核。通过制定公司安全生产规章制度、领导职责、部门职责等,对各级组织、机构和人员的直线责任进行明确规定。编制各级组织、机构和人员的HSE责任书,规定相应的HSE否决性指标、结果性指标、过程性指标,便于各级组织和人员对照履行HSE责任,对照开展HSE考核。HSE责任书由本人、本部门、本单位编写,经直线领导审核后签订,由直线领导和上级部门在日常工作进行检查、审核,最终在年底进行考核兑现。

(四)强化"我的区域,我负责"的员工责任安全属地管理

一是属地管理概念。川庆公司引进杜邦公司基层管理思想,提出属地管理概念,即:基层现场按岗划区,基层员工按照"我的区域,我负责"的原则,履行岗位属地区域的安全管理责任。通过实施属地管理,建立纵向到底的责任安全管理体系。

二是制定《属地管理办法》,各单位制定《属地管理指南》进一步规范属地管理。

三是明确属地责任人五项职责:"遵守、告知、督促、查患、纠违",即遵守岗位安全责任制;告知提示外来人员(含承包商员工)风险;督促属地内的人员严格遵守安全规定;识别整治安全隐患;纠正报告违章行为。岗位人员要做到五个清楚:清楚本岗位职责、清楚本岗位操作程序、清楚区域的危险源、清楚区域隐患及控制措施、清楚事故应急预案。

四是编制钻井现场标准化布置图册,以区域管理为主线,将钻井作业现场划分为14个区域,分别从设备设施摆放、安全设施配置、安全标识设置等方面明确各区域管理标准,以图文并茂的形式描述管理要求,实现作业现场标准化建设的"视觉化、透明化、界限化"。

五是以三基工作建设为载体,细化属地管理。将以属地管理为核心的基层队HSE管理工作融入三基工作之中,与其他工作进行有机融合。川西钻探公司编制钻井队日、周、月HSE管理流程,长庆井下技术作业公司编制"866"HSE管理流程,将上级规定,融入到日常工作之中,形成标准化的日常HSE管理流程。编制《钻井队HSE管理指南》,从人员、设备、现场、作业、管理、制度和记录等八个方面,全面规范钻井队HSE管理,形成统一的钻井队管理和操作指南。

六是运用工作安全分析工具,控制动态作业风险。制定《工作安全分析管理规范》,明确工作安全分析八步基本流程和要求,让员工参与风险识别和措施制定。钻井专业编制49道工序的工作安全分析实例汇编,完善钻井更换井口等8道工序规程,有效削减作业风险。

七是运用作业许可工具,控制高危作业风险。明确非计划性维修作业等6类通用作业许可、受限空间作业等11项专项作业许可,细化7步实施流程,规范作业许可程序。在钻井现场,每个钻井队每月至少要进行3次作业许可,高危作业风险得到有效控制。

(五)建立和完善责任安全管理制度标准

一是建立三级制度标准框架。川庆公司建立HSE管理手册、22个程序文件、142个HSE相关制度标准;二级单位建立HSE管理手册、程序文件;基层单位建立作业计划书、作业指导书和检查表。

二是总结制度管理八步流程,包括梳理、编写、试行、发布、培训、推行、评审、修订八个基本步骤。通过制度的试行,消除制度的理想化因素,提高制度的实际适用度。通过

制度的正式发布,由编写组编制培训课件,制定适用人员的培训计划并开展培训,然后全面推行,确保制度自上而下理解一致、执行一致。在制度执行一年或规定周期后,定期对制度进行评审,对制度执行过程中出现的问题进行修订,实现制度的持续完善和改进。

三是明确制度管理的部门直线责任。制度由哪个部门梳理制定,就由哪个部门承担编写、培训、审核和修订等职责,强化管理约束力,改变制度管理责任不明、管理不力的现象,推动制度管理直线责任归位。

四是持续完善 HSE 制度体系。编制《安全生产管理办法》等 43 项 HSE 管理制度和《吊装作业规范》等 28 项 HSE 标准,制定 8 项联合安全作业规范。开展工艺危害分析,编制标准作业程序和设备操作规程,将安全措施要求融入工艺技术过程和设备操作,让安全与工艺、操作融为一体。2011 年,川庆公司编制标准作业程序 42 个、设备操作规程 90 个。

(六)实施严格的责任安全绩效考核

安全绩效考核,是安全管理系统必不可少的一个重要环节,是保证安全管理系统有效运行的最终手段。在基层现场,主要实施员工月度考核;在日常管理上,推行分级定期检查和审核制度;在年度考核上,制定年度 HSE 目标责任书,实施年度 HSE 绩效考核,对各级领导和单位进行严格兑现。川庆公司提出"过程性指标和结果性指标相结合"、"突出过程,奖罚并重"的考核原则,重点完善安全绩效考核流程,建立以《HSE 审核规范总则》为核心的"1+16"HSE 审核标准,制定安全绩效管理办法,系统搭建安全绩效考核体系。

一是完善安全绩效考核流程。明确安全绩效考核的三个基本流程:目标指标的确定、目标指标的日常跟踪与定期回顾、目标指标的年终考核与结果应用三大基本流程。在 HSE 指标确定过程中,分级确定各单位、各部门的否决性指标、结果性指标和过程性指标,结果性指标占 40%,过程性指标占 60%,将 HSE 绩效考核纳入总体绩效考核,比例占到 15%～30%,进一步突出了过程性指标考核,提高了 HSE 绩效所占的比重。在目标指标的日常跟踪与定期回顾中,重点是在月度 HSE 例会、季度 HSE 例会、HSE 委员会及分委员会会议、HSE 审核、管理评审时,跟踪 HSE 目标指标的完成情况,进行动态考核。在年终考核时,结合日常考核,对各单位、各部门、各级领导干部和全体员工的 HSE 绩效进行综合考核,进行单位的排名定级,开展评先选优活动,将 HSE 绩效考核结果与工资、奖金、干部提拔和员工晋级挂钩,形成良性激励机制。

二是建立"1+16"HSE 审核标准,包括 1 个 HSE 管理体系审核标准总则、16 个专业 HSE 审核标准,每个单位满分为 1000 分,审核得分在 950 分(含)以上为 A 级单位,850 分(含)至 950 分为 B 级单位,800 分(含)至 850 分为 C 级单位,800 分以下为 D 级单位,为各专业 HSE 管理提供指导性的参考标准,同时也为各专业 HSE 审核定级工作的开展制定基本准则。2011 年,对 22 个单位进行 HSE 审核定级,A 级单位 8 个,B 级单位 11 个,C 级单位 3 个,各单位对审核定级结果高度重视,对审核发现的问题进行认真分析,彻底整改销项,实现 HSE 管理体系的持续改进。

三是搭建自上而下、一级考核一级的安全绩效考核体系。川庆公司党政主要领导负责考核 7 名公司副职领导、协管的副总师;公司副职领导负责考核分管的机关处室、直附属单位和安全联系的二级单位；二级单位逐级签订责任书，逐级考核。

（七）加强责任安全管理信息保障

一是推广应用集团公司 HSE 信息系统，将特种设备管理、特种作业人员管理、培训管理、HSE 制度标准、HSE 经验分享、HSE 阶段动态等 HSE 管理内容全部录入系统，及时掌握各单位 HSE 管理基本情况，为领导正确决策提供及时、准确的基础信息。

二是研究开发生产安全预警系统，将安全监督、各级各类安全审核和安全检查发现的问题录入系统，每月平均录入隐患 3000 多个，违章 1000 余起，对违章纠正进行动态跟踪，对隐患整治进行验证销项，迅速发现 HSE 管理薄弱环节，为各级领导提供决策依据，实现管理方法由"事后问责"向"事前预警"转变。

三是研发运行钻井作业 HSE 风险控制系统，实现钻井现场 HSE 管理的集成化，建立钻井作业制度标准库、HSE 风险库、风险措施库，把好钻井作业前的风险分析关、钻井作业中的任务执行关、钻井作业中的安全检查关、钻井作业中的人员培训关、钻井作业完成后的持续改进关，有效控制钻井作业风险。目前，已经在 10 支钻井队成功应用一年以上，杜绝了各类事故的发生，为钻井作业现场风险控制提供又一个有效的管理手段。

四是建立作业现场远程视频监控系统。利用物联网技术，加强现场重点环节、重点部位的监控。安装 121 台套远程视频监控系统，对钻井、测井、录井等进行现场视频监控，及时发现、纠正现场不安全行为，实现作业现场的远程视频监控。

五是在运输专业，全面推行车辆 GPS 监控，对车辆行驶路线、速度等进行连续监控，每月定期通报 10 起典型交通违章行为，实现车辆受控运行。

三、石油天然气钻探企业责任安全管理效果

（一）建立了完整适用的责任安全体系

在管理理念上，确立了"四位一体"HSE 理念和"三融入、三消除"的 HSE 工作思路，为责任安全管理提供了理论支撑。在管理模式上，建立了有感领导、直线责任、属地管理为核心的三级责任安全管理模型，为责任安全管理搭建了基本框架。在组织机构上，建立了自上而下的"一心九面二十二路"责任安全管理体系，为责任安全管理提供了组织保障。强力推行五种工具，坚持自上而下逐级开展安全经验分享，培育员工良好的行为习惯，坚持运用作业许可和工作安全分析控制现场作业风险，坚持运用个人安全行动计划规范各级领导干部履职行为，为责任安全管理的引领、推动与实施提供了丰富实用的工具、方法和载体。通过建立和实施责任安全管理，推动了领导层、管理层、基层员工三级安全职责归位与落实，有效引导全体员工转变观念，提高能力，培育安全行为习惯，营造了良好的安全生产氛围。

（二）深化了 HSE 管理体系建设

一是推进示范现场建设。以"高标准、严达标"为基本要求，创建了包括钻井、井下、物探、油建等各专业的 HSE 管理体系建设示范现场共 100 个，通过以点带面的示范作用，推动责任安全管理要求在公司各个单位、各个层面全面有效落实。

二是提升综合管理水平。HSE 管理体系 28 个要素的管理职责、管理流程和管理要求进一步明晰，实际运行效果进一步提升，各要素综合审核平均分逐年上升，2009 年为 1.9 分，2010 年为 2.15 分，最终上升到 2011 年的 2.45 分，按照杜邦公司对安全文化四个

阶段的划分,川庆公司的安全文化已经从严格监督阶段的早期过渡到严格监督阶段的中期,"油气至上,安全为天"的川庆特色的安全文化已初具雏形。

(三)促进了企业可持续发展

自开展责任安全管理以来,川庆公司安全管理持续规范,违章、隐患得到及时纠正和治理,安全环保形势平稳好转,杜绝了较大工业生产事故,有效减少人员伤亡,提高企业经济效益。川庆公司工业生产总值从2008年的239.73亿元,上升到2011年330.20亿元,利润从2008年1.31亿元上升到2011年的10.3亿元。2009～2011年川庆公司被评为中国石油天然气集团公司环境保护先进企业,2010年被评为四川省安全文化建设示范企业,2011年被评为四川省安全生产先进单位。

(成果创造人:胥永杰、蒲建中、万尚贤、李　毅、田建军、张和开、朱春荣、王虎全、何　强、熊　伟、任　英、陈　亮)

提升整体效能的"6+2S"现场管理

吉林烟草工业有限责任公司长春卷烟厂

成果主创人：吉林烟草
常务副总经理吕子军

吉林烟草工业有限责任公司长春卷烟厂（简称长春卷烟厂）始建于1933年，现有职工2,112人，其中在岗1,165人，主要生产"长白山"、"红塔山"两个系列品牌卷烟。20世纪七八十年代，人参烟等名优产品曾响誉全国，有过辉煌的历史。1998年，企业加入红塔集团，进入恢复性发展阶段。2007年，吉林烟草工业有限责任公司成立，随着组织结构、产品结构的调整，企业步入快速发展期。

一、提升整体效能的"6+2S"现场管理背景

长春卷烟厂从2005年开始实施6S现场管理，在降成本、求效益等方面取得了良好的效果。2008年，国家烟草专卖局在肯定行业所属企业采用6S方法进行现场管理取得成效的基础上，颁布了推荐性烟草行业标准《卷烟工业企业6S管理规范》（YC/T 298—2009），使6S管理在卷烟生产企业中的实际应用又向前迈进了一步。2010年，长春卷烟厂完成技术改造后，现代化的装备技术及新的硬件基础向企业管理等软件建设提出了新要求。

为了尽快使员工适应技术进步的新要求，长春卷烟厂必须创建学习型企业为载体，把学习（STUDY）纳入6S现场管理实践中，使员工从学习（STUDY）到素养（SHITSUKE）的提升组织化程度更加突出、学习与工作的结合更加紧密。同时，国家烟草专卖局在全行业发起了"建设资源节约型、环境友好型企业"的倡议，要求长春卷烟厂积极开展节能减排的技术创新和管理创新活动，使资源节约、环境友好的理念逐步深入到企业的各项经济活动中，深入到企业现场管理的实践中。

二、提升整体效能的"6+2S"现场管理内涵和主要做法

长春卷烟厂以建设一个高效能、现代化、可持续发展的卷烟生产企业为目标，在长期实施6S现场管理的基础上，导入学习（STUDY）和节约（SAVE）理念，以"十一五"技术改造为契机，通过标准化、制度化、流程化、信息化建设，分解与落实节能减排、降耗指标，强化学习型企业建设，丰富拓展现场管理的实践内涵，提高现场管理水平，为提升企业整体效能奠定坚实的管理基础。主要做法如下：

（一）导入学习（STUDY）和节约（SAVE）理念，确立"6+2S"管理思路和目标

表1 "6+2S"管理要义

中文	英文	一般解释	精简要义
整理	SEIRI	物品分类	分开处理、调配组合
整顿	SEITON	定置摆放	定量定位、科学有序
清扫	SEISOU	保洁保养	随时维护、状态良好
清洁	SEIKETSU	保持成果	有效维持、标准固化
素养	SHITSUKE	修习涵养	提升素质、自强自律
安全	SAFETY	保障安全	规范操作、安全预防
学习	STUDY	提升能力	培训提高、持续改进
节约	SAVE	节能减排	节能降耗、绿色环保

长春卷烟厂从2005年开始推行6S管理,形成一个以人、事、物为对象的全流程、标准化、规范化的闭环管理模式。2010年,"十一五"技术改造竣工投产后,面对新形势新任务,厂领导班子在总结6S管理成果的基础上,把学习(STUDY)和节约(SAVE)导入现场管理,在6S基础上增加了2S,并将此作为基础管理的重要内容,融合人力资源、能源、物耗、等管理工作,建立适应卷烟生产企业特点的现场管理新体系,使全厂管理水平得到新的提升。

"6+2S"管理旨在追求企业整体效能的最大化,是通过建立一个环境整洁、流程精细、安全可控的管理系统,实现节约挖潜、降低成本、提升品质、提高效率,促进企业可持续发展的管理再造,既是对原有6S现场管理内容的补充,也是对精益管理实践活动的丰富和拓展。

(二)建立和完善"6+2S"管理体系

1. 岗位标准明晰化

全厂员工结合各自岗位特点,共同研究、反复讨论,集思广益,针对管理、技术等3类346个岗位,编制岗位标准。主要内容包括岗位名称、主要责任、工作内容、岗位权限、业绩指标和任职条件,将员工的工作性质和岗位特征清晰、直观、全面地展示出来。

着力开展2S岗位导入活动,将学习(STUDY)和节约(SAVE)具体化为岗位规范。把学习(STUDY)融入现场管理,通过自主学、相互学,在工作中学习、在学习中工作,形成对本职岗位专业知识和技能的熟练掌握,并将其运用到实际工作中,提高工作效率,提升自身素养。使学习成为企业管理的常态工作,成为员工的日常习惯和自觉行动。

节约(SAVE)就是合理利用资源,减少浪费,降低成本,发挥资源和能源等要素的最大效能,创造一个高效率的,物尽其用的工作场所。为了使标准成为行动、

成果主创人:长春卷烟厂厂长张玉良

使行动成为习惯,坚持开展七个"一"活动,即节约一克烟丝、一米盘纸、一支滤棒、一张小盒、一张条盒、一滴水、一度电,使节约意识逐步深入人心。

2. 业务流程柔性化

流程的柔性化是企业管理水平提升的根本保证。长春卷烟厂以"事事有标准、处处有规范"和"创建优秀卷烟工厂"为主线,开展流程优化工作,减少非增值环节,全流程跟踪,全节点监控,堵塞管理漏洞,清除管理盲点。一是建立业务流程框架。建立符合业务实际和满足风险控制要求,涵盖企业管理、生产技术、质量控制、物料储运、能源保障、后勤服务等全部业务的流程架构,通过流程梳理和优化,形成主流程和辅助流程,实现管理流程分层、分类的规范、科学管理。二是注重业务流程之间的有机衔接。流程的柔性主要体现在业务之间的衔接上,为此,组织全厂员工仔细研究分析各项业务的内在联系,以客户(业务的接受者)为中心量身打造自己的工作标准,通过绘制业务流程图,把岗位职责和"要做"、"应做"的操作尺度都在流程中予以明确,实现业务不交叉、管理不重叠、责任不遗漏,提升管理和风险控制效率。三是强化业务流程的持续改进。实施以6+2S为核心的PDCA管理,及时调整和改变流程,通过改变流向、增减工序、调整时间、优化组合等方式,促进业务流程持续改进,提高企业管理质量和效率。

3. 制度保障具体化

长春卷烟厂结合企业实际和管理特点,制定《6+2S管理制度》体系,通过制度保障促进企业管理水平的提升。在制度设计上,围绕"6+2S"管理的实施,从现场环境管理、工艺质量管理、技术与设备管理、能源管理、消耗控制、安全管理、学习能力建设等方面制定管理措施、办法和细则,对管理内容和程序进行细化和量化,提高各项制度的针对性和可操作性,有效地发挥对"6+2S"管理创新的保障作用。

4. 管控系统信息化

长春卷烟厂注重运用信息化手段提高管理水平,建立完善集五大信息中心为一体的信息管控系统,为6+2S现场管理提供了信息支撑。

制丝集控中心:对制丝车间各个生产环节、现场关键设备及工艺点进行监控和管理。

卷包数采中心:对卷包车间所有设备的数据进行采集、显示、统计分析,是生产管理、设备管理、质量管理的重要信息平台。

物流集控中心:集物流管理、物料管理、仓库管理于一身,对各种物料进行综合数据运算,实现运行、调度、统计、分析、管理一体化。

能管控制中心:实现了空调系统、软水系统、锅炉系统、热交换系统、自动排水系统、真空系统、空压系统、能源计量系统、智能照明系统的远程监控、数据采集及管理。

安防监控中心:实现对重点区域进行实时监控;通过综合报警信息显示、设备运行状态查询,保证安全防范系统运行的实时性、准确性、可靠性,提高安全防范管理的效率。

通过标准化、流程化、制度化、信息化建设,长春卷烟厂初步形成了适应卷烟生产企业特点的现代管理体系。

(三)建立常态化的学习机制,不断促进全员素质的整体提升

1. 教育培训

坚持以提升员工素质和创新能力为核心,以创建学习型企业,争做知识型员工为目

标,努力构建完善的培训体系,形成更加科学合理的培训格局,组织开展自学与培训相结合的职工培训。为方便员工自学,组建图书阅览室,开通电子读书网站,员工自发撰写学习心得,发布在企业综合管理平台实现共享。为了提高内培质量,培养一批高素质的内部培训师,建立培训师资源库,从组织上对员工的学习成果给予评定。着重提升管理、技术、专业技能三支队伍建设。2011年组织企业管理、业务方面培训47项,工艺质量方面培训9项,技术、技能方面培训32项,安全方面培训17项,其他培训1项,参加培训3483人次。

2. 开展全员岗位练兵、业务比武活动

2011年初,开展全员性劳动竞赛、业务比武活动,活动规定,超过3人以上的相同岗位、相同工种或具有相同工作内容的员工组成一个比武团队,按照"重实效、轻形式,重过程、轻结果,重标准、轻陈规"的原则,针对全厂287个岗位、900余人进行培训、练兵、比武。不断促进工作标准的持续改进、业务能力的持续提升;从清洁工到科室各级管理人员,全员梳理工作流程、制订工作标准和岗位规范,通过实际演练和业务整改,不断修改和完善操作规范。

3. 开展课题攻关活动

培养创新型人才是建设学习型企业的关键一环,鼓励员工申报技术类和管理类课题,结合企业需求选定课题内容,引导员工在工厂管理制度、管理方法的改善,提高产品质量的综合方案,提升客户满意度的具体改进措施和综合方案,生产工艺创新、节能降耗、安全管理改进,设备、仪器、工具的技术改进、提高效率方案,其他有利于企业发展的合理化建议等方面开展课题研究和攻关。2011年,立项、实施课题共计19项,其中:管理类2项,技术类17项;改善提高能源管控和能源利用效率课题4项,改善和提高工艺管理课题2项,改善和提高生产运营效率课题11项。2012年,围绕"创建优秀卷烟工厂"活动,开展全厂范围攻关课题征集活动,通过摘牌竞标进行课题攻关,充分调动全体员工参与热情,推动了技术创新和管理创新,提升了员工的学习能力和钻研精神,锻炼了员工队伍。

4. 开展创建优秀班组活动

开展"创建优秀班组"活动,首先选定4个有代表性的班组作为创建活动的试点,不断摸索,不断完善,形成一套班组管理的规范模式,评出标杆班组,再进行经验推广,落实到每个班组。"比、学、赶、帮、超"的互动氛围和率先争优的引导力量,最终将班组打造成优秀的价值单元,使班组和员工的整体素质得到普遍提升,为推进企业发展奠定了坚实基础。

5. 建立起"6+2S"学习激励机制

把学习纳入全厂业务考核体系,通过设置考核项目、设定加分项目,激发员工学习热情。一是"职业技能"项:参加各类考试及评定,取得证书奖励个人500元,所在班组当月1人次加1分,2人次以上加2分。二是"比武竞技"项:参加全厂"劳动竞赛、业务比武"获得名次人员所在班组当月1人次加1分,2人次以上加2分。

(四)开展技术创新,组织技术攻关,努力建设资源节约型、环境友好型企业

长春卷烟厂秉承"国家利益至上,消费者利益至上"的价值观,多年来始终坚持把节

能减排放在各项工作的首要位置,通过技术创新、技术攻关,不断挖掘节能减排潜力。围绕"十一五"技术改造工程,采用新技术、新材料,通过多种措施节约能源,减少生产废弃物排放和污染物排放,贯彻国家关于绿色环保低碳的相关要求,其中建筑节能已达到65%的标准(国家的建筑节能标准为50%),同时实施13个节能项目建设,包括能源监控管理集成系统、高效燃气锅炉系统、利用可再生能源的地源热泵系统、采暖换热系统、办公空调系统、热回收技术应用、全闭式蒸汽凝结水回收利用系统、智能照明控制系统、变频调速设备、功率因数调节装置及节能灯具等;减少污染物排放的项目有中水处理站、除尘装置等。

为确保企业节能减排目标的完成,制定八个方面的保障措施:加强宣传,提高员工节能减排意识;建立能源管理体系,建立、健全能源管理制度,成立能源督导组,加强能源督导、检查、考核,形成"分工明确、职责清晰、责任落实、联动及时、考核严肃"的管理机制;提升清洁生产水平;提高计量、测量水平,夯实工作基础;加强基础设施建设,广泛应用成熟节能减排技术;积极应用可再生能源,提高非化石能源消费比重;充分发挥信息系统作用,形成信息化管控网络,为进一步提升节能减排水平提供保障;增强自主创新能力,开展节能减排课题攻关。

(五)加强组织领导,建立完善"6+2S"管理考核机制

1. 建立"6+2S"的组织保障体系

2010年10月,成立"6+2S"管理创新工作领导小组,厂长亲自挂帅,对推进这项工作负总责。下设督导办公室,负责具体推进、指导、检查和考评等工作。按属地将管理责任落实到全厂21个部门,每个部门设一名兼职管理员,负责督促责任的落实。按区域将21个部门分为43个班组。各班组长负责按标准做好物品定置定位、节能降耗、职工行为规范的具体化。通过责任的细化,全厂厂区、屋面以及包括钢格栅在内的所有区域,实现了管理全覆盖,做到了职、责、权分配清晰,形成科学分工的组织保障体系。

2. 查改并进,持续提升现场管理能力

通过开展部门"6+2S"管理自检自查、"6+2S"管理专题会议、"6+2S"管理经验交流等活动,把"6+2S"管理工作常态化,发现问题,及时整改,使员工逐步养成习惯,提升个人素养,提高工作效率。"6+2S"管理督导办公室通过现场检查,日常抽查、现场指导等方式督促各部门完善"6+2S"管理工作,并在检查过程中通过观查询问,了解相关业务流程的合理性,存在问题反馈给职能部门,不断完善优化业务流程;采用定点拍照的方法,将工作场所内需要改善的问题点拍摄下来,并在总结会议上通过PPT演示需要整改的问题、改善前后效果的对比、值得学习的做法等,揭露问题,促进管理水平提升和工作方法创新,增强部门维护集体荣誉的紧迫感;通过完善激励机制,明确职责,落实到位,使"6+2S"管理工作不断地深入持久开展。

3. 建立考核奖惩机制

为使"6+2S"管理落到实处,加大考核推进力度,以班组为单位,全员参与考核。实行月督查、季考核、年总结,以专题会形式通报检查结果,公布分数,以班组为单位进行奖惩,并将考评结果作为年度评优的重要依据。

三、提升整体效能的"6+2S"现场管理效果

(一)环境显著改善,效率明显提高

现场环境整洁、有序。各功能区划分明确,标识清晰,设备布局合理,物品定置定位、摆放整齐,文件、电子文档分类整理,查找取用方便。行业内外来宾,对现场环境和生产秩序给予了高度评价。

安全生产越来越有保障。通过加强现场巡视与检查,发现安全隐患及时整改,促进各项安全标准的有效落实,确保设备设施的安全运行;2012年10月获取国家烟草行业安全生产标准化二级企业证书。

工作效率有了很大程度的提高。员工通过熟练掌握整理、整顿、清扫、清洁等活动标准,将标准固化下来,由要我做,变成我要做,个人素养明显提高,促进了工作效率的极大提高。

(二)学习成为习惯,氛围越来越浓

学习是唯一取之不尽的可再生资源,全体员工秉承这一理念,在整洁、有序、安全、和谐的环境下工作,心情愉快,学习热情高涨。通过内培、外培的有效结合,拓宽了学习渠道,2011年全厂有7人通过维修电工技师鉴定,有1人通过高级技师鉴定,为工厂建立高级技术人才队伍开创了一个良好的开端。工厂对高级技师予以奖励,极大地调动了企业开展培训和员工参加培训的积极性,有效地提高了员工的岗位技能和专业水平,使学习成为习惯,为创建学习型企业提供了资源保障。

(三)节能、减排、降耗成效显著

2011年,长春卷烟厂16项节能减排指标全部完成。随着节约意识的增强,各项能耗指标明显下降,水、电、天然气等各项能(资)源消耗量均同比有较大幅度的下降。

2011年万支卷烟综合能耗(电、天然气)完成3.25公斤标煤,同比下降1.43公斤标煤;水单耗完成0.06吨/万支,同比减少0.05吨/万支;废水排放完成0.02吨/万支,同比减少0.07吨/万支;在中烟实业14家企业中,长春卷烟厂万支卷烟综合能耗排名第5位、水单耗排名第2位、废水排放排名第2位,动力车间锅炉房荣获2011年度全国安全与节能管理标杆锅炉房。原辅材料消耗得到有效控制。2011年烟叶单耗完成37.4公斤/箱,同比下降1.85公斤/箱;卷烟纸完成3210米/箱,同比降低41米;滤棒8389支/箱,同比降低32支;小盒商标完成2509张/箱,同比降低2张;条盒完成251张/箱,同比降低1张。

(四)企业整体效能全面提升

"6+2S"管理的深入实施,特别是技术改造和节能减排等各项工作的有效落实,极大地促进了企业生产能力、质控水平、工作效率和企业效益的全面提升。2011年实现工业总产值33.4亿元,同比增长21%;销售收入35.2亿,同比增长19.9%;实现税金20.4亿,同比增长28.1%;实现利润3.2亿,同比增长33%。

长春烟厂先后荣获全国烟草行业职工创新示范岗、中华全国总工会工人先锋号、吉林省精神文明单位、烟草行业安全生产标准化二级企业、全国五一劳动奖状等荣誉称号。

(成果创造人:吕子军、张玉良、刘广野、张海涛、于 霞、舒亚洲、
白 宇、郭 颖、丛 晶、李振鹏、张 凯、高 辉)

石化企业"从心出发"的安全文化建设

中国石油化工股份有限公司镇海炼化分公司

成果主创人：公司总经理江正洪

中国石油化工股份有限公司镇海炼化分公司(简称镇海炼化)是中国石化旗下的骨干企业,地处浙江宁波石化经济技术开发区。前身是浙江炼油厂,始建于1975年,1983年划归原中国石化总公司,2006年9月登记成立。经过37年的改革发展,镇海炼化已从创业初期一家250万吨/年的小炼厂,发展成为国内最大的炼化一体化企业。目前拥有2300万吨/年炼油加工能力、100万吨/年乙烯生产能力、200万吨/年芳烃生产能力及4500万吨/年的深水海运码头；固定资产总额324亿,净额176亿,现有员工6328人。2011年,镇海炼化原油加工量达到2198万吨,占中国石化原油加工量10%,占全国原油加工总量5.4%；营业收入在中国炼化企业中率先突破1400亿元,向社会提供了汽油、煤油、柴油等各类石油石化产品。

一、石化企业"从心出发"的安全文化建设背景

（一）适应高危行业管理的本质安全需要

石油工业是基础性产业,在我国经济发展过程中"扮演"着举足轻重的角色。但石油石化企业也是受易燃易爆、有毒有害、高温高压、腐蚀性强、连续作业等多种不安全因素影响的高危险行业。从国家安全生产监督总局和中国化学品安全协会公布的相关事故资料看,2006年至2010年全国共发生危险化学品事故490起,造成879人死亡。从事故原因分析,因"三违"造成的事故最多,占事故总起数的35%。究其原因是由于企业缺乏安全文化氛围和员工缺乏必要的自我安全保护意识,盲目蛮干导致事故高发。因此,加强企业安全文化建设是提高全员安全意识的一种行之有效的方法,是预防事故的重要基础工程,也是现代企业安全管理的一种新思路、新策略。

（二）企业科学、可持续发展的战略需要

镇海炼化于2010年由炼油型企业跨跃发展为炼化一体化企业,不论是固定资产还是企业规模均实现翻番。但是,现有的安全管理观念与水平能不能驾驭翻番之后的企业规模,能不能适应企业大发展、大转型、大跨越、大管理的需要,一直是镇海炼化担扰的问题。为此,镇海炼化要在推进生产经营和项目建设、加快提升企业"硬实力"的同时,积极探索与世界级炼化一体化标志性企业相适应的管理体系,着力提升企业的"软实力",以安全文化建设,提高全体员工安全意识,提升安全管理水平,健全安全生产长效机制,筑

牢企业安全生产的基石,促进企业快速发展。

(三)适应企业管理文化建设的实际需要

镇海炼化安全文化作为企业整体文化的一部分,主要包括系统环境、人的心理状态和人的行为三大要素,它们呈"安全三角形"模式,通过相互影响、相互作用,推动企业安全文化建设的不断深入。2001年至2010年,从镇海炼化事故原因分析看,因"三违"引起的事故占总数的32.8%,是公司最为突出的事故原因。镇海炼化在开展安全文化建设中,始终认为"人"是安全管理的关键因素,只有让员工从内心深处认识到生命的珍贵和安全的重要性,才能主动提高安全意识,激发自我学习安全知识的主观能动性;才能在生产中自觉规范作业行为,提高自我保护的能力;才能成为避免"三违"行为、控制事故发生的有效途径。因此,镇海炼化提出以"安全从心出发"为企业安全文化建设的核心理念。

二、石化企业"从心出发"的安全文化建设内涵和主要做法

镇海炼化围绕"安全从心出发"的企业安全文化核心理念,把员工作为企业最重要的资源,以"安全从心出发"、"安全从行出发"、"安全从新出发"建设,营造全员安全生产氛围,建设内部激励机制,转变员工的安全价值观、安全理念和安全行为,不断提高全员的安全技能知识和安全文化素质,促进员工自我管理、自我约束、自我规范,以实现自身的安全并保障每个员工的安全,从而确保公司的安全生产。主要做法如下:

(一)确定安全文化指导思想和目标

以"安全从心出发"为企业安全文化的核心理念,以提高职工安全意识和防范技能为根本点,突出事故预防、提高风险控制能力,构建自我约束、持续改进的安全文化建设长效机制,为公司生产经营任务的顺利完成和持续发展提供强大的思想保证、精神动力。明确安全文化建设目标:一是增强员工的安全意识,全员树立"安全从心出发"理念,建成具有镇海炼化特色的的安全意识形态;二是提高员工安全技能,规范员工安全行为,促进隐患整改,实现"安全从行出发",形成一个"不能违章、不敢违章、不想违章"的自我管理和自我约束机制;三是通过协调心理、行为、环境关系,建设具有镇海炼化特色的安全文化体系,实现"安全从新出发",发挥安全文化的引领作用,形成有利于安全生产工作的影响力、激励力、约束力、导向力,实现企业安全发展。

(二)建立安全文化的责任体系

镇海炼化将安全文化建设对象定位于三大层面,即决策层、管理层、员工层。这些建设对象的界定,不仅强调了作为决策者的高层领导必须参与,而且明确了安全文化建设的全员参与,同时针对不同对象采用不同方式。

1. 公司领导率先承诺

镇海炼化制定"安全第一、预防为主、全员动手、综合治理"的安全生产方针和"不伤人、不着火、不污染、不扰民"的HSE目标。为实现公司安全生产方针和目标,

炼油装置

保证企业科学发展、安全发展,确保地方区域安全,镇海炼化总经理在安全上向全体员工及公司所在区域的公众作了郑重承诺。

2. 各级人员层层承诺,级级保证

镇海炼化每年年初印发《公司HSE工作要点》,结合年度生产经营的实际,制订下发《安全文化建设实施方案》,对全年安全文化建设做出总体规划。同时将安全管理指标进行分解和落实,与15个二级单位、4家改制企业签订"HSE目标责任书";各二级单位领导又层层分解,与327个班组签订责任书,与6000余名职工签订"HSE承诺书",建立自下而上、一级保一级、一级对一级负责的安全文化责任体系。

(三) 培育"从心出发"的安全观念,提升安全认识与技能

近年来,镇海炼化在实践中逐步提炼形成以"安全从心出发"为核心,以"安全认识观、安全责任观、安全行为观、安全管理观、安全教育观、安全效益观、安全事故观、安全管理作风、安全目标观"等为支撑的安全观念体系,并为员工普遍认同,有效地促进了全员安全认识的升级定位,使安全文化建设有了扎实根基和丰富内涵。

1. 营造安全管理氛围

以安全活动增强安全文化的渗透力。2009年以来,镇海炼化积极开展"我与安全"大思考,"我要安全"电子板报比赛、"我要安全"摄影比赛等活动,以及安全警句格语征集、安全征文演讲、亲历未遂事故案例征集……员工参与、员工评选,从员工中来,到员工中去,使职工在潜移默化中强化安全意识、不断灌输渗透。安全理念通过各种载体和各种形式进行学习宣传,结合自身案例,进行有效教育,努力使安全理念入脑入心,融于行动,形成统一的价值取向,养成遵章守纪的良好行为。

以环境物态增强现场安全文化氛围。镇海炼化在厂区内外主马路、装置生产现场有序、分层设置安全文化理念宣传牌和安全警示牌,在所有装置主要入口树立"七想七不干"宣传牌,突出视觉文化的感染力,使"我要安全"入眼、入脑、入心。

以传播渠道增强安全文化的舆论引导。镇海炼化充分发挥公司内部电视、报纸、网络等宣传媒体的作用,加强宣传鼓动,在《镇海炼化报》开辟"安全从心出发"专栏,通过新闻小故事等形式,生动反映各单位的安全管理经验;在镇海炼化信息平台上开辟"全员HSE信箱",及时掌握现场HSE管理存的问题和好的经验;在公司媒体上,平安班组、事故克星等安全典型的事迹和形象频频见诸报端和荧屏。

2. 以教育培训增强职工安全意识和技能

近年来,镇海炼化根据安全文化建设决策层、管理层、员工层的不同需求采取相应的手段和措施,大力开展培训工作,形成全员、全过程、全方位的安全意识培育,规范各类人员的安全行为。其中以提升员工技能素质为重点,采取切实有效的措施,创新培训模式,通过反事故演习、仿真系统进班组、轮岗见习等途径,使技能培训工作常态化,做到"工作学习化、学习工作化",变被动的"要我培训"为主动的"我要培训",努力打造高素质的员工队伍。

决策层和管理层意识培训。为提升决策层和管理层安全意识,镇海炼化在国务院23号文件颁发一周年之际,联系、邀请国家安全监管总局副局长、安全生产协会会长带领的"中国安全生产协会贯彻落实国务院23号文件宣讲报告团"来公司宣讲,公司决策层领

导及处、科级经营管理人员共计380余人参加了宣讲报告会。通过宣讲,大大促进了决策层和管理层对贯彻落实国务院23文重要性的认识,掌握企业安全生产的自我管理、科学管理和创新管理的手段及方式。

管理层危害识别能力培训。为强化管理层及技术层危害识别能力,镇海炼化每年邀请国内危害识别与评价专家,针对装置设计、关键装置、要害部位等工艺、设备方面深层次问题,举办HAZOP等风险评价培训班,促进安全总监、工艺技术人员、安全管理人员危害识别和风险评价能力的提高,大大促进了装置工艺过程深层次隐患的排查。

职工安全意识和技能培训。在机制、方法、教材、培训实效上下功夫,发动职工自我确定职业晋升目标;推行仿真培训进班组,不断加大仿真培训、考核力度,全面提高岗位人员的"实战"操作水平。开展现场"活流程"基本功强化培训和练兵比武活动,全面提升员工安全技能,强化员工装置现场实际操作能力及突发事件应对处置能力。同时编发《安全通用知识读本》,下发给每位作业岗位人员,进一步提高职工安全意识和素质,在生产作业中自觉规范工作行为,养成良好的安全习惯,促进员工操作逐渐向程序化、文本化管理递进。

3. 开展班组建设,确保安全文化落地

优化劳动组织结构。推行"4+1"班组运行模式,将生产一线四班二倒工作制优化为四个正班加一个运行支持班的四班二倒新模式,其中班组在运行支持期间,可轮流有一个月教育培训时间,既为生产一线职工安全学习和技能培训提供了更多的时间,又增强了事故状态下机动力量,有力保障了装置的安全、稳定运行。

开展安全分析进班组。各班组对近年发生的装置异常波动进行统计、汇总、再分析,识别出设备故障、操作不到位、电仪问题等引起装置异常波动的8个方面原因,有针对性地提出改进的建议,制订相关措施,避免不安全行为。同时开展技能学习进班组,发动职工自我确定职业晋升目标,深化现场基本功的训练和考核,以班组为单元全面提升职工安全技能,促进安全行为习惯的养成。

(四)养成"安全从行出发",规范安全行为文化

镇海炼化抓住人员管理这一核心,推行"五化"管理,消除员工在生产经营活动中的主观随意性,通过抓基本功训练、抓操作技能的传承,从根本上规范员工的安全行为。

1. 操作指令文本化

对操作指令进行文本化管理,将操作指令根据风险度按三类进行控制,对风险度较高的操作变更,必须编制技术方案。各运行部下达到岗位的各项操作任务全部采用书面形式,并汇总记录。

2. 外操人员操作标准化

针对岗位操作人员变更和年轻化,镇海炼化组织生产一线经验丰富的岗位操作骨干及老班长总结和提炼公司三十多年来的操作经验,相继以漫画形式编制发布《外操人员工作行为规范》、《内操工作行为规范》、《班长工作行为规范》,通过书面形式传承操作经验。使"上标准岗、干标准活、交标准班"有了明确的标准,成为国内石化行业生产工艺操作管理上的首创。

3. 重要模块操作标准化

近年来,镇海炼化加大基础管理建设,全面按统一标准,重新修订工艺技术规程、岗位操作法等技术文件,对各种动设备、加热炉、换热设备切投等重要模块的操作法,实行标准化操作。

4. 设备检修标准化

为减少检修作业自由度和随意性,尽可能避免作业过程中产生的异常、故障及事故,镇海炼化编制 814 份《设备检修作业指导书》,应用于装置停工大修及日常检修,为编制施工方案以及设备检修提供参考依据。

5. 应急响应标准化

为严格装置安全设施运行管理,提高操作人员应急响应能力,确保生产异常"早发现、早处理",镇海炼化在年度应急预案演练计划的基础上,每月开展可燃、有毒气体泄漏应急响应能力检查,以"3分钟"应急响应为目标,不断提高内、外操应急响应能力,并发现、改进硬件设施及软件组态问题。通过应急响应能力检查、曝光和评比,各单位在可燃、有毒气体报警情况下,内操信息传递及时,外操响应迅速,现场警戒得当,基本达到"3分钟"应急响应的目标。针对部分员工操作不熟练或盲目求快的问题,编发《可燃(有毒)气体泄漏应急响应、处置指导书》,进一步明确应急响应步骤和注意事项。

6. 全面推广"HSE 观察",固化"五化"

镇海炼化在标准化作业基础上,引入杜邦安全理念,在全公司范围内推行 HSE 观察活动。通过每月对各单位 HSE 观察总数、人均数的比较和公示,促进各级领导、管理人员、操作人全面参与 HSE 观察活动,HSE 检查已从"结果型"管理转为"过程型"管理。通过强化观察过程中的交流与沟通,进一步培养员工 HSE 观察的意识与技能,同时通过 HSE 观察,进一步增加员工对不安全行为的认识,固化"五化"行为。

(五)完善安全制度和硬件环境

1. 不断完善 HSE 制度建设

镇海炼化开展"三项制度"建设(职责划分、工作程序和业务流程、规章制度)、"我为制度作诊断"、"改善经营管理建议"活动,在 HSE 管理方面,形成 HSE 主管业务 28 项、HSE 业务流程 76 项、HSE 管理制度 60 个,HSE 管理日趋文本化、规范化、科学化,构建"职责明确、流程程序清晰、规章制度严密"的 HSE 制度体系,有效地提升了 HSE 管控水平。

2. 管理持续改进

镇海炼化在现有"三项制度"建设的基础上,又全面开展并通过安全生产标准化二级达标建设,推行领导干部带班制、安全总监制、全员安全生产责任制,推广每日工艺、设备、安全、操作、机、电、仪"七位一体"专业协调会制度,开展作业票效能监察,投用智能巡检系统,加强 DCS 功能开发,推行开停工方案模板。同时应用职业安全与健康(OSHA)统计方法进行 HSE 绩效管理,与国际一流石油石化大公司比差距、找问题,新的安全管理举措不断推出,使 HSE 工作的基础更加稳固,"安全从心出发"的主动防御体系更加完善。

3. 前移事故管理关口

以"小事故"、生产异常波动及未遂事件为重点,加深事故管理的深度。将运行部级事故和未遂事件的考核权力下放到运行部,鼓励运行部主动暴露未遂事件,主动整改。并在全公司范围内实施事故、事件案例共享,遵循"任何事故的发生都应归咎于管理责任"的理念,从管理上查找深层次的原因,促进各单位主动举一反三,落实防范措施,预防重复事故发生,摊薄事故成本。

4. 保证安全投入,确保装置本质安全

镇海炼化持续投入大量资金用于控制系统等安全设施建设,切实提高大型化工装置生产过程本质安全水平。在装置本质安全方面重点推进装置报警和联锁管理工作,按照消灭前5位高频次报警要求,对装置报警情况进行跟踪统计分析,并制订消除措施,减少各类无效报警,避免频繁报警麻痹操作人员的注意力,对安全生产带来不利影响。同时逐步将联锁开关采集到PI系统进行监控统计,确保联锁100%投用,装置运行更安全。在设备管理方面进一步深化设备全寿命周期管理,对每台设备进行风险评价、分级管理,制定针对性的检验维修策略、配置维护力量,实现装置运行安全性和经济性的统一。同时把设备防腐工作作为保证装置安全、稳定、优化运行的前置条件,实施设备防腐信息共享,建立腐蚀监控网络,工艺防腐和设备防腐双管齐下,为高硫油加工提供安全屏障。

镇海炼化高度重视隐患排查与治理,每年投入数千万元用于隐患项目治理,并通过每周问题汇报、每月例会协调等机制,全面保证隐患治理进度,保障生产装置本质安全。

(六)完善安全文化考核机制

1. 建立"HSE绩效档案"

镇海炼化推行职工HSE绩效档案,以"突出重点、奖惩结合"为原则,全面记录职工先进荣誉、隐患排查、应急处置、合理化建议等加分项和事故责任、违章行为等减分项,作为评价职工HSE贡献、评比安全环保先进的重要依据,也作为判断职工HSE能力,是否进行HSE再培训的依据。

2. 低头捡黄金机制

2009年,镇海炼化建立安全即时奖励制度,改变以往避免事故奖励由运行部上报、公司评定的方法,让运行部直接分配排查隐患避免事故的奖励金,大大提高奖励的有效性和及时性。2011年起镇海炼化进一步加大安全环保奖励力度,实现发现隐患、避免事故"五个不一样"奖励制度,即夜班和白班发现不一样、高处和低处发现不一样、非巡检点和巡检点发现不一样、危害程度高低不一样、恶劣天气与正常天气发现不一样,对因"五个不一样"而避免事故的行为按常规额度的2至5倍进行奖励,进一步深化隐患排查力度,激发员工全范围、全时段查找隐患,确保装置安全、平稳运行。

2009年来,镇海炼化避免事故的总数逐年递增,其中累计奖励排查隐患避免事故行为19021人次,奖励金额达230余万元,单项最高奖励达到1万元。通过这种"小题大做"的方式,狠抓"三违"、"隐患"处理,事故总频率连续3年下降。

三、石化企业"从心出发"的安全文化建设效果

(一)"从心出发"的安全文化体系初步形成

"安全从心出发"是镇海炼化安全文化的核心理念,也是一种有效的安全管理手段,即是有形的安全规范,又是无形的安全文化磁场。近年来,镇海炼化秉承这一理念,致力于以安全文化引领企业安全发展,"安全从心出发"的理念已深植人心,员工安全价值观发生根本性的转变,形成了独具镇海炼化特色的企业安全文化。

在安全生产中,员工自觉地成为安全管理的主体,自我防范的意识和安全知识技能不断增强,员工之间互相提醒、互保安全成为习惯,违章作业大幅度降低。2011年,镇海炼化共开展HSE观察12766次,其中HSE观察数量较2010年增长4倍;同时职工发现隐患、避免事故行为每年呈成倍增长趋势,2011年达10503人次,真正形成全员安全文化建设的良好氛围。

(二)安全管理迈上台阶,事故指标大幅下降

镇海炼化精心培育以"安全从心出发"为核心理念的企业安全文化,提高员工安全意识,规范作业安全行为,推动了安全管理绩效的全面提升。2008年至2011年,镇海炼化事故总频率由0.224‰降至0.036‰,降幅达84%;千人负伤率由0.061‰降至0.012‰,降幅达80%。

(三)为企业效益和持续发展提供长久保障

镇海炼化不断探索炼化一体化安全运行规律,安全生产形势稳定,生产经营取得了较好的成绩。2011年,镇海炼化生产原油加工量达到2198.6万吨,营业收入继2010年在炼化企业中首家突破千亿元大关后,率先突破1400亿元。不仅连续被评为集团公司安全生产先进单位、环保先进单位、职业健康先进单位、"我要安全"主题活动先进单位,更在中石化40余家炼化企业中首家荣获"特别贡献奖"这一中国石化的最高奖项。同时被浙江省评为"2011年安全生产目标管理先进单位",被宁波市评为"安全生产信用A级企业"。

目前,镇海炼化以"安全从心出发"为核心理念的安全文化开始走出"家门",逐渐被地方所认知和认同。作为地方石化企业龙头和核心,镇海炼化积极参与公司所在宁波石化经济技术开发区的安全管理,在开发区规划、建设和企业开工过程中,不遗余力提供安全管理经验,实现安全环保一体化,带动开发区石化企业共同提升安全管理水平。安全文化的示范、引领和辐射效应彰显了中央企业报效国家、造福地方、服务人民的良好形象。

(成果创造人:江正洪、陈连财、瞿 滨、黄仲文、李朝华)

基于物联网的供电企业生产辅助物资管理

西安供电局

成果主创人：总工程师罗建勇

西安供电局是国家电网公司下属的国有大型一类供电企业，担负着西安地区工农业生产和市政人民生活供电，负责电网的规划、建设、运营及供电营业服务工作。供电营业区面积1.01万平方公里，供电人口847万。截至2011年底，全局运行管理35千伏及以上变电站135座，运行管理35千伏及以上输电线路339条3870公里，10千伏线路647条8047公里。现有员工4000多人，下设26个管理部室和27个基层单位，共有355个生产班组。

一、基于物联网的供电企业生产辅助物资管理背景

（一）确保电网安全生产的迫切要求

供电企业是技术密集型企业，对安全生产有着极为严格的规范和要求。生产一线员工在日常工作中频繁使用各类安全工器具和精密仪器仪表，安全工器具和精密仪器仪表不仅是完成生产工作的必备条件，也是确保电网安全生产的重要保障。由于生产辅助物资公用性、分散性、流动性的特点，在传统的管理模式下，难于掌握生产辅助物资的实时状态和使用情况，常常出现超时不归还、使用无记录、损失难追责的情况。提升生产辅助物资管理水平，确保工器具、仪器仪表、生产车辆状态良好、安全可靠，是电网安全生产的迫切需求。

（二）规范生产辅助物资管理的客观要求

员工根据每天工作内容需求取用工器具，工器具在使用中损坏、丢失后常常无法追责，给企业造成损失。在车辆管理中常出现车辆超时返回、超里程行驶问题，增加企业成本与安全隐患。生产辅助物资管理现状无法满足企业跨越发展要求，应用物联网技术，转变辅助物资管理方式，是规范管理、提高工作效率的客观要求。

（三）合理配置资源的必然选择

近年来，随着企业和电网规模扩大，生产辅助物资成本逐年增加。电力辅助物资每年的购置和分配均依据逐级上报汇总的现状信息和需求计划，对其真实性难以核实和确认，导致企业成本支出不能发挥最大效用，企业资源配置不尽合理。生产辅助物资统一购置管理方面，多停留在货物登记、发放、做账、统计等典型的"流程式"管理。应用物联网技术，大幅提高管理人员对辅助物资的管控能力，是供电企业降本增效、合理配置资源的必然选择。

二、基于物联网的供电企业生产辅助物资管理内涵和主要做法

西安供电局从 2009 年起,通过明确总体目标、建立工作保障机制、物联网应用关键技术研发、试点应用、建立标规体系、深化应用等做法,率先将物联网技术引入电力企业经营管理活动中,圆满完成物联网技术在生产辅助物资管理方面的应用,促进生产辅助物资管理的变革优化,实现对各类生产辅助物资的全寿命、实时、集约化管理,为电网安全生产和企业发展提供可靠保障。主要做法如下:

(一)做好总体规划,明确管理目标

西安供电局由发展规划部牵头,成立物联网技术研究应用专项规划编制小组,负责编制工作。规划编制小组首先在企业按专业分生产运行、营销服务、后勤保卫、生产辅助四个方面开展全面的管理普查,普查内容包括管理对象、管理流程、管理资料、与其它专业的联系等内容。普查调研采取"下发调研提纲、现场查看、座谈提问"的方式进行,坚持"三个一"原则,即与一把手座谈、查看一线场所、获得一手资料。3 个月的调研为下步规划工作提供了充足的信息。

西安供电局着眼于"实现企业跨越发展"的总体战略,组织编制《物联网技术研究与应用专项规划》,建立物联网应用推广体系,在企业层面明确物联网技术研究与推广应用的目标、内容、投资、总体计划、关键节点等事项。

规划编制小组将《物联网技术研究与应用专项规划》与电网"十二五"规划进行充分对接。在"十二五"规划中,包括总体规划与主网、配网等 8 项子规划。规划编制小组与"十二五"规划的各主管部门进行沟通,使《物联网技术研究与应用专项规划》的内容和目标适应电网总体发展需要,时间符合总体规划进度,资金需求计划纳入总体规划之中。

(二)明确职责,建立工作保障机制

西安供电局始终高度重视物联网应用工作,成立以主管副局长为组长的工作领导小组,领导小组下设办公室,负责工作过程日常管理、监督和协调工作;办公室设在西安供电局生产技术部。同时,成立项目技术组和 5 个专业工作组:信息专业组、通信专业组、调度保护组、电网运行组、后勤车辆组,各专业组组长由相关部室或单位负责人担任,成员均是各专业面技术骨干或管理专家。

西安供电局建立周例会和协调会机制,每周定期召开例会,领导小组、办公室及各专业组全体人员参加,通报物联网应用工作进展情况与存在问题,对重大问题现场讨论、现场决策。在项目建设过程中发现的临时问题或需多专业协调事宜,由办公室根据情况召开协调会,及时讨论解决。

为规范协调、沟通工作,建立工作联系单制度,协调、沟通的事宜、过程、结果、时间都以文字形式记录下来,参与各方签字确认,使沟通结果可追溯。

基于物联网的智能工器具柜
(内嵌标签读写装置)

(三)建设基于物联网的生产辅助物资管理平台

1. 确定总体技术方案

整个物联网应用由四个部分组成：核心处理层、交互层、网络通信层和应用层，形成基于物联网的生产辅助物资管理平台。其中物联网技术集中体现在应用层（见下图）。

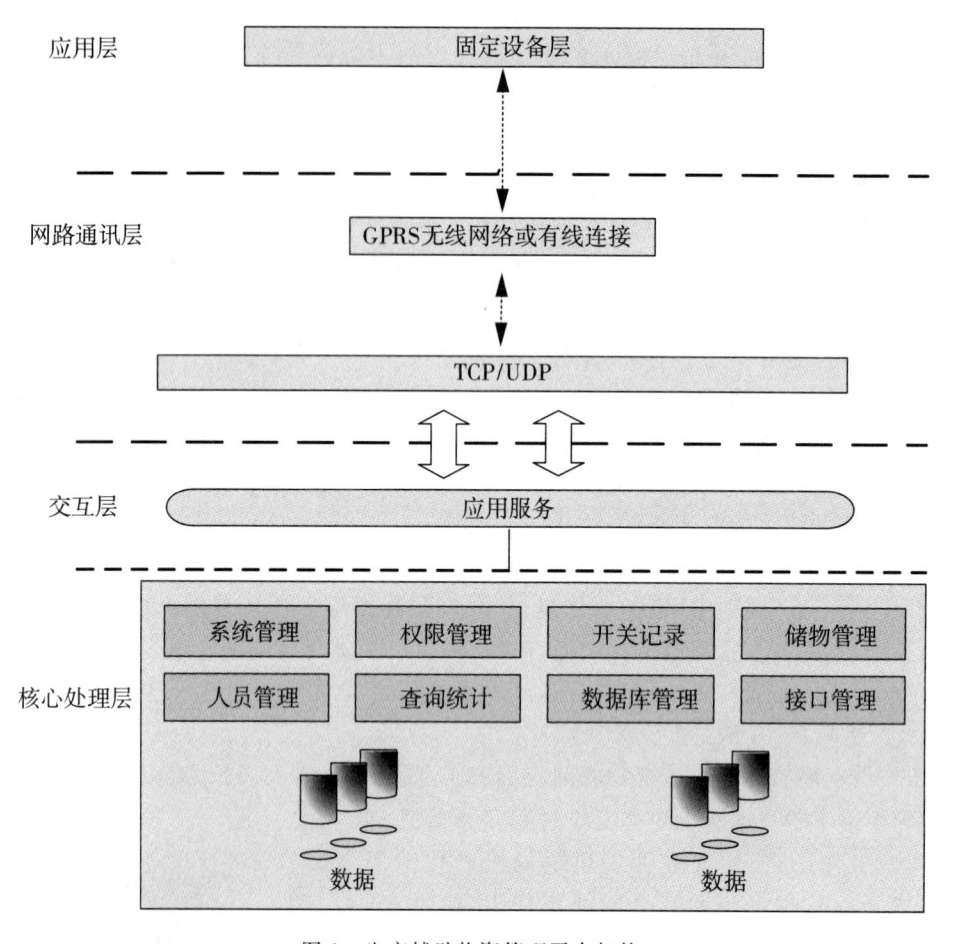

图 1　生产辅助物资管理平台架构

应用层负责获取管理对象的实时信息，通过在管理对象上安装智能电子标签实现。电子标签内可以存储设备信息，能够感应外界采集装置的信号并向采集装置返回存储的设备信息，采集装置通过信息网络将该信息传输至后台管理系统，实现各种汇总、分析功能。物联网应用技术中，最主要是传感器与通信方式的设计，而这种设计又是与"物"的具体特点紧密相关的。通过分析前期调研资料，归纳出西安供电局生产辅助物资特点及管理现状。在此基础上，综合考虑，在射频识别（RFID）、红外感应器、全球定位系统、激光扫描器等技术方案中，西安供电局采用基于 RFID 的智能标签作为物联网技术基础，同时结合不同种类物资的特点，采用不同的技术和管理方案实现物联网应用。对于在工具柜中集中存放的工器具，设计可自动识别工器具的专用柜体；对于存放在专门房间的工器具以及有固定停放区域的生产车辆，在区域大门上安装开放式识别装置；对于计算机、打印机等办公用品，所处位置无法简单圈定，设计便携手持机定期对物品进行识别。由于生产辅助物资在尺寸和形状上相差很大,根据其不同的外形,设计相适应的智能标签。对于电力企业的部分工器具使用上需符合绝缘指标和户外环境等特定要求,在制定技术方案时确保应用需要。

在为各类"物"设计标签的同时,也为"物"的日常直接使用者设计基于RFID的身份识别标签(卡),在取用物时必须首先对身份识别卡进行读取,这样保证了物与人的信息实现连接,解决"物"在使用流动过程中的责任定位问题。同时,保证新的物联网的应用在上层与现有的信息化管理平台兼容,形成企业信息化体系有机组成部分和延伸。

2. 开展技术攻关

智能标签以及读写装置的设计是物联网应用平台的关键。西安供电局对技术方案中的难点进行攻关。共遴选出智能标签设计、手持读写机设计、手持机与服务器无线信息传输、工器具柜内读写信号全覆盖及信号屏蔽设计、远距离标签读写装置设计等5项重点和难点技术进行攻关。

3. 采用试点应用方式,完善平台功能

物联网平台研发工作基本完成后,在西安供电局进行部署和长时间测试。

试点对象选择。根据生产辅助物资的主要分类,选择变电工区、车辆管理所和信通中心作为试点单位,这三个试点单位是西安供电局生产辅助物资管理部门、单位的代表,其试点经验对物联网平台推广和深化应用有重要意义。

试点资金安排。西安供电局建立的创新科技专项资金。物联网试点资金约30万元,先期由该专项资金垫付。在试点结束后,西安供电局与陕西省电力公司积极沟通,争取将物联网应用纳入年度项目储备库,并在年度计划中分批下达。

试点工作机制。在问题提出、反馈、记录环节建立问题版本管理,下发《关于规范物联网应用试点工作中问题编号的通知》,为各类问题建立规范的编号,其中含有版本号。各试点单位指定专人负责上报,在问题提出环节即对问题描述进行规范、筛选,进行版本编号。负责试点技术工作的技术组在汇总问题时对每个问题的内容和版本编号进行审核、汇总。

试点结果。通过3个单位6个月的试点应用,总体认定整个物联网平台软硬件基本能够实现设计功能要求,能够实时获取物资状态和使用信息,为生产辅助物资管控提供了有力工具。对试点中发现的问题在推广应用和可用性评估阶段进行解决。

4. 全过程参与研发,培育关键用户队伍

关键用户主要由各专业业务管理专家或技术专家、能手构成。西安供电局定期组织关键用户进行交流,开展关键用户培训,使关键用户熟悉物联网应用全过程的管理和技术环节。在试点阶段,关键用户亲自参与各类问题的解决,能够担负起应用推广的重任。

(四)应用推广生产辅助物资管理平台

1. 开展全方位培训,保证物联网应用推广顺利进行

物联网应用是一次新技术的引进消化过程,西安供电局采取多种形式,开展注重实效的系统化"三训"工作。

在应用推广工作初期,在全局范围统一组织全面应用培训,培训内容主要侧重于平台功能应用和操作方面,先后对27个基层单位和6个管理部室进行14期培训,参加人员

近 2600 人次。在应用推广工作全面展开后，针对各单位反映的问题，开展智能标签安装规范、智能标签识信息写入、手持识别仪的使用、手工创建专项统计分析报表等针对性的专题培训 30 余次。在应用推广过程中，针对人员岗位、职责变化等情况，及时对新接手人员进行应用培训。在"三训"工作中，对于每次培训，都及时在培训结束时进行培训效果评测，并将评测结果在内部网站进行公布，保证培训取得实效。

2. 制定考评管理办法，促进物联网应用推广规范有序

西安供电局制定《生产辅助物资管理平台应用推广考评管理办法（试行）》，在进一步明晰职责分工基础上对应用推广阶段的内容、流程、数据质量、奖惩进行详细规定。办法明确建立日总结、周通报、月考评的工作机制。

西安供电局还组织编制《生产辅助物资编码及命名规范》、《智能标签领用管理办法》、《智能标签安装规范》、《生产辅助物资基础信息维护标准》、《生产辅助物资异动管理办法》等，这些标准和制度使应用推广工作各方面从一开始就形成明确的规范，朝着实用的方向推进。

3. 建立物联网应用支持小组，确保物联网应用推广问题及时有效解决

西安供电局从关键用户中选拔 5 人，成立物联网应用支持小组，服务范围覆盖本部和各基层单位，近期为生产辅助物资管理平台日常运行工作提供运行维护和应用支持，远期为全局物联网应用提供支持。

应用支持作为小组常态化工作的核心，主要通过电话服务、现场服务、自助服务三种方式开展支持服务工作。小组根据实际情况，自主设计开发出应用支持工作任务单，对应用支持服务全过程进行记录。同时，汇集各部门、单位在应用中遇到的典型问题及处理方法，形成问题清单挂接在内部网站的物联网应用栏目中，每周进行更新。用户可以通过查看问题清单，解决业务中遇到的同类问题。

4. 开展应用后评价，推进物联网应用实用化

在应用推广结束后 3 个月内，西安供电局组织对生产辅助物资管理平台应用情况进行后评价。西安供电局建立后评价领导小组，邀请行业内外专家组成工作组，编制评价指标体系，包括应用范围、基础数据质量、应用熟练度、平台可用性等八大类指标。后评估采用问卷调查、现场查验、随机提问的方式进行。通过后评估，促进物联网应用进一步实用化，为深化应用总结了宝贵经验，提出一系列改进建议。

（五）推进生产辅助物资管理模式变革

1. 开展"帐、卡、物"一致化确认工作

制定分区、分片、分责任的工作机制：各单位负责现有物资实际情况核对；财务部门负责清理现有账面物资卡片登记情况；物资部门负责对数据汇总与核对，对存在问题进行登记备案并制定整改措施。通过"帐、卡、物"一致化确认，形成生产辅助物资准确的数据界面，新的管理模式基于这个数据界面运行，保证后续管理信息真实、准确。

2. 建立辅助物资配置管理标规体系，形成有效管理模式

确保标规体系与现实的一致性。物联网的辅助物资管理标规体系包括物联网技术标规和管理标规两大类。标规体系以技术标规为基础，以管理标规为载体，尽可能提高标规体系与现实的一致性，使得管理人员可以轻松的操作物联网技术系统。保证标规体

系与工作流程的一致。除标规体系内部的两大体系融合协调之外,最关键的是与实际工作流程相一致。

提升标规的有效性。西安供电局物联网辅助物资管理系统标规,主要包括智能柜与智能门技术标准、工器具、车辆和办公设备管理细则等。标规由不同的技术和管理人员起草,确保标规编写的规范化。制订有关物联网辅助物资系统管理考核办法,有效提高整体标规体系的执行力。通过让一线使用人员参与考核办法的制订,进一步提高标规的有效性。

提升标规的可靠性。西安供电局相关标规中明确有关记录、信息库等要求,为反馈有效执行信息提供了载体,确保了标规执行的一贯性。充分利用内部审计诊断手段来提升标规可靠性。

3. 创建超市化采购管理,转变生产辅助物资管理方式

2011年6月,西安供电局将超市化管理理念引入企业内部,下发《生产辅助物资超市化采购管理办法》,正式将电力生产辅助物资纳入企业统一集中管理。在超市化采购管理模式下,专业管理部门在辅助物资管理平台的帮助下,准确方便地获得本年度物资使用和消耗情况,并据此制定次年度物资采购计划,下达各使用单位进行核对后报送物资管理部门。物资管理部门汇总全局采购计划,进行集中招标采购,借助规模化优势,达到降低成本的目的。

(六)建立深化应用机制,促进物联网应用持续改进

1. 建立物联网应用自主技术创新机制

西安供电局先后组建"南海劳模工作室"、"李峰涛创新工作室"、"青年突击队"等以优秀骨干为核心,专业技术人员为支撑的创新团队,打破部门和专业界限,着力培养优秀青年创新人才,在实践中锻炼队伍。让他们直接参与到物联网技术的应用与普及工作中,承担关键技术的研发与攻关,协助管理部室制定相关制度和标准等。随着物联网平台建设工作的深入推进,各个创新团队已经初步具备自主研发能力,逐步担负起深化应用的技术攻关重任。

2. 建立持续改进应用考评机制

西安供电局建立相应的应用考评机制,发布《生产辅助物资管理平台应用考评办法》,明确考评指标体系,从入库、使用、报损三个方面建立考评细则。

3. 建立体系反馈评价机制

基于物联网的生产辅助物资管理的反馈评价机制为主动发现问题提供了机制保障。评价机制主要包括评价指标的设定和反馈方式两方面。

经济效益评价指标:人工与时间、损坏率、挪用率和信息无偏指标。

社会效益评价指标:管控模式转变程度和利用率提升程度。

指标数据反馈方式:经济效益指标主要以获取客观数据为手段,较为微观和精细的分析对比应用前后的差异;社会效益指标主要以获取主观数据为手段,较为宏观和模糊的分析对比应用前后的差异。

三、基于物联网的供电企业生产辅助物资管理效果

(一)实现了生产辅助物资管控方式的根本转变

物联网技术的引入和应用根本上转变了生产辅助物资管控方式。物联网使管理者对辅助物资信息的了解方式从逐级汇报变为直接获取,减少了中间环节,实现管理扁平化,大大提高管理和决策效率。同时,借助物联网技术和现有的各类管理信息系统,实现计划管理部门、物资采购部门与物资使用单位之间的实时信息无偏共享,显著提高管理和决策精确性。

(二)为企业带来显著经济效益

物联网技术将物的使用情况及使用人信息实时记录,物资使用责任到人,使非正常使用导致的损坏、丢失等现象明显减少,生产辅助物资损坏率普遍下降。同时,物资使用、归还的实时信息可以随时查询,且系统信息长期存储,随时调阅,督促使用者尽可能避免不必要的挪用。应用物联网之后,信息直接、实时获取与共享,为企业节省了大量人工与工作时间。

表1 物联网应用前后物资损坏率比对表

品名	计算方法	应用前	应用后
工器具仪表	说明:历史数据均值,样本是局所有工器具,未进行分类统计,统计时段为一年	6.2%	1.8%
车辆	说明:历史数据均值,样本是局所有车辆,这里指各类车辆故障,需进行维修的次数,未进行分类统计,统计时段为一年	7次/每20辆车	3.8次/每20辆车
办公设备	说明:历史数据均值,样本是局所有办公设备(计算机及其他电子设备),未进行分类统计,统计时段为一年	8.6%	2.6%

表2 物联网应用前后管理人工比对表

项目	应用前	应用后
工器具管理	班组工器具管理每个班组需一名专人,每周耗时约3小时	无需人工
车辆管理	车辆管理每20辆车需1名专人,每周耗时约4小时	无需人工
办公设备管理	办公设备管理每个单位需一名专人,每周耗时约2小时	无需人工

(成果创造人:罗建勇、赵宏斌、王高红、白开峰、
张 婷、李 静、姚 峰、于 明)

基于多元化业务的多层级计划管理

吉林亚泰(集团)股份有限公司

吉林亚泰(集团)股份有限公司(简称亚泰集团)是一家国有相对控股的综合类绩优上市公司,组建于1993年,1995年在上海证券交易所挂牌上市。总部位于吉林省长春市,现拥有全资及控股子公司69家,成为以建材、地产、金融为主业,并涉足煤炭、医药、商贸等领域,主业突出、紧密管理、具有行业领先地位和区域影响力的综合类大型企业集团。

作为东北地区最大的建材生产基地,亚泰集团现熟料、水泥产能达4600万吨,商品混凝土产能达450万立方米,骨料产能达310万立方米,拥有"鼎鹿"、"天鹅"两个"中国驰名商标",产品畅销东北三省一区;地产项目布局全国五省十市,现已形成了集土地一级整理、城市基础建设、房地产开发、建筑施工、装饰装潢、环境工程、物业管理和供热服务为一体,结构完整的产业链;年产煤炭240万吨,年购销精煤1500万吨以上,

成果主创人:公司董事长、总裁宋尚龙

已成为亚泰集团煤炭生产、加工、洗选、存储和发运基地。截至2011年末,亚泰集团总资产已达328亿元,实现营业收入301亿元。2012年位列中国企业500强第270位。

一、基于多元化业务的多层级计划管理背景

(一)应对复杂多变的经营环境挑战的需要

随着我国加速推进城镇化、工业化进程,城镇人口的增量将带动建材、地产、医药、商贸等产业的快速发展。但是,面对建材产业转型升级的压力,国家对房地产业调控力度不断加大,医药体制改革的不断深入,使企业间竞争日趋激烈。亚泰集团清醒的认识到,必须持续优化管理手段、管理指标,实施精细化管理。而计划管理是企业各项经营管理活动的基础,如何才能制定科学、合理的计划,明确合理的发展目标,平衡各类资源,发挥资源的最大效能,推动企业的生产经营活动,以应对复杂多变的经营环境,成为亚泰集团管理创新、提升的重点。

(二)满足企业多元化发展,提升产业链价值的需要

亚泰集团经过多年发展,形成了建材、地产、煤炭、医药、商贸等产业链。但是产业链的各个环节之间还未真正构建起互为支撑、良性循环的平台,没有充分发挥产业链优势,达到管理协同、资源整合效应。进入多元化发展后,各个产业管理基础不平衡,几十家企业行业性质不同、规模大小不同、所在区域不同、管理水平不同。用什么手段来激励和管理下属各子公司,用什么方式来考核各子公司的经营业绩也迫切需要解决。通过创建基

于多元业务的多层级计划管控体系,能够将产业链内各环节有机联系起来,建立产业协同互动平台,实现产业链的高效整合,最终形成规模集聚、资源集约、优势互补、效益显著的产业集群,促进产业链价值的提升。

(三)强化集团化管控,提升各层级工作积极性的需要

随着亚泰集团规模和管理领域的逐步扩大,重组并购的企业在所有制结构、管理基础、地域范围、市场分布、企业文化等方面存在较大差异。许多企业在原有市场区域存在交叉,客户资源、销售渠道、营销网路等方面存在重叠和冲突。企业各自为战,不利于区域内采购、生产、销售、价格等的协同,资源配置、规模优势、协同效益等难以得到充分发挥。解决企业发展中不协同、不协调的问题成为当务之急。

二、基于多元化业务的多层级计划管理内涵和主要做法

亚泰集团围绕企业战略规划,通过认真梳理管理现状、创新设计管控模式、规范集团公司功能定位,按照"责任到位、目标落实、过程控制、结果考核"的思路,依据各所属企业、各部门、各岗位在生产经营中的角色,分别赋予不同的计划管理职责,并落实到相应的责任部门、责任人。对计划指标进行分解,使每一企业、部门、岗位的计划管理职责有相应的测量指标。经过多年的不断探索,形成了以"年纲要、季计划、月方案"为内容的计划编制模式,以"日报告、旬分析、月总结、季调整、年兑现"为核心的计划执行模式;以"月份重点审计、季度全部审计、年度全面审计"为重点的计划审计、考核模式;并采取"月份调研通报、季度调整、年度兑现"的计划评价和兑现方式。使整个集团公司的生产经营活动处于时时受控的状态,保证企业战略目标的实现。主要做法如下:

(一)明确发展目标,形成集团战略共识

亚泰集团将"到2015年,集团公司进入国内大企业集团前200位,成为东北地区最具竞争力、影响力的企业集团"作为"四五规划"发展目标,进一步确立"打造百年基业,保持行业领先,跻身世界强林"的战略愿景,为企业的发展指明了方向。为了实现企业的发展目标和战略愿景,需从企业内部管理整合完善入手,优化企业的基础管理工作,在集团公司总部与各所属企业形成战略共识的基础上,推进企业计划管理工作。

为使战略的制定过程科学民主,形成的战略先进适用,战略的形成经过上下多次互动,包括以下几个阶段:

第一阶段,集团公司总部组织战略务虚会,每名高管都要发表演讲,谈发展、谈目标、谈思路、谈问题。通过思想的碰撞,使大家在发展方向、战略目标、需要解决的主要问题上各抒己见。

第二阶段,由所属企业总经理谈未来发展的设想。通过上下互动,对企业的情况、产业发展的基础有了更清晰的认识,对未来的发展有了更准确的判断。

第三阶段,就企业未来发展面临的重大课题形成专题,由集团高管组织调研,

亚泰建材双阳公司厂区

进行破题,找到破解未来发展难题的方法,使得战略务虚会所提的发展目标能够落地。

第四阶段,集团公司定期组织召开总经理研讨班,集团部门以上主要负责人、所属企业总经理参加,采用研讨互动的方式,破解关键问题、讲述发展经验、启发大家思路。通过战略研讨,发展战略在集团总部和所属企业高管团队中形成了统一的共识。

第五阶段,逐级审核,确定经营理念和核心价值观。集团总部审核各企业、各职能部门的子规划,形成集团战略发展纲要。

亚泰集团的发展战略始终围绕巩固与创新并举、跳跃与可持续发展同步的主线进行,各阶段的战略目标有所侧重,但战略思想不变,战略方针不变,从而保证公司持续、快速发展。在制定战略时就关注执行,因此亚泰集团战略称为"纲要",强调"凝练、概括,易懂、易记、易执行","不追求尽善尽美,但追求执行速度和可操作性","在执行中完善、在完善中执行"。

(二)构建多层级的计划管理体系

1.建立三级计划管理组织架构

亚泰集团计划管理模式的架构,是一个三维坐标:横轴 x 是时间,按照日、旬、月设定的指标体系;Y 轴是按照专业职能分布的管理功能,各专业对计划管理体系常抓不懈,实时监控;z 轴是按照多级经营核算单位设定的二级、三级直到最小核算单位。

亚泰集团建立"集团、产业、企业"三级计划管理架构。集团公司作为决策层级,通过对总经理工作方案的审核定思路、定投资、定决策、定提升点。产业作为管理层级,重点结合产业特点,建标对标,审核各企业是否将战略规划的指标、重点工作落到计划中,是否达到集团公司各项标准。企业作为经营层级,将各项指标逐级分解到各最小经营核算单位,细化执行方案,做好计划的贯彻执行。通过上述措施,将指标层层分解,层层落实,细化到位。

2.计划指标的多层级分解

亚泰集团构建完善的计划管理体系,首先要细分企业业务范围和层次,建立多层级的计划管理结构体系。计划体系包括公司计划、产业计划和企业计划,分别由相应的经营计划和工作计划构成。经营计划包括生产计划、营销计划、财务计划、三定计划、项目投资计划、固定资产购置计划、采购计划、设备大中修计划、技术改造计划和新产品开发计划等。工作计划包括重点工作计划、例行工作计划、会议计划、认证计划、招聘与培训计划。建立企业计划、部门计划、岗位计划相互衔接,中长期发展规划、年度生产经营计划、月度计划相互衔接,建设项目计划、经营计划、成本费用计划、利润计划、人事计划、财务预算计划、日常工作计划相互协调;总目标与分目标相结合、战略计划与战术计划相结合的严密、完整、系统化的计划管理结构体系。这个体系既可以做到长期计划与短期计划的有机结合,又可以做到各种业务计划之间的有机衔接和相互促进;既包括明确的战略指向,又要计划实现的具体化和可操作性,从而真正实现了层层有计划、人人有计划、事事有计划、时时有计划,有效地避免了计划管理空泛、模糊和流于形式。

(三)以总部规划大纲为指引,所属企业自主编制计划

1.充分分析企业自身情况

在每年第四季度编制新一年经营计划时,集团总部不再给子公司下达硬性指标,而

是所属企业以"集团五年规划"和"总裁年度工作纲要"为指引,认真总结本年度计划编制和执行情况,在广泛市场调研和企业诊断的基础上,明确下一年度工作目标和工作任务,科学合理的提出企业下一年度的发展目标。

2. 最小经营核算单位自主编制计划

所属企业总经理提出企业年度的发展目标和主要工作任务,形成总经理年度经营工作方案,这是企业未来一年各项经营工作的重要指导依据和执行纲领。

亚泰集团在确立年度计划过程中,企业各项经营工作目标、任务乃至每个员工的年度工作任务,都围绕"总经理年度经营工作方案"来确定的,"层层传达、层层分解、层层放大、层层细化",达到"思路传达自上而下,指标执行自下而上",上下呼应的良好经营效果,为年度指标任务的完成提供有力保障。

3. 明确年度计划提升目标

工程类计划:依据项目进展情况制定,主要依据可研报告及项目规划,将各方面利弊因素全面考虑,重点夯实项目的进度计划,提升质量管理评价,有效控制项目成本,持续重视安全管理等。营销类计划:结合近几年实际销售情况,将各项基础数据进行统计分析,为制定下一年度的销售计划提供基础数据依据;同时,结合市场规划,全面考虑下一年度的销售计划,使销售计划真正成为指标实现的有力保障。财务类计划:有效发挥财务管理的总结、分析、调配职能,科学合理的调配资金资源,为企业正常运营提供财务保障。行政类计划:立足创新工作思路、改进工作方法,使行政工作围绕经营工作开展,为各项工作的顺利推进提供软环境保障。

4. 注重企业计划编制审核

通过实行"逐级编制,逐级审核"的编审模式,为计划编制的科学性提供有力的保障。采取企业内审"三级审核"程序,即企业初审(第三级审核),投资公司专业复审(第二级审核),集团公司总部计划管理小组(第一级审核)终审,通过以上三级审核,能够站在集团公司层面上,审查指标分解的是否合理,上下游工作衔接的是否紧密,重点工作措施是否得当等,在内审阶段就将以上问题解决掉,保障计划执行中的高效落实。

审核内容:主要指标计划,评价指标的合理性;成本费用计划,主要对成本费用计划的影响因素、降低措施及变动幅度进行审核,评价成本费用的合理性;技改、项目投资、固定资产购置计划,主要对技改、新增项目及固定资产购置的必要性、可行性、经济性、规范性进行审核,确保重点项目的实施;资金收支计划,重点审核资金收支依据、平衡措施等,确保经营活动顺畅;营销计划,重点审核营销方案、营销策略、广告宣传计划,确保营销策略和营销措施的有效性;计划编制程序、标准及相应表格的规范性、完整性,评价企业计划编制质量。

5. 建立"日报告、旬分析、月总结"的计划执行管控模式

日报告。用日报告及时反应企业各项经营活动状况,各级经营核算单位将当日指标完成情况、重点工作完成情况即时逐级上报,日报编制的程序为:各岗位→部门综合信息岗→部门经理审核→主管副总审核→总经理审批→上报集团公司总部。

旬分析。一是每旬的首日,由企业总经理组织相关人员召开旬指标分析例会,对未完成计划的指标进行分析、查找原因,提出有针对性措施,并明确责任人,同时做好会议

记录、纪要。二是企业对经营核算单位旬指标完成情况逐级予以分析、考核,指标完成较差的经营核算单位应由相关责任人组织召开指标分析预警会,确定指标提升措施、整改方案及指标弥补时限,并跟踪落实。三是企业相关责任部门形成《企业旬分析报告》,并按规定时间报各产业审核;"集团公司总裁办公会(旬分析会)"召开后,认真落实公司决议,并按规定时限及时反馈落实情况。

月总结。一是每月 8 日前,召开月份经济活动分析会,依据月报表、旬分析、日报告反应出生产经营情况,对未完成指标计划的经营核算单位进行重点分析,查找问题,制定相应的解决措施,并按照相应的标准予以考核、兑现。二是对经营核算单位月指标完成情况逐级予以分析、考核,对未完成本月计划的指标做重点分析,制定指标提升措施、整改方案及指标弥补时限,并进行效果后评价。三是根据分析提出的问题及措施,编制《企业经济活动分析报告》。通过"以旬保月、以月保季、一季保年"的计划执行监控思路,有效监控督促计划的有效执行。

(四)实行计划管理分类绩效考核激励机制

2012 年,亚泰集团对以往规定内容进行修订,形成新的《绩效考核管理规定》,确定企业绩效评价分类考核的指标体系。指标体系由基本指标体系和辅助指标体系构成。基本指标体系以企业的净资产收益率为核心,主要用于对企业效绩的评价分类工作和工资总水平的确定,通过对指标体系的综合打分测评,将企业划分为八类十六级,并将企业领导班子成员和中层管理人员的工资水平与企业类级相挂钩;辅助指标体系以利润指标为核心,主要用于对企业年度经营成果的考核,是改善工资和奖金兑现的重要依据。

建立新的企业绩效考核管理的主要特点是:以各项指标数据为依据:建立起可以计量的评价指标体系和考核指标体系,一切用数据说话,更加有利于企业注重自身效绩的不断提高。不搞终身制:企业效绩评价分类每年进行一次,动态考评,优升劣降,有利于克服企业的短期行为。突出经济效益质量:将净资产收益率作为企业效绩评价的核心指标,更加注重资本利用的实际效果,从而保证实现国家证监会对上市公司年净资产收益率必须要达到 10% 以上的要求。企业类别评价考核与工资水平挂钩:企业领导班子成员、企业中层管理人员的工资收入直接依据企业类别确定,全体员工的效益工资直接与本企业的利润指标挂钩,更加强化了企业激励与约束机制。

(五)实施精细化的审计机制,分类指导持续推进

公司审计机构负责公司的审计工作,对公司董事会、监事会负责,坚持"依法审计、实事求是、客观公正、保守秘密"的原则。具体工作由企业自审、公司内审和委托外部审计三级体系组成。亚泰集团将管理功能再造、强化集团控制力全面融入监督体系之中。设立独立内部审计机构和监察机构,建立审计"三位一体"的监督机制,构建 ERP 系统下的物资流、资金流监控体系,将审计系统、ERP 监控体系与管控体系、风险管理对接,强化对核心业务流程和关键环节的监管,及时发现问题,纠正违规行为,形成事前、事中、事后监督与动态、过程、结果监督及责任追究相融合的监督格局。

亚泰集团定期对子公司分专业进行分类管理检查。对于成熟期的企业,管理方式主要侧重于"监督与服务",管理的重点是工作的不断优化;对于成长期的企业,管理方式为"监督、检查、指导、服务并重",管理重点是强调工作的不断完善;对培育的企业,侧重于

"指导、检查",管理重点是制度的建立、健全和执行。

(六)搭建业务层面的计划管理信息化平台

1. 建立统一的计划管理和决策支持的协同平台

通过协同办公平台,将孤立的业务系统连接成一个完整的以人为核心的集成化系统,简化对异构软件(使各个不相关的系统之间,实现数据共享和透明访问的集成系统)的操作方法。使集团公司内外的机构、部门均可在平台上实现信息的沟通与交流;并将公司营业收入、利润、产量、销量等主要指标建立数据库,按保密级别,对公司数据进行使用、管理,保证数据安全。决策层通过办公平台及时、方便、准确、全面地获取所属企业的经营信息,从而提高决策效率和决策质量。

2. 建立集中的资金管理平台

通过构建资金管理平台,实现资金管理的信息集中,从源头上保证资金信息的全面、集中管理;利用资金管理平台,监控子公司银行账户,及时发现现金管理网络外资金,形成一个动态的、有效的资金归集监控平台;借助资金管理平台,构筑实时交换信息平台,建立现金流量预算管理体系;通过资本运作平台,确保资本运作过程中及时收集和发布经营及财务信息,有效满足资本市场对信息披露及时性和可靠性的需求。

3. 构建财务管理系统,实现财务集中管理

通过构建财务管理系统,使财务信息实时传递、共享和集中管理,保障信息真实、准确、完整、有效,真正实现财务核算监控目的;建立全面预算管理和控制体系;依据制定的成本管理制度,实行内部核算价格的市场化,严格考核、奖惩制度;基于集中财务管理模式,将信息技术与各种决策模型有机融合,实时从数据库中获取决策所需的信息,并通过决策模型支持经营决策、筹投资决策等。

三、基于多元化业务的多层级计划管理效果

亚泰集团,通过建立全业务、全员、全过程、全要素的计划管理体系,规范了计划管理流程,创新了计划管理编制方法,完善了计划管理考核形式,科学运用计划管理考核结果,实施了闭环管理,形成了具有亚泰特色的基于多元化业务的多层级计划管理模式,提升了企业整体管理水平和集团运营效率。推动了企业的持续健康快速发展。截至2011年末,亚泰集团总资产为328亿元,净资产为105亿元;总股本为18.9亿股;实现营业收入301亿元;实现净利润13.7亿元;截至2011年12月31日,亚泰集团A股总市值已超过100亿元,主要经济指标实现了超常规的增长。

(成果创造人:宋尚龙、孙晓峰、王化民、刘树森、翟怀宇、
韩冬阳、李 斌、李 扬、彭雪松、韩忠玲)

电网企业提升服务能力的档案管理

天津市电力公司

天津市电力公司（简称天津电力）是国家电网公司的子公司，供电面积1.19万平方公里，供电服务人口1200余万。资产总额达到576.6亿元，销售电量589.52亿千瓦时，员工13000余人。

一、电网企业提升服务能力的档案管理背景

（一）落实国家电网公司工作部署的需要

"十二五"时期是国家电网公司实现"两个转变"、建设"一强三优"现代公司和国际一流企业的战略机遇期。秉承"四个服务"（服务党和国家大局、服务电力客户、服务发电企业、服务经济社会发展）宗旨，国家电网公司在全网系统推行标准化建设，给天津电力组织架构、运营管理带来了巨大变革。《国家电网公司供电企业档案分类表》、《国家电网公司档案收集管理办法》、《电网建设项目档案管理办法》、《国家电网公司档案工作考核评价办法》等一系列规章制度的出台，对规范企业档案工作行为、提升基础管理水平提出了更新的要求。因此，建立企业档案管理的标准化体系，成为天津电力落实国家电网公司工作部署的必然要求。

（二）满足企业快速发展的需要

"十一五"以来，滨海新区的开发开放和大火箭、大飞机等大项目的相继启动，直接带动了天津市旺盛的电力需求。2010年，天津电力提出在国家电网公司系统内率先建成坚强智能电网、率先建成"一强三优"现代公司的工作目标后，电网建设步伐加快，形成了500千伏单环网和220千伏西部、中东部两个供电分区，电网达到"千万千瓦"规模，负荷能力和供电水平显著增强。以中新天津生态城为重点，全力推进智能电网综合示范项目建设，建成国际领先的智能变电站、智能营业厅、智能充电站、智能小区、智能楼宇、智能家居，打造了中国第一座"智能之城"，天津电网科技含量大幅提高。2011年，售电量达到589.52亿千瓦时。面对天津电力的快速发展，作为企业日常生产经营过程中的全部活动记录、展现企业文化建设的重要组成部分，档案管理如何与企业发展保持"同频共振"，成为天津电力实现创新发展的客观要求。

（三）转变传统档案管理模式的需要

现行工作对档案资料的服务需求和传统档案管理难以适应的矛盾越来越突出。主要表现为：一是档案工作机制不健全，在人、财、物方面缺乏必要的投入，使档案管理很难

与业务工作实现有效衔接,档案管理滞后于企业业务发展;二是传统档案管理方式方法单一,管理手段不到位,档案管理标准不统一,使档案部门仍局限于对本单位文书档案的管理,对科技、基建、财务等档案缺乏有效管控,对系统性的档案工作缺少规划和评价标准,"被动接收"和"看堆守摊"的做法较为普遍,档案安全存在一定隐患;三是档案人员不断兼职化,自身素质和业务能力难以满足新形势下企业档案管理的需要。转变档案管理观念,创新档案管理模式,发挥好档案"记史"和"资政"的作用,成为提升企业档案管理水平的迫切需要。

二、电网企业提升服务能力的档案管理内涵和主要做法

天津电力坚持"对历史负责、为现实服务、替未来着想"的档案管理原则,引入过程管理、精益管理和全面质量管理等理念,以提升档案服务能力为目标,以流程化和模块化管理为手段,以标准化体系建设为重点,将档案管理超前融入业务工作,着力加强档案资源体系、开发利用体系和安全管理体系建设,探索建立企业档案管理的协同机制和约束激励机制,形成全员参与、全流程控制和闭环管理的"大档案"工作格局,提升企业档案管理效率和效果。主要做法如下:

(一)明确档案管理在企业中的重要地位

天津电力制定《天津市电力公司"十二五"档案工作规划》,提出档案管理以企业历史记忆和文化传承为核心,明确档案工作的指导思想、发展目标和重点任务,要求把档案管理重心前移,做到与业务工作"同步布置、同步验收、同步考核",并积极引导员工树立"档案管理是企业软实力建设重要范畴"、"档案是公司重要文化资源"、"大档案"等三大观念。在启动实施"三集五大"体系建设以来,天津电力将档案管理纳入核心业务范畴,采取签订责任状、制定档案移交与处置标准等多种手段,对档案工作进行监督和检查,积极维护企业经营管理的连续性与企业档案的安全。

(二)构建档案标准化管理体系

遵循执行力、现实性、科学性、合理性等原则,以执行和细化上级档案专业管理要求为标准,在梳理国家档案局、国家电网公司和天津市档案局相关规章制度的基础上,全面加强规章制度体系建设。废止不能满足档案管理要求的制度4件,修编《天津市电力公司会计档案管理办法》等制度8件,新订《天津市电力公司电网建设项目档案验收实施细则》等制度13件,形成国家、行业、地方和企业四级档案管理制度体系。

天津电力制定出台《天津市电力公司文书档案管理标准》、《天津市电力公司声像档案管理标准》等业务管理标准6项。改变以往先规范岗位工作、后形成工作标准的模式,通过角色设计与相关岗位匹配,编制科技档案管理等6项工作标准,明确《科学技术档案整理规范》、《印章档案整理规范》、《文书档案整理规范》等15

中央媒体记者现场体验中新生态城
智能电网综合示范工程

项档案专业技术标准。以工程项目档案管理为重点,推行统一的档案整理标准,编印《天津市电力公司电网建设项目档案工作服务手册》,明确档案分类、组卷、装订等多种要求,使文件材料的收集、整理和利用等业务工作实现标准化管理。

推行工程项目档案整理标准。针对公司科技项目类型多样、档案整理标准五花八门的现状,在执行国家电网公司档案整理标准的基础上,集中力量开展机关本部和基层单位档案管理的"六统一":统一推行不锈钢装订和"三孔一线"装订法,减少对档案原貌的破坏;统一档案分类标准和卷内文件排列标准,使文件整理科学有序;统一音像档案(照片档案和多媒体档案)整理标准,规范音像档案的采集整编和归档移交标准;统一关键表单模板,与国家电网公司档案管理标准实现对接;统一规范档案数字化处理范围,明确前期文件和竣工文件的数字化加工标准,实现档案资源的网络化共享;统一档案装具,保障档案保管质量,尽量满足档案标准化管理与深度开发利用的现实需求。

(三)推行流程化档案管理

天津电力于2010年正式将ARIS流程化管理体系引入,以"房式结构"理论对核心业务流程全要素进行梳理,在全公司范围内开展"标准化推广工程"。为厘清档案管理短板,解决归档不及时、归档质量较低的实际问题,经组织企业内外部调研和广泛摸底,以流程管理为主线,对档案业务流程进行全面梳理和优化,构建基于ARIS管理平台的档案流程化管理体系。

天津电力将档案的收集、归档、验收、销毁、应急等业务工作细化为13个管理流程,统一公司本部及基层单位档案业务的流程步骤和关键环节。同时,经过分析工程项目建设、科研项目管理、机要文件管理等业务流程,确定档案管理流程与其他业务流程的衔接范围,使档案工作与业务工作保持同步。

以工程项目档案管理为试点,将电网建设项目的35个里程碑节点中的16个节点确定为档案管理节点。划定合同管理、招投标管理、房地证、环评管理等23个方面442项关键表单,确定档案收集、归档、移交、借阅等流程步骤,制定按期归档率、档案数字化率、归档合格率等26项评价性指标,利用ARIS平台,将工程项目档案管理相关制度、流程步骤进行拆分和匹配,形成上下一致、横向到边、纵向到底的工程档案流程手册、岗位手册和风险防控手册,使工程项目实现了档案管理重心前移,帮助工程项目管理提前掌握了不同建设阶段的档案管理要求。经过为期一年的工程项目档案流程化管理实践,将流程化和模块化管理经验覆盖公司文书档案、会计档案、实物档案等门类业务的管理范畴,搭建了档案管理业务与其他业务的端到端流程架构,使档案管理要求、风控措施等指标与流程步骤、岗位角色高度融合,档案专业化管理在业务活动操作层面得到落实,实现了超前控制和源头管理。通过将相应标准和关键业务表单匹配至各个指标环节,形成流程基于标准、岗位对应流程、人员与岗位科学配置的档案流程化和标准化管控体系,也为优化人力资源配置提供了专业管理参考。

(四)加强档案"三大体系"建设

1. 加强档案资源体系建设

通过深入研究企业文件数据运动规律,组织机关和基层单位档案管理人员以本单位各个工作岗位形成的基础资料为单元,对现行文件材料进行系统化清理,重新划定符合机关本部和基层单位管理需要的《企业归档范围和保管期限表》,确保档案资源不流失。围绕电网建设项目管理链条长、归档难的特点,组织开展"基于 ARIS 流程管理平台的工程项目档案标准化管理"等课题攻关,解决工程项目基础管理薄弱的实际问题。

2. 加强档案开发利用体系建设

围绕企业管理的难点和热点问题,以服务用户为原则,一方面,通过在线编研,采用信息挖掘、智能分析等手段,深化档案信息的开发利用,做好全方位的档案服务;另一方面,利用局域网的优势,在全公司单位内积极建设数字化档案馆,构建覆盖 21 家地市级基层单位的高度有序的分布式档案信息数据仓库,实现公司档案馆与国家电网公司档案馆、地市级基层单位档案室的资源共享。此外,为满足企业信息化发展和档案信息网络化查询利用的需要,划拨专项资金开展档案数字化加工工作,对档案馆馆藏档案、基层单位档案室重要档案进行纸质档案的数字化加工工作,为广大干部员工充分提供便捷高效的档案查询、借阅和利用。基于协同办公管理系统,推广实施覆盖本部和基层单位各个客户端的档案管理平台,通过对档案收集整编库、档案数据库、档案管理监控日志等进行规范化管理,形成公司本部、基层单位、网络客户端多点归档、一点储存、一点开发、多点利用的信息化管理格局。同时,天津电力还以项目管理系统和基建管理信息系统为辅助手段,明确工程建设节点关键表单收集和管理填报任务,实现重要档案的能控、在控和可控。

3. 加强档案安全体系建设

"十一五"以来,天津每年档案增长率约为 25% 左右。2010 年馆藏达到 5 万余卷,2012 年馆藏达到 8 万卷。为保证企业无形资产安全和质量,天津电力对档案库房硬件建设进行统筹规划。

不断扩大档案库房面积,妥善存放公司集中管理的重要无形资产和凭证,维护档案资源安全。截至 2012 年 6 月,公司档案馆建筑规模已由 2000 平方米扩大到 3000 平方米。

划拨专项经费,完善档案库房设备设施。自 2010 年起,对档案馆和基层档案室的档案库房设备设施进行两级规范管理,先后在投入 200 余万元更新档案馆监视监控系统、密集架、SDE 消防灭火系统等设备设施;对基层单位档案库房"十防"设施和档案装具提出管理要求、进行统一规范,并将公司系统重要档案信息数据在北京进行异地容灾备份,使公司档案安全管理水平大幅提升。

编制《天津市电力公司档案管理突发事件应急预案》,对档案破损、遗失、灾害性突发事件等进行分层分级管理,明确公司本部和基层单位相关管理部门、有关人员的岗位职责与任务。

设立档案管理专项业务经费,用于档案日常管理和业务培训,为提升档案管理水平提供了资金支持和硬件保障。

(五)完善约束激励机制建设

为切实提升执行力,天津电力建立健全档案工作考评验收和约束激励机制。一是将档案管理纳入公司对基层单位党政主要负责人年度业绩考核和责任状,确保从顶层管理层面提高对档案工作的重视和认识;二是建立档案工作验收验收制度,出台《天津市电力公司档案工作考核评分标准》、《天津市电力公司电网建设项目档案管理考评标准》等7项考评制度,对工程项目档案、移交进馆档案、企业改革档案处置工作和年度档案工作任务进行专项验收和百分制考评,明确过程管理标准和档案质量要求;三是将按期归档率等档案指标纳入绩效考核指标和公司运营监控指标,确保档案管理规范;四是采取同业对标、定期通报等手段,对机关本部和基层单位档案齐全、完整、准确和数字化率等指标进行监督和检查,选树先进督促落后,形成完善的常态化管理机制。

(六)构建"大档案"管理格局

1. 整合档案管理资源

本着集中优势、共同进步、动态管理、馆室合作的原则,成立由档案馆和基层单位档案人员、工程管理人员组成的档案管理课题组,共同承担公司档案管理课题研究与攻关等任务,协助开展相关制度编制、档案考核与验收等工作,增强各单位之间的横向交流。

2. 拓宽档案专业合作渠道

基于ARIS流程管理平台,增进档案管理人员与业务管理部门人员的联系与沟通,形成各部门共担档案管理的职责与任务。以工程项目档案管理为例,为方便档案管理,基建部门为档案管理人员开通项目管理信息系统的权限,使档案人员能够及时了解项目建设相关信息;档案管理部门定期向各部室、各单位发布归档情况通报,督促重要档案及时归档;档案人员与基建人员共同编制《基建工程建设前期及实施阶段节点归档文件明细表》,对工程建设过程文件材料进行研究和分析,对在建工程项目档案实施全过程、全方位管控,形成各个专业部门共担档案管理职责的工作格局。

(七)加强档案管理人才队伍建设

1. 制定人才培养方案

针对档案队伍人员老化、结构不均衡、兼职化造成业务水平偏低、拔尖人才和后备人才不足等现状,立足于"档案馆人员成为档案专家型管理人才,基层单位档案人员成为档案专业技能型人才",制定"十二五"期间档案人才队伍培养方案,明确培养目标、培养数量与培养措施,着力建设一支技术精、作风硬、素质高的档案管理队伍。

2. 强化业务培训

制定公司年度培训计划,对新上岗档案人员、工程项目负责人和现职档案管理人员进行分层次、分类别专业培训。每年定期对工程建设人员进行档案管理知识培训,对专兼职档案人员进行业务轮训,邀请天津市档案局、国家电网公司专家进行专题授课;选调基层单位优秀工程管理人员和档案管理人员到公司档案馆进行为期三个月的培养锻炼,形成工程项目档案"明白人"培养机制。建立季度例会制度,及时沟通和交流工程档案管理工作中的经验和不足,搭建有效经验共享平台。鼓励员工参加继续教育和在职培训,积极参加国家档案局组织的岗位资格培训,推荐参加高等院校档案专业研究生班、本科班等学历教育,组织参加上级单位开展的培训班,着力提升公司档案人员的业务素质,形成"请进来、走出去"的培训机制。

3. 开展创先争优活动

发挥典型示范引领作用,在全公司范围内开展优秀工程项目档案工作评比活动以及档案工作先进单位、优秀档案工作者评选,组织开展档案业务大比武,通过多种载体形式的业务竞赛与岗位交流活动,调动公司档案管理人员比业务、比业绩、争第一的工作积极性。

三、电网企业提升服务能力的档案管理效果

(一)档案管理水平大幅提高

档案标准化体系建设取得显著成效。以工程档案管理为标志,档案管理与业务工作实现"三同步"。从前期规划到竣工验收的全过程档案管控,使工程档案实现标准化管理,按期归档率、准确率、案卷质量均显著提升,为工程达标投产复检、工程评优、工程审计及后评估等工作奠定了良好基础。2011年在建的125项工程和2012年在建的152项工程全部实现流程化和标准化管理,做到了"随建随归",归档率达到100%,案卷分类、组卷全部实现标准化,归档质量显著提高。工程项目档案管理的经验经过推广复制,文书档案、会计档案和科研成果等门类档案的归档工作也得到了显著提升,企业的基础管理工作得到加强。

档案信息化水平显著提升。完成了档案工作由纸质档案管理向电子文件管理的转变,满足了日益增长的网络化查阅档案的需求。截至2012年6月,天津电力共有85万余件归档文件实现目录级管理,有近43万件实现文件级管理,档案馆档案数字化率达到78%。

高素质的专业人才队伍逐步形成。机关本部和基层单位的61名专兼职档案管理人员中,48名管理人员实现持证上岗,其中22人取得中级职称,30人取得高级职称,1人成为天津市档案"185"人才库领军型人才,2人被评为天津市档案先进工作者,3人成为国家电网公司档案管理的业务骨干。

(二)档案支持能力显著增强

档案服务能力提升。ARIS流程化管理平台和档案信息化管理平台、基建项目管理等信息系统的应用,形成了公司档案管理"流程不繁琐、家底不糊涂、标准不过时、资源不流失"的新格局,也使档案由传统手工式服务向信息化服务转变,电子档案信息一站式检索查询逐渐取代了实体档案查询。公司档案管理系统每月有大约20万件(次)档案被查询利用,在企业日常管理和文化建设工作中越来越发挥出重要作用。

辅助决策的作用凸显。由于档案的收集、积累和管理,档案"记史和资政"的支撑作用日益凸显。经过对300余项输变电工程项目的房地证、消防合格证等法律文书进行统计和分析并及时提交相关报告,天津电力加强了土地权属治理工作,档案管理发挥了有效作用。同时,工程项目档案在公司处理事故、经济纠纷等方面也发挥了重要作用,有力保障了天津电力的合法权益。天津静海供电有限公司利用工程项目档案,顺利解决了土地权属问题,成功实现了土地资源置换,为企业挽回了几百万元的经济损失。

(三)档案工作为公司又好又快发展发挥积极促进作用

档案不仅全面记录了公司发展和电网建设历程,承载了公司的智力成果,也成为企业软实力建设的重要载体,为天津电力的又好又快发展做出了积极贡献。

中新天津生态城智能电网工程是我国首个进入实质性建设的坚强智能电网综合示范工程,也是目前唯一能体现"智能城市"概念的示范工程。该工程覆盖范围达30平方千米,具备国际先进水平。档案管理紧密服务工程建设,不仅出色完成了"竣工投产三个

月内完成归档"和文件材料系统化处理的高标准要求,也为智能电网建设项目管理积累了经验。中新生态城智能电网项目档案顺利通过天津市档案局组织的重点建设项目档案专项验收,为国内外学者调研参观提供了重要参考,为天津电力的发展提供了良好的档案资源服务。

天津电力的档案工作多次受到国家档案局、国家电网公司、天津市档案局的肯定和认可。《中国档案报》刊发头版头条文章对天津电力档案标准化的管理工作实践进行了专题宣传,《天津档案》杂志、《国家电网报》等多家媒体对天津电力档案规范化管理工作进行了宣传报道,在全国范围内推广使公司档案管理经验。天津电力被评为天津市"2007～2011年度档案工作先进集体"。

(成果创造人:张　宁、刘宏新、杨永成、张立军、及　明、
陈玉涛、施永利、杨秀艳、杨剑慧、宋　辉、姬广鹏)

矿山企业基于核心能力建设的班组管理

江西铜业股份有限公司德兴铜矿

江西铜业股份有限公司德兴铜矿(简称德兴铜矿)是江西铜业股份有限公司(简称江铜)的主干矿山,是国内最大的世界级大型露天铜矿,面积达43平方公里;已探明的铜矿石储量达16.3亿吨,还伴生大量的金、银、钼、硫、铼等有回收价值的稀有金属;全矿有员工近10000人,拥有孔径250毫米钻机、斗容35立方电铲、载重220吨电动轮汽车、770马力推土机、日处理2.25万吨半自磨机和日处理7500吨球磨机、200立方米浮选柱、库容8.31亿立方米尾矿库和卫星定位卡车调度、"敏太克"矿山工程设计、自动化控制等一大批具有世界先进水平的技术装备和管理手段。近两年先后获得了"国家级绿色矿山"、"铜矿资源综合利用国家示范基地"等荣誉称号。

成果主创人:矿长刘方云

一、矿山企业基于核心能力建设的班组管理背景

(一)提升矿山核心能力,建设世界一流铜矿山的需要

要实现创建世界一流的铜矿山的目标,就必须提高运行效率,实现降本增效。完成这一基本任务的核心能力主要是班组。如面对金融危机,德兴铜矿提出的"实现可控成本刚性下降6%"、"委外修理与零星工程费用各下降25%"等40条措施,很大程度上取决于班组的责任心和执行力,需要班组工作的效率与效益做支撑。加强班组建设,对于德兴铜矿来说就是打造核心能力。

(二)夯实矿山管理基础,增强矿山活力的需要

班组作为企业最基本的组织单元,是企业加强管理、增强活力、提升效率与效益的着力点。2009年的调研表明,在德兴铜矿1044个班组中,获得"3A级"学习型班组为9个,获得"2A级"学习型班组15个,由矿自评的"1A级"学习型班组为112个,分别仅占班组总数的0.86%、1.44%和10.73%。班组整体素质不高,管理基础薄弱,影响了企业活力的焕发。因此,必须通过加强管理基础来提升班组的核心能力。

(三)增强员工凝聚力,实现员工与企业和谐发展的需要

核心能力的建设受人、料、机、法、环等众多因素的影响,但人是最活跃、最关键的因素。德兴铜矿一直是国家重点建设项目,先后给予了巨额投资,引进了一大批具有国际先进水平的技术装备,涌现出了一大批驾驭这些装备的管理、操作和维修能手,成为目前国内不多的凭自身能力管理、操作、维修全套引进设备的企业,如何留住人才,发挥作用,

实现企业与员工的和谐发展？德兴铜矿认为班组是企业员工从事劳作、彰显才干、激发干劲、谋求职业生涯发展的舞台，企业与员工二者的需求能够在班组这一层面得到统一。因此，通过加强班组建设，不仅能打造出企业发展的核心能力，也使企业员工在班组这一舞台上感受到尊重、理解与支持，实现员工与企业的和谐发展。

二、矿山企业基于核心能力建设的班组管理内涵和主要做法

德兴铜矿紧密围绕"班组基础工作、班组主体工作、班组绩效考评"三大内容，通过变革班组工作思维方式、组织形式、管理方式和班组"自治、自教、自创"等基本途径，提升班组的素质与绩效，使班组成为矿山发展的核心能力，推动矿山生产和各项工作的高效运行，促进矿山总体目标的实现。主要做法如下：

（一）确立班组建设的指导思想，制定班组建设规划

1. 让"我要干"成为班组员工的共同认识与自觉行动

德兴铜矿在抓班组建设时，一是层层召开动员大会，引导广大员工充分认识到抓班组建设的重大意义，营造推进班组建设的浓郁氛围；二是组织员工特别是班组长讲班组管理的难题，查找管理难题产生的根源，认识到自身在班组建设中的地位与作用；三是组织班组成员到管理优秀的班组学习，激发自主改善的积极性，从而让"我要干"成为了班组成员的共识与自觉行动。

2. 让"科学干"成为班组建设的有效方法

德兴铜矿以"科学干"为指导，具体为"四干四不干"：知干不乱干，强调操作、维修不仅要知其然，更要知其所以然，提升班组成员工作能力；细干不粗干，要精细管理、精细操作、精细维修；智干不蛮干，强调对一些难以解决的技术，通过发动群众，想办法予以解决；巧干不拙干，强调要动脑筋干活，要用技巧干活。

3. 以"指导干"推进班组建设

德兴铜矿采用五种做法，俗称"五法上马"。一是理论指导法，制定《德兴铜矿班组建设实施意见》和《德兴铜矿班组建设考评验收办法》，主要是明确班组做什么、怎么做、需要达到的程度、如何评价等问题，并在此基础上编发《德兴铜矿班组建设工作指南》，发到全矿班组。班组长反映非常实用。二是强力培训法，举办专题培训班11期，对全矿班组长、工段领导、二级单位领导进行培训，达1200余人。三是点对点帮法，专业部门管理人员不断深入基层，与25个单位、95个工段的班组长进行现场沟通与现场指导。四是标杆引导法，以季度为一时段，对做的好的班组、单位与工段，分别树为阶段典型，使学有榜样、赶有目标。五是经验分享法，通过召开现场经验交流会和编发简报，使有抵触情绪和畏难情绪的人得到教育，增强信心，借鉴好的经验。

斗容35立方米的电铲与载重220吨
电动轮汽车联合作业

4. 以"激励干"增强班组执行效率

德兴铜矿在班组建设过程中以奖罚

的形式对班组进行激励引导。通过验收达到班组建设验收标准的给予奖励,班组长一次性奖励1000元,组员奖励200元;对已达标的班组纳入常态化检查,通过复查发现工作滑坡的,取消达标班组称号,并限期整改,重新申报验收。坚持动态考核,奖惩分明,不搞"终身制"。

5. 让班组走出去扩大视野增长知识和见识

德兴铜矿采取走出去的办法,组织班组长及相关管理人员,先后到金川有色金属公司、满州里乌矿、平顶山矿务局白国周班组等进行现场考察学习,并参加全国总工会组织的班组建设高峰论坛。使班组长及相关管理人员不仅看到了班组建设的成果,收获了班组建设的经验,更引发了"别人能做到,为什么自己做不到"的思考,自觉从主观上找原因,并转化成班组建设的实践。

(二) 变革班组组织与机制,实行"大班组"制

1. 推行"大班组制"的原则

推行"大班组制"的原则。坚持三项原则推行"大班组制":一是坚持效率优先的原则,把提高劳动生产率作为组织变革的出发点和归宿点;二是坚持工作性质相近、关系密切的原则,对工种及任务基本相同、关联性较强的班组进行整合;三是坚持挖掘人力资源内潜、合理配置人员技能的原则。

优化组合,摒弃简单叠加,由试点实施再到全面推行。对采矿场大、小电铲两种维修班组进行合并重组,既考虑主、副修的配比,又兼顾电、钳、焊诸工种的配置,并对富足或不足工种在更大范围内进行调配。"大班组制"全面推行后,全矿班组总数由原来的1044个缩减到630个,减少了40%。

2. 选配好班组长

德兴铜矿很多班组独处偏僻一隅,需要经常面对复杂局面,独立处理日常事务。因此,必须选配好班组长。选配班组长,采取民主选拔推荐、组织考查的形式,选聘对象必须是能吃苦、懂技术、会管理的职工。

3. 理顺相应的管理关系

德兴铜矿为使班组长尽其能,显其才,干其事,取其效,着力从上下两方面理顺班组长的管理关系。第一,理顺上级组织对班组长的管理关系。德兴铜矿从转变观念入手,确定班组长是企业最基层的管理者的认识,将班组长的管理从班组成员中分离出来,规定班组长业绩考评与奖金分配由工段层面统一组织进行,且不仅考核班组的生产业绩,同时考核班组管理绩效。第二,理顺班组长在班组内部的管理关系。德兴铜矿在推行"大班组制"的基础上,完善班组管理架构,配备班组管理"五大员",即班(组)长、考勤员、安全员、材料员、组织员,实现由班组长一人管理向班委分工协助班组长共同管理转变,使班组长能够站在全班的高度抓班组的系统管理,也使民主管理得到落实。

(三) 确定"五化"标准,对班组基础工作进行整合

1. 确定"五化"标准

工作管理系统化。形成班组工作系统,改变班组工作只求单一完成生产任务而不管其它管理工作,改变班组长只是"兵头"而非"将尾"的状况。

工作要求标准化。班组工作,无论是生产还是管理的,都要求有标准进行规范,制定

适用的、可操作的制度、规定及标准,形成规范化的管理体系,做到依据规范行事、依据规范管理。

工作内容指标化。凡是工作能量化的都要有数量指标,不能量化的工作都要尽可能细化,做到目标明确、责任到人,形成班组工作指标体系。

工作步骤程序化。梳理班组工作流程,按照 PDCA 循环,实行班组工作的过程控制和持续改进,以每一步骤的正确过程达到预期的效果。如工业水处理站梳理班组工作的主要流程,并对流程控制作出具体规定。以废水处理为例,绘制《工业废水处理系统流程图》,并建立《班组日检日清考核办法》和《异常指标分析管理标准》,对其废水处理进行有效过程控制。

工作考核数据化。建立班组工作细化的考评办法与量化的考评标准,做到用数据说话,凭数据考核。如工业水处理站在《工业水处理站生产班日检日清考核办法》中,把班组成员的日常工作和行为规范演化成分值,未按规定穿戴好劳保用品扣 1~5 分/人次,并要求穿戴好劳保用品方可上岗,否则按事假处理;设备维护不到位如缺油等,扣 1~3 分/人处,造成问题扩大的加扣 2~8 分/人处;发生不服从分配扣 2 分/人次,发生顶撞现象扣 3~10 分/人次,严重者按事假或旷班处理等。

2. 对班组基础工作进行整合,建立班组基础管理体系

一是理清班组工作目标、岗位职责、"三规一制"(设备操作规程、设备维修规程、岗位安全规程、各项管理制度)、台账记录、绩效管理等内容。二是导入 ISO9000 理念,将确定的班组工作目标、岗位职责、"三规一制"、台账记录、绩效管理等进行整合,做到完整、简约、管用、易行,构建起班组的基础工作管理体系。三是以确定的班组基础工作管理体系文本对应和固化班组各项工作与管理,将职责分解分工到班组员工,并按"5W1H"要求做好每件事,实现班组的规范管理。四是班组每年组织一次基础工作管理体系评审,对不相适应的部分进行修订,从而建立起班组基础工作管理体系的长效机制。

在整合的基础上,建立包括三大类十四项内容的班组基础工作管理体系:第一类为基础工作部分,包括班组组织建设、班组制度建设、班组基础工作三项;第二类为主体工作部分,包括生产(维修)管理、安全环保管理、现场管理、设备管理、材料管理、创新能力、民主管理、企业文化建设八项;第三类为绩效管理部分,包括建立班组绩效管理办法与考核标准,实行日检日清绩效考评,绩效分配实现三项。

(四)围绕提升核心能力,推进班组"三自"建设

1. 班组"自治"建设

班组"自治"就是建立班组管理制度与考核办法,班组管理制度和考核办法由班组成员共同讨论决定。这样做,既提高制度的可行性,又增强制度的约束力,使班组自治在制度与机制的保障下顺行有序。

班组"自治"的主要形式是民主管理和班务公开,凡涉及到班组成员的事,均以民主管理的形式决定。一旦形成决定后,则以班务公开的形式,使班组管理工作置身于班组成员的监督之下,并做好公开后的沟通与解释工作,使班组自治有一个和谐稳定的环境。

通过完善管理流程推进班组"自治",德兴铜矿提出"三讨论、两集中、一承诺"的公约化"自治"管理流程。"三讨论",即发动班组全体成员,在制定班组管理制度时,进行充分

酝酿;在制度形成初稿后,要进行民主讨论;在修订制度时,要人人建言献策,使制度得到充实与完善。

"两集中",即制度制订或修订时,在充分讨论的基础上,集中大多数人的意见与建议,形成制度文稿。"一承诺",即制度一旦形成,班组成员要人人签名承诺保证履行制度。"三讨论、两集中、一承诺"实际上是通过"自治",使制度公约化,从而提高制度的约束力,也提高班组成员的执行力。

2. 班组"自创"建设

班组"自创"是指强化班组的创新能力,通过自身的技术创新和管理创新,提升班组的核心能力。班组"自创"的主要做法。一是坚持结合本职工作实际。如采矿场发动机大修工段,班组组员集思广益,对原翻转机进行技术攻关和技术创新,设计制作出4件专用部件,使原有的翻转机成功地应用到更大型号的电动轮发动机的维修上,各项技术指标均达到预期效果。二是坚持用好各种活动载体,通过合理化建议、自主管理、"五小攻关"、QC活动等,对设备改造、技术革新、材料替代等进行创新。仅2011年,全矿班组提合理化建议4044条,采纳应用1601条,开展自主管理6392项,进行"五小攻关"96项。三是坚持强力引导班组技术创新,通过与省劳动与社会保障厅联合举办奥林匹克技术比武,给夺魁者直接晋升为技师或高级技师,并用技术创新者命名工作法等,推动班组技术创新向纵深发展。

3. 班组"自教"建设

德兴铜矿从班组实际出发,强调班组"自教"重点在三个方面:一是班组的技能学习,二是班组的安全学习,三是结合班组成员思想实际的教育。班组"自教"的主要方式。一是班组的技能学习,强调"疑难问题共讨论,能者为师我先讲",做到人人做学员,人人当教员。如采矿场发动机大修工段,班组自身的"自教"技能学习,使班组成员的每人年均学习时间竟不少于200课时。通过"自教",10名班组成员有7人晋升为技师,每位成员都掌握了国外先进发动机的大修工艺,成为了一专多能的高技能团队。二是班组的安全学习,强调"结合实际学,结合实际做"的安全学习方式。结合实际学,即每周一次,结合本班组的工作任务通过"学(安全理论知识)、议(找生产过程中的不安全隐患与思想意识)、行(在今后的生产中按照所学安全知识进行操作与维修)",提高安全技能。三是结合班组成员思想实际的教育,即开展"五五思想工作法":以"五必宣教"统一思想,对形势任务、上级会议精神、基层管理制度、重大改革举措、奖惩考核办法等必宣教;以"五必公开"稳定思想,劳动竞赛结果、奖金考评结果、食堂费用、困难补助、奖优罚劣执行情况等必公开;以"五必访谈"净化思想,家庭闹纠纷、伤病住院、家遇红白喜事、受到考核处理、对上级政策不理解有意见等必访谈,以"五必帮教"转化思想:旷班缺勤、违章受到处理、不团结闹矛盾、对工作有抵触情绪、受到各种纪律处分等必帮教;以"五必激励"深化思想,解决工作难题、防止事故发生或减少事故损失、竞赛比武成绩突出、见义勇为助人为乐做好事、工作成绩突出等必激励。

(五)加强绩效考评,确保班组管理优化运行

1. 建立班组绩效考评标准

由各班组结合自身的实际制定出本班组的绩效考评标准,一般包括完成任务、检查

考核和岗位基本三大部分内容。完成任务部分：在生产班设立有产量、质量、技经指标等子项，实行差别奖励系数。检查考核部分：设立有安全环保、现场管理、材料消耗、基础工作、综合学习等子项。岗位基本部分则为日常基本工作。三大部分分别赋予一定的权重，每个子项也有相应的考核分值。对班组长，则建立班组长奖励基金。在班组长之间，根据班组管理效果执行单项考核。

2. 实施班组绩效检查考评

班组绩效检查一般包括三个层次：日检日清、周检周清、月检。日检日清由班组负责，考核追溯到责任人，并由责任人现场签字确认。周检周清由班组所在工段（分公司）负责，每周不定期检查一次以上，考核追溯到人，其班组长也同时考核连带责任。月检由矿二级单位负责，每月不定期检查一次以上，对检查发现的问题，以通报的形式发至工段及班组，班组落实整改并追溯考核到人，班组长同时考核连带责任。

3. 推动班组管理工作不断加强

通过班组绩效考评发现班组工作中存在的问题和改进的潜力，于每年年初组织各班组对本班组的管理工作与绩效考评制度进行一次梳理与修订，并着力解决班组工作中存在的问题，推动班组管理工作的加强。结合年度工作计划的分解，明确本班组的新年度工作任务与指标。

三、矿山企业基于核心能力建设的班组管理效果

通过三年的班组建设，德兴铜矿所有的班组均通过了班组达标验收，取得了提升核心能力的良好效果。

（一）班组素质明显提高，企业整体管理水平提升

一是班组的基础工作全面加强，为加强班组管理形成了文本管理模式提供了基础支持。二是班组的绩效管理全面建立，使员工的执行力得到提升，并逐步培育了以业绩为导向、以贡献论英雄的企业价值观，增添了班组的活力。班组绩效管理也为江铜2012年开始的薪酬制度改革奠定了坚实的基础。三是班组长的管理能力得到提升，开始由带头苦干型向管理引导型转变。很多班组长研究创造出了适合本班组的管理方法，如念好班组管理"严、细、实"三字经，唱好安全管理"三步曲"，班组学习的"五宜五不宜"等，尝到了管理的甜头，推动了班组管理工作的加强和素质的提高。

加强班组建设提升了企业整体管理水平。尤其是推动了安全工作、环保工作的加强，使德兴铜矿连续通过了国家验收的"安全生产标准化矿山"三级标准和二级标准，获得了国家首批"绿色矿山"称号。2011年，江铜开展"现场管理标准化"活动，德兴铜矿的泗洲选矿厂、采矿场发动机大修工段、精尾厂铜系列甲班成为江铜现场管理标准化的学习标杆，其经验做法在江铜推广；德兴铜矿在"班组建设验收标准"基础上形成的"现场管理标准化验收标准"被江铜借鉴采纳，成为江铜的"现场管理标准化单位验收标准"。德兴铜矿所属15个生产单位全部通过了江铜的现场管理标准化单位达标验收。

（二）员工风貌焕然一新，实现了员工与企业的和谐发展

通过班组建设，特别是在危急关头，更展现出广大员工的责任感和使命感。如2011年，德兴铜矿遇到了百年一遇的特大暴雨袭击，山洪暴发，交通阻断，设施受损，尾矿库告急。在这种危急时刻，当班职工硬是坚守岗位6天5夜，看护库坝，进行抢险，确保了尾

矿库的安全。近两年来,德兴铜矿涌现出了"全国工人先锋号"、"全国巾帼标兵岗"等一批先进班组。员工对德兴铜矿各项管理的满意度逐年提高,2011年,在江铜集团对德兴铜矿的"双文明建设"考评时的满意度测评,其员工的满意度高达96%。

(三)企业效益大幅提升

德兴铜矿矿山生产能力由日处理10万吨提升到13万吨;铜精矿含铜量、含金量、含银量、钼精矿、采剥总量、原矿处理量等产量指标和选铜回收率、选金回收率、铜精矿品位等技术经济指标连创新高;销售收入由2009年的43亿元提高到2011年的74亿元,利润总额由2009年的16.5亿元提高到2011年的33.5亿元,全员劳动生产率由2009年的人均15.48万元提高到2011年的人均20.45万元(按德兴铜矿主产品1990年不变价计算),为江铜的销售收入超千亿元、利润超百亿元做出了积极的贡献。

(成果创造人:刘方云、周犇、赵明、刘冰玉、陈国强)

采油厂提升管理层工作效率的量化管理

中国石油天然气股份有限公司长庆油田分公司第二采油厂

成果主创人：厂长张应科

中国石油天然气股份有限公司长庆油田分公司第二采油厂(简称采油二厂)始建于1971年，是一家以原油生产为主、兼有项目管理和技术研究职能的大型石油生产企业。工作区域1.03万平方公里，横跨陇东的四县一区，共管理马岭、华池、城壕、西峰等7个油田、48个开发区块。现有员工6106人，年生产原油224万吨，资产净值103.22亿元，是长庆油田陇东地区原油增储上产的主力单位。"十二五"以来，长庆油田提出"上产5000万，建设西部大庆"的宏伟目标，采油二厂作为长庆油田的主力原油生产单位，承担着重要的发展任务。

一、采油厂提升管理层工作效率的量化管理背景

（一）解决企业管理短板的需要

采油二厂经过40多年的发展，在规模不断扩大和经济效益不断提升的同时，出现管理层人员增多，年龄偏大，组织臃肿，包袱沉重，效率低下的现象。管理层日常管理主要依靠组织和个人的主观能动性，管理层业绩通过上级、同级、下级的测评来评价。2009年通过量化诊断，结果显示，采油二厂对于领导层和操作层的业绩目标明确，管理考核机制科学，但对管理层存在"一缺两轻"现象。一缺，即管理层的业绩和工作过程管理缺少量化的指标，且没有分解到每个人；两轻，即轻视管理层的业务培训，轻视管理层的业绩考核。这种不能量化的管理方式使业绩评价依据不充分，科学性不强，评价的结果差距不大，管理存在"大锅饭"现象，导致管理层干多干少一个样，干好干坏一个样，使乐于奉献、埋头苦干、勇于创新的管理人员失去动力，使消极怠慢、不求无功、但求无过的管理人员感受不到压力，影响了整个团队的士气和发展，制约了管理人员工作效率的提升。

（二）保证企业快速发展的需要

"十二五"期间，按照长庆油田公司的整体部署，采油二厂提出了"挺进300万，实现大发展，做出新贡献"的发展目标。管理层是企业发展的中坚力量，在发展中起着承上启下的作用，要实现新的发展目标，就必须调动和激发管理层履行好大职责：一是要把日常业务性工作做精细，二是要提高各项重点工作效率，三是要发挥潜能不断创新，四是要带动全厂员工的积极性、创造性。这就必须要打破过去笼统式的管理，建立起一套既能客观准确评价管理层工作业绩又能充分发挥管理层潜力的灵活运行机制。而量化管理

在宝洁等跨国公司已有成功先例,在我国的一些知名企业也广泛推广,是提高管理层工作效率,发挥潜力的科学管理方法。采油二厂推行量化管理,既是改变传统观念,提升管理的探索实践,也是保障快速发展的需要。

(三)实施量化管理有良好的基础

采油二厂通过建立标准化管理体系,已梳理形成全厂两级机关所有管理人员的标准工作流程,形成了全部管理岗位的工作标准;实施年度工作计划管理,组织全厂每个管理部门按照项目管理的方法编制部门年度重点工作计划,厂部严格进行审核,并进行资源、资金配置,确保了年度整体工作有序运行;加大信息化建设,实施数字化管理,建立形成了涵盖"前端生产控制、中端生产指挥、后端辅助管理"的信息化管理平台,辐射到了每一个专业管理模块。采油二厂经过多年来的管理实践和积累,制度化、标准化、流程化、信息化水平不断提升,为实施量化管理、提高系统管理水平奠定了基础。

二、采油厂提升管理层工作效率的量化管理内涵和主要做法

量化管理是从目标出发,以数字为基础,对关键工作项目的决策点及日常工作的流程实行标准化操作的系统管理模式。采油二厂以企业组织架构中的中层管理人员为重点,将管理层每个人员的职业素养、负责业务的管理制度和流程标准、承担的重点工作项目全面进行量化,建立起管理层系统科学的管理体系,实现业务模块化、目标数字化、过程流程化、重点工作项目化、日常运行体系化、整体管控契约化,充分发挥每一个管理人员的职责和潜力,促进整体工作效率的提升。主要做法如下:

(一)明确管理层量化管理的思路

采油二厂管理层量化管理的基本思路是:通过量化管理提升精细化管理水平,以年度重点工作计划为基础,把能够量化的指标尽量量化,对领导层、两级机关管理人员和岗位员工实施分级量化考核模式;对厂级和作业区两级机关管理人员,将部门综合业绩指标和重点工作计划完成情况结合起来进行考核。对各级组织、每个岗位的工作能够准确、客观的评价,促进两级机关管理人员的工作落实和作风转变,督促岗位职责的落实和每个员工潜力的充分发挥,实现企业的高效运行。

管理层量化管理的内在关系是:把厂级和作业区两级机关的业务模块化,然后对每一业务模块确定量化的工作目标和标准。在此基础上,对常规性的业务工作全部流程化,依靠流程进行管控;对重点工作按照项目化管理的方式立项、分解任务,建立年度、月度计划进行管理;对所有业务模块按照职能分工,以量化的方式明确各方面的责、权、利关系,形成自愿、互惠的契约进行管理和过程控制。同时,导入体系化管理的思想,按照PDCA循环原理进行运行过程的监管,持续改进,不断提高运行水平。

(二)对管理层的工作内容进行系统梳理,实现业务模块化

油田开发场景

1. 将各个部门的管理业务模块化

采油二厂遵循厂部组织架构,将现有工作进行罗列整理,根据部门职能定位和业务内容进行整合,形成相对独立的模块,按照岗位工作内容逐项进行目标量化。经过全面梳理,分别按"业务类"和"组织类"对各部门全部实施工作模块化,将每项工作整齐划一、统一归类,形成涵盖全厂的174个界面清晰的工作模块,为各项工作理清责任、有序开展奠定基础。

业务模块化的原则,一是工作模块全面打包,二是工作内容逐级分解,三是工作目标准确量化。如采油二厂企业管理科通过对部门工作模块化,形成清晰的工作业务,将所有工作整齐地按照一定层次结构进行层层分解。

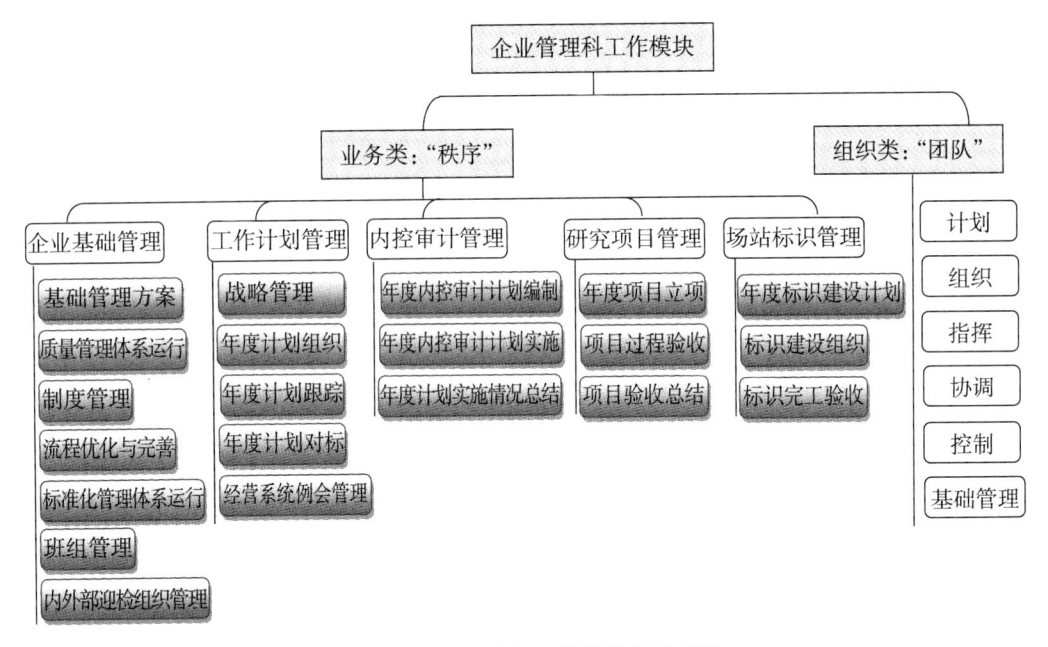

图1 采油二厂部门工作模块化示意图

2. 将每位管理人员的基本素养模块化

在部门工作模块化的基础上,梳理与每个职业素养点相匹配的基础素养、专业素养和管理素养,并将每个素养点清晰简洁的描述出来,建立部门职业"素养池",形成量化管理岗位职业素养的基本模块。通过对全厂业务工作的模块化,为客观评价管理层能力水平和实施针对性培训提升打下良好的基础。

一是对部门职业素养进行量化。以能力素养池为基础,按照基础素养、专业素养和管理素养三项内容,根据相应权重为每个职业素养点设置相应分值,形成每个职业素养点对应的职业素养分,完成职业素养的全面量化。

二是界定管理岗位职业素养分。与部门岗位设置相结合,对每个管理岗位必须具备的职业素养点进行梳理,确定岗位必须的职业素养点和职业素养分。

三是生成管理岗位"能力档案"——《职业素养卡》。将职业素养量化过程和岗位个人信息相结合,建立员工能力档案,形成管理岗位《职业素养卡》。这项管理工具从新员

```
                              能 力
                ┌─────────────┼─────────────┐
            基础素养         专业素养         管理素养
```

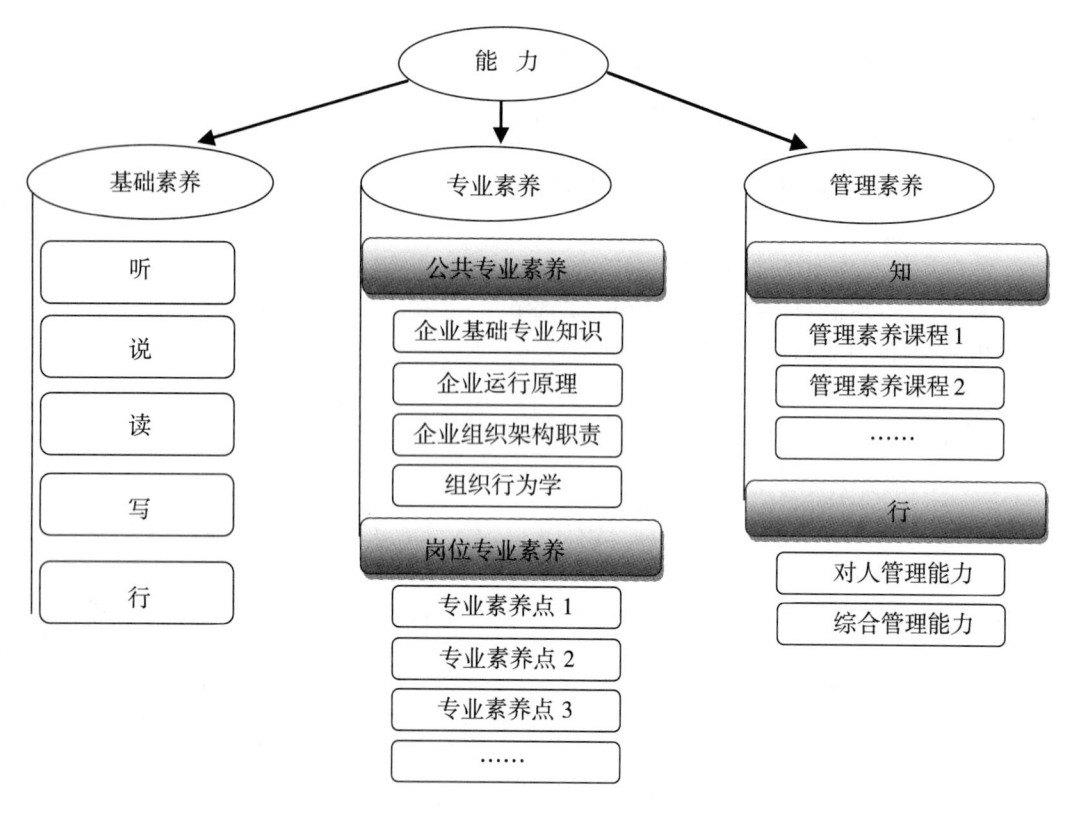

基础素养：听、说、读、写、行

专业素养：
- 公共专业素养
  - 企业基础专业知识
  - 企业运行原理
  - 企业组织架构职责
  - 组织行为学
- 岗位专业素养
  - 专业素养点1
  - 专业素养点2
  - 专业素养点3
  - ……

管理素养：
- 知
  - 管理素养课程1
  - 管理素养课程2
  - ……
- 行
  - 对人管理能力
  - 综合管理能力

图2 采油二厂职业素养模块化示意图

工人职开始使用,是培训、考核、晋升的重要依据。

(三)为管理层设置科学清晰的工作目标,实现目标数字化

2009年,采油二厂引入战略管理思想和方法,结合油田内外部发展环境,对全厂管理现状进行SWOT战略分析。认清面对的机会和威胁,找准发展的优势和劣势,制定发展目标,确定"三步走"的整体发展战略目标,确立清晰量化的战略目标。

第一步:2009~2011年,为发展调整期,通过优化调整和深化调整,解决各类突出矛盾和问题,扭转被动生产局面,把各项工作调整到最佳运行状态,原油产量重上200万吨。第二步:2012~2013年,为加速发展期,通过量化管理,提高整体效率,原油产量实现大幅攀升。第三步:2014~2015年,为稳步增长期,通过开展学习型采油厂建设,原油产量一举突破300万吨。

按照发展战略规划的阶段目标和执行策略,按照职能分解为各个部门的年度工作目标,使每一项年度工作目标具有明确的目标值和计量单位,形成每个部门清晰量化的年度经营类、业务类、组织类指标。

每年围绕量化的年度工作目标,组织制定《第二采油厂年度经营计划》。通过将年度工作目标分解为部门的年度目标,再将部门年度目标分解为每一个工作项目目标,实现企业长远的发展目标和管理岗位具体的工作目标有机联系。

(四)不断优化和完善每项管理业务流程,实现过程流程化

1. 梳理业务管理流程

以管理岗位为基本单元开展业务流程梳理,形成业务发展管理、QHSE管理、内部控制管理、产能建设管理、生产运行管理、党群工作管理、行政事务管理、人力资源管理、经营管理、科技信息管理、基层管理11个方面的业务流程,共梳理业务流程图937幅,完全覆盖全厂从机关到基层所有管理岗位。

2. 梳理跨部门协作管理流程

针对运行过程中多部门协作的现状,为提高配合效率专题组织开发建设跨部门协作管理流程,重点通过对协作的工作环节、关键节点、存在风险、过程交接、资料留存等实施流程化,明确部门之间协作的次序、重点和标准,促进企业内部、团队之间的协作与配合,提升团队协作意识和能力。

3. 识别岗位流程风险

在业务梳理的过程中,以管理业务流程为风险主体,组织完成每个管理流程的风险识别。同时针对识别出的风险,以规章制度为依据,制定相关的控制措施,编制风险控制文档784个。通过流程梳理,进一步提高岗位的风险辨识和防范能力。

4. 优化管理制度

制定和发布《第二采油厂规章制度管理细则》,明确制度管理的职责,全厂规章制度的"立、改、废"工作步入良性运行轨道。同时,通过工作模块化的结果,清晰界定部门的核心职能以及岗位的关键职责,全面描述各岗位的具体工作,为进行岗位职责优化提供依据。按照部门工作模块,分为管理岗位需要具备的"职"和"责"两个部分,对岗位职责进行梳理和界定。"职"就是相应的工作模块,"责"就是工作模块对应的目标,通过"职"与"责"的匹配,实现岗位职责量化。在工作模块化基础上,共对全厂23个部门的730条职责重新进行了界定和描述,重点通过量化的方法,使职责的定义更加清晰,使"职"与"责"更加匹配,完成管理人员岗位职责的全面量化。

(五)应用项目化管理的工具和方法,实现重点工作项目化

1. 工作项目立项

将与厂部发展战略规划相关、与年度工作目标相关、年度工作目标有调整、上年运行存在问题的工作项目模块及需要重点控制的管理指标作为每年的重点工作进行立项,形成部门年度可执行的工作项目。确定工作项目的名称、目标、责任人、时间和资源需求5个核心要素,形成《项目立项书》。

2. 项目计划编制

围绕项目目标对整个工作项目的实施过程进行周密严谨的计划,首先对项目充分分解,确定进度安排,将《任务单》责任到岗位。其次是提出资源、资金需求,同时按照工作节点设置准确清晰的里程碑任务,强化项目过程管控。形成项目计划书后,由部门负责人审批通过后生效。《项目计划书》最终汇编进入年度经营计划,作为部门对岗位工作过程执行检查和考核的依据,也是厂部对部门工作过程检查和考核的依据。

3. 项目执行

部门负责人以《任务单》的形式委派当月任务给管理岗位。管理岗位接受任务后按照任务单中的要求执行当月任务。在任务完成后及时提交并向部门负责人汇报任务的

完成情况。在这个过程中,部门负责人需要做好项目的协调和监控工作,支持任务负责人的工作。

4. 项目过程管控

管理部门在项目的执行过程中履行项目计划书要求,每月进行项目月度总结,对项目各类会议形成会议纪要,对项目工作过程及时总结、及时改进,使整个工作过程做到可追溯、步步有据。在项目结束期,部门负责人要对整个项目进行评估,完成项目总结报告,填写《项目单》,连同项目总结与资料归档确认函,提交人力资源部门考核和归档。

5. 项目绩效考核

工作项目绩效考核以月度为周期,重点考核工作项目的时间进度、完成质量、里程碑任务数量和难度系数。工作项目化作为年度工作计划管理的基础,实现管理层工作过程的全面量化,使企业长期、短期目标和管理层个人目标紧密结合起来。通过工作进度、质量和数量体现管理者工作差异,打破管理层存在的"大锅饭"现象。

(六)建立质量管理体系,实现运行体系化

以提高工作过程质量为目标,导入全面质量管理体系,对中层管理人员实施体系化管理,应用PDCA循环方法,不断提升中层管理人员的工作水平。

细化目标。应用质量管理体系方法,结合业绩目标层层制定工作质量目标,直至将质量分解到每个管理岗位,并详细规定分解目标的内容、考核标准和检查考核方法,为管理工作开展明确方向。

制定计划。以实现各路工作的质量目标为导向,各个管理单元、每个管理岗位制定实现质量目标的工作计划、工作措施和实施路径,确保全年的基础工作有序推进。

专业审核。以开发地质、采油工艺、井下作业、地面工程、生产保障的质量目标实现和过程管理为主要内容,会同专业部门的专业技术人员,应用体系管理的过程方法,对每路工作从人、机、料、法、环、测及纠正预防措施等要素进行系统审核,提升基础工作深度。

过程控制。对审核出的问题进行分析分类,确定不符合项,并对每个不符合项问题依据管理工作标准条款从现象追溯到本质,直至找到问题的根源。并对确定的不符合项问题开具不符合项报告,依据标准限期进行关闭。2010年以来,通过内外部审核,彻底根除管理系统性问题20多项。

数据分析。按照PDCA方法,将审核发现的问题运用描述性统计、过程能力分析、控制图等分析方法,对过程能力、能力指数做出正确客观评价和系统分析,详细制定数据分析的操作流程、过程方法和时间节点,为管理工作的持续改进提供准确的依据。

纠正预防。对中层人员管理存在的问题不是止步于完成问题的整改,而是在整改的基础上,通过对问题的统计分析,制定预防措施,消除问题原因或潜在原因,防止不符合项问题的再次发生,使管理工作"好上加好"。

建立"3+1"审核制度。"3":对中层管理人员的工作开展三个层面的检查审核,即:每年外聘专业人员对机关部门进行一次系统审核,每半年厂部对基层机关进行一次内部审核,基层机关每季度开展一次自我审核。"1":国家体系管理认证机构对全厂每年一次的监督审核。通过"3+1"审核制度,保障了两级机关工作的体系化运行。

(七)建立纵向和横向的责权利对等体系,实现管控契约化

为挖掘管理层主观因素潜力,采油二厂按照契约管理的理念和工具,和管理层签订基于"自愿"、"互惠"基础上的工作契约,通过权利和责任相互作用,激励管理层全身心投入工作并发挥作用。通过企业契约文化建设,促进企业和员工的协调共同发展,建设和谐的企业内部环境。

1. 部门年度契约

根据部门基层单位职能、权限、成本预算、年度目标、工作计划,制定年度量化考核指标。将考核指标同部门和基层单位负责人的年度激励奖金、个人绩效评价、团队绩效完全挂钩。以《年度业绩合同》的形式,将业绩指标层层下达到各管理岗位。部门和基层单位负责人通过履行年度契约规定责任,获得与之相应的物质和精神激励。通过契约的有效履行,培养管理层强烈的契约意识,也通过契约规定的各项量化指标达成,保证全厂业绩指标如期达成。

2. 工作项目契约

部门和基层单位负责人作为年度工作中具体工作项目的管理者,需要将工作项目分解到相关的管理岗位。部门和基层单位负责人根据管理岗位的职责将工作项目进行细化和分解,制定工作项目的量化考核指标,与管理岗位业绩薪酬和个人绩效评价完全挂钩,以《工作计划项目书》的形式签订契约。管理岗位依靠履行契约规定的工作任务,获得与之相应的激励,并保证部门整体管理目标和发展指标的达成。

3. 需求传递契约

针对管理层工作协作性强的特点,采油二厂部门之间通过签订需求传递契约解决工作中相互协作的问题。需要协助的部门通过需求传递契约获取其他部门的帮助,进行协助的部门通过需求传递契约获取相应的绩效加分。通过《需求传递契约》的实施,从机制上有效解决企业内部难于协作、不愿协作的问题,在提高管理层协作意识的同时,进一步提高了管理层工作的效率。

4. 职业素养提升契约

全厂管理层职位分为:科级、副科级、主管、助理主管、主办、助理主办,每个级别的职位都有与之对应的职业素养分。管理人员的职业生涯进程就是自身职业素养提升的过程,每名管理人员职业发展的路径都是清晰而明确的,有效激发管理人员自主提升职业素养的意识。通过持续完善管理层职业生涯管理和职业晋升机制建设,职业发展晋升的管理成本和风险得到有效控制,有力促进了管理层职业素养提升。管理层《职业素养卡》的建立就是采油二厂和每一个管理岗位签订的职业发展契约。管理人员通过提升职业素养卡中规定的职业素养分,获取相应的职称等级、薪酬晋等和职业晋升。企业通过管理层整体职业素养的提升,获取更强的企业核心竞争能力。企业通过从"人力资源"向"人力资本"的观念转变,实现企业与员工的双赢发展。

三、采油厂提升管理层工作效率的量化管理效果

(一)实现了工作评价的差异化

采油二厂通过量化管理的全面实施,在管理层体现出三大差异。一是薪酬差异,从原来的干好干坏一个样、平均分配转化为现在根据承担工作数量、工作质量、完成及时

性、能力素质挣取薪酬的绩效模式,在这个激励机制作用之下,呈现出管理人员争着承担工作项目和任务的现象;二是发展差异,通过管理人员的职业素养量化,建立起了管理层能力素质提升标准和评价标准,以能力定薪酬,以能力定岗位,提升了管理层人员的学习力;三是团队差异,量化管理打破了传统的平均切块绩效考核模式,部门绩效决定于部门承担的工作项目数量、完成质量和为其他部门提供服务的态度和质量,部门必须通过提升团队工作能力、工作质量、服务质量强化本部门职能发挥,获得更好的绩效回报,每个团队更加注重于提高自身团队建设获得更大的团队发展空间。

(二)提升了企业的整体运行效率

通过量化管理的全面实施,采油二厂各系统工作完全纳入了计划管理范畴,临时性工作比率逐年下降,成本预算得到了更为有效的控制,各项工作更加有序。突发性工作、跨部门协作性工作也通过临时补充立项和项目需求传递,纳入了规范管理的渠道。近年来,年度经营计划达成率逐年上升,截止2011年全厂工作项目完成达到100%,里程碑任务完成率达到96.43%,成本预算准确率达到了99.33%。

(三)企业实现了新的发展

采油二厂通过多年来持续的管理优化和提升,发展的成果更加凸显。原油产量连续三年实现超产,2011年重上200万吨,"十二五"期间能够始终保持每年20万吨以上的增幅,产能建设保持每年80万吨以上的规模;油田开发形势逐年转好,自然递减、综合递减连年下降,综合递减从2009年的15%下降到现在的10.6%,全厂油田开发保持Ⅰ类水平;成本控制效果明显,操作成本实现了稳步下降,与2010年相比操作成本下降84.76元/吨,与2011年相比下降61.63元/吨。在保证油田快速发展的前提下,实现了劳动用工"零增长",始终保持安全环保形势稳定。随着管理层量化管理的深入实施,全厂工作环境更加宽松,员工队伍的凝聚力进一步增强,带动了全厂整体运行效率提升。

(成果创造人:张应科、孙学锋、修利军、马世清、李广辉、王飞鹏、耿庆伟、刘继红、王迎新、卢延军、王红朝、李高平)